J. von Staudingers
Kommentar zum Bürgerlichen Gesetzbuch
mit Einführungsgesetz und Nebengesetzen
Buch 2 · Recht der Schuldverhältnisse
§§ 535–556g
(Mietrecht 1 – Allgemeine Vorschriften; Wohnraummiete)

Kommentatorinnen und Kommentatoren

Dr. Karl-Dieter Albrecht
Vorsitzender Richter am Bayerischen Verwaltungsgerichtshof a. D., München

Dr. Christoph Althammer
Professor an der Universität Regensburg

Dr. Georg Annuß, LL.M.
Rechtsanwalt in München, Außerplanmäßiger Professor an der Universität Regensburg

Dr. Christian Armbrüster
Professor an der Freien Universität Berlin, Richter am Kammergericht a. D.

Dr. Arnd Arnold
Professor an der Universität Trier, Dipl.-Volksw.

Dr. Markus Artz
Professor an der Universität Bielefeld

Dr. Marietta Auer, S.J.D.
Direktorin am Max-Planck-Institut für Europäische Rechtsgeschichte in Frankfurt a. M., Professorin an der Universität Gießen

Dr. Martin Avenarius
Professor an der Universität zu Köln

Dr. Ivo Bach
Professor an der Universität Göttingen

Dr. Christian Baldus
Professor an der Universität Heidelberg

Dr. Wolfgang Baumann
Rechtsanwalt und Notar a.D. in Wuppertal, Professor an der Bergischen Universität Wuppertal

Dr. Winfried Bausback
Professor a. D. an der Bergischen Universität Wuppertal, bayerischer Staatsminister der Justiz a. D., Mitglied des Bayerischen Landtags

Dr. Roland Michael Beckmann
Professor an der Universität des Saarlandes, Saarbrücken

Dr. Dr. h. c. Detlev W. Belling, M.C.L.
Professor an der Universität Potsdam

Dr. Andreas Bergmann
Professor an der Fernuniversität in Hagen

Dr. Falk Bernau
Richter am Bundesgerichtshof, Karlsruhe

Dr. Marcus Bieder
Professor an der Universität Osnabrück

Dr. Werner Bienwald
Professor an der Evangelischen Fachhochschule Hannover, Rechtsanwalt in Oldenburg

Dr. Tom Billing
Rechtsanwalt in Berlin

Dr. Eike Bleckwenn
Rechtsanwalt in Hannover

Dr. Reinhard Bork
Professor an der Universität Hamburg

Dr. Wolfgang Breyer
Rechtsanwalt in Stuttgart

Dr. Jan Busche
Professor an der Universität Düsseldorf

Dr. Georg Caspers
Professor an der Universität Erlangen-Nürnberg

Dr. Dr. h. c. Tiziana Chiusi
Professorin an der Universität des Saarlandes, Saarbrücken

Dr. Michael Coester, LL.M.
Professor an der Universität München

Dr. Dr. h. c. Dagmar Coester-Waltjen, LL.M.
Professorin an der Universität Göttingen

Dr. Thomas Diehn, LL.M.
Notar in Hamburg, Lehrbeauftragter an der Universität Hamburg

Dr. Katrin Dobler
Richterin am Oberlandesgericht Stuttgart

Dr. Heinrich Dörner
Professor an der Universität Münster

Dr. Werner Dürbeck
Richter am Oberlandesgericht Frankfurt a. M.

Dr. Anatol Dutta, M. Jur.
Professor an der Universität München

Dr. Christina Eberl-Borges
Professorin an der Universität Mainz

Dr. Dres. h. c. Werner F. Ebke, LL.M.
Professor an der Universität Heidelberg

Dr. Jan Eickelberg, LL.M.
Professor an der Hochschule für Wirtschaft und Recht, Berlin

Jost Emmerich
Richter am AG München

Dr. Volker Emmerich
Professor an der Universität Bayreuth, Richter am Oberlandesgericht Nürnberg a. D.

Dipl.-Kfm. Dr. Norbert Engel
Ministerialdirigent a. D., Rechtsanwalt in Erfurt

Dr. Cornelia Feldmann
Rechtsanwältin in Freiburg i. Br.

Dr. Matthias Fervers
Akad. Rat a. Z. an der Universität München

Dr. Timo Fest, LL.M.
Professor an der Universität zu Kiel

Dr. Karl-Heinz Fezer
Professor an der Universität Konstanz, Honorarprofessor an der Universität Leipzig, Richter am Oberlandesgericht Stuttgart a. D.

Dr. Philipp S. Fischinger, LL.M.
Professor an der Universität Mannheim

Dr. Holger Fleischer
Professor am Max-Planck-Institut für ausländisches und internationales Privatrecht, Hamburg

Dr. Robert Freitag, Maître en droit
Professor an der Universität Erlangen-Nürnberg

Dr. Jörg Fritzsche
Professor an der Universität Regensburg

Dr. Tobias Fröschle
Professor an der Universität Siegen

Dr. Susanne Lilian Gössl, LL.M.
Professorin an der Universität zu Kiel

Dr. Beate Gsell, Maître en droit
Professorin an der Universität München, Richterin am Oberlandesgericht München

Dr. Karl-Heinz Gursky
Professor an der Universität Osnabrück

Dr. Thomas Gutmann, M. A.
Professor an der Universität Münster

Dr. Martin Gutzeit
Professor an der Universität Gießen

Dr. Martin Häublein
Professor an der Universität Innsbruck

Dr. Johannes Hager
Professor an der Universität München

Dr. Felix Hartmann, LL.M.
Professor an der Freien Universität Berlin

Dr. Wolfgang Hau
Professor an der Universität München, Richter am Oberlandesgericht München

Dr. Rainer Hausmann
Professor an der Universität Konstanz

Dr. Stefan Heilmann
Vorsitzender Richter am Oberlandesgericht Frankfurt, Honorarprofessor an der Frankfurt University of Applied Sciences

Dr. Jan von Hein
Professor an der Universität Freiburg i. Br.

Dr. Christian Heinze
Professor an der Universität Heidelberg

Dr. Stefan Heinze
Notar in Köln

Dr. Tobias Helms
Professor an der Universität Marburg

Silas Hengstberger, LL.M.
Wiss. Mitarbeiter an der Universität Mannheim

Dr. Dr. h. c. mult. Dieter Henrich
Professor an der Universität Regensburg

Dr. Carsten Herresthal, LL.M.
Professor an der Universität Regensburg

Christian Hertel, LL.M.
Notar in Weilheim i. OB.

Dr. Stephanie Herzog
Rechtsanwältin in Würselen

Joseph Hönle
Notar in München

Dr. Ulrich Hönle
Notar in Waldmünchen

Dr. Clemens Höpfner
Professor an der Universität Münster

Dr. Bernd von Hoffmann †
Professor an der Universität Trier

Dr. Dr. h. c. Heinrich Honsell
Professor an der Universität Zürich, Honorarprofessor an der Universität Salzburg

Dr. Rainer Hüttemann
Professor an der Universität Bonn

Dr. Martin Illmer, M. Jur.
Richter am Landgericht Hamburg,
Privatdozent an der Bucerius Law School

Dr. Florian Jacoby
Professor an der Universität Bielefeld

Dr. Joachim Jickeli
Professor an der Universität zu Kiel

Dr. Dagmar Kaiser
Professorin an der Universität Mainz

Dr. Bernd Kannowski
Professor an der Universität Bayreuth

Dr. Rainer Kanzleiter
Notar a. D. in Ulm, Honorarprofessor
an der Universität Augsburg

Dr. Christoph A. Kern, LL.M.
Professor an der Universität Heidelberg

Dr. Steffen Kurth, LL.M.
Rechtsanwalt in Bielefeld

Dr. Sibylle Kessal-Wulf
Richterin des Bundesverfassungsgerichts,
Karlsruhe

Dr. Christian Kesseler
Notar in Düren, Honorarprofessor
an der Universität Trier

Dr. Fabian Klinck
Professor an der Universität Bochum

Dr. Frank Klinkhammer
Richter am Bundesgerichtshof, Karlsruhe,
Honorarprofessor an der Universität
Marburg

Dr. Steffen Klumpp
Professor an der Universität Erlangen-Nürnberg

Dr. Jürgen Kohler
Professor an der Universität Greifswald

Dr. Sebastian Kolbe
Professor an der Universität Bremen

Dr. Stefan Koos
Professor an der Universität
der Bundeswehr München

Dr. Rüdiger Krause
Honorarprofessor an der Universität Göttingen

Dr. Heinrich Kreuzer
Notar in München

Dr. Lena Kunz, LL.M.
Akad. Mitarbeiterin an der Universität
Heidelberg

Dr. Clemens Latzel
Privatdozent an der Universität München

Dr. Arnold Lehmann-Richter
Professor an der Hochschule für Wirtschaft
und Recht Berlin

**Dr. Saskia Lettmaier,
B. A., LL.M.**
Professorin an der Universität zu Kiel,
Richterin am Schleswig-Holsteinischen
Oberlandesgericht in Schleswig

Stefan Leupertz
Richter a. D. am Bundesgerichtshof,
Honorarprofessor an der TU Dortmund

Dr. Johannes Liebrecht
Professor an der Universität Zürich

Dr. Martin Löhnig
Professor an der Universität Regensburg

Dr. Dirk Looschelders
Professor an der Universität Düsseldorf

Dr. Stephan Lorenz
Professor an der Universität München

Dr. Sigrid Lorz
Professorin an der Universität Greifswald

Dr. Katharina Lugani
Professorin an der Universität Düsseldorf

Dr. Robert Magnus
Professor an der Universität Bayreuth

Dr. Ulrich Magnus
Professor an der Universität Hamburg,
Affiliate des MPI für ausländisches und
internationales Privatrecht, Hamburg,
Richter am Hanseatischen Oberlandesgericht zu Hamburg a. D.

Dr. Peter Mankowski
Professor an der Universität Hamburg

Dr. Heinz-Peter Mansel
Professor an der Universität zu Köln

Dr. Peter Marburger †
Professor an der Universität Trier

Dr. Wolfgang Marotzke
Professor an der Universität Tübingen

Dr. Sebastian A. E. Martens
Professor an der Universität Passau

**Dr. Dr. Dr. h. c. mult. Michael
Martinek, M.C.J.**
Professor an der Universität
des Saarlandes, Saarbrücken, Honorarprofessor an der Universität Johannesburg,
Südafrika

Dr. Annemarie Matusche-Beckmann
Professorin an der Universität
des Saarlandes, Saarbrücken

Dr. Gerald Mäsch
Professor an der Universität Münster

Dr. Felix Maultzsch, LL.M.
Professor an der Universität Frankfurt a. M.

Dr. Jörg Mayer †
Honorarprofessor an der Universität
Erlangen-Nürnberg, Notar in Simbach
am Inn

Dr. Dr. Detlef Merten
Professor an der Deutschen Universität
für Verwaltungswissenschaften Speyer

Dr. Tanja Mešina
Staatsanwältin, Stuttgart

Dr. Rudolf Meyer-Pritzl
Professor an der Universität zu Kiel,
Richter am Schleswig-Holsteinischen
Oberlandesgericht in Schleswig

Dr. Morten Mittelstädt
Notar in Hamburg

Dr. Peter O. Mülbert
Professor an der Universität Mainz

Dr. Hans-Heinrich Nöll
Rechtsanwalt in Hamburg

Dr. Jürgen Oechsler
Professor an der Universität Mainz

Dr. Hartmut Oetker
Professor an der Universität zu Kiel,
Richter am Thüringer Oberlandesgericht
in Jena

Wolfgang Olshausen
Notar a. D. in Rain am Lech

Dr. Dirk Olzen
Professor an der Universität Düsseldorf

**Dr. Sebastian Omlor, LL.M.,
LL.M.**
Professor an der Universität Marburg

Dr. Gerhard Otte
Professor an der Universität Bielefeld

Dr. Frank Peters
Professor an der Universität Hamburg,
Richter am Hanseatischen Oberlandesgericht zu Hamburg a. D.

Dr. Christian Picker
Professor an der Universität Konstanz

Dr. Andreas Piekenbrock
Professor an der Universität Heidelberg

Dr. Jörg Pirrung †
Richter am Gericht erster Instanz
der Europäischen Gemeinschaften i. R.,
Honorarprofessor an der Universität Trier

Dr. Dr. h. c. Ulrich Preis
Professor an der Universität zu Köln

**Dr. Maximilian Freiherr
von Proff zu Irnich**
Notar in Köln

Dr. Thomas Raff
Notar in Ludwigshafen

Dr. Manfred Rapp
Notar a. D., Landsberg am Lech

Dr. Dr. h.c. Thomas Rauscher
Professor an der Universität Leipzig,
Professor h.c. an der Eötvös Loránd
Universität Budapest, Dipl.Math.

Dr. Peter Rawert, LL.M.
Notar in Hamburg, Honorarprofessor
an der Universität Kiel

Eckhard Rehme
Vorsitzender Richter am Oberlandesgericht Oldenburg i. R.

Dr. Wolfgang Reimann
Notar a. D., Honorarprofessor
an der Universität Regensburg

Dr. Tilman Repgen
Professor an der Universität Hamburg

**Dr. Christoph Reymann,
LL.M. Eur.**
Notar in Neustadt b. Coburg, Professor
an der Privaten Universität Liechtenstein

Dr. Reinhard Richardi
Professor an der Universität Regensburg,
Präsident a. D. des Kirchlichen Arbeitsgerichtshofs der Deutschen Bischofskonferenz, Bonn

Dr. Volker Rieble
Professor an der Universität München,
Direktor des Zentrums für Arbeitsbeziehungen und Arbeitsrecht

Dr. Daniel Rodi
Akad. Rat a. Z. an der Universität
Heidelberg

Dr. Anne Röthel
Professorin an der Bucerius Law School, Hamburg

Dr. Christian Rolfs
Professor an der Universität zu Köln

Dr. Dr. h. c. Herbert Roth
Professor an der Universität Regensburg

Dr. Ludwig Salgo
Apl. Professor an der Universität Frankfurt a. M.

Dr. Anne Sanders
Professorin an der Universität Bielefeld

Dr. Renate Schaub, LL.M.
Professorin an der Universität Bochum

Dr. Martin Josef Schermaier
Professor an der Universität Bonn

Dr. Gottfried Schiemann
Professor an der Universität Tübingen

Dr. Eberhard Schilken
Professor an der Universität Bonn

Dr. Martin Schmidt-Kessel
Professor an der Universität Bayreuth

Dr. Daniel Johannes Schneider
Notarassessor in Neustadt a. d. Weinstraße

Dr. Günther Schotten
Notar a. D. in Köln, Honorarprofessor an der Universität Bielefeld

Dr. Robert Schumacher, LL.M.
Notar in Köln

Dr. Roland Schwarze
Professor an der Universität Hannover

Dr. Andreas Schwennicke
Rechtsanwalt und Notar in Berlin

Dr. Maximilian Seibl, LL.M.
Oberregierungsrat im Bayerischen Staatsministerium für Gesundheit und Pflege, München

Dr. Stephan Serr
Notar in Ochsenfurt

Dr. Reinhard Singer
Professor an der Humboldt-Universität Berlin, vorm. Richter am Oberlandesgericht Rostock

Dr. Dr. h. c. Ulrich Spellenberg
Professor an der Universität Bayreuth

Dr. Sebastian Spiegelberger
Notar a. D. in Rosenheim

Dr. Ansgar Staudinger
Professor an der Universität Bielefeld

Dr. Björn Steinrötter
Professor an der Universität Potsdam

Dr. Malte Stieper
Professor an der Universität Halle-Wittenberg

Dr. Markus Stoffels
Professor an der Universität Heidelberg

Dr. Michael Stürner, M. Jur.
Professor an der Universität Konstanz, Richter am Oberlandesgericht Karlsruhe

Dr. Felipe Temming, LL.M.
Professor an der Universität Hannover

Burkhard Thiele
Präsident des Oberlandesgerichts Rostock a. D., Präsident des Landesverfassungsgerichts Mecklenburg-Vorpommern a. D.

Dr. Christoph Thole
Professor an der Universität zu Köln

Dr. Karsten Thorn
Professor an der Bucerius Law School, Hamburg

Dr. Gregor Thüsing, LL.M.
Professor an der Universität Bonn

Dr. Madeleine Tolani, LL.M.
Professorin an der Hochschule Wismar

Dr. Judith Ulshöfer
Notarassessorin in Ludwigshafen am Rhein

Dr. Barbara Veit
Professorin an der Universität Göttingen

Dr. Bea Verschraegen, LL.M., M.E.M.
Professorin an der Universität Wien, adjunct professor an der Universität Macao

Dr. Klaus Vieweg
Professor an der Universität Erlangen-Nürnberg

Dr. A. Olrik Vogel
Rechtsanwalt in München

Dr. Markus Voltz
Notar in Offenburg

Dr. Reinhard Voppel
Rechtsanwalt in Köln

Dr. Rolf Wagner
Professor an der Universität Potsdam, Ministerialrat im Bundesjustizministerium

Lucas Wartenburger
Notar in Rosenheim

Dr. Christoph Andreas Weber
Privatdozent an der Universität München

Dr. Johannes Weber, LL.M.
Notarassessor, Geschäftsführer des Deutschen Notarinstituts, Würzburg

Gerd Weinreich
Vorsitzender Richter am Oberlandesgericht Oldenburg a. D., Rechtsanwalt in Oldenburg

Dr. Matthias Wendland, LL.M.
Privatdozent an der Universität München

Dr. Domenik H. Wendt, LL.M.
Professor an der Frankfurt University of Applied Sciences

Dr. Olaf Werner
Professor an der Universität Jena, Richter am Thüringer Oberlandesgericht Jena a. D.

Dr. Daniel Wiegand, LL.M.
Rechtsanwalt in München

Dr. Wolfgang Wiegand
Professor an der Universität Bern

Dr. Peter Winkler von Mohrenfels
Professor an der Universität Rostock, Richter am Oberlandesgericht Rostock a. D.

Dr. Felix Wobst
Notarassessor

Dr. Hans Wolfsteiner
Notar a. D., Rechtsanwalt in München

Heinz Wöstmann
Richter am Bundesgerichtshof, Karlsruhe

Redaktorinnen und Redaktoren

Dr. Christian Baldus

Dr. Dr. h. c. mult. Christian von Bar, FBA

Dr. Michael Coester, LL.M.

Dr. Heinrich Dörner

Dr. Hans Christoph Grigoleit

Dr. Johannes Hager

Dr. Dr. h. c. mult. Dieter Henrich

Dr. Carsten Herresthal, LL.M.

Sebastian Herrler

Dr. Dagmar Kaiser

Dr. Dr. h. c. Manfred Löwisch

Dr. Ulrich Magnus

Dr. Peter Mankowski

Dr. Heinz-Peter Mansel

Dr. Peter O. Mülbert

Dr. Gerhard Otte

Dr. Lore Maria Peschel-Gutzeit

Dr. Manfred Rapp[*]

Dr. Peter Rawert, LL.M.

Dr. Volker Rieble

Dr. Christian Rolfs

Dr. Dr. h. c. Herbert Roth

Dr. Markus Stoffels

Dr. Wolfgang Wiegand

---

[*] Dr. Manfred Rapp ist seit dem Jahr 2006 ununterbrochen Redaktor der Bände zum Wohnungseigentumsgesetz. Aufgrund eines Fehlers des Verlags wurde Dr. Manfred Rapp von Januar 2018 bis Juni 2020 nicht im Redaktorenverzeichnis geführt. Der Verlag bittet Herrn Dr. Rapp dies zu entschuldigen.

J. von Staudingers
Kommentar zum Bürgerlichen Gesetzbuch
mit Einführungsgesetz und Nebengesetzen

Buch 2
Recht der Schuldverhältnisse
§§ 535–556g
(Mietrecht 1 – Allgemeine Vorschriften; Wohnraummiete)

Neubearbeitung 2021
von
Markus Artz
Jost Emmerich
Volker Emmerich
Christian Rolfs

ottoschmidt – De Gruyter · Berlin

Die Kommentatorinnen und Kommentatoren

Neubearbeitung 2021
Vorbem zu § 535, §§ 535–541, 543–545, 548, 550–553, 555, 556d–g, 558–559d, 562–562d, 565–567b, 569, 578–579: Volker Emmerich
§§ 542, 546–547, 554, 563–564, 568, 570–577a, 580, 580a; Anh AGG: Christian Rolfs
§§ 549, 556, 556a, 556c, Anh A + B zu § 556c, § 560: Markus Artz
§§ 555a–f, 556b, 557–557b, 561: Jost Emmerich

Neubearbeitung 2018
Vorbem zu § 535, §§ 535–541, 543–545, 548, 550–554, 555, 555f, 556d–g, 558–559b, 562–562d, 565–567b, 569, 578–579: Volker Emmerich
§§ 542, 546–547, 554a, 563–564, 568, 570–577a, 580, 580a; Anh AGG: Christian Rolfs
§§ 549, 556, 556a, 556c, Anh A + B zu § 556c, § 560: Markus Artz
§§ 556b, 557–557b, 561: Jost Emmerich

Neubearbeitung 2016
Vorbem zum MietNovG, §§ 556d–g: Volker Emmerich

Neubearbeitung 2014
Vorbem zu § 535, §§ 535–541, 543–545, 548, 550–554, 555–555f, 558, 558a–e, 559, 559a–b, 562–562d, 565–567b, 569, 578–579: Volker Emmerich
§§ 542, 546–547, 554a, 563–564, 568, 570–577a, 580, 580a; Anh AGG: Christian Rolfs
§§ 549, 556, 556a–c, Anh A + B zu § 556c, §§ 557–557b, 560, 561: Markus Artz
§§ 556b, 557–557b, 561: Birgit Weitemeyer

Neubearbeitung 2011
Vorbem zu § 535, §§ 535–541, 543–545, 548, 550–554, 555, 558–559b, 565–567b, 562–562d, 569, 578–579: Volker Emmerich
§§ 542, 546–547, 554a, 563–564, 568, 570–577a, 580, 580a; Anh AGG: Christian Rolfs
§§ 549, 556–557b, 560, 561; Anh zu §§ 556, 556a: Birgit Weitemeyer

Sachregister
Dr. Martina Schulz, Pohlheim

Zitierweise
Staudinger/V Emmerich (2021) Vorbem 1 zu § 535
Staudinger/Rolfs (2021) § 542 Rn 1
Staudinger/Artz (2021) Anh B zu § 556c Rn 1

Zitiert wird nach Paragraph bzw Artikel und Randnummer.

Hinweise
Das Abkürzungsverzeichnis befindet sich auf www.staudingerbgb.de.

Der **Stand der Bearbeitung** ist November 2020.

Am Ende eines jeden Bandes befindet sich eine Übersicht über den aktuellen Stand des „Gesamtwerk Staudinger".

Die Deutsche Nationalbibliothek verzeichnet diese Publikation in der Deutschen Nationalbibliografie; detaillierte bibliografische Daten sind im Internet über http://dnb.dnb.de abrufbar.

ISBN 978-3-8059-1320-1

© Copyright 2021 by Otto Schmidt Verlagskontor / Walter de Gruyter Verlag OHG, Berlin. – Printed in Germany.

Dieses Werk einschließlich aller seiner Teile ist urheberrechtlich geschützt. Jede Verwertung außerhalb der engen Grenzen des Urheberrechtsgesetzes ist ohne Zustimmung des Verlages unzulässig und strafbar. Das gilt insbesondere für Vervielfältigungen, Übersetzungen, Mikroverfilmungen und die Einspeicherung und Verarbeitung in elektronischen Systemen.

Satz: jürgen ullrich typosatz, Nördlingen.

Druck und Bindearbeiten: Hubert & Co., Göttingen.

Umschlaggestaltung: Bib Wies, München.

♾ Gedruckt auf säurefreiem Papier, das die DIN ISO 9706 über Haltbarkeit erfüllt.

Inhaltsübersicht

	Seite*
Allgemeines Schrifttum	IX

Buch 2 · Recht der Schuldverhältnisse

Abschnitt 8 · Einzelne Schuldverhältnisse
Titel 5 · Mietvertrag, Pachtvertrag

§§ 535–556g (Mietrecht 1)

Untertitel 1 · Allgemeine Vorschriften für Mietverhältnisse	1
Untertitel 2 · Mietverhältnisse über Wohnraum	
Kapitel 1 · Allgemeine Vorschriften	682
Kapitel 1a · Erhaltungs- und Modernisierungsmaßnahmen	814
Kapitel 2 · Die Miete	
Unterkapitel 1 · Vereinbarungen über die Miete	878
Anhang A zu § 556c: Wärmelieferverordnung (WärmeLV)	1056
Anhang B zu § 556c: Verordnung über Heizkostenabrechnung (HeizkostenV)	1060
Unterkapitel 1a · Vereinbarungen über die Miethöhe bei Mietbeginn in Gebieten mit angespannten Wohnungsmärkten	1081
Sachregister	1153

---

* Zitiert wird nicht nach Seiten, sondern
nach Paragraph bzw Artikel und Randnummer;
siehe dazu auch „Zitierweise".

Allgemeines Schrifttum

ABRAMENKO, Das neue Mietrecht in der anwaltlichen Praxis (2013)
ANDRES/LEITHAUS, Insolvenzordnung (4. Aufl 2018)
BAMBERGER/ROTH/HAU/POSECK, Bürgerliches Gesetzbuch (4. Aufl 2019)
BAMBERGER/ROTH/HAU/POSECK, Beck'scher Online-Kommentar zum BGB (BeckOK)
BARTHELMESS, 2. Wohnraumkündigungsschutzgesetz und Miethöhegesetz (5. Aufl 1995)
BEIERLEIN/KINNE/KOCH/STECKMANN/ZIMMERMANN, Der Mietprozess (2006)
BEUERMANN/BLÜMMEL, Das neue Mietrecht 2001 (2001)
BLANK/BÖRSTINGHAUS, Miete (6. Aufl 2020)
BÖRSTINGHAUS, Münchener Prozessformularbuch Bd. 1: Mietrecht (6. Aufl 2020)
BÖRSTINGHAUS/EISENSCHMID, Arbeitskommentar Mietrechtsänderungsgesetz (2013)
dies, MietPrax Arbeitskommentar (Stand 2019)
BORK, Allgemeiner Teil des Bürgerlichen Gesetzbuchs (4. Aufl 2016)
BUB/TREIER, Handbuch der Geschäfts- und Wohnraummiete (5. Aufl 2019)
BURBULLA, Aktuelles Gewerberaummietrecht (3. Aufl 2017)
DÄUBLER/HJORT/SCHUBERT/WOLMERATH, Hand-kommentar Arbeitsrecht (HK-ArbR) (4. Aufl 2017)
EMMERICH/SONNENSCHEIN, Miete. Handkommentar (11. Aufl 2014)
ERMAN, Handkommentar zum Bürgerlichen Gesetzbuch (16. Aufl 2020)
Expertenkommission Wohnungspolitik, Wohnungspolitik auf dem Prüfstand (1995)
FITTING, Betriebsverfassungsgesetz (30. Aufl 2020)
FRANKEN/DAHL, Mietverhältnisse in der Insolvenz (2. Aufl 2006)
FRITZ, Gewerberaummietrecht (4. Aufl 2005)
GERBER/ECKERT/GÜNTER, Gewerbliches Miet- und Pachtrecht. Aktuelle Fragen (8. Aufl 2012)
GRAMLICH, Mietrecht (15. Aufl 2019)
GRUNDMANN, Mietrechtsreformgesetz (2001)
GSELL/KRÜGER/LORENZ/REYMANN, Beck'scher Online Großkommentar zum BGB (BeckOGK)
GUHLING/GÜNTER, Gewerberaummiete (2. Aufl 2019)
HAAS, Das neue Mietrecht – Mietrechtsreformgesetz (2001)
HANNEMANN/HORST, Das neue Mietrecht (2013)
HANNEMANN/WIEGNER, Münchener Anwaltshand-buch Mietrecht (5. Aufl 2019)
HANNEMANN/WIEK/EMMERT, Handbuch des Mietrechts (7. Aufl 2019)
HARZ/RIECKE/SCHMID, Handbuch des Fachanwalts Miet- und Wohnungseigentumsrecht (7. Aufl 2020)
HAUG, Miet- und Pachtvertragsrecht (2. Aufl 2002)
HERRLEIN/KANDELHARD, ZAP Praxiskommentar Mietrecht (4. Aufl 2010)
HERRLER, Münchener Vertragshandbuch, Bd. 5, Bürgerliches Recht (8. Aufl 2020)
HINZ/ORMANSCHICK/RIECKE, Das neue Mietrecht in der anwaltlichen Praxis (2001)
HORST, Praxis des Mietrechts. Wohnraum- und Geschäftsraummiete (2. Aufl 2009) JAUERNIG, Bürgerliches Gesetzbuch (17. Aufl 2018)
JOACHIM, Wohnraummietvertrag (2002)
KINDL/MELLER-HANNICH/WOLF, Handkommentar Zwangsvollstreckung (HK-ZV) (3. Aufl 2016)
KINNE ua, Miete und Mietprozessrecht (7. Aufl 2013)
KLEIN-BLENKERS/HEINEMANN/RING, Miete – WEG – Nachbarschaft (2. Aufl 2019)
KOSSMANN/MEYER-ABICH, Handbuch der Wohnraummiete (7. Aufl 2014)
LAMMEL, AnwaltKommentar Wohnraummietrecht (3. Aufl 2007)
LINDNER-FIGURA/OPRÉE/STELLMANN, Geschäftsraummiete (4. Aufl 2017)
LÜTZENKIRCHEN, Neue Mietrechtspraxis. Für Wohnraum- und sonstige Mietverhältnisse (2001)

ders, Mietrecht (2. Aufl 2015)
ders, Anwalts-Handbuch Mietrecht (6. Aufl 2018)
MUSIELAK/VOIT, Zivilprozessordnung (17. Aufl 2020)
NERLICH/RÖMERMANN, Insolvenzordnung (Stand April 2020)
NEUHAUS, Handbuch der Geschäftsraummiete (7. Aufl 2019)
PALANDT, Bürgerliches Gesetzbuch (79. Aufl 2020)
PASCHKE, Das Dauerschuldverhältnis der Wohnraummiete (1991)
PRÜTTING ua, BGB Kommentar (15. Aufl 2020)
RAUSCHER/KRÜGER, Münchener Kommentar zur Zivilprozessordnung (6. Aufl 2020)
RICHARDI, Betriebsverfassungsgesetz (16. Aufl 2018)
RIPS/EISENSCHMID, Neues Mietrecht (2001)
SÄCKER/RIXECKER/OETKER/LIMPERG, Münchener Kommentar zum Bürgerlichen Gesetzbuch (8. Aufl 2020)
SCHACH/SCHULTZ/SCHÜLLER, Beck'scher Online-Kommentar Mietrecht (BeckOK MietR) (Stand Au-gust 2020)
SCHADE/SCHUBART/KOHLENBACH, Wohn- und Mietrecht (Stand 2017)
SCHMID, Miete und Mietprozess. Handbuch für die anwaltliche und gerichtliche Praxis (4. Aufl 2004)
SCHMID/HARZ, Mietrecht (6. Aufl 2020)
SCHMIDT-FUTTERER, Mietrecht (14. Aufl 2019)
SCHULZE/DÖRNER/EBERT ua., Handkommentar Bürgerliches Gesetzbuch (HK-BGB) (10. Aufl 2019)
SOERGEL, BGB, Bd. 8: Schuldrecht 6 §§ 535–610 (13. Aufl 2007)
SPIELBAUER/SCHNEIDER, Mietrecht (2. Aufl 2018)
STABENTHEINER, Mietrecht in Europa (1996)
STERNEL, Mietrecht aktuell (4. Aufl 2009)
STERNS/STERNS-KOLBECK, Mietrechtsänderungsgesetz (2013)
THOMAS/PUTZO, Zivilprozessordnung (41. Aufl 2020)
ULMER/BRANDNER/HENSEN, AGB-Recht (12. Aufl 2016)
VORWERK/WOLF, Beck'scher Online-Kommentar Zivilprozessordnung (Stand September 2020)
WETEKAMP, Das neue Mietrecht 2001 (2001)
WOLF/ECKERT/GÜNTER, Handbuch des gewerblichen Miet-, Pacht- und Leasingrechts (11. Aufl 2013)
ZEIMES, Die Reform des Mietrechts – Kritische Auseinandersetzung mit formalen Reformbestrebungen und ausgewählten inhaltlichen Aspekten (2001)
ZÖLLER, Zivilprozessordnung (33. Aufl 2020).

Titel 5
Mietvertrag, Pachtvertrag
Untertitel 1
Allgemeine Vorschriften für Mietverhältnisse

Vorbemerkungen zu § 535

Systematische Übersicht

I. **Entwicklung des Mietrechts**
1. Bis Ende des ersten Weltkriegs ... 1
2. Die Zeit bis Ende des zweiten Weltkriegs ... 4
3. Nachkriegszeit ... 6
4. Rückkehr zum Mieterschutz ab 1971 ... 11
5. Mietrechtsreform von 2001 ... 16
6. Mietrechtsänderungsgesetz von 2013 ... 17
7. Das Mietrechtsnovellierungsgesetz von 2015 ... 18
8. Mietanpassungsgesetz von 2018 ... 19
9. Mietendeckel? ... 20

II. **Die Miete im System des BGB**
1. Schuldverhältnis ... 21
2. Fahrnismiete, Grundstücksmiete, Wohnraummiete ... 26
3. Insbesondere Mischmietverhältnisse ... 33

III. **Abgrenzung**
1. Pacht ... 36
2. Leihe ... 40
3. Verwahrung ... 42
4. Dienst- und Werkvertrag ... 44
5. Wohnungsrecht ... 48

IV. **Besondere Erscheinungsformen**
1. Automatenverträge ... 54
2. Tankstellenverträge ... 59
3. Beherbergungsverträge ... 61
4. Krankenhausaufnahmeverträge ... 66
5. Internatsverträge ... 68
6. Wohn- und Betreuungsverträge ... 69
7. Betreutes Wohnen ... 74
8. Genossenschaften ... 75
9. Gaststätten, Vergnügungseinrichtungen ... 80
10. Schrankfachverträge ... 81
11. Konzessionsverträge und vergleichbare Vereinbarungen ... 82

V. **Verschulden bei Vertragsverhandlungen**
1. Überblick ... 84
2. Vermieter ... 86
3. Mieter ... 91

VI. **Abschluss des Mietvertrages**
1. Einigung der Parteien ... 92
2. Verbraucherverträge ... 99
3. Anfechtung ... 104
   a) Mieter ... 104
   b) Vermieter ... 107

VII. **Mehrheit von Vermietern**
1. Gesellschaft ... 111
2. Miteigentümer ... 112
3. Miterben ... 116

VIII. **Mehrheit von Mietern**
1. Gesellschaft ... 117
   a) Einheitliches Mietverhältnis, Kündigung ... 117
   b) Haftung der Mieter ... 121
   c) Ansprüche der Mieter ... 124
2. Ehegatten ... 125
   a) Wer ist Mieter? ... 125
   b) Rechtslage bei Abschluss durch einen Ehegatten allein ... 127
   c) Rechtslage bei Abschluss durch beide Ehegatten ... 130
3. Nichteheliche Lebensgemeinschaften ... 136
   a) Vertragsschluss mit beiden Partnern ... 136
   b) Vertragsschluss nur mit einem Partner ... 138

Vorbem zu § 535

IX. Vorvertrag, Vormietrecht
1. Vorvertrag — 141
2. Vormietrecht — 147
3. Anmietrecht — 151

X. Optionen
1. Erscheinungsformen, Verlängerungsoptionen — 152
2. Verlängerungsklauseln — 160

XI. Abstandszahlungen — 162

XII. Hausordnung — 167

XIII. Kraftfahrzeugmietverträge
1. Aufklärungspflichten — 171
2. Haftung — 173

XIV. Sittenwidrigkeit, Wucher — 176
1. § 5 WiStG, § 291 StGB — 177
2. § 138 — 180
3. Weitere Fälle — 183

XV. Gesetzliche Verbote — 185

XVI. Indexmiete, Wertsicherungsklauseln — 187

Alphabetische Übersicht

Abgrenzung	36 ff
Ablösevereinbarung	165
Abstand	162 ff
Altenheime	69
Anfechtung	104 f
Anmietrecht	147
Aufklärungspflichten	84 ff
Automatenaufstellverträge	55 ff
Automatenverträge	54
Automietverträge	171 ff
Beherbergungsverträge	61 ff
Bordelle	183
c i c	84 ff
Ehegatten	126 ff
Energieausweis	63b
Entwicklung des Mietrechts	1 ff
Erbengemeinschaft	113
Erscheinungsformen	21 ff
Genossenschaften	77
Geschichte	1 f
Gesellschaften	117 ff
Gewerbliche Miete	33 f
Grundstücksmiete	27
HausratsVO	88
Heimverträge	69
Internatsvertrag	68
Kraftfahrzeugmiete	171 ff
Krankenhausaufnahmeverträge	66
Leihe	40
Mehrheit von Mietern	117 ff
– von Vermietern	111 ff
Mietnotrecht	3 ff
Mietrechtsreform	16 ff
Mischmietverhältnisse	33
Miteigentümer	77 ff
Miterben	114
Nichteheliche Lebensgemeinschaften	136 ff
Optionen	152 f
Pacht	36
Schrankfachvertrag	81
Schuldverhältnis	17
Sittenwidrigkeit	183 ff
Stationärsvertrag	59
Tankstellenverträge	59 f
Tresorvertrag	91
Verbote, gesetzliche	185
Verbraucherverträge	99
Verlängerungsklausel	160
Verlängerungsoption	154 ff
Verwahrung	42
Vormietrecht	147 ff

Untertitel 1
Allgemeine Vorschriften für Mietverhältnisse   **Vorbem zu § 535**

Vorvertrag	141 ff	Wohn- und Betreuungsvertrag	69
		Wohnraummiete	29
Werkförderungsvertrag	71 ff	Wohnungsrecht	48
Werkvertrag	44	Wucher	176 ff
Wertsicherungsklause	188 ff		

I. Entwicklung des Mietrechts

1. Bis Ende des ersten Weltkriegs

Das BGB behandelt den Mietvertrag als normalen schuldrechtlichen Vertrag **1** (Rn 21 ff), der sich deutlich sowohl von den dinglichen Verträgen wie zB dem Nießbrauch als auch von anderen schuldrechtlichen Verträgen wie insbesondere Dienst- und Werkverträgen unterscheidet (Rn 44). Mit dieser Entscheidung gegen eine Verdinglichung der Miete oder gegen ihre Zusammenfassung mit Dienst- und Werkverträgen hatte sich das BGB gleichermaßen gegen die deutschrechtliche wie gegen die gemeinrechtliche Tradition gewandt, wobei als Vorbild meistens das alte schweizerische Obligationenrecht von 1881 (Art 274) genannt wird (zum Folgenden s insbesondere HKK/Oestmann §§ 535–580a Rn 1, 20 ff). Im gemeinen Recht war es dagegen im Anschluss an das römische Recht üblich gewesen, Dienst- und Werkverträge mit den Miet- und Pachtverträgen als locatio conductio zusammenzufassen (vgl Art 1709 f franz Code civil von 1804, § 1091 öABGB von 1811), während das preußische ALR von 1794 bereits die Dienst- und Werkverträge (ALR I 11 §§ 869 ff) von den Miet- und Pachtverträgen getrennt (ALR I 21 §§ 258 ff), die letzteren aber noch zusammen mit dem Nießbrauch (ALR I 21 §§ 21 ff) als dingliche Verträge eingeordnet hatte. Heute bilden die Vorschriften über die Miete (§§ 535–580a BGB) zusammen mit den Bestimmungen über die Pacht und die Landpacht (§§ 581 und 584 ff BGB), die Leihe (§§ 598 ff BGB) und das (praktisch bedeutungslose) Sachdarlehen (§§ 607 bis 609 BGB) die Regelung der Gebrauchsüberlassungsverträge im BGB.

Gegen die schuldrechtliche Einordnung der Miete im BGB (Rn 1) ist schon früh der **2** Vorwurf erhoben worden, sie vernachlässige den gebotenen Schutz der Mieter, insbesondere gegen Dritte. Tatsächlich kannte jedoch das BGB bereits in seiner ursprünglichen Fassung eine ganze Reihe von **mieterschützenden Bestimmungen**, die freilich durchweg, von wenigen Ausnahmen abgesehen (s vor allem § 571 aF = § 566 nF), den schwerwiegenden Nachteil hatten, **dispositiv** zu sein, sodass es schon kurz nach Inkrafttreten des BGB weithin üblich geworden war, vor allem die Wohnraummieter durch Formularverträge der Vermieterverbände soweit wie irgend möglich zu entrechten (s zB Herrlein NZM 2016, 1, 2 mwNw; HKK/Oestmann §§ 535–580a Rn 77 ff). Dieser Missstand musste spätestens in **Notzeiten** zur **Katastrophe** führen. Diese ließ denn auch nach Ausbruch des ersten Weltkrieges nicht lange auf sich warten. Nachdem es zunächst infolge des Kriegsausbruchs zu einem Überangebot von Wohnungen gekommen war, führte ungefähr ab 1916 der starke Rückgang des Mietwohnungsbaus infolge der Konzentration sämtlicher Ressourcen auf die Rüstung zu einer erheblichen Verknappung des Angebots und in Verbindung damit zu starken Mieterhöhungen, die sich vor allem für die Familien der vielen gefallenen oder verwundeten Soldaten verheerend auswirkten (dazu ausführlich Börstinghaus, in: FS Bub [2007] 283; ders WuM 2018, 612).

3 Der Gesetzgeber reagierte auf diese offenkundigen Missstände viel zu zögerlich (Überblick zB bei Börstinghaus WuM 2018, 612; Herrlein NZM 2016, 1). Denn erst mit Erlass der **ersten MieterschutzVO** v 26. 7. 1917 (RGBl 659) erhielten die Landeszentralbehörden die Befugnis, die bereits 1914 geschaffenen Mieteinigungsämter zu ermächtigen, eine Kündigung für unwirksam zu erklären. Damit war das in der Folgezeit ständig weiter ausgebaute **Mietnotrecht** geboren, das auf seinem Höhepunkt einen umfassenden Schutz des Mieters gleichermaßen gegen Kündigungen wie gegen Mieterhöhungen sowie die hoheitliche Erfassung und Verteilung des vorhandenen Wohnraums umfasste (Rn 4 f).

2. Die Zeit bis Ende des zweiten Weltkriegs

4 Die totale staatliche Lenkung des Wohnungsmarktes beruhte schließlich ab 1923 auf dem Reichsmietengesetz (**RMG**) v 24. 3. 1922 (RGBl 273), dem Mieterschutzgesetz (**MSchG**) v 1. 6. 1923 (RGBl I 355) sowie dem Wohnungsmangelgesetz (WMG) v 26. 7. 1923 (RGBl I 754). Jedoch konnte sich schon damals auch der Gesetzgeber nicht ganz der Erkenntnis verschließen, dass dem dringend notwendigen Neubau von Wohnungen nichts so abträglich ist wie eine staatliche Zwangswirtschaft. Ab 1925 wurde deshalb die Wohnungszwangswirtschaft (ein wenig) gelockert. Da jedoch die gleichzeitig angestrebte soziale Ausgestaltung des Mietrechts im BGB nicht gelang, trat tatsächlich am 1. 4. 1933 lediglich das alte WMG außer Kraft, während RMG und MSchG im Wesentlichen unverändert in Kraft blieben (Börstinghaus WuM 2018, 612, 614 ff).

5 In der Folgezeit wurde der Mieterschutz wieder erheblich ausgedehnt und schließlich in dem neuen **MSchG** vom 15. 12. 1942 zusammengefasst. Daneben entwickelte sich seit dem **PreisstoppG** v 1936 ein selbst für den Fachmann zuletzt nicht mehr durchschaubares Gestrüpp von Verordnungen über die Mietpreisbildung, wodurch jedenfalls im Ergebnis eine totale Mietpreisbindung eingeführt wurde. Zugleich kam es auf der Grundlage verschiedener Verordnungen zur Wiedereinführung der Wohnraumbewirtschaftung. Hervorzuheben sind die WohnraumlenkungsVO v 27. 2. 1942 (RGBl I 127) sowie die VO zur Wohnraumversorgung der vom Luftkrieg betroffenen Bevölkerung v 21. 6. 1943 (RGBl I 355).

3. Nachkriegszeit

6 Die ersten Nachkriegsjahre markieren aufgrund der Verbindung von umfassendem Kündigungsschutz (MSchG 1942), totalem Preisstopp und Zwangsbewirtschaftung aller Wohnungen (aufgrund eines Kontrollratsgesetzes von 1946) den **Höhepunkt** in der Entwicklung des Mietnotrechts. Die folgenden Jahre waren durch den **Abbau** der Wohnungszwangswirtschaft gekennzeichnet, verbunden mit einer umfassenden staatlichen **Förderung des Wohnungsbaus**, insbesondere auf der Grundlage des zweiten Wohnungsbaugesetzes (2. WoBauG), das bis 2001 die Grundlage für die Förderung des sozialen Wohnungsbaus bildete (Blumenroth, Deutsche Wohnungspolitik seit der Reichsgründung [1975] 321 ff; Börstinghaus WuM 2018, 610, 619 ff; Derleder, in: 10 Jahre Mietrechtsreform [2011] 93; HKK/Oestmann §§ 535–580a Rn 83 ff; Sonnenschein DWW 1992, 193, 196 ff; ders PiG 49 [1996] 7, 19 ff; Wolter, Mietrechtlicher Bestandsschutz [1984] 139, 185 ff). An die Stelle des 2. WoBauG ist später das Wohnraumförderungsgesetz (WoFG) von 2001 getreten.

Seit Mitte der fünfziger Jahre wurden zunächst die meisten sog **Neubauwohnungen** 7
von der Wohnungszwangswirtschaft freigestellt; sie unterlagen jedoch teilweise noch
in beschränktem Umfang der Preisbindung. Dagegen galten für den gesamten **Althausbesitz** nach wie vor der Bestandsschutz aufgrund des MSchG, die Bewirtschaftung aufgrund des WG und der Preisstopp von 1936 fort, gelockert durch verschiedene Bundesmietengesetze (BMG). Diese Marktspaltung konnte nicht unbeschränkt
beibehalten werden. Deshalb setzte sich der Gesetzgeber ab 1960 das Ziel, den
gesamten Wohnungsmarkt aus der staatlichen Bewirtschaftung in die Marktwirtschaft zu entlassen.

Aufgrund umstrittener statistischer Erhebungen kam die Bundesregierung 1960 zu 8
dem Ergebnis, dass spätestens Ende 1965 der Wohnungsmarkt ausgeglichen sein
werde, so dass sich in den Jahren von 1960 bis 1965 ein **Abbau der Wohnungszwangswirtschaft** in Verbindung mit der Einführung eines sozialen Mietrechts rechtfertigen
lasse (sog **Lücke-Plan**). Ergebnis dieser Überlegungen war das **AbbauG** von 1960.
Dieses Gesetz brachte neben zahlreichen Gesetzesänderungen ein 2. BMG, das
1. Gesetz über die Gewährung von Miet- und Lastenbeihilfen, die ersten Änderungen des Mietrechts des BGB unter sozialen Vorzeichen und vor allem die Bestimmung des 31. 12. 1965 als **Endtermin** des MSchG. In der Folgezeit wurde dieser
Endtermin freilich für verschiedene Ballungszentren immer weiter hinausgeschoben,
sodass schließlich das MSchG in Berlin endgültig erst Ende 1975 außer Kraft trat.
Die Mietpreisbindung wurde gleichfalls nur sehr viel langsamer als geplant abgebaut.
Aufgrund verschiedener zeitgebundener Gesetze endete sie schließlich für München
und Hamburg erst Ende des Jahres 1974 und in Berlin sogar erst Ende des Jahres
1987 (s Sonnenschein, Wohnraummietrecht [1995] 106 ff).

Beschränkungen der Miethöhe gibt (oder besser: gab) es seitdem nur noch für die 9
sog **Sozialwohnungen** aufgrund des Wohnungsbindungsgesetzes (**WoBindG**) vom
31. 1. 1974 (BGBl I 137) in der Fassung der Bekanntmachung vom 13. 9. 2001 (BGBl
I 2404). Eine entsprechende Regelung besteht für Bedienstetenwohnungen aufgrund
des (fortgeltenden) § 87a des 2. WoBauG sowie für andere öffentlich geförderte
Wohnungen aufgrund der §§ 88 und 88b des 2. WoBauG. Für die Berechnung dieser
gebundenen Mieten sind vor allem die NeubaumietenVO (NMVO) v 1970 idF
v 12. 10. 1990 (BGBl I 2203) und die 2. BerechnungsVO (II. BV) v 21. 2. 1975 (BGBl
I 570) in der Fassung v 12. 10. 1990 (BGBl I 2178) heranzuziehen (wegen der Einzelheiten
s Emmerich, Preisfreiheit und Preisbindung, PiG 49 [1996] 71, 76 f), an deren Stelle mittlerweile in einzelnen Beziehungen die Wohnflächen- und die Betriebskostenverordnung v 23. 11. 2003 (BGBl I 2346) getreten sind.

Parallel zu dem schrittweisen Abbau der Wohnungszwangswirtschaft vollzog sich die 10
Einführung des sozialen Mietrechts. Das AbbauG v 1960 (Rn 8) hatte sich aus Zeitnot
zunächst auf die Einführung der sog Sozialklausel (§§ 574 ff nF = § 556a aF) beschränkt. Die eigentlichen Verbesserungen des Mieterschutzes brachten dann erst
das 1. MietRÄndG v 29. 7. 1963 (BGBl I 505), das (wichtige) 2. MietRÄndG v 14. 7.
1964 (BGBl I 457) sowie das 3. MietRÄndG v 21. 2. 1967 (BGBl I 1248). Das Mietrecht
ist seitdem im Grunde nicht mehr zur Ruhe gekommen, da die Parteien sich mittlerweile durchgängig darin überbieten, ihr Profil durch Wahlgeschenke an die Wohnungsmieter zu schärfen (Rn 11 ff).

4. Rückkehr zum Mieterschutz ab 1971

11 Nach dem Regierungswechsel von 1969 gelangte die Bundesregierung zu dem Schluss, dass die immer noch bestehende Mangellage in Verbindung mit den starken Baupreiserhöhungen **in verschiedenen Ballungsgebieten** zu einem unerträglichen Anstieg der Mieten geführt habe, sodass bis zum endgültigen Ausgleich von Angebot und Nachfrage ein **verstärkter Mieterschutz** geboten sei (vgl BT-Drucks VI/1549). Die Bundesregierung legte deshalb dem Bundestag einen umfangreichen Entwurf vor, durch den vorübergehend vor allem der Schutz der Mieter gegen Kündigungen und Mieterhöhungen verbessert werden sollte. Der Entwurf löste in der Öffentlichkeit eine heftige Diskussion aus. Ergebnis war die Aufspaltung des Entwurfs in zwei Gesetze, nämlich in das **1. WRKSchG** v 25. 11. 1971 (BGBl I 1839) sowie in das Mietrechtsverbesserungsgesetz v 4. 11. 1971 (BGBl I 1745).

12 Die Folgejahre waren durch eine **ständige Verschärfung des neuen Mieterschutzes** gekennzeichnet (s zB Artz NJW 2015, 1573; Börstinghaus, in: FS Eisenschmid [2016] 15 [WuM 2016 H 7]; Derleder, in: 10 Jahre Mietrechtsreform [2011] 93; Emmerich, in: FS Mestmäcker [1996] 989 ff; Riesenhuber, in: Möslein [Hrsg], Private Macht [2016] 193; Sonnenschein, Die Geschichte des Wohnraummietrechts, PiG 49 [1996] 7, 21 ff), sodass im Schrifttum nicht ohne Grund bereits von einer „Dauerbaustelle" Mietrecht die Rede ist, vergleichbar allein mit der Situation im Verbraucherrecht (treffend HKK/Oestmann §§ 535–580a Rn 6 mwNw). Die Abkehr von einem privatautonomen Mietrecht, dem Leitbild des BGB von 1900, ist inzwischen nahezu total (kritisch zu Recht HKK/Oestmann §§ 535–580a Rn 86 ff), sodass es durchaus ins Bild passt, dass das BVerfG das Besitzrecht des Mieters neuerdings als „Eigentum" apostrophiert (Rn 24 f).

13 Den Reigen der im Grunde weitgehend überflüssigen Interventionen (Rn 12) eröffnete das 2. WRKSchG von 1974 (BGBl I 3603), durch dessen Art 1 der Kündigungsschutz nunmehr als Dauerrecht im BGB verankert wurde (§ 564b aF). Außerdem wurde durch Art 3 ein neues Gesetz zur Regelung der Miethöhe eingeführt (MHRG), aufgrund dessen der Vermieter nach dem Vorbild des 1. WRKSchG unter bestimmten Voraussetzungen eine Anpassung der vertraglichen Miete an das Niveau der ortsüblichen Vergleichsmiete verlangen konnte (s jetzt §§ 557 ff nF). Das BVerfG hat in der Folgezeit die Verfassungsmäßigkeit der neuen Mieterschutzgesetze wiederholt bestätigt (BVerfGE 37, 140 = NJW 1974, 1499; BVerfGE 49, 244 = NJW 1979, 31; BVerfGE 68, 361 = NJW 1985, 2633; s Emmerich, in: FS Mestmäcker [1996] 989, 991 ff; Sonnenschein NJW 1993, 161).

14 Als der Mietwohnungsbau – aus welchen Gründen immer – Ende der siebziger Jahre erheblich zurückging, entschloss sich der Gesetzgeber vorübergehend wieder zu einer gewissen **Lockerung** des Mieterschutzes. Hervorzuheben ist das Gesetz zur Erhöhung des Angebots von Mietwohnungen vom 20. 12. 1982 (BGBl I 1912). Seitdem war vor allem die Vereinbarung von Staffelmieten wieder zulässig (s § 557a nF). Der Preis für diese geringfügige Lockerung des Mieterschutzes bestand freilich in einer weiteren Beschränkung des Mieterhöhungsrechtes des Vermieters über den früheren Rechtszustand hinaus durch Einführung einer sog **Kappungsgrenze** (§ 1 Abs 1 Nr 3 MHRG aF = § 558 Abs 3 nF).

15 Die Zahl der Eingriffe in den Mietwohnungsmarkt nahm in den Folgejahren ständig zu. Hervorzuheben sind – neben der großen Mietrechtsreform von 2001 (Rn 16) – vor allem das 4. Mietrechtsänderungsgesetz von 1993 (BGBl I 1257), durch das für die Masse der Wohnungen die Kappungsgrenze von 30 auf 20% absenkt wurde (ebenso jetzt generell § 558 Abs 3 nF), das Mietrechtsänderungsgesetz von 2013 (Rn 17), das Mietrechtsnovellierungsgesetz von 2015 (Rn 18) sowie das Mietrechtsanpassungsgesetz von 2018 (Rn 19), – wobei vor allem der Erfindungsreichtum des Gesetzgebers hinsichtlich immer neue Namen für einfache Änderungsgesetze Bewunderung auslösen muss. Weitere schwerwiegende Eingriffe in den Mietwohnungsmarkt sind in Vorbereitung (Rn 20).

5. Mietrechtsreform von 2001

Der Bundestag hatte bereits 1974 die Bundesregierung ersucht, das zersplitterte **16** Wohnraummietrecht für die Betroffenen verständlich und übersichtlich in einem Gesetz zusammenzufassen (BT-Drucks 7/2629, 2; s zum Folgenden zB ARTZ NJW 2015, 1573; EMMERICH JuS 2000, 1051 = DWW 2000, 143; ders NZM 2001, 690; 2001, 777; 2002, 362). Die Bundesregierung reagierte auf diese Aufforderung jedoch erst im Jahre 1992 durch die Einsetzung einer **Expertenkommission**, die das deutsche Mietrecht auf seine Reformbedürftigkeit überprüfen und Verbesserungsvorschläge vorlegen sollte. Ergebnis war ein Bericht von 1994, in dem letztlich nur moderate Änderungen des Mietrechts vorgeschlagen wurden (s Expertenkommission Wohnungspolitik, Wohnungspolitik auf dem Prüfstand, BT-Drucks 13 [1994] 159; dies, Wohnungspolitik für die neuen Länder [1995]; SONNENSCHEIN, Wohnraummiete [1995]). Wie nicht anders zu erwarten, stieß der Bericht gleichwohl auf die lebhafte Kritik insbesondere der Mieterverbände. Die Bundesregierung beauftragte deshalb eine sog **Bund-Länder-Arbeitsgruppe** mit weiteren Reformüberlegungen, die 1996 ihren Niederschlag in einem „Bericht zur Neugliederung und Vereinfachung des Mietrechts" fanden. Dieser Bericht bildete die Grundlage der Reformüberlegungen der Bundesregierung nach 1998, die schließlich im Jahre 2000 in den Entwurf eines Mietrechtsreformgesetzes mündeten (BT-Drucks 14/4553 = NZM 2000, 802), dem der Bundestag im Sommer 2001 zustimmte. Das neue Mietrecht ist am 1. 9. 2001 in Kraft getreten (BGBl I 1149).

6. Mietrechtsänderungsgesetz von 2013

Die nächsten umfangreichen Änderungen des Wohnraummietrechts brachte das **17** Mietrechtsänderungsgesetz von 2013, in Kraft getreten am 1. 5. 2013 (BGBl I 434). Zweck des Gesetzes war in erster Linie eine Senkung der mietrechtlichen Hürden für energetische Modernisierungen (s die Begr z RegE BT-Drucks 17 [2012], 10485; ARTZ NJW 2015, 1573; EISENSCHMID PiG 92 [2012] 179). Die einschlägigen Vorschriften finden sich jetzt in dem neuen Kap 1a mit der Überschrift „Erhaltungs- und Modernisierungsmaßnahmen", das an die Stelle des § 554 BGB getreten ist (§§ 555a bis 555f BGB). In diesen Zusammenhang gehören auch die Einschränkung des Minderungsrechts des Mieters durch den neuen § 536 Abs 1a BGB sowie die erstmalige Regelung des so genannten Wärmecontractings durch 556c BGB.

7. Das Mietrechtnovellierungsgesetz von 2015

Die nächsten Eingriffe in den Mietwohnungsmarkt brachte das sogenannte Miet- **18** NovG vom 21. 4. 2015 (BGBl I 610), im Wesentlichen in Kraft getreten am 1. 6. 2015 (BGBl I 610), durch das die neuen §§ 556d bis 556g BGB in das BGB eingefügt wurden (wegen der Einzelheiten s unten Vorbem zu §§ 556d–556g). Zweck des Gesetzes ist es, auf sogenannten angespannten Wohnungsmärkten, dh auf Wohnungsmärkten, die durch erhebliche Mietsteigerungen und Engpässe auf Teilen des Marktes gekennzeichnet sind, bei Abschluss neuer Mietverträge durch die Begrenzung der Mietsteigerungen einen Druck auf die Mieten auszuüben (sog **Mietpreisbremse**). Zu diesem Zweck bestimmt der neue § 556d Abs 1 BGB, dass die Miete in einem Mietvertrag über Wohnraum in Gebieten mit angespanntem Wohnungsmarkt (nur) *zu Beginn* des Mietverhältnisses die ortsübliche Vergleichsmiete im Sinne des § 558 Abs 2 BGB grundsätzlich, dh von zahlreichen Ausnahmen abgesehen, höchstens um 10% übersteigen darf (sogenannte **100 + 10-Regel**). Die Gebiete mit angespanntem Wohnungsmarkt werden durch Rechtsverordnungen der Landesregierungen für die Dauer von jeweils 5 Jahren festgelegt (§ 556d Abs 2 BGB). Die Verfassungsmäßigkeit der Regelung wurde mittlerweile von dem BVerfG bestätigt (BVerfG 18. 7. 2019 – 1 BvL 4/18, NJW 2019, 3054 = NZM 2019, 676). Jedoch blieben die Auswirkungen der Mietpreisbremse auf das Mietpreisniveau gering, so dass sich die Bundesregierung sich deshalb 2018 zu einer „Verschärfung" der gesetzlichen Regelung entschloss (Rn 19). Wenig später wurde durch ein weiteres Änderungsgesetz von 2020 die Geltungsdauer der Regelung (vorerst) bis 2025 verlängert.

8. Das Mietrechtsanpassungsgesetz von 2018

19 Wegen der bisherigen Wirkungslosigkeit der Mietpreisbremse sah sich die Bundesregierung im Jahre 2018 erneut zum Handeln gezwungen (Rn 18). Ergebnis war das sogenannte Mietrechtsanpassungsgesetz, das zwei Schwerpunkte hatte. Den ersten Schwerpunkt bildete die „Verschärfung" der Mietpreisbremse, in erster Linie durch die Einführung einer vorvertraglichen Auskunftspflicht des Vermieters, wenn er von der Ausnahmeregelung der §§ 556e und 556f BGB Gebrauch machen will (§ 556g Abs 1a). Hinzugekommen sind als zweiter Schwerpunkt verschiedene Änderungen der Vorschriften über eine Mieterhöhung bei der Modernisierung von Wohnungen. Hervorzuheben sind die Herabsetzung des Betrags, um den die Miete im Falle einer Modernisierung erhöht werden kann, von 11% auf 8% der aufgewandten Kosten (§ 559 Abs 1 BGB nF), die (schon lange geplante) Einführung einer Kappungsgrenze (§ 559 Abs 3c BGB) sowie die Zulassung eines vereinfachten Verfahrens zur Mieterhöhung bei Kosten der Modernisierung von höchstens 10 000 € je Wohnung (§ 559c BGB). Hinzu traten noch (besonders umstrittene) Maßnahmen gegen das sogenannte „Hinausmodernisieren" in den neuen Vorschriften des § 559d BGB und des § 6 WiStG. Außerdem wurde durch ein Gesetz von 19 März 2020 die Geltungsdauer der Regelung über die Mietpreisbremse (wie von Anfang an abzusehen) – vorerst – bis Ende 2025 verlängert. Durch ein weiteres Gesetz vom 21. Dezember 2019 wurde schließlich noch mit Wirkung vom 1. Januar 2020 ab der Betrachtungszeitraum für die ortsübliche Vergleichsmiete in § 558 Abs 2 S 1 BGB von vier auf auf sechs Jahre erhöht, wovon man sich einen preisdämpfenden Effekt verspricht.

9. Mietendeckel?

20 In den Augen zahlreicher Kritiker der aktuellen Lage auf den Wohnungsmärkten reichen die bisherigen Maßnahmen zur Begrenzung des Mietanstiegs zumal in den Ballungsgebieten zum Schutze der Mieter gegenüber überhöhten Mieten nicht aus.

Untertitel 1
Allgemeine Vorschriften für Mietverhältnisse   **Vorbem zu § 535**

Daher die verbreitete Forderung nach gesetzlichen Obergrenzen für Mieterhöhungen bei Wohnungen, insbesondere in Großstädten wie Berlin, Hamburg oder München. Erfolgreich waren derartige Bestrebungen bisher allein in **Berlin**, wo am 23. 2. 2020 ein Gesetz zur Einführung eines sogenannten **Mietendeckels** in Kraft getreten ist (Gesetz vom 11. 2. 2020, GVBl 2020, 50 = NZM 2020, 235; dazu zB Brückner GE 2020, 177; Herrlein/Tuschl NZM 2020, 217; Selk NZM 2020, 342; Tietzsch WuM 2020, 121 und 622). Das Gesetz hat zwei Schwerpunkte, einen sogenannten Mietenstopp sowie die Einführung einer Obergrenze für Vereinbarungen über die Miethöhe bei Abschluss eines neuen Mietvertrags für Wohnungen. Die Geltungsdauer des Gesetzes ist (vorerst) auf fünf Jahre begrenzt (Art 4 Abs 2 des Gesetzes).

Die Regelung über den sogenannten **Mietenstopp** findet sich in der Vorschrift des § 3 des Gesetzes. Die Mieten für Wohnungen in Berlin werden danach rückwirkend auf dem Stand vom 18. Juni 2019 „eingefroren". Die **Obergrenzen** für Vereinbarungen über die Miethöhe für Wohnraum ergeben sich aus einer Tabelle in § 6 des Gesetzes, wobei vor allem nach Baualtersklassen und der Ausstattung der Wohnungen differenziert wird. Bei bestimmten Modernisierungen sind geringfügige **Überschreitungen** der Obergrenze möglich (§ 7 des Gesetzes). Jenseits dieses Sonderfalles sind jedoch Mieten, die die Obergrenzen des § 6 des Gesetzes um mehr als 20 % überschreiten, nach § 5 des Gesetzes ab November 2020 grundsätzlich **verboten** – wohl mit der Folge, dass die Mieter einen Anspruch auf Rückzahlung des die Obergrenzen überschreitenden Betrages der Miete nach den §§ 134 und 812 BGB haben sollen. **20a**

Die Vereinbarkeit des Gesetzes mit dem GG ist umstritten und in der Tat zweifelhaft, weil offen ist, ob dem Land Berlin für eine Mietpreisregelung der geschilderten Art (Rn 20a) die **Gesetzgebungskompetenz** zusteht. Soweit dies bejaht wird, geschieht es meistens unter Hinweis auf die heutige Zuständigkeit der Länder für das Wohnungswesen (so zB Tietzsch WuM 2020, 121, 123 ff mwNw). Dagegen spricht indessen, dass die Regelung der Miethöhe seit jeher Aufgabe des Mietrechts – als Teil des bürgerlichen Rechts – war und ist, wofür dem Bund die Gesetzgebungskompetenz zusteht (Art 74 Abs 1 Nr 1 GG), von der der Bund mit der Regelung der §§ 138, 556d ff und 558 ff BGB umfassend Gebrauch gemacht hat, sodass daneben für weitergehende Regulierungen der Länder wohl kein Raum sein dürfte (s Gellwitzki ZMR 2020, 473, 568; Herrlein/Tuschl NZM 2020, 217, 226 ff; Heusch NZM 2020, 357, 364 f; Kühling NZM 2020, 521, 527 ff; ebenso BayVerfGH 16. 7. 2020-Vf 32-IX-20, NZM 2020, 649 = GE 2020, 981; LG Berlin WuM 2020, 204 = NZM 2020, 368; NZM 2020, 737; offengelassen aber in BGH 27. 5. 2020 – VIII ZR 45/19, NZM 2020, 551; anders zB LG Berlin NZM 2020, 746). Endgültige Klarheit wird hier erst eine absehbare Entscheidung des BVerfG bringen (noch offengelassen in BVerfG 10. 3. 2020 – 1 BvQ 15/20, WuM 2020, 200 = NZM 2020, 366). Sollte das Gericht die Kompetenz der Länder bejahen, so droht freilich offenkundig eine weitgehende Zersplitterung des Mietrechts, solange der Bund nicht seinerseits die Initiative für die Einführung eines wie immer gearteten „Mietendeckels" ergreift, worauf mehrere Initiativen, auch im Bundestag, abzielen (Nachw bei Herrlein/Tuschl NZM 2020, 217, 231 ff). **20b**

II. Die Miete im System des BGB

1. Schuldverhältnis

21 Angesichts der Stellung des Mietrechts im 8. Abschnitt des Zweiten Buchs des BGB (Einzelne Schuldverhältnisse) kann kein Zweifel daran bestehen, dass nach der Vorstellung jedenfalls der Verfasser des BGB der Mietvertrag ein **gegenseitiger schuldrechtlicher Vertrag** ist, durch den ein Dauerschuldverhältnis begründet wird. Damit wurde bezweckt und auch erreicht, dass der Vermieter nicht nur bei Übergabe der Mietsache an den Mieter, sondern auch während der gesamten Vertragsdauer zu einem positiven Tun verpflichtet ist, um seiner Pflicht zur Gewährung des vertragsgemäßen Gebrauchs aufgrund des § 535 Abs 1 S 2 BGB nachzukommen (s unten § 535 Rn 14, Rn 20 ff; HKK/Oestmann §§ 532–580a Rn 32 ff). Die andere Seite der Medaille ist freilich, dass der Mieter, solange ihm die vermietete Sache nicht übergeben ist, kein Recht an dieser hat, sondern auf seinen Erfüllungsanspruch gegen den Vermieter beschränkt ist, da das BGB das gemeinrechtliche ius ad rem gerade nicht übernommen hat (Weller JZ 2012, 881).

22 Die Situation ändert sich, sobald dem Mieter die vermietete Sache übergeben wird. Denn von diesem Zeitpunkt ab genießt der Mieter aufgrund der §§ 858 ff BGB **Besitzschutz gegen Dritte** einschließlich des Vermieters. Außerdem ist er jetzt weitgehend gegen schuldhafte Eingriffe Dritter durch § 823 Abs 1 BGB geschützt. Dies gilt gleichermaßen für die Grundstücks- wie für die Fahrnismiete (vgl auch §§ 986 Abs 2 und 1007). Doch ändert das nichts an der schuldrechtlichen Natur der Miete. Was hierin zum Ausdruck gelangt, ist vielmehr lediglich die bekannte „Verdinglichung" obligatorischer Besitzrechte durch Besitzerlangung seitens des Berechtigten.

23 Unbestreitbar ist das Gesagte (Rn 22) jedenfalls für die Fahrnismiete, während bei der Grundstücksmiete die Problematik noch weitere Aspekte aufweist, weil hier der Mieter – freilich (erst) *nach* Überlassung des Grundstücks – aufgrund der §§ 566 und 567 BGB **Schutz gegen** eine **Veräußerung** oder **Belastung** des Grundstücks durch den Vermieter genießt. Es ist nicht zu übersehen, dass die Miete durch die genannten Vorschriften zumindest in einzelnen Beziehungen einem dinglichen Recht angenähert wurde (vgl BGHZ 7, 208, 217 ff = NJW 1952, 1410). Eine gewisse **Drittwirkung** ergibt sich ferner aus den §§ 536 Abs 3 und 536a BGB, weil der Mieter danach unter bestimmten Voraussetzungen befugt ist, Rechte Dritter, durch die sein Mietbesitz beeinträchtigt wird, auf Kosten des Vermieters abzulösen. Auf der anderen Seite bleibt aber zu beachten, dass der Mieter in der Zwangsversteigerung nur einen ausgesprochen schwachen Stand hat (s §§ 57 ff ZVG), sodass aufs ganze gesehen die dinglichen Züge der Miete im BGB ursprünglich nur schwach ausgeprägt waren. Zu Recht hat es deshalb die Rechtsprechung bisher durchweg *abgelehnt*, die Vermietung eines Grundstücks durch einen Nichteigentümer als Verfügung über das Grundstück iS der §§ 892 und 893 BGB anzusehen, da die Miete kein dingliches Recht sei (RGZ 106, 109, 111 ff; 124, 325, 327; KG JW 1929, 2893, 2894 Nr 6; s Staudinger/V Emmerich [2021] § 566 Rn 5 f).

24 Von einer (gewissen) Verdinglichung der Miete lässt sich daher bislang allenfalls bei der **Wohnraummiete** sprechen. Der ständig ausgebaute Kündigungsschutz, der dem

Vermieter in vielen Fällen eine Kündigung praktisch unmöglich macht, sowie die Ausdehnung des Bestandschutzes bei Umwandlungen und bei Tod des Mieters (§§ 563 ff BGB), verbunden mit dem Jahr für Jahr verstärkten Druck auf die Mieten, führen in der Tat dazu, dass sich Wohnraummietverhältnisse in zunehmendem Maße **dinglichen Lasten** auf einem Grundstück annähern. Es passt in dieses Bild, dass das BVerfG das Besitzrecht des Mieters neuerdings wiederholt als **„Eigentum"** im Sinne des Art 14 Abs 1 GG bezeichnet hat (BVerfGE 89, 1, 5 ff = NJW 1993, 2035, BVerfG NZM 2000, 539 = WuM 2000, 298; NZM 2004, 186 = WuM 2004, 80; NJW 2011, 1723 Rn 29; ebenso auch BGHZ 165, 75, 79 = NJW 2006, 220 = NZM 2006, 50 Rn 12; BGHZ 179, 289, 293 f Rn 14 = NJW 2009, 1200; 9. 7. 2014 – VIII ZR 376/13, BGHZ 202, 39, 52 Rn 36 = NJW 2014, 2864; BGH NZM 2017, 405 = WuM 2017, 333 Rn 25, 34). Das BVerfG hat daraus den Schluss gezogen, dass bei der Auslegung der mietrechtlichen Vorschriften zu berücksichtigen sei, dass sich Vermieter und Mieter gleichermaßen auf das Grundrecht des Art 14 Abs 1 GG berufen könnten, sodass die „grundrechtliche Konfliktlage" in jedem Fall in der Weise zu lösen sei, dass die beiderseitigen Interessen in einen angemessenen Ausgleich gebracht werden, der dem Art 14 Abs 1 und 2 Rechnung trage (BVerfG NJW 2011, 1723 Rn 29 f, 35; ebenso sodann BVerfG 19. 7. 2011 – 1 BvR 1916/09, BVerfGE 129, 78 = NJW 2011, 3428, 3432 Rn 86 ff).

Die Judikatur des BVerfG (Rn 24) begründet unverkennbar die Gefahr, dass jetzt im Mietrecht an die Stelle der Miete als eines vertraglich geordneten Verhältnisses gleichberechtigter Partner nach Maßgabe der mietrechtlichen Vorschriften des BGB ein durch unklare verfassungsrechtliche **Abwägungen** bestimmtes Statusverhältnis der Mietvertragsparteien tritt (dagegen auch Staudinger/Honsell [2018] Einl 187, 195 ff zum BGB sowie zB Engel, Das Wohnraummietverhältnis als privatrechtliches Statusverhältnis [1987]; Weller JZ 2012, 881, 885) Wie ernst diese Gefahr zu nehmen ist, zeigen verschiedene Beispiele aus der verfassungsgerichtlichen Rechtsprechung, in denen die Rechte und Pflichten der Parteien – losgelöst vom BGB – durch einen unmittelbaren Rückgriff etwa auf die Art 13 und 14 GG bestimmt wurden (insbesondere BVerfG NZM 2004, 186 = WuM 2004, 80; NJW 2011, 1723; s dazu die treffende Kritik bei Staudinger/Honsell [2018] Einl 196 zum BGB sowie ebenfalls überwiegend kritisch Depenheuer NJW 1993, 2561; ders, Mietrecht und Verfassungsrecht, PiG 43 [1994] 7; Emmerich, in: FS Gitter [1995] 241; ders, in: FS Mestmäcker [1996] 989; Finger ZMR 1993, 545; Ibler AcP 197 [1997] 565; A Lenze, in: FS Derleder [2005] 267; vMutius, in: Gedschr Sonnenschein [2003] 69 = ZMR 2003, 621; C Müller AcP 197 [1997] 537; Roellecke NJW 1992, 1649; zustimmend dagegen zB Gaier, in: FS H. Müller [2019], 113; Rips, in: 2. FS Derleder [2015] 407 = WuM 2015, 123; Ziebarth WuM 2019, 481, 494 ff mwNw).

2. Fahrnismiete, Grundstücksmiete, Wohnraummiete

Das BGB behandelte ursprünglich die Grundstücksmiete in nahezu allen Beziehungen ebenso wie die Fahrnismiete. Erst die Einführung des sozialen Mietrechts brachte hierin einen grundlegenden Wandel. Seitdem muss man durchgängig sorgfältig zwischen der Fahrnismiete und der Grundstücksmiete und innerhalb der letzteren weiter zwischen der reinen Grundstücksmiete, der (allgemeinen) Raummiete, vielfach auch gewerbliche Miete oder Geschäftsraummiete genannt, sowie der Wohnraummiete unterscheiden, wobei die Wohnraummiete seit der Mietrechtsreform von 2001 betont im Mittelpunkt der gesetzlichen Regelung steht (s §§ 549, 578 BGB).

27 Die **Abgrenzung** zwischen der Fahrnis- und der Grundstücksmiete hat vor allem für die Anwendung der §§ 566 und 578 BGB Bedeutung (s deshalb im Einzelnen u Staudinger/V Emmerich [2021] § 566 Rn 8 ff; Staudinger/V Emmerich [2021] § 578 Rn 2 ff). Hier genügt der Hinweis, dass **Grundstücksmiete** auch die Vermietung von *Grundstücksteilen* ist, insbesondere also die Vermietung von Außenwänden oder Dächern zur Anbringung von Reklameschriften oder Automaten (s Staudinger/V Emmerich [2021] § 578 Rn 2 f), während die Vermietung von Räumlichkeiten in beweglichen Sachen, zB in Eisenbahnwagen oder Schiffen, Fahrnismiete bleibt (s Staudinger/V Emmerich [2021] § 578 Rn 6). Um Grundstücksmiete handelt es sich außerdem, wenn der Mieter eines Grundstücks auf diesem zu einem vorübergehenden Zweck ein Gebäude errichtet, weil und sofern das Gebäude im Eigentum des Mieters steht (§ 95; BGHZ 92, 70, 75 f = NJW 1984, 2878; BGH 12. 5. 1976 – VIII ZR 26/75, LM Nr 11 zu § 651 BGB = NJW 1976, 1539; OLG München MDR 1979, 939 f).

28 Einen Sonderfall der Grundstücksmiete bildet die **Raummiete** (§ 578 Abs 2 BGB). Unter einem Raum versteht man den allseits umschlossenen Teil eines festen Gebäudes, der so groß ist, dass sich ein Mensch darin aufhalten kann (s Staudinger/V Emmerich [2021] § 578 Rn 5 f). Als Gebäude gilt in diesem Zusammenhang jedes unbewegliche, mit dem Erdboden fest verbundene Bauwerk, das zum Aufenthalt von Menschen bestimmt und geeignet ist. Innerhalb der Raummiete hat man sodann die Wohnraummiete und die sonstige Raummiete, häufig auch Geschäftsraummiete oder gewerbliche Miete genannt, zu unterscheiden, weil das Gesetz zahlreiche spezielle Regelungen nur für die **Wohnraummiete** enthält, bei denen durchweg der Zweck des Mieterschutzes im Vordergrund steht (§§ 549, 578 BGB). Der genauen Abgrenzung zwischen diesen beiden Formen der Raummiete kommt daher erhebliche Bedeutung zu (u Rn 29 ff).

29 Die **Abgrenzung** zwischen der Wohnraummiete und der sonstigen Raummiete, insbesondere also der Geschäftsraummiete, richtet sich in erster Linie nach der vertraglichen **Zweckbestimmung** der Räume. Wohnraummiete ist nur anzunehmen, wenn zum privaten Aufenthalt von Menschen geeignete Räume gerade für diesen Zweck, dh zu **Wohnzwecken** für den Mieter selbst vermietet werden, wozu erforderlich ist, dass wenigstens einer der vermieteten Räume in erster Linie zur **Übernachtung** durch den Mieter oder seine Angehörigen bestimmt und geeignet ist (RGZ 124, 4, 6; BGHZ 135, 269, 272 = NJW 1997, 1845; 9. 7. 2014 – VIII ZR 376/13, BGHZ 202, 39, 50 Rn 28 f = NJW 2014, 2864; BGH 15. 11. 1978 – VIII ZR 14/78, LM Nr 1 zu § 564b BGB = WM 1979, 148; LM Nr 1 zu 29a ZPO = NJW 1981, 1377; 16. 7. 2008 – VIII ZR 282/07, NJW 2008, 3361 Rn 11 = NZM 2008, 804; 8. 12. 2010 – VIII ZR 93/10, WuM 2011, 98 = NZM 2011, 151; 23. 10. 2019 – XII ZR 125/18 Rn 24, BGHZ 223, 290, 298, = NJW 2020, 331 = NZM 2020, 54 = WuM 2019, 697; OLG Köln ZMR 2004, 31; OLG Frankfurt ZMR 2009, 198: KG 20. 6. 2019 – 8 U 132/18, ZMR 2020, 102). Keine Rolle spielt demgegenüber die *tatsächliche Nutzung* der Räume im Widerspruch zu der vereinbarten Zweckbestimmung, zB die vorübergehende Nutzung der Wohnräume als Möbellager, nachdem der Mieter inzwischen eine andere Wohnung bezogen hat (BGH 8. 12. 2010 – VIII ZR 93/10, WuM 2011, 98 = NZM 2011 S, 151; OLG Celle ZMR 1999, 469, 470 f; OLG Düsseldorf NZM 2007, 799 = ZMR 2007, 121). Werden für Wohnzwecke geeignete Räume für andere Zwecke vermietet, so handelt es sich dagegen nicht um Wohnraummiete, selbst wenn später einzelne Räume entgegen dem Vertrag doch zu Wohnzwecken genutzt werden (BGH LM 15. 11. 1978 – VIII ZR 14/78, Nr 1 zu § 554b BGB = WM 1969, 625; OLG Düsseldorf NZM 2004, 743). Das muss schon deshalb so sein, weil gewerblich genutzte Räume und Wohnräume auf unterschiedlichen Märkten zu unterschiedlichen Preisen nachgefragt und angeboten werden.

30 Aus dem Gesagten (Rn 29) folgt zunächst, dass es sich um **sonstige Raummiete** (und nicht um Wohnraummiete) handelt, wenn die Anmietung von Räumen zum Zwecke ihrer **Weitervermietung** erfolgt, selbst wenn der nachfolgende Untermietvertrag seinerseits ein Wohnraummietvertrag ist. Denn auch dann wird der Hauptmietvertrag nicht zu Wohnzwecken (sondern zwecks Weitervermietung) abgeschlossen; daran ändert es auch nichts, wenn der Untermietvertrag zB mit den Mitarbeitern des Mieters abgeschlossen wird oder wenn der Mieter damit ausschließlich gemeinnützige oder karitative Zwecke verfolgt (RGZ 124, 4, 6; BGHZ 133, 142, 147 = NJW 1996, 2862; BGHZ 133, 142, 147 = NJW 1996, 2862; BGHZ 135, 269, 272 = NJW 1997, 1845; BGHZ 198, 337, 343 f = NJW 2014, 536 Rn 25 f; BGH 5. 11. 1987 – IX ZR 86/86, LM Nr 45 zu § 249 [Bb] BGB = NJW 1988, 486, 487; 16. 7. 2008 – VIII ZR 282/07, NZM 2008, 804 Rn 12 = NJW 2008, 3361; 23. 10. 2019 – XII ZR 125/18 Rn 21 f, BGHZ 223, 290, 296 f = NJW 2020, 331 = WuM 2019, 697 = NZM 2020, 54; OLG Düsseldorf WuM 2003, 151; KG GE 2005, 990; 2016, 257, 258; WuM 2015, 666; GE 2017, 1093; OLG Frankfurt ZMR 2011, 119, 120; aA insbes St Gregor WuM 2008, 435, 437 f). Aus dieser Rechtslage erklärt sich unmittelbar die Regelung des § 565 BGB, der sicherstellen soll, dass zumindest in einigen der fraglichen Fälle dem Untermieter doch der Schutz des sozialen Mietrechts zugute kommt (s Staudinger/V Emmerich [2021] § 565 Rn 3). In dieselbe Richtung weisen § 549 Abs 2 Nr 3 und § 578 Abs 3, aus denen sich der Grundsatz ergibt, dass Mietverträge, die juristische Personen des öffentlichen Rechts oder Träger der Wohlfahrtspflege abschließen, um den Wohnraum an Personen mit dringendem Wohnbedarf zu überlassen, keine Wohnraummietverträge sind (BGH 23. 10. 2019 – XII ZR 125/18 Rn 24, BGHZ 223, 290 = WuM 2019, 697 = NZM 2020, 54); ebenso wenig daher zB die Anmietung von Räumen durch eine Gemeinde, um in dem Gebäude der Gemeinde zugewiesene Flüchtlinge unterzubringen (BGH 23. 10. 2019 – XII ZR 125/18 Rn 20 ff, BGHZ 223, 290, 296 ff = NJW 2020, 331 = WuM 2019, 697 = NZM 2020, 54) und ebenso wenig – aus denselben Erwägungen heraus – die tageweise Überlassung von Räumen in einem Wohnheim an Obdachlose aufgrund der Kostenübernahme durch eine Behörde, sodass es sich der Sache nach dabei um gewerbliche Zimmervermietung handelt. (so KG 20. 8. 2018 – 8 U 118/17, NZM 2019, 93).

31 **Wohnraummiete** liegt danach **zB** vor, wenn Gewerberäume zu Wohnzwecken vermietet werden (LG Berlin GE 1989, 101), wenn die Räume an eine Wohngemeinschaft mit ständig wechselnden Untermietern vermietet werden (AG Essen WuM 1987, 88, fraglich), wenn die Räume zu Wohnzwecken genutzt werden und der Vertrag die Nutzung offen gelassen hatte (LG Essen WuM 1990, 506) sowie, wenn Räume an eine BGB-Gesellschaft für Wohnzwecke ihrer Mitglieder vermietet werden (KG 20. 6. 2019 – 8 U 132/18, ZMR 2020, 102; OLG Frankfurt WuM 2019, 23; Bub/Treier/J Emmerich Rn II 587; str) oder wenn ein Hotelappartement an Wohnungssuchende vermietet wird (LG Bonn NJW-RR 1990, 1294 = WuM 1990, 505). Um **gewerbliche Miete** handelt es sich dagegen bei der Miete von Räumen durch eine **juristische Person**, weil sie keine „Wohnzwecke" verfolgen kann, selbst wenn sie von vornherein die Absicht hatte, die angemieteten Räume ihrem Geschäftsführer zu Wohnzwecken zu überlassen (BGH 6. 7. 2008 – VIII ZR 282/07, NZM 2008, 804 Rn 12 = NJW 2008, 3361; LG Berlin GE 2011, 1484 = ZMR 2012, 275; ZMR 2016, 29 f; LG Mainz ZMR 2018, 941; anders wohl OLG Köln ZMR 2004, 31), oder wenn eine „Imbissstube" als solche vermietet wird, selbst wenn sie der

Vorbem zu § 535

Mieter später zu Wohnzwecken weitervermietet (OLG Düsseldorf ZMR 1995, 202, 203 = WuM 1995, 434).

32 Die geschilderte Rechtslage ist nach dem Zweck der gesetzlichen Regelung **einseitig zwingend**. Wenn nach dem Gesagten (Rn 29 f) **Wohnraummiete** vorliegt, können die Parteien nicht vereinbaren, dass der Vertrag gleichwohl als Geschäftsraummiete behandelt werden soll (s Rn 28; LG Berlin GE 1993, 377 = WuM 1993, 396). Die Zwischenschaltung eines gewerblichen Vermieters ändert gleichfalls nichts an dem Charakter des Vertrags als Wohnraummiete, wenn sie allein dem Zweck dient, den Mieterschutz zu umgehen (AG/LG München I WuM 1991, 20, 23). Dagegen hindert die Parteien auf den Boden der wenigstens insoweit fortbestehenden Vertragsfreiheit (§ 311 Abs 1 BGB) nichts, die partielle oder vollständige **Anwendung von Wohnraummietrecht** auf einen gewerblichen Mietvertrag zu vereinbaren, weil der Mieter dadurch nur begünstigt werden kann (BGHZ 95, 11, 17 = NJW 1985, 1772, 1773; OLG Naumburg WuM 1995, 142; OLG Hamburg NJW-RR 1998, 1382; KG WuM 2015, 666 = ZMR 2016, 860; LG Berlin GE 2011, 1484 = ZMR 2012, 275; ZMR 2016, 31). Entsprechendes gilt für Mischmietverhältnisse (Rn 33 f), wenn der Vertrag an sich wegen des Überwiegens des gewerblichen Zwecks als gewerbliche Miete einzustufen sein sollte. In beiden Fällen ist Wohnraummietrecht anzuwenden, sofern die Parteien sich ausdrücklich oder konkludent darauf verständigt haben (KG GE 2016, 257, 258; LG Berlin GE 2011, 1484; ZMR 2012, 275; 2016, 31; wegen der Einzelheiten s unten Rn 54). Bei langfristigen Verträgen ist jedoch § 550 BGB zu beachten, sodass die Schriftform des Vertrages nur gewahrt ist, wenn sich die Unterstellung des Vertrags unter Wohnraummietrecht mit hinreichender Deutlichkeit bereits aus der Vertragsurkunde ergibt (LG Berlin GE 2015, 1394 = ZMR 2016, 31, 33 f).

3. Insbesondere Mischmietverhältnisse

33 Von einem Mischmietverhältnisse spricht man, wenn durch *einen* Vertrag gleichzeitig Wohnräume *und* sonstige Räume vermietet werden; Paradigma ist die Vermietung von Büros, Läden oder Gaststätten zusammen mit der zugehörigen Wohnung (dazu u Rn 35; ausführlich Bühler ZMR 2010, 897). Sind hier die Verträge über die Wohn- und Geschäftsräume **nur äußerlich verbunden**, sodass sie sich mühelos trennen lassen, so folgt jeder Vertrag den für ihn geltenden Regeln (OLG Hamburg ZMR 1979, 279; LG Mannheim BB 1976, 531). Ergibt die Auslegung der Erklärungen der Parteien jedoch, dass beide Verträge in Wirklichkeit eine Einheit bilden sollen, so kann der Vertrag nur einheitlich entweder den besonderen Regeln für die Wohnraummiete oder den allgemeinen Regeln für die sonstige Grundstücks- und Raummiete unterstellt werden (sog **Einheitsbehandlung**; zB BGH 9. 7. 2014 – VIII ZR 376/13, BGHZ 202, 39, 42 Rn 18 = NJW 2014, 2864; BGH 1. 7. 2015 – VIII ZR 14/15, NJW 2015, 2727 = NZM 2015, 657; OLG Brandenburg 18. 2. 2020 – 5 U 65/19, ZMR 2020, 642; LG Hamburg ZMR 2016, 953; 2018, 941). Bei der einheitlichen Behandlung des Vertrages als Wohnraummiete oder als Geschäftsraummiete verbleibt es dann auch, wenn der Mieter später einseitig die Nutzungsart ändert, zB Geschäftsräume zu Wohnzwecken nutzt, außer wenn sich der Vermieter mit dieser Vertragsänderung konkludent einverstanden erklärt (LG Hamburg ZMR 2016, 953). Dies gilt dann insbesondere auch für die *Kündigung* des Vertrages oder für eine *Mieterhöhung:* die ordentliche Kündigung des Vertrages richtet sich in diesem Fall folglich einheitlich nach den §§ 573 ff BGB, wobei sich zB der von den Vermieter geltend gemachte Eigenbedarf (§ 573 Abs 2 Nr 2 BGB) nur auf die für Wohnzwecke genutzten Räume, nicht auch auf die weiteren gewerblich genutzten Räume zu beziehen braucht (BGH NJW 2015, 2727 Rn 12 ff = NZM 2015, 657), während für eine Mieterhöhung nur im Rahmen der §§ 557 ff BGB Raum ist (OLG Hamburg NJW-RR 1997, 458; OLG München ZMR 1995, 295; LG Berlin GE 1995, 1209; 2001, 1606; 2004, 425, 426). Jedoch wird allgemein ein **Zuschlag** zu der Vergleichsmiete für die *teilgewerbliche* Nutzung der Räume zugelassen, der Bestandteil der Miete wird (KG WuM 2006, 37 = ZMR 2006, 284; LG Berlin GE 1998, 165, 166; 2001, 1606; LG Hamburg WuM 1998, 491; AG Hamburg-Wandsbeck GE 2009, 1257; Fleindl WuW 2018, 544; zur Erhöhung der Miete nach den §§ 558 ff in diesem Falle s u Staudinger/V Emmerich [2021] § 558a Rn 43 f).

Die **Einordnung** des einheitlichen Mischmietverhältnisses (Rn 33) als Wohnraum- **34** oder Geschäftsraummiete richtet sich danach, worauf nach dem Willen der Parteien der **Schwerpunkt** liegt, dh welcher Verwendungszweck für sie im Vordergrund steht (sogenannte **Übergewichttheorie**; grundlegend BGH 9. 7. 2014 – VIII ZR 376/13, BGHZ 202, 39, 49 ff Rn 26 ff = NJW 2014, 2864; dazu Emmerich JuS 2014, 1034; zB LG Hamburg ZMR 2016, 953). Maßgeblich ist der wirkliche Wille der Parteien (§§ 133, 157; BGH 9. 7. 2014 – VIII ZR 376/13, BGHZ 202, 39, 50 Rn 30; LG Berlin GE 2019, 320; LG Mainz ZMR 2018, 941), sodass es jeweils auf die Umstände des Einzelfalles ankommt, was anzunehmen ist. **Indizien**, die auf einen Vorrang des Wohnzwecks für die Parteien hindeuten, sind insbesondere die Bezeichnung des Vertrages als Wohnraummietvertrag, die Verwendung eines Vertragsformulars für derartige Verträge, die inhaltliche Ausrichtung des Vertrages an einen Wohnraummietverhältnis, ferner das Übergewicht der für Wohnzwecke genutzten Flächen sowie die Aufteilung der Gesamtmiete auf die einzelnen Verwendungszwecke (BGH 9. 7. 2014 – VIII ZR 376/13, BGHZ 202, 39, S 53 ff Rn 37 ff, 56 ff Rn 46 ff; KG WuM 2015, 666, 667 f; LG Berlin GE 2015, 1394 = ZMR 2016, 31, 32 f). Dagegen soll es sich um gewerbliche Miete handeln, wenn für die Parteien das Schwergewicht des Vertrages bei der geplanten Weitervermietung der Räume an wechselnde Gäste liegt (LG Berlin GE 2019, 320). In **Zweifelsfällen**, dh wenn sich nicht das Überwiegen des gewerblichen Nutzungszwecks feststellen lässt, ist zum Schutze des Mieters von der Anwendung des **Wohnraummietrechts** auszugehen (BGH 9. 7. 2014 – VIII ZR 376/13, BGHZ 202, 39, 54 Rn 39). Dasselbe gilt (erst recht), wenn Wohnraum- und Geschäftsraummiete **gleichberechtigt** nebeneinander stehen (OLG Hamburg ZMR 1979, 279; OLG Schleswig WuM 1982, 266; OLG Stuttgart WuM 1986, 10; LG Frankfurt ZMR 1992, 542) oder wenn die Parteien die Anwendung des Wohnraummietrechts vereinbaren (s Rn 32). Umgekehrt gilt nicht dasselbe: Handelt es sich nach dem Gesagten um einen Wohnraummietvertrag, so können die Parteien nicht die Anwendung der Vorschriften über die Geschäftsraummiete vereinbaren, weil andernfalls die durchweg zugunsten des Mieters zwingenden Vorschriften über die Wohnraummiete letztlich doch zur Disposition der Parteien stünden (s Rn 32; LG Hamburg WuM 1988, 406; LG Frankfurt WuM 1992, 112; ZMR 1992, 542).

Das Gesagte (Rn 33) gilt heute insbesondere auch für die gleichzeitige Vermietung **35** von **Praxisräumen**, Gaststätten oder Läden zusammen **mit** einer **Wohnung**. In derartigen Fällen wurde früher vielfach für den Regelfall von einem Übergewicht des gewerblichen Nutzungszweckes ausgegangen (s Emmerich JuS 2014, 1039). Diese Rechtsprechung ist mittlerweile aufgegeben. Auch in den fraglichen Fällen kommt es folglich heute ganz auf die Umstände des Einzelfalles an, welche Zwecke der Parteien, der Wohnzweck oder der Zweck der gewerblichen Nutzung im Vordergrund stehen; bleibt dies unklar, so ist anders als früher von der Anwendung des Wohnraummietrechts auszugehen (BGHZ 202, 39, 51 Rn 32 ff, 54 f Rn 39).

III. Abgrenzung

1. Pacht

36 Miete, Pacht und Leihe bilden (zusammen mit dem praktisch bedeutungslosen Sachdarlehen der §§ 607 bis 609 BGB) die im BGB geregelten Grundformen der Gestattungsverträge einschließlich insbesondere der Gebrauchsüberlassungsverträge. Von einem Gestattungsvertrag spricht man, wenn eine Partei einer anderen entgeltlich oder unentgeltlich die Vornahme einer ihr an sich verbotenen, weil der anderen Partei vorbehaltenen Tätigkeit gestattet. Ist diese Tätigkeit der Gebrauch einer Sache, so handelt es sich zugleich um einen Gebrauchsüberlassungsvertrag (s BGHZ 19, 85, 93 = NJW 1956, 104; Beispiele für Gestattungsverträge u Rn 56, Rn 82 sowie STAUDINGER/V EMMERICH [2021] § 566 Rn 10).

37 Grundformen der entgeltlichen Gebrauchsüberlassungsverträge sind Miete und Pacht. Miete und Pacht unterscheiden sich vor allem in zwei Punkten: Der Pächter darf erstens im Gegensatz zum Mieter die Früchte ziehen, soweit sie nach den Regeln einer ordnungsmäßigen Wirtschaft als Ertrag der Sache anzusehen sind; und Gegenstand der Pacht können zweitens außer Sachen auch Rechte sein (§ 581 Abs 1 S 1 BGB). Die **Abgrenzung** kann im Einzelfall Schwierigkeiten bereiten (s ausführlich STAUDINGER/SCHAUB [2018] Vorbem 34 ff zu § 581). Umstrittene Grenzfälle sind zB die Überlassung von Grundstücken zur Stromerzeugung durch Errichtung sogenannter **Photovoltaikanlagen** oder die Überlassung von Räumen, die zur Aufnahme eines Unternehmens bestimmt und geeignet sind (s Rn 38). In dem zuerst genannten Fall wird häufig Pacht angenommen; indessen spricht mehr für das Vorliegen von Miete, weil Elektrizität offenbar keine Sach- oder Rechtsfrucht des Grundstücks im Sinne des § 99 ist (ebenso wohl BGH 7. 3. 2018 – XII ZR 129/16, BGHZ 218, 70, 74 f Rn 12 ff = NJW 2018, 1540; zustimmend BURBULLA ZMR 2018, 5 181, 582; STAUDINGER/SIEPER [2018] § 93 Rn 10; sehr str).

38 Bei der Überlassung von Räumen, die zur **Aufnahme eines Unternehmens** bestimmt und geeignet sind, kommt je nach den Abreden der Parteien, dh abhängig davon, worauf nach ihrem Willen der Schwerpunkt des Vertrages liegen soll, die Annahme eines Mietvertrages, eines Pachtvertrages oder einer Unternehmenspacht in Betracht. Reine Grundstücks- oder **Raummiete** ist nur anzunehmen, wenn bei der Überlassung eines Grundstücks oder leerer Räume in einem Gebäude für die Parteien die bloße Grundstücks- oder Raumnutzung im Vordergrund steht, während es für das Vorliegen eines **Pachtvertrages** spricht, wenn die Räume bereits (im wesentlichen) für die Aufnahme eines Unternehmens eingerichtet sind, sodass in dem Betrieb dieses Unternehmens im Regelfall wohl auch der primäre Zweck des Vertrages bestehen dürfte (STAUDINGER/SCHAUB [2018] Vorbem 35 f zu § 581). Reine **Unternehmenspacht** ist dagegen in derartigen Fällen nur anzunehmen, wenn der eigentliche Gegenstand des Vertrages gerade das *(potenzielle) Unternehmen* als Inbegriff von Sachen, Rechten und Chancen ist, das in den dafür eingerichteten Räumen betrieben werden kann (BGH 4. 6. 1986 – VIII ZR 160/85, LM Nr 50 zu § 581 BGB = WM 1986, 1359, 1360 = NJW-RR 1986, 1243; ZMR 1969, 206; 1979, 238; 1981, 306; OLG Hamm ZMR 1984, 199; OLG Düsseldorf ZMR 2009, 443; OLG Karlsruhe WuM 2012, 666, 667). Einen Sonderfall der Unternehmenspacht bildet die *Betriebspacht* des § 292 Abs 1 Nr 3 AktG, die gegebenenfalls sogar zustimmungs- und formbedürftig ist (§§ 293 und 294 AktG).

Jenseits dieser Sonderfälle kann die genaue Abgrenzung zwischen Miete und Pacht freilich häufig mit Rücksicht auf § 581 Abs 2 BGB letztlich offen bleiben, weil und sofern es für die Rechtsfolgen keine Rolle spielt, was man im Einzelfall annimmt.

Wenn **mehrere Sachen** durch denselben Vertrag zu **unterschiedlichen Zwecken**, teils zum Gebrauch, teils zum Fruchtgenuss, überlassen werden (zB eine Wohnung mit Nutzgarten), ist zunächst auf die Abreden der Parteien abzustellen, daneben aber auch der Schutzzweck des sozialen Mietrechts zu berücksichtigen. In erster Linie wird es deshalb darauf ankommen, welches Vertragsobjekt als die Hauptsache erscheint bzw welcher Vertragszweck der wesentliche ist (RGZ 108, 369; BGH 25. 11. 1998 – VIII ZR 380/96, LM Nr 5 zu SchuldRAnpG = NZM 1999, 312, 315; OLG Breslau JW 1927, 1947; ebenso schon 1794 ALR I 21 § 260; STAUDINGER/SCHAUB [2018] Vorbem 37 zu § 581). Je nachdem ist allein Miet- oder Pachtrecht anzuwenden. Folglich ist die **Überlassung eines Hauses mit Garten** Miete, wenn das Schwergewicht des Vertrages bei der Nutzung des Gebäudes zu Wohnzwecken liegt (BGH 25. 11. 1998 – VIII ZR 380/96, LM Nr 5 zu SchuldRAnpG = NZM 1999, 312, 315), dagegen Pacht, wenn der Vertrag ein landwirtschaftliches Gut mit Wohnhaus zum Gegenstand hat (OLG Köln WM 1987, 1308, 1309 = WuM 1987, 377) oder wenn Gegenstand des Vertrags eine kleine Pension mit Wohnung ist, sofern es beiden Parteien in erster Linie auf die Fortführung der Pension ankam (OLG Köln ZMR 2007, 114). **39**

2. Leihe

Von der Leihe (§ 598) unterscheidet sich die Miete allein durch ihre Entgeltlichkeit. Jede unentgeltliche Überlassung von Sachen zum Gebrauch ist daher Leihe und nicht etwa Schenkung (BGHZ 82, 354, 356 ff = NJW 1982, 820; BGHZ 137, 106, 109 = NJW 1992, 595; 27. 1. 2016 – XII ZR 33/15, BGHZ 208, 357, 363 f Rn 17 ff = NJW 2016, 2652 = NZM 2016, 484 = WuM 2016, 227, 229; BGH 20. 6. 1984 – IVa ZR 34/83, LM Nr 4 zu § 598 BGB = NJW 1985, 1553; WM 1992, 156 = NJW 1992, 496; NJW-RR 2004, 1566 = ZMR 2004, 813; BFHE 140, 199; 140, 234; OLG Hamm NJW-RR 1996, 717; 1998, 413; OLG Koblenz NJW-RR 1996, 483; OLG Dresden ZMR 2003, 250, 251; OLG Stuttgart NZM 2008, 838; STAUDINGER/ILLMER [2018] Vorbem 1 f zu §§ 598 ff). Die **Abgrenzung** von Miete und Leihe kann erhebliche Schwierigkeiten bereiten, vor allem, wenn die von den Parteien vereinbarte „Gegenleistung" für die Sachnutzung ganz niedrig ist (sog Gefälligkeitsmiete, Rn 41). An der Annahme von Leihe ändert es dagegen nichts, wenn die Parteien die Rechtsstellung des Entleihers noch über den großzügigen gesetzlichen Rahmen der §§ 598 ff hinaus verbessern, zB durch die Übernahme der gewöhnlichen Erhaltungskosten durch den Verleiher (entgegen § 601 Abs 1), durch die Gestattung der Überlassung der verliehenen Sache an einen Dritten (s § 603 S 2) sowie durch Ausschluss des Kündigungsrechts des Verleihers wegen Eigenbedarfs aus § 605 Nr 1 (BGH 27. 1. 2016 – XII ZR 33/15, BGHZ 208, 357, 364 f = NJW 2016, 2652 = WuM 2016, 227, 229 f Rn 21 f), zumal immer eine Kündigung aus wichtigem Grunde nach § 314 möglich bleibt (BGH 27. 1. 2016 – XII ZR 33/15, BGHZ 208, 357, 366 = NJW 2016, 2652 = WuM 2016, 227, 230 Rn 27). Selbst bei Einräumung eines lebenslänglichen Wohnrechts bedarf der Vertrag folglich (als Leihe) nicht der **Schriftform** des § 550 oder gar der Beurkundung nach § 516 (BGH 27. 1. 2016 – XII ZR 33/15, BGHZ 208, 357, 366 f Rn 27 ff = NJW 2016, 2652 = NZM 2016, 484 = WuM 2016, 227, 229; BGH 20. 6. 1984 – IVa ZR 34/83, LM Nr 4 zu § 598 BGB = NJW 1985, 1553; str). Um Leihe handelt es sich nach dem Gesagten zB auch, wenn eine Stadt in einem Theater einem Verein Räume gegen das Versprechen des Vereins überlässt, in den **40**

Räumen gegebenenfalls Aufführungen vorzunehmen (BGH 9. 10. 1991 – XII ZR 122/90, WM 1992, 156 = NJW 1992, 496), oder wenn ein Flugzeughersteller einem Flughafen unentgeltlich ein Flugzeug mit Personal zu Testzwecken zur Verfügung stellt, weil hier gleichfalls die unentgeltliche Sachnutzung im Vordergrund steht (BGH 28. 7. 2004 – XII ZR 153/03, NJW-RR 2004, 1566 = ZMR 2004, 813; dazu EMMERICH JuS 2005, 70). Dagegen dürfte in aller Regel von einem einheitlichen Mietvertrag auszugehen sein, wenn die Parteien in einem Mietvertrag zusätzlich die „unentgeltliche Überlassung" einzelner Gegenstände wie zB der Kücheneinrichtung oder weiterer Räume vereinbaren, da solche Vereinbarung nichts daran ändert, dass damit gewöhnlich nicht der Abschluss zweier getrennter Verträge gewollt sein wird, sodass der einheitliche Vertrag (allein) Miete, und zwar Wohnraummiete bleibt (ausführlich ISIKAY ZMR 2018, 793 mN).

41 Wenn die Miete von den Parteien deutlich unter der Marktmiete angesetzt wurde (sog **Gefälligkeitsmiete**), ist ein Mietvertrag anzunehmen, solange die Miete noch ernstlich als Entgelt gedacht ist, wofür es genügt, dass der Mieter einen Beitrag zu den Lasten des Vermieters leistet und der Nutzer nicht nur die durch seinen Gebrauch verursachten Kosten zu tragen hat; Miete liegt daher zB vor, wenn der Nutzer die Verpflichtung übernommen hat, die Hälfte der Grundstückslasten zu tragen (BGH 4. 5. 1970 – VIII ZR 179/68, LM Nr 45 zu § 535 BGB = WM 1970, 853; 16. 5. 2013 – IX ZR 324/12, NZM 2014, 144 = WuM 2013, 627 Rn 13 = NJW-RR 2013, 1097; 18. 12. 2015 – V ZR 191/14, NJW 2016, 1242 Rn 27 = NZM 2016, 278; 20. 9. 2017 – VIII ZR 279/16, NZM 2017, 729 Rn 23 ff = WuM 2017, 630; 25. 4. 2018 – VIII ZR 176/17, NJW 2018, 2472 Rn 28 = NZM 2018, 558 = WuM 2018, 352, 355; OGHZ 2, 170 = NJW 1949, 623; OLG Dresden ZMR 2003, 250, 251). Dagegen handelt es sich um Leihe, wenn der Entleiher allein die nach der Überlassung der Räume entstehenden Betriebs- und Reparaturkosten übernimmt (§ 601 Abs 1, BGH 20. 9. 2017 – VIII ZR 279/16, NZM 2017, 729 Rn 23 ff = WuM 2017, 630; 25. 4. 2018 – VIII ZR 176/17, NJW 2018, 2472 Rn 28 = NZM 2018, 558 = WuM 2018, 352, 35; ein Grenzfall in OLG Frankfurt 9. 8. 2018 – 2 U 9/18, NZM 2018, 411) oder wenn die Überlassung der Räume von der Übernahme eines Teils der Kosten abhängig gemacht wird, ohne dass die eine Partei damit die Pflichten eines Vermieters übernehmen wollte (OLG Stuttgart NZM 2008, 838). Liegt nach dem Gesagten trotz einer ganz niedrigen Miete ein Mietvertrag vor, so ist eine **Erhöhung** der Miete im Falle der Wohnraummiete nur im Rahmen und nach Maßgabe der §§ 558 ff möglich; für die Annahme eines Wegfalls der Geschäftsgrundlage im Sinne des § 313 ist daneben kein Raum (s Vorbem 27 zu § 536; CL SCHRÖDER ZMR 2015, 823, 825 f; anders AG Hamburg-Harburg ZMR 2015, 865 f).

3. Verwahrung

42 Enge Berührungspunkte weist die Miete ferner mit der Verwahrung (§§ 688 ff BGB) einschließlich des Lagervertrags auf (§§ 467 ff HGB), da äußerlich bei der entgeltlichen Verwahrung sowie bei dem Lagervertrag nicht anders als bei der Miete die Überlassung eines Raums gegen Entgelt zum Gebrauch vorliegt. Die **Interessenlage** ist indessen bei der Verwahrung eine völlig **andere** als bei der Miete (BGHZ 3, 200, 202 = NJW 1951, 957; LG Hamburg ZMR 1979, 246): Während der Mieter die Miete dafür zahlt, dass ihm der Vermieter vorübergehend bestimmte Räume zum Gebrauch überlässt, zahlt der Hinterleger im Gegensatz dazu das Entgelt gerade dafür, dass der Verwahrer oder der Lagerhalter in seinen Räumlichkeiten bewegliche **Sachen** des Hin-

terlegers **in seine Obhut** nimmt. Hauptleistungspflicht des Vermieters ist maW die Überlassung von Sachen zum vorübergehenden Gebrauch seitens des Mieters, Hauptleistungspflicht des Verwahrers dagegen die Übernahme der Obhut über bewegliche Sachen des Hinterlegers auf Zeit in *seinen* Räumen (BGHZ 3, 200, 202 = NJW 1951, 957; BFHE 165, 428, 430; 166, 191 = NJW 1992, 2782; OLG Koblenz NJW-RR 1991, 1317). Dementsprechend sind die **Besitzverhältnisse** ebenfalls meistens bei Miete und Verwahrung ganz **unterschiedlich**: Während bei der Miete der Mieter in der Regel unmittelbarer Besitzer der Räume wird, erlangt bei der Verwahrung durchweg der *Verwahrer* den unmittelbaren Besitz an den in *seinen* Räumen in Verwahrung genommenen beweglichen Sachen des Hinterlegers.

Miete und nicht Verwahrung sind daher die verbreiteten Schrankfach- oder Tresorverträge (s im einzelnen u Rn 60 sowie § 535 Rn 15a). Ebenso ist es zu beurteilen, wenn Räumlichkeiten zu dem Zweck überlassen werden, darin Sachen unterzubringen, da der Vermieter hier keine Obhutspflichten über die Sachen des anderen Teils übernimmt und weil der Mieter den Besitz an seinen Sachen behält (OLG Koblenz NJW-RR 1991, 1317 = BB 1991, 1963; BFHE 165, 428; 166, 191 = NJW 1992, 2782). Miete sind danach zB die entgeltliche Einräumung von Abstellplätzen für Boote, zB in einem Bootshaus (BFHE 165, 428, 430 f), sowie die Überlassung von Park- oder Garagenplätzen, selbst wenn es sich dabei um eine Sammelgarage, ein Parkhaus oder die Tiefgarage eines Hotels handelt (BFHE 166, 191 = NJW 1992, 2782; LG Mannheim DAR 1958, 328; AG Neuwied NJW-RR 1992, 204; AG Ulm NJW-RR 1987, 1340; AG Hannover NJW-RR 2009, 96, 97; Palandt/Weidenkaff Einf v § 535 Rn 19). Denn in allen genannten Fällen behält der Mieter den unmittelbaren *Besitz* an den in den fraglichen Räumen untergebrachten Sachen. **Verwahrung** kann in derartigen Fällen nur angenommen werden, wenn zusätzlich die Bewachung des Fahrzeugs geschuldet wird und der andere Teil zumindest Mitbesitz an den Sachen erlangt. Fehlt es daran, so liegt die Annahme eines **gemischten Vertrages** aus Miete und untergeordneten Dienstleistungen des Vermieters näher als die Annahme von Verwahrung. Ein Beispiel sind die umstrittenen **Pferdeeinstellverträge**: Während die bloße entgeltliche Überlassung einer Pferdebox sicher Miete ist (LG Hamburg ZMR 1979, 246), wird bei den Pferdeeinstellverträgen wegen der Obhutspflicht des Stallbetreibers häufig **Verwahrung** angenommen (zB OLG Brandenburg NJW-RR 2006, 1558 mwNw; LG Ulm NJW-RR 2004, 854). In dieselbe Richtung tendiert offenbar neuerdings in der BGH; jedoch sollen gegen eine sechsmonatige Kündigungsfrist in Abweichung von § 695 mit Rücksicht auf die legitimen Interessen des Stallbetreibers keine Bedenken bestehen (§ 307; BGH 2. 10. 2019 – XII ZR 8/19, BGHZ 223, 225 = NZM 2020, 37 = NJW 2020, 328; anders noch BGH BeckRS 1990, 31063735). Tatsächlich handelt es sich jedoch bei der Obhutspflicht des Stallbetreibers richtiger Meinung nach um eine bloße untergeordnete anderstypische Nebenpflicht, sodass diese Verträge ebenfalls im Kern **Miete** sind – mit der Folge, dass zB Raum für die Anwendung der §§ 562 ff BGB über das Vermieterpfandrecht zur Sicherung der Stallbetreiber für ihre Forderungen bleibt (s Rn 44; Staudinger/V Emmerich [2021] § 562 Rn 28; Häublein NJW 2009, 2982).

4. Dienst- und Werkvertrag

Dienst- und Werkverträge sind Tätigkeitsverträge und unterscheiden sich als solche grundlegend von Miete und Pacht als Gebrauchsüberlassungsverträgen. Abgrenzungsprobleme ergeben sich daher in der Regel nur, wenn in *einem* Vertrag **Leis-**

tungen beider Art **kombiniert** werden (sogenannte gemischte Verträge). In derartigen Fällen wird in der Regel für die Einordnung des Vertrags als Tätigkeits- oder als Gebrauchsüberlassungsvertrag darauf abgestellt, worauf nach dem Willen der Parteien der Schwerpunkt liegen soll, auf der geschuldeten Tätigkeit oder der bloßen Gebrauchsüberlassung (zB BGH 7. 11. 2018 – XII ZR 109/17, ZMR 2019, 335 = NZM 2019, 824; 19. 12. 2018 – XII ZR 14/18, ZMR 2019, 332 = WuM 2019, 74; OLG Stuttgart 7. 12. 2016 – 3 U 105/16, NZM 2017, 598; s MünchKomm/Emmerich § 311 Rn 28 ff). Deshalb bleibt es grundsätzlich bei der Anwendung des Mietrechts, wenn es sich der Sache nach um einen **Mietvertrag mit anderstypischen Nebenleistungen** des Vermieters handelt (MünchKomm/Emmerich § 311 Rn 33). Es handelt sich daher um Miete und nicht um einen Werkvertrag, wenn der Vertrag schwerpunktmäßig auf die Anbringung von Werbung auf mobilen Werbeflächen wie zB einer Straßenbahn oder Kraftfahrzeugen gerichtet ist (BGH 28. 3. 2018 – XII ZR 18/17, BeckRS 2018, 6556; 7. 11. 2018 – XII ZR 109/17, ZMR 2019, 335 = NZM 2019, 824; 19. 12. 2018 – XII ZR 14/18, ZMR 2019, 332 = WuM 2019, 74). Weitere Beispiele sind Mietverträge über Baugeräte oder Zelte, bei denen der Vermieter als Nebenpflicht die Aufstellung der Geräte oder Zelte übernimmt (OLG Düsseldorf VersR 1974, 1113; OLG Hamm NJW-RR 1995, 525), ferner Verträge über die Benutzung der Geräte eines Fitness-Centers (OLG Karlsruhe NJW-RR 1989, 243) sowie ein so genannter Wartungsvertrag, wenn der Schwerpunkt des Vertrages auf der Nutzung eines Gegenstandes wie zB eines Kopiergerätes liegt (OLG Düsseldorf WM 2012, 1105 = NZM 2012, 865). An dem Charakter eines Vertrages als Mietvertrag ändert es auch nichts, wenn dem Mieter in einzelnen Beziehungen eine Umgestaltung der Mietsache gestattet wird. Miete sind daher Verträge über die Ablagerung von Müll auf einer Müllkippe (s BGHZ 63, 119, 123 f = NJW 1975, 106) sowie die Überlassung einer Kiesgrube oder eines Steinbruchs zur Ablagerung von Abfällen (BGHZ 86, 71, 75 ff = NJW 1983, 679; OLG Karlsruhe BB 1988, 2130). Schäden am Grundstück infolge der erlaubten Ablagerungen hat der Mieter nicht zu vertreten, sondern gehören zum Risiko des Vermieters (§ 538; OLG Hamm ZMR 2017, 350, 352).

45 Zusätzliche Abgrenzungsprobleme tauchen bei Verträgen auf, die auf die Überlassung von **Maschinen oder Fahrzeugen mit Bedienungspersonal** gerichtet sind (s Staudinger/Peters/Jacoby [2014] Vorbem 22 zu § 631). Solche Verträge können Miete, Dienst- oder Werkvertrag sein, jeweils mit untergeordneten anderstypischen Elementen, oder aber gemischte Verträge. Was vorliegt, hängt in erster Linie von den von den Parteien verfolgten Zwecken ab (BGH 22. 5. 1968 – VIII ZR 21/65, LM Nr 40 zu § 535 BGB [Bl 2] = MDR 1968, 918 = WM 1968, 620; WM 1985, 360, 361 [insoweit nicht in BGHZ 93, 64, 65 = NJW 1985, 798 abgedruckt]; NJW-RR 1996, 1203, 1204 = WM 1996, 1785; NJW-RR 2004, 1566 = ZMR 2004, 813; 28. 1. 2016 – I ZR 60/14, NZM 2016, 316 Rn 39 ff; Emmerich JuS 2005, 70; Hilgendorf VersR 1972, 127): Beschränkt sich die Vertragspflicht des Überlassenden auf die *Übergabe* der Maschinen oder der Fahrzeuge sowie die Stellung des Bedienungspersonals, so ist in erster Linie Miete anzunehmen (BGH 22. 5. 1968 – VIII ZR 21/65, LM Nr 40 zu § 535 BGB [Bl 2] = MDR 1968, 918 = WM 1968, 620; WM 1985, 360, 361; NJW-RR 1996, 1203, 1204 = WM 1996, 1785; 28. 7. 2004 – XII ZR 153/03, NJW-RR 2004, 1566 = ZMR 2004, 813; 28 [m Anm Emmerich JuS 2005, 70]; 1. 2016 – I ZR 60/14, NZM 2016, 316 Rn 29; LG Hamburg NJW-RR 1997, 227, 228).

46 Um einen **Dienst- oder Werkvertrag** (gegebenenfalls mit untergeordneten mietvertraglichen Elementen) handelt es sich dagegen, wenn die von dem Überlassenden mittels seines Bedienungspersonals (und der überlassenen Geräte) zu erbringenden

Dienstleistungen oder der von ihnen herbeizuführende *Erfolg* für die Parteien im Vordergrund steht (RGZ 82, 427, 429; RG LZ 1916, 235; JR 1926 Nr 11; BGH NJW-RR 1996, 1203, 1204 = WM 1996, 1785; 28. 7. 2004 – XII ZR 153/03, NJW-RR 2004, 1566 = ZMR 2004, 813; 28 [m Anm EMMERICH JuS 2005, 70]; 28. 1. 2016 – I ZR : 60/14, NZM 2016, 316, 317 Rn 19; OLG Hamburg MDR 1965, 491; OLG Stuttgart 7. 12. 2016 – 3 U 105/16, NZM 2017, 598; PALANDT/SPRAU Einf 24 vor § 631 mwNw). Je nach den Abreden der Parteien kann daher das vom Vermieter gestellte Personal Erfüllungsgehilfe des Vermieters bei dem Einsatz der Geräte (so BGH VersR 1970, 930) oder des Mieters bei der Obhut über diese sein (so KG NJW 1965, 976 f und OLG Düsseldorf ZMR 1992, 54). Miete ist insbesondere anzunehmen, wenn allein der andere Teil, der „Mieter", den Einsatz der Maschinen oder Fahrzeuge zu bestimmen hat, sodass der Vermieter dann nur die Auswahl der ordnungsmäßigen Geräte und des geeigneten Personals schuldet (BGH VersR 1970, 930; KG NJW 1965, 976 f). Miete ist ferner zB ein Vertrag zwischen einer Flughafengesellschaft und einem Flugzeughersteller über die Überlassung eines Flugzeugs mit Besatzung zwecks Durchführung von Roll- und Bremstests auf unterschiedlichen Belägen des Flughafens (s schon o Rn 40; BGH 28. 7. 2004 – XII ZR 153/03, NJW-RR 2004, 1566 = ZMR 2004, 813 m Anm EMMERICH JuS 2005, 70 f), die Überlassung eines Pferdefuhrwerks mit Kutscher für einen Betriebsausflug (OLG Karlsruhe MDR 1988, 1056) sowie die Überlassung einer großen EDV-Anlage mit Bedienung (OLG Hamm NJW 1989, 2629). Dagegen überwiegen die werkvertraglichen Elemente, wenn sich jemand verpflichtet, Plakate eines anderen an bestimmten Stellen anzubringen (BGH WM 1984, 1286; anders LG Düsseldorf MDR 1986, 54) oder mittels eines mit dem Bedienungspersonal „vermieteten" Krans letztlich einen Transport großer Bauteile durchzuführen (BGH 28. 1. 2016 – I ZR 60/14, NZM 2016, 316, 317 Rn 19 ff). Um einen **Dienstvertrag** mit untergeordneten mietrechtlichen Nebenleistungspflichten handelt es sich schließlich bei einem Fernüberwachungsvertrag mittels von dem Dienstverpflichteten bei dem Berechtigten installierter Überwachungsgeräte, weil es den Parteien hier in erster Linie um die Überwachung der Räume des Berechtigten durch das Personal des Dienstverpflichteten ging (OLG Stuttgart 7. 12. 2016 – 3 U 105/16, NZM 2017, 598).

Vergleichbare Abgrenzungsprobleme werfen die sogenannten **Gerüstbau- und Ge-** 47 **rüstvorhaltungsverträge** auf (s dazu LOTZ BauR 2000, 1807; PAULY ZMR 2014, 858; ein Beispiel in BGH NJW 2013, 1670). Nach hM handelt es sich bei derartigen Verträgen um gemischte Verträge, die hinsichtlich des Auf- und Abbaus des Gerüsts dem Werkvertragsrecht, im Übrigen aber Mietrecht unterfallen (s PALANDT/SPRAU Einf 24 vor § 631 mwNw; dagegen für grundsätzliche Anwendung des Werkvertragsrechts LOTZ BauR 2000, 1807; PAULY ZMR 2014, 858). Die Frage spielt vor allem eine Rolle für die Anwendung des § 648 BGB (s STAUDINGER/PETERS/JACOBY [2014] § 648 Rn 15; PAULY ZMR 2014, 858, 860) sowie für die des § 548 BGB auf die Verjährung der wechselseitigen Schadensersatz- und Aufwendungsersatzansprüche der Parteien (für die Anwendung des § 548 zB PAULY ZMR 2014, 858, 859).

5. Wohnungsrecht

Ein Wohnungsrecht ist nach § 1093 Abs 1 S 1 BGB eine **beschränkte persönliche** 48 **Dienstbarkeit** mit dem Inhalt, ein Gebäude oder einen Teil desselben unter Ausschluss des Eigentümers als Wohnung zu benutzen. Auf dieses Recht findet im großen Umfang Nießbrauchsrecht Anwendung (§ 1093 Abs 1 S 2 BGB). Mit der Bestellung eines Wohnungsrechts kann im Einzelfall wirtschaftlich dasselbe Ergeb-

Vorbem zu § 535

nis wie durch Abschluss eines Mietvertrages erreicht werden (vgl Haegele Rpfleger 1973, 349; H Kroll, Das dingliche Wohnungsrecht im Verhältnis zum Mietrecht [2004]; Roquette NJW 1957, 525; Staudinger/Reymann [2017] § 1093 Rn 9–16 mwNw). Was jeweils gewollt ist, hängt vom **Willen der Parteien** ab (s LG Gießen NJWE-MietR 1996, 218 f = WuM 1996, 478 f = ZMR 1996, 611; Roquette NJW 1957, 525). Geht ihr Wille in erster Linie auf die Bestellung eines dinglichen Rechts, um dem Berechtigten eine möglichst umfassend geschützte Position zu verleihen, so ist ein dingliches Wohnungsrecht anzunehmen (RG HRR 1929 Nr 907; BGH WM 1965, 649, 650 f; LM Nr 20 zu § 398 BGB = ZMR 1970, 11 ff; OLG Hamm Rpfleger 1975, 357, 358; LG Aachen WuM 1979, 9 f; LG Gießen NJWE-MietR 1996, 218 f = WuM 1996, 478 f). Die Regel ist dies indessen nicht; in **Zweifelsfällen** ist vielmehr von der Vereinbarung einer gegebenenfalls langfristigen Miete auszugehen. Unzulässig ist nur die sog Verdinglichung der Miete durch die zusätzliche Eintragung eines Wohnungsrechts (OLG Hamm DNotZ 1957, 314 ff; LG Wuppertal NJW 1961, 320 f). Jedoch werden derartige Abreden, selbst wenn die Parteien von einer „Verdinglichung der Miete" sprechen, meistens dahin auszulegen sein, dass sie sich über die Bestellung (nur) eines Wohnungsrechts geeinigt haben (LG Wuppertal NJW 1961, 320).

49 Dingliches Wohnungsrecht (§ 1093 BGB) und Miete (§ 535 BGB) können auch *nebeneinander* hinsichtlich derselben Räume vereinbart werden. Hier kommen vor allem drei Gestaltungen in Betracht (BGH 27. 6. 2014 – V ZR 51/13, NZM 2014, 790 Rn 10 ff = NJW-RR 2014, 1423): (1.) Die Parteien können (ausnahmsweise), und zwar gleichzeitig, einen Miet- oder Pachtvertrag abschließen und sich über die Bestellung eines Wohnungsrechts einigen; rechtliche Bedenken bestehen dagegen nicht (BGH 20. 3. 1963 – V ZR 143/61, LM Nr 10 zu § 1018 BGB = NJW 1963, 1247; 20. 9. 1974 – V ZR 94/73, LM Nr 22 zu § 1018 BGB = NJW 1974, 2123; 27. 6. 2014 – V ZR 51/13, NZM 2014, 790 Rn 10; Staudinger/Reymann [2017] § 1093 Rn 11 ff); Besonderheiten gelten in diesem Fall bei *Kündigung* des Miet- oder Pachtvertrages. Bleibt davon das Wohnungsrecht unberührt (s Rn 50), so kann dem Herausgabeanspruch des Vermieters oder Verpächters aus § 546 BGB eine Einrede nach § 242 BGB entgegenstehen, wenn er nach Herausgabe verpflichtet wäre, die Räume aufgrund des Wohnungsrechts dem Nutzer alsbald wieder zurückzugeben (§§ 1090 Abs 2 und 1027 BGB; BGH 4. 7. 1998 – XII ZR 116/96, WM 1998, 2041 = NZM 1998, 779, 780; Staudinger/Rolfs § 546 Rn 84). (2.) Die Bestellung des Wohnungsrechts kann ferner als bloße dingliche Sicherheit für das durch einen Miet- oder Pachtvertrag begründete Nutzungsrecht vereinbart werden (sogenannte Sicherungsdienstbarkeit, Staudinger/Reymann [2017] § 1093 Rn 12 ff). Die Rechte und Pflichten der Parteien richten sich in diesem Fall grundsätzlich nach dem *Miet- oder Pachtvertrag;* das dingliche Wohnungsrecht erlangt daneben erst Bedeutung, wenn das Eigentum an dem Grundstück auf einen Dritten übergegangen ist und dieser von einem *Sonderkündigungsrecht,* insbesondere nach § 2135 BGB (in Verbindung mit § 1056 Abs 2 BGB), nach § 111 InsO oder nach § 57a ZVG Gebrauch macht, da ein dingliches Wohnungsrecht auf Dauer der Zwangsverwaltung des Grundstücks entgegensteht, solange nicht die Zwangsvollstreckung aus einem dem Wohnungsrecht vorgehenden Recht betrieben wird (BGH 18. 12. 2015 – V ZR 191/14, NJW 2016, 1242 Rn 17 = NZM 2016, 278; 20. 9. 2017 – VIII ZR 279/16, NZM 2017, 729 Rn 15 = WuM 2017, 630). Die Sicherungsabrede bildet in diesen Fällen den Rechtsgrund für die Bestellung des Wohnungsrechts (BGH 7. 4. 2011 – V ZR 11/10, NZM 2012, 392 Rn 16, 18 f = NJW-RR 2011, 882; 27. 6. 2014 – V ZR 51/13, NZM 2014, 790, 793 Rn 11; LG Gießen WuM 1996, 478 [für die Sicherung eines abwohnbaren Baukostenzuschusses]; BFHE 185, 379, 381 ff = NJW 1998, 3143).

50 Bei den beiden genannten Fallgestaltungen (Rn 49) handelt es sich um Ausnahmefälle. Der Regelfall, von dem auch das Gesetz in den §§ 1090 ff BGB ausgeht, ist dagegen die **Schaffung eines dinglichen Wohnungsrechts**, und zwar auf der Grundlage eines Kausalgeschäfts, in dem die Parteien beliebige Abreden über die Begründung, die Ausgestaltung und die Beendigung des Nutzungsrechts treffen können (BGH 20. 9. 1974 – V ZR 94/73, LM Nr 22 zu § 1018 [Bl 2] = NJW 1974, 2123; 27. 6. 2014 – V ZR 51/43, NZM 2014, 790, 791 Rn 12 f). Dieses Kausalgeschäft wird in der Regel kein Miet- oder Pachtvertrag sein (BGH 20. 9. 1974 – V ZR 94/73, LM Nr 22 zu § 1018 [Bl 2] = NJW 1974, 2123; anders einmal nach den Umständen des Einzelfalls OLG Koblenz GE 2018, 1278), sondern, wenn die Parteien ein Entgelt vereinbart haben, einen **Rechtskauf** darstellen, der mit Bestellung des Rechts erfüllt ist (BGH 13. 11. 1998 – V ZR 29/98, LM Nr 13 zu § 1093 BGB [Bl 3] = NJW-RR 1999, 376; OLG Hamburg ZMR 1983, 60, 61). Ohne derartige Abrede kann der verpflichtete Eigentümer keine Gegenleistung verlangen (KG WuM 2006, 576). In dem Kausalgeschäft oder in einem neben dem Wohnungsrecht vereinbarten zusätzlichen Vertrag können auch **Abreden** über die Tragung der **Betriebskosten** getroffen werden; soll danach der Berechtigte diese Kosten tragen, so ist zu seinen Gunsten auch § 556 Abs 3 BGB über die Verpflichtung des Eigentümers zur Abrechnung über die Betriebskosten binnen Jahresfrist entsprechend anwendbar, und zwar zum Schutze des Wohnungsberechtigten selbst dann, wenn keine Vorauszahlungen vereinbart sind (BGH 25. 9. 2009 – V ZR 36/09, NZM 2009, 904 = NJW 2009, 3644 Rn 9, 13 ff; 16. 3. 2018 – V ZR 60/17 Rn 13 ff, NZM 2018, 675 = WuM 2018, 432). Zu Vorauszahlungen auf die Betriebskosten ist der Wohnungsberechtigte nur aufgrund einer besonderen Vereinbarung der Beteiligten verpflichtet (LG Berlin GE 2010, 272). Der Anspruch des Eigentümers auf etwaige Nachzahlungen auf die Betriebskosten wird erst mit Zugang der ordnungsmäßigen Abrechnung fällig (BGH 16. 3. 2018 – V ZR 1660/17, NZM 2018, 675 Rn 17 = WuM 2018, 432). Fehlen Abreden über die Tragung der Betriebskosten, so ist nach Meinung des BGH für den Regelfall, wohl im Wege der ergänzenden Vertragsauslegung, anzunehmen, dass der Wohnungsberechtigte auf jeden Fall die **verbrauchsabhängigen Kosten** wie Strom, Wasser und Heizung tragen muss (BGH 21. 10. 2011 – V ZR 57/11, BGHZ 191, 213, 215 Rn 5 = NJW 2012, 522), ebenso aber auch die **anteiligen verbrauchsunabhängigen Kosten** der Unterhaltung der Anlagen (BGHZ 191, 213, 216 f Rn 7 ff).

51 **Mietrecht** findet auf dem Rechtskauf (s Rn 50) grundsätzlich keine Anwendung, solange die Partei nichts anderes vereinbart haben (BGH 20. 9. 1974 – V ZR 94/73, LM Nr 22 zu § 1018 [Bl 2 R] = NJW 1974, 2123 für § 544), Möglich ist jedoch die Vereinbarung eines **Kündigungsrechtes** hinsichtlich des Kausalgeschäft; außerdem kann nach § 158 Abs 2 BGB der Bestand des Wohnungsrechts von dem Fortbestand des Kausalgeschäftes abhängig gemacht werden, sodass bei einer Kündigung des Kausalgeschäfts auch das Wohnungsrecht sein Ende findet (BGH 20. 9. 1974 – V ZR 94/73, LM Nr 22 zu § 1018 [Bl 2] = NJW 1974, 2123; 13. 11. 1998 – V ZR 29/98, LM Nr 13 zu § 1093 [Bl 3] = NJW-RR 1999, 376 = WuM 1999, 169; 27. 6. 2014 – V ZR 51/13, NZM 2014, 790, 792 Rn 13; 11. 3. 2016 – V ZR 208/15, WM 2016, 2223 Rn 7; OLG Köln NZM 1998, 930).

52 Der Bestand des Wohnungsrechts setzt nach den §§ 1090 Abs 2 und 1019 BGB voraus, dass es dem Berechtigten einen **Vorteil** bietet. Das Wohnungsrecht erlischt folglich, wenn es niemandem mehr einen Vorteil bietet, insbesondere, wenn seine Ausübung aus tatsächlichen oder rechtlichen Gründen dauernd **unmöglich** ist (BGHZ 93, 142 = NJW 1985, 1025; BGH 19. 1. 2007 – V 163/06, NZM 2007, 381 = WuM 2007, 139, 140 Rn 13

= NJW 2007, 1884; 11. 3. 2016 – V ZR 208/15, WM 2016, 2223 Rn 14 ff). Ob diese Voraussetzungen bei **Umzug** des Berechtigten in ein Pflegeheim erfüllt sind, hängt von den Umständen ab (B Brückner NJW 2008, 1111). In der Mehrzahl der Fälle dürfte es jedoch mit Rücksicht auf die §§ 1093 und 1092 Abs 1 S 2 BGB zu verneinen sein, da jedenfalls mit Erlaubnis des verpflichteten Eigentümers das Wohnungsrecht entgeltlich oder unentgeltlich einem **Dritten überlassen** werden kann (BGH 19. 1. 2007 – V ZR 163/06, NZM 2007, 381 = WuM 2007, 139, 140 Rn 13 = NJW 2007, 1884; 25. 9. 2009 – V ZR 36/09, NJW 2009, 3644 = WuM 2009, 672 Rn 8 = NZM 2009, 904; NJW 2012, 3572 Rn 5 f = NZM 2012, 800, 801; OLG Schleswig ZMR 2007, 369, 370; OLG Oldenburg ZMR 2008, 52; OLG Hamm NJW-RR 2008, 607).

53 Haben die Parteien für den genannten Fall (Rn 52) keine Vereinbarung getroffen, so wird meistens im Wege ergänzender Vertragsauslegung anzunehmen sein, dass der Eigentümer zwar berechtigt, aber nicht verpflichtet ist, die Wohnung anderweitig zu vermieten, um zusätzliche Einnahmen, und zwar letztlich zugunsten des Berechtigten, zu erzielen (BGH 25. 9. 2009 – V ZR 36/09, WuM 2009, 672 = NJW 2009, 3644 Rn 12 ff = NZM 2009, 904; OLG Karlsruhe WuM 2011, 228, 231 = NJW-RR 2011, 813). Wieder anders nach Veräußerung des Grundstücks: Geht der neue Eigentümer – mangels vertraglicher Beziehungen zu dem in einem Pflegeheim befindlichen Berechtigten – bei der Vermietung der Räume eigenmächtig vor, so hat der Berechtigte auch aus § 812 Abs 1 S 1 Fall 2 BGB keinen Anspruch gegen den Eigentümer auf Herauszahlung der vom Eigentümer vereinnahmten Mieten (BGH 13. 7. 2012 – V ZR 206/11, NJW 2012, 3572 Rn 10 ff = NZM 2012, 800; vgl außerdem zu einem Extremfall, bei dem ein weiteres Zusammenleben der Beteiligten ausgeschlossen ist, BGH 11. 3. 2016 – V ZR 218/15, WM 2016, 2223, 2225 f Rn 25 ff).

IV. Besondere Erscheinungsformen

1. Automatenverträge*

54 Bei den Verträgen über Automaten reicht das Spektrum möglicher Vertragsgestaltungen von normalen Kaufverträgen über Mietkauf- und Mietverträge bis hin zu den eigenartigen Automatenaufstellverträgen (dazu Rn 55 ff). **Fahrnismiete** ist anzunehmen, wenn ein Automatenhersteller einem Geschäftsinhaber entgeltlich auf Zeit Automaten überlässt, damit der letztere daraus *seine* Waren, dh solche des Geschäftsinhabers verkaufen kann. Dagegen handelt es sich um reine **Raummiete**, wenn ein Automatenaufsteller einen Raum mietet, um dort *seine* Automaten aufstellen zu können, zB um dort einen Automatenspielsalon einzurichten (BGHZ 47, 202, 206 = NJW 1967, 1414). Wird dem Automatenbesitzer lediglich das Recht eingeräumt, an einer Wand seine Automaten anzubringen und daraus *seine* Waren zu verkaufen (sog Automatenanbringungsvertrag, s vOlshausen/K Schmidt Rn B 37 ff), so finden ebenfalls die Vorschriften über die Grundstücksmiete Anwendung, da Gegenstand eines Mietvertrages auch bloße Sachteile wie eben die Wand eines Gebäudes sein können (s Staudinger/V Emmerich [2021] § 566 Rn 14).

---

* **Schrifttum**: Staudinger/Bieder (2019) Anh zu §§ 305–310 Rn E 1–E 19; R Dally, Rechtsfragen des Automatenaufstellvertrages (Diss Köln 1969); V Müller, Der Automatenaufstellvertrag (Diss Hamburg 1969); vOlshausen/K Schmidt, Automatenrecht (1972); Weyland Automatenaufstellung (1989).

Von einem **Automatenaufstellvertrag** spricht man schließlich, wenn ein Gewerbetreibender, in der Regel ein Gastwirt, einem Automatenbesitzer das Recht einräumt, in seinem Betrieb einen oder mehrere Automaten aufzustellen und daraus *seine* Waren, dh solche des *Automatenaufstellers* (und nicht des Wirts) zu verkaufen bzw (eigene) Musik- oder Vergnügungsleistungen zu erbringen (vOlshausen/K Schmidt Rn B 47 ff). Die Gegenleistung des Automatenaufstellers für die Gestattung der Aufstellung besteht gewöhnlich in einer Umsatzbeteiligung des Wirts. 55

Der BGH sieht das Wesen derartiger Verträge in der **Eingliederung** der Automaten **in den fremden gewerblichen Betrieb**, in dem sie aufgestellt sind (BGHZ 47, 202, 203 f = NJW 1967, 1414; BGHZ 51, 55, 56 = NJW 1969, 230; BGH 17. 7. 2002 – XII ZR 86/01, NJW 2002, 3322, 3328 = NZM 2002, 924; 4. 11. 2020 – XII ZR 104/19 Rn 16, WM 2020, 2325; OLG Frankfurt NJW 1964, 256; OLG Celle NJW 1967, 1425). Rechtlich gesehen handelt es sich bei ihnen um nicht geregelte **Gestattungsverträge** (o Rn 30; Roquette § 535 Rn 166 f), auf die immer nur von Fall zu Fall einzelne Vorschriften des Schuldrechts entsprechend angewandt werden können (vOlshausen/K Schmidt Rn B 48; Raisch BB 1965, 26). Die Folge ist zB, dass für Automatenaufstellverträge – mangels Anwendbarkeit des § 550 BGB – keine besonderen Formerfordernisse bestehen (BGHZ 47, 202, 203 f = NJW 1967, 1414; BGHZ 51, 55, 56 = NJW 1969, 230; BGH 17. 7. 2002 – XII ZR 86/01, NJW 2002, 3322, 3328 = NZM 2002, 924; 4. 11. 2020 – XII ZR 104/19 Rn 16, WM 2020, 2325) und dass der Automatenaufsteller den Besitz an den von ihm aufgestellten Automaten behält, sodass deren Entfernung durch den Gastwirt verbotene Eigenmacht darstellt (OLG Düsseldorf ZMR 1985, 91 = MDR 1985, 497). 56

Für die **Kündigung** von Automatenaufstellverträgen gilt § 580a Abs 1 Nr 3 BGB entsprechend (str; s vOlshausen/K Schmidt Rn B 92 f). Üblich sind jedoch in der Praxis Abreden über eine fünf- oder zehnjährige **Mindestdauer**. Die überwiegende Meinung hat keine Bedenken gegen derartige Klauseln, jedenfalls, solange sie nicht mit weiteren belastenden Absprachen zusammentreffen (BGH BB 1983, 622; WM 1985, 608, 611). Auch bei Vereinbarung einer Mindestdauer bleibt der Vertrag aber aus wichtigem Grunde kündbar, zB im Falle einer nicht zu vertretenden schweren Erkrankung des Wirtes oder des Todes seines Partners (§ 314; OLG Hamburg MDR 1976, 577). 57

Der **Wirt** ist vor allem verpflichtet, den Automaten an dem dafür vorgesehenen Platz aufzustellen, dem Publikum und dem Aufsteller den Zugang zu diesem Platz zu ermöglichen, seinen Betrieb regelmäßig und dauernd offen zu halten und keine Konkurrenzautomaten aufzustellen (§§ 241, 242 BGB). Dagegen trifft den **Aufsteller** die Pflicht, den Automaten aufzustellen und regelmäßig zu warten. Defekte Automaten muss er unverzüglich instandsetzen oder austauschen; eine Freizeichnungsklausel kann daran nichts ändern (§§ 307, 310 BGB). Verstößt der Aufsteller gegen diese Hauptleistungspflicht, so kann der Wirt Erfüllung verlangen oder fristlos kündigen (§ 314 BGB; oben Rn 57). 58

2. Tankstellenverträge

Bei den Tankstellenverträgen gibt es ebenso wie bei den Automatenverträgen (Rn 52 ff) verschiedene Gestaltungsformen, die eine unterschiedliche rechtliche Qualifizierung erfordern. Normale **Grundstücksmiete** liegt vor, wenn ein Grundstückseigentümer einer Mineralölgesellschaft entgeltlich ein Grundstück überlässt, damit die Gesellschaft auf diesem Grundstück *selbst* eine Tankstelle errichten und betreiben 59 kann. Besonderheiten gelten insoweit nicht. Anders verhält es sich dagegen mit den eigenartigen **Stationärsverträgen**, die dadurch gekennzeichnet sind, dass die Mineralölgesellschaft die von ihr errichtete Tankstelle auf einem eigenen oder von ihr gemieteten Grundstück ihrerseits dem Grundstückseigentümer oder einem Dritten zum Betrieb überlässt (Rn 60).

60 **Stationärsverträge** enthalten miet- und dienstvertragliche Elemente, wobei die dienstvertraglichen Elemente überwiegen, jedoch nicht in einem solchen Ausmaß, dass auf die Verträge ausschließlich Dienstvertragsrecht angewendet werden könnte; es handelt sich vielmehr um Geschäftsbesorgungsverträge, genauer: **Handelsvertreterverträge**, mit untergeordneten miet- oder pachtrechtlichen Elementen (BGHZ 52, 171, 175 = NJW 1969, 1662; BGHZ 83, 313, 316 ff = NJW 1982, 1692; OLG Stuttgart NJW 1964, 2255; OLG Düsseldorf WM 1985, 727; Gitter § 10). Der BGH hat daraus den Schluss gezogen, dass auf Stationärsverträge von Fall zu Fall auch die kurze Verjährungsfrist des § 548 BGB entsprechend anzuwenden sein kann (BGHZ 135, 152, 155 ff = NJW 1997, 1983; s Emmerich Anm LM Nr 231 zu § 1004 BGB).

3. Beherbergungsverträge

61 Als Beherbergungsverträge bezeichnet man Verträge mit gewerblichen Zimmervermietern über die Unterbringung von Gästen, gegebenenfalls in Verbindung mit ihrer Bewirtung. Diese Verträge bieten kein einheitliches Bild. „Normaler" Mietvertrag mit anderstypischer untergeordneter Nebenleistung ist zunächst die **Miete eines Raumes mit** zusätzlichen **Dienstleistungen** des Vermieters wie zB der Reinigung des Raums oder der Bereitung des Frühstücks (Palandt/Weidenkaff Einf v § 535 Rn 36). Derartige Verträge werden grundsätzlich nach **Mietrecht** behandelt. Nur im Einzelfall kann es angemessen sein, für die anderstypische Nebenleistung die dafür maßgeblichen Vorschriften ergänzend heranzuziehen. Reine Wohnraummiete ist dagegen die Unterbringung von Asylanten in einem Hotel (OLG Hamm ZMR 1995, 206) oder die vorübergehende Vermietung eines Hotelappartements an Wohnungssuchende (LG Bonn NJW-RR 1990, 1294 = WuM 1990, 505).

62 Der **Hotelaufnahmevertrag** ist im Kern ebenfalls **Raummiete**, wenn auch häufig **gemischt** mit verschiedenen anderen Verträgen wie Kauf, Verwahrung, Dienst- und Werkvertrag. Für den Gast hat dies den Vorteil der Anwendbarkeit des § 536a BGB (RG JW 1907, 705 Nr 8; RGZ 169, 84; BGHZ 63, 333, 336 f = NJW 1975, 645; BGHZ 71, 175, 177 = NJW 1978, 1426; BGH 1. 4. 1963 – VIII ZR 257/61, LM Nr 10 zu § 537 BGB = NJW 1963, 1449; NJW 1979, 1288; OLG Düsseldorf ZMR 2011, 717, 718; OLG Köln NZM 1998, 514; AG München ZMR 2012, 880: gefährliche Dusche). Dasselbe gilt für **Pensionsverträge** (BGHZ 71, 175, 177 = NJW 1978, 1426; OLG Kiel HRR 1941 Nr 588). **Erfüllungsort** für beide Teile ist in jedem Fall der Sitz des Hotels (AG St Blasien MDR 1982, 1017).

63 Ein Hotelier ist nicht gehindert, den Abschluss eines Vertrages mit Personen, die ihm aus irgendeinem Grunde nicht genehm sind, abzulehnen (sogenanntes **Hausverbot**, BGH 9. 5. 2012 – V ZR 115/11, NJW 2012, 1725 Rn 8, 19 ff = NZM 2012, 397). Der Hotelaufnahmevertrag ist **zustande gekommen**, sobald der Gast telefonisch oder schriftlich ein Zimmer reserviert hat (OLG Braunschweig NJW 1976, 570; OLG Düsseldorf NJW-RR 1991, 1143; ZMR 1992, 532). Für ein wie immer motiviertes Hausverbot gegen bestimmte Gäste ist jetzt kein Raum mehr; ebensowenig kommt eine Kündigung aus wichtigem Grunde (§ 543 Abs 1 BGB) mit Rücksicht auf die politische Einstellung eines Gastes in Betracht (BGH NJW 2012, 1725 Rn 10 ff = NZM 2012, 397).

Umstritten ist, unter welchen Voraussetzungen der Kunde nachträglich wieder zur **Stornierung** des Vertrags berechtigt ist (s Nettesheim BB 1986, 547; Roth öJBl 1991, 1). Vorrang haben auf jeden Fall etwaige Abreden der Parteien (OLG Köln NZM 1998, 514; OLG Frankfurt OLGR 1998, 169). Fehlen ausdrückliche Abreden der Parteien über ein etwaiges **Rücktrittsrecht** des Kunden, so kann sich ein solches von Fall zu Fall auch aus dem Vertrag im Wege ergänzender Vertragsauslegung, insbesondere mit Rücksicht auf eine entsprechende Verkehrssitte ergeben (§§ 133, 157, 242; OLG Frankfurt NJW-RR 1986, 1229 = WM 1986, 883 = BB 1986, 1187). In bestimmten Gebieten Deutschlands ist außerdem ein entsprechender **Handelsbrauch** anerkannt, zB in Hamburg (LG Hamburg NJW-RR 2004, 699, 700 f). Wo es aber auch daran fehlt, bleibt es bei der Anwendbarkeit des § 537 BGB, wenn der Hotelgast das Zimmer nicht in Anspruch nimmt (BGH 24. 11. 1976 – VIII ZR 21/75, LM Nr 18 zu § 346 [D] HGB = NJW 1977, 385; OLG Braunschweig NJW 1976, 570; OLG Düsseldorf NJW-RR 1991, 1143; OLG Frankfurt NJW-RR 1986, 1229 = WM 1986, 883; OLG Köln NZM 1998, 514). Der Hotelier muss sich jedoch einen Abschlag auf den vereinbarten Preis in Höhe der ersparten Aufwendungen gefallen lassen (§ 537 Abs 1 S 2 BGB); üblicherweise wird der Abschlag in einer Höhe von ungefähr 20 % des vereinbarten Preises berechnet (u § 537 Rn 13; OLG Düsseldorf NJW-RR 1991, 1143). **64**

Ebenso wie Beherbergungsverträge werden Verträge behandelt, durch die Reisebüros im voraus pauschal, etwa aus Anlass einer Messe, eine größere Zahl von Zimmern für ihre (zukünftigen) Kunden reservieren (sog **Hotelreservierungsverträge**, OLG Frankfurt NJW-RR 1986, 1229 = WM 1986, 883; ZMR 2011, 717; LG Köln NJW 1989, 3023). Kündigt der Hotelier den **Hotelreservierungsvertrag** zu Unrecht, so kann der Kunde nach § 280 Abs 1 BGB Schadensersatz verlangen (OLG Frankfurt ZMR 2011, 717, 718). **65**

4. Krankenhausaufnahmeverträge

Bei Verträgen über die Aufnahme von Patienten in Sanatorien und Kliniken steht die *Behandlung* der Patienten und damit das dienstvertragliche Element ganz im Vordergrund, sodass es sich bei ihnen in erster Linie um **Dienstverträge**, wenn auch mit starken **mietrechtlichen Elementen** handelt (RG JW 1938, 1246 Nr 12; BGHZ 2, 94, 96 = NJW 1951, 596; BGHZ 4, 138, 148 ff = NJW 1952, 382; BGHZ 163, 42, 46 = NJW 2005, 2069, 2070). Das gilt gleichermaßen für gesetzlich- wie für privatversicherte Patienten (BGHZ 175, 333, 338 ff Rn 23 ff = NJW-RR 2008, 1426). Im Einzelnen hat man heute nach dem Krankenhausentgeltgesetz (KHEntgG) idF von 2012 (BGBl I 1613) den sog **totalen Krankenhausaufnahmevertrag**, bei dem der Patient ausschließlich in Vertragsbeziehungen zu dem Krankenhausträger steht, den **gespaltenen Krankenhausaufnahmevertrag**, bei dem der Patient gesonderte Verträge mit den behandelnden Ärzten und mit dem Krankenhausträger abschließt (Paradigma: Belegarztvertrag), sowie den eigenartigen **Arztzusatzvertrag** zu unterscheiden, mit dem der Patient den Zweck verfolgt, sich trotz des Abschlusses eines totalen Krankenhausaufnahmevertrages auf jeden Fall die Behandlung durch die leitenden Ärzte zu sichern; in dem zuletzt genannten Fall spricht man deshalb häufig auch von **Chefarztverträgen** oder von totalen Krankenhausaufnahmeverträge mit **Wahlarztverträgen** (s zB BGH 19. 1. 2016 – III ZR 107/15 Rn 21 ff, NJW 2016, 3027; MünchKomm/Wagner § 630a Rn 26–37 mN; Palandt/Weidenkaff § 630a Rn 4; Uhlenbruck NJW 1964, 431; 1973, 1399). **66**

67 Bei dem **Chefarztvertrag** muss der Arzt, der „Chefarzt", die ärztlichen Leistungen grundsätzlich in Person erbringen (§§ 630b, 613 BGB). Die Heranziehung von Vertretern ist ihm nur gestattet, wenn dies mit den Patienten besonders vereinbart ist (BGHZ 175, 76, 79 ff Rn 7 ff = NJW 2008, 987). Kein Liquidationsrecht gegenüber den Patienten haben dagegen die sogenannten Honorarärzte, die von dem Krankenhausträger aufgrund frei ausgehandelten Dienstverträge zur Erbringung bestimmter Leistungen neben den angestellten oder beamteten Ärzten herangezogen werden (BGHZ 202, 365, 371 ff Rn 23 ff). Die Haftung des Krankenhausträgers richtet sich in jedem Fall allein nach den §§ 630a ff BGB, nicht nach Mietrecht.

5. Internatsverträge

68 Internatsverträge sind überwiegend Dienstverträge zugunsten der aufgenommenen Kinder und Jugendlichen. Für ihre Kündigung gelten mithin die §§ 626 und 628 BGB und nicht etwa mietrechtliche Regeln (BGH LM Nr 129 zu § 823 [Dc] BGB = NJW 1980, 1744; LM Nr 27 zu § 626 BGB = NJW 1984, 2091; LM Nr 6 zu § 628 BGB = NJW 1984, 2093; LM Nr 2 zu § 620 BGB = NJW 1985, 2085; NJW 2008, 1064, 1065; OLG Brandenburg NJW-RR 2006, 1487). Der Vertrag wird in der Regel nach seinem Zweck für die **Dauer** der Schulausbildung abgeschlossen, bei einem privaten Gymnasium deshalb grundsätzlich bis zum Abitur (§ 620 Abs 2 BGB), sodass wegen dieser Befristung § 621 BGB keine Anwendung findet; jedoch kann in den Geschäftsbedingungen des Schulträgers ein ordentliches **Kündigungsrecht** vorgesehen werden (BGH NJW 2008, 1064, 1065). Kein Raum ist ferner für die Anwendung des § 627 BGB. Während des ersten Jahres ist indessen eine außerordentliche Kündigung möglich, wenn der Schüler für das Internat nicht geeignet ist (BGH LM Nr 2 zu § 620 BGB = NJW 1985, 2585).

6. Wohn- und Betreuungsverträge*

69 Ein Wohn- und Betreuungsvertrag ist nach § 1 Abs 1 S 1 des Wohn- und Betreuungsvertragsgesetzes (WBVG) von 2009 (BGBl I 2319) ein Vertrag zwischen einem Unternehmer und einen volljährigen Verbraucher (vgl §§ 13 und 14 BGB), in dem sich der Unternehmer zur Überlassung von Wohnraum *und* zur Erbringung von Pflege- und Betreuungsleistungen verpflichtet, die der Bewältigung eines durch Alter, Pflegebedürftigkeit oder Behinderung bedingten Hilfsbedarfs dienen. Der Wohn- und Betreuungsvertrag ist im Jahre 2009 an die Stelle des früheren Heimvertrages getreten, der zunächst eine partielle, in erster Linie gewerberechtliche Regelung in dem HeimG von 2001 gefunden hatte. Die Heimverträge wurden seinerzeit vorrangig als Dienstverträge behandelt (BGH LM Nr 26 zu § 571 BGB = NJW 1982, 221; Drasdo NZM 2008, 665, 670, 673;). Der an die Stelle des Heimvertrages getretene Wohn- und Betreuungsvertrag ist dagegen als **gemischter Vertrag** anzusehen, bei dem die miet- und dienstvertraglichen Elemente im Vordergrund stehen (Drasdo NZM 2015, 601, 603; ders NZM 2018, 729; Palandt/Weidenkaff Anhang WBVG § 1 Rn 3), sodass zur Schließung der Lücken der gesetzlichen Regelung vornehmlich auf das **Mietrecht** des BGB zurückzugreifen sein dürfte (str; wegen der Einzelheiten s Drasdo

---

* **Schrifttum**: Bachem/Hacke, WBVG (2015); BeckOGK/Drasdo (1. 10. 2020) Mietrecht Anhang WBVG (S 2355 ff); Bub/Treier/Krettmann Hdb Rn I 209 ff; Dröse/Michelchen, WBVG (2009); Höfer, WBVG (2. Aufl 2010); Iffland/Düncher, WBVG (2010): Palandt/Weidenkaff Anhang WBVG; S Weber NZM 2010, 337.

NJW 2019, 2894; ders NZM 2017, 577; 2019, 606 mN). Keine Anwendung findet das WBVG auf Verträge mit Krankenhäusern, Internaten und Kurheimen (§ 2 WBVG) sowie auf Verträge über betreutes Wohnen (Rn 74).

Obwohl es sich in bei den Verträgen über die Benutzung von Pflege- und Alten- **70** heimen um zivilrechtliche Verträge mit starken mietrechtlichen Einschlägen handelt, darf doch nicht übersehen werden, dass die Materie zugleich erheblichen **sozialrechtlichen Einflüssen** unterliegt, da die Mehrzahl der Verbraucher, dh der Bewohner der Heime, häufig auch Gäste genannt, Leistungen nach dem SGB XI und XII bezieht. Dafür gibt es zwei unterschiedliche Modelle, das Kostenerstattungs- und das Sachleistungsprinzip. Kern des **Sachleistungsprinzips** ist der Abschluss von Versorgung- und Pflegesatzvereinbarungen zwischen dem Unternehmer und den Leistungsträgern, durch die unmittelbare Zahlungsansprüche des Unternehmers gegen die Leistungsträger begründet werden (§§ 72 und 85 SGB XI). Die Unternehmer können jedoch auch auf den Abschluss der genannten Verträge verzichten. Sie stehen dann in unmittelbaren Vertragsbeziehungen allein zu den Bewohnern, die ihrerseits Ansprüche auf **Kostenerstattung** gegen die Leistungsträger erwerben (§ 91 SGB XI; Drasdo NJW 2019, 2894 f). In diesem zweiten Fall können die Unternehmer mit den Bewohnern abweichend von § 14 WBVG auch Vereinbarungen über Sicherheitsleistungen treffen (BGH 5. 4. 2018 – III ZR 36/17, BGHZ 218, 200, 204 ff Rn 15 ff = NJW 2018, 1808).

Vor Abschluss eines Wohn- und Betreuungsvertrages treffen den Unternehmer zum **71** Schutze der Verbraucher umfangreiche **Informationspflichten** (§ 3 WBVG). Aus demselben Grund bedarf der Vertrag der Schriftform (§ 6 WBVG). In dem Vertrag müssen vor allem die beiderseitigen Leistungen geregelt werden (Drasdo NZM 2015, 601, 602 f). Wie § 7 Abs 1 des Gesetzes zeigt, entsprechen die Leistungen des Unternehmers, soweit es um die Unterbringung der Verbraucher geht, in wesentlichen denen eines **Vermieters** (OLG Düsseldorf NJW-RR 2011, 1683). Die Vorschriften des WBVG sind zugunsten der Verbraucher und Bewohner zwingend. Gleichwohl sind in der Praxis umfangreiche **Formularverträge** üblich. Bei der Kontrolle dieser Verträge anhand der §§ 307 ff verfährt die Rechtsprechung, etwa hinsichtlich der Beachtung des Transparenzgebots des § 307 Abs 1 S 2 zum Teil erstaunlich großzügig (so insbesondere BGH 7. 2. 2019 – III ZR 38/18, NJW-RR 2019, 942 = NZM 2019, 644 Rn 19 ff; dagegen zutreffend Drasdo NZM 2019, 606, 607; Kappus NZM 2019, 647).

Die Verträge zwischen den Unternehmern und den Verbrauchern, den Bewohnern **72** der Heime werden grundsätzlich auf unbestimmte Zeit abgeschlossen (§ 4 Abs 1 WBVG) und **enden** im Zweifel mit dem Tod des Verbrauchers (§ 4 Abs 3 WBVG; Drasdo NZM 2015, 601, 603). Die **Haftung** des Unternehmers folgt gleichfalls dem mietrechtlichen Modell; jedoch besteht insoweit ein Unterschied, als die *Minderung* nicht kraft Gesetzes eintritt, sondern von dem Verbraucher geltend gemacht werden muss (§ 10 Abs 1 WBVG; Drasdo NZM 2015, 601, 603; ders NJW 2019, 2594, 2597). Die Einzelheiten einer nötigen Erhöhung des Entgelts – ein Dauerthema – regelt § 8 des Gesetzes (s dazu zB Drasdo NZM 2019, 606, 608; ders, in: FS Börstinghaus [2020] 55). Hervorzuheben ist, dass es für eine **Erhöhung des Entgelts** in jeden Fall eines Vertrages mit dem Verbraucher, dh mit dem Bewohner des Heimes bedarf; einseitige Erhöhungsrechte des Unternehmers sind dem Gesetz fremd. Die Zustimmung der Bewohner zu einer Erhöhung des Entgelts kann aber auch konkludent, zB durch wiederholte Zahlung des erhöhten Entgelts erteilt werden. **Sicherheiten** kann der

Unternehmer nur verlangen, wenn dies besonders vereinbart ist, und auch dann allein im Rahmen des § 14 des Gesetzes, also nicht, wenn der Unternehmer mit dem Leistungsträger eine Pflegesatzvereinbarung abgeschlossen hat (Rn 70). Gegen § 14 verstößt es außerdem, wenn der Unternehmer dem Verbraucher ohne entsprechende Vereinbarung zusammen mit den Vertragsformularen vorbereitete Erklärungen für einen Schuldbeitritt Dritter überlässt, eben um den Verbraucher zu veranlassen, derartige Schuldbeitritte Dritter beizubringen (BGH NZM 2015, 635 Rn 12 ff).

73 Der Unternehmer kann den Vertrag nach § 12 des Gesetzes nur aus wichtigem Grunde **kündigen** (entsprechend § 543 BGB). Ein wichtiger Grund liegt zB vor, wenn ein Verbraucher andere Verbraucher in der Anlage beleidigt (LG Essen NZM 2014, 554; LG Freiburg NZM 2013, 286) oder beharrlich entgegen einem Rauchverbot in seinem Zimmer raucht (LG Freiburg NZM 2013, 286; LG Münster NJOZ 2017, 825; Drasdo NZM 2017, 577, 579 f) oder wenn sein Verhalten für die anderen Bewohner oder die Mitarbeiter des Heimes eine Gefahr darstellt, wobei Schuldfähigkeit des fraglichen Bewohners nicht in jedem Fall Voraussetzung der Kündigung ist (OLG Oldenburg 28. 5. 2020 – 1 U 156/19, NJW 2020, 3044 = WuM 2020, 657; LG Berlin WuM 2020, 654 = ZMR 2020, 952; Drasdo NZM 2019, 606, 608). Bei **Veräußerung** des Wohnraums finden die §§ 566 bis 567b BGB entsprechende Anwendung (§ 5 Abs 2 WBVG). Der Grundstückserwerber tritt indessen nur in die Verpflichtung des Unternehmers zur Raumüberlassung ein (§ 566 Abs 1), woraus sich erhebliche Probleme ergeben können (s Drasdo NJW 2019, 2894, 2896).

7. Betreutes Wohnen

74 Auf der Grenze zwischen reinen Mietverträgen und Wohn- und Betreuungsverträgen stehen die Verträge über betreutes Wohnen. Man versteht darunter **Mietverträge** über Plätze in Wohnheimen, bei denen der Betreiber des Heimes zusätzlich allgemeine Betreuungsleistungen wie Notrufdienste oder die Vermittlung von Dienst- und Pflegeleistungen für den Fall vorhält, dass die Mieter der Plätze dafür einen Bedarf haben. Auf diese Verträge findet das WBVG nach § 1 Abs 1 S 3 des Gesetzes keine Anwendung, wenn der Vertrag neben der Überlassung von Wohnraum ausschließlich die Erbringung von allgemeinen Unterstützungsleistungen wie die Vermittlung von Pflege- oder Betreuungsleistungen, Leistungen der hauswirtschaftlichen Versorgung oder Notrufdienste zum Gegenstand hat. Entscheidend ist mit anderen Worten, ob die Überlassung von Wohnraum (mit Serviceleistungen) oder die Betreuungsleistungen im Vordergrund stehen. Im ersten Fall liegt Miete vor, während im zweiten Fall das WBVG Anwendung findet (BGH 21. 4. 2005 – III ZR 293/04, NZM 2005, 515 = NJW 2005, 2008 = WuM 2005, 399). So verhält es sich insbesondere, wenn für das Verhältnis der Parteien neben der Überlassung von Wohnraum die „heimmäßige" Betreuung der Insassen durch ihre Verpflegung und sonstige weitgehende Betreuung kennzeichnend ist (BGH WuM 2005, 399, 400 = NJW 2005, 2008). Zur Abgrenzung wird meistens darauf abgestellt, wie groß der auf die Pflegeleistungen entfallende Teil des Entgelts, gemessen an dem gesamten Entgelt des Bewohners ist; überschreitet dieser Anteil die Grenze von 20–30%, so ist das WBVG anzuwenden.

8. Genossenschaften

75 Wohnungen können nicht nur auf mietvertraglicher, sondern auch auf gesellschaftsvertraglicher Grundlage entgeltlich überlassen und genutzt werden. Das bekannteste und wichtigste Beispiel ist die Überlassung von Wohnungen durch Wohnungsbaugenossenschaften an ihre Mitglieder (dazu ganz ausf BeckOGK/Drasdo [1. 10. 2020] § 535 Rn 492–614). In diesem Fall muss man vor allem danach unterscheiden, ob das Nutzungsverhältnis ausschließlich gesellschaftsrechtlich oder auch mietrechtlich geprägt ist. Allein **gesellschaftsrechtlich** bestimmt ist das Nutzungsverhältnis lediglich dann, wenn die Überlassung der Wohnung an das Mitglied ihre Grundlage *ausschließlich* in der *Satzung* findet. Die Folge ist, dass das Mitglied im Falle der Beendigung seiner Mitgliedschaft ohne Weiteres auch das Nutzungsrecht an der Wohnung verliert und diese räumen muss. Um diese nachteilige Folge der gesellschaftsrechtlichen Konstruktion zu vermeiden, schließen die Wohnungsbaugenossenschaften meistens mit ihren Mitgliedern zusätzlich einen **Mietvertrag** ab, häufig auch Dauernutzungsvertrag (oder ähnlich) genannt. In diesem Fall bestehen **zwei** grundsätzlich **selbstständige Rechtsverhältnisse** nebeneinander, die auch *getrennt betrachtet* werden müssen: Während für den Mietvertrag uneingeschränkt Mietrecht (einschließlich insbesondere der mieter-schützenden Bestimmungen) gilt (BGH NJW-RR 2004, 12 = NZM 2004, 25 = WuM 2003, 691; NJW-RR 2006, 1383 = NZM 2006, 693 = WuM 2006, 520; 9. 5. 2012 – VIII ZR 27/11, NJW 2012, 2270 Rn 10 = NZM 2012, 529; 22. 4. 2018 – IX ZR 56/17, NZM 2018, 785 Rn 20 = WuM 2018, 434; BayObLG NZM 1998, 369 = WuM 1998, 274), richtet sich das Schicksal des gesellschaftsrechtlichen Verhältnisses nach dem GenG sowie der Satzung der Genossenschaft. Aus diesem Nebeneinander zweier wenig aufeinander abgestimmten Regelungen können sich zwangsläufig Spannungen ergeben, auf die der Gesetzgeber erst im Jahre 2013 mit der Einfügung der §§ 66a und 67c in das GenG, in Kraft getreten am 19. 7. 2013, reagiert hat (dazu ausführlich Hinz NZM 2014, 137, 143 f). Grundsatz ist, dass die **Beendigung der Mitgliedschaft** nicht automatisch auch die des Mietvertrages mit dem Mitglied nach sich zieht, solange nicht zugleich der Mietvertrag wirksam nach den mietrechtlichen Vorschriften gekündigt werden kann (Drasdo NZM 2012, 585, 586 f; Fritz WuM 2012, 183; Fessler/Roth WuM 2010, 69). Abweichende Vereinbarungen, insbesondere in Gestalt einer auflösenden Bedingung in dem Mietvertrag für den Fall der Beendigung der Mitgliedschaft in der Genossenschaft, sind nicht möglich (§ 572 Abs 2 BGB; s zu den Folgen für die Kündigung Rn 77 f).

76 In der Satzung einer Genossenschaft kann bestimmt werden, dass die Genossen bei Abschluss eines Mietvertrages verpflichtet sein sollen, zusätzliche Geschäftsanteile zu zeichnen; darin liegt keine Umgehung des § 551 BGB (LG Regensburg ZMR 2010, 368 = NZM 2010, 360; Fessler/Kegel WuM 2007, 693; St Roth NZW 2008, 356; anders AG Saarbrücken WuM 2007, 506, 507). Ebensowenig ist die Genossenschaft gehindert, von den Mitgliedern bei Abschluss des Mietvertrages stattdessen zusätzlich eine **Kaution** zu verlangen (AG Kiel NZM 2012, 610 = ZMR 2010, 201; Drasdo NZM 2012, 585, 588 f). Dabei kann sie ohne Weiteres auch zwischen den Mitgliedern je nach ihrer Zahlungsfähigkeit differenzieren (Rn 79; Drasdo NZM 2012, 585, 588 f).

77 Die **Kündigung** des Mietvertrages mit einem Mitglied richtet sich allein nach den mietrechtlichen Vorschriften, insbesondere also nach den §§ 573 ff BGB sowie gegebenenfalls nach § 543 BGB (BGH 9. 5. 2012 – VIII ZR 327/11, NJW 2012, 2270 Rn 10 = NZM 2012, 529; Drasdo NZM 2012, 585, 587, 592, 595; Fritz WuM 2012, 183). Die Konsequenzen sind umstritten. Wegen der Einzelheiten ist auf die Ausführungen zu § 573 zu verweisen (Staudinger/Rohlfs [2021] § 573 Rn 187 f; BeckOGK/Geib [2019] § 573 Rn 138 f). Von vornherein kein Raum ist hier für die Anwendung des § 573 Abs 2 Nr 2 BGB, da sich eine Genossenschaft als juristische Person offenbar nicht gegen-

Vorbem zu § 535

über einem ihrer Mitglieder auf „Eigenbedarf" berufen kann (BGH NJW-RR 2004, 12 = NZM 2004, 25 = WuM 2003, 691; NJW-RR 2006, 1383 = NZM 2006, 693 = WuM 2006, 520; OLG Karlsruhe WuM 1985, 77 = ZMR 1985, 122). Anders wird die Rechtslage dagegen teilweise bei **Beendigung der Mitgliedschaft** beurteilt (s dazu DRASDO NZM 2012, 585, 587, 592, 595; FRITZ WuM 2012, 183; ST ROTH NZM 2000, 743; 2004, 129; ders, in: 10 Jahre Mietrechtsreformgesetz [2011] 782). Die Genossenschaft kann in diesem Fall jedenfalls dann aufgrund einer umfassenden Interessenabwägung nach § 573 Abs 1 BGB kündigen, wenn das Mitglied die Mitgliedschaft selbst kündigt (DRASDO NZM 2012, 585, 595) oder wenn die Genossenschaft der Wohnung konkret für andere Mitglieder bedarf (BGH NJW-RR 2004, 12 = NZM 2004, 25 f = WuM 2003, 691; 19. 3. 2009 – IX ZR 58/08, BGHZ 180, 100 85, 189 = NZM 2009, 479, 480 Rn 10; LG Heidelberg WuM 2014, 37, 39; dagegen ST ROTH NZM 2000, 743; 2004, 129). Dagegen kann die Genossenschaft ein Mitglied nicht allein deshalb ausschließen und ihm kündigen, weil dieses die gemietete Wohnung überhaupt nicht oder nur gelegentlich nutzt (OLG München NZM 2016, 332; str, anders LG Nürnberg-Fürth WuM 1993, 280 f; ROTH NZM 2016, 313).

78 Besonderheiten gelten in der **Insolvenz** des Mitglieds und Mieters, weil die Auswirkungen der Insolvenz auf *beide* Rechtsverhältnisse bedacht werden müssen. Eine gesetzliche Regelung des schwierigen Fragenkreises findet sich seit dem Jahre 2013 in den §§ 66a und 67c GenG (s schon Rn 76). Nach § 66a GenG kann auch der Insolvenzverwalter, um auf das Auseinandersetzungsguthaben des Mitgliedes zugreifen zu können, das Kündigungsrecht des Mitglieds einer Genossenschaft ausüben; jedoch ist das Kündigungsrecht des Insolvenzverwalters nach § 67c Abs 1 GenG ausgeschlossen, sofern die Mitgliedschaft Voraussetzung für die Nutzung der Wohnung durch das Mitglied ist und das Geschäftsguthaben des Mitglieds höchstens das Vierfache der Miete oder maximal 2000 € beträgt. Übersteigt das Geschäftsguthaben des Mitgliedes diesen Betrag, so führt auch dies nicht automatisch zur Kündbarkeit des Mietvertrages; vielmehr können sich selbst in diesem Fall weitere Schranken für ein Kündigungsrecht des Insolvenzverwalters aus § 67c Abs 2 GenG ergeben, um dem Mitglied nach Möglichkeit seine Wohnung zu erhalten. Hintergrund der komplizierten Regelung ist die vorausgegangene Rechtsprechung des BGH, nach der das Kündigungsverbot des § 109 Abs 1 S 2 InsO keine Anwendung auf die Kündigung des Insolvenzverwalters nach § 66 GenG findet (BGH 19. 3. 2009 – IX ZR 58/08, BGHZ 180, 185 = NZM 2009, 479, BGH NZM 2010, 359; WuM 2011, 40 = WM 2011, 134 Rn 6; 18. 9. 2014 – IX ZR 276/13 Rn 5, WM 2014, 2093 = NZM 2015, 46 Rn 5; 28. 4. 2018 – IX ZR 56/17, NZM 2018, 785 Rn 15 = WuM 2018, 439; ebenso für die Verbraucherinsolvenz BGH NZM 2010, 359; WuM 2011, 40 = WM 2011, 134 Rn 6; KESSLER/HERZBERG NZM 2009, 474]). Das Auseinandersetzungsguthaben des Mitglieds gehört in diesem Fall zur Masse (BGH ZIP 2011, 90; 28. 4. 2018 – IX ZR 56/17, NZM 2018, 785 Rn 15 = WuM 2018, 439). Die Höhe und die Fälligkeit des Anspruchs auf das Auseinandersetzungsguthaben richten sich nach § 73 GenG i.V.m. der Satzung. Jedoch darf die satzungsmäßige Regelung nicht im Ergebnis zu einem Ausschluss des Anspruchs auf das Auseinandersetzungsguthaben führen (BGH 28. 4. 2018 – IX ZR 56/17, NZM 2018, 785 Rn 16 ff = WuM 2018, 439).

79 Die Mieter haben als Mitglieder der Genossenschaft Anspruch auf **Gleichbehandlung** (BGH LM Nr 2 zu § 18 GenG = NJW 1960, 2142; LM Nr 3 zu § 18 GenG = NJW 1970, 1917; 14. 10. 2009 – VIII ZR 159/08, NZM 2010, 121 Rn 12 = WuM 2009, 744 = NJW-RR 2010, 226; AG Köln WuM 2015, 628; DRASDO NZM 2012, 585, 588 ff). Eine unterschiedliche Behandlung der Mieter und Genossen ist nur zulässig, wenn dafür ein sachlicher Grund vorliegt (BGH

NZM 2010, 121 Rn 12 = WuM 2009, 744 = NJW-RR 2010, 226; LG Köln ZMR 2008, 718). Vor allem bei einer Mieterhöhung nach § 558 BGB muss die Genossenschaft daher ihre Mitglieder und Mieter grundsätzlich gleich behandeln und darf nicht ohne zwingende sachliche Gründe nur bei einzelnen Mietern unter Ausschluss der anderen die Miete erhöhen (AG Köln WuM 2015, 628). Jedoch konnte die Genossenschaft nach Aufhebung des WGG eine Mieterhöhung nach dem §§ 558 ff BGB verlangen, wenn mit Rücksicht auf die früheren Steuervergünstigungen nach dem WGG in dem Mietvertrag eine besonders niedrige Kostenmiete vereinbart war (BGH NZM 2006, 693, 694 Rn 10 ff = NJW-RR 2006, 1383 = WuM 2006, 520; WuM 2010, 430 Rn 6; str). Die Genossen haben keinen Anspruch, jede Mietvergünstigung für neue Mieter ebenfalls nachträglich eingeräumt zu bekommen (LG Berlin NZM 2002, 289; GE 2003, 810 f). Im Falle der Veräußerung des Grundstücks durch die Genossenschaft tritt der Erwerber nach § 566 BGB in die bestehenden Mietverträge mit den Mitgliedern der Genossenschaft ein, sodass er sich auch etwaige Kündigungsbeschränkungen, die sich ausdrücklich oder konkludent aus dem Mietvertrag mit der Genossenschaft ergeben, entgegenhalten lassen muss (OLG Karlsruhe WuM 1985, 77 = ZMR 1985, 122; LG Wiesbaden NJW 1962, 2352; LG Kassel WuM 1985, 45; LG Kaiserslautern MDR 1983, 56; AG Trier WuM 1992, 612; Drasdo NZM 2012, 585, 597).

9. Gaststätten, Vergnügungseinrichtungen

Bei Besuchen von Gaststätten tritt das Mietvertragselement meistens gegenüber dem Kauf- oder Werkvertragselement ganz in den Hintergrund (AG Burgwedel NJW 1986, 2647; Leonhard, Schuldrecht II 138; Mittelstein, Miete 69 f). Verträge über die Benutzung von Vergnügungseinrichtungen wie Schiffschaukeln, Kegelbahnen oder Autoscootern sind dagegen in erster Linie Miete, sodass die Benutzer den Schutz des § 536a BGB genießen (BGH 21. 2. 1962 – VIII ZR 84/61, LM Nr 5 zu § 538 BGB = NJW 1962, 908; 2. 2. 1972 – VIII ZR 160/70, LM Nr 19 zu § 537 BGB = MDR 1972, 411; OLG Köln NJW 1964, 2020; Trenck-Hinterberger JuS 1975, 501). Ebenso zu beurteilen sind Verträge, durch die der Grundstückseigentümer Dritten das Campieren auf seinem Grundstück erlaubt (OLG Koblenz NJW 1966, 2017), während es sich bei Verträgen von Theatern und vergleichbaren Einrichtungen mit den Besuchern vorrangig um Werkverträge handelt, freilich mit starken mietrechtlichen Einschlägen (AG Hannover NJW 1981, 1219; s dazu Emmerich, Leistungsstörungen § 24 Rn 27 f [375 f]). **80**

10. Schrankfachverträge

Tresor- oder Schrankfachverträge mit einer Bank, häufig auch Schließfachverträge genannt, sind Miete, keine Verwahrung, weil die Bank mit derartigen Verträgen ihren Kunden in erster Linie den Gebrauch einer (beweglichen) Sache gewährt, ohne zugleich Obhutspflichten gegenüber den in dem Tresor oder Schrankfach aufbewahrten Wertsachen der Kunden zu übernehmen, sodass der Kunde auch idR Alleinbesitzer des Schrankfachinhalts bleibt (Rn 43; RGZ 141, 99; OLG Oldenburg NJW 1977, 1780; OLG Karlsruhe WM 2012, 1530, 1531; OLG Koblenz NJW-RR 1997, 331 = WM 1997, 470; OLG Düsseldorf WM 2013, 1744, 1745; KG WM 2016, 923, 924; Mittelstein, Miete 20; anders O Werner JuS 1980, 175). Die Bank ist verpflichtet, dem Kunden die Benutzung des Schrankfaches zur Aufbewahrung von Gegenständen zu gestatten und darüber zu wachen, dass Unbefugte keinen Zugang erhalten. (Nur) bei einer Verletzung dieser Pflichten ist die Bank ersatzpflichtig (§ 280 Abs 1 BGB; OLG Düsseldorf WM 2013, **81**

1744, 1745; dagegen auch für Obhutspflichten der Bank KG WM 2016, 923, 924). Die Bank kann ihre Haftung durch ihre Geschäftsbedingungen außerdem auf grobe Fahrlässigkeit beschränken (OLG Koblenz NJW-RR 1997, 331 = WM 1997, 470). Bestehen bei einer Bank oder zwischen mehreren Banken unterschiedliche Sicherheitsstandards für Schließfächer, so muss die Bank einen Kunden vor Abschluss eines derartigen Vertrages auf diese Unterschiede hinweisen, um ihm Gelegenheit zu geben, den für ihn richtigen Sicherheitsstandard auszuwählen (Rn 84 f; OLG Karlsruhe WM 2012, 1529, 1530 f).

10. Konzessionsverträge und vergleichbare Vereinbarungen

82 Unter einem Konzessionsvertrag, heute meistens Wegenutzungsvertrag genannt, versteht man die Abrede zwischen einer Gemeinde und einem Verkehrs- oder Energieversorgungsunternehmen, durch die die Gemeinde dem letzteren das Recht zur Verlegung von Schienen und Leitungen in den Wegen und Straßen der Gemeinden einräumt (§ 46 EnWiG). Die Gegenleistung des Verkehrs- oder Versorgungsunternehmens für die Gestattung der Wegebenutzung wird meistens Konzessionsabgabe genannt (§ 48 EnWiG), deren Höhe sich bei den Energieversorgungsunternehmen nach einer Verordnung von 1992, der sogenannten Konzessionsabgabenverordnung (KAV) richtet (BGBl I 12 mit Änderungen). Wegenutzungsverträge sind nach § 8 Abs 10 Bundesfernstraßengesetz und den entsprechenden Vorschriften der Straßen- und Wegegesetze der Länder privatrechtlich zu qualifizieren (Emmerich BB 1973, 1269). Deshalb wurden in ihnen früher überwiegend gemischte Verträge mit starken mietvertraglichen Elementen gesehen (RGZ 88, 14; 108, 204). Das ist jedoch wegen der Eigenarten dieser Verträge wenig angemessen, sodass es sich bei ihnen richtiger Meinung nach um, von den wenigen einschlägigen Bestimmungen des Energiewirtschaftsrechts abgesehen, nicht geregelte Gestattungsverträge handeln dürfte (Rn 36), auf die lediglich die allgemeinen Vorschriften über gegenseitige Verträge (§§ 320 ff BGB) anwendbar sind (BGHZ 132, 198, 101 = NJW 1996, 3409; BGH LM Nr 55 zu § 305 BGB = NJW-RR 1991, 176).

83 Um Miete handelt es sich lediglich, wenn sich das Energieversorgungsunternehmen zu einer einmaligen geringfügigen Gegenleistung verpflichtet (OLG Hamburg MDR 1976, 142). Ebenso zu beurteilen sind ein Vertrag auf Duldung einer Stromleitung gegen eine einmalige Gegenleistung des Energieversorgungsunternehmens (BGH 20. 2. 1992 – III ZR 193/90, LM Nr 6 zu § 567 BGB = NJW-RR 1992, 780) sowie die Verträge der Flughafenunternehmen mit den Fluggesellschaften über die Benutzung des Flughafens (OLG Düsseldorf ZMR 2001, 41, 43 f). Auch Anschlussverträge mit den Telekommunikationsunternehmen sind seit deren Privatisierung privatrechtlich zu qualifizieren und können daher von Fall zu Fall als Mietverträge über die zur Verfügung gestellten Geräte und Leitungen zu behandeln sein (Palandt/Weidenkaff Einf v § 535 Rn 31). Gestattungsverträge mit lediglich untergeordneten mietvertraglichen Elementen sind ferner die Verträge von gewerblichen Vermietern mit Kabelbetreibern über die Einrichtung und den Betrieb einer Kabelanlage in den Wohnungen des Vermieters (OLG Brandenburg NZM 2009, 240).

V. Verschulden bei Vertragsverhandlungen

1. Überblick

Die Mietvertragsparteien trifft nach den §§ 311 Abs 2 und 241 Abs 2 BGB ebenso **84** wie jeden anderen Schuldner eine **Aufklärungspflicht** hinsichtlich derjenigen Eigenschaften und Rechtsverhältnisse mit Bezug auf die Mietsache, die erkennbar von besonderer Bedeutung für den anderen Teil sind und deren Mitteilung er deshalb nach Treu und Glauben erwarten kann. Das gilt insbesondere für solche besonderen und zusätzlichen Umstände, die allein der einen Partei bekannt sind und von denen sie zudem weiß oder doch wissen muss, dass die Entscheidung der anderen über den Vertragsschluss von deren Kenntnis beeinflusst werden kann, vor allem, weil durch die fraglichen Umstände der Vertragszweck der anderen Partei vereitelt werden kann (§§ 311 Abs 2, 241 Abs 2 und 242 BGB; s EMMERICH NJW 2011, 2321; MünchKomm/EMMERICH § 311 Rn 90 ff; WIETZ WuM 2016, 323). Aber es bleibt dabei das es zunächst einmal die Sache jeder Partei selbst ist, sich über alle für sie relevanten Umstände zu informieren, da eine allgemeine Aufklärungspflicht der Parteien gegeneinander dem deutschen Recht fremd ist. In besonderem Maße gilt das für das sog **Marktwissen**, über das sich jede Partei, wenn sie dies für nötig hält, selbst zu informieren vermag, notfalls unter Zuhilfenahme von Fachleuten oder Sachverständigen, die die nötigen Informationen gegen Entgelt bereithalten. Reicht dies im Einzelfall nicht aus, so muss jede Partei zu aufklärungsbedürftigen Punkten in den Vertragsverhandlungen eben **Fragen** stellen. Eine **Aufklärungspflicht** insbesondere des Vermieters besteht nach dem Gesagten darüber hinaus grundsätzlich nur hinsichtlich derjenigen Umstände mit Bezug auf die Mietsache, die, für ihn erkennbar, von besonderer Bedeutung für den Mieter sind und deren Mitteilung dieser nach Treu und Glauben und der Verkehrsauffassung erwarten darf, weil es ihm selbst mit zumutbarem Aufwand nicht möglich ist, sich die nötigen Kenntnisse zu verschaffen (zu den Aufklärungspflichten aus vorausgegangenem Tun, sog Ingerenz s Rn 87).

Eine wesentliche Einschränkung des Gesagten ergibt sich daraus, dass nach Meinung **85** der Gerichte die **§§ 536 ff BGB**, soweit es um **Mängel** der Mietsache geht, eine die **c i c ausschließende Sonderregelung** enthalten (BGHZ 136, 102, 106 f = NJW 1997, 2813; BGH LM Nr 26 zu § 537 BGB = NJW 1980, 777; 16. 2. 2000 – XII ZR 179/97, LM Nr 51 zu § 537 BGB = NJW 2000, 1714, 1718 = NZM 2000, 492; 26. 3. 2004 – XII ZR 149/02, NZM 2004, 618 = NJW-RR 2004, 1236; 10. 7. 2008 – IX ZR 128/07, NJW 2008, 2771 Rn 21 = NZM 2008, 644; OLG Karlsruhe WM 2012, 1529; HAU/KLINCK PiG 83 [2008] 67, 77 f), solange der Vermieter nicht geradezu vorsätzlich gehandelt hat (BGH LM Nr 145 zu § 459 BGB = NJW 2002, 208, 210 f). Dieser Vorrang soll sogar für die Vorschriften über die **Rechtsmängelhaftung** gelten (BGH 10. 7. 2008 – IX ZR 128/07, NJW 2008, 2771, 2773 Rn 21). Dem ist indessen *nicht* zu folgen, schon deshalb nicht, weil mit den §§ 536 ff BGB niemals eine von den allgemeinen Vorschriften über Leistungsstörungen abweichende Sonderregelung des Leistungsstörungsrechts bei der Miete bezweckt war (s EMMERICH NZM 2002, 362, 363; ders, in: FS Honsel [2002] 209; BLANK/BÖRSTINGHAUS § 536a Rn 12).

2. Vermieter

Den Vermieter trifft ebensowenig wie andere Schuldner eine generelle Aufklärungs- **86** pflicht gegenüber dem Mieter; eine Aufklärungspflicht des Vermieters besteht viel-

Vorbem zu § 535

mehr immer nur im Einzelfall unter den genannten besonderen Voraussetzungen (s Rn 91; MünchKomm/Emmerich § 311 Rn 91). Eine Aufklärungspflicht des Vermieters kommt danach zB in Betracht, wenn ein von ihm vermieteter Radlader nicht pflichtversichert ist (BGH 13. 11. 2006 – XI ZR 68/04, NJW-RR 2007, 298 = NZM 2007, 144), wenn die Zwangsversteigerung oder Zwangsverwaltung des Grundstücks angeordnet ist (OLG Hamburg BB 1988, 1842; OLG Hamm NJW-RR 1988, 784 = MDR 1988, 585), wenn eine Straßensperrung bevorsteht, sodass abzusehen ist, dass der Publikumsverkehr zurückgehen wird (LG Berlin GE 1996, 1303), oder wenn die vermietete Wohnung der Preisbindung aufgrund des WoBindG unterliegt, sodass dem „besserverdienenden" Mieter eine Fehlbelegungsabgabe droht (AG Osnabrück WuM 1995, 309). Der Vermieter haftet ferner aus cic, wenn er bei dem Mieter den Eindruck eines langfristigen Mietverhältnisses erweckt, anschließend aber sofort das Haus verkauft, sodass der Erwerber wegen Eigenbedarfs nach § 573 BGB kündigen kann (BGH 6. 7. 2010 – VIII ZR 180/09, WuM 2010, 512; 13. 4. 2010 – VIII ZR 180/09, WuM 2010, 575; OLG Hamm WuM 1981, 102 = OLGZ 1980, 26).

87 Aufklärungspflichten des Vermieters kommen ferner in Betracht, wenn er, wenn auch unbeabsichtigt bei dem Mieter einen **Irrtum** erregt hat (sog **Ingerenz**, MünchKomm/Emmerich § 311 Rn 77, 90a mN). Ist der Irrtum des Mieters für den Vermieter erkennbar, so muss er ihn *korrigieren,* widrigenfalls ihn eine Haftung wegen Unterlassung der gebotenen Aufklärung, dh aus vorausgegangenem Tun gemäß § 311 Abs 2 BGB trifft. Ein wichtiger Anwendungsfall ist die Aufklärungspflicht des Vermieters, die sich ergibt, wenn er durch die Verwendung **unwirksamer Formularverträge** oder AGB bei dem Mieter einen Irrtum über dessen Rechte und Pflichten erregt hat; Paradigma ist die weitere Verwendung von Klauseln in Formularverträgen über die Abwälzung der Schönheitsreparaturen auf den Mieter, die mittlerweile von der Rechtsprechung verworfen wurden (§ 535 Rn 107; MünchKomm/Emmerich § 311 Rn 76, 90a). Davon zu trennen sind die Fälle einer **Täuschung** des Mieters **durch positives Tun** seitens des Vermieters, was immer aus Verschulden bei Vertragsverhandlungen haftbar macht, wobei Täuschungen durch ausdrückliche Erklärungen oder durch konkludentes Handeln gleich stehen (s Rn 85). Deshalb begründen (selbstverständlich) bei der gewerblichen Miete unrichtige Angaben über die bisher in den vermieteten Räumen erzielten **Umsätze oder Erträge** früherer Mieter eine Haftung des Vermieters aus cic (BGH NJW 2002, 208, 210 f; OLG München ZMR 2001, 708). Dasselbe gilt für unzutreffende Angaben des Betreibers eines **Einkaufszentrums** über den schon erreichten Vermietungsstand bei Verhandlungen mit weiteren Mietern (BGH 16. 2. 2000 – XII ZR 179/97, LM Nr 51 zu § 537 BGB = NJW 2000, 1714, 1718; 26. 3. 2004 – XII ZR 149/02, NZM 2004, 618; u Vorbem 21 f zu § 536).

88 Unbedenklich ist dagegen nach Meinung des BGH eine viel **zu niedrige Festsetzung von Betriebskostenvorauszahlungen**, selbst wenn die Folge ist, dass der Mieter – entgegen seinen Erwartungen – zu hohen Nachzahlungen verpflichtet wird (s Artz NZM 2004, 328; Derckx NZM 2004, 321; Hau/Klinck PiG 83 [2008] 67, 74 ff; Scheffler WuM 2008, 65). Anders soll es sich nur verhalten, wenn **besondere Umstände** vorliegen, insbesondere, wenn der Mieter bei Vertragsabschluss den Vermieter nach der Angemessenheit der Vorauszahlungen *gefragt* hatte oder wenn der Vermieter diese bewusst zu niedrig festgesetzt hatte, um den Mieter zu *täuschen* (u § 543 Rn 9). Von solchen Ausnahmefällen abgesehen, soll jedoch die (beliebig hohe oder niedrige) Festsetzung der Betriebskostenvorauszahlungen **keinen Vertrauenstatbestand** begründen, auf den sich der Mieter gegenüber späteren Nachforderungen des Vermieters berufen könnte (BGH 9. 12. 2009 – XII ZR 109/08, BGHZ 183, 299, 304 Rn 14 = NJW 2010, 671; BGH NJW 2004, 1102 = NZM 2004, 251 = ZMR 2004, 347; NZM 2004, 619 = ZMR 2004, 653; NZM 2012, 83 Rn 14; OLG Düsseldorf GE 2012, 827, 828; OLG Köln NZM 2008, 366, 367 f; OLG Rostock GE 2009, 324 = ZMR 2009, 527; Scheffler WuM 2008, 65). Das ist unter dem Gesichtspunkt des gerade hier gebotenen Mieterschutzes (§§ 241 Abs 2, 242, 311 Abs 2 BGB) **wenig befriedigend** (ebenso OLG Köln NZM 2008, 368 f). Deshalb sollte man bei der Annahme besonderer Umstände, die eine Aufklärungspflicht des Vermieters über die Höhe der Nebenkosten begründen, entsprechend **großzügig** verfahren. Zur Begründung einer Aufklärungspflicht muss es bereits genügen, wenn der Mieter zu erkennen gibt, dass es ihm auch auf die Höhe der Nebenkosten entscheidend ankommt (KG ZMR 2007, 963, 964 f), oder wenn dem Vermieter bekannt ist, dass die Vorauszahlungen in den letzten Jahren immer nur einen verhältnismäßig geringen Teil der Nebenkosten gedeckt haben (AG Göttingen WuM 2007, 574 f mit ablehnender Anm Scheffler WuM 2008, 65). – Zur Aufklärungspflicht des Kraftfahrzeugvermieters im sogenannten Unfallersatzgeschäft s Rn 172.

Nach § 5a des Energieeinsparungsgesetzes **(EnEG)** von 2005 (BGBl I 2684) ist die Bundesregierung ermächtigt, durch Rechtsverordnung **Energieausweise** auf Bedarfs- oder Verbrauchsbasis einzuführen (§ 5a S 1 EnEG); jedoch dienen diese Energieausweise lediglich der *Information* (§ 5a S 3 EnEG). Die Einzelheiten regelt die Energieeinsparverordnung **(EnEV)** von 2007 idF von 2013 in den §§ 16–21. Der Vermieter muss danach dem potenziellen Mieter einen Energieausweis für das Mietobjekt, insbesondere also für ein Gebäude oder eine Wohnung „zugänglich" machen (§ 16 Abs 2 S 2 EnEV). Außerdem müssen in Immobilienanzeigen seit 2014 gemäß § 16a EnEV bestimmte Mindestangaben über die Art des Energieausweises und die darin genannten Werte gemacht werden (s Frenz ZMR 2014, 852, 853). **89**

Die **zivilrechtliche Bedeutung** dieser Regelung ist umstritten. Richtigerweise dürfte davon auszugehen sein, dass es sich bei den §§ 16 Abs 2 S 2 und 16a EnEV um bloße öffentlich-rechtliche Pflichten mit dem Ziel der Information von Mietinteressenten handelt (§ 5a S 3 EnEG), sodass Verstöße gegen die genannten Pflichten grundsätzlich *keine* zivilrechtliche Bedeutung haben, insbesondere *nicht* zu einer Haftung des Vermieters aus *c i c* führen, außer wenn der Vermieter selbst unrichtige Angaben über den Energieverbrauch oder den Energiebedarf des Gebäudes oder der Wohnung macht (Rn 87; §§ 241 Abs 2 und 311 Abs 2 BGB; ebenso die Begr zu der EnEV BR-Drucks 113/13, S 98; Artz WuM 2008, 259; Blank WuM 2008, 311, 316 f; ders MDR 2009, 181; Schmidt-Futterer/Blank Vor § 535 Rn 29–35; B Flatow NZM 2008, 785, 790 f; Frenz ZMR 2014, 852, 853; Friers WuM 2008, 256; Grüneberg NZM 2008, 145; BeckOGK/H Schmidt [2020] § 535 Rn 177 ff; Stangl ZMR 2008, 14, 18 f; Sternel NZM 2006, 495; ders PiG 88 [2010] 1; Palandt/Weidenkaff § 535 Rn 1). Auch für eine Anwendung des **§ 536 BGB** wird in der Regel kein Raum sein, wenn der tatsächliche Energieverbrauch negativ von den Angaben in dem Energieausweis abweicht, außer wenn der Vermieter die Werte des Energieausweises geradezu im Sinne des § 536 Abs 2 BGB dem Mietinteressenten *zugesichert* hat (Schmidt-Futterer/Blank Vor § 535 Rn 35; Schmidt-Futterer/Eisenschmid § 536 Rn 101; Palandt/Weidenkaff § 536 Rn 36; wegen weiterer Fragen s § 554 Rn 1a). **90**

3. Mieter

91 Den Mieter treffen im Ausgangspunkt dieselben Aufklärungspflichten wie den Vermieter, etwa hinsichtlich seiner Solvenz oder hinsichtlich der von ihm in Wirklichkeit beabsichtigten Nutzung der gemieteten Räume, dies vor allem dann, wenn es dem Vermieter entscheidend auf diese Punkte ankommt und der Mieter das erkennen kann (Emmerich NJW 2011, 2321). Vorrangig ist aber auch hier in jedem Fall die Prüfung, ob sich für den Mieter nicht bereits aus **Ingerenz** eine Aufklärungspflicht ergibt, weil er bei dem Vermieter durch sein ganzes Verhalten einen Irrtum erregt hat, zB hinsichtlich seiner Zahlungsfähigkeit, sodass er diesen Irrtum des Vermieters noch vor Abschluss des Vertrages korrigieren muss, widrigenfalls er aus c i c haftet (§§ 241 Abs 2, 242 und 311 Abs 2 BGB). Bei Vorsatz des Mieters kann der Vermieter außerdem nach § 123 BGB anfechten. So verhält es sich insbesondere, wenn das Auftreten des Mieters nach den ganzen Umständen des Falles vom Vermieter nur als konkludente Erklärung verstanden werden kann, jederzeit ohne Weiteres zur Bezahlung der Miete in der Lage zu sein. In Wirklichkeit liegt dann maW eine **Täuschung durch positives Tun** vor, die *immer* haftbar macht (§§ 123, 280 Abs 1 und 311 Abs 2 BGB; zahlreiche weitere Beispiele s unten Rn 72). – Bei Übergabe der Sache bereits vor Vertragsabschluss treffen den Mieter ferner dieselben Obhuts- und Fürsorgepflichten wie nach Vertragsabschluss (BGH LM Nr 39 zu § 278 BGB = MDR 1964, 750; BB 1977, 121).

VI. Abschluss des Mietvertrages

1. Einigung der Parteien

92 Für den Abschluss von Mietverträgen gelten keine Besonderheiten (§§ 145 ff BGB). Der Mietvertrag ist grundsätzlich bereits **zustande gekommen**, sobald sich die Parteien über die essentialia des Geschäfts, dh über Gegenstand und Dauer des Vertrags sowie über die Höhe der Miete geeinigt haben (BGHZ 55, 248, 249 = NJW 1971, 653; BGH ZMR 1963, 82; 15. 6. 2005 – XII ZR 82/02, NZM 2005, 704; 20. 9. 2017 – VIII ZR 279/16, NZM 2017, 729 Rn 27 = WuM 2017, 630; KG NZM 2005, 537 = WuM 2005, 336; OLG Rostock GE 2014, 1058). Ist die Gegenleistung sehr niedrig (sog **Gefälligkeitsmiete**), so kann die Abgrenzung zur Leihe im Einzelfall schwierig sein (s dazu schon o Rn 41 f). In Ausnahmefällen kann es sich dann auch um ein bloßes Gefälligkeitsverhältnis (ohne rechtliche Bindung) handeln, wogegen freilich zumeist bei der Überlassung von Wohn- oder Geschäftsräumen die erhebliche wirtschaftliche und praktische Bedeutung des Geschäfts für die Beteiligten spricht (BGH 20. 9. 2017 – VIII ZR 279/16, NZM 2017, 729 Rn 17, 20 f = WuM 2017, 630 mN). Aus denselben Gründen ist auch im Zweifel (entgegen § 154 Abs 1) von einem wirksamen Vertragsschluss auszugehen, wenn bei den Verhandlungen der Parteien einzelne **Punkte offengeblieben** sind, die Parteien den Vertrag jedoch gleichwohl als wirksam behandeln und ihn dementsprechend auch tatsächlich durchführen; eine etwaige Vertragslücke ist dann in erster Linie im Wege der ergänzenden Vertragsauslegung zu schließen (BGH NZM 2005, 704, 705; s im Übrigen u Rn 94).

93 Fehlt eine Einigung über die **Betriebskosten**, so ist nach dem Gesetz für den Regelfall davon auszugehen, dass diese mit der Miete abgegolten sein sollen (§§ 535 Abs 1 S 3, 556 BGB). Wenn freilich nur ihre Höhe offen bleibt, während an sich Einigkeit über ihre gesonderte Vergütung besteht, gelten die §§ 315 ff BGB (LG Mannheim WuM 1976, 92 f; LG Osnabrück WuM 1976, 93 f). Ein Mietvertrag kann schließlich ohne Weiteres auch **zu Gunsten Dritter** abgeschlossen werden, zB von den Eltern zu Gunsten eines Kindes (§ 328 Abs 1 BGB; Lehmann-Richter ZMR 2010, 813).

Wer **Vertragspartei** geworden ist, ist durch Auslegung des Vertrages zu ermitteln, wobei den Angaben in dem sogenannten Rubrum des Vertrages, dh im Vertragskopf besondere, aber keinesfalls ausschließliche Bedeutung zukommt (KG 4. 2. 2019 – 8 U 109/17, ZMR 2019, 482, 483 = GE 2019, 384; Bub/Treier/J Emmerich Hdb Rn II 464 ff). Tritt als Vermieter ein „**Hausverwalter**" auf, so ist grundsätzlich davon auszugehen, dass der Vertrag mit dem wirklichen Vermieter abgeschlossen wird, selbst wenn sich der Mieter über dessen Person im Irrtum befinden sollte. Insoweit gelten dieselben Regeln wie bei sog unternehmensbezogenen Geschäften im kaufmännischen Verkehr (KG MDR 1983, 1023 = WM 1984, 254; OLG Brandenburg ZMR 1997, 598, 599; LG Berlin WuM 1987, 49; anders OLG Düsseldorf NJW-RR 1993, 885). Überhaupt ist die **unrichtige Bezeichnung** einer Partei in der Vertragsurkunde unschädlich, sofern sich nur die Parteien darüber einig sind oder doch durch Auslegung ermittelt werden kann, wer tatsächlich Partei des Mietvertrages sein soll (falsa demonstratio non nocet). Die nach § 550 BGB gegebenenfalls erforderliche Schriftform ist dann gleichfalls gewahrt (BGH 29. 1. 2015 – IX ZR 279/13, BGHZ 204, 83, 90 f Rn 21, 24 ff = NJW 2015, 1109; zu den besonderen Problemen bei dem Abschluss des Vertrages mit Eheleuten s u Rn 125). 94

Haben sich die Parteien nur darauf geeinigt, dass ein Gegenstand entgeltlich vorübergehend zum Gebrauch überlassen werden soll, während eine Abrede über die **Höhe der Miete** nicht getroffen wurde, so ist dies gleichfalls unschädlich, da es genügt, wenn die Miete *bestimmbar* ist (BGH NZM 2002, 910, 912 [r Sp 1. Abs] = NJW 2002, 3016, 3018; 31. 1. 2003 – V ZR 33/01, NZM 2003, 314, 315 = NJW 2003, 1317). Die entstehende Lücke ist in erster Linie im Wege der Auslegung, notfalls durch ergänzende Vertragsauslegung zu schließen (§§ 133, 157, 242 BGB). Hilfsweise gelten die §§ 612 Abs 2 und 632 Abs 2 BGB entsprechend, sodass davon auszugehen ist, dass die **ortsübliche** oder angemessene **Miete** geschuldet wird (BGHZ 94, 98, 111 = NJW 1985, 1895; BGH LM Nr 11 zu § 154 BGB = NJW 1997, 2671; NJW-RR 1992, 517 = WuM 1992, 312; 31. 1. 2003 – V ZR 33/01, NZM 2003, 314, 315 = NJW 2003, 1317; KG ZMR 2009, 605, 606). Für eine Anwendung der §§ 315 und 316 BGB wird dagegen in aller Regel kein Raum sein (KG GE 2003, 1154, 1155; anders früher RG LZ 1914, 1027). 95

Der **konkludente Abschluss** eines Mietvertrages ist ebenso wie eine konkludente Änderung, Verlängerung oder Aufhebung des Vertrages jederzeit möglich; Die Gerichte verfahren bei der Annahme eines konkludenten Vertragsschlusses im Interesse einer vertraglichen Regelung der Beziehungen der Beteiligten bei Nutzung einer Sache häufig ausgesprochen *großzügig* (Beispiele in BGH 8. 10. 2008 – XII ZR 66/06, NJW 2009, 433 = NZM 2008, 931; 2. 7. 2014 – VIII ZR 298/13, WuM 2014, 546 Rn 12; KG NZM 2008, 837; OLG Stuttgart NZM 2008, 838; OLG Karlsruhe WuM 2012, 666, 668; kritisch Sternel, in: FS Blank [2006] 421 ff). Ein konkludenter Vertragsschluss ist **zB** anzunehmen, wenn die Wohnung des Mieters durch einen Anbau des Vermieters um mehrere Zimmer vergrößert wird und der Mieter die neuen Räume anschließend ohne Weiteres in Benutzung nimmt (BGH 2. 7. 2014 – VIII ZR 298/13, WuM 2014, 546 Rn 12) oder wenn sonst ein Gegenstand zum Gebrauch unter Umständen überlassen wird, die die Annahme der Unentgeltlichkeit des Vertrags ausschließen (s oben Rn 92; RG Gruchot 68 [1927] 62; 96

LG Berlin ZMR 2001, 32; Artz NZM 2005, 367 = WuM 2005, 215; Eisele WuM 1997, 533; ebenso wohl BGH 31. 1. 2003 – V ZR 33/01, NZM 2003, 314 = NJW 2003, 1317; anders OLG Hamburg ZMR 2015, 213 f). Das Abstellen eines Kraftfahrzeugs auf einem entgeltlichen privaten Parkplatz, wodurch ein Mietvertrag zustande kommt, gehört gleichfalls letztlich hierher (BGH 18. 12. 2015 – V ZR 160/14 Rn 15, NJW 2016, 863; 18. 12. 2019 – XII ZR 13/19 Rn 13, NJW 2020, 755 = NZM 2020, 283). Eine konkludente **Verlängerung** eines Mietvertrages kommt zB in Betracht, wenn die Parteien den Vertrag einfach trotz wirksamer Kündigung einer der Parteien ebenso wie bisher fortsetzen (s § 545; BGH 8. 10. 2008 – XII ZR 66/06, NZM 2008, 931; OLG Düsseldorf ZMR 2002, 46, 47; GE 2007, 222; KG KGR 1999, 143; anders nach den Umständen des Falles OLG Koblenz NZM 2012, 865). Ebenso möglich sind eine konkludente **Änderung** des Vertrages (s zB Artz ZMR 2006, 165; Sternel, in: FS Blank [2006] 421 ff), wodurch freilich gegebenenfalls die nach § 550 nötige Schriftform verloren gehen kann, sowie insbesondere eine konkludente **Aufhebung** des Vertrages, zB indem der Vermieter eine an sich unwirksame Kündigung des Mieters akzeptiert oder dessen Auszug widerspruchslos hinnimmt (s § 542 Rn 178 ff).

97 Wenn der Mieter **vorzeitig einzieht**, hängen die Rechtsfolgen in erster Linie von der Reaktion des Vermieters ab. Akzeptierte er den vorzeitigen Einzug des Mieters, so kommt je nach den Umständen des Falles die Annahme einer entsprechenden konkludenten Änderung des Mietvertrages oder des konkludenten Abschlusses eines vorläufigen Mietvertrages für die Zwischenzeit bis zu dem ursprünglich vorgesehenen Mietbeginn oder auch die Annahme eines Leihvertrages Betracht. Die Annahme des konkludenten Abschlusses eines vorläufigen Mietvertrages liegt zB nahe, wenn der Mieter im Falle des Abschlusses eines aufschiebend bedingten Mietvertrages noch vor Eintritt der Bedingung in die Wohnung einzieht (OLG Hamburg WuM 2003, 84 = ZMR 2003, 179; LG Mannheim WuM 1996, 292) oder wenn der Käufer von Räumen bereits vor Vertragsabschluss die Räume übernimmt (OLG Köln NZM 1999, 710; zur Obhutspflicht s schon oben Rn 91 sowie § 535 Rn 68; zur Vereinbarung von Schriftform s § 550 Rn 43 ff). Stattdessen kommt in Ausnahmefällen auch die Annahme des Abschlusses eines Leihvertrages in Betracht (s KG JW 1937, 3029; DR 1940, 395 Nr 6; OLG Rostock GE 2014, 1058; Weimar WuM 1971, 180). Wieder anders ist die Rechtslage schließlich zu beurteilen, wenn der Mieter entgegen dem Willen des Vermieters eingezogen ist und der Vermieter sofort dem Einzug widersprochen hat (OLG Königsberg HRR 1941 Nr 19; 1942 Nr 625). Eine Gegenleistung wird der Vermieter dann im Zweifel nach § 812 Abs 1 S 1 Fall 2 (Eingriffskondiktion) fordern können.

98 Mieter und Vermieter müssen **verschiedene Personen** sein. Erwirbt der Mieter das Mietgrundstück nachträglich, so erlischt der Mietvertrag durch Konfusion (BGH 27. 4. 2016 – VIII ZR 123/14, NZM 2016, 467 = WuM 2016, 341 Rn 18). Folgerichtig entsteht von vornherein kein Mietverhältnis, wenn der Mieter zugleich auf der Seite des Vermieters an dem Abschluss des Mietvertrages beteiligt ist (BGH 27. 4. 2016 – VIII ZR 123/14, NZM 2016, 467 = WuM 2016, 341 Rn 18). Dies ändert indessen nichts daran, dass Personenmehrheiten, die wie BGB-Gesellschaften oder Miteigentümergemeinschaften als solche handlungsfähig sind, jederzeit ein ihnen gemeinschaftlich gehörendes Grundstück oder eine Wohnung an eines oder mehrere ihrer Mitglieder vermieten können (s u Rn 111 f; BGH 25. 4. 2018 – VIII ZR 176/17, NJW 2018, 2472 Rn 21 ff = NZM 2018, 558).

2. Verbraucherverträge

Mietverträge sind Verbraucherverträge im Sinne des § 310 Abs 3 BGB, wenn sie **99** zwischen einem Unternehmer als Vermieter und einen Verbraucher als Mieter (§ 13) abgeschlossen werden. Der Vermieter wird als **Unternehmer** tätig, wenn er bei den Abschluss des Mietvertrages in Ausübung seiner gewerblichen (oder selbstständigen beruflichen) Tätigkeit handelt (§ 14). Paradigma sind Verträge zwischen gewerblichen Wohnungsunternehmen und Privatpersonen (EuGH 30. 5. 2013 – C- 488/11, NJW 2013, 2579 Rn 28–34 = ZMR 2014, 75 – Brusse/Jahani; STAUDINGER/PIEKENBROCK [2019] § 310 Rn 102 ff). Den Gegensatz bildet die Verwaltung des eigenen Vermögens durch den Vermieter, wozu grundsätzlich auch die Vermietung von Gebäuden gehört (BGHZ 149, 80 = NJW 2002, 368; BGH 3. 3. 2020 – XI ZR 461/18 Rn 12 f, 17, WM 2020, 781; wegen der Einzelheiten s GSELL WuM 2014, 375, 378; FERVERS NZM 2018, 640; STAUDINGER/FRITZSCHE [2018] § 14 Rn 46 ff; STAUDINGER/J EMMERICH [2021] § 557 Rn 41 ff).

Für Verbraucherverträge (s Rn 99) enthält das BGB insbesondere in den §§ 310 und **100** 312 ff BGB eine Reihe von **Sondervorschriften**, die durchweg auf Richtlinien der EU zurückgehen und über die im Folgenden ein kurzer Überblick zu geben ist. Wegen der Einzelheiten ist auf die Erläuterungen zu den genannten Vorschriften, insbesondere zu den §§ 310, 312–312b, 312g und 355 BGB zu verweisen (STAUDINGER/PIEKENBROCK [2019] § 310 Rn 1 ff; STAUDINGER/THÜSING [2019] § 312 Rn 56 ff).

Durch § 310 Abs 3 BGB wird zunächst der **Anwendungsbereich** der Inhaltskontrolle **101** gegenüber Geschäftsbedingungen einschließlich der Formularverträge bei Verbraucherverträgen und damit auch bei bestimmten Wohnraummietverträgen (Rn 99) deutlich erweitert. Nach § 310 Abs 3 Nr 1 gelten AGB als von dem Unternehmer gestellt, außer wenn sie von dem Verbraucher in den Vertrag eingeführt wurden, während gemäß der Nr 2 des § 310 Abs 3 die Inhaltskontrolle insbesondere nach den §§ 307–309 auch auf vorformulierte Vertragsbedingungen anzuwenden ist, wenn diese nur zur einmaligen Verwendung bestimmt sind, soweit der Verbraucher aufgrund der Vorformulierung der Bedingungen auf deren Inhalt keinen Einfluss nehmen konnte. Bei der Nr 1 des § 310 Abs 3 hat das Gesetz sog **Drittbedingungen** im Auge, dh von Notaren oder Maklern in Verbraucherverträge eingeführte Bedingungen. Dagegen betrifft § 310 Abs 3 Nr 2 sog **Einmalbedingungen**, insbesondere in der Bauträgerbranche (STAUDINGER/PIEKENBROCK [2019] § 310 Rn 127 ff).

Auf Verbraucherverträge über die Vermietung von Wohnraum sind ferner nach **102** § 312 Abs 4 S 1 BGB grundsätzlich die in § 312 Abs 3 Nr 1 bis Nr 7 BGB genannten Vorschriften anzuwenden. Bedeutsam ist vor allem der Verweis auf das **Widerrufsrecht** der Verbraucher nach § 312g Abs 1 BGB in Verbindung mit § 355 BGB, sofern der Mietvertrag **außerhalb der Geschäftsräume** des Vermieters abgeschlossen wurde (§ 312b BGB) *oder* es sich um ein **Fernabsatzgeschäft** handelt (§ 312c BGB). Das Widerrufsrecht des Verbrauchers entfällt jedoch bei Verträgen über die Begründung von Mietverhältnissen über Wohnraum, wenn der Mieter, wie es die Regel sein dürfte, die Wohnung vorher besichtigt hat (§ 312 Abs 4 S 2; zu der verbreiteten Kritik an der gesetzlichen Regelung s FERVERS NZM 2018, 640 mN).

Das Widerrufsrecht aufgrund der genannten Vorschriften besteht auch bei **Ände- 103 rungen** eines Mietvertrages, zB bei Aufhebungsverträgen, sofern es sich um einen außerhalb von Geschäftsräumen abgeschlossenen Vertrag im Sinne des § 312b BGB oder um einen Fernabsatzvertrag im Sinne des § 312c BGB handelt. Was daraus für **Mieterhöhungen** nach den §§ 558 ff folgt, war lange Zeit umstritten (s Staudinger/ J Emmerich [2021] § 557 Rn 40), bis der BGH im Jahre 2018 entschied, dass für ein Widerrufsrecht des Mieters bei Mieterhöhungen *kein* Raum ist, wenn die Beteiligten sich an das Verfahren nach den §§ 558a ff halten, weil dadurch der Mieter bereits ausreichend geschützt werde (BGH 17. 10. 2018 – VIII ZR 94/17, NJW 2019, 203 Rn 39 ff = NZM 2018, 1011, 1014; 24. 4. 2019 – VIII ZR 62/18, NJW 2019, 3142 Rn 20 ff = WuM 2019, 324; Börstinghaus NZM 2018, 1015). Jenseits des Verfahrens nach den §§ 558a ff BGB kommt jedoch nach wie vor von Fall zu Fall bei Mieterhöhungen ein Widerrufsrecht des Mieters in Betracht (Börstinghaus NZM 2010, 1050, 1016 f), etwa, wenn sich Vermieter und Mieter anlässlich eines Besuchs des Vermieters bei dem Mieter über die Vertragsänderung verständigen (§ 312b Abs 1 S 1 Nr 1 BGB).

3. Anfechtung

a) Mieter

104 Mietverträge können ebenso wie andere Verträge nach den §§ 119 bis 123 BGB angefochten werden. Mehrere Mieter können das Anfechtungsrecht jedoch nur zusammen ausüben (LG Berlin GE 1992, 1331 = ZMR 1992, 450; Bub/Treier/Bub Hdb Rn II 2138 ff [S 430 ff]; Emmerich PiG 55 [1998] 39, 47). Die **Wirkungen** der Anfechtung richten sich nach den §§ 142 und 812 ff BGB. Unstreitig war das schon immer in der Zeit **vor Übergabe** des Mietobjekts, während **für die Folgezeit** früher eine verbreitete Meinung in unterschiedlichem Umfang für die Ersetzung des Anfechtungsrechts insbesondere des Mieters aus den §§ 119 Abs 2 und 123 Abs 1 BGB durch die Gewährleistungsregeln (§§ 536 ff BGB) und die Kündigung aus wichtigem Grunde (**§ 543 BGB**) eintrat (OLG Düsseldorf ZMR 1970, 137; KG GE 2001, 1131; Brox/Elsing JuS 1976, 1, 6; Paschke, Dauerschuldverhältnis 257 ff). Diese Meinung hat zu Recht nicht die Billigung des BGH gefunden (BGH 6. 8. 2008 – XII ZR 67/06, BGHZ 178, 16, 27 ff Rn 33 ff = NJW 2009, 1266, 887; KG ZMR 2009, 852, 853). Nach erfolgreicher Anfechtung des Vertrags, sei es nach § 119 BGB, sei es nach § 123 BGB, richtet sich folglich die Abwicklung nach **Bereicherungsrecht**, wobei gegebenenfalls die Saldotheorie zu beachten ist (§§ 812 Abs 1 S 1 Fall 1, 818 BGB; BGHZ 178, 16, 27 ff Rn 48 ff = NJW 2009, 1266; M Schmid WuM 2009, 155).

105 Für den Mieter hat besondere Bedeutung die Anfechtbarkeit des Mietvertrages nach § 119 Abs 2 BGB wegen eines Irrtums über eine **verkehrswesentliche Eigenschaft** insbesondere der Mietsache (Emmerich PiG 55 [1998] 39, 51 = NZM 1998, 692; N Fischer ZMR 2007, 157, 163 f). Keine Rolle spielt in diesem Zusammenhang, ob der Umstand, über den sich der Mieter geirrt hat, zugleich einen **Mangel** darstellt. Die §§ 536 ff BGB haben vor den §§ 119 und 123 BGB ebensowenig den Vorrang wie vor § 311 Abs 2 BGB hinsichtlich der c i c (Rn 95), weil es sich um unterschiedliche Sachverhalte mit unterschiedlichen Rechtsfolgen handelt (Dötsch NZM 2011, 457; anders eine verbreitete Meinung für § 119 Abs 2 BGB, zB Bub/Treier/Bub Hdb Rn II 2205 ff mwNw). Der Mietvertrag ist daher zB anfechtbar bei unzutreffenden Vorstellungen des Mieters über die *Größe,* die *Lage* oder die *Beschaffenheit* der vermieteten Räume, zB bei einem Irrtum über die angebliche „Kinderfreundlichkeit" der Wohnung (LG Essen WuM 2005, 47 f = NZM 2006, 294), oder bei einem Irrtum über die *Eigentumsverhältnisse* an den vermieteten Räumen, wobei vor allem an den Fall zu denken ist, dass es sich bei dem Vertrag in Wirklichkeit nur um einen Untermietvertrag handelt, weil der Vermieter entgegen der Annahme des (Unter-)Mieters seinerseits nur Mieter oder Pächter der Sache ist (dazu auch Rn 71a; Mittelstein, Miete 200; Sternel, Mietrecht Rn I 251). Dem Mieter wurde außerdem ein Anfechtungsrecht nach § 119 Abs 2 zugebilligt, wenn der Vermieter wegen vorsätzlicher Vermögensdelikte vorbestraft ist, sodass er in finanziellen Fragen, man denke nur an die Kaution, nicht vertrauenswürdig ist (AG Donaueschingen WuM 2014, 595, 597).

Handelt der Vermieter bei der Täuschung des Mieters **vorsätzlich**, so kommt außerdem die Anwendung des **§ 123 Abs 1 BGB** in Betracht. Vor allem die folgenden **Fallgestaltungen** sind hier zu unterscheiden, nämlich 1. die vorsätzliche Täuschung des Mieters durch unrichtige Behauptungen über das Mietobjekt, 2. die unrichtige Beantwortung zulässiger Fragen des Mieters sowie 3. das Verschweigen wesentlicher Umstände entgegen einer Aufklärungspflicht des Vermieters (N Fischer ZMR 2007, 157, 164 ff). Der Mieter kann daher zB gemäß § 123 BGB anfechten, wenn ihn der Vermieter nicht zutreffend über die *Eigentumsverhältnisse* an der Mietsache informiert (s schon Rn 105; OLG Köln NJW-RR 1998, 882, 883) oder pflichtwidrig verschweigt, dass *Zwangsverwaltung* oder Zwangsversteigerung angeordnet ist (o Rn 89; Emmerich PiG 55 [1998] 39, 53 = NZM 1998, 692), oder wenn er einen erheblichen **Mangel** der vermieteten Sache **verschweigt** und sich dabei bewusst ist, dass der Mieter bei Kenntnis des Mangels den Vertrag nicht oder jedenfalls nicht so wie geschehen abgeschlossen hätte (Mittelstein, Miete 193 ff; N Fischer ZMR 2007, 157, 166). Weitere Beispiele sind unrichtige Angaben des Vermieters über die früher in einem vermieteten Geschäft erzielten **Umsätze**, über die von den vorausgegangenen Mietern gezahlte Miete (s § 556g Abs 1a Nr 1 BGB) oder über die **Konkurrenzsituation**. **106**

2. Vermieter

Der Vermieter kann den Mietvertrag vor allem anfechten, wenn er sich in einem Irrtum über verkehrswesentliche Eigenschaften des Mieters befindet (§ 119 Abs 2 BGB) oder wenn ihn der Mieter über einen für ihn wichtigen Umstand arglistig täuscht (§ 123 Abs 1 BGB). Eine Befugnis des Vermieters zur Anfechtung des Mietvertrages wegen eines Irrtums über verkehrswesentliche Eigenschaften des Mieters gemäß § 119 Abs 2 ist zB zu erwägen bei grundfalschen Vorstellungen des Vermieters über die **Zahlungsfähigkeit** oder die Einkommensverhältnisse des Mieters (N Fischer ZMR 2007, 157, 162; Mittelstein 198 ff; str). Insoweit ist indessen Zurückhaltung geboten, weil den Vermieter nichts hindert, nach den Einkommensverhältnissen des Mieters zu **fragen**, wenn es ihm darauf ankommt. Größere praktische Bedeutung hat dagegen die Anfechtung des Vermieters nach § 123 Abs 1 BGB. Eine Anfechtung wegen **arglistiger Täuschung** kommt insbesondere in Betracht, wenn der Mieter vorsätzlich über für den Vermieter relevante Punkte unrichtige Angaben macht, wenn der Mieter auf zulässige Fragen unrichtige Antworten gibt oder wenn der Mieter eine *Aufklärungspflicht* vorsätzlich verletzt (Rn 105). Zulässig in diesem Sinne sind insbesondere Fragen nach dem **Familienstand**, nach den Vermögens- oder nach den **Einkommensverhältnissen** des Mieters, zB Fragen nach einer Pfändung des Einkommens, nach sonstigen Zwangsvollstreckungsmaßnahmen, nach einer Insolvenz oder nach dem Bestand eines Arbeitsverhältnisses, ferner Fragen nach dem Arbeitgeber oder Fragen nach dem letzten Mietverhältnis sowie dessen Kündigung (BGH 9. 4. 2014 – VIII ZR 107/13, NJW 2014, 1954 Rn 18 = NZM 2014, 429; OLG Koblenz NJW 2008, 3073 = ZMR 2008, 957 **107**

= NZM 2008, 800; LG Itzehoe ZMR 2008, 536 = WuM 2008, 281; LG München I WuM 2009, 348 = NZM 2009, 782; LG Berlin GE 2018, 1002, 1003; AG Kaufbeuren NZM 2013, 577; Bub/Treier/Bub, Hdb Rn II 2164; Fischer ZMR 2007, 157, 164 f).

108 Wenn und soweit nach dem Gesagten (Rn 107) die Fragen des Vermieters zulässig sind, berechtigen ihn unrichtige Antworten des Mieters zur **Anfechtung** nach § 123 Abs 1 BGB. Gleich stehen zwei weitere Fälle, nämlich 1. der Fall, dass das gesamte Verhalten des Mieters von dem Vermieter nur als konkludente Behauptung einer bestimmten (unrichtigen) Tatsache verstanden werden kann (§§ 133 und 157 BGB), sowie 2. der Fall, dass der Mieter, wenn auch schuldlos, durch sein Verhalten bei dem Vermieter einen **Irrtum** über einen für den Vermieter wichtigen Punkt **erregt** hat, sodass er verpflichtet ist, diesen Irrtum zu korrigieren, sobald er den Irrtum des Vermieters erkennt oder doch erkennen kann (s schon Rn 84 ff; Emmerich NJW 2011, 2321). Eine Anwendung des § 123 Abs 2 kommt schließlich noch generell in Betracht, wenn der Mieter vorsätzlich gegen eine **Aufklärungspflicht** verstößt (s Rn 109).

109 Den Mieter trifft ebenso wenig wie den Vermieter eine generelle Aufklärungspflicht über alle für den anderen Teil wesentlichen Punkte. Eine Aufklärungspflicht kommt vielmehr immer nur im Einzelfall unter besonderen Umständen in Betracht, insbesondere wenn es sich um einen für den Vermieter, wie der Mieter erkennt, wichtigen Punkt handelt, über den der Vermieter nach Treu und Glauben und der Verkehrssitte eine Information des Mieters erwarten kann (§§ 241 Abs 2, 242 und 311 Abs 2; BGH 10. 8. 2010 – XII ZR 192/08, NJW 2010, 3362 Rn 22 = NZM 2010, 786; 10. 8. 2010 – XII ZR 123/09, NZM 2010, 788 „Thor Steinar I und II"; OLG Köln NZM 2011, 76, 77 f). Der Vermieter eines **Geschäfts** kann zB nach § 123 BGB anfechten, wenn der Mieter ihn nicht zutreffend über die Art der von ihm beabsichtigten Geschäfte in den vermieteten Räumen informiert und deshalb mit heftigen Reaktionen der Öffentlichkeit zu rechnen ist (so jedenfalls BGH NJW 2010, 3362 = NZM 2010, 786; NZM 2010, 788 „Thor Steinar I und II"). Diese Auffassung geht bereits bedenklich weit, wenn und solange es sich bei den Aktivitäten des Mieters um rechtlich unbedenkliche Tätigkeiten handelt (s dazu Emmerich NJW 2011, 2321 mwNw). Unter keinen Umständen akzeptabel ist jedoch die Meinung, ein Mieter, der wegen seiner (erlaubten) politischen Betätigung rechtswidrigen Repressalien politischer Gegner ausgesetzt ist, müsse den Vermieter bei der Anmietung einer Wohnung auf derartige Risiken hinweisen (so zu Unrecht AG Göttingen WuM 2017, 702).

110 Ungefragt braucht der Mieter dagegen über seine Einkommens- und Vermögensverhältnisse idR keine Angaben zu machen (LG Ravensburg WuM 1984, 279; AG Stuttgart-Bad Cannstadt WuM 1986, 331). Die Abgabe der eidesstattlichen Versicherung braucht der Mieter gleichfalls nicht ungefragt zu offenbaren (AG Dresden ZMR 2004, 918). Ebensowenig braucht ein Facharzt für Psychiatrie von sich aus den Vermieter zu informieren, dass er Substitutionsbehandlungen für Drogenabhängige durchführt, weil dies zu seinem Berufsbild gehört, über das sich der Vermieter jederzeit mühelos informieren kann (OLG Köln NZM 2011, 76, 77 f). Eine Aufklärungspflicht des Mieters kann dagegen zu bejahen sein, wenn er die Miete von vornherein allein mit Hilfe des Sozialamts aufzubringen vermag, insbesondere weil er **arbeitslos** ist, oder wenn das **Insolvenzverfahren** über sein Vermögen eröffnet ist (o Rn 91; LG Bonn WuM 2006, 24 = NZM 2006, 177; AG/LG Gießen ZMR 2001, 894; AG Wedding GE 2004, 239; N Fischer ZMR 2007, 157, 166).

VII. Mehrheit von Vermietern*

1. Gesellschaft

Wenn eine Personengesellschaft einschließlich einer BGB-Außengesellschaft eine Sache vermietet, ist Vermieterin die zumindest teilrechtsfähige Gesellschaft (§ 124 HGB; BGH 14. 12. 2016 – VIII ZR 232/15, BGHZ 213, 136 Rn 21 = NJW 2017, 547; zu den Konsequenzen für die Anwendung des § 573 Abs 2 Nr 2 s unten Staudinger/Rolfs [2021] § 573 Rn 76a). Abschluss und Kündigung des Mietvertrages stellen eine **Verwaltungsmaßnahme** dar, sodass sich die Zuständigkeit nach der jeweiligen Regelung von Geschäftsführung und Vertretung richtet, in erster Linie somit nach dem Gesellschaftsvertrag und hilfsweise bei der BGB-Gesellschaft nach den §§ 709 ff und 714 BGB. Außerdem kann grundsätzlich auch jeder Gesellschafter mit der actio pro socio die Ansprüche der Gesellschaft gegen die Mieter einklagen (LG Berlin GE 2011, 1161). Die §§ 741 ff BGB sind auf eine Mehrheit von Vermietern nur anzuwenden, wenn sie nicht eine Gesellschaft bilden (BGH WM 1983, 604; Flume ZHR 136 [1972] 177, 203 f, s Rn 112). **111**

2. Miteigentümer

Miteigentümer können die gemeinsame Sache **an ihre Mitglieder** vermieten. Dass Vermieter und Mieter verschiedene Personen sein müssen, steht nicht entgegen (o Rn 98; grundlegend BGH 25. 4. 2018 – VIII ZR 176/17, NJW 2018, 2472 Rn 21 ff = NZG 2018, 1558 = WuM 2018, 352). Es gelten dann für das Innenverhältnis der Beteiligten nebeneinander die Vorschriften über die Gemeinschaft (§§ 741 ff, 1008 f BGB) und die über die Miete (§§ 535 ff BGB), da in diesem Fall neben dem Mietvertrag in der Regel zugleich eine *Vereinbarung der Miteigentümer* über die Benutzung des gemeinschaftlichen Gegenstandes im Sinne des § 745 Abs 1 BGB vorliegt. Soweit sich beide Regelungen widersprechen ist, ist das Rangverhältnis unklar. Eindeutig ist lediglich der Vorrang der zwingenden mieterschützenden Vorschriften des sozialen Mietrechts, die auch ohne Einschränkung auf Wohnraummietverträge zwischen Miteigentümern und einzelnen ihrer Mitglieder anzuwenden sind (BGH 25. 4. 2018 – VIII ZR 176/17, NJW 2018, 2472 Rn 29 ff = NZG 2018, 1558). Soweit die gesetzliche Regelung des Mietrechts dagegen dispositiv ist, kann sich im Einzelfall ergeben, dass nach den ausdrücklichen oder konkludenten Abreden der Beteiligten die Anwendung des Mietrechts durch die des Gemeinschaftsrechts verdrängt werden soll (BGH LM Nr 42 zu § 535 BGB = WM 1969, 298; LM Nr 9 zu § 745 BGB = NJW 1974, 364; LM Nr 22 zu § 538 BGB = NJW 1974, 743; LM Nr 23 zu § 557 BGB = NJW 1998, 372; LM Nr 15 zu § 432 BGB = NZM 2001, 45; s Staudinger/vProff [2015] § 741 Rn 73 ff). Für die Einziehung der Miete gelten die §§ 754 S 2 und 432 BGB (BGH LM Nr 15 zu § 432 BGB = NZM 2001, 45). Kommt der Mieter-Miteigentümer in **Zahlungsverzug**, so gilt folglich § 543 Abs 2 Nr 3 (BGH LM Nr 23 zu § 557 BGB = NJW 1998, 372). Im Falle der **Veräußerung** eines Miteigentumsanteils durch einen der Miteigentümer ist § 566 Abs 1 anzuwenden, sodass der Erwerber des Anteils in den Mietvertrag eintritt (s u Staudinger/V Emmerich [2021] § 566 **112**

---

* **Schrifttum:** Bub/Treier/J Emmerich, Hdb Rn II 596 ff; Sonnenschein, Innen- und Außenverhältnis bei einer Mehrheit von Vermietern, in: FS Kraft (1998) 607; Thon, Vermietermehrheiten (2003); Wiese, Die zeitlich einheitliche Kündigung im Mehrpersonenverhältnis, ZMR 2020, 284,

Rn 22; BGH 25. 4. 2018 – VIII ZR 176/17, NJW 2018, 2472 Rn 34 ff = NZG 2018, 1558; s dazu auch u Rn 115). Gebraucht einer der Miteigentümer die Sache unter Ausschluss der anderen, **ohne** dass ein **Beschluss** der Gemeinschaft hierüber vorliegt, so bestimmt sich das Rechtsverhältnis allein nach den §§ 741 ff BGB (BGH LM Nr 2 zu § 745 BGB = NJW 1953, 1427; LM Nr 3/4 zu § 743 BGB = NJW 1966, 1707).

113 Bei der Vermietung an einen **Dritten** sind ebenfalls die §§ 745, 749 und 754 BGB zu beachten. Dies bedeutet, dass über den **Abschluss** und die **Kündigung** des Mietvertrags von den Miteigentümern *durch Stimmenmehrheit* entschieden werden kann, wodurch dann nach überwiegender Meinung zugleich die Befugnis der Mehrheit zur **Vertretung** der Minderheit begründet wird (§ 745 Abs 1; BGHZ 56, 47, 49 ff = NJW 1971, 1265; BGH LM Nr 1 zu § 2038 BGB = RdL 1951, 87; 26. 4. 2010 – II ZR 159/09, NZM 2010, 741 = ZIP 2010, 1690 Rn 3, 9; 20. 10. 2010 – XII ZR 29/09, NJW 2011, 61, 63 Rn 20 = NZG 2010, 1421; OLG Hamburg NZG 1999, 1211, 1213). Entsprechendes gilt für die Einziehung der Miete (BGH 19. 9. 2012 – XII ZR 151/10, NZM 2013, 362 Rn 13 f). Ein Miteigentümer allein hat dagegen keine Befugnis, die gemeinsame Sache zu vermieten; ein derartiger Vertrag begründet kein Besitzrecht für den Mieter, außer wenn die übrigen Miteigentümer dem Vertragsabschluss zustimmen (BGH WM 1984, 1298, 1298; OLG Karlsruhe OLGZ 1981, 207 = NJW 1981, 1278; s Bub/Treier/J Emmerich, Hdb Rn II 545 ff; Staudinger/Eickelberg [2015] § 745 Rn 6, 40, 56).

114 Für die **Einziehung der Miete** gilt § 754 S 2 BGB, sodass jeder Teilhaber die gemeinschaftliche Einziehung verlangen kann (BGH LM Nr 15 zu § 432 BGB = NZM 2001, 45, 46). Anwendbar ist außerdem § 432 BGB mit der Folge, dass auch ein **einzelner Teilhaber** vom Mieter Leistung der ganzen Miete an die Gemeinschaft fordern kann (BGH 11. 9. 2000 – II ZR 324/98, LM Nr 15 zu § 432 BGB = NZM 2001, 45, 46; LM Nr 1 zu § 743 BGB = NJW 1958, 1723; LM Nr 46 zu § 387 = BGB NJW 1969, 839; 28. 9. 2005 – VIII ZR 399/03, NJW 2005, 3781, 3782 = NZM 2005, 941; OLG Düsseldorf ZMR 1998, 25, 26; 2000, 210). Ein einzelner Teilhaber ist außerdem befugt, den **Duldungsanspruch** der Vermieter aus § 555d BGB allein gegen den Mieter zu verfolgen (BGH 28. 9. 2011 – VIII ZR 242/10, NZM 2011, 849 Rn 18 ff = WuM 2011, 676). Für die Anwendung des § 573 Abs 2 Nr 2 BGB genügt bereits der Eigenbedarf eines einzigen Miteigentümers (s unten Staudinger/Rolfs [2021] § 573 Rn 75; BGH 14. 12. 2016 – VIII ZR 232/15, BGHZ 213, 136 Rn 43 = NJW 2017, 547). Die **Kündigung** kann im Interesse des Mieters nur durch die Vermieter zusammen erklärt werden (LG Hamburg WuM 1994, 423; LG Heidelberg NJW-RR 2001, 155; offen gelassen in BGH WM 1983, 604). Auf die **Feststellung** des Bestehens oder Nichtbestehens eines Mietvertrages können die Miteigentümer gleichfalls nur gemeinsam klagen (OLG Celle NJW-RR 1994, 854 = ZMR 1994, 218).

115 Hinsichtlich der **Vermieterpflichten** sind die Teilhaber **Gesamtschuldner** (RGZ 89, 176; BGH LM Nr 4 zu § 425 BGB = WM 1961, 65 = BB 1961, 6), und zwar selbst dann, wenn die Vervielfältigung der Vermieterstellung erst dadurch eingetreten ist, dass das vermietete Grundstück nach Vertragsabschluss an mehrere Miteigentümer veräußert wurde (zu § 566 s Rn 112; BGH LM Nr 2 zu § 427 BGB = NJW 1973, 455). Eine **Kündigung des Mieters** muss allen Vermietern gegenüber erklärt werden und daher allen zugehen; andernfalls ist sie unwirksam (BGH 16. 3. 2005 – VIII ZR 14/04, WuM 2005, 341 [r Sp o] = NJW 2005, 1715).

3. Miterben

Die Rechtslage bei der Vermietung eines Grundstücks durch eine Miterbengemeinschaft entspricht weitgehend derjenigen, die sich bei Vermietung eines Grundstücks durch Miteigentümer ergibt (s Rn 112 ff), weil § 2038 Abs 2 S 1 BGB die Vorschriften der §§ 743, 745, 746 und 748 BGB für entsprechend anwendbar erklärt (s im Einzelnen STAUDINGER/LÖHNIG [2020] § 2038 Rn 6 f). Die Mehrheit ist folglich zur Vermietung des Grundstücks oder von Räumen auf dem Grundstück an Mitglieder oder an Dritte befugt; dasselbe gilt für die Kündigung eines Mietvertrages, sofern es sich jeweils um eine Maßnahme ordnungsmäßiger Verwaltung des Nachlasses handelt (BGH 11. 11. 2009 – XII ZR 210/05, NJW 2010, 765 Rn 26 ff = NZM 2010, 161). Dem § 2038 Abs 1 wird insoweit der Vorrang vor § 2040 Abs 1 BGB zugebilligt. Ein Miterbe allein besitzt dagegen ebensowenig wie ein einzelner Miteigentümer das Recht, ein zum Nachlass gehörendes Grundstück an Dritte zu vermieten (s Rn 113). **116**

VIII. Mehrheit von Mietern*

1. Gesellschaft

a) Einheitlichkeit des Mietverhältnisses, Kündigung

Eine Mehrheit von Mietern kann in unterschiedlichen Rechtsbeziehungen zueinander stehen. In Betracht kommen vor allem gesellschaftsrechtliche und familienrechtliche Gestaltungen (zu den letzteren s u Rn 125 f). Bei den gesellschaftsrechtlichen Gestaltungen muss man weiter danach unterscheiden, ob es sich um eine Außen- oder eine bloße Innengesellschaft der Mieter handelt. Bilden die Gesellschafter (ausnahmsweise) eine **Außengesellschaft** (die sich typischerweise auch sonst am Markt betätigt), so wird diese selbst Vertragspartei; es gelten dann dieselben Regeln wie bei der Vermietung an eine Handelsgesellschaft (s unten § 540 Rn 51 ff; zur Abgrenzung s JACOBS NZM 2008, 111, 112 f; JACOBY ZMR 2001, 409, 410; STREYL NZM 2011, 377, 379 ff). Die Regel ist dagegen, dass mehrere Mitmieter, die sich jenseits des Mietvertrages nicht gemeinsam am Rechtsverkehr, etwa durch den Abschluss von Geschäften beteiligen, eine **BGB-Innengesellschaft** bilden (BGHZ 136, 314, 323 f = NJW 1997, 3437; OLG Hamm ZMR 1983, 381; OLG München ZMR 1994, 216; LG Berlin GE 1996, 1117; 2001, 929; ZMR 1999, 122 = NJW-RR 1999, 1387; STREYL NZM 2011, 377, 382), auf die sich deshalb die folgenden Ausführungen konzentrieren sollen. **117**

Im Falle der gesellschaftsrechtlichen Verbundenheit der Mieter bildet das Mietverhältnis grundsätzlich eine **Einheit**, weil die Gebrauchsüberlassung der Mietsache an mehrere Mieter eine unteilbare Leistung im Sinne der §§ 431 und 432 BGB darstellt; denn der Vermieter kann die Mietsache den Mitmietern nur ganz oder überhaupt **118**

---

* **Schrifttum:** BEHRENS, Beteiligung mehrerer Mieter am Mietverhältnis (1989); BUB/TREIER/J EMMERICH, Hdb Rn II 519 ff; JACOBY, Die Gesellschaft als Mietvertragspartei, ZMR 2001, 409; G SCHOLZ, Rechtsprobleme bei Personenmehrheiten an Mietern und Vermietern, WuM 1986, 5; SCHOPP, Das Innenverhältnis zwischen mehreren Mitmietern, ZMR 1976, 321; SONNENSCHEIN, Forthaftung des Mitmieters nach Auszug aus der Wohnung, in: Verbesserung der Vermietbarkeit, PiG 57 (1999) 209 = NZM 1999, 977; STREYL, Mietermehrheiten, NZM 2011, 377; WIESE, Die zeitlich einheitliche Kündigung im Mehrpersonenverhältnis, ZMR 2020, 284, 364.

nicht, jedoch nicht jedem einzelnen Mitmieter teilweise übergeben, wie sich für den Regelfall aus dem Mietvertrag ergeben dürfte (§§ 157 und 242; BGH 13. 3. 2013 – XII ZR 34/12, BGHZ 196, 318, 323 ff Rn 18, 22 = NJW 2013, 3232; 31. 1. 2018 – VIII ZR 105/17, BGHZ 217, 263, 273 Rn 26 = NJW 2018, 2397; Streyl NZM 2011, 377, 382 ff). Die Folge ist vor allem, dass der Mietvertrag von *beiden* Parteien **nur einheitlich gekündigt** werden kann. Eine Kündigung des Vermieters lediglich gegenüber einem von mehreren Mietern oder eine Kündigung eines Mieters allein ohne Mitwirkung der anderen (Rn 120) scheidet aus, weil die Konsequenz eine Aufteilung des einheitlichen Mietvertrages wäre, die offenkundig dem Willen und den Interessen der Parteien widerspräche (s die Erläuterungen zu § 542 Rn 8, Rn 11 ff; BGHZ 26, 102, 103 ff = NJW 1958, 421; BGHZ 136, 314, 323 ff = NJW 1997, 3437; BGHZ 144, 370, 379 = NJW 2000, 3133, 3135; 13. 3. 2013 – XII ZR 34/12, BGHZ 196, 318, 323 f Rn 18 f = NJW 2013, 3232; 31. 1. 2018 – VIII ZR 105/17, BGHZ 217, 263, 273 Rn 26 = NJW 2018, 2397 für § 563 Abs 4; 16. 1. 2005 – VIII ZR 14/04, NJW 2005, 1715 = WuM 2005, 341; 10. 12. 2014 – VIII ZR 25/14, NJW 2015, 473 Rn 21 = NZM 2015, 207 für § 564 S 2; Streyl NZM 2011, 377, 385 ff; Wiese ZMR 2020, 284). Durch Formularvertrag können sich die Mieter auch nicht gegenseitig bevollmächtigen, eine Kündigung entgegenzunehmen oder auszusprechen (KG GE 2005, 753; LG München I WuM 1990, 335; LG Berlin GE 1995, 113; WuM 1995, 105, str). Eine **Mieterhöhung** nach den §§ 558 ff BGB kann der Vermieter ebenfalls nur einheitlich von sämtlichen Mietern zusammen verlangen (u § 558 Rn 6).

119 Auch der bloße **Auszug** eines von mehreren Mietern beendet (natürlich), wie unmittelbar aus § 311 Abs 1 folgt, den Vertrag mit ihm allein noch nicht (LG Berlin NZM 1999, 998 = NJW-RR 1999, 1387; Sonnenschein PiG 57 [1999] 209 = NZM 1999, 977). Bei Einverständnis der anderen Beteiligten, dh des Vermieters und der übrigen Mieter, kann jedoch in diesem Verhalten der Beteiligten der (jederzeit mögliche) konkludente Abschluss eines Aufhebungsvertrages nach § 311 Abs 1 gesehen werden (vgl zB BGH 31. 1. 2018 – VIII ZR 105/17, BGHZ 217, 263, 273 Rn 21 ff = NJW 2018, 2 1397; LG Frankfurt/M ZMR 2009, 757). In Ausnahmefällen kann außerdem die Berufung des in der Wohnung verbliebenen Mieters auf die fehlende Kündigung gegenüber einem anderen schon lange ausgezogenen, nur noch formal beteiligten Mitmieter rechtsmissbräuchlich sein (§ 242; BGH 14. 9. 2010 – VIII ZR 83/10, NZM 2010, 815 = WuM 2010, 6680 Rn 5).

120 Die Notwendigkeit der Mitwirkung aller Mieter bei einer von einem oder mehreren Mietern gewünschten Kündigung des Mietvertrages (Rn 119; LG Berlin GE 2020, 805) kann Probleme aufwerfen, wenn sich die Mieter nicht über die Kündigung des Mietvertrages zu einigen vermögen. In diesem Fall bleibt dem kündigungswilligen Mieter idR nichts anderes übrig, als die **Gesellschaft** der Mieter (Rn 117) **zu kündigen** und auf **Auseinandersetzung** der Gesellschaft zu klagen (LG Berlin ZMR 1999, 112 = NJW-RR 1999, 1387 = NZM 1999, 998; GE 2001, 929). Mangels abweichender Abreden der Parteien sind dafür die §§ 730 ff BGB maßgebend. Daraus ergibt sich nach überwiegender Meinung ein **Anspruch** des kündigungswilligen Mieters gegen die anderen, an der Kündigung des (ganzen) Mietvertrages mitzuwirken, wenn dem nicht ausnahmsweise berechtigte Interessen der anderen Mieter entgegenstehen (BGH 3. 3. 2004 – VIII ZR 34/12, NJW 2004, 1797 = NZM 2004, 419; 16. 1. 2005 – VIII ZR 14/04, NJW 2005, 1715 = WuM 2005, 341; OLG Köln WuM 1999, 521, 522). Wollen andere Mieter die fraglichen Räume weiter nutzen, so müssen sie gegebenenfalls mit dem Vermieter *allein* einen neuen Mietvertrag abschließen (BGH NJW 2004, 1797 = NZM 2004, 419 = WuM 2004, 280, 281; NJW 2005, 1715 = WuM 2005, 341).

b) Haftung

121 Wegen der Einheitlichkeit des Mietvertrages (Rn 118) kann ein Aufhebungsvertrag ebenfalls nur von allen Mietern gemeinsam mit dem Vermieter abgeschlossen werden (str, s STAUDINGER/ROLFS § 542 Rn 14 ff; offen gelassen in BGH 3. 3. 2004 – VIII ZR 124/01, NJW 2004, 1797 = NZM 2004, 419; 16. 1. 2005 – VIII ZR 11/04, NJW 2005, 1715 = WuM 2005, 341). Einigt sich der Vermieter allein mit dem kündigungs- und auszugswilligen Mieter über die Vertragsbeendigung, während andere in den Räumen verbleiben, so können sich die letzteren jedoch in der Regel nicht auf ihre fehlende Zustimmung zu der Kündigung berufen; sie müssen sich vielmehr nach Treu und Glauben so behandeln lassen, als hätten sie der Kündigung zugestimmt (BGH NJW 2004, 1797 = NZM 2004, 419; NJW 2005, 1715 = WuM 2005, 341; STREYL NZM 2011, 377, 385 f).

122 Hinsichtlich der Mieterpflichten sind die Mitmieter **Gesamtschuldner**, sodass der Vermieter insbesondere wegen der Miete jeden einzelnen Mieter ganz oder teilweise *auch allein* in Anspruch nehmen kann (§§ 421, 427; BGH 19. 3. 2013 – XII ZR 34/12, BGHZ 196, 318, 326 Rn 22 = NJW 2013, 3232; 28. 4. 2010 – VIII ZR 263/09, NZM 2010, 577; 10. 12. 2014 – VIII ZR 25/14, NJW 2015, 473 Rn 19 = NZM 2015, 207). Dasselbe gilt etwa für die Rückgabepflicht der Mieter (§ 546 BGB), sodass der Vermieter die Rückgabe der Mietsache von jedem einzelnen Mitmieter gesondert verlangen kann (BGH 1. 12. 2014 – VIII ZR 25/14, NJW 2015, 473 Rn 19 = NZM 2015, 207 = WuM 2015, 85). Davon zu trennen ist die Frage der **Einzel- oder Gesamtwirkung** von **Vertragsverletzungen** als Voraussetzungen insbesondere einer Kündigung (§§ 543 und 573 BGB). Gesetzliche Regel ist, dass Vertragsverletzungen grundsätzlich *nur gegen denjenigen Mitmieter* wirken, der sie begangen hat (§ 425; zB RGZ 90, 328, 331; 138, 183, 186; 141, 391, 393; BGHZ 26, 102, 104 ff = NJW 1958, 421; OLG Düsseldorf NJW-RR 1987, 1369, 1370 = ZMR 1987, 422; LG Berlin NZM 2003, 311; LG Flensburg ZMR 2008, 895, 896; JACOBS NZM 2008, 111, 113 f; JACOBY ZMR 2001, 409, 417; WIEK WuM 2016, 718). Jedoch wird sich nach Treu und Glauben *häufig* aus den Umständen *etwas anderes* ergeben (§§ 133, 157, 242 BGB; OLG Düsseldorf NJW-RR 1987, 911; OLG Celle MDR 1998, 1896, 1897; LG Berlin GE 2002, 329 = NJW-RR 2002, 1542; GE 2004, 236, 237; LG Gießen WuM 1996, 273, 274; AG Gießen NJW-RR 2008, 392 f; STREYL NZM 2011, 377, 388). **Gesamtwirkung** hat insbesondere die **Insolvenz** eines der mehreren Mieter, sodass der Verwalter nach § 109 Abs 1 InsO das Mietverhältnis nur einheitlich kündigen kann, wobei er aber nicht auf die Mitwirkung der anderen Mieter angewiesen ist (BGH 13. 3. 2013 – XII ZR 34/12, BGHZ 196, 318, 323 f Rn 18 f = NJW 2013, 3232; OLG Hamburg NZM 2012, 684 mwNw, str). Eine **Wirkung gegen alle** kommt ferner in Betracht, wenn die Ursache von Schäden an der Mietsache in der Sphäre der Mieter liegt und der Vermieter deshalb außerstande ist, diesen Schaden einem bestimmten Mieter zuzuordnen (OLG Celle MDR 1998, 1896, 1897; LG Berlin NJW-RR 2002, 1542; GE 2004, 236, 237; LG Flensburg ZMR 2008, 895, 896).

123 Auch hinsichtlich der **Rückgabe** der Mietsache wird vielfach von einem konkludenten Ausschluss des § 425 BGB ausgegangen, sodass dann jeder Mieter für eine schuldhafte Verletzung der Rückgabepflicht durch einen anderen Mitmieter haften muss (BGHZ 65, 226, 228 f = NJW 1986, 287; OLG Düsseldorf ZMR 1987, 377 = NJW-RR 1987, 1371; NJW-RR 1987, 911; OLG Schleswig NJW 1982, 2672 = WuM 1982, 264). An dieser Rechtslage ändert grundsätzlich auch der **Auszug** eines der Mitmieter nichts, da die Rückgabepflicht des Mieters nach § 546 BGB nicht von dem fortbestehenden Besitz des Mieters abhängt und weil es sich bei der Rückgabe der Mietsache um eine unteilbare Leistung handelt (§ 431; BGHZ 131, 176, 182 f = NJW 1996, 515; LG Berlin NJW-RR 1996, 396;

ZMR 2004, 516, 517; GE 2005, 1431; LG Hannover ZMR 1999, 407 f; LG Frankfurt/M ZMR 2009, 858; Streyl NZM 2011, 377, 383; s § 546 Rn 8). Der ausgezogene Mieter muss deshalb auf den in den Räumen verbliebenen Mieter rechtlich und tatsächlich einwirken, um ihn dazu zu veranlassen, seiner Rückgabepflicht nachzukommen. Diese Pflicht endet erst, wenn der Vermieter mit dem in den Räumen verbliebenen Mieter eine neue Vereinbarung abgeschlossen hat (OLG Hamburg ZMR 2009, 603, 604).

c) Ansprüche der Mieter

124 Hinsichtlich der Mieterrechte sind die Mitmieter grundsätzlich **Mitgläubiger** im Sinne des § 432 BGB, Gesamtgläubiger gemäß § 428 dagegen insbesondere hinsichtlich der Gebrauchsüberlassung, weil und sofern diese eine unteilbare Leistung des Vermieters darstellt (BGH 13. 3. 2013 – VIII ZR 34/12, BGHZ 196, 318, 326 Rn 22 = NJW 2013, 3232; 27. 5. 2020 – VIII ZR 45/19 Rn 39 ff, BGHZ 224, = NZM 2020, 551, 553 f; LG Berlin GE 1997, 1399; Streyl NZM 2011, 377, 384 f; dagegen LG Berlin ZMR 1999, 712). Einen Anspruch auf Rückzahlung der Miete oder der Kaution, zB aufgrund der §§ 556g und 812 Abs 1 kann daher jeder Mieter allein, aber nur mit Antrag auf Leistung an alle Mieter verfolgen (BGH 27. 5. 2020 – VIII ZR 45/19 Rn 39 ff, BGHZ 224 = NZM 2020, 551, 553 f; anders wohl LG Berlin GE 1996, 1117, 1119; ZMR 1999, 712; LG Gießen NJW-RR 1996, 1162). Häufig wird angenommen, dass die einzelnen Mieter den Instandsetzungsanspruch (§ 535 Abs 1 S 2 BGB) sowie Ansprüche aus § 536a Abs 2 BGB ebenfalls allein verfolgen können (LG Kaiserslautern MDR 1982, 581; LG Berlin GE 1994, 997; LG Kassel WuM 1994, 534; anders LG Berlin ZMR 1999, 712).

2. Eheleute

a) Wer ist Mieter?

125 Bei Mietverträgen mit Eheleuten ist häufig nicht auf den ersten Blick erkennbar, ob Mieter nur einer der Ehegatten oder beide nebeneinander sein sollen. Maßgebend ist der gegebenenfalls durch Auslegung zu ermittelnde Wille der Beteiligten (§§ 133, 157 und 535; s Bub/Treier/J Emmerich, Hdb Rn II 554 ff). Die Rechtslage ist eindeutig, wenn **beide** Ehegatten in dem Vertrag als Mieter genannt werden und auch beide gegebenenfalls die Vertragsurkunde **unterschrieben** haben. Ebenso ferner, wenn zwar **nur einer** der Eheleute den Vertrag unterschreibt (s zB Streyl NZM 2011, 377 mwNw), *alle* Beteiligten sich jedoch *einig* sind, dass auch der andere Ehegatte Vertragspartner sein soll. Besteht dagegen Streit über diese Frage, so hängt es von den Umständen ab, wer als Mieter Vertragspartner geworden ist. Wichtig ist dafür zunächst, ob der die Vertragsurkunde unterzeichnende Ehegatte erkennbar (§ 164 Abs 2 BGB) als **Vertreter** des anderen Ehegatten tätig geworden ist sowie ob er auch **Vertretungsmacht** hatte (u § 550 Rn 19; OLG Düsseldorf WuM 1989, 362; OLG Schleswig WuM 1992, 674, 675; LG Mannheim ZMR 1993, 415 = NJW-RR 1994, 274; R Paschke WuM 2008, 59). Eine in diese Richtung zielende Vermutung besteht aber nicht (BGHZ 125, 175, 179 f = NJW 1994, 1649; LG Berlin GE 1995, 567; 1999, 1285; 2002, 189 f; ZMR 1998, 347, 348; LG Osnabrück WuM 2001, 438; R Paschke WuM 2008, 59; Streyl NZM 2011, 377 f), wobei zu beachten ist, dass die **Schlüsselgewalt** des § 1357 BGB grundsätzlich weder den Abschluss eines Mietvertrages noch die Zustimmung zu einer Mieterhöhung umfasst (LG Berlin GE 2003, 1210 f).

126 Hatte der den Vertrag unterzeichnende Ehegatte **keine Vertretungsmacht** (sodass er als Vertreter ohne Vertretungsmacht gehandelt hat), so kommt immer noch, eine nachträgliche **Genehmigung** des Vertrags seitens des anderen Ehegatten in Betracht, insbesondere, indem er durch sein späteres Verhalten zu erkennen gibt, die Rolle als Vertragspartei zu akzeptieren (§ 177 BGB). Denkbar ist ferner von Fall zu Fall ein **konkludenter Beitritt** des anderen Ehegatten zu dem zunächst von einem Ehegatten allein abgeschlossenen Mietvertrag, insbesondere, wenn der beitretende Ehegatte sich unter Billigung aller Beteiligten längere Zeit als Mieter geriert (BGH 11. 7. 2005 – VIII ZR 255/04, NZM 2005, 659 = NJW 2005, 2620; R Paschke WuM 2008, 59). **Kinder** sind dagegen grundsätzlich *keine* Parteien des von ihren Eltern abgeschlossenen Mietvertrages, selbst wenn sie in diesem als Beteiligte erwähnt werden, weil (natürlich) die Eltern keine Haftung der Kinder für etwaige Mietschulden der Eltern begründen wollen (LG Berlin ZMR 2011, 463; s auch Rn 128 f).

b)   Rechtslage bei Abschluss durch einen Ehegatten allein
Schließt nur einer der Ehegatten den Mietvertrag ab, so wird auch nur dieser (allein) **127** Mieter. Der andere Ehegatte und die Kinder sind jedoch in den **Schutzbereich** des Mietvertrages **einbezogen**, sodass ihnen gleichfalls vertragliche Ersatzansprüche gegen den Vermieter zustehen können, etwa bei Verletzungen infolge von Mängeln der gemieteten Wohnung (§§ 328, 536a; OLG Hamm FamRZ 1977, 318). Das Rechtsverhältnis zwischen den Ehegatten ist bei dieser Fallgestaltung umstritten. Der natürlichen Anschauung entspricht es aber doch wohl am meisten, ein rein **familienrechtliches Verhältnis** aufgrund der ehelichen Lebensgemeinschaft anzunehmen (s auch Rn 130).

Aus der Gleichberechtigung der Eheleute (Art 3 GG) sowie aus Art 6 GG folgt, dass **128** auch derjenige Ehepartner, der nicht Mieter ist, **Besitz** an der Ehewohnung erlangt. Entgegen einer früher verbreiteten Meinung ist er nicht etwa lediglich Besitzdiener des vertragsschließenden Ehegatten (BGHZ 12, 380, 399 f = NJW 1954, 918; BGHZ 71, 216, 222 f = NJW 1978, 1529; BGH 25. 6. 2004 – IXa ZB 29/04, BGHZ 159, 383, 384 f = NJW 2004, 3041). Ihm ist darüber hinaus ein eigenes **Besitzrecht** an der gemeinsamen Wohnung bis zur Rechtskraft der Scheidung zuzubilligen (BGHZ 71, 216, 222 f = NJW 1978, 1529; BGHZ 159, 383, 384 f = NJW 2004, 3041). Die notwendige Folge ist, dass – entgegen einer verbreiteten Meinung (s mwNw Schuchke NZM 1998, 58) – für die **Räumungsvollstreckung** ein Titel gegen den Mieter-Ehegatten allein nicht genügt, sondern ein **Titel gegen beide Eheleute** erforderlich ist. Fehlt es hieran, so kann der Ehegatte, gegen den kein Titel vorliegt, gegen die Zwangsvollstreckung nach mit der Erinnerung gemäß § 766 ZPO vorgehen (Begr zum MietRÄndG, BT-Drucks 17 [2012] 10485, 34; BGH 25. 6. 2004 – IXa ZB 29/04, BGHZ 159, 383, 385 ff = NJW 2004, 3041 mwNw; BGH 19. 1. 2008 – I ZB 56/07, NJW 2008, 1959 = NZM 2008, 400 Rn 12, 16; WM 2008, 465, 467 Rn 27; OLG Frankfurt WuM 2003, 640 f; OLG Jena WuM 2002, 221 f; OLG Schleswig NZM 2015, 624 Rn 16; Artz/Schmidt ZMR 1994, 90). Der **Herausgabeanspruch** gegen ihn folgt in diesen Fällen aus dem entsprechend anwendbaren § 546 Abs 2 BGB (OLG Schleswig WuM 1992, 674, 677 = ZMR 1993, 69; LG Berlin GE 2014, 670). Verbleibt der andere Ehegatte, gegen den kein Räumungstitel vorliegt, in der Wohnung, so gilt § 546a BGB, sofern er Partei des Mietvertrages war; andernfalls wird zum Teil § 988 angewandt (LG Berlin GE 2014, 670); näher liegt jedoch für die Anwendung des § 812 Abs 1 S 2 Fall 1 BGB unter dem Gesichtspunkt des Wegfalls des Rechtsgrundes für den Besitz an der Wohnung.

Entbehrlich ist ein weiterer Titel gegen etwaige **Kinder** der Eheleute, die mit ihnen **129** die Wohnung teilen, selbst wenn sie volljährig sein sollten; sie sind im Zweifel bloße

Vorbem zu § 535

Buch 2 · Abschnitt 8
Titel 5 · Mietvertrag, Pachtvertrag

Besitzdiener (Rn 128). Räumungsklagen sind daher selbst gegen volljährige Kinder mangels eines Rechtsschutzbedürfnisses unzulässig (AG München ZMR 2017, 984; AG Böblingen WuM 2020, 528). Für die Partner volljähriger Kinder gilt (erst recht) dasselbe (BVerfG NJW-RR 1991, 1101; BGH 19. 3. 2008 – I ZB 56/07, NJW 2008, 1959 = NZM 2008, 400, 401 Rn 19 ff, 23; AG Wiesbaden NZM 2015, 782 = WuM 2015, 633; Meyer-Abich NZM 2016, 329, 350; G Scholz ZMR 2009, 99). Anders verhält es sich nur, wenn die Eltern mit ihren (volljährigen) Kindern einen Untermietvertrag abgeschlossen hatten (AG Wiesbaden NZM 2015, 782 = WuM 2015, 633 unter Hinweis auf AG Fürth FamRZ 2003, 1946).

c) **Rechtslage bei Abschluss durch beide Ehegatten**

130 Wenn beide Ehegatten den Mietvertrag abgeschlossen haben, stehen sie gleichberechtigt als Vertragspartner dem Vermieter gegenüber. Beide vertragsschließenden Ehegatten sind insbesondere Mitbesitzer der Wohnung und haben jeder für sich ein eigenes **Besitzrecht**, sodass zur Räumungsvollstreckung ein **Titel gegen beide Ehegatten** erforderlich ist (s Rn 128). Das **Rechtsverhältnis** zwischen den Eheleuten wird zT als gesellschaftsähnliches, teilweise aber auch als rein **familienrechtliches** Verhältnis qualifiziert. Unbestreitbar ist jedenfalls, dass dieses Verhältnis **gesamthandsähnliche Merkmale** aufweist (BayObLG WuM 1983, 107; OLG Koblenz ZMR 1984, 30, 31; KG MDR 1960, 586; OLG Hamm ZMR 1983, 381; LG Düsseldorf WuM 1995, 36), sodass es von Fall zu Fall sachgerecht sein kann, die §§ 705 ff BGB entsprechend anzuwenden (u Rn 132). Die **Rechte aus** dem **Mietvertrag**, etwa der Anspruch eines Mieters auf Zustimmung des Vermieters zu bestimmten baulichen Maßnahmen, können **von jedem** der beiden Mieter, freilich nur mit dem Antrag auf Leistung an beide Eheleute gemeinsam, geltend gemacht werden (BGH 2. 3. 2005 – VIII ZR 118/04, WuM 2005, 237, 238 [unter II 1]).

131 Aus dem Gesagten (o Rn 130) folgt, dass eine **Kündigung** des Mietvertrages grundsätzlich nur **von beiden** Ehegatten und nur **gegenüber beiden** Ehegatten gemeinsam erklärt werden kann; eine Kündigung allein durch einen Ehegatten oder nur gegenüber einem von ihnen ist unwirksam, einfach deshalb, weil eine partielle Beendigung des Mietvertrages auf eine *Änderung* des Vertrages hinausliefe, die ebenso wie die *Aufhebung* des Vertrages insgesamt nur mit Zustimmung *aller* Beteiligten möglich ist (§ 311 Abs 1; LG Krefeld ZMR 2003, 575 = WuM 2003, 447 m Anm Wiek; Streyl NZM 2011, 377 ff; R Paschke WuM 2008, 59 ff). Die Konsequenz ist vor allem, dass sich *keiner* der beiden Ehegatten *einseitig*, insbesondere durch seinen **Auszug** aus der Wohnung, aus dem Mietverhältnis lösen kann (BayObLG WuM 1983, 107; OLG Koblenz ZMR 1984, 30, 31; LG Köln NJW-RR 1993, 1096; LG Mannheim WuM 1994, 539; R Paschke WuM 2008, 59 ff). Bis zur Klärung der Rechtsbeziehungen der Beteiligten bleibt der ausgezogene Ehegatte vielmehr aufgrund des Mietvertrages zur Zahlung der Miete verpflichtet (LG Mönchengladbach WuM 2003, 204; ZMR 2004, 517). Ausnahmen sind denkbar, etwa wenn ein Ehegatte schon vor vielen Jahren ausgezogen und sein Verbleib unbekannt ist (§ 242; LG Berlin GE 2017, 231).

132 Für die **Kündigung** des Mietvertrages und den gegebenenfalls anzunehmenden Fortbestand des Vertrages mit dem in der Wohnung verbleibenden Mieter gilt im Übrigen dasselbe wie sonst bei einer Mehrheit von Mietern (o Rn 118, 120; BGH 16. 1. 2005 – VIII ZR 14/04, NJW 2005, 1715 = WuM 2005, 341; 3. 3. 2004 – VIII ZR 341/02, NJW 2004, 1797 = NZM 2004, 419). Dies bedeutet im Ergebnis, dass der ausziehende Ehegatte gegen den anderen entsprechend den §§ 730 ff BGB einen **Anspruch auf Mitwirkung**

bei der Kündigung des Mietvertrages erhält, sofern dem nicht im Einzelfall überwiegende Interessen des anderen Ehegatten entgegenstehen (OLG Hamburg NZM 2011, 311; OLG Köln WuM 2006, 511, 512 = ZMR 2006, 770; R Paschke WuM 2008, 59, 61). Ist der andere Ehegatte mit der Vertragsaufhebung nicht einverstanden und verbleibt er mit Einverständnis des Vermieters in der Wohnung, so kann er sich nach Treu und Glauben nicht mehr darauf berufen, an der nötigen Vertragsänderung nicht mitgewirkt zu haben; es wird vielmehr jetzt so angesehen, als hätten die Parteien den alten Mietvertrag aufgehoben und an seiner Stelle einen **neuen Vertrag allein mit** dem in der Wohnung **verbleibenden Ehegatten** abgeschlossen (§ 242; BGH 3. 3. 2004 – VIII ZR 341/02, NJW 2004, 1797 = NZM 2004, 419; 16. 1. 2005 – VIII ZR 14/04, NJW 2005, 1715 = WuM 2005, 341; 13. 7. 2005 – VIII ZR 255/04, NZM 2005, 659 = NJW 2005, 2620, 2621; AG Bonn NZM 2012, 343).

Der in der Wohnung verbleibende Ehegatte muss fortan die Miete allein tragen; ein **133 Ausgleichsanspruch** gegen den ausgezogenen Ehegatten nach § 426 Abs 1 BGB wird ihm für den Regelfall verwehrt (anders OLG Bremen NZG 2016, 439). Auch der Vermieter kann dann nach § 242 BGB den bereits ausgezogenen Ehegatten und Mieter nicht mehr auf Bezahlung von Mietrückständen in Anspruch nehmen (AG Bonn NZM 2012, 343). Ausnahmen sind denkbar, insbesondere für eine kurze Übergangsfrist nach Auszug des anderen Teils oder bei befristeten und deshalb nicht ordentlich kündbaren Verträgen (OLG München FamRZ 1996, 291 = NJWE-MietR 1997, 6; OLG Köln OLGR 2003, 304 = FamRZ 2003, 1664; OLG Brandenburg NJW-RR 2007, 887 f; Staudinger/ Looschelders [2017] § 426 Rn 224 f; R Paschke WuM 2008, 59, 60 f; zT abweichend LG Mönchengladbach WuM 2003, 204).

Im Falle des **Getrenntlebens** der Ehegatten richtet sich die Zuweisung der Wohnung **134** nach § 1361b BGB sowie während des Scheidungsverfahrens nach den §§ 49 ff FamFG (s Finger NJW 1987, 1001; ders WuM 1999, 663; Horst DWW 2013, 283; R Paschke WuM 2008, 59, 60; Röchling WuM 1991, 455; Schmitz-Justen WuM 1999, 495). Daneben ist kein Raum für einen auf das Eigentum gestützten Herausgabeanspruch eines Ehegatten gegen den anderen; eine entsprechende Klage ist unzulässig (BGH 28. 9. 2016 – XII ZB 487/15, BGHZ 212, 1 33, 135 f = NZM 2016, 886 Rn 10 ff). Für die Zeit **nach Scheidung** der Ehe galt dagegen bis 2009 weiter die im Jahre 1944 als 6. Durchführungsverordnung zum EheG erlassene **HausratsVO** (RGBl I 256), die erst im Zuge der FGG-Reform zum 31. 8. 2009 aufgehoben wurde. An ihre Stelle ist die inhaltlich im Wesentlichen übereinstimmende Regelung der neuen Vorschriften der §§ 1568a und 1568b BGB sowie der §§ 200 und 266 FamFG getreten (Beuermann GE 2009, 1358; Blank NJW 2014, 1985, Götz/Brudermüller NJW 2010, 5; Götz NZM 2010, 383). Nach § 1568a Abs 1 BGB hat ein Ehegatte unter bestimmten Voraussetzungen gegen den anderen einen **Anspruch auf Überlassung der Ehewohnung**, über den nach § 200 Abs 1 Nr 2 FamFG das Familiengericht entscheidet. Mit Rechtskraft der Entscheidung des Familiengerichts tritt der Ehegatte, dem die Wohnung zugewiesen wird, in das Mietverhältnis ein oder setzt das Mietverhältnis alleine fort (§ 1568a Abs 3 S 1 Nr 2 BGB).

Eine Entscheidung des Familiengerichts (Rn 134) ist entbehrlich, wenn sich die **Ehe- 135 gatten einigen**. In diesem Fall tritt der Ehegatte, dem die Wohnung überlassen wird, mit Zugang der Mitteilung der Einigung an den Vermieter in das Mietverhältnis ein (§ 1568a Abs 3 S 1 Nr 1 BGB; s dazu OLG Hamm NZG 2016, 441). Einer Mitwirkung des

Vermieters bedarf es in keinem der genannten Fälle; er hat jedoch ein **Sonderkündigungsrecht** entsprechend § 563 Abs 4 BGB (§ 1568a Abs 3 S 2), dh dann, wenn in der Person des eintretenden Ehegatten ein wichtiger Grund vorliegt. Das kann bei sogenannten Genossenschaftswohnungen anzunehmen sein, wenn der beitretende Ehegatte nicht Mitglied der Genossenschaft ist und dies auch nicht werden will (Drasdo NZM 2012, 585, 594). Vergleichbare Regelungen gelten, wenn ein Ehegatte **Eigentümer** des Grundstücks ist, auf dem sich die Ehewohnung befindet (§ 1568a Abs 2 und 5 BGB). Die genannten Ansprüche auf Zuweisung der Ehewohnung müssen binnen eines Jahres nach Rechtskraft der Scheidung rechtshängig gemacht werden; andernfalls erlöschen sie (§ 1568a Abs 6 BGB; OLG Bamberg ZMR 2017, 557). Eine vergleichbare Regelung besteht für eingetragene **Lebenspartnerschaften** aufgrund des § 18 des Gesetzes vom 16. 2. 2001 (BGBl I 266; s Schach GE 2002, 313, 314).

3. Nichteheliche Lebensgemeinschaften*

a) Vertragsschluss mit beiden Partnern

136 Die besonderen Regeln für Eheleute als Mieter können nicht auf sog nichteheliche Lebensgemeinschaften übertragen werden (R Paschke WuM 2008, 59, 61 f; Schach GE 2002, 313). Für sie gelten vielmehr dieselben Regeln wie sonst bei einer Mehrheit von Mietern (Rn 117 ff). Die nähere Ausgestaltung der Rechtsverhältnisse hängt folglich zunächst einmal von den Abreden der Beteiligten, des Vermieters und der Partner der nichtehelichen Lebensgemeinschaft ab. Fehlen ausdrückliche oder konkludente Abreden, so kommt es vor allem darauf an, *mit wem* jeweils der Mietvertrag abgeschlossen wurde. Waren dies **beide Partner** der Gemeinschaft, so ist in erster Linie von der **Anwendung gesellschaftsrechtlicher Regeln** auszugehen (o Rn 119 ff; LG Koblenz NJW-RR 2001, 1162; R Paschke WuM 2008, 59, 62), wobei freilich die Besonderheiten dieser Verhältnisse nach Treu und Glauben zu einer Modifikation im Einzelfall führen können (nicht müssen), sodass zB in dem **Auszug** eines Mieters mit Kenntnis des Vermieters häufig eine **Aufhebung des Mietvertrages** (nur) mit diesem Mieter zu sehen sein dürfte, während sich der wohnenbleibende Mieter nach § 242 BGB nicht auf seine fehlende Zustimmung zu der Aufhebung des Vertrages berufen kann (s schon o Rn 120; BGH 3. 3. 2004 – VIII ZR 124/03, NJW 2004, 1797 = NZM 2004, 419; 16. 3. 2005 – VIII ZR 14/04, NJW 2005, 1715 = WuM 2005, 341).

137 Zwingend ist diese Annahme (einverständliche Aufhebung des Mietvertrages nur mit dem ausgezogenen Partner) indessen nicht. Je nach den Umständen des Einzelfalles kann es sich auch anders verhalten (vgl zB AG Hamburg-St Georg ZMR 2019, 36). In derartigen Fällen dürfte es wohl am meisten sachgerecht sein, bei **Beendigung** der nichtehelichen Lebensgemeinschaft durch den **Auszug** eines der Partner grundsätzlich von der Anwendbarkeit der §§ 723 und 730 BGB auszugehen. Der Auszug ist daher als **Kündigung** der bestehenden Gesellschaft im **Innenverhältnis** zu behandeln, sodass der ausgezogene Partner von dem anderen nach § 730 BGB die Mitwirkung

---

* **Schrifttum**: Eisenschmid, Die nichtehelichen Gemeinschaften im Mietrecht, PiG 60 (2001) 195; Bub/Treier/J Emmerich, Hdb Rn II 573 ff; R Scholz, Die nichteheliche Lebensgemeinschaft in der Rechtspraxis (1982); Thofern, Die nichteheliche Lebensgemeinschaft im deutschen und italienischen Mietrecht (1993); de Witt/Hufmann, Nichteheliche Lebensgemeinschaft (1983); Wiedemann in: Staake/vBressendorf, Rechtshandbuch Wohngemeinschaften (2019) § 25 (S 515 ff).

bei der nächsten möglichen, ordentlichen Kündigung des Mietvertrages verlangen kann (OLG Düsseldorf WuM 2007 = ZMR 2007, 960; R Paschke WuM 2008, 59, 62). Jedoch wird, wenn und solange eine Kündigung nicht möglich ist, der wohnenbleibende Partner den anderen nach Treu und Glauben häufig intern von der Belastung mit den Mietansprüchen des Vermieters **freistellen** müssen (OLG München ZMR 1994, 217; OLG Düsseldorf NZM 1998, 72 = NJW-RR 1998, 658 = WuM 1998, 418; OLG Köln NZM 1999, 998 = WuM 1999, 521, 522; ZMR 2004, 32; LG Aachen NJW-RR 1996, 462; LG Gießen WuM 1996, 273 = ZMR 1997, 142; LG Berlin GE 2002, 738; R Paschke WuM 2008, 59, 62 f; Sonnenschein NZM 1999, 977 = PiG 57 [1999] 209). Für Ausgleichsansprüche nach § 426 BGB ist dann in der Regel ebensowenig Raum wie für eine Anwendung der besonderen Mieterschutzvorschriften (§§ 573 ff BGB; OLG Köln NZM 1999, 998 = WuM 1999, 521, 522; ZMR 2004, 32; Staudinger/Looschelders [2017] § 426 Rn 83, 225 f; anders nach den Umständen des Falles AG Hamburg-St Georg ZMR 2019, 36, 37).

b) Vertragsschluss nur mit einem Partner
Wurde der Mietvertrag nur von einem der beiden Partner abgeschlossen, so muss **138** dieser mangels abweichender Abreden auch die Miete allein tragen, ohne grundsätzlich von dem anderen Teil einen Ausgleich nach § 426 BGB verlangen zu können (LG Berlin GE 2003, 1491; Staudinger/Looschelders [2017] § 426 Rn 83, 225 f). Eine abweichende vertragliche Regelung der Beziehungen der Partner, zB im Wege der Aufteilung der Kosten im Innenverhältnis oder durch Abschluss eines **Leihvertrages**, ist zwar jederzeit möglich, aber nicht zu vermuten, sodass es für die Annahme eines derartigen konkludenten Vertragsschlusses konkreter Anhaltspunkte aus den Beziehungen der Partner bedarf (BGH 30. 4. 2008 – XII ZR 110/06, BGHZ 176, 262, 268 Rn 17 f = NJW 2008, 2333). Ohne derartige Abreden besteht zwischen den beiden Partnern hinsichtlich der Wohnung grundsätzlich nur ein **tatsächliches**, kein rechtliches **Verhältnis**, sodass der eine Partner, der zugleich Mieter ist, von dem anderen spätestens nach Beendigung der Lebensgemeinschaft **Räumung** und, solange der andere Teil diesem Verlangen nicht nachgekommen ist, Zahlung einer Nutzungsentschädigung verlangen kann (§§ 985, 987 BGB; BGH 30. 4. 2008 – XII ZR 110/06, BGHZ 176, 262, 267, 273 f = NJW 2008, 2333 Rn 16 ff, 31 f; AG Neuruppin WuM 2010, 142 = ZMR 2011, 47 mwNw; Götz/Brudermüller NZM 2011, 664, 665). Die Vorschriften der §§ 1568a und 1568b BGB finden ebensowenig Anwendung wie § 1361b BGB, sodass zwar derjenige Teil, der den Mietvertrag abgeschlossen hat, den anderen, aufgenommenen Partner, nicht aber dieser den anderen, den Mieter verdrängen kann (AG Schöneberg NJW-RR 1993, 1038; Götz/Brudermüller NZM 2011, 664, 665; R Paschke WuM 2008, 59, 62).

Wird die Lebensgemeinschaft erst begründet, nachdem der eine Partner bereits **139** zuvor einen Mietvertrag über die Wohnräume abgeschlossen hatte, so richtet sich nach Begründung der Lebensgemeinschaft die Frage, ob der Partner, der die Wohnung gemietet hatte, nach Begründung der Partnerschaft den anderen Teil in die Wohnung **mitaufnehmen** darf, nach **§ 540 BGB** (s dazu u § 540 Rn 3). Auch wenn der Mieter danach, insbesondere aufgrund einer Erlaubnis des Vermieters, seinen Partner in die Wohnung aufnehmen darf, kommt in aller Regel doch nicht etwa ein Untermietvertrag zwischen den Beteiligten zustande, sodass der in die Wohnung aufgenommene Partner **kein** eigenes **Besitzrecht** erwirbt (AG Hamburg NJW-RR 1989, 271; anders LG Chemnitz NJW-RR 1995, 269), wohl aber Besitzschutz (AG Waldshut-Tiengen NJW-RR 1994, 712; AG Potsdam WuM 1994, 528; AG Neuruppin WuM 2010, 142 = ZMR 2011, 47 mwNw; Götz/Brudermüller NZM 2011, 664, 665; R Paschke WuM 2008, 59, 62).

Vorbem zu § 535

140 Verlangt der **Vermieter** Räumung, so muss er gegebenenfalls einen **Titel gegen beide Partner** erwirken, *sofern beide Besitz* an den Räumen haben; anders als bei Eheleuten (Rn 129) ist dies jedoch hier *nicht* zu vermuten, sondern muss im Rahmen des Vollstreckungsverfahrens vom Gerichtsvollzieher aufgrund der gesamten Umstände konkret festgestellt werden; Indizien für einen Besitz beider Partner sind eine entsprechende Mitteilung des Mieters an den Vermieter oder die Anmeldung des aufgenommenen Partners unter der Adresse der Wohnung bei den Meldebehörden (BGH 19. 3. 2008 – I ZB 56/07, NJW 2008, 1959 = NZM 2008, 400 f Rn 13 ff).

IX. Vorvertrag, Vormietrecht

1. Vorvertrag*

141 Als **Vorvertrag** bezeichnet man einen Vertrag, durch den sich eine oder beide Parteien zum Abschluss eines anderen schuldrechtlichen Vertrages, insbesondere also eines Miet- oder Pachtvertrages, verpflichten (Staudinger/Bork [2020] Vorbem 51 zu § 145). Die Annahme eines derartigen Vertrages ist *nur* gerechtfertigt, wenn *besondere Gründe* vorliegen, die ausnahmsweise die Parteien veranlassen können, bereits vor Zustandekommen des Hauptvertrages eine Bindung einzugehen (BGH LM Nr 22 zu § 305 BGB = NJW 1980, 1577 f; 21. 10. 1992 – XII ZR 173/90, NJW-RR 1993, 139 = WuM 1992, 685; OLG Braunschweig NJW 1976, 570; OLG Karlsruhe ZMR 2010, 680; LG Limburg WuM 2013, 664; LG Berlin ZMR 2019, 272 = GE 2019, 59; AG Schöneberg ZMR 2000, 31; N Fleischmann NZM 2011, 625, 626 f; Michalski ZMR 1999 141 f), etwa, weil im Augenblick dem Abschluss des Hauptvertrages noch rechtliche oder tatsächliche **Hindernisse** entgegenstehen, die Parteien sich aber gleichwohl schon jetzt binden wollen (BGH LM Nr 40 zu § 256 ZPO; LM Nr 11 zu § 566 BGB = WM 1964, 184 = ZMR 1964, 79; WM 1969, 919; LG Essen ZMR 1979, 143; LG Berlin ZMR 2019, 272 = GE 2019, 59; zu dem Sonderfall des Anmietrechts s Rn 147) oder weil für den Hauptvertrag besondere **Formvorschriften** gelten, die Parteien aber sofort, dh noch vor der Beurkundung des Vertrags, sofern rechtlich möglich, eine Bindung herbeizuführen wünschen (N Fleischmann NZM 2011, 625, 627). Für den Regelfall ist aber davon auszugehen, dass die Parteien **sofort** einen **Hauptmietvertrag** abschließen wollten, wenn sie sich gebunden haben (Staudinger/Bork [2020] Vorbem 52 f zu § 145). Dies bedeutet zugleich, dass es, wenn der Hauptvertrag nicht zustande gekommen ist, an der auch für einen Vorvertrag erforderlichen Bindung fehlt; insbesondere genügt es für die Annahme eines Vorvertrages nicht, dass ein beabsichtigter Hauptmietvertrag nicht unterschrieben worden ist (BGH WM 1959, 1196; 1969, 686; 1969, 919; 1996, 1064, 1065; LG Gießen NJW-RR 1995, 524 = ZMR 1995, 312).

142 Auch in den Fällen, in denen bisher der Abschluss eines Vorvertrages zu einem Mietvertrag angenommen wurde, wäre bei Lichte besehen meistens ohne weiteres stattdessen der sofortige Anschluss eines gegebenenfalls aufschiebend bedingten Hauptvertrages möglich gewesen, sodass die Annahme eines Vorvertrages lediglich

---

* **Schrifttum**: Georgiades, in: FS Larenz (1973) 409; Henrich, Vorvertrag, Optionsvertrag, Vorrechtsvertrag (1965); N Fleischmann, Mietvorvertrag, NZM 2012, 625; Lorenz, Vorzugsrechte beim Vertragsschluß, in: FS Dölle I, 103; Michalski, Das Vormiet- und Vorpachtrecht, ZMR 1999, 1; ders, Der Mietvorvertrag, ZMR 1999, 141; Ritzinger, Der Vorvertrag, NJW 1990, 1201.

einen überflüssigen Umweg bedeutete. Beispielshalber wurde bisher der Abschluss eines Vorvertrages bejaht, wenn es sich um eine sogenannte Betreiberimmobilie handelt, die für die speziellen Bedürfnisse des zukünftigen Mieters hergerichtet wird und der Vermieter, um seine Risiken zu minimieren, schon jetzt, dh noch vor Fertigstellung des Gebäudes, eine Bindung des zukünftigen Mieters wünscht (N Fleischmann NZM 2011, 625, 626), wenn die in Aussicht genommene Wohnung noch nicht wirksam gekündigt ist, gleichwohl aber bereits eine Bindung der zukünftigen Vertragsparteien gewollt ist (LG Berlin GE 1992, 387), ferner, wenn sie eine konstitutive Schriftform vereinbart haben, der Mieter jedoch schon vor formgerechter Beurkundung des Vertrags in die Wohnung einziehen darf (LG Berlin GE 1989, 1233), sowie, wenn beide Parteien eines Kaufvertrages verlangen können, dass von einem bestimmten Zeitpunkt ab der Verkäufer des Grundstücks dieses mieten kann oder muss (OLG Köln ZMR 1998, 283 = NZM 1998, 439). Es ist offenkundig, dass in jedem der genannten Fällen auch die Annahme des sofortigen Abschlusses eines Mietvertrages (ohne den unnötigen Umweg über einen Vorvertrag) möglich gewesen wäre.

143 Vorverträge zu Mietverträgen sind nach dem Gesagten (Rn 141 f) in Wirklichkeit ausgesprochen selten. In den wenigen Fällen, in denen für ihre Annahme tatsächlich nur Raum ist, soll nach hM selbst bei Vorverträgen zu **langfristigen** Mietverträgen die für für den Hauptvertrag durch § 550 BGB vorgeschriebenen **Schriftform** entbehrlich sein, weil sie einen etwaigen Grundstückserwerber mangels Anwendbarkeit des § 566 BGB auf Vorverträge nicht binden (u § 550 Rn 6, Staudinger/V Emmerich [2021] § 566 Rn 10a; RGZ 86, 30, 32 ff; 103, 381, 384; BGH LM Nr 19 zu § 566 BGB = NJW 1970, 1596; LM Nr 22 zu § 305 BGB = NJW 1980, 1577, 1578; 7. 3. 2007 – XII ZR 40/05, NZM 2007, 445 = NJW 2007, 1817 m Anm Dusil ZMR 2007, 520; Staudinger/Bork [2020] Vorbem 61 zu § 145; N Fleischmann NZM 2011, 625, 629; Heile NJW 1991, 6; Staudinger/Schaub [2018] § 581 Rn 197; **aM** Michalski ZMR 1999, 141, 143). Das mag angehen. Unhaltbar ist aber der weitere Schluss, dass die Parteien, wenn sie aufgrund des formlosen Vorvertrages zum Abschluss eines langfristigen Mietvertrages unter Verstoß gegen § 550, dh ohne Beachtung der Schriftform schreiten, gleichwohl **gebunden** sein sollen, da jede Partei aufgrund des Vorvertrages einen Anspruch auf schriftlichen Abschluss des Hauptvertrages habe, den sie einer auf § 550 BGB gestützten Kündigung der anderen Partei entgegensetzen könne. Diese Annahme ist unhaltbar, weil sie offenkundig im Widerspruch zum Wortlaut und zu Sinn und Zweck des § 550 BGB steht (s u § 550 Rn 39 mwNw).

144 Aufgrund des Vorvertrages sind beide Parteien zur **Mitwirkung bei Abschluss** des formgerechten Hauptvertrages verpflichtet, sodass aus dem Vorvertrag, sofern er hinreichend bestimmt ist (Staudinger/Bork [2020] Vorbem 56–58 zu § 145), mit der allgemeinen **Leistungsklage** auf Abschluss eines dem Vorvertrag entsprechenden Hauptvertrages geklagt werden kann, insbesondere durch Antrag auf Annahme eines entsprechenden Vertragsantrags des Klägers (zB LG Limburg WuM 2013, 664; N Fleischmann NZM 2011, 625, 628 f). Das Urteil wird nach **§ 894 ZPO** vollstreckt. Voraussetzung ist aber, dass die essentialia des anvisierten Hauptvertrages, insbesondere also dessen Gegenstand, Dauer und Preis dem Vorvertrag im Wege der Auslegung bereits mit hinreichender Deutlichkeit entnommen werden können (§§ 133, 157; LG Berlin ZMR 2019, 272).

145 Mit der Klage auf Abschluss des Hauptvertrages kann gegebenenfalls auch bereits die Klage auf Erfüllung dieses Vertrages verbunden werden (OLG Düsseldorf GE 2009,

1554). Schuldhafte Verstöße einer Partei gegen die Annahmepflicht machen **schadensersatzpflichtig** (§§ 280 Abs 1, 281 Abs 1 und 286 BGB; BGH WM 2006, 1499; 7. 3. 2007 – XII ZR 40/05, NZM 2007, 445 = NJW 2007, 1817). Aus dem Vorvertrag ergibt sich außerdem die **Nebenpflicht**, alles zu unterlassen, was dem Abschluss des Hauptvertrages entgegenstehen könnte (§§ 241 Abs 2, 242, 280 Abs 1 BGB; BGH 7. 3. 2007 – XII ZR 40/05, NZM 2007, 445 = NJW 2007, 1817). Dagegen verstoßen eine grundlose Kündigung des Vorvertrages ebenso wie die unberechtigte Weigerung, den Hauptvertrag abzuschließen (Dusil ZMR 2007, 520, 521).

146 Der Abschluss eines anderen Mietvertrages durch eine Partei des Vorvertrages steht der **Erfüllung** des Vorvertrages nicht entgegen, weil dadurch keine Unmöglichkeit begründet wird (BGH 21. 10. 1992 – XII ZR 173/90, NJW-RR 1993, 139 = WuM 1992, 685). Wenn der Mieter aufgrund des Vorvertrages bereits den Besitz der Mietsache erlangt hat, steht ihm außerdem ein **Besitzrecht** zu, solange er noch Erfüllung des Vorvertrags verlangen kann. Sein Besitzrecht entfällt erst, wenn der Vermieter ein **Kündigungsrecht** entsprechend den mietrechtlichen Regeln erwirbt, etwa nach § 543 Abs 2 Nr 3 BGB bei Zahlungsverzug des Mieters, oder wenn der Vorvertrag aus einem anderen Grund sein Ende findet (OLG Köln NJW-RR 1992, 1162 = ZMR 1992, 387 f; AG Winsen/Luhr ZMR 2004, 123, 124). Der Mieter kann dagegen nach den §§ 242, 314 BGB von dem Vorvertrag **zurücktreten**, wenn der Vermieter zB immer neue Angaben über die Fertigstellung der Räume macht, sodass die Vertrauensgrundlage zwischen den Parteien erschüttert ist (§ 314 BGB; OLG Koblenz NZM 1998, 405 = NJW-RR 1998, 808).

2. Vormietrecht

147 Unter einem Vormietrecht versteht man das Recht einer Person, in einen vom Vermieter mit einem Dritten abgeschlossenen Mietvertrag durch Ausübung des Rechts, dh durch Erklärung „einzutreten" (Kania ZMR 1976, 1; Michalski ZMR 1999, 1 f; Staudinger/Schaub [2018] § 581 Rn 199 ff). Das Vormietrecht ist im BGB nicht geregelt, wird aber durchweg nach den **entsprechend anwendbaren** Vorschriften über den **Vorkauf** (§§ 463 ff BGB) behandelt (BGHZ 102, 237, 240 = NJW 1988, 703; 24. 11. 2017 – LwZR 5/16, NZM 2018, 126 Rn 11 = ZMR 2018, 491; OLG Hamm ZMR 1992, 148; LG Karlsruhe NZM 2013, 861; Staudinger/Mader/Schermaier [2014] Vorbem 44 zu §§ 463 ff; Horst NZM 2018, 889, 892 f). Dem Vormietrecht liegt folglich ein *doppelt aufschiebend bedingter Mietvertrag* zugrunde, wobei die erste Bedingung in dem Abschluss eines Mietvertrags zwischen dem verpflichteten Vermieter und einem Dritten und die zweite Bedingung in der Ausübung des Vormietrechts durch den Berechtigten oder Begünstigten besteht (RGZ 123, 265; 125, 123; BGHZ 55, 71, 75 ff = NJW 1971, 422; BGH ZMR 1958, 153; LM Nr 27 zu § 535 BGB = MDR 1964, 748; WM 1967, 935, 936 f; Kania ZMR 1976, 1; anders Michalski ZMR 1999, 1 f). Bei Aufnahme des Vormietrechts in einen Formularvertrag des Mieters achtet die Rechtsprechung zum Schutz des Vermieters gegen eine übermäßige Belastung streng auf die Beachtung des Transparenzgebots (§ 307 Abs 1 S 2), sodass sich bereits aus der fraglichen Klausel eindeutig ergeben muss, für welche Fälle, insbesondere für wieviele Fälle und für welchen Zeitraum das Vormietrecht des Mieters gelten soll (BGH 24. 11. 2017 – LwZR 5/16, NZM 2018, 126 Rn 12 ff = ZMR 2018, 491; OLG Brandenburg 4. 5. 2017 – 5 U 115/17, ZMR 2017, 879, 880; LG Karlsruhe NZM 2013, 861; großzügiger offenbar OLG Stuttgart 7. 11. 2019 – 13 U 215/19, NZM 2020, 465; kritisch Staudinger/Schaub [2018] § 581 Rn 20).

148 Die **Ausübung** des Vormietrechts hat zur Folge, dass zwischen dem Begünstigten und dem verpflichteten Vermieter ein **neuer Mietvertrag** mit dem Inhalt des ersten Mietvertrages zustande kommt (BGHZ 102, 237, 240 = NJW 1988, 703; BGH LM Nr 8 zu § 1089 BGB = NJW 1983, 682; 24. 11. 2017 – LwZR 5/16, NZM 2018, 126 Rn 11 = ZMR 2018, 491; OLG Hamm ZMR 2016, 868). Das gilt auch, wenn zwischen den Parteien bereits ein Mietvertrag bestand, sodass das zusätzlich vereinbarte Vormietrecht für die Parteien des Mietvertrages dieselbe Funktion wie eine Verlängerungsoption hatte; anders als bei Ausübung einer derartigen Option tritt dann jedoch der neue Mietvertrag an die Stelle des bisherigen Mietvertrages (Staudinger/Schaub [2018] § 581 Rn 201). Hat der Vermieter in dem ersten oder zweiten Mietvertrag nicht Vorsorge getroffen, so sieht er sich jetzt gegebenenfalls infolge der Ausübung des Vormietrechts durch den Berechtigten *zwei wirksamen Mietverträgen* gegenüber, die er beide erfüllen muss. Voraussetzung ist aber, dass sich der aus dem Vormietrecht Berechtigte tatsächlich *vorbehaltlos* zur Übernahme der Pflichten aus dem ersten Vertrag *bereit* erklärt. Die Ausübung des Vormietrechts ist unwirksam, wenn er die Übernahme dieser Pflichten ganz oder teilweise ablehnt (BGHZ 102, 237, 240 = NJW 1988, 703; BGH WM 1962, 1091; OLG Hamm ZMR 2016, 868; Staudinger/Mader/Schermaier [2014] Vorbem 44 zu §§ 463 ff). Eine Ausnahme gilt nur bei Ablehnung der Übernahme solcher Pflichten, die einen „Fremdkörper" in dem ersten Vertrag darstellen oder die allein zu dem Zweck in diesen Vertrag aufgenommen wurden, den Vormietberechtigten an der Ausübung seines Rechts zu hindern (BGHZ 77, 359, 362 ff = NJW 1980, 2304; BGHZ 102, 237, 240 ff = NJW 1988, 703). So zB bei einer nur zum Schein vereinbarten überhöhten Miete in dem zweiten Mietvertrag mit dem Dritten, mit der allein der Zweck verfolgt wird, den Berechtigten von der Ausübung seines Vormietrechts abzuhalten (sogenannte Giftpille, s Staudinger/Schaub [2018] § 581 Rn 201).

149 Aus der entsprechenden Anwendbarkeit der §§ 463 ff BGB folgt, dass der Verpflichtete dem Berechtigten den Inhalt des mit dem Dritten abgeschlossenen Vertrages unverzüglich mitzuteilen hat und dass nach der **Mitteilung** im Falle einer Grundstücksmiete das Vormietrecht binnen einer **Ausschlussfrist von zwei Monaten** ausgeübt werden muss (§ 469 BGB; BGHZ 55, 71, 75 ff = NJW 1971, 422; BGH LM Nr 4 zu § 554a BGB = WM 1974, 345; LM Nr 9 zu § 510 BGB = NJW 1973, 1365). Anders nur, wenn der Vertrag nach seiner Mitteilung abgeändert wird; in diesem Fall setzt erst die Mitteilung der Änderung die Ausschlussfrist in Lauf (BGH LM Nr 9 zu § 510 BGB = NJW 1973, 1365).

150 Weder die Begründung eines Vormietrechts noch dessen Ausübung durch den Berechtigten bedürfen der **Form** des § 550 BGB (§ 464 Abs 1 S 2 BGB; BGHZ 55, 71, 76 f = NJW 1971, 422). Daraus ergibt sich die umstrittene Frage, ob der durch die Ausübung des Vormietrechts mit dem Begünstigten zustandekommende **Mietvertrag** seinerseits der Form des § 550 BGB bedarf, wenn es sich um einen langfristigen Vertrag handelt (s Michalski ZMR 1999, 1, 2 f; verneinend im Hinblick auf den Zweck des § 550 Staudinger/Schaub [2018] § 581 Rn 201). Die Frage sollte im Interesse der Rechtssicherheit bejaht werden, damit für einen Grundstückserwerber die Rechtslage eindeutig klargestellt wird (s § 550 Rn 7). Ohne Rücksicht auf die Entscheidung dieser Frage kann der Vermieter indessen jedenfalls nach Treu und Glauben den durch Ausübung des Vormietrechts zustande gekommenen Mietvertrag nicht früher als den ursprünglich mit dem Dritten abgeschlossenen Vertrag kündigen (BGHZ 55, 71, 77 = NJW 1971, 422).

3. Anmietrecht

151 In mancher Hinsicht dasselbe Ergebnis wie mit einem Vormietrecht (Rn 147 ff) kann mit einem Anmietrecht erreicht werden, durch das der Vermieter die Verpflichtung übernimmt, unter bestimmten Bedingungen die Mietsache **zuerst** dem **Berechtigten anzubieten**, wobei die Vertragskonditionen erst nach Annahme dieses Angebots festgelegt werden sollen. Die Konstruktion derartiger Anmietrechte ist umstritten. IdR dürfte ein Vorvertrag vorliegen (s Rn 141 ff), der unter der aufschiebenden Bedingung abgeschlossen ist, dass der Vermieter sich zur Vermietung entschließt (RGZ 79, 156, 158; 126, 123, 124 f; 154, 355, 358 ff; RG WarnR 1919 Nr 157, S 241, 242 f; SeuffA 81 [1927] Nr 217, S 360, 362; HRR 1933 Nr 913; BGH LM Nr 16 zu § 433 BGB = WM 1962, 1399; OLG Hamburg ZMR 2001, 889 f; Henrich, Vorvertrag [1965] 296 ff; Michalski ZMR 1999, 1, 5; Staudinger/Mader/Schermaier [2014] Vorbem 4 zu §§ 463 ff; Staudinger/Bork [2020] Vorbem 78 zu § 145).

X. Optionen

1. Erscheinungsformen, insbesondere Verlängerungsoptionen

152 Optionen oder Optionsrechte kommen in unterschiedlichen Erscheinungsformen vor (s Staudinger/Bork [2020] Vorbem 69 ff zu § 145; Casper, Der Optionsvertrag [2005]; Georgiades, in: FS Larenz [1973] 409; Henrich, Vorvertrag, Optionsvertrag, Vorrechtsvertrag [1965]). Optionen können zunächst dieselbe Funktion wie Vorverträge oder Anmietrechte haben (s Rn 147, Rn 151). Sie begründen dann ein Recht des Mieters, durch einseitige Erklärung einen Mietvertrag herbeizuführen (Rn 153). Davon zu trennen sind die Verlängerungsoptionen, die dem Mieter die Möglichkeit eröffnen, durch einseitige Erklärung einen Mietvertrag um einen bestimmten Zeitraum oder auf unbestimmte Zeit zu verlängern (Rn 154). Wieder eine andere Funktion haben schließlich die verbreiteten Verlängerungsklauseln (Rn 161).

153 Ein Recht des Mieters, einen Mietvertrag durch eine einseitige Erklärung zustande zu bringen (Rn 152), kann auf verschiedene Weise begründet werden. In Betracht kommen der Abschluss eines Vorvertrags in Verbindung mit einem entsprechenden Gestaltungsrecht des Mieters (Rn 143), ferner der sofortige Abschluss eines aufschiebend bedingten Mietvertrages, wobei die Bedingung in dem Entschluss des Mieters zum endgültigen Vertragsabschluss besteht, außerdem der Abschluss eines sog Optionsvertrages sowie ein langfristig bindender Antrag des Vermieters auf Abschluss eines Mietvertrages, den der Mieter dann zu einem ihm genehmen Zeitpunkt annehmen kann (BGHZ 47, 387, 388 f = NJW 1967, 1605; BGH LM Nr 19 zu § 313 BGB = WM 1961, 353; LM Nr 16 zu § 433 BGB = WM 1962, 1399; LM Nr 25 zu § 433 BGB = NJW 1967, 153; WM 1966, 78; WM 1969, 859, 861; WM 1970, 493; OLG Saarbrücken ZMR 2016, 371, 372; Staudinger/Bork [2020] Vorbem 70–73 zu § 145; Georgiades, in: FS Larenz 409 ff; Henrich, Vorvertrag, 296 ff). Von einer „Option" im Sinne des Rechts, durch einseitige Erklärung, zB durch die Annahme eines langfristig bindenden Antrags des Vermieters, einen Mietvertrag zustande zu bringen, kann in allen genannten Fällen – mit unterschiedlicher Akzentsetzung – gesprochen werden. Die **Wirkung** ist in jeden Fall dieselbe: Mit Ausübung des Rechts entsteht zwischen den Beteiligten ein Mietvertrag. Wegen dieser mit dem Abschluss eines Mietvertrages selbst in mancher Hinsicht vergleichbaren Wirkung wird auf Optionsverträge zT § 566 BGB entsprechend angewandt (s Staudinger/V Emmerich [2021] § 566 Rn 9; OLG Saarbrücken ZMR 2016, 371, 372).

Unter einer **Verlängerungsoption** versteht man das Recht des Mieters, einen bereits **154** bestehenden und auf bestimmte Zeit abgeschlossenen Vertrag durch einseitige Erklärung für eine weitere Frist oder auch auf unbestimmte Zeit, einmal oder mehrmals, zu verlängern (insbesondere BGH 21. 11. 2018 – XII ZR 78/17, BGHZ 220, 236 Rn 12, 21 = NJW 2019, 990; dazu zB Emmerich JuS 2019, 389). Gesetzliche Regelungen fehlen, sodass maßgebend die Abreden der Parteien sind. Das gilt insbesondere für die Fragen, wie oft die Option ausgeübt werden kann, binnen welcher Frist die Option auszuüben ist und für welchen Zeitraum eine Verlängerung in Betracht kommen soll. Mehrere Mieter können das Optionsrecht grundsätzlich nur gemeinsam ausüben (LG Berlin GE 1990, 763). Das Optionsrecht **erlischt** mit seiner Ausübung sowie durch einverständliche Aufhebung seitens der Parteien (§ 311 Abs 1), ebenso aber auch, wenn der Vertrag von den Parteien einverständlich für den Optionszeitraum oder sogar darüber hinaus verlängert wird; soll etwas anderes gelten, so bedarf dies, weil ungewöhnlich, einer ausdrücklichen Vereinbarung (BGH LM Nr 78 zu § 535 BGB = NJW 1982, 2770; NJW-RR 1995, 714; LG Bamberg ZMR 2020, 743; Burbulla ZMR 2020, 744).

Die formgerechte und rechtzeitige Ausübung des Optionsrechts hat zur Folge, dass **155** der alte **Vertrag weiterläuft**. Es wird nicht etwa ein neuer Vertrag zwischen den Parteien begründet, sondern lediglich der alte Vertrag hinsichtlich seiner Bestimmungen über die Vertragsdauer geändert (§ 311 Abs 1 BGB; BGH 5. 11. 2014 – XII ZR 15/12 Rn 20 ff, BGHZ 203, 148, 153 f = NJW 2015, 403; BGH LM Nr 18 zu § 18 1. BMG = NJW 1986, 551; LM Nr 57 zu § 535 BGB = WM 1975, 222). Entgegen einer früher verbreiteten Meinung ist deshalb bei Ausübung der Option kein Raum für die Anwendung des § 536b BGB, sodass die Ausübung der Option in Kenntnis von Mängeln nicht automatisch zum Ausschluss der Gewährleistungsrechte des Mieters wegen der fraglichen Mängel führt; nur im Einzelfall kann sich aus § 242 BGB etwas anderes ergeben (s § 536b Rn 7; BGH 5. 11. 2014 – XII ZR 15/12 Rn 20 ff, 32 ff, BGHZ 203, 148, 153 ff, 157 f Rn 32 ff = NJW 2015, 403).

Von einer **Verlängerungsklausel** (Rn 160) unterscheidet sich die Verlängerungsoption **156** vor allem dadurch, dass es sich bei ihr um ein auf dem Mietvertrag beruhendes **Gestaltungsrecht** handelt, dass nur dann eine Verlängerung des Vertrages bewirkt, wenn es von dem Berechtigten rechtzeitig ausgeübt wird, während eine Verlängerungsklausel ohne weiteres zur Vertragsverlängerung führt, sofern nicht eine Partei widerspricht (BGH 21. 11. 2018 – XII ZR 78/17, BGHZ 220, 236 Rn 12 = NJW 2019, 990). Beide Klauseln können auch ohne weiteres **kombiniert** werden (§ 311 Abs 1). Die Folge ist dann, dass der Mieter die Verlängerung des Vertrages durch rechtzeitige Ausübung der Option selbst dann bewirken kann, wenn der Vermieter der Verlängerung des Vertrages aufgrund der Verlängerungsklausel rechtzeitig widersprochen haben sollte (BGH 14. 12. 2005 – XII ZR 236/03, ZMR 2006, 266, 267 f; OLG Dresden 15. 8. 2018 – 5 U 539/18, ZMR 2018, 997, 998 f). Steht das vermietete Grundstück unter **Zwangsverwaltung**, so muss die Option gemäß § 152 Abs 2 ZVG gegenüber dem Verwalter ausgeübt werden und führt dann zur Verlängerung des Vertrages um den vorgesehenen Zeitraum trotz der Zwangsverwaltung (BGH 21. 11. 2018 – XII ZR 78/17, BGHZ 220, 236 Rn 15 f = NJW 2019, 990).

Da der alte Mietvertrag, von der Regelung über die Vertragsdauer abgesehen, nach **157** Ausübung der Option unverändert weiterläuft (Rn 154), verbleibt es grundsätzlich auch bei den alten Vereinbarungen hinsichtlich der **Höhe der Miete** (OLG Düsseldorf

ZMR 1995, 347 = WuM 1995, 433). Nur im Einzelfall kann die ergänzende Vertragsauslegung ergeben, dass die Verlängerungsoption allein gegen eine angemessene Erhöhung der Miete ausgeübt werden darf (OLG Düsseldorf ZMR 2000, 172 = WuM 2000, 77). Die Parteien hindert außerdem nichts, die Wirksamkeit der Ausübung des Optionsrechts von der gleichzeitigen Einigung über die neue Miete abhängig zu machen; die Ausübung des Optionsrechts geht folglich im Zweifel ins Leere, wenn eine Einigung über die neue Miete nicht erzielt wird (LG Berlin GE 1991, 1249, 1251). Zwingend ist diese Annahme indessen nicht; die Auslegung des Vertrages kann vielmehr auch ergeben, dass die Miete dann nach den §§ 315 und 316 BGB vom Gericht nach billigem Ermessen in Höhe der üblichen Miete festzusetzen ist (s Rn 95; KG ZMR 2009, 605, 606).

158 Das Optionsrecht muss, da es letztlich auf dem Mietvertrag beruht, **vor Ablauf** des Mietvertrages **ausgeübt** werden, weil mit Ablauf der Vertragsdauer der Vertrag erlischt (RGZ 99, 155; BGHZ 94, 29, 31 = NJW 1985, 2481; BGH LM Nr 18 zu § 18 1. BMG = NJW 1958, 551; LM Nr 78 zu § 535 BGB = NJW 1982, 2770; LM Nr 18 zu § 566 BGB = NJW-RR 1987, 1227; OLG Düsseldorf MDR 1981, 487; ZMR 1987, 377; 2008, 785, 786 OLG Dresden 15. 8. 2018 – 5 U 539/18, ZMR 2018, 997, 999; OLG Frankfurt 14. 10. 2019 – 12 U 145/19, GE 2020, 1424; Burbulla ZMR 2019, 687). Solange der Vertrag noch läuft, hindert aber auch eine rechtskräftige Verurteilung des Mieters zur Räumung die Ausübung des Optionsrechtes nicht (BGHZ 94, 29, 33 ff = NJW 1985, 2581). § 767 Abs 2 ZPO steht nicht entgegen. Eine Ausübung des Rechts **nach Vertragsende** äußert dagegen keine Wirkung mehr, selbst wenn der Vertrag nach § 545 BGB weiter läuft (OLG Köln ZMR 1996, 433 und 495; OLG Frankfurt NZM 1998, 1006; OLG Celle ZMR 2014, 782, 783; LG Berlin GE 1995, 1209). Außerdem muss das Recht, wenn für seine Ausübung in dem Vertrag eine bestimmte **Frist** vorgesehen ist, innerhalb der Frist ausgeübt werden (OLG Düsseldorf ZMR 1991, 378; 1992, 52; OLG Hamburg WuM 1998, 160, 161). Waren dem Mieter mehrere Verlängerungsoptionen eingeräumt, so erlöschen alle, wenn er die Frist für die Ausübung der ersten versäumt (OLG Hamburg WuM 1998, 160, 161 = NZM 1998, 333 = NJW-RR 1998, 807).

159 Besonders umstritten waren lange Zeit die mit der Vereinbarung und der Ausübung einer Verlängerungsoption zusammenhängenden **Formfragen**, sofern die Ausübung des Rechts eine Verlängerung des Vertrags über ein Jahr hinaus zur Folge haben konnte. Mittlerweile ist jedoch durch die Rechtsprechung geklärt, dass zwar die **Vereinbarung** der Verlängerungsoption unter § 550 S 1 fällt und deshalb gegebenenfalls der Schriftform bedarf, sofern die Folge ihrer Ausübung die Verlängerung des Vertrages über ein Jahr hinaus sein kann, nicht jedoch die **Ausübung** der Option durch eine einseitige Gestaltungserklärung, weil § 550 S 1 nur für Verträge, nicht für einseitige Erklärungen gilt (grdl BGH 21. 11. 2018 – XII ZR 78/17 Rn 20 ff, BGHZ 220, 235, 240 = NJW 2019, 990; ebenso zuvor schon BGH 24. 6. 1987 – VIII ZR 225/86, LM Nr 28 zu § 566 BGB = NJW-RR 1987, 1227; 5. 2. 2014 – XII ZR 65/13, NZM 2014, 308 Rn 28 = NJW 2014, 1300; 11. 4. 2018 – XII ZR 43/17 Rn 20, NZM 2018, 515, 517 = ZMR 2018, 661; KG GE 2017, 1159; 2017, 1468; OLG Dresden 22. 2. 2017 – 5 U 961/16, ZMR 2017, 465 = NZM 2017, 442; Emmerich JuS 2019, 389; s zum Streitstand Schultz, in: FS Bub [2007] 377, 395 f; Börstinghaus, in: Artz/Börstinghaus, in: 10 Jahre Mietrechtsreformgesetz 377, 379 ff). Wenn § 550 BGB bei der Vereinbarung des Rechts nicht beachtet wird, kann der Vertrag folglich jederzeit gekündigt werden (BGH LM Nr 18 zu § 566 BGB = NJW-RR 1987, 1227; LG Berlin GE 1991, 405). Ist im Vertrag vorgesehen, dass das Optionsrecht durch eingeschriebenen Brief ausgeübt werden muss, so genügt jeder Brief, sofern nur feststeht, dass er dem Vermieter zugegangen ist (OLG Hamm ZMR 1995, 248, 250). **§ 544 BGB** findet gleichfalls Anwendung, falls die Ausübung der Verlängerungsoption zur Folge haben *kann,* dass der Vertrag schließlich länger als dreißig Jahre läuft (s § 544 Rn 5). Hat ein Dritter eine Bürgschaft für die Mietforderung übernommen, so ist § 767 Abs 1 S 3 BGB zu beachten (OLG Düsseldorf ZMR 2016, 615; dagegen GELDMACHER ZMR 2016, 616 f).

2. Verlängerungsklauseln

Von den Verlängerungsoptionen (Rn 152 ff) müssen die Verlängerungsklauseln unterschieden werden (s schon Rn 155). Man versteht darunter Abreden, nach denen sich ein auf feste Zeit abgeschlossener Vertrag auf bestimmte oder unbestimmte Zeit verlängert, *wenn nicht* eine Partei der Verlängerung *rechtzeitig* vor Ablauf des ursprünglichen Vertrages *widerspricht.* Verlängerungsklauseln können auch mit Verlängerungsoptionen kombiniert werden; beide Vereinbarungen stehen dann selbstständig nebeneinander (Rn 155). In Formularverträgen verstießen Verlängerungsklauseln auch vor der Mietrechtsreform von 2001 nicht gegen § 307 BGB (BGH NZM 2010, 693 Rn 21 ff). **160**

Eine Verlängerungsklausel hat, sofern keine Partei der Verlängerung widerspricht, nach hM in der Regel zur **Folge**, dass zwischen den Parteien stillschweigend jeweils ein **neuer Vertrag** abgeschlossen wird, freilich mit demselben Inhalt wie der vorausgegangene Vertrag, Die Ablehnung der Verlängerung wird maW nicht als Kündigung des Vertrages interpretiert, sondern als Ablehnung des in dem alten Vertrag enthaltenen, befristeten *Antrags* auf Abschluss eines neuen Vertrages (so RGZ 86, 60, 62; BGH 16. 10. 1974 – VIII ZR 74/73, LM Nr 3 zu § 193 BGB = NJW 1975, 40; OLG Dresden NZM 2014, 473, 474). Zwingend ist diese Interpretation nicht; vielmehr sind hier unterschiedliche Gestaltungen vorstellbar, entsprechend der hM ein mit dem ursprünglichen Vertrag verbundener Abschluss eines weiteren Vertrages, ebenso aber auch eine durch die Ablehnung der einen Partei auflösend bedingte Verlängerung des alten Vertrages sowie langfristig bindende Anträge beider Parteien, die die andere konkludent annehmen kann, indem sie ihrerseits nicht die Ablehnung der Verlängerung erklärt (s § 542 Abs 2 Nr 2 BGB). Am nächsten liegt wohl in der Tat entsprechend der hM die Annahme der **Kombination** eines auf feste Zeit abgeschlossenen Vertrages **mit** einem auf längere oder unbestimmte Zeit abgeschlossenen **weiteren Vertrag** unter der Bedingung, dass keine Partei fristgemäß widerspricht (ebenso zB noch BGH 4. 10. 1983 – KVR 5/82, WuW/E BGH 2055, 2057 = BeckRS 1983, 31168496; KG 6. 8. 1992 – Kart 46/81, WuW 1983, 742 = WuW/E OLG 2916, 2917 f; LG Kaiserslautern NJW-RR 1986, 442 = ZMR 1986, 167; GOCH ZMR 1978, 135; GUNDLACH ZMR 1977, 134; LUTZ Anm NJW 1974, 651; LEHMANN NJW 1974, 2117; ROESCH WuM 1977, 177). **161**

XI. Abstandszahlungen

Als Abstandszahlungen bezeichnet man Zahlungen an eine Vertragspartei, durch die diese zur Aufgabe vertraglicher Rechte veranlasst werden soll. Derartige Zahlungen kommen auch bei der Miete in unterschiedlichen Erscheinungsformen vor (ausführlich BUB/TREIER/J EMMERICH, Hdb Rn V 693 ff; HIMMEN ZMR 2020, 997). Hervorzuheben sind Abstandszahlungen des Vermieters an den Mieter, um diesen zu einem vorzeitigen Auszug zu bewegen, und entsprechend Zahlungen des Mieters an den Vermieter, um die Bereitschaft des Vermieters zur vorzeitigen Aufhebung des Vertrages zu ent- **162** gelten, insbesondere bei langfristigen, den Mieter erheblich belastenden Verträgen. Alle derartigen Abreden sind bei der Wohnraummiete wie bei der Geschäftsraummiete auf dem Boden der Vertragsfreiheit (§ 311 Abs 1) unbedenklich. Eine Einschränkung des Mieterschutzes ist davon nicht zu befürchten, da diese Vereinbarungen immer erst *nach* Abschluss eines wirksamen Wohnraummietvertrages in Betracht kommen. Eine Ausnahme von der deshalb unproblematischen Zulässigkeit von Abstandsvereinbarungen bilden indessen seit 1993 Vereinbarungen über Abstandszahlungen zwischen einem **Vormieter und** einem **Nachmieter** für die Bereitschaft des Vormieters zur vorzeitigen Aufgabe des Besitzes an seiner Wohnung (Rn 163 ff).

163 Auch bei der **Wohnraummiete** galten Zahlungen eines des Nachmieters an den Vormieter mit dem Zweck, diesen zur Aufgabe seiner Wohnung zu bewegen, bis 1993 überwiegend als unbedenklich (§ 311 Abs 1 BGB; BGH LM Nr 12 zu WoBindG = NJW 1982, 1040; OLG Düsseldorf NJW-RR 1992, 1428 = ZMR 1992, 388; anders aber schon damals OLG Frankfurt NJW-RR 1993, 975). Der Gesetzgeber des 4. Mietrechtsänderungsgesetzes von 1993 (BGBl I 1257) befürchtete jedoch von Abstandszahlungen eine übermäßige Belastung der Mieter und fügte deshalb in das Wohnungsvermittlungsgesetz von 1971 einen neuen § 4a ein, nach dem Abstandszahlungen grundsätzlich verboten sind.

164 **§ 4a Abs 1 S 1 Wohnungsvermittlungsgesetz** bestimmt seitdem, dass eine Vereinbarung unwirksam ist, die den Wohnungssuchenden oder für ihn einen Dritten verpflichtet, ein Entgelt dafür zu leisten, dass der bisherige Mieter die gemieteten Wohnräume räumt. Das gilt für sämtliche Zahlungen des Nachmieters, die der Sache nach ein Entgelt für die Besitzaufgabe durch den Vormieter darstellen, wobei unerheblich ist, *mit wem* der neue Mieter die Vereinbarung abschließt; erfasst werden auch entsprechende Verträge mit dem Vermieter oder mit einem Dritten (Blank WuM 1993, 503, 513; Bub/Treier/J Emmerich, Hdb Rn V 481 ff; Schmidt-Futterer/Eisenschmid § 535 Rn 689; Himmen ZMR 2020, 997, 999 ff). Erlaubt ist lediglich der **Ersatz der** dem bisherigen Mieter nachweislich entstandenen **Umzugskosten** (§ 4a Abs 1 S 2). Dieser Begriff ist weit auszulegen und umfasst sämtliche Kosten, die dem bisherigen Mieter aus Anlass des Umzugs tatsächlich entstehen einschließlich zB der Kosten der Renovierung der bisherigen oder der neuen Wohnung (Blank WuM 1993, 503, 514).

165 Von den Vereinbarungen über Abstandszahlungen muss man die **Ablösevereinbarungen** unterscheiden. Man versteht darunter Verträge, durch die sich insbesondere ein Wohnungssuchender verpflichtet, von dem Vermieter oder dem bisherigen Mieter eine Einrichtung oder ein Inventarstück zu erwerben. Nach § 4a Abs 2 S 1 Wohnungsvermittlungsgesetz sind derartige Vereinbarung im Zweifel unter der aufschiebenden Bedingung abgeschlossen, dass der Mietvertrag zustande kommt. Die Vereinbarung über das **Entgelt** ist zudem unwirksam, soweit dieses in einem **auffälligen Missverhältnis** zum Wert der Einrichtung oder des Inventarstücks steht (§ 4a Abs 2 S 2 Wohnungsvermittlungsgesetz; s dazu Blank WuM 1993, 503, 514; Bub/Treier/J Emmerich, Hdb Rn V 487 ff). Diese Regelung ist entsprechend anzuwenden auf **vergleichbare Abreden**, zB auf eine Vereinbarung über die Ablösung von Investitions- oder Renovierungskosten des Vormieters (BGHZ 135, 269, 275 ff = NJW 1997, 1845 mit abl Anm Emmerich LM Nr 1 zu WoVermittG).

166 Umstritten ist, wie der **Wert der Einrichtungen oder Inventarstücke**, auf die sich die Ablösevereinbarung bezieht, zu berechnen ist. Zur Auswahl stehen die Anschaffungskosten abzüglich der üblichen Abschreibungen (OLG Hamburg WuM 1997, 333) sowie der in der Regel wesentlich niedrigere Gebrauchswert für den Mieter (KG GE 1998, 40, 41; OLG Düsseldorf NZM 1998, 805 = ZMR 1998, 618). Maßgeblich kann nach Sinn und Zweck der Regelung nur der zuletzt genannte, in der Regel **sehr niedrige Gebrauchswert** sein (s Bub/Treier/J Emmerich, Hdb Rn V 458; Schmidt-Futterer/Eisenschmid § 535 Rn 696). Liegt der vereinbarte Preis um 50% oder mehr über dem so ermittelten Wert, so wird bereits ein **auffälliges Missverhältnis** im Sinne des § 4a Abs 2 S 2 WohnungsvermittlungsG angenommen mit der Folge, dass die Preisvereinbarung insoweit **unwirksam** ist, wie sie die genannte Grenze überschreitet, während sie im Übrigen aufrechterhalten wird (BGHZ 135, 269, 277 = NJW 1997, 1845; LG Traunstein NJW-RR 1996, 1295). Die danach nicht geschuldeten Beträge müssen an den Nachmieter zurückgezahlt werden (§ 5 Abs 2 WohnungsvermittlungsG); § 817 S 2 BGB findet insoweit keine Anwendung (§ 5 Abs 1 HS 2 WohnungsvermittlungsG). Die Beweislast für die Voraussetzungen des Rückzahlungsanspruchs trägt der Nachmieter.

XII. Hausordnung

Vor allem in größeren Miethäusern wird von Vermietern häufig eine sog Hausordnung aufgestellt, durch die das Zusammenleben der Mieter geregelt werden soll. Typischer Inhalt sind Bestimmungen über die Benutzung der Mieträume sowie derjenigen Räume und Einrichtungen, die allen Hausbewohnern zur gemeinschaftlichen Benutzung zur Verfügung stehen. Außerdem wird in den Hausordnungen vielfach die Reinigung der Treppen, Flure und Zugänge sowie die Schneeräumung und die Gartennutzung geregelt. **167**

„Hausordnungen" sind nichts anderes als **Allgemeine Geschäftsbedingungen** iS der §§ 305 ff BGB (Blank, in: FS Seuß [1987] 53, 58 ff; Schmidt-Futterer/Eisenschmid § 535 Rn 375 ff; Bub/Treier/Kraemer/von der Osten/Schüller, Hdb Rn III 2562 ff; Cl Meyer/Eichel/Klinik NZM 2018, 689; ebenso BGH 12. 12. 2003 – V ZR 180/03, BGHZ 157, 188, 194 = NJW 2004, 775: „Bestandteil des Mietvertrages"; s dazu Emmerich JuS 2004, 440). Ihre Verbindlichkeit für den Mieter ist daher nur unproblematisch, wenn der Mietvertrag auf sie *Bezug nimmt* (§ 305 Abs 2 BGB; AG Frankfurt WuM 1985, 19; Cl Meyer/Eichel/Klinik NZM 2018, 689, 691 ff). Wird in dem Mietvertrage auf eine noch nicht aufgestellte Hausordnung verwiesen, so ist der Vermieter zum „Erlass" berechtigt (LG Marburg NJW-RR 1990, 1484). *Ohne Bezugnahme* in dem Mietvertrag steht dem Vermieter dagegen – entgegen einer verbreiteten Meinung (LG Duisburg ZMR 1957, 343; Müller ZMR 1970, 289, 292; Mittelstein, Miete 149) – weder ein Recht zur Aufstellung noch zur einseitigen Änderung der Hausordnung zu (Blank, in: FS Seuß 53, 54 f; Sternel, Mietrecht Rn I 417 ff), ebensowenig wie er ein Recht zur einseitigen Aufstellung von Geschäftsbedingungen oder zur einseitigen Ergänzung oder Änderung des Mietvertrages hat (§§ 305, 311 Abs 1 BGB). **168**

Durch Hausordnungen dürfen lediglich die **Grenzen des vertragsgemäßen Gebrauchs konkretisiert** oder präzisiert werden (BGHZ 157, 188, 194 = NJW 2004, 775 = NZM 2004, 1093). Dagegen ist es unzulässig, dem Mieter in der Hausordnung über den Mietvertrag hinausgehende Pflichten aufzuerlegen (§ 311 Abs 1 BGB; LG Berlin GE 2016, 531). Unzulässig sind ferner überraschende Klauseln (§ 305c Abs 1 BGB; LG Frankfurt WuM 1988, 120 = NJW-RR 1988, 782; LG Marburg NJW-RR 1990, 1484; LG Berlin WuM 1992, 599) wie **169** insbesondere ein einseitiger **Änderungsvorbehalt** zu Gunsten des Vermieters (AG Emmendingen ZMR 2013, 893 Cl Meyer/Eichel/Klinik NZM 2018, 689, 692 ff). Aus dem Umstand, dass Hausordnungen in erster Linie die Aufgabe haben, die Grenzen des vertragsgemäßen Gebrauchs im Interesse des Zusammenlebens der Mieter zu regeln, wird ferner der Schluss gezogen, dass jeder Mieter nach **§ 328 BGB** das Recht hat, von den anderen Mietern die **Einhaltung** der Bestimmungen der Hausordnung zu **verlangen** (BGHZ 157, 188, 194 = NJW 2004, 775; Cl Meyer/Eichel/Klinik NZM 2018, 689, 694 f str; s im Einzelnen u § 535 Rn 134 ff).

170 Wenn der Vermieter nur **Wohnungseigentümer** ist und die Wohnungseigentümergemeinschaft eine Hausordnung aufgestellt hat, stellt sich die weitere Frage, ob der Mieter an diese Hausordnung gebunden ist. Die Frage ist nur zu bejahen, wenn der Mietvertrag auf die Hausordnung der Wohnungseigentümergemeinschaft Bezug nimmt. Sonst ist eine Rechtsgrundlage für die Bindung des Mieters an die Hausordnung der Wohnungseigentümer – entgegen einer verbreiteten Meinung – *nicht* erkennbar (Cl Meyer/Eichel/Klinik NZM 2018, 689, 693). Die übrigen Wohnungseigentümer können jedoch nach § 1004 BGB gegen den Mieter vorgehen, wenn er gegen ihre Hausordnung verstößt, weil und sofern der Mieter dann **Störer** ist und rechtswidrig gegenüber den übrigen Wohnungseigentümern handelt (§ 1004 Abs 2 BGB). Der Vermieter seinerseits muss alles ihm Mögliche und Zumutbare tun, um den Mieter zu veranlassen, die ihn, den Vermieter und Wohnungseigentümer bindende Hausordnung der Wohnungseigentümergemeinschaft ebenfalls zu beachten (§ 14 Nr 2 WEG; s dazu mwNw M Schmid NJW 2013, 2145, 2148 ff).

XIII. Kraftfahrzeugmietverträge

1. Aufklärungspflichten

171 Bei der Vermietung von Kraftfahrzeugen ist die Verwendung umfangreicher Geschäftsbedingungen (AGB) der Kraftfahrzeugvermieter weit verbreitet, in denen insbesondere Haftungsfragen, natürlich nach Möglichkeit zugunsten der Kraftfahrzeugvermieter, geregelt sind. In diesem Kommentar werden die **AGB der Kraftfahrzeugvermieter** an anderer Stelle ausführlich kommentiert (Staudinger/Bieder [2019] Anh zu §§ 305–310 Rn E 153 bis E 166). Darauf wird wegen aller Einzelheiten verwiesen. Im folgenden soll nur ergänzend auf einige besonders wichtige Punkte eingegangen werden.

172 Bei der Vermietung von Kraftfahrzeugen an Verbraucher treffen gewerbliche Vermieter insbesondere im **Unfallersatzgeschäft** weitgehende **Aufklärungspflichten** (s schon Rn 84 f). Sie müssen die Mieter vor allem darauf hinweisen, dass der von ihnen geforderte Unfallersatztarif *„deutlich"* über den am Markt sonst geforderten Normaltarifen liegt und dass deshalb die Gefahr besteht, dass die Haftpflichtversicherung des anderen Unfallbeteiligten nicht den vollen Tarif ersetzt, sondern nur einen Teil erstatten wird, wobei freilich bisher noch unklar ist, wo genau die *Grenze* liegt, von der ab die Überschreitung des Normaltarifs aufklärungsbedürftig ist. Dagegen ist der Kraftfahrzeugvermieter nicht etwa verpflichtet, die Mieter außerdem auf günstigere eigene oder fremde Tarife hinzuweisen, da sich der Mieter darüber selbst informieren kann (BGH 28. 6. 2006 – XII ZR 50/04, BGHZ 168, 168, 173 ff Rn 16, 27 ff = NJW 2006, 2618; BGH NJW 2007, 2181 Rn 11, 15; 2007, 2759 Rn 10; 24. 10. 2007 – XII ZR 155/05,

ZMR 2008, 273 = NJW-RR 2008, 470 Rn 9; 23. 5. 2009 – XII ZR 117/07, NJW-RR 2009, 1101, 1102 Rn 13 ff; Palandt/Grüneberg § 311 Rn 50; G Wagner NJW 2007, 2149, 2151).

2. Haftung

In den Geschäftsbedingungen (AGB) der Kraftfahrzeugvermieter finden sich regelmäßig ausführliche **Haftungsregelungen**, die von den Gerichten in der Regel sorgfältig anhand der §§ 307 bis 310 BGB kontrolliert werden (BGH 19. 1. 2005 – XII ZR 107/01, BGHZ 162, 39 = NJW 2005, 1183, 1184). Insbesondere eine vollständige **Freizeichnung** des Vermieters in seinen AGB verstößt gegen die §§ 307, 309 Nr 7 und 310 BGB. Ebensowenig kann umgekehrt eine vom Verschulden unabhängige **Haftung des Mieters** begründet werden (§ 307 BGB; LG Berlin VersR 1969, 164). Zulässig ist dagegen eine (freilich begrenzte) **Haftungsbefreiung des Mieters** bei Übernahme der Kaskoversicherungsprämien durch den Mieter vorzusehen. Bereits die bloße Abwälzung der Versicherungsprämien auf den Mieter hat konkludent eine derartige Haftungsbefreiung zur Folge (BGHZ 22, 109, 113 f = NJW 1956, 1915; BGHZ 26, 282, 284 f = NJW 1958, 548; BGHZ 43, 295, 299 f = NJW 1965, 1269; BGHZ 70, 304, 306 f = NJW 1978, 945, 946; BGH LM Nr 12 zu § 157 [Gf] BGB = NJW 1974, 549; VersR 1976, 688; WM 1976, 210, 211). Die Haftungsbefreiung wirkt dann auch zugunsten des **berechtigten Fahrers**, selbst wenn er nicht Vertragspartner ist (BGHZ 22, 109, 122; 43, 295, 299 = NJW 1965, 1269; BGH LM Nr 239 zu § 242 [Cd] BGB = NJW 1982, 987; LM Nr 8 zu § 9 [Bb] AGBG = WM 1985, 1168; WM 1986, 388). In den Geschäftsbedingungen der Kraftfahrzeugvermieter kann nichts anderes bestimmt werden. **173**

Soweit nach dem Gesagten (Rn 173) eine Haftungsbefreiung des Mieters in Betracht kommt, muss sich diese an dem **Leitbild einer Vollkaskoversicherung** orientieren, wie es insbesondere durch die Versicherungsbedingungen der Kraftfahrzeugversicherer (AKB) sowie durch das VVG geprägt ist. Schäden, die nach den AKB vom Versicherungsschutz ausgenommen sind, dürfen daher auch durch die Bedingungen der Vermieter von der Freizeichnung des Mieters ausgenommen werden (BGH 19. 1. 2005 – XII ZR 107/01, BGHZ 162, 39 = NJW 2005, 1183, 1184; 11. 10. 2011 – VI ZR 46/10 Rn 11, BGHZ 191, 150, 154 = NJW 2012, 222; BGH LM Nr 232 zu § 242 [Cd] BGB = NJW 1981, 1211; NJW 2009, 2881, 2882 Rn 13; 14. 1. 2015 – XII ZR 176/13, NJW 2015, 928 Rn 16 f = NZM 2015, 209), während Schäden, die auf einer unsachgemäßen Behandlung des Fahrzeugs beruhen, grundsätzlich von der Haftungsfreistellung umfasst werden (BGH NJW 2005, 1183, 1184). **174**

Im Ergebnis scheitert heute jede **Einschränkung der Haftungsbefreiung** des Mieters durch die Geschäftsbedingungen des Vermieters, die über das von den AKB und dem VVG vorgezeichnete Leitbild der Kaskoversicherung hinausgeht, an § 307 BGB (BGHZ 70, 304, 310 f = NJW 1978, 945; BGH 19. 1. 2005 – XII ZR 107/01, BGHZ 162, 39 = NJW 2005, 1183, 1184; 20. 5. 2009 – XII ZR 94/07, BGHZ 181, 179 = NJW 2009, 2881; BGH LM Nr 1 zu § 9 [Cl] AGBG = NJW 1982, 187; LM Nr 232 zu § 242 [Cd] BGB = NJW 1981, 1211; LM Nr 239 zu § 242 [Cd] BGB = NJW 1982, 987; LM Nr 8 zu § 9 [Bb] AGBG = WM 1985, 1168;). Ein Beispiel ist die etwaige Ausdehnung der Repräsentantenhaftung über den Rahmen des VVG hinaus (BGH NJW 2009, 2881, 2882 Rn 14 ff). Zulässig ist aber zB die Bestimmung, dass die Haftungsbefreiung entfällt, wenn der Mieter bei einem Unfall nicht die Polizei zwecks Unfallaufnahme hinzuzieht (BGH NJW 1968, 2099; LM Nr 1 zu § 9 [Cl] AGBG = NJW 1982, 1067). Früher wurde aus den Gesagten vielfach noch der weitere **175**

Schluss gezogen, dass entsprechend § 67 VVG aF in den AGB der Vermieter bestimmt werden könne, dass die Haftungsbefreiung wieder entfällt, wenn der Mieter **vorsätzlich oder grobfahrlässig** gehandelt hatte, wobei die Beweislast dafür den Vermieter traf (so noch BGHZ 65, 118, 121 ff = NJW 1976, 44; BGH VersR 1976, 880; WM 1983, 1009). Daran hat die Rechtsprechung mit Rücksicht auf die jetzige Regelung der Materie in § 81 VVG nF nicht festgehalten; erweisen sich danach die AGB der Vermieter als unwirksam (§ 307 BGB), so tritt an die Stelle der unwirksamen Bestimmungen der AGB die gesetzliche Regelung des § 81 VVG (BGH 11. 10. 2011 – VI ZR 46/10 Rn 12 ff, BGHZ 191, 150, 154 ff = NJW 2012, 222; 15. 1. 2014 – VI ZR 452/13, NJW 2014, 3234 = NZM 2014, 749).

XIV. Sittenwidrigkeit, Wucher

176 Für Mietverträge gelten ebenso wie für alle anderen Verträge die allgemeinen Grenzen der Vertragsfreiheit, wie sie sich vor allem aus den §§ 134 und 138 sowie darüber hinaus noch aus einer Reihe verstreuter anderer Vorschriften ergeben. Praktische Bedeutung haben indessen allein die verschiedenen Wucherverbote des BGB (§ 138), des StGB (§ 291) und des WiStG (§ 5) erlangt. Die drei genannten Wucherverbote unterscheiden sich hinsichtlich ihres Anwendungsbereichs und hinsichtlich der Voraussetzungen der Annahme von Wucher, sodass sie im folgenden einer gesonderten Betrachtung bedürfen (Rn 177, 180 ff). Gegenüber diesen Wucherverboten treten die weiteren Schranken der Vertragsfreiheit aus den §§ 138 Abs 1 und 134 an Bedeutung deutlich zurück (dazu Rn 183 ff).

1. § 5 WiStG, § 291 StGB

177 Der **Anwendungsbereich** der beiden Wucherverboten des § 5 WiStG und des § 291 StGB beschränkt sich auf **Wohnraummietverträge**. **§ 5 Abs 1 WiStG** bestimmt, dass ordnungswidrig handelt, wer vorsätzlich oder leichtfertig für die Vermietung von Räumen zum Wohnen oder für damit verbundene Nebenleistungen unangemessen hohe Entgelte fordert, sich versprechen lässt oder annimmt. Als **unangemessen hoch** in diesem Sinne sind nach § 5 Abs 2 WiStG solche Entgelte anzusehen, die infolge der Ausnutzung eines geringen Angebots an vergleichbaren Räumen die üblichen Entgelte um **mehr als 20%** übersteigen, die in der Gemeinde oder in vergleichbaren Gemeinden für die Vermietung von Räumen vergleichbarer Art, Größe, Ausstattung, Beschaffenheit und Lage oder damit verbundene Nebenleistungen in den letzten vier Jahren vereinbart oder geändert wurden (wegen der Einzelheiten s Schmidt-Futterer/Blank Anh zu § 535 [S 324 ff]).

178 Nach **§ 291 Abs 1 Nr 1 StGB** macht sich außerdem strafbar, wer die Zwangslage, die Unerfahrenheit, den Mangel an Urteilsvermögen oder die erhebliche Willensschwäche eines anderen dadurch ausbeutet, dass er sich oder einem Dritten für die Vermietung von Räumen zum Wohnen oder damit verbundene Nebenleistungen Vermögensvorteile versprechen oder gewähren lässt, die in einem auffälligen Missverhältnis zu der Leistung oder deren Vermittlung stehen. Ein **auffälliges Missverhältnis** in diesem Sinne wird bei der Wohnraummiete bereits bejaht, wenn die vereinbarte Miete die *konkrete Vergleichsmiete,* meistens an dem jeweils maßgeblichen Mietspiegel abgelesen, um **mehr als 50%** übersteigt (BGHSt 30, 280 = NJW 1982, 896). Anders als im Falle des § 5 WiStG (s § 5 Abs 2 S 2 WiStG) scheidet in diesem Fall auch eine

Rechtfertigung der vereinbarten Miete durch die Berufung auf laufende Aufwendungen aus (BGHSt 30, 280 = NJW 1982, 896; KG WuM 1992, 140; OLG Hamburg NJW-RR 1992, 1366 = WuM 1992, 527).

179 Beide Wucherverbote (§ 5 WiStG und § 291 StGB; Rn 177 f) sind **gesetzliche Verbote** iSd § 134 BGB (BVerfGE 90, 22, 26 f = NJW 1994, 993; BGHZ 89, 316, 319 = NJW 1984, 722). Gleichwohl zieht der **Verstoß** eines Mietvertrages gegen eines der genannten Wucherverbote nicht die Nichtigkeit des Mietvertrags insgesamt nach sich, weil damit dem mit den beiden Verboten intendierten Mieterschutz wenig gedient wäre. Die Nichtigkeit beschränkt sich vielmehr auf denjenigen Teil der Vereinbarung über die Miethöhe, der mit den beiden Verboten unvereinbar ist. Nach überwiegender Meinung ist dies freilich lediglich derjenige Teil der Miete, der die Grenzen der höchstzulässigen Miete überschreitet (BVerfGE 90, 22, 26 f = NJW 1994, 993; BGHZ 89, 316, 319 = NJW 1984, 722; BGH 21. 9. 2005 – XII ZR 256/03, NZM 2005, 944, 946; OLG Frankfurt WuM 1985, 139; 2000, 537, 538 f; OLG Hamburg NJW-RR 1992, 1366 = WuM 1992, 527 = ZMR 1992, 501). Bei solcher Auslegung der beiden Wucherverbot wird jedoch ein Verstoß gegen die Verbote für den Vermieter praktisch risikolos, da er auf jeden Fall die höchstzulässige Miete erhält. Richtig kann deshalb nur sein, auf die wesentlich niedrigere **marktübliche Miete** als Grenze abzustellen (s STAUDINGER/SACK/SEIBL [2017] § 134 Rn 93 ff mwNw zum Streitstand).

2. § 138 BGB

180 Nach § 138 Abs 2 BGB ist ferner Wucher generell anzunehmen, wenn sich jemand unter Ausbeutung der Zwangslage, der Unerfahrenheit, des Mangels an Urteilsvermögen oder der erheblichen Willensschwäche eines anderen für eine Leistung Vermögensvorteile versprechen oder gewähren lässt, die in einem auffälligen Missverhältnis zu der Leistung stehen. **Ausbeutung** bedeutet die *bewusste Ausnutzung* der schwächeren Position des Mieters (wegen aller Einzelheiten s STAUDINGER/SACK/FISCHINGER [2017] § 138 Rn 266 ff). Da diese Voraussetzungen des Wuchers in aller Regel nicht nachzuweisen sind, weicht die Rechtsprechung seit langem wo immer möglich – unter Verstoß gegen die Systematik des Gesetzes – auf § 138 Abs 1 BGB unter dem Gesichtspunkt des **wucherähnlichen Geschäfts** aus (s STAUDINGER/SACK/FISCHINGER [2017] § 138 Rn 306 ff; berechtigte Kritik bei SCHÜNEMANN, in: FS Brandner [1996] 279, 286 ff; ders, in: FS Georgiades [2006] 1087, 1109 ff). Ein solches soll bereits vorliegen, wenn Leistung und Gegenleistung in einem auffälligen Missverhältnis stehen (s § 138 Abs 2 BGB) *und* weitere erschwerende Umstände wie insbesondere eine verwerfliche Gesinnung des Vermieters hinzukommen. Erste und wichtigste Voraussetzung ist somit ein **auffälliges Missverhältnis** zwischen den beiderseitigen Leistungen. In dieser Frage unterscheidet die Rechtsprechung – im Interesse eines möglichst großen Anwendungsbereichs der von ihr praktizierten Preiskontrolle auf der Grundlage des § 138 BGB – zwischen der Wohnraummiete und sonstigen Mietverhältnissen. Bei der **Wohnraummiete** werden in der Regel die Wertungen des § 291 StGB auf § 138 Abs 1 BGB übertragen (Rn 178), sodass ein auffälliges Missverhältnis zwischen den beiderseitigen Leistungen, dh eine sittenwidrige Überhöhung der Miete bereits anzunehmen ist, wenn die vereinbarte Miete die ortsübliche **Vergleichsmiete um rund 50 %** übersteigt (LG Darmstadt NJW 1972, 1244, 1245; LG Köln ZMR 1977, 148 Nr 11; LG Wiesbaden ZMR 1980, 235 f; LG Hamburg WuM 2016, 434, 435 f; STAUDINGER/SACK/FISCHINGER [2017] § 138 Rn 248; EMMERICH PiG 49 [1996] 71, 80 f; MICHALSKI ZMR 1996, 1, 2 ff).

Vorbem zu § 535

181 Anders wird die Rechtslage bei sonstigen Mietverhältnissen, insbesondere also bei der **gewerblichen Raummiete** (§ 578 BGB) beurteilt (s EMMERICH JuS 1999, 1230; STAUDINGER/SACK/FISCHINGER [2017] § 138 Rn 248). Ein wucherähnliches Geschäft ist hier erst anzunehmen, wenn die vereinbarte Miete oder Pacht die Vergleichsmiete oder -pacht um **knapp 100%** **überschreitet** (BGHZ 128, 255, 260 f = NJW 1995, 1019; BGHZ 141, 257, 263 ff = NJW 1999, 3187; BGH LM Nr 17 zu § 138 [Bc] BGB = NJW 2002, 55 = NZM 2001, 810; NJW-RR 2002, 8 = NZM 2001, 1077; NZM 2004, 741 = ZMR 2004, 802; 14. 7. 2004 – XII ZR 352/00, NJW 2004, 3553 = NZM 2004, 907, 908 f [Überteuerung um 92%]; 23. 7. 2008 – XII ZR 134/06, NJW 2008, 3210, 3211 Rn 21 = NZM 2008, 770; 23. 10. 2019 – XII 125/18 Rn 40, BGHZ 223, 290, 304 = NJW 2020, 331 = WuM 2019, 697 = NZM 2020, 54; BGH/OLG Naumburg NZM 1999, 964; KG GE 2001, 761, 762 = ZMR 2001, 614; GE 2002, 328; GE 2002, 665; OLG München ZMR 2001, 708, 709; OLG Dresden ZMR 2002, 261, 262; LG REGENSBURG ZMR 2017, 894; ST JUNG, Das wucherähnliche Rechtsgeschäft 113, 191 ff; USINGER NZM 1998, 641). Maßgebender **Zeitpunkt** ist der des Vertragsschlusses (OLG Düsseldorf GE 2011, 1369). Als **Maßstab** für die Überhöhung der vereinbarten Miete oder Pacht kommt grundsätzlich nur die **Marktmiete** oder Marktpacht in Betracht (s außer den Genannten noch BGH 12. 3. 2003 – IV ZR 278/01, BGHZ 154, 154, 159 f = NJW 2003, 1596; BGH 23. 10. 2019 – XII 125/18 Rn 40, BGHZ 223, 290, 304 = NJW 2020, 331 = WuM 2019, 697 = NZM 2020, 54), während die **Kosten** des Vermieters oder Verpächters keine Rolle spielen (BGHZ 154, 154, 163 = NJW 2003, 1596). Zu Recht hat deshalb der BGH sämtlichen Methoden, die den Vergleichsmaßstab (die Marktmiete) unmittelbar oder mittelbar aus den Kosten vergleichbarer Betriebe ableiten wollen, eine Absage erteilt (BGHZ 141, 257, 263 ff = NJW 1999, 3187, 3190; BGH LM Nr 17 zu § 138 [Bc] BGB = NJW 2002, 55 = NZM 2001, 810, 811; NZM 2002, 822, 823 = NJW-RR 2002, 1521; NJW 2004, 3553 = NZM 2004, 907, 908 [r Sp unter II 1]; ebenso BFH 16. 10. 2018 – IX R 30/17, DWW 2019, 155, 157). Das gilt gleichermaßen für die eine Zeitlang beliebte **EOP-Methode** (= Ertragsorientierte Pachtwertmethode) wie für die **indirekte Vergleichswertmethode**; denn beide Methoden arbeiten letztlich mit Kostenvergleichen (für die EOP-Methode zB OLG Stuttgart NJW-RR 1993, 654 f; OLG Karlsruhe NJWE-MietR 1997, 151 f; OLG München NZM 1999, 617; ZMR 1999, 109, 110; ST JUNG, Das wucherähnliche Rechtsgeschäft 210, 241 ff). Angesichts der Intransparenz der meisten Miet- und Pachtmärkte wird daher in der Regel bei der Ermittlung der ortsüblichen Marktmiete oder -pacht nicht ohne Sachverständige auszukommen sein, wobei die **Beweislast** derjenige trägt, der sich auf die Sittenwidrigkeit des Vertrags nach § 138 Abs 1 BGB beruft (BGHZ 154, 154, 164 f = NJW 2003, 1596). Eine zentrale Rolle spielt dabei die Frage der möglichst exakten Marktabgrenzung, da naturgemäß nur die Mieten von Objekten verglichen werden dürfen, die zum selben Markt gehören (BGH 30. 6. 2014 – XII ZR 11/01, NZM 2004, 741 = ZMR 2004, 802).

182 Zu dem auffälligen Missverhältnis der beiderseitigen Leistungen (Rn 180 f) müssen noch **weitere erschwerende Umstände** hinzukommen, um die Annahme eines wucherähnlichen Geschäfts iS des § 138 Abs 1 BGB zu rechtfertigen (statt aller BGH 9. 10. 2009 – V ZR 178/08, NJW 2010, 363 mwNw). Auch insoweit unterscheidet die Rechtsprechung zwischen Wohnraummietverträgen und sonstigen Mietverträgen. Bei **Wohnraummietverträgen** geht die Rechtsprechung von einer **Vermutung** aus, dass der Vermieter die schwächere Lage des Mieters grundlos ausgenutzt hat, sodass er mit einer verwerflichen Gesinnung gehandelt hat (§ 138 Abs 1 BGB; OLG München ZMR 1996, 550, 551 = OLGR 1997, 50; LG München I ZMR 1998, 437, 439; ausführlich ST JUNG, Das wucherähnliche Rechtsgeschäft 113 ff). Auf **gewerbliche Miet- und Pachtverhältnisse** kann diese Vermutung nicht übertragen werden: Wegen der bekannten Intransparenz der meisten Miet- und Pachtmärkte kann keineswegs davon ausgegangen werden, dass jeder gewerbliche Vermieter oder Verpächter ohne Weiteres in der Lage sei, den Marktpreis und damit zugleich das auffällige Missverhältnis der beiderseitigen Leistungen zu erkennen. Fehlt es daran, so ist auch kein Schluss von dem auffälligen Missverhältnis zwischen den beiderseitigen Leistungen auf die verwerfliche Gesinnung des Vermieters oder Verpächters möglich (BGH LM Nr 17 zu § 138 [Bc] BGB = NJW 2002, 55; NJW-RR 2002, 8 = NZM 2001, 1077; 20. 6. 2014 – XII ZR 11/01, NZM 2004, 741 = ZMR 2004, 802; 14. 7. 2004 – XII ZR 352/00, NJW 2004, 3553 = NZM 2004, 907, 908 f; NZM 2001, 1077 = NJW-RR 2002, 8; 23. 7. 2008 – XII ZR 134/06, NJW 2008, 3210, 3211 Rn 23 = NZM 2008, 770; OLG Düsseldorf GE 2011, 1369; GE 2011, 1617).

3. Weitere Fälle*

Jenseits der Wucherfälle (Rn 176 ff) spielt die Sittenwidrigkeit von Mietverträgen nur eine marginale Rolle. Eine gewisse Ausnahme bildeten früher lediglich **Bordellmietverträge**, bei denen gelegentlich Sittenwidrigkeit erwogen wurde (so zuletzt BGHZ 41, 341, 342 = NJW 1964, 1791; BGH BB 1969, 1106 = Betrieb 1969, 1742). Das ist heute seit Inkrafttreten des ProstG von 2001 (BGBl I 3983) nicht mehr möglich (s STAUDINGER/ FISCHINGER [2017] Anhang § 138: § 1 ProstG Rn 78). Bordellmietverträge werden seitdem nur noch in Ausnahmefällen als sittenwidrig angesehen, vor allem wenn der Vermieter von den Dirnen eine überhöhte Miete verlangt, sie also wirtschaftlich ausbeutet, ferner, wenn er sie in ihrer Selbstständigkeit beeinträchtigt und sie zu ihrer Betätigung anhält, sowie schließlich dann, wenn die vereinbarte Miete in einem auffälligen Missverhältnis zu dem objektiven Mietwert steht (BGHZ 63, 365, 365 = NJW 1975, 638; BGH LM Nr 6 zu § 138 [Ce] BGB = NJW 1970, 1179; WM 1983, 393; OLG Hamm NJW 1983, 1564; OLG Hamburg MDR 1985, 319; OLG Karlsruhe WuM 1990, 286 = ZMR 1990, 301). **183**

Sittenwidrig sind ferner die auch heute noch gelegentlich in Mietverträgen anzutreffenden Zölibats- oder **Kinderlosigkeitsklauseln** oder ein Verbot des Geschlechtsverkehrs (AG Köln WuM 1962, 221; AG Tübingen WuM 1979, 77 f). Ebenso zu beurteilen ist ein etwaiges **Verbot des Besuchs** von Verwandten oder von Ausländern (LG Hagen WuM 1992, 430; AG Gießen NJW-RR 2001, 8). Schließlich dürfte auch der Versuch der **Umgehung** des zwingenden Mieterschutzes durch die Vereinbarung eines Mietverhältnisses „auf Probe" häufig an § 138 Abs 1 BGB scheitern (OLG Stuttgart NJW 1982, 2673). **184**

XV. Gesetzliche Verbote

Gesetzliche Verbote, deren Verletzung zur Nichtigkeit von Mietverträgen führen kann (§ 134 BGB), sind selten (s EMMERICH PiG 55 [1998] 39, 46 f). Beispiele sind – neben Verstößen gegen die beiden Wucherverbote des § 5 WiStG und des § 291 StGB (Rn 177 f) – Verstöße gegen gesetzliche **Preisvorschriften**, ferner Mietverträge zur Umgehung der **Konzessionsbestimmungen** der §§ 2 und 3 GaststättenG (OLG Düsseldorf NJW-RR 1987, 687; OLG Stuttgart NJW 1987, 3269, 3270; STAUDINGER/SACK/SEIBL [2017] **185**

---

* **Schrifttum**: EISENSCHMID, Sittenwidrigkeit, Miet- und Sozialwucher, in: Der Mietvertrag, PiG 55 (1998) 55; EMMERICH, Nichtigkeit und Anfechtung von Mietverträgen, PiG 55 (1998) 39 = NZM 1998, 692; ST JUNG, Das wucherähnliche Rechtsgeschäft (2001); MITTELSTEIN, Miete 208 ff; ROTHER AcP 172 (1972) 498.

§ 134 Rn 229 Abs 2) sowie Mietverträge über Räume, die für den Betrieb einer **Apotheke** geeignet sind, sofern damit das Verbot von Apothekenpachtverträgen aufgrund der §§ 9 und 12 ApothekenG umgangen werden soll (OLG Freiburg NJW 1970, 1977; OLG Oldenburg NJW-RR 1990, 84 f; Saalfrank NZM 2001, 971; Staudinger/Sack/Seibl [2017] § 134 Rn 198).

186 Die meisten anderen Verbote des Abschlusses bestimmter Mietverträge werden *nicht* als gesetzliche Verbote im Sinne des § 134 BGB eingestuft. Verstöße gegen **§ 4 WoBindG** durch die Vermietung von Sozialwohnungen an Nichtberechtigte (Staudinger/Sack/Seibl [2017] § 134 Rn 307) sowie Verstöße gegen die verschiedenen **Zweckentfremdungsverbote** führen daher grundsätzlich nicht zur Nichtigkeit des Vertrages (BGH NJW 1994, 320 = WM 1994, 218; OLG Hamm NJW 1982, 2563 = WuM 1982, 244; KG GE 1989, 941; 1991, 1195; OLG Köln WuM 1992, 67; VGH München NJW-RR 1993, 1422; LG Berlin GE 1994, 459; 1994, 809). Dasselbe gilt für Verstöße gegen sonstige bau- oder planungsrechtliche Vorschriften, für Verstöße gegen die **Steuergesetze** (BGH NJW 2003, 2742 = NZM 2003, 716) sowie für den Abschluss eines Mietvertrages mit einem Wohnungseigentümer unter Verstoß gegen ein in der Gemeinschaftsordnung festgelegtes Vermietungsverbot (LG Bonn ZMR 1990, 458 f). In jedem Fall bleibt der Vertrag also trotz des Verstoßes wirksam.

XVI. Indexmiete, Wertsicherungsklauseln

187 Unter einer Indexmiete versteht man eine Vereinbarung, durch die die Miete in unterschiedlicher Form der Höhe nach an die Entwicklung einer anderen Größe gebunden wird. Früher sprach man in diesem Zusammenhang meistens von **Wertsicherungsklauseln**. Paradigma ist die Bindung der Miete an die Entwicklung eines bestimmten Indexes, zB an den Lebenshaltungskostenindex. Die gesetzliche Regelung ist unterschiedlich für die Miete von Wohnraum und für die Miete sonstiger Räume, insbesondere also für die Gewerberaummiete.

188 Für die **Wohnraummiete** findet sich heute eine Regelung in § 557b BGB im Anschluss an den früheren § 10a MHRG. Die Vereinbarung einer Indexmiete ist danach bei Wohnraum unter bestimmten Voraussetzungen erlaubt, um den Parteien eine Flexibilisierung der Miete zu ermöglichen (s Emmerich NZM 2001, 690, 693 ff). Anders verhält es sich dagegen bei der **Geschäftsraummiete**. Die heutige gesetzliche Regelung ist hier nur auf dem Hintergrund der währungsrechtlichen Entwicklung der letzten Jahrzehnte verständlich.

189 Am Anfang der komplizierten Entwicklung stand die Vorschrift des § 3 des alten **Währungsgesetzes** von 1948, nach der **Wertsicherungsklauseln** grundsätzlich verboten waren, jedoch im Einzelfall von der Bundesbank genehmigt werden konnten, wobei sich die Bundesbank mit Billigung der Rechtsprechung (BVerwGE 41, 1 = NJW 1973, 529) nach von ihr bekanntgemachten Grundsätzen richtete, deren letzte Fassung aus dem Jahre 1978 stammte (BAnz Nr 109 v 15. 6. 1978 = NJW 1978, 2381).

190 Diese Regelung wurde mit Einführung des Euros am 1. 1. 1999 gegenstandslos. An die Stelle des § 3 WährungsG trat deshalb zunächst vom 1. 1. 1999 ab die Vorschrift des **§ 2 PreisklauselG** in der Fassung des Euro-Einführungsgesetzes von 1998 iVm der **Preisklauselverordnung** v 23. 9. 1998 (BGBl I 3043; s im Einzelnen OLG Rostock NZM

2006, 742 = ZMR 2006, 773; Bub/Treier/Schultz, Hdb Rn III 799; Emmerich NZM 2001, 690, 693 ff). Wertsicherungsklauseln bedurften danach im Gegensatz zu Leistungsvorbehalten, Spannungsklauseln und Kostenelementeklauseln zwar weiterhin grundsätzlich einer **Genehmigung** der Bundesbank. Preisklauseln in Miet- und Pachtverträgen galten jedoch nach § 4 der genannten Verordnung unter bestimmten Voraussetzungen als **generell genehmigt**, sodass dann eine besondere Erlaubnis im Einzelfall entbehrlich war. Die wichtigsten **Voraussetzungen** waren ein Abschluss des Vertrages für mindestens 10 Jahre und die Bindung der Miete an einen bestimmten amtlichen Lebenshaltungskostenindex; außerdem durfte durch die Klausel eine Partei nicht unangemessen benachteiligt werden, insbesondere indem die Klausel nur einseitig zu Gunsten einer Partei wirken sollte (s dazu Schultz, in: FS Blank [2006] 401 ff; ders, in: FS Bub [2007] 377, 396 f).

191 Die Preisklauselverordnung wurde 2007 wieder aufgehoben. An ihre Stelle ist 2007 das neue **Preisklauselgesetz** getreten (dazu Gerber NZM 2008, 152; Bub/Treier/Schultz Hdb [2019] Rn III 800 ff; MünchKomm/Grundmann [2019] §§ 244, 245 Rn 72 ff; BeckOGK/Hörndler [1. 10. 2020] § 578 Rn 93 ff). Inhaltlich stimmt es mit der vorausgegangenen Regelung im Wesentlichen überein; die **generelle Ausnahme** für langfristige gewerbliche Mietverträge findet sich jetzt in § 2 iVm den §§ 3 bis 7 des Gesetzes. Soweit danach Indexklauseln erlaubt sind, gilt dies auch bei Verbindung der Indexklausel mit einer Staffelmiete (OLG Brandenburg NJW 2010, 876; str).

192 Die Vereinbarkeit der gesetzlichen Regelung mit dem vorrangigen **Unionsrecht** ist zweifelhaft, weil es sich bei dem PreisklauselG letztlich um Währungsrecht handelt, die Gesetzgebungskompetenz für das Währungsrecht heute aber ausschließlich bei der Union und nicht mehr bei den Mitgliedstaaten liegt (Bub/Treier/Schultz, Hdb Rn III 801 f; MünchKomm/Grundmann [2019] §§ 244, 245 Rn 71).

193 Im Gegensatz zu Wertsicherungsklauseln sind **Leistungsvorbehalte**, Spannungsklauseln und Kostenelementeklauseln, die sich von den Wertsicherungsklauseln vor allem durch die *fehlende Automatik* unterscheiden, zulässig. Voraussetzung ist aber, dass dem Bestimmungsberechtigten hinsichtlich der Mietänderung ein **Ermessensspielraum** verbleibt, der eine Kontrolle nach § 315 BGB ermöglicht. Derartige Klauseln unterliegen bei ihrer Aufnahme in **Geschäftsbedingungen** außerdem der Inhaltskontrolle nach den §§ 307 ff BGB, vor allem auf ihre Transparenz und Angemessenheit (BGH NJW 2008, 360, 361 Rn 10 ff; 9. 5. 2012 – XII ZR 79/10, NJW 2012, 2187 Rn 19, 21, 33 = NZM 2012, 457; Schultz, in: FS Blank [2006] 412 ff).

§ 535
Inhalt und Hauptpflichten des Mietvertrags

(1) Durch den Mietvertrag wird der Vermieter verpflichtet, dem Mieter den Gebrauch der Mietsache während der Mietzeit zu gewähren. Der Vermieter hat die Mietsache dem Mieter in einem zum vertragsgemäßen Gebrauch geeigneten Zustand zu überlassen und sie während der Mietzeit in diesem Zustand zu erhalten. Er hat die auf der Mietsache ruhenden Lasten zu tragen.

(2) Der Mieter ist verpflichtet, dem Vermieter die vereinbarte Miete zu entrichten.

Materialien: E I § 504, 515; E II § 481, 490; E III 529, 539; BGB §§ 535, 536, 546; Mot II 372 f, 395; Prot II 130 f, 178; Begr zum RegE BT-Drucks 14 (2000) 4553, 40; Stellungnahme des Bundesrates BT-Drucks 14/4553, 84 f; Ausschussbericht BT-Drucks 14 (2001) 5663, 75 f.

Systematische Übersicht

I.	**Hauptleistungspflichten, Gegenstand**	
1.	Nur Sachen	1
2.	Zubehör, Schlüssel, Geräte	5
3.	„Mitvermietete" Räume und Flächen	7
a)	Zugänge, Treppen, Flure, sonstige Gemeinschaftsflächen	7
b)	Hofflächen	9
4.	Garten	10
5.	Außenflächen	11
6.	Fahrstühle	13
II.	**Überlassungspflicht**	
1.	Inhalt	14
2.	Leistungsstörungen	16
III.	**Erhaltungspflicht**	
1.	Überblick	20
2.	Konkurrenzschutz	23
3.	Schutz vor Störungen	26
4.	Instandhaltungs- und Instandsetzungspflicht	28
a)	Begriff, Abgrenzung	28
b)	Insbesondere in Verkehrssicherungspflicht	29
c)	Ausnahmen, Kosten	31
5.	Prüfungspflicht	32
6.	Reinigungs- und Beleuchtungspflicht	33
IV.	**Umfang des vertragsgemäßen Gebrauchs**	
1.	Bedeutung, Wohnungseigentum	35
2.	Gewerbliche Nutzung von Wohnräumen	36
3.	Bauliche Veränderungen	40
4.	Anlagen des Mieters	43
5.	Insbesondere Antennen	45
6.	Die Unterbringung der Sachen des Mieters	48
7.	Musikausübung	51
8.	Tierhaltung	52
9.	Heizung	59
V.	**Lastentragung**	
1.	Grundsatz Bruttomiete	63
2.	Abweichende Vereinbarungen	65
3.	Überwälzung der Betriebskosten, Umlagemaßstab	68
4.	Vorauszahlungen	72
5.	Abrechnung	76
a)	Frist	76
b)	Ordnungsmäßigkeit der Abrechnung (§ 259)	77b
c)	Fehler	77e
d)	Fälligkeit	78
e)	Nachprüfung, Belege	79
f)	Prozessuales	79c
g)	Verjährung	81
VI.	**Nebenleistungspflichten des Vermieters**	
1.	Fürsorgepflicht	82
2.	Versorgungssperre	82a
VII.	**Miete**	
1.	Geldforderung	84
2.	Umsatzsteuer	85
3.	Besondere Erscheinungsformen	86
4.	Zahlungsmodalitäten	89
5.	Insolvenz	90a
a)	Mieter	90a
b)	Vermieter	90c
VIII.	**Nebenleistungspflichten des Mieters**	
1.	Abnahmepflicht	91
2.	Betriebspflicht	92
3.	Obhutspflicht	93
4.	Besichtigungsrecht	97
IX.	**Schönheitsreparaturen**	
1.	Begriff	101
2.	Schuldner	106
3.	Insbesondere Formularverträge	110
4.	Renovierungsbedürftige Räume	114
5.	Anfangs- und Endrenovierungsklauseln	116

Untertitel 1
Allgemeine Vorschriften für Mietverhältnisse § 535

6.	Fälligkeit, Fristen	119
7.	Fachhandwerkerklausel	123
8.	Farbwahlklausel	124
9.	Quoten- oder Abgeltungsklauseln	126
10.	Rechtsfolgen	127
11.	Geschäftsraummiete	129
12.	Erfüllungsanspruch	130
13.	Rechtslage bei Vertragsende, Überblick	132
14.	Insbesondere Schadensersatzanspruch bei Vertragsende	136

a)	Überblick	136
b)	Fristsetzung	138
c)	Schaden	142

X. Reparaturpflicht
1. Geschäftsraummiete — 145
2. Wohnraummiete — 150

XI. Anhang: Das Verhältnis zwischen mehreren Mietern — 154

Alphabetische Übersicht

Abgeltungsklausel — 126
Abnahmepflicht — 91
Abrechnung — 76
Abstellung von Fahrzeugen — 9, 50
Anlagen des Mieters — 43 ff
Antenne — 45 ff
ASP-Vertrag — 1, 15a
Aufzug — 13
Außenflächen — 11 ff

Bauliche Veränderungen — 40 ff
Beleuchtungspflicht — 33 ff
Besichtigungsrecht — 97 f
Betriebskosten — 63 ff
Betriebspflicht — 92 f
Brutto-/Nettomiete — 69 f

Eigentum — 4
Erfüllungsort — 90
Erhaltungspflicht — 20 ff
– Grenzen — 30
– Instandhaltungspflicht — 28 ff
– Konkurrenzschutz — 23 ff
– Schutz gegen Lärm — 26 f
– Schutz gegen Störungen — 26 ff
– Verkehrssicherungspflicht — 28 ff

Fachhandwerkerklausel — 123
Fahrstühle — 13
Fahrzeuge — 9, 50
Farbwahlklausel — 124
Fernsprechanschluss — 43
Fixgeschäft — 17
Flure — 7
Freie Berufe — 25

Fürsorgepflicht — 82
Garantie — 18
Garten — 10
Gattungsschuld — 3
Gebrauchspflicht — 91 f
Gegenleistung — 84 ff
Gegenstand — 1 ff
Gemeinschaftsantenne — 45 f
Gemeinschaftsräume — 8
Geschirrspülautomat — 43
Gewerbliche Zwecke — 36 f

Hauptleistungspflichten des Vermieters — 12 ff
Haushaltsgeräte — 6
Heizkosten — 67 ff
Heizung — 59 ff
– Abrechnung — 76 ff
– Betriebspflicht des Vermieters — 60 f
– Bruttomiete — 63, 68
– Fälligkeit — 74, 77
– HeizkostenVO — 68 ff
– Heizpflicht des Vermieters — 60 ff
– Kaltmiete — 69
– Kosten — 63, 67 ff
– Pauschalen — 72
– Umlage der Kosten — 70 ff
– Umlegungsmaßstab — 71 ff
– Verjährung — 75, 81
– Verwirkung — 81
– Vorauszahlungen — 72 ff
Hofbenutzung — 9, 50
Hundehaltung — 54 ff

Insolvenz — 90

Instandhaltungs- und Instandsetzungspflicht	28 ff	Obhutspflicht	93, 135
– Beleuchtungspflicht	33 f	Parabolantenne	46 f
– Reinigungspflicht	33 f	Parkplatz	9, 50
– Schönheitsreparaturen	101 ff	Plakate	11
– Verkehrssicherungspflicht	28 ff	Prüfungspflicht	32 ff
Kabelanschluss	45	Quotenklauseln	110
Kaltmiete	6, 8 ff		
Kinderwagen	7	Reinigungspflicht	33 ff
Konkurrenzschutz	23 ff	Reparaturpflicht	127 ff
Kosten	30	– Bagatellschäden	131
Kraftfahrzeuge	9, 50	– Beteiligungsklausel	133
		– Formularverträge	131
Lärmbelästigungen	26 f, 134	– Gewerbliche Miete	128 f
Lastentragung	63 ff	– Grenzen	132
		– Vornahmeklausel	133
Mehrheit von Mietern	134 ff	– Wohnraummiete	130 ff
Mehrwertsteuer	85	Rollatoren	7, 48
Miete	84 ff	Rundfunk und Fernsehen	45 ff
– Art des Mietzinses	86 ff		
– Einmalmiete	86	Sachen des Mieters	48
– Einzugsermächtigung	89	Sachteile	2, 9 ff
– Erfüllungsort	90	Schlüssel	5 f
– Erscheinungsformen	86 ff	Schönheitsreparaturen	101 ff
– Höhe	84	– Abwälzung auf den Mieter	109 ff
– Mehrwertsteuer	85	– Ausgleichsanspruch	132
– Nebenkosten	63 ff	– Auszug des Mieters	140 f
– Teilleistungen	89	– Bedarfsklausel	123
– Umsatzmiete	87	– Begriff	102 ff
– Umsatzsteuer	85	– Bereicherungsanspruch des Mieters	107
Mieterpflichten	84 ff	– Erfüllungsanspruch	130, 135
– Abnahmepflicht	91 ff	– Facharbeiterklausel	126, 127
– Besichtigungsrecht des Vermieters	96 ff	– Fälligkeit	129, 135
– Gebrauchspflicht	91 ff	– Formularvertrag	112 ff
– Instandsetzungspflicht	127 ff	– Fristsetzung	136, 138 ff
– Miete	84 ff	– Geschäftsraummiete	129
– Nebenkosten	63 ff	– Inhalt	127
– Nebenleistungspflichten	91 ff	– Quotenklausel	126
– Obhutspflicht	93 ff	– Schaden des Vermieters	133, 142 f
– Reinigungspflicht	34	– Schadensersatzanspruch des Vermieters	134 ff
– Reparaturpflicht	127 ff	– Starre Fristen	120
– Schönheitsreparaturen	101 ff	– Umbau	132
Mitvermietete Sachen	7, 9 ff	– Vermieterpflicht	106
Musikausübung	26, 51	– Verschulden	137
		– Vertragsende	131, 135 ff
Nebenkosten	63 ff	– Wirtschaftsplan	129
Nebenleistungspflichten	82, 91 ff	– Zuschlag zur Miete?	128

Untertitel 1
Allgemeine Vorschriften für Mietverhältnisse § 535

Software	2	– Konkurrenzschutz	23 ff
Störungen des Mieters	26 ff	– Nebenleistungspflichten	82 f
Streupflicht	33	– Reinigungspflicht	33 f
Stromsperre	82	– Schönheitsreparaturen	104 ff
		– Überlassung der Sache	14 ff
Telefon	44	Versorgungssperre	82
Tierhaltung	52 ff	Vertragsgemäßer Gebrauch	35 ff
– Erlaubnispflicht	56	– Anlagen des Mieters	43 ff
– Gefährliche Tiere	53	– Antenne	45 ff
– Genehmigungsvorbehalt	56	– bauliche Veränderungen	40 ff
– Hundehaltung	54 ff	– Briefkasten	44
– Kleintiere	52	– Fahrräder	50
– Widerruf der Erlaubnis	58	– gewerbliche Nutzung	36 ff
Treppe	7	– Haushaltsmaschinen	43
		– Heizung	59 ff
Übergabe	15	– Kraftfahrzeug des Mieters	9, 50
Überlassungspflicht	12 ff	– Musikausübung	26, 51
– Inhalt	14	– Parabolantenne	46 f
– Haftung	16	– Telefon	43
– vertragsgemäßer Gebrauch	35 ff	– Tierhaltung	52 ff
– Verzug	18 ff	– Umstellung des Betriebs	38 f
Umlage der Heizkosten	70 f	– Unterbringung der Mietersachen	48 ff
Umsatzsteuer	85	– Wäsche	43
Unmöglichkeit	19	– Waschmaschinen	43
Unterbrechung der Stromversorgung	82	Vertretbare Sachen	3
Unterbringung der Mietersachen	48 ff	Verwirkung	81
		Verzug des Vermieters	17 ff
Verhältnis zwischen mehreren Mietern	154 f	Videokamera	26, 40
Verjährung	14, 21, 75, 81, 84	Vorauszahlungen	72 ff
Verkehrssicherungspflicht	29 f		
Vermieterpflichten	14, 20 ff	Wärmecontracting	60
– Abwälzung in Formularverträgen	106, 145 ff	Warmmiete	68 f
– Beleuchtungspflicht	33 ff	Waschmaschine	43
– Erhaltungspflicht	20 ff	Wettbewerbsverbot	23
– Fürsorgepflicht	82	Wirtschaftlichkeitsgrundsatz	77a
– Gewährung des vertragsgemäßen Gebrauchs	35 ff	Wohnungseigentum	35a
– Heizung	59 ff	Zu- und Abgänge	7, 29
– Instandhaltungs- und Instandsetzungspflicht	28 ff		

I. Hauptleistungspflichten, Gegenstand

1. Nur Sachen

Die Vorschrift des § 535 BGB, die seit 1900 im Kern unverändert geblieben ist, **1** regelt die für den Mietvertrag als schuldrechtlichen Austauschvertrag (Vorbem 21 zu § 535) kennzeichnenden **Hauptleistungspflichten** der beiden Parteien. Hauptleistungspflichten des Vermieters sind danach die Überlassung und die Erhaltung der Mietsache während der ganzen Vertragsdauer in einem zum vertragsgemäßen Gebrauch geeigneten Zustand (§ 535 Abs 1 S 1 und S 2 BGB), während die Hauptleistungspflicht des Mieters in der Entrichtung der vereinbarten Miete besteht (§ 535 Abs 2 BGB). Daraus folgt zugleich, dass **Gegenstand** des Mietvertrages, wie auch der Vergleich mit § 581 BGB zeigt, **nur Sachen** iS des § 90 BGB, dh nur im Vertrag hinreichend bestimmte körperliche Gegenstände und deren Teile sein können. Gleich stehen Tiere (§ 90a S 3 BGB) und Standardsoftware. Folgerichtig werden heute auch Verträge über die Nutzung fremder **Software** über das Internet als Mietverträge qualifiziert (sog ASP-Verträge; BGH 15. 11. 2006 – XII ZR 120/04, NZM 2007, 379 = NJW 2007, 2394 f Rn 11 ff; krit dazu Müller-Hengstenberg/Kirn NJW 2007, 2370). Dasselbe gilt für Verträge über die Bereitstellung von Speicherkapazitäten auf einem fremden Server (BGH 15. 11. 2006 – XII ZR 120/04, NZM 2007, 379 = NJW 2007, 2394, 2395 Rn 20 ff).

2 Mietverträge über **Rechte** sind dagegen nicht möglich. Derartige Verträge wurden seinerzeit nicht zugelassen, weil man davon eine Verwirrung befürchtete (Mot II 369). Verträge über die entgeltliche Nutzung fremder Rechte sind daher durchweg Rechtspachtverträge (§ 581 Abs 1 BGB) oder unbenannte Gebrauchsüberlassungsverträge. **Teile** von Sachen können dagegen durchaus vermietet werden, sofern nur ihr selbstständiger Gebrauch möglich ist. Bedeutung hat dies vor allem für die Vermietung von Wandflächen zu Reklamezwecken oder zur Anbringung von Automaten (Staudinger/V Emmerich [2018] § 578 Rn 2 f). An dieser Beurteilung ändert es auch nichts, wenn der Mieter von dem Sachteil nur einen beschränkten oder vorübergehenden Gebrauch machen darf. Ein Beispiel ist die entgeltliche Überlassung eines Fensters lediglich zu dem Zweck, einem Festzug zuzusehen.

3 Vertretbare Sachen können gleichfalls Gegenstand eines Mietvertrages sein (s § 91 BGB). Sind diese Sachen nur der Gattung nach bestimmt, so handelt es sich bei dem Mietvertrag zugleich um eine **Gattungsschuld**. Ein Beispiel ist die Vermietung einer bestimmten Anzahl von Stühlen oder Tischen für ein Fest (MünchKomm/Emmerich § 243 Rn 2; H Roth JuS 1999, 220, 222). Besonderheiten gelten für derartige Verträge nicht (s Medicus, in: FS Felgentraeger [1969] 309). **Konkretisierung** tritt ein, sobald der Mieter die Sachen abgenommen und mit ihrer Benutzung begonnen hat (BGH LM Nr 238 zu § 242 [Cd] BGB = NJW 1982, 873). Von Fall zu Fall ist in derartigen und in vergleichbaren Fällen auch an eine analoge Anwendung des § 439 BGB zu denken, sodass der Vermieter bei Mängeln der zunächst überlassenen Sachen etwaige Ansprüche des Mieters aus § 536 BGB durch eine **Ersatzlieferung** abwehren kann (Canaris, in: FS Westermann [2008] 137, 145).

4 Der Vermieter braucht **nicht Eigentümer** der vermieteten Sache zu sein; auf dem Boden der Vertragsfreiheit können vielmehr ohne Weiteres auch fremde Sachen vermietet werden. Paradigma ist die verbreitete Untermiete (§ 540 BGB). Dem Mieter kann außerdem seine **eigene Sache** vermietet werden (Mot II 371 f, 402). Dies kommt insbesondere in Betracht, wenn der Vermieter als Nießbraucher oder Erbbauberechtigter oder aufgrund eines anderen Rechtstitels unter Ausschluss des Eigentümers (und Mieters) zur Nutzung der Sache berechtigt ist (RGZ 104, 308, 310; RG WarnR 1912/13 Nr 315; BGHZ 12, 380, 392 ff = NJW 1954, 918).

2. Zubehör, Schlüssel, Geräte

Der Mietvertrag erstreckt sich, sofern die Parteien nichts anderes vereinbart haben, auf die wesentlichen Bestandteile der Sache sowie (entsprechend § 311c BGB) auf das **Mietzubehör** (RGZ 47, 197; BGH 26. 9. 2006 – XI ZR 156/05, NJW 2007, 216 Rn 13; OLG Düsseldorf ZMR 2013, 794). Dazu gehören bei der Raummiete zunächst die **Schlüssel**, sodass der Vermieter dem Mieter *mindestens zwei* Schlüssel zur Verfügung stellen muss (AG Bad Neuenahr-Ahrweiler WuM 1996, 331). Bei Bedarf kann der Mieter auch weitere Schlüssel, zB für eine Putzhilfe oder für eine Tagesmutter verlangen (AG Karlsruhe WuM 1997, 109; AG Berlin-Wedding NJW-RR 1986, 314; AG Mainz NZM 2007, 922, 923 = NJW-RR 2008, 100). Bei einer **Mehrzahl** von Mietern müssen den Mietern mindestens ebenso viele Schlüssel übergeben werden, wie Mieter vorhanden sind (LG Berlin GE 1985, 1259; LG Bonn ZMR 2012, 276, 277). Gehört zu der Wohnung eine **Tiefgarage**, so muss der Vermieter dem Mieter außerdem die nötigen Schlüssel übergeben, die dem Mieter den Zugang zu der Garage ermöglichen, widrigenfalls ein Mangel vorliegt (§ 536 Abs 1 BGB; LG Bonn ZMR 2012, 276). Entsprechendes gilt für den Fall der nach dem Vertrag gestatteten Hofnutzung, da der Hof in diesem Fall für den Mieter leicht erreichbar sein muss (Rn 97; AG Berlin-Charlottenburg GE 2018, 1152). Der Vermieter darf **keine Schlüssel zurückbehalten**, da er kein Zutrittsrecht zu den Räumen des Mieters hat (s Rn 15, 97; AG Bremen WuM 1982, 275). Solange dem Mieter nicht alle danach geschuldeten Schlüssel übergeben sind, hat der Vermieter seine Übergabepflicht (§ 535 Abs 1 S 1 BGB) nicht vollständig erfüllt (OLG Naumburg ZMR 2000, 290; OLG Düsseldorf NZM 2004, 946, 947). Nimmt er dem Mieter die Schlüssel wieder weg, so braucht der Mieter auch (mangels Übergabe der Räume) keine Miete mehr zu zahlen (§§ 320, 326 Abs 1 BGB; s unten Rn 16 ff; LG Berlin NJW-RR 2010, 668). **Weitere** Schlüssel darf der Mieter auf eigene Kosten in beliebiger Zahl **anfertigen** lassen (LG Darmstadt WuM 1985, 255).

Bei Vertragsende muss der Mieter alle Schlüssel **zurückgeben** oder aber die von ihm selbst angefertigten unbrauchbar machen. Bei Verlust oder Beschädigung der Schlüssel kann er sich dem Vermieter **ersatzpflichtig** machen (§§ 241 Abs 2, 280 Abs 1 BGB), wobei der Mieter nach § 280 Abs 1 S 2 BGB den Entlastungsbeweis führen muss (BGH 5. 3. 2014 – VIII ZR 205/13, NJW 2014, 1633 Rn 10 = NZM 2014, 303 = WuM 2014, 279, 280; KG ZMR 2008, 618 = NJW-RR 2008, 1245; LG Hamburg NZM 1999, 410; LG Göttingen ZMR 1990, 145; LG Berlin GE 2017, 228; Blank WuM 2014, 335). Voraussetzung ist aber, dass dem Vermieter tatsächlich ein **Schaden** entstanden ist (§ 249 BGB), wofür eine abstrakte Missbrauchsgefahr infolge des Schlüsselverlustes nicht genügt; ein greifbarer Schaden des Vermieters liegt vielmehr erst vor, wenn bei objektiver Betrachtungsweise eine konkrete Missbrauchsgefahr besteht *und* deshalb die Schließanlage tatsächlich vom Vermieter ersetzt wird (BGH 5. 3. 2014 – VIII ZR 205/13, NJW 2014, 1633 Rn 10 = NZM 2014, 303 = WuM 2014, 279, 280; OLG Dresden 20. 8. 2019 – 4 U 665/19, GE 2019, 1418; LG München I GE 2020, 930, 931; AG Brandenburg NZM 2015, 307, 308 f mwNw; AG Bautzen ZMR 2020, 1035; Blank WuM 2014, 335). Bei einer **Eigentumswohnung** muss noch hinzukommen, dass der Vermieter von der Eigentümergemeinschaft auf Schadensersatz wegen des Schlüsselverlusts tatsächlich in Anspruch genommen wird, weil der Vermieter für ein Verschulden seines Mieters einstehen muss (§§ 241 Abs 2, 278, 280 BGB; BGH 5. 3. 2014 – VIII ZR 205/13, NJW 2014, 1633 Rn 10 = NZM 2014, 303 = WuM 2014, 279, 280; Blank WuM 2014, 335). Im Extremfall kann daher der Mieter, der den Diebstahl seiner Schlüssel zu vertreten hat, verpflichtet sein, die gesamte Schließanlage eines großen Gebäudes zu ersetzen (§§ 535, 280 Abs 1, 249 Abs 1 BGB; KG NJW-RR 2008, 1245 = ZMR 2008, 618), wobei jedoch, insbesondere bei Hotels, § 254 BGB sorgfältig zu beachten ist (AG Wolfratshausen ZMR 2014, 47 = NZM 2014, 32). Auf der anderen Seite ist auch kein Raum für einen Abzug „neu für alt", wenn nur ein Teil der Schließanlage ausgewechselt werden muss (LG Berlin GE 2017, 228).

6 Mitvermietet sind ferner die eingebauten **Haushaltsgeräte** wie Duschen, Öfen, Wandschränke und Warmwasserbereiter (LG Köln NJW-RR 1997, 1440). Der Mieter hat Anspruch auf Übergabe dieser Sachen zusammen mit der vermieteten Wohnung. Dasselbe gilt für Hausbriefkästen (AG München WuM 1989, 231) oder eine Einbauküche, sodass deren Entfernung durch den Vermieter eine Vertragsverletzung darstellt (BGH LM Nr 13 zu § 567 ZPO = WM 1986, 800, 802).

3. „Mitvermietete" Räume und Flächen

a) Zugänge, Treppen, Flure, sonstige Gemeinschaftsflächen

7 Bei der Raummiete sind grundsätzlich die zu den Räumen gehörigen **Zu- und Abgänge** einschließlich der **Treppen und Flure** mitvermietet (RG Gruchot 48 [1901] 901; KG ZMR 2013, 181 = NZM 2013, 579; LG Lübeck WuM 1990, 336; AG Altona WuM 1990, 144; AG Elmshorn NZM 2013, 578; Derleder NJW 2007, 812; Flatow NZM 2007, 432; Leist NZM 2019, 658; M Schmid DWW 2014, 45). Denn der Vermieter muss dem Mieter und seinen Besuchern – als Teil seiner Überlassungspflicht (§ 535 Abs 1 S 1 BGB) – jederzeitig den **sicheren Zugang** zu dem Mietobjekt ermöglichen (BGH 10. 11. 2006 – V ZR 46/06, NJW 2007, 146 = NZM 2007, 37, 38; OLG Düsseldorf GE 2009, 1187 f). Der Mieter muss außerdem die Möglichkeit haben, das Treppenhaus zu lüften (AG Oberhausen WuM 1996, 534). Die **Erhaltungspflicht** des Vermieters erstreckt sich ebenfalls auf die mitvermieteten Zu- und Abgänge einschließlich der Treppen (u Rn 20 ff). Werden einzelne Räume eines Gebäudes gewerblich genutzt, so gehört dazu auch, dass die Haustür während der Geschäftszeiten jederzeit offen steht und nicht verschlossen wird (LG Itzehoe ZMR 2010, 191, 192). Insbesondere die **Zufahrt** zu einem Haus muss immer offenbleiben (LG Lübeck WuM 1990, 336). Sind die vermieteten Räume nur über eine Privatstraße des Vermieters zu erreichen, so ergibt sich aus dem Mietvertrag zusätzlich die Berechtigung des Mieters, diese Straße zu befahren (AG Hamburg WuM 1996, 534).

7a Die Gemeinschaftsflächen, zu deren Mitbenutzung der Mieter nach dem Gesagten (Rn 7) berechtigt ist, sind jedoch im Zweifel **nicht Gegenstand des Mietvertrages**, dh nicht im eigentlichen Sinne mitvermietet, sofern sich nicht der Mietvertrag ausnahmsweise ausdrücklich auch auf sie erstreckt. Von solchen Fällen abgesehen, sind Gegenstand des Mietvertrages ieS ausschließlich die darin ausdrücklich benannten Flächen und Räume (so BGH 4. 9. 2019 – XII ZR 52/18 Rn 26, BGHZ 223, 106, 114 f = NZM 2019, 941; KG NZM 2013, 579 = ZMR 2013, 181; Guhling/Günter/Menn § 535 Rn 57; Emmerich JuS 2020, 268). Die wichtige Folge ist, dass im Falle einer getrennten **Veräußerung** der vermieteten und der bloß zusätzlich mitbenutzten Flächen allein der Erwerber der vermieteten Flächen, nicht dagegen der von diesem verschiedene Erwerber der lediglich mitbenutzten Flächen in den Mietvertrag nach § 566 Abs 1 BGB eintritt (s u § 566 Rn 24; BGH 4. 9. 2019 – XII ZR 52/18, BGHZ 223, 106, 114 f = NZM 2019, 941). Dem entspricht es, dass der Mieter im Zweifel auch **keinen Mitbesitz** an den nur mitbenutzten „mitvermieteten" Flächen erlangt, weil diese dem Mieter vom Vermieter grundsätzlich nicht im Sinne des § 535 Abs 1 S 1 BGB zum alleinigen Besitz überlassen werden (KG NZM 2013, 579 = ZMR 2013, 181; OLG Dresden 17. 6. 2019 – 5 U 880/19, GE 2019, 1635). Es handelt sich daher nicht um eine Besitzstörung, wohl aber um eine **Vertragsverletzung**, wenn dem Mieter der Gebrauch dieser Flächen, beispielshalber durch eine Versperrung der Zugänge entzogen wird (§ 280 Abs 1 BGB; KG NZM 2013, 579 = ZMR 2013, 181; OLG Dresden 17. 6. 2019 – 5 U 880/19, GE 2019, 1635; AG Elmshorn NZM 2013, 578).

Der **Umfang der Nutzung** der fraglichen „mitvermieteten" Gemeinschaftsflächen durch einzelne Mieter hängt – mangels besonderer Abreden der Parteien – von den Umständen und damit letztlich von einer Abwägung der Interessen der Beteiligten unter Berücksichtigung der jeweiligen Verkehrssitte ab (§§ 133, 157 BGB; BGH 10. 11. 2006 – V ZR 46/06, NJW 2007, 146 = NZM 2007, 37; Derleder NJW 2007, 812; Flatow NZM 2007, 432; Leist NZM 2019, 658). Sofern dadurch nicht Fluchtwege versperrt oder andere Mieter übermäßig belästigt oder sogar gefährdet werden, dürfen vor allem **Kinderwagen** (LG Berlin GE 2012, 1377), **Rollstühle** und Rollatoren bei Bedarf auch in den Fluren abgestellt werden (ausführlich Leist NZM 2019, 658 mwNw). Die Anforderungen des Brandschutzes haben aber in jedem Fall den Vorrang (Leist NZM 2019, 658). Ferner dürfen etwa für die Mieter bestimmte Telefonbücher und Branchenverzeichnisse in den Fluren abgelegt werden, wenn die Mieter dies wünschen und überzählige Stücke alsbald wieder abgeholt werden; der Vermieter muss dies dulden (analog §§ 1004, 986 Abs 1 S 1 BGB; BGH 10. 11. 2006 – V ZR 46/06, NJW 2007, 146 = NZM 2007, 37). **Unzulässig** ist dagegen eine **individuelle Nutzung** der Gemeinschaftsflächen durch einzelne Mieter, zB im Wege der Aufstellung von Blumentöpfen, Garderoben oder Schränken (AG Münster WuM 2008, 664; Derleder NJW 2007, 812; Flatow NZM 2007, 432; Leist NZM 2019, 658). **7b**

Der Mietvertrag erstreckt sich bei Häusern, die von mehreren Mietern genutzt werden, ferner auf die gemeinschaftlich genutzten Räume und Gebäudeteile (BGH 23. 9. 2009 – VIII ZR 300/08, NZM 2009, 855 = WuM 2009, 659 Rn 13 = GE 2009, 1426). Beispiele sind die zum Haus gehörigen **Balkone** und **Terrassen** (AG Eschweiler WuM 1994, 427), Böden, Speicher und **Keller, Spielplätze** und Sandkästen (LG Freiburg ZMR 1976, 210; LG Berlin NZM 1998, 860) sowie Heizungskeller (LG Mannheim MDR 1978, 140) und Waschküchen (LG München I ZMR 1969, 15 Nr 11), dagegen nur aufgrund besonderer Vereinbarung zusätzlich etwaige Trockenräume (LG Mannheim ZMR 1971, 22; AG Spandau GE 1984, 925) oder Parkplätze (u Rn 9, Rn 50). **8**

b) Hofflächen
Durchfahrten und Hofräume sind ebenfalls grundsätzlich zur gemeinsamen Benutzung mitvermietet (RG Recht 1909 Nr 245; OLG Düsseldorf GE 2009, 1187 f). Jedoch darf nach hM der **Hofraum** grundsätzlich nur zum Be- und Entladen, zum Teppichklopfen und zum Abstellen eines Mülleimers, *nicht* dagegen zur **Abstellung von Kraftfahrzeugen** genutzt werden (OLG Düsseldorf GE 2009, 1187 f; LG Berlin WuM 1969, 59; FWW 1977, 268; LG Oldenburg ZMR 1966, 208; AG Schöneberg GE 1990, 209; Koenig WuM 1967, 59). Das Abstellen von Kraftfahrzeugen auf den genannten Flächen kann (als vom Vertrag nicht gedeckte „Sondernutzung") Bereicherungsansprüche des Vermieters auslösen (§§ 812 Abs 1 S 1, 818 Abs 2 BGB; OLG Düsseldorf GE 2009, 1187 f). Soweit in früheren Entscheidungen auch die Nutzung des Hofes als **Kinderspielplatz** untersagt wurde, dürfte dies jedoch heute nicht mehr haltbar sein (BGH 10. 11. 2006 – V ZR 46/06, **9**

NJW 2007, 146 = NZM 2007, 37, 38 Rn 9; Flatow NZM 2007, 432). Wenn nichts anderes vereinbart ist, kann der Vermieter jederzeit im Hof einen Spielplatz einrichten (AG Aachen NJW-RR 1987, 404 = WuM 1987, 83). Die Mieter können nur aufgrund einer entsprechenden Vereinbarung vom Vermieter verlangen, dass er die Benutzung des Hofs als Spielplatz verhindert (AG Schöneberg GE 1989, 249). Aus der bloßen **Duldung einer** über den Vertrag hinausgehenden **Nutzung** des Hofs, des Gartens oder anderer Räume ergibt sich *kein Recht* des Mieters auf Fortsetzung dieses Gebrauchs, wenn der Vermieter seine Einstellung ändert, sodass der Vermieter die Gestattung der Benutzung jederzeit widerrufen kann (u Rn 50; KG WuM 2007, 68 = NZM 2007, 513 Nr 2; WuM 2009, 654 [Dachterrasse]; LG Berlin GE 1988, 587; 2005, 617; NZM 2000, 457; enger AG Düsseldorf WuM 1994, 426).

4. Garten

10 Gehört zu dem Gebäude, in dem sich die vermieteten Räume befinden, ein Garten, so muss entschieden werden, ob der Mieter ein Recht zur Gartennutzung, gegebenenfalls neben anderen Mietern hat, oder ob ihm weitergehend der Garten mitvermietet ist, dann grundsätzlich unter Ausschluss weiterer Benutzer. Hat der Mieter nach den Abreden der Parteien lediglich die Befugnis zur Gartennutzung, so umfasst diese im Zweifel, immer vorbehaltlich abweichender Vereinbarungen, *nicht* das Recht, in dem Garten *dauerhaft* Liegestühle, Blumenkübel oder ein großes *Gartenhaus* aufzustellen (LG Berlin GE 2006, 578; AG Brühl WuM 1989, 498). Die **Gartenpflege** bleibt in diesem Fall grundsätzlich, dh wenn nichts anderes vereinbart ist, nach § 535 Abs 1 S 2 BGB Sache des *Vermieters* (LG Kassel WuM 1988, 155). Anders dagegen, wenn der Garten wie im Zweifel bei Einfamilienhäusern **mitvermietet** ist (OLG Köln NJW-RR 1994, 334; LG Kassel WuM 1988, 155), und zwar der *ganze* Garten, wenn es sich nach dem äußerlichen Eindruck um ein einheitliches, insbesondere einheitlich umzäuntes Grundstück handelt (AG Bonn ZMR 2019, 134). Getrennte Verträge über Haus und Garten sind zwar denkbar (LG Görlitz WuM 1995, 388, 389), aber offenbar unüblich. Ist der Garten mitvermietet, so muss er sich in einem **ordnungsmäßigen Zustand** befinden; eine bloße Baustelle ohne Rasen und Pflanzen ist kein Garten (AG Neuss NJW-RR 1990, 1163). Der Mieter hat dann im Zweifel auch das Recht, einen Teich oder einen *Spielplatz* anzulegen, ein kleines Gartenhaus vorübergehend aufzustellen oder, selbst bei einem Reihenhaus, auf der Terrasse im Sommer ein Pavillonzelt aufzubauen (LG Hamburg WuM 2007, 681; LG Lübeck WuM 1993, 669; AG Bonn WuM 1994, 20; AG Hamburg-Wandsbeck WuM 1996, 401: Hundehütte; AG Schöneberg GE 2005, 1131: Gartenstühle; AG Vaihingen/Enz WuM 2020, 780: Schuppen usw).

10a Wenn der Garten **mitvermietet** ist, dürfte in der Regel auch die **Gartenpflege** dem Mieter obliegen (AG Bonn ZMR 2019, 134). Die **Gartengestaltung** ist dann grundsätzlich allein Sache des *Mieters* (LG Köln ZMR 2011, 955). Der **Umfang** der vom Mieter geschuldeten Arbeiten hängt von den Abreden der Parteien ab (LG Köln WuM 1996, 402). Nehmen sie ausdrücklich oder konkludent auf § 2 Nr 10 der BetriebskostenVO vom 2003 Bezug (= Nr 10 der Anlage 3 zu § 27 der II. BV aF), so gehören dazu unter anderem die *Erneuerung von Pflanzen* oder Gehölzen sowie die *Pflege* von Spielplätzen, sonstigen Plätzen, Zugängen und Zufahrten. **Beispiele** sind die oft erheblichen Kosten für das Beschneiden und Entfernen von Bäumen und Sträuchern, für das Auslichten oder Fällen und den Abtransport kranker oder morscher Bäume sowie für die neue Anlage von Rasenflächen, während eine wesentliche Umgestaltung des Gartens zu den weiterhin vom Vermieter geschuldeten Instandsetzungsmaßnahmen gehört (LG Frankfurt aM WuM 1992, 545, 546 f; LG Frankfurt NJW-RR 2005, 663 f; AG Köln NZM 2001, 41 f; AG Düsseldorf WuM 2002, 498 = MDR 2002, 1431). Wenn dagegen der Mieter lediglich die „**Gartenpflege**" ohne Bezugnahme auf § 2 Nr 10 der BetriebskostenVO übernimmt, so beschränken sich die von ihm geschuldeten Arbeiten auf *einfache Pflegearbeiten,* die weder besondere Fachkenntnisse des Mieters noch einen besonderen Zeit- oder Kostenaufwand erfordern. Darunter fallen das Mähen des Rasens, das Jäten des Unkrauts sowie das Entfernen von Laub, nicht jedoch das Beschneiden von Gehölzen, dass Fällen von Bäumen oder die Säuberung einer Terrasse (OLG Düsseldorf WuM 2004, 603, 606 f = NZM 2004, 866 = NJW-RR 2005, 13; LG Braunschweig WuM 2009, 288; LG Berlin ZMR 2019, 768). Abweichende Abreden der Parteien sind aber, auch konkludent in jeder Richtung möglich (§ 311 Abs 1 BGB).

5. Außenflächen

Es ist in erster Linie eine Frage der Vertragsauslegung unter Berücksichtigung der 11
Verkehrssitte, ob sich ein Mietvertrag über gewerbliche Räume auf die Außenflächen des vermieteten Stockwerks oder Gebäudes erstreckt (§§ 133, 157, 242 BGB). Ist dies zu bejahen, so darf der Mieter die Außenflächen auch für **Reklamezwecke** oder zur Anbringung von Automaten nutzen (u Rn 15 sowie § 578 Rn 3; RGZ 80, 281; BGH LM Nr 10 zu § 535 BGB = ZMR 1957, 225 = BB 1957, 382; LM Nr 1 zu § 157 [B] BGB = BB 1954, 83; s für Berlin KG GE 1987, 997; LG Berlin GE 1971, 340; ferner OLG Hamm NJW 1958, 1239; OLG Düsseldorf NJW 1958, 1094; Mittelstein, Miete 256 f; Sonnenschein, in: Gestaltung von Mietverträgen, PiG 20 [1985] 69, 93).

Jeder Mieter darf an der Außenwand außerdem **Blumenkästen und Hinweisschilder** 12
anbringen, soweit damit nicht Gefahren für Dritte verbunden sind wie etwa bei der Anbringung von Blumenkästen an der Außenseite des Balkons (LG Berlin GE 2011, 1230; Hamann ZMR 1974, 3). Dasselbe gilt nach einer verbreiteten Meinung für **Plakate** und **Schriftbänder** politischen Inhalts (LG Aachen WuM 1988, 53; LG Hamburg WuM 1986, 134 = NJW 1986, 320; LG Darmstadt WuM 1983, 137 = NJW 1983, 1201; AG Berlin-Mitte WuM 2014, 482; Horst DWW 2001, 122). Wird der Vermieter auf Antrag von Mietern zur Duldung der Anbringung eines Schriftbandes an der Fassade des Hauses (als Teil des vertragsgemäßen Gebrauchs) verurteilt, so richtet sich der Wert des **Beschwerdegegenstandes** (§ 511 Abs 2 Nr 1 ZPO) nach dem Wertverlust, den der Vermieter durch die Beeinträchtigung der Substanz oder des optischen Gesamteindrucks seines Hauses erleidet, und kann infolgedessen durchaus die Grenze von 600 € überschreiten (BGH 21. 5. 2019 – VIII ZB 66/18, NJW 2019, 2468 Rn 11 = NZM 2019, 516).

Die Berechtigung dieser Praxis (Rn 12) ist zweifelhaft, weil die Anbringung von 12a
Plakaten, insbesondere, wenn sie einen politischen Inhalt haben, eine erhebliche Beeinträchtigung des etwaigen Eigentums des Vermieters an dem fraglichen Gebäude darstellt, ohne dass erkennbar wäre, aus welchem Grund der Mieter des Rechts zur Anbringung von Plakaten im Rahmen des vertragsgemäßen Gebrauchs bedürfte (deshalb zu Recht aM AG Wiesbaden ZMR 2003, 935 mwNw). Unzulässig sind auf jeden Fall Plakate und Schriftbänder mit einem Inhalt, durch den der Vermieter oder Dritte beleidigt oder diskriminiert werden (LG München I WuM 1983, 263; AG München WuM 1989, 616 und 617; AG Ludwigsburg WuM 1989, 618). Unbedenklich ist es außerdem, wenn sich der Vermieter die **Genehmigung** der Anbringung von Plakaten

vorbehält. Über die Erteilung der Genehmigung muss er dann aber nach pflichtgemäßem Ermessen entscheiden (LG Hamburg WuM 1986, 134 = NJW 1986, 320).

6. Fahrstühle

13 Vorhandene Fahrstühle darf der Mieter benutzen; sie gelten als mitvermietet und müssen sich deshalb in einem verkehrssicheren Zustand befinden (RG Recht 1907 Nr 438; BGH BB 1961, 1302; KG OLGE 33, 306; LG Hamburg NJW 1976, 1320; Weimar ZMR 1982, 37). Der Vermieter muss den Fahrstuhl außerdem **rund um die Uhr** und an allen Tagen der Woche, auch an Sonn- und Feiertagen in Betrieb halten. Es liegt auf der Hand, dass der Vermieter den Fahrstuhl etwa in einem Hochhaus nicht zu bestimmten Zeiten oder sogar generell abstellen darf (OLG Frankfurt NZM 2004, 909 = NJW-RR 2004, 1667; AG Berlin-Mitte WuM 2013, 302; AG Nürnberg WuM 2013, 316). Eine abweichende Beurteilung kommt allenfalls in Betracht, wenn der Vermieter den Fahrstuhl erst nachträglich allein für seine persönlichen Zwecke eingebaut hat (OLG Karlsruhe ZMR 1984, 18). Eine ständige Videoüberwachung des Fahrstuhls ist wegen des Verstoßes gegen das allgemeine Persönlichkeitsrecht der Mieter unzulässig (KG NZM 2009, 736). Die **Kosten** des Fahrstuhls können durch Vereinbarung auf die Mieter umgelegt werden (§ 556 Abs 1 S 1 BGB; § 2 Nr 7 BetriebskostenVO). Das gilt auch für die Mieter einer Erdgeschosswohnung, selbst wenn sie den Fahrstuhl selbst gar nicht benutzen (BGH 20. 9. 2006 – VIII ZR 108/06, NZM 2006, 895 = NJW 2006, 3557; LG Berlin GE 2007, 54; 2007, 446, 447; Timme NZM 2007, 29), nicht dagegen für Mieter, deren Wohnung überhaupt nicht mit dem Fahrstuhl erreichbar ist (§§ 242, 307 BGB; BGH 8. 4. 2009 – VIII ZR 128/08 Rn 13 f, NJW 2009, 2058 = NZM 2009, 478; zu den Kosten des nachträglichen Einbaus eines Fahrstuhls und zu deren Verteilung auf die einzelnen Mieter s unten § 559 Rn 26).

II. Überlassungspflicht*

1. Inhalt

14 Aufgrund des § 535 Abs 1 S 1 BGB ist die erste, den Mietvertrag kennzeichnende Hauptleistungspflicht des Vermieters dessen Verpflichtung, dem Mieter den **Gebrauch** der vermieteten Sache **zu gewähren**. Die Formulierung „gewähren" wurde seinerzeit bewusst gewählt, um zum Ausdruck zu bringen, dass der Vermieter nicht nur zu einer bloßen Duldung, sondern zu einer **positiven Tätigkeit** verpflichtet ist, sodass er die Sache dem Mieter **übergeben** muss, soweit dies zur Durchführung des vertragsgemäßen Gebrauchs erforderlich ist (Mot II 369 f; BGHZ 19, 85, 93 f = NJW 1956, 104; OLG Naumburg ZMR 2000, 290). Bei dem Anspruch des Mieters auf **Gebrauchsgewährung**, dh auf Überlassung *und* Erhaltung der Mietsache in einem zum ver-

---

* **Schrifttum:** Blank, Raumüberlassung und Gebrauchsgewährung, in: Vermieterleistungen, PiG 67 (2003) 21; Derleder, Die Leistung des Vermieters, in: Vermieterleistungen, PiG 67 (2003) 1; Emmerich, Rechtsmängel und sonstige Vertragsverletzungen des Vermieters, in Vertragsverletzung im Wohnraummietverhältnis, PiG 46 (1995) 119; Franke, Überlassungs- und Unterhaltungspflichten des Vermieters, DWW 2005, 4; Kinne, Überlassungs- und Erhaltungspflicht, GE 2017, 1447; 2018, 37; Oetker, Das Dauerschuldverhältnis und seine Beendigung (1994); Simon, Haftung des Vermieters für die rechtzeitige Bezugsfähigkeit, WuM 2000, 575; Sonnenschein, Haupt- und Nebenpflichten bei der Wohnraummiete, PiG 46 (1995) 7.

tragsgemäßen Gebrauch geeigneten Zustand (§ 535 Abs 1 S 1 und 2 BGB), handelt es sich um eine in die Zukunft gerichtete **Dauerverpflichtung**, die schon deshalb **nicht verjähren** kann, weil dem Mieter während der gesamten Vertragsdauer auch das Minderungs- oder Zurückbehaltungsrecht wegen der fraglichen Mängel zusteht (§§ 320 Abs 1, 535 Abs 1 S 2 und 536 Abs 1 BGB; BGH 7. 2. 2010 – VIII ZR 104/09, BGHZ 184, 253, 257 Rn 17 f = NJW 2010, 1292; 17. 6. 2015 – VIII ZR 19/14, BGHZ 206, 1, 17 Rn 49 = NJW 2015, 3087; BGH 19. 12. 2018 – XII ZR 5/18, NJW 2018, 1062 = NZM 2018, 143 Rn 23; KG ZMR 2015, 539, 540; LG Aachen ZMR 2010, 113, 114; LG Berlin ZMR 2019, 462; AG Berlin-Schöneberg ZMR 2018, 5 116, 517).

Der Vermieter muss die Sache dem Mieter in einer Weise zur Verfügung stellen, die **15** es diesem erlaubt, ohne Weiteres den vertragsgemäßen Gebrauch der Sache auszuüben (BGH 28. 7. 2004 – XII ZR 153/03, ZMR 2004, 813, 814 = NJW-RR 2004, 1566; dazu zB Emmerich JuS 2005, 70). Bei beweglichen Sachen wird dazu idR, aber nicht notwendig die **Übergabe**, dh die Verschaffung des unmittelbaren Besitzes iS des § 854 BGB gehören (BGHZ 65, 137, 139 ff = NJW 1976, 105; BGH 28. 7. 2004 – XII ZR 153/03, ZMR 2004, 813, 814 = NJW-RR 2004, 1566; 27. 4. 2016 – VIII ZR 123/14, NZM 2016, 467 = WuM 2016, 341 Rn 22). Darin miteinbeschlossen sind die Verpflichtung zur **Übergabe sämtlicher Schlüssel** (o Rn 5; OLG Düsseldorf NZM 2004, 946, 947 = NJW-RR 2005, 97, 98; 12. 1. 2016 – 24 U 62/15, ZMR 2017, 639; Flatow PiG 83, 88 f) sowie die Pflicht, dem Mieter jederzeit den unbehinderten *Zugang* und die freie Zufahrt zu dem Mietobjekt zu ermöglichen (o Rn 7). Der Vermieter ist unter keinem Gesichtspunkt befugt, Schlüssel zurückzubehalten; solange er nicht alle Schlüssel dem Mieter übergeben hat, hat er seine Übergabepflicht noch nicht erfüllt (Rn 5, 97; OLG Düsseldorf 12. 1. 2016 – 24 U 62/15, ZMR 2017, 639). Ist eine **möblierte Wohnung** vermietet, so umfasst die Übergabepflicht auch die Ausstattung der Wohnung mit den erforderlichen Einrichtungsgegenständen, wobei es von der Auslegung des Vertrages unter Berücksichtigung der jeweiligen Verkehrssitte abhängt, was dazu im einzelnen gehört (Lehmann-Richter WuM 2018, 393, 394 f).

Die Besitzeinräumung muss auf dem **Willen** des Vermieters beruhen und **unbedingt** **15a** geschehen. Der Vermieter kann die Übergabe der Sache nicht unter dem Vorbehalt vertragsgemäßen Verhaltens des Mieters erklären (BGH 18. 12. 2015 – V ZR 160/14, NJW 2016, 863 Rn 16 = NZM 2016, 384). Lediglich in Ausnahmefällen wie zB der Bereitstellung eines „gebührenpflichtigen Parkplatzes" kommt eine abweichende Beurteilung in Betracht, sodass der Mieter dann **verbotene Eigenmacht** begeht, wenn er den Parkplatz ohne Bezahlung der geforderten Gebühr, dh der Miete benutzt (BGH 18. 12. 2015 – V ZR 160/14, NJW 2016, 863 Rn 17 f = NZM 2016, 384). Dasselbe gilt generell, wenn sich der Mieter gegen den Willen des Vermieters, dh *eigenmächtig* in den Besitz der Mietsache setzt (Flatow PiG 83 [2008] 87, 89).

Wenn der vertragsgemäße Gebrauch der vermieteten Sache keinen unmittelbaren **15b** Zugriff des Mieters auf die Sache erfordert, reicht es aus, wenn dem Mieter auf andere Weise die nötige **Zugriffsmöglichkeit** eröffnet wird (BGH NJW 2002, 3322, 3323 = NZM 2002, 924; 28. 7. 2004 – XII ZR 153/03, NJW-RR 2004, 1566 = ZMR 2004, 813; 15. 11. 2006 – XII ZR 120/04, NJW 2007, 2394, 2395 Rn 19, 25 = NZM 2007, 379; Flatow PiG 83 [2008] 87 ff; s § 548 Rn 31). Bei einem **ASP-Vertrag** (Rn 1) genügt es folglich für die Überlassung der gemieteten „Sachen", wenn der Vermieter dem Mieter den Zugang zu der vermieteten Software und Serverkapazität über das Internet ermöglicht (BGH

15. 11. 2006 – XII ZR 120/04, NJW 2007, 2394, 2395 Rn 19, 25 = NZM 2007, 379). Bei Einschaltung eines neuen Mieters als bloßen Zwischenmieters (und Untervermieters) in die Vertragsbeziehungen (vgl § 565 BGB) hat der Vermieter dementsprechend auch erfüllt, wenn nur dem **Untermieter** der unmittelbare Besitz eingeräumt wird, während der neue Zwischenmieter lediglich mittelbaren Besitz erlangt (OLG Hamburg ZMR 2003, 178, 179). Miete ist nach dem Gesagten ferner zB die **Überlassung von Hauswänden** zur Anbringung von Reklameschriften oder Automaten (o Rn 11; u § 578 Rn 3; RGZ 141, 99, 101 f), die Gestattung der bloßen vorübergehenden Benutzung eines Grundstücks zu bestimmten Zwecken, zB als Garageneinfahrt (BGH LM Nr 120 zu § 535 BGB = NJW-RR 1989, 589; OLG Karlsruhe ZMR 1988, 257), die Gestattung der Benutzung eines Flugplatzes durch Fluggesellschaften oder Flugschulen (OLG Düsseldorf ZMR 2002, 41, 43 f = NZM 2002, 21; vgl auch BGH ZMR 2004, 813, 814 = NJW-RR 2004, 1566), die entgeltliche Erlaubnis, in den Räumen des Vermieters zu bestimmten Zeiten eine Sache, etwa eine **EDV-Anlage** oder ein seltenes **Instrument**, zu nutzen (Mot II 369 f; RGZ 141, 99, 101 f; BGH NJW-RR 1993, 178) sowie schließlich noch die sogenannte Bandenwerbung in Sportstadien und die Werbung auf Straßenbahnen oder Kraftfahrzeugen, da in allen genannten Fällen durchaus von einer vorübergehenden Gebrauchsüberlassung an den Mieter gesprochen werden kann (BGH 28. 3. 2018 – XII ZR 18/17; 7. 11. 2018 – XII ZR 103/17, NZM 3019, 824 = ZMR 2019, 335; 19. 12. 2018 – XII ZR 14/18, ZMR 2019, 332, 333).

2. Leistungsstörungen

16 Die Überlassungspflicht ist eine sogenannte Hauptleistungspflicht des Vermieters (Rn 14), die im Gegenseitigkeits- oder Austauschverhältnis mit der Entrichtung, insbesondere der Zahlung der Miete steht (§ 535 Abs 1 und Abs 2 BGB). Folglich kann der Mieter die Zahlung der Miete verweigern, wenn und solange der Vermieter seiner Überlassungspflicht nicht nachkommt (§ 320 Abs 1 BGB; zB OLG Düsseldorf ZMR 1983, 376; OLG Koblenz ZMR 1993, 68; LG Berlin NZM 2010, 529 [Austausch der Schlösser durch den Vermieter]; Staudinger/Schwarze [2020] § 320 Rn 73; MünchKomm/Emmerich § 320 Rn 8 ff). Eine etwaige Vorleistungspflicht des Mieters spielt in diesem Zusammenhang keine Rolle. Der Erfüllungsanspruch des Mieters auf Übergabe der Mietsache aus § 535 Abs 1 BGB entfällt jedoch bei Unmöglichkeit der Übergabe (§ 275 Abs 1 BGB), und zwar ohne Rücksicht darauf, ob der Vermieter den fraglichen Umstand zu vertreten hat (Blank/Börstinghaus § 535 Rn 266, str). Die Folge ist, dass nicht nur der Vermieter, sondern auch der Mieter frei wird (§ 326 Abs 1 BGB) und zurücktreten kann (§ 326 Abs 5 BGB, Rn 17). So verhält es sich zB, wenn sich ein nicht zur Herausgabe bereiter Dritter im Besitz der Sache befindet oder wenn sie noch nicht fertiggestellt ist.

17 Verletzt der Vermieter seine Übergabepflicht, indem er dem Mieter die vermietete Sache nicht zu dem vereinbarten Termin übergibt, so hängt die Frage, ob und welche **Ersatzansprüche** der Mieter hat, in erster Linie davon ab, ob es sich um einen Fall (anfänglicher oder nachträglicher) **Unmöglichkeit oder** um einen Fall bloßen **Verzugs** handelt (s im Einzelnen Vorbem 4 ff, 12 zu § 536; Flatow PiG 83 [2008] 87, 94 ff; Hau/Klinck PiG 83 [2008] 67, 81 ff; Kraemer PiG 70 [2005] 249 = NZM 2004, 721). Besonderheiten gelten, wenn die dem Mieter vom Vermieter angebotene Sache **Mängel** aufweist, da der Mieter dann die Wahl zwischen zwei Vorgehensweisen hat: Nimmt er die Sache entgegen, so richten sich seine Rechte wegen der Mängel fortan vorrangig nach den

§§ 536 ff BGB. Stattdessen kann er aber auch die Sache wegen ihrer Mängel zurückweisen, ohne in Annahmeverzug zu geraten; nach § 320 BGB entfällt dann auch seine Pflicht zur Zahlung der Miete (BGH 8. 7. 1998 – XII ZR 32/97, NZM 1998, 766 = NJW-RR 1998, 1462; LG Berlin GE 1995, 1213). Die **Beweislast** für die Mangelfreiheit der Sache bei Übergabe trägt der Vermieter, während den Mieter die Beweislast für Mängel bei der Übergabe trifft, wenn er die Sache zunächst als Erfüllung angenommen hat (§ 363 BGB; s unten § 536 Rn 25; BGH 15. 11. 2006 – XII ZR 120/04, NJW 2007, 2394, 2395 Rn 23 f = NZM 2007, 379; GE 2009, 1183 Rn 11; OLG Düsseldorf NZM 2009, 435 = NJW-RR 2009, 157; HÄUBLEIN PiG 83 [2008] 103, 110 ff).

Die **Abgrenzung** zwischen Unmöglichkeit und Verzug richtet sich in den hier interessierenden Fällen in erster Linie danach, ob die infolge der Verzögerung der Übergabe verlorene *Zeit nachgeholt* werden kann oder nicht (EMMERICH NZM 2002, 362, 364; ders PiG 46 [1995] 119, 132 f; HORST DWW 2002, 6, 13 f; OETKER, Dauerschuldverhältnis 327 ff). Ist eine Nachholung nicht möglich, so handelt es sich bei dem Vertrag um ein **absolutes Fixgeschäft**, bei dem eine Verzögerung der Übergabe zur Teilunmöglichkeit der Erfüllung der Zeit nach führt. Diese Annahme wird zumal bei der Raummiete häufig naheliegen; notwendig ist sie indessen nicht (s Vorbem 12 zu § 536; EMMERICH, Das Recht der Leistungsstörungen [6. Aufl 2005] § 4 Rn 5 f [S 52 f]; KREPOLD WM 2020, 726, 732 f; WELLER JZ 2012, 881, 884). **Verzug** kann zB anzunehmen sein, wenn nach den Abreden der Parteien der Mietvertrag überhaupt erst mit der tatsächlichen Übergabe der vermieteten Räume beginnen soll oder wenn bei einem langfristigen Mietvertrag die zu Beginn der Mietzeit ausgefallene Zeit einfach am Ende „angehängt" und auf diese Weise nachgeholt werden kann (BGH LM Nr 47 zu § 537 BGB = NJW 1992, 3226; NJW 1988, 251, 252 [insoweit nicht in BGHZ 101, 325, 329 abgedruckt]; OLG Düsseldorf MDR 1990, 725; LG Köln WuM 1980, 100; LG Berlin GE 1993, 918). **18**

Handelt es sich danach (ausnahmsweise) um einen Fall des **Verzugs** (Rn 18), so richtet sich der Anspruch des Mieters auf Ersatz des **Verzögerungsschadens** nach den §§ 280 Abs 2 und 286 BGB. Voraussetzung ist, dass der Vermieter die Verzögerung zu vertreten hat (§§ 280 Abs 1 S 2, 286 Abs 4 BGB). Aus dem Vertrag kann sich jedoch eine weitergehende Haftung ergeben (§ 276 Abs 1 S 1 BGB), so zB, wenn der Vermieter ausdrücklich oder konkludent eine Garantie hinsichtlich des Übergabetermins übernommen hat (s Vorbem 12 zu § 536; BGH LM Nr 47 zu § 537 BGB [Bl 4 f] = NJW 1992, 3226; EMMERICH PiG 46 [1995] 119, 133). Außerdem kommt bei Verzug des Vermieters mit der Übergabe der Mietsache nach Fristsetzung ein **Rücktritt** des Mieters nach § 323 BGB in Betracht (LG München I ZMR 2013, 543). Schließlich endet auch eine etwaige **Vorleistungspflicht des Mieters**, sobald der Vermieter mit seiner Leistung in Verzug gerät (BGH NZM 1998, 766 = NJW-RR 1998, 1464). Liegt kein Verzug vor (Rn 17 f), so wird es sich dagegen in aller Regel um einen Fall **anfänglichen Unvermögens** handeln, wenn der Vermieter die Sache dem Mieter nicht oder doch nicht rechtzeitig übergeben kann, etwa weil der Eigentümer oder der Besitzer der Sache, vor allem der Vormieter, nicht zu ihrer Herausgabe bereit sind (s EMMERICH PiG 46 [1995] 119, 128 f). Seit der Schuldrechtsreform von 2001 greift in diesen Fällen grundsätzlich nur noch eine **Verschuldenshaftung** ein (§§ 275, 311a Abs 2 BGB); jedoch sind abweichende Abreden möglich (§ 276 Abs 1 S 1 BGB) und häufig (wegen der Einzelheiten s Vorbem 4, 12 zu § 536). In den Fällen eines **anfänglichen Rechtsmangels** ist es dagegen bei der Garantiehaftung des Vermieters geblieben ist (§§ 536 Abs 3 und 536a Abs 1 BGB; s Vorbem 4 zu § 536). **19**

III. Erhaltungspflicht

1. Überblick

20 Der Vermieter muss die Sache dem Mieter nicht nur in einem zum vertragsgemäßen Gebrauch geeigneten Zustand überlassen (s Rn 14 ff), sondern außerdem die Sache während der ganzen Vertragsdauer in diesem Zustand erhalten (§ 535 Abs 1 S 2 BGB). Die Erhaltungspflicht ist die **zweite Hauptleistungspflicht** des Vermieters neben der Überlassungspflicht (Rn 14 ff), die im Austauschverhältnis mit der Mietzahlungspflicht des Mieters steht (§§ 320 ff BGB; BGHZ 92, 363, 367 = NJW 1985, 480; BGHZ 108, 1, 6 = NJW 1989, 2247; BGHZ 118, 194, 198 = NJW 1992, 1759; BGH 3. 4. 2003 – IX ZR 163/02, NZM 2003, 472 = ZMR 2003, 418; SONNENSCHEIN PiG 46 [1995] 7). Es handelt sich dabei um eine **Dauerverpflichtung**, die während der gesamten Mietdauer zu erfüllen ist und deshalb insbesondere **nicht verjähren** kann (Rn 14, zB BGH 19. 12. 2018 – XII ZR 5/18, NJW 2018, 1062 = NZM 2018, 143 Rn 23; LG Berlin ZMR 2019, 462). Dasselbe gilt auch für das Minderungsrecht des Mieters aus § 536 Abs 1 BGB (§ 215 BGB; FEUERLEIN WuM 2008, 385; ST ROTH PiG 83 [2008] 213, 223 f) sowie auf der anderen Seite ebenso für den Unterlassungsanspruch des Vermieters aus § 541 BGB, solange der vertragswidrige Gebrauch des Mieters andauert (BGH 19. 12. 2018 – XII ZR 5/18, NJW 2018, 1062 = NZM 2018, 143 Rn 15 ff), während es für den Schadensersatzanspruch des Mieters aus § 536a BGB wohl bei der Anwendbarkeit der §§ 195 und 199 BGB verbleibt (ST ROTH PiG 83 [2008] 213, 223 f; PALANDT/ELLENBERGER § 199 Rn 14 f; str). In der **Insolvenz** des Vermieters stellt die Erhaltungspflicht eine Masseverbindlichkeit dar (§ 55 Abs 1 Nr 2 InsO), und zwar ohne Rücksicht darauf, ob die fraglichen Mängel bereits vor oder erst nach Eröffnung des Insolvenzverfahrens entstanden sind (gdlg BGH 3. 4. 2003 – IX ZR 163/02, NZM 2003, 472 = ZMR 2003, 418).

21 **Maßstab** der Erhaltungspflicht ist der dem Mieter nach dem Vertrag geschuldete, vertragsgemäße Gebrauch (dazu im Einzelnen u Rn 35 ff). Bleibt der Zustand der Mietsache hinter dem danach geschuldeten Standard zurück, so kann der Mieter aufgrund der Erhaltungspflicht des Vermieters Erfüllung durch Herstellung des geschuldeten Zustands verlangen (§ 535 Abs 1 S 2 BGB). Daraus können sich je nach den Umständen des Falles unterschiedliche Pflichten des Vermieters ergeben. Paradigma ist der Anspruch des Mieters auf **Beseitigung** von **Mängeln** iS des § 536 BGB während der ganzen Dauer des Vertrages (Rn 22, Rn 28 ff, zB BGH 5. 12. 2018 – VIII ZR 17/18, NZM 2019, 140 = WuM 2019, 23 Rn 15 ff – Telefonanschluss), und zwar, wie besonderer Hervorhebung bedarf, einschließlich des Anspruchs des Mieters auf Durchführung der Schönheitsreparaturen, wenn und sobald Renovierungsbedarf besteht (§ 535 Abs 1 S 2 BGB) und auch grundsätzlich ohne Rücksicht auf die Ursache der Mängel (Rn 28a; BGH 15. 11. 2014 – VIII ZR 191/13, BGHZ 203, 256, 265 Rn 25 = NJW 2015, 699). Im Einzelnen hat man insoweit insbesondere die **Instandhaltungs-** und die **Instandsetzungspflicht** des Vermieters zu unterscheiden (u Rn 28 ff; BGHZ 118, 194, 198 = NJW 1972, 1759; SONNENSCHEIN PiG 20 [1985] 69; 46 [1995] 7).

22 Nach Überlassung der Sache muss der Vermieter außerdem die Mietsache dem Mieter belassen und darf ihn nicht in der Ausübung des vertragsgemäßen Gebrauchs stören (u Rn 23 ff). Er muss ferner den Mieter nach Möglichkeit vor Schäden bewahren und Störungen Dritter abwehren (u Rn 26 ff). **Ausnahmen** von der umfassenden Erhaltungspflicht des Vermieters werden nur im Einzelfall bei geringfügigen Ab-

weichungen von dem geschuldeten Standard, zB bei bloßen Haarrissen im Deckenputz angenommen (s § 536 Abs 1 S 2 BGB; LG Berlin GE 1987, 1111; GE 1988, 731 = WuM 1988, 309; GE 1994, 997). Dagegen können allein durch Zeitablauf bedingte *Verschleißerscheinungen* sehr wohl die Erhaltungspflicht des Vermieters auslösen, sobald sie die Qualität von Mängeln haben (AG Köln und AG Hamburg-Altona WuM 2008, 551).

2. Konkurrenzschutz

Aus der Verpflichtung des Vermieters, den Mieter vor Störungen des vertragsgemäßen Gebrauchs zu bewahren, ergibt sich bei der gewerblichen Miete auch ohne besondere Abreden der Parteien die zusätzliche Verpflichtung des Vermieters, den Mieter grundsätzlich gegen Konkurrenz bei den Hauptartikeln im selben Haus zu schützen (sog **vertragsimmanenter Konkurrenzschutz**), freilich nicht generell, sondern immer nur, soweit nach den Umständen des Einzelfalles und Treu und Glauben aufgrund einer Abwägung der Interessen der Parteien geboten (§§ 157 und 242 BGB, zB BGH 10. 10. 2012 – XII ZR 117/10, BGHZ 195, 50, 60 = NJW 2013, 44 Rn 37; 26. 2. 2020 – XII ZR 51/19 Rn 38, BGHZ 223 = NZM 2020, = WM 2020, 648; 11. 1. 2012 – XII ZR 40/10, NJW 2012, 844, 846 Rn 33 = NZM 2012, 196, 199; KG ZMR 2011, 30, 32; OLG Düsseldorf ZMR 2014, 202; OLG Hamm NZM 2016, 202, 204 Rn 39 = ZMR 2016, 198; Burbulla ZMR 2016, 200; Menn NZM 2017, 688, 689 ff; Niklas ZMR 2015, 270). Vorrang haben immer die **Abreden** der Parteien über den Konkurrenzschutz, durch die dieser sowohl erweitert als auch eingeschränkt oder sogar ausgeschlossen werden kann (§ 311 Abs 1 BGB; zB OLG Hamm ZMR 1997, 581; KG NZM 2007, 566, 567; 2008, 248; ZMR 2008, 616, 617 = NZM 2009, 623: OLG Brandenburg GE 2009, 1122; OLG Koblenz 25. 4. 2018 – 5 U 1161/17, NZM 2018, 564, 565; LG Berlin GE 2010, 1338; Menn NZM 2017, 688, 692 f). **23**

Es hängt deshalb stets von den Umständen des Einzelfalles ab, in welchem Umfang der Mieter tatsächlich und nach Treu und Glauben einen Schutz vor Konkurrenz verlangen kann (BGH 11. 1. 2012 – XII ZR 40/10, NJW 2012, 844, 846 Rn 33 = NZM 2012, 196, 199; KG ZMR 2011, 30, 32; Leo/Ghassemi-Tabar NZM 2009, 337; Ghassemi-Tabar NJW 2013, 47, 48; Oprée/Reinhard NZM 2013, 36). Ist zB ein Geschäft für Heil- und Hilfsmittel nach dem Vertrag nur gegen die Eröffnung konkurrierender Geschäfte in demselben Gebäude geschützt, so kann dies nicht im Wege der ergänzenden Vertragsauslegung auf den Betrieb einer fachärztlichen Praxis erstreckt werden, die ebenfalls derartige Hilfsmittel an Patienten abgibt (BGH 11. 1. 2012 – XII ZR 40/10, NJW 2012, 844, 846 Rn 33 = NZM 2012, 196, 199). Durch **Formularvertrag** kann der Konkurrenzschutz gleichfalls auch generell ausgeschlossen werden (OLG Düsseldorf ZMR 1992, 445 = NJW-RR 1992, 1290; OLG Celle ZMR 1992, 448 = WuM 1992, 538). Nur bei einer Verbindung des Ausschlusses des Konkurrenzschutzes mit weiteren den Mieter beschränkenden Klauseln kann eine übermäßige Beeinträchtigung der Mieterrechte vorliegen (§§ 307 und 310 BGB; s im Einzelnen u Rn 97b; grdl BGH 26. 2. 2020 – XII ZR 51/19, BGHZ 224 = NJW 2020, 1507; dazu Emmerich JuS 2020, 789). Die **Beweislast** für einen etwaigen Ausschluss des Konkurrenzschutzes trägt jedoch, wenn die Parteien darüber streiten, der Vermieter (s BGH NJW-RR 1988, 717 = WM 1988, 876; LG Köln WuM 1990, 379). **23a**

Bei der Bestimmung der Reichweite des vertragsimmanenten Konkurrenzschutzes kommt besondere Bedeutung der *Konkurrenzsituation* bei Vertragsabschluss zu: Schließt der Mieter in Kenntnis damals schon bestehender Konkurrenzgeschäfte den Mietvertrag ab, so wird davon auszugehen sein, dass er damit auf einen Kon- **23b** kurrenzschutz verzichtet hat (OLG Frankfurt NZM 2004, 706, 707 f; OLG Koblenz ZMR 2005, 861, 862 = NJW-RR 2005, 1680; KG NZM 2007, 566, 567 = GE 2008, 549 für Architekten). Der Konkurrenzschutz beschränkt sich außerdem grundsätzlich auf **dasselbe Grundstück** iS einer wirtschaftlichen Einheit (RGZ 131, 274; OLG Hamburg MDR 1964, 59; OLG Frankfurt NJW-RR 1988, 396; Menn NZM 2017, 688, 690 f), dh einschließlich unmittelbar angrenzender Grundstücke desselben Vermieters. Gleich steht der Fall, dass die benachbarten Grundstücke Gesellschaften mit im Wesentlichen identischen Gesellschafterkreisen gehören (OLG Hamm NZM 2016, 202, 204 Rn 40 f = ZMR 2016, 198; Burbulla ZMR 2016, 200 f). Dagegen werden nur in Ausnahmefällen dem Vermieter gleichfalls gehörende weitere Nachbargrundstücke erfasst (OLG Celle MDR 1964, 59), auf keinen Fall aber, wenn der Abstand zwischen den Grundstücken 350 m oder mehr beträgt (BGH NJW 1979, 1404 = LM Nr 17 zu § 536 BGB; OLG Rostock NZM 2006, 295; OLG Nürnberg NZM 2008, 843). Zusätzliche Beschränkungen bestehen, wenn der Vermieter nur Mit- oder Teileigentümer ist, weil sich dann der Konkurrenzschutz im Zweifel nicht auf die im Sondereigentum der anderen Miteigentümer stehenden Räumlichkeiten erstreckt (OLG Brandenburg ZMR 2009, 909 = NZM 2010, 43).

24 Mangels abweichender Abreden der Parteien (s KG GE 2002, 667) greift der Konkurrenzschutz nach § 242 BGB grundsätzlich nur ein, wenn es sich um **Geschäfte mit denselben Hauptartikeln** handelt, die sich an dieselben Kundenkreise wenden (RG DR 1941, 783; BGHZ 70, 79, 80 f = NJW 1978, 585; BGH LM § 536 BGB Nr 2, 3 und 5 zu § 536 BGB; LM Nr 11/12 zu § 536 BGB = WM 1968, 699; NJW 1974, 2317; LM Nr 17 zu § 536 BGB = NJW 1979, 1404; LM Nr 25 zu § 133 [B] BGB = NJW-RR 1986, 9; 26. 9. 2012 – XII ZR 122/11, WuM 2012, 671 Rn 21; OLG Hamm NJW-RR 1988, 911 = ZMR 1988, 136; NZM 1998, 511 = NJW-RR 1998, 1017; OLG Köln WuM 1998, 342 = NZM 1998, 512; OLG Frankfurt NZM 2004, 706, 707; OLG Düsseldorf GE 2010, 411; KG ZMR 2011, 30, 32; Menn NZM 2017, 688, 691 f). Ob dies der Fall ist, beurteilt sich sowohl nach der *tatsächlichen Ausgestaltung* des fraglichen Konkurrenzbetriebes als auch nach dem *Mietzweck* des Konkurrenzbetriebs, sofern danach in der Zukunft gegebenenfalls eine Ausdehnung auf konkurrierende Hauptartikel zu befürchten ist (so sehr großzügig OLG Düsseldorf ZMR 2014, 202, 203 = MDR 2913, 1027 unter Hinweis auf OLG Frankfurt 27. 1. 2012 – 2 U 299/11; OLG Hamm ZMR 2016, 198 = NZM 2016 202, 205 Rn 45; Burbulla ZMR 2016, 200, 201).

24a Der **Konkurrenzschutz** greift zB ein, wenn der Vermieter von Räumen für eine Kampfkunstschule weitere Räume an ein Unternehmen vermietet, welches (unter anderem) ebenfalls Unterricht in asiatischer Kampfkunst anbietet (OLG Düsseldorf ZMR 2014, 202, 203 = MDR 2913, 1027; Menn NZM 2017, 688, 691 f) oder wenn der Vermieter eines Fitness-Studios weitere Räume an ein Kick Box-Studio oder an ein Reha-Studio vermietet, die ebenfalls Fitnessangebote machen (können) (OLG Hamm ZMR 2016, 198 = NZM 2016 202, 205 Rn 45 ff). Eine Überschneidung bei den Hauptartikeln wurde ferner **zB** angenommen im Verhältnis zwischen einer Imbissstube und einer Pizzeria (OLG Hamm NJW-RR 1997, 459), zwischen einem Café mit Konditorei und einem italienischen Eissalon (OLG Frankfurt Betr 1970, 46), zwischen einer Kantine und einem Café mit Eisdiele (BGH LM Nr 6 zu § 535 BGB = BB 1961, 466), zwischen einer Eisdiele und einem Bistro (OLG Koblenz 25. 4. 2018 – 5 U 1161/17, NZM 2018, 564), weiter zwischen einer Drogerie und einem Supermarkt mit ausgebauter Drogerieabteilung (BGH LM Nr 11/12 zu § 536 BGB = MDR 1968, 657 = WM 1968, 699) sowie zwischen einer normalen Speisewirtschaft und einem Spezialitätenrestaurant (OLG Karlsruhe NJW-RR 1990, 1234 = ZMR 1990, 214). Relevante Überschneidungen wurden dagegen **verneint** im

Verhältnis zwischen einem Baumarkt und einem Teppichgeschäft, zwischen einer Apotheke und einer Selbstbedienungsdrogerie (OLG Frankfurt OLGZ 1982, 339 = NJW 1982, 707), zwischen einer Metzgerei und einem Imbissstand (OLG Hamm NJW-RR 1988, 911 = ZMR 1988, 136) sowie grundsätzlich zwischen einem Supermarkt oder einem sog Fast-Food-Geschäft und einer Bäckerei (OLG Köln NZM 1998, 512 = NJW-RR 1998, 1017; OLG Düsseldorf GE 2010, 411). Ein Mieter, der lediglich einen kleinen Teil eines weitläufigen industriell genutzten Grundstücks gemietet hat, kann außerdem nicht ohne Weiteres vom Vermieter Konkurrenzschutz hinsichtlich des ganzen restlichen Grundstücks verlangen kann (§ 242 BGB; OLG Koblenz NJW-RR 1995, 1352; OLG Nürnberg NZM 2007, 567, 568). Ebensowenig kann eine Spedition, die auf einem Grundstück nur eine Lagerhalle für Möbel gemietet hat, die Vermietung anderer Hallen an konkurrierende Spediteure verhindern (OLG Frankfurt NJW-RR 1987, 848).

24b Das Gesagte (Rn 23 ff) gilt grundsätzlich auch in großstädtischen **Einkaufsstraßen** und in **Einkaufszentren** (OLG Frankfurt NJW-RR 1988, 396; OLG Celle ZMR 1992, 448; KG GE 2005, 1426; LG Karlsruhe WuM 1991, 83), so dass zwischen verschiedenen Lokalen in einem Einkaufszentrum in der Regel den Konkurrenzschutz auslösende Überschneidungen angenommen werden (LG Karlsruhe WuM 1991, 83). Das Gesagte gilt ferner grundsätzlich ebenso für die **freien Berufe**, zB für ein **Ärztehaus**, wo es aber durchweg in besonderem Maße auf die Umstände des Einzelfalles und die (ausdrücklichen oder konkludenten) Abreden der Parteien ankommt (BGHZ 70, 79, 82 ff = NJW 1978, 585; BGHZ 195, 40 = NJW 2013, 44; BGH Betrieb 1976, 2151; BGH NJW 2012, 844 = NZM 2012, 196; OLG Hamm ZMR 1997, 581; OLG Düsseldorf NZM 2001, 1033 = ZMR 2002, 39; OLG Köln ZMR 2005, 861, 862; KG ZMR 2007, 566; OLG Brandenburg ZMR 2009, 909, 910 = NZM 2010, 43; Menn NZM 2017, 688, 692). Auf jeden Fall beschränkt sich aber der Konkurrenzschutz auf Ärzte derselben Fachrichtung (OLG Düsseldorf NZM 2007, 357 = ZMR 2007, 267, 268) und gilt daher zB **nicht** für das Verhältnis eines „Chirurgen" zu einem „Orthopäden" (obwohl natürlich beide operieren) (KG GE 2013, 1513), wohl aber für das Verhältnis eines Zahnarztes zu einem Kieferorthopäden (OLG Frankfurt 12. 4. 2018 – 2 U 111/17, NZM 2018, 567 = ZMR 2018, 1000).

25 Verstößt der Vermieter gegen die Pflicht, den Mieter vor Konkurrenz zu schützen, so kann der Mieter Erfüllung durch **Unterlassung** der Vermietung an den Konkurrenten verlangen (§ 535 Abs 1 S 2 BGB; BGH 10. 10. 2012 – XII ZR 117/10, BGHZ 195, 50, 63 Rn 50 ff = NJW 2013, 44; Leo/Ghassemi-Tabar NZM 2009, 337, 344; Ghassemi-Tabar NJW 2013, 47) sowie gegebenenfalls **Schadensersatz** fordern (§ 280 Abs 1 BGB). Als Schaden des Mieters kommt insbesondere der ihm infolge der unzulässigen Konkurrenz seitens anderer Mieter *entgangene Gewinn* in Betracht, gemessen etwa an dem durch die Konkurrenz verursachten Rückgang des Umsatzes (§ 252 BGB), dessen Darlegung für den Mieter freilich ausgesprochen schwierig sein kann (OLG Düsseldorf NZM 1998, 307 = ZMR 1997, 583; Schmidt-Futterer/Eisenschmid § 536 Rn 208). Deshalb ist es wichtig, dass heute bei einem Verstoß des Vermieters gegen eine vertragsimmanente oder besonders vereinbarte Konkurrenzschutzklausel auch ein **Mangel** der Mietsache angenommen wird, weil der Ist-Zustand der Räume negativ von der Sollbeschaffenheit aufgrund des Vertrages abweicht (BGH 10. 10. 2012 – XII ZR 117/10, BGHZ 195, 50, 60 f Rn 35 ff = NJW 2013, 44; 26. 2. 2020 – XII ZR 51/19 Rn 39, BGHZ 223, = NZM 2020, = WM 2020, 648; OLG Düsseldorf GE 2013, 1276 = ZMR 2014, 202; früher str, s Menn NZM 2017, 688, 689, 693 mN zum Streitstand). Denn das Ausmaß der **Minderung** ist unabhängig von der Umsatzeinbuße; die Minderung wird vielmehr aufgrund der Wertminderung des

Geschäfts durch die Konkurrenzsituation vom Gericht geschätzt (§ 287 ZPO; OLG Düsseldorf NZM 1998, 307 = ZMR 1997, 583; OLG Hamm NZM 2916, 202, 206 = ZMR 2016, 198; BURBULLA ZMR 2016, 201; SCHMIDT-FUTTERER/EISENSCHMID § 536 Rn 208). Dasselbe gilt, wenn der Vermieter selbst dem Mieter entgegen dem Vertrag Konkurrenz macht (KG GE 2007, 1551). Außerdem kann der Mieter fristlos **kündigen** (§ 543 Abs 2 Nr 1 BGB; OLG Düsseldorf ZMR 2014, 202; s unten § 543 Rn 23).

3. Schutz vor Störungen

26 Der Vermieter darf den Mieter nicht im vertragsgemäßen Gebrauch stören, sondern muss ihn im Gegenteil gegen Störungen durch *Dritte* einschließlich der Mitmieter schützen (§§ 241 Abs 2, 242 und 535 Abs 1 BGB; BGHZ 99, 182, 191 f = NJW 1987, 831; BGH 29. 4. 2015 – VIII ZR 197/14, BGHZ 205, 177, 193 Rn 41 = NJW 2015, 2177; BGH LM Nr 8 zu § 536 BGB = WM 1966, 763 = MDR 1966, 497; KG GE 2001, 1603; BÖRSTINGHAUS, Verwahrlosung, Lärm und Nachbarstreit, in: Vermieterleistungen, PiG 67 [2003] 103). Daraus ergibt sich für den Vermieter zB ein Verbot der Installation von **Videokameras** im Eingangsbereich (AG Berlin-Lichtenberg NJW-RR 2008, 1693; ELZER NJW 2013, 3537, 3539 f), ebenso wie umgekehrt der Vermieter auch keine Videokameras des Mieters zu dulden braucht (AG Hamburg-Wandsbeck WuM 2008, 22; AG München ZMR 2016, 550; ELZER NJW 2013, 3537, 3540; s aber Rn 40). Kern der Materie ist der Schutz gegen übermäßige **Lärmimmissionen** (zu den deshalb nötigen Grenzen bei der Musikausübung s Rn 51; wegen weiterer Einzelheiten s § 536 Rn 52 ff; BARTHELMESS, in: FS Blank [2006] 23; EMMERICH, in: Miete und Umwelt, PiG 31 [1989] 35 ff; FLATOW WuM 2014, 307; HORST MDR 2012, 70). Zwar besteht, weil gar nicht möglich, kein Anspruch auf absolute Ruhe; übermäßige und unnötige Störungen brauchen indessen nicht hingenommen zu werden. Die **Grenzen** sind flüssig, wobei auch die zunehmende Lärmempfindlichkeit der Bevölkerung zu berücksichtigen ist (vgl für Radiolärm LG Berlin GE 1988, 909). Die Rechtsprechung ist wenig einheitlich (ausführlich BARTHELMESS, in: FS Blank [2006] 23, 36; HORST MDR 2012, 70). Bei übermäßigen Störungen des Mieters durch von **Dritten** verursachten Störungen kann der Mieter mindern (§ 536 Abs 1 BGB) und gegebenenfalls fristlos kündigen (§ 543 Abs 1 und Abs 2 Nr 1 BGB). Außerdem muss der **Vermieter** gegen Störungen, die der Mieter nicht hinzunehmen braucht, einschreiten (§§ 535 Abs 1 S 2, 541 BGB); notfalls muss er übermäßig störenden Mitmietern kündigen (§ 543 Abs 1 BGB; LG Berlin GE 1988, 355; WuM 1999, 329; AG Bad Segeberg WuM 2000, 601 ff; BARTHELMESS, in: FS Blank [2006] 23, 31). Selbst zur Inanspruchnahme polizeilicher Hilfe kann er verpflichtet sein, etwa, wenn dem Mieter rechtswidrige Störungen Dritter drohen (BGHZ 99, 182, 191 f = NJW 1987, 831).

27 Als **Maßstab** für unzulässige Lärmbelästigungen fungieren vielfach die Immissionsschutzgesetze und die Lärmschutzverordnungen der Länder. Sie sind aber nicht vorgreiflich für die Auslegung des BGB. Maßgebend ist vielmehr neben den Abreden der Parteien zivilrechtlich allein das **Gebot gegenseitiger Rücksichtnahme** iVm dem jeweiligen Vertrag (§§ 241 Abs 2, 242 und 535 Abs 1 BGB), woraus sich insbesondere das Verbot jeder übermäßigen und unnötigen Lärmbelästigung sowie der Einhaltung der üblichen Ruhestunden (von 13.00 bis 16.00 Uhr und von 22.00 bis morgens 8.00 Uhr sowie an Sonn- und Feiertagen ganztägig) ergibt. Die wichtigsten Lärmquellen, die immer wieder zu Auseinandersetzungen führen, sind die **Musikausübung** durch einzelne Mieter, Kinder- und Tierlärm sowie Bad- und Toilettengeräusche (s zur Musikausübung u Rn 51 sowie zum Ganzen ausführlich mwNw BARTHELMESS, in: FS Blank [2006] 23; FLATOW WuM 2014, 307, 311 ff; HORST MDR 2012, 70). Fehlt es an vertraglichen Regelungen, so sind maßgebend immer die Umstände des Einzelfalls, das Gebot gegenseitiger Rücksichtnahme und entsprechend das **Verbot unnötiger und übermäßiger Lärmentwicklung**. Daraus folgt zB, dass der übliche **Kinderlärm** hinzunehmen ist, weil er zum Leben gehört, nicht jedoch absichtliche Störungen und ohne Weiteres zu vermeidende übermäßige Belästigungen (LG München I NZM 2005, 339 = NJW-RR 2005, 548; LG Berlin GE 2015, 656 f; Barthelmess, in: FS Blank [2006] 23, 52; Horst MDR 2012, 70 f; Stollenwerk NZM 2004, 289). **Bad- und Toilettengeräusche** sind tagsüber unvermeidlich, brauchen jedoch grundsätzlich nachts, weil unnötig und übermäßig, nicht hingenommen zu werden (str, anders zB OLG Düsseldorf ZMR 1991, 226; LG Köln NJW-RR 1997, 1440 = WuM 1997, 323). Besonders umstritten sind die Grenzen des Zulässigen bei Musik- und Partylärm außerhalb der genannten Ruhezeiten, die immer eingehalten werden müssen (s Rn 51) **Tierlärm**, insbesondere das Bellen von Hunden, muss dagegen richtiger Meinung nach unter keinen Umständen hingenommen werden (s § 536 Rn 28).

4. Instandhaltungs- und Instandsetzungspflicht

a) Begriff, Abgrenzung

Der Vermieter ist verpflichtet, die vermietete Sache einschließlich der mitvermieteten Räume und Flächen (o Rn 7 ff) während der ganzen Vertragsdauer in einem Zustand zu erhalten, der dem Mieter den vertragsgemäßen Gebrauch ermöglicht und durch den der Mieter und seine Angehörigen nicht gefährdet werden (§ 535 Abs 1 S 2 BGB; BGH 3. 4. 2003 – IX ZR 163/02, NZM 2003, 472 = ZMR 2003, 418; 28. 5. 2008 – VIII ZR 271/07, NJW 2008, 2432 Rn 9 = NZM 2008, 607). Darin eingeschlossen ist die Pflicht zur Instandhaltung und Instandsetzung der Mietsache (s schon oben Rn 20). Die Grenze zwischen Instandhaltung und Instandsetzung ist fließend, die genaue Abgrenzung beider Pflichten daher schwierig, wichtig aber zB, wenn der Mieter nach dem Mietvertrag (nur) zur Instandhaltung, nicht dagegen auch zur Instandsetzung der Mietsache verpflichtet ist (Rn 137 ff; s im Einzelnen Horst DWW 2013, 204, 210 f; J Schmidt NZM 2011, 681). Üblicherweise wird zur Definition des Begriffs der **Instandhaltung** auf § 28 Abs 2 S 1 der II. BV zurückgegriffen, wonach Instandhaltungskosten die Kosten sind, die während der Nutzungsdauer *zur Erhaltung* des bestimmungsmäßigen *Gebrauchs* aufgewendet werden müssen, um die durch Abnutzung, Alterung und Witterungseinwirkung entstehenden baulichen oder sonstigen Mängel ordnungsgemäß zu beseitigen. Als **Instandsetzung** bezeichnet man dagegen die Maßnahmen des Vermieters zur *Beseitigung* von während der Vertragsdauer auftretenden *Mängeln* einschließlich der Erneuerung defekter Teile und Einrichtungen (s Rn 145; Guhling NZM 2019, 457, 459; Horst DWW 2013, 204, 210 f; J Schmidt NZM 2011, 681, 682 ff; Strauch NZM 2011, 392 f). Idealtypisch geht es bei der Unterscheidung zwischen Instandhaltung und Instandsetzung maW um den Gegensatz zwischen erhalten und wiederherstellen oder reparieren.

28

Die **Instandsetzungs-** oder **Reparaturpflicht** des Vermieters bezieht sich grundsätzlich auf **sämtliche Mängel**, die der Mieter nicht geradezu iS des § 276 BGB (str) zu vertreten hat (§§ 535 Abs 1 S 2, 538 BGB; s im Einzelnen u § 536 Rn 110; BGH 15. 11. 2014 – VIII ZR 191/13, BGHZ 203, 256, 265 Rn 25 = NJW 2015, 699; BGH 28. 5. 2008 – VIII ZR 271/07, NJW 2008, 2432 Rn 9 = NZM 2008, 607), und zwar an allen Teilen eines Hauses einschließlich der gemeinschaftlich genutzten und mitvermieteten Flächen wie Flure, Treppen, Zugänge, Parkplätze und Garagen (s Rn 29, zB BGH 15. 10. 2008 – VIII ZR 321/

28a

07, NJW 2009, 143 Rn 13 = NZM 2008, 927; 21. 2. 2018 – VIII ZR 255/16, NZM 2018, 509 Rn 20 ff = WuM 2018, 639; KG WuM 1984, 42; LG Berlin GE 12004, 626; WuM 2005, 49). Weist das **Dach** Schäden auf, so ist der Vermieter daher zB zur Reparatur des Dachs verpflichtet (OLG Düsseldorf NZM 2000, 464). Notfalls muss das gesamte Dach saniert werden (OLG Düsseldorf GE 2008, 54, 55). Dasselbe gilt für die **Fassade**, wenn zB von Schäden der Fassade Feuchtigkeitsschäden in den Wohnungen drohen (LG Berlin GE 2009, 782). Tritt in der Wohnung sog „Fogging" (dh die Ablagerung von Schwarzstaub) auf, so muss der Vermieter auch diesen beseitigen, sofern der Mieter nicht die Ablagerungen zu vertreten hat (BGH 28. 5. 2008 – VIII ZR 271/07, NJW 2008, 2432 Rn 9 ff = NZM 2008, 607). Besitzt das vermietete Haus eine **Zentralheizung**, so muss der Vermieter ferner alles Nötige tun, um deren Betrieb sicherzustellen, selbst wenn die Heizung vom Mieter mit Zustimmung des Vermieters eingebaut worden war (AG Kiel WuM 1989, 501). Fällt die Heizung aus, so muss sie daher der Vermieter umgehend reparieren lassen (AG Osnabrück WuM 2005, 48). Entsprechendes gilt für einen **Aufzug** und für sämtliche anderen **technischen Anlagen**, soweit mitvermietet, sodass der Vermieter deren ständige Betriebsbereitschaft sicherstellen muss (s § 536 Rn 39; BGH 28. 7. 2004 – XII ZR 163/03, NZM 2004, 916 = ZMR 2004, 898, 899; LG Berlin ZMR 1986, 89). Enthält die Wohnung zB einen Telefonanschluss, so muss der Vermieter auch für die Funktionsfähigkeit dieser Anlage sorgen, ganz gleich, wo der Fehler in der Anlage aufgetreten ist (BGH 19. 12. 2018 – VIII ZR 17/18, NZM 2019, 140 Rn 15 ff = WuM 2019, 23). Es spielt keine Rolle, ob der Mieter die fraglichen Räume überhaupt bewohnt, an Dritte überlassen, etwa weitervermietet hat oder ob die Wohnung sogar leer steht: Mängel müssen immer beseitigt werden (BGH 22. 8. 1918 – VIII ZR 99/17, NZM 2018, 1020 Rn 13 ff = WuM 2018, 641). Jedoch **endet** die Instandsetzungspflicht des Vermieters mit dem Vertrag; nach Vertragsende ist der Vermieter nicht mehr zur Beseitigung von Mängeln verpflichtet, selbst wenn der Mieter wohnen bleibt (LG Krefeld NZM 2018, 787, 788; wohl auch BGH 27. 5. 2015 – XII ZR 66/13, NZM 2015, 695 = NJW 2015, 2795: Keine Minderung mehr nach Vertragsende).

28b Ein Verstoß des Mieters gegen seine **Anzeigepflicht** aus § 536c BGB ändert nichts an der Reparaturpflicht des Vermieters. Der Rechtsverlust des Mieters nach § 536c Abs 2 BGB erstreckt sich während des Laufs des Vertrages *nicht* auf seinen *Erfüllungsanspruch* aus § 535 Abs 1 S 2 BGB (§ 536c Rn 19; anders nach Vertragsende, s Rn 28a), wohl aber auf etwaige *Ersatzansprüche* wegen Schäden, die der Mieter infolge des nicht angezeigten Mangels erleidet (OLG Düsseldorf ZMR 2008, 952). Auch der Erfüllungsanspruch des Mieters entfällt schließlich, wenn er den Mangel zu vertreten hat (s § 536 Rn 110 ff) oder wenn er den Handwerkern, die der Vermieter mit der Reparatur beauftragt hat, mehrfach grundlos den Zutritt zur Wohnung verweigert (§§ 242, 326 Abs 2 BGB; AG Münster ZMR 2008, 385).

b) Insbesondere Verkehrssicherungspflicht

29 Der Vermieter muss den Mieter nach Möglichkeit vor vermeidbaren **Gefahren** im Zusammenhang mit dem vertragsgemäßen Gebrauch **schützen** (§§ 241 Abs 2 535 Abs 1 BGB; s Rn 26, SCHICKEDANZ ZMR 2011, 11). Daraus folgt zB, dass der Vermieter, wenn Einbrüche drohen, alle erforderlichen Maßnahmen ergreifen muss, um weitere **Einbrüche** zu verhindern (BGH LM Nr 2 zu § 535 BGB = ZMR 1953, 337; LM Nr 13 zu § 3 VermG = WM 2001, 1346; OLG Hamburg NJW-RR 1988, 1481 = WuM 1989, 68; LG Berlin GE 1987, 523; AG Hamburg WuM 1994, 677, 678). Ist dazu der Einbau einer modernen automatischen Schließanlage erforderlich, so erstreckt sich die Erhaltungspflicht des Vermieters auch darauf (BGH LM Nr 13 zu § 3 VermG = WM 2001, 1346). IdR soll jedoch bei einem Mehrfamilienhaus ein Schnappschloss genügen (AG Hamburg WuM 1994, 676, 677; AG Frankfurt NZM 2005, 619, 620; fraglich). Eine besondere Ausprägung dieser Schutzpflicht des Vermieters ist die sog **Verkehrssicherungspflicht** (KG WuM 2006, 390 f; OLG München NJW 2015, 962 = NZM 2015, 255 Rn 15, 25 ff; Grams NZM 2011, 460; Hitpass ZMR 2008, 935; Horst NZM 2020, 569; Schuschke NZM 2006, 733; Strauch NZM 2011, 392). Insoweit decken sich die Pflichten des Vermieters aus dem Mietvertrag (§ 535 Abs 1 S 2 BGB) mit denen aus Delikt (§ 823 Abs 1 BGB, s Rn 33 und zB für die Reinigungs- und Streupflicht des Vermieters BGH 21. 2. 2018 – VIII ZR 256/16 Rn 23, NZM 2018, 509 = WuM 2018, 639), sodass der Vermieter alles Mögliche und Zumutbare tun muss, um Schäden von seinen Mietern abzuwenden, wobei darauf abzustellen ist, was ein vernünftiger Mensch für erforderlich hält (OLG München NJW 2015, 962 = NZM 2015, 255 Rn 16–18). Besondere **Erscheinungsformen** der Verkehrssicherungspflicht des Vermieters sind die Prüfungspflicht (u Rn 32 f) sowie die Pflicht zur Reinigung und Beleuchtung der Mietsache (u Rn 33 f).

Die Verkehrssicherungspflicht des Vermieters erstreckt sich auf die **mitvermieteten** **29a** **Zu- und Abgänge** einschließlich der Zufahrten und Parkplätze sowie auf den Garten, auf Treppen und Flure, Fahrstühle, Keller und Böden, sodass sich diese Räume und Flächen ebenfalls in einem Zustand befinden müssen, der vermeidbare Gefahren für die Mieter sowie deren Angehörige und Besucher ausschließt (Rn 7 ff, Rn 28, u Rn 31, 33; BGH 21. 2. 2018 – VIII ZR 255/16 Rn 20 ff, NZM 2018, 509 = WuM 2018, 639; LM Nr 36 zu § 276 [Cc] BGB = NJW 1994, 2232; KG WuM 1984, 42; NZM 2007, 125; OLG Düsseldorf ZMR 2015, 850; LG Berlin GE 2004, 636; WuM 2005, 49). Dasselbe gilt für solche Teile des Hauses, deren Benutzung durch die Mieter der Vermieter *lediglich duldet,* ohne hierzu verpflichtet zu sein (KG HRR 1936 Nr 1217), sowie für diejenigen Räume, die in der Obhut der *Mitmieter* oder des Vermieters selbst stehen (BGH LM Nr 4 zu § 536 BGB = NJW 1957, 826; LM Nr 6a zu § 536 BGB = NJW 1964, 33; WM 1969, 1011, 1012). Wenn der *Vermieter* im selben Haus wohnt, muss er daher auch dafür Sorge tragen, dass von seiner Wohnung den Wohnungen der Mieter keine Gefahren drohen (BGH LM Nr 39 zu § 278 BGB = MDR 1964, 750). Die Verkehrssicherungspflicht des Vermieters **endet** jedoch grundsätzlich an der **Grundstücksgrenze**. Auf Wege und Zugänge jenseits der Grundstücksgrenze erstreckt sie sich nicht mehr, sodass der Mieter bei der Benutzung derartiger Wege und Zugänge auf eigene Gefahr handelt (BGH 21. 2. 2018 – VIII ZR 255/16 Rn 22, 24, 28, NZM 2018, 509 = WuM 2018, 639).

Ein Schacht im Garten muss auf jeden Fall abgedeckt werden (AG Potsdam GE 1996, **30** 1241). Auf Flächen, auf denen üblicherweise kleine **Kinder** spielen, dürfen ferner keine giftigen Unkrautvernichtungsmittel verwandt werden (LG München I NJW-RR 1990, 217). Und frei verlegte **Rohre** müssen so isoliert werden, dass Frostaufbrüche vermieden werden (BGH NJW-RR 1989, 76 = WM 1988, 1382; AG Potsdam WuM 1995, 699). Abweichende Bestimmungen in Formularverträgen sind nicht möglich (OLG Celle WuM 1990, 103, 114). Auf der anderen Seite bleibt zu beachten, dass es einen absoluten Schutz vor Gefahren nicht gibt und auch nicht geben kann, sodass keine übertriebenen Anforderungen gestellt werden dürfen (OLG Düsseldorf ZMR 2015, 850). In Gebieten mit normalerweise geringem Schneefall müssen daher zB keine besonderen Schutzmaßnahmen gegen Dachlawinen auf Parkplätzen ergriffen werden (OLG Düsseldorf WuM 2012, 606 f). Für hochwassergefährdete Gebiete müssen ebenfalls nur Vorkehrungen gegen „normale" Hochwasser (mit einem gewissen Sicherheitszuschlag) getroffen werden, nicht hingegen gegen ein Jahrhunderthochwasser, mit dem niemand rechnen konnte (s im Einzelnen unten § 536 Rn 38; OLG München NJW 2015, 962 = NZM 2015, 255).

c) Ausnahmen, Kosten

31 *Wie* der Vermieter seiner Instandsetzungs- oder Reparaturpflicht nachkommt, ist allein seine Sache; der Mieter kann ihm insoweit keine Vorschriften machen (LG Berlin GE 1994, 1447; LG Hamburg ZMR 2010, 610, 611; AG München ZMR 2013, 974). Er muss jedoch bei seinen Reparaturmaßnahmen, zB bei der Durchführung der Schönheitsreparaturen auf die berechtigten Interessen und Wünsche des Mieters Rücksicht nehmen (§§ 241 Abs 2, 242 BGB; LG Berlin WuM 2017, 395; AG Berlin-Mitte GE 2013, 1283). Die **Beweislast** für die Erfüllung der Reparaturpflicht trägt der Vermieter (OLG Hamm NJW-RR 1995, 525, 526; AG Dortmund WuM 2009, 36, 39). Ist der Vermieter nur **Wohnungseigentümer**, so ändert dies gleichfalls nichts an dem Umfang seiner Erhaltungspflicht gegenüber dem Mieter; notfalls muss er sich, soweit erforderlich, intensiv um die Zustimmung der anderen Wohnungseigentümer zu den erforderlichen Maßnahmen bemühen (s § 536a Rn 10; KG ZMR 1990, 336 = GE 1990, 811; LG Berlin GE 1989, 1113; NZM 2013, 360, 361 mwNw; ausführlich BRIESEMEISTER, in: 10 Jahre Mietrechtsreform [2011] 98 mwNw). Ihre Grenze findet die Reparaturpflicht des Vermieters grundsätzlich erst an der **Unmöglichkeit** der erforderlichen Maßnahmen (§ 275 BGB; s Vorbem 5 f zu § 536; EMMERICH NZM 2010, 497; LEHMANN-RICHTER NJW 2008, 1196), während die **Kosten**, die durch eine Reparatur verursacht werden, im Regelfall keine Rolle spielen. **Ausnahmen** können sich nur im Einzelfall unter außergewöhnlichen Umständen aus § 242 BGB ergeben (§ 275 Abs 2 BGB; s Vorbem 7 f zu § 536; BGH 21. 4. 2010 – VIII ZR 131/09, NJW 2010, 2050 = NZM 2010, 507; EMMERICH NZM 2010, 497; HIRSCH ZMR 2007, 1). Eine **Verjährung** des Anspruchs des Mieters auf Beseitigung von Mängeln kommt während des Laufs des Vertrags nicht in Betracht (Rn 14).

5. Prüfungspflicht

32 Die Verkehrssicherungspflicht umfasst die Verpflichtung des Vermieters, die vermietete Sache (nur) bei Anzeichen von Mängeln oder einer drohenden Gefahr daraufhin zu überprüfen, ob sie sich in einem ordnungsgemäßen, dh ungefährlichen Zustand befindet, (Rn 28; BGH VersR 1966, 81, 82; WM 1976, 537; OLG Saarbrücken NJW 1993, 3077; OLG Celle ZMR 1996, 197, 198 f; ZMR 2009, 683 f = NJW-RR 2010, 308; AGATSY ZMR 2019, 298; DERLEDER, in: Vermieterpflichten PiG 67 [2003] 1, 8 ff). Dagegen ergibt sich aus dem Mietvertrag *keine* Pflicht zur **regelmäßigen Generalinspektion** etwa der elektrischen Leitungen und Anlagen (BGH 15. 10. 2008 – VIII ZR 321/07, NZM 2008, 927 = NJW 2009, 143 Rn 17 f) oder der Öfen und der Heizung (BGH 1. 6. 2011 – VIII ZR 310/10, WuM 2011, 465 Rn 3 = ZMR 2011, 938; LG Berlin GE 2011, 133, 134), der Regenrinnen oder der Abwasserleitungen (zB OLG Düsseldorf GE 2011, 336; ZMR 2012, 861; LG Berlin ZMR 2019, 191, 192), ferner der Gasleitungen und Rückstauschieber (BGH WM 1976, 537; OLG Stuttgart ZMR 1973, 144 f) sowie der Flachdächer (AG Dortmund WuM 2009, 36, 38). Die Prüfungspflicht des Vermieters wird vielmehr erst von Fall zu Fall ausgelöst bei einer **Anzeige** von Mängeln durch den Mieter sowie bei dem Auftreten von Mängeln oder sonstigen **Unregelmäßigkeiten** in dem Betrieb der Anlagen, die auf drohende Mängel oder Gefahren hinweisen (BGH 15. 10. 2008 – VIII ZR 321/07, NZM 2008, 927 = NJW 2009, 143 Rn 18 f; 1. 6. 2011 – VIII ZR 310/10, WuM 2011, 465 Rn 3 = ZMR 2011, 938; OLG Düsseldorf GE 2011, 336; ZMR 2012, 861; OLG Celle ZMR 2009, 683, 684 f = NJW-RR 2010, 308). Die

Kosten der Prüfung technischer Anlagen stellen sonstige Betriebskosten im Sinne des § 2 Nr 17 der Betriebskostenverordnung dar, die bei entsprechender Vereinbarung folglich vom Mieter zu tragen sind (§ 556 Abs 1 S 1 BGB; BGH 14. 2. 2007 – VIII ZR 123/06, NJW 2007, 1356 =NZM 2007, 282 Rn 12 f).

Auch **Leitungen** und **Abflussrohre** müssen nur überprüft werden, wenn *Anhaltspunk-* **32a** *te* für Mängel bestehen, wenn es zB bereits wiederholt zu Verstopfungen oder zu Wassereinbrüchen gekommen ist (LG Berlin GE 2000, 281, 283). Ohne solchen Anlass braucht dagegen eine im Erdboden liegende **Wasserleitung** nicht ausgegraben zu werden, um sie zu überprüfen (BGH LM Nr 3 zu § 538 BGB = BB 1957, 494; LM Nr 3 zu § 586 BGB = NJW-RR 1993, 521 = ZMR 1993, 151; LG Hamburg ZMR 2007, 120, 121). Bei Räumen und Geräten, die sich im Besitz des Mieters befinden, kann sich der Vermieter außerdem grundsätzlich darauf verlassen, dass ihm der Mieter etwaige Mängel rechtzeitig anzeigen wird (§ 536c BGB; BGH WM 1969, 1011, 1012 f; LG Hamburg ZMR 1991, 440). Dasselbe gilt allgemein für Installationen, die sich wie zB die sanitären Einrichtungen der Wohnungen in der ausschließlichen Obhut der Mieter befinden (OLG Frankfurt ZMR 2003, 674, 675). Ebenso wenig trifft den Vermieter eine Prüfungspflicht hinsichtlich der **von** anderen **Mietern** zu verantwortenden **Installationen**, sodass für Schäden, die von solchen Installationen ausgehen, allein die anderen Mieter verantwortlich sind (OLG Köln ZMR 2004, 819, 820).

6. Reinigungs- und Beleuchtungspflicht

Wie bereits im einzelnen ausgeführt (Rn 29 f), umfasst die den Vermieter treffende **33** Verkehrssicherungspflicht aus Vertrag wie aus Delikt (§ 823 Abs 1 BGB) auch die Reinigung und Beleuchtung der zu einem Haus gehörenden **Wege** einschließlich der Zu- und Abgänge sowie der Treppen und Flure, während die Reinigung der vermieteten Räume selbst sowie (angeblich) sogar der zugehörigen Außenflächen der Fenster allein Sache der Mieter ist (so BGH 21. 8. 2018 – VIII ZR 188/16 Rn 9, NZM 2018, 900 = WuM 2018, 710; dagegen zutreffend Abramenko, in: FS H Müller [2019] 1). Den Vermieter trifft folglich im Rahmen des Möglichen und Zumutbaren die Pflicht, die Zu- und Abgänge sowie die zugehörigen Wege zu säubern und im Winter von **Schnee und Eis** zu räumen und gegebenenfalls mit abstumpfenden Mitteln zu streuen (BGH LM Nr 142 zu § 823 [Dc] BGB = NJW 1985, 484; VersR 1965, 364; LG Köln ZMR 2014, 541; WuM 1995, 107; Mergner/Matz NJW 2014, 186, 188 ff). Diese Pflicht endet jedoch an der Grundstücksgrenze (Rn 29a) und besteht auch zeitlich nur **von 7.00 Uhr morgens bis zum Abend**, dagegen nicht während der Nacht (BGH 14. 2. 2017 – VI ZR 254/16, NJW-RR 2017, 858 = NZM 2018, 492 mA Kappus; OLG Koblenz NJW-RR 2008, 1331 = NZM 2008, 687; OLG Naumburg NZM 2014, 466; Hitpass WuM 2011, 662; Mergner/Matz NJW 2014, 186, 188 ff) und zB auch nicht für einen privaten Parkplatz, auf dem jedem Mieter zugemutet werden kann und muss, selbst für seine Sicherheit zu sorgen (OLG Düsseldorf NJW-RR 2008, 1696). Durch die Wegegesetze der Länder und die Satzungen der Gemeinde können grundsätzlich keine weitergehenden Pflichten für den Vermieter und damit mittelbar auch für den Mieter begründet werden (BGH 14. 2. 2017 – VI ZR 254/16 Rn 9, NJW-RR 2017, 858 = NZM 2018, 492 m Anm Kappus).

Die Reinigungs-, Streu- und Beleuchtungspflicht des Vermieters (aus jeder Rechts- **33a** grundlage) kann vertraglich auf den Mieter **abgewälzt** werden, und zwar auch durch **Formularvertrag**. Voraussetzung ist aber, dass die fragliche Klausel *klar und eindeutig* ist (§§ 305c, 311 BGB; BGH 22. 1. 2008 – VI ZR 126/07, NJW 2008, 1440 Rn 9 = NZM 2008, 242; OLG Hamm NJW 2013, 1375 = NZM 2013, 358; Hitpass WuM 2011, 662; ders DWW 2020, 324; Mergner/Matz NJW 2014, 186, 190 ff; M Schmid NZM 2013, 669; Wietfeld NJW 2014, 1206). Versteckte und verklausulierte Bestimmungen über die Abwälzung der genannten Pflichten auf den Mieter sind unwirksam (BGH LM Nr 142 zu § 823 [Dc] BGB = NJW 1985, 484; OLG Frankfurt WuM 1988, 399; LG Stuttgart WuM 1988, 399). Zulässig soll es dagegen sein, die Mieter insoweit *unterschiedlich zu behandeln,* sofern dafür ein sachlicher Grund vorliegt, etwa die genannten Pflichten allein auf die Mieter der Erdgeschoßwohnungen abzuwälzen (so LG Köln ZMR 2014, 541; M Schmid ZMR 2014, 543). Nicht möglich ist dagegen die Abwälzung der Pflichten allein durch eine vom Vermieter „aufgestellte" **Hausordnung,** weil der Vermieter keine Befugnis besitzt, einseitig Pflichten der Mieter durch Hausordnungen, dh durch AGB zu begründen (§ 311 Abs 1 BGB; Vorbem 169 f zu § 535; M Schmid ZMR 2014, 543, str). Durch die Hausordnung kann lediglich die bereits im Mietvertrag vereinbarte Übertragung der Verkehrssicherungspflichten auf den Mieter in einzelnen Beziehungen konkretisiert werden.

33b Sind die genannten Pflichten, insbesondere also in die Räum- und Streupflicht wirksam auf den Mieter durch Vertrag übertragen, so kann der Vermieter so lange auf deren ordnungsmäßiger Erfüllung durch den Mieter vertrauen, wie keine konkreten Anhaltspunkte für ein vertragswidriges Verhalten des Mieters hervortreten; jedoch verbleibt bei dem Vermieter insoweit eine **Kontroll- und Überwachungspflicht** (BGH 22. 1. 2008 – VI ZR 126/07, NJW 2008, 1440 Rn 9 = NZM 2008, 242; OLG Hamm NJW 2013, 1375 = NZM 2013, 358). Für übertriebene Anforderungen ist kein Raum (§§ 242, 275 BGB) Selbst im Winter kann höchstens zwei bis dreimal in der Woche eine Kontrolle verlangt werden (Mergner/Matz NJW 2014, 186, 190 mwNw). Möglich ist ferner die Übertragung der genannten Pflichten auf gewerbliche **Reinigungsunternehmen.** Dabei handelt es sich um Werkverträge, sodass der Vermieter mindern kann, wenn der Unternehmer seiner Reinigungspflicht nicht nachkommt (§ 638 BGB; BGH 6. 6. 2013 – VII ZR 355/12, NJW 2013, 3022). In den Schutzbereich des Vertrags zwischen dem Vermieter und dem vom Vermieter beauftragten Unternehmen können auch die Mieter einbezogen sein (§§ 328, 280 Abs 1 BGB; BGH 22. 1. 2008 – VI ZR 126/07, NJW 2008, 1440 Rn 9 = NZM 2008, 242 Rn 9, 11).

34 Wenn der **Mieter** wirksam die Reinigungs- oder Streupflicht übernommen hat (s o Rn 33a f), haftet er bei einer Verletzung der übernommenen Verkehrssicherungspflicht geschädigten Dritten nach § 823 Abs 1 BGB (BGH 22. 1. 2008 – VI ZR 126/07, NJW 2008, 1440 Rn 9 = NZM 2008, 242 = WuM 2008, 235). Voraussetzung ist jedoch eine klare **Aufgabenteilung** innerhalb der Mietergemeinschaft, weil andernfalls unklar ist, welchen Mieter konkret jeweils die aktuelle Verkehrssicherungspflicht trifft und wer deshalb gegebenenfalls bei einem Verstoß haftet (s schon Rn 33a, OLG Naumburg NZM 2014, 486). Wenn der Mieter, auf den die Verkehrssicherungspflicht übertragen wurde, verhindert ist, muss er für eine **Ersatzkraft** sorgen. Das gilt grundsätzlich auch, wenn er infolge **Krankheit oder Alters** daran gehindert ist, seiner Reinigungs- oder Schneeräumungspflicht nachzukommen. Entgegen einer verbreiteten Meinung befreien solche Umstände gemäß 275 Abs 2 BGB den Schuldner grundsätzlich nicht, da es sich nicht um eine höchstpersönliche Leistungspflicht handelt, der Mieter vielmehr jederzeit durch die Hinzuziehung Dritter seiner Leistungspflicht nachkommen kann; dass damit zusätzliche Kosten verbunden sind, befreit ihn in keinem Fall von der Verpflichtung zur Erfüllung wirksam übernommener Pflichten (§ 279 BGB aF; LG Flensburg WuM 1987, 52 = ZMR 1988, 140 Nr 10; LG Wuppertal WuM 1987, 381; MERGNER/MATZ NJW 2014, 186, 189 mwNw; – **aM** HITPASS WuM 2011, 664 f; M SCHMID WuM 2008, 631; STERNEL, Mietrecht Rn II 90 ff, jeweils mwNw). Diese Regeln gelten entsprechend für das Problem der **Müllbeseitigung** (LG Aachen NJW-RR 1988, 783; AG Lüdenscheid WuM 1986, 136; DERLEDER, in: Vermieterleistungen PiG 67 [2003] 1, 11 ff).

IV. Umfang des vertragsgemäßen Gebrauchs

1. Bedeutung, Wohnungseigentum

Der vertragsgemäße (oder – so früher – vertragsmäßige) Gebrauch ist der **Zentralbegriff** des Mietrechts, nach dem sich letztlich sämtliche Rechte und Pflichten der Parteien richten: Einerseits hat der Vermieter während der ganzen Vertragsdauer alles zu tun, um dem Mieter den vertragsgemäßen Gebrauch zu ermöglichen (§ 535 Abs 1 S 2 BGB; s Rn 20, Rn 28 ff); auf der anderen Seite muss sich der Mieter bei dem Gebrauch der Mietsache strikt an die Grenzen des vertragsgemäßen Gebrauchs halten (§§ 538, 541 BGB). Was jeweils zum vertragsgemäßen Gebrauch gehört, richtet sich in erster Linie nach den **Abreden** der Parteien (§§ 311 Abs 1, 535 BGB). Ergänzend sind **Art und Lage** des Mietobjektes sowie die **Verkehrssitte** zu berücksichtigen (§§ 133, 157, 242 BGB; BGH 16. 5. 2007 – VIII ZR 207/09, NZM 2007, 597 = WuM 2007, 381 Rn 8; KG WuM 1984, 42). Die Praxis zu der Frage, welche Folgerungen sich daraus im Einzelnen für die Rechte und Pflichten der Mietvertragsparteien ergeben, ist redundant. Auf eine Reihe der am meisten umstrittenen Fragenkreise wie zB das Ausmaß der Musikausübung oder das Recht zur Tierhaltung wird im Folgenden im Einzelnen eingegangen (zB Rn 51, 52 ff).

35

Zusätzliche Fragen stellen sich, wenn sich die vermietete Wohnung in einer **Wohnungseigentumsanlage** befindet, weil das Wohnungseigentumsrecht und das zwingende soziale Mietrecht nur schlecht aufeinander abgestimmt sind, sodass **Kollisionen** vor allem zwischen der Gemeinschaftsordnung und den Wohnungsmietverträgen vorprogrammiert sind (s dazu insbesondere BLANK WuM 2013, 94; BRIESEMEISTER, in: 10 Jahre Mietrechtsreformgesetz [2011] 98; DÖTSCH WuM 2013, 90; HÄUBLEIN NZM 2014, 97 ff; HOGENSCHURZ NZM 2014, 501; HORST DWW 2014, 49; ders WuM 2014, 454, 463 ff; JACOBY ZWE 2012, 70; ders ZMR 2012, 669, 672 f). Beispiele sind von den Wohnungseigentümern beschlossene generelle Verbote der Tierhaltung oder der Musikausübung außerhalb bestimmter Zeiten in den Wohnungen, das in den Mietverträgen, die Wohnungseigentümer mit Dritten geschlossen haben, keine Entsprechung findet (s AG Hannover ZMR 2017, 898). In derartigen Fällen ist davon auszugehen, dass die **Gemeinschaftsordnung** der Wohnungseigentümer den Mieter einer Wohnung nur bindet, wenn der Mietvertrag wirksam auf die Gemeinschaftsordnung Bezug nimmt (AG Hannover ZMR 2017, 898 mwNw). Andernfalls ist der Mieter grundsätzlich frei, versteht sich: im Rahmen des ihm zustehenden vertragsgemäßen Gebrauchs. Jedoch können die anderen Wohnungseigentümer, wenn der Mieter durch einen ihm nach dem Vertrag an sich erlaubten Gebrauch, zB durch die Musikausübung oder die Tierhaltung, die anderen Wohnungseigentümer in einer gegen die Gemeinschaftsordnung verstoßenden Weise stört, gegebenenfalls nach den §§ 862 und 1004 BGB gegen den Mieter vorgehen und **Unterlassung** verlangen (zB LG Hamburg ZMR 2012, 854, 855, str). Der auf Unterlassung in Anspruch genommene Mieter kann sich dann nur an seinen Vermieter halten (§§ 535, 536 und 536a BGB, s unten § 536 Rn 82, § 541 Rn 1, § 555b Rn 2a). Ebenso

35a

verhält es sich bei **Mängeln der vermieteten Eigentumswohnung** (§§ 535 Abs 1 S 2, 536 BGB). Daraus können sich gleichfalls Probleme ergeben, insbesondere, wenn die anderen Wohnungseigentümer den nötigen Reparaturmaßnahmen widersprechen. In diesem Fall ist der Vermieter auf jeden Fall verpflichtet, sich intensiv um die Zustimmung der anderen Wohnungseigentümer zu bemühen (Suilmann WuM 2013, 86 mwNw), von denen man wohl nach Treu und Glauben verlangen kann, ihrerseits auf die Situation des Vermieters im Rahmen des ihnen Möglichen und Zumutbaren Rücksicht zu nehmen (§ 242 BGB, Hogenschurz NZM 2014, 501, 504 mwNw; alles str). Eine partielle Regelung der schwierigen Materie hat das Gesetz zur Förderung der Elektromobilität und zur Änderung des WEG gebracht. Durch dieses Gesetz wurde in das BGB ein neuer § 556a Abs 3 BGB eingefügt, nach dem im Falle der Vermietung von Eigentumswohnungen die Umlage der Betriebskosten zwischen Vermieter und Mieter grundsätzlich nach dem für die Verteilung der Betriebskosten zwischen den Wohnungseigentümern geltenden Maßstab zu erfolgen hat, soweit die Parteien nichts anderes vereinbart haben (s dazu die Begründung, BT-Drucks 19/18791; wegen der Einzelheiten vgl die Erläuterungen § 556a Abs 3 Rn 49 ff).

2. Gewerbliche Nutzung von Wohnräumen

36 Sind Räume als Wohnräume vermietet, so dürfen sie grundsätzlich **nur für Wohnzwecke**, dagegen nicht für gewerbliche Zwecke genutzt werden (Beuermann GE 1995, 1214; Morath GE 2006, 628; Wiek WuM 2013, 493). Dies bedeutet freilich nicht, dass dem Wohnraummieter jegliche berufliche Tätigkeit in seinen Räumen verwehrt wäre; vielmehr versteht es sich von selbst, dass die Angehörigen freier Berufe ebenso wie Wissenschaftler, Schriftsteller oder Beamte normale Büroarbeiten in ihrer Wohnung erledigen dürfen, wenn sie denn ihr Akten zu Hause studieren wollen oder müssen (Stichwort: Homeoffice in der Corona-Krise). Bei weitergehenden gewerblichen Tätigkeiten stellt die Rechtsprechung dagegen in erster Linie darauf ab, ob die Tätigkeit durch die Beschäftigung von Mitarbeitern oder durch den Empfang von Kunden in der Wohnung **nach außen hervortritt** (BGH 4. 7. 2009 – VIII ZR 165/08, NJW 2009, 3153 = NZM 2009, 658 Rn 13 ff; 10. 4. 2013 – VIII ZR 213/12, NJW 2013, 1806 Rn 14 f = NZM 2013, 456; 31. 7. 2013 – VIII 149/19, WuM 2013, 584 Rn 4 = NZM 2013, 786). Fehlt es daran, so ist die Tätigkeit generell erlaubt; andernfalls soll der Vermieter nur *in Ausnahmefällen* nach Treu und Glauben zur Erlaubnis verpflichtet sein, wobei den Mieter die **Beweislast** für das Vorliegen eines derartigen Ausnahmefalles trifft (BGH NJW 2009, 3153 = NZM 2009, 658 = WuM 2009, 517, 518 Rn 17; GE 2013, 1132 Rn 5 = NZM 2013, 786; LG Berlin GE 2016, 526, 527). Mangels abweichender Regelung im Mietvertrag spielt es dabei vor allem eine Rolle, ob von der Tätigkeit ein Belästigung der anderen Mieter oder eine Gefährdung des Mietobjektes zu besorgen ist sowie ob der Wohnzweck weiterhin im Vordergrund steht (LG Schwerin WuM 1996, 214 = ZMR 1996, 1223; LG Frankfurt WuM 1996, 532; LG Hamburg WuM 1992, 241; 1993, 188; LG Berlin GE 2002, 465, 466 f; – zur Zulässigkeit von Zuschlägen zur Miete für die teilgewerbliche Nutzung von Wohnräumen s o Vorbem 33 zu § 535 und u § 558a Rn 43 f).

37 Je nach den Umständen des Falles können danach **zB zulässig** sein die Herstellung von Software (AG Münster WuM 1988, 429), eine gelegentliche Tätigkeit als Hellseher oder Astrologe (LG Hamburg WuM 1985, 263; 1993, 188), die Beaufsichtigung von höchstens zwei bis drei Kindern (nicht dagegen zB von 5 Kindern) durch eine sog Tagesmutter (LG Hamburg NJW 1982, 2387; LG Berlin GE 2013, 1588), geringfügiger Musikunterricht (AG Freiburg WuM 1991, 686) sowie geringfügige Heimarbeiten (LG Berlin WuM 1974, 258 ff). **Unzulässig** sind dagegen zB der Betrieb eines Kompressors in einer Wohnung im Rahmen von Heimarbeit (AG Steinfurt WuM 1996, 405), der Betrieb einer *freiberuflichen Praxis* (LG Stuttgart WuM 1997, 215), der Betrieb eines *Geschäfts* mit Laufkundschaft (LG Schwerin WuM 1996, 214 = ZMR 1996, 1223; 2002, 465) sowie Gitarrenunterricht für zwölf Schüler an mehreren Tagen der Woche (BGH 10. 4. 2013 – VIII ZR 213/12, NJW 2013, 1800 Rn 15 = NZM 2013, 456).

Eine **Änderung der Nutzung** der gemieteten Räume zB durch die Umwandlung von Wohnraum in gewerblich genutzte Räume, bedarf als Vertragsänderung grundsätzlich der Zustimmung des Vermieters (§§ 311 Abs 1 und 535 Abs 1 BGB). Sind Räume zu gewerblichen Zwecken vermietet, so hängt es folglich in erster Linie von den Abreden der Parteien ab, ob und in welchem Umfang dem Mieter eine Nutzungsänderung, insbesondere durch eine **Erweiterung oder Umstellung dieses Gewerbebetriebs** gestattet ist (Bieber, Nutzungsänderung, PiG 79 [2007] 119; Joachim NZM 2009, 801). Eine Nutzungsänderung kann vertraglich auch ganz *ausgeschlossen* werden, und zwar wohl auch durch Formularvertrag (Bieber PiG 79 [2007] 119, 124 ff). Auf der anderen Seite ist der Mieter umso freier, je allgemeiner der Vertragszweck im Vertrag umschrieben ist (OLG Düsseldorf WuM 1996, 419). Enthält der Vertrag überhaupt *keine Festlegung*, so sollte grundsätzlich *jeder* gesetzlich erlaubte Betrieb als vertraglich gestattet anzusehen sein (Bieber PiG 79 [2007] 119, 120 f). Aber auch bei vertraglicher Fixierung des Nutzungszwecks dürfte für den Regelfall nach den §§ 157 und 242 BGB davon auszugehen sein, dass jede bei Vertragsabschluss **absehbare normale Erweiterung** des Gewerbebetriebs erlaubt ist. Eine Erweiterung durch die **Aufnahme neuer Geschäftszweige** kann gleichfalls zulässig sein, selbst wenn dadurch der Charakter des Gewerbebetriebs verändert wird. Maßgebend ist insoweit mangels ausdrücklicher Abreden der Parteien, ob dem Vermieter aufgrund der gesamten Umstände nach Treu und Glauben diese Veränderung **zuzumuten** ist, weil der Mieter an ihr ein **berechtigtes Interesse** hat, ohne dass der Veränderung legitime Interessen des Vermieters entgegenstehen (§§ 157, 242 BGB). Prinzipiell dieselben Grundsätze sind bei einer **Umstellung des** bisher in den Räumen betriebenen **Geschäfts** maßgebend: Immer ist eine *Interessenabwägung* erforderlich, wobei auch eine Rolle spielt, ob von dem neuen Betrieb größere Störungen als von dem bisherigen zu befürchten sind (BGH LM Nr 1 zu § 550 BGB = ZMR 1954, 211; LM Nr 14 zu § 553 BGB = WM 1985, 233; LM Nr 5 zu § 2 ErbbauVO = NJW 1984, 2213; OLG Karlsruhe ZMR 1987, 419, 421; sehr eng dagegen Bieber PiG 79 [2007] 119, 122 ff).

38

Als **erlaubt** wurden nach den Umständen des Einzelfalles **zB** angesehen die Erweiterung einer „Gaststätte" um eine Pizzeria (im Gegensatz zu einem Pizza-Taxibetrieb wegen der damit verbundenen, wesentlich höheren Belastung der anderen Mieter, OLG Düsseldorf GE 2007, 292), weiter die Veränderung des Verwendungszwecks einer Gastwirtschaft (BGH LM Nr 1 zu § 550 BGB = ZMR 1954, 211), die Erweiterung des Betriebs einer Milchbar durch die Hinzunahme des Vertriebs alkoholischer Getränke (BGH LM Nr 2 zu § 550 BGB = NJW 1957, 1833), ferner die Umstellung eines „Konzeptions- und Designcenters" in ein Theater (OLG Düsseldorf WuM 1996, 410), die Ausdehnung eines Friseursalons auf den Verkauf von Sportartikeln (OLG Düsseldorf ZMR 1996, 258), sowie noch die Umstellung einer Damenmaßschneiderei auf einen Konfektionsbetrieb (BGH LM Nr 3 zu § 550 BGB = MDR 1961, 225). **Anders** beurteilt wurden dagegen nach den Umständen des Einzelfalls die Umstellung eines

39

gutbürgerlichen Schanklokals in einen barähnlichen Betrieb mit Tanzgelegenheit sowie die Umstellung eines Tagescafés ohne Alkoholausschank in ein ausgesprochenes Nachtcafé mit Alkoholausschank, von dem erhebliche Belästigungen der anderen Mieter zu befürchten sind (LG Wiesbaden ZMR 1954, 372). Der Mieter darf auch nicht einen **Mitmieter** aufnehmen, der in den Räumen einen anderen gewerblichen Betrieb als bisher betreiben will (LG Berlin GE 1995, 703). Offenbar *vertragswidrig* ist außerdem der Verkauf von Pommes frites in einer Bücherstube (KG NZM 1999, 462, 463). Ebenso wenig dürfen Räume, die als **„Laden"** vermietet worden sind, für die Zwecke eines Sex-Shops oder Sex-Kinos, als Restaurant, als Spielsalon, als Kindertagesstätte oder gar als Bordell genutzt werden (BayObLGZ 1983, 73, 78 f; BayObLG WuM 1985, 235 = ZMR 1985, 206; WuM 1985, 238; KG ZMR 1985, 207; WuM 1986, 287; NJW-RR 1987, 1160; 1992, 1102; OLG Zweibrücken NJW-RR 1987, 464; LG Passau NJW 1983, 1683). Ebenso *negativ* beurteilt wurden in jüngster Zeit noch die Umstellung einer fachärztlichen Praxis für Orthopädie in eine allgemeinärztliche Praxis (KG GE 2011, 481) sowie die Aufnahme des Verkaufs gefährlicher Feuerwerkskörper, die nur in die Hände von Erwachsenen gehören, in einem ausgesprochenen Kindergeschäft (KG GE 2011, 1083).

3. Bauliche Veränderungen

40 Bauliche Veränderungen der gemieteten Räume sind – als Vertragsänderungen – dem Mieter ohne Zustimmung des Vermieters *grundsätzlich verwehrt*. Ihre Vornahme stellt daher eine Vertragsverletzung dar, die den Mieter schadensersatzpflichtig macht (§§ 535 Abs 1, 538, 280 Abs 1 und 249 BGB). Spätestens bei Vertragsende müssen derartige Veränderungen einschließlich etwaiger Umbauten (als Teil der Rückgabepflicht) beseitigt werden (u § 546 Rn 21 ff, zB AG Kerpen WuM 1990, 198). Es gibt jedoch **Ausnahmen** (vgl auch § 554a BGB aF, § 554 BGB nF). Bestimmte **(geringfügige) Eingriffe** in die Bausubstanz sind zunächst ohne weiteres, dh **ohne Zustimmung** oder Genehmigung des Vermieters erlaubt, weil durch den vertragsgemäßen Gebrauch gedeckt. In weiteren Fällen kann der Vermieter nach Treu und Glauben zur Zustimmung oder Genehmigung verpflichtet sein (Rn 41 f). In aller Regel auch ohne Zustimmung des Vermieters erlaubt sind **zB** die Anbringung von Dübeln und Haken im normalen Rahmen (s Rn 41 sowie § 538 Rn 4), das Bohren von Löchern, der Einbau von Klingelknöpfen und Türspionen (LG Berlin GE 1984, 863; AG Hamburg WuM 1985, 256), die Anbringung oder der Austausch von Fliesen im Bad (LG Berlin GE 1995, 703), das Aushängen der Türen oder der Ausbau eines Einbauschranks (LG Berlin GE 1996, 265) sowie schließlich die Verlegung von *Teppichböden* (LG Berlin WuM 1990, 421). Ebenso zu beurteilen sind grundsätzlich der Einbau einer *Küche* (LG Konstanz WuM 1989, 67), die Anbringung von Vorrichtungen zum Wäschetrocknen auf dem Balkon (LG Nürnberg-Fürth WuM 1990, 199) sowie die Anbringung eines Plexiglasvordachs an einem Balkon (LG Nürnberg-Fürth WuM 1990, 422), immer vorausgesetzt, dass die fraglichen Maßnahmen des Mieters nicht gegen den Denkmalschutz verstoßen (AG Frankfurt NZM 1998, 664).

41 Andere bauliche Veränderungen bedürfen der **Zustimmung** des Vermieters, wobei dieser jedoch nach Treu und Glauben im Einzelfall zur Zustimmung **verpflichtet** sein kann, wenn die fragliche Maßnahme durch legitime Interessen des Mieters gedeckt ist und Interessen des Vermieters nicht entgegenstehen (§ 242 BGB; LG Berlin GE 1995, 109; 1995, 1211; 2002, 533; AG Hamburg WuM 1996, 29, 30). **Beispiele** für derartige

Maßnahmen, denen der Vermieter im Zweifel zustimmen muss, sind die Anbringung von Markisen, die farblich angepasst und fachgerecht montiert sind (AG München ZMR 2014, 459, 460), die Aufstellung einer Sauna in der Loggia (LG Hannover WuM 1984, 129; AG Dortmund WuM 1985, 263) sowie die Aufstellung eines Gartengrills auf dem Balkon (AG Hamburg MDR 1973, 853). Ebenso zu beurteilen sind nach Treu und Glauben Veränderungen, mit denen sich der Mieter den **technischen Fortschritt** zunutze machen will (Rn 42). **Kein Anspruch** auf Zustimmung oder Genehmigung des Vermieters besteht dagegen für eine Verkleidung der Decke mit feuergefährlichen Styroporplatten (LG Braunschweig NJW 1986, 322 = WuM 1986, 248), für die Ersetzung der Tapete durch Rauhputz (AG Kerpen WuM 1990, 198) sowie für die übermäßige Anbringung von Dübeln und Haken und sonstigen Haltevorrichtungen (LG Göttingen WuM 1990, 199; s Rn 40 und u § 538 Rn 4).

Der Vermieter darf dem Mieter insbesondere nicht ohne zwingenden Grund die **42** **Nutzung des technischen Fortschritts** unmöglich machen (Rn 41, Rn 43 ff). Deshalb kann der Vermieter je nach den Umständen des Einzelfalles verpflichtet sein, der Umstellung der Kokszentralheizung auf Ölfeuerung oder der Ersetzung einer Kachelofenheizung durch eine Außenwandgasheizung auf Kosten des Mieters zuzustimmen (BGH LM Nr 25 zu § 535 BGB = NJW 1963, 1539; LM Nr 28 zu § 535 BGB = MDR 1964, 749; LG Berlin GE 1985, 1259). Auch dem Einbau einer *Gasetagenheizung* oder eines *Duschbades* wird der Vermieter idR zustimmen müssen (LG Berlin GE 1995, 429 = ZMR 1995, 594; GE 2002, 533). Einen umstrittenen Grenzfall bildete bis vor kurzem die aufwändige Schaffung der **Ladeinfrastruktur für Elektrofahrzeuge** in oder an einem Wohnhaus. Üblicherweise wurde ursprünglich ein Anspruch des Mieters auf Genehmigung der dafür erforderlichen baulichen Maßnahmen verneint, weil damit erhebliche Eingriffe in die elektrische Installation des Hauses verbunden sind (Lange/Ländner ZWeRK 2019, 3, 7 mN). Durch das Gesetz zur Förderung der Elektromobilität von 2020 ist deshalb erstmals durch Einfügung eines neuen § 554 BGB in das Gesetz ein Anspruch des Mieters auf **Genehmigung** der erforderlichen baulichen Veränderungen begründet worden, um die Elektromobilität weiter zu fördern (s dazu die Begr BT-Drucks 19/18791). Das Gesetz ist am 1. 1. 2021 in Kraft getreten (wegen der Einzelheiten s die Erläuterungen zu dem neuen § 554 BGB).

4. Anlagen des Mieters

Jeder Mieter von Räumen kann, wenn nicht ausdrücklich etwas anderes vereinbart **43** ist, erwarten, dass die Räume einem **Mindeststandard** genügt, der eine zeitgemäße Nutzung der Räume einschließlich des Anschlusses aller dazu nach heutiger Auffassung erforderlichen Geräte ermöglicht; das gilt auch für die Miete nichtrenovierter Altbauwohnungen (s auch Rn 59 sowie u § 536 Rn 12a; BGH 26. 7. 2004 – VIII ZR 281/03, NJW 2004, 3974 = NZM 2004, 736 = WuM 2004, 527, 528; 10. 2. 2010 – VIII ZR 343/08, NZM 2010, 356 = NJW-RR 2010, 737 Rn 33 f; 5. 12. 2018 – VIII ZR 17/18, NZM 2019, 140 = WuM 2019, 23). Jede Wohnung muss daher über die **nötigen Strom- und Wasseranschlüsse** verfügen, die die Aufstellung von Waschmaschinen, Trockenautomaten oder Geschirrspülmaschinen erlauben (BGH NJW 2004, 3974 = NZM 2004, 736 = WuM 2004, 527, 528; OLG Frankfurt NZM 1998, 150 = WuM 1997, 609, 610; LG Frankfurt WuM 1996, 208, 209; LG Freiburg NZM 2014, 305), selbst wenn der Vermieter zugleich eine gemeinsame Waschmaschine im Keller anbietet (u § 538 Rn 11). Ein **formularvertragliches Verbot** des Betriebs einer Waschmaschine oder der anderen genannten Geräte ist grundsätzlich nichtig (§ 307

BGB; LG Detmold WuM 2002, 51; AG Köln WuM 2001, 276), und zwar auch in sog Passiv- oder Energiesparhäusern (LG Aachen NJW 2004, 1807 = NZM 2004, 959). Ausnahmen sind kaum vorstellbar (AG Eschweiler WuM 2013, 533, 535). Dasselbe dürfte für individualvertragliche Verbote gelten (§ 138 BGB).

44 Jeder Mieter hat außerdem ein unbedingtes Recht auf Installierung und Unterhaltung eines funktionsfähigen **Fernsprechanschlusses** (RGZ 116, 93; BGH 5. 12. 2018 – VIII ZR 17/18, NZM 2019, 140 = WuM 2019, 23; OLG Köln MDR 1968, 763; LG Berlin ZMR 2020, 941) sowie auf Anbringung von **Briefkästen** und Namensschildern (LG Mannheim WuM 1976, 231), zum Aufhängen von Blumenkästen an der Außenseite eines Balkons indessen nur, wenn damit keine Gefahren für Dritte verbunden sind (im Einzelnen str, s einerseits LG Berlin ZMR 2013, 42; andererseits AG Berlin-Charlottenburg ZMR 2013, 446). Dagegen darf der Mieter einer Wohnung keine Anlagen anbringen, die in erster Linie **gewerblichen Zwecken** dienen. Deshalb überschreitet er die Grenzen des ihm zustehenden Gebrauchsrechts, wenn er eine **Funksprechanlage** installiert (AG Berlin-Schöneberg GE 1995, 763). Dasselbe gilt für die Anbringung einer **(CB-)Funkantenne** (BayObLGZ 1981, 1 = NJW 1981, 1275; LG Heilbronn NJW-RR 1992, 10; LG Karlsruhe WuM 1989, 496; AG Köpenick GE 2004, 1595). Zur Genehmigung derartiger Anlagen ist der Vermieter nur ausnahmsweise nach Treu und Glauben verpflichtet (§ 242 BGB; BayObLGZ 1981, 1 = NJW 1981, 1275).

5. Insbesondere Antennen

45 Die Medienlandschaft verändert sich kontinuierlich, wodurch ständig neue mietrechtliche Fragen aufgeworfen werden. Im Mittelpunkt des Interesses steht heute die Frage, unter welchen Voraussetzungen der Mieter einen Anspruch auf Erlaubnis des Vermieters zur Installation einer Parabolantenne hat und wann der Vermieter den Mieter auf alternative Empfangsmöglichkeiten einschließlich eines Kabel- oder Internetanschlusses verweisen kann (s insbesondere Hitpass WuM 2012, 401; Schmidt-Futterer/Eisenschmid § 535 Rn 468 ff; BeckOGK/H Schmidt [1. 10. 2020] § 538 Rn 8 f; Sternel PiG 97 [2014] 129). Auszugehen ist davon, dass jeder Mieter ein **Recht auf Teilnahme** am Empfang von Hörfunk- und Fernsehprogrammen hat (Art 5 GG). Er darf deshalb zB die notwendigen **Außenantennen** anbringen, wenn eine Zimmerantenne nicht ausreicht und die berechtigten Interessen des Vermieters gewahrt werden. Jedoch darf der Vermieter den Standort der vom Mieter angebrachten Außenantenne bestimmen (BayObLGZ 1981, 1 = NJW 1981, 1275). Das Recht des Mieters zur Anbringung einer Außenantenne entfällt, wenn der Vermieter eine **alternative Empfangsmöglichkeit**, insbesondere in Gestalt einer Gemeinschaftsantenne, eines Kabelanschlusses oder eines Internetanschlusses zur Verfügung stellt. Erlaubt die Gemeinschaftsantenne freilich nur den Empfang einzelner Programme, so behält der Mieter das Recht, die Gemeinschaftsantenne auf eigene Kosten für den Empfang weiterer Programme aufzurüsten (AG Hamburg WuM 1990, 422). Im Ergebnis hängt es letztlich von den Umständen des Einzelfalls ab, ob der Mieter, trotz vorhandener alternativer Empfangsmöglichkeiten, einen Anspruch auf Erlaubnis des Vermieters zur Aufstellung oder Montage einer Parabolantenne hat. Der Vermieter muss außerdem, wenn die Wohnung mit einer bestimmten Empfangsmöglichkeit wie zB einem Anschluss an das Kabelnetz vermietet ist, für die Betriebsfähigkeit der Anlage sorgen (§ 535 Abs 1 S 2 BGB; BGH 5. 12. 2018 – VIII ZR 17/18, NZM 2019, 140 Rn 15 ff = WuM 2019, 23); er darf die vereinbarte Empfangsmöglichkeit nicht einseitig durch eine andere, etwa den Anschluss an das Kabelnetz durch die Verbindung mit dem Internet ersetzen, solange nicht die Voraussetzungen der §§ 555b und 555d BGB erfüllt sind (LG Kempten NZM 2017, 366).

Die Gerichte betonen in diesem Zusammenhang vor allem, dass hier regelmäßig das **46** Grundrecht des Mieters aus Art 5 Abs 1 GG und das des Vermieters aus Art 14 Abs 1 GG kollidierten. Folgt man dem, so vermag letztlich nur eine **Abwägung** zwischen den **kollidierenden Grundrechtspositionen** von Fall zu Fall darüber zu entscheiden, welchem Grundrecht jeweils der Vorrang gebührt (s BVerfGE 90, 27 = NJW 1994, 1147; BVerfG NZM 2005, 252 = NJW-RR 2005, 661; NJW 2013, 2180 = NZM 2013, 376; BGHZ 157, 322, 326 ff = NJW 2004, 937; BGH WuM 2005, 237, 238 = NZM 2005, 335; WuM 2007, 380 = ZMR 2007, 676; NZM 2007, 597 = WuM 2007, 382 f Rn 11 ff; 10. 10. 2007 – VIII ZR 260/06, NJW 2008, 216 = NZM 2008, 37, 679, 680 Rn 13 ff; 14. 5. 2013 – VIII ZR 268/12, NZM 2013, 647 = WuM 2013, 476). Konkret gesprochen bedeutet dies, dass das **Informationsinteresse des Mieters** (Art 5 Abs 1 GG) den Vorrang vor entgegenstehenden Interessen des Vermieters (Art 2 Abs 1 und 14 Abs 1 GG) hat, wenn nur über eine Parabolantenne das legitime Informationsbedürfnis des Mieters befriedigt werden kann, ohne dass dem berechtigte Interessen des Vermieters entgegenstehen. Insbesondere **Ausländer** können daher zB nicht auf eine Gemeinschaftsantenne oder einen Kabelanschluss verwiesen werden, wenn diese lediglich den Empfang *eines* ausländischen Programmes erlauben, durch die die spezifischen Informationsinteressen dieser Nutzer nicht angemessen befriedigt werden können. Aber es bleibt stets Sache des Vermieters, den **Platz** der **Aufstellung** der Parabolantenne zu bestimmen (BVerfG WuM 1996, 82 = ZMR 1996, 122).

Der **Anspruch** des Mieters auf Zustimmung des Vermieters zur Aufstellung einer **47** Parabolantenne hat im einzelnen folgende **Voraussetzungen**: 1. Es besteht keine für den Mieter zumutbare alternative Empfangsmöglichkeit, die vergleichbare Informationsmöglichkeiten wie eine Parabolantenne bietet; 2. der Mieter muss sämtliche Kosten sowie die Pflicht zur Beseitigung der Antenne bei Vertragsende übernehmen; 3. die Anbringung muss durch einen Fachmann erfolgen; und 4. der Vermieter behält das Recht zur Bestimmung des Antennenplatzes (BGHZ 157, 322, 326 ff = NJW 2004, 937, 939; BGH NZM 2005, 335; 16. 11. 2005 – VIII ZR 5/05, Rn 17, 25 = NZM 2006, 98 = NJW 2006, 1062; OLG Frankfurt NJW 1992, 2490 = WuM 1992, 458; OLG Karlsruhe NJW 1993, 2818 = WuM 1993, 523). Dies bedeutet, dass in dem Maße, in dem sich die Informationsmöglichkeiten über Parabolantennen vervielfältigen, auch in entsprechendem Maße der Anspruch des Mieters auf Zustimmung zur Aufstellung einer Parabolantenne zunimmt, solange nicht vergleichbare alternative Empfangsmöglichkeiten, etwa über das Internet vorhanden sind (vgl BGHZ 157, 322, 328 = NJW 2004, 937). Das ist wichtig vor allem für **Ausländer**, wenn sie nur über eine Parabolantenne die Möglichkeit besitzen, eine größere Zahl von Programmen in ihrer Heimatsprache zu empfangen (BVerfGE 90, 27 = NJW 1994, 1147; BGHZ 157, 322, 326 ff = NJW 2004, 937, 939; BGH 2. 3. 2005 – VIII ZR 118/04, WuM 2005, 237, 238 = NZM 2005, 335; 16. 11. 2005 – VIII ZR 5/05, NZM 2006, 98 = NJW 2006, 1062 Rn 17, 25; 16. 9. 2009 – VIII ZR 67/08, NJW 2010, 436 Rn 6 = NZM 2010, 119; BayObLGZ 1994, 326 = NJW 1995, 337; BayObLG NJW-RR 1994, 848 = WuM 1994, 317; OLG Karlsruhe NJW 1993, 2815 = WuM 1993, 523; zur Kritik s EMMERICH, in: FS Gitter [1995] 241). Gleich steht der Fall, dass die **Ehefrau** des Mieters Ausländerin ist (LG Wuppertal WuM 1997, 324; LG München I WuM 2004, 660) oder dass es sich um einen **Auslandsjournalisten** handelt, der beruflich darauf angewiesen ist, möglichst viele Auslandsprogramme abzuhören (LG Baden-Baden WuM 1997, 430).

47a **Aussiedler** stehen Ausländern gleich, wenn sie zB die polnische oder die russische Sprache besser als die deutsche beherrschen (LG Landau NZM 1998, 474 = NJW 1998, 2147; anders LG Berlin GE 2004, 181 f; AG Dortmund NZM 1999, 221). Entsprechendes gilt für eingebürgerte Ausländer nach Erwerb der deutschen Staatsangehörigkeit (BGH 13. 11. 2009 – V ZR 10/09, NJW 2010, 438 Rn 10 f = NZM 2010, 85; KG NZM 2008, 39 = WuM 2007, 618). Wenn aber über eine **Gemeinschaftsantenne** *zwei oder drei ausländische Programme* empfangen werden können, entfällt idR der Anspruch auf Aufstellung einer Parabolantenne (BGH 16. 11. 2005 – VIII ZR 5/05 Rn 25, NZM 2006, 98 = NJW 2006, 1062). Ebenso verhält es sich, wenn über das **Kabelnetz** der Empfang mehrerer ausländischer Programme möglich ist, selbst wenn dafür *zusätzliche Gebühren* fällig werden (BVerfG NZM 2005, 252 = NJW-RR 2005, 661; NZM 2013, 376; BGH 2. 3. 2005 – VIII ZR 118/04, WuM 2005, 237, 238 = NZM 2005, 335; 17. 4. 2007 – VIII ZR 63/04, WuM 2007, 380 Rn 3 f = ZMR 2007, 676; 17. 4. 2007 – ZR 63/01, NZM 2007, 597 = WuM 2007, 381, 382 Rn 15; 14. 5. 2013 – VIII ZR 67/08, WuM 2013, 476 = NZM 2013, 647). Gegen die genannten Interessen des Mieters ist jeweils abzuwägen das **Interesse des Vermieters**, eine Beschädigung seines Hauses oder auch nur dessen Verunstaltung durch die Aufstellung oder Montage von Parabolantennen zu vermeiden (Art 14 Abs 1 GG). Die Informationsinteressen des **Mieters** überwiegen folglich in der Regel die entgegenstehenden Interessen des Vermieters, wenn mit der Aufstellung der Parabolantenne keine Substanzverletzung und auch keine oder nur eine geringfügige optische Beeinträchtigung des Hauses des Vermieters verbunden ist, zB infolge der beweglichen Aufstellung der Antenne in einem Zimmer oder im hinteren Bereich eines Balkons (BGH 17. 4. 2007 – VIII ZR 63/04, WuM 2007, 381, 382 Rn 16 = NZM 2007, 597).

47b Im Mittelpunkt des Interesses steht heute die Frage, welche Bedeutung in diesem Zusammenhang dem s **Internetfernsehen** zukommt, dh unter welchen Voraussetzungen der Vermieter den Mieter auf den Anschluss an das Internetfernsehen als Alternative zur Aufstellung einer Parabolantenne verweisen kann (dazu ausführlich Hitpass WuM 2012, 401; Sternel PiG 97 [2014] 129; Zehelein WuM 2013, 460). Bei den Gerichten wächst offenbar in dem Maße, in dem die Qualität des Internetfernsehens verbessert wird, auch die Bereitschaft, den Mieter statt einer Parabolantenne auf das Internetfernsehen zu verweisen, selbst wenn dadurch zusätzliche Kosten entstehen (BGH 14. 3. 2013 – VIII ZR 5/05, WuM 2013, 476 Rn 9 = NZM 2013, 647; LG Wuppertal NZM 2012, 725; – anders zB LG Berlin GE 2011, 1556; LG Halle/S ZMR 2013, 536). Maßgebend sind die Umstände des Einzelfalles. Das Internetfernsehen ist nur dann eine **zumutbare Alternative** für den Mieter, wenn die Empfangsmöglichkeit und die Qualität der Übertragung mit dem herkömmlichen Fernsehen vergleichbar sind und überdies die Benutzung auch für den Mieter persönlich zumutbar ist. Die *Beweislast* dafür, dass es daran (noch) fehlt, trägt wohl der Mieter. Entsteht jedoch die Möglichkeit eines Internetanschlusses erst *nachträglich,* so kommt es darauf an, ob sich der Vermieter bei der Erteilung der Erlaubnis zur Aufstellung einer Parabolantenne einen **Widerruf** vorbehalten hatte. Ist dies der Fall, so genügt jeder vernünftige Grund zum Widerruf. Fehlt es aber daran, so kann der Vermieter die einmal erteilte Erlaubnis zur Aufstellung einer Parabolantenne nur noch widerrufen, wenn seine Interessen deutlich überwiegen, wofür diesmal den Vermieter die Beweislast trifft (ausführlich Sternel PiG 97 [2014] 129). Entsprechendes gilt für den Widerruf der Erlaubnis zur Aufstellung einer Parabolantenne wegen des Anschlusses des Hauses an das **Kabelnetz** (LG Krefeld WuM 2010, 293; LG Berlin GE 2012, 1169).

Abweichende Bestimmungen in **Formularverträgen** sind unwirksam (§ 307 BGB; LG Essen WuM 1998, 341). Das gilt insbesondere für Bestimmungen in Formularverträgen, die bei Vorhandensein einer Gemeinschaftsantenne oder eines Kabelanschlusses einen **Anspruch** des Mieters auf Aufstellung einer Parabolantenne *generell* **ausschließen** (BGH 16. 5. 2007 – VIII ZR 207/04, WuM 2007, 381 Rn 12 = NZM 2007, 597; LG Münster NJW 2015, 94). Auf der anderen Seite darf freilich der Mieter den Vermieter auch nicht vor vollendete Tatsachen stellen. Er muss den Vermieter daher vor der Aufstellung der Parabolantenne **informieren**, um ihm Gelegenheit zu geben, den Ort selbst zu bestimmen (LG Stuttgart WuM 1998, 661; LG Erfurt GE 2001, 1467). Hat der Mieter zu Unrecht eine Parabolantenne aufgestellt, so kann der Vermieter nach § 541 BGB Beseitigung der Antenne verlangen. Der **Streitwert** der Klage auf Beseitigung der Antenne bemisst sich gemäß § 3 ZPO nach dem Wertverlust des Hauses durch die nicht genehmigte Aufstellung der Antenne (LG Cottbus NZM 2014, 584: 300 €).

47c

6. Die Unterbringung der Sachen des Mieters

Die Wohnung und die mitvermieteten Räume sind nicht nur zum Wohnen, sondern auch zur Unterbringung der Sachen des Mieters bestimmt. Deshalb darf der Mieter seine Sachen in seinen Räumen ebenso wie in den mitvermieteten Räumen, insbesondere also in den ihm zustehenden Kellerräumen unterbringen. Voraussetzung ist jedoch, dass durch die Unterbringung der Sachen des Mieters das Mietobjekt nicht gefährdet oder andere Mieter behindert oder gefährdet werden (§§ 241 Abs 2, 242 und 535 BGB). **Brennstoffe** dürfen daher im Keller nur gelagert werden, sofern dem Gebäude dadurch keine Gefahren drohen. Auch ein **Kinderwagen** oder eine Gehhilfe wie insbesondere **Rollatoren** dürfen im Flur oder im Treppenhaus abgestellt werden, soweit dadurch nicht Fluchtwege versperrt oder andere Mieter übermäßig belästigt oder gar gefährdet werden (s Rn 7; BGH 10. 11. 2006 – V ZR 46/06, NJW 2007, 46 = WuM 2007, 29 Rn 9; LG Hannover WuM 2006, 189; NZM 2007, 245; LG Berlin GE 2009, 1495; Derleder NZM 2006, 893; ders NJW 2007, 812; Flatow WuM 2014, 307, 313 ff [auch zur Rangfolge der verschiedenen Mieter]). Durch Formularvertrag kann nichts anderes bestimmt werden (LG Berlin GE 2009, 1495; AG Düsseldorf WuM 2013, 348; Derleder NZM 2006, 893).

48

Der Vermieter muss außerdem den Mietern bei der Wohnraummiete ebenso wie bei der gewerblichen Miete – als Teil des von ihm den Mietern geschuldeten vertragsgemäßen Gebrauchs (§ 535 Abs 1 S 2 BGB) – einen ausreichenden und zumutbaren Platz für die Aufstellung von **Mülltonnen** zur Verfügung stellen (AG Brandenburg NZM 2018, 468 mwNw). Eine nachträgliche Veränderung oder Verlegung dieses Platzes durch den Vermieter kann zur Annahme eines Mangels führen, wenn infolgedessen für die Mieter die Müllentsorgung erheblich erschwert wird oder wenn die von dem Platz ausgehende Lärm- und Geruchsbelästigung für einzelne Mieter spürbar zunimmt (AG Berlin-Köpenick GE 2013, 215; AG Brandenburg NZM 2018, 468; Meyer-Abich NZM 2017, 427, 428 mwNw).

48a

Angesichts der Verbreitung von **Fahrrädern** und **Mopeds** ist davon auszugehen, dass der Mieter, wenn nichts anderes vereinbart ist, Fahrräder in der Wohnung und Mopeds im Keller abstellen darf, sofern dort nicht leichtbrennbare Flüssigkeiten gelagert sind (AG Wedding GE 1986, 509; AG Hamburg-Altona ZMR 2019, 875). Erlaubt ist außerdem im Zweifel das Abstellen eines **Mofas** im Hof (AG Flensburg WuM 1996, 313). Abweichende Vereinbarungen sind möglich und können sich auch aus den Umstän-

49

den oder der Verkehrssitte ergeben (§§ 133, 157 BGB). Duldet der Vermieter lediglich eine Unterbringung der Sachen des Mieters im Keller, so kann er diese Duldung – mangels einer vertraglichen Verpflichtung dazu – jederzeit *widerrufen* (s Rn 50; LG Berlin GE 2014, 1567).

50 Ein **Kraftfahrzeug** darf der Mieter auf dem Grundstück des Vermieters nur abstellen, wenn ihm dies *vertraglich,* zB durch Vermietung einer Garage, *erlaubt* worden ist (LG Berlin GE 2010, 1614; LG Görlitz WuM 1995, 388, 390; LG Wuppertal WuM 1996, 267). Dasselbe gilt, wenn der Mieter nur eine **Garage** gemietet hat, für den später angeschafften Zweitwagen (LG Oldenburg ZMR 1966, 208). Hat der Vermieter lediglich die Abstellung der Kraftfahrzeuge auf dem Hof geduldet, so kann er diese Duldung außerdem jederzeit *widerrufen* (o Rn 49; LG Berlin GE 1994, 401; 2011, 1087; LG Wuppertal WuM 1996, 267; AG Neubrandenburg WuM 1994, 262). Nicht möglich ist dagegen ein generelles **Verbot der Kraftfahrzeughaltung** durch Formularvertrag, selbst wenn es sich um eine „autofreie" Siedlung handeln sollte (§ 307 BGB; LG Münster NJW 2015, 94).

7. Musikausübung

51 Der Betrieb von Rundfunk- und Fernsehgeräten ist dem Mieter ebenso wie die Musikausübung im üblichen Rahmen gestattet; die damit unvermeidlich verbundenen Störungen müssen die Mitmieter idR hinnehmen (s schon o Rn 26; OLG Hamm NJW 1981, 465; OLG Frankfurt OLGZ 1984, 407 = WuM 1984, 303; LG Freiburg WuM 1993, 120; BARTHELMESS, in: FS Blank [2006] 23; HORST MDR 2012, 70). Die genaue **Grenzziehung** ist schwierig und hängt letztlich von den Abreden der Parteien sowie den Umständen ab. Die Rechtsprechung hat sich mit dem Fragenkreis bisher vornehmlich im Rahmen des § 906 BGB beschäftigt, wobei der BGH heute offenbar zu einer **weiten Auslegung** der den Nachbarn zumutbaren Belästigungen durch das Spielen und Üben von Musikern und darüber hinaus sogar durch die Erteilung von Unterricht seitens Berufsmusikern, und zwar auch mit besonders lauten Instrumenten wie Trompeten an mehreren Stunden am Tag tendiert (BGH 26. 10. 2018 – V ZR 143/17 Rn 29 ff, NJW 2019, 773 = NZM 2019, 86 – Trompeter von Augsburg; dazu zB HENKE NJW 2019 777; viel enger zu Recht STAUDINGER/ROTH [2020] § 906 Rn 158 f). Als (durchaus problematische) Richtlinie für die Zulässigkeitsgrenze wird vom BGH eine Musikausübung von 2–3 Stunden an Werktagen und von 1–2 Stunden an Sonn- und Feiertagen genannt (BGH 26. 10. 2018 – V ZR 143/17 Rn 32 ff, NJW 2019, 773 = NZM 2019, 86). Fraglich ist, was aus dieser Praxis für die Grenzen der Musikausübung durch Mieter folgt. Man muss insoweit sorgfältig das Verhältnis zwischen Mieter und Vermieter von dem Verhältnis zwischen Mietern unterscheiden. Die Grenzen der Musikausübung im Verhältnis zwischen den **Mietvertragsparteien** richten sich allein nach dem Vertrag unter Berücksichtigung der Erfordernisse der gegenseitigen Rücksichtnahme und der Verkehrssitte (§§ 133, 157, 241 Abs 2 und 242 BGB). Individualvertraglich kann auf das Musizieren in der Wohnung auch ganz verzichtet werden (OLG München NJW-RR 1986, 638). Formularvertraglich, insbesondere in Gestalt einer Hausordnung (s Vorbem 167 ff zu § 535), ist dagegen für ein völliges Verbot des Musizierens kein Raum (§ 307 BGB). Hier werden wohl dieselben Regeln wie für das Verhältnis zwischen Mitmietern zu gelten haben (Rn 51a).

51a Für das Verhältnis zwischen **Mitmietern** gelten, sofern keine wirksame vertragliche Regelung der Musikausübung, insbesondere durch eine Hausordnung, vorliegt (s u

Rn 155), im Wesentlichen dieselben Regeln wie für das Verhältnis zwischen Nachbarn aufgrund der im Rahmen der §§ 858 und 862 BGB entsprechend anwendbaren §§ 906 und 1004 BGB). Folgt man dem, so dürften letztlich für das Verhältnis zwischen Mietern ebenfalls die vom BGH entwickelten Richtlinien für die Grenzen der zulässigen Musikausübung maßgebend sein (s Rn 51). Demgegenüber sollte jedoch im Interesse des dringend gebotenen Lärmschutzes daran festgehalten werden, dass eine Störung der Mitmieter durch die Musikausübung ebenso wie durch den Betrieb von Rundfunk- und Fernsehgeräten nur in einem viel engeren Rahmen als zwischen Nachbarn aufgrund des § 906 BGB gestattet ist (§§ 241 Abs 2, 242 BGB). Störungen der Mitmieter während der üblichen **Ruhestunden** von 13.00 bis 16.00 Uhr und von 22.00 bis 8.00 Uhr sowie generell an Sonn- und Feiertagen sollten überhaupt ausgeschlossen werden (ebenso LG Berlin GE 2011, 752 f; enger BGHZ 139, 288, 293 ff = NJW 1998, 3713 = NZM 1998, 955; anders BVerfG NJW 2010, 754 Rn 26 ff = NZM 2010, 154, 156; BGH 26. 10. 2018 – V ZR 143/17 Rn 32 f, NJW 2019, 773 = NZM 2019, 8682). Unzumutbar sind insbesondere das ständige Üben von Berufsmusikern, die Erteilung von Musikunterricht oder das Üben von besonders lauten Musikgruppen (BGHZ 139, 288, 296 = NJW 1998, 3713; OLG Frankfurt OLGZ 1984, 407 = WuM 1984, 303; AG Frankfurt WuM 1997, 430). **Formularvertraglich** kann nichts anderes bestimmt werden (§ 307 BGB).

8. Tierhaltung

Zu den „Klassikern" des Mietrechts gehört die Frage, ob und gegebenenfalls in welchem Umfang die Tierhaltung in der Wohnung von dem vertragsgemäßen Gebrauch des Wohnraummieters umfasst wird (§ 535 Abs 1 BGB, dazu zB APITZ WuM 2013, 127; BLANK NJW 2007, 727; ders WuM 2013, 416; HÜLSMANN NZM 2004, 840; PLETZER NZM 2014, 329; WIETZ WuM 2014, 518). Nach überwiegender Meinung muss in dieser schwierigen Frage wegen der offenkundig divergierenden Interessen der Beteiligten einschließlich der Mitmieter und der Nachbarn sorgfältig je nach den Abreden der Parteien, nach Art und Zahl der gehaltenen Tiere sowie Größe und Lage der Wohnung unterschieden werden. Besondere Fallgruppen bilden zunächst auf der einen Seite ungefährliche Kleintiere und auf der anderen Seite gefährliche große Tiere: Während die Haltung ungefährlicher Kleintiere als generell erlaubt angesehen wird – mangels entgegenstehender Interessen Dritter –, gilt für die Haltung großer und gefährlicher Tiere ein ebenso generelles Verbot (Rn 53). Bei sämtlichen anderen Tieren, insbesondere also „normalen" Hunden und Katzen wird weiter differenziert: Individualvertraglich kann ihre Haltung beliebig geregelt und damit auch ganz ausgeschlossen werden (§ 311 Abs 1 BGB, Rn 54). Ohne solche vertragliche Regelung soll dagegen nach heute durchaus hM die Zulässigkeit insbesondere der Hundehaltung von einer umfassenden **Interessenabwägung** abhängen (Rn 54 f), wovon auch formularvertraglich nicht mehr abgewichen werden kann (Rn 54). In jedem Fall hat der Mieter maW einen Anspruch auf Genehmigung der Tierhaltung, wenn die umfassende Abwägung aller relevanten Interessen sämtlicher Beteiligten zu seinen Gunsten ausfällt (Rn 56). Diese ganze Praxis verdient nach wie vor keine Billigung, weil sie die Interessen des Vermieters und die der anderen Betroffenen übermäßig vernachlässigt (Rn 55, 56). **52**

Als generell erlaubt wird zunächst die Haltung sogenannter **Kleintiere** angesehen, von denen ihrer Art nach Störungen oder Schädigungen Dritter nicht zu befürchten sind. Beispiele sind Kleinvögel, Zierfische, Zwergkaninchen, ungefährliche Schlan- **53** gen in Terrarien, harmlose kleine Echsen, Chinchillas, Schildkröten und Hamster. Die Haltung dieser Tiere ist nach hM grundsätzlich vom vertragsgemäßen Gebrauch des Mieters umfasst. Umstritten ist, ob auch **Katzen** sowie ausgesprochen **kleine Hunde** zur Kategorie der Kleintiere zu rechnen sind; die Frage dürfte zu verneinen sein, sodass sich die Zulässigkeit ihrer Haltung schon wegen der sonst kaum lösbaren Abgrenzungsprobleme nach denselben Kriterien wie bei größeren Hunden und Katzen beurteilt (ebenso LG Berlin GE 1993, 127; AG Spandau GE 2011, 1687). Die Erlaubnis der Kleintierhaltung gilt außerdem nur im Rahmen des **Üblichen und Vertretbaren** und daher insbesondere nicht für die Haltung gleich einer **Vielzahl** von Kleintieren in der Wohnung und ebensowenig bei **Gefährlichkeit** des Kleintieres (AG München WuM 2005, 649 f). Die Verwandlung einer Mietwohnung in einen „Vogelpark" oder in ein „Katzenheim" überschreitet die Grenzen des vertragsgemäßen Gebrauchs (LG Karlsruhe NZM 2001, 891; LG Berlin GE 1996, 1433; Hülsmann NZM 2004, 840, 843). Soweit die Frage der Tierhaltung **formularvertraglich** geregelt wird, muss nach dem Gesagten die Haltung kleiner und ungefährlicher Tiere eindeutig und generell **ausgenommen** werden (§ 307 BGB; BGHZ 129, 329, 334 = NJW 1995, 2036; BGH LM Nr 35 zu § 9 [Bb] AGBG = NJW 1993, 1061 = WuM 1993, 109, 110; 14. 11. 2007 – VIII ZR 140/06, NJW 2008, 218, 220 Rn 15 = NZM 2008, 78; OLG Frankfurt WuM 1992, 56, 60). Unwirksam sind auch Klauseln, durch die von dem Verbot der Tierhaltung nur *einzelne,* nicht alle Kleintiere ausgenommen werden (BGH 14. 11. 2007 – VIII ZR 140/06, NJW 2008, 218, 220 Rn 15 = NZM 2008, 78). Den Gegensatz zur grundsätzlich erlaubten Kleintierhaltung bildet die **Haltung** (oder gar Züchtung) **gefährlicher Tiere** wie zB giftiger Schlangen oder Kampfhunde in einer Wohnung, die schon mit Rücksicht auf Dritte, generell **verboten** ist (LG Gießen NJW-RR 1995, 12; LG Karlsruhe NZM 2002, 246 f; LG Krefeld WuM 1996, 531 = NJW-RR 1997, 332; AG Spandau GE 2002, 670; AG Bielefeld ZMR 2018, 943: Haltung von Waranen).

54 Jenseits der beiden genannten Fälle (Kleintiere und gefährliche Tiere, Rn 53) kann die Tierhaltung **individualvertraglich** beliebig geregelt werden (Blank NJW 2007, 729, 731). Ohne solche Regelung der Tierhaltung ist dagegen umstritten, ob die Haltung großer Tiere und insbesondere von **Hunden und Katzen** zum vertragsgemäßen Gebrauch gehört. Nach heute hM lässt sich die Frage nur im Einzelfall aufgrund einer umfassenden **Abwägung der Interessen** aller Betroffenen entscheiden, wobei davon auszugehen sein soll, dass der Vermieter *kein* legitimes Interesse an einem generellen Verbot oder Erlaubnisvorbehalt hinsichtlich der Haltung von Hunden und Katzen habe, wenn von der Haltung dieser Tiere keine Störungen und Gefahren für andere ausgehen; unter dieser Voraussetzung gehöre die Tierhaltung zum **vertragsgemäßen Gebrauch**, sodass sie auch durch **Formularvertrag** nicht generell ausgeschlossen werden könne (§ 307 BGB; BGH 14. 11. 2007 – VII ZR 140/06, NJW 2008, 218, 220 Rn 18 ff = NZM 2008, 78; 22. 1. 2013 – VIII ZR 329/11, ZMR 2013, 425 = WuM 2013, 152; 20. 3. 2023 – VIII ZR 168/12 Rn 16 ff = NJW 2013, 1526 = NZM 2013, 378; 22. 1. 2013 – VIII ZR 329/11, WuM 2013, 152 = NZM 2013, 265; Staudinger/Bieder [2019] Anh zu §§ 305–310 Rn E 47 f).

55 In die **Interessenabwägung** (Rn 54) sollen die unterschiedlichsten Gesichtspunkte einfließen – mit der notwendigen Folge der Beliebigkeit und der mangelnden Vorhersehbarkeit der Ergebnisse (eindrucksvoll Pletzer NZM 2014, 329; Graf vWestphalen NZM 2018, 97, 102 f; Wietz WuM 2014, 518). Genannt werden zB Art, Größe, Anzahl und Verhalten der Tiere, Art, Größe und Lage der Wohnung und des Hauses sowie die Befindlichkeit der Mitmieter und der Nachbarn (zB LG Köln ZMR 2014, 453, 454). Schon im Interesse der Rechtssicherheit ist demgegenüber – entgegen der heute ganz hM –

daran festzuhalten, dass insbesondere die **Hundehaltung** wegen des zumal bei Hunden nie ganz auszuschließenden Risikos einer Gefährdung oder Belästigung von Mitbewohnern oder Nachbarn in städtischen Wohngegenden nur mit **Erlaubnis** des Vermieters zulässig ist (so zutreffend früher OLG Hamm OLGZ 1981, 74 = WuM 1981, 53, 54 = ZMR 1981, 153; LG Karlsruhe NZM 2002, 246 = NJW-RR 2002, 585). **Ausnahmen** sollten nur für Blindenhunde und vergleichbare Fälle anerkannt werden (LG Lüneburg WuM 1995, 704).

Der Vermieter kann die Haltung von Hunden und Katzen (Rn 54) von seiner **Ge-** **56** **nehmigung** abhängig machen, und zwar auch durch Formularvertrag, sofern dabei die Kleintierhaltung (o Rn 53) ausdrücklich ausgenommen wird (BVerfG WuM 1981, 77; BGHZ 129, 329, 334 = NJW 1995, 2036, 2037; BGH LM Nr 35 zu § 9 [Bb] AGBG = NJW 1993, 1061 = WuM 1993, 109, 110; OLG Frankfurt WuM 1992, 56, 60; OLG Hamm OLGZ 1981, 74 = WuM 1981, 53 = ZMR 1981, 153;; Staudinger/Bieder [2019] Anh zu §§ 305–310 Rn E 47 f). Die Einzelheiten und insbesondere die **Voraussetzungen**, unter denen der Vermieter gegebenenfalls zur Erteilung der Erlaubnis verpflichtet ist, sind umstritten (s Blank NJW 2007, 729, 732 f; Hülsmann NZM 2004, 841; Pletzer NZM 2014, 329; Wietz WuM 2014, 518). Nach Meinung des BGH folgt insoweit aus dem Umstand, dass die Tierhaltung im Zweifel zum vertragsgemäßen Gebrauch des Wohnraummieters gehört (Rn 54 f), dass die Tierhaltung auch aufgrund eines vertraglichen Genehmigungsvorbehalts immer nur im Einzelfall **aus sachlichen Gründen** aufgrund einer umfassenden Interessenabwägung verweigert werden kann (Nachw o Rn 54, insbesondere BGH 25. 9. 2012 – VIII ZR 329/11, NZM 2013, 380 = WuM 2023, 220; ebenso zB LG Mannheim NJW 1984, 59; AG Hamburg-Bergdorf NZM 2003, 898 f; AG München ZMR 2019, 411, 412; Blank NJW 2007, 729, 732 f). Dem ist aus den genannten Gründen *nicht* zu folgen (Rn 55), von der immer erlaubten Kleintierhaltung abgesehen (Rn 52 f); vielmehr ist daran festzuhalten, dass der Vermieter aufgrund eines vertraglichen Genehmigungsvorbehalts **nach freiem Ermessen** über die Genehmigung der Tierhaltung entscheiden kann. Die Verweigerung der Genehmigung bedarf daher *keiner* Begründung. Grenzen ergeben sich allein aus dem Verbot des Rechtsmissbrauchs und aus dem Gleichbehandlungsgrundsatz (vgl LG Berlin GE 2004, 363, 365). Gegen die Verweigerung der Genehmigung der Tierhaltung seitens des Vermieters kann sich der Mieter durch Klage auf Erteilung der Genehmigung wehren. Im Falle der Abweisung der Klage durch das Gericht des ersten Rechtszugs, idR das Amtsgericht richtet sich der Wert des Beschwerdegegenstandes (§ 522 Abs 2 Nr 1 BGB iVm §§ 2 und 3 ZPO) wiederum ganz nach den Umständen des Einzelfalls und damit vor allem nach der Bedeutung der Tierhaltung für die Lebensführung des klagenden Mieters, wofür umfassend auch die persönlichen Vorstellungen und Bedürfnissen des Mieters zu berücksichtigen sein sollen (so jedenfalls BGH 30. 1. 2018 – VIII ZB 57/18 Rn 24 ff, NZM 2018, 462 = WuM 2018, 174).

Hält der Mieter ohne Erlaubnis des Vermieters einen Hund in der Wohnung, so **57** kann der Vermieter **Unterlassung** verlangen, ohne genötigt zu sein, konkrete Störungen durch das Tier nachzuweisen (§ 541 BGB; OLG Hamm OLGZ 1981, 74 = WuM 1981, 53 = ZMR 1981, 153; LG Berlin GE 1993, 1337; LG Karlsruhe NZM 2002, 246; anders wohl eine verbreitete Meinung). Die bloße vorübergehende *Duldung* der Hundehaltung in der Wohnung bedeutet noch keine Erlaubnis des Vermieters, sodass er berechtigt bleibt, die Hundehaltung zu untersagen (LG Berlin WuM 1984, 130; LG Karlsruhe NZM 2002, 246). Hierin liegt grundsätzlich kein Rechtsmissbrauch; nur im Einzelfall kann hier Verwirkung angenommen werden (Hülsmann NZM 2004, 841, 842 f). Ein Urteil auf Unterlassung der Tierhaltung wird nach § 887 ZPO **vollstreckt** (LG Hamburg ZMR 1985, 302). **Kündigen** kann der Vermieter dagegen in der Regel wegen der vertragswidrigen Hundehaltung erst, wenn er vergeblich versucht hat, den Mieter zur Entfernung des Hundes zu veranlassen (§ 541 BGB) und seine Interessen durch die vertragswidrige Hundehaltung erheblich beeinträchtigt werden (§ 543 Abs 1 BGB; LG Berlin GE 1993, 97; 1993, 421; 1995, 621; 1996, 1433; Blank NJW 2007, 733). Vor allem der **Räumungsanspruch** des Vermieters stößt in solchen Fällen häufig auf nahezu unüberwindliche Schwierigkeiten, sofern sich der Mieter nach der Räumung nicht mehr um die Tiere kümmern will (§ 885 ZPO; s Hülsmann NZM 2004, 841, 843 ff).

58 Die einmal erteilte Erlaubnis zur Tierhaltung kann nur noch aus wichtigen Gründen **widerrufen** werden. Derartige Gründe liegen vor, wenn von dem Tier konkret nachweisbare Störungen ausgehen (LG Berlin GE 1993, 97; LG Heidelberg NJW-RR 1987, 658; LG Hamburg WuM 1999, 453; Blank NJW 2007, 729, 733), wenn zB ein Hund einen anderen Mieter beißt (LG Berlin GE 1993, 97).

9. Heizung

59 Räume können mit oder ohne Heizung vermietet werden. Ist in den vermieteten, zum Aufenthalt von Menschen bestimmten Räumen, insbesondere also in einer der Wohnung **keine Heizung** installiert, so muss der Mieter zumindest die *Möglichkeit* haben, die Wohnung selbst, zB durch die Aufstellung von Öfen zu heizen; andernfalls entspricht die Wohnung nicht dem heute geschuldeten Mindeststandard (o Rn 43; Eisenschmid, in: Vermieterleistung, PiG 67 [2003] 49, 58 ff). Wird die Wohnung dagegen **mit Heizung** vermietet, so gehört auch die Versorgung mit Wärme und warmem Wasser zu dem dem Mieter geschuldeten **vertragsgemäßen Gebrauch** (zB BGH 22. 1. 2014 – VIII ZR 391/12, NJW 2014, 1951 Rn 15; 22. 8. 2018 – VIII ZR 99/17, NZM 2018, 1020 Rn 13 = WuM 2018, 641). Daraus folgt jedoch *keine* Verpflichtung des Mieters, Wärme abzunehmen. Er kann vielmehr auch auf die Erwärmung seiner Räume *verzichten,* zB wenn er verreist ist. Er muss in solchem Fall lediglich dafür Sorge tragen, dass die Heizungsanlage keine Schäden (zB durch das Einfrieren von Rohren) erleidet (Glaser, Die Sammelheizung [8. Aufl 1980] 21 f; strenger LG Hagen ZMR 2008, 972, 973). Das bloße Stillliegen der Anlage begründet jedoch allein noch keine Beschädigungsgefahr (AG Tempelhof-Kreuzberg GE 1987, 283).

60 Bei Vermietung der Wohnung mit Heizung muss der Vermieter vor allem dafür sorgen, dass die Heizungsanlage jederzeit **betriebsbereit** ist; dazu gehört auch, dass er sich rechtzeitig um die Beschaffung des **Heizmaterials** kümmert. Ein Ausfall der Heizung stellt daher einen Mangel dar (§ 536 Abs 1 BGB), und zwar unabhängig davon, ob der Mieter die Wohnung überhaupt nutzt und ob er den Ausfall der Heizung subjektiv als Mangel empfindet (§ 536 Rn 35 f; BGH 22. 8. 2018 – VIII ZR 99/17, NZM 2018, 1020 Rn 14 = WuM 2018, 641). Der Vermieter ist jedoch nicht verpflichtet, immer gerade die modernste Anlage zu wählen. Allein aus dem Umstand, dass eine Heizungsanlage alt und technisch überholt ist, folgt noch keine Verpflichtung des Vermieters zum Einbau einer neuen und modernen Anlage (Stichwort: keine Modernisierungspflicht des Vermieters; § 536 Rn 35; LG Berlin GE 1986, 749, 751; Glaser, Sammelheizung 25 ff). Erst durch Mängel der Anlage wird die Reparaturpflicht des Vermieters ausgelöst (§ 535 Abs 1 S 2 BGB). Außerdem kann der Mieter dann mindern (§ 536 BGB; s § 536 Rn 15 f). In der **Wahl der Heizungsart** ist der Vermieter ebenso frei wie in der Bestimmung der verwandten Energieart (OLG Düsseldorf ZMR 1985, 236 = MDR 1985, 586; LG Hannover NJW-RR 1991, 1355 = WuM 1991, 478).

In welchem **Umfang und** zu welchen **Zeiten** der Vermieter zur Lieferung von Wärme (immer einschließlich warmen Wassers) verpflichtet ist, richtet sich in erster Linie nach den Abreden der Parteien (LG Kassel WuM 1964, 71). Fehlen jedoch Abreden der Parteien, so beschränkt sich entgegen einer verbreiteten Meinung (LG Berlin ZMR 1998, 634 = NZM 1999, 1031; OLG München NZM 2001, 382 = NJW-RR 2001, 729) die **Heizpflicht** des Vermieters *nicht* etwa auf die sog **Heizperiode** von Oktober bis April, da solche Heizperioden dem deutschen Recht fremd sind. Mangels abweichender Abreden der Parteien ist vielmehr grundsätzlich davon auszugehen, dass es zu dem dem Mieter geschuldeten vertragsgemäßen Gebrauch gehört, dass in der mit Heizung vermieteten Wohnung *jederzeit* die zum Wohnen erforderliche Temperatur erreicht werden kann und warmes Wasser verfügbar ist. Der Vermieter muss deshalb zu jeder Jahreszeit und zu jeder Tages- und Nachtzeit die Heizung so betreiben, dass der Mieter, wenn er es wünscht, in seinen Räumen die erforderliche Wärme von 20 bis 22 °C erreichen und warmes Wasser beziehen kann (LG Landshut NJW-RR 1986, 640; LG Hamburg WuM 1988, 151 = ZMR 1988, 388; LG Fulda GE 2018, 935; AG Hamburg WuM 1996, 469; AG Schwerin NZM 1998, 476; Eisenschmid, in: Vermieterleistung PiG 67 [2003] 49, 63 f). Dasselbe gilt für **Geschäftsräume**, sofern sich in ihnen wie zB in einem Café oder in einem Restaurant die Besucher typischerweise längere Zeit aufhalten und aufhalten sollen (KG GE 2002, 730), während sonst in Geschäftsräumen im Regelfall eine Temperatur von 18 °C genügt (LG Berlin NJW-RR 1992, 518). Durch **Formularvertrag** kann nichts anderes bestimmt werden (§ 307 BGB); insbesondere ist es nicht zulässig, durch Formularvertrag die Heizpflicht generell für den Sommer oder für bestimmte Tageszeiten auszuschließen oder die geschuldeten Temperaturen auf ein Niveau unter 20 °C herabzusetzen (BGH 15. 5. 1991 – VIII ZR 38/90, LM Nr 4 zu § 9 [Ca] AGBG = NJW 1991, 1750; OLG Celle WuM 1990, 103, 113; LG Frankfurt WuM 1990, 271, 275).

Der Vermieter darf die **Anlage** auf neue Verfahren und Heizmittel wie zB Erdgas **umstellen** oder zur **Fernheizung** übergehen, jedenfalls solange er selbst Bezieher der Fernwärme bleibt und die Mieter dadurch nicht mit unnötigen Mehrkosten belastet werden (Glaser, Sammelheizung 123 ff). Umstritten war dagegen früher die Berechtigung des Vermieters zur Übergabe der Versorgung der Wohnung mit Fernwärme an ein drittes Unternehmen in Gestalt der **Wärmelieferung durch Dritte** oder des sog **Wärmecontracting**. Im Kern geht es dabei durchweg um die Übertragung der Unterhaltung und des Betriebs der Heizungsanlage auf andere Unternehmen (sog Outsourcing), wovon man sich auf die Dauer erhebliche ökonomische und ökologische Vorteile verspricht. Eine **gesetzliche Regelung** des Fragenkreises findet sich seit Mai 2013 in **§ 556c BGB**. Der Mieter hat danach die Kosten der Wärmelieferung nach der Umstellung durch den Vermieter unter bestimmten Voraussetzungen zu tragen, durch die die Effizienz der Umstellung sichergestellt werden soll (s die Begr BT-Drucks 17/10.485, 22 f). Die Einzelheiten ergeben sich aus der auf § 556c Abs 3 BGB gestützten **Wärmelieferverordnung** v 7. 6. 2013 (abgedruckt als Anhang A zu § 556c).

V. Lastentragung

1. Grundsatz Bruttomiete

63 Nach § 535 Abs 1 S 3 BGB hat der Vermieter die auf der Mietsache ruhenden „Lasten" zu tragen. Unter den auf der Mietsache ruhenden Lasten werden üblicherweise die den Vermieter in seiner Person als Eigentümer treffenden und auf der Sache ruhenden öffentlich-rechtlichen und privatrechtlichen Verpflichtungen verstanden sofern die daraus resultierenden Kosten aus der Sache zu entrichten sind und deshalb den Nutzwert der Sache mindern (zB Blank/Börstinghaus § 535 Rn 487 f; Palandt/Weidenkaff § 535 Rn 68; Staudinger/Stieper [2017] § 103 Rn 5 f; BeckOGK/ H Schmidt [1. 10. 2020] § 535 Rn 434 f; krit Lehmann-Richter ZMR 2012, 837, 838). Ergänzend bestimmt § 556 Abs 1 S 1 BGB, dass die **Betriebskosten** gleichfalls mangels abweichender Vereinbarungen der Parteien den Vermieter treffen. Die Begriffe Lasten (§ 535 Abs 1 S 3 BGB) und Betriebskosten (§ 556 Abs 1 S 1 BGB) decken sich weithin, wenn nicht ganz (s zB Blank/Börstinghaus § 535 Rn 602), wie die Definition der Betriebskosten in § 556 Abs 1 S 2 BGB deutlich macht (Rn 64) und wie zugleich durch die Aufzählung von Betriebskosten in § 2 BetrKV verdeutlicht wird, die auch verschiedene Lasten umfasst. Auf jeden Fall bilden die Betriebskosten den wichtigsten Teil der auf dem Grundstück ruhenden Lasten. Häufig werden beide Begriffe sogar synonym verwandt (so die Begr zum RegE BT-Drucks 14/4553, 50). Im Ergebnis bedeutet damit die gesetzliche Regelung der §§ 535 Abs 1 S 3 und 556 Abs 1 S 1 BGB, dass grundsätzlich, dh mangels abweichender Vereinbarungen der Parteien, die Lasten ebenso wie die Betriebskosten vom Vermieter zu tragen sind, dass maW gesetzliche Regel die sog **Inklusiv-** oder **Bruttomiete** ist, soweit sich nicht aus anderen gesetzlichen Bestimmungen wie etwa der Heizkostenverordnung etwas anderes ergibt (BGH 19. 7. 2006 – VII ZR 212/05, NZM 2006, 655 = WuM 2006, 518; 2. 5. 2012 – XII ZR 88/ 10, WuM 2012, 453 Rn 13 = NZM 2012, 608; 19. 12. 2018 – VIII ZR 254/17 Rn 11, NZM 2019, 253; 18. 12. 2019 – XII ZR 120/18 Rn 13, WuM 2020, 343).

64 **Betriebskosten** sind nach § 556 Abs 1 S 2 BGB die Kosten, die dem Eigentümer oder Erbbauberechtigten durch das Eigentum oder das Erbbaurecht am Grundstück *oder* durch den bestimmungsgemäßen *Gebrauch* des Gebäudes, der Nebengebäude, Anlagen und Einrichtungen und des Grundstücks *laufend* entstehen (ausführlich Bub/ Treier/J Emmerich Hdb Rn III 90, 97 ff). Für die „Aufstellung" der Betriebskosten gilt nach S 3 der Vorschrift die BetrKV von 2003 fort. Die wichtigsten Betriebskosten dürften die **Heizungs- und Warmwasserkosten** sein (Nr 4–6 des § 2 BetrKV). Den Gegensatz bilden insbesondere die allgemeinen Verwaltungskosten, die der Vermieter als Teil der Kosten der Verwaltung seines Vermögens grundsätzlich selbst tragen muss; ein Beispiel ist eine Notdienstpauschale für den Hausmeister, die folglich immer der Vermieter tragen muss (BGH 18. 12. 2019 – VIII ZR 62/19, NZM 2020, 457). Da die Betriebskosten grundsätzlich auf den Mieter abgewälzt werden können (§ 556 Abs 1 S 1 BGB, Rn 66 ff), gehören heute Rechtsstreitigkeiten über die Abrechnung der Betriebskosten neben Rechtsstreitigkeiten über die Schönheitsreparaturen zu den häufigsten mietrechtlichen Auseinandersetzungen überhaupt (Überblick über die wichtigsten Streitpunkte zB bei Meyer-Abich NZM 2018, 769 mwNw).

2. Abweichende Vereinbarungen

Gesetzliche Regel ist die Bruttomiete (Rn 63), sodass die Abwälzung der Lasten der **65** Mietsache einschließlich insbesondere der Betriebskosten auf den Mieter in jedem Einzelfall einer besonderen Vereinbarung der Mietvertragsparteien bedarf (§§ 311 Abs 1, 556 Abs 1 S 1 BGB; ebenso für preisgebundenen Wohnraum § 20 NMV). Im Grundsatz besteht insoweit Vertragsfreiheit, soweit nicht im Einzelfall die §§ 138 und 307 BGB sowie bei der Wohnraummiete § 556 Abs 1 S 1 BGB sowie die Heizkosten- VO Grenzen ziehen (Streyl NZM 2014, 409). Speziell hinsichtlich der **Betriebskosten** kommen insoweit vor allem die folgenden Vereinbarungen in Betracht (s Bub/Treier/J Emmerich Hdb Rn III 173 ff; Gather DWW 2012, 362; Kinne, in: FS Blank [2006] 249; M Schultz PiG 83 [2008] 39 ff): 1. die Vereinbarung einer Nettokaltmiete mit Vorauszahlungen auf die Betriebskosten (§ 556 Abs 2 BGB) oder mit einer Betriebskostenpauschale (§§ 556 Abs 2, 560 BGB), 2. die Vereinbarung einer Teilinklusivmiete oder 3. die Vereinbarung einer Inklusiv- oder Bruttomiete, soweit mit der Heizkostenverordnung vereinbar. Soweit durch eine derartige Vereinbarung die Betriebskosten ganz oder teilweise auf den Mieter abgewälzt werden sollen, müssen die entsprechenden Klauseln grundsätzlich **eng** ausgelegt werden. Außerdem müssen die abgewälzten Kosten in dem Vertrag möglichst deutlich bezeichnet werden; bleiben Zweifel, so ist von der Regel des § 535 Abs 1 S 3 BGB auszugehen, sodass die Kosten vom *Vermieter* zu tragen sind (BGH 12. 7. 2006 – XII ZR 19/04, NJW 2006, 3057 = NZM 2006, 775 Rn 15; 2. 5. 2012 – XII ZR 88/10, WuM 2012, 453 Rn 14 = NZM 2012, 608; 17. 2. 2016 – XII ZR 183/13, NJW-RR 2016, 572 = NZM 2016, 315 [für eine sog Mehrbelastungsklausel]; OLG Brandenburg ZMR 2013, 647, 648; AG Münster WuM 2018, 722). Maßgebend sind die allgemeinen Auslegungsregeln, insbesondere also die §§ 133 und 157 BGB, sodass es genügt, wenn die Abrede hinreichend bestimmt oder doch bestimmbar ist. Weitergehende Anforderungen, wie sie insbesondere für die Abwälzung der Betriebskosten durch Formularverträge anerkannt sind, bestehen bei Individualvereinbarungen nicht (so grundlegend BGH 9. 12. 2018 – XII ZR 128/18 Rn 14 f, WuM 2020, 341 = NZM 2020, 507).

Für eine wirksame Abwälzung der Betriebskosten genügt es nach Meinung des **66** BGH, wenn in einer Individualvereinbarung lediglich allgemein die „**Betriebskosten**" dem Mieter auferlegt werden, weil der Begriff der Betriebskosten durch § 556 Abs 1 S 3 BGB iVm der BetrKV eindeutig definiert sei, zB in dem Sinne, dass dazu grundsätzlich auch die Grundsteuer gehört (BGH 9. 12. 2018 – XII ZR 128/18 Rn 20 ff, WuM 2020, 341 = NZM 2020, 507). Als ausreichend für die Abwälzung der Betriebskosten wird ferner überwiegend die bloße **Bezugnahme auf § 2 der BetrKV** angesehen, weil sich daraus ebenfalls eindeutig ergibt, welche Betriebskosten der Mieter tragen muss. Eine Aufzählung der einzelnen danach auf den Mieter abgewälzten Betriebskosten wird, weil unmittelbar aus dem Gesetz ersichtlich, als entbehrlich angesehen (BGH 20. 1. 1993 – VIII ZR 10/92, LM Nr 35 zu § 9 [Bb] AGBG = NJW 1993, 1061, 1062 [r Sp 2. Abs]; 7. 4. 2004 – VIII ZR 167/03, NZM 2004, 417, 418 = ZMR 2004, 430; 23. 2. 2010 – VIII ZR 199/09, WuM 2010, 294 Rn 5; 2. 5. 2012 – XII ZR 88/10, WuM 2012, 453 Rn 14 = NZM 2012, 608; insbesondere BGH 10. 2. 2016 – VIII ZR 137/15, NJW 2016, 1308 = NZM 2016, 235 Rn 11 ff = WuM 2016, 211). Auch der Beifügung der Verordnung bedarf es nach hM nicht (Blank NJW 2008, 745; Kinne, in: FS Blank 256 ff; Lehmann-Richter WuM 2012, 647, 648). Selbst die Bezugnahme auf die (im Jahre 2004 durch die im Wesentlichen übereinstimmende BetrKV ersetzte) **Anlage 3 zu der II. BV** wird (als bloße Falschbezeichnung) als unschädlich angesehen (BGH 10. 2. 2016 – VIII ZR 137/15; NJW 2016, 1308 = NZM 2016, 235 Rn 11 ff = WuM 2016, 211; anders zB AG Hanau NZM 2015, 47 = NJW-RR 2015, 143 mwNw). Sogar die bloße Umlage der „Nebenkosten" gilt teilweise als hinreichend bestimmt (OLG München ZMR 1997, 233, 244; KG ZMR 2007, 459, 460; OLG Frankfurt 14. 2/19. 4. 2018 – 2 U 142/17, NZM 2018, 789 = ZMR 2018, 924; OLG Hamm 8. 3. 2019 – 30 U 78/18, ZMR 2019, 581; Streyl NZM 2014, 409, 411; vWestphalen NZM 2015, 112). Werden jedoch (nur) einzelne Betriebskosten aufgezählt, so sind damit alle anderen von der Umlage ausgeschlossen (vgl BGH 10. 2. 2016 – VIII ZR 137/15; NJW 2016, 1308 = NZM 2016, 235 Rn 20).

66a Ebenso großzügig verfährt die Rechtsprechung gewöhnlich bei der Abwälzung der Betriebs- oder Nebenkosten durch **Formularvertrag** (ausführlich Staudinger/Bieder [2019] Anh zu §§ 305–310 Rn E 121–126; Kinne, in: FS Blank 256 ff; Lehmann-Richter ZMR 2012, 837; 2017, 861; M Schmid; NJW 2010, 1065; Streyl NZM 2014, 409). So wird es zB meistens als ausreichend angesehen, wenn in einem Formularvertrag bestimmt wird, dass der Mieter „die Betriebskosten tragen muss", weil damit alle in § 556 Abs 1 BGB iVm der BetrKV aufgezählten Betriebskosten gemeint seien (BGH 10. 2. 2016 – VIII ZR 137/15, NJW 2016, 1308 = NZM 2016, 235 Rn 15 f = WuM 2016, 211; 7. 6. 2016 – VIII ZR 274/15, WuM 2016, 498 Rn 2 f = NZM 2016, 720). Lediglich eine *generelle* Abwälzung der Kosten oder Lasten wird bei der **Wohnraummiete** regelmäßig mit Rücksicht auf das Transparenzgebot des § 307 Abs 1 S 2 BGB als unwirksam behandelt, weil die daraus für den Mieter folgende Belastung unübersehbar ist (OLG Düsseldorf NJW-RR 1991, 1354; ZMR 2003, 22, 23; 2003, 109 f; OLG Hamburg ZMR 2003, 180, 181; WuM 2003, 268; Hinz ZMR 2003, 77). Noch großzügiger verfährt die (durchaus problematische) Praxis bei der **gewerblichen Miete**. Die Rechtsprechung hat hier auch keine Bedenken gegen die Abwälzung der Kosten der (kaufmännischen und technischen) **„Hausverwaltung"** oder der **„Verwaltungskosten"**, und zwar unter Hinweis auf die gesetzlichen Definitionen in § 26 Abs 1 der II. BV sowie in § 1 Abs 2 Nr 1 BetrKV (BGHZ 183, 299, 301 ff Rn 9 ff = NJW 2010, 671 Rn 16; 24. 2. 2010 – XII ZR 69/03, NZM 2010, 279 Rn 9 = NJW-RR 2010, 739; 3. 8. 2011 – XII ZR 205/09, NZM 2012, 24 Rn 11 ff; 4. 5. 2011 – XII ZR 112/09, NZM 2012, 83 Rn 8; 10. 9. 2014 – XII ZR 56/11, NJW 2014, 3722 Rn 11 ff = NZM 2014, 830; Streyl NZM 2014, 409, 414 f). Gleich behandelt wird sogar die Abwälzung sämtlicher **Wartungskosten** (OLG Frankfurt NZM 2016, 264). Lediglich die Abwälzung der **„Kosten des Managements"** oder der „Kosten des Center-Managements" wird ebenso als zu unbestimmt und damit intransparent eingestuft wie bei einem Einkaufszentrum die Verpflichtung, (unbegrenzte) „Beiträge zu einer Werbegemeinschaft" zu leisten (BGH 12. 7. 2006 – XII ZR 19/04, NJW 2006, 3057 = NZM 2006, 775 Rn 15; 4. 5. 2011 – XII ZR 112/09, NZM 2012, 24 Rn 15 ff = NJW 2012, 54; 26. 9. 2012 – XII ZR 112/10, NJW 2013, 41 = WuM 2012, 662 Rn 9, 12, 14, 18 f; berechtigte Kritik an dieser ganzen Praxis bei Lehmann-Richter ZMR 2017, 861 mwNw sowie sogleich Rn 66b).

66b Tatsächlich ist hier (entgegen der hM) eigentlich für eine besondere Großzügigkeit bei der Hinnahme von Abreden und Klauseln, durch die die Lasten auf den Mieter ganz oder partiell abgewälzt werden, angesichts der gesetzlichen Regelung (Rn 63) kein Raum. Selbst bei der gewerblichen Miete ist (an sich) dem Vermieter ohne weiteres zuzumuten, wenn er von der Regel des § 535 Abs 1 S 3 BGB abweichen möchte, im einzelnen genau zu bezeichnen, welche Betriebskosten, Nebenkosten oder Lasten der Mieter tragen soll. Deshalb ist insbesondere die bloße Bezugnahme auf die **„sonstigen Betriebskosten"** der Nr 17 des § 2 der BetrKV nicht hinreichend bestimmt, weil danach für den Mieter nicht erkennbar ist, welche Belastungen auf

Untertitel 1
Allgemeine Vorschriften für Mietverhältnisse § 535

ihn zukommen können (BGH 7. 4. 2004 – VIII ZR 167/03, NZM 2004, 417, 418 = ZMR 2004, 430). Die „sonstigen Betriebskosten" müssen deshalb im Einzelnen benannt werden (BGH 7. 4. 2004 – VIII ZR 167/03, NZM 2004, 417, 418 = ZMR 2004, 430; 2. 5. 2012 – XII ZR 88/10, WuM 2012, 453 Rn 14 = NZM 2012, 608; Blank NJW 2008, 745). Ein weiteres hierher gehörendes Beispiel ist die Abwälzung der vom Vermieter allein in seinem eigenen Interesse aufgewandten **Verwaltungs- oder Werbekosten**: Sie widerspricht so sehr dem gesetzlichen Leitbild der Miete (§§ 307 Abs 2 Nr 1 und 535 Abs 1 BGB), dass sie zumindest in Formularverträgen (eigentlich) *nicht* hingenommen werden dürfte (Lehmann-Richter ZMR 2012, 837, 839 ff; 2017, 861; ebenso jedenfalls für die Wohnraummiete BGH 19. 12. 2018 – VIII ZR 254/17, NZM 2019, 252 sowie generell OLG Köln NZM 2008, 366; 2008, 806; LG Essen NZM 2016, 263; dagegen zB Streyl NZM 2014, 409, 414 f; zur Abwälzung der Instandhaltungs- und Instandsetzungskosten s unten Rn 146 ff).

Eine ergänzende Sonderregelung für die Umlage der **Heiz- und Warmwasserkosten** **67** ergibt sich für die Raummiete einschließlich des preisgebundenen Wohnraums und der gewerblichen Miete (§ 1) aus der **Heizkostenverordnung** von 1981 in der Fassung von 2008, die in diesem Kommentar im Anhang B zu § 556c BGB erläutert ist. Die Verordnung schreibt für die gesamte Raummiete die sog **Kaltmiete** als zwingende gesetzliche Regel vor (§§ 3 ff); ausgenommen sind lediglich Gebäude mit zwei Wohnungen, von denen eine der Vermieter selbst bewohnt. Die Verordnung ändert insoweit auf zweifelhafter gesetzlicher Grundlage § 535 Abs 1 S 3 BGB und § 556 Abs 1 S 1 BGB ab, nach denen die Warm- oder Bruttomiete nach wie vor gesetzliche Regel ist (krit Emmerich, in: Mietnebenkosten, PiG 23 [1986] 87, 93 f). Die hM hat dagegen aber offenbar keine Bedenken.

3. Abwälzung der Betriebskosten, Umlagemaßstab

Der BGH tendierte eine Zeit lang zu der Annahme, bestimmte Lasten könnten auch **68** durch eine **langjährige Übung** konkludent auf den Mieter abgewälzt werden, wenn der Mieter über mehrere Jahre (ungefähr sechs) hinweg widerspruchslos bestimmte Betriebskosten bezahlt hatte, deren Abwälzung auf ihn an sich dem Mietvertrag widersprach (§§ 133, 157, 311 Abs 1 BGB; BGH NZM 2000, 961, 962 = NJW-RR 2000, 1463; NZM 2004, 418, 419; 2006, 11 = WuM 2005, 774; 12. 12. 2008 – IX ZR 179/07, NJW 2009, 987 Rn 10, 17 = WuM 2009, 134; OLG Düsseldorf ZMR 2003, 105, 107; GE 2005, 1486). Diese Rechtsprechung war jedoch auf verbreitete **Kritik** gestoßen, weil sie häufig mit bloßen Unterstellungen arbeitete (LG Landau ZMR 2001, 457; AG Bad Dürkheim WuM 2005, 648; AG Dortmund WuM 2012, 762, 763; Artz NZM 2005, 367 = WuM 2005, 215; Blank NZM 2007, 745, 746 f; Derckx NZM 2008, 239; Kappus NZM 2004, 411; M Schmid, in: FS Blank [2006] 375; ders NZM 2003, 55). Deshalb hat der BGH später seine Rechtsprechung zumindest in einzelnen Beziehungen **eingeschränkt** (BGH 10. 10. 2007 – VIII ZR 379/06, NJW 2008, 283, 284 = NZM 2008, 81 Rn 18 f; 13. 2. 2008 – VIII ZR 14/06, NJW 2008, 1302 = NZM 2008, 276 Rn 10; 10. 9. 2014 – XII ZR 56/11, NJW 2014, 3722 Rn 27 = NZM 2014, 830, 833; 9. 7. 2014 – VIII ZR 36/14, NZM 2014, 748 Rn 19 = WuM 2014, 550). Danach kommt die Annahme einer konkludenten Vereinbarung der Parteien über die Abwälzung bestimmter Betriebskosten auf den Mieter nur in Betracht, wenn sich *ausnahmsweise* aus dem Verhalten der Parteien, insbesondere aus der mehrfachen Bezahlung einer an sich falschen, weil nicht vom Vertrag gedeckten Abrechnung über Betriebskosten, ein entsprechender **Änderungswille** *beider* Parteien ergibt. Nicht ausreichend ist es dagegen, dass der Mieter lediglich mehrfach eine unrichtige Abrechnung ohne Beanstandungen bezahlt hat

(BGH 10. 9. 2014 – XII ZR 56/11, NJW 2014, 3722 Rn 27 = NZM 2014, 830, 833). Anders aber, wenn der Vermieter die Änderung der Vereinbarung über die Betriebskosten durch Einbeziehung weiterer Betriebskosten vorher ankündigt und der Mieter daraufhin die entsprechend abgeänderte Betriebskostenrechnung bezahlt (BGH 9. 7. 2014 – VIII ZR 36/14, NZM 2014, 748 Rn 20 = WuM 2014, 550). Allein aus der selbst mehrjährigen Unterlassung der Abrechnung über die Betriebskostenvorauszahlungen kann ferner noch nicht die Umstellung des Vertrags auf **Betriebskostenpauschalen** gefolgert werden (BGH 13. 2. 2008 – VIII ZR 14/06, NJW 2008, 1302 = NZM 2008, 276 Rn 10; BGH 27. 1. 2010 – XII ZR 22/07, BGHZ 184, 100 17, 124 = NJW 2010, 1065 Rn 30; LG Berlin GE 2011, 1373; AG Dortmund WuM 2012, 762, 763). Entsprechendes gilt, wenn der Vermieter versehentlich längere Zeit entgegen dem Vertrag über bestimmte Betriebskosten nicht abrechnet (BGH 27. 1. 2010 – XII ZR 22/07, BGHZ 184, 117, 123 f = NJW 2010, 1065 Rn 26 ff).

69 Es ist eine Frage der Auslegung der einzelnen Klauseln, ob der Vermieter auch **neue**, erst später entstandene **Betriebskosten**, zB infolge des Abschlusses *neuer* Versicherungen, auf den Mieter abwälzen darf. Die Rechtsprechung ist uneinheitlich; letztlich entscheidend sollte sein, ob sich aus dem Vertrag (ausnahmsweise) die Befugnis des Vermieters ergibt, auch neue Betriebskosten unter bestimmten Voraussetzungen auf den Mieter umzulegen (s BGH 27. 9. 2006 – VIII ZR 80/06, NJW-RR 2004, 875 = NZM 2004, 417; NJW 2006, 3558, 3559 = NZM 2006, 896; OLG München NJW-RR 2007, 1168; BLANK NZM 2007, 233; LANGENBERG NJW 2008, 1269 f). Zumal gewerbliche Mietverträge enthalten deshalb häufig eine sogenannte **Mehrbelastungsklausel** durch die klargestellt werden soll, dass eine etwaige spätere Erhöhung der Betriebskosten, insbesondere in Gestalt der Erhöhung der Grundsteuern, zulasten des Mieters gehen soll. Aber auch die Auslegung derartiger Klauseln ist häufig umstritten (s FRITZ NZM 2016, 316 mwNw). Der BGH tendiert offenbar im Interesse des Mieterschutzes zu einer restriktiven Handhabung von Mehrbelastungsklauseln (BGH 17. 2. 2016 – XII ZR 183/13, NJW-RR 2016, 572 = NZM 2016, 315 Rn 13 ff).

69a Übernimmt der Mieter die „**Gemeinde-** oder die **Grundbesitzabgaben**", so gehört dazu auch die Grundsteuer (OLG Düsseldorf NZM 2001, 588; OLG Hamm ZMR 2005, 617 f), nicht dagegen, wenn er nur die „üblichen Nebenkosten und Hausabgaben" übernommen hat (OLG Celle WuM 1983, 291; OLG Jena NZM 2002, 70). Muss der Mieter nach dem Mietvertrag die Kosten einer **Gemeinschaftsantenne** tragen, so kann der Vertrag außerdem nach Anschluss des Gebäudes an das Breitbandkabelnetz dahin auszulegen sein, dass der Mieter die damit verbundenen Kosten ebenfalls tragen muss, sofern er den Anschluss an das Breitbandkabelnetz nach § 555d BGB dulden muss (BGH 27. 6. 2007 – VIII ZR 202/06, NJW 2007, 3060, 3061 Rn 25 ff = NZM 2007, 769).

70 Sofern der Vermieter zur Umlage der Betriebskosten (Rn 64 ff) auf den Mieter berechtigt ist, ist (nur) bei der **Wohnraummiete** die Sonderregelung des § 556a Abs 1 S 1 BGB zu beachten, nach der die Kosten vorbehaltlich anderweitiger Vorschriften (wie insbesondere der HeizkostenVO) oder Vereinbarungen der Parteien nach dem Anteil der Wohnfläche, dh nach dem sog **Flächenmaßstab** umzulegen sind. Die Parteien können jedoch einen anderen Umlagemaßstab vereinbaren oder dem Vermieter ein einseitiges Leistungsbestimmungsrecht nach den §§ 315 und 316 BGB einräumen (BGH 5. 11. 2014 – VIII ZR 257/13, NJW 2015, 952 Rn 21 f = NZM 2015, 130 = WuM 2015, 33). Auch bei der **Geschäftsraummiete** bleibt es bei dem **Bestimmungsrecht** des Vermieters nach den §§ 315 und 316 BGB, wenn und solange die Parteien keine

Vereinbarung über den Umlagemaßstab getroffen haben. Die Bestimmung des Umlagemaßstabes durch den Vermieter muss in diesem Fall jedoch der Billigkeit entsprechen, wozu vor allem gehört, dass er möglichst *verbrauchsnah* ist (BGH LM Nr 35 zu § 9 [Bb] AGBG = NJW 1993, 1061; 21. 1. 2004 – VIII ZR 79/08, WuM 2004, 153 = NZM 2004, 254, 255; 26. 5. 2004 – VIII RR 169/03, NZM 2004, 580 = WuM 2004, 403, 404 = NJW-RR 2004, 1237; OLG Düsseldorf NZM 2000, 133; ZMR 2000, 215 = NZM 2001, 383; LG Berlin ZMR 2014, 359; noch enger LEHMANN-RICHTER WuM 2012, 647, 650). Danach wird ebenfalls der **Flächenmaßstab** (s § 556a Abs 1 S 1 BGB) in der Regel am meisten der Billigkeit entsprechen (KG GE 2002, 327). (Nur) wenn der Vermieter den Umlagemaßstab einseitig nach billigem Ermessen gemäß den §§ 315 und 316 BGB bestimmen darf, kann er ihn auch nachträglich **ändern**, jedenfalls, wenn der bisherige Maßstab ihm nicht mehr zumutbar ist, jedoch immer nur für die Zukunft (OLG Düsseldorf ZMR 2003, 569, 570; OLG Frankfurt GE 2004, 479, 480; str, enger OLG Rostock GE 2009, 324, 325).

Ein *vereinbarter* Umlagemaßstab (Rn 70) kann dagegen vom Vermieter nachträglich grundsätzlich *nicht* einseitig **geändert** werden (§ 311 Abs 1 BGB). Eine Anpassung kommt hier nur unter den Voraussetzungen des § 313 BGB in Betracht (OLG Düsseldorf GE 2011, 689; KINNE, in: FS Blank [2006] 249, 265 ff). Besonderheiten gelten (nur) bei der **Wohnraummiete** nach § 556a Abs 2 BGB für verbrauchsabhängige oder verursachungsabhängige Kosten, soweit sie nicht unter die HeizkostenVO fallen. **71**

4. Vorauszahlungen

Wenn der Mieter abweichend von § 535 Abs 1 S 3 BGB die Betriebskosten zu tragen hat, sind unterschiedliche **Vertragsgestaltungen** möglich (s Rn 66). Hervorzuheben ist die Vereinbarung von Pauschalen oder von Vorauszahlungen. Von **Vorauszahlungen** spricht man, wenn der Mieter die konkret angefallenen Betriebskosten auf der Grundlage einer späteren Abrechnung tragen soll und er außerdem verpflichtet ist, auf die (spätere) Abrechnung hin einen bestimmten Betrag im Voraus an den Vermieter zu zahlen. Hinsichtlich der **Höhe** der Vorauszahlungen und der Pauschalen besteht Vertragsfreiheit (§ 311 Abs 1 BGB; BGH 11. 2. 2004 – VIII ZR 195/03, NJW 2004, 1102 = NZM 2004, 251; 28. 4. 2004 – XII ZR 21/02, NZM 2004, 619; OLG Düsseldorf NZM 2008, 524, 525; BUB/TREIER/J EMMERICH Hdb Rn III 198 ff). Einzelne gesetzliche Regelungen enthalten (nur) für die **Wohnraummiete** (s § 578 BGB) die Vorschriften des § 556 Abs 2 und 3 BGB und des § 560 BGB. Nach § 556 Abs 3 BGB ist bei der Wohnraummiete über die Vorauszahlungen *jährlich abzurechnen,* und zwar binnen einer Frist von weiteren zwölf Monaten. Die Anpassung der Betriebskostenvorauszahlungen an veränderte Betriebskosten richtet sich nach § 560 Abs 4 BGB. Fällt die Heizung ganz aus, so endet auch die Verpflichtung zur Zahlung von Vorauszahlungen (KG GE 2010, 1335 = ZMR 2011, 279). Bei der Vereinbarung von **Pauschalen** entfällt dagegen grundsätzlich eine Abrechnung (s die Begr zum RegE BT-Drucks 14/4553, 50 [r Sp]). Die Höhe der Pauschale ist unabhängig von dem Verbrauch und den tatsächlich angefallenen Kosten, sodass sich eine Grenze für ihre Vereinbarung allein aus den verschiedenen Wucherverboten des § 5 WiStG und des § 291 StGB sowie aus § 138 BGB ergibt: **72**

Erweisen sich die **Vorauszahlungen** später als zu niedrig, so hat der Vermieter aufgrund des Mietvertrages einen Anspruch auf **Nachzahlung** der Differenz in Höhe der nicht gedeckten tatsächlichen Kosten (OLG Hamm NZM 2003, 717; LG Berlin GE 2000, **73**

893), ebenso wie umgekehrt der Mieter, ebenfalls aufgrund des Mietvertrages, einen Anspruch auf **Auszahlung des Saldos** hat, der sich bei der Abrechnung zu seinen Gunsten ergibt (u Rn 78, Rn 80; BGH 9. 3. 2005 – VIII ZR 57/04, NJW 2005, 1499 = NZM 2005, 373). Wird während eines Abrechnungszeitraums die **Zwangsverwaltung** des Grundstücks angeordnet, so ist fortan grundsätzlich der Zwangsverwalter nicht nur für den laufenden Abrechnungszeitraum, sondern auch für frühere Abrechnungszeiträume zur Abrechnung über die Vorauszahlungen verpflichtet; wenn sich dabei ein *Guthaben* zu Gunsten des Mieters ergibt, muss dieses vom Verwalter an den Mieter ausgekehrt werden (BGH NZM 2003, 473 f = WuM 2003, 390). Der Anspruch des Mieters auf Rückzahlung der nicht geschuldeten (überzahlten) Vorauszahlungen **verjährt** nach § 195 BGB binnen dreier Jahre ab Fälligkeit des Anspruchs infolge der Abrechnung seitens des Vermieters (OLG Frankfurt 14. 2./19. 4. 2018 – 2 U 142/17, NZM 2018, 789 Rn 41). Fraglich ist, ob der Vermieter bei der **Geschäftsraummiete** die Vorauszahlungen erhöhen kann, wenn sie sich nachträglich als zu niedrig erweisen. Da § 560 Abs 4 BGB (der eine Möglichkeit zur Anpassung von Betriebskostenvorauszahlungen vorsieht) nur für die Wohnraummiete gilt (§ 578 BGB), kommt – entgegen einer verbreiteten Meinung – solches **Erhöhungsrecht** des Vermieters nur in Betracht, wenn es die Parteien vereinbart haben (OLG Dresden NZM 2002, 437, 438) oder die Voraussetzungen des § 313 BGB vorliegen.

74 Die Vorauszahlungen für die nächste Periode sind erst **fällig**, wenn der Vermieter über die letzte Periode formell ordnungsgemäß und fristgerecht, dh grundsätzlich binnen eines Jahres abgerechnet hat (u Rn 76 f). Kommt der Vermieter dieser Pflicht nicht nach, so hat der Mieter ein **Zurückbehaltungsrecht** gegenüber den laufenden Vorauszahlungen (§ 273 BGB; u Rn 76, Rn 78; BGHZ 91, 62, 71 = NJW 1984, 2466; BGHZ 113, 188, 196 = NJW 1991, 836; BGH LM Nr 85 zu § 535 BGB = NJW 1984, 1684 = WuM 1984, 127; NJW 2005, 1499 = NZM 2005, 373; 22. 6. 2010 – VIII ZR 288/09, WuM 2010, 630 Rn 3 = NZM 2010, 857; 5. 12. 2012 – XII ZR 44/11, 6. 2. 2013 – VIII ZR 184/12, NJW 2013, 1395 = NZM 2013, 188 Rn 14; NZM 2013, 357 Rn 10; OLG Düsseldorf ZMR 2002, 37; 2005, 303; KG GE 2008, 1323, 1324). Dagegen hat der Mieter *keinen* Rückzahlungsanspruch, da ein solcher grundsätzlich nur in Betracht kommt, wenn die Abrechnung über die Vorauszahlungen einen Saldo zu seinen Gunsten ergibt (zB BGH 22. 6. 2010 – VIII ZR 288/09, WuM 2010, 630 Rn 3 = NZM 2010, 857; 6. 2. 2013 – VIII ZR 184/12, NJW 2013, 1395 = NZM 2013, 357 Rn 10). Das Zurückbehaltungsrecht des Mieters erstreckt sich auch nicht auf die laufende **Miete** (OLG Düsseldorf ZMR 2002, 37, 38) oder auf Rückständen bei der Miete (OLG Düsseldorf WuM 2000, 678). Dabei bleibt es auch, wenn sich der Mieter während des laufenden Mietverhältnisses gegen die Unterlassung der Abrechnungen durch den Vermieter nicht gewehrt hat, obwohl er dazu mittels des Zurückbehaltungsrechts durchaus in der Lage gewesen wäre; nach Vertragsende erwirbt er dann nicht auf einmal zusätzlich doch noch einen Rückzahlungsanspruch gegen den Vermieter (BGH NJW 2012, 3508 Rn 10; NZM 2013, 188 Rn 14). § 288 Abs 1 BGB findet gleichfalls keine Anwendung, sodass der Mieter ferner keine Verzugszinsen verlangen kann (BGH 5. 12. 2012 – XII ZR 44/11, NZM 2013, 188 Rn 20 ff). Sobald aber aufgrund einer Abrechnung über die Vorauszahlungen feststeht, dass der Mieter noch einen Anspruch auf den Saldo hat, kann der Mieter mit diesem Anspruch auch aufrechnen (BGH 5. 12. 2012 – XII ZR 44/11, NZM 2013, 357 Rn 10).

75 Mit **Ablauf** der Abrechnungsperiode über die Vorauszahlungen **erlischt** nach hM der *Anspruch* des Vermieters auf rückständige Vorauszahlungen, da der Vermieter jetzt endgültig abrechnen kann und muss, sodass er nur noch das *Ergebnis der Abrechnung* vom Mieter verlangen kann (BGH WuM 2010, 490 Rn 22; NZM 2010, 736 Rn 22 = WuM 2010, 490; 26. 9. 2012 – VIII ZR 315/11, NJW 2012, 3508 Rn 9; KG GE 2008, 1323; dagegen M Schmid NZM 2007, 555 f). Rückständige Vorauszahlungen kann der Vermieter folglich jetzt nicht mehr einklagen; eine bereits anhängige **Klage** muss auf den Saldo der Abrechnung umgestellt werden (§ 264 Nr 3 ZPO; BGH NZM 2010, 736 Rn 22 = WuM 2010, 490); wenn dies noch nicht möglich ist, kommt nur eine Erledigungserklärung des Vermieters oder die Rücknahme der Klage in Betracht. Hatte der Vermieter bereits einen **Titel** über die rückständigen Vorauszahlungen erwirkt, so steht dem Mieter jetzt die Vollstreckungsabwehrklage des § 767 ZPO zu (krit M Schmid NZM 2007, 555 f).

Zusätzliche Probleme ergeben sich bei **Vertragsende**, wenn der Vermieter bis dahin nicht über die Vorauszahlungen abgerechnet hatte. Die Rechtsprechung billigt, dem Mieter dann aus praktischen Gründen nach Ablauf der jeweiligen Abrechnungsperiode von grundsätzlich einem Jahr einen Anspruch auf **Rückzahlung** aller schon geleisteten Vorauszahlungen zu, um auf den Vermieter einen angemessenen Druck zur rechtzeitigen Abrechnung auszuüben (so zB BGH 26. 9. 2012 – VIII ZR 315/11, NJW 2012, 3508 Rn 8; 5. 12. 2012 – XII ZR 44/11, NZM 2013, 188 Rn 14; OLG Düsseldorf NZM 2011, 884), und zwar insbesondere auch bei der **gewerblichen Miete** (BGH GE 2011, 128 Rn 12; OLG Düsseldorf NZM 2011, 884; KG GE 2010, 764). Gleich steht die Beendigung des Mietverhältnisses infolge der Veräußerung des Grundstücks (§ 566 BGB; LG Berlin NZM 2008, 571). Dieser (vorzeitige und vorläufige) Rückzahlungsanspruch soll sich aus ergänzender Vertragsauslegung ergeben (§§ 157 und 242 BGB; dagegen zB Tholl WuM 2012, 3). Da der Anspruch dem Mieter nur *vorläufig* zugebilligt wird, erlischt er, sobald der Vermieter, wenn auch verspätet, gegebenenfalls erst im Rechtsstreit, abrechnet (BGH NJW 2005, 1499 = NZM 2005, 373; NJW 2006, 2552 = NZM 2006, 533 Rn 9 ff; 10. 8. 2010 – VIII ZR 319/09, WuM 2010, 631 Rn 4 = NZM 2010, 781; 22. 9. 2010 – VIII ZR 285/09, NJW 2011, 143 Rn 38 = WuM 2010, 688; GE 2010, 1534 Rn 3; OLG Düsseldorf GE 2011, 751; KG ZMR 2005, 952; GE 2005, 1424; 2010, 764; Neumann/Spangenberg NZM 2005, 576). **75a**

Besonderheiten bestehen, wenn das **Urteil** auf Rückzahlung der Vorauszahlungen *rechtskräftig* wird und der Vermieter dann doch noch *abrechnet oder* wenn der Mieter mit seinem vom BGH angenommenen (vorläufigen) Rückzahlungsanspruch gegen rückständige Miete *aufgerechnet* hatte. Um zu sachgerechten Ergebnissen zu gelangen, nimmt der BGH in diesen Fällen an, dass der Anspruch des Mieters auf Rückzahlung der Vorauszahlungen bei Vertragsende unter der *aufschiebenden Bedingung* der Abrechnung des Vermieters (innerhalb der Verjährungsfrist für seine Ansprüche) steht, sodass ein etwaiges Urteil dem Anspruch des Mieters auf Rückzahlung nur „*als zur Zeit begründet*" stattgibt mit der weiteren Folge, dass mit Abrechnung noch *nach* Rechtskraft infolge des Bedingungseintritts der Rückzahlungsanspruch des Mieters wieder entfällt und seine zuvor erklärte Aufrechnung gegen den Anspruch des Vermieters auf Zahlung von Mietrückständen gegenstandslos wird (BGH 10. 8. 2010 – VIII ZR 319/09, WuM 2010, 631 Rn 4 f = NZM 2010, 781; 22. 9. 2010 – VIII ZR 285/09, NJW 2011, 143 = WuM 2010, 688 Rn 38, 44 f; OLG Düsseldorf ZMR 2010, 439; NZM 2011, 884). Gegen eine Vollstreckung des Mieters aus dem rechtskräftigen Urteil auf Rückzahlung der Vorauszahlungen kann sich der Vermieter dann immer noch nach Abrechnung mit der Vollstreckungsabwehrklage des § 767 ZPO wehren (BGH 10. 8. 2010 – VIII ZR 319/09, WuM 2010, 631 Rn 5). **75b**

5. Abrechnung

a) Frist

76 Wenn der Mieter aufgrund der Vereinbarung der Parteien – abweichend von § 535 Abs 1 S 3 BGB und § 556 Abs 1 S 1 BGB – die Betriebskosten ganz oder teilweise tragen muss und die Parteien auch keine Betriebskosten-Pauschale festgelegt haben, muss der Vermieter über die tatsächlich entstandenen Betriebskosten mit dem Mieter *abrechnen,* wenn er Erstattung der Kosten verlangen will. Hatte der Mieter Vorauszahlungen auf die Betriebskosten zu leisten, so müssen diese in die Abrechnung einbezogen werden. Eine gesetzliche Regelung des Fragenkreises findet sich lediglich für die **Wohnraummiete** in den §§ 556 und 556a BGB sowie für den preisgebundenen Wohnraum in den §§ 20 ff NMV. Auf die Geschäftsraummiete finden diese Vorschriften keine, auch keine entsprechende Anwendung (§ 578 BGB). Die mit der Abrechnung von Betriebskosten verbundenen Fragen werden mit Bezug auf die Wohnraummiete in diesem Kommentar bei den §§ 556 und 556a BGB erörtert. Darauf ist zu verweisen. Im Folgenden ist nur ergänzend auf eine Reihe von Fragen einzugehen, die speziell für die **Geschäftsraummiete** besonderes Gewicht haben.

76a Nach § 556 Abs 3 S 1 BGB ist der Vermieter bei der *Wohnraummiete* verpflichtet, über etwaige Vorauszahlungen des Mieters auf die Betriebskosten jährlich abzurechnen, wobei der Grundsatz der Wirtschaftlichkeit zu beachten ist. Kennzeichnend für die gesetzliche Regelung (auf die hier im Übrigen nicht näher einzugehen ist) sind eine Abrechnungsperiode von höchstens einem Jahr (§ 556 Abs 3 S 1 BGB), ein Ausschluss von Nachforderungen, wenn der Vermieter nicht binnen eines weiteren Jahres abrechnet (§ 556 Abs 3 S 2 und S 3 BGB), sowie ein Einwendungsausschluss nach einem Jahr nach Zugang der Abrechnung bei dem Mieter (§ 556 Abs 3 S 5 und 6 BGB). Eine entsprechende Anwendung dieser Regelung auf die gewerbliche Miete wird überwiegend abgelehnt (BGH 24. 1. 2010 – XII ZR 22/07, BGHZ 184, 117, 121 ff = NJW 2010, 1065 Rn 18 ff; BGH WuM 2009, 672, 674 Rn 21; NJW 2011, 445 Rn 12 ff = WuM 2011, 220; 10. 7. 2013 – XII ZR 62/12, NJW 2013, 2885 = NZM 2013, 648 Rn 13; 28. 4. 2014 – XII ZR 6/13, NJW 2014, 2780 Rn 24 = NZM 2014, 641, 642; Blank NZM 2008, 745, 749 f). Ob entsprechende Regelungen durch **Formularverträge** gewerblicher Vermieter eingeführt werden können, ist offen (§§ 307 und 310 Abs 1 S 2 BGB; dafür zB Ludley NZM 2014, 375). Bedenklich sind auf jeden Fall Klauseln in Formularverträgen gewerblicher Vermieter, durch die der **Einwendungsausschluss** zu Lasten des Mieters noch über das Vorbild des § 556 Abs 3 S 6 BGB hinaus **verschärft** wird, zB durch die Bestimmung, dass Einwendungen gegen die Abrechnung nur innerhalb einer Frist von vier Wochen nach Zugang der Abrechnung möglich sein sollen (vgl § 308 Nr 5 iVm § 310 Abs 1 S 2 BGB; BGH 10. 9. 2014 – XII ZR 56/11, NJW 2014, 3722 Rn 30 ff = NZM 2014, 830, 833). Ebenso wenig kann auf der anderen Seite durch Formularvertrag des gewerblichen *Mieters* bestimmt werden, dass der Vermieter in jedem Fall, dh gegebenenfalls auch ohne Verschulden, bei Überschreitung der vereinbarten Abrechnungsfrist (Rn 77) den Anspruch auf die Nachzahlung von Betriebskosten verliert (§ 307 BGB; OLG Jena NZM 2012, 642).

77 Bei der **Abrechnung** handelt es sich um eine geordnete Zusammenstellung der Einnahmen und Ausgaben im Sinne des § 259 BGB mit dem Ziel, die auf die einzelnen Mieter nach dem Mietvertrag entfallenden Betriebskosten zu ermitteln (wegen der Einzelheiten s Rn 77b). Rechtliche gesehen, ist die Abrechnung somit in erster Linie nichts anderes als ein bloßes **Rechenwerk**, dessen Zugang bei dem Mieter freilich gegebenenfalls den Lauf von Fristen auslöst und jedenfalls die Fälligkeit der sich aus dem Rechenwerk ergebenden gegenseitigen Forderungen der Vertragsparteien auf Nachzahlung von Betriebskosten oder Rückzahlung von Vorauszahlungen begründet, weshalb die Abrechnung teilweise auch als rechtsgeschäftsähnliche Handlung eingestuft wird (OLG Frankfurt 11. 2./19. 4. 2018 – 2 U 142/17 Rn 21, NZM 2018, 789 = ZMR 2018, 924; ausführlich Jakoby ZMR 2017, 781; zum Verhältnis der Abrechnung zur Abrechnung des Verwalters über den Wirtschaftsplan nach § 28 Abs 3 WEG s Elzer ZMR 2019, 825). Die Abrechnung muss auch bei der gewerblichen Miete jährlich binnen angemessener **Frist**, dh grundsätzlich innerhalb von höchstens *zwölf Monaten* nach Abschluss der Abrechnungsperiode, erfolgen und dem Mieter zugehen, wobei die Parteien die Wahl zwischen dem Kalenderjahr, dem Mietjahr oder einer anderen Abgrenzung haben (BGHZ 184, 117, 126 ff = NJW 2010, 1065 Rn 36 ff; BGH WuM 2008, 404, 405 Rn 10 = NJW 2008, 2328; NZM 2009, 274 = WuM 2009, 236; GE 2011, 128 Rn 8 f; NJW 2011, 445 Rn 18 f = NZM 2011, 211; NJW 2013, 2885; 28. 4. 2014 – XII ZR 6/13, NJW 2014, 2780 Rn 24 = NZM 2014, 641, 642; OLG Jena NZM 2012, 642). Bei einer **Mehrheit** von Mietern muss die Abrechnung jedem Mieter innerhalb der Frist zugehen, um gegebenenfalls Ansprüche auf die Nachzahlung von Betriebskosten gegen jeden einzelnen Mieter zu begründen (LG Frankfurt aM NZM 2009, 481). Eine Abrechnung für eine *längere* Periode als ein Jahr ist *nicht* statthaft (BGH LM Nr 21 zu § 259 BGB = NJW 1982, 573; WM 1991, 2069, 2071; OLG Düsseldorf WuM 2003, 387, 388 = GE 2003, 879; ZMR 2003, 569; WuM 2006, 381; OLG Nürnberg WuM 1995, 308; OLG Rostock WuM 2004, 557, 558). Entsprechendes gilt für unterjährige *Teilabrechnungen* (BGH GE 2010, 1191 Rn 18). Kosten, die nur in mehrjährigen Abständen anfallen wie zB Kosten der Säuberung eines Öltanks, dürfen in die Abrechnung für das betreffende Jahr, in dem sie angefallen sind, insgesamt einbezogen werden (BGH NJW 2007, 1356, 1357 Rn 15; WuM 2010, 33, 34 Rn 18 f).

Bei der Abrechnung muss hier ebenso wie bei der Wohnraummiete (§ 556 Abs 2 S 1 BGB) der **Grundsatz der Wirtschaftlichkeit** beachtet werden (§§ 241 Abs 2, 242, 675 Abs 1 und 670 BGB; BGH NJW 2010, 3648 Rn 16 ff = NZM 2010, 864; NJW 2014, 3722 Rn 13 = NZM 2014, 830; 17. 12. 2014 – XII ZR 170/13, NJW 2015, 855 Rn 10 f = NZM 2015, 132, 133; KG NZM 2011, 487, 488 = GE 2011, 545; OLG Düsseldorf GE 2013, 1272, 1273). Es handelt sich dabei um eine vertragliche **Nebenpflicht** des Vermieters mit dem Inhalt, den Mieter nur mit solchen Betriebs- oder Nebenkosten zu belasten, die *erforderlich und angemessen* sind (§§ 241 Abs 2 und 242 BGB, vgl § 20 Abs 1 S 2 NMV; BGH NJW 2010, 3648 Rn 18; 17. 12. 2014 – XII ZR 170/13, NJW 2015, 855 Rn 10 = NZM 2015, 132, 133; OLG Düsseldorf GE 2013, 1272, 1273; Gather DWW 2012, 362, 367; Milger NZM 2012, 657). Bei einer Verletzung dieser Nebenpflicht durch den Ansatz überhöhter, sachlich nicht gerechtfertigter oder möglicherweise tatsächlich gar nicht angefallener (fiktiver) Kosten kann der Mieter vom Vermieter Schadensersatz verlangen (§ 280 Abs 1 BGB; BGH 17. 12. 2014 – XII ZR 170/13, NJW 2015, 855 Rn 11 = NZM 2015, 132, 133). Jedoch trifft die Darlegungs- und **Beweislast** insoweit den Mieter, wobei freilich keine übertriebenen Anforderungen gestellt werden dürfen; es genügt vielmehr grundsätzlich der substantiierte Vortrag des Mieters, dass bestimmte Kosten die ortsüblichen und angemessenen Preise deutlich übersteigen, weil gleichwertige Leistungen auf den örtlichen Märkten spürbar günstiger beschafft werden könnten (BGH NJW 2011, 3028 = WuM 2011, 513 Rn 13, 16 ff = NZM 2011, 705; 17. 12. 2014 – XII ZR 170/13, NJW 2015, 855 Rn 12 ff = NZM 2015, 132, 133; OLG Düsseldorf GE 2013, 1272, 1273; str, s Gather DWW 2012, 362, 367; Milger NZM 2012, 657; Hinz NZM 2012, 137; Flatow WuM 2012, 235; Peters NZM 2012, 145;

77a

Zehelein NZM 2014, 11). Der Sache nach geht es nach dem Gesagten bei dem Grundsatz der Wirtschaftlichkeit somit in erster Linie um die *Vermeidung fiktiver, überflüssiger und unsinniger Kosten,* etwa bei der Gebäudereinigung oder der Gartenpflege sowie bei dem Bezug der Energie (OLG Düsseldorf GE 2013, 1272, 1273).

b) Ordnungsmäßigkeit der Abrechnung (§ 259)

77b Die Abrechnung des Vermieters über die Betriebskosten muss den Anforderungen des § 259 BGB genügen, und zwar innerhalb der Abrechnungsfrist (Rn 77). Voraussetzung dafür ist eine geordnete Zusammenstellung der Einnahmen und Ausgaben, während inhaltliche Mängel *insoweit* unschädlich sind (s im Einzelnen Staudinger/Bittner/Kolbe [2019] § 259 Rn 28; Staudinger/Artz [2018] § 556 Rn 82 ff sowie zB Bub/Treier/J Emmerich, Hdb Rn III 270 ff; Blank NZM 2008, 745, 748 ff; K Milger NJW 2009, 626; Gather DWW 2012, 361, 367 ff; Meyer-Abich MZM 2018, 769, 774 ff; M Schmid WuM 2006, 481). Dazu ist bei Gebäuden mit mehreren vermieteten Einheiten regelmäßig mindestens **erforderlich**: 1. eine Zusammenstellung der Gesamtkosten, 2. die Angabe und Erläuterung des zugrunde gelegten Umlagemaßstabs (häufig auch Abrechnungsmaßstab, Umlageschlüssel, Verteilerschlüssels oder ähnlich genannt), 3. die Berechnung der Anteile der Mieter und 4. der Abzug der Vorauszahlungen der Mieter, jedenfalls, sofern die Mieter solche geleistet haben. Der Mieter soll dadurch in die Lage versetzt werden, den Anspruch des Vermieters auf etwaige Nachforderungen nachzuprüfen, also *gedanklich und rechnerisch nachzuvollziehen,* wobei es auf das Verständnis eines durchschnittlich gebildeten, juristisch und betriebswirtschaftlich nicht geschulten Mieters ankommt (BGH NZM 2003, 196 = NJW-RR 2003, 442 usw bis BGH NZM 2014, 26 Rn 13 = WuM 2013, 734; NJW 2015, 51 Rn 12 f = NZM 2014, 902 = WuM 2014, 722; NZM 2015, 129 Rn 11 f = WuM 2015, 32; 29. 1. 2016 – VIII ZR 93/15, NJW 2016, 866 Rn 10 = NZM 2016, 192; 19. 7. 2017 – VIII ZR 3/17, NZM 2017, 732 Rn 15 = WuM 2017, 529; 7. 2. 2018 – VIII ZR 189/17, NJW 2018, 1599 Rn 15 ff = NZM 2018, 458 = WuM 2018, 288; 29. 1. 2020 – VIII ZR 244/18 Rn 8, NZM 2020, 320 = WuM 2020, 210; OLG Frankfurt 14. 2./19. 4. 2018 – 2 U 142/17, NZM 2018, 789 Rn 23 f = ZMR 2018, 924).

77c Bei den Anforderungen an die Ordnungsmäßigkeit der Abrechnung des Vermieters über die Betriebskosten müssen auch Gesichtspunkte der **Praktikabilität** berücksichtigt werden, zumal eine absolute (punktgenaue) Verteilungsgerechtigkeit bei den Betriebskosten ohnehin nicht erreichbar ist (Stichwort: Vermeidung übermäßiger Komplexität; BGH NJW 2010, 3643 Rn 17 = NZM 2010, 855 = WuM 2010, 685; NJW 2015, 51 Rn 16; 29. 1. 2016 – VIII ZR 93/15, NJW 2016, 866 Rn 13, 17; 12. 11. 2014 – VIII ZR 112/14, WuM 2015, 32 = NZM 2015, 129 Rn 18 = NZM 2016, 192). Deshalb können zB Messgeräte auch dann noch verwandt werden, wenn sie nicht mehr geeicht sind (BGH NJW 2011, 598 = NZM 2011, 117). Außerdem beeinträchtigen **einzelne Fehler** die Ordnungsmäßigkeit der Abrechnung *nicht insgesamt,* wenn sie unschwer *herausgerechnet* werden können und sich aus den übrigen einwandfreien Posten ein zumindest teilweise fälliger Anspruch des Vermieters ergibt (s Rn 77e f; BGH NZM 2011, 118 Rn 14; NJW 2011, 842 Rn 13 = NZM 2011, 240; OLG Köln ZMR 2010, 850). Unentbehrlich ist jedoch jedoch die Angabe der umgelegten **Gesamtkosten**, während die Angabe der einzelnen Rechenschritte zur Ermittlung dieser Gesamtkosten als entbehrlich angesehen wird (BGH NJW 2014, 1732 Rn 8 = NZM 2014, 384). Um die Abrechnung zu vereinfachen, gilt heute außerdem die Angabe der **bereinigten Gesamtkosten** als ausreichend, die sich bei Vorwegabzug der nicht umgelegten sonstigen Kosten ergeben, die zudem auch nicht aufgeschlüsselt werden müssen (BGH NJW 2016, 866 Rn 8, 19 = NZM 2016, 192; WuM 2016,

214 Rn 21 = GE 2016, 387). Soweit **Vorauszahlungen** geleistet wurden, müssen diese ausdrücklich abgezogen werden (s ZEHELEIN NZM 2016, 194 mwNw, str). Dabei sind nach Möglichkeit **Istzahlen** und nicht **Sollzahlen** zugrunde zu legen (s im Einzelnen BGH NZM 2003, 196 = WuM 2003, 216; WALL WuM 2003, 201).

Die **Aufschlüsselung** der Kosten muss sich grundsätzlich an den im Mietvertrag auf den Mieter abgewälzten Betriebskosten orientieren; sie darf keine andere, für den Mieter unverständliche Aufteilung der Kosten enthalten (OLG Düsseldorf GE 2009, 1489, 1490; KG WuM 2012, 273). Eine zusätzliche noch weitergehende **Erläuterung** der Abrechnung, zB hinsichtlich der Gründe für die Steigerung der Kosten gegenüber dem Vorjahr, ist grundsätzlich *nicht* erforderlich, um die ohnehin schwierige Abrechnung über die Betriebskosten nicht noch weiter zu belasten (BGH NJW 2008, 2260 = NZM 2008, 567 Rn 11 f; WuM 2010, 156 Rn 21; NJW 2010, 1198 Rn 20 f = NZM 2010, 274; 29. 1. 2020 – VIII ZR 244/18 Rn 20, NZM 2020, 320). Jedoch muss immer der Umlage- oder Verteilerschlüssel genannt werden (OLG Dresden 9. 8. 2019 – 5 U 936/19, ZMR 2020, 24). Außerdem muss grundsätzlich die Abrechnung über alle Betriebskosten **in einer Rechnung** zusammengefasst werden; der Vermieter kann sich nicht darauf beschränken, gesondert über einzelne Betriebskosten abzurechnen und die einzelnen Salden jeweils für sich geltend zu machen (OLG Düsseldorf GE 2009, 1489, 1491).

77d

c) Fehler

Inhaltliche oder *materielle* Fehler sind *unschädlich* unter dem Gesichtspunkt der bloßen Ordnungsmäßigkeit der Abrechnung, weil es dafür allein auf die Nachvollziehbarkeit und rechnerische Nachprüfbarkeit des Rechenwerks ankommt (Rn 79). Materielle Fehler können daher ohne weiteres auch noch nachträglich **korrigiert** werden, wobei jedoch bei der Wohnraummiete, nicht dagegen bei der gewerblichen Miete, die Abrechnungsfrist des § 556 Abs 3 S 2 und 3 BGB zu beachten ist. Die **Abgrenzung** ist schwierig (ausführlich BUB/TREIER/J EMMERICH, Hdb Rn III 253 ff sowie zB BLANK NJW 2008, 745, 748 ff; GATHER DWW 2012, 361, 367 f; M SCHMID ZMR 2011, 15). Richtlinie muss sein, dass zu den **formellen Fehlern** alles gehört, was die *Verständlichkeit* der Abrechnung, dh ihre *Nachvollziehbarkeit* für den Mieter, beeinträchtigt, sodass der Mieter nicht mehr in der Lage ist, die Abrechnung *rechnerisch* zu überprüfen, insbesondere, weil er die gesamten Kosten und den Verteilungsschlüssel nicht mehr zu erkennen vermag; gemeint sind maW Fehler, die es dem Mieter unmöglich machen, die Abrechnungsschritte des Vermieters rechnerisch nachzuvollziehen (BGH WuM 2010, 742 Rn 18 f = NZM 2010, 895; 7. 12. 2011 – VIII ZR 118/11, WuM 2012, 22, 24, 18 f = NJW 2012, 603). **Formelle Mängel** sind **zB** die fehlende Aufschlüsselung der Betriebskosten, ein unverständlicher Umlagemaßstab oder Verteilerschlüssel, fehlende Abzüge oder die fehlende Herausrechnung der nichtumlagefähigen Kosten (BGH NJW 2007, 1059, 1060 Rn 8 = NZM 2007, 244 = WuM 2007, 116; NZM 2007, 770 = WuM 2007, 575, 576; WuM 2007, 700, 702 Rn 24; WuM 2009, 42, 43 Rn 22 f = NJW 2009, 283; LG Berlin GE 2010, 1203), die Unterlassung des Vorwegabzugs der Betriebskosten für anderweitig genutzte Räume, zB bei Gewerbeimmobilien für Wohnraum (BGH WuM 2010, 741 Rn 11, 13 = NZM 2011, 118) oder die Unterlassung der Mitteilung derjenigen Kosten, die nicht umlagefähig sind (BGH WuM 2010, 741 Rn 18 = NZM 2011, 118; 9. 10. 2013 – VIII ZR 22/13, NZM 2014, 26 Rn 14 = WuM 2013, 743; s Rn 77b).

77e

Um bloße **inhaltliche** oder materielle **Fehler** (die die formelle Ordnungsmäßigkeit der Abrechnung unberührt lassen und daher auch noch nachträglich korrigiert wer-

77f

den können) handelt es sich dagegen insbesondere bei einem unzutreffenden Ansatz der Kosten, bei Anwendung eines dem Vertrag oder dem Gesetz widersprechenden Umlagemaßstabs oder bei einem unrichtigen Ansatz der Vorauszahlungen (zB OLG Frankfurt 14. 2./19. 4. 2018 – 2 U 142/17, NZM 2018, 789 Rn 24 = ZMR 2018, 924), ferner etwa bei dem Ansatz von Soll- statt Ist-Vorauszahlungen (BGH NZM 2012, 416, 24 f = WuM 2012, 278, str und fraglich), bei vertragswidriger Einbeziehung von Betriebskosten in die Abrechnung oder bei Vereinbarung einer Pauschale statt der angesetzten Vorauszahlungen (BGH WuM 2012, 420 Rn 12 ff = NZM 2011, 627 = NJW 2011, 2786), bei sonstigen Verstößen gegen den Vertrag oder das Gesetz (BGH WuM 2012, 22, 24 Rn 19 = NZM 2012, 155), bei dem Ansatz unterschiedlicher Flächen bei einzelnen Betriebskosten (str) sowie zB noch bei der Verletzung des Grundsatzes der Wirtschaftlichkeit (KG GE 2010, 766). Derartige Fehler beeinträchtigen die Ordnungsmäßigkeit der Abrechnung *nicht* und stehen daher nicht der Einhaltung der Abrechnungsfrist entgegen (BGH NZM 2005, 13 f; OLG Düsseldorf WuM 2006, 381). Es ist außerdem nicht erforderlich, jede einzelne Rechnung mit Datum gesondert aufzuführen; es genügt vielmehr, die *Gesamtkosten* übersichtlich zusammenzustellen (KG WuM 1998, 474 = NZM 1998, 620 = NJW-RR 1998, 1305; LG Berlin GE 1999, 110; 1999, 1286). Aber bloße Schätzungen reichen nicht (LG Köln WuM 1985, 294).

77g Für die Erfassung der Kosten in der Abrechnung gibt es **vier** verschiedene **Methoden**, zwischen denen der Vermieter grundsätzlich die **Wahl** hat, nämlich die Abgrenzung 1. nach dem Leistungsprinzip, 2. nach dem Abflussprinzip, 3. nach der Fälligkeit der Rechnungen und 4. nach dem Eingang der Rechnungen (BGH NJW 2008, 2328 = NZM 2008, 520 Rn 14 f; NJW 2008, 1300 = NZM 2008, 277 Rn 13 ff; NJW 2008, 1801 = NZM 2008, 403 Rn 15 f; NJW 2012, 1141 Rn 11 = NZM 2012, 230; Bub/Treier/J Emmerich, Hdb Rn III 231 ff). Während das **Leistungsprinzip** darauf abstellt, wann jeweils die Betriebskosten entstanden sind, kommt es nach dem **Abflussprinzip** darauf an, wann der Vermieter tatsächlich mit den jeweiligen Kosten von dem Leistungserbringer belastet wurde (s LG Berlin GE 2007, 368; 2007, 1552, 1553; Langenberg WuM 2009, 19). Für die Heizungskosten schreibt § 7 Abs 2 der Heizkostenverordnung das **Leistungsprinzip** vor (BGH NJW 2012, 1141 Rn 12 = NZM 2012, 230), sodass ein Wahlrecht letztlich nur für die so genannten „kalten" verbrauchsabhängigen Betriebskosten besteht.

77h Der Vermieter muss das sogenannte **Leerstandsrisiko** tragen. Kosten, die wie insbesondere Fixkosten zum Teil in leer stehenden Räumlichkeiten anfallen, müssen herausgerechnet werden (BGH NJW 2010, 3643 Rn 12, 22 f = NZM 2010, 855; KG NZM 2017, 368), insbesondere bei Anwendung des *Flächenmaßstabs* (BGH NZM 2006, 655 = WuM 2006, 440 f m Anm Wall; KG GE 2010, 766, 767). Der Vermieter darf keinen Maßstab wählen, der das Leerstandsrisiko auf die Mieter abwälzt, etwa durch Verteilung der Betriebskosten allein nach Maßgabe der *vermieteten* Flächen (§ 307 Abs 1 BGB; KG ZMR 2016, 687 = NZM 2017, 368). Die Abrechnung sollte außerdem nach Möglichkeit für **jedes Gebäude** gesondert erfolgen. Der BGH lässt freilich die Zusammenfassung mehrerer Gebäude zu einer Wirtschafts- und **Abrechnungseinheit** zu, wenn sie billigem Ermessen entspricht (§ 315 BGB) und der Mietvertrag nicht entgegensteht (BGH NJW 2005, 3135 = NZM 2005, 737; GE 2010, 1191). Zusätzliche Probleme entstehen, wenn bei der Anwendung des **Flächenmaßstabs** als Umlagemaßstab die im Vertrag genannte Fläche der vermieteten Räume von der tatsächlichen Fläche nach oben oder nach unten abweicht (s dazu Blank NZM 2008, 745, 755 f; Langenberg NJW 2008, 1269, 1273 f; Milger NJW 2009, 625). Der BGH wendet dann im Rahmen des Flächenmaßstabs seine Rechtsprechung zu der Frage an, wann Flächendifferenzen einen Mangel begründen (u § 536 Rn 68 ff; s zB Blank NZM 2008, 745, 755 f; Langenberg NJW 2008, 1269, 1273 f).

d) Fälligkeit

Der Mieter hat einen **Anspruch** auf möglichst zügige und ordnungsmäßige Abrechnung binnen **Jahresfrist** (o Rn 76 f; BGHZ 91, 62, 70 = NJW 1984, 2466; BGHZ 113, 188, 196 = NJW 1991, 836; BGH LM Nr 85 zu § 535 BGB = NJW 1984, 1684; GE 2011, 128 Rn 18 f; OLG Dresden NZM 2002, 437). Mit der formell ordnungsgemäßen Abrechnung (o Rn 77 ff) binnen Jahresfrist werden die beiderseitigen Ansprüche hinsichtlich der Betriebskosten **fällig**, dh der Anspruch des Vermieters auf etwaige Nachzahlungen ebenso wie der Anspruch des Mieters auf Rückzahlung überzahlter Vorauszahlungen (o Rn 73, u Rn 80), sodass auch erst in diesem Augenblick die *Verjährungsfrist* für die beiderseitigen Ansprüche zu laufen beginnen kann (§ 199 BGB; u Rn 81 sowie im Einzelnen BGHZ 113, 188, 194 = NJW 1991, 836; BGH LM Nr 29 zu § 259 BGB = NJW 1982, 573; LM Nr 85 zu § 535 BGB = NJW 1984, 1684; WM 1991, 2069, 2071; NZM 2003, 196 = NJW-RR 2003, 422 = WuM 2003, 216; NZM 2005, 13 = WuM 2005, 61; 8. 3. 2006 – VIII ZR 78/05, NJW 2006, 1419 = WuM 2006, 200, 202 Rn 20; OLG Düsseldorf WuM 2001, 383 = ZMR 2000, 215, 216; GE 2003, 323; 2006, 1230; KG GE 2003, 117; 2004, 423; OLG Koblenz NZM 2005, 540, 541). Dem Mieter steht nach Zugang der ordnungsgemäßen Abrechnung *nicht* etwa noch zusätzlich eine Prüfungsfrist zu (BGH 8. 3. 2006 – VIII ZR 78/05, NJW 2006, 1419 = WuM 2006, 200, 202 Rn 20; OLG Düsseldorf GE 2011, 1696; **aM** Blank NZM 2008, 745, 751). Wenn der Mieter indessen die Vorlage der Belege der Betriebskosten fordert, um die Abrechnung des Vermieters überprüfen zu können (Rn 79), erlangt er ein Zurückbehaltungsrecht, bis der Vermieter dieser Forderung ordnungsgemäß nachgekommen ist (§ 273 BGB; s Rn 79b).

78

e) Nachprüfung, Belege

Der Mieter muss die Möglichkeit haben, die Abrechnung des Vermieters nachzuprüfen (s zB Bub/Treier/J Emmerich, Hdb Rn III 280 ff; Meyer-Abich NZM 2018, 769, 776 f). Dazu gehört insbesondere die Vorlage der **Belege** über die dem Vermieter entstandenen Betriebskosten (§ 259 Abs 1 BGB), und zwar grundsätzlich der Originale, nicht bloßer Kopien (LG Kempten ZMR 2017, 248; anders bei einem im Wesentlichen papierlosen Büro des Vermieters LG Berlin ZMR 2019, 122). Der Anspruch des Mieters auf Einsicht in die Belege setzt nicht ein besonderes **Interesse** des Mieters voraus; es genügt das allgemeine Interesse an der Kontrollen der Kosten und deren Verteilung (BGH 7. 2. 2018 – VIII ZR 189/17 Rn 70, NJW 2018, 1599 = NZM 2018, 458). Von dem Einsichtsrecht umfasst sind in einem Gebäude mit mehreren Mietern auch die Abrechnungen für die anderen Mieter, insbesondere für die **anderen Wohnungen**, weil nur so die Angaben des Vermieters über den gesamten Verbrauch und die gesamten Kosten kontrolliert werden können (BGH 7. 2. 2018 – VIII ZR 189/17 Rn 70, NJW 2018, 1599 = NZM 2018, 458). Im Regelfall reicht es aber aus, wenn der Vermieter dem Mieter an *seinem* Geschäftssitz die *Einsicht* in die Belege über die ihm entstandenen Betriebskosten gestattet, sofern nicht die Parteien, wie jedenfalls in Individualvereinbarungen jederzeit möglich, etwas anderes vereinbart haben (§ 269 Abs 1 BGB; LG Freiburg NZM 2012, 24; LG Kempten ZMR 2017, 248; AG Dortmund WuM 2015, 236). Aus den Umständen kann sich ebenfalls etwas anderes ergeben, sodass der Mieter, wenn er zB seinen Sitz weit entfernt von dem des Vermieters hat, dann Vorlage der Belege auch an *seinem* Sitz fordern kann (LG Freiburg NZM 2012, 24). In Grenzfällen, zB bei

79

einem Sitz des Vermieters und des Mieters in Nachbarorten, ist darauf abzustellen, welcher Partei es nach Treu und Glauben eher zuzumuten ist, die andere zwecks Nachprüfung und Vorlage der Belege aufzusuchen (AG Dortmund WuM 2015, 236).

79a Der Vermieter ist ohne besondere Vereinbarungen grundsätzlich nicht verpflichtet, von den Belegen **Kopien** zu fertigen und diese dem Mieter gegen Kostenerstattung auf dessen Wunsch hin zu übersenden (BGH NZM 2006, 200, 202 f Rn 21 ff; NJW 2006, 1419 = NZM 2006, 340; WuM 2006, 616, 617; NZM 2006, 926 = WuM 2006, 618, 619; NZM 2007, 35 Rn 10 = NJW 2007, 428; 19. 1. 2010 – VIII ZR 83/09, NZM 2010, 176 = WuM 2010, 296; Gather DWW 2012, 361, 368 f; str, s Rau/Dötsch ZMR 2006, 362; Schmid ZMR 2006, 341). *Anders* nur im Einzelfall nach Treu und Glauben, wenn dem Mieter eine Einsichtnahme bei dem Vermieter **unzumutbar** ist, etwa, weil er sich berufsbedingt im Ausland aufhält (§ 242 BGB; BGH 19. 1. 2010 – VIII ZR 83/09, NZM 2010, 176 = WuM 2010, 296) oder weil er gehbehindert ist und zwischen den Parteien erhebliche Spannungen bestehen (LG Berlin NJW 2014, 2593 = NZM 2014, 514). Die Kosten trägt in diesem Fall der Vermieter (AG Bingen ZMR 2016, 549). Der Mieter bleibt berechtigt, für seinen eigenen Gebrauch bei der Einsichtnahme Abschriften oder Kopien von den Belegen zu fertigen (AG München NJW 2010, 78 = NZM 2010, 81).

79b Kommt der Vermieter seiner Vorlagepflicht nicht nach, so steht dem Mieter ein **Zurückbehaltungsrecht** hinsichtlich der noch offenen Betriebskostenforderungen des Vermieters zu (§§ 242, 273 BGB), sodass eine gleichwohl vom Vermieter erhobene Klage auf Nachzahlung von Betriebskosten als zur Zeit unbegründet abzuweisen ist (Rn 78; BGH NZM 2006, 200, 202 f Rn 21 ff; NJW 2006, 1419 = NZM 2006, 340; WuM 2006, 616, 617; NZM 2006, 926 = WuM 2006, 618, 619; 25. 10. 2006 – VIII ZR 102/05, NZM 2007, 35 Rn 10 = NJW 2007, 428; 7. 2. 2018 – VIII ZR 189/17 Rn 26, NJW 2018, 1599 = NZM 2018, 288; 10. 4. 2019 – VIII ZR 250/17 Rn 20, 25, 38, NZM 2019, 620 = WuM 2019, 373). Dasselbe gilt, wenn der Vermieter entgegen seiner Verpflichtung, über alle Betriebskosten abzurechnen, nur über einen *Teil* der Vorauszahlungen abrechnet und insoweit Nachforderungen stellt (OLG Düsseldorf ZMR 2008, 708, 709).

f) Prozessuales

79c Die **Beweislast** für die Richtigkeit der einzelnen Posten der Abrechnung trägt zwar an sich der Vermieter (OLG Düsseldorf WuM 2000, 133); indessen kann sich der Mieter nicht einfach darauf beschränken, die einzelnen Positionen pauschal zu bestreiten, sondern muss **konkrete Beanstandungen** vorbringen, um die Verpflichtung des Vermieters zum Nachweis der einzelnen Positionen auszulösen (OLG Düsseldorf GE 2006, 1230, 1233; LG Berlin NJW-RR 2011, 812). Voraussetzung dafür ist zumindest, dass der Mieter vor der Erhebung von Einwendungen zunächst von seinem Einsichtsrecht in die Belege Gebrauch macht (Rn 79 f), da andernfalls konkrete Einwendungen kaum möglich sein dürften (OLG Düsseldorf ZMR 2012, 542).

80 Akzeptiert der Mieter die Schlussabrechnung, indem er den darin geforderten Betrag vorbehaltlos zahlt, so ist darin früher ebenso wie bei einer vorbehaltlosen Rückzahlung (angeblich) überzahlter Betriebskosten seitens des Vermieters vielfach ein **deklaratorisches Anerkenntnis** gesehen worden, das die Parteien mit ihnen bekannten Einwendungen ausschloss (OLG Hamburg NJW-RR 1987, 1495; LG Berlin ZMR 1990, 550; LG Heilbronn NJW-RR 2004, 660; LG Hamburg ZMR 2006, 288; krit Sternel ZMR 2010, 81). Diese Auffassung, die schon immer weithin auf Unterstellungen beruhte, ist mittlerweile aufgegeben (vgl § 556 Abs 3 BGB; BGH NJW 2011, 843 Rn 18 ff = NZM 2011, 242; 10. 7. 2013 – XII ZR 62/12, NJW 2013, 2885 = NZM 2013, 648 Rn 12, 14 ff; 28. 4. 2014 – XII ZR 6/13, NJW 2014, 2780 Rn 27 ff = NZM 2014, 641). Nur im Einzelfall kommt heute noch eine abweichende Beurteilung in Betracht (§§ 133 und 157 BGB), etwa, wenn die Parteien über einzelne Posten gestritten haben und dann eine Partei zur Erledigung des Streits einen bestimmten Betrag zahlt (BGH 28. 4. 2014 – XII ZR 6/13, NJW 2014, 2780 Rn 31 = NZM 2014, 641). Für eine Anwendung des § 814 BGB wird hier gleichfalls angesichts der Komplexität der Materie nur selten Raum sein (Meyer-Abich NZM 2018, 769, 779).

Besondere, in erster Linie prozessuale Probleme werfen in diesem Zusammenhang **80a** sogenannte **Saldoklagen** auf, mit denen der Vermieter gleichzeitig offene Mietforderungen, Rückstände auf Betriebskostenvorauszahlungen und Nachforderungen auf Betriebskosten aus früheren Abrechnungsperioden geltend macht, insbesondere wenn während des Rechtsstreits hinsichtlich der mit der Klage verfolgten Betriebskostenvorauszahlungen Abrechnungsreife eintritt, sodass der Vermieter an sich keine Vorauszahlungen mehr verlangen kann, sondern abrechnen muss. Angesichts der Fülle der dadurch aufgeworfenen Probleme will der BGH hier vor allem mit einer großzügigen unmittelbaren und entsprechenden Anwendung des § 366 Abs 2 BGB helfen (BGH 21. 3. 2018 – VIII ZR 68/17, BGHZ 218, 139 = NJW 2018, 3448 = NZM 2018, 444; 21. 3. 2018 – VIII ZR 84/17, NZM 2018, 454 = NJW 2018, 3457; dazu ausführlich N Fischer NZM 2018, 929).

g) Verjährung

Die Verjährung des Anspruchs des Vermieters auf Bezahlung der Betriebskosten **81** richtet sich nach den §§ 195 und 199 BGB. Die Verjährungsfrist von drei Jahren **beginnt** (frühestens) Ende des Jahres, in dem der Anspruch des Vermieters **fällig** geworden ist, wozu grundsätzlich der Zugang einer ordnungsmäßigen Abrechnung über die Betriebskosten bei dem Mieter erforderlich ist (§ 199 Abs 1 BGB; Rn 78; LG Düsseldorf NJW 2011, 688). Macht der Mieter von seinem Zurückbehaltungsrecht bis zur Vorlage der Belege Gebrauch (s Rn 79b), so kann sich der Zeitpunkt des Verjährungsbeginns entsprechend verschieben. Bei der einmal laufenden Verjährungsfrist verbleibt es auch, wenn der Vermieter die Abrechnung nachträglich (aber noch innerhalb der Verjährungsfrist) **korrigiert** (LG Düsseldorf NJW 2011, 68).

Eine **Verwirkung** des Anspruchs des Vermieters noch vor Ablauf der Verjährungsfrist von drei Jahren ist möglich, kommt aber nur unter denselben engen Voraussetzungen wie auch sonst in Betracht (BGHZ 91, 62, 71 = NJW 1984, 2466; BGH LM Nr 85 zu § 535 BGB = NJW 1984, 1684; NJW 2008, 1302 = NZM 2008, 276 Rn 13; 21. 2. 2012 – VIII ZR 146/11, NZM 2012, 677 Rn 6; OLG Düsseldorf ZMR 2010, 820), insbesondere, wenn der Vermieter ohne Grund mehrere Jahre die Abrechnung über die Nebenkosten verzögert, sodass sich der Mieter darauf einstellen durfte, nicht mehr mit Nachforderungen wegen längst vergangener Jahre noch behelligt zu werden (BGH 27. 1. 2010 – XII ZR 22/07, BGHZ 184, 117, 125 ff Rn 32 ff = NJW 2010, 1065; NZM 2010, 243 Rn 4 = ZMR 2010, 279; OLG Düsseldorf NZM 2005, 379; KG GE 2012, 545).

VI. Nebenleistungspflichten des Vermieters

1. Fürsorgepflicht

82 Von den Hauptleistungspflichten des Vermieters (o Rn 14 ff) werden häufig verschiedene Nebenleistungspflichten unterschieden. Die wichtigste dieser Nebenleistungspflichten ist die sog **Fürsorgepflicht** des Vermieters. Man versteht darunter seine Pflicht zur Unterlassung und Abwehr von Störungen des Mieters, zur Pflege und Obhut des Mietobjektes und zum **Schutz der Sachen des Mieters** (§ 241 Abs 2 BGB; BGH LM Nr 4 zu § 536 BGB = NJW 1957, 826; LM Nr 6a zu § 536 BGB = NJW 1964, 33; LM Nr 37 zu § 536 BGB = NJW-RR 1990, 1422; ZMR 1969, 271; 22. 10. 2008 – XII ZR 148/06, NJW 2009, 142 Rn 13 = NZM 2009, 29). Gegen diese Pflicht verstößt der Vermieter zB, wenn er durch sein Verhalten die eingebrachten Sachen des Mieters der Gefahr eines Brandschadens aussetzt (BGH 22. 10. 2008 – XII ZR 148/06, NZM 2009, 29 = NJW 2009, 142; GE 2013, 209 Rn 17). Bei einem Verstoß haftet der Vermieter dem Mieter wegen Pflichtverletzung nach **§ 280 Abs 1 BGB**, sodass er sich entlasten muss (§ 280 Abs 1 S 2 BGB; BGH 22. 10. 2008 – XII ZR 148/06, NZM 2009, 29 = NJW 2009, 142 Rn 14 ff). Die „Fürsorgepflicht" des Vermieters deckt sich weithin mit seiner **Verkehrssicherungspflicht** (o Rn 28 ff), geht aber darin nicht auf; vielmehr umfasst sie ganz allgemein die Pflicht des Vermieters, dafür zu sorgen, dass der Mieter von der Mietsache überhaupt den vertragsgemäßen Gebrauch machen kann und nicht ohne Grund geschädigt oder gestört wird. Bei der Raummiete gehört dazu mindestens die **Bereitstellung der nötigen Wasseranschlüsse**, insbesondere in der Küche, im Bad und in der Toilette, sowie die **Ermöglichung des Anschlusses des Mieters an die Netze** der Energieversorgungs- und Telekommunikationsunternehmen (BGH NJW-RR 1993, 1159 = WuM 1993, 553; KG GE 2007, 1631, 1632; EISENSCHMID, in: Vermieterleistungen PiG 67 [2003] 49, 50 ff).

2. Versorgungssperre*

82a Als Versorgungssperre bezeichnet man die Einstellung der Versorgung der gemieteten Räume mit Energie und Wasser seitens des Vermieters, wenn der Mieter seiner Zahlungspflicht nicht nachkommt. Die Frage, ob und gegebenenfalls unter welchen Voraussetzungen der Vermieter hierzu berechtigt ist, stellt sich freilich von vornherein nur, wenn die Verträge über die Belieferung des Mieters mit Energie oder Wasser nicht von dem Mieter selbst direkt mit dem Versorgungsunternehmen abgeschlossen sind, wie es heute verbreitet der Fall ist, sondern der Vermieter die Lieferverträge abschließt und anschließend die Energie oder das Wasser an die Mieter weiter liefert (s BGH 5. 6. 2018 – VIII ZR 253/17 Rn 17, NZM 2018, 819 = WuM 2018, 560). Allein in diesem Fall stellt sich die Frage der Zulässigkeit einer Versorgungssperre seitens des Vermieters, in der man vor allem die Zeit vor und nach Beendigung des Mietvertrages unterscheiden muss. *Während* des Laufs des Mietvertrages **(vor Vertragsbeendigung)** wird ein Recht des Vermieters zur Versorgungssperre bei

---

* **Schrifttum**: BÖRSTINGHAUS, in: Rechtsprechung und Mietrecht, PiG 79 (2007) 181; DERLEDER NZM 2000, 1098; HERRLEIN NZM 2006, 527; HINZ NZM 2005, 8465, 312; LEHMANN-RICHTER ZMR 2014, 188; MUMMENHOFF DWW 2005, 312; NEUNER, in: ARTZ/ BÖRSTINGHAUS, 10 Jahre Mietrechtsreformgesetz (2011) 267; SCHEIDACKER NZM 2005, 281; 2007, 591; SCHRÖDER ZMR 2015, 93; STREYL WuM 2006, 234; ders DWW 2009, 82; ders NZM 2011, 765.

Zahlungsverzug des Mieters aus § 320 Abs 1 BGB bisher überwiegend *verneint,* insbesondere deshalb, weil die Einrede des § 320 BGB nur verzögerlichen Charakter hat und daher ausscheidet, wenn ein *endgültiger Zustand* herbeigeführt wird (Münch-Komm/Emmerich [2019] § 320 Rn 1, 9 f, 39), wie es bei der Versorgungssperre des Vermieters der Fall ist. Verbreitet ist auch die Annahme, es handele sich dann um eine rechtswidrige Störung des Mieters im Mietgebrauch und damit in seinem Besitz, sodass die Versorgungssperre als **verbotene Eigenmacht** im Sinne des § 858 BGB zu qualifizieren sei (KG ZMR 2005, 951 2015, 224; OLG Köln NZM 2005, 67; OLG Celle NZM 2005, 741; s aber Neuner, in: 10 Jahre Mietrechtsreformgesetz 267, 278 ff).

82b Anders zu beurteilen ist die Rechtslage dagegen in der Zeit **nach** wirksamer **Vertragsbeendigung**, insbesondere aufgrund einer Kündigung nach § 543 Abs 2 Nr 3 BGB. Da der Vermieter jetzt nicht mehr zur Gebrauchsüberlassung verpflichtet ist (§ 535 Abs 1 BGB), muss er jetzt auch nicht mehr die Versorgung des Mieters mit Wasser, Strom und Wärme sicherstellen. Kommt der Mieter seiner Räumungspflicht (§ 546 BGB) nicht nach und verbleibt in den Räumen, so kann sich nur aus einer **nachwirkenden Treuepflicht (§ 242 BGB)** des Vermieters vorübergehend etwas anderes ergeben, wenn aufgrund einer umfassenden Interessenabwägung dem Vermieter für eine Übergangszeit die weitere Versorgung des Mieters zumutbar ist, ihm insbesondere keine weiteren Schäden drohen, weil jedenfalls die Bezahlung der weiteren Leistungen gewährleistet ist (BGH 6. 5. 2009 – XII ZR 137/07, BGHZ 180, 300, 304 ff Rn 16 ff = NJW 2009, 1947; KG NZM 2011, 778; ZMR 2015, 224; LG Koblenz WuM 2012, 140; AG Lahnstein NZM 2011, 73; AG Berlin-Schöneberg NJW-RR 2010, 1522 = NZM 2011, 72; Neuner, in: 10 Jahre Mietrechtsreformgesetz 267, 279 f; – ebenso für die gewerbliche Miete nach Vertragsende KG NZM 2005, 65, 66; NZM 2007, 923, 924: LG Berlin GE 2009, 518; MünchKomm/Emmerich [2019] § 320 Rn 10). Maßgebend sind die Umstände des Einzelfalls, zB, ob zwischen den Parteien noch Streit über die Wirksamkeit der Kündigung besteht, ob dem Mieter eine Räumungsfrist nach den §§ 721, 765a und 794a ZPO eingeräumt wurde, ob weitere Rückstände drohen und ob es sich um eine Wohnraum- und Geschäftsraummiete handelt, da bei der Letzteren den Interessen des Vermieters größeres Gewicht als bei der Wohnraummiete zugebilligt wird. Jedenfalls wenn der gewerbliche Vermieter wegen Zahlungsverzugs des Mieters gekündigt hat und der Mieter auch keine Vorauszahlungen auf die Betriebskosten mehr erbringt, darf der Vermieter somit die Versorgungsleistungen *einstellen;* er ist lediglich verpflichtet, dies dem Mieter rechtzeitig *anzukündigen,* damit sich dieser darauf einstellen kann. Auch von einer Besitzstörung des Mieters kann dann keine Rede sein (BGH 6. 5. 2009 – XII ZR 137/07, BGHZ 180, 300, 305, 307 f Rn 20, 24 ff = NJW 2009, 1947, 1949 f).

83 Der Vermieter kann sich im Mietvertrag auch noch zur Erbringung weiterer Leistungen verpflichten. Haben diese Leistungspflichten denselben Rang wie die Überlassungs- und Erhaltungspflicht, so handelt es sich um einen **gemischten Vertrag**; so zB, wenn sich der Vermieter eines Betriebsgrundstückes verpflichtet, dem Mieter auch die erforderliche *Energie* und die *Rohstoffe* zu liefern. In der Regel wird es sich jedoch bei der Verpflichtung des Vermieters zur Lieferung von Energie, Dampf oder Rohstoffen um bloße untergeordnete **Nebenleistungspflichten** handeln, auf die nur von Fall zu Fall ergänzend Kaufrecht anzuwenden ist (s BGH NJW-RR 1993, 1159 = WuM 1993, 553 = ZMR 1993, 455; Mittelstein, Miete 86 f; M Schmid DWW 1986, 140).

VII. Miete

1. Geldforderung

84 Hauptleistungspflicht des Mieters ist die Zahlung der Miete (§ 535 Abs 2 BGB). In der Mehrzahl der Fälle dürfte die Miete in regelmäßigen Geldleistungen des Mieters bestehen; notwendig ist dies indessen nicht. Es steht den Parteien frei, auch andere Formen der Gegenleistung zu wählen (§ 311 Abs 1 BGB; Rn 86 f). In der Vereinbarung der **Höhe** der Miete sind die Parteien gleichfalls grundsätzlich frei (§ 311 Abs 1 BGB). Schranken ziehen hier nur die verschiedenen Wucherverbote (§ 138 BGB; § 5 WiStG; § 291 StGB; s Vorbem 176 ff zu § 535) sowie in den Gebieten mit angespanntem Wohnungsmarkt die Mietpreisbremse nach den §§ 556d ff BGB (s außerdem zu dem sogenannten Mietendeckel in Berlin Vorbem 20 ff vor § 535). Weitere Ausnahmen gelten für den preisgebundenen Wohnraum (s Vorbem 9 zu § 535). Der **Anspruch** des Vermieters auf die einzelnen Mieten entsteht, sofern die Parteien wie idR eine periodische Zahlung der Miete nach Zeitabschnitten vereinbart haben (s Rn 86), grundsätzlich erst zu Beginn oder zu Ende des jeweiligen Abschnitts als befristeter Anspruch nach Maßgabe der §§ 163 und 158 BGB; aus den Abreden der Parteien kann sich jedoch im Einzelfall etwas anderes ergeben (BGH 17. 9. 2009 – IX ZR 106/08, BGHZ 182, 264, 267 = NZM 2010, 164 Rn 10 [für das Insolvenzrecht]; BGH 4. 11. 2009 – XII ZR 170/07, NZM 2010, 126 = NJW-RR 2010, 483 Rn 19; WM 2010, 368, 371 Rn 21). Die **Fälligkeit** der Miete richtet sich nach den §§ 556b und 579 BGB. Danach ist heute bei der gesamten Raummiete die **Vorleistungspflicht** des Mieters die gesetzliche Regel (§§ 556b Abs 1 und 579 Abs 2 BGB).

84a Der Anspruch des Vermieters auf die (einmalige oder laufende) Miete ist eine Geldforderung, die **abgetreten oder gepfändet** werden kann; § 399 BGB steht nicht entgegen (s BGH NJW 2003, 2987 = NZM 2003, 716). Die **Verjährung** des Anspruchs des Vermieters auf die Miete richtet sich nicht nach § 548 BGB, sondern nach den §§ 195 und 199 BGB, sodass die Verjährungsfrist grundsätzlich drei Jahre beträgt (§ 195 BGB).

2. Umsatzsteuer

85 Nach § 4 Nr 12 S 1 lit a UStG 1999 sind die Vermietung und die Verpachtung von Grundstücken grundsätzlich **umsatzsteuerfrei**; eine eng begrenzte Ausnahme findet sich lediglich in § 4 Nr 12 S 2 UStG insbesondere für die Vermietung von Wohn- und Schlafräumen, die ein Unternehmer zur kurzfristigen Beherbergung von Fremden bereithält, sowie für die Vermietung von Plätzen für das Abstellen von Fahrzeugen. Der Unternehmer kann jedoch nach § 9 Abs 1 UStG einen Umsatz, der nach § 4 Nr 12 UStG an sich steuerfrei ist, **als steuerpflichtig behandeln**, wenn der Umsatz an einen anderen Unternehmer für dessen Unternehmen ausgeführt wird, wenn mit anderen Worten der Mieter seinerseits umsatzsteuerpflichtig ist (BGH NZM 2009, 237 Rn 13 f = NJW-RR 2009, 593; OLG Düsseldorf NZM 2006, 262; ZMR 2006, 367; OLG München NZM 2012, 764). Voraussetzung ist nach § 9 Abs 2 S 1 UStG, dass der Leistungsempfänger, der Mieter, das Grundstück ausschließlich für Umsätze verwendet oder zu verwenden beabsichtigt, die den Vorsteuerabzug nicht ausschließen (s BLANK/ BÖRSTINGHAUS Rn 400 ff; BURBULLA ZMR 2018, 217; CYMUTTA DWW 2010, 207; GRÜNWALD, in: GUHLING/GÜNTER, 13. Teil: UStG [S 1609 ff]; HERRLEIN NZM 2005, 648; 2013, 409; ders

NZM 2015, 73; Kahlen ZMR 2005, 685; M Schmid NZM 1999, 292; Schütz NZM 2014, 417; J Sontheimer NJW 1997, 693; Streyl NZM 2012, 751; Weitemeyer NZM 2006, 881).

Aus der geschilderten Gesetzeslage folgt, dass der Vermieter, da die Miete grundsätzlich von der Umsatzsteuer befreit ist, auch von dem Mieter in aller Regel *keine* Umsatzsteuer auf die Miete fordern kann. Bei der gewerblichen Miete ist der Vermieter jedoch im Rahmen der §§ 9 und 27 Abs 2 UStG berechtigt, **für die Umsatzsteuer** zu **optieren**, und zwar nach freiem Ermessen, sodass der Vermieter die Option nach seinem Ermessen auch jederzeit wieder rückgängig machen kann, ohne den Mieter um Zustimmung bitten zu müssen und auch ohne dies dem Mieter überhaupt mitteilen zu müssen (BGH NJW-RR 1991, 647 = ZMR 1991, 170; OLG München NZM 2012, 764; Herrlein NZM 2015, 73). Will der gewerbliche Mieter dies verhindern, so muss bereits in dem Mietvertrag eine **Verpflichtung** des Vermieters zur Ausübung der Option begründet werden. Kommt der Vermieter dieser Pflicht nach, so schuldet der Mieter grundsätzlich Mehrwertsteuer auf die Miete sowie auf die von ihm gegebenenfalls zu tragenden Betriebskosten einschließlich der Vorauszahlungen darauf, sodass der Vermieter dem Mieter über jede Zahlung eine Rechnung ausstellen muss (§ 14 Abs 2 UStG), die den Anforderungen des § 14 Abs 4 UStG entspricht (OLG Köln 17. 7. 2017 – 22 U 60/16, ZMR 2018, 215 f; Schütz NZM 2014, 417). Optiert der Vermieter dagegen, ohne dazu aufgrund des Mietvertrages verpflichtet zu sein, für die Umsatzsteuer, so setzt die **Abwälzung** der Umsatzsteuer auf den Mieter nach Ausübung der Option seitens des Vermieters immer noch zusätzlich eine **besondere Vereinbarung** zwischen den Parteien voraus, da der vereinbarte Preis grundsätzlich der Bruttopreis (einschließlich MWSt) ist (BGH NZM 2001, 953; 28. 7. 2004 – XII ZR 292/02, NZM 2004, 785 = ZMR 2004, 812; OLG Naumburg ZMR 2000, 291, 292; OLG Düsseldorf ZMR 1996, 82; LG Hamburg GE 1998, 247; Herrlein NZM 2013, 409, 412 f; M Schmid NZM 1999, 292). Das kann auch durch Formularvertrag geschehen (BGH NZM 2001, 953; NZM 2004, 785 = ZMR 2004, 812). Umstritten ist die Rechtslage nach **Veräußerung** des Grundstücks (§ 566 BGB; s Streyl NZM 2012, 751). Wenn der Veräußerer für die Mehrwertsteuer optiert hatte, hat es gemäß § 566 BGB dabei zunächst sein Bewenden; der Erwerber kann jedoch gegebenenfalls erneut für die Steuerfreiheit optieren (anders OLG München NZM 2012, 764 = ZMR 2012, 621). Sinngemäß dasselbe gilt, wenn der Veräußerer nicht für die Mehrwertsteuer optiert hatte – immer vorbehaltlich abweichender Abreden der Parteien. **85a**

Ist der Mieter vorsteuerabzugsberechtigt, so kann er, wenn nach dem Mietvertrag der Vermieter *verpflichtet* ist, für die Umsatzsteuer zu optieren, der Vermieter dieser Verpflichtung jedoch nicht nachkommt oder er die Option vertragswidrig wieder rückgängig macht, vom Vermieter in Höhe der dadurch bedingten zusätzlichen Belastung **Schadensersatz** verlangen (OLG Hamm NZM 2003, 945 = ZMR 2003, 925 = NJW-RR 2003, 1593; enger BGH 28. 7. 2004 – XII ZR 292/02, NZM 2004, 785 = ZMR 2004, 812; OLG Rostock NJW-RR 2006, 1671 = NZM 2006, 898; Herrlein NZM 2015, 73). Der Mieter hat in diesem Fall außerdem ein **Zurückbehaltungsrecht**, bis ihm eine dem § 14 Abs 4 UStG entsprechende Rechnung mit gesondertem Ausweis der Mehrwertsteuer übergeben wird (OLG Düsseldorf ZMR 2006, 686). Wird in dem Mietvertrag die Miete „zuzüglich Mehrwertsteuer" ausgewiesen, obwohl keine Umsatzsteuerpflicht der Parteien besteht, so braucht der Mieter im Zweifel auch keine Umsatzsteuer auf die Miete zu zahlen; die Abrede kann aber im Einzelfall auch bedeuten, dass auf jeden Fall die gesamte Bruttomiete geschuldet sein soll (§§ 133, 157 BGB; BGH 21. 1. 2009 – XII ZR 79/07, NZM 2009, 237, 238 Rn 19 f, 27; Herrlein NZM 2013, 409, 413). **85b**

3. Besondere Erscheinungsformen

86 Weder muss die Gegenleistung des Mieters in Geld bestehen, noch muss es sich dabei um wiederkehrende regelmäßige Leistungen handeln (Rn 84). Auch **einmalige Geldzahlungen** können als Miete vereinbart werden, vor allem bei der sog Gelegenheitsmiete (RG WarnR 1927 Nr 52, S 77, 78 = DRiZ 1927 Nr 271). Als Gegenleistung können außerdem beliebige sonstige **geldwerte Leistungen** vereinbart werden. Es handelt sich daher zB um Miete, wenn nach Verkauf eines Grundstückes der Verkäufer gegen eine Ermäßigung des Kaufpreises wohnen bleibt (RG WarnR 1927 Nr 52, S 77, 78 = DRiZ 1927 Nr 271; zustimmend BGHZ 137, 106, 110 = NJW 1989, 595). Die Miete kann ferner in der Weise bestimmt werden, dass der Mieter den Vermieter von einer Schuld befreit oder dass er die Lasten und Hypothekenzinsen übernimmt (BGH LM Nr 11 zu § 535 BGB = BB 1957, 1124; KG OLGE 21, 198). Denkbar ist außerdem die Abrede, dass die Miete nur bis zur Erreichung eines bestimmten Erfolges, zB bis zur Tilgung der Schulden des Vermieters, geschuldet sein soll (LG Gießen NJW-RR 1997, 905). Ein Mietvertrag ist schließlich noch anzunehmen, wenn die Parteien einander zwei Häuser gegenseitig ohne Zahlung eines besonderen Entgelts zur Benutzung überlassen (RG JR 1926 Nr 456 = HansGZ 1926 Beibl 28 Nr 17 = BayZ 1927, 74; u Rn 88). Die Höhe der Miete kann außerdem von den Umsätzen des Mieters abhängig gemacht werden (sogenannte Umsatzmiete, s Rn 87). Schließlich können sich die Parteien auch auf andere Leistungen des Mieters als Gegenleistung für die Gebrauchsüberlassung einigen (s Rn 88).

87 Von einer **Umsatzmiete** spricht man, wenn sich die Bestimmung der Miethöhe ganz oder teilweise nach den vom Mieter erzielten Umsätzen richtet. Bei der gewerblichen Miete besteht insoweit Vertragsfreiheit (Beispiele in BGH 13. 11. 2014 – IX ZR 267/13, NJW 2015, 1093 = NZM 2015, 453 sowie bei Hubatsch NZM 2015, 74). Daher ist auch die Vereinbarung einer sog *negativen* Umsatzmiete unbedenklich, aufgrund derer der Mieter zu einer Erhöhung der Miete verpflichtet ist, wenn zB seine Bezüge vom Vermieter eine bestimmte Mindestgrenze unterschreiten (BGH 6. 12. 1989 – VIII ZR 310/88, LM Nr 19 zu § 138 [Ca] BGB = NJW 1990, 567 = WM 1990, 519). Bei derartigen Vereinbarungen handelt es sich in der Regel um **partiarische Rechtsverhältnisse**, nur ausnahmsweise um Gesellschaftsverträge (RGZ 149, 88, 89 f; 160, 361; BGH LM Nr 13 zu § 276 [H] BGB = NJW-RR 1988, 417 = ZMR 1988, 49). Aufgrund des Vertrages hat der Vermieter dann im Zweifel einen Anspruch gegen den Mieter auf **Auskunft** und **Rechnungslegung** über die Höhe seiner Umsätze (s OLG Düsseldorf NJW-RR 1990, 180 = MDR 1990, 720; OLG Brandenburg ZMR 2007, 778, 779 f). Bleiben Zweifel, so können dem Vermieter ferner nach Treu und Glauben **Kontrollrechte**, insbesondere in Gestalt eines Einsichtsrechtes in die Bücher des Mieters, zustehen (§ 242 BGB; KG GE 2012, 265). Stellt der Mieter den Gebrauch der Mietsache ganz ein, so muss er nach § 537 BGB zumindest die durchschnittliche bisherige Miete weiterzahlen (BGH LM Nr 20 zu § 138 [Bc] BGB = ZMR 1979, 238; zur Frage der Betriebspflicht s Rn 92).

88 Als Gegenleistung des Mieters für den Gebrauch von Sachen kommen auf dem Boden der Vertragsfreiheit ferner beliebige **andere Leistungen** als gerade Geldzahlungen in Betracht (Mot II 372; BGH LM Nr 120 zu § 535 BGB = NJW-RR 1989, 589; LM Nr 143 zu § 535 BGB = NJW-RR 1994, 971; 17. 7. 2002 – XII ZR 86/01, NJW 2002, 3222, 3223 = NZM 2002, 924). **Beispiele** sind die Gebrauchsüberlassung an anderen Grundstücken (o Rn 86) sowie **Dienst- und Werkleistungen** des Mieters (BGH LM Nr 2 zu § 69 KO = NJW

1976, 2264; LM Nr 120 zu § 535 BGB = NJW-RR 1989, 589; LM Nr 143 zu § 535 BGB = NJW-RR 1994, 971; 17. 7. 2002 – XII ZR 86/01, NJW 2002, 3222, 3223 = NZM 2002, 924; LG Hamburg WuM 1993, 667; LG Itzehoe ZMR 2018, 829, 830). Paradigma ist der sog **Hausmeistervertrag**, bei dem als Gegenleistung für die Dienste des Mieters (u a) die Überlassung einer Wohnung vereinbart wird. Derartige Verträge können je nach den Abreden der Parteien Mietverträge mit atypischer Gegenleistung (s MünchKomm/Emmerich [2019] § 311 Rn 31 mwNw) sowie Verträger über Werkmietwohnungen oder Werkdienstwohnungen sein, für die das Gesetz eine Sonderregelung in den §§ 576 und § 576b BGB enthält (zB Staudinger/Rolfs [2021] § 576b Rn 5). Die Abgrenzung ist schwirig (ausführlich Bruns NZM 2019, 761; Drasdo WuM 2019, 609). Wegen der Einzelheiten ist auf die Erläuterungen zu den §§ 576 und 576b BGB zu verweisen. Handelt es sich nach den Umständen lediglich um einen Mietvertrag mit atypischer Gegenleistung, so gilt für die Leistungspflicht des Mieters, zB für die des Hausmeisters, Dienst- oder Werkvertragsrecht, dagegen für die Gegenleistungspflicht des Vermieters (partiell) Mietrecht. Der Vertrag bildet in derartigen Fällen idR eine Einheit, sodass der Vermieter nicht etwa die Dienstleistungen des Mieters einseitig kündigen und stattdessen eine Geldleistung verlangen kann (LG Aachen WuM 1989, 382).

4. Zahlungsmodalitäten

Erfüllungsort für den Mieter ist gemäß § 269 BGB grundsätzlich der Wohnsitz oder **89** der Ort der gewerblichen Niederlassung des *Mieters* bei Vertragsabschluss. Wenn jedoch das Mietgrundstück an einem anderen Ort gelegen ist, wird sich häufig aus den Abreden der Parteien etwas anderes ergeben (RGZ 99, 257 f; 140, 67, 69 ff; BGH LM Nr 23 zu § 36 Ziff 3 ZPO = NJW 1988, 1914). Bleibt es nach den Abreden der Parteien bei der Regel des § 269 BGB, so ist die Mietschuld grundsätzlich **Schickschuld**, nicht Bringschuld (§ 270 BGB; s unten § 543 Rn 54). Für die Verrechnung von **Teilleistungen** des Mieters gilt § 366 BGB, und zwar auch, wenn der Mieter mit mehreren Mietraten in Verzug ist (s schon Rn 80a sowie BGHZ 91, 375, 379 = NJW 1984, 2404; BGH LM Nr 4 zu § 366 BGB = NJW 1965, 1373; Beuermann WuM 1979, 253; Horst NZM 2011, 337, 343 f; Oske WuM 1981, 49). Abweichende Vereinbarungen sind möglich, durch Formularvertrag jedoch nur, wenn in dem Formularvertrag zugleich die Reihenfolge der Tilgungsverrechnung festgelegt wird; ein einseitiges Bestimmungsrecht kann dem Vermieter nicht eingeräumt werden, auch nicht bei der gewerblichen Miete (BGHZ 91, 375, 380 ff = NJW 1984, 2405). Für das Bestimmungsrecht des Mieters aus § 366 Abs 1 BGB ist indessen kein Raum in der *Insolvenz* des Mieters, oder wenn die Leistungen des Mieters im Wege der *Zwangsvollstreckung* beigetrieben werden; reichen die Leistungen des Mieters nicht zur Begleichung aller Mietrückstände aus, so richtet sich die Reihenfolge der Tilgung nach den §§ 366 Abs 2 und 367 BGB (BGH 9. 10. 2014 – IX ZR 69/14, NJW 2015, 162 Rn 10, 16 ff = NZM 2015, 51).

Der Vermieter kann von dem Mieter ohne besondere Vereinbarung nicht die Er- **90** teilung einer **Einzugsermächtigung** verlangen (LG Braunschweig WuM 1979, 118 f; LG München I WuM 1979, 143; Derleder WuM 2007, 599, 600 ff; Horst NZM 2011, 337; M Schmid ZMR 1996, 585; Sternel, in: Interessenkonflikt zwischen den Mietvertragsparteien und Mietrechtsreform, PiG 60 [2001] 31, 43 f). Durch **Formularvertrag** kann der Mieter außerdem nur zur Teilnahme am Einzugsermächtigungsverfahren verpflichtet werden, weil allein bei diesem eine Widerspruchsmöglichkeit besteht, nicht dagegen zur Teilnahme an dem (gefährlichen) Abbuchungsauftragsverfahren (BGH NJW 1996, 988 = WuM 1996,

205; OLG Brandenburg NZM 2004, 905; Horst NZM 2011, 337). Der Mieter kann die Einzugsermächtigung **widerrufen**, wenn der Vermieter die Ermächtigung missbraucht oder wenn der Verdacht von Unregelmäßigkeiten besteht (LG Berlin GE 1984, 671; AG Köln WuM 1992, 365).

5. Insolvenz

a) Mieter

90a Nach den §§ 108 Abs 1 S 1 und 109 InsO sind Mietverträge über Grundstücke und Räume *insolvenzfest,* sofern das Grundstück oder die Räume dem Mieter bei Eröffnung des Insolvenzverfahrens über das Vermögen des Mieters bereits übergeben waren (wegen der Einzelheiten s ausführlich Dahl/Linnenbrink, in: Guhling/Günter 6. Teil [S 1373 ff] sowie zB Horst DWW 2018, 124; Bub/Treier/Lüke, Hdb Rn X 402 ff; Jacoby PiG 97 [2014] 95; ders ZMR 2016, 173). Anders verhält es sich jedoch, wenn der Mietvertrag bei Eröffnung des Verfahrens noch nicht oder (infolge Rückgabe der Sache) nicht mehr vollzogen war, sodass es dann bei dem *Wahlrecht* des Verwalters in der Insolvenz des Mieters aus § 103 InsO verbleibt (§ 109 Abs 2 S 1 BGB; BGH 11. 12. 2014 – IX ZR 87/14, BGHZ 204, 1, 3 ff Rn 10, 14 ff = NJW 2015, 624). Sofern der Verwalter die Erfüllung ablehnt und zurücktritt, steht dem Vermieter lediglich ein Schadensersatzanspruch zu, der bloße Insolvenzforderung ist (§ 109 Abs 2 S 2 InsO; BGHZ 173, 116, 121 ff Rn 18 ff = NJW 2007, 3715; dagegen Dahl NZM 2008, 585). *Nach* Übergabe der Sache hat der Insolvenzverwalter des Mieters ein **Sonderkündigungsrecht** nach § 109 Abs 1 InsO, um eine weitere Belastung der Masse mit Mietschulden zu verhindern. Bei einer *Mehrzahl* von Mietern genügt die Insolvenz eines der Mieter, um dem Insolvenzverwalter das Kündigungsrecht zu verleihen (BGH 13. 3. 2013 – XII ZR 34/12, BGHZ 196, 318, 324 Rn 19 = NJW 2013, 3232). Der Herausgabeanspruch des Vermieters aus § 546 BGB begründet einen Aussonderungsanspruch des Vermieters hinsichtlich des vermieteten Grundstücks, gerichtet auf die Verschaffung des unmittelbaren Besitzes an dem Grundstück auch in der Insolvenz des Mieters (BGH 11. 4. 2019 – IX ZR 79/18, NZM 2019, 853 Rn 36). Von der Pflicht zur Herausgabe des Grundstückes ist die Pflicht zur Räumung des Grundstücks zu trennen, die nur unter den Voraussetzungen des § 55 InsO eine Masseverbindlichkeit ist, in allen anderen Fällen dagegen eine bloße Insolvenzforderung nach § 38 darstellt (BGH 11. 4. 2019 – IX ZR 79/18, NZM 2019, 853 Rn 36; KG 25. 2. 2019 – 8 U 6/18, ZMR 2019, 479, 481 f).

90b Während des Insolvenzverfahrens ist die **Kündigungssperre** des § 112 InsO zu beachten, sodass der Vermieter den Vertrag wegen Mietrückständen aus der Zeit vor Eröffnung des Verfahrens nicht mehr, etwa nach § 543 Abs 2 Nr 3 BGB kündigen kann (BGH 22. 10. 2013 – II ZR 194/12, NJW 2014, 698 = NZM 2014, 76 Rn 11 ff). Bei **Wohnraummietverhältnissen** tritt an die Stelle des Sonderkündigungsrechts des Verwalters aus § 109 Abs 1 InsO das Recht des Verwalters, durch eine sogenannte **Freigabe-** oder **Enthaftungserklärung** das Mietverhältnis vom Insolvenzverfahren abzutrennen, sodass der Vertrag jetzt wieder der freien Verfügungsmacht beider Parteien unterliegt (BGH 16. 3. 2017 – IX ZB 45/15 Rn 9, NJW 2017, 1747 = NZM 2017, 437 m Anm Flatow). Die neuen Mietschulden sind sog Neuverbindlichkeiten, für die der Mieter (nur) mit seinem freien Vermögen haftet, während Ansprüche gegen die Masse nicht mehr bestehen; andererseits ist jetzt auch das Kündigungsrecht des Vermieters nicht mehr beschränkt, sodass er selbst wegen Rückständen aus der Zeit vor Verfahrenseröffnung (wieder) insbesondere nach § 543 Abs 2 Nr 3 BGB kündigen kann (BGH 17. 6.

2015 – VIII ZR 19/14, BGHZ 206, 1, 6 ff Rn 18 ff = NJW 2015, 3087 = NZM 2015, 618; 9. 4. 2014 – VIII ZR 107/13, NJW 2014, 1954 Rn 13 ff = NZM 2014, 429; 22. 5. 2014 – IX ZR 136/13, NZM 2014, 551 Rn 14 ff = WuM 2014, 411; Jacoby PiG 97 [2014] 95; ders ZMR 2016, 173). Der Anspruch auf Rückzahlung einer Kaution steht jetzt im Falle der Beendigung des Mietvertrages wieder dem Mieter zu; er fällt nicht in die Masse und kann deshalb von dem Insolvenzverwalter nicht in Anspruch genommen werden (BGH 16. 3. 2017 – IX ZB 45/15 Rn 9, NJW 2017, 1747 = NZM 2017, 437 m Anm Flatow). Die Enthaftungswirkung tritt in diesem Fall mit Ablauf der dreimonatigen Kündigungsfrist des § 109 Abs 1 S 1 InsO ein, sodass in der vorausgehenden Zeit der Insolvenzverwalter auch Adressat einer Kündigung des Vermieters bleibt (BGH 9. 5. 2012 – VIII ZR 327/11, NJW 2012, 2270 Rn 32 f = NZM 2012, 529, 532 = WuM 2012, 440), während nach Ablauf dieser Frist Erklärungen des Vermieters, zB eine Abrechnung über die Betriebskosten, wieder gegenüber dem Mieter und Schuldner, dagegen nicht mehr gegenüber dem Insolvenzverwalter abzugeben sind. Bei **gewerblichen Mietverhältnissen** bleibt es bei der gewohnheitsrechtlich anerkannten Möglichkeit zur **Freigabe** des von dem Mieter betriebenen Unternehmens (vgl § 35 Abs 2 InsO). Die Rechtsfolgen sind streitig (Priebe NZM 2010, 801, 806). Teilweise wird angenommen, dass die Masse dann auch nicht mehr für die Mietansprüche des Vermieters der Räume haftet, in denen das Unternehmen betrieben wird (LG Krefeld NZM 2010, 816, 817).

b) Vermieter
In der Insolvenz des Vermieters besteht das Mietverhältnis fort (§ 108 InsO); der Mieter hat *kein Kündigungsrecht,* etwa nach § 543 BGB (u § 543 Rn 9; BGH 23. 1. 2002 – XII ZR 5/00, NZM 2002, 524; Pape NZM 2004, 401, 407 f; Derleder NZM 2004, 568). Der Vermieter ist vielmehr weiter insbesondere zur Erfüllung der Erhaltungspflicht aus § 535 Abs 1 S 2 BGB verpflichtet, sodass der Mieter von dem Vermieter auch in Zukunft Erfüllung verlangen kann; seine Forderungen, zB auf Vornahme der erforderlichen Reparaturen, sind Masseverbindlichkeiten, und zwar ohne Rücksicht darauf, ob etwaige Mängel bereits vor oder erst nach Eröffnung des Insolvenzverfahrens aufgetreten sind (BGH 11. 12. 2014 – IX ZR 87/14, BGHZ 204, 1 = NJW 2015, 627; 9. 10. 2014 – IX ZR 69/14, NJW 2015, 162 = NZM 2015, 51; NZM 2003, 472 = ZMR 2003, 418; Horst DWW 2018, 244, 250; Bub/Treier/Lüke, Hdb Rn III 502 ff; Pape NZM 2004, 401, 407 f). Jedoch kann der Mieter fortan mit befreiender Wirkung nur noch an den Insolvenzverwalter zahlen, sobald er von der Eröffnung des Verfahrens in Kenntnis gesetzt worden ist (Horst DWW 2018, 244, 245). Forderungen des Mieters aus der Zeit vor Insolvenzeröffnung, etwa Schadensersatzansprüche, sind bloße Insolvenzforderungen (Pape NZM 2004, 401, 407 f; zur Kaution s aber § 566b Rn 7). Wenn unter den gegebenen Umständen insgesamt von der Verwertung des Grundstücks kein Erlös für die Masse mehr zu erwarten ist, kann der Insolvenzverwalter den Grundbesitz auch durch Erklärung gegenüber dem Vermieter und Schuldner **freigeben**, um eine weitere Belastung der Masse durch Forderungen des Mieters zu verhindern (Horst DWW 2018, 244, 245; str, anders zB Bub/Treier/Lüke, Hdb Rn X 508).

VIII. Nebenleistungspflichten des Mieters

1. Abnahmepflicht

Den Mieter trifft grundsätzlich *keine* Abnahme- und Gebrauchspflicht (zB BGH 8. 12. 2010 – VIII ZR 93/10, NZM 2011, 151 = WuM 2011, 98 Rn 14 f). Er ist zum vertragsgemäßen

Gebrauch der ihm vermieteten Sache lediglich *berechtigt,* aber nicht verpflichtet (§ 535 Abs 1 S 1 BGB), sodass er durch die Nichtentgegennahme der Sache allein in Annahmeverzug, dagegen nicht in Schuldnerverzug gerät (§ 293 BGB; AG Hamburg NZM 1998, 477; Leonhard, Schuldrecht II 152). An seiner Verpflichtung zur Mietzahlung ändert sich dadurch freilich nichts (§ 537 BGB). Der Mieter ist außerdem jederzeit berechtigt, die Mietsache vor dem ursprünglich vorgesehenen Vertragsende *zurückzugeben* (LG Mannheim WuM 1982, 298). Ebenso wenig trifft den Mieter eines Geschäftslokals eine Verpflichtung, das **Geschäft** tatsächlich offenzuhalten und zu betreiben; er kann vielmehr das Geschäft auch *einstellen* (BGH LM Nr 8 zu § 581 BGB = BB 1954, 112; LM Nr 4 zu § 133 [A] BGB; LM Nr 20 zu § 138 [Bc] BGB = ZMR 1979, 238 f; OLG Celle ZMR 1973, 109 ff). Abweichende Vereinbarungen, insbesondere in Gestalt von **Betriebs- und Offenhaltungspflichten** (s Rn 92 f), sind jedoch möglich und verbreitet (§ 311 Abs 1 BGB; s Rn 92 f; RGZ 138, 192, 197 f; 138, 202, 207 f; BGH WM 1983, 531, 532; NJW-RR 1992, 1032 = ZMR 1993, 57).

2. Betriebspflicht

92 Als Betriebspflicht bezeichnet man in der Geschäftsraummiete die vertragliche Verpflichtung des Mieters, in den angemieteten Räumen ein bestimmtes Geschäft oder Unternehmen zu betreiben und nicht vor Ende des Mietvertrags einzustellen. In der Praxis ist die Vereinbarung einer Betriebspflicht vielfach mit der Vereinbarung weiterer, den Mieter gegebenenfalls erheblich belastender Verpflichtungen verbunden (s zB Gomille NZM 2018, 809). Hervorzuheben sind die Verpflichtung, das Geschäft an allen Wochentagen während der üblichen Geschäftszeiten offenzuhalten (sogenannte **Offenhaltungspflicht**), sowie die Beschränkung auf ein bestimmtes Sortiment (sogenannte **Sortimentsbindung**), beides kombiniert oft noch mit einem weitgehenden **Ausschluss jeden Konkurrenzschutzes**. Verbreitet sind derartige Abreden vor allem in Mietverträgen über Verkaufsflächen in **Einkaufszentren**, deren Akzeptanz beim Publikum nicht zuletzt davon abhängt, ob es gelingt, möglichst alle Flächen attraktiv zu vermieten und auch offen zu halten (s zB Gomille NZM 2018, 809; Günter WuM 2012, 587, 590 ff; Späth ZMR 2012, 917). Die Vereinbarung einer Betriebspflicht kann grundsätzlich nur angenommen werden, wenn sie im Mietvertrag **ausdrücklich** vorgesehen ist. Die Annahme der **konkludenten** Vereinbarung einer Betriebspflicht wird dadurch zwar nicht ausgeschlossen (§§ 157 und 242 BGB), scheidet jedoch im Regelfall wegen der damit verbundenen Belastung für den Mieter aus (Gomille NZM 2018, 809, 810 ff; Günter WuM 2012, 587, 590; Lehmann-Richter PiG 83 [2008] 181, 191 f), zumal die Parteien nichts an der ausdrücklichen Vereinbarung einer Betriebspflicht hindert, wenn es ihnen denn darauf ankommt (Gather, in: FS Blank 169, 171 f; Lehmann-Richter PiG 83 [2008] 181, 192 ff; Späth ZMR 2012, 917, 922).

92a Die **Gerichte** hatten bisher meistens keine Bedenken gegen die Auferlegung von Betriebspflichten durch **Formularverträge**, jedenfalls in Einkaufszentren, und hier auch nicht bei einer Verbindung der Betriebspflicht mit einer **Offenhaltungspflicht** sowie mit einer **Sortimentsbindung** und dem weitgehenden **Ausschluss eines Konkurrenzschutzes** (zB BGH LM Nr 3 zu § 242 [Bf] BGB = BB 1954, 426; LM Nr 20 zu § 138 [Bc] BGB = ZMR 1979, 238, 239; 3. 3. 2010 – XII ZR 131/08, NJW-RR 2010, 1017 = NZM 2010, 361 Rn 13 ff; OLG Dresden NZM 2008, 131; ZMR 2016, 26; OLG Naumburg NZM 2008, 772; OLG Düsseldorf NJW-RR 1999, 305 = ZMR 1999, 171 = NZM 1999, 124; KG ZMR 2013, 531; 2015, 117, 118; 11. 4. 2019 – 8 U 147/17, ZMR 2019, 671, 673 f = NZG 2020, 186; OLG Hamm 9. 8. 2017 – 30 U 53/17,

NZM 2018, 87 = ZMR 2018, 36; OLG Koblenz 27. 6. 2019 – 1 U 1471/18, NZM 2019, 588 Rn 45 f; OLG Rostock OLGR 2004, 268 = NZM 2004, 460, 461; LG Kassel ZMR 2016, 36; zust Burbulla ZMR 2016, 38; Gather, in: FS Blank 169; Günter WuM 2012, 587, 590). Auf die wirtschaftlichen Situation des Mieters wurde dabei (nahezu) keine Rücksicht genommen. Mit der Begründung, dass der Mieter grundsätzlich das Verwendungsrisiko trage (Vorbem 21 ff zu § 536), wurde überwiegend angenommen, dass der Mieter auch durch über lange Zeit andauernde Verluste und **mangelnde Rentabilität** des Geschäfts nicht von der Betriebspflicht befreit werde (BGH 13. 3. 2010 – XII ZR 131/08, NJW-RR 2010, 1017 = NZM 2010, 361 Rn 13 ff; OLG Düsseldorf ZMR 2004, 508; KG GE 2013, 68; Hamm 9. 8. 2017 – 30 U 53/17, NZM 2018, 87 = ZMR 2018, 36; OLG Koblenz 27. 6. 2019 – 1 U 1471/18, NZM 2019, 588 Rn 45 f). Die Betriebspflicht endet danach im Grunde erst bei Insolvenz des Mieters. Selbst im Falle der Erkrankung des Mieters sowie in vergleichbaren Fällen wurde nur in seltenen Ausnahmefällen aufgrund der §§ 275 und 313 BGB eine **Befreiung** des Mieters von der für ihn im Grunde unerträglich gewordenen (ruinösen) Betriebspflicht bejaht (s im Einzelnen Gather, in: FS Blank 169, 173; Günter WuM 2012, 587, 590 f; Lehmann-Richter PiG 83 [2008] 181, 195 ff; Späth ZMR 2012, 917, 923).

Diese ganze Praxis vermochte, da sie häufig zu einer unerträglichen Belastung des Mieters führen musste, nicht zu befriedigen (§§ 138, 242, 307, 310, 313 BGB; Gomille NZM 2019, 809; Lehmann-Richter PiG 83 [2008] 181, 192 ff; Herrlein NZM 2019, 591; Würtenberger NZM 2013, 12). Die verbreitete Kombination einer Betriebspflicht mit einer strikten Offenhaltungspflicht, einer Sortimentsbindung und dem weitgehenden Ausschluss des Konkurrenzschutzes belastete den Mieter in der Tat übermäßig, und zwar auch in Einkaufszentren, und ist deshalb mit dem gesetzlichen Leitbild der Miete nicht mehr zu vereinbaren, wie auch der BGH jetzt mit Recht annimmt (§§ 307, 310 und 535 Abs 1 BGB; BGH 26. 2. 2020 – XII ZR 51/19 Rn 42 f, BGHZ 224, 370, 382 f = NJW 2020, 1507 = NZM 2020, 429 m Anm Emmerich JuS 2020, 789; OLG Schleswig NZM 2000, 1008; Späth ZMR 2012, 917, 922; Lehmann-Richter PiG 83 [2008] 181, 192 ff; Würtenberger NZM 2013, 12). Oft dürfte hier sogar schon die Grenze des § 138 BGB überschritten sein (anders zB OLG Dresden ZMR 2016, 26; Burbulla ZMR 2016, 38). Außerdem muss strikt darauf geachtet werden, dass sämtliche einschlägigen Klauseln, weil überraschend und ungewöhnlich, durch die ein Mieter über die Betriebspflicht hinaus zusätzlich belastet wird, soweit überhaupt zulässig, auch hinreichend **transparent** sind (§§ 305c, 307 Abs 1 S 2, 310 BGB; BGH 16. 5. 2007 – XII ZR 13/05, NJW 2007, 2176 = NZM 2007, 516; Würtenberger NZM 2013, 12). Das gilt insbesondere für Klauseln, durch die sich der Vermieter letztlich die *Bestimmung der Öffnungszeiten* der Geschäfte vorbehält (BGH 16. 5. 2007 – XII ZR 13/05, NJW 2007, 2176 = NZM 2007, 516 Rn 16 ff). Ferner ist erforderlich, dass bereits in dem Vertrag die gebotenen und unerlässlichen **Ausnahmen** von der Betriebs- und Offenhaltungspflicht, etwa bei Krankheit des Mieters oder bei Ausfall des Personals sowie in den Ferienzeiten geregelt werden, widrigenfalls die fraglichen Klauseln in Formularverträgen besonders kritisch zu beurteilen sind (s Späth ZMR 2012, 917, 922 ff). Ohnehin führt zB bei einer ernsten **Erkrankung** des Mieters kein Weg an der Anwendung des § 275 Abs 2 und 3 BGB vorbei (LG Köln NZM 2005, 621; OLG Karlsruhe GE 2007, 218; Lehmann-Richter PiG 83 [2008] 181, 193 f, 196).

92b

Verstößt der Mieter gegen die Betriebspflicht, so kann der Vermieter in erster Linie **Erfüllung** durch Offenhaltung des Geschäfts während der üblichen Geschäftszeiten verlangen und diesen Anspruch gegebenenfalls auch durch **einstweilige Verfügung** durchsetzen (OLG Düsseldorf NZM 2001, 131, 132; OLG Celle NZM 2007, 838; OLG Frankfurt

92c

ZMR 2009, 446, 447; KG ZMR 2013, 531 = NZM 2013, 731; LG Kassel ZMR 2016, 36; Burbulla ZMR 2016, 38). Die **Vollstreckung** richtet sich nach § 888 ZPO (OLG Frankfurt ZMR 2009, 446, 448; OLG Hamburg ZMR 2014, 204 = NZM 2014, 293; OLG Rostock NZM 2016, 769; Späth ZMR 2012, 917, 925; Burbulla ZMR 2016, 38; anders [§ 887 ZPO] OLG Naumburg NZM 1998, 575). Die vertragswidrige Einstellung des Geschäfts berechtigt den Vermieter außerdem zur fristlosen **Kündigung** (§ 543 BGB) sowie zur Forderung von **Schadensersatz** (§ 280 BGB; BGH 29. 4. 1992 – XII ZR 221/90, NJW-RR 1992, 1032 = WM 1992, 1582 = ZMR 1993, 57; OLG Dresden ZMR 2016, 26, 27; Gather, in: FS Blank 169, 174 ff; Lehmann-Richter PiG 83 [2008] 181, 197 f).

3. Obhutspflicht

93 Sobald dem Mieter die Mietsache übergeben worden ist, muss er mit der für ihn in aller Regel fremden Sache, die er nach Vertragsende in ordnungsmäßigem Zustand (§ 538 BGB) zurückzugeben hat (§ 546 BGB), sorgfältig und pfleglich umgehen (§§ 241 Abs 2, 242 BGB; s Rn 94). Diese Obhutspflicht **beginnt**, sobald ihm die Sache überlassen worden ist, und zwar ohne Rücksicht darauf, ob der Vertrag zu diesem Zeitpunkt bereits in Kraft getreten war oder nicht (s Vorbem 68 f zu § 535), und **endet** erst mit der tatsächlichen Rückgabe der Mietsache, selbst wenn der Vertrag schon früher abgelaufen war (BGH LM Nr 2 zu § 556 BGB = NJW 1967, 1803). Sie erstreckt sich auch auf die **mitvermieteten Sachen und Räume** einschließlich der Flure und Treppen, Böden und Keller (RGZ 59, 161; 75, 118; 106, 133; OLG Nürnberg ZMR 1960, 80, 81). Lediglich dann, wenn der Vermieter im selben Haus wohnt, ist die Obhutspflicht des Mieters hinsichtlich der mitvermieteten Räume und Flächen eingeschränkt, weil es in diesem Fall in erster Linie Sache des Vermieters selbst ist, sich um den Zustand dieser Räume und Flächen zu kümmern (RG JW 1906, 546).

94 Inhaltlich geht die Obhutspflicht vor allem dahin, die genannten Sachen (o Rn 93) **sorgfältig** und **pfleglich** zu behandeln und nach Möglichkeit vor Schäden zu bewahren (§§ 241 Abs 2, 242, 538 BGB; BGH 14. 12. 2016 – VIII ZR 49/16, WuM 2017, 10 Rn 14 = NZM 2017, 144; OLG Düsseldorf ZMR 1965, 51; LG Mannheim WuM 1982, 298). Der Mieter darf deshalb die Wohnung nicht derartig mit **Gerümpel** vollstopfen, dass der Bausubstanz Schäden drohen (AG Rheine WuM 1987, 153), oder verbotene Betäubungsmittel in der Wohnung aufbewahren (BGH 14. 12. 2016 – VIII ZR 49/16, WuM 2017, 10 Rn 13 = NZM 2017, 144). Besondere Sorgfaltspflichten bestehen bei der Aufstellung neuer technischer **Geräte**, zB bei dem Anschluss eines Geschirrspülers oder einer Waschmaschine (LG Mannheim ZMR 1991, 441; AG Hamburg-St Georg ZMR 2017, 746 mwNw). Selbst wenn derartige Geräte fachgerecht angeschlossen worden sind, müssen sie nach ihrer Inbetriebnahme regelmäßig kontrolliert werden, um das besonders gefürchtete Austreten von Wasser sofort unterbinden zu können. In besonderem Maße gilt das aber naturgemäß im Falle einer nicht fachgerechten Montage der Geräte, sodass, wenn es zu einem Wasserschaden infolge der mangelhaften Kontrolle der Geräte kommt, sogar der Vorwurf grober Fahrlässigkeit gerechtfertigt sein kann (§§ 280 Abs 1, 538 BGB; AG Hamburg-St Georg ZMR 2017, 746). Der Mieter muss ferner dafür sorgen, dass die Wasserabflüsse auf dem Balkon nicht verstopft sind (LG Berlin MDR 1981, 584 = ZMR 1982, 86; ZMR 1987, 335), und alle nötigen Maßnahmen ergreifen, um das **Einfrieren** von Rohren zu verhindern; dazu gehört nicht zuletzt die ausreichende Beheizung der Wohnung (AG Lüdinghausen WuM 1981, 12; AG Neukölln GE 1988, 203). Der Mieter ist ferner verpflichtet, für eine ausreichende **Lüftung und Säuberung** der

Räume zu sorgen (s im Einzelnen u § 536 Rn 63 ff). Bei **Sturm** muss er für die Schließung der Fenster sorgen. Lässt er die Fenster offen stehen, sodass Dritte durch herabfallende Glasscheiben verletzt werden, so kann der Vermieter, der dem Dritten ersatzpflichtig ist (§§ 823 Abs 1, 836 BGB), bei ihm Rückgriff nehmen (§ 280 Abs 1 BGB). Dieser Rückgriffsanspruch des Vermieters fällt nicht unter § 548 BGB, sondern unter die §§ 195 und 199 BGB (OLG Dresden NZM 2007, 803).

Wenn der Mieter für längere Zeit **verreist**, muss er dafür Sorge tragen, dass in der Zwischenzeit auftretende Mängel erkannt und behoben werden können (OLG Hamm WuM 1996, 470). Die **Wohnungsschlüssel** muss er deshalb einer vertrauenswürdigen Person oder dem Vermieter übergeben, vor allem, wenn Frost droht (BGH LM Nr 49 zu § 535 BGB = NJW 1972, 34; LG Berlin MDR 1981, 584 = ZMR 1982, 86). Versäumt der Dritte, dem der Mieter die Schlüssel übergeben hat, sich um die Wohnung zu kümmern, so haftet der Mieter für die dadurch entstehenden Schäden, etwa bei starkem Regen (§§ 278, 280, 538 BGB; LG Berlin MDR 1981, 584 = ZMR 1982, 86). Besonders weitgehende Sorgfaltspflichten treffen den Mieter schließlich bei Großveranstaltungen, zB bei der Miete einer Stadthalle für ein sog Rockkonzert (OLG Celle VersR 1979, 264). 95

Aus der Obhutspflicht des Mieters ergibt sich grundsätzlich nur eine **Anzeigepflicht** im Falle des Auftretens von Mängeln oder Schäden (§ 536c BGB), *nicht* jedoch eine *Reparaturpflicht* (s § 535 Abs 1 S 2 BGB; u Rn 127 ff). Die Grenzziehung ist schwierig, wie insbesondere das Beispiel der Reinigung von *Teppichböden* verdeutlicht, die der BGH, sofern es sich um die „übliche", dh laufende Reinigung handelt, noch als Teil der Obhutspflicht des Mieters ansieht (BGH 8. 10. 2008 – XII ZR 15/07, NJW 2009, 510 Rn 13–15 = NZM 2009, 126), während die Grundreinigung eines Teppichbodens einen Teil der Schönheitsreparaturen bilden soll (BGH 8. 10. 2008 – XII ZR 15/07, NJW 2009, 510 Rn 25 ff = NZM 2009, 126; s unten Rn 103a). Dies zeigt, dass jede Ausdehnung der Obhutspflicht des Mieters Gefahr läuft, mit der grundlegenden **Instandhaltungs- und Instandsetzungspflicht des** Vermieters aufgrund des § 535 Abs 1 S 2 BGB zu kollidieren. Sämtliche aus der Obhutspflicht des Mieters hergeleiteten Handlungspflichten, auch die laufenden Reinigungspflichten, müssen deshalb *unterhalb* der Schwelle der Instandhaltungs- und Instandsetzungspflicht des Vermieters bleiben, wobei Zurückhaltung geboten ist, um nicht das Pflichtengefüge der Miete entgegen § 535 Abs 1 BGB zum Nachteil des Mieters zu verschieben. – Bei **Verstößen** des Mieters gegen die Obhutspflicht kommen Schadensersatz- und Unterlassungsansprüche des Vermieters in Betracht (§§ 249, 280, 538, 541 BGB; s unten § 538 Rn 6 ff; Kraemer, in: FS Blank [2006] 281). In schwerwiegenden Fällen kann der Vermieter außerdem kündigen (§ 543 BGB). 96

4. Besichtigungsrecht

Bei der Diskussion um das Besichtigungsrecht des Vermieters muss man das bloße Recht des Vermieters zum Betreten einzelner Räume insbesondere einer vermieteten Wohnung, das sogenannte **Zutrittsrecht** (Rn 98), von dem weitergehenden Rechte zur **Besichtigung** sämtlicher vermieteten Räumlichkeiten, dh der ganzen Wohnung unterscheiden (Rn 98a). Die Frage, wann der Mieter in dem genannten Sinne das Betreten oder die Besichtigung der von ihm gemieteten Räume durch den Vermieter zu dulden hat, ist gesetzlich nicht geregelt. In den Beratungen zum BGB ist zwar 97 wiederholt erwogen worden, dass Zutrittsrecht ausdrücklich zu regeln (s Willems NZM 2015, 353, 354). Jedoch hat in diese Richtung zielende Anträge eines keinen Erfolg, weil man der Meinung war, es handele sich um eine Frage des Einzelfalls, sodass sich die Entscheidung letztlich nach Treu und Glauben richten müsse, sofern die Parteien keine Regelung des Fragenkreises in Mietvertrag getroffen haben (§ 242 BGB, Prot II 216 f, 252) und soweit nicht spezialgesetzliche Regelungen eingreifen, wobei insbesondere an die Duldungspflichten des Mieters (heute) nach den §§ 555a und 555d BGB zu denken ist (s Rn 98). Dabei ist es im Grunde bis heute geblieben: Ohne besondere Abreden oder spezialgesetzliche Regelung kann sich ein Zutritts- oder Besichtigungsrecht des Vermieters immer nur im Einzelfall aus **Treu und Glauben** ergeben (§§ 241 Abs 2, 242 BGB; Prot II 216). Die Einzelheiten sind streitig (s Blank, in: [3.] FS Seuß [2007] 277, 287 f; Emmerich, in: FS Gitter [1995] 241, 246; Lützenkirchen NJW 2007, 2152, 2155; Herrlein ZMR 2007, 247; Oppermann/Steege WuM 2017, 361; Th Schlüter NZM 2006, 681; M Schmid WuM 2014, 316; Willems NZM 2015, 353). Maßgebend sind die Umstände des Einzelfalles (u Rn 98–100) (so BVerfGE 89, 1, 13 = NJW 1993, 2035; AG Hamburg WuM 1992, 540; NZM 2007, 211). Die Folge ist, dass der Vermieter – mangels wirksamer Abreden der Parteien – Zutritt zu der Wohnung des Mieters grundsätzlich nur verlangen kann, wenn es dafür einen **konkreten sachlichen Grund** gibt, der sich insbesondere aus den Erfordernissen der ordnungsgemäßen Bewirtschaftung der vermieteten Räume ergeben kann (so BGH 4. 6. 2014 – VIII ZR 289/13, NJW 2014, 2566 Rn 20 = NZM 2014, 635, 636).

98 Der Vermieter hat zunächst ein **Zutrittsrecht** iS des bloßen Rechts zum **Betreten** einzelner Räume des Mieters, wenn er dort aufgrund Gesetzes (insbesondere § 4 HeizkostenVO) oder nach dem Vertrag bestimmte Handlungen vornehmen muss oder darf, wenn er zB Messgeräte anbringen (§ 4 Abs 2 S 1 HS 2 HeizkostenVO) oder, um über die Betriebskosten abrechnen zu können (§ 556a BGB), die Messgeräte ablesen muss oder wenn er Maßnahmen der **Instandhaltung** oder **Instandsetzung** vornehmen muss oder Maßnahmen der Modernisierung plant, die der Mieter zu dulden hat (§§ 555a, 555d BGB; s unten § 555a Rn 9 und § 555d Rn 4; LG Berlin GE 2016, 1385 = WuM 2016, 736; Blank, in: [3.] FS Seuß [2007] 277, 278 ff; M Schmid WuM 2011, 331, 332; Willems NZM 2015, 533, 536). Der Vermieter muss dabei auf die Interessen des Mieters Rücksicht nehmen (§ 241 Abs 2 BGB), sodass er ein Zutrittsrecht zu einzelnen Räumen nur nach vorheriger Ankündigung und anschließender Terminvereinbarung mit dem Mieter hat (M Schmid WuM 2011, 331, 332; AG Schöneberg GE 1987, 629). In derartigen Fällen kann der Vermieter vom Mieter auch die Duldung der Besichtigung durch **Handwerker**, Architekten oder sonstige Sachverständige verlangen (AG Schöneberg GE 1987, 629; 2004, 822).

98a Von dem Recht des Vermieters zum Betreten *einzelner* Räume des Mieters (dem sog Zutrittsrecht; dazu Rn 98) muss das weitergehende **Besichtigungsrecht** des Vermieters unterschieden werden, das die *gesamten* vermieteten Räume umfasst. In der Rechtsprechung war dem Vermieter teilweise ein *generelles* Besichtigungsrecht zumindest in langen Abständen zugebilligt worden, um ihm die Möglichkeit zu geben, sich vom Zustand der Mietsache zu überzeugen (dafür insbesondere BVerfG NZM 2004, 186 = NJW-RR 2004, 440; LG Tübingen GE 2008, 1055, 1057; AG Münster WuM 2009, 288; Lützenkirchen NJW 2007, 2152, 2153). Der BGH verlangt jedoch zu Recht zusätzlich, dass ein **besonderer sachlicher Grund** vorliegt, der den Wunsch des Vermieters nach Besichtigung der von ihm vermieteten Räume zu rechtfertigen vermag (§ 242 BGB;

Untertitel 1
Allgemeine Vorschriften für Mietverhältnisse § 535

BGH 4. 6. 2014 – VIII ZR 289/13, NJW 2014, 2566 Rn 16 ff = NZM 2014, 635, 636; LG München II NJW-RR 2009, 376 = NZM 2009, 277; AG Coesfeld WuM 2009, 112; AG Stuttgart-Bad Cannstatt WuM 2015, 148, 149; AG München ZMR 2016, 297; Blank, in: [3.] FS Seuß [2007] 277, 282 f; Lützenkirchen NJW 2007, 2152, 2155; Willems NZM 2015, 353, 358 f). Der **Grundstückserwerber** besitzt zudem ein Besichtigungsrecht erst nach seiner Eintragung im Grundbuch, nicht schon vorher nach Übergabe des Grundstücks (§ 566 BGB; LG Bremen WuM 1988, 495). Abweichende Klauseln in **Formularverträgen** sind unwirksam (§ 307 Abs 1 BGB; BGH 4. 6. 2014 – VIII ZR 289/13, NJW 2014, 2566 Rn 17 = NZM 2014, 635, 636; OLG Brandenburg GE 2012, 1373, 1374; LG München II NJW-RR 2009, 376 = NZM 2009, 277; AG Stuttgart-Bad Cannstatt WuM 2015, 148, 149 f).

Ein besonderer sachlicher Grund, der nach dem Gesagten (Rn 98a) ein **Besichtigungs-** **99** **recht** des Vermieters zu begründen vermag, liegt zB vor, wenn der Sache **Gefahren drohen** (AG Bonn NZM 2006, 618 = NJW-RR 2006, 1387), wenn der konkrete **Verdacht eines vertragswidrigen Gebrauchs** der Räume besteht, etwa durch die nach dem Vertrag verbotene Haltung großer Tiere (AG Rheine WuM 2003, 315; AG Berlin-Mitte GE 2010, 1425, 1427), sowie wenn der Mieter **Mängel** behauptet, da der Vermieter die Möglichkeit haben muss, diese zu überprüfen (LG Berlin ZMR 2014, 786; GE 2015, 733; AG Köln WuM 1986, 86; AG Saarbrücken ZMR 2005, 372 f; AG Schöneberg GE 2004, 822). In den genannten Fällen kommt von Fall zu Fall auch eine Besichtigung der Räume durch vom Vermieter beauftragte Dritte, zB durch einen Rechtsanwalt oder einen Architekten in Betracht (LG Berlin GE 2017, 1410). Verweigert der Mieter dem Vermieter oder den genannten Dritten den Zutritt zur Wohnung zwecks Überprüfung der von ihm behaupteten Mängel, so kann er anschließend auch nicht mehr wegen dieser Mängel mindern (§§ 242 und 326 Abs 2 BGB; s unten § 536 Rn 63 ff; LG Berlin GE 2014, 193 = ZMR 2014, 786; GE 2015, 733). *Kein* Besichtigungsrecht besteht indessen für **Personen**, die für den Mieter unzumutbar sind (LG Frankfurt/M WuM 2013, 301; AG Hamburg WuM 1987, 379), von denen zB eine Verschmutzung oder Beschädigung der Räume zu befürchten ist. Der Vermieter muss den Mieter außerdem stets von seiner Absicht, die Räume zu betreten, **vorweg informieren**, und zwar idR ein bis zwei Wochen vor dem von ihm ins Auge gefassten Termin, spätestens aber am vorausgehenden Tag (BVerfG NZM 2004, 186; AG Lüdenscheid WuM 1990, 498; AG Schöneberg GE 2004, 822). Er muss dabei den genauen Zeitpunkt der Besichtigung angeben und bei dessen Auswahl umfassend auf die Interessen des Mieters und insbesondere auf dessen Arbeitszeit Rücksicht nehmen (§§ 241 Abs 2, 242 BGB). Nach Möglichkeit muss er sich mit dem Mieter hierüber abstimmen (s im Einzelnen Blank, in: [3.] FS Seuß [2007] 277, 288 ff; Lützenkirchen NJW 2007, 2152, 2153 f).

Der Vermieter ist ferner berechtigt, **Kaufinteressenten** das Grundstück zu zeigen **100** (OLG Frankfurt WuM 2011, 95; AG Steinfurt WuM 2014, 405, 406; M Schmid WuM 2014, 316). Dasselbe gilt für **Mietinteressenten**, sobald der Mieter gekündigt hat (RGZ 106, 270; LG Hamburg WuM 1994, 425; LG Frankenthal WuM 2012, 141; AG Wedding ZMR 1997, 364, 365), freilich mit Rücksicht auf die entgegenstehenden Interessen des Mieters nur in engem Rahmen und zu vertretbaren Zeiten sowie *nach* vorheriger *Ankündigung* (BVerfG WuM 2004, 80 = NZM 2004, 186; wegen der Einzelheiten s M Schmid WuM 2014, 316 mwNw). Aus dem Besichtigungsrecht des Vermieters ergibt sich außerdem nicht das weitergehende Recht, auch **Aufnahmen** von den vom Mieter noch bewohnten Räumen zu machen, etwa, um diese Kauf- oder Mietinteressenten zeigen zu können (LG Frankenthal WuM 2012, 141; AG Frankfurt NJW-RR 1999, 596). Als zumutbar gilt in den genannten Fällen zB eine Besichtigung an einem Samstagvormittag (OLG Frankfurt WuM 2011, 95). Der Mieter kann die Duldung der Besichtigung durch die genannten Personen ferner nicht davon abhängig machen, dass ihm zuvor deren Name und Adresse mitgeteilt werden (LG Stuttgart WuM 1991, 578; anders AG München WuM 1994, 425; M Schmid WuM 2014, 316, 319). Er ist jedoch berechtigt, bei der Besichtigung die Interessenten auf etwaige Mängel der Wohnung oder des Hauses sowie auf seinen Wunsch hinzuweisen, wohnen zu bleiben (OLG Celle WuM 1991, 538; AG Hamburg WuM 1993, 603). Noch offen ist, wie häufig der Mieter eine Besichtigung der Räume durch Kauf- oder Mietinteressenten dulden muss. Als Faustregel gilt, dass maximal **2 bis 3 Besichtigungstermine im Monat** zumutbar sind (Blank, in: [3.] FS Seuß [2007] 277, 285 f; Lützenkirchen NJW 2007, 2152, 2154; M Schmid WuM 2014, 316, 319). Auch bei der **gewerblichen Miete** besteht kein weitergehendes Besichtigungsrecht des Vermieters (AG Neuss WuM 1989, 364, 365; Lützenkirchen NJW 2007, 2152, 2155). Lehnt der Mieter das Betreten oder die Besichtigung der gemieteten Räume durch den Vermieter zu Unrecht ab, so begeht er eine Pflichtverletzung (§ 280 Abs 1 BGB), sodass der Vermieter gegebenenfalls **kündigen** kann (§§ 543 Abs 1 und 573 Abs 1 BGB; LG Oldenburg ZMR 2012, 956, 957). Notfalls muss der Vermieter gegen den Mieter Klage auf Duldung der Besichtigung erheben (LG Berlin WuM 1980, 185 = ZMR 1980, 278 Nr 8; zur Beschwerde des Mieters durch ein Urteil auf Duldung s BGH 12. 7. 2007 – V ZR 36/07, NZM 2007, 660 = NJW-RR 2007, 1384; Lützenkirchen NJW 2007, 2152, 2156). Das Urteil wird nach § 888 ZPO vollstreckt (str, s Lützenkirchen NJW 2007, 2152, 2156). Eine Durchsetzung des Besichtigungsrechts durch einstweilige Verfügung kommt grundsätzlich nicht in Betracht (LG Duisburg NZM 2006, 897).

IX. Schönheitsreparaturen

1. Begriff

101 Wenige Fragen werden im Mietrecht so kontrovers diskutiert wie die vielfältigen mit den Schönheitsreparaturen zusammenhängenden Probleme. Auslöser der ausufernden **Diskussion** war vornehmlich die in jüngster Zeit (ein wenig) verschärfte Rechtsprechung des BGH zu dem Problemkreis, die nicht zuletzt deshalb so großes Aufsehen erregt hat, weil der BGH an sich der Abwälzung der Schönheitsreparaturen auf den Mieter (viel zu) großzügig gegenübersteht. Tatsächlich hat der BGH seine positive Haltung gegenüber der Abwälzung der Schönheitsreparaturen (im Ergebnis) bisher auch nur in einzelnen Beziehungen revidiert, nicht mehr; weitere Änderungen sind aber absehbar. Die ganze Materie befindet sich infolgedessen in ständigem Fluss; ein Ende der Diskussion ist nicht abzusehen.

102 Im **Kern** geht es bei den Schönheitsreparaturen nahezu ausschließlich um die **malermäßige Beseitigung der üblichen Dekorationsmängel** infolge der unvermeidlichen Abnutzung der Räume durch den vertragsgemäßen Gebrauch des Mieters (Emmerich PiG 60 [2001] 105, 109 = NZM 2000, 1155; Harsch, in: 10 Jahre Mietrechtsreformgesetz [2011] S 191; Langenberg, Schönheitsreparaturen 7 ff; ders NZM 2000, 1125; Sternel, in: Das Mietende, PiG 103 [2016] 61). Zur näheren Umschreibung der damit gemeinten Arbeiten stützt man sich üblicherweise selbst bei der Gewerberaummiete auf die (preisrechtliche) **Definition** in § 28 Abs 4 S 3 der II. BV, wonach die Schönheitsreparaturen (nur) das Tapezieren, Anstreichen oder Kalken der Wände und Decken, das Streichen der Fußböden und Heizkörper einschließlich der Heizrohre, der Innentüren sowie der

Fenster und Außentüren von innen umfassen (BGHZ 92, 363, 368 = NJW 1985, 480; BGH NJW-RR 1995, 123, 125 = ZMR 1995, 577, 578; 8. 10. 2008 – XII ZR 15/07, NZM 2009, 126 Rn 19 f = NJW 2009, 519; 18. 2. 2009 – VIII ZR 210/08, NJW 2009, 1408, 1409 Rn 10 = NZM 2009, 353 = WuM 2009, 286; 13. 1. 2010 – VIII ZR 48/09 Rn 11, NJW 2010, 674 = NZM 2010, 157; 10. 2. 2010 – VIII ZR 222/09, WuM 2010, 231 Rn 16; ebenso der BRat Stellungnahme BT-Drucks 14/4553, 85). Gemeint ist mit anderen Worten allein die Beseitigung solcher **Mängel**, die auf dem **normalen Abwohnen** beruhen, die also eine Folge des vertragsgemäßen Gebrauchs des Mieters sind (§ 538 BGB) und in erster Linie **durch malermäßige Arbeiten** beseitigt werden können (BGH 8. 10. 2008 – XII ZR 15/07, NZM 2009, 126 Rn 25 = NJW 2009, 519; Emmerich PiG 60 [2001] 105, 109 = NZM 2000, 1155; Langenberg, Schönheitsreparaturen 17 ff, 21). Die Beseitigung **sonstiger Schäden** wie etwa Wasserschäden (s Rn 103) gehört ebensowenig zu den Schönheitsreparaturen wie die **Vervollständigung** der **Einrichtung** der vermieteten Räume, zB durch das Anbringen von Kacheln oder die Installation sanitärer Anlagen und elektrischer Einrichtungen (BGHZ 65, 359, 364 = NJW 1976, 525). Erfasst werden schließlich auch nur Schäden an den dem Mieter zum ausschließlichen Gebrauch überlassenen Räumen, *nicht* dagegen **Schäden an Keller- und Wirtschaftsräumen** oder an den **mitvermieteten Räumen** einschließlich der Zu- und Abgänge (LG Darmstadt WuM 1987, 315; AG Langen WuM 1997, 40). Die Abgrenzung ist häufig schwierig, dies schon deshalb, weil der Begriff der Schönheitsreparaturen dem BGB an sich fremd ist und letztlich aus dem früheren Mietpreisrecht stammt (s Rn 103 f; zur Geschichte s zB Emmerich JuS 1986, 16, 17; Kappus NZM 2016, 609, 610 f).

Zu den Schönheitsreparaturen gehören nach dem Gesagten (Rn 102) **zB** noch das **103** Streichen von Versorgungsleitungen, die auf Putz liegen (Langenberg, Schönheitsreparaturen 8 f), der *Innen*anstrich von Doppelfenstern, die Beseitigung einer ungewöhnlichen oder eigenwilligen Dekoration des Mieters, zB die Beseitigung ungewöhnlicher Farben der Tapeten (LG Hamburg NZM 1999, 838; Langenberg, Schönheitsreparaturen 23), vielleicht auch noch die Erneuerung einer Wandbespannung anstelle einer Tapete (so BGH ZMR 1980, 378, 380 [insoweit nicht in BGHZ 77, 301 abgedruckt]) sowie der Anstrich von Holzverkleidungen an Decken und Wänden (Langenberg, Schönheitsreparaturen 9 ff), dagegen *nicht* mehr der **Außenanstrich** der Fenster und Türen (BGH 18. 2. 2009 – VIII ZR 210/08, NJW 2009, 1408, 1409 Rn 10 = NZM 2009, 353; 13. 1. 2010 – VIII ZR 48/09 Rn 12, NJW 2010, 674 = NZM 2010, 157; 10. 2. 2010 – VIII ZR 222/09, WuM 2010, 231 Rn 17; 20. 3. 2012 – VIII ZR 192/11, NZM 2012, 527 Rn 10 f = WuM 2012, 312), das Lackieren von Wandschränken oder der Anstrich von Einbaumöbeln (LG Nürnberg-Fürth ZMR 2005, 622, 624; LG Berlin NJW 2016, 579 = NZM 2016, 125) sowie die **Beseitigung von Mängeln** einschließlich der Reparatur von Substanzschäden (BRat Stellungnahme BT-Drucks 14/ 4553, 85), insbesondere nicht die Beseitigung von Schäden am Putz oder am Mauerwerk wie zB von Rissen in der Zimmerdecke, von Mängeln der Installation oder von Schäden infolge eines Wasserrohrbruchs (LG Berlin WuM 1989, 282; 2017, 134; WuM 2017, 134; AG Dortmund ZMR 2005, 129, 130). In diesen Fällen kann es sich nur fragen, ob der Schaden durch § 538 BGB gedeckt oder der Mieter zum Schadensersatz verpflichtet ist (§§ 241 Abs 2, 280 Abs 1 und 535 Abs 1 BGB; zB Sternel PiG 103 [2016] 61 ff). Die hier auftauchenden, häufig rational kaum mehr lösbaren **Abgrenzungsprobleme** zeigen im Grunde nur, wie wenig das zu den Schönheitsreparaturen von der Rechtsprechung entwickelte „Sonderprivatrecht" mit den Grundgedanken der gesetzlichen Regelung der Miete im BGB vereinbar ist (s Sternel PiG 103 [2016] 61 = NZM 2017, 169; Gellwitzki NZM 2009, 881 ff).

104 Ein „schönes" Beispiel für die angedeuteten Probleme (Rn 103) ist die umstrittene Einordnung der **Reinigung von Teppichböden** (s schon o Rn 96, u § 538 Rn 5 f). Sie wird zum Teil der Obhutspflicht des Mieters, zum Teil den Schönheitsreparaturen und schließlich teilweise auch der allgemeinen Instandsetzungspflicht des Vermieters aufgrund des § 535 Abs 1 S 2 BGB zugeordnet (s Lehmann-Richter NZM 2009, 349; Gellwitzki NZM 2009, 881; Langenberg, Schönheitsreparaturen 8, 25; Schoenemeyer WuM 2011, 148). Nach Meinung des BGH bildet die übliche oder *laufende Reinigung* von Teppichböden einen Teil der Obhutspflicht des Mieters, eine *Grundreinigung* dagegen einen Bestandteil der Schönheitsreparaturen, jedenfalls bei der Geschäftsraummiete, nicht anders aber wohl auch bei der Wohnraummiete (BGH 8. 10. 2008 – XII ZR 15/07, NJW 2009, 510 Rn 13, 25 ff = NZM 2009, 126). Das ist durchaus problematisch, wie schon daran deutlich wird, dass eine professionelle Grundreinigung von Teppichböden nur durch den Einsatz spezieller Maschinen und Verfahren möglich ist, – wozu der Mieter aufgrund der Übernahme der Schönheitsreparaturen (die er immer auch selbst durchführen können muss) wohl kaum verpflichtet sein kann. Es handelt sich vielmehr bei der Grundreinigung von Teppichböden um einen Teil der den Vermieter treffenden **Instandsetzungspflicht** aufgrund des § 535 Abs 1 S 2 BGB, in die hinein die Schönheitsreparaturen nicht ausgedehnt werden dürfen (ebenso BRat Stellungnahme BT-Drucks 14/4553, 85; LG Hamburg ZMR 1987, 58; Lehmann-Richter NZM 2009, 349; Gellwitzki NZM 2009, 881; Schoenemeier WuM 2011, 148). Dasselbe gilt (erst recht) für die **Erneuerung des Bodenbelages**, insbesondere für die Erneuerung eines verschlissenen Teppichbodens, oder das Abschleifen und Neuversiegeln des Fußbodens oder Parketts (BRat Stellungnahme BT-Drucks 14/4553, 85; BGH 13. 1. 2010 – VIII ZR 222/09 Rn 12, NJW 2010, 674 = NZM 2010, 157; 20. 11. 2012 – VIII ZR 137/0 NZM 2013, 307 = WuM 2013, 293 Rn 12; OLG Düsseldorf ZMR 2008, 890; LG Berlin GE 2013, 1004; AG Dortmund NZM 2014, 826, 828 f; Gellwitzki NZM 2009, 881, 882 f).

105 Dies alles ist indessen kein zwingendes Recht, sodass die Parteien – in den Grenzen des § 138 Abs 1 BGB – **individualvertraglich** den Begriff der Schönheitsreparaturen auch beliebig erweitern können (s aber u Rn 150 ff), während eine **formularvertragliche Erweiterung** an § 307 Abs 2 Nr 1 BGB scheitert (u Rn 126; BGH 10. 2. 2010 – VIII ZR 222/09, WuM 2010, 231 Rn 16 f; LG Köln WuM 1989, 506; 1991, 341; LG Berlin GE 1993, 159; Blank WuM 2016, FS Eisenschmid, H 7, S 9, 10; Staudinger/Bieder [2019] Anh §§ 305–310 Rn E 60; Emmerich, in: Neuentwicklung im Mietrecht, PiG 35 [1992] 167, 171; Kraemer PiG 75 [2006] 37, 50 f; PiG 79 [2007] 15, 19 f, 31). Dies gilt insbesondere für die Ausdehnung des Begriffs der Schönheitsreparaturen auf den **Außenanstrich** (§ 307 Abs 1 BGB; BGH 18. 2. 2009 – VIII ZR 210/08, NJW 2009, 1408, 1409 Rn 10 = NZM 2009, 353; 10. 2. 2010 – VIII ZR 222/04, GE 2010, 692 = WuM 2010, 231 Rn 17; KG GE 2008, 987), Die Unwirksamkeit der Erweiterungsklausel zieht dann die Unwirksamkeit der *gesamten* Abwälzung der Schönheitsreparaturen auf den Mieter nach sich, sodass es wieder bei der gesetzlichen Regel des § 535 Abs 1 S 2 BGB verbleibt (BGH 10. 2. 2010 – VIII ZR 222/04, GE 2010, 692 = WuM 2010, 231 Rn 19; LG Berlin NJW 2016, 579; Börstinghaus PiG 83 [2008] 53, 59). Für die **Geschäftsraummiete** sollte grundsätzlich ebenso entschieden werden, zumal die Parteien nichts hindert, individualvertraglich jede ihnen angemessen erscheinende abweichende Regelung zu treffen (§ 535 Abs 1 S 2 BGB; str, s unten Rn 112; teilweise anders Kraemer PiG 75 [2006] 37, 54, 57; 79 [2007] 15, 35 ff, 40).

2. Schuldner

Die Erhaltung der Sache in einem zum vertragsgemäßen Gebrauch geeigneten **106** Zustand obliegt an sich während der gesamten Vertragsdauer in toto dem **Vermieter** (§ 535 Abs 1 S 2 BGB), sodass er, wenn die Parteien nichts anderes (wirksam) vereinbart haben, auch die *Schönheitsreparaturen* tragen muss (s im Einzelnen Rn 28). Der Anspruch des Mieters aus § 535 Abs 1 S 2 BGB auf Vornahme von Schönheitsreparaturen wird jedoch (erst) **fällig**, sobald Renovierungsbedarf besteht (BGHZ 92, 363, 367 = NJW 1985, 480; BGH 28. 6. 2006 – VIII ZR 124/05, WuM 2006, 513 = NZM 2006, 691; Emmerich NZM 2006, 761; Harsch, in: 10 Jahre Mietrechtsreformgesetz 2011, S 191, 199; Kraemer, in: Klauseln zum Mietvertrag, PiG 75 [2006] 37, 38 f), dh im Regelfall erst, wenn die Wohnung infolge des normalen Verschleißes aufgrund des vertragsgemäßen Gebrauchs **Mängel** aufweist (Begr zum RegE BT-Drucks 14/4553, 40; Ausschussbericht BT-Drucks 14/5663, 75 f; BGHZ 92, 363, 367 = NJW 1985, 480; BGH 28. 6. 2006 – VIII ZR 124/05, WuM 2006, 513; Langenberg, Schönheitsreparaturen 27 ff; Emmerich, in: FS Bärmann und Weitnauer 233 ff). Bei der Durchführung der Schönheitsreparaturen muss der Vermieter nach Treu und Glauben auf die Vorstellungen und Interessen des Mieters Rücksicht nehmen (§§ 241 Abs 2, 242 BGB; LG Berlin WuM 2017, 395 = WuM 2017, 189; AG Schöneberg WuM 1989, 590; dagegen Harsch, in: 10 Jahre Mietrechtsreformgesetz [2011] S 191, 205 f).

Führt der Mieter, *ohne* hierzu vertraglich wirksam *verpflichtet* zu sein, die Schön- **107** heitsreparaturen selbst durch, so stellt sich die Frage, ob dem Mieter deshalb Ersatzansprüche gegen den Vermieter zustehen. Verhält es sich zB so, dass sich der Mieter aufgrund eines vom Vermieter gestellten, wegen Verstoßes gegen § 307 BGB aber **unwirksamen Formularvertrages** (zu Unrecht) zur Vornahme der Schönheitsreparaturen für verpflichtet hielt, so kann der Mieter in Höhe der von ihm ohne Verpflichtung aufgewandten Kosten vom Vermieter Schadensersatz verlangen (§§ 311 Abs 2, 280 Abs 1 BGB; Vorbem 14 zu § 536; MünchKomm/Emmerich [2019] § 311 Rn 76). Praktische Bedeutung scheinen freilich so begründete Ersatzansprüche des Mieters gegen den Vermieter bisher nicht erlangt zu haben.

Ins Auge zu fassen sind stattdessen **Aufwendungsersatzansprüche** des Mieters wegen **108** der zwar nicht geschuldeten, aber vom ihm durchgeführten Schönheitsreparaturen nach den §§ 536a Abs 2 Nr 1 oder 539 Abs 1 BGB. Bei näherem zuschauen zeigt sich freilich, dass auch für derartige Aufwendungsersatzansprüche des Mieters in aller Regel kein Raum sein dürfte (str, s Blank PiG 75 [2007] 17, 20 ff; Hannemann, in: FS Blank [2006] 189, 202 ff; Jerger ZMR 2013, 853; Lehmann-Richter WuM 2005, 747; Sternel PiG 79 [2008] 41, 50 ff). Insbesondere die Voraussetzungen einer berechtigten **Geschäftsführung** ohne Auftrag nach § 539 Abs 1 iVm § 677 BGB werden vielfach nicht erfüllt sein, weil der Mieter *nicht* mit *Fremdengeschäftsführungswillen* tätig wird, wenn er im eigenen Interesse oder in Erfüllung einer vermeintlichen eigenen Verpflichtung handelt (s § 539 Rn 6a; BGH 27. 5. 2009 – VIII ZR 302/07, BGHZ 181, 188, 194 ff = NJW 2009, 2590 Rn 12 ff; Börstinghaus WuM 2005, 675, 677 f; Emmerich NZM 1998, 49, 52 f; 2006, 761 mwNw; Hannemann, in: FS Blank [2006] 189, 204; Hey JuS 2009, 400; Thole NJW 2010, 1243, 1246 f).

Möglich bleiben zwar, soweit nicht im Einzelfall die Voraussetzungen des § 814 BGB **108a** vorliegen (AG München ZMR 2013, 725, 727), gemäß §§ 684 S 1, 812 Abs 1 S 1 Fall 2 und 818 Abs 2 BGB **Bereicherungsansprüche** des Mieters (dagegen LG Berlin GE 2014, 872;

2015, 918). Indessen dürfte es diesmal deren Berechnung sein, die nur schwer lösbare Probleme aufwirft, weil in erster Linie auf die Erhöhung des Verkehrswertes des Grundstücks abzustellen sein wird (§ 818 Abs 2 BGB), diese aber in aller Regel unbekannt ist (Emmerich NZM 1998, 49, 52 f; 2006, 761; wegen der Einzelheiten s § 539 Rn 5 ff, 12). Der BGH will deshalb stattdessen auf die übliche und angemessene **Vergütung** und hilfsweise auf den **Wert** der Mieterleistungen abstellen (BGHZ 181, 188, 198 Rn 25 = NJW 2009, 2590; dazu Blank NZM 2010, 97; AG Hannover WuM 2010, 146; St Lorenz NJW 2009, 2576). Soweit danach doch Bereicherungsansprüche des Mieters in Betracht kommen sollten, richtet sich die **Verjährung** nach § 548 Abs 2 BGB. Ebenso verhält es sich, wenn der Mieter (ohne Verpflichtung dazu) an den Vermieter als Abgeltung für vermeintlich geschuldete Schönheitsreparaturen einen bestimmten Betrag gezahlt hat oder wenn er vom Vermieter Schadenersatz wegen der Verwendung unwirksamer AGB fordert (§ 548 Rn 10; BGH NJW 2011, 1866 Rn 13 ff = NZM 2011, 452; 4. 5. 2011 – VIII ZR 265/10, WuM 2011, 418 Rn 2; 20. 6. 2012 – VIII ZR 12/17, NZM 2012, 557 = NJW 2012, 3031 Rn 13, str, anders zB Wiek WuM 2010, 535; 2011, 67).

109 § 535 Abs 1 S 2 BGB ist kein zwingendes Recht, sodass die Parteien **abweichende Vereinbarungen** treffen können (Begr zum RegE BT-Drucks 14/4553, 40 [1 Sp]). Voraussetzung ist jedoch eine **eindeutige Vereinbarung**, für die der Vermieter beweispflichtig ist (BGHZ 101, 253, 263 = NJW 1987, 2575; Harsch, in: 10 Jahre Mietrechtsreformgesetz [2011] S 191, 194 ff), wobei jedoch die Gerichte vielfach ausgesprochen großzügig verfahren. Als ausreichend für die Abwälzung der Schönheitsreparaturen wurden zB die folgenden Klauseln angesehen: „Der Mieter trägt die Kosten der Schönheitsreparaturen" (BGH 14. 7. 2004 – VIII ZR 339/03, WuM 2004, 529, 530 = NZM 2004, 734; s Harsch, in: 10 Jahre Mietrechtsreformgesetz [2011] S 191, 195 ff), „die Schönheitsreparaturen gehen zu Lasten des Mieters" oder „die Schönheitsreparaturen werden vom Mieter getragen" (OLG Nürnberg ZMR 1991, 217; OLG Karlsruhe NJW-RR 1992, 969 = WuM 1992, 349). Das mag noch angehen, nicht jedoch, wenn sogar die Klausel, der Mieter müsse die Wohnräume in ordnungsgemäßem Zustand „*erhalten*", als ausreichend angesehen wird (so BGH 14. 7. 2004 – VIII ZR 339/03, NZM 2004, 734), weil Klauseln, die im Kern auf eine bloße *Verpflichtung* des Mieters zur Rückgabe der Sache *in vertragsgemäßem Zustand* hinauslaufen, nur wiederholen, was ohnehin aus § 538 iVm § 546 BGB folgt, sodass sie *keine* vom Gesetz abweichende *Abwälzung* der Schönheitsreparaturen auf den Mieter enthalten können (OLG Düsseldorf NJW-RR 1992, 1096; LG Wiesbaden WuM 2001, 236; Langenberg, Schönheitsreparaturen 27 ff). Dasselbe gilt zB für die Klausel, die Wohnung sei „in normal abgenutztem Zustand" zurückzugeben. Durchaus problematisch ist ferner eine Klausel, durch die die Verpflichtung zur Rückgabe der Räume „in bezugsfertigem Zustand" begründet wird (so BGH 12. 3. 2014 – XII ZR 108/13, NJW 2014, 1444 Rn 25 ff = NZM 2014, 306; OLG Düsseldorf NJW-RR 1992, 1096; LG Koblenz MDR 1976, 143; LG München II WuM 1985, 62), weil es sich dabei in Wirklichkeit um eine unwirksame Endrenovierungsklausel handeln dürfte (s Rn 117, 132; ebenso zB Kappus NJW 2014, 1446, 1447).

3. Insbesondere Formularverträge

110 Noch keineswegs befriedigend gelöste Probleme wirft insbesondere bei der Wohnraummiete die übliche Abwälzung der Schönheitsreparaturen auf die Mieter durch **Formularverträge** auf (zur Geschäftsraummiete s u Rn 129). Das Problem rührt daher, dass – an sich – die Abwälzung der nach dem Gesetz (§ 535 Abs 1 S 2 BGB) dem

Vermieter obliegenden Schönheitsreparaturen durch Formularvertrag auf den Mieter mit wesentlichen Grundgedanken der gesetzlichen Regelung unvereinbar ist und deshalb nicht zugelassen werden dürfte (§ 307 Abs 2 Nr 1 BGB; s Emmerich JuS 1986, 16; ders, in: FS Bärmann und Weitnauer [1990] 233, 239 ff; ders NZM 2006, 761; NZM 2009, 16; ders, in: FS vWestphalen [2010] 127; ders, in [2.] FS Derleder [2015] 75). Gleichwohl ist die **Rechtsprechung** bisher eigentlich durchgängig von der grundsätzlichen **Zulässigkeit** der Abwälzung der Schönheitsreparaturen durch Formularverträge auf die Mieter ausgegangen, und zwar selbst dann, wenn die Wohnung dem Mieter seinerzeit in *nicht renoviertem* Zustand übergeben worden war (s im Einzelnen Rn 114; BGHZ 92, 363, 367 ff = NJW 1985, 480; BGHZ 101, 253, 261 ff = NJW 1987, 2575; BGHZ 105, 71, 76 ff = NJW 1988, 2790; 8. 10. 2008 – XII ZR 84/06, BGHZ 178, 158, 162 f Rn 12 = NJW 2008, 3772; 12. 2. 2014 – XII ZR 76/13, BGHZ 200, 133, 139 ff Rn 15 ff = NJW 2014, 1521; BGH NJW 1993, 532 = WuM 1993, 175; LM Nr 159 zu § 535 BGB = NJW 1998, 3114 = NZM 1998, 710; NJW 2004, 2087 = NZM 2004, 497 = WuM 2004, 333; NZM 2004, 903 = WuM 2004, 663; WuM 2009, 36 Rn 2; WuM 2010, 426 Rn 20). Als „Begründung" diente und dient einmal die angebliche **Verkehrsüblichkeit** der Abwälzung der Schönheitsreparaturen und zum anderen die sogenannte **Entgeltthese**, nach der die von dem Mieter übernommenen Schönheitsreparaturen einen Teil seiner Gegenleistung bildeten, sodass der Vermieter ohne Abwälzung der Schönheitsreparaturen zu einer entsprechenden Erhöhung der Miete „gezwungen" wäre. Es liegt indessen auf der Hand, dass die bloße „Verkehrsüblichkeit" eine rechtswidrige Praxis nicht in eine rechtmäßige zu verwandeln vermag. Ebenso wenig beweist die Entgeltthese, was sie beweisen soll, einmal weil sie jeder praktischen Erfahrung und ökonomischen Rationalität widerspricht, und zum anderen, weil ohnehin missbräuchliche Geschäftsbedingungen nicht unter Hinweis auf (angeblich) ermäßigte Preise gerechtfertigt werden können (ebenso zB Arndt ZMR 2020, 825; Artz NZM 2015, 801; Staudinger/Bieder [2019] Anh §§ 305–310 Rn E 60 ff mwNw; Blank WuM 2016 FS Eisenschmid H 7, 8, S 9; Lehmann-Richter WuM 2016, 529, 533 f; Rödl/vRestorff WuM 2020, 57, 60; Wiek WuM 2016, 71; – ganz anders aber zB HKK/Oestmann §§ 535–580a Rn 39 [S 491 ff]).

111 Wohl unter dem Eindruck der verbreiteten Kritik an der bisherigen Praxis sind in der Rechtsprechung in letzter Zeit die Zulässigkeitsvoraussetzungen für die formularvertragliche Abwälzung der Schönheitsreparaturen auf die Wohnraummieter (nur) in einzelnen Beziehungen verschärft worden. Aber das reicht nicht aus; es bleibt vielmehr dabei, dass die Zulassung der formularvertraglichen Abwälzung der Schönheitsreparaturen jedenfalls bei der Wohnraummiete *nicht haltbar* ist; sie verstößt vielmehr gegen **§ 307 Abs 2 Nr 1 iVm § 535 Abs 1 S 2 BGB** (weil die Reparaturpflicht des Vermieters zu den Grundgedanken der gesetzlichen Regelung gehört), gegen **§ 536 Abs 4 BGB** (weil die Abwälzung der Schönheitsreparaturen auf den Mieter dazu führt, dass dieser Mängel der Dekoration selbst beseitigen muss) sowie gegen **§ 556 Abs 4 BGB**, nach dem nur die Betriebskosten und eben nicht auch die Schönheitsreparaturen bei der Wohnraummiete auf den Mieter abgewälzt werden dürfen (ebenso wie hier einmal LG Berlin WuM 2017, 189 = NZM 2017, 395).

112 Im Schrifttum werden verschiedene Klauseln diskutiert, die es ermöglichen sollen, die Schönheitsreparaturen auch bei der Wohnraummiete ungeachtet der neueren Rechtsprechung weiterhin in vollem Umfang durch Formularvertrag auf die Mieter abzuwälzen (s dazu insbesondere Staudinger/Bieder [2019] Anh §§ 305–310 Rn E 63 ff; Horst DWW 2019, 49, 84; Kappus NZM 2016, 609; Lehmann-Richter WuM 2016, 529; vWestphalen WuM 2017, 677). Hervorzuheben sind insbesondere so genannte Freizeichnungsklauseln sowie Beschaffenheitsvereinbarungen (zu den letzteren s unten Rn 113). Von einer **Freizeichnungsklausel** spricht man, wenn in dem Formularvertrag die Pflicht des Vermieters zur Beseitigung von Mängeln der Dekoration abbedungen wird, ohne dass zugleich dem Mieter die Pflicht zur Durchführung der deshalb erforderlichen Schönheitsreparaturen auferlegt würde. Solche Klauseln werden zT für zulässig gehalten, vorbehaltlich freilich der zwingenden Gewährleistungsrechte des Mieters aufgrund des § 536 Abs 4 BGB (so zB LG Karlsruhe NJW 2016, 2897; Lehmann-Richter WuM 2016, 529, 534 f). Tatsächlich dürften indessen derartige Klauseln wegen des mit Händen zu greifenden Verstoßes gegen Grundgedanken der gesetzlichen Regelung (§ 535 Abs 1 S 2 BGB) wohl schwerlich mit § 307 Abs 2 Nr 1 BGB zu vereinbaren sein (Kappus NZM 2016, 609, 618 = PiG 103, 37; Lützenkirchen NZM 2016, 113; H Schmidt NJW 2016, 1201; vWestphalen WuM 2017, 677, 685 ff).

113 Mit **Beschaffenheitsvereinbarungen** werden im Kern dieselben Ziele wie mit Freizeichnungsklauseln (s Rn 112) verfolgt, lediglich auf einem leicht modifizierten Weg, indem diesmal durch den Vertrag einfach der gegenwärtige oder sogar der zukünftige mangelhafte Zustand der Dekoration als „vertragsgemäß" festgeschrieben wird, sodass der Mieter nicht mehr Beseitigung der Mängel verlangen kann (Drettmann NJW 2015, 3694, 3696; Herlitz WuM 2015, 654; Lehmann-Richter NJW 2015, 1598; ders WuM 2016, 529, 534). Von der grundsätzlichen Zulässigkeit derartiger Beschaffenheitsvereinbarungen zur Einschränkung der Verpflichtung des Vermieters zur Durchführung der Schönheitsreparaturen geht auch der BGH aus, zB wenn der Mieter nach Besichtigung der Wohnung deren unrenovierten Zustand akzeptiert, indem er in die Übernahme der Schönheitsreparaturen aufgrund eines Formularvertrages einwilligt; die Folge ist, dass nur bei einer weiteren Verschlechterung des Zustandes der Räume dann noch Raum für die Renovierungspflicht des Vermieters aufgrund des § 535 Abs 1 S 2 BGB ist (BGH 8. 7. 2020 – VIII ZR 163/18 Rn 20 ff, NZM 2020, 704 = NJW 2020, = WuM 2020, 554; 8. 7. 2020 – VIII ZR 270/18, NZM 2020, 710 = WuM 2020, 559). Das vermag in vielen Fällen kaum zu überzeugen (ebenso Zehelein NZM 2020, 708 f). Denn im Grunde handelt es sich bei der Unterstellung derartiger Beschaffenheitsvereinbarungen meistens um nichts anderes als um Versuche zur Umgehung der Vorschriften der §§ 536 Abs 4 und 569 Abs 5 S 1 BGB; ebenso offenkundig sind der Verstoß gegen das Transparenzgebot des § 307 Abs 1 S 2 BGB, da für die Mieter gänzlich unabsehbar ist, was an Kosten aufgrund derartiger Klauseln tatsächlich auf sie zukommt, sowie ferner der Verstoß gegen § 307 Abs 2 Nr 1 iVm § 535 Abs 1 S 2 BGB. Ohnehin dürften solche Abreden in aller Regel **nicht ernst gemeint** sein, weil wohl kein Mieter in eine unrenovierte Wohnung einziehen und darin bleiben möchte, sodass die Beschaffenheitsvereinbarung der Sache nach nichts anderes bedeutet, als dass die Anfangsrenovierung entgegen dem Gesetz doch wieder auf den Mieter abgewälzt wird (§ 117 Abs 2 BGB; vWestphalen WuM 2017, 677, 684).

4. Renovierungsbedürftige Räume

114 Seit der (moderaten) Verschärfung der Praxis zur Zulässigkeit der Abwälzung der Schönheitsreparaturen auf Wohnraummieter durch Formularverträge ist die vollständige Abwälzung der Schönheitsreparaturen auf einen Mieter durch eine sogenannte **Vornahmeklausel** nur noch erlaubt, wenn dem Mieter bei Vertragsbeginn eine **renovierte Wohnung** übergeben wurde. Vornahmeklauseln sind dagegen unwirksam, wenn die Wohnung seinerzeit **nicht renoviert** oder doch **renovierungsbe-**

dürftig gewesen war, sofern dem Mieter nicht ein angemessener **Ausgleich** für die Renovierungsbedürftigkeit der Wohnung gewährt wurde (BGH 18. 3. 2015 – VIII ZR 185/14, BGHZ 204, 302, 306 Rn 15, 310 Rn 24 ff = NJW 2015, 1594; 18. 3. 2015 – VIII ZR 242/13, BGHZ 204, 316, 320 f Rn 22 = NJW 2015, 1871; 22. 8. 2018 – VIII ZR 277/16, NJW 2018, 3302 = NZM 3018, 863 Rn 20; 8. 7. 2020 – VIII ZR 163/18, NZM 2020, 704 = NJW 2020, = WuM 2020; 8. 7. 2020 – VIII ZR 270/18, NZM 2020, 710; s zB Emmerich JuS 2015, 840; 2015, 935). Renovierungsbedürftig soll eine Wohnung sein, wenn sie mehr als nur unerhebliche Abnutzungsspuren aufweist und deshalb nicht mehr „den Gesamteindruck einer renovierten Wohnung" vermittelt (so BGHZ 204, 302, 313 Rn 31; dazu Rn 115), wobei die **Beweislast** bei dem Mieter liegen soll (BGHZ 204, 302, 313 Rn 32; LG Berlin GE 2016, 592 = NZM 2016, 639; LG Karlsruhe NJW 2016, 2817 = NZM 2016, 638), während es Sache des Vermieters sein soll, im Streitfall die Gewährung eines angemessenen Ausgleichs für die Renovierungsbedürftigkeit der Wohnung zu beweisen (BGHZ 204, 302, 314 Rn 35 f).

Die neue Rechtsprechung zu den Vornameklauseln (s Rn 114) hat naturgemäß im **Schrifttum** eine lebhafte Diskussion ausgelöst. In dieser geht es zunächst um die Frage, wie **renovierungsbedürftige** von noch nicht renovierungsbedürftigen Wohnungen abgegrenzt werden sollen. Der BGH will insoweit auf den „Gesamteindruck" der Wohnungen abstellen (s Rn 114). Dies ist indessen ein gänzlich unbestimmtes Kriterium, zumal wenn man bedenkt, dass die Frage der Zulässigkeit von Vornahmeklauseln häufig erst Jahre nach Abschluss des Vertrages auftaucht, zu einem Zeitpunkt also, zu dem niemand mehr in der Lage ist, sich ein Bild von dem „Gesamteindruck" der Räume seinerzeit bei deren Übergabe an den Mieter, vor vielen Jahren also zu machen, sodass eine Klausel in einem Formularvertrag, die auf ein derart unbestimmtes Kriterium abstellt, bereits an dem Transparenzgebot des § 307 Abs 1 S 2 BGB scheitern muss (ebenso vWestphalen NZM 2018, 97, 99; im Ergebnis auch Zehelein NZM 2018, 105). Im Schrifttum ist auf unterschiedlichen Wegen versucht worden, operationale **Kriterien** für die gebotene Unterscheidung renovierter und nicht renovierter Wohnräume zu entwickeln (s Kappus PiG 103 [2016] 37, 43 ff = NZM 2016, 609, 613; Wiek WuM 2016, 71, 72 f; Zehelein NZM 2018, 105). Vermutlich ist dies indessen rational gar nicht möglich. Man könnte allenfalls an eine entsprechende Anwendung des § 536 Abs 1 S 3 BGB denken, sodass es darauf ankäme, ob etwaige Gebrauchsspuren lediglich eine unerhebliche Minderung der Tauglichkeit der fraglichen Räume zum Wohnen zur Folge haben (s § 536 Rn 21). Bei Überschreitung dieser Grenze läge dann Renovierungsbedarf vor, sodass eine Vornahmeklausel unzulässig wäre, sofern der Mieter nicht einen angemessenen Ausgleich erhält (s Rn 115a). An dem Verstoß gegen das Transparenzgebot änderte indessen auch solche Grenzziehung nichts. Nicht zutreffend ist in diesem Zusammenhang überdies, die **Beweislast** insoweit dem Mieter aufzuerlegen, weil es Sache des Vermieters ist, die Voraussetzungen darzulegen und gegebenenfalls zu beweisen, von denen die Zulässigkeit der von ihm verwandten Klauseln abhängt (ebenso Kappus NZM 2016, 609, 615 f; H Schmidt NJW 2016, 1201; vWestphalen NZM 2016, 1201; ders WuM 2017, 677, 678 f; ders NZM 2018, 97, 99; Wiek WuM 2016, 71, 73 f). Es geht ferner nicht an, bei der Frage der Renovierungsbedürftigkeit danach zu unterscheiden, ob die ganze Wohnung oder **nur einzelne Zimmer** betroffen sind, weil eben Vornahmeklauseln heute nur noch zulässig sind, wenn die *ganze* Wohnung nicht renovierungsbedürftig ist (Artz NZM 2015, 801, 807; vWestphalen NZM 2016, 10; Wiek WuM 2016, 71, 75 f; Zehelein NZM 2018, 105, 115 f; – anders zB Lehmann-Richter WuM 2016, 529, 536 f).

115a Wurde dem Mieter seinerzeit eine nicht renovierte oder renovierungsbedürftige Wohnung übergeben, so soll die Zulässigkeit einer Vornahmeklausel heute davon abhängen, ob dem Mieter ein **angemessener** (nicht notwendig monetärer) **Ausgleich** gewährt wurde (s Rn 114). Dadurch soll der Nachteil ausgeglichen werden, der in der Belastung des Mieters mit zusätzlichen Schönheitsreparaturen bei Übergabe einer renovierungsbedürftigen Wohnung liegt. Unklar ist indessen bis heute, was daraus konkret für die **Berechnung** des angemessenen Ausgleichs folgt (s dazu durchweg sehr krit Artz WuM 2017, 120; Beyer WuM 2017, 122; Blank WuM 2016, FS Eisenschmid H 7 S 9, 12; Kappus PiG 103 [2016] 37, 44 = NZM 2016, 609, 614 f; H Schmidt NJW 2016, 1201; vWestphalen NZM 2016, 10; ders WuM 2017, 677, 678 f; ders NZM 2018, 97, 99; Langenberg NZM 2015, 681, 684; Wiek WuM 2016, 71, 73 f). Maßgebend können im Grunde allein die im Einzelfall **tatsächlich erforderlichen Renovierungskosten** sein. Das Problem ist nur, dass diese Kosten niemand im Voraus kennt und kennen kann, sodass Vornahmeklauseln, die auf die Leistung eines angemessenen Ausgleichs abstellen, schon deshalb mit Notwendigkeit an dem Transparenzgebot des § 307 Abs 1 S 2 BGB scheitern, ganz abgesehen von der Unvereinbarkeit dieser quasi-werkvertraglichen Lösung mit den Grundgedanken der gesetzlichen Regelung der Miete (§ 307 Abs 2 Nr 1 iVm § 535 Abs 1 S 2 BGB).

115b Zusätzliche Probleme tauchen auf, wenn dem Mieter ein Ausgleich für den mangelhaften Zustand der Wohnung bei Übergabe später von einem etwaigen **Nachmieter** gewährt wird. Nach Meinung des BGH kann solcher Ausgleich seitens eines Dritten nicht dem vom Vermieter geschuldeten Ausgleich gleichgestellt werden (BGH 22. 8. 2018 – VIII ZR 277/16 Rn 22, 30, NJW 2018, 3302; ebenso Staudinger/Bieder [2019] Anh §§ 305–310 Rn E 63). Im Schrifttum wird diese Rechtsprechung vielfach kritisiert unter Hinweis auf die übliche Beteiligung des Vermieters an derartigen Absprachen (vBressendorf ZMR 2019, 3; Pielsticker NJW 2018, 3304; Wiek WuM 2020, 535; Zehelein NZM 2018, 865). Im Falle der Beteiligung des Vermieters an den Absprachen der Parteien über den Ausgleich zwischen Vormieter und Nachmieter dürfte in der Tat eine Individualvereinbarung in Gestalt eines dreiseitigen Vertrages vorliegen, der unter dem Gesichtspunkt der Klauselkontrolle keinerlei Probleme aufwirft. Ohne Rücksicht auf die Abwälzung der Schönheitsreparaturen obliegt die **erstmalige Dekoration** der Räume, etwa nach einem Umbau, in jedem Fall dem Vermieter als Teil seiner Überlassungspflicht (BGHZ 65, 359, 364 = NJW 1976, 515; OLG Nürnberg WuM 1993, 122, 123). Der Vermieter ist insoweit immer vorleistungspflichtig; ebenso verhält es sich, wenn der Vermieter zugleich zur Beseitigung von Mängeln verpflichtet ist (§ 536 Abs 1 BGB).

5. Anfangs- und Endrenovierungsklauseln

116 Aus den Ausführungen zur Zulässigkeit der Abwälzung von Schönheitsreparaturen auf den Mieter bei Übergabe einer unrenovierten Wohnung (Rn 114 f) folgt, dass die Rechtsprechung heute im Prinzip die Übertragung der Schönheitsreparaturen auf den Mieter nur noch zulässt, wenn und soweit es sich um vom Mieter durch die Nutzung der Räume selbst verursachte Mängel handelt (Staudinger/Bieder [2019] Anh §§ 305–310 Rn E 75). Daraus folgt zunächst die Unzulässigkeit sogenannter **Anfangsrenovierungsklauseln**, durch die der Mieter verpflichtet werden soll, die unrenoviert übergebene Wohnung auf seine Kosten zu renovieren, unabhängig von oder zusätzlich zu den laufenden Schönheitsreparaturen. Übernimmt der Mieter die Anfangsrenovierung (auf an sich zulässige Weise) durch **Individualvereinbarung**, so führt diese Abrede bei Verbindung mit der formularmäßigen Abwälzung der laufenden Schönheitsreparaturen auf den Mieter grundsätzlich gleichfalls zur Unzulässigkeit beider Abreden aufgrund des so genannten *Summierungseffekts* (s Rn 114, Rn 122). Gleich steht ferner die Vereinbarung einer sogenannten **Bedarfsklausel**, weil auch diese bei Verbindung mit den laufenden Schönheitsreparaturen der Sache nach dazu führt, dass der Mieter die Anfangsrenovierung übernehmen muss (BGH 2. 12. 1992 – VIII ARZ 5/92, NJW 1993, 532 = WuM 1993, 175; KG GE 2005, 301; LG Berlin GE 2013, 1005; Heinrichs WuM 2005, 155, 161 ff).

Ebenso negativ zu beurteilen sind **Endrenovierungsklauseln**, aufgrund derer der **117** Mieter bei Vertragsende zur *vollständigen* Renovierung der Wohnung verpflichtet sein soll, mag die Klausel mit der Abwälzung der laufenden Schönheitsreparaturen verbunden sein oder nicht (BGH LM Nr 159 zu § 535 BGB = NJW 1998, 3140 = NZM 1998, 710; NJW 2003, 2234 = NZM 2003, 594; NJW 2003, 3192 = WuM 2003, 561 = NZM 2003, 755; 6. 4. 2005 – XII ZR 308/02, NJW 2005, 2006 = NZM 2005, 504; 12. 9. 2007 – VIII ZR 316/06, NJW 2007, 3776 = NZM 2007, 921 Rn 13 ff; 18. 2. 2009 – VIII ZR 166/08, WuM 2009, 224, 225 Rn 13 = NZM 2009, 313; AG Dortmund NZM 2014, 826 = WuM 2015, 27; ebenso öOGH NZM 2013, 459 ff; Staudinger/Bieder [2019] Anh §§ 305–310 Rn E 75). Um eine unzulässige Endrenovierungsklausel handelt es sich – entgegen der Rechtsprechung des BGH (zuletzt 12. 3. 2014 – XII ZR 118/13, NJW 2014, 1444 Rn 27 = NZM 2014, 306, 307) – auch, wenn der Mieter („nur") verpflichtet wird, die Räume bei Vertragsende in „bezugsfertigem Zustand" zurückzugeben (s o Rn 109, unten Rn 132 mwNw). Die Unwirksamkeit einer Endrenovierungsklausel zieht dann auch, jedenfalls im Regelfall, die Unwirksamkeit der damit im Zusammenhang stehenden Abwälzung der **laufenden Schönheitsreparaturen** auf den Mieter nach sich (Emmerich NZM 2006, 761 mwNw). Dasselbe gilt schließlich für eine an sich zulässige **individualvertraglich** vereinbarte **Endrenovierungsklausel**, sofern sie mit der Abwälzung der laufenden Schönheitsreparaturen in einem Formularvertrag zusammentrifft (sog Summierungseffekt; str, s Rn 118 sowie BGH 5. 4. 2006 – VIII ZR 163/05, NJW 2006, 2116 Rn 17 f = NZM 2006, 623; s im Einzelnen Beyer NJW 2008, 2065, 2067; ders PiG 79 [2007] 3, 10 f; Eisenhardt WuM 2013, 332; Kraemer PiG 75, 37, 47 ff; 79 [2007] 15, 26 ff). Einer unzulässigen Endrenovierungsklauseln steht schließlich gleich die Verpflichtung, bei Vertragsende ohne Rücksicht auf die letzten Schönheitsreparaturen alle Tapeten zu beseitigen (sog **Makulaturklausel**, BGH 5. 4. 2006 – VIII ZR 163/05, NJW 2006, 2115 Rn 12 ff = NZM 2006, 621; 5. 4. 2006 – VIII ZR 109/05, WuM 2006, 310, 311 Rn 13 ff = ZMR 2006, 599; dazu zB Emmerich JuS 2006, 933; Harsch WuM 2006, 651).

Unbedenklich sind Endrenovierungsklauseln dagegen in **Individualvereinbarungen**, **118** insbesondere bei der Geschäftsraummiete (BGH 18. 3. 2009 – XII ZR 200/06, NZM 2009, 397 = NJW-RR 2009, 947, 948 Rn 19). In der Rechtsprechung ist daraus wiederholt der Schluss gezogen worden, es bleibe bei der Gültigkeit der Endrenovierungsklauseln, wenn ihre individualvertragliche Vereinbarung **unabhängig** von dem (gegebenenfalls unwirksamen) **Formularvertrag** sei (so BGH 14. 1. 2009 – VIII ZR 71/08, NZM 2009, 233 = NJW 2009, 1075 Rn 12, 14; 18. 3. 2009 – XII ZR 200/06, NZM 2009, 397, 398 = ZMR 2009, 672; s dazu überwiegend kritisch Derleder NZM 2009, 227; A Disput ZMR 2009, 359; Kappus NJW 2009, 1076; Horst DWW 2009, 174; Zschieschack ZMR 2009, 821). Indessen ist unklar, anhand welcher Kriterien beurteilt werden soll, wann in einem und demselben Vertrag Klauseln unabhängig voneinander sind oder so eng zusammenhängen, dass sie gemeinsam betrachtet werden müssen (ebenso AG Dortmund NZM 2014, 826 = NJW-RR 2014, 1432 = WuM 2015, 27). Deshalb muss es in den genannten Fällen bei der generellen Unwirksamkeit der Endrenovierungsklausel wegen ihrer Verbindung mit der Abwälzung der Schönheitsreparaturen auf den Mieter verbleiben (s Rn 117).

6. Fälligkeit, Fristen

119 Schönheitsreparaturen können – als besondere Ausprägung der Erhaltungspflicht des Vermieters (§ 535 Abs 1 S 2 BGB) – durch Formularvertrag nicht in weiterem Umfang auf den Mieter abgewälzt werden, als ohne solche Abwälzung den **Vermieter** die Erhaltungspflicht und damit die Schönheitsreparaturen träfen (§ 307 Abs 2 Nr 1 BGB; BGH 23. 6. 2004 – VIII ZR 161/03, NJW 2004, 2586 = NZM 2004, 653; 5. 4. 2006 – VIII ZR 152/05, NJW 2006, 2115 = WuM 2006, 308, 309 Rn 11; 5. 4. 2006 – VIII ZR 109/05, ZMR 2006, 310 = WuM 2006, 310, 311 Rn 11; s BLANK PiG 73 [2006] 163; BÖRSTINGHAUS DWW 2005, 92 f; FISCHER WuM 2004, 452). Für die **Fälligkeit** der vom Mieter geschuldeten Schönheitsreparaturen folgt daraus, dass sie – mangels besonderer individualvertraglicher Abreden der Parteien – immer erst dann durchzuführen sind, wenn **Renovierungsbedarf** besteht, wenn sich die Räume maW in einem *mangelhaften,* dh nicht mehr zur Weitervermietung geeigneten Zustand befinden, und zwar ohne Rücksicht darauf, ob eine sog Substanzgefährdung droht oder nicht (vgl BGH WuM 1982, 296, 297 = WM 1982, 333, 334; 6. 4. 2005 – VIII ZR 192/04, NJW 2005, 1862 = NZM 2005, 450; KG NZM 2009, 661; SCHACH, in: 10 Jahre Mietrechtsreformgesetz [2011] S 230, 232 f; H SCHMIDT NZM 2011, 560, 564 f). Denn erst in diesem Zeitpunkt würde – ohne Abwälzung der Schönheitsreparaturen auf den Mieter – die Erhaltungspflicht des Vermieters aufgrund des § 535 Abs 1 S 2 BGB ausgelöst (s Rn 104). Die **Beweislast** für die ordnungsgemäße Durchführung der Schönheitsreparaturen trägt gemäß § 362 BGB der Mieter (s BGH LM Nr 159 zu § 535 BGB = NJW 1998, 3114 = NZM 1998, 710; OLG Celle WuM 2001, 393).

120 Bei der Bestimmung der **Fälligkeit** der Schönheitsreparaturen orientiert sich die Praxis vielfach an dem (früheren, längst überholten) sog Mustermietvertrag (MMV) des BMJ von 1976, nach dem grundsätzlich, dh im Regelfall, nicht generell, für die Wohnräume ein fünf- bis sechsjähriger, für Küche und Bad ein dreijähriger sowie für die anderen Räume ein sieben- bis achtjähriger Renovierungsrhythmus zugrunde zu legen sein sollte (so zB BGHZ 92, 363, 386 f = NJW 1985, 480; BGH 23. 6. 2004 – VIII ZR 361/03, NJW 2004, 2586 = NZM 2004, 653 [dazu EMMERICH JuS 2004, 1008]; 16. 2. 2005 – VIII ZR 48/04, NJW 2005, 1188 = NZM 2005, 299), und zwar selbst bei der gewerblichen Miete (OLG Düsseldorf NJW 2006, 2047 = NZM 2006, 462; s STAUDINGER/BIEDER [2019] Anh §§ 305–310 Rn E 69–74). Nach Meinung des BGH soll es für die Maßgeblichkeit dieser Fristen bereits ausreichen, wenn lediglich in einer *Fußnote* zu dem Formularvertrag auf die Fristen des Mustermietvertrages Bezug genommen wird (BGH 28. 4. 2004 – VIII ZR 230/03, NJW 2004, 2087 = NZM 2004, 497 = WuM 2004, 333 m ablehnender Anm WIEK; kritisch zu Recht auch BÖRSTINGHAUS DWW 2005, 92 f). Bei diesen Fristen handelte es sich aber – wohlgemerkt – um bloße, als solche **unverbindliche Richtlinien**, die im Einzelfall sowohl unter- als auch überschritten werden können (und müssen), je nachdem, wann tatsächlich ein Renovierungsbedarf besteht (BGH NJW 2004, 2586 = NZM 2004, 653; 5. 4. 2006 – VIII ZR 106/05, NJW 2006, 2113, 2114 = NZM 2006, 620; LEIST ZMR 2014, 643, 645 f). Die **Beweislast** für die Unterschreitung der Fristen, dh für einen **vorzeitigen Renovierungsbedarf**, trägt der Vermieter, während es Sache des Mieters sein soll, im Einzelfall den Nachweis zu erbringen, dass bei ihm – trotz des Ablaufs der genannten Fristen – tatsächlich doch noch **kein Renovierungsbedarf** besteht (OLG Düsseldorf GE 2009, 1553; LG Berlin GE 2005, 127). Nach einer verbreiteten Meinung sind die genannten Fristen des MMV von 1976 *überholt* (Beyer NJW 2008, 2565, 2566 f; Emmerich NZM 2009, 16; Langenberg WuM 2006, 122; Kraemer PiG 75, 37, 49 f; 79, 15, 29 f; H Schmidt NZM 2011, 560, 566; für eine generelle Abschaffung der Fristen Schach, in: 10 Jahre Mietrechtsreformgesetz [2011] S 230, 233 f; – dagegen aber zB LG Dresden ZMR 2014, 641, 641; zust Leist ZMR 2014, 642 f).

Die (ohnehin problematischen) Renovierungsfristen des MMV von 1976 dürfen **121** durch den Formularvertrag *nicht* noch weiter **abgekürzt** werden (BGH 23. 6. 2004 – VIII ZR 361/03, NJW 2004, 2586 = NZM 2004, 653; LG Hamburg ZMR 2004, 37; 2004, 196; LG Duisburg NZM 2004, 63, 64 = NJW-RR 2004, 161). Ebenso unzulässig ist die Vereinbarung **starrer Renovierungsfristen**, dh die vertragliche Fixierung (beliebiger) Fristen, zu denen (spätestens) die Renovierung durchgeführt werden *muss,* weil durch solche Regelung dem Mieter der Gegenbeweis abgeschnitten wird, dass tatsächlich in seinem Fall noch kein Renovierungsbedarf besteht (BGH 8. 10. 2008 – XII ZR 84/06, BGHZ 178, 158, 164 f Rn 17 = NJW 2008, 3772 = NZM 2008, 890; 18. 3. 2015 – VIII ZR 242/13, BGHZ 204, 316, 321 f Rn 26 = NJW 2015, 1871; BGH NJW 2004, 2586 = NZM 2004, 653 = WuM 2004, 463; NJW 2004, 3775 = NZM 2004, 901 = WuM 2004, 660 usw bis BGH NJW 2009, 62 Rn 11 = NZM 2008, 926; 31. 1. 2012 – VIII ZR 141/11, NJW 2012, 1572 Rn 4 = NZM 2012, 380 = WuM 2012, 374; 20. 3. 2012 – VIII ZR 141/11, NZM 2012, 527 Rn 3 ff = WuM 2012, 312; 18. 3. 2015 – VIII ZR 21/13, NJW 2015, 1874 Rn 14 = NZM 2015, 485, 486 = WuM 2015, 348). Dies gilt auch für die **gewerbliche Miete** (BGH 8. 10. 2008 – XII ZR 84/06, BGHZ 178, 158, 166 ff Rn 21 ff = NJW 2008, 3772 = NZM 2008, 890) sowie für Altverträge; einen **Vertrauensschutz** gibt es insoweit nicht (BGH 18. 3. 2015 – VIII ZR 185/14, BGHZ 204, 302, 315 Rn 39 = NJW 2015, 1594; BGH NZM 2008, 363, 364 f Rn 20 = NJW 2008, 1438; NZM 2008, 890 Rn 20 = NJW 2009, 62). Alles kommt damit hier letztlich auf die **Formulierung** der fraglichen Klausel an; sie muss so beschaffen sein, dass die Klausel für den *verständigen* Mieter „*ausreichend weich"* erscheint, weil der Fristenplan mit Zusätzen wie „im allgemeinen, normalerweise, grundsätzlich, regelmäßig oder im Regelfall" versehen ist, während „übliche" Fristen grundsätzlich als starre und damit unzulässige Fristenpläne behandelt werden (zB BGH 22. 10. 2008 – VIII ZR 283/07, NZM 2008, 926 Rn 11 = WuM 2008, 722, 723; 20. 3. 2012 – VIII ZR 192/11, NZM 2012, 527 Rn 3 ff = WuM 2012, 312; 18. 3. 2015 – VIII ZR 21/13, NJW 2015, 1874 Rn 15 = NZM 2015, 485, 486; Beyer NJW 2008, 2065, 2066; Staudinger/Bieder [2019] Anh §§ 305–310 Rn E 73; Zehelein NZM 2018, 865, 866). Gelegentlich wird es auch als ausreichend angesehen, wenn sich nur aus den Umständen ergibt, dass der Mieter gegebenenfalls einen Anspruch auf *Verlängerung* der Fristen hat, sofern im Einzelfall tatsächlich kein Renovierungsbedarf besteht (BGH NZM 2005, 58 = WuM 2005, 50, 52; NJW 2005, 1426 = NZM 2005, 376 = WuM 2005, 243; NJW 2005, 1188 = NZM 2005, 299; NJW 2005, 3416 = NZM 2005, 860; WuM 2006, 306, 307 Rn 15).

Verstößt die formularvertragliche Abwälzung der Schönheitsreparaturen auch nur in **122** einzelnen Punkten, zB hinsichtlich der Fristen für bestimmte Schönheitsreparaturen, gegen § 307 Abs 2 Nr 1 BGB, so ist die **Abwälzung insgesamt unwirksam**, sodass es bei der gesetzlichen Regel des § 535 Abs 1 S 2 BGB, dh bei der Renovierungspflicht des Vermieters verbleibt, jedenfalls wenn die einzelnen Klauseln „innerlich" zusammenhängen (s BGH NJW 2004, 2586 = NZM 2004, 653 = WuM 2004, 463; NJW 2004, 3775 = NZM 2004, 901; 5. 4. 2006 – VIII ZR 178/05, NJW 2006, 1728 Rn 16 = NZM 2006, 459; NJW 2006, 2113, 2114 Rn 15 = WuM 2006, 377; 28. 6. 2006 – VIII ZR 124/05, NZM 2006, 691 = WuM 2006, 513 [dazu Emmerich NZM 2006, 761]; 18. 10. 2006 – VIII ZR 52/06, NJW 2006, 3778 Rn 27 = NZM 2006, 924; 18. 3. 2015 – VIII ZR 21/13, NJW 2015, 1874 Rn 17 = NZM 2015, 485, 486 = WuM 2015, 348). Nicht zulässig ist es insbesondere, „einfach" in der fraglichen Klausel die Vereinbarung starrer Fristen wegzustreichen und die Klausel im Übrigen, dann mit weichen Fristen aufrechtzuerhalten (s Rn 127; BGH 28. 6. 2006 – VIII ZR 124/05, NJW 2006, 2905, 2907 Rn 20 ff = NZM 2006, 691; 18. 10. 2006 – VIII ZR 52/06, NJW 2006, 3778, 3781 Rn 27 = NZM 2006, 924).

7. Fachhandwerkerklausel

123 Der Mieter muss die Möglichkeit haben, die Schönheitsreparaturen durch „kostensparende Eigenleistungen" durchzuführen, wobei sich der geschuldete *Standard* aus dem entsprechend anwendbaren § 243 BGB ergibt, sodass die Arbeiten von mittlerer Art und Güte sein müssen (BGHZ 105, 71, 78 = NJW 1988, 2790; BGH WuM 2004, 466, 467 [r Sp 3. Abs] = NZM 2004, 615; Lützenkirchen WuM 1989, 110; zur Kritik s Emmerich PiG 60 [2001] 105, 125 f = NZM 2000, 1155 mwNw); entsprechende Klauseln in **Formularverträgen** sind daher unbedenklich. *Nicht* verlangt werden kann dagegen der weitergehende Standard einer Fachfirma (LG Wiesbaden WuM 1992, 602), sodass sog **Fachhandwerkerklauseln** unzulässig sind, weil sie dem Mieter die Möglichkeit zu Eigenleistungen nehmen (BGH 9. 6. 2010 – VIII ZR 244/09, NZM 2010, 615 = WuM 2010, 476; OLG Stuttgart NJW-RR 1993, 1422 = WuM 1993, 528; Staudinger/Bieder [2019] Anh §§ 305–310 Rn E 67). Dasselbe gilt für sämtliche Klauseln, die ausdrücklich oder der Sache nach dem Mieter Eigenleistungen verwehren und ihm stattdessen im Ergebnis den Einsatz einer Fachfirma vorschreiben, insbesondere also für die verbreitete Klausel, nach der der Mieter die Schönheitsreparaturen „ausführen" oder „durchführen lassen muss", eben von Dritten (BGH 9. 6. 2010 – VIII ZR 244/09, NZM 2010, 615 = WuM 2010, 476 Rn 7; OLG Düsseldorf NZM 2011, 244; LG München I NJW 2010, 161; LG Hamburg ZMR 2012, 20, 21), während die Forderung „handwerksgerechter" Ausführung in den Augen des BGH noch unbedenklich ist (BGH 22. 10. 2008 – VIII ZR 281/07, NZM 2008, 924 = NJW 2009, 62 mit **abl** Anm Blank NJW 2009, 27 f). Streitig sind die **Rechtsfolgen** bei Vereinbarung einer unzulässigen Fachhandwerkerklausel. Richtiger Meinung nach kann diese Klausel nicht einfach weggestrichen werden (so aber OLG Stuttgart NJW-RR 1993, 1422 = WuM 1993, 528 = ZMR 1993, 513); vielmehr ist auch bei Vereinbarung einer derartigen Klausel die Abwälzung der Schönheitsreparaturen *insgesamt unwirksam* (LG München I NJW 2010, 161; Kraemer PiG 79, 15, 31).

8. Farbwahlklausel

124 Wenn der Mieter die laufenden Schönheitsreparaturen wirksam übernommen hat, ist es grundsätzlich seine Sache, **wie** er die gemieteten Räume während der Vertragsdauer **dekoriert**; der Vermieter hat – von Ausnahmefällen abgesehen – kein legitimes Interesse, darauf Einfluss zu nehmen, sodass so genannte Farbwahlklauseln, die dem Mieter eine bestimmte Dekoration *während* der Vertragsdauer vorschreiben, regelmäßig an § 307 Abs 1 BGB scheitern (zB OLG Koblenz NZM 2015, 494, 495; Staudinger/Bieder [2019] Anh §§ 305–310 Rn E 68). **Beispiele** für danach unzulässige Klauseln sind die Verpflichtung, die Decken, Wände oder Fenster zu „weißen" oder „weiß zu lackieren" (BGH 20. 1. 2010 – VIII ZR 50/09, WuM 2010, 142 Rn 9 ff = NZM 2010, 236 mwNw; 14. 12. 2010 – VIII ZR 198/10, NJW 2011, 514 = NZM 2011, 150 Rn 3; 21. 9. 2011 – VIII ZR 47/11, WuM 2011, 618 Rn 8; GE 2012, 1031 Rn 11; 11. 9. 2012 – VIII ZR 273/11, WuM 2012, 662

Rn 2; 6. 11. 2013 – VIII ZR 416/17, NZM 2014, 72 = WuM 2014, 23 = NJW 2014, 143 Rn 17; AG Dortmund NZM 2014, 826, 828; D Beyer NZM 2009, 137; Blank NJW 2009, 27; Sternel PiG 103 [2016] 61, 65 ff), das Verbot bestimmter Farbarten (LG Berlin GE 2014, 253) sowie das Verbot einer Abweichung von der bisherigen Ausführungen oder ein Vorbehalt der Zustimmung des Vermieters für solche Abweichung (BGH 14. 12. 2010 – VIII ZR 198/10, NJW 2011, 514 = NZM 2011, 150 Rn 6; 11. 9. 2012 – VIII ZR 273/11, WuM 2012, 662 Rn 3; KG NJW 2011, 1085), und zwar auch bei der Geschäftsraummiete (KG NJW 2011, 1085). Gleich steht die Klausel, dass „die Schönheitsreparaturen in der üblichen Art" vorzunehmen seien (LG Lübeck ZMR 2010, 193).

124a Die Rechtslage wird jedoch anders beurteilt, wenn der Mieter die Wohnung während des Laufs des Vertrags in so **ungewöhnlicher Weise** dekoriert hat, dass eine Weitervermietung (nahezu) ausgeschlossen ist. Nach Treu und Glauben soll er dann verpflichtet sein, die Wohnung nach seinem Auszug wieder in einen *vermietbaren Zustand* zurückzuversetzen (§§ 241 Abs 2, 242, 546 und 280 Abs 1 BGB; so BGH 18. 6. 2008 – VIII ZR 224/07, NJW 2008, 2499 = NZM 2008, 605 Rn 18; 6. 11. 2013 – VIII ZR 416/12, NZM 2014, 72 = NJW 2014, 143; KG NJW 2005, 3150; LG Lübeck NZM 2002, 485; LG Berlin NZM 2007, 801; LG Frankfurt aM NZM 2007, 922 = ZMR 2008, 24; LG Hamburg NZM 2008, 40; Blank NJW 2009, 27, 29). Diese Auffassung läuft auf eine massive Einschränkung der an sich grundsätzlich anerkannten Freiheit des Mieters bei der Farbwahl während des Laufs des Vertrages hinaus (Rn 124), dies schon deshalb, weil die Abgrenzung zwischen danach (gerade noch) zulässigen und (eindeutig) unzulässigen Farben nicht ohne Willkür möglich ist (Sternel PiG 103 [2016] 61, 65 ff). Schon deshalb kann dieser Beschränkung der Freiheit des Mieters bei der Farbwahl nicht zugestimmt werden.

125 Von den nach dem Gesagten unzulässigen Farbwahlklauseln sind nach Meinung der Gerichte ferner die sogenannte **Rückgabeklauseln** zu unterscheiden, die farbliche Vorgaben nur für die Zeit der *Rückgabe* der Mietsache enthalten; gegen derartige Klauseln sollen keine Bedenken bestehen (BGH 28. 3. 2007 – VIII ZR 199/06, NJW 2007, 1743 Rn 8 f = NZM 2007, 398; 18. 6. 2008 – VIII ZR 224/07, NJW 2008, 2499 = NZM 2008, 605 Rn 17 ff; 22. 10. 2008 – VIII ZR 183/07, NJW 2009, 62 Rn 13 ff = NZM 2008, 926; 18. 2. 2009 – VIII ZR 166/08, WuM 2009, 224, 225 Rn 12 = NZM 2009, 313; 21. 9. 2009 – VIII ZR 144/08, NJW 2009, 3716 Rn 7 = NZM 2009, 903; OLG Koblenz NZM 2015, 494, 495; AG Dortmund NZM 2014, 826, 828). Voraussetzung ist jedoch, dass sie dem Mieter noch einen gewissen *Spielraum* belassen, sodass die Vorgabe einer einzigen Farbe wie zB „weiß" unzulässig ist (BGH 14. 12. 2010 – VIII ZR 198/10, NJW 2011, 514 Rn 4 = WuM 2011, 96 = NZM 2011, 150; 14. 12. 2010 – VIII ZR 218/10, WuM 2011, 212; 22. 2. 2012 – VIII ZR 205/11, NJW 2012, 1280 = NZM 2012, 338). Diese Auffassung steht gleichfalls in deutlichem Widerspruch zu der grundsätzlich anerkannten Farbwahlfreiheit des Mieters während des Laufs des Mietvertrages: Ist der Mieter für den Zeitpunkt der Rückgabe der Mietsache auf ein enges Farbspektrum fixiert, so bedeutet dies der Sache nach, dass er bei der Durchführung der laufenden Schönheitsreparaturen bereits *während* des Bestandes des Mietverhältnisses über einen langen Zeitraum hinweg auf diese Beschränkung der Farbwahl Rücksicht nehmen muss, weil er andernfalls kurz vor Ende des Mietverhältnisses erneut die *gesamte* Wohnung in den allein zugelassenen Farben dekorieren müsste. Damit handelt es sich bei der fraglichen Abrede um nicht weniger als um eine (versteckte) unzulässige Endrenovierungsklausel (ebenso wohl Sternel PiG 103 [2016] 61, 67).

9. Quoten- oder Abgeltungsklauseln

126 Quoten- oder Abgeltungsklauseln sind der Versuch, den Mieter, auch wenn er *vor Fälligkeit* der nächsten Schönheitsreparaturen (s Rn 119) auszieht, zumindest *partiell* an den vermutlichen zukünftigen Kosten der Schönheitsreparaturen zu beteiligen. Deshalb wird bestimmt, dass der Mieter *zeitanteilig,* dh im Verhältnis der bereits abgelaufenen Renovierungsfrist zu der vermutlichen gesamten Renovierungsfrist die gleichfalls vermutlichen zukünftigen Renovierungskosten aufgrund einer Schätzung partiell mittragen muss. Die Zulässigkeit derartiger Klauseln war immer zweifelhaft gewesen, weil sie, zumal nach dem Übergang zu flexiblen Fristen (s Rn 121), mit einer Fülle nahezu willkürlich anmutender **Unterstellungen und Hypothesen** über das zukünftige Nutzungsverhalten des Mieters, über die daraus resultierenden Renovierungsfristen sowie über die Kosten der Renovierung arbeiten müssen (s im Einzelnen BOERNER NZM 2015, 686; EMMERICH, in: 2. FS Derleder [2015] 75; ders JuS 2015, 935, 937; LANGENBERG NZM 2014, 299; WIEK WuM 2014, 171; SCHACH GE 2014, 211).

126a Die Rechtsprechung hielt gleichwohl – trotz offenkundig wachsender Bedenken – bis 2014 an der grundsätzlichen Zulässigkeit von Quotenklauseln unter engen Voraussetzungen jedenfalls bei Übergabe einer renovierten Wohnung fest (so zB BGHZ 105, 71, 81 ff = NJW 1988, 2790; usw bis BGH 26. 9. 2007 – VIII ZR 143/06, WuM 2007, 684 = NJW 2007, 3632 Rn 20 = NZM 2007, 879; 29. 5. 2013 – VIII ZR 285/12, NZM 2013, 573 = WuM 2013, 478 Rn 13; Einzelheiten bei EMMERICH, in: 2. FS Derleder [2015] 75). Seit März 2015 gelten Quotenklauseln dagegen als **grundsätzlich unzulässig**, weil sie notwendigerweise mit intransparenten Fiktionen und Hypothesen arbeiten müssen, sodass der Mieter normalerweise im Augenblick des Vertragsschlusses außerstande ist abzuschätzen, was auf ihn in Zukunft gegebenenfalls zukommt (§ 307 Abs 1 S 2 BGB; BGH 18. 3. 2015 – VIII ZR 272/13, BGHZ 204, 316, 323 f Rn 29 ff = NJW 2015, 1871; ebenso zuvor schon BGH 22. 1. 2014 – VIII ZR 352/12, WuM 2014, 135; zustimmend STAUDINGER/BIEDER [2019] Anh §§ 305–310 Rn E 77 f; vWESTPHALEN NZM 2018, 97, 100 f). Damit sollte das Ende der Quotenklausel besiegelt sein. Es wird zwar diskutiert, ob (unter engen Voraussetzungen) Ausnahmen denkbar sind. Solchen Ansätzen sollte aber zum Schutze der Mieter nicht Folge geleistet werden. Insbesondere so genannte **Kostenbeteiligungsklauseln**, die neuerdings vielfach als Ausweg vorgeschlagen werden, sind tatsächlich nichts anderes als Quotenklauseln und sollten deshalb ebenso wie diese generell verworfen werden (LG München I NJW 2016, 2047; OVER NZM 2016, 383).

10. Rechtsfolgen

127 Wenn die formularvertragliche Abwälzung der Schönheitsreparaturen auf den Mieter unwirksam ist, tritt gemäß § 306 Abs 2 BGB an die Stelle der fraglichen Klauseln die gesetzliche Regelung, dh hier die **Renovierungspflicht des Vermieters** nach § 535 Abs 1 S 2 BGB (grdl BGH 8. 7. 2020 – VIII ZR 163/18 Rn 16, NZM 2020, 704 = NJW 2020, 3517 = WuM 2020; 8. 7. 2020 – VIII ZR 270/18, NZM 2020, 710 = NJW 2020, 3523 = WuM 2020, 551; s insbesondere ARTZ NZM 2020, 769; BÖRSTINGHAUS WuM 2005, 675; BLANK PiG 73 [2006] 163; EMMERICH NZM 2006, 761; HEINRICHS WuM 2005, 155; HEMMING WuM 2005, 165; KAPPUS NJW 2020, 3522; KLINKE ZMR 2005, 161; LEHMANN-RICHTER ZMR 2005, 170; ders WuM 2006, 449; STAUDINGER/BIEDER [2019] Anh §§ 305–310 Rn E 80 f; vWESTPHALEN NZM 2018, 1001). Die entstandene Vertragslücke kann *nicht* im Wege der ergänzenden Vertragsauslegung durch Ersetzung der unwirksamen Klausel durch eine wirksame Klausel geschlossen

Untertitel 1
Allgemeine Vorschriften für Mietverhältnisse § 535

werden (zB BGH 18. 10. 2006 – VIII ZR 52/06, NJW 2006, 3 1778 = NZM 2006, 924 Rn 27; 8. 7. 2020 – VIII ZR 163/18 Rn 17 f, NZM 2020, 704 = NJW 2020 = WuM 2020; 8. 7. 2020 – VIII ZR 270/18, NZM 2020, 710 OLG Düsseldorf NZM 2007, 215). Ebenso wenig ist es im Regelfall angängig, einfach den unwirksamen Teil der Klausel *wegzustreichen* und die Klausel im Übrigen aufrechtzuerhalten, etwa an die Stelle eines unwirksamen starren Fristenplanes einen zulässigen weichen Fristenplan zu setzen (Rn 127; BGH NJW 2006, 2905, 2907; 18. 10. 2006 – VIII ZR 52/06, NJW 2006, 3778 = NZM 2006, 924 Rn 27) oder eine Vertragslücke zu behaupten mit der Folge, dass weder den Vermieter noch den Mieter fortan eine Renovierungspflicht treffen würde (so zu Unrecht LG Berlin WuM 2018, 557).

Die Unwirksamkeit einzelner Klauseln oder von Teilen einer Klausel zieht folglich **127a** grundsätzlich die **Unwirksamkeit der gesamten formularvertraglichen Regelung** der Schönheitsreparaturen nach sich, da die Abwälzung der Schönheitsreparaturen auf den Mieter grundsätzlich eine Einheit bildet, selbst wenn sie äußerlich auf voneinander getrennte Bestimmungen des Mietvertrages aufgeteilt ist, sodass die Unwirksamkeit einer Klausel, nicht zuletzt wegen des Verbots einer geltungserhaltenden Reduktion unzulässiger Klauseln, immer die aller anderen einschlägigen Klauseln nach sich zieht (so BGH 18. 3. 2015 – VIII ZR 21/13, NJW 2015, 1874 Rn 17 = NZM 2015, 485, 486 = WuM 2015, 348 im Anschluss an BGH 13. 1. 2010 – VIII ZR 48/09, NJW 2010, 674 Rn 14 = NZM 2010, 157; LG Bremen WoM 2017, 710; Staudinger/Bieder [2019] Anh §§ 305–310 Rn E 80 f; vWestphalen NZM 2018, 1001). Ein etwaiges **Anerkenntnis** des Mieters, zur Durchführung der Schönheitsreparaturen verpflichtet zu sein, ändert an dem Ergebnis nichts (§ 307 BGB; AG Hildesheim NJW-RR 2009, 1613, 1614). Der Mieter kann folglich von dem Vermieter die Vornahme der Schönheitsreparaturen verlangen, sobald die Dekoration mangelhaft ist (§ 535 Abs 1 S 2 BGB; Rn 104). Allein diese Handhabung des § 306 Abs 2 BGB entspricht auch der Klauselrichtlinie Nr 93/13 vom 5. April 1993 (Amtsblatt EG Nr L 95 = NJW 1993, 1838) in der Auslegung des EuGH, wonach Verstöße gegen die Klauselrichtlinie im Interesse des Verbraucherschutzes strenge Rechtsfolgen mit Abschreckungswirkung nach sich ziehen müssen (s im Einzelnen vWestphalen NZM 2018, 1001 mwNw; viel enger dagegen BGH 20. 9. 2017 – VIII ZR 250/17, NZM 2017, 759 Rn 22 f = WuM 2017, 663).

Anders soll es sich freilich verhalten, wenn eine **negative Beschaffenheitsvereinba-** **127b** **rung** vorliegt, insbesondere wenn sich der Mieter bei Übergabe einer unrenovierten Wohnung durch (unwirksame) Abwälzung der Schönheitsreparaturen mit dem unrenovierten Zustand der Wohnung konkludent einverstanden erklärt hat (s o Rn 113). Verschlechtert sich in diesem Fall der Zustand der vermieteten Räume weiter, so wird dadurch zwar nach Meinung des BGH die Renovierungspflicht des Vermieters ausgelöst, weil § 535 Abs 1 S 2 BGB an die Stelle der unwirksamen Klausel tritt (o Rn 127); um jedoch eine „Bereicherung" des Mieters zu vermeiden, soll der Mieter nach § 242 BGB verpflichtet sein, einen angemessenen Teil der Renovierungskosten, grundsätzlich die Hälfte, selbst zu tragen (BGH 8. 7. 2020 – VIII ZR 163/18 Rn 20, 37 ff, NZM 2020, 704 = NJW 2020, 3517 = WuM 2020, 554; 8. 7. 2020 – VIII ZR 270/18, NZM 2020, 710). Diese Lösung ist durchaus problematisch (s schon o Rn 113; Artz NZM 2020, 769; Kappus NJW 2020, 3522; Zehelein NZM 2020, 708 f = WuM 2020, 559). Sie kann insbesondere zu einer unkontrollierbaren zusätzlichen Belastung des Mieters mit Renovierungskosten führen und macht es im Ergebnis – entgegen der Klauselrichtlinie – für den Vermieter nahezu risikolos, unwirksame Anfangsrenovierungsklauseln – offen oder versteckt – in seine Formularverträge aufzunehmen.

128 Der Vermieter, der auf die weitere Wirksamkeit einer früher hingenommenen Klausel vertraut hat, genießt im Falle der Änderung der Rechtsprechung **keinen Vertrauensschutz** gegen das Gesetz (BGH 18. 3. 2015 – VIII ZR 185/14, BGHZ 204, 302, 315 Rn 39 = NJW 2015, 1594). Zum „Ausgleich" wurde dem Vermieter vielfach, um die „Äquivalenz" der beiderseitigen Leistungen wiederherzustellen, ein **Zuschlag** zu der Miete im Wege einer **Mieterhöhung** nach § 558 BGB bis zur ortsüblichen Vergleichsmiete bei Tragung der Schönheitsreparaturen durch den *Vermieter,* gegebenenfalls nach einem vorherigen Verhandlungsangebot des Vermieters, zugebilligt (so zB zunächst OLG Karlsruhe NZM 2007, 481, 483; OLG Frankfurt WuM 2008, 82; LG Düsseldorf NZM 2006, 657; WuM 2007, 456, 457; LG Wiesbaden NZM 2008, 125). Diese Meinung ist *nicht* haltbar, weil die Folge wäre, dass ein Verstoß gegen die verbraucherschützenden Vorschriften der §§ 305 ff BGB entgegen dem Unionsrechts letztlich ohne angemessene abschreckende Sanktion bliebe (Rn 128), ferner, weil solcher Zuschlag nicht zu berechnen ist, schließlich, weil durch eine derartige Praxis der Mieter ohne gesetzliche Grundlage um die Vorteile eines günstigen Vertragsabschlusses gebracht würde (s § 558 Rn 15; BGH 9. 7. 2008 – VIII ZR 181/07, BGHZ 177, 186, 189 ff Rn 11 ff = NJW 2008, 2840; 24. 3. 2010 – VIII ZR 177/09, BGHZ 185, 114, 121 Rn 20 ff = NJW 2010, 1510; WuM 2008, 487 = GE 2008, 1046 Rn 15 ff; 11. 2. 2009 – VIII ZR 118/07, NJW 2009, 1410 = WuM 2009, 240 Rn 10 = NZM 2009, 313; 9. 11. 2011 – VIII ZR 6/10, WuM 2012, 27 Rn 17 ff = NZM 2012, 80; Emmerich NZM 2006, 761, 764 f mwNw; Staudinger/Bieder [2019] Anh §§ 305–310 Rn E 81).

128a Anders wird die Rechtslage freilich im **sozialen Wohnungsbau** beurteilt, da der Vermieter hier als befugt angesehen wird, die **Miete** einseitig gem § 28 Abs 4 der II. BV zu **erhöhen**, wenn sich die Klausel über die Abwälzung der Schönheitsreparaturen nachträglich als unwirksam erweist. Der BGH sieht darin keine geltungserhaltende Reduktion, sondern eine sich unmittelbar aus dem Gesetz, nämlich aus § 28 Abs 4 der II. BV ergebende Rechtsfolge der Unwirksamkeit der Abwälzung der Schönheitsreparaturen auf den Mieter (BGH 24. 3. 2010 – VIII ZR 177/09, BGHZ 185, 114, 121 Rn 20 ff = NJW 2010, 1510; 31. 8. 2010 – VIII ZR 28/10, NZM 2011, 31 = WuM 2010, 750 Rn 1, 3 f; 12. 1. 2011 – VIII ZR 6/10, NZM 2011, 478 = WuM 2011, 112 Rn 1; 20. 9. 2017 – VIII ZR 250/16, NZM 2017, 759 Rn 12 = WuM 2017, 663; Bellinger WuM 2009, 158). Auch aus der Ersatzpflicht des Vermieters wegen der schuldhaften Verwendung unzulässiger Geschäftsbedingungen (§§ 241 Abs 2, 311 Abs 2, 280 Abs 1 und 249 BGB) soll sich nichts anderes ergeben (BGH 12. 1. 2011 – VIII ZR 6/10, NZM 2011, 478 = WuM 2011, 112 Rn 2 f); ebenso wenig soll Raum für einen auf §§ 241 Abs 2 und 242 BGB gestützten Anspruch des Mieters gegen den Vermieter auf Vereinbarung einer mit dem Gesetz vereinbaren Klausel über Schönheitsreparaturen sein, weil § 306 Abs 2 BGB das Gegenteil bestimme (BGH 20. 9. 2017 – VIII ZR 250/16, NZM 2017, 759 Rn 15 ff = WuM 2017, 663). Dies alles ändert indessen nichts daran, dass die Rechtsprechung des BGH hier den Verbraucherschutz durch das Verbot missbräuchlicher Klauseln (§ 307 BGB) im Ergebnis in sein Gegenteil verkehrt (ebenso im Ergebnis Flatow NZM 2018, 739; Kappus NZM 2017, 760; Wüstefeld WuM 2008, 697).

11. Geschäftsraummiete

129 Die vorstehend entwickelten Regeln über die Unwirksamkeit der formularvertraglichen Abwälzung der Schönheitsreparaturen auf den Mieter (s Rn 112 ff) beanspruchen grundsätzlich auch Gültigkeit für gewerbliche Vermieter und Mieter, weil die §§ 138, 242, 305, 305c, 306 und 307 BGB iVm § 310 Abs 1 BGB, § 535 Abs 1 S 2

BGB und § 578 BGB für die Geschäftsraummiete ebenso wie für die Wohnraummiete gelten (Ahlt DWW 2005, 96; Boerner NZM 2015, 686; Eckert ZfIR 2005, 673; Fallak ZMR 2013, 161; Emmerich NZM 2009, 16; 2013, 161; Guhling NZM 2019, 457, 462 f; Heinrichs WuM 2005, 155; Kraemer PiG 75 [2006] 37, 53 ff; ders PiG 79 [2007] 15, 35 ff; Staudinger/Bieder [2019] Anh §§ 305–210 Rn 7 E 2, 74; vWestphalen NZM 2016, 369; Zehelein NZM 2017, 137; dagegen aber zB W Müller NZM 2016, 185). **Vornahmeklauseln** sind deshalb bei der Geschäftsraummiete nur unter denselben (weiten) Voraussetzungen wie bei der Wohnraummiete zulässig, dh: bei Übergabe renovierungsbedürftiger Räumlichkeiten nur im Falle der Vereinbarung eines angemessenen Ausgleichs für die zusätzliche Belastung durch die Renovierung zugunsten des gewerblichen Mieters (s Rn 114 ff; OLG Celle NZM 2016, 644; LG Lübeck NJW 2016, 578; OLG Dresden 6. 3. 2019 – 5 U 1613/18 Rn 30, 34 ff, NZM 2019, 412; OLG Düsseldorf 30. 7. 2019 – 24 U 104/18, ZMR 2019, 930; Guhling NZM 2019, 457, 463, str).

Dasselbe (Unwirksamkeit) gilt für **Endrenovierungsklauseln** in Verbindung mit der **129a** Abwälzung der laufenden Schönheitsreparaturen (BGH 6. 4. 2005 – XII ZR 308/02, NJW 2005, 2006 = NZM 2005, 504; 12. 3. 2014 – XII ZR 108/13, NJW 2014, 1444 = NZM 2014, 306 Rn 26 = WuM 2014, 326; OLG Hamm NZM 2002, 988; OLG Düsseldorf NZM 2006, 462; LG Lübeck ZMR 2015, 929 = NJW 2016, 578 = NZM 2016, 126; Guhling NZM 2019, 457, 462) sowie für die Vereinbarung **starrer Renovierungsfristen** (BGH 8. 10. 2008 – XII ZR 84/06, BGHZ 178, 158, 166 ff Rn 21 ff = NJW 2008, 3772 = NZM 2008, 890; 12. 3. 2014 – XII ZR 108/13, NJW 2014, 1444 = NZM 2014, 306 Rn 22; Emmerich NZM 2009, 16). Keine Bedenken hat der BGH freilich gegen eine Kombination der Abwälzung der laufenden Schönheitsreparaturen mit der Verpflichtung zur Rückgabe der Räume *„in bezugsfertigem Zustand"* (s zuletzt zB BGH 12. 3. 2014 – XII ZR 108/13, NJW 2014, 1444 Rn 29 = NZM 2014, 306 = WuM 2014, 326), obwohl es sich dabei der Sache nach um eine (unzulässige) Endrenovierungsklausel handelt (s im Einzelnen Rn 117). **Quotenklauseln** sollten bei der Geschäftsraummiete gleichfalls grundsätzlich verworfen werden, weil sie hier nicht anders als bei der Wohnraummiete mit haltlosen Fiktionen und Hypothesen arbeiten müssten (s Rn 126; vWestphalen NZM 2018, 97, 100 f; zweifelnd Boerner NZM 2015, 686, 690 f). Unbedenklich ist dagegen bei der gewerblichen Miete eine partielle **Erweiterung des Begriffs** der Schönheitsreparaturen, da es hier ohnehin zulässig ist, die Reparaturpflicht des Vermieters aus § 535 Abs 1 S 2 BGB unter bestimmten Voraussetzungen in einzelnen Beziehungen auf den Mieter abzuwälzen (s Rn 146 ff).

12. Erfüllungsanspruch

Im Falle der wirksamen Abwälzung der laufenden Schönheitsreparaturen auf den **130** Mieter hat der Vermieter im Zweifel bereits *während* des Laufs des Vertrags einen Erfüllungsanspruch gegen den Mieter auf Durchführung der Schönheitsreparaturen (BGHZ 111, 301, 304 = NJW 1990, 2376). Ein vom Vermieter erwirktes Urteil auf Vornahme von Schönheitsreparaturen wird gemäß § 887 ZPO durch Ersatzvornahme vollstreckt, weil es sich bei Schönheitsreparaturen um vertretbare Handlungen handelt (Emmerich PiG 60 [2001] 105, 111 = NZM 2000, 1155). Stattdessen kann der Vermieter auch nach den §§ 281 und 284 BGB vorgehen und unter zusätzlichen Voraussetzungen **Schadensersatz** statt der Leistung oder **Aufwendungsersatz** verlangen (s dazu Börstinghaus DWW 2005, 92, 94; Derleder, in: FS Bub [2007] 311; Emmerich NZM 2006, 761; Enderlein AcP 192 [1992] 288; Harsch, in: 10 Jahre Mietrechtsreformgesetz S 199, 204 f; Hemming WuM 2005, 165; Herrlein NZM 2003, 941; Kraemer NZM 2003, 417, 421 ff; Weite-

MEYER NZM 2005, 646). Voraussetzung ist nach § 281 BGB neben einer Fristsetzung insbesondere ein **Schaden** des Vermieters, wofür freilich bereits eine bloße Substanzgefährdung oder eine Verringerung des Verkehrswertes der vermieteten Sache genügt (BGH 12. 2. 2014 – XII ZR 76/13, BGHZ 200, 133, 143 Rn 25 f = NJW 2014, 1521; DERLEDER, in: FS Bub [2007] 311, 317 ff). Eine **Fristsetzung** ist nur unter den Voraussetzungen des § 281 Abs 2 BGB, insbesondere also im Falle einer ernstlichen und endgültigen Erfüllungsverweigerung des Mieters entbehrlich (BGH 12. 2. 2014 – XII ZR 76/13, BGHZ 200, 133, 144 Rn 7 = NJW 2014, 1521). Bei langjähriger Untätigkeit des Mieters tritt **Verzug** spätestens mit Vertragsende ein, sodass dann auch sofort eine Fristsetzung nach § 281 BGB möglich ist (BGH 14. 7. 2004 – VIII ZR 339/03, NJW 2004, 2961 = NZM 2004, 734 = WuM 2004, 529, 530 f).

131 In mehreren Entscheidungen hat der BGH dem Vermieter zusätzlich unter Berufung auf § 242 BGB einen Anspruch auf **Vorschuss** in Höhe der Aufwendungen für die von ihm selbst durchzuführenden Schönheitsreparaturen zugebilligt, sobald Renovierungsbedarf besteht, dh sobald die Schönheitsreparaturen *fällig* sind, wobei dieser Anspruch auch nicht zusätzlich eine Substanzgefährdung voraussetzen soll (BGHZ 111, 301, 305 ff = NJW 1990, 2376; BGH 6. 4. 2005 – VIII ZR 192/04, NJW 2005, 1862 = NZM 2005, 450; 15. 3. 2006 – VIII ZR 123/05, NJW 2006, 1588 Rn 12 = NZM 2006, 503 = WuM 2006, 319; LG Berlin NZM 2004, 655; str). Tatsächlich kommt solcher Vorschussanspruch nur unter den Voraussetzungen der §§ 281 und 284 BGB in Betracht, die (selbstverständlich) auch hier genau zu beachten sind. Für zusätzliche, allein auf § 242 BGB gestützte Ansprüche des Vermieters besteht angesichts der gesetzlichen Regelung in den §§ 281 und 284 BGB weder ein Anlass noch überhaupt eine Möglichkeit. Hier wie auch noch an mehreren anderen Stellen (s insbesondere noch u Rn 135) ist mit Nachdruck unübersehbaren Tendenzen zur Entwicklung eines Sonderprivatrechts im Mietrecht und insbesondere bei dem Fragenkreis der Schönheitsreparaturen entgegenzutreten.

13. Rechtslage bei Vertragsende, Überblick

132 Sofern der Mieter die Schönheitsreparaturen regelmäßig durchgeführt hat, treffen ihn bei Vertragsende *keine* zusätzlichen Pflichten mehr, ohne Rücksicht darauf, ob die (fristgerecht renovierte) Dekoration inzwischen bereits wieder (zum Teil) abgewohnt ist (OLG Karlsruhe WuM 1982, 291, 292 f; OLG Bremen WuM 1982, 317, 318; LG Köln WuM 1976, 51 f; 1977, 5 ff; LG Saarbrücken WuM 1979, 140; NZM 2000, 1179 f). Damit unvereinbar ist die Billigung einer Klausel seitens des BGH, nach der sich die Räume bei Vertragsende in jedem Fall ohne Rücksicht darauf, wann die letzte Dekoration durchgeführt wurde, in einem zur Weitervermietung geeigneten, „bezugsfertigen Zustand" befinden müssen, und zwar, weil die Klausel lediglich besage, dass eine Endrenovierung erforderlich sei, wenn der Mieter überhaupt keine Schönheitsreparaturen durchgeführt hat, wenn die letzten Schönheitsreparaturen schon lange zurückliegen oder wenn der Mieter die Räume übermäßig abgenutzt hat (so zB BGHZ 49, 56, 58 f = NJW 1968, 491; BGH WM 1982, 333, 334 = WuM 1982, 296, 297; LM Nr 45 zu § 558 BGB [Bl 1 R f] = NJW 1991, 2416, 2417 = WuM 1991, 550; zuletzt insbesondere BGH 12. 3. 2014 – XII ZR 108/13, NJW 2014, 1444 Rn 27 = NZM 2014, 306; HADDING JuS 1969, 407, 408 f). Positiv gewendet bedeutet dies indessen nichts anderes, als dass der Mieter immer bei Vertragsende doch erneut renovieren muss, wenn die Räume mehr als nur geringfügige Gebrauchsspuren aufweisen. Genau dies ist aber eine unzulässige Endrenovierungsklausel (s schon o Rn 109, 117 sowie EMMERICH PiG 60 [2001] 105, 111 f = NZM 2000, 1155; KAPPUS NJW 2014, 1446, 1147; KRAEMER PiG 63 [2003] 175, 178 f).

Wenn der Vermieter die Wohnung vorbehaltlos zurückgenommen hat oder wenn er in einem Übergabeprotokoll den einwandfreien Zustand der Wohnung bestätigt hat, kann darin ein **negatives Schuldanerkenntnis** zu sehen sein, sodass er von dem Mieter fortan keinen Schadensersatz wegen unterlassener Schönheitsreparaturen mehr verlangen kann (in diesem Sinne LG Stuttgart WuM 1995, 392; LG Hamburg ZMR 1999, 405, 406 = NZM 1999, 838). Bei solcher Annahme ist indessen Zurückhaltung geboten, weil ein Verzicht auf vertragliche Rechte grundsätzlich nicht zu vermuten ist (s OLG Brandenburg GE 2005, 1555, 1557 f; EMMERICH PiG 60 [2001] 105, 126 f = NZM 2000, 1155). Dagegen liegt in der Tat die Annahme eines **Vergleichs** nahe, wenn der Vermieter die Wohnung nach Verhandlungen mit dem Mieter über etwaige Schönheitsreparaturen gegen Zahlung eines bestimmten Betrages seitens des Mieters als Abfindung zurückgenommen hat (§ 779 BGB, str). **133**

Der BGH billigt dem Vermieter an Stelle des (wirksam vereinbarten) Anspruchs auf die Schönheitsreparaturen gemäß §§ 157, 242 BGB einen **Ausgleichsanspruch** zu, wenn der Vermieter nach Auszug des Mieters die Räume **umbaut** oder vom Nachmieter umbauen lässt; der Höhe nach soll dieser (von BGH frei erfundene) Ausgleichsanspruch im Wesentlichen den Personal- und Sachkosten entsprechen, die der Mieter infolge der jetzt nicht mehr möglichen eigenen Durchführung der Schönheitsreparaturen „erspart" (BGHZ 77, 301, 304 f = NJW 1980, 2347; BGHZ 85, 267, 273 f = NJW 1983, 446; BGHZ 92, 363, 369 ff = NJW 1985, 480; BGHZ 96, 141, 145 f = NJW 1986, 309; BGHZ 151, 53, 57 ff = NJW 2002, 2383; 12. 2. 2014 – XII ZR 76/13, BGHZ 200, 133, 138 ff Rn 15 ff = NJW 2014, 1521; BGH 20. 10. 2004 – VIII ZR 378/03, WuM 2005, 50, 52 = NZM 2005, 58; 5. 4. 2006 – VIII ZR 152/05 Rn 17 = NJW 2006, 2115 = NZM 2006, 621; GE 2009, 111, 112 Rn 30; KG NZM 2009, 661; KLOCKE WuM 2014, 575). Ist anzunehmen, dass der Mieter die geschuldeten Schönheitsreparaturen selbst oder durch Bekannte oder Verwandte durchgeführt hätte, so „beschränkt" sich der Ausgleichsanspruch jedoch auf den Betrag, den er für deren Arbeitsleistungen hätte aufwenden müssen (BGH 20. 10. 2004 – VIII ZR 378/03, WuM 2005, 50, 52 = NZM 2005, 58). Der Anspruch soll auch bei zulässiger Abwälzung der sonstigen Reparatur- oder **Instandsetzungspflicht** auf den Mieter bestehen (BGHZ 151, 53, 59 ff = NJW 2002, 2383), ist jedoch zu kürzen, soweit infolge des Umbaus der Renovierungsaufwand, zB infolge des Wegfalls von Mauern, verringert wird (BGH 20. 10. 2004 – VIII ZR 378/03, WuM 2005, 50, 52 = NZM 2005, 58). Der Ausgleichsanspruch des Vermieters **verjährt** in den Fristen des § 548 BGB (LG Duisburg NJW-RR 2000, 1231) und **entfällt** ganz, wenn der Vermieter nach Auszug des Mieters das Gebäude abreißen lässt (LG Berlin ZMR 1998, 428; AG Augsburg WuM 2001, 335), wenn der Vertrag von vornherein mit Rücksicht auf die vom Vermieter geplanten Umbauten befristet war (LG Hamburg WuM 1998, 663) oder wenn sich die vermieteten Räume in einem derart desolaten Zustand befanden, dass der Vermieter selbst schwerwiegend gegen seine Erhaltungspflicht verstoßen hatte (AG Frankfurt WuM 1996, 332). Anders wird die Rechtslage ferner bei sonstigen vom Mieter zu beseitigenden Umbauten (KG GE 1998, 354) sowie von Fall zu Fall bei der gewerblichen Miete beurteilt (BGHZ 96, 141, 145 f = NJW 1986, 309; BGH NJW 1985, 2413, 2416 = WM 1985, 1147, 1151). **134**

Hintergrund dieser eigenartigen Praxis ist die sogenannte **Entgeltthese**, die die Gerichte dazu verleitet hat, „im Wege ergänzender Vertragsauslegung" die nicht mehr **135** zu realisierende „Gegenleistung" des Mieters (in Gestalt der Schönheitsreparaturen) schlicht durch eine Geldforderung gegen den Mieter zu ersetzen. Die Entgeltthese ist jedoch nicht haltbar (s schon o Rn 112) – womit bereits die Grundlage für diesen zusätzlichen Anspruch des Vermieters jenseits des Gesetzes entfällt. Es ist vielmehr daran festzuhalten, dass die Schönheitsreparaturen im Falle eines Umbaus des Vermieters nach Auszug des Mieters offenbar *sinnlos* geworden sind und daher dem Mieter – mangels Leistungsinteresses des Vermieters – nicht mehr zuzumuten sind (§§ 242, 275 Abs 2 BGB, s schon o Rn 131). Auch für einen etwaigen Schadensersatzanspruch des Vermieters aus § 281 BGB ist dann kein Raum mehr, weil der Vermieter **keinen Schaden** hat (§ 249 BGB; LG Duisburg WuM 1987, 214; LG Mannheim WuM 1978, 85; Staudinger/Bieder [2019] Anh §§ 305–310 Rn E 79; Eisenschmid WuM 1980, 241; Emmerich JuS 1986, 16, 17 f; ders, in: FS Bärmann und Weitnauer 246 f; Herpers WuM 1984, 175; Niebling ZMR 1985, 114; Rückert AcP 184 [1984] 105; Graefe NJW 1981, 48; Röchling WuM 1984, 39; Sonnenschein, in: Gestaltung von Mietverträgen, PiG 20 [1985] 69, 105; wohl auch Gellwitzli NZM 2009, 881, 890 ff). Durch **Formularverträge**, in denen sich zumindest bei der gewerblichen Miete neuerdings vermehrt so genannte *Umbauklauseln* durchzusetzen beginnen, kann nichts anderes bestimmt werden (§ 307 Abs 1 und Abs 2 Nr 1 BGB iVm § 310 Abs 1 S 2 BGB; im Ergebnis ebenso Klocke WuM 2014, 575). In Betracht kommt vielmehr allein ein Schadensersatzanspruch des Vermieters aufgrund des § 281 BGB wegen eines Verstoßes des Mieters gegen die wirksam übernommene Renovierungspflicht, dh wegen der Unterlassung der gebotenen Schönheitsreparaturen (Rn 136 ff).

14. Insbesondere Schadensersatzanspruch bei Vertragsende

a) Überblick

136 Die Beendigung des Mietverhältnisses ändert ebensowenig wie ein vorzeitiger Auszug des Mieters etwas an dessen Verpflichtung zur Durchführung der (wirksam) übernommenen Schönheitsreparaturen (§ 362 BGB; BGH 12. 2. 2014 – XII ZR 76/13, BGHZ 200, 133, 142 Rn 21 = NJW 2014, 1521). Der Vermieter kann folglich weiterhin **Erfüllung** verlangen und ein etwaiges Leistungsurteil nach § 887 ZPO vollstrecken (o Rn 130). Unter den Voraussetzungen der §§ 280 und 281 BGB kann er stattdessen jetzt auch Schadensersatz statt der Leistung fordern (s zB BGH 28. 2. 2018 – VIII ZR BGHZ 218, 22, 28 Rn 17 = NJW 2018, 1746; Sternel PiG 103 [2016] 61, 73 ff). Der Schadensersatzanspruch setzt als erstes eine vom Mieter zu vertretende Pflichtverletzung in Gestalt der vertragswidrig unterlassenen Schönheitsreparaturen voraus (§§ 280 Abs 1, 276 BGB; u Rn 120); hinzukommen muss außerdem die erfolglose Bestimmung einer angemessenen Frist zur Leistung durch den Vermieter (u Rn 138; zB BGH 12. 2. 2014 – XII ZR 76/13, BGHZ 200, 133, 142 Rn 21 = NJW 2014, 1521; BGH 21. 10. 2008 – VIII ZR 189/07, WuM 2009, 36; Sternel, in: Das Mietende, PiG 103 [2016] 61, 73 ff). Die Fristsetzung ist nur entbehrlich, wenn die Voraussetzungen des § 281 Abs 2 BGB vorliegen (u Rn 138; BGHZ 200, 133, 144 Rn 27). Hinzukommen muss schließlich noch, dass dem Vermieter überhaupt ein Schaden entstanden ist (Rn 142 ff). **Veräußert** der Vermieter das Grundstück vor der Forderung von Schadensersatz, so geht sein Ersatzanspruch gemäß § 566 Abs 1 BGB auf den Erwerber über, der dann seinerseits nach § 281 BGB vorgehen kann (BGHZ 200, 133, 142 Rn 23).

137 Der Mieter muss die Pflichtverletzung durch Unterlassung der fälligen Schönheitsreparaturen bei Vertragsende zu **vertreten** haben (§§ 280 Abs 1 S 2, 281 Abs 1 S 1, 276

BGB). Hieran fehlt es, wenn sich der Mieter (ausnahmsweise) in einem entschuldbaren Rechtsirrtum über den Umfang seiner Verpflichtungen befindet, außerdem wenn er die Einrede des nichterfüllten Vertrages hat, weil der (insoweit vorleistungspflichtige) Vermieter seinen Verpflichtungen, etwa zur Mängelbeseitigung (§ 535 Abs 1 S 2 BGB), nicht nachgekommen ist (§ 320 BGB; KG MDR 1974, 319; LG Augsburg WuM 1983, 22), ferner wenn der Anspruch des Vermieters bereits verjährt ist (§ 548 BGB) sowie schließlich, wenn der Vermieter den Mieter an der Durchführung der Schönheitsreparaturen hindert, indem er sich zB weigert, dem Mieter einen Schlüssel zu der Wohnung zu geben, sodass dieser sie nicht mehr betreten kann, um die nötigen Arbeiten durchzuführen (Gedanke der §§ 162 und 326 Abs 2 S 1 BGB; LG Berlin GE 1998, 245; Kraemer, in: Vermieterleistungen PiG 67 [2003] 175, 193). Nach einem Teil des Schrifttums hat der Mieter ferner die Verzögerung nicht zu vertreten, wenn der Vermieter ankündigt, mit dem Mieter noch *Gespräche* über die durchzuführenden Arbeiten aufnehmen zu wollen (KG WuM 2008, 592 = ZMR 2008, 956), sowie wenn der Mieter nach seinem Auszug seinerseits **Verhandlungen** über die Modalitäten der Renovierung angeboten, der Vermieter darauf jedoch nicht reagiert hat (LG Mannheim WuM 1975, 144; ZMR 1976, 143 f; AG Köln ZMR 1976, 181; AG Mettmann WuM 1977, 224).

b) Fristsetzung

Die zweite Voraussetzung für den Übergang des Vermieters zum Anspruch auf Schadensersatz statt der Leistung ist gemäß § 281 Abs 1 BGB grundsätzlich der fruchtlose Ablauf einer dem Mieter vom Vermieter bestimmten angemessenen Frist zur Leistung, dh zur Durchführung der Schönheitsreparaturen (zB BGH 12. 2. 2014 – XII ZR 76/13, BGHZ 200, 133, 141 Rn 21 = NJW 2014, 1521). Eine Fristsetzung ist bereits *während* des Laufs des Vertrages, jedoch immer erst *nach* Fälligkeit der Schönheitsreparaturen möglich (§ 281 Abs 1 S 1 BGB; Rn 113; Kraemer PiG 67 [2003] 175, 189 ff; str). Durch **Formularvertrag** kann auf das Erfordernis der Fristsetzung nicht verzichtet werden (KG NZM 2007, 356). Die Fristsetzung besteht nach § 281 Abs 1 S 1 BGB aus zwei Bestandteilen, der sogenannten Leistungsaufforderung sowie der Festsetzung der Frist für die Durchführung der Arbeiten, zu denen der Vermieter den Mieter aufgefordert hat (zB Sternel PiG 103 [2016] 61, 74 ff mwNw). Die **Leistungsaufforderung** setzt voraus, dass in der Fristsetzung die vom Vermieter beanstandeten *Mängel* ebenso wie die deshalb vom Mieter geforderten *Arbeiten* so genau beschrieben werden, dass der Mieter bereits auf den ersten Blick eindeutig zu erkennen vermag, was von ihm konkret verlangt wird, was maW zur Erfüllung der Forderung des Vermieters erforderlich ist (OLG München ZMR 1997, 178, 180; KG GE 2003, 952; OLG Düsseldorf WuM 2004, 603, 606; LG Frankfurt aM WuM 2012, 197; LG Hamburg ZMR 2013, 116, 117). Eine Leistungsaufforderung ist auch erforderlich, wenn der Mieter bereits einzelne Arbeiten ausgeführt hat und der Vermieter diese jetzt beanstandet; die bloße *Beanstandung* der bisherigen Arbeiten als „nicht sachgerecht" genügt weder bei der Wohnraummiete noch bei der Geschäftsraummiete den Anforderungen des § 281 BGB (KG GE 2003, 952; ZMR 2007, 450; WuM 2008, 592, 593).

Die bloße Leistungsaufforderung (s Rn 138) reicht nach § 281 Abs 1 S 1 BGB nicht aus, um dem Vermieter den Übergang zum Schadensersatz statt der Leistung zu ermöglichen; hinzutreten muss vielmehr noch (im Anschluss an § 326 Abs 1 BGB aF) die Bestimmung einer **angemessenen Frist** seitens des Vermieters zur Durchführung der von ihm vom Mieter noch geforderten Arbeiten. Welche Frist angemessen ist, richtet sich nach den Umständen, insbesondere nach dem Umfang der noch erforderlichen Arbeiten und dem Zustand der Räume. Eine Frist von fünf bis sechs Tagen dürfte idR zu kurz sein (LG Berlin GE 1988, 411), während eine Frist von *zwei Wochen* gewöhnlich als ausreichend angesehen wird (KG NZM 2007, 356 = WuM 2007, 71; LG Berlin GE 1989, 413, 415). Wenn der Mieter bereits ausgezogen ist, muss der Vermieter dem Mieter zugleich anbieten, ihm wieder den **Besitz** der Räume einzuräumen, wenn er jetzt noch die Dekorationsmängel beseitigen will; kommt der Mieter diesem Angebot nach, so ist auch kein Raum für die Anwendung des § 546a BGB (BGH 13. 7. 2010 – VIII ZR 326/09, NZM 2010, 815 Rn 2 = WuM 2010, 632; OLG Hamburg WuM 1990, 75; AG Lemgo NZM 1999, 961).

140 Eine Fristsetzung (o Rn 138 f) ist nach § 281 Abs 2 BGB **entbehrlich**, wenn der Schuldner die Leistung ernsthaft und endgültig verweigert oder wenn besondere Umstände vorliegen, die unter Abwägung der beiderseitigen Interessen die sofortige Geltendmachung des Schadensersatzanspruches rechtfertigen. Die Anforderungen an die Annahme einer **Erfüllungsverweigerung** iS des § 281 BGB sind idR streng (BGH 12. 3. 2014 – XII ZR 76/13, BGHZ 200, 133, 144 Rn 27 = NJW 2014, 1521; STAUDINGER/SCHWARZE [2019] § 281 Rn B 91 ff). Die Erklärung des Mieters muss gleichsam als dessen *letztes Wort* aufzufassen sein, *sodass* mit einer Änderung seines Entschlusses nicht mehr zu rechnen ist. Die Annahme einer Erfüllungsverweigerung setzt daher in der Regel voraus, dass der Mieter nach der Leistungsaufforderung des Vermieters klar zu erkennen gegeben hat, dass er die vom Vermieter geforderten Arbeiten unter keinen Umständen mehr durchführen wird (KG NZM 2007, 356; ZMR 2007, 533, 534; WuM 2008, 592). Eine Erfüllungsverweigerung ist danach **zB** anzunehmen, wenn der Mieter nach der Mitteilung des Vermieters über die noch erforderlichen Arbeiten erklärt, keine Arbeiten mehr durchführen zu wollen, und stattdessen eine Ersatzleistung anbietet (KG ZMR 2007, 533, 534 = NJW-RR 2007, 1602). *Nicht* ausreichend für die Annahme einer Erfüllungsverweigerung ist es dagegen, wenn der Mieter von sich aus nicht mehr tätig wird, nachdem ihm der Vermieter mitgeteilt hatte, er werde wegen der noch durchzuführenden Arbeiten an ihn herantreten (KG WuM 2008, 592, 593 = ZMR 2008, 956), oder wenn der Mieter nach Durchführung der seiner Meinung nach geschuldeten Arbeiten dem Vermieter mitteilt, er habe bereits ordnungsgemäß erfüllt oder er schulde doch tatsächlich gar keine Schönheitsreparaturen (LG Frankfurt aM WuM 2012, 197, 198).

141 Nach einer verbreiteten Meinung soll es auch als Erfüllungsverweigerung anzusehen sein, wenn der Mieter trotz der Leistungsaufforderung des Vermieters einfach **auszieht**, ohne die geschuldeten Schönheitsreparaturen durchgeführt zu haben, sodass der Vermieter anschließend *sofort* zu dem Anspruch auf Schadensersatz oder Aufwendungsersatz nach den §§ 281 und 284 BGB übergehen könne (BGHZ 49, 56, 59 f = NJW 1968, 491; BGHZ 104, 6, 14 = NJW 1988, 1778; BGH LM Nr 30 zu § 571 [Bl 2 R] BGB = NJW 1989, 451; LM Nr 45 zu § 558 BGB = NJW 1991, 2416, 2417; 19. 11. 1997 – XII ZR 281/95, LM Nr 11 zu § 326 [Dc] BGB [Bl 2] = NJW 1998, 1303 = NZM 1998, 147, 148; KRAEMER, in: Vermieterleistungen PiG 67 [2003] 175, 192). Diese Meinung ist *nicht* mit den üblichen strengen Anforderungen an die Annahme einer Erfüllungsverweigerung im Sinne des § 281 Abs 2 BGB (Rn 122) zu vereinbaren (OLG Hamburg WuM 1992, 70; ebenso nach den Umständen des Einzelfalls BGH 2. 10. 1996 – XII ZR 65/95, NJWE-MietR 1996, 266 = WuM 1997, 217; STERNEL PiG 103 [2016] 61, 76). Gegen sie spricht auch, dass dem Mieter damit häufig die Möglichkeit genommen wird, die Schönheitsreparaturen doch noch selbst durchzuführen, wodurch erfahrungsgemäß erhebliche Kosten eingespart werden können. Eine Anwendung des § 281 Abs 2 BGB kommt deshalb richtiger Meinung nach auch im Falle des Auszugs des Mieters nur in Betracht, wenn zu dem bloßen Auszug ohne Durchführung der Schönheitsreparaturen *noch weitere Umstände* hinzutreten, die tatsächlich einen Rückschluss auf eine ernstliche und endgültige Erfüllungsverweigerung des Mieters zulassen wie zB das **Bestreiten jeder Verpflichtung** zur Durchführung der Schönheitsreparaturen oder die Zurücklassung der Wohnung in einem völlig verwohnten oder sogar verwahrlosten Zustand (KG WuM 2008, 592 = ZMR 2008, 956).

c) Schaden
Liegen die genannten Voraussetzungen (o Rn 136 ff) vor, so hat der Vermieter – **142** neben dem Aufwendungsersatzanspruch des § 284 BGB – nach den §§ 280 und 281 BGB iVm den §§ 249 bis 252 BGB einen Anspruch auf Schadensersatz statt der Leistung. Der Vermieter kann folglich verlangen (§ 281 Abs 4 BGB), so gestellt zu werden, wie er jetzt bei ordnungsgemäßer Durchführung der Schönheitsreparaturen durch den Mieter stände (s Kraemer, in: Vermieterleistungen PiG 67 [2003] 175, 192 ff; Sternel PiG 103 [2016] 61, 76 ff). Eine Naturalrestitution ist zwar nicht ausgeschlossen (§ 249 Abs 1 BGB; anders Winkler ZMR 2007, 337). In der Regel wird der Vermieter jedoch **Geldersatz** verlangen (§§ 249 Abs 2, 251 BGB). Die wichtigsten Schadensposten sind gewöhnlich die erforderlichen **Renovierungskosten** (§ 249 Abs 2 S 1 BGB), ferner der dem Vermieter entgehende Gewinn in Gestalt des etwaigen **Mietausfalls** infolge der verzögerten Herrichtung der Räume (§ 252 BGB; u Rn 143), weiter die Kosten eines **Sachverständigengutachtens** (BGH 26. 5. 2004 – VIII ZR 77/08, WuM 2004, 466, 467 f = NZM 2004, 615 = NJW 2004, 3042) sowie noch die verbleibende **Wertminderung** der Wohnung (BGHZ 49, 56, 60 = NJW 1968, 491; LG Berlin GE 1993, 1159). Die (objektiv erforderlichen) Renovierungskosten können auf der Grundlage der Rechnung für die tatsächlich durchgeführten Arbeiten oder auf der Basis eines Kostenvoranschlags liquidiert werden (§ 249 Abs 2 S 1 BGB).

An der Zulässigkeit der sog **fiktiven Schadensberechnung** (Rn 142) dürfte trotz der **142a** abweichenden Rechtsprechung des VII. Zivilsenats zum Werkvertragsrecht (BGH 22. 2. 2018 – VII ZR 46/17, BGHZ 218, 1 = NJW 2018, 1463) festzuhalten sein, weil sie dem Gesetz entspricht (§ 249 Abs 2 BGB) und in der Mehrzahl der Fälle einen einfachen Weg zur Schadensliquidierung eröffnet (str, ausführlich Riehm NZM 2019, 273). In der Disposition über die erhaltene Ersatzleistung ist der Vermieter grundsätzlich frei (ebenfalls str). Eine fiktive Schadensberechnung ist auch noch zulässig, wenn der Vermieter nach Fristablauf die vom Mieter geschuldeten, aber unterlassenen Schönheitsreparaturen selbst durchführt (LG Idstein WuM 1995, 582). Der Vermieter muss sich aber nach **§ 254 BGB** darum bemühen, den Schaden möglichst gering zu halten, wozu insbesondere gehört, dass er die erforderlichen Arbeiten so schnell und so günstig wie möglich durchführen lässt (OLG Düsseldorf ZMR 2007, 780 f; LG Mannheim WuM 1977, 96). Andernfalls muss er es sich gefallen lassen, dass sein Anspruch auf Ersatz des ihm entgangenen Gewinns entsprechend gekürzt wird (§ 254 Abs 2 BGB; Ternel PiG 103 [2016] 61, 78). **Umsatzsteuer** kann der Vermieter nur verlangen, wenn und soweit sie tatsächlich bei ihm angefallen ist, also nicht bei einer fiktiven Schadensberechnung (§ 249 Abs 2 S 2 BGB; KG WuM 2006, 436, 437; OLG Frankfurt ZMR 2013, 29, 30; Börstinghaus DWW 2005, 92, 94; Staudinger/Schiemann [2017] § 249 Rn 236a ff; Sternel PiG 103 [2016] 61, 77; anders Winkler ZMR 2007, 337).

Hauptschadensposten wird in der Regel der **Mietausfall** des Vermieters sein (§ 252 **143** BGB; o Rn 142; s Emmerich PiG 60 [2001] 105, 122 f = NZM 2000, 1155; Kraemer, in: Vermieterleistungen, PiG 67 [2003] 175, 194 f; STERNEL PiG 103 [2016] 61, 77 f). Dazu muss der Vermieter substantiiert vortragen, an wen, zu welchem Zeitpunkt und zu welchen Bedingungen ihm tatsächlich eine Weitervermietung im Falle der ordnungsgemäßen Durchführung der Schönheitsreparaturen seitens des Mieters möglich gewesen wäre (BGH 19. 11. 1997 – XII ZR 281/95, LM Nr 11 zu § 326 [Dc] BGB = NJW 1998, 1303 = NZM 1998, 147, 148; 13. 7. 2010 – VIII ZR 126/09, NZM 2010, 815 Rn 4 = WuM 2010, 632; OLG Frankfurt ZMR 1997, 522, 526; LG Singen WuM 2000, 18). Eine **abstrakte Schadensberechnung**, dh eine Schadensberechnung, bei der von den Verhältnissen des Vermieters abgesehen und auf durchschnittliche Marktwerte abgestellt wird, scheidet – entgegen einer verbreiteten Meinung (KG GE 1995, 109; LG Berlin ZMR 2001, 891, 892; GE 2001, 1675; LG Frankfurt ZMR 2000, 763 = NZM 2000, 1177) – hier schon deshalb aus, weil eine solche allein bei **Gewerbetreibenden** und auch nur bei **marktgängigen Waren** in Betracht kommt, zu denen Mietobjekte in keinem Fall gehören (LG Berlin GE 2002, 462; 2002, 734, 735; LG Hamburg ZMR 2004, 37; s MünchKomm/EMMERICH [2018] Vor § 281 Rn 27 ff; KRAEMER PiG 67 [2003] 175, 194 f).

144 Der Ersatzanspruch des Vermieters *entfällt* – entgegen der hM (BGHZ 49, 56, 61 ff = NJW 1968, 491; KG NZM 2005, 181, 182; OLG Hamburg ZMR 1984, 342; LG Duisburg NZM 1999, 955, 956; KEUK, Vermögensschaden und Interesse [1972] 121 ff; STERNEL PiG 103 [2016] 61, 77) –, wenn es dem Vermieter gelingt, die vom Mieter bei seinem Auszug pflichtwidrig nicht durchgeführten Schönheitsreparaturen **auf den Nachmieter abzuwälzen** (OLG Hamm NJW 1964, 1373; LG Mannheim WuM 1977, 253; LG Frankfurt WuM 1977, 139; LG Aachen WuM 1980, 85; LG Nürnberg-Fürth WuM 1984, 244; LG Berlin GE 1987, 241, 243; LG Aurich WuM 1991, 342; LG Itzehoe WuM 1992, 242; EMMERICH, in: FS Bärmann u Weitnauer 233, 247 f mwNw). Denn an sich trifft diese Pflicht den Vermieter (§ 535 Abs 1 S 2 BGB). Ihre Abwälzung auf die Mieter darf nicht zur Bereicherung des Vermieters führen, sodass der Vermieter die Schönheitsreparaturen *nur einmal* verlangen kann. Beide Mieter sind deshalb im Ergebnis als Gesamtschuldner anzusehen, während im Innenverhältnis die Schönheitsreparaturen im Regelfall allein den ersten Mieter treffen werden (§ 426 BGB; LG Kassel NJW 1975, 1842; AG Kiel WuM 1976, 119 f; AG Köln WuM 1976, 180; SCHMUDLACH NJW 1974, 257).

X. Reparaturpflicht

1. Geschäftsraummiete

145 Ebenso wie bei den Schönheitsreparaturen (Rn 109 ff) stellt sich auch bei sonstigen Instandhaltungs- und Instandsetzungsmaßnahmen die Frage, ob und in welchem Umfang die Pflicht zur Vornahme dieser Maßnahmen im Mietvertrag entgegen der Regel des § 535 Abs 1 S 2 BGB auf den Mieter abgewälzt werden kann. Auf diese Frage gibt es ebensowenig wie bei den Schönheitsreparaturen eine einfache pauschale Antwort. Man muss vielmehr unterscheiden, und zwar nicht nur zwischen der Wohnraum- und der Geschäftsraummiete, sondern auch zwischen Instandhaltungs- und Instandsetzungsmaßnahmen, weil bei der Frage der Zulässigkeit ihrer Abwälzung durch Formularverträge auf den Mieter die Akzente bei den Instandsetzungsmaßnahmen teilweise anders, nämlich deutlich enger als bei den Mieter weniger belastenden Instandhaltungsmaßnahmen gesetzt werden. Insgesamt ist die Rechtsprechung jedoch wenig einheitlich und lässt bisher klare Linien vermissen.

145a Zu beginnen ist mit einem Blick auf die schwierige Unterscheidung zwischen Instandhaltungs- und Instandsetzungsmaßnahmen (s dazu schon o Rn 28 sowie zB Guhling NZM 2019, 457, 458 f). Die Definition der **Instandhaltungsmaßnahmen** wird in diesem Zusammenhang allgemein der preisrechtlichen Vorschrift des 28 Abs 1 S 2 der II. BV entnommen, nach der zu den Instandhaltungsmaßnahmen die Kosten gehören, die während der Nutzungsdauer zur Erhaltung des bestimmungsmäßigen Gebrauchs aufgewendet werden müssen, um die durch Abnutzung, Alterung und Witterungseinwirkung entstehenden baulichen und sonstigen Mängel ordnungsgemäß zu beseitigen. Bei den **Instandsetzungsmaßnamen** geht es dagegen um die Kosten der Reparatur oder Wiederbeschaffung der vermieteten Sache, insbes durch die Beseitigung von Mängeln und Schäden (so BGH 6. 4. 2005 – XII ZR 158/01, NZM 2005, 863, 864 [r Sp 1. Abs] = ZMR 2005, 844; GE 2007, 1112; 11. 10. 2009 – VIII ZR 221/08, NZM 2010, 79 = WuM 2010, 33, 34 Rn 12). Im Kern handelt es sich damit um den Gegensatz zwischen der regelmäßigen *Wartung* und Pflege der Mietsache auf der einen Seite und andererseits den im Einzelfall erforderlich gewordenen *Reparaturen* des Mietobjekts einschließlich dessen Erneuerung, wenn eine Reparatur nicht mehr lohnt. In der Frage der Abwälzung dieser Kosten auf den Mieter hat man sodann weiter zwischen der Geschäftsraummiete und der Wohnraummiete zu unterscheiden (zu der Letzteren s unten Rn 150 ff).

146 Bei der **Geschäftsraummiete** bestehen grundsätzlich keine Bedenken dagegen, dass der Mieter **individualvertraglich** die Instandhaltungs- oder Instandsetzungspflicht ganz oder teilweise übernimmt, auch wenn dies im Ergebnis zu einer verschuldensunabhängigen Haftung des Mieters führt (BGHZ 151, 53, 62 f = NJW 2002, 2383; BGH LM Nr 32 zu § 3 AnfG = NJW-RR 1990, 142; 8. 1. 2014 – XII ZR 12/11, WuM 2014, 140 Rn 13 = NZM 2014, 242; 26. 11. 2014 – XII ZR 120/11, NZM 2015, 251 Rn 24 = NJW-RR 2014, 615; OLG Stuttgart NZM 2009, 32; OLG Rostock NJW-RR 2010, 442; OLG Koblenz GE 2013, 1336). **Grenzen** ziehen hier allein die §§ 134 und 138 BGB. Der Vermieter muss danach insbesondere grundsätzlich die Haftung für anfängliche Mängel übernehmen, wie § 536a BGB zeigt (OLG Hamm 28. 9. 2018 – 30 U 90/17, ZMR 2020, 107, 108). Etwas anderes ist lediglich bei aleatorischen Verträgen vorstellbar. Verbreitet sind in der geschäftlichen Praxis offenbar vor allem Abreden, wonach der Mieter die Reparaturen **bis zu** einem bestimmten **Höchstbetrag** zu tragen hat oder aufgrund derer er sich an etwaigen Reparaturen bis zu einem bestimmten Betrag beteiligen muss (s OLG Köln ZMR 1968, 10). Individualvertraglich bestehen insoweit keine Schranken; selbst die besonders weitgehende Übertragung der Instandhaltung und Instandsetzung an *„Dach und Fach"* ist individualvertraglich möglich (BGH 8. 1. 2014 – XII ZR 12/11, WuM 2014, 140 Rn 13 = NZM 2014, 242; OLG Rostock NZM 2010, 42).

147 Anders zu beurteilen ist die Rechtslage bei einer **formularvertraglichen „Regelung"** des Fragenkreises. Die Einzelheiten sind umstritten, nicht zuletzt, weil der BGH – anders als auf dem weiten Feld der Schönheitsreparaturen – bislang nur selten Gelegenheit zu einer Stellungnahme hatte (so Guhling NZM 2019, 457; s dazu außerdem Staudinger/Bieder [2019] Anh §§ 305–310 Rn E 87 ff; Dose NZM 2009, 381; Emmerich PiG 35 [192] 167; Bub/Treier/Kraemer/Paschke, Hdb Rn III 3073 ff; Kraemer NZM 2016, 266; Lehmann-Richter ZMR 2012, 837, 840 ff; Schmidt-Futterer/Lehmann-Richter § 538 Rn 176–196; J Schmidt NZM 2011, 680; Strauch NZM 2011, 392; Streyl NZM 2014, 409). Auszugehen ist auch hier von dem Grundsatz des § 535 Abs 1 S 2 BGB, nach dem die Instandhaltungs- oder Instandsetzungskosten grundsätzlich vom **Vermieter** zu tragen sind, sodass Klauseln, durch die diese Kosten ganz oder partiell auf den Mieter abgewälzt werden, wegen der damit verbundenen Belastung des Mieters streng an dem **Transparenzgebot** gemessen werden müssen und insgesamt **eng auszulegen** sind (OLG Koblenz WuM 1990, 16; OLG Hamm NJW-RR 1993, 1229 f; OLG Brandenburg ZMR 2003, 909, 912 f; Guhling NZM 2019, 457, 461). Die Folge ist zB, dass die bloße Übernahme der **Instandhaltungspflicht** durch den Mieter *nicht* zugleich die Übernahme der weitergehenden **Instandsetzungspflicht** bedeutet (OLG Hamm NJW-RR 1993, 1229; OLG Düsseldorf NZM 2000, 464; KG NZM 2000, 1228, 1229; OLG Brandenburg ZMR 2003, 909, 911 f; Guhling NZM 2019, 457, 461).

148 Eine **generelle Abwälzung** der Instandhaltungs- oder der Instandsetzungspflicht durch Formularvertrag scheidet danach aus, zumal bei Gebäuden mit einer Vielzahl von Mietern und sonstigen Nutzern, weil sie den Mieter unvertretbar belastete und sich besonders weit von dem gesetzlichen Leitbild der Miete (§ 535 Abs 1 S 2 BGB) entfernte (BGH LM Nr 25 zu § 536 = NJW-RR 1987, 906; 6. 4. 2005 – XII ZR 158/01, NZM 2005, 863, 864 = ZMR 2005, 844; GE 2007, 1112; 26. 9. 2012 – XII ZR 110/12, NJW 2013, 41 = NZM 2013, 85 = WuM 2012, 662 Rn 17; 10. 9. 2014 – XII ZR 56/11, NJW 2014, 3722 Rn 21 f = NZM 2014, 830, 832; OLG Naumburg WuM 2000, 241; OLG Hamm ZMR 2002, 822; KG GE 2002, 1266; NZM 2003, 395 = NJW-RR 2003, 586; OLG Düsseldorf ZMR 2008, 45, 46; OLG Rostock NZM 2010, 42; LG Essen NZM 2016, 265; Fallak ZMR 2013, 161; Dose NZM 2009, 381; Guhling NZM 2019, 457, 461; Staudinger/Bieder [2019] Anh §§ 305–310 Rn E 87 f; Kraemer NZM 2016, 266; Streyl NZM 2014, 409, 415 f). Dies gilt insbesondere bei Übergabe unrenovierter Räumlichkeiten (OLG Düsseldorf 30. 7. 2019 – 24 U 104/18, ZMR 2019, 930) sowie generell hinsichtlich anfänglicher Mängel (OLG Hamm 28. 9. 2018 – 30 U 90/17, ZMR 2020, 107, 108). Zulässig ist die Abwälzung der Reparaturkosten. nach dem gegenwärtigen Stand der Rechtsprechung vielmehr (höchstens), soweit sie sich auf Schäden erstreckt, die dem **Mietgebrauch** oder der **Risikosphäre des Mieters** zuzurechnen sind, während es unzulässig ist, dem Mieter die Erhaltungslast von gemeinsam mit anderen Mietern genutzten Flächen und Anlagen ohne Beschränkung der Höhe nach aufzuerlegen. Vor allem die Abwälzung der Kosten von Reparaturen **bei Vertragsschluss** bereits vorhandener **Mängel** oder **von Dritten verursachter Schäden** ohne Beschränkung der Höhe scheidet damit im Wesentlichen aus (insbesondere BGH 6. 4. 2005 – XII ZR 158/01, ZMR 2005, 844 = NZM 2005, 863; GE 2007, 1112; 26. 9. 2012 – XII ZR 110/12, NJW 2013, 41 Rn 17 = NZM 2013, 85 = WuM 2012, 662; 10. 9. 2014 – XII ZR 56/11, NJW 2014, 3722 Rn 22 = NZM 2014, 830; OLG Düsseldorf ZMR 2008, 45, 46; Kraemer NZM 2016, 266; Streyl NZM 2014, 409, 415 f). Als gerade noch vertretbare **Obergrenze** der abgewälzten Kosten wird in diesem Zusammenhang vielfach ein Betrag von 10 % der Jahresmiete genannt (zB Guhling NZM 2019, 457, 461 mN).

148a Der Mieter kann durch Formularvertrag insbesondere nicht zur **Anschaffung neuer Geräte**, zB zur Anschaffung eines neuen Heizkessels verpflichtet werden (OLG Hamm NJW-RR 1993, 1229; OLG Naumburg WuM 2000, 241, 242 = NZM 2000, 1183; J Schmidt NZM 2011, 680; Staudinger/Bieder [2019] Anh §§ 305–310 Rn E 88). Dasselbe gilt für die Reparatur des **Daches** oder des Kellers. Ebenso wenig kann dem Mieter uneingeschränkt durch Formularvertrag die Erhaltungslast von **gemeinsam** mit anderen Mietern **genutzten Flächen** und Anlagen, zB in einem Einkaufszentrum, auferlegt werden. Die Instandsetzungspflicht des Mieters umfasst auch nicht die Pflicht, die durch **Brand** oder höhere Gewalt zerstörte Mietsache wiederherzustellen, wenn der Brand in keinem Zusammenhang mit dem Mietgebrauch steht (BGH LM Nr 25 zu § 536 BGB [Bl 2 R] = NJW-RR 1987, 906). Dasselbe gilt allgemein für Schäden an dem Bauwerk, die **von Dritten verschuldet** sind; sie werden gleichfalls von einer Reparaturklausel nicht erfasst (OLG Koblenz NJW-RR 1990, 20 = WuM 1990, 16).

Im **Schrifttum** wird darüber hinaus heute vielfach zu Recht gefordert, eine Abwäl- **149** zung der Instandhaltungs- und Instandsetzungspflicht auf den Mieter auch bei der Geschäftsraummiete nur noch zuzulassen, wenn sich diese Pflichten auf die Mieträume sowie auf die gemeinsam genutzten Flächen und Anlagen beziehen und wenn außerdem im zweiten Fall die Kostentragung des Mieters auf einen angemessenen Teil der Gesamtkosten beschränkt wird; hinzukommen muss noch, dass anfängliche Mängel ebenso wie Schäden, die vom Vermieter, von anderen Mietern oder von beliebigen Dritten verursacht werden oder auf höherer Gewalt beruhen, ganz ausgeklammert werden (KRAEMER NZM 2016, 266; SCHMIDT-FUTTERER/LEHMANN-RICHTER § 538 Rn 176 f; STAUDINGER/BIEDER [2019] Anh §§ 305–310 Rn E 87 f; STREYL NZM 2014, 409, 415 f). In der Tat ist kein sachlicher Grund erkennbar, hier bei der Klauselkontrolle großzügiger als bei Schönheitsreparaturen zu verfahren, woran vor allem Anfangs- und Endrenovierungsklauseln ebenso wie Quotenklauseln scheitern dürften (Rn 129; GUHLNG NZM 2019, 457, 462; SCHMIDT-FUTTERER/LEHMANN-RICHTER § 538 Rn 181 ff). Ebenso wenig besteht ein Anlass, die zur Umgehung der Klauselkontrolle von fantasievollen Anwälten ersonnen Klauseln hier großzügiger als bei den Schönheitsreparaturen zu beurteilen (Rn 111 f; insbesondere GUHLNG NZM 2019, 457, 463 mwNw). Anders soll die Rechtslage freilich bei **Immobilienleasingverträgen** zu beurteilen sein: Wegen der hier im Vordergrund stehenden Finanzierungsfunktion des Leasinggebers und der zumindest eigentümerähnlichen Position des Leasingnehmers soll es bei derartigen Verträgen zulässig sein, die Sachgefahr insgesamt und damit die Instandhaltungs- und Instandsetzungspflicht in vollem Umfang auf den Leasingnehmer zu übertragen (BGH 26. 11. 2014 – XII ZR 120/13, NZM 2015, 251, 254 Rn 38 = NJW-RR 2015, 615 ebenso auch für Sale und Lease Back-Verträge GUHLNG NZM 2019, 457, 462 f).

2. Wohnraummiete

Bei der Wohnraummiete ist es ebenso wie bei der gewerblichen Miete (Rn 146) im **150** Grundsatz unbedenklich, **individualvertraglich** die Instandhaltungs- oder Instandsetzungspflicht, zumindest in beschränktem Umfang, auf den Mieter abzuwälzen (§ 311 Abs 1 BGB; BGHZ 108, 1, 8 = NJW 1989, 2247), soweit dem nicht im Einzelfall § 138 Abs 1 BGB oder zwingende gesetzliche Regelungen entgegenstehen. Hervorzuheben sind § 536 Abs 4 BGB, nach dem die Abwälzung der Instandsetzungspflicht auf den Mieter unwirksam ist, wenn sie bei Mängeln zu einer **Einschränkung seiner Gewährleistungsrechte** führte (s BGHZ 118, 194, 197 = NJW 1992, 1759), sowie § 28 Abs 3 S 1 der II. BV, der bei **preisgebundenem Wohnraum** nur die Abwälzung der Kosten für kleine Instandhaltungen auf den Mieter zulässt (s § 9 WoBindG; BGHZ 108, 1, 6 f = NJW 1989, 2247), nicht aber der Kosten für große Instandhaltungen, die demgemäß bei preisgebundenem Wohnraum der Vermieter immer allein tragen muss. Die **kleinen Instandhaltungen** umfassen nach § 28 Abs 3 S 2 der II. BV das Beheben kleiner Schäden an den Installationsgegenständen für Elektrizität, Wasser und Gas, an den Heiz- und Kocheinrichtungen, an den Fenster- und Türverschlüssen sowie an den Verschlussvorrichtungen von Fensterläden.

Anders dagegen bei **Formularverträgen**: Die Abwälzung der Instandhaltungs- und **151** Instandsetzungspflicht des Vermieters durch Formularvertrag auf den Mieter gilt heute bei der Wohnraummiete für den Regelfall als **unwirksam** (§ 307 Abs 1 BGB; BGHZ 108, 1, 8 ff = NJW 1989, 2247; BGHZ 118, 194, 196 = NJW 1992, 1759; BGH LM Nr 4 zu § 9 [Ca] AGBG = NJW 1991, 1780; BayObLGZ 1997, 153 = NJW-RR 1997, 1371 = WuM 1997, 362; OLG

Frankfurt WuM 1997, 609, 611; AG Dortmund WuM 2003, 627 = NZM 2004, 422). Eine Ausnahme wird lediglich in engem Rahmen (Rn 152 f) für sog **Bagatellschäden** an solchen Teilen des Mietobjektes angenommen, die der Mieter häufig benutzt und die deshalb seinem ständigen Zugriff ausgesetzt sind, vorausgesetzt, dass zugleich bestimmte Obergrenzen für die Belastung des Mieters festgelegt werden (s Rn 152; D Bayer NZM 2011, 697; Staudinger/Bieder [2019] Anh §§ 305–310 Rn E 83; Lehmann-Richter ZMR 2012, 637, 641 f). Die **Abgrenzung** der Bagatellschäden von anderen Schäden richtet sich nach dem entsprechend anwendbaren § 28 Abs 3 der II. BV, sodass darunter nur die Behebung kleiner Schäden an den Installationsgegenständen für Elektrizität, Wasser und Gas, an den Heiz- und Kocheinrichtungen, den Fenster- und Türverschlüssen sowie an den Verschlussvorrichtungen von Fensterläden fällt, **nicht** dagegen an Rollläden, Markisen und Jalousien (LG Wiesbaden NJW 1985, 1562; Staudinger/Bieder [2019] Anh §§ 305–310 Rn E 84), an Teppichböden (OLG Hamm WuM 1991, 248 = ZMR 1991, 218) und an Heizungsanlagen (AG Landsberg/Lech WuM 2007, 12) oder etwa an den Silikonverfugungen im Bad (AG Berlin-Mitte GE 2017, 1227), ferner *nicht* die Behebung von Schäden an Gas-, Wasser- und Stromleitungen (BGHZ 108, 1, 9 = NJW 1989, 2247), an Rohren, Spiegeln oder Verglasungen sowie Beleuchtungskörpern (LG Hamburg WuM 1990, 416, 417; AG Zossen WuM 2015, 476) oder an erst nachträglich angeschafften Gegenständen (AG Charlottenburg GE 1990, 281) sowie überhaupt an allen Gegenständen, die wie insbesondere die Gemeinschaftsanlagen nicht oder *nicht allein dem Zugriff des Mieters ausgesetzt* sind; Beispiele sind Haustüren, Treppenhausbeleuchtung, unter Putz verlegte Leitungen oder versiegelte Messgeräte (D Bayer NZM 2011, 697, 699). Ebensowenig können die Kosten der **Wartung** der Heizung oder der regelmäßigen **Überprüfung** elektrischer Geräte auf den Mieter abgewälzt werden (LG Düsseldorf/AG Langenfeld WuM 1995, 37; AG Köln WuM 1995, 312). Dasselbe gilt schließlich für erfolglose Reparaturen, deren Kosten immer der Vermieter selbst tragen muss (AG Konstanz WuM 1998, 214).

152 Die Abwälzung der **Bagatellschäden** auf den Mieter (o Rn 151) wird außerdem nur bis zu einer **Obergrenze** von etwa 100 bis 120 € für den einzelnen Schadensfall zugelassen (LG Landau ZMR 2005, 871, 872 = WuM 2005, 720; LG Dortmund NZM 2007, 245, 246; AG Essen NZM 2008, 247; AG Brandenburg GE 2008, 483 ff; AG Braunschweig GE 2005, 677; AG Würzburg WuM 2010, 561; AG Bad Cannstatt WuM 2014, 22; AG Berlin-Schöneberg GE 2018, 463). Zusätzlich muss eine **Höchstgrenze** für das gesamte Jahr festgelegt werden, für die unterschiedliche Beträge in einer Größenordnung von 6 bis 8% einer Jahresbruttomiete oder absolut 500 € genannt werden (AG Braunschweig GE 2005, 677; AG Hannover WuM 2008, 721; AG Bad Cannstatt WuM 2014, 22; D Bayer NZM 2011, 697, 700 f). Ohne ausdrückliche Festlegung derartiger Obergrenzen ist die Abwälzung der Bagatellschäden auf den Mieter in Formularverträgen insgesamt unwirksam (BGHZ 108, 1, 9 ff = NJW 1989, 2247; BGHZ 118, 194, 197 = NJW 1992, 1759; BGH LM Nr 4 zu § 9 [Ca] AGBG = NJW 1991, 1780 = ZMR 1991, 290; OLG Hamburg NJW-RR 1991, 1167 = WuM 1991, 385, 387; OLG Frankfurt WuM 1997, 609, 611). Insgesamt dürften diese „Obergrenzen" noch viel zu hoch sein, da sie, insbesondere bei einer Häufung von Schäden, zumal bei gleichzeitiger Abwälzung der Schönheitsreparaturen, im Ergebnis zu einer Belastung des Mieters mit ein bis drei weiteren Monatsmieten führen können (so richtig Staudinger/Bieder [2019] Anh §§ 310–315 Rn E 86).

153 Generell **unzulässig** sind ferner sog **Beteiligungsklauseln**, nach denen sich der Mieter anteilig auch an großen Reparaturen oder an der Neuanschaffung von Geräten beteiligen muss (BGHZ 108, 1, 11 ff = NJW 1989, 2247; LG Potsdam GE 2008, 1054, 1055 =

ZMR 2009, 618, 619), ferner **Wartungsklauseln** sowie noch **Vornahmeklauseln**, die den Mieter dazu verpflichten, etwaige Schäden oder Mängel selbst zu beseitigen (§ 536 Abs 4 BGB; BGHZ 118, 194, 197 ff = NJW 1992, 1759; OLG Frankfurt WuW 1997, 609, 611; LG Hamburg WuM 1991, 680; LG Berlin GE 1993, 159, 161 f; AG Fürth GE 2005, 677 f).

XI. Anhang: Das Verhältnis zwischen mehreren Mietern

Mieter, die in einem Haus nebeneinander wohnen, bilden **keine Rechtsgemeinschaft** 154 (s schon o Vorbem 167 ff zu § 535; KG ZMR 1976, 202, 206; Roquette ZMR 1973, 195 f; Rathje MDR 1980, 713; M Schmid WuM 1987, 71; **aM** Siems JuS 2005, 884). Daher können die Regeln über das nachbarliche Gemeinschaftsverhältnis auf das Verhältnis zwischen mehreren Mietern desselben Hauses nicht übertragen werden (BGH 12. 12. 2003 – V ZR 180/03, BGHZ 157, 188, 190 ff = NJW 2004, 775, 776 f = NZM 2004, 193; BGH 16. 1. 2015 – V ZR 110/14, NJW 2015, 2023 Rn 9 = NZM 2015, 448, 449 = WuM 2015, 368 – Rauchen auf dem Balkon; OLG Nürnberg NJW-RR 1990, 908 = WuM 1990, 143; Dötsch NZM 2004, 177). Das gilt insbesondere für den nachbarrechtlichen **Ausgleichsanspruch** des § 906 Abs 2 S 2 BGB, der nur das Verhältnis zwischen den Nutzern verschiedener Grundstücke regelt, *nicht* jedoch auch das Verhältnis der Mieter desselben Grundstücks (BGH 12. 12. 2003 – V ZR 180/03, BGHZ 157, 188, 190 ff = NJW 2004, 775; AG Dortmund ZMR 2005, 129, 130).

Ein besonderes Problem bilden **Störungen**, die **von anderen Mietern** desselben Hau- 155 ses ausgehen. Beispiele sind eine Konkurrenz seitens anderer Mieter (dazu Rn 23 ff), Lärmbelästigungen (dazu Rn 26, Rn 54 ff), Geruchsimmissionen (dazu § 536 Rn 13a) sowie Belästigungen durch Tabakrauch (dazu § 538 Rn 3c). Soweit durch derartige Störungen seitens der Mitmieter der vertragsgemäße Gebrauch einzelner Mieter beeinträchtigt wird, greifen im Verhältnis zum **Vermieter** die allgemeinen mietrechtlichen Regelungen ein, wobei neben dem Anspruch der Mieter auf Abwehr der Störungen (§ 535 Abs 1 S 2 BGB und § 541 BGB) vor allem an die verschiedenen Gewährleistungsrechte aus den §§ 536 und 536a BGB sowie an das Kündigungsrecht der Mieter nach § 543 Abs 2 Nr 1 BGB zu denken ist (ausführlich Flatow WuM 2014, 307). Davon zu trennen ist die Frage, ob sich die betroffenen Mieter auch **selbst gegen** die störenden **Mitmieter** wehren können. Insoweit kommen gleichermaßen vertragliche wie gesetzliche Ansprüche in Betracht. Ganz im Vordergrund des Interesses stehen gesetzliche Ansprüche aufgrund der §§ 858 Abs 1, 862 Abs 1, 823 Abs 1 und 2 sowie 1004 BGB wegen **Besitzstörung**, wobei sich die Frage, ob es sich um eine **wesentliche Beeinträchtigung** handelt, durch die die genannten Abwehransprüche ausgelöst werden, nach dem entsprechend anwendbaren § 906 Abs 1 BGB und somit letztlich danach richtet, welche Störungen die Mieter nach dem Mietvertrag hinnehmen müssen und welche nicht (s § 538 Rn 3c; BGH 16. 1. 2015 – V ZR 110/14, NJW 2015, 2023 Rn 5, 8, 10, 15 ff = NZM 2015, 448 = WuM 2015, 368 – Rauchen auf dem Balkon; BayObLGZ 1987, 36, 40 = NJW 1987, 1950; KG ZMR 2004, 261, 262 = KGR 2004, 75; OLG Düsseldorf WuM 1997, 221, 222; AG München ZMR 2019, 877; Flatow WuM 2014, 307). Daneben kommen von Fall zu Fall auch vertragliche Ansprüche in Betracht, da der BGH die **Hausordnung** (als Bestandteil der Mietverträge zwischen den einzelnen Mietern und dem Vermieter) als Vertrag zu Gunsten der anderen Mieter im Sinne des § 328 BGB auslegt, sodass jeder *Mieter* gegen die Mitmieter einen unmittelbaren *Anspruch auf Einhaltung der Hausordnung* hat (s schon o Vorbem 169 f zu § 535 mwNw; BGH 12. 12. 2003 – V ZR 180/03, BGHZ 157, 188, 194 f = NJW 2004, 775). Praktische Bedeutung haben diese eher konstruiert anmutenden Ansprüche bisher offenbar nicht erlangt.

Vorbem zu § 536

156 Schadensersatzansprüche der Mieter bei Beeinträchtigung ihrer Räumlichkeiten durch Einwirkungen, die von den Räumlichkeiten anderer Mieter ausgehen, insbesondere also bei von anderen Mietern zu vertretenden *Wasserschäden,* können sich nur aus **Deliktsrecht** ergeben (§ 823 Abs 1 BGB; BGH 12. 12. 2003 – V ZR 180/03, BGHZ 157, 188, 194 f = NJW 2004, 775; BGH LM Nr 6a zu § 536 BGB = NJW 1964, 33; OLG Köln WuM 1995, 316 = NJW-RR 1995, 1480; OLG Frankfurt 7. 9. 2018 – 10 U 8/18, NZM 2018, 901; AG Dortmund ZMR 2005, 129 f). Voraussetzung ist, dass ein Mitmieter seine Verkehrs- oder Obhutspflicht verletzt und dadurch den Schaden schuldhaft verursacht hat (BGH 12. 12. 2003 – V ZR 180/03, BGHZ 157, 188, 194 f = NJW 2004, 775; BGH LM Nr 6a zu § 536 BGB = NJW 1964, 33; LM Nr 41 zu § 535 BGB = NJW 1969, 41; LM Nr 49 zu § 535 BGB = NJW 1972, 34; ZMR 1986, 116 = NJW-RR 1986, 438; OLG Hamburg WuM 1985, 252; OLG München ZMR 1989, 17) sowie dass der Schaden an Sachen im Eigentum des Mieters entstanden ist, woran es bei Wasserschäden an der Tapete fehlen kann wenn die Tapeten gemäß § 94 Abs 2 BGB im Eigentum des Vermieters stehen (OLG Frankfurt 7. 9. 2018 – 10 U 8/18, NZM 2018, 901).

157 Die Mieter können *nicht* als **Erfüllungsgehilfen** des Vermieters bei der Erfüllung dessen Pflichten gegenüber den anderen Mietern angesehen werden (RGZ 103, 372, 374; BGH WM 1969, 1011, 1012; OLG Köln ZMR 2004, 819 f = NZM 2005, 179). Eine Ausnahme gilt nur, wenn einzelne Mieter zusätzlich die Erfüllung bestimmter Verpflichtungen des Vermieters, zB zur Reinigung der Zugänge, zum Streuen bei Glatteis und zum Räumen von Schnee, übernommen haben (BGH ZMR 1965, 207, 208 f; OLG Köln ZMR 2004, 819 f = NZM 2005, 179).

Vorbemerkungen zu § 536

Schrifttum

AHRENS, Mietrechtliche Garantiehaftung, ZGS 2003, 134

BEUTHIEN, Zweckerreichung und Zweckstörung im Schuldverhältnis (1969)

BLANK, Raumüberlassung und Gebrauchsgewährung, in: Vermieterleistungen, PiG 67 (2003) 21

EMMERICH, Das Recht der Leistungsstörungen (6. Aufl 2005)

ders, Neues Mietrecht und Schuldrechtsmodernisierung, NZM 2002, 362 = in: Mietrecht im Umbruch, PiG 65 (2002) 1

ders, Unmöglichkeit, Leistungserschwerung und Opfergrenze, NZM 2010, 497

EUSANI, Zweckstörungen bei gewerblichen Mietverhältnissen in Einkaufszentren, ZMR 2003, 473

FLATOW, Die Übergabe der Mietsache, PiG 83 (2008) 87

FRANKE, Positive Vertragsverletzung des Mieters, DWW 1999, 78

GILLIG, Nichtfüllung und Sachmängelgewährleistung (1984)

GRUBER, Mietrecht und Schuldrechtsreform, WuM 2002, 252

GÜNTER, Der Einfluss öffentlich-rechtlicher Verpflichtungen auf mietvertragliche Vereinbarungen, NZM 2016, 569

HAU, Reformiertes Mietrecht und modernisiertes Schuldrecht, JuS 2003, 130

ders/KLICK, Die mietvertraglichen Pflichten bis zur Übergabe der Mietsache, PiG 83 (2008) 67

HERRESTHAL, Der zeitliche Anwendungsbereich der mietrechtlichen Mängelhaftung, in: ARTZ/

BÖRSTINGHAUS, 10 Jahre Mietrechtsreformgesetz (2011) 157
CHR HIRSCH, Kündigung aus wichtigem Grund und Geschäftsgrundlage (2005)
ders, Die Geschäftsgrundlage im Mietrecht, ZMR 2007, 1
ders, Kündigung aus wichtigem Grund und Geschäftsgrundlagenstörung, NZM 2007, 110
HORST, Mietrechtliche Schnittstellen der Schuldrechtsreform, DWW 2002, 6
JOUSSEN, Der anfängliche Mangel im Mietrecht, ZMR 2004, 553
KANDELHARD, Leistungsstörungen im Mietrecht, WuM 2003, 1 = DWW 2003, 11
KATZENSTEIN/I HÜFTLE, „Zwangskauf" im Mietrecht?, NZM 2004, 601
KLUTH/FREIGANG, Wirtschaftliches Risiko und Äquivalenzstörung, NZM 2006, 41
KOLLER, Die Risikozurechnung bei Vertragsstörungen in Austauschverträgen (1979)
KRAEMER, Die verspätete Vermieterleistung, in: Mietparteien und ihr Wechsel, PiG 70 (2005) 249 = NZM 2004, 721
KÖHLER, Unmöglichkeit und Geschäftsgrundlage bei Zweckstörungen im Schuldverhältnis (1971)
LEHMANN-RICHTER, Der Mängelbeseitigungsanspruch des Mieters, NJW 2008, 1196
ders, Änderungen der mietvertraglichen Geschäftsgrundlage aufgrund von Wohnungseigentümerbeschlüssen, ZWE 2009, 345 = PiG 85 (2009) 209
ders, Schadensersatz wegen „Herausmodernisierens", WuM 2020, 258
LOBINGER, Die Grenzen rechtsgeschäftlicher Leistungspflichten (2004)
LOOSCHELDERS, Mietrechtliche Gewährleistung und allgemeines Leistungsstörungsrecht, in: ARTZ/BÖRSTINGHAUS, 10 Jahre Mietrechtsreformgesetz (2011) 141

OECHSLER, Schadensersatzansprüche im Mietverhältnis nach §§ 280, 281, 311a BGB, NZM 2004, 881
OETKER, Dauerschuldverhältnisse (1994)
R SCHAUB, Der zeitliche Anwendungsbereich der mietrechtlichen Mängelhaftung, in: ARTZ/BÖRSTINGHAUS, 10 Jahre Mietrechtsreformgesetz (2011) 168
M SCHWAB, Neues Schuldrecht: Ende des Mieterschutzes?, NZM 2003, 50
SIEGMUND, Der Kündigungsfolgeschaden des Mieters, WuM 2017, 613
STERNEL, Der Einfluss der Mietrechtsreform auf Minderung und Zurückhaltung der Miete durch den Mieter, in: Gedschr Sonnenschein (2003) 293
ders, Minderung und Zurückbehaltung der Miete, WuM 2002, 244
ders, Schadensersatz bei unwirksamer Kündigung?, NZM 2011, 688
STÖTTER, Die mangelhafte Geschäftsgrundlage im Mietrecht, NJW 1971, 2281
SUTSCHET, Garantiehaftung und Verschuldenshaftung im gegenseitigen Vertrag (2006)
M TIMME, Anfängliche Mängel, NZM 2003, 703
TODT, Die Schadensersatzansprüche des Käufers, Mieters und Werkbestellers aus Sachmängeln (1970)
ders, Die Schadensersatzansprüche des Käufers, Mieters und Werkbestellers bei Lieferung eines mangelhaften Vertragsobjektes, BB 1971, 680
TRÖSTER, Spannungsverhältnis zwischen mietrechtlicher Gewährleistung und allgemeinem Leistungsstörungsrecht, NZM 1998, 697
WEIMAR, Die Sachmängelhaltung im Mietrecht (1957)
WELLER, Die Vertragstreue (2009)
vWESTPHALEN, Neues Mietrecht und Schuldrechtsreform, NZM 2002, 368.

Systematische Übersicht

I.	Einleitung	1
II.	Anfängliche Unmöglichkeit	3
III.	Nachträgliche Unmöglichkeit	
1.	Begriff, Opfergrenze	5
2.	Rechtsfolgen	9
IV.	Verzögerung der Vermieterleistung	12
V.	Pflichtverletzung	
1.	Vermieter	13
2.	Mieter	16

Vorbem zu § 536

VI. Wegfall der Geschäftsgrundlage
1. Überblick — 17
2. Zweckstörung, Verwendungsrisiko des Mieters — 21
3. Äquivalenzstörungen — 29

VII. Corona-Krise — 32
1. Überblick — 32
2. Mangel, Unmöglichkeit — 38
3. Wegfall der Geschäftsgrundlage — 42

Alphabetische Übersicht

Abgrenzung — 6 ff
Anfängliche Unmöglichkeit — 3
Anfängliches Unvermögen — 4
Äquivalenzstörungen — 29 f

Beschädigung der Sache — 6 f

Corona-Krise — 32
– Mangel — 38
– Unmöglichkeit — 40
– Wegfall der Geschäftsgrundlage — 42

Einkaufszentren — 24 f

Fixgeschäft — 12

Geschäftsgrundlage — 17 ff

Mängel — 3 ff
– anfängliche Mängel — 3 f
– Rechtsmängel — 5
– Verhältnis zur Unmöglichkeit — 4

Opfergrenze — 6 ff

Pflichtverletzung — 13 ff
– Anwendungsbereich — 13
– Beispiele — 15 f
– Beweislast — 16
– Vorspiegelung des Eigenbedarfs — 15

Rechtsmängel — 3

Schuldrechtsreform — 2

Treuepflichten, nachwirkende — 29

Unmöglichkeit — 3 ff
– Abgrenzung — 6 ff
– anfängliche — 3 f
– Beschädigung der Sache — 6 f
– Fixgeschäft — 12
– nachträgliche — 5 ff
– vom Mieter zu vertretende — 9
– vom Vermieter zu vertretende — 10
Unvermögen — 4

Verwendungsrisiko — 21, 25 f
Verzug — 12

Wegfall der Geschäftsgrundlage — 7, 17 ff
– Anpassung — 17, 19
– Äquivalenzstörungen — 27 f
– Fallgruppen — 20 ff
– Kündigung — 19
– Rechtsfolgen — 19
– Risikoverteilung — 18 f
– Verwendungsrisiko — 21, 25 f
– Zweckvereitelung — 21 ff

Zerstörung der Mietsache — 5
Zweckvereitelung — 21

I. Einleitung

1 In den §§ 536 ff BGB regelt das Gesetz einzelne Aspekte der Nichterfüllung der Vermieterpflichten, die sich aus § 535 Abs 1 BGB ergeben. Da in den Fällen der Nichterfüllung von Leistungspflichten des Vermieters jedoch immer zugleich die allgemeinen Vorschriften über Leistungsstörungen eingreifen (§§ 275, 280 ff BGB), stellt sich hier als erstes die Frage nach dem Verhältnis der §§ 536 ff BGB zu den allgemeinen Vorschriften über Leistungsstörungen.

Diese Frage ist schon unter dem alten Leistungsstörungsrecht des BGB kontrovers 2 diskutiert worden (s EMMERICH, in: Vertragsverletzung im Wohnraummietverhältnis, PiG 46 [1995] 119; TRÖSTER NZM 1998, 697). Gleichwohl ist der Fragenkreis bei der Reform des Rechts der Leistungsstörungen durch das **Schuldrechtsmodernisierungsgesetz** (SMG) von 2001 nur am Rande angesprochen worden (s die Stellungnahme der Bundesregierung BT-Drucks 14/6857, 66 f), sodass im Ergebnis das herkömmliche Gewährleistungsrecht der Miete (§§ 536 ff BGB) weiterhin nahezu *unverbunden* neben dem neuen Leistungsstörungsrecht des BGB aufgrund des SMG von 2001 steht. Die unvermeidliche Folge sind **Wertungswidersprüche**, die sich nur von Fall zu Fall durch eine sorgfältige Abstimmung der beiden Regelungen überbrücken lassen (s zB EMMERICH, in: Mietrecht im Umbruch, PiG 65 [2002] 1 = NZM 2002, 362; ders, in: FS Blank [2006] 145, 147 f; FLATOW PiG 83 [2008] 87; HAU JuS 2003, 130; HORST DWW 2002, 6; KRAEMER, in: Mietparteien und ihr Wechsel, PiG 70 [2005] 249 = NZM 2004, 721; LOOSCHELDERS, in: 10 Jahre Mietrechtsreformgesetz 141; OECHSLER NZM 2004, 881; TIMME NZM 2003, 703).

II. Anfängliche Unmöglichkeit

Für den Fall der anfänglichen **objektiven** Unmöglichkeit ging das BGB früher als 3 Regel von der Unwirksamkeit des Vertrages aus (§ 306 aF). Ausnahmen fanden sich jedoch schon immer für *anfängliche* Sach- und Rechtsmängel (einer existierenden Sache) in den §§ 538 und 541 aF, denen durchweg zum Schutze des Mieters der Vorrang vor § 306 aF zugebilligt wurde, sodass der Vertrag auch bei anfänglichen Sach- oder Rechtsmängeln ohne Rücksicht auf deren Behebbarkeit wirksam war und außerdem die Garantiehaftung des Vermieters nach § 538 aF (= § 536a Abs 1 nF BGB) auslöste (BGHZ 93, 142, 144 f = NJW 1985, 1025; BGHZ 99, 54, 57 f = NJW 1987, 948; s EMMERICH PiG 46 [1995] 119, 123 f).

Im Zuge der Schuldrechtsreform von 2001 ist in der geschilderten Rechtslage (o 4 Rn 3) durch die ersatzlose Streichung des früheren § 306 BGB ein grundlegender Wandel eingetreten (s EMMERICH NZM 2002, 362 = in: Mietrecht im Umbruch, PiG 65 [2002] 1). Maßgebend sind jetzt die §§ 275 und 311a BGB. Nach § 311a Abs 1 BGB ist der Vertrag auch in den Fällen der anfänglichen objektiven oder subjektiven Unmöglichkeit iS des § 275 BGB **wirksam**. Das **Konkurrenzproblem** zwischen dem allgemeinen Leistungsstörungsrecht und den Gewährleistungsvorschriften des Mietrechts ist damit aber nicht beseitigt, sondern lediglich auf eine andere Ebene verschoben worden (s OECHSLER NZM 2004, 881, 882 ff). Denn beide Regelungskomplexe, das allgemeine Leistungsstörungsrecht und die besonderen Gewährleistungsregeln der Miete, *unterscheiden* sich nach wie vor hinsichtlich der **Haftungsvoraussetzungen**: Während § 311a Abs 2 S 1 BGB jetzt für alle Fälle des anfänglichen Unvermögens und der anfänglichen Unmöglichkeit – abweichend von der früheren Rechtslage – zur **Verschuldenshaftung** übergegangen ist, bleibt es im Mietrecht aufgrund des § 536a Abs 1 BGB (nur) bei anfänglichen Rechts- und Sachmängeln bei der herkömmlichen **Garantiehaftung** des Vermieters im Anschluss an die früheren §§ 538 und 541 BGB (s im Einzelnen u § 536a Rn 2 ff). Gerechtfertigt werden diese Unterschiede in den Haftungsvoraussetzungen mit den Besonderheiten der Miete, sprich mit der Notwendigkeit eines umfassenden Mieterschutzes (s die Stellungnahme der Bundes-

Vorbem zu § 536

regierung BT-Drucks 14/6857, 66). Zusätzliche Schwierigkeiten ergeben sich hier daraus, dass nach überwiegender Meinung die Gewährleistungsregeln der §§ 536 BGB ff und damit auch die Garantiehaftung des Vermieters **für anfängliche Sachmängel** nach § 536a Abs 1 Fall 1 BGB iVm § 536 Abs 1 BGB erst von dem **Gefahrübergang** an eingreifen, dh grundsätzlich die Überlassung und damit im Regelfall die Übergabe der Sache an den Mieter voraussetzen (s § 536a Rn 2), während die Haftung für anfängliche **Rechtsmängel** mit Rücksicht auf § 536 Abs 3 BGB sofort mit *Vertragsabschluss* und damit gegebenenfalls auch schon vor Überlassung der Mietsache an den Mieter einsetzt (s § 536a Rn 45, 48 und 49).

4a Verbreitet wird in dieser Gesetzeslage ein kaum zu rechtfertigender **Wertungswiderspruch** insbesondere zwischen § 311a und § 536a gesehen, für dessen Auflösung unterschiedliche Vorschläge diskutiert werden. Man wird zu unterscheiden haben: In Fällen der anfänglichen (objektiven oder subjektiven) Unmöglichkeit der Übergabe der Mietsache an den Mieter kommt es zunächst auf den Grund der Unmöglichkeit an. Handelt es sich um einen **anfänglichen Rechtsmangel** (Paradigma: Unvermögen des Vermieters infolge der mehrfachen Vermietung derselben Sache), so ergibt sich die Lösung bereits unmittelbar aus § 536a Abs 1 iVm § 536 Abs 3 BGB, sodass den Vermieter eine Garantiehaftung gegenüber denjenigen Mietern trifft, denen er die bereits anderweitig vermietete und übergebene Sache nicht (nochmals) übergeben kann (s § 536 Rn 47 f). Kritisch ist dagegen zunächst der Fall der Unmöglichkeit der Übergabe der Mietsache aus **tatsächlichen** Gründen, zB wegen der Zerstörung der Sache bereits vor Vertragsabschluss. In diesem Fall ist der Vertrag jedenfalls – anders als früher (§ 306 aF) – *wirksam* (§ 311a Abs 1 BGB). Nach § 311a Abs 2 BGB ist der Vermieter dem Mieter jedoch nur zum Schadensersatz verpflichtet, wenn er die Unmöglichkeit der Übergabe bei Vertragsabschluss kannte oder kennen musste, dh aus Fahrlässigkeit verkannt hat (§ 311a Abs 2 S 2, 276 Abs 2 BGB, u § 536a Rn 2). Hält man dieses Ergebnis für unvereinbar mit der vom Gesetz ausdrücklich angeordneten Garantiehaftung des Vermieters für anfängliche *Rechts*mängel (§§ 536 Abs 3, 536a Abs 1 BGB), so kommt als Ausweg hier vor allem die Annahme der (konkludenten) **Vereinbarung einer Garantiehaftung** des Vermieters in Betracht (§ 276 Abs 1 S 1 BGB; ebenso im Ergebnis Flatow PiG 83 [2008] 87; Blank/Börstinghaus § 536a Rn 4; Schmidt-Futterer/Eisenschmid § 536a Rn 26; anders zB Herresthal, 10 Jahre Mietrechtsreformgesetz 157, 166).

4b Wieder andere Fragen wirft die Haftung des Vermieters für **anfängliche Sachmängel** bereits in der Zeit **vor Übergabe** der Mietsache auf. Lehnt man hier mit einer verbreiteten Meinung (BGH 18. 6. 1997 – XII ZR 192/95, BGHZ 136, 102 = NJW 1997, 2813 [dazu Emmerich JuS 1998, 80]; Günter, in: Guhling/Günter § 536a Rn 3; Palandt/Weidenkaff § 536a Rn 3) – mangels Übergabe der Mietsache – die Anwendung der §§ 536a Abs 1 und 536 Abs 1 BGB ab, so kommt auf den ersten Blick allein die Anwendung des § 311a Abs 2 BGB in Betracht – mit der Folge einer bloßen Verschuldenshaftung des Vermieters, die freilich mit Übergabe der Sache in eine Garantiehaftung nach § 536 Abs 1 umschlagen würde (so zB Günter NZM 2016, 569, 574 [li Sp]; Günter, in: Guhling/Günter § 536a Rn 3). Das macht jedoch offenkundig wenig Sinn, sodass man auch auf diesen Fall die §§ 536a Abs 1 und 536 Abs 1 BGB anwenden sollte. Der Wortlaut des Gesetzes steht, genau besehen, nicht entgegen. Und aus der Sache heraus ist das Ergebnis (**Garantiehaftung** des Vermieters auch für anfängliche Sachmängel bereits vor Übergabe der Sache) unabweisbar, um einen Wertungswiderspruch zu vermeiden (s unten § 536 Rn 11, § 536a Rn 2, ebenso FLATOW PiG 83, 87, 97 f; LOOSCHELDERS, in: 10 Jahre Mietrechtsreformgesetz 141, 149 ff; SCHAUB, in: 10 Jahre Mietrechtsreformgesetz 68, 172; zT abweichend HERRESTHAL, in: 10 Jahre Mietrechtsreformgesetz 157, 163 ff).

III. Nachträgliche Unmöglichkeit

1. Begriff, Opfergrenze

Die §§ 536 ff BGB enthalten nur insoweit eine Sonderregelung der Leistungsstörungsproblematik, als es um die Folgen von Sach- und Rechts*mängeln* geht. Bei einer (vollständigen oder partiellen [„teilweisen"]) **Zerstörung** der Mietsache liegt indessen kein bloßer Mangel, sondern (Voll- oder Teil-) **Unmöglichkeit** der Erfüllung vor, deren Rechtsfolgen sich ausschließlich nach den allgemeinen Vorschriften und damit insbesondere nach den §§ 275, 280, 283, 311a, 323 und 326 BGB richten, wobei vor allem danach unterschieden wird, wann die Unmöglichkeit eingetreten ist (vor oder nach Abschluss des Vertrages) und von wem sie zu vertreten ist. Liegt die Unmöglichkeit bereits *vor* Vertragsabschluss vor, so handelt es sich um den eigenartigen Fall der anfänglichen Unmöglichkeit (s Rn 4 f). Tritt die Unmöglichkeit **nach Vertragsabschluss** ein, brennt zB das vermietete Gebäude ab, so ergeben sich die Rechtsfolgen in erster Linie aus den §§ 275, 283, 323 und 326 BGB: Der Vermieter wird folglich *frei* (§ 275 BGB), sodass der Mieter ebenfalls *keine* Miete mehr schuldet (§ 326 Abs 1 BGB). Die weiteren Rechtsfolgen richten sich dann allein danach, ob eine Partei und gegebenenfalls welche die Unmöglichkeit **zu vertreten** hat (§§ 280 Abs 1, 283 und 326 Abs 2 BGB), während es keine Rolle spielt, ob dem Mieter die Sache bereits überlassen war oder nicht (so bereits Mot II 421; RGZ 146, 60, 64 ff; 157, 363, 367; BGHZ 38, 295, 301 f = NJW 1963, 341; BGHZ 116, 334, 336 = NJW 1992, 1036; BGH 26. 9. 1990 – VIII ZR 205/89, LM Nr 44 zu § 537 BGB = NJW-RR 1991, 204): Hat **keine** der beiden Parteien die Unmöglichkeit zu vertreten, so erlischt das Mietverhältnis, ohne dass es dafür einer besonderen Kündigung bedürfte (LG Karlsruhe NZM 2005, 221 mwNw; LG Dresden NZM 2008, 165). Wenn dagegen der **Vermieter** die Unmöglichkeit zu vertreten hat, ist er schadensersatzpflichtig (§§ 280, 283 BGB; u Rn 9 ff), während der **Mieter** die Miete fortzahlen muss, wenn er es ausnahmsweise ist, der die Unmöglichkeit zu vertreten hat (§ 326 Abs 2 BGB).

5

Von den Fällen der (vollständigen oder partiellen) Zerstörung der Mietsache (mit der Folge der Unmöglichkeit der Vermieterleistung, s Rn 5) muss der Fall der **Beschädigung** der Mietsache unterschieden werden, da bei einer bloßen Beschädigung der Mietsache – anders als bei deren Zerstörung – der Mietvertrag unverändert bestehen bleibt, sodass dann die **Instandsetzungspflicht** des Vermieters aufgrund des § 535 Abs 1 S 2 BGB eingreift (s schon § 535 Rn 20 ff, 30). Der **Abgrenzung** zwischen der (vollständigen oder partiellen) Zerstörung der Mietsache und ihrer bloßen Beschädigung kommt daher wegen der unterschiedlichen Rechtsfolgen erhebliche Bedeutung im Mietrecht zu, da nur im Falle der Beschädigung der Sache, nicht dagegen bei ihrer Zerstörung die Instandsetzungspflicht des Vermieters eingreift (s Rn 6 ff).

5a

Bis zur Schuldrechtsreform von 2001 wurde eine Grenzziehung zwischen der Zerstörung der Mietsache und ihrer bloßen Beschädigung idR anhand des **§ 242 BGB** versucht. Die Verpflichtung des Vermieters zur Wiederherstellung der beschädigten Sache entfiel danach infolge der Gleichstellung der Beschädigung der Sache mit

6

ihrer Zerstörung nur, wenn der für die Wiederherstellung der Sache erforderliche Aufwand jenseits der **Opfergrenze** lag, dh dem Vermieter nicht mehr zuzumuten war, oder wenn die Beschädigung der Sache wirtschaftlich ihrer vollständigen Zerstörung gleichkam (s BGH 26. 2. 1957 – VIII ZR 41/56, LM Nr 4 zu § 536 = NJW 1957, 826; 13. 10. 1959 – VIII ZR 139/59, LM Nr 4a zu § 536 = NJW 1959, 2300; 19. 4. 1976 – VIII ZR 191/74, LM Nr 15 zu § 536 = NJW 1976, 506; 26. 9. 1990 – VIII ZR 205/89, LM Nr 44 zu § 537 = NJW-RR 1991, 204 = WuM 1990, 546; 20. 7. 2005 – VIII ZR 342/02, NJW 2005, 3284 = NZM 2005, 820, 821 l. Sp oder unter Hinweis auf die frühere Praxis = WuM 2005, 713). Eine Überschreitung der Opfergrenze wurde insbesondere angenommen, wenn zwischen dem Reparaturaufwand und dem Nutzen für den Mieter sowie dem Wert des Objekts und dessen Erträgen ein **krasses Missverhältnis** bestand (BGH 20. 7. 2005 – VIII ZR 342/02, NJW 2005, 3284 = NZM 2005, 820 = WuW 2005, 713; OLG Hamburg OLGR 2001, 367 = WuM 2001, 542 = NZM 2002, 343; zahlreiche Beispiele bei Sternel, Mietrecht aktuell, Rn VII 98 [S 918]). Als bloße Beschädigung wurde zB der Abriss eines Balkons eingestuft (LG Berlin WuM 1991, 538, 539), während von Fall zu Fall der Umstand, dass nur einzelne von mehreren vermieteten Gebäuden abbrennen, durchaus zur Annahme von Teilunmöglichkeit führen konnte, sodass dann insoweit die Wiederaufbaupflicht des Vermieters entfiel (BGHZ 116, 334, 336 f = NJW 1992, 1036). Baute der Vermieter gleichwohl (ohne Verpflichtung dazu) die zerstörte Sache wieder auf, so war er außerdem nicht verpflichtet, dem Mieter erneut den Abschluss eines Mietvertrages anzubieten (OLG Hamm WuM 1981, 259 f). Insgesamt waren die Gerichte jedoch bei der Annahme einer Überschreitung der Opfergrenze und damit der Befreiung des Vermieters (§ 242 BGB) ausgesprochen *zurückhaltend* (Sternel, Mietrecht aktuell, Rn VII 97).

7 Der Gedanke der Begrenzung der Leistungspflicht des Schuldners durch die Fixierung einer **Opfergrenze**, jenseits derer der Schuldner nach Treu und Glauben frei wird, spiegelt sich heute in erster Linie in **§ 275 Abs 2** wider, nach dem der Schuldner, dh der Vermieter, die Leistung, hier die Wiederherstellung der beschädigten Mietsache, verweigern kann, soweit die Wiederherstellung einen Aufwand erfordert, der unter Beachtung des Inhalts des Schuldverhältnisses und der Gebote von Treu und Glauben in einem **groben Missverhältnis** (nur) zu dem Leistungsinteresse des Gläubigers (dh des Mieters) steht, wobei auch zu berücksichtigen ist, ob der Vermieter das Leistungshindernis zu vertreten hat (s schon o § 535 Rn 30; BGH 20. 7. 2005 – VIII ZR 342/02, NJW 2005, 3284 = NZM 2005, 820 = WuM 2005, 713; 21. 4. 2010 – VIII ZR 131/09, WuM 2010, 348 Rn 22 ff = NZM 2010, 507 = NJW 2010, 2050; 22. 1. 2014 – VIII ZR 135/13, NJW 2014, 1881 Rn 2 = NZM 2014, 432 = WuM 2014, 277; OLG Naumburg NZM 2011, 35, 36; OLG Celle ZMR 2014, 228; LG Dresden NZM 2008, 165; LG Berlin WuM 2019, 621, 622 = GE 2019, 1242; AG Hamburg WuM 2006, 609, 611; AG Hamburg-Blankenese ZMR 2012, 631, 632; Emmerich, Das Recht der Leistungsstörungen § 3 Rn 66–68 [S 42 f]; ders NZM 2010, 497; Hirsch ZMR 2007, 1, 3 f, 9; Lehmann-Richter NJW 2008, 1196 f; Lobinger, Die Grenzen rechtsgeschäftlicher Leistungspflichten 101, 264 ff; Oechsler NZM 2004, 881, 887; Sternel, Mietrecht aktuell, Rn VII 94 ff). Die abweichende Auffassung, wonach in den hier interessierenden Fällen der so genannten **wirtschaftlichen Unmöglichkeit** dem § 313 BGB der Vorrang vor § 275 Abs 2 BGB gebühre (s die Begr z RegE BT-Drucks 14/6040, 129 f, 174 ff; OLG Dresden ZMR 2013, 429; Schmidt-Futterer/Eisenschmid § 536 Rn 550: im Ergebnis aber wie hier), hat sich nicht durchzusetzen vermocht.

8 Für die **Abgrenzung** zwischen der bloßen Beschädigung der Mietsache und ihrer partiellen Zerstörung mit der Folge der Unmöglichkeit der Erfüllung kommt es somit – entsprechend dem Wortlaut des § 275 Abs 2 BGB – darauf an, wo jeweils unter Berücksichtigung der Abreden der Parteien und der sich daraus in erster Linie ergebenden Risikoverteilung zwischen ihnen nach Treu und Glauben die **Opfergrenze** für den Vermieter verläuft, sodass ihm nach den Umständen des Falles die Wiederherstellung der weitgehend, aber eben nicht vollständig zerstörten Mietsache nicht mehr zuzumuten ist (s im Einzelnen BLANK, in: Vermieterleistungen, PiG 67 [2003] 21, 34 ff; EMMERICH, Das Recht der Leistungsstörungen § 3 Rn 55 ff [S 38 ff]). Ebenso wie unter dem früheren Rechtszustand (o Rn 6) ist folglich grundsätzlich das **Verhältnis** zwischen dem **Nutzen** für den Mieter und dem **Reparaturaufwand** maßgebend. Besteht zwischen beiden Größen ein **krasses Missverhältnis**, sodass der Reparaturaufwand den Wert des Nutzens für den Mieter um ein Vielfaches übersteigt (sogenannter **Extremfall**), so ist grundsätzlich von der Anwendung des § 275 Abs 2 BGB zu Gunsten des Vermieters auszugehen, sofern nicht besondere Umstände wie ein Verschulden oder illoyales Verhalten des Vermieters eine andere Beurteilung rechtfertigen (BGH 21. 4. 2010 – VIII ZR 131/09, NJW 2010, 2050 = WuM 2010, 348, 350 f Rn 22 ff = NZM 2010, 507; 22. 1. 2014 – VIII ZR 135/13, NJW 2014, 1881 Rn 2 = NZM 2014, 432 = WuM 2014, 277; OLG Celle ZMR 2015, 228, LG Dresden NZM 2008, 165; LG Berlin GE 2013, 1203 f; GE 2019, 1242 = WuM 2019, 621; EMMERICH NZM 2010, 497, 499).

Maßgebend sind die Umstände des Einzelfalls. Im Regelfall wird zwar für die Anwendung des § 275 Abs 2 BGB in der Tat kein Raum sein, wenn der Vermieter den Mangel letztlich selbst zu vertreten hat, zB durch einen vertragswidrigen Umbau der Räume ohne Zustimmung des Mieters oder durch eine unsachgemäße Modernisierung des Gebäudes (OLG Naumburg NZM 2011, 35, 36; OLG Celle ZMR 2015, 228, 230; LG Berlin GE 2019, 1242 = WuM 2019, 621); zwingend ist dieser Schluss indessen nicht, sodass es in besonders gelagerten Ausnahmefällen auch anders zu beurteilen sein kann, so zB, wenn der Vermieter, um eine zu enge Grenzbebauung zu korrigieren und den vorgeschriebenen Mindestabstand herzustellen, ein mehrstöckiges Gebäude abreißen müsste (BGH 22. 1. 2014 – VIII ZR 135/13, NJW 2014, 1881 Rn 5 ff = NZM 2014, 432 = WuM 2014, 277). Für eine Anwendung des § 275 Abs 2 ist dagegen zB in der Tat kein Raum, wenn der Vermieter, um einen von ihm zu vertretenden Mangel zu beseitigen, „lediglich" einen störenden Balkon beseitigen muss (AG Charlottenburg ZMR 2015, 368), wenn er erhebliche zusätzliche Aufwendungen tätigen müsste, um das bereits vermietete Grundstück endlich zu erwerben (OLG Celle ZMR 2014, 228, 230), wenn der Aufwand zur Beseitigung eines Mangels in der Gegend von lediglich rund 10 000 € liegt (AG Hamburg WuM 2006, 609, 611), wenn er von ihm unberechtigt vorgenommene einseitige Umbauten mit einem Aufwand von rund 30 000 € beseitigen muss (LG Berlin GE 2019, 1242 = WuM 2019, 621) oder wenn der Vermieter vertraglich eine bestimmte Beschaffenheit, zB einen bestimmten Trittschallschutz zugesagt hat, selbst wenn der Aufwand zur Herstellung des vertragsgemäßen Zustandes dann sehr hoch sein sollte (AG Hamburg-Blankenese ZMR 2012, 631, 632) sowie schließlich noch, wenn der Vermieter besonders aufwendige Maßnahmen ergreifen muss, um die Verseuchung des Wassers mit Legionellen zu beseitigen (LG Stuttgart ZMR 2015, 720) oder um das Grundstück gegen das Eindringen von Wildschweinen zu sichern (LG Berlin NZM 2016, 262 = WuM 2016, 168).

8a

2. Rechtsfolgen

Wenn **keine** der Parteien die Unmöglichkeit der Vermieterleistung **zu vertreten** hat, werden beide nach den §§ 275 Abs 1 und 326 Abs 1 BGB frei, sodass der Mietver-

9

trag erlischt (o Rn 5). Hat dagegen der **Mieter** die Unmöglichkeit allein oder weit überwiegend zu vertreten, so gilt § 326 Abs 2 BGB. Der Vermieter wird ebenfalls frei (§ 275 BGB), behält aber den Anspruch auf die Gegenleistung (BGHZ 66, 349, 350 = NJW 1976, 1315; BGHZ 116, 334, 338 = NJW 1992, 1036; BGH LM Nr 15 zu § 536 = NJW 1976, 1506; LM Nr 22 zu § 275 = NJW-RR 1991, 267 = WuM 1991, 25, 26; LG Frankfurt ZMR 2006, 776 ff). In der schwierigen Frage Frage, was der Mieter (als „Gläubiger") tatsächlich im Sinne des § 326 Abs 2 S 1 zu vertreten hat, wird meistens darauf abgestellt, aus **welcher Sphäre** die Ursache der Unmöglichkeit stammt. So verfährt die Rechtsprechung vor allem im Rahmen des § 536, wenn es um die Frage geht, ob die Minderung ausgeschlossen ist, weil der Mieter letztlich den Mangel zu vertreten hat (s unten § 536 Rn 110). Indessen ist die Abgrenzung der Risikosphären der Parteien nicht ohne Willkür möglich (EMMERICH, Leistungsstörungen § 11 Rn 6), sodass richtiger Meinung nach in erster Linie auf die **vertragliche Risikoverteilung** und damit auf die Verletzung von *Mitwirkungspflichten* und sonstigen *Obliegenheiten,* hier des Mieters, etwa nach den §§ 241 Abs 2, 242 und 555a ff abzustellen ist (ausführlich STAUDINGER/SCHWARZE [2020] § 326 Rn C 7 ff; EMMERICH, Leistungsstörungen § 11 Rn 7 ff; ebenso BGH 13. 5. 2015 – XII ZR 300/41, BGHZ 205, 300, 304 f Rn 17 f = NJW 2015, 2419 = NZM 2015, 538). § 326 Abs 2 greift daher zB ein, wenn die Kinder des Mieters infolge mangelnder Beaufsichtigung einen Wohnungsbrand verursachen (BGH 19. 1. 2014 – VIII ZR 191/13, BGHZ 203, 256, 273 Rn 46 = NJW 2015, 699; LG Frankfurt ZMR 2006, 776 ff; LG Berlin GE 2015, 1462) oder wenn die Arbeitnehmer des Mieters die Zerstörung der Mietsache zu vertreten haben (§ 278 BGB; RGZ 157, 363, 367; BGH BB 1969, 601 f). Der Mieter kann in diesem Fall weder mindern noch kündigen (u § 536 Rn 110 f); außerdem besteht dann keine Verpflichtung des Vermieters zum Wiederaufbau der zerstörten Sache (BGHZ 116, 334, 338 = NJW 1992, 1036). Die **Beweislast** für die Voraussetzungen des § 326 Abs 2 BGB trägt grundsätzlich der Vermieter, es sei denn, der Untergang der Mietsache sei die Folge des vertragsgemäßen Gebrauchs des Mieters (u § 536 Rn 130 ff, § 538 Rn 13 ff; LG Köln ZMR 1985, 338; LG Frankfurt ZMR 2006, 776 ff).

10 Wenn dagegen der **Vermieter** die Unmöglichkeit zu vertreten hat, richten sich die Rechtsfolgen nach den §§ 280, 281, 283, 323 und 326 BGB (o Rn 5). Dies ist **zB** anzunehmen, wenn sich der Vermieter selbst durch den Abriß oder den völligen Umbau des Gebäudes die Erfüllung eines Mietvertrages unmöglich macht (BGH 8. 10. 2008 – XII ZR 329/00, BeckRS 2003, 10 1552 = ZMR 2004, 248). Gleich steht die Veräußerung der Mietsache an einen Dritten vor ihrer Übergabe an den Mieter (KRAEMER, in: Mietparteien und ihr Wechsel, PiG 70 [2005] 249, 257 = NZM 2004, 721, s auch unten Rn 11). Der Mieter kann dann grundsätzlich **Schadensersatz** statt der Leistung ohne Fristsetzung verlangen (§§ 280, 281 und 283 BGB) oder – dies auch ohne Verschulden des Vermieters und ohne Fristsetzung – nach § 323 und § 326 Abs 5 BGB **zurücktreten** bzw (nach Überlassung der Sache) fristlos **kündigen** (BGHZ 50, 312, 315 = NJW 1969, 37; BGH LM Nr 22 zu § 571 = NJW 1974, 1551; 8. 10. 2008 – XII ZR 329/00, BeckRS 2003, 10 1552 = ZMR 2004, 248; LG Frankfurt NJW 1976, 572 f; LG Hamburg WuM 1977, 256). Vor Überlassung der Sache an den Mieter konkurriert das Rücktrittsrecht des Mieters aus § 323 und § 326 Abs 5 BGB mit dessen Kündigungsrecht aus § 543 BGB. Dagegen hat der Vermieter in diesen Fällen weder ein Kündigungsrecht, noch kann er sich auf Wegfall der Geschäftsgrundlage berufen (§ 313 BGB; BGH 8. 10. 2008 – XII ZR 329/00, BeckRS 2003, 10 1552 = ZMR 2004, 248, 249). – Das Rücktrittsrecht besteht außerdem zB bei **aufschiebend bedingten** Verträgen, wenn schon vor Bedingungseintritt der Vermieter die Unmöglichkeit der Erfüllung zu vertreten hat (BGH LM Nr 11 zu § 158 = WM 1969, 835).

Wichtigster Anwendungsfall der Haftung des Vermieters aus den §§ 280, 281 und **11**
283 BGB ist die vorzeitige Beendigung des Mietvertrages aufgrund einer Kündigung
des Erstehers in der **Zwangsversteigerung** oder des Erwerbers vom **Insolvenzverwalter** aufgrund des § 57 ZVG. Hier ist zwar nicht § 566 Abs 2 BGB anwendbar; aber
trotz Veräußerung oder Zwangsversteigerung der Sache **haftet der Vermieter weiter**
dafür, dass dem Mieter die Sache für die vereinbarte Zeit überlassen wird und dass
nicht eine vom Mieter zuvor schon erbrachte Mietvorauszahlung nach § 566c BGB
ihre Wirkung gegenüber dem Erwerber einbüßt (RGZ 63, 66, 68; RG HRR 1933 Nr 1312;
Gruchot 60 [1916] 583 = WarnR 1916 Nr 101; BGH WM 1959, 120; 1960, 1125, 1128; LM Nr 33 zu
§ 535 [Bl 2] = NJW 1966, 1703). Die Haftung entfällt jedoch, wenn der Vermieter bereits
vor der Veräußerung oder Zwangsversteigerung wirksam gekündigt hatte (KG JW
1936, 330 Nr 19 = HRR 1936 Nr 9). Auch trifft den Mieter gegenüber dem *Untermieter*
keine vergleichbare Haftung, weil er nicht für die Leistungsfähigkeit des Vermieters
einzustehen braucht (RGZ 65, 29, 32 f; zweifelhaft).

IV. Verzögerung der Vermieterleistung

Wenn der Vermieter die Sache dem Mieter nicht rechtzeitig übergibt (s § 535 Rn 17 f), **12**
richten sich die Rechtsfolgen in erster Linie danach, ob die Verzögerung der Übergabe der Mietsache zur **Teilunmöglichkeit** der Vermieterleistung (der Zeit nach)
führt oder als bloßer **Verzug** zu qualifizieren ist. Dies wiederum hängt davon ab, ob
es sich bei dem fraglichen Vertrag um ein absolutes Fixgeschäft handelt, da nur bei
solchen die Verzögerung der Leistung ohne Weiteres zur (Teil-)Unmöglichkeit führt
(s EMMERICH, Das Recht der Leistungsstörungen § 4 Rn 5 ff [S 52 ff]). Obwohl bei der Annahme absoluter Fixgeschäfte grundsätzlich Zurückhaltung geboten ist, tendiert die
überwiegende Meinung doch bei der Raummiete in der Regel zur Annahme eines
absoluten Fixgeschäftes, sodass dann eine Verzögerung der Übergabe für den vergangenen Zeitraum – mangels Nachholbarkeit der Vermieterleistung – zur Teilunmöglichkeit führt (o § 535 Rn 17 sowie BGH LM Nr 82 zu § 249 [A] BGB = WM 1987, 1530; LM
Nr 22 zu § 275 = NJW-RR 1991, 267 = WuM 1991, 25, 26). Eine abweichende Beurteilung
kommt nur in Betracht, wenn die Vermieterleistung ausnahmsweise, etwa durch
„Anhängen" am Vertragsende, nachholbar ist. Bei der kurzfristigen Vermietung
beweglicher Sachen kann bei einer Verzögerung der Übergabe gleichfalls die Annahme von Verzug angemessen sein (s BGH NJW-RR 1988, 1396 = WM 1988, 1451; OLG
Frankfurt BB 1977, 13). Führt dagegen die Verzögerung der Übergabe wie in der Regel
zur Teilunmöglichkeit der Leistung, so greifen die bereits geschilderten Rechtsfolgen
der anfänglichen Unmöglichkeit der Leistung bei der Miete ein (o Rn 4 ff). Dies
bedeutet idR eine **Garantiehaftung** des Vermieters. Dies ist auch von der Sache
her durchaus angemessen, da sich dem Mieter jedenfalls bei der Raummiete grundsätzlich auf den vom Vermieter vertraglich „zugesicherten" Übergabeterminen verlassen können muss, wenn nicht ausdrücklich etwas anderes vereinbart ist (§ 276
Abs 1 S 1 BGB).

V. Pflichtverletzung

1. Vermieter

Vorbehaltlich der Sonderregelung des § 536a BGB für Schäden des Mieters infolge **13**
von Mängeln kann der Mieter nach § 280 Abs 1 BGB Schadensersatz verlangen,

wenn der Vermieter eine Pflicht aus dem Schuldverhältnis in zu vertretender Weise verletzt (§§ 276 bis 278 BGB). Eine Haftung des Vermieters nach § 280 BGB kommt insbesondere bei einer Verletzung der Verkehrssicherungspflicht, etwa mit der Folge einer Verletzung des Mieters (s Rn 14), sowie bei Verstößen des Vermieters gegen seine Leistungstreuepflicht, in erster Linie in Gestalt einer grundlosen Kündigung in Betracht (s Rn 14a f):

14 Beispiele für eine Haftung des Vermieters aufgrund des § 280 Abs 1 BGB wegen einer Verletzung der **Verkehrssicherungspflicht** sind ein Sturz des Mieters infolge einer Vernachlässigung der *Beleuchtungs-, Reinigungs- oder Streupflicht* des Vermieters (§ 535 Rn 33 f), Hochwasserschäden des Mieters, die nicht auf einem Mangel der vermieteten Räume, sondern auf einer mangelhaften Aufsicht des Vermieters beruhen (OLG Frankfurt WuM 1984, 78), sowie Schäden, die daher rühren, dass der Vermieter, der das Mietobjekt gleichfalls nutzt, dabei nicht mit der gebotenen Sorgfalt vorgeht, etwa ein Brandschaden, den der Mieter infolge unsorgfältiger Reparaturarbeiten seitens des Vermieters in dessen Räumen erleidet (BGH 28. 10. 2008 – XII ZR 148/06, NJW 2009, 142 Rn 12 = NZM 2009, 29). Weitere Beispiele sind die Verletzung von **Aufklärungspflichten**, insbesondere bei der Vermietung gefährlicher Apparate oder Maschinen (BGH VersR 1976, 1084, 1085 f) wie zB eines sogenannten Segways (LG Bonn NJW 2018, 319 = NZM 2018, 752), sowie die Belästigung des Mieters mit **unbegründeten Forderungen**, zB durch das Verlangen auf Durchführung der Schönheitsreparaturen trotz Unwirksamkeit der entsprechenden Klauseln im Mietvertrag (s oben § 535 Rn 107, KG NJW 2009, 2688 = NZM 2009, 616; Thole AcP 209 [2009] 498) oder durch die Forderung auf Räumung einer Teilfläche entgegen dem Vertrag (OLG Düsseldorf ZMR 2011, 867; sehr eng dagegen LG Berlin GE 2012, 550).

14a Eine Pflichtverletzung iSd § 280 Abs 1 BGB (in Gestalt der Verletzung der sog **Leistungstreuepflicht**, § 241 Abs 2 BGB) stellt es ferner dar, wenn der Vermieter treuwidrig den Mieter an der Erreichung seiner Vertragsziele hindert, indem er zB durch schikanöse und missbräuchliche Verhaltensweisen wie das sogenannte „Herausmodernisieren" oder durch den Aufbau grundlosen Drucks versucht, den Mieter zur **Kündigung** oder doch zur Einwilligung in eine vorzeitige Aufhebung des Vertrages zu **veranlassen** (zB BGH 30. 5. 2017 – VIII ZR 199/16 Rn 7 f, NJW 2017 Nr 2907 = NZM 2017, 595; OLG München 22. 11. 2018 – 32 U 1376/18, ZMR 2019, 266, 268). Die wichtigsten hierher gehörigen **Fallgruppen** sind, wie nicht zuletzt die Vermutungsregelung des § 559d S 1 BGB zeigt, die Fälle einer Rechtsanmaßung, vor allem in Gestalt der Behauptung eines Anspruchs des Vermieters auf Duldung von Baumaßnahmen seitens des Mieters (s §§ 555a und 555d BGB) oder eines Gestaltungsrechts, zB eines Kündigungsrechts (s Rn 14b) oder eines Rechts zur Mieterhöhung, insbesondere nach § 559, weiter das Vortäuschen einer gar nicht vorhandenen Bauabsicht (s § 559d S 1 Nr 1 und Nr 4 BGB und § 6 WiStG von 2018) sowie eine rechtswidrige Bauausführung, namentlich durch die Durchführung von Erhaltungs- oder Modernisierungsmaßnahmen ohne Anspruch auf Duldung der Maßnahmen durch den Mieter nach den §§ 555a und 555d BGB. Eine partielle gesetzliche Regelung haben diese Fälle seit 2019 (an wenig passender Stelle) in § 559d BGB gefunden, der für vier eigenartige Fälle eine **gesetzliche Vermutung** pflichtwidrigen Verhaltens des Vermieters begründet (s dazu im einzelnen u § 559d Rn 1 ff; Artz/Börstinghaus NZM 2019, 12; Eisenschmid WuM 2019, 225; Lehmann-Richter WuM 2020, 258).

14b Einen Verstoß gegen die Leistungstreuepflicht des Vermieters stellt es ferner dar, wenn der Vermieter den Mietvertrag **zu Unrecht kündigt** oder einen unberechtigten **Räumungsversuch** unternimmt (BGHZ 89, 296, 302 ff = NJW 1984, 1028; BGH 16. 1. 2009 – V ZR 133/08, BGHZ 179, 238, 244 f = NJW 2009, 1262 Rn 15 ff; BGH LM Nr 53 zu § 91a ZPO = WuM 1988, 118; OLG Düsseldorf ZMR 2013, 956; NJW 2014, 2566 Rn 24 = NZM 2014, 635 = WuM 2014, 495). Das wichtigste Beispiel bei der Wohnraummiete ist die Kündigung des Mietvertrages unter Vorspiegelung des **Eigenbedarfs** nach § 573 Abs 2 Nr 2 BGB (s dazu u § 573 Rn 165 ff; BGH 9. 11. 2005 – VIII ZR 339/04, BGHZ 165, 75 = NJW 2006, 220; BGH 16. 12. 2009 – VIII ZR 313/08, NJW 2010, 1068 = WuM 2010, 165, 166 Rn 12 = NZM 2010, 273; 10. 6. 2015 – VIII ZR 99/14, NJW 2015, 2324 Rn 14 = NZM 2015, 532 = WuM 2015, 510; ausführlich zB Siegmund WuM 2017, 613). Soweit der BGH bei bloßen *formellen* Mängeln, insbesondere also bei Verstößen gegen die §§ 568 und 573 Abs 4 offenbar eine Ausnahme machen will, weil es sich bei den genannten Vorschriften um bloße Obliegenheiten und nicht um echte Schuldnerpflichten des Vermieters handele (BGH 9. 10. 2010 – VIII ZR 9/10, NZM 2011, 119 Rn 9 ff = WuM 2011, 33), ist dem nicht zu folgen (Siegmund WuM 2017, 613, 614; Sternel NZM 2011, 688). An der Ersatzpflicht des Vermieters ändert es in den genannten Fällen in der Regel auch nichts, wenn die Beteiligten in dem vom Vermieter eingeleiteten Rechtsstreit einen Räumungsvergleich abschließen; anders verhält es sich nur ausnahmsweise, wenn der Vergleich außerdem etwaige Ersatzansprüche des Mieters wegen der unberechtigten Kündigung erledigen sollte, wofür indessen keine Vermutung spricht (BGH 10. 6. 2015 – VIII ZR 99/14, NJW 2015, 2324 Rn 15 ff = NZM 2015, 532 = WuM 2015, 510; Siegmund WuM 2017, 613, 615).

14c Die **Ersatzpflicht** des Vermieters erstreckt sich in den genannten Fällen auf die Kosten der Rechtsberatung des Mieters, auf die Umzugskosten, auf die Kosten für die Beschaffung von Ersatzraum sowie gegebenenfalls auf die dem Mieter zusätzlich entstehenden Mietkosten (§ 249 BGB; OLG Düsseldorf WuM 2004, 86, 87 = NZM 2004, 502 = NJW-RR 2004, 660; zur umstrittenen zeitlichen Begrenzung der Ersatzpflicht s Siegmund WuM 2017, 613, 619 f). Ersatz für seine frustrierten **Aufwendungen**, zB für die Anmietung oder Herrichtung der ursprünglichen Räume, erhält der Mieter dagegen nach § 284 BGB nur unter den zusätzlichen Voraussetzungen des § 282 BGB, die freilich hier idR erfüllt sein dürften (s Oechsler NZM 2004, 881, 887; Emmerich, in: FS Otte [2005] 101, 107; ders, in: FS Blank [2006] 145; Weitemeyer AcP 205 [2005] 275, 287 f; ebenso im Ergebnis BGHZ 163, 381, 386 = NJW 2005, 2848, 2850; OLG Düsseldorf ZMR 2013, 956, 958).

15 Die **Beweislast** für die Pflichtverletzung des Vermieters und für die Kausalität der Pflichtverletzung für den eingetretenen Schaden trägt der Mieter (§ 280 Abs 1 S 1 BGB; BGH LM Nr 65 zu § 535 BGB = NJW 1978, 2197; Siegmund WuM 2017, 613, 614 f). Erst wenn der Mieter diesen Beweis geführt hat, ist es Sache des Vermieters, sich zu entlasten (§ 280 Abs 1 S 2 BGB; Begr z RegE BT-Drucks 14/6040, 136; BGH LM Nr 65 zu § 535 BGB = NJW 1978, 2197). Wenn jedoch die Schadensursache im *Obhuts- und Gefahrenbereich* des Vermieters liegt wie etwa bei einem Brandschaden infolge von Reparaturarbeiten des Vermieters in seinen Räumen, ist es Sache des Vermieters, sich auch hinsichtlich der objektiven Pflichtverletzung zu entlasten (BGH 22. 10. 2008 – XII ZR 148/06, NJW 2009, 142 Rn 14–17 = NZM 2009, 29).

2. Mieter

16 Wichtigster Fall einer Pflichtverletzung des Mieters iS des § 280 BGB ist neben der Unterlassung der von ihm wirksam übernommenen Schönheitsreparaturen (o § 535 Rn 136 ff) die von ihm zu vertretende **Beschädigung** der Mietsache (u § 538 Rn 6 ff). Anwendbar ist in diesen Fällen § 280 BGB und nicht etwa § 281 BGB, sodass der Schadensersatzanspruch des Vermieters **keine Fristsetzung** voraussetzt (s u § 538 Rn 6). Dasselbe gilt bei einer Verletzung der **Anzeige- und Obhutspflicht** des Mieters (§ 536c BGB). § 280 BGB ist zB erfüllt, wenn der Mieter mit der gemieteten Sache so unvorsichtig umgeht, dass der Vermieter mit *Ersatzansprüchen Dritter* belastet wird (BGHZ 116, 200, 203 = NJW 1992, 900), oder wenn der Mieter eine Wohnung, obwohl ihm nur eine teilgewerbliche Nutzung gestattet ist, vollgewerblich nutzt (LG Berlin NZM 1999, 503 f), ferner dann, wenn der Mieter wiederholt nachts einen derartigen Lärm verursacht, dass die anderen Mieter des Hauses wegen der Störung der Nachtruhe mindern können (AG Bremen NZM 2012, 383 f), oder wenn der Mieter in einem modernisierten Altbau so mangelhaft heizt und lüftet, dass sich Schimmel bildet (AG Nürtingen NZM 2011, 547). Der **Schaden** des Vermieters umfasst dann auch die Kosten für Rechtsanwälte und Sachverständige zur Abwehr der unberechtigten Schadensersatzansprüche des Mieters oder dessen grundloser Minderung (AG Nürtingen NZM 2011, 547).

VI. Wegfall der Geschäftsgrundlage

1. Überblick

17 Nach § 313 Abs 1 ist ein Wegfall der Geschäftsgrundlage anzunehmen, wenn sich Umstände, die zur Grundlage des Vertrags geworden sind, nach Vertragsabschluss schwerwiegend verändert haben und die Parteien den Vertrag nicht oder mit anderem Inhalt abgeschlossen hätten, wenn sie diese Veränderung vorausgesehen hätten. Vorrang hat jedoch grundsätzlich die vertragliche oder gesetzliche **Risikoverteilung**. Es hat deshalb, soweit der Mieter nach dem **Vertrag** ausdrücklich oder konkludent das Risiko eines bestimmten Umstandes übernommen hat, grundsätzlich dabei sein Bewenden (s BGH 19. 4. 1978 – VIII ZR 182/76, LM Nr 92 zu § 242 [Bb] BGB = NJW 1978, 2390; WM 1968, 1306, 1308; 8. 5. 2002 – XII ZR 8/00, LM Nr 171 zu § 535 BGB = NJW 2002, 2384 = NZM 2002, 659; 21. 2. 2008 – III ZR 200/07, ZMR 2008, 523 = NZM 2008, 462; s Günter WuM 2012, 587; Hau, Vertragsanpassung und Anpassungsvertrag [2003]; Chr Hirsch, Kündigung aus wichtigem Grund und Geschäftsgrundlage [2004]; ders ZMR 2007, 1, 3 f; Lobinger Leistungspflichten). Ein Beispiel für eine vertragliche Risikoübernahme ist die Vereinbarung einer *Staffelmiete*, sodass in diesem Fall der Mieter nicht später unter Berufung auf den Wegfall der Geschäftsgrundlage eine Absenkung der Miete verlangen kann, wenn sich die Marktmiete anders entwickelt als bei der Vereinbarung der Staffelmiete von den Parteien angenommen (BGH 8. 5. 2002 – XII ZR 8/00, LM Nr 171 zu § 535 BGB = NJW 2002, 2384 = NZM 2002, 659; 27. 10. 2004 – XII ZR 175/02, NJW-RR 2005, 236 = NZM 2005, 63, 64).

18 Die **gesetzliche Risikoverteilung** darf gleichfalls grundsätzlich nicht über die Annahme eines Wegfalls der Geschäftsgrundlage verändert werden. Daher kann namentlich bei solchen Umständen, die – positiv oder negativ – unter die Regelung der §§ 536 ff BGB für Sach- und Rechtsmängel fallen, nicht zugleich ein Wegfall der Geschäftsgrundlage angenommen werden (RGZ 135, 339, 346; 161, 330, 337; BGH 19. 4.

1978 – VIII ZR 182/76, LM Nr 92 zu § 242 [Bb] BGB = NJW 1978, 2390; NJW-RR 1992, 267 = ZMR 1992, 239 = WuM 1992, 313; 21. 2. 2008 – III ZR 200/07, ZMR 2008, 523 = NZM 2008, 462; WuM 2010, 480 Rn 22). Die Folge ist zB, dass der Vermieter, wenn der Mieter wegen eines Mangels mindern kann (§ 536 BGB), nicht „zum Ausgleich" über § 313 Abs 1 BGB eine Anpassung der Vertragsdauer verlangen kann (BGH 21. 2. 2008 – III ZR 200/07, ZMR 2008, 523 = NZM 2008, 462; anders im Ergebnis KG ZMR 2014, 876 = GE 2014, 1452).

Die Rechtsfolge eines Wegfalls der Geschäftsgrundlage besteht in erster Linie in einer **Anpassung** des Vertrags an die veränderten Verhältnisse (§ 313 Abs 1 BGB). Eine **Kündigung** wegen Wegfalls der Geschäftsgrundlage kommt nach § 313 Abs 3 BGB nur in besonders schwerwiegenden Fällen in Betracht, wenn eine Anpassung des Vertrags nicht möglich oder einem Teil nicht zuzumuten ist (s die Begr z RegE BT-Drucks 14/6040, 176; EMMERICH, Das Recht der Leistungsstörungen § 29 Rn 21 ff [S 466 ff]). Nach hM haben zudem die gesetzlich geregelten Kündigungsgründe und damit insbesondere **§ 543 BGB** den **Vorrang** vor dem Kündigungsrecht wegen Wegfalls der Geschäftsgrundlage (s unten § 543 Rn 3, 5; BGHZ 24, 91, 95 f = NJW 1957, 989; BGH 19. 4. 1978 – VIII ZR 182/76, LM Nr 92 zu § 242 [Bb] BGB = NJW 1978, 2390; WM 1973, 694, 695; 1981, 66; LG Rostock ZMR 2006, 125, 126 f; FLUME AT II § 26, 5c; HORST DWW 2002, 6, 16 f; STÖTTER NJW 1971, 1993; 1971, 2281; HIRSCH ZMR 2007, 1, 3 f). In den verbleibenden Fällen ist weitere Voraussetzung einer Kündigung nach § 313 Abs 3 BGB, dass der Vertrag nicht ohnehin *nur noch für kurze Zeit* läuft oder doch kurzfristig kündbar ist (BGH 29. 5. 1953 – II ZR 184/52, LM Nr 15 zu § 242 [Bb] BGB = JZ 1953, 572; 8. 2. 1978 – VIII ZR 221/76, LM Nr 91 zu § 292 [Bb] BGB = WM 1978, 322; LG Rostock ZMR 2006, 125, 126 f).

Unter den zahlreichen **Fallgruppen** des Wegfalls der Geschäftsgrundlage hatten für die Miete bis vor kurzem besondere Bedeutung lediglich die Fälle der Zweckstörung und der Äquivalenzstörung erlangt (dazu u Rn 21, 29 ff). Hinzugetreten ist erst in jüngster Zeit in Gestalt der sogenannten Corona-Krise noch ein Fall der sogenannten großen Geschäftsgrundlage (dazu u Rn 32 ff).

2. Zweckstörung, Verwendungsrisiko des Mieters

Von **Zweckstörung** oder auch Zweckvereitelung spricht man, wenn die als solche durchaus noch mögliche Leistung des Vermieters infolge einer nachträglichen Veränderung der Verhältnisse für den Mieter ihren Sinn verloren hat, weil er jetzt mit ihr seine ursprünglichen *Zwecke nicht mehr zu verwirklichen* vermag. In diesen Fällen ist davon auszugehen, dass nach der gesetzlichen Risikoverteilung der Vermieter (nur) dafür einzustehen hat, dass dem Mieter der vertragsgemäße Gebrauch möglich ist und bleibt (§§ 535, 536 BGB), während es Sache des Mieters ist, ob er durch den Gebrauch der Sache seine weiteren Zwecke zu verwirklichen vermag (§ 537 BGB). Das sog **Verwendungsrisiko** muss daher grundsätzlich der **Mieter** und nicht der Vermieter tragen, selbst wenn dieser die speziellen Ziele oder Verwendungszwecke des Mieters kennt (BGH 16. 2. 2000 – XII ZR 279/97, LM Nr 51 zu § 537 BGB [Bl 4 R f] = NJW 2000, 1714 = NZM 2000, 492; LM Nr 38 zu § 566 BGB = NZM 2000, 36, 40 = NJW 2000, 354; 10. 12. 1998 – III ZR 241/97, LM Nr 173 zu § 242 [Bb] = NVwZ 1999, 329; 19. 7. 2000 – XII ZR 176/98, LM Nr 175 zu § 242 [Bb] BGB = NJW-RR 2000, 1535; 21. 9. 2005 – XII ZR 66/03, NJW 2006, 899 = NZM 2006, 54 Rn 30 ff; 17. 3. 2010 – XII ZR 108/06, NJW-RR 2010, 1016 Rn 13 = NZM 2010, 364; 23. 10. 2019 – XII 125/18 Rn 32 ff, BGHZ 223, 290, 303 = NZM 2020, 54 = NJW 2020, 331 = WuM 2019, 697; GÜNTER WuM 2012, 587, 593 f; EMMERICH, Das Recht der Leistungsstörungen

Vorbem zu § 536

§ 28 Rn 43 ff [S 447 ff]; Flume AT § 26, 5b; Hirsch ZMR 2007, 1, 7 f; Kluth/Freigang NZM 2006, 41; H Köhler, Unmöglichkeit 80 ff; Picker, in: FS Honsell [2002] 385). Abweichende Vereinbarungen, zB durch Einräumung eines Sonderkündigungsrechts an den Mieter bei Unmöglichkeit der Zweckerreichung, sind zwar möglich, aber offenbar selten (BGH 23. 10. 2002 – XII ZR 202/99, NJW-RR 2003, 152 = NZM 2003, 62).

22 Die Folge ist vor allem, dass der Mieter die Miete grundsätzlich auch dann unverändert fortzahlen muss, ohne sich auf Wegfall der Geschäftsgrundlage berufen zu können, wenn er auf dem gemieteten Grundstück wider Erwarten **keine gewinnbringenden Geschäfte** zu betreiben vermag, insbesondere also, wenn sich das in den gemieteten oder gepachteten Räumen betriebene Geschäft als dauernd unrentabel erweist (BGH 17. 3. 2010 – XII ZR 108/06, NJW-RR 2010, 1016 Rn 17 f = NZM 2010, 364; 3. 3. 2010 – XII ZR 131/08, NJW-RR 2010, 1017 = NZM 2010, 361, 363 Rn 23 ff; OLG Düsseldorf ZMR 2011, 118; OLG Saarbrücken NJW 2012, 3731, 3732; OLG Koblenz 27. 6. 2019 – 1 U 1471/18 Rn 42 ff; LG Düsseldorf ZMR 2017, 806, 808; Burbulla ZMR 2017, 809; Günter WuM 2012, 587, 593 f; Hirsch ZMR 2007, 1, 8; Horst DWW 2002, 6, 17). Die Rechtsprechung ist gerade insoweit ausgesprochen restriktiv und sieht eine Grenze für die Belastung des Mieters frühestens bei drohender Insolvenz. Eine großzügigere Beurteilung der Situation des Mieters ist lange Zeit selbst dann in der Regel abgelehnt worden, wenn das Risiko des Mieters noch durch weitere Vereinbarungen wie zB eine Betriebspflicht oder Sortimentsbindung iVm dem Ausschluss jeden Konkurrenzschutzes spürbar erhöht worden ist. Diese Praxis, die in erster Linie anhand von Mietverträgen über Geschäftsräume in **Einkaufszentren** entwickelt wurde, bedurfte dringend einer Korrektur, weil sie zu nicht mehr zumutbaren Belastungen des Mieters führte (s im einzelnen unten Rn 26).

22a Jenseits dieser eigenartigen Fallgestaltungen, die durch eine *vom Vermieter zu verantwortende Erhöhung des Risikos des Mieters* gekennzeichnet sind (Stichwort: Einkaufszentren, Rn 22), bleibt es dagegen in der Tat dabei, dass es an der Pflicht des Mieters zur Zahlung der Miete nichts ändert, wenn zB weitere Räume in dem von ihm zum Teil angemieteten Gebäude entgegen seinen Erwartungen doch nicht ebenfalls gewerblich genutzt werden (BGH 17. 3. 2010 – XII ZR 108/06, NJW-RR 2010, 1016 Rn 17 f = NZM 2010, 364), wenn der von ihm gepachtete Kiesabbau nicht gewinnbringend möglich ist (BGH 17. 3. 1982 – VIII ZR 381/81, LM Nr 46 zu § 581 BGB = NJW 1982, 2062, 2063; OLG Düsseldorf BB 1994, 1456; ZMR 1998, 218; OLG München ZMR 1995, 295, 297) oder wenn sich das gepachtete Hotel infolge einer Änderung des Publikumsgeschmacks, auf den sich der Pächter nicht rechtzeitig eingestellt hat, als unrentabel erweist (BGH 19. 4. 1978 – VIII ZR 182/76, LM Nr 92 zu § 242 [Bb] BGB = NJW 1978, 2390; Bub ZMR 1995, 509, 512 f). Dasselbe gilt, wenn dem Mieter die Mittel zu der geplanten Bebauung des gemieteten Grundstücks fehlen (BGH 20. 3. 1973 – VIII ZR 31/73, LM Nr 22 zu § 566 BGB = NJW 1974, 1081), wenn er Zimmer aus Anlass einer Ausstellung mietet, diese aber später abgesagt wird (OLG Braunschweig NJW 1976, 570; s oben Vorbem 61 ff zu § 535), wenn er ein gemietetes Gerüst wegen eines Frosteinbruchs vorübergehend nicht verwenden kann (LG Köln NJW 1968, 942) oder wenn ihm die zum Betrieb des geplanten Geschäfts erforderliche Erlaubnis wegen seiner Unzuverlässigkeit verweigert wird (so für den Betrieb einer Spielhalle AG Pinneberg/LG Itzehoe ZMR 2003, 843 f), – während bei einer *generellen* Änderung der behördlichen Genehmigungspraxis durchaus die Annahme eines Mangels in Betracht kommen soll (so jedenfalls KG ZMR 2014, 876 = GE 2014, 1452).

Untertitel 1
Allgemeine Vorschriften für Mietverhältnisse						Vorbem zu § 536

Ausnahmen von der grundsätzlichen Belastung des Mieters mit dem Verwendungs- 23
risiko (o Rn 21 f) kommen zunächst in Betracht, wenn nach den Vereinbarungen der
Parteien (ausnahmsweise) die Erreichung des Verwendungszwecks des Mieters **Vertragsinhalt** ist, sodass Unmöglichkeit vorliegt, wenn sich nachträglich herausstellt,
dass sich dieser Zweck nicht realisieren lässt (s Willoweit JuS 1988, 833). Ein Beispiel
ist der (problematische) *Marika Rökk-Fall,* in dem das Gericht dem Mieter eines
Theatersaals mit der Annahme von Unmöglichkeit „half", als der Mieter mit dem
Saal nichts mehr anzufangen vermochte, weil das darin geplante Gastspiel einer
Künstlerin wegen ihrer Erkrankung abgesagt werden musste (OLG Bremen NJW 1953,
1393; dagegen u § 537 Rn 11; Donau NJW 1954, 177; Flume AT § 26, 5b; Kraft NJW 1953, 1741;
zustimmend aber Willoweit JuS 1988, 833, 839).

Von Fall zu Fall kann es ferner (ausnahmsweise) gerechtfertigt sein, das **Verwen-** 24
dungsrisiko auf den *Vermieter* über die Annahme eines Wegfalls der Geschäftsgrundlage zu verschieben (§ 313 BGB; s schon Rn 22). Im Mittelpunkt des Interesses haben
insoweit in den letzten Jahren Mietverträge über Geschäfte in großen **Einkaufszentren** gestanden, die sich später als unrentabel erwiesen, weil sie vom Publikum nicht
angenommen wurden, da es dem Vermieter nicht gelang, die anderen Geschäftslokale ebenfalls zu vermieten, oder weil wegen eines wachsenden Leerstandes die
Umsätze der verbliebenen Geschäfte kontinuierlich zurückgingen, sodass die Mieter
versuchten, sich von den für sie nicht mehr tragbaren Verträgen zu lösen (s dazu
Eusani ZMR 2003, 473; Emmerich Anm LM Nr 51 zu § 537 BGB Bl 6 f; Fritz NZM 2008, 825,
829 f = ders, in: FS Blank [2006] 153, 163; Gomille NZM 2018, 809; Günter WuM 2012, 587, 593 f;
Herrlein NZM 2019, 591; Hirsch ZMR 2007, 1, 8; Keckemeti NZM 1999, 115; Kluth/Freigang
NZM 2006, 41; Waas ZMR 2001, 493). In derartige Fallgestaltungen waren die Gerichte
zunächst wiederholt den Mietern über die Annahme eines Wegfalls der Geschäftsgrundlage zu Hilfe gekommen, etwa, wenn sich das Einkaufszentrum als funktionsunfähig erwies und deshalb in ein Billigpreiscenter verwandelt wurde (OLG Celle NJW
1978, 2510) oder wenn ein als Publikumsmagnet (sog Ankermieter) gedachter großer
Lebensmittelmarkt schloss und nicht mehr vermietet werden konnte (vgl OLG Celle
OLGZ 1990, 88, 89 f; OLG München NJW-RR 1999, 1532 = NZM 2000, 89; NZM 2000, 189 = ZMR
1999, 707, 708).

Für den Regelfall weist die Rechtsprechung jedoch bislang noch im Falle der An- 25
mietung eines Geschäfts in einem Einkaufszentrum das **Verwendungsrisiko** allein
dem **Mieter** zu, sodass er grundsätzlich *nicht kündigen* kann, wenn seine Erwartungen hinsichtlich der Entwicklung des Einkaufszentrums enttäuscht werden. Eine
andere Beurteilung soll nur noch in Betracht kommen, wenn nach den Umständen
des Falles der Betreiber des Einkaufszentrums ausdrücklich oder konkludent das
Vermietungsrisiko übernommen hat, wofür jedoch Voraussetzung ist, dass durch die
Abreden der Parteien der Mieter in seinen unternehmerischen Entscheidungen über
das übliche Maß hinaus eingeschränkt ist und sein Geschäft nach dem äußeren
Erscheinungsbild zu einem Teil einer Gesamtanlage wird (so BGH 16. 2. 2000 – XII
ZR 279/97, LM Nr 51 zu § 537 BGB [Bl 4 R f] = NJW 2000, 1714 = NZM 2000, 492; 29. 9. 1999 – XII
ZR 313/98, LM Nr 38 zu § 566 BGB = NZM 2000, 36, 40 = NJW 2000, 354; 19. 7. 2000 – XII ZR 176/
99, LM Nr 175 zu § 242 [Bb] BGB = NZM 2000, 1005 = NJW-RR 2000, 1535; 26. 6. 2004 – XII ZR
149/02, NJW-RR 2004, 1236 = NZM 2004, 618; 21. 9. 2005 – XII ZR 66/03, NJW 2006, 899 = NZM
2006, 54, 56 f Rn 30 ff; 3. 3. 2010 – XII ZR 181/08, NJW-RR 2010, 1017 = NZM 2010, 361, 363
Rn 23 ff; OLG Rostock NZM 2003, 282, 283; OLG Dresden NZM 2001, 336, 337 = NJW-RR 2001,

Vorbem zu § 536

727; NZM 2002, 292; OLG Celle NJW-RR 1989, 400, 401 = NJW 1989, 30; KG GE 2001, 1670; 2002, 462; OLG Naumburg NZM 2008, 772, 774 ff; OLG Düsseldorf NZM 2010, 477; ZMR 2011, 118; ZMR 2015, 765 f; LG München I ZMR 2013, 355, 357; Günter WuM 2012, 587, 594).

26 Diese Praxis bedarf, wie bereits betont (Rn 22), dringend einer **Korrektur**, weil bei ihr nicht ausreichend berücksichtigt wird, dass die fraglichen Fälle durch eine gerade vom Vermieter zu verantwortende erhebliche Erhöhung des Verwendungsrisikos des Mieters gekennzeichnet sind (s schon Rn 22a). Ursache dafür sind die üblichen Formularverträge, in denen den Mietern eine Betriebs- und Offenhaltungspflicht, meistens verbunden mit einer Sortimentsbindung unter gleichzeitigem Ausschluss des Konkurrenzschutzes auferlegt werden. Mit guten Gründen steht auch die jüngste Rechtsprechung derartigen die Mieter übermäßig belastenden Klauselkombinationen zunehmend kritisch gegenübersteht (grdl BGH 26. 2. 2020 – XII ZR 51/19, BGHZ 224, 370, 379 ff = NJW 2020, 1507 m Anm Emmerich JuS 2020, 789; s o § 535 Rn 92b). Unter diesen Umständen ist es nur billig, dass der Vermieter das Verwendungsrisiko des Mieters zumindest partiell mittragen muss, wenn er den Mieter durch eine Betriebs- und Offenhaltungspflicht, durch eine Sortimentsbindung und weitgehenden Ausschluss des Konkurrenzschutzes und weitere Verpflichtungen, wie zB Beitritt zu einer Werbegemeinschaft bis an die Grenze des § 138 BGB (und oft genug darüber hinaus) bindet, sodass auch der Gewerberaummieter spätestens nach den §§ 242, 313, 314 und 543 Abs 1 BGB aus wichtigem Grunde kündigen kann, wenn sich das gemietete Geschäft als **dauernd unrentabel** erweist (ebenso weitgehend Gomille NZM 2018, 809; Herrlein NZM 2019, 591 gegen die hM). Unberührt bleiben ferner Ansprüche des Mieters aus **c i c**, wenn der Betreiber des Einkaufszentrums dem Mieter bei den Vertragsverhandlungen unhaltbare Zusicherungen gemacht oder eine Auskunftspflicht verletzt hat (§ 311 Abs 2; BGH 26. 4. 2004 – XII ZR 149/02, NJW-RR 2004, 1236 = NZM 2004, 618).

27 Aus vergleichbaren Erwägungen wie bei Einkaufszentren (s Rn 25) wird meistens eine Anwendung des § 313 BGB abgelehnt, wenn infolge der Einrichtung einer verkehrsberuhigten Zone oder durch den Umbau einer Straße in eine Fußgängerzone der **Publikumsverkehr** in einem Geschäft **zurückgeht** (OLG Celle NJW-RR 1996, 1099; OLG Düsseldorf NZM 1998, 481). Die nachträgliche Einführung eines **Rauchverbots** führt daher bei Gaststättenmiet- und -pachtverträgen nach dem Gesagten (Rn 25) gleichfalls nicht zu einem Wegfall der Geschäftsgrundlage (s § 536 Rn 44, § 538 Rn 3a; Günter WuM 2012, 587, 593; teilweise anders Leo/Ghassemi-Tabar NZM 2008, 271; R Paschke NZM 2008, 265, 270). **Wegfall** der Geschäftsgrundlage wurde dagegen **zB** in einem Fall angenommen, in dem die Parteien bei der Berechnung der Miete übereinstimmend von grundfalschen Annahmen über die erzielbaren Umsätze ausgegangen waren (BGH 6. 12. 1989 – VIII ZR 310/88, LM Nr 19 zu § 138 [Ca] BGB = NJW 1990, 567, 569; Hirsch ZMR 2007, 1, 10), ferner bei einem Pachtvertrag über ein Grundstück zur Errichtung und zum Betrieb einer Photovoltaikanlage, bei der die Parteien gemeinsam von einer bestimmten Förderung solcher Anlagen ausgegangen waren, sodass sich der Vertrag als sinnlos erwies, nachdem die Förderung gestrichen worden war (OLG Saarbrücken NJW 2012, 3731), sowie bei einem Mietvertrag über eine Bootsanlegestelle am Starnberger See zur Weitervermietung an fremde Boote, als die zuständige Behörde nach Vertragsabschluss ihre Genehmigungspraxis änderte und den Betrieb weiterer Boote auf dem See nicht mehr genehmigte (BGH 7. 7. 1971 – VIII ZR 10/70, LM Nr 57 zu § 242 [Ba] BGB = ZMR 1971, 341 = WM 1971, 1300).

Aus den geschilderten Fällen ist insgesamt der Schluss zu ziehen, dass eine Entlas- 28
tung des Mieters von dem Verwendungsrisiko grundsätzlich **nur** in Betracht kommt,
wenn der **Verwendungszweck** des Mieters ausnahmsweise **Vertragsinhalt** geworden
ist. Fehlt es daran, so muss in aller Regel der Mieter das Verwendungsrisiko tragen.
Eine andere Entscheidung unter dem Gesichtspunkt des Wegfalls der Geschäftsgrundlage (§ 313 BGB) ist nur zu erwägen, wenn der Vermieter das normale **Verwendungsrisiko** des Mieters durch besondere Vertragsgestaltungen erheblich **erhöht**
hat, sodass es nur billig ist, wenn er „zum Ausgleich" das Verwendungsrisiko des
Mieters mittragen muss, sowie wenn er den Verwendungszweck des Mieters **gekannt**
hat *und* es nach seinem bisherigen Verhalten als geradezu **treuwidrig** anzusehen
wäre, wenn er jetzt versuchte, den Mieter an dem Vertrag festzuhalten, obwohl der
Verwendungszweck nicht mehr erreichbar ist (zB OLG Saarbrücken NJW 2012, 3731,
3732 f; Köhler, Unmöglichkeit 140 ff; Hirsch ZMR 2007, 1, 8).

3. Äquivalenzstörungen

In den Fällen der Äquivalenzstörung geht es um die (allein) bei besonders **lang-** 29
fristigen gewerblichen Mietverträgen auftauchende Frage, ob der Mieter mit der
weiteren Zahlung (nur) der vereinbarten Miete noch vertragsgemäß handelt, obwohl
dieser Betrag mittlerweile, insbesondere infolge einer **Geldentwertung**, (fast) nichts
mehr wert ist. Auszuklammern aus der weiteren Betrachtung sind hier dagegen von
vornherein **Wohnraummietverhältnisse**, bei denen bereits aus § 557 Abs 3 BGB der
Schluss zu ziehen ist, dass eine Mieterhöhung immer nur im Rahmen und nach
Maßgabe der §§ 558 ff möglich sein soll; für einen Rückgriff auf § 313 BGB ist
daneben offenbar kein Raum (s schon oben Vorbem 41 zu § 535; Cl Schröder ZMR 2015,
873, 875 f, str). Eine abweichende Beurteilung kommt nur in besonders gelagerten
Fällen in Betracht (s Rn 30).

Soweit danach überhaupt Raum für eine Anwendung des § 313 BGB ist, unterschei- 30
den die Gerichte in der Regel danach, ob in einem individuellen Vertrag aufgrund
eines bestimmten Ereignisses das **Verhältnis von Leistung und Gegenleistung** verschoben wird oder ob „lediglich" aufgrund der allgemeinen Geldentwertung die vereinbarte Miete an „innerem" Wert, dh an Kaufkraft eingebüßt hat. Ein Beispiel für den
ersten Fall ist der Umstand, dass sich nachträglich herausstellt, dass eine Wohnung
entgegen den Annahmen der Parteien nicht der gesetzlichen Preisbindung unterliegt,
sodass in diesem Fall unter dem Gesichtspunkt des Wegfalls der Geschäftsgrundlage
durchaus ein Ausgleichsanspruch des Vermieters in Betracht kommt (§ 313 Abs 1
BGB), in dem Beispiel durch Erhöhung der Miete auf das Niveau der ortsüblichen
Vergleichsmiete (BGH 24. 3. 2010 – VIII ZR 160/09, NJW 2010, 1663 = WuM 2010, 299 Rn 16 ff =
NZM 2010, 398). Dagegen wurde früher im zweiten Fall, dh bei einer „bloßen" **allgemeinen Geldentwertung**, eine gerichtliche Aufwertung der Miete grundsätzlich abgelehnt, während sich in jüngster Zeit auch insoweit ein Wandel abzuzeichnen beginnt. Die Einzelheiten gehören in die Darstellungen der Lehre vom Wegfall der
Geschäftsgrundlage (s Staudinger/Omlor [2016] Vorbem C 97, 111 ff zu §§ 244–248; Canaris,
in: FS Wiedemann [2002] 1; Hirsch ZMR 2007, 1, 8 f; B Nauen, Leistungserschwerung und Zweckvereitelung [2001] 42, 72 ff). Hervorzuheben sind folgende Punkte:

Selbst bei langfristigen Verträgen besitzen die Gerichte heute *keine* generelle Befug- 31
nis zur **Aufwertung** von Geldschulden mehr (vgl BGH 31. 3. 1999 – I ZR 235/88, LM Nr 134

Vorbem zu § 536

zu § 242 [Bb] BGB = NJW 1991, 1478 „Salomé I"). Es gibt jedoch **Ausnahmen**. Zu nennen sind hier insbesondere Verträge, die ausgesprochen **Versorgungscharakter** tragen. Ist dies der Fall, so kann auch bei langfristigen (gewerblichen) Mietverträgen bei einer erheblichen zwischenzeitlichen Geldentwertung an eine Aufwertung der Miete gedacht werden (BGH 21. 12. 1960 – V ZR 56/60, LM Nr 39 zu § 242 [Bb] BGB = MDR 1961, 307; 2. 11. 1965 – V ZR 95/64, LM Nr 49 zu § 242 [Bb] BGB = NJW 1966, 105). Dasselbe gilt, wenn zu dem Kaufkraftverlust der Miete noch hinzukommt, dass sich der **innere Wert der Vermieterleistung** so sehr erhöht hat, dass sich das Verhältnis von Leistung und Gegenleistung geradezu in sein Gegenteil verkehrt hat (BGH 21. 12. 1960 – V ZR 56/60, LM Nr 39 zu § 242 [Bb] BGB = MDR 1961, 307; 2. 11. 1965 – V ZR 95/64, LM Nr 49 zu § 242 [Bb] BGB = NJW 1966, 1005; Betr 1958, 1325). Schließlich kommt bei besonders langfristigen Verträgen eine Aufwertung der Miete dann noch in Betracht, wenn in der Zwischenzeit die **Lebenshaltungskosten** um mehr als **150 %** angestiegen sind und der Vermieter dieses Risiko nicht konkludent übernommen hat. Das gilt nicht nur für Erbbaurechtsverträge (BGHZ 111, 214, 215 f = NJW 1990, 2620; BGHZ 119, 220, 222 f = NJW 1993, 52), sondern ebenso für besonders langfristige gewerbliche Mietverträge, bei denen daher gleichfalls eine Anpassung der Miete zu erwägen ist, wenn seit Vertragsabschluss die Kaufkraft des Geldes um mehr als 60 % gesunken ist (OLG Hamburg OLGZ 1990, 65, 66). Aufs Ganze gesehen handelt sich dabei aber durchweg um ausgesprochene *Ausnahmefälle,* deren praktische Bedeutung heute ganz gering ist, zumal angesichts der nun schon lange anhaltenden Niedrigzinsperiode mit ganz geringer Inflation.

VII. Corona-Krise*

1. Überblick

32 Die Coronakrise, dh die durch das Virus COVID-19 verursachte sogenannte Pandemie wird im Schrifttum weithin als geradezu „klassischer" Anwendungsfall der großen Geschäftsgrundlage eingestuft, von der man in Fällen wie Kriege, Revolu-

---

* **Schrifttum**: Armbruster/Prill, Schuldverträge in Zeiten der Corona-Pandemie, JuS 2020, 1008; Artz/Brinkmann/Pielsticker, Wohnraummietrecht in der Corona-Pandemie, MDR 2020, 527; Butenberg et al, Anwaltsantworten in der Corona-Krise, NZM 2020, 493; Ekkenga/Schirrmacher, Auswirkungen der Covid-19-Katastrophe auf die Zahlungspflichten gewerblicher Mieter, NZM 2020, 430; Eusani, Corona-Pandemie: Miet- und versicherungsrechtliche Ansprüche des Gewerbetreibenden bei Ertragsausfällen, MDR 2020, 889; Föller, Wohnraummietrecht unter der der Corona-Pandemie, WuM 2020, 349; Gerlach/Manzke, Einfluss eines Betriebsverbot auf den Bestand von Gewerberaummietverhältnissen in Zeiten der Corona-Pandemie, ZMR 2020, 551; Häublein/M Müller, Wer trägt des Pandemierisiko in der Geschäftsraummiete?, NZM 2020, 481; Klimesch/Walther, Mietzahlungsverpflichtung und Kündigungsmöglichkeiten nach dem Covid-19-Pandemie-Gesetz, ZMR 2020, 353; dies, Kein Wegfall der Geschäftsgrundlage nach dem Covid-19-Gesetz, ZMR 2020, 556; Krepold, Gewerbemietverträge in Zeiten der Covid-Pandemie, WM 2020, 726; Leo/Götz, Fälle und Lösungen zum Schicksal der Mietzahlungspflicht des Gewerberaummieters, NZM 2020, 402; Schmidt-Kessel/Möllnitz, Corona-Vertragsrecht, Sonderregeln für Verbraucher und Kleinstunternehmen NJW 2020, 1103; Saxinger, Mietminderungen und Vertragsanpassungen im Gewerbemietrecht in Corona-Zeiten, ZMR 2020, 1002; H Schmidt (Hrsg), COVID-19, Rechtsfragen zur Corona-Krise (2. Aufl 2020); Sentek/Ludley, Die hoheitlich verfügte Ladenschließung als Mangel, NZM 2020, 406; Sittner, Mietrechtspraxis unter Covid-19, NJW

tionen oder eben Epidemien spricht, gekennzeichnet durch schwerwiegende Veränderungen der Sozialexistenz insgesamt, sodass von ihnen grundsätzlich jedermann – mehr oder weniger – betroffen sein kann. Dies rechtfertigt es, hier einen kurzen Überblick über den Stand der Diskussion zu den Auswirkungen der Coronakrise im Mietrecht zu geben. Mehr als ein derartiger Überblick ist bisher nicht möglich, weil weder ein Ende der Epidemie noch ein Ende der Diskussion über die rechtlichen Konsequenzen der im Zuge der Epidemie ergriffenen Abwehrmaßnahmen in Sicht ist. Zudem ist eine gesetzliche Regelung im Anschluss an § 313 BGB in Vorbereitung.

Hintergrund der ausufernden Diskussion sind die umfangreichen und einschneidenden Maßnahmen der Bundesregierung sowie der Regierungen der Länder zur Eindämmung des Virus seit Ende März 2020 und erneut ab November 2020, durch die das Wirtschaftsleben weithin zum Erliegen gekommen ist – mit allen Konsequenzen für die finanzielle Situation der Betroffenen. Rechtsgrund insbesondere der umfassenden Betriebsverbote und Schließungsanordnungen war und ist in erster Linie § 28 des Infektionsschutzgesetzes (IfSG), auf dessen Grundlage in allen Bundesländern weitgehend übereinstimmende Verordnungen und Allgemeinverfügungen ergangen sind (vgl zB für Bayern die Verordnungen vom 27. und 31. 3. 2020, BayMBl Nrn 158 und 162). **33**

Es liegt auf der Hand, dass monatelange Betriebsverbote und Schließungsanordnungen für viele Unternehmen existenzbedrohende Folgen haben können, auch wenn die Auswirkungen im Einzelfall ganz unterschiedlich sein können. Insbesondere Gaststätten, Hotels, Einzelhandelsgeschäfte, freiberufliche Praxen und Vertriebsunternehmen sahen sich schlagartig mit der Situation konfrontiert, nahezu keine geschäftlichen Aktivitäten mehr entfalten zu können, während die Fixkosten einschließlich eben der Mieten weiterliefen. **34**

Der Gesetzgeber befürchtete deshalb nicht nur eine gewaltige „Pleitewelle", sondern auch eine Kündigungswelle gegen Wohnraummieter ebenso wie gegen gewerbliche Mieter, die die laufenden Mieten nicht mehr bezahlen konnten (oder wollten). Das Ergebnis war ein kurzfristig beschlossenes **Gesetz vom 27. 3. 2020 zur Abmilderung der Folgen** der COVID-19-Pandemie (BGBl I 569), durch dessen Art 5 unter anderem ein neuer Art 240 in das EGBGB eingefügt wurde. Nach § 2 dieser Vorschrift besteht für die Mietzeit bis Juni 2020 zugunsten der Mieter bei krisenbedingten Rückständen eine **Kündigungssperre** bis Mitte 2022. Die Mietforderung selbst blieb unberührt, sodass sich die Mieter gegebenenfalls nach Auslaufen der Kündigungssperre im Jahre 2022 alsbald um die Nachzahlung der offenen Mieten bemühen müssen, – sofern sie sich nicht auf Gewährleistungsrechte oder eben auch auf den Wegfall der Geschäftsgrundlage berufen können (unten Rn 36 ff; s zu dem Gesetz vom März 2020 die Erläuterungen zu § 573 sowie insbesondere STAUDINGER/SCHWARZE [2020] § 320 Rn 63a bis 63k; ARTZ et al MDR 2020, 527; BRINKMANN/THÜSING NZM 2021, 5; FÖLLER 249; HEILMANN NZM 2020, 497; SCHMIDT-KESSEL/MÖLLNITZ NJW 2020, 1103); **35**

2020, 1169; SREYL, Pandemiebedingte Risikotragung, NZM 2020, 817; WARMUTH, § 313 BGB in Zeiten der Corona-Krise, COVuR 2020, 16; ZEHELEIN, Die Miete in Zeiten von Corona (2020); ders Infektionsschutzbedingte Schließungsanordnungen in der Covid-19-Pandemie, NZM 2020, 390.

36 In der Begründung zu dem Gesetz vom März 2020 (BT-Drucks 19/18110, 35 ff) haben die Gesetzesverfasser bemerkt, Mieter und Pächter erhielten im Gegensatz zu anderen Berufen kein generelles Leistungsverweigerungsrecht, sondern blieben grundsätzlich zur Zahlung verpflichtet; jedoch könne ihnen wegen der Corona-bedingten Rückstände erst nach dem 30. Juni 2022 wieder gekündigt werden, sodass sie genug Zeit hätten, die Rückstände auszugleichen.

37 Im Schrifttum werden diese Bemerkungen der Gesetzesverfasser teilweise dahin interpretiert, der Gesetzgeber habe mit dem Gesetz vom März 2020 eine **abschließende Regelung** der Materie bezweckt, sodass daneben insbesondere ein Rückgriff auf das Institut des Wegfalls der Geschäftsgrundlage nicht mehr möglich sei (so zB Klimesch/Walther ZMR 2020, 556; Sittner NJW 2020, 1169, 1172; ebenso wohl LG Heidelberg GE 2020, 1184). Aber dafür fehlt bei Lichte besehen jede Begründung. Das Gesetz vom März 2020 ist unter größtem Zeitdruck zustande gekommen. Es sollte lediglich einen sofortigen Schutz für Mieter und Pächter bewirken; weitere Ziele wurden mit dem Gesetz nicht verfolgt und haben jedenfalls im Gesetzestext keinen Ausdruck gefunden. Nichts hindert deshalb die Prüfung, ob insbesondere die von Betriebsverboten oder Schließungsanordnungen betroffenen Mieter (oder Pächter) eine Befreiung oder doch Herabsetzung der Miete „nach allgemeinen Regeln" verlangen können, wobei insbesondere an eine Leistungsbefreiung wegen Unmöglichkeit der Vermieterleistung (§§ 275, 326 BGB), an Gewährleistungsrechte (§ 537 BGB) sowie eben an einen Wegfall der Geschäftsgrundlage (§ 313 BGB) zu denken ist (Überblick über die bisherige Diskussion zB bei Blank/Börstinghaus § 535 Rn 725–763; Zehelein, Die Miete in Zeiten von Corona [2020]; ders NZM 2020, 390).

2. Mangel, Unmöglichkeit

38 Die Auswirkungen der COVID-19-Pandemie sowie der behördlichen Gegenmaßnahmen auf Unternehmen sind naturgemäß – je nach den Umständen des Falles – unterschiedlich, sodass sich von vornherein eine einheitliche Behandlung ebenso wie generelle Aussagen verbieten. Im Mittelpunkt des Interesses steht aber bislang eindeutig der Grenzfall der **Betriebsverbote** und Schließungsanordnungen, sodass sich die folgenden Ausführungen gleichfalls auf die Frage konzentrieren sollen, ob derartige behördliche Maßnahmen, zumindest unter bestimmten Voraussetzungen, als **Mangel** eingestuft werden können – mit der Folge, dass der Mieter, solange die behördlichen Maßnahmen andauern oder nachwirken, ganz oder doch überwiegend, von der Verpflichtung zur Zahlung der Miete befreit ist (§ 536 Abs 1 BGB).

39 Im Schrifttum wird die Frage verschiedentlich bejaht, in erster Linie mit der Begründung, bei der Vermietung gewerblich genutzter Räume gehöre die Nutzbarkeit der Räume für die von den Parteien intendierten Zwecke nach der Verkehrsanschauung zu der vom Vermieter geschuldeten Beschaffenheit, sodass behördliche Maßnahmen zur Eindämmung der Coronakrise häufig durchaus als Mangel der Mietsache qualifiziert werden könnten (so insbesondere Krepold WM 2020, 726, 729 f; Sentek/Ludley NZM 2020, 406; ebenso LG München I BeckRS 2020, 28189). Überwiegend wird das Vorliegen eines Mangels indessen verneint, und zwar mit der Begründung, angesichts der grundsätzlichen Zuweisung des **Verwendungsrisikos** an den Mieter (s § 537 BGB; o Rn 21 f) dürfe hier nicht auf dem Umweg über § 536 Abs 1 BGB das Verwendungsrisiko generell auf den Vermieter verschoben werden, zumal die be-

hördlichen Verbote keinen Zusammenhang mit der Beschaffenheit der vermieteten Räume aufwiesen, sondern unabhängig davon jedermann träfen (zB LG Heidelberg GE 2020, 1184; LG Mannheim GE 2020, 1253; AG Köln BeckRS 2020, 32288; Gerlach/Manzke ZMR 2020, 551; Häublein/M Müller NZM 2020, 481, 484 ff; Heilmann NZM 2020, 497; Leo/Götz NZM 2020, 402, 403 ff; Zehelein NZM 2020, 390, 392 f). Bei dem gegenwärtigen Stand der Praxis dürfte dieses Ergebnis in der Tat naheliegend sein, wenn es auch nicht zwingend ist, wie bereits der Umstand verdeutlicht, dass noch das RG, gewiß mit guten Gründen, in die entgegengesetzte Richtung tendierte (s § 536 Rn 44 f).

40 Die meisten Raumnutzungsverträge einschließlich eben der gewerblichen Mietverträge sind **absolute Fixgeschäfte**, dies einfach deshalb, weil im Regelfall Zeiten, in denen dem Mieter die Nutzung der Räume etwa durch einen Brand vorenthalten wurde, später nicht mehr nachgeholt werden können (s o § 535 Rn 18). Im Schrifttum wird daraus zum Teil der Schluss gezogen, dass Betriebsverbote und Schließungsanordnungen, weil sie dem Mieter die Nutzung der Räume vorübergehend unmöglich machten, als Fälle **vorübergehender Unmöglichkeit** einzustufen seien (§ 275 Abs 1 BGB), sodass der Mieter von der Verpflichtung zur Erbringung der Gegenleistung, dh zur Zahlung der Miete befreit werde (§ 326 Abs 1 S 1 BGB) und überdies zurücktreten könne (§ 323 Abs 5 BGB; so zB Krepold WM 2020, 726, 732 f; Leo/Götz NZM 2020, 402, 404 f).

41 Gegen die Annahme einer vorübergehenden Unmöglichkeit in den genannten Fällen spricht freilich, dass dem Vermieter die Erfüllung seiner beiden Hauptleistungspflichten, nämlich der Überlassungs- und der Erhaltungspflicht (§ 535 Abs 1 BGB) – an sich – nach wie vor durchaus möglich ist, nur dass der Mieter mit diesen Leistungen des Vermieters im Grunde nichts mehr anzufangen vermag (so Butenberg NZM 2020, 499; Gerlach/Manzke ZMR 2020, 551, 554; Häublein/M Müller NZM 2020, 481, 486 f), – woran letztlich nur deutlich wird, dass Veränderungen der Sozialexistenz wie eben epidemiebedingte generelle Betriebsverbote und Schließungsanordnungen nur schwer mit den auf die Beziehungen einzelner Parteien abstellenden Kategorien des Leistungsstörungsrechts des BGB adäquat erfasst werden können. Hält man sich dies vor Augen, so liegt in der Tat die „Flucht" in die große Geschäftsgrundlage als Ausweg nahe (Rn 42 f).

3. Wegfall der Geschäftsgrundlage

42 Man darf davon ausgehen, dass die große Mehrzahl der Mietvertragsparteien, sofern sie nicht ausnahmsweise über hellseherische Fähigkeiten verfügen, bei Abschluss eines gewerblichen Mietvertrages gewiss nicht an die Corona-Krise und deren dramatische Folgen, und zwar auch und gerade für die Durchführung gewerblicher Mietverträge gedacht haben und dass sie den Vertrag mit großer Wahrscheinlichkeit anders abgeschlossen hätten, wenn sie in der Lage gewesen wären, die Pandemie vorherzusehen. Deshalb liegt hier die Annahme eines Wegfalls der Geschäftsgrundlage gemäß § 313 Abs 1 BGB in der Tat nahe, sofern den gewerblichen Mietern auf Dauer ein Festhalten an dem Vertrag nicht mehr zuzumuten ist. Als Rechtsfolge ist in erster Linie an eine Anpassung des Vertrages an die veränderte Situation auf Verlangen des Mieters (§ 313 Abs 1 BGB) und hilfsweise an eine Kündigung des Mieters zu denken, sofern sich eine für beide Parteien zumutbare Vertragsanpassung als unmöglich erweisen sollte (§ 313 Abs 3 BGB). Dieses Ergebnis entspricht, wie bereits betont, einer verbreiteten Meinung im neueren Schrifttum, wobei indessen die Akzente sowohl hinsichtlich der Voraussetzungen für die Annahme eines Wegfalls der Geschäftsgrundlage als auch bei den Rechtsfolgen durchaus unterschiedlich gesetzt werden (s insbesondere Blank/Börstinghaus § 535 Rn 754 ff; Butenberg NZM 2020, 498; Ekkenga/Schirrmacher NZM 2020, 410; Eusani MDR 2020, 889; Gerlach/Manzke ZMR 2020, 551, 554 ff; Häublein/M Müller NZM 2020, 481, 486 ff; Krepold WM 2020, 726, 733 f [hilfsweise]; Warmuth COVuR 2020, 16; Zehelein NZM 2020, 390, 397 ff; anders zB AG Düsseldorf BeckRS 2020, 31652; AG Köln BeckRS 2020, 32288).

43 Durch das Gesetz zur Abmilderung der Folgen der COVID-19-Pandemie wird ein Rückgriff auf das Rechtsinstitut des Wegfalls der Geschäftsgrundlage nicht ausgeschlossen (s o Rn 37). **Spezielle gesetzliche Regelungen** für die Auswirkungen von Seuchen auf Miet- oder Pachtverträge gibt es allein für Landpachtverträge in Gestalt des § 593 (vgl auch für Österreich § 1104 ABGB). Es ist ferner zwar gewiss richtig, dass grundsätzlich der gewerbliche Mieter das **Verwendungsrisiko** tragen muss, sodass es an seiner Verpflichtung zur Zahlung der Miete in aller Regel nichts ändert, wenn er die gemieteten Räume infolge einer Veränderung der Umstände nicht mehr gewinnbringend zu nutzen vermag (s Rn 21; zB BGH 23. 10. 2019 – XII ZR 125/18 Rn 37, BGHZ 223, 290, 303 = NJW 2020, 331; LG Mannheim GE 2020, 1252, 1254). Aber auch dies hindert nicht in einer außerordentlichen Situation, wie sie eine Pandemie zweifellos darstellt, die Heranziehung der Grundsätze über den Wegfall der Geschäftsgrundlage, die gerade für derartige Fallgestaltungen eine besondere Bedeutung erlangen, weil und sofern es offenbar unbillig ist, das Risiko solch unvorhersehbarer Entwicklungen mit ihren weitreichenden Auswirkungen einseitig einer Partei aufzubürden (§§ 242 und 313 BGB). Das gilt, wie der BGH betont hat, jedenfalls für extreme Ausnahmefälle, in denen unvorhersehbare Entwicklungen existenzbedrohende Konsequenzen für eine Partei haben (so BGH 23. 10. 2019 – XII ZR 125/18 Rn 37, BGHZ 223, 290, 303 = NJW 2020, 331).

44 Damit ist zugleich gesagt, dass es durchweg ganz auf die Umstände des Einzelfalles ankommt, um aufgrund einer umfassenden Abwägung der Interessen der Beteiligten beurteilen zu können, was dem Mieter – angesichts des ihn grundsätzlich treffenden Verwendungsrisikos – tatsächlich noch zumutbar ist und welche **Anpassung** des Vertrages, insbesondere in Gestalt einer Herabsetzung der Miete, der Mieter verlangen kann, wenn ihm angesichts der Auswirkungen der Pandemie nicht mehr zugemutet werden kann, an dem unveränderten Vertrag festzuhalten. Im Schrifttum wird folgerichtig vielfach eine **hälftige Aufteilung** des Risikos zwischen den Parteien für billig gehalten (zB Blanck/Börstinghaus § 535 Rn 763 mwNw; Ekkenga/Schirrmacher NZM 2020, 410, 414; Gerlach/Manzke ZMR 2020, 551, 555 f; Warmuth COVuR 2020, 16; Zehelein NZM 2020, 390, 399 f). Aber es sind auch andere Lösungen vorstellbar, zumal bei Berücksichtigung etwaiger staatlicher Hilfsmaßnahmen zugunsten von Mietern. Neben einer Vertragsanpassung dürfte schließlich für eine **Kündigung** des Mieters nach § 313 Abs 3 BGB nur selten Raum sein (s aber Zehelein NZM 2020, 390, 400 f). Eine entsprechende gesetzliche Regelung im Wege der Änderung des § 313 BGB ist in Vorbereitung.

Untertitel 1
Allgemeine Vorschriften für Mietverhältnisse §536

§ 536
Mietminderung bei Sach- und Rechtsmängeln

(1) Hat die Mietsache zur Zeit der Überlassung an den Mieter einen Mangel, der ihre Tauglichkeit zum vertragsgemäßen Gebrauch aufhebt, oder entsteht während der Mietzeit ein solcher Mangel, so ist der Mieter für die Zeit, in der die Tauglichkeit aufgehoben ist, von der Entrichtung der Miete befreit. Für die Zeit, während der die Tauglichkeit gemindert ist, hat er nur eine angemessen herabgesetzte Miete zu entrichten. Eine unerhebliche Minderung der Tauglichkeit bleibt außer Betracht.

(1a) Für die Dauer von drei Monaten bleibt eine Minderung der Tauglichkeit außer Betracht, soweit diese aufgrund einer Maßnahme eintritt, die eine energetischen Modernisierung nach § 555b Nr. 1 dient.

(2) Abs. 1 S. 1 und 2 gilt auch, wenn eine zugesicherte Eigenschaft fehlt oder später wegfällt.

(3) Wird dem Mieter der vertragsgemäße Gebrauch der Mietsache durch das Recht eines Dritten ganz oder zum Teil entzogen, so gelten die Absätze 1 und 2 entsprechend.

(4) Bei einem Mietverhältnis über Wohnraum ist eine zum Nachteil des Mieters abweichende Vereinbarung unwirksam.

Materialien: E I §§ 505, 508; II §§ 482, 446; III §§ 530, 534; BGB §§ 537, 541; Mot II 373, 378 ff; Prot II 131 f, 133 f; 2. Mietrechtsänderungsgesetz vom 14. 7. 1964 (BGBl I 457); Mietrechtsreformgesetz vom 23. 7. 2001 (BGBl I 1658); Schuldrechtsmodernisierungsgesetz vom 26. 11. 2001 (BGBl I 3138); Begr zu dem RegE des Mietrechtsreformgesetzes, BT-Drucks 14 (2000)/4553, 40 f; Mietrechtsänderungsgesetz von 2013 (BGBl I 434).

Schrifttum

S Vorbem zu § 536 sowie
AGATSY, Verzugshaftung des Vermieters bei der Mängelbeseitigung und Umfang von Aufwendung- und Schadensersatzansprüchen des Mieters, ZMR 2020, 558
ARMBRÜSTER/MANGOLD, Ansprüche des nichtbesitzen den Mieters bei Doppelvermietung, ZMR 2020, 545
ARTZ, Ökologische Modernisierung des Wohnungsbestandes, WuM 2008, 259
D BEYER, Prozentsätze als Auslegungskriterien des BGH, NJW 2010, 1025
BLANK, Wärmedämmung und Feuchtigkeitsschäden, in: Miete und Umwelt, PiG 31 (1989) 91
ders, Raumüberlassung und Gebrauchsgewährung, in: Vermieterleistungen, PiG 67 (2003) 21
ders, Die Berechnung der Minderung, in: FS Bub (2007) 271
ders, Mietrecht und Energieeffizienz, WuM 2008, 311
ders, Mietminderung wegen anfänglicher Mängel, PiG 83 (2008) 141
ders, Der Ausschluss der Minderung bei Bauarbeiten in der Nachbarschaft, WuM 2012, 175
ders, Die geschuldete Beschaffenheit des Mietraums, PiG 92 (2012) 1
ders, Umwelt- und Umfeldmängel, MDR 2015, 855
BÖRSTINGHAUS, Mietminderungstabelle (2009)

ders, Mietzinsminderung bei Wohnraummietverhältnissen (1996)
ders, Mietminderung und vorbehaltlose Zahlung, MDR 1997, 1085
ders, Anpassung der Wohnung an übliche Wohnstandards, NZM 2005, 561 = in: PiG 73 (2006) 39
ders, Der vertragsmäßige Zustand der Mietsache, MDR 2009, 181
ders, Flächenabweichungen in der Wohnraummiete (2012)
BRINKMANN, Handlungsanweisungen des Vermieters zur Vermeidung von Schimmel, NZM 2020, 1004
BUB, Flächenabweichungen im Mietrecht, in: Investitionspflicht, PiG 88 (2010) 45
CONRAD, Die Einrede des nicht erfüllten Vertrages wegen Mietmängeln, MDR 2014, 1381
CRAMER, Flächenabweichungen, NZM 2017, 457
DERLEDER, Miete und Umwelt, in: Miete und Umwelt, PiG 31 (1989) 13
ders, Anpassungspflichten des Vermieters, PiG 92 (2011) 13
EISENHARDT, Rückforderung von Mietzahlungen für eine mangelhafte Mietsache, WuM 2019, 5
EISENSCHMID, Schädliche Stoffe und Umweltbelastung, in: Miete und Umwelt, PiG 31 (1989) 53 = WuM 1989, 357
ders, Elektrosmog und Gewährleistung im Mietrecht, in: FS Seuß (1997) 101 = WuM 1997, 21
ders, Die Mietminderung nach der Bruttomiete, WuM 2005, 491
ders, Die Betriebskostenabrechnung im Lichte der Minderung, in: FS Bub (2007) 327
ders, Mietminderung wegen hoher Raumtemperaturen, NZM 2002, 902
ders, Mängelrechte des Wohnraummieters nach Miet- und Schuldrechtsreform, NZM 2002, 676
ders, Tilgung, Minderung und Verrechnung von Teilleistungen, NZM 2011, 654
ders, Anpassungspflichten des Vermieters, NZM 2012, 487
ders, Neuere Entwicklungen zum Minderungsrecht bei Umfeldmängeln, NZM 2016, 841
ELZER, Vom geschuldeten Trittschallschutz im Mietrecht, NZM 2009, 641
EMMERICH, Vertragsmäßiger Zustand der Mieträume, in: Miete und Umwelt, PiG 31 (1989) 35

FALLAK, Die rechtlichen Grenzen von Gewährleistungsausschlussabreden im Gewerberaummietrecht (2008)
FIELING, Die Einrede des nicht erfüllten Vertrags im Mietrecht, ZfPW 2018, 467
B FLATOW, Umsetzung von Umweltstandards, in: Anpassung der Wohnung, PiG 73 (2006) 19
dies, Die energetischen Anforderungen an das Wohnen heute und morgen, NZM 2008, 785
dies, Der Eilrechtsschutz bei Doppelvermietung, PiG 85 (2009) 191
dies, Vermieterpflichten bei Lärmbelästigung, PiG 92 (2011) 63
dies, Die Risikoverteilung zwischen Mieter und Vermieter bei Umfeldveränderungen, WuM 2016, 459
dies, Fälligkeit der Miete und Verzug im Falle der Minderung, NZM 2017, 273
FRANK, Umweltlärm und Mietzinsminderung, WuM 1986, 75
FRANKE, Fragen zur Mietminderungspraxis, ZMR 1996, 297
ders, Zurückbehaltungsrecht, ZMR 2010, 663
FRIERS, Die Bedeutung der EnEV für das Mietrecht, WuM 2008, 255
FRITZ, Umwelt- und Umfeldmängel im Gewerberaummietrecht, NZM 2008, 25
ders, Umweltmängel, in: FS Blank (2006) 153
GATHER, Mängel der Mietsache und ihre Rechtsfolgen, DWW 2010, 248
GELLWITZKI, Das Leistungsverweigerungsrecht des Wohn- und Gewerberaummieters, WuM 1999, 10
ders, Der Mängelbeseitigungsanspruch und das Leistungsverweigerungsrecht bei Mietende, WuM 2006, 122
GHASSEMI-TABAR, Umweltfehler als Mängel, NJW 2015, 2849
GILLIG, Nichterfüllung und Sachmängelgewährleistung (1984)
GSELL, Schadensersatz und Aufwendungsersatz im Mietrecht, NZM 2010, 71
dies, Die Bedeutung technischer Normen bei der Vermietung von Wohn- und Geschäftsraum, WuM 2011, 491
dies, Beschaffenheitsvereinbarung und Mängelkenntnis im Mietrecht, NZM 2016, 702
GSELL/HAAG, Ungeschmälerte Mietzahlung trotz Minderung und teleologische Reduktion

des § 814 BGB, in: FS Börstinghaus (2020) 153

Günter, der Einfluss öffentlich-rechtlicher Verpflichtungen, NZM 2016, 569

Hartmann, Die jüngere Rechtsprechung zum Leistungsverweigerungsrecht des Mieters, in: FS Börstinghaus (2020) 189

Hau, Minderung und sonstige Gewährleistungsrechte des Mieters während und nach Modernisierungsmaßnahmen, PiG 90 (2011) 31

Haugg/Hitpass, Schimmelpilzbekämpfung, WuM 2004, 139

Heix, Die Rechtsprechung des BGH im Labyrinth der Wohnfläche, WuM 2009, 706

ders, Die Geltung der tatsächlichen Wohnfläche, WuM 2016, 263

Hille, Die Haftung des Vermieters für den vertraglich vereinbarten Schallschutz, NZM 2014, 455

Hinz, Das Zurückbehaltungsrecht wegen Mängeln der Mietsache, ZMR 2016, 253

Horst, Wohnungs- und nachbarrechtliche Folgefragen des Energiepasses, NZM 2008, 145

ders, Der Umgang mit Standards zur Bewertung eines Mietmangels, NZM 2010, 177

ders, Nächtliche Lärmbelästigung, MDR 2012, 70

ders, Die rechtliche Behandlung von Mängeln wegen Lärm, DWW 2015, 122, 162

ders, Aufrechnungsverbote und Minderungsbeschränkungen, DWW 2016, 362

W Joachim, Zum Leistungsverweigerungsrecht des Mieters bei Mängeln an der Mietsache, Betr 1986, 26, 49

ders, Risikozurechnungen im gewerblichen Miet- und Pachtrecht, BB 1988, 779

ders, Haftungsfreizeichnung, NZM 2003, 387 = WuM 2003, 183

Kamphausen, Verfahren zur Ermittlung von Wohnwertminderungen bei Sachmängeln, WuM 1982, 3

Kandelhard, Haftung für Flächenabweichungen, NZM 2008, 468

ders, Kleine Wohnung – große Wirkung?, in: FS Blank (2006) 239

Kern, Rechte und Pflichten des Mieters bei Gesundheitsgefährdung, NZM 2007, 634

Keppler, Die Rechte des Mieters bei Mietmängeln, ZMR 2003, 885

Kinne, Mängel in Miträumen (3. Aufl 2002)

Klimesch, Nachbar-Bauvorhaben und Mietminderung, ZNR 2016, 516

Kluth/Böckmann, Zugangsbeeinträchtigungen, NZM 2003, 882

Kohler, Doppelvermietung – ein Glücksspiel für Mieter?, NZM 2008, 545

Kokemüller, Minderung und Zurückbehaltungsrecht des Wohnraummieters, WuM 1999, 201

I Koller, Die Risikozurechnung bei Vertragsstörungen in Austauschverträgen (1979)

ders, Umweltmängel von Mietobjekten, NJW 1982, 201

Kraemer, Die Gewährleistung im Mietrecht, WuM 2000, 515

ders, Mietraumfläche, WuM Beil zu Heft 12 S 13 = NZM 1999, 156

ders, Mietfläche und Mietpreis, NZM 2000, 1121

Kretzer, Ausweitung der Kampfzone, ZMR 2005, 516

Lames, Technische Standards und Sollbeschaffenheit der Mietsache, NZM 2007, 465

Lammel, Zur Einrede des nichterfüllten Vertrages bei gleichzeitiger Minderung im Wohnraummietrecht, in: Gedschr Sonnenschein (2002) 275

Lehmann-Richter, Minderungsausschluß bei Baulärm in der Nachbarschaft, NZM 2012, 849

ders, Energieeinsparung und Gewährleistungsrechte des Mieters, in: Energiewende, PiG 95 (2013) 41

ders, Die Gebrauchsrechte und Gebrauchspflichten des Mieters, PiG 99 (2015) 65 = NZM 2015, 513

Leo/J Schmitz, Die Durchführung der Mietminderung, NZM 2005, 858

Lögering, Rückforderung überzahlter Miete nach Minderung, NZM 2010, 111

Lucenti/Westfeld, Lüft- und Heizanforderungen, NZM 2009, 422

Meyer-Abich, Die unveränderliche Mietsache?, NZM 2018, 427

Pfeiffer, Mietminderung und Beschaffenheitszuschläge, in: Miete und Wohnungseigentum, PiG 41 (1993) 67

ders, Wie hoch kann eine Mietminderung sein?, GE 1994, 950

Schläger, Wohnraummiete und Umweltschutz,

ZMR 1990, 161; 1992, 85; 1994, 189; 1996, 517; 1998, 669; 2002, 85

M Schmid, Minderung nach der Bruttomiete, ZMR 2005, 836

H Schmidt, Fortbestand des Erfüllungsanspruchs bei Mangelkenntnis, NZM 2013, 705

Schmitz/Reischauer, Haftungsausschluß des Vermieters, NZM 2002, 1019

Schuhl/Wechert, Berechnung und Bedeutung der Mietfläche von Gewerberäumen, ZMR 2002, 633

Schulz, Umfeldmangel, PiG 73 (2006) 199

Schwintowski, Die Rechtspflicht des Vermieters zur optimalen Wärmeversorgung, WuM 2006, 105

Selk, Schimmelbefall in den vermieteten Wohnräumen, NJW 2013, 2629

ders, Baulücken, Baulärm und Co., NZM 2015, 855

ders, Wohnungsfeuchte, Schimmelpilz & Co. in der Wohnraummiete – Ein Update im „Vorhof des BGH", NZM 2018, 593

ders, Der „Bolzplatz" ist überall: Umfeld und Umweltmängel im Mietrecht, NZM 2019, 113

ders, Mängelstau: Mieters Reaktionen, namentlich sein Zurückbehaltungsrecht – „Aber wehe, wehe, wehe! Wenn ich auf das (Miet-)Ende sehe!!", NZM 2019, 506

ders, „Bolzplatz II", NZM 2020, 632

Sternel, Lärmbelastung des Mieters, in: Miete und Umwelt, PiG 31 (1989) 71

ders, Minderung und Zurückbehaltung der Miete, WuM 2002, 244

ders, Der Einfluß der Mietrechtsreform auf Minderung und Zurückbehaltung der Miete durch den Mieter, in: Gedschr Sonnenschein (2002) 293

ders, Wohngifte und Gewährleistung, in: FS Derleder (2005) 299

ders, Energiepass und Gewährleistung, NZM 2006, 495

Streyl, Doppelvermietung, NZM 2008, 878

ders, Schimmel in der Mietwohnung, NZM 2019, 153

ders, Zur Darlegungs- und Beweislast bei der Mietminderung, WuM 2008, 7

ders, Auswirkungen von Flächenabweichungen, WuM 2011, 950

ders, Doppelte Minderung bei Flächenabweichungen?, WuM 2012, 544

ders, Schadensersatzansprüche wegen Schimmel, WuM 2016, 136

ders, Minderungsausschlußklauseln in der Gewerberaummiete, NsZM 2015, 841

Szewierski/Monske, Fogging, ZMR 2003, 550

Timme, Minderungsrecht, Ausschluß und Verwirkung, NZM 2003, 508

ders, Rechtsfolgen vorbehaltloser Mietzahlung in Mängelkenntnis, NJW 2003, 399

ders, Mietminderung wegen Mängeln trotz Weiterzahlung der Miete?, NZM 2002, 685

Ventsch/Storm, Verwirkung des Anspruchs auf die Miete, NZM 2003, 577

Weitemeyer, Die Pflichten des Vermieters bis zur Übergabe der Mietsache, PiG 83 (2008) 125

A Wenger, Die Mietzinsminderung wegen Mängeln in der gerichtlichen Spruchpraxis, ZMR 1997, 269

ders, Die Mietzinsminderung wegen Mängeln, ZMR 2000, 645

Zehelein, Der vertragsmäßige Zustand der Mietsache durch Vertragsschluss, WuM 2014, 579.

Systematische Übersicht

I. Überblick	1
II. Mangel – Allgemein	
1. Begriff	5
2. Zeitlicher Anwendungsbereich	11
3. Ausschlusstatbestände, § 536 Abs 1a	12
4. Erheblichkeit des Mangels	21
III. Baumängel	
1. Maßstab	22
2. Gesundheitsgefahren	28
3. Heizung	35
4. Naturkatastrophen	38
5. Weitere Baumängel	39

Untertitel 1
Allgemeine Vorschriften für Mietverhältnisse §536

IV.	Öffentlich-rechtliche Beschränkungen	
1.	Nur objektbezogene Genehmigungsvoraussetzungen	42
2.	Beispiele	46

V.	Umweltfehler, insbesondere Lärm	
1.	Überblick	48
2.	Häuslicher Lärm	55
3.	Nachbarschaftslärm	57
4.	Zugangsbehinderungen, weitere Fälle	59

VI.	Fahrnismiete	61

VII.	Zugesicherte Eigenschaften	63

VIII.	Größe der vermieteten Räume, Flächendifferenzen	
1.	Größenangaben im Mietvertrag	68
2.	Rechtsfolgen	75

IX.	Rechtsmängel	
1.	Überblick	78
2.	Rechte Dritter	80
3.	Gebrauchsentziehung	83
4.	Doppelmiete	85
5.	Rechtsfolgen	88

X.	Minderung	
1.	Überblick, Rechtsnatur	90
2.	Berechnung	94
3.	Befreiung des Mieters von der Entrichtung der Miete (§ 536 Abs 1 S 1)	96
4.	Angemessene Herabsetzung der Miete (§ 536 Abs 1 S 2)	97

XI.	Zurückbehaltungsrecht	101

XII.	Ausschlusstatbestände	
1.	Überblick	109
2.	Vom Mieter zu vertretende Mängel	110
3.	Insbesondere ungenügende Heizung und Lüftung	112
4.	Beweislast	117
5.	Kenntnis des Mieters	119

XIII.	Vertragliche Beschränkungen	
1.	Gewerbliche Miete	123
2.	Wohnraummiete	128

XIV.	Prozessuales	
1.	Urkundenprozess	130
2.	Beweislast	131

Alphabetische Übersicht

Abstellraum	8
Abweichende Vereinbarungen	123 ff
Anwendungsbereich	11
Asbest	30
Aufzug	28a
Ausschluss der Minderung	12 f, 109 ff
– Kenntnis des Mieters	119 ff
– vom Mieter zu vertretende Mängel	110 ff
Baumängel	23 ff, 39 ff
Berechnung der Minderung	94 f
Beschaffenheitsvereinbarung	50 f
Beweislast	20, 131 f
Bordell	57
Doppelmiete	85 f
Eigenschaften	66 f
Einrede des nicht erfüllten Vertrags	101 ff
Energieeinsparung	23
Erheblichkeit	62
Fehlen zugesicherter Eigenschaften	63 ff
– Abgrenzung zu Beschaffenheitsangaben	65
– Eigenschaften	66 f
– Größe der vermieteten Räume	68 f
– Rechtsfolgen	75
– Zusicherung	84
Feuchtigkeitsschäden	110 f
Fläche	68
Fogging	29
Größe der Räume	68
Heizung	35 f
Hochwasser	38

Immissionen — 48
Keller — 8
Lärm — 49 ff

Mangel — 5 ff
– Antenne — 39
– Arbeitsräume — 35
– Asbest — 30
– Aufzug — 56
– Ausfall der Heizung — 35
– Balkon — 41
– Bauerlaubnis — 23
– Baumängel — 22 ff, 39 ff
– Baustellenlärm — 49
– Begriff — 5 ff
– Beispiele — 5 ff
– Benutzungsverbot — 45 ff
– Blei — 28
– Bordell — 57
– Brandschutz — 39
– Computer — 61
– Elektrosmog — 29, 59
– Energieeffizienz — 23
– Erheblichkeit — 62
– Erkennbarkeit — 10
– Fahrnismiete — 61
– Fahrstuhl — 28a
– Feuchtigkeitsschäden — 63 f
– Fläche — 68
– Flugzeug — 61
– Fogging — 13c, 64
– Formaldehyd — 29
– Garagen — 55
– Garten — 41
– Gastwirtschaft — 42, 55
– Genehmigung — 43
– Gesundheitsgefahren — 28 f
– Graffiti — 39
– Heizungsmängeln — 35 f
– Hochwasser — 38
– Hunde — 58
– Immissionen — 48
– Isolierung — 39, 55
– Kinderspielplatz — 58
– Klimaanlage — 37
– klopfende Heizung — 46
– Kraftfahrzeug — 61
– Lärm — 3, 55 f
– Lärmschutz — 41, 55
– Legionellen — 10, 29
– Licht und Luft — 33
– Lichteinfall — 59
– Lindan — 33
– Lüftung — 37
– Marder — 32, 58
– Maßstab — 5
– Milieuschutz — 59
– Mobilfunk — 28, 59
– Nachbarschaftslärm — 57 f
– Naturkatastrophen — 38
– Nitrat — 29
– Nutzungsverbot — 45 ff
– öffentlich-rechtliche Beschränkungen — 42 ff
– Parkplatz — 41, 46
– Perchloräthylen (PER) — 29
– Ratten — 30
– Rauchverbot — 42, 44
– Reichweite — 8 ff
– Rückstau — 38
– Schimmelpilz — 30, 112
– Standard — 22
– Stromausfall — 39
– Tanzverbot — 44
– Tauben — 31
– Temperatur — 33, 35
– Tragfähigkeit der Böden — 39
– Trittlärm — 33, 52
– Umfeld — 39, 41
– Umweltfehler — 9, 48 ff
– Umweltgifte — 28
– Ungeziefer — 31
– Verkehrslärm — 57
– Verputz — 39
– Verwahrlosung — 39
– vom Mieter zu vertretende Mängel — 12, 110 ff
– Warmwasserversorgung — 37
– Wasser — 38
– Wasserstau — 38
– Wildschweine — 10, 32
– Zeitpunkt — 11
– Zugang — 41, 46, 59
– Zugangsbehinderungen — 59
Maßstab — 22 ff
Mietrechtsreform von 2013 — 1
Minderung — 90 ff
– angemessene Herabsetzung der Miete — 95 ff

- Äquivalenzverhältnis 91
- Ausschluss kraft Gesetz 109 ff
- automatische Minderung 91
- Befreiung von der Entrichtung der Miete 96
- Berechnung 94 f
- Fortzahlung der Miete 97 ff
- Herabsetzung der Miete 97
- Umfang 96 ff
- vertragliche Beschränkungen 123 f
- Zweck 91
Mindeststandard 23
Mobilfunkanlagen 28

Naturkatastrophen 38

Öffentlich-rechtliche Beschränkungen 42 ff

Rauchverbot 42, 44
Rechtsmangel 78 ff
- Abkauf der Rechte Dritter 89
- anfängliches Unvermögen 83
- Dienstbarkeit 82
- Doppelmiete 85 f
- Eigentum 82
- Entziehung des Gebrauchs 79, 83 f
- Erfüllungsanspruch 86
- Eviktionshaftung 79
- Garantiehaftung 88
- Immissionen 83
- Leistungsansprüche Dritter gegen den Vermieter 81
- Minderung 90 ff
- Nichtgewährung des Gebrauchs 83
- Nießbrauch 82
- öffentlich-rechtliche Verbote 80
- Patentrecht 82
- Privatrechte 88
- Rechte Dritter 88
- Rechte, dingliche 82
- Rechte, obligatorische 83
- Rechtsfolgen 88
- Schadensersatzansprüche 88
- Untermiete 84
- Verzug 89
- Zeitpunkt 81
Reform von 2013 1

Schimmel 30, 112
Standard, geschuldeter 22 ff

Temperatur 33, 35
Trittschallschutz 33

Umweltfehler 9, 48 ff
Ungeziefer 28
Urkundenprozess 130

Verwirkung 53, 67

Zugang 9, 41, 46, 59
Zurückbehaltungsrecht 101 ff
Zusicherung 64 f

I. Überblick

Nach 536 Abs 1 S 1 und 2 BGB wird der Mieter kraft Gesetzes von der Verpflichtung zur Zahlung der Miete befreit oder die Miete gemindert, wenn und solange die Mietsache bei ihrer Überlassung an den Mieter mit einem **Mangel** behaftet ist, der ihre Tauglichkeit zu dem vertragsgemäßen Gebrauch aufhebt oder mindert, *oder* wenn im Laufe des Mietvertrages später ein solcher Mangel entsteht. Eine unerhebliche Minderung der Tauglichkeit bleibt jedoch außer Betracht (§ 536 Abs 1 S 3 BGB). Gleich stehen das Fehlen **zugesicherter Eigenschaften** (§ 536 Abs 2 BGB) sowie das Vorliegen eines **Rechtsmangels** der in § 536 Abs 3 BGB bezeichneten Art. Die Minderung dauert so lange an, bis der Vermieter den Mangel behoben hat (§ 535 Abs 1 S 2 BGB). Bis dahin steht dem Mieter ferner nach § 320 BGB in freilich umstrittenem Umfang das Recht zu, die Miete, auch soweit die Minderung nicht durchgreift, **zurückzubehalten**, um einen zusätzlichen Druck auf der Vermieter auszuüben, seiner Pflicht zur Mängelbeseitigung nachzukommen. **1**

2 § 536 BGB fasst die früheren §§ 537 und 541 BGB ohne inhaltliche Änderungen zusammen, (Begr zum RegE BT-Drucks 14/4553, 40 f). Durch das Schuldrechtsmodernisierungsgesetz von 2001 wurde sodann in § 536 Abs 1 S 1 BGB das Wort „Fehler" durch das Wort „Mangel" ersetzt, um den Sprachgebrauch des Gesetzes an den des neuen Kaufrechts anzupassen (BGBl I 3138, 3165). Der Minderungsausschluss durch § 536 Abs 1a BGB beruht auf der Reform von 2013. § 536 BGB ist auf sämtliche am 1. 9. 2001 bestehenden Mietverhältnisse anzuwenden, wenn der Mieter Rechte wegen Mängeln geltend macht, die nach dem 31. 8. 2001 entstanden sind.

3 Unter den Voraussetzungen des § 536a BGB kann der Mieter vom Vermieter bei Vorliegen eines Mangels außerdem **Schadensersatz** verlangen. Daneben hat er in aller Regel noch das **Kündigungsrecht** des § 543 Abs 2 Nr 1, Abs 3 und 4 BGB oder gegebenenfalls des § 569 Abs 1 oder Abs 2 BGB. Nur wenn der Mieter den Mangel bei Vertragsabschluss positiv **kannte**, entfallen die genannten Rechte mit Ausnahme des Erfüllungsanspruchs (§ 535 Abs 1 S 2 BGB) und des Kündigungsrechts aus § 569 Abs 1 BGB (§§ 536b, 543 Abs 4, 569 Abs 1 S 2 BGB; u Rn 12 f). Gleich stehen die in § 536b S 2 und 3 BGB genannten Fälle *(grobe Fahrlässigkeit,* außer wenn der Vermieter den Mangel geradezu arglistig verschwiegen hat, sowie *Annahme der Sache in Kenntnis des Mangels ohne Vorbehalt).* Schließlich kann der Mieter seine Rechte aus den §§ 536, 536a und 543 BGB auch dann noch einbüßen, wenn er seine **Anzeigepflicht** verletzt (§ 536b Abs 2 S 2 BGB), ferner, wenn er es ist, der den **Mangel zu vertreten** hat (§ 326 Abs 2 BGB; s Rn 12, Rn 110 ff) oder wenn er vertraglich die Beseitigung des Mangels übernommen hat (s Rn 12, Rn 109).

4 Bereits der historische Gesetzgeber ließ sich bei der Regelung der Voraussetzungen und der Folgen der Vermieterhaftung für Mängel der Mietsache in erster Linie von dem Gedanken eines **umfassenden Mieterschutzes** leiten (Mot II 374 ff). Dieses primäre Anliegen des Gesetzgebers muss man bei der Auslegung der §§ 536 ff BGB immer im Auge behalten. Dagegen verstößt offenkundig die in der jüngsten Rechtsprechung deutlich wachsende Tendenz zur Einschränkung der Gewährleistungsrechte des Mieters, die im Schrifttum mit Recht auf zunehmende Kritik trifft (s zB Rn 6). Sowohl die Einschränkung des Mangelbegriffs insbesondere bei Umweltfehlern als auch die Beschneidung der Rechte des Mieters aus § 320 BGB sind mit Wortlaut und Zweck des Gesetzes nur noch schwer vereinbar (Rn 48, 101 ff).

II. Mangel – Allgemein

1. Begriff

5 Voraussetzung der Mietminderung ist nach § 536 Abs 1 S 1 BGB, dass die Mietsache (zur Zeit der Übergabe der Mietsache oder später) mit einem Mangel behaftet ist, der ihre Tauglichkeit zu dem vertragsgemäßen Gebrauch aufhebt oder (erheblich) mindert. Maßstab für das Vorliegen eines Mangels ist mithin die **Tauglichkeit** der Mietsache **zu** dem **vertragsgemäßen Gebrauch**. Gemeint ist damit der Zustand, der erforderlich ist, um dem Mieter den ihm nach dem Vertrag zustehenden, in diesem Sinne vertragsgemäßen Gebrauch zu ermöglichen (s dazu o § 535 Rn 35 ff). Ausgangspunkt bei der Prüfung eines Mangels muss daher die Frage sein, worin nach den **Abreden der Parteien** und ergänzend nach Treu und Glauben sowie der **Verkehrssitte** in Verbindung mit Art und Lage des Mietobjekts (s § 535 Rn 35 f) der vertragsgemäße

Gebrauch des Mieters besteht (zB FLATOW WuM 2016, 459; ZEHELEIN WuM 2014, 579). Der zur Verwirklichung dieses Gebrauchs nötige Zustand der Sache gibt den **Maßstab** für das Vorliegen eines Mangels ab (sog **subjektiver Fehlerbegriff**). Oder anders gewendet: Jede **negative Abweichung** des tatsächlichen Zustandes der Sache von der durch Vertrag und Verkehrssitte definierten **Sollbeschaffenheit**, durch die der Mieter an der Ausübung des vertragsgemäßen Gebrauchs erheblich gehindert wird, stellt einen Mangel dar (zB BGH 10. 10. 2012 – XII ZR 147/10, BGHZ 195, 50, 57 f Rn 30 = NJW 2013, 44; 5. 11. 2014 – XII ZR 15/12, BGHZ 203, 148, 159 Rn 41 = NJW 2015, 402; 29. 5. 2015 – VIII ZR 197/14, BGHZ 205, 177, 187 Rn 18 = NJW 2015, 2177 – Bolzplatz; BGH NJW 2005, 218 = NZM 2005, 60 = WuM 2004, 715; NZM 2005, 500 = NJW 2005, 2152; NZM 2006, 54, 55 Tz 19 = NJW 2006, 899; NJW 2009, 664, 666 Tz 34 = NZM 2009, 124; NJW 2009, 2441, 2442 Tz 9; WuM 2009, 659 Tz 11, 14 = NJW 2010, 1133 = NZM 2009, 855; 7. 7. 2010 – VIII ZR 85/09, WuM 2010, 482 Tz 12 = NZM 2010, 618; 15. 12. 2010 – XII ZR 132/09, NZM 2011, 153 = NJW 2011, 514 Tz 12; 26. 9. 2012 – XII ZR 122/11, WuM 2012, 671 = NZM 2013, 27 Tz 19 f; 19. 12. 2012 – VIII ZR 152/12, NJW 2013, 680 = WuM 2013, 154 Tz 8 = NZM 2013, 184; 13. 4. 2016 – VIII ZR 198/15, WuM 2016, 350 Rn 15; 5. 12. 2018 – VIII ZR 271/17, NJW 2019, 507 Rn 21 = NZM 2019, 136; 5. 12. 2018 – VIII ZR 67/18, GE 2019, 113; 29. 4. 2020 – VIII ZR 31/18 Rn 24 f, NZM 2020, 592 = WuM 2020, 407).

Zur Konkretisierung des Maßstabs für das Vorliegen eines Mangels ist folglich in **6** erster Linie auf die **Abreden** der Parteien abzustellen, die auch **konkludent** zu Stande kommen können (zB statt aller BGH 29. 4. 2020 – VIII ZR 31/18 Rn 25, NZM 2020, 592 = WuM 2020, 407). Naturgemäß lässt sich jedoch im Nachhinein häufig nicht mehr eindeutig festzustellen, auf welchen Sollzustand der Räume sich die Parteien seinerzeit tatsächlich bei Abschluss des Vertrages geeinigt hatten. Für diesen Fall greift zunächst die Regel ein, dass grundsätzlich der Zuschnitt und die Ausstattung der vermieteten Räume als konkludent vereinbart anzusehen sind, die der Mieter **bei der letzten Besichtigung** der Räume **vor Abschluss** des Vertrages vorgefunden hatte; will der Vermieter diese Auslegung verhindern, so muss er einen ausdrücklichen Vorbehalt machen (LG Berlin WuM 2019, 621). Eine konkludente Vereinbarung über den Sollzustand der Räume ist ferner anzunehmen, wenn der Mieter dem Vermieter seine **Vorstellungen** über den geschuldeten Zustand zu erkennen gibt *und* der Vermieter *nicht widerspricht;* bloße einseitige Vorstellungen des Mieters reichen dagegen nicht aus, selbst wenn der Vermieter sie erkennt. Erforderlich ist vielmehr zusätzlich, dass sich der Vermieter mit den danach vom Mieter gewünschten Anforderungen an den Zustand der Mietsache (und mit den daraus für ihn resultierenden Haftungsfolgen aufgrund des § 536 BGB) einverstanden erklärt, wobei die Anforderungen der Rechtsprechung neuerdings (viel zu) *streng* sind, um insbesondere eine in den Augen der Gerichte übermäßige Ausdehnung der Haftung des Vermieters für Umweltfehler zu verhindern, etwa bei Lärmimmissionen (BGH 29. 5. 2015 – VIII ZR 197/14, BGHZ 205, 177, 183 ff Rn 37 ff = NJW 2015, 2177 – Bolzplatz; krit zu Recht GHASSEMI-TABAR NJW 2015, 2849; GSELL NZM 2016, 702, 708 f; FLATOW WuM 2016, 459, 465 ff; SELK NZM 3015, 855; 2019, 113; s dazu unten Rn 48 ff).

Fehlen (ausdrückliche oder konkludente) Abreden der Parteien über den vom **7** Vermieter zur Ermöglichung des vertragsgemäßen Gebrauchs geschuldeten Zustand (s Rn 5), so ist nach den §§ 157 und 242 BGB auf die **Verkehrssitte** zurückzugreifen und zu prüfen, welchen Zustand der Mietsache der Mieter unter Berücksichtigung von Art und Lage der vermieteten Sache üblicherweise mit Rücksicht auf den vereinbarten Nutzungszweck der Sache billigerweise erwarten darf (s § 535 Rn 35 ff).

(Nur) in diesem Zusammenhang erlangen auch technischen „Normen", Richtlinien und Regelwerke wie die sog **DIN-Normen** Bedeutung (s unten Rn 52 ff, BGH 7. 7. 2010 – VIII ZR 85/09, WuM 2010, 482 Tz 13 ff = NZM 2010, 618; 1. 6. 2012 – V ZR 195/11, NZM 2012, 611 = NJW 2012, 2725 Tz 9 f; 22. 8. 2019 – III ZR 113/18, BGHZ 223, 95, 99 f Rn 15 = NJW 2019, 2516; 5. 12. 2018 – VIII ZR 271/17, NJW 2019, 507 Rn 23 = NZM 2019, 136; Gsell WuM 2011, 491; Eisenschmid WuM 2012, 658; Hille NZM 2014, 454; Rodegra WuM 2009, 151). Bei den genannten technischen „Normen", Richtlinien und Regelwerken handelt es sich in aller Regel um bloße *Empfehlungen* von Sachverständigen und deren Verbänden, die für das Mietrecht nur relevant sind, wenn die Parteien oder hilfsweise die Verkehrssitte auf sie *Bezug* nehmen. Solche Bezugnahme kann insbesondere fehlen, wenn die Verkehrsanschauung über frühere technische Normen längst hinweggegangen ist (Hille NZM 2014, 454; Rodegra WuM 2009, 151).

8 Kein Unterschied wird zwischen der eigentlichen Mietsache und den **mitvermieteten Sachen und Räumen** gemacht; vielmehr müssen sich immer *alle* Räume, Sachen und Sachteile, die dem Mieter vermietet oder mitvermietet sind, in einem zum vertragsgemäßen Gebrauch geeigneten Zustand befinden (o § 535 Rn 7 ff). Es spielt keine Rolle, ob der Mangel den vermieteten Räumen selbst oder den mitvermieteten Räumen, Treppen, Fluren, Böden, Kellern oder Zugängen anhaftet (BGH LM Nr 10a zu § 538 BGB = NJW 1967, 154; LM Nr 6 zu § 538 BGB = NJW 1963, 804). Gleich stehen Mängel des Hofraums (RG LZ 1916, 1425), des Fahrstuhls (RG DWA 1931, 513) oder eines mitvermieteten Kinderspielplatzes (Weimar ZMR 1974, 228). Es stellt folglich zB einen Mangel dar, wenn dem Mieter entgegen dem Vertrag die Nutzung eines Keller- oder Abstellraumes entzogen wird (AG Hamburg NZM 2007, 802; AG Menden NJW-RR 2008, 25).

9 Unerheblich ist ferner, ob die Untauglichkeit der Sache zum Vertragszweck auf dem Zustand der Sache selbst oder auf **sonstigen** rechtlichen, tatsächlichen oder wirtschaftlichen **Verhältnissen** beruht, die infolge ihrer Art und Dauer nach der Verkehrsanschauung einen Einfluss auf die Brauchbarkeit der Sache auszuüben pflegen (BGH LM Nr 47 zu § 535 BGB = NJW 1971, 924; LM Nr 19 zu § 537 BGB = MDR 1972, 411; LM Nr 83 zu § 823 [Bf] BGB = NJW 1983, 2935, 2936; 10. 10. 2012 – XII ZR 117/10, BGHZ 195, 50, 57 f = NJW 2013, 44 Tz 30; OLG Celle OLGZ 1974, 197 = NJW 1973, 2289; OLG Hamm WuM 1987, 248 = NJW-RR 1987, 968). Unter § 536 BGB fallen daher auch die sog **Umweltfehler**, dh Störungen des Mieters im vertragsgemäßen Gebrauch, die ihre Ursache nicht in der Beschaffenheit der Mietsache selbst, sondern in sonstigen rechtlichen oder tatsächlichen Verhältnissen haben, die wie zB **Immissionen** oder sonstige außerhalb der Mietsache liegende **Gefahrenquellen** die Tauglichkeit der Mietsache zum Vertragszweck beeinträchtigen können (u Rn 86 ff). Die **Grenzziehung** zu dem *allgemeinen Lebensrisiko,* das jeder und damit auch der Mieter selbst tragen muss, ist schwierig. Die Gerichte fügten deshalb vor allem früher häufig einschränkend hinzu, dass allein **unmittelbare Einwirkungen** auf die Gebrauchstauglichkeit der Mietsache auf diese Weise erfasst werden könnten, nicht jedoch *mittelbare und entfernte Einflüsse,* wie sie immer denkbar sind und die jeder als Teil seines Lebensrisikos selbst tragen muss, außer wenn die Parteien ausdrücklich etwas anderes vereinbart haben (BGH 10. 10. 2012 – XII ZR 117/10, BGHZ 195, 50, 57 f = NJW 2013, 44 Tz 30; BGH LM § 537 BGB Nr 27 = NJW 1981, 2405 „Ihme-Zentrum"; LM Nr 51 zu § 537 BGB = NJW 2000, 1714, 1715; NZM 2006, 54, 55 Tz 19 = NJW 2006, 899; NJW 2009, 664, 666 Tz 34 = NZM 2009, 124; 26. 9. 2012 – XII ZR 122/11, WuM 2012, 671 = NZM 2013, 27 Tz 19; OLG Rostock GE 2009, 322, 323; Flatow WuM 2016, 459; Fritz NZM 2008, 825 = in:

FS Blank [2006] 153; WEITEMEYER PiG 83, 125, 127; u Rn 48). Man muss sich jedoch darüber im Klaren sein, dass eine rationale Unterscheidung zwischen unmittelbaren und mittelbaren Einwirkungen auf die Mietsache angesichts der Komplexität aller Kausalverläufe gar nicht möglich ist, sodass sich hinter dieser Unterscheidung letztlich immer *Wertungen* über die Verteilung der Risiken von Umweltfehlern und insbesondere des Risikos von Lärmimmissionen zwischen den Parteien verbergen (u Rn 48 ff; zutreffend FLATOW WuM 2016, 459). Dabei ist nach den Wertungen des Gesetzgebers von der grundsätzlichen Priorität des Mieterschutzes auch gegenüber Immissionen auszugehen, durch die der Mieter in dem vertragsgemäßen Gebrauch gestört wird (o Rn 4); die abweichende neuere Rechtsprechung, die zum offenbaren Nachteil des Mieters auf den hier überhaupt nicht passenden Maßstab des § 906 BGB ausweicht (s Rn 48 ff), verdient keine Billigung.

Für die Annahme eines Mangels genügt es außerdem, wenn die Sache **nur in Be-** **10** **fürchtung einer Gefahr** benutzt werden kann, die vermöge des Zustandes der Sache den Eintritt eines Schadens erwarten lässt (BGH 7. 6. 2006 – XII ZR 34/04, NZM 2006, 626). Es ist *nicht erforderlich,* dass der Mieter von dieser Gefahr *Kenntnis* hat oder dass der Fehler überhaupt erkennbar ist (BGH NJW 1968, 885 [insoweit nicht in BGHZ 49, 350 abgedruckt]; LM Nr 10 zu § 537 BGB = NJW 1963, 1449; LM Nr 20 zu § 537 BGB = NJW 1972, 944). Die Grenzziehung ist schwierig, weil Gefahren überall lauern, weshalb zum Teil nur aktuell drohende Gefahren als relevant angesehen werden (KG GE 2012, 1636). **Beispiele** sind die Gefahr, dass es infolge einer mangelhaft verschlossenen Wandöffnung zu Einbrüchen kommt (BGH 7. 6. 2006 – XII ZR 34/04) oder dass es zu weiteren Wassereintritten kommt, weil die bisher vorgekommenen Wassereintritte nicht ordnungsgemäß bekämpft wurden (OLG Karlsruhe 9. 10. 2017 – 9 U 141/15, ZMR 2018, 415), sowie noch die Gefahr, dass die Decke einbricht (LG Heidelberg ZMR 2012, 950) oder dass Steine aus der Decke herabfallen (KG GE 2012, 1636), dass das Trinkwasser möglicherweise mit Legionellen verseucht ist (s unten Rn 29; LG Stuttgart ZMR 2015, 720; LG Nürnberg-Fürth ZMR 2017, 566; LG Berlin WuM 2017, 396) oder dass Wildschweine auf das Mietgrundstück vordringen (LG Berlin NZM 2016, 262 = WuM 2016, 168); weitere Beispiele sind Schäden an der elektrischen Installation in den Räumen des Vermieters, die sich auf den Mieter auswirken können (OLG Celle ZMR 1996, 197 = NJW-RR 1996, 521), sowie sogar eine Bombendrohung gegen den Vermieter, der im selben Haus wie der Mieter wohnt (OLG Dresden NZM 2002, 165, 166).

2. Zeitlicher Anwendungsbereich

§ 536 Abs 1 S 1 BGB stellt darauf ab, ob der fragliche Mangel „zur Zeit der Über- **11** lassung (der Mietsache) an den Mieter" vorliegt oder später „während der Mietzeit" entsteht. Daraus wird überwiegend der Schluss gezogen, dass eine Anwendung des § 536 BGB nur in der Zeit **nach Überlassung** der Mietsache an den Mieter in Betracht kommt, *nicht* dagegen in der Zeit zwischen Abschluss des Mietvertrages und Übergabe der Mietsache an den Mieter (s aber o Vorbem 4a zu § 536), sodass in dieser Zeitspanne jedenfalls **auch die allgemeinen Vorschriften** über Leistungsstörungen Anwendung finden (BGHZ 85, 267, 270 = NJW 1983, 446; BGHZ 136, 102, 106 = NJW 1997, 2813; BGH LM Nr 61 zu § 535 BGB = NJW 1978, 103; 4. 5. 2005 – XII ZR 254/01, NZM 2005, 500, 501 [r Sp u] = NJW 2005, 2152, 2154; GÜNTER NZM 2016, 569, 572 ff). Weist die Mietsache bereits vor ihrer Überlassung an den Mieter Mängel auf, so kann der Mieter nach Abschluss des Vertrages auch sofort deren **Beseitigung** verlangen (§ 535 Abs 1 S 2

BGB) und, solange dies nicht geschehen ist, die Sache zurückweisen, ohne in Annahmeverzug zu geraten (§ 293 BGB). Bei einer Weigerung des Vermieters greifen die §§ 280, 281 und 323 BGB ein (s BGH LM Nr 61 zu § 535 BGB = NJW 1978, 103). Der Mieter kann folglich nach Fristsetzung Schadensersatz statt der Leistung verlangen oder zurücktreten (§§ 281 Abs 1, 323 Abs 1 BGB).

11a **Nach Überlassung** der Mietsache an den Mieter treten, jedenfalls nach hM, an die Stelle der allgemeinen Vorschriften über Leistungsstörungen die besonderen Gewährleistungsrechte des Mieters aufgrund der §§ 536 ff BGB, und zwar selbst bei anfänglichen Mängeln, sodass jetzt auch Raum insbesondere für die Garantiehaftung des Vermieters aus § 536a Abs 1 Fall 1 BGB ist (Günter NZM 2016, 569, 574; s dagegen Vorbem 4b zu § 536 und unten § 536a Rn 2). Ist die Miete wegen Mängeln einmal gemindert, so verbleibt es dabei, bis die Mängel beseitigt sind, und zwar auch, wenn der Mieter die Mietsache nach Vertragsende *nicht sofort zurückgibt* und deshalb die Miete nach § 546a Abs 1 BGB weiterzahlen muss (Staudinger/Rolfs § 546a Rn 42), während erst **nach Vertragsende** auftretende Mängel jetzt kein Minderungsrecht des Mieters mehr begründen (str, s Staudinger/Rolfs § 546a Rn 42; Flatow NZM 2017, 273, 278 f) und vom Vermieter auch nicht mehr aufgrund des § 535 Abs 1 S 2 BGB beseitigt werden müssen (LG Krefeld GE 2018, 197, 198). Eine Anzeige des Mangels durch den Mieter löst jetzt außerdem nicht mehr die Rechtsfolgen des § 536c BGB aus (LG Krefeld GE 2018, 197, 198).

3. Ausschlusstatbestände, § 536 Abs 1a

12 Die Haftung des Vermieters entfällt in den Fällen der §§ 536b und 536c Abs 2 S 2 BGB sowie in einer Reihe vergleichbarer Fälle (o Rn 3, u Rn 109 ff). Der Mieter kann außerdem dann nicht mindern, wenn der Mangel letztlich von ihm selbst zu vertreten ist (§ 326 Abs 2 BGB; u Rn 110 ff). Die Grenze der Verantwortungsbereiche beider Parteien zieht hier der **vertragsgemäße Gebrauch**. Alle in diesem Rahmen liegenden Abnutzungen und Schäden sind vom Mieter nicht zu vertreten und stellen daher einen Mangel dar, sodass sie vom Vermieter beseitigt werden müssen (§§ 535, 536, 536a, 538 BGB), während bei einer **Überschreitung** der Grenzen des vertragsgemäßen Gebrauchs darauf beruhende Mängel der Mietsache keine Rechte des Mieters aus den §§ 536 f BGB auslösen, sondern umgekehrt eine Haftung des Mieters nach sich ziehen können (§§ 280, 538 BGB; s oben Vorbem 16 zu § 536). Für eine Minderung ist nach Treu und Glauben ferner kein Raum, wenn der Mangel dem Mieter **zugleich Vorteile** bringt, durch die die Nachteile aufgewogen werden, oder wenn es der Mieter selbst war, der die **Veränderungen gewünscht** hat, durch die der Mangel begründet wurde (§ 242 BGB; BGH LM Nr 7 zu § 537 BGB = MDR 1962, 399; OLG Düsseldorf NJW-RR 1993, 976). Dasselbe gilt, wenn der Mieter vertraglich die Beseitigung des betreffenden Mangels übernommen hatte (s oben § 535 Rn 128 f, u Rn 109 sowie BGHZ 38, 295, 298 = NJW 1963, 341; OLG Hamburg ZMR 1960, 304, 306; OLG Karlsruhe OLGZ 1971, 18, 21).

13 Nach **§ 536 Abs 1a BGB** von 2013 bleibt eine Minderung der Tauglichkeit (der Mietsache zum vertragsgemäßen Gebrauch) für die Dauer von drei Monaten außer Betracht, soweit diese, dh die Minderung der Tauglichkeit aufgrund einer Maßnahme eintritt, die einer energetischen Modernisierung nach § 555b Nr 1 BGB dient. **Zweck** der Vorschrift ist die Förderung und Erleichterung energetischer Modernisierungen (Begründung von 2012, 16 f; zu Kritik s Börstinghaus NZM 2012 697, 699 f; Fleindl

NZM 2012, 57, 60 f; Hinz ZMR 2012, 153, 158; ders NZM 2012, 777, 779 f; 2013, 209; Neuhaus ZMR 2013, 686; Zehelein WuM 2012, 418). Der Minderungsausschluss setzt nach § 536 Abs 1a BGB im Einzelnen voraus, dass es sich um eine Maßnahme handelt, die der energetischen Modernisierung im Sinne des § 555b Nr 1 BGB dient (Rn 14), sowie dass gerade aufgrund dieser Maßnahme eine Minderung der Tauglichkeit der Mietsache zum vertragsgemäßen Gebrauch, dh ein Mangel im Sinne des § 536 Abs 1 BGB eintritt (Rn 20). Sind diese beiden Voraussetzungen erfüllt, so bleibt nach Abs 1a des § 536 BGB das Vorliegen eines Mangels – abweichend von dem Grundsatz des § 536 Abs 1 BGB – ausnahmsweise außer Betracht, sodass es nicht kraft Gesetzes zu einer Minderung der Miete kommt, freilich **nur** für die Dauer von **drei Monaten**, sodass die Miete doch wieder gemindert wird, wenn die energetische Modernisierung länger als drei Monate andauert (Rn 17 f).

Eine **energetische Modernisierung** ist eine Modernisierungsmaßnahme im Sinne des § 555b Nr 1 BGB, dh eine bauliche Veränderung, durch die in Bezug auf die Mietsache Endenergie nachhaltig eingespart wird (s im Einzelnen § 555 Rn 9 ff). Paradigma ist die Verbesserung der Wärmedämmung an Wänden, Decken und Fenstern. Alle anderen Erhaltungs- und Modernisierungsmaßnahmen im Sinne der §§ 555a und 555b Nr 2–7 BGB lassen dagegen das Minderungsrecht des Mieters unberührt. Daraus ergeben sich insbesondere dann Probleme bei der Anwendung des § 536 Abs 1a BGB, wenn **Maßnahmen** der energetischen Modernisierung mit anderen Erhaltung- oder Modernisierungsmaßnahmen **verbunden** werden, wie es in der Mehrzahl der Fälle wohl zutreffen dürfte. Hier wird üblicherweise danach unterschieden, ob es sich um äußerlich getrennte, so genannte parallele Maßnahmen oder um Mischfälle handelt (Schmidt-Futterer/Eisenschmid § 536 Rn 67, 72 f; Hinz NZM 2013, 209, 213 f; Lützenkirchen § 536 Rn 323 f). Bei den **parallelen Maßnahmen** (Beispiel: gleichzeitige Dämmung der Fassade und Sanierung der Bäder) findet der Minderungsausschluss nach § 536 Abs 1a BGB nur Anwendung, *soweit* die Minderung der Tauglichkeit der Wohnräume gerade auf den Maßnahmen der *energetischen Modernisierung* beruht, während es hinsichtlich der Auswirkungen der anderen Maßnahmen bei dem Minderungsrecht des Mieters verbleibt, vorausgesetzt dass sich die Auswirkungen der verschiedenen Maßnahmen, notfalls mithilfe von Sachverständigen überhaupt trennen lassen. Eine Entscheidung wird hier häufig nur im Wege der Schätzung nach § 287 ZPO möglich sein (Begründung von 2012, 17 f). **14**

Von den parallelen Maßnahmen (s Rn 14) sind die so genannten **Mischfälle** zu unterscheiden, in denen die fragliche Maßnahme, zB eine Sanierung der Fenster und der Fassade, *gleichzeitig* eine energetische Modernisierungen Sinne des § 555b Nr 1 BGB *und* eine Erhaltungsmaßnahme nach § 555a BGB oder eine sonstige Modernisierungsmaßnahme im Sinne des § 555b Nrn 2–7 BGB darstellt. In diesen Fällen wird zT aus dem Wortlaut des § 536 Abs 1a BGB, wonach es ausreicht, wenn die fragliche Maßnahme lediglich der energetischen Modernisierung „dient", der Schluss gezogen, dass dann eben § 536 Abs 1a BGB zum Ausschluss des Minderungsrechts **insgesamt** führt (Lützenkirchen § 536 Rn 323). Nach anderen soll dagegen in den Mischfällen nur **anteilig** für einen Minderungsausschluss Raum sein, entsprechend dem Anteil der energetischen Modernisierung an der gesamten Maßnahme (Schmidt-Futterer/Eisenschmid § 536 Rn 67). In dieser Frage ist davon auszugehen, dass § 536 Abs 1a BGB eine sachlich kaum zu rechtfertigende Beschneidung zentraler Mieterrechte bedeutet, sodass die Vorschrift so *eng* wie möglich zu interpretieren ist. Dies bedeutet, dass **15** in den Mischfällen für einen Minderungsausschluss **nur in dem Ausmaß** Raum ist, in dem sich die fragliche einheitliche Maßnahme als energetische **Modernisierung** darstellt, – wobei freilich in der Regel nicht ohne grobe Schätzung nach § 287 ZPO auszukommen sein wird (BeckOGK/Bieder [2020] § 536 Rn 89).

16 Die gesetzliche Regelung lässt ferner offen, ob der Minderungsausschluss voraussetzt, dass der Mieter die energetische Modernisierung überhaupt **dulden** muss, woran es insbesondere fehlen kann, wenn die Maßnahme vom Vermieter **nicht** ordnungsgemäß nach § 555c BGB dem Mieter **angekündigt** wurde. Nach einer Meinung ist der Minderungsausschluss in solchen Fällen von der Duldungspflicht des Mieters *unabhängig,* wobei zum Teil § 559b Abs 2 S 2 BGB analog angewandt wird (Hinz NZM 2012, 777, 779; ders NZM 2013, 209, 212; Lützenkirchen § 536 Rn 322). Dem ist nicht zu folgen (ebenso Hau NZM 2014, 809, 814). Wenn der Mieter die fragliche energetische Modernisierungsmaßnahmen nicht zu dulden braucht, kann er **Unterlassung** der Maßnahmen verlangen (§ 535 Abs 1 S 2 BGB) und, wenn der Vermieter gleichwohl tätig wird, ein Zurückbehaltungsrecht an der Miete ausüben (Rn 101 ff). Daneben ist dann offenkundig für einen Minderungsausschluss nach § 536 Abs 1a BGB kein Raum. Dasselbe gilt, wenn der Mieter die Maßnahme nach § 555d Abs 2 BGB nicht zu dulden braucht.

17 Der Minderungsausschluss ist auf **drei Monate** begrenzt. Die Frist läuft von dem **Zeitpunkt** ab, in dem es ohne § 536 Abs 1a BGB wegen der Beeinträchtigung des vertragsgemäßen Gebrauchs des Mieters, dh wegen des Vorliegens eines Mangels zu einer Minderung nach § 536 Abs 1 BGB käme (BeckOGK/Bieder [1. 7. 2020] § 536 Rn 91 mwNw). Die Berechnung der Frist richtet sich nach den §§ 187 Abs 1 und 188 Abs 2 BGB. Bloße **Vorbereitungsmaßnahmen** bleiben mangels Erheblichkeit der Beeinträchtigung (s Rn 21) außer Betracht. Der Minderungsausschluss setzt vielmehr erst ein, wenn die Minderung der Tauglichkeit der Mietsache zum vertragsgemäßen Gebrauch die Erheblichkeitsschwelle überschreitet, – wofür der dem Mieter nach § 555c Abs 1 S 2 Nr 2 BGB mitgeteilte Beginn der Maßnahmen nicht mehr als ein Indiz ist (Schmidt-Futterer/Eisenschmid Rn 66, 68; Lützenkirchen § 536 Rn 327). Keine Rolle spielt, **wo** die Maßnahmen durchgeführt werden; entscheidend ist allein die Beeinträchtigung der Gebrauchstauglichkeit der Räume des Mieters, etwa infolge des Lärms oder des Schmutzes durch Arbeiten an anderen Teilen des Gebäudes (Hinz NZM 2013, 209, 216 f): In jeden Fall greift unter den genannten Voraussetzungen der Minderungsausschluss ein.

18 Die **Fortsetzung** der Arbeiten **über** den Zeitraum von **drei Monaten** hinaus, etwa infolge mangelhafter Arbeit des beauftragten Unternehmens oder wegen des Umfangs der Arbeiten, gehört dagegen allein zum Risikobereich des Vermieters, sodass das Minderungsrecht des Mieters nach Ablauf der Frist dadurch nicht mehr tangiert wird, ebenso wenig wie etwa durch Umstände, aufgrund derer es, aus welchen Gründen immer, während der Frist von drei Monaten zu einem vorübergehenden Baustillstand kommt, während es an dem Minderungsausschluss wohl nichts ändert, wenn die Arbeiten während der Frist von drei Monaten höchst **zögerlich** und damit unnötig lange, aber eben immer noch *innerhalb* der Frist von drei Monaten durchgeführt werden (BeckOGK/Bieder [1. 7. 2020] Rn 93; Schmidt-Futterer/Eisenschmid § 536 Rn 66, 69 f; Lützenkirchen § 536 Rn 328). Die Frage ist umstritten, vor allem, wenn es wegen **Mängeln** der Arbeiten noch während der Dreimonatsfrist zu Nachbesserungs-

maßnahmen der Handwerker kommt. Hier lässt sich durchaus die Auffassung vertreten, dass jedenfalls derartige Verzögerungen zum Risikobereich des *Vermieters* gehören (der ja die Handwerker ausgewählt hat) und deshalb das Minderungsrecht des Mieters unberührt lassen (Lützenkirchen § 536 Rn 328a). Auf der anderen Seite ist an eine **Verlängerung** der Frist zu denken, wenn die Ursache für die Verzögerung der Arbeiten auf einem schuldhaften **Verstoß des Mieters** gegen seine Duldungspflicht beruht (§§ 555d, 280 Abs 1, 276 und 249 BGB; Lützenkirchen § 536 Rn 328b).

Zusätzliche Probleme ergeben sich hier, wenn die energetische Modernisierung künstlich auf **mehrere Maßnahmen aufgespalten** wird, die nacheinander durchgeführt werden. Dann muss entschieden werden, ob in solchen Fällen *mehrmals* hintereinander Raum für die Anwendung des § 536 Abs 1a BGB ist und wie groß gegebenenfalls der zeitliche Abstand zwischen den einzelnen Maßnahmen sein muss, um einen erneuten Minderungsausschluss zu rechtfertigen. Diese Frage wurde bereits während des Gesetzgebungsverfahrens kontrovers diskutiert. Am meisten spricht hier wohl dafür, an die Pflicht des Vermieters zur **Rücksichtnahme** auf die Rechte und Interessen des Mieters nach § 241 Abs 2 BGB anzuknüpfen (Lützenkirchen § 536 Rn 330): Da der Minderungsausschluss einen besonders schwerwiegenden Eingriff in die Rechte des Mieters darstellt, muss der Vermieter alles ihm Mögliche und Zumutbare tun, um die Dauer des Minderungsausschlusses zu begrenzen. Jeder Verstoß gegen diese Pflicht verpflichtet ihn zum *Ersatz des Schadens,* den der Mieter durch den Verlust seines Minderungsrechts erleidet (§§ 241 Abs 2, 280 Abs 1, 249 BGB), so insbesondere, wenn es infolge einer Pflichtwidrigkeit des Vermieters *zu unnötigen und vermeidbaren Verzögerungen* der Arbeiten kommt oder wenn der Vermieter die Arbeiten nicht möglichst zügig an einem Stück durchführt, sondern, etwa durch eine längere **Unterbrechung der Arbeiten**, unnötig in die Länge zieht, sodass für den Mieter die Gefahr entsteht, dass gleich mehrfach der Minderungsausschluss für drei Monate ausgelöst wird (Hinz NZM 2013, 209, 219 f). Jenseits dieser Missbrauchsfälle, deren Nachweis ohnehin auf erhebliche Schwierigkeiten stoßen dürfte, bleibt es aber bei der gesetzlichen Regelung des § 536 Abs 1a BGB (Beck-OGK/Bieder [1. 7. 2020] Rn 94).

19

Unter den genannten Voraussetzungen (s Rn 13 ff) wird (allein) das Minderungsrecht des Mieters, und zwar auch nur bei einer (bloßen) *Minderung* der Tauglichkeit der Mietsache ausgeschlossen, sodass die Minderung wieder auflebt, wenn durch die fragliche Maßnahme die *Tauglichkeit* völlig *aufgehoben* wird (Lützenkirchen § 536 Rn 326). Unberührt bleiben ferner **Schadensersatz- und Aufwendungsersatzansprüche** des Mieters nach den §§ 280 und 536a Abs 1 BGB (s Rn 18) sowie Aufwendungsersatzansprüche aufgrund der §§ 555a Abs 3 und 555d Abs 5 BGB (Begründung von 2012, 18 [l Sp o]; Hinz NZM 2013, 209, 220 f). Nach Abschluss der vom Mieter aufgrund des § 555b BGB zu duldenden Maßnahmen ist dagegen kein Raum mehr für ein Minderungsrecht, selbst wenn zB durch Arbeiten an der Fassade die Fenster verkleinert wurden, weil und sofern sich die fraglichen Maßnahmen im Rahmen des Gesetzes halten (§§ 555b und 555d BGB). Eine andere Beurteilung kommt nur bei für den Vermieter ohne weiteres vermeidbaren Verschlechterungen der vermieteten Räume durch die Modernisierungsmaßnahmen in Betracht (§§ 241 Abs 2, 242 und 280 BGB; LG Berlin ZMR 2014, 206; WuM 2019, 578 = ZMR 2019, 943; Lehmann-Richter ZMR 2014, 206; Lützenkirchen § 536 Rn 326b).

20

4. Erheblichkeit des Mangels

21 Nach § 536 Abs 1 S 3 BGB bleibt eine unerhebliche Minderung der Tauglichkeit außer Betracht. Dadurch sollen Streitigkeiten der Mietparteien über belanglose Kleinigkeiten verhindert werden (vgl die Begr zum RegE des 2. MietRÄnderG v 1964, BT-Drucks IV/806). Eine unerhebliche Minderung der Gebrauchstauglichkeit der vermieteten Sache liegt dementsprechend vor, wenn die Minderung bei objektiver Betrachtungsweise **nicht spürbar** ins Gewicht fällt *oder* wenn der Fehler **leicht erkennbar** ist und schnell und mit geringen Kosten **beseitigt** werden kann, sodass die Geltendmachung einer Minderung gegen Treu und Glauben verstieße (BGH 30. 6. 2004 – XII ZR 251/02, NZM 2004, 776 = WuM 2004, 531, 533 [l. Sp 2. Abs]; OLG Düsseldorf GE 2008, 54, 55 f).

21a **Beispiele** sind ein sehr kurzer Heizungsausfall oder eine vorübergehende geringfügige Unterschreitung der nötigen Wärme (BGH 30. 6. 2004 – XII ZR 251/02, NZM 2004, 776 = WuM 2004, 531, 533), eine geringfügige Verschlechterung der Zugangskontrolle zu einem Bürogebäude ohne nachweisliche Auswirkungen auf den Mietgebrauch (BGH 15. 10. 2008 – XII ZR 1/07, NZM 2009, 124 = NJW 2009, 664, 665 Rn 18 ff), eine geringfügige Differenz zwischen der im Mietvertrag angegebenen Wohnungsgröße und der tatsächlichen Wohnungsgröße (u Rn 68), Defekte eines Tores bei einer Sammelgarage (AG Kassel WuM 1989, 171), die geringfügige Erschwerung des Zugangs zu einer Loggia durch Einbau einer Schwelle von 20 cm Höhe iVm der Beseitigung von Blumenkästen oder eines Müllschluckers (LG Berlin GE 2010, 547) sowie die geringfügige Verkürzung einer Badewanne durch einen Einsatz (AG Dortmund WuM 1989, 172), bloße Sprünge in einzelnen Fenstern (BGH 10. 8. 2010 – VIII ZR 316/09, WuM 2010, 679 Tz 11), geringfügige äußere Mängel am Putz (LG Krefeld GE 2018, 197), das Fehlen von Anschlüssen für besonders aufwendige Deckenleuchten bei Vorhandensein aller üblichen Anschlüssen (LG Nürnberg-Fürth ZMR 2019, 346) oder das Fehlen einer blauen Tonne (AG Hamburg-Blankenese WuM 2011, 312) sowie die Ersetzung einer Gemeinschaftsantenne durch einen modernen Kabelanschluss (LG Berlin ZMR 2013, 191). Gleich steht nach Meinung des BGH (21. 2. 2012 – VIII ZR 22/11, WuM 2012, 271 = NZM 2012, 456 Tz 6) sogar der Fall, dass der Mieter eine vorübergehende Belästigung durch Baustellenlärm bereits durch das bloße Schließen der Fenster erheblich reduzieren kann (fraglich). Die **Beweislast** für diesen Ausnahmefall trägt der Vermieter (BGH 15. 10. 2008 – XII ZR 1/07, NZM 2009, 124 = NJW 2009, 664, 665 Tz 20; OLG Celle ZMR 1985, 10, 12 = WuM 1985, 9; dagegen Prechtel NZM 2017, 105). Bei einem Fehlen zugesicherter Eigenschaften findet er keine Anwendung (§ 536 Abs 2 BGB; u Rn 63).

III. Baumängel

1. Maßstab

22 Zu den wichtigsten Mängeln überhaupt gehören Baumängel. Um beurteilen zu können, ob ein Gebäude einen Mangel aufweist, benötigt man einen **Maßstab**, der festlegt, welchen Anforderungen das Gebäude (an sich) genügen soll. Dieser Maßstab, der vom Vermieter geschuldete Standard, ergibt sich in erster Linie aus den **Abreden** der Parteien sowie hilfsweise daraus, welchen Standard vernünftige Menschen unter den gegebenen Umständen nach **Treu und Glauben** und der **Verkehrssitte** erwarten dürfen (Rn 5 f). Je nachdem, ob man bei der Fixierung des Standards in erster Linie auf das Gebäude, dh auf die im Verkehr an Gebäude der fraglichen Art angelegten Maßstäbe, oder auf die Nutzer den Blick richtet, unterscheidet man insbesondere **objektbezogene** und **nutzerbezogene Standards**. Diese Standards, dh die Normen für die Beurteilung von Gebäuden, sind zudem **zeitgebunden** und wechseln deshalb im Laufe der Zeit, sodass es stets zusätzlich der Klärung bedarf, welche Standards jeweils maßgebend sein sollen, zB die **heutigen** oder etwa **frühere**, die bei der Errichtung des Gebäudes im Verkehr angewandt wurden, heute aber als überholt gelten. Viele Streitfragen, mit denen die Materie herkömmlich belastet ist, beruhen letztlich darauf, dass mit unterschiedlichen Standards operiert wird (s im Einzelnen EMMERICH PiG 57 [1999] 163, 173 f = NZM 1999, 633; FRITZ NZM 2008, 825 = in: FS Blank 153; GSELL WuM 2011, 491, 496 f; HILLE NZM 2014, 454; LAMES NZM 2007, 465).

Maßgebend sind nach dem Gesagten (Rn 22) in erster Linie die **Abreden** der Parteien **23** (sog **konkret-individueller Maßstab**; BGH 27. 6. 2004 – VIII ZR 281/03, NJW 2004, 3174 = NZM 2004, 736 = WuM 2004, 527, 528; 6. 10. 2004 – VIII ZR 355/03, NJW 2005, 218 = NZM 2005, 60 = WuM 2004, 715; 10. 5. 2006 – XII ZR 23/04, NZM 2006, 582, 583; 7. 7. 2010 – VIII ZR 85/09, NZM 2010, 618 Tz 12 ff = WuM 2010, 482). Für die **Wohnraummiete** folgt daraus, dass im Zweifel, schon mit Rücksicht auf § 536b S 1 BGB, von den **bei Errichtung** des Gebäudes geltenden Maßstäben auszugehen ist (BGH 6. 10. 2004 – VIII ZR 281/03, NJW 2005, 218 = NZM 2005, 60; 10. 5. 2006 – XII ZR 23/04, NZM 2006, 582, 583 Tz 10; 17. 6. 2009 – VIII ZR 131/08, NJW 2009, 2441, 2442 Tz 10; WuM 2009, 659 Tz 11; 7. 7. 2010 – VIII ZR 85/09, WuM 2010, 482 = NZM 2010, 618 Tz 13 ff; 1. 6. 2012 – V ZR 195/11, NZM 2012, 611 = NJW 2012, 2725 Tz 10; 5. 6. 2013 – VIII ZR 287/12, NZM 2013, 575 = NJW 2013, 2417 = WuM 2013, 481 Rn 14 ff; 21. 2. 2017 – VIII ZR 1/16, WuM 2017, 194 Rn 15; 21. 2. 2017 – VIII ZR 1/16, WuM 2017, 194 Rn 15; 5. 12. 2018 – VIII ZR 217/17 Rn 23, NJW 2019, 507 = NZM 2019, 136; 5. 12. 2018 – VIII ZR 67/18 Rn 21, GE 2019, 113 = BeckRS 2018, 33910). Handelt es sich zB um ein Gebäude aus dem Jahre 1970, in dem noch nicht eine **Wärmedämmung** für alle Gebäude vorgeschrieben war und deshalb auch nicht zum Standard gehörte, so bildet das Fehlen solcher Dämmung keinen Mangel, selbst wenn die Folge Wärmebrücken sind, die die Gefahr der Schimmelbildung nach sich ziehen (so BGH 5. 12. 2018 – VIII ZR 217/17 Rn 23, NJW 2019, 507 = NZM 2019, 136; 5. 12. 2018 – VIII ZR 67/18 Rn 21, GE 2019, 113 = BeckRS 2018, 33910). Aus denselben Erwägungen heraus darf von einer Wohnung in einem **unrenovierten Altbau** auch nicht dieselbe Ausstattung wie von einer Neubauwohnung erwartet werden (BGH 26. 7. 2004 – VIII ZR 281/03, NJW 2004, 3174 = NZM 2004, 736 = WuM 2004, 527, 528). Aber auch der Mieter einer Wohnung in einem Altbau aus der Zeit von 1900 darf erwarten, dass die Mauern durchweg gemauert und nicht etwa aus dünnen Holzplatten gefertigt sind (LG Berlin WuM 2014, 207 = ZMR 2014, 733), während Kellerfeuchte in Altbauten aus dieser Zeit „normal" sein soll (LG Dresden NZM 2015, 250; anders wohl LG Berlin NZM 2013, 505). Wünscht der Mieter einen **höheren Standard**, insbesondere hinsichtlich des Lärmschutzes oder der Isolierung als bei Errichtung des Gebäudes üblich, so muss dies ausdrücklich vereinbart werden (BGH 17. 6. 2009 – VIII ZR 131/08, NJW 2009, 2441, 2442 Tz 11; LG Berlin GE 2003, 1330; 2003, 1612; 2004, 1028; 2005, 489; OLG Düsseldorf ZMR 2009, 276, 277; AG München NZM 2004, 499).

Zusätzliche Schwierigkeiten ergeben sich, wenn der Vermieter umfangreiche **Mo-** **24** **dernisierungsmaßnahmen** durchgeführt hat, weil sich dann die Frage stellt, ob gleichwohl an dem früheren Standard aus der Zeit der Errichtung des Gebäudes oder des Vertragsschlusses festzuhalten ist oder ob stattdessen jetzt der heutige Standard für Neubauten zu Grunde zu legen ist. Die Rechtsprechung stellt – mangels abweichender Abreden der Parteien – in der Regel darauf ab, ob die *Eingriffe in die Bausubstanz* so umfangreich sind, dass sie im Ergebnis einem Neubau oder doch einer grundlegenden Veränderung des Gebäudes gleichkommen, gemessen idR daran, ob die *Kosten* ungefähr einem *Drittel* der Kosten eines Neubaus entsprechen. Das sind im Kern dieselben Maßstäbe, wie sie im Rahmen des § 556f S 2 BGB angelegt zu werden pflegen, um beurteilen zu können, ob eine Modernisierung (ausnahmsweise) als „umfassend", dh als mit einem Neubau vergleichbar anzusehen ist (s unten § 556f Rn 16 f). Ist dies der Fall, zB bei „völlig modernisierten oder kernsanierten Wohnungen", so muss insbesondere der Schallschutz im Zweifel den heutigen technischen Standards entsprechen (s Rn 34; BGH 6. 10. 2004 – VIII ZR 355/03, NZM 2005, 60 = WuM 2004, 715; LG Berlin WuM 2007, 384; 2008, 482; LG Wiesbaden WuM 2012, 201, 202 = NZM 2012, 456; AG Bochum WuM 2012, 622). Dagegen reicht der bloße Austausch des Fußbodenbelages in einer Wohnung für die Annahme einer derartigen umfassenden Modernisierung nicht aus – mit der Folge, dass es dann bei der Maßgeblichkeit der bei der Errichtung des Gebäudes geltenden Maßstäbe verbleibt (s Rn 34; BGH 17. 6. 2009 – VIII ZR 131/08, NZM 2009, 580 = NJW 2009, 2441, 2442 Tz 11 f; 1. 6. 2012 – V ZR 195/11, NZM 2012, 611 = NJW 2012, 2725 Tz 11; 5. 6. 2013 – VIII ZR 287/12, NJW 2013, 2417 = NZM 2013, 575 = WuM 2015, 481 Tz 20 f; 18. 12. 2013 – XII ZR 80/12, NZM 2014, 163 = NJW 2014, 685 Rn 34; LG Hamburg WuM 2010, 147; LG Frankfurt aM ZMR 2011, 468; 2011, 554; AG Nürtingen NZM 2011, 547; Hille NZM 2014, 454, 457 f). Ebenso differenziert die Rechtsprechung hinsichtlich der Anforderungen an die **Elektroinstallation**, an die **Heizung** im Winter (s Rn 35) und an den Wärmeschutz im Sommer (s Rn 33) sowie bei den Anforderungen an die **Belüftung** und hinsichtlich der Maßstäbe für die Verglasung (KG ZMR 2012, 858; AG Nürtingen NZM 2011, 547; wN bei Gsell WuM 2011, 491, 496 f; Lames NZM 2007, 465 ff).

25 Das Gesagte (s Rn 23) gilt indessen nur mit **zwei** wesentlichen **Einschränkungen** (s Gsell WuM 2011, 491, 496 f). Andere Maßstäbe sind zunächst anzuwenden, soweit es um **Gesundheitsgefahren** für den Mieter geht, worauf insbesondere auch § 569 Abs 1 BGB hindeutet. Denn es ist davon auszugehen, dass redliche Parteien vereinbaren, dass, soweit es zur Vermeidung von Gefahren für die Gesundheit des Mieters erforderlich ist, der Mieter grundsätzlich jederzeit Anspruch auf einen dem jeweils **neuesten Standard** entsprechenden Zustand der Miträume hat, weil die Parteien in aller Regel übereinstimmend der Auffassung sein werden, dass die Miträume zu keinem Zeitpunkt, weder jetzt noch in Zukunft, einen Zustand aufweisen dürfen, der nach den aktuellen Anschauungen mit Gesundheitsgefahren für den Mieter verbunden ist (u Rn 28 f). Werden die dafür jeweils maßgeblichen Standards **nachträglich verschärft**, so gilt dasselbe mit der Folge, dass die Räume, wenn der Vermieter den neuen Standards nicht nachkommt, von dem Zeitpunkt der Verschärfung ab mangelhaft sind (sog **dynamischer Mangelbegriff**, BVerfG NJW 1999, 519 = NZM 1999, 302; BayObLGZ 1999, 220, 223 ff = NJW-RR 1999, 1533 = NZM 1999, 899, 901; LG Dresden NJW 2011, 3106 = NZM 2011, 743; AG Schöneberg WuM 2003, 560; anders aber OLG Düsseldorf NZM 2002, 737 = ZMR 2002, 819, 820; LG Berlin GE 2003, 1331, 1332).

26 Die zweite Einschränkung ergibt sich daraus, dass nach Meinung des BGH der Mieter mangels abweichender Vereinbarungen immer einen **Mindeststandard** erwarten kann, der ein **„zeitgemäßes Wohnen"** ermöglicht (BGH 26. 7. 2004 – VIII ZR 281/03, NJW 2004, 3174 = NZM 2004, 736 = WuM 2004, 527, 528 [r Sp 2. Abs]; 23. 9. 2009 – VIII ZR 300/08, WuM 2009, 659 Tz 11 = NZM 2009, 855 = NJW 2010, 1133; 10. 2. 2010 – VIII ZR 343/08, NZM 2010, 356 Tz 32 f = WuM 2010, 235 = NJW-RR 2010, 737; 17. 12. 2014 – VIII ZR 88/13, NJW 2015, 934

Rn 21 = NZM 2015, 198 = WuM 2015, 165). Es müssen deshalb, wenn nicht das Gegenteil ausdrücklich vereinbart wird, in jeder Wohnung die nach heutigen Anschauungen unabdingbaren *Anschlüsse für Wasser und Strom* vorhanden sein, sodass jedenfalls ein Anschluss der üblichen Haushaltsgeräte möglich ist (BGH 26. 7. 2004 – VIII ZR 281/03, NJW 2004, 3174 = NZM 2004, 736; 23. 9. 2009 – VIII ZR 300/08, WuM 2009, 659 Tz 11 = NZM 2009, 855; 10. 2. 2010 – VIII ZR 343/08, NZM 2010, 356 Tz 32 f = WuM 2010, 235; 17. 12. 2014 – VIII ZR 88/13, NJW 2015, 934 Rn 21 = NZM 2015, 198 = WuM 2015, 165; s [krit] BLANK PiG 83 [2008] 141, 143 f; GSELL WuM 2011, 491, 498 f; LAMES NZM 2007, 465, 468 f).

Später hat der BGH freilich einschränkend hinzugefügt, dass sich diese Praxis in erster Linie auf die Elektroinstallation beziehe und daher jedenfalls nicht als Maßstab für die Wärmedämmung eines Hauses herangezogen werden könne (BGH 5. 12. 2018 – VIII ZR 217/17 Rn 26 f, NJW 2019, 507 = NZM 2019, 136; 5. 12. 2018 – VIII ZR 67/18, GE 2019, 113 = Beck RS 2018, 33913), – weil andernfalls in der Tat die Gefahr bestände, dass aus § 536 BGB iVm neuen Standards eine umfassende Modernisierungspflicht für sämtliche Vermieter abgeleitet werden könnte – eine nur schwer nachvollziehbare Vorstellung. Unberührt bleibt freilich auf der anderen Seite die Verpflichtung des Vermieters zur Beseitigung von Mängeln (§ 535 Abs 1 BGB). Deshalb muss zB jede Wohnung zumindest in einem Raum eine Drosselung der Temperatur der Heizung auf höchstens 18° gestatten, um einen gesunden Schlaf zu ermöglichen (s Rn 33; LG Berlin WuM 2016, 347 = ZMR 2016, 623). Außerdem muss jede Wohnung so konstruiert sein, und zwar auch in Altbauten, dass, sofern sie mit Aluminiumfenstern ausgestattet ist, eine Kondenswasserbildung ausgeschlossen ist (AG Dortmund NZM 2011, 708 = WuM 2011, 619). Notfalls muss der Vermieter, als Teil seiner Pflicht zur Mängelbeseitigung aufgrund des § 535 Abs 1 S 2 BGB, entsprechende Modernisierungsmaßnahmen durchführen – ungeachtet des Umstandes, dass grundsätzlich keine Modernisierungspflicht besteht (LG Berlin WuM 2016, 418). Die genannten Fälle machen deutlich, dass die Grenzziehung ausgesprochen schwierig ist (s insbesondere ZEHELEIN NZM 2019, 139). **26a**

Im Schrifttum findet sich darüber hinaus zT die Auffassung, dass auch die gesetzlichen Anforderungen an den **energetischen Standard** eines Gebäudes Mindeststandards zeitgemäßen Wohnens definierten, sodass der Mieter einen Anspruch auf Durchführung der durch die verschiedenen, ständig verschärften Energieeinsparverordnungen (EnEV) vorgeschriebenen Maßnahmen zur Erhöhung der Energieeffizienz habe (§ 535 Abs 1 S 2 BGB) und mindern könne, solange der Vermieter diesen Anforderungen nicht nachgekommen ist (§ 536 Abs 1 BGB; s im Einzelnen ARTZ WuM 2008, 259, 262 f; ECKARDT/SCHENDERLEIN WuM 2008, 179, 182 f; SCHWINTOWSKI WuM 2006, 115, 118; STERNEL PiG 88 [2011] 1). Dagegen spricht indessen, dass es sich bei den genannten Verordnungen um ausschließlich **öffentlich-rechtliche Regelungen** ohne Einfluss auf das Privatrecht handelt, so dass, solange die Tauglichkeit der gemieteten Räume zum vertragsgemäßen Gebrauch nicht beeinträchtigt ist, ohne Rücksicht auf den Standard der Energieeinsparverordnungen kein Mangel vorliegt (§ 536 Abs 1 S 1 BGB; BLANK WuM 2008, 311, 315; B FLATOW NZM 2008, 785, 791 ff; FRIERS WuM 2008, 255, 257; HORST NZM 2008, 145, 146). **27**

2. Gesundheitsgefahren

Bei Gesundheitsgefahren ist grundsätzlich von den **aktuellen**, dh im Augenblick der Entscheidung **anerkannten Maßstäben** oder Standards als Maßstab für die Beurteilung **28** der Mangelhaftigkeit von Räumen auszugehen (s Rn 26; ausführlich HILLE NZM 2014, 454; LAMES NZM 2007, 465, 467 f, 469 f; SELK/HANKAMMER NZM 2008, 65; STERNEL, in: FS Derleder [2005] 299). Die Maßstäbe zur Beurteilung von Gesundheitsgefahren ändern sich freilich ständig und sind durchweg vielfältig umstritten. Deshalb genügt nach durchaus hM der bloße Verstoß des Mietobjekts gegen irgend einen der vielen zum Schutz insbesondere der Gesundheit der Bewohner eines Hauses propagierten Maßstäbe oder Standards nicht für die Annahme eines Mangels; vielmehr muss in aller Regel zu dem bloßen Verstoß für die Annahme eines Mangels noch hinzukommen, dass dem Mieter tatsächlich aufgrund der Umweltbelastung der Räume eine **konkrete Gesundheitsgefahr** droht, wobei eine etwaige Überempfindlichkeit des Mieters meistens unberücksichtigt bleibt, außer wenn die Parteien sie bei Vertragsschluss ausdrücklich in Rechnung gestellt hatten, während bloße abstrakte (theoretische) Gefahren, gemessen an objektiven, zudem ständig geänderten, dh verschärften Richtwerten zur Annahme eines Mangels nicht ausreichen sollen (BGH 15. 3. 2006 – VIII ZR 74/05, NZM 2006, 504 = NJW-RR 2006, 879 = WuM 2006, 304, 307 Tz 12; KG GE 1995, 697, 699; LG Tübingen WuM 1997, 41 = ZMR 1997, 189; LG Berlin GE 1996, 929; WuM 1996, 761; GE 1995, 1343, 1345: LG München I GE 2013, 609). Die Rechtsprechung ist jedoch nicht einheitlich, da andere Entscheidungen *allein* auf **objektive Maßstäbe** abstellen, dh von dem zusätzlichen Erfordernis einer konkreten Gefährdung der Gesundheit des Mieters absehen (diese vielmehr ohne weiteres unterstellen; LG Kassel ZMR 1996, 90; LG Hannover WuM 1997, 434; LG Frankfurt/M NJW-RR 2001, 522; LG Braunschweig NZM 2001, 582). So wird insbesondere häufig bei einer Belastung des Wassers oder der Luft mit so genannten Umweltgiften verfahren (Beispiele in Rn 29). Hintergrund dieser Praxis ist der schwierige Nachweis einer konkreten Gesundheitsgefahr für einzelne Mieter in den fraglichen Fällen. Bei dem gegenwärtigen Stand der Wissenschaft und den beschränkten Aufklärungsmöglichkeiten in einem Zivilverfahren muss wohl in der Tat je nach Fallgestaltung differenziert werden. Konkret heißt dies, – schon mit Rücksicht auf die sonst unkalkulierbaren Risiken für den Vermieter – grundsätzlich an dem Erfordernis einer *konkreten Gesundheitsgefahr* für den Mieter festzuhalten, sich jedoch in den besonders kritischen Fällen der Belastung von *Wasser und Luft mit Umweltgiften* – faute de mieux – (vorerst) allein an objektive Maßstäbe zu halten.

29 Die Annahme eines Mangels kommt danach insbesondere bei einer übermäßigen Belastung des Wassers mit **Blei oder Nitrat** in Betracht, wobei als Maßstab vielfach die Trinkwasserverordnung von 2001 idF der Bekanntmachung von 2011 (BGBl I 2370, 3044) herangezogen wird (OLG Köln NJW 1992, 51; LG Hamburg NJW 1991, 1898; LG Berlin GE 1996, 929; LG Braunschweig NZM 2001, 582). Gleich steht die Verunreinigung des Wassers mit **Legionellen**, wobei schon die nicht auszuschließende Gefahr des Fortbestandes einer derartigen gefährlichen Verunreinigung des Wassers für die Annahme eines Mangels ausreicht (s schon Rn 10 mwNw; LG Stuttgart ZMR 2015, 720; LG Berlin NZM 2018, 332; HARDT ZMR 2015, 722; 2017, 567). Einen Mangel bildet ferner die mangelhafte Funktion einer Wasseraufbereitungsanlage, die zur Folge hat, dass das Wasser stark verschmutzt ist (s OLG Karlsruhe ZMR 1991, 378 für die gewerbliche Miete). Noch ungeklärt ist, was daraus für eine **Rohrsanierung mit Epoxidharz** (zur Beschichtung der Innenseite der Rohre) folgt. Zum Teil wird angenommen, wegen der Gefahr der Freisetzung krebserzeugender Stoffe sei solche Rohrsanierung heute nicht mehr zulässig und begründe deshalb einen Mangel der Wohnung (AG Köln NZM 2011, 629 f; HITPASS NZM 2011, 741; dagegen AG Köln NZM 2013, 677, 678; ausführlich LAUBINGER ZMR 2012, 413 ff).

Besonders strenge Maßstäbe sind bei einer drohenden **Verseuchung der Luft** durch **Asbest** anzulegen, weil nach heutigen Anschauungen krebserregend (KG GE 1995, 697, 699; LG Dortmund ZMR 1994, 410 = WuM 1996, 141; LG Kassel ZMR 1996, 90; LG Mannheim WuM 1996, 338 = NJW-RR 1996, 776; LG Hannover WuM 1997, 434; LG Dresden NZM 2011, 743 = NJW 2011, 3106). Schwerwiegende Krebsgefahren bestehen insbesondere bei nur schwach gebundenen Asbestprodukten, sodass eine Wohnung dann durchaus sogar insgesamt unbenutzbar sein kann (LG Dresden NZM 2011, 743 = NJW 2011, 3106), während eine abweichende Beurteilung von Fall zu Fall in Betracht kommen kann, wenn die Asbestprodukte stark gebunden sind und nur bei einer mechanischen Bearbeitung der Wände freigesetzt werden können (so jedenfalls LG Berlin NZM 2011, 481; GE 2013, 353; 2017, 228). Gleich steht eine Luftverunreinigung durch eine **überhöhte Perchlorethylen- (PER-), PAK-, Lindan-, Naphthalin- oder Formaldehydbelastung** (OLG Nürnberg NJW-RR 1993, 1300; LG Frankfurt NJW-RR 2001, 1590; LG Berlin GE 2003, 884; 2003, 955 f; 2005, 56 f; LG München I GE 2013, 609: NZM 2013, 508, 509; AG Frankfurt NZM 2001, 422, 423). Sogar anhaltender starker Parfumgeruch anderer Mieter im Treppenhaus kann einen Mangel darstellen (LG Berlin GE 2012, 487). Dagegen kann aus dem bloßen Betrieb einer **Mobilfunkanlagen** in der Umgebung der Mietwohnung allein – mangels Nachweisbarkeit konkreter Gesundheitsgefahren – kein Mangel gefolgert werden, solange die Grenzwerte der 26. Bundesimmissionsschutzverordnung eingehalten werden (BGH 15. 3. 2006 – VIII ZR 74/05, NZM 2006, 504 = NJW-RR 2006, 879 = WuM 2006, 304, 305 Tz 9 f; LG Berlin NZM 2003, 60 = NJW-RR 2003, 300; GE 2005, 547, 548; LG Hamburg ZMR 2007, 198; WuM 2008, 692; Eisenschmid, in: FS Seuß [1997] 101 = WuM 1997, 21; Frenzel WuM 2002, 10; Fritz NZM 2008, 825 = in: FS Blank 153, 159; Herkner WuM 2007, 662; Hitpass ZMR 2007, 340; ders NZM 2012, 401, 407 f; St Roth NZM 2000, 521). 30

Gesundheitsgefahren für den Mieter infolge der Verseuchung der Räume mit **Ungeziefer** führen ebenfalls zur Annahme eines Mangels (OLG Schleswig SchlHA 1970, 159; KG GE 2001, 1671; AG Bremen WuM 2002, 215; Kinne GE 2007, 706). Ein Beispiel ist das Auftreten von **Ratten** in einer Wohnung (AG Osnabrück WuM 2004, 469, 470; AG Dülmen WuM 2013, 35) oder eines **Marders** auf dem Dachboden (AG Augsburg WuM 2017, 319) s auch Rn 58). Gleich steht das Vordringen von **Wildschweinen** aus einem nahegelegenen Forst auf das Mietgrundstück (LG Berlin NZM 2016, 262 = WuM 2016, 168 = GE 2016, 259). Dagegen führt die in einem gewissen Umfang unvermeidliche Verschmutzung durch Vogelkot, zB infolge der (freilich schädlichen) Fütterung von **Tauben** nur in Extremfällen zur Annahme eines Mangels (so jedenfalls LG Berlin ZMR 2012, 440), insbesondere, wenn die Tauben durch die Gestaltung der Fassade angezogen werden (AG Augsburg WuM 2017, 318). 31

Überaus schwierige Fragen wirft der Befall einer Wohnung mit **Schimmelpilz** oder mit Schwarzstaubablagerungen, sog **Fogging**, auf, da die Ursachen, die Erscheinungsformen und die Gefahren zumal von Schimmelpilz vielfältig umstritten und keineswegs endgültig geklärt sind (dazu zB Umweltbundesamt, Schimmelpilz-Leitfaden, Berlin 2000 und Schimmelpilzsanierung-Leitfaden, Dessau 2005; W Lorenz NZM 2019, 394 mwNw). Entsprechend kontrovers werden mietrechtlichen Fragen diskutiert, die mit dem Befall einer Wohnung mit Schimmelpilz zusammenhängen (s zB Agatsy ZMR 2019, 248; Adam/Isenmann WuM 2007, 492; Brinkmann NZM 2020, 1004; Hitpass/Haugg ZMR 2002, 337; Hitpass/P Oventrop ZMR 2005, 598; Isenmann WuM 2001, 428; Kinne GE 2020, 30; Künzel NZM 2013, 499; Lehmann-Richter PiG 99 [2015] 65 = NZM 2015, 513; Moriske NZM 2000, 894; Selk NJW 2013, 2629; Selk/Hankammer NZM 2008, 65; Streyl WuM 2007, 365; ders WuM 2016, 135). Auszuge- 32 hen ist davon, dass von dem Befall einzelner Räume mit Schimmelpilz erhebliche **Gesundheitsgefahren** durch die Produktion von Sporen und die Emission toxischer Stoffe ausgehen können. Als mögliche **Indikationen** werden Erkrankungen der Atemwege, Allergien und insbesondere Asthma genannt (s W Lorenz NZM 2019, 394, 395 mwNw). Als **Ursachen** werden vor allem von außen eindringende sowie in den Räumen produzierte Feuchtigkeit iVm Baumängeln (Stichwort: Wärmebrücken) hervorgehoben, ebenso aber auch Fehler der Mieter bei dem Lüften und Heizen der Räume, sofern die Folge ein nicht ausreichender Luftaustausch (zwecks Abtransports der Feuchtigkeit) ist, wobei aber die Kausalzusammenhänge oft unklar sind; daher die nicht abreißende Diskussion über das jeweils erforderliche Ausmaß des Lüftens und Heizens sowie die richtige Aufstellung der Möbel in einer Wohnung (s Rn 112 ff), worüber, genau genommen, nur von Fall zu Fall Fachleute aufgrund der Messung der Luftfeuchtigkeit unter Beobachtung des Verhaltens der Mieter entscheiden können, – wobei auch nicht verschwiegen werden darf, dass durch die zunehmende (und staatlich geförderte) Isolierung der Wohnungen die Gefahr der Schimmelbildung kontinuierlich erhöht wird.

32a Angesichts der Vielzahl weithin ungelöster Fragen, die der zunehmende Befall von Wohnungen und anderer Räume mit Schimmelpilz aufwirft (Rn 32), sollte es nicht verwundern, dass der Fragenkreis im Mietrecht gleichfalls von einer Klärung noch weit entfernt ist. Festzuhalten ist jedoch, dass das bloße Vorhandensein etwa von **Wärmebrücken** in Altbauten, eine der wichtigsten Ursachen für den Befall von Räumen mit Schimmelpilz, nach der Rechtsprechung des BGH noch keinen Mangel darstellt (s Rn 23), dies schon deshalb nicht, weil aus § 536 BGB grundsätzlich keine Modernisierungspflicht des Vermieters abgeleitet werden kann (s Streyl NZM 2019, 153). Als Ausweg bleiben dann nur hohe, möglicherweise viel zu hohe Anforderungen an die **Lüftung und Heizung** der Räume durch den Mieter (s Rn 112 ff). Festzuhalten ist außerdem, dass eine Wohnung (spätestens) mangelhaft ist, wenn von dem Befall einzelner Räume mit Schimmelpilz **konkrete Gesundheitsgefahr** für die Bewohner der befallenen Räume drohen, wovon umso eher auszugehen ist, je größer die befallene Fläche ist (BGH 18. 4. 2007 – VIII ZR 182/06, NJW 2007, 2177 = WuM 2007, 319, 322 Tz 30 = NZM 2007, 439; 28. 5. 2008 – VIII ZR 271/07, NJW 2008, 2432 Tz 9 = NZM 2008, 607 = WuM 2008, 446; KG ZMR 2011, 114, 116; LG Berlin NZM 2003, 434 = ZMR 2003, 489; GE 2005, 995, 997; LG Duisburg WuM 2003, 494 = ZMR 2003, 739). Liegt danach in den genannten Fällen ein **Mangel** vor, so muss er vom Vermieter beseitigt werden, selbst wenn er die Folge des vertragsgemäßen Gebrauchs des Mieters sein sollte (§ 535 Abs 1 S 2 BGB; BGH 28. 5. 2008 – VIII ZR 271/07, NJW 2008, 2432 f Rn 10 ff = NZM 2008, 607 = WuM 2008, 446). Das klingt einfacher als es ist, weil man bedenken muss, dass der Anspruch des Mieters auf Beseitigung der Mängel (§ 535 Abs 1 S 2 BGB) ebenso wie die Gewährleistungsrechte des Mieters (§§ 536 und 536a BGB) wegen des Befalls der Räume mit Schimmelpilz ausscheiden, wenn es der Mieter selbst ist, der den Befall allein oder doch überwiegend zu vertreten hat (§ 326 Abs 2 BGB), insbesondere durch ein fehlerhaftes Verhalten bei dem Lüften oder Heizen der Räume (s Rn 112 ff).

33 Eine erhebliche Bedeutung für die Gesundheit des Mieters sowie seiner Angehörigen und Mitarbeiter hat ferner das **Raumklima**, insbesondere also (neben der Luftfeuchtigkeit, Rn 32 f) die **Temperatur**, die in den gemieteten Räumen im Verlauf des Jahres herrscht (s zB Burbulla ZMR 2018, 753 mwNw). Vielfältig umstritten ist indessen nach wie vor die Frage, welche **Maßstäbe** hier anzuwenden sind. Auszugehen ist von den Abreden der

Parteien (§ 311 Abs 1 BGB). Ist zB der vertragsgemäße Gebrauch des Mieters allein bei Einhaltung bestimmter Temperaturen in den Räumen zu erreichen, so liegt es nahe, einen Baumangel anzunehmen, wenn die erforderliche Temperatur im Winter nicht erreicht und im Sommer deutlich überschritten wird. Daher leuchtet es zB ein, dass für ein Bekleidungsgeschäft angemietete Räume mangelhaft sind, wenn im Sommer deutlich die Grenze von 26° überschritten und im Winter die Marke von 20° spürbar unterschritten werden, weil dann nämlich niemand mehr Kleidungsstücke anprobiert und folglich auch niemand mehr Kleidungsstücke kauft (so OLG Rostock 17. 5. 2018 – 3 U 78/16, ZMR 2018, 749). Dasselbe gilt wohl generell bei einer erheblichen **Überhitzung** der Mieträume im Sommer, so zB für eine Arztpraxis (BGH 15. 12. 2010 – XII ZR 112/09, NJW 2011, 514 Tz 13–15 = NZM 2011, 153), für den Betrieb eines Gesundheitszentrums (OLG Naumburg NZM 2011, 35) sowie für Wohnräume (LG Berlin ZMR 2016, 623; AG Hamburg WuM 2006, 609, 610 f m Anm Börstinghaus WuM 2007, 253). Eine Wohnung ist mangelhaft, wenn es infolge der Konstruktion der Heizung in keinem Raum möglich ist, durch die Drosselung der Heizung die Temperaturen auf 18° C (als Voraussetzung für gesunden Schlaf) zu drücken (LG Berlin ZMR 2016, 623). Tritt der Mangel **nur periodisch** auf, etwa während der Sommermonate, während die Räume in der übrigen Jahreszeit mangelfrei sind, so ist auch die Miete nur während der kritischen Monate gemindert (BGH 15. 12. 2010 – XII ZR 112/09, NJW 2011, 514 Tz 13–15 = NZM 2011, 153; 4. 9. 2018 – VIII ZR 100/18 Rn 15, NZM 2018, 1018 = WuM 2018, 712). Auf der anderen Seite ist aber auch klar, dass ein Mieter, der nicht-klimatisierte Räume gemietet hat, damit diesen Standard akzeptiert hat (s Rn 22) und folglich nicht nachträglich den Einbau einer (teuren) Klimaanlage verlangen kann (OLG Frankfurt NZM 2007, 330 ff; OLG Karlsruhe GE 2010, 542, 544 f; OLG Brandenburg NZM 2013, 151, 152; LG Berlin GE 2008, 1053; F Busse NJW 2004, 1982; Harms NZM 2005, 441; ders ZMR 2007, 432; Herrlein NZM 2007, 719; Pfeiffer DWW 2007, 196).

33a Schwierige Fragen tauchen auf, wenn ausdrückliche oder konkludente Abreden der Parteien über die Frage des geschuldeten Raumklimas fehlen, sodass auf die **Verkehrssitte** rekurriert werden muss. Als Maßstäbe, die die Verkehrssitte in erster Linie geprägt haben, werden bei gewerblichen Mietverträgen vor allem die Arbeitsstättenverordnung von 2004, stattdessen aber auch die Anforderungen des Bauordnungsrechts diskutiert. Nach einer verbreiteten Meinung müssen Arbeitsräume den Anforderungen der **Arbeitsstättenverordnung** von 2004 (BGBl I 2174) genügen. sodass ein Mangel immer schon dann anzunehmen sei, wenn in den Räumen nicht nur gelegentlich, sondern längerfristig und wiederholt die nach der genannten Verordnung zulässigen Höchstwerte der Raumtemperatur (26° C) überschritten werden (u Rn 39; OLG Köln NJW-RR 1993, 446; OLG Hamm NJW-RR 1995, 143; GE 1996, 186; OLG Rostock NZM 2001, 425 = NJW-RR 2001, 802; OLG Düsseldorf ZMR 2006, 518, 520; KG KGR 2003, 97 = GE 2003, 48; OLG Naumburg NZM 2004, 343; 2011, 35; Börstinghaus WuM 2007, 253; Fritz NZM 2008, 825 = in: FS Blank 153, 165; Lames NZM 2007, 465, 467, 469). Dabei wird jedoch übersehen, dass sich die genannte Verordnung nur an den Arbeitgeber, dh an den *Mieter* (und nicht an den Vermieter) wendet (ebenso zB Burbulla ZMR 2018, 753 mwNw), so dass in geeigneten Fällen wohl tatsächlich nur der Rückgriff auf das **Bauordnungsrecht** und dessen Anforderungen an die zu erzielende Raumtemperatur bleibt, soweit sich nicht im Einzelfall eine abweichende Verkehrssitte ermitteln lässt. Außerdem bedarf es stets eines konkreten Vortrags, an welchen Tagen die zumutbaren Temperaturen – bei Berücksichtigung der Außentemperaturen – überschritten wurden, wenn es um die Frage der Mangelhaftigkeit der Räume geht; pauschale

Hinweise genügen dafür nicht (OLG Düsseldorf 12. 9. 2019 – 24 U 197/18, NZM 2020, 106). Gesundheitsrelevante Mängel liegen ferner vor bei einem unerträglichen **Gestank**, der aus einer Wohnung in das Treppenhaus und von dort in die übrigen Wohnungen dringt (LG Berlin WuM 2011, 157), sowie bei erheblichen Ausgasungen der Bahnschwellen an U-Bahnstationen (AG München WuM 2011, 465).

34 Für die Frage des Schallschutzes einschließlich der besonders intrikaten Problematik des **Trittschallschutzes** folgt aus den bisherigen Ausführungen (s Rn 24), dass der Mieter – mangels abweichender Vereinbarungen der Parteien – grundsätzlich nur den Schutz verlangen kann, der dem **Standard** des Gebäudes bei seiner Errichtung entspricht (zu den umstrittenen Einzelheiten s HILLE NZM 2014, 454). Denn das sind die Räume, die er gemietet hat (§ 536b S 1 BGB). Bei einem nichtrenovierten **Altbau** kann daher nicht derselbe Lärmschutz wie bei einem modernen Neubau erwartet werden (s Rn 24; BGH 6. 10. 2004 – VIII ZR 355/03, NJW 2005, 218 = NZM 2005, 60 = WuM 2004, 715; 7. 7. 2010 – VIII ZR 85/09, NZM 2010, 618 Tz 11 ff = WuM 2010, 482; 1. 6. 2012 – V ZR 195/11, NJW 2012, 2725 Tz 9 f = NZM 2012, 611; 5. 6. 2013 – VIII ZR 278/12, NJW 2013, 2417 = WuM 2013, 481 = NZM 2013, 575 Rn 14, 17; 21. 2. 2017 – VIII ZR 1/16 Rn 15 = NZM 2017, 256 = WuM 2017, 194; OLG Dresden WuM 2009, 393, 394 f = NZM 2009, 703; LG Hamburg WuM 2010, 147; LG Frankfurt ZMR 2011, 468 und 554; AG Bonn NZM 2010, 619 = NJW-RR 2010, 1239). Wird jedoch der Altbau umfänglich renoviert, wozu insbesondere weitreichende Eingriffe in die Bausubstanz erforderlich sind, deren Kosten ungefähr einem Drittel des Aufwandes für einen Neubau entsprechen (vgl § 556f S 2 BGB und dazu unten § 556f Rn 16 ff), so muss fortan der Schallschutz den zur Zeit der **Renovierung** maßgeblichen Mindeststandards entsprechen (s Rn 24; BGH 6. 10. 2004 – VIII ZR 355/03, NJW 2005, 218 = NZM 2005, 60 = WuM 2004, 715; 17. 6. 2009 – VIII ZR 131/08, NJW 2009, 2441, 2442 Tz 11 = NZM 2009, 580).

3. Heizung

35 Wenn eine Wohnung mit Heizung vermietet ist, gehört die ordnungsmäßige Beheizbarkeit der Räume zu dem dem Mieter vom Vermieter geschuldeten vertragsgemäßen Gebrauch (o § 535 Rn 59 ff), sodass **Mängel** der Heizung zu einem Mangel der vermieteten Räume führen, vorausgesetzt, dass in den Räumen nicht mehr die idR geschuldete Temperatur von rund 20° auf Dauer erreicht wird (s § 535 Rn 61; zB BGH 27. 7. 2016 – XII ZR 59/14, NZM 2016, 796 Rn 13; 22. 8. 2018 – VIII ZR 99/17 Rn 13, NZM 2018, 1020 = WuM 2018, 641). Keine Rolle spielt, ob der Mieter die Wohnung überhaupt nutzt oder an Dritte überlassen hat; die Instandsetzungspflicht des Vermieters (§ 535 Abs 1 S 2 BGB) ist davon ebenso unabhängig wie das Minderungsrecht des Mieters (BGH 22. 8. 2018 – VIII ZR 99/17 Rn 14, 19, NZM 2018, 1020 = WuM 2018, 641). Auf der anderen Seite kann die fehlende Möglichkeit zur Drosselung der Heizleistung, etwa in den Schlafräumen, ebenfalls einen Mangel darstellen (s Rn 33; LG Berlin ZMR 2016, 623). Daraus darf nicht der Schluss gezogen werden, dass der Vermieter verpflichtet sei, dem Mieter immer gerade die modernste und damit wirtschaftlichste Heizungsanlage zur Verfügung zu stellen, da den Vermieter grundsätzlich **keine Modernisierungspflicht** trifft. Auch eine ältere und damit weniger wirtschaftliche Anlage entspricht vielmehr grundsätzlich dem Gesetz, sodass der Mieter nicht allein deshalb mindern kann, weil ihm höhere **Heizkosten** als bei dem Einsatz einer modernen, besonders wirtschaftlichen Anlage entstehen (s Rn 36; KG GE 2005, 1427; ZMR 2012, 858, 859; OLG Düsseldorf GE 2011, 132; LG Hamburg NJW-RR 1988, 907 = WuM 1988, 350; ebenso für eine Klimaanlage s Rn 37). Entsprechendes gilt, wenn aufgrund der herkömmlichen einfachen Verglasung der Räume oder aus anderen bautechnischen Gründen höhere Heizkosten als in modernen Neubauten anfallen (OLG Saarbrücken ZMR 2014, 280).

Allein die aus heutiger Sicht anzunehmenden **Unwirtschaftlichkeit** der Heizungsanlage stellt nach dem Gesagten (Rn 35) noch keinen Mangel dar (anders OLG Düsseldorf WuM 1984, 54; 1986, 16; LG Waldshut-Tiengen NJW-RR 1991, 592; LG Berlin GE 1996, 745). Wenn die Heizungsanlage dem Standard bei ihrem Einbau entspricht, hat sie der Mieter durch den Abschluss des Vertrages in Kenntnis dieses Umstandes akzeptiert (s Rn 22), sodass kein Mangel anzunehmen ist, solange die Heizung überhaupt noch funktioniert (§ 536b S 1 BGB; KG ZMR 2012, 858, 859; OLG Düsseldorf GE 2011, 132). Ihre mangelnde Wirtschaftlichkeit – aus heutiger Sicht – spielt gemäß § 556 Abs 3 S 1 BGB nur bei der Frage der *Heizkostenabrechnung* eine Rolle, während sie im Rahmen des § 536 BGB irrelevant ist (KG ZMR 2012, 858, 859; ZMR 2008, 892; Blank PiG 83 [2008] 141, 144 ff; ders WuM 2008, 311 ff; Stangl ZMR 2008, 14, 21 f). Anders dagegen, wenn die Heizungsanlage von Anfang an Konstruktionsmängel mit der Folge ihrer Unwirtschaftlichkeit aufwies. Dann kommt durchaus die Annahme eines Mangels in Betracht (zB OLG Hamm ZMR 1987, 300 = NJW-RR 1987, 969) ebenso wie (erst recht) bei einer mangelnden Funktionsfähigkeit der Heizung oder der vorhandenen Öfen (OLG Dresden NZM 2002, 662; KG ZMR 2008, 790, 791 f; LG Berlin ZMR 1992, 302; WuM 1993, 185; LG Köln WuM 1988, 351; zum Ausmaß der Minderung s u Rn 56). § 536 BGB greift schließlich noch ein, wenn mit der Heizung übermäßige **Lärmemissionen** verbunden sind (u Rn 52). 36

Genauso zu beurteilen wie Mängel der Heizungsanlage (o Rn 35 f) sind Mängel vergleichbarer Anlagen, vor allem der **Warmwasserversorgung** (BGH 22. 8. 2018 – VIII ZR 99/17 Rn 13, 18, NZM 2018, 1020 = WuM 2018, 641; KG ZMR 2008, 790, 792 [r Sp u]). Weitere Beispiele sind eine infolge eines Konstruktionsmangels überdimensionierte **Lüftungsanlage**, die nicht gedrosselt werden kann (OLG Hamm ZMR 1987, 300 = NJW-RR 1987, 969), sowie der Ausfall der **Zuluftanlage** in einer großen Gaststätte (BGH NJW-RR 1991, 779 = WM 1991, 1006, 1008). Dagegen ist kein Raum für die Anwendung des § 536 BGB, wenn die mitvermietete **Klimaanlage** einwandfrei funktioniert und lediglich ständig steigende Kosten verursacht (s schon Rn 35 sowie BGH WM 1980, 108, 112). 37

4. Naturkatastrophen

In **hochwassergefährdeten Gebieten** muss der Vermieter Vorkehrungen gegen die Gefahr von Überschwemmungen treffen, sodass deren Unterlassung einen Mangel der vermieteten Räume nach sich zieht (§ 535 Rn 30, BGH LM Nr 47 zu § 535 BGB = NJW 1971, 424; KG DR 1941, 2337 Nr 7; OLG München NJW 2015, 962 = NZM 2015, 255, 256; LG Köln WuM 1996, 335; LG Kassel NJW-RR 1996, 1355; AG Friedberg WuM 1995, 393; Fritz NZM 2008, 825, 828 = in: FS Blank 153, 161). Solange der Vermieter nicht tätig geworden ist, trifft ihn außerdem bei drohender Hochwassergefahr eine **Warnpflicht** gegenüber dem Mieter, damit dieser noch rechtzeitig Schutzmaßnahmen ergreifen kann (OLG Koblenz NJW-RR 1997, 331 = WM 1997, 470; OLG München NJW 2015, 962 = NZM 2015, 255, 256; Emmerich JuS 1997, 563; Fritz NZM 2008, 825, 828 = in: FS Blank 153, 161). Der Vermieter muss ferner in den Abflüssen für Vorkehrungen gegen die Gefahr des Rückstaus sorgen; das Fehlen oder die Funktionsuntüchtigkeit von **Rückstausicherungen** bildet 38 einen Mangel (BGH ZMR 1962, 82, 84; LM Nr 33 zu § 328 BGB = NJW 1968, 402; Betrieb 1976, 817 f; OLG Hamm ZMR 1988, 138 = NJW-RR 1988, 529 = WuM 1988, 349; OLG München WuM 1991, 681, 682; OLG Düsseldorf NJW-RR 1988, 906 = ZMR 1988, 222). Ähnliche Vorkehrungen sind bei Aufschüttungen des Vermieters geboten, die die Gefahr eines **Wasserstaus** begründen (BGH LM Nr 47 zu § 535 BGB = NJW 1971, 424; LM Nr 20 zu § 537 BGB = NJW 1972, 944).

38a Der Vermieter braucht dagegen keine Vorkehrungen gegen ganz seltene und ungewöhnliche **Naturkatastrophen** zu treffen; Schäden durch solche Katastrophen gehören zum allgemeinen Lebensrisiko, das der Mieter selbst tragen muss (s § 535 Rn 30; BGH LM Nr 47 zu § 535 BGB = NJW 1971, 424; LM Nr 33 zu § 328 BGB = NJW 1968, 402; OLG Frankfurt MDR 1985, 1027; WuM 1991, 88; LG/OLG München WuM 1991, 681; NJW 2015, 962 = NZM 2015, 255, 256; OLG Koblenz NJW-RR 1997, 331 = WM 1997, 470; LG Berlin GE 1999, 1497; Eisenschmid NZM 2002, 889). Gleich steht der Fall, dass Wurzeln in eine Wasserleitung eindringen, sodass es zu einem Wasserstau kommt (LG Hamburg ZMR 2007, 170, 171). Ein Mangel wurde dagegen bejaht, wenn der Regenschutz im Eingangsbereich einer Wohnung mangelhaft ist, sodass die Wohnung nur durchnässt betreten werden kann (KG GE 2003, 1611).

5. Weitere Baumängel

39 **Gewerblich genutzte Räume** sind mangelhaft, wenn sie sich in einem Zustand befinden, der ihre bestimmungsgemäße Nutzung beeinträchtigt und schließlich zur **behördlichen Schließung** des Betriebs führt (BGH WM 1983, 660; zur Überhitzung der Räume s schon Rn 14; zur sogenannten Corona-Krise s schon oben Vorbem 32, 38 f zu § 536). Dasselbe gilt, wenn die Fundamente und Decken der vermieteten Räume nicht die nötige **Tragfähigkeit** aufweisen, um die Geräte des Mieters aufnehmen zu können (o § 535 Rn 38; BGH BB 1958, 575; LM Nr 11 zu § 537 BGB = MDR 1964, 229 = ZMR 1964, 79; LM Nr 12/13 zu § 537 BGB = MDR 1964, 915; LM Nr 6 zu § 538 BGB = NJW 1963, 804; WM 1991, 730; OLG Düsseldorf ZMR 2001, 706; OLG Hamm GE 1996, 186). Wird ein Haus als **Gastarbeiterheim** vermietet, so ist es mangelhaft, wenn es nicht den Mindestanforderungen an solche Heime aufgrund behördlicher Richtlinien entspricht (BGH LM Nr 22 zu § 537 BGB = NJW 1976, 796). Baumängel sind außerdem zB noch die Undichtigkeit eines Schornsteins (KG GE 1999, 569; OLG Düsseldorf GE 2008, 54, 55; AG Rendsburg WuM 1975, 122), die Undichtigkeit der Fenster und Türen (BGH ZMR 1962, 82, 83; LG Berlin WuM 1982, 184 = MDR 1982, 671), eine mangelhafte, gefährliche Konstruktion der Fenster (BGH GE 2010, 1193 Tz 13), ein ungenügender Druck in der Wasserleitung (AG Charlottenburg GE 2010, 129, 131) oder die ungenügende Leistung einer Abwasserpumpe (BGH ZMR 1962, 82, 83).

40 Weitere Beispiele sind ein vorübergehender Stromausfall (AG Wiesbaden WuM 1980, 245 f), der Ausfall des **Fahrstuhls**, jedenfalls für die Mieter der oberen Wohnungen (s § 535 Rn 30; AG Bremen WuM 1987, 383; AG Charlottenburg GE 1990, 423; AG Berlin-Mitte WuM 2020, 484), ein mangelhafter **Verputz** oder Anstrich des vermieteten Hauses (LG Hamburg WuM 1983, 290; AG Hamburg WuM 1976, 95; AG Köpenick ZMR 2008, 643 = NJW-RR 2008, 1332), auf jeden Fall, wenn davon Feuchtigkeitsschäden in der Wohnung drohen (LG Berlin WuM 2009, 175), die Verunstaltung des Gebäudes durch umfangreiche Graffiti an den Wänden, sodass das Gebäude insgesamt einen verwahrlosten Eindruck macht (AG Berlin-Tempelhof/Kreuzberg NJW-RR 2008, 1039 = WuM 2008, 481), die

„Verkratzung" zahlreicher Fenster eines Geschäfts (sog Scratching; KG NZM 2009, 199 = NJW-RR 2009, 445), die fehlende Möglichkeit zur Verschließung der Wohnungstür (AG Köln WuM 1978, 126), die fehlende Abgeschlossenheit einer Ferienwohnung (AG Bad Oeynhausen ZMR 2005, 541, 542) sowie die mangelnde **Isolierung** der Wasserrohre mit der Folge, dass im Winter das Wasser abgestellt werden muss (KG GE 2002, 131).

40a Als Mängel wurden ferner zB angesehen die im Laufe der Mietzeit eingetretene Verschmutzung einer Belüftungseinrichtung (BGH 5. 11. 2014 – XII ZR 15/12, BGHZ 203, 148, 160 Rn 47 = NJW 2015, 402), der fehlende **Brandschutz** eines Gebäudes (OLG Düsseldorf NZM 2004, 946, 947; anders LG Marburg NZM 1998, 307), massive **Bildstörungen** in einem technischen Büro infolge einer Stromleitung vor dem Gebäude (LG Berlin GE 2004, 427) sowie der Ausfall der **Hausantenne**, sodass nur noch wenige Programme empfangen werden können (AG Schwäbisch-Gmünd NJW 2005, 163). Zu den Baumängeln zählen ferner alle sonstigen **Konstruktionsmängel** eines Gebäudes. Ein Beispiel ist eine derart mangelhafte Konstruktion eines **Balkons**, dass Wasser in die Wohnung eindringen kann (LG Berlin GE 1987, 193). Das Fehlen des vertraglich versprochenen **Parkplatzes** führt gleichfalls zur Anwendung des § 536 BGB (AG Köln WuM 1990, 164). Ein vermieteter Kraftfahrzeugeinstellplatz ist schließlich mangelhaft, wenn der Mieter durch das ständige verkehrswidrige Parken fremder Fahrzeuge vor der Einfahrt nachhaltig an der Benutzung des Platzes gehindert wird (LG Köln MDR 1976, 44 = WuM 1976, 29 f).

41 Einen Mangel bildet außerdem die **vertragswidrige Gestaltung des Umfeldes** des Gebäudes, zB das Fehlen der nötigen Mülltonnen oder ein übermäßig langer Zugang zu den Tonnen, sodass es zur Anwendung des § 536 BGB führt, wenn nachträglich vom Vermieter der Stellplatz für die Mülltonnen auf einen weit entfernten Platz oder umgekehrt auf einem Platz direkt unter den Fenstern eines Mieters verlegt wird (AG Köln WuM 1985, 261; Meyer-Abich NZM 2018, 427). Weitere in erster Linie hierher gehörige Beispiele sind die Benutzung des Gartens, der Terrasse oder des Treppenhauses als **Bauplatz** (LG Kleve WuM 1991, 261; LG Osnabrück WuM 1986, 93; LG Berlin GE 1997, 555), die ständige Verunreinigung der Anlagen eines Hochhauses (AG Kiel WuM 1991, 343) sowie schließlich noch die massive Behinderung der Anlieferung von Waren für ein Geschäft durch die Ablagerung von Baumaterial im Eingangsbereich oder durch Bauarbeiten (OLG Köln ZMR 2010, 850, 852). Werden gewerbliche Räume in einem umfangreichen **Gesamtprojekt** vermietet, so kann es ferner einen Mangel darstellen, wenn das Projekt nicht wie geplant verwirklicht wird, sodass das ursprünglich vorausgesetzte intakte Umfeld fehlt, die Zugänge erschwert und das Erscheinungsbild ebenso wie die Einbindung in die Infrastruktur verschlechtert werden (BGH 17. 10. 2003 – V ZR 84/02, NJW-RR 2004, 79, 80 = NZM 2004, 100). Dasselbe gilt, wenn in einem hochpreisigen, exklusiven Bürogebäude nachträglich zahlreiche Räume an verschiedene Sozialbehörden vermietet werden, sodass die Zugangskontrolle wegfällt und in dem Gebäude ein nicht mehr kontrollierbarer Besucheransturm einsetzt – mit allen negativen Folgen (OLG Stuttgart NZM 2007, 163 = ZMR 2007, 272; Fritz NZM 2008, 825, 830 = in: FS Blank 153, 164; str), dies jedoch nur, wenn sich daraus *Unzuträglichkeiten und Störungen* ergeben, die sich konkret auf den Mieter und seinen Betrieb auswirken, und wohl auch nur, wenn die Exklusivität der gemieteten Räume zur vertraglich geschuldeten Sollbeschaffenheit gehört (BGH 15. 10. 2008 – XII ZR 1/07, NZM 2009, 124 = NJW 2009, 664, 666 f Rn 29 ff; zum Milieuschutz s unten Rn 60).

IV. Öffentlich-rechtliche Beschränkungen

1. Nur objektbezogene Genehmigungsvoraussetzungen

42 Gewerblich genutzte Räume müssen zur Aufnahme des von dem Mieter beabsichtigten Betriebs oder Unternehmens geeignet sein, weil nur dann dem Mieter der vom Vermieter geschuldete vertragsgemäße Gebrauch der Räume überhaupt möglich ist. Die Räume sind folglich mangelhaft, wenn dem beabsichtigten Betrieb öffentlich-rechtliche Hindernisse entgegenstehen, sodass der Betrieb nicht genehmigt werden kann, vorausgesetzt freilich, dass die mangelnde Genehmigungsfähigkeit des Betriebs ihre Ursache gerade in der konkreten Beschaffenheit oder der Lage der Mietsache hat (so genannte objektbezogene Genehmigungsvoraussetzungen). Den Gegensatz bilden personen- oder betriebsbezogene Umstände, die zum Risikobereich des Mieters gehören, so dass, wenn solche Umstände einer Genehmigung entgegenstehen, kein Mangel angenommen werden kann (BGHZ 68, 294, 296 = NJW 1977, 1285; BGH 11. 12. 1991 – XII ZR 63/90, ZMR 1992, 239 = NJW-RR 1992, 267 = WM 1992, 583; 2. 3. 1994 – XII ZR 175/92, ZMR 1994, 253; 24. 10. 2007 – XII ZR 24/06, GE 2008, 120 = ZMR 2008, 274, 275; 13. 7. 2011 – XII ZR 189/09, NJW 2011, 3151 Tz 8 = WuM 2011, 520 – Raucherecke; 2. 11. 2016 – XII ZR 153/15 Rn 15, WuM 2017, 18 Rn 15; KG ZMR 2014, 876; OLG Dresden 14. 10. 2015 – 5 U 1724/14, ZMR 2017, 633; 24. 9. 2018 – 5 U 1055/18, ZMR 2019, 580; KG 4. 12. 2017 – 8 U 286/16, NZM 2018, 607 Rn 29; Günter NZM 2016, 569).

42a Insbesondere der Zustand von Räumen, die zur Einrichtung einer Gastwirtschaft vermietet werden, muss derart sein, dass der Mieter die erforderliche Konzession erlangen kann (BGH 19. 4. 1978 – VIII ZR 182/76, LM Nr 92 zu § 242 [Bb] BGB = WM 1978, 760; 12. 1. 1972 – VIII ZR 28/71, LM Nr 50 zu § 535 BGB = WM 1972, 335; 25. 2. 1987 – VIII ZR 88/86, LM Nr 25 zu § 536 BGB = NJW-RR 1987, 906; OLG Düsseldorf ZMR 2003, 215; OLG Koblenz NZM 2010, 83 = NJW-RR 2010, 203; KG ZMR 2016, 685; 2016, 855). Daran fehlt es zB, wenn die Räume den Vorschriften über die Belüftung oder die Trittschalldämmung in Gaststätten widersprechen (KG GE 2004, 478) oder wenn aufgrund eines ungenehmigten Umbaus die Erfordernisse des Brandschutzes nicht mehr erfüllt sind (BGH 2. 11. 2016 – XII ZR 153/15 Rn 15, WuM 2017, 18 Rn 19; KG ZMR 2016, 685; OLG Karlsruhe 24. 1. 2018 – 9 U 89/15, ZMR 2018, 929). Eine beschränkte Gaststättenkonzession ist nur dann nicht als Mangel anzusehen, wenn der Mieter oder Pächter nach dem Vertrag ohnehin keinen weitergehenden Anspruch hatte (OLG Oldenburg NJW-RR 1992, 662; OLG Koblenz NJW-RR 2002, 1522 = NZM 2002, 918). Fehlen die Voraussetzungen einer Genehmigung von Anfang an und können sie auch nachträglich nicht mehr geschaffen werden, so handelt es sich um einen Fall der anfänglichen objektiven Unmöglichkeit, sodass der Mieter die Rechte aus § 311 Abs 2 BGB hat; ergänzend greift nach Übergabe der Mietsache § 536a Abs 1 Fall 1 BGB ein (Garantiehaftung des Vermieters; s im Einzelnen Vorbem 3 ff zu § 536; Günter NZM 2016, 569, 572, 574). Für die Annahme eines Wegfalls der Geschäftsgrundlage ist in den fraglichen Fällen wegen des Vorrangs der Gewährleistungsregeln kein Raum (s Vorbem 18 zu § 536, str).

43 Die Schaffung der Voraussetzungen für die behördliche Genehmigung des von dem Mieter in den Räumen nach dem Vertrag geplanten gewerblichen Betriebs obliegt grundsätzlich dem Vermieter (§ 535 Abs 1 S 2 BGB; Günter NZM 2016, 569, 573). Notfalls muss der Vermieter deshalb die dafür von der Behörde vorgeschriebenen, baulichen Veränderungen durchführen (RGZ 94, 138). Außerdem muss er sich selbst um die nötigen Genehmigungen bemühen (OLG Hamm ZMR 1982, 206, 207; OLG Köln WuM 1998, 152, 153 = ZMR 1998, 227, 228; OLG Düsseldorf NZM 2011, 550; 12. 1. 2016 – 24 U 62/14, ZMR 2017, 639; KG ZMR 2016, 685; 4. 12. 2017 – 8 U 236/16, NZM 2018, 607 Rn 29; OLG Karlsruhe 24. 1. 2018 – 9 U 89/15, ZMR 2018, 929; Günter NZM 2016, 569). Durch Formularvertrag kann nichts anderes bestimmt werden; insbesondere ist es nicht angängig, durch Formularvertrag das Risiko der Versagung der erforderlichen behördlichen Genehmigung auf den Mieter abzuwälzen, sofern die Genehmigung aus Gründen versagt wird, die ausschließlich auf der Beschaffenheit oder der Lage des Mietobjektes beruhen (§ 307 Abs 1 BGB; BGH 22. 6. 1988, VIII ZR 232/87, LM Nr 40 zu § 537 BGB = NJW 1988, 2664 = ZMR 1988, 376; 24. 10. 2007 – XII ZR 24/06, ZMR 2008, 274, 275 = GE 2008, 120; OLG Düsseldorf ZMR 1992, 446; KG ZMR 2014, 876 = GE 2014, 1452; ZMR 2016, 685; OLG Braunschweig 4. 4. 2019 – 3 U 395/18, NZM 2019, 946; LG Berlin NZM 2002, 787 = ZMR 2002, 271 = NJW-RR 2002, 1450; GE 2009, 452; Günter NZM 2016, 569, 574 f). Anders verhält es sich jedoch mit Risiken aus der Person des Mieters sowie für die Belastung des Vermieters mit einer Ausgleichsabgabe für die Aufhebung des Zweckentfremdungsverbotes zu Gunsten des Mieters (KG ZMR 1996, 263 = NJW-RR 1996, 1234; LG Frankfurt WuM 2000, 79, 80). Eine weitergehende Risikoabwälzung ist nur **individualvertraglich** möglich (BGH 2. 3. 1994 – XII ZR 75/92, ZMR 1994, 253; Günter NZM 2016, 569, 175). Derartige Abreden sind jedoch wegen ihrer Ungewöhnlichkeit eng auszulegen (OLG München ZMR 1995, 401, 402).

Der Vermieter trägt dagegen nicht das Risiko solcher Umstände, die allein in den **44** persönlichen oder betrieblichen Verhältnissen des Mieters ihre Ursache haben (sog **subjekt- und betriebsbezogene Voraussetzungen**, s Vorbem 21 ff zu § 536; Günter NZM 2016, 569 ff). Nur so kann verhindert werden, dass dem Mieter auf dem Weg über eine übermäßige Ausdehnung des Mangelbegriffs letztlich das Verwendungsrisiko abgenommen wird (BGH 1. 7. 1981 – VIII ZR 192/80, LM Nr 27 zu § 537 BGB = NJW 1981, 2405; 5. 10. 1981 – VIII ZR 279/80, LM Nr 28 zu § 537 BGB = BB 1981, 2030; Köhler, Unmöglichkeit 174 ff). Ebenso wenig darf das allgemeine Lebensrisiko, das jeder, auch der Mieter, tragen muss, vom Mieter über die Annahme eines Mangels im Sinne des § 536 BGB auf den Vermieter verschoben werden. Entgegen der älteren Praxis (so RGZ 87, 277; 88, 96; 89, 203; 91, 51; 94, 267; 98, 101, 103; 147, 257, 159; 147, 304, 307; 157, 363) können deshalb für das gesamte Land während eines Krieges erlassene **Tanzverbote** ebenso wenig wie allgemeine Bade- oder Betriebsverbote oder eine generelle Kürzung der Polizeistunde als Mängel anerkannt werden. Die Frage spielt eine zentrale Rolle bei den verbreiteten behördlichen Betriebsverboten zur Eindämmung der **COVID-19-Pandemie**; überwiegend wird auch in diesen Fällen heute folgerichtig die Annahme eines Mangels verneint (s im Einzelnen o Vorbem 38 f vor § 536 mwNw).

Ebenso wie Betriebsverbote ist zB die nachträgliche Beschränkung der Nutzungs- **44a** möglichkeit gemieteter Räume für den Betrieb einer Gaststätte durch die Gesetzgebung zum Schutze der Nichtraucher zu behandeln. Derartige gesetzliche **Rauchverbote** knüpfen nicht an die Beschaffenheit und die Lage der Räume, sondern an die betrieblichen Verhältnisse des Mieters an und gehören deshalb zum Verwendungsrisiko des Mieters (s Vorbem 26 zu § 536; BGH 13. 7. 2011 – XII ZR 189/09, NJW 2011, 3151 Tz 11 ff = WuM 2011, 520; OLG Koblenz NJW 2010, 1297 = NJW-RR 2010, 203 = NZM 2010, 83; OLG München NZM 2010, 201 [Altenheim]; Günter NZM 2016, 569, 571), und zwar selbst dann, wenn infolge des Rauchverbotes die Zahl der Gäste drastisch zurückgeht (R Paschke NZM 2008, 265, 269 f; anders wohl im Ergebnis Leo/Ghassemi-Tabar NZM 2008, 271). Mangels abweichender Vereinbarungen ist der Vermieter daher nicht verpflichtet, auf Verlangen des Mieters die baulichen Voraussetzungen für die Einrichtung eines Raucherbereichs zu schaffen, da den Vermieter grundsätzlich keine Modernisierungspflicht trifft und ein Mangel nicht vorliegt (BGH 13. 7. 2011 – XII ZR 189/09, NJW 2011, 3151 Tz 11 ff = WuM 2011, 520).

45 Öffentlich-rechtliche **Beschränkungen der Nutzbarkeit** der gemieteten Räume sind nur zu berücksichtigen, wenn sie sich negativ für den Mieter auswirken, nicht dagegen, wenn die Nutzbarkeit der gemieteten Räume für den Vertragszweck tatsächlich überhaupt nicht eingeschränkt ist, weil die zuständige Behörde gegen den rechtswidrigen Zustand **nicht einschreitet**, zB von einem Abrissgebot absieht oder eine planwidrige Nutzung eines Grundstücks hinnimmt: Eine Anwendung des § 536 BGB kommt vielmehr grundsätzlich erst in Betracht, wenn die zuständige Behörde bereits gegen den rechtswidrigen Zustand eingeschritten ist oder ein Einschreiten für die nächste Zukunft als sicher zu erwarten ist (BGH 16. 9. 2009 – VIII ZR 275/08, NJW 2009, 3421 Tz 6 = NZM 2009, 814 = WuM 2009, 661; 29. 9. 2009 – VIII ZR 242/08, WuM 2009, 662, 663 Rn 4; 2. 11. 2016 – XII ZR 153/15 Rn 32, WuM 2017, 18; 16. 1. 2019 – VIII ZR 173/17 Rn 20, NZM 2019, 288 = WuM 2019, 144, 146; OLG Düsseldorf ZMR 2011, 118; 2011, 865; 2011, 867; OLG Köln WuM 1998, 152, 153 = ZMR 1998, 227, 228; OLG Nürnberg ZMR 1999, 255, 256; KG GE 2002, 664; 2005, 1426, 1427; LG Potsdam WuM 2015, 350, 352), insbesondere also, sobald die zuständige Behörde Maßnahmen androht (OLG Düsseldorf NZM 2003, 556; GE 2005, 55 f; OLG Dresden 14. 10. 2015 – 5 U 1724/14, ZMR 2017, 633; 24. 9. 2018 – 5 U 1055/18, ZMR 2019, 580), sowie wenn der Mieter wegen der fehlenden Genehmigungsfähigkeit die Nutzung der Räume von vornherein nicht aufnimmt (KG ZMR 2016, 685, 686; 2016, 855, 856 f). Es genügt bereits, wenn nur die ernsthafte **Gefahr eines Verbotes** der Benutzung aufgrund eines noch nicht bestandskräftigen Verwaltungsaktes besteht (s Rn 47; BGH 29. 1. 1971 – VIII ZR 167/69, LM Nr 17 zu § 537 BGB = WM 1971, 531; 24. 10. 2007 – XII ZR 24/06, ZMR 2008, 274, 275; OLG Düsseldorf ZMR 2005, 707, 709; LG Frankfurt/Oder GE 2007, 1325). Ein Mangel ist erst recht anzunehmen, wenn das Bauordnungsamt die sofortige Räumung der vermieteten Räume verlangt; der Mieter braucht sich dann nicht auf eine Anfechtungsklage einzulassen, sondern kann sofort mindern oder ausziehen (§§ 536, 543 BGB; BGH 2. 11. 2016 – XII ZR 153/15 Rn 16, WuM 2017, 18; LG Mönchengladbach ZMR 1992, 304; LG Potsdam WuM 2015, 350, 351 f). Ein Mangel ist dagegen zu **verneinen**, wenn sich das fragliche Verbot auf absehbare Zeit für den Mieter überhaupt nicht nachteilig auswirken kann (BGH WM 1968, 1306, 1307; OLG Naumburg NZM 2001, 100, 101; LG Frankfurt WuM 2000, 79) oder wenn der Mieter ohne Weiteres in der Lage ist, das Verbot abzuwenden oder ihm auszuweichen (OLG Hamburg ZMR 1960, 304, 306; OLG Hamm ZMR 1971, 87). Dasselbe gilt, wenn die fehlende Genehmigung für die augenblickliche Nutzung des Grundstücks jederzeit zu erlangen ist (OLG Düsseldorf ZMR 2010, 29 = GE 2009, 1046).

2. Beispiele

46 Das polizeiliche Verbot einer Fabrik führt zur Annahme eines Mangels (RG JW 1913, 596 Nr 10). Gleich stehen die Untersagung eines Betriebs in den gemieteten Räumen mit der Begründung, die mit dem Betrieb verbundene Nutzungsänderung sei nicht genehmigt, insbesondere, wenn der Vermieter die Mitwirkung bei der Beantragung der erforderlichen Genehmigung verweigert (BGH 2. 10. 2007 – XII ZR 24/96, ZMR 2008, 274, 275), weiter die behördliche Verweigerung der Genehmigung für einen Steinbruch oder für den geplanten Kiesabbau des Pächters (BGH 17. 4. 1982 – VIII ZR 281/81, LM Nr 46 zu § 581 BGB = WM 1982, 595; 11. 12. 1991 – XII ZR 63/90, ZMR 1992, 139 = WuM 1992, 313 = NJW-RR 1992, 267) und ferner das Fehlen der erforderlichen Stellplätze bei einem Restaurant oder Hotel (OLG München ZMR 1995, 401, 402 f; LG Frankfurt NJW 1976, 1355 f). Ebenso ist es zu beurteilen, wenn in einem Pflegeheim ein großer Teil der Plätze wegen eines behördlichen Nutzungsverbotes nicht belegt werden darf (OLG Düsseldorf NZM 2011, 550). Auch **Zugangsbehinderungen**, die letztlich auf hoheitlichen Maßnahmen wie einer Änderung der Bauplanung beruhen, sind hierher zu rechnen (s schon oben Rn 41 und unten Rn 59 sowie BGH 1. 7. 1981 – VIII ZR 192/80, LM Nr 27 zu § 537 BGB = NJW 1981, 2405).

Das Gesagte (Rn 42 ff) gilt auch für die **Wohnraummiete**, sofern öffentlich-rechtliche **47** Nutzungsbeschränkungen insbesondere aufgrund eines Verstoßes der Räume gegen das **Bauordnungsrecht** tatsächlich die Nutzbarkeit der Wohnräume zum Nachteil des Mieters einschränken (zB BGH 16. 1. 2019 – VIII ZR 173/17 Rn 20, NZM 2019, 288 = WuM 2019, 144, 146). Eine vermietete Wohnung ist folglich mangelhaft, wenn sie **ohne Bauerlaubnis** errichtet wurde (LG Hannover ZMR 1971, 135 Nr 20), wenn es sich bei den fraglichen Räumen in Wirklichkeit um Gewerberäume handelt und keine Genehmigung für die Umnutzung in Wohnräume vorliegt und eine solche auch nicht zu erreichen ist (LG Potsdam WuM 2015, 350, 351 f), wenn die Nutzung der Räume gegen das Zweckentfremdungsverbot verstößt (KG GE 1989, 941) sowie wenn die Wohnung aus mehreren Räumen besteht, die in bauordnungswidriger Weise zu einer Wohnung verbunden wurden (LG Berlin ZMR 1999, 823). Ebenso ist es zu beurteilen, wenn für einen Keller die Nutzungsgenehmigung fehlt (AG Münster WuM 1981, 161) oder wenn die vermieteten Räume infolge erheblicher baulicher Auflagen für den Mieter zum Vertragszweck ungeeignet sind (BGH BB 1973, 1236). Für die Annahme eines Mangels ist dagegen kein Raum, wenn die zuständige Behörde gegen die Nutzung der Räume zu Wohnzwecken trotz ihres bauordnungswidrigen Zustandes, etwa infolge der zu geringen lichten Höhe der Räume, nicht einschreitet (BGH 16. 1. 2019 – VIII ZR 173/17 Rn 20, NZM 2019, 288 = WuM 2019, 144, 146).

V. Umweltfehler, insbesondere Lärm

1. Überblick

Unter **Umweltfehlern** (oder auch Umweltmängeln) versteht man Störungen des **48** Mieters im vertragsgemäßen Gebrauch durch Einflüsse von außen, die auf Naturereignissen oder auf Handlungen Dritter beruhen (s schon o Rn 9; Fritz NZM 2008, 825 = in: F S Blank [2006] 153). Beispiele sind auf der einen Seite Naturkatastrophen wie zB Hochwässer (dazu schon o Rn 38) und auf der anderen Seite Störungen des Mieters durch Lärmimmissionen oder Zugangsbehinderungen seitens Dritter. Das zentrale Problem der Materie liegt in der **Grenzziehung** zwischen dem Risiko von Umweltfehlern einschließlich insbesondere eben der Lärmimmissionen, das grundsätzlich, dh wenn die Parteien nichts anderes vereinbart haben (§§ 311 Abs 1, 535 Abs 1 S 1 und 536b BGB), der Vermieter tragen muss (§ 535 Abs 1 S 2 BGB), und dem den Mieter treffenden allgemeinen Lebensrisiko, das auch nicht über § 536 BGB auf den Vermieter abgewälzt werden darf (s Rn 44; Emmerich PiG 31 [1989] 35; Flatow WuM 2016, 459; Fritz NZM 2008, 825 = in: FS Blank [2006] 153; Gsell NZM 2016, 702; Selk NZM 2019, 113; Sternel PiG 31 [1989] 71). Der BGH hat aus diesem Grunde wiederholt den Anwendungsbereich des § 536 BGB auf solche Umweltfehler beschränkt, durch die die Tauglichkeit der Mietsache zum vertragsgemäßen Gebrauch **unmittelbar beeinträchtigt** wird (vgl insbesondere BGH 16. 2. 2000 – XII ZR 279/97, LM Nr 51 zu § 537 BGB [Bl 2 R] = NZM 2000, 492 = NJW 2000, 1714 – Einkaufszentrum; 12. 10. 1977 – VIII ZR 73/76, LM Nr 61 zu § 535 BGB = NJW 1978, 103; 15. 10. 2008 – XII ZR 1/07, NJW 2009, 664, 666 Tz 34 = NZM 2009, 124; GE 2013, 261 Tz 8; ebenso OLG Düsseldorf NZM 2008, 524, 525; GE 2012, 827, 828; ZMR 2015, 7675; OLG Rostock GE 2009, 322 = NZM 2009, 545; LG Berlin GE 2009, 781). Die **Kriterien**, anhand derer unmittelbare und mittelbare Beeinträchtigungen der Tauglichkeit der Mietsache durch Umweltfehler unterschieden werden sollen, sind indessen unklar geblieben (Emmerich PiG 31 [1989] 35, 41 f; Koller NJW 1982, 201). Insbesondere Kausalitätskriterien scheiden angesichts ihrer Ambivalenz aus; entscheidend kann vielmehr nur sein, welcher Standard dem Mieter nach den **Abreden der Parteien** geschuldet ist (o Rn 22). Das ist eine Frage der Auslegung der Parteiabreden im Einzelfall unter Berücksichtigung des Kontextes des Vertragsabschlusses, wozu insbesondere die Lage und der Zustand des Mietobjekts gehören (§§ 133, 157, 536b S 1 BGB; ebenso für Trittlärm BGH 6. 10. 2004 – VIII ZR 155/03, NJW 2005, 218 = NZM 2005, 60 = WuM 2004, 715 sowie für die Beschränkung des Besucherverkehrs in einem Bürohochhaus BGH 15. 10. 2008 – XII ZR 1/07, NJW 2009, 664, 665 Tz 26 ff, 44 = NZM 2009, 124; s oben Rn 39).

49 Davon ist im Prinzip auch in den eigentlich kritischen Fällen auszugehen, die dadurch gekennzeichnet sind, dass erst *nach Abschluss* des Mietvertrages Störungen des Mieters insbesondere durch einen unerwarteten **Baustellenlärm** in der Nachbarschaft oder durch eine massive **Vermehrung des Verkehrs** in der Umgebung der gemieteten Räume auftreten. In derartigen Fällen ist umstritten, ob wegen der nachträglichen Vermehrung der Lärmimmissionen ein Mangel anzunehmen ist, welche Partei maW dieses besondere Umweltrisiko tragen muss, der Vermieter nach den §§ 535 Abs 1 S 2, 536 und 536b BGB oder der Mieter als Teil seines allgemeinen Lebensrisikos, ferner, ob zwischen den verschiedenen Lärmquellen unterschieden werden muss, zB zwischen bloßem vorübergehendem Baustellenlärm und dauerndem Verkehrslärm, schließlich ob es eine Rolle spielt, ob der Vermieter über Möglichkeiten zur Abwehr des Lärms verfügt, insbesondere welche Bedeutung in diesem Zusammenhang der Vorschrift des § 906 BGB idF von 1994 zukommt, durch die die Abwehrrechte des Eigentümers gegen Störungen aus der Nachbarschaft (Stichwort: Sportstellenlärm) erheblich eingeschränkt wurden.

49a Die Rechtslage ist, jedenfalls auf den ersten Blick, (verhältnismäßig) einfach: Eine Minderung wegen des vermehrten Lärms ist nur ausgeschlossen, wenn der Mieter den Mangel in Gestalt des vermehrten Lärms schon bei Abschluss des Mietvertrages **kannte** oder lediglich infolge grober Fahrlässigkeit verkannte (§ 536b S 1 und 2 BGB). Dasselbe gilt, wenn die Parteien eine sogenannte **negative Beschaffenheitsvereinbarung** getroffen haben, durch die der Mieter seine Bereitschaft erklärt, das fragliche Risiko zu übernehmen, dh die Räume auch dann noch als vertragsgemäß zu akzeptieren, wenn sich das Risiko verwirklichen sollte (§§ 311 Abs 1 und 535 Abs 1 BGB). Der Mieter kann folglich wegen des erhöhten Lärms nur dann nicht mindern, wenn er bereits bei Abschluss des Vertrages positiv wusste (oder lediglich infolge grober Fahrlässigkeit verkannte), dass nach den Umständen (vorübergehend oder auf Dauer) mit massiven Lärmbelästigungen in der Umgebung zu rechnen ist (zutreffend BLANK WuM 2012, 175), oder wenn die Parteien wirksam etwas anderes vereinbart haben, etwa, indem der Vermieter den Mieter bei Abschluss des Vertrages darauf hingewiesen hat, dass in absehbarer Zukunft mit der Einrichtung einer Großbaustelle in der Nachbarschaft oder mit einer erheblichen Verkehrszunahme infolge des Ausbaus einer Straße zu rechnen ist und der Mieter dies akzeptiert hat (§§ 311 Abs 1 und 535 Abs 1 BGB) – sofern dem nicht im Einzelfall § 536 Abs 4 BGB entgegensteht (s insbesondere FLATOW WuM 2016, 159; GSELL NZM 2016, 702).

Dieses Ergebnis der gesetzlichen Regelung (Rn 49a) gilt vielfach als unangemessen, **50** weil für den Vermieter unzumutbar, da er auf die Einrichtung und den Betrieb von Baustellen oder den Ausbau von Verkehrswegen in seiner Nachbarschaft nach § 906 BGB idF von 1994 nahezu keinen Einfluss hat. Deshalb wird häufig **Kenntnis** des Mieters im Sinne des § 536b BGB bereits angenommen, wenn der Mieter nach den Umständen lediglich in der Zukunft mit der Einrichtung einer Baustelle *rechnen muss,* zB weil die Wohnung oder die Büroräume in einem *Sanierungsgebiet* oder in einem innerstädtischen Bereich mit großen *Baulücken* oder ständigem Sanierungsbedarf von Hochhäusern liegt (insbesondere BGH 19. 12. 2012 – VIII ZR 152/12, WuM 2013, 154 Tz 12 = NJW 2013, 680 = NZM 2013, 184; ebenso zB OLG Frankfurt ZMR 1964, 271; OLG München NJW-RR 1994, 654; KG NZM 2003, 718; LG Berlin GE 2009, 847, 849; 2011, 1685, 1686; 2012, 489; 2012, 833; LG Frankfurt/M ZMR 2015, 554). Oder es wird einfach den Parteien der konkludente Abschluss einer **Beschaffenheitsvereinbarung** im Sinne des § 535 Abs 1 S 1 BGB *unterstellt,* die mit Rücksicht auf die Umstände einen Lärmschutz ausschließt (§§ 133, 157 BGB; LG Gießen ZMR 2011, 284; LG Berlin GE 2013, 548; 2013, 552, 553; 2013, 689; ZMR 2013, 717; ebenso im Ergebnis auch für den Lärm nachträglich eröffneter Gaststätten in der Umgebung LG Berlin GE 2016, 785, 786; s dazu u Rn 57).

Obwohl mit dem Gesetz kaum vereinbar (s Rn 49), hat sich der **BGH** doch im Jahre **51** 2015 in dem sogenannten **Bolzplatz-Urteil** dieser die Gewährleistungsrechte des Mieters erheblich beschränkenden Auffassung (Rn 50) angeschlossen (BGH 29. 4. 2015 – VIII ZR 197/14, BGHZ 205, 177, 184 ff, Rn 21, 24, 35 ff = NJW 2015, 2177 = NZM 2015, 481; ebenso sodann 29. 4. 2020 – VIII ZR 31/18, NZM 2020, 592 = WuM 2020, 407). Der BGH setzt dazu nicht bei der gesetzlichen Regelung der §§ 535 Abs 1 S 2, 536 und 536b BGB an, sondern rückt stattdessen die Frage in den Vordergrund, ob die Parteien eine Haftung des Vermieters für nachträgliche Umweltfehler vereinbart hätten, wenn sie bei Abschluss des Vertrages die spätere Entwicklung bedacht hätten. Im Wege der ergänzenden Vertragsauslegung misst der BGH dabei insbesondere der Frage zentrale Bedeutung bei, ob der Vermieter die Störung nach § 906 BGB, gegebenenfalls gegen einen Ausgleich, dulden muss. Wenn dies der Fall ist, soll nach Treu und Glauben auch der Mieter zur Duldung verpflichtet sein, wohl unter Minderung der Miete, wenn und soweit dem Vermieter Ausgleichsansprüche nach § 906 Abs 2 S 2 BGB zustehen (so BGHZ 205, 177, 192 f Rn 39 ff; 29. 4. 2020 – VIII ZR 31/18 Rn 27 ff, 57, 71, NZM 2020, 592 = WuM 2020, 407). Dahinter steht die Überlegung, dass der Vermieter nach Treu und Glauben nicht einseitig mit dem Risiko derartiger letztlich hinzunehmender Immissionen belastet werden dürfe (BGH 29. 4. 2020 – VIII ZR 31/18 Rn 28, NZM 2020, 592 = WuM 2020, 407). Der Mieter könne nicht erwarten, dass der Vermieter ohne weiteres diese Risiken übernehme (BGH 29. 4. 2020 – VIII ZR 31/18 Rn 58, NZM 2020, 592 = WuM 2020, 407). Der BGH lehnt außerdem eine einseitige Belastung des Vermieters mit der Darlegungs- und Beweislast hinsichtlich des Ausmaßes der Immissionen und seiner Möglichkeit zu deren Abwehr ab; vielmehr soll der Mieter die Beweislast für die Wesentlichkeit der Beeinträchtigung seines Mietgebrauchs durch die Immissionen tragen während es anschließend Sache des Vermieters sein soll, darzulegen und gegebenenfalls zu beweisen, dass er keine Abwehrmöglichkeiten und auch keine Ausgleichsansprüche habe (§ 906 BGB analog; BGH 29. 4. 2020 – VIII ZR 31/18 Rn 64 ff, 75 ff, 80 f, 91 f, NZM 2020, 592 = WuM 2020, 407).

52 Im **Schrifttum** ist die sogenannte Bolzplatz-Doktrin (Rn 51) auf verbreitete **Kritik** gestoßen, die sich vor allem gegen die Übertragung der Wertungen des § 906 BGB auf das Verhältnis zwischen Mietvertragsparteien wendet (BeckOGK/Bieder [1. 7. 2020] § 536 Rn 55 f; Eisenschmid NZM 2016, 841; ders WuM 2020, 478; Emmerich JuS 2015, 1040, 1041; Guhlingf/Günter Rn 223 ff; Flatow WuM 2016, 459; Ghassemi-Tabar NJW 2015, 2849; Gsell NZM 2016, 702; MünchKomm/Häublein § 536 Rn 21; Bub/Treier/Kraemer et al, Hdb Rn III 3205; Staudinger/Roth [2020] § 906 Rn 4; Schläger ZMR 2016, 362; Selk NZM 2015, 855; ders NZM 2019, 113; ders NZM 2020, 632; – zust nur Klimesch ZMR 2016, 516; Erman/Lützenkirchen Rn 19, 24). In der **Rechtsprechung** sind die Stellungnahmen unterschiedlich ausgefallen. Nur wenige Gerichte hatten sich zunächst der Bolzplatz-Doktrin in vollem Umfang angeschlossen und verneinten deshalb Gewährleistungsrechte des Mieters vor allem bei Lärmbelästigungen, zB durch eine **Großbaustelle** in der Nachbarschaft, sofern der Vermieter nach § 906 BGB im Ergebnis keine Abwehrmöglichkeit und auch keine Ausgleichsansprüche hat, meistens unter Hinweis darauf, dass nach den Umständen kein Raum für die Annahme einer abweichenden Beschaffenheitsvereinbarung der Parteien sei (so zB: LG Berlin ZMR 2017, 974; 2019, 405; AG Hamburg-Bergedorf ZMR 2018, 229). In zahlreichen anderen Entscheidungen ist dagegen versucht worden, den für die Mieter so nachteiligen Auswirkungen der Bolzplatz-Doktrin und insbesondere einer Anwendung des § 906 BGB auszuweichen. Diesem Ziel dienten vor allem die Zuweisung der vollen Beweislast für einen Ausschluss von Abwehransprüchen nach § 906 BGB an den Vermieter (so LG München I NZM 2016, 237 = ZMR 2016, 290; NZM 2018, 228 = ZMR 2017, 165; ZMR 2018, 200; dagegen jetzt der BGH 29. 4. 2020 – VIII ZR 31/18, NZM 2020, 592 = WuM 2020, 407; s Rn 51), die Unterscheidung zwischen dauernden und bloß vorübergehenden Lärmquellen mit der Folge, dass der Anwendungsbereich des § 906 BGB grundsätzlich auf dauernde Lärmquellen wie Verkehrslärm im Gegensatz zu Baustellenlärm beschränkt wird (so LG Hamburg WuM 2019, 138 = ZMR 2019, 220; LG Berlin WuM 2018, 755 = ZMR 2019, 23; AG München ZMR 2019, 289; dagegen der BGH 29. 4. 2020 – VIII ZR 31/18 Rn 38, NZM 2020, 592 = WuM 2020, 407), sowie die Verneinung einer Anwendbarkeit des § 906 BGB, wenn das Nachbargrundstück mit der Lärmquelle gleichfalls dem Vermieter gehört oder wenn doch dem Vermieter die bevorstehende Einrichtung einer Großbaustelle in der Nachbarschaft bei Abschluss des Vertrages bekannt war, er aber den Mieter nicht entsprechend informiert hat (LG Berlin WuM 2018, 25 = ZMR 2018, 223; WuM 2019, 701). Darüber hinaus kommen in zahlreichen Entscheidungen deutliche Vorbehalte gegen eine Übertragung der Wertungen des § 906 BGB auf das Vertragsverhältnis der Mietvertragsparteien zum Ausdruck, das von ganz anderen Regeln als das Verhältnis zwischen den Eigentümern benachbarter Grundstücke beherrscht wird (zB ausführ KG 17. 9. 2020 – 8 U 1006/20, WuM 2020, 723, 725; LG Berlin GE 2018, 1459; GE 2019,

315 = WuM 2019, 253 = ZMR 2019, 407; GE 2019, 1309; WuM 2019, 701; WuM 2018, 25 = ZMR 2018, 223; WuM 2018, 755 = ZMR 2019, 23; LG Hamburg WuM 2019, 138 = ZMR 2019, 280; LG München ZMR 2018, 200; AG München ZMR 2019, 289; ebenso schon früher OLG Schleswig ZMR 2011, 726; LG Berlin WuM 2014, 205 = ZMR 2014, 731; WuM 2015, 486, 487 f; Blank WuM 2012, 175, 177 f; Lehmann-Richter NZM 2012, 849, 852 f).

Obwohl der BGH mittlerweile alle diese Einwände unter Berufung auf die von ihm angenommene ergänzende Vertragsauslegung zugunsten des Vermieters zurückgewiesen hat (BGH 29. 4. 2020 – VIII ZR 31/18 Rn 29, 56 ff, 71 f, NZM 2020, 592 = WuM 2020, 407; dagegen wieder zutreffend KG WuM 2020, 723; Eisenschmid WuM 2020, 478; Selk NZM 2020, 632), ist doch nach wie vor der verbreiteten **Kritik** insbesondere an der Übertragung der Wertungen des § 906 BGB auf das vertraglich geordnete Verhältnis zwischen Vermieter und Mieter (s Rn 52) schon deshalb zuzustimmen, weil durch die Bolzplatz-Doktrin das Risiko nachträglicher Veränderungen des Umfeldes der gemieteten Räume und Flächen ganz einseitig auf den Mieter verschoben wird, während nach dem Gesetz das Risiko von Umweltfehlern während der *gesamten* Vertragsdauer nicht der Mieter, sondern im Gegenteil der *Vermieter* zu tragen hat, sofern nicht ausnahmsweise die Voraussetzungen des § 536b BGB vorliegen (so §§ 535 Abs 1 S 2, 536 BGB) oder die Parteien vertraglich das Risiko dem Mieter zugewiesen haben. Der in diesem Zusammenhang vom BGH bemühte § 906 BGB besagt dazu nichts, weil er nicht das Verhältnis zwischen Vertragsparteien regelt (das sich nach dem Vertrag beurteilt), sondern das Verhältnis zwischen vertraglich nicht verbundenen Eigentümern. Das wird schon daran deutlich, dass für eine Anwendung des § 906 BGB von vornherein kein Raum ist, wenn die Nachbarn vertraglich eine abweichende Regelung getroffen haben. In dieselbe Richtung weist unbestreitbar die Wertung des § 536 Abs 4 BGB (der bei dem Ausgangspunkt des BGH überhaupt nicht mehr in Sicht kommt). Der Verweis auf den Ausgleichsanspruch des § 906 Abs 2 S 2 BGB ist kein akzeptabler „Ausgleich" für die Beschränkung der Mieterrechte aufgrund der Bolzplatz-Doktrin, wenn man bedenkt, unter welch engen Voraussetzungen ein derartiger Ausgleichsanspruch heute tatsächlich nur noch in Betracht kommt, zumal nach der Verschärfung des § 906 BGB im Jahre 1994 durch den Verweis auf das Immissionsrecht (zutreffend Selk NZM 2019, 113, 118, 125 f; Staudinger/Roth [2020] § 906 Rn 249 ff). **52a**

Im Falle einer Störung durch **Baustellenlärm** aus der Nachbarschaft kann der Mieter daher (nur) dann ausnahmsweise nicht mindern, wenn die gemieteten Räume neben einer schon eingerichteten Großbaustelle liegen (§ 536b S 1 BGB) oder nach den ganzen Umständen bei Vertragsabschluss in nächster Zukunft mit Baustellenlärm gerechnet werden musste (§ 536b S 1 und 2 BGB; LG Berlin WuM 2007, 386; GE 2008, 268; 2013, 1515; ZMR 2013, 888; AG Hamburg-Blankenese ZMR 2003, 746; AG Hamburg NZM 2005, 222). Jenseits dieser Fälle dürfen jedoch dem Mieter entgegen dem Gesetz keine hellseherischen Fähigkeiten abverlangt werden. Erst recht trifft den Mieter bei Abschluss eines Mietvertrages keine Pflicht zu **Nachforschungen** nach möglichen Baustellen in der Nachbarschaft, zumal in einer Stadt ohnehin niemals der Abriss alter und der Bau neuer Gebäude in der näheren oder weiteren Umgebung ausgeschlossen werden kann (AG Nürnberg-Fürth WuM 2019, 433). **Nachträglich** auftretender **Baustellenlärm** (der nicht für jedermann ohne Weiteres vorhersehbar war) ist maW als das zu behandeln, was er ist, nämlich als eine (schwerwiegende) Störung des Mieters, die den Mieter zur Minderung berechtigt (§ 536 Abs 1 BGB; BayObLGZ 1987, 36 = **53**

NJW 1987, 1950; KG NZM 2000, 40; GE 2001, 620 f; WuM 2020, 723; OLG Frankfurt GE 2015, 1286; LG Göttingen NJW 1986, 1112 = WuM 1986, 114; LG Kassel NJW-RR 1989, 1292; LG Siegen WuM 1990, 17; LG Dortmund NZM 1999, 765; LG Frankfurt WuM 2007, 316, 317 = ZMR 2007, 698; LG Berlin GE 2007, 1188; 2009, 719, 721; WuM 2016, 487; ZMR 2020, 405, wN s Rn 52). Weitere hierher gehörige Beispiele, sind die Einrichtung eines Hotels mit großem Publikumsverkehr im Hinterhof des Hauses (LG Berlin NZM 2016, 679 = WuM 2016, 555), die Vermietung zahlreicher anderer Wohnungen in einem Wohnhaus an lärmende Tagestouristen (s Rn 55, 57, unten § 540 Rn 10a; LG Berlin WuM, 2016, 734) sowie der Bau einer Tiefgarage in der Nachbarschaft unter gewaltiger Lärmentwicklung (LG Berlin NZM 2016, 681 = ZMR 2016, 693). Es mutet nachgerade willkürlich an, den Mieter in derart gravierenden Fällen einer Störung im vertragsgemäßen Gebrauch durch die beliebige Unterstellung einer negativen Beschaffenheitsvereinbarung, in Wirklichkeit einer bloßen Fiktion, oder durch die Anwendung des hier gar nicht einschlägigen § 906 BGB um seine gesetzlichen Rechte zu bringen (zutreffend Gsell NZM 2016, 702, 707 f: Aushöhlung der gesetzlichen Gewährleistungsrechte des Mieters; ebenso zu Recht Selk NZM 2019, 113 mwNw; ders NZM 2020, 632). Keine Rolle spielt, dass der Baustellenlärm naturgemäß im Tagesverlauf Schwankungen unterliegt; ohne Rücksicht darauf wird vielmehr in solchen Fällen **pauschal** ein einheitlicher **Minderungssatz** festgelegt (KG NZM 2000, 40; GE 2001, 620 f, LG Berlin GE 2013, 552, 553; ZMR 2019, 407 = WuM 2019, 253; LG München NZM 2018, 228 = ZMR 2017, 165).

54 Dieselben Grundsätze (s Rn 52 f) gelten, entgegen einer verbreiteten Meinung (s zB LG Hamburg WuM 2019, 138; AG München ZMR 2019, 289), auch bei einer **nachträglichen Zunahme des Verkehrslärms**, etwa infolge der Verlagerung von Verkehrsströmen. Entscheidend ist hier gleichfalls allein, ob der Mieter nach den Umständen bei Abschluss des Mietvertrages die Zunahme des Verkehrslärms vorausgesehen hat, etwa weil die Straße gerade aufwändig ausgebaut wurde (§ 536b BGB), oder ob die Parteien ausnahmsweise eine negative Beschaffenheitsvereinbarung getroffen haben. Auf der anderen Seite gilt freilich auch: Wer eine Wohnung an einer **lauten Durchgangsstraße** mietet, kann schon mit Rücksicht auf § 536b S 1 BGB nur den bei einer derartigen Wohnung üblichen Standard des Lärmschutzes, nicht mehr verlangen, außer natürlich, wenn die Parteien ausdrücklich etwas anderes vereinbart haben, zB in Gestalt eines Lärmschutzes an den Fenstern (LG Berlin GE 2003, 392; 2007, 1052, 1053; AG Schöneberg ZMR 2000, 308; AG Erfurt WuM 2000, 592; AG Frankfurt aM WuM 2013, 352 [Fluglärm]; Füglein/Krafzik WuM 2013, 357; anders LG Berlin GE 2013, 482 [Fluglärm]; LG Kleve NJW 1970, 1975; LG Lüneburg WuM 1991, 683; AG Schöneberg GE 1996, 1499; LG Landshut NZM 1998, 761, 76).

2. Häuslicher Lärm

55 Das Zusammenleben mehrerer Menschen in einem Haus verursacht unvermeidlich Lärmbelästigungen, sodass geringfügige oder gelegentliche Beeinträchtigungen, zB durch Feiern oder auch durch Streitigkeiten, nach Meinung des BGH als „sozialadäquat" hinzunehmen sind (BGH 29. 2. 2012 – VIII ZR 155/11, NJW 2012, 1647 Rn 11 f = NZM 2012, 381 = WuM 2012, 269; 22. 8. 2017 – VIII ZR 226/16 Rn 13, WuM 2017, 587 = NZM 2017, 694). Erst die Überschreitung dieser Grenze der **„Sozialadäquanz"** führt in den Anwendungsbereich des § 536 BGB, wobei heute aus § 22 Abs 1a BImSchG ein besonderes Toleranzgebot gegenüber **Kinderlärm** gefolgert wird, sodass normaler Kinderlärm in einem Mehrfamilienhaus keinen Mangel darstellt (BGH 29. 4. 2015 –

VIII ZR 197/14, BGHZ 205, 177, 187 f Rn 27 ff = NJW 2015, 2177; 22. 8. 2017 – VIII ZR 226/16 Rn 13 f, WuM 2017, 587 = NZM 2017, 694; LG München I WuM 1987, 121; LG Berlin ZMR 1999, 763; GE 2016, 1388; LG Hamburg WuM 1998, 19 [Schulhof]; AG Köln WuW 1993, 606 f; AG Hamburg-Bergedorf ZMR 2009, 293; AG Frankfurt WuM 2009, 226; FLATOW WuM 2016, 459, 465; **aM** AG Frankfurt NJW 2005, 2628 = NZM 2005, 617). Nur der **„übermäßige" Lärm** von Mitmietern oder Kindern begründet maW einen Mangel im Sinne des § 536 BGB, wobei die Grenzziehung naturgemäß nicht ohne Wertungen im Einzelfall möglich ist (s § 535 Rn 26). Ein Maßstab für die gebotene Toleranz in erster Linie gegenüber Kinderlärm ist, ob es sich noch um altersgerechtes und übliches kindliches Verhalten handelt oder ob die Störungen deutlich darüber hinausgehen und deshalb unbedingt durch erzieherische Maßnahmen der Eltern – an sich – unterbunden werden müssten (BGH 22. 8. 2017 – VIII ZR 226/16 Rn 14, WuM 2017, 587 = NZM 2017, 694), wobei es besonders kritisch zu beurteilen ist, wenn Eltern durch ihr eigenes Verhalten (Stichwort: Brüllen) die Lärmbelästigung noch weiter unnötig steigern (SELK NZM 2017, 597).

Weitere Beispiele sind übermäßige **Toilettengeräusche** (LG Berlin GE 2009, 779; LG Hamburg WuM 2010, 147; anders für einen Altbau LG Berlin GE 2013, 814) sowie der übermäßige Lärm, der mit einer Gaststätte verbunden ist. Entsprechendes gilt für den Betrieb eines **Bordells** in einem Wohnhaus (Rn 57) sowie für die nachträgliche Einrichtung eines **Gewerbebetriebs** in einem Haus mit Komfortwohnungen (AG Hamburg Wo 1976, 151). **55a**

Der Vermieter muss für eine ordnungsgemäße **Schallisolierung** sorgen. Die vermietete Wohnung ist mangelhaft, wenn die Schallisolierung hinter dem Standard zurückbleibt, auf den der Mieter nach dem Vertrag Anspruch hat (BGH 6. 10. 2004 – VIII ZR 355/03, NJW 2005, 218 = NZM 2005, 60 = WuM 2004, 715; KG WuM 1980, 255; LG Berlin GE 1996, 1244; 1996, 1249; AG Mainz WuM 2003, 87, 88; FRITZ NZM 2008, 825; HORST MDR 2012, 70), wobei in der Rechtsprechung zT ergänzend insbesondere auf die **TA-Lärm** von 1998, zT auf die DIN 4109 von 1989 abgestellt wird (LG Berlin GE 2011, 549; ZMR 2014, 360, 361; LG Wiesbaden ZMR 2012, 629). Gemessen an diesen Standards ist die Wohnung zB mangelhaft, wenn die Isolierung zur Nachbarwohnung zu dünn ist (LG Wiesbaden ZMR 2012, 629), wenn die Isolierung gegen Trittschall hinter dem geschuldeten Standard zurückbleibt (o Rn 23), wenn die Heizung **Klopfgeräusche** verursacht (o Rn 35; LG Berlin NZM 2000, 490; GE 2007, 367, 368; 2011, 549, LG Landshut WuM 2002, 307; LG Hamburg ZMR 2009, 532, 534; LG Osnabrück ZMR 2019, 31 = GE 2019, 687; AG Hamburg WuM 1996, 469 = NZM 1997, 551; WuM 1997, 551) oder wenn der Mieter ständig durch den **Aufzug** gestört wird (LG Hannover WuM 1994, 463 f; LG Berlin GE 2011, 558, 59). **56**

3. Nachbarschaftslärm

Baustellen- und Verkehrslärm sind nur die wichtigsten, aber keineswegs die einzigen von Dritten ausgehenden Lärmbelästigungen, die einen Mangel darstellen können. Bekannte Beispiele sind der von dem Betrieb eines Bordells oder einer Gaststätte in der Nachbarschaft ausgehende Lärm. Die Beurteilung dieser Fälle ist ebenso kontrovers wie die der schon behandelten Fälle des Baustellen- und des Verkehrslärms (Rn 48 ff). Bei dem von einer **Gaststätte** ausgehenden Lärm wird teilweise das Vorliegen eines Mangels bejaht (LG Berlin GE 2016, 785 f, AG Braunschweig WuM 1990, 147; AG Köln WuM 1988, 56; 1991, 545), häufig aber auch verneint, weil zumindest im inner- **57** städtischen Bereich jederzeit mit der Einrichtung einer Gaststätte in demselben Haus oder in der Nachbarschaft gerechnet werden müsse (so zB LG Berlin GE 2005, 1126; 2016, 785, 786; 2016, 729, 731). Dieser Umstand ist indessen angesichts der gesetzlichen Regelung (§ 536b BGB) irrelevant (zutreffend Flatow WuW 2016, 459; Gsell NZM 2016, 702), wobei zudem immer § 536 Abs 4 BGB zu beachten bleibt. Ebenso zu behandeln sind Störungen durch ein **Bordell** im selben Haus oder in der Nachbarschaft (o Rn 55a und § 543 Rn 23; BGH WM 1967, 515, 517; LG Frankfurt WuM 1987, 55; LG Berlin GE 2008, 671; 2009, 453; AG Köln WuM 2003, 145, AG Osnabrück WuM 2008, 84; Fritz NZM 2008, 825, 829; Sauren ZMR 2007, 42; s dazu auch Staudinger/Fischinger [2017] § 138 ProstG, Vorbem 21 f), durch eine Drogenberatungsstelle (Fritz NZM 2008, 825, 829) oder durch die Vermietung zahlreicher Wohnungen desselben Hauses an ständig wechselnde Touristen, die in den Wohnungen Feste feiern (LG Berlin ZMR 2017, 237, 139; s schon Rn 53 und 55), während die bloße Entstehung einer Drogenszene in der Nachbarschaft noch keinen Mangel darstellt, solange von ihr keine konkreten Störungen ausgehen (LG Düsseldorf WuM 1995, 320). Weitere Beispiele für erhebliche Mängel sind der Lärm eines benachbarten **Gewerbebetriebs** (BGH 25. 9. 1970 – V ZR 155/67, LM Nr 15 zu § 823 [Ef] BGB = MDR 1971, 37 = WM 1970, 1292; AG Gifhorn WuM 2002, 215 f [Supermarkt]; anders LG Heidelberg WuM 2010, 148) oder einer Maschinenschlosserei im Hof des Mietgrundstückes (AG Düsseldorf ZMR 1960, 169 f), der Lärm von **Garagentoren** in der Nachbarschaft (OLG Hamburg MDR 1972, 953 f Nr 48; LG Hamburg WuM 2009, 347 f, AG Mainz WuM 2003, 87, 88) oder einer steilen **Einfahrt** oder des Tores einer Tiefgarage (LG Hamburg ZMR 2009, 918; AG Osnabrück WuM 1986, 334) sowie die Errichtung mehrerer Garagen oder einer Reparaturwerkstätte für Kraftfahrzeuge ausgerechnet im Hof eines Wohnhauses. Daher ist auch eine als „ruhig" vermietete **Ferienwohnung** als mangelhaft anzusehen, wenn in ihrer Nähe eine Großbaustelle betrieben wird oder eine Hauptverkehrsstraße verläuft (LG Hamburg NJW 1973, 2254; AG Cham NZM 1998, 664 = NJW-RR 1998, 1544).

58 Das übermäßige Bellen von **Hunden** in der Nachbarschaft stellt gleichfalls einen Mangel dar (BGH 20. 6. 2012 – VIII ZR 268/11, ZMR 2013, 24 = NZM 2012, 760 = GE 2012, 1082 Tz 12 f; OLG Hamm NJW-RR 1990, 335 = MDR 1990, 442; AG Düren WuM 1990, 117; ausführlich Gaisbauer NZM 1999, 982 ff; Horst MDR 2012, 70, 74). Ebenso zu beurteilen sind nächtliche Ruhestörungen durch einen Marder auf dem Dachboden (s Rn 32; AG Hamburg-Barmbek ZMR 2003, 582 f: Minderung um 30 %). Weitere hierher gehörende Beispiele sind der Lärm durch Einwurf von Flaschen in Container auch nachts und an Sonn- und Feiertagen (LG Berlin GE 1995, 427; AG Rudolstadt WuM 2000, 17, 18), der Lärm einer sog Skaterbahn (AG Emmerich WuM 2000, 302 = NJW-RR 2000, 1250) sowie der übermäßige Lärm der Besucher eines Konsulats in einem ruhigen Wohngebiet, wenn diese das Konsulat regelrecht belagern (AG München NZM 2000, 809). Soweit der Vermieter infolgedessen durch die Mietminderung des Mieters einen Schaden erleidet, kann er – unter zusätzlichen Voraussetzungen – gegebenenfalls **Ersatz** von dem für die Lärmimmission verantwortlichen Dritten verlangen (§§ 823 Abs 2, 906 Abs 2, 1004 BGB; LG Hamburg NJW-RR 1999, 978; AG Köln WuM 2001, 493; Schelinski NZM 2005, 211; Klimesch ZMR 2016, 516; Wenzel NJW 2005, 241). Jedoch ist die Anwendung des § 536 BGB unabhängig von der Frage, ob der Vermieter tatsächlich solchen Ersatz oder Ausgleich von dem Dritten zu erlangen vermag (Rn 52a).

4. Zugangsbehinderungen, weitere Fälle

Schwierige Abgrenzungsfragen – mit der Folge sehr unterschiedlicher Entscheidungen – werfen ferner Zugangsbehinderungen auf (s Fritz NZM 2008, 825, 830 f = in: FS Blank 153, 165 f; Kluth/Böckmann NZM 2003, 882). Die Gerichte gehen meistens davon aus, dass **vorübergehende Behinderungen**, mit denen jeder Anlieger einer Straße vor allem bei Straßenbauarbeiten rechnen muss, zum allgemeinen Lebensrisiko gehörten und deshalb grundsätzlich vom Mieter hingenommen werden müssten, sofern die Parteien nicht etwas anderes vereinbart haben (zB LG Hamburg ZMR 2019, 497). Anders dagegen **erhebliche und andauernde Zugangsbeschränkungen** durch Maßnahmen des Verkehrswegebaus, und zwar ohne Rücksicht darauf, ob der Vermieter diese Maßnahmen dulden muss (Rn 46; so zB KG NZM 2008, 526, 527 = NJW-RR 2008, 1042; OLG Frankfurt NZM 2015, 542; Fritz NZM 2008, 825, 830 f; anders ohne Begründung LG Düsseldorf ZMR 2012, 775, 776). Beispiele sind die Aufstellung eines stark störenden Baugerüsts ausgerechnet vor einem Geschäft (KG GE 2014, 934), die erhebliche und andauernde Beeinträchtigung des Zugangs zu einem Geschäft durch den Bau neuer Straßen oder Bahnlinien (KG NZM 2008, 526, 527 = NJW-RR 2008, 1042; Fritz NZM 2008, 825, 830 f) sowie die Blockade des Zugangs zu einem auf Laufkundschaft angewiesenen Geschäft in einer kleinen Nebenstraße durch die Einrichtung einer Großbaustelle in dieser Straße (OLG Frankfurt NZM 2015, 542). **59**

In allen genannten Fällen wäre es offenbar unangebracht, den Mieter mit Rücksicht auf die möglicherweise fehlende Abwehrmöglichkeit des Vermieters (§ 906 BGB) letztlich schutzlos zu lassen (s Rn 49 bis Rn 52). Ebenso wenig ist es angängig, den Parteien – entgegen der klaren gesetzlichen Wertung in den §§ 535 Abs 1 S 2, 536 und 536b BGB – einfach zur Vermeidung einer Haftung des Vermieters nach den §§ 536 f BGB eine abweichende Vereinbarung zu unterstellen (zutreffend Gsell NZM 2016, 702, 707 f). In den **Geschäftsbedingungen** des Vermieters kann nichts anderes bestimmt werden (§ 307 Abs 2 Nr 1 BGB; KG NZM 2008, 526, 527 = NJW-RR 2008, 1042; LG Hamburg ZMR 2019, 497, 498). Zuzugeben ist lediglich, dass die Grenzziehung schwierig bleibt und deshalb immer von den Umständen des Einzelfalles abhängt, wobei grundsätzlich von § 536b BGB auszugehen ist, sodass darauf abzustellen ist, was der Mieter bei Abschluss des Vertrages wusste oder ohne grobe Fahrlässigkeit ohne Weiteres erkennen konnte; denn nur das ist nach dem Gesetz maßgebend (BGH 17. 10. 2003 – V ZR 84/02, NJW-RR 2004, 79 = NZM 2004, 100; OLG Düsseldorf NZM 1998, 481 = NJW-RR 1998, 1236; GE 2012, 688; OLG Hamburg WuM 2003, 146; OLG Dresden NJW-RR 1999, 448 = NZM 1999, 317 = ZMR 1999, 241 = WuM 1999, 158; OLG Rostock GE 2009, 322, 323 f = NZM 2009, 545 f; LG Düsseldorf NJW-RR 2003, 1594 = NZM 2003, 899 f). Davon zu trennen ist die Situation in einem **Einkaufszentrum**: Dessen Betreiber schuldet als Teil des vertragsgemäßen Gebrauchs der Mieter die rechtzeitige Eröffnung des Einkaufszentrums und vor allem die Ermöglichung des jederzeitigen Zugangs zu den Geschäften, sodass ein Mangel vorliegt, wenn diese Umstände nicht gewährleistet sind (KG ZMR 2017, 156; Burbulla ZMR 2017, 159). **59a**

Weitere Beispiele für Umweltfehler sind Baumaßnahmen in der Nachbarschaft, von dem Gewerbebetrieb eines Mitmieters ausgehende **Erschütterungen** (BGH 23. 2. 1966 – VIII ZR 63/64, M Nr 8 zu § 536 BGB = MDR 1966, 497 = WM 1966, 763; LG Hamburg ZMR 2019, 497), aus Nachbarräumen oder -häusern eindringender **Rauch**, jedenfalls bei Überschreitung der Grenzwerte (LG Mannheim MDR 1969, 313 = WuM 1969, 41; AG Münster **60**

WuM 2008, 334), Störungen des Mieters durch eine an der Außenfront angebrachte **Lichtreklame** (Weimar ZMR 1964, 328; anders für die Verhältnisse in einer Großstadt LG Berlin ZMR 2004, 483, 484 = GE 2004, 352) oder durch die übermäßige **Abluft** eines Trockners (LG Köln WuM 1990, 385) sowie eine nicht nur gelegentliche, sondern wiederholte und übermäßige Verschmutzung durch **Tauben** (BayObLG NZM 1998, 713 = WuM 1998, 552; LG Berlin NJW-RR 1996, 264; GE 2001, 346; ZMR 2012, 410 [sehr eng]; AG/LG Freiburg WuM 1998, 212; AG Hamburg WuM 1988, 121). Bei der Geschäftsraummiete kann es ferner einen Mangel darstellen, wenn der Vermieter später Räume an andere Betriebe vermietet, von denen nach ihrer Art erhebliche konkrete Störungen auf die vorhandenen Betriebe ausgehen können, weil das **Umfeld** für die Kunden negativ verändert wird (s schon Rn 41; BGH 26. 9. 2012 – XII ZR 122/11, WuM 2012, 671 = NZM 2013, 27 Rn 21).

VI. Fahrnismiete

61 Bei der Vermietung beweglicher Sachen ist grundsätzlich von denselben Regeln wie bei der Raummiete auszugehen (§ 536 Abs 1 S 1 BGB). Maßstab für das Vorliegen eines Mangels ist daher auch hier in erster Linie der dem Mieter nach dem Vertrag geschuldete vertragsgemäße Gebrauch der Sache (Rn 5 ff). Vermietete **Geräte** sind folglich mangelhaft, wenn sie sich nicht in einem **verkehrssicheren Zustand** befinden (OLG Köln NJW 1964, 2020). Beispiele sind die Vermietung eines *Kraftfahrzeugs* mit abgefahrenen Reifen (BGH Betrieb 1967, 118 = WarnR 1966 Nr 217), eines Fahrrads mit einem Konstruktionsfehler (BGH WM 1982, 1230), eines Krans, bei dem ein Bolzen nicht ordnungsgemäß verschweißt ist (BGH WM 1977, 743, 744), oder eines Flugzeuges, bei dem die Lackierung und die Außenhaut Schäden aufweisen (BGH LM Nr 37 zu § 537 BGB = ZMR 1987, 51, 52 = WuM 1987, 53). Das Verwendungsrisiko trägt dagegen auch hier der Mieter. Dazu gehört nicht zuletzt das Risiko, dass technische Geräte unerwartet schnell veralten (OLG Karlsruhe NJW-RR 1992, 1460).

62 Ein **Computer** ist mangelhaft, wenn die Anlage trotz regelmäßiger Wartung ständig gestört ist (OLG Karlsruhe Betrieb 1978, 2313), wenn die nötige Bedienungsanleitung fehlt (BGH LM Nr 7 zu § 448 ZPO = NJW 1989, 3222), wenn die Speicherkapazität zu knapp dimensioniert ist oder wenn die von dem Gerät ausgedruckten Rechnungen von den Adressaten nicht akzeptiert werden (BGH LM Nr 28 zu § 537 BGB = NJW 1982, 69). Anders zu beurteilen sind dagegen in das Programm eingebaute Sperren, wenn sie von dem berechtigten Benutzer ohne Weiteres überbrückt werden können oder wenn die rechtmäßige Benutzung dadurch nicht beeinträchtigt wird (BGH LM Nr 8 zu § 542 BGB = NJW 1981, 2684; LM Nr 65 zu § 139 BGB = NJW 1987, 2004).

VII. Zugesicherte Eigenschaften

63 Nach § 536 Abs 2 BGB gelten (nur) die Sätze 1 und 2 des ersten Absatzes der Vorschrift auch dann, wenn eine zugesicherte Eigenschaft fehlt oder später wegfällt. Keine Anwendung findet dagegen hier § 536 Abs 1 S 3 BGB, nach dem eine unerhebliche Minderung der Tauglichkeit außer Betracht bleibt (§ 536 Abs 2 BGB). Fehlt eine zugesicherte Eigenschaft, so kann der Mieter zunächst nach § 536 Abs 2 BGB mindern, und zwar auch bei einer an sich unerheblichen Minderung der Gebrauchstauglichkeit (OLG Düsseldorf MDR 1990, 342). Außerdem hat der Mieter dann den **Erfüllungsanspruch** aus § 535 Abs 1 S 2 BGB. Wegen dieses besonders weitgehenden Schutzes des Mieters im Falle des Fehlens zugesicherter Eigenschaften hat auch das Schuldrechtsmodernisierungsgesetz an der herkömmlichen Regelung festgehalten, obwohl im Kaufrecht die Vorschrift über die Haftung des Verkäufers für das Fehlen zugesicherter Eigenschaften (s den früheren § 459 Abs 2 BGB) ersatzlos gestrichen wurde (s die Stellungnahme der Bundesregierung BT-Drucks 14/6857, 66 [r Sp]). Ihre praktische Bedeutung ist gleichwohl offenbar gering.

Eine **Zusicherung** von Eigenschaften iS des § 536 Abs 2 BGB ist anzunehmen, wenn **64** der Vermieter in vertraglich bindender Weise verspricht, *unbedingt* für das Vorhandensein oder das Fehlen bestimmter Eigenschaften (u Rn 66) einstehen zu wollen (BGH 4. 5. 2005 – XII ZR 254/01, NJW 2005, 2152 = NZM 2005, 500 = ZMR 2005, 612; OLG Hamburg NJW-RR 1998, 1091, 1092). Die Zusicherung muss daher vom Mieter als vertragsmäßige verlangt und vom Vermieter in **vertragsmäßig bindender Weise**, dh insbesondere in der erforderlichen Form (§ 550 BGB), abgegeben worden sein (RG JW 1913, 596, 597; 1937, 675, 676; BGH 28. 11. 1979 – VIII ZR 302/78, LM Nr 26 zu § 537 BGB = NJW 1980, 777, 778; 16. 2. 2000 – XII ZR 279/97, NZM 2000, 492 = LM Nr 51 zu § 537 BGB [Bl 4] = NJW 2000, 1714 [dazu Emmerich JuS 2000, 918]; 21. 9. 2005 – XII ZR 64/03, NJW 2006, 899 = NZM 2006, 54, 56 Tz 26; KG NJW-RR 2000, 819, 820 = NZM 2000, 461; OLG Frankfurt NZM 2005, 619, 620). Außerdem muss sie die maßgeblichen **Eigenschaften** so **genau bezeichnen**, dass ihr Inhalt und ihr Umfang im Einzelnen festgestellt werden können. Die Zusicherung wird idR ausdrücklich erfolgen; notwendig ist dies indessen nicht (BGH WM 1962, 1379 f). Bei der Annahme einer Zusicherung ist wegen ihrer weitreichenden Folgen für den Vermieter *Zurückhaltung* geboten; sie kommt nach dem Gesagten grundsätzlich nur in Betracht, wenn der Wille des Vermieters deutlich zum Ausdruck gelangt, für das Vorhandensein oder das Fehlen bestimmter Eigenschaften, auf die der Mieter besonderen Wert legt, unter allen Umständen einstehen zu wollen (Stangl ZMR 2008, 14, 20).

Die Zusicherung muss sowohl von einer bloßen unverbindlichen Objektbeschreibung **65** als auch von vertraglich bindenden Beschaffenheitsangaben unterschieden werden. Unter einer **Objektbeschreibung** versteht man allgemeine Angaben des Vermieters über die Lage, die Größe und die Beschaffenheit des Mietobjekts, die *nicht Vertragsinhalt* werden, sondern lediglich das Mietobjekt näher beschreiben sollen. Bloße Objektbeschreibung (und nicht Vertragsbestandteil) ist zB die Feststellung in der Präambel eines Mietvertrags über Geschäftsräume in einem Einkaufszentrum, die Verkaufsflächen seien insgesamt vermietet (BGH 26. 5. 2004 – XII ZR 149/02, NJW-RR 2004, 1236 = NZM 2004, 618 f; OLG Rostock NZM 2003, 282, 283). Ebenso zu beurteilen sind bloße allgemeine Angaben über die möglichen zukünftigen Umsätze eines Geschäftes (OLG Hamburg NJW-RR 1998, 1091 = NZM 1998, 307 = ZMR 1998, 221). Bindende **Beschaffenheitsangaben** bilden dagegen ebenso wie die Zusicherung von Eigenschaften einen Teil des Vertrages. Der *Unterschied* zwischen der bloßen Festlegung der vom Vermieter geschuldeten Beschaffenheit der Sache und der Zusicherung im Sinne des § 536 Abs 2 BGB zeigt sich vor allem bei den Rechtsfolgen: Weicht die Istbeschaffenheit der Sache negativ von der vertraglich fixierten Sollbeschaffenheit ab, so handelt es sich (nur) um einen Mangel im Sinne des § 536 BGB. Liegt dagegen eine Zusicherung der Beschaffenheit vor, so bedeutet dies, dass der Vermieter weitergehend eine *unbedingte* Einstandspflicht hinsichtlich der vertraglich fixierten Beschaffenheit der Sache übernommen hat, sodass der Mieter *Erfüllung* sowie bei Nichterfüllung ohne Weiteres, dh insbesondere ohne Rücksicht auf ein etwaiges Verschulden des Vermieters, *Schadensersatz* verlangen kann (Rn 64). Die Abgrenzung im Einzelfall ist schwierig, weil zwischen beiden Abreden kein wesensmäßiger, sondern lediglich ein *gradueller Unterschied* besteht (RG JW 1913, 596, 597; BGH WM 1968, 1306, 1307; LG Mannheim WuM 1998, 663, 664; Begr zum RegE BT-Drucks 14/4553, 40 [r Sp]). Die Annahme einer Zusicherung wird in erster Linie in Betracht kommen, wenn es um die vertragliche Festlegung von Anforderungen an die Qualität der Sache geht, die sich nur aus den *speziellen Bedürfnissen des Mieters* erklären.

66 Gegenstand einer Zusicherung können nach § 536 Abs 2 BGB sämtliche „Eigenschaften" der vermieteten Sache sein. Der Begriff der **Eigenschaften** wird hier grundsätzlich weit ausgelegt (BGH 16. 2. 2000 – XII ZR 279/97, NZM 2000, 492 = LM Nr 51 zu § 537 BGB [Bl 3 R] = NJW 2000, 1714; 21. 9. 2005 – XII ZR 64/03, NJW 2006, 899 = NZM 2006, 54, 56 Tz 27 f; KG NZM 2000, 461, 462 = NJW-RR 2000, 819, 820; OLG Hamburg NJW-RR 1998, 1091). Er beschränkt sich nicht etwa auf die physische Beschaffenheit der Mietsache, sondern umfasst auch solche rechtlichen und tatsächlichen Verhältnisse der Mietsache, die vermöge ihrer Art und Dauer für die Wertschätzung oder die Brauchbarkeit der Sache von Einfluss sein können, mögen sie in der Vergangenheit oder in der Gegenwart liegen. Hinzu kommen muss freilich noch, um eine übermäßige Ausdehnung der Haftung des Vermieters für das Fehlen zugesicherter Eigenschaften zu verhindern, dass die fraglichen Verhältnisse ihren Grund gerade in der **Beschaffenheit der Mietsache** haben, von ihr ausgehen und ihr auch für eine gewisse Dauer anhaften (BGH 16. 2. 2000 – XII ZR 279/97, NZM 2000, 492 = LM Nr 51 zu § 537 BGB [Bl 3 R] = NJW 2000, 1714; 21. 9. 2005 – XII ZR 64/03, NJW 2006, 899 = NZM 2006, 54, 56 Tz 27; OLG Frankfurt NZM 2005, 619 f). Zugesichert werden kann daher zB die Möglichkeit, nach einem Umbau von Räumen eine Gaststättenkonzession zu erhalten (KG NJW-RR 2000, 819, 820 = NZM 2000, 461); dasselbe gilt für die Lage der vermieteten Räume in einer bestimmten Gegend (BGH vLM Nr 51 zu § 537 BGB [Bl 3 R] = NJW 2000, 1714) oder in einem großen Einkaufszentrum (OLG Frankfurt NZM 2005, 619) sowie für die bisherigen Umsätze eines Geschäfts oder einer Gaststätte (RG JW 1937, 675, 676; KG OLGE 5, 25; OLG Hamburg NJW-RR 1998, 1091). *Kein* tauglicher Gegenstand einer Zusicherung sind dagegen weitere Umstände, die *keinen Bezug zur Beschaffenheit* der Mietsache mehr aufweisen, wie zB die Kundenfrequenz in einem Einkaufszentrum, dessen leichte Erreichbarkeit oder das Vorhandensein von Parkplätzen (BGH 16. 2. 2000 – XII ZR 279/97, NZM 2000, 492 = LM Nr 51 zu § 537 BGB [Bl 3 R] = NJW 2000, 1714; 21. 9. 2005 – XII ZR 64/03, NJW 2006, 899 = NZM 2006, 54, 56 Tz 27; OLG Frankfurt NZM 2005, 619). Keine Rolle spielt, ob die zugesicherten Eigenschaften überhaupt herbeigeführt werden können.

67 Weitere **Beispiele** für die Anwendung des § 536 Abs 2 BGB sind die Zusicherung einer bestimmten Tragfähigkeit der Mieträume bei der Vermietung eines Lagerhauses (BGH 15. 6. 1964 – VIII ZR 255/62, LM Nr 12/13 zu § 537 BGB = MDR 1964, 915) oder der Brauereifreiheit bei Verpachtung einer Gastwirtschaft (RGZ 95, 175), die Zusicherung der Bebauungsmöglichkeit (RG BayZ 1913, 252) sowie schließlich die Zusicherung der „Einbettung" eines Geschäfts in ein geplantes großes Einkaufszentrum (OLG Frankfurt NZM 2005, 619) oder der Freiheit von Immissionen, zB die Zusicherung absoluter Ruhe (Emmerich PiG 31 [1989] 35, 45 f). Die gemeinsame Festlegung des Verwendungszweckes der Sache kann ebenfalls eine Zusicherung enthalten (RG JW 1913, 596, 597).

Untertitel 1
Allgemeine Vorschriften für Mietverhältnisse § 536

VIII. Größe der vermieteten Räume, Flächendifferenzen*

1. Größenangaben im Mietvertrag

Zu den zentralen Fragen, die die Anwendung des § 536 BGB insbesondere, aber **68** nicht nur bei der Wohnraummiete aufwirft, gehört die Behandlung sogenannter Flächendifferenzen. Man versteht darunter die Abweichung der wie immer ermittelten Grundstücks- oder Wohnungsgröße von der Größenangabe im Mietvertrag. Bei derartigen Größenangaben in dem Mietvertrag kann es sich gleichermaßen um eine (als solche unverbindliche) Objektbeschreibung wie um eine vertraglich bindende Beschaffenheitsvereinbarung oder (ausnahmsweise) weitergehend um eine Zusicherung des Vermieters handeln, und zwar gleichermaßen bei der Wohnraummiete wie bei der gewerblichen Raummiete (BGH 4. 5. 2005 – XII ZR 254/01, NZM 2005, 500, 501 = NJW 2005, 2152 = ZMR 2005, 612; 18. 7. 2012 – XII ZR 97/09, NJW 2012, 3173 = NZM 2012, 726 = WuM 2012, 550; LANGENBERG PiG 75 [2006] 119, 126 ff).

Flächendifferenzen werfen erhebliche Probleme nicht nur im Rahmen des § 536 **69** BGB, sondern ebenso bei der Umlage der Betriebskosten (s § 556a Abs 1 S 1 BGB) sowie bei der Erhöhung der Miete durch Anpassung an die ortsübliche Vergleichsmiete auf (s § 558 Abs 2 BGB). Deshalb war im Koalitionsvertrag von 2013 vorgesehen, durch eine Gesetzesänderung klarzustellen, dass es in allen genannten Fällen allein auf die *tatsächliche* Wohn- oder Nutzfläche ankommen soll (s CRAMER NZM 2017, 457). Zu einer entsprechenden Gesetzesänderung ist es indessen später nicht mehr gekommen. Gleichwohl entspricht die Betonung der tatsächlichen Wohnungs- oder Nutzfläche als allein maßgebliche Größe bereits der neueren Rechtsprechung des BGH jedenfalls zu § 558 BGB (BGH 18. 11. 2015 – VIII ZR 266/14 BGHZ 208, 18, 21 Rn 10 ff = NJW 2016, 239) und zu § 556a BGB (BGH 30. 5. 2018 – VIII ZR 220/17 Rn 18 ff, NJW 2018, 2 1317 = NZM 2018, 671; 16. 1. 2019 – VIII ZR 173/17 Rn 25 f, NZM 2019, 288 = WuM 2019, 144; 17. 4. 2019 – VIII ZR 33/18 Rn 24, NJW 2019, 2 1464 = NZM 2019, 336; HEIX WuM 2019, 10). Bei § 536 BGB muss man dagegen differenzieren:

Angaben über die Wohn- oder Nutzfläche in **Zeitungsanzeigen** des **Vermieters** oder **70** von **Maklern**, die sich später im Vertrag nicht wiederfinden, werden in der Regel als bloße **Objektbeschreibungen** qualifiziert (LG München I ZMR 2016, 375; AG München ZMR 2014, 552, 553). Dasselbe gilt gewöhnlich für Größenangaben bei der Vermietung etwa eines ganzen Einfamilienhauses (AG Hamburg-Bergedorf ZMR 2008, 547; LG Berlin GE 2005, 995). Für Angaben von *Maklern* über die Wohn- oder Nutzfläche folgt dies schon daraus, dass sie in aller Regel über keine Vertretungsmacht für den Vermieter verfügen, während bei Größenangaben in einer *Anzeige* oder in sonstigen Vertragsunterlagen die Situation von Fall zu Fall auch anders zu beurteilen sein kann, sofern

---

* **Schrifttum**: D BEYER NJW 2010, 1025; ders NZM 2010, 417; BLANK WuM 1998, 467; ders PiG 83 (2008) 141; BÖRSTINGHAUS, Flächenabweichungen in der Wohnraummiete (2012); ders PiG 92 (2012) 105; BUB PiG 88 (2010) 45; CRAMER NZM 2017, 457; DERLEDER WuM 2010, 202; DITTERT, Wohnfläche, in: ARTZ/BÖRSTINGHAUS, 10 Jahre Mietrechtsreformgesetz (2011) S 125; HÄUBLEIN PiG 92 (2012) 81; HEIX WuM 2016, 263; 2019, 10; KRAEMER NZM 2000, 1121; ders WuM 2000, 515; LANGENBERG NZM 2009, 76; ders PiG 75 (2006) 119; LEHMANN-RICHTER PiG 92 (2012) 115; LEO/SCHMITZ NZM 2005, 858; SCHÄFFLER NZM 2003, 17; M SCHMID ZMR 2005, 836; SKUSA NJW 2012, 184; STREYL WuM 2011, 450.

der Mieter bei der Aufnahme der Vertragsverhandlungen mit dem Vermieter auf die Anzeige Bezug nimmt und der Vermieter nicht widerspricht (§§ 133, 157 BGB; BGH 23. 6. 2010 – VIII ZR 256/09, NJW 2010, 2648 = NZM 2010, 614 = WuM 2010, 480; LG Osnabrück WuM 2010, 416; AG Aachen WuM 2012, 588, 589; Streyl WuM 2010, 606). Bedarf freilich der Mietvertrag nach § 550 S 1 BGB der Schriftform, so bleibt zu beachten, dass die Größe der vermieteten Räume zu den wesentlichen Vertragsbestimmungen gehört, sodass sie grundsätzlich in den **schriftlichen Vertragstext** aufgenommen werden muss (§ 126 BGB), widrigenfalls der Vertrag nach § 550 S 2 BGB auf unbestimmte Zeit läuft und nach Ablauf eines Jahres gekündigt werden kann (Streyl WuM 2010, 606).

71 Werden die Angaben des Vermieters über die Größe der vermieteten Fläche dagegen in den **Vertragstext** aufgenommen, so ist grundsätzlich davon auszugehen, dass die Angabe keine bloße unverbindliche Objektbeschreibung, sondern eine vertraglich bindende **Beschaffenheitsvereinbarung** darstellt, sodass unter zusätzlichen Voraussetzungen ein Mangel anzunehmen ist, wenn die tatsächliche Größe der vermieteten Räume hinter der vereinbarten Größe zurückbleibt (so BGH 18. 11. 2015 – VIII ZR 266/14, BGHZ 208, 18, 21 Rn 9 = NJW 2016, 239 sowie zB BGH 23. 5. 2007 – VIII ZR 138/06, NJW 2007, 2626 Rn 13 f = NZM 2007, 594 usw bis BGH 16. 9. 2009 – VIII ZR 275/08, NZM 2009, 814 = NJW 2009, 3421 Rn 9 = WuM 2009, 661; 21. 10. 2009 – VIII ZR 244/08, WuM 2010, 27 Rn 9 = NJW 2010, 293 = NZM 2010, 80; 10. 3. 2010 – VIII ZR 144/09, WuM 2010, 240 Rn 8 = NZM 2010, 313 = NJW 2010, 1745; 18. 7. 2012 – XII ZR 97/09, NJW 2012, 3173 Rn 14 f = NZM 2012, 726 = WuM 2012, 550; 30. 5. 2018 – VIII ZR 220/17 Rn 16, NJW 2018, 2317 = NZM 2018, 671; 17. 4. 2019 – VIII ZR 33/18 Rn 14, NJW 2019, 2464 = NZM 2019, 336; Langenberg PiG 75 [2006] 119, 125 f). Auf die Formulierung der Flächenangabe in dem Mietvertrag kommt es dabei – im Interesse eines weitgespannten Mieterschutzes – nicht an; vielmehr genügt jede Größenangabe in dem Vertrag, selbst wenn sie mit einschränkenden Zusätzen wie zB „ca" verbunden ist (BGH 10. 3. 2010 – VIII ZR 144/09, WuM 2010, 240 Rn 8 = NZM 2010, 313 = NJW 2010, 1745; 18. 7. 2012 – XII ZR 97/09, NJW 2012, 3173 Rn 16 = NZM 2012, 726 = WuM 2012, 550; AG Dortmund ZMR 2014, 369, 370; Langenberg PiG 75 [2006] 119, 126 ff; Skusa NJW 2012, 184) oder die Wohnfläche im Vertrag als „Größe" oder in einem Formularvertrag als „Mietraumfläche" bezeichnet wird (BGH 21. 10. 2009 – VIII ZR 244/08, WuM 2010, 27, 28 Rn 15 = NJW 2010, 293 = NZM 2010, 80; 10. 11. 2010 – VIII ZR 306/09, WuM 2011, 11 Rn 15 = NJW 2011, 230 = NZM 2011, 70). Für die weitergehende Annahme einer **Zusicherung** Sinne des § 536 Abs 2 BGB wird dagegen nur selten Raum sein (s oben Rn 65).

72 Im frei finanzierten Wohnungsbau besteht ebenso wie bei der gewerblichen Miete hinsichtlich der Umschreibung der Wohn- oder Nutzfläche sowie hinsichtlich deren Berechnung **Vertragsfreiheit** (§ 311 Abs 1 BGB). Es ist Sache der Parteien, was sie jeweils im Einzelfall als **Wohnfläche** oder als Nutzfläche in dem Vertrag bezeichnen wollen (zB OLG Hamm NZM 2014, 585, 586 f; LG Saarbrücken NZM 2015, 692; AG München ZMR 2019, 38; Heix WuM 2019, 10, 11). Die Parteien sind nicht gehindert, auch solche Flächen dazu zu rechnen, die wie zB *Keller-, Dach- oder Hobbyräume* oder auch Terrassen normalerweise gar nicht oder nur partiell auf die Wohnfläche angerechnet werden oder die nach Baurecht *Nutzungsbeschränkungen,* etwa wegen Dachschrägen oder wegen zu geringer Höhe, unterliegen; abweichende Vereinbarungen im Einzelfall sind immer möglich (zB AG München ZMR 2019, 38; Heix WuM 2019, 10, 11; Dittert, in: 10 Jahre Mietrechtsreformgesetz S 125, 129 f; Streyl WuM 2011, 450).

Hatte der Mieter die fraglichen Räume **besichtigt** und nicht beanstandet, so wird 73 vielfach die Annahme berechtigt sein, dass sich die Parteien damit konkludent darauf geeinigt haben, dass diese Flächen nicht nur teilweise, sondern vollständig angerechnet werden sollen (§§ 133, 157 BGB). Von den Parteien können daher zB auf dem Boden der Vertragsfreiheit und in den Grenzen der §§ 134 und 138 BGB durchaus als vollwertige Wohn- oder Nutzfläche behandelt werden: Kellerräume (BGH 18. 7. 2012 – XII ZR 97/09, WuM 2012, 550 Tz 15 = NJW 2012, 3173 = NZM 2012, 726; LG Itzehoe ZMR 2007, 40), und zwar ohne Rücksicht auf etwaige öffentlich-rechtliche Nutzungsbeschränkungen, zB wegen zu geringer Höhe der Räume (BGH 16. 9. 2009 – VIII ZR 275/08, NJW 2009, 3121 Tz 6, 11 = WuM 2009, 661 = NZM 2009, 814; 29. 9. 2009 – VIII ZR 142/08, WuM 2009, 662 Rn 4; 16. 12. 2009 – VIII ZR 39/09, WuM 2010, 150 Rn 20 = NJW 2010, 1064 = NZM 2010, 196; 23. 6. 2010 – VIII ZR 256/09, NZM 2010, 618 = WuM 2010, 480 Rn 17), sowie **Souterrainwohnungen** (BGH 29. 9. 2009 – VIII ZR 142/08, WuM 2009, 662 Rn 3). Ohne derartige Abreden gehört jedoch zB ein Treppenpodest außerhalb der Wohnung ebenso wenig zu der Wohnfläche (LG Frankfurt aM NZM 2009, 397) wie ein Freisitz, der nicht an den Wohnraum angrenzt (BGH 8. 7. 2009 – VIII ZR 218/08, WuM 2009, 514 Rn 11 f = NJW 2009, 2880 = NZM 2009, 659), wohl aber eine an den Wohnraum anschließende Terrasse mit Sichtschutz (BGH 10. 3. 2010 – VIII ZR 144/09, WuM 2010, 240, 242 Rn 14 = NZM 2010, 313 = NJW 2010, 1745).

Vertragsfreiheit besteht im frei finanzierten Wohnungsbau sowie bei der gewerbli- 74 chen Miete ferner hinsichtlich der **Berechnung der Größe** der Wohn- oder Nutzfläche. Zwingende gesetzliche Vorgaben existieren insoweit nur für den preisgebundenen Wohnraum, und zwar in Gestalt der Verordnung zur Berechnung der Wohnfläche vom 25. 11. 2003 (BGBl I 2346), der sog **Wohnflächenverordnung** (WFlV), die 2004 (nur) für die nach dem 1. 1. 2004 abgeschlossenen Mietverträge an die Stelle der früheren §§ 42 bis 44 II. BV getreten ist. Für den preisfreien Wohnraum gibt es keine vergleichbare gesetzliche Regelung, sodass hier die Parteien in der Frage frei sind, wie sie die Wohn- oder Nutzfläche berechnen wollen (s zB LG Saarbrücken NZM 2015, 692). In der Praxis konkurrieren mehrere Maßstäbe. Am weitesten verbreitet sind die (schon lange zurückgezogene) **DIN 283** und die Wohnflächenverordnung von 2003 (zu den Unterschieden s Langenberg PiG 75 [2006] 119, 126 ff). Haben die Parteien keine Vereinbarung über die Frage der anwendbaren Methode getroffen, so ist heute im Zweifel von der Wohnflächenverordnung auszugehen (BGH 24. 3. 2004 – VIII ZR 133/03, NJW 2004, 2230 = NZM 2004, 454 usw bis BGH 21. 10. 2009 – VIII ZR 244/08, NZM 2010, 80 = WuM 2010, 27, 28 Rn 14 = NJW 2010, 293; 28. 10. 2009 – VIII ZR 164/08, WuM 2009, 733 = NJW 2010, 292 Rn 17 = NZM 2010, 36; 16. 12. 2009 – VIII ZR 39/09, NJW 2010, 1064 = WuM 2010, 150 Rn 15 = NZM 2010, 196; 10. 3. 2010 – VIII ZR 144/09, WuM 2010, 240 Rn 9 = NZM 2010, 313 = NJW 2010, 1745; 17. 4. 2019 – VIII ZR 33/18 Rn 34, NJW 2019, 2464 = NZM 2019, 336; LG Berlin ZMR 2018, 503), und zwar auch bei Einfamilien-Häusern, sodass zB eine Terrasse entsprechend der WFlV nur mit einem Viertel ihrer Fläche anzurechnen ist (LG Koblenz ZMR 2010, 855, 856). Dasselbe gilt heute generell für Balkone, Loggien und Dachgärten. Vorrang haben aber in jeder Hinsicht die Vereinbarungen der Parteien sowie eine Verkehrssitte, soweit im Einzelfall nachweisbar (§§ 157, 311 Abs 1 BGB; BGH 17. 4. 2019 – VIII ZR 33/18 Rn 36 f, NJW 2019, 2464 = NZM 2019, 336; LG Berlin ZMR 2018, 503).

2. Rechtsfolgen

75 Wenn die tatsächliche Fläche der vermieteten Räume **mehr als 10%** hinter der vereinbarten Fläche zurückbleibt, liegt ein erheblicher **Mangel** vor, auch wenn in dem Mietvertrag die Flächenangabe mit dem Zusatz „circa" (oder ähnlich) versehen ist; eine zusätzliche Toleranzgrenze wird heute nicht mehr anerkannt, auch nicht bei Vermietung eines Hauses mit Garten (BGH 18. 11. 2015 – VIII ZR 266/14 BGHZ 208, 18, 21 Rn 9 = NJW 2016, 239 = NZM 2016, 42, 43; BGH 14. 3. 2004 – VIII ZR 295/03, NJW 2004, 1947 = NZM 2004, 453 = WuM 2004, 336 usw bis zB BGH 23. 5. 2007 – VIII ZR 231/06, NJW 2007, 2624 Rn 12 = NZM 2007, 595 = WuM 2007, 441; 31. 10. 2007 – VIII ZR 261/06, NJW 2008, 142 Rn 19 = NZM 2008, 35 = WuM 2007, 700; 8. 7. 2009 – VIII ZR 218/08, NZM 2009, 659 = NJW 2009, 2880 = WuM 2009, 514 Rn 9; 28. 10. 2009 – VIII ZR 164/08, WuM 2009, 733, 734 Rn 16, 19 = NZM 2010, 36 = NJW 2010, 292; 23. 6. 2010 – VIII ZR 256/09, NZM 2010, 618 = WuM 2010, 480 Rn 14; 10. 11. 2010 – VIII ZR 306/09, NJW 2011, 230 Rn 14 = WuM 2011, 11 = NZM 2011, 70; 2. 3. 2011 – VIII ZR 209/10, NJW 2011, 1282 Rn 9 = NZM 2011, 309 = WuM 2011, 213; 30. 5. 2018 – VIII ZR 220/17 Rn 16, NJW 2018, 2317 = NZM 2018, 671; 16. 1. 2019 – VIII ZR 173/17 Rn 26, NZM 2019, 288 = WuM 2019, 144; 17. 4. 2019 – VIII ZR 33/18 Rn 35, NJW 2019, 2464 = NZM 2019, 336 = WuM 2019, 319; EMMERICH JuS 2004, 822 ff; LANGENBERG PiG 75 [2006] 119, 126 ff; WIEK WuM 2004, 487 f). Jede noch so geringfügige Überschreitung der Grenze von 10% gilt maW als erhebliche Minderung der Tauglichkeit der Mietsache zum vertragsgemäßen Gebrauch im Sinne des § 536 Abs 1 BGB. Die Annahme eines Mangels setzt nicht voraus, dass durch die Flächendifferenz tatsächlich die Gebrauchstauglichkeit der Räume für den Mieter beeinträchtigt wird; diese Beeinträchtigung ergibt sich vielmehr unmittelbar aus der Flächendifferenz (BGH 24. 3. 2004 – VIII ZR 44/03, NZM 2004, 454 = ZMR 2004, 501 = WuM 2004, 337; 18. 7. 2012 – XII ZR 97/09, NJW 2012, 3173 = NZM 2012, 726 = WuM 2012, 550 Rn 14). Bei der Berechnung der Minderung ist grundsätzlich von der **Bruttomiete** (einschließlich einer Pauschale oder der Vorauszahlungen für die Betriebskosten) auszugehen (Rn 90 ff; BGH 2. 3. 2011 – VIII ZR 209/10, NJW 2011, 1282 = NZM 2011, 309 = WuM 2011, 213 Rn 11; STREYL WM 2011, 450; 2012, 544), und zwar auch im Falle der Vermietung einer möblierten Wohnung (BGH 2. 3. 2011 – VIII ZR 209/10, NJW 2011, 1282 = NZM 2011, 309 = WuM 2011, 213 Tz 11). Die Minderung entspricht dann prozentual grundsätzlich der Flächendifferenz, sodass zB bei einer Differenz von 15% die Bruttomiete ebenfalls kraft Gesetzes um 15% gemindert wird (§ 536 Abs 1 BGB; so genannte Vertragsanpassung).

76 Anders ist die Rechtslage, wenn die Flächendifferenz höchstens 10%, also **10% oder weniger** beträgt. In diesem Fall bleibt es bei der Regel des § 536 Abs 1 S 3 BGB, sodass der Mieter im Rechtsstreit vortragen und gegebenenfalls beweisen muss, dass durch die „geringfügige" Flächendifferenz von max 10% tatsächlich für ihn die Eignung der Mietsache zum vertragsgemäßen Gebrauch iSv § 536 Abs 1 S 3 BGB erheblich beeinträchtigt ist (BGH 31. 10. 2007 – VIII ZR 261/06, NJW 2008, 142 Rn 19 = NZM 2008, 35 = WuM 2007, 700; KG WuM 2005, 713 = NZM 2005, 865 = ZMR 2005, 950; OLG Dresden NZM 2015, 697, 699; AG Dortmund ZMR 2014, 369, 371 f; DITTERT, in: 10 Jahre Mietrechtsreformgesetz S 125, 133), etwa, wenn es sich um eine kinderreiche Familie handelt oder weil die Parteien eine sogenannte reine Quadratmetermiete vereinbart haben, bei der nach den Abreden der Parteien ausnahmsweise die Miethöhe in einer unmittelbaren Abhängigkeit von der tatsächlichen Fläche der gemieteten Räume stehen soll, sodass jede Flächendifferenz *automatisch* zu einer entsprechenden Erhöhung oder Minderung der Miete führen soll (OLG Dresden NZM 2015, 697,

699; 10. 7. 2019 – 5 U 151/19, NZM 2019, 784 = ZMR 2019, 856; J Schmidt NZM 2019, 786). Von der generellen Anwendbarkeit des § 536 Abs 1 S 3 BGB sollte vernünftigerweise ferner ausgegangen werden, wenn die Flächendifferenz lediglich bei **Keller-** oder **Nebenräumen** vorliegt, selbst wenn sich die Beschaffenheitsangabe im Vertrag nicht auf diese Räume bezieht. Wegen der geringeren Bedeutung solcher Räume für die Parteien kommt auch nur eine entsprechend niedrigere Minderung in Betracht (BGH 18. 7. 2012 – XII ZR 97/09, WuM 2012, 550 Rn 17 ff = NJW 2012, 3173 = NZM 2012, 726).

Hatte der Mieter die Räume **zuvor besichtigt** und dabei die Differenz zwischen der vereinbarten und der tatsächlichen Größe der Räume übersehen, so kann ihm im Regelfall nicht § 536b BGB entgegengehalten werden. Der Mieter handelt *nicht* grobfahrlässig, wenn er auf die Angaben des Vermieters vertraut und deshalb nicht seinerseits die Wohnungsgröße nachmisst (BGH 24. 3. 2004 – VIII ZR 44/03, NZM 2004, 454 = ZMR 2004, 501 = WuM 2004, 337; LG Krefeld ZMR 2013, 197). 77

IX. Rechtsmängel*

1. Überblick

Nach § 536 Abs 3 BGB (= § 541 BGB aF) gelten die Abs 1 und 2 der Vorschrift entsprechend, wenn dem Mieter der vertragsgemäße Gebrauch der Mietsache durch das Recht eines Dritten ganz oder zum Teil entzogen wird. Je nach der Auswirkung des Rechtsmangels auf die Tauglichkeit der Mietsache zum vertragsgemäßen Gebrauch wird folglich während der Dauer des Rechtsmangels die Verpflichtung des Mieters zur Zahlung der Miete aufgehoben oder herabgesetzt (§ 536 Abs 1 S 1 und 2 BGB). Dasselbe gilt bei Fehlen einer zugesicherten rechtlichen Eigenschaft, zB wenn entgegen einer vertraglich bindenden Zusicherung des Vermieters Rechte Dritter gegen den Mieter geltend gemacht werden können. Der Mieter kann außerdem unter den in § 536a BGB genannten Voraussetzungen Schadensersatz verlangen sowie gemäß § 543 Abs 2 Nr 1 BGB kündigen. 78

Der Vermieter braucht nicht Eigentümer zu sein (o § 535 Rn 4); vielmehr erfüllt auch der Nichteigentümer seine Verpflichtungen als Vermieter, wenn und solange er dem Mieter die Sache in einem zum vertragsgemäßen Gebrauch geeigneten Zustand überlässt (§ 535 Abs 1 BGB). Rechte Dritter an oder auf die Sache sind daher so lange *unbeachtlich,* als durch ihre Ausübung der Mieter nicht in dem ihm zustehen- 79

---

* **Schrifttum**: Crome, Die juristische Natur der Miete nach dem deutschen BGB, JherJb 37 (1897) 1; Derleder/Pellegrino, Die Anbahnung des Mietverhältnisses, NZM 1998, 550; Emmerich, Rechtsmangel und sonstige Vertragsverletzungen des Vermieters, in: Vertragsverletzung im Wohnraummietverhältnis, PiG 46 (1995) 119; ders, Neues Mietrecht und Schuldrechtsmodernisierung im Überblick, in: Mietrecht im Umbruch, PiG 65 (2002) 1 = NZM 2002, 362; Hilger, Haftung des Vermieters bei nachträglichen Rechtsmängeln?, ZMR 1988, 41; Katzenstein, Doppelmiete, ZZP 116 (2003) 459; J Kohler, Doppelvermietung, NZM 2008, 545; Löning, Die Grundstücksmiete als dingliches Recht (1930); Riezler, Konkurrierendes und kollidierendes Handeln des Vertreters und des Vertretenen, AcP 98 (1906) 372; Scholl, Zum Anspruch des Mieters gegen den Vermieter auf Einräumung des Mietbesitzes nach Doppelvermietung, WuM 1998, 583; Streyl, Doppelvermietung, NZM 2008, 878.

den vertragsgemäßen Gebrauch gestört wird, sodass der **bloße Bestand** von Rechten Dritter, die dem Besitzrecht des Mieters vorgehen, noch *keinen* Rechtsmangel darstellt (BGH 10. 7. 2008 – IX ZR 128/07, NJW 2008, 2771 Rn 8 = NZM 2008, 644). *Anders* verhält es sich erst, sobald derartige **Rechte** Dritter **geltend gemacht** werden, sodass der Vermieter seiner Verpflichtung zur Überlassung der Sache an den Mieter in dem geschuldeten Zustand ganz oder teilweise nicht mehr nachzukommen vermag. Deshalb bestimmt § 536 Abs 3 BGB, dass die Abs 1 und 2 des § 536 BGB auf Rechtsmängel *erst* anwendbar ist, *wenn* durch das Recht eines Dritten dem Mieter der vertragsgemäße Gebrauch der gemieteten Sache tatsächlich ganz oder teilweise entzogen wird. Diese sog **Eviktionshaftung** des Vermieters verdrängt für ihren Anwendungsbereich die allgemeinen Vorschriften über Leistungsstörungen (BGHZ 63, 132, 137 = NJW 1975, 44; BGH 5. 7. 1991 – V ZR 115/90, LM Nr 27 zu § 325 BGB = NJW 1991, 3277; 29. 11. 1995 – XII ZR 230/94, LM Nr 164 zu § 242 [Bb] BGB = NJW 1996, 714; KG ZMR 2015, 539, 540 = GE 2015, 653; Emmerich PiG 46 [1995] 119, 129 ff). Nach Überlassung der Sache an den Mieter soll sie sogar der Haftung des Vermieters aus c i c vorgehen (BGH 10. 7. 2008 – IX ZR 128/07, NJW 2008, 2771, 2772 f Rn 21 = NZM 2008, 644, 645; dagegen Vorbem 62 zu § 535).

2. Rechte Dritter

80 § 536 Abs 3 BGB bezieht sich auf Rechte Dritter, durch die dem Mieter der vertragsgemäße Gebrauch der gemieteten Sache ganz oder teilweise entzogen werden kann. Mit **„Dritten"** meint das Gesetz hier alle anderen Privatrechtssubjekte außer den Parteien des Vertrags und im Gegensatz zum Staat, im Verhältnis zum Untermieter daher zB auch der Hauptvermieter. Unter den Rechten „eines Dritten" sind daher in § 536 Abs 3 BGB allein **Privatrechte anderer Personen** zu verstehen (BGHZ 114, 277, 280 = NJW 1991, 3280). **Öffentlich-rechtliche Beschränkungen** und Verbote fallen *nicht* unter § 536 Abs 3 BGB, sondern begründen entweder einen Mangel iS des § 536 Abs 1 BGB oder führen zur Unmöglichkeit der Erfüllung, weil eben der Staat im Verhältnis zu den Vertragsparteien kein „Dritter" ist (BGHZ 114, 277, 280 = NJW 1991, 3280; o Rn 42 ff).

81 Bei den Rechten Dritter kann es sich um Rechte an der Sache oder auf die Sache handeln (BGHZ 114, 277, 280 = NJW 1991, 3280). Unter § 536 Abs 3 BGB fallen insbesondere **auch obligatorische Rechte Dritter**, *sofern* durch sie der Mieter in dem ihm zustehenden vertragsgemäßen Gebrauch gestört wird (BGH LM Nr 3 zu § 541 BGB = NJW 1961, 917). Keine Rolle spielt ferner, ob das Recht des Dritten von Anfang an bestand oder **erst nachträglich**, zB durch Pfändung der vermieteten Sache, begründet wurde (BGHZ 63, 132, 138 = NJW 1975, 44). Das Recht muss sich jedoch immer **auf die Sache beziehen**. Bloße **Ansprüche** Dritter **gegen** den **Vermieter** als solchen, zB aus der Abrede, einen Ladenraum nicht an einen Konkurrenten zu vermieten, sind keine Rechte Dritter iS des § 536 Abs 3 BGB (BGH LM Nr 3 zu § 537 BGB = BB 1954, 177). Auch **rechtswidrige Störungen** des Mieters seitens Dritter, die nicht auf einem besonderen Besitzrecht dieser Dritten beruhen, begründen *keinen* Rechtsmangel, sondern fallen unter § 536 Abs 1 BGB (OLG Frankfurt NZM 1999, 966) oder ziehen, sofern der Eingriff die Unmöglichkeit der Leistung des Vermieters zur Folge hat, die Anwendung der allgemeinen Vorschriften über Leistungsstörungen (§§ 275, 283, 311a BGB) nach sich (s Emmerich NZM 2002, 362, 363 f = in: Mietrecht im Umbruch, PiG

65 [2002] 1). Wichtig ist diese Unterscheidung vor allem in Fällen des anfänglichen Unvermögens (s Vorbem 4 zu § 536; EMMERICH NZM 2002, 362, 363 f = PiG 65 [2002] 1).

Als Rechte Dritter iS des § 536 Abs 3 BGB kommen nach dem Gesagten (s Rn 80 f) **82** in erster Linie **dingliche Rechte**, die ein Besitzrecht gewähren, in Betracht. Wichtigstes Beispiel ist das **Eigentum eines Dritten**, wenn der Mieter gegenüber dem Eigentümer kein Besitzrecht hat, weil der Vermieter, mit dem er den Mietvertrag abgeschlossen hat, zur Vermietung des Grundstücks nicht befugt war und auch keine Vertretungsmacht für den Eigentümer besaß (BGHZ 63, 132, 137 = NJW 1975, 44; BGH 10. 7. 2008 – IX 128/07, NJW 2008, 2771 = NZM 2008, 644; zu den Konsequenzen für die Untermiete s u § 540 Rn 32 f). Gleich steht der Fall, dass **Wohnungseigentümer** von dem Mieter einer Eigentumswohnung die Unterlassung eines an sich vertragsgemäßen Gebrauchs verlangen können, den sie nach der Teilungserklärung ihrerseits nicht zu dulden brauchen, und zwar selbst dann, wenn durch die Teilungserklärung erst nachträglich eine Nutzung der fraglichen Räume festgelegt wird, gegen die der Mieter durch seinen Mietgebrauch verstößt (s § 535 Rn 35a; BGH LM 29. 11. 1995 – XII ZR 230/94, Nr 164 zu § 242 [Bb] BGB = NJW 1996, 714 = ZMR 1996, 147; NJW-RR 1995, 715 = ZMR 1995, 480; OLG Düsseldorf ZMR 2001, 344 = WuM 1999, 37; BRIESEMEISTER, in: 10 Jahre Mietrechtsreformgesetz [2011] 98). Weitere Beispiele sind der **Nießbrauch**, das Wohnungsrecht, das Dauerwohnrecht, das Erbbaurecht oder eine Grunddienstbarkeit Dritter (BGH 2. 11. 1988 – VIII ZR 7/88, LM Nr 31 zu § 571 BGB = NJW-RR 1989, 77 = WM 1989, 153, 155). Bei beweglichen Sachen gehören außerdem Patentrechte Dritter hierher (OLG Hamburg OLGE 34 [1917 I] 32).

3. Gebrauchsentziehung

Der bloße *Bestand* von Rechten Dritter im Sinne des § 536 Abs 3 BGB ist so lange **83** irrelevant, wie durch die fraglichen Rechte Dritter der Mieter nicht im vertragsgemäßen Gebrauch der Mietsache gestört wird (o Rn 79; BGH 10. 7. 2008 – IX ZR 128/07, NJW 2008, 2771 = NZM 2008, 644); ein Rechtsmangel, der zur Haftung des Vermieters nach § 536 BGB führt, liegt vielmehr gemäß § 536 Abs 3 BGB erst vor, wenn dem Mieter gerade durch das Recht des Dritten der vertragsgemäße Gebrauch der gemieteten Sache „ganz oder zum Teil entzogen" wird. **Entziehung des vertragsgemäßen Gebrauchs** ganz oder zu einem Teil im Sinne des § 536 Abs 3 BGB bedeutet nichts anderes als eine **Störung des Mieters** in dem ihm zustehenden vertragsgemäßen Gebrauch (BGH 10. 7. 2008 – IX ZR 128/07, NJW 2008, 2771 = NZM 2008, 644 Tz 9). Jede Beeinträchtigung des Mieters in diesem Gebrauch durch das von einem Dritten gegen ihn geltend gemachte Recht führt daher zur Anwendung des § 536 Abs 3 BGB (BGHZ 63, 132, 138 = NJW 1975, 44; BGH 10. 7. 2008 – IX ZR 128/07, NJW 2008, 2771 = NZM 2008, 644). Darunter fällt insbesondere auch der Fall, dass dem Mieter die Sache mit Rücksicht auf das Recht des Dritten von Anfang nicht überlassen wird (sog **anfängliches Unvermögen**: s BGH LM Nr 3 zu § 541 BGB = NJW 1961, 917; 5. 7. 1991 – V ZR 115/90, LM Nr 27 zu § 325 BGB = NJW 1991, 3277). § 536 Abs 3 BGB enthält insoweit in Verbindung mit § 536a Abs 1 BGB eine den §§ 275 und 311a BGB vorgehende **Sonderregelung** (o Vorbem 4 zu § 536; u Rn 86, Rn 88; KG ZMR 2015, 539, 540 = GE 2015, 653; EMMERICH NZM 2002, 362, 363 f = PiG 65 [2002] 1).

Mangels Störung des Mieters ist § 536 Abs 3 BGB **unanwendbar, solange** das Recht **84** des Dritten **nicht geltend gemacht** wird (s oben Rn 79; BGH 17. 12. 1986 – ZR 328/85, LM

Nr 35 zu § 242 [Bc] BGB = NJW-RR 1987, 526 = ZMR 1987, 143 = WuM 1987, 116; 2. 11. 1988 – VIII ZR 7/88, LM Nr 31 zu § 571 BGB = NJW-RR 1989, 77; 5. 7. 1991 – V ZR 115/90, LM Nr 27 zu § 325 BGB = NJW 1991, 3277; OLG Hamm WuM 1987, 346; OLG Düsseldorf ZMR 2011, 863). Für die Anwendung des § 536 Abs 3 BGB kann von Fall zu Fall auch schon die bloße **mündliche Geltendmachung** des Rechts durch den Dritten genügen, jedenfalls, wenn sie für den Mieter Anlass genug ist, daraufhin den Gebrauch der Mietsache zu unterlassen oder aufzugeben (BGH 4. 10. 1995 – XII ZR 215/94, LM Nr 10 zu § 539 BGB [Bl 3] = NJW 1996, 2197; 15. 10. 1999 – V ZR 141/98, LM Nr 33 zu § 265 ZPO = NJW 2000, 291, 294; 18. 1. 1995 – XII ZR 30/93, NJW-RR 1995, 715 = ZMR 1995, 480; 23. 12. 1998 – XII ZR 49/97, NJW-RR 1999, 845 = NZM 1999, 461; 12. 5. 1999 – XII ZR 134/99, NZM 1999, 875 = NJW-RR 1999, 1239, 1240; 10. 7. 2008 – IX ZR 128/07, NJW 2008, 2771, 2772 Tz 9 f = NZM 2008, 644; OLG Düsseldorf ZMR 2001, 344; 2012, 436). So verhält es sich zB, wenn der Eigentümer dem Mieter, der mit einem nichtberechtigten Dritten einen Mietvertrag abgeschlossen hatte, das Grundstück nur zu wesentlich veränderten Bedingungen überlassen will, woraufhin der Mieter auszieht (BGH 10. 7. 2008 – IX ZR 128/07, NJW 2008, 2771, 2772 Tz 10 = NZM 2008, 644). Ausreichend ist auch die Erwirkung eines **Räumungsurteils** seitens des Dritten gegen den Mieter (BGH 4. 10. 1995 – XII ZR 215/94, LM Nr 10 zu § 539 BGB [Bl 3] = NJW 1996, 46). § 536 Abs 3 BGB greift außerdem zB ein, wenn im Falle der **Untermiete** die dazu erforderliche Erlaubnis des Vermieters (§ 540 Abs 1 BGB) von Anfang an fehlt oder der Vermieter dem Hauptmieter später kündigt und anschließend von dem Untermieter die Räumung verlangt oder diese ihm auch nur androht (§§ 546 Abs 2, 985 BGB; s im Einzelnen § 540 Rn 32 f sowie BGH 4. 10. 1995 – XII ZR 215/94, LM Nr 10 zu § 539 BGB [Bl 3] = NJW 1996, 46; 12. 7. 2006 – XII ZR 178/03, ZMR 2006, 763 = NZM 2006, 699, 700 Rn 36 = NJW-RR 2006, 1385; OLG Düsseldorf WuM 2004, 18 = ZMR 2004, 346; ZMR 2012, 436, 437; Emmerich PiG 40 [1995] 119, 131). § 536 Abs 3 BGB ist ferner anwendbar, wenn der Vermieter, etwa als **Nießbraucher** oder als **Vorerbe**, nur ein zeitlich begrenztes Recht hatte und der Nachfolger, der Eigentümer oder der Nacherbe, den Mietvertrag nach den §§ 1056 Abs 2, 2135 BGB kündigt (so schon Mot II 380).

4. Doppelmiete

85 Wenn eine Sache mehrfach vermietet wird, sind **alle Verträge gültig** ohne Rücksicht darauf, dass der Vermieter möglicherweise nur einen erfüllen kann, da sich eine Person jederzeit mehrfach zur Erbringung derselben Leistung verpflichten kann (BGH LM Nr 4 zu § 541 BGB = ZMR 1962, 175; Kluth/Grün NZM 2002, 473). Die kollidierenden schuldrechtlichen Ansprüche haben *denselben Rang* (BGH 25. 10. 2012 – VII ZR 146/11, BGHZ 195, 195, 204 Rn 33 = NJW 2013, 152 – gewinn.de; KG NZM 2008, 889 f = ZMR 2009, 119; ZMR 2015, 539, 541). Für die Anwendung des Prioritätsgrundsatzes ist hier kein Raum (zB KG 7. 9. 2017 – 8 W 47/17, NZM 2018, 398 = GE 2017, 1220), sodass *jeder* Mieter vom Vermieter *Erfüllung* verlangen kann, ohne Rücksicht darauf, ob er der erste, der zweite oder der dritte Mieter ist, und zwar selbst dann, wenn der eine Mietvertrag vom Vermieter selbst, der andere zB von dem Zwangsverwalter abgeschlossen wurde (§ 535 Abs 1 S 1 BGB; BGH 25. 10. 2012 – VII ZR 146/11, BGHZ 195, 195, 204 Rn 33 = NJW 2013, 152 – gewinn.de; KG NZM 2008, 889 f = ZMR 2009, 119; OLG Frankfurt NJW-RR 1997, 77 = ZMR 1997, 22, 23; OLG Köln ZMR 1998, 696 = WuM 1998, 602; OLG Brandenburg OLGR 1993, 329; J Kohler NZM 2008, 545; Streyl NZM 2008, 878). Erst wenn einer der Mieter in den **Besitz** der Räume gelangt ist, wird verbreitet angenommen, dass **Unmöglichkeit** eintritt, sodass dann die anderen Mieter ihren Erfüllungsanspruch verlieren, da der

Vermieter jetzt außerstande sei, diese Verträge noch zu erfüllen (§ 275 BGB; BGH 25. 10. 2012 – VII ZR 146/11, BGHZ 195, 195, 204 Rn 33 = NJW 2013, 152 – gewinn.de; BGH LM Nr 4 zu § 541 BGB = ZMR 1962, 175; OLG Köln ZMR 1998, 696, 697 = WuM 1998, 602; KG NZM 2008, 889 f = ZMR 2009, 119; ZMR 2015, 539, 541 = GE 2015, 653; LG Berlin GE 1991, 357, 359; STERNEL, Mietrecht aktuell Rn VII 4 f). Dasselbe soll bereits gelten, wenn der Vermieter auf Klage des einen Mieters hin zur Erfüllung verurteilt wird (KG NZM 2003, 439; ZMR 2015, 539, 541 = GE 2015, 653). Die **Beweislast** für den Eintritt der Unmöglichkeit trägt jedoch der Vermieter (KG NZM 2008, 889 f = ZMR 2009, 119; SCHOLL WuM 1998, 583, 584). Bleiben **Zweifel**, ist es maW nach wie vor nicht ausgeschlossen, dass der Vermieter doch noch zur Erfüllung in der Lage sein wird, so können die anderen Mieter weiterhin Erfüllung verlangen (KG NZM 2008, 889 f = ZMR 2009, 119; ZMR 2015, 539, 541 = GE 2015, 653). Dasselbe gilt im Ergebnis, wenn der Vermieter dem Mieter, dem er die Sache überlassen hatte, den Besitz wieder nachträglich widerrechtlich entzieht, selbst wenn er die Sache sofort anderweitig erneut vermietet (§ 861 BGB; OLG Celle ZMR 2008, 288, 289).

Die geschilderte hM, die dem Mieter im Falle der Doppelmiete den Erfüllungsanspruch gegen den Vermieter aus § 535 Abs 1 S 1 BGB versagt, sobald ein anderer Mieter in den Besitz der Sache gelangt ist (o Rn 85), ist problematisch. Tatsächlich besteht selbst nach Überlassung der Mietsache an einen der Mieter kein Anlass, von einem Erlöschen des Erfüllungsanspruchs des anderen Mieters auf Überlassung der Mietsache aufgrund des § 535 Abs 1 S 1 BGB auszugehen. Dass es durchaus sinnvoll sein kann, den Fortbestand des Erfüllungsanspruchs anzunehmen, wird zB deutlich, wenn sich der Vermieter mit dem ersten Mieter über eine Abfindung einigt oder er ihm kündigen kann (AG Lichtenberg ZMR 2003, 118 = NZM 2003, 714; SCHMIDT-FUTTERER/ EISENSCHMID § 536 Rn 288). Zuzugeben ist lediglich, dass es sich dabei möglicherweise um Ausnahmefälle handelt. In den übrigen Fällen ist der Vermieter, wenn er mit Rücksicht auf das Besitzrecht des in den Räumen befindlichen Mieters die anderen von ihm wirksam abgeschlossenen Mietverträge (o Rn 85) nicht erfüllen kann, den anderen Mietern aus den §§ 536 Abs 3 und 536a BGB zum **Schadensersatz** verpflichtet (u Rn 88; BGH 17. 12. 1986 – VIII ZR 328/85, LM Nr 35 zu § 242 [Bc] BGB = NJW-RR 1987, 526 = WuM 1987, 116 =ZMR 1987, 143; 2. 11. 1988 – VIII ZR 7/88, LM Nr 31 zu § 571 BGB = NJW-RR 1989, 77; LM Nr 27 zu § 325 BGB = NJW 1991, 3277; 7. 3. 1990 – VIII ZR 25/89, LM Nr 127 zu § 322 ZPO = NJW-RR 1990, 701 = WuM 1990, 255 = ZMR 1990, 212; OLG Düsseldorf NJW-RR 1991, 137; KG ZMR 2003, 439; ZMR 2015, 539, 541 = GE 2015, 653; LG Berlin ZMR 2014, 725). Dasselbe gilt im Ergebnis, wenn der erste Mieter, obwohl ihm noch rechtzeitig vor Abschluss des zweiten Mietvertrages wirksam gekündigt worden war, **nicht räumt** (anfängliches Unvermögen; s oben Vorbem 4 vor § 536). Umstritten ist die Anwendbarkeit des **§ 285 BGB** in den Fällen der Doppelmiete: Während der BGH die Anwendbarkeit verneint, jedenfalls wenn die den verschiedenen Mietern geschuldeten Formen der Gebrauchsüberlassung nicht „gleichwertig" sind (BGH 10. 5. 2006 – XII ZR 124/02, BGHZ 167, 312, 319 Rn 30 = NJW 2006, 2323), setzt sich im Schrifttum zunehmend die gegenteilige Auffassung durch (STAUDINGER/CASPERS [2019] § 285 Rn 46; MünchKomm/EMMERICH [2018] § 285 Rn 25; SCHMIDT-FUTTERER/EISENSCHMID § 536 Rn 289).

86

Die geschilderte Rechtslage (s oben Rn 85 f) hat Anlass zu der Frage gegeben, ob die konkurrierenden Mieter durch die Beantragung einer **einstweiligen Verfügung**, durch die dem Vermieter nach den §§ 935 und 938 ZPO die Überlassung der

87

Mietsache an einen anderen Mieter untersagt wird, auf die Entscheidung des Vermieters, welchen Vertrag er erfüllen will, Einfluss nehmen können. In der Rechtsprechung wird die Frage mit Rücksicht auf die (angeblich) fortbestehende Entscheidungsfreiheit des Vermieters, welchen Vertrag er schließlich erfüllen will, sowie wegen der Gefahr einander widersprechender Verfügungen überwiegend *verneint* (OLG Frankfurt NJW-RR 1997, 77 = MDR 1997, 137 = ZMR 1997, 22, 23; OLG Schleswig MDR 2000, 1428; OLG Brandenburg OLGR 1997, 329; OLG Hamm NJW-RR 2004, 521 = NZM 2004, 192; KG WuM 2007, 207 = NZM 2007, 518 = NJW-RR 2007, 1167; 7. 9. 2017 – 8 W 47/17, GE 2017, 1220 = NZM 2018, 398; OLG Koblenz NZM 2008, 248 = ZMR 2008, 50, 51; OLG Celle ZMR 2009, 113; LG München I WuM 1991, 577; zustimmend zB Blank/Börstinghaus § 536 Rn 22; Sternel, Mietrecht aktuell Rn VII 3). Es gibt indessen auch *abweichende* Stimmen (OLG Düsseldorf NJW-RR 1991, 137 f Nr 7; AG Schöneberg ZMR 1999, 643, 644; ausführlich Katzenstein ZZP 116 [2003] 459, 466 ff sowie zB Derleder/Pellegrino NZM 1998, 550, 556 f; J Kohler NJZM 2008, 545; Streyl NZM 2008, 878; Scholl WuM 1998, 583, 584; Wichert ZMR 1997, 16). In der Tat ändert der Umstand, dass der Vermieter dieselben Räume gleich mehrfach vermietet hat, nichts an seiner vollen Bindung an jeden einzelnen Vertrag (vgl Art 1134 Abs 1 franz Code civil), sodass jedenfalls gegen einen **Unterlassungsanspruch** aus den einzelnen Verträgen keine Bedenken erhoben werden können. Dass es zu mehreren einander widersprechenden einstweiligen Verfügungen kommen kann, hat sich der Vermieter selbst zuzuschreiben. Die **Vollstreckung** der einstweiligen Verfügung, durch die dem Vermieter die Überlassung des Besitzes an einen der anderen Mieter untersagt wird, richtet sich nach § 890 ZPO (Streyl NZM 2008, 878).

5. Rechtsfolgen

88 Die Rechtsfolgen eines Rechtsmangels ergeben sich in erster Linie aus den §§ 536 Abs 1 und 536a BGB. Die Folge ist, dass, wie besonderer Hervorhebung bedarf, eine Ersatzpflicht des Vermieters *ohne Verschulden* jedenfalls für **anfängliche Rechtsmängel** in Betracht kommt (§ 536a Abs 1 Fall 1 BGB). Die hierin liegende Abweichung von den §§ 275 und 311a BGB ist gewollt (s Vorbem 4 zu § 536 und o Rn 79; KG ZMR 2015, 539, 541 = GE 2015, 653; Emmerich NZM 2002, 362, 363 f = PiG 65 [2002] 1, 7 ff). Entsteht der Rechtsmangel dagegen erst **nachträglich**, so kann der Mieter nur dann Schadensersatz verlangen, wenn der Vermieter die Entstehung *zu vertreten* hat oder wenn er in Verzug ist (§ 536a Abs 1 Fall 2 und 3 BGB; Mot II 379; BGHZ 63, 132, 139 = NJW 1975, 44; BGH LM Nr 3 zu § 541 BGB = NJW 1961, 917; OLG Düsseldorf ZMR 1999, 24, 25; OLG Frankfurt NZM 1999, 966, 967). Paradigma ist die Beendigung des Besitzrechtes des Untervermieters durch **Kündigung des Hauptvermieters**, sodass der *Untermieter* von seinem Vermieter, dem Untervermieter und Hauptmieter nach § 536 Abs 3 BGB in Verbindung mit § 536a BGB Schadensersatz wegen Nichterfüllung verlangen kann, sobald der Hauptvermieter von ihm nach § 546 Abs 2 BGB Herausgabe verlangt und der Untervermieter die Kündigung zu vertreten hat (BGHZ 63, 132, 139 = NJW 1975, 44), wovon jedenfalls in dem wichtigsten Fall, nämlich bei Kündigung wegen Zahlungsverzugs des Untervermieters grundsätzlich auszugehen sein dürfte (§§ 543 Abs 2 Nr 3, 573 Abs 1 BGB; s § 279 BGB aF).

89 Anwendbar ist grundsätzlich auch § 536a Abs 2 Nr 1 BGB. Daraus ergibt sich die Frage, ob der Mieter bei Verzug des Vermieters mit der Beseitigung der Störung berechtigt ist, dem Dritten dessen **Recht abzukaufen** und vom Vermieter dafür **Auf-**

wendungsersatz zu verlangen. Die Frage dürfte grundsätzlich zu bejahen sein (CROME JherJb 37 [1897] 1, 45; einschränkend LÖNING, Die Grundstücksmiete als dingliches Recht [1930] 150 ff; NIENDORFF, Mietrecht 149 f; **aM** ROQUETTE § 541 Rn 11; MITTELSTEIN, Miete 309). Jedoch folgt daraus nicht etwa das Recht des Mieters zu Aufwendungen, die in keinem sinnvollen Verhältnis zur Höhe der Miete mehr stehen (§ 242 BGB). In einem derartigen Fall muss er sich vielmehr auf den Versuch beschränken, den Dritten durch Abstandszahlungen dazu zu bewegen, von seinem Recht vorübergehend keinen Gebrauch zu machen (NIENDORFF, Mietrecht 149 f). Gelingt ihm dies nicht, so ist er auf den Schadensersatzanspruch gegen den Vermieter beschränkt (s Rn 88; zur Anwendbarkeit des **§ 285 BGB** s schon Rn 86).

X. Minderung

1. Überblick, Rechtsnatur

Liegt ein (erheblicher) Sach- oder Rechtsmangel vor oder fehlt der Mietsache eine **90** zugesicherte Eigenschaft, so ist der Mieter für die Zeit, in der die Tauglichkeit der Mietsache zum vertragsgemäßen Gebrauch aufgehoben ist, von der Entrichtung der Miete befreit (§ 536 Abs 1 S 1 BGB). Ist dagegen die Tauglichkeit der Mietsache zum vertragsgemäßen Gebrauch infolge des Mangels lediglich gemindert, so hat der Mieter lediglich eine angemessen herabgesetzte *Miete* zu entrichten (Minderung; § 536 Abs 1 S 2 BGB). Die geltende Fassung des § 536 Abs 1 BGB beruht auf dem Mietrechtsreformgesetz von 2001, durch das der Verweis auf die früheren kaufrechtlichen Vorschriften der §§ 472 und 473 BGB aF gestrichen wurde, nach denen die Minderung in einer *verhältnismäßigen Herabsetzung* der Miete entsprechend dem Ausmaß der Minderung der Gebrauchstauglichkeit der Mietsache infolge des Mangels bestand. Diese verhältnismäßige Herabsetzung der Miete hatte sich jedoch in der Praxis infolge der damit verbundenen Berechnungsschwierigkeiten nicht durchgesetzt, sodass die Minderung meistens einfach durch einen **prozentualen Abschlag** bei der vereinbarten Miete vorgenommen wurde (BIEBER NZM 2006, 683, 684). Dementsprechend verlangt das Gesetz heute in § 536 Abs 1 S 2 BGB nur noch allgemein eine „angemessene" Herabsetzung der Miete (§ 536 Abs 1 S 2 BGB; s die Begr zum RegE BT-Drucks 14/4553, 40 [r Sp]). Eine sachliche Änderung war damit nicht bezweckt (str), sodass die Ergebnisse der früheren Praxis im Wesentlichen weiter Gültigkeit beanspruchen dürften.

Die Minderung ist Ausdruck des das Schuldrecht beherrschenden **Äquivalenzprin- 91 zips**; sie hat dementsprechend die Aufgabe, die Gleichwertigkeit der beiderseitigen Leistungen sicherzustellen (BGH 6. 4. 2005 – XII ZR 225/03, BGHZ 163, 1, 4 ff = NJW 2005, 1713). Die volle Miete soll der Vermieter nur erhalten, wenn auch er seine Leistung, die Gewährung des vertragsgemäßen Gebrauchs während der gesamten Vertragsdauer (§ 535 Abs 1 BGB), in vollem Umfang erbringt. Tut er dies nicht, so steht ihm nur eine entsprechend geminderte Gegenleistung des Mieters nach § 536 Abs 1 und 3 BGB zu (BGH 6. 4. 2005 – XII ZR 225/03, BGHZ 163, 1, 4 ff = NJW 2005, 1713). Die Minderung tritt ohne Weiteres **kraft Gesetzes** ein, *sobald und solange* die Gebrauchstauglichkeit der Sache aus den genannten Gründen herabgesetzt oder aufgehoben ist (zB BGH 12. 6. 1985 – VIII ZR 142/84, WM 1985, 1213 = ZMR 1985, 403; WM 1991, 1006, 1007; OLG Düsseldorf NJW-RR 1994, 399, 400 = WuM 1994, 324; NZM 2003, 556; KRAEMER WuM 2000, 515). Einer besonderen **Erklärung des Mieters** bedarf es dazu nicht (kein Gestaltungsrecht), sodass sich der Mieter selbst im Rechtsstreit nicht zur Höhe der Minderung zu äußern braucht; diese muss vielmehr vom Gericht gegebenenfalls nach § 287 ZPO geschätzt werden (BGH 12. 6. 1985 – VIII ZR 142/84, ZMR 1985, 403 = WM 1985, 1213; 11. 6. 1997 – XII ZR 294/95, NJWE-MietR 1997, 206 = WuM 1997, 488; Bieber NZM 2006, 683, 684). Da die Minderung auf Gesetz beruht, kann sie auch **nicht verjähren** (BGH LM Nr 8 zu PreisstopVO = NJW 1958, 785; LM Nr 3a zu § 557 BGB = NJW 1961, 916; OLG Düsseldorf NJW-RR 1994, 399, 400). Wenn sich der Mieter in dem Augenblick, in dem der Mangel erstmals auftrat, bereits in **Verzug** befand, reduziert sich im Ausmaß der Minderung der Betrag, mit dem er weiter in Verzug ist. Dabei ist § 320 BGB zu beachten, nach dem der Verzug auch wegen des Restes ganz oder doch teilweise ausgeschlossen sein kann (Rn 101 ff; Flatow NZM 2017, 273, 274 f).

92 Der Mieter kann **kondizieren** wenn er trotz des Vorliegens eines Mangels irrtümlich weiter die volle Miete zahlt (§ 812 Abs 1 S 1 Fall 1 BGB). Anders nur gemäß § 814 BGB, wenn der Mieter den Mangel **kennt**. Die Kondiktionssperre des § 814 BGB ist Ausdruck des Verbots widersprüchlichen Verhaltens im Schuldrecht (venire contra factum proprium, s Emmerich Schuldrecht BT, 15. Aufl [2018], § 16 Rn 24 ff). Die Anwendung der Vorschrift wirft im vorliegenden Zusammenhang besondere Probleme auf, vor allem wegen der Vorauszahlungspflicht des Wohnraummieters (§ 556b Abs 1 BGB) sowie wegen der zumindest in den Grundzügen bei den Mietern vorhandenen Kenntnisse über die Rechtsfolgen von Mängeln. Beides zusammen hatte die Praxis früher vielfach dazu veranlasst, im Falle der Zahlung der Miete trotz absehbarer Mängel einfach eine Kenntnis des Mieters von dem fehlenden Rechtsgrund der Zahlung zu unterstellen, um sich so die Möglichkeit für die Anwendung der Kondiktionssperre des § 814 BGB zu eröffnen (ausführlich Eisenhardt WuM 2019, 5). In der jüngsten Zeit verfährt die Rechtsprechung indessen – zu Recht – zunehmend **restriktiv** bei der Anwendung der Kondiktionssperre, insbesondere unter Betonung der **Beweislast** des Vermieters für eine Kenntnis des Mieters von dem Fehlen des Rechtsgrundes bei Zahlung der Miete trotz des Vorliegens eines Mangels, ferner durch großzügige Verneinung der positiven Kenntnis des Mieters von dem Fehlen des Rechtsgrundes, wenn sich der Mieter über die rechtlichen Auswirkungen des Auftretens von Mängeln nicht vollständig im Klaren war, sowie durch ebenso großzügige Annahme einer **Zahlung unter Vorbehalt**, wenn der Mieter trotz Anzeige des Mangels weiter die volle Miete zahlt (BGH 4. 9. 2018 – VIII ZR 100/18 Rn 17 ff, NZM 2018, 1018 = WuM 2018, 712; KG ZMR 2013, 530; LG Berlin WuM 2016, 348; GE 2018, 1068 = WuM 2018, 652, 654; ZMR 2018, 763; Eisenhardt WuM 2019, 5, 8 f; Gsell/Haag, in: FS Börstinghaus [2020] 153). In der Tat sollte jedenfalls bei der Wohnraummiete generell von einer Zahlung unter Vorbehalt ausgegangen werden (sodass kein Raum die Anwendung der Kondiktionssperre ist), jedenfalls, wenn der Mieter den Mangel nach § 536c BGB anzeigt und dabei zu erkennen gibt, er wolle die Miete nur vorerst in vollem Umfang weiterzahlen, bis der Mangel beseitigt ist, um das Mietverhältnis nicht unnötig zu belasten (zu den Konsequenzen bei der Betriebskostenabrechnung s Rn 95).

93 Das Prinzip der verhältnismäßigen Herabsetzung der Miete im Ausmaß des Mangels (§ 537 Abs 1 S 1 BGB aF; s Rn 90) verhinderte früher, dass sich der Vermieter darauf berufen konnte, die Mietsache sei auch mit ihren Mängeln **immer noch ihren Preis wert** (OLG Düsseldorf NJW-RR 1994, 399, 400 = WuM 1994, 324). Daran hat sich auch nach der Änderung des § 536 Abs 1 S 2 BGB durch das Mietrechtsreformgesetz von 2001

nichts geändert (Schmidt-Futterer/Eisenschmid § 536 Rn 366). Der Vermieter kann außerdem nicht einwenden, dass der Mieter in dem fraglichen Zeitraum ohnehin von der Mietsache **keinen** oder nur einen eingeschränkten **Gebrauch** gemacht habe (§ 537 BGB; BGH LM Nr 37 zu § 537 BGB = NJW 1987, 432; LM Nr 16 zu § 535 BGB = NJW 1958, 785; KG NZM 2012, 588 = WuM 2012, 142: zur Rechtslage, wenn der Mieter trotz Vertragsbeendigung wohnen bleibt s schon o Rn 11). Hat der Vermieter die Miete teilweise an Dritte **abgetreten**, so erfasst die Minderung beide Teilforderungen im Verhältnis der Teilforderungen zur Gesamtforderung (BGHZ 46, 242, 244 = NJW 1967, 388; BGH LM Nr 44 zu § 398 BGB = NJW 1983, 1902 = ZMR 1983, 347). Gemindert wird die Miete aber **nur für** die **Zeit**, während derer die Gebrauchstauglichkeit der Sache tatsächlich aufgehoben oder herabgesetzt ist. Sofern der Mangel von der Jahreszeit abhängig **nur zu bestimmten Zeiten** auftritt wie etwa eine Überhitzung der Räume allein im Sommer, ist die Miete auch nur während dieser Zeitabschnitte gemindert, während sie in der übrigen Jahreszeit in voller Höhe weiter geschuldet wird (s Rn 33; BGH 15. 12. 2010 – XII ZR 132/09, NZM 2011, 153 = NJW 2011, 514 Tz 13 ff; 4. 9. 2018 – VIII ZR 100/18 Rn 15, NZM 2018, 1018 = WuM 2018, 712). Sobald der Vermieter den **Mangel beseitigt**, muss der Mieter wieder die volle Miete zahlen (zu den Auswirkungen auf einen etwaigen Verzug des Mieters s Flatow NZM 2017, 273, 275 f). Nimmt der Vermieter die Minderung seitens des Mieters längere Zeit widerspruchslos hin, obwohl tatsächlich kein Mangel vorliegt, so kann er von Fall zu Fall auch das Recht auf die rückständige Miete insoweit **verwirken** (BGH 26. 2. 2003 – XII ZR 66/01, NZM 2003, 355 = NJW-RR 2003, 727; 19. 10. 2005 – XII ZR 224/03, ZMR 2006, 107 = NZM 2006, 58; OLG Düsseldorf NJW-RR 2003, 1016 = NZM 2003, 599; OLG Naumburg WuM 2004, 91, 92 f; OLG Hamburg ZMR 1999, 328 = WuM 1999, 281).

2. Berechnung

Nach § 536 Abs 1 S 1 und 2 BGB betrifft die Minderung die „**Miete**". Gemeint ist damit die Summe aller Leistungen des Mieters, dh die sogenannte **Inklusiv- oder Bruttomiete**, weil die vom Mieter geschuldete Gegenleistung immer aus sämtlichen Zahlungen des Mieters für die Gewährung des vertragsgemäßen Gebrauchs besteht, gleichgültig wie die Parteien kalkulatorisch diese Summe auf die einzelnen Leistungen des Vermieters aufteilen (so BGH 6. 4. 2005 – XII ZR 225/03, BGHZ 163, 1, 4 ff = NJW 2005, 1713 = NZM 2005, 455; 20. 7. 2005 – VIII ZR 347/04, NJW 2005, 2773, 2774 = WuM 2005, 573 = NZM 2005, 699; 7. 7. 2010 – VIII ZR 85/09, WuM 2010, 480 Tz 21 = NZM 2010, 618; 2. 3. 2011 – VIII ZR 209/10, NJW 2011, 1282 Tz 11 = WuM 2011, 213 = NZM 2011, 309; 13. 4. 2011 – VIII ZR 223/10, NJW 2011, 1806 Tz 11 = NZM 2011, 453 = WuM 2011, 284; früher str, s Rn 95). 94

Aus dem Gesagten (s Rn 94) ergeben sich keine Schwierigkeiten bei der Berechnung der Minderung, wenn die Parteien – abweichend von der Heizkostenverordnung – eine alle Betriebskosten umfassende **Bruttomiete** oder eine **Nettomiete** in Verbindung mit einer **Betriebskostenpauschale** vereinbart haben (§ 556 Abs 2 S 1 BGB), weil dann für jeden Monat die Höhe der „Miete" (im Sinne einer „echten" Bruttomiete) feststeht, sodass davon die Minderung, meistens in Gestalt eines prozentualen Abschlages, ohne Weiteres berechnet werden kann. Haben die Parteien dagegen eine Nettomiete mit **Vorauszahlungen** auf die Betriebskosten vereinbart, über die jährlich abzurechnen ist, so muss mit der Berechnung der Minderung ebenfalls bis zur endgültigen Abrechnung über die Betriebskosten zugewartet werden, weil erst dann feststeht, was der Mieter tatsächlich gezahlt hat und was er bei 95

Berücksichtigung der Minderung schuldet, gleichgültig wie die Parteien zuvor hinsichtlich der Minderung verfahren sind (BGH 13. 4. 2011 – VIII ZR 223/10, NJW 2011, 1806 Tz 12 ff = NZM 2011, 453 = WuM 2011, 284; Derleder NZM 2011, 654; Schmidt-Futterer/Eisenschmid § 536 Rn 372 ff; Feuerlein WuM 2011, 401; Günther WuM 2012, 299, 302 ff). Schwierigkeiten können sich bei Betonung der Betriebskostenabrechnung als letztlich maßgeblich lediglich ergeben, wenn der Mieter vorübergehend trotz Kenntnis des Mangels die volle Miete weitergezahlt hatte. Um in derartigen Fallgestaltungen einen Ausschluss der Rückforderung der überzahlten Beträge durch die Anwendung der **Kondiktionssperre** des § 814 BGB zu verhindern, liegt die Annahme zumindest eines konkludenten Vorbehalts bei der Zahlung nahe, weil der Mieter im Augenblick der Zahlung noch gar nicht imstande ist, das Ausmaß der Minderung abzuschätzen (s Rn 92 sowie zB Feuerlein WuM 2011, 401; Günther WuM 2012, 299, 304).

3. Befreiung des Mieters von der Entrichtung der Miete (§ 536 Abs 1 S 1)

96 Ist infolge des Mangels (§ 536 Abs 1 bis 3 BGB) die Tauglichkeit der Mietsache zum vertragsgemäßen Gebrauch (völlig) aufgehoben, so wird der Mieter für die Zeit, in der der Mangel besteht, von der Entrichtung der Miete befreit (§ 536 Abs 1 S 1 BGB). Gemeint ist damit die Bruttomiete (o Rn 94 f). **Beispiele** sind die Unzugänglichkeit der vermieteten Räume für den Mieter mangels Aushändigung der Schlüssel (OLG Düsseldorf WuM 2005, 655 = ZMR 2005, 710, 711), die völlige Ungeeignetheit der Räume für den dem Mieter geschuldeten vertragsgemäßen Gebrauch (LG Berlin ZMR 1988, 306), etwa bei offenkundigen Mängeln eines „Musterhauses", das Reklamezwecken dienen soll (OLG Düsseldorf GE 2009, 1189), ferner ein vollständiger Ausfall der Heizung im Winter (s schon o Rn 35; KG ZMR 2008, 740, 743; LG Berlin ZMR 1992, 302; WuM 1983, 185), die Rückgabe der Räume an den Vermieter, um diesem die Beseitigung der Mängel zu ermöglichen (BGH LM Nr 37 zu § 537 BGB = NJW 1987, 432 = WuM 1987, 53), weiter die Unbewohnbarkeit einer Wohnung infolge einer sog Jahrhundertflut (LG Leipzig NJW 2003, 2177 = NZM 2003, 510) oder wegen Feuchtigkeit und Ratten (AG Potsdam WuM 1995, 534), und dies selbst dann, wenn der Mieter gezwungen ist, mangels einer „Alternative" zunächst vorübergehend in der Wohnung zu bleiben, sowie schließlich die Entziehung des Besitzes an den vermieteten Räumen durch verbotene Eigenmacht (LG Berlin GE 2009, 1622, 1623; s BGH GE 2010, 1189).

4. Angemessene Herabsetzung der Miete (§ 536 Abs 1 S 2)

97 Wird infolge des Mangels (§ 536 Abs 1 bis 3 BGB) die Tauglichkeit der Mietsache zum vertragsgemäßen Gebrauch lediglich gemindert, jedoch nicht vollständig aufgehoben, so hat der Mieter nach § 536 Abs 1 S 2 BGB nur eine „angemessen" herabgesetzte Miete zu entrichten. Welche **Herabsetzung** der Miete **angemessen** ist, richtet sich nach den Umständen des Falles, in erster Linie nach der Schwere des Mangels und der dadurch bewirkten Beeinträchtigung der Gebrauchstauglichkeit der vermieteten Sache sowie der Dauer der Störung (BGH 18. 7. 2012 – XII ZR 97/09, NJW 2012, 3173 Tz 18 = NZM 2012, 726 = WuM 2012, 550; Schmidt-Futterer/Eisenschmid § 536 Rn 389 ff; Fritz NZM 2008, 825, 831 f; Sternel, Mietrecht aktuell Rn VIII 243 ff; zur Flächendifferenz s schon o Rn 74). Treffen **verschiedene Mängel** zusammen, so kann nicht für jeden einzelnen Mangel eine gesonderte Minderungsquote festgelegt werden; entscheidend ist vielmehr immer nur die Beeinträchtigung der Gebrauchstauglichkeit der Sache *insgesamt* (BGH 5. 11. 2014 – XII ZR 15/12, BGHZ 203, 148, 161 Rn 51 = NJW 2015, 402). Im Falle einer **Umsatzmiete** (oder Umsatzpacht) ist ergänzend zu berücksichtigen, ob infolge des Mangels bereits der Umsatz des Mieters zurückgegangen ist – mit der Folge einer entsprechenden Minderung der Umsatzmiete, sodass dann nach § 536 Abs 1 BGB nur ein enger Raum für eine weitere Minderung verbleibt (Falk/Schneider ZMR 2011, 697; zT anders Windorfer NZM 2020, 102). Im Streitfall hat das Gericht unter Berücksichtigung aller Umstände des Falles gemäß § 287 ZPO zu **schätzen**, welche Miete mit Rücksicht auf die Schwere des Mangels und die vereinbarte Miete jetzt noch angemessen ist (Beispiele u Rn 98). Es handelt sich dabei um eine **Rechtsfrage**, die nicht dem Beweis zugänglich ist, auch nicht durch die Einholung eines Sachverständigengutachtens (anders KG NJW-RR 2000, 513; zur Beweislast s unten Rn 131 f).

Bei leichten (aber immer noch erheblichen) Störungen billigt die Praxis idR eine **98** Minderung von lediglich **5 bis 10 %** zu; bei erheblicher Lärmbelästigung liegt die Minderungsrate dagegen gewöhnlich zwischen **10 und 20 %** (Fritz NZM 2008, 825, 831 f). Eine noch größere Minderung **(über 20 %)** kommt nur bei schweren Mängeln in Betracht, zB bei einer Durchfeuchtung der Wand des einzigen Zimmers (LG Dresden ZMR 2003, 840: 50 %) oder bei fehlender Abgeschlossenheit einer Ferienwohnung (AG Bad Oeynhausen ZMR 2005, 541, 542: 40 %) sowie bei einem längerem Ausfall der Heizung (zB KG ZMR 2008, 740, 743; AG Dortmund NZM 2014, 470), hier gegebenenfalls sogar bis zu 100 %, etwa bei einem völligen Ausfall der Heizung im Winter (s Rn 35, Rn 96; AG Nürnberg WuM 2017, 398). Zahlreiche weitere Beispiele finden sich ua bei Bieder (BeckOGK [1. 7. 2020] § 536 Rn 103.1), Bruckmann (Mietmängel von A bis Z), bei Kraemer/Ehlert/Schindler (in: Bub/Treier, Hdb Rn III 3251 ff) sowie bei Lützenkirchen (§ 536 Anhang). In der Mietpraxis wird die Minderung wohl meistens einfach nach § 287 BGB geschätzt – mit der notwendigen Folge großer Unterschiede der Prozentsätze, um die jeweils die Miete trotz Vergleichbarkeit der Mängel gemindert wird.

Um hier für mehr Klarheit und Berechenbarkeit der Ergebnisse zu sorgen, sind in **99** der Praxis mehrere **Verfahren zur Berechnung** der Minderungssätze entwickelt worden, unter denen insbesondere die so genannte **Nutzwertanalyse** hervorzuheben ist, zumal sie auch von verschiedenen Gerichten angewandt wird (zB LG Hamburg WuM 1983, 290). Dieses Verfahren beruht auf folgenden Überlegungen (s im Einzelnen C Börstinghaus, Mietminderungstabelle [3. Aufl 2015]; Schmidt-Futterer/Eisenschmid § 536 Rn 398 ff; Kamphausen WuM 1982, 3; Sternel, Mietrecht aktuell Rn VIII 248 ff [S 1083 ff]): In einem ersten Schritt wird der Nutz- oder Mietwert der einzelnen Räume zueinander in Beziehung gesetzt, wobei vor allem auf die Faktoren Funktions- und Geltungswert abgestellt wird; Ziel ist die Ermittlung des Anteils, der auf die einzelnen Räume an der gesamten Miete entfällt, und zwar entweder absolut (bezogen auf die Miethöhe) oder relativ, dh prozentual. In einem zweiten Schritt wird sodann aufgrund der Mängel der einzelnen Räume die jeweilige Minderung, wiederum entweder absolut oder relativ, für die einzelnen Räume ermittelt und daraus sodann in einem dritten Schritt die Gesamtminderung abgeleitet. Nach Äußerungen von Praktikern soll dieses Verfahren insbesondere bei zusätzlicher Verwendung einer entsprechenden Software (s C Börstinghaus, Mietminderungstabelle [3. Aufl 2015]) gut funktionieren. Aber bereits auf den ersten Blick ist zu erkennen, dass auch eine sog „Nutzwertanalyse" bei keinem der genannten drei Schritte ohne Wertungen auszukommen vermag, sodass die mit diesem und mit anderen vergleichbaren Verfahren verbundenen Fortschritte nicht überbewertet werden dürfen.

100 Irrt sich der Mieter hinsichtlich der Höhe der Minderung, sodass er (ein wenig) **zuviel mindert**, so hängt es von den Umständen ab, ob er hinsichtlich der Differenz in **Verzug** gerät, sodass der Vermieter gegebenenfalls nach § 543 Abs 2 Nr 3 BGB oder nach § 573 Abs 2 Nr 1 BGB kündigen kann. Hier ist im Interesse des gebotenen Mieterschutzes jede Engherzigkeit fehl am Platz, sodass bei der Annahme von Verzug *Zurückhaltung* geboten ist (BGH 15. 12. 2010 – XII ZR 132/09, NJW 2011, 514 Tz 16 = NZM 2011, 153; LG Kassel WuM 1981, 185; LG Braunschweig WuM 1985, 259; LG Hannover WuM 1994, 463, 464; AG Münster WuM 1980, 162), zumal dem Mieter hinsichtlich der über die Minderungsquote hinaus einbehaltenen Beträge durchaus auch noch ein Zurückbehaltungsrecht gemäß § 320 BGB zustehen kann, gleichfalls mit verzugsausschließender Wirkung (s Rn 101 ff).

XI. Zurückbehaltungsrecht

101 Durch die auf Gesetz (§ 536 Abs 1 BGB) beruhende Minderung der Miete bei Vorliegen eines Mangels wird der Erfüllungsanspruch des Mieters auf Beseitigung des Mangels nicht berührt (§ 535 Abs 1 S 2 BGB; BGH 19. 11. 2014 – VIII ZR 191/13, BGHZ 203, 256, 265 Rn 34 = NJW 2015, 699; H Schmidt NZM 2013, 705). Die Minderung soll lediglich das Äquivalenzverhältnis zwischen den beiderseitigen Leistungen für die Zeit *bis* zur Beseitigung des Mangels wiederherstellen (s Rn 91). Folglich schließt die Möglichkeit der Minderung die Einrede des nichterfüllten Vertrages nicht aus, solange der Vermieter nicht seiner Leistungspflicht aus § 535 Abs 1 S 2 BGB durch Beseitigung des Mangels nachgekommen ist; beide Rechtsbehelfe des Mieters, nämlich der Erfüllungsanspruch aus § 535 Abs 1 S 2 BGB iVm § 320 BGB und die Minderung nach § 536 BGB, stehen vielmehr **selbstständig nebeneinander** (BGH 19. 11. 2014 – VIII ZR 191/13, BGHZ 203, 256, 265 f Rn 34 = NJW 2015, 699; 18. 4. 2007 – XII ZR 139/05 Rn 29, NZM 2007, 484 = ZMR 2007, 605; 10. 4. 2019 – VIII ZR 12/18 Rn 42, NJW 2019, 2308 = NZM 2019, 533), sodass § 320 BGB dem Mieter die Möglichkeit eröffnet, durch **Zurückbehaltung** der fälligen Miete, dh **des von der Minderung nicht erfassten Betrages**, den Vermieter zusätzlich zur Erfüllung seiner Pflicht aus § 535 BGB anzuhalten (BGHZ 84, 42, 45 = NJW 1982, 2242; BGHZ 127, 245, 253 = NJW 1995, 254; 19. 11. 2014 – VIII ZR 191/13, BGHZ 206, 1, 17 ff Rn 49 ff = NJW 2015, 3087 = NZM 2015, 618; BGH LM Nr 7 zu § 448 ZPO = NJW 1989, 3222, 3224; WuM 1997, 488 = NJWE-MietR 1997, 206; 26. 3. 2003 – XII ZR 167/01, NZM 2003, 437 = ZMR 2003, 416; 19. 6. 2006 – VIII ZR 284/05, NZM 2006, 696 = WuM 2006, 435 Tz 9; 18. 4. 2007 – XII ZR 139/05, ZMR 2007, 605 = NZM 2007, 484, 485 Rn 24; 12. 3. 2008 – XII ZR 147/50, NJW 2008, 2254 Tz 13 = NZM 2008, 522; 15. 12. 2010 – XII ZR 132/09, NJW 2011, 514 Rn 18 = NZM 2011, 153; 3. 11. 2010 – VIII ZR 330/09, NJW-RR 2011, 447 = NZM 2011, 197 = WuM 2011, 12; Blank WuM 2015, 5787; MünchKomm/Emmerich [2018] § 320 Rn 8 ff; Fieling ZfPW 2018, 467; Günter in: Guhling/Günter § 536 Rn 349 ff; Hartmann, in: FS Börstinghaus [2020] 189; Hinz ZMR 2016, 253; H Schmidt NZM 2013, 705, 713 ff; Selk NZM 2019, 506; Sternel, in: Gedschr Sonnenschein [2002] 293, 299 ff; Timm/Raue NZM 2011, 846).

102 § 556b Abs 1 BGB iVm § 579 BGB steht nicht entgegen, da diese Vorschrift bei Lichte besehen allein eine Regelung der Fälligkeit der Miete enthält, dagegen nicht eine echte (beständige) Vorleistungspflicht des Mieters begründet (bei der ein Zurückbehaltungsrecht wohl ausgeschlossen wäre), sondern, wenn man so will, lediglich eine unbeständige Vorleistungspflicht, die mit der Fälligkeit des Gegenanspruchs des Mieters aus § 535 Abs 1 S 2 BGB entfällt, sodass das Zurückbehaltungsrecht zumindest auf die erste nach Auftreten des Mangels fällige Miete erstreckt werden kann (BGHZ 84, 42, 45 = NJW 1982, 2242; BGHZ 127, 245, 253 = NJW 1995, 254; BGH 3. 11. 2010 – VIII ZR 330/09, NJW-RR 2011, 447 = NZM 2011, 197 = WuM 2011, 12; 15. 12. 2010 – XII ZR 132/09, NJW 2011, 514 Rn 18 = NZM 2011, 153; Hinz ZMR 2016, 253, 255 f; Bub/Treier/Kraemer et al, Hdb Rn III 3283; – aM Lammel, in: Gedschr Sonnenschein 275, 288 f). Jedoch setzt das Zurückbehaltungsrecht des Mieters nach Meinung des BGH – wohl analog § 536c Abs 2 S 2 BGB – voraus, dass der Mieter den Mangel zuvor dem Vermieter gemäß § 536c Abs 1 BGB **angezeigt** hat oder dass der Mangel sonst dem Vermieter bekannt ist, weil andernfalls das Zurückbehaltungsrecht seine Druckfunktion nicht ausüben könne (BGH 3. 11. 2010 – VIII ZR 330/09, NJW-RR 2011, 447 = NZM 2011, 197 Tz 12 = WM 2011, 12; LG Berlin GE 2011, 58, 63; 2012, 818; Bub/Treier/Kraemer et al, Hdb Rn III 3282; Timm/Raue NZM 2011, 846). Erst nach der Anzeige des Mangels kann der Mieter folglich (wieder) von seinem Zurückbehaltungsrecht Gebrauch machen (BGH 3. 11. 2010 – VIII ZR 330/09, NZM 2011, 197 Tz 12 = WM 2011, 12; anders mit guten Gründen LG Flensburg NZM 2018, 902 = ZMR 2019, 768; Schwab NZM 2019, 36, 42).

103 § 536b BGB über den Ausschluss der Minderung bei **Kenntnis** des Mieters von dem Mangel findet *keine* Anwendung, da das Zurückbehaltungsrecht des Mieters auf dessen Erfüllungsanspruch beruht und § 536b BGB sich nach seinem Wortlaut nicht auf den Erfüllungsanspruch des Mieters erstreckt (s § 536b Rn 3; BGH 5. 7. 1989 – VIII ZR 334/88, LM Nr 7 zu § 448 ZPO = NJW 1989, 3222, 3224; 18. 6. 1997 – XII ZR 63/95, LM Nr 11 zu § 539 BGB = NJW 1997, 3674; 18. 4. 2007 – XII ZR 139/05, NZM 2007, 484, 485 Tz 29 = NJW-RR 2007, 1021; 1. 11. 2010 – VIII ZR 33/09, NZM 2011, 197 = WuM 2011, 12; H Schmidt NZM 2013, 705, 713 ff; Timm/Raue NZM 2011, 846). Ebenso wenig ändert ein **Auszug** des Mieters etwas an dem grundsätzlichen Bestand des Zurückbehaltungsrechts bis zum vertraglich vorgesehenen Ende des Mietvertrages, weil und solange der Mieter noch den Erfüllungsanspruch hat (OLG Düsseldorf MDR 1989, 640 = BB 1989, 1934). Die Einrede des nicht erfüllten Vertrages des Mieters aus § 320 BGB **entfällt** jedoch mit Beseitigung des Mangels sowie mit Vertragsende (s Rn 107). Dasselbe gilt, wenn der Mieter sich treuwidrig verhält, insbesondere wenn er in Annahmeverzug ist, ferner, wenn er den Vermieter an der Beseitigung der Mängel hindert (BGH 13. 5. 2015 – XII ZR 65/14, BGHZ 205, 3, 100, 317 Rn 61 = NJW 2015, 2419), indem er zB den vom Vermieter mit der Beseitigung der Mängel beauftragten Handwerkern den Zutritt zu den gemieteten Räumen verweigert (s Rn 110) oder endgültig und ernstlich jede Mängelbeseitigung seitens des Vermieters abgelehnt (BGH 10. 4. 2019 – VIII ZR 12/18 Rn 41, 53, NJW 2019, 2308 = NZM 2019, 533; 19. 4. 2019 – VIII ZR 39/18 Rn 23, NZM 2019, 401 = WoM 2019, 315; Flatow WuM 2019, 431; Selk NZM 2019, 506). Ebenso wird zum Teil unter Berufung auf die §§ 242, 320 Abs 2 und 536b BGB entschieden, wenn der Mieter über einen längeren Zeitraum hinweg bestimmte Mängel, zB Lärmbelästigungen ohne Abwehrmaßnahmen hingenommen hat (LG München I WuM 1999, 688, 689; Beck OGK/Bieder § 536 Rn 25.1; Bub/Treier/Kraemer et al, Hdb Rn III 3285, fraglich). Keine Anwendung findet dagegen § **536 Abs 1 S 3 BGB**, der lediglich die Gewährleistungsrechte des Mieters, nicht dagegen dessen Erfüllungsanspruch und damit auch nicht dessen Rechte aus § 320 BGB beschränkt (Günter, in: Guhling/Günter, § 536 Rn 354 f). Dem Zurückbehaltungsrecht des Mieters steht es ferner (natürlich) nicht entgegen, wenn sich der Vermieter lediglich **weigert**, die Mängel zu beseitigen; es liegt auf der

Hand, dass der Vermieter dadurch nicht den Mieter um seine Rechte aus § 320 BGB bringen kann (BGH 10. 4. 2019 – VIII ZR 39/18 Rn 24, NZM 2019, 401 = WuM 2019, 315; Selk NZM 2019, 506, 507). Unberührt bleiben in jedem Fall außerdem die **sonstigen Rechte**, die dem Mieter bei Mängeln zustehen, in erster Linie also sein Erfüllungsanspruch aus § 535 Abs 1 S 2 BGB, ein etwaiger Schadensersatzanspruch aufgrund des § 536a BGB sowie das Kündigungsrecht aus § 543 Abs 2 Nr 1 BGB (BGH 10. 4. 2019 – VIII ZR 12/18 Rn 44, NJW 2019, 2308 = NZM 2019, 533; LG Osnabrück ZMR 2019, 31, 32).

104 Der **Umfang**, in dem der Mieter wegen Mängeln die von der Minderung *nicht* betroffene Miete zurückbehalten kann, richtet sich nach § 320 Abs 1 und 2 BGB. Das Zurückbehaltungsrecht erstreckt sich danach grundsätzlich auf die **gesamte** von der Minderung nicht betroffene **Miete**, und zwar für die **ganze Zeit**, in der der Vermieter seiner Pflicht zur Beseitigung des Mangels aus § 535 Abs 1 S 2 BGB nicht nachgekommen ist (ebenso insbesondere BGH 18. 4. 2007 – XII ZR 139/09 Rn 29, NZM 2007, 484 = NJW-RR 2007, 1021). Das ist keineswegs unbillig, sondern im Gegenteil durchaus sachgerecht, einmal weil das Zurückbehaltungsrecht idR das einzige wirksame Instrument ist, mit dem der Mieter den Vermieter zu Erfüllung seiner Pflicht zur Mängelbeseitigung anhalten kann (sogenannte **Druckfunktion** des § 320 Abs 1 BGB), zum anderen, weil es der Vermieter jederzeit in der Hand hat, durch die Erfüllung seiner Pflicht aus § 535 Abs 1 S 2 BGB das Zurückbehaltungsrecht des Mieters zu beenden und die gesamte vom Mieter einbehaltene Miete fällig zu stellen. Trotz dieser evidenten Zusammenhänge wird das Zurückbehaltungsrecht des Mieters – neben der Minderung – vielfach als eine **übermäßige Belastung** des Vermieters angesehen (obwohl von ihm eigentlich nur verlangt und erwartet wird, endlich seinen vertraglichen Pflichten nachzukommen), weshalb sich in Literatur und Rechtsprechung sehr unterschiedliche Auffassungen zu der Frage finden, **in welchem Umfang und für welchen Zeitraum** der Mieter – über die kraft Gesetzes eintretende Minderung der Miete bei Vorliegen eines Mangels hinaus – die Miete nach § 320 BGB (zusätzlich) bis zur Beseitigung des Mangels einbehalten kann, um Druck auf den Vermieter zur Erfüllung seiner Pflichten aus § 535 Abs 1 S 2 BGB auszuüben (Übersicht über den Meinungsstand in BGH 17. 6. 2015 – VIII ZR 19/14, BGHZ 206, 1, 18 ff Rn 51–58 = NJW 2015, 3087; Hinz ZMR 2016, 253, 259 ff mwNw). Verbreitet ist insbesondere unter Berufung auf die §§ 320 Abs 2, 641 Abs 3 und 242 BGB eine **Beschränkung** des Betrages, den der Mieter zurückbehalten darf, auf das Doppelte oder auch **Drei- bis Fünffache** des Minderungsbetrages *oder* des jeweils zur Reparatur erforderlichen Betrages, wobei jeweils noch zusätzlich umstritten ist, für welchen **Zeitraum** danach überhaupt eine Zurückbehaltung der Miete in Betracht kommt; meistens wird dem Mieter das Zurückbehaltungsrecht nur für wenige Monate, gelegentlich aber auch bis zu dem Zeitpunkt der Beseitigung des Mangels zugebilligt (s zB OLG Naumburg NZM 2001, 100, 101 f = WuM 2000, 242, 245; LG Hamburg ZMR 1984, 128 = MDR 1984, 494; WuM 1989, 385; 1989, 566; LG Bonn ZMR 1990, 59; LG Berlin GE 1994, 403; 1995, 761, 763; 2002, 55; 2005, 918, 919; LG München I NZM 2013, 508; BeckOGK/Bieder [1. 7. 2020] § 536 Rn 25; Bieber NZM 2006, 683, 686 f; Erman/Lützenkirchen Vorbem 4 vor § 536; Hinz ZMR 2016, 253, 259 ff mwNw; Kraemer WuM 2000, 515, 517; Selk NZM 2009, 142; – dagegen ebenso nur für den Einzelfall nach Treu und Glauben der XII. Zivilsenat, wenn dem Mieter zumutbar ist, die Reparatur nach vergeblicher Fristsetzung selbst auszuführen: BGH 26. 3. 2003 – XII ZR 167/01, NZM 2003, 437 [unter 3.] = WuM 2003, 439 = ZMR 2003, 416), – wobei durchweg nur unklar bleibt, wie der Mieter im Einzelfall in der Lage sein soll, angesichts der Vielzahl konkurrierender Parameter (einigermaßen) sicher abzuschätzen, welche Teile der Miete er über die Minderungsquote hinaus noch zusätzlich nach § 320 Abs 1 BGB zurückbehalten kann, ohne sofort in Verzug zu geraten – mit allen Konsequenzen (s insbesondere §§ 280 Abs 2, 286 und 543 Abs 2 Nr 3 BGB).

Gleichwohl muss jedenfalls nach Meinung auch des **VIII. Zivilsenats** des **BGH** der **105** einbehaltene Betrag stets nach Treu und Glauben aufgrund einer Gesamtwürdigung der Umstände des Einzelfalls **zeitlich und summenmäßig begrenzt** sein, um zu verhindern, dass der Mieter, wenn der Vermieter den Mangel nicht alsbald beseitigt, möglicherweise über längere Zeit hinweg (nahezu) keine Miete zu zahlen braucht, und zwar zB selbst bei Befall der Wohnung mit Schimmelpilz (BGH 7. 6. 2015 – VIII ZR 19/14, BGHZ 206, 1, 21 ff Rn 59 ff = NJW 2015, 3087; 27. 10. 2015 – VIII ZR 288/14, WuM 2016, 98, 99 Rn 15; 10. 4. 2019 – VIII ZR 12/18 Rn 43 ff, NJW 2019, 2308 = NZM 2019, 533 = WuM 2019, 309; 10. 4. 2019 – VIII ZR 39/18 Rn 28 ff, NZM 2019, 401 = WoM 2019, 315; – anders freilich der XII. Zivilsenat: 18. 4. 2007 – XII ZR 139/05 Rn 29, NZM 2007, 484 = ZMR 2007, 605; ebenso zuvor schon grundsätzlich 26. 3. 2003 – XII ZR 167/01 [unter 4.], NZM 2003, 437 = WuM 2003, 439 = ZMR 2003, 416). Ein Einbehalt von mehr als *vier oder fünf Monatsmieten* soll offenbar generell unverhältnismäßig sein – mit der (nur schwer verständlichen) Konsequenz, dass der Mieter, wenn er die genannten Grenzen überschreitet, sogar in Verzug gerät (so in der Tat BGH 7. 6. 2015 – VIII ZR 19/14, BGHZ 206, 1, 24 Rn 68 = NJW 2015, 3087; 27. 10. 2015 – VIII ZR 288/14, WuM 2016, 98, 99 Rn 15; ebenso OLG Rostock 14. 11. 2019 – 3 U 28/18, ZMR 2020, 302, 304 = NZM 2020, 467; LG Berlin WuM 2016, 416; LG Hamburg ZMR 2017, 736; 2019, 196; LG Osnabrück ZMR 2019, 31).

Die geschilderte Praxis des VIII. Zivilsenats des BGH (s Rn 105) bedeutet der Sache **106** nach, dass die Vertragsverletzung des *Vermieters* (in Gestalt des Verstoßes gegen § 535 Abs 1 S 2 BGB) mit einem Rechtsverlust für den *Mieter* (durch Beschränkung des ihm nach dem Gesetz zustehenden Zurückbehaltungsrechtes) und überdies durch zusätzliche Rechte für den *Vermieter* in Gestalt des Kündigungsrechts „belohnt" wird. Es verwundert angesichts dessen nicht, dass diese Rechtsprechung im **Schrifttum** auf verbreitete **Kritik** gestoßen ist (BLANK WuM 2015, 577; EMMERICH JuS 2016, 167; MünchKomm/EMMERICH [2018] § 320 Rn 9 ff; FIELING ZfPW 2018, 467; GÜNTER in: GUHLING/ GÜNTER § 536 Rn 352 f [im Anschluss an die Rechtsprechung des XII. Zivilsenats]; HINZ ZMR 2016, 253, 256 ff; SCHWAB NZM 2019, 36, 42 f; – zustimmend aber BEYER WuM 2019, 505; ERMAN/ LÜTZENKIRCHEN Vorbem 4 vor § 536; FLATOW WuM 2019, 431; BUB/TREIER/KRAEMER et al, Hdb Rn III 3284). Denn sie widerspricht dem Wortlaut wie dem Zweck des § 320 BGB, der gerade darin besteht, dem Mieter ein Mittel an die Hand zu geben, welches es ihm ermöglicht, einen *dauernden zusätzlichen Druck* auf den Vermieter auszuüben, um diesen zu veranlassen, (endlich) seinen vertraglichen Pflichten aus § 535 Abs 1 S 2 BGB durch Beseitigung des Mangels nachzukommen (STAUDINGER/SCHWARZE [2020] § 320 Rn 3). Unbehelflich ist demgegenüber der Verweis des Mieters auf eine Klage gegen den Vermieter auf Mangelbeseitigung (so BGH 7. 6. 2015 – VIII ZR 19/14, BGHZ 206, 1, 22 Rn 63), da es gerade der Zweck des § 320 BGB ist, dem Mieter solche Klage zu ersparen. Deshalb muss es bei der gesetzlichen Regelung verbleiben, nach der der Mieter grundsätzlich die **gesamte Miete** zurückbehalten kann, bis der Vermieter den **Mangel beseitigt** hat (§ 320 Abs 1 BGB; ebenso BGH 26. 3. 2003 – XII ZR 167/01, NZM 2003, 437 = ZMR 2003, 416; 18. 4. 2007 – XII ZR 139/05, NZM 2007, 484 Rn 29 = WuM 2007, 439 = ZMR 2007, 605 Rn 29; OLG Karlsruhe NZM 2005, 542).

107 Die Ausübung des Zurückbehaltungsrechts aus § 320 BGB durch den Mieter kann im Einzelfall gegen **Treu und Glauben** verstoßen (§ 242 BGB), wenn lediglich eine geringfügige Minderung der Tauglichkeit der Räume zum vertragsgemäßen Gebrauch vorliegt (AG Tiergarten GE 1987, 1115), ferner wenn sich der Mieter ebenfalls einer erheblichen Vertragsverletzung schuldig gemacht hat (LG Bremen WuM 1993, 605; LG Braunschweig ZMR 1999, 827, 828) oder wenn der Vermieter (ausnahmsweise) im Einzelfall durch die Ausübung des Zurückbehaltungsrechts unverhältnismäßig geschädigt würde (s BGH 6. 5. 2009 – XII ZR 137/07, BGHZ 180, 300, 303 Rn 14 = NJW 2009, 1947; LG Berlin GE 2000, 345; ff; Hinz ZMR 2016, 253, 258). Allein solche restriktive Handhabung der Beschränkungen der Einrede des nicht erfüllten Vertrages im Einzelfall entspricht dem richtig verstandenen § 320 Abs 2 BGB (s im Einzelnen MünchKomm/Emmerich § 320 Rn 53).

107a Das Zurückbehaltungsrecht des Mieters **endet**, wenn sich der Mieter treuwidrig verhält, indem er zB den Vermieter an der Beseitigung der Mängel hindert (Rn 107), sowie mit Beseitigung des Mangels durch den Vermieter und mit Vertragsende. In diesen Fällen müssen dann die vom Mieter bisher unter Berufung auf § 320 BGB einbehaltenen Beträge nachgezahlt werden (BGHZ 127, 245, 253 = NJW 1995, 254; 17. 6. 2015 – VIII ZR 19/14, BGHZ 206, 1, 22 Rn 61; LG Berlin GE 1995, 821, 823). Das Zurückbehaltungsrecht entfällt ferner, wenn der Vermieter das **Grundstück veräußert**, weil sich der Anspruch des Mieters auf Beseitigung der Mängel (und damit auch die Einrede des nichterfüllten Vertrages nach § 320 BGB) fortan gemäß § 566 Abs 1 BGB gegen den *Erwerber* richten, der in den Mietvertrag eintritt, während der Mieter gegen den Veräußerer jetzt keinen Anspruch auf Mängelbeseitigung mehr hat, auf den er ein Zurückbehaltungsrecht stützen könnte (s § 566 Rn 52; BGH 19. 6. 2006 – VIII ZR 284/05, NZM 2006, 696, 697 Rn 10–14 = ZMR 2006, 769 = WuM 2006, 435; **aM** Gellwitzki WuM 1999, 10; ders WuM 2006, 126; ders GE 2006, 681, 687). Dasselbe gilt, wenn der Mieter infolge seiner **Kündigung** selbst *endgültig* kein Interesse an der Erfüllung des Vertrages mehr hat und auszieht (BGH LM Nr 20 zu § 320 BGB = NJW 1982, 874 = WuM 1982, 296; LM Nr 7 zu § 448 ZPO [Bl 4] = NJW 1989, 3222 = WM 1989, 1574, 1577; OLG Düsseldorf ZMR 2003, 570, 571; LG Berlin GE 2007, 516, 517; Bieber NZM 2006, 681, 687).

108 § 320 BGB ist nicht zwingend, sodass die Einrede des nicht erfüllten Vertrages durch **Individualvereinbarung** ausgeschlossen werden kann (BGH 20. 3. 2007 – VIII ZR 167/01, NZM 2003, 437 = NJW-RR 2003, 873; OLG Naumburg ZMR 1997, 636; MünchKomm/Emmerich § 320 Rn 57 f; Hinz ZMR 2016, 253, 268 f; H Schmidt NZM 2013, 705, 716); § 556b Abs 2 BGB findet dabei zum Schutze des Mieters keine entsprechende Anwendung (Hinz ZMR 2016, 253, 268 f; **aA** H Schmidt NZM 2013, 705, 716). Durch **Formularvertrag** kann dagegen bei der Wohnraummiete § 320 BGB nicht ausgeschlossen oder beschränkt werden (§ 309 Nr 2 lit a BGB). Lediglich unter **Kaufleuten** ist nach manchen eine abweichende Beurteilung möglich, zB durch die Beschränkung des Zurückbehaltungsrechts auf unstreitige oder rechtskräftig festgestellte Forderungen (BGH 20. 3. 2007 – VIII ZR 167/01, NJW-RR 2003, 873 = NZM 2003, 437 = ZMR 2003, 416; 15. 12. 2010 – XII ZR 132/09, NJW 2011, 514 Tz 20 f = NZM 2011, 153; LG Berlin ZMR 1986, 168; NJW-RR 1992, 518, 519; LG Osnabrück WuM 1989, 370). Auch dies ist freilich problematisch, weil § 320 BGB zentrale Gerechtigkeitspostulate zum Ausdruck bringt (§§ 310 Abs 1 S 2 und 307 BGB; MünchKomm/Emmerich § 320 Rn 57; Hinz ZMR 2016, 253, 268 f; Staudinger/Schwarze [2020] § 320 Rn 85 ff; Streyl NZM 2015, 841, 854). Im **Rechtsstreit** wird das Zurückbehaltungsrecht des Mieters nur berücksichtigt, wenn der Mieter die **Einrede** ausdrücklich oder konkludent innerhalb oder außerhalb des Rechtsstreits **erhoben** hat und dies im Rechtsstreit, gleichgültig von welcher Partei, vorgetragen wird (BGH 12. 3. 2008 – XII ZR 147/05, NJW 2008, 2254 Tz 13 = NZM 2008, 522; STAUDINGER/SCHWARZE [2020] § 322 Rn 4–8). Ausreichend ist auch – als konkludente Erhebung der Einrede aus § 320 Abs 1 BGB – der Vortrag der rechtzeitigen Mängelanzeige nach § 536c Abs 1 BGB (LG Berlin GE 2012, 898).

Auch für den **Vermieter** gilt (natürlich) § 320 BGB. Daraus ergibt sich die Frage, ob der Vermieter seinerseits die **Beseitigung von Mängeln** verweigern kann, wenn der Mieter mit der Zahlung der Miete (einschließlich der Betriebskosten) in Verzug ist. In Literatur und Rechtsprechung wird tatsächlich gelegentlich dem Vermieter ein derartiges Zurückbehaltungsrecht eingeräumt (AG Reinbek ZMR 2017, 816; BIEBER NZM 2006, 683, 687; LEHMANN-RICHTER NJW 2008, 1196, 1198; STAUDINGER/SCHWARZE [2020] § 320 Rn 75). Liegen freilich die Mängel bereits vor Eintritt des Zahlungsverzuges vor, so kann sich die Frage einer Anwendung des § 320 Abs 1 BGB zugunsten des Vermieters nur stellen, wenn man – entgegen der hier vertretenen Meinung (s Rn 104 ff) – dem Zurückbehaltungsrecht des Mieters aus § 320 Abs 1 BGB enge Grenzen zieht und der Mieter bei der Geltendmachung der Einrede diese Grenzen überschreitet. Indessen erscheint es wenig angemessen, dem Vermieter unter diesen Umständen zu gestatten, sich seinerseits auf § 320 Abs 1 BGB zu berufen und die (von ihm geschuldete) Mängelbeseitigung nunmehr zu verweigern. Dies macht zugleich deutlich, wie verfehlt es ist, das Zurückbehaltungsrecht des Mieters aus § 320 Abs 1 BGB bei Mängeln – entgegen dem Gesetz (§ 320 Abs 1 BGB) – summenmäßig und zeitlich zu beschränken. Eine abweichende Entscheidung mag von Fall zu Fall einmal gerechtfertigt sein, wenn Mängel – ausnahmsweise – erst eintreten, nachdem der Mieter in Zahlungsverzug geraten ist (§§ 537 Abs 1 S 2, 320 Abs 1 und 242 BGB). Die Minderung selbst wegen der Mängel bleibt davon auf jeden Fall unberührt (§ 536 Abs 1 BGB). **108a**

XII. Ausschlusstatbestände

1. Überblick

Die Minderung ist in einer Reihe von Fällen trotz Vorliegens eines Mangels ausgeschlossen. Der erste derartige Fall ergibt sich bereits aus Abs 1a des § 536 BGB von 2013, nach dem für eine Minderung im Falle einer energetischen Modernisierung vorübergehend kein Raum ist (Rn 13 f). Eine Minderung kommt trotz Vorliegens eines Mangels ferner nicht in Betracht, wenn der Mieter den Mangel bei Vertragsabschluss gekannt oder nur infolge grober Fahrlässigkeit verkannt hat, außer wenn der Vermieter den Mangel arglistig verschwiegen hat (§ 536b S 1 und 2 BGB). Dasselbe gilt, wenn der Mieter die Sache trotz Kenntnis des Mangels vorbehaltlos annimmt (§ 536b S 3 BGB; dazu u § 536b Rn 6, Rn 12, Rn 15 ff). Die Fortzahlung der Miete trotz Kenntnis des Mangels steht jedoch nicht gleich (u Rn 119 ff). Die Minderung ist außerdem ausgeschlossen, wenn der Mieter seine Anzeigepflicht verletzt hat und der Vermieter infolgedessen außerstande war, Abhilfe zu schaffen (§ 536c Abs 2 S 2 Nr 1 BGB), weiter wenn der Mieter den Mangel selbst zu vertreten hat (s unten Rn 110 ff) oder wenn der Mieter mit den Veränderungen, die er später als Mangel gerügt hat, zB mit Bauarbeiten zunächst durchaus einverstanden war (LG Berlin GE 2010, 1539). Ebenso verhält es sich, wenn der Mieter vertraglich die Besei- **109** tigung des fraglichen Mangels übernommen hatte oder wenn er zuvor bestimmte Veränderungen gewünscht hatte, auf die der Mangel letztlich zurückgeht (§ 242 BGB; s schon o Rn 12 f sowie OLG München ZMR 1996, 434 = NJW-RR 1996, 1162; OLG Düsseldorf ZIP 2000, 580, 582 f). Dasselbe gilt schließlich, wenn der Mieter die fraglichen Veränderungen, zB Umbauarbeiten, selbst vorgenommen oder in Auftrag gegeben hat (Rn 110; OLG Düsseldorf ZMR 2011, 629, 631 f).

2. Vom Mieter zu vertretende Mängel

110 Nach § 326 Abs 2 S 1 BGB behält der Vermieter den Anspruch auf die Miete, wenn der Mieter für die Unmöglichkeit der Leistung des Vermieters allein oder doch weit überwiegend verantwortlich ist (s oben Vorbem 9 zu § 536). Daraus wird allgemein der Schluss gezogen, dass der Mieter, wenn er den **Mangel** der Mietsache in einer von ihm zu vertretenden Weise **selbst verursacht** hat, sein Minderungsrecht verliert (so dass er zur Fortzahlung der Miete verpflichtet ist), dies deshalb, weil es sich bei einem Mangel der Mietsache in aller Regel um einen Fall der qualitativen Teilunmöglichkeit handeln dürfte. Gleich steht der Fall, dass der Mieter den Vermieter in treuwidriger Weise an der **Beseitigung der Mängel hindert**, indem er zB den vom Vermieter beauftragten Handwerkern entgegen § 555a Abs 1 BGB den Zutritt zu seiner Wohnung verweigert (s schon Rn 103 sowie BGH 13. 5. 2015 – XII ZR 65/14, BGHZ 205, 300, 304 Rn 16 f = NJW 2015, 2419; 12. 5. 2010 – VIII ZR 96/09, NJW 2010, 3015 = NZM 2010, 548 = WuM 2010, 484, 489 Rn 46; KG NZM 2014, 9009, 910; LG Berlin GE 2005, 621; AG Münster WuM 2008, 481; AG Ansbach ZMR 2018, 942). Nach Treu und Glauben entfällt in diesem Fall auch der Erfüllungsanspruch des Mieters aus § 535 Abs 1 S 2 BGB auf Beseitigung der Mängel (Günter, in: Guhling/Günter § 536 Rn 412 f); stattdessen kann der Vermieter dann selbst gegebenenfalls unter den Voraussetzungen der §§ 280 Abs 1, 538 und 823 Abs 1 BGB Schadensersatz verlangen (s § 538 Rn 6 ff; BGH 28. 2. 2018 – VIII ZR 157/17, BGHZ 218, 22, 30 Rn 29 = NJW 2018, 1746; Günter, in: Guhling/Günter § 536 Rn 413).

110a Unklar, weil nicht geregelt, ist, was der **Mieter** (als „Gläubiger") im Sinne des § 326 Abs 2 S 1 BGB zu **vertreten** hat. § 276 BGB findet hier auf den Mieter als „Gläubiger" jedenfalls keine unmittelbare Anwendung. Die Rechtsprechung stellt statt dessen meistens darauf ab, ob der Mangel „der **Sphäre des Mieters** zuzurechnen ist" (BGH 19. 11. 2014 – VIII ZR 191/13, BGHZ 203, 256, 273 Rn 46 = NJW 2015, 699; 15. 12. 2010 – VIII ZR 113/10, NZM 2011, 198 Rn 18 = WuM 2011, 97, 98; OLG Düsseldorf ZMR 2011, 629, 631 f; LG Duisburg WuM 2003, 494 = ZMR 2003, 739; LG Frankfurt ZMR 2006, 776, 778). Dies wird zB angenommen, wenn der Mieter durch einen Zahlungsverzug gegenüber dem Versorgungsunternehmen eine Versorgungssperre (einen Mangel) auslöst (BGH 15. 12. 2010 – VIII ZR 113/10, NZM 2011, 198 = NJW-RR 211, 515 Rn 18 = WuM 2011, 97, 98), sowie wenn der Mangel durch Dritte verursacht wird, für die der Mieter nach § 278 BGB einstehen muss; Erfüllungsgehilfen des Mieters in diesem Sinne sind insbesondere der Untermieter (§ 540 Abs 2 BGB; RGZ 157, 363, 367), außerdem Unternehmen, die der Mieter selbst mit dem Ausbau der Räume beauftragt hatte (KG ZMR 2004, 908; OLG Düsseldorf ZMR 2011, 629, 631 f), sowie die Kinder des Mieters, die infolge mangelhafter Beaufsichtigung einen Brandschaden verursachen (BGH 19. 11. 2014 – VIII ZR 191/13, BGHZ 203, 256, 273 Rn 46 = NJW 2015, 699; LG Berlin GE 2015, 1462; LG Frankfurt/M ZMR 2006, 776). Für eine Minderung ist ferner kein Raum, wenn der Mangel letztlich auf der Unterlassung der vom Mieter übernommenen Schönheitsreparaturen beruht (BGH WM 1978, 227, 228).

Die geschilderten Fälle (s Rn 110a) zeigen, dass es sich empfiehlt, im vorliegenden **111** Zusammenhang in erster Linie auf die vertragliche Risikoverteilung der Parteien und damit auf die Verletzung von **Mitwirkungspflichten** und sonstigen **Obliegenheiten** des Mieters abzustellen. So erklärt es sich, dass der Mieter auf der einen Seite nicht mehr mindern kann, wenn er den Vermieter durch sein Verhalten an der Beseitigung der Mängel hindert (s Rn 110), dass aber auf der anderen Seite sein Minderungsrecht nicht tangiert wird, wenn er zwar durch sein Verhalten den Schaden letztlich verursacht hat, dieses Verhalten indessen als Teil des vertragsgemäßen Gebrauchs gemäß § 538 BGB erlaubt ist (und deshalb keine Obliegenheitsverletzung darstellt, so BGH 28. 5. 2008 – VIII ZR 271/07, NJW 2008, 3432 Rn 9 ff = NZM 2008, 607 = WuM 2008, 476; – zu Feuchtigkeitsschäden, Schimmelbildung, Stockflecken oder Schwarzstaubablagerungen [Fogging] s u Rn 112 ff).

3. Insbesondere ungenügende Heizung und Lüftung

Feuchtigkeitsschäden, **Schimmelbildung**, Stockflecken oder Schwarzstaubablagerungen **(Fogging)** sind (schwerwiegende) Mängel, durch die auch die Gesundheit des Mieters unmittelbar bedroht sein kann (s schon o Rn 32 f mwNw). Dies bedeutet, dass der Befall der gemieteten Räume zB mit Schimmelpilz durchaus zur Minderung der Miete führen kann (§ 536 Abs 1 BGB), – vorausgesetzt, dass es nicht (ausnahmsweise) der **Mieter** ist, der den Befall der Räume mit Schimmelpilz zumindest überwiegend zu **vertreten** hat, insbesondere weil er nicht genügend geheizt oder gelüftet hat oder weil er die Möbel „falsch" aufgestellt hat, sodass ein ausreichender Luftaustausch verhindert wurde – mit der Folge, dass sich zumal die Luftfeuchtigkeit an den Wänden niederschlug (Stichwort: Wärmebrücken), – eine der wichtigste Ursachen (nicht die einzige!) für den Befall von Räumen mit Schimmelpilz (s dazu zB BLANK, in: Miete und Umwelt, PiG 31 [1989] 91; EISENSCHMID WuM 2015, 664; HORST NZM 2008, 145, 147 ff; KRAEMER WuM 2000, 515, 518; LEHMANN-RICHTER PiG 99 [2015] 65, 72 ff = NZM 2015, 513; W LORENZ NZM 2019, 394; RONIMI WuM 2012, 269; ders ZMR 2012, 557; SELK NJW 2013, 2629; ders NZM 2018, 593; STREYL WuM 2016, 135; ders NZM 2019, 153). Wenn solcher Ursachenzusammenhang feststeht, ist das Ergebnis eindeutig: Keine Minderung nach § 536 Abs 1 BGB, sondern stattdessen gegebenenfalls Verpflichtung des Mieters zum Schadensersatz nach § 280 Abs 1 oder § 823 Abs 1 BGB (Rn 110 f; so zB OLG Celle ZMR 1985, 10, 12 = WuM 1985, 9; LG Lüneburg ZMR 1987, 224 = WuM 1987, 214; ZMR 1987, 336; LG Berlin GE 2005, 995, 997; 2007, 1487, 1489). Bekanntlich bereitet indessen in derartigen Fällen die **Aufklärung des Ursachenzusammenhangs** häufig erhebliche Schwierigkeiten (zur Beweislast s u Rn 119 ff). Und selbst wenn sich ergibt, dass insbesondere eine mangelhafte Lüftung oder Heizung zu dem Befall der Räume mit Schimmelpilz beigetragen hat, bleibt immer noch die nicht minder schwierige Frage zu beantworten, ob die „ungenügende" Lüftung oder Heizung der Räume oder auch die „falsche" Aufstellung der Möbel dem **Mieter vorzuwerfen** sind, sodass es letztlich er ist, der den Befall und damit die Mängel zu vertreten hat. Dies führt zu der umstrittenen Frage, welche **Anforderungen** an das Lüftungs- und Heizungsverhalten des Mieters zu stellen sind. **112**

Auszugehen ist davon, dass offenbar das **Ausmaß**, in dem Räume gelüftet und **112a** beheizt werden müssen, um der Bildung von Schimmelpilz vorzubeugen, weithin von den Umständen des Einzelfalls abhängt, vor allem also von der Konstruktion des Gebäudes, dem Raumklima, der Zahl der Nutzer und dem regelmäßigen Verhalten der Nutzer (s W LORENZ NZM 2019, 394, 398 f mN). Allgemein gültige **Regeln** lassen sich wohl nur schwer formulieren, – ganz abgesehen von der oft übergangenen Frage, ob das etwa nach den Umständen des Einzelfalls erforderliche starke und häufige Lüften oder Heizen dem Mieter überhaupt **zugemutet** werden kann (§§ 242, 276 BGB). Denn es sollte sich von selbst verstehen, dass von dem Mieter unter keinem rechtlichen Gesichtspunkt verlangt werden kann, seine gesamte Lebensgestaltung an den jeweiligen Erfordernissen des Raumklimas zur Verhinderung des Befalls mit Schimmelpilz auszurichten. Zu dem vom Vermieter geschuldeten vertragsgemäßen Gebrauch (§ 535 Abs 1 S 2 BGB) gehört vielmehr auch, dass die vermieteten Räume so beschaffen sind, dass der Mieter darin sein Leben – in gewissen äußersten Grenzen – nach seinem Belieben gestalten kann, ohne durch übermäßige Anforderungen an das Lüften oder Heizen mehr als unbedingt nötig und zumutbar behindert zu werden. Geschuldet ist maW lediglich ein Lüftungs- und Heizungsverhalten, wie es der **Verkehrssitte** unter vernünftigen Menschen entspricht, das mithin dem Mieter unter den gegebenen Umständen nach seinen persönlichen Verhältnissen überhaupt ohne weiteres **zumutbar** ist, – nicht weniger, aber auch nicht mehr (zutreffend insbesondere STREYL NZM 2019, 153; ebenso zB LG Gießen GE 2000, 1256; LG Saarbrücken WuM 1988, 351; LG Hamburg WuM 1990, 290; LG Bonn WuM 2012, 199 f; ZMR 2013, 534, 536; LG Konstanz NZM 2013, 506, 507 f = WuM 2013, 156; LG Dortmund ZMR 2013, 718; LG Detmold ZMR 2016, 546; BLANK PiG 31 [1989] 91, 102 ff). Dies bedeutet zugleich, dass Räume, die nur durch ein deutlich über diesen Standard hinausgehendes Lüften oder Heizen vor dem Befall mit Schimmelpilz bewahrt werden können, **mangelhaft** sind, sodass ein etwaiger Befall der Räume mit Schimmelpilz jedenfalls nicht dem Mieter angelastet werden kann. Was daraus konkret im Einzelfall folgt, hängt naturgemäß sehr von den Umständen des Einzelfalls ab, sodass es nicht verwundern sollte, dass die Anforderungen der Gerichte an das Verhalten des Mieters beim Lüften oder Heizen stark divergieren (Rn 112b).

112b Insbesondere der **BGH** stellt in dieser Frage betont auf die Umstände des Einzelfalls ab, indem er hervorhebt, dass die Frage der **Zumutbarkeit** des Lüftungsverhaltens nicht abstrakt-generell, sondern nur unter Berücksichtigung der Umstände des Einzelfalls entschieden werden könne, ist dabei aber offenbar bereit, sehr weit (tatsächlich viel zu weit) bei den Anforderungen an das Verhalten der Mieter zu gehen (grundlegend BGH 5. 12. 2018 – VIII ZR 271/17 Rn 29 f, NJW 2019, 507 = NZM 2019, 136). Bereits im Jahre 2007 hatte der BGH selbst bei berufstätigen Mietern einer kleinen Wohnung ein **drei- bis viermaliges** oder sogar noch häufigeres Lüften am Tage für wenige Minuten als zumutbar bezeichnet (BGH 18. 4. 2007 – VIII ZR 182/06, NJW 2007, 2177 = WuM 2007, 319, 322 Rn 32 = NZM 2007, 439; ebenso zB LG Frankfurt WuM 2012, 267, 268; ZMR 2015, 306 = WuM 2015, 665; LG Konstanz WuM 2013, 156, 157 = NZM 2013, 506, 507 f). 2018 hat der BGH hinzugefügt, dass es keineswegs unzumutbar sei, von einem Mieter ein dreimaliges Stoßlüften von 10 Minuten oder ein ebenso häufiges Querlüften von 3 Minuten zu fordern (so BGH 5. 12. 2018 – VIII ZR 271/17 Rn 29 f, NJW 2019, 507 = NZM 2019, 136). Dagegen halten andere Gerichte (zu Recht) ein mehr als **zweimaliges** Stoß- oder Querlüften am Tage für 10 bis 20 min für unzumutbar (LG Bonn ZMR 2013, 534, 536; AG Frankfurt aM WuM 2007, 569; AG Hamburg-St Georg WuM 2009, 582, 583; AG Bremen WuM 2015, 546; AG Berlin-Tempelhof/Kreuzberg WuM 2016, 170; ebenso RONIMI WuM 2012, 269 und ZMR 2012, 553; SELK NJW 2013, 2629).

113 Man wird vor allem danach zu unterscheiden haben, ob die Parteien eine wirksame Vereinbarung über das Heiz- und Lüftungsverhalten des Mieters geschlossen haben (s Lehmann-Richter PiG 99 [2015] 65, 72, 76 ff = NZM 2015, 513; Selk NJW 2013, 2629; Streyl WuM 2016, 135). Liegt wie im Regelfall **keine** derartige **Vereinbarung** vor, so wird der Mieter davon ausgehen dürfen, dass nach aller Erfahrung grundsätzlich ein **zweimaliges** Stoßlüften oder Querlüften vollauf ausreicht, um Schäden zu vermeiden. Von dem Mieter, der in der Gestaltung des vertragsgemäßen Gebrauchs frei ist, kann schwerlich ein weitergehendes Heizen oder Lüften der Räume verlangt werden, allein zu dem Zweck, Feuchtigkeitsschäden zu vermeiden. Ein Gebäude ist **mangelhaft**, wenn in ihm nur durch ein wirtschaftlich unvernünftiges oder gänzlich ungewöhnliches oder dem Mieter nach seiner Lebensgestaltung und insbesondere seiner beruflichen Tätigkeit nicht mehr zumutbares Verhalten Feuchtigkeitsschäden vermieden werden können (LG Nürnberg-Fürth WuM 1988, 155 = ZMR 1989, 23; LG Saarbrücken WuM 1988, 351; LG München I WuM 1988, 352; LG Berlin GE 1989, 39; 1990, 613; WuM 2016, 416; LG Hamburg NZM 1998, 571 = NJW-RR 1998, 1309; LG Dortmund WuM 2008, 333, 334; LG Bochum WuM 2016, 614 = ZMR 2017, 163 [nächtliche Öffnung der Schlafzimmertür]; AG Siegburg ZMR 2005, 543, 544; LG Bonn WuM 2012, 199 f; AG Bremen WuM 2015, 546; AG Berlin-Tempelhof/Kreuzberg WuM 2016, 170; ebenso Ronimi WuM 2012, 269 und ZMR 2012, 553; Selk NJW 2013, 2629; Windisch ZMR 2005, 545). Es ist Sache des Vermieters – als Teil des von ihm geschuldeten vertragsgemäßen Gebrauchs (§ 535 Abs 1 S 2 BGB) –, die Räume und sein Gebäude so zu gestalten, dass dem Mieter ein normaler und ungestörter vertragsgemäßer Gebrauch entsprechend seinen Lebensplanungen möglich ist, wozu eben insbesondere auch gehört, tagsüber außerhalb seiner Wohnung seiner Arbeit nachzugehen sowie nicht übermäßig heizen und lüften zu müssen (§§ 242 und 535 Abs 1 BGB). Dabei steht es dem Mieter frei, sich auch mit niedrigeren Temperaturen als üblich, zB mit 18°, in den Räumen zu begnügen (LG Bonn WuM 2012, 199 f). Wenn der Vermieter, etwa durch den nachträglichen Einbau von Isolierfenstern, die Gefahr von Wärmebrücken schafft, handelt es sich um nichts anderes als um einen Mangel, dessen Ursachen nicht später auf dem Weg über unzumutbare Anforderungen an das Lüften oder Heizen auf den Mieter abgewälzt werden können (§§ 242 und 536 BGB). Die Rechtsprechung des BGH zu dem jeweils geschuldeten Baustandard (Rn 23, 32a) steht nicht entgegen.

Durch **Formularvertrag** kann nichts anderes bestimmt werden (§ 307 Abs 1 und Abs 2 Nr 1 BGB; Lehmann-Richter PiG 99 [2015] 65, 72, 76 ff = NZM 2015, 513; Selk NJW 2013, 2629; Streyl WuM 2016, 135). Insbesondere geht es nicht an, durch Formularvertrag dem Mieter ein mehr als zweimaliges tägliches Stoßlüften oder übermäßiges Heizen sowie eine dazu nötige regelmäßige Anwesenheit in der Wohnung vorzuschreiben. Ebenso wenig ist Raum für derartige Regelungen in einer Hausordnung (s Vorbem 109 f zu § 535; Lehmann-Richter PiG 99 [2015] 65, 72, 76 ff = NZM 2015, 513; anders offenbar LG Berlin GE 1989, 39). Abweichende **Individualvereinbarungen** sind zwar möglich; schon mit Rücksicht auf § 536 Abs 4 BGB ist hier indessen Zurückhaltung geboten. Auf keinen Fall genügt es, wenn der Vermieter lediglich *nachträglich,* dh nach Abschluss des Mietvertrages den Mieter auf besondere Anforderungen an das Lüften oder Heizen *hinweist,* weil sich allein daraus keine entsprechende Vertragsänderung ableiten lässt. Lediglich aus entsprechenden ausdrücklichen und eindeutigen Hinweisen vor Vertragsabschluss kann im Einzelfall eine vertragliche Abrede über das nötige Lüften oder Heizen gefolgert werden, wenn der Mieter nicht widerspricht und die Anforderungen nicht unverhältnismäßig sind (§ 242 BGB; s Brinkmann NZM 2020, 1004). **114**

115 Zu dem vertragsgemäßen Gebrauch gehört es außerdem, dass der Mieter seine **Möbel** an jedem beliebigen Platz in der Wohnung und auch direkt an der Wand aufstellen kann. Die Wohnung ist mangelhaft, wenn zur Vermeidung von Feuchtigkeitsschäden Möbelstücke nur an bestimmten Stellen oder nur deutlich abgerückt von der Wand aufgestellt werden können, um eine ausreichende Luftzirkulation zu ermöglichen (LG Berlin GE 1988, 35; 1988, 37; 1988, 1111; LG Hamburg NZM 1998, 571 = NJW-RR 1998, 1309; LG Mannheim NJW 2007, 2499, 2500 = NZM 2007, 682; LG Münster WuM 2011, 359; LG Kiel ZMR 2012, 443, 444; LG Lübeck WuM 2014, 329, 330 f; LG Gießen WuM 2014, 331, 332; LG Aachen WuM 2015, 547, 548 = ZMR 2016, 112; AG Osnabrück NZM 2006, 224 f = NJW-RR 2006, 515; AG Hamburg-St Georg WuM 2009, 582, 583). Die abweichende Rechtsprechung des BGH, nach der offenbar der Vermieter jedenfalls bei Altbauten dem Mieter zur Vermeidung von Wärmebrücken genaue Vorschriften insbesondere hinsichtlich der Aufstellung von Schränken an Außenwänden machen können soll, verdient keine Zustimmung, weil für den Mieter schlechthin unzumutbar (BGH 5. 12. 2018 – VIII ZR 271/17 Rn 21, NJW 2019, 507 = NZM 2019, 136 = WuM 2019, 25, 28). Zum Schutz der Räume gegen Feuchtigkeitsschäden genügt vielmehr grundsätzlich die Beachtung der üblichen Scheuer- oder Fußleisten (LG Münster WuM 2011, 359; LG Kiel ZMR 2012, 443, 444). Der Vermieter kann von dem Mieter keine Einschränkung seines Verhaltens verlangen, nur, um Feuchtigkeitsschäden zu vermeiden. Deshalb ist auch die Verwendung bodenlanger Vorhänge unbedenklich (LG Bonn WuM 2012, 199 f).

116 In Literatur und Rechtsprechung findet sich vielfach die Auffassung, der Vermieter müsse den Mieter vor Vertragsschluss über die gebotenen **Maßnahmen** zur Vermeidung von Feuchtigkeitsschäden **belehren**, widrigenfalls der Vermieter allein die Verantwortung für die Schäden trage, sodass es bei § 536 BGB verbleibe (so zB LG Düsseldorf WuM 1989, 13; LG Berlin GE 1989, 39; GE 1989, 1273; LG Lübeck WuM 1990, 202; LG Gießen GE 2000, 1256, 1257; LG Neubrandenburg WuM 2002, 309; LG München I NJW 2007, 2500, 2501 = NZM 2007, 642; LG Münster WuM 2011, 359; LG Frankfurt/Oder ZMR 2011, 125, 127; LG Bonn ZMR 2013, 534, 536; Blank PiG 31 [1989] 91, 101 ff; Selk NZM 2018, 593, 596; Streyl NZM 2019, 152, 153; zurückhaltend mit Recht Brinkmann NZM 2020, 1004 mwNw). Daran ist nur richtig, dass der Vermieter allein durch eine „Belehrung" des Mieters über angeblich notwendige Maßnahmen zur Verhinderung von Feuchtigkeitsschäden keine über den normalen Rahmen (s Rn 112 ff) hinausgehenden Pflichten des Mieters begründen kann (§ 311 Abs 1 BGB). Anders kann es sich nur im Einzelfall verhalten, wenn aufgrund der Belehrung des Vermieters tatsächlich durch ausdrückliche oder konkludente *Zustimmung* des Mieters zu den geforderten Maßnahmen eine entsprechende *Individualvereinbarung* zustande kommt (s oben Rn 114). Bei langfristigen Verträgen muss in diesem Zusammenhang auch § 550 BGB beachtet werden.

4. Beweislast

117 In Rechtsstreitigkeiten, in denen es um Feuchtigkeitsschäden, die Bildung von Schimmelpilz oder Schwarzstaubablagerungen geht, kommt idR der Frage der Verteilung der Beweislast zentrale Bedeutung zu (s unten Rn 131 ff sowie insbesondere Blank PiG 31 [1989] 91, 93 ff; Selk NJW 2013, 2629). Üblich ist heute im Anschluss an einen Rechtsentscheid des OLG Karlsruhe vom 9. 8. 1984 (3 Re-Miet 6/84, WuM 1984, 267 = NJW 1985, 142) und ein Urteil des BGH vom 18. 3. 1994 (XII ZR 188/92, BGHZ 126, 124, 127 = NJW 1994, 2019, 2020) eine Verteilung der Beweislast nach Sphären oder **Gefahrenbereichen** (ausführlich Selk NJW 2013, 2629 mwNw). Dies bedeutet, dass zunächst der

Vermieter diejenigen Ursachen ausräumen muss, die aus seinem Gefahrenbereich herrühren können, insbesondere also solche, die mit der Beschaffenheit des Gebäudes zusammenhängen, wozu richtiger Meinung nach auch von dem Vermieter durch Baumaßnahmen geschaffene neue Wärmebrücken gehören (s BGH 1. 3. 2000 – XII ZR 272/97, NJW 2000, 2344 = NZM 2000, 549, 550; 10. 11. 2004 – XII ZR 71/01, NJW-RR 2005, 235 = NZM 2005, 17 = WuM 2005, 54; LG Berlin NZM 2003, 434; GE 2003, 1019; LG Duisburg WuM 2003, 494; LG Hamburg WuM 2010, 28; LG Frankfurt/Oder ZMR 2011, 125, 127; LG Konstanz NZM 2013, 506, 507 f = WuM 2013, 156; LG Bonn ZMR 2013, 534, 536; LG Dortmund ZMR 2013, 718; AG Lüdenscheid WuM 2007, 16; AG München NZM 2003, 975; Selk NJW 2013, 2629; Kraemer WuM 2000, 515, 518).

118 Erst wenn dem Vermieter der Entlastungsbeweis hinsichtlich etwaiger bauseitiger Ursachen (s Rn 117) gelungen ist, kann von der **Vermutung** ausgegangen werden, dass die Feuchtigkeitsschäden ihre Ursache jedenfalls in erster Linie in dem unsorgfältigen und deshalb schuldhaften **Verhalten des Mieters** bei der Belüftung oder Beheizung der Räume haben, sodass es dann Sache des Mieters ist, sich seinerseits insoweit zu entlasten (vgl OLG Celle ZMR 1985, 10, 12 = WuM 1985, 9; LG Berlin GE 2003, 253, 254; LG Mannheim ZMR 1989, 424; LG Freiburg WuM 1989, 559; LG Duisburg WuM 2003, 494; LG Frankfurt/Oder ZMR 2011, 125, 127; zur Rechtslage bei der Forderung von Schadensersatz nach § 536a Abs 1 Fall 2 s unten § 536a Rn 46). Ergibt sich danach ausnahmsweise, dass Baumängel ebenso wie ein fehlerhaftes Verhalten des Mieters zur Entstehung und zu dem Umfang der Schäden beigetragen haben, so spricht am meisten dafür, die Regeln über die beiderseits zu vertretende Unmöglichkeit anzuwenden; entscheidend ist dann maW, wessen Verschulden eindeutig *überwiegt* (§ 326 Abs 2 S 1 BGB). Das wird bei Vorhandensein von Baumängeln in aller Regel der **Vermieter** sein (LG Berlin GE 2009, 1125). Jedoch modifiziert die Praxis diese klaren Regeln häufig im Einzelfall nach Billigkeitsgesichtspunkten (§ 242 BGB; Selk NJW 2013, 2629 mwNw).

5. Kenntnis des Mieters

119 Nach § 536b S 1 BGB ist das Minderungsrecht ausgeschlossen, wenn der Mieter den Mangel *bei Vertragsabschluss* kennt. Gleich stehen nach § 536b S 2 und 3 BGB grundsätzlich die grob fahrlässige Unkenntnis des Mangels bei Vertragsabschluss (außer bei Arglist des Vermieters) sowie die Annahme der Sache in Kenntnis des Mangels ohne Vorbehalt der Gewährleistungsrechte. Zeigt sich ein Mangel dagegen erst *im Laufe der Mietzeit*, so büßt der Mieter nach § 536c Abs 2 S 2 Nr 1 BGB (= § 545 Abs 2 BGB aF) sein Minderungsrecht nur ein, wenn er gegen seine **Anzeigepflicht** hinsichtlich der neu aufgetretenen Mängel verstößt und der Vermieter infolge der Unterlassung der Anzeige nicht Abhilfe schaffen konnte (s unten § 536c Rn 19 ff). Obwohl das Gesetz somit deutlich seit jeher in den §§ 536b und 536c BGB zwischen Mängeln, die *schon bei Vertragsabschluss* vorliegen, und solchen unterscheidet, die sich *erst während der Mietzeit* zeigen, wurde doch früher § 539 BGB aF, der Vorläufer des jetzigen § 536b S 1 BGB, überwiegend entsprechend auch auf den Fall angewandt, dass der Mieter einen Mangel erst *nachträglich*, dh nach Überlassung der Mietsache *erkennt*, gleichwohl aber den Gebrauch der gemieteten Sache für eine längere Zeit, dh für ungefähr sechs Monate vorbehaltlos fortsetzt, insbesondere die **Miete** in voller Höhe für diesen Zeitraum **fortzahlt** (so noch BGH LM Nr 19 zu § 537 BGB [Bl 2] = MDR 1972, 411 usw bis BGH 18. 6. 1997 – XII ZR 63/95, LM Nr 11 zu § 539 BGB = NJW 1997, 2674; 31. 5. 2000 – XII ZR 41/98, LM Nr 21 zu § 542 BGB = NJW 2000, 2663 = NZM 2000, 825, 826).

120 Die geschilderte Praxis ist seit jeher von Teilen des Schrifttums als wenig sachgerecht *kritisiert* worden, da der Gesetzgeber den Ausschluss der Mieterrechte in § 536b BGB (= § 539 BGB aF) mit Bedacht auf wenige eng begrenzte Fälle beschränkt habe, sodass für eine entsprechende Anwendung des Ausschlusstatbestandes des § 539 BGB aF (= § 536b BGB nF) in anderen Fällen kein Raum sei (Emmerich NZM 2001, 690, 692 f; Bieber ZMR 2002, 114; Kurz ZMR 2001, 589; Kraemer WuM 2000, 515, 517; Wichert ZMR 2000, 65). Dieser Kritik hatten sich die **Verfasser des Mietrechtsreformgesetzes** von 2001 angeschlossen (Begr zum RegE BT-Drucks 14/4553, 41 f). Sie wollten deshalb durch die Fassung der §§ 536b und 536c BGB sowie durch die Formulierung der Überschriften beider Vorschriften deutlich zum Ausdruck bringen, dass der Fall der nachträglichen Erkenntnis eines Mangels ebenso wie der Fall, dass der Mangel erst nachträglich entsteht, *allein* nach **§ 536c BGB** und nicht zusätzlich durch eine Analogie zu § 536b BGB zu beurteilen ist (s die Begr zum RegE BT-Drucks 14/4553, 41 f).

121 Die Rechtsprechung hielt gleichwohl zunächst überwiegend an der bisherigen Praxis fest, da sie sich bewährt habe (KG GE 2001, 1195 f; 2001, 1539; ZMR 2002, 111; NZM 2002, 562; GE 2003, 952, 953 usw bis OLG Stuttgart NZM 2003, 599; Eckert NZM 2001, 409, 411 f). Dies bedeutete, dass der Mieter unter den genannten Voraussetzungen (o Rn 119), dh insbesondere *bei Fortzahlung der vollen Miete* trotz nachträglicher Erkenntnis des Mangels, das **Minderungsrecht** grundsätzlich auch für die Zukunft, nicht etwa nur für die Vergangenheit **einbüße** (OLG Düsseldorf ZMR 1987, 263 = NJW-RR 1987, 911; OLG Koblenz WuM 1999, 330, 331 = NZM 1999, 1100).

122 Für die Zeit vom Inkrafttreten des Mietrechtsreformgesetzes ab, dh für die Zeit **vom 1. 9. 2001 ab**, hat der BGH 2003 die bisherige Praxis mit Rücksicht auf den entgegenstehenden Willen der Verfasser des Mietrechtsreformgesetzes **aufgegeben**, sodass seitdem kein Raum mehr für die entsprechende Anwendung des § 536b BGB ist (BGH 16. 7. 2003 – VIII ZR 274/02, BGHZ 155, 380, 388 ff = NJW 2003, 2601; 5. 12. 2014 – XII ZR 15/12, BGHZ 203, 148, 154 f Rn 26 ff = NJW 2005, 402 = NZM 2005, 84; BGH 16. 2. 2015 – XII ZR 24/02, GE 2005, 662 = [auszugsweise] NJW 2005, 1503 = NZM 2005, 303 Nr 6; 19. 10. 2005 – XII ZR 224/03, ZMR 2006, 107 Rn 18 = NZM 2006, 58; 18. 10. 2006 – XII ZR 33/04, NJW 2007, 147 = NZM 2006, 929, 930 Rn 16 f = WuM 2007, 72; 14. 10. 2015 – XII ZR 84/14, NZM 2015, 861 Rn 18 ff = WuM 2015, 721). Das gilt nicht nur für das Minderungsrecht des Mieters nach § 536 BGB, sondern ebenso für sein Kündigungsrecht nach § 543 Abs 2 Nr 1 BGB (BGH 18. 10. 2006 – XII ZR 33/04, NJW 2007, 147 = NZM 2006, 929, 930 Rn 16 f = WuM 2007, 72). Die Folge ist, dass auch bei **Altmietverträgen** seit dem 1. 9. 2001 das vorher aufgrund der Analogie zu § 539 BGB aF ausgeschlossene Minderungs- oder Kündigungsrecht *wieder auflebt* und für die Zukunft geltend gemacht werden kann, soweit über solche „Altfälle" noch nicht rechtskräftig entschieden ist (BGH 18. 10. 2006 – XII ZR 33/04, NJW 2007, 147 = NZM 2006, 929, 930 Tz 17 = WuM 2007, 72; LG Berlin GE 2004, 889). Anders soll es sich freilich (ausnahmsweise) verhalten, wenn der Mieter ausdrücklich oder konkludent auf das Minderungs- oder Kündigungsrecht **verzichtet** oder wenn er diese Rechte doch **verwirkt hat**, indem er sich über längere Zeit nicht auf sie beruft, sodass der Vermieter sich darauf einstellt, dass der Mieter aus den Mängeln keine Rechte mehr herleiten wird (BGH 16. 7. 2003 – VIII ZR 274/02, BGHZ 155, 380, 391 = NJW 2003, 2601; 16. 2. 2015 – XII ZR 24/02, GE 2005, 662; 18. 10. 2006 – XII ZR 33/04, NZM 2006, 929, 930 Tz 17 = NJW 2007, 147 = WuM 2007, 72; OLG Frankfurt NZM 2004, 706, 708; LG Berlin GE 2006, 913, 915; Kern NZM 2007, 634, 637 f). So zB, wenn der Mieter trotz Kenntnis des Mangels vier Jahre lang untätig bleibt (BGH 16. 2. 2015 – XII ZR 24/02, GE 2005, 662), nicht jedoch, wenn der Mieter den Mangel rügt und anschließend ein selbstständiges Beweisverfahren zur Aufklärung der Ursachen des Mangels durchführt, weil der Vermieter den Mangel bestreitet (LG Berlin GE 2007, 151). Es wird sich dabei aber wohl um **Ausnahmefälle** handeln (§§ 242 und 536 Abs 4 BGB; Wetekamp, in: Artz/Börstinghaus, 10 Jahre Mietrechtsreformgesetz [2011] S 151; Lehmann-Richter, in: 10 Jahre Mietrechtsreformgesetz S 134; Weller JZ 2012, 881, 890).

XIII. Vertragliche Beschränkungen

1. Gewerbliche Miete

Bei der gewerblichen Miete ist, wie aus § 536 Abs 4 BGB folgt, § 536 Abs 1 bis Abs 3 BGB anders als bei der Wohnraummiete (s Rn 128) **dispositiv**, sodass hier das Minderungsrecht des Mieters bei Mängeln aufgrund des § 536 Abs 1 bis Abs 3 BGB durch **Individualvereinbarung** (in den Grenzen der §§ 536d, 138 und 242 BGB) ausgeschlossen oder eingeschränkt werden kann (BGHZ 29, 289, 295 f = NJW 1959, 1425; s Bieber NZM 2006, 683, 688 f; Blank PiG 83 [2008] 141, 154 f; Derleder WuM 2007, 599, 604 ff; Feldhahn ZMR 2008, 89; Leo/Ghassemi-Tabar NZM 2010, 568; zu Formularverträgen s unten Rn 125 f). Möglich ist insbesondere auch der Ausschluss der Minderung hinsichtlich **einzelner** genau bezeichneter konkreter **Mängel**, weil dadurch lediglich in zulässiger Weise der Umfang der Leistungspflicht des Vermieters, dh der dem Mieter geschuldete vertragsgemäße Gebrauch festgelegt wird (§§ 311 Abs 1, 535 Abs 1, 536b BGB). Derartige Klauseln sind indessen grundsätzlich **restriktiv auszulegen** (OLG Hamm ZMR 1982, 206, 207; OLG Hamburg ZMR 2004, 432, 433), sodass sich zB ein Ausschluss der Minderung für Mängel *bei Überlassung* der Räume nicht auf Mängel solcher Räume erstreckt, die erst später hergestellt werden (OLG Düsseldorf MDR 1982, 850).

123

Zu den Ausschlussklauseln gehören auch Klauseln, durch die dem Mieter in bestimmtem Umfang die **Instandhaltungs- oder Instandsetzungspflicht** des Vermieters aufgebürdet wird. Soweit solche Klauseln zulässig sind (s § 535 Rn 128 f), wird dadurch im selben Umfang zugleich hinsichtlich der betreffenden Mängel das Minderungsrecht des Mieters ausgeschlossen, das gerade Ausdruck des Verstoßes des Vermieters gegen seine Pflichten aus § 535 Abs 1 S 2 BGB ist. Als prinzipiell zulässig wird es ferner angesehen, durch Individualvereinbarung die Minderung von zusätzlichen Bedingungen wie zB einer vorherigen **Anzeige** abhängig zu machen (KG GE 2001, 1670), wobei jedoch zum Schutze des Mieters einem etwaigen zusätzlichen Formerfordernis für die Anzeige wie zB dem Erfordernis eines Einschreibens mit Rückschein grundsätzlich nur deklaratorische Bedeutung beigemessen wird (BGH 14. 10. 2015 – XII ZR 84/14, NZM 2015, 861 Rn 24 ff = WuM 2015, 721). Der Ausschluss der Gewährleistungsrechte des Mieters kann außerdem auf **versteckte Mängel** erstreckt werden (OLG Düsseldorf VersR 1973, 425; WuM 1984, 54). Dasselbe gilt für **Umweltfehler** einschließlich etwaiger Störungen der Versorgung mit Wärme, Strom, Gas oder Wasser (OLG Hamburg ZMR 2004, 432, 433). *Anders* jedoch, wenn dem Mieter durch die versteckten Mängel der vertragsgemäße Gebrauch der gemieteten Sache geradezu unmöglich gemacht wird, weil jede Partei zumindest für die Erfüllung ihrer Hauptleistungspflichten einzustehen hat (OLG Schleswig SchlHAnz 1970, 159).

124

Engere Schranken als für Individualvereinbarungen (Rn 123 f) bestehen für Einschränkungen durch **Formularvertrag** (§§ 307, 310 Abs 1 BGB; ausf Staudinger/Bieder [2019] Anh §§ 305–210 Rn E 104 ff; Günter, in: Guhling/Günter § 536 Rn 423 ff; Streyl NZM

125

2015, 841 mwNw). Unzulässig ist insbesondere ein *völliger* Ausschluss des Minderungsrechts (BGH 23. 4. 2008 – XII ZR 62/06, BGHZ 176, 191, 195 ff Rn 16 ff = NJW 2008, 2497). Gleich steht der Fall, dass die Minderung generell von einem **Verschulden** des Vermieters abhängig gemacht (KG GE 2012, 1636) oder auf Fälle eines grob fahrlässigen oder vorsätzlichen Verhaltens des Vermieters beschränkt wird (BGH 12. 3. 2008 – XII ZR 147/05, NJW 2008, 2254 Rn 14 ff = NZM 2008, 522). Dem Mieter muss immer zumindest der **Bereicherungsanspruch** verbleiben, der sich ergibt, wenn er zunächst wegen der Einschränkung des Minderungsrechts die Miete trotz der Mängel in unveränderter Höhe fortgezahlt hat (§ 812 Abs 1 S 1 Fall 1 BGB; BGH 23. 4. 2008 – XII ZR 62/06, BGHZ 176, 191, 195 ff Tz 16 ff = NJW 2008, 2497; 12. 3. 2008 – XII ZR 147/05, NJW 2008, 2254, 2255 Tz 19 f = NZM 2008, 522). Als zulässig angesehen werden dagegen „bloße" **Einschränkungen** des § 536 BGB durch Formularvertrag (BGHZ 94, 180, 186 ff = NJW 1985, 1547; BGH 23. 4. 2008 – XII ZR 62/06, BGHZ 176, 191, 193 Tz 8 = NJW 2008, 2497; 27. 1. 1993 – XII ZR 141/91, ZMR 1993, 320 = NJW-RR 1993, 519; OLG Frankfurt NJW-RR 1987, 656 = WuM 1987, 143; OLG München ZMR 1987, 16; OLG Hamburg NJW-RR 1998, 586; 1998, 1020 = ZMR 1998, 342 = NZM 1998, 438; OLG Düsseldorf ZMR 1999, 23; NZM 2005, 667; GE 2006, 647; 2009, 451, 452; 2011, 380). **Beispiele** sind das Erfordernis, dass der Mieter nicht in Verzug ist (OLG Düsseldorf GE 2011, 380), sowie vor allem der ausdrückliche Ausschluss der Minderung (unter konkludenter Verweisung des Mieters auf eine besondere Klage gegen den Vermieter wegen des ihm immer verbleibenden Bereicherungsanspruchs; so zB BGH 23. 4. 2008 – XII ZR 62/06, BGHZ 176, 191, 195 Tz 18; OLG Hamburg NJW-RR 1998, 1020 = ZMR 1998, 342 = NZM 1998, 438; KG NZM 2002, 526 = NJW-RR 2002, 948; NJW-RR 1993, 519 = WM 1993, 914; NZM 2014, 909 = ZMR 2015, 221, 222 f; GE 2015, 1594; OLG Düsseldorf NZM 2010, 582; ZMR 2015, 543, 544; KG ZMR 2016, 862, 863 f; Bieber NZM 2006, 683, 688 f; Blank PiG 83 [2008] 141, 154 f; Feldhahn ZMR 2008, 89). Auch das Erfordernis einer vorherigen schriftlichen Ankündigung der Minderung, gegebenenfalls verbunden mit einer Fristsetzung für die Beseitigung der Mängel, wird heute wohl überwiegend noch als zulässig angesehen (OLG Hamburg NJW-RR 1998, 586; KG GE 2001, 1670 = NZM 2002, 387; GE 2002, 800). Dies ist indessen kaum vertretbar, weil solche Klausel bedeutet, dass das Minderungsrecht zumindest vorübergehend, gegebenenfalls sogar für längere Zeit bis zur Beseitigung der Mängel, (entgegen dem Gesetz) ganz ausgeschlossen ist. Zu Recht hat der BGH deshalb jetzt Bedenken gegen die Zulässigkeit der fraglichen Klauseln geäußert (BGH 14. 10. 2015 – XII ZR 84/14, NZM 2015, 861 Rn 24 ff = WuM 2015, 721).

126 Insgesamt ist die Rechtsprechung immer noch **viel zu großzügig** bei der Zulassung von Beschränkungen der Mieterrechte durch Formularverträge bei der gewerblichen Miete im Falle von Mängeln der Mietsache im Widerspruch zum Gesetz ist (Rn 125, §§ 305c, 307 und 310 Abs 1 S 1 und 2 BGB; ausf Streyl NZM 2015, 841 mwNw). Klauseln, durch die das Minderungsrecht des Mieters ganz oder doch partiell ausgeschlossen wird, zwingen den Mieter im Grunde unter Widerspruch zu den Grundgedanken der gesetzlichen Regelung (s Rn 90 f), Leistungen des Vermieters zu bezahlen, die dieser infolge der Mangelhaftigkeit der Mietsache gar nicht erbringt. Dem Mieter, der die Miete infolge der fraglichen Klausel trotz der Mängel fortzahlt, muss daher auf jeden Fall der **Bereicherungsanspruch** (condictio indebiti) verbleiben (§ 812 Abs 1 S 1 Fall 1 BGB; zB BGH 23. 4. 2008 – XII ZR 62/06, BGHZ 176, 191, 195 Rn 16 ff = NJW 2008, 2497; 12. 3. 2008 – XII ZR 147/05, NJW 2008, 2254, 2255 Rn 19 f = NZM 2008, 522), sofern man den Rückzahlungsanspruch des Mieters nicht bereits aus dem Vertrag selbst herleitet (so zutreffend Streyl NZM 2015, 841). Das muss zudem infolge des **Transparenzgebots** des § 307 Abs 1 S 2 BGB iVm § 310 Abs 1 S 2 BGB ausdrücklich bereits in dem

Formularvertrag selbst klargestellt werden (Streyl NZM 2015, 841, 843 ff), weil andernfalls der Vertrag, im Widerspruch auch zu § 305c BGB, den irreführenden Eindruck erweckte, der Vermieter dürfe die zu Unrecht vereinnahmte Miete behalten. Seinen Rückzahlungsanspruch (aus Vertrag oder aus § 812 Abs 1 S 1 Fall 1 BGB) kann der Mieter außerdem bereits im anhängigen Prozess über die Miete durch **Widerklage** verfolgen (OLG Düsseldorf ZMR 2015, 767); im Formularvertrag kann nichts anderes bestimmt werden, weil es nicht hingenommen werden kann, dass durch Formularverträge die gesetzlichen Rechtsschutzmöglichkeiten einer Partei willkürlich beschränkt werden. Aus demselben Grund hat der Mieter immer das Recht, **Feststellungswiderklage** zu erheben (OLG Stuttgart GE 2007, 220).

Der Mieter kann ferner bereits im laufenden Rechtsstreit mit seinem Bereicherungs- **127** anspruch **aufrechnen**, auf jeden Fall, sofern dieser unstreitig oder rechtskräftig festgestellt ist (s § 579 Rn 8; BGH 27. 9. 2017 – XII ZR 54/16 Rn 11, NZM 2017, 812 = ZMR 2018, 208). Weitergehende Beschränkungen des Aufrechnungsrechts scheiden aus, weil sie dem Mieter ohne Grund das Insolvenzrisiko des Vermieters aufbürdeten (Lützenkirchen ZMR 2012, 946). Befindet sich der Vermieter in **Vermögensverfall**, so muss der Mieter außerdem neben der Befugnis zur Aufrechnung mit liquiden Forderungen das Recht haben, sofort Sicherheitsleistung in Höhe seines vermutlichen Bereicherungsanspruchs zu verlangen (OLG Stuttgart NZM 2009, 32 = ZMR 2009, 204); andernfalls kann er immer aufrechnen. Im selben Umfang hat der Mieter das **Zurückbehaltungsrecht** des § 320 BGB (s Rn 108). Nach dem richtig verstandenen **Transparenzgebot** des § 307 Abs 1 S 2 BGB (iVm § 310 Abs 1 S 2 BGB) müssen ferner alle genannten Gegenrechte des Mieters in dem Formularvertrag klargestellt werden. Die gegenteilige, wohl noch überwiegende Meinung fördert im Ergebnis nur unredliches Verhalten des Vermieters. Denn wenn die Mietsache mangelhaft ist, hat der Vermieter keinen Anspruch auf die Miete, soweit der Mangel reicht, ganz gleich, was in dem Formularvertrag steht (§§ 242, 307, 310 und 536 BGB). Durch keinen Formularvertrag kann bestimmt werden, dass der andere Teil von dem Verwender des Formularvertrages überhaupt nicht erbrachte Leistungen bezahlen soll (§§ 307 und 310, 138 BGB).

2. Wohnraummiete

Nach § 536 Abs 4 BGB ist bei Mietverhältnissen über Wohnraum eine zum Nachteil **128** des Mieters von § 536 BGB abweichende Vereinbarung unwirksam. § 536 Abs 1 bis 3 BGB darf deshalb hier weder durch Individualvereinbarung noch durch Formularvertrag ausgeschlossen oder eingeschränkt werden (BGHZ 127, 245, 252 f = NJW 1995, 254; Lehmann-Richter WuM 2010, 3). Unzulässig sind insbesondere Klauseln, die die Minderung von zusätzlichen **Bedingungen** wie zB einer Anzeige oder der Einhaltung von Fristen abhängig machen oder die den **Mangelbegriff** im Voraus generell einschränkend definieren (s Rn 129, LG Hamburg WuM 1980, 126, 127; LG Oldenburg ZMR 1995, 597, 599; LG Heidelberg WuM 1997, 42, 44; Sternel, in: Gedschr Sonnenschein [2002] 293, 297 ff). Dasselbe gilt für einen Ausschluss der Minderung zB bei späteren baulichen Veränderungen (LG Berlin GE 1986, 1011, 1013; zu Vorauszahlungsklauseln s Staudinger/ V Emmerich [2018] § 579 Rn 7) oder für einen Verweis des Mieters auf **Bereicherungsansprüche** (BGHZ 127, 245, 252 f = NJW 1995, 254; BGH 1. 6. 2005 – VIII ZR 216/04, NJW 2005, 2701, 2702 = NZM 2005, 661), zumal bei Kombination mit einem Aufrechnungsverbot (s Staudinger/V Emmerich [2018] § 579 Rn 8; BGH 4. 5. 2011 – VIII ZR 191/10, NJW 2011, 2201 Tz 14 f = WuM 2011, 418 = NZM 2011, 579).

129 Umstritten ist, was daraus für (nachträgliche) Vereinbarungen der Parteien über das Minderungsrecht folgt (vgl § 555f Nr 2 BGB und dazu u § 555f Rn 3). Richtiger Meinung nach sollte, obwohl bei Vorliegen eines Mangels die Miete kraft Gesetzes zwingend gemindert ist (§ 536 Abs 1 und 4 BGB), den Parteien auf dem Boden der Vertragsfreiheit die Möglichkeit verbleiben, sich *im Einzelfall* aus Anlass eines bestimmten Mangels über die eingetretene Minderung zu **einigen**; das folgt letztlich unmittelbar aus den §§ 311 Abs 1 und 779 BGB (LG München I ZMR 2012, 192, 193 f). Daraus wird verbreitet der Schluss gezogen, ebenso möglich sei ein **vertraglicher Verzicht** des Mieters im Einzelfall auf die Mietminderung aus konkretem Anlass (§ 311 Abs 1 BGB; BGH 1. 10. 2009 – VIII ZR 159/08, WuM 2009, 744 Tz 15 = NZM 2010, 121; LG München I ZMR 2012, 192, 193 f; Blank WuM 2012, 175, 177). Mit Rücksicht auf den Zweck des § 536 Abs 4 BGB können solche Abreden indessen immer nur mit Bezug auf einen genau definierten (konkreten) **Einzelfall**, nicht generell oder gar im Voraus zugelassen werden (s § 555f Rn 3; Sternel PiG 99 [2015] 95, 109 = NZM 3015, 873; str). In dieselbe Richtung weist § 555f Nr 2 BGB („… aus Anlass …").

XIV. Prozessuales

1. Urkundenprozess

130 Nach § 592 S 1 ZPO kann der Anspruch auf rückständige Miete im Urkundenprozess geltend gemacht werden, wenn der Vermieter in der Lage ist, alle anspruchsbegründenden Tatsachen durch Urkunden, insbesondere also durch Vorlage des von den Parteien unterschriebenen Mietvertrages zu beweisen (ausführlich Geldmacher, in: Guhling/Günter, Teil 16 Kap 4 [S 1849 ff]; außerdem zB Blank PiG 83 [2008] 141, 156 f; Both NZM 2007, 156; Derleder WuM 2007, 599, 604 ff; Fischer WuM 2005, 554; Sommer/Wichert ZMR 2009, 503; Späth ZMR 2011, 354). Das gilt nicht nur für die Gewerberaummiete (BGH 10. 3. 1999 – XII ZR 321/97, NZM 1999, 401 = LM Nr 9 zu § 592 ZPO = NJW 1999, 1408; 12. 6. 2013 – XII ZR 50/12, NZM 2013, 614 Tz 34), sondern ebenso für die Wohnraummiete (OLG Rostock 14. 11. 2019 – 3 U 28/18, ZMR 2020, 302, 304). Erhebt der Mieter Einwendungen, beruft er sich insbesondere auf **Mängel** der Mietsache, so kommt es darauf an, wen insoweit die Darlegungs- und Beweislast trifft (s Rn 117, Rn 131 ff). Ist dies der Mieter, so steht auch § 536 Abs 4 BGB bei der Wohnraummiete der Zulässigkeit des Urkundenprozesses nicht entgegen (KG WuM 2012, 333; Späth ZMR 2011, 354, 355, 357). So verhält es sich insbesondere bei nachträglichen Mängeln, wenn der Mieter Minderung einwendet oder sich auf § 320 BGB beruft. Da den Mieter insoweit die Beweislast trifft (s Rn 131), bleibt der Urkundenprozess hinsichtlich der Miete unter den genannten Voraussetzungen zulässig (BGH 1. 6. 2005 – VIII ZR 216/08, NJW 2005, 2701, 2702 = NZM 2005, 661 = WuM 2005, 526, 527; 20. 12. 2006 – ZR 112/06, WuM 2007, 82 = NJW 2007, 1061 = NZM 2007, 161 Tz 9; 8. 7. 2009 – VIII ZR 200/08, NZM 2009, 734 Tz 9 = NJW 2009, 3099; 12. 6. 2013 – XII ZR 50/12, NZM 2013, 614 Tz 34; KG WuM 2012, 333). Der Urkundenprozess ist ferner zulässig, wenn das Vorliegen eines Mangels unstreitig ist, weil das Gericht dann ohne Weiteres über die Höhe der Minderung entscheiden kann (aM KG WuM 2012, 333).

130a Wenn der Mieter dagegen vorträgt, die **Mietsache** überhaupt *nicht* oder doch in **mangelhaftem Zustand** erhalten zu haben, trägt die Beweislast der **Vermieter** für die Erfüllung, dh für die Übergabe der Sache in mangelfreiem Zustand (s Rn 131), sodass ein Urkundenprozess nur zulässig ist, wenn der Vermieter den Beweis für die Übergabe oder die Annahme der Sache durch den Mieter als Erfüllung durch Vorlage eines von den Parteien unterschriebenen **Übergabeprotokolls** führen kann, sonst also nicht (BGH 12. 6. 2013 – XII ZR 50/12, NJW-RR 2012, 1232 = NZM 2013, 614 Tz 35). Denn nur unter den genannten Voraussetzungen trifft den Mieter wieder die Beweislast für das Vorliegen anfänglicher Mängel (§ 363 BGB; s oben § 535 Rn 19), sodass Raum für einen Urkundenprozess ist (BGH 8. 7. 2009 – VIII ZR 200/08, NJW 2009, 3099 Tz 10 ff = NZM 2009, 734; 20. 10. 2010 – VIII ZR 111/09, ZMR 2011, 204 = WuM 2010, 761 Tz 10; KG WuM 2012, 333; Blank PiG 83 [2008] 141, 156 f).

2. Beweislast

Wenn sich der Mieter gegenüber dem Zahlungsanspruch des Vermieters auf Minderung beruft, trifft zunächst den **Vermieter** die Beweislast dafür, dass er seinerzeit den Vertrag ordnungsgemäß erfüllt hat, dass die Mietsache maW bei ihrer *Überlassung* an den Mieter mangelfrei war (§ 363 BGB; s § 535 Rn 19). Dieser Beweis kann insbesondere durch ein von den Parteien unterschriebenes Übergabeprotokoll geführt werden (s Rn 130). Wenn der Mieter behauptet, trotz einer **Reparatur** des Vermieters lägen nach wie vor Mängel vor, muss gleichfalls zunächst der Vermieter beweisen, dass er seiner Reparaturpflicht nachgekommen ist (BGH 1. 3. 2000 – XII ZR 272/97, NJW 2000, 2344 = NZM 2000, 549, 550; OLG Düsseldorf NZM 2009, 435 = NJW-RR 2009, 157). Nur wenn dem Vermieter dieser Beweis gelingt, ist es anschließend Sache des Mieters, die Mängel der Reparatur darzulegen und zu beweisen. Beruft sich der Vermieter demgegenüber auf die mangelnde Erheblichkeit des Mangels (§ 536 Abs 1 S 3 BGB), so trifft ihn auch dafür die Beweislast. Eine abweichende Regelung durch Formularverträge ist nicht möglich (§ 309 Nr 12 BGB). Sobald jedoch der Mieter einmal die Mietsache *angenommen* hat, ohne Mängel zu rügen, obliegt fortan ihm, dh dem **Mieter** nach § 363 BGB die Beweislast, wenn er jetzt behauptet, dass die Sache von Anfang an mangelhaft gewesen sei oder dass später erhebliche Mängel aufgetreten seien (s Rn 130; BGH 10. 3. 1999 – XII ZR 321/97, NZM 1999, 401 = LM Nr 9 zu § 592 ZPO = NJW 1999, 1408; 1. 6. 2005 – VIII ZR 216/04, WuM 2005, 526, 527 [l Sp 1. Abs] = NJW 2005, 2701 = NZM 2005, 661; GE 2009, 1183 Tz 11; 20. 10. 2010 – VIII ZR 111/09, ZMR 2011, 204 = WuM 2010, 761 Tz 10; OLG Düsseldorf NZM 2009, 435; OLG München WuM 1991, 681, 682). Besonderheiten in Gestalt einer Verteilung der Beweislast nach Sphären oder nach **Gefahrenbereichen** gelten insbesondere, wenn es um die Entstehung von Feuchtigkeitsschäden, um die Bildung von Schimmelpilzen oder um Schwarzstaubablagerungen geht (s Rn 117). Dieselbe Verteilung der Beweislast greift schließlich ein, wenn sich der Mieter zusätzlich auf **§ 320 BGB** beruft (BGH 20. 12. 2006 – VIII ZR 112/06, WuM 2007, 82 = NZM 2007, 161 Tz 11 = NJW 2007, 1061).

Von der Frage der Verteilung der Darlegungs- und Beweislast zu trennen ist die Frage, wieweit der Mieter, wenn er nach dem Gesagten (s Rn 131) die Darlegungslast trägt, zu den **Einzelheiten** des von ihm behaupteten Mangels **vortragen** muss, wieweit er maW seinen Vortrag substantiieren muss. Die Anforderungen der Gerichte waren *früher* zT sehr *hoch,* indem sie im Einzelnen einen Vortrag des Mieters dazu verlangten, in welcher Hinsicht seiner Meinung nach Mängel vorliegen und wieso dadurch die Gebrauchstauglichkeit der Mietsache für ihn entgegen dem Vertrag erheblich beeinträchtigt wird (§ 536 Abs 1–3 BGB; KG GE 2007, 445, 446; LG Berlin GE 2006, 1173; 2008, 737; Meinken ZMR 2007, 763; Streyl WuM 2008, 7). Der BGH verfährt dagegen in dieser Frage heute durchweg wesentlich großzügiger, als es früher weithin üblich war (zur Kritik s PRECHTEL ZMR 2017, 368; STREYL NZM 2012, 104; B SCHNEIDER WuM 2013, 209; WETEKAMP NZM 2012, 441). Es genügt danach grundsätzlich, wenn der Mieter konkret einen Sachmangel vorträgt, durch den die Tauglichkeit der Sache zum vertragsgemäßen Gebrauch beeinträchtigt wird, wozu nicht mehr als eine **Beschreibung der Mängelerscheinungen** erforderlich ist, während ein Vortrag zu dem Ausmaß der Gebrauchsbeeinträchtigung nicht nötig ist; ebenso wenig muss bei einer Mehrzahl von Mängeln der Betrag der Minderung auf die einzelnen Mängel aufgeteilt werden (BGH 29. 10. 2011 – VIII ZR 125/11, NZM 2012, 109 Tz 16 = NJW 2012, 382 = WuM 2011, 700; 29. 2. 2012 – VIII ZR 155/11, NJW 2012, 1647 Tz 17 = NZM 2012, 381 = WuM 2012, 269; 20. 6. 2012 – VIII ZR 268/11, GE 2012, 1032 = NZM 2012, 760 Tz 18 = ZMR 2013, 24; 27. 7. 2016 – XII ZR 59/14, NZM 2016, 796 Rn 5, 12; 21. 2. 2017 – VIII ZR 1/16 Rn 11 = NZM 2017, 256 = WuM 2017, 194; 10. 4. 2018 – VIII ZR 223/17 Rn 15, NZM 2018, 442 = WuM 2018, 357). Es ist zB ausreichend, wenn der Mieter vorträgt, eine Heizung oder eine Belüftungsanlage in einem Restaurant funktioniere nicht oder eine defekte Toilette verbreite einen unangenehmen Geruch (BGH 29. 10. 2011 – VIII ZR 125/11, NZM 2012, 109 Tz 20, 24 = NJW 2012, 382; 27. 7. 2016 – XII ZR 59/14, NZM 2016, 796 Rn 5, 12).

133 Bei **Lärmimmissionen** genügt ebenfalls die bloße Beschreibung des Lärms nach Art, Dauer, Ort, Zeit und Frequenz; ein sogenanntes Lärmprotokoll ist im Regelfall entbehrlich (BGH 29. 2. 2012 – VIII ZR 155/11, NZM 2012, 381 Tz 17; 2012, 760 Tz 18 f; 21. 2. 2017 – VIII ZR 1/16, WuM 2017, 194 Rn 10 ff; 22. 8. 2017 – VIII ZR 226/16 Rn 17 f, NZM 2017, 694 = WuM 2017, 587; 29. 4. 2020 – VIII ZR 31/18 Rn 83, NZM 2020, 592 = WuM 2020, 407; LG München I NZM 2018, 228 = ZMR 2017, 165); entsprechend verhält es sich bei fehlendem Schallschutz (LG Wiesbaden NZM 2012, 456 = WuM 2012, 202). Es reicht maW in jedem Fall aus, wenn der Mieter hinreichend konkret (substantiiert) zu den *Mängelsymptomen* vorträgt, sodass eine Beweisaufnahme darüber möglich ist; genügt sein Vortrag diesen Anforderungen, so schaden auch einzelne widersprüchliche Angaben des Mieters über die Auswirkungen der Mängel, zB über die infolge der Mängel der Heizung jeweils nur erreichten Temperaturen nicht, weil auch dann immer noch eine Beweisaufnahme möglich bleibt (BGH 27. 7. 2016 – XII ZR 59/14, NZM 2016, 796 Rn 13; viel enger für Mängel der Heizung zB AG Hanau NZM 2016, 818, 820 f mwNw).

134 Besteht der vom Mieter gerügte Mangel in der fehlenden Funktionstüchtigkeit einer Anlage, zB der Heizungs- oder Belüftungsanlage, so braucht der Mieter – neben den konkreten Symptomen des Mangels (zu niedrige Temperaturen oder fehlende Lüftung; s Rn 132) – nicht auch noch zusätzlich die **Ursachen** des Mangels zu erforschen und dazu vorzutragen oder gar Beseitigungsmöglichkeiten aufzuzeigen (BGH 30. 6. 2004 – XII ZR 254/02, WuM 2004, 531, 534 [l Sp 1. Abs] = NZM 2004, 776 = NJW-RR 2004, 1450; 27. 7. 2016 – XII ZR 59/14, NZM 2016, 796 Rn 5; 21. 2. 2017 – VIII ZR 1/16, WuM 2017, 194 Rn 11 = NZM 2017, 256). Ebenso wenig muss sich der Mieter zu der Frage äußern, **welche Minderung** aufgrund der von ihm substantiiert vorgetragenen Tatsachen jeweils „angemessen" iS des § 536 Abs 1 S 2 BGB ist, weil es sich dabei um eine Rechtsfrage handelt, die das Gericht aufgrund des festgestellten Sachverhalts zu entscheiden hat; gegebenenfalls muss das Gericht das Ausmaß der Minderung nach § 287 ZPO schätzen (BGH 27. 2. 1991 – XII ZR 47/90, NJW-RR 1991, 779 = WuM 1991, 544; 11. 6. 1997 – XII ZR 254/95, NJWE-MietR 1997, 206 = WuM 1997, 488; 10. 3. 1999 – XII 321/97, LM Nr 9 zu § 592 ZPO = NJW 1999, 1408; 1. 6. 2005 – VIII ZR 216/04, WuM 2005, 526, 527 [l Sp 1. Abs] = NJW 2005, 2701 = NZM 2005, 661; zustimmend BVerfG NJW 2007, 3118 = NZM 2007, 678, 679 = WuM 2007, 565). Jedoch muss der Vortrag des Mieters soweit substantiiert werden, dass das

Gericht in die Lage versetzt wird, die Frage der *Erheblichkeit* des Mangels (§ 536 Abs 1 S 3 BGB) zu beurteilen.

Verlangt der Mieter Minderung, so wird der **Gebührenstreitwert** nach § 9 ZPO **135** häufig auf das Dreieinhalbfache des Jahresbetrages der vom Mieter geltend gemachten Minderung festgelegt (BGH 13. 2. 2007 – VIII ZR 342/03, GE 2007, 983 = WuM 2007, 207; LG Berlin GE 2011, 954). Dasselbe gilt, wenn der Mieter auf Feststellung der Mietminderung klagt; § 41 Abs 5 GKG findet keine Anwendung; maßgebend sind vielmehr § 48 Abs 1 GKG sowie die §§ 3 und 9 ZPO (BGH 14. 6. 2016 – VIII ZR 43/15, NZM 2016, 890 Rn 4, 7 ff). Entsprechendes gilt für eine Klage auf Beseitigung von Mängeln gemäß § 535 Abs 1 S 2 BGB (BGH 7. 4. 2020 – VIII ZR 383/18 Rn 11, ZMR 2020, 637).

§ 536a
Schadens- und Aufwendungsersatzanspruch des Mieters wegen eines Mangels

(1) Ist ein Mangel im Sinne des § 536 bei Vertragsschluss vorhanden oder entsteht ein solcher Mangel später wegen eines Umstands, den der Vermieter zu vertreten hat, oder kommt der Vermieter mit der Beseitigung eines Mangels in Verzug, so kann der Mieter unbeschadet der Rechte aus § 536 Schadensersatz verlangen.

(2) Der Mieter kann den Mangel selbst beseitigen und Ersatz der erforderlichen Aufwendungen verlangen, wenn

1. **der Vermieter mit der Beseitigung des Mangels in Verzug ist oder**

2. **die umgehende Beseitigung des Mangels zur Erhaltung oder Wiederherstellung des Bestands der Mietsache notwendig ist.**

Materialien: E I §§ 506, 513, 514; E II §§ 483, 491; E III §§ 531, 540; BGB §§ 538, 547; 2. Gesetz zur Änderung mietrechtlicher Vorschriften von 1964 (BGBl I 457); Mietrechtsreformgesetz von 2001 (BGBl I 1149); Schuldrechtsmodernisierungsgesetz vom 26. 11. 2001 (BGBl I 3138); Mot II 376 f, 393 f; Prot II 132, 174 ff; Begr zum RegE (BT-Drucks 14/4553) 41 f.

Schrifttum

S bei § 536 sowie
AGATSY, Der Feuchtigkeitsschaden im Wohnraummietrecht, ZMR 2019, 248
AHRENS, Mietrechtliche Garantiehaftung, ZGS 2003, 134
ALTHAMMER, Ersatz vergeblicher Maklerkosten nach der Schuldrechtsreform, NZM 2003, 129
ARTZ, Das Selbstbeseitigungsrecht des Mieters, in: FS Blank (2007) 5
DERLEDER, Rückbau nach Beendigung des Mietverhältnisses und Ausgleich von Mieterinvestitionen, WuM 2006, 175
DIEDERICHSEN, Schadensersatz wegen Nichterfüllung und Ersatz von Mangelfolgeschäden, AcP 165 (1965) 150
EMMERICH, Die Verwendungen des Mieters, NZM 1998, 49
ders, Aufwendungsersatz und Rentabilitätsvermutung, in: FS Otte (2005) 101
ders, Aufwendungsersatz im Mietrecht, in: FS Blank (2006) 145
HASSOLD, Die Mängelhaftung im Mietrecht, JuS 1975, 550
HERRESTHAL, Anwendungsbereich der miet-

rechtlichen Mängelhaftung, in: Artz/Börstinghaus, 10 Jahre Mietrechtsreformgesetz (2011) S 157
Joussen, Der anfängliche Mangel im Mietrecht – Das Verhältnis von § 536a zu § 311a BGB, ZMR 2004, 553
Kandelhard, Leistungsstörungen im Mietrecht, WuM 2003, 1
Kluth/Grün, Mieterrechte bei Doppelvermietung, NZM 2002, 473
Kraemer, Zur Gewährleistung im Mietrecht, WuM 2000, 515
Krampe, Die Garantiehaftung des Vermieters für Sachmängel (1980)
Kuhn, Eigenmächtige Mängelbeseitigung im Mietrecht, ZMR 2009, 175
Oechsler, Aufwendungsersatz nach § 284 BGB, NZM 2004, 647
vPreuschen/vLewinski, Baumaßnahmen des Mieters auf fremdem Grund und Boden (2005)
Riehm, Fiktive Schadensberechnung im Mietrecht, NZM 2019, 273

R Schaub, Mietrechtsreform und Schuldrechtsmodernisierung, in: Artz/Börstinghaus, 10 Jahre Mietrechtsreformgesetz (2011) S 168
Schreindorfer, Beschränkung der Garantiehaftung auf das negative Interesse, in: Artz/Börstinghaus, 10 Jahre Mietrechtsreformgesetz (2011) S 180
Todt, Die Schadensersatzansprüche des Käufers, Mieters und Werkbestellers aus Sachmängeln (1970)
ders, Die Schadensersatzansprüche des Käufers, Mieters und Werkbestellers bei Lieferung eines mangelhaften Vertragsobjektes, BB 1971, 680
Trenck/Hinterberger, Die Garantiehaftung des Vermieters, JuS 1975, 501
Weitemeyer, Rentabilitätsvermutung und Ersatz frustrierter Aufwendungen unter der Geltung von § 284 BGB, AcP 205 (2005) 275.

Systematische Übersicht

I. Überblick 1
II. Garantiehaftung für anfängliche Mängel
  1. Voraussetzungen 2
  2. Beispiele 7
III. Verschuldenshaftung für nachträgliche Mängel 9
IV. Verzug
  1. Überblick 12
  2. Voraussetzungen 13
V. Schadensersatz
  1. Umfang 17
  2. Aufwendungsersatz 23
  3. Mitwirkendes Verschulden 25
VI. Aufwendungsersatz nach § 536a Abs 2
  1. Überblick 26
  2. Verzug des Vermieters mit der Beseitigung des Mangels (§ 536a Abs 2 Nr 1) 28
    a) Voraussetzungen 28
    b) Ersatz der erforderlichen Aufwendungen, Vorschuss 31
  3. Notwendige Aufwendungen zur Erhaltung oder Wiederherstellung des Bestands der Mietsache (§ 536a Abs 2 Nr 2) 35
    a) Überblick, Geschichte 35
    b) Begriff 38
  4. Konkurrenzen 41
VII. Abweichende Vereinbarungen, insbesondere Haftungsausschlussklauseln
  1. Individualvereinbarungen 42
  2. Formularverträge 43
VIII. Beweislast 46

Untertitel 1
Allgemeine Vorschriften für Mietverhältnisse § 536a

Alphabetische Übersicht

Abweichende Vereinbarungen	42 ff	Kündigung	17, 21
Anfängliche Mängel	2 ff		
– behördliche Verbote	13	Mahnung	15 f
– Beispiele	7 f	Minderung	17
– Erkennbarkeit	4	Mitwirkendes Verschulden	25
– Garantiehaftung	2, 4		
– herzustellende Sache	6	Nachträgliche Mängel	9 ff
– Mangel	3		
– Mieterwechsel	5	Rechtsfolgen	17
– mitwirkendes Verschulden des Mieters	25		
– Verschulden	4	Schadensersatzanspruch	17 ff
– Zeitpunkt, maßgeblicher	5	– Aufwendungsersatz	23 f
Aufwendungsersatz	23 f, 26 ff	– Ausschlussklauseln	42 ff
Aufwendungsersatzanspruch	26 ff	– Beispiele	20 ff
– Aufwendungen	31, 39	– frustrierte Aufwendungen	23
– Ausschlusstatbestände	40	– geschützte Personen	18
– Beseitigungsrecht des Mieters	28	– mitwirkendes Verschulden	26 f
– Erforderlichkeit	32	– Reparaturkosten	22
– Konkurrenzen	41	– Schäden durch Kündigung	21
– Notmaßnahmen	35	– Umfang	19 ff
– notwendige Verwendungen	36 f	– Verhältnis zur Kündigung	19
– Reform	26, 35	– Verhältnis zur Minderung	19
– Verwendungsbegriff	38	– Vorteilsausgleich	22
– Verzug	30		
– Vorschuss	33 f	Träger-Bewerberverträge	1
Ausschlussklauseln	42 f		
		Umfang des Ersatzanspruchs	19 ff
Beweislast	46		
		Verschulden	4, 9 f
Erfüllungsinteresse	19 f	Verschuldete Mängel	11
		Verzug mit Mängelbeseitigung	12 ff
Formularverträge	43 f	– Entbehrlichkeit der Mahnung	16
		– Fälligkeit	14
Garantiehaftung	2 f	– Mahnung	15 f
Geheime Mängel	4	– Verzug	13 ff
Geschützter Personenkreis	18	– Voraussetzung	13 ff
Herzustellende Sache	6		

I. Überblick

§ 536a BGB regelt in Abs 1 drei verschiedene Fälle, in denen der Mieter vom **1** Vermieter Schadensersatz verlangen kann, während Abs 2 der Vorschrift dem Mieter zusätzlich in zwei Fällen einen Aufwendungsersatzanspruch zubilligt. Abs 1 des § 536a BGB entspricht dem früheren § 538 Abs 1 BGB, der inhaltlich unverändert übernommen wurde (Begr zum RegE BT-Drucks 14/4553, 41). In Abs 2 der Vorschrift sind dagegen die früheren §§ 538 Abs 2 und 547 Abs 1 BGB zusammengefasst worden, um die schwierige Grenzziehung zwischen diesen beiden Aufwendungs- oder Verwendungsersatzansprüchen des Mieters zu vereinfachen (Begr zum RegE BT-Drucks 14/ 4553, 41; s im Einzelnen u Rn 25 ff). Im Rahmen der Schuldrechtsmodernisierung sind in § 536a Abs 1 BGB außerdem die Wörter „wegen Nichterfüllung" gestrichen worden, um § 536a BGB dem neuen Sprachgebrauch des Gesetzes anzupassen. Die Besonderheit des § 536a Abs 1 BGB besteht in der hier angeordneten **Garantiehaftung** des Vermieters für anfängliche Sach- und Rechtsmängel (dazu u Rn 2 ff). § 536a BGB ist vom 1. 9. 2001 ab auf alle bestehenden und neuen Mietverhältnisse anzuwenden.

1a Das Schuldrechtsmodernisierungsgesetz von 2001 hat an der Garantiehaftung des Vermieters im Interesse des Mieterschutzes festgehalten, obwohl sie jetzt in deutlichem Gegensatz zu der Regelung der §§ 275 und 311a Abs 2 BGB steht, nach der der Schuldner für anfängliche Unmöglichkeit einschließlich des anfänglichen Unvermögens heute grundsätzlich nur noch bei *Verschulden* haftet. Gerechtfertigt wurde diese Abweichung mit den Besonderheiten der Miete (s die Stellungnahme der Bundesregierung BT-Drucks 14/6857, 66 [r Sp]). Daraus ergeben sich verwickelte Abgrenzungsfragen (s dazu schon Vorbem 2 ff zu § 536).

II. Garantiehaftung für anfängliche Mängel

1. Voraussetzungen

2 § 536a Abs 1 BGB ordnet als erstes eine Verpflichtung des Vermieters zum Schadensersatz an, wenn ein Mangel im Sinne des § 536 BGB bereits bei Vertragsschluss vorhanden ist. Diese Haftung für anfängliche Mängel ist unabhängig von einem etwaigen Verschulden des Vermieters (u Rn 4) und wird deshalb häufig auch als **Garantiehaftung** bezeichnet (Rn 1). Ihre Einführung ist von den Gesetzesverfassern seinerzeit mit der Überlegung gerechtfertigt worden, es entspreche dem Wesen des Mietvertrages, dass der Vermieter die Tauglichkeit der Mietsache bei Vertragsschluss stillschweigend garantiere (Mot II 376 f; BGH LM Nr 47 zu § 535 BGB [Bl 2 R] = NJW 1971, 424; zur Kritik s Schreindorfer, in: 10 Jahren Mietrechtsreformgesetz S 180 ff). Die Garantiehaftung des Vermieters umfasst im Einzelnen **drei** verschiedenen **Fälle**, nämlich 1. anfängliche Sachmängel (§ 536 Abs 1 BGB), 2. das Fehlen zugesicherter Eigenschaften bereits bei Vertragsschluss (§ 536 Abs 2 BGB) sowie 3. anfängliche Rechtsmängel (§ 536 Abs 3 BGB). Die Haftungsvoraussetzungen sind nach einer verbreiteten Meinung in den drei genannten Fällen *nicht* identisch, da aus der Bezugnahme auf § 536 BGB in § 536a Abs 1 BGB vielfach der Schluss gezogen wird, dass die Anwendung der Garantiehaftung (nur) bei **anfänglichen Sachmängeln** zusätzlich die **Überlassung** der Mietsache an den Mieter voraussetzt, sodass in der vorausgehenden Zeitspanne Raum für die Anwendung der allgemeinen Vorschriften über Leistungsstörungen ist (s Vorbem 4b zu § 536), während für anfängliche Rechtsmängel ebenso wie für das Fehlen zugesicherter Eigenschaften nach § 536a Abs 1 BGB in Verbindung mit § 536 Abs 2 und 3 BGB unbedingt bereits vom **Vertragsabschluss** ab gehaftet wird. Dieser Auffassung ist indessen, ob im weil sie zu Wertungswidersprüchen führt, nicht zu folgen, sodass sich die Garantiehaftung des Vermieters auch auf Sachmängel erstreckt, die schon in der Zeit *zwischen Abschluss* des Mietvertrages *und Überlassung* der Mietsache an den Mieter iSd § 536 Abs 1 S 1 BGB hervorgetreten sind (vgl Vorbem 4b zu § 536).

Der Begriff des **Mangels** ist in § 536a Abs 1 BGB, wie sich aus der Bezugnahme auf 3
§ 536 BGB ergibt, derselbe wie in § 536 BGB (s oben § 536 Rn 5 ff). Der Begriff wird
grundsätzlich **weit** ausgelegt, sodass es im Prinzip ohne Einfluss auf die Garantiehaftung des Vermieters ist, ob der Mangel der vermieteten **Sache** selbst anhaftet
oder **außerhalb der Sache** liegt. Der Vermieter haftet deshalb im Regelfall auch für
von außen auf die Sache einwirkende Gefahrenquellen, vorausgesetzt, dass sie einen
Mangel im Sinne des § 536 BGB darstellen (BGH LM Nr 20 zu § 537 BGB = NJW 1972,
944; LM Nr 3 zu § 538 BGB = BB 1957, 494; OLG Köln NJW 1964, 2020; enger OLG Brandenburg
ZMR 2003, 907, 908 f; Kraemer WuM 2000, 515, 516). Für die Anwendung der Vorschrift ist
dagegen kein Raum, wenn die Schäden des Mieters letztlich auf einem **vertragswidrigen Gebrauch** des Mieters beruhen (LG Marburg NZM 2000, 616).

Da die Haftung des Vermieters für anfängliche Mängel **kein Verschulden** voraussetzt 4
(§ 536a Abs 1 BGB), kommt es weder auf die Erkennbarkeit noch auf die Vermeidbarkeit des Mangels an (BGHZ 9, 320, 321 = NJW 1953, 1180; BGHZ 63, 333, 335 = NJW 1975,
645; BGHZ 68, 294, 296 = NJW 1977, 1285; BGH LM Nr 5 zu § 538 BGB = NJW 1962, 908; 21. 7.
2010 – XII. ZR 189/08, NJW 2010, 3152 Tz 14 = NZM 2010, 668 = ZMR 2011, 360; einschränkend
Kraemer WuM 2000, 515, 516 mwNw). Der Vermieter trägt insbesondere auch das **Risiko
geheimer Mängel** (BGH 21. 7. 2010 – XII ZR 189/08, NJW 2010, 3152 Tz 14 = NZM 2010, 668 =
ZMR 2011, 360; OLG Düsseldorf NJW-RR 1993, 976; aM Diederichsen AcP 165 [1965] 150, 167;
Mittelstein, Miete 306 f). Es spielt keine Rolle, ob der Mangel bei Vertragsabschluss
bereits hervorgetreten war; die Garantiehaftung des Vermieters greift bereits ein,
wenn in dem maßgebenden Zeitpunkt lediglich die **Ursachen** der späteren Schädigung **vorhanden** waren (BGH LM Nr 20 zu § 537 BGB = NJW 1972, 944 = WM 1972, 658; 21. 7.
2010 – XII ZR 189/08, NJW 2010, 3152 Tz 14 = NZM 2010, 668 = ZMR 2011, 360; OLG Düsseldorf
ZMR 2003, 102, 103 f = WuM 2003, 146; LG Potsdam WuM 2015, 350, 353 f; Beispiele s unten
Rn 8).

Fallen Vertragsabschluss und Beginn des Mietverhältnisses durch Übergabe der 5
Sache auseinander, so ist **maßgebender Zeitpunkt**, in dem der Mangel bereits vorliegen muss, nach § 536a Abs 1 Fall 1 BGB grundsätzlich der des **Vertragsabschlusses**
(Kinne GE 2001, 1235). Die Garantiehaftung des Vermieters für in diesem Augenblick
schon vorhandene Mängel entfällt nur, wenn die Parteien etwas anderes vereinbart
haben (BGH 22. 1. 1968 – VIII ZR 195/65, NJW 1968, 885 [insoweit nicht in BGHZ 49, 350
abgedruckt]). Der Zeitpunkt des Vertragsabschlusses bleibt auch maßgeblich im Falle
der **Veräußerung des Grundstücks** (u Staudinger/V Emmerich [2021] § 566 Rn 78). Ebenso
zu beurteilen ist die Rechtslage, wenn ein **neuer Mieter** in den Mietvertrag in der
Weise eintritt, dass er den alten Mietvertrag mit dem Vermieter unverändert fortsetzt. Für Mängel, die erst bei Eintritt des neuen Mieters vorliegen, haftet der
Vermieter folglich nur, wenn er sie zu vertreten hat (§ 536a Abs 1 Fall 2 BGB;
BGH LM Nr 21a zu § 535 BGB = ZMR 1960, 77; Pieper NJW 1961, 300 f). Wird ein zunächst
formlos abgeschlossener Mietvertrag durch einen **schriftlichen Vertrag** ersetzt, so
kommt es für die Garantiehaftung des Vermieters idR auf den Zeitpunkt des zweiten schriftlichen Vertragsabschlusses an (BGH 22. 1. 1968 – VIII ZR 195/65, NJW 1968, 885
[insoweit nicht in BGHZ 49, 350 abgedruckt]; anders Kinne GE 2001, 1235). Ebenso ist zu
entscheiden im Falle der Verlängerung eines befristeten Mietvertrages, weil es sich
rechtlich gesehen um den Abschluss eines neuen Vertrages handelt (OLG Hamm 28. 9.
2018 – 30 U 90/17, ZMR 2020, 107, 108).

6 Ein Mietvertrag kann auch über eine **erst noch herzustellende Sache** abgeschlossen werden. In derartigen Fällen wendet die Rechtsprechung § 536a Abs 1 BGB sinngemäß an, wenn der Mangel entweder bei Übergabe *oder* bei Fertigstellung der Sache vorliegt (BGHZ 9, 320 f = NJW 1953, 1180; BGHZ 56, 136, 140 = NJW 1971, 1450; BGH LM Nr 33 zu § 328 BGB = MDR 1968, 402; LM Nr 6 zu § 538 BGB = NJW 1963, 804; OLG Düsseldorf ZMR 1992, 149, 151 = NJW-RR 1993, 976; OLG München ZMR 1996, 322; OLG Naumburg WuM 2000, 246; OLG Dresden 14. 10. 2015 – 5 U 1724/14, ZMR 2017, 633, 636). Hier ist davon auszugehen, dass § 536a Abs 1 Fall 1 BGB nicht zwingend ist, sodass in derartigen Fallgestaltungen die Frage, auf welchen Zeitpunkt für die Garantiehaftung des Vermieters abzustellen ist, letztlich nur aufgrund einer Auslegung der Parteiabreden beurteilt werden kann (§§ 133, 157, 242 BGB). Für den Regelfall sollte deshalb hier nach Treu und Glauben auf die **Übergabe** abgestellt werden, da allein dieser Zeitpunkt für den Mieter bedeutsam ist (Schmidt-Futterer/Eisenschmid § 536 Rn 18).

2. Beispiele

7 Bei Mängeln, die auf **behördlichen Gebrauchsverboten** beruhen (o § 536 Rn 42 ff), greift die Garantiehaftung des Vermieters aufgrund des § 536a Abs 1 Fall 1 BGB ein, wenn die *Ursachen* der späteren Verbote oder Beschränkungen schon bei Vertragsabschluss vorlagen, jedenfalls, wenn die Behörde geradezu zum Einschreiten verpflichtet ist (BGHZ 68, 294, 297 = NJW 1977, 1285; BGH LM Nr 6 zu § 538 BGB = NJW 1963, 804; LM Nr 17 zu § 537 BGB = MDR 1971, 294 = WM 1971, 531; BGH 2. 11. 2016 – XII ZR 153/15 Rn 19, WuM 2017, 18). So verhält es sich zB, wenn bereits bei Abschluss des Vertrages Baufehler vorliegen, die später zu einem Bezugsverbot führen (BGH LM Nr 6 zu § 538 = NJW 1963, 804; Günter NZM 2016, 569, 574), wenn die Dämmung eines Gebäudes von Anfang an gegen Brandschutzbestimmungen verstößt (BGH 2. 11. 2016 – XII ZR 153/15 Rn 19, WuM 2017, 18), wenn von Anfang an der erforderliche Nachweis von Stellplätzen fehlt, sodass der Pächter einer Gaststätte später keine Konzession erhält (OLG München ZMR 1995, 401, 403), wenn früher industriell genutzte Räume nach Umbau als Restaurant vermietet werden sollen, die Nutzung der Räume als Restaurant bei Fertigstellung des Umbaus aber von der zuständigen Behörde nicht gestattet wird (OLG Dresden 14. 10. 2015 – 5 U 1724/14, ZMR 2017, 633, 636), sowie wenn Büroräume ohne Genehmigung der Umwandlung als Wohnräume vermietet werden (LG Potsdam WuM 2015, 350, 353 f). Es genügt in derartigen Fällen, dass nach den Umständen jederzeit mit einem behördlichen Einschreiten zu rechnen ist (Günter NZM 2016, 569, 574). Kein Raum für die Anwendung des § 536a Abs 1 Fall 1 BGB ist dagegen, wenn es daran bei Abschluss des Vertrages noch fehlt, weil die Behörde erst später ihre Praxis geändert hat (BGHZ 68, 294, 297 ff = NJW 1977, 1285).

8 Ein anfänglicher Mangel liegt ferner vor, wenn das vermietete Gebäude **von Anfang an** mit einem **Baumangel** behaftet ist, der zur Folge hat, dass der Mieter später geschädigt wird (BGH 28. 4. 1994 – VII ZR 73/93, LM Nr 89 zu § 328 BGB = NJW 1994, 2231, 2232; 21. 7. 2010 – XII ZR 189/08, NJW 2010, 3152 = NZM 2010, 668 = ZMR 2011, 360 Tz 13 ff). So verhält es sich zB, wenn ein bereits bei Abschluss des Mietvertrages vorhandener Konstruktionsfehler bei einem Fenster dazu führt, dass dieses später aus dem Rahmen fällt und den Mieter verletzt (BGH 21. 7. 2010 – XII ZR 189/08, NJW 2010, 3152 Tz 14 ff = NZM 2010, 668 = ZMR 2011, 360), während für die Garantiehaftung kein Raum ist, sofern das Unglück auf spätere Alterungs- oder Verschleißprozesse zurückzuführen ist (BGH 21. 7. 2010 – XII ZR 189/08, NJW 2010, 3152 Tz 14 ff = NZM 2010, 668 = ZMR 2011, 360;

krit dazu Schaub, in: 10 Jahre Mietrechtsreformgesetz S 168, 174). Um Anwendungsfälle des § 536a Abs 1 Fall 1 BGB handelt es sich ferner etwa, wenn eine Kegelbahn mit einem zum Schwitzen neigenden Fußbodenbelag vermietet wird (BGH LM Nr 19 zu § 537 BGB = MDR 1972, 411), wenn sich in den vermieteten Räumen eine unverschlossene Rauchrohröffnung befindet (BGH 22. 1. 1968 – VIII ZR 195/65, NJW 1968, 885 [insoweit nicht in BGHZ 49, 350 abgedruckt]), wenn verrostete Rohre später platzen (LG Köln WuM 1990, 386; LG Berlin GE 1992, 677), wenn die Installation schadhaft ist (RGZ 169, 84; BGH LM Nr 10 zu § 537 BGB = NJW 1963, 449; AG Potsdam GE 1996, 1251) oder wenn in der Tiefgarage das Auto des Mieters durch ein herabstürzendes, mangelhaft befestigtes Rohr beschädigt wird (KG NZM 2008, 569 = NJW-RR 2008, 890, 891). Gleich steht der Fall, dass der auf dem Hotelparkplatz abgestellte Wagen des Gastes durch herabstürzende Äste eines innerlich faulen Baumes beschädigt wird (BGHZ 63, 333, 335 ff = NJW 1975, 645; OLG Frankfurt MDR 1985, 1027). Eine Garantiehaftung des Vermieters kommt außerdem zB in Betracht, wenn die vermieteten Räume bereits bei Abschluss des Vertrages mit Umweltgiften belastet oder mit Ungeziefer verseucht sind (KG GE 1995, 697, 699; AG Bremen ZMR 1998, 234) oder wenn der Mieter durch einen von Anfang an immer wieder störenden Mitmieter schließlich zum Auszug gezwungen wird (AG Bad Hersfeld WuM 1998, 482).

III. Verschuldenshaftung für nachträgliche Mängel

Nach § 536a Abs 1 Fall 2 BGB haftet der Vermieter dem Mieter ferner dann auf Schadensersatz, wenn *nach Vertragsschluss* ein Mangel infolge eines Umstandes entsteht, den er iS der §§ 276 bis 278 BGB zu vertreten hat. Dieselbe Haftung besteht, wenn nachträglich eine zugesicherte Eigenschaft wegfällt, weil der Vermieter während der gesamten Vertragsdauer unbedingt für das Vorhandensein der zugesicherten Eigenschaften einstehen muss, außer wenn die Parteien etwas anderes vereinbart haben (§ 536 Abs 2 BGB). § 536a Abs 1 Fall 2 BGB entspricht im Kern der Vorschrift des § 280 Abs 1 BGB; jedoch ist die **Beweislast** in beiden Vorschriften unterschiedlich geregelt: Während bei § 536a Abs 1 Fall 2 BGB die Beweislast für die Voraussetzungen des Anspruchs einschließlich des Verschuldens des Vermieters den Mieter trifft, freilich schon immer gemildert durch die Verteilung der Beweislast nach Risikobereichen oder Sphären (s Rn 46), muss sich der Vermieter nach § 280 Abs 1 S 2 BGB insgesamt entlasten. Dies hat zu der Frage geführt, ob die Regel des § 280 Abs 1 S 2 BGB auf § 536a Abs 1 Fall 2 BGB übertragen werden kann (s Schaub, in: 10 Jahren Mietrechtsreformgesetz S 168, 172 ff). 9

Der Vermieter hat das nachträgliche Entstehen eines Mangels insbesondere dann im Sinne des § 536a Abs 1 Fall 2 BGB zu vertreten, wenn er schuldhaft gegen seine **Instandhaltungs- oder Instandsetzungspflicht** aus § 535 Abs 1 S 2 BGB (iVm § 276 BGB) verstößt und dadurch einen Mangel verursacht, durch den der Mieter geschädigt wird (s § 535 Rn 28 ff). Zu denken ist hier insbesondere an Verstöße des Vermieters gegen seine **Prüfungspflicht**, die zur Folge haben, dass ein nachträglich entstandener Mangel zu spät entdeckt wird (s § 535 Rn 28; AG Dortmund WuM 2009, 36; AG Potsdam WuM 1994, 524). So verhält es sich zB, wenn der Vermieter ein mit einem Flachdach versehenes Gebäude nicht regelmäßig daraufhin überprüft, ob die Abflüsse auf dem Dach noch ordnungsmäßig funktionieren; kommt es infolgedessen zu einem Wasserstau auf dem Dach und dadurch zu Schäden des Mieters, so haftet der Vermieter dafür nach § 536 Abs 1 Fall 2 BGB (AG Dortmund WuM 2009, 36; anders nach 10 den Umständen des Falles LG Berlin GE 2004, 1027; sehr eng bei Feuchtigkeitsschäden auch LG Berlin ZMR 2019, 191 und dazu AGATSY ZMR 2019, 218). Der Vermieter ist außerdem zB schadensersatzpflichtig bei nachträglichen Störungen des Mieters durch eine im selben Haus untergebrachte Gastwirtschaft (LG Hamburg WuM 1987, 218), bei den Mieter schädigenden Änderungen der vermieteten Sache (LG Mannheim WuM 1976, 150) sowie, wenn er grundlos die Beseitigung von Mängeln verhindert, indem er zB die von dem Betreiber einer Großbaustelle angebotenen Maßnahmen zur Verhinderung der Belastung der Mieter mit Baustellenstaub ablehnt (BGH 21. 6. 2015 – VIII ZR 321/07, GE 2015, 1395 Rn 15). Es ändert auch nichts an der Haftung des Vermieters, wenn der Mieter wegen der vom Vermieter zu vertretenden Mängeln, etwa wegen der Einleitung baulicher Maßnahmen, die der Mieter nicht zu dulden braucht, schließlich nach § 543 Abs 2 Nr 1 BGB kündigt (s § 543 Rn 105; BGH 31. 10. 2012 – XII ZR 126/11, NJW 2013, 223 = NZM 2013, 122).

11 Der Vermieter haftet außerdem nach den §§ 536a Abs 1 Fall 2 und 278 BGB für schuldhafte Schädigungen des Mieters durch seine **Erfüllungsgehilfen**. Erfüllungsgehilfen des Vermieters in diesem Sinne sind insbesondere die von ihm mit Reparaturen beauftragten **Handwerker** (OLG Karlsruhe NJW-RR 1988, 528 = ZMR 1988, 52; OLG Hamm NJW-RR 1996, 969 = ZMR 1996, 199; NZM 1999, 804). Den Vermieter trifft daher eine Ersatzpflicht zB auch, wenn sein Hauswart nichts gegen eine mangelhafte Beschaffenheit der Treppe unternimmt, wenn seine Angestellten nicht genügend heizen oder bei Glatteis nicht streuen, wenn er den Einbau einer Anlage duldet, bei deren Betrieb Mieter geschädigt werden (BGH ZMR 1965, 207, 208 f), oder wenn eine Putzfrau eine Treppe unsachgemäß bohnert, sodass der Mieter zu Fall kommt (BGH LM Nr 10a zu § 538 BGB = NJW 1967, 154).

11a Die **Mitmieter** sind nur in Ausnahmsfällen Erfüllungsgehilfen des Vermieters, wenn sie vertraglich bestimmte Vermieteraufgaben übernommen haben (§ 278 BGB; o § 535 Rn 155). In anderen Fällen von Störungen des Mieters durch Mitmieter kommt eine Haftung des Vermieters nach § 536a Abs 1 Fall 2 BGB daher nur in Betracht, wenn er gegen die Störer nicht einschreitet, obwohl er hierzu verpflichtet und in der Lage ist, etwa, indem er störenden Mitmietern kündigt (LG Hamburg WuM 1987, 218). Bei der **Untermiete** muss beachtet werden, dass es für die Haftung nach § 536a Abs 1 Fall 2 BGB gegenüber dem Untermieter (nur) auf das Verschulden des *Untervermieters* (und Hauptmieters) ankommt. Paradigma ist der Fall, dass der Hauptvermieter seinem Mieter, dem Untervermieter, wegen Zahlungsverzugs kündigt (§ 543 Abs 2 Nr 3 BGB) – mit der Folge, dass auch der Untermieter sein Besitzrecht einbüßt (§ 546 Abs 2 BGB), weil dies ein Umstand ist, den der Untervermieter dem Untermieter gegenüber wohl stets zu vertreten hat (s Rn 16; s § 279 BGB aF; BGHZ 63, 132, 139 = NJW 1975, 44; BGH WM 1975, 897, 899). Zweifelhaft ist die Rechtslage, wenn der Vermieter einer **Eigentumswohnung** Mängel der Wohnung deshalb nicht beseitigen kann, weil Voraussetzung dafür ein Beschluss der Eigentümerversammlung ist, den er wegen des Widerstandes der anderen Wohnungseigentümer nicht zu erlangen vermag. Mit der Begründung, die übrigen Wohnungseigentümer seien keine Erfüllungsgehilfen des Vermieters, wird dann verschiedentlich eine Ersatzpflicht des Vermieters verneint (s § 535 Rn 31; LG Frankfurt aM WuM 2008, 400); überzeugend ist das nicht.

IV. Verzug

1. Überblick

Eine Schadensersatzpflicht des Vermieters kommt nach § 536a Abs 1 Fall 3 BGB 12
schließlich noch in Betracht, wenn der Vermieter mit der Beseitigung eines Mangels
(im Sinne des § 536 Abs 1 bis 3 BGB) in Verzug gerät (§ 286 BGB). Nach § 536a
Abs 2 Nr 1 BGB ist der Mieter in diesem Fall außerdem berechtigt, den Mangel
selbst zu beseitigen und vom Vermieter Ersatz der dazu erforderlichen Aufwendungen zu verlangen (u Rn 28 ff). Keine Rolle spielt, wann der Mangel entstanden ist und
ob ihn der Vermieter zu vertreten hat. Entscheidend ist allein der Verzug des
Vermieters mit seiner Verpflichtung zur Beseitigung des Mangels (§§ 286, 535 Abs 1
S 2 BGB), sodass unter dieser Voraussetzung nach § 536a Abs 1 Fall 3 BGB – über
die beiden anderen Tatbestände der Vorschrift hinaus (o Rn 2, Rn 9 ff) – auch gehaftet
wird, wenn es sich um nachträgliche, vom Vermieter nicht zu vertretende Mängel
handelt, zu deren Beseitigung der Vermieter jedoch nach § 535 Abs 1 S 2 BGB
verpflichtet ist. Beispiele sind der **Verzug** des Vermieters **mit** der Erfüllung seiner
Instandsetzungspflicht durch Beseitigung von Mängeln trotz Mahnung des Mieters
(§ 286 BGB; u Rn 13 ff; LG Berlin ZMR 2002, 825) sowie die Untätigkeit des Vermieters
gegenüber Störungen des Mieters durch **Mitmieter** in der Ausübung des vertragsgemäßen Gebrauchs trotz Mahnung des Mieters, sofern der Mieter infolgedessen
einen Schaden erleidet (KG HRR 1935 Nr 1448; LG Hamburg WuM 1987, 218).

2. Voraussetzungen

Ob der Vermieter mit der Erfüllung seiner Instandsetzungspflicht in Verzug ist, richtet 13
sich allein nach § 286 BGB. Voraussetzungen des Verzugs sind danach in erster Linie
die Möglichkeit der Mängelbeseitigung, Fälligkeit des Anspruchs des Mieters auf
Mängelbeseitigung aus § 535 Abs 1 S 2 BGB (s Rn 14), Mahnung des Mieters (s Rn 15 f)
und Verschulden des Vermieters. Hervorzuheben sind folgende Punkte:

Die **Fälligkeit** des Mängelbeseitigungsanspruchs des Mieters aus § 535 Abs 1 S 2 BGB 14
tritt nach § 271 BGB mit **Auftreten des Mangels** ein; jedoch hat der Vermieter grundsätzlich die Unterlassung der Mängelbeseitigung nicht zu vertreten, solange er von
dem Mangel keine Kenntnis hat und auch nicht haben muss (§§ 286 Abs 4 und 276
BGB; zB OLG Karlsruhe ZMR 2014, 878, 879 f; OLG Rostock 3. 8. 2020 – 3 U 91/18, ZMR 2020,
1019 = GE 2020, 1249). Deshalb setzt der Verzug des Vermieters idR eine **Mängelanzeige**
des Mieters nach § 536c BGB voraus (OLG Rostock 3. 8. 2020 – 3 U 91/18, ZMR 2020, 1019 =
GE 2020, 1249). Nur in Ausnahmefällen ist eine Anzeige **entbehrlich**. Handelt es sich zB
um einen von Anfang an vorliegenden, behebbaren Mangel, zu dessen Beseitigung
der Vermieter aufgrund des Vertrages unbedingt sofort verpflichtet ist, so ist zugleich
der Vermieter ohne Weiteres von Anfang an in Verzug mit der Folge vor allem des
Selbsthilferechts des Mieters nach § 536a Abs 2 Nr 1 BGB (LG Berlin GE 1987, 1271).
Außerdem gibt es Fälle, in denen zum Schutze des Mieters sofort ein Fall des § 536a
Abs 1 Fall 3 BGB angenommen werden muss (u Rn 16).

Nach § 286 Abs 1 S 1 BGB setzt der Verzug des Vermieters mit der Mängelbeseiti- 15
gung grundsätzlich neben der Anzeige des Mangels (s Rn 14) zusätzlich noch eine
Mahnung seitens des Mieters voraus (OLG Karlsruhe ZMR 2014, 878, 879 f). Eine Mah-

nung liegt in jeder Handlung, durch die der Mieter den Vermieter bestimmt zur Beseitigung eines genau bezeichneten Mangels auffordert (OLG Karlsruhe ZMR 2014, 878, 879 f; LG Gießen NJW-RR 1995, 462). IdR wird mit der Mahnung eine **Fristsetzung** verbunden sein, sodass der Vermieter erst mit Fristablauf in Verzug gerät (OLG Düsseldorf NJW-RR 1992, 716 = ZMR 1993, 115; OLG Karlsruhe ZMR 2014, 878, 880). Zwingend ist dies indessen nicht. In der bloßen *Mängelanzeige* nach § 536c Abs 1 BGB (s Rn 14) ist dagegen grundsätzlich noch keine Mahnung im Sinne des § 286 Abs 1 S 1 BGB zu sehen (OLG Düsseldorf NJW-RR 1992, 716 = ZMR 1993, 115; OLG Karlsruhe ZMR 2014, 878, 880). Beides kann aber ohne Weiteres *verbunden* werden (OLG Rostock 3. 8. 2020 – 3 U 91/18, ZMR 2020, 1019 = GE 2020, 1249; LG Berlin GE 1991, 987). Ein Beispiel für eine Mahnung ist die Anfrage des Mieters bei dem Vermieter, welche Handwerker er denn (nun endlich) mit der Mängelbeseitigung beauftragt habe (LG Itzehoe WuM 1988, 87).

16 Eine Mahnung ist nur in den vier in § 286 Abs 2 BGB genannten Fällen **entbehrlich**, insbesondere also, wenn die Parteien einen bestimmten **Termin** für die Beseitigung der Mängel vereinbart haben (§ 286 Abs 2 Nr 1 BGB; LG Berlin NZM 2000, 458 = NJW-RR 2000, 674). Gleich steht der Fall, dass der Vermieter von sich aus einen Termin für die Beseitigung versprochen hat (sog **Selbstmahnung**, BGH 16. 1. 2008 – VIII ZR 222/06, NJW 2008, 1216 = NZM 2008, 279 = WuM 2008, 147 Rn 16), wofür es aber nicht ausreicht, dass sich der Vermieter lediglich zu der sofortigen „Kontrolle" der Heizung (und damit nicht auch zugleich zu ihrer sofortigen Reparatur) bereit erklärt (BGH 16. 1. 2008 – VIII ZR 222/06, NJW 2008, 1216 Rn 16 = NZM 2008, 279 = WuM 2008, 147). Eine Mahnung ist nach der Nr 3 des § 286 Abs 2 BGB ferner entbehrlich in den Fällen der **Erfüllungsverweigerung** sowie nach der Nr 4 des § 286 Abs 2 BGB dann, wenn die Annahme des sofortigen Verzugseintritts aus **besonderen Gründen** unter Abwägung der beiderseitigen Interessen gerechtfertigt ist. Dies kommt insbesondere in Betracht, wenn der Mieter ein dem Vermieter erkennbares, besonders **dringendes** objektives **Interesse** an der umgehenden Beseitigung der Mängel hat, weil nur eine sofortige Leistung erhebliche Schäden von ihm abzuwenden vermag (LG Hagen WuM 1984, 215; AG Bonn WuM 1987, 219; AG Frankfurt WuM 1988, 157; AG Hamburg WuM 1994, 609; EMMERICH NZM 1998, 49, 50 mwNw). Ist zB bei dem Mieter bereits einmal durch eine unverschlossene Kelleröffnung eingebrochen worden, so ist der Vermieter zu deren sofortigen Schließung verpflichtet, um erneute Einbrüche zu verhindern (RGZ 100, 42, 43; AG Frankfurt WuM 1988, 157). Kommt der Vermieter dieser Verpflichtung nicht nach, so befindet er sich auch ohne Mahnung des Mieters sofort in Verzug (§ 286 Abs 2 Nr 4 BGB). Ebenso zu beurteilen sind sonstige **unaufschiebbare Notmaßnahmen**, die ein sofortiges Handeln nötig machen (BGH 16. 1. 2008 – VIII ZR 222/06, NJW 2008, 1216 = NZM 2008, 279 = WuM 2008, 147, 148 Tz 17; LG Heidelberg WuM 1997, 42, 43; AG Bonn WuM 1987, 219; AG Hamburg WuM 1988, 157; EMMERICH NZM 1998, 49, 50; s im Einzelnen u Rn 34 ff). Beispiele sind der Ausfall der Heizung mitten im Winter (BGH 16. 1. 2008 – VIII ZR 222/06, NJW 2008, 1216 = NZM 2008, 279 = WuM 2008, 147, 148 Tz 17) oder die Bildung von Lücken im Mauerwerk, durch die Ratten eindringen (AG Osnabrück WuM 2004, 469, 470).

V. Schadensersatz

1. Umfang

17 Nach § 536a Abs 1 BGB kann der Mieter „Schadensersatz" verlangen. Dagegen billigte § 538 Abs 1 BGB aF, der Vorläufer des § 536a Abs 1 BGB, dem Mieter noch

Untertitel 1
Allgemeine Vorschriften für Mietverhältnisse §536a

„Schadensersatz wegen Nichterfüllung" zu. Der Zusatz „wegen Nichterfüllung" ist erst 2001 gestrichen worden, um die Terminologie des Gesetzes zu vereinheitlichen (s Rn 1). Eine sachliche Änderung war damit nicht bezweckt (s die Stellungnahme der Bundesregierung BT-Drucks 14/6857, 66 f). Der Begriff „Schadensersatz" ist hier folglich jetzt als *Oberbegriff* zu verstehen, der auch den Schadensersatz **statt der Leistung** (= wegen Nichterfüllung) umfasst (s unten Rn 19 f; ebenso LG Berlin ZMR 2014, 725, 726 = WuM 2013, 665; EMMERICH, in: FS Blank [2006] 145, 147).

Der Mieter kann nach § 536a Abs 1 BGB Schadensersatz verlangen „unbeschadet **17a** der Rechte aus § 536". Durch diese Formulierung, die auf das 2. Mietrechtsänderungsgesetz von 1964 zurückgeht, sollte klargestellt werden, dass sich **Minderung** (nach § 536 BGB) **und Schadensersatz** (aufgrund des § 536a BGB) *nicht* gegenseitig ausschließen. Der Mieter kann vielmehr nach einer Minderung der Miete immer noch wegen *weitergehender Schäden* Schadensersatz aufgrund des § 536a BGB verlangen. Umfasst dagegen der Schadensersatzanspruch bereits die Wertminderung der vermieteten Sache, so scheidet daneben eine erneute Minderung wegen desselben Mangels aus (BGHZ 92, 177, 180 = NJW 1985, 132; BGH ZMR 1963, 107, 109). Eine **Kündigung** aufgrund des § 543 Abs 2 Nr 1 BGB oder des § 569 Abs 1 BGB schließt gleichfalls den Schadensersatzanspruch nicht aus (OLG Hamm NJW 1983, 1332 = WuM 1983, 76, 78). Den Mieter trifft auch nicht etwa die Pflicht, bei Mängeln von seinem Kündigungsrecht tatsächlich Gebrauch zu machen, um den Schaden klein zu halten (s § 254 Rn 25); er kann vielmehr genauso gut am Vertrag festhalten und für die ganze Vertragszeit Schadensersatz verlangen (BGH 18. 1. 1995 – XII ZR 30/93, NJW-RR 1995, 715, 716 = ZMR 1995, 480; OLG Brandenburg 4. 4. 2019 – 3 W 95/18, NZM 2019, 946). Lediglich für den ihm entgangenen Gebrauch steht ihm Schadensersatz nur bis zu dem Termin zu, zu dem der Vermieter frühestens ordentlich kündigen konnte (s u Rn 21; OLG Brandenburg 4. 4. 2019 – 3 W 95/18, NZM 2019, 946).

Eigene Schadensersatzansprüche aufgrund des § 536a BGB haben neben dem Mie- **18** ter auch in den **Schutzbereich** des Mietvertrages einbezogene Dritte, insbesondere also die *Angehörigen und Arbeitnehmer* des Mieters (§§ 311 Abs 3, 328 BGB; BGHZ 2, 94, 96 f = NJW 1951, 596; BGHZ 49, 350, 354 = NJW 1968, 885; BGH LM Nr 83 zu § 823 [Bf] BGB = NJW 1983, 2935; 21. 7. 2010 – XII ZR 189/08, ZMR 2011, 360 = NJW 2010, 3152 Tz 18 ff = NZM 2010, 668; LG Berlin ZMR 2014, 725 f = WuM 2013, 665; GÜNTER, in: GUHLING/GÜNTER § 536a Rn 68; NEUNER JZ 1999, 126, 130). Die genannten Dritten können daher insbesondere unter denselben Voraussetzungen wie der Mieter Schadensersatz verlangen, sofern sie durch einen von Anfang an vorhandenen Mangel der Mietsache verletzt werden (BGH 21. 7. 2010 – XII ZR 189/08, ZMR 2011, 360 = NJW 2010, 3152 = NZM 2010, 668) oder wenn Sachen beschädigt werden, die der Mieter zulässigerweise in die gemieteten Räume eingebracht hatte (BGHZ 49, 350, 355 = NJW 1968, 885).

Da das Gesetz mit dem Schadensersatz in § 536a Abs 1 BGB das **positive Interesse** **19** meint (s Rn 17), kann der Mieter (ebenso wie schon nach § 538 Abs 1 BGB aF) unter den Voraussetzungen des § 536a Abs 1 BGB verlangen, so gestellt zu werden, wie er *jetzt* bei ordnungsmäßiger Erfüllung seitens des Vermieters, insbesondere bei Überlassung einer mangelfreien Sache oder bei umgehender Beseitigung eines später aufgetretenen Mangels, stände (§§ 249, 252 BGB; zB GÜNTER, in: GUHLING/GÜNTER § 536a Rn 70; zum Ersatz nutzloser Aufwendungen u Rn 23). Dazu gehören auch ein dem Mieter **entgangener Gewinn** sowie etwaige Gesundheitsschäden des Mieters oder der sonstigen geschützten Personen (o Rn 18; BGHZ 49, 350, 355 = NJW 1968, 885; BGHZ 92, 177, 180 = NJW 1985, 132; BGH LM Nr 47 zu § 535 BGB = NJW 1971, 424; LM Nr 12/13 zu § 538 BGB = WM 1979, 1448; 5. 12. 1990 – VIII ZR 331/89, WM 1991, 736, 737 = NJW-RR 1991, 970; OLG Brandenburg 4. 4. 2019 – 3 W 85/18, NZM 2019, 946; OLG Düsseldorf WuM 2003, 386, 387; Diederichsen AcP 165 [1965] 150, 166; Kraemer WuM 2000, 515, 516; Thiele JZ 1967, 649, 655). Soweit im Schrifttum im Interesse einer Begrenzung der besonders weitgehenden Garantiehaftung des Vermieters für anfängliche Mängel zumindest bei diesen Mängeln eine Beschränkung des Schadenersatzes auf das *negative Interesse* verlangt wird (Roquette § 538 Rn 15 ff; Schreindorfer, in: 10 Jahren Mietrechtsreformgesetz S 180, 185 ff; Todt, Schadensersatzansprüche 69, 132, 143, 163 ff; ders BB 1971, 680), ist dem mit Rücksicht auf die Entstehungsgeschichte und den Wortlaut der Vorschrift *nicht* zu folgen. Selbst ein *Schmerzensgeld* des Mieters oder der sonstigen geschützten Personen (s Rn 18) kommt daher unter den Voraussetzungen der §§ 536a Abs 1 und 253 BGB in Betracht (OLG Rostock NJW-RR 2007, 1092).

20 Ersatzfähig sind insbesondere Schäden an den vom Mieter **eingebrachten Sachen**, zB Feuchtigkeitsschäden am Mobiliar oder Schäden durch Holzwurmbefall (LG Bremen WuM 1954, 42), ebenso die **entgangene Untermiete** oder die Schäden, die dem Mieter daraus entstehen, dass ein Ersatzmieter wegen der Mängel den Eintritt in den Mietvertrag ablehnt (LG Hannover ZMR 1971, 135), ferner Schäden, die darauf beruhen, dass das gemietete **Geschäft** dem Mieter verspätet übergeben wird, dass es wegen der Reparaturarbeiten geschlossen werden muss oder dass es infolge des Mangels unverkäuflich wird (RG LZ 1916, 1292; KG JW 1935, 2441; BGH 5. 12. 1990 – VIII ZR 331/89, NJW-RR 1991, 970 = WM 1991, 736; 17. 6. 1998 – XII ZR 206/96, NZM 1998, 666; OLG München ZMR 1996, 322, 323), weiter die vertretbaren **Kosten der Rechtsverfolgung** einschließlich der Prozesskosten und der Kosten eines selbständigen Beweisverfahrens (LG Hannover WuM 1980, 211; LG Offenburg WuM 1984, 300; LG Köln WuM 1990, 387, 388; AG Ahrensburg ZMR 2017, 312), die Kosten eines **Gutachtens**, jedenfalls, wenn zur Feststellung der Schäden und der Verantwortlichkeit des Vermieters erforderlich (LG Hamburg WuM 1983, 291), sowie schließlich die **Verluste** des Mieters aufgrund des Verderbs von Lebensmitteln infolge eines Stromausfalls (AG Wiesbaden WuM 1980, 245 f). Wenn der verletzte Mieter **Arbeitnehmer** eines Dritten ist, kann sich der Vermieter außerdem nicht darauf berufen, dass der Arbeitgeber seines Mieters den Schaden durch Fortzahlung des Lohns beseitigt hat (BGH LM Nr 9 zu § 538 BGB = MDR 1965, 125).

21 Kündigt der Mieter wegen des Mangels (o Rn 17a), so sind ihm außerdem zu ersetzen: die Kosten für die Suche einer anderen Wohnung, die **Umzugskosten**, die **höhere Miete** für die neue Wohnung, die Kosten für die einstweilige Unterbringung des Mobiliars in anderen Räumen sowie die Kosten für die einstweilige Anmietung mehrerer Zimmer in einem Hotel (BGH 6. 2. 1974 – VIII ZR 239/72, ZMR 1974, 375 = LM Nr 4 zu § 554a BGB = WM 1974, 345; 2. 11. 2016 – XII ZR 153/15 Rn 11, WuM 2017, 18; KG GE 2004, 478; OLG Düsseldorf WuM 2003, 386, 387; LG Hamburg WuM 1989, 285; LG Ulm WuM 1989, 285, 286 f; LG Essen WuM 1989, 372; LG Zwickau WuM 2002, 543). Jedoch beschränkt sich der Anspruch des Mieters auf Ersatz der Mietdifferenz auf die **Frist**, für die der Vermieter gegen seinen Willen an dem Vertrag festgehalten werden konnte, dh auf die Zeit bis zum ersten zulässigen ordentlichen Kündigungstermin für den Vermieter (o Rn 17a; BGH LM Nr 50 zu § 535 BGB = WM 1972, 335; LM Nr 12/13 zu § 537 BGB = MDR 1964, 915; OLG Brandenburg 4. 4. 2019 – 3 W 95/18, NZM 2019, 946).

Beseitigt der Mieter die Schäden selbst, so kann er unter den Voraussetzungen des § 536a Abs 1 BGB vom Vermieter als Schadensersatz auch den **Ersatz der Reparaturkosten** verlangen (s u Rn 41). Nach bisher hM ist insoweit auch Raum für eine fiktive Schadensberechnung auf der Grundlage des § 249 Abs 2 BGB; daran sollte auch in Zukunft im Interesse des Mieterschutzes trotz der Aufgabe der fiktiven Schadensberechnung im Werkvertragsrecht durch den BGH (22. 2. 2018 – VII ZR 46/17, BGHZ 218, 1 = NJW 2018, 1463) festgehalten werden (s Riehm NZM 2019, 273, 278 f). 22

2. Aufwendungsersatz*

Nach § 284 BGB von 2001 kann der Mieter „anstelle des Schadensersatzes statt der Leistung" Ersatz der Aufwendungen verlangen, die er im Vertrauen auf den Erhalt der Leistung gemacht hat und billigerweise machen durfte, es sei denn, deren Zweck wäre auch ohne die Pflichtverletzung des Schuldners nicht erreicht worden. Eine vergleichbare Vorschrift war dem früheren Recht unbekannt gewesen. Daraus hatten sich seinerzeit Probleme vor allem in Fällen ergeben, in denen dem Mieter im Zusammenhang mit dem Mietvertrag **Aufwendungen** entstanden waren, die sich später insbesondere infolge einer mangelbedingten Kündigung des Mieters oder aus vergleichbaren Gründen als nutzlos erwiesen. Beispiele waren Makler-, Umzugs- und Renovierungskosten des Mieters, die durch eine nachfolgende Kündigung des Mieters wegen eines Mangels der gemieteten Räume frustriert wurden (insbesondere BGHZ 99, 182, 195 ff = NJW 1987, 831 „Stadthallen-Fall"). Eine Ersatzpflicht des Vermieters für solche Aufwendungen des Mieters kam nach § 538 BGB aF nur in Betracht, soweit die sog **Rentabilitätsvermutung** reichte, dh soweit Grund zu der Annahme bestand, dass der (gewerbliche) Mieter bei ordnungsmäßiger Durchführung des Vertrags die Aufwendungen aus den Erträgen der Mietsache gedeckt hätte; nur soweit dies der Fall war, wurden auch frustrierte Aufwendungen des Mieters (ausnahmsweise) in den Schutzbereich des § 538 BGB aF einbezogen (so BGHZ 136, 102, 105 = NJW 1997, 2813; OLG München ZMR 1995, 401, 404; LG Gießen NJW-RR 1995, 524; Altmeppen DB 2001, 1399; Canaris JZ 2001, 499, 516 f; Emmerich NZM 2002, 362, 364 = in: Mietrecht im Umbruch, PiG 65 [2002] 1, 10; ders, in: FS Otte [2005] 105; ders, in: FS Blank [2006] 145; MünchKomm/Emmerich [2018] Vor § 281 Rn 19 ff; G Müller, Der Ersatz entwerteter Aufwendungen bei Vertragsstörungen [1991]; Müller-Laube JZ 1995, 538; Reim NJW 2003, 3662; E Schmidt, in: FS Gernhuber [1993] 423; Schackel ZEuP 2001, 248; Stoll JZ 1987, 517; Weitemeyer AcP 205 [2005] 275). 23

Beispiele für danach ersatzfähige Aufwendungen des gewerblichen Mieters waren – immer im Rahmen der Rentabilitätsvermutung – nutzlos aufgewandte Werbekosten und Investitionen (OLG Düsseldorf ZMR 1993, 275 f) sowie die für die Miträume gezahlten Maklerkosten, wenn der Mieter später wegen der Mängel kündigte (BGHZ 123, 96, 99 ff = NJW 1993, 2527; LG Köln NJW-RR 1992, 524 = ZMR 1992, 554); anders jedoch, wenn der Vermieter gleichfalls kündigen konnte (BGHZ 123, 96, 99 ff = NJW 1993, 2527; Altmeppen DB 2001, 1399; Canaris JZ 2001, 499, 516 f; Emmerich NZM 2002, 362, 364 = in: Mietrecht im Umbruch, PiG 65 [2002] 1, 10; ders, in: FS Otte [2005] 105; ders, in: FS Blank [2006] 145; G Müller, Der Ersatz entwerteter Aufwendungen bei Vertragsstörungen [1991]). Dagegen 23a

---

* **Schrifttum**: Ackermann, Der Ersatz des negativen Interesses (2007); Emmerich NZM 2002, 362, 364 = in: Mietrecht im Umbruch, PiG 65 (2002) 1; ders, in: FS Otte (2005) 105; ders, in: FS Blank (2006) 145; G Müller, Der Ersatz entwerteter Aufwendungen bei Vertragsstörungen (1991); E Schmidt, in: FS Gernhuber (1993) 423; Weitemeyer AcP 205 (2005) 275.

war bei der **Wohnraummiete** mangels Anwendbarkeit der Rentabilitätsvermutung für einen Ersatz frustrierter Aufwendungen grundsätzlich kein Raum (LG Gießen NJW-RR 1995, 524; Kinne GE 2001, 1235, 1236; Kraemer WuM 2000, 515, 516). Durch § 284 BGB ist die **Rentabilitätsvermutung** bei der gewerblichen Miete richtiger Meinung nach nicht verdrängt worden (s Emmerich NZM 2002, 362, 364 = PiG 65 [2002] 1, 10; ders, in: FS Otte [2005] 105; ders, in: FS Blank [2006] 145; MünchKomm/Emmerich Vor § 281 Rn 20 f; Günter, in: Guhling/Günter § 536a Rn 77). In den genannten Fällen hat der Mieter bei der gewerblichen Miete mithin jetzt die **Wahl**, ob er frustrierte Aufwendungen über die Rentabilitätsvermutung in den Schadensersatz einbeziehen oder ihren Ersatz nach § 284 BGB unter den dort genannten zusätzlichen Voraussetzungen verlangen will (s Rn 24; Schaub, in: 10 Jahre Mietrechtsreformgesetz S 168, 178; Weitemeyer AcP 205 [2005] 275, 278 f; str).

24 Der Anwendungsbereich des § 284 BGB beschränkt sich auf Fälle, in denen der Gläubiger **Schadensersatz statt der Leistung** verlangen kann. Zu diesen Fällen gehört § 536a BGB seit der Änderung der Vorschrift durch das Schuldrechtsmodernisierungsgesetz von 2001 seinem Wortlaut nach auf den ersten Blick *nicht* mehr. Gleichwohl geht die allgemeine Meinung zu Recht davon aus, dass **auch** der **Mieter** unter den Voraussetzungen des § 536a Abs 1 BGB zwischen dem Schadensersatz und dem Aufwendungsersatz nach **§ 284 BGB** wählen kann, weil der Gesetzgeber den Begriff des „Schadensersatzes" in § 536a Abs 1 BGB als *Oberbegriff* für den Schadensersatz und den Schadensersatz statt der Leistung in den §§ 280 und 281 BGB verstanden hat (s Rn 17; LG Berlin WuM 2013, 665 = ZMR 2014, 725, 726; ausführlich BeckOGK/Bieder [1. 7. 2020] § 536a Rn 26 ff). Die Folge ist, dass jetzt **auch** – anders als früher (o Rn 23 f) – bei der **Wohnraummiete** unter den in § 284 BGB genannten Voraussetzungen ein Aufwendungsersatzanspruch des Mieters in Betracht kommt (LG Berlin WuM 2013, 665 = ZMR 2014, 725). **Beispiele** sind frustrierte Dekorations- oder Maklerkosten des Mieters, wenn der Mieter infolge der Mängel kündigt (§§ 536a Abs 1, 543 Abs 2 Nr 1 und 284 BGB; s im Einzelnen Vorbem 14 zu § 536; LG Berlin WuM 2013, 665 = ZMR 2014, 725; Althammer NZM 2003, 129, 132 f; Emmerich, in: FS Blank [2006] 145; Schaub, in: 10 Jahre Mietrechtsreformgesetz S 168, 177). Trotz der durch § 284 BGB betonten Alternativität von Aufwendungsersatz und Schadensersatz bleibt der Mieter außerdem befugt, wegen *anderer* Schäden, die auf dem Mangel beruhen, zB wegen der Kosten der infolge des Mangels nötigen Anmietung einer Ersatzwohnung, etwa im Falle der Doppelvermietung einer Wohnung (§ 536 Abs 3 BGB), *Schadensersatz* nach § 536a Abs 1 BGB zu verlangen (LG Berlin WuM 2013, 665 = ZMR 2014, 725). Es spielt ferner keine Rolle, ob die fraglichen Aufwendungen vor oder nach Vertragsschluss vom Mieter getätigt wurden (Emmerich, in: FS Blank [2006] 145, 151). Nur wenn die Aufwendungen auch bei ordnungsmäßiger Durchführung des Vertrages vergeblich gewesen wären, kann der Mieter dafür nach § 284 BGB keinen Ersatz verlangen (Emmerich, in: FS Blank [2006] 145, 150 f; Oechsler NZM 2004, 647; Reim NJW 2003, 3662; Weitemeyer AcP 205 [2005] 275; zu der schwierigen Abgrenzung des Anwendungsbereichs des § 284 von dem des § 536a Abs 2 und des § 539 Abs 1 s u Rn 26, 41 sowie BeckOGK/Bieder [1. 7. 2020] § 536a Rn 26 ff).

3. Mitwirkendes Verschulden

25 Die Ersatzansprüche des Mieters aus § 536a Abs 1 BGB können wegen mitwirkenden Verschuldens des Mieters nach § 254 Abs 1 BGB gemindert oder ausgeschlossen sein, und zwar grundsätzlich auch bei einer Entstehung von Schäden, die auf anfängliche Mängel der Mietsache zurückgehen. Ein mitwirkendes Verschulden des Mieters wurde zB angenommen, wenn ein Chirurg als Hotelgast in dem Hotel versucht, die klemmenden Badearmaturen mit Gewalt zu lockern und sich dabei (ausgerechnet) schwer an seinen Händen verletzt (BGH 1. 4. 19 63 – VIII ZR 257/61, LM Nr 10 zu § 537 BGB [Bl 3 R] = NJW 1963, 1449), wenn ein Hotelgast ohne Not einen gefährlichen, unbeleuchteten Nebeneingang statt des beleuchteten Haupteingangs benutzt (OLG Karlsruhe OLGZ 1971, 18, 21 f) oder wenn ein Arbeitgeber ein den Unfallverhütungsvorschriften widersprechendes gemietetes Fahrzeug in seinem Betrieb einsetzt, wodurch ein Arbeitnehmer verletzt wird, weil dann das Verschulden des mietenden Arbeitgebers bei weitem das des Vermieters überwiege (so jedenfalls OLG Rostock NJW-RR 2007, 1092). Insgesamt wird es sich dabei jedoch stets um **Ausnahmefälle** handeln, weil dem Mieter keine Prüfungspflicht obliegt (BGHZ 68, 281, 288 = NJW 1977, 1236; BGH 5. 12. 1990 – VIII ZR 131/89, BeckRS 1990, 77394 = WM 1991, 736, 737 f; KG GE 1989, 355). Insbesondere bei der Haftung des Vermieters für das Fehlen zugesicherter Eigenschaften wird deshalb grundsätzlich eine Berücksichtigung mitwirkenden Verschuldens auszuscheiden haben (BGH 15. 8. 1964 – VIII ZR 255/62, LM Nr 12/13 zu § 537 BGB = MDR 1164, 915; BeckOGK/Bieder [1. 7. 2020] § 536a Rn 32 f). Eine **Pflicht** des Mieters, die Mängel selbst **zu beseitigen**, kann aus § 536a Abs 1 BGB iVm § 254 BGB gleichfalls nur in Ausnahmefällen hergeleitet werden, wenn der Mangel leicht zu beseitigen und die Mängelbeseitigung für ihn zumutbar ist und andernfalls der Eintritt erheblicher Schäden droht, während eine Beseitigungspflicht zu verneinen ist, wenn die Abhilfe riskant, der Erfolg ungewiss oder der Aufwand erheblich ist (Rn 28; OLG Düsseldorf WuM 2003, 386 [r Sp 4. Abs]; ZMR 2005, 707).

VI. Aufwendungsersatz nach § 536a Abs 2*

1. Überblick

Nach § 536a Abs 2 BGB kann der Mieter in zwei Fällen den Mangel selbst beseitigen **26** und Ersatz der erforderlichen Aufwendungen vom Vermieter verlangen, nämlich 1., wenn der Vermieter mit der Beseitigung des Mangels in Verzug ist (u Rn 28 ff), sowie 2., wenn die umgehende Beseitigung des Mangels zur Erhaltung oder Wiederherstellung des Bestands der Mietsache notwendig ist (u Rn 35 ff). Der erste Fall entspricht dem früheren § 538 Abs 2 BGB, der zweite dem früheren § 547 Abs 1 BGB. Durch das **Mietrechtsreformgesetz von 2001** sind beide Fälle in einer Vorschrift zusammengefasst worden, um die Abgrenzungsschwierigkeiten zu beseitigen, die früher mit dem Nebeneinander des Aufwendungsersatzanspruchs des Mieters nach

---

* **Schrifttum**: Artz, Das Selbstbeseitigungsrecht des Mieters, in: FS Blank (2006) 5; Brinckmann, Wegnahmerecht des Mieters (1922); Emmerich, Die Verwendungen des Mieters, NZM 1998, 49; G Feiler, Aufgedrängte Bereicherung bei den Verwendungen des Mieters oder Pächters (1968); Haas, Die Verwendungsersatzansprüche im Eigentümer-Besitzerverhältnis und die aufgedrängte Bereicherung, AcP 176 (1976) 1; Schindler, Die aufgedrängte Bereicherung beim Ersatz von Impensen, AcP 165 (1965) 499; Schopp, Die Ansprüche aus Verwendungen und Wegnahme von Einrichtungen beim Eigentumswechsel, ZMR 1969, 257; Waltjen, Das Eigentümer-Besitzer-Verhältnis und Ansprüche aus ungerechtfertigter Bereicherung, AcP 175 (1975) 109; Weitemeyer, Die Pflichten des Vermieters bis zur Übergabe, PiG 83 (2008) 125; Wolf, Die Verwendungsersatzansprüche des Besitzers im Anspruchssystem, AcP 166 (1966) 188.

§ 538 Abs 2 BGB aF und des Verwendungsersatzanspruches aufgrund des § 547 Abs 1 BGB aF verbunden waren. Tatsächlich dürften diese Ziele indessen allenfalls partiell erreicht worden sein, weil sich im Gesetz nach wie vor ein *weiterer* Aufwendungsersatzanspruch des Mieters (im Anschluss an § 547 Abs 2 BGB aF) in § 539 Abs 1 BGB findet, ergänzt zudem seit 2001 noch um einen weiteren Aufwendungsersatzanspruch in Gestalt des § 284 BGB, wodurch insgesamt die Abgrenzungsprobleme im Ergebnis nicht nur nicht vereinfacht, sondern im Gegenteil weiter verschärft worden sein dürften (s schon o Rn 24 sowie u Rn 41).

27 § 536a Abs 2 BGB regelt einen Ausschnitt aus dem schwierigen Fragenkreis des Selbstvornahme- oder **Selbstbeseitigungsrechts** des Sachleistungsgläubigers, hier des Mieters. Eine vergleichbare Regelung enthält insbesondere noch § 637 BGB für den Werkvertrag (vgl Artz, in: FS Blank 5). Dagegen kennt das Gesetz im Kaufrecht kein Selbstbeseitigungsrecht, woraus die Rechtsprechung den Schluss gezogen hat, dass der Käufer im Falle der Beseitigung von Mängeln der Kaufsache durch eigene Maßnahmen *keinen* Aufwendungsersatz vom Verkäufer verlangen kann, auch nicht auf dem Weg über § 326 Abs 2 S 2 BGB, wie im Schrifttum vielfach befürwortet (dagegen wieder insbesondere BGH 14. 6. 2019 – V ZR 254/17, NJW 2019, 3780 Rn 7). Gleichwohl wird eine Anwendung des **§ 326 Abs 2 S 2 BGB** auch im *Mietrecht* diskutiert, um dem Mieter über den zu engen Rahmen des § 536a Abs 2 BGB hinaus Aufwendungsersatzansprüche bei Selbstbeseitigung der Mängel, jedenfalls nach Fristsetzung, zubilligen zu können (Artz, in: FS Blank 5, 15 ff). Dagegen betont der BGH für das Mietrecht ebenso wie für das Kaufrecht nach wie vor den **abschließenden Charakter** der Regelung des § 536a Abs 2 BGB (BGH 16. 1. 2008 – VIII ZR 222/06, NJW 2008, 1216 = NZM 2008, 279 = WuM 2008, 147, 148 Tz 18 ff; 14. 6. 2019 – V ZR 254/17, NJW 2019, 3780 Rn 17). Dem ist indessen nicht zu folgen (s im Einzelnen u Rn 41).

2. Verzug des Vermieters mit der Beseitigung des Mangels (§ 536a Abs 2 Nr 1)

a) Voraussetzungen

28 Bei Verzug des Vermieters mit der Beseitigung eines Mangels kann der Mieter den Mangel selbst beseitigen und vom Vermieter Ersatz der erforderlichen Aufwendungen verlangen (§ 536a Abs 2 Nr 1 BGB). Bei diesem Selbstvornahme- oder **Selbstbeseitigungsrecht** des Mieters handelt es sich um eine bloße *Befugnis,* nicht etwa um eine Verpflichtung des Mieters; nur in Ausnahmefällen kann sich aus § 254 BGB etwas anderes ergeben (o Rn 25). Soweit der Mieter von dieser Befugnis, einer Art **Selbsthilferecht**, Gebrauch macht, ist er dem Vermieter gegenüber zur Vornahme der betreffenden Arbeiten *berechtigt,* selbst wenn mit ihnen ein Eingriff in die Substanz der Mietsache verbunden ist. Das Beseitigungsrecht des Mieters umfasst auch die mitvermieteten Sachen und Sachteile wie zB die Treppen, Flure, Keller, Böden und Zugänge.

29 Der Mieter hat ein Selbstbeseitigungsrecht nur unter den engen Voraussetzungen des § 536a Abs 2 BGB und des § 539 BGB (u Rn 30 ff). In anderen Fällen kann der Mieter daher für die Beseitigung von Mängeln vom Vermieter grundsätzlich *keinen* Aufwendungsersatz verlangen (o Rn 27, u Rn 41). So verhält es sich zB, wenn er freiwillig von ihm nicht geschuldete Schönheitsreparaturen durchführt, sofern nicht im Einzelfall (ausnahmsweise) die Voraussetzungen der Verwendungskondiktion erfüllt sind (§§ 539 Abs 1, 684 S 1, 812 Abs 1 S 1 Fall 2 BGB; s o § 535 Rn 106).

Der Aufwendungsersatzanspruch des Mieters nach § 536a Abs 2 Nr 1 BGB setzt als **30** erstes einen **Verzug** des Vermieters mit der Beseitigung eines Mangels voraus. Die Voraussetzungen des Verzugs richten sich nach § 286 BGB und sind damit hier dieselben wie in dem entsprechenden Fall des § 536a Abs 1 Fall 3 BGB (s deshalb im Einzelnen o Rn 12 ff). Hervorzuheben ist lediglich, dass auch hier der Verzug des Vermieters grundsätzlich eine **Mahnung** erfordert (§ 286 Abs 1 S 1 BGB; LG Duisburg WuM 1999, 112), auf die nur unter den Voraussetzungen des **§ 286 Abs 2 BGB** verzichtet werden kann (s Rn 16). Dafür reicht es nicht aus, dass der Mieter in seinem Geschäft unter großem Zeitdruck steht (OLG Düsseldorf ZMR 2009, 362) oder dass er lediglich in Unkenntnis der Adresse des Vermieters ist; er darf dann nicht einfach auf eine Mahnung verzichten und etwaige Mängel selbst reparieren, sondern muss erst Nachforschungen nach der Adresse des Vermieters anstellen (AG Köln NJW 2007, 305 = NZM 2007, 161). Die Voraussetzungen des § 536a Abs 2 Nr 1 BGB sind dagegen **zB** erfüllt, wenn sich der Vermieter um eine defekte Heizung trotz Mahnung des Mieters nicht kümmert (AG Friedberg WuM 1987, 52) oder wenn er wissentlich untaugliche Reparaturversuche unternimmt (AG Wetzlar WuM 2005, 715), wenn der Vermieter mit der Bereitstellung einwandfreien Wassers in Verzug gerät (LG Köln ZMR 1991, 223) oder wenn er trotz Aufforderung des Mieters nichts zur Beseitigung einer übermäßigen Taubenverschmutzung unternimmt (AG Hamburg WuM 1990, 424). Der Verzug des Vermieters **endet** wieder, sobald der Mieter in **Annahmeverzug** gerät, etwa, weil er den vom Vermieter beauftragten Handwerkern den Zutritt verweigert, sodass eine Reparatur nicht mehr möglich ist (§ 293 BGB; LG Berlin GE 1999, 1498), oder wenn er eine vom Vermieter angebotene Untersuchung der Mängel ablehnt (LG Berlin GE 2010, 127).

b)   Ersatz der erforderlichen Aufwendungen, Vorschuss

Unter den Voraussetzungen des § 536a Abs 2 Nr 1 BGB kann der Mieter vom **31** Vermieter *nach* Durchführung der nötigen Maßnahmen zur Beseitigung des Mangels Ersatz der erforderlichen Aufwendungen verlangen. **Aufwendungen** sind freiwillige Vermögensopfer, die der Mieter zum Zwecke der Mängelbeseitigung erbringt, also nicht nur Geldleistungen, sondern auch Sachwerte, eigene Arbeitsleistung sowie die Belastung mit Verbindlichkeiten (s unten § 539 Rn 3 f; Weimar ZMR 1975, 163 ff). Die Kosten für die Anschaffung **neuer Geräte** können ebenfalls dazu gehören, sofern eine Reparatur der alten Geräte nicht mehr wirtschaftlich ist (LG Itzehoe WuM 1988, 87; LG München I NZM 2003, 152; AG Görlitz WuM 1996, 667; **aM** LG Hamburg WuM 1988, 87). Dasselbe gilt für die Herstellung eines **neuen**, besseren **Zustandes** als bisher, sofern der frühere Zustand für den Mieter nicht mehr zumutbar war (LG Köln WuM 1994, 73). Erleidet der Mieter bei der Mängelbeseitigung einen **Schaden**, so ist der Vermieter auch für diesen Schaden aufgrund seines Verzugs ersatzpflichtig (§§ 280 Abs 2, 286 BGB; Hassold JuS 1975, 550, 551). In jedem Fall muss hinzukommen, dass die Aufwendungen gerade auf dem *Verzug* des Vermieters mit der Mängelbeseitigung und nicht auf anderen Ursachen *beruhen* (AG Charlottenburg GE 1980, 1063).

Die Ersatzpflicht des Vermieters beschränkt sich jedoch nach § 536a Abs 2 Nr 1 **32** BGB auf die **„erforderlichen" Aufwendungen**, dh diejenigen Aufwendungen, die der Mieter bei Anwendung der im Verkehr erforderlichen Sorgfalt für angemessen halten durfte. Darunter fallen lediglich solche Kosten, die nach vernünftiger wirtschaftlicher Betrachtungsweise **nötig und zweckmäßig** sind (BGH 29. 9. 1988 – VII ZR 182/87, LM Nr 86 zu § 635 BGB [Bl 4 R f] = NJW-RR 1989, 86; 31. 1. 1991 – VII ZR 63/90, LM Nr 81 zu § 633 BGB = NJW-RR 1991, 789; 21 4. 2010 – VIII ZR 131/09, NJW 2010, 2050 = WuM 2010, 348 Tz 18 = NZM 2010, 507; OLG Brandenburg ZMR 2003, 909, 914). Der Mieter darf sich insoweit jedoch grundsätzlich auf das Urteil eines Fachmannes verlassen (LG Berlin GE 1985, 209; 1987, 39; 1991, 987, 989; Kinne GE 2001, 1235, 1238). Das **Risiko**, dass die vom Mieter durchgeführten oder von ihm in Auftrag gegebenen Arbeiten keinen Erfolg haben, trägt der Vermieter, solange den Mieter kein Verschulden trifft und die Zwecklosigkeit der Maßnahmen nicht von vornherein abzusehen war (OLG Brandenburg ZMR 2003, 909, 914). Denn nur dann waren die Maßnahmen nicht „erforderlich". Aus demselben Grund entfällt der Aufwendungsersatzanspruch des Mieters, wenn feststeht, dass die vom Mieter geplanten oder bereits vorgenommenen Maßnahmen **zwecklos** sind, weil die Ursachen der Mängel überhaupt nicht bekannt sind (BGH 21. 4. 2010 – VIII ZR 131/09, NJW 2010, 2050 = WuM 2010, 348 Tz 17 ff = NZM 2010, 507). Sofern der Mieter mit der Beseitigung von Mängeln **zugleich Dekorationsschäden** beseitigt, ist ein Abzug erforderlich, falls die Schönheitsreparaturen dem Mieter obliegen (LG Berlin GE 1996, 1181). Der Aufwendungsersatzanspruch des Mieters **verjährt** in den kurzen Fristen des § 548 Abs 2 BGB (u § 548 Rn 19, Rn 32 ff). Dasselbe gilt für konkurrierende vertragliche oder gesetzliche Ansprüche, außer wenn sie in keinem Zusammenhang mit dem Mietverhältnis stehen (BGH LM Nr 22 zu § 538 BGB = NJW 1974, 743).

33 *Vor* Durchführung der *erforderlichen* Arbeiten kann der Mieter von dem Vermieter einen **Vorschuss** verlangen, vorausgesetzt, dass die vom Mieter geplanten Maßnahmen Erfolg versprechen und nicht zwecklos erscheinen, weil die Ursachen der Mängel unbekannt sind (analog § 637 Abs 3 BGB; BGHZ 47, 272; 56, 136, 141 = NJW 1971, 1450; BGH 21 4. 2010 – VIII ZR 131/09, NJW 2010, 2050 = WuM 2010, 348 Tz 18 = NZM 2010, 507; KG NJW-RR 1988, 1039 = WuM 1988, 142 = ZMR 1988, 219; 8. 7. 2020 – VIII ZR 163/18 Rn 14, NZM 2020, 704 = NJW 2020, = WuM 2020; 8. 7. 2020 – VIII ZR 270/18, NZM 2020, 710; LG Berlin GE 1990, 543; 1992, 157; NJW-RR 1990, 23; Kinne GE 2001, 1235, 1238). Das gilt auch, sofern der Mieter **Schönheitsreparaturen** durchführt, die nach dem Vertrag dem Vermieter obliegen, *sofern* sich der Vermieter mit der Durchführung der Schönheitsreparaturen in Verzug befindet (AG Siegburg WuM 1995, 310; AG Potsdam WuM 1995, 700, 701). Im Falle der **Veräußerung** des Grundstücks richtet sich der Vorschussanspruch gegen den **Erwerber**, selbst wenn die Verzugsvoraussetzungen schon vor Eigentumsübergang eingetreten waren (§ 566 BGB; LG Berlin GE 1987, 39 = ZMR 1987, 19; NJW-RR 1990, 23; AG Potsdam WuM 1995, 267). Der Vorschussanspruch des Mieters **entfällt**, wenn der Mieter aufgrund der besonderen Beziehungen der Parteien, insbesondere, weil er zugleich der Eigentümer des Mietobjektes ist, das er von dem Nießbraucher gemietet hat, zur Tragung der betreffenden Kosten selbst verpflichtet ist, im Falle des Nießbrauchs nach § 1041 BGB (BGH 13. 7. 2005 – VIII ZR 311/04, WuM 2005, 587, 588 [l Sp] = NZM 2005, 780).

34 Die Geltendmachung des Anspruchs auf den Vorschuss hindert den Mieter nicht, die Mängel immer noch selbst zu beseitigen (KG NJW-RR 1988, 1039 = WuM 1988, 142 = ZMR 1988, 219). Der Anspruch ist **abtretbar** (LG Berlin GE 1990, 543), jedoch zweckgebunden, sodass der Vermieter gegen den Vorschussanspruch des Mieters grundsätzlich *nicht* mit anderen Gegenansprüchen **aufrechnen** kann (LG Kleve WuM 1989, 14; AG Wetzlar WuM 2005, 715, 716). Wird der Vorschuss nicht pünktlich gezahlt, so stehen dem Mieter zusätzlich **Verzugszinsen** zu (§ 288 BGB; BGHZ 94, 330, 332 f = NJW 1985, 2325). Nach Beendigung der Arbeiten muss über den Vorschuss **abgerechnet** werden. Sobald aber der Mietvertrag wirksam gekündigt ist, entfällt der Vorschussanspruch des Mieters (LG Mannheim WuM 1975, 49).

3. Notwendige Aufwendungen zur Erhaltung oder Wiederherstellung des Bestands der Mietsache (§ 536a Abs 2 Nr 2)

a) Überblick, Geschichte

35 Nach § 536a Abs 2 Nr 2 BGB kann der Mieter den Mangel ferner dann selbst beseitigen und Aufwendungsersatz verlangen, wenn die „umgehende Beseitigung des Mangels zur Erhaltung oder Wiederherstellung des Bestands der Mietsache notwendig ist". Vorläufer der Vorschrift war § 547 Abs 1 S 1 BGB aF, nach dem der Vermieter verpflichtet war, dem Mieter „die auf die Sache gemachten notwendigen Verwendungen zu ersetzen". Mit der Verlegung der Vorschrift nach § 536a Abs 2 Nr 2 BGB war keine sachliche Änderung, sondern lediglich eine Beseitigung von Abgrenzungsschwierigkeiten bezweckt, die sich früher aus dem Nebeneinander von § 547 Abs 1 S 1 BGB aF und § 538 Abs 2 BGB aF ergeben hatten (s Rn 26). Bei dieser Gelegenheit wurde die Bestimmung zugleich „terminologisch" ihrem jetzigen Standort angepasst (so die Begr zum RegE BT-Drucks 14/4553, 41 [l Sp]). Geht man dementsprechend davon aus, dass der jetzige § 536a Abs 2 Nr 2 BGB im Ergebnis keine Änderung gegenüber dem früheren § 547 Abs 1 S 1 BGB gebracht hat, so folgt daraus, dass es hier ebenfalls der Sache nach um den **Ersatz notwendiger Verwendungen** geht, „not-wendig" deshalb, weil die *umgehende* Beseitigung des Mangels zur Erhaltung oder Wiederherstellung des Bestands der Mietsache geboten ist, wie es jetzt § 536a Abs 2 Nr 2 BGB ausdrückt. Ist dies richtig, so hat sich der Gesetzgeber des Mietrechtsreformgesetzes damit im Ergebnis der Auffassung angeschlossen, dass sich der Ersatzanspruch des Mieters hier im Grunde auf **Notmaßnahmen** zur Erhaltung der Mietsache beschränkt, in denen die Angelegenheit keinen Aufschub mehr duldet, sodass keine Zeit mehr bleibt, den Mangel dem Vermieter anzuzeigen (§ 536c Abs 1 BGB) und ihn durch Mahnung zur Mängelbeseitigung in Verzug zu setzen (§ 286 BGB), um anschließend nach § 536a Abs 2 **Nr 1 BGB** vorgehen zu können (Begr BT-Drucks 14/4553, 41 [l Sp]; BGH 16. 1. 2008 – VIII ZR 222/06, NJW 2008, 1216 = NZM 2008, 279 = WuM 2008, 147, 148 Tz 17; OLG Düsseldorf ZMR 2009, 362; s mwNw EMMERICH NZM 1998, 49, 52).

36 Die notwendige Folge ist, dass sich der Anwendungsbereich der Nr 1 und der Nr 2 des § 536a Abs 2 BGB zwar nicht ganz, aber doch weithin decken, wie es auch früher schon für die § 538 Abs 2 und § 547 Abs 1 BGB aF angenommen wurde (s EMMERICH NZM 1998, 49, 52). In der **bisherigen Praxis** sind diese engen Voraussetzungen für einen Aufwendungsersatzanspruch des Mieters freilich **nicht immer beachtet** worden. Als notwendige Verwendung wurden **zB** eingestuft: der Wiederaufbau eines zerstörten Gebäudes (BGH WM 1967, 1147, 1148), die Erhaltung der Bewohnbarkeit einer Wohnung (RG HRR 1929 Nr 1309), die Instandsetzung einer verwahrlosten und beschädigten Wohnung einschließlich des ersten Anstrichs und der dringend gebotenen Erneuerung der Fenster (LG Bamberg WuM 1974, 71), die Verlegung der für Haushaltsgeräte erforderlichen Anschlüsse und Schalter (LG Darmstadt MDR 1962, 739 Nr 53), die Reparatur beschädigter Leitungen und die Ersetzung vorschriftswidriger durch ordnungsmäßige Leitungen (LG Osnabrück WuM 1976, 172), die Reinigung eines verstopften Gas- oder Ablaufrohres (AG Schöneberg GE 1984, 873), die Reparatur eines Rohrbruchs (AG Schöneberg GE 1988, 305), die Anbringung von Fliesen in Bad und Küche, wenn zur Vermeidung von Wasserschäden erforderlich (AG Dortmund WuM 1992, 125), sowie die Anbringung von Notdächern, um ein Gebäude vor dem Verfall zu bewahren (BGH Betrieb 1959, 828).

37 Dagegen wurde das Vorliegen notwendiger Verwendungen durchweg **verneint**, wenn es sich um nichts anderes als um **normale Reparaturmaßnahmen** zur Erhaltung oder Wiederherstellung oder auch Verbesserung der Mietsache handelte (BGH 20. 1. 1993 – VIII ZR 22/92, NJW-RR 1993, 522 = WM 1993, 797; OLG München ZMR 1997, 236, 237 = NJW-RR 1997, 650). **Beispiele** waren der Ausbau eines Stalls zu einer Werkstatt (OLG München ZMR 1997, 236, 237 = NJW-RR 1997, 650), der Bau eines Zaunes (OLG München ZMR 1997, 235), der Umbau eines Ladenlokals in eine Gaststätte (BGH 22. 5. 1967 – VIII ZR 25/65, LM Nr 75 zu § 812 BGB = NJW 1967, 2255), der Ausbau einer Wohnung zu einer ärztlichen Praxis, sofern der Vermieter hierzu nicht verpflichtet war (OLG Karlsruhe NJW 1972, 2224, 2225), der Einbau eines Gasbadeofens in einem Altbau (AG Münster MDR 1972, 872 Nr 63) sowie bei der Landpacht die Hofbefestigung, die Anlage einer Drainage oder der Bau eines Schuppens (BGH 6. 7. 1990 – LwZR 8/89, LM Nr 71 zu § 133 [C] BGB = NJW-RR 1991, 75 = ZIP 1990, 1485). Das entspricht der heutigen Rechtslage, da es sich in allen genannten Fällen *nicht* um Maßnahmen handelt, deren *umgehende Vornahme* zur Erhaltung oder Wiederherstellung des Bestands der Mietsache notwendig ist (§ 536a Abs 2 Nr 2 BGB). Damit nur schwer zu vereinbaren ist freilich die Auffassung des OLG Düsseldorf (WuM 2005, 194, 197 [l Sp]), der Ausbau einer Fabrikhalle zu einem Büro-, Wohn- und Ateliergebäude könne in Ausnahmefällen, wenn mit den Interessen des Eigentümers übereinstimmend, als notwendige Verwendung zu qualifizieren sein.

b) Begriff

38 Der Begriff der Aufwendungen, den § 536a Abs 2 BGB jetzt anstelle des früher üblichen Begriffs der Verwendungen (s § 547 Abs 1 S 1 BGB aF) benutzt, ist derselbe wie in der Nr 1 des § 536a Abs 2 BGB (s deshalb Rn 31). Darunter fallen maW grundsätzlich sämtliche freiwillige Vermögensopfer, die der Mieter zum Zwecke der Erhaltung oder Wiederherstellung des Bestandes der Mietsache erbringt, vorausgesetzt, dass die Aufwendungen zugleich „notwendig" in den genannten engen Sinne (s Rn 35 ff) sind. Im Kern dürfte sich damit der so verstandene Aufwendungsbegriff mit dem **herkömmlichen Verwendungsbegriff in § 547 Abs 1 BGB aF** decken (s die Begr zum RegE BT-Drucks 14/4553, 41 [l Sp]), unter dem durchweg zum Schutze des Vermieters insbesondere gegen aufgedrängte Bereicherungen (s Rn 41) nur solche Maßnahmen verstanden wurden, die nach dem Willen des Mieters darauf abzielten, den Bestand der Sache als solchen zu erhalten oder wiederherzustellen. Der Mieter musste mit anderen Worten gerade **um der Sache willen**, dh für den Vermieter tätig geworden sein, wenn § 547 Abs 1 BGB aF Anwendung finden sollte, während für die Anwendung dieser Vorschrift *kein* Raum war, wenn der Mieter die fraglichen Maßnahmen nicht um der Sache willen, sondern zu ganz anderen Zwecken vorgenommen hatte, insbesondere also, wenn er überwiegend **im eigenen Interesse** tätig geworden war oder doch zu dem Zweck, eine (bestehende oder angenommene) Verpflichtung zu erfüllen (s Emmerich NZM 1998, 49, 50 f). Keine Verwendungen in diesem Sinne stellten außerdem Maßnahmen dar, durch die der **Zustand** der Sache **verändert** wurde; wichtigstes Beispiel war die **Bebauung** eines Grundstücks (BGHZ 10, 171, 177 = NJW 1953, 1466; BGHZ 34, 122, 127 f = NJW 1961, 499; BGHZ 41, 157, 160 = NJW 1964, 1125; BGHZ 87, 104, 106 f = NJW 1983, 1479; BGHZ 109, 179,

182 = NJW 1990, 447; BGHZ 115, 162, 166 f = NJW 1991, 3279, 3280; BGHZ 131, 220, 223 = NJW 1996, 921; BGH 20. 1. 1993 – VIII ZR 22/92, NJW-RR 1993, 522 = WM 1993, 779; vPreuschen-vLewinski, Baumaßnahmen).

Richtiger Meinung nach bringt das Gesetz heute dasselbe enge Verständnis des Begriffs der Aufwendungen wie früher (s Rn 38) dadurch zum Ausdruck, dass es sich nach der Nr 2 des § 536a Abs 2 BGB gerade um Aufwendungen des Mieters „zur Erhaltung oder Wiederherstellung des Bestands" der Mietsache handeln muss, *nicht* also um Maßnahmen zur *Verbesserung oder Veränderung* der Mietsache. Hinzu kommen muss schließlich noch, dass die Beseitigung des Mangels zur Erhaltung oder Wiederherstellung des Bestandes der Mietsache dringend „notwendig" ist, dass die fragliche Maßnahme maW *keinen Aufschub* duldet, sodass sich im Grunde der Anwendungsbereich des § 536a Abs 2 Nr 2 BGB auf **dringende „Notmaßnahmen des Mieters"** beschränkt, bei denen deshalb auch nicht die Möglichkeit zu einer Anzeige nach § 536c BGB oder einer Mahnung besteht, um den Vermieter in Verzug zu setzen (ebenso die Begr zum RegE BT-Drucks 14/4553, 41 [l Sp] sowie BGH 16. 1. 2008 – VIII ZR 222/06, NJW 2008, 1216 Tz 17 = NZM 2008, 279 = WuM 2008, 147, 148; AG Münster WuM 2009, 665; AG Brandenburg GE 2012, 758; AG Würzburg WuM 2014, 332). **Beispiele** für derartige Notmaßnahmen sind die Reparatur der mitten im Winter ausgefallenen Heizung (BGH 9. 11. 1995 – IX ZR 19/95, WM 1996, 131 = NJW-RR 1996, 336, 337; 16. 1. 2008 – VIII ZR 222/06, NJW 2008, 1216 = NZM 2008, 279 = WuM 2008, 147, 148 Tz 17; AG Brandenburg GE 2012, 758) und der unaufschiebbare Kauf des nötigen Heizmaterials, sonstige dringende Reparaturmaßnahmen wie die Reparatur eines Rohrbruchs oder eines auf der Straße liegengebliebenen Fahrzeugs, das Dichten des Lecks eines Schiffs oder die Wiederherstellung des durch Sturm beschädigten Daches des gemieteten Gebäudes, sofern der Vermieter nicht sofort erreichbar ist (Mittelstein, Miete 341), sowie schließlich die unaufschiebbare Bekämpfung einer aufgetretenen Ungezieferplage (LG München I WuM 2001, 245) oder eines aggressiven Wespenschwarms, der sich an der Wand der Wohnung festgesetzt hat (AG Würzburg WuM 2014, 332). **39**

Der **Aufwendungsersatzanspruch** des Mieters **entfällt**, wenn der Mieter letztlich selbst die der Sache drohende Gefahr zu vertreten hat (LG Augsburg WuM 1999, 38) oder wenn die fraglichen Maßnahmen Teil der von ihm geschuldeten Gegenleistung sind (BGH 8. 11. 1995 – XII ZR 202/94, NJWE-MietR 1996, 33 = ZMR 1996, 122). Ebenso steht es, wenn der Vermieter gegen den Mieter aus Vertrag oder aufgrund Gesetzes (§ 1004 BGB) einen Anspruch auf Beseitigung der betreffenden Maßnahmen hat (RGZ 158, 394, 401; BGH LM Nr 54 zu § 535 BGB = NJW 1974, 1463). **40**

4. Konkurrenzen

Mit der Begrenzung des Aufwendungsersatzanspruchs des Mieters durch § 536a Abs 2 BGB auf zwei eng umgrenzte Fälle wird (unter anderem) ein **Schutz des Vermieters gegen aufgedrängte Bereicherungen** bezweckt. Daraus folgt, dass der Mieter, wenn er Mängel beseitigt, *ohne* dass die Voraussetzungen des § 536a Abs 2 BGB erfüllt sind, jedenfalls nach Bereicherungsrecht (§§ 812 und 818 BGB) oder nach den §§ 994 ff BGB keinen Aufwendungsersatz vom Vermieter verlangen kann. Unklar ist dagegen, was aus dem Gesagten für das Verhältnis des § 536a Abs 2 BGB zu den anderen Anspruchsgrundlagen wie insbesondere § 284, § 536a Abs 1 Fall 3 und § 539 Abs 1 BGB in Verbindung mit den Vorschriften über die Geschäftsfüh- **41** rung ohne Auftrag folgt. Der BGH hat sich in dieser Frage für einen **generellen Vorrang des § 536a Abs 2 BGB** entschieden; um zu verhindern, dass der Vorrang des Vermieters mit der Mängelbeseitigung unterlaufen und der Vermieter schließlich entgegen seinem Willen vor vollendete Tatsachen gestellt werde könnte (s schon Rn 27). Der Mieter soll deshalb einen Ersatz der Aufwendungen für die Mängelbeseitigung weder nach § 539 Abs 1 BGB (iVm den Vorschriften über die GoA) noch als Schadensersatz nach § 536a Abs 1 BGB verlangen können, sofern nicht zugleich die engen Voraussetzungen des § 536a Abs 2 Nr 1 oder Nr 2 BGB erfüllt sind (so ausdrücklich BGH 16. 1. 2008 – VIII ZR 222/06, NJW 2008, 1216 Tz 19 ff = NZM 2008, 279 = WuM 2008, 147, 148; 14. 6. 2019 – V ZR 254/17, NJW 2019, 3780 Rn 17; zustimmend zB AG Münster WuM 2009, 665; GÜNTER, in: GUHLING/GÜNTER § 536a Rn 107). Tatsächlich stehen jedoch die §§ 284, 536a Abs 1 und 539 BGB offenkundig **mit gleichem Rang nebeneinander**, sodass der Mieter auch jenseits der engen Voraussetzungen des § 536a Abs 2 BGB im Falle der Mängelbeseitigung Aufwendungsersatz verlangen kann, sofern tatsächlich (ausnahmsweise) einmal zugleich die Voraussetzungen der genannten Vorschriften erfüllt sein sollten (s schon Rn 27 sowie u § 539 Rn 4a; ebenso im Ergebnis zB OLG Düsseldorf ZMR 1990, 57; 2008, 127; NJW-RR 1992, 716 = ZMR 1993, 115; LG Berlin WuM 1989, 16; AG Hamburg ZMR 2009, 928 f; BeckOGK/BIEDER [1. 7. 2020] § 536a Rn 52 ff).

VII. Abweichende Vereinbarungen, insbesondere Haftungsausschlussklauseln

1. Individualvereinbarungen

42 § 536a Abs 1 BGB ist dispositiv, sodass individualvertraglich die strenge Haftung des Vermieters nach § 536a Abs 1 BGB (einschließlich der Garantiehaftung für anfängliche Mängel) in den Grenzen der §§ 536d, 138 und 242 BGB ausgeschlossen oder beschränkt werden kann (BGH 21. 7. 2010 – XII 189/08, ZMR 2011, 360 = NZM 2010, 668 Tz 22 = NJW 2010, 3152; OLG Köln NZM 2001, 812 = NJW-RR 2001, 1302; ZMR 2004, 819, 821; GÜNTER in: GUHLING/GÜNTER § 536a Rn 88 f). § 536 Abs 4 BGB findet hier keine Anwendung. Im Einzelfall kann sich ein Haftungsausschluss auch aus der Abwälzung der Versicherung der Mietsache auf den Mieter ergeben (s OLG Düsseldorf WuM 1994, 674; OLG Hamm ZMR 1997, 21, 22; LG Mannheim ZMR 1998, 563, 564). Haftungsausschlussklauseln sind jedoch grundsätzlich **eng auszulegen** (BGHZ 63, 333, 334 = NJW 1975, 645; OLG Hamburg ZMR 1990, 11, 12 = WuM 1999, 71, 72). **Versteckte Mängel** werden deshalb im Regelfall nicht erfasst (BGH BB 1967, 118 = WarnR 1966 Nr 217; anders im Einzelfall OLG Frankfurt VersR 1973, 425). Im selben Umfang wie Ansprüche aus § 536a BGB sind dann in der Regel konkurrierende Deliktsansprüche ausgeschlossen (OLG Köln NZM 2001, 812, 813).

2. Formularverträge

43 In Formularverträgen kann bei der **Wohnraummiete** die Haftung des Vermieters für grobe Fahrlässigkeit und Vorsatz nicht ausgeschlossen werden (§ 309 Nr 7 lit a und lit b BGB; OLG Hamm NJW-RR 1996, 969; NZM 1999, 804, 806; KINNE GE 2001, 1235 ff). Unbedenklich ist dagegen nach überwiegender Meinung auch hier – ebenso wie erst recht bei der **gewerblichen Miete**) – in den Grenzen der §§ 305 ff BGB der formularvertragliche Ausschluss der **Garantiehaftung** für anfängliche Mängel (BGH 4. 10. 1990 – XII ZR 46/90, NJW-RR 1991, 74 = ZMR 1992, 241 = WuM 1992, 316; 21. 7. 2010 – XII 189/08, ZMR 2011, 360 = NZM 2010, 668 Tz 22 = NJW 2010, 3152 Tz 22 ff; OLG Düsseldorf ZMR 2003, 907, 909; OLG Koblenz NZM 2000, 622; LG Berlin ZMR 2019, 191; enger GÜNTER in: GUHLING/GÜNTER

§ 536a Rn 88). Derartige Ausschlussklauseln sind indessen grundsätzlich **eng auszulegen** und nur bei strikter Beachtung des **Transparenzgebotes** wirksam. Versteckte und unklare Ausschlussklauseln sind selbst bei der Geschäftsraummiete unzulässig (§§ 305c, 307 Abs 1 S 2, 310 Abs 1 BGB; BGH 21. 7. 2010 – XII 189/08, ZMR 2011, 360 = NJW 2010, 3152 Tz 23 ff = NZM 2010, 668, 669 f).

44 Unter den genannten Voraussetzungen (s Rn 43) wird ferner der Ausschluss der Vermieterhaftung für **leichte Fahrlässigkeit** zugelassen (OLG Stuttgart NJW 1984, 2226 = WuM 1984, 187; OLG Hamburg ZMR 1985, 236; NJW-RR 1991, 1296 = ZMR 1991, 262 = WuM 1991, 328; OLG Köln ZMR 2003, 819, 821), jedenfalls, wenn es sich um nicht vorhersehbare, untypische Schäden handelt (so wohl OLG Naumburg WuM 2000, 241, 242; LG Bückeburg ZMR 1996, 662; zustimmend GÜNTER in: GUHLING/GÜNTER § 536a Rn 91 ff). Auch insoweit ist aber mit besonderer Strenge das Transparenzgebot zu beachten. Unberührt bleibt zudem in jedem Fall § 307 Abs 2 BGB (§ 310 Abs 1 BGB) mit der daraus folgenden Unzulässigkeit des Ausschlusses der Haftung für die Verletzung sog **Kardinalpflichten**. Für die **Wohnraummiete** ergibt sich daraus, dass durch Formularvertrag nicht die Haftung des Vermieters für eine fahrlässige Verletzung seiner **Erhaltungspflicht** aus § 535 Abs 1 S 2 BGB ausgeschlossen werden kann, jedenfalls, soweit es um Schäden an Personen oder an den eingebrachten Sachen des Mieters geht (BGHZ 149, 89, 95 ff = NZM 2002, 116; OLG Hamburg ZMR 2001, 797).

45 Dieselben Regeln wie für den Schadensersatzanspruch (s Rn 43 f) gelten für den **Aufwendungsersatzanspruch** des Mieters aus § 536a Abs 2 BGB (GÜNTER in: GUHLING/GÜNTER § 536a Rn 124; KINNE GE 2001, 1235, 1237, 1239). Seine Voraussetzungen können daher nicht durch Formularvertrag über das Gesetz hinaus zum Nachteil des Mieters verschärft werden (BGH GE 2010, 480 Tz 27).

VIII. Beweislast

46 Der **Mieter**, der Schadensersatz nach § 536a Abs 1 BGB verlangt oder den Aufwendungsersatzanspruch des Abs 2 der Vorschrift geltend macht, muss grundsätzlich die Voraussetzungen dieser Ansprüche behaupten und beweisen (BGH 25. 1. 2006 – VIII ZR 223/04, NZM 2006, 258 = WuM 2006, 147 = NJW 2006, 1061; 16. 1. 2008 – VIII ZR 221/06, NJW 2008, 1216 Tz 24 = NZM 2008, 279 = WuM 2008, 147, 148 f; OLG Hamm ZMR 1997, 520, 521). Das gilt grundsätzlich auch für das **Verschulden des Vermieters**, soweit erforderlich (BGH 25. 1. 2006 – VIII ZR 221/04, NZM 2006, 258 = WuM 2006, 147 = NJW 2006, 1061; str mit Rücksicht § 280 Abs 1 S 2 BGB). Nur wenn der feststehende Mangel zum **Risikobereich des Vermieters**, dh zu dessen Obhuts- und Gefahrenbereich, gehört, wird entsprechend § 280 Abs 1 S 2 BGB die Beweislast umgekehrt, sodass sich der **Vermieter** entlasten muss (BGH LM Nr 6a zu § 536 BGB [Bl 3] = NJW 1964, 33; 15. 3. 2000 – XII ZR 81/97, NZM 2000, 496 = WM 2000, 1017, 1018; 25. 1. 2006 – VIII ZR 223/04, NZM 2006, 258 = WuM 2006, 147 = NJW 2006, 1061; KINNE GE 2001, 1235, 1236), und zwar nicht nur für die subjektive Seite des Verschuldens, sondern auch für die objektive Pflichtverletzung (BGH 16. 2. 2005 – XII ZR 216/02, ZMR 2005, 520, 522; 22. 10. 2008 – XII ZR 148/06, NZM 2009, 29 Tz 15–18 = NJW 2005, 142). In Formularverträgen kann nichts Abweichendes bestimmt werden (§ 309 Nr 12 BGB).

§ 536b
Kenntnis des Mieters vom Mangel bei Vertragsschluss oder Annahme

Kennt der Mieter bei Vertragsschluss den Mangel der Mietsache, so stehen ihm die Rechte aus den §§ 536 und 536a nicht zu. Ist ihm der Mangel infolge grober Fahrlässigkeit unbekannt geblieben, so stehen ihm diese Rechte nur zu, wenn der Vermieter den Mangel arglistig verschwiegen hat. Nimmt der Mieter eine mangelhafte Sache an, obwohl er den Mangel kennt, so kann er die Rechte aus den §§ 536 und 536a nur geltend machen, wenn er sich seine Rechte bei der Annahme vorbehält.

Materialien: E I § 507; E II § 484; E III § 532; BGB § 539; Mot II, 377; Prot II, 132 f; Mietrechtsreformgesetz von 2001 (BGBl I 1149); Begr zum RegE BT-Drucks 14/4553, 41 f.

Schrifttum

GSELL, (Negative) Beschaffenheitsvereinbarungen und Mangelkenntnis im Mietrecht, NZM 2016, 702

R KURZ, Zur Anwendung des § 539 BGB, ZMR 2001, 589

LAMES, Technische Standards und Sollbeschaffenheit der Mietsache, NZM 2007, 465

LEHMANN-RICHTER, Minderungsausschluss bei Baulärm aus der Nachbarschaft, NZM 2012, 849

H SCHMIDT, Fortbestand des Erfüllungsanspruchs bei Mangelkenntnis, NZM 2013, 705

WEIMAR, Die rechtliche Bedeutung der Kenntnis des Mieters von Mängeln der Mietsache, ZMR 1961, 254

WEITEMEYER, Die Pflichten des Vermieters bis zur Übergabe, PiG 83 (2008) 125

WICHERT, Analoge Anwendung des § 539 BGB zu Lasten von Mieter und Vermieter?, ZMR 2000, 65

ders, Analoge Anwendung des § 536b bei nachträglich auftretenden Mängeln?, ZMR 2001, 262

J WILHELM, Mängelhaftung und Kenntnis des Gläubigers vom Mangel, JZ 1982, 488.

Systematische Übersicht

I.	**Überblick, Zweck**	1	2.	Grobe Fahrlässigkeit	13
II.	**Kenntnis bei Vertragsabschluss (§ 536b S 1)**		**IV.**	**Vorbehaltlose Annahme (§ 536b S 3)**	15
1.	Überblick	5			
2.	Kenntnis	9	**V.**	**Beweislast**	19
III.	**Grobfahrlässige Unkenntnis (§ 536b S 2)**				
1.	Anwendungsbereich	12			

I. Überblick, Zweck

§ 536b BGB (= § 539 BGB aF) regelt (iVm § 543 Abs 4 S 1 BGB) drei verschiedene Fälle, in denen die Rechte des Mieters (nur) aus den §§ 536, 536a und 543 Abs 2 Nr 1 BGB (also nicht auch der Erfüllungsanspruch aus § 535 Abs 1 BGB) ausgeschlossen sind. Der erste Fall liegt vor, wenn der Mieter einen von Anfang an vorliegenden Mangel bereits bei Abschluss des Vertrages positiv kennt (§ 536b S 1 BGB). Der zweite Fall ist dadurch gekennzeichnet, dass dem Mieter (bei Vertragsabschluss) der fragliche Mangel nur infolge grober Fahrlässigkeit unbekannt geblieben ist, es sei denn, der Vermieter habe den Mangel arglistig verschwiegen (§ 536b S 2 BGB). Schließlich gehört hierher (drittens) noch der Fall, dass der Mieter eine mangelhafte Sache annimmt, obwohl er den Mangel positiv kennt, außer wenn er sich seine Rechte wegen des Mangels bei der Annahme vorbehält (§ 536b S 3 BGB). Der Haftungsausschluss greift hier selbst bei Arglist des Vermieters ein. Der **Anwendungsbereich** des § 536b BGB umfasst sämtliche Formen von Miet- und Pachtverträgen (s §§ 581 Abs 2, 586 Abs 2 BGB), insbesondere also auch die Wohnraummiete (§ 549 Abs 1 BGB).

§ 536b BGB muss vor allem im Zusammenhang mit § 536c BGB gesehen werden: Während § 536b BGB Mängel betrifft, die schon **bei Vertragsabschluss** vorliegen, regelt § 536c BGB den davon zu unterscheidenden Fall, dass Mängel erst später, dh **nach Abschluss** des Vertrages, auftreten. Die Gesetzesverfasser haben diesen Zusammenhang auch durch die neuen Überschriften beider Vorschriften betont (§ 536b BGB: „Kenntnis des Mieters vom Mangel *bei Vertragsschluss* oder Annahme"; § 536c BGB: „*Während* der Mietzeit auftretende Mängel …"). Für den gleichsam dazwischen liegenden Fall, dass der Mieter einen Mangel erst nach Vertragsabschluss erkennt, gleichwohl aber die Miete in voller Höhe fortzahlt, ergibt sich daraus, dass er jetzt nicht mehr nach einer Analogie des § 536b S 1 BGB, sondern allein nach § 536c BGB behandelt werden kann (s oben § 536 Rn 67 ff). Eine ergänzende Regelung für das **Kündigungsrecht** des Mieters bei Mängeln (§ 543 Abs 2 Nr 1 BGB) findet sich in § 543 Abs 4 S 1 BGB durch Verweis auf § 536b BGB. Eine Ausnahme gilt jedoch für das besondere Kündigungsrecht des Wohnraummieters im Falle einer Gesundheitsgefahr nach § 569 Abs 1 S 1 und 2 BGB.

Die §§ 536b und 543 Abs 4 BGB betreffen nach ihrem Wortlaut *allein* die Gewährleistungsrechte des Mieters aus den §§ 536, 536a und 543 Abs 2 Nr 1 BGB im Falle eines anfänglichen Mangels. Bedeutung haben sie maW nur für das Minderungs- und das Kündigungsrecht des Mieters sowie für seinen Schadensersatzanspruch gerade aus § 536a BGB. Die anderen Mieterrechte, allen voran der **Erfüllungsanspruch** aus § 535 Abs 1 S 2 BGB bleiben daher **unberührt**, sodass der Mieter selbst durch die Kenntnis eines Mangels im Augenblick des Vertragsabschlusses (§ 536b S 1 BGB) grundsätzlich nicht daran gehindert wird, vom Vermieter weiterhin Erfüllung durch Beseitigung des Mangels zu verlangen (BGH 25. 1. 1982 – VIII ZR 310/80, NJW 1982, 874 = LM Nr 20 zu § 320 BGB = WM 1982, 335, 337; 28. 1. 1979 – VIII ZR 302/78, LM Nr 26 zu § 537 BGB = NJW 1980, 777; 5. 7. 1989 – VIII ZR 334/88, LM Nr 7 zu § 448 ZPO [B1 4 f] = NJW 1989, 3222; 14. 4. 1999 – XII ZR 60/97, LM Nr 35 zu § 566 BGB = NZM 1999, 559, 560 = NJW 1999, 2517; 18. 4. 2007 – XII ZR 139/05, ZMR 2007, 605 = NZM 2007, 484, 485 Tz 28 = NJW-RR 2007, 1021; H Schmidt NZM 2013, 705). Die eigenartige Regelung des § 536b S 1 BGB wird gemeinhin damit erklärt, der Mieter, der den Mietvertrag in Kenntnis eines Mangels abschließt, billige damit den Zustand der Sache und akzeptiere diesen daher (trotz des Mangels) als vertragsgemäß (so BGH 21. 12. 1960 – VII ZR 214/59, LM Nr 9 zu § 18 1. BMG [Bl 2 R f, 4] = WM 1961, 654; 5. 11. 2014 – XII ZR 15/02, BGHZ 203, 148, 156 Rn 29 = NJW 2015, 402; 14. 10. 2015 – XII ZR 84/14, NZM 2015, 861, 862 Rn 29 = WuM 2015, 721). Dies überzeugt indessen deshalb nicht, weil unter den genannten Voraussetzungen wohl immer bereits eine sogenannte **negative Beschaffenheitsvereinbarung** vorliegen dürfte, sodass tatsächlich auch kein Raum für Erfüllungsansprüche des Mieters mehr ist (zutreffend Gsell NZM 2016, 702; J Wilhelm JZ 1982, 488, 494). Es hilft auch nicht weiter, dem Mieter dann außerdem einen **Verzicht** auf seine Gewährleistungsrechte zu unterstellen (so BGH 5. 11. 2014 – XII ZR 15/02, BGHZ 203, 148, 156 Rn 29 = NJW 2015, 402; 14. 10. 2015 – XII ZR 84/14, NZM 2015, 861, 862 Rn 29 = WuM 2015, 721), weil ein einseitiger Verzicht auf vertragliche Rechte gar nicht möglich ist (§ 397 BGB), weil dasselbe dann zumindest auch für den Erfüllungsanspruch gelten müsste (Gsell NZM 2016, 702) und weil jedenfalls die Regelung des § 536b S 2 BGB auf keinen Fall mit einem unterstellten Verzicht des Mieters erklärt werden kann. Es bleibt dabei: Die gesetzliche Regelung ist nur schwer verständlich und wohl nicht konsequent durchdacht (ebenso im Ergebnis wohl BeckOGK/Bieder [1. 7. 2020] § 536b Rn 4).

3a Festzuhalten ist, dass abweichende Vereinbarungen in Gestalt sogenannter **negativer Beschaffenheitsvereinbarung** immer möglich sind und dann den Vorrang vor § 536b S 1 BGB haben (§ 311 Abs 1 BGB). Man versteht darunter die (ausdrückliche oder konkludente) Abrede der Parteien, dass die Mietsache trotz ihrer den Parteien bekannten Mängel als vertragsgemäß gelten soll (§ 535 Abs 1 BGB; § 536 Rn 50). Liegt tatsächlich eine derartige Vereinbarung vor, so entfallen nicht nur die Gewährleistungsrechte des Mieters, sondern entfällt auch der **Erfüllungsanspruch** (BGH 18. 4. 2007 – XII ZR 139/05, NZM 2007, 484, 485 Tz 28 = NJW-RR 2007, 1021 = ZMR 2007, 605). Voraussetzung ist indessen, dass die positive Kenntnis des Mieters von dem mangelhaften Zustand der Mietsache und dessen Hinnahme als vertragsgemäß feststehen – und nicht nur wie freilich allzu häufig unterstellt werden, um den Mieter um seine Gewährleistungsrechte zu bringen (s Blank WuM 2012, 175; Lehmann-Richter NZM 2012, 849, 851 ff).

4 Für die Anwendung des § 536b BGB ist ferner kein Raum, wenn der Vermieter die **Beseitigung** eines dem Mieter bekannten Mangels zusagt (OLG Hamburg GE 1996, 49; AG Braunschweig WuM 1996, 702) oder wenn der Mieter seinerseits die Verpflichtung übernimmt, die ihm bekannten Mängel selbst zu beseitigen (KG GE 2000, 1620). Ebenso zu beurteilen ist die Rechtslage, wenn beide Parteien bei Vertragsabschluss davon ausgegangen sind, dass der Mangel nur vorübergehender Natur ist und in absehbarer Zeit beseitigt werden wird (AG Bad Segeberg WuM 1992, 477) oder wenn sich der an sich bekannte Mangel nachträglich in unzumutbarer Weise verschlimmert (KG GE 2001, 989 = NJW-RR 2002, 224). § 536b BGB bezieht sich außerdem nicht auf konkurrierende **Deliktsansprüche**, zB im Falle einer Verletzung der Verkehrssicherungspflicht des Vermieters (RGZ 89, 384, 385; 90, 65, 68; 155, 159, 165; BGH ZMR 1961, 360, 361 = VersR 1961, 886). Deliktsansprüche bleiben in jedem Fall unberührt.

II. Kenntnis bei Vertragsabschluss (§ 536b S 1)

1. Überblick

Die Gewährleistungsrechte des Mieters bei Rechts- und Sachmängeln aufgrund der 5
§§ 536, 536a und 543 Abs 2 Nr 1 BGB, genauer: die Minderung, sein Schadensersatzanspruch sowie sein Kündigungsrecht sind zunächst ausgeschlossen, wenn der Mieter den Mangel bei Vertragsabschluss positiv kennt (§ 536b S 1 BGB, § 543 Abs 4 S 1 BGB). Selbst Arglist des Vermieters ändert unter diesen Voraussetzungen (§ 536b S 1 BGB) an dem Ausschluss (nur) der genannten Gewährleistungsrechte nichts, einfach deshalb, weil ein Mieter, der den Mangel positiv kennt, nicht getäuscht werden kann (BGH 1. 12. 1971 – VIII ZR 88/79, WM 1972, 136 = LM Nr 5 zu § 539 BGB [B1 2 f] = NJW 1972, 249; WM 1978, 227).

Bei einer **Mehrheit von Mietern** verlieren alle jedenfalls das Kündigungsrecht aus 6
§ 543 Abs 2 Nr 1 BGB, wenn auch *nur einer* von ihnen den Mangel bei Vertragsabschluss kannte, weil nur alle zusammen kündigen können (§ 543 Abs 4 BGB; BGH 1. 12. 1971 – VIII ZR 88/70, WM 1972, 136 = LM Nr 5 zu § 539 = NJW 1972, 249; Weitemeyer PiG 83 [2008] 125, 135). Das gilt auch, wenn die Mieter, wie im Regelfall, eine Gesellschaft bilden (OLG Düsseldorf ZIP 2000, 580, 583; Roquette § 539 Rn 7; dagegen Eckert, in: Gedschr Sonnenschein [2002] 313). Eine negative Beschaffenheitsvereinbarung kann man dagegen nur annehmen, wenn alle Mieter den Mangel kennen und trotzdem dem Vertragsschluss zustimmen oder wenn einzelne Mieter für die anderen Vertretungsmacht haben (§§ 164, 166 und 311 Abs 1 BGB).

Die Vorschrift des § 536b S 1 BGB ist früher in einer Reihe von Fällen, die mit dem 7
Abschluss eines Vertrages in Kenntnis eines Mangels vergleichbar erschienen, **entsprechend** angewandt worden. Die wichtigsten waren die Ausübung einer **Verlängerungsoption** des Mieters in Kenntnis des Mangels (BGH NJW 1970, 1740, 1742 [insoweit nicht in BGHZ 54, 251 abgedruckt]; KG GE 1989, 941; OLG Brandenburg GE 2014, 460, 462; OLG Koblenz ZMR 2014, 883) sowie die einverständliche **Erhöhung der Miete** in Kenntnis des Mangels (BGH 21. 12. 1960 – VIII ZR 214/59, JZ 1961, 295 = LM Nr 9 zu § 18 1. BMG = ZMR 1961, 257, 259 = WM 1961, 654; 28. 4. 1965 – VIII ZR 132/63, LM Nr 3 zu § 539 BGB = MDR 1965, 654). Diese Rechtsprechung hat der BGH mittlerweile aufgegeben, weil in den beiden genannten Fällen kein Abschluss eines neuen Vertrages vorliege, wie von § 536b S 1 BGB vorausgesetzt, und weil zudem seit der Änderung der §§ 536b und 536c BGB durch das Mietrechtsreformgesetz von 2001 die Fälle eines nachträglich eintretenden oder bekannt werdenden Mangels nicht mehr dem § 536b BGB, sondern dem § 536c BGB zugeordnet werden müssten (s schon o § 536 Rn 67–70; BGH 5. 11. 2014 – XII ZR 15/12, BGHZ 203, 148 Rn 10, 24, 35 ff = NJW 2015, 402; 14. 10. 2015 – XII ZR 84/14, NZM 2015, 861 Rn 16, 18 = WuM 2015, 721). Das wird dann wohl auch für den Fall einer stillschweigenden **Verlängerung** des Vertrages trotz Kenntnis des Mangels zu gelten haben, in dem früher gleichfalls vielfach eine entsprechende Anwendung des § 536b BGB erwogen wurde (OLG Köln ZMR 2001, 532, 533; OLG Düsseldorf ZMR 1994, 402, 405; wie hier Günter, in: Guhling/Günter § 536b Rn 4). Anstelle der generellen Anwendung des § 536b S 1 BGB verweist der BGH heute in den genannten Fallgestaltungen auf die Anwendung des § 242 BGB, wenn sich das Verhalten des Mieters tatsächlich im Einzelfall als widersprüchlich und damit **treuwidrig** erweisen sollte (BGH 5. 11. 2014 – XII ZR 15/12, BGHZ 203, 148, 157 ff Rn 32 ff, 38). Tatsächlich kann es indessen immer nur

darum gehen, ob dem Verhalten der Parteien eine konkludente Beschaffenheitsvereinbarung entnommen werden kann; andernfalls bleibt es bei den gesetzlichen Gewährleistungsrechten des Mieters.

8 Ein **formularmäßiges Anerkenntnis** des vertragsgemäßen Zustandes der Sache verstößt bei der Wohnraummiete und wohl auch bei der Gewerberaummiete gegen die §§ 307 Abs 1, 309 Nr 12 lit b und 310 Abs 1 und 3 Nr 2 BGB, weil das Anerkenntnis zum Nachteil des Mieters zu einer Umkehr der Beweislast führt (s Rn 19; WEITEMEYER PiG 83 [2008] 125, 137). Wenn dagegen im **Übergabeprotokoll** bestimmte konkrete Mängel festgehalten werden, kann in der Regel von der Kenntnis des Mieters von diesen Mängeln bei Abschluss des Vertrages ausgegangen werden (WEITEMEYER PiG 83 [2008] 125, 136 f) oder – weitergehend – von dem konkludenten Abschluss einer negativen Beschaffenheitsvereinbarung.

2. Kenntnis

9 § 536b S 1 BGB greift nur ein, wenn der Mieter bei Abschluss des Mietvertrages einen Mangel der Mietsache (im Sinne des § 536 Abs 1–3 BGB) „kennt", dh *positiv weiß,* dass die gemietete Sache mit einem bestimmten Mangel behaftet ist. Die Kenntnis des Mieters bei Vertragsabschluss muss sich maW auf die konkreten Mängel sowie auf deren Auswirkungen auf die Gebrauchstauglichkeit der Sache beziehen (BGH 20. 12. 1978 – VIII ZR 114/77, LM Nr 6 zu § 439 BGB = BB 1979, 292, 293 = WM 1979, 276; OLG Düsseldorf ZMR 2006, 923, 924; OLG Hamm ZMR 1987, 300, 303; OLG Naumburg ZMR 2001, 617, 618; STERNEL, in: Gedschr Sonnenschein [2002] 293, 304). Erforderlich ist **positive Kenntnis** des Mieters von dem fraglichen konkreten Mangel im Augenblick des Vertragsabschlusses, wobei es freilich lediglich auf die Kenntnis der den **Mangel begründenden Tatsachen** ankommt, während die Kenntnis der sich daraus aufgrund des § 536b S 1 BGB ergebenden Rechtsfolgen *nicht* zusätzlich erforderlich ist (LG Krefeld NZM 2012, 858, 859 = WuM 2012, 674). An der Kenntnis des Mieters im Sinne des § 536b S 1 BGB ändert es auch nichts, wenn der Mieter lediglich die tatsächliche *Tragweite* der Mängel unterschätzt oder die Möglichkeit einer *Abhilfe* überschätzt. In jedem Fall bleibt es in derartigen Fällen bei der Anwendbarkeit des § 536b S 1 BGB, sofern dem Mieter nur die den Mangel begründenden Tatsachen insgesamt bekannt sind (BGH 20. 12. 1978 – VIII ZR 114/77, LM Nr 6 zu § 439 BGB = BB 1979, 292 = WM 1979, 276; LG Düsseldorf WuM 1992, 368; LG Stendal WuM 1994, 525, 526; LG Berlin GE 2007, 55, 56; AG Prüm WuM 2002, 264).

10 Der Kenntnis eines Mangels (o Rn 9) steht die bloße **Kenntnis der Ursachen** eines Mangels *nicht* gleich, solange der Mieter daraus nicht auch das Vorliegen des Mangels selbst folgert. Wer zB eine Wohnung besichtigt, kennt damit noch nicht notwendig die genaue *Größe* der Wohnung, die sich vielmehr erst aus einer Vermessung der Räume ergibt, wozu häufig nur Fachleute in der Lage sind (s Rn 13, LG Krefeld NZM 2012, 858 = WuM 2012, 674; LG München I NZM 2014, 433 = WuM 2014, 135, 136). Und wer Räume in Kenntnis der großflächigen Verglasung der Fassade mietet, kennt damit noch längst nicht das Problem einer Überhitzung der Räume im Sommer bei Sonneneinstrahlung (LAMES NZM 2007, 465, 470 mwNw; ebenso für die Verfärbung des Wassers AG Bad Segeberg WuM 1998, 280). Ebenso wenig kann aus der bloßen Kenntnis des Mieters davon, dass es sich um einen *Neubau* handelt, auf die Kenntnis der für solche Bauten (früher) typischen Mängel geschlossen werden (LG Hamburg WuM 1976,

205 f; **aA** AG Steinfurt WuM 1996, 759); der Mieter darf vielmehr in allen genannten Fällen, solange er nicht konkrete Anhaltspunkte für das Gegenteil hat, ohne Weiteres davon ausgehen, dass der Vermieter vertragstreu ist (AG Bonn WuM 1990, 497).

Die Vorschrift § 536b S 1 BGB ist im Interesse des gebotenen Mieterschutzes **mit Zurückhaltung** anzuwenden, um einen voreiligen Ausschluss der Gewährleistungsrechte des Mieters zu vermeiden. Dem widerspricht es, wenn die Gerichte insbesondere bei schon bestehenden oder erst drohenden **Lärmbelästigungen** aus der Nachbarschaft zum Nachteil des Mieters diesem einfach eine Kenntnis der möglicherweise erst in der Zukunft drohenden Lärmbelästigungen unterstellen (s schon o § 536 Rn 45 ff). So wurde es **zB** (zu Unrecht) für die Anwendung des § 536b S 1 BGB als ausreichend angesehen, wenn der Mieter eine Wohnung in Kenntnis des Umstandes mietet, dass sich in der Nähe eine Großbaustelle befindet (LG Mannheim WuM 2000, 185, 186) oder ein Universitätsklinikum entsteht, sodass jederzeit mit Hubschrauberflügen zu rechnen ist (LG Frankfurt aM ZMR 2010, 362; fraglich) oder dass die Wohnung an einer Bahnstrecke liegt, von der allgemein bekannt ist, dass sie als ICE-Strecke ausgebaut werden soll (LG Berlin GE 2009, 53; AG Frankfurt ZMR 1999, 718). Dieser „Großzügigkeit" bei der Anwendung des § 536b S 1 BGB ist *nicht* zu folgen, weil dadurch zum Nachteil des Mieters das Regel-Ausnahme-Verhältnis der Vorschriften des § 536 BGB und des § 536b BGB ohne Grundlage im Gesetz in sein Gegenteil verkehrt wird (s schon o Rn 3). **10a**

Bei einem **Rechtsmangel** genügt die *Kenntnis der Tatsachen,* aus denen der Rechtsmangel folgt, gleichfalls *nicht* für die Anwendung des § 536b S 1 BGB, wenn und solange der Mieter aus den Tatsachen falsche rechtliche Schlussfolgerungen gezogen hat (BGHZ 63, 132, 140 – NJW 1975, 44; BGH 30. 6. 1952 – V ZR 12/51, LM Nr 1 zu § 539 BGB = NJW 1952, 1131; 20. 12. 1978 – XII ZR 144/77, LM Nr 6 zu § 439 BGB = BB 1979, 292 f = WM 1979, 236; 4. 10. 1995 – XII ZR 215/94, WM 1995, 2195 = LM Nr 10 zu § 539 BGB [B1 3 f] = NJW 1996, 46). Die Anwendung des § 536b S 1 BGB setzt vielmehr voraus, dass der Mieter zumindest mit dem Vorliegen eines **Rechtsmangels rechnet** und das Risiko, dass diese Annahme richtig ist, bewusst in Kauf nimmt (BGH 4. 10. 1995 – XII ZR 215/94, WM 1995, 2195 = LM Nr 10 zu § 539 BGB [B1 3 f] = NJW 1996, 46). Daher reicht es nicht aus, wenn dem Mieter lediglich bekannt ist, dass einem Dritten ein *Recht an der Mietsache* zusteht, weil dadurch noch kein Rechtsmangel begründet wird; er muss vielmehr zusätzlich damit rechnen, dass der Dritte sein Recht im Sinne des § 536 Abs 3 BGB auch tatsächlich geltend machen und ihn dadurch im vertragsgemäßen Gebrauch stören wird (BGH 4. 10. 1995 – XII ZR 215/94, WM 1995, 2195 = LM Nr 10 zu § 539 BGB [B1 3 f] = NJW 1996, 46). § 536b S 1 BGB ist jedoch anwendbar, wenn der Mieter lediglich über die rechtliche oder wirtschaftliche *Tragweite* des ihm *bekannten* Rechts des Dritten im *Irrtum* ist (BGH NJW 1951, 705). **11**

III. Grobfahrlässige Unkenntnis (§ 536b S 2)

1. Anwendungsbereich

Nach § 536b S 2 BGB und § 543 Abs 4 BGB stehen dem Mieter die Rechte aus den §§ 536 und 536a BGB sowie aus § 543 Abs 2 Nr 1 BGB wegen Rechts- oder Sachmängeln ferner dann nicht zu, wenn ihm bei Vertragsabschluss das Vorhandensein des fraglichen Mangels nur infolge grober Fahrlässigkeit unbekannt geblieben ist, es **12** sei denn, der Vermieter habe den Mangel arglistig verschwiegen. Für den Kaufvertrag enthält § 442 Abs 1 BGB eine vergleichbare Regelung (s auch § 640 Abs 2 BGB für den Werkvertrag). Anders als früher (s § 539 S 2 BGB aF) erfasst der Haftungsausschluss wegen grobfahrlässiger Unkenntnis eines Mangels bei Vertragsabschluss heute auch das Vorliegen eines **Rechtsmangels** (s die Begr zum RegE BT-Drucks 14/4553, 41 [1 Sp u]). Unklar ist die Rechtslage lediglich im Falle des **Fehlens zugesicherter Eigenschaften** (§ 536 Abs 2 BGB), auf den sich seinem Wortlaut nach § 536b S 2 BGB ebenfalls bezieht, während bei dem Kaufvertrag im Falle einer Beschaffenheitsgarantie kein Raum für einen Haftungsausschluss bei grober Fahrlässigkeit ist (§ 442 Abs 1 S 2 Fall 2 BGB). Aus dieser Gesetzeslage werden unterschiedliche Schlüsse gezogen (s einerseits für Unanwendbarkeit des § 536b S 2 BGB bei Fehlen zugesicherter Eigenschaften BLANK/BÖRSTINGHAUS § 536b Rn 6; andererseits für Anwendbarkeit OLG Hamburg ZMR 2005, 856; PALANDT/WEIDENKAFF § 536b Rn 2; SCHMIDT-FUTTERER/EISENSCHMID § 536b Rn 22). Für den Regelfall dürfte der Streit müßig sein, da der Vermieter wohl meistens **arglistig** handelt, wenn er dem Mieter, dem er das Vorhandensein bestimmter Eigenschaften vertraglich zugesichert hat (§ 536 Abs 2 BGB), später grob fahrlässige Unkenntnis entgegenhalten will, weil er auf die Zusicherung vertraut hat (venire contra factum proprium, § 242 BGB; ebenso GÜNTER in: GUHLING/GÜNTER § 536b Rn 26). Die sachliche Berechtigung des § 536b S 2 BGB ist insgesamt problematisch, sodass bei der Anwendung der Vorschrift **Zurückhaltung** geboten ist.

12a Grobe Fahrlässigkeit bei Vertragsabschluss schadet dem Mieter nur dann nicht, wenn der Vermieter den Mangel bei Abschluss des Vertrages **arglistig verschwiegen** hat (§ 536b S 2 HS 2 BGB; vgl auch § 536d BGB). Die Anforderungen sind streitig (s im Einzelnen u § 536d Rn 3 ff). Früher wurde Arglist des Vermieters in der Regel nur *bei Kenntnis* des Mangels *und Schweigen trotz* Bestehens einer *Aufklärungspflicht* angenommen, während neuerdings für die Annahme von Arglist bereits **bedingter Vorsatz** des Vermieters bei Abschluss des Vertrages als ausreichend angesehen wird, jedenfalls, wenn er in treuwidriger Weise die Unkenntnis des Mieters ausnutzt (BGH 18. 4. 2007 – XII ZR 139/05, ZMR 2007, 605 = NZM 2007, 484, 485 Tz 22 = NJW-RR 2007, 1021; OLG Hamburg ZMR 1995, 533 = WuM 1995, 653; BLANK/BÖRSTINGHAUS § 536b Rn 9). Der Unterschied zwischen beiden Auffassungen ist freilich, wenn überhaupt, gering; auf keinen Fall reicht aber leichtfertiges Verhalten des Vermieters für die Annahme von Arglist aus (GÜNTER, in: GUHLING/GÜNTER § 536b Rn 30 f).

2. Grobe Fahrlässigkeit

13 Der Mieter handelt grobfahrlässig, wenn er die erforderliche Sorgfalt nach den ganzen Umständen bei Vertragsabschluss in ungewöhnlich hohem Maße verletzt und dasjenige unbeachtet gelassen hat, was im gegebenen Fall jedem hätte einleuchten müssen (BGH 28. 11. 1979 – VIII ZR 302/78, LM Nr 26 zu § 537 BGB = NJW 1980, 777; 25. 1. 1982 – VIII ZR 310/80, NJW 1982, 874 = LM Nr 20 zu § 320 BGB = WM 1982, 335, 336; WM 1985, 230, 231; 18. 4. 2007 – XII ZR 139/05, NZM 2007, 484, 485 Tz 21 = NJW-RR 2007, 1021: OLG Düsseldorf GE 2005, 55, 56; LG Berlin GE 2011, 887; LG München I NZM 2014, 433 = WuM 2014, 135, 136). Dabei muss beachtet werden, dass den Mieter grundsätzlich **keine Untersuchungs-** und **Prüfungspflicht** trifft (BGHZ 68, 281, 285 = NJW 1977, 1236; BGH 28. 11. 1979 – VIII ZR 302/78, LM Nr 26 zu § 537 BGB = NJW 1980, 777; 18. 4. 2007 – XII ZR 139/05, NZM 2007, 484, 485 Tz 21 = NJW-RR 2007, 1021; LG München I NZM 2014, 433 = WuM 2014, 135, 136). Ebenso wenig besteht für den Mieter idR eine Pflicht, sich ausdrücklich nach Mängeln zu **erkundigen** (BGHZ 68, 281, 285 = NJW 1977, 1236; BGH LM Nr 26 zu § 537 BGB = NJW 1980, 777; NZM 2007, 484, 485 Tz 21 = NJW-RR 2007, 1021; LG München I NZM 2014, 433 = WuM 2014, 135, 136) oder Gerüchten über die Mietsache nachzugehen; er kann vielmehr grundsätzlich darauf *vertrauen,* dass der Vermieter *vertragstreu* ist und ihm ein mangelfreies Objekt übergeben wird (o Rn 10). Der Mieter hat gewöhnlich auch keinen Anlass, vor dem Vertragsschluss *behördliche Auskünfte* über die Eignung der gemieteten Sache zum Vertragszweck einzuholen (RG WarnR 1918 Nr 138; BGH ZMR 1962, 82, 85 f = BB 1962, 73), bei der Besichtigung der gemieteten Räume einen Sachverständigen hinzuziehen die (BGH ZMR 1959, 70, 71; 1962, 82, 86) oder den *Angaben* des Vermieters über die Größe der gemieteten Räume in dem Vertrag zu misstrauen und die Räume bei der Besichtigung seinerseits nachzumessen, wofür ohnehin häufig die Zuziehung von Sachverständigen erforderlich ist, zu der der Mieter nicht verpflichtet ist (LG München I NZM 2014, 433 = WuM 2014, 135, 136).

Grobe Fahrlässigkeit des Mieters iS des § 536b S 2 BGB ist dagegen **zB** anzunehmen, wenn nach den gesamten Umständen der **Verdacht** eines Mangels **besonders naheliegt** und aus diesem Grunde von dem Mieter verlangt werden konnte, die Sache auf den Mangel hin zu überprüfen, *sofern* bei einer auch nur oberflächlichen Prüfung der Mangel ohne Weiteres zu erkennen gewesen wäre (OLG Düsseldorf GE 2005, 55, 56; LG Berlin GE 2011, 887). Dazu gehört auch, dass dem Mieter bei solcher Prüfung die Auswirkungen des Mangels auf die Gebrauchstauglichkeit der Sache sofort aufgefallen wären (BGH 28. 11. 1979 – VIII ZR 302/78, LM Nr 26 zu § 537 BGB = NJW 1980, 777; ZMR 1959, 70; 1962, 82, 85 f). So verhält es sich **zB**, wenn ein gewerblicher Mieter, der die einschlägigen Vorschriften genau kennen muss, übersieht, dass das von ihm gemietete Grundstück nach diesen Vorschriften nur zum Teil für den von ihm beabsichtigten Betrieb geeignet ist (BGH 21. 1. 1982 – VIII ZR 310/80, NJW 1982, 874 = LM Nr 20 zu § 320 BGB = WM 1982, 335, 336), oder wenn ein Kaufmann in Berlin Altbauwohnungen für gewerbliche Zwecke mietet, ohne zu berücksichtigen, dass der von ihm beabsichtigten gewerblichen Nutzung mit großer Sicherheit ein Zweckentfremdungsverbot entgegenstehen wird (KG GE 1991, 1195). Auch die Anmietung einer Wohnung **ohne** eine jederzeit mögliche vorherige **Besichtigung** dürfte in der Regel grobfahrlässig sein (LG Berlin GE 1996, 471, 473; 2011, 887; anders Mittelstein, Miete 292). Weitere **Beispiele** sind die Anmietung eines Gewölbes, obwohl der Boden mit Sand bedeckt ist, sodass sich der Verdacht aufdrängen muss, dass der Sand aus dem Mauerwerk gerieselt sein muss (BGH 18. 4. 2007 – XII ZR 139/05, NZM 2007, 484, 485 Rn 21 = NJW-RR 2007, 1021), die Anmietung von Räumen, deren Zustand offenkundig miserabel ist (LG Berlin GE 2007, 55), sowie die Anmietung einer Wohnung, obwohl die Undichtigkeit der Fenster bereits auf den ersten Blick ohne Weiteres erkennbar ist (LG Berlin GE 2011, 887).

IV. Vorbehaltlose Annahme (§ 536b S 3)

Gewährleistungsrechte des Mieters aus den §§ 536, 536a und 543 Abs 2 Nr 1 BGB sind nach § 536b S 3 BGB und § 543 Abs 4 S 1 BGB schließlich noch ausgeschlossen, wenn der Mieter eine mangelhafte Sache annimmt, obschon er den Mangel kennt, ohne sich seine Rechte wegen des Mangels bei der Annahme vorzubehalten. Der Ausschlusstatbestand gilt gleichermaßen **für Rechts- wie für Sachmängel** und grundsätzlich auch für das **Fehlen zugesicherter Eigenschaften** (§ 536 Abs 2 BGB); jedoch dürften in diesem Fall die Abreden der Parteien häufig dahin zu verstehen sein, dass der Vermieter sich zusätzlich verpflichtet, die zugesicherten Eigenschaften, deren Fehlen dem Mieter bei Übergabe der Sache bekannt ist, noch nachträglich zu schaffen. *Keine* Rolle spielt es dagegen hier, ob der Vermieter den Mangel *arglistig* verschwiegen hat, da der Mieter, wenn er die Sache trotz positiver Kenntnis des Mangels annimmt, nicht getäuscht sein kann (s Sternel, Mietrecht Rn II 667).

16 **Annahme** bedeutet hier dasselbe wie **Überlassung** in § 535 Abs 1 S 1 BGB, erfordert also grundsätzlich Besitzerwerb seitens des Mieters (OLG Hamburg ZMR 2005, 856). Kennt der Mieter in diesem Augenblick den Mangel, so kann er sich folglich seine Gewährleistungsrechte nur durch den Vorbehalt seiner Rechte erhalten. Dieser **Vorbehalt** ist eine einseitige empfangsbedürftige Willenserklärung, in der die Mängel, derentwegen sich der Mieter die verschiedenen Gewährleistungsrechte aus den §§ 536, 536a und 543 Abs 2 Nr 1 BGB erhalten will, *genau bezeichnet* werden müssen (OLG Hamburg ZMR 2005, 856; LG Köln WuM 1996, 615 = NJW-RR 1997, 265; Weitemeyer PiG 83 [2008] 125, 135). Ein *allgemeiner* unsubstanzierter *Vorbehalt* ist ohne Wirkung (Sternel, Mietrecht Rn II 668). Dasselbe gilt für eine bloße Mängelrüge (LG Köln WuM 1996, 615 = NJW-RR 1997, 265; AG Frankfurt NJW-RR 1992, 971) oder für die bloße Aufzählung von Mängeln in einem Übergabeprotokoll, sofern damit nur der Zweck verfolgt wird festzulegen, wer für die Beseitigung der einzelnen Mangel zuständig sein soll (so jedenfalls OLG Hamburg ZMR 2005, 856; zustimmend Weitemeyer PiG 83 [2008] 125, 136, fraglich). Besondere **Formvorschriften** bestehen nicht, auch nicht im Falle des § 550 BGB; jedoch wird sich aus Beweisgründen (Rn 19) in aller Regel die Einhaltung der Schriftform empfehlen.

17 Der Ausschlusstatbestand greift nur ein, wenn der Mieter den fraglichen Mangel bei vorbehaltloser Annahme, dh bei Überlassung der Mietsache **positiv kennt** (s dazu o Rn 7 ff). **Grobfahrlässige Unkenntnis** steht nicht gleich, sodass bei Rechtsmängeln auch nicht die bloße Kenntnis der Tatsachen schadet, aus denen sich der Rechtsmangel ergibt, sofern nur der Mieter von falschen rechtlichen Schlussfolgerungen ausgeht (s BGH 30. 6. 1952 – V ZR 12/51, LM Nr 1 zu § 539 BGB = NJW 1952, 1131).

18 Eine vorbehaltlose Annahme iS des § 536b S 3 BGB liegt *nicht* vor, wenn der Mieter den Vermieter zur Beseitigung der Mangel auffordert (RG JW 1916, 903) oder wenn er lediglich einer Verschiebung der gebotenen Ausbesserung nicht widerspricht (RGZ 89, 384; 90, 65, 67; BGH ZMR 1961, 359 = BB 1961, 1070). Ebenso verhält es sich, wenn der Vermieter die **Beseitigung** der Mängel zusagt und der Mieter erst daraufhin die Sache annimmt (Sternel, Mietrecht Rn II 670; Weitemeyer PiG 83 [2008] 125, 136) oder wenn der Mieter mangels einer Alternative kurzfristig in die fraglichen Räume einzieht, bis er den Vermieter erreicht (AG Bad Oeynhausen ZMR 2005, 541, 542).

V. Beweislast

19 Die Kenntnis des Mieters von dem Mangel oder dessen grobfahrlässige Unkenntnis muss der **Vermieter** beweisen (BGH WM 1962, 1379, 1380; OLG Brandenburg ZMR 2003, 909, 913). Dagegen trifft den **Mieter** die Beweislast, wenn er sich darauf berufen will, dass der Vermieter den Mangel arglistig verschwiegen oder die Beseitigung des Mangels zugesichert hat (OLG Düsseldorf ZMR 2009, 752, 753). Der Mieter muss außerdem den Vorbehalt seiner Rechte bei Annahme beweisen.

Untertitel 1
Allgemeine Vorschriften für Mietverhältnisse § 536c

§ 536c
Während der Mietzeit auftretende Mängel; Mängelanzeige durch den Mieter

(1) Zeigt sich im Laufe der Mietzeit ein Mangel der Mietsache oder wird eine Maßnahme zum Schutz der Mietsache gegen eine nicht vorhergesehene Gefahr erforderlich, so hat der Mieter dies dem Vermieter unverzüglich anzuzeigen. Das Gleiche gilt, wenn ein Dritter sich ein Recht an der Sache anmaßt.

(2) Unterlässt der Mieter die Anzeige, so ist er dem Vermieter zum Ersatz des daraus entstehenden Schadens verpflichtet. Soweit der Vermieter infolge der Unterlassung der Anzeige nicht Abhilfe schaffen konnte, ist der Mieter nicht berechtigt,

1. die in § 536 bestimmten Rechte geltend zu machen,

2. nach § 536a Abs 1 Schadensersatz zu verlangen oder

3. ohne Bestimmung einer angemessenen Frist zur Abhilfe nach § 543 Abs 3 S 1 zu kündigen.

Materialien: E I § 519; II § 489; III § 538; BGB § 545; Mot II 400 f; Prot II 187; Mietrechtsreformgesetz von 2001 (BGBl I 1149); Begr zum RegE BT-Drucks 14/4553, 42; Stellungnahme des Bundesrats BT-Drucks 14/4553 (S 82); Gegenäußerung der Bundesregierung S 98; Schuldrechtsmodernisierungsgesetz vom 26. 11. 2001 (BGBl I 3138).

Schrifttum

S bei § 536b.
sowie STREYL, Die Anforderungen an das Verschulden des Mieters bei dem Schadensersatzanspruch gemäß § 536c Abs 2 S 1 BGB, WuM 2016, in: FS Eisenschmid, Beilage zu H 7, S 37.

Systematische Übersicht

I.	Überblick	1	2. Ausnahmen	14
II.	**Voraussetzungen**		IV. **Rechtsfolgen**	
1.	Auftreten eines Mangels	3	1. Schadensersatz	16
a)	Mangel	3	2. Rechtsverlust	19
b)	Kenntnis	7	a) Voraussetzungen	19
2.	Notwendigkeit von Maßnahmen gegen nicht vorhergesehene Gefahren	9	b) Betroffene Rechte	21
3.	Rechtsanmaßung Dritter	11	V. Abweichende Vereinbarungen	24
III.	**Anzeige**		VI. Beweislast	25
1.	Grundsatz	12		

I. Überblick

1 § 536c BGB (= § 545 BGB aF) regelt die Voraussetzungen der sog **Anzeigepflicht** des Mieters sowie die Rechtsfolgen bei einem Verstoß des Mieters gegen diese Pflicht, bei der es sich, bei Lichte besehen, um eine bloße Erscheinungsform, eine gesetzlich geregelte **Ausprägung** der allgemeinen **Obhutspflicht** des Mieters handelt (s schon o § 535 Rn 93 ff; Mot II 400 f; BGHZ 68, 281, 284 f = NJW 1977, 1236; BGH 5. 12. 2012 – VIII ZR 74/12, NJW 2013, 1299 = NZM 2013, 309 Rn 33 = WuM 2013, 160; OLG Düsseldorf ZMR 2008, 952). **Zweck** der Regelung ist es in erster Linie, den Vermieter vor Schäden an seiner Sache zu bewahren und ihm Gelegenheit zur Erfüllung seiner Erhaltungspflicht (§ 535 Abs 1 S 2 BGB) zu geben (BGHZ 68, 281, 286 = NJW 1977, 1236; BGH 1. 4. 1963 – VIII ZR 257/61, LM Nr 10 zu § 537 BGB [B1 3] = NJW 1963, 1449; 5. 12. 2012 – VIII ZR 74/12, NJW 2013, 1299 = NZM 2013, 309 Rn 33 = WuM 2013, 160; OLG Hamburg WuM 1991, 328). Hinzu kommt die Überlegung, dass es als unredlich angesehen werden müsste, behebbare Beeinträchtigungen zunächst stillschweigend in Kauf zu nehmen, gleichwohl aber später darauf Gewährleistungs- oder Schadensersatzansprüche zu stützen (§ 242 BGB; BGHZ 92, 177, 181 f = NJW 1985, 132; BGH 14. 11. 2001 – XII ZR 142/99, NJW-RR 2002, 515 = NZM 2002, 217 f). Aus § 536c BGB darf dagegen, da er lediglich eine *Anzeigepflicht* des Mieters begründet, **weder** eine **Reparaturpflicht noch** eine **Nachforschungs- oder Prüfungspflicht** des Mieters gefolgert werden (s schon o § 536b Rn 13; BGH 17. 3. 1976 – VIII ZR 274/74, LM Nr 1 zu § 545 BGB = MDR 1976, 753 = WM 1976, 537; OLG Düsseldorf NJW-RR 2009, 86, 87 [1 Sp]). § 536c BGB geht vielmehr gerade davon aus, dass die Prüfungspflicht auch nach Übergabe der Sache an den Mieter dem Vermieter obliegt (BGHZ 68, 281, 285 f = NJW 1977, 1236). Aufgabe der Anzeigepflicht des Mieters ist es nicht zuletzt, dem Vermieter die Erfüllung dieser Pflicht zu erleichtern (s schon o § 535 Rn 32, Rn 93 ff).

2 Der **Anwendungsbereich** des § 536c BGB umfasst den gesamten Bereich der Miete und der Pacht (§§ 581 Abs 2, 586 Abs 2 BGB). Die Anzeigepflicht ist unabhängig davon, ob der Mieter sein Gebrauchsrecht ausübt oder nicht (§ 537 BGB). **Zieht der Mieter vorzeitig aus**, so ändert dies nichts an seiner Anzeigepflicht (LG Lübeck WuM 1991, 482). § 536c BGB ist anstelle des früheren § 545 BGB auf sämtliche Mietverhältnisse anwendbar, die am 1. 9. 2001 bestanden und bei denen sich ein Mangel nach dem 31. 8. 2001 gezeigt hat.

II. Voraussetzungen

1. Auftreten eines Mangels

a) Mangel

3 § 536c Abs 1 S 1 und 2 BGB begründet eine Anzeigepflicht des Mieters in drei Fällen, zunächst, wenn sich im Laufe der Miete ein „Mangel" der gemieteten Sache zeigt (§ 536c Abs 1 S 1 Fall 1 BGB). Der Begriff des Mangels wird hier mit Rücksicht auf den Zweck der Vorschrift (o Rn 1) überwiegend weiter als in den §§ 536 und 536a BGB verstanden, sodass darunter **jeder schlechte Zustand** der Sache zu verstehen ist, während es – abweichend von § 536 Abs 1 BGB – keine Rolle spielt, ob der Mangel eine erhebliche Minderung der Tauglichkeit der Mietsache zur Folge hat oder ob durch den Mangel bereits jetzt der vertragsmäßige Gebrauch des Mieters beeinträchtigt wird. Erforderlich ist lediglich ein beliebiger schlechter Zustand der Sache im weitesten Sinne, von dem der Sache eine Gefahr drohen kann (BGHZ 68, 281, 283 = NJW 1977, 1236; OLG Düsseldorf GE 2002, 1262; ZMR 2008, 952, 953; ZMR 2009, 114 = NZM 2009, 280; BLANK/BÖRSTINGHAUS § 536c Rn 2; STREYL WuM 2016 Beilage zu H 7 FS 37, 38). Ein **Beispiel** ist das erstmalige Auftreten von Feuchtigkeitsflecken an den Wanden, die auf die Gefahr der Schimmelbildung hindeuten (LG Köln ZMR 2008, 629).

Die **Ursachen** des schlechten Zustandes der Mietsache (o Rn 3) **spielen keine Rolle**. 4
§ 536c BGB findet insbesondere auch Anwendung, wenn die Mängel ihre Ursache in einer Vertragsverletzung des Vermieters, zB in einer Vernachlässigung seiner Prüfungspflicht haben (LG Berlin GE 1996, 322). Ebenso wenig kommt es darauf an, ob der Mangel an der vermieteten Sache selbst oder an den mitvermieteten Einrichtungen, Sachen oder Gebäudeteilen auftritt, sodass der Mieter Mängel der **Treppen und Zugänge** ebenfalls dem Vermieter anzuzeigen hat (RGZ 59, 161; 75, 118; RG WarnR 1916 Nr 223 S 355, 357).

Zu beachten ist, dass das Gesetz in § 536c Abs 1 S 1 BGB eine Anzeigepflicht des 5
Mieters nur hinsichtlich von Mängeln gerade der **„Mietsache"** begründet. Die Anzeigepflicht erstreckt sich daher grundsätzlich *nicht* auf Mängel an den *nicht mitvermieteten Teilen* des Hauses, zB am Dach (s Rn 8). *Anders* verhält es sich nur, wenn die Mängel auf die vermieteten Räume durchschlagen. Außerdem kann sich im Einzelfall aus der allgemeinen Obhutspflicht des Mieters, die durch § 536c BGB lediglich präzisiert, nicht verdrängt wird (s Rn 1), etwas anderes ergeben (§§ 241 Abs 2, 242, 276, 535 BGB).

Zweite Voraussetzung der Anzeigepflicht des Mieters ist, dass sich der Mangel 6
gerade „im Laufe der Miete", dh **während des Mietverhältnisses** zeigt (s dazu u Rn 7 f). Der Lauf der Miete beginnt iS des § 536c Abs 1 BGB mit der tatsächlichen **Übergabe** der Sache, selbst wenn zu diesem Zeitpunkt ein Mietvertrag noch nicht zustande gekommen war (KG DR 1940, 395). Entscheidend ist maW nur, ob sich der Mangel im Sinne des § 536c S 1 BGB **nach Übergabe gezeigt** hat, während hinsichtlich etwaiger bei Übergabe der Sache vorhandener und erkennbarer Mängel keine Anzeigepflicht besteht (s § 536b BGB). Die Anzeigepflicht endet erst mit der tatsächlichen **Rückgabe** der Sache, sodass die Obhuts- ebenso wie die Anzeigepflicht den Mieter selbst dann noch treffen, wenn er nach Vertragsende nicht räumt (BGH 14. 6. 1967 – VIII ZR 268/64, LM Nr 2 zu § 556 BGB = NJW 1967, 1803).

b) Kenntnis

Die Anzeigepflicht setzt nach § 536c Abs 1 S 1 BGB schließlich noch (drittens) 7
voraus, dass sich der Mangel in der fraglichen Zeit (o Rn 6) „gezeigt" hat, und zwar gerade dem Mieter (nicht beliebigen Dritten) gezeigt hat, dass der Mieter maW den Mangel **erkannt** hat. Dafür ist erforderlich, dass der Mieter den Mangel, dh den schlechten Zustand der Mietsache in dem genannten Sinne (s Rn 3) kennt, während es nicht ausreicht, wenn ihm lediglich die den Mangel begründenden Tatsachen bekannt sind, er daraus aber nicht auf den schlechten Zustand der Sache schließt (BGH 13. 7. 2010 – VIII ZR 129/09, NZM 2010, 661 = WuM 2010, 495, 498 Tz 29 = ZMR 2010, 948, 149 im Anschluss an BGH 20. 12. 1978 – VIII ZR 114/77, LM Nr 6 zu § 439 BGB [B1 2] = NJW 1979, 713, 714 [unter II 2c]). Gleich steht nach überwiegender Meinung der Fall, dass der Mangel dem Mieter lediglich **infolge grober Fahrlässigkeit verborgen** geblieben ist, da der Mieter nicht übersehen dürfe, was jedermann sieht (BGHZ 68, 281, 284 ff = NJW

1977, 1236; OLG Hamburg NJW-RR 1991, 1296 = WuM 1991, 328; OLG Frankfurt WuM 1992, 56, 63; OLG Düsseldorf NJW-RR 2009, 86, 87 = ZMR 2009, 114; LG Hamburg WuM 2001, 24, 25). Nach manchen soll dazu auch gehören, dass er ohne Weiteres die Art und das Ausmaß der der Sache drohenden *Gefahren* erkennen konnte (so Streyl WuM 2016 Beilage zu H 7 FS Eisenschmid S 37, 39 ff). Bei der Annahme grober Fahrlässigkeit ist **Zurückhaltung** geboten, da den Mieter grundsätzlich keine Prüfungspflicht trifft (o Rn 1; OLG Düsseldorf NJW-RR 2009, 86, 87 = ZMR 2009, 114; ebenso zB Günter in: Guhling/Günter § 536c Rn 9). Er ist insbesondere nicht verpflichtet, die Mietsache auf verborgene Mängel zu untersuchen oder gar regelmäßig auf ihren allgemeinen Erhaltungszustand hin zu kontrollieren; das ist vielmehr die alleinige Aufgabe des Vermieters im Rahmen seiner Erhaltungspflicht, die ihm auch § 536c Abs 1 BGB nicht abnehmen, sondern lediglich erleichtern soll (s oben § 535 Rn 28, Rn 32 ff; OLG Düsseldorf NJW-RR 2009, 86, 87 = ZMR 2009, 114). Deshalb genügt der Mieter seiner Anzeigepflicht bereits, wenn er einen sich ihm aufdrängenden **Verdacht** dem Vermieter unverzüglich mitteilt. Es ist dann Sache des Vermieters, aufgrund seiner Prüfungspflicht (o § 535 Rn 32) diesem Verdacht nachzugehen. Für Erfüllungsgehilfen und Untermieter haftet der Mieter nach § 278 BGB (LG Berlin GE 1991, 521).

8 Eine **Anzeigepflicht** besteht nach dem Gesagten **zB**, wenn es im Badezimmer, ohne Weiteres erkennbar, zu einem Rückstau von Dusch- und Badewasser kommt (LG Berlin WuM 1987, 387) oder wenn trotz Reparaturversuchen des Vermieters Mängel fortbestehen (OLG Düsseldorf ZMR 1987, 376 = NJW-RR 1987, 1232; ZMR 1991, 24). Weitere Beispiele sind Schäden an der Wasserleitung (LG Frankfurt WuM 1990, 425), der übermäßige Lärm anderer Mieter (OLG Hamburg OLGE 16, 419), das Auftreten von Ungeziefer (KG DR 1941, 1366) oder Feuchtigkeit (LG Köln ZMR 2008, 629), Schäden an Leitungen und Öfen sowie die Auswechslung der Schlösser an der Mietsache durch einen Dritten (BGH 14. 11. 2001 – XII ZR 142/99, NZM 2002, 217 f = NJW-RR 2002, 515, 516). Dagegen braucht der Mieter ein Flachdach, zu dessen Instandhaltung er nicht verpflichtet ist, auch nicht regelmäßig zu kontrollieren, sodass ihn der Vermieter nicht für Wasserschäden infolge einer Verstopfung der Abflüsse auf dem Dach nach § 536c Abs 2 S 1 BGB haftbar machen kann, zumal das Dach ohnehin nicht zu der Mietsache im Sinne des § 536c Abs 1 BGB gehört (s Rn 5; OLG Düsseldorf NJW-RR 2009, 86, 87 = ZMR 2009, 114). Hat der Mieter ordnungsgemäß einen Baumangel angezeigt, von dem erhebliche Schäden, zB durch die Bildung von Schimmelpilz drohen, so hat er seiner Anzeigepflicht genügt. Auch wenn sich später die Schäden erheblich ausweiten, weil der Vermieter seiner Reparaturpflicht nicht nachkommt, wird dadurch nicht etwa erneut die Anzeigepflicht des Mieters ausgelöst (Rn 15; BGH 18. 3. 2014 – VIII ZR 317/13, WuM 2014, 278 Rn 7).

2. Notwendigkeit von Maßnahmen gegen nicht vorhergesehene Gefahren

9 Der Mieter ist ferner anzeigepflichtig, wenn eine Maßnahme zum Schutze der Sache gegen eine nicht vorhergesehene Gefahr erforderlich wird (§ 536c Abs 1 S 1 Fall 2 BGB). Dahinter steht wiederum das Interesse des Vermieters an der Verhütung von Gefahren, die seiner Sache drohen. Deshalb kommt es hier gleichfalls nicht darauf an, ob von der fraglichen Gefahr eine Beeinträchtigung gerade des vertragsgemäßen Gebrauchs des Mieters zu besorgen ist. Erforderlich ist vielmehr lediglich, dass der Mietsache eine **Gefahr droht**, die Schutzmaßnahmen notwendig macht, *und* dass *beide* Parteien die Gefahr **nicht vorhergesehen** haben, während die Ursache der

Gefahr unerheblich ist. Doch muss für den Mieter erkennbar sein, dass Schutzmaßnahmen erforderlich sind. Häufig werden zugleich die Voraussetzungen des ersten Falles des § 536c Abs 1 S 1 BGB erfüllt sein (Auftreten eines Mangels, o Rn 3 ff). Die genaue Abgrenzung zwischen beiden Fällen spielt keine Rolle, weil das Gesetz sie gleich behandelt.

Eine nicht vorhergesehene Gefahr im Sinne des § 536c Abs 1 S 1 Fall 2 BGB ist **zB** anzunehmen, wenn in einer Gaststätte eine Brandstiftung konkret droht (LG Berlin GE 1991, 521), wenn eine Strom- oder Wassersperre zu erwarten ist oder wenn Straßenbauarbeiten unter Inanspruchnahme des Grundstücks bevorstehen. Weitere Beispiele sind der **Auszug** oder eine **längere Abwesenheit** des Mieters, Sturmschäden, Wassereinbrüche, die Gefahr des Einsturzes einer Decke oder einer Wand, ein undichter Öltank, der Verlust der Haustürschlüssel, die Beschädigung der Haustür, aber auch ein für das Gebäude gefährliches Abgraben des Nachbargrundstückes.

3. Rechtsanmaßung Dritter

Eine Anzeigepflicht besteht schließlich noch, wenn sich ein Dritter ein Recht an der Sache anmaßt (§ 536c Abs 1 S 2 BGB). Darunter fällt **jede Behauptung eines** dinglichen oder obligatorischen **Rechts** durch einen **Dritten** hinsichtlich der vermieteten Sache (vgl § 536 Abs 3 BGB). Der Mieter braucht nicht zu prüfen, ob die Behauptung des Dritten zutrifft. Er kann vielmehr diese Prüfung ebenso wie die erforderlichen Gegenmaßnahmen dem Vermieter überlassen. **Beispiele** sind eine von einem Dritten in Anspruch genommene Wegegerechtigkeit, die Veränderung der Grenzmarkierungen oder die Inanspruchnahme der Außenwand für Reklamezwecke durch Dritte.

III. Anzeige

1. Grundsatz

In den drei in § 536c Abs 1 S 1 und 2 BGB genannten Fällen (o Rn 3 bis Rn 11) ist der Mieter verpflichtet, die fraglichen Umstände dem Vermieter unverzüglich anzuzeigen. Bei dieser Anzeige handelt es sich um eine bloße **rechtserhebliche Handlung**, auf die die Vorschriften über Willenserklärungen nur im Einzelfall entsprechend angewandt werden können (Blank/Börstinghaus § 536c Rn 5). Insbesondere ist erforderlich, dass die Anzeige dem Vermieter **zugeht** (§§ 130 ff BGB). Nicht erforderlich ist dagegen Geschäftsfähigkeit. Eine besondere **Form** ist für die Anzeige gleichfalls nicht vorgeschrieben, sodass sie auch mündlich geschehen kann. In ihr müssen jedoch die **Mängel** oder Gefahren so **genau bezeichnet** werden, dass der Vermieter in der Lage ist, sofort die für eine Abhilfe notwendigen Maßnahmen zu treffen. Die Anzeige muss **gegenüber** dem **Vermieter oder** dessen **Vertreter** erfolgen; als Empfangsvertreter oder -boten des Vermieters kommen vor allem der Hauswart und die Ehefrau des Vermieters aufgrund der Schlüsselgewalt in Betracht (§ 1357 BGB; Weimar ZMR 1964, 129, 130; dagegen Beuermann GE 2004, 809). Dagegen reicht eine Anzeige gegenüber Dritten, zB gegenüber Handwerkern oder gegenüber einem Gläubiger des Vermieters, der die Miete gepfändet hat, nicht aus (AG Köln MDR 1974, 47; AG Ludwigslust WuM 2013, 608).

13 Die Anzeige muss gemäß § 536c Abs 1 S 1 BGB **unverzüglich**, dh ohne schuldhaftes Zögern, erfolgen (s § 121 Abs 1 S 1 BGB). Der Mieter muss folglich mit der im Verkehr erforderlichen Sorgfalt vorgehen (§ 276 Abs 2 BGB; Stellungnahme des Bundesrats BT-Drucks 14/4553, 82; Gegenäußerung der Bundesregierung daselbst S 98). Danach beurteilt sich auch, binnen welcher **Frist** die Mängel anzuzeigen sind. Droht der Sache eine unmittelbare Gefahr, steht zB der Einsturz einer Decke zu befürchten, so muss die Anzeige *sofort* erfolgen; bereits eine Verzögerung nur um ein oder zwei Tage ist in solchem Falle schuldhaft und steht der Unterlassung der Anzeige gleich (AG Köln MDR 1974, 47). Handelt es sich dagegen um einen Schaden, von dem unmittelbar keine weiteren Gefahren zu besorgen sind, so kann sich der Mieter auch länger mit der Anzeige Zeit lassen (§ 242 BGB; Blank/Börstinghaus § 536c Rn 5).

2. Ausnahmen

14 Die Anzeigepflicht entfällt als leere Formalität, wenn der Vermieter den Mangel ohnehin schon, gleichgültig aus welchem Grunde, **kennt** (Mot II 401; RGZ 103, 372, 374; BGHZ 68, 281, 284 = NJW 1977, 1236; BGH 1. 4. 1963 – VIII ZR 257/61, LM Nr 10 zu § 537 BGB = NJW 1963, 1449; 23. 12. 1992 – XII ZR 49/97, NZM 1999, 461 – NJW-RR 1999, 845; 14. 11. 2001 – XII ZR 142/99, NZM 2002, 217, 218 = NJW-RR 2002, 516, 517; 13. 7. 2010 – VIII ZR 129/09, NZM 2010, 661 = WuM 2010, 495 Rn 30 = ZMR 2010, 948, 949; LG Düsseldorf NJW-RR 2009, 86, 87 = ZMR 2009, 114; LG Berlin WuM 2020, 72). Die **Kenntnis Dritter**, derer sich der Vermieter bei der Erfüllung seiner Pflichten aus dem Mietvertrag bedient, steht der Kenntnis des Vermieters gleich (§§ 166, 278 BGB). Beispiele sind die Kenntnis des Hausverwalters oder eines Handwerkers, der den Mangel verschuldet hat oder den der Vermieter mit der Beseitigung des Mangels beauftragt hatte (LG Berlin GE 1986, 1011). Keine Anzeigepflicht besteht außerdem zB, wenn dem Vermieter nach einem Reparaturversuch bekannt ist, dass noch Mängel fortbestehen (OLG Düsseldorf ZMR 1991, 24), oder wenn sich die Schäden, zB die Bildung von Schimmelpilz, infolge der mangelhaften oder sogar ganz unterbliebenen Reparatur des Mangels ausweiten oder verschlimmern (s Rn 8, BGH 18. 3. 2014 – VIII ZR 317/13, WuM 2014, 278 Rn 7). Auch wenn der Vermieter die Obhut über die Mietsache selbst ausübt, wird nur in Ausnahmefällen eine Anzeigepflicht des Mieters in Betracht kommen. Deshalb trifft zB bei Beherbergungsverträgen den Gast grundsätzlich keine Anzeigepflicht (BGH 1. 4. 1963 – VIII ZR 257/61, LM Nr 10 zu § 537 BGB = NJW 1963, 1449).

15 Einen Wegfall der Anzeigepflicht wird man ferner anzunehmen haben, wenn die Mängel für den Vermieter **offensichtlich** sind, selbst wenn er sie tatsächlich infolge gröbster Nachlässigkeit nicht erkannt hat (RG Recht 1913 Nr 2271; BGH 14. 11. 2001 – XII ZR 142/99, NZM 2002, 217, 218 = NJW-RR 2002, 515, 516; RG Recht 1913 Nr 2271; OLG Karlsruhe ZMR 1988, 52). Wird zB der Vermieter von Handwerkern informiert, dass die Abflüsse auf dem Flachdach des vermieteten Gebäudes verstopft sind, so hat er die erforderliche Kenntnis des Mangels, selbst wenn er sich anschließend nicht um die Gefahr eines Wasserstaus auf dem Dach kümmert (OLG Düsseldorf NJW-RR 2009, 86, 87 = ZMR 2009, 114). Dagegen lässt **einfache Fahrlässigkeit des Vermieters** die Anzeigepflicht des Mieters nicht entfallen (so aber offenbar BGHZ 68, 281, 284 = NJW 1977, 1236; BGH 1. 4. 1963 – VIII ZR 257/61, LM Nr 10 zu § 537 BGB = NJW 1963, 1449, 1450 für Beherbergungsverträge). Denn die Folge wäre, dass die Anzeigepflicht des Mieters praktisch zur Bedeutungslosigkeit verurteilt würde (Sternel, Mietrecht Rn II 288; Günter, in: Guhling/Günter § 536c Rn 18).

IV. Rechtsfolgen

1. Schadensersatz

Nach § 536c Abs 2 BGB zieht ein Verstoß gegen die Anzeigepflicht zwei Rechtsfolgen nach sich. Die erste Rechtsfolge ist die Verpflichtung des Mieters, dem Vermieter den aus der Unterlassung der Anzeige entstehenden **Schaden** zu ersetzen (§§ 536c Abs 2 S 1, 280 BGB; s unten Rn 17 f). Die zweite Rechtsfolge besteht in verschiedenen **Rechtsverlusten** auf der Seite des Mieters, soweit der Vermieter infolge der Unterlassung der Anzeige nicht Abhilfe schaffen konnte (dazu u Rn 19 ff). Unberührt bleiben die **anderen Rechte** des Mieters und damit insbesondere sein Erfüllungsanspruch aus § 535 Abs 1 BGB (u Rn 19). 16

Der Mieter ist dem Vermieter zum Ersatz des aus der (schuldhaften, s Rn 18) Unterlassung der Anzeige entstehenden Schadens verpflichtet (§§ 536c Abs 2 S 1, 280, 276 BGB; Streyl WuM 2016 Beil zu H 7, in: FS Eisenschmidt 37). Gleich stehen eine **Verzögerung** der Anzeige (§§ 280 Abs 2, 286 BGB) sowie die Erstattung einer **unrichtigen Anzeige** (Mittelstein, Miete 354; Schmidt-Futterer/Eisenschmid Rn 30). Der Wortlaut des § 536c Abs 2 S 1 BGB („… daraus entstehenden Schadens …") macht ferner deutlich, dass der Mieter nach § 536c Abs 2 S 1 BGB nur dann zum Schadensersatz verpflichtet ist, wenn **Kausalität** zwischen dem Verstoß gegen die Anzeigepflicht und dem eingetretenen Schaden besteht (s unten Rn 20). Ein Ersatzanspruch kommt daher nur in Betracht, wenn der Vermieter bei rechtzeitiger und ordnungsmäßiger Anzeige den Schaden zu verhindern in der Lage gewesen wäre. Dagegen wird der Ersatzanspruch nicht dadurch ausgeschlossen, dass der Vermieter **auch selbst** die **Möglichkeit** hatte, die fraglichen Räume wie zB Zugänge, Flure und Treppen **zu überprüfen**, solange nur nicht der Mangel auch für ihn, den Vermieter ist ohne Weiteres erkennbar war (s oben Rn 14 f; RGZ 59, 161, 162; OLG Düsseldorf ZMR 2008, 952, 953). 17

Die Ersatzpflicht des Mieters setzt in allen genannten Fällen (s Rn 17) voraus, dass der Mieter den Verstoß gegen die Anzeigepflicht zu vertreten hat (§§ 536c Abs 2 S 1, 280 Abs 1 und 276 BGB; Begr zum RegE BT-Drucks 14/4553, 42 [1 Sp], 82, 98). Das **Verschulden** des Mieters kann sich insbesondere auf die Verspätung bei der Erkenntnis des Mangels (o Rn 7) oder auf die Verzögerung oder Unterlassung der gebotenen Anzeige (o Rn 17) beziehen. Es kann außerdem darin bestehen, dass er die Sache über längere Zeit völlig unbeaufsichtigt lässt. Stehen dem Vermieter **mehrere Mieter** gegenüber, so trifft die Anzeigepflicht jeden einzelnen; keiner darf sich auf die Erfüllung der Anzeigepflicht durch einen anderen verlassen (Schmidt-Futterer/Eisenschmid Rn 29). Sobald aber der Mieter seiner Anzeigepflicht nachgekommen ist, hat der Vermieter alle **weiteren Schäden**, die auf seiner Untätigkeit beruhen, selbst zu verantworten (LG Lübeck WuM 1987, 151). 18

Als zu ersetzende **Schaden** kommen Ersatzansprüche Dritter, die bei rechtzeitiger Anzeige vermieden worden wären, sowie die zusätzlichen Kosten in Betracht, die infolge einer Verschlimmerung des Mangels durch die Unterlassung der Anzeige entstanden sind, nicht jedoch die eigentlichen Kosten der Beseitigung des Mangels, die den Vermieter ohnehin nach § 535 BGB treffen. Der Ersatzanspruch **verjährt** nach § 548 Abs 1 BGB. Soweit der Vermieter nach § 536c Abs 2 S 1 BGB für einen 18a

Mangel von dem Mieter wegen der Unterlassung der Anzeige Schadensersatz verlangen kann, ist kein Raum für eine Minderung des Mieters wegen dieses Mangels aufgrund des § 536 Abs 1 und Abs 3 BGB (§ 242 BGB; BGH 17. 12. 1986 – VIII ZR 279/85, LM Nr 15 zu § 9 [Bb] AGBG [Bl 3 R] = NJW 1987, 1072, 1073 [unter III 1]; 5. 12. 2012 – VIII ZR 74/12, NJW 2013, 1291 Rn 178 = NZM 2013, 309 = WuM 2013, 160).

2. Rechtsverlust

a) Voraussetzungen

19 Eine Unterlassung der Anzeige entgegen § 536c Abs 1 BGB hat, soweit der Vermieter infolge dieser Unterlassung keine Abhilfe schaffen konnte, außerdem verschiedene Rechtsverluste für den Mieter zur Folge (§ 536c Abs 2 S 2 BGB). Betroffen sind insoweit der Reihe nach l. das Minderungsrecht bei Mängeln nach § 536 BGB (Nr 1 des § 536c Abs 2 S 2 BGB, Rn 21), 2. der Schadensersatzanspruch aus § 536a Abs 1 BGB (Nr 2 des § 536c Abs 2 S 2 BGB, s Rn 22) sowie 3. das Recht des Mieters zur außerordentlichen Kündigung ohne Fristsetzung nach § 543 Abs 3 S 1 BGB (Nr 3 des § 536c Abs 2 S 2 BGB, s Rn 23). Die sonstigen Rechte des Mieters bleiben **unberührt**. Wichtig ist das vor allem für den **Erfüllungsanspruch** des Mieters aus § 535 Abs 1 S 2 BGB, ferner für den **Aufwendungsersatzanspruch** des Mieters nach § 536a Abs 2 BGB (Schmidt-Futterer/Eisenschmid § 536c Rn 35; anders im Einzelfall AG Hamburg-Altona WuM 1996, 615) sowie für **Deliktsansprüche**, insbesondere wegen Verletzung der Prüfungspflicht des Vermieters (RGZ 165, 155, 159). Die Verletzung der Anzeigepflicht kann in diesen Fällen nur als mitwirkendes Verschulden des Mieters gewertet werden (§ 254 BGB; OLG Stuttgart MDR 1973, 588 f Nr 55).

20 Zusätzliche Voraussetzung des Rechtsverlusts des Mieters ist in den genannten Fällen (s Rn 19), dass der Vermieter gerade infolge des Verstoßes des Mieters gegen die Anzeigepflicht **keine Abhilfe** schaffen konnte (§ 536c Abs 2 S 2 HS 1 BGB). Ein Rechtsverlust tritt folglich nicht ein, wenn der Schaden **auch bei rechtzeitiger Anzeige** eingetreten wäre. Denn dann fehlt es an der nötigen Kausalität zwischen der Verletzung der Anzeigepflicht und dem Mangel (Rn 27; BGHZ 68, 281, 287 = NJW 1977, 1236; BGH 17. 12. 1986 – VIII ZR 174/85, LM Nr 15 zu § 9 [Bb] AGBG = NJW 1987, 1072, 1074 = ZMR 1987, 169; OLG Düsseldorf GE 2002, 1261). Mit Abhilfe meint das Gesetz hier die Wiederherstellung des vertragsgemäßen Zustandes gemäß § 535 Abs 1 S 2 BGB (BGH 17. 12. 1986 – VIII ZR 174/85, LM Nr 15 zu § 9 [Bb] AGBG [Bl 4 R] = NJW 1987, 1072 = ZMR 1987, 169). Der Vermieter kann sich folglich nur dann auf den Rechtsverlust des Mieters nach § 536c Abs 2 S 2 BGB berufen, wenn die Herstellung des vertragsgemäßen Zustandes *ursprünglich möglich* war und gerade *durch* die *Verletzung* der Anzeigepflicht des Mieters aus § 536c Abs 1 BGB *verhindert* wurde (BGH 17. 12. 1986 – VIII ZR 174/85, LM Nr 15 zu § 9 [Bb] AGBG [Bl 4 R] = NJW 1987, 1072 = ZMR 1987, 169); andernfalls behält der Mieter seine Rechte (OLG Düsseldorf GE 2002, 1261). Hinzukommen muss noch, dass der Mieter den Verstoß auch **zu vertreten** hat. Gelegentlich wird dies zwar verneint (so Blank/Börstinghaus § 536c Rn 7). Für die Notwendigkeit des Verschuldens sprechen indessen gleichermaßen der Wortlaut wie die Entstehungsgeschichte der Vorschrift (BT-Drucks 14/4553, 82, 86).

b) Betroffene Rechte

21 Unter den genannten Voraussetzungen (s Rn 19 f) entfällt zunächst gemäß § 536c Abs 2 S 2 Nr 1 BGB das **Minderungsrecht** des Mieters; genauer: Trotz Vorliegens eines Mangels wird in diesem Falle die Miete (entgegen § 536 BGB) nicht kraft Gesetzes gemindert (s schon o § 536 Rn 62). Jedoch entfällt das Minderungsrecht des Mieters aus § 536 Abs 1 BGB immer **(nur) für die Zeit**, während derer der Vermieter gerade infolge der Unterlassung der Mängelanzeige nicht für Abhilfe sorgen konnte (LG Köln WuM 1966, 114 = MDR 1966, 761 Nr 60). Das Minderungsrecht lebt dagegen wieder auf, sobald der Mieter die **Anzeige nachholt**, sodass dem Vermieter auch eine Abhilfe wieder möglich ist; wird der Vermieter jetzt nicht tätig, so wird die Miete wieder gemindert (SCHMIDT-FUTTERER/EISENSCHMID § 536c Rn 35).

Nach § 536c Abs 2 S 2 Nr 2 BGB kann der Mieter bei einem von ihm zu vertretenden Verstoß gegen die Anzeigepflicht aus § 536c Abs 1 BGB ferner **keinen Schadensersatz** nach § 536a Abs 1 BGB verlangen, immer unter der Voraussetzung, dass der Vermieter gerade infolge der Unterlassung der gebotenen Anzeige keine Abhilfe schaffen konnte (s Rn 20). Bedeutung hat dies vor allem für den Fall, dass **nachträglich** ein **Mangel** infolge eines vom Vermieter zu vertretenden Umstandes entsteht (§ 536a Abs 1 Fall 2 BGB). Die Haftung des Vermieters aus § 536a Abs 1 Fall 2 BGB für einen von ihm zu vertretenden Mangel entfällt folglich, wenn wegen der Unterlassung oder Verzögerung der Anzeige dem Vermieter eine rechtzeitige Abhilfe nicht möglich war (LG Berlin GE 1996, 322). So verhält es sich zB, wenn in Geschäftsräumen infolge des vertragsgemäßen Gebrauchs Risse im Boden entstehen, die der Mieter jedoch dem Vermieter nicht anzeigt; stürzt der Mieter später über diese Risse, so kann er folglich mit Rücksicht auf § 536c Abs 2 S 2 Nr 2 BGB für seine Schaden vom Vermieter keinen Schadensersatz nach § 536a Abs 1 Fall 2 BGB verlangen (OLG Düsseldorf ZMR 2008, 952 f). In den beiden anderen Fällen des § 536a Abs 1 BGB (anfänglicher Mangel und Verzug des Vermieters mit der Mängelbeseitigung) dürfte dagegen die Verletzung der Anzeigepflicht des Mieters in aller Regel mangels Kausalität zwischen der Verletzung der Anzeigepflicht und dem eingetretenen Schaden keine Rolle spielen. 22

Nach § 536c Abs 2 S 2 Nr 3 BGB ist der Mieter bei einer Verletzung der Anzeigepflicht, soweit der Vermieter infolge der Unterlassung der Anzeige nicht Abhilfe schaffen konnte, ferner nicht berechtigt, ohne Bestimmung einer angemessenen Frist zur Abhilfe nach § 543 Abs 3 S 1 BGB zu kündigen. Das **Kündigungsrecht** des Mieters aus § 543 Abs 2 Nr 1 BGB bleibt folglich grundsätzlich **unberührt**. Der Mieter kann jedoch in den Ausnahmefällen des § 543 Abs 3 S 2 Nrn 1 und 2 BGB *nicht sofort,* dh ohne Fristsetzung, sondern erst **nach** fruchtlosem Ablauf einer dem Vermieter zur Beseitigung des Kündigungsgrundes gesetzten **Frist** kündigen (ebenso BLANK/BÖRSTINGHAUS Rn 9; SCHMIDT-FUTTERER/EISENSCHMID Rn 34; str). Außerdem wird man anzunehmen haben, dass der Mieter überhaupt nicht fristlos aus wichtigem Grunde kündigen kann, wenn der wichtige Grund seine Ursache gerade in der Verletzung der Anzeigepflicht des Mieters findet (SCHMIDT-FUTTERER/EISENSCHMID Rn 34). Das folgt schon aus dem Verbot widersprüchlichen Verhaltens (§ 242 BGB, venire contra factum proprium). Auf der anderen Seite kann eine Verletzung der Anzeigepflicht des Mieters aber auch dem Vermieter nur in Ausnahmefällen einen Grund zur fristlosen Kündigung aus § 543 Abs 1 oder Abs 2 Nr 2 BGB geben (BLANK/BÖRSTINGHAUS Rn 10). 23

V. Abweichende Vereinbarungen

24 § 536c BGB ist nicht zwingend, sodass die Parteien abweichende Vereinbarungen treffen können. Wird dem **gewerblichen Mieter** zB die Reparaturpflicht bei Mängeln wirksam auferlegt, so entfällt im selben Ausmaß seine Anzeigepflicht aus § 536c Abs 1 BGB (s oben § 535 Rn 128 f; Schmidt-Futterer/Eisenschmid Rn 39 f). Dagegen sind bei der **Wohnraummiete** Abweichungen von § 536c BGB zum Nachteil des Mieters durch Formularverträge nicht möglich (§ 307 BGB; Staudinger/Bieder [2019] §§ 305–310 Anh Rn E 118). Auch bei der gewerblichen Miete geht es nicht an, dem Mieter durch Formularvertrag eine generelle Prüfungspflicht aufzuerlegen (§ 307 BGB).

VI. Beweislast

25 Die Beweislast für die Voraussetzungen eines **Schadensersatzanspruchs** nach § 536c Abs 2 S 1 BGB wegen der Verletzung der Anzeigepflicht durch den Mieter trifft den **Vermieter**. Dazu gehören insbesondere die schuldhafte Unterlassung oder Verspätung der Anzeige sowie die Kausalität zwischen dieser Vertragsverletzung und dem Schaden (BGH 5. 12. 2012 – VIII ZR 74/12, NJW 2013, 1299 Rn 26 ff = NZM 2013, 309 = WuM 2013, 160, 163; OLG Brandenburg ZMR 2008, 706, 707; OLG Düsseldorf NJW-RR 2009, 86, 87 [1 Sp o] = ZMR 2009, 114). Den *Mieter* trifft indessen eine *sekundäre Darlegungslast*, sodass er substantiiert darlegen muss, wann und wie er tatsächlich seiner Anzeigepflicht nachgekommen ist (BGH 5. 12. 2012 – VIII ZR 74/12, NZM 2013, 309 = NJW 2013, 1299 Rn 36 = WuM 2013, 160). Der Vermieter muss insbesondere darlegen und gegebenenfalls beweisen, dass er auf die rechtzeitige Anzeige des Mangels seitens des Mieters hin auch tatsächlich tätig geworden wäre und den Mangel beseitigt hätte (OLG Düsseldorf NJW-RR 2009, 86, 87 [1 Sp o] = ZMR 2009, 114). Soweit demgegenüber vielfach dem *Mieter* die Beweislast für die Erfüllung seiner Anzeigepflicht sowie für die fehlende Kausalität zwischen der Unterlassung der Anzeige und dem Schadenseintritt auferlegt wird (so BGH 14. 11. 2001 – XII ZR 142/99, NZM 2002, 217, 218 = NJW-RR 2002, 515, 516; OLG Düsseldorf ZMR 2008, 952, 953; LG Köln ZMR 2008, 629, 630; Palandt/Weidenkaff Rn 9), ist dem nicht zu folgen. Der Vermieter trägt außerdem die Beweislast, wenn er einen **Rechtsverlust** des Mieters unter Berufung auf § 536c Abs 2 S 2 BGB geltend macht (BGH 17. 12. 1986 – VIII ZR 179/85, ZMR 1987, 169 = LM Nr 15 zu § 9 [Bb] AGBG [B1 4 R] = NJW 1987, 1072; LG Kiel WuM 1998, 282).

26 Den **Mieter** trifft die Beweislast nur, wenn er sich auf einen der **Ausnahmetatbestände** beruft, in denen seine Anzeigepflicht entfällt (o Rn 14 f; OLG Düsseldorf ZMR 1987, 376; LG Köln ZMR 2008, 629, 630). Zu einer **Umkehr der Beweislast** zum Nachteil des Mieters kann es außerdem kommen, wenn gerade infolge der vom Mieter zu vertretenden Unterlassung der Anzeige die Ursachen eines Schadens, für den der Vermieter Ersatz verlangt, oder die Verantwortlichkeit des Mieters nicht mehr aufgeklärt werden können (s KG DR 1941, 1366; LG Frankfurt WuM 1990, 425; LG Berlin GE 1996, 322: beide für einen hohen Wasserverlust infolge von Mängeln der Wasserleitung).

Untertitel 1
Allgemeine Vorschriften für Mietverhältnisse § 536d

§ 536d
Vertraglicher Ausschluss von Rechten des Mieters wegen eines Mangels

Auf eine Vereinbarung, durch die die Rechte des Mieters wegen eines Mangels der Mietsache ausgeschlossen oder beschränkt werden, kann sich der Vermieter nicht berufen, wenn er den Mangel arglistig verschwiegen hat.

Materialien: E I § 507; II § 485; III § 533; BGB § 540; Prot II 132 f; Mietrechtsreformgesetz von 2001 (BGBl I 1149); Begr zum RegE BT-Drucks 14/4553, 42; Stellungnahme des Bundesrats BT-Drucks 14/4553, 82; Gegenäußerung der Bundesregierung S 98.

Systematische Übersicht

I.	Überblick	1	III. Rechtsfolgen	6
II.	Voraussetzungen	3	IV. Beweislast	7

I. Überblick

Nach § 536d BGB (= § 540 BGB aF) kann sich der Vermieter auf eine Vereinbarung, durch die die Rechte des Mieters wegen eines Mangels der Mietsache aus den §§ 536 und 536a BGB ausgeschlossen oder beschränkt werden (sog Ausschlussvereinbarung) nicht berufen, wenn er den Mangel arglistig verschwiegen hat. Eine entsprechende Regelung für das Kündigungsrecht des Mieters wegen eines Mangels nach § 543 Abs 2 Nr 1 BGB findet sich in § 543 Abs 4 S 1 BGB (dazu u § 543 Rn 82 ff). Der **Anwendungsbereich** des § 536d BGB umfasst sämtliche Miet- und Pachtverträge (§§ 581 Abs 2, 586 Abs 2 BGB). Die **praktische Bedeutung** des § 536d BGB ist wegen der Beweislast des Mieters für die Arglist des Vermieters (s Rn 7) gering. Ein wirksamer Schutz des Mieters gegen irreführende Praktiken der Vermieterseite ist infolgedessen nur über die Ausdehnung der **Aufklärungspflichten** des Vermieters bei Abschluss des Mietvertrages möglich (s Vorbem 62 ff zu § 535). 1

Die §§ 536 und 536a BGB sind an sich **dispositiv**, sodass sie individualvertraglich oder durch Formularvertrag in den Grenzen der §§ 138 und 242 BGB sowie der §§ 307 ff BGB abgeändert oder eingeschränkt werden können (s § 536 Rn 123 ff, § 536a Rn 43). Eine **Ausnahme** gilt nur für die Minderung bei der Wohnraummiete aufgrund des § 536 Abs 4 BGB (s oben § 536 Rn 128 f). Eine weitere Schranke für Ausschlussklauseln ergibt sich aus § 536d BGB, wenn der Vermieter den Mangel arglistig verschwiegen hat. § 536d BGB ist seiner Natur nach seinerseits zwingend (s die Begr zum RegE BT-Drucks 14/4553, 42). 2

II. Voraussetzungen

Die Ausschlussklausel ist unwirksam, wenn der Vermieter den Mangel arglistig verschwiegen hat. Für Kauf- und Werkverträge finden sich vergleichbare Regelungen in den §§ 444 und 639 BGB. Nach hM setzt Arglist des Vermieters voraus, dass er den Mangel positiv **kennt** und trotz Bestehens einer **Aufklärungspflicht** nicht redet, 3 obwohl ihm bewusst ist, dass der Mieter bei Kenntnis des Mangels den Vertrag nicht oder jedenfalls nicht so wie geschehen abgeschlossen hätte (BLANK/BÖRSTINGHAUS Rn 2; SCHMIDT-FUTTERER/EISENSCHMID Rn 4 f). Im Interesse des gebotenen Mieterschutzes sollte man außerdem nicht zögern, sich in geeigneten Fällen mit bloßem **bedingten Vorsatz** des Vermieters zu begnügen (s schon o § 536b Rn 12a). Grobe Fahrlässigkeit steht nicht gleich (BGH 21.11.1952 – V ZR 158/51, LM Nr 1 zu § 463 BGB). Für die Anwendung des § 536d BGB ist ferner kein Raum, wenn der Mieter den Mangel positiv **kennt**. Wer einen Mangel kennt, kann nicht über dessen Vorliegen getäuscht werden (BLANK/BÖRSTINGHAUS § 536d Rn 2).

4 Eine allgemeine **Aufklärungspflicht** des Vermieters hinsichtlich etwaiger Mängel der Mietsache besteht *nicht*. Jedoch darf der Vermieter nach Treu und Glauben nicht schweigen, wenn er erkennt, dass der Mieter bei Kenntnis des Mangels den Vertrag überhaupt nicht oder jedenfalls nicht so wie geschehen abgeschlossen hätte (§ 242 BGB). Der Vermieter muss außerdem wahrheitsgemäß Auskunft erteilen, wenn sich der Mieter nach Mängeln **erkundigt** – oder die Antwort verweigern, wenn er das nicht will; tertium non datur. Dem arglistigen Verschweigen eines Mangels steht die arglistige **Vorspiegelung** einer nicht vorhandenen Eigenschaft gleich (s RGZ 103, 154, 160). Bei **mehreren Vermietern** genügt bereits die Arglist eines einzigen von ihnen, um der Ausschlussklausel allen Vermietern gegenüber die Wirksamkeit zu nehmen (BGH WM 1976, 323).

5 Der Vermieter handelt **zB** arglistig, wenn er den Hauswart anweist, bei den Vertragsverhandlungen nichts von dem Vorhandensein eines störenden Betriebs auf dem Grundstück oder in der Nachbarschaft zu erwähnen, solange die Mietlustigen nicht danach fragen (RG LZ 1914, 1620; 1918, 837). Dagegen ist es nicht arglistig, wenn er ein polizeiliches Benutzungsverbot verschweigt, sofern die zuständigen Behörden dessen Beachtung seit Jahren nicht durchgesetzt haben (OLG Dresden OLGE 33 [1916 II] 301 = SeuffA 70 [1915] Nr 33 S 50, 51).

III. Rechtsfolgen

6 Unter den Voraussetzungen des § 536d BGB kann sich der Vermieter auf die Ausschlussklausel „nicht berufen". Damit wird klargestellt, dass von der Unwirksamkeit der Klausel die **Wirksamkeit** des Vertrags im Übrigen *nicht* berührt wird, dass mit anderen Worten hier kein Raum für die Anwendung des § 139 BGB ist (s die Begr zum RegE BT-Drucks 14/4553, 42, 82, 98). Lagen bei Vertragsabschluss **mehrere Mängel** vor, so ist grundsätzlich die Ausschlussklausel nur hinsichtlich derjenigen Mängel nichtig, bezüglich derer dem Vermieter Arglist vorzuwerfen ist, im Übrigen aber wirksam (RGZ 62, 122, 125).

IV. Beweislast

7 Die Beweislast für die Arglist des Vermieters trifft den **Mieter**. Der **Vermieter** muss dagegen beweisen, dass er den Mangel tatsächlich dem Mieter mitgeteilt hatte oder dass diesem der Mangel doch bekannt war (o Rn 3). Dasselbe gilt für die Behauptung des Vermieters, die Täuschung sei für den Entschluss des Mieters ohne Bedeutung gewesen (vgl für den Kauf BGH BB 1969, 1412 = Betrieb 1969, 2082).

§ 537
Entrichtung der Miete bei persönlicher Verhinderung des Mieters

(1) Der Mieter wird von der Entrichtung der Miete nicht dadurch befreit, dass er durch einen in seiner Person liegenden Grund an der Ausübung seines Gebrauchsrechts gehindert wird. Der Vermieter muss sich jedoch den Wert der ersparten Aufwendungen sowie derjenigen Vorteile anrechnen lassen, die er aus einer anderweitigen Verwertung des Gebrauchs erlangt.

(2) Solange der Vermieter infolge der Überlassung des Gebrauchs an einen Dritten außerstande ist, dem Mieter den Gebrauch zu gewähren, ist der Mieter zur Entrichtung der Miete nicht verpflichtet.

Materialien: E I § 518; II § 496; III § 545; BGB § 552; Mot II 399 f; Prot II 186 f; Mietrechtsreformgesetz von 2001 (BGBl I 1149); Begr zum RegE BT-Drucks 14/4553, 42; Stellungnahme des Bundesrats BT-Drucks 14/4553, 83; Gegenäußerung der Bundesregierung S 98.

Schrifttum

BEUTHIEN, Zweckerreichung und Zweckstörung im Schuldverhältnis (1969)
BLANK, Die vorzeitige Mietaufhebung, in: FS Seuß (1997) 35
ders, Ersatzmietergestellung, NZM 2015, 887
DÖTTERL, Wann ist der Gläubiger für die Unmöglichkeit verantwortlich? (2008)
ders, Vorzeitiges Ausscheiden des Mieters und Stellung eines Ersatzmieters, in: Mieterwechsel, Mietpreisrecht und Altschuldenhilfe in den neuen Ländern, PiG 53 (1997) 37
EMMERICH, Vorzeitiges Ausscheiden eines Mieters und Stellung eines Ersatzmieters, in: Der Mieterwechsel, PiG 52 (1997) 65 = Wohnen 1998, 119
ders, Der Wechsel des Mieters im laufenden Mietverhältnis, in: Mietparteien und ihr Wechsel, PiG 70 (2005) 95
HEILE, Ersatzmietergestellung bei Wohn- und Geschäftsraummiete, ZMR 1980, 249
HÜFFER, Leistungsstörungen durch Gläubigerhandeln (1976)
M HUFF, Der gescheiterte Vertrag mit dem Nachmieter und die Ansprüche des Vormieters, in: FS Seuß (1997) 183
KANDELHARD, Aufhebungsvertrag und Ersatzmieterstellung, NZM 2004, 846 = WuM 2004, 249
ders, Die Rechte des Wohn- und Gewerberaummieters zur Realisierung einer Bedarfsänderung (1999)
H KÖHLER, Unmöglichkeit und Geschäftsgrundlage bei Zweckstörungen im Schuldverhältnis (1971)
KOLLER, Die Risikozurechnung bei Vertragsstörungen in Austauschverträgen (1979)
LEHMANN-RICHTER, Die Vermietung an den nicht nutzenden Mieter, PiG 83 (2008) 181
OSKE, Der vorzeitige Auszug des Mieters und seine finanziellen Folgen, WuM 1979, 181
PIETZNER, Ersatzvermietung und Zahlungspflicht des nicht einzugswilligen Erstmieters, NJW 1968, 773
M SCHMID, Keine Nutzung der Mietsache durch den Mieter – Möglichkeiten des Vermieters, DWW 2009, 203
STERNEL, Rechtsgeschäftliche Nachfolge im Mietverhältnis, in: Rechtsnachfolge im Mietverhältnis, PiG 37 (1993) 47
STREYL, Das Recht auf vorzeitige Vertragsbeendigung bei der Miete von Wohn- und Geschäftsräumen, WuM 2005, 183.

Systematische Übersicht

I.	**Überblick**	1		4.	Eintritt des Ersatzmieters	29
				5.	Grundlose Ablehnung	31
II.	**Anwendungsbereich**	3		6.	Beweislast	32
III.	**Anrechnungspflicht**			**V.**	**Erfüllungsbereitschaft**	
1.	Ersparte Aufwendungen	12		1.	Anderweitige Vermietung	33
2.	Vorteile anderweitiger Verwertung	14		2.	Vorzeitiger Auszug des Mieters	36
IV.	**Ersatzvermietung**			**VI.**	**Abweichende Vereinbarungen**	38
1.	Überblick	16				
2.	Nachfolgeklauseln	17		**VII.**	**Beweislast**	39
3.	Anspruch auf Vertragsentlassung bei berechtigtem Mieterinteresse	20				

Alphabetische Übersicht

Abnahmepflicht — 2, 5
Abweichende Vereinbarungen — 38
Anderweitige Vermietung — 35 ff
Annahmeverzug — 5 ff
Anrechnungspflicht des Vermieters — 12 ff
– abweichende Vereinbarungen — 38
– Anwendungsbereich — 3 ff
– Aufwendungen — 13 ff
– Eigengebrauch des Vermieters — 33 f
– Ersatzvermietung — 16 ff
– Formularvertrag — 38
– Reparaturarbeiten — 34
– Vorteilsanrechnung — 14 ff
Anwendungsbereich — 3 ff
Aufwendungen, ersparte — 13 f
Auszug des Mieters — 6, 36 f

Beweislast — 32, 36, 39

Eigengebrauch des Vermieters — 15
Erfüllungsbereitschaft des Vermieters — 33 ff
– Auszug des Mieters — 36
– Eigengebrauch des Vermieters — 35
– Reparaturarbeiten — 35 f
– Vermietung der Sache — 33 f
Ersatzmieterklausel — 17 ff
Ersatzvermietung — 16 ff
– Ablehnung — 31 f
– Ablehnungsgründe — 24 ff
– Auswahl — 27
– Beweislast — 32

– Eintritt des Ersatzmieters — 25, 29 f
– Entlassung des Mieters — 30
– Interesse des Mieters — 20 ff
– Nachfolgeklausel — 17
– Überlegungsfrist — 28 ff
– Voraussetzungen — 20 ff
– Zumutbarkeit — 24 ff
Ersparte Aufwendungen — 13 f

Fixgeschäft — 3
Formularverträge — 38

Gründe in der Person des Mieters — 70 ff

Nachfolgeklausel — 17 ff

Risikosphäre des Mieters — 7 ff

Tod des Mieters — 9

Unmöglichkeit — 3 ff
– Abgrenzung — 3
– Annahmeverzug — 5
– Anwendung des § 537 BGB — 4
– Auszug des Mieters — 6, 36
– Verwendungsrisiko — 7 ff
Verwendungsrisiko — 17 ff
Vorteile anderweitiger Vermietung — 14 f

Weitervermietung der Sache — 35 f

Untertitel 1
Allgemeine Vorschriften für Mietverhältnisse § 537

I. Überblick

Nach Abs 1 S 1 des § 537 BGB (= § 552 BGB aF) wird der Mieter von der Entrichtung der Miete grundsätzlich nicht dadurch befreit, dass er durch einen in seiner Person liegenden Grund an der Ausübung seines Gebrauchsrechts gehindert wird. Anders verhält es sich nur, wenn der Vermieter nicht mehr erfüllungsbereit ist (Abs 2 des § 537 BGB). Außerdem muss sich der Vermieter auf seinen fortbestehenden Erfüllungsanspruch die ersparten Aufwendungen und sonstige Vorteile anrechnen lassen (S 2 des § 537 Abs 1 BGB). Die Vorschrift, die auf das preußische Recht zurückgeht (ALR I 21 § 299), zieht letztlich die gebotenen Folgerungen aus dem Umstand, dass den Mieter nach der gesetzlichen Regelung **keine Abnahme- oder Gebrauchspflicht** trifft (s oben § 535 Rn 91 ff). Zugleich unterstreicht § 537 Abs 1 BGB, dass der Mieter das **Verwendungsrisiko** tragen muss (s oben Vorbem 21 ff zu § 536). 1

Der Anspruch des Vermieters aus § 537 Abs 1 S 1 BGB ist der Sache nach nichts anderes als der **Erfüllungsanspruch** des Vermieters aus § 535 Abs 2 BGB und nicht etwa ein Schadensersatzanspruch. Daraus folgt nicht zuletzt, dass neben § 537 BGB **kein Raum für** die Anwendung des **§ 254 BGB** ist (BGH 24. 9. 1980 – VIII ZR 299/79, LM Nr 43 zu § 133 [C] BGB [Bl 3 R] = NJW 1981, 43; 26. 11. 1986 – VIII ZR 384/85, LM Nr 42 zu § 6 AbzG [Bl 2 R] = NJW 1987, 842; 18. 4. 2007 – VIII ZR 182/06, NJW 2007, 2177 Tz 27 = NZM 2007, 439 = WuM 2007, 319, 321). 2

II. Anwendungsbereich

§ 537 BGB gilt für alle Miet- und Pachtverträge einschließlich der Fahrnismiete sowie der Beherbergungsverträge (§§ 581 Abs 2, 587 Abs 2 BGB; OLG München HRR 1941 Nr 925; OLG Braunschweig NJW 1976, 570; AG Wuppertal ZMR 1976, 146). Er hat in erster Linie den Fall im Auge, dass der Mieter während der Mietzeit aus in seiner Person liegenden Gründen vorübergehend oder endgültig an der Ausübung des ihm zustehenden Mietgebrauchs gehindert wird. Bei der Anwendung der Vorschrift hat man folglich zwischen **Hinderungsgründen aus der Person des Mieters** und **sonstigen Hinderungsgründen** zu unterscheiden, mögen sie ihre Ursache in der Person des Vermieters oder in objektiven Umständen haben (RGZ 79, 92, 95; 147, 304, 309; BGHZ 38, 295, 297 = NJW 1963, 341; OLG Frankfurt MDR 1981, 231). Wird der Mieter durch sonstige Hinderungsgründe in dem genannten Sinne an dem Gebrauch gehindert, so liegt **Unmöglichkeit** vor, jedenfalls, wenn die Raummiete wie im Regelfall **Fixcharakter** hat, sodass sich dann die **Rechtsfolgen** nicht nach § 537 BGB, sondern nach den allgemeinen Vorschriften richten (§§ 275, 283, 326 BGB; s oben Vorbem zu § 536 Rn 5 ff). Der Mieter wird mithin (anders als nach § 537 BGB) grundsätzlich frei (§ 275 BGB); außerdem ist der Vermieter gegebenenfalls zum Schadensersatz verpflichtet (§ 283 BGB). Eine abweichende Beurteilung kommt nur in Betracht, wenn es gerade der **Mieter** ist, der die Unmöglichkeit zu vertreten hat (§ 326 Abs 2 BGB; s Rn 4 f). 3

Ein Fall der (ausnahmsweise) vom Mieter zu vertretenden Unmöglichkeit liegt insbesondere vor, wenn die Raummiete wie im Regelfall Fixcharakter hat (s oben § 535 Rn 17 f) und der Mieter die **Sache nicht abnimmt**. Die Rechtsprechung wendet zwar auch in diesem Fall § 537 Abs 1 BGB an (s unten Rn 36 ff; BGH 22. 12. 1999 – XII ZR 4

399/97, LM Nr 7 zu § 552 BGB [Bl 3] = NJW 2000, 1105 = NZM 2000, 184, 188; 19. 12. 2007 – XII ZR 13/06, NJW 2008, 1148 Tz 28 ff = NZM 2008, 206). Tatsächlich handelt es sich hier indessen um einen der seltenen Fälle des § 326 Abs 2 BGB, weil die Rechtsfolge der unterlassenen Abnahme der Mietsache, da der Gebrauch in der Zeit nicht nachgeholt werden kann, **Teilunmöglichkeit** für die fragliche Zeitspanne ist, *vorausgesetzt,* dass der Mieter die Unterlassung der Abnahme zu *vertreten* hat (s unten Rn 4; OLG Düsseldorf ZMR 1992, 536, 537; s EMMERICH, in: Vertragsverletzung in Wohnraummietverhältnis, PiG 46 [1995] 119, 134 f). Für die Frage, was der Mieter im Sinne des § 326 Abs 2 BGB (als Gläubiger!) zu vertreten hat, kann freilich unbedenklich auf die Wertungen des § 537 BGB zurückgegriffen werden, sodass der Mieter die Miete sowohl dann fortzahlen muss, wenn er willentlich auf die Abnahme der Sache **verzichtet**, als auch dann, wenn er allein aus in seiner Person liegenden Gründen an der Abnahme **gehindert** wird (OLG Düsseldorf ZMR 1992, 536, 537). Unter diesen Umständen ist es nur folgerichtig, hier außerdem zusätzlich § 537 Abs 1 S 2 und Abs 2 BGB anzuwenden ist (H KÖHLER, Unmöglichkeit 33; MITTELSTEIN, Miete 391; ROQUETTE § 552 Rn 17 f).

5 Unklar ist die Rechtslage dagegen, wenn die Unterlassung der Abnahme der Mietsache lediglich **Annahmeverzug** des Mieters zur Folge hat, weil die zunächst ausgefallene Mietzeit später noch nachgeholt werden kann, wie es gleichermaßen in Fällen der Fahrnis- wie der Raummiete vorstellbar ist. Obwohl die schwer nachvollziehbare Konsequenz sein kann, dass der Mieter die Miete dann *zweimal* zahlen muss, nämlich zunächst für die Zeit des Annahmeverzuges und sodann für die Zeit der späteren Nachholung des Gebrauchs, findet doch nach überwiegender Meinung auch in diesem Fall § 537 Abs 1 S 1 BGB entsprechende Anwendung (krit EMMERICH, in: Vertragsverletzung im Wohnraummietverhältnis, PiG 46 [1995] 119, 134 f).

6 § 537 BGB wird ferner überwiegend auf den Fall des **freiwilligen vorzeitigen Auszugs** des Mieters angewandt (s unten Rn 36 f; Stellungnahme des Bundesrats BT-Drucks 14/4553, 83; Stellungnahme der Bundesregierung S 98; BGHZ 122, 163 = NJW 1993, 1645; OLG Hamm OLGZ 1987, 102 = NJW 1986, 2321 = WuM 1986, 201; OLG Düsseldorf NJW-RR 1986, 507 = ZMR 1986, 164). Dem ist schon deshalb zuzustimmen, weil der Mieter grundsätzlich zum Gebrauch der Mietsache nur berechtigt, nicht jedoch verpflichtet ist (o Rn 1), sodass der Vermieter weiterhin Zahlung der Miete verlangen kann (s unten Rn 36 ff, BGH WM 1984, 171, 172; 24. 9. 1980 – VIII ZR 299/79, LM Nr 43 zu § 133 [C] BGB [Bl 3 f] = NJW 1981, 43).

7 Jenseits der genannten eigenartigen Fälle (Rn 4–6) verweist das Gesetz in § 537 Abs 1 S 1 BGB für die **Abgrenzung** zwischen Unmöglichkeit und Verwendungsrisiko des Mieters letztlich auf das Kriterium der **Risikosphäre** des Mieters (RGZ 147, 304, 308 f; BGHZ 38, 295, 297 f = NJW 1963, 341; OLG Düsseldorf MDR 2001, 83; H KÖHLER, Unmöglichkeit 31, 169 ff; BLANK/BÖRSTINGHAUS Rn 4; SCHMIDT-FUTTERER/LANGENBERG Rn 2 ff). Bei der Abgrenzung der Risikosphären beider Parteien ist in erster Linie von den **Abreden** der Parteien auszugehen (BGH 14. 11. 1990 – VIII ZR 13/90, LM Nr 22 zu § 275 BGB = NJW-RR 1991, 267 = WuM 1991, 25, 26). Hat danach eine der beiden Parteien ein bestimmtes Risiko ausdrücklich oder konkludent übernommen, so hat es dabei grundsätzlich sein Bewenden (BGHZ 38, 295, 298 = NJW 1963, 341; OLG Oldenburg OLGZ 1981, 315 = WuM 1981, 125).

8 Der Mieter muss deshalb zB die Miete fortzahlen, wenn er nach dem Vertrag das Risiko seiner **Versetzung** oder das Risiko einer etwaigen Versperrung der **Zugangs-**

möglichkeit zu dem gemieteten Grundstück tragen soll und er später tatsächlich versetzt oder der Zugang gesperrt wird (s unten Rn 9; BGHZ 38, 295, 298 = NJW 1963, 341; OLG Oldenburg OLGZ 1981, 315 = WuM 1981, 125; H Köhler, Unmöglichkeit 33). Dasselbe gilt, wenn den Mieter bei der gewerblichen Miete das Risiko der **Betriebserlaubnis** trifft (s unten Rn 10). Bei der Wohnraummiete sind außerdem Hinderungsgründe aus der **Person der Angehörigen** des Mieters dessen Risikosphäre zuzurechnen (§ 278 BGB). § 537 Abs 1 S 1 BGB ist daher zB anwendbar, wenn der Mieter wegen einer Erkrankung oder wegen des Todes eines Angehörigen keinen Gebrauch von der gemieteten Sache machen kann (s unten Rn 9; Weimar ZMR 1971, 202 f).

Unter § 537 Abs 1 S 1 BGB fallen nach dem Gesagten (Rn 7 f) **zB** folgende Fälle: **9** **Krankheit und Tod** des Mieters (OLG Düsseldorf MDR 2001, 83) oder eines seiner Angehörigen (o Rn 8), **Versetzung** des Mieters (o Rn 8; LG Kiel WuM 1976, 260; OLG Oldenburg OLGZ 1981, 315 = WuM 1981, 125), Verbüßung einer Freiheitsstrafe, polizeilicher Verweis aus der Ehewohnung (AG Ludwigsburg NZM 2005, 301), Einziehung zum Wehrdienst (Mansfeld LZ 1914, 350), der Antritt einer längeren Reise (KG OLGE 8 [1904 I] 394) sowie der Besuch eines Lehrgangs (LG Gießen NJW-RR 1995, 395). Das Risiko, aus **Witterungsgründen** keinen Gebrauch von der Sache machen zu können, muss der Mieter gleichfalls tragen; der Mieter eines Kahns wird deshalb nicht von der Verpflichtung zur Zahlung der Miete befreit, wenn der Kahn auf einem Kanal einfriert (OLG Celle OLGE 36 [1918 I] 54). Dasselbe gilt für den Mieter eines Baugerüsts, der das Gerüst wegen Frostausbruchs nicht benutzen kann (LG Koblenz NJW 1968, 942), und für den Mieter eines Hotelzimmers, der wegen einer Änderung seiner Reisepläne (AG Wuppertal ZMR 1976, 146) oder wegen der Absage einer Messe keine Verwendung mehr für das Zimmer hat (OLG Braunschweig NJW 1976, 570). Zu prüfen bleibt freilich in diesen Fällen, ob dem Mieter in diesen Fällen nicht nach der Verkehrssitte ein besonderes Kündigungsrecht zusteht (s oben Vorbem 50 zu § 535).

Zur Risikosphäre des Geschäftsraummieters gehört es ferner, wenn er das Geschäft, **10** zB wegen **mangelnder Rentabilität**, aufgibt (RG JW 1912, 859 Nr 16), wenn er keine Verwendung mehr für von ihm gemietete Apparate hat (KG OLGZ 1972, 4, 10) oder wenn ihm wegen **Kriegsausbruchs** ein gewinnbringender Betrieb nicht mehr möglich ist (RGZ 86, 397, 399). Ebenso zu beurteilen ist es, wenn dem Mieter aus in seiner Person liegenden Gründen die erforderliche **Betriebsgenehmigung** oder Konzession versagt oder später entzogen wird, sodass die behördlichen Verbote auch keinen Mangel iS des § 536 BGB darstellen (s oben § 536 Rn 42 ff; OLG Düsseldorf ZMR 1992, 536; OLG Hamburg OLGE 16 [1908 I] 416, 417), wenn gegen ihn als Ortsfremden oder Ausländer ein Aufenthaltsverbot erlassen wird (OLG München OLGE 39 [1919 II] 150 f) oder wenn er das Grundstück jahrelang nicht nutzt und er dann durch ein zwischenzeitlich erlassenes gesetzliches Verbot an der Aufnahme der Nutzung gehindert wird (RGZ 147, 304, 308 f). Auch ein gesetzliches Verbot der Errichtung neuer Filialen fällt unter § 537 BGB (RGZ 79, 92, 95).

Ein **Verein**, der für seine Zwecke einen Saal gemietet hat, wird nicht dadurch von **11** der Verpflichtung zur Zahlung der Miete befreit, dass er infolge Mitgliederschwundes keinen Bedarf mehr für den Saal hat (OLG Königsberg HRR 1941 Nr 257). Zum Verwendungsrisiko des Mieters eines Saales, der in dem Saal eine **Veranstaltung** durchführen will, gehört es ferner, dass die Veranstaltung überhaupt stattfinden kann; er wird nicht frei, wenn ein für die Veranstaltung engagierter Künstler erkrankt, sodass er die Veranstaltung absagen muss (s oben Vorbem 23 zu § 536). Anders nur, wenn der Vermieter ausdrücklich oder konkludent (ausnahmsweise) dieses Risiko übernommen hat (OLG Bremen NJW 1953, 1393 f „Marika Rökk-Fall"; RGZ 146, 60, 64 ff). Dies wird indessen offenkundig nur selten der Fall sein (s oben Rn 7 f).

III. Anrechnungspflicht

1. Ersparte Aufwendungen

12 Nach § 537 Abs 1 S 2 BGB muss sich der Vermieter auf den durch Abs 1 S 1 der Vorschrift aufrechterhaltenen Erfüllungsanspruch (Rn 2) den Wert der ersparten Aufwendungen (Rn 13) sowie derjenigen Vorteile anrechnen lassen, die er aus einer anderweitigen Verwertung des Gebrauchs (tatsächlich) erlangt (dazu u Rn 14 f). Mit dieser Regelung wollten die Gesetzesverfasser erreichen, dass der Vermieter im Falle einer Verhinderung des Mieters **(nur)** das **hat, was er gehabt hätte**, wenn der Mieter in der Ausübung des Gebrauchsrechts nicht gehindert worden wäre, aber auch nicht mehr (Mot II 400; OLG Düsseldorf ZMR 2107, 558). Daraus folgt, dass den Vermieter grundsätzlich *keine* Pflicht zur **anderweitigen Verwertung** der Sache während der Hinderung des Mieters an dem Gebrauch der Mietsache trifft (zur Stellung eines Ersatzmieters s aber u Rn 16 ff).

13 Anzurechnen ist zunächst der Wert ersparter Aufwendungen (§ 537 Abs 1 S 2 Fall 1 BGB). Gemeint sind damit vor allem die **verbrauchsabhängigen Betriebskosten**, dh die Kosten von Energie, Wärme und Wasser. Der Wert dieser Ersparnis kann in geeigneten Fällen, zB bei der Gerätemiete, auch abstrakt berechnet oder geschätzt werden, wenn der Vermieter keine konkreten Angaben zu machen vermag (OLG Düsseldorf OLGZ 1986, 65 = ZMR 1985, 382). Den Gegensatz bilden die (verbrauchsunabhängigen) **Fixkosten**, bei denen folglich keine Anrechnungspflicht besteht; Beispiele sind Straßenreinigungskosten oder Versicherungsprämien. Auf der Pflicht zur Anrechnung ersparter verbrauchsabhängiger Aufwendungen beruht zB bei **Beherbergungsverträgen** im Falle der Abbestellung von Zimmern der übliche Abschlag von 20 % im Falle einer bloßen Übernachtung und in Höhe von 40 % bei Pensionsvereinbarungen (s oben Vorbem 50 zu § 535; OLG Braunschweig NJW 1976, 570; AG Wuppertal ZMR 1976, 146). Abweichende Vereinbarungen sind möglich, durch Formularvertrag jedoch nur bei der gewerblichen Miete (KG OLGZ 1972, 4, 8).

2. Vorteile anderweitiger Verwertung

14 Der Vermieter muss sich außerdem die Vorteile anrechnen lassen, die er aus einer anderweitigen Verwertung des Gebrauchs (der Sache) tatsächlich erlangt hat (§ 537 Abs 1 S 2 Fall 2 BGB). Dadurch soll verhindert werden, dass sich der Vermieter infolge der Gebrauchsverhinderung des Mieters letztlich im Ergebnis besser als bei Durchführung des Vertrags stände (Rn 12). Bedeutung hat diese Regelung vor allem für den Fall, dass der Mieter vorzeitig den Mietgebrauch aufgibt, insbesondere also **vorzeitig auszieht** (o Rn 6; u Rn 36 f). In diesem Fall hat der Vermieter folglich die *Wahl* (OSKE WuM 1979, 181) zwischen dem Festhalten an dem Vertrag (BGH WM 1984, 171, 172; 26. 11. 1986 – VIII ZR 354/85, LM Nr 42 zu § 6 AbzG = NJW 1987, 842) und der anderweitigen Verwertung der Sache, wobei er sich jedoch im zweiten Fall das dadurch Erlangte auf seinen Erfüllungsanspruch anrechnen lassen. Erlangt er durch die anderweitige Verwertung nichts, so entfällt auch seine Anrechnungspflicht (§ 537 Abs 1 S 2 BGB; OLG Celle NdsRpfl 1964, 204; LG Kassel WuM 1989, 410; str). Etwas anderes gilt nur, soweit er im Einzelfall zur Ersatzvermietung verpflichtet ist (dazu u Rn 16 ff).

Keine Rolle spielt, ob der Vermieter die Sache selbst gebraucht oder ob er den Gebrauch einem anderen überlässt. Im Falle des **Eigengebrauchs** muss dessen Wert in Geld veranschlagt und sodann auf den Erfüllungsanspruch des Vermieters angerechnet werden. Ein **geringfügiger Eigengebrauch** durch die vorübergehende Unterbringung einzelner Gegenstände in leerstehenden Räumen oder im Wege der Durchführung kleiner Reparaturen hat idR keinen anrechenbaren Wert, zumal dadurch auch die jederzeitige Erfüllungsbereitschaft des Vermieters nicht nennenswert beeinträchtigt wird (Niendorff, Mietrecht 178). Anders jedoch bei **Vornahme umfangreicher Reparaturen oder Umbauarbeiten**, die der Vermieter bei ordnungsgemäßer Durchführung des Vertrages erst nach Vertragsende zu machen imstande gewesen wäre, weil dann der Vermieter durch die Vorziehung dieser Arbeiten den Mietverlust für die betreffende Zeit erspart (OLG Oldenburg NJW 1959, 340, 341; LG Saarbrücken WuM 1979, 140 f; LG Gießen NJW-RR 1996, 264 = ZMR 1996, 143).

IV. Ersatzvermietung*

1. Überblick

Unter dem Stichwort Ersatzvermietung wird die Frage diskutiert, unter welchen Voraussetzungen der Vermieter nach Treu und Glauben verpflichtet ist, den Mieter *vorzeitig* aus dem Vertrag zu entlassen, sofern der Mieter dem Vermieter einen so genannten Nach- oder Ersatzmieter benennt, der bereit ist, an seiner Stelle in den Vertrag einzutreten (§§ 241 Abs 2, 242 BGB). Eine gesetzliche Regelung des Fragenkreises fand sich erstmals im **preußischen Recht** (s ALR I 21 §§ 376 f). Der Mieter hatte danach unter bestimmten Voraussetzungen ein Recht auf vorzeitige Entlassung aus dem Mietvertrag, wenn er dem Vermieter einen für diesen zumutbaren Ersatzmieter stellte (sog **Parteistellen**). In den Beratungen zum **BGB** war die Übernahme einer entsprechenden Regelung ins BGB indessen trotz verschiedener in diese Richtung zielender Anträge abgelehnt worden, weil man eine derartige Regelung als unvereinbar mit dem Grundsatz er Vertragstreue ansah (s Emmerich PiG 52 [1997] 65, 68 f; PiG 70 [2005] 95, 101 f). Deshalb herrschte lange Zeit die Meinung vor, dass

---

* **Schrifttum:** Blank, in: FS Seuß (1997) 35; ders NZM 2015, 887; Bub/Treier/Landwehr, Hdb Rn II 2571 ff (S 472 ff); Eisenschmid, in: Miete und Wohnversorgung, PiG 33 (1991) 125; ders, in: Mieterwechsel, Mietpreisrecht und Altschuldenhilfe in den neuen Ländern, PiG 53 (1997) 37; Emmerich, in: Der Mieterwechsel, PiG 52 (1997) 65; ders, in: Mietparteien und ihr Wechsel, PiG 70 (2005) 95; N Fischer WuM 2004, 123; Gather DWW 1985, 197; Hinz NZM 2003, 659; ders WuM 2004, 126; Huff, in: FS Seuß (1997) 183; Heile ZM 1990, 249; Kandelhard, Die Rechte des Wohn- und Gewerberaummieters zur Realisierung einer Bedarfsänderung (1999); ders WuM 2004, 249; Lehmann-Richter PiG 83 (2008) 181; Oske WuM 1979, 181; Röchling NJW 1981, 2782; W Schulz ZMR 1985, 8; Sternel, in: Rechtsnachfolge im Mietverhältnis, PiG 37 (1992) 49, 61 ff; Streyl WuM 2005, 183; ders NJW 2015, 3781; Weimar ZMR 1978, 129; Wichardt ZMR 1982, 161; Wiek WuM 2004, 509; Zorn WuM 2006, 591.

der Mieter – von Fällen der Arglist des Vermieters abgesehen – *kein Recht* auf vorzeitige Entlassung aus dem Mietvertrag gegen Stellung eines Ersatzmieters habe (zuletzt BGH 24. 9. 1980 – VIII ZR 299/79, LM Nr 43 zu § 133 [C] BGB [Bl 3 R] = NJW 1981, 43; 26. 11. 1986 – VIII ZR 254/85, LM Nr 42 zu § 6 AbzG [Bl 3 R] = NJW 1987, 842). Dieser rigorose Standpunkt ließ sich jedoch insbesondere bei der Wohnraummiete auf die Dauer nicht durchhalten. In der Rechtsprechung setzte sich deshalb ungefähr seit 1980 die Auffassung durch, dass der Mieter vom Vermieter eine vorzeitige Entlassung aus dem Vertrag nach Treu und Glauben verlangen kann, sofern er ein **dringendes berechtigtes Interesse** an einem vorzeitigen Auszug hat, welches das Interesse des Vermieters an der Vertragsfortsetzung deutlich überwiegt, und außerdem der von ihm dem Vermieter präsentierte Ersatz- oder Nachmieter für den Vermieter in jeder Hinsicht **zumutbar** ist (so insbesondere OLG Karlsruhe OLGZ 1981, 354, 359 ff = NJW 1981, 1741 = WuM 1981, 173, 174 f; OLG Oldenburg OLGZ 1981, 315, 317 = WuM 1981, 125; WuM 1982, 124 = ZMR 1982, 285; OLG Hamm NJW 1983, 1564 = WuM 1983, 228; NJW-RR 1995, 1478 = ZMR 1995, 525 = WuM 1995, 677; BayObLGZ 1985, 88 = WuM 1985, 140; OLG Hamburg ZMR 1987, 93; OLG Zweibrücken WuM 1998, 147, 148 f; OLG Koblenz NJW 2004, 79 = WuM 2003, 693 f).

2. Nachfolgeklauseln

17 Unter Nachfolge- oder Ersatzmieterklauseln versteht man Abreden, aufgrund derer der Vermieter *verpflichtet* ist, den Mieter vorzeitig aus dem Mietvertrag zu entlassen, wenn dieser ihm einen oder mehrere zumutbare Ersatzmieter präsentiert, die vorbehaltlos bereit sind, anstelle des bisherigen Mieters in den Mietvertrag einzutreten (s Emmerich PiG 52 [1997] 65, 71 f; Sternel, Mietrecht Rn I 97 ff [S 42 ff]). Im Einzelnen unterscheidet man **echte und unechte** Nachfolgeklauseln, je nachdem, ob der Mieter unter den genannten Voraussetzungen einen Anspruch auf Abschluss eines neuen Mietvertrages gerade mit dem von ihm benannten Ersatzmieter oder „nur" auf seine Entlassung aus dem Vertrag hat (s unten Rn 18; OLG Frankfurt NJW-RR 1992, 143 = ZMR 1991, 382; LG Dresden ZMR 2020, 1027; Sternel, Mietrecht Rn I 97 ff [S 42 ff]). In jedem Fall aber besteht die **Wirkung** der Abrede in erster Linie darin, dass sich der Mieter *vorzeitig* von dem Vertrag lösen kann, wenn er dem Vermieter einen oder mehrere geeignete neue Mieter vorschlägt, wobei die **Auswahl** unter den vorgeschlagenen Mietern allein dem Vermieter zusteht (BGH 22. 1. 2003 – VIII ZR 244/02, NJW 2003, 1246 = NZM 2003, 277 = WuM 2003, 204; 16. 2. 2005 – XII ZR 163/01, ZMR 2005, 433 = NZM 2005, 340; KG WuM 1992, 8).

18 Lehnt der Vermieter ohne sachlich gerechtfertigten Grund den Abschluss eines Vertrages mit jedem der vorgeschlagenen Ersatzmieter ab, so kann der Mieter **bei** Vorliegen einer **echten** Ersatzmieterklausel **Erfüllung** durch Abschluss eines Vertrages mit dem vorgeschlagenen Ersatzmieter in Verbindung mit seiner Entlassung aus dem alten Vertrag sowie bei der **unechten** Ersatzmieterklausel zumindest Schadensersatz in Gestalt seiner **Entlassung** aus dem Vertrag verlangen (BGH 22. 1. 2003 – VIII ZR 244/02, NJW 2003, 1246 = NZM 2003, 277 = WuM 2003, 204; OLG Frankfurt ZMR 1970, 49 f; LG Dresden ZMR 2020, 1027, 1028 f). Als **unsachlich** in diesem Sinne gilt zB die Ablehnung eines Ersatzmieters, weil er ein Kind hat (BGH 22. 1. 2003 – VIII ZR 244/02, NJW 2003, 1246 = NZM 2003, 277 = WuM 2003, 204), weil er Ausländer ist (BGH 25./27. 11. 1969 – VIII ZR 259/67, LM Nr 44 zu § 535 BGB = WM 1970, 93) oder weil der Nachfolger für den Pächter einer Gastwirtschaft kein Gastwirt, sondern „nur" gelernter Kaufmann ist (BGH 2. 11. 1983 – VIII ZR 133/82, LM Nr 251 zu § 242 [Cd] BGB [Bl 3 R] = WM 1984, 93). Als

unzumutbar gilt dagegen ein Ersatzmieter, wenn er anders als der erste Mieter nicht zum Abschluss eines schriftlichen langfristigen Mietvertrages bereit ist (BGH 16. 2. 2005 – XII ZR 163/01, ZMR 2005, 433 = NZM 2005, 340).

Maßgebend sind die **Abreden** der Parteien. Haben sie zB vereinbart, dass der Mieter erst aus dem Vertrag entlassen werden soll, wenn es dem Vermieter gelingt, mit dem vorgeschlagenen Ersatzmieter zu den von ihm gewünschten Konditionen einen neuen Vertrag abzuschließen, so kann der Vermieter, jedenfalls bei der gewerblichen Miete, von dem Ersatzmieter auch eine **höhere Miete** als bisher verlangen, ohne treuwidrig zu handeln (OLG Hamburg NJW-RR 1987, 657 = ZMR 1987, 173). Ist bestimmt, dass die *Bonität* des Ersatzmieters gewährleistet sein muss, so müssen die Parteien dann gegebenenfalls zusätzlich über diesen Punkt eine Einigung erzielen, etwa durch eine Bürgschaft des alten Mieters (BGH 19. 7. 1995 – XII ZR 95/93, NJW 1995, 3052). 19

3. Anspruch auf Vertragsentlassung bei berechtigtem Mieterinteresse

Wie bereits ausgeführt (Rn 16), hat der Mieter grundsätzlich einen Anspruch auf vorzeitige **Entlassung** aus dem Mietvertrag, wenn der Mieter 1. ein **berechtigtes Interesse** an der vorzeitigen Vertragsentlassung hat, das das Interesse des Vermieters an der unveränderten Vertragsfortsetzung deutlich *überwiegt,* sowie wenn 2. der vom Mieter dem Vermieter vorgeschlagene **Ersatzmieter zumutbar** und vorbehaltlos zum Eintritt in den laufenden Mietvertrag bereit ist (BGH 22. 1. 2003 – VIII ZR 244/02, NJW 2003, 1246 = NZM 2003, 277 = WuM 2003, 204; 18. 6. 2003 – VIII ZR 240/02, BGHZ 155, 178 = NJW 2003, 2 1731 = NZM 2003, 711, 713 = WuM 2003, 505; 7. 10. 2015 – VIII ZR 247/14, NJW 2015, 3780 Rn 23 ff = NZM 2015, 890 = WuM 2015, 723; s auch BGH 21. 2. 2012 – VIII ZR 114/11, NZM 2012, 341 = WuM 2012, 371; ebenso zB Emmerich, in: Der Mieterwechsel, PiG 52 [1995] 65, 72 ff; N Fischer WuM 2004, 123, 124 f; Blank/Börstinghaus § 542 Rn 161 ff; Schmidt-Futterer/Blank nach § 542 Rn 10 ff; Blank NZM 2015, 887; BeckOGK/Harke [1. 10. 2020] § 537 Rn 19 ff; Bub/Treier/Landwehr, Hdb Rn II 2605 ff; Kandelhard NZM 2004, 846, 847 ff = WuM 2004, 249; ders, Die Rechte des Wohn- und des Gewerbsraummieters 195 ff; Lehmann-Richter PiG 83 [2008] 181, 185 ff; Wiek WuM 2004, 509, 511; Streyl WuM 2005, 183, 186 ff), Das gilt im Prinzip gleichermaßen für die Wohnraum- wie für die **Geschäftsraummiete**, wenn auch bei der letzteren ein Überwiegen des Interesses des Mieters an der Vertragsentlassung häufig nur unter *deutlich engeren Voraussetzungen* als bei der Wohnraummiete angenommen wird (s OLG München NJW-RR 1995, 393 = ZMR 1995, 156; ZMR 1995, 579, 581; OLG Düsseldorf ZMR 1999, 242 = NZM 1999, 970; OLG Oldenburg WuM 1999, 225, 227; OLG Naumburg WuM 2002, 537; Guhling/Günter/Boerner § 537 Rn 22 ff; Lehmann-Richter PiG 83 [2008] 181, 187 ff; Streyl WuM 2005, 183, 188). 20

Der Anspruch des Mieters auf Entlassung aus dem Vertrag im Falle der Benennung eines für den Vermieter zumutbaren Ersatz- oder Nachmieters setzt vor allem voraus, dass das **Interesse des Mieters** an der vorzeitigen Entlassung aus dem Vertrag das grundsätzlich anzuerkennende Interesse des Vermieters an der Erfüllung des Mietvertrages durch den Mieter deutlich überwiegt. Das lässt sich im Regelfall nur aufgrund einer umfassenden **Abwägung der Interessen** der Parteien beurteilen (BayObLGZ 1985, 88 = WuM 1985, 140; OLG Zweibrücken WuM 1998, 147, 148 f). Anders verhält es sich nur, wenn die Parteien etwas anderes vereinbart haben (o Rn 17), wenn sich der Vermieter zB generell mit einer Ersatzvermietung einverstanden erklärt hat (LG Saarbrücken WuM 1997, 37 = NJW-RR 1997, 968). Entscheidend ist maW, ob als Ergebnis 21 der Interessenabwägung dem Mieter ein Festhalten an dem Vertrag nach Treu und Glauben nicht mehr zuzumuten ist (§§ 241 Abs 2, 242 BGB). Diese Frage ist in der Regel zu verneinen, wenn der Mieter lediglich wirtschaftliche oder persönliche Gründe wie zB das Interesse an einer günstigeren oder besseren Wohnung oder das Interesse an dem Bezug des eigenen Hauses verfolgt (s auch Rn 24).

22 Der Mieter muss sein Interesse an einer vorzeitigen Entlassung aus dem Vertrag in seinem **Antrag** auf Vertragsaufhebung im Einzelnen substantiiert vortragen (LG Berlin GE 1996, 741) sowie den oder die von ihm vorgeschlagenen **Ersatzmieter** dem Vermieter ausdrücklich **benennen** (LG Köln WuM 1995, 105). Außerdem muss er die Wohnung von sich aus in einen einwandfreien Zustand versetzen, sodass sie ohne Weiteres wieder vermietet werden kann, wenn er vertraglich die Schönheitsreparaturen übernommen hatte (LG Berlin GE 2004, 1529; 2003, 457). Der Mieter muss dem Vermieter insbesondere **alle nötigen Informationen** geben, die es diesem ermöglichen, sich ein hinreichendes Bild über die Eignung des Ersatzmieters zu machen (so BGH 7. 10. 2015 – VIII ZR 247/14, NJW 2015, 3780 Rn 26 = NZM 2015, 890 = WuM 2015, 723). Der BGH billigt darüber hinaus dem Vermieter das Recht zu, eine **Erklärung des Interessenten** über seine Familienverhältnisse, über sein Einkommen und seine Bonität, über den bisherigen Mietvertrag sowie über seine Bereitschaft zum Eintritt in den Vertrag zu verlangen (BGH 7. 10. 2015 – VIII ZR 247/14, NJW 2015, 3780 Rn 20–29 = NZM 2015, 890 = WuM 2015, 723; anders BLANK NZM 2015, 887). Dagegen spricht indessen, dass schwerlich ein Mietinteressent jemals zu derart weitgehenden Erklärungen im Voraus bereit sein dürfte. Vertretbar erscheint es vielmehr lediglich, dem Vermieter, zumal bei der gewerblichen Miete, das Recht zuzubilligen, von dem Mieter den *Nachweis der Solvenz* des Interessenten zu fordern, und auch dies nur, sofern insoweit tatsächlich berechtigte Zweifel bestehen sollten (s Rn 26; OLG Düsseldorf GE 2006, 575, 577).

23 **Beispiele** für berechtigte Mieterinteressen sind eine schwere **Erkrankung** des Mieters, der dringende **Umzug** eines betagten Mieters in ein Altenheim (Ausschussbericht BT-Drucks 14/5663 [r Sp o]; OLG Koblenz NJW 2004, 77 = WuM 2003, 693 f; LG Duisburg WuM 1999, 691), ein unaufschiebbarer **Arbeitsplatzwechsel** (Ausschussbericht BT-Drucks 14/5663 [r Sp o]; LG Berlin GE 1989, 415; LG Baden-Baden NJW-RR 1997, 75) oder eine nicht voraussehbare **Veränderung der Familie**. Vor allem, wenn dem Mieter ein *Kind* geboren wird, sodass die jetzige Wohnung eindeutig zu klein ist, kommt von Fall zu Fall ein Anspruch auf Vertragsentlassung gegen Stellung eines Ersatzmieters in Betracht (OLG Karlsruhe OLGZ 1981, 354, 363 = NJW 1981, 1741 = WuM 1981, 173, 174 f; BayObLGZ 1985, 88 = WuM 1985, 140 = GE 1985, 471; LG Osnabrück WuM 1995, 394; LG Berlin GE 1992, 1323; KANDELHARD NZM 2004, 846, 848 = WuM 2004, 249). Besonders großzügig wird insoweit häufig zugunsten des Wohnraummieters verfahren, wenn es sich bei dem Vermieter um ein großes **Wohnungsunternehmen** handelt, das Ersatzmieterlisten führt, sodass ihm jederzeit eine sofortige anderweitige Vermietung der Wohnung möglich ist (LG Duisburg WuM 1999, 691).

24 Ein Anspruch auf vorzeitige Vertragsentlassung besteht dagegen *nicht,* wenn der alte Vertrag ohnehin nur noch für **kurze Zeit läuft** oder doch mit einer Frist von wenigen Monaten **gekündigt** werden kann, sodass die Fortsetzung des Vertrags für die restliche Herr Zeitspanne dem Mieter ohne Weiteres zumutbar ist (OLG Oldenburg WuM 1982, 124 = ZMR 1982, 285; LG Braunschweig ZMR 2001, 113 f; LEHMANN-RICHTER PiG 83 [2008] 181,

188). Ein berechtigtes Interesse des Mieters fehlt außerdem, wenn die Gründe wie namentlich die mangelnde Verwendbarkeit der Mietsache zum **Risikobereich des Mieters** gehören (OLG Hamburg ZMR 1987, 93). Das ist insbesondere anzunehmen, wenn der Mieter lediglich seine **Wohnsituation verbessern** will (s Rn 21; LG Berlin GE 2004, 1529), oder nach Kauf eines eigenen Hauses. Dasselbe gilt, wenn er seine Tätigkeit freiwillig in eine andere Stadt verlegt (LG Berlin ZMR 1999, 399) oder wenn er für längere Zeit an einem Lehrgang teilnimmt (LG Gießen WuM 1999, 327). Ebenso ist es zu beurteilen, wenn der Mieter aus bereits bei Vertragsabschluss **absehbaren Gründen** ausziehen will, sodass angenommen werden muss, dass er die damit verbundenen Risiken bewusst übernommen hat (OLG Oldenburg OLGZ 1981, 315, 317 = WuM 1981, 125), sowie wenn er selbst nicht vertragstreu ist (LG Berlin GE 1988, 251, 253).

Der Ersatzmieter muss ferner **vorbehaltlos** zum **Eintritt** in den laufenden Mietvertrag **25** anstelle des bisherigen Mieters bereit sein. Den Abschluss eines *neuen* Vertrages, wenn auch zu den bisherigen Konditionen, kann er *nicht* verlangen, weil dadurch erneut die Garantiehaftung des Vermieters aus § 536a Abs 1 Fall 1 BGB ausgelöst würde. Lehnt der Ersatzmieter einen vorbehaltlosen Eintritt in den alten Mietvertrag ab, so kann ihn der Vermieter grundsätzlich ablehnen (OLG Oldenburg WuM 1982, 124 = ZMR 1982, 285). Der Ersatzmieter muss schließlich für den Vermieter **zumutbar** sein. Maßgebend sind die Umstände des Einzelfalls, sodass sich in der Regel die Frage der Zumutbarkeit des Ersatzmieters nur aufgrund einer Abwägung der beiderseitigen Interessen beantworten lässt, wobei jedoch *keine übertriebenen Anforderungen* an die Person des Ersatzmieters gestellt werden dürfen (s Rn 27; OLG Hamm NJW 1983, 1564; LG Berlin GE 2003, 457 f; Blank NZM 2015, 887).

Ein bestimmter Ersatzmieter ist für den Vermieter **zB nicht zumutbar**, wenn der **26** Ersatzmieter nicht zur schriftlichen Abfassung eines langfristigen Mietvertrages bereit ist (§ 550 BGB; BGH 16. 2. 2005 – XII ZR 163/01, ZMR 2005, 433 = NZM 2005, 340, 341), wenn der Vermieter mit ihm verfeindet ist (vgl auch KG WuM 1992, 8), wenn der Ersatzmieter anderen Mietern **Konkurrenz** machte oder wenn von ihm sonst **Störungen** drohen sowie wenn berechtigte **Zweifel** an seiner Zahlungsfähigkeit bestehen (LG Hamburg WuM 1979, 144; LG Bremen NZM 2002, 337 = ZMR 2001, 545, 546). Einen Ablehnungsgrund stellt es weiter dar, wenn ein Ehepaar als Ersatzmieter für eine Einzimmerwohnung vorgeschlagen wird (LG Hamburg MDR 1966, 846; AG Bad Homburg NJW-RR 1997, 548), wenn der Ersatzmieter mit Rücksicht auf seinen Beruf keinen langfristigen Vertrag eingehen will (LG Verden ZMR 1972, 216) sowie, wenn er die Absicht hat, die Art der **Nutzung** der gemieteten Räume zu **ändern**, zB gewerblich oder teilgewerblich genutzte Räume allein als Wohnung zu nutzen, die Branche völlig zu verändern (LG Köln MDR 1961, 693; LG Berlin GE 1996, 187) oder umgekehrt Wohnräume gewerblich oder teilgewerblich zu nutzen (LG Gießen NJW-RR 1996, 462 = WuM 1996, 23, 24). Ebenso ist es zu beurteilen, wenn an die Stelle einer Mehrzahl von Mietern *ein* Einzelmieter treten soll, außer wenn die alten Mieter eine Bürgschaft für den neuen Mieter übernehmen (OLG Düsseldorf WuM 1995, 391 = NJW-RR 1995, 969), oder wenn bei dem vorgeschlagenen Ersatzmieter die Gefahr droht, dass er bei Vertragsende nicht rechtzeitig ausziehen wird, sodass sich der Vermieter auf lange Räumungsfristen einstellen muss (LG Gießen WuM 1997, 327 f).

Übertriebene Anforderungen an die Person des Ersatzmieters sind nicht gerechtfertigt (o Rn 22, Rn 25 f). Fernliegende Befürchtungen, bloße persönliche Antipathien **27**

oder eine objektiv nicht begründete negative Einstellung des Vermieters zu bestimmten Mieterkreisen bleiben außer Betracht, sofern der Ersatzmieter, objektiv gesehen, **vertrauenswürdig und zahlungsfähig** ist. Es reicht daher grundsätzlich nicht als Ablehnungsgrund aus, dass der Ersatzmieter *Ausländer* ist (Art 9 EUV, Art 18 AEUV), dass er an den ersten Mieter einen *Abstand* gezahlt hat (BGH 8. 4. 1963 – VIII ZR 219/61, ZMR 1963, 311 = M Nr 2 zu § 30 MSchG = NJW 1963, 1299; 25./27. 11. 1969 – VIII ZR 259/67, WM 1970, 93 = LM Nr 44 zu § 535 BGB = MDR 1970, 320; OLG Frankfurt NZM 2001, 586 = ZMR 2000, 607, 608; LG Saarbrücken WuM 1995, 314) oder dass er **Kinder** hat (Art 6 Abs 1 GG; BGH NJW 2003, 1246 = NZM 2003, 277 = WuM 2003, 204; Kandelhard NZM 2004, 846, 848 f = WuM 2004, 249).

28 Die **Auswahl** des Ersatzmieters ist ausschließlich Sache des **Vermieters**, schon deshalb, weil er das Risiko der Zahlungsfähigkeit des neuen Mieters tragen muss (u Rn 30; OLG München NJW-RR 2003, 77). Der Mieter muss aus diesem Grunde dem Vermieter nach Möglichkeit eine **ausreichende Zahl** von Ersatzmietern vorschlagen, damit der Vermieter überhaupt eine Wahlmöglichkeit hat (AG Halle WuM 1986, 314); jedoch löst auch schon der Vorschlag *eines einzigen* Ersatzmieters unter den genannten Voraussetzungen die Verpflichtung des Vermieters zur Entlassung des Mieters aus dem Vertrag aus. Außerdem muss er dem Vermieter eine **Überlegungsfrist** einräumen, weil anders der Vermieter die verschiedenen in Betracht kommenden Ersatzmieter nicht überprüfen kann. In der Regel wird diese Überlegungsfrist auf zwei bis drei Monate bemessen, sodass während dieses Zeitraums der Mieter die Miete auf jeden Fall fortzahlen muss (LG Saarbrücken WuM 1995, 314, 315; LG Gießen NJW-RR 1997, 392 = WuM 1997, 264).

4. Eintritt des Ersatzmieters

29 Der Eintritt des Ersatzmieters in den Vertrag vollzieht sich idR im Wege der **Vertragsübernahme**, wofür unterschiedliche rechtliche Gestaltungen in Betracht kommen (s unten § 540 Rn 42 ff). Stattdessen können die Beteiligten aber auch den Weg wählen, den alten Vertrag aufzuheben und einen **neuen Vertrag** mit dem Ersatzmieter zu schließen (s Emmerich, in: Mietparteien und ihr Wechsel, PiG 70 [2005] 95, 103 ff; Kandelhard NZM 2004, 846, 850 f = WuM 2004, 249). Die **Verhandlungen** mit dem Ersatzmieter sind (natürlich) allein Sache des Vermieters. Der Mieter muss sich gegebenenfalls nach dem Stand der Verhandlungen erkundigen (LG Wuppertal WuM 1997, 328). Ohne Rücksicht darauf, welchen Weg die Parteien für die Auswechselung des Mieters wählen, ist davon auszugehen, dass der Ersatzmieter im Zweifel nur die in der Zukunft entstehenden Rechte und Pflichten seines Vorgängers, nicht dagegen schon vor seinem Eintritt begründete Rechte und Pflichten übernimmt (BGH ZMR 1980, 373). Eine **Haftung** des Nach- oder Ersatzmieters für die Mietschulden seines Vorgängers scheidet daher idR aus, wenn nicht die Parteien (ausnahmsweise) etwas anderes vereinbart haben.

30 Die Frage, ob zugleich mit dem Eintritt des Ersatzmieters in den Vertrag (s Rn 29) der **alte Mieter** aus dem Vertrag **entlassen** wird, hängt von der von den Beteiligten gewählten Konstruktion des Eintritts des neuen Mieters in den Vertrag ab und wird dementsprechend von Fall zu Fall in der Rechtsprechung unterschiedlich beantwortet (s BGH 21. 2. 2012 – VIII ZR 117/11, NZM 2012, 341 Tz 4 = WuM 2012, 371). Für den Regelfall sollte jedoch nach Treu und Glauben daran festgehalten werden, dass der alte Mieter **konkludent** als aus dem Vertrag **entlassen** gilt, sobald der neue Mieter, der Ersatzmieter, anstelle des alten Mieters in den Mietvertrag eingetreten ist oder der Vermieter mit ihm einen neuen Vertrag abgeschlossen hat (o Rn 28; LG Stuttgart WuM 1987, 352; LG Berlin WuM 1988, 271 = MDR 1988, 675; LG Gießen NJW-RR 1997, 1441 = ZMR 1997, 471). Ebenso ist es zu beurteilen, wenn der Vermieter dem neuen Mieter die Räume bereits vor dem mit ihm vereinbarten Vertragsbeginn unentgeltlich zur Nutzung überlässt, sodass er dann ebenfalls von dem alten Mieter nicht mehr die Fortzahlung der Miete verlangen kann (§ 537 Abs 2 BGB; AG Neuruppin WM 2009, 227). Erweist sich der **neue** Mieter als **nicht solvent**, so hat der Vermieter grundsätzlich auch keinen Regressanspruch gegen den alten Mieter (OLG Hamburg NJW-RR 1987, 657 = ZMR 1987, 173; LG Saarbrücken WuM 1997, 37, 38; LG Köln WuM 1989, 18; ebenso für einen Leasingvertrag BGH LM Nr 34 zu § 326 [A] BGB = ZMR 1997, 127, 128). Dieses Risiko muss vielmehr, soweit die Parteien nichts anderes vereinbart haben, der Vermieter tragen.

5. Grundlose Ablehnung

Lehnt der Vermieter ohne Grund einen Ersatzmieter ab und verhindert er dadurch die vorzeitige Entlassung des Mieters aus dem Vertrag, so verletzt er eine sich aus dem Mietvertrag ergebende **Nebenpflicht** (§ 241 Abs 2, 242, 280 Abs 1, 249 BGB; s EMMERICH, in: Der Mieterwechsel, PiG 52 [1995] 65, 75 f; LEHMANN-RICHTER PiG 83 [2008] 181, 186 f). Der Mieter kann deshalb verlangen, so gestellt zu werden, als ob ihn der Vermieter rechtzeitig aus dem Vertrag entlassen hätte (vgl §§ 162, 249 BGB), sodass der Vermieter für die Zukunft **keine Miete mehr** von ihm verlangen kann und ihm eine etwaige Kaution zurückzahlen muss (OLG Hamm NJW 1983, 1564 = WuM 1983, 228; OLG Düsseldorf MDR 1990, 724; OLG Koblenz NJW 2004, 77 = WuM 2003, 693, 694; LG Hannover WuM 1995, 697; LG Berlin GE 1995, 113; ebenso für eine Nachfolgeklausel BGH NJW 2003, 1246 = NZM 2003, 277 = WuM 2003, 204). Gleich steht der Fall, dass der Vermieter an den Ersatzmieter **ungerechtfertigte**, zusätzliche **Anforderungen** stellt oder den Vertragsabschluss von zusätzlichen Bedingungen, zB von einer Mieterhöhung abhängig macht, da solches Verhalten im Ergebnis auf eine Ablehnung des Ersatzmieters hinausläuft (OLG München NJW-RR 1995, 393; OLG Düsseldorf NJW-RR 1992, 657; LG Hamburg WuM 1988, 125 = NJW-RR 1988, 723; LG Bielefeld WuM 1993, 118). Entsteht dem Mieter ein zusätzlicher **Schaden**, so ist der Vermieter auch zu dessen Ersatz verpflichtet (KG GE 1989, 409; OLG Frankfurt ZMR 2000, 607, 609). Lehnt es der Vermieter schließlich von vornherein ab, irgendeinen Ersatzmieter zu akzeptieren, so braucht sich der Mieter auch nicht mehr darum zu bemühen, einen zumutbaren Nachfolger zu finden. Die Rechtslage ist dann vielmehr ebenso anzusehen wie bei grundloser Ablehnung eines vom Mieter vorgeschlagenen Nachfolgers (OLG Hamm NJW 1983, 1564; LG Berlin ZMR 2000, 26, 27).

6. Beweislast

Die Beweislast für das eigene berechtigte Interesse an einem vorzeitigen Auszug und für die Bereitschaft eines akzeptablen Ersatzmieters zum Eintritt in den Vertrag trägt der **Mieter**. Dasselbe gilt für die grundlose oder vertragswidrige Ablehnung eines zumutbaren Ersatzmieters (BGH 22. 1. 2003 – VIII ZR 244/02, NJW 2003, 1246 = NZM 2003, 277, 278 [l Sp 2. Abs] = WuM 2003, 204). Dagegen muss der **Vermieter** beweisen, dass er vernünftige Gründe zur Ablehnung des Ersatzmieters hatte (BGH NJW 2003, 1246 =

NZM 2003, 277, 278 [l Sp 2. Abs] = WuM 2003, 204; LG Berlin GE 1989, 415; s im Übrigen u Rn 39).

V. Erfüllungsbereitschaft

1. Anderweitige Vermietung

33 Nach § 537 Abs 2 BGB wird der Mieter von der Verpflichtung zur Fortzahlung der Miete aufgrund des Abs 1 der Vorschrift frei, wenn und solange der Vermieter infolge der Überlassung des Gebrauchs (der Mietsache) an einen Dritten zur Gebrauchsgewährung außerstande ist. Der Vermieter kann folglich nur so lange vom Mieter nach § 537 Abs 1 BGB Erfüllung durch Zahlung der Miete verlangen, wie er selbst zur Erfüllung bereit und imstande ist (BGHZ 38, 295, 300 = NJW 1963, 341; BGHZ 122, 163, 167 = NJW 1993, 1645). Daran kann es vor allem fehlen, wenn der Vermieter jetzt die Sache anderweitig vermietet (u Rn 34).

34 Der Mieter wird von der Verpflichtung zur Fortzahlung der Miete nach § 537 Abs 1 BGB zunächst dann gemäß Abs 2 der Vorschrift frei, wenn dem Vermieter infolge der **anderweitigen Vermietung** tatsächlich auf absehbare Zeit die Erfüllung des ersten Mietvertrages unmöglich wird (LG Baden-Baden NJW-RR 1997, 75). Dagegen bleibt der Vermieter **erfüllungsbereit**, wenn er lediglich dem Nachmieter die Wohnung vorübergehend überlässt, damit dieser bereits mit den Schönheitsreparaturen beginnen kann (AG Neuwied WuM 1992, 198), wenn er nur mit einem Umbau für den Nachmieter begonnen hat (OLG Koblenz WuM 1995, 154) oder wenn er sich die jederzeitige fristlose Kündigung vorbehält (RGZ 52, 286, 287; RG JW 1912, 859 f Nr 16; OLG Nürnberg OLGZ 1966, 12 f). Hat ein Gast mehrere Zimmer in einem **Hotel** langfristig gemietet, so bleibt die Erfüllungsbereitschaft des Hoteliers bestehen, wenn er die Zimmer nur kurzfristig anderen Passanten überlässt, sodass er auf Anforderung des Mieters jederzeit in der Lage ist, diesem die Räume wieder zur Verfügung zu stellen (OLG München HRR 1941 Nr 925). Ebenso steht es schließlich, wenn der Mieter eines Messestandes nachträglich grundlos absagt, sodass der Veranstalter zur Vermeidung von Lücken gezwungen ist, den Standplatz an andere Interessenten zu vergeben, an die er sonst andere jetzt freibleibende Plätze vermietet hätte (OLG Köln NJW-RR 1990, 1232).

35 Der anderweitigen Vermietung der Sache seitens des Vermieters steht hinsichtlich der Anwendung des § 537 Abs 2 BGB die **eigene Nutzung der Mietsache** durch den Vermieter gleich, *sofern* infolgedessen Unmöglichkeit der Erfüllung eintritt (s Rn 33 f; OLG Hamm BB 1976, 1049). Dies ist vor allem bei über das übliche Maß hinausgehenden, umfangreichen **Reparatur- und Umbauarbeiten** anzunehmen (BGHZ 38, 295, 298 = NJW 1963, 341; LG Düsseldorf DWW 1999, 156; LG Berlin GE 2001, 1541; Blank/Börstinghaus Rn 16; Schmidt-Futterer/Langenberg Rn 22). Unmöglichkeit der Gebrauchsgewährung ist dagegen zu verneinen, wenn der Vermieter nur einige Gegenstände in die leere Wohnung schafft, die er auf Anforderung des Mieters leicht wieder entfernen kann (RG JW 1912, 859 f Nr 16; AG Lüdenscheid NZM 2005, 821, 822), oder wenn er nach dem Auszug des Mieters die Räume Handwerkern als Lager- und Aufenthaltsraum überlässt, diesen Zustand aber jederzeit zu beenden vermag (LG Mannheim WuM 1971, 41 = ZMR 1971, 324 Nr 20).

2. Vorzeitiger Auszug des Mieters

§ 537 BGB wird auch auf den häufigen Fall angewandt, dass der Mieter vorzeitig **36** auszieht *und* keine Miete mehr zahlt (s schon o Rn 6). Probleme ergeben sich in diesem Falle insbesondere dann, wenn der Vermieter, um den Schaden gering zu halten, die Räume anschließend **anderweitig** zu einer *niedrigeren* Miete als bisher **vermietet**, weil es dann zu einer Kollision zwischen § 537 Abs 1 S 2 und Abs 2 BGB kommen kann. In diesem Fall ist nach heute überwiegender Meinung grundsätzlich von Abs 1 S 2 des § 537 BGB auszugehen, sodass der Mieter zur **Fortzahlung der Mietdifferenz** verpflichtet bleibt, weil es im Regelfall als rechtsmissbräuchlich angesehen werden muss, es dem Mieter zu gestatten, sich nach § 537 Abs 2 BGB auf die fehlende Erfüllungsbereitschaft des Vermieters zu berufen, obwohl er selbst es gewesen ist, der durch sein Verhalten den Vermieter dazu veranlasst hat, die Sache anderweitig zu vermieten, um den Schaden gering zu halten (§ 242 BGB; BGHZ 122, 163, 168 ff = NJW 1993, 1645; BGH 20. 10. 2003 – XII ZR 112/02, BGHZ 156, 328, 334 f = NJW 2004, 284; 19. 12. 2007 – XII ZR 13/06, NJW 2008, 1148 = NZM 2008, 206, 207 Tz 28 f: ebenso zuvor schon BGH LM Nr 8 zu § 157 [C] BGB = NJW 1982, 376; LM Nr 39 zu § 705 BGB = NJW 1983, 749, 750; 22. 12. 1999 – XII ZR 339/97, LM Nr 7 zu § 552 BGB [Bl 3] = NJW 2000, 1105; KG NZM 2005, 946, 947 = NJW-RR 2006, 382; OLG Düsseldorf ZMR 2009, 23, 24; OLG Brandenburg WuM 2007, 14, 15; früher sehr str).

Der Vermieter braucht sich außerdem nur das auf seinen Erfüllungsanspruch **an- 36a rechnen** zu lassen, was er von dem zweiten Mieter tatsächlich erhält. Kommt es überhaupt nicht zur Ausführung des Mietvertrages mit dem zweiten Mieter oder zahlt dieser trotz Einzugs in die Räume keine Miete oder nur weniger als vereinbart, so braucht sich der Vermieter dementsprechend auch nichts oder nur die niedrigeren Zahlungen des zweiten Mieters anrechnen zu lassen (BGHZ 122, 163, 168 ff = NJW 1993, 1645; BGH 20. 10. 2003 – XII ZR 112/02, BGHZ 156, 328, 334 f = NJW 2004, 284; OLG Naumburg WuM 1998, 283, 284; OLG Düsseldorf GE 2005, 299 f; OLG Celle ZMR 2003, 343 f). Nach Treu und Glauben kann der Vermieter jedoch im Einzelfall verpflichtet sein, dem Mieter zuvor seine Absicht zur anderweitigen Vermietung der Sache **mitzuteilen** und dessen Reaktion abzuwarten (OLG Hamm OLGZ 1987, 102 = NJW 1986, 2321).

Ausnahmsweise kann sich der Mieter trotz vorzeitigen freiwilligen Auszugs weiter- **37** hin auf die **fehlende Erfüllungsbereitschaft** des Vermieters (§ 537 Abs 2 BGB) berufen, wenn die Rechtslage objektiv zweifelhaft war, sodass er **berechtigten Anlass** zu der Annahme einer vorzeitigen Beendigung des Vertrages und damit zum Auszug hatte (BGHZ 122, 163, 169 = NJW 1993, 1645; BGH 19. 12. 2007 – XII ZR 13/06, NJW 2008, 1148 = NZM 2008, 206, 207 Rn 30; KG WuM 1996, 696, 698; GE 2001, 1539, 1540; LG Berlin GE 2001, 1540; ZMR 2020, 579; LG Mainz NZM 2000, 714). Ebenso ist zu entscheiden, wenn sich der Vermieter im Vertrauen auf die Verpflichtung des Mieters zur Fortzahlung der Mietdifferenz *nicht* um die bestmögliche anderweitige Vermietung der Sache kümmert (§ 242 BGB) oder wenn er sich nicht darum bemüht, von dem neuen Mieter eine Miete zu erhalten, obwohl dies durchaus, möglich wäre (BGH 19. 12. 2007 – XII ZR 13/06, NJW 2008, 1148 = NZM 2008, 206, 207 Tz 31, 36; OLG Frankfurt NJW-RR 1995, 1225 = WuM 1995, 483, 484). Schließlich wird der Mieter auch dann frei, wenn es der Vermieter selbst war, der ihn durch eine **grundlose fristlose Kündigung** zum Auszug veranlasst hatte (BGH WM 1983, 44, 45 [insoweit nicht BGHZ 85, 267 abgedruckt]; LG Freiburg WuM 1983, 289; LG Gießen WuM 1985, 257). Das folgt unmittelbar aus den §§ 280 Abs 1 und 249 BGB (s u Vorbem 14a zu § 536).

VI. Abweichende Vereinbarungen

38 § 537 BGB ist nicht zwingend, sodass er vertraglich abgeändert werden kann (§ 311 Abs 1 BGB), wegen des hohen Gerechtigkeitsgehalts der Vorschrift aber wohl **nur durch Individualvereinbarung**, dagegen grundsätzlich *nicht* durch Formularvertrag (§ 307 BGB; BGH 19. 12. 2007 – XII ZR 13/06, NJW 2008, 1148 Rn 25 = NZM 2008, 206 f; anders ausführlich GUHLING/GÜNTER/BOERNER § 537 Rn 46–54).

VII. Beweislast

39 Nach hM trifft den **Mieter** gegenüber dem Erfüllungsanspruch des Vermieters (§ 537 Abs 1 S 1 BGB) die Beweislast gleichermaßen für die *Ersparnis von Aufwendungen* oder die Erlangung von Vorteilen durch den Vermieter (§ 537 Abs 1 S 2 BGB) wie für dessen fehlende *Erfüllungsbereitschaft* (§ 537 Abs 2 BGB; OLG Oldenburg OLGZ 1981, 202 = WuM 1981, 177; KG NZM 1998, 659 = WuM 1998, 472). Dabei wird jedoch übersehen, dass die Beweislast für die Erfüllung grundsätzlich den Schuldner trifft. Deshalb muss auch im Rahmen des § 537 Abs 2 BGB nicht der Mieter, sondern der **Vermieter** beweisen, dass er **erfüllungsbereit** ist, dass ihm maW trotz der Gebrauchshinderung auf der Seite des Mieters die Erfüllung möglich war, jedenfalls wenn der Mieter substantiiert Umstände vorträgt, die auf die fehlende Erfüllungsbereitschaft des Vermieters hinweisen (OLG München HRR 1941 Nr 925; GUHLING/GÜNTER/BOERNER § 537 Rn 45; KRÖNIG MDR 1950, 205; SCHMIDT-FUTTERER/LANDWEHR Rn 29; zur Beweislastverteilung bei Ersatzvermietung s im Übrigen schon o Rn 32).

§ 538
Abnutzung der Mietsache durch vertragsgemäßen Gebrauch

Veränderungen oder Verschlechterungen der Mietsache, die durch den vertragsgemäßen Gebrauch herbeigeführt werden, hat der Mieter nicht zu vertreten.

Materialien: E I § 520; II § 492; III § 541; BGB § 548; Mietrechtsreformgesetz von 2001 (BGBl I 1149); Mot II 401 f; Prot II 188 ff; Begr zum RegE BT-Drucks 14/4553, 42.

Schrifttum

AGATSY, Wann überschreitet die Wohnungsnutzung die Grenzen zur Substanzbeschädigung?, ZMR 2019, 319
ARTZ, Rechtskonflikte wegen Rauchens in Miethäusern, PiG 85 (2009) 229
BÖRSTINGHAUS/PIELSTICKER, Möglichkeiten und Grenzen von Rauchverboten in der Wohnraummiete, WuM 2012, 480
BUB/TREIER/J EMMERICH, Hdb Rn V A 303 ff (S 1654 ff)

DERLEDER, Gemeinschaftsnutzung in Miethäusern, NJW 2007, 812
DRASDO, Rauchverbot in Spezialimmobilien, NZM 2018, 729
EMMERICH, Schönheitsreparaturen bei Beendigung des Mietverhältnisses, NZM 2000, 1155 = in: Interessenkonflikt zwischen den Mietvertragsparteien und Mietrechtsreform, PiG 60 (2001) 105
FERVERS, Fristsetzungserfordernis für Vermie-

teransprüche bei Verletzung vertraglicher Pflichten, WuM 2017, 429
FLATOW, Vermieterpflichten bei Mieterstreitigkeiten, WuM 2014, 307
FRANKE, Die vertragsmäßige Abnutzung der Mietsache, DWW 2004, 172
GATHER, Die Nutzungsrechte des Wohnraummieters, DWW 2003, 174
HERPERS, Über die Verpflichtung des Mieters zu Instandsetzungsarbeiten bei der Beendigung des Mietverhältnisses, WuM 1975, 29, 45
HINZ, Folgen des Regressverzichts bei versicherbaren Schäden, ZMR 2017, 533
HOEPNER, Zur Beweislast des ausziehenden Mieters bei Schadensersatzansprüchen seines Vermieters, ZMR 1962, 289
HORST, Schadensersatzpflicht des Mieters bei Beschädigung der Mietsache, DWW 2011, 82, 129
JENDREK, Mietrecht und Versicherungsrecht, NZM 2003, 697
KRAEMER, Die Haftung des Mieters für Schäden, in: FS Blank (2006) 281
ST LANGE, Verschuldensunabhängige Vertragshaftung des Mieters für Schäden aus der Mietsache (2005)
ders, Verschuldensunabhängige Vertragshaftung des Mieters?, ZMR 2006, 177
LEHMANN-RICHTER, Gebrauchsrechte und Gebrauchspflichten des Mieters, PiG 99 (2015) 65 = NZM 2015, 513
ders, Die Rückgabe der Mietsache: Haftung des Mieters für Substanzveränderungen, ZMR 2019, 313
MEYER-ABICH, Gebrauchsrechte des Mieters, NZM 2015, 520
R PASCHKE, Rauchverbote im Mietverhältnis, NZM 2008, 265
RIECKE, Rauchen in der Mietwohnung, ZMR 2017, 361
SCHOPP, Die Klausel über die Haftung des Mieters bei Kanalverstopfungen in Formularmietverträgen, ZMR 1983, 253
B STAPEL, Rauchende Mieter, NZM 2000, 595
WICHARDT, Zur Beweislast des Mieters bei Brandschäden, ZMR 1979, 197
WIETZ, Das Gebrauchsrecht und die Selbstauskunft des Mieters, WuM 2014, 518.

Systematische Übersicht

I.	Überblick	1
II.	**Erlaubte Veränderungen**	
1.	Abnutzung	3
2.	Insbesondere Rauchen	3b
3.	Haltevorrichtungen	4
4.	Teppichboden	5
III.	**Unzulässige Veränderungen**	
1.	Haftung des Mieters	6
2.	Beispiele	8a
3.	Versicherung	9
IV.	**Erweiterung der Haftung**	12
V.	**Beweislast**	
1.	Grundsatz	13
2.	Abweichende Vereinbarungen	16

Alphabetische Übersicht

Abnutzung	3		Delikt	16
Abweichende Vereinbarungen	12 f, 16		Dübel	4
Beispiele	8a		Entlastungsbeweis	13 f
Besucher des Mieters	3, 7		Erfüllungsgehilfen	7, 12
Beweislast	13 f, 16		Ersatzpflicht	6, 8
Beweislastumkehr	13 f			
Boden	3		Feuchtigkeitsschäden	15
Brandschäden	13, 15		Formularvertrag	12, 23

Gebäudeversicherung	9 f	– erlaubte	3 ff
		– unzulässige	6 ff
Haftungsbeschränkung	9 f	Verschlechterungen	2 ff, 9 ff
Haftungserweiterung	12 ff	– Begriff	2
Haftungsrechtliche Lösung	9	– erlaubte	3 ff
Haken	4	– Teppichböden	5
Heizung	11, 15	– Verschleiß	3 f
		– zu vertretende	6 ff
Leitungen	15	Versicherung	9 f
		Versicherungsrechtliche Lösung	10
Maßstab	2	Verstopfung von Leitungen	15
		Vertragsgemäßer Gebrauch	1 ff
Rauchen	3b ff	– Abnutzungen	3 f
Regressverzicht des Versicherers	10	– Boden	3
		– Dübel	4
Schadensersatzpflicht	6, 8	– Haken	4
Schrauben	4	– Rauchen	4
		– Teppichboden	5
Teppichböden	7	– Verschmutzung	3
Ungeziefer	15	Waschmaschinen	11
Veränderungen der Sache	2 ff	Zufallshaftung	12 f, 16
– Begriff	3	Zweck	1

I. Überblick

1 Nach § 538 BGB (= § 548 BGB aF) hat der Mieter Veränderungen oder Verschlechterung der Mietsache, die durch den vertragsgemäßen Gebrauch herbeigeführt werden, nicht zu vertreten. Die Vorschrift hat ihren Grund letztlich darin, dass der Mieter die Mietsache in der durch Vertrag und Gesetz umschriebenen Weise vorübergehend gebrauchen und damit auch entsprechend abnutzen darf (§ 535 BGB). Die mit jedem Gebrauch notwendigerweise verbundene **Abnutzung** der Sache ist mit anderen Worten **durch den Vertrag gedeckt** und löst schon deshalb keine Haftung des Mieters aus (RGZ 84, 222, 224; BGH 10. 7. 2002 – XII ZR 107/99, NZM 2002, 913, 915 = NJW 2002, 3234, 3235; Emmerich NZM 2000, 1155). Durch § 538 BGB wird dies aus Gründen der Rechtssicherheit nochmals ausdrücklich klargestellt (Rn 3 ff). Daraus folgt zugleich, dass den Mieter jede **Überschreitung** des vertragsmäßigen Gebrauchs wegen Verletzung seiner Obhutspflicht ersatzpflichtig macht (§§ 276, 280 Abs 1, 249 BGB; s Rn 6 ff). Außerdem greifen dann §§ 541 und 543 Abs 2 Nr 2 BGB ein. § 538 BGB ist auf sämtliche Mietverhältnisse seit dem 1. 9. 2001 anwendbar.

2 Das Gesetz unterscheidet in § 538 BGB an sich zwischen **Veränderungen und Verschlechterungen** der Mietsache, zusammenfassend heute meistens als **Substanzveränderungen** bezeichnet, behandelt aber beide Formen von Substanzveränderungen letztlich gleich, sodass der Unterscheidung in § 538 BGB im Grunde keine praktische Bedeutung zukommt. Angesichts dessen genügt hier die Bemerkung, dass Maßstab dafür, ob im Einzelfall eine Veränderung oder eine Verschlechterung der Mietsache anzunehmen ist, der Zustand der Sache *bei Übergabe* der Mietsache an den Mieter ist (ROQUETTE § 548 Rn 2). Während mit **Verschlechterungen** *negative* Abweichungen des Zustandes der Sache von dem bei Übergabe infolge des vertragsgemäßen Gebrauchs gemeint sind, ist der Begriff der **Veränderungen** wertneutral und umfasst auch *Verbesserungen* der Mietsache wie insbesondere bauliche Veränderungen (s § 535 Rn 40 ff). Veränderungen wie Verschlechterungen der Mietsache sind dem Mieter gleichermaßen allein in den Grenzen des vertragsgemäßen Gebrauchs erlaubt; eine Überschreitung dieser Grenze führt gegebenenfalls zur Haftung des Mieters nach den §§ 276 und 280 Abs 1 BGB sowie zu Ansprüchen des Vermieters aus § 546 Abs 1 BGB auf Wiederherstellung des früheren Zustandes (s LEHMANN-RICHTER ZMR 2019, 313).

II. Erlaubte Veränderungen

1. Insbesondere Abnutzung

Die **Grenze** zwischen erlaubten und unzulässigen Veränderungen oder Verschlech- 3
terungen der Mietsache wird durch den im Vertrag bestimmten Umfang des dem Mieter gestatteten **vertragsgemäßen Gebrauchs** markiert (s Rn 1 f, Rn 6 f) – mit der Folge, dass die mit der jeweils erlaubten Nutzung der gemieteten Sache unvermeidlich verbundene Abnutzung der Sache, insbesondere also der gemieteten Räume grundsätzlich gemäß § 538 BGB vom Vertrag gedeckt ist und keine Ersatzansprüche des Vermieters auslöst (§§ 242, 535, 538 BGB). **Beispiele** sind die Verstopfung von Rohren als Folge des normalen langjährigen Gebrauchs (AG Ravensburg NZM 2005, 538), der unvermeidbare Ölverlust eines Kraftfahrzeugs auf einem Abstellplatz (LG Mannheim WuM 1975, 33, 35) sowie die normale Bodenverschmutzung bei einer Tankstelle, die folglich bei Vertragsende nicht vom Mieter, sondern vom Vermieter zu beseitigen ist (BGH 10. 7. 2002 – XII ZR 107/99, NJW 2002, 3234, 3235 = NZM 2002, 913, 915; OLG Brandenburg NZM 1999, 374, 375 = ZMR 1999, 166; OLG Düsseldorf NJW-RR 1993, 712).

Nichts anderes gilt im Ergebnis für die normalen **Abnutzungsspuren** an den **Böden** 3a
der gemieteten Räume (OLG Düsseldorf WuM 2003, 621, 623; GE 2008, 731, 732). Dazu gehörten seinerzeit nicht zuletzt die unvermeidlichen Schäden durch die vorübergehend der Mode entsprechenden Pfennigabsätze (OLG Karlsruhe NJW-RR 1997, 139 = WuM 1997, 211; LG Mannheim ZMR 1969, 16; **aM** LG Mannheim MDR 1974, 319 Nr 59); ebenso zu behandeln sind Spuren von Rollstühlen auf dem Parkett von Gewerberäumen (AG Leipzig NZM 2004, 830 = NJW-RR 2004, 1378) sowie die Abnutzung des Parketts des Speiseraums eines Altenheims, auch wenn die Abnutzung unter anderem auf Tanzveranstaltungen zurückgeht (KG NJW 2011, 1085 = NZM 2011, 246). Dagegen begründen Kratzer auf dem Parkettboden infolge der (erlaubten) Tierhaltung eine Haftung des Mieters, weil ohne Weiteres vermeidbar (so LG Koblenz NJW 2014, 2660 = NZM 2014, 608 = ZMR 2015, 555 gegen AG Koblenz NZM 2014, 350). Urinspritzer auf dem Marmorboden einer Toilette sollen im Gegensatz dazu durch den vertragsgemäßen Gebrauch idR gedeckt sein (so im Ergebnis LG Düsseldorf ZMR 2016, 301 gegen AG Düsseldorf ZMR 2015, 318; krit LEHMANN-RICHTER ZMR 2019, 313, 318 f). Über die bloße Abnutzung der gemieteten Sache hinaus können auch **Eingriffe in die Sachsubstanz** durch den vertragsgemäßen Gebrauch gedeckt sein. Ein Beispiel ist die Anbringung von Haltevorrichtungen (Rn 4 ff), ein anderes die Montage von Einrichtungen zur Verdunkelung der Schlafzimmer, sogenannte Plissees, notfalls, wenn anders nicht möglich, auch durch Schrauben im Fensterrahmen (AG Bremen NZM 2017, 810).

2. Insbesondere Rauchen*

3b Rauchen ist zwar höchst ungesund, wie heute jedermann weiß. Jedoch ist es allein deshalb noch lange nicht verboten; und es ist auch nicht die Aufgabe des Mietrechts, den Mieter zu einem vernünftigen und gesunden Verhalten zu erziehen (BeckOGK/ H Schmidt [1. 10. 2020] § 538 Rn 21). Deshalb lässt sich auf das Mietrecht – trotz der offenkundig abnehmenden sozialen Toleranz gegenüber Rauchern – über die §§ 535 und 538 BGB kein generelles Rauchverbot für Mieter stützen; vielmehr können die Parteien den Fragenkreis **individualvertraglich** beliebig **regeln** (§§ 242 und 138 BGB; Drasdo NZM 2018, 729). Es ist insbesondere nicht erkennbar, was den Mieter daran hindern sollte, sich in dem Mietvertrag freiwillig hinsichtlich des Rauchens bestimmten Beschränkungen zu unterwerfen oder sogar, zB in einem „Nichtraucherhaus", ganz auf das Rauchen zu verzichten, ebenso wie er etwa auf die Musikausübung oder die Tierhaltung verzichten kann. Bei **formularvertraglichen** Regelungen des Rauchens muss man dagegen unterscheiden: Während gegen ein **generelles Rauchverbot** zumindest im Treppenhaus und auf Gemeinschaftsflächen auch in Formularverträgen keine ernsthaften Bedenken zu erkennen sind, weil der Mieter dadurch in der „Freiheit" des Rauchens nicht spürbar beschränkt wird, werden weitergehende **Rauchverbotsklauseln** von der hM mit Rücksicht auf § 307 Abs 2 Nr 1 und Nr 2 BGB nur *in engen Grenzen* zugelassen, insbesondere zum Schutze der Wohnung gegen eine Beschädigung oder der Mitbewohner des Hauses gegen Gesundheitsgefährdungen durch übermäßiges (exzessives) Rauchen. Zulässig sind darüber hinaus auch Regelungen des Rauchens auf Balkonen und Terrassen (s Rn 3c). Die Einzelheiten sind umstritten (s Drasdo NZM 2018, 729; Flatow WuM 2014, 307, 313; Meyer-Abich NZM 2015, 520, 527; zT deutlich enger Börstinghaus/Pielsticker WuM 2012, 480; Lehmann-Richter PiG 99 [2015] 65, 71 f; Wietz WuM 2014, 518, 528 ff).

3c Fehlt eine wirksame vertragliche Regelung des Fragenkreises (Rn 3a), so ist davon auszugehen, dass das Rauchen „in den vier Wänden" – innerhalb gewisser äußerster Grenzen – zum **vertragsgemäßen Gebrauch** des Mieters gehört (§ 535 Abs 1 S 2 BGB). Anders verhält es sich nach Meinung des BGH nur, wenn durch übermäßiges „exzessives" Rauchen des Mieters derartige Verschlechterungen der gemieteten Räumen verursacht werden, dass sie durch die normalen Schönheitsreparaturen nicht mehr beseitigt werden können, sondern darüber hinausgehende Reparaturarbeiten erfordern (BGH 28. 6. 2006 – VIII ZR 124/05, NZM 2006, 691 = NJW 2006, 2915 = WuM 2006, 513; 5. 3. 2008 – VIII ZR 37/07, NJW 2008, 1439 Tz 23 = NZM 2008, 318, 319 = WuM 2008, 231; 18. 2. 2015 – VIII ZR 186/11, NJW 2015, 1239 Rn 15 = NZM 2015, 302 = WuM 2015, 289 „Düsseldorfer Raucher"; 18. 3. 2015 – VIII ZR 242/13; NJW 2015, 1871 Rn 13 = NZM 2015, 424 = WuM 2015, 343 [insoweit nicht in BGHZ 204, 316 abgedruckt]; ebenso zB OLG Düsseldorf ZMR 2010, 356, 358; LG Landau ZMR 2002, 429, 431; LG Berlin GE 2009, 781; LG Hannover ZMR 2016, 958; s Emmerich JuS 2005, 935), ein Fall, der freilich kaum vorstellbar ist (R Paschke NZM 2008, 265, 267). Lüftet der Mieter nicht ausreichend, sodass Zigarettenrauch in das Treppenhaus und über dieses in andere Wohnungen zieht, so kann darin, zB bei einer Störung der Mitmieter im Schlaf nachts durch starken Zigarettenrauch (LG

---

* **Schrifttum:** Börstinghaus/Pielsticker WuM 2012, 480; Derleder NJW 2007, 812; Drasdo NZM 2018, 729; Flatow WuM 2014, 307; Lehmann-Richter PiG 99 (2015) 65 = NZM 2015, 513; Meyer-Abich NZM 2015, 426; R Paschke NZM 2008, 265; B Stapel NZM 2000, 595; Stangl ZMR 2002, 734; Wietz WuM 2014, 518.

Berlin GE 2014, 1470), außerdem ein Verstoß gegen die selbstverständlichen Gebote der gegenseitigen Rücksichtnahme und damit eine **Störung des Hausfriedens** zu sehen sein, sodass der Vermieter gegebenenfalls **kündigen** kann, auch dies freilich nur in gravierenden Fällen, in denen die Mitmieter erheblich gestört oder sogar in ihrer Gesundheit gefährdet werden (§§ 242, 543 Abs 1 und 569 Abs 2 BGB; so BGH 18. 2. 2015 – VIII ZR 186/11, NJW 2015, 1239 Rn 13 ff = NZM 2015, 302 = WuM 2015, 289; s MEYER-ABICH NZM 2015, 520, 526).

Unproblematisch ist (nur) im Regelfall das **Rauchen im Freien**, zB auf einem Balkon oder auf einer Terrasse. Grenzen gibt es indessen auch hier, die überschritten sind, wenn der Rauch zu anderen Wohnungen zieht und die Mieter dort nicht nur unerheblich belästigt werden, weil die Immissionen in Gestalt von Zigarettenrauch dann einen **Mangel** zur Folge haben, der die Mitmieter zur Minderung berechtigt (§ 536 Abs 1 BGB; MEYER-ABICH NZM 2015, 520, 526). Die Mitmieter können sich dann außerdem selbst gegen die störenden Immissionen nach den §§ 862, 865 und 906 BGB analog sowie bei einer Gesundheitsgefährdung ferner nach den §§ 823 Abs 1 und 1004 BGB wehren (§ 535 Rn 155; BGH 16. 1. 2015 – V ZR 110/14, NJW 2015, 2023 Rn 5, 10, 15 ff = NZM 2 015, 448 = WuM 2015, 368 „Rauchen auf dem Balkon"). Zugleich liegt dann im Verhältnis zum Vermieter eine Vertragsverletzung vor (§§ 241 Abs 2 und 535 Abs 1 BGB), sodass der Vermieter zur Vermeidung eines Rauchverbotes nach den §§ 241 Abs 2 und 242 BGB eine vertragliche Regelung verlangen kann, durch die das Gebot der gegenseitigen Rücksichtnahme in Gestalt einer **Gebrauchsregelung** für die Zeit des Rauchens auf dem Balkon oder der Terrasse näher ausgestaltet wird (BGH 16. 1. 2015 – V ZR 110/14, NJW 2015, 2023 Rn 17 f = NZM 2015, 448, 450 = WuM 2015, 368 „Rauchen auf dem Balkon"; zu weiteren Fallgestaltungen s zB DRASDO NZM 2018, 729; MEYER-ABICH NZM 2015, 520, 527).

3d

3. Haltevorrichtungen

Der vertragsgemäße Gebrauch umfasst in begrenztem Umfang auch **Eingriffe in die Substanz** der Mietsache (s Rn 2) wie zB die Anbringung von Haltevorrichtungen wie Dübel, Haken und Schrauben (s oben § 535 Rn 41). Maßgebend ist – mangels besonderer Abreden der Parteien – die Verkehrssitte. Soweit nach ihr die Anbringung von Haltevorrichtungen üblich ist, gehört dazu auch, wenn nötig, die Durchbohrung von Kacheln und Fliesen (BGH 20. 1. 1993 – VIII ZR 10/92, LM Nr 35 zu § 9 [Bb] AGBG = NJW 1993, 1061 = WuM 1993, 109, 110 f; OLG Frankfurt WuM 1992, 56, 61; LG Hamburg WuM 2007, 194, 195; AG Rheinbach NZM 2005, 822). Wenn sich der Mieter an diesen Rahmen hält, ist er folglich bei Vertragsende *nicht* zur **Beseitigung** der Dübel, Haken und Schrauben oder zur Verschließung der Dübellöcher verpflichtet, auch nicht nach § 546 Abs 1 BGB (s LEHMANN-RICHTER ZMR 2019, 313; str, anders zB LG Wuppertal ZMR 2020, 962 = GE 2020, 1052). Auf die Frage, wer die Schönheitsreparaturen durchzuführen hat, kommt es insoweit nicht an (LG Mannheim WuM 1975, 50; EMMERICH PiG 60 [2001] 105, 127 f = NZM 2000, 1155; TONDORF WuM 1975, 237; anders die hM). Eine **Ersatzpflicht** des Mieters besteht vielmehr nur, wenn er die Grenzen des Verkehrsüblichen und nach den Umständen Vertretbaren überschreitet und zB übermäßig viele Haken und Dübel anbringt (s oben § 535 Rn 41; LG Göttingen ZMR 1990, 145; AG Mönchengladbach-Rheydt ZMR 2013, 724).

4

4. Teppichboden

5 Ein Teppichboden gehört idR zu der vom Vermieter gestellten Grundausstattung der vermieteten Räume. Für die **Abnutzung** des Teppichbodens durch den vertragsgemäßen Gebrauch des Mieters gilt daher das Gesagte (s Rn 3). Abnutzungen wie zB Laufspuren oder Abdrücke von Tischen oder Stühlen sind maW durch § 538 BGB gedeckt, während weitergehende Schäden wie etwa Rotwein- oder Brandspuren den Mieter ersatzpflichtig machen (§§ 281 Abs 1 und 823 Abs 1 BGB; Schönemeier WuM 2011, 148, 149). Trägt der Mieter die Schönheitsreparaturen, so wird dazu vom BGH (8. 10. 2008 – XII ZR 15/07, NJW 2009, 510 = NZM 2009, 126 = WuM 2009, 125) (zu Unrecht) auch die **Grundreinigung** des Teppichbodens gerechnet (s im Einzelnen oben § 535 Rn 96, Rn 103a). Dagegen geht die **Erneuerung** eines derartigen Bodenbelags auf jeden Fall über die Schönheitsreparaturen hinaus, sodass jedenfalls bei der Wohnraummiete die Abwälzung der Verpflichtung zur Erneuerung eines Teppichbodens generell an § 536 Abs 4 BGB scheitert (s § 535 Rn 130 f; Schönemeier WuM 2011, 148, 149 f).

5a Eine andere Frage ist, ob der Mieter von sich aus auf einem bereits vorhandenen Bodenbelag einen **Teppichboden** selbst **verlegen** darf. Wenn die Parteien nichts anderes vereinbart haben, dürfte dies in der Tat zum vertragsgemäßen Gebrauch gehören (Schönemeier WuM 2011, 148). Weil es sich dabei jedoch um einen Eingriff in die Substanz der Mietsache handelt, muss der Mieter auf Verlangen des Vermieters bei seinem Auszug den Teppichboden wieder **beseitigen** (§ 546 BGB; LG Mannheim WuM 1976, 49, 51; Lehmann-Richter ZMR 2019, 313). Der Mieter ist dann ferner für alle von ihm zu vertretenden Schäden ersatzpflichtig, die bei der Beseitigung an den Böden entstehen (§ 280 Abs 1 BGB; LG Mannheim WuM 1976, 49, 51; 1976, 181; 1976, 205; LG Düsseldorf WuM 1977, 49). Dagegen ist er nicht ersatzpflichtig, wenn ein lose aufgelegter Teppichboden einen PVC-Belag durch sog Weichmacherauswanderung zerstört, weil er damit als Laie nicht zu rechnen braucht (§ 276 BGB; LG Duisburg WuM 1975, 189). War der beschädigte Bodenbelag des Vermieters bereits abgenutzt und ohnehin erneuerungsbedürftig, so muss sich der Vermieter einen Abzug „neu für alt" gefallen lassen (LG Mannheim WuM 1976, 205).

III. Unzulässige Veränderungen

1. Haftung des Mieters

6 Der Mieter macht sich schadensersatzpflichtig, wenn er unter Überschreitung des ihm zustehenden vertragsgemäßen Gebrauchs schuldhaft die Mietsache beschädigt (s oben § 535 Rn 93 ff). Die Voraussetzungen sind streitig. Zum Teil wird angenommen, mit der Rückgabe der Mietsache in beschädigtem Zustande verletze der Mieter seine Rückgabepflicht aus § 546 Abs 1 BGB, sodass der Vermieter grundsätzlich nach § 281 Abs 1 BGB vorgehen müsse, wenn er von dem Mieter Schadensersatz verlangen wolle (Überblick über den Meinungsstand bei Fervers WuM 2017, 429; Lehmann-Richter ZMR 2019, 313). Von einer Leistungspflicht des Mieters, gerichtet auf die Beseitigung insbesondere von Beschädigungen der Mietsache, kann indessen nur die Rede sein, wenn die Parteien eine entsprechende Vereinbarung getroffen haben, in erster Linie also, wenn der Vermieter dem Mieter bestimmte Eingriffe in die Mietsache unter der Bedingung des Rückbaus bei Vertragsende gestattet hat (Paradigma: Erlaubnis des Vermieters zur Montage einer Parabolantenne unter der Bedingung, dass sich der Mieter zur Beseitigung der Anlage bei Vertragsende verpflichtet). (Nur) wenn der Mieter eine derartige vertragliche Leistungspflicht bei Vertragsende nicht erfüllt, ist Raum für die Anwendung der §§ 280 und 281 BGB. Jenseits dieser Fälle stellen dagegen sämtliche vom Vertrag nicht gedeckten, dh die Grenzen des vertragsgemäßen Gebrauchs überschreitenden Veränderungen oder Verschlechterungen der Mietsache Verletzungen von **Nebenpflichten** des Mieters, insbesondere also der **Obhutspflicht** dar, sodass der Vermieter sofort Schadensersatz verlangen kann (§§ 241 Abs 2, 280 Abs 1, 535 Abs 1, 249 und 276 BGB), zumal hier eine Fristsetzung – nach Eintritt des Schadens – offenbar keinen Sinn mehr machte (s § 546 Rn 20; ebenso BGH 28. 2. 2018 – VIII ZR 157/17, BGHZ 218, 22, 28 ff Rn 19, 24 f = NJW 2018, 1746; 27 6. 2018 – XII ZR 79/17, NZM 2018, 717 Rn 16, 26 f; 21. 8. 2019 – VIII ZR 236/17, NZM 2019, 816 Rn 13 f = WuM 2019, 574; 11. 4. 2019 – IX ZR 79/18, NZM 2019, 853 Rn 32, 38, 44 f; KG 2. 12. 2019 – 8 U 104/17, ZMR 2020, 394; OLG Saarbrücken NJW-RR 1997, 248, 249; LG Saarbrücken ZMR 2015, 32 mN; Fervers WuM 2017, 429; Kraemer, in: FS Blank [2006] 281; Lehmann-Richter ZMR 2019, 313; BeckOGK/H Schmidt [1. 10. 2020] § 538 Rn 25). Ist der Vermieter der Eigentümer der vermieteten Sache, so dürfte sich häufig dasselbe auch ohne Weiteres aus § 823 Abs 1 BGB ergeben, ggf iVm § 831 BGB (s Rn 7).

Die Haftung des Mieters für **Erfüllungsgehilfen** richtet sich im Rahmen des § 280 BGB (o Rn 6) nach § 278 BGB. Als Erfüllungsgehilfen gelten sämtliche Personen, die auf Veranlassung des Mieters in Berührung mit der Mietsache kommen (o § 540 Rn 37; BGH 15. 4. 1991 – VIII ZR 38/90, LM Nr 4 zu § 9 [Ca] AGBG = NJW 1991, 1750, 1752; 21. 5. 2010 – V ZR 244/09, NJW 2010, 2341 Tz 19 = NZM 2010, 58; OLG München NJW-RR 1989, 1499, 1500 = WuM 1989, 128, 130 f; KG ZMR 2011, 33, 34). Dazu gehören außer dem Untermieter (§ 540 Abs 2 BGB) und den **Familienangehörigen** des Mieters insbesondere noch dessen **Mitarbeiter** (RGZ 84, 222, 223 f; OLG Köln VersR 1960, 860) sowie zB ein von ihm beauftragter Spediteur und dessen Leute (RGZ 106, 133, 134; OLG Nürnberg ZMR 1960, 80, 81), die von ihm hinzugezogenen Lieferanten und **Handwerker** (BGHZ 66, 349, 354 = NJW 1976, 1315; BGH 15. 4. 1991 – VIII ZR 38/90, LM Nr 4 zu § 9 [Ca] AGBG = NJW 1991, 1750, 1752; OLG Hamburg WuM 1991, 385, 386 f), ferner ein vom Mieter zur Beurteilung einer unklaren Rechtslage hinzugezogener **Rechtsanwalt** (str, s unten § 543 Rn 57b; Derleder WuM 2016 Beil zu H 7 FS 24, 27 ff; Harke NZM 2016, 449, 451 f; Häublein PiG 97 [2014] 35, 48 ff; St Lorenz WuM 2013, 202, 206 f mwNw) und schließlich solche Personen, die der Mieter mit der Bewachung oder der Reinigung der Mietsache beauftragt hat (OLG Düsseldorf ZMR 1988, 222 = MDR 1988, 584; KG ZMR 2011, 33, 34). *Keine* Erfüllungsgehilfen des Mieters sind dagegen die Leute des Vermieters, zB der von letzterem angestellte Hauswart (KG ZMR 1976, 204), sowie *ungebetene Gäste* und Besucher (OLG München NJW-RR 1989, 1499, 1500 = WuM 1989, 128, 130 f; OLG Hamburg WuM 1991, 385, 386 f; LG Hamburg WuM 1990, 416, 417) einschließlich des getrenntlebenden Ehemannes der Mieterin, der sich gegen ihren Willen Zugang zu der Wohnung verschafft (LG Würzburg NJW-RR 2011, 951; AG Frankfurt ZMR 1987, 471 = WuM 1988, 12). Die Besucher der von einem Mieter in den gemieteten Räumen durchgeführten **Veranstaltungen** werden gleichfalls überwiegend nicht zu den Erfüllungsgehilfen des Mieters hinsichtlich dessen Obhutspflicht gezählt (OLG Celle VersR 1979, 264). **7**

Wenn der Mieter eine Beschädigung der Mietsache zu vertreten hat, die einen Mangel iS des § 536 BGB darstellt, kann der Mieter **nicht mindern** (s oben § 536 Rn 110), sondern ist schadenersatzpflichtig (§ 280 Abs 1 BGB), und zwar nach Wahl des Vermieters durch Naturalrestitution aufgrund des § 249 Abs 1 BGB oder in **8**

Form des Geldersatzes nach § 249 Abs 2 BGB (BGH 19. 11. 2014 – VIII ZR 191/13, BGHZ 203, 256, 266 Rn 26 = NJW 2015, 699 = NZM 2015, 245). Zu dem zu ersetzenden **Schaden** gehören u a die Kosten eines Gutachtens zur Feststellung der Schäden (AG Ratingen ZMR 1994, 519) sowie Schäden an anderen Räumen des Vermieters und an darin lagernden Sachen (RGZ 84, 222, 225). Bei einer Mehrheit von Mietern ist § 425 Abs 2 BGB zu beachten (s dazu o Vorbem zu § 535 Rn 80; Beispiele s Rn 8a).

2. Beispiele

8a Besondere Sorgfalt schuldet der Mieter bei dem Betrieb gefährlicher Geräte (§ 276 BGB). Häufig sind vor allem Schäden durch den Betrieb von **Waschmaschinen** (s oben § 535 Rn 43). Der Mieter haftet daher für Schäden, die darauf beruhen, dass er die Wasserzufuhr nicht rechtzeitig absperrt (OLG Oldenburg ZMR 2004, 281), dass er die Waschmaschine längere Zeit unbeaufsichtigt laufen lässt (OLG Hamm NJW 1985, 332; LG München I ZMR 1994, 478; AG Germersheim ZMR 1996, 92) oder dass er eine ungeeignete Mischbatterie eingebaut hat (LG Cottbus GE 2011, 54). Der Mieter haftet ferner, wenn er mit einer undichten Propangasflasche unvorsichtig umgeht (OLG Hamm NJW-RR 1992, 906), wenn er bei strenger Kälte die **Heizkörper** abschaltet, sodass diese einfrieren (AG Köln WuM 1985, 258), oder wenn er bei einem plötzlichen Stromausfall keine Maßnahmen ergreift, um das Einfrieren der Heizung zu verhindern (LG Münster NJW-RR 1988, 1234), weiter, wenn eine Gasheizung durch den von ihm beauftragten Handwerker mangelhaft installiert wird (OLG Düsseldorf ZMR 1965, 51), wenn es infolge der falschen Aufstellung von Öfen zu Brandschäden kommt (OLG Köln VersR 1960, 860), wenn er bei einer Rohrreinigung unsachgemäß vorgeht, sodass es zu einem Wasserschaden kommt (AG Gießen NJW-RR 2008, 392), wenn er die Wohnung verlässt, ohne den Herd abzustellen (OLG Düsseldorf NJW-RR 2010, 695 = GE 2010, 121 f) sowie wenn er die Tapeten in den gemieteten Räumen entfernt, ohne für Ersatz zu sorgen (BGH 21. 8. 2019 – VIII ZR 263/17, NZM 2019, 816 Rn 13 = WuM 2019, 574). Dagegen ist es *unbedenklich,* wenn der Mieter einen Wäschetrockner längere Zeit ohne Aufsicht lässt, weil dadurch normalerweise keine besondere Gefahr begründet wird (LG Saarbrücken NJW-RR 1987, 1496 = WuM 1989, 558). Ebenso wenig braucht der Mieter damit zu rechnen, dass ein Fernseher in Brand gerät oder explodiert (OLG Köln WuM 1988, 278 = ZMR 1988, 381; LG Stendal WuM 1993, 597).

3. Versicherung*

9 Die Haftung des Mieters für Schäden des Vermieters, die er durch einen schuldhaften Verstoß gegen seine Obhutspflicht herbeigeführt hat (o Rn 6–8), entfällt, wenn seine Haftung vertraglich beschränkt oder ausgeschlossen ist. Besonderheiten gelten

---

* **Schrifttum**: ARMBRÜSTER, Der Schutz von Haftpflichtinteressen in der Sachversicherung (1994); ders NJW 1997, 177; 2006, 3683; ders NVersZ 2001, 193; ders VersR 2010, 1016; ders/ HAUER ZMR 2012, 546; BARTOSCH-KOCH NJW 2011, 484; BAYER, in: FS E Lorenz (2005) 129; BUB/TREIER/DALLMAYR/PAUL Hdb Rn X 88 ff (S 2052 ff); GÜNTHER, Der Regressverzicht des Sachversicherers, (6. Aufl 2015); ders VersR 2010, 586; HINZ ZMR 2017, 533, 697; CHR HUBER VersR 1998, 265; JENDREK NZM 2003, 697; LORENZ VersR 2001, 96; PLETSCH NVersZ 2001, 490; J PRÖLSS ZMR 2001, 157; 2004, 389; 2005, 241; SCHWINTOWSKI WuM 2007, 305; STAUDINGER/KASSING VersR 2007, 10; TREIER, in: FS Seuß (1997) 293; WIETZ/STREYL WuM 2015, 131; WOLTER VersR 2001, 98.

insoweit nicht (s §§ 138, 276 Abs 3 und 309 Nr 7 BGB). Näherer Betrachtung bedarf im vorliegenden Zusammenhang allein der Fall, dass der vom Mieter zu verantwortende Schaden (an sich) durch eine vom Vermieter genommene **Sachschadensversicherung** gedeckt ist (sog Gebäude- oder Leitungswasserversicherung), deren **Prämien** zusammen mit der Miete (offen oder verdeckt) auf den Mieter **abgewälzt** sind. In derartigen Fällen stellt sich insbesondere die Frage, ob aus der Abwälzung der Versicherungsprämien auf den Mieter – unmittelbar oder mittelbar – eine Haftungsbeschränkung des Mieters zu folgern ist (s dazu schon o Vorbem 111 f zu § 535 sowie zB Armbrüster NJW 2006, 3683; ders VersR 2010, 1016; ders/Hauer ZMR 2012, 546; Bartosch-Koch NJW 2011, 484; Hinz ZMR 2017, 533, 697; Schwintowski WuM 2007, 305). Die Lösung der hier auftauchenden Probleme wäre einfach, wenn man davon ausgehen könnte, dass der Mieter bei einer vom Vermieter genommenen Gebäude- oder Leitungswasserversicherung mitversichert ist, weil ihm dann der Regressausschluss des Versicherers bei einfacher Fahrlässigkeit zugutekäme. Für den Regelfall wird jedoch die Annahme einer **Mitversicherung des Mieters** abgelehnt. Um den Mieter gleichwohl nicht schutzlos zu lassen, werden verschiedene Lösungen des Fragenkreises diskutiert. Die **Lösungsansätze** unterscheiden sich vor allem danach, ob sie vom Mietvertrag oder vom Versicherungsvertrag ausgehen. Hervorzuheben sind eine haftungsrechtliche (s Rn 9a) sowie die heute überwiegend vertretene versicherungsrechtliche Lösung (s Rn 10).

Die **haftungsrechtliche Lösung** entnimmt oder besser: entnahm dem Mietvertrag **9a** zumindest bei offener Abwälzung der Versicherungsprämie auf den Mieter einen **konkludenten Haftungsausschluss für leichte Fahrlässigkeit**, sodass der Versicherer bei ihm nur im Falle von Vorsatz und grober Fahrlässigkeit Regress nehmen konnte; in die Haftungsbeschränkung wurden außerdem entsprechend § 328 BGB in der Regel auch die Angehörigen des Mieters einbezogen, nicht jedoch bloße Besucher. Die Rechtsprechung war lange Zeit der haftungsrechtlichen Lösung gefolgt (BGHZ 131, 288, 292 ff = NJW 1996, 715; BGH LM Nr 59 zu § 67 VVG = NJW-RR 1991, 527; OLG Düsseldorf ZMR 1997, 228 = OLGR 1997, 222; NJW-RR 1998, 1159; ZMR 2001, 179). Mittlerweile ist dieser Ansatz jedoch von der Rechtsprechung aufgrund verbreiteter Einwände der Versicherungswirtschaft weithin zu Gunsten der sog versicherungsrechtlichen Lösung aufgegeben (s Rn 10 ff), findet jedoch zumindest in Sonderfällen auch heute noch gelegentlich Anwendung (s Rn 10c sowie für den vorvertraglichen Raum BGH 4. 3. 2009 – XII ZR 198/08, ZMR 2009, 518 Tz 9 = NZM 2009, 543 = VersR 2010, 536).

Kern der **versicherungsrechtlichen Lösung** ist ein **Regressverzicht** des Versicherers **10** zugunsten des Mieters, beschränkt auf die **Fälle einfacher Fahrlässigkeit** (§§ 276, 328 BGB), verbunden mit der **Beweislast** des Versicherers für grobe Fahrlässigkeit des Mieters im Falle des Regresses (BGHZ 145, 393, 398 ff = NJW 2001, 1353; BGHZ 169, 86, 89 ff Tz 9 ff = NJW 2006, 3707; BGHZ 175, 374, 380 f Tz 23 = NJW 2008, 1737; 19. 11. 2014 – VIII ZR 191/13, BGHZ 203, 256, 265 ff Rn 24 ff = NJW 2015, 699 = NZM 2015, 245; BGH NZM 2001, 638, 639 = VersR 2001, 586; NZM 2002, 795 = NJW-RR 2002, 1243 usw bis BGH NZM 2007, 340 = WuM 2007, 144, 145 Tz 8; NJW 2007, 292 Tz 14 = NZM 2007, 88, 90; NZM 2008, 683; 27. 1. 2010 – IV ZR 129/09, ZMR 2010, 515 = WuM 2011, 579 Rn 8 f; 27. 1. 2010 – IV ZR 5/09, WuM 2011, 577 Tz 9; 10. 5. 2011 – VI ZR 196/10, NZM 2011, 894 = WuM 2011, 575 Rn 6, 15; 12. 12. 2012 – XII ZR 6/12, GE 2013, 209 Rn 28 ff = NZM 2013, 191; 26. 10. 2016 – IV ZR 52/14, NZM 2017, 29 Rn 13, 20; 6. 6. 2018 – VIII ZR 38/17, NZM 2018, 714 Rn 23 f; ausführlich Hinz ZMR 2017, 533, 535 f). Begründet wird diese Lösung mit der gebotenen Rücksichtnahme des Versicherers auf die Belange seines

Vertragspartners, des Vermieters sowie mit der Überlegung, dass der Regressverzicht die angemessene Gegenleistung dafür sei, dass der Mieter letztlich die Versicherungsprämien tragen müsse. Keine Rolle spielt deshalb, ob die Prämien *offen* oder *versteckt* auf den Mieter abgewälzt werden; unerheblich soll es ferner sein, wenn die Versicherungsprämien nur teilweise auf den Mieter abgewälzt sind (OLG Düsseldorf WuM 2002, 489, 490 = NZM 2003, 601 = ZMR 2003, 734; WuM 2004, 461; GE 2003, 251). Im Ergebnis steht damit der Mieter nicht anders da, als wenn er **selbst** eine **Versicherung** abgeschlossen hätte (so ausdrücklich BGH 19. 11. 2014 – VIII ZR 191/13, BGHZ 203, 256, 267 Rn 29, 271 Rn 37 = NJW 2015, 699 = NZM 2015, 245; Hinz ZMR 2017, 533; Wietz/Streyl WuM 2015, 131, 132 ff). Es bleibt aber dabei, dass der Regressverzicht des Gebäudeversicherers auf Fälle *einfacher* Fahrlässigkeit des Mieters beschränkt ist. Die Aufgabe des Alles-Oder-nichts-Prinzips durch das neue VVG (§ 81 Abs 2) hat daran nichts geändert; bei **grober Fahrlässigkeit** des Mieters hat der Versicherer also nach wie vor die Möglichkeit eines *vollen,* nicht nur eines partiellen Regresses bei dem Mieter (BGH 26. 10. 2016 – IV ZR 52/14, NZM 2017, 29 Rn 14 ff; str mit Rücksicht auf § 81 Abs 2 VVG, s Hinz ZMR 2017, 533, 539 ff). Der **Anwendungsbereich** dieser Regeln beschränkt sich nicht streng auf die Miete, sondern umfasst außerdem die Pacht und die Leihe (BGH 13. 9. 2006 – IV ZR 116/05, NJW 2006, 3711 Tz 12 = WuM 2006, 624). Ebenso wenig wird zwischen der Wohnraummiete und der gewerblichen Miete unterschieden (OLG Schleswig NZM 2015, 738, 739). Auch bei Ferienhäusern gilt keine Ausnahme (OLG Rostock 1. 2. 2018 – 3 U 94/15, ZMR 2018, 754).

10a Auf eine bloße **Hausratsversicherung** des Vermieters lassen sich diese Grundsätze nicht übertragen, weil der Mieter deren Prämien nicht zu tragen braucht (BGH 26. 10. 2016 – IV ZR 26/014, NJW 2006, 3714 = WuM 2006, 577, 631 f Tz 7 f). Die Folge ist, dass der Hausratsversicherer des Vermieters unbeschränkt bei dem Mieter **Regress** nehmen kann, sofern dieser zumindest leicht fahrlässig gehandelt hat (§ 86 VVG). Wenn der Mieter haftpflichtversichert ist, muss sein Versicherer den Schaden decken; für Ausgleichsansprüche der Versicherungen untereinander ist hier kein Raum (Bartosch-Koch NJW 2011, 484, 489). Kein Raum für die Anwendung dieser Grundsätze ist ferner bei einer **Feuerversicherung** des gewerblichen Mieters; aus ihr ergibt sich kein Regressverzicht des Versicherers zu Gunsten des für den Brand verantwortlichen Vermieters (BGH 12. 12. 2012 – XII ZR 6/12, GE 2013, 209 Tz 28 ff = NZM 2013, 191).

10b Unerheblich ist, ob der Mieter selbst **haftpflichtversichert** ist (BGH 19. 11. 2014 – VIII ZR 191/13, BGHZ 203, 256, 267 Rn 29 = NJW 2015, 699; Hinz ZMR 2017, 533, 537 ff). Der Regressverzicht des Versicherers des Vermieters ist *nicht subsidiär* gegenüber der Haftpflichtversicherung des Mieters; stattdessen hat der Versicherer des Vermieters einen **Ausgleichsanspruch** gegen die Haftpflichtversicherung des Mieters analog den Grundsätzen über die Doppelversicherung, und zwar grundsätzlich in Höhe der Hälfte der von ihm erbrachten Versicherungsleistungen, soweit die beiden Versicherungen denselben Schaden decken (§ 78 VVG; § 242 BGB). Für den Ausgleichsanspruch des Versicherers des Vermieters gelten dieselben **Beweislastregeln** wie für einen Anspruch des Versicherers des Vermieters gegen den Mieter. Der Ausgleichsanspruch **verjährt** nicht in den kurzen Fristen des § 548 BGB, sondern in der Regelverjährungsfrist der §§ 195 und 199 BGB. Durch einseitige oder gegenseitige **Subsidiaritäts-** oder **Ausschlussklauseln** in den AVB der Versicherer kann der Ausgleichsanspruch nicht im Verhältnis zwischen den Versicherern ausgeschlossen werden (§§ 242, 307 BGB), weshalb in der Praxis die Problematik immer häufiger durch **Teilungsabkommen** geregelt wird (BGHZ 169, 86, 89 ff Tz 9 ff = NJW 2006, 3707; BGH NZM 2008, 683; 27. 1. 2010 – IV ZR 129/09, ZMR 2010, 515 = WuM 2011, 579 Tz 9, 12, 18 f; 27. 1. 2010 – IV ZR 5/09, WuM 2011, 577 Tz 9 f, 17, 20; 26. 10. 2016 – IV ZR 52/14, NZM 2017, 29 Rn 14 ff; Bartosch-Koch NJW 2011, 484; Hinz ZMR 2017, 533, 538 f).

Da der Mieter so behandelt wird, als ob er ebenfalls versichert sei (s Rn 10), braucht **10c** er für Dritte nicht nach § 278 BGB, sondern nur nach den Grundsätzen über die **Repräsentantenhaftung** einzustehen (BGH 13. 9. 2006 – IV ZR 378/02, NJW 2006, 3712, 3714). Der Mieter muss sich mithin nur das Verschulden von Repräsentanten zurechnen lassen; eine weitergehende Haftung für Dritte besteht nicht (Hinz ZMR 2017, 697, 701 ff; Wietz/Streyl WuM 2015, 131, 132 f). Davon zu trennen ist die Frage, ob auch **Dritte in den Regressverzicht** des Versicherers **einzubeziehen** sind. Analog § 86 Abs 3 VVG ist dies insbesondere für die **Angehörigen** des Mieters, die mit ihm eine häusliche Gemeinschaft bilden, sowie für die **Arbeitnehmer** des Mieters anzunehmen, weil andernfalls über die Freistellungsansprüche der Arbeitnehmer der Regressverzicht des Versicherers zum Nachteil des Mieters unterlaufen werden könnte (OLG Schleswig NZM 2015, 738, 739; LG Krefeld GE 2015, 1288; Hinz ZMR 2017, 697, 701 ff; Wietz/Streyl WuM 2015, 131, 133 ff). Dasselbe sollte überhaupt für alle Personen gelten, die in den Schutzbereich des Mietvertrages analog § 328 BGB einbezogen sind (Hinz ZMR 2017, 697, 701 f), sowie jedenfalls für berechtigte **Untermieter**, nicht dagegen für unberechtigte Untermieter (OLG Karlsruhe OLGR 2007, 378; LG Düsseldorf ZMR 2017, 735; Hinz ZMR 2017, 697, 702 f). Wieder andere Probleme ergeben sich, wenn der Vermieter **unterversichert** ist oder entgegen den berechtigten Erwartungen des Mieters, insbesondere aufgrund der Abwälzung der Versicherungsprämien auf ihn im Mietvertrag, tatsächlich gar **keine Gebäudeversicherung** abgeschlossen hat. In diesem Fall kommt zum Schutze des Mieters neben einem Rückgriff auf die haftungsrechtliche Lösung (s Rn 9a, so LG Berlin ZMR 2012, 544 = NZM 2012, 82) vor allem eine Haftung des Vermieters aus c i c wegen mangelnder Aufklärung des Mieters in Betracht (§§ 241 Abs 2 und 311 Abs 2 BGB), sodass der Mieter im Wege des Schadensersatzes im Ergebnis so zu stellen ist, als ob vom Vermieter tatsächlich eine ausreichende Versicherung abgeschlossen worden wäre (§ 249 BGB; ebenso im Ergebnis Hinz ZMR 2017, 697 ff; Wietz/Streyl WuM 2015, 131, 134 ff; zu weiteren eigenartigen Fallgestaltungen s Hinz ZMR 2017, 697, 703 ff; Wietz/Streyl WuM 2015, 131 ff).

Das Ziel, den Mieter im Ergebnis so zu stellen, als ob er selbst eine Gebäudever- **11** sicherung abgeschlossen hätte (s Rn 10), lässt sich auf dem Boden der versicherungsrechtlichen Lösung der Rechtsprechung nur erreichen, wenn man dem Mietvertrag die **Nebenpflicht** des Vermieters entnimmt (§ 241 Abs 2 BGB), den Mieter, wenn Versicherungsschutz besteht, *nicht* in **Anspruch** zu nehmen (Hinz ZMR 2017, 533, 536 ff). Geht der Vermieter *ohne* legitimes Interesse gegen den Mieter (anstelle des Versicherers) vor, so kann der Mieter folglich Schadensersatz und damit im Ergebnis **Unterlassung** der pflichtwidrigen Rechtsverfolgung seitens des Vermieters verlangen (§§ 241 Abs 2, 276, 280 Abs 1, 249 BGB; BGH 19. 11. 2014 – VIII ZR 191/13, BGHZ 203, 256, 267 f Rn 30; BGH 10. 11. 2006 – V ZR 62/06, NZM 2007, 88, 89 Tz 15 = NJW 2007, 292; Hinz ZMR 2017, 533, 543 f; J Prölss ZMR 2005, 241 f). Der Mieter hat dann außerdem wegen des etwa auf einem Brand oder einem Wasserschaden beruhenden Mangels des Gebäudes das **Minderungsrecht** des § 536 BGB und kann ferner nach § 535 Abs 1 S 2 BGB **Beseitigung** des Mangels verlangen – ungeachtet des Umstandes, dass er letztlich den Mangel zu vertreten hat, wodurch im Regelfall sein Minderungsrecht gerade ausgeschlossen wird (s § 536 Rn 63 ff; so BGH 19. 11. 2014 – VIII ZR 191/13, BGHZ 203, 256, 268 ff Rn 31 ff; Hinz ZMR 2017, 533, 542 ff).

11a Anders verhält es sich nur, wenn der Vermieter ausnahmsweise ein besonderes, **legitimes Interesse** an der **Inanspruchnahme des Mieters** anstelle des Versicherers hat, etwa, weil dem Vermieter von einer Rechtsverfolgung gegen den Versicherer nicht zumutbare Nachteile, zB in Gestalt einer Vertragskündigung drohen, während die Gefahr einer bloßen Prämienerhöhung kein legitimes Interesse des Vermieters an der Inanspruchnahme des Mieters zu begründen vermag, zumal den Vermieter idR nichts hindern dürfte, die erhöhten Prämien ebenfalls auf den Mieter umzulegen (§ 556 BGB; BGH 19. 11. 2014 – VIII ZR 191/13, BGHZ 203, 256, 267 ff Rn 30 ff; BGH NJW-RR 2005, 381 = NZM 2005, 110 = WuM 2005, 57, 58 f; 10. 11. 2006 – V ZR 62/06, NZM 2007, 88, 89 Tz 7, 12 = NJW 2007, 292: s Hinz ZMR 2017, 533, 543 ff; J Prölss ZMR 2005, 241). Die Vereinbarung eines Selbstbehalts reicht gleichfalls nicht aus, um ein legitimes Interesse des Vermieters an der Inanspruchnahme des Mieters zu begründen (str, anders LG Cottbus GE 2011, 54). Es begründet ferner kein legitimes Interesse des Vermieters an einer Rechtsverfolgung gegen den Mieter, wenn der Vermieter versicherungsvertragliche Obliegenheiten verletzt hat, sodass die Durchsetzung seines Versicherungsschutzes gegen seinen Versicherer auf Schwierigkeiten stößt (BGH 10. 11. 2006 – V ZR 62/06, NZM 2007, 88, 89 Tz 15 = NJW 2007, 292).

IV. Erweiterung der Haftung

12 Durch Individualvertrag kann der Mieter bei der **gewerblichen Miete** in einzelnen Beziehungen auch eine Zufallshaftung übernehmen (BGH LM Nr 1 zu § 138 [Bb] BGB = BB 1952, 386). Derartige Abreden sind jedoch ungewöhnlich und deshalb grundsätzlich *eng auszulegen* (Herpers WuM 1975, 29, 45). Bei der **Wohnraummiete** dürften sie in der Regel an § 138 BGB scheitern. Dasselbe gilt generell für eine **formularvertragliche Ausdehnung** der Mieterhaftung **auf Zufall** (§ 307 BGB; BGHZ 164, 196, 210 ff = NJW 2006, 47, 49 Tz 30 ff; BGH 1. 4. 1992 – XII ZR 100/91, LM Nr 33 zu § 9 [Bb] AGBG = NJW 1992, 1761 = WuM 1994, 191; OLG Frankfurt NZM 1998, 150, 151 = WuM 1997, 609, 611; OLG Brandenburg WuM 2004, 597, 599 = ZMR 2004, 745 = NZM 2004, 905; KG NZM 2007, 41, 42; Staudinger/Bieder [2019] Anh zu §§ 305–310 Rn E 116 ff; Guhling/Günter/Boerner § 538 Rn 47 f). Ebenso wenig kann durch Formularvertrag der Kreis der **Personen**, für die der Mieter einzustehen hat, auf Personen erstreckt werden, die *keine* Erfüllungsgehilfen im Sinne des § 278 BGB sind (s oben Rn 6 f; BGH 15. 5. 1991 – VIII ZR 38/90, LM Nr 4 zu § 9 [Ca] AGBG = NJW 1991, 1750, 1752; OLG Celle WuM 1990, 103, 112; OLG München NJW-RR 1989, 1499, 1500 = WuM 1989, 128, 130 f), oder auch die Haftung auf Schäden ausgedehnt werden, die von Erfüllungsgehilfen lediglich *bei Gelegenheit* ihrer Tätigkeit für den Mieter verursacht werden (BGH 15. 5. 1991 – VIII ZR 38/90, LM Nr 4 zu § 9 [Ca] AGBG = NJW 1991, 1750, 1752) oder die von Kleinkindern verursacht werden, ohne dass den Eltern eine Verletzung ihrer Aufsichtspflicht vorgeworfen werden könnte (LG Cottbus NZM 2014, 515, 516).

V. Beweislast

1. Grundsatz

Wenn der Vermieter vom Mieter wegen der Verletzung seiner Obhutspflicht Schadensersatz verlangt, trägt an sich der **Vermieter** die Beweislast für die objektive *Pflichtverletzung* des Mieters durch Verstoß gegen seine Obhutspflicht, während es erst anschließend Sache des Mieters ist, sich durch den Nachweis zu *entlasten,* dass er den Verstoß nicht zu vertreten hat oder dass doch der Verstoß nicht kausal für den eingetretenen Schaden geworden ist (§§ 535, 538, 276, 280 Abs 1 BGB). Da jedoch der *Vermieter,* der in der Regel keinen Einblick in den Mietgebrauch des Mieters hat, mit dem Beweis einer objektiven Pflichtverletzung des Mieters häufig *überfordert* ist, wenn es *während* des Mietgebrauchs zu einem Schaden an der Mietsache kommt oder diese entwendet wird, wurde lange Zeit angenommen, dass sich die **Beweislast** des Vermieters auf den **ordnungsmäßigen Zustand** der Sache **bei Übergabe** beschränkt, während es anschließend Sache des Mieters sein sollte, sich zu entlasten (BGH 27. 4. 1994 – XII ZR 16/93, LM Nr 19 zu § 286 [G] ZPO = NJW 1994, 1880, 1881; OLG Saarbrücken NJW-RR 1997, 248, 249; LG Berlin GE 1999, 380, 381). Dazu war erforderlich, dass der Mieter im Einzelnen die **Ursache** des Schadens darlegt, **um** dann dafür den **Entlastungsbeweis** zu führen. Dagegen konnte er sich nicht dadurch entlasten, dass er lediglich *einzelne* mögliche Ursachen ausschloss, sofern und solange noch *andere* Ursachen ernsthaft in Betracht kamen. Der Mieter haftete folglich sowohl dann, wenn die Ursache des Schadens ungeklärt blieb, als auch dann, wenn es ihm nicht gelang, sich für die feststehende Ursache zu entlasten (BGHZ 66, 349, 353 = NJW 1976, 1315; OLG Stuttgart NJW-RR 1987, 143, 144 = WuM 1987, 250; Tondorf WuM 1975, 237; Wichardt ZMR 1979, 197). Bedeutung hatte diese Beweisregel insbesondere in den Fällen einer Beschädigung oder Zerstörung der gemieteten Sache durch einen **Brand während** der Zeit des vertragsgemäßen **Gebrauchs**: Ließ sich wie häufig später die Brandursache nicht mehr aufklären, so war die Folge eine Haftung des *Mieters* (RGZ 122, 292, 295; BGHZ 66, 349, 353 f = NJW 1976, 1315; BGH WM 1982, 333, 335; OLG Hamm ZMR 1997, 21, 22; OLG Düsseldorf ZMR 2002, 583 f).

13

Es liegt auf der Hand, dass der Mieter durch die geschilderte Verteilung der Beweislast (o Rn 13) im Einzelfall erheblich belastet werden konnte (s Sternel, Mietrecht Rn II 644 f, V 614 ff). Deshalb wird heute eine Beweislastumkehr zum Nachteil des Mieters (o Rn 13) nur noch angenommen, wenn der Schaden seine **Ursache** allein im **Gefahren- und Obhutsbereich des Mieters**, dh in dem von ihm vertragsgemäß genutzten, insbesondere in dem von ihm bewohnten Bereich hat. Kommen dagegen auch noch **andere Ursachen** in Betracht, so bleibt es so lange bei der **Beweislast des Vermieters**, wie nicht diese anderen möglichen Ursachen zuvor von dem Vermieter ausgeschlossen werden (BGH 18. 5. 1994 – XII ZR 188/92, BGHZ 126, 124 = NJW 1994, 2019; BGHZ 131, 95, 103 f = NJW 1996, 321, 323; BGH 26. 11. 1997 – XII ZR 28/96, LM Nr 20 zu § 542 BGB = NZM 1998, 117 = NJW 1998, 594; 27. 20. 4. 1994 – XII ZR 16/93, LM Nr 19 zu § 286 [G] ZPO = NJW 1994, 1880, 1881; 3. 11. 2004 – VIII ZR 28/04, NZM 2005, 100 = WuM 2005, 57, 58 [l Sp 1. Abs]; 10. 11. 2004 – XII ZR 71/01, NZM 2005, 17, 18 = WuM 2005, 54 = NJW-RR 2005, 235; KG ZMR 2011, 33; OLG Naumburg WuM 2011, 574; OLG Düsseldorf GE 2012, 267). So verhält es sich auch, wenn als Schadensursache das **Verhalten Dritter** in Betracht kommt, für die der Mieter nicht nach § 278 BGB einzustehen braucht (s Rn 7). Anders dagegen, wenn die fraglichen Dritten zu dem Kreis der Erfüllungsgehilfen des Mieters ge-

14

hören (OLG Naumburg WuM 2011, 574; OLG Düsseldorf ZMR 2005, 449). Kommt es zB zu einem Wasserschaden, weil ein Wasserhahn nicht rechtzeitig abgesperrt wurde, so muss sich der Mieter entlasten, selbst wenn der Schaden auf das Verhalten Dritter zurückzuführen sein sollte, die wie etwa ein Reinigungsunternehmen seine Erfüllungsgehilfen sind (KG ZMR 2011, 33).

15 Diese Beweisregel (o Rn 14) hat Bedeutung für alle Fälle, in denen für einen Schaden **mehrere Ursachen** in Betracht kommen, von denen wenigstens eine nicht vom Mieter zu vertreten ist. In diesen Fällen muss der Vermieter nach dem Gesagten (o Rn 14) zunächst die vom Mieter nicht zu vertretenden, weil nicht zu seinem Gefahrenbereich gehörenden Ursachen ausschließen, bevor er gegen den Mieter mit der Folge vorgehen kann, dass sich dieser für die verbleibenden, zu seinem Gefahrenbereich gehörenden Ursachen entlasten muss (o Rn 13). Das gilt insbesondere für Schäden infolge von Bodenverunreinigungen (BGH 27. 20. 4. 1994 – XII ZR 16/93, LM Nr 19 zu § 286 [G] ZPO = NJW 1994, 1880), für Feuchtigkeits- oder **Wasserschäden** (s § 536 Rn 66; BGH 3. 11. 2004 – VIII ZR 28/0 4, NZM 2005, 100 = WuM 2005, 57, 58; 10. 11. 2004 – XII ZR 71/01, NZM 2005, 17, 18 = NJW-RR 2005, 235 = WuM 2005, 54; KG ZMR 2011, 33), für Schäden infolge der **Verstopfung** von Röhren und Leitungen (OLG Hamm WuM 1982, 201, 202 f = NJW 1982, 2005; OLG Karlsruhe NJW 1985, 142 = WuM 1984, 267, 269), für **Brandschäden** (BGH 18. 5. 1994 – XII ZR 188/92, BGHZ 126, 124 = NJW 1994, 2019; OLG Hamburg ZMR 1988, 300; OLG Düsseldorf ZMR 1987, 460; OLG Naumburg WuM 2011, 574; AG Bremen WuM 2016, 685), für Schäden an der **Heizungsanlage** (LG Berlin ZMR 1992, 302, 303) oder an einer Schließanlage (AG Halle/Saale NJW-RR 2009, 1526 = NZM 2009, 739), für Schäden, die ihre Ursache auch in Mängeln der **elektrischen Installation** haben können (OLG München NJW-RR 1997, 1031), für den Befall des Hauses mit Ungeziefer (AG Wedding GE 1995, 1015) sowie für die **Entwendung** der Mietsache, da für sämtliche genannten Schäden durchweg zahlreiche unterschiedliche Ursachen denkbar sind, von denen nur ein Teil vom Mieter zu vertreten ist. Ebenso ist bei Maßnahmen im Herrschaftsbereich des Mieters zu verfahren, die vom Vermieter veranlasst wurden (LG Berlin GE 1989, 357).

2. Abweichende Vereinbarungen

16 Durch Formularvertrag kann bei der **Wohnraummiete** von der geschilderten Verteilung der Beweislast (o Rn 13 ff) nicht abgewichen werden (§ 309 Nr 12 BGB; OLG Hamm NJW 1982, 2005 = WuM 1982, 201, 202 f; OLG Stuttgart NJW-RR 1987, 143, 144 = WuM 1987, 250; OLG München NJW-RR 1989, 1499 = WuM 1989, 128, 131). Dem Mieter kann ferner nicht durch Formularvertrag die Beweislast für mitvermietete Räume und Gebäudeteile sowie für solche Teile auferlegt werden, die wie Briefkästen auch Dritten zugänglich sind (LG Berlin GE 2000, 1257; AG Butzbach WuM 1995, 534). Umgekehrt kann der Mieter aber auch nicht dadurch die Beweislast auf den Vermieter insgesamt verschieben, indem er bei Vertragsende eine Bescheinigung über seine Freiheit von Mietschulden verlangt (BGH 30. 9. 2009 – VIII ZR 238/08, WuM 2009, 647, 649 Tz 17 = NZM 2009, 853). Bei der **gewerblichen Miete** hängt die Entscheidung von den Umständen des Einzelfalles ab; indessen wird man auch hier im Regelfall eine *generelle* Beweislastumkehr *nicht* billigen können, da sie letztlich auf eine Zufallshaftung des Mieters hinausliefe (o Rn 12). Für konkurrierende **Deliktsansprüche** des Vermieters kommt gleichfalls keine Umkehr der Beweislast zum Nachteil des Mieters in Betracht (BGHZ 104, 6, 18 = NJW 1988, 1778).

Untertitel 1
Allgemeine Vorschriften für Mietverhältnisse § 539

§ 539
Ersatz sonstiger Aufwendungen und Wegnahmerecht des Mieters

(1) Der Mieter kann vom Vermieter Aufwendungen auf die Mietsache, die der Vermieter ihm nicht gemäß § 536a Abs. 2 zu ersetzen hat, nach den Vorschriften über die Geschäftsführung ohne Auftrag ersetzt verlangen.

(2) Der Mieter ist berechtigt, eine Einrichtung wegzunehmen, mit der er die Mietsache versehen hat.

Materialien: E I §§ 513, 514 Abs 1 und 2; II § 491; III § 540; BGB §§ 547 Abs 2, 547a; 2. Gesetz zur Änderung mietrechtlicher Vorschriften v 1964 (BGBl I 457); Mietrechtsreformgesetz von 2001 (BGBl I 1149); Mot II 393 ff; Prot II 174 ff; Begr zum RegE BT-Drucks 14/4553, 42.

Schrifttum

S bei § 536a sowie
BRUNS, „Einrichtungen" im Mietverhältnis, NZM 2016, 873; 2017, 468
BUB/TREIER/J EMMERICH, Hdb Rn V 329 ff (S 1911 ff)

M SCHMID, Mieters Recht und Pflicht zur Wegnahme von Einrichtungen, DWW 2015, 50.

Systematische Übersicht

I. Überblick	
II. Ersatz sonstiger Aufwendungen	
1. Überblick	2
2. Begriff	3
3. Geschäftsführung ohne Auftrag	5
4. Genehmigung	9
III. Bereicherungsanspruch	11
IV. Investitionsschutz bei vorzeitiger Vertragsbeendigung	
1. Leistungskondiktion	13
2. Verfallklauseln	15
3. § 951, insbesondere Bebauung	16
4. Condictio ob rem	18
5. Baukostenzuschüsse	19
V. Beweislast	20
VI. Konkurrenzen	21
VII. Wegnahmerecht	
1. Überblick	23
2. Einrichtung	26
3. Ausübung des Wegnahmerechts, § 258	30
4. Dinglicher Anspruch	33
5. Verjährung	34
6. Veräußerung des Grundstücks	35
7. Prozessuales	36

Alphabetische Übersicht

Aufwendungsersatzanspruch	2 ff
– Baukostenzuschüsse	18
– berechtigte GoA	7 ff
– Bereicherungsanspruch	11 ff
– Beweislast	20
– Entstehung	8
– Fremdgeschäftsführungswille	6
– Genehmigung	9 f

– Geschäftsführung ohne Auftrag	5 ff	Konkurrenzen	4a, 21 f
– Konkurrenzen	21 f	Schönheitsreparaturen	4, 6a
– sonstige Aufwendungen	3 f	Verfallklauseln	15
– Verfallklausel	15	Verwendungsersatzansprüche	21 f
– Voraussetzungen	5 ff	Vorzeitige Vertragsbeendigung	13 ff
Ausübung des Wegnahmerechts	30 ff	Wegnahmerecht	23 ff
Baukostenzuschüsse	19	– Aneignungsrecht	28
Bereicherungsanspruch	10 ff	– Ausübung	30 ff
– aufgedrängte Bereicherung	12	– Beispiele	29
– condictio ob rem	18	– Besitz	32
– Einbaufälle	16 f	– bewegliche Sachen	29
– Fallgestaltungen	11	– dinglicher Anspruch	33
– Rechtsfolgenverweis	11	– Duldungsanspruch	33
– unberechtigte GoA	12	– Eigentümerstellung	28
– vorzeitige Vertragsbeendigung	13 ff	– einheitliche Ausübung	31
		– Einrichtungen	27 ff
condictio ob rem	18	– Gebäude	29
Einbaufälle	16 f	– Prozessuales	36
Einrichtungen	26 ff	– Reform	23
Errichtung eines Gebäudes	16 ff	– Trennungsrecht	32, 35
		– Veräußerung des Grundstücks	35
Genehmigung	9 f	– Verhältnis zu § 539 Abs 1 BGB	26
Geschäftsführung ohne Auftrag	5 ff	– Verjährung	34
– Anspruchsentstehung	9	– Vorrang	24
– berechtigte GoA	5 ff	– Wegnahmepflicht	25
– Fremdgeschäftsführungswille	6	– Wohnraummiete	23
– Genehmigung	9 f		
– Voraussetzungen	5 ff		

I. Überblick

1 § 539 BGB regelt zwei zusammenhängende Fragenkreise, in Abs 1 den Ersatz solcher Aufwendungen, die nicht unter § 536a Abs 2 BGB fallen, sowie in Abs 2 das Wegnahmerecht des Mieters. Hinsichtlich des Wegnahmerechts des Mieters sind ergänzend insbesondere die §§ 552 und 578 Abs 2 BGB zu beachten. § 539 BGB fasst die früheren §§ 547 Abs 2 und 547a Abs 1 BGB zusammen. Dagegen finden sich jetzt die früheren Abs 2 und 3 des § 547a BGB aF, weil vornehmlich die Wohnraummiete betreffend, jetzt in § 552 BGB wieder (s aber § 578 Abs 2 BGB). Inhaltliche Änderungen waren mit der Umstellung der genannten Vorschriften nicht bezweckt (so die Begr zum RegE BT-Drucks 14/4553, 42; zur Kritik s Derleder WuM 2006, 175; Eckert NZM 2001, 409, 412 f). Die Vorschrift gilt seit dem 1. 9. 2001 für alle bestehenden und neuen Mietverhältnisse über bewegliche und unbewegliche Sachen.

II. Ersatz sonstiger Aufwendungen

1. Überblick

Nach § 539 Abs 1 BGB kann der Mieter vom Vermieter Ersatz für Aufwendungen auf die Mietsache, die der Vermieter ihm nicht schon gemäß § 536a Abs 2 BGB zu ersetzen hat, nach den Vorschriften über die Geschäftsführung ohne Auftrag (GoA) verlangen. Dies bedeutet, dass der Mieter einen Ersatzanspruch für sonstige Aufwendungen (u Rn 3 f) in erster Linie dann hat, wenn die Voraussetzungen einer **berechtigten Geschäftsführung** ohne Auftrag nach den §§ 677 und 683 S 1 BGB vorliegen (u Rn 5 f). Fehlt es daran wie häufig, so kommt ein Aufwendungsersatzanspruch des Mieters wegen sonstiger Aufwendungen nur in Betracht, wenn der Vermieter die Aufwendungen **genehmigt** (§ 684 S 2 BGB; s unten Rn 8 f). Lehnt der Vermieter eine Genehmigung ab, so ist der Mieter auf **Bereicherungsansprüche** verwiesen (§ 684 S 1 BGB iVm den §§ 812 ff BGB; s dazu u Rn 11 ff). Jeder Anspruch des Mieters entfällt schließlich in den Fällen des § 685 Abs 1 BGB, dh, wenn der Mieter von vornherein nicht die Absicht hatte, vom Vermieter Ersatz zu verlangen (s Rn 12). **2**

§ 539 Abs 1 BGB ist nicht zwingend, sodass die Parteien bei der gewerblichen wie bei der Wohnraummiete beliebige **abweichende Regelungen** treffen können. Bekannte Beispiele sind Mietvorauszahlungen im Sinne des § 547 BGB sowie Baukostenzuschüsse (s Rn 19). Aufwendungsersatzansprüche des Mieters können ferner ganz **ausgeschlossen** oder durch Bereicherungsansprüche ersetzt werden (LG Braunschweig ZMR 2008, 453). Der Vermieter kann zB dem Mieter eine Umgestaltung der Mietsache nach seinen Vorstellungen unter Ausschluss aller Aufwendungsersatzansprüche gestatten (BGH 13. 6. 2007 – VIII ZR 187/04, NZM 2007, 682 = WuM 2007, 443, 444 Tz 12). **2a**

2. Begriff

§ 539 Abs 1 BGB regelt den Ersatz „sonstiger Aufwendungen" (s die Überschrift der Vorschrift). Unter Aufwendungen versteht man **freiwillige Vermögensopfer**, die der Mieter um der Sache willen erbringt, und zwar nicht nur Geldleistungen, sondern auch Sachwerte, eigene Arbeitsleistung sowie die Belastung mit Verbindlichkeiten (s § 536a Rn 31). Dienen die so umschriebenen Aufwendungen der Beseitigung von **Mängeln**, so ist in der Frage ihres Ersatzes in erster Linie von § 536a Abs 2 BGB auszugehen (s Rn 4a), während sich bei den **sonstigen Aufwendungen** die Frage der Ersatzpflicht allein nach § 539 Abs 1 BGB und damit nach den Regeln über die GoA oder nach Bereicherungsrecht richtet (Rn 4). **3**

Innerhalb der **sonstigen Aufwendungen** hat man weiter zwischen den nützlichen und den Luxusaufwendungen zu unterscheiden. **Nützliche Aufwendungen** sind solche, durch die der *Verkehrswert* der Sache *objektiv gesteigert* wird. Alle anderen Aufwendungen sind dagegen sog **Luxusaufwendungen**, weil sie für den Vermieter in keiner Hinsicht einen „Gewinn" darstellen. Bei ihnen scheidet daher in der Regel auch eine Ersatzpflicht nach den §§ 677 ff BGB oder nach den §§ 812, 818 BGB aus, sodass sich der Sache nach der Anwendungsbereich des § 539 Abs 1 BGB im Wesentlichen auf **nützliche Aufwendungen** beschränkt. Darunter fallen in erster Linie sonstige Erhaltungs-, Wiederherstellungs- und Verbesserungsmaßnahmen des Mieters, sofern nicht ganz dringend und unaufschiebbar (s § 536a Abs 2 Nr 2 BGB), **4** sowie überhaupt alle sonstigen nützlichen, weil objektiv *wertsteigernden Investitionen* des Mieters bis hin zu Aus- und Umbauten (OLG München ZMR 1997, 235; 1997, 236, 238; Blank/Börstinghaus Rn 2; Derleder WuM 2006, 175; Emmerich NZM 1998, 49, 53; Schmidt-Futterer/Langenberg Rn 10 f). **Beispiele** sind der Ausbau einer Scheune zu Geschäftsräumen (BGH 16. 9. 1998 – XII ZR 136/96, NZM 1999, 19 = ZMR 1999, 93), Anbauten (OLG Köln WuM 1996, 269 = NJWE-MietR 1996, 199), der Einbau einer Heizung (LG Mannheim NJW-RR 1996, 1357) sowie zB noch die Verstärkung von Leitungen, um neue Geräte installieren zu können, der Einbau eines Schutzschalters, damit ein Elektroherd angeschlossen werden kann (LG Darmstadt MDR 1962, 739 Nr 53), oder eines Stromanschlusskastens (AG Wuppertal WuM 1980, 235) und insbesondere die Vornahme von *Schönheitsreparaturen* ohne Verpflichtung hierzu (s § 535 Rn 108 sowie u Rn 6a).

4a Zu den nützlichen Aufwendungen gehört grundsätzlich auch die **Beseitigung von Mängeln**, weil dadurch objektiv der Verkehrswert der Mietsache gesteigert wird. Für derartige Aufwendungen zur Beseitigung von Mängeln enthält das Gesetz indessen eine Sonderregelung in § 536a Abs 2 BGB, sodass sich hier die Frage nach dem Verhältnis des § 539 Abs 1 BGB zu § 536a Abs 2 BGB stellt. Beide Vorschriften – § 536a Abs 2 BGB und § 539 Abs 1 BGB – stehen an sich **gleichberechtigt** nebeneinander. Gleichwohl billigt der BGH bei der Beseitigung von Mängeln durch den Mieter dem **§ 536a Abs 2 BGB** den **Vorrang** vor § 539 Abs 1 BGB zu, um zu verhindern, dass die engen Voraussetzungen für einen Ersatzanspruch des Mieters aufgrund des § 536a Abs 2 BGB über einen Rückgriff auf § 539 Abs 1 BGB „umgangen" werden können (BGH 16. 1. 2008 – VIII ZR 222/06, NJW 2008, 1216 = NZM 2008, 279, 280 Tz 20–22 = WuM 2008, 147; 14. 6. 2019 – V ZR 254/17, NJW 2019, 3780 Rn 37). Dem ist nicht zu folgen (o § 536a Rn 27, Rn 41). Geboten ist lediglich eine strikte Beachtung der Voraussetzungen eines Aufwendungsersatzanspruchs des Mieters nach § 539 Abs 1 BGB in Verbindung mit den §§ 677 ff BGB (Rn 5 ff).

3. Geschäftsführung ohne Auftrag

5 § 539 Abs 1 BGB verweist für die Verpflichtung des Vermieters zum Ersatz sonstiger Aufwendungen auf die Vorschriften über die Geschäftsführung ohne Auftrag (§§ 677 ff BGB). Im Vordergrund der Interessen stehen hier die Vorschriften über die **berechtigte Geschäftsführung** ohne Auftrag, dh die §§ 677 und 683 BGB (wegen der übrigen Fälle s unten Rn 9, Rn 11 f). Da es sich bei § 539 Abs 1 BGB um eine Rechtsgrundverweisung handelt (BGH 27. 5. 2009 – VIII ZR 302/07, WuM 2009, 395, 397 Tz 16 = NZM 2009, 541; OLG Düsseldorf ZMR 2010, 679), kann der Mieter folglich im Regelfall Aufwendungsersatz nur verlangen, wenn er mit **Fremdgeschäftsführungswillen** gehandelt hat (Rn 6 f) *und* die Vornahme der Aufwendungen dem **Interesse und** dem wirklichen oder mutmaßlichen **Willen** des Vermieters entspricht (§§ 677, 683 S 1, 670 BGB; s unten Rn 7 f). Der entgegenstehende Wille des Vermieters ist allein im Falle des § 679 BGB unbeachtlich, dh nur, wenn ohne die Geschäftsführung eine Pflicht des Vermieters, deren Erfüllung im öffentlichen Interesse liegt, nicht rechtzeitig erfüllt würde. So verhält es sich zB, wenn der Mieter vom Bauordnungsamt vorgeschriebene dringende Maßnahmen für den nicht erreichbaren Vermieter durchführt. Maßgebender **Zeitpunkt**, in dem die genannten Voraussetzungen für einen Aufwendungsersatzanspruch des Mieters aufgrund des § 539 Abs 1 BGB erfüllt sein müssen, ist der der Vornahme der fraglichen Aufwendungen (zB LG Dortmund ZMR 2008, 376, 377 [l Sp u]).

Erste und wichtigste Voraussetzung eines Aufwendungsersatzanspruchs des Mieters   6
aufgrund des § 539 Abs 1 BGB iVm den Vorschriften über die berechtigte GoA ist
gemäß § 677 BGB der sog **Fremdgeschäftsführungswillen** (ebenso die Begr zum RegE
BT-Drucks 14/4553, 42). Für eine Anwendung des § 539 Abs 1 BGB ist maW nur Raum,
wenn der Mieter bei der Vornahme der fraglichen Aufwendungen (o Rn 4) (tatsächlich) den Willen gehabt hat, gerade *für den Vermieter um der Sache willen tätig* zu
werden (ebenso zB BGH 20. 1. 1993 – VIII ZR 22/12, NJW-RR 1993, 522 = WM 1993, 797; 16. 9.
1998 – XII ZR 136/96, NZM 1999, 19 = ZMR 1999, 93; 13. 6. 2007 – VIII ZR 387/04, NZM 2007, 682
= WuM 2007, 443, 444 Tz 10, 12; 27. 5. 2009 – VIII ZR 302/07, WuM 2009, 395, 397 Tz 18 f = NZM
2009, 541; OLG Düsseldorf ZMR 2008, 127; ZMR 2010, 679; OLG Rostock NZM 2005, 666 = ZMR
2005, 862; KG GE 2015, 1574, 1575; OLG Hamm 5. 10. 2017 – 18 U 23/15, ZMR 2018, 413, 414;
Emmerich NZM 1998, 49, 53). Eine Ersatzpflicht des Vermieters scheidet dagegen aus,
wenn der Mieter (wie wohl um Regelfall) die Aufwendungen **nur für seine Zwecke
und in seinem eigenen Interesse** gemacht hat oder wenn er sich (zu Recht oder zu
Unrecht) zu den fraglichen Maßnahmen für **verpflichtet** hielt. Der Mieter hat ferner
dann *keinen* Aufwendungsersatzanspruch gegen den Vermieter, wenn die Parteien
etwas anderes vereinbart haben (s Rn 2a, Rn 19), sowie in den Fällen des § 685 Abs 1
BGB, dh wenn der Mieter bei der Vornahme der fraglichen Maßnahmen von vornherein nicht die Absicht hatte, von dem Vermieter Aufwendungsersatz zu verlangen
(s Rn 12). Das **Risiko**, dass die Voraussetzungen der §§ 539 Abs 1, 677 und 683 BGB
für einen Aufwendungsersatzanspruch vorliegen, trägt der **Mieter** (s Rn 7); bloße
Gutgläubigkeit des Mieters genügt nicht, sodass der Mieter bei der Vornahme
von Aufwendungen ohne vorherige Absprache mit dem Vermieter letztlich *auf
eigene Gefahr* handelt (s Rn 7; OLG Düsseldorf ZMR 2008, 127).

Die gesetzlichen *Voraussetzungen* für einen Aufwendungsersatzanspruch des Mie-   6a
ters nach § 539 Abs 1 BGB sind *ernst zu nehmen* – mit der Folge, dass in der
heutigen Praxis auf § 539 Abs 1 BGB gestützte Aufwendungsersatzansprüche regelmäßig scheitern, meistens, weil der Mieter bei der fraglichen Maßnahme letztlich
allein *im eigenen Interesse tätig* geworden war (s OLG Köln NJWE-MietR 1996, 199 = WuM
1996, 269 [für Anbauten des Mieters]; OLG München ZMR 1997, 235; 1997, 236, 238 [für Investitionen aufgrund eines langfristigen Vertrages]; OLG Düsseldorf ZMR 2008, 127 [für Baumaßnahmen des Mieters]; LG Dortmund ZMR 2008, 376 [für umfangreiche Investitionen des Mieters in
ein Gewerbeobjekt]; OLG Hamm 5. 10. 2017 – 18 U 23/15, ZMR 2018, 413 [für Umbauten eines
Kraftfahrzeughändlers]; LG Mannheim NJW-RR 1996, 1357 = WuM 1996, 143 [für den Einbau einer
Heizung]; – anders aber zB für die Reparatur der Heizung AG Hamburg ZMR 2009, 928). Aus
dem Gesagten folgt vor allem, dass der Mieter, wenn er **Schönheitsreparaturen** ohne
vertragliche Verpflichtung vornimmt, etwa weil er irrtümlich von der Wirksamkeit
der formularvertraglichen Abwälzung der Schönheitsreparaturen auf ihn ausgeht,
grundsätzlich *keinen* Aufwendungsersatz *nach § 539 Abs 1 BGB vom* Vermieter
verlangen kann, weil er hier in Erfüllung einer vermeintlichen Verpflichtung und
damit ohne Fremdgeschäftsführungswillen tätig wird. In Betracht kommen jedoch
Bereicherungsansprüche (wegen der Einzelheiten s schon o § 535 Rn 108 sowie o Rn 4).

Die Anwendung des § 539 Abs 1 BGB setzt – neben einem Fremdgeschäftsführungs-   7
willen des Mieters – *zusätzlich* noch voraus, dass die Aufwendungen dem **Interesse**
und dem wirklichen oder mutmaßlichen **Willen des Vermieters** entsprechen (§ 683 S 1
BGB). Dadurch soll der Vermieter vor allem gegen aufgedrängte Bereicherungen
geschützt werden. Auch an dieser Voraussetzung (Wille und Interesse des Vermie-

ters) fehlt es in aller Regel, wenn der Mieter die Mietsache nach seinen Vorstellungen und in seinen Interessen verändert, insbesondere also umbaut (ebenso zB OLG Hamm 5. 10. 2017 – 18 U 23/15, ZMR 2018, 413, 414). Dagegen sind die Voraussetzungen des § 683 S 1 BGB zB erfüllt, wenn der Mieter im Interesse des Vermieters und mit dessen Zustimmung eine Heizung in die Wohnung einbaut (LG Berlin GE 1986, 501, 503). Anders dagegen, wenn sich die Parteien schon bei Vornahme der Maßnahmen über diese nicht zu einigen vermochten (BGH 12. 1. 1955 – VI ZR 273/53, LM Nr 3 zu § 683 BGB = BB 1955, 241; 16. 9. 1998 – XII ZR 136/96, NZM 1999, 19, 20 = ZMR 1999, 93). Das **Risiko** einer zutreffenden Beurteilung der Rechts- und Interessenlage der Beteiligten trägt auch insoweit der Mieter, sodass ihm die etwaige irrtümliche Annahme, die Voraussetzungen des § 683 S 1 BGB seien erfüllt, nichts nützt (o Rn 6; BGH 20. 1. 1993 – VIII ZR 22/92, NJW-RR 1993, 522 = WM 1993, 797; 16. 9. 1998 – XII ZR 136/96, NZM 1999, 19, 20 = ZMR 1999, 93; OLG Düsseldorf ZMR 2008, 127; Emmerich NZM 1998, 49, 53).

8   Der Ersatzanspruch des Mieters aus § 539 Abs 1 BGB entsteht mit der Vornahme der Aufwendungen und wird in diesem Augenblick grundsätzlich auch **fällig** (§ 271 BGB), sodass sich der Anspruch gegen diejenige Person richtet, die in diesem Augenblick **Vermieter** ist, dagegen *nicht* auch gegen einen etwaigen späteren Erwerber des Grundstückes; anders dagegen, wenn die Fälligkeit des Anspruchs nach den Abreden der Parteien auf einen Zeitpunkt nach Übergang des Eigentums hinausgeschoben ist (s unten § 566 Rn 53). Die **Verjährungsfrist** richtet sich nach § 548 Abs 2 BGB.

4.   Genehmigung

9   Auch wenn die (engen) Voraussetzungen einer berechtigten Geschäftsführung ohne Auftrag nach den §§ 677 und 683 S 1 BGB nicht vorliegen (s oben Rn 5 ff), kommt ein Aufwendungsersatzanspruch des Mieters doch immer noch in Betracht, wenn der Vermieter die Maßnahmen nachträglich genehmigt (§ 684 S 2 BGB). Bei der Annahme einer Genehmigung des Vermieters ist **Zurückhaltung** geboten; insbesondere genügt dafür seine bloße Zustimmung zu der in der fraglichen Maßnahme liegenden baulichen Veränderung grundsätzlich nicht. Denn in der Regel bringt der Vermieter damit lediglich sein Einverständnis mit der über den vertragsgemäßen Gebrauch hinausgehenden Maßnahme des Mieters zum Ausdruck, mehr nicht (BGH 12. 1. 1955 – VI ZR 273/53, LM Nr 3 zu § 683 BGB = BB 1955, 241; 13. 10. 1959 – VIII ZR 193/58, LM Nr 6 zu § 547 BGB = NJW 1959, 2163; 16. 9. 1998 – XII ZR 136/96, NZM 1999, 19, 20 = ZMR 1999, 93; OLG Düsseldorf ZMR 2010, 679; LG Dortmund ZMR 2008, 376, 377). In derartigen Fällen kann der Mieter daher nur im Einzelfall nach **Bereicherungsrecht** einen Ausgleich für seine Aufwendungen verlangen (§§ 684 S 1, 812 Abs 1, 818 BGB; s unten Rn 11 ff; BGH 13. 10. 1959 – VI ZR 193/58, LM Nr 6 zu § 547 BGB = NJW 1959, 2163; 8. 4. 1963 – VIII ZR 249/61, LM Nr 2 zu § 30 MSchG = ZMR 1963, 311 = NJW 1963, 1299, 1301).

10 Eine **Genehmigung** der Aufwendungen des Mieters iS des § 684 S 2 BGB kann dagegen im Regelfall angenommen werden, wenn der Vermieter mit seiner Erklärung zum Ausdruck bringt, dass die fraglichen Maßnahmen vom Mieter auch **in seinem**, des Vermieters **Interesse** vorgenommen wurden. Das wird insbesondere in Betracht kommen, wenn es sich um **Einbauten oder Installationen** handelt, die bei Auszug des Mieters nicht ohne Weiteres wieder beseitigt werden können *und* aus denen der Vermieter bleibenden Nutzen zieht. **Beispiele** sind der Einbau einer Hei-

zung durch den Mieter mit Billigung des Vermieters (vgl LG Berlin GE 1986, 501, 503) sowie der aufwendige Umbau einer Scheune zu Geschäftsräumen nach Absprache mit dem Vermieter (BGH NZM 1999, 19 = ZMR 1999, 93). Eine Genehmigung kann schließlich auch in einem Mieterhöhungsverlangen des Vermieters nach § 558 BGB zu sehen sein, sofern der Vermieter dabei von dem infolge der Mieteraufwendungen gesteigerten Wohnwert des Gebäudes ausgeht (LG Münster WuM 1999, 515; EMMERICH NZM 1998, 49, 53; LENTE DWW 1982, 175, 177).

III. Bereicherungsanspruch

11 Nach § 539 Abs 1 BGB iVm § 684 S 1 BGB ist der Vermieter, selbst wenn die Voraussetzungen einer berechtigten Geschäftsführung ohne Auftrag *nicht* vorliegen (o Rn 5 ff), doch immer noch verpflichtet, dem Mieter alles, was er durch dessen Maßnahmen erlangt, nach den Vorschriften über die Herausgabe einer ungerechtfertigten Bereicherung herauszugeben (§§ 812, 818 BGB). Die Folge ist, dass der Mieter Aufwendungsersatz vom Vermieter unter im Einzelnen umstrittenen Voraussetzungen auch nach den §§ 812 Abs 1 und 818 Abs 2 BGB verlangen kann (s Rn 12 f). Bei § 684 S 1 BGB handelt es sich nach überwiegender, aber bestrittener Meinung um eine bloße **Rechtsfolgenverweisung**, nicht um eine Rechtsgrundverweisung (RG HRR 1934 Nr 1669; BGH WM 1976, 1056, 1060; OLG Hamm NJW-RR 1991, 1303, 1304; BECKOGK/J EMMERICH [1. 10. 2020] Rn 23; aM STERNEL, Mietrecht Rn II 615 [S 527 f]; s dagegen Rn 12). Die Folge ist, dass der Mieter, wann immer er sonstige Aufwendungen im Sinne des § 539 Abs 1 BGB getätigt hat, dafür vom Vermieter zumindest **Wertersatz** nach § 818 Abs 2 BGB verlangen kann. **Beispiele** sind Investitionen des Mieters auf die Mietsache einschließlich umfangreicher Umbaumaßnahmen (LG Rostock ZMR 2004, 911, 912) sowie der Ersatz defekter Geräte, die sich nicht mehr reparieren lassen (LG Berlin GE 1991, 47). Berechnet wird der vom Vermieter geschuldete Wertersatz in der Regel auf der Basis der durch die sonstigen Aufwendungen des Mieters eingetretenen objektiven Wertsteigerung der Mietsache, dh nach der Erhöhung ihres Verkehrswertes (BGH NJW-RR 1993, 522, 524 [unter 4] = WuM 1994, 201; 16. 12. 2008 – VIII ZR 306/06, WuM 2009, 113, 114 Tz 10; LG Berlin GE 2004, 1233, 1234; zur Kritik s EMMERICH NZM 1998, 49, 54). Wichtigstes Indiz für die Erhöhung des Verkehrswerts der Sache durch die fraglichen Aufwendungen ist die Fähigkeit des Vermieters, am Markt fortan eine höhere Miete als ohne diese Maßnahmen durchzusetzen (s Rn 14).

12 Das geschilderte Gesetzesverständnis (s Rn 11) kann zu einer erheblichen Belastung des Vermieters durch **aufgedrängte Bereicherungen** seitens des Mieters führen. Man denke nur an die Bebauung des Grundstücks des Vermieters durch den Mieter mit einem Hochhaus. Deshalb bedarf die Annahme, § 684 S 1 BGB beinhalte eine bloße Rechtsfolgenverweisung (s Rn 11) dringend der Überprüfung. In geeigneten Fällen ist außerdem an eine vorsichtige **Subjektivierung des Wertbegriffs** zu denken, um die Aufwendungsersatzansprüche des Mieters in Grenzen zu halten (s dazu EMMERICH NZM 1998, 49, 54). Ganz **ausgeschlossen** sind Aufwendungsersatzansprüche des Mieters nach Bereicherungsrecht schließlich, wenn der Mieter vom Vermieter von vornherein für seine Maßnahmen keinen Ersatz verlangen wollte (**§ 685 Abs 1 BGB**; BGH 10. 10. 1984 – VIII ZR 152/83, LM Nr 5 zu § 598 BGB [Bl 2 f] = NJW 1985, 313; OLG München ZMR 1997, 235, 236; LG Mannheim WuM 1996, 142, 144), ferner, wenn er aufgrund des Vertrags, zB als Teil der Gegenleistung, zur Vornahme der fraglichen Maßnahmen **verpflichtet** war (s Rn 2a, Rn 6, Rn 19, BGH 22. 5. 1967 – VIII ZR 25/65, LM Nr 75 zu § 812 BGB

= NJW 1967, 2255; 24. 2. 1982 – IVa ZR 306/80, LM Nr 28 zu § 662 BGB [Bl 2 R] = NJW 1982, 1752; OLG Düsseldorf NZM 2007, 463 = ZMR 2007, 446, 448), wenn die Parteien zB vereinbart hatten, dass der Mieter die Räume auf eigene Kosten renovieren soll (s Rn 2a; BGH 13. 10. 1959 – VIII ZR 193/58, LM Nr 6 zu § 547 BGB = NJW 1959, 2163; LM Nr 32 zu § 3 AnfG = NJW-RR 1990, 142, 143; 8. 11. 1995 – XII ZR 202/94, ZMR 1996, 122, 123 = WM 1996, 1264), weiter, wenn er bei Vertragsende zur **Beseitigung der Maßnahmen** verpflichtet ist, weil er die Mietsache in unverändertem Zustand zurückzugeben hat (§ 546 BGB; Lente DWW 1982, 175, 177; Sternel, Mietrecht Rn II 606, 616 [S 522, 528]), sowie schließlich, wenn die Voraussetzungen des **§ 687 Abs 2 BGB** erfüllt sind (unechte Geschäftsführung, LG Duisburg WuM 1999, 112, 113) oder wenn der Mieter die Notwendigkeit der fraglichen Maßnahmen selbst verschuldet hat. Verzögert der Mieter die Geltendmachung seines Bereicherungsanspruchs übermäßig, so kann der Anspruch außerdem **verwirkt** werden (LG Rostock ZMR 2004, 916, 917 f).

IV. Investitionsschutz bei vorzeitiger Vertragsbeendigung

1. Leistungskondiktion

13 Bei langfristigen Verträgen, aufgrund derer der Mieter zu Investitionen verpflichtet oder berechtigt ist, ist ein Investitionsschutz des Mieters bei vorzeitiger Vertragsbeendigung nach Bereicherungsrecht zu erwägen. Es wird deshalb in diesem Fall so angesehen, als sei der Vermieter durch eine *Leistung* des Mieters *vorzeitig* ohne Grund um den **erhöhten Ertragswert** der Sache bereichert, sodass der Mieter immer noch diesen Wert kondizieren kann, freilich nur für die **Zeitspanne**, während derer der Vermieter tatsächlich vorzeitig in den Genuss des erhöhten Ertragswertes der Sache kommt, nicht dagegen für die nachfolgende Zeit (§§ 812 Abs 1 S 1 Fall 1 und 818 Abs 2 BGB; RGZ 158, 394, 401 f, 404; BGH 29. 4. 2009 – XII ZR 66/07, BGHZ 180, 293, 297 Tz 8 = NJW 2009, 2374 = NZM 2009, 514; BGH LM Nr 5 zu § 598 BGB [Bl 4 f] = WM 1984, 1613, 1615; LM Nr 14 zu § 553 BGB [Bl 3] = NJW 1985, 2527; NJWE-MietR 1996, 33 = ZMR 1996, 122; 16. 9. 1998 – XII ZR 136/96, NZM 1999, 19 = ZMR 1999, 93; 5. 10. 2005 – XII ZR 43/02, NZM 2006, 15, 16 f = NJW-RR 2006, 294; 16. 10. 2009 – XII ZR 71/07, NJW-RR 2010, 86 = NZM 2009, 783 Rn 1; OLG Düsseldorf ZMR 2007, 446, 448 f = NZM 2007, 643; GE 2008, 1325 f; ZMR 2008, 950, 952; LG Dortmund ZMR 2008, 376, 379 f; 19. 9. 2014 – V ZR 269/13, NJW 2015, 229 Rn 25 = NZM 2014, 906; Eckert NZM 2009, 768; Emmerich NZM 1998, 49, 54; BeckOGK/J Emmerich [1. 10. 2020] Rn 25 ff). Das gilt auch bei einer vorzeitigen Kündigung des Vertrages nach § 550 BGB oder bei einer Kündigung in der Zwangsversteigerung (BGH 29. 4. 2009 – XII ZR 66/07, BGHZ 180, 293, 297 Tz 8, 11 = NJW 2009, 2374 = NZM 2009, 514) – und bedeutet, dass der Mieter, wenn der Vertrag jederzeit **ordentlich kündbar** ist, einen „Investitionsschutz" nach § 812 Abs 1 BGB nur für die Dauer der ordentlichen Kündigungsfrist genießt, sofern der Vertrag vor Ablauf dieser Frist sein Ende findet (OLG Düsseldorf ZMR 2008, 950, 952). Der Bereicherungsanspruch des Mieters **entsteht** mit der vorzeitigen Beendigung des Vertrages und unterliegt als besonderer Anwendungsfall der Leistungskondiktion nach § 812 Abs 1 S 1 Fall 1 BGB *nicht* der kurzen **Verjährungsfrist** des § 548 BGB (s unten § 548 Rn 21; BGH 14. 2. 1968 – VIII ZR 2/68, LM Nr 11 zu § 558 BGB = NJW 1968, 888; 5. 10. 2005 – XII ZR 43/02, NZM 2006, 15, 16 f = NJW-RR 2006, 294; OLG Karlsruhe NJW-RR 1986, 1394; OLG Rostock NZM 2005, 666). In **Mehrpersonenverhältnissen** richtet sich jedoch der Anspruch nur gegen denjenigen Beteiligten, der durch die fraglichen Maßnahmen des Mieters unmittelbar bereichert ist, bei Maßnahmen des Untermieters also nur gegen den Mieter und

nicht auch gegen den Hauptvermieter (BGH 19. 9. 2014 – V ZR 269/13, NJW 2015, 229 Rn 25 = NZM 2014, 906).

Die vom Vermieter herauszugebende Bereicherung besteht allein darin, dass er **14** vorzeitig in den **Genuss** der **Aufwendungen** des Mieters gelangt. Die Bereicherung des Vermieters bemisst sich deshalb objektiv nach dem **höheren Mietwert** des Grundstücks (§ 818 Abs 2 BGB; BGH 29. 4. 2009 – XII ZR 66/07, BGHZ 180, 293, 299 Rn 14 = NJW 2009, 2374 = NZM 2009, 514; BGH NZM 2009, 783 f Tz 14 = NJW-RR 2010, 86). Wichtigstes Indiz ist die **erhöhte Miete**, die der Vermieter bei der erneuten Vermietung der Sache während der genannten Zeitspanne (s Rn 13) tatsächlich erzielt (BGHZ 180, 293, 299 Tz 14 = NJW 2009, 2374; BGH NZM 1999, 19, 20 = ZMR 1999, 93; NJWE-MietR 1996, 33 = ZMR 1996, 122, 123 f; NJW-RR 2001, 727 Nr 9; NZM 2006, 15, 17 = NJW-RR 2006, 294; 16. 9. 2009 – XII ZR 71/07, NZM 2009, 783 f Tz 14 = NJW-RR 2010, 86; OLG Rostock NZM 2005, 666; OLG Düsseldorf NZM 2007, 643 = ZMR 2007, 446, 448 f). Verpflichtet ist allein der **Vermieter**, nicht dagegen ein etwaiger Mietnachfolger, selbst wenn er ebenfalls in den Genuss der von dem früheren Mieter getätigten Investitionen gelangt (OLG München NJW-RR 1994, 1100). Im Falle der zwischenzeitlichen **Grundstücksveräußerung** trifft die Verpflichtung den neuen Eigentümer (§ 566 BGB; BGHZ 180, 293, 299 f Tz 14 = NJW 2009, 2374; BGH NZM 2006, 15, 16 f = NJW-RR 2006, 294), und zwar auch in der Zwangsversteigerung des Grundstücks (BGHZ 180, 293, 298 Rn 12 = NJW 2009, 2374 = NZM 2009, 514; BGH NZM 2009, 783 f Tz 12 f = NJW-RR 2010, 86).

2. Verfallklauseln

Wird der Bereicherungsanspruch wegen vorzeitiger Vertragsbeendigung (o Rn 13 f) **15** vertraglich **ausgeschlossen**, so spricht man von einer Verfallklausel. Derartige Abreden, die sich auch im Wege ergänzender Vertragsauslegung aus dem Vertrag ergeben können (BGH WM 1970, 1142; OLG Hamburg ZMR 1983, 60, 62; KG GE 1986, 497; OLG Karlsruhe NJW-RR 1986, 1394), stellen der Sache nach **Vertragsstrafenversprechen** im Sinne der §§ 343 und 555 BGB dar (s unten § 555 Rn 5). Die Anwendung des § 343 BGB hat hier zur Folge, dass der Mieter zwar nicht mehr einen vollen, wohl aber möglicherweise einen *partiellen* Aufwendungsersatz erhält (BGH LM Nr 6 zu § 339 BGB = NJW 1960, 1568; LM Nr 13 zu § 339 BGB [Bl 1 R] = NJW 1968, 1625 = WM 1968, 794; OLG Karlsruhe NJW-RR 1986, 1394).

3. § 951, insbesondere Bebauung

Bereicherungsansprüche des Mieters können sich ferner unabhängig von § 539 Abs 1 **16** BGB aus § 951 BGB in Verbindung mit § 812 Abs 1 S 1 Fall 2 BGB ergeben. Zu denken ist hier in erster Linie an den Fall der **Bebauung** des gemieteten Grundstücks durch den Mieter. Hatte der Mieter bereits bei Errichtung des Gebäudes (ausnahmsweise) die **Absicht der Übereignung** an den Vermieter, sodass der Vermieter das Eigentum an dem Gebäude nach § 946 BGB erwirbt, so liegen bei Beendigung des Mietvertrages die Voraussetzungen der §§ 951 und 812 Abs 1 S 1 Fall 2 BGB für einen Bereicherungsanspruch des Mieters gegen den Vermieter grundsätzlich vor. So verhält es sich insbesondere, wenn der Vermieter nach dem Vertrag das Recht oder die Pflicht hat, bei Vertragsende das Gebäude zu übernehmen (RGZ 106, 49, 51 f; 158, 394, 400; BGHZ 8, 1, 7 = NJW 1953, 137; BGHZ 10, 171, 175 f = NJW 1953, 1466; BGHZ 23, 57, 58 = NJW 1957, 457; BGHZ 90, 70, 73 f = NJW 1984, 2878; BGHZ 104, 298, 301 f = NJW 1988, 2798;

BGH LM Nr 8 zu § 283 BGB = NJW 2000, 1031; LM Nr 24 zu § 95 BGB [Bl 2] = NJW 1996, 916; LM Nr 25 zu § 95 BGB [Bl 2 R] = NZM 1998, 679; 19. 9. 2014 – V ZR 269/13, NJW 2015, 229 Rn 25 = NZM 2014, 906; OLG Düsseldorf ZMR 1999, 474). Der Bereicherungsanspruch des Mieters entsteht mit **Vollendung** des Gebäudes (BGHZ 105, 197, 199 f = NJW 1952, 697; BGH LM Nr 6 zu § 946 BGB = NJW 1954, 265; LM Nr 16 zu § 951 BGB = NJW 1962, 2293; WM 1967, 1147; Emmerich NZM 1998, 49, 53). Seine **Höhe** richtet sich in erster Linie nach der **Erhöhung des Ertragswerts** des Grundstücks durch die Bebauung seitens des Mieters (BGH WM 1976, 1147, 1149). Vorrang haben aber etwaige Abreden der Parteien (BGH 19. 9. 2014 – V ZR 269/13, NJW 2015, 229 Rn 23 = NZM 2014, 906). Kann der Vermieter danach oder nach § 546 Abs 1 BGB die **Beseitigung** des Gebäudes bei Vertragsende verlangen, so scheidet ein Bereicherungsanspruch des Mieters aufgrund des § 951 BGB aus (BGH LM Nr 54 zu § 535 BGB = NJW 1974, 1463; WM 1966, 765). Eine Anwendung des § 951 BGB kommt ferner zB in Betracht, wenn der Mieter auf dem Grundstück des Vermieters **Bäume** oder Hecken pflanzt, die später nur schwer umgepflanzt werden können, da in derartigen Fällen für die Vermutung eines bloßen vorübergehenden Zweckes des Mieters (s unten Rn 17) ebenfalls vielfach kein Raum ist (OLG Düsseldorf NZM 1998, 1020; LG Detmold NZM 2014, 434; zur Anwendung des § 539 Abs 2 s unten Rn 29). Anders verhält es sich dagegen zB bei dem Einbau einer Einbauküche durch den Mieter (OLG München WuM 1985, 90; LG Berlin NJW-RR 1997, 1097).

17 Die genannten Voraussetzungen für einen Bereicherungsanspruch des Mieters gegen den Vermieter aufgrund der §§ 951 und 812 Abs 1 S 1 Fall 2 BGB (s Rn 16) dürften tatsächlich **nur selten** erfüllt sein, da, wenn der Mieter auf dem gemieteten Grundstück ein Gebäude errichtet, dies im Zweifel lediglich zu einem **vorübergehenden Zweck** geschieht, sodass der Mieter nach § 95 Abs 1 S 1 BGB **Eigentümer** des Gebäudes bleibt. Das Gebäude ist folglich als bewegliche Sache zu behandeln, sodass für die Übereignung des Gebäudes, zB an den Vermieter, die §§ 929 ff BGB gelten (BGHZ 23, 57, 59 ff = NJW 1957, 457; BGH 21. 2. 2013 – III ZR 266/12; NZM 2013, 315 Tz 13 ff; OLG Düsseldorf NZM 2009, 242 = ZMR 2008, 948, 949), sofern der Vermieter bei Vertragsende nicht nach den §§ 946 und 1004 BGB Beseitigung des Gebäudes verlangt (OLG Düsseldorf NZM 2009, 242 = ZMR 2008, 948, 949).

4. Condictio ob rem

18 Die Rechtsprechung billigt dem Mieter ferner die condictio ob rem nach § 812 Abs 1 S 2 Fall 2 BGB zu, wenn er in der vom Vermieter gebilligten **Erwartung eines späteren Eigentumserwerbs** Aufwendungen auf die Mietsache vornimmt, insbesondere das gemietete Grundstück bebaut und sich später die Pläne der Parteien zerschlagen, sodass der mit der Bebauung verfolgte gemeinsame Zweck der Parteien nicht mehr erreicht werden kann (BGHZ 108, 256, 261 ff = NJW 1989, 2745, 2746 f; BGH 22. 6. 2001 – V ZR 128/00, LM Nr 284 zu § 812 BGB = NJW 2001, 3118; 19. 7. 2013 – V ZR 93/12, NJW 2013, 3364 Tz 6 f = NZM 2013, 790; OLG Koblenz NJW 1990, 126; OLG Oldenburg NJW-RR 2008, 503 f). Diese Praxis ist nicht unproblematisch, weil die Aufwendungen des Mieters hier tatsächlich aufgrund und im Rahmen des (gegebenenfalls vorläufigen) Mietvertrages vorgenommen wurden, sodass ein Ausgleich in derartigen Fällen in erster Linie auf dem Weg über eine ergänzende Vertragsauslegung (§§ 157, 242 BGB) oder über § 313 BGB gesucht werden sollte (Emmerich NZM 1998, 49, 54).

5. Baukostenzuschüsse

Für eine Anwendung des § 539 Abs 1 BGB ist kein Raum, wenn bauliche Maß- 19
nahmen des Mieters nach den Abreden der Parteien eine **Mietvorauszahlung** oder einen **Baukostenzuschuss** darstellen (s schon o Rn 2a, Rn 6). An die Stelle des § 539 Abs 1 BGB treten dann die Regeln über Mietvorauszahlungen (§ 547 BGB) und über Baukostenzuschüsse (s unten § 547 Rn 4, Rn 21 ff; OLG Frankfurt ZMR 1986, 358, 359; OLG Düsseldorf ZMR 1992, 110). Wichtige Anhaltspunkte für eine derartige Umqualifizierung der Aufwendungen sind Unverzinslichkeit, Unkündbarkeit und Verrechnung der Leistungen mit der Miete (BGHZ 54, 347, 350 = NJW 1970, 2289; BGH LM Nr 8 zu § 818 Abs 2 BGB = ZMR 1960, 143 = NJW 1959, 872, 873 usw bis BGH WuM 2012, 301 und 303; wegen der Einzelheiten s § 566b Rn 5 f, Rn 9, Rn 15 ff; krit zB Dötsch NZM 2012, 296 mwNw).

V. Beweislast

Die Beweislast für die Voraussetzungen des Aufwendungsersatzanspruchs aus § 539 20
Abs 1 BGB trifft den Mieter. Dagegen trägt der Vermieter die Beweislast, wenn er sich im Einzelfall auf eine Ausschlussvereinbarung der Parteien beruft.

VI. Konkurrenzen

§ 539 Abs 1 BGB konkurriert insbesondere häufig mit **§ 536a Abs 2 BGB** (s dazu schon 21
o Rn 4a). Ist der Mieter wie in aller Regel Besitzer der Mietsache, so können im Einzelfall Aufwendungen des Mieters auf die Mietsache zugleich Verwendungen iS der **§§ 994 ff BGB** darstellen. Die sich daraus ergebenden Konkurrenzprobleme sind umstritten. Richtigerweise sollte von folgenden Grundsätzen ausgegangen werden (ausführlich STAUDINGER/THOLE [2019] Vorbem 13 ff zu §§ 994 ff): Der Anwendungsbereich der §§ 994 ff BGB beschränkt sich auf (**von Anfang an**) **unrechtmäßige Besitzer**. Mieter, die aufgrund des Mietvertrages ein Besitzrecht haben, fallen dagegen *nicht* in den Anwendungsbereich der §§ 994 ff BGB (BGHZ 34, 122, 128 ff = NJW 1961, 499; BGH LM Nr 2 zu § 1000 BGB = NJW 1955, 340, 341; BGH LM Nr 75 zu § 812 BGB = NJW 1967, 2255; LM Nr 32 zu § 3 AnfG = NJW-RR 1990, 142, 143; STAUDINGER/THOLE [2019] Vorbem 13 ff zu §§ 994 ff). Das gilt auch in dreiseitigen Verhältnissen, sodass ein **Untermieter**, sofern er ein Besitzrecht hat (§ 540 BGB), ebenso wenig wie der Mieter vom Hauptvermieter Ersatz seiner Verwendungen nach den §§ 994 ff BGB, sondern nur nach den Vorschriften über die Geschäftsführung ohne Auftrag und nach Bereicherungsrecht verlangen kann (RGZ 158, 394, 402; BGH LM Nr 14 zu § 276 [Hb] BGB = ZMR 1969, 172; LM Nr 4 zu § 994 BGB = MDR 1956, 598).

An dieser Rechtslage ändert sich auch nichts durch den **nachträglichen Wegfall des** 22
Besitzrechts des Mieters oder des Untermieters durch Ablauf des Mietvertrages, da die §§ 994 ff BGB – entgegen einer verbreiteten Meinung (insbesondere BGHZ 34, 122, 131 f = NJW 1961, 499; BGHZ 75, 288, 292 f = NJW 1980, 833; BGHZ 131, 220, 222 = NJW 1996, 121; BGH LM Nr 4 zu § 100 BGB [Bl 4 f] = NJW 1995, 2627; NJW 2002, 2875; 19. 9. 2014 – V ZR 269/13, NJW 2015, 229 Rn 18 = NZM 2014, 906, 908) – nur für den *von Anfang an* unrechtmäßigen Besitzer gelten (o Rn 21). Das sollte nicht zweifelhaft sein für die Verwendungen, die der Besitzer **während** der Zeit seines **Besitzrechts**, dh während des Bestandes des Mietvertrages vorgenommen hat; auf solche Verwendungen können nicht nachträglich – neben der vertraglichen Regelung oder an deren Stelle – die

§§ 994 ff BGB angewandt werden, nur weil das Besitzrecht des Besitzers und Mieters irgendwann sein Ende gefunden hat (Staudinger/Thole [2019] Vorbem 13 ff zu §§ 994 ff; anders freilich auch insoweit zB BGH NJW 2002, 2875, 2876). Davon zu trennen sind die Verwendungen, die der Mieter erst nach Wegfall seines Besitzrechts, insbesondere also **nach Vertragsende** vorgenommen hat. Während eine verbreitete Meinung wenigstens in diesen Fällen zur Anwendung der §§ 994 ff BGB (auf den nicht mehr berechtigten Besitzer) tendiert (s für den Untermieter u § 540 Rn 30a mwNw), richten sich nach der hier vertretenen Meinung auch die Aufwendungsersatzansprüche eines solchen Besitzers nicht nach den hier gar nicht passenden §§ 994 ff BGB, sondern allein nach dem jeweiligen **vertraglichen Abwicklungsverhältnis** sowie ergänzend nach den Vorschriften über die Geschäftsführung ohne Auftrag und die ungerechtfertigte Bereicherung (s § 540 Rn 30a; ebenso wohl BGH LM Nr 75 zu § 812 BGB = NJW 1967, 2255; WM 1963, 380; **aM** Staudinger/Thole [2019] Vorbem 20 f zu §§ 994 ff; Sternel, Mietrecht Rn II 602). § 539 BGB ist hier ebenfalls nicht anwendbar.

VII. Wegnahmerecht

1. Überblick

23 Der Mieter ist nach § 539 Abs 2 BGB berechtigt, eine Einrichtung wegzunehmen, mit der er die Mietsache versehen hat. § 539 Abs 2 BGB entspricht mit einigen sprachlichen Modifikationen dem § 547a Abs 1 BGB von 1964, der seinerseits auf § 547 Abs 2 S 2 BGB von 1900 zurückging. Hinzugefügt wurden 1964 außerdem zwei neue Absätze, die sich jetzt in § 552 BGB befinden. Nach § 552 Abs 1 BGB, der gemäß § 578 Abs 2 BGB auch für die sonstige Raummiete gilt, ist der Vermieter befugt, das Wegnahmerecht des Mieters aus § 539 Abs 2 BGB unter bestimmten Voraussetzungen durch Zahlung einer angemessenen Entschädigung abzuwenden. § 552 Abs 2 BGB fügt hinzu, dass bei der Wohnraummiete eine Vereinbarung, durch die das Wegnahmerecht ausgeschlossen wird, nur wirksam ist, wenn ein angemessener Ausgleich vorgesehen ist. Aus § 258 S 1 BGB folgt schließlich noch, dass der Mieter, wenn er sein Wegnahmerecht ausübt, verpflichtet ist, die Mietsache auf seine Kosten in den vorigen Stand zu setzen; der Vermieter muss, sobald er wieder in den Besitz der Mietsache gelangt ist, die Wegnahme der Einrichtung durch den Mieter gestatten, kann aber zuvor Sicherheitsleistung vom Mieter verlangen (§ 258 S 2 BGB; s Rn 30).

24 § 539 Abs 2 BGB enthält iVm § 258 BGB eine **Sonderregelung** für das Wegnahmerecht des Mieters, die anderen Regelungen grundsätzlich vorgeht. Das Wegnahmerecht des Mieters ist insbesondere unabhängig von der dinglichen Rechtslage, sodass es **auch fremde Einrichtungen** und solche Einrichtungen erfasst, die in das Eigentum des Vermieters übergegangen sind. § 539 Abs 2 BGB hat außerdem den **Vorrang** vor anderen, weitergehenden Ansprüchen des Mieters, etwa aufgrund seines Eigentums (§ 985 BGB; BGHZ 81, 146, 152 = NJW 1981, 2564; BGHZ 101, 37, 48 = NJW 1987, 2861).

25 § 539 Abs 2 BGB besagt nichts darüber, ob der Mieter überhaupt berechtigt ist, an der Mietsache eine **Einrichtung** anzubringen. Diese Frage beurteilt sich allein nach dem **Vertrag** und den sich daraus ergebenden Grenzen des vertragsgemäßen Gebrauchs (§ 535 Abs 1 BGB). Ebenso wenig lässt sich aus der Vorschrift etwas für die Frage entnehmen, ob der Mieter zur **Beseitigung** der Einrichtung verpflichtet ist,

sodass dafür ebenfalls ausschließlich der **Vertrag** und § 546 BGB maßgebend sind (BGHZ 81, 146, 150 = NJW 1981, 2564; BGH WM 1966, 765 f). Eine Verpflichtung des Mieters zur Beseitigung der Einrichtungen ist vor allem anzunehmen, wenn er mit ihrer Anbringung die Grenzen des vertragsgemäßen Gebrauchs überschritten hat und der Vermieter die Anbringung auch nicht nachträglich genehmigt (LG Mannheim WuM 1976, 49, 51).

2. Einrichtung

Unter einer Einrichtung iS des § 539 Abs 2 BGB versteht man **bewegliche Sachen**, die vom Mieter mit dem Mietsache **körperlich verbunden** werden und die dazu bestimmt sind, dem wirtschaftlichen **Zweck** der Mietsache als Hauptsache zu dienen (RGZ 106, 49, 51 f; RG DR 1944, 490, 491; BGHZ 101, 37, 41 f = NJW 1987, 2861; BGH LM Nr 8 zu § 558 BGB [Bl 2] = NJW 1965, 1225; LM Nr 14 zu § 276 [Hb] BGB = NJW 1969, 40; WM 1966, 371; ZMR 1969, 340 = WM 1969, 1114; OLG Düsseldorf NZM 1999, 668 = ZMR 1999, 386; NZM 1998, 1020, 1021; LG Hamburg ZMR 2012, 871, 872; Bub/Treier/J Emmerich, Hdb Rn V 330; Beck-OGK/J Emmerich [1. 10. 2020] Rn 32 f; R Weimar ZMR 1964, 69 ff). Darunter fallen vor allem solche **Nebensachen**, deren Zweck darin besteht, eine **bessere** wirtschaftliche **Nutzung** der Hauptsache als zuvor zu ermöglichen. Ob die Verbindung mit der Mietsache leicht oder schwer zu lösen ist, spielt ebenso wenig eine Rolle wie die Frage, ob der Wert der Mietsache durch sie erhöht wird. Auch die Ersetzung einer schon vorhandenen Einrichtung durch eine andere fällt unter § 539 Abs 2 BGB. Den Gegensatz bilden auf der einen Seite selbständig bleibende, bewegliche Sachen und auf der anderen Seite diejenigen Sachen, die nach dem Willen des Mieters **auf Dauer** in die Mietsache **eingefügt** werden, um diese in einen zum vertragsgemäßen Gebrauch geeigneten Zustand zu versetzen, oder durch die die Mietsache verbessert oder sonst dauerhaft verändert wird (u Rn 29). 26

Da die Verbindung einer Einrichtung mit der Mietsache gewöhnlich nur zu einem vorübergehenden Zweck erfolgt (s Rn 26), bleibt der *Mieter* meistens, aber nicht notwendig **Eigentümer** der Einrichtung (§ 95 BGB; RGZ 106, 49, 51 f; OLG Düsseldorf MDR 1972, 147; Schmidt-Futterer/Langenberg Rn 13). Bleibt der Mieter Eigentümer, so erstreckt sich auch das **Vermieterpfandrecht** auf die Einrichtungen des Mieters, sodass der Vermieter ihre Wegnahme so lange nicht zu dulden braucht, wie er der Entfernung der Sache nach den §§ 562b und 562c BGB widersprechen kann (BGHZ 101, 37, 44 = NJW 1987, 2861; LG Krefeld NZM 2018, 787, 788 = GE 2018, 197). Dagegen wird der **Vermieter Eigentümer** der Einrichtungen, wenn die vom Mieter angebrachten beweglichen Sachen zu wesentlichen Bestandteilen der Mietsache werden (§§ 947 Abs 2, 94 BGB). Das Wegnahmerecht umfasst dann zugleich ein Aneignungsrecht des Mieters (s unten Rn 32 f; BGHZ 81, 146, 150 = NJW 1981, 2564; BGH 12. 6. 1991 – XII ZR 17/90, LM Nr 5 zu § 76 VVG [Bl 2] = NJW 1991, 3031; OLG Düsseldorf GE 2012, 129, 130; LG München ZMR 1962, 198). 27

Die geschilderte weite Auslegung des Begriffs der Einrichtungen (s Rn 26 f) kann zu Überschneidungen des Anwendungsbereichs des § 539 Abs 2 BGB mit Abs 1 der Vorschrift führen, sofern es sich bei der Verbindung einer Einrichtung mit der Mietsache **zugleich** um **sonstige Aufwendungen** im Sinne des § 539 Abs 1 BGB handelt. Vorstellbar ist dies insbesondere bei umfangreichen Sanierungs- oder Modernisierungsmaßnahmen, die der Mieter durchführt, wie zB bei einer Sanierung der 28

Bäder oder bei dem Einbau einer neuen Heizungsanlage oder Küche. Dann stellt sich die Frage, ob etwa die neuen Heizkörper, Sanitäreinrichtungen oder Küchen unter Abs 1 oder Abs 2 der Vorschrift fallen (s Schmidt-Futterer/Langenberg Rn 14 f). Zur **Abgrenzung** wird in erster Linie auf die **Willensrichtung des Mieters** abgestellt und eine Einrichtung (nur) angenommen, wenn der Mieter offenbar die Absicht hatte, die fraglichen Gegenstände **allein für die Dauer seines Besitzrechts** mit der Mietsache zu verbinden; ergänzend ist der *Mietvertrag* zu berücksichtigen, sofern darin geregelt ist, dass der Mieter etwaige Um- oder Einbauten nach Vertragsende zu beseitigen hat (LG Hamburg ZMR 2012, 871, 872). In solchen Fällen ist dann *allein* Abs 2 der Vorschrift entsprechend ihrem Zweck, den Vermieter gegen aufgedrängte Bereicherungen zu schützen, anzuwenden (BGH 12. 6. 1991 – XII ZR 17/90, LM Nr 5 zu § 76 VVG [Bl 2] = NJW 1991, 3031; s Schopp ZMR 1969, 257; Sternel, Mietrecht Rn IV 619; R Weimar ZMR 1964, 69). Bei komplexen und umfangreichen **baulichen Maßnahmen** wird es sich dagegen nach der Verkehrsanschauung in der Regel um **sonstige Aufwendungen** handeln, die einheitlich nach § 539 Abs 1 BGB zu beurteilen sind und nicht künstlich aufgegliedert werden können (vgl Rn 31).

29 Einrichtungen im Sinne des § 539 Abs 2 BGB sind **zB** eine Kinoeinrichtung (BGHZ 101, 37, 41 f = NJW 1987, 2861), einzelne Öfen (LG München ZMR 1962, 198; LG Krefeld NZM 2018, 787 = GE 2018, 197), eine **Heizungsanlage** (BGH LM Nr 3 zu § 547 BGB = NJW 1958, 2109 f; LM Nr 14 zu § 276 [Hb] BGB = NJW 1969, 40; ZMR 1969, 340 = WM 1969, 1114), **Badeeinrichtungen** wie zB Waschbecken, Badewannen, Gasbadeöfen oder Toiletten (BGH ZMR 1969, 340 = WM 1969, 1114; LG Hamburg ZMR 2012, 871, 872), **Kücheneinrichtungen** (OLG Düsseldorf MDR 1972, 147; LG Hamburg ZMR 2012, 871, 872) und Einbauküchen (LG Bonn ZMR 2017, 246), Waschküchenanlagen, neue Beleuchtungsanlagen, ein vom Mieter verlegter **Teppichboden** (BGH 27. 9. 2017 – XII ZR 54/16, ZMR 2017, 208 = NZM 2018, 812; KG ZMR 1972, 80, 81; Schönemeier WuM 2011, 148), vom Mieter für den Betrieb eines Theaters in den gemieteten Räumen in Leichtbauweise eingefügte Zwischenwände und ein Protest (BGH 27. 9. 2017 – XII ZR 54/16, ZMR 2018, 208 = NZM 2017, 812), **Apparate** und Maschinen, Telefon- und EDV-Anlagen sowie Klimaanlagen (LG Hamburg ZMR 2012, 871, 872), Wandschränke und Rollläden, im Garten eingepflanzte **Bäume**, Sträucher und Blumen, sofern sie ohne unverhältnismäßigen Aufwand umgepflanzt werden können und deshalb iZw nur zu einem vorübergehenden Zweck eingepflanzt wurden (s Rn 16; RG SoergRspr 1912 § 581 Nr 1; OLG Celle MDR 1969, 845 = NdsRpfl 1969, 283, 284; OLG Köln ZMR 1994, 509, 510 = WuM 1995, 268; OLG Düsseldorf NZM 1998, 1020, 1021 = NJW-RR 1999, 160, 161; LG Detmold NZM 2014, 434; Bub/Treier/ J Emmerich, Hdb Rn V 332), ferner etwa ein Pavillon oder ein Schuppen im Garten, Anschlussgleise (BGH WM 1966, 371 = BB 1966, 304 = MDR 1966, 498; KG OLGE 10, 251) sowie noch Steckdosen und Schalter, Antennen, Ladentresen und Raumteiler.

29a **Keine** Einrichtungen sind dagegen die in das Mietobjekt fest und **auf Dauer eingefügten Sachen** wie Balken oder Steine sowie (als bauliche Veränderungen) die Einziehung von Böden oder Zwischendecken oder die Errichtung neuer fester Wände (s oben Rn 26; OLG Celle NdsRpfl 1969, 283, 284 = MDR 1969, 845; LG Duisburg MDR 1956, 35) sowie die Einfügung einer auf Dauer bestimmten Automatiktür für eine Apotheke, weil für das Gebäude von wesentlicher Bedeutung (OLG Naumburg 22. 1. 2018 – 1 U 108/17, ZMR 2018, 748). Dasselbe gilt grundsätzlich für **feste Gebäude**, die der Mieter auf dem gemieteten Grundstück errichtet hat (RG DR 1944, 490, 491; BGH 23. 10. 1953 – V ZR 38/52, LM Nr 6 zu § 946 BGB = NJW 1954, 265). **Bewegliche Sachen**, die der Mieter auf das Grundstück gebracht und dort vorübergehend abgestellt hat, sind schon mangels Verbindung mit der Mietsache *keine* Einrichtungen (o Rn 26 f). Beispiele sind ein auf dem Grundstück vom Mieter abgestellter Wohnwagen (AG Bergisch-Gladbach WuM 1980, 112), das Inventar und Mobiliar eines Handelsgeschäfts (BGH LM 12. 6. 1991 – XII ZR 17/90, Nr 5 zu § 76 VVG [Bl 3 R] = NJW 1991, 3031) sowie überhaupt die **Möbel** des Mieters und das sonstige bewegliche Inventar (OLG Düsseldorf NZM 1999, 1668 = WuM 2000, 21; OLG München WuM 1985, 90; str).

3. Ausübung des Wegnahmerechts, § 258

§ 539 Abs 2 BGB begründet ein Wegnahmerecht des Mieters im Sinne des § 258 **30** BGB. Den Mieter trifft daher im Falle der Wegnahme die Pflicht, die Mietsache auf seine Kosten in den vorigen Stand zurückzuversetzen (§ 258 S 1 BGB), während der Vermieter, sobald er die Sache zurückerhalten hat, verpflichtet ist, die Wegnahme der Einrichtung zu gestatten (§ 258 S 2 HS 1 BGB). Wenn der Mieter bei der Wegnahme die Mietsache beschädigt, ist er **schadensersatzpflichtig** (§§ 280 Abs 1, 823 Abs 1 BGB; KG 25. 2. 2019 – 8 U 6/18, ZMR 2019, 779, 781 = GE 2019, 1238). Der Vermieter kann deshalb die Gestattung verweigern, bis ihm für den mit der Wegnahme verbundenen Schaden Sicherheit geleistet wird (§ 258 S 2 HS 2 BGB). Die Folge dieser Regelung ist, dass der Mieter, sobald der Vermieter die Sache zurückerhalten hat, nicht etwa auf Herausgabe der Einrichtungen, sondern lediglich auf **Duldung der Wegnahme** durch Abtrennung der Einrichtung klagen kann (u Rn 36). Er muss sich außerdem verpflichten, die Mietsache in den vorigen Zustand zu versetzen (§ 258 S 1 BGB). Erweist sich die Wiederherstellung des früheren Zustandes als unmöglich oder unzumutbar, so ändert dies zwar wohl nichts an dem Wegnahmerecht des Mieters – § 275 BGB ist hier nicht anwendbar –; aber der Mieter, der kein Recht zur Beschädigung der Mietsache hat, muss **Schadensersatz** leisten (§ 280 Abs 1 BGB; OLG Frankfurt ZMR 1986, 358, 359; BeckOGK/J EMMERICH [1. 10. 2020] Rn 43).

Das Wegnahmerecht kann nach § 539 Abs 2 BGB **nur einheitlich** hinsichtlich der **31** *gesamten* Einrichtung einschließlich ihrer wesentlichen Bestandteile ausgeübt werden. Der Mieter darf sich nicht darauf beschränken, allein die wertvollen Teile mitzunehmen, die wertlosen dagegen zurückzulassen, weil er nach § 258 S 1 BGB verpflichtet ist, in *jeder* Hinsicht den früheren Zustand wiederherzustellen (BGH WM 1966, 371; LM Nr 3 zu § 997 BGB [Bl 3] = NJW 1970, 754; KG 25. 2. 2019 – 8 U 6/18, ZMR 2019, 477, 481 = GE 2019, 1238). In der **Insolvenz** des Mieters übt der Insolvenzverwalter das Wegnahmerecht aus, wenn er sich davon einen Vorteil für die Masse verspricht. In diesem Fall ist § 258 BGB anwendbar, sodass der Anspruch des Vermieters auf Wiederherstellung des früheren Zustandes eine Masseverbindlichkeit darstellt (§ 55 Abs 1 Nr 1 InsO; KG 25. 2. 2019 – 8 U 6/18, ZMR 2019, 477, 481 = GE 2019, 1238). Zu den Rechtsfolgen, die sich ergeben, wenn der Mieter von seinem Wegnahmerecht keinen Gebrauch macht, s u Rn 34.

An den Einrichtungen hat während der Mietzeit grundsätzlich allein der Mieter **32** Besitz und idR auch das Eigentum (RG WarnR 1934 Nr 51 S 110, 112). Solange der Mieter im Besitz der Mietsache ist, ist und bleibt er jederzeit zur **Abtrennung** der von ihm mit der Mietsache verbundenen Einrichtungen **berechtigt**. Das gilt auch dann, wenn der Vermieter ausnahmsweise Eigentümer der Einrichtungen geworden ist

(§§ 94, 947 BGB; o Rn 28; Schmidt-Futterer/Langenberg Rn 13). In diesem Fall braucht der Mieter mit der Ausübung seines **Aneignungsrechts** auch nicht bis zur Rückgabe der Sache an den Vermieter zuzuwarten. Der Vermieter hat zwar bei der Raummiete nach den §§ 552 Abs 1 und 578 Abs 2 BGB ein **Abwendungsrecht**; indessen ist der Mieter nicht verpflichtet, dem Vermieter die Absicht der Abtrennung mitzuteilen, um ihm die Ausübung seines Abwendungsrechts zu ermöglichen (s § 552 Rn 5; Bub/Treier/J Emmerich, Hdb Rn V 336; Bruns ZMR 2017, 468).

4. Dinglicher Anspruch

33 Aus dem Umstand, dass das Wegnahmerecht des Mieters ein Aneignungsrecht umfasst, wenn die Einrichtungen ausnahmsweise in das Eigentum des Vermieters übergegangen sind (s oben Rn 28, Rn 32), hat die Rechtsprechung den Schluss gezogen, dass es sich bei dem aus dem Wegnahmerecht folgenden Duldungsanspruch des Mieters gegen den Vermieter (o Rn 30) um einen „dinglichen Anspruch" handele (BGHZ 81, 146, 150 f = NJW 1981, 2564; BGHZ 101, 37, 42 f = NJW 1987, 2861; BGH 12. 6. 1991 – XII ZR 17/90, LM Nr 5 zu § 76 VVG = NJW 1991, 3031). Dies ändert indessen nichts daran, dass auf den Duldungsanspruch des Mieters grundsätzlich die Vorschriften über Forderungen entsprechend anwendbar sind, die weithin allgemeines Anspruchsrecht enthalten. Der Duldungsanspruch des Mieters ist daher insbesondere nach § 398 BGB **abtretbar** (Bub/Treier/J Emmerich, Hdb Rn V 341). Im Falle der Veräußerung der Einrichtungen an einen Nachmieter liegt darin grundsätzlich zugleich konkludent die **Abtretung** des Wegnahmerechts gegen den Vermieter an den Nachmieter (BGH 18. 11. 1968 – VIII ZR 189/66, LM Nr 14 zu § 276 [Hb] BGB = NJW 1969, 40; LG München ZMR 1962, 198). Außerdem führt die schuldhafte Verletzung des Wegnahmerechts des Mieters durch den Vermieters zu dessen **Schadensersatzpflicht** aus Verzug oder wegen Pflichtverletzung (§§ 280, 286 BGB; BGH 18. 11. 1968 – VIII ZR 189/66, LM Nr 14 zu § 276 [Hb] BGB = NJW 1969, 40; 12. 6. 1991 – XII ZR 17/90 L LM Nr 5 zu § 76 VVG [Bl 2] = NJW 1991, 3031; OLG München ZMR 1997, 235). Hat der Mieter sein Wegnahmerecht rechtzeitig ausgeübt (s Rn 34), so wird der Vermieter spätestens dadurch zum **unrechtmäßigen Besitzer** mit der Folge, dass der Mieter jetzt nicht nur bei einer Verzögerung oder Verhinderung der Wegnahme Schadensersatz verlangen kann, sondern außerdem **Nutzungsersatzansprüche** aufgrund der §§ 987 ff BGB erwirbt (so jedenfalls BGHZ 101, 37, 42 f = NJW 1987, 2861). Für einen zusätzlichen Schutz des Wegnahmerechts des Mieters über § 823 Abs 1 BGB besteht daneben keine Notwendigkeit (BGH ZMR 1960, 303, 304 = WM 1960, 1148, 1149).

5. Verjährung

34 Der aus dem Wegnahmerecht des Mieters folgende **Duldungsanspruch** des Mieters nach Vertragsende (s Rn 30) gegen den Vermieter verjährt in der kurzen Frist des § 548 Abs 2 BGB (s unten § 548 Rn 21, Rn 36; BGHZ 81, 146, 151 = NJW 1981, 2546; BGHZ 101, 37, 43 = NJW 1987, 2861; OLG Bamberg WuM 2004, 20 = NZM 2004, 342; OLG Düsseldorf GE 2004, 813; 2008, 1424, 1425; ZMR 2006, 923, 925; 2008, 948, 949; LG Krefeld NZM 2018, 767, 769 = GE 2018, 197). Der Lauf der Verjährungsfrist wird nicht dadurch gehemmt, dass der Vermieter an den Einrichtungen, die im Eigentum des Mieters geblieben sind, sein **Pfandrecht** ausübt (§ 204 BGB; s BGHZ 101, 37, 44 ff = NJW 1987, 2861; LG Krefeld NZM 2018, 767, 769 = GE 2018, 197). Nach Ablauf der Verjährungsfrist ist der Vermieter nicht mehr verpflichtet, die Wegnahme der Einrichtungen zu dulden, selbst wenn sie im

Eigentum des Mieters stehen. Folglich erlangt der Vermieter jetzt ein **Besitzrecht** an den Einrichtungen des Mieters, sodass er fortan die Mietsache unbedenklich auch zusammen mit den Einrichtungen des Mieters weitervermieten kann (§ 986 BGB; BGH 27. 9. 2017 – XII ZR 54/16, NZM 2017, 812 Rn 10 f = ZMR 2018, 208; BeckOGK/J Emmerich [1. 10. 2020] Rn 40); im Zweifel sind dann die von dem Mieter zurückgelassenen Einrichtungsgegenstände in dem Sinne mitvermietet, dass sich die Pflicht des Vermieters zur Gebrauchsgewährung gegenüber dem Nachmieter (§ 535 Abs 1 BGB) zugleich auf die zurückgelassenen Einrichtungsgegenstände erstreckt (BGH 27. 9. 2017 – XII ZR 54/16, NZM 2017, 812 Rn 10 f = ZMR 2018, 208). Das Besitzrecht des Vermieters und das des neuen Mieters wirken außerdem nach den §§ 931 und 986 BGB gegen etwaige **Erwerber** der Einrichtungen vom Mieter (RGZ 109, 128, 129, 131; RG WarnR 1934 Nr 51 S 110, 112; BGHZ 81, 146, 151 = NJW 1981, 2564; BGHZ 101, 37, 42 f = NJW 1987, 2861; OLG Düsseldorf GE 2004, 813; 2008, 1424, 1425; ZMR 1987, 327, 328; 2006, 923, 925; 2008, 948, 949; OLG Bamberg NZM 2004, 342). Die notwendige Folge ist, dass der Mieter vom Vermieter (als dem nunmehr rechtmäßigen Besitzer) auch **keinen Nutzungsersatz** nach den §§ 987 ff BGB mehr verlangen kann (BGHZ 101, 37, 42 f = NJW 1987, 2861; Eckert MDR 1989, 135); ebenso wenig stehen ihm Schadensersatz- oder Bereicherungsansprüche gegen den Vermieter zu, wenn sein Eigentum an den von ihm zurückgelassenen Einrichtungen später untergeht (OLG Düsseldorf ZMR 2006, 923, 925).

6. Veräußerung des Grundstücks

Wird das vermietete Grundstück nach Anbringung der Einrichtungen veräußert, so muss man im Rahmen des § 566 BGB zwischen dem Abtrennungsrecht und dem eigentlichen Wegnahmerecht des Mieters unterscheiden. Das **Abtrennungsrecht** des Mieters während seiner Besitzzeit (o Rn 32) wird durch eine Veräußerung des Grundstücks nach Anbringung der Einrichtungen *nicht* berührt, sodass der Mieter Sachen, die er vor der Veräußerung angebracht hat, auch noch danach wieder von der Mietsache abtrennen kann (BGH 19. 3. 1965 – V ZR 268/62, LM Nr 8 zu § 558 BGB [Bl 3 f] = NJW 1965, 1225). Nichts anderes gilt im Ergebnis für das **Wegnahmerecht** des Mieters: Es richtet sich nach Eigentumswechsel gleichfalls grundsätzlich **gegen den Erwerber**, weil der Anspruch auf Duldung der Wegnahme überhaupt erst mit Rückgabe der Sache an den (neuen) Vermieter fällig wird (s unten § 566 Rn 53; BGH 12. 6. 1991 – XII ZR 17/90 LM LM Nr 5 zu § 76 VVG [Bl 4] = NJW 1991, 3031; 14. 10. 1987 – VIII ZR 246/86, LM Nr 29 zu § 571 BGB = NJW 1988, 705; OLG München WuM 1985, 90, 91; Bub/Treier/J Emmerich, Hdb Rn V 342 f).

35

7. Prozessuales

Wenn der Mieter seinen Wegnahmeanspruch gerichtlich geltend machen will, muss er nach Rückgabe der Mietsache auf **Duldung der Wegnahme**, nicht auf Herausgabe klagen (s oben Rn 27; RGZ 109, 128, 129; BGHZ 81, 146, 150 = NJW 1981, 2564; BGHZ 101, 37, 42 = NJW 1987, 2861). Das Urteil wird nach § 890 ZPO vollstreckt. Der **Streitwert** richtet sich nicht nach dem Gebrauchswert der eingebauten Sachen, sondern nach deren Wert nach dem Ausbau, der sich idR dem Materialwert der Sachen nähern wird (KG ZMR 1972, 80, 81). Die **Beweislast** für die Voraussetzungen des Wegnahmeanspruchs trägt der Mieter. Macht er den Anspruch auf Zahlung einer angemessenen Entschädigung geltend (§ 552 Abs 2 BGB), so muss er außerdem beweisen, dass der Vermieter ihm die Wegnahme untersagt hat (BGH ZMR 1969, 340, 341 = WM 1969, 1114).

36

Dagegen trifft den Vermieter die Beweislast, wenn er behauptet, dass er mit dem Mieter einen Verzichtsvertrag hinsichtlich der Entschädigung abgeschlossen hat oder dass der Mieter die Einrichtungen freiwillig unter Verzicht auf eine Entschädigung zurückgelassen hat (BGH ZMR 1969, 340, 341 = WM 1969, 1114).

§ 540
Gebrauchsüberlassung an Dritte

(1) Der Mieter ist ohne die Erlaubnis des Vermieters nicht berechtigt, den Gebrauch der Mietsache einem Dritten zu überlassen, insbesondere sie weiter zu vermieten. Verweigert der Vermieter die Erlaubnis, so kann der Mieter das Mietverhältnis außerordentlich mit der gesetzlichen Frist kündigen, sofern nicht in der Person des Dritten ein wichtiger Grund vorliegt.

(2) Überlässt der Mieter den Gebrauch einem Dritten, so hat er ein dem Dritten bei dem Gebrauch zur Last fallendes Verschulden zu vertreten, auch wenn der Vermieter die Erlaubnis zur Überlassung erteilt hat.

Materialien: E I § 516; II § 493; III § 542; BGB § 549; 2. Gesetz zur Änderung mietrechtlicher Vorschriften vom 1964 (BGBl I 457); Mietrechtsreformgesetz von 2001 (BGBl I 1149); Mot II 395 ff; Prot II 178 ff; Begr zum RegE BT-Drucks 14/4553, 43.

Schrifttum

BARTELS, Der vertragliche Schuldbeitritt im Gefüge gegenseitiger Dauerschuldverhältnisse (2003)
P BEHRENS, Beteiligung mehrerer Mieter am Mietverhältnis (1989)
BIEBER, Nutzungsänderungen bei der Geschäftsraummiete, PiG 79 (2007) 119
BÖRSTINGHAUS, Der Wechsel des Vermieters, in: Mietparteien und ihr Wechsel, PiG 70 (2005) 65
BRANDNER, Das Mietverhältnis bei Wechsel in der Inhaberschaft eines Unternehmens, NJW 1960, 127
BUB/TREIER/KRAEMER, Hdb Rn III 3016 ff
G BUNN, Die Aufnahme Dritter in die Mietwohnung, ZMR 1988, 9
BURBALLA, Haftung des Mieters bei Exzessen des Untermieters, NZA 2013, 558
A DISPUT, „Change of Control"-Klauseln im gewerblichen Mietvertrag, NZM 2008, 305
DERLEDER, Die Mietvertragskonformität von Untermietverträgen, ZMR 2015, 521
DRASDO, Der Gesellschafterwechsel auf der Vermieterseite, DWW 1999, 73
ders, Die gewerbliche und nichtgewerbliche Weitervermietung, WuM 2019, 1
EISENSCHMID, Nachfolgeprobleme bei Untervermietung und Aufnahme Dritter, in: Rechtsnachfolge im Mietverhältnis, PiG 37 (1993) 21
ders, Der Mieterwechsel als dreiseitiger Vertrag, in: Der Mieterwechsel, PiG Bd 52 (1997) 77
EMMERICH, Die Anfechtung der Vertragsübernahme, JuS 1998, 495
ders, Der Wechsel des Mieters im laufenden Mietverhältnis, in: Mietparteien und ihr Wechsel, PiG 70 (2005) 95
N FISCHER, Der „Dritte" in der Wohnraummiete, in: 10 Jahre Mietrechtsreformgesetz (2011) S 246
GÄRTNER, Wohnungsrechtlicher Bestandsschutz auf dem Weg zu einem dinglichen Recht?, JZ 1994, 440
GATHER, Die Überlassung der Mietsache an einen Dritten, DWW 2009, 242
HÄUBLEIN, Die Gesellschaft bürgerlichen

Rechts im Mietrecht, in: Mietparteien und ihr Wechsel, PiG 70 (2005) 39

ders, Untervermietung und Ersatzmieterstellung in Zeiten des Konjunkturrückgangs, PiG 85 (2009) 117

HARSCH, Untervermietung und Erlaubnis per einstweilige Verfügung?, MDR 2013, 754

HEILMANN, Risiken der Untervermietung für Mieter und Vermieter, NZM 2016, 74

HEINTZMANN, Die gewerbliche Untermiete, NJW 1994, 1177

HENKE/SINGBARTL/ZINTL, Mietwohnungsüberlassung an Touristen, NZM 2018, 1

HINZ, Einstweiliger Rechtsschutz im Mietprozess, NZM 2005, 841

HORST, Vermietung an Wohngemeinschaften, MDR 1999, 266

JACOBS, Haftung der Wohngemeinschaft nach Anerkennung der Rechtsfähigkeit der Außen-GbR, NZM 2008, 111

JACOBY, Die Gesellschaft bürgerlichen Rechts als Mietvertragspartei, ZMR 2001, 409

ders, Das Schicksal der Mietsicherheit bei Vertragsübernahme, NZM 2001, 696

KERN, Vermieterstellung bei unerlaubter, nicht gewerblicher Untervermietung, NZM 2009, 344

KRAUSE, Untermieter und Mieter im Schutzbereich eines Vertrages, JZ 1982, 16

KUMMER, Zur formularmäßigen „Vertragsübertragung" in der Wohnraummiete, WuM 1991, 244

K W LANGE, Vertragsübernahme und Insolvenz, ZIP 1999, 1373

LÖNING, Die Grundstücksmiete als dingliches Recht (1930)

LÜTH, Untermietvertraggestaltung, NZM 2004, 241

MAROTZKE, Insolvenzrechtliche Probleme bei Untermietverträgen, ZInsO 2007, 1

TH MEYER, Rechtsprobleme bei gemeinsamer Nutzung einer Wohnung, ZMR 1990, 444

MEYER-ABICH, Dritte in der Mietwohnung, NZM 2020, 19

NASSALL, Die Untermiete im Spiegel der Rechtsprechung, ZMR 1983, 333

OHLY, „Volenti non fit iniuria", Die Einwilligung im Privatrecht (2002)

PAULY, Ersetzt der Anspruch auf Erteilung der Vermietererlaubnis gemäß § 549 Abs 2 BGB bereits die Erlaubnis selbst?, ZMR 1995, 574

ders, Hauptprobleme der Untermiete, WuM 2008, 320

ders, Grundlegendes und Aktuelles zur Untermiete, ZMR 2015, 836

RÖTHEL/HESSELER, Vertragsübernahme und Verbraucherschutz, WM 2008, 1001

M SCHMID, Rechtsgeschäftlicher Mieter- und Vermieterwechsel, WuM 2013, 643

K SCHMIDT, Unternehmensbezogenes Mietverhältnis, in: Gedschr Sonnenschein (2003) 487

P SCHNEIDER, Untervermietung als Beteiligung Dritter am Hauptmietvertrag, WuM 1999, 195

SCHÖNLEBER, Sonderkündigungsrecht bei Verweigerung der Erlaubnis, NZM 1998, 948

W SCHULZ, „Parteistellen" bei der Geschäftsraummiete?, ZMR 1985, 8

SEYFARTH, Vermieterpflichten bei Untervermietungsanfragen, NZM 2002, 200

SONNENSCHEIN, Untervermietung und sonstige Gebrauchsüberlassungen an Dritte, in: Mietnebenkosten, PiG 23 (1986) 167

STAPENHORST, Kündigung wegen verweigerter Erlaubnis zur Untervermietung, NZM 2007, 795

STERNEL, Rechtsgeschäftliche Nachfolge im Mietverhältnis, in: Rechtsnachfolge im Mietverhältnis, PiG 37 (1993) 47

WAGEMANN, Die gestörte Vertragsübernahme, AcP 205 (2005) 547

WANGARD, Die Aufnahme Dritter in die Wohnung, ZMR 1986, 73

WEITEMEYER, Auswirkungen der Rechtsprechung des BGH zur Gesellschaft bürgerlichen Rechts auf deren Vermieterstellung, in: Gedschr Sonnenschein (2003) 431 = ZMR 2004, 153

WINDORFER, Rechtsnachfolgeklauseln in Gewerberaummietverträgen, NZM 2018, 14

WÜSTHOF, (Unter-)Vermietung an Touristen, ZMR 2014, 421.

Systematische Übersicht

I. Überblick 1

II. Gebrauchsüberlassung an Dritte
1. Gebrauchsüberlassung 3
2. Dritte 5

III. Erlaubnis des Vermieters
1. Überblick 10
2. Abweichende Vereinbarungen 15
3. Einholung der Erlaubnis 18
4. Form 21
5. Widerruf 22
6. Verweigerung der Erlaubnis 24

IV. Kündigung
1. Voraussetzungen 28
2. Abweichende Vereinbarungen 29
3. Wichtiger Grund 31

V. Untermiete 36
1. Mietvertrag 37
2. Verhältnis zum Vermieter 44
3. Konkurrenzen 47
4. Rechte des Vermieters bei unberechtigter Untervermietung 50

5. Haftung des Mieters gegenüber dem Untermieter 51
6. Bestandsschutz 54

VI. Haftung des Mieters für den Dritten 58

VII. Die Übertragung der Mieterrechte
1. Abtretung 61
2. Eintritt eines neuen Mieters 64
   a) Erscheinungsformen 64
   b) Rechtsfolgen 72
3. Unternehmensbezogene Verträge mit einem Einzelkaufmann 75
4. Verträge mit Gesellschaften 77
5. Wohngemeinschaften 82

VIII. Anhang: Vermieterwechsel
1. Abtretung der Ansprüche des Vermieters 89
2. Übertragung des Mietvertrages 90
3. Gesellschaften 94

Alphabetische Übersicht

Abtretung	62 f, 85
Angehörige	5 ff
Auskunftspflicht des Mieters	16
Beitritt eines neuen Mieters	64 ff
Bestandsschutz bei der Untermiete	54 ff
Besucher	5
Change of Control-Klauseln	80
Eintritt eines neuen Mieters	64 ff
– Beitritt eines neuen Mieter	74
– dreiseitiger Vertrag	70
– Form	67 f
Eintritt eines neuen Vermieters	90
Einweisung Obdachloser	59
Erlaubnis des Vermieters	10 ff
– allgemeine Erlaubnis	15
– Erteilung der Erlaubnis	18 f
– Form	21
– Frist	27
– Kündigungsrecht des Mieters	24 ff
– Verweigerung	25 f
– wichtiger Grund	31
Gebrauchsüberlassung	3 ff
Geschichte	1 ff
Gesellschaften	75 ff, 82 ff ff
Gesellschafterwechsel	77 f, 90
Kinder	6
Kündigung des Mieters	24 ff
– Erklärung	28 ff
– Verweigerung der Erlaubnis	25 ff
– wichtiger Grund	31
Kündigung der Untermiete	37 ff
– Bestandsschutz	54 ff

Untertitel 1
Allgemeine Vorschriften für Mietverhältnisse § 540

Überbelegung des Wohnraums	8	Vermieterwechsel	89
Überlassung an Dritte	3 ff	Vertragsübernahme	64 ff
Übertragung der Rechte	61 ff	– Form	67
– Abtretung	62 ff	Verweigerung der Erlaubnis	16 ff
– Eintritt eines Mieters	64 ff	– wichtiger Grund	31
Umwandlung	77 f	– Widerruf der Erlaubnis	22
Untermiete	36 ff		
– Bestandsschutz	54 ff	Widerruf	22
– Beziehung zwischen Vermieter und Untermieter	44	Widerrufsvorbehalt	22
		Wohngemeinschaften	82 ff
– Form	37		
– Kündigung des Untermietvertrages	39 f	Zustimmung des Vermieters	10 ff, 84 ff
– Missbrauchsfälle	55 f	Zweck	1
– unberechtigte Untermiete	50 f		
Unternehmensbezogene Verträge	75 ff		
Unteruntermiete	10, 37, 42, 52		

I. Überblick

§ 540 Abs 1 S 1 (= § 549 BGB aF) macht die Überlassung des Gebrauchs der Mietsache durch den Mieter an einen Dritten – abweichend von den meisten Nachbarrechtsordnungen und vom ALR (I 21 § 312) sowie vom E I (§ 516 Abs 2 BGB) – von einer Erlaubnis des Vermieters abhängig. Dahinter steht die Vorstellung der Gesetzesverfasser, die Miete sei grundsätzlich ein persönliches, von gegenseitigem Vertrauen getragenes Rechtsverhältnis (so genanntes **personales Element der Miete)**, sodass sich der Vermieter nach der Verkehrsanschauung nicht gegen seinen Willen einen anderen Mieter aufdrängen zu lassen brauche (s Prot II 182 ff, zustimmend BGH 26. 1. 1994 – XII ZR 93/92, LM Nr 34 zu § 399 BGB = NJW-RR 1994, 558; BayObLGZ 1983, 285 = WuM 1984, 13, 14; OLG Hamm OLGZ 1982, 481 = NJW 1982, 2876 = WuM 1982, 318, 320; s Emmerich PiG 70 [2005] 95, 96 f). Verweigert der Vermieter jedoch die deshalb grundsätzlich erforderliche Erlaubnis zu einer Gebrauchsüberlassung an einen Dritten, so kann der Mieter das Mietverhältnis außerordentlich mit der gesetzlichen Frist kündigen, vorausgesetzt, dass nicht in der Person des Dritten ein wichtiger Grund vorliegt (§ 540 Abs 1 S 2 BGB). Von diesem **Kündigungsrecht** wird offenbar in der Praxis häufig Gebrauch gemacht. § 540 Abs 2 BGB fügt hinzu, dass der Dritte, dem der Mieter den Mietgebrauch überlässt, in jedem Fall als **Erfüllungsgehilfe** des Mieters zu behandeln ist. Paradigma der Gebrauchsüberlassung an einen Dritten iS des § 540 Abs 1 S 1 BGB ist die verbreitete **Untermiete** (s § 540 Abs 1 S 1 HS 2 BGB). § 540 BGB ist entsprechend anwendbar auf die sogenannte Unteruntermiete (s Rn 11). 1

Besonderheiten gelten nach § 553 BGB (= § 549 Abs 2 BGB aF) bei der **Wohnraummiete**, da der Mieter hier unter in der Regel großzügig gehandhabten Voraussetzungen einen *Anspruch* auf Erlaubnis der Gebrauchsüberlassung an einen Dritten gegen den Vermieter hat (§ 553 Abs 1 BGB). Der Vermieter kann jedoch zum Ausgleich unter weiteren Voraussetzungen eine angemessene Erhöhung der Miete verlangen (sog *Untermietzuschlag*, § 553 Abs 2 BGB). Weitere ergänzende Regelungen finden sich insbesondere noch in den §§ 543 Abs 2 Nr 2, 546 Abs 2 und 565 2

BGB. Während § 543 Abs 2 Nr 2 BGB ein außerordentliches **Kündigungsrecht** des Vermieters bei unbefugter Überlassung der Mietsache an einen Dritten begründet, verleiht § 546 Abs 2 BGB dem Vermieter einen quasi-vertraglichen **Herausgabeanspruch** gegen den Dritten, dem der Mieter den Gebrauch der Mietsache überlassen hat, und damit vor allem gegen den Untermieter. § 565 BGB überträgt schließlich dem Grundsatz des § 566 BGB („Kauf bricht nicht Miete") auf verschiedene Fälle der **gewerblichen Weiter- oder Zwischenvermietung**; vgl in diesem Zusammenhang außerdem § 549 Abs 2 Nr 3 und § 578 Abs 3 BGB (dazu zB Drasdo WuM 2019, 1).

II. Gebrauchsüberlassung an Dritte

1. Gebrauchsüberlassung

3 Das Gesetz wendet sich in § 540 Abs 1 S 1 BGB gegen die Überlassung des Gebrauchs der gemieteten Sache durch den Mieter an Dritte. Wichtigster Fall ist die verbreitete Untermiete (s Rn 36 ff). Der Begriff der Gebrauchsüberlassung wird in § 540 Abs 1 S 1 BGB heute allgemein zum Schutz des Vermieters (s Rn 1) *weit* ausgelegt (wegen der wenigen Ausnahmen s Rn 4). Darunter fällt deshalb grundsätzlich **jede auf eine gewisse Dauer angelegte Überlassung** der Sache an Dritte (zum Begriff s Rn 5 f) **ganz oder partiell** zu einem selbständigen *oder* unselbständigen Mietgebrauch (BGHZ 157, 1, 5 = NJW 2004, 56; BGH 11. 11. 2009 – VIII ZR 294/08, WuM 2010, 30 Tz 9 = ZMR 2010, 281; BayObLGZ 1997, 292 = NJW 1998, 1324 = NZM 1998, 29; OLG Karlsruhe WuM 1987, 180 = ZMR 1987, 263; Blank/Börstinghaus Rn 2; Bosch FamRZ 1983, 273; Finger WuM 1983, 8; Langohr ZMR 1983, 222; Nassall ZMR 1983, 333, 334 f; Sonnenschein PiG 23 [1986] 167). Die früher vielfach angenommene Beschränkung des Begriffs auf die Überlassung des Gebrauchs an einen Dritten zu einem *selbständigen,* dh vom Mieter unabhängigen *Gebrauch* ist überholt (BGHZ 157, 1, 5 = NJW 2004, 56; OLG Hamm OLGZ 1982, 481 ≠ NJW 1982, 2876; – anders zuletzt BGH WM 1968, 252, 253; LG Berlin ZMR 1986, 313, 314). Unerheblich ist auch der **Umfang** des dem Dritten eingeräumten Gebrauchsrechts; § 540 Abs 1 BGB ist (erst recht) anwendbar, wenn zB dem Untermieter die Sache zum alleinigen Gebrauch überlassen wird (BGH 11. 11. 2009 – VIII ZR 294/08 WuM 2010, 30 = ZMR 2010, 281). Insoweit unterscheidet sich der Anwendungsbereich des § 540 Abs 1 S 1 BGB in einem wichtigen Punkt von dem des § 553 Abs 1 S 1 BGB, der nur eingreift, wenn der Wohnraummieter einem Dritten lediglich einen *Teil* des Wohnraums zum Gebrauch überlassen, insbesondere also untervermieten will (s § 553 Rn 6).

4 **Ausnahmen** von der Regel des § 540 Abs 1 BGB werden nur in wenigen eng begrenzten Fallgruppen erwogen, nämlich 1. wenn die Gebrauchsüberlassung einen Teil des grundsätzlich unentziehbaren vertragsgemäßen Gebrauchs des Mieters darstellt, wozu neben der Aufnahme der nächsten Angehörigen auch die vorübergehende Aufnahme von Besuchern gehört (s dazu im Einzelnen Rn 5 ff), sowie 2. wenn der aufgenommene Dritte lediglich mit der kurzfristigen Beaufsichtigung, Versorgung oder Kontrolle der Wohnung ohne eigenes Benutzungsrecht betraut ist (Fischer, in: 10 Jahre Mietrechtsreformgesetz S 246, 248 ff). Keine Gebrauchsüberlassung im Sinne des § 540 BGB ist ferner die Umwandlung oder Verschmelzung des Mieters in oder mit einem anderen Unternehmen (s Rn 71).

2. Dritte

§ 540 Abs 1 BGB wendet sich nur gegen die Gebrauchsüberlassung (o Rn 2 f) an **5** „Dritte". Dritter ist grundsätzlich jeder mit Ausnahme der Vertragsparteien (BGHZ 157, 1, 5 = NJW 2004, 56). Ausgenommen sind mit Rücksicht auf Art 6 Abs 1 GG lediglich die **nächsten Angehörigen** und die **Bediensteten** des Mieters, die einen Teil seines Hausstands bilden. Ihre Aufnahme in die Wohnung gehört zu dem grundsätzlich unentziehbaren vertragsgemäßen Gebrauch (s oben § 535 Rn 35 ff; BGHZ 40, 252, 254 = NJW 1964, 403; BGHZ 157, 1, 5 = NJW 2004, 56; BGH 15. 5. 1991 – VIII ZR 38/90, LM Nr 4 zu § 9 [Ca] AGBG = NJW 1991, 1750, 1751; 12. 6. 2013 – XII ZR 143/11, WuM 2013, 485 Rn 7 = NJW 2013, 2507 = NZM 2013, 786; BayObLGZ 1983, 228, 229 f = NJW 1984, 60; BayObLGZ 1983, 285, 287 ff = WuM 1984, 13; OLG Karlsruhe WuM 1987, 180 = ZMR 1987, 263; OLG Hamm OLGZ 1982, 481 = NJW 1982, 2876 = WuM 1982, 318; OLG Frankfurt WuM 1992, 56, 62; BeckOGK/ J Emmerich [1. 10. 2020] Rn 15 ff; Fischer, in: 10 Jahre Mietrechtsreformgesetz S 246, 248 ff; Heilmann NZM 2016, 74, 76, Pauly WuM 2008, 320; ders ZMR 2015, 835, 837 f; zu den Grenzen s unten Rn 9). Keine Dritten sind außerdem mit Rücksicht auf ihren in der Regel nur kurzen Aufenthalt die bloßen **Besucher** des Mieters (BGHZ 157, 1, 5 = NJW 2004, 56; AG München ZMR 2015, 140; Meyer-Abich NZM 2020, 19). Der Vermieter darf deshalb dem Besucher eines Mieters unter Berufung auf sein Hausrecht (§ 1004 BGB) nur dann ein Hausverbot erteilen, wenn der Besucher wiederholt und nachhaltig den Hausfrieden gestört hat, zB durch die Belästigung des Vermieters oder anderer Mieter (AG München ZMR 2015, 140). § 540 Abs 1 BGB bleibt dagegen anwendbar, wenn der sogenannte Besucher in Wirklichkeit die Wohnung selbstständig auf Dauer nutzt und insbesondere nach außen erkennbar seinen Lebensmittelpunkt in die fraglichen Räume verlegt (Fischer, in: 10 Jahre Mietrechtsreformgesetz S 246, 251).

Wer zu den Angehörigen des Mieters in dem genannten Sinne (s Rn 5) gehört (so **6** dass ihre Aufnahme in die Wohnung grundsätzlich unter den unentziehbaren vertragsgemäßen Gebrauch fällt), ist im Einzelnen umstritten. In der Rechtsprechung wird der Kreis der **Angehörigen** mit Rücksicht auf den Wortlaut des § 540 Abs 1 BGB sowie auf den grundsätzlichen Anspruch des Wohnraummieters auf Genehmigung der Gebrauchsüberlassung an beliebige Dritte (§ 553 Abs 1 BGB) im Regelfall *eng* interpretiert und im Wesentlichen auf **Ehegatten**, sog Lebenspartner nach dem Gesetz von 2001 (BGBl I 266), **Kinder**, Stiefkinder und Enkel sowie gegebenenfalls noch auf die **Eltern** und bei kranken und pflegebedürftigen Mietern auf die **Pflegepersonen** beschränkt (BGHZ 157, 1, 5 ff = NJW 2004, 56; BGHZ 40, 252, 254 = NJW 1964, 403; vgl außerdem BGH 15. 5. 1991 – VIII ZR 38/90, LM Nr 4 zu § 9 [Ca] AGBG = NJW 1991, 1750, 1751; 12. 6. 2013 – XII ZR 143/11, WuM 2013, 485 = NJW 2013, 2507 = NZM 2013, 786; BayObLGZ 1983, 228, 229 = NJW 1984, 60; BayObLGZ 1983, 285, 287 ff = WuM 1984, 13; BayObLGZ 1997, 292 = NJW 1998, 1324 = NZM 1998, 29; OLG Karlsruhe WuM 1987, 180 = ZMR 1987, 263). Keine Rolle spielt bei Kindern und Enkeln deren **Alter** oder **Schutzbedürftigkeit**. Auch die Aufnahme volljähriger und wirtschaftlich selbstständiger Kinder und Enkel gehört zum unentziehbaren vertragsgemäßen Gebrauch des Mieters (LG Potsdam WuM 2012, 612; Fischer, in: 10 Jahren Mietrechtsreformgesetz S 246, 248 f; Pauly ZMR 2015, 836, 838).

Keine Angehörigen sind dagegen *Verlobte* und sonstige *Lebensgefährten* des Mieters **7** (Begr z RegE BT-Drucks 14/4553, S 49 [l Sp]; BGHZ 157, 1, 5 ff = NJW 2004, 56; BGH 15. 5. 1991 – VIII ZR 38/90, LM Nr 4 zu § 9 [Ca] AGBG = NJW 1991, 1750, 1751; OLG Hamm OLGZ 1982, 481

= NJW 1982, 2876 = WuM 1982, 318; NJW-RR 1997, 1370 = ZMR 1997, 349, 350; LG Berlin GE 2005, 1554 f; krit Derleder ZMR 2015, 521, 524 f), ebenso wenig der *Bruder* des Mieters (BayObLGZ 1983, 285, 287 ff = WuM 1984, 13; LG Berlin GE 1995, 569), der Verlobte der Tochter (LG Berlin GE 1988, 409), die *Schwägerin* des Mieters (AG Schöneberg GE 1990, 265), die Schwiegertochter (**aM** AG Köln MDR 1966, 331) sowie der Freund oder die Freundin der Tochter (**aM** LG Köln MDR 1972, 612; LG Berlin ZMR 1986, 313, 314). **Vertraglich** kann der Kreis der begünstigten Dritten nur **erweitert**, nicht eingeschränkt werden. Weder durch Formularvertrag noch durch Individualvereinbarung kann das Recht des Mieters zur Aufnahme der genannten Personen **ausgeschlossen** oder beschränkt werden (§ 138, 307 BGB; BGHZ 123, 233, 238 ff = NJW 1993, 2528; BayObLGZ 1983, 228, 229 f = NJW 1984, 60; BayObLGZ 1983, 285, 287 ff = WuM 1984, 13), außer wenn sich nach der Art des Wohnraums die Aufnahme von Angehörigen von selbst verbietet, wie zB bei Zimmern in Studentenheimen oder bei Einzimmerappartements für ledige Personen (LG Hamburg JZ 1951, 720).

8 Das **Rechtsverhältnis** zwischen dem Mieter und den aufgenommenen Personen (o Rn 5 f) ist, soweit nicht familienrechtliche Beziehungen bestehen, in der Regel ein bloßes jederzeit **widerrufliches Gefälligkeitsverhältnis** (LG Köln ZMR 1972, 612). Ein Mietvertrag zwischen dem Vermieter und den aufgenommenen Personen entsteht nicht (AG Germersheim ZMR 1989, 262). Der Vermieter hat auch nicht etwa einen Anspruch auf Abschluss eines Mietvertrages mit den aufgenommenen Personen (LG Aachen NJW-RR 1987, 1373; LG Berlin GE 1993, 45). Nach Treu und Glauben kann der Vermieter jedoch eine **Anzeige** der Aufnahme von Angehörigen in die Wohnung verlangen, einmal, um eine etwaige Überbelegung (s Rn 9) zu prüfen, zum anderen mit Rücksicht auf die Notwendigkeit, die aufgenommenen Personen bei der Abrechnung der Betriebskosten angemessen zu berücksichtigen (§§ 535, 241 Abs 2 und 242 BGB; Fischer, in: 10 Jahre Mietrechtsreformgesetz S 246, 249). Zieht der Mieter endgültig aus, so verlieren die aufgenommenen Personen ihr **Besitzrecht**, sodass der Vermieter auch von ihnen Räumung verlangen kann (§ 985 BGB). Wenn er nicht zugleich Eigentümer ist, wird man hier § **546 Abs 2 BGB** entsprechend anwenden können (s Vorbem 84 zu § 535). Anders indessen bei Ehegatten, solange die Wohnung nicht ihren Charakter als „**Ehewohnung**" eingebüßt hat; auch wenn der mietende Ehegatte die Wohnung nur noch gelegentlich selbst nutzt und sie im Übrigen dem anderen Ehegatten überlassen hat, wird dieser nicht zum Dritten iS des § 540 Abs 1 BGB (BGH 12. 6. 2013 – XII ZR 143/11, NJW 2013, 2507 = WuM 2013, 485 Tz 7 = NZM 2013, 786; krit Pauly ZMR 2015, 836, 837 f).

9 Das Recht des Mieters zur Aufnahme seiner Angehörigen findet seine **Grenze** zunächst an der **Überbelegung** der Räume (s Rn 5; § 553 Abs 1 S 2 BGB). Als Maßstab können die Wohnungsaufsichtsgesetze der Länder herangezogen werden (LG Berlin GE 1991, 625), nach denen für jede Person grundsätzlich 6 bis 9 qm zur Verfügung stehen müssen. Ist die Wohnung danach infolge der Aufnahme der Angehörigen überbelegt, so kann der Vermieter dem Mieter grundsätzlich nach § 543 Abs 2 Nr 2 BGB **kündigen** (s unten § 543 Rn 6; BGHZ 123, 233, 238 ff = NJW 1993, 2528; BayObLGZ 1963, 228, 229 f = NJW 1984, 60; OLG Karlsruhe WuM 1987, 180 = ZMR 1987, 263). Eine weitere Zulässigkeitsgrenze für die Aufnahme von Angehörigen ergibt sich daraus, dass von einer Aufnahme in der Wohnung *neben* dem Mieter keine Rede mehr sein kann, wenn den Angehörigen die Räume zu völlig **selbständigem Gebrauch** (unter Verdrängung des Mieters) überlassen werden (LG Frankfurt WuM 1989, 237; 2002, 92; NJW-RR 1993,

143; LG Berlin GE 1995, 569; LG Cottbus NJW-RR 1995, 524 = WuM 1995, 38; LG Hamburg NZM 2000, 379 = WuM 1999, 687; ZMR 2005, 298; AG Neukölln NJW-RR 1997, 584). Gleich steht der Fall, dass die in die Wohnung aufgenommenen Angehörigen die Räume gewerblich nutzen wollen (LG Lüneburg WuM 1995, 704; LG Berlin GE 1995, 703).

III. Erlaubnis des Vermieters

1. Überblick

Ohne Erlaubnis des Vermieters ist der Mieter gemäß § 540 Abs 1 S 1 BGB nicht zur Überlassung des Gebrauchs der gemieteten Sache an einen Dritten berechtigt. Die Erlaubnis steht grundsätzlich im **Ermessen des Vermieters**, sofern die Parteien nicht etwas anderes vereinbart haben (s Rn 15). Jedoch hat der Mieter im Falle der Verweigerung der von ihm beantragten Erlaubnis zur Gebrauchsüberlassung an einen Dritten nach § 540 Abs 1 S 2 BGB das Recht, das Mietverhältnis außerordentlich mit der gesetzlichen Frist vorzeitig zu kündigen, sofern nicht in der Person des Dritten ein wichtiger Grund vorliegt. Das Gesetz verweist damit auf die §§ 573d Abs 2, 575a Abs 3 und 580a Abs 4 BGB. Anders ist die Rechtslage indessen bei der **Wohnraummiete**, bei der der Mieter nach § 553 BGB unter zusätzlichen Voraussetzungen (im Interesse des Mieterschutzes) einen **Anspruch** auf Erteilung der Erlaubnis hat. **10**

Auf eine weitere Untervermietung durch den Untermieter (sog **Unteruntermiete**) ist wiederum § 540 BGB anwendbar (s Rn 1), sodass hierzu die Erlaubnis des (Haupt-) Mieters und Untervermieters erforderlich ist. Das gilt selbst dann, wenn der Untermieter die Sache an den Hauptvermieter weiter untervermieten will (RG Recht 1909 Nr 1857; zu den Haftungsverhältnissen s Rn 52). **11**

§ 540 Abs 1 S 1 BGB stellt klar, dass (jenseits der Wohnraummiete, § 553 BGB) mangels abweichender Abreden der Parteien der vertragsgemäße Gebrauch grundsätzlich *nicht* die Überlassung der Sache an einen Dritten umfasst. Eine gleichwohl erfolgte Überlassung der Sache an einen Dritten verstößt somit gegen den Vertrag, sodass der Vermieter nach Abmahnung Unterlassung (§ 541 BGB) sowie gegebenenfalls Schadensersatz verlangen und kündigen kann (§§ 280 Abs 1, 543 Abs 2 Nr 2 und 573 Abs 2 Nr 1 BGB, vgl Rn 50). Hat der Vermieter jedoch seine Erlaubnis erteilt, so wird dem Eingriff die Rechtswidrigkeit genommen. Die Wirkung der Erlaubnis besteht folglich in der **Erweiterung des vertragsgemäßen Gebrauchs** des Mieters durch einseitige Erklärung des Vermieters (BGH 11. 2. 1987 – VIII ZR 56/86, LM Nr 13 zu § 549 BGB = NJW 1987, 1692; BayObLGZ 1995, 162, 166 = NJW-RR 1995, 969; Ohly, Volenti non fit iniuria 282 ff). Die **§§ 182 ff BGB** finden keine Anwendung (str, offen gelassen in BGH NZM 2008, 728 Nr 4 Tz 18), wohl aber die **§§ 116 ff und 130 BGB** (RGZ 81, 59, 60 f; BGHZ 59, 3, 7 = NJW 1972, 1267; BGH 15. 5. 1991 – VIII ZR 38/90, LM Nr 4 zu § 9 [Ca] AGBG = NJW 1991, 1750, 1751). **12**

In der **Entscheidung** über die Erlaubniserteilung ist der Vermieter außerhalb der Wohnraummiete (§ 553 BGB) grundsätzlich **frei**, sofern die Parteien nichts anderes vereinbart haben (s Rn 15). Eine Schranke zieht dem Ermessen des Vermieters lediglich das Verbot des **Rechtsmissbrauchs** (§§ 226, 242, 826 BGB; BeckOGK/J Emmerich [1. 10. 2020] Rn 23 ff; Schmidt-Futterer/Blank Rn 47). Ein Rechtsmissbrauch ist vor **13** allem anzunehmen, wenn der Vermieter mit der sachlich nicht begründeten Verweigerung der Erlaubnis der Untervermietung offenbar vorwiegend den **Zweck** verfolgt, den Mieter zu schädigen, insbesondere ihn zum Auszug zu zwingen. Jenseits solcher Fälle stellt jedoch selbst die grundlose Verweigerung der Erlaubnis mit Rücksicht auf die gesetzliche Regelung **keine Vertragsverletzung** dar, die den Mieter berechtigte, Schadensersatz zu verlangen (§§ 280 Abs 1, 540 Abs 1 S 1 BGB; OLG Düsseldorf WuM 1993, 399, 400; Stapenhorst NZM 2007, 795, 797 f).

14 Die einzige **Sanktion**, die das Gesetz für die Verweigerung der Erlaubnis vorsieht, ist das außerordentliche **Kündigungsrecht** des Mieters nach § 540 Abs 1 S 2 BGB, welches indessen voraussetzt, dass nicht in der Person des Dritten ein wichtiger Grund vorliegt (dazu u Rn 31 ff). Aus dieser Regelung ist der Schluss zu ziehen, dass der Vermieter zwar nicht verpflichtet ist, die Verweigerung der Erlaubnis zu begründen, wohl aber nach Treu und Glauben dem Mieter auf dessen Anfrage hin die **Gründe** für seine Entscheidung mitteilen muss (§§ 241 Abs 2, 242 BGB), damit sich der Mieter darüber im klaren werden kann, ob er zur Kündigung berechtigt ist, weil in der Person des Dritten kein wichtiger Grund für eine Verweigerung der Erlaubnis vorliegt (AG Tempelhof WuM 2016, 624; Blank/Börstinghaus Rn 49). An die von ihm genannten Gründe ist der Vermieter dann gebunden, sodass er in einem späteren Rechtsstreit über die Berechtigung der Kündigung andere Gründe nur nachschieben kann, wenn sie ihm bei Mitteilung seiner ursprünglichen Gründe ohne Verschulden noch nicht bekannt waren (RGZ 74, 176, 178; 92, 118, 120; KG OLGE 22, 249) oder wenn die Gründe erst später entstanden sind.

2. Abweichende Vereinbarungen

15 § 540 Abs 1 BGB ist nicht zwingend, sodass die Parteien in dem Mietvertrag das Recht des Mieters zur Untervermietung beliebig erweitern können – bis hin zur **allgemeinen Erlaubnis** der Untervermietung (s zB Derleder ZMR 2015, 521, 528; BeckOGK/J Emmerich [1. 10. 2020] Rn 48 ff). Das kann auch **konkludent** geschehen. Eine konkludente Erlaubnis der Untervermietung ist insbesondere anzunehmen, wenn der Vermieter weiß, dass der Mieter die gemietete Sache in seinem Gewerbebetrieb weitervermieten will (RG Recht 1922 Nr 1551; OLG Hamburg OLGE 10, 166). Dasselbe kann sich aus der **Ortssitte** ergeben, zB in Kurorten oder Universitätsstädten, wo die Untervermietung allgemein gebräuchlich ist (ausführlich Blank/Börstinghaus Rn 50 ff; Schmidt-Futterer/Blank Rn 57 ff). Die im Vertrag im Voraus erteilte Erlaubnis bindet auch den **Grundstückserwerber** (§ 566 BGB; AG Köln MDR 1953, 360).

16 Die vertragliche Erlaubnis insbesondere der Untervermietung der gemieteten Räume seitens des Vermieters kann **beschränkt oder unbeschränkt** erteilt werden. Wird im Vertrag lediglich bestimmt, dass der Mieter zu einer Untervermietung der **Erlaubnis des Vermieters** bedürfe, so wiederholt solche Klausel im Grunde nur die gesetzliche Regelung, sodass aus ihr grundsätzlich kein Anspruch des Mieters auf Erlaubnis der Untervermietung hergeleitet werden kann, sofern kein wichtiger Grund vorliegt (Bieber PiG 79 [2007] 119, 132 f; Stapenhorst NZM 2007, 795, 797 f). Im Schrifttum findet sich dagegen vielfach die Auffassung, der Vermieter müsse im Falle der Vereinbarung einer derartigen Klausel – über § 540 Abs 1 S 1 BGB hinaus – nach pflichtgemäßem *Ermessen* über den Antrag des Mieters auf Erlaubnis der Untervermietung entscheiden, sodass der Mieter dann auch bei der gewerblichen

Miete (ebenso wie bei der Wohnraummiete nach § 553 BGB) einen *Anspruch* auf Erlaubnis der Untervermietung habe, wenn er ein dringendes überwiegendes Interesse an der Untervermietung geltend machen könne (OLG Hamburg WuM 1993, 737; Schmidt-Futterer/Blank Rn 58; Blank/Börstinghaus Rn 51). Das vermag nicht zu überzeugen. Zuzugeben ist lediglich, dass es sich im Einzelfall je nach den Umständen so verhalten kann; generell wird man dies indessen schwerlich annehmen können (Beck-OGK/J Emmerich [1. 10. 2020] Rn 49).

Von der allgemeinen Erlaubnis der Untervermietung wird ferner im Zweifel auch nicht eine Untervermietung zu **anderen Zwecken**, als sie dem Mieter selbst gestattet sind, gedeckt (BGHZ 89, 308, 313 = NJW 1984, 1032; Blank/Börstinghaus Rn 50). Ein Beispiel für eine unzulässige Untervermietung zu anderen Zwecken ist bei der Wohnraummiete die Untervermietung der Räume als Ferienwohnung an wechselnde Gäste, insbesondere an so genannte **Tagestouristen**, weil solche Untervermietung auf eine Zweckänderung des Vertrages in Richtung auf eine (teil-)gewerbliche Miete hinausliefe (BGH 8. 1. 2014 – VIII ZR 210/13, NJW 2014, 692 Rn 11 = NZM 2014, 158 = WuM 2014, 142; LG München I ZMR 2016, 451 f; LG Berlin WuM 2016, 734; AG München ZMR 2016, 467, 468 sehr str, s Derleder ZMR 2015, 521, 522 f; Heilmann NZM 2016, 74, 77; Henke et al NZM 2018, 1; Pauly ZMR 20215, 836, 840; Wüsthof ZMR 2014, 421). Fährt der Mieter *trotz Abmahnung* des Vermieters mit einer derartigen vertragswidrigen Praxis fort, so kann der Vermieter gemäß § 541 BGB nach Abmahnung Unterlassung sowie nach § 543 Abs 2 Nr 2 BGB und gegebenenfalls auch nach § 543 Abs 1 BGB fristlos kündigen (s unten § 543 Rn 40; LG Berlin NZM 2015, 284 = WuM 2015, 31; WuM 2015, 156; 2016, 559; GE 2015, 482). 17

3. Einholung der Erlaubnis

Die Regelung des § 540 Abs 1 BGB beruht offenkundig auf der Vorstellung der Gesetzesverfasser, dass es zunächst einmal allein **Sache des Mieters** ist, die Erlaubnis des Vermieters zur Untervermietung einzuholen (BGH 15. 11. 2006 – XII ZR 92/04, NJW 2007, 288 = NZM 2007, 127 f Tz 15; 25. 4. 2008 – LwZR 10/07, NZM 2008, 728 Nr 4 Tz 18; OLG Koblenz WuM 2012, 613 = ZMR 2013, 35; Pauly ZMR 2015, 836, 838 f). Der Mieter kann die Erlaubnis immer nur für **einen bestimmten Fall** nachsuchen (BayObLGZ 1995, 162, 166 = NJW-RR 1995, 969; KG NJW-RR 1992, 1229 = ZMR 1992, 382 = WuM 1992, 350; LG Gießen NZM 2000, 617 = WuM 1999, 458). Die Erlaubnis bezieht sich infolgedessen grundsätzlich nur auf die Person desjenigen **Dritten**, für die sie eingeholt wurde. Sie deckt weder eine weitere Untervermietung noch die vollständige Überlassung der gemieteten Räume an den Dritten (OLG Hamm NJW-RR 1992, 783; LG Berlin GE 1993, 267). Einen Anspruch auf eine **generelle Erlaubnis** der Untervermietung hat der Mieter (sofern die Parteien nicht ausnahmsweise etwas anderes vereinbart haben) in keinem Fall, auch nicht nach § 553 Abs 1 BGB. Der Vermieter braucht daher auf einen Antrag des Mieters auf generelle Erlaubnis der Untervermietung nicht zu reagieren (s Rn 25). Der Vermieter ist (erst recht) so lange nicht zu einer „Reaktion" verpflichtet, wie der Mieter überhaupt noch keinen ernst gemeinten Antrag auf Erlaubnis der Gebrauchsüberlassung an einen Dritten, vor allem also zur Untervermietung gestellt hat. Ebenso lange kann daher seinem Verhalten grundsätzlich auch keine Verweigerung der (noch gar nicht beantragten) Erlaubnis zur Untervermietung entnommen werden kann (OLG Koblenz WuM 2012, 613 = ZMR 2013, 35). Überlässt es der Mieter dem Untermieter, die noch fehlende Erlaubnis des Vermieters einzuholen, so wird die Erlaubnis des Vermieters spätestens wirksam, wenn der Untermieter anschließend 18 die Erteilung der Erlaubnis dem Mieter und Untervermieter mitteilt (§ 130 Abs 1 BGB; BGH 25. 4. 2008 – LwZR 10/07, NZM 2008, 728 Nr 4 Tz 18).

19 Um dem Vermieter die Beurteilung zu ermöglichen, ob in der Person des von dem Mieter vorgeschlagenen Untermieters ein wichtiger Grund vorliegt (der die Verweigerung der Untermieterlaubnis rechtfertigt, §§ 540 Abs 1 S 2, 553 Abs 1 S 2 BGB), muss der Mieter dem Vermieter bei der Einholung der Erlaubnis die für die Beurteilung dieser Frage erforderlichen personen- und vertragsbezogenen **Daten** des Untermieters mitteilen, und zwar die **Person** des Untermieters ohne Weiteres, dh von sich aus, die weitergehenden Daten jedenfalls auf Nachfrage des Vermieters (BGH 15. 11. 2006 – XII ZR 92/04, NJW 2007, 288 = NZM 2007, 127, 128 Tz 16 ff; BayObLGZ 1995, 162, 166 f = NJW-RR 1995, 969; OLG Nürnberg NZM 2007, 567, 568; KG NZM 2008, 287 = NJW-RR 2008, 680 = ZMR 2008, 128; AG München ZMR 2017, 251; Pauly WuM 2008, 320, 322; Stapenhorst NZM 2007, 795, 796 f). Dazu gehören insbesondere die von dem Untermieter geplante **Nutzungsart** und die **Laufzeit** des Vertrags sowie, jedenfalls, wenn es sich um ein Einkaufszentrum handelt und den Mieter eine Betriebspflicht trifft, auch die *wirtschaftliche Situation* des Untermieters (BGH 15. 11. 2006 – XII ZR 92/04, NJW 2007, 288 = NZM 2007, 127, 128 Rn 17–19). Weitergehende **Informationsrechte** hat der Vermieter nicht. Hat er einmal aufgrund der Informationen des Mieters seine Erlaubnis zur Untervermietung erteilt, so hat es damit sein Bewenden; er kann jetzt *nicht* noch zusätzlich von dem Mieter *nachträglich* weitere Informationen über die Konditionen des von ihm mit einem Dritten abgeschlossenen Untermietvertrages oder über die Einnahmen des Mieters aus der Untervermietung verlangen (OLG Düsseldorf ZMR 2013, 28 = NZM 2013, 34; Pauly ZMR 2015, 836, 839).

20 Lehnt es der Mieter ab, die von dem Vermieter nach den Gesagten (vgl Rn 19) zu Recht geforderten Angaben über die Person des Untermieters zu machen, so braucht sich der Vermieter nicht zu dem Antrag des Mieters auf Erlaubnis der Untervermietung zu äußern. Der Mieter hat folglich weder in diesem Fall ein **Kündigungsrecht** nach § 540 Abs 1 S 2 BGB noch dann, wenn der Vermieter ausdrücklich die Erlaubnis verweigert, bis er alle nötigen Informationen von dem Mieter erhalten hat. Anders jedoch, wenn nach den Umständen feststeht, dass der Vermieter auch bei vollständiger Information seitens des Mieters die Erlaubnis zur Untervermietung verweigert hätte oder wenn er von vornherein überhaupt jede Erlaubnis ablehnt, sodass der Mieter in diesen Fällen doch kündigen kann (vgl Rn 16 f; BGH 15. 11. 2006 – XII ZR 92/04, NJW 2007, 288 = NZM 2007, 127, 128 Tz 21; OLG Nürnberg NZM 2007, 567, 568).

4. Form

21 Für die Erlaubnis ist *keine* besondere Form vorgeschrieben; § 550 BGB gilt für sie auch dann nicht, wenn der Mietvertrag selbst nach § 550 BGB formbedürftig ist (RG SeuffArch 77 [1923] Nr 125 S 192 f). Die Erlaubnis kann daher mündlich oder konkludent erteilt werden (BGH 15. 5. 1991 – VIII ZR 38/90, LM Nr 4 zu § 9 [Ca] AGBG = NJW 1991, 1750, 1751). Bloßes **Schweigen** des Vermieters auf ein Schreiben des Mieters, mit dem er die Erlaubnis zur Gebrauchsüberlassung an einen Dritten beantragt, stellt jedoch grundsätzlich noch *keine* Erlaubnis zur Gebrauchsüberlassung dar (LG Berlin GE 1995, 1277). Unbedenklich ist es, **durch Individualvertrag Schriftform** für die Erlaubnis vorzusehen. Eine derartige Klausel hat indessen in der Regel nur deklaratorische Bedeutung. Sie kann außerdem jederzeit von den Parteien wieder außer Kraft gesetzt

werden (BGH 15. 5. 1991 – VIII ZR 38/90, LM Nr 4 zu § 9 [Ca] AGBG = NJW 1991, 1750, 1751; OLG Celle WuM 1990, 103, 108). **Formularvertraglich** kann dagegen nicht Schriftform angeordnet werden (BGH 15. 5. 1991 – VIII ZR 38/90, LM Nr 4 zu § 9 [Ca] AGBG = NJW 1991, 1750, 1751; BGHZ 130, 50, 54 = NJW 1995, 2034; s auch u Rn 30).

5. Widerruf

Sobald sich der Mieter dem Dritten gegenüber wirksam zur Überlassung der Räume verpflichtet hat, kann der Vermieter die einmal erteilte Erlaubnis (mangels abweichender Vereinbarungen der Parteien, s Rn 23) **nur** noch **aus wichtigem Grunde** widerrufen (§ 242 BGB; BGH 11. 2. 1987 – VIII ZR 56/86, LM Nr 13 zu § 549 BGB = NJW 1987, 1692; LG Berlin ZMR 1994, 330; WuM 2017, 260; LG München I ZMR 2016, 451, 452 f; BeckOGK/ J Emmerich [1. 10. 2020] Rn 38 ff). Ein wichtiger Grund liegt insbesondere vor, wenn der Mieter dem Untermieter einen weitergehenden Gebrauch gestatten will, als ihm selbst nach dem Mietvertrag erlaubt ist (BGHZ 89, 308, 313 ff = NJW 1984, 1032; LG Berlin ZMR 1994, 330), so, wenn zB der Wohnraummieter den Vermieter über die von dem Untermieter beabsichtigte gewerbliche Nutzung der Räume getäuscht hat (Heilmann NZM 2016, 74, 78) oder wenn der Mieter auf Dauer auszieht, sodass es sich in Wirklichkeit nicht mehr um eine bloße Gebrauchsüberlassung an einen Dritten, sondern um den Eintritt eines neuen Mieters in den Mietvertrag anstelle des bisherigen Mieters handelt (o Rn 8 f; LG Berlin WuM 2017, 260; AG Tiergarten GE 1992, 391). 22

Abweichende Vereinbarungen sind in jeder Hinsicht möglich, da die Vorschrift des § 540 BGB nicht zwingend ist. Insbesondere bei **der gewerblichen Miete** bestehen daher auch gegen einen **Widerrufsvorbehalt** des Vermieters grundsätzlich keine Bedenken. Eine derartige Vereinbarung ist jedoch nur **individualvertraglich** möglich, während in Formularverträgen kein Raum für den Vorbehalt eines freien Widerrufsrechts ist (§ 307 Abs 1 BGB; BGHZ 130, 50, 54 = NJW 1995, 2034; BGH 11. 2. 1987 – VIII ZR 56/86, LM Nr 13 zu § 549 BGB = NJW 1987, 1692). Bei der **Wohnraummiete** scheitert ein allgemeiner Widerrufsvorbehalt bereits an § 553 Abs 3 BGB. Soweit danach ein Widerrufsvorbehalt möglich ist, kann der Vermieter den Widerruf nach Treu und Glauben auch nur in der Weise ausüben, dass der Mieter dem Untermieter zum nächsten Kündigungstermin kündigen kann (LG Berlin GE 1930, 398). 23

6. Verweigerung der Erlaubnis

Der Mieter hat gemäß § 540 Abs 1 S 2 BGB ein besonderes Kündigungsrecht, wenn der Vermieter die vom Mieter beantragte Erlaubnis der Gebrauchsüberlassung an einen Dritten „verweigert", dh ablehnt (sog Sonderkündigungsrecht). Das kann ausdrücklich oder konkludent geschehen, konkludent etwa, indem der Vermieter eine ihm vom Mieter für die Erlaubniserteilung wirksam gesetzte Frist (s Rn 25) verstreichen lässt. Es spielt keine Rolle, ob der Vermieter die vom Mieter beantragte Erlaubnis ganz oder „nur" teilweise ablehnt. Der Mieter kann ferner kündigen, wenn der Vermieter die Erlaubnis von zusätzlichen, durch § 540 BGB oder durch den Vertrag nicht gedeckten **Bedingungen abhängig** macht (RGZ 74, 176, 179; BGHZ 59, 3, 7 f = NJW 1972, 1267; LG Berlin GE 2006, 1405; Schmidt-Futterer/Blank Rn 53), wenn er dem Mieter die Untervermietung hinsichtlich eines **Teiles der Räume** überhaupt **verbietet** (BGH WM 1973, 383, 384) oder wenn der Vermieter die Untervermietung weiterer Räume nach Erlaubnis der ersten Untervermietung ablehnt. 24

25 Der Mieter kann dem Vermieter in seinem Antrag auf Erlaubnis der Untervermietung eine **angemessene Frist** zur Entscheidung über die Erteilung der Erlaubnis setzen. Über die Angemessenheit der Frist werden unterschiedliche Angaben gemacht; eine Frist von **zwei Wochen** dürfte in der Regel ausreichen, um dem Vermieter Gelegenheit zu geben, die nötigen Erkundigungen über die Person des vom Mieter vorgeschlagenen Untermieters einzuholen, vorausgesetzt, dass der Mieter den Zugang des Antrags bei dem Vermieter sicherstellt (OLG Köln WuM 2000, 597 = NZM 2001, 39; KG NZM 2008, 287 = ZMR 2008, 287; LG Berlin ZMR 1998, 558; GE 1998, 1396; LG Mannheim ZMR 1998, 565, 566; BeckOGK/J Emmerich [1. 10. 2020] Rn 34). Lässt der Vermieter die Frist fruchtlos verstreichen, so steht dies einer ausdrücklichen **Verweigerung** der Erlaubnis im Sinne des § 540 Abs 1 S 2 BGB gleich. Solange der Mieter dem Vermieter indessen keine Frist zur Entscheidung über die Erteilung der Erlaubnis gesetzt hat, bleibt es dabei, dass das bloße **Schweigen** des Vermieters allein noch keinen Erklärungswert hat und deshalb auch nicht als Verweigerung der Erlaubnis im Sinne des § 540 Abs 1 S 2 BGB gewertet werden kann. Der Mieter wird dadurch nicht unangemessen benachteiligt, weil er dem Vermieter auch im Nachhinein jederzeit eine Frist zur Entscheidung über die Erteilung der Erlaubnis setzen kann, nach deren fruchtlosem Ablauf die Erlaubnis dann als verweigert gilt.

26 Der Mieter hat gemäß § 540 Abs 1 BGB immer nur im Einzelfall einen Anspruch auf Erlaubnis der Gebrauchsüberlassung an einen Dritten, dagegen keinen Anspruch auf eine **generelle Erlaubnis** insbesondere der Untervermietung, auch nicht unter den Voraussetzungen des § 553 BGB, weil dies der Sache nach auf eine Vertragsänderung hinausliefe, auf die sich der Vermieter nicht einzulassen braucht (§ 311 Abs 1 BGB, s Rn 18). Deshalb braucht der Vermieter, wenn sich der Mieter darauf beschränkt, eine generelle Erlaubnis der Untervermietung zu beantragen, ohne einen bestimmten Dritten zu benennen, dem er den Gebrauch der Mietsache überlassen will, grundsätzlich nicht zu antworten; sein Schweigen stellt in diesem Fall keine Verweigerung der Erlaubnis dar (s Rn 11; OLG Koblenz NJW 2001, 1948; OLG Celle NJW-RR 2003, 728, 729 = NZM 2003, 396; KG NZM 2008, 287 = ZMR 2008, 128). Anders wird freilich die Rechtslage vielfach beurteilt, wenn der Vermieter auf eine allgemeine Anfrage des Mieters zur Möglichkeit der Untervermietung hin **generell und ausnahmslos** die Erteilung der erforderlichen Erlaubnis zur Untervermietung **ablehnt**. In diesem Fall soll selbst dann eine Verweigerung der Erlaubnis im Sinne des § 540 Abs 1 S 2 BGB anzunehmen sein, wenn der Mieter dem Vermieter noch keinen Interessenten für die Untervermietung benannt hatte (BGHZ 59, 3, 10 = NJW 1972, 1167; BGH 16. 11. 2006 – XII ZR 92/04, NJW 2007, 288, 290 Rn 21 = NZM 2007, 127; GE 2012, 825; KG ZMR 1996, 6 148, 649). Diese Auffassung ist nicht unproblematisch, weil hier unverkennbar die Gefahr eines **provozierten Sonderkündigungsrechts** besteht, um sich von einem lästig gewordenen Vertrag zu befreien (s Schönleber NZM 1998, 948). Deshalb ist anzunehmen, dass das Sonderkündigungsrecht des Mieters nur ausgelöst wird, wenn sich aus der Anfrage des Mieters wenigstens Anhaltspunkte für eine vom Mieter beabsichtigte Untervermietung ergeben, die so konkret sind, dass sie dem Vermieter ein Urteil über die Erlaubniserteilung ermöglichen (so OLG Celle NZM 2003, 396 = NJW-RR 2003, 728, 729).

27 Bei Verweigerung der Erlaubnis (o Rn 24 f) kann der Mieter nach § 540 Abs 1 S 2 BGB das Mietverhältnis außerordentlich mit der gesetzlichen Frist **kündigen** (u Rn 28 f), sofern nicht in der Person des Dritten ein wichtiger Grund vorliegt

(u Rn 31). **Weitergehende Rechte** hat der Mieter nur, wenn ihm, sei es aufgrund des Vertrages, sei es nach § 553 Abs 1 S 1 BGB, ein *Anspruch* auf Erlaubnis der Untervermietung zusteht. Im Falle der Verweigerung der Erlaubnis durch den Vermieter hat der Mieter dann die Wahl zwischen mehreren Rechtsbehelfen: Er kann zunächst versuchen, seinen Anspruch auf Erlaubnis der Untervermietung gerichtlich durchzusetzen; stattdessen kann er auch von seinem Kündigungsrecht nach § 540 Abs 1 S 2 oder nach § 543 Abs 2 Nr 1 BGB Gebrauch machen (s Rn 25, Rn 28). Und schließlich kann er, wenn ihm ein Schaden entstanden ist, namentlich in Gestalt des entgangenen Untermietzinses und der Vermieter die Verweigerung der Erlaubnis zu vertreten hat, nach § 280 Abs 1 BGB Schadensersatz verlangen (OLG Düsseldorf GE 2011, 336).

IV. Kündigung

1. Voraussetzungen

Im Falle der Verweigerung der Erlaubnis zur Gebrauchsüberlassung an einen Dritten (o Rn 24 f) kann der Mieter nach § 540 Abs 1 S 2 BGB das Mietverhältnis außerordentlich mit der gesetzlichen Frist kündigen, sofern nicht in der Person des Dritten ein wichtiger Grund vorliegt (u Rn 31 f). Wegen der **Kündigungsfristen** verweist das Gesetz mit dieser Formulierung auf die §§ 573d Abs 2, 575a Abs 3 und 580a Abs 4 BGB (OLG Düsseldorf WuM 2000, 549). Hat der Mieter einen Anspruch auf Erlaubnis der Untervermietung, sei es nach § 553 Abs 1 BGB, sei es nach dem Vertrag, und widerspricht der Vermieter zu Unrecht der Untervermietung, so kann der Mieter außerdem nach § 543 Abs 2 Nr 1 BGB **fristlos kündigen** (BGHZ 89, 308, 312 = NJW 1984, 1032). Wenn der Mieter mit Frist bereits aus einem anderen Grund gekündigt hat, kann er ferner immer noch eine Kündigung aufgrund des § 540 Abs 1 S 2 oder des § 543 Abs 2 Nr 1 BGB nachschieben (LG Hamburg NZG 1998, 1003 = NJW-RR 1998, 664). Die Kündigung braucht nicht zum ersten möglichen Termin erklärt zu werden; der Mieter kann vielmehr eine **Überlegungsfrist** in Anspruch nehmen (BGHZ 59, 3, 9 f = NJW 1972, 1267). Sobald jedoch der Vermieter in der Zwischenzeit die Untervermietung genehmigt hat, erlischt das Kündigungsrecht (LG Berlin GE 2006, 1405, 1406). Die Kündigung kann **missbräuchlich** sein, wenn der (angebliche) Untermieter tatsächlich nie eine Nutzungsabsicht hatte (BGH 11. 11. 2009 – XII ZR 294/08, NZM 2010, 120 = WuM 2010, 30, Tz 12).

2. Abweichende Vereinbarungen

§ 540 BGB ist dispositiv, sodass jedenfalls bei der **gewerblichen Miete** (§ 578 BGB) das Kündigungsrecht des Mieters aufgrund des § 540 Abs 1 S 2 BGB *individualvertraglich* ausgeschlossen werden kann, nicht dagegen formularvertraglich (§§ 307 Abs 2 Nr 1, 310 Abs 1 BGB; BeckOGK/J Emmerich [1. 10. 2020] Rn 52). Bei der **Wohnraummiete** scheitert dagegen solcher Ausschluss an § 553 Abs 3 BGB (BGHZ 130, 50, 56 f = NJW 1995, 2034; OLG Düsseldorf GE 2005, 988 f; LG Bonn NJW-RR 2002, 1234 = NZM 2003, 397; Sternel, Mietrecht Rn IV 487 f; zur Formbedürftigkeit derartiger Abreden s § 550 Rn 24).

Soweit Ausschlussklauseln danach zulässig sind (s Rn 29), ist außerdem zu beachten, dass in dem bloßen vertraglichen Verbot der Untermiete idR noch kein Ausschluss des Kündigungsrechts gesehen werden kann, weil diese Klausel im Grunde nur § 540

BGB wiederholt (RGZ 64, 296, 298 f; 74, 176, 177; RG LZ 1931 Sp 100, 101 Nr 1; OLG Düsseldorf ZMR 2008, 783, 784). Anders verhält es sich dagegen, wenn **§ 540 BGB ganz abbedungen** wird, weil dann mit der Möglichkeit zur Untervermietung auch das Kündigungsrecht des Mieters bei Verweigerung der Erlaubnis entfällt (BGHZ 112, 65, 68 f = NJW 1990, 3016; s OLG Düsseldorf GE 2005, 988 f; Blank/Börstinghaus Rn 56). In diesem Fall sind folglich die Regeln über den Ausschluss des Kündigungsrechts des Mieters anzuwenden (s Rn 29).

3. Wichtiger Grund

31 Die Kündigung ist nach § 540 Abs 1 S 2 BGB ausgeschlossen, wenn in der Person des Dritten ein „wichtiger Grund" vorliegt, der die Verweigerung der Erlaubnis zur Gebrauchsüberlassung an diesen Dritten als berechtigt erscheinen lässt. Dieselbe Formulierung findet sich in § 553 Abs 1 S 2 BGB, wonach der Mieter bei der Wohnraummiete u a dann keinen Anspruch auf Erlaubnis der Gebrauchsüberlassung an einen Dritten hat, wenn in der Person des Dritten ein wichtiger Grund vorliegt; gleich steht nach § 553 Abs 1 S 2 BGB der Fall, dass der Wohnraum übermäßig belegt würde, sowie der weitere Fall, dass dem Vermieter die Überlassung aus sonstigen Gründen nicht zugemutet werden kann. Aus dieser Regelung ist, insbesondere bei ergänzender Berücksichtigung des § 314 Abs 1 S 2 BGB, der Schluss zu ziehen, dass in der Person des Dritten ein wichtiger Grund für die Verweigerung der Erlaubnis zur Gebrauchsüberlassung iS des § 540 Abs 1 S 2 BGB vorliegt, wenn dem Vermieter die Gebrauchsüberlassung, aus welchen Gründen immer, **nicht zugemutet** werden kann, wobei die übermäßige Belegung der Räume lediglich ein Beispielsfall ist (ebenso Prot II 285; KG DR 1941, 2570 Nr 11; OLG Köln NJW-RR 1997, 204 = WuM 1997, 620; OLG Dresden NZM 2004, 461, 462; LG Bonn NJW-RR 2003, 1234, 1235 = NZM 2003, 397; BeckOGK/J Emmerich [1. 10. 2020] Rn 53; s im Übrigen u § 553 Rn 10 ff). Die Feststellung, ob dem Vermieter die Gebrauchsüberlassung an einen Dritten nicht zugemutet werden kann, erfordert idR eine umfassende Abwägung der Interessen der Beteiligten aufgrund der gesamten Umstände des Einzelfalles (s § 314 Abs 1 S 2 BGB). Die **Beweislast** für die Unzumutbarkeit der Gebrauchsüberlassung trifft den Vermieter (Blank/Börstinghaus Rn 66; Palandt/Weidenkaff Rn 12; Schmidt-Futterer/Blank Rn 76).

32 Die Gebrauchsüberlassung an einen Dritten ist für den Vermieter insbesondere **unzumutbar** (so dass ein wichtiger Grund im Sinne des § 540 Abs 1 S 2 BGB vorliegt), wenn dem Vermieter oder den anderen Mietern durch die Gebrauchsüberlassung eine **Schädigung** oder **Störung** droht, etwa, weil der Untermieter mit dem Vermieter oder mit anderen Mietern persönlich verfeindet ist (RGZ 74, 176, 179), oder wenn von der Gebrauchsüberlassung eine **übermäßige Abnutzung** oder **Beschädigung** der Sache zu befürchten ist. Das ist vor allem anzunehmen, wenn der Mieter dem Untermieter einen **weitergehenden Gebrauch** einräumen will, als ihm selbst nach dem Vertrag gestattet ist (OLG Düsseldorf ZMR 2008, 783, 784), oder wenn die Gebrauchsüberlassung an den Dritten zu einer **Änderung des Verwendungszwecks** der Sache führte (BGHZ 89, 308, 313 ff = NJW 1984, 1032; KG DR 1941, 2570; GE 2003, 1490, 1491).

33 **Beispiele** sind der (geplante) Betrieb eines anstößigen Gewerbes durch den Untermieter (BGHZ 89, 308, 313 ff = NJW 1984, 1032), die Untervermietung gewerblich genutzter Räume als Wohnung (OLG Koblenz NJW-RR 1986, 1343) oder zur Unterbringung von Asylanten (LG Berlin GE 1994, 51, 53), die Untervermietung eines Supermarktes an eine Spielhalle (OLG Celle OLGZ 1990, 88, 94) sowie überhaupt die völlige **Veränderung der Branche** des in den Räumen betriebenen Geschäfts (OLG Hamburg ZMR 2003, 180 = WuM 2003, 268, 269; OLG Düsseldorf WuM 2003, 136 f; LG Nürnberg-Fürth WuM 1991, 344), zB durch die Untervermietung einer Zahnarztpraxis an einen Tierarzt (OLG Köln NJW-RR 1997, 204 = WuM 1997, 620) oder durch die Untervermietung eines Geschäfts in einem Einkaufszentrum an ein Geschäft mit einem völlig anderen Sortiment (OLG Hamburg ZMR 2003, 180 = WuM 2003, 268, 269).

Ein wichtiger Grund kann außerdem vorliegen, wenn von dem Untermieter eine **Konkurrenz** für den Vermieter oder andere Mieter zu befürchten ist, wobei dieselben Maßstäbe wie im Rahmen des § 535 Abs 1 BGB bei der Prüfung des immanenten Konkurrenzschutzes anzulegen sind (s § 535 Rn 30 ff; BGH 11. 9. 1981 – VIII ZR 161/80, LM Nr 24 zu § 157 [C] BGB = ZMR 1982, 11 f = WM 1981, 1224, 1225; OLG Nürnberg NZM 2007, 567, 568; LG Oldenburg NJW-RR 1989, 81; Nassall ZMR 1983, 336), sowie, wenn infolge der Untervermietung an die Stelle eines Mieters eine *Vielzahl von Untermietern* träte (KG DR 1940, 1430). 34

Streitig ist die Behandlung einer etwaigen **Zahlungsunfähigkeit** des Dritten. Im Regelfall dürfte dieser Umstand *nicht* als wichtiger Grund anzusehen sein, da für die Miete ohnehin allein der Mieter haftet (LG Berlin GE 2002, 332 = NZM 2002, 947, 948). **Anders** aber, wenn den Mieter eine Betriebspflicht trifft, weil deren Erfüllung bei einer Zahlungsunfähigkeit des Dritten nicht mehr gewährleistet ist (so BGH 15. 11. 2006 – XII ZR 92/04, ZMR 2007, 184 = NJW 2007, 288 Tz 18 f = NZM 2007, 127, 128; Stapenhorst NZM 2007, 795, 796 f). 35

V. Untermiete

Der wichtigste Fall der Überlassung des Gebrauchs der gemieteten Sache an einen Dritten iS des § 540 BGB ist die verbreitete Untermiete. Die Untermiete wirft eine Reihe zusätzlicher Fragen auf, auf die im Folgenden im Zusammenhang einzugehen ist (s Rn 37 ff). Zur **Terminologie** ist vorweg zu bemerken, dass hier zur Vermeidung von Missverständnissen im Regelfall nur von *Vermieter, Mieter und Untermieter* die Rede sein soll, ohne Rücksicht auf ihre jeweilige Rolle in den verschiedenen Vertragsbeziehungen. Wo es geboten ist, werden daneben von Fall zu Fall noch für den Vermieter die Bezeichnung Hauptvermieter und für den Mieter die Bezeichnungen Hauptmieter oder Untervermieter verwandt. 36

1. Mietvertrag

Der Untermietvertrag ist ein normaler Mietvertrag iS der §§ 535 ff BGB (BGHZ 157, 233, 238 = NJW 2004, 848). Seine Gültigkeit ist **unabhängig** von der **Erlaubnis** des Vermieters (RGZ 81, 59, 60 f; BGH 12. 7. 2006 – XII ZR 178/03, NZM 2006, 699, 700 Tz 31 = NJW-RR 2006, 1385: GE 2007, 1627 Tz 11). Die Parteien sind jedoch nicht gehindert, die Erlaubniserteilung seitens des Vermieters zur aufschiebenden Bedingung für das Inkrafttreten des Untermietvertrages zu machen (§ 158 BGB; BGH 12. 7. 2006 – XII ZR 178/03, NZM 2006, 699, 700 Tz 31 = NJW-RR 2006, 1385; GE 2007, 1627 Tz 11; zur auflösenden Bedingung s Rn 39). Keine Rolle spielt, ob dem Untermieter das Objekt ganz oder nur teilweise überlassen worden ist. Ebenso unerheblich ist, ob der Vertragspartner des Untermieters **Mieter** oder **Pächter** ist (BGH 21. 3. 1952 – V ZR 20/51, LM Nr 2a zu § 36 37

MSchG = NJW 1952, 821). Wird der Mieter später zum Eigentümer, so verwandelt sich der Untermietvertrag in einen normalen Mietvertrag (OLG Hamburg OLGE 22, 248). § 550 BGB findet ebenfalls Anwendung, sodass langfristige Untermietverträge der **Schriftform** bedürfen (BGHZ 81, 46, 50 = NJW 1981, 2246; BGH WM 1982, 431). Der **Untermietzins**, der durchaus auch höher als die Miete sein kann (BGH 4. 3. 1964 – VIII ZR 143/62, LM Nr 27 zu § 535 BGB [Bl 3] = MDR 1964, 678), gebührt allein dem Mieter. Er kann jedoch, bei der gewerblichen Miete auch durch Formularvertrag, im Voraus an den Hauptvermieter abgetreten werden (OLG Düsseldorf NZM 2009, 360, 361).

38 Weisen die dem Untermieter überlassenen Räume **Mängel** auf, so kann sich der Untermieter nur an seinen Vermieter, den (Haupt-)Mieter, halten (s BGHZ 70, 327, 329 f = NJW 1978, 833; OLG Zweibrücken NJW-RR 1995, 270 = WuM 1995, 144). Umstände, die zur Annahme von Mängeln bei der Untermiete führen, müssen nicht notwendig dieselben Auswirkungen auf der Ebene des Hauptmietvertrages haben, weil beide Verträge insoweit Unterschiede aufweisen können (BGH 30. 6. 2004 – XII ZR 251/02, WuM 2004, 531, 532 [unter II 1] = NZM 2004, 776). Bei der Wohnraummiete unter Einschaltung eines gewerblichen Zwischenvermieters wird jedoch in der Regel die Frage der Mangelhaftigkeit in beiden Mietverhältnissen gleich zu behandeln sein (BGH 30. 6. 2004 – XII ZR 251/02, WuM 2004, 531, 532 [unter II 1] = NZM 2004, 776).

39 Die **Dauer** des Untermietvertrages ist nicht von der des Hauptmietvertrages abhängig (OLG Düsseldorf GE 2011, 1370, 1371). Eine **auflösende Bedingung**, durch die die Dauer des Untermietvertrages von der des Hauptmietvertrages abhängig gemacht werden soll, ist im Ergebnis allein bei der gewerblichen, dagegen nach hM nicht bei der Wohnraummiete möglich, weil sich nach § 572 Abs 2 BGB der Vermieter bei der Wohnraummiete nicht auf eine Vereinbarung berufen kann, nach der das Mietverhältnis, hier der Untermietvertrag, zum Nachteil des Mieters auflösend bedingt ist (BGH 19. 11. 1984 – II ZR 6/84, LM Nr 8 zu § 281 [Bl 2 R] = NJW-RR 1986, 234 = ZMR 1985, 87; OLG Bremen ZMR 2007, 363, 364; krit Pauly WuM 2008, 320). Tatsächlich verwehrt jedoch, genau genommen, § 572 Abs 2 BGB nur dem Vermieter, hier also dem *Hauptmieter* und Untervermieter, die Berufung auf die auflösende Bedingung, während sich der Untermieter sehr wohl darauf berufen kann (Staudinger/Rolfs [2018] § 572 Rn 9).

40 Für die **ordentliche Kündigung** des Untermietvertrages seitens des Hauptmieters und Untervermieters gelten die allgemeinen Regeln, insbesondere also die §§ 542, 568 und 573 ff BGB, sodass der Untermieter im Falle der Wohnraummiete (nur) gegenüber seinem Vermieter, dem Hauptmieter, auch in den Genuss des Mieterschutzes aufgrund des § 573 BGB kommt. Ein **berechtigtes Interesse** des Hauptmieters und Untervermieters an der Beendigung des Untermietverhältnisses im Sinne des § 573 Abs 1 BGB ist jedoch *nicht* schon dann anzunehmen, wenn ihm selbst vom Vermieter wirksam gekündigt worden ist oder der **Hauptmietvertrag** aus anderen Gründen **endet** (s unten Staudinger/Rolfs [2021] § 573 Rn 144; insbesondere BGH 28. 2. 1996 – XII ZR 123/93, LM Nr 42 zu § 286 BGB [Bl 2 R] = NJW 1996, 1886, 1887; OLG Stuttgart WuM 1993, 386, 387; Pauly WuM 2008, 320). Scheitert infolgedessen eine rechtzeitige Kündigung auch des Untermietvertrages, sodass der Mieter, nachdem ihm wirksam gekündigt worden ist, die Mietsache dem Vermieter nicht zurückgeben kann, so muss der Mieter die Miete nach § 546a BGB fortzahlen (BGHZ 90, 145, 149 f = NJW 1984, 1527; BGH 28. 2. 1996 – XII ZR 123/93, LM Nr 42 zu § 286 BGB [Bl 3 R f] = NJW 1996, 1886, 1887).

Eine **Kündigung aus wichtigem Grunde** ist gleichfalls für beide Parteien möglich **41**
(§§ 543, 569 BGB). Der Untermieter kann vor allem dann fristlos kündigen, wenn
sein Vermieter, der Hauptmieter, nicht binnen angemessener Zeit die Erlaubnis des
Vermieters beibringt (§ 543 Abs 2 Nr 1 BGB) oder wenn der Hauptmieter ihn bei
Vertragsabschluss nicht ordnungsgemäß darüber aufgeklärt hat, dass es sich bei dem
Vertrag lediglich um ein Untermietverhältnis handelt (§ 543 Abs 1 BGB, LG Kiel
WuM 1987, 319). Ist der Zustand der untervermieteten Räume **gesundheitsgefährdend**,
so kann nicht nur der Untermieter, sondern auch der Hauptmieter (und Untervermieter) nach § 569 Abs 1 BGB kündigen (s STAUDINGER/V EMMERICH [2018] § 569 Rn 5;
BGHZ 157, 233, 237 ff = NJW 2004, 848).

Der **Herausgabeanspruch** des **Mieters** gegen den *Untermieter* bei Beendigung der **42**
Untermiete ergibt sich unmittelbar aus § 546 Abs 1 BGB (OLG München NJW-RR 1989,
524; OLG Hamm ZMR 2017, 560). Bei Beendigung des Untermietvertrages, in erster
Linie also nach Kündigung des Untervermieters, kann der Untermieter die Sache
auch direkt an den Hauptvermieter herausgeben, sofern zugleich der Hauptmietvertrag beendet worden ist; dadurch wird auch der Hauptmieter von seiner Herausgabepflicht gegenüber dem Vermieter befreit (BGH 4. 10. 1995 – XII ZR 15/94, LM Nr 10
zu § 539 BGB [Bl 2 R] = NJW 1996, 46). Wenn der Vermieter den Mietvertrag gekündigt,
anschließend aber mit dem Untermieter einen Mietvertrag oder einen Vorvertrag
hierzu abgeschlossen hat, stellte es eine unzulässige Rechtsausübung dar, wenn der
Mieter, gestützt auf seine eigene Kündigung, noch vom Untermieter Herausgabe
verlangte (OLG Celle NJW 1953, 1474, 1475; anders i Erg OLG Hamm ZMR 2017, 560 ff).
Dieselben Regeln sind entsprechend in den Fällen der **Unteruntermiete** bei Beendigung des ersten Untermietverhältnisses anzuwenden (BGH 12. 7. 2006 – XII ZR 178/03,
NZM 2006, 699, 700 Tz 34 ff = NJW-RR 2006, 1385; STAUDINGER/ROLFS § 546 Rn 65 f). Der
Herausgabeanspruch des Vermieters gegen den Untermieter aus § 546 Abs 2 BGB
kann in aller Regel nicht durch eine *einstweilige Verfügung* durchgesetzt werden
(OLG Düsseldorf NZM 2009, 818 f).

Wenn der Untermieter nach Beendigung seines Besitzrechts **nicht räumt**, kann der **43**
Mieter und Untervermieter gegen ihn grundsätzlich nach § 546a BGB vorgehen und
eine Entschädigung verlangen; anders verhält es sich nur, wenn auch das Besitzrecht
des Mieters, etwa infolge der Kündigung des Hauptvermieters, beendet ist (zB OLG
Saarbrücken NJW-RR 2006, 515 f). An die Stelle der Verpflichtung des Untermieters zur
Entschädigung des Mieters und Untervermieters nach § 546a BGB tritt dann gegebenenfalls seine Ersatzpflicht gegenüber dem Hauptvermieter, wenn er nach Mahnung des Hauptvermieters im Verhältnis zu diesem gemäß § 286 BGB mit seiner
Herausgabepflicht aus § 546 Abs 2 BGB in **Verzug** geraten ist, sodass der Vermieter
von ihm **Schadensersatz** verlangen kann (§ 280 Abs 2 BGB; BGHZ 131, 95, 100 = NJW
1996, 321, 323; STAUDINGER/ROLFS § 546 Rn 69 f, Rn 74). Der Schaden des Vermieters wird
in der Regel in einer ihm möglicherweise entgehenden, höheren Miete bestehen
(§ 252 BGB; wegen der Einzelheiten s Rn 47 ff).

2. Verhältnis zum Vermieter

Zwischen Vermieter und Untermieter bestehen grundsätzlich *keine* vertraglichen Be- **44**
ziehungen (RGZ 81, 59, 60 f; 110, 124, 126; 150, 193, 203; BGHZ 70, 327, 328 = NJW 1978, 833; BGHZ
79, 232, 235 = NJW 1981, 865; BGHZ 84, 90, 96 = NJW 1982, 1696; BGH 17. 1. 2001 – XII ZR 194/99,

LM Nr 9 zu § 69 ZPO = NZM 2001, 286), auch dann nicht, wenn der Untermieter die Miete unmittelbar an den (Haupt-)Vermieter zahlt (LG Mannheim DWW 1974, 237). Ebenso wenig geht es an, den Untermieter in den **Schutzbereich** des Hauptmietvertrages einzubeziehen; der Untermieter ist nicht in besonderem Maße schutzbedürftig, weil er aus dem Untermietvertrag *eigene* Ansprüche gegen den Mieter (und Untervermieter) hat, selbst wenn dieser insolvent sein sollte (BGHZ 70, 327, 329 f = NJW 1978, 833; BGH WM 1979, 307, 308; 6. 11. 2012 – VI ZR 174/11, ZIP 2013, 77 Tz 9 = NZM 2013, 147). An dieser Rechtslage hat § 311 Abs 3 S 2 BGB nichts geändert (Palandt/Weidenkaff Rn 16 f).

45 Ein Urteil zwischen dem Vermieter und dem Mieter äußert **keine Rechtskraft** für das Verhältnis des Mieters zum Untermieter, schon deshalb nicht, weil der Untermieter an dem Verfahren zwischen Vermieter und Mieter nicht beteiligt war. Selbst wenn der Mieter auf die Klage des Vermieters hin rechtskräftig zur Räumung verurteilt wurde, kann der Untermieter daher immer noch, wenn nunmehr der Hauptvermieter oder der Mieter von ihm Herausgabe verlangen (§§ 546, 985 BGB), die Beendigung des Hauptmietvertrages bestreiten (BGH 12. 7. 2006 – XII ZR 178/03, NZM 2006, 699, 700 Tz 26 ff = NJW-RR 2006, 1385; 21. 4. 2010 – VIII ZR 6/09, WuM 2010, 353 Tz 9 = NZM 2010, 699 mwNw; zur abweichenden Rechtslage im Falle des § 325 Abs 1 ZPO s Staudinger/Rolfs § 546 Rn 85). Eine **Vollstreckung** aus einem gegen den Mieter vom Vermieter erstrittenen Räumungsurteil gegen den Untermieter scheidet aus (§ 750 Abs 1 ZPO; BGH 18. 7. 2003 – IXa ZB 116/03, NJW-RR 2003, 1450, 1451 = WuM 2003, 577; 14. 8. 2008 – I ZR 39/08, NJW 2008, 3287 = WM 2008, 2026 Tz 9; Staudinger/Rolfs § 546 Rn 85). Dagegen beurteilt sich die Frage einer **Aussetzung** des Räumungsrechtsstreits zwischen Vermieter und Untermieter mit Rücksicht auf die Vorgreiflichkeit eines Rechtsstreits zwischen dem Vermieter und dem Mieter unabhängig von der Frage der Rechtskrafterstreckung allein nach **§ 148 ZPO** (LG Berlin NZM 2013, 27).

46 Der Untermieter verliert sein Besitzrecht, wenn der **Hauptmietvertrag endet**. Das folgt unmittelbar aus der eigenartigen Regelung des § 546 Abs 2 BGB (BGHZ 79, 232, 235 f = NJW 1981, 865). Bei Beendigung des Hauptmietvertrages kann folglich der Hauptvermieter Herausgabe gleichermaßen von dem Mieter nach § 546 Abs 1 BGB wie von dem Untermieter nach § 546 Abs 2 BGB verlangen. Beide Herausgabeansprüche stehen selbstständig nebeneinander (s im Einzelnen Staudinger/Rolfs § 546 Rn 66, Rn 72 f), sodass auch beide gleichzeitig auf Herausgabe verklagt werden können (s Rn 44; Staudinger/Rolfs § 546 Rn 85). Keine Rolle spielt, wie besonderer Hervorhebung bedarf, ob der Untermietvertrag fortbesteht oder ebenfalls beendet ist (BGHZ 79, 232, 235 f = NJW 1981, 865). Der Untermieter kann gegenüber dem Herausgabeanspruch des Hauptvermieters aus § 546 Abs 2 BGB *kein Zurückbehaltungsrecht* auf seine fortbestehenden Ansprüche gegen den Mieter und Untervermieter stützen (§§ 546 Abs 2, 985 BGB; zu den Ausnahmen s unten Rn 54 ff); er ist vielmehr auf die Einwendungen aus dem *Hauptmietvertrag* beschränkt, die er ebenso wie der Mieter dem Herausgabeanspruch des Vermieters entgegensetzen kann (Staudinger/Rolfs § 546 Rn 62).

3. Konkurrenzen

47 Wenn der Untermieter nach Beendigung des Hauptmietvertrages nicht räumt, kann der Vermieter von ihm gemäß § 546 Abs 2 BGB Herausgabe und bei Verzug des Untermieters Schadensersatz verlangen (§§ 280, 286 BGB; Rn 27). Diskutiert wird, ob der Hauptvermieter (der idR zugleich der Eigentümer der Sache sein wird)

daneben auch **Nutzungsersatz** von dem Untermieter verlangen kann, solange dieser weiter im Besitz der gemieteten Sache ist. Zu denken ist hier in erster Linie an eine **Eingriffskondiktion** des Hauptvermieters nach § 812 Abs 1 S 1 Fall 2 BGB, da der Untermieter dann die Räume entgegen dem Zuweisungsgehalt des Eigentums und auf Kosten des Vermieters weiter nutzt (§ 818 Abs 1 und 2 BGB).

Stattdessen wendet der BGH heute durchgängig auf den **Untermieter** nach Beendigung seines Besitzrechts als sog **nicht mehr berechtigten Fremdbesitzer** die §§ 990 Abs 1 S 2 und 987 BGB an und gelangt auf diese Weise zu einer **Nutzungsersatzpflicht** des Untermieters, freilich nur, soweit er die Räume des Eigentümers und Hauptvermieters tatsächlich zu Unrecht weiter nutzt, also nicht hinsichtlich solcher Räume, an denen der Untermieter keinen Besitz mehr hat (BGH 6. 11. 1968 – V ZR 85/65, LM Nr 10 zu § 987 BGB = WM 1968, 1370 = MDR 1969, 128; BGH 14. 3. 2014 – V ZR 218/13, NZM 2014, 582 Rn 6, 12 f = WuM 2014, 347; OLG Hamburg WuM 1997, 223 = NJWE-MietR 1997, 298; WuM 1999, 289 f = NZM 1999, 1052; OLG Brandenburg ZMR 1999, 102, 104; OLG Frankfurt ZMR 2010, 755; STAUDINGER/ROLFS § 546 Rn 74; STAUDINGER/THOLE [2019] Vorbem 64, 69 ff zu §§ 987–993). Daneben sollen Ansprüche gegen den **Hauptmieter** und Untervermieter als ebenfalls *nicht mehr berechtigten mittelbaren Fremdbesitzer* nach den §§ 991 Abs 1, 990 Abs 1 S 2 und 987 BGB auf Herausgabe der von letzterem zu Unrecht bezogenen Untermiete oder des Nutzungsersatzes nach § 546a BGB bestehen (s Rn 50, BGH 14. 3. 2014 – V ZR 218/13, NZM 2014, 582 Rn 12 f = WuM 2014, 347). Um zu verhindern, dass der Eigentümer und Hauptvermieter eine doppelte Entschädigung erhält, hat der BGH indessen hinzugefügt, der Hauptmieter und der Untermieter seien zwar keine Gesamtschuldner, da es sich um ungleichartige Ansprüche handele; jedoch müssten die §§ 421 ff BGB hier entsprechend angewandt werden (so BGH 14. 3. 2014 – V ZR 218/13, NZM 2014, 582 Rn 12 ff = WuM 2014, 347). **48**

Ebenso werden die Gegenansprüche des Untermieters auf **Ersatz** notwendiger und nützlicher **Verwendungen** behandelt. Auch hier sollen grundsätzlich die §§ 994 und 996 BGB auf ihn als nicht mehr berechtigten Fremdbesitzer anwendbar sein, freilich mit der wichtigen Einschränkung, dass der Untermieter im Verhältnis zum Eigentümer und Hauptvermieter nicht besser als nach den Abreden mit dem Mieter und Untervermieter stehen dürfe; seien in diesem Verhältnis Verwendungsersatzansprüche des Untermieters vertraglich ausgeschlossen, so könnten solche Ansprüche auch nicht nach Vertragsende aus den §§ 994 und 996 BGB im Verhältnis zum Eigentümer und Hauptvermieter hergeleitet werden (BGH 19. 9. 2014 – V ZR 269/13, NJW 2015, 229 Rn 18 f = NZM 2014, 906, 908). Dies macht deutlich, dass richtiger Meinung nach die genannten Vorschriften auf einen Fremdbesitzer, der lediglich nachträglich sein Besitzrecht verliert, gar *keine Anwendung* finden, da diese Vorschriften nur für den **von Anfang an unrechtmäßigen Eigenbesitzer** passen (OLG Düsseldorf ZMR 1994, 215 f = NJW-RR 1994, 596; LG Freiburg WuM 1989, 287; – anders die hM). Maßgebend sind vielmehr allein die vertraglichen und gesetzlichen Abwicklungsverhältnisse, auf die folgerichtig auch der BGH trotz seines entgegengesetzten Ausgangspunktes letztlich rekurrieren muss (s schon § 539 Rn 22). **49**

4. Rechte des Vermieters bei unberechtigter Untervermietung

Die Untervermietung ohne Erlaubnis des Vermieters ist eine **Vertragsverletzung**, die den Mieter zum Schadensersatz verpflichtet (§ 280 Abs 1 BGB); außerdem kann der **50**

Vermieter Unterlassung verlangen (§ 541 BGB) und nach § 543 Abs 2 Nr 2 BGB fristlos kündigen. Die Folge sind Herausgabeansprüche des Vermieters gegen den Mieter und ebenso gegen den Untermieter (§ 546 Abs 1 und Abs 2 BGB) sowie, sofern der Mieter nicht pünktlich räumt, ein Entschädigungsanspruch des Vermieters für die Zukunft aufgrund des § 546a BGB. Dagegen verweigert ihm die Rechtsprechung einen **Anspruch auf Herausgabe der** von dem Mieter in der Vergangenheit zu Unrecht bezogenen **Untermiete**, da er insoweit mangels eigener Möglichkeit zur Untervermietung nicht geschädigt sei (BGHZ 131, 297, 305 ff = NJW 1996, 838; BGHZ 59, 51, 57 f = NJW 1972, 1416; BGH 21. 9. 2001 – V ZR 228/00, LM Nr 283 zu § 812 BGB [Bl 2 R] = NJW 2002, 60, 61; 12. 8. 2009 – XII ZR 76/08, NZM 2009, 701, 702 Tz 30 = NJW-RR 2009, 1522; 13. 7. 2012 – V ZR 206/11, NJW 2012, 3572 Tz 9 = NZM 2012, 800, 801). Diese für den Vermieter ungünstige Rechtslage ändert sich nach hM erst aufgrund der §§ 991 Abs 1 und 990 Abs 1 S 2 BGB, sobald der Hauptmieter infolge der **Beendigung des Hauptmietvertrages** sein Besitzrecht eingebüßt hat (s Rn 47), insbesondere nach Rechtshängigkeit des Herausgabeanspruchs des Vermieters gegen den Mieter (aufgrund der §§ 292 Abs 2 und 987 BGB; BGH 12. 8. 2009 – XII ZR 76/08, NJW-RR 2009, 1522 = NZM 2009, 701 f Tz 23 ff; Schmidt-Futterer/Blank Rn 14; Söllner JuS 1967, 449; Sternel, Mietrecht Rn II 265 [S 341]; St Mutter MDR 1993, 303). Demgegenüber ist daran festzuhalten, dass hier, und zwar auch schon in der Zeit *vor* Beendigung des Besitzrechts des Hauptmieters, zumindest eine entsprechende Anwendung des **§ 816 Abs 1 S 1 BGB** in Betracht kommt (s Emmerich JuS 2006, 935 mwNw; **aM**, weil keine Verfügung vorliege, BGHZ 167, 312, 320 Tz 36 = NJW 2006, 2323).

5. Haftung des Mieters gegenüber dem Untermieter

51 Der Untermietvertrag ist ein normaler Mietvertrag (o Rn 37), sodass sich die Haftung des Mieters und Untervermieters gegenüber dem Untermieter in erster Linie nach den §§ 536 ff BGB richtet. Besondere Bedeutung kommt dabei der Haftung des Mieters für anfängliche und nachträgliche Rechtsmängel nach den §§ 536 Abs 3 und 536a Abs 1 BGB zu (s schon o § 536 Rn 46). Ein **anfänglicher Rechtsmangel** (für den der Mieter auch ohne Verschulden haftet) liegt insbesondere vor, wenn schon *bei Abschluss* des Untermietvertrages die Erlaubnis des Vermieters *nicht* vorlag und dem Untermieter deshalb später der Besitz entzogen wird (§§ 536 Abs 3, 536a Abs 1 Fall 1, 546 Abs 2, 985 BGB; RGZ 81, 59, 62 ff; OLG Düsseldorf ZMR 1989, 417; WuM 2004, 18, 19 = ZMR 2004, 669). Die Haftung des Mieters und Untervermieters aus § 536a Abs 1 entfällt jedoch grundsätzlich, wenn der Untermieter diesen Umstand, dh das Fehlen der nach § 540 Abs 1 BGB erforderlichen Erlaubnis des Vermieters bei Abschluss des Untermietvertrages *kennt* oder lediglich infolge *grober Fahrlässigkeit* verkennt (§ 536b S 1 und S 2 BGB). Anders freilich, wenn in dem Abschluss des Untermietvertrages zugleich die **Garantie** des Mieters zu sehen ist, dass er die Erlaubnis des Vermieters beibringen kann (§ 276 Abs 1 BGB; BGH 30. 6. 1959 – VIII ZR 128/58, LM Nr 1 zu § 542 BGB = ZMR 1960, 10; 4. 10. 1995 – XII ZR 215/94, LM Nr 10 zu § 539 BGB = NJW 1996, 46; str). Gelingt es dem Mieter nicht, die Erlaubnis des Vermieters beizubringen, so kann der Untermieter den Untermietvertrag außerdem aus wichtigem Grunde **kündigen** (§ 543 Abs 2 Nr 1 BGB; s unten § 543 Rn 24; BGH 17. 12. 1986 – VIII ZR 328/85, LM Nr 35 zu § 242 [Bc] BGB = NJW-RR 1987, 526).

52 Nicht minder bedeutsam als die Fälle eines anfänglichen Rechtsmangels (Rn 51) sind die eines **nachträglichen Rechtsmangels** (§§ 536 Abs 3, 536a Abs 1 Fall 2, 276 BGB).

Der wichtigste Fall ist der, dass der Vermieter den **Hauptmietvertrag kündigt**, sodass er auch von dem Untermieter – ohne Rücksicht auf den Fortbestand des Untermietvertrages mit dem Mieter – Herausgabe verlangen kann (§§ 546 Abs 2, 985 BGB; s Rn 42). Für die Annahme eines Rechtsmangels genügt es in diesen Fällen bereits, wenn der Hauptvermieter die Geltendmachung seines Herausgabeanspruchs gegenüber dem Untermieter lediglich *androht* (s § 536 Rn 46; BGHZ 63, 132, 138 = NJW 1975, 44; BGH LM Nr 10 zu § 539 BGB = NJW 1996, 46; NZM 2006, 699, 700 Tz 36 = NJW-RR 2006, 1385; OLG Düsseldorf ZMR 1989, 417; WuM 2004, 18, 19 = ZMR 2004, 669).

Spätestens, wenn dem Untermieter der Besitz entzogen wird, entfällt außerdem im Wege der **Minderung** auf Null seine Verpflichtung zur Zahlung der Untermiete (§ 536 Abs 1, 3 BGB). Zusätzlich kann er **Schadensersatz** verlangen, wenn der Mieter die Kündigung zu vertreten hat (§ 536a Abs 1 Fall 2 BGB). Das ist jedenfalls dann anzunehmen, wenn der Vermieter dem Mieter (und Untervermieter) wegen einer Vertragsverletzung, insbesondere wegen Zahlungsverzugs nach § 543 Abs 2 Nr 2 und Nr 3 BGB kündigt (§ 276 BGB; BGHZ 17, 127, 129 = NJW 1955, 948; BGHZ 63, 132, 139 = NJW 1975, 44; OLG Düsseldorf WuM 2004, 18, 19 = ZMR 2004, 669; LG Hamburg WuM 1995, 160 ff). Außerdem kann der Untermieter dann selbst nach § 543 Abs 2 Nr 1 BGB **kündigen** (OLG München NZM 2006, 578 Nr 6). Der Mieter (und Untervermieter) haftet dem Untermieter ferner nach den §§ 536 und 536a Abs 1 Fall 2 BGB, wenn er **selbst** es ist, der den Mietvertrag **kündigt** mit der Folge, dass der Vermieter vom Untermieter Räumung verlangen kann (OLG Düsseldorf WuM 2004, 18, 19 = ZMR 2004, 669 und ZMR 1989, 417). Diese Regeln können auch auf den eigenartigen Fall einer mehrfach gestuften Untervermietung (sog **Unteruntervermietung**) übertragen werden (BGH NZM 2006, 699, 700 f Tz 35, 37). In verschiedenen Fallgestaltungen ist auch an eine Anwendung des § **285 BGB** (= § 281 BGB aF) zu denken (s MünchKomm/Emmerich [2018] § 285 Rn 25; BGH LM Nr 8 zu § 281 [Bl 2 R] = NJW-RR 1986, 234 = ZMR 1985, 87).

6. Bestandsschutz

Die Rechtsstellung des Untermieters ist nach dem Gesagten (o Rn 44 ff) insgesamt ausgesprochen *schwach,* da er in keinen vertraglichen Beziehungen zu dem Hauptvermieter steht, sodass er grundsätzlich sein Besitz- und Nutzungsrecht einbüßt, sobald der Hauptmietvertrag, aus welchen Gründen immer, sein Ende findet, ganz ohne Rücksicht auf seinen (gegebenenfalls fortbestehenden) Mietvertrag mit dem Mieter und Untervermieter (o Rn 42). Dies hat in den letzten Jahren Anlass zu umfänglichen Erwägungen darüber gegeben, auf welchem Wege die Rechtsposition des Untermieters gegenüber dem Hauptvermieter verbessert werden kann. Im Mittelpunkt des Interesses stehen Fälle der **Wohnraummiete**, die durch die **Einschaltung gewerblicher Zwischenvermieter** gekennzeichnet sind. Einen vorläufigen Abschluss fanden diese Erörterungen durch die Einfügung eines neuen § 549a BGB aF in das BGB durch das 4. Mietrechtsänderungsgesetz von 1993, an dessen Stelle mit dem Mietrechtsreformgesetz von 2001 der § **565 BGB** getreten ist. Der Anwendungsbereich dieser Vorschrift beschränkt sich indessen auf die Fälle der Einschaltung *gewerblicher* Zwischenvermieter bei der Wohnraummiete, sodass in den nicht geregelten Fällen die Frage eines etwaigen Bestandsschutzes des Untermieters nichts von ihrer Aktualität eingebüßt hat, soweit nicht im Einzelfall eine Analogie zu § 565 BGB in Betracht kommt (wegen der Einzelheiten s unten § 565 Rn 3 ff sowie Staudinger/Rolfs § 546 Rn 78–84).

55 Der Untermieter hat zunächst den **Einwand der unzulässigen Rechtsausübung** gegenüber dem Herausgabeanspruch des Vermieters, wenn Vermieter und Mieter (kollusiv) zusammenwirken, um ihn *gemeinsam* durch die Aufhebung des Mietvertrages (ganz oder zum Teil) zu verdrängen (§§ 138, 826, 853 BGB; Staudinger/Rolfs § 546 Rn 67; BGHZ 84, 90, 95 = NJW 1982, 1696; BGH 18. 4. 2018 – XII ZR 76/17, NZM 2018, 601 Rn 26 = NJW-RR 2018, 906, OLG Hamm WuM 1982, 49; OLG Karlsruhe WuM 1981, 249, 250; 1983, 251). Von einem Missbrauch kann jedoch keine Rede sein, wenn Hauptvermieter und Mieter den Mietvertrag aus wirtschaftlich vernünftigen Gründen aufheben (BGH 18. 4. 2018 – XII ZR 76/17, NZM 2018, 601 Rn 26 = NJW-RR 2018, 906; KG ZMR 1988, 137; LG Darmstadt WuM 1982, 194; **aM** Nassal ZMR 1983, 333, 339) oder wenn der Mieter und Untervermieter den Untermietvertrag ohnehin kurzfristige kündigen konnte (BGH 18. 4. 2018 – XII ZR 76/17, NZM 2018, 601 Rn 26 = NJW-RR 2018, 906; Bub/Treier/J Emmerich, Hdb Rn V 60).

56 In Fällen, in denen nach dem Gesagten (Rn 55) kein Raum für die Annahme eines Missbrauchs im Sinne sittenwidrigen Verhaltens der Beteiligten ist, intervenierte der BGH später zugunsten des Untermieters ferner, wenn der Vermieter, in erster Linie durch Einschaltung eines gewerblichen Vermietungsunternehmens, den Untermieter selbst in diese Rolle gedrängt hatte, **ohne ihn** hierüber ordnungsgemäß **aufzuklären**. In diesen Fällen soll sich der Bestandsschutz zugunsten des Untermieters dann nach dem entsprechend anwendbaren § 573 BGB richten. Zum Ausgleich muss der Untermieter jedoch eine **Nutzungsentschädigung** entsprechend § 546a BGB an den Vermieter zahlen, sodass das jetzt offenbar angenommene, gesetzliche Schuldverhältnis zwischen Untermieter und Hauptvermieter unverkennbar vertragliche oder doch vertragsähnliche Züge trägt (BGHZ 84, 90, 96 ff = NJW 1982, 1676; BGHZ 114, 96, 101 ff = NJW 1991, 1815; Staudinger/Rolfs § 546 Rn 101–110).

57 Die geschilderte Praxis des BGH (o Rn 56) hat freilich den Nachteil, dass der Hauptvermieter den Bestandsschutz für den Untermieter jederzeit leicht durch dessen ordnungsmäßige Aufklärung über die Rechtslage wieder ausschließen kann. Deshalb wählte das **BVerfG** wenig später einen anderen Ansatz, um den Bestandsschutz des Untermieters zu verstärken (BVerfGE 84, 197, 199 ff = NJW 1991, 2272). Danach verstößt es gegen **Art 3 Abs 1 GG**, (nur) im Falle der **gewerblichen Zwischenvermietung** den Untermieter von Wohnraum schlechter als einen normalen Mieter zu behandeln; beide Gruppen von Mietern müssten vielmehr prinzipiell gleichbehandelt werden (ebenso BVerfG NJW-RR 1993, 332; NJW 1993, 2601, 2602; 10. 1. 2020 – 1 BvR 2130/18, GE 2020, 981; BGH 30. 4. 2003 – VIII ZR 162/02, NZM 2003, 759 = NJW 2003, 3054), freilich *nur* in den genannten Fällen der *gewerblichen Zwischenvermietung, nicht* dagegen in anderen Fällen der Untermiete, in denen es daher bei § 546 Abs 2 BGB verbleibt, – soweit nicht ausnahmsweise ein Missbrauch vorliegt (Rn 55 f; BVerfG NJW 1994, 848 „Hafenstraße I"; OLG Hamburg WuM 1993, 249 „Hafenstraße II"). Das gilt insbesondere für die **gewerbliche Miete** (BVerfG NJW 1993, 2601; NJW-RR 1993, 1162; s im Einzelnen u § 565 Rn 4 f). In derartigen Fällen kommt mithin ein Bestandsschutz des Untermieters (jenseits des § 565 BGB) nach wie vor nur in den erwähnten **Missbrauchsfällen** sowie gegebenenfalls bei Verletzung einer Aufklärungspflicht in Betracht (s oben Rn 55 f).

VI. Haftung des Mieters für den Dritten

58 Nach § 540 Abs 2 BGB hat der Mieter nach Überlassung des Gebrauchs an einen Dritten ein dem Dritten bei dem Gebrauch zur Last fallendes Verschulden auch dann zu vertreten, wenn der Vermieter die Erlaubnis zur Überlassung erteilt hat. Bei **berechtigter Gebrauchsüberlassung** an einen Dritten wird folglich der Dritte kraft Gesetzes als **Erfüllungshilfe** des Mieters hinsichtlich dessen Obhutspflicht gegenüber dem Vermieter behandelt (§ 278 BGB; OLG Düsseldorf ZMR 2017, 559 f). Erfüllungsgehilfen des Mieters sind maW sämtliche Personen, die auf Veranlassung des Mieters in Berührung mit der Mietsache kommen (s oben § 538 Rn 7; BGH 9. 11. 2016 – VIII ZR 73/16, NZM 2017, 26 = WuM 2017, 23 Rn 17). Jede Beschädigung der Mietsache durch die genannten Personen einschließlich insbesondere des Untermieters verpflichtet folglich den Mieter zum Schadensersatz (§§ 280 Abs 1, 540 Abs 2 BGB). Darunter können auch vorsätzliche schädigende Handlungen des Dritten fallen, zB eine von dem Untermieter begangene Brandstiftung (BGH 17. 10. 1990 – VIII ZR 213/89, BGHZ 112, 307, 309 f = NJW 1991, 489; OLG München NJW-RR 1987, 727; OLG Düsseldorf NJW-RR 1997, 1097) oder die Unterschlagung der Mietsache durch den Untermieter (OLG Düsseldorf ZMR 2017, 559). *Anders* verhält es sich nur, wenn der Dritte unzurechnungsfähig ist (LG Berlin WuM 1995, 395) oder wenn die von ihm begangene unerlaubte Handlung in keinem Zusammenhang mehr mit dem Mietgebrauch steht (§§ 276 Abs 1 S 2, 278, 827 BGB). Gegebenenfalls kann der Vermieter ferner nach § 543 Abs 2 Nr 2 BGB wegen des Verhaltens des Untermieters kündigen (zu eng bei einem Wasserschaden zB AG Berlin-Charlottenburg ZMR 2019, 506 mit krit Anm AGATSY). Außerdem kann der Mieter aus **Mängeln**, die der Untermieter zu vertreten hat, keine Rechte gegenüber dem Vermieter herleiten (§§ 540 Abs 2, 326 Abs 2, 278 BGB; RGZ 158, 363, 367 f).

Auf den Fall, dass die Polizei einen **Obdachlosen** in seine bisherige Wohnung nach Kündigung des Mietvertrages vorübergehend wieder **einweist**, kann § 540 Abs 2 BGB *nicht,* auch nicht entsprechend angewandt werden (BGHZ 131, 163, 165 = NJW 1996, 315; BGH 21. 12. 2005 – III ZR 148/05, NZM 2006, 267 = NJW-RR 2006, 802, 803 Tz 8 f). Denn die einweisende Behörde überlässt nicht iS des § 540 Abs 1 BGB mit der Einweisung einen ihr zustehenden Gebrauch einem Dritten, dem Obdachlosen, sondern wird lediglich zur Gefahrenabwehr tätig, sodass sich die Entschädigung des Eigentümers allein nach den Polizeigesetzen der Länder richtet. **59**

Ist die **Gebrauchsüberlassung** mangels Erlaubnis des Vermieters **unberechtigt**, so liegt bereits in der Überlassung des Gebrauchs an den Dritten eine schuldhafte **Vertragsverletzung**, die den Mieter für die daraus entstehenden Schäden ersatzpflichtig macht, ohne Rücksicht darauf, ob er diese selbst zu vertreten hat, da sich das Vertretenmüssen nur auf die Vertragsverletzung zu beziehen braucht (§§ 276, 280 BGB). Diese „Zufallshaftung" entfällt nur mangels Kausalität der Vertragsverletzung, wenn der Mieter nachzuweisen vermag, dass der Schaden auch ohne Gebrauchsüberlassung an den Dritten entstanden wäre (Mot II 397). **60**

VII. Die Übertragung der Mieterrechte

1. Abtretung

Von den in § 540 BGB geregelten Fällen muss der Fall unterschieden werden, dass der Mieter seine Rechte aus dem Mietvertrag auf einen Dritten überträgt. In Betracht kommen vor allem die Abtretung der Mieterrechte (u Rn 62 f) sowie der Eintritt eines Dritten anstelle oder neben dem Mieter in den Mietvertrag (u Rn 64 ff). **61**

62 Aus den Grundgedanken des § 540 BGB (s oben Rn 1) wird allgemein der Schluss gezogen, dass auf die Abtretung der Mieterrechte aus § 535 BGB die §§ 399 und 540 BGB entsprechend anzuwenden sind. Die Abtretung ist folglich nur mit **Zustimmung des Vermieters** möglich; bei grundloser Verweigerung der Zustimmung zu der Abtretung hat der Mieter jedoch das **Kündigungsrecht** des § 540 Abs 1 S 2 BGB (RG JW 1911, 487 Nr 7; 1931, 2946, 2947; OGHZ 3, 298 = NJW 1950, 502; BGH LM Nr 13 zu § 399 BGB = NJW 1972, 2036; LM Nr 34 zu § 399 BGB = NJW-RR 1994, 558; 2. 2. 2003 – XIII ZR 34/02, NJW 2003, 2987 = NZM 2003, 716, 717). Anwendbar ist außerdem § 553 Abs 1 BGB.

63 Da die Zustimmung des Vermieters zur Abtretung der Mieterrechte (§ 399 BGB) auch schon *im Voraus* erklärt werden kann, können die Mieterrechte vertraglich partiell oder ganz **abtretbar** ausgestaltet werden. Sinnvoll ist das etwa bei der Fahrnismiete und beim Leasing. Nur soweit die Mieterrechte danach abtretbar sind, sind sie zugleich **pfändbar** (§ 851 ZPO; KG NJW 1968, 1882 f; OLG Düsseldorf NJW 1988, 1676; Emmerich PiG 70 [2005] 95, 97).

2. Eintritt eines neuen Mieters*

a) Erscheinungsformen

64 Von der bloßen Abtretung einzelner Mieterrechte (o Rn 61 f) muss der Eintritt eines neuen Mieters neben oder an Stelle des bisherigen Mieters in den Mietvertrag unterschieden werden. Man spricht dann von **Vertragsübernahme** oder **Vertragsbeitritt**. Eine gesetzliche Regelung fehlt. Nach heute überwiegender Meinung kommen gemäß § 311 Abs 1 BGB verschiedene Konstruktionen in Betracht (s Emmerich PiG 70 [2005] 95, 98 ff; Eisenschmid PiG 52 [1997] 77; Staudinger/Busche [2017] Einl 196 ff zu § 398). Hervorzuheben sind die Ersetzung des alten Vertrags durch einen neuen, ein Vertragsabschluss zwischen zwei Beteiligten unter Zustimmung des dritten Teils (u Rn 66) sowie ein dreiseitiger Vertrag zwischen allen drei Beteiligten (u Rn 69). Was jeweils anzunehmen ist, hängt allein von den Abreden der Parteien ab (BGHZ 137, 255, 259 = NJW 1998, 531). Von diesen drei Möglichkeiten bedarf keiner näheren Betrachtung der Fall, dass die Beteiligten einfach den alten Vertrag aufheben und an dessen Stelle einen **neuen abschließen**.

65 Dieser Weg steht ihnen immer frei; er hat jedoch den Nachteil, dass die **Identität** des Vertrags verloren geht (s Emmerich PiG 70 [2005] 95, 98 ff; Palandt/Weidenkaff Rn 20). Deren Aufrechterhaltung kann jedoch für die Parteien wichtig sein, etwa unter dem

---

* **Schrifttum**: Bartels, Der vertragliche Schuldbeitritt im Gefüge gegenseitiger Dauerschuldverhältnisse (2003); P Behrens, Beteiligung mehrerer Mieter (1989) 217; vBressendorf, Schönheitsreparaturklauseln bei der Nachmiete, ZMR 2019, 3; Eisenschmid, Der Mieterwechsel als dreiseitiger Vertrag, in: Der Mieterwechsel, PiG 52 (1997) 77; ders, Vorzeitiges Ausscheiden des Mieters und Stellung eines Ersatzmieters, in: Mieterwechsel, Mietpreisrecht und Altschuldenhilfe in den neuen Ländern, PiG 53 (1997) 27; Emmerich, Die Anfechtung der Vertragsübernahme, JuS 1998, 495; ders, Der Wechsel des Mieters im laufenden Mietverhältnis, in: Mietparteien und ihr Wechsel, PiG 70 (2005) 95; Pieper, Vertragsübernahme und Vertragsbeitritt (1963) 184; M Schmid, Rechtsgeschäftlicher Mieter- und Vermieterwechsel, WuM 2013, 643; Sonnenschein, Kündigungsprobleme bei Rechtsnachfolge, in: Rechtsnachfolge in Mietverhältnis, PiG 37 (1993) 95; Sternel, Rechtsgeschäftliche Nachfolge im Mietverhältnis, PiG 37 (1993) 47.

Gesichtspunkt des Ablaufs von Kündigungsfristen, Optionsfristen oder Fristen für eine Mieterhöhung, weiter, um sich die Rechte aus einer Mietsicherheit zu erhalten oder um eine etwa erforderliche erneute Genehmigung des Vertrags zu erübrigen (Emmerich PiG 70 [2005] 95, 98 f). Kommt es ihnen darauf an, so müssen sie einen der beiden anderen erwähnten Wege für eine Vertragsübernahme wählen (s Rn 66 ff), dh entweder einen Vertrag zwischen zwei Beteiligten mit Zustimmung des dritten oder einen dreiseitigen Vertrag zwischen allen drei Beteiligten. Welchen Weg die Beteiligten auch immer wählen, in jedem Fall handelt es sich um ein **einheitliches Rechtsgeschäft**, dessen Zulässigkeit – trotz fehlender gesetzlicher Regelung – auf dem Boden der Vertragsfreiheit außer Frage steht (§ 311 Abs 1 BGB, zB zuletzt BGH 12. 7. 2017 – XII ZR 26/16, BGHZ 215, 236, 241 f Rn 17 = NZM 2017, 847; OLG Saarbrücken 10. 1. 2018 – 5 U 5/17, ZMR 2018, 588, 589). Im Einzelnen gilt folgendes:

Der alte Mieter kann zunächst mit dem neuen Mieter **mit Zustimmung des Vermieters** einen Vertrag des Inhalts abschließen, dass der neue Mieter anstelle des alten in den Mietvertrag eintreten soll (§ 311 Abs 1 BGB; BGHZ 72, 394, 396 = NJW 1979, 369; BGHZ 96, 302, 308 ff = NJW 1986, 918; BGHZ 137, 255, 259 = NJW 1998, 531; OLG Düsseldorf ZMR 1988, 304, 306; 2008, 122; OLG Saarbrücken GE 2014, 1271). In dem Vertrag können der alte und der neue Mieter beliebige Abreden über die Abwicklung ihres Verhältnisses treffen, zB in Gestalt der Übernahme der Renovierungspflicht des alten Mieters durch den neuen (s o § 535 Rn 115a; viel enger dagegen offenbar BGH 22 8. 2018 – VIII ZR 277/16, NJW 2018, 3362 = NZM 2018, 863; dagegen vBressendorf ZMR 2019, 3; Zehelein NZM 2018, 865). Die Zustimmung des Vermieters stellt eine einseitige empfangsbedürftige Willenserklärung im Sinne der §§ 182 bis 184 BGB dar (s Emmerich JuS 1998, 495, 496 f). Ihre **Anfechtung** durch die Vermieter nach den §§ 119, 120, 123 BGB muss *gegenüber beiden* anderen Beteiligten erklärt werden (§ 143 Abs 1 und 2 BGB), woraus die Rechtsprechung folgert, dass der Anfechtungsgrund gleichfalls im Verhältnis zu *beiden* anderen Beteiligten vorliegen muss (BGHZ 137, 255, 260 ff = NJW 1998, 531; OLG Düsseldorf GE 2005, 865; str, s Emmerich JuS 1998, 495, 496 f; ders in: Mietparteien und ihr Wechsel, PiG 70 [2005] 95, 104 f). Im Einzelfall kann auch ein **Anspruch** des Mieters auf Zustimmung des Vermieters zu dem Mieterwechsel bestehen (s § 537 Rn 17, Rn 20 ff). Statt der Vereinbarung einer Vertragsübernahme zwischen dem alten und dem neuen Mieter mit Zustimmung des Vermieters ist auch die Vereinbarung der Vertragsübernahme zwischen dem Vermieter und einem der Mieter mit **Zustimmung** des **anderen Mieters** möglich (BGH 20. 4. 2005 – XII ZR 29/02, NZM 2005, 584 = ZMR 2005, 616; OLG Celle ZMR 2008, 120 f = NZM 2008, 488).

Umstritten waren lange Zeit die mit einer Vertragsübernahme durch zweiseitigen Vertrag mit Zustimmung des Dritten zusammenhängenden **Formfragen** (s Eisenschmid PiG 52 [1997] 77, 82 f; Emmerich PiG 70 [2005] 95, 103 f). Geht man von dem Regelfall eines Vertrages zwischen dem alten und dem neuen Mieter mit Zustimmung des Vermieters aus, so stellt sich zunächst die Frage nach der Formbedürftigkeit des Vertrages zwischen den beiden Mietern, wenn der Mietvertrag noch länger als ein Jahr laufen soll (§ 550 BGB): Mit Rücksicht auf den Umstand, dass es sich hier um eine bloße Rechtsnachfolge handelt, ist die Frage der Formbedürftigkeit dieser Vereinbarung früher vielfach verneint worden. Jedoch stellt der Eintritt eines neuen Mieters anstelle des alten Mieters oder neben diesem eine so wesentliche Vertragsänderung dar, dass **§ 550 BGB** zumindest **entsprechend** anwendbar ist (BGHZ 65, 49, 52 = NJW 1975, 1653; BGHZ 72, 394, 397 f = NJW 1979, 369; BGH LM Nr 251 zu § 242 [Cd] BGB =

WM 1984, 93; 16. 2. 2005 – XII ZR 162/01, ZMR 005, 433 = NZM 2005, 340, 341; 30. 1. 2013 – XII ZR 38/12, NJW 2013, 1083 Tz 21 f = NZG 2013, 430 = NZM 2013, 269; OLG Düsseldorf GE 2010, 980 = ZMR 2010, 756; Behrens, Beteiligung 230 f; Pieper, Vertragsübernahme 204 ff). Es genügt aber, wenn der Eintrittsvertrag auf den ursprünglichen Mietvertrag *Bezug nimmt* (BGH LM Nr 31a zu § 566 BGB = NJW 1998, 62; 16. 2. 2005 – XII ZR 162/01, NZM 2005, 340, 341 = ZMR 2005, 933; OLG Celle ZMR 2008, 120, 121 = NZM 2008, 488; OLG Düsseldorf GE 2010, 980 = ZMR 2010, 756).

68 Davon zu trennen ist die Frage nach der Formbedürftigkeit der **Zustimmung des Vermieters** zu der Vertragsübernahme (s oben Rn 66 sowie u § 550 Rn 7). Sie beurteilt sich nach § 182 Abs 2 BGB, sodass § 550 BGB keine Anwendung findet (BGHZ 154, 171, 179 f = NJW 2003, 2158, 2160; BGHZ 160, 97, 104 = NJW 2004, 2962; BGH NJW-RR 2005, 958, 959 = NZM 2005, 584; NJW 2013, 1083 Tz 21 f = NZG 2013, 430 = NZM 2013, 269; ebenso für eine vereinbarte Schriftform BGH LM Nr 9 zu § 127 BGB = DtZ 1996, 56; OLG Düsseldorf ZMR 1988, 304, 306; 2008, 122, 123; OLG Celle ZMR 2008, 120, 121 = NZM 2008, 488; Behrens, Beteiligung 231; Pieper, Vertragsübernahme 205 f; Eb Wagner JuS 1997, 690, 694; anders Eisenschmid PiG 52 [1997] 77, 82 f; Sternel PiG 37 [1993] 47, 51). Die Folge ist vor allem, dass die Zustimmung des Vermieters, durchaus sachgerecht, auch **konkludent** erklärt werden kann (BGH WuM 2010, 365 Tz 10 = NZM 2010, 471).

69 Daneben kommt als weiterer Weg für den Eintritt eines neuen Mieters das vertragliche Zusammenwirken *aller* drei *Beteiligten* in Betracht. Erforderlich ist hier ein **dreiseitiger Vertragsabschluss**, für den ebenfalls § 550 BGB gilt (BGHZ 72, 394, 397 f = NJW 1979, 369; BGHZ 95, 98, 93 f = NJW 1985, 2528; BGHZ 96, 302, 308 ff = NJW 1986, 918; BGHZ 137, 255, 259 = NJW 1998, 531; BGH 20. 4. 2005 – XII ZR 29/02, ZMR 2005, 610 = NZM 205, 584; Pieper, Vertragsübernahme 199 ff; dagegen Dörner NJW 1986, 2916, 2918). Für die Einhaltung der **Schriftform** (§ 550 BGB) genügt es in diesem Fall, wenn der dreiseitige Vertrag mit dem ursprünglichen Mietvertrag körperlich verbunden wird (BGH GE 2008, 195, 196 Tz 24) oder auch nur auf diesen Bezug nimmt. Die *Folge* des Vertrags ist, dass der **alte** Mieter aus dem Vertrag **ausscheidet** und an seine Stelle ein neuer Mieter tritt (s Rn 72 ff).

70 Auf dieselbe Weise (o Rn 66 und Rn 69) ist schließlich auch der **Beitritt eines neuen Mieters** *neben* dem *alten* Mieter zu dem Mietverhältnis möglich (BGH 13. 7. 2005 – VIII ZR 255/04, NJW 2005, 2620, 2621 = NZM 2005, 659 = WuM 2005, 570). Es kommen also gleichermaßen ein **dreiseitiger** Vertrag aller Beteiligten wie ein **zweiseitiger Vertrag** mit Zustimmung des dritten Beteiligten in Betracht (OLG Celle ZMR 2008, 120 = NZM 2008, 488). Für derartige Abreden gilt wiederum § **550 BGB** (s § 550 Rn 29a; BGHZ 65, 49 = NJW 1975, 1653, 1654; BGHZ 72, 394, 397 f = NJW 1979, 369; BGH 4. 12. 1997 – VII ZR 187/96, NJW-RR 19 98, 594 = LM Nr 31 zu § 649 BGB; NZM 2005, 659 = WuM 2005, 570). Wählen die Beteiligten den Weg eines *zweiseitigen* Vertrages mit *Zustimmung* des dritten Beteiligten, so ist die **Schriftform** (§ 550 BGB) gewahrt, wenn der Beitrittsvertrag auf den ursprünglichen Mietvertrag Bezug nimmt. Die Zustimmung des dritten Beteiligten ist auch hier formlos möglich (OLG Celle ZMR 2008, 120 = NZM 2008, 488).

71 Wenn die Schriftform für den Beitrittsvertrag nicht beachtet wird, besteht das **Kündigungsrecht aus § 550 BGB** nur im Verhältnis des Vermieters zu dem beitretenden neuen Mieter, während der Vertrag mit dem alten Mieter von einer etwaigen Kündigung nicht berührt wird (BGH 2. 7. 1975 – VIII ZR 223/73, BGHZ 65, 49 = NJW 1975, 1653,

1654; OLG Köln 4. 10. 2019 – 1 U 83/18, ZMR 2020, 100 20, 27; LG Berlin GE 2008, 479). Die beiden Mieter werden **Gesamtschuldner**, freilich nur für die *neuen* Mietschulden der Beteiligten nach dem Beitritt des neuen Mieters, während für die *alten* Mietschulden nur der alte Mieter forthaftet, sofern nicht die Beteiligten ausnahmsweise etwas anderes vereinbaren (s Rn 72). Die Haftung des alten Mieters endet außerdem, wenn der Mietvertrag mit dem neuen Mieter aufgehoben oder wesentlich geändert wird (RGZ 102, 398, 399 f; Niendorff, Mietrecht 293 ff).

b) Rechtsfolgen
In den genannten Fällen (o Rn 66–70) ist im Falle des **Mieterwechsels** im Zweifel **72** anzunehmen, dass der **alte Mietvertrag** mit dem neuen Mieter unverändert **fortgesetzt** werden soll, sodass auch für die Garantiehaftung des Vermieters aus § 536a Abs 1 Fall 1 BGB weiterhin auf den Zeitpunkt des Vertragsabschlusses mit dem *alten* Mieter abzustellen ist (BGH LM Nr 21a zu § 535 = ZMR 1960, 77; LM Nr 4 zu § 437 BGB = NJW 1970, 556; WM 1963, 217, 218; 1967, 796, 797; Betrieb 1978, 1690 = WM 1978, 1017; OLG Düsseldorf ZMR 2011, 869; s Eisenschmid PiG 52 [1997] 77, 87 ff; Emmerich PiG 70 [2005] 95, 105 ff). Der neue Mieter haftet nicht ohne Weiteres für die Verbindlichkeiten des alten Mieters; solche **Haftung** kommt vielmehr nur aufgrund besonderer Abreden in Betracht (s Rn 70; BGHZ 137, 255, 265 = NJW 1998, 531; BGH LM Nr 9 zu § 559 BGB [Bl 2 f] = NJW 1995, 1350, 1351; OLG Frankfurt WuM 1988, 13; OLG Düsseldorf GE 2003, 183; LG Berlin GE 1990, 1085 = WuM 1991, 675; Bartels, Der vertragliche Schuldbeitritt, 82 ff; Sternel PiG 37 [1993] 47, 51 f; Pieper, Vertragsübernahme 215 f). Das gilt insbesondere auch, wenn die Parteien den Weg eines *dreiseitigen* Vertragsschlusses wählen; abweichende Abreden der Beteiligten sind aber in jeder Richtung möglich (§ 311 Abs 1 BGB; BGHZ 65, 49, 52 f = NJW 1975, 1653; BGH LM Nr 16 zu § 581 BGB = MDR 1985, 90; Betr 1960, 233; 1970, 441; WM 1970, 195, 196; BAG NJW 1973, 822; OLG Brandenburg DtZ 1996, 323, 326).

Eine **Bürgschaft**, die ein Dritter für die Forderungen des Vermieters gegen den alten **73** Mieter übernommen hat, erstreckt sich nach dem Mieterwechsel nicht automatisch auf die Forderungen des Vermieters gegen den neuen Mieter, während eine **Kaution** in der Regel bei dem Vermieter verbleiben wird. Eine **Vertragsverletzung**, derer sich der alte Mieter schuldig gemacht hatte, braucht sich der neue grundsätzlich nicht zurechnen zu lassen; für eine Anwendung des § 278 BGB ist hier kein Raum. Hatte der alte Mieter die Miete **gemindert**, so hat es dabei auch nach dem Mieterwechsel sein Bewenden, bis der Mangel behoben wird (s Eisenschmid PiG 52 [1997] 77, 89 f; Emmerich PiG 70 [2005] 95, 106 f).

Besondere Probleme wirft bei einem Mieterwechsel die **Verjährungsfrage** auf, da **74** offenkundig weder Abs 1 noch Abs 2 des § 548 BGB auf diesen Fall zugeschnitten ist. Daher kommt hier gleichermaßen für die Verjährung der Ansprüche des Vermieters gegen den alten Mieter wie für die Verjährung der Ansprüche des alten Mieters auf Aufwendungsersatz und Gestattung der Wegnahme gegen den Vermieter nur eine entsprechende Anwendung des § 548 Abs 1 und 2 BGB in Betracht, wobei jeweils auf den **Zeitpunkt des Mieterwechsels** abzustellen ist (s unten § 548 Rn 31; Blank NJW 2014, 1985, 1988; Eisenschmid PiG 52 [1997] 77, 92; Emmerich PiG 70 [2005] 95, 107 f).

3. Unternehmensbezogene Verträge mit Einzelkaufleuten*

75 Von unternehmensbezogenen Verträgen spricht man, wenn für den Vermieter weniger die Person des Mieters als das von diesem in den gemieteten Räumen betriebene Geschäft oder Unternehmen bei Abschluss des Mietvertrages im Vordergrund steht. Daraus können sich im Einzelfall Erleichterungen bei dem Mieterwechsel ergeben. Grundsätzlich gilt aber auch hier, dass, wenn ein Einzelkaufmann sein Geschäft in gemieteten Räumen betreibt, im Falle der Veräußerung des Geschäfts der Eintritt des Erwerbers in den Mietvertrag ebenso wie sonst (o Rn 64 ff) **nur mit Zustimmung** des Vermieters möglich ist. Die **Zustimmung** des Vermieters zu dem Eintritt des Geschäftserwerbers in den Mietvertrag kann freilich ohne weiteres auch schon *im Voraus* im Mietvertrag erklärt werden, sodass dann der Eintritt des Geschäftserwerbers in den Mietvertrag nicht erneut der Zustimmung des Vermieters bedarf. Ob dies der Fall ist, ist allein eine Frage der Vertragsauslegung im Einzelfall (§§ 133, 157 BGB). Erst in diesem Rahmen spielt dann die Frage, ob es sich um einen *unternehmensbezogenen* Mietvertrag handelt, eine Rolle, weil bei derartigen Verträgen häufiger als sonst die Annahme einer zumindest konkludenten Zustimmung des Vermieters zu dem Eintritt des Erwerbers in den laufenden Mietvertrag nahe liegt (§§ 157, 242 BGB; OGHZ 3, 298 = NJW 1950, 502, 503; BGH 21. 12. 1966 – VIII ZR 195/64, LM Nr 17 zu § 705 BGB = NJW 1967, 821; LG Düsseldorf NJW 1962, 1016; Emmerich PiG 70 [2005] 95, 102 f; Sonnenschein PiG 20 [1985] 69, 83 ff).

76 Aber es gibt *keine Regel,* dass jeder Mietvertrag mit einem Kaufmann in diesem Sinne unternehmensbezogen ist. Fehlt es daran, so ist – entgegen einer verbreiteten Meinung im Handelsrecht (s insbesondere Lieb, Haftung für Verbindlichkeiten; K Schmidt, in: FS Medicus 555; ders, in: Gedschr Sonnenschein 497) – auch *kein* Raum für eine entsprechende Anwendung der §§ 25 und 28 HGB, sodass es bei der Notwendigkeit der *Zustimmung* des Vermieters zu dem Mieterwechsel im Falle der Geschäftsveräußerung bleibt (BGH 25. 4. 2001 – XII ZR 43/99, LM Nr 19 zu § 549 BGB [Bl 1 R f] = NJW 2001, 2251; dazu Emmerich, in: Mietparteien und ihr Wechsel, PiG 70 [2005] 95; ders JuS 2001, 918; Guhling/Günter/Guhling Rn 14). Zustimmungsbedürftig sind außerdem, weil die Person des Mieters wechselt, die **Aufnahme eines Gesellschafters** in das bisherige einzelkaufmännische Geschäft, das in die neue Gesellschaft eingebracht wird (BGH 25. 4. 2001 – XII ZR 43/99, LM Nr 19 zu § 549 BGB [Bl 1 R f] = NJW 2001, 2251; 10. 6. 1958 – VIII ZR 135/57, LM Nr 55 zu § 242 [Cd] BGB = ZMR 1959, 8, 9; 21. 12. 1966 – VIII ZR 195/64, LM Nr 17 zu § 705 BGB = NJW 1967, 821), die **Einbringung des Geschäfts** in eine schon bestehende Personen- oder Kapitalgesellschaft (RG JW 1931, 2946, 2947; KG NJW-RR 2007, 590; NZM 2009, 435, 436 = ZMR 2009, 199), ferner die Veräußerung des Geschäfts einer Gesellschaft an einen Einzelkaufmann (RG JW 1931, 2946) sowie schließlich die Gründung einer juristischen Person durch die Gesellschafter einer Personengesellschaft, der die Gesellschafter anschließend den

---

* **Schrifttum**: P Behrens, Beteiligung mehrerer Mieter (1989) 222; Beuthien NJW 1993, 1737; Emmerich, in: Mietparteien und ihr Wechsel, PiG 70 (2005) 95; Häublein, Die Gesellschaft bürgerlichen Rechts im Mietrecht, in: Mietparteien und ihr Wechsel, PiG 70 (2005) 39; Lieb, Die Haftung für Verbindlichkeiten aus Dauerschuldverhältnissen bei Unternehmensübergang (1992); Oetker, Das Dauerschuldverhältnis und seine Beendigung (1994); K Schmidt, in: FS Medicus (1999) 555; ders, in: Gedschr Sonnenschein (2003) 497; Sonnenschein, in: Gestaltung von Mietverträgen, PiG 20 (1985) 69, 81 ff; Weitemeyer, in: Gedschr Sonnenschein (2003) 432 = ZMR 2004, 153.

Gebrauch der gemieteten Sache überlassen (anders freilich für den Fall der völligen Identität der Gesellschafter BGH 22. 1. 1955 – VI ZR 70/53, LM Nr 2 zu § 553 BGB = NJW 1955, 1066).

4. Verträge mit Gesellschaften

Wenn eine Außengesellschaft Mieterin ist, bleiben **gesellschaftsinterne Vorgänge**, die keinen Einfluss auf die Identität der Gesellschaft besitzen, *ohne* Einfluss auf den Mietvertrag (BGHZ 93, 29, 38 = NJW 1985, 623; OLG Düsseldorf MDR 1989, 641; BÖRSTINGHAUS, in: Mietparteien und ihr Wechsel, PiG 70 [2005] 65, 71 f; HÄUBLEIN, in: Mietparteien und ihr Wechsel, PiG 70 [2005] 39, 47 ff; KRAEMER NZM 2002, 465 = WuM 2002, 459; LIEB, Haftung für Verbindlichkeiten; K SCHMIDT, in: FS Medicus 555; ders, in: Gedschr Sonnenschein 497; SICK ZMR 2011, 438; SONNENSCHEIN, in: Gestaltung von Mietverträgen, PiG 20 [1985] 69, 81 ff; WEITEMEYER, in: Gedschr Sonnenschein 431 = ZMR 2004, 153). Das gilt gleichermaßen für den **Ein- und Austritt** von Gesellschaftern wie für sämtliche Formen der **Umwandlung** und der **Verschmelzung**, da in allen diesen Fällen, sofern nicht schon die Identität der Gesellschaft unverändert bleibt, zumindest *Gesamtrechtsnachfolge* angeordnet ist (BGHZ 150, 365, 367 f = NJW 2002, 2168; BGH WM 1962, 10; 1975, 99, 100; 27. 11. 2009 – LwZR 15/09, NZG 2010, 314 = NZM 2010, 280 Rn 17, 19; GUHLING/GÜNTER/GUHLING Rn 12 f; K SCHMIDT, in: Gedschr Sonnenschein 497, 512). Für eine Anwendung der Vorschrift des § 540 BGB ist daher in den genannten Fällen kein Raum (s schon o Rn 4); sodass zB weder die **Änderung der Rechtsform** einer Personengesellschaft noch ihre **Umwandlung** in eine GmbH nach dem UmwG der Zustimmung des Vermieters bedürfen (BGH WM 1962, 10; 1975, 99, 100; 21. 12. 1966 – VIII ZR 195/64, LM Nr 17 zu § 705 BGB = NJW 1967, 281; 27. 11. 2009 – LwZR 15/09, NZG 2010, 314 Tz 17, 19 = NZM 2010, 280; OLG Düsseldorf BB 1992, 2173 = GmbHR 1993, 222; GUHLING/GÜNTER/GUHLING Rn 12 f). Abweichende Vereinbarungen sind nicht möglich, wenn und soweit die Regelungen des UmwG zwingendes Recht darstellen (WINDORFER NZM 2018, 14, 17).

77

Für den eigentlich kritischen Fall der **Ausgliederung eines Unternehmens** aus dem Vermögen eines Einzelkaufmanns gilt mit Rücksicht auf die §§ 152, 155 und 131 UmwG nichts anderes (KG NJW-RR 2007, 590, 591; OLG Karlsruhe NZM 2009, 84 = NJW-RR 2008, 1698; K SCHMIDT, in: FS Medicus 555, 569 ff), sofern man nicht im Einzelfall zum Schutze des Vermieters gegen eine für ihn unzumutbare Veränderung auf der Seite des Mieters § 543 Abs 1 und Abs 2 Nr 2 BGB unmittelbar oder entsprechend anwendet (s K SCHMIDT, in: Gedschr Sonnenschein 497, 510 ff). Zu einem Mieterwechsel ohne Mitwirkung des Vermieters kommt es nach dem Gesagten ferner etwa im Falle der **Übertragung sämtlicher Gesellschaftsanteile** an einer Personengesellschaft auf einen oder mehrere Erwerber sowie bei **Ausscheiden** aller Gesellschafter bis auf einen, da in allen genannten Fällen heute (analog § 140 Abs 1 S 2 HGB) *Gesamtrechtsnachfolge* angenommen wird, sodass das Gesellschaftsvermögen (einschließlich der bestehenden Verträge) auf den oder die neuen Inhaber oder Gesellschafter übergeht (KG NJW-RR 2007, 590, 591; K SCHMIDT, in: Gedschr Sonnenschein 497, 505 f; SICK ZMR 2011, 438). Ebenso verhält es sich schließlich bei **Auflösung** einer Personengesellschaft, zB durch den Tod eines Gesellschafters (§ 727 BGB; § 131 Abs 3 Nr 1 HGB); der Vertrag wird mit der fortbestehenden Gesellschaft (§ 730 Abs 2 BGB), in die die Erben eintreten, fortgesetzt (OLG Brandenburg NZG 2008, 506, 507).

78

Das Gesagte gilt heute seit Anerkennung der partiellen Rechtsfähigkeit der **BGB-Außengesellschaft** auch für den Gesellschafterwechsel bei einer derartigen

79

Gesellschaft, und zwar gleichgültig, ob die Gesellschaft die Rolle des Vermieters oder des Mieters einnimmt: In jedem Fall bleibt ein Gesellschafterwechsel wegen der weitgehenden Verselbständigung der BGB-Außengesellschaft gegenüber den Gesellschaftern ohne Einfluss auf einen von der Gesellschaft abgeschlossenen Mietvertrag, sodass der Wechsel *nicht* der Zustimmung des Vertragspartners des Mietvertrages bedarf (BGHZ 138, 82, 84 ff = NJW 1998, 1220 m Anm EMMERICH LM Nr 38 zu § 571 BGB; BGHZ 140, 157, 177 f = NJW 1999, 715; BGHZ 146, 341, 345 = NJW 2001, 1056; BGH LM Nr 19 zu § 549 BGB [Bl 2] = NJW 2001, 252; NZM 2002, 271 = NJW 2002, 1207 = NZG 2002, 322; NZG 2003, 119 Nr 2; 14. 9. 2005 – VIII ZR 117/04, WuM 2005, 791; 27. 6. 2007 – VIII ZR 271/06, NJW 2007, 2845 Tz 11, 17 = NZM 2007, 679; BAG NZG 2005, 264, 265; wegen der Einzelheiten s JACOBS NZM 2008, 111; JACOBY ZMR 2002, 409, HÄUBLEIN PiG 70 [2005] 39; KRAEMER NZM 2002, 465; SICK ZMR 2011, 438; WEITEMEYER, in: Gedschr Sonnenschein 432). Auf die **BGB-Innengesellschaft** sind diese Regeln nicht übertragbar, sodass bei dieser im Außenverhältnis zu der anderen Vertragspartei dieselben Regeln wie bei einer Mehrheit von Vermietern oder Mietern gelten (s o Vorbem 111 und 117 zu § 535; HÄUBLEIN PiG 70, 60 ff).

80 Die Vertragspraxis hat auf die geschilderte Rechtslage (s Rn 73 ff) mit der zunehmenden Verbreitung sogenannter **Change of Control-Klauseln** reagiert, nach denen der Vermieter bei einem Wechsel der Gesellschafter der Mieterin ein **Kündigungsrecht** haben soll; auch Informationspflichten oder **Zustimmungsvorbehalte** kommen vor. Solche Klauseln können jedoch wegen ihrer einschneidenden Wirkungen *nur in engen Grenzen* anerkannt werden (§§ 138, 307 BGB; BGHZ 93, 29, 38 ff = NJW 1985, 623; A DISPUT NZM 2008, 305; 2010, 886, 887; JACOBS NZM 2008, 111, 116 f; JACOBY ZMR 2001, 409, 413; MIELKE/NGUYEN-VIET Betrieb 2004, 2515, 2517 ff; WINDORFER NZM 2018, 14). Sie sollten maW grundsätzlich allein in **Individualvereinbarungen** zugelassen werden und auch dies nur in Fallgestaltungen, in denen der Vermieter bei Abwägung der beiderseitigen Interessen ein *legitimes Interesse* an der Klausel hat (§§ 138, 242 und 307 BGB), zB beim Abschluss eines Mietvertrages mit einer Wohngemeinschaft (s Rn 76 ff) sowie in vergleichbaren Fallgestaltungen (A DISPUT NZM 2008, 305, 307 f; JACOBS NZM 2008, 111, 116 f; JACOBY ZMR 2001, 409, 413). Dagegen wird solches Interesse bei Abschluss des Vertrages mit einer **Unternehmensgesellschaft** in der Regel fehlen, weil hier jeder Vermieter mit einem Gesellschafterwechsel rechnet und rechnen muss (§ 138 Abs 1 BGB; A DISPUT NZM 2008, 305, 307 f); im Regelfall sollte hier das Kündigungsrecht des Vermieters nach § 543 Abs 1 und Abs 2 Nr 2 BGB vollauf ausreichen, um den Interessen der Beteiligten gerecht zu werden.

81 Auf die **Erbengemeinschaft** sind – mangels Rechtsfähigkeit – die Regeln über Außengesellschaften nicht übertragbar (BGH 11. 9. 2002 – XII ZR 187/00, NJW 2002, 3389, 3390 f = NZM 2002, 950 = WuM 2002, 601; 17. 10. 2006 – VIII ZR 94/05, NJW 2006, 3715 = NZM 2006, 944, 955 Tz 7). Die Erbengemeinschaft bleibt vielmehr – mangels Handlungsfähigkeit im Rechtsverkehr – eine gesamthänderisch verbundene Personenmehrheit, der mit dem Nachlass ein Sondervermögen zugeordnet ist (BGH 11. 9. 2002 – XII ZR 187/00, NJW 2002, 3389, 3390 f = NZM 2002, 950 = WuM 2002, 601; 17. 10. 2006 – VIII ZR 94/05, NJW 2006, 3715 = NZM 2006, 944, 955 Tz 7). Dies bedeutet, dass Vermieter oder Mieter immer sämtliche Miterben in ihrer gesamthänderischen Verbundenheit sind (§§ 2038, 2040 BGB), soweit nicht *Sonderrechtsnachfolge* bei der Wohnraummiete auf der Seite des Mieters nach den §§ 563 bis 564 BGB angeordnet ist.

5. Wohngemeinschaften*

Als Wohngemeinschaften bezeichnet man lockere Zusammenschlüsse mehrerer Personen zwecks gemeinsamer Nutzung einer Wohnung oder eines Hauses (s zB LG Berlin GE 2013, 1068, 1069; 2013, 1338; BUB/TREIER/J EMMERICH, Hdb Rn II 583). Eine Mindestgröße besteht nicht, sodass auch zwei Personen eine Wohngemeinschaft bilden können (LG Karlsruhe WuM 1997, 429). Wie sich bei derartigen Wohngemeinschaften der in der Regel von Anfang an ins Auge gefasste **Mieterwechsel** vollzieht, hängt in erster Linie von der von den Parteien gewählten rechtlichen Konstruktion ab. In Betracht kommen insbesondere die so genannte Untermietlösung (s Rn 83) sowie gesellschaftsrechtliche Konstruktionen, wobei sowohl die Bildung einer Außengesellschaft als auch die einer bloßen Innengesellschaft der Mitglieder der Wohngemeinschaft vorstellbar sind (Rn 85 ff). 82

Die **Untermietlösung** ist dadurch charakterisiert, dass *nur ein Mieter* den *Hauptmietvertrag* mit dem Vermieter abschließt, wobei ihm zugleich die Bildung einer Wohngemeinschaft mit mehreren Untermietern gestattet wird. In diesem Fall finden die **§§ 540 und 553 BGB** unmittelbare Anwendung (EISENSCHMID PiG 31 [1993] 21, 27), sodass der Wechsel der Untermieter grundsätzlich der **Zustimmung** des Vermieters bedarf (§ 540 Abs 1 S 1 BGB; LG Berlin GE 2013, 1338). Häufig wird die Auslegung jedoch ergeben, dass die Mitglieder der Wohngemeinschaft einen **Anspruch** auf Zustimmung des Vermieters haben (LG Berlin GE 2013, 1138) oder dass der Vermieter sogar *konkludent* mit einem ständigen Wechsel der Mitglieder der Wohngemeinschaft einverstanden ist, sofern die neuen Untermieter ihm zumutbar sind (analog § 553 Abs 1 S 2 BGB). 83

(Nur) wenn es daran fehlt, behält der Vermieter das Recht, dem Wechsel der Mitglieder zu **widersprechen** (BVerfG WuM 1993, 104 = WM 1993, 573; BVerfG/LG Karlsruhe WuM 1992, 45; LG Braunschweig WuM 1982, 188; LG München I WuM 1982, 189; LG Berlin GE 1992, 723; 2012, 1379, 1380; LG Göttingen NJW-RR 1993, 783 = WuM 1993, 341; LG Hamburg WuM 1995, 697 = NJW-RR 1996, 842; LG Karlsruhe WuM 1997, 429; anders LG Berlin GE 1994, 1265; AG Trier WuM 1997, 548). Voraussetzung ist natürlich, dass der Vermieter von dem Mieterwechsel überhaupt erfährt, sodass sich in diesem Fall aus den Abreden der Parteien konkludent auch die Verpflichtung der Mitglieder der Wohngemeinschaft ergibt, dem Vermieter den *Wechsel* der Mitglieder unverzüglich **anzuzeigen** (§§ 241 Abs 2, 242 BGB; LG Berlin GE 2012, 1379, 1380). 84

Anstelle der Untermietlösung (s Rn 83) sind auch **gesellschaftsrechtliche Konstruktionen** möglich. Hier ist zunächst vorstellbar, dass die Mitglieder der Wohngemeinschaft eine **BGB-Außengesellschaft** gründen, die dann ihrerseits den Mietvertrag mit dem Vermieter abschließt. Der Vorteil dieser Konstruktion liegt zwar darin, dass der Mieterwechsel hier grundsätzlich, dh vorbehaltlich abweichender Abreden der Be- 85

---

* **Schrifttum**: BEHRENS, Die Beteiligung mehrerer Mieter am Mietverhältnis (1992); EISENSCHMID, Nachfolgeprobleme, in: Rechtsnachfolge im Mietverhältnis, PiG 37 (1993) 21; V EMMERICH, in: Mietparteien und ihr Wechsel, PiG 70 (2005) 95; JACOBS NZM 2008, 111; ders, Die institutionelle Haftungsbeschränkung bei atypischen Erscheinungsformen der Außen-GbR (2007); BUB/TREIER/J EMMERICH, Hdb Rn II 583 ff; JACOBY ZMR 2001, 409; MARTINEK, Der Student als Mieter, in: Gedschr Sonnenschein (2003) 359 = NZM 2004, 6.

teiligten, keiner Zustimmung des Vermieters bedarf (s Rn 79). Diesem Vorteil stehen indessen gravierende *Nachteile* für die Mitglieder der Wohngemeinschaft gegenüber, insbesondere in Gestalt des strengen Haftungsregimes der BGB-Gesellschaft entsprechend der Rechtslage bei der OHG, dh unbeschränkte persönliche **Haftung** aller Mitglieder für sämtliche Schulden der Wohngemeinschaft (§ 128 HGB), Haftung neuer Mitglieder auch für die Altschulden der Wohngemeinschaft (§ 130 HGB) und Forthaftung der ausgeschiedenen Mitglieder nach Maßgabe des § 736 Abs 2 BGB iVm § 160 HGB. Dies alles widerspricht so offenkundig den legitimen Interessen der Mitglieder einer Wohngemeinschaft, dass im Zweifel nicht davon ausgegangen werden kann, die Beteiligten hätten den Weg der Einschaltung einer Außengesellschaft gewählt (s Jacobs NZM 2008, 111, 113 ff; Jacoby ZMR 2001, 409, 412 f). Im Regelfall wird vielmehr in der Tat lediglich eine **Innengesellschaft** der Mitglieder der Wohngemeinschaft vorliegen, bei der Mieter *jedes* Mitglied der Wohngemeinschaft *für sich* werden soll (LG Frankfurt aM WuM 2012, 192, 193 f; LG Berlin WuM 2016, 553).

86 Bilden die Mitglieder der Wohngemeinschaft nur im Innenverhältnis eine Gesellschaft, während im Außenverhältnis **jedes Mitglied** zugleich **Mieter** ist (s Rn 85), so bedarf der **Ein- und Austritt** neuer Mitglieder der Wohngemeinschaft in jedem Fall der Mitwirkung des Vermieters, auch wenn die Beteiligten den Weg der Vertragsübernahme wählen (s Rn 66 ff, LG Frankfurt aM WuM 2012, 192, 193 f; Emmerich PiG 70 [2005] 95, 109; Jacobs NZM 2008, 111, 114 ff; Jacoby ZMR 2001, 409, 417). Im Einzelfall kann die Auslegung der Abreden der Beteiligten auch ergeben, dass der Vermieter **zur Zustimmung verpflichtet** sein soll, wenn keine sachlichen Gründe wie zB die mangelnde Solvenz gegen die neuen Mitglieder sprechen (LG Frankfurt aM WuM 2012, 192, 193 f; LG Berlin GE 2013, 1068, 1069). Solche Auslegung der Abreden der Parteien wird vor allem bei studentischen Wohngemeinschaften häufig naheliegen (LG Darmstadt WuM 2020, 22). Denkbar ist auch, dass die vorhandenen Mitglieder der Wohngemeinschaft generell oder unter bestimmten Voraussetzungen *bevollmächtigt* sein sollen, im Namen des Vermieters die nötigen Verträge über den Ein- oder Austritt von Mitgliedern abzuschließen. In diesem Fall ergibt sich aus den Abreden der Parteien die selbstverständliche Nebenpflicht der Mitglieder der Wohngemeinschaft, den Vermieter rechtzeitig über jeden anstehenden Wechsel der Mitglieder der Wohngemeinschaft zu **informieren** (§§ 241 Abs 2 und 242 BGB), um diesem Gelegenheit zur rechtzeitigen Ausübung seines **Widerspruchsrechts** zu geben, für das dann im Einzelnen dasselbe wie bei der Untermietlösung gilt (s oben Rn 83; LG Berlin GE 2013, 1068, 1069; WuM 2016, 553, 554; AG Gießen WuM 2018, 709; Jacobs NZM 2008, 111, 114 ff; Jacoby ZMR 2001, 409, 417).

87 Die **Haftung** der Mitglieder der Wohngemeinschaft richtet sich, wenn sie lediglich eine Innengesellschaft bilden, mangels abweichender Abreden der Beteiligten nach den §§ 714 und 427 BGB (KG WuM 1992, 323; LG Berlin GE 1984, 533; 1992, 105; LG Saarbrücken ZMR 1992, 60; Jacobs NZM 2008, 111, 113 f; Jacoby ZMR 2001, 409, 415; zur Anwendung des § 425 BGB s oben Vorbem 122 zu § 536). Dies bedeutet bei Berücksichtigung der legitimen Interessen der Beteiligten (§§ 133, 157 und 242 BGB), dass kein Mitglied der Wohngemeinschaft für die Mietschulden der anderen Mitglieder zu haften braucht (str) und dass aus der Wohngemeinschaft **ausgezogene Mitglieder** (nur) für ihre bis zum Auszug begründeten Mietschulden forthaften; für später entstehende Verbindlichkeiten anderer Mitglieder der Wohngemeinschaft brauchen sie jedenfalls dann nicht zu haften, wenn der Vermieter ausdrücklich oder konkludent mit ihrem Ausscheiden einverstanden war. Ebenso wenig haften grundsätzlich die **neuen Mitglieder** der Wohngemeinschaft für Verbindlichkeiten der früheren Mitglieder der Wohngemeinschaft (LG Lübeck WuM 1990, 294 = NJW-RR 1990, 1429; AG Köln WuM 2016, 208; Jacobs NZM 2008, 111, 115 f), etwa für bereits vorher begründete Schadensersatzansprüche des Vermieters wegen Beschädigung der Mietsache durch einzelne (frühere) Mitglieder der Wohngemeinschaft (§§ 280 Abs 1, 538 BGB; AG Köln WuM 2016, 208).

Nur wenn *sämtliche* Mitglieder der Wohngemeinschaft bis auf eine einzige Person *ausziehen,* haftet diese für die gesamte rückständige Miete, hat aber gegebenenfalls entsprechend § 553 Abs 1 BGB einen Anspruch auf Zustimmung des Vermieters zur Untervermietung an andere Personen oder zur Begründung einer neuen Wohngemeinschaft (LG Mainz WuM 1982, 191; LG Wiesbaden WuM 1985, 86; AG Freiburg WuM 1985, 84; **aM** LG Berlin WuM 1982, 192 = ZMR 1982, 280; s Nassall ZMR 1983, 336; Eisenschmid, in: Rechtsnachfolge, PiG 37 [1993] 21, 27 f). **Kündigen** kann der Vermieter schließlich grundsätzlich nur gegenüber *sämtlichen* Mitgliedern der Wohngemeinschaft (LG Freiburg WuM 1985, 86; zur Zurechnung etwaiger Kündigungsgründe in der Person einzelner Mitglieder s Vorbem 78 zu § 535). Jedoch sind auch insoweit abweichende Abreden der Beteiligten möglich und vorstellbar. **88**

VIII. Anhang: Vermieterwechsel

1. Abtretung der Ansprüche des Vermieters

Es versteht sich von selbst, dass der Vermieter seine Ansprüche auf die Miete gegen den Mieter an beliebige Dritte abtreten kann (§ 398 BGB; s oben § 535 Rn 84; BGH 2. 7. 2003 – XII ZR 34/02, NJW 2003, 2987 = NZM 2003, 716 = ZMR 2003, 732). Dasselbe gilt für den Herausgabe- und Räumungsanspruch, da keine entgegenstehenden Mieterinteressen erkennbar sind (BGH 13. 10. 9. 1982 – VIII ZR 197/81, LM Nr 9 zu § 556 BGB = NJW 1983, 112). Die Rolle des Vermieters als des Vertragspartners des Mieters wird durch derartige Abreden nicht berührt. Dagegen scheidet eine selbständige Abtretung des Kündigungsrechts aus, weil es sich dabei um ein Gestaltungsrecht handelt, das nicht unter § 398 BGB fällt (s unten § 542 Rn 19, Staudinger/V Emmerich [2021] § 566 Rn 47). Möglich bleibt dagegen eine Ermächtigung Dritter zur Ausübung des Kündigungsrechts des Vermieters im eigenen Namen (s § 542 Rn 20). **89**

2. Übertragung des Mietvertrages

Von der Abtretung einzelner Ansprüche des Vermieters (o Rn 89) muss die rechtsgeschäftliche Übertragung des Mietvertrages auf einen neuen Vermieter unterschieden werden. Gesetzliche Fälle des Vermieterwechsels finden sich vor allem in den §§ 565 und 566 BGB. Vergleichbare Wirkungen lassen sich auch auf rechtsgeschäftlichem Wege erreichen (s u Staudinger/V Emmerich [2021] § 566 Rn 86). Den Parteien stehen dafür dieselben Wege wie für den Mieterwechsel zur Verfügung (o Rn 64 ff). Erforderlich ist also entweder ein **Vertrag** zwischen dem alten und dem neuen Vermieter **mit Zustimmung** des Mieters oder ein **dreiseitiger Vertrag** zwischen allen drei Beteiligten (RG HRR 1931 Nr 495; BGHZ 95, 88, 93 ff = NJW 1985, 2528; BGHZ 96, 302, 307 ff = NJW 1986, 918; BGHZ 154, 171, 178 ff = NJW 2003, 2158 = NZM 2003, 476; BGH 12. 8. 2009 – XII ZR 76/08, ZMR 2010, 21 = NZM 2009, 701 Tz 19; 17. 5. 2015 – XII ZR 98/13, NJW 2015, 2648 Rn 40 = **90**

NZM 2015, 622 = ZMR 2015, 763; OLG Düsseldorf GE 2000, 1620, 1621; 2011, 1168; 2011, 1071; ZMR 2011, 735, 736; OLG Hamburg ZMR 2012, 100; LG Berlin GE 2011, 268; ZMR 2013, 798).

91 Handelt es sich um einen langfristigen Mietvertrag, so gilt für die Vereinbarung über die Vertragsübernahme das **Schriftformerfordernis** des § 550 BGB entsprechend (BGH 17. 5. 2015 – XII ZR 98/13, NJW 2015, 2648 Rn 40 = NZM 2015, 622 = ZMR 2015, 763; anders OLG Köln NZM 1999, 1004, wenn der Vermieter nicht zugleich Eigentümer ist). Für die Wahrung der Schriftform genügt es jedoch in diesem Fall, wenn die Urkunde über die Vertragsübernahme auf den Ursprungsmietvertrag Bezug nimmt (BGHZ 154, 171, 178 = NJW 2003, 2158; BGH 17. 5. 2015 – XII ZR 98/13, NJW 2015, 2648 Rn 40 = NZM 2015, 622 = ZMR 2015, 763). Wird die Vertragsübernahme zwischen dem alten und dem neuen Vermieter vereinbart, so kann die außerdem erforderliche **Zustimmung des Mieters**, auf die zum Teil § 415 BGB entsprechend angewandt wird (KG ZMR 2003, 835 f), auch formlos oder *konkludent* erteilt werden, da insoweit § 550 BGB keine Anwendung findet (BGHZ 154, 171, 178 = NJW 2003, 2158; BGH 5. 6. 2013 – VIII ZR 142/12, WuM 2013, 496 Tz 13 = ZMR 2013, 866; BGH 17. 5. 2015 – XII ZR 98/13, NJW 2015, 2648 Rn 40 = NZM 2015, 622 = ZMR 2015, 763; KG ZMR 2003, 835, 836), zB indem der Mieter nach der Mitteilung von dem Vermieterwechsel fortan die Miete ohne Weiteres an den neuen Vermieter zahlt (BGH 5. 6. 2013 – VIII ZR 142/12, WuM 2013, 496 Tz 13 = ZMR 2013, 866; OLG Hamburg ZMR 2012, 100). Fristen bestehen dafür nicht, sodass die Zustimmung auch noch Jahre nach Abschluss der Übernahmevereinbarung möglich ist (KG ZMR 2003, 835, 836). Anwendbar ist außerdem § 401 BGB mit der Folge, dass eine **Mietbürgschaft** die Mietansprüche des neuen Vermieters ebenfalls sichert (BGHZ 95, 88, 96 ff = NJW 1985, 2528; OLG Hamm ZMR 1985, 162; OLG Düsseldorf GE 2011, 1368; Kandelhard NZM 2001, 696). Fehlt dagegen die Zustimmung des Mieters, so kann die deshalb unwirksame Übertragung des Mietvertrages auf einen neuen Vermieter immer noch von Fall zu Fall als Abtretung der Vermieteransprüche (s Rn 89) aufrechterhalten werden (§§ 139, 140, 398 BGB; BGH 12. 8. 2009 – XII ZR 76/08, ZMR 2010, 21 = NZM 2009, 701 Tz 19; OLG Düsseldorf ZMR 2011, 715, 716; Eckert, in: FS Blank [2006] 129).

92 Die **Zustimmung** des Mieters zu dem Wechsel des Vermieters kann auch schon **im Voraus** im Mietvertrag erklärt werden, sodass dann der Mietvertrag frei übertragbar ist. Durch **Individualvereinbarung** ist dies jederzeit möglich (§ 311 Abs 1 BGB). Anders verhält es sich dagegen mit einer entsprechenden **formularvertraglichen** Vertragsübertragungsklausel, da durch derartige Klauseln der Mieter erheblich belastet werden kann, indem ihm ohne seine Mitwirkung ein neuer, möglicherweise unzuverlässiger oder sogar insolventer Vermieter oktroyiert wird. Gleichwohl hält der BGH solche Klauseln für zulässig, wenn im Einzelfall eine Interessenabwägung ergibt, dass der Vermieter ein legitimes Interesse an der Klausel hat (§§ 307, 242 BGB; BGH 9. 6. 2010 – XII ZR 171/08, NJW 2010, 3708 Tz 23 ff = NZM 2010, 705; zust Disput NZM 2010, 886; Hübner ZMR 2011, 615; – dagegen zutreffend OLG Düsseldorf ZMR 2011, 715, 716; Leo/Ghassemi-Tabar NJW 2010, 3710).

93 Die Vertragsübernahme wirkt grundsätzlich, dh, wenn die Parteien nicht ausdrücklich etwas anderes vereinbart haben, **nur ex nunc**, sodass schon entstandene Ansprüche bei dem bisherigen Vermieter verbleiben, der auch für bereits begründete Gegenforderungen des Mieters forthaftet. Auch für die Rückzahlung einer **Kaution** haftet der neue Vermieter nur, wenn sie ihm übergeben wird (Blank/Börstinghaus § 535 Rn 269; Schmidt-Futterer/Blank Vor § 535 Rn 422).

3. Gesellschaften

Wenn eine Gesellschaft Vermieterin ist, bleiben gesellschaftsinterne Vorgänge wie insbesondere ein Wechsel der Gesellschafter oder eine Änderung der Rechtsform der Gesellschaft grundsätzlich ohne Einfluss auf den von der Gesellschaft abgeschlossenen Mietvertrag. Für eine Anwendung des § 566 BGB ist erst Raum, wenn nach Auflösung der Gesellschaft im Wege der Auseinandersetzung das vermietete Grundstück auf einen Gesellschafter oder einen Dritten übertragen wird, der somit in den Mietvertrag eintreten muss (BGH 25. 11. 2011 – VIII ZR 74/11, NZM 2012, 150 Tz 14 ff = WuM 2012, 31 = ZMR 2012, 264).

94

§ 541
Unterlassungsklage bei vertragswidrigem Gebrauch

Setzt der Mieter einen vertragswidrigen Gebrauch der Mietsache trotz einer Abmahnung des Vermieters fort, so kann dieser auf Unterlassung klagen.

Materialien: E II § 494; III § 543; BGB § 550; Mietrechtsreformgesetz von 2001 (BGBl I 1149); Begr zum RegE BT-Drucks 14/4553, 43.

Systematische Übersicht

I.	Überblick, Zweck	1	2. Form, Inhalt	7
			3. Entbehrlichkeit	8
II.	Vertragswidriger Gebrauch	2	IV. Fortsetzung des Gebrauchs	9
III.	Abmahnung			
1.	Rechtsnatur, Parteien	5	V. Unterlassungsanspruch	12

I. Überblick, Zweck

Nach § 541 BGB kann der Vermieter gegen den Mieter auf Unterlassung klagen, wenn der Mieter einen vertragswidrigen Gebrauch der Mietsache trotz einer Abmahnung des Vermieters fortsetzt. § 541 BGB entspricht mit geringfügigen sprachlichen Änderungen dem früheren § 550 BGB. Die Vorschrift wurde beibehalten, weil sie klarstellt, dass der Unterlassungsanspruch des Vermieters eine **Abmahnung** voraussetzt (Begr zum RegE BT-Drucks 14/4554, 43 [l Sp]). Damit wird **bezweckt**, den Mieter vor einem schikanösen Vorgehen des Vermieters bei einmaligen Vertragsverstößen zu schützen. Der Mieter soll durch die Abmahnung eine *letzte Gelegenheit* zu vertragstreuem Verhalten erhalten, bevor der Vermieter zu den scharfen Rechtsbehelfen der §§ 541 und 543 Abs 2 Nr 2 BGB greifen darf (RGZ 104, 26; BGH 17. 4. 2007 – VIII ZR 93/06, NZM 2007, 481 = WuM 2007, 387 Tz 6). Wegen dieser ausgesprochen mieterschützenden Funktion wird dem § 541 BGB heute der **Vorrang vor § 1004 BGB** zugebilligt, sodass der Vermieter, selbst wenn er zugleich Eigentümer der Mietsache ist, gegen den Mieter wegen vertragswidrigen Verhaltens immer nur nach

1

§ 541 BGB vorgehen kann (s § 535 Rn 47; BGH 17. 4. 2007 – VIII ZR 93/06, NZM 2007, 481 = WuM 2007, 387 Tz 6; 10. 10. 2007 – VIII ZR 260/06, NJW 2008, 216 Tz 11 = NZM 2008, 37 = WuM 2007, 678, 679; 19. 12. 2018 – XII ZR 5/18 Rn 12, NJW 2019, 1062 = NZM 2019, 143). Bei dem Unterlassungsanspruch des Vermieters aus § 541 BGB handelt es sich der Sache nach um den normalen **Erfüllungsanspruch** des Vermieters, mit dem die Beschränkung des Mieters auf den vertragsgemäßen Gebrauch durchgesetzt wird, freilich modifiziert durch das zusätzliche Erfordernis einer vorgängigen Abmahnung des Mieters seitens des Vermieters (§ 535 Abs 1 BGB; s schon o § 535 Rn 35 ff). § 541 BGB muss vor allem im Zusammenhang mit § 543 Abs 1 und Abs 2 Nr 2 BGB gesehen werden.

1a Der **Vorrang** des § 541 BGB vor § 1004 BGB (Rn 1) gilt nur für die Person des oder der Vermieter. Sofern die Eigentümer dagegen zumindest partiell nicht mit dem Vermieter identisch sind, können die vom Vermieter verschiedenen Eigentümer, zB die übrigen Miteigentümer, nach § 1004 BGB vorgehen, wenn das Verhalten des Mieters zugleich eine Eigentumsverletzung darstellt. Dies hat besondere Bedeutung, wenn der Vermieter lediglich **Wohnungseigentümer** ist, weil nach dem Gesagten die *übrigen* Wohnungseigentümer bei Verstößen des Mieters gegen die Gemeinschaftsordnung, zB über das Verbot der Musikausübung außerhalb der in der Gemeinschaftsordnung festgelegten Zeiten, ihrerseits nach § 1004 BGB gegen die Mieter vorgehen, da der Mietvertrag, auch wenn er dem Mieter eine weitergehende Musikausübung gestattet, keine Wirkungen gegenüber den übrigen Wohnungseigentümern entfaltet (s oben § 535 Rn 35a; LG Hamburg ZMR 2012, 354, 155).

II. Vertragswidriger Gebrauch

2 Wichtigste Voraussetzung des Unterlassungsanspruchs des Vermieters aus § 541 BGB ist, dass der Mieter von der gemieteten Sache einen vertragswidrigen Gebrauch macht. **Maßstab** dafür ist der dem Mieter jeweils nach Gesetz, Vertrag und Verkehrssitte zustehende **vertragsgemäße Gebrauch** (s oben § 535 Rn 35 ff; BGH 10. 10. 2007 – VIII ZR 260/06, NJW 2008, 216 Tz 12 = NZM 2008, 37 = WuM 2007, 678, 679; BayObLG WuM 1984, 12; Pauly WuM 2011, 447). Jede Überschreitung der sich hieraus ergebenden Grenzen des Gebrauchsrechts des Mieters stellt eine Vertragsverletzung iS des § 541 BGB dar, deren Unterlassung der Vermieter verlangen kann. Der Unterlassungsanspruch des Vermieters setzt *kein Verschulden* des Mieters voraus (s Rn 9, Rn 11), ebensowenig eine Wiederholungsgefahr (s Rn 9), wohl aber eine *konkrete Gefahr* für bestimmte Rechtsgüter des Vermieters aufgrund des Verhaltens des Mieters. Die bloße entfernte Möglichkeit zukünftiger Verstöße genügt nicht (LG München I ZMR 1962, 272). Deshalb kann der Vermieter dem Mieter zB nicht die ordnungsmäßige, insbesondere behördlich genehmigte Lagerung von Sportwaffen und Munition in der Wohnung untersagen (LG Hannover ZMR 2011, 211, 212). Ausreichend ist dagegen der vertragswidrige **Gebrauch** der Sache **durch** einen **Dritten**, der die Sache mit Wissen und Willen des Mieters gebraucht (§§ 278, 540 Abs 2 BGB; s oben § 538 Rn 6 f; u Rn 9, Rn 13). *Adressat* der Abmahnung ist freilich auch dann stets allein der Mieter (s Rn 6). Für einen Unterlassungsanspruch des Vermieters ist jedoch kein Raum, wenn der Mieter einen **Anspruch auf Zustimmung** zu dem vom Vermieter als vertragswidrig abgemahnten Verhalten hat, weil sich der Vermieter nicht zur Rechtfertigung seines Unterlassungsanspruchs auf das Fehlen einer von ihm zu Unrecht verweigerten Zustimmung, zB zur Anbringung einer Parabolantenne durch den Mieter, berufen kann (§ 242 BGB; BGH 16. 11. 2005 – VIII ZR 5/05, NJW 2006, 1062 = NZM 2006, 98 = WuM 2006, 28, 30 Tz 14).

§ 541 BGB ist **zB** anwendbar, wenn die Wohnung überbelegt ist (AG Duisburg ZMR 1990, 183), wenn der Mieter in der Wohnung eine Party mit einhundert Gästen feiert (AG Bad Homburg NJW-RR 1992, 335), wenn in den gemieteten Räumen ohne Erlaubnis des Vermieters Asylanten untergebracht werden (OLG Düsseldorf ZMR 1991, 176; OLG Hamm NJW 1992, 916), wenn der Mieter eine gefährliche Styropordecke anbringt (LG Bad Kreuznach WuM 1990, 292) oder wenn er die Wohnung total vernachlässigt oder sogar beschädigt (s § 538 Rn 6 ff; AG Düren WuM 1985, 263). Ebenso zu beurteilen ist die Lagerung gefährlicher Stoffe in den gemieteten Räumen (BGHZ 110, 313, 315 ff = NJW 1990, 2058) sowie die Nutzung von zu gewerblichen Zwecken vermieteten Räumen als Wohnung (BGH 19. 12. 2018 – XII ZR 5/18, NZM 2019, 143 = NJW 2019, 1062 – Rechtsanwaltsbüro; OLG Düsseldorf ZMR 1987, 423). Weitere Beispiele sind vertragswidrige bauliche Veränderungen (BGH 27. 6. 1974 – VIII ZR 43/13, LM Nr 54 zu § 535 BGB = NJW 1974, 1463; AG Frankfurt NJW-RR 1998, 1465; ausführlich vPreuschen-vLewinski, Baumaßnahmen des Mieters auf fremdem Grund und Boden [2004] 149 ff), die Anbringung von Blumenkästen an der Außenseite eines Balkons, sodass die Gefahr des Herunterfallen besteht (LG Berlin ZMR 2013, 42), die nicht erlaubte Tierhaltung (AG Potsdam GE 1996, 1251; AG Lichtenberg NJW-RR 1997, 774), übermäßige Lärm- und Geruchsbelästigungen des Vermieters oder der Mitmieter (OLG München ZMR 1996, 487, 488: Betrieb einer Diskothek) einschließlich der Musikausübung in einer Eigentumswohnung unter Verstoß gegen die Gemeinschaftsordnung (s Rn 1a; LG Hamburg ZMR 2012, 154), übermäßiges oder exzessives Rauchen in den gemieteten Räumen (s oben § 538 Rn 3a ff), die unberechtigte Untervermietung (BGH 18. 11. 1999 – III ZR 168/98, LM Nr 34 zu BJagdG [Bl 2 R f] = NZM 2000, 241 = NJW-RR 2000, 717, 534 f; OLG Düsseldorf NZM 2003, 945), die Aufstellung eines Pavillons im Vorgarten (AG Berlin-Schöneberg GE 2018, 517), das Pflanzen von Bäumen im Garten, die später nicht mehr gefällt werden dürfen (AG Hamburg-Blankenese ZMR 1998, 569 f), oder großer Bäume auf dem Balkon (LG München I ZMR 2017, 59 = WuM 2017, 14 = NZM 2017, 365), sowie die völlige Veränderung des gemieteten Geschäfts.

Dem vertragswidrigen Gebrauch steht der vertragswidrige **Nichtgebrauch** gleich, wenn den Mieter (ausnahmsweise) eine Betriebs- oder Gebrauchspflicht trifft (s oben § 535 Rn 91 ff; RG JR 1925 Sp 1258 f Nr 1742 = DRiZ 1926 Nr 23). Besondere Bedeutung hat dies für die Geschäftsraummiete und -pacht. Stellt der Mieter oder Pächter den Betrieb trotz Betriebspflicht ein, so kann der Verpächter dagegen nach § 541 BGB (§ 581 Abs 2 BGB) vorgehen (RGZ 148, 88, 90 f). Dasselbe gilt, wenn der Pächter das gepachtete Geschäft schuldhaft **schlecht führt**, selbst wenn ihn keine Betriebspflicht trifft (RG JR 1925 Sp 1258 f Nr 1742 = DRiZ 1926 Nr 23).

III. Abmahnung

1. Rechtsnatur, Parteien

Der Unterlassungsanspruch des Vermieters ist durch § 541 BGB für den Regelfall von einer vorherigen Abmahnung des Vermieters abhängig gemacht worden, um dem Mieter eine **letzte Gelegenheit** zu vertragstreuem Verhalten zu geben (o Rn 1). Bei dieser Abmahnung handelt es sich (mangels unmittelbarer rechtlicher Folgen, s Rn 7a) nicht um eine **Willenserklärung** (s OLG Celle WuM 1982, 206 = MDR 1982, 410), sondern um eine **rechtsgeschäftsähnliche Handlung**, auf die freilich die meisten Vorschriften über einseitige empfangsbedürftige Willenserklärungen entsprechend angewandt werden können (s unten Rn 6; BGH 20. 2. 2008 – VIII ZR 139/07, NJW 2008, 1303 = NZM 2008, 277 = WuM 2008, 217 Tz 7; OLG Koblenz WuM 1997, 482; Schläger ZMR 1991, 41). Durch **Individualvertrag** kann auf das Erfordernis einer vorherigen Abmahnung verzichtet werden, nicht jedoch durch **Formularvertrag** (§§ 307 Abs 1, 309 Nr 4 BGB).

6 Die Abmahnung muss vom **Vermieter** ausgehen und an den Mieter gerichtet sein. Handelt ein Vertreter, so ist § 174 BGB entsprechend anwendbar (OLG Celle WuM 1982, 206 = MDR 1982, 410). Die Abmahnung eines Hausmeisters genügt nur, wenn er (ausnahmsweise) Vertretungsmacht hat (LG Gießen WuM 1981, 232). Als Adressat kommen allein der oder die **Mieter** in Betracht, und zwar auch, wenn sich der Vermieter gegen einen vertragswidrigen Gebrauch Dritter wendet, denen der Mieter den Gebrauch der Mietsache überlassen hat (u Rn 9, Rn 13). Im Falle der Untermiete kann der Vermieter mangels vertraglicher Beziehungen dagegen nicht direkt gegen den *Untermieter* aufgrund des § 541 BGB (wohl aber gegebenenfalls aufgrund des § 1004 BGB) vorgehen (s Rn 9; Weimar ZMR 1954, 67; 1960, 327). Die Abmahnung muss dem Mieter **zugehen** (§§ 130 ff BGB; s oben Rn 5); Zugangsfiktionen in Mietverträgen reichen nicht aus (AG Hamburg WuM 1990, 74). Wenn der Mieter längere Zeit verreist, muss er deshalb dem Vermieter seine neue Adresse mitteilen. Unterlässt er dies, so muss er freilich den Zugang der Abmahnung an der bisherigen Adresse in der Wohnung gegen sich gelten lassen (§ 242 BGB; LG Berlin GE 1995, 569).

2. Form, Inhalt

7 Die Abmahnung besteht entsprechend dem Zweck der Regelung (s Rn 1) aus zwei Bestandteilen (BGH 20. 2. 2008 – VIII ZR 139/07, NJW 2008, 1303 Tz 7 = NZM 2008, 277 = 2008, 217): Die Abmahnung muss einmal den **beanstandeten Gebrauch** so **genau bezeichnen**, dass der Mieter ohne Weiteres zu erkennen vermag, gegen welche Verhaltensweisen sich der Vermieter als vertragswidrig wendet (BGH 18. 11. 1999 – III ZR 168/98, NZM 2000, 241 = LM Nr 24 zu BJagdG [Bl 2 R f]f; LG Düsseldorf ZMR 2014, 888, 890). Sie muss zum anderen nach § 541 BGB die unbedingte **Aufforderung** des Vermieters an den Mieter enthalten, das bezeichnete, als vertragswidrig beanstandete **Verhalten** zur Vermeidung weiterer Konsequenzen **aufzugeben** oder zu ändern (BGH 20. 2. 2008 – VIII ZR 139/07, NJW 2008, 1303 Tz 7 = NZM 2008, 277 = WuM 2008, 217). Im Einzelfall kann dafür auch eine frühere unwirksame Kündigung genügen (LG Berlin GE 1995, 569). Dagegen reicht es *nicht,* wenn der Vermieter nur allgemein seine Unzufriedenheit mit dem Verhalten des Mieters zum Ausdruck bringt und ihn an die Verpflichtung zur Vertragserfüllung erinnert (RGZ 77, 117, 118 ff; BGH NJW 20. 2. 2008 – VIII ZR 139/07, 2008, 1303 Tz 7 = NZM 2008, 277 = WuM 2008, 217).

7a Eine **Fristsetzung** und die **Androhung** konkreter Folgen sind entbehrlich (aM LG Hamburg WuM 1994, 536). Eine besondere **Form** ist für die Abmahnung ebenfalls nicht vorgeschrieben, sodass im Einzelfall auch eine konkludente Abmahnung möglich ist. § 550 BGB (der nur für den Mietvertrag selbst gilt) findet keine Anwendung, auch nicht bei langfristigen Verträgen. Unmittelbare **rechtliche Folgen** hat die Abmahnung *nicht;* insbesondere erspart sie dem Vermieter nicht in einem nachfolgenden

Rechtsstreit die Beweislast für die Vertragswidrigkeit des von ihm beanstandeten Verhaltens des Mieters (BGH 20. 2. 2008 – VIII ZR 139/07, NJW 2008, 1303 Tz 7 = NZM 2008, 277). Deshalb kann sich der Mieter gegen eine von ihm als grundlos angesehene Abmahnung weder mit der Unterlassungsklage noch mit der Feststellungsklage wehren (BGH 20. 2. 2008 – VIII ZR 139/07, NJW 2008, 1303 = NZM 2008, 277 Rn 6, 9; krit Derleder PiG 83 [2008] 25, 33 = NZM 2008, 505).

3. Entbehrlichkeit

In bestimmten Fällen ist die Abmahnung, weil sinnlos, entbehrlich (§ 242 BGB). Insoweit gilt im Wesentlichen dasselbe wie für die Mahnung (§ 286 Abs 2 BGB) und die Nachfristsetzung (s §§ 281 Abs 2, 323 Abs 2 BGB; OLG Koblenz WuM 1997, 482) sowie für die ohnehin dem Unterlassungsanspruch aus § 541 BGB nahestehende fristlose Kündigung des Vermieters nach § 543 Abs 1 und Abs 2 Nr 2 BGB aufgrund des hier entsprechend anwendbaren § 543 Abs 3 S 2 Nr 1 BGB. Die Abmahnung ist danach insbesondere entbehrlich, wenn das Fehlverhalten des Mieters die **Vertrauensgrundlage** zwischen den Parteien in so schwerwiegender Weise **erschüttert** hat, dass sie auch durch eine erfolgreiche Abmahnung nicht wiederhergestellt werden könnte (BGH 18. 11. 1999 – III ZR 168/98, NZM 2000, 241 = LM Nr 24 zu BJagdG [Bl 3]; 26. 5. 1999 – VIII ZR 123/98, LM Nr 35 zu § 89a HGB = NJW-RR 1999, 1481, 1483 = WM 1999, 1986), ferner wenn die Abmahnung offensichtlich keinen Erfolg verspricht (analog § 543 Abs 3 S 2 Nr 1 BGB), sowie vor allem, wenn der Mieter endgültig und ernstlich die Erfüllung durch Einhaltung der Grenzen des vertragsgemäßen Gebrauchs verweigert hat (BGH 19. 2. 1975 – VIII ZR 195/73, LM Nr 13 zu § 553 = WM 1975, 365; 18. 11. 1999 – III ZR 168/98, NZM 2000, 241 = LM Nr 24 zu BJagdG [Bl 3]). Bei **arglistigem Verhalten** des Mieters kann gleichfalls eine Abmahnung entbehrlich sein (KG JW 1927, 2817 Nr 2); doch genügt dafür die bloße Tatsache einer heimlichen, unerlaubten Untervermietung allein nicht (BGH WM 1968, 252, 253).

IV. Fortsetzung des Gebrauchs

Der Unterlassungsanspruch des Vermieters setzt nach § 541 BGB zusätzlich zu der Abmahnung (s Rn 5 ff) voraus, dass der Mieter „trotz" der Abmahnung den vertragswidrigen Gebrauch fortsetzt. Der Unterlassungsanspruch entfällt, wenn der Mieter nach der Abmahnung den vertragswidrigen Gebrauch einstellt. Eine **Wiederholungsgefahr** wie in anderen vergleichbaren Fällen ist jedoch *nicht* erforderlich (o Rn 2). Ebensowenig muss der Mieter schuldhaft gehandelt haben (s oben Rn 2 u Rn 11). Der Unterlassungsanspruch besteht auch, wenn **Dritte**, denen der Mieter den Gebrauch der Sache überlassen hat, trotz der Abmahnung des Vermieters den vertragswidrigen Gebrauch fortsetzen (s oben Rn 6, Rn 13). Der Anspruch des Vermieters geht hier auf Abhilfe durch den **Mieter**, vor allem also auf Unterbindung eines etwaigen vertragswidrigen Gebrauchs des Untermieters (§§ 540 Abs 2, 541 BGB; s unten Rn 13).

Haben **mehrere** Personen gemeinsam dieselbe Sache gemietet, so sind sie **Gesamtschuldner** (s oben Vorbem 107 ff zu § 535). Folglich gilt für ihr Verhältnis zum Vermieter **§ 425 BGB**, sodass ein vertragswidriger Gebrauch durch einen Mieter den anderen grundsätzlich *nicht* zugerechnet werden kann (Niendorff, Mietrecht 240; **aM** OLG Düsseldorf ZMR 1987, 423, 425). Jedoch dürften abweichende Vereinbarungen, die auch konkludent möglich sind, häufig sein (s oben Vorbem 122 zu § 535).

11 Der Unterlassungsanspruch des Vermieters hat zur weiteren Voraussetzung, dass der Mieter den vertragswidrigen Gebrauch „trotz" der Abmahnung, dh **in** deren **Kenntnis fortsetzt.** Dies bedeutet, dass der Mieter in den Fällen des § 541 BGB regelmäßig vorsätzlich handeln wird (§ 276 Abs 1 BGB). Jedoch darf daraus *nicht* der Schluss gezogen werden, dass der Unterlassungsanspruch hier anders als in vergleichbaren Fällen generell ein **Verschulden** des Mieters voraussetzte (aM Roquette § 550 Rn 25). § 541 BGB greift vielmehr auch ein, wenn den Mieter trotz der Abmahnung ausnahmsweise kein Verschulden trifft, etwa, weil er sich in einem entschuldbaren Rechtsirrtum befand (RG JW 1920, 377 Nr 6 = WarnR 1920 Nr 75; OLG Colmar Recht 1910 Nr 1240 = OLGE 13, 357).

V. Unterlassungsanspruch

12 Der Anspruch auf Unterlassung des vertragswidrigen Gebrauchs trotz Abmahnung ist nichts anderes als der normale **Erfüllungsanspruch** des Vermieters (o Rn 1a) und deshalb ebenso wie dieser grundsätzlich **abtretbar,** zB seitens des Vermieters an den Hausverwalter (BGH 14. 5. 2013 – VIII ZR 268/12, NZM 2013, 647 = WuM 2013, 476 Rn 6 f). Der Anspruch setzt (als Erfüllungsanspruch) – anders als das Kündigungsrecht des Vermieters aufgrund des § 543 Abs 2 Nr 2 BGB – *keine* erhebliche Verletzung oder Gefährdung der Rechte des Vermieters voraus; der Vermieter kann vielmehr auch geringfügige Vertragsverletzungen des Mieters unterbinden (s Rn 2). Für die **Verjährung** gilt § 195 BGB, da es sich um den Erfüllungsanspruch, nicht um einen Schadensersatzanspruch handelt, sodass kein Raum für die Anwendung des § 548 BGB ist (LG Halle/S ZMR 2014, 545). Jedoch kann der Unterlassungsanspruch des Vermieters, solange der vertragswidrige Gebrauch des Mieters andauert, während des Laufs des Mietvertrages nicht verjähren; es handelt sich vielmehr während dieser Zeitspanne um eine **Dauerverpflichtung** des Mieters (BGH 19. 12. 2018 – XII ZR 5/18 Rn 21 ff, NJW 2019, 1062 = NZM 2019, 143 – Rechtsanwaltsbüro).

13 Anspruchsgegner ist allein der Mieter (s Rn 6). Der Anspruch ist gerichtet auf Unterlassung des vertragswidrigen Gebrauchs; dazu gehört **auch** die **Beseitigung** eines vom Mieter geschaffenen, vertragswidrigen Zustandes, insbesondere die Beseitigung unzulässiger baulicher Veränderungen (BGH 27. 6. 1971 – VIII ZR 43/73, LM Nr 54 zu § 535 BGB = NJW 1974, 1463; 16. 11. 2005 – VIII ZR 5/05, NJW 2006, 1062 Tz 13 = NZM 2006, 98 = WuM 2006, 28, 30; LG Berlin GE 1991, 989, 991; LG Halle/S ZMR 2014, 545). Kommt der Mieter dieser Beseitigungspflicht nicht nach, so kann der Vermieter selbst tätig werden und anschließend vom Mieter **Aufwendungsersatz** nach den Regeln über die Geschäftsführung ohne Auftrag verlangen (§§ 677, 683, 670 BGB; BGHZ 110, 313, 315 ff = NJW 1990, 2058; zur Rechtslage nach Verjährung des Anspruchs s Rn 12).

14 Der Anspruch kann durch **Klage** *oder* durch **einstweilige Verfügung** durchgesetzt werden (§§ 253, 935 ZPO). Ohne vorherige Abmahnung ist die Klage jedoch *unbegründet,* nicht etwa unzulässig (str). Die Abmahnung muss deshalb dem Mieter vor Klagezustellung zugegangen sein (BGH 17. 4. 2007 – VIII ZR 93/06, NZM 2007, 481 Tz 7 = WuM 2007, 387). Die Klage muss sich außerdem gerade auf die in der Abmahnung bezeichneten **Beschwerdepunkte** beziehen (s Rn 7). Eine Unterlassungsklage wegen anderer Punkte, auf die sich die Abmahnung nicht erstreckte, ist unbegründet (RG JW 1920, 377 Nr 6 = WarnR 1920 Nr 75; OLG Colmar OLGE 13, 367 = Recht 1910 Nr 1240). Die **Beweislast** trägt der Vermieter.

Die **Vollstreckung** richtet sich nach § 890 ZPO und geschieht folglich durch Festset- 15
zung von Ordnungsgeld oder Ordnungshaft durch das Prozessgericht. Voraussetzung
ist nunmehr auch *Verschulden* des Mieters; ein Verschulden des Untermieters genügt nicht (OLG Hamburg OLGE 35, 140). Die Bestrafung ist auch noch nach Beendigung des Mietverhältnisses möglich, jedoch nur wegen eines vertragswidrigen Gebrauchs vor dessen Beendigung (OLG Dresden OLGE 23, 224 ff).

§ 542
Ende des Mietverhältnisses

(1) Ist die Mietzeit nicht bestimmt, so kann jede Vertragspartei das Mietverhältnis nach den gesetzlichen Vorschriften kündigen.

(2) Ein Mietverhältnis, das auf bestimmte Zeit eingegangen ist, endet mit dem Ablauf dieser Zeit, sofern es nicht

1. in den gesetzlich zugelassenen Fällen außerordentlich gekündigt oder

2. verlängert wird.

Materialien: E I § 522 Abs 1, 2; II § 506 Abs 1, 2; III § 557; Mot II 410; Prot II 214 f; Jakobs/Schubert, SchR II 538. BT-Drucks 14/4553, 43; BT-Drucks 14/5663, 63, 68 f, 76.

Schrifttum

App, Kündigungssperre für Mietverträge nach der Insolvenzordnung – Auswirkungen auf die Rechtsposition von Vermietern, MDR 2000, 628
Baron, Zur Frage, wann in der Erhebung einer Räumungsklage zugleich eine materiell-rechtliche Kündigungserklärung erblickt werden kann, ZMR 1998, 683
Bauer/Diller, Kündigung durch Einwurf-Einschreiben – ein Kunstfehler!, NJW 1998, 2795
Bausch, Mieters Anspruch auf ordnungsgemäße Briefzustellung im liberalisierten Postmarkt, NZM 2006, 917
Beuermann, Wie kann der Käufer nachweisen, zur Kündigung ermächtigt zu sein?, GE 1999, 84
Blank, Kündigungsausschluss und Mobilitätsinteresse: Ersatzmietergestellung, NZM 2015, 887
Bub, Gewerberaummietvertrag und AGB-Gesetz, NZM 1998, 789
Buchmann, Zur Wirksamkeit der hilfsweisen ordentlichen Kündigung bei fristloser Kündigung gem § 554 BGB nach Befriedigung des Vermieters oder Übernahmeerklärung innerhalb der Monatsfrist nach Klagezustellung, WuM 1996, 78
Calonge/Wacke, Kündigungsgründe für die Wohnraummiete im europäischen Recht seit Caracallas Reskript vom Jahre 214 n. Chr., ZEuP 1997, 1010
Derckx, Vereinbarungen über den Kündigungsausschluss im neuen Mietrecht, NZM 2001, 826
Derleder, Der „mitgekaufte" Mieter, NJW 2008, 1189
Derleder/Pellegrino, Die Anbahnung des Mietverhältnisses, NZM 1998, 550
Dötsch, Anfechtung wegen Eigenschaftsirrtums gem § 119 II BGB im Mietrecht – Konkurrenz zum Gewährleistungsrecht?, NZM 2011, 457

Eckert, Neues im Insolvenzrecht der Wohnraummiete, NZM 2001, 260
ders, Kündigung von Mietverhältnissen mit mehreren Mietern, in: Gedschr Sonnenschein (2002) 313
ders, Im Überblick: Die Schuldnerwohnung im Verbraucherinsolvenzverfahren, NZM 2006, 803
ders, Mietverträge über bewegliche Sachen in der Schwebephase zwischen Eröffnung des Insolvenzverfahrens und Ausübung des Insolvenzverwalterwahlrechts, NZM 2007, 829
Elshorst, Die Kündigung gem § 567 BGB bei Mietverträgen über mehr als 30 Jahre, NZM 1999, 449
Emmerich, Nichtigkeit und Anfechtung von Mietverträgen, NZM 1998, 692
Fischer, Anfechtung von Willenserklärungen im Mietrecht, NZM 2005, 567 und WuM 2006, 3
ders, Zur Frage der Anfechtung im Mietrecht, ZMR 2007, 157
Flatow, Typische Fehler bei der Kündigungserklärung, NZM 2004, 281 und WuM 2004, 316
dies, Der Wohnungsmieter als Insolvenzschuldner, in: 10 Jahre Mietrechtsreformgesetz (2011) 865
Franke, Der Mietaufhebungsvertrag, DWW 1999, 201
Ganter, Dauerschuldverhältnisse in der Insolvenz – Fortführung, Beendigung, Freigabe, ZIP 2019, 97
Gather, Die Neuregelungen des Wohnungsbau-Erleichterungsgesetzes, DWW 1990, 190
ders, Die Beendigung des Mietverhältnisses über Gewerberaum, DWW 1998, 193
Gemeinhardt, Der Vermieter in der Insolvenz, GE 2007, 408
Göldner, Die Widerrufsfalle bei coronabedingt digital erfolgter Wohnungsbesichtigung, WuM 2020, 529
Gröschler, Zur Frage der einvernehmlichen Fortsetzung erloschener Verbindlichkeiten: Wiederherstellung oder Neubegründung?, NJW 2000, 247
Gsell, Wohnraummietrecht als Verbraucherrecht, WuM 2014, 375
Hannemann, Im Überblick: Risiken des Zeitmietvertrages bei der Wohnraummiete, NZM 1999, 585

Harke, Zur Rücknahme von Gestaltungserklärungen im Mietrecht, ZMR 2015, 595
ders, Verbrauch von Kündigungsrechten im Mietrecht, WuM 2017, 241
Harsch, Haustürgeschäfte: Zur Anwendbarkeit des § 312 Abs 1 S 1 BGB, WuM 2008, 201
Hau, Verbraucherschützende Widerrufsrechte im Wohnraummietrecht, NZM 2015, 435
Häublein, Ordentliche Kündigung von Zeitmietverträgen – Ein Beitrag zur Auslegung der Zeitmietabrede im Wohnraummietrecht, ZMR 2004, 1
Heile, Ersatzmietergestellung bei Wohn- und Geschäftsraummiete, ZMR 1990, 249
Heller, Staffelmiete und Kündigungsausschluß, WuM 1992, 511
Hinz, Mietverhältnisse in der Insolvenz, NZM 2014, 137
Hirsch, Die Geschäftsgrundlage im Mietrecht, ZMR 2007, 1
ders, Kündigung aus wichtigem Grund oder Geschäftsgrundlagenstörung bei Wegfall des Anmietinteresses, NZM 2007, 110
Hohlweger/Ehmann, Umsetzung der Verbraucherrechterichtlinie – Teil 2: Das neue Widerrufsrecht, GWR 2014, 211
Hosenfeld, Zugangsnachweise für miet- und wohnungseigentumsrechtliche Erklärungen, NZM 2001, 93
Hülsmann, Ehegattenauszug und Mietvertragskündigung, NZM 2004, 124
Jacoby, Lösungsklauseln in der Insolvenz, ZIP 2014, 649
Jendrek, Formularvertragliche Befristungen von Mietverträgen über Funkstandorte, NZM 2005, 241
Jenisch, Möglichkeiten und Grenzen der Auslegung beim Zusammentreffen von Vertragsverlängerungs- und Optionsklausel in AGB, ZMR 2007, 77
Kandelhard, Die Bedarfsänderung des Gewerberaummieters, BB 1995, 2596
ders, Aufhebungsvertrag und Ersatzmieterstellung, NZM 2004, 846 und WuM 2004, 249
Kessler/Herzberg, Kündigung der Mitgliedschaft in einer Wohnungsgenossenschaft durch den Insolvenzverwalter, NZM 2009, 474
Kinne, Folgen des Auszugs eines Ehegatten aus der gemeinsamen Wohnung, GE 2006, 1450

KLUTH/FREIGANG, Wirtschaftliches Risiko und Äquivalenzstörung – Zum Wegfall der Geschäftsgrundlage bei langfristigen Gewerberaummietverträgen, NZM 2006, 41
LEO/GÖTZ, Ende des Mietverhältnisses und stillschweigende Verlängerung: „Wachkoma"-Verträge in der Gewerberaummiete, NZM 2019, 601
LEVERENZ, Gestaltungsrechtsausübungen durch und gegen Personenmehrheiten (1995)
LINDNER, Rechtsfolgen nach einem verbraucherprivatrechtlichen Widerruf des Mietvertrages, ZMR 2016, 356
MAYER, Der Eintritt des Grundstückserwerbers in bestehende Miet- und Pachtverhältnisse, ZMR 1990, 121
MEDIGER, Das neue (?) Widerrufsrecht des Mieters, NZM 2015, 185
MERTENS, Die Reichweite gesetzlicher Formvorschriften im BGB, JZ 2004, 431
MICHALSKI, Recht zur fristlosen Kündigung bei vorausgegangener unwirksamer Kündigung durch den Vermieter/Verpächter, ZMR 1996, 364
MINUTH/WOLF, Kündigung und Gestaltung von Mietverträgen im Hinblick auf die Insolvenzordnung, NZM 1999, 289
NEUVIANS/MENSLER, Die Kündigung durch Einschreiben nach Einführung der neuen Briefzusatzleistungen, BB 1998, 1206
NIES, Fallstricke bei Abgabe von Willenserklärungen bei Personenmehrheit und Stellvertretung: Abmahnung, einseitige Willenserklärung, Mieterhöhung, NZM 1998, 221
OTTO, Ablehnung eines Ersatzmieters, GE 1995, 971
PASCHKE, Gescheiterte Beziehungen im Blickfeld des Mietrechts, WuM 2008, 59
dies, Mietrechtliche Erklärungen im Prozess, GE 2010, 1385
dies, Das Widerrufsrecht in der Wohnraummiete, GE 2016, 241
PETERS, Zahlungsvereinbarungen zwischen Vormieter und Nachmieter, JR 1992, 225
PRIEBE, Mietverhältnisse in der Insolvenz des Mieters, NZM 2010, 801
REINKE, Die zweitinstanzliche Kündigung von Wohnraum, NZM 2013, 404
RIECKE, Rechtsfolgen für bereits bestehende Mietverhältnisse und für die Verwaltung aus der Umwandlung in Wohnungseigentum. – Zugleich Besprechung des Beschlusses des Hanseatischen Oberlandesgerichts Hamburg vom 18. 7. 1996 (WuM 1996, 637) und des Urteils des Landgerichts Hamburg vom 19. 11. 1996 (WuM 1997, 47) –, WuM 1997, 88
ROLFS/MÖLLER, Widerrufsrechte im Wohnraummietrecht, NJW 2017, 3275
SCHMID, Anfechtung von Mietverträgen, WuM 2009, 155
ders, Heilung fehlerhafter Kündigung durch Klageerhebung, NZM 2013, 401
SCHNEEHAIN/STÜTZE, Verlängerung von Gewerberaummietverträgen infolge „Optionsautomatik" – Hürden des AGB-Rechts?, NZM 2010, 881
SCHÖNLEBER, Kündigung wegen Hinderung angemessener wirtschaftlicher Verwertung, NZM 1998, 601
SCHOPP, Verkürzung der gesetzlichen Kündigungsfrist in der Wohnraummiete bei Kündigung durch den Vermieter, DWW 1992, 74
SCHRADER, Die Beendigung einer Wohngemeinschaft von Partnern einer nichtehelichen Lebensgemeinschaft, NZM 2010, 257
SIMON, Begründung und Weiterveräußerung vermieteten Wohnungseigentums – eine Gefahrenquelle für die Rechtsstellung der Mieter?, NZM 2000, 848
SONNENSCHEIN, Minderjährige und Mietrecht, in: FS Bärmann und Weitnauer (1990) 623
ders, Kündigung und Rechtsnachfolge, ZMR 1992, 417
ders, Kündigungsprobleme bei Rechtsnachfolge, in: PiG Bd 37 (1992) 95
SPIES, Mehrheiten auf Vermieterseite, Schriftform, Konsequenzen für Kündigung und Mieterhöhung, ZMR 2020, 183 und ZMR 2020, 276
STEINBECK, Die Übertragbarkeit von Gestaltungsrechten (1994)
STEINIG, Formelle Anforderungen an Vermieter-Erklärungen: nur überflüssiger Formalismus?, GE 1996, 1328
STERNEL, Wohnraummietvertrag und AGB-Gesetz, NZM 1998, 833
ders, Schlüssiges Verhalten im Mietrecht, in: FS Blank (2006) 421
STREYL, Das Recht auf vorzeitige Vertragsbe-

endigung bei der Miete von Wohn- und Geschäftsräumen – Mögliche Auswege aus einem Kündigungsausschluss, WuM 2005, 183
ders, Vorzeitige Vertragsbeendigung bei der Miete von Wohn- und Geschäftsräumen, NZM 2005, 361
ders, Mietermehrheiten, NZM 2011, 377
ders, Wohnungsmiete und Verbraucherwiderrufsrecht: Eine Polemik, NZM 2015, 433
WEITEMEYER, Die Gesellschaft bürgerlichen Rechts als Vermieterin, in: Gedschr Sonnenschein (2002) 431
dies, Auswirkungen der Rechtsprechung des BGH zur Gesellschaft bürgerlichen Rechts auf deren Vermieterstellung, ZMR 2004, 153
WENDEHORST, Das neue Gesetz zur Umsetzung der Verbraucherrechterichtlinie, NJW 2014, 577
WETEKAMP, Bericht: Kündigung des Mietvertrages, NZM 1999, 485
WIEK, Teilkündigung von Wohnräumen?, WuM 1997, 654
ders, Der gekündigte vertragstreue Mitmieter, WuM 2016, 718
WIESE, Die zeitlich einheitliche Kündigung in Mehrpersonenverhältnissen, ZMR 2020, 284 u ZMR 2020, 364
WINDORFER, Rechtsnachfolgeklauseln in Gewerberaummietverträgen, NZM 2018, 14
ZWANZIGER, Zu den verfassungsrechtlichen Grenzen der freien Beendigung von Gewerbemietverträgen durch den Vermieter, ZMR 2019, 918.

Systematische Übersicht

I. Allgemeine Kennzeichnung	
1. Überblick	1
2. Entstehung der Vorschrift	2
3. Zweck der Vorschrift	3
II. Beendigung durch Kündigung (Abs 1)	
1. Allgemeines	4
2. Rechtsnatur der Kündigung	5
a) Einseitige, empfangsbedürftige Willenserklärung	5
aa) Erklärung der Kündigung	6
α) Einzelpersonen als Vermieter und Mieter	7
β) Personenmehrheiten als Vermieter und/oder Mieter	8
γ) Parteiwechsel	17
δ) Stellvertretung	21
bb) Zugang der Kündigung	31
α) Allgemeine Voraussetzungen	32
β) Besondere Voraussetzungen	34
γ) Zugang im Einzelnen	36
δ) Boten und Vertreter	39
ε) Zugangsfiktion	45
ζ) Zugangsvereitelung	46
cc) Gegenerklärung	48
b) Ausschluss des Kündigungsrechts	49
aa) Gesetzlicher Ausschluss	50
bb) Vertraglicher Ausschluss	54
c) Einwilligung eines Dritten	66
d) Pflicht zur Kündigung	70
3. Inhalt der Kündigungserklärung	73
a) Erklärungsinhalt im Allgemeinen	73
b) Angabe des Kündigungstermins	76
c) Angabe des Kündigungsgrundes	78
4. Bedingte und befristete Kündigung	87
a) Bedingte Kündigung	87
b) Befristete Kündigung	91
5. Teilkündigung	92
a) Nebenabreden	93
b) Teile der Mietsache im Allgemeinen	94
c) Nebenräume und Teile des Grundstücks im Besonderen	100
6. Form der Kündigung	102
a) Formfreiheit	102
b) Gesetzlicher Formzwang	104
c) Vertraglicher Formzwang	105
7. Arten der Kündigung	107
a) Ordentliche Kündigung	107
b) Außerordentliche Kündigung	109
aa) Außerordentliche befristete Kündigung	110
bb) Außerordentliche fristlose Kündigung	113
8. Wirkung der Kündigung	118
a) Wirksamkeit	118
b) Unwirksamkeit	120
c) Umdeutung	121

9. Widerruf der Kündigung	124	
a) Einseitiger Widerruf	124	
b) Einvernehmliche Aufhebung	125	
10. Kündigung in der Insolvenz	130	
a) Insolvenz des Vermieters	131	
b) Insolvenz des Mieters	132	
III. Beendigung durch Zeitablauf (Abs 2)		
1. Mietverhältnis auf bestimmte Zeit	136	
2. Außerordentliche Kündigung (Abs 2 Nr 1)	146	
3. Verlängerung befristeter Mietverhältnisse (Abs 2 Nr 2)	147	
a) Verlängerung kraft Vereinbarung	148	
b) Verlängerung kraft Gesetzes	154	
IV. Beendigung aufgrund sonstiger Umstände	155	
1. Widerruf	156	
a) Allgemeines	156	
b) Verbrauchervertrag (§ 310 Abs 3)	158	
c) Vertragsabschluss außerhalb von Geschäftsräumen (§ 312b)	163	
d) Fernabsatz (§ 312c)	164	
e) Keine vorherige Wohnungsbesichtigung (§ 312 Abs 4 S 2) und keine Ferienwohnung (§ 312g Abs 2 Nr 9)	165	
f) Form und Frist	170	
g) Rechtsfolgen	172	
2. Aufhebungsvertrag	174	
a) Zulässigkeit	174	
b) Pflicht zum Vertragsabschluss	175	
c) Zustandekommen	178	
d) Inhalt	188	
e) Wirkung	193	
f) Darlegungs- und Beweislast	194	
3. Auflösende Bedingung	195	
4. Rücktritt	196	
a) Vertragliches Rücktrittsrecht	196	
b) Gesetzliches Rücktrittsrecht	197	
5. Anfechtung	201	
a) Anfechtbarkeit und Wirkung der Anfechtung	201	
b) Anfechtungsgründe	203	
c) Bestätigung des anfechtbaren Mietvertrags	209	
6. Unmöglichkeit der Gewährung des vertragsmäßigen Gebrauchs	210	
7. Störung der Geschäftsgrundlage (§ 313)	212	
8. Erwerb des Eigentums oder Nießbrauchs durch den Mieter	215	
9. Erlöschen eines Dauerwohnrechts oder Dauernutzungsrechts	216	
10. Eintritt des Grundstückserwerbers in ein Mietverhältnis	217	
11. Sonstige Gründe	218	

Alphabetische Übersicht

Abstandszahlung	174, 189 ff
Abtretung des Kündigungsrechts	19
Anfechtung des Mietvertrags	201 ff
– Anfechtbarkeit	201
– Anfechtungsgründe	203 ff
– Bestätigung	209
– Überlassung der Mietsache	201
Angabe des Kündigungsgrundes	78 ff
Angabe des Kündigungstermins	76 ff
Arten der Kündigung	107 ff
– außerordentliche befristete	110
– außerordentliche fristlose	113
– ordentliche	107
Aufhebungsvertrag	174 ff
– Abgeltungsklausel	191 f
– Annahme	182 f
– Antrag	181
– Bedingung	189 f
– Darlegungs- und Beweislast	194
– Ersatzmieter	175 ff
– Form	185 f
– Inhalt	188
– Kündigungswirkung	125, 188
– Pflicht zum Vertragsabschluss	175 ff
– Sittenwidrigkeit	186a
– Teile der Mietsache	97
– Umdeutung einer Kündigung	121 f
– Vertretung	22, 24, 178
– Widerrufsrecht	187
– Wirkung	193
– Zeitpunkt	188
– Zulässigkeit	174
– Zustandekommen	178 ff
Ausschluss des Kündigungsrechts	49 ff

- gesetzlich — 50 ff
- vertraglich — 54

Bedingung
- Kündigung — 87 ff
- Mietaufhebungsvertrag — 189 f
- Mietverhältnis — 140, 195

Beendigung des Mietverhältnisses
- Kündigung — 4 ff
- sonstige Umstände — 155 ff
- Zeitablauf — 136 ff

Befristete Kündigung — 91
Befristung — 137 f
Beschränkung des Kündigungsrechts — 49, 59 ff
Betreuung — 67
Betriebsrat — 68

Covid-19 — 213a

Darlegungs- und Beweislast
- Aufhebungsvertrag — 194
Dauernutzungsrecht — 216
Dauerwohnrecht — 213

Einschreiben — 32 f, 46 f
Eintritt des Grundstückserwerbers
   in ein Mietverhältnis — 17, 178, 217
Einwilligung eines Dritten in
   die Kündigung — 66
Empfangsbote — 40
Empfangsvertreter — 41
Enteignungsverfahren — 219
Entstehung der Vorschrift — 2
Erbengemeinschaft — 11
Erklärungsbote — 45
Erlöschen eines Dauerwohnrechts oder
   Dauernutzungsrechts — 216
Ermächtigung zur Kündigung — 20
Ersatzmieter — 175 ff
Erwerb des Eigentums oder Nießbrauchs
   durch den Mieter — 215

Ferienwohnung — 169
Fernabsatz — 164
Fiktion des Zugangs — 45
Finanzierungsbeitrag des Mieters — 58
Form der Kündigung — 102 ff
- Formfreiheit — 102
- gesetzlich — 104

- vertraglich — 105 f
Formularvertrag
- Ausschluss oder Beschränkung des
   Kündigungsrechts — 62 ff
- Vollmacht — 24, 43, 178

Garage — 96
Geschäftsraum — 163
Grundstücksteile — 100

Insolvenz — 130 ff
- des Mieters — 132 ff
- des Vermieters — 131

Juristische Person — 219

Kündigung
- Arten — 107 ff
- Ausschluss — 49 ff, 145
- außerordentliche — 79, 81 ff, 109 ff
- bedingte — 87 ff
- befristete — 91
- Einwendungen — 48
- Einwilligung eines Dritten — 66 ff
- Empfangsbote — 40
- Empfangsvertreter — 41 f
- Form — 102 ff
- Grund — 78
- Inhalt — 73 ff
- konkludentes Handeln — 75, 104
- Mehrheit von Beteiligten — 8 ff, 38
- Mieterhöhung — 90
- Nichtberechtigter — 30
- Nichtigkeit — 120
- ordentliche — 107
- Partei — 6, 36
- Pflicht — 15, 70
- Rechtsnatur — 5 ff
- Teile eines Mietverhältnisses — 92 ff
- Übergang des Kündigungsrechts — 17 ff
- Umdeutung — 121 ff, 181
- unzulässige Rechtsausübung — 108, 112, 116 f
- Vertretung — 7, 21, 40 f
- Wechsel der Parteien — 18
- Widerruf — 124 ff
- Wirkung — 118 ff
- Zeitpunkt für Voraussetzungen — 5, 79 ff
- Zugang — 31 ff
Kündigungserklärung — 5 ff

Untertitel 1
Allgemeine Vorschriften für Mietverhältnisse   § 542

- Form _____ 102 ff
- Inhalt _____ 73 ff
- Umdeutung _____ 121 ff, 181
- Vertretung ohne Vertretungsmacht _ 28, 44
- Vertretung _____ 7, 21, 41 f
- Zugang _____ 31 ff
Kündigungsrecht
- Abtretung _____ 19
- Ausschluss _____ 49
- Beschränkung _____ 59 ff
- Ermächtigung _____ 20
- Parteien _____ 6
- Parteiwechsel _____ 19
- Übergang _____ 17
Kündigungstermin _____ 76 ff

Mehrheit von Beteiligten
- eigene Erklärung _____ 14
- Kündigungsgrund _____ 85 f
- Mieter _____ 12 f, 38
- Mitwirkungspflicht _____ 15 f
- Optionsrecht _____ 150
- Stellvertretung _____ 21, 41 f
- Vermieter _____ 12 f, 38
Mietrechtsreform _____ 2
Mietverhältnis
- auf bestimmte Zeit _____ 136 ff
- auf Lebenszeit _____ 141 ff
- auf unbestimmte Zeit _____ 4 ff
- Verbindung von befristetem und
  unbefristetem Mietverhältnis _ 144, 152
Mietvertrag
- Optionsrecht _____ 149 ff
- Verlängerungsklausel _____ 144, 152

Nachschieben von Kündigungsgründen _ 83
Nebenräume _____ 100
Nichtfortsetzungserklärung __ 152

Optionsrecht _____ 149 ff

Parteiwechsel _____ 18
Prozessvollmacht _____ 29

Rücktritt vom Mietvertrag ___ 196 ff
- Bedingung _____ 196
- gesetzliches Rücktrittsrecht _ 197
- nach Überlassung der Mietsache _ 196, 200
- vertragliches Rücktrittsrecht _ 196

- vor Überlassung der Mietsache _ 196, 200 f
Scheidung _____ 16a, 218
Schlüsselgewalt _____ 22, 178
Schriftform
- Kündigungserklärung _____ 104 ff
- Mietaufhebungsvertrag _____ 185 f
Stellvertretung _____ 7, 21, 41 f
Störung der Geschäftsgrundlage _ 212 f

Teilkündigung _____ 92 ff
- Nebenabreden _____ 93
- Nebenräume und Grundstücksteile bei
  Wohnraummiete _____ 100
- Teile der Mietsache _____ 94 ff
Telefax _____ 150

Umdeutung der Kündigung __ 121 ff, 181
Umlegungsverfahren _____ 219
Unmöglichkeit der Gewährung des
  vertragsmäßigen Gebrauchs _ 210 f
Unternehmer _____ 161
Unzulässige Rechtsausübung
  _____ 108, 112, 116 f, 145

Veräußerung des Grundstücks _ 18, 159, 216
Verbindung von befristetem und
  unbefristetem Mietverhältnis _ 145, 152
Verbraucherrechte-Richtlinie __ 156
Verbrauchervertrag _____ 158 ff
Verhinderung des Zugangs ___ 46 f
Verlängerungsklausel _____ 152
Vertragsübernahme _____ 180
Vertreter ohne Vertretungsmacht _ 28, 44
Vertretung bei der Kündigung _ 21, 41 f
Verwirkung des Kündigungsrechts
  _____ 108, 112, 116 f
Vollmachtsurkunde _____ 26 f

Werkwohnungen _____ 68
Widerruf _____ 156 ff
- Form _____ 170
- Frist _____ 171
- Geschäftsraum _____ 163
- Ferienwohnung _____ 169
- Fernabsatz _____ 164
- Rechtsfolgen _____ 172 f
- Sozialwohnungen _____ 157
- Verbrauchervertrag _____ 158 ff

– Wohnungsbesichtigung	165	– Fiktion	45
Widerruf der Kündigung	124 ff	– Verhinderung	46 f
		– Voraussetzungen	32 ff
Zeitbestimmung	140	Zwangsverwaltung	150
Zugang der Kündigungserklärung	31 ff	Zweck der Vorschrift	3
– Einschreiben	32 f, 46 f		

I. Allgemeine Kennzeichnung

1. Überblick

1 Die Vorschrift des § 542 BGB gilt für **Mietverhältnisse jeder Art**. Sie bestimmt in Abs 1, dass ein auf unbestimmte Zeit eingegangenes Mietverhältnis von jedem Teil nach den gesetzlichen Vorschriften (§§ 543, 568 ff, 580 f BGB) gekündigt werden kann. Abs 2 normiert, dass ein auf ein bestimmte Zeit eingegangenes Mietverhältnis regelmäßig mit dem Ablauf der Zeit endet, für die es eingegangen ist. Die Vorschrift ist trotz ihres einweisenden Charakters unvollständig, erwähnt sie doch nur einen Teil der Gründe, aus denen ein Mietverhältnis enden kann. Mit Anfechtung, Widerruf, Rücktritt, Aufhebungsvertrag, Eigentums- oder Nießbrauchserwerb des Mieters, Erlöschen eines Dauerwohnrechts oder Dauernutzungsrechts und auflösender Bedingung gibt es weitere Gründe, die das Mietverhältnis beenden können.

2. Entstehung der Vorschrift

2 Die Vorschriften über die Beendigung des Mietverhältnisses durch Zeitablauf oder ordentliche Kündigung waren in § 522 E I und § 506 E II noch mit der Regelung der Kündigungsfristen verbunden. Beide Regelungsbereiche wurden in die §§ 557, 558 E III, die späteren §§ 564 und 565 BGB, getrennt. § 564 BGB ist 100 Jahre lang unverändert geblieben. Erst das **Mietrechtsreformgesetz** vom 19. 6. 2001 (BGBl I 1149) hat mit seiner vollständigen Neugliederung des Mietrechts die Vorschrift inhaltlich umgestaltet. Gegenüber § 564 BGB wurde die Absatzfolge umgekehrt und damit das Mietverhältnis auf unbestimmte Zeit, das in der Praxis die Regel darstellt, an den Anfang gestellt (BT-Drucks 14/4553, 43). Eine inhaltliche Änderung ist damit – ebenso wenig wie mit der Streichung des ausdrücklichen Hinweises auf § 565 aF (§§ 573c, 573d, 580a BGB) – nicht verbunden (LÜTZENKIRCHEN, Neue Mietrechtspraxis Rn 707). Die Streichung soll nur dem Missverständnis vorbeugen, dass nicht in jedem Fall allein nur die bestehenden Kündigungsfristen zu beachten sind, sondern je nach Art des Mietverhältnisses ggf weitere Voraussetzungen vorliegen müssen, zB bei Wohnraummietverhältnissen im Falle der Vermieterkündigung regelmäßig auch ein berechtigtes Interesse des Vermieters (BT-Drucks 14/4553, 43).

3. Zweck der Vorschrift

3 In ähnlicher Weise wie § 620 BGB will § 542 BGB die **wichtigsten Beendigungstatbestände** iS einer **Einweisung** in die anschließenden detaillierten Regelungen besonders hervorheben. In der Regel enden Mietverhältnisse auf unbestimmte Zeit, abgesehen von anderen nicht genannten Gründen der Vertragsbeendigung, die sich in erster Linie aus allgemeinen Vertragsgrundsätzen ergeben, durch Kündigung einer der beiden Vertragsparteien (Abs 1). Beide unterschiedlichen Kündigungsarten, ordentliche und außerordentliche Kündigung, sind hiervon erfasst. Mietverhältnisse auf bestimmte Zeit enden regelmäßig ohne Kündigung mit Zeitablauf, sofern sie nicht vorher zulässig außerordentlich gekündigt oder verlängert werden. Auch Mietverhältnisse auf bestimmte Zeit können außerordentlich (befristet oder fristlos) gekündigt werden, wie der Gesetzgeber im Zuge der Mietrechtsreform 2001 zum besseren Verständnis ausdrücklich klargestellt hat. Gleiches gilt für die Möglichkeit der vertraglichen Verlängerung eines Zeitmietverhältnisses, die vor dem Hintergrund der Vertragsautonomie eine Selbstverständlichkeit ist. Die Verwendung des Begriffs der „außerordentlichen Kündigung" hier wie an anderen Stellen im Gesetz ist seit 2001 neu, geht jedoch auf die in der Sache allgemein übliche systematische Unterscheidung zwischen außerordentlicher (befristeter oder fristloser) und ordentlicher Kündigung zurück (BT-Drucks 14/4553, 43). Zum besseren Verständnis und zur Klarstellung hat das Mietrechtsreformgesetz die einzelnen Kündigungsrechte der betreffenden Kündigungsart zugeordnet und begrifflich durchgängig entsprechend bezeichnet.

II. Beendigung durch Kündigung (Abs 1)

1. Allgemeines

Nach § 542 Abs 1 BGB kann jeder Teil das Mietverhältnis nach den gesetzlichen Vorschriften kündigen, wenn die Mietzeit nicht bestimmt ist. Ein auf unbestimmte Zeit eingegangenes Mietverhältnis kann demnach durch **ordentliche oder außerordentliche Kündigung** beendet werden. Darüber hinaus spielt die außerordentliche Kündigung bei den auf bestimmte Zeit abgeschlossenen Mietverhältnissen eine Rolle. Die ordentliche und die außerordentliche Kündigung sind schon zulässig, bevor die Mietsache überlassen worden ist (BGHZ 73, 350, 351 ff = NJW 1979, 1288 mit kritischer Anm Haase JR 1979, 415 und Anm Treier LM Nr 67 zu § 535 BGB; BGHZ 99, 54, 60 = NJW 1987, 948; KG 12. 9. 2013 – 8 U 4/13, NZM 2014, 199; OLG Düsseldorf WuM 1995, 438).

2. Rechtsnatur der Kündigung

a) Einseitige, empfangsbedürftige Willenserklärung

Die Kündigung des Mietverhältnisses ist eine einseitige, empfangsbedürftige Willenserklärung. Alle **Vorschriften über einseitige Rechtsgeschäfte**, etwa die §§ 111, 174, 180, 182 Abs 3 BGB, **sind anwendbar**. Die Wirksamkeit der Kündigung hängt davon ab, dass sie von der einen Partei erklärt wird und der anderen Partei zugeht. Unter bestimmten Voraussetzungen ist die Kündigung schriftlich zu erklären (s Rn 104 f), muss ein Kündigungsgrund erfüllt und im Kündigungsschreiben angegeben sein (s Rn 78 ff), damit die Kündigung wirksam ist. Diese besonderen Voraussetzungen stellen im Einzelnen auf den Charakter des Mietverhältnisses, die Person des Kündigenden und auf die Art der Kündigung ab. Welche gesetzlichen Voraussetzungen für die Kündigung maßgebend und ob sie jeweils erfüllt sind, richtet sich grundsätzlich nach dem Zeitpunkt, in dem die Erklärung durch Zugang wirksam wird (BayObLG WuM 1995, 380). Einschränkungen werden jedoch bei der ordentlichen Kündigung eines Mietverhältnisses über Wohnraum insoweit gemacht, als das Erlangungsinteresse des Vermieters bis zum Ablauf der Kündigungsfrist fortbestehen muss (vgl § 573 Rn 121 f).

aa) Erklärung der Kündigung

6 Für die Wirksamkeit einer Kündigung ist erforderlich, dass sie von einer hierzu berechtigten Person erklärt wird. Zur Kündigung berechtigt sind die **Parteien des Mietverhältnisses**. Partei ist derjenige, der diese Stellung bei Abschluss des Mietvertrags oder später durch vertragliche Vereinbarung oder kraft Gesetzes übernommen hat.

α) Einzelpersonen als Vermieter und Mieter

7 Stehen sich Vermieter und Mieter als Einzelpersonen gegenüber, wirft die Kündigung im Allgemeinen keine Probleme auf. Jede Partei kann die Kündigung gegenüber der anderen erklären. **Partei des Mietverhältnisses** kann eine natürliche oder juristische Person oder eine Personen(handels)gesellschaft, auch eine GbR (vgl BVerfG NZM 2002, 986; BGHZ 146, 341, 343 ff = NJW 2001, 1056), sein. Eine natürliche Person muss geschäftsfähig sein, um die Kündigung erklären zu können. **Minderjährige** bedürfen nach § 107 BGB der Einwilligung des gesetzlichen Vertreters, da sie durch eine Kündigung wegen der Beendigung des Mietverhältnisses und dem damit verbundenen Verlust einer Rechtsposition nicht lediglich einen rechtlichen Vorteil erlangen (LG Berlin NZM 2001, 807), selbst wenn sie von der Pflicht befreit werden, die Mietsache weiterhin zu überlassen oder die Miete zu entrichten (Sonnenschein, in: FS Bärmann und Weitnauer [1990] 623, 640 f). Anstelle des Minderjährigen kann der gesetzliche Vertreter kündigen (Rn 22). Zur Kündigung eines Mietverhältnisses über Wohnraum, den **eine unter Betreuung stehende Person** gemietet hat, bedarf der Betreuer der Genehmigung des Betreuungsgerichts. Gleiches gilt für eine Willenserklärung, die auf die Aufhebung eines solchen Mietverhältnisses gerichtet ist (§ 1907 Abs 1 BGB; näher Rn 67). Für einen **Geschäftsunfähigen** oder eine juristische Person muss der gesetzliche Vertreter die Kündigung erklären. Er kann sich von einem Bevollmächtigten vertreten lassen (Rn 22 ff).

β) Personenmehrheiten als Vermieter und/oder Mieter

8 Das Gesetz regelt nicht ausdrücklich, wie das Mietverhältnis bei einer Mehrheit von Beteiligten auf der Mieter- oder Vermieterseite zu kündigen ist. Es geht als selbstverständlich davon aus, dass ein einheitliches Mietverhältnis, an dem mehrere Personen als Mieter oder Vermieter beteiligt sind, nur von allen oder gegenüber allen anderen Beteiligten gekündigt werden kann (BGHZ 144, 370, 379 = NJW 2000, 3133; LG Köln WuM 2002, 671; BeckOGK/Mehle [1. 7. 2020] Rn 31; BeckOK MietR/Bruns [1. 8. 2020] Rn 131; Palandt/Weidenkaff Rn 18). Dies wird aus der Einheitlichkeit des Mietverhältnisses gefolgert, die vom Regelfall der individuellen Wirksamkeit bestimmter Tatsachen bei der Gesamtschuld nach § 425 BGB abweicht. Hinzu kommt, dass die den Vermieter treffende Pflicht zur Gebrauchsüberlassung und die Verpflichtung des Mieters, die Mietsache nach Beendigung des Mietverhältnisses zurückzugeben, unteilbar sind (Mot II 413).

9 αα) Das Kündigungsrecht kann von **mehreren Vermietern** grundsätzlich nur gemeinsam ausgeübt werden (RG 1. 11. 1919 – III 191/19, RGZ 97, 79, 81 f; LG Düsseldorf DWW 1991, 24; LG Hamburg NZM 2000, 656; LG Heidelberg NZM 2001, 91; Flatow NZM 2004, 281, 282; Klein-Blenkers ua/Klein-Blenkers Rn 21; Spies ZMR 2020, 183, 186). Die von einem einzelnen Vermieter erklärte Kündigung ist wirkungslos, wenn er nicht von den anderen bevollmächtigt worden ist (Rn 23 f) und bei der Kündigung zum Ausdruck kommt, dass sie im Namen aller Mitvermieter ausgesprochen wird (BGH NJW 2009,

3506; LG Berlin GE 1995, 309; LG Wuppertal 10. 12. 2015 – 9 S 128/15, ZMR 2016, 455; BeckOK BGB/Wiederhold [1. 8. 2020] Rn 28). Die Mitberechtigung kann zB darauf beruhen, dass Miteigentümer gemeinsam vermietet haben (OLG Celle WuM 1995, 193; LG Berlin WuM 1979, 25; LG Gießen WuM 2007, 863). Da der BGH einer **(Außen-)GbR** die Rechtsfähigkeit zuerkannt hat (BGHZ 146, 341, 343 ff = NJW 2001, 1056), ist hier nur die GbR selbst Vermieterin. Davon bleibt freilich unberührt, dass in Ermangelung eines abweichenden Gesellschaftsvertrages die Gesellschafter zur Geschäftsführung (§ 709) und damit Vertretung (§ 714 BGB) der Gesellschaft nur gemeinschaftlich befugt sind. Die Kündigung ist auch dann gemeinsam zu erklären, wenn einer der beiden Vermieter seinen Miteigentumsanteil zwischenzeitlich an den anderen Eigentümer veräußert hatte (BGH 9. 1. 2019 – VIII ZB 26/17, NZM 2019, 208) oder wenn mehrere Personen den Mietvertrag als Vermieter unterschreiben und dadurch Vertragspartei werden, auch wenn im Kopf des Vertragsformulars nur eine Partei angegeben ist (LG Schweinfurt WuM 1989, 362). Wird die Kündigung im Namen mehrerer Vermieter erklärt, obwohl der Kündigende ausweislich des Mietvertrags alleiniger Vermieter ist, so nimmt dies der Erklärung des Vermieters, auf die es allein ankommt, nicht die Wirkung (LG Düsseldorf DWW 1993, 103).

Eine Mehrheit von Vermietern kann auch dadurch entstehen, dass ein Haus oder Gebäudekomplex in **Eigentumswohnungen** umgewandelt wird. Diese Vervielfältigung der Vermieterstellung führt nicht nur für die Wohnungseigentümer, sondern auch für die Mieter zu einem höchst umständlich zu verwaltenden Mietverhältnis; bei einer Vielzahl von Wohnungseigentümern kann das auch zu einer völligen Blockade führen (Weitemeyer NZM 1998, 169, 175). Der BGH hat sich daher va aus praktischen Erwägungen entgegen der früher hM (OLG Celle WuM 1996, 222; OLG Hamburg WuM 1996, 637; LG Hamburg WuM 1994, 539 f; LG Hamburg WuM 1997, 47; AG Köln WuM 1986, 109; Beuermann WuM 1995, 5, 6 f; zusammenfassend Simon NZM 2000, 848, 849 f) in diesen Fällen für eine Anwendung des § 566 Abs 1 BGB ausgesprochen, soweit der mit dieser Vorschrift bezweckte Mieterschutz dies erfordert. Dies hat zur Konsequenz, dass sich bei der Veräußerung von Wohn- oder Teileigentum die Wirkung der Bestimmung hierauf beschränkt und sie keine Anwendung auf die (notwendige) Mitveräußerung der mit dem Sondereigentum verbundenen Anteile am Gemeinschaftseigentum findet. Außerdem erlangt der Erwerber des Sondereigentums die (alleinige) Vermieterstellung auch insoweit, als der Mieter Räume oder Gemeinschaftseinrichtungen aufgrund des Mietvertrages in Allein- oder Mitbesitz hat (BGHZ 141, 239, 243 ff = NJW 1999, 2177 m Anm Derleder JZ 2000, 260; Sonnenschein LM § 571 BGB Nr 40; dazu auch Drasdo DWW 2000, 6; Häublein WuM 2013, 68 ff; Simon NZM 2000, 848). Er ist folglich berechtigt, allein und ohne rechtsgeschäftliche Beteiligung der übrigen Miteigentümer ein Mietverhältnis auch insoweit zu kündigen, als Gemeinschaftseigentum betrifft.

Eine **Ausnahme** vom Erfordernis einer einheitlichen Kündigung durch alle Vermieter kann für den Fall der Kündigung durch eine **Erbengemeinschaft** bestehen. Da die Erbengemeinschaft im Gegensatz zur GbR nicht selbst rechtsfähig ist (BGH NJW 2002, 3389), sind die Erben gemeinsam Vermieter. Sie können ein Mietverhältnis über eine zum Nachlass gehörende Sache gemäß § 2038 Abs 1 S 2 BGB (nur dann) wirksam mit Stimmenmehrheit kündigen, wenn sich die Kündigung als Maßnahme der ordnungsgemäßen Verwaltung darstellt (BGHZ 183, 131, 138 ff = NJW 2010, 765; vgl auch BGH NZM 2010, 741; LG Berlin 11. 10. 2016 – 67 S 190/16, GE 2016, 1386; Spielbauer/Schneider/

Krenek Rn 27; **aM** Müssig JZ 2011, 481, 483 f). Dasselbe gilt nach § 745 Abs 1 BGB für eine **Bruchteilsgemeinschaft** (BGH NJW 2011, 61).

12 ββ) Besteht das Mietverhältnis mit **mehreren Mietern** (dazu ausführlich Eckert, in: Gedschr Sonnenschein [2002] 313, 322 ff), muss die Kündigung von allen gemeinsam erklärt werden, um das Mietverhältnis zu beenden. Eine Vertretung bei Abgabe der Kündigungserklärung ist zulässig (s Rn 21 ff). Anderenfalls ist die Kündigung nur eines Mitmieters wirkungslos (RG 19. 6. 1917 – III 25/17, RGZ 90, 328, 330; RG 28. 11. 1932 – VIII 371/32, RGZ 138, 183, 186; RG 11. 7. 1933 – VII 70/33, RGZ 141, 391, 392; BGH WuM 1972, 136; BGH NZM 1998, 22; BGH NJW 2009, 3781; OLG Düsseldorf GE 2006, 325; AG Tempelhof-Kreuzberg 30. 5. 2017 – 24 C 32/16, GE 2017, 835). Dies ist auch anzunehmen, wenn einer der Mitmieter aus der Wohnung auszieht (LG Gießen WuM 1996, 273; AG Charlottenburg FamRZ 1990, 532; AG Mannheim DWW 1995, 353). Eine solche Kündigung beendet das Mietverhältnis auch nicht teilweise, beschränkt auf die Person des Kündigenden (LG Köln WuM 1996, 266). In einer derart beschränkten Kündigung kann allenfalls ein Angebot an den Vermieter gesehen werden, einen Mietaufhebungsvertrag abzuschließen, der das Mietverhältnis zu dem anderen Mitmieter unberührt lassen soll (AG Neuss WuM 1986, 339; ähnlich KG NZM 1999, 462). Trotzdem müsste der andere Mitmieter an dem Teilaufhebungsvertrag mitwirken, da hierdurch auch seine Rechtsstellung berührt wird. Dem zurückgebliebenen Mieter steht ansonsten nicht das Recht zu, das Mietverhältnis allein mit Wirkung für alle Mitmieter zu kündigen, da er hierdurch in deren Rechte eingreifen würde (**aM** AG Schöneberg GE 1990, 827).

13 γγ) Eine **Ausnahme vom Prinzip der einheitlichen Kündigung** ist nur zu machen, wenn ein weiterer Mieter unter Verstoß gegen § 550 BGB formlos in einen bereits bestehenden, schriftlich auf längere Zeit als ein Jahr abgeschlossenen Mietvertrag eingetreten ist. Der neue Mieter kann das Mietverhältnis aufgrund des § 550 BGB für seine Person kündigen, während der ursprüngliche Mieter für die vereinbarte Vertragszeit gebunden bleibt (BGHZ 65, 49, 51 ff = NJW 1975, 1653). Zu beachten ist, dass auch ein Mietvertrag, der nur aufgrund einer Parteivereinbarung schriftlich abgefasst ist, nicht ohne Weiteres sämtliche Mitmieter vollständig aufzählt. Dies ergibt sich etwa bei einem späteren formlosen Beitritt (vgl BGH NJW 2005, 2620; LG Berlin NZM 2002, 119), so vor allem bei Mietverträgen, die unter der Geltung des ZGB-DDR abgeschlossen worden sind. Auch wenn nur ein Ehegatte den Vertrag abgeschlossen hat, sind nach § 100 Abs 3 ZGB-DDR beide Ehegatten Mieter einer Wohnung (vgl BGH NJW-RR 2005, 1258; BeckOGK/Mehle [1. 7. 2020] Rn 32). Für Altverträge aus der Zeit vor dem Beitritt der DDR hat sich hieran unter der Geltung des BGB nichts geändert (Staudinger/Rolfs [2016] Art 232 § 2 EGBGB Rn 5). Das BGB kennt einen solchen gesetzlichen Vertragsbeitritt nicht. Hat ein Ehegatte die eheliche Wohnung allein gemietet, so kann er das Mietverhältnis allein kündigen (LG Stuttgart FamRZ 1977, 200). Eine solche Kündigung kann nicht ohne Weiteres nach § 138 Abs 1 BGB als nichtig beurteilt werden, wenn dadurch der Familie die Wohnung entzogen wird, weil das Innenverhältnis der Ehegatten den Vermieter nicht betrifft (**aM** LG Bamberg FamRZ 1957, 258 m Anm Bosch und Anm Brühl).

14 δδ) Wenn ein Mietverhältnis mit einer Mehrheit von Beteiligten auf der Mieter- oder Vermieterseite nur von allen Mietern oder Vermietern gemeinsam gekündigt werden kann, bedeutet dies nicht, dass die Kündigung in einer einheitlichen Erklärung erfolgen muss. Dies ist möglich, wenn ein Beteiligter alle anderen bei der

Abgabe der Erklärung vertritt (s Rn 21). Das Mietverhältnis kann jedoch auch durch eine **eigene Erklärung jedes Beteiligten** gekündigt werden (LG Limburg NJW-RR 1991, 138; LG München I WuM 1999, 218; Wiese ZMR 2020, 284). In diesem Fall ist aber ein enger zeitlicher Zusammenhang zwischen den einzelnen Erklärungen erforderlich, damit von einer einheitlichen Kündigung ausgegangen werden kann. Bei einem Abstand von bis zu einem Monat ist dieser Zusammenhang noch gewahrt (LG München I 24. 2. 1999 – 14 S 18218/98, WuM 1999, 218; **aM** OLG Düsseldorf 2. 7. 1987 – 10 U 23/87, NJW-RR 1987, 1369), bei über einem Monat nicht mehr (AG Hamburg WuM 1972, 374). Für den Beginn der Kündigungsfrist ist bei getrennten Erklärungen diejenige maßgebend, die als letzte zugeht.

εε) Da mehrere Mieter oder Vermieter nur gemeinsam kündigen können, stellt 15 sich die Frage, ob für den einzelnen Beteiligten eine **Pflicht zur Mitwirkung bei der Kündigung** besteht. Dies richtet sich nach dem Innenverhältnis zwischen mehreren Beteiligten und der hierfür maßgebenden Regelung der Geschäftsführung, in erster Linie also nach Gesellschaftsrecht (OLG Hamburg NZM 2001, 640; LG Berlin 25. 10. 2016 – 63 S 86/16, GE 2017, 476), Gemeinschaftsrecht (OLG Hamburg WuM 1996, 637, dazu Riecke WuM 1997, 88; OLG Hamburg NZM 2002, 521), Familienrecht (§§ 1353, 1361b BGB; dazu Rn 16 f) oder dem Recht der Miterbengemeinschaft (BGHZ 183, 131, 135 = NJW 2010, 765). Haben die Partner einer nichtehelichen Lebensgemeinschaft gemeinsam eine Wohnung gemietet und zieht einer von ihnen aus, weil die Lebensgemeinschaft beendet ist, so wird ihm entsprechend §§ 730 ff ein Anspruch gegen den in der Wohnung verbliebenen Partner eingeräumt, an der gemeinsamen Kündigung mitzuwirken (KG WuM 1992, 323; OLG Düsseldorf WuM 2007, 567; OLG Köln NZM 1999, 998; LG Berlin 25. 10. 2016 – 63 S 86/16, GE 2017, 476; LG Gießen WuM 1996, 273; LG Hamburg WuM 1993, 343; LG Karlsruhe WuM 1996, 146; LG Kassel WuM 1977, 255; LG München II NJW-RR 1993, 334; Sonnenschein NZM 1999, 977, 979). Das Gleiche wird bei aufgelösten Wohngemeinschaften angenommen (OLG Köln WuM 1999, 521; LG Köln NJW-RR 1993, 712). Vereinzelt wird ein Anspruch auch abgelehnt, weil sich die Parteien im Rahmen der §§ 730 ff BGB einigen müssten und diese Einigung nicht durch ein gerichtliches Urteil ersetzt werden könne (AG Neukölln NJW-RR 1993, 133). Einem völligen Ausschluss steht jedoch entgegen, dass jeder Gesellschafter gegen die anderen einen Anspruch auf Mitwirkung bei der Auseinandersetzung hat und dass dieser Anspruch notfalls im Klagewege zu verfolgen ist (Palandt/Sprau § 730 Rn 4).

Erwägenswert ist allerdings, den Anspruch nicht auf eine Mitwirkung an der gemein- 16 samen Kündigung zu erstrecken, sondern ihn auf eine **Zustimmung zur Teilaufhebung** des Mietverhältnisses hinsichtlich des ausgezogenen Partners zu beschränken, damit der Verbliebene die Wohnung nicht verliert (vgl Paschke WuM 2008, 59, 61). Hierfür bietet das Gesellschaftsrecht jedoch keine Grundlage, da mangels einer vertraglichen Regelung kein Gesellschafter das Recht oder die Pflicht hat, einen zum Gesamthandsvermögen gehörenden Gegenstand allein zu übernehmen. Außerdem müsste der Vermieter an einer solchen Teilaufhebung mitwirken. Sie ist deshalb nur im Wege des allseitigen Einvernehmens erreichbar. Das gleiche Ergebnis können die Parteien nach einer Kündigung durch Abschluss eines neuen Mietvertrags mit dem zurückgebliebenen Partner erzielen. Ein Ehegatte, der nach der Scheidung aus der bisherigen Ehewohnung ausgezogen ist, hat gegen den in der Wohnung verbliebenen früheren Ehegatten keinen Anspruch auf gemeinsame Kündigung (LG Düsseldorf WuM 1996, 36; AG Charlottenburg FamRZ 1990, 532; **aM** LG Aachen NJW-RR 1996, 462; näher

HÜLSMANN NZM 2004, 124 ff). Während der Ehe lag dem Mietvertrag das familienrechtliche Verhältnis zugrunde, das bei einer Unterhaltspflicht des ausgezogenen Ehegatten noch fortwirkt und dem Anspruch entgegensteht (LG Düsseldorf WuM 1996, 36). Für den in der Wohnung verbliebenen Ehegatten ergibt sich eine Pflicht zur gemeinsamen Kündigung auch nicht aus etwaigen Nachwirkungen der früheren ehelichen Lebensgemeinschaft, weil dies nicht dazu führen kann, den Verlust der Wohnung als Nachteil auf sich zu nehmen (AG Charlottenburg FamRZ 1990, 532). Die gesellschaftsrechtlichen Regeln sind auf einen gemeinsamen Mietvertrag von Ehegatten im Allgemeinen nicht anwendbar.

16a Allerdings hat im Fall **getrennt lebender Eheleute** der verbleibende Ehegatte aufgrund des Gebots gegenseitiger Rücksichtnahme und der aus § 1353 Abs 1 S 2 BGB abzuleitenden Pflicht, die finanziellen Lasten des anderen Teils nach Möglichkeit zu verringern, eine Mitwirkungspflicht zur Entlassung des anderen aus dem Mietvertrag, soweit der Vermieter hierzu bereit und diese Änderung angemessen und für den betroffenen Ehegatten zumutbar ist (OLG Hamburg NZM 2011, 311). Nach **rechtskräftiger Scheidung** hat der ausgezogene Ehegatte gegen den in der Wohnung verbleibenden früheren Ehegatten einen Anspruch auf Mitwirkung an einer Mitteilung nach § 1568a Abs 3 Nr 1 BGB, wodurch er aus dem Mietvertrag entlassen wird. Dieser Anspruch ist nicht im Ehewohnungsverfahren nach den §§ 200 ff FamFG, sondern als sonstige Familienstreitsache nach § 266 FamFG geltend zu machen (BeckOK BGB/NEUMANN [1. 8. 2020] § 1568a Rn 25 mwNw).

γ) Parteiwechsel

17 Da das Recht zur Kündigung des Mietverhältnisses grundsätzlich von der Stellung als Vertragspartei abhängt, ist fraglich, welche Auswirkungen ein Parteiwechsel hat und ob das Kündigungsrecht in diesem Zusammenhang oder auch unabhängig von einem Wechsel der Parteien auf Dritte übertragen werden kann. Von einem **Übergang des Kündigungsrechts** ist die Stellvertretung zu unterscheiden, weil der Vertreter die Kündigung im Namen des Vertretenen und kraft fremden Rechts erklärt (s Rn 21 ff).

18 Das Recht, ein Mietverhältnis zu kündigen, ist ein unselbständiges Gestaltungsrecht, das der Umgestaltung des gesamten Vertragsverhältnisses dient, ohne höchstpersönlichen Charakter zu tragen. Bei einem **Parteiwechsel** geht das Kündigungsrecht deshalb grundsätzlich mit dem gesamten Mietverhältnis auf den Nachfolger über. Dabei macht es keinen Unterschied, ob es sich um eine Gesamtrechtsnachfolge, eine vertragliche oder gesetzliche Einzelrechtsnachfolge oder nur um einen gesetzlichen Eintritt in das Mietverhältnis handelt, wie er nach § 566 BGB (ggf iVm § 578 BGB) stattfindet. Das Kündigungsrecht steht der neuen Vertragspartei erst dann zu, wenn die Nachfolge rechtlich vollendet ist. Dies ist bei der Veräußerung eines vermieteten Grundstücks der Zeitpunkt des Eigentumserwerbs durch Auflassung und Grundbucheintragung. Eine vorher ausgesprochene Kündigung des Erwerbers ist mangels ausdrücklicher (aber zulässiger: BGH NJW 1998, 896; BGH NJW 2002, 3389; OLG Celle NZM 2000, 93 und unten Rn 20; übersehen vom LG Flensburg WuM 2007, 634) Ermächtigung unwirksam und wird durch den nachfolgenden Eintritt in das Mietverhältnis nicht geheilt (OLG Hamm NJW-RR 1993, 273; LG Berlin GE 1998, 617; BeckOGK/MEHLE [1. 7. 2020] Rn 54). Die auf den Veräußerer und Erwerber beschränkte schuldrechtliche Abrede, dass die Rechte und Pflichten aus dem Mietverhältnis schon früher übergehen sollen, ändert hieran nichts (AG Hamburg-Altona WuM 1993, 124; AG Waldbröl WuM 1993, 121). Da das Kündigungsrecht jedoch nicht nur eine Frage der Erklärung ist, sondern häufig auch vom Bestehen eines Kündigungsgrundes abhängt, treten weitere Probleme hinzu. Im Einzelnen ist deshalb danach zu unterscheiden, ob die Kündigung bereits vor dem Parteiwechsel oder erst später erklärt worden ist und ob sie auf Gründe gestützt wird, die in der Person des Vorgängers oder des Nachfolgers erfüllt sind (Sonnenschein ZMR 1992, 417, 418).

Vom Parteiwechsel, bei dem das ganze Mietverhältnis auf einen Nachfolger übergeht, ist die Übertragung einzelner Rechte zu unterscheiden. Auch sie ist grundsätzlich möglich, soweit die Stellung als Vertragspartei unberührt bleibt. Die vom BGH offen gelassene Frage nach der Zulässigkeit einer **isolierten Abtretung des Kündigungsrechts** (BGH NJW 1998, 896; dazu auch OLG Düsseldorf ZMR 2000, 170) wird von der hM zu Recht verneint. Das Mietverhältnis ist in besonderer Weise von einem persönlichen Vertrauensverhältnis und gegenseitiger Rücksichtnahme geprägt. Die Kündigung ist als selbständiges Gestaltungsrecht nur im Zusammenhang mit dem Bestand des Mietverhältnisses denkbar, da sie darauf abzielt, das gesamte Rechtsverhältnis zu beenden. Ein derart umfassendes Recht kann im Interesse aller Beteiligten nicht vom Inhaber des Rechtsverhältnisses losgelöst und zur ausschließlichen Berechtigung einem Dritten übertragen werden (LG Augsburg NJW-RR 1992, 520; LG Hamburg WuM 1993, 48; LG Kiel WuM 1977, 228; LG Kiel WuM 1992, 128; LG München I WuM 1989, 282; LG Osnabrück WuM 1990, 81; LG Wiesbaden WuM 1987, 392; BeckOK BGB/ Wiederhold [1. 8. 2020] Rn 24; Erman/Lützenkirchen Rn 13; Kinne ua/Bieber Rn 3; Scholz ZMR 1988, 285, 286). Dem steht nicht entgegen, dass die Abtretung des Rücktrittsrechts aus einem Kaufvertrag zusammen mit einem Teil der Kaufpreisforderung zugelassen wird (BGH NJW 1973, 1793). Das Mietverhältnis ist angesichts der engeren und auf längere Dauer angelegten Verbindung der Parteien nicht mit einem Kaufvertrag vergleichbar, der im Allgemeinen auf sofortige Abwicklung gerichtet ist. 19

Demgegenüber hat der BGH eine **Ermächtigung zur Kündigung** entgegen einer verbreiteten Auffassung (LG Augsburg NJW-RR 1992, 520; LG Hamburg WuM 1977, 260; LG Hamburg WuM 1993, 48; LG Kiel WuM 1992, 128; LG München I WuM 1989, 282; Scholz ZMR 1988, 285, 286 f) für zulässig gehalten (BGH NJW 1998, 896; BeckOK BGB/Wiederhold [1. 8. 2020] Rn 24; vgl auch BGH 19. 3. 2014 – VIII ZR 203/13, NJW 2014, 1802 zum Mieterhöhungsverlangen). Die Gründe, die der Wirksamkeit einer Abtretung des Kündigungsrechts entgegenstehen könnten, beeinträchtigen nicht die Wirksamkeit einer Ermächtigung, das Kündigungsrecht im eigenen Namen auszuüben. Eine derartige Ermächtigung ist systematisch mit der Vollmacht verwandt, die unbestritten bei der Ausübung unselbständiger Gestaltungsrechte wirksam erteilt werden kann. Von ihr unterscheidet sie sich im Wesentlichen nur dadurch, dass der Stellvertreter die Erklärung im fremden Namen abgibt, während der Ermächtigte sie im eigenen Namen erklärt. Von diesem eher formalen Unterschied hängt es jedoch nicht ab, in welchem Umfang der eigentlich berechtigte Vertragspartner das Kündigungsrecht aus der Hand gibt. Während nach einer wirksamen Abtretung des Kündigungsrechts der Zessionar anstelle des Zedenten frei entscheiden könnte, ob er die Kündigung erklärt oder nicht, führt sowohl der von einem Vertragspartner Bevollmächtigte als auch der von diesem Ermächtigte seine Befugnis auf eine Erlaubnis des eigentlich Berechtigten zurück, die auch im Falle der Ermächtigung regelmäßig bis zur Vornahme des Rechtsgeschäfts nach § 183 BGB widerruflich ist (BGH NJW 1998, 896; KG 20

WuM 2008, 153; OLG Celle NZM 2000, 93; zum Nachweis der Ermächtigung Beuermann GE 1999, 84).

δ) Stellvertretung

21 Nach § 164 Abs 1 BGB ist Stellvertretung bei Abgabe der Kündigungserklärung zulässig. Der Kündigende muss die Erklärung innerhalb der ihm zustehenden Vertretungsmacht im Namen des Vertretenen abgeben. Die Kündigung wirkt unmittelbar für und gegen den Vertretenen. Als Partei des Mietverhältnisses können sowohl Einzelpersonen (s Rn 7) als auch eine Mehrheit von Beteiligten (s Rn 8 ff) vertreten werden. Vertreter kann ein Dritter oder ein anderer Beteiligter sein. Hierdurch kann bei einer Mehrheit von Beteiligten das Erfordernis einer gemeinsamen Kündigung erfüllt werden, das sich aus der Einheitlichkeit des Mietverhältnisses ergibt. Die Vertretungsmacht kann auf Gesetz oder Rechtsgeschäft beruhen.

22 αα) Eine **gesetzliche Vertretung** bei der Kündigung eines Mietverhältnisses greift nach den §§ 1626, 1629, 1793, 1902 und § 1915 BGB iVm § 1793 BGB für Parteien ein, die geschäftsunfähig oder in der Geschäftsfähigkeit beschränkt sind, unter Betreuung stehen oder die ihre Angelegenheiten aus bestimmten Gründen nicht selbst besorgen können. Für Bruchteilsgemeinschaften ist § 744 BGB maßgebend (LG Berlin WuM 1979, 25). Bei den Gesamthandsgemeinschaften bestimmt sich die gesetzliche Vertretung nach den jeweiligen Bestimmungen. Bei juristischen Personen des öffentlichen Rechts richtet sich die gesetzliche Vertretung nach den einzelnen Gesetzen, die ihre Grundlage bilden. Der gesetzliche Vertreter kann wiederum einen Dritten oder einen anderen gesetzlichen Vertreter bevollmächtigen. Die den Ehegatten in § 1357 BGB eingeräumte Befugnis, Geschäfte zur angemessenen Deckung des Lebensbedarfs der Familie mit Wirkung auch für den anderen Ehegatten zu besorgen, ist kein Fall der gesetzlichen Vertretungsmacht, sondern eine Handlungsmacht besonderer Art (Gernhuber/Coester-Waltjen, Lehrbuch des Familienrechts [7. Aufl 2020] § 19 Rn 31). Diese Handlungsmacht deckt nicht die Beendigung eines Mietverhältnisses allein durch einen Ehegatten mit Wirkung für den anderen, da es sich nicht um ein Geschäft zur angemessenen Deckung des Lebensbedarfs handelt (AG Münster MDR 1996, 900; Gernhuber/Coester-Waltjen [7. Aufl 2020] § 19 Rn 36; MünchKomm/Roth § 1357 Rn 24; vgl auch BGH 16. 3. 2016 – VIII ZR 326/14, ZMR 2016, 519; **aM** Mikat, in: FS Beitzke [1979] 293, 300). Damit ist die Schlüsselgewalt des § 1357 BGB weder für die Kündigung (BGH NJW 1951, 309) noch für den Abschluss eines Mietaufhebungsvertrags ausreichend (LG Köln WuM 1990, 142). Ähnliches gilt für die Abwesenheitspflegschaft, bei der auch der Kündigungsgegner einwenden kann, dass sie die Kündigung des Mietverhältnisses nicht decke (OLG Köln ZMR 1997, 227).

23 ββ) Eine **rechtsgeschäftliche Vertretung** bei der Kündigung beruht auf einer Vollmacht. Nach § 167 Abs 1 BGB wird die Vollmacht durch Erklärung der Vertragspartei gegenüber dem zu Bevollmächtigenden oder der anderen Vertragspartei erteilt, der gegenüber die Vertretung stattfinden soll. Die Erklärung bedarf nach § 167 Abs 2 BGB nicht der Form, die für das Rechtsgeschäft bestimmt ist, auf das sich die Vollmacht bezieht. Der Vertreter kann deshalb zur Kündigung eines Mietverhältnisses über Wohnraum, die nach § 568 Abs 1 BGB der schriftlichen Form bedarf, und ebenso bei rechtsgeschäftlich vereinbartem Formzwang der Kündigung durch formlose Erklärung bevollmächtigt werden. Im Übrigen gelten für die Vollmacht die allgemeinen Grundsätze über einseitige, empfangsbedürftige Willenserklärungen. Zur Kündigung bevollmächtigt werden kann jeder Dritte, bei einer Mehrheit von Personen auf der Mieter- oder Vermieterseite auch einer der anderen Beteiligten. Die Vollmacht kann bereits im Mietvertrag (s Rn 24) oder später durch eine besondere Erklärung erteilt werden. Im Einzelfall ist es eine Frage der Auslegung, ob die Vollmacht, etwa eines Hausverwalters, den Mietvertrag abzuschließen, auch die Kündigung des Mietverhältnisses umfasst (OLG Düsseldorf WuM 1995, 390; OLG Frankfurt NJW-RR 1996, 10; OLG Rostock NZM 2002, 1028; LG Bremen WuM 1993, 605) oder ob dies zu verneinen ist (LG Berlin WuM 1986, 331; AG Neuss DWW 1991, 116). Der **Erwerber eines Grundstücks** kann vor dem Eigentumsübergang bevollmächtigt werden, die Kündigung im Namen des Veräußerers und gestützt auf dessen Gründe zu erklären. In der Vereinbarung, dass die Nutzungen und Lasten schon vor der Übertragung des Eigentums auf den Erwerber übergehen, ist eine solche Vollmacht nur bei eindeutigen Anhaltspunkten zu sehen. Das **Erlöschen der Vollmacht** richtet sich aufgrund des § 168 BGB nach dem ihrer Erteilung zugrunde liegenden Rechtsverhältnis. Sie ist aber unabhängig hiervon grundsätzlich frei widerruflich.

Problematisch ist die **formularmäßige Bevollmächtigung zur Kündigung** eines Mietverhältnisses (dazu WETEKAMP NZM 1999, 485, 486). Formularverträge enthalten häufig die Klausel, dass sich mehrere Personen als Mieter gegenseitig zur Abgabe und Annahme von Erklärungen mit Wirkung für und gegen jede Person bevollmächtigen. Dies ist unproblematisch, soweit diese Klauseln zu Lasten des Verwenders wirken (OLG Koblenz WuM 1999, 694), weil insoweit eine Inhaltskontrolle nicht stattfindet (BGHZ 99, 160, 161 = NJW 1987, 837; BGH NJW 1998, 2280; BAG AP Nr 5 zu § 310 BGB = NZA 2006, 257). Im Übrigen werden solche Klauseln überwiegend in der Weise einschränkend ausgelegt, dass sie nur solche Willenserklärungen decken, die innerhalb eines Mietverhältnisses typischerweise und vernünftigerweise auch mit Wirkung für den Mitmieter abgegeben werden, nicht aber Erklärungen wie eine Kündigung, die das Mietverhältnis beenden und damit die Rechtsgrundlage beseitigen, auf der die Vollmacht beruht. Als Kündigungsvollmacht ist die Klausel nach § 307 Abs 1 BGB unwirksam, weil sie die einseitige Kündigung eines Mitmieters ohne Wissen und Wollen des anderen zulassen würde und damit die Mieter entgegen den Geboten von Treu und Glauben unangemessen benachteiligt (OLG Düsseldorf ZMR 2008, 44; OLG Frankfurt WuM 1992, 56; OLG Hamburg BlGBW 1961, 334; LG Berlin MDR 1983, 757; LG Hannover WuM 1988, 259; **aM** LG Mönchengladbach ZMR 1986, 438; vgl auch OLG Celle WuM 1990, 103). Wirksam ist die Klausel nur, wenn sie nach § 305 Abs 1 S 3 BGB zwischen den Vertragsparteien im Einzelnen ausgehandelt ist. So sieht der vom BMJ vorgelegte Mustermietvertrag 1976 (ZMR 1976, 68) in § 16 Abs 2 S 3 vor, dass eine gegenseitige Bevollmächtigung mehrerer Mieter auch für die Entgegennahme von Kündigungen gilt, jedoch nicht für die Erklärung der Kündigung und für Mietaufhebungsverträge. Die gleichen Grundsätze gelten in dem praktisch selteneren Fall, dass der Mieter dem Vermieter formularmäßige Vertragsbedingungen stellt. Die Fiktion einer gegenseitigen Bevollmächtigung ist an § 308 Nr 5 BGB zu messen.

γγ) Die Kündigung durch einen Vertreter ist nur wirksam, wenn sie **im Namen des Vertretenen** erklärt wird. Nach § 164 Abs 1 S 2 BGB macht es keinen Unterschied, ob die Kündigung ausdrücklich im Namen des Vertretenen erklärt wird oder ob die Umstände ergeben, dass sie in dessen Namen erfolgen soll. Allerdings hat der BGH im Zusammenhang mit dem Vertragsabschluss wegen der dort nach § 550 BGB einzuhaltenden Schriftform gefordert, dass das Vertretungsverhältnis aus der Urkunde selbst – etwa durch einen das Vertretungsverhältnis anzeigenden Zusatz – hinreichend deutlich zum Ausdruck kommen muss (BGHZ 125, 175, 178 ff = NJW 1994, 1649; BGH NJW 2002, 3389). Soweit die Kündigung des Mietverhältnisses nach § 568 BGB oder aufgrund vertraglicher Vereinbarung der Schriftform unterliegt (unten Rn 102 ff), dürften diese Grundsätze auch für die Kündigungserklärung gelten. Im Übrigen, also insbesondere bei der Gewerberaummiete, können Anhaltspunkte in der Erklärung genügen, aber auch Umstände außerhalb der Erklärung.

26 Solche Umstände sind im Allgemeinen gegeben, wenn bereits frühere Erklärungen im Namen eines anderen abgegeben wurden, sodass bei späteren Erklärungen derselben Art angenommen werden kann, es gelte das Gleiche (STAUDINGER/SCHILKEN [2019] § 164 Rn 1). Bei der Kündigung eines Mietverhältnisses handelt es sich jedoch um eine **einmalige und besonders wichtige Erklärung**, der nichts Vergleichbares vorangegangen ist. Deshalb kann der andere Vertragsteil bei der Kündigung durch einen von mehreren Beteiligten nicht ohne Weiteres davon ausgehen, dass die Kündigung im Namen aller Beteiligten erklärt wird, wenn hierfür keine eindeutigen Anhaltspunkte vorliegen. Allein die Kenntnis des Kündigungsempfängers, dass es sich um mehrere Beteiligte handelt, reicht nicht aus. Dies gilt auch für die Kündigung des gemeinsamen Mietverhältnisses durch einen Ehegatten, weil die Annahme, Eheleute würden das Mietverhältnis idR gemeinsam beenden wollen, sodass mangels entgegenstehender Umstände ein Handeln im Namen des anderen Ehegatten gegeben sei (LG Mönchengladbach ZMR 1986, 439), so allgemein nicht gerechtfertigt ist. Damit wird das Offenkundigkeitsprinzip bei einer Mehrheit von Beteiligten in sein Gegenteil verkehrt.

27 δδ) Die Kündigung fällt als einseitiges, empfangsbedürftiges Rechtsgeschäft unter § 174 BGB. Legt der Bevollmächtigte keine Vollmachtsurkunde vor, kann der Empfänger die Kündigung aus diesem Grunde unverzüglich zurückweisen. Da das Gesetz auf den Bevollmächtigten abstellt, gilt die Vorschrift nicht bei gesetzlicher Vertretung (RG 12. 10. 1910 – III 60/10, RGZ 74, 263, 265; BGH NJW 2002, 1194; BeckOK BGB/ WIEDERHOLD [1. 8. 2020] Rn 39; BUB/TREIER/FLEINDL Rn IV 9), wohl aber bei der Bevollmächtigung eines Verwalters durch die Gemeinschaft der Wohnungseigentümer (BGH 20. 2. 2014 – III ZR 443/13, NZM 2014, 274). Die **Zurückweisung mangels Vollmachtsurkunde** hat zur Folge, dass die Kündigung unwirksam ist (BGH NJW 2002, 1194; LG Berlin WuM 1986, 331 LG Berlin GE 2004, 481). Die Unwirksamkeit kann nicht dadurch geheilt werden, dass die Urkunde nachgereicht wird (AG Bonn WuM 1989, 380; AG Düsseldorf DWW 1986, 247; AG Oberndorf WuM 1977, 168; BeckOGK/MEHLE [1. 7. 2020] Rn 51; BeckOK BGB/WIEDERHOLD [1. 8. 2020] Rn 38). Die Kündigung muss erneut erklärt werden. Die Vollmachtsurkunde braucht sich nicht ausdrücklich auf die Kündigung zu beziehen, wenn es sich um eine allgemeine, das gesamte Mietverhältnis umfassende Vollmacht handelt (vgl LG München II NJW-RR 1987, 1764). Anderenfalls muss sich aus der Urkunde ergeben, dass die Vollmacht auch die Kündigung umfasst (LG Karlsruhe MDR 1978, 672; SCHMID WuM 1981, 171). Eine beglaubigte Abschrift der Vollmachtsurkunde ist unzureichend, selbst wenn die Kündigung mit der Abschrift durch Vermittlung eines Gerichtsvollziehers zugestellt wird (BGH NJW 1981, 1210; BGH NJW 1994, 1472).

28 In der **Zurückweisung** muss deutlich zum Ausdruck gebracht werden, dass die Kündigung wegen fehlender Vorlage der Vollmachtsurkunde zurückgewiesen und nicht allein aus anderen Gründen für unwirksam gehalten wird (OLG Hamburg WuM 1978, 120). Eine bestimmte Form ist nicht vorgeschrieben. Die Kündigung muss **unverzüglich**, dh nach § 121 Abs 1 S 1 BGB ohne schuldhaftes Zögern, zurückgewiesen werden (OLG München NJW-RR 1997, 904; Nies NZM 1998, 221, 222). Dem Empfänger ist eine ausreichende Zeitspanne einzuräumen, um Rechtsrat einzuholen (LG Hamburg WuM 1998, 725). Hierfür sind zehn Tage anerkannt worden (LG München II WuM 1995, 478), während zwei Wochen (LG Hagen WuM 1991, 79; zumindest insoweit kritisch BeckOGK/Mehle [1. 7. 2020] Rn 51) und mehr als ein Monat (OLG Hamburg WuM 1978, 120) als zu lang beurteilt wurden, wenn nicht besondere Umstände (Urlaub, Krankheit) den Gekündigten an einem früheren Widerspruch gehindert haben (OLG München NJW-RR 1997, 904). Verspätet ist die Zurückweisung jedenfalls, wenn sie über die Geschäftsstelle des Gerichts geleitet wird und deshalb dem Kündigenden erst nach einem Monat zugeht, weil dies ein unnötiger Umweg ist (LG Hagen WuM 1991, 79). Die Zurückweisung kann auch gegenüber der als Vollmachtgeber benannten Vertragspartei vorgenommen werden (Staudinger/Schilken [2019] § 174 Rn 7). Sie ist aber nach § 174 S 2 BGB ausgeschlossen, wenn der Vollmachtgeber den anderen Teil von der Bevollmächtigung in Kenntnis gesetzt hatte. Auch hierfür ist keine Form vorgeschrieben (OLG Frankfurt NJW-RR 1996, 10). Ob die Kenntnis aufgrund einer bereits früher vorgelegten Vollmachtsurkunde ausreicht, hängt davon ab, ob diese Urkunde auch die spätere Kündigung deckt (LG Freiburg WuM 1991, 689 [LS]) oder ob dies nicht anzunehmen ist (LG Mannheim WuM 1978, 139). Unzureichend ist die Kenntnis einer allgemeinen Hausverwaltervollmacht (KG ZMR 2010, 181; LG Berlin WuM 1986, 331; AG Neuss DWW 1991, 116). In Ausnahmefällen ist die Zurückweisung nach § 242 BGB für unbeachtlich erklärt worden, wenn sich der Kündigungsempfänger dadurch zu seinem eigenen Verhalten in Widerspruch setzt, dass er den Kündigenden bereits früher als Vertreter anerkannt hatte (OLG München ZMR 1996, 557; LG Düsseldorf WuM 1991, 588; LG Hamburg WuM 1987, 209).

Erfolgt die **Kündigung im Rahmen einer gerichtlichen Auseinandersetzung**, werden die bürgerlich-rechtlichen Vorschriften über die Vollmacht, namentlich die §§ 172 ff, durch die prozessualen Bestimmungen der §§ 78 ff ZPO verdrängt (RG 22. 2. 1935 – V B 2/35, RGZ 146, 308, 312; BGHZ 154, 283, 287 f = NJW 2003, 1595; LG Berlin GE 2009, 719; Spielbauer/Schneider/Krenek Rn 21). Eine Prozessvollmacht ermächtigt nach § 81 ZPO den Bevollmächtigten zu allen den Rechtsstreit betreffenden Prozesshandlungen. Diese umfassen auch materiell-rechtliche Willenserklärungen, wenn sie sich auf den Gegenstand des Rechtsstreits beziehen, weil sie zur Rechtsverfolgung innerhalb des Prozessziels oder zur Rechtsverteidigung dienen (vgl BGHZ 31, 206, 209 = NJW 1960, 480; BGH NJW 1992, 1963; BAG AP Nr 2 zu § 81 ZPO). Solche Erklärungen sind nach der Rspr auch dann von der **Prozessvollmacht** umfasst, wenn sie außerhalb des Prozesses abgegeben werden (BGH NJW 2003, 963; BAG AP Nr 2 zu § 81 ZPO). Im gleichen Umfang, wie die Prozessvollmacht zur Abgabe von Erklärungen befugt, ermächtigt sie auch den Prozessbevollmächtigten der Gegenseite zu deren Entgegennahme, so beispielsweise zum Empfang einer im Zusammenhang mit einer Räumungsklage abgegebenen Folgekündigung (BGH NJW-RR 2000, 745; BGH NJW 2003, 963; vgl auch BAG AP Nr 19 zu § 4 KSchG 1969 = NZA 1988, 651; BeckOK BGB/Wiederhold [1. 8. 2020] Rn 14). 29

εε) Die Kündigung durch einen **Vertreter ohne Vertretungsmacht** ist nach § 180 S 1 BGB unzulässig. Hat der Kündigungsempfänger die behauptete Vertretungsmacht nicht beanstandet oder ist er mit dem Handeln ohne Vertretungsmacht einverstan- 30 den gewesen, so finden nach S 2 die Vorschriften der §§ 177 ff BGB über Verträge entsprechende Anwendung. Die Kündigung ist entsprechend § 177 Abs 1 BGB durch den unberechtigt Vertretenen mit Rückwirkung genehmigungsfähig (RG 2. 11. 1907 – V 6/07, RGZ 66, 430, 432; Staudinger/Schilken [2019] § 180 Rn 6; Palandt/Ellenberger § 180 Rn 1; **aM** OLG Celle ZMR 1999, 237). Höchstrichterlich bislang noch ungeklärt ist allerdings, ob die Genehmigung auch erst nach Ablauf der Kündigungsfrist erteilt werden kann (vgl BGH NZM 2013, 195; verneinend Schmid NZM 2013, 401, 403).

bb) Zugang der Kündigung

31 Als einseitige, empfangsbedürftige Willenserklärung wird die Kündigung durch **Zugang** beim Empfänger wirksam, wenn sie unter Abwesenden oder als verkörperte Willenserklärung in einem Schriftstück unter Anwesenden abgegeben wird. Soweit die Kündigung außerhalb des Anwendungsbereichs des § 568 Abs 1 BGB oder vertraglicher Bestimmungen formlos und damit mündlich zulässig ist, wird sie dadurch wirksam, dass der Empfänger sie wahrnimmt.

α) Allgemeine Voraussetzungen

32 Für den Zugang sind die allgemeinen Voraussetzungen des § 130 BGB zu erfüllen. Zugegangen ist die Kündigung, wenn sie so in den Machtbereich des Empfängers gelangt ist, dass dieser unter normalen Umständen die Möglichkeit hat, vom Inhalt der Erklärung Kenntnis zu nehmen (RG 3. 5. 1934 – IV 17/34, RGZ 144, 289, 292; BGHZ 67, 271, 275 = NJW 1977, 194; BGH NJW 2004, 1320). Dies ist anzunehmen, wenn ihm das Kündigungsschreiben ausgehändigt wird, auch wenn er es nicht sofort liest. Sind Empfangsvorrichtungen wie ein Briefkasten vorhanden, geht die Kündigung mit dem Einwurf zu, sobald nach der Verkehrsanschauung mit der nächsten Entnahme gerechnet werden kann. Da hierfür ein objektiver Maßstab gilt, nicht aber besondere persönliche Verhältnisse entscheidend sind, kann die Kündigung auch während einer urlaubsbedingten Abwesenheit des Empfängers zugehen (BGH NJW 2004, 1320; LG Duisburg WuM 1987, 85; Kossmann/Meyer-Abich § 87 Rn 24). Ist die Kenntnisnahme zu erwarten, geht auch eine unter der Tür durchgeschobene Erklärung zu, wenn kein Briefkasten vorhanden ist (AG Bergisch Gladbach WuM 1994, 193; BeckOK MietR/Bruns [1. 8. 2020] Rn 101). Kann eine Kündigung durch **Übergabe-Einschreiben** wegen der Abwesenheit des Empfängers nicht zugestellt werden, wird der Zugang nicht durch den Benachrichtigungszettel der Post ersetzt (KG ZMR 2010, 954; AG Donaueschingen WuM 2008, 289; BeckOGK/Mehle [1. 7. 2020] Rn 76. 1; Kinne ua/Schach Rn 13), sondern tritt erst ein, wenn der Brief bei der Post abgeholt wird (LG Göttingen WuM 1989, 183; BeckOK BGB/Wiederhold [1. 8. 2020] Rn 15 Spielbauer/Schneider/Krenek Rn 33). Wird ein Nachsendeauftrag erteilt, geht die Kündigung erst zu, wenn sie dem Empfänger am Aufenthaltsort ausgehändigt wird (Palandt/Ellenberger § 130 Rn 6). Wird ein Nachsendeauftrag postlagernd erteilt, geht die Kündigung zu, wenn sie am Schalter für postlagernde Sendungen zur Abholung bereit gelegt wird (RG 3. 5. 1934 – IV 17/34, RGZ 144, 289, 292). Treten Hindernisse auf, die den Zugang verzögern, sodass eine bestimmte Kündigungsfrist nicht mehr einzuhalten ist, kann im Einzelfall nach § 242 BGB ein rechtzeitiger Zugang anzunehmen sein (s Rn 46 f). Ebenso muss der Erwerber nach § 407 BGB eine dem Veräußerer gegenüber erklärte Kündigung des Mieters gegen sich gelten lassen, wenn der Mieter nicht über den Wechsel des Eigentums und damit nach § 566 BGB seines Vertragspartners unterrichtet worden ist (LG Duisburg NJW-RR 1997, 1171; ebenso BGH NZM 2002, 291 zur Ausübung eines Optionsrechts).

Wer eine Kündigung erklärt hat und sich auf einen bestimmten Kündigungstermin beruft, hat zu **beweisen**, dass die Erklärung rechtzeitig zugegangen ist (BAG 22. 8. 2019 – 2 AZR 111/19, AP Nr 89 zu § 4 KSchG 1969 = NJW 2019, 3666; AG Aachen WuM 1988, 111 [LS]; BeckOK BGB/Wiederhold [1. 8. 2020] Rn 60). Allein aus der ordnungsgemäßen Absendung des Kündigungsschreibens kann nicht gefolgert werden, dass die Erklärung zugegangen ist (LG Berlin WuM 1987, 25). Dagegen wird für das **Einwurf-Einschreiben** teilweise die Auffassung vertreten, dass der Auslieferungsbeleg des Zustellers den Beweis des ersten Anscheins für den Zugang der Erklärung begründe (AG Erfurt WuM 2007, 580; AG Paderborn NJW 2001, 3722). Dem kann jedoch schon deshalb nicht beigetreten werden, weil der Zustellnachweis keinerlei Schlussfolgerungen hinsichtlich des Inhalts des zugestellten Briefes zulässt (iE wie hier LG Potsdam NJW 2000, 3722; Hosenfeld NZM 2002, 93, 96).

β) Besondere Voraussetzungen

In den §§ 131 und 132 BGB werden besondere Voraussetzungen für den Zugang einer Willenserklärung aufgestellt. Soll die Kündigung gegenüber einer **geschäftsunfähigen Person** erklärt werden, wird sie nach § 131 Abs 1 BGB nicht wirksam, bevor sie dem gesetzlichen Vertreter zugeht. Hierfür genügt nicht die bloße Kenntnisnahme der an den Geschäftsunfähigen gerichteten Kündigung. Die Erklärung muss an den gesetzlichen Vertreter gerichtet sein (BAG 8. 12. 2011 – 6 AZR 345/10, AP Nr 22 zu § 174 BGB = NZA 2012, 495; LG Berlin ZMR 1982, 238). Das Gleiche gilt nach § 131 Abs 2 S 1 BGB, wenn die Kündigung einer **in der Geschäftsfähigkeit beschränkten Person** gegenüber abgegeben wird. Die Ausnahme des S 2 greift nicht ein, da eine Kündigung rechtlich nachteilig ist. Wenn ein Prozesspfleger bestellt ist, muss ihm die Kündigung zugehen (LG Frankfurt aM WuM 1993, 60). Die Prozessvollmacht ermächtigt den Pfleger aber nicht ohne Weiteres zum Empfang einer außerprozessualen Kündigung (LG Hamburg WuM 1993, 60). Wird dem Prozesspfleger die Kündigung durch Einsichtnahme in die Akte der Räumungsklage mit der Klageschrift und dem als Anlage beigefügten Kündigungsschreiben bekannt, kann ein Zugang angenommen werden (AG Frankfurt aM WuM 1993, 457). Vorauszusetzen ist aber, dass ihm die Akten zugeschickt worden sind, weil sonst nicht von einem Zugang die Rede sein kann. Ist für eine volljährige Person nach § 1896 BGB ein Betreuer bestellt worden, muss die Kündigung an den Betreuer gerichtet werden. Seine bloße Kenntnisnahme macht die Kündigung nicht wirksam (LG Dresden WuM 1994, 377; AG Idar-Oberstein 21. 6. 2018 – 303 C 784/17, WuM 2018, 757).

Unter den Voraussetzungen des § 132 BGB (zu ihnen BGH WuM 2007, 712) kann der Zugang der Kündigung ersetzt werden, indem die Erklärung nach den §§ 192 ff ZPO durch Vermittlung eines Gerichtsvollziehers oder nach den §§ 192, 191, 185 ff ZPO **öffentlich zugestellt** wird. Beauftragt der Gerichtsvollzieher die Post mit der Ausführung der Zustellung (§ 194 ZPO), kann sie nach § 181 ZPO auch dadurch erfolgen, dass die Kündigung auf der Geschäftsstelle des Amtsgerichts oder bei einer von der Post bestimmten Stelle niedergelegt wird. Die Zustellung im unmittelbaren Parteiauftrag oder durch Vermittlung der Geschäftsstelle des Gerichts ist für einen Zugang durch Niederlegung unzureichend (BGHZ 67, 271, 277 = NJW 1977, 194). Die Kündigung kann auch dann nicht durch Niederlegung an dem bisherigen Wohnort zugehen, wenn der Empfänger seinen Aufenthaltsort vorübergehend verlegt und dies dem anderen Vertragsteil mitgeteilt hat (AG Hamburg WuM 1993, 463).

γ) **Zugang im Einzelnen**

36 Die Kündigung ist dem anderen Vertragsteil gegenüber abzugeben. Sie wird deshalb grundsätzlich nur wirksam, wenn sie der anderen **Partei als Empfänger** zugeht. Vertretung aufseiten des Empfängers ist zulässig (s Rn 41 f).

37 Ist die andere Partei eine **Einzelperson**, so müssen ihr gegenüber sämtliche Voraussetzungen des Zugangs erfüllt sein (s Rn 32 ff). Verwendet der Kündigende einen falschen Vornamen, ist dies unschädlich, wenn keine Verwechslungsgefahr bestand und die Erklärung tatsächlich zugegangen ist (vgl AG Mannheim DWW 1995, 118).

38 Handelt es sich bei dem anderen Vertragsteil um eine **Mehrheit von Beteiligten**, so wird die Kündigung nur wirksam, wenn sie jedem Beteiligten gegenüber erklärt (BGH NJW-RR 2005, 1258; BGH NJW 2011, 2886; BGH 31. 1. 2018 – VIII ZR 105/17, BGHZ 217, 263, 271 = NJW 2018, 2397) und zugegangen ist. Dies folgt aus der Einheitlichkeit des Mietverhältnisses, das nur insgesamt beendet werden kann (RG 9. 11. 1919 – III 191/19, RGZ 97, 79, 81 f; RG 28. 11. 1932 – VIII 371/32, RGZ 138, 183, 186; BGHZ 26, 102, 103 = NJW 1958, 421; BGH NJW 2005, 1715; KG WuM 1995, 648; OLG Düsseldorf GE 2003, 183; OLG München NJW-RR 1997, 904). Wie bei der Erklärung der Kündigung (s Rn 12 f) ist auch beim Zugang zu beachten, dass der Mietvertrag nicht immer sämtliche Vermieter oder Mieter vollständig aufzählt. Dies gilt etwa für den noch unter der Geltung des § 100 Abs 3 ZGB-DDR beigetretenen Ehegatten (BGH NJW-RR 2005, 1258; LG Cottbus WuM 1995, 38; AG Burg WuM 1993, 111) oder für die Erben eines verstorbenen Mitmieters (LG Hamburg WuM 1988, 24). Die Kündigung kann sämtlichen Beteiligten gleichzeitig zugehen, wie es bei einer einheitlichen Erklärung und insbesondere bei einer Vertretung auf der Seite der Empfänger der Fall ist (s Rn 41 f). Bei der Kündigung gegenüber einer OHG oder KG genügt es nach § 125 Abs 2 S 3 HGB, dass die Erklärung gegenüber einem vertretungsberechtigten Gesellschafter abgegeben wird. Dies gilt auch für die GbR, bei der nach dem Gesetz Gesamtvertretung gilt (§§ 709, 714 BGB; BGH NZG 2012, 69; OLG Düsseldorf WuM 1996, 706; OLG Hamburg WuM 1978, 120; zweifelnd OLG Rostock NZM 2001, 46). Gehen den einzelnen Beteiligten getrennte Kündigungserklärungen zu, muss ein enger zeitlicher Zusammenhang gewahrt sein (OLG Düsseldorf ZMR 1987, 422; LG Cottbus WuM 1995, 38; AG Hamburg WuM 1991, 36). Grundsätzlich ist die Kündigung auch gegenüber einem bereits ausgezogenen Mitmieter zu erklären (LG Berlin GE 1995, 311; LG Frankfurt aM ZMR 2009, 757). In der Praxis wird vereinzelt auf der Grundlage von Treu und Glauben nach § 242 BGB angenommen, dass die nur einem Mitmieter gegenüber erklärte Kündigung wirksam sei, wenn der andere die Wohnung seit Jahren verlassen habe und seine Anschrift unbekannt sei (BGH 16. 3. 2005 – VIII ZR 14/04, NJW 2005, 1715; BGH 14. 9. 2010 – VIII ZR 83/10, NZM 2010, 815; BGH 19. 9. 2018 – VIII ZR 261/17, NZM 2018, 1017; OLG Frankfurt WuM 1991, 76; LG Berlin 4. 7. 2016 – 67 S 33/16, GE 2017, 231; LG Frankfurt aM WuM 1992, 129; LG Limburg WuM 1993, 47; LG Stuttgart WuM 1996, 94; Streyl NZM 2011, 377, 385 f). Dies ist bedenklich, weil es gerade für diese Fälle die Ersatzzustellung nach § 132 BGB gibt (Derleder JurBüro 1994, 1, 2; oben Rn 35).

δ) **Boten und Vertreter**

39 Unter bestimmten Voraussetzungen können **Dritte beim Empfang der Kündigung** eingeschaltet sein. So kann die Erklärung durch Zugang bei einem Empfangsboten oder Empfangsvertreter wirksam werden.

Empfangsbote ist eine Person, die vom Empfänger zur Entgegennahme von Willens- **40** erklärungen bestellt worden ist oder nach der Verkehrsanschauung als bestellt anzusehen ist, ohne bevollmächtigt zu sein (LG Leipzig NJW 1999, 2975; Palandt/Ellenberger § 130 Rn 9). Hierzu gehören vor allem Angehörige und sonstige Haushaltsangehörige, die mit der Vertragspartei zusammenwohnen (AG Mannheim DWW 1995, 118), und zwar auch dann, wenn ihnen die Kündigung außerhalb der Wohnung – zB am Arbeitsplatz – überreicht wird (BAG AP BGB § 130 Nr 25 = NJW 2011, 2604). Wie bei einer Empfangsvorrichtung (s Rn 32) geht die Kündigung in dem Zeitpunkt zu, in dem nach dem regelmäßigen Verlauf der Dinge zu erwarten ist, dass die Erklärung an den Empfänger weitergeleitet wird.

Empfangsvertreter ist derjenige, der aufgrund einer entsprechenden Vertretungs- **41** macht berechtigt ist, Willenserklärungen für einen anderen entgegenzunehmen. Da die Voraussetzungen des Zugangs (s Rn 32 ff) in der Person des Vertreters erfüllt sein müssen, kommt es anders als beim Empfangsboten (s Rn 40) nicht darauf an, wann mit einer Weiterleitung an die Vertragspartei zu rechnen ist. Auf den Passivvertreter sind nach § 164 Abs 3 BGB die Vorschriften des Abs 1 über den Aktivvertreter entsprechend anzuwenden. Die Vertretungsmacht kann auf Gesetz oder Rechtsgeschäft beruhen. Der gesetzliche Vertreter ist idR in gleicher Weise berechtigt, eine Kündigung zu erklären (s Rn 22) und entgegenzunehmen (zur Passivvertretung der GbR Weitemeyer, in: Gedschr Sonnenschein [2002] 431, 459; dies ZMR 2004, 153, 165).

Wird die Vertretungsmacht rechtsgeschäftlich begründet (s Rn 23), kommt es auf den **42** **Inhalt der Vollmacht** an, ob sie die Erklärung und den Empfang der Kündigung einschließt (BGH 10. 12. 2014 – VIII ZR 25/14, NJW 2015, 473). Die einem Rechtsanwalt zur Abwehr einer Räumungsklage erteilte Prozessvollmacht schließt regelmäßig die Befugnis zum Empfang einer im Zusammenhang mit dem Rechtsstreit erklärten Kündigung ein (s Rn 27). Eine im Innenverhältnis beschränkte Vollmacht wirkt im Außenverhältnis mangels Offenlegung unbeschränkt (BGH NZM 2000, 382). Anders ist dies zu beurteilen, wenn die Parteien nicht um die Beendigung des Mietverhältnisses, sondern um andere Fragen (zB Betriebskostenabrechnungen, Mieterhöhungen) streiten und eine Kündigung bei der Erteilung des Mandats nicht im Raume stand. Leitet der Vermieter in einem solchen Fall die Kündigung einem Rechtsanwalt zu, der vom Mieter nicht zur Entgegennahme einer solchen Erklärung bevollmächtigt worden ist, so ist die Kündigung erst zugegangen, wenn der Rechtsanwalt den Auftrag annimmt, gegen die Kündigung nicht nur wegen Fehlens einer Empfangsvollmacht vorzugehen, sondern auch deshalb, weil ein Kündigungsgrund fehlt (BGH NJW 1980, 990). In der anlässlich einer Grundstücksveräußerung getroffenen Vereinbarung, dass die Nutzungen und Lasten schon vor dem Eigentumserwerb übergehen, und einer entsprechenden Anzeige an den Mieter kann die Bevollmächtigung des zukünftigen Erwerbers zum Empfang einer Kündigung liegen (aM LG Baden-Baden WuM 1988, 402). Die Empfangsvollmacht wird nach § 167 Abs 1 BGB durch Willenserklärung gegenüber dem zu Bevollmächtigenden oder der anderen Vertragspartei erteilt. Dies kann im Mietvertrag oder durch gesonderte Erklärung erfolgen. Sie bedarf nach § 167 Abs 2 BGB keiner Form.

Wie bei der Erklärung der Kündigung (s Rn 24) wirft auch die **formularmäßige Be-** **43** **vollmächtigung zum Empfang einer Kündigung** Probleme auf. In Anlehnung an § 14 Abs 2 des Deutschen Einheitsmietvertrags (DJ 1934, 304), der eine umfassende Bevollmächtigung des Ehemannes durch die Ehefrau bei einem gemeinsamen Mietvertrag vorsah, wird verbreitet die Klausel verwendet, dass es für die Wirksamkeit von Erklärungen des Vermieters genügt, wenn sie gegenüber einem von mehreren Mitmietern abgegeben werden und dass die Mieter zur Entgegennahme solcher Erklärungen als gegenseitig bevollmächtigt gelten. Auch wenn solche Klauseln bei Mieterhöhungen für wirksam gehalten werden (KG WuM 1985, 12; OLG Hamm WuM 1984, 20; OLG Schleswig NJW 1983, 1862), kann dieses Ergebnis nicht unbesehen auf die Kündigung übertragen werden. Ebenso wie für die Vollmacht, die Kündigung zu erklären (s Rn 24), ist für die Empfangsvollmacht davon auszugehen, dass solche **allgemein gehaltenen Klauseln** nur die Vollmacht umfassen, Willenserklärungen entgegenzunehmen, die typischerweise und vernünftigerweise mit Wirkung für den Mitmieter abgegeben werden. Da die Vollmacht auf dem Mietvertrag beruht, beseitigt sie ihre eigene Rechtsgrundlage. Eine solche Klausel benachteiligt den Mieter in unangemessener Weise und ist deshalb nach § 307 Abs 1 BGB unwirksam, weil Umfang und Bedeutung der Vollmacht nicht eindeutig zu erkennen sind (OLG Frankfurt WuM 1992, 56; OLG Hamburg BlGBW 1961, 334; LG Hamburg WuM 1977, 184; LG Hannover WuM 1988, 259; LG München I 12. 10. 2016 – 14 S 6395/16, ZMR 2017, 56; Derleder JurBüro 1994, 1; Herrlein/Kandelhard/Kandelhard Rn 23; offen lassend BGH 10. 12. 2014 – VIII ZR 25/14, NJW 2015, 473; Schmidt-Futterer/Blank Rn 83 ff; **aM** LG Berlin 25. 3. 2019 – 64 S 218/18, GE 2020, 473). Anders liegen die Dinge jedoch, wenn die gegenseitige Bevollmächtigung der Mieter zur Entgegennahme von Erklärungen nach dem Vorbild des § 16 Abs 2 Mustermietvertrag 1976 **ausdrücklich auch die Kündigung** erfasst. Eine solche Klausel verstößt auch in Formularmietverträgen weder gegen § 308 Nr 6 BGB noch gegen § 307 BGB (BGHZ 136, 314, 321 ff = NJW 1997, 3437; LG Hamburg 10. 5. 2016 – 316 S 80/15, ZMR 2016, 627; Streyl NZM 2011, 377, 385). Da Mitmieter nämlich wechselseitig ohnehin Empfangsboten sind (s Rn 40), hat die Vereinbarung praktische Bedeutung va im Falle des Auszugs einer Vertragspartei. Dieser aber stellt zugleich einen wichtigen Grund zum Widerruf der Empfangsvollmacht dar (BGHZ 136, 314, 325 = NJW 1997, 3437; Schmid/Harz/Riecke Rn 44).

44 Die Kündigung gegenüber einem **Vertreter ohne Vertretungsmacht** ist nach § 180 S 1 BGB unzulässig, sodass die Kündigung nicht wirksam wird. Nach § 180 S 3 iVm S 2 BGB ist es aber möglich, dass der unberechtigt vertretene Kündigungsempfänger den Empfang mit Rückwirkung genehmigt, wenn der vollmachtlose Empfangsvertreter damit einverstanden war, dass die Kündigung ihm gegenüber abgegeben wurde. Der Kündigende muss von diesem Einverständnis Kenntnis haben (Staudinger/Schilken [2019] § 180 Rn 8). Ist der vollmachtlose Empfangsvertreter nicht einverstanden, kann die Kündigung noch dadurch wirksam werden, dass er sie als Erklärungsbote des Kündigenden an den Empfänger weiterleitet. Statt einer Vertretung ohne Vertretungsmacht kommt in solchen Fällen auch in Betracht, den Dritten als Empfangsboten einzuordnen (s Rn 40).

ε) Zugangsfiktion

45 Eine formularmäßige Fiktion des Zugangs einer Kündigung verstößt gegen § 308 Nr 6 BGB. Hiernach ist eine Bestimmung in AGB unwirksam, die vorsieht, dass eine Erklärung des Verwenders von besonderer Bedeutung dem anderen Vertragsteil als zugegangen gilt. Als unwirksame Zugangsfiktion kann etwa die Klausel ausgelegt werden, dass es für die Rechtswirksamkeit einer Erklärung des Vermieters genügt, wenn sie gegenüber einem der Mieter abgegeben wird. Als Zugangsfiktion ist die

Bestimmung unwirksam, dass eine Kündigung dem Mieter gegenüber innerhalb einer bestimmten Frist nach Aufgabe bei der Post (GATHER DWW 1992, 353, 357) oder unter der zuletzt bekannten Adresse als zugegangen gilt.

ζ) **Zugangsvereitelung**
Bei einer Verhinderung des Zugangs der Kündigung kommt es darauf an, ob der Empfänger hierzu berechtigt ist. Die Annahme eines Briefes wird **zu Recht verweigert**, wenn er nicht ausreichend frankiert ist und der Postbote die Zahlung einer Einziehungsgebühr verlangt (PALANDT/ELLENBERGER § 130 Rn 16) oder wenn bei mehrdeutiger Anschrift eine Verwechslungsgefahr besteht (vgl RG 25. 6. 1929 – VII 653/28, RGZ 125, 68, 75). Verweigert der Empfänger die Annahme eines Briefes, der die Kündigungserklärung enthält, allerdings grundlos, muss er sich nach § 242 BGB so behandeln lassen, als sei ihm die Kündigung im Zeitpunkt der Annahmeverweigerung zugegangen (OLG Düsseldorf WuM 1995, 585; LG Berlin WuM 1979, 25; vgl BGH NJW 1983, 929; KINNE ua/SCHACH Rn 15). Das Gleiche gilt, wenn der Empfänger bei der Zustellung nicht angetroffen wird und er trotz einer Benachrichtigung den bei der Post niedergelegten Brief (BGHZ 67, 271, 277 = NJW 1977, 194) oder das dort aufbewahrte Übergabe-Einschreiben (LG Aachen WuM 1989, 250) nicht abholt, obwohl er von der Benachrichtigung Kenntnis erhalten hat (**aM** KG ZMR 2010, 954; s aber auch AG Hannover ZMR 2012, 107 zum streitigen Zugang des Benachrichtigungsscheins). Als Zeitpunkt des Zugangs kann in diesem Fall aber nicht der vergebliche Zustellungsversuch angenommen werden, sondern der Tag, an dem der Empfänger den Brief unter normalen Umständen bei der Post hätte abholen können, also am nächsten Werktag (LG Freiburg NZM 2004, 617; AG Donaueschingen WuM 2008, 289). Auch unverschuldete Zugangshindernisse können dem Empfänger mit der Folge zuzurechnen sein, dass die Kündigung als zugegangen gilt (OLG Hamburg WuM 1978, 183; LG Mannheim DWW 1997, 190). So genügen bei einem Umzug ein Nachsendeauftrag und die Beschriftung des früheren Firmenschildes nicht, wenn die zu erwartende Kündigung kurz vor Fristablauf an der bisherigen Adresse eingeht, aber nicht mehr rechtzeitig nachgesandt werden kann (OLG Hamburg WuM 1978, 120).

46

Das Mietverhältnis allein begründet allerdings noch nicht die Pflicht, sich jederzeit für den Empfang einer Kündigung bereit zu halten oder einen Empfangsvertreter zu bestellen (LG Berlin ZMR 2000, 295; LG Göttingen WuM 1989, 183; WEIMAR WuM 1968, 6, 7; **aM** LG Berlin WuM 1973, 161). Dies würde die Pflichten, die sich aus einem Mietverhältnis ergeben, zu sehr ausweiten. Etwas anderes kann aber gelten, wenn der Empfänger aufgrund konkreter Umstände mit dem alsbaldigen Eingang einer Kündigung rechnen muss, etwa wegen vorangegangener Verhandlungen (BGHZ 67, 271, 277 = NJW 1977, 194), eines schon im Mietvertrag bestimmten Kündigungstages (OLG Hamburg WuM 1978, 120), einer Androhung der Kündigung oder weil ein Großvermieter ständig damit rechnen muss, dass Kündigungen durch Einschreiben eingehen (LG Göttingen WuM 1989, 183).

47

cc) **Gegenerklärung**
Da die Kündigung eine einseitige Willenserklärung ist, braucht der Empfänger **keine Gegenerklärung** abzugeben. Der Kündigende hat keinen Anspruch auf eine solche Erklärung (BGH NJW 2010, 1877). Aus dem Schweigen des Empfängers der Kündigung können deshalb keine für ihn nachteiligen Schlüsse in dem Sinne gezogen werden, er sei mit der Kündigung einverstanden und mache keine Einwendungen geltend.

48

b) Ausschluss des Kündigungsrechts

49 Das Recht zur Kündigung eines Mietverhältnisses **kann durch Gesetz oder Vertrag ausgeschlossen werden**, soweit nicht die besondere Natur dieses Rechts entgegensteht oder zwingende gesetzliche Vorschriften einer Parteivereinbarung Grenzen ziehen. So ist die außerordentliche Kündigung aus wichtigem Grund bei allen Dauerschuldverhältnissen zwingend. Dieses Recht können die Parteien in ihrem Vertrag nicht vollständig ausschließen (BGH NJW 1951, 836; Bub NZM 1998, 789, 795). Das Gleiche gilt für den Gesetzgeber, sodass alle Vorschriften, die das Kündigungsrecht generell ausschließen (s Rn 50), mit dieser Einschränkung auszulegen sind.

aa) Gesetzlicher Ausschluss

50 Ein gesetzlicher Ausschluss des Kündigungsrechts findet sich in unterschiedlichen Formen. Am weitesten gehen gesetzliche Vorschriften, die eine auf bestimmte Gründe gestützte Kündigung auf Dauer ausschließen. So ist die Kündigung eines Mietverhältnisses über Wohnraum zum Zwecke der Mieterhöhung nach § 573 Abs 1 S 2 BGB ausgeschlossen. Eine Kündigung, die gegen § 138 BGB verstößt, ist nichtig (Zwanziger ZMR 2019, 918, 920 ff).

51 Eine andere Regelungsform besteht darin, **das Kündigungsrecht für eine im Gesetz mit bestimmten kalendermäßigen Daten angegebene Zeit auszuschließen**. Diesen Weg hatte der Gesetzgeber in den §§ 23, 38, 49 und 52 des Gesetzes zur Anpassung schuldrechtlicher Nutzungsverhältnisse an Grundstücken im Beitrittsgebiet (Schuldrechtsanpassungsgesetz – SchuldRAnpG) gewählt, das als Art 1 des Gesetzes zur Änderung schuldrechtlicher Bestimmungen im Beitrittsgebiet (Schuldrechtsänderungsgesetz – SchuldRÄndG) vom 21. 9. 1994 (BGBl I 2538) erlassen worden war.

52 Eine weitere Regelungsform liegt darin, **die Kündigung aus gewissen Gründen für eine gesetzlich festgelegte Zeit auszuschließen**, die von einem bestimmten Ereignis an berechnet wird. Dies gilt für die Wartefristen, die nach § 577a BGB für die Kündigung wegen Eigenbedarfs oder Hinderung angemessener wirtschaftlicher Verwertung einzuhalten sind, nachdem die in eine Eigentumswohnung umgewandelte Mietwohnung veräußert worden ist (s Staudinger/Rolfs [2021] § 577a Rn 18 ff). Das Kündigungsrecht kann im Einzelfall aus einem ganz bestimmten Grund entfallen. Dies gilt nach § 543 Abs 4 S 1 iVm § 536b BGB bei Kenntnis des Mieters von einem Mangel. Hierdurch wird die fristlose Kündigung wegen Nichtgewährung des Gebrauchs aus § 543 Abs 2 Nr 1 BGB gesetzlich ausgeschlossen. Demgegenüber ist § 57c ZVG, der früher die Kündigung sog „Aufbaumieter" durch den Ersteher eines Grundstücks (§ 57a ZVG) ausschloss, seit dem 1. 2. 2007 außer Kraft (Art 11 Nr 5 2. JuMoG vom 22. 12. 2006 [BGBl I 3416]; zu Altfällen noch BGH NJW 2009, 2312; BGH WuM 2009, 590). Der Mieter ist darauf beschränkt, vom Ersteigerer Bereicherungsausgleich für seine Investitionen zu beanspruchen (BGH NJW-RR 2006, 294; BGHZ 180, 293, 297 ff = NJW 2009, 2374).

53 Schließlich ist die Regelungsform zu unterscheiden, die den §§ 573 ff BGB im Übrigen zugrunde liegt. Das **freie Kündigungsrecht des Vermieters wird kraft Gesetzes auf Dauer ausgeschlossen**. Die ordentliche Kündigung ist nur zulässig, wenn sie auf bestimmte, gesetzlich nicht abschließend aufgezählte Gründe (vgl § 573 Abs 2 BGB: „insbesondere") gestützt wird. Auch hierbei wird allerdings unter dem Gesichtspunkt des Rechtsmissbrauchs nach § 242 BGB ein Ausschluss des Kündigungsrechts angenommen, wenn der Grund für die Beendigung schon bei Abschluss des Mietverhältnisses vorlag (mangelnde Bedarfsvorschau, s Staudinger/Rolfs [2021] § 573 Rn 113 ff).

bb) Vertraglicher Ausschluss

Ein vertraglicher Ausschluss des Rechts zur ordentlichen Kündigung kann innerhalb der Grenzen vereinbart werden, die das Gesetz der Vertragsfreiheit zieht (s Rn 49; Überblick bei Derckx NZM 2001, 826 ff). Hierzu gehört auch § 138 Abs 1 BGB, an dem insbesondere einseitig belastende Vereinbarungen zu messen sind. Für Formularverträge werden weitere Grenzen durch die Vorschriften der §§ 305 ff BGB bestimmt (s Rn 62 ff). Haben die Parteien eines Mietverhältnisses über Wohnraum eine gestaffelte Miete vereinbart, ist eine Beschränkung des Kündigungsrechts des Mieters nach § 557a Abs 3 BGB unwirksam, soweit sie sich auf einen Zeitraum von mehr als vier Jahren seit Abschluss der Vereinbarung erstreckt (BGH NZM 2005, 782; BGH NJW-RR 2006, 1236; LG Berlin GE 2000, 543; Heller WuM 1992, 511; Staudinger/J Emmerich [2021] § 557a Rn 19 ff). Im Einzelnen kommen ein vollständiger Ausschluss oder eine Beschränkung des ordentlichen Kündigungsrechts in zeitlicher und sachlicher Hinsicht in Betracht (LG Berlin WuM 1991, 498). Dem stehen weder § 573c Abs 4 BGB (s Staudinger/Rolfs [2021] § 573c Rn 48 ff) noch § 575 BGB (s Staudinger/Rolfs [2021] § 575 Rn 14 f) entgegen. 54

α) Das Kündigungsrecht kann vertraglich nur auf **bestimmte Zeit** ausgeschlossen werden, auch wenn der Mietvertrag unbefristet ist. Ein Ausschluss auf Dauer stünde in Widerspruch zu § 543 BGB und wäre mit dem Wesen des Mietvertrags unvereinbar, der nur ein vorübergehendes Gebrauchsrecht einräumen soll (LG Berlin WuM 1991, 498; LG Karlsruhe WuM 1979, 192; Fink ZMR 1994, 353, 355). Dies zeigt auch die Vorschrift des § 544 BGB, nach der ein Mietvertrag, der für eine längere Zeit als dreißig Jahre geschlossen ist, von jedem Teil nach dreißig Jahren unter Einhaltung der gesetzlichen Frist gekündigt werden kann (dazu OLG Frankfurt NZM 1999, 419; Elshorst NZM 1999, 449 f). An § 544 BGB wird auch deutlich, dass – vorbehaltlich einer abweichenden Vereinbarung – jede Befristung eines Mietverhältnisses den Ausschluss des Rechts zur ordentlichen Kündigung bedeutet und dass umgekehrt jeder auch einseitige Ausschluss zu einer Befristung führt, die das Formerfordernis des § 550 BGB begründet, wenn das Kündigungsrecht für längere Zeit als ein Jahr ausgeschlossen werden soll. 55

In **einzelvertraglichen Vereinbarungen** (zu Formularverträgen unten Rn 62 ff) über andere Gegenstände als Wohnräume kollidiert ein Kündigungsausschluss bis zur Dreißig-Jahres-Grenze des § 544 BGB idR auch nicht mit § 138 BGB (LG Düsseldorf 23. 8. 2017 – 23 S 92/16, NZM 2017, 808; Bruns ZMR 2020, 358, 360). Dies gilt selbst dann, wenn die Bindung einseitig nur einer Vertragspartei auferlegt ist (vgl BGH NJW 2001, 3480 zu einer zwanzigjährigen Bindung in einem Mietvertrag über Gewerberaum). Demgegenüber dürfte bei **Wohnraummietverträgen** angesichts der Rechtsprechung des BVerfG, nach der der Selbstbestimmung des Einzelnen im Rechtsleben ein angemessener Betätigungsraum eröffnet sein und bleiben muss (BVerfGE 89, 214, 231 ff = NJW 1994, 36), die höchstzulässige Bindungsdauer für den *Mieter* bei acht bis zehn Jahren anzusiedeln sein. Ein Kündigungsausschluss für die Dauer von fünf Jahren ist aber ohne Weiteres für zulässig erachtet worden (BGH NJW 2004, 1448). Der *Vermieter* kann sich auch für einen längeren Zeitraum binden. Der BGH hat sowohl 10 Jahre (BGH NJW 56

2011, 59) als auch 13 Jahre akzeptiert (BGH NJW 2013, 2820; näher STAUDINGER/ROLFS [2021] § 573c Rn 50a).

57 β) Für die **Vereinbarung**, das Kündigungsrecht auszuschließen, sind **eindeutige Willenserklärungen beider Parteien** erforderlich. Beiläufige Äußerungen eines Vertragsteils genügen nicht, wenn sie der andere Teil nicht als verbindliche Erklärung verstehen musste oder wenn es sich um einen einseitig gebliebenen Wunsch handelt (BGH NJW-RR 2009, 927; OLG Köln WuM 1996, 266). Wird jedoch auf Nachfrage eine dahin gehende Erklärung abgegeben, kann sie idR als bindend verstanden werden (LG Lübeck WuM 1990, 300). Bei einem auf unbestimmte Zeit abgeschlossenen Mietverhältnis kann aus der Vereinbarung, dass die Miete für einen bestimmten Zeitraum „verbindlich bleiben" soll, im Allgemeinen nicht geschlossen werden, dass das Mietverhältnis während dieser Zeit unkündbar ist (BGH ZMR 1976, 203). Ebenso wenig kann die Vereinbarung einer auflösenden Bedingung („bis zur behördlichen Untersagung"; BGH NJW-RR 2009, 927) oder die Bemerkung des Vermieters bei Vertragsschluss, der Mieter könne „immer" dort wohnen bleiben, als Kündigungsausschluss verstanden werden (AG Karlsruhe DWW 1988, 49). Aus der Verpflichtung des Vermieters, dem Mieter die Mietsache zu belassen, bis dieser einen beabsichtigten Neubau fertiggestellt hat, ergibt sich jedoch, dass der Vermieter dem Mieter, der seine Absicht später aufgibt, erst zu dem Zeitpunkt kündigen kann, in dem der Neubau nach den Vorstellungen der Parteien und den Verhältnissen im Baugewerbe fertig geworden wäre (LG Mannheim WuM 1961, 26). Ist ein Mietverhältnis nach den Parteivereinbarungen frühestens für den Fall des Abbruchs des Gebäudes kündbar, so ist die Abbruchgenehmigung Voraussetzung für die Wirksamkeit der Kündigung (LG Köln WuM 1980, 101). Bestimmt der Vermieter im Testament, dass dem Mieter das Wohnrecht bis zum Lebensende erhalten bleibe, so kann in dieser Bestimmung und der konkludenten Annahme durch den Mieter ein befristeter Ausschluss des Kündigungsrechts für den Vermieter gesehen werden. Eine solche Vereinbarung bedarf nach § 550 BGB der schriftlichen Form (LG Berlin WuM 1991, 498).

58 γ) Auch ohne ausdrückliche Vereinbarung nimmt eine verbreitete Meinung an, bei einem unbefristeten Mietverhältnis sei das Recht des Vermieters zur ordentlichen Kündigung vertraglich ausgeschlossen, wenn der Mieter einen abwohnbaren **Finanzierungsbeitrag zum Bau, Umbau oder der Renovierung der Wohnung** geleistet habe. Dies wird im Wege der Auslegung aus der Verrechnungsabrede geschlossen (OLG München DWW 1964, 158; OLG Stuttgart ZMR 1959, 325; LG Bochum MDR 1970, 512; LG Dortmund WuM 1965, 151; LG Frankfurt aM WuM 1965, 97; LG Hagen ZMR 1968, 86; LG Hannover WuM 1980, 57; LG Mannheim WuM 1970, 168; LG Gießen ZMR 1997, 187; BUB/ TREIER/FLEINDL Rn IV 66; MünchKomm/BIEBER Rn 25; SOERGEL/HEINTZMANN Rn 16; **aM** OLG Celle NJW 1956, 1281; LG Braunschweig ZMR 1967, 202; LG Stuttgart ZMR 1967, 112; BURKHARDT BB 1964, 771, 775). Diese Auslegung wird idR den Interessen beider Parteien gerecht, da der befristete Ausschluss des Kündigungsrechts ihrer Absicht Rechnung trägt, das Vertragsverhältnis auf längere Zeit einzugehen. Eine vorzeitige ordentliche Kündigung würde demgegenüber als ein Verstoß gegen eigenes vorangegangenes Verhalten erscheinen (§ 242 BGB). Vorauszusetzen ist aber, dass die Parteien im Mietvertrag **nicht ausdrücklich eine anderweitige Regelung** getroffen haben, da der Vertrag nicht gegen den erklärten Willen ausgelegt werden darf. Das Gleiche kann bei hohem Renovierungsaufwand des Mieters angenommen werden, wenn der Vermieter damit einverstanden ist. Hierfür reicht die Vertragsauslegung, ohne dass auf Treu und Glauben abgestellt werden müsste, wie es vereinzelt geschieht (AG Köln MDR 1971, 762). Zu berücksichtigen ist aber, inwieweit die Investitionen des Mieters im Zeitpunkt der Kündigung bereits abgewohnt sind (AG Karlsruhe DWW 1988, 49). In allen Fällen des vertraglichen Kündigungsausschlusses, der bei einem Finanzierungsbeitrag im Wege der Auslegung angenommen wird, ist nach § 550 BGB die schriftliche Form zu wahren, wenn die Dauer mehr als ein Jahr betragen soll (LG Bochum MDR 1970, 512; LG Göttingen WuM 1989, 183; **aM** LG Mannheim WuM 1970, 168). Dies folgt aus dem Zweck des § 550 BGB, den etwaigen Erwerber des Grundstücks vollständig über die Rechte und Pflichten aus dem Mietverhältnis zu unterrichten, in die er nach § 566 BGB eintritt.

δ) Den Parteien eines **Mietverhältnisses über Geschäftsräume oder sonstige Räume** **59** steht nach dem Gesetz ein freies ordentliches Kündigungsrecht zu. Sie können aber eine vertragliche **Beschränkung des Kündigungsrechts auf bestimmte Gründe** vereinbaren, um dem anderen Vertragsteil eine größere Sicherheit über den Bestand des Mietverhältnisses zu verschaffen. Bei der Zwischenvermietung von Räumen, die ihrer Art nach zum Wohnen bestimmt sind, liegt im Hauptmietverhältnis keine Wohnraummiete vor, wenn der Hauptmieter die Räume weitervermieten will (vgl § 546 Rn 103 ff). Die Vorschriften des sozialen Mietrechts finden daher kraft Gesetzes keine Anwendung (BGHZ 94, 11, 14 ff = NJW 1985, 1772; BGHZ 133, 142, 149 ff = NJW 1996, 2862; BGH NZM 1999, 219 [LS]), die Parteien können aber ihre Geltung für das Hauptmietverhältnis vereinbaren und damit das Kündigungsrecht des Vermieters wie bei der Wohnraummiete beschränken (BVerfG WuM 1985, 335; BGHZ 94, 11, 17 = NJW 1985, 1772). Greift der Kündigungsschutz des sozialen Mietrechts bei einem Mietverhältnis über Wohnraum kraft Gesetzes ein, können die Parteien das Kündigungsrecht des Vermieters vertraglich noch weiter einschränken. Hiervon wird in der Praxis gelegentlich Gebrauch gemacht, indem die Kündigung wegen Eigenbedarfs nach § 573 Abs 2 Nr 2 BGB ausgeschlossen wird (näher STAUDINGER/ROLFS [2021] § 573 Rn 241). Eine solche Vereinbarung bedarf, wenn sie die Eigenbedarfskündigung für eine längere Dauer als einem Jahr ausschließen will, analog § 550 S 1 BGB der Schriftform (BGH NJW 2007, 1742; BGH NZM 2012, 502). Dies gilt auch für eine mit dem Zwangsverwalter getroffene Vereinbarung (LG Berlin NJWE-MietR 1996, 221). Neben einem besonderen Sicherheitsbedürfnis des Mieters kann der Grund für solche Vereinbarungen auch in größeren Investitionen liegen, die der Mieter erbracht hat, sodass außer dem Eigenbedarf auch die Kündigung wegen Hinderung angemessener wirtschaftlicher Verwertung ausgeschlossen wird (LG Berlin GE 1990, 537; GUNDLACH ZMR 1983, 218, 221). Keine Besonderheit besteht darin, dass alle diese Kündigungsgründe bei einem Mietverhältnis auf Lebenszeit ausgeschlossen sind (vgl LG Hannover WuM 1991, 348), da es nach § 544 S 2 BGB ohnehin ordentlich unkündbar ist.

Noch weiter eingeschränkt wird das Kündigungsrecht des Vermieters in den **Dauer-** **60** **nutzungsverträgen der Genossenschaften**, nach denen eine Kündigung nur in besonderen Ausnahmefällen erklärt werden darf, wenn wichtige berechtigte Interessen der Genossenschaft eine Beendigung des Mietverhältnisses notwendig machen (OLG Karlsruhe WuM 1985, 77; LG Kaiserslautern MDR 1983, 56; LG Trier WuM 1993, 192; näher STAUDINGER/ROLFS [2021] § 573 Rn 188 ff).

Auf der anderen Seite kann auch das freie **Kündigungsrecht des Mieters** von Wohn- **61** raum vertraglich **auf bestimmte Gründe beschränkt** werden. Wird das Grundstück veräußert, tritt der Erwerber nach § 566 BGB in alle vertraglichen Kündigungsbeschränkungen ein (OLG Karlsruhe WuM 1985, 77; LG Kaiserslautern MDR 1983, 56; LG Mannheim ZMR 1978, 54; AG München WuM 1996, 38). Zu seinem Schutz ist deshalb die schriftliche Form des § 550 BGB einzuhalten, wenn sich die vertragliche Beschränkung auf bestimmte Gründe über mehr als ein Jahr erstreckt (LG Berlin WuM 1991, 498; aM LG Lübeck WuM 1990, 300; LG Mannheim ZMR 1978, 54; AG Freiburg WuM 1990, 433).

62 ε) Eine **formularmäßige Vereinbarung**, durch die das Kündigungsrecht für eine begrenzte Zeit ausgeschlossen oder auf bestimmte Gründe beschränkt wird, ist ohne Weiteres wirksam, wenn der Vermieter als Verwender der AGB selbst diese Einschränkungen auf sich nimmt, wie es bei den Dauernutzungsverträgen der Genossenschaften der Fall ist (vgl OLG Karlsruhe WuM 1985, 77; LG Kaiserslautern MDR 1983, 56; AG Marburg WuM 1990, 551 m Anm Donner). Für den anderen Vertragsteil ist die Wirksamkeit der Klauseln vor allem im Hinblick auf § 305c Abs 1 und 2 BGB, § 307 Abs 1 BGB zu beurteilen (BGH NJW 2001, 3480; Bub NZM 1998, 789, 795; Derckx NZM 2001, 826, 827).

63 Für eine zeitliche Beschränkung des Kündigungsrechts ist **außerhalb des Wohnraummietrechts** davon auszugehen, dass eine **dreißigjährige Bindung** der Parteien nach Maßgabe des § 544 BGB grundsätzlich die äußerste Grenze bildet (OLG Hamm NZM 1999, 753) und dass ein formularmäßiger Ausschluss auf so lange Zeit grundsätzlich unangemessen und damit nach § 307 Abs 1 BGB unwirksam ist (OLG Celle MDR 1990, 154). Demgegenüber ist eine Bindung für zwanzig Jahre in einem Gewerberaummietvertrag zulässig, nach Überzeugung des BGH selbst dann, wenn sie nur für eine Vertragspartei gilt (BGH NJW 2001, 3480). Ist beiden Parteien für bestimmte Fälle ein vorzeitiges Kündigungsrecht eingeräumt, muss die langfristige Bindung im Übrigen nicht als unangemessen erscheinen, wenn es sich um die Miete eines Grundstücksteils handelt, um eine Reklametafel aufzustellen (OLG Hamm ZMR 1992, 153). Auch ohne ein vorzeitiges Kündigungsrecht kann jedoch ein solcher Vertrag mit dreijähriger Laufzeit und entsprechender Verlängerungsklausel nicht wegen Verstoßes gegen § 307 BGB für unwirksam erklärt werden, da die Bindung von drei Jahren nicht aus dem Rahmen fällt und § 309 Nr 9 BGB keinen festen Maßstab für ein Mietverhältnis abgibt (aM LG Frankfurt aM NJW-RR 1989, 888). So ist die formularmäßige Vereinbarung der zehnjährigen Laufzeit eines zwischen Kaufleuten geschlossenen Mietvertrags über eine Fernsprechnebenstellenanlage für wirksam erklärt worden (BGH NJW 1985, 2328). Problematisch im Hinblick auf § 307 BGB und im Zweifel unwirksam sind jedoch alle einseitigen Belastungen des anderen Vertragsteils, indem etwa sein Kündigungsrecht ausgeschlossen wird, während der Verwender das Mietverhältnis jederzeit kurzfristig kündigen kann (OLG Hamm DWW 1991, 307; vgl BGH NJW 1986, 3134; aM BGH NJW 2001, 3480).

64 Für das **Wohnraummietrecht** sind nur deutlich kürzere Bindungsfristen anzuerkennen. Hier kann der Vorschrift § 557a Abs 3 S 1 BGB, der in Staffelmietverträgen einen Kündigungsausschluss zu Lasten des Mieters für maximal vier Jahre zulässt, ein „wesentlicher Grundgedanke" iS von § 307 Abs 2 Nr 1 BGB entnommen werden. Dementsprechend sind formularmäßige Vereinbarungen, die das Kündigungsrecht des Mieters für einen längeren Zeitraum auszuschließen oder zu beschränken versuchen, unwirksam (BGH NJW 2005, 1574; BGH NJW 2006, 1059), während beidersei-

tige Bindungen **bis zu vier Jahren** einschließlich den Mieter noch nicht unangemessen benachteiligen (BGH NJW 2006, 1056; näher STAUDINGER/ROLFS [2021] § 571 Rn 51 f). Anders sind die Dinge aber zu beurteilen, wenn der Ausschluss des Kündigungsrechts einseitig nur zu Lasten des Mieters vereinbart worden ist (BGH NJW 2009, 912; LG Duisburg NZM 2003, 354; näher STAUDINGER/ROLFS [2021] § 573c Rn 51 ff).

ζ) Wenn eine Partei das Mietverhältnis trotz eines gesetzlichen oder vertraglichen Ausschlusses kündigt, ergibt sich als **Rechtsfolge** die Unwirksamkeit der Kündigung. Durch die unwirksame Kündigung wird das Vertragsverhältnis verletzt, indem entweder dem Mieter der Gebrauch der Mietsache streitig gemacht wird oder dem Vermieter der Mietanspruch entzogen werden soll. Bei Verschulden und Eintritt eines Schadens ist der Kündigende deshalb aus § 280 BGB zum Schadensersatz verpflichtet (BGH MDR 1984, 571; BGH NZM 1998, 718; LG Hamburg NZM 1998, 263). **65**

c) Einwilligung eines Dritten

Die Wirksamkeit der Kündigung eines Mietverhältnisses kann daran gebunden sein, dass ein Dritter einwilligt. Unter einem Dritten wird in diesem Zusammenhang nur eine Person oder Institution verstanden, die nicht als gesetzlicher Vertreter mitwirken muss (s Rn 22). **66**

aa) Durch das **Gesetz** wird in § 1907 Abs 1 S 1 BGB vorgeschrieben, dass der **Betreuer** zur Kündigung eines Mietverhältnisses über Wohnraum, den der Betreute gemietet hat, der Genehmigung des Betreuungsgerichts bedarf. Hierdurch soll die Wohnung als räumlicher Mittelpunkt der Lebensverhältnisse des Betreuten geschützt werden (vgl BT-Drucks 11/4528, 83, 149). Unter der Genehmigung ist die Einwilligung als vorherige Zustimmung iS der §§ 182, 183 BGB zu verstehen, nicht die nachträgliche Zustimmung der §§ 182, 184 BGB. Kündigt der Betreuer das Mietverhältnis ohne die Einwilligung des Betreuungsgerichts, ist die Kündigung nach § 1908i Abs 1 S 1 iVm § 1831 S 1 BGB unwirksam (LG Berlin NZM 2001, 807). Sie wird nicht durch die nachträgliche Genehmigung des Betreuungsgerichts geheilt (STAUDINGER/BIENWALD [2017] § 1907 Rn 34). Kündigt der Betreuer mit einer bereits erteilten Zustimmung, so ist die Kündigung nach § 1908i Abs 1 S 1 iVm § 1831 S 2 BGB unwirksam, wenn der Betreuer die Einwilligung nicht in schriftlicher Form vorlegt und der Vermieter die Kündigung aus diesem Grunde unverzüglich zurückweist. Hierfür gelten die gleichen Grundsätze wie bei der Kündigung durch einen Bevollmächtigten (s Rn 27 f). **67**

Weitere Fälle einer gesetzlich erforderlichen Einwilligung finden sich in § 87 Abs 1 Nr 9 BetrVG, § 75 Abs 2 Nr 2 BPersVG und den entsprechenden Vorschriften der Personalvertretungsgesetze der Länder (zu § 72 Abs 2 Nr 2 LPVG NW OVG Münster WuM 2000, 136). Hiernach hat der **Betriebs- oder Personalrat** bei der Zuweisung und Kündigung von Wohnräumen **mitzubestimmen**, die den Arbeitnehmern mit Rücksicht auf das Bestehen eines Arbeitsverhältnisses vermietet werden oder über die die Dienststelle verfügt. Es handelt sich um eine zusätzliche Voraussetzung für die Kündigung einer Werkmietwohnung. Fehlt die Zustimmung, kann der Mangel nicht durch eine spätere Genehmigung des Betriebs- oder Personalrats geheilt werden (FITTING BetrVG [30. Aufl 2020] § 87 Rn 398; RICHARDI BetrVG [16. Aufl 2018] § 87 Rn 747). Zweifelhaft ist, ob die Kündigung nach § 182 Abs 3, § 111 S 2 und 3 BGB unwirksam ist, wenn die Einwilligung zwar durch den Betriebs- oder Personalrat erteilt, dem **68**

Arbeitnehmer aber nicht in schriftlicher Form vorgelegt wird und er sie aus diesem Grunde unverzüglich zurückweist, es sei denn, dass der Betriebs- oder Personalrat den Arbeitnehmer vorher von der Einwilligung in Kenntnis gesetzt hat. Diese Auffassung wird im arbeitsrechtlichen Schrifttum nach wie vor vertreten (RICHARDI BetrVG [16. Aufl 2018] § 87 Rn 747), obwohl das BAG zu § 103 BetrVG die gegenteilige Position eingenommen und den Arbeitgeber nicht für verpflichtet gehalten hat, dem Arbeitnehmer mit der Kündigung die Zustimmung des Betriebsrats in schriftlicher Form vorzulegen (BAG AP Nr 50 zu § 103 BetrVG 1972 = NJW 2004, 2612).

69 bb) Die Parteien können die Kündigung des Mietverhältnisses durch **Vertrag** von der Einwilligung eines Dritten abhängig machen. Ein solches Erfordernis wurde früher häufig in Verträgen zur Förderung von werksfremden Werkwohnungen zwischen Arbeitgeber und Vermieter vereinbart (vgl LG Hamburg ZMR 1966, 217; AG Dortmund DWW 1961, 170). Wenn sich der Vermieter gegenüber einem Dritten verpflichtet, den Mietvertrag nicht ohne dessen Zustimmung zu kündigen, so liegt darin das Versprechen, dem Mieter so lange auch den Gebrauch der Mietsache zu überlassen. Hierauf hat der Mieter einen Anspruch aus dem Vertrag zu seinen Gunsten. Die Kündigung ist unwirksam, wenn die erforderliche Einwilligung im Zeitpunkt des Zugangs der Erklärung noch nicht erteilt ist. Dieser Mangel kann aus Gründen der Rechtssicherheit nicht durch eine später erklärte Genehmigung nach § 184 Abs 1 BGB geheilt werden, sondern nur durch eine neue Kündigung (LG Karlsruhe WuM 1967, 167). Wenn der Dritte eingewilligt hat, der Kündigende die Einwilligung aber nicht in schriftlicher Form vorlegt, kann der Empfänger die Kündigung nach § 182 Abs 3, § 111 S 2 und 3 BGB aus diesem Grund unverzüglich zurückweisen. Die Kündigung ist dann unwirksam.

d) Pflicht zur Kündigung

70 Eine Mehrheit von Beteiligten aufseiten der Mieter oder Vermieter kann wegen der Einheitlichkeit des Mietverhältnisses nur gemeinsam kündigen. Von der hierbei auftretenden Frage, ob für den einzelnen Beteiligten gegenüber seinen Mitmietern oder Mitvermietern eine Pflicht besteht, an der gemeinsamen Kündigung mitzuwirken (s Rn 15), ist die weitere Frage zu unterscheiden, ob eine Partei gegenüber Dritten verpflichtet ist, das Mietverhältnis zu kündigen.

71 aa) Eine **öffentlich-rechtliche Pflicht** zur Kündigung kann sich aus § 4 Abs 8 S 1 WoBindG ergeben. Hiernach hat der Verfügungsberechtigte, der eine öffentlich geförderte Wohnung an einen nicht wohnberechtigten Mieter überlassen hat, auf Verlangen der zuständigen Stelle das Mietverhältnis zu kündigen und die Wohnung einem wohnberechtigten Wohnungssuchenden zu überlassen. Die Anordnung der Kündigung konkretisiert bei einem materiell-rechtlichen Verstoß gegen die Belegungsbindung die kraft Gesetzes bestehende Rechtspflicht des Verfügungsberechtigten, eine bestimmungswidrige Wohnungsnutzung zu beenden. Die Anordnung kann nach § 24 WoBindG im Wege des Verwaltungszwanges vollzogen werden. Dagegen begründet die ordnungsbehördliche Verfügung, die Benutzung einer nicht genehmigten baulichen Anlage zu unterlassen, zwar ein außerordentliches Kündigungs*recht* der Mieter (AG Plettenberg NZM 1998, 862), aber keine Kündigungs*pflicht*.

72 bb) Im Einzelfall kann auch eine **privatrechtliche Pflicht** gegenüber Dritten begründet sein, ein Mietverhältnis zu kündigen. Ein derartiger Fall ist beispielsweise anzunehmen, wenn der Hauptmieter die Mietwohnung unzulässigerweise untervermietet hat und vom Vermieter aufgefordert wird, den alsbaldigen Auszug der Untermieter herbeizuführen (LG Berlin NZM 1999, 407). Anders liegen die Dinge jedoch, wenn ein Wohnungseigentümer gegen ein zwischen den Miteigentümern vereinbartes Vermietungsverbot verstößt, er zweckbestimmungswidrig vermietet oder wenn der einzelne Mieter die Wohnungseigentümer iS des § 1004 BGB stört. Auch hier ergibt sich das Problem, ob der vermietende Eigentümer gegenüber seinen Miteigentümern verpflichtet ist, das Mietverhältnis zu beenden. Diese Frage ist jedoch zu verneinen, da die Miteigentümer nur Unterlassungsansprüche gegen den störenden Mieter aus ihrem Eigentum oder gegen den vermietenden Eigentümer geltend machen können, aus denen sich aber kein Anspruch auf Kündigung ableiten lässt (OLG Köln ZMR 1997, 253; Bub, in: PiG 26 [1987] 137 ff). Ebenso wenig hat der Mieter in einem Mehrfamilienhaus einen Anspruch gegen den Vermieter, einem anderen Mieter des Hauses wegen ständiger, unerträglicher Lärmbelästigung oder anderer schwerwiegender Vertragsverletzungen zu kündigen. Derartige Beeinträchtigungen durch andere Mieter führen für den betroffenen Mieter nur zu den Gewährleistungsrechten der §§ 536 ff. Ein notfalls im Klagewege durchsetzbarer Anspruch gegen den Vermieter, einem anderen Mieter zu kündigen, um den Mangel abzustellen, ist nicht vorgesehen (**aM** LG Berlin GE 1999, 329). Ob der Vermieter von sich aus über § 543 Abs 2 Nr 1 BGB diesen Weg beschreitet, ist eine andere Frage.

3. Inhalt der Kündigungserklärung

a) Erklärungsinhalt im Allgemeinen

In der Kündigungserklärung muss **eindeutig zum Ausdruck kommen**, dass der Erklärende das Mietverhältnis beenden will. Das Wort „Kündigung" braucht nicht verwendet zu werden (LG Frankfurt aM ZMR 1968, 85; Kinne ua/Bieber Rn 5). Die Erklärung muss einen unmissverständlichen Hinweis enthalten, aus dem auf den Kündigungswillen geschlossen werden kann (BGH ZMR 1957, 264; LG Frankfurt aM ZMR 1968, 85; AG München ZMR 1967, 135; Prütting ua/Riecke Rn 5). Dies ist etwa der Fall, wenn der Mieter seinen Auszug zu einem bestimmten Termin ankündigt (LG Mönchengladbach WuM 1964, 10). **73**

Die Kündigung kann auch in einer Klage auf Herausgabe der Mietsache oder in begleitenden **Schriftsätzen** (BGH ZMR 1957, 264; BGH NJW-RR 1997, 203; LG Mönchengladbach WuM 1961, 166; LG Wiesbaden ZMR 1972, 81; ausführlich Baron ZMR 1998, 683 ff; **aM** AG Köln WuM 1974, 105) sowie in der Berufung gegen ein klageabweisendes Urteil liegen (LG Bückeburg WuM 1976, 123). Für den Beklagten muss mit hinreichender Deutlichkeit der Wille des Klägers erkennbar sein, dass die Prozesshandlung nicht nur der Durchsetzung einer bereits außerprozessual erklärten Kündigung dienen, sondern daneben auch eine materiell-rechtliche Willenserklärung enthalten soll (BGH ZMR 1957, 264; BGH NJW 2003, 3265; BayObLG NJW 1981, 2197; OLG Hamm NJW-RR 1993, 273; OLG Zweibrücken WuM 1981, 177; LG Berlin GE 1998, 1341; LG Düsseldorf WuM 1990, 505; Deggau ZMR 1982, 291, 292; Schmid WuM 1981, 171; Spangenberg MDR 1983, 807, 808). Prozesshandlung und materiell-rechtliche Erklärung fallen nicht notwendig zusammen. So kann sich etwa aus den Schriftsätzen ergeben, dass der Kläger bei seiner vorgerichtlichen Kündigungserklärung stehen geblieben ist und von deren Wirksamkeit ausgeht, sodass sich bei einer insoweit unrichtigen Beurteilung aus der späteren Erklärung kein Kündigungswille entnehmen lässt (LG Münster WuM 1992, 372). Auf **74** einen neuen Kündigungswillen des Vermieters, der bereits vorprozessual gekündigt hat, kann in der Regel nur dann geschlossen werden, wenn er sich bei der Klageerhebung oder einer weiteren prozessualen Erklärung für seinen Räumungsanspruch auf neue Kündigungsgründe oder auf andere Umstände stützt, die die erneute Kündigung für den Fall, dass die erste Kündigung unwirksam gewesen sein sollte, von seinem Standpunkt aus aussichtsreich erscheinen lassen (BGH NJW 2003, 3265; OLG Düsseldorf WuM 1995, 434; OLG Düsseldorf ZMR 2009, 845).

75 Die Kündigung kann in einer **konkludenten Handlung** liegen, soweit nicht gesetzlich nach § 568 Abs 1 BGB (s Staudinger/Rolfs [2021] § 568 Rn 6 ff) oder durch Parteivereinbarung eine besondere Form vorgeschrieben ist (s Rn 105 f). Will der Vermieter den bisherigen Mietvertrag durch einen neuen ersetzen, so liegt in der Zusendung nicht ohne Weiteres eine Kündigung. Vielmehr handelt es sich um einen Antrag, den Vertrag zu ändern (AG Münster WuM 1972, 123). Auch die Ankündigung des vorzeitigen Auszugs im Anschluss an einen Räumungsvergleich (AG Köln WuM 1975, 143) oder der Auszug eines Mitmieters (LG Köln WuM 1976, 145) stellen idR keine Kündigung dar.

b) Angabe des Kündigungstermins

76 Teilweise wird die Auffassung vertreten, dass in der Kündigungserklärung ein Kündigungstermin anzugeben ist, da sie bezwecke, den Endpunkt des Mietverhältnisses festzulegen. Das Gesetz enthält für ein solches Erfordernis auch in Form einer Sollvorschrift **keinen Anhaltspunkt**. Fehlt die Angabe eines bestimmten Kündigungstermins, so macht dies die Kündigung nicht unwirksam, da es sich nicht um einen wesentlichen Bestandteil der Erklärung handelt (RG JW 1908, 270 Nr 4). Die Kündigung wird zum nächsten zulässigen Termin wirksam (OLG Frankfurt NJW-RR 1990, 337; LG Braunschweig BlGBW 1969, 137; Kinne ua/Bieber Rn 5; Kossmann/Meyer-Abich § 87 Rn 23; Prütting ua/Riecke Rn 5; Soergel/Heintzmann Rn 9; Schmidt-Futterer/Blank Rn 21 f). Das Gleiche gilt, wenn die Kündigungserklärung für den angegebenen Termin wegen der nach §§ 573c, 580a BGB einzuhaltenden Fristen verspätet ist (OLG Hamburg OLGE 36, 64; LG Bonn WuM 1993, 464; LG Karlsruhe DWW 1990, 238; LG Köln WuM 1993, 541; LG Wiesbaden WuM 1994, 430; Schmid/Harz/Riecke Rn 23; ebenso BAG AP Nr 55 zu § 4 KSchG 1969 = NZA 2006, 791; BAG 15. 5. 2013 – 5 AZR 130/12, AP Nr 131 zu § 615 BGB = NZA 2013, 1076; **aM** LG Göttingen WuM 1991, 266). Die Wirkung der verspäteten Kündigung zum nächstzulässigen Termin tritt aber nur ein, wenn der Kündigende das Mietverhältnis auf jeden Fall beenden will und dieser Wille dem anderen Vertragsteil genügend erkennbar ist (OLG Hamburg OLGE 36, 64; LG Wiesbaden WuM 1994, 430; vgl auch BAG AP Nr 71 zu § 4 KSchG 1969 = NZA 2010, 1409; BeckOGK/Mehle [1. 7. 2020] Rn 13). Auch wenn insoweit manchmal von Umdeutung die Rede ist (LG Bonn WuM 1993, 464; LG Köln WuM 1993, 541; LG Wiesbaden WuM 1994, 430), braucht nicht auf § 140 BGB zurückgegriffen zu werden, da die Kündigungserklärung nicht unwirksam, sondern auslegungsfähig ist.

76a Bei einem befristeten **Mietvertrag mit Verlängerungsklausel** ist jede Partei berechtigt, die Erklärung, die eine Verlängerung des Mietverhältnisses verhindern soll, bereits vor Ablauf der vereinbarten Mietzeit auszusprechen, um den Vertrag zum frühestmöglichen Zeitpunkt zu beenden (LG Mannheim WuM 1970, 11). Eine verfrühte Kündigung darf allerdings nicht zum Nachteil des anderen Vertragsteils von den nach den §§ 573c, 580a BGB einzuhaltenden Kündigungsfristen abweichen, was bei Verträgen mit Verlängerungsklausel praktisch möglich wäre (AG Köln WuM 1970, 22). Während der Laufzeit der jeweiligen Befristung ist eine Kündigung in Ermangelung einer anderweitigen Vereinbarung ohnehin unzulässig (AG Offenbach NZM 2000, 824).

Die Kündigung kann auch für einen **späteren als den nächstzulässigen Termin** erklärt werden. Hat eine Partei hiervon Gebrauch gemacht, steht es jedem Vertragsteil grundsätzlich frei, durch eine neue Erklärung bereits zu einem früheren Zeitpunkt zu kündigen, wenn die dafür maßgebliche Kündigungsfrist noch einzuhalten ist. Eine Kündigung ist auch sogleich mit dem rechtlichen Beginn des Mietverhältnisses vor dessen tatsächlichem Vollzug möglich, soweit dabei die Kündigungsfristen der §§ 573c, 580a BGB gewahrt werden. Für den Beginn der Frist sind die Vereinbarungen maßgebend. Haben die Parteien keine Abreden getroffen, beginnt die Frist mit dem Zugang der Kündigungserklärung (BGHZ 73, 350, 355 = NJW 1979, 1288; BGHZ 99, 54, 60 = NJW 1987, 948; Wegener WuM 1989, 405). Der Vertrag wird mit Ablauf der Kündigungsfrist beendet, mag dieser Zeitpunkt vor oder nach dem tatsächlichen Vollzug des Mietvertrags liegen. Im letzteren Fall sind aber die Grundsätze eines widersprüchlichen Verhaltens nach § 242 BGB zu beachten. Das Gleiche gilt für die ordentliche Kündigung bei aufschiebend bedingtem oder befristetem Vertragsabschluss vor Eintritt der Bedingung oder des vorgesehenen Anfangstermins und vor dem Vollzug des Mietvertrags. Die Regelung des § 162 Abs 1 BGB steht dem nicht entgegen, da die Parteien in diesen Fällen nicht schlechter als bei unbedingtem Vertragsabschluss gestellt werden dürfen. Ebenso kann eine außerordentliche Kündigung vor dem Vollzug des Mietvertrags erklärt werden und das Mietverhältnis unter Einhaltung der Frist aus § 573d Abs 2, § 580a Abs 4 BGB oder fristlos (OLG Düsseldorf WuM 1995, 438; AG Langenfeld/Rhld WuM 1986, 314) beenden. Dies gilt jedoch nicht für ein befristetes Mietverhältnis (LG Köln WuM 1980, 29; näher unten Rn 145).

77

c) Angabe des Kündigungsgrundes

In der Erklärung muss grundsätzlich kein bestimmter Kündigungsgrund angegeben werden, soweit das Gesetz oder der Vertrag nichts anderes bestimmt. Dies ist entscheidend für die Frage, ob die Wirksamkeit der Kündigung von der Angabe eines Grundes abhängt.

78

aa) Außerhalb des Wohnraummietrechts besteht weder für die ordentliche noch für die außerordentliche Kündigung eine Begründungspflicht (vgl BGH WuM 1959, 538; BGH WuM 1975, 897; BGH NJW 1980, 777; BGH NJW 1987, 432; OLG Karlsruhe NJW 1982, 2004; OLG Zweibrücken WuM 1981, 177; LG Lübeck NZM 1998, 190; Becker AcP 188 [1988] 24, 37; Bub/Treier/Fleindl Rn IV 17; Erman/Lützenkirchen Rn 17; Sternel ZMR 2002, 1, 4). Dies hat die Mietrechtsreform va hinsichtlich der außerordentlichen Kündigung insoweit deutlich klargestellt, als ein Begründungserfordernis ausschließlich in der allein für das Wohnraummietrecht geltenden Vorschrift des § 569 Abs 4 BGB statuiert worden ist, während die – auch für Grundstücke und sonstige Räume allein anwendbare (vgl § 578 BGB, der nicht auf § 569 BGB verweist) – allgemeine Vorschrift des § 543 BGB ein solches nicht aufstellt. Allenfalls nach § 242 BGB kann der Kündigende gehalten sein, seine Gründe auf Befragen mitzuteilen, damit der Gegner seine Rechtsverteidigung darauf einstellen kann. Das aber ist keine Frage des notwendigen Inhalts und damit der Wirksamkeit der Kündigungserklärung, sondern einer etwaigen Schadensersatzverpflichtung (Mittelstein 460). Unschädlich ist es deshalb, wenn ein unzutreffender Grund angegeben wird (RG HRR 1934, Nr 318).

79

80 Entscheidend ist allein, dass im **Zeitpunkt der Kündigungserklärung** tatsächlich ein Grund vorliegt, der die außerordentliche Kündigung rechtfertigt. Es kommt nicht auf den Zeitpunkt der letzten mündlichen Verhandlung in einem etwaigen Rechtsstreit an (LG Düsseldorf WuM 1981, U 9 [LS]). Stellt der Mieter die Vertragsverletzung nach einer Abmahnung noch vor Zugang der Kündigung ein, kann die außerordentliche fristlose Kündigung nicht mehr auf diese Vertragsverletzung gestützt werden (LG Duisburg NJW-RR 1986, 1345). Dasselbe gilt, wenn die Mietrückstände bei Zugang der Kündigung bereits beglichen worden waren (AG Hamburg-Bergedorf ZMR 2008, 465). Sind die Voraussetzungen einer fristlosen Kündigung bei der Abgabe noch nicht erfüllt, etwa der Umfang des Zahlungsrückstands nach § 543 Abs 2 Nr 3 BGB, wohl aber beim Zugang der Erklärung, so ist der Zugang maßgeblich, da die Erklärung nach § 130 Abs 1 S 1 BGB erst in diesem Zeitpunkt wirksam wird und damit auch ihre Voraussetzungen für diesen Zeitpunkt erfüllt sein müssen (LG Köln WuM 1991, 263). Es entspricht nicht der Dogmatik der Willenserklärung, die Beurteilung auf den Zeitpunkt der Abgabe vorzuverlegen (**aM** LG Köln WuM 1992, 123). Dies zeigt auch die Ausnahmeregelung des § 130 Abs 2 BGB, nach der es auf die Wirksamkeit der Willenserklärung, dh im Zeitpunkt des Zugangs, ohne Einfluss ist, wenn der Erklärende nach der Abgabe stirbt oder geschäftsunfähig wird. Anders liegen die Dinge nur bei der Wartefrist für die Kündigung nach § 577a BGB, da sich der Kündigende in diesem Fall nicht auf Eigenbedarf „berufen", also keine Willenserklärung mit dieser Begründung abgeben kann (BGH NJW 2003, 3265; STAUDINGER/ROLFS [2021] § 577a Rn 18). Fällt der Kündigungsgrund zwischen Abgabe und Zugang weg, ist die Kündigung unwirksam. Wird die Kündigung von dem angegebenen Grund nicht gestützt, so können grundsätzlich nicht bekannt gegebene Gründe mit der Wirkung nachgeschoben werden, dass sie die Kündigung rechtfertigen, sofern sie im Zeitpunkt des Zugangs der Erklärung bereits bestanden haben (BGH WuM 1959, 538; BGH NJW 1987, 432; BeckOK BGB/WIEDERHOLD [1. 8. 2020] Rn 19; BUB/TREIER/FLEINDL Rn IV 17; vgl aber auch OLG Hamm NJW-RR 1998, 706).

81 bb) Für das **Wohnraummietrecht** gelten demgegenüber sowohl hinsichtlich der ordentlichen Kündigung des Vermieters als auch der außerordentlichen Kündigung (beider Teile) besondere gesetzliche Vorschriften. Bei der **ordentlichen Kündigung des Vermieters** sind dessen Gründe für sein berechtigtes Interesse gemäß § 573 Abs 3 BGB in dem Kündigungsschreiben anzugeben. Andere Gründe werden nur berücksichtigt, soweit sie nachträglich entstanden sind. Die Angabe der Gründe bildet eine Voraussetzung für die Wirksamkeit der Kündigung. Das Nachschieben von Gründen setzt deshalb eine von Anfang an wirksame Kündigung voraus (s STAUDINGER/ROLFS [2021] § 573 Rn 222). Wird durch mehrere Vermieter in getrennten Erklärungen gekündigt, genügt es, wenn die Gründe in der Erklärung des einen Vermieters angegeben sind und im Kündigungsschreiben des anderen darauf Bezug genommen wird. Vergleichbares gilt im Falle einer auf § 573a BGB gestützten Kündigung; hier hat der Vermieter im Kündigungsschreiben zwar keine Kündigungsgründe, wohl aber anzugeben, dass die Kündigung auf die Voraussetzungen dieser Vorschrift gestützt wird (§ 573a Abs 3 BGB). Nach § 574 Abs 3 BGB können bei einem Widerspruch des Mieters gegen die Kündigung grundsätzlich nur die in dem Kündigungsschreiben angegebenen Gründe zur Würdigung der Interessen des Vermieters herangezogen werden.

Die **ordentliche Kündigung des Mieters** ist demgegenüber unter Einhaltung der ver- 82
traglich vereinbarten oder der gesetzlichen Kündigungsfristen jederzeit möglich,
ohne dass es hierzu irgendwelcher Gründe bedürfte, wenn sie nicht vertraglich in
zulässiger Weise ausgeschlossen worden ist (dazu STAUDINGER/ROLFS [2021] § 573c
Rn 49 ff, § 575 Rn 14 f). Sie kann dementsprechend ohne Begründung erfolgen.

Die **außerordentliche fristlose Kündigung** eines Wohnraumes bedarf demgegenüber 83
nach § 569 Abs 4 BGB in jedem Falle der Begründung. Dies gilt nicht nur für die
Kündigung des Vermieters (dazu BLÜMMEL GE 2003, 861), sondern auch für diejenige
des Mieters (BLANK/BÖRSTINGHAUS/BLANK/BÖRSTINGHAUS § 569 Rn 90; FLATOW NZM 2004,
281, 285 f). Die Angabe des Kündigungsgrundes ist Wirksamkeitsvoraussetzung für
die außerordentliche Kündigung mit der Folge, dass eine fristlose Kündigung von
Wohnraum unwirksam ist, wenn die Gründe für die Kündigung nicht oder nur
unvollständig im Kündigungsschreiben offen gelegt werden. Ein Nachschieben anderer, im Kündigungsschreiben nicht genannter Gründe im Prozess kommt nicht in
Betracht; der Kündigende ist lediglich berechtigt, die von ihm benannten Gründe
weiter zu substantiieren und ggf Beweis anzubieten (näher STAUDINGER/V EMMERICH
[2021] § 569 Rn 65 f).

cc) Die Angabe eines Grundes ist kraft **vertraglicher Bestimmung** erforderlich, 84
wenn die Parteien vereinbart haben, dass die Kündigung nur aus bestimmten Gründen zulässig sein soll (KLEIN-BLENKERS ua/KLEIN-BLENKERS Rn 29; PALANDT/WEIDENKAFF
Rn 14), und wenn der Parteiwille auf ein dahin gehendes Erfordernis gerichtet ist.
Wird der Kündigungsgrund in einem solchen Fall nicht angegeben, so liegt ein
Mangel hinsichtlich des als notwendig vereinbarten Inhalts der Erklärung vor, der
die Unwirksamkeit der Kündigung zur Folge hat (BGH NJW-RR 2003, 152).

dd) Aus der Einheitlichkeit des Mietverhältnisses bei einer **Mehrheit von Betei-** 85
ligten ergibt sich nicht, dass ein Kündigungsgrund, der nur in der Person eines von
mehreren Mietern oder Vermietern eingetreten ist, die andere Vertragspartei berechtigt, das Mietverhältnis mit Wirkung für und gegen alle anderen, nicht betroffenen Beteiligten zu kündigen. Dies richtet sich nach der gesetzlichen Vorschrift, auf
die das Kündigungsrecht gestützt wird, und nach der Ausgestaltung des einzelnen
Vertragsverhältnisses (BGHZ 26, 102, 104 = NJW 1958, 421). Deshalb ist keine allgemein-
gültige Aussage möglich.

Wegen der überragenden Bedeutung der Gesundheit kann eine Ausnahme vom 86
Grundsatz der Einheitlichkeit des Mietverhältnisses zugelassen werden, sodass bei
einer Mehrheit von Mietern ein Mieter für seine Person zur Kündigung nach § 569
BGB berechtigt ist, auch wenn nur bei ihm eine Gesundheitsgefährdung durch die
Mieträume besteht (AG Bergheim WuM 1981, 231; SONNENSCHEIN NJW 1981, 1249, 1251).
Der Kündigungsgrund der **Gesundheitsgefährdung** kann von den Mitmietern zum
Anlass genommen werden, einheitlich das gesamte Mietverhältnis zu kündigen. Für
die Kündigung wegen **vertragswidrigen Gebrauchs** nach § 543 Abs 2 Nr 1 BGB oder
wegen schuldhafter erheblicher **Vertragsverletzung** nach § 573 Abs 2 Nr 1 BGB ist
anzunehmen, dass das vertragswidrige Verhalten nur eines Mitmieters ausreicht, um
das gesamte Mietverhältnis zu beenden, weil das Verschulden den Mitmietern zuzurechnen ist (OLG Düsseldorf ZMR 1987, 423; LG Darmstadt NJW 1983, 52; LG Gießen WuM
1996, 273). Hiervon wird eine Ausnahme gemacht, wenn die Vertragsverletzung vor

Eintritt eines neuen Mitmieters in das Mietverhältnis begangen wurde (LG Lübeck WuM 1990, 294). Eine andere Möglichkeit, die mit der Beendigung des gesamten Mietverhältnisses verbundenen Härten zu vermeiden, liegt darin, dem an der Vertragsverletzung unbeteiligten Mitmieter nach § 242 BGB einen Anspruch auf Fortsetzung durch Neuabschluss einzuräumen (LG Baden-Baden DWW 1989, 332; LG Darmstadt NJW 1983, 52; AG Bochum WuM 1990, 296). Tritt der Zahlungsverzug nach § 286 Abs 2 Nr 1 BGB ein, weil die Fälligkeit kalendermäßig bestimmt ist, so besteht der Kündigungsgrund des § 543 Abs 2 Nr 3 BGB allen Mitmietern gegenüber. Ist jedoch eine Mahnung erforderlich, muss sie sämtlichen Mietern erklärt werden. Stirbt einer von mehreren Mitmietern, steht seinen Erben wegen der Einheitlichkeit des Mietverhältnisses nicht das Kündigungsrecht aus § 564 BGB zu, wenn die Parteien im Mietvertrag nicht etwas anderes bestimmt haben (RG 19. 6. 1917 – III 25/17, RGZ 90, 328, 330 f; s auch § 564 Rn 12).

4. Bedingte und befristete Kündigung

a) Bedingte Kündigung

87 aa) Die Frage, ob die Kündigung unter einer Bedingung iS des § 158 BGB erklärt werden kann, ist seit langem umstritten. Nach verbreiteter Auffassung soll eine bedingte Kündigung analog § 388 S 2 BGB generell **unzulässig** sein, selbst wenn der Eintritt der Bedingung nur vom Willen des Kündigungsempfängers abhängig sei. Eine bedingte Kündigung widerspreche dem für Gestaltungsrechte geltenden Bestimmtheitsgrundsatz, der es nicht dulde, dass hinsichtlich der Rechtswirkung ein Schwebezustand eintrete. Eine Potestativbedingung solle nur dann zulässig sein, wenn der Kündigungsempfänger damit einverstanden sei (Mittelstein 458). Auch nach hM ist eine bedingte Kündigung grundsätzlich ausgeschlossen (RG WarnR 1915 Nr 103; OLG Düsseldorf NJW-RR 1990, 1469; OLG Hamburg NZM 2001, 131; LG Frankfurt aM WuM 1955, 185; AG Lechenich WuM 1982, 2 [LS]; Klein-Blenkers ua/Klein-Blenkers Rn 37; Kossmann/Meyer-Abich § 87 Rn 3; Prütting ua/Riecke Rn 8; Schmidt-Futterer/Blank Rn 16; ebenso für das Arbeitsrecht BAG AP Nr 26 zu § 620 BGB Bedingung = NZA 2001, 1070). Allerdings wird die Kündigung nicht schlechthin als bedingungsfeindlich angesehen. Es komme darauf an, ob sie genügend bestimmt und klar sei, sodass der Kündigungsempfänger nicht in eine ungewisse Lage versetzt werde. Hänge der Eintritt des zukünftigen ungewissen Ereignisses wie bei der Potestavbedingung allein vom Willen des Empfängers ab, so sei eine derart bedingte Kündigung zulässig (BGH WuM 1973, 694; BGHZ 97, 264, 267 = NJW 1986, 2245; BGHZ 156, 328, 332 = NJW 2004, 284; OLG Hamburg NZM 2001, 131; BeckOGK/Mehle [1. 7. 2020] Rn 15; BeckOK BGB/Wiederhold [1. 8. 2020] Rn 23; BeckOK MietR/Bruns [1. 8. 2020] Rn 89; Bub/Treier/Fleindl Rn IV 19; Buchmann WuM 1996, 78, 79; Erman/Lützenkirchen Rn 12; Flatow NZM 2004, 281, 284 f; Kossmann/Meyer-Abich § 87 Rn 3; Lützenkirchen/Lützenkirchen Rn 46; Prütting ua/Riecke Rn 8; Soergel/Heintzmann Rn 3).

88 Dem ist beizutreten. Der Empfänger einer einseitigen rechtsgestaltenden Willenserklärung wie der Kündigung muss wissen, ob die Rechtswirkung der Erklärung eintritt oder nicht. Zulässig sind daher neben **Rechtsbedingungen** (BGH NZM 2005, 334; LG Hamburg ZMR 2005, 869; Herrlein/Kandelhard/Kandelhard Rn 8; Lützenkirchen/ Lützenkirchen Rn 46; Prütting ua/Riecke Rn 8; Schmidt-Futterer/Blank Rn 16; **aM** LG Wiesbaden WuM 1998, 284; Beuermann WuM 1997, 151, 152; Buchmann WuM 1996, 78, 79) lediglich **Potestativbedingungen**, bei denen der Eintritt der Kündigungswirkung ausschließlich vom Willen des Gekündigten abhängig ist. Unzulässig ist es demgegenüber zB, eine Kündigung wegen Mietrückstandes unter der aufschiebenden Bedingung der Begleichung des Rückstandes zu erklären, weil die Nichtzahlung auch objektive Gründe haben kann (**aM** KG GE 2003, 740; wohl auch Jauernig/Teichmann Rn 4).

bb) Da die grundsätzliche Bedingungsfeindlichkeit der Kündigung allein dem Interesse des anderen Teils dient, ist eine Bedingung zulässig, **wenn der zu Kündigende ihr zustimmt** (RG 4. 12. 1917 – III 251/17, RGZ 91, 307, 309; BeckOGK/Mehle [1. 7. 2020] Rn 15; Bub/Treier/Fleindl Rn IV 19; Erman/Lützenkirchen Rn 12; Lützenkirchen/Lützenkirchen Rn 46; Palandt/Weidenkaff Rn 17). Es macht keinen Unterschied, ob der andere Teil vorher oder nachträglich zustimmt, da die Wirksamkeit der Kündigung in jedem Fall vom Willen des Empfängers abhängt. Die Zustimmung muss ausdrücklich erklärt oder zumindest dadurch bewusst zum Ausdruck gebracht werden, dass der Empfänger die Kündigung im Rechtsverkehr als gültig behandelt (Weimar WuM 1965, 200). Keinesfalls reicht es aus, dass der Empfänger die bedingte Kündigung nur in Unkenntnis der grundsätzlichen Rechtslage als wirksam behandelt oder nicht sofort zurückweist. Da der Empfänger auf die einseitige, empfangsbedürftige Kündigungserklärung nicht zu antworten braucht (s Rn 48), können aus seinem Schweigen keine Schlüsse auf einen rechtsgeschäftlichen Willen gezogen werden. Schließlich kann auch die Entstehung des Kündigungsrechts vereinbarungsgemäß vom Eintritt eines ungewissen zukünftigen Ereignisses abhängig gemacht werden (Soergel/Heintzmann Rn 12). 89

cc) Besondere praktische Bedeutung hatte früher die **Kündigung zwecks Mieterhöhung**. Da sie nach § 573 Abs 1 S 2 BGB bei Mietverhältnissen über Wohnraum kraft Gesetzes ausdrücklich ausgeschlossen ist, beschränkt sich ihr Anwendungsbereich auf diejenigen Mietverhältnisse, die dem Anwendungsbereich des § 573 BGB nicht unterliegen (Staudinger/Artz § 549 Rn 42). Soweit eine derartige Kündigung zum Zwecke der Mieterhöhung zulässig ist, kann sie bedingt oder unbedingt erklärt werden. Maßgebend ist der Parteiwille. So kann die Kündigung nach § 158 Abs 2 BGB unter die auflösende Bedingung gestellt werden, dass der Mieter den gleichzeitig unterbreiteten Antrag annimmt, die Miete durch einen Änderungsvertrag zu erhöhen. Eine solche Bedingung ist zulässig, da der Eintritt des zukünftigen ungewissen Ereignisses allein vom Willen des Mieters abhängt (s Rn 87 f). Die Kündigung kann auch als **Änderungskündigung** unbedingt erklärt und mit einem Antrag des Vermieters verbunden werden, ein neues Mietverhältnis mit einer höheren Miete abzuschließen. In diesem Fall wird das bisherige Mietverhältnis beendet. Die Vereinbarung beschränkt sich nicht auf die Höhe der Miete als einzelnen Vertragspunkt, sondern umfasst sämtliche Vertragsbedingungen, auch wenn sie nur inhaltsgleich wiederholt werden. 90

b)   Befristete Kündigung
Einer differenzierten Betrachtung bedürfen Kündigungen, die mit einer Befristung iS des § 163 BGB erklärt worden sind. Von bedingten Kündigungen unterscheiden sie sich dadurch, dass das Ereignis, bei dessen Eintritt die Kündigung wirksam werden soll, nach den Vorstellungen des Kündigenden mit Sicherheit eintreten wird und ggf lediglich der Zeitpunkt ungewiss ist, während bei der Bedingung nicht einmal sicher ist, ob sie überhaupt erfüllt werden wird (vgl BGHZ 122, 211, 222 = 91

NJW 1993, 1976; BAG AP Nr 103 zu § 620 BGB Befristeter Arbeitsvertrag = NZA 1987, 238). Befristete Kündigungen sind **zulässig, wenn der Zeitpunkt**, zu dem sie erklärt werden, auch für den Kündigungsempfänger von Beginn an **sicher feststeht**, wie dies zB bei einer außerordentlichen Kündigung mit kalendermäßig fixierter Auslauffrist der Fall ist (s Rn 110 ff). Sie sind dagegen ebenso wie Bedingungen zu beurteilen und folglich grundsätzlich **unzulässig** (s Rn 87 ff), **wenn der Termin** bei Zugang der Kündigungserklärung für den anderen Teil **nicht bestimmt oder bestimmbar ist** (dies certus an, incertus quando; BGHZ 156, 328, 332 f = NJW 2004, 284). Eine außerordentliche Kündigung, die der Mieter nach den §§ 543, 569 BGB mit der Befristung erklärt, sie werde zu dem Zeitpunkt ausgesprochen, zu dem er andere Räume beziehen könne, ist daher unwirksam (BGHZ 156, 328, 331 ff = NJW 2004, 284; BeckOGK/Mehle [1. 7. 2020] Rn 19).

5. Teilkündigung

92 Die Zulässigkeit einer Teilkündigung in dem Sinne, dass einzelne Teile eines Mietverhältnisses gekündigt werden, ist umstritten. Hierbei geht es nicht um die im Rahmen einer Mehrheit von Beteiligten auftauchenden Probleme (s Rn 8 ff, Rn 83 f), sondern um die Frage, ob das Mietverhältnis hinsichtlich einzelner Abreden des Vertrags oder einzelner Teile der Mietsache gekündigt werden kann, während es im Übrigen bestehen bleibt. Das Gesetz regelt die Teilkündigung ausdrücklich in § 573b BGB für die nicht zum Wohnen bestimmten Nebenräume oder Teile eines Grundstücks, die der Vermieter dazu verwenden will, neuen Wohnraum zum Zwecke der Vermietung zu schaffen oder den neu zu schaffenden und den vorhandenen Wohnraum mit Nebenräumen oder Grundstücksteilen auszustatten (Staudinger/Rolfs [2021] § 573b Rn 7 ff).

a) Nebenabreden

93 Eine Teilkündigung von Nebenabreden, aus denen sich besondere Rechte und Pflichten der Parteien im Rahmen des Mietverhältnisses ergeben, wird allgemein für **unzulässig** gehalten (OLG Rostock MDR 2012, 1458; BeckOK BGB/Wiederhold [1. 8. 2020] Rn 22; Bub/Treier/Fleindl Rn IV 22; Herrlein/Kandelhard/Kandelhard Rn 25; Leyendecker GE 1983, 1132, 1133; Prütting ua/Riecke Rn 16; Schmidt-Futterer/Blank Rn 87). Dies gilt für alle einseitig nicht abtrennbaren Teile der vertraglichen Abreden, etwa die teilweise Entrichtung der Miete durch Dienstleistungen (LG Aachen WuM 1989, 383; AG Schleiden WuM 1989, 382; kritisch Jung ZMR 1989, 363, 364), die Betreuung des Mieters in einer nicht dem HeimG unterfallenden Einrichtung für betreutes Wohnen (BGH NZM 2004, 22; BGH NJW 2006, 1276; LG Kiel WuM 2003, 572), das Verbot der Aufrechnung (LG Berlin III GrdstW 1932, 55), den Anschluss für das Kabelfernsehen (AG Münster ZMR 2007, 707), die Erlaubnis zur Untervermietung (KG GE 1929, 841; LG Berlin III GE 1929, 868; LG Essen MDR 1966, 420; Soergel/Heintzmann Rn 15), zur Anbringung von Reklameschildern (LG Hamburg JW 1928, 2576 Nr 8) oder einer Satellitenantenne (AG Plauen WuM 1994, 18), zur Aufstellung eines Wagens im Hofraum (LG Berlin I GE 1929, 285; LG Hamburg GrdstW 1929, 203) oder die Erlaubnis, Tiere zu halten. Dabei kommt es entscheidend darauf an, dass solche Nebenabreden nach dem Zweck des Vertrags idR unmittelbar mit der Ausübung des vertraglichen Gebrauchs der Mietsache zusammenhängen. Da die Teilkündigung ausgeschlossen ist, können die Parteien eine einzelne Nebenabrede nur einvernehmlich durch einen Änderungsvertrag aufheben. Sie können die Zulässigkeit der Teilkündigung allerdings auch von Anfang an vereinbaren (LG Heidelberg NJW-RR 1987, 658). Für wesentliche Vertragsbestandteile wie die Höhe der Miete gilt dies aber nicht, da mit einer insoweit beschränkten Kündigung doch der ganze Vertrag hinfällig würde.

b) Teile der Mietsache im Allgemeinen

aa) Das RG hielt die Kündigung hinsichtlich einzelner Teile der Mietsache für zulässig, wenn Geschäftsräume zusammen mit Wohnräumen verpachtet waren und die Kündigung auf die gewerblichen Räume beschränkt wurde (RG 7. 7. 1926 – III 42/26, RGZ 114, 243, 245 f). Demgegenüber ist heute die Ansicht herrschend, es sei grundsätzlich **unzulässig**, die Kündigung auf einen Teil der durch einen einheitlichen Vertrag vermieteten Sache zu beschränken, selbst wenn diese aus mehreren selbständigen Sachen besteht (BGH NJW 2012, 224; OLG Düsseldorf NZM 2007, 799; BeckOK MietR/Bruns [1. 8. 2020] Rn 29; Erman/Lützenkirchen Rn 19; Leyendecker GE 1983, 1132, 1133; MünchKomm/Bieber Rn 15 f; Soergel/Heintzmann Rn 15; Spielbauer/Schneider/Krenek Rn 38). Unerheblich ist, ob die verschiedenen Teile der Mietsache objektiv trennbar sind und ob die Miete gesondert berechnet ist (LG Baden-Baden WuM 1991, 34; LG Mannheim WuM 1980, 134), wenn sie nach dem Parteiwillen als zusammengehörig vermietet worden sind. Der rechtsgeschäftliche Wille verbindet die einzelnen Teile zu einer rechtlichen und idR auch wirtschaftlichen Einheit, sodass die Kündigung nur das gesamte Mietverhältnis erfassen kann. Aus der in § 573b BGB vorgesehenen Teilkündigung von Nebenräumen und Grundstücksteilen kann nicht auf eine allgemeine Zulässigkeit der Teilkündigung geschlossen werden. Es handelt sich vielmehr um eine eng begrenzte Sondervorschrift mit dem Ziel, neuen Wohnraum zu schaffen. Sie ist deshalb darüber hinaus nicht allgemein analogiefähig (Schmidt-Futterer/Blank Rn 87).

94

bb) Von der grundsätzlich unzulässigen Teilkündigung ist der Fall zu unterscheiden, dass der Vermieter nach der Kündigung der ganzen Mietsache prozessual nur einzelne Teile herausverlangt (LG Heilbronn NJW-RR 1993, 1232). Über den Rest der Mietsache müssen die Parteien dann einen neuen Mietvertrag abschließen.

95

cc) Hiernach ist eine Teilkündigung **im Einzelnen** ausgeschlossen bei der Miete von Wohn- und Geschäftsräumen (BGH NJW 1953, 1391; OLG Schleswig NJW 1983, 49; LG Mannheim ZMR 1977, 27; vgl auch OLG Brandenburg 18. 2. 2020 – 3 U 65/19, ZMR 2020, 641), Wohnung und Garage oder Stellplatz (BayObLG WuM 1991, 78; OLG Düsseldorf NZM 2007, 799; OLG Karlsruhe NJW 1983, 1499; LG Köln WuM 1992, 264; LG Köln WuM 2002, 671; LG Wuppertal WuM 1996, 621), Wohnung und Hofraum (AG Gelsenkirchen ZMR 1978, 341), Garten (BGH 27. 4. 2016 – VIII ZR 323/14, NZM 2016, 467; LG Frankfurt aM ZMR 1992, 542; LG Hamburg WuM 1989, 497; LG Hannover WuM 1982, 83 [LS]), Dachboden (AG Nürnberg WuM 1983, 144), Keller (LG Berlin GE 2007, 723), bei einzelnen Räumen einer Wohnung (AG Havelberg WuM 1993, 265; Palandt/Weidenkaff Rn 16, § 573 Rn 23; Schmidt-Futterer/Blank Rn 87; **aM** OLG Karlsruhe WuM 1997, 202 m Bespr Wiek WuM 1997, 654; LG Bochum NZM 1999, 902; LG Duisburg NJW-RR 1996, 718) und bei möbliertem Wohnraum hinsichtlich der Möbel (LG Dortmund MDR 1948, 181; LG Hamburg MDR 1949, 171; LG Wuppertal MDR 1949, 617). Die Kündigung eines Teils der Wohnung ist auch nicht deshalb für zulässig zu erklären, weil die Kündigung des Mietvertrags über die gesamte Wohnung wegen der Geltendmachung überhöhten Eigenbedarfs rechtsmissbräuchlich wäre, oder wenn von zwei zusammen vermieteten Wohnungen nur eine benötigt wird (BVerfGE 89, 237, 241 ff = NJW 1994, 308; s auch Staudinger/Rolfs [2021] § 573 Rn 94; LG Mannheim WuM

96

1997, 104; **aM** OLG Karlsruhe WuM 1997, 202; LG Bochum NZM 1999, 902). Ebenso wenig ist eine Teilkündigung gerechtfertigt, wenn der Abstellplatz für das neue Auto des Mieters zu klein ist (AG Dortmund NJW-RR 1987, 207). Ob ein einheitliches Mietverhältnis über Wohnung und Garage auch dann angenommen werden kann, wenn neben dem schriftlichen Wohnungsmietvertrag eine mündliche Vereinbarung über die Garage getroffen wird (so LG Wuppertal WuM 1996, 621; AG Aachen WuM 1980, 180 [LS]) oder wenn die Garage erst später gemietet, aber in den Wohnungsmietvertrag einbezogen wird (OLG Karlsruhe GE 1997, 367; LG Duisburg WuM 1987, 211; LG München II WuM 1989, 514; LG Stuttgart WuM 1991, 589), ist eine Frage des Einzelfalles. Bei getrennt abgeschlossenen Verträgen spricht eine tatsächliche Vermutung für die rechtliche Selbständigkeit der jeweiligen Vereinbarungen (BGH NJW 2012, 224; BGH WuM 2013, 421; BGH NZM 2013, 726; BGH GE 2013, 1650; LG Berlin 27. 2. 2020 – 67 S 192/19 [2], WuM 2020, 331). So können die Dinge beispielsweise liegen, wenn der Wohnungsmieter aus freien Stücken in den Garagenmietvertrag eines Dritten mit dem Vermieter eintritt (LG Stuttgart WuM 1987, 379). Werden Wohnung und Garage in derselben Vertragsurkunde vermietet, spricht dies für die Einheitlichkeit des Mietverhältnisses (AG Schwelm 16. 2. 2017 – 27 C 228/16, WuM 2017, 188; vgl auch Spielbauer/Schneider/Krenek Rn 38). Zweifelhaft ist die Annahme, dass die Einheitlichkeit des Mietverhältnisses nicht daran scheitere, dass Wohnung und Garage verschiedenen Eigentümern einer Wohnanlage gehören, aber vom Verwalter einheitlich vermietet werden, wenn auch in Vertretung der verschiedenen Eigentümer (AG Köln WuM 1993, 611; **aM** AG Köln WuM 1992, 249). Bei preisgebundenem Wohnraum kann aus Rechtsgründen der Abschluss getrennter Mietverträge erforderlich sein, die dann auch isoliert kündbar sind (AG Hamburg-Blankenese 7. 7. 2015 – 532 C 110/15, ZMR 2016, 784 zu § 10 HmbWoBindG). Wird das Grundstück erst nach Abschluss des einheitlichen Mietvertrags in Wohnungs- und Teileigentum aufgeteilt, bleibt die Einheitlichkeit des Mietverhältnisses über Wohnung und Garage bestehen, sodass von den jeweiligen Erwerbern nur einheitlich und gemeinsam gekündigt werden kann (BayObLG WuM 1991, 78; AG Dorsten WuM 1991, 35; AG Rastatt WuM 1988, 127).

97 dd) Da die Einheitlichkeit des Mietverhältnisses über mehrere Sachen allein vom Parteiwillen abhängt, können die Parteien durch eine **vertragliche Regelung** die gesonderte Beendigung für zulässig erklären. Ebenso wie bei Nebenabreden (s Rn 93) ist es möglich, die Zulässigkeit einer Teilkündigung im Vertrag zu vereinbaren (Palandt/Weidenkaff Rn 16). Dies ist im Wege des Änderungsvertrags auch nachträglich möglich; freilich muss sich eine Formularabrede am Maßstab der §§ 307 ff BGB messen lassen (AG Menden ZMR 1999, 263). Im Übrigen kann das Mietverhältnis einvernehmlich durch Aufhebungsvertrag hinsichtlich einzelner Teile der Mietsache beendet werden.

98 ee) Das Problem der Teilkündigung stellt sich nur, wenn es sich um einen rechtlich einheitlichen Vertrag über mehrere Sachen handelt. **Getrennte Mietverhältnisse** können die Parteien jeweils gesondert kündigen (BGH NJW 2012, 224). Ob getrennte Mietverhältnisse vorliegen, ist eine Frage des Parteiwillens. Dies ist am deutlichsten, wenn die Parteien die Einheitlichkeit ausdrücklich ausgeschlossen haben (AG Frankfurt aM WuM 1986, 254), zB den Kfz-Stellplatz ausdrücklich nicht als Neben- oder Zubehörraum zur Wohnung bezeichnen, weil die Parteien einen selbständigen Vertrag abschließen wollen (AG Hamburg WuM 1981, U 3), beispielsweise auch, um den Stellplatz im Rahmen eines selbständig kündbaren Leihvertrages unentgeltlich zu überlassen (OLG Brandenburg 18. 2. 2020 – 3 U 65/19, ZMR 2020, 641). Getrennte Verträge bestehen auch dann, wenn die an sich gewollte Einbeziehung eines späteren Vertrags in den früheren aus formellen Gründen scheitert (LG Mannheim WuM 1975, 70).

Häufig ist nur **aus den gesamten Umständen zu schließen**, ob getrennte Verträge vereinbart sind und ob die einzelne Mietsache auch nicht später in das Mietverhältnis über die andere Sache einbezogen worden ist. So ist eine Trennung anzunehmen, wenn über zwei Wohnungen, die derselbe Mieter zu unterschiedlichen Zeitpunkten gemietet hat, zwei Verträge bestehen (AG Hamburg WuM 1992, 373) oder wenn die Gartennutzung später und gesondert von dem Mietvertrag über die Wohnung vereinbart worden ist (LG Görlitz WuM 1995, 388). Auch die spätere Anmietung eines Kfz-Stellplatzes ist gegenüber dem Wohnraummietvertrag regelmäßig als selbständig zu beurteilen (BGH NJW 2012, 224; LG Frankfurt aM WuM 1991, 36). Teilweise wird die Annahme getrennter Verträge auf besondere Umstände gestützt, die einen entsprechenden Parteiwillen hinreichend deutlich erkennen lassen (OLG Karlsruhe NJW 1983, 1499; LG Köln NZM 2001, 285). Solche Umstände werden etwa darin gesehen, dass die Parteien der einzelnen Mietverhältnisse nur teilweise identisch sind (LG Hamburg WuM 1986, 338; LG Hamburg WuM 1991, 672; LG Köln NZM 2001, 285; AG Mannheim DWW 1992, 370; **aM** LG München II WuM 1989, 514; LG Stuttgart WuM 1991, 589; AG Nürnberg WuM 1990, 432). Ebenso sollen die Vereinbarung einer unterschiedlichen Vertragsdauer und abweichender Kündigungsfristen sowie selbständige Vertragsurkunden dafür sprechen, dass die Parteien die Verträge über den Wohnraum und die Garage oder den Stellplatz trennen wollen (BGH GE 2013, 1454; LG Berlin WuM 1987, 211; LG Bonn WuM 1990, 551; LG München I WuM 1992, 15; AG Neukölln GE 2000, 131; **aM** LG Duisburg WuM 1987, 211). Da über die Einheitlichkeit des Mietverhältnisses allein der Parteiwille entscheidet, können die Parteien einen einheitlichen Vertrag über Wohnung und Garage später einvernehmlich aufspalten. Hierzu ist aber eine Vereinbarung aller Beteiligten erforderlich. **99**

c) **Nebenräume und Teile des Grundstücks im Besonderen**
aa) Vom Gesetz ausdrücklich zugelassen wird die Teilkündigung einzelner Teile der durch einen einheitlichen Vertrag vermieteten Sache in § 573b BGB (STAUDINGER/ROLFS [2021] § 573b Rn 7 ff). Hiernach kann der Vermieter nicht zum Wohnen bestimmte Nebenräume oder Teile eines Grundstückes ohne ein berechtigtes Interesse iS von § 573 BGB kündigen, wenn er die Kündigung auf diese Räume oder Grundstücksteile beschränkt und sie dazu verwenden will, Wohnraum zum Zwecke der Vermietung zu schaffen oder den neu zu schaffenden und den vorhandenen Wohnraum mit Nebenräumen und Grundstücksteilen auszustatten. **100**

bb) Da sich die Ausnahmeregelung im Wohnraummietrecht befindet, ergibt sich bei wörtlicher und systematischer Auslegung, dass die Teilkündigung nur bei einem Mietverhältnis über Wohnraum zulässig ist (GATHER DWW 1990, 190, 196). Dies widerspricht dem Zweck der Regelung, die Herstellung neuen Wohnraums zu ermöglichen. Deshalb ist im Wege der erweiternden Auslegung der §§ 573b, 578 Abs 1 BGB auch die Teilkündigung eines **Mietverhältnisses über Grundstücke, Geschäftsräume oder sonstige Räume** für zulässig zu halten, wenn hierdurch die Herstellung von Wohnraum zum Zwecke der Vermietung ermöglicht wird. Nur bei dieser Auslegung kann der Gesetzeszweck bei unbebauten größeren Grundstücken, die teilweise bebaut werden sollen, und vor allem bei solchen Gebäuden verwirklicht **101** werden, in denen die ausbaufähigen Nebenräume teils von gewerblichen Mietern, teils von Wohnraummietern oder teilweise gemeinsam genutzt werden (aM Lützenkirchen/Lützenkirchen § 573b Rn 5; Schmid/Harz/Gahn Rn 2; Schmidt-Futterer/Blank § 573b Rn 1). Die in diesen Fällen mögliche Änderungskündigung des ganzen Mietverhältnisses, verbunden mit einem Angebot zum Neuabschluss mit verringertem Raumbestand, ist gegenüber der Teilkündigung kein gleichwertiger Ersatz.

6. Form der Kündigung

a) Formfreiheit

102 In den allgemeinen Bestimmungen ist für die Kündigung eines Mietverhältnisses keine bestimmte Form vorgeschrieben. Sonderregelungen gelten nur für die Wohnraummiete (§ 568 BGB). Da § 578 BGB für andere Mietverhältnisse über bewegliche oder unbewegliche Sachen wie Grundstücke, Geschäftsräume und sonstige Räume nicht auf § 568 BGB verweist, ist die Kündigung hier formfrei wirksam und kann deshalb mündlich erklärt werden. Damit ist auch eine Kündigung durch schlüssiges Verhalten möglich, wenn aus diesem Verhalten unmissverständlich auf einen Kündigungswillen der Partei geschlossen werden kann.

103 Eine **konkludente Kündigung** kann zB durch Räumung, Rückgabe der Schlüssel, Mitteilung, das Objekt definitiv nicht beziehen zu wollen oder Einstellung der Mietzahlungen erfolgen, wenn damit ein formlos wirksamer Kündigungswille zum Ausdruck gebracht wird (OLG Frankfurt NZM 2005, 619; BeckOK BGB/Wiederhold [1. 8. 2020] Rn 14; einschränkend KG WuM 2006, 193). Dies ist jedoch nicht anzunehmen, wenn bereits eine Kündigung vorangegangen ist, die zu einem späteren Zeitpunkt erklärt wurde, und nur die Rückgabe vorzeitig erfolgt (AG Köln WuM 1976, 28 m Anm Weimar). Ist eine Kündigung unwirksam, kann die nachfolgende Räumungs- und Herausgabeklage als Kündigung beurteilt werden (RG JW 1908, 270; BGH NJW 1953, 1391; LG Mönchengladbach WuM 1961, 166). Ebenso kann in der Erklärung des Mieters, zu einem bestimmten Zeitpunkt auszuziehen (LG Mönchengladbach WuM 1964, 10; LG Hamburg ZMR 2004, 38; Schmid/Harz/Riecke Rn 14) oder von einem ihm eingeräumten Recht auf käufliche Übernahme der Mietsache Gebrauch machen zu wollen (RG BayZ 1920, 28), eine Kündigung liegen. Dies ist nicht anzunehmen, wenn der vorzeitige Auszug im Anschluss an den zu einem bestimmten Räumungstermin vereinbarten Vergleich angekündigt wird (AG Köln WuM 1975, 143).

b) Gesetzlicher Formzwang

104 Die Kündigung eines Mietverhältnisses über **Wohnraum** bedarf nach § 568 BGB der **schriftlichen Form** (Staudinger/Rolfs [2021] § 568 Rn 6 ff). Der gesetzliche Formzwang gilt für beide Parteien und jede Art der Kündigung. Die schriftliche Form ist nach § 126 Abs 1 BGB gewahrt, wenn die Kündigungserklärung in einer Urkunde enthalten ist, die der Kündigende eigenhändig durch Namensunterschrift oder mittels notariell beglaubigten Handzeichens unterzeichnet hat (Staudinger/Rolfs [2021] § 568 Rn 12 ff). Die Schriftform kann durch die elektronische Form ersetzt werden (§ 126 Abs 3 BGB), indem der Kündigende seiner Kündigung seinen Namen hinzufügt und das elektronische Dokument mit einer qualifizierten elektronischen Signatur nach dem SigG versieht (§ 126a Abs 1 BGB). Wegen des Erfordernisses der schriftlichen Form sind einer Kündigung durch schlüssiges Verhalten, etwa durch Erhebung einer Räumungsklage (OLG Rostock NZM 2003, 25) oder weiteres Vorbringen in einem

Rechtsstreit, Grenzen gezogen (Staudinger/Rolfs [2021] § 568 Rn 21). Wird gegen den gesetzlichen Formzwang verstoßen, ist die Kündigung nach § 125 S 1 BGB unheilbar nichtig. Sie kann nach § 141 Abs 1 BGB nur durch Neuvornahme unter Einhaltung der Form und ohne Rückwirkung bestätigt werden.

c) **Vertraglicher Formzwang**

Die Parteien können für die Kündigung vertraglich eine bestimmte Form vereinbaren, wie dies für das Gewerberaummietrecht in der Praxis die Regel ist. Ist **schriftliche Form** vereinbart, muss das Kündigungsschreiben von dem Kündigenden eigenhändig durch Namensunterschrift oder mittels notariell beglaubigten Handzeichens unterzeichnet oder in der elektronischen Form des § 126a BGB abgegeben werden (§ 127 BGB). Hierfür gilt grundsätzlich das Gleiche wie bei der gesetzlich vorgeschriebenen Schriftform (näher Staudinger/Rolfs [2021] § 568 Rn 6 ff). Allerdings genügt bei der gewillkürten Schriftform nach § 127 Abs 2 BGB – anders als bei der gesetzlichen des § 126 BGB – die telekommunikative Übermittlung der schriftlichen Willenserklärung und damit ein **Telefax** (BGH NJW-RR 1996, 866; BGH NJW 2004, 1320) oder Telegramm ebenso wie die Aushändigung einer Fotokopie des Kündigungsschreibens (vgl BAG AP Nr 5 zu § 127 BGB = NJW 1999, 596). Der Mangel der vertraglich bestimmten Form hat nach § 125 S 2 BGB im Zweifel gleichfalls Nichtigkeit zur Folge (KG WuM 2006, 193). Dies gilt etwa, wenn die vorgeschriebene Unterschrift fehlt, auch wenn sich der Kündigungswille unmissverständlich aus dem Schreiben ergibt. Eine wegen Formmangels nichtige Kündigung kann von dem Kündigenden nach § 141 Abs 1 BGB nur durch Neuvornahme und deshalb nicht mit Rückwirkung bestätigt werden. 105

Die Parteien können den gewillkürten **Formzwang** aber **einvernehmlich für die Vergangenheit und Zukunft aufheben**, sodass eine an sich nichtige Kündigung doch noch wirksam werden kann (vgl BGH NJW 1968, 32; LG Berlin GE 1934, 135; Schmidt-Salzer NJW 1968, 1257; **aM** Eisner NJW 1969, 118, 121). Ein dahin gehender Wille der Parteien muss zwar unmissverständlich zum Ausdruck gekommen sein, kann aber unter dieser Voraussetzung auch konkludent erklärt werden (Palandt/Ellenberger § 125 Rn 19). Ausgeschlossen ist die konkludente Aufhebung des Schriftformzwangs hingegen bei einer sog „doppelten Schriftformklausel" (BAG AP Nr 63 zu § 242 BGB Betriebliche Übung = NJW 2003, 3725), die allerdings in Allgemeinen Geschäftsbedingungen nicht wirksam vereinbart werden kann (BAG AP Nr 35 zu § 307 BGB = NJW 2009, 316). Haben die Parteien eine Kündigung mittels **eingeschriebenen Briefs** vereinbart, so ist die Erklärung nicht unwirksam, wenn sie nur als einfacher Brief zugeht, weil durch die Vereinbarung einer bestimmten Übersendungsform im Zweifel nicht eine besondere Wirksamkeitsvoraussetzung aufgestellt, sondern nur eine Beweiserleichterung geschaffen werden soll (RG 23. 9. 1911 – V 590/10, RGZ 77, 70, 70; RG WarnR 1916 Nr 46; BGH NJW-RR 1996, 866; BGH NJW 2004, 1320; BGH NZM 2013, 271; BGH 14. 10. 2015 – XII ZR 84/14, NZM 2015, 861; OLG Düsseldorf DWW 1990, 304; BeckOGK/Mehle [1. 7. 2020] Rn 61; MünchKomm/Häublein § 568 Rn 13; Soergel/Heintzmann § 568 Rn 11; **aM** LG Berlin III JW 1923, 778 Nr 5). Für die **Kündigung im Räumungsrechtsstreit** ist bei vereinbarter Schriftform die Zustellung einer vom Erklärenden unterzeichneten Abschrift des Schriftsatzes erforderlich. Die Zustellung einer beglaubigten Abschrift von Anwalt zu Anwalt oder von Amts wegen nach den §§ 195, 191, 166 ff ZPO genügt nicht (**aM** LG Berlin WuM 1978, 119). In **Formularverträgen** kann die Kündigung nach § 309 Nr 13 lit b und c BGB nicht an eine strengere Form als die Textform oder an besondere 106

Zugangserfordernisse gebunden werden; dies gilt nach § 310 Abs 1, § 307 Abs 1 BGB auch für den Fall, dass der Vertragspartner des Verwenders Unternehmer ist (OLG Naumburg NZM 2000, 90; Schmid/Harz/Riecke Rn 18).

7. Arten der Kündigung

a) Ordentliche Kündigung

107 Durch die ordentliche Kündigung wird ein auf unbestimmte Zeit eingegangenes Mietverhältnis beendet. Die ordentliche Kündigung ist das rechtliche **Mittel zur normalen Beendigung** eines unbefristeten Mietverhältnisses. Sie findet auch dann Anwendung, wenn ein ursprünglich nur befristetes Mietverhältnis nach § 545 BGB fortgesetzt worden ist (MünchKomm/Bieber Rn 4). Ihre Wirkung ist davon abhängig, dass bestimmte Kündigungsfristen eingehalten werden. Bei einem Mietverhältnis über Wohnraum hängt die Wirksamkeit der Kündigung durch den Vermieter davon ab, dass die Voraussetzungen der §§ 573 ff, 577a BGB erfüllt sind. Eine bestimmte Frist, innerhalb derer die Kündigung (zB nach der Vertragspflichtverletzung des Mieters) ausgesprochen werden muss (**Kündigungserklärungsfrist**) existiert nicht. Da nicht einmal die außerordentliche Kündigung fristgebunden ist, weil § 314 Abs 3 BGB keine Anwendung findet (s Rn 116), gibt es auch für die ordentliche Kündigung jenseits § 242 BGB keine zeitliche Grenze.

108 Die ordentliche Kündigung steht unter dem **Vorbehalt der unzulässigen Rechtsausübung** nach § 242 BGB (OLG Düsseldorf WuM 2010, 1337; MünchKomm/Bieber Rn 18; Soergel/Heintzmann Rn 17; Schmid DWW 1982, 259, 260; Zwanziger ZMR 2019, 918, 920 ff). So darf die Kündigung des Garagenmietvertrags nicht als Druckmittel gegenüber dem vertragstreuen Mieter eingesetzt werden, um eine ungerechtfertigte Mieterhöhung für die Wohnung (LG Hamburg WuM 1982, 226 [LS]; vgl auch AG Wesel WuM 1991, 348) durchzusetzen. Die Kündigung wegen Vertragsverletzung nach § 573 Abs 2 Nr 1 BGB muss alsbald erklärt werden. Sonst ist das Kündigungsrecht verwirkt (BGH NJW 2000, 354; LG Düsseldorf WuM 1990, 74; AG Frankfurt aM NZM 1998, 759). Eine große Gruppe bilden die Missbrauchsfälle bei der Kündigung wegen Eigenbedarfs nach § 573 Abs 2 Nr 2 BGB, wenn der Vermieter überhöhten Eigenbedarf geltend macht, wenn die Gründe für den Eigenbedarf schon bei Abschluss des Vertrags bestanden oder vorhersehbar waren, wenn sie nach der Kündigung wegfallen oder wenn dem Vermieter im Zeitpunkt der Kündigung noch eine oder mehrere andere freie Wohnungen zur Verfügung stehen, die seinen Bedarf ebenso befriedigen könnten (Staudinger/Rolfs [2021] § 573 Rn 125 f).

b) Außerordentliche Kündigung

109 Das Gesetz gestattet es den Parteien, sich unter bestimmten Voraussetzungen vorzeitig von dem Mietvertrag zu lösen. Dies ist nach den einzelnen Vorschriften entweder unter Einhaltung einer gesetzlichen Frist oder fristlos möglich.

aa) Außerordentliche befristete Kündigung

110 α) Die außerordentliche befristete Kündigung wird gerechtfertigt durch eine **wesentliche Veränderung der tatsächlichen Verhältnisse** gegenüber der Zeit des Vertragsabschlusses. Es handelt sich um eine Reihe von gesetzlich abschließend geregelten Fällen, in denen einer oder beiden Parteien das Recht eingeräumt wird, sich durch Kündigung vorzeitig von dem Mietverhältnis zu lösen. Dies ist va bedeutsam für ein auf bestimmte Zeit eingegangenes Mietverhältnis, dessen vertragliche Dauer noch nicht abgelaufen ist, ferner für ein Mietverhältnis auf unbestimmte Zeit, bei dem die ordentliche Kündigung vertraglich oder gesetzlich für eine gewisse Zeit ausgeschlossen ist (s Rn 49 ff) oder für das nach § 573c Abs 1 S 2 BGB (STAUDINGER/ ROLFS [2021] § 573c Rn 19 ff) oder nach dem Vertrag eine längere als die normale gesetzliche Frist maßgebend ist. Bei Mietverhältnissen über Wohnraum ist zusätzlich § 573d BGB, bei einem Mietverhältnis über Grundstücke oder über Räume, die keine Geschäftsräume sind, § 580a Abs 4 BGB zu beachten. Im Interesse des anderen Vertragsteils ist die außerordentliche Kündigung davon abhängig, dass die für Mietverhältnisse der betreffenden Art an sich maßgebliche normale gesetzliche Kündigungsfrist eingehalten wird. Diese Kündigungsfristen werden durch § 573d Abs 1 und 2, § 580a Abs 4 BGB in bestimmter Weise modifiziert. Die außerordentliche befristete Kündigung kann Schadensersatzansprüche des anderen Vertragsteils auslösen. Dies ist in § 109 Abs 1 S 3 InsO ausdrücklich bestimmt (vgl LG Frankfurt aM NJW 1979, 934).

β) Die außerordentliche befristete Kündigung ist für folgende Fälle gesetzlich **111** geregelt:

§ 540 Abs 1 BGB – Kündigungsrecht des Mieters bei Verweigerung der Erlaubnis zur Untervermietung; § 544 S 1 BGB – Kündigungsrecht beider Vertragsteile bei Mietvertrag über mehr als dreißig Jahre; § 555e Abs 1 BGB – Kündigungsrecht des Mieters bei Modernisierungsmaßnahmen; § 561 BGB – Kündigungsrecht des Mieters bei Mieterhöhung mit besonderen Fristen; § 563 Abs 4 BGB – Kündigungsrecht des Vermieters bei Eintritt von Familienangehörigen in das Mietverhältnis bei Tod des Mieters; § 1568a Abs 3 S 2 iVm § 563 Abs 4 BGB – Kündigungsrecht des Vermieters bei Eintritt bzw alleiniger Fortsetzung des Mietverhältnisses durch einen Ehegatten nach rechtskräftiger Ehescheidung; § 563a Abs 2 BGB – Kündigungsrecht der verbleibenden Mieter bei Tod eines Mitmieters; §§ 564, 580 BGB – Kündigungsrecht der Erben und des Vermieters bei Tod des Mieters; § 1056 Abs 2 BGB – Kündigungsrecht des Eigentümers bei Vermietung durch den Nießbraucher über die Dauer des Nießbrauchs hinaus (dazu BGH NJW 2011, 61; einschränkend BGHZ 109, 111, 113 ff = NJW 1990, 443 m Anm SCHUBERT JR 1990, 419; BGH NZM 2012, 558; OLG Koblenz NZM 2002, 293; LG Stuttgart NJW-RR 1989, 1171); § 2135 BGB – Kündigungsrecht des Nacherben bei Vermietung durch Vorerben über die Dauer der Vorerbschaft hinaus; § 30 Abs 2 ErbbauRG – Kündigungsrecht des Grundstückseigentümers bei Erlöschen des Erbbaurechts; § 109 Abs 1 S 1 InsO – Kündigungsrecht des Insolvenzverwalters in der Insolvenz des Mieters, der kein Wohnraummieter ist (dazu unten Rn 132 ff); § 57a ZVG – Kündigungsrecht des Erstehers in der Zwangsversteigerung (dazu BGH 30. 10. 2013 – XII ZR 113/12, BGHZ 198, 337, 340 ff = NJW 2014, 536; KG NZM 2012, 304); § 31 Abs 3, § 37 Abs 3 S 2 WEG – Kündigungsrecht des Erwerbers eines Dauernutzungsrechts oder Dauerwohnrechts in der Zwangsvollstreckung.

γ) Die außerordentliche befristete Kündigung steht wie andere Kündigungs- **112** rechte nach § 242 BGB unter dem **Vorbehalt der unzulässigen Rechtsausübung** (BGH NZM 2010, 120; OLG Nürnberg ZMR 2010, 524). Diese Einschränkung greift aber nicht schon dann ein, wenn der Kündigende selbst den Grund für seine Kündigung gesetzt hat. So ist dem Ersteher eines Grundstücks nach der Zwangsversteigerung nicht deshalb ein anstößiges Verhalten vorzuwerfen, weil er das Grundstück in der

Absicht erworben hat, bestehende Mietverhältnisse zu kündigen. Rechtsmissbrauch liegt erst bei unredlichem Erwerb des Kündigungsrechts vor. Dies ist etwa anzunehmen, wenn der Eigentümer als Schuldner und der Ersteher arglistig zusammenwirken oder wenn die Zwangsversteigerung ausschließlich zu dem Zweck betrieben wird, die Mietverhältnisse zu kündigen und die Mieter zu schädigen (RG JW 1927, 1407 Nr 2; BGH WuM 1978, 164). In gleicher Weise rechtsmissbräuchlich ist beispielsweise die Kündigung wegen Verweigerung der Erlaubnis zur Untervermietung, wenn ein Mietinteresse der vom Mieter präsentierten Untermieter in Wahrheit gar nicht besteht und dies dem Vermieter bewusst verschwiegen wird (BGH NZM 2010, 120).

bb) Außerordentliche fristlose Kündigung

113 α) Die außerordentliche fristlose Kündigung ist zulässig, wenn hierfür ein **wichtiger Grund** vorliegt, also ein solcher, bei dem dem Kündigenden unter Berücksichtigung aller Umstände des Einzelfalls, insbesondere eines Verschuldens der Vertragsparteien, und unter Abwägung der beiderseitigen Interessen die Fortsetzung des Mietverhältnisses bis zum Ablauf der Kündigungsfrist oder bis zur sonstigen Beendigung des Mietverhältnisses nicht zugemutet werden kann (§ 543 BGB). Sie kommt sowohl bei Mietverhältnissen auf bestimmte (BGH NJW 2000, 354; OLG Koblenz NZM 1998, 229) als auch bei solchen auf unbestimmte Zeit in Betracht. Mit Ausnahme der Wohnraummiete, bei der von den Vorschriften über die außerordentliche Kündigung nicht zum Nachteil des Mieters abgewichen werden darf (§ 569 Abs 5 BGB, dazu STAUDINGER/V EMMERICH [2021] § 569 Rn 68), können die Parteien die Voraussetzungen weiter fassen oder für gesetzlich nicht vorgesehene Gründe ein Kündigungsrecht einführen. Eine formularmäßige Vereinbarung ist jedoch wegen § 307 Abs 2 Nr 1 BGB an den gesetzlichen Kündigungsgründen zu messen. So ist etwa die Bestimmung eines Formularvertrags, dass der Verzug mit einer Miete oder einer Warenrechnung ein Recht zur fristlosen Kündigung begründet, wegen Verstoßes gegen § 307 BGB unwirksam (BGH NJW 1998, 896; LG Düsseldorf WuM 1996, 411). Es ist möglich, fristlos oder wie im Arbeitsrecht (dazu STAUDINGER/PREIS [2019] § 626 Rn 251 ff) mit einer Auslauffrist zu kündigen (AG Lüdenscheid WuM 1989, 295).

114 β) Die außerordentliche fristlose Kündigung ist für folgende Fälle gesetzlich geregelt:

§ 543 Abs 2 Nr 1 BGB – Kündigungsrecht des Mieters wegen Nichtgewährung oder Entzug des Gebrauchs der Mietsache; § 543 Abs 2 Nr 2 BGB – erhebliche Verletzung der Rechte des Vermieters durch den Mieter infolge Sorgfaltspflichtverletzung oder unbefugter Überlassung an Dritte; § 543 Abs 2 Nr 3 BGB – erheblicher Verzug des Mieters mit der Entrichtung der Miete; § 543 Abs 1 BGB – sonstige wichtige Gründe; § 569 Abs 1 BGB – Kündigungsrecht des Mieters wegen Gesundheitsgefährdung; § 569 Abs 2 BGB – Kündigungsrecht des Vermieters bei Störung des Hausfriedens durch den Mieter; § 569 Abs 2a BGB – Zahlungsverzug mit der Mietkaution.

115 Die **allgemeine Vorschrift** des § 314 BGB über die Kündigung von Dauerschuldverhältnissen aus wichtigem Grund ist für das Mietrecht ohne Belang, da sie lediglich dann zur Anwendung gelangt, wenn und soweit im Besonderen Schuldrecht für den entsprechenden Vertragstyp keine spezielleren Regelungen bestehen (BT-Drucks 14/

6040, 177; Erman/Hohloch § 314 Rn 15; MünchKomm/Gaier § 314 Rn 13; **aM** Schmid/Harz/Riecke Rn 80).

γ) Die außerordentliche fristlose Kündigung steht nach § 242 BGB unter dem **116** **Vorbehalt der unzulässigen Rechtsausübung** (Schmid DWW 1982, 259, 260). Das gilt auch und insb hinsichtlich des Zeitraums, der zwischen der Kenntnis des Kündigenden vom Kündigungsgrund und der Ausübung des Kündigungsrechts liegt. Eine feste **Kündigungserklärungsfrist** gibt es für die Kündigung nach §§ 543, 569 BGB nämlich nicht. Mangels planwidriger Regelungslücke finden weder § 314 Abs 3 BGB noch § 626 Abs 2 BGB (analoge) Anwendung (BGH 13. 7. 2016 – VIII ZR 296/15, NJW 2016, 3720; **aM** hinsichtlich gewerblicher Miete Harke WuM 2017, 241, 245 f). Das Kündigungsrecht kann aber verwirkt werden, wenn der Berechtigte den anderen Vertragsteil unverhältnismäßig lange darüber im Zweifel lässt, ob er kündigen wird (RG 14. 3. 1913 – III 464/12, RGZ 82, 50, 55 f; RG 6. 6. 1913 – III 18/13, RGZ 82, 363, 373; BGH 29. 9. 1999 – XII ZR 313/98, NJW 2000, 354; BGH 31. 5. 2000 – XII ZR 41/98, NJW 2000, 2663; BGH 18. 10. 2006 – XII ZR 33/04, NJW 2007, 147; BGH 29. 4. 2009 – VIII ZR 142/08, NJW 2009, 2297; Kossmann/Meyer-Abich § 88 Rn 13). Da das Gesetz für Mietverhältnisse keine ausdrückliche Regelung trifft, ist es schwierig, eine genauere zeitliche Grenze für den Eintritt der Verwirkung zu ziehen. So wurde etwa das Recht zur Kündigung wegen Nichtgewährung des Gebrauchs (§ 543 Abs 2 Nr 1 BGB) drei Wochen nach Ablauf der Frist zur Abhilfe noch nicht als verwirkt beurteilt (OLG Düsseldorf JZ 1988, 1087), wohl aber nach zwei Monaten (LG Berlin NZM 2002, 214; vgl auch AG Berlin-Mitte GE 1996, 1379: 9 Monate), während für eine Kündigung wegen vertragswidrigen Gebrauchs (§ 543 Abs 2 Nr 2 BGB) verlangt wird, sie müsse innerhalb von zwei Wochen nach Kenntniserlangung von der Vertragsverletzung ausgesprochen werden (OLG Frankfurt WuM 1991, 475). Auf jeden Fall sei das Kündigungsrecht fünfeinhalb Monate nach der Vertragsverletzung und deren Kenntnis verwirkt (LG Düsseldorf WuM 1990, 74; vgl auch BGH NJW 2000, 354 [3 Jahre]; AG Lemgo NZM 1999, 1047 [18 Monate]). Rechtsmissbräuchlich ist die Kündigung wegen Vertragsverletzungen, die Mitmieter vor dem Eintritt eines weiteren Mitmieters in eine Wohngemeinschaft begangen haben, wenn der Vermieter durch Abschluss des Vertrags mit dem neuen Mitmieter dessen Vertrauen in den Bestand des Vertrags geweckt hat (LG Lübeck WuM 1990, 294).

Auch das Recht zur **fristlosen Kündigung wegen Zahlungsverzugs** (§ 543 Abs 2 Nr 3 **117** BGB) muss alsbald nach Eintritt des Zahlungsverzugs ausgeübt werden (AG Lingen/Ems WuM 1989, 569). Es ist jedenfalls dann **verwirkt**, wenn der Vermieter und sein Rechtsvorgänger es acht Jahre lang unbeanstandet gelassen haben, dass der Mieter nach einer Mieterhöhung weiterhin nur die alte Miethöhe begleicht (AG Gelsenkirchen NZM 2002, 215). Anders können die Dinge aber bei unsicherer Rechtslage hinsichtlich der geschuldeten Miethöhe liegen, deren Klärung längere Zeit in Anspruch nimmt (BGH NJW 2005, 2775). Die Kündigung wegen Zahlungsverzugs ist auch dann treuwidrig, wenn der Vermieter wegen einer Minderung mit dem Mieter über die Höhe der geschuldeten Miete verhandelt und noch nicht das Scheitern der Verhandlungen erklärt hat (AG Hamburg-Blankenese WuM 1987, 388). Insgesamt wird man bei der außerordentlichen Kündigung seitens des (Wohnraum-)Mieters einen etwas großzügigeren Maßstab als für die Kündigung des Vermieters zulassen müssen, weil ihm nach Treu und Glauben eine angemessene Frist zur Suche eines geeigneten neuen Mietobjekts zugebilligt werden muss (LG Berlin NZM 2000, 543).

8. Wirkung der Kündigung

a) Wirksamkeit

118 Sind die tatbestandlichen Voraussetzungen erfüllt, wird das **Mietverhältnis** jeweils nach Art der Kündigung fristlos oder nach Ablauf der maßgebenden Kündigungsfrist **beendet**. Ob der Tatbestand erfüllt ist, wird grundsätzlich für den Zeitpunkt beurteilt, in dem die Kündigungserklärung durch Zugang wirksam wird (s Rn 31 ff). Auch ein Parteiwechsel beeinträchtigt deshalb grundsätzlich nicht die Wirksamkeit einer Kündigung. Im Einzelnen kommt es jedoch auf die Art der Kündigung und ihren Grund an (LG München I WuM 1983, 264; Sonnenschein ZMR 1992, 417, 418). Ändern sich die Kündigungsgründe später oder fallen sie weg, so ist das im Allgemeinen unerheblich. Dies gilt auch, wenn sich die Sachlage noch vor Ablauf der Kündigungsfrist ändert. Wird die Kündigung allerdings auf ein berechtigtes Interesse des Vermieters iS des § 573 Abs 2 Nr 2 oder 3 BGB gestützt, vermieteten Wohnraum aus bestimmten persönlichen oder wirtschaftlichen Gründen zurückzuerlangen, dann kann ein Wegfall dieser Interessen dazu führen, dass die Berufung auf eine bereits ausgesprochene Kündigung als unzulässige Rechtsausübung zu beurteilen oder dem Mieter ein Anspruch auf Fortsetzung des Vertrages einzuräumen ist (näher Staudinger/Rolfs [2021] § 573 Rn 226).

119 Auch ein **bereits gekündigtes Mietverhältnis**, bei dem die Kündigungsfrist noch läuft, kann durch dieselbe oder die andere Partei erneut gekündigt werden, wenn diese Kündigung zu einem früheren Zeitpunkt möglich ist. Dies gilt etwa, wenn einer ordentlichen Kündigung eine fristlose oder eine außerordentliche befristete Kündigung mit kürzerer Frist folgt (LG Berlin ZMR 2000, 673; LG Hamburg NJW-RR 1999, 664; AG Frankfurt aM WuM 1989, 580). Ist das Mietverhältnis durch Kündigung beendet, können die Parteien einen neuen Mietvertrag abschließen und das Mietverhältnis bis dahin mit einem Überbrückungsvertrag fortsetzen, der seinerseits mit der gesetzlichen Frist kündbar ist (OLG Karlsruhe WuM 1991, 81; LG Freiburg WuM 1991, 81). Gibt der Mieter die Mietsache schon vor dem Kündigungstermin zurück, bleibt er grundsätzlich verpflichtet, die Miete bis zum Ende der Mietzeit zu entrichten (AG Wuppertal DWW 1988, 84; **aM** AG Dortmund WuM 1988, 300). Neben einer wirksamen Kündigung wegen schuldhafter Vertragsverletzung können sich Schadensersatzansprüche ergeben (Schmidt-Futterer/Blank Rn 102 ff).

b) Unwirksamkeit

120 Sind die tatbestandlichen Voraussetzungen nicht erfüllt, ist die Kündigung unwirksam und beendet das Mietverhältnis nicht. Sie kann allerdings in eine andere Art der Kündigung umzudeuten sein (s Rn 121) oder einer Abmahnung (§ 543 Abs 3 BGB) gleichstehen, die vor einer erneuten fristlosen Kündigung erforderlich ist (OLG Hamm NJW-RR 1993, 1163). Die Kündigung ist nach § 138 Abs 1 BGB nichtig, wenn sie den anderen Vertragsteil in sittenwidriger Weise schädigen soll oder aus Verärgerung als Vergeltungsmaßnahme für dessen gesetzlich oder vertraglich berechtigtes Verhalten ausgesprochen wird (LG Hamburg WuM 1971, 115; LG Mannheim NJW 1968, 1833; AG Siegen MDR 1970, 239). Im Übrigen entfaltet die Kündigung keine Wirkung, wenn sie nach § 242 BGB als unzulässige Rechtsausübung zu beurteilen ist (s Rn 108, Rn 112, Rn 116 f). Mit einer unwirksamen Kündigung machen sich die Parteien das Gebrauchsrecht oder den Mietanspruch in unberechtigter Weise streitig. Darin liegt eine Vertragsverletzung, die bei Verschulden gemäß § 280 BGB zum Schadensersatz verpflichtet. Dies gilt vor allem bei einer Kündigung, für die kein berechtigtes Interesse iS des § 573 BGB besteht (näher STAUDINGER/ROLFS [2021] § 573 Rn 227 ff). Nach einer unwirksamen Kündigung kann der Vermieter dazu verpflichtet sein, dem Mieter auf Nachfrage zu erklären, dass er aus der Kündigung keine Rechte herleite, weil es dem Mieter nicht zumutbar ist, darauf zu warten, ob er vom Vermieter mit einer Räumungsklage überzogen wird (AG Köln WuM 1990, 195).

c) Umdeutung

aa) Ist der Tatbestand für eine bestimmte Art der Kündigung nicht erfüllt, stellt sich die Frage einer Umdeutung der Erklärung. Auf der Grundlage des § 140 BGB ist es zulässig, eine **unwirksame außerordentliche fristlose Kündigung** in eine ordentliche Kündigung umzudeuten (BGH NJW 1981, 976; BGH WuM 2005, 584; BGH NJW 2013, 3361; OLG Düsseldorf MDR 1989, 641; OLG Düsseldorf DWW 1990, 304; OLG Hamburg NZM 1998, 333; OLG Köln ZMR 1998, 91; BeckOK BGB/WIEDERHOLD [1. 8. 2020] Rn 48; KINNE ua/ SCHACH Rn 11; PRÜTTING ua/RIECKE Rn 14). Hierfür ist entscheidend, ob die fristlose Kündigung den inneren und äußeren Erfordernissen einer ordentlichen Kündigung entspricht und ob es dem erkennbaren Willen des Kündigenden entspricht, das Vertragsverhältnis in jedem Falle zum nächstmöglichen Termin zu beenden (BGH NJW 2013, 3361; BGH 11. 4. 2018 – XII ZR 43/17, NZM 2018, 515; PRÜTTING ua/RIECKE Rn 14). Ein solcher Wille ist bei einer fristlosen Kündigung keineswegs generell zu unterstellen (KG GE 2003, 48; OLG Düsseldorf 25. 4. 2017 – I-24 U 150/16, ZMR 2017, 471; MünchKomm/BIEBER Rn 12; SCHMID/HARZ/RIECKE Rn 48), wie teilweise angenommen wird (LG Aachen NJW 1964, 1476 m Anm HENSELER). Ein Vermieter, der eine fristlose Kündigung ausspricht, wird diese Entscheidung im Allgemeinen nicht ohne Rücksicht auf einen bestimmten Nachfolgemieter treffen, der sein Interesse verliert, wenn er noch eine längere Kündigungsfrist abwarten muss. Das Gleiche gilt umgekehrt für den fristlos kündigenden Mieter, der schon eine Ersatzwohnung an der Hand hat, die bei einer Umdeutung noch eine weitere Zeit vorgehalten werden müsste. Es kommt also in jedem Einzelfall auf den wirklichen oder hypothetischen Willen des Kündigenden an. Dieser Wille muss sich entweder aus der Kündigungserklärung selbst oder für den Empfänger eindeutig erkennbar aus den gesamten Umständen ergeben (BGH NJW 1981, 976; LG Mannheim NJW 1970, 328).

Außerdem kann eine unwirksame fristlose Kündigung auch in ein **Angebot zum Abschluss eines Aufhebungsvertrags** umgedeutet werden, wenn sich der Erklärende bei Abgabe der Kündigung bewusst war, dass sie als einseitige Gestaltungserklärung nicht wirksam werden könnte und für diesen Fall gewissermaßen hilfsweise die Zustimmung des Erklärungsempfängers notwendig sei, um den gleichen rechtlichen und wirtschaftlichen Erfolg herbeizuführen (VfG Brandenburg 16. 1. 2015 – VfGBbg 47/13, WuM 2015, 231; BGH NJW 1981, 43; BGH NJW 1981, 976; BGHZ 89, 296, 303 = NJW 1984, 1028; OLG Frankfurt 8. 3. 2018 – 2 U 25/17, NZM 2018, 679; LG Aachen ZMR 1997, 25; LG Mosbach NJW-RR 1995, 1417; LG Rottweil WuM 1989, 182; **aM** OLG Düsseldorf WuM 2003, 621; AG Offenbach aM WuM 1989, 7; AG Sankt Blasien WuM 1985, 257; BeckOGK/MEHLE [1. 7. 2020] Rn 104; PRÜTTING ua/RIECKE Rn 36; SCHMID/HARZ/RIECKE Rn 103). Zustande kommt der Aufhebungsvertrag aber auch dann nur, wenn der andere Teil nicht nur die Kündigungserklärung „akzeptiert" oder ihren Empfang quittiert hat, sondern sich seinerseits bewusst ist, eine rechtsgeschäftliche Willenserklärung abgeben zu können und zu wollen. Das setzt voraus, dass er die Unwirksamkeit der Kündigung erkannt hat, diese als Angebot zur Vertragsaufhebung werten konnte und diesem mutmaßlichen

Willen des Kündigenden zu entsprechen bereit war (vgl BAG AP Nr 7 zu § 1 TVG Tarifverträge: Einzelhandel = NZA 1986, 28; BeckOK BGB/Wiederhold [1. 8. 2020] Rn 48). Im Auszug des Mieters aus der Wohnung kann nicht ohne Weiteres eine solche **Annahme** zu erblicken sein, weil er möglicherweise in der Kündigung eine unzumutbare Störung des Mietverhältnisses erblickt und ihre Unwirksamkeit nicht erkannt hat (Sternel, in: FS Blank [2006] 421, 440; s auch unten Rn 183).

123 bb) Die **Umdeutung einer unwirksamen ordentlichen in eine außerordentliche Kündigung** kommt heute im Wohnraummietrecht insoweit nicht mehr in Betracht, als die Wirksamkeit der ordentlichen Kündigung an einer nicht ausreichenden Begründung scheitert (Schmidt-Futterer/Blank Rn 24). Vor der Mietrechtsreform 2001 wurde sie erwogen, weil die außerordentliche Kündigung aus wichtigem Grund keiner Begründung bedurfte und eine wegen Verstoßes gegen das Begründungserfordernis des § 564b Abs 3 aF BGB unwirksame ordentliche Kündigung als außerordentliche wirksam sein konnte, wenn das berechtigte Interesse zugleich einen wichtigen Grund darstellte (vgl Staudinger/Sonnenschein [1997] § 564 Rn 101). Heute aber unterwirft § 569 Abs 4 BGB für das Wohnraummietrecht auch die fristlose Kündigung dem Begründungszwang (dazu näher Staudinger/V Emmerich [2021] § 569 Rn 57). Eine Umdeutung kann jedoch auch weiterhin zu erwägen sein, wenn die ordentliche Kündigung aus anderen Gründen, etwa ihres vertraglichen Ausschlusses, unwirksam ist (vgl BGH WuM 2005, 584).

9. Widerruf der Kündigung

a) Einseitiger Widerruf

124 Der einseitige Widerruf einer Kündigung ist nach § 130 Abs 1 S 2 BGB nur möglich, wenn er vorher oder gleichzeitig mit der Kündigungserklärung zugeht. Im Übrigen können die Rechtsfolgen einer durch Zugang wirksam gewordenen Kündigung von dem Kündigenden **nicht einseitig durch Widerruf oder Rücknahme der Erklärung** beseitigt werden (BGHZ 139, 123, 127 = NJW 1998, 2664 mit Anm Hattenhauer JZ 1999, 412; BayObLG NJW 1981, 2197; OLG Karlsruhe NJW 1982, 391; OLG Koblenz NZM 2012, 865; BeckOK BGB/Wiederhold [1. 8. 2020] Rn 18; MünchKomm/Bieber Rn 17; Prütting ua/Riecke Rn 29; Schmidt-Futterer/Blank Rn 89; Soergel/Heintzmann Rn 13; Zeuner ZMR 1980, 291). Deshalb kann eine Fortsetzung des Gebrauchs der Mietsache nicht als Widerruf die Kündigungswirkungen beseitigen, sondern das beendete Mietverhältnis nur im Rahmen des § 545 BGB verlängern (LG Hannover ZMR 1979, 248). Da ein einseitiger Widerruf generell ausgeschlossen ist, kann die Zulässigkeit nicht davon abhängig gemacht werden, ob der Empfänger der Kündigung widerspricht. Der Widerspruch kann allenfalls dazu führen, dass die Parteien die Kündigungswirkungen einvernehmlich aufheben (s Rn 125).

b) Einvernehmliche Aufhebung

125 Die Parteien können den Eintritt der Rechtsfolgen einer bereits wirksam gewordenen Kündigung einvernehmlich beseitigen (BGHZ 139, 123, 127 ff = NJW 1998, 2664; BayObLG NJW 1981, 2197; OLG Düsseldorf NZM 2001, 1125; OLG Hamm ZMR 1979, 249; OLG Karlsruhe NJW 1982, 391 m Anm Benstz WuM 1982, 15; LG Berlin 1. 9. 2016 – 6 O 70/16, GE 2017, 174). Das Angebot zum Abschluss eines dahin gehenden Vertrags kann in dem Widerruf der Kündigung gesehen werden. Der Kündigungsempfänger kann dieses Angebot stillschweigend annehmen (LG Mannheim WuM 1978, 139). Dies setzt einen entsprechenden Willen voraus. Das Einverständnis des Empfängers kommt aber nicht schon darin zum Ausdruck, dass er auf den Widerruf der Kündigung schweigt. Wenn eindeutige Anhaltspunkte für einen entsprechenden rechtsgeschäftlichen Willen der Parteien vorliegen, kann in der einvernehmlichen Rücknahme einer Räumungsklage die Aufhebung der Kündigungswirkungen gesehen werden (BayObLG NJW 1981, 2197). Das Gleiche gilt für eine erneute Kündigung, die für einen späteren Zeitpunkt erklärt wird, wenn der Empfänger der früheren Erklärung widersprochen hat und aus den gesamten Umständen eine einvernehmliche Aufhebung zu entnehmen ist (AG Gießen WuM 1986, 254). Im Übrigen ist zu unterscheiden, ob das Mietverhältnis durch die Kündigung bereits beendet worden ist oder nicht.

aa) Heben die Parteien eine Kündigung **vor Ablauf der Kündigungsfrist** einvernehmlich auf, so schließen sie damit einen Vertrag des Inhalts, dass sie sich gegenseitig so behandeln wollen, als wenn die Kündigung nicht erfolgt wäre. Der gekündigte Vertrag bleibt damit in Kraft (BGH NJW 1974, 1081; BGHZ 139, 123, 128 = NJW 1998, 2664; BGH 12. 2. 2020 – XII ZR 61/19, ZMR 2020, 490; OLG Karlsruhe NJW 1982, 391; LG Berlin 1. 9. 2016 – 6 O 70/16, GE 2017, 174; Lützenkirchen/Lützenkirchen Rn 95; Schmidt-Futterer/Blank Rn 89). Daraus folgt, dass die Schriftform nach § 550 BGB nicht gewahrt zu werden braucht (BGHZ 139, 123, 128 f = NJW 1998, 2664). Wird allerdings der bisherige Inhalt des Mietvertrags anlässlich der einvernehmlichen Aufhebung der Kündigungswirkungen geändert, so kann die Wirksamkeit der Vereinbarung davon abhängen, dass nach § 550 BGB die Schriftform gewahrt wird (OLG München NJW 1963, 1619). **126**

bb) Nach der Beendigung des Mietverhältnisses, im Falle der (wirksamen) fristlosen Kündigung also bereits mit Zugang der Kündigungserklärung, scheidet eine Fortsetzung des früheren Vertragsverhältnisses aus, da ein solches nicht mehr besteht. Die Einigung der Parteien kann der Kündigung nicht mehr die Gestaltungswirkung nehmen, die bereits eingetreten ist. Der aufgelöste Vertrag kann nicht mehr aufleben. Die Einigung der Parteien führt unter solchen Umständen folglich zur Begründung eines neuen Mietverhältnisses, das idR denselben Inhalt hat wie das frühere (BGHZ 139, 123, 129 = NJW 1998, 2664; einschränkend OLG Düsseldorf NZM 2001, 1125; BeckOGK/Mehle [1. 7. 2020] Rn 79; Prütting ua/Riecke Rn 31; **aM** Gröschler NJW 2000, 247, 248 f). Hierbei können sie eine rückwirkende Fortsetzung des Mietverhältnisses vereinbaren. Dies ist die gleiche Situation, wie sie bei einer Fortsetzung aufgrund eines Widerspruchs gegen die Kündigung nach §§ 574, 574a BGB besteht (Staudinger/Rolfs [2021] § 574a Rn 6). **127**

Ein solcher Vertrag bedarf unter den Voraussetzungen des § 550 BGB der **Schriftform** (BGHZ 139, 123, 129 ff = NJW 1998, 2664; Lützenkirchen/Lützenkirchen Rn 95). Entgegen einer früher vertretenen Auffassung (BGB-RGRK/Gelhaar § 566 Rn 7; wohl auch OLG Hamm ZMR 1979, 249) kann diese Vorschrift nicht etwa mit der Begründung außer Acht gelassen werden, der Schutz eines Grundstückserwerbers, der anhand der Urkunde in die Lage versetzt werden solle, sich über den Umfang und den Inhalt auf ihn übergehender mietvertraglicher Verpflichtungen zuverlässig zu unterrichten (§ 566 BGB), gebiete die Einhaltung der Schriftform nicht, wenn bereits ein inhaltsgleicher schriftlicher Vertrag vorliege. Denn abgesehen davon, dass es sich nicht mehr um dasselbe, zwischenzeitlich beendete Mietverhältnis handelt, erschöpft sich der Zweck des § 550 BGB nicht in seiner Bedeutung im Hinblick auf einen späteren **128**

Grundstückserwerber. Durch die Schriftform soll auch für die Vertragsparteien selbst die Beweisbarkeit langfristiger Abreden sichergestellt werden. Dieser Zweck erfordert die Einhaltung der Schriftform selbständig für jedes längerfristig abgeschlossene Mietverhältnis. Schließlich kommt der Schriftform eine gewisse Warnfunktion zu, die ihre Bedeutung speziell bei der Neubegründung eines zuvor bereits beendeten Mietverhältnisses entfalten kann. Für die Notwendigkeit, auch bei Neuabschluss eines längerfristigen Mietvertrages nach vorheriger fristloser Kündigung eines inhaltsgleichen Mietverhältnisses die Schriftform zu wahren, spricht in gewisser Weise auch die in § 545 BGB enthaltene gesetzliche Wertung. Denn nach dieser Vorschrift lebt bei stillschweigender Fortsetzung des Mietgebrauchs nicht etwa der frühere befristete Vertrag wieder auf, sondern der fortgesetzte Gebrauch der Mietsache durch den Mieter führt (mangels entgegenstehender Vereinbarung) zur Begründung eines Mietverhältnisses auf unbestimmte Zeit. Es spricht nichts dafür, dass im Fall (nicht stillschweigender, sondern) ausdrücklich einverständlich vereinbarter „Fortsetzung" des Mietgebrauchs eine andere Regelung gelten sollte. Ein für längere Zeit als ein Jahr geschlossener Mietvertrag setzt demgemäß auch unter diesem Gesichtspunkt die Einhaltung der Schriftform voraus (BGHZ 139, 123, 129 ff = NJW 1998, 2664).

129 Bei der Handhabung des Formzwangs kann allerdings dem Umstand Rechnung getragen werden, dass bereits eine schriftliche Vertragsurkunde existiert, die den Inhalt auch des neu begründeten Mietverhältnisses zutreffend wiedergibt. So kann es ggf ausreichen, wenn die Vertragspartner den früheren Mietvertrag unter neuem Datum erneut mit ihrer Unterschrift versehen. Auf diese oder ähnliche Weise lässt sich, je nach den Umständen des Falles, bei der gebotenen Einhaltung der Schriftform gleichwohl ein überflüssiger Formalismus vermeiden (BGHZ 139, 123, 131 = NJW 1998, 2664).

10. Kündigung in der Insolvenz

130 Die Insolvenz eines Vertragspartners führt nicht automatisch zur Beendigung des Mietverhältnisses (BGH NJW 2007, 1594 mit Bespr Eckert NZM 2007, 829 ff; ausführlich Dahl NZM 2008, 585 f; Hinz NZM 2014, 137, 140). Sie kann aber auf seinen Bestand unterschiedliche Auswirkungen haben. Im **Grundsatz** steht dem Insolvenzverwalter das Wahlrecht des § 103 InsO zu, das es ihm ermöglicht, entweder anstelle des Schuldners den Vertrag zu erfüllen und vom anderen Teil die Erfüllung zu verlangen (§ 103 Abs 1 InsO), oder die Erfüllung abzulehnen und den Vertragspartner auf einen Schadensersatz wegen Nichterfüllung zu verweisen, in Bezug auf den er lediglich einfacher Insolvenzgläubiger ist (§ 103 Abs 2 S 1 InsO). Von diesem Grundsatz normiert § 108 Abs 1 InsO jedoch praktisch weit reichende **Ausnahmen** für die Fälle, dass entweder **unbewegliche Gegenstände oder Räume** vermietet sind oder dass der Schuldner der Vermieter war und das Mietverhältnis sonstige Gegenstände betrifft, die einem Dritten, der ihre Anschaffung oder Herstellung finanziert hat, zur Sicherheit übertragen wurden. In diesen beiden Fällen besteht das Mietverhältnis ungeachtet der Insolvenz des einen Vertragspartners fort und kann lediglich vom Insolvenzverwalter nach Maßgabe des § 109 InsO gekündigt werden (BGH 29. 1. 2015 – IX ZR 279/13, BGHZ 204, 83, 92 = NJW 2015, 1109).

a) Insolvenz des Vermieters

131 In der Insolvenz des Vermieters eines unbeweglichen Gegenstandes oder Raumes steht nach Überlassung der Mietsache weder dem Insolvenzverwalter noch dem Mieter ein besonderes Kündigungsrecht zu (BGH NJW-RR 2002, 946). Der Verwalter hat den Vertrag in gleicher Weise wie der Schuldner zu erfüllen und kann ihn lediglich unter den allgemeinen Voraussetzungen, bei Wohnraum also insb des § 573 BGB, kündigen. War die Mietsache allerdings bei Eintritt des Insolvenzereignisses noch gar nicht an den Mieter überlassen worden oder hatte er den Besitz an der Mietsache noch vor der Insolvenzeröffnung bereits wieder aufgegeben, besteht das Mietverhältnis nicht mit Wirkung für die Insolvenzmasse fort. § 108 Abs 1 S 1 InsO bedarf insoweit einer teleologischen Reduktion (BGHZ 173, 116, 120 ff = NJW 2007, 3715 m Anm MAROTZKE JZ 2008, 206 ff; BGH 11. 12. 2014 – IX ZR 87/14, BGHZ 204, 1, 9 = NJW 2015, 627; HINZ NZM 2014, 137, 150 f).

b) Insolvenz des Mieters

132 **aa)** Steht dem Verwalter das Wahlrecht des § 103 InsO nicht zu, sondern besteht das Mietverhältnis nach § 108 InsO fort (oben Rn 130), kann der Insolvenzverwalter **vor Überlassung der Mietsache** vom Mietvertrag zurücktreten (§ 109 Abs 2 InsO; dazu unten Rn 198).

133 **bb)** **Nach Überlassung** des **unbeweglichen Gegenstands** oder **Geschäftsraumes** kann das Mietverhältnis **vom Insolvenzverwalter** (nicht aber vom vorläufigen Insolvenzverwalter) ohne Rücksicht auf eine vereinbarte Vertragsdauer unter Einhaltung der gesetzlichen Frist **gekündigt** werden (§ 109 Abs 1 S 1 InsO; näher GANTER ZIP 2019, 97, 99 ff). Dadurch wird eine übermäßige Belastung der Masse, aus der die Miete für die Zeit nach der Insolvenzeröffnung zu begleichen ist (§ 55 Abs 1 Nr 2 InsO), vermieden. Die Kündigungsfrist beträgt drei Monate zum Monatsende (§ 109 Abs 1 S 1 InsO), wenn nicht nach § 580a BGB eine kürzere Frist maßgeblich ist (vgl § 580a Abs 4 BGB). Auch wenn nur einer von mehreren Mitmietern in die Insolvenz fällt, kann der Insolvenzverwalter das ganze Mietverhältnis auch mit Wirkung gegenüber den nicht insolventen Mitmietern kündigen (RG 11. 7. 1933 – VII 70/33, RGZ 141, 391, 392; BGHZ 196, 318, 323 ff = NJW 2013, 3232; OLG Celle NJW 1974, 2012; OLG Düsseldorf ZMR 1987, 422; OLG Hamburg NZM 2012, 684; BeckOGK/MEHLE [1. 7. 2020] Rn 45; ECKERT NZM 2001, 260, 261; EICHNER WuM 1999, 260, 262; KLEIN-BLENKERS ua/KLEIN-BLENKERS Vor §§ 535–580a Rn 201; VALLENDER/DAHL NZI 2000, 246, 247). Übt er das Kündigungsrecht aus, so kann der Vermieter wegen der vorzeitigen Beendigung des Vertragsverhältnisses oder wegen der Folgen der Erklärung als Insolvenzgläubiger Schadensersatz verlangen (§ 109 Abs 1 S 3 InsO).

134 Ist Gegenstand des Mietverhältnisses die **Wohnung** des Schuldners, so tritt an die Stelle der Kündigung das Recht des Insolvenzverwalters zu erklären, dass Ansprüche, die nach Ablauf der gesetzlichen Kündigungsfrist (§ 573d Abs 2 BGB, also idR drei Monate zum Monatsende abzüglich der Karenzfrist von drei Werktagen) fällig werden, außerhalb des Insolvenzverfahrens geltend gemacht werden können, § 109 Abs 1 S 2 InsO („Freigabe-" oder „Enthaftungserklärung"; dazu BGH 9. 4. 2014 – VIII ZR 107/13, NJW 2014, 1954; BGH 17. 6. 2015 – VIII ZR 19/14, BGHZ 206, 1, 7 = NJW 2015, 3087; BGH 16. 3. 2017 – IX ZB 45/15, NJW 2017, 1747 m Anm BÖRSTINGHAUS; ECKERT NZM 2001, 260, 262 f; FLATOW, in: 10 Jahre Mietrechtsreformgesetz [2011] 865, 866 ff). Damit wird va im Bereich der Verbraucherinsolvenz vermieden, dass der Insolvenzverwalter zur Vermeidung eigener Haftung (§§ 60, 61 InsO) selbst angemessene Wohnraummietverträge des Schuldners kündigt (Andres/Leithaus/Andres, InsO [4. Aufl 2018] § 109 Rn 10). Eine analoge Anwendung dieses Kündigungsverbots auf die Mitgliedschaft in einer **Wohnungsgenossenschaft** kommt aber nicht in Betracht; diese Mitgliedschaft kann also grundsätzlich vom Insolvenzverwalter beendet werden (§ 66a GenG; BGHZ 180, 185, 187 ff = NJW 2009, 1820; dazu Kessler/Herzberg NZM 2009, 474 ff; BGH NZM 2010, 359; Flatow, in: 10 Jahre Mietrechtsreformgesetz [2011] 865, 872). Allerdings schließt der zum 19. 7. 2013 (Gesetz vom 15. 7. 2013, BGBl I S 2379) eingefügte § 67c GenG die Kündigung aus, wenn die Mitgliedschaft Voraussetzung für die Nutzung der betreffenden Wohnung ist und der Geschäftsanteil höchstens das Vierfache des monatlichen Nutzungsentgelts ohne Betriebskostenvorauszahlung bzw -pauschale oder höchstens 2000 Euro beträgt (näher Hinz NZM 2014, 137, 143 f; zu einem Altfall BGH 18. 9. 2014 – IX ZR 276/13, NZM 2015, 46). Sind diese Voraussetzungen nicht erfüllt und kündigt der Verwalter, fällt das Auseinandersetzungsguthaben aus der Kündigung des Genossenschaftsanteils in die Insolvenzmasse, sodass der Schuldner keine Auskehrung an sich verlangen kann (BGH WuM 2011, 40).

135 cc) Demgegenüber ist die **Kündigung des Vermieters** in der Insolvenz des Mieters gesetzlich beschränkt. Allein auf die Insolvenz eines Mieters kann sie ohnehin nicht gestützt werden (Eckert NZM 2001, 260, 263; Minuth/Wolf NZM 1999, 289, 291). Auch ein vertragliches Sonderkündigungsrecht für den Fall der Insolvenz kann nicht wirksam vereinbart werden (BGH 22. 10. 2013 – II ZR 394/12, NJW 2014, 698; OLG Hamm NZM 2002, 343; Schmidt-Futterer/Blank Rn 147; **aM** Minuth/Wolf NZM 1999, 289, 292). Auf diese Weise wird, wenn aufseiten des Mieters mehrere Personen stehen, zugleich der Schutz der vertragstreuen und nicht insolventen Mitmieter gewährleistet (vgl AG Köln NZM 2010, 473). Im Übrigen kann die Kündigung nach dem Antrag auf Eröffnung des Insolvenzverfahrens gemäß § 112 InsO weder darauf gestützt werden, dass der Mieter mit der Entrichtung der Miete in der Zeit vor dem Eröffnungsantrag in Verzug geraten war, noch darauf, dass sich seine Vermögensverhältnisse verschlechtert haben (vgl OLG Hamm 25. 11. 2019 – 18 U 19/19, ZMR 2020, 498). Unberührt bleibt aber eine ordentliche (§ 573 Abs 2 Nr 1 BGB) oder außerordentliche Kündigung (§ 543 Abs 2 Nr 3 BGB) wegen Zahlungsrückständen, die nach dem Antrag eingetreten sind (BGHZ 151, 353, 370 = NJW 2002, 3326; LG Neubrandenburg WuM 2001, 552; Andres/Leithaus/Andres, InsO [4. Aufl 2018] § 112 Rn 6 f; Hinz NZM 2014, 137, 148). Sie ist – nach Wirksamwerden der Enthaftungserklärung des Insolvenzverwalters (§ 109 Abs 1 S 2 InsO) – nicht diesem, sondern dem Mieter gegenüber zu erklären (BGH 9. 4. 2014 – VIII ZR 107/13, NJW 2014, 1954) und kann dann auch wieder auf Zahlungsrückstände gestützt werden, die noch vor der Insolvenzeröffnung aufgelaufen sind (BGH 17. 6. 2015 – VIII ZR 19/14, BGHZ 206, 1, 6 ff = NJW 2015, 3087). Denn § 112 InsO mutet dem Vermieter oder Verpächter äußerstenfalls einen (weiteren) Ausfall der Nutzungsentschädigung für zwei Monate zu. Die nach dem Eröffnungsantrag fällig werdenden Raten müssen dagegen aus dem Schuldnervermögen wieder vertragsgerecht gezahlt werden, wenn die Nutzungsmöglichkeit für die Insolvenzmasse erhalten bleiben soll.

III. Beendigung durch Zeitablauf (Abs 2)

1. Mietverhältnis auf bestimmte Zeit

Ein Mietverhältnis endet nach § 542 Abs 2 BGB durch Zeitablauf, wenn es auf eine **136** bestimmte Zeit eingegangen ist. Die Dauer der Mietzeit muss im Vertrag genau bestimmt oder aufgrund des Vertragsinhalts hinreichend bestimmbar sein, sodass es keiner Kündigung oder sonstiger Erklärungen der Parteien bedarf, um das Mietverhältnis zu beenden. Die Praxis verwendet hierfür auch den Begriff des – seit der Mietrechtsreform 2001 im Wohnraummietrecht nicht mehr zulässigen – (einfachen) Zeitmietvertrags (Steinig GE 1995, 850 ff) und des qualifizierten Zeitmietvertrags (§ 575 BGB). Eine **ordentliche Kündigung** des Zeitmietvertrages ist – wenn nichts Abweichendes vereinbart ist – während der Laufzeit des Vertrages ausgeschlossen (s Rn 146). Betrifft der Vertrag ein Mietverhältnis über Wohnräume, sonstige Räume oder Grundstücke und wird er für längere Zeit als ein Jahr geschlossen, bedarf er nach § 550 S 1 BGB (ggf iVm § 578 Abs 1 BGB) der schriftlichen Form. Wird die Form nicht gewahrt, gilt der Vertrag nach § 550 S 1 BGB als auf unbestimmte Zeit geschlossen. Zu seiner Beendigung bedarf es dann einer Kündigung, die freilich auch schon vor Ablauf der – unwirksam – vereinbarten Vertragsdauer erklärt werden kann (BGH NJW 2004, 1103; BGH NJW 2008, 365; BGH NJW-RR 2008, 1329), erstmals jedoch zum Ablauf der Jahresfrist des § 550 S 2 BGB. Mit einer in der vorbezeichneten Weise „verfrüht" ausgesprochenen Kündigung verstößt der Kündigende nicht gegen § 242 BGB, soweit er nicht ausnahmsweise aus Treu und Glauben verpflichtet ist, die schriftliche Form des Mietvertrages nachzuholen (BGH 22. 1. 2014 – XII ZR 68/10, BGHZ 200, 98, 103 ff = NJW 2014, 1087; BGH 30. 4. 2014 – XII ZR 146/12, NZM 2014, 471).

a) Eine **bestimmte Mietzeit** kann dadurch vereinbart werden, dass in den Miet- **137** vertrag kalendermäßig festgelegte Daten für den Beginn und das Ende aufgenommen werden **(Zeitbefristung)**. Dies ist möglich durch Angabe eines bestimmten Kalendertags oder eines variablen Festtags für ein bestimmtes Jahr (Kinne ua/Schach Rn 19). Bei widersprüchlichen Angaben über die Mietzeit, die vor allem auftreten können, wenn Formularverträge mit vorgedruckten Alternativen verwendet werden, ist es eine Frage der Auslegung, ob die Parteien einvernehmlich ein befristetes oder ein unbefristetes Mietverhältnis gewollt haben (AG Bad Hersfeld WuM 1996, 706; AG Hamburg-Blankenese WuM 1973, 7). Im Zweifel ist von einem unbefristeten Vertrag auszugehen (OLG Köln NZM 1999, 1142; BeckOK BGB/Wiederhold [1. 8. 2020] Rn 5); bei Formularverträgen gehen Unklarheiten nach § 305c Abs 2 BGB zu Lasten des Verwenders (LG Berlin GE 1997, 189; LG Gießen NJW-RR 1996, 1293; LG Gießen WuM 1999, 115; LG Kassel WuM 1997, 679; AG Bad Homburg WuM 1999, 114). Die formularmäßige Vereinbarung einer festen Vertragszeit steht vor allem bei langfristigen Verträgen unter dem Vorbehalt der § 305c Abs 1 BGB und § 307 Abs 1 BGB (dazu OLG Düsseldorf ZMR 1997, 409; Jendrek NZM 2005, 241 ff). Die Mietzeit ist ferner bestimmt, wenn eine feste Frist vereinbart wird, die nach Zeiteinheiten wie Tagen, Monaten oder Jahren bemessen ist und sich nach dem Beginn des Mietverhältnisses richtet. Ausreichend ist eine Fristbestimmung in der Form, dass der Gegenstand des Mietverhältnisses für die Dauer einer bestimmten Saison, einer Messe oder eines sonstigen, nach der Verkehrssitte bestimmbaren Zeitraums an den Mieter überlassen wird (BeckOK BGB/Wiederhold [1. 8. 2020] Rn 5; Schmidt-Futterer/Blank Rn 163). Die Mietzeit ist auch dann bestimmt, wenn ein ursprünglich auf unbestimmte Zeit eingegangenes Mietverhältnis im Wege einer frei vereinbarten Vertragsänderung oder auf der Grundlage der §§ 574a, 574c BGB durch Einigung der Parteien oder gerichtliche Entscheidung bis zu einem bestimmten Termin verlängert wird (LG Lübeck WuM 1996, 705).

138 Schließlich endet das Mietverhältnis ohne Kündigung, wenn es zwar nicht für eine kalendermäßig bestimmte Zeit eingegangen ist, die Mietzeit sich aber nach einem von vornherein zeitlich begrenzten Gebrauchszweck des Mieters richtet (**Zweckbefristung**; HANNEMANN NZM 1999, 585, 586). Ist dies im Vertrag vereinbart, sind keine weiteren Erklärungen der Parteien notwendig, um den Vertrag zu beenden. Dabei muss die Zweckerreichung jedoch für beide Vertragspartner bei Vertragsabschluss voraussehbar sein. Daher ist zB die Dauer des Studiums, für die das Mietverhältnis abgeschlossen wird, wegen der allzu großen zeitlichen Schwankungsbreite kein in dieser Weise fest bestimmbarer Zeitraum (LG Berlin WuM 1989, 632). Ein Mietverhältnis über Wohnraum ist auch dann nicht wirksam befristet, wenn die Parteien vereinbart haben, dass es nach einer bestimmten Zeit ablaufe und sie dann eine neue Miethöhe festlegen würden. Hierin kann eine Umgehung der Vorschriften über die Mieterhöhung nach den §§ 557 ff BGB gesehen werden, die nach § 557 Abs 4 BGB nichtig ist (AG Frankfurt aM WuM 1996, 556). Zu dem gleichen Ergebnis führt § 117 BGB, weil die Parteien in Wirklichkeit ein unbefristetes Mietverhältnis gewollt haben.

139 b) Eine bestimmte Mietzeit ist auch dann vereinbart, wenn sie bis zum **Eintritt eines bestimmten Ereignisses** dauern soll. Die Parteien können auf diese Weise die Dauer des Mietverhältnisses an ein beliebiges zukünftiges Ereignis binden, dessen Eintritt gewiss ist (MünchKomm/BIEBER Rn 22; SOERGEL/HEINTZMANN Rn 23). Das Ereignis kann in einem rein tatsächlichen Geschehen liegen. Es kann auch in der Person einer der Vertragsparteien oder eines Dritten begründet sein.

140 aa) Es handelt sich um eine **Zeitbestimmung** iS des § 163 BGB und damit um ein Mietverhältnis auf bestimmte Zeit, wenn die Parteien für dessen Dauer vertraglich den Eintritt eines zukünftigen gewissen Ereignisses als Endtermin festgelegt haben, selbst wenn der genaue Zeitpunkt noch nicht feststeht. Ist dagegen ungewiss, ob das zukünftige Ereignis überhaupt eintreten wird, so liegt eine auflösende Bedingung vor (PALANDT/WEIDENKAFF Rn 9). Zwischen Bedingung und Befristung wird nicht immer ausreichend scharf unterschieden. Auch die Parteien haben manchmal unterschiedliche Vorstellungen darüber, ob der Eintritt des Ereignisses gewiss oder ungewiss ist. Maßgebend ist dann der Inhalt der Willenserklärungen, der sich aufgrund einer Auslegung nach den §§ 133, 157 BGB ergibt (AG Dresden ZMR 1994, 411). Zwischen Befristung und Bedingung ist nicht nach der naturwissenschaftlichen Gewissheit oder Ungewissheit des Ereignisses abzugrenzen. Entscheidend ist der Parteiwille (Mot I 270), sodass auch ein Ereignis wie die Fertigstellung eines Neubaus (AG Dresden ZMR 1994, 411), das in der Hand einer der Parteien liegt, Grundlage einer Zeitbestimmung sein kann. Eine Befristung nach § 163 BGB führt immer dazu, dass das Mietverhältnis auf bestimmte Zeit eingegangen ist. Eine auflösende Bedingung kann dagegen mit einem auf unbestimmte oder auf bestimmte Zeit eingegangenen Mietverhältnis verbunden sein. Im letzteren Fall endet der Vertrag vorzeitig, wenn die auflösende Bedingung vor Ablauf der fest vereinbarten Mietzeit eintritt. In beiden Fällen einer auflösenden Bedingung handelt es sich aber nicht um eine Beendigung durch Zeitablauf iS des § 542 Abs 2 BGB, sondern um eine Beendigung aufgrund sonstiger Umstände (s Rn 195). Bei Mietverhältnissen über Wohnraum greift § 572 Abs 2 BGB ein (dazu STAUDINGER/ROLFS [2021] § 572 Rn 7 ff).

bb) Wie ein **Mietverhältnis auf die Lebenszeit** einer Person einzuordnen ist, wird nicht einheitlich beurteilt. Für den Abschluss eines solchen Vertrags ist anerkannt, dass er im Geltungsbereich des § 550 BGB der schriftlichen Form bedarf (BGH NJW 1958, 2062; LG Berlin WuM 1991, 498; LG Hannover WuM 1991, 349) und von der unentgeltlichen Gebrauchsüberlassung auf Lebenszeit abzugrenzen ist, die formlos vereinbart werden kann (OLG Köln NJW-RR 1994, 853). Ein auf Lebenszeit abgeschlossener Vertrag ist nicht schon aus einer formularmäßigen Bestimmung herzuleiten, die nur die Folgen beim Tod des Mieters regelt (LG Frankfurt aM WuM 1990, 82). Wird durch letztwillige Verfügung ein Wohnrecht auf Lebenszeit bestimmt, ohne dass darin der ernsthafte Wille zur Belastung des Grundstücks gesehen werden kann, so begründet die Zuwendung einen Anspruch des Mieters, den bestehenden unbefristeten Mietvertrag in einen Vertrag auf Lebenszeit abzuändern (LG Gießen NJWE-MietR 1996, 218). **141**

Im Hinblick auf das **Vertragsende** wird zT angenommen, das Mietverhältnis auf die Lebenszeit einer Person sei unbefristet und müsse deshalb durch Kündigung beendet werden (AG Bruchsal WuM 1983, 142). Die hM nimmt in Übereinstimmung mit § 163 BGB ein auf bestimmte Zeit eingegangenes Mietverhältnis an, da der Tod der betreffenden Person mit Gewissheit eintreten werde und nur der Tag noch ungewiss sei. Damit fehle der für eine Bedingung charakteristische Schwebezustand (BayObLG WuM 1993, 523; LG Arnsberg WuM 1989, 380; LG Frankfurt aM WuM 1990, 82; LG Mannheim WuM 1987, 353; BeckOGK/MEHLE [1. 7. 2020] Rn 110; BUB/TREIER/FLEINDL Rn IV 481; Münch-Komm/BIEBER Rn 22; SCHMIDT-FUTTERER/BLANK Rn 163; SOERGEL/HEINTZMANN Rn 23). **142**

Da das Mietverhältnis auf Lebenszeit einer Person nach § 544 S 2 BGB nicht ordentlich gekündigt werden kann, geht es bei der Streitfrage im Grunde nur um den **Bestandsschutz bei der Wohnraummiete**. Insoweit ist es nicht erforderlich, von der Regel des § 163 BGB abzuweichen. Das Eintrittsrecht des Ehegatten oder der Familienangehörigen, mit denen der verstorbene Mieter in dem Wohnraum einen gemeinsamen Haushalt geführt hat, besteht nach §§ 563, 563b BGB auch bei einem befristeten Mietverhältnis. Wird das Mietverhältnis mit Eheleuten oder Lebenspartnern als Mitmietern abgeschlossen und an die Lebenszeit eines von ihnen gebunden (AG Bruchsal WuM 1983, 142), so wird es nach § 563a BGB mit dem überlebenden Ehegatten bzw Lebenspartner fortgesetzt, allerdings auch nur auf unbestimmte Zeit, wenn die Befristung auf Lebenszeit nur den verstorbenen Ehegatten bzw Lebenspartner betraf. Problematisch sind nur die Fälle, in denen die §§ 563, 563a, 563b BGB nicht erfüllt sind, weil bei einem Einzelmieter keine gemeinsame Haushaltsführung mit anderen Personen vorliegt oder weil das Mietverhältnis nicht beim Tod des Mieters, sondern des Vermieters oder eines Dritten enden soll. Durch den Tod des Vermieters oder eines Dritten soll die Wohnung dem Mieter nicht verloren gehen. Ihm steht deshalb entsprechend § 575 Abs 3 S 2 BGB ein Anspruch auf Fortsetzung des Mietverhältnisses zu. Wegen der Unvorhersehbarkeit des Todes der betreffenden Person ist von der Frist des § 575 Abs 2 BGB für das Fortsetzungsverlangen des Mieters insoweit abzuweichen, als sie erst mit der Beendigung des Mietverhältnisses durch den Tod der Person zu laufen beginnt. Ein Anspruch des Erben auf Fortsetzung beim Tod eines Einzelmieters entfällt hingegen, da nach der Beendigung des Miet- **143** verhältnisses keine entsprechende Rechtsposition übergeht. Außerdem ist der Erbe, der in der Wohnung bisher nicht seinen Lebensmittelpunkt hatte, nach den Grundsätzen des sozialen Mietrechts nicht schutzbedürftig (BayObLG WuM 1993, 523).

144 c) Die Parteien können eine **Verbindung von befristetem und unbefristetem Mietverhältnis** herstellen, indem sie eine feste Mietzeit vereinbaren, diese aber mit einem Kündigungsrecht oder auch einer Verlängerungsmöglichkeit verknüpfen. Hierzu gehört der Mietvertrag mit Verlängerungsklausel, der auf bestimmte Zeit abgeschlossen wird, sich aber mangels einer vor Vertragsende erklärten Ablehnung um eine bestimmte oder unbestimmte Zeit verlängert (s Rn 154). Die Parteien können eine feste Mietzeit auch als Höchstdauer des Vertrags vereinbaren, dem einen Teil aber ein ordentliches Kündigungsrecht einräumen, um den Vertrag vorzeitig beenden zu können (OLG Hamm ZMR 1988, 386; LG Lübeck WuM 1991, 80; AG Bremen-Blumenthal WuM 1987, 395). Darin darf aber bei formularmäßiger Vereinbarung keine nach § 307 Abs 1 BGB unangemessene Benachteiligung des langfristig gebundenen anderen Vertragsteils liegen (BGH NJW 2001, 3480; OLG Hamm ZMR 1988, 386, oben Rn 62 ff). Diese Gefahr wird vermieden, wenn beiden Teilen ein ordentliches Kündigungsrecht eingeräumt wird, im Übrigen aber eine Höchstdauer bestimmt wird, nach deren Erreichen das Mietverhältnis auf jeden Fall durch Zeitablauf endet. Umgekehrt können die Parteien auch eine Mindestdauer vereinbaren, im Übrigen den Vertrag aber auf unbestimmte Zeit abschließen. Dann handelt es sich um ein unbefristetes Mietverhältnis, bei dem lediglich die ordentliche Kündigung für eine bestimmte Zeit ausgeschlossen ist (s Rn 55). Erst recht wird der Vertrag nicht befristet, wenn nur einzelne Kündigungsgründe ausgeschlossen werden (AG Freiburg WuM 1990, 433). Ein Mietverhältnis auf bestimmte Zeit liegt hingegen vor, wenn eine Mindest- und eine Höchstdauer vereinbart werden. In der Zwischenzeit ist das Mietverhältnis ordentlich zu kündigen, endet aber auf jeden Fall durch Zeitablauf, wenn die Höchstdauer erreicht ist.

145 d) Die Beendigung des befristeten Mietverhältnisses durch Zeitablauf steht nach § 242 BGB unter dem **Vorbehalt der unzulässigen Rechtsausübung**. So ist es als rechtsmissbräuchlich beurteilt worden, dass sich der Vermieter auf die Beendigung beruft, wenn er den Mieter zuvor durch sein Verhalten davon abgehalten hat, rechtzeitig den Anspruch auf Fortsetzung des Mietverhältnisses nach § 575 Abs 3 BGB geltend zu machen (AG Frankfurt aM WuM 1987, 321). Treuwidrig kann es sein, wenn sich ein Vertragsteil auf eine Befristung beruft, zu deren Vereinbarung er den anderen Teil arglistig veranlasst hat (AG Neubrandenburg WuM 1994, 374). Wird die Befristung an versteckter Stelle eines Vertragsformulars vorgesehen, kann allerdings schon die Vereinbarung als solche an § 305c Abs 1 BGB scheitern (AG Neubrandenburg WuM 1994, 374).

2. Außerordentliche Kündigung (Abs 2 Nr 1)

146 Ein befristetes Mietverhältnis kann, wie § 542 Abs 2 Nr 1 BGB klarstellt, außerordentlich gekündigt und damit vorzeitig beendet werden. In Betracht kommt sowohl die **außerordentliche befristete Kündigung** nach § 540 Abs 1, § 544 S 1, § 555e Abs 1, §§ 561, 563 Abs 4, § 563a Abs 2, §§ 564, 580, 1056 Abs 2, § 2135 BGB, § 30 Abs 2 ErbbVO, § 109 Abs 1 S 1 InsO, § 57a ZVG, § 31 Abs 3, § 37 Abs 3 S 2 WEG (oben Rn 110 ff) als auch die **außerordentliche fristlose Kündigung** unter den Voraussetzungen der § 543 Abs 1 und 2, § 569 Abs 1, 2 und 2a BGB (oben Rn 113 ff; vgl LG Bonn WuM 1992, 16; LG Frankfurt aM DWW 1986, 45; AG Miesbach WuM 1989, 22). Dabei gelten für die Kündigungsgründe dieselben Maßstäbe wie bei unbefristeten Mietverhältnissen mit der Maßgabe, dass im Rahmen der nach § 543 Abs 1 S 2 BGB vorzunehmenden Interessenabwägung die zum Zeitpunkt des Zugangs der Kündigungserklärung verbleibende Restlaufzeit des Zeitmietvertrages zu berücksichtigen ist (vgl Staudinger/V Emmerich § 543 Rn 6). Die **ordentliche Kündigung** eines befristeten Mietverhältnisses ist dagegen nur zulässig, soweit sie ausdrücklich oder konkludent (LG Koblenz NZM 1998, 859) vereinbart worden ist (BGH NJW 2000, 354; BGH NJW 2007, 2177; BGH WuM 2009, 48; BGH NJW 2013, 3361; BeckOK BGB/Wiederhold [1. 8. 2020] Rn 12; **aM** Herrlein/Kandelhard/Kandelhard Rn 2; Häublein ZMR 2004, 1, 3).

3. Verlängerung befristeter Mietverhältnisse (Abs 2 Nr 2)

147 Ein befristetes Mietverhältnis endet trotz Fristablaufs nicht, wenn es **verlängert** wird, wie § 542 Abs 2 Nr 2 BGB klarstellt. Die Verlängerung kann sowohl auf einer vertraglichen Vereinbarung zwischen den Parteien als auch auf einem gesetzlichen Verlängerungsanspruch des Mieters beruhen (Blank/Börstinghaus/Blank/Börstinghaus Rn 8; Derleder NZM 2001, 649, 657).

a) Verlängerung kraft Vereinbarung

148 Die **vertragliche Verlängerung** eines befristeten Mietverhältnisses kann dabei auf unterschiedliche Weise erfolgen. Möglich ist zum einen der Abschluss eines neuen Mietvertrages während der Laufzeit des befristeten Ausgangsvertrages, der im Fall der Raum- oder Grundstücksmiete unter den Voraussetzungen des § 550 BGB (ggf iVm § 578 BGB) wiederum der Schriftform bedarf, wenn er das Mietverhältnis nur für einen bestimmten Zeitraum verlängern will. Die Verlängerungsmöglichkeit kann aber zum anderen auch bereits im Ausgangsvertrag angelegt sein, wenn der Mietvertrag ein Optionsrecht gewährt oder eine Verlängerungsklausel enthält.

149 **aa)** Ein **Mietvertrag mit Optionsrecht** ist ein auf bestimmte Zeit abgeschlossener Vertrag, der die Vereinbarung enthält, dass eine oder beide Parteien berechtigt sind, das Mietverhältnis durch einseitige Erklärung zu verlängern (BGH NJW 2008, 2041; Derleder/Pellegrino NZM 1998, 550, 555; Gather DWW 1991, 69; Kinne ua/Schach Rn 21; Schmid/Harz/Riecke Rn 99; vgl OLG Hamburg NZM 1998, 507). Bei der Option handelt es sich um ein schon im Ausgangsvertrag eingeräumtes Gestaltungsrecht. Durch die Optionsausübung kommt kein neuer Vertrag zustande. Vielmehr wirkt sie unmittelbar auf das bestehende Mietverhältnis ein, indem sie mit ihrer Gestaltungswirkung lediglich die ursprünglich vereinbarte Vertragslaufzeit ändert und ihr einen neuen Zeitabschnitt hinzufügt (BGH 25. 2. 1985 – VIII ZR 116/84, BGHZ 94, 29, 31 = NJW 1985, 2481; BGH 5. 11. 2014 – XII ZR 15/12, NJW 2015, 402). Im Übrigen wird der Mietvertrag mit demselben Vertragsinhalt fortgesetzt und die Identität des Vertrags bleibt erhalten. Ähnliches gilt für einen aufgrund eines (dem Vorkaufsrecht nachgebildeten) „Vormietrecht" zustande gekommenen Mietvertrag (dazu OLG Stuttgart 7. 11. 2019 – 13 U 215/19, ZMR 2020, 741). Bei diesem bleibt die Identität des Mietvertrages ebenfalls erhalten, jedoch verlängert sich bei Ausübung des Vormietrechts nicht allein die Vertragsdauer, sondern der gesamte Inhalt des Mietvertrages mit dem Vormietberechtigten richtet sich nach dem Vertrag des Vermieters mit dem Dritten. Bei der Miete eines Grundstücks bedürfen die Vereinbarung der Option und die Festlegung der weiteren

Vertragszeit unter den Voraussetzungen des § 550 BGB der schriftlichen Form (BGH NJW-RR 1987, 1227; OLG Frankfurt NZM 1998, 1006). Ein solcher Vertrag endet nach § 542 Abs 2 BGB durch **Zeitablauf**, wenn die Partei nicht rechtzeitig von ihrem Optionsrecht Gebrauch macht (vgl auch OLG Hamburg NJW-RR 1998, 807). Dies muss auf jeden Fall vor Beendigung der Mietzeit durch ausdrückliche Erklärung geschehen (BGH WuM 1967, 935; BGH NJW 1982, 2770; OLG Frankfurt NZM 1998, 1006; OLG Köln NJWE-MietR 1996, 200; BeckOK BGB/Wiederhold [1. 8. 2020] Rn 11; vgl OLG Dresden 22. 2. 2017 – 5 U 961/16, NZM 2017, 442). Die Parteien können das Optionsrecht mit einer Verlängerungsklausel (s Rn 154) verbinden. Wenn keine der Parteien kündigt, wird das Mietverhältnis schon aufgrund der Verlängerungsklausel fortgesetzt. Falls ein Vertragsteil kündigt, kann der andere Teil sein Optionsrecht ausüben und damit verhindern, dass das Mietverhältnis endet (BGH NJW 1985, 2581; BGH NJW 1992, 2281; vgl auch BGH NJW 2008, 2041).

150 Für die **Ausübung** des Optionsrechts wird meist eine Frist vor Ablauf der Mietzeit vereinbart, oder eine solche Frist ist dem Vertrag im Wege der Auslegung zu entnehmen (OLG Düsseldorf DWW 1992, 79; OLG Düsseldorf ZMR 1992, 52). Ist keine Frist bestimmt, kann die Option bis zum Ablauf der Mietzeit ausgeübt werden (OLG Düsseldorf MDR 1981, 847; AG Hamburg-Blankenese ZMR 1986, 17), danach nicht mehr (RG 11. 6. 1920 – III 9/20, RGZ 99, 154, 155; BGH 14. 7. 1982 – VIII ZR 196/81, NJW 1982, 2770; OLG Frankfurt 14. 10. 2019 – 12 U 145/19, GE 2020, 1424). Ist keine Form vereinbart, kann die Ausübung auch durch Telefax erfolgen; § 550 Satz 1 BGB findet keine Anwendung (BGH 21. 11. 2018 – XII ZR 78/17, BGHZ 220, 235, 240 = NJW 2019, 990; KG 23. 10. 2017 – 8 U 91/17, GE 2017, 1468). Bei einer Mehrheit von Mietern oder Vermietern müssen alle Berechtigten das Optionsrecht mit einer inhaltlich eindeutigen Erklärung ausüben (LG Berlin GE 1990, 763). Eine gegenüber dem Veräußerer erklärte Ausübung des Optionsrechts wirkt nach § 407 BGB auch gegenüber dem Erwerber, wenn der Mieter nicht über den Wechsel des Eigentums und damit nach § 566 BGB seines Vertragspartners unterrichtet worden ist (BGH NZM 2002, 291). Steht das Grundstück unter Zwangsverwaltung, ist die Erklärung gegenüber dem Zwangsverwalter abzugeben (BGH 21. 11. 2018 – XII ZR 78/17, BGHZ 220, 235, 238 f = NJW 2019, 990).

151 Allein in der Zahlung der Miete liegt keine konkludente Ausübung des Optionsrechts, wenn den Parteien der Ablauf der Vertragszeit nicht bewusst war (OLG Köln NJWE-MietR 1996, 200), da ein solches Verhalten, das auch als Entrichtung einer Nutzungsentschädigung iS des § 546a BGB verstanden werden kann, nicht eindeutig ist (LG Berlin GE 1995, 1209). Sobald das Optionsrecht ausgeübt worden ist, erlischt es. Um ein neues Optionsrecht zu begründen, ist eine unmissverständliche Vereinbarung der Parteien erforderlich (BGH NJW-RR 1995, 714). **Vorformulierte Bestimmungen**, die das Optionsrecht des Mieters durch das Recht des Vermieters auf weitgehende Änderung der Vertragsbedingungen auszuhöhlen suchen, sind wegen Verstoßes gegen § 307 Abs 2 Nr 2 BGB unwirksam (OLG Hamburg DWW 1990, 176; OLG Hamburg DWW 1991, 307). Das Optionsrecht kann infolge einer Störung der Geschäftsgrundlage (§ 313 BGB) erlöschen, wenn einer Vertragspartei infolge einer wesentlichen Veränderung der bei Vertragsabschluss vorliegenden Umstände eine weitere Verlängerung des Mietverhältnisses nicht mehr zugemutet werden kann (BGH NZM 2000, 1226).

152 bb) Ein **Mietvertrag mit Verlängerungsklausel** ist ein auf bestimmte Zeit abgeschlossener (und daher – soweit nichts Abweichendes vereinbart ist – ordentlich unkündbarer, vgl Rn 146 und LG Berlin NZM 1999, 305) Vertrag, der sich auf bestimmte oder auf unbestimmte Zeit verlängert, wenn nicht ein Vertragsteil innerhalb einer bestimmten Frist vor Ablauf des Mietverhältnisses die weitere Fortsetzung ablehnt (Gather DWW 1991, 69; vgl LG Berlin NZM 1998, 374; zur AGB-rechtlichen Zulässigkeit derartiger Vereinbarungen BGH NZM 2006, 294 [LS]; Jenisch ZMR 2007, 77 ff; Sternel NZM 1998, 833, 847; Spielbauer/Schneider/Krenek Rn 54). In Mietverträgen ist insoweit häufig von Kündigung die Rede. Doch handelt es sich hierbei um eine untechnische Formulierung. Mit ihr ist eine Willenserklärung des Inhalts gemeint, eine Fortsetzung des Mietverhältnisses werde abgelehnt (**Nichtfortsetzungserklärung**; RG 24. 11. 1914 – III 273/14, RGZ 86, 60, 62; BGH NJW 1975, 40; OLG Dresden 8. 11. 2013 – 5 U 1101/13, NZM 2014, 473; OLG Düsseldorf DWW 1993, 101; OLG Düsseldorf WuM 1993, 673; BeckOK BGB/Wiederhold [1. 8. 2020] Rn 7; Erman/Lützenkirchen Rn 5; Klein-Blenkers ua/Klein-Blenkers Rn 14; aM LG Gießen ZMR 1977, 157). Auf diese Erklärung findet § 193 BGB Anwendung (BGH 16. 10. 1974 – VIII ZR 74/73, NJW 1975, 40; OLG Dresden 8. 11. 2013 – 5 U 1101/13, NZM 2014, 473; zweifelnd Spielbauer/Schneider/Krenek Rn 55). Wird eine dahin gehende Willenserklärung rechtzeitig abgegeben, endet das Mietverhältnis nach § 542 Abs 2 BGB durch **Zeitablauf** (OLG Düsseldorf WuM 1993, 673; Erman/Lützenkirchen Rn 5). Die Verlängerungsklausel kann mit einem Optionsrecht in der Weise verbunden werden, dass trotz der ablehnenden Erklärung des einen Vertragsteils der andere aufgrund einer Option noch erreichen kann, dass das Mietverhältnis fortgesetzt wird (BGH NJW 1985, 2581; BGH NJW 1992, 2281; OLG Dresden 15. 8. 2018 – 5 U 539/18, ZMR 2018, 997; Hannemann NZM 1999, 585, 587).

153 Gibt keine der Parteien eine Erklärung ab, mit der sie die Verlängerung ablehnt, wird das Mietverhältnis **fortgesetzt**. Insoweit ist umstritten, ob ein neuer Vertrag zustande kommt, der mit dem bisherigen Vertrag inhaltsgleich ist (RG 24. 11. 1914 – III 273/14, RGZ 86, 60, 62; RG 9. 11. 1919 – III 191/19, RGZ 97, 79, 81; BGH NJW 1975, 40), oder ob das Mietverhältnis identisch ist (BGH NJW 2002, 2170; Staudinger/V Emmerich Vorbem 102 zu § 535). Für die Frage, wie die Kündigungsfrist des Vermieters bei einem Mietverhältnis über Wohnraum nach § 573c BGB zu bemessen ist, spielt der Streit allerdings keine Rolle, da für die Dauer der Überlassung sämtliche Zeitabschnitte zusammenzurechnen sind (Staudinger/Rolfs [2021] § 573c Rn 20 ff). Er hat jedoch zB Auswirkungen auf die Nachhaftungsbegrenzung des § 160 HGB (vgl BGH NJW 2002, 2170). Bei Formularverträgen ist zu beachten, dass in der automatischen Verlängerung des Vertrags eine unangemessene Benachteiligung des Mieters iS des § 307 Abs 1 BGB liegen kann (BGH NJW 1997, 739; BGH NJW 2010, 3431; OLG Karlsruhe NJW-RR 1989, 243), dies auch dann, wenn sich dem Vertrag nicht eindeutig entnehmen lässt, bis zu welchem Zeitpunkt die Nichtverlängerungsanzeige abgegeben werden bzw dem anderen Teil zugehen muss (BGH 25. 10. 2017 – XII ZR 1/17, NZM 2018, 125).

b)   Verlängerung kraft Gesetzes

154 Ein **gesetzlicher Verlängerungsanspruch** kann in den Fällen des § 545 – stillschweigende Verlängerung bei Fortsetzung des Mietgebrauchs (dazu Leo/Götz NZM 2019, 601 ff), des § 575 Abs 3 S 1 BGB – verspäteter Eintritt des Befristungsgrundes und des § 575 Abs 3 S 2 BGB – Wegfall des Befristungsgrundes bestehen. Dagegen verlängert der Widerspruch des Zeitmieters gegen eine außerordentliche Kündigung mit gesetzlicher Frist nach § 575a Abs 2, §§ 574a, 574c BGB das Mietverhältnis höchstens bis zum Ablauf des ursprünglich vereinbarten Zeitpunkts.

IV. Beendigung aufgrund sonstiger Umstände

155 In § 542 BGB werden mit Kündigung und Zeitablauf nur zwei Gründe genannt, durch die ein Mietverhältnis beendet wird. Die Unvollständigkeit entspricht der Konzeption des BGB, nicht bei jedem Schuldverhältnis sämtliche Gründe für eine Beendigung aufzuzählen. Eine Aufzählung würde zu überflüssigen Wiederholungen führen, da sich viele Beendigungsgründe bei den einzelnen Schuldverhältnissen entsprechen. Dies gilt vor allem für die allgemeinen Vorschriften (vgl BT-Drucks 14/4553, 43). Hinzu kommen Sonderregelungen in anderen Gesetzen privatrechtlicher und öffentlich-rechtlicher Natur, auf deren Grundlage ein Mietverhältnis beendet werden kann.

1. Widerruf

a) Allgemeines

156 Das Gesetz zur Umsetzung der Verbraucherrechte-Richtlinie (RL 2011/83/EU vom 25. 10. 2011, ABl 2011 L 304/64; Gesetz vom 20. 9. 2013, BGBl I 3642) hat zum 13. 6. 2014 mit den §§ 312 ff das Verbraucherschutzrecht bei Haustür- und Fernabsatzgeschäften reformiert. Wohnraummietverträge sind vom Anwendungsbereich des § 312 Abs 3 Nr 1 bis 7 BGB grundsätzlich umfasst (§ 312 Abs 4 BGB; BGH 17. 5. 2017 – VIII ZR 29/16, NJW 2017, 2823; Göldner WuM 2020, 529, 529 f). Mit ihrer Einbeziehung hat der deutsche Gesetzgeber die Verbraucherrechte-Richtlinie, die in Art 3 Abs 3 lit f die Vermietung von Wohnraum von ihrem Geltungsbereich ausnimmt, überschießend umgesetzt. Begründet wird dies mit der Überlegung, dass die Richtlinienumsetzung nicht zu einer Schlechterstellung des Mieters im Vergleich zur bisherigen Rechtslage führen solle. Insbesondere bei Mietvertragsänderungen bestünden Gefahren durch Überrumpelung und psychischen Druck (BR-Drucks 817/12, 77). In Fällen der Aufhebung oder Änderung eines bestehenden Mietvertrages in einer typischen Überrumpelungssituation, in der der Vermieter ohne Vorankündigung den Mieter in seiner Wohnung veranlasste, einer Mieterhöhung oÄ zuzustimmen, wurde dem Mieter bei Vorliegen eines Verbrauchervertrages teilweise ein Widerrufsrecht zugesprochen (Mediger NZM 2015, 185, 186; anders für Aufhebungsverträge hier Rn 187).

157 Der Mieter hat gemäß § 312g Abs 1 S 1 BGB ein Widerrufsrecht (§ 355 BGB), wenn der Vertrag außerhalb von Geschäftsräumen geschlossen wurde (§ 312b BGB) oder es sich um einen Fernabsatzvertrag handelt (§ 312c BGB). Das Widerrufsrecht ist nur auf Verbraucherverträge iS des § 310 Abs 3 BGB, also auf Verträge zwischen einem Unternehmer und einem Verbraucher, anwendbar, die eine entgeltliche Leistung des Unternehmers zum Gegenstand haben (§ 312 Abs 1 BGB). Der Vermieter hat den Mieter bei Außergeschäftsraum- und Fernabsatzverträgen nach Maßgabe des Art 246a EGBGB über dieses Widerrufsrecht zu informieren (§ 312d Abs 1 BGB). Die §§ 312 ff BGB finden auch im Rahmen der Vermietung von **Sozialwohnungen** Anwendung (BT-Drucks 17/12637, 48). Von ihnen darf nicht zum Nachteil des Verbrauchers abgewichen und sie dürfen nicht umgangen werden (§ 312k BGB).

b) Verbrauchervertrag (§ 310 Abs 3)

158 Das Widerrufsrecht besteht nur, wenn der Mieter Verbraucher (§ 13 BGB) und der Vermieter Unternehmer (§ 14 BGB) ist.

aa) Ein Wohnraummieter, der als natürliche Person eine Wohnung für private 159
Zwecke mietet, ist grundsätzlich als **Verbraucher iS des § 13** BGB zu qualifizieren.
Nutzt der Mieter einen untergeordneten Teil seiner Wohnung als Arbeitszimmer,
ändert dies nichts an seiner Eigenschaft als Verbraucher. Sonstige Räume, die vereinbarungsgemäß weder zu Wohn- noch zu Erwerbszwecken genutzt werden, wie
private Garagen, Lager oder Werkstätten, berühren die Verbrauchereigenschaft
nicht (Schmid/Harz/Harsch Vor § 535 Rn 218). Unerheblich ist, ob der Mieter (rechtlich)
besonders erfahren ist (Palandt/Ellenberger § 13 Rn 2; Hau NZM 2015, 435, 441; Lützenkirchen/Lützenkirchen § 535 Rn 68). Die Verbrauchereigenschaft ist auch dann zu
bejahen, wenn der Mieter bei Vertragsabschluss professionell, zB durch einen Rechtsanwalt, vertreten wird (Palandt/Ellenberger § 13 Rn 5; Hau NZM 2015, 435, 441; Lützenkirchen/Lützenkirchen § 535 Rn 68). Bei gemischten Mietverträgen ist die überwiegende Nutzung nach einer ex-ante Betrachtung maßgeblich (Palandt/Ellenberger § 13
Rn 4; MünchKomm/Micklitz § 13 Rn 36 ff). Dies beurteilt sich in erster Linie nach dem
objektiven Zweck der Nutzung. Ist hiernach eine eindeutige Zuordnung nicht möglich, können auch für den Vertragspartner zweifelsfrei erkennbare Umstände zu einer
Zuordnung zum unternehmerischen Bereich führen (BGH 30. 9. 2009 – VIII ZR 7/09, NJW
2009, 3780; BeckOK BGB/Bamberger [1. 8. 2020] § 13 Rn 41; Palandt/Ellenberger § 13 Rn 4).

Darlegungs- und beweispflichtig für das Vorliegen der Verbrauchereigenschaft ist 160
grundsätzlich der Mieter. Bestehen keine Zweifel darüber, dass objektiv ein Verbrauchergeschäft vorlag, ist der Vermieter hinsichtlich derjenigen Umstände beweisbelastet, aufgrund derer er subjektiv auf ein Unternehmergeschäft schließen durfte
(Palandt/Ellenberger § 13 Rn 4).

bb) Unternehmer iS des § 14 BGB ist eine natürliche oder juristische Person oder 161
eine rechtsfähige Personengesellschaft, die bei Abschluss eines Rechtsgeschäfts in
Ausübung ihrer gewerblichen oder selbständigen beruflichen Tätigkeit handelt. Dies
kann auch ein privater Vermieter sein, der im Rahmen der Anlage und Verwaltung
seines Vermögens Mietwohnungen anbietet und am Wettbewerb teilnimmt (näher
Fervers NZM 2018, 640 ff; Göldner WuM 2020, 529, 530 f). Für die Abgrenzung der privaten von der berufsmäßig betriebenen Vermögensverwaltung ist maßgeblich, ob
der Geschäftsumfang aufgrund des organisatorischen und zeitlichen Aufwands einen
planmäßigen Geschäftsbetrieb erfordert. Hierbei ist nicht auf den Wert bzw die
Größe der Immobilien, sondern auf Umfang, Komplexität und Anzahl der damit
verbundenen Geschäftsvorgänge und der daraus folgenden, ein Informationsübergewicht begründenden Professionalität des Vermieters abzustellen. Die Vermietung
einer sehr großen oder wertvollen Immobilie an nur wenige Mieter bewegt sich
grundsätzlich im Rahmen der privaten Vermögensverwaltung, wohingegen die Ausrichtung auf eine Vielzahl gleichartiger Geschäfte die Annahme eines professionellen Vorgehens nahelegt (BGH 23. 10. 2001 – XI ZR 63/01, BGHZ 149, 80, 86 f = NJW 2002,
368). Die Übertragung der Verwaltungstätigkeit auf einen professionellen Verwalter
ist ein wichtiges Indiz für das Erfordernis eines planmäßigen Geschäftsbetriebes und
damit für die Unternehmereigenschaft des Vermieters, führt aber nicht zwangsläufig
zum Verlust der Verbraucherstellung (BeckOK BGB/Zehelein [1. 8. 2020] § 535 Rn 250;
Hau NZM 2015, 435, 441; **aM** Schmidt-Futterer/Blank Vor § 535 Rn 68; Mediger NZM 2015,
185, 187). Ob der Vermieter für seine Umsätze aus Vermietung und Verpachtung zur
Umsatzsteuer optiert hat, ist unerheblich (BGH 3. 3. 2020 – XI ZR 461/18, NZM 2020, 808;
aM früher BGH 26. 2. 2016 – V ZR 208/14, NJW 2016, 2173). Die Orientierung der Instanzge-

richte an der Anzahl der vermieteten Wohnungen zeigt erhebliche Abweichungen, was darauf schließen lässt, dass es sich hierbei um kein allein taugliches Kriterium handelt. So ist eine Unternehmereigenschaft verneint worden bei zwei längerfristig vermieteten Wohnungen (BayObLG 13. 4. 1993 – 1 Z REMiet 3/93, GE 1993, 703), dagegen bejaht worden schon ab einer Wohnung (LG Köln 12. 3. 2009 – 1 S 202/07, NJOZ 2011, 688; AG Berlin-Lichtenberg 21. 6. 2007 – 10 C 69/07, BeckRS 2011, 15039; Harsch WuM 2008, 201, 202), ab drei Wohnungen (LG Wiesbaden 1. 7. 1996 – 1 S 434/95, WuM 1996, 698; AG Frankfurt aM 13. 2. 1998 – 33 C 3489/97-13, WuM 1998, 418), bei zwei Einfamilienhäusern und einer Wohnung (OLG Düsseldorf 7. 10. 2004 – 10 U 70/04, NZM 2004, 866) und bei acht Wohnungen (LG Zweibrücken 27. 10. 1998 – 3 S 122/98, NZM 1999, 306; aM LG Waldshut-Tiengen 30. 4. 2008 – 1 S 27/07, ZMR 2009, 372, 372). Entscheidend müssen die **gesamten Umstände des Einzelfalls** sein (BGH 23. 10. 2001 – XI ZR 63/01, BGHZ 149, 80, 87 = NJW 2002, 368, 369; OLG Düsseldorf 12. 2. 2010 – I-24 U 72/09, MDR 2010, 858).

162 cc) Die **Entgeltlichkeit der Leistung des Unternehmers iS des § 312 Abs 1 BGB** ist bei einem Mietvertrag unzweifelhaft zu bejahen, da der Vermieter dem Mieter die Mietsache gegen Zahlung der Miete gestattet (vgl BGH 17. 5. 2017 – VIII ZR 29/16, NJW 2017, 2823). Ein Widerrufsrecht greift folglich nie zu Gunsten des Vermieters ein.

c) **Vertragsabschluss außerhalb von Geschäftsräumen (§ 312b)**
163 Das Widerrufsrecht besteht bei Verbraucherverträgen, die außerhalb von Geschäftsräumen abgeschlossen wurden. Geschäftsräume sind „unbewegliche Gewerberäume, in denen der Unternehmer seine Tätigkeit dauerhaft ausübt, und bewegliche Gewerberäume, in denen der Unternehmer seine Tätigkeit für gewöhnlich ausübt" (§ 312b Abs 2 BGB). In der Regel sind dies die Büroräume des Vermieters. Den Geschäftsräumen des Vermieters gleichgestellt sind die Gewerberäume des für den Vermieter tätigen Hausverwalters oder Maklers (§ 312b Abs 2 S 2 BGB). Nicht als Geschäftsraum zu qualifizieren sind insbesondere die Privatwohnung des Mieters oder des Vermieters und zur Wohnanlage oder zu einem Hotel gehörende Versammlungsräume, in denen eine Mieterversammlung stattfindet. Nutzt der Vermieter eine seiner leer stehenden Wohnungen zur Verhandlung und zum Abschluss von Mietverträgen, stellt auch diese keinen Geschäftsraum dar (Schmidt-Futterer/Blank Vor § 535 Rn 82). Eine Anwaltskanzlei kann eine Räumlichkeit iS des § 312b BGB darstellen, wenn der Rechtsanwalt nicht im Namen oder Auftrag des Vermieters handelt, sondern nur vorbereitend, begleitend und beratend tätig wird (Hohlweger/Ehmann GWR 2014, 211, 212; Wendehorst NJW 2014, 577, 581). Diese Auslegung korrespondiert mit Erwägungsgrund 22 der Verbraucherrechte-Richtlinie, nach dem im Auftrag nur handelt, wer für die Rechnung des Vermieters handelt. Wird ein Vertrag im Wege eines **gerichtlichen Vergleichs** geschlossen, zählt der Gerichtsraum nicht zu den Geschäftsräumen. Allerdings ist hier § 312 Abs 2 Nr 1 lit b BGB zu beachten.

d) **Fernabsatz (§ 312c)**
164 Das Widerrufsrecht besteht ferner dann, wenn der Mietvertrag im Fernabsatz abgeschlossen wurde. **Fernabsatzverträge** sind „Verträge, bei denen der Unternehmer oder eine in seinem Namen oder Auftrag handelnde Person und der Verbraucher für die Vertragsverhandlungen und den Vertragsschluss ausschließlich Fernkommunikationsmittel verwenden, es sei denn, dass der Vertragsschluss nicht im Rahmen eines für den Fernabsatz organisierten Vertriebs- und Dienstleistungssystems erfolgt" (§ 312c Abs 1 BGB). **Fernkommunikationsmittel** sind „alle Kommunikations-

mittel, die zur Anbahnung oder zum Abschluss eines Vertrages eingesetzt werden können, ohne dass die Vertragsparteien gleichzeitig körperlich anwesend sind" (§ 312c Abs 2 BGB). Exemplarisch nennt das Gesetz Briefe, Kataloge, Telefonanrufe, Telekopien, E-Mails, SMS sowie Rundfunk und Telemedien. Ein Vertriebs- und Dienstleistungssystem iS des § 312c BGB ist nicht erst dann anzunehmen, wenn der Vermieter die gesamte Vermietung ausschließlich auf diesem Weg betreibt. Zur Gewährleistung eines effektiven Verbraucherschutzes reicht es vielmehr aus, dass der Vermieter nur den Teil seiner Geschäfte im Fernabsatz abwickelt, der den jeweiligen Mieter betrifft (SCHMIDT-FUTTERER/BLANK Vor § 535 Rn 89; aM MEDIGER NZM 2015, 185, 189; PASCHKE GE 2016, 241, 243). § 312c BGB setzt aber voraus, dass sowohl der Vertragsabschluss als auch die Vertragsverhandlungen ausschließlich mit Fernkommunikationsmitteln durchgeführt werden.

e) Keine vorherige Wohnungsbesichtigung (§ 312 Abs 4 S 2) und keine Ferienwohnung (312g Abs 2 Nr 9)

aa) Dem Mieter steht kein Widerrufsrecht zu, wenn er die Wohnung vor Vertragsabschluss besichtigt hat (§ 312 Abs 4 S 2 BGB). Dieser Ausschlusstatbestand erfasst den üblichsten Fall der Begründung eines Mietverhältnisses über Wohnräume, nämlich der Unterzeichnung des Mietvertrags nach vorheriger Besichtigung. Für das Widerrufsrecht verbleiben Distanzmietverträge oder Mietverträge ohne ordnungsgemäße Besichtigungen (KOCH VuR 2016, 92, 94), soweit sie keine Ferienwohnungen betreffen (s Rn 169). **165**

Die **Begründung** eines Mietverhältnisses liegt nur dann vor, wenn noch kein Mietvertrag besteht. Wird ein bestehender Mietvertrag jedoch nur nach einem Eigentümerwechsel durch einen neu ausgehandelten Vertrag ersetzt, ist hierunter keine Begründung iS des § 312 Abs 4 S 2 BGB zu verstehen und § 312b BGB bleibt anwendbar (SCHMIDT-FUTTERER/BLANK Vor § 535 Rn 80). **166**

Die **Besichtigung** muss vor Vertragsschluss erfolgen, kann diesem aber unmittelbar, ohne Einräumung einer Bedenkzeit, vorausgehen (BT-Drucks 17/12637, 48). Eine Sammelbesichtigung zusammen mit anderen Mietinteressenten ist ausreichend. Ein bloßes Betreten der Wohnung ohne Prüfmöglichkeit genügt jedoch nicht. Der Mieter muss vielmehr Gelegenheit zu einer umfassenden Besichtigung sämtlicher Räume erhalten (HAU NZM 2015, 435, 439). Hierzu zählen auch die zur Wohnung gehörenden Nebenräume wie Keller- und Speicherräume, Garagen und Stellplätze. Es ist nicht erforderlich, dass die Wohnung bereits leer steht. Eine lediglich virtuelle Besichtigung mit Hilfe von Telekommunikationsmitteln oder ein Betrachten von Abbildungen im Katalog kann die reale Besichtigung nicht ersetzen (HAU NZM 2015, 435, 439; MünchKomm/WENDEHORST § 312 Rn 83). Die Besichtigung einer baugleichen Musterwohnung reicht ebenfalls nicht aus, da der Mieter in der Lage sein soll, sich ein Bild der konkreten Gesamtumstände zu machen. Ausreichend ist hingegen die bloße **Möglichkeit zur Besichtigung**. Es ist daher unschädlich, wenn der Mieter von sich aus auf die Besichtigung der gesamten Wohnung verzichtet hat. Wird ihm jedoch die Besichtigung von – auch nur unwesentlichen – Teilen der Wohnung – zB vom vorigen Mieter – verweigert (aM MEDIGER NZM 2015, 185, 190) oder eine nur unzureichende Zeit für die Besichtigung gewährt, greift der Widerrufsausschluss nicht (SCHMIDT-FUTTERER/BLANK Vor § 535 Rn 79). **167**

168 Bei einer **Mehrheit von Mietern** müssen grundsätzlich alle Mieter die Wohnung besichtigt haben. Das Widerrufsrecht kann in einem solchen Fall jedoch nur von demjenigen Mieter ausgeübt werden, der die Mietsache vor Vertragsschluss nicht besichtigt hat. Im Verhältnis zwischen dem Vermieter und den verbleibenden Mietern richten sich die Rechtsfolgen des Widerrufs nach § 139 BGB (vgl BGH 11. 10. 2016 – XI ZR 482/15, NJW 2017, 243). Überlässt der Mieter die Besichtigung einem Dritten, kommt, da auf einen Realakt die Vorschriften über Rechtsgeschäfte und Willenserklärungen grundsätzlich nicht anwendbar sind, eine Zurechnung über § 166 Abs 1 BGB nur dann in Betracht, wenn der Dritte zugleich Vertreter des Mieters im rechtsgeschäftlichen Sinn ist (Hau NZM 2015, 435, 439; Lindner ZMR 2016, 356, 356).

169 **bb)** Ebenfalls kein Widerrufsrecht besteht für Verträge über die Vermietung von **Ferienwohnungen** (§ 312g Abs 2 Nr 9 BGB), da diese einen spezifischen Termin oder Zeitraum vorsehen, zu dem die Wohnung gemietet wird (hierzu ausführlich Gsell WuM 2014, 375, 383; MünchKomm/Wendehorst § 312 Rn 81).

f) Form und Frist

170 Der Widerruf erfolgt durch Erklärung gegenüber dem Vermieter, § 355 Abs 1 S 2 BGB. Der Widerruf kann formlos erklärt werden (Palandt/Grüneberg § 312 Rn 6). Aus der Erklärung muss der Entschluss des Mieters, sich von Beginn an vom Vertrag lösen zu wollen, eindeutig hervorgehen. Der Begriff „Widerruf" muss nicht verwendet werden, sodass auch eine als „Anfechtung" abgegebene Willenserklärung als Wiederruf gelten kann (BGH 12. 1. 2017 – I ZR 198/15, NJW 2017, 2337). Der Widerruf braucht keine Begründung zu enthalten (§ 355 Abs 1 S 4 BGB).

171 Die **Widerrufsfrist** beträgt 14 Tage (§ 355 Abs 2 S 1 BGB) und beginnt mit Abschluss des Mietvertrages, soweit nichts anderes bestimmt ist (§ 355 Abs 2 S 2 BGB). Die Widerrufsfrist beginnt jedoch nicht, bevor der Vermieter den Mieter entsprechend den Anforderungen des Art 246a § 1 Abs 2 EGBGB unterrichtet hat (§ 356 Abs 3 S 1, 2 BGB). Das Widerrufsrecht erlischt spätestens zwölf Monate und 14 Tage nach dem regulären Beginn der Widerrufsfrist. Zur Fristwahrung genügt die rechtzeitige Absendung des Widerrufs (§ 355 Abs 1 S 5 BGB).

g) Rechtsfolgen

172 Widerruft der Mieter seine Willenserklärung fristgerecht, sind beide Vertragsparteien nicht mehr an ihre auf den Abschluss des Mietvertrages gerichteten Willenserklärungen gebunden (§ 355 Abs 1 BGB). Der Widerruf beseitigt die Wirksamkeit der Willenserklärungen ex nunc. Die empfangenen Leistungen sind unverzüglich zurückzugewähren (§ 355 Abs 3 BGB). Bei Widerruf eines in der Situation des § 312b BGB oder § 312c BGB geschlossenen Vertrages statuiert § 357 Abs 1 BGB für die Rückgewähr eine Höchstfrist von 14 Tagen, deren Fristbeginn sich nach § 355 Abs 3 S 2 BGB richtet. Der Mieter hat die Mietsache, der Vermieter die Miete, Nebenkostenvorauszahlungen und die Kaution zurückzugewähren.

173 Für einen Wertersatzanspruch sind die strengen Voraussetzungen des § 357 Abs 8 BGB zu beachten. Aufgrund des im unionsrechtlichen Zusammenhang weiten Dienstleistungsbegriffs sind auch Mietverträge als Gebrauchsüberlassungsverträge von der Regelung erfasst (Art 2 Nr 6 RL 2011/83/EU; BGH 15. 1. 2015 – I ZR 88/14, NJW 2015, 2339; Palandt/Grüneberg § 312 Rn 3; Lindner ZMR 2016, 356, 357). Hiernach schuldet der Mieter dem Vermieter nur dann Wertersatz für die bis zum Widerruf erbrachte Leistung, wenn der Mieter von dem Vermieter ausdrücklich verlangt hat, dass dieser mit der Leistung vor Ablauf der Widerrufsfrist beginnt und der Vermieter den Mieter ordnungsgemäß über sein Widerrufsrecht informiert hat. Neben den §§ 355 ff BGB bestehen keine weiteren Ansprüche des Vermieters gegen den Mieter infolge des Widerrufs (§ 361 Abs 1 BGB). Dieser Anspruchsausschluss lässt jedoch die Haftung des Mieters für Schutzpflichtverletzungen unberührt. Schadensersatzansprüche wegen Veränderungen oder Verschlechterungen der Mietsache bleiben somit bestehen. Setzt der Mieter nach einem wirksamen Widerruf den Gebrauch der Mietsache fort, verlängert sich das Mietverhältnis nach § 545 S 1 BGB auf unbestimmte Zeit (MünchKomm/Bieber § 545 Rn 5; Lindner ZMR 2016, 356, 359 ff).

2. Aufhebungsvertrag

a) Zulässigkeit

174 Die Parteien können ein Mietverhältnis, das auf bestimmte oder auf unbestimmte Zeit eingegangen ist, zu jedem beliebigen Zeitpunkt durch einen Aufhebungsvertrag beenden (Blank, in: FS Seuß [1987] 35; Franke DWW 1999, 201). Dieser Vertrag ist weder im Mietrecht noch in den allgemeinen Vorschriften ausdrücklich geregelt. Die Rechtsgrundlage bildet § 311 Abs 1 BGB. Seine Zulässigkeit ergibt sich aus der **Vertragsfreiheit** (Bub/Treier/Fleindl Rn IV 533; Klein-Blenkers ua/Klein-Blenkers Rn 40). Damit unterliegt der Aufhebungsvertrag nur den Grenzen, die der Vertragsfreiheit im Allgemeinen und unter mietrechtlichen Gesichtspunkten im Besonderen gezogen sind. So kann der Aufhebungsvertrag nach § 123 Abs 1 BGB anfechtbar sein, wenn er durch arglistige Täuschung oder durch Drohung zustande gekommen ist (OLG München 9. 11. 2017 – 4 U 464/17, ZMR 2018, 314: Vermieter entlässt den Mieter nur gegen Zahlung eines Abstandes aus den Mietvertrag und verschweigt dabei, dass er das Gebäude bereits erneut vermietet hatte). Er kann nach § 138 Abs 1 BGB nichtig sein, wenn eine Partei etwa die Zwangslage der anderen in sittenwidriger Weise dazu ausgenutzt hat, den Vertragsschluss durchzusetzen. Der Mieter von Wohnraum verzichtet mit dem Aufhebungsvertrag auf den gesamten Bestandsschutz derartiger Mietverhältnisse. Allein durch die Vereinbarung einer Abstandszahlung, mit der sich der Mieter den Bestandsschutz abkaufen lässt, wird der Vertrag aber nicht sittenwidrig. Ebenso wenig verstößt der Aufhebungsvertrag gegen die zwingenden Vorschriften des Wohnraummietrechts. Dies gilt grundsätzlich auch bei einem Verzicht auf Vollstreckungsschutz (**aM** LG Heidelberg WuM 1993, 397), ausgenommen die zwingende Regelung des § 765a ZPO. Dem Vermieter darf aber nicht durch eine darauf abzielende Vertragsgestaltung das Recht eingeräumt werden, jederzeit das Mietverhältnis einseitig zu beenden, indem die Vorschriften über den Kündigungsschutz umgangen werden. Eine solche Umgehung wäre gegeben, wenn der Mieter zugleich mit dem Abschluss des Mietvertrags das unbefristete Angebot abgeben würde, einen Aufhebungsvertrag abzuschließen, das der Vermieter nach Belieben zu gegebener Zeit nur noch annehmen müsste. Dies würde im Ergebnis einer Kündigung ohne Kündigungsschutz gleichkommen und ist deshalb unzulässig.

b) Pflicht zum Vertragsabschluss

175 Die praktisch wichtigste Frage besteht darin, ob und unter welchen Voraussetzungen die Parteien verpflichtet sind, einen Mietaufhebungsvertrag abzuschließen. Diskutiert wird das Problem allein im Hinblick auf die Pflicht des Vermieters, den Mieter vorzeitig aus dem Mietvertrag zu entlassen. Denkbar sind indessen auch Fallgestaltungen, in denen eine entsprechende Pflicht des Mieters begründet sein könnte, weil er etwa aufgrund einer Erbfolge über freien Wohnraum verfügt, während der Vermieter in beengten Verhältnissen lebt und durch einen Zeitmietvertrag oder eine längere Kündigungsfrist an den Mieter gebunden ist.

176 **aa)** Die Parteien können **im Mietvertrag vereinbaren**, unter welchen Voraussetzungen sie sich verpflichten wollen, einen Aufhebungsvertrag abzuschließen. So kann der Vermieter dem Mieter vertraglich das Recht einräumen, sich durch Benennung eines angemessenen Ersatzmieters von dem Mietvertrag zu lösen (BGH NZM 2003, 277; BGH 7. 10. 2015 – VIII ZR 247/14, NJW 2015, 3780; SCHMID/HARZ/RIECKE Rn 108). Ob eine solche Ersatzmieterklausel eine entsprechende Pflicht des Vermieters begründet, hängt von ihrem Inhalt im Einzelfall ab (KG WuM 1992, 8; OLG München NZM 2003, 23; LG Berlin MDR 1984, 55; vgl zur Auslegung entsprechender Erklärungen auch BGH NZM 2005, 340). Über die „Geeignetheit" des Ersatzmieters und ggf die Anforderungen des Vermieters an ihn lässt sich dabei genauso intensiv streiten wie bei Fehlen einer entsprechenden vertraglichen Vereinbarung (vgl BGH 7. 10. 2015 – VIII ZR 247/14, NJW 2015, 3780; dazu BLANK NZM 2015, 887). Mehr als § 242 BGB hat die Rechtsordnung zur Konkretisierung nicht anzubieten.

177 **bb)** **Ohne vertragliche Ersatzmieterklausel** ist der Vermieter grundsätzlich nicht verpflichtet, den Mieter vorzeitig aus dem Mietverhältnis zu entlassen (OLG Koblenz NJW 2004, 77; OLG Naumburg WuM 2002, 537; BeckOGK/MEHLE [1. 7. 2020] Rn 137). Eine gesetzliche Pflicht zum Abschluss eines Aufhebungsvertrags kann sich jedoch aus **Treu und Glauben** nach § 242 BGB ergeben, wenn der Mieter ein erhebliches berechtigtes Interesse hat, das Mietverhältnis vorzeitig zu beenden (BGH NJW 2003, 1246; dazu STREYL WuM 2005, 183, 186 ff). Dieses Interesse kann insbesondere aus beruflichen (BeckOGK/MEHLE [1. 7. 2020] Rn 137; KANDELHARD NZM 2004, 846, 847 f) oder persönlichen Gründen (AG Steinfurt WuM 2007, 126; BeckOGK/MEHLE [1. 7. 2020] Rn 137; KANDELHARD NZM 2004, 846, 848 f) resultieren. Dieses Beendigungsinteresse des Mieters begründet eine Abschlusspflicht aufseiten des Vermieters jedoch nur, wenn es dessen Interesse am Fortbestand des Mietverhältnisses weit überwiegt und als vorrangig anzusehen ist (OLG Düsseldorf WuM 1995, 391; OLG Hamburg DWW 1987, 71; OLG Hamm WuM 1995, 577; OLG Karlsruhe NJW 1981, 1741; OLG München NJW-RR 1995, 393; OLG München NZM 2003, 23; OLG Oldenburg WuM 1981, 125; OLG Oldenburg WuM 1982, 124; LG Berlin ZMR 2000, 26; LG Berlin GE 2004, 1529; GATHER DWW 1985, 197, 199; HEILE ZMR 1990, 249, 251; KOSSMANN/MEYER-ABICH § 85 Rn 3 ff; OTTO GE 1995, 971; RÖCHLING NJW 1981, 2782, 2783 f; SCHOPP DWW 1992, 74, 74; WICHARDT ZMR 1982, 161, 162 ff; **aM** HINZ NZM 2003, 659, 660, der jedes berechtigte Interesse des Mieters ausreichen lassen will). Daran fehlt es jedenfalls dann, wenn der Mieter mit der Regelkündigungsfrist des § 573c Abs 1 S 1 BGB (drei Monate zum Monatsende) kündigen kann; dem Mieter ist die Einhaltung dieser kurzen Frist zumutbar (LG Berlin 3. 3. 2016 – 67 S 39/16, WuM 2016, 227). Wenn Teile der Literatur der Rechtsprechung des BGH (BGH NZM 2003, 277) eine mieterfreundlichere Linie entnehmen meinen zu können (FISCHER WuM 2004, 123 ff; HINZ NZM 2003, 659, 660 f; KANDELHARD NZM 2004, 846, 847), übersehen sie, dass die Parteien im konkreten Fall ausdrücklich die Mietaufhebung unter der Bedingung *vereinbart* hatten, dass die Mieter einen geeigneten Nachmieter stellten. Im Einzelnen ergibt sich bei der erforderlichen Interessenabwägung, die ohne bestimmte gesetzliche Vorgaben erfolgen muss, eine Fülle von Einzelproblemen (näher STAUDINGER/V EMMERICH § 537 Rn 20 f).

c) **Zustandekommen**

aa) Für das Zustandekommen des Aufhebungsvertrags gelten die allgemeinen 178 Vorschriften. Hiernach müssen sich die **Parteien** des Mietvertrags darüber einigen, das Mietverhältnis vorzeitig aufzuheben. Bei einer Mehrheit von Beteiligten müssen alle Mieter und Vermieter rechtsgeschäftlich zusammenwirken (KG NZM 1999, 462; LG Berlin ZMR 1986, 312; LG Berlin WuM 1995, 105; LG München I WuM 1990, 335; **aM** LG Krefeld ZMR 2003, 575). Haben Ehegatten den Mietvertrag gemeinsam abgeschlossen, kann einer von ihnen nur mit Zustimmung des anderen aus dem Mietverhältnis ausscheiden (offen gelassen von BGH NZM 2004, 419). Die Zustimmung ist nicht ohne Weiteres aus einer mit dem Auszug eines Ehegatten verbundenen einvernehmlichen Trennung zu folgern (BayObLG WuM 1983, 107), ein Anspruch auf sie kann sich aber als vertragliche Nebenpflicht (§ 241 Abs 2 BGB) aus dem zugrundeliegenden Schuldverhältnis, auch der Ehe (OLG Hamburg NZM 2011, 311), ergeben (s Rn 16a). Stellvertretung beim Abschluss eines Aufhebungsvertrags durch mehrere Personen ist zulässig. Eine allgemein gehaltene formularmäßige gegenseitige Bevollmächtigung (s Rn 24) oder die Schlüsselgewalt des § 1357 Abs 1 BGB (LG Köln WuM 1990, 142) bilden keine Grundlage für einen Mietaufhebungsvertrag. Solange der zukünftige Erwerber des vermieteten Grundstücks mangels einer Eintragung im Grundbuch noch nicht als neuer Vermieter nach § 566 BGB in die Rechte und Pflichten aus dem Mietverhältnis eingetreten ist, kann er ohne Mitwirkung des bisherigen Vermieters keinen Aufhebungsvertrag abschließen (LG Ellwangen WuM 1991, 489; AG Leverkusen WuM 1986, 252).

bb) Der Abschluss des Aufhebungsvertrags setzt **übereinstimmende Willenserklä-** 179 **rungen** der Parteien voraus. Die Erklärungen können ausdrücklich oder konkludent darauf gerichtet sein, das Mietverhältnis aufzuheben. Angebot und Annahme zur einvernehmlichen Aufhebung des Mietverhältnisses müssen den zweifelsfreien rechtsgeschäftlichen Willen zur Vertragsbeendigung enthalten (AG Gelsenkirchen 29. 11. 2016 – 210 C 398/16, ZMR 2017, 981: nicht ausreichend ist die Äußerung des Vermieters im Rahmen eines Streits, die Mieterin solle „ihre Klamotten packen und gehen"; STERNEL, in: FS Blank [2006] 421, 439). Aus einem **schlüssigen Verhalten** muss sich dieser Wille eindeutig ergeben (OLG Köln WuM 1962, 137; OLG Naumburg WuM 1998, 283; LG Freiburg WuM 1989, 7; LG Köln WuM 1980, 101; LG Mannheim WuM 1975, 226; LG Rottweil WuM 1989, 182; AG Bergheim WuM 1999, 218). Daran fehlt es, wenn die Vertragsparteien über rechtlich oder wirtschaftlich wesentliche Aspekte noch keine Einigung erzielt haben (KG NZM 2005, 946). Die Aufnahme unverbindlicher Vorverhandlungen ist unerheblich (LG Mannheim ZMR 1968, 302). Die Vereinbarung, die Mietsache vorzeitig zurückzugeben, bedeutet nicht ohne Weiteres, dass das Mietverhältnis vorzeitig beendet werden soll, weil der Mieter nicht zum Gebrauch verpflichtet ist, sondern nach § 271 Abs 2 BGB das Recht hat, die Mietsache vor dem Ende der Mietzeit zurückzugeben (LG Köln WuM 1996, 619). Ebenso wenig führt der Auszug des Mieters vor dem durch eine Kündigung des Vermieters bestimmten Ende des Mietverhältnisses unter Zusendung der Schlüssel zu einem Aufhebungsvertrag, wenn es an übereinstimmenden Willenserklärungen fehlt (LG Düsseldorf DWW 1996, 279; LG Düsseldorf DWW 1996, 281; LG Mannheim ZMR 2010, 194; ähnlich LG Gera WuM 2005, 647). Anders können die Dinge liegen, wenn der Mieter verstorben ist, seine in das Mietverhältnis eingetretenen Erben (§ 564 BGB) die Wohnung räumen und dem Vermieter den Schlüssel übergeben. Besteht der Vermieter dann nicht auf der Einhaltung der Kündigungsfrist und macht er auch bei der Entgegennahme des Schlüssels sonst keinerlei Vorbehalte, etwa in Bezug auf die Miete, können die Erklärungen der Parteien als konkludente Aufhebung des Mietvertrages zu interpretieren sein (LG Gießen WuM 2012, 604).

180 Eine **Vertragsübernahme** kann in der Weise vereinbart werden, dass das Mietverhältnis zwischen den bisherigen Parteien durch Aufhebungsvertrag zwischen dem alten Mieter und dem Vermieter beendet und ein neues Mietverhältnis mit dem Inhalt des bisherigen durch einen weiteren Vertrag mit dem neuen Mieter geschlossen wird (BGHZ 137, 255, 258 = NJW 1998, 531; BGH NZM 2010, 471; BGH 5. 6. 2013 – VIII ZR 142/12, ZMR 2013, 866; KG ZMR 2003, 835). Andererseits besteht auch die Möglichkeit, dass der Parteiwechsel durch Vertrag zwischen dem aus dem Mietverhältnis ausscheidenden (bisherigen Mieter) und dem neu eintretenden Teil (neuer Mieter) mit Zustimmung der verbleibenden Partei (Vermieter) vereinbart wird oder dass der Vermieter mit dem Altmieter vereinbart, dass der Neumieter in den Vertrag eintritt und dieser der Vertragsübernahme zustimmt (BGH NZM 2005, 584; BGH NJW 2013, 1083). Dabei kann die Auswechslung der Partei im Wege eines einheitlichen Vertragswerks als sogenannter dreiseitiger Vertrag vollzogen werden (vgl BGHZ 96, 302, 308 = NJW 1986, 918; KG NZM 2001, 622), der auch in dem umgekehrten Fall erforderlich ist, dass die Partei des *Vermieters* in anderer Weise als durch § 566 BGB ausgewechselt werden soll (OLG Celle NZM 2000, 93). Welcher Vertragstyp im Einzelfall dem Willen der Beteiligten entspricht, ist gegebenenfalls durch Auslegung der getroffenen Parteiabreden zu ermitteln. Schließt der Vermieter mit dem vom Mieter gestellten Nachmieter einen neuen Mietvertrag ab, der einen anderen Inhalt hat als derjenige mit dem bisherigen Mieter, liegt zwar keine Vertragsübernahme vor, gleichwohl kann im Abschluss des Mietvertrages mit dem Nachmieter zugleich die konkludente Aufhebung des vorhergehenden Mietverhältnisses liegen (BGH NZM 2012, 341). Ob die Vertragsübernahme **formbedürftig** ist oder nicht, beurteilt sich nach § 550 BGB. Wird die Vertragsübernahme durch eine Vereinbarung zwischen altem und neuem Mieter vollzogen, bedarf nur sie unter den Voraussetzungen des § 550 BGB der Schriftform; die erforderliche Zustimmung des Vermieters kann formlos erfolgen (BGH NJW 2013, 1083).

181 α) Eine unwirksame Kündigung kann grundsätzlich in einen **Antrag** zum Abschluss eines Aufhebungsvertrags umgedeutet werden, wenn sich der Erklärende bewusst war, dass die Kündigung als einseitige Gestaltungserklärung nicht wirksam werden konnte und für diesen Fall die Zustimmung des Erklärungsempfängers notwendig sei, um das Mietverhältnis zu beenden (s Rn 121 f). Das Angebot, einen Aufhebungsvertrag abzuschließen, kann in der wiederholten Aufforderung liegen, zu räumen und unverzüglich eine andere Wohnung zu nehmen (LG Braunschweig WuM 1983, 138; LG Osnabrück WuM 1984, 2 [LS]; AG Mönchengladbach DWW 1989, 394), ferner in dem mit einer Kündigung verbundenen Wunsch, vorzeitig ausziehen zu dürfen (LG Lüneburg WuM 1989, 8), in dem Verlangen auf Zahlung der Miete bis zur Rückgabe der Wohnungsschlüssel (AG Aachen WuM 1975, 209), in dem bei Anwesenheit des auszugswilligen Mieters mit einem Dritten abgeschlossenen Mietvertrag (AG Nordhorn WuM 1997, 36) und in der mit einem ungerechtfertigten Mieterhöhungsverlangen verbundenen Erklärung des Vermieters, er werde dem Mieter bei einem vorzeitigen Auszug keine Steine in den Weg legen (AG Leer DWW 1989, 86). Im Übrigen führt die **Neuvermietung** durch den Vermieter nach einer unwirksamen Kündigung durch den Mieter nicht ohne Weiteres zu einem Mietaufhebungsvertrag (LG München I NJWE-

MietR 1997, 25). Kündigt ein **Mitmieter** das Mietverhältnis ausdrücklich nur für seine Person, so liegt darin ein Angebot zu einem beschränkten Mietaufhebungsvertrag (AG Neuss WuM 1986, 339). Der andere Mitmieter muss allerdings zustimmen. Die bloße Unmutsäußerung des Vermieters auf Beanstandungen des Mieters stellt hingegen grundsätzlich kein Angebot zum Abschluss eines Mietaufhebungsvertrags dar (LG Mannheim WuM 1975, 188). Das Gleiche gilt für die Erklärung des Mieters im Anschluss an eine Kündigung durch den Vermieter, sich um eine Ersatzwohnung zu bemühen (LG Detmold WuM 1990, 301). In der Zusage des Mieters, er werde ausziehen, wird manchmal ein konstitutives Schuldversprechen iS des § 780 BGB gesehen, das aber der schriftlichen Form bedarf, sodass mündliche Erklärungen unwirksam sind (LG Köln WuM 1993, 675; AG Leverkusen WuM 1986, 252). Wird dem Mieter nach § 1093 BGB ein dingliches Wohnrecht bestellt, kann darin die stillschweigende Aufhebung des Mietverhältnisses liegen (BGH ZMR 1970, 11; OLG Frankfurt WuM 1989, 147). Tauscht der Mieter seine Wohnung gegen eine andere desselben Vermieters, ist davon auszugehen, dass das Mietverhältnis über die bisherige Wohnung vereinbarungsgemäß mit dem Bezug der neuen endet (AG Kassel WuM 1983, 27 [LS]).

β) Der Aufhebungsvertrag kommt mit der **Annahme** des Antrags durch den anderen Vertragsteil zustande. Eine Pflicht, den Antrag anzunehmen, kann sich aus einer vertraglichen Klausel oder nach § 242 BGB aus Treu und Glauben ergeben (Rn 177). Im Übrigen steht es dem anderen Vertragsteil frei, ob er den Antrag annimmt. Die Annahme muss nach Maßgabe der §§ 146, 147 BGB rechtzeitig erfolgen. Die Annahmefrist richtet sich nach Lage des Einzelfalls (LG Berlin GE 1990, 317; LG Berlin ZMR 1998, 776; LG Düsseldorf WuM 1991, 673). Die Annahme kann ausdrücklich oder nach § 151 BGB stillschweigend erklärt werden (AG Bonn NZM 2012, 343: Unbehelligtlassen des ausgezogenen Ehegatten über einen Zeitraum von 27 Jahren). Die Erklärung muss den Annahmewillen eindeutig zum Ausdruck bringen. Sie kann auch unter einer aufschiebenden oder auflösenden **Bedingung** abgegeben werden (s Rn 189 f). **182**

Das bloße **Schweigen des anderen Vertragsteils** reicht in aller Regel nicht aus, zumal etwa der Empfänger einer unwirksamen Kündigung nicht zu einer Antwort verpflichtet ist (BGH NJW 1981, 43; LG Berlin GE 1990, 317; LG Frankfurt aM WuM 1981, 10; LG Mosbach NJW-RR 1995, 1417; LG Stuttgart ZMR 1967, 9; BeckOGK/Mehle [1. 7. 2020] Rn 132; **aM** LG Freiburg WuM 1984, 129; LG Kaiserslautern WuM 1990, 288; AG Köln WuM 1974, 69). Schweigen auf einen Antrag, das Mietverhältnis aufzuheben, kann allenfalls dazu führen, dass sich der andere Teil so behandeln lassen muss, als sei der Vertrag zustande gekommen, wenn er aufgrund einer rechtlichen Sonderverbindung, wie sie etwa zwischen einer Wohnungsbaugenossenschaft und ihrem Mitglied besteht, zu einer Antwort verpflichtet war (LG Hannover MDR 1978, 228). Erklärungen des Mieters, die keinen auf einen Mietaufhebungsvertrag gerichteten Willen erkennen lassen, können nicht als Annahme gewertet werden (LG Köln WuM 1980, 101; AG Bonn WuM 1992, 611; AG Waiblingen WuM 1979, 123). Dies gilt etwa für die auf eine Kündigung durch den Vermieter folgende Mitteilung des Mieters, er werde sich um eine Ersatzwohnung bemühen (LG Düsseldorf DWW 1993, 103), sei bereits mit der Wohnungssuche befasst (LG Heidelberg WuM 1994, 541) oder habe eine neue Wohnung gefunden (LG Düsseldorf WuM 1991, 673). Zurückhaltung ist auch bei einem rein tatsächlichen Verhalten geboten (OLG Karlsruhe NJW 1982, 54). So kann zwar das Einverständnis mit einem Räumungstermin, die Rüge unterbliebener Räumung (OLG Hamm NJW-RR **183**

1997, 264) oder die Räumung im Prinzip als Annahme beurteilt werden. Dies gilt aber nicht, wenn der Mieter nur unter dem vermeintlichen Druck der unwirksamen Kündigung räumt (BGH ZMR 1963, 274; AG Heidelberg WuM 1975, 67; AG Kerpen WuM 1981, U 7). Der Abschluss eines Aufhebungsvertrags kommt auch dann nicht in Betracht, wenn der Vermieter seine Kündigung mit der Bitte verbindet, den Auszugstermin mitzuteilen, und der Mieter daraufhin seinerseits kündigt. In diesen Kündigungen liegen keine Willenserklärungen, die auf einen Aufhebungsvertrag gerichtet sind (LG Mannheim WuM 1974, 175).

184 Eine stillschweigende Vertragsübernahme kann dagegen angenommen werden, wenn der neue Vermieter auf eine nicht dem Anwendungsbereich des § 566 BGB unterfallende Art und Weise die vertraglichen Rechte und Pflichten von dem vorherigen Vermieter übernommen und der Mieter sich hiermit **konkludent einverstanden erklärt** hat (BGH NZM 2010, 471; BGH 5. 6. 2013 – VIII ZR 142/12, ZMR 2013, 866). So liegt eine konkludente Zustimmung des Mieters zu dem Vermieterwechsel nahe, wenn der Mieter die Miete an den neuen Vermieter überweist oder Rechte aus dem Mietverhältnis wie etwa die Beseitigung von Mängeln oder Störungen diesem gegenüber geltend macht (BGH NZM 2010, 471; vgl auch BGHZ 154, 171, 175 = NJW 2003, 2158). Ebenso können die Dinge liegen, wenn die Vertragsübernahme im Interesse des Mieters liegt, weil der frühere Eigentümer zur Gewährung des unmittelbaren Besitzes gar nicht mehr in der Lage ist, dieser kein Interesse an einer weiteren Fortsetzung des von ihm gar nicht mehr erfüllbaren Vertrages hat, und der neue Vermieter einerseits den Gebrauch der Sache weiterhin dem Mieter überlässt und andererseits einen Anspruch auf Zahlung der Miete erhält (BGH 5. 6. 2013 – VIII ZR 142/12, ZMR 2013, 866).

185 cc)   Für den Aufhebungsvertrag ergibt sich aus den allgemeinen Vorschriften keine bestimmte **Form**. Der Vertrag kann deshalb formfrei abgeschlossen werden (vgl AG München 14. 11. 2017 – 473 C 13483/17, ZMR 2018, 950), auch wenn der Mietvertrag nach § 550 BGB formbedürftig war (Mertens JZ 2004, 431, 434). Diese Vorschrift betrifft nur den Abschluss des Mietvertrags für längere Zeit als ein Jahr. Haben die Parteien für den Abschluss und etwaige Änderungen des Mietvertrags die schriftliche Form vertraglich vereinbart, ist anzunehmen, dass dies grundsätzlich auch für einen Aufhebungsvertrag gelten soll (LG Mannheim ZMR 1968, 302; AG Hamburg-Harburg WuM 1980, 254 [LS]; Kossmann/Meyer-Abich § 84 Rn 3; **aM** BeckOGK/Mehle [1. 7. 2020] Rn 130). Die Parteien können hiervon einvernehmlich abweichen, weil sie ein rechtsgeschäftlich aufgestelltes Formerfordernis jederzeit beseitigen können. Vorauszusetzen ist allerdings, dass sie keine doppelte Schriftformklausel individualvertraglich vereinbart hatten (oben Rn 106) und sich der rechtsgeschäftlichen Änderung der Schriftformklausel bewusst sind (KG GE 2001, 278; OLG Düsseldorf NZM 2001, 591; LG Aachen WuM 1993, 734; LG Düsseldorf WuM 1993, 341; AG Münster WuM 1994, 424; AG Neuss WuM 1993, 341; Schmidt-Futterer MDR 1971, 13; vgl RG 21. 3. 1919 – III 388/18, RGZ 95, 175, 176; BGH NJW 1962, 1908; BGH NJW 1965, 293). Dies gilt auch bei Änderung einer formularmäßigen Schriftformklausel, selbst durch Schweigen auf ein kaufmännisches Bestätigungsschreiben (OLG Düsseldorf MDR 1991, 349 m Anm Teske EWiR 1991, 5). Etwas anderes gilt nur für den **Ausnahmefall**, dass der Aufhebungsvertrag das Mietverhältnis nicht mit sofortiger oder alsbaldiger Wirkung, sondern erst zu einem Zeitpunkt beendet, der mehr als ein Jahr in der Zukunft liegt. Ein solcher Aufhebungsvertrag steht einem Zeitmietvertrag gleich und bedarf unter den Voraussetzungen des § 550 BGB der Schriftform.

Aus der Vorschrift des § 568 BGB, nach der ein Mietverhältnis über Wohnraum nur **186** schriftlich gekündigt werden kann, lässt sich **kein Formzwang** herleiten, da zwischen der einseitigen Kündigung und dem einvernehmlichen Aufhebungsvertrag hinsichtlich der Schutzbedürftigkeit der Parteien ein grundlegender Unterschied besteht (Horst Rn 1388; **aM** AG Köln WuM 1993, 119). **Formbedürftig** ist hingegen unter den Voraussetzungen des § 550 BGB eine Vereinbarung, durch die ein Ersatzmieter an die Stelle des bisherigen Mieters tritt. Hierbei kommt es nicht darauf an, ob der Ersatzmieter die Vereinbarung mit dem Vermieter oder nach dessen Zustimmung mit dem bisherigen Mieter abschließt. Unerheblich ist auch, ob die Mietpartei vorübergehend oder auf Dauer ausgewechselt werden soll, sofern insoweit eine längere Vertragszeit als ein Jahr vorgesehen ist (BGHZ 72, 394, 397 = NJW 1979, 369).

dd) Der Aufhebungsvertrag kann unter den Voraussetzungen des § 138 BGB **186a** **sittenwidrig** sein. Dies kann beispielsweise anzunehmen sein, wenn der Mieter die Mietsache untervermietet oder auf einer anderen rechtlichen Grundlage einem Dritten zur Nutzung überlassen hat und den Aufhebungsvertrag mit dem Vermieter allein deshalb abschließt, damit dieser wieder Alleinbesitz an dem Mietobjekt erlangt, im Übrigen aber kein vernünftiger Grund für die Beendigung des Mietverhältnisses besteht (BGH 18. 4. 2018 – XII ZR 76/17, NZM 2018, 601). Allerdings reicht auch in einem solchen Fall die bloß gemeinsame Absicht von Vermieter und Mieter, den Untermieter aus seinem Besitz zu drängen (vgl § 546 Abs 2 BGB), für die Annahme eines Verstoßes gegen § 138 BGB nicht aus. Vielmehr ist zusätzlich erforderlich, dass der Aufhebungsvertrag die Rechtsstellung des Dritten tatsächlich verschlechtert. Ist dieser Vertrag für den Untermieter objektiv nicht nachteilig, weil der Zwischenmieter den Untermietvertrag – etwa bei beweglichen Sachen oder Gewerberäumen – ohnehin zeitnah kündigen könnte, bewirkt der Aufhebungsvertrag objektiv keinen Nachteil für den Untermieter. Er ist dann nicht sittenwidrig (BGH 18. 4. 2018 – XII ZR 76/17, NZM 2018, 601; vgl auch BGH 28. 10. 2011 – V ZR 212/10, NJW-RR 2012, 18).

ee) Dem Mieter kann ein **Widerrufsrecht** nach §§ 312g, 355 BGB zustehen, wenn **187** er als Mieter von Wohnraum Verbraucher iS des § 13 BGB und der Vermieter Unternehmer (§ 14 BGB) ist, wofür der Mieter darlegungs- und beweispflichtig ist (LG Berlin 19. 5. 2016 – 65 S 151/16, GE 2016, 1028). Nach der Gesetzesbegründung besteht ein Widerrufsrecht zum Ausgleich von „Gefahren durch Überrumpelung und psychischen Druck" auch für die Aufhebung bestehender Mietverträge, die außerhalb von Geschäftsräumen abgeschlossen wurden (BT-Drucks 17/12637, 48). Die situationstypische Voraussetzung des § 312g Abs 1 Nr 1 BGB liegt hierbei zum Beispiel dann vor, wenn der Mieter durch mündliche Verhandlungen im Bereich seiner Privatwohnung zum Vertragsabschluss bestimmt worden ist. Der Mieter muss in seiner Wohnung nicht damit rechnen, dass der Vermieter mit ihm Fragen und Probleme seines Mietverhältnisses bespricht und gegebenenfalls rechtsgeschäftlich regeln will (AG Freiburg 1. 10. 2013 – 53 C 1059/13, WuM 2013, 728). Der BGH legt schließlich auch den Begriff der Entgeltlichkeit weit aus (BGH 9. 3. 1993 – XI ZR 179/92, NJW 1993, 1594; BGH 7. 1. 2003 – X ARZ 362/02, NJW 2003, 1190; BGH 17. 5. 2017 – VIII ZR 29/16, NJW 2017, 2823). An ihr fehle es nur, wenn der Verbraucher eine Leistung erhält, ohne selbst dafür ein Entgelt zahlen zu müssen. Ausreichend sei bereits, wenn der Vertrag schuldrechtliche Verpflichtungen gegenüber dem Vermieter begründe und vom Mieter ein Entgelt zu entrichten sei, auch wenn eine Gegenleistung nicht Vertragsinhalt ist und der Mieter sein Leistungsversprechen nur in der erkennbaren Erwartung ihm daraus erwachsender Vorteile abgebe. Eine entgeltliche Leistung des Vermieters – wie sie nach § 312 BGB erforderlich ist – liegt danach schon dann vor, wenn der Mieter sich durch den Vertrag zur Zahlung eines Entgelts oder zum Verzicht auf ein vermögenswertes Recht verpflichtet (AG Hanau 10. 8. 2015 – 34 C 223/15 [14], WuM 2015, 543; Mediger NZM 2015, 185, 187 f; Schmidt-Futterer/Blank Vor § 535 Rn 77). Denn durch einen Aufhebungsvertrag verliert der Mieter sein aus dem Mietvertrag folgendes Nutzungsrecht an der Wohnung; es kommt folglich zum Verzicht auf einen vermögenswerten Anspruch (AG Waiblingen 5. 5. 1995 – 13 C 631/95, WuM 1996, 137, 138; Rolfs/Möller NJW 2017, 3275, 3277).

d) Inhalt

188 aa) Inhaltlich muss der Aufhebungsvertrag auf eine **vorzeitige Beendigung** des Mietverhältnisses gerichtet sein. Das Mietverhältnis soll vorzeitig beendet werden, wenn vor der Einigung der Parteien noch kein anderer Beendigungsgrund besteht, wenn der Grund nicht wirksam ist – wie bei einer unwirksamen Kündigung – oder wenn er zwar wirksam ist, das Mietverhältnis aber zu einem anderen Zeitpunkt beenden würde, etwa indem eine längere Kündigungsfrist von den Parteien abgekürzt wird (LG Mannheim WuM 1987, 395). Teilweise wird verlangt, die Parteien müssten einen bestimmten Zeitpunkt für das Ende des Mietverhältnisses benennen (LG Düsseldorf DWW 1996, 279; LG Stuttgart ZMR 1967, 9; AG Leverkusen WuM 1986, 252). Dies ist jedoch keine Voraussetzung für die Wirksamkeit des Aufhebungsvertrags, weil sich der Zeitpunkt neben einer ausdrücklichen Bestimmung aus den gesamten Umständen ergeben kann. In Ermangelung einer anderweitigen Vereinbarung der Parteien ist der aus dem Aufhebungsvertrag resultierende Räumungs- und Herausgabeanspruch des Vermieters entsprechend § 271 Abs 1 BGB sofort fällig (Horst Rn 1394). Muss ein Ersatzmieter gestellt werden, soll das bisherige Mietverhältnis in dem Zeitpunkt enden, in dem der Ersatzmieter neue Vertragspartei wird (LG Berlin WuM 1988, 271; LG Mannheim DWW 1977, 42). Hierfür ist dem Vermieter eine angemessene Frist zur Überlegung und Auswahl zuzubilligen (LG Oldenburg WuM 1997, 491; AG Steinfurt WuM 1997, 45), die auf drei Monate bemessen wird (LG Gießen ZMR 1997, 80).

189 bb) Als Inhalt des Aufhebungsvertrags kann eine **Bedingung** iS des § 158 BGB vereinbart werden. Sie kann aufschiebend (LG Saarbrücken NJW-RR 1997, 968) oder auflösend abgefasst werden. Manchmal wird der Aufhebungsvertrag von der Bedingung abhängig gemacht, dass der Mieter vor dem Auszug die Mieträume renoviert oder eine entsprechende Abstandszahlung leistet (LG Hannover WuM 1994, 424; LG Mannheim WuM 1967, 163). Meistens soll die Wirksamkeit des Vertrags aber davon abhängen, dass **eine Wiedervermietung gelingt** (LG Saarbrücken NJW-RR 1997, 968), wobei idR der Mieter die Pflicht übernimmt, einen angemessenen und zumutbaren Ersatzmieter zu stellen (vgl BGH NJW 2003, 1246). Diese Pflicht kann auch von beiden Parteien übernommen werden. Der Vermieter kann sich die Wiedervermietung unter Ausschluss dahin gehender Bemühungen des Mieters vorbehalten (LG Mannheim WuM 1967, 163; LG Mannheim WuM 1970, 58). Zu den gleichen Ergebnissen führt eine Vertragsgestaltung, bei der bereits der Abschluss des Aufhebungsvertrags und nicht erst sein Wirksamwerden davon abhängig gemacht wird, dass ein Ersatzmieter gestellt wird, mit dem ein Vertrag zustande kommt. Stellt der Mieter keinen zumutbaren Ersatzmieter, fehlt es an dem Bedingungseintritt (LG Mannheim DWW 1977, 42) oder an der Voraussetzung für den Abschluss des Aufhebungsvertrags. Wenn der Vermieter den Eintritt der Bedingung wider Treu und Glauben verhindert, gilt sie nach § 162 Abs 1 BGB als eingetreten, sodass der Aufhebungsvertrag wirksam wird (OLG Düsseldorf DWW 1992, 242; LG Hannover WuM 1995, 697; LG Mannheim WuM 1967, 163; AG Köln WuM 1988, 106). Dies hat zur Folge, dass der Mieter keine Miete mehr schuldet. Auch wenn bereits der Abschluss des Aufhebungsvertrags von dem Vertragsschluss mit einem Ersatzmieter abhängig gemacht wird, der Vermieter diesen Vertragsschluss aber treuwidrig verhindert, wird der Mieter von der weiteren Verpflichtung zur Mietzahlung frei. Dieses Ergebnis wird entweder mit Treu und Glauben nach § 242 BGB (LG Köln WuM 1989, 283; AG Hannover WuM 1987, 146) oder mit einem Schadensersatzanspruch aus § 280 Abs 1 BGB begründet (LG Köln WuM 1986, 216; AG Köln WuM 1988, 106).

Häufig stellt sich das Problem, ob es dem Vermieter als **treuwidrige Vereitelung der** **190** **Wiedervermietung** zuzurechnen ist, wenn der Vertrag mit dem Ersatzmieter deshalb scheitert, weil der Vermieter nur zu geänderten Vertragsbedingungen, vor allem zu einer höheren Miete abschließen will. Ein solches Verlangen wird meist für unberechtigt erklärt (OLG Düsseldorf DWW 1992, 242; LG Frankfurt aM ZMR 1984, 309; LG Hannover WuM 1995, 697), teilweise auch für zulässig gehalten (OLG Hamburg WuM 1987, 145; LG Saarbrücken WuM 1995, 314; AG Saarbrücken WuM 1995, 313). Diese Frage kann nicht generell beurteilt werden, da es ganz auf die Art des Mietverhältnisses (SCHULZ ZMR 1985, 8) und die Umstände des Einzelfalls ankommt. Treuwidrig ist es jedenfalls, einen Wohnungsmieter nicht zu akzeptieren, der nicht bereit ist, die unter Verstoß gegen die §§ 556d bis 556f BGB geforderte Miete zu entrichten. Im Übrigen kann es eine Rolle spielen, ob der Mieter eine Änderung der Laufzeit des Vertrags wünscht und der Vermieter deshalb eine höhere Miete verlangt. Auf eine Änderung des Vertragszwecks, die der Ersatzmieter verlangt, braucht sich der Vermieter nicht einzulassen (LG Berlin GE 1996, 187; LG Gießen NJW-RR 1996, 462). Ebenso wenig ist es dem Vermieter anzulasten, wenn die Wiedervermietung aus Gründen unterbleibt, die allein in der Sphäre etwaiger Ersatzmieter liegen (AG Flensburg DWW 1988, 90), vor allem wenn der Ersatzmieter verlangt, die Vertragsbedingungen wesentlich zu ändern (OLG Düsseldorf NJWE-MietR 1996, 176).

cc) Im Rahmen des Aufhebungsvertrags können die Parteien **sonstige Vereinba-** **191** **rungen** treffen, mit denen sie die Rechte und Pflichten ändern, die sich aus dem Gesetz oder dem Mietvertrag für den Fall der Beendigung des Mietverhältnisses ergeben. Häufig werden solche Vereinbarungen schon vorsorglich im ursprünglichen Mietvertrag getroffen. Handelt es sich um formularmäßige Vereinbarungen, stellt sich die Frage einer Inhaltskontrolle nach den §§ 307 ff BGB. Weit verbreitet ist die Klausel, durch die sich der Vermieter eine **pauschale Abgeltung seiner erhöhten Kosten für die vorzeitige Beendigung des Mietverhältnisses** vom Mieter versprechen lässt. Die Klausel wird überwiegend für wirksam gehalten, wenn sie in der Höhe angemessen ist und dem Mieter nicht den Nachweis abschneidet, dass dem Vermieter nur ein niedrigerer als der pauschalierte Aufwand entstanden ist. Die Höhe der Miete für einen Monat wird als angemessen beurteilt. Die Klausel verstößt auch nicht gegen § 555 BGB, da sie keine Vertragsstrafe darstellt, weil sie nicht als Druckmittel zur Einhaltung des Mietvertrags angesehen werden kann (OLG Hamburg WuM 1990, 244; LG Lübeck WuM 1985, 114; AG Bad Homburg WuM 1990, 142; AG Hamburg WuM 1985, 113; AG Norderstedt WuM 1985, 112; AG Reinbek WuM 1985, 112; GATHER DWW 1992, 353, 354; **aM** AG Charlottenburg GE 1996, 869; kritisch auch BLANK WuM 1985, 274, 275 ff). Wird dem Mieter jedoch durch die Formulierung der Klausel der Nachweis eines geringeren Aufwands abgeschnitten, liegt ein Verstoß gegen § 309 Nr 5 lit b BGB und § 307 BGB vor (OLG Karlsruhe WuM 2000, 236; LG Berlin GE 1996, 607; LG Frankfurt aM WuM 1994, 605; AG Neukölln GE 1990, 1093; AG Wiesbaden WuM 1996, 25). Ebenso wird der Mieter durch eine Vertragsbestimmung unangemessen benachteiligt, durch die er zur Zahlung einer Ablösesumme in größerer Höhe als einer Monatsmiete verpflichtet wird. Teilweise wird ein solcher Verstoß aber auch generell angenommen (LG Itzehoe WuM 1989, 176; AG Neukölln WuM 1992, 186). Zulässig ist es demgegenüber, im Aufhebungsvertrag zu vereinbaren, dass der Mieter dem Vermieter Ausgleichszahlungen leistet, falls bei der Wiedervermietung des Objekts nur eine geringere Miete erzielt werden kann (vgl BGH NZM 2011, 201).

192 Besser gestellt werden hingegen Mieter, denen der Vermieter ein Entgelt als **Ablösesumme** für die vorzeitige Beendigung des Mietverhältnisses verspricht. Solche Vereinbarungen werden dahin ausgelegt, dass der Mieter die Mietsache zurückgeben darf, ohne der vertraglich übernommenen Pflicht zur Vornahme der Schönheitsreparaturen nachkommen zu müssen (LG Nürnberg-Fürth WuM 1981, 159; LG Stuttgart WuM 1995, 392). Vereinzelt wird angenommen, dass auch kein Schadensersatzanspruch wegen vorgetäuschten Eigenbedarfs bestehe, wenn das Interesse des Mieters am Fortbestand des Mietverhältnisses wirtschaftlich abgegolten worden sei (AG Lechenich WuM 1985, 119). Räumt der Mieter nicht zum vereinbarten Zeitpunkt, soll er das Entgelt für die vorzeitige Beendigung des Mietverhältnisses nach zT vertretener Auffassung aufgrund der § 326 Abs 1, § 275 Abs 1 BGB verlieren (LG Frankfurt aM WuM 1990, 196). Eine andere Auffassung stellt zu Recht auf den Einzelfall ab und unterscheidet danach, ob bei bestehendem Kündigungsgrund das zeitliche Moment der Vorverlagerung des Rückgabezeitpunkts im Vordergrund steht und damit die Zahlungsverpflichtung beeinflusst oder ob bei fehlendem Kündigungsgrund die Entstehung der Rückgabeverpflichtung das beherrschende Element ist, sodass das Zeitmoment nur eine sekundäre Rolle spielt und die Zahlungspflicht bei nicht rechtzeitiger Erfüllung der Räumungspflicht vorbehaltlich einer Aufrechnung mit Schadensersatzansprüchen des Vermieters bestehen bleibt (LG Nürnberg-Fürth WuM 1995, 181).

e) Wirkung

193 Der Aufhebungsvertrag beendet das Mietverhältnis vorzeitig. Die vorzeitige Beendigung kann darin bestehen, dass bei einem befristeten Mietverhältnis die restliche Laufzeit des Vertrags nicht eingehalten werden muss oder dass bei einem unbefristeten Mietverhältnis die Kündigungsfrist abgekürzt (LG Mannheim WuM 1987, 395) oder ganz auf die Kündigung verzichtet wird. In aller Regel soll das Mietverhältnis zwischen den bisherigen Parteien endgültig aufgehoben werden. Möglich ist auch eine vorübergehende Aufhebung (BGHZ 72, 394, 396 ff = NJW 1979, 369). Der **Zeitpunkt, zu dem das Mietverhältnis beendet wird, hängt von den Vereinbarungen ab**. Das Mietverhältnis kann mit sofortiger Wirkung beim Zustandekommen des Vertrags, zu einem bestimmten oder bestimmbaren späteren Zeitpunkt oder rückwirkend beendet werden. Ob die Aufhebung auch bereits entstandene Ansprüche erfasst, ist eine Frage der Vertragsauslegung. Die formularmäßige Klausel, dass der ausscheidende Mieter neben dem Ersatzmieter weiterhin für die Miete haftet, stellt eine nach § 307 BGB unangemessene Benachteiligung dar (AG Dannenberg ZMR 1985, 417). Der Aufhebungsvertrag kann auch infolge einer Störung der Geschäftsgrundlage (§ 313 BGB) seine Wirksamkeit verlieren, wenn etwa Eigenbedarf oder bauliche

Maßnahmen zur Grundlage des Vertrags gemacht worden sind, später aber entfallen (AG Düren WuM 1981, U 5 [LS]; AG Hamburg WuM 1991, 42). Das Mietverhältnis kann sich trotz der Beendigung durch einen Aufhebungsvertrag nach § 545 BGB durch Fortsetzung des Gebrauchs verlängern, wenn die Parteien die Geltung dieser Vorschrift nicht in zulässiger Weise vertraglich ausgeschlossen haben (zur Wirksamkeit eines formularmäßigen Ausschlusses des § 545 OLG Frankfurt NZM 2000, 130).

f) Darlegungs- und Beweislast

Die Darlegungs- und Beweislast für das Zustandekommen eines Aufhebungsvertrags trifft die Partei, die hieraus Vorteile für sich herleiten will. Dies ist der Vermieter, wenn er aufgrund dieses Vertrags einen Räumungsanspruch geltend macht (LG Freiburg WuM 1989, 7; LG Mannheim WuM 1973, 22). Beruft sich der Mieter aber gegenüber dem Mietanspruch auf die Beendigung des Mietverhältnisses, so trägt er die Darlegungs- und Beweislast (LG Mannheim ZMR 1968, 302; LG Mosbach NJW-RR 1995, 1417). 194

3. Auflösende Bedingung

Der Fortbestand eines Mietverhältnisses kann vertraglich von einer auflösenden Bedingung abhängig gemacht werden. So kann zB in einem Untermietvertrag über Gewerberaum vereinbart werden, dass das Untermietverhältnis höchstens so lange besteht, als auch das Hauptmietverhältnis Bestand hat (OLG Bremen ZMR 2007, 363). Mit dem Eintritt des zukünftigen ungewissen Ereignisses endet das Mietverhältnis nach § 158 Abs 2 BGB. Dieser Grundsatz wird durch § 572 Abs 2 BGB für Mietverhältnisse über Wohnraum eingeschränkt. Danach ist es dem Vermieter versagt, sich auf den Eintritt einer auflösenden Bedingung zu berufen. Wohnraummietverträge mit einer auflösenden Bedingung sind also wirksam, werden jedoch durch die Bedingung nur beendet, wenn der Mieter dies will. Denn § 572 Abs 2 BGB erklärt eine entsprechende Vertragsklausel nur zulasten des Vermieters für personal teilunwirksam (STAUDINGER/ROLFS [2021] § 572 Rn 9). Für alle anderen Mietverhältnisse bleibt es bei der Regelung des § 158 Abs 2 BGB. 195

4. Rücktritt

a) Vertragliches Rücktrittsrecht

Die Vorschriften der §§ 346 ff BGB sind bei einem vertraglich vereinbarten Rücktrittsrecht uneingeschränkt anwendbar, solange **die Mietsache dem Mieter noch nicht überlassen worden** ist. Das Rücktrittsrecht kann sich aus einem **Handelsbrauch** ergeben, so etwa bei Zimmerbestellungen durch ein Reisebüro bis zu vier Wochen vor Beginn des gebuchten Zeitraums (OLG Frankfurt BB 1986, 1187; NETTESHEIM BB 1989, 1136, 1137; vgl BGH NJW 1977, 385). Haben die Vertragsparteien jedoch ausdrücklich eine anderslautende Vereinbarung iS eines längeren oder kürzeren Stornierungszeitraums getroffen, geht diese abweichende Vereinbarung dem Handelsbrauch vor (OLG Köln NZM 1998, 514). Im Übrigen besteht bei der Miete von Hotelzimmern durch Privatpersonen nicht ohne Weiteres ein Rücktrittsrecht (NETTESHEIM BB 1986, 547 ff). Nach der Überlassung der Mietsache kann sich der Vermieter von Wohnraum nach § 572 Abs 1 BGB auf ein vereinbartes Rücktrittsrecht nicht mehr berufen. Bei einem Rücktritt des Wohnraummieters und bei allen anderen Mietverhältnissen gelten die §§ 346 ff BGB auch nach Überlassung der Mietsache. Der Rücktritt kann 196 unter einer Bedingung erklärt werden, wenn dadurch für den Empfänger der Erklärung keine Ungewissheit über den neuen Rechtszustand eintritt (vgl BGHZ 97, 264, 267 = NJW 1986, 2245).

b) Gesetzliches Rücktrittsrecht

197 Ein gesetzliches Rücktrittsrecht kann sich für die Parteien eines Mietvertrags aus den §§ 323, 324 BGB ergeben. In Formularmietverträgen ist nach § 308 Nr 2 BGB eine Bestimmung unwirksam, durch die eine unangemessen lange oder nicht hinreichend bestimmte Frist zur Nacherfüllung vorbehalten wird.

198 aa) Vor der Überlassung der Mietsache gelten diese Vorschriften uneingeschränkt. Dies zeigt auch § 109 Abs 2 InsO. Waren dem Schuldner der unbewegliche Gegenstand oder die Räume zur Zeit der Eröffnung des Insolvenzverfahrens noch nicht überlassen, so können sowohl der Insolvenzverwalter als auch der Vermieter vom Vertrag zurücktreten (dazu NERLICH/RÖMERMANN/BALTHASAR § 109 InsO Rn 15 ff). Ein **Rücktrittsrecht des Mieters** kann sich aus § 323 BGB ergeben, wenn der Vermieter die geschuldete Gebrauchsüberlassung nicht oder nicht vertragsgemäß erbringt bzw (iVm § 326 Abs 5 BGB) ihm die Leistung unmöglich ist oder er aus einem anderen der in § 275 BGB genannten Gründen nicht zu leisten braucht. Darüber hinaus kommt ein Rücktrittsrecht nach § 324 BGB in Betracht, wenn der Vermieter seine Rücksichtnahmepflichten aus § 241 Abs 2 BGB verletzt hat und dem Mieter deshalb ein Festhalten an dem Vertrag nicht mehr zuzumuten ist.

199 Der **Vermieter** kann nach § 323 BGB zurücktreten, wenn der Mieter die Miete nicht oder nicht vertragsgemäß entrichtet. Die Voraussetzungen des § 323 BGB werden freilich im Zeitraum vor der Gebrauchsüberlassung wegen § 320 BGB nur gegeben sein, wenn einerseits der Mieter vorleistungspflichtig und andererseits der Vermieter zu seiner eigenen Leistung bereit und imstande ist (ERMAN/WESTERMANN § 323 Rn 10). Anderenfalls hindert die Einrede des nichterfüllten Vertrages das Rücktrittsrecht. Im Übrigen wird das Rücktrittsrecht jedoch nicht durch das Recht zur fristlosen Kündigung wegen Zahlungsverzugs nach § 543 Abs 2 Nr 3 BGB, § 569 Abs 3 BGB eingeschränkt, sofern diese Vorschrift vor Überlassung der Mietsache wegen besonderer Vertragsgestaltung überhaupt relevant wird. Die Einschränkung der Rücktrittsmöglichkeit wird im Wesentlichen mit den erheblichen Durchführungsschwierigkeiten gerechtfertigt, die bei in Vollzug gesetzten Dauerschuldverhältnissen für eine Rückabwicklung nach den §§ 346 ff BGB bestehen (BGHZ 50, 312, 315 = NJW 1969, 37). Dieses Problem taucht vor Überlassung der Mietsache nicht auf. Im Übrigen decken sich die Tatbestände der §§ 323, 326 Abs 5 BGB nicht mit denjenigen der § 543 Abs 2 Nr 3, § 569 Abs 3 BGB (BGH NJW 1956, 57). Bei Verletzung von Rücksichtnahmepflichten (§ 241 Abs 2 BGB) seitens des Mieters kommt ein Rücktrittsrecht des Vermieters unter den Voraussetzungen des § 324 BGB in Betracht. Dagegen kann ein Rücktritt aus § 326 Abs 5 BGB nur in dem Ausnahmefall erfolgen, dass der Mieter zu einer Leistung verpflichtet ist, die anders als eine Geldschuld unmöglich werden kann.

200 bb) Nach der Überlassung der Mietsache wird ein Rücktrittsrecht aus den §§ 323, 324, 326 Abs 5 BGB generell durch ein Recht zur außerordentlichen fristlosen Kündigung verdrängt. Ein solches Recht kann sich für den Mieter aus § 543 Abs 2 Nr 1 BGB (Nichtgewährung oder Entzug des Gebrauchs der Mietsache) und § 569 Abs 1 BGB (Gesundheitsgefährdung) für den Vermieter aus § 543 Abs 2 Nr 2 BGB (Sorgfaltspflichtverletzung des Mieters oder unbefugte Überlassung an Dritte), § 543 Abs 2 Nr 3 BGB (erheblicher Verzug mit der Entrichtung der Miete), § 569 Abs 2 BGB (Störung des Hausfriedens durch den Mieter), § 569 Abs 2a BGB (Zahlungsverzug mit der Mietkaution) sowie für beide Parteien aus § 543 Abs 1 BGB (sonstiger wichtiger Grund) ergeben. Das RG (RG 19. 6. 1922 – III 625/21, RGZ 105, 167, 168; RG 17. 10. 1935 – IV 171/35, RGZ 149, 88, 92) und zunächst auch der BGH (BGH NJW 1957, 57) hatten § 543 Abs 2, § 569 Abs 3 BGB nach Überlassung der Mietsache nur hinsichtlich ihres engeren tatbestandsmäßigen Anwendungsbereichs als Sonderregelung gegenüber dem Rücktrittsrecht behandelt. Hiervon ist der BGH jedoch abgerückt, indem er das Rücktrittsrecht nach Überlassung der Mietsache ausgeschlossen hat, wenn der Vermieter die Möglichkeit hat, aus wichtigem Grund zu kündigen (BGHZ 50, 312, 315 = NJW 1969, 37). Für andere fristlose Kündigungsrechte gilt das Gleiche, weil auch in diesen Fällen die entsprechenden Schwierigkeiten einer Rückabwicklung vollzogener Dauerschuldverhältnisse nach den §§ 346 ff BGB bestehen. Offen gelassen hat der BGH allerdings die Frage, ob aus der Anerkennung des allgemeinen Kündigungsrechts aus wichtigem Grund die Folgerung zu ziehen ist, dass ein Rücktritt nach Übergabe der Mietsache schlechthin ausgeschlossen ist (BGHZ 50, 312, 315 = NJW 1969, 37). Diese Frage ist zu bejahen, da in den Fällen des Verzugs und sonstiger Vertragsverletzungen regelmäßig das Recht zur fristlosen Kündigung aus wichtigem Grund besteht.

5. Anfechtung

a) Anfechtbarkeit und Wirkung der Anfechtung

Ein Mietvertrag ist nach § 142 Abs 1 BGB als von Anfang an nichtig anzusehen, **201** wenn die auf seinen Abschluss gerichtete Willenserklärung angefochten wird und ein Anfechtungsgrund besteht (ausführlich EMMERICH NZM 1998, 592, 594 ff; FISCHER NZM 2005, 567 ff). Die Frage, ob und wie lange ein Mietvertrag angefochten werden kann, ist umstritten und wird bei den einzelnen Anfechtungsgründen unterschiedlich beurteilt. Vor Überlassung der Mietsache ist die **Zulässigkeit der Anfechtung** uneingeschränkt anzunehmen (LG Köln WuM 1984, 297; AG Bremerhaven DWW 1987, 364; BeckOGK/MEHLE [1. 7. 2020] Rn 138). Teilweise wird vertreten, eine Anfechtung wegen arglistiger Täuschung oder Drohung nach § 123 BGB sei immer zulässig, während die Irrtumsanfechtung aus § 119 BGB nach der Überlassung der Mietsache ausgeschlossen sein soll (BROX/ELSING JuS 1976, 1, 5). Nach anderer Auffassung ist die Anfechtung nicht mehr möglich, sobald der Mietvertrag durch Überlassung der Mietsache vollzogen worden ist. Hierbei wird vor allem auf die Schwierigkeiten einer Rückabwicklung abgestellt, sodass die Parteien auf eine Kündigung aus wichtigem Grund angewiesen sind (LG Mannheim ZMR 1965, 185; LG Mannheim ZMR 1969, 168; LG Wuppertal WuM 1999, 39; AG Gelsenkirchen-Buer WuM 1984, 299). Eine weitere Meinung kommt zu dem gleichen Ergebnis, indem sie die Anfechtung vollzogener Mietverhältnisse entgegen der Regelung des § 142 Abs 1 BGB nur mit Wirkung für die Zukunft zulässt (LG Mannheim ZMR 1990, 303; LG Nürnberg-Fürth MDR 1966, 1003 m **abl** Anm WEIMAR; LG Trier MDR 1990, 342; AG Köln WuM 1981, 228; AG Hamburg NZM 1998, 233; WELLER JZ 2012, 881, 888; SCHMIDT-FUTTERER/BLANK Vor § 535 Rn 7). Überwiegend wird dagegen die Auffassung vertreten, ein Mietvertrag sei auch dann noch mit Rückwirkung anfechtbar, wenn er bereits vollzogen worden ist (RG 3. 6. 1921 – III 299/20, RGZ 102, 225, 226; RG 10. 3. 1938 – IV 229/37, RGZ 157, 173, 174; BGHZ 178, 16, 27 ff = NJW 2009, 1266; BeckOGK/MEHLE [1. 7. 2020] Rn 138; BeckOK MietR/BRUNS [1. 8. 2020] Rn 3; BUB/TREIER/BUB Rn II 2209; FISCHER NZM 2005, 567, 569 f; SCHMID WuM 2009, 155; SOERGEL/HEINTZMANN Vor § 542 Rn 2).

202 Der BGH hat sich zutreffend für eine Anfechtbarkeit der auf den Vertragsabschluss gerichteten Willenserklärung auch nach Überlassung der Mietsache – und sogar nach infolge Kündigung bereits wieder beendetem Mietverhältnis – entschieden (BGHZ 178, 16, 28 f = NJW 2009, 1266; noch offen lassend zuvor BGHZ 137, 255, 266 = NJW 1998, 531). Anfechtungs- und Kündigungsgründe sind gänzlich unterschiedlicher Natur. Während die **Anfechtungsgründe** der §§ 119 ff BGB auf **Mängel bei der Bildung oder Übermittlung des Vertragswillens** zielen und die Interessen des Anfechtungsgegners nur im Umfang seines negativen Interesses geschützt sind (§ 122 BGB), hat das **außerordentliche Kündigungsrecht** nicht die Beseitigung einer fehlerhaften Willensbildung zum Gegenstand, sondern die **Beseitigung des gesamten Vertrages wegen aktueller Leistungsstörung,** wobei für die Bewertung der Störung des Vertrages die Interessen beider Vertragspartner zu berücksichtigen sind (vgl BAG AP Nr 46 zu § 123 BGB = NZA 1998, 1052 zur entsprechenden Frage bei § 626 BGB). Diese konzeptionellen Unterschiede verbieten es, das Anfechtungsrecht nach Überlassung der Mietsache als durch das Recht zur außerordentlichen Kündigung vollständig verdrängt anzusehen (insoweit ebenso BeckOGK/Mehle [1. 7. 2020] Rn 138; Emmerich NZM 1998, 692, 694 f). Mit überzeugender Begründung hat der XII. Zivilsenat auch die **Ex-tunc-Wirkung** der Anfechtung (§ 142 Abs 1 BGB) anerkannt. Anders als im Gesellschaftsrecht gebe es hier keine Gründe des Verkehrsschutzes, eine Anfechtung lediglich mit zukunftsgerichteter Wirkung zuzulassen. Jedenfalls für die Anfechtung durch den Mieter und für das gesamte Gewerberaummietrecht gebe es zudem – anders als im Arbeitsrecht – auch keine Aspekte des sozialen Schutzes, die eine Rechtsfortbildung contra legem zuließen (BGHZ 178, 16, 27 ff = NJW 2009, 1266). Die notwendige Rückabwicklung erfolgt über § 812 Abs 1 und § 818 Abs 2 BGB mit Hilfe der Saldotheorie (BGHZ 178, 16, 30 f = NJW 2009, 1266).

b) Anfechtungsgründe

203 aa) Als Anfechtungsgrund kommen zunächst ein **Inhalts- oder Erklärungsirrtum** nach § 119 Abs 1 BGB in Betracht (Emmerich NZM 1998, 692, 695; Fischer NZM 2005, 567, 571). Ein Inhaltsirrtum liegt vor, wenn die Mietpartei bei Abschluss des Vertrags objektiv etwas anderes erklärt, als sie subjektiv erklären will, so etwa hinsichtlich der Höhe der Miete (AG Köln WuM 1981, 228). Der Wille, nur an einen Nichtraucher zu vermieten, begründet ein Anfechtungsrecht, wenn Wille und Erklärung auseinanderfallen, was bei Verwendung des Begriffs „Nichtraucher" nicht ohne Weiteres der Fall ist (LG Stuttgart NJW-RR 1992, 1360).

204 bb) Ein **Irrtum über verkehrswesentliche Eigenschaften** nach § 119 Abs 2 BGB (Emmerich NZM 1998, 692, 695 f; Fischer NZM 2005, 567, 571 ff) kann praktisch bedeutsam werden in Bezug auf die Person des Mieters (Weimar ZMR 1982, 196), während ein Irrtum über die Mietsache idR vom Gewährleistungsrecht erfasst wird (**aM** RG 10. 3. 1938 – IV 229/37, RGZ 157, 173, 174; Dötsch NZM 2011, 457, 458 ff). So kann es eine verkehrswesentliche Eigenschaft des Mieters sein, dass er Nichtraucher ist (vgl LG Stuttgart NJW-RR 1992, 1360) oder dass er bereits eine eidesstattliche Versicherung nach § 807 ZPO geleistet hat (AG Hagen WuM 1984, 296). Zweifelhaft ist die Auffassung, dass in Bezug auf den Vermieter dessen Zuverlässigkeit und Vertrauenswürdigkeit verkehrswesentliche Eigenschaften sein können (LG Konstanz 15. 12. 2016 – C 61 S 58/15, WuM 2017, 258). Dagegen wird ein Irrtum über die Vermögensverhältnisse des Mieters im Allgemeinen ausgeschieden, da nur das Interesse des Vermieters an der Erlangung der ihm geschuldeten Gegenleistung (der Miete) von

Rechts wegen Schutz verdient und dieser durch § 543 Abs 2 Nr 3, § 569 Abs 3 BGB abschließend konkretisiert ist (LG Ravensburg WuM 1984, 297). Ebenso unerheblich ist ein Irrtum über persönliche Eigenschaften des Mieters, wegen derer dem Vermieter eine Differenzierung nach § 19 AGG untersagt ist (AG Lüdinghausen 11.10.2018 – 4 C 76/18, WuM 2019, 31: Familienstand der Mieterin). Das betrifft hinsichtlich rassistischer Gründe und ethnischer Herkunft alle Vermieter, hinsichtlich des Geschlechts, der Religion, einer Behinderung, des Alters oder der sexuellen Identität dagegen regelmäßig nur Großvermieter (näher STAUDINGER/ROLFS [2021] Anh MietR § 19 AGG Rn 43 ff).

cc) Größere praktische Bedeutung hat die **arglistige Täuschung** nach § 123 Abs 1 Alt 1 BGB (EMMERICH NZM 1998, 692, 696; FISCHER NZM 2005, 567, 573 ff). Sie kann sowohl durch positive Erregung eines Irrtums (Behauptungen, Entstellungen von Tatsachen durch mündliche oder schriftliche Mitteilungen oder bloße – konkludente – Tathandlungen) als auch dadurch erfolgen, dass eine gebotene Aufklärung unterlassen wird (Verschweigen von Tatsachen). **205**

α) Eine Anfechtung wegen arglistiger **Täuschung durch positives Tun** ist begründet, wenn der Mieter bei den Vertragsverhandlungen wider besseres Wissen vorsätzlich falsche Angaben über seine finanzielle Lage und sein Arbeitsverhältnis macht (OLG Koblenz NZM 2008, 800; LG Berlin 27.3.2018 – 63 S 163/17, GE 2018, 1002; LG Köln WuM 1984, 297; LG Mannheim ZMR 1990, 303; LG München I GE 2009, 1317; AG Bonn WuM 1992, 597; AG Leer ZMR 2009, 768). Auch das Gebrauchmachen von falschen Angaben des Arbeitgebers des Mieters, etwa einer überhöhten Verdienstbescheinigung, rechtfertigen die Anfechtung durch den Vermieter (OLG Koblenz NZM 2008, 800). Das Gleiche gilt bei unrichtigen Angaben des Mieters über den Familienstand (LG Kiel WuM 1990, 62; LG Landau/Pfalz WuM 1986, 133; AG Hannover WuM 1983, 142), die Art der Beendigung des vorhergehenden Mietverhältnisses (Eigenkündigung oder Kündigung durch den Vermieter, AG Kaufbeuren NZM 2013, 577, die Vorlage einer gefälschten Vorvermieterbescheinigung (vgl BGH 9.4.2014 – VIII ZR 107/13, NJW 2014, 1954, dort zur fristlosen Kündigung) und bei der gewerblichen Miete über das **Warensortiment** des Mieters (OLG Naumburg ZMR 2009, 914; LG Magdeburg ZMR 2008, 461). Arglistig täuscht zB derjenige, der bei Vertragsabschluss vorspiegelt, ein breit gemischtes Sortiment führen zu wollen, in Wahrheit aber nur den Verkauf von Artikeln einer einzigen Marke plant (vgl OLG Dresden NZM 2012, 727 [„Thor Steinar"], dort allerdings zur außerordentlichen Kündigung). Eine arglistige Täuschung durch den Vermieter ist möglich, wenn er falsche Angaben über die bauordnungsrechtlich zulässige Nutzung der vermieteten Räume macht (BGHZ 178, 16, 23 f = NJW 2009, 1266) oder die Ertragslage des geschäftlichen Mietobjekts übertrieben günstig angibt (OLG Düsseldorf ZMR 1988, 462). Beruht die Täuschung auf Fragen des Vermieters, ist sie nur zu berücksichtigen, wenn die Fragen zulässig waren. So ist der Vermieter berechtigt, danach zu fragen, ob der Mietinteressent schon früher einmal sein Mieter war (LG Braunschweig WuM 1984, 297 [LS]). Als unzulässig ist die Frage nach einer Aufenthaltsberechtigung (AG Wiesbaden WuM 1992, 597) oder nach staatsanwaltlichen Ermittlungsverfahren (AG Hamburg WuM 1992, 598) beurteilt worden. Eine etwaige Täuschungshandlung ist nicht in jedem Fall für den Vertragsabschluss kausal (LG Berlin GE 1990, 711). Tatsachen, die für das Mietverhältnis unerheblich sind, begründen keine Anfechtung wegen arglistiger Täuschung (AG Kaiserslautern WuM 1987, 378). **206**

207 β) Eine **Täuschung durch Unterlassen** rechtfertigt die Anfechtung nur, wenn der eine Teil dem anderen gegenüber – auch ungefragt – zur Aufklärung über die verschwiegene Tatsache verpflichtet war. Allerdings besteht bei Vertragsverhandlungen keine allgemeine Rechtspflicht, den anderen Teil über alle Einzelheiten und Umstände aufzuklären, die dessen Willensentschließung beeinflussen könnten. Vielmehr ist grundsätzlich jeder Verhandlungspartner für sein rechtsgeschäftliches Handeln selbst verantwortlich und muss sich deshalb die für die eigene Willensentscheidung notwendigen Informationen auf eigene Kosten und eigenes Risiko selbst beschaffen (BGH NJW 2010, 3362). Anders liegen die Dinge dagegen, wenn der eine Teil nach Treu und Glauben unter Berücksichtigung der Verkehrsanschauung (§ 242 BGB) redlicherweise die Mitteilung von Tatsachen erwarten durfte, die für seine Willensbildung – für den anderen Teil offensichtlich – von ausschlaggebender Bedeutung sind (RG 7. 7. 1925 – II 494/24, RGZ 111, 233, 234; BGH NJW 2000, 1714; BGHZ 168, 168, 172 = NJW 2006, 2618). Davon wird insbesondere bei solchen Tatsachen ausgegangen, die den Vertragszweck vereiteln oder erheblich gefährden können. Eine Tatsache von ausschlaggebender Bedeutung kann auch dann vorliegen, wenn sie geeignet ist, dem Vertragspartner erheblichen wirtschaftlichen Schaden zuzufügen (BGH NJW 2010, 3362). Befindet sich zB der Mietinteressent in besonders schlechter finanzieller Lage oder ist er gar zahlungsunfähig, besteht für ihn eine Aufklärungspflicht gegenüber dem Vermieter, sodass die Täuschung durch Unterlassen begangen wird (AG Frankfurt aM WuM 1989, 620; AG Stuttgart-Bad Cannstadt WuM 1986, 331). Im Übrigen muss der Mieter jedoch über seine Vermögensverhältnisse ohne Fragen des Vermieters keine Angaben machen (LG Ravensburg WuM 1984, 297). Eine Unterrichtungspflicht über vorangegangene Mietverhältnisse mit Dritten wird abgelehnt (AG Kerpen WuM 1990, 62). Ebenso wenig muss der unter Betreuung stehende Mieter dies dem Vermieter offenbaren (BVerfGE 84, 192, 195 f = NJW 1991, 2411). Ein Arzt, der Praxisräume für seine Psychiatrie und Psychotherapie anmietet, muss den Vermieter nicht darauf hinweisen, dass zwei Fünftel seiner Patienten Drogenabhängige sind oder waren und ihn wegen einer Substitutionsbehandlung aufsuchen (OLG Köln NJW 2011, 314). Demgegenüber soll ein Wohnungsmieter verpflichtet sein, vor Vertragsabschluss darüber aufzuklären, dass er wegen seiner politischen Aktivitäten (hier: für die AfD) Ziel linksgerichteter Angriffe (Farbschmierereien am Wohnhaus, Anzünden von Mülltonnen etc) ist (AG Göttingen 24. 10. 2017 – 18 C 41/17, WuM 2017, 702); ein gewerblicher Mieter darüber, dass sein Warensortiment **politische Extremisten als Kunden** anzieht (BGH NJW 2010, 3362; BGH NZM 2010, 788; KG NZM 2009, 784; LG Berlin ZMR 2009, 121; **aM** LG Nürnberg-Fürth NZM 2009, 584; vgl auch OLG Dresden NZM 2012, 727). Wegen der Anonymität innerhalb eines Hochhauses ist der Vermieter nicht verpflichtet, dem Mietinteressenten ungefragt Auskünfte über die Mitbewohner zu erteilen (LG Kassel WuM 1989, 620). Wer behauptet, durch arglistiges Verschweigen einer Tatsache getäuscht worden zu sein, hat gegenüber der Behauptung des anderen Teils, die Tatsache offenbart zu haben, nachzuweisen, dass dies nicht geschehen ist (OLG Köln WuM 1992, 262).

208 dd) Ist eine Partei durch **widerrechtliche Drohung** zum Abschluss des Mietvertrags bestimmt worden, hat sie ein Anfechtungsrecht aus § 123 Abs 1 Alt 2 BGB.

c) Bestätigung des anfechtbaren Mietvertrags
209 Nach § 144 Abs 1 BGB ist die Anfechtung ausgeschlossen, wenn der anfechtbare Mietvertrag von dem Anfechtungsberechtigten bestätigt wird. Hierzu ist ein Ver-

halten erforderlich, das **den Willen offenbart, trotz der Anfechtbarkeit an dem Vertrag festzuhalten** (OLG Koblenz NZM 2008, 800). Eine Bestätigung ist nicht schon darin zu sehen, dass der Mieter eines Ladenlokals in den Mieträumen den Geschäftsbetrieb aufnimmt und die Betriebskosten, nicht aber die Miete zahlt. Dieses Verhalten lässt nicht eindeutig auf einen Bestätigungswillen schließen, weil die Ingebrauchnahme auch aus wirtschaftlicher Notwendigkeit oder zur Abwendung eines größeren Verlustes zu einem nur vorübergehenden Zweck erfolgen kann (BGH NJW-RR 1992, 779).

6. Unmöglichkeit der Gewährung des vertragsmäßigen Gebrauchs

210 Bis zur Reform des Schuldrechts am 1. 1. 2002 war anerkannt, dass ein Mietverhältnis nach § 275 Abs 1 aF, § 323 Abs 1 BGB aF sein Ende findet, wenn es dem Vermieter ohne Verschulden einer der Parteien unmöglich wird, dem Mieter den vertragsmäßigen Gebrauch zu gewähren (RG 29. 11. 1934 – IV 258/34, RGZ 146, 60, 64; OGHBrZ HEZ 2, 245, 248; LG Frankfurt aM NJW 1976, 572). Ob dies auch unter der Geltung des neuen § 326 BGB weiterhin angenommen werden kann, ist unsicher. Die amtliche Begründung des Entwurfs eines **Gesetzes zur Modernisierung des Schuldrechts** spricht eher gegen ein automatisches Erlöschen des gesamten Dauerschuldverhältnisses. Sie versteht § 326 Abs 1 S 1 BGB seinem Wortlaut entsprechend so, dass der Gläubiger während der Dauer der Unmöglichkeit kraft Gesetzes nur von der Verpflichtung zur Gegenleistung befreit ist. Er könne zwar auch vom ganzen Vertrag zurücktreten, wenn zB die Dauer der vorübergehenden Unmöglichkeit oder ihr Ende überhaupt nicht abzusehen sei. Voraussetzung sei in diesem Fall, dass das Interesse des Gläubigers an der ganzen Leistung fortgefallen ist. Dies werde allerdings desto leichter darzulegen sein, je ungewisser das Wiedermöglichwerden der Leistung sei (BT-Drucks 14/6040, 189). Eine automatische Beendigung des Mietverhältnisses ohne Rücktritts- bzw Kündigungserklärung des Mieters käme danach nicht mehr in Betracht. Damit überein stimmt, dass schon bis zum 31. 12. 2001 das Mietverhältnis bei *zu vertretender Unmöglichkeit* fortbestand und Schadensersatzansprüche oder ein Rücktrittsrecht auslösen konnte (BGH NJW 1974, 1551; BGH NJW 1976, 1506) und § 275 BGB jetzt nicht mehr zwischen zu vertretender und nicht zu vertretender Unmöglichkeit unterscheidet. Die gegenteilige Auffassung nimmt an, dass die Unmöglichkeit der Gewährung des vertragsgemäßen Gebrauchs (§ 275 BGB) auch weiterhin zur Beendigung des Mietverhältnisses führen könne, ohne dass es einer Kündigung bedürfe (LG Berlin 25. 2. 2020 – 63 S 189/18, GE 2020, 1437: Unbewohnbarkeit der Dachgeschosswohnung für einen längeren Zeitraum nach Dachstuhlbrand; LG Karlsruhe 7. 4. 2004 – 10 O 683/03, NZM 2005, 221: Zerstörung des gesamten Hauses durch Feuer; Palant/Grüneberg § 326 Rn 7, wenn keine weiteren Pflichten zwischen den Parteien mehr bestehen).

211 Das Mietverhältnis besteht auch dann fort, wenn **der Mieter für die Unmöglichkeit der Gebrauchsüberlassung allein oder weit überwiegend verantwortlich ist** oder die Unmöglichkeit aus einem vom Vermieter nicht zu vertretenden Umstand zu einer Zeit eintritt, zu welcher der Mieter im Verzug der Annahme ist. Hier nämlich behält der Vermieter den Anspruch auf die Miete, § 326 Abs 2 S 1 BGB. Eine Beendigung des Mietverhältnisses tritt schließlich auch dann nicht ein, wenn die Unmöglichkeit nicht auf einer Zerstörung der Mietsache, sondern auf Sach- oder Rechtsmängeln beruht, für die der Vermieter nach den §§ 536, 536a BGB einzustehen hat.

7. Störung der Geschäftsgrundlage (§ 313)

212 Bei einer Störung der Geschäftsgrundlage kann für gewöhnlich **nur eine Anpassung des Vertrages** verlangt werden, soweit einem Teil unter Berücksichtigung aller Umstände des Einzelfalles, insbesondere der vertraglichen oder gesetzlichen Risikoverteilung, das Festhalten am unveränderten Vertrag nicht zugemutet werden kann (§ 313 Abs 1, 2 BGB). Nur ausnahmsweise, wenn nämlich eine Anpassung des Vertrages nicht möglich oder einem Teil nicht zumutbar ist, kann der benachteiligte Teil das Mietverhältnis kündigen, § 313 Abs 3 BGB (vgl BGH ZMR 1973, 378; BGH NJW 2000, 1714; BGH NJW-RR 2000, 1535; OLG München NJW-RR 1999, 1532; OLG Schleswig NZM 2008, 341; LG Berlin WuM 2006, 375). Umstände, die in den Risikobereich einer Partei fallen, sind hierfür unzureichend (BGH WuM 1981, 66; BGH NJW 2000, 1714; BGH NJW-RR 2000, 1535; BGH NZM 2006, 54; BeckOK MietR/Bruns [1. 8. 2020] Rn 58a; Hirsch ZMR 2007, 1, 6; Kandelhard BB 1995, 2596, 2597; Klein-Blenkers ua/Klein-Blenkers § 536 Rn 93). Dabei trägt im Verhältnis zwischen Vermieter und Mieter grundsätzlich der Mieter das Verwendungsrisiko bezüglich der Mietsache (OLG Düsseldorf ZMR 2009, 25; BeckOGK/Mehle [1. 7. 2020] Rn 144). Dazu gehört bei der **gewerblichen Miete** insbesondere die Chance, mit dem Mietobjekt Gewinn erzielen zu können. Erfüllt sich die Gewinnerwartung des Mieters nicht, so verwirklicht sich damit ein typisches Risiko des Mieters, das dieser nicht auf den Vermieter verlagern kann. Die Parteien können zwar die Risikoverteilung ändern und vereinbaren, dass der Vermieter das Geschäftsrisiko des Mieters ganz oder teilweise übernimmt. Dazu bedarf es jedoch konkreter Anhaltspunkte im Mietvertrag (BGH NJW 2000, 1714; BGH NJW-RR 2000, 1535; BGH NZM 2010, 364; OLG Düsseldorf NZM 2010, 477; Kluth/Freigang NZM 2006, 41, 42 f; Klein-Blenkers ua/Klein-Blenkers § 536 Rn 94).

213 Mietet beispielsweise die öffentliche Hand langfristig ein Gebäude, um es als Asylbewerberheim zu nutzen, obwohl bei Vertragsabschluss bereits absehbar war, dass infolge einer bevorstehenden Gesetzesänderung eine wirtschaftlich sinnvolle Nutzung des Gebäudes auf Dauer nicht in Betracht kommt, scheidet eine Vertragsaufhebung nach § 313 Abs 3 BGB aus (OLG Brandenburg NZM 1999, 222). Scheitert die Nutzung eines von einem Landkreis angemieteten Gebäudes dagegen daran, dass das Gebäude infolge einer bei Vertragsabschluss noch nicht vorhersehbaren kommunalen Neugliederung nunmehr außerhalb seines Kreisgebietes liegt, kommt eine Vertragsaufhebung infolge Wegfalls der Geschäftsgrundlage in Betracht (OLG Braunschweig NZM 1999, 1054). Die Vollvermietung eines neuen Einkaufszentrums und ein dadurch angezogener breiter Kundenstrom können Geschäftsgrundlage eines Ladenmietvertrags sein (OLG Koblenz NJW-RR 1989, 400; ähnlich OLG Dresden 8. 2. 2017 – 5 U 1669/16, ZMR 2017, 468: Betrieb eines Lebensmittelgeschäfts in einem Einkaufszentrum als Geschäftsgrundlage für den Vertrag mit dem „Bäcker in der Vorkassenzone" dieses Geschäfts). Ebenso ist bei Veränderungen im Mietumfeld, die in den Risikobereich des Vermieters fallen und die Gewinnmöglichkeiten eines Ladenmieters erheblich beeinträchtigen, eine Kündigung wegen Störung der Geschäftsgrundlage gerechtfertigt (OLG Celle OLGZ 1990, 88).

213a Kontrovers diskutiert wird die Anwendung des § 313 BGB im Zusammenhang mit der **COVID-19-Pandemie**, insbesondere für die Miete von Gewerberäumen. Je nach Art des vom Mieter betriebenen Geschäfts kann dieses infolge hoheitlicher Maßnahmen oder veränderter Konsumgewohnheiten nicht oder nur noch sehr eingeschränkt nutzbar sein. Die hoheitlichen Maßnahmen auf der Basis der §§ 28 bis 31

IfSG oder der nach § 32 IfSG erlassenen Rechtsverordnungen können beispielsweise eine Beschränkung der Anzahl der maximal zulässigen Kunden betreffen, aber bis hin zu einer vorübergehenden Betriebsuntersagung reichen (etwa Nachtclubs, Bars und Discotheken). Verändertes Verbraucherverhalten trifft viele Branchen in unterschiedlichem Umfang, zB Reisebüros. Die rechtliche Beurteilung im Einzelfall hängt von einer Vielzahl unterschiedlicher Faktoren, darunter auch der ggf mietvertraglich vereinbarten Risikoverteilung (etwa bei einer Umsatzmiete) ab (näher Bieber GE 2020, 657 f; Ekkenga/Schirrmacher NZM 2020, 410, 411 ff; Häublein/Müller NZM 2020, 481, 486 ff; Leo/Götz NZM 2020, 402, 405 f; Schall JZ 2020, 388, 389 ff; Sittner NJW 2020, 1169, 1171 f; Weller/Lieberknecht/Habrich NJW 2020, 1071, 1021 f; Weidt/Schiewek NJOZ 2020, 481, 482 ff; Zehelein NZM 2020, 390, 391). Eine Störung der Geschäftsgrundlage ist jedenfalls nicht ausgeschlossen (vgl bereits RG 20. 2. 2017 – III 384/16, RGZ 89, 203, 205 ff zu einem Pachtvertrag über eine Tanzwirtschaft, die infolge des Verbots öffentlicher Tänze während des 1. Weltkrieges nicht vertragsgemäß genutzt werden konnte). Nach **Art 240 § 7 Abs 1 EGBGB**, der am 31. 12. 2020 in Kraft getreten ist, wird bei vermieteten Grundstücken oder vermieteten Räumen, die keine Wohnräume sind, **vermutet**, dass sich ein **Umstand** im Sinne des § 313 Abs 1 BGB, der zur Grundlage des Mietvertrages geworden ist, nach Vertragsabschluss **schwerwiegend verändert** hat, wenn sie infolge staatlicher Maßnahmen zur Bekämpfung der COVID-19-Pandemie für den Betrieb des Mieters nicht oder nur mit erheblichen Einschränkungen verwendbar sind. Entsprechendes gilt nach Absatz 2 der genannten Vorschrift für Pachtverträge.

Wenn ein Mietvertrag zunächst nur über einen Teil des zu vermietenden Objekts mit der Maßgabe zustande kommt, dass nach der späteren Inbesitznahme des gesamten Objekts ein neuer Mietvertrag abgeschlossen werden muss, so ist die Geschäftsgrundlage für den bisherigen Vertrag entfallen, wenn eine Einigung zwischen den Parteien über den neuen Vertrag offensichtlich nicht mehr zu erwarten ist (LG Cottbus NJWE-MietR 1996, 227). Der langfristige Mietvertrag mit einem gewerblichen Zwischenvermieter kann hingegen vom Eigentümer, dessen Erwartungen hinsichtlich steuerlicher Vorteile aus der Zwischenvermietung im Bauherrenmodell sich nicht auf Dauer verwirklichen lassen, nicht gekündigt werden (LG Tübingen WuM 1991, 553). Die Geschäftsgrundlage des Mietvertrags über eine Dachgeschosswohnung mit einem Aussiedler, der für die entsprechend dem Förderungsprogramm auszubauende Wohnung benannt wurde, entfällt nicht, wenn der Vermieter den Darlehensvertrag nach dem Ausbau, aber vor der Auszahlung der Förderungsmittel kündigt (AG Nürnberg WuM 1991, 24). Als Geschäftsgrundlage ist das Ausbleiben weiteren Nachwuchses bei den Mietern erwogen worden (AG Gütersloh WuM 1989, 621). Auch wenn die Fortsetzung des Mietverhältnisses in dem entschiedenen Fall für zumutbar gehalten wurde, muss diese Erwägung schon im Ansatz abgelehnt werden. **214**

8. Erwerb des Eigentums oder Nießbrauchs durch den Mieter

Ein Mietvertrag setzt voraus, dass eine Miete vereinbart ist, die der Mieter an den Vermieter zu entrichten hat. Wenn keine besonderen Vereinbarungen mit Dritten bestehen, hat der Eigentümer oder Nießbraucher für das ihm kraft Gesetzes zustehende Gebrauchsrecht an niemanden etwas zu zahlen. Damit erlischt ein Mietverhältnis durch Konfusion, wenn der Mieter das Eigentum oder den Nießbrauch an der Mietsache erwirbt (RG 19. 9. 1901 – VI 169/01, RGZ 49, 285, 286; BGH 27. 4. 2016 – VIII ZR 323/14, NZM 2016, 467). Stirbt der Nießbraucher, erlischt der von ihm mit einem **215**

Mieter abgeschlossene Vertrag nicht. Sein Erbe wird Rechtsnachfolger im Mietverhältnis. Dies hängt nicht davon ab, ob er nach § 1056 Abs 1 BGB in den Vertrag eintritt, wenn er zugleich Eigentümer des Grundstücks ist, das er dem verstorbenen Nießbraucher überlassen hatte (BGHZ 109, 111, 113 ff = NJW 1990, 443).

9. Erlöschen eines Dauerwohnrechts oder Dauernutzungsrechts

216 Wenn ein Dauerwohnberechtigter oder Dauernutzungsberechtigter die seinem Recht unterliegenden Gebäude- oder Grundstücksteile vermietet oder verpachtet hat, so erlischt das Miet- oder Pachtverhältnis kraft Gesetzes nach den § 31 Abs 3, § 37 Abs 1 WEG zugleich mit dem Dauerwohnrecht oder Dauernutzungsrecht. Bei Veräußerung oder Heimfall des Rechts gilt nach § 31 Abs 3, § 37 Abs 2 und 3 S 1 WEG die Regelung der §§ 566 bis 566e BGB.

10. Eintritt des Grundstückserwerbers in ein Mietverhältnis

217 Da der Erwerber eines vermieteten Grundstücks nach § 566 BGB kraft Gesetzes aufgrund selbstständigen Rechts und nicht als Rechtsnachfolger des Vermieters in ein bestehendes Mietverhältnis eintritt (BGH NJW 1962, 1388), erlischt grundsätzlich das Mietverhältnis mit dem bisherigen Vermieter. Rechte und Pflichten, die nicht übergehen, bleiben zwischen den bisherigen Vertragsparteien bestehen. Für gewisse Ansprüche des Mieters haftet der frühere Vermieter weiterhin.

11. Sonstige Gründe

218 Im Falle der **Scheidung** kann es nach Maßgabe des § 1568a BGB zu einer Änderung in der Person des Vertragspartners kommen. Der Ehegatte, dem die Wohnung überlassen wurde, tritt an Stelle des zur Überlassung berechtigten Ehegatten in den von diesem eingegangenen Mietvertrag ein oder setzt ihn bei beidseitiger Eingehung allein fort. Der zur Überlassung berechtigte frühere Ehegatte scheidet so aus dem Mietvertrag aus, wodurch das Mietverhältnis zwischen ihm und dem Vermieter beendet ist. Das Mietverhältnis wird mit dem anderen Ehegatten fortgesetzt, sofern nicht der Vermieter von seinem Sonderkündigungsrecht nach § 1568a Abs 3 S 2 iVm § 563 Abs 4 BGB Gebrauch macht (dazu BGH NJW 2013, 2507).

219 Ein Mietverhältnis endet nicht ohne Weiteres durch den **Tod** einer natürlichen Person, sondern wird mit dem Erben oder anderen nach den §§ 563, 563a, 563b BGB Eintrittsberechtigten fortgesetzt. Mit dem Erlöschen einer juristischen Person ist das Mietverhältnis beendet, soweit keine Gesamtrechtsnachfolge durch Umwandlung oder Verschmelzung stattfindet (RG HRR 1942, Nr 257). Nach § 61 BauGB kann ein Mietverhältnis im **Umlegungsverfahren** durch den Umlegungsplan als Verwaltungsakt aufgehoben werden. Weitere Möglichkeiten, ein Mietverhältnis aufzuheben, bestehen nach § 182 BauGB im **Sanierungsverfahren** in einem förmlich festgelegten Sanierungsgebiet (dazu VGH Kassel NZM 1999, 325) und nach § 183 BauGB bei Festsetzung der anderweitigen Nutzung eines unbebauten Grundstücks durch den Bebauungsplan (dazu OVG Lüneburg NZM 2004, 268). Die Rechte aus einem Mietverhältnis können auch im Enteignungsverfahren nach § 86 Abs 1 Nr 3 BauGB oder anderen enteignungsrechtlichen Vorschriften (BGH WuM 1993, 114) entzogen werden.

§ 543
Außerordentliche fristlose Kündigung aus wichtigem Grund

(1) Jede Vertragspartei kann das Mietverhältnis aus wichtigem Grund außerordentlich fristlos kündigen. Ein wichtiger Grund liegt vor, wenn dem Kündigenden unter Berücksichtigung aller Umstände des Einzelfalls, insbesondere eines Verschuldens der Vertragsparteien und unter Abwägung der beiderseitigen Interessen die Fortsetzung des Mietverhältnisses bis zum Ablauf der Kündigungsfrist oder bis zur sonstigen Beendigung des Mietverhältnisses nicht zugemutet werden kann.

(2) Ein wichtiger Grund liegt insbesondere vor, wenn

1. dem Mieter der vertragsgemäße Gebrauch der Mietsache ganz oder zum Teil nicht rechtzeitig gewährt oder wieder entzogen wird,

2. der Mieter die Rechte des Vermieters dadurch in erheblichem Maße verletzt, dass er die Mietsache durch Vernachlässigung der ihm obliegenden Sorgfalt erheblich gefährdet oder sie unbefugt einem Dritten überlässt oder

3. der Mieter

   a) für zwei aufeinander folgende Termine mit der Entrichtung der Miete oder eines nicht unerheblichen Teils der Miete in Verzug ist oder

   b) in einem Zeitraum, der sich über mehr als zwei Termine erstreckt, mit der Entrichtung der Miete in Höhe eines Betrages in Verzug ist, der die Miete für zwei Monate erreicht.

Im Fall des Satzes 1 Nr. 3 ist die Kündigung ausgeschlossen, wenn der Vermieter vorher befriedigt wird. Sie wird unwirksam, wenn sich der Mieter von seiner Schuld durch Aufrechnung befreien konnte und unverzüglich nach der Kündigung die Aufrechnung erklärt.

(3) Besteht der wichtige Grund in der Verletzung einer Pflicht aus dem Mietvertrag, so ist die Kündigung erst nach erfolglosem Ablauf einer zur Abhilfe bestimmten angemessenen Frist oder nach erfolgloser Abmahnung zulässig. Dies gilt nicht, wenn

1. eine Frist oder Abmahnung offensichtlich keinen Erfolg verspricht,

2. die sofortige Kündigung aus besonderen Gründen unter Abwägung der beiderseitigen Interessen gerechtfertigt ist oder

3. der Mieter mit der Entrichtung der Miete im Sinne des Absatzes 2 Nr. 3 in Verzug ist.

(4) Auf das dem Mieter nach Abs. 2 Nr. 1 zustehende Kündigungsrecht sind die §§ 536b und 536d entsprechend anzuwenden. Ist streitig, ob der Vermieter den Gebrauch der Mietsache rechtzeitig gewährt oder die Abhilfe vor Ablauf der hierzu bestimmten Frist bewirkt hat, so trifft ihn die Beweislast.

§ 543

Materialien: E I §§ 528, 529, 530; II §§ 487, 497; III §§ 535, 536, 546, 547; BGB §§ 542, 543, 553, 554, 554a; 1. Mietrechtsänderungsgesetz von 1963 (BGBl I 502); 2. Mietrechtsänderungsgesetz von 1964 (BGBl I 457); Mietrechtsreformgesetz von 2001 (BGBl I 1149); Schuldrechtsmodernisierungsgesetz vom 26. 11. 2001 (BGBl I 3138); Mot II 417 ff, 421; Prot II 228 ff; Begr zum RegE BT-Drucks 14/4553, 43; Ausschussbericht BT-Drucks 14/5663, 76.

Schrifttum

Zu § 543 Abs 1 (Schrifttum zu § 543 Abs 2 Nr 3 s unten bei Rn 42)
BLANK, Mietrechtsberatung und Mietrisiko, NZM 2007, 788 = WuM 2007, 655
ders, Zahlungsrückstandskündigung bei „schleppender" Zahlungsweise, NZM 2009, 113
ders, Die Kündigung wegen Zahlungsverzugs, in: ARTZ/BÖRSTINGHAUS, 10 Jahre Mietrechtsreform (2011) S 257
ders, Die Kündigung wegen Pflichtverletzung des Mieters, ZMR 2020, 83
BÜTTER, Sonderkündigungsrecht im Gewerbemietrecht bei wesentlicher Überschreitung der vereinbarten Betriebskostenvorauszahlung (sog Betriebskostenfalle), ZMR 2003, 644
N FISCHER, Die Abmahnung vor Kündigung bei Vertragsverletzung des Mieters, WuM 2008, 251
HARKE, Verbrauch von Kündigungsrechten in Mietrecht, WuM 2017, 241
HÄUBLEIN, Die fristlose Kündigung im Mietrecht nach Miet- und Schuldrechtsreform, ZMR 2005, 1
HINZ, Mietrecht und Mietprozeß, NZM 2004, 681
CHR HIRSCH, Kündigung aus wichtigem Grund und Geschäftsgrundlage (2005)
ders, Kündigung aus wichtigem Grund und Geschäftsgrundlagenstörung bei Wegfall des Anmietinteresses, NZM 2007, 110
N HORN, Dauerschuldverhältnisse, in: BMJ (Hrsg), Gutachten und Vorschläge zur Überarbeitung des Schuldrechts Bd I (1981) 551
KLUTH/BÖCKMANN/FREIGANG, Mietausfallschaden, NZM 2004, 446
KRAEMER, Die Kündigung aus wichtigem Grund, WuM 2001, 163 = NZM 2001, 553 = DWW 2001, 110
LANGENBERG, Die fristlose Kündigung, in: Neuentwicklung im Mietrecht, PiG 35 (1992) 95
LEHMANN-RICHTER, Der kündigungsrelevante Zahlungsrückstand, ZMR 2017, 372
ST LORENZ, Zahlungsverzug und Verschulden, WuM 2013, 202
MEYER-ABICH, Kündigungsrecht im Wandel, WuM 2017, 97
OETKER, Das Dauerschuldverhältnis und seine Beendigung (1994)
PASCHKE, Das Dauerschuldverhältnis der Wohnraummiete (1991)
WOLTER, Mietrechtlicher Bestandschutz (1984).

Systematische Übersicht

I.	**Überblick**	1
II.	**Allgemeine Kündigung aus wichtigem Grund (§ 543 Abs 1)**	
1.	Wichtiger Grund	4
2.	Beispiele	9
a)	Vermieter	9
b)	Mieter	15
3.	Frist	19
4.	Abweichende Vereinbarungen	20
III.	**Kündigung wegen Nichtgewährung oder Entzugs des vertragsgemäßen Gebrauchs (§ 543 Abs 2 Nr 1)**	
1.	Überblick, Konkurrenzen	22
2.	Nichtgewährung des Gebrauchs	27
3.	Gebrauchsentziehung	32
4.	Erheblichkeit	37
IV.	**Vertragswidriger Gebrauch (§ 543 Abs 2 Nr 2)**	
1.	Überblick	39
2.	Gefährdung der Sache	44

Untertitel 1
Allgemeine Vorschriften für Mietverhältnisse § 543

3. Unbefugte Überlassung der Mietsache an einen Dritten 53

V. Zahlungsverzug (§ 543 Abs 2 Nr 3)
1. Überblick 58
2. Ersatzansprüche des Vermieters 61
3. Miete 67
4. Verzug an zwei aufeinanderfolgenden Terminen (§ 543 Abs 2 S 1 Nr 3 lit a) 71
  a) Voraussetzungen 71
  b) Schickschuld oder Bringschuld 77
  c) Verschulden, Irrtum 81
5. Verzug an mehr als zwei Terminen mit zwei Monatsraten (§ 543 Abs 2 Nr 3 lit b) 88
6. Treuwidrigkeit 92
7. Heilung des Verzugs (§ 543 Abs 2 S 2) 95
8. Aufrechnung nach Kündigung (§ 543 Abs 2 S 3) 98

VI. Ständige unpünktliche Zahlung, Kaution 102

VII. Fristsetzung und Abmahnung (§ 543 Abs 3)
1. Überblick 108
2. Fristsetzung 110
3. Abmahnung 115
4. Ausnahmen 119

VIII. Ausschlusstatbestände 125

IX. Teilkündigung 128

X. Erklärung der Kündigung
1. Form 130
2. Kündigungsfrist 133
3. Zeitpunkt 140
4. Umdeutung 141

XI. Abweichende Vereinbarungen
1. Wohnraummiete 142
2. Geschäftsraummiete 143

XII. Schadensersatzansprüche
1. Mieter 147
2. Vermieter 150

XIII. Beweislast 153

Alphabetische Übersicht

Abmahnung .... 108 f, 115 f
– Bestimmtheit 116
– Entbehrlichkeit .... 119 ff
Abweichende Vereinbarung .... 97 ff
Allgemeine Kündigung aus wichtigem Grund .... 4 ff
– Abmahnung 19
– Beispiele 9
– Fristsetzung 19
Aufrechnung nach Kündigung ... 98 ff
Ausschlusstatbestände 125

Belästigung
Beleidigung 15
Beweislast 153

Fristsetzung .... 108, 110 ff

Garage 129
Garten 129

Gebrauchsentziehung .... 22, 32 ff
Kaution 104
Kündigung .... 130 ff
– Form 130
Mahnung 76
Nichtgewährung des Gebrauchs ... 22 ff, 27 ff
Schadensersatzansprüche .... 61, 143 ff
– Gebrauchsentziehung .... 102 f
Ständig unpünktliche Zahlungen ... 102 ff
Teilkündigung .... 128 f
Treuwidrigkeit der Kündigung 92
Unbefugte Überlassung an Dritte ... 53 ff
Unpünktliche Zahlung .... 95, 102 ff

Vertragswidriger Gebrauch	39 ff	– einmalige Leistungen	69
– erhebliche Verletzung von Vermieterrechten	45	– Ersatzansprüche des Vermieters	61 ff
		– Heilung des Verzugs	96 f
– Gefährdung der Sache	46 ff	– Miete, Mietzins	69
– Unbefugte Überlassung an Dritte	53 ff	– nicht unerheblicher Teil der Miete	73
Verwirkung	136	– Schickschuld	78
Verzug	58, 71 ff	– Sozialamt	78
		– ständig unpünktliche Zahlung	62, 68 ff
Wichtiger Grund	5 ff	– Verzug	77 ff
Zahlungsverzug	58 ff		
– Abmahnung	80		

I. Überblick

1 § 543 BGB regelt zusammen mit § 569 BGB und § 578 Abs 2 BGB die Kündigung eines Mietverhältnisses aus wichtigem Grunde. Abs 1 der Vorschrift enthält die **Generalklausel**, während § 543 Abs 2 BGB einzelne Fälle hervorhebt, in denen *immer* ein wichtiger Grund anzunehmen ist (s Rn 2). Weitere sog **benannte Beispiele** eines wichtigen Grundes finden sich für die Wohnraummiete und die sonstige Raummiete in § 569 Abs 1, 2 und 2a iVm § 578 Abs 2 S 1 und S 2 BGB. § 543 Abs 3 BGB fügt hinzu, dass im Falle der fristlosen Kündigung wegen einer Pflichtverletzung die Kündigung grundsätzlich erst nach erfolglosem Ablauf einer zur Abhilfe bestimmten angemessenen Frist oder nach erfolgloser Abmahnung zulässig ist. Bei der **Wohnraummiete** sind für die Form und die Begründung der Kündigung außerdem die §§ 568 und 569 Abs 4 BGB zu beachten. Der **Anwendungsbereich** des § 543 BGB umfasst sämtliche Miet- und Pachtverhältnisse ohne Ausnahme (§§ 581 Abs 2, 594e BGB), bei der Wohnraummiete und der sonstigen Raummiete jedoch mit den sich aus den §§ 569 und 578 Abs 2 BGB ergebenden Modifikationen. Die Vorschrift gilt für jede fristlose Kündigung nach dem 31. 8. 2001. § 543 BGB wird ergänzt durch die im Jahre 2001 in das Gesetz eingefügte **weitere Generalklausel** des § 314 Abs 1 BGB, nach der Dauerschuldverhältnisse (einschließlich Miete und Pacht) von jedem Vertragsteil aus wichtigem Grund ohne Einhaltung einer Kündigungsfrist gekündigt werden können. Jedoch ist § 314 BGB nach dem Willen der Gesetzesverfasser **subsidiär** gegenüber besonderen Regelungen eines Kündigungsrechtes aus wichtigem Grunde, sodass für seine Anwendung jedenfalls kein Raum ist, *soweit* wie bei Miete und Pacht in Gestalt der §§ 543 und 569 BGB iVm § 578 BGB eine als abschließend gedachte gesetzliche Regelung vorliegt (s die Begr z RegE BT-Drucks 14/6040, 177 [r Sp]; im Einzelnen str, s unten Rn 19, Rn 137 ff).

2 In § 543 Abs 2 BGB und in § 569 Abs 1, 2 und 2a BGB hat das Gesetz **sechs** sog **benannte Beispiele** (oder besser: Regeltatbestände) definiert, dh sechs Fälle eines wichtigen Grundes, bei deren Vorliegen Mieter oder Vermieter *immer* aus wichtigem Grunde fristlos *kündigen* können, *ohne* dass es noch zusätzlich des *Rückgriffs* auf die Generalklausel des § 543 Abs 1 BGB oder des § 314 BGB bedürfte (BGH 4. 2. 2015 – VIII ZR 175/14, BGHZ 204, 134, 142 Rn 21 = NJW 2015, 1296; 18. 10. 2006 – XII ZR 33/04, NJW 2007, 147 Tz 10 = NZM 2006, 929 = WuM 2007, 72; 29. 4. 2009 – VIII ZR 142/08, NZM 2009, 431, 432 Tz 15 f = WuM 2009, 349, 350 = NJW 2009, 2297; 30. 4. 2014 – VIII ZR 103/13, NJW 2014,

2720 Rn 29 = WuM 2014, 562, 566 = ZMR 2014, 710; str, anders zB LG Frankfurt aM ZMR 2018, 670). Für die Anwendung der **Generalklausel** des § 543 Abs 1 BGB ist daher nur in den durch § 543 Abs 2 und § 569 Abs 1, 2 und 2a BGB *nicht* erfassten Fällen Raum (s unten Rn 23).

Die größte **praktische Bedeutung** unter den Kündigungstatbeständen des § 543 BGB und des § 569 BGB hat die **Kündigung wegen Zahlungsverzugs** des Mieters, dh der Tatbestand des § 543 Abs 2 S 1 Nr 3 BGB iVm § 569 Abs 3 BGB. Bei der Wohnraummiete dürfte der Zahlungsverzug des Mieters überhaupt der wichtigste Kündigungsgrund sein. § 543 Abs 2 S 1 Nr 3 BGB konkurriert insoweit mit § 573 Abs 2 Nr 1 BGB, da ein Zahlungsverzug des Mieters grundsätzlich zugleich eine schuldhafte erhebliche Pflichtverletzung im Sinne der genannten Vorschrift darstellt, die den Vermieter auch zur **ordentlichen Kündigung** berechtigt. Eine Kündigung wegen Zahlungsverzugs des Mieters wird deshalb in der Praxis verbreitet hilfsweise neben § 543 Abs 2 S 1 Nr 3 BGB auch auf § 573 Abs 2 Nr 1 BGB gestützt (zu den vielfältigen damit verbundenen Fragen s u § 569 Rn 40, Rn 104 f und § 573 Rn 46 ff). 3

II. Allgemeine Kündigung aus wichtigem Grund (§ 543 Abs 1)

1. Wichtiger Grund

Nach § 543 Abs 1 S 1 BGB kann jede Vertragspartei das Mietverhältnis aus wichtigem Grunde außerordentlich fristlos kündigen. Ein wichtiger Grund liegt nach S 2 der Vorschrift vor, wenn dem Kündigenden unter Berücksichtigung aller Umstände des Einzelfalls, insbesondere eines Verschuldens der Vertragsparteien und unter Abwägung der beiderseitigen Interessen die Fortsetzung des Mietverhältnisses bis zum Ablauf der Kündigungsfrist oder bis zur sonstigen Beendigung des Mietverhältnisses nicht zugemutet werden kann. Eine weithin übereinstimmende Definition des wichtigen Grundes findet sich in der Vorschrift des § 314 Abs 1 S 2 BGB von 2001. Beide Vorschriften unterscheiden sich lediglich durch die besondere **Hervorhebung des Verschuldens** der Vertragsparteien unter den zu berücksichtigenden Umständen des Einzelfalles in § 543 Abs 1 S 2 BGB, wodurch klargestellt werden sollte, dass in § 543 Abs 1 BGB bei schuldlosem Handeln des Störers strengere Anforderungen an das Vorliegen eines wichtigen Grundes als bei schuldhaftem Verhalten des Störers zu stellen sind (s Rn 6; Ausschussbericht BT-Drucks 14/5663, 76 [r Sp o]). 4

§ 543 Abs 1 BGB knüpft mit der Definition des wichtigen Grundes an die frühere Rechtsprechung an, die deshalb unter den §§ 314 und 543 BGB ihre Maßgeblichkeit behalten hat (BGH 9. 3. 2005 – VIII ZR 394/04, NJW 2005, 2 1552 = NZM 2005, 538, 539 = WuM 2005, 401). Bereits das **RG** war in ständiger Rechtsprechung davon ausgegangen, dass ein wichtiger Grund nur vorliegt, wenn der kündigenden Partei die **Fortsetzung** des Vertrages nach den Umständen des Einzelfalles aufgrund einer umfassenden Abwägung der Interessen der Parteien **nicht** mehr **zuzumuten** ist (RGZ 94, 234, 236; 149, 88, 92; 150, 193, 199 f; 160, 361, 366). Daran hat sich bis heute im Kern nichts geändert (§§ 314 Abs 1 S 2, 543 Abs 1 S 2 BGB; BGH 26. 4. 2002 – LwZR 20/01, LM Nr 3 zu § 589 BGB = NJW 2002, 2168; 23 1. 2002 – XII 5/00, NZM 2002, 524 = NJW-RR 2002, 946; 10. 4. 2002 – XII ZR 37/00, NZM 2002, 525, 526 = NJW-RR 2002, 947; 15. 9. 2010 – XII ZR 188/08, NZM 2010, 901 Tz 11 = ZMR 2011, 89). Die Annahme eines wichtigen Grundes ist folglich in erster Linie gerechtfertigt, wenn einer Partei die Fortsetzung des Vertrags wegen einer 5 erheblichen Pflichtverletzung des anderen Teils auch nur vorübergehend nicht mehr zuzumuten ist, insbesondere, wenn das **gegenseitige Vertrauensverhältnis** der Parteien infolge der Pflichtverletzung des Kündigungsgegners so sehr **erschüttert** ist, dass eine gedeihliche Zusammenarbeit der Parteien nicht mehr zu erwarten ist (BGH 26. 4. 2002 – LwZR 20/01, LM Nr 3 zu § 589 BGB = NJW 2002, 2168 = NZM 2002, 660; 23 1. 2002 – XII 5/00, NZM 2002, 524 = NJW-RR 2002, 946; 10. 4. 2002 – XII ZR 37/00, NZM 2002, 525, 526 = NJW-RR 2002, 947; 15. 9. 2010 – XII ZR 188/08, NZM 2010, 901 Tz 11 = ZMR 2011, 89; OLG Celle ZMR 2009, 192; 2016, 289, 290; OLG Düsseldorf ZMR 2012, 183). Diese sogenannte **Zerrüttungskündigung** setzt in der Regel gemäß § 543 Abs 3 S 2 Nr 2 BGB keine vorherige Abmahnung des Kündigenden, wohl aber stets eine umfassende Abwägung der Interessen der Parteien voraus (s Rn 119 ff; BGH 15. 9. 2010 – XII ZR 188/08, NZM 2010, 901 Tz 21 = ZMR 2011, 89; OLG Düsseldorf ZMR 2012, 183, 184). Dabei können auch **frühere Vertragsverletzungen** des Kündigungsgegners berücksichtigt werden, selbst wenn sie allein eine Kündigung nicht zu rechtfertigen vermögen (BGH 15. 9. 2010 – XII ZR 188/08, NZM 2010, 901 Tz 11 = ZMR 2011, 89). Das **eigene Verhalten** des Kündigenden spielt gleichfalls eine erhebliche Rolle, sodass für eine Kündigung kein Raum ist, wenn er die Zerrüttung überwiegend selbst verschuldet hat. Dagegen steht die **beiderseitige** gleichmäßige **Verursachung** der Zerrüttung des Vertrauensverhältnisses einer Kündigung durch beide Teile nicht notwendig entgegen (BGHZ 50, 312, 315 = NJW 1969, 37; BGHZ 112, 279, 285 = NJW 1991, 102; BGH LM Nr 62 zu § 535 BGB = WM 1978, 271, 273; LM Nr 26 zu § 242 [Bc] BGB = NJW 1981, 1264; WM 1982, 910, 912 [insoweit nicht in BGHZ 84, 42 veröffentlicht]; LM Nr 3 zu § 589 BGB = NZM 2002, 660 = NJW 2002, 2168). **Maßstäbe** für die bei der Interessenabwägung zu berücksichtigenden Umstände geben in erster Linie die vom Gesetz selbst hervorgehobenen Fälle eines wichtigen Grundes in den Nrn 1 bis 3 des § 543 Abs 2 BGB und in den Abs 1 und 2 sowie 2a des § 569 BGB.

6 Neben der Frage, wer die Pflichtverletzung zu vertreten hat, die zur Zerrüttung des Verhältnisses der Parteien geführt hat (s Rn 5), spielt es für die Frage, ob ein wichtiger Grund vorliegt, eine erhebliche Rolle, **aus wessen Risikosphäre oder -bereich** der potenzielle Kündigungsgrund stammt. Eine Kündigung aus wichtigem Grunde kommt grundsätzlich nur in Betracht, falls die Kündigungsgründe ihren Ursprung letztlich in der Person des **Kündigungsgegners** haben oder doch aus **dessen Risikobereich** stammen. Rühren sie dagegen aus dem **Risikobereich des Kündigenden** selbst oder werden sie aus Umständen hergeleitet, auf die der Kündigungsgegner keinen Einfluss hat, so ist kein Raum für eine fristlose Kündigung aus wichtigem Grunde nach § 543 Abs 1 BGB. Eine außerordentliche Kündigung des Vertrags ist dann vielmehr nur noch unter den zusätzlichen, wesentlich engeren Voraussetzungen eines **Wegfalls der Geschäftsgrundlage** iS des § 313 BGB möglich (s Rn 17; BGH 29. 11. 1995 – XII ZR 230/94, LM Nr 164 zu § 242 [Bb] BGB = NJW 1996, 714 = ZMR 1996, 147, 148; 13. 12. 1995 – XII ZR 185/93, ZMR 1996, 309, 311; 4. 5. 2016 – XII ZR 62/15, NJW 2016, 3718 Rn 12 = NZM 2016, 798; OLG Düsseldorf ZMR 1998, 218; NZM 2001, 669; OLG München ZMR 1997, 458; OLG Dresden NZM 2002, 165). Eine fristlose Kündigung des Mieters nach § 543 BGB kann dagegen im Regelfall *nicht* auf Umstände gestützt werden, die wie insbesondere eine Krankheit des Mieters, die mangelnde Rentabilität des vom Mieter betriebenen Geschäfts oder ein drohender Vermögensverfall zum **Risikobereich des Kündigenden, dh hier des Mieters** gehören (s schon o Vorbem 21 ff zu § 536; insbes BGH 7. 10. 2004 – I ZR 18/02, ZIP 2005, 534 = NJW 2005, 1360, 1361 f; 10. 9. 2009 – XII ZR 39/08, NZM 2009, 908 Tz 14; OLG Dresden NZM 2003, 356; OLG Rostock 9. 7. 2020 – 3 U 78/19, ZMR 2020, 938 = GE 2020, 1116; LG Berlin GE 2019, 969: schwere Erkrankung des Mieters; HÄUBLEIN ZMR 2005, 1, 3; s Rn 11).

Eine wichtige Rolle spielt ferner die **restliche Laufzeit** des Vertrages. Eine fristlose 7
Kündigung aus wichtigem Grunde ist umso eher möglich, je länger der Vertrag noch läuft, und umso weniger, je leichter einer Partei die ordentliche Kündigung ist (OLG Celle ZMR 2009, 192, 194; Häublein ZMR 2005, 1). Speziell für **Wohnraummieter** bedeutet dies, dass sie mit Rücksicht auf die erleichterte Kündigungsmöglichkeit nach § 573c Abs 1 S 1 BGB heute nur noch in besonders gelagerten Fällen fristlos aus wichtigem Grunde nach § 543 Abs 1 BGB kündigen können (Kraemer NZM 2001, 553 ff). Zu beachten ist, dass trotz der besonderen Betonung des Verschuldenserfordernisses in § 543 Abs 1 S 2 BGB auch das **Verschulden** des Kündigungsgegners nur *ein* Umstand unter anderen ist, der bei der Interessenabwägung zu berücksichtigen ist, sodass in Ausnahmefällen eine Kündigung selbst dann möglich ist, wenn den Kündigungsgegner **kein Verschulden** an den Vorgängen trifft, die dem anderen Teil die Fortsetzung des Vertrages unzumutbar machen, etwa weil er sich in einem entschuldbaren Rechtsirrtum befand (ebenso ausdrücklich der Ausschussbericht BT-Drucks 14/5663, 76 [r Sp]; Häublein ZMR 2005, 1, 2). Es wird sich dabei freilich immer um Ausnahmefälle handeln, ebenso wie erst recht in den besonders kritischen Fällen einer fristlosen Kündigung gegen psychisch gestörte (und deshalb nicht schuldfähige) Personen (grundsätzlich zulässig nach BGH 26. 3. 1969 – VIII ZR 76/67, LM Nr 1 zu § 554b BGB = ZMR 1969, 206; LG Berlin GE 1987, 681; WuM 1986, 251; ZMR 2000, 674; LG Hildesheim WuM 1998, 348).

Paradigmata für fristlose Kündigungen gegenüber möglicherweise schuldlos han- 8
delnden Mietern sind Störungen des Hausfriedens iS des § 569 Abs 3 BGB iVm § 543 Abs 1 BGB durch **psychisch erkrankte Wohnraummieter**, dh massive Verletzungen der selbstverständlichen Gebote gegenseitiger Rücksichtnahme, die das Zusammenleben mehrerer Menschen in einem Haus überhaupt erst erträglich machen (s Staudinger/V Emmerich [2021] § 569 Rn 40 f). Offenbar häufige **Beispiele** sind gravierende Ruhestörungen, zumal nachts, Belästigungen, Beleidigungen und massive Bedrohungen des Vermieters oder der Mitmieter durch psychisch erkrankte Mieter. Zwar verlangt das Zusammenleben der Menschen heute eine *erhöhte Toleranz* gegenüber kranken und vermutlich nicht mehr schuldfähigen Menschen; aber jenseits dieser Grenze kommt durchaus eine Anwendung des § 569 Abs 3 und des § 543 Abs 1 BGB in Betracht, wenn die Belastungen für die Mitmieter oder den Vermieter nicht mehr erträglich sind, insbesondere wenn ihre Gesundheit oder Sicherheit gefährdet ist. Die mit solchem Verhalten einzelner Mieter verbundenen Probleme dürfen nicht einseitig durch die Verweigerung eines Kündigungsrechts auf den Vermieter oder die Mitmieter abgewälzt werden (BGH 8. 12. 2004 – VIII ZR 218/03, WuM 2005, 125, 126 = NZM 2005, 300; LG Berlin GE 2001, 989 f = NZM 2002, 733; LG Hamburg WuM 1996, 271; LG Heidelberg NZM 2011, 693; LG Wuppertal ZMR 2016, 455, 456 f; LG Frankfurt aM NZM 2018, 904; AG Braunschweig ZMR 2005, 369; AG Bernau WuM 2009, 735; AG Düren WuM 2010, 627; AG Berlin-Schöneberg GE 2011, 759; AG Wedding ZMR 2014, 378; AG Hannover ZMR 2014, 547; AG Tempelhof-Kreuzberg WuM 2016, 27, 28; Jahreis WuM 2016, 22; Kraemer NZM 2001, 553, 556). Nötig ist in jedem Fall eine **umfassende Interessenabwägung** unter Berücksichtigung des Grundrechts des Mieters, des Vermieters und der Mitmieter auf Leben und körperliche Unversehrtheit (zu eng BGH 9. 11. 2016 – VIII ZR 73/16 Rn 21 ff, WuM 2017, 23). Eine Anwendung des § 543 Abs 1 BGB scheidet zB (ausnahmsweise) aus, wenn es sich bei den Störungen um Einzelfälle handelt, die etwa darauf beruhen, dass der psychisch erkrankte Mieter vorübergehend keine Medikamente eingenommen hatte (AG Dortmund ZMR 2015, 39; AG Hamburg ZMR 2016, 882).

2. Beispiele

a) Vermieter

9 In der umfangreichen Rechtsprechung zu § 543 BGB zeichnen sich deutlich verschiedene **Fallgruppen** ab, in denen besonders häufig Raum für eine fristlose Kündigung nach § 543 Abs 1 BGB ist und über die deshalb im Folgenden ein Überblick zu geben ist. Eine erste hier zu erörternde Fallgruppe bilden Verstöße des Mieters gegen seine **Aufklärungspflichten**, namentlich in Gestalt von **Täuschungsversuchen**. Der Vermieter kann nach § 543 Abs 1 BGB fristlos kündigen, wenn der Mieter ihn durch eine unrichtige Selbstauskunft über seine Schulden und seine Zahlungsfähigkeit täuscht (zB LG Lüneburg ZMR 2019, 435), ebenso wenn der Mieter ihn bewusst im unklaren darüber lässt, *mit wem* der Vertrag überhaupt abgeschlossen wurde, weiter, wenn der Mieter den Vermieter *vorsätzlich täuscht*, zB über die Ursache eines Mangels (OLG Düsseldorf ZMR 2012, 183) oder über die Höhe eines bei Modernisierungsmaßnahmen nach § 555d Abs 6 BGB erforderlichen Vorschusses für die Aufwendungen des Mieters infolge der fraglichen Maßnahmen (LG Berlin WuM 2011, 220 ff), ferner, wenn er ihn nach einer weitreichenden *Veränderung der Gesellschaftsverhältnisse* nicht über die jetzigen Verhältnisse informiert (BGH 7. 12. 1977 – VIII ZR 214/75, LM Nr 24 zu § 242 [Bc] BGB = NJW 1978, 416; OLG Celle BB 1978, 576, 577), sowie, wenn er bei Vereinbarung einer Umsatzmiete den Vermieter über seine *Umsätze* täuscht (OLG Düsseldorf NZM 2001, 1033 f) oder die Vorlage einer Gewinn- und Verlustrechnung verweigert, obwohl Zweifel an der Richtigkeit seiner Angaben bestehen (LG Berlin GE 2011, 610). Der Vermieter kann außerdem nach § 543 Abs 1 BGB kündigen, wenn ihm der Mieter bei Abschluss des Vertrages eine gefälschte „Bescheinigung" seines früheren Vermieters über die Dauer des Vertrages mit diesem und über die Bezahlung der Miete vorlegt (BGH 9. 4. 2014 – VIII ZR 107/13, NJW 2014, 1254 Rn 18 = NZM 2014, 429) oder wenn sich der Mieter des Prozessbetruges schuldig macht (sehr eng LG Berlin NZM 2014, 668). Gleich stehen die Anforderung hoher Vorschüsse für die Beseitigung von Mängeln, ohne dass der Mieter nach Zahlung der Vorschüsse Anstalten machte, mit den Reparaturarbeiten überhaupt zu beginnen (BGH 17. 1. 2012 – VIII ZR 63/11, ZMR 2012, 610), sowie der Betrieb einer ganz anderen Praxis in den gemieteten Räumen durch einen Arzt als nach dem Vertrag vorgesehen (KG GE 2011, 481).

10 Eine weitere Fallgruppe bilden **Treuepflichtverletzungen**, insbesondere in Gestalt der ernstlichen und endgültigen **Erfüllungsverweigerung** seitens des Mieters (vgl §§ 281 Abs 2 und 323 Abs 2 Nr 1 BGB; s Staudinger/V Emmerich [2021] § 569 Rn 56 ff; grdlg BGH 9. 3. 2005 – VIII ZR 194/03, NJW 2005, 2552, 2553 f = NZM 2005, 538, 539 f = WuM 2005, 401, 402 f). Eine Kündigung kommt danach **zB** in Betracht, wenn der Mieter den Vertrag ohne Anlass kündigt oder anficht (BGH 29. 10. 1986 – VIII ZR 144/85, ZMR 1987, 51, 53), wenn er eine zweifelsfrei geschuldete *Vertragsanpassung* trotz Abmahnung grundlos verweigert (LG Heilbronn ZMR 2001, 803, 805), wobei von Fall zu Fall auch an die grundlose Ablehnung einer nach § 558 BGB geschuldeten Zustimmung zu einer *Mieterhöhung* zu denken ist (str, s Staudinger/V Emmerich [2021] § 558a Rn 11; Blank NZM 2007, 788, 794 = WuM 2007, 655), sowie wenn er die Zahlung der vereinbarten *Kaution* hartnäckig und grundlos verweigert (s § 569 Abs 2a BGB; KG NZM 2013, 1124, 126) oder wenn er entgegen den §§ 555a und 555d BGB die *Duldung* von Erhaltungs- oder Modernisierungsmaßnahmen verweigert, wobei die Kündigung des Vermieters in diesem Fall nicht die vorherige Erwirkung eines Duldungstitels

gegen den Mieter voraussetzt (BGH 15. 4. 2015 – VIII ZR 281/13, NJW 2015, 2417 Rn 20 ff = NZM 2015, 536; LG Berlin ZMR 2011, 550), außer wenn sich der Mieter zu Recht auf ein Zurückbehaltungsrecht beruft (LG München I NZM 2016, 259, 260 f), ferner etwa noch, wenn der Vermieter einer Reklamefläche vertraglich zeitlich unbegrenzt gebunden wird, ohne dass sich der Mieter um die Verwertung der Reklamefläche kümmerte, sodass er auch keine Miete zu zahlen braucht (BGH WM 1973, 694 = BB 1973, 819 = ZMR 1973, 378 f). Auch die Fälle ständiger unpünktlicher Zahlung gehören hierher (dazu u Rn 68 ff und STAUDINGER/V EMMERICH [2021] § 569 Rn 29 ff; weitere Beispiele s STAUDINGER/ V EMMERICH [2021] § 569 Rn 56 ff).

Die Androhung oder gar Anwendung von Gewalt, Tätlichkeiten oder schwere Beleidigungen des Vermieters können diesem gleichfalls einen Grund zur fristlosen Kündigung aus wichtigem Grunde geben. Nahezu ausnahmslos führt insbesondere die Androhung oder Anwendung von **Gewalt** gegen den Vermieter, gegen die Mitmieter oder gegen sonstige Personen im Zusammenhang mit dem Mietverhältnis zur Anwendung des § 543 Abs 1 BGB (zB AG Berlin-Tempelhof-Kreuzberg GE 2020, 1122). Beispiele sind das Festhalten von Vertretern des Vermieters in der Wohnung gegen deren Willen (LG Berlin ZMR 2014, 638), die Beschädigung der Tür einer Nachbarwohnung mit einem Holzhammer (LG Kassel WuM 2018, 202), Tätlichkeiten und schwere Beleidigungen gegen den Hausmeister (AG Gronau WuM 2019, 435), die Bedrohung von Besuchern, sodass diese schreiend aus dem Haus flüchten (LG Hamburg ZMR 2014, 794), sowie, man glaubt es kaum, die Bedrohung der Kinder der Mitmieter mit dem Abschneiden von Körperteilen (AG Frankfurt aM ZMR 2015, 620); anders lediglich dann, wenn der Mieter in Notwehr handelt (§ 227 BGB; so überaus großzügig BGH 4. 6. 2014 – VIII ZR 289/13, NJW 2014, 2566 Rn 23 = NZM 2014, 635). **11**

Weit häufiger sind naturgemäß die Beispiele für **schwere Beleidigungen** des Vermieters, bei deren Beurteilung es in besonderem Maße auf die Umstände des Einzelfalles ankommt (s STAUDINGER/V EMMERICH [2021] § 569 Rn 48 ff; OLG Düsseldorf NZM 2006, 295; LG Berlin GE 2005, 675; 2009, 326; LG München I ZMR 2016, 451; AG München WuM 2015, 355; ZMR 2016, 466). **Beispiele** sind ein beleidigendes Plakat an der Hauswand (LG Berlin GE 2004, 236), (nur) unbegründete leichtfertige *Strafanzeigen* des Mieters oder dessen Ehefrau gegen den Vermieter oder Verpächter (s STAUDINGER/V EMMERICH [2021] § 569 Rn 56 f; BGH 21. 12. 1960 – VIII ZR 50/60, LM Nr 6 zu § 553 BGB = ZMR 1961, 103; BVerfG NZM 2002, 61 = WuM 2002, 22, 23; LG Berlin WuM 2013, 354; LG Frankfurt/O WuM 2013, 355, 356; LG Düsseldorf ZMR 2015, LG München I ZMR 2017, 484; 552; AG Hamburg-Altona ZMR 2016, 460; AG Rostock ZMR 2080, 678; MACK ZMR 2016, 462) sowie die Diffamierung des Vermieters gegenüber der finanzierenden Bank (LG Potsdam ZMR 2012, 627 f). Es muss sich aber um *schwere und unentschuldbare Vorgänge* handeln (OLG Düsseldorf ZMR 2011, 282, 283). Selbst schwere Beleidigungen des anderen Teils rechtfertigen *keine* fristlose Kündigung, wenn zwischen den Parteien ohnehin erhebliche Spannungen bestehen, wenn es sich um eine einmalige Unbeherrschtheit handelt, wenn der Vermieter den Mieter provoziert hat oder wenn das Verhalten des Mieters sonst nach den Umständen entschuldbar ist (OLG Düsseldorf ZMR 2011, 282, 283; LG Leipzig NZM 2002, 247; LG Saarbrücken WuM 2019, 2 154, 256; AG Köln WuM 2006, 522 f), wenn sich zB ein entsprechender Ton zwischen den Parteien eingebürgert hat (LG Berlin ZMR 2009, 207). Ebenso ist es trotz schwerer Vorwürfe des Mieters gegen den Vermieter zu beurteilen, wenn sich der Vermieter *selbst* zuvor einer *erheblichen Vertragsverletzung schuldig* gemacht hatte und er sich durch eine Kündigung lediglich seiner Ersatz- **12** pflicht zu entziehen versucht (OLG München ZMR 1996, 654, 656), sowie, wenn der Mieter den Vermieter wegen Betrugs anzeigt, nachdem der Vermieter zuvor selbst unzulässige Forderungen gestellt hatte (LG Wuppertal WuM 1970, 60; wegen weiterer Beispiele s STAUDINGER/V EMMERICH [2021] § 569 Rn 17 ff).

13 Weitere Beispiele sind der fortgesetzte Verstoß eines gewerblichen Mieters gegen die **Betriebspflicht**, etwa in einem Einkaufszentrum (OLG Dresden ZMR 2016, 26; ebenso schon RGZ 149, 88, 90 f; 160, 360, 366 f; BGH WM 1988, 531, 532), die **Verunreinigung** des Kellers durch Urinieren (AG Zerbst NZM 2003, 897 = NJW-RR 2003, 1595), die Vermüllung der Wohnung, insbesondere wenn dadurch Beschädigungen der Bausubstanz drohen (LG Berlin ZMR 2018, 416), intensive **Geruchsbelästigungen** der Mitmieter aus der Wohnung eines Mieters bei Öffnung der Wohnungstüre (LG Braunschweig ZMR 2007, 536), insbesondere die übermäßige und gesundheitsgefährdende Belästigung der Mitmieter oder des Vermieters durch den Tabakqualm eines intensiven Rauchers (s § 538 Rn 3a; BGH 18. 2. 2015 – VIII ZR 186/14, NJW 2015, 1239 Rn 16), wiederholte Störungen der Nachtruhe der Mitmieter durch lautstarke nächtliche Auseinandersetzungen der Mieter (LG Berlin 2010, 488), die Duldung von **Straftaten Dritter** aus den gemieteten Räumen heraus (OLG Hamburg NJW-RR 1992, 207 = ZMR 1992, 23 „Hafenstraße"), zumal bei Lagerung von Waffen und Munition in der Wohnung iVm der Begehung schwerster Straftaten (LG Berlin GE 2018, 934), wobei im Einzelfall auch bereits der **Verdacht** derartiger Straftaten genügen kann, sofern dadurch das nötige Vertrauensverhältnis zwischen den Parteien zerstört wird (LG Itzehoe ZMR 2018, 829), der Diebstahl und die eigenmächtige Verwertung einer Außentreppe (AG Münster ZMR 2018, 1010), eine **unheilbare Feindschaft** zwischen den Parteien (AG Gelsenkirchen-Buer ZMR 1997, 360, 361 f; anders nach den Umständen des Falles BGH WarnR 1965 Nr 183 = ZMR 1965, 213), die Unzumutbarkeit der Fortsetzung eines Vertrages bei Verbindung des Mietvertrages mit anderen inzwischen beendeten Verträgen (BGH 28. 4. 1972 – VIII ZR 116/70, LM Nr 21 zu § 242 [Bc] BGB = MDR 1972, 861; OLG Düsseldorf NJW-RR 1995, 867, 868), das „Bombardement" des Vermieters mit zahllosen Schreiben, in denen der Mieter angebliche Mängel rügt (AG/LG Bielefeld WuM 2001, 553), ebenso die Rüge zahlreicher Mängel der gemieteten Räume unter gleichzeitiger Verweigerung des Zutritts für den Vermieter oder dessen Vertreter zur Überprüfung der behaupteten Mängel (AG Berlin-Pankow/Weißensee GE 2017, 540), ebenso die Verweigerung des Zugangs zur Wohnung, den der Vermieter benötigt, um der Pflicht zur Wartung und Überprüfung der Rauchwarnmelder nachkommen zu können (LG Konstanz WuM 2018, 201), der Anbau von Cannabis auf dem Balkon, um Rauschgift herzustellen (LG Ravensburg WuM 2001, 608), der Handel mit *Heroin* in den gemieteten Räumen (AG Pinneberg NJW-RR 2003, 944 = NZM 2003, 553), die Lagerung von Sprengstoff in der Wohnung (AG Hannover ZMR 2020, 845 = GE 2020, 1120), die Nutzung des Balkons zur Aufstellung von Blumenkästen trotz Abmahnung in einer Weise, durch die Passanten gefährdet werden (LG Berlin GE 2010, 203), die Nutzung eines als „Hotel" vermieteten Gebäudes zur Unterbringung unbegleiteter minderjähriger Asylanten (LG Darmstadt ZMR 2017, 44) sowie ein Stromdiebstahl des Mieters, wenn der Vermieter dadurch geschädigt wird (KG WuM 2004, 721, 722 = NZM 2005, 254).

14 Dagegen reicht der Umstand, dass es zwischen den Parteien bereits zu einer **Vielzahl von Rechtsstreitigkeiten** gekommen ist, für sich allein für eine fristlose Kündigung des Vermieters **nicht** aus (OLG Hamm NJW-RR 1993, 16). Dasselbe gilt, wenn **Schadensersatzforderungen** des Mieters nach den Umständen vertretbar erscheinen oder wenn

lediglich **Zweifel an** der **Zahlungsfähigkeit des Mieters** bestehen (OLG München ZMR 1997, 458, 459; LG Berlin ZMR 2005, 789, 790). Solange der Mieter seinen Zahlungspflichten nachkommt, kann selbst die Abgabe der eidesstattlichen Versicherung nach § 899 ZPO nicht als wichtiger Grund im Sinne des § 543 Abs 1 BGB gewertet werden, weil andernfalls der Vermieter bei einem sich abzeichnenden Vermögensverfall des Mieters die besonderen Voraussetzungen einer fristlosen Kündigung bei Zahlungsverzug (§ 543 Abs 2 Nr 3 BGB) ebenso wie die Kündigungssperre nach Stellung des Insolvenzantrags (s o § 535 Rn 90) mühelos über § 543 Abs 1 BGB umgehen könnte (LG Berlin ZMR 2005, 789, 790). Nicht ausreichend sind ferner die bloße unbefugte Anbringung einer Satellitenantenne an der Fassade des Hauses (LG Berlin GE 2009, 1316) sowie noch die Herstellung pornographischer Videoclips in der Wohnung ohne Außenwirkung (AG Lüdinghausen WuM 2019, 31).

b) Mieter

Die bisherigen Ausführungen (s Rn 9 f) gelten entsprechend für die fristlose Kündi- 15 gung des Mieters aus wichtigem Grunde nach § 543 Abs 1 BGB. Die wichtigsten Fallgruppen sind deshalb auf der Seite des Mieters ebenfalls **Treuepflichtverletzungen**, insbesondere in Gestalt der Erfüllungsverweigerung des Vermieters, **Täuschungen** des Mieters seitens des Vermieters (s Rn 16) sowie Drohungen und **Beleidigungen** durch den Vermieter (s u Rn 16). Ebenso wie der Vermieter kann der Mieter insbesondere dann fristlos kündigen, wenn sich der Vermieter **ernstlich und endgültig weigert**, seinen vertraglichen Pflichten nachzukommen (BGH 21. 12. 1977 – VIII ZR 119/76, LM Nr 62 zu § 535 BGB = MDR 1978, 487; WM 1978, 271, 273; LG Frankfurt aM ZMR 1979, 112), wenn zB eine Fernsprechanlage wegen Mängeln immer wieder längere Zeit ausfällt, ohne dass sich der Vermieter darum kümmerte (OLG Köln NJW-RR 1989, 439; 1995, 1292 = ZMR 1995, 469). Gleich steht ein Versuch des Vermieters, ultimativ eine *Erhöhung der Miete* oder andere schwerwiegende *Vertragsänderungen* durchzusetzen (OLG Köln WuM 1981, 103). Ebenso ist es zu beurteilen, wenn er zu Unrecht *Schlüssel* einbehält und sich damit Zutritt zu den gemieteten Räumen verschafft (OLG Celle WuM 2007, 201), wenn er eigenmächtig die Schlösser an den vermieteten Räumen austauscht, etwa, um sein Pfandrecht zu sichern (KG NZM 2009, 820 = ZMR 2010, 111; LG Berlin GE 2005, 238; s BGH GE 2010, 1189), sowie schließlich, wenn sich der Vermieter grundlos weigert, an der Herbeiführung der Genehmigung einer Nutzungsänderung mitzuwirken, sofern für den Mieter mit der Erfüllung der Auflagen für die bisherige Nutzung ein erheblicher Aufwand verbunden ist (BGH GE 2008, 120, 121 Tz 18).

Täuschungen des Mieters seitens des Vermieters bei den Vertragsverhandlungen 16 oder später können gleichfalls eine fristlose Kündigung des Mieters nach § 543 Abs 1 BGB rechtfertigen. Der Mieter kann zB fristlos kündigen, wenn der Vermieter bei den Vertragsverhandlungen *mit Absicht* viel *zu niedrige Vorauszahlungen* auf die Betriebskosten nennt, um den Mieter zum Vertragsabschluss zu veranlassen (s o Vorbem 86 zu § 535; LG Hamburg ZMR 2003, 683; Bütter ZMR 2003, 644), oder wenn der Vermieter den Mieter bei der *Abrechnung der Betriebskosten* betrügt (LG Berlin GE 2003, 1081). Dagegen reicht der bloße Umstand, dass der Vermieter den Mieter nicht ordnungsgemäß über sein fehlendes Eigentum aufgeklärt hat, sodass es sich bei dem Mietvertrag in Wirklichkeit lediglich um eine *Untermiete* handelt, für eine fristlose Kündigung nur aus, wenn noch weitere belastende Umstände hinzukommen (OLG Düsseldorf WuM 2001, 113, 114). Ausreichend sind ferner schwerwiegende *Störungen des*

Geschäftsbetriebes des Mieters, zB durch dessen Diffamierung gegenüber Dritten (BGH 15. 9. 2010 – XII ZR 188/08, NZM 2010, 901 Tz 13 ff = ZMR 2011, 29). Schließlich können auch **Drohungen** und **Beleidigungen** des Mieters seitens des Vermieters eine fristlose Kündigung des Mieters rechtfertigen (zB AG Düsseldorf GE 2019, 1313). Gleich stehen die Belästigung, Beleidigung oder Bedrohung des Mieters durch andere Mieter oder deren Angehörige, ohne dass der Vermieter dagegen einschreitet (LG Frankfurt aM ZMR 1970, 210; LG Hannover WuM 2001, 446).

17 Dagegen rechtfertigt ein **Vermögensverfall** des Vermieters allein noch *keine* fristlose Kündigung des Mieters (vgl § 321 BGB). Das gilt auch, wenn über das Vermögen des Vermieters das **Insolvenzverfahren** eröffnet wird (s o § 535 Rn 90). Anders kann es sich nur im Einzelfall verhalten, wenn infolge des Vermögensverfalls des Vermieters die Erfüllung dessen Pflichten ganz unsicher geworden ist (OLG Düsseldorf ZMR 2000, 173).

18 Ein wichtiger Grund für den Mieter ist ferner zu *verneinen,* wenn die fraglichen Umstände zum **Risikobereich des Mieters** gehören (s Rn 3, Rn 5) oder wenn es sich um Vorgänge handelt, die völlig der Einflusssphäre des Vermieters entzogen sind und die allein die Interessen des Mieters berühren (BGH LM Nr 57 zu § 242 [Ba] BGB = WM 1971, 1300; 4. 5. 2016 – XII ZR 62/15, WM 2016, 1360 Rn 12 = NZM 2016, 798; LG Berlin GE 1995, 759). So verhält es sich zB, wenn nicht mehr vorliegt als ein Wechsel des Wohnsitzes des Mieters (so BGH 4. 5. 2016 – XII ZR 62/15, WM 2016, 1360 Rn 12 = NZM 2016, 798 für einen Vertrag mit einem Fitness-Studio), wenn sich die für eine Arztpraxis gemieteten Räume infolge des Wachstums der Praxis und geänderter Hygienevorschriften als *zu klein* erweisen (BGH 25. 11. 2015 – XII ZR 114/14, NJW 2016, 311 Rn 33 = NZM 2016, 98 = WuM 2016, 28, 32), überhaupt wenn sich der gepachtete Betrieb lediglich als **unrentabel** erweist (s o Vorbem 21 ff zu § 536; LG Düsseldorf ZMR 1998, 218) oder wenn der Mieter *schwer erkrankt* (s schon Rn 5a; OLG Düsseldorf ZMR 2001, 106 = NZM 2001, 669 = WuM 2002, 94; NZM 2008, 807 = ZMR 2009, 25; LG Berlin GE 2019, 969). Auch der Umstand, dass dem Mieter *zwei Kinder* geboren werden, stellt allein ebenfalls noch keinen wichtigen Grund für eine fristlose Kündigung des Mieters dar, sofern in der Wohnung noch Platz für die beiden Kinder ist, zumal der Mieter ohnehin jederzeit mit kurzen Fristen ordentlich kündigen kann (s Rn 6, LG Bonn WuM 1992, 16). Schließlich reicht es auch nicht aus, wenn die Parteien zerstritten sind (OLG München ZMR 1996, 496), oder wenn es sich eindeutig um einmalige Vorfälle handelt (KG GE 2009, 978 f für eine Strafanzeige des Vermieters; zweifelhaft).

3. Frist

19 § 543 BGB enthält keine Regelung über eine etwaige Kündigungsfrist. Daraus ergibt sich die Frage, ob hier Raum für eine Anwendung der Vorschrift des § 314 Abs 3 BGB ist, nach der die Kündigung aus wichtigem Grunde **binnen angemessener Frist** erklärt werden muss, nachdem der Kündigende von dem Kündigungsgrund Kenntnis erlangt hat. Für die **Geschäftsraummiete** hat der BGH die Frage bisher bejaht (BGH 21. 3. 2007 – XII ZR 36/05, NZM 2007, 400 Tz 23 = NJW-RR 2007, 886 = ZMR 2007, 825 [für eine Frist von vier Monaten]; ebenso für die Landpacht BGH 23. 4. 2010 – LwZR 20/09, NZM 2010, 552 Tz 13 f), dagegen für die **Wohnraummiete** wegen des (angeblichen) abschließenden Charakters der gesetzlichen Regelung in § 543 BGB generell *verneint* (BGH 13. 7. 2016 – VIII ZR 296/15, NJW 2016, 3720 = NZM 2016, 791 = WuM 2016, 626 Rn 13 ff). Tatsächlich ist indessen nicht erkennbar, was der generellen **Anwendbarkeit des § 314 Abs 3 BGB**

(ebenso wie der des Abs 4 der Vorschrift) im Rahmen des § 543 BGB entgegenstehen sollte (s im Einzelnen u Rn 134 f). Sieht man dies anders, so bleibt es jedenfalls dabei, dass der Berechtigte nach § 242 BGB mit der Kündigung nicht übermäßig lange zuwarten darf, widrigenfalls er das Kündigungsrecht **verwirkt**, so zB wenn er die Vertragsverletzungen des anderen Teils zunächst jahrelang hinnimmt, ohne dagegen einzuschreiten (s o § 542 Rn 95 und u Rn 136; BGH LM Nr 2 zu § 242 [Ba] BGB = NJW 1951, 836; LM Nr 31 zu § 305 BGB = NJW 1985, 1895; WM 1967, 515, 517; WarnR 1968 Nr 231 S 504 f; 23. 4. 2010 – LwZR 20/09, NZM 2010, 552; 13. 4. 2010 – VIII ZR 206/09, NZM 2011, 32 Tz 5 = WuM 2010, 352; LG Kassel WuM 2018, 202, 203; Ghassemi-Tabar NZM 2013, 129, 135 f).

4. Abweichende Vereinbarungen

Das Kündigungsrecht einer Partei aus wichtigem Grunde ist im Kern **zwingendes** 20
Recht (s RegE BT-Drucks 14/4553, 43 [r Sp u]; die Begr z § 314 BT-Drucks 14/6040 S 176 [r Sp u]; BGHZ 118, 351, 355 = NJW 1992, 2628, 2629; BGH LM Nr 9 zu § 9 [Ci] AGBG = NJW 1986, 3134; NJW 2001, 3480, 3482). Ein genereller vertraglicher **Ausschluss** des Kündigungsrechts einer Partei aus wichtigem Grunde ist daher nicht möglich (§§ 134 und 138 BGB). Als zulässig gilt dagegen die vertragliche Beschränkung der Kündigungsgründe auf **grobes Verschulden** (BGH LM Nr 2 zu § 242 [Ba] BGB = NJW 1951, 836; LM Nr 24 zu § 581 BGB = ZMR 1963, 233).

Eine vertragliche **Erweiterung** des Kündigungsrechts aus wichtigem Grunde ist eben- 21
falls nur in engen Grenzen möglich. Für Wohnraummietverträge folgt dies bereits aus § 569 Abs 5 BGB (s Staudinger/V Emmerich [2021] § 569 Rn 116 f). Aber auch bei gewerblichen Mietverträgen kann insbesondere das Kündigungsrecht des Vermieters aus wichtigem Grunde lediglich in einzelnen Beziehungen individualvertraglich über den Rahmen des § 543 BGB hinaus **erweitert** werden, während dem Vermieter durch Formularvertrag *nicht* das *generelle* Recht zur fristlosen Kündigung aus beliebigen Gründen eingeräumt werden kann, die an sich keinen wichtigen Grund in dem genannten Sinne (o Rn 3 ff) darstellen (BGH LM Nr 46 zu § 9 [Bb] AGBG = NJW 2001, 3480, 3482; ebenso BGHZ 112, 279, 285 f = NJW 1991, 102 für Leasingverträge). Denn dadurch würde letztlich die Bindung an den Vertrag selbst in Frage gestellt (§§ 307 Abs 1, 311 Abs 1 BGB).

III. Kündigung wegen Nichtgewährung oder Entzugs des vertragsgemäßen Gebrauchs (§ 543 Abs 2 Nr 1)

1. Überblick, Konkurrenzen

Nach § 543 Abs 2 Nr 1 BGB liegt ein wichtiger Grund im Sinne des § 543 Abs 1 22
BGB „insbesondere" vor, wenn dem Mieter der vertragsgemäße Gebrauch der Mietsache ganz oder zum Teil nicht rechtzeitig gewährt *oder* wieder entzogen wird. Ergänzende Regelungen finden sich in den Abs 3 und 4 des § 543 BGB. Nach § 543 Abs 3 BGB setzt eine Kündigung nach § 543 Abs 2 Nr 1 BGB in der Regel eine vorherige fruchtlose Fristsetzung oder Abmahnung voraus (u Rn 108 ff). Dagegen ist in den Fällen der §§ 536b und 536d BGB gemäß § 543 Abs 4 S 1 BGB das Kündigungsrecht des Mieters nach § 543 Abs 2 Nr 1 BGB ausgeschlossen (u Rn 125 ff); gleich steht der Fall, dass der Mieter den Kündigungsgrund allein oder überwiegend zu vertreten hat (u Rn 127). Eine Regelung der Verteilung der **Beweislast** in den hier

interessierenden Fällen findet sich schließlich noch in § 543 Abs 4 S 2 BGB (u Rn 110). Für die **Wohnraummiete** ist zusätzlich § 569 Abs 5 BGB zu beachten, nach dem bei der Wohnraummiete § 543 Abs 2 Nr 1 BGB zu Gunsten des Mieters zwingend ist (s STAUDINGER/V EMMERICH [2021] § 569 Rn 116 f). Einen Sonderfall des § 543 Abs 2 Nr 1 BGB regelt für die Raummiete § 569 Abs 1 BGB iVm § 578 Abs 2 S 2 BGB, wonach der Mieter auch bei einer **gesundheitsgefährdenden Beschaffenheit** der gemieteten Räume fristlos kündigen kann (s STAUDINGER/V EMMERICH [2021] § 569 Rn 3 ff). Ein Rückgriff auf die Generalklauseln des § 543 Abs 1 BGB und des § 314 Abs 1 BGB kommt neben der Sonderregelung des § 543 Abs 2 Nr 1 BGB und des § 569 Abs 1 BGB grundsätzlich nicht in Betracht (s o Rn 2). Anwendbar bleibt jedoch § 314 Abs 4 BGB, sodass der Mieter nach der Kündigung gegebenenfalls **Schadensersatz** nach den §§ 280 und 281 BGB verlangen kann, insbesondere wegen des ihm entgangenen Gewinns (s u Rn 151 ff).

23 § 543 Abs 2 Nr 1 BGB gilt für die gesamte Miete und Pacht (§§ 581 Abs 2, 594e Abs 1 BGB; s o Rn 2) und daher zB auch für **Leasingverträge** (BGH LM Nr 27 zu § 536 BGB = NJW 1988, 204; LM Nr 18 zu § 542 BGB = NJW 1993, 122). Kündigen kann jedoch unter den in § 543 Abs 2 Nr 1 BGB genannten Voraussetzungen immer *nur* der **Mieter**, *nicht* dagegen der Vermieter, da niemand aus einer eigenen Vertragsverletzung ein Recht zur fristlosen Kündigung aus wichtigem Grunde herleiten kann (BLANK/BÖRSTINGHAUS Rn 42; SCHMIDT-FUTTERER/BLANK Rn 8).

24 Durch die Einführung der besonderen Kündigungsrechte des Mieters aufgrund der §§ 543 Abs 2 Nr 1 und 569 Abs 1 BGB (= §§ 542 bis 544 BGB aF) sollten die **Rechte des Mieters** über die ihm nach den allgemeinen Vorschriften zustehenden Befugnisse hinaus **erweitert** werden, weil man davon ausging, dass das bloße Rücktrittsrecht den Bedürfnissen des Mieters nicht in jeder Hinsicht genüge (Mot II 419). Der Sache nach hat das Kündigungsrecht des Mieters hier folglich dieselbe **Funktion wie das Rücktrittsrecht** des Käufers und Werkbestellers bei Mängeln (vgl BROX/ELSING JuS 1976, 1, 3; HASSOLD JuS 1975, 550, 552). Unberührt bleibt der **Erfüllungsanspruch** des Mieters aus § 535 Abs 1 S 2 BGB. Sind zugleich die Voraussetzungen der Vorschriften über **Leistungsstörungen** erfüllt, so kann der Mieter auch nach diesen vorgehen (§§ 280 ff, 314 Abs 4 BGB), wobei zu beachten ist, dass die Anwendung des § 543 Abs 2 Nr 1 BGB im Gegensatz zu der des § 536 Abs 1 S 1 BGB *nicht* die **Überlassung** der Sache an den Mieter voraussetzt.

25 Weist die Sache bereits **bei Übergabe Mängel** auf, so kann der Mieter folglich die Sache zurückweisen, ohne in Annahmeverzug zu geraten, *und* nach § 543 Abs 2 Nr 1 BGB fristlos kündigen sowie gegebenenfalls Schadensersatz verlangen (BGH 21. 3. 2007 – XII ZR 255/04, NZM 2007, 401, 402 Tz 23 = ZMR 2007, 444). **Nach Überlassung** der Sache an den Mieter werden in den Fällen des § 543 Abs 2 Nr 1 BGB und des § 569 Abs 1 BGB (u Rn 26 ff) idR zugleich die Voraussetzungen der **Gewährleistungsrechte** der §§ 536 ff BGB erfüllt sein (s u Rn 27). Auch in diesen Fällen hat der Mieter die **Wahl**, auf welche Vorschriften er sich stützen will. Die Geltendmachung der Rechte aus den §§ 536 und 536a Abs 1 BGB für die Vergangenheit schließt nicht etwa eine Kündigung für die Zukunft nach § 543 Abs 2 Nr 1 und § 569 Abs 1 BGB aus – und umgekehrt, sodass der Mieter, der wegen der Entziehung des vertragsgemäßen Gebrauchs kündigt, zugleich Schadensersatz nach § 536a Abs 1 Fall 2 BGB verlangen kann (Rn 151; BGH 31. 10. 2012 – XII ZR 126/11 Tz 35, NJW 2013, 223 = NZM 2013, 122).

Das Kündigungsrecht des Mieters aus **§ 543 Abs 2 Nr 1 BGB** setzt voraus, dass ihm 26
der vertragsgemäße Gebrauch der Mietsache ganz oder zum Teil nicht rechtzeitig
gewährt *oder* wieder entzogen wird. Das Gesetz unterscheidet maW die Fälle der
Nichtgewährung (u Rn 27 f) und der Entziehung des Gebrauchs (u Rn 30 f). Eine Anwendung des § 543 Abs 2 Nr 1 BGB kommt danach insbesondere in den folgenden
drei Fällen in Betracht, 1. wenn dem Mieter die Mietsache nicht rechtzeitig oder
nicht in einem dem Vertrag entsprechenden Zustand übergeben wird, 2. wenn sie
ihm später wieder entzogen wird sowie 3. wenn nachträglich ein Mangel auftritt
(Blank/Börstinghaus Rn 42; Schmidt-Futterer/Blank Rn 7).

2. Nichtgewährung des Gebrauchs

Der Mieter (o Rn 24) kann nach § 543 Abs 2 Nr 1 BGB zunächst fristlos kündigen, 27
wenn ihm der vertragsgemäße Gebrauch der Mietsache *ganz* oder *teilweise* nicht
rechtzeitig gewährt wird. Fälle der bloßen **Teilerfüllung** durch den Vermieter fallen
daher ebenso unter § 543 Abs 2 Nr 1 BGB wie solche der vollständigen **Nichterfüllung** (vgl für Leasingverträge BGH LM Nr 27 zu § 536 BGB = NJW 1988, 204). Maßstab ist in
beiden Fällen allein der dem Mieter aufgrund des Vertrags zustehende **vertragsgemäße Gebrauch** (§ 535 Abs 1 BGB). Jedes Zurückbleiben der Leistung des Vermieters hinter diesem Standard rechtfertigt eine fristlose Kündigung des Mieters
aufgrund des § 543 Abs 2 Nr 1 BGB.

Keine Rolle spielt der **Grund** der Nichterfüllung. § 543 Abs 2 Nr 1 BGB greift auch 28
ein, wenn der Vermieter den Kündigungsgrund nicht zu vertreten hat; denn unabhängig davon liegt in den genannten Fällen immer eine Pflichtverletzung des Vermieters vor, die die Anwendung des § 543 BGB zu Gunsten des Mieters rechtfertigt
(s Rn 5 f; RGZ 98, 101, 103; BGH 13. 9. 1974 – VIII ZR 63/72, LM Nr 6 zu § 542 BGB = NJW 1974,
2233; 13. 6. 2007 – VIII ZR 281/06, NJW 2007, 2474 Tz 10 = NZM 2007, 561 = WuM 2007, 570). In
der Mehrzahl der Fälle wird zwar der Grund für die vollständige oder partielle
Nichtgewährung des Gebrauchs ein (erheblicher) **Sach- oder Rechtsmangel** iS des
§ 536 BGB sein (Mot II 418 ff; BGH 13. 9. 1974 – VIII ZR 63/72, LM Nr 6 zu § 542 BGB =
NJW 1974, 2233 = WuM 1975, 48; LM Nr 22 zu § 537 BGB = NJW 1976, 796; 2. 12. 1981 – VIII ZR
273/80, LM Nr 238 zu § 242 [Cd] BGB = NJW 1982, 873 = WM 1967, 515, 517; OLG Hamburg ZMR
2005, 856, 857). Der Anwendungsbereich des § 543 Abs 3 Nr 1 BGB beschränkt sich
indessen nicht auf diese Fälle. Als weitere Gründe kommen vielmehr auch **Unmöglichkeit oder Verzug** des Vermieters in Betracht; gleich steht der Fall der **Erfüllungsverweigerung** (OLG Köln ZMR 1997, 230, 232). Das Kündigungsrecht des Mieters aus
§ 543 Abs 2 Nr 1 BGB konkurriert dann mit den allgemeinen Vorschriften über
Leistungsstörungen (§§ 275, 280, 282, 286 BGB; s o Rn 23; Beispiele s u Rn 33 ff).

§ 543 Abs 2 Nr 1 BGB schützt *nicht* den vertragswidrigen Gebrauch. Will der Mieter 29
die Räume zu einem derartigen Gebrauch in Besitz nehmen, so kann er bei Vorenthaltung der Räume nicht kündigen. Ebenso steht es, solange der Mieter aus
Gründen, die in seiner Person liegen, **am Mietgebrauch gehindert** ist (vgl § 537 BGB)
oder, nach § 242 BGB, wenn feststeht, dass der Mieter die Mietsache überhaupt
nicht oder nicht mehr **nutzen will** (OLG Celle ZMR 2002, 187, 188; OLG Hamm NZM 2011,
277; LG Münster ZMR 2009, 761). Dies gilt selbst dann, wenn der Vermieter zugleich in
einer die Gebrauchsgewährung ausschließenden Weise über die Mietsache verfügt
hat. *Anders* jedoch, sobald der Mieter zu erkennen gibt, dass er die Mietsache wieder

gebrauchen will und kann und der Vermieter darauf hin nicht erfüllungsbereit ist (BGHZ 38, 295, 299 ff = NJW 1963, 341; BGH 14. 7. 1970 – VIII ZR 173/68, LM Nr 3 zu § 542 BGB = NJW 1970, 1791; AG Pinneberg ZMR 2004, 199 f; krit Schmidt-Futterer/Blank Rn 11). Ebensowenig steht es einer Kündigung zu einem zukünftigen Zeitpunkt entgegen, dass der Mieter die Sache zu diesem Zeitpunkt aus in seiner Person liegenden Gründen **ohnehin nicht benutzt** hätte, sofern er nur dazu *imstande* gewesen wäre (BGH LM Nr 3 zu § 542 BGB = NJW 1970, 1791). Keine Rolle spielt ferner das **Motiv**, aus dem der Mieter kündigt. Auch wenn ihm das Kündigungsrecht willkommen ist, weil er zB umziehen will, steht dies der Anwendung des § 543 Abs 2 Nr 1 BGB nicht entgegen (BGH 4. 7. 1970 – VIII ZR 173/68, LM Nr 3 zu § 542 BGB = NJW 1970, 1791; Schmidt-Futterer/Blank Rn 11; Blank/Börstinghaus § 543 Rn 45; anders für den Fall der Betriebspflicht des Pächters OLG Celle ZMR 2002, 187, 188).

30 Der Mieter kann nach § 543 Abs 2 Nr 1 BGB **zB** wegen Nichtgewährung des Gebrauchs kündigen, wenn die ihm vom Vermieter übergebene Fläche hinter der vereinbarten Größe der vermieteten Räume zurückbleibt, jedenfalls, wenn die Flächendifferenz erheblich ist (Rn 25 f; OLG Dresden 10. 7. 2019 – 5 U 151/19, NZM 2019, 184, 786 Rn 41 ff = ZMR 2019, 856; LG Frankfurt aM ZMR 2018, 670), ferner wenn sich bei der Übergabe der Räume herausstellt, dass die Räume in gravierender Weise von den Plänen abweichen, sodass sie für den Mieter nicht mehr brauchbar sind (OLG Düsseldorf ZMR 2001, 346), weiter, wenn bei Verpachtung einer Gastwirtschaft die bauordnungsrechtlichen Voraussetzungen für die Gaststättenkonzession fehlen, sodass diese dem Mieter vorerst nicht erteilt wird (OLG Düsseldorf OLGZ 1988, 482 = NJW-RR 1988, 1424 = MDR 1988, 866), oder wenn den vermieteten Räumen die bauordnungsrechtliche Mindesthöhe für den Aufenthalt von Menschen fehlt (LG Berlin GE 1992, 553), sowie schließlich, wenn der Mieter aus öffentlich-rechtlichen Gründen an dem ihm zustehenden vertragsgemäßen Gebrauch der Mietsache gehindert wird (RGZ 88, 96, 99; 98, 101, 103; OLG Hamburg ZMR 1995, 533; LG Frankfurt aM NJW 1977, 1885).

31 Die Fälle der **Doppelmiete** gehören ebenfalls hierher (s o § 536 Rn 47 f). § 543 Abs 2 Nr 1 BGB greift außerdem zB noch ein, wenn als **„Ferienwohnung"** vermietete Räume keine abgeschlossene Einheit mit innenliegendem Flur bilden (LG Berlin GE 1988, 629), wenn die „ruhige" Ferienwohnung ausgerechnet neben einem Flugplatz oder an einer Hauptstraße liegt (AG Cham NJW-RR 1998, 1544; AG Jever NJW 1971, 1086) oder wenn ein vermietetes Wohnmobil schwere Mängel aufweist (OLG Karlsruhe ZMR 1988, 223).

3. Gebrauchsentziehung

32 Der Nichtgewährung des Gebrauchs (o Rn 27–31) steht die vollständige *oder* partielle Entziehung des Gebrauchs gleich (§ 543 Abs 2 Nr 1 BGB). Darunter fällt gleichermaßen die vollständige **Entziehung** wie die „bloße" **Störung** des Mieters in dem vertragsgemäßen Gebrauch der Mietsache, namentlich in Gestalt des nachträglichen Auftretens eines **Sach- oder Rechtsmangels** (BGH WM 1983, 660, 661; 13. 6. 2007 – VIII ZR 281/06, NJW 2007, 2472 = NZM 2007, 561 Tz 10 = WuM 2007, 570; ebenso für § 536 Abs 3 BGHZ 63, 132, 138 = NJW 1975, 44). Jede derartige Störung des Mieters im vertragsgemäßen Gebrauch rechtfertigt maW im Falle ihrer Erheblichkeit (s Rn 37) eine fristlose Kündigung des Mieters nach der Nr 1 des § 543 Abs 2 (OLG Köln NJW 1972, 1814).

Von der aktuellen Entziehung oder Störung des vertragsgemäßen Gebrauchs muss **33** die **bloße Befürchtung** einer *zukünftigen* Entziehung oder Störung unterschieden werden, die eine fristlose Kündigung nur dann (ausnahmsweise) rechtfertigt, wenn durch sie bereits *jetzt* der Gebrauch der gemieteten Sache beeinträchtigt wird; Beispiele sind eine ernsthafte Einsturz- oder Feuergefahr oder die Verseuchung des Hauses (Mittelstein, Miete 316). Gleich stehen der absehbare **Beginn umfangreicher Baumaßnahmen**, durch die dem Mieter der vertragsgemäße Gebrauch entzogen werden wird (BGH 31. 10. 2012 – XII ZR 126/11 Tz 30 f, 36, NJW 2013, 223 = NZM 2013, 122), sowie der Umstand, dass der Mieter jederzeit mit einem **Widerruf der** erforderlichen öffentlich-rechtlichen **Genehmigung** für seinen Betrieb rechnen muss (LG Frankfurt aM NZM 2000, 1053), sodass der Mieter in beiden Fällen *sofort* kündigen kann; *anders* dagegen, wenn eine formell fehlende öffentlich-rechtliche Erlaubnis wie zB die Bauerlaubnis jederzeit ohne Weiteres nachgeholt werden kann (o § 536 Rn 23, Rn 25).

Beispiele einer Gebrauchsentziehung sind die Unterlassung der erforderlichen Ausbesserungen (Mot II 419), Rattenbefall (OLG Düsseldorf NJW-RR 2003, 1017), weiter ein **Wasserschaden**, der Schimmelbildung zur Folge hat und umfangreiche Trocknungsarbeiten in der Wohnung erforderlich macht, oder eine ungenügende Heizung der Räume (RGZ 75, 354; BGH WarnR 1969 Nr 347 S 792, 793; NJW 2007, 2474 Tz 10 = NZM 2007, 561 = WuM 2007, 570; KG ZMR 2008, 790, 791; LG Saarbrücken WuM 1995, 159; LG Landshut WuM 1989, 175; LG Köln ZMR 2012, 625, 626), die nachträgliche **Untersagung** der vertragsgemäßen Nutzung der gemieteten Räume durch die zuständige Aufsichtsbehörde (BGH GE 2008, 120 Tz 11) oder auch durch den Vermieter selbst im Widerspruch zu dem Vertrag (LG Itzehoe ZMR 2012, 555), die Undichtigkeit des Daches (BGH NJW 2007, 147 Tz 10 = NZM 2006, 929 = WuM 2007, 72; LG Stuttgart NZM 1998, 483), erhebliche **Geruchsbelästigungen** durch eine Gastwirtschaft in der Nachbarschaft (LG Stuttgart WuM 1998, 724; OLG Düsseldorf MDR 1988, 866; LG Augsburg WuM 1986, 137), eine erhebliche Rattenplage (OLG Düsseldorf GE 2016, 857), eine erhebliche, wenn auch vorübergehende **Behinderung des Zugangs** oder der Zufahrt (OLG Köln NJW 1972, 1814; LG Berlin NZM 2000, 710 = ZMR 2000, 176), zB der Aufbau eines großen Gerüsts mit einer Auffangkonstruktion direkt vor dem Eingang und den Schaufenstern eines Geschäfts (KG ZMR 2015, 538), ebenso umfangreiche *Baumaßnahmen,* durch die die Existenz des gewerblichen Mieters bedroht wird und die er nicht zu dulden braucht (BGH WuM 2013, 37, 39 Tz 29 ff = NJW 2013, 223 = NZM 2013, 122), die vertragswidrige Vermietung der Park- und Ladeflächen eines gewerblichen Mieters an andere gewerbliche Mieter (OLG Düsseldorf NZM 2011, 154 f), der heimliche vorzeitige Beginn mit Renovierungsarbeiten nach Auszug des Mieters (AG Braunschweig ZMR 2003, 499), der ständige Ausfall einer EDV-Anlage (OLG Karlsruhe BB 1979, 1372 f), das Verbot nächtlicher Damenbesuche (LG Duisburg WuM 1975, 123) sowie die Weigerung des Vermieters, behördlichen Umbauanordnungen nachzukommen, von denen die weitere Genehmigung des Betriebs des Mieters abhängig gemacht wird (KG HRR 1937 Nr 502). **34**

Gleich stehen **bordellartige Zustände** in einer Gastwirtschaft (s § 536 Rn 28; BGH WM **35** 1967, 515, 517; LG Frankfurt aM WuM 1987, 55), der Umstand, dass die Mieterin einer Nachbarwohnung der Prostitution nachgeht (AG Köln WuM 2003, 145), die ungenügende Versorgung mit einwandfreiem Trink- oder Brauchwasser (LG Köln WuM 1987, 122), die Unbenutzbarkeit der mitvermieteten Herde oder Öfen oder des mitvermieteten Badezimmers (KG JW 1934, 1430) sowie die Aufnahme eines Konkurrenzgeschäftes (s § 535 Rn 23; KG OLGE 11, 139). Störungen des Mieters durch **übermäßigen**

Lärm der Mitmieter, durch Baustellen in der Umgebung oder aus anderen Quellen gehören schließlich ebenfalls hierher (OLG Hamburg MDR 1972, 953; LG Hamburg WuM 1986, 313; LG Duisburg WuM 1988, 264; AG Schöneberg NJW-RR 1998, 370; AG Ahrensburg ZMR 2005, 197, 198). Der Mieter kann daher zB nach § 543 Abs 2 Nr 1 BGB kündigen, wenn er ständig durch das Schließen der Tore von Sammelgaragen in der Nachbarschaft oder durch Klopfgeräusche der Heizung gestört wird (OLG Hamburg MDR 1972, 953; LG Darmstadt WuM 1980, 52).

36 § 543 Abs 2 Nr 1 BGB greift weiter ein, wenn der (Haupt-)Vermieter nach Kündigung des Mietvertrages gemäß § 546 Abs 2 BGB vom **Untermieter** Herausgabe verlangt, selbst wenn der Untermieter zunächst wohnen bleibt (s § 540 Rn 32; BGHZ 63, 132, 138 = NJW 1975, 44; BGH WM 1975, 897). Auch der Hauptmieter kann nach § 543 Abs 2 Nr 1 BGB kündigen, wenn der Vermieter *vertragswidrig* die *Erlaubnis* zur Untervermietung verweigert (BGHZ 89, 308, 312 = NJW 1984, 1031; OLG Düsseldorf WuM 1995, 585, 586). Dagegen gibt dem Mieter die Vereitelung eines **Vormietrechts** hinsichtlich weiterer Räume kein Kündigungsrecht bezüglich des ursprünglichen Mietvertrages; vielmehr kann der Mieter nach Ausübung des Vormietrechts wegen Nichtgewährung des Gebrauchs allein den neuen, durch Ausübung des Vormietrechts zustande gekommenen Mietvertrag kündigen (BGH 6. 2. 1974 – VIII ZR 239/72, LM Nr 4 zu § 554a BGB = ZMR 1974, 375, 377).

4. Erheblichkeit

37 Nach § 542 Abs 2 BGB aF war die Kündigung wegen einer Hinderung oder Vorenthaltung des Gebrauchs nur zulässig, wenn die Störung erheblich oder die Kündigung durch ein besonderes Interesse des Mieters gerechtfertigt war. **Zweck** dieser Regelung war es, einen Missbrauch des Kündigungsrechts in **Bagatellfällen** auszuschließen, dh den Mieter daran zu hindern, geringfügige Störungen zum Vorwand zu nehmen, um sich von einem lästig gewordenen Vertrag zu befreien (Mot II 420). Eine vergleichbare Regelung fehlt in § 543 BGB, ohne dass die Gesetzesverfasser eine Begründung für die ersatzlose Streichung des früheren § 542 Abs 2 BGB gegeben hätten. Eine sachliche Änderung liegt darin jedoch nicht, wie aus dem zumindest entsprechend anwendbaren § 536 Abs 1 S 3 BGB zu folgern ist (BGH 18. 10. 2006 – XII ZR 33/04, NZM 2006, 929, 930 Tz 20 = NJW 2007, 147 = WuM 2007, 72; KG GE 2005, 1426, 1427; Häublein ZMR 2005, 1, 4; Kraemer NZM 2001, 553, 559 f; ebenso im Ergebnis unter Berufung auf die Generalklausel des § 543 Abs 1 LG Frankfurt aM ZMR 2018, 670).

38 Auszugehen ist davon, dass grundsätzlich **jede Störung** des Mieters im vertragsgemäßen Gebrauch erheblich ist (s Mittelstein, Miete 317 ff; Sternel, Mietrecht Rn IV 460 ff). Eine abweichende Beurteilung kommt daher nur in **Ausnahmefällen** in Betracht (LG Stuttgart NZM 1998, 483, 484). So zB, wenn sich die Überlassung der Sache nur um eine kurze Frist verzögert, wenn lediglich einzelne Fenster schlecht schließen oder wenn ein Zimmer von vielen noch nicht renoviert ist, weiter, wenn dem Mieter nur ein kleiner Raum vorenthalten wird (BGH LM Nr 3 zu § 542 BGB = NJW 1970, 1791; LG Frankfurt aM ZMR 2018, 670), wenn die Geruchsbelästigung der Mitmieter durch einen Mieter geringfügig ist (AG München WuM 2006, 621), wenn der Mieter gewerblicher Räume auf eine andere Toilette verwiesen wird (OLG Köln MDR 1960, 498 f Nr 79) oder wenn ein Balkon nicht dauernd benutzt werden kann (LG Köln WuM 1975, 167).

IV. Vertragswidriger Gebrauch (§ 543 Abs 2 Nr 2)

1. Überblick

Nach § 543 Abs 2 Nr 2 BGB liegt ein wichtiger Grund für eine fristlose Kündigung **39** ferner vor, wenn der Mieter die Rechte des Vermieters dadurch in erheblichem Maße verletzt, dass er die Mietsache durch Vernachlässigung der ihm obliegenden Sorgfalt erheblich gefährdet (u Rn 44 ff) *oder* sie unbefugt einem Dritten überlässt (u Rn 53 ff). Mit dieser Vorschrift sollte „sprachlich gekürzt" die Regelung des § 553 BGB aF übernommen werden (Begr zum RegE BT-Drucks 14/4553, 44 [l Sp]). Tatsächlich ist jedoch § 543 Abs 2 Nr 2 BGB wesentlich *enger gefasst als* der *§ 553 BGB aF,* da sich § 553 BGB aF noch gegen *jeden* vertragswidrigen Gebrauch der Sache seitens des Mieters wandte, der die Rechte des Vermieters in erheblichem Maße verletzt, während das Gesetz heute in § 543 Abs 2 Nr 2 BGB **lediglich zwei** freilich besonders wichtige **Anwendungsfälle des alten § 553 BGB** erfasst, nämlich die Gefährdung der Sache durch Vernachlässigung der dem Mieter obliegenden Sorgfalt sowie die unbefugte Gebrauchsüberlassung an einen Dritten.

In den übrigen Fällen eines vertragswidrigen Gebrauchs iS des § 553 BGB aF bleibt **40** daher heute nur der **Rückgriff auf** die Generalklausel des **§ 543 Abs 1 BGB** (ebenso BLANK NZM 2001, 9, 10; SCHMIDT-FUTTERER/BLANK Rn 52; KRAEMER NZM 2001, 553, 560 f). Wichtig ist das vor allem für solche Verletzungen der Vermieterrechte, durch die *nicht* zugleich die Mietsache erheblich gefährdet wird. **Beispiele** sind viele Fälle einer unerlaubten Tierhaltung, die vertragswidrige Nutzung der gemieteten Räume, die unerlaubte Anbringung einer Parabolantenne, ferner sonstiges vertragswidriges Verhalten, durch das die Mietsache nicht gefährdet wird, sowie der Betrieb eines Gewerbebetriebes in den gemieteten Räumen in einer Weise, die mit dem Vertrag unvereinbar ist (KRAEMER NZM 2001, 553, 560 f; wegen weiterer Beispiele s Rn 9–14).

Ergänzend ist Abs 3 des § 543 BGB zu berücksichtigen, da es sich in beiden Fällen **41** der Nr 2 des § 543 Abs 2 BGB durchweg um Pflichtverletzungen des Mieters (durch Verstoß gegen den Mietvertrag) handelt. Die Folge ist, dass die Kündigung nach § 543 Abs 2 Nr 2 BGB grundsätzlich erst nach fruchtlosem Ablauf einer dem Mieter vom Vermieter zur Abhilfe bestimmten angemessenen **Frist** oder nach erfolgloser **Abmahnung** zulässig ist (§ 543 Abs 3 S 1 BGB). Anders nur in den Fällen des § 543 Abs 3 S 2 Nrn 1 und 2 BGB (s unten Rn 119 ff). Anwendbar ist ferner § 314 Abs 4 BGB, sodass der Vermieter vom Mieter gegebenenfalls auch **Ersatz für** die ihm durch die Kündigung entstehenden **Schäden** verlangen kann.

Eine Kündigung des Vermieters nach § 543 Abs 2 Nr 2 BGB setzt an sich **kein 42 Verschulden** des Mieters voraus (ebenso für § 553 aF RG JW 1920, 377 Nr 6; LG Köln MDR 1974, 232 Nr 54 [für die Kündigung gegenüber einem geisteskranken Mieter]; AG Köln WuM 1991, 549 f; PALANDT/WEIDENKAFF Rn 20). Die Folge ist freilich ein nur schwer überbrückbarer *Wertungswiderspruch* zu § 573 Abs 2 Nr 1 BGB, woraus der Schluss zu ziehen ist, dass bei der Anwendung des § 543 Abs 2 Nr 2 BGB auf einen **schuldlos handelnden Mieter** ebenso wie bei § 543 Abs 1 BGB Zurückhaltung geboten ist (ebenso HÄUBLEIN ZMR 2005, 1, 4, 6). Für Vertragsverletzungen seiner Angehörigen, des Untermieters und sonstiger **Erfüllungsgehilfen** muss der Mieter aber unter den

Voraussetzungen der §§ 278 und 540 Abs 2 BGB auch nach § 543 Abs 2 Nr 2 BGB einstehen (Schmidt-Futterer/Blank Rn 55 f).

43 Bei einer **Mehrzahl** von Mietern genügt nach hM für die Anwendung des § 543 Abs 2 Nr 2 BGB bereits der vertragswidrige Gebrauch nur *eines* von ihnen (OLG Düsseldorf NJW-RR 1987, 1370, 1371 = ZMR 1987, 423, 425). Dies ist mit Rücksicht auf **§ 425 BGB** nicht unproblematisch. Die hM ist nur zu halten, wenn man bei der Miete für den Regelfall davon ausgeht, dass § 425 BGB konkludent abbedungen ist (s oben Vorbem 118 f, 122 zu § 535).

2. Gefährdung der Sache

44 Nach § 543 Abs 2 Nr 2 BGB kann der Vermieter zunächst fristlos kündigen, wenn der Mieter die Rechte des Vermieters dadurch in erheblichem Maße verletzt, dass er die Mietsache durch Vernachlässigung der ihm obliegenden Sorgfalt erheblich gefährdet. Voraussetzung der fristlosen Kündigung aus diesem Grunde ist außerdem nach Abs 3 S 1 der Vorschrift idR eine vorherige Fristsetzung oder Abmahnung, sofern nicht einer der Ausnahmefälle des § 543 Abs 2 S 2 Nrn 1 oder 2 BGB vorliegt (s dazu u Rn 108, Rn 119 ff).

45 Der Anwendungsbereich des § 543 Abs 2 Nr 2 BGB beschränkt sich auf Fälle der Gefährdung der Mietsache gerade infolge der **Vernachlässigung der** dem Mieter obliegenden **Sorgfalt**. Die Vernachlässigung der dem Mieter obliegenden Sorgfalt kann insbesondere in einer Verletzung der ihn kraft Gesetzes treffenden **Obhuts-** oder **Anzeigepflicht** (§ 536c BGB) oder in der Verletzung einer von ihm vertraglich übernommenen **Instandhaltungs- oder Instandsetzungspflicht** wie zB der Pflicht zur Durchführung der Schönheitsreparaturen bestehen (Blank/Börstinghaus Rn 64; Schmidt-Futterer/Blank Rn 54; Palandt/Weidenkaff Rn 21). Für eine Anwendung des Kündigungstatbestandes ist jedoch kein Raum, wenn von dem unsorgfältigen Verhalten des Mieters der Mietsache offenbar gar keine Gefahren drohen (s Rn 34; zB LG Karlsruhe WuM 2019, 436).

46 Hinzukommen muss, dass gerade durch die Verletzung der genannten Pflichten (s Rn 45) die gemietete **Sache**, wozu bei der Raummiete auch die mitvermieteten Räumlichkeiten und Gebäudeteile gehören, **erheblich gefährdet** wird. Eine Gefährdung in diesem Sinne liegt bereits vor, wenn ein Schaden „lediglich" für die nächste Zukunft aufgrund konkreter Umstände *objektiv droht* (LG Frankfurt aM ZMR 2012, 352, 153). Eine Anwendung des § 543 Abs 2 Nr 2 BGB setzt dagegen nicht voraus, dass ein Schaden bereits eingetreten ist.

47 Letzte Voraussetzung einer fristlosen Kündigung des Vermieters nach § 543 Abs 2 Nr 2 BGB ist, dass durch die Gefährdung der Sache (s Rn 46) infolge der Vernachlässigung der dem Mieter obliegenden Sorgfalt (s Rn 45) die **Rechte des Vermieters in erheblichem Maße verletzt** werden. Ob dies der Fall ist, kann nur im Einzelfall aufgrund einer **Interessenabwägung** nach Treu und Glauben entschieden werden (BGHZ 123, 233, 239 = NJW 1993, 2528; OLG Stuttgart ZMR 1989, 377). Dabei kommt es vor allem auf die Schwere und die Nachhaltigkeit des Verstoßes an. Die Erheblichkeit kann etwa zu verneinen sein, wenn der Vermieter in vergleichbaren Fällen gegen andere Mieter nicht eingeschritten ist (Sternel, Mietrecht Rn IV 376) oder wenn es sich eindeutig um einen einmaligen Vorgang handelte, dessen Wiederholung nicht zu besorgen ist (AG Frankfurt aM WuM 1973, 98).

Grundsätzlich sind somit *hohe Anforderungen* an die Annahme eines wichtigen **48** Grundes zu stellen, sodass eine fristlose Kündigung des Vermieters nach § 543 Abs 2 Nr 2 BGB tatsächlich nur in gravierenden Fällen vertragswidrigen Verhaltens des Mieters in Betracht kommt (BVerfG NJW 1994, 41). Die Rechtsprechung stellt vor allem darauf ab, ob durch das fragliche Verhalten des Mieters die **Substanz** der Mietsache konkret **gefährdet** wird (zB LG Berlin ZMR 2011, 873, 2018, 416; LG Karlsruhe WuM 2019, 436; Agatsy ZMR 2019, 319). Die Folge ist, dass in dem besonders kritischen Fall der „**Vermüllung**" oder Verwahrlosung einer Wohnung alles von den Umständen des Einzelfalles abhängt. Solange durch solches Verhalten des Mieters die Bausubstanz nicht gefährdet wird (und auch die Mitmieter, etwa durch üble Gerüche oder durch das vermehrte Auftreten von Ungeziefer, nicht belästigt werden), ist kein Raum jedenfalls für die Anwendung des § 543 Abs 2 Nr 2 BGB (s schon Rn 33; zB LG Karlsruhe WuM 2019, 436; LG Münster WuM 2020, 782, 783 f; AG Oldenburg ZMR 2018, 951); anders aber, sobald der *Bausubstanz* Gefahren drohen, etwa von verstopften Bädern oder Toiletten (LG Berlin ZMR 2011, 873; 2018, 416; LG Frankfurt aM ZMR 2012, 352, 153; AG Berlin-Schöneberg GE 2009, 1501; AG Hamburg-Harburg ZMR 2011, 644 f; AG Rheine WuM 2008, 218; AG Menden WuM 2014, 713; Agatsy ZMR 2019, 319). Gleich steht eine konkrete Gefährdung der Mietsache durch die systematische **Behinderung notwendiger Reparaturen** seitens des Mieters (LG Berlin ZMR 2011, 873). Soweit in Fällen dieser Art auch die *Belästigung der Mitmieter* etwa durch üble Gerüche oder Lärm betont wird, sollte vorrangig auf die Generalklausel des § 543 Abs 1 BGB abgestellt werden, die anders als die Vorschrift des § 543 Abs 2 Nr 2 BGB *keine* Gefährdung der Sache durch das fragliche Verhalten des Mieters voraussetzt (Beispiele o Rn 9–14).

Weitere Beispiele für eine erhebliche Gefährdung der Mietsache durch Vernachläs- **49** sigung der dem Mieter obliegenden Sorgfalt iS des § 543 Abs 2 Nr 2 BGB sind die wiederholte Verursachung einer *Brandgefahr* in kurzen Abständen (AG Charlottenburg GE 2004, 353), *bauliche Veränderungen* wie etwa die Beseitigung einer Mauer ohne Zustimmung des Vermieters (LG Lüneburg WuM 2013, 223 = ZMR 2013, 804), die Verwandlung einer kleinen Wohnung in ein „Vogel- und Kaninchenparadies" (AG Menden WuM 2014, 713), ferner die Anbringung oder Duldung gefährlicher Installationen, wiederholte vom Mieter zu vertretende erhebliche Wasserschäden (AG Wiesbaden NJW-RR 1992, 76), die Unterlassung jeglicher Vorsichtsmaßnahmen gegen Frost oder Diebstahl, die mangelnde Lüftung der Räume mit der Folge erheblicher Schäden (AG Hannover WuM 2005, 767) sowie die Verwendung gefährlicher Geräte. Dagegen reichen – mangels konkreter Gefährdung der Sache – grundsätzlich **nicht** eine bloße Vernachlässigung der Wohnung oder des mitvermieteten Gartens (Rn 33, 34; LG Karlsruhe WuM 2019, 436; AG Euskirchen ZMR 1968, 86; AG Frankfurt aM NJW-RR 1999, 596), die Ansammlung von Gerümpel in der Wohnung mit der Folge eines abträglichen Geruchs (nur) in der Wohnung (so jedenfalls AG München NJW-RR 2003, 944 = NZM 2003, 475, 476), sowie – mangels Erheblichkeit – die Verursachung eines Wasserschadens in Höhe von lediglich € 325 (AG Köln WuM 1972, 141).

Weitere hierher gehörige Beispiele aus der umfänglichen **Praxis zu § 553 BGB aF** sind **50** etwa die *Überbelegung* der Wohnung in einem Ausmaß, dass dadurch die Sache gefährdet wird (s o § 540 Rn 6; BGHZ 123, 233, 238 ff = NJW 1993, 2528; zustimmend BVerfG

NJW 1994, 41; OLG Hamm WuM 1993, 31; LG Kempten NJW-RR 1996, 264 = WuM 1997, 371; AG Hanau WuM 1997, 556), die Nutzung eines Cafés als Asylbewerberheim (OLG München ZMR 2001, 347), die Benutzung einer Wohnung zur Beherbergung ständig wechselnder Belegschaftsangehöriger (LG München WuM 1963, 39) oder als Absteigequartier (LG Frankfurt aM ZMR 1970, 237; AG Berlin-Mitte GE 1994, 813), das Fahren eines gemieteten Kraftfahrzeuges ohne Führerschein (OLG Düsseldorf OLGZ 1991, 383), die Lagerung übel riechender Därme oder sonstiger gefährlicher Stoffe in einer Wohnung (KG OLGE 22, 262, 265; **aM** OLG Stuttgart ZMR 2005, 953, 954), der eigenmächtige Ausbau der Mietwohnung (LG Hamburg WuM 1992, 190; AG Schöneberg ZMR 2000, 685 f) sowie sonstige *vertragswidrige bauliche Veränderungen* (LG Gießen NJW-RR 1994, 1102), außer wenn der Mieter sie ohnehin wieder beseitigen muss (OLG Düsseldorf WuM 1996, 410 = ZMR 1996, 651).

51 **Dagegen** kommt in vielen anderen Fällen aus der Praxis zu § 553 BGB aF heute – mangels konkreter Gefährdung der Mietsache (s Rn 49) – nur noch eine Kündigung nach der **Generalklausel** des § 543 Abs 1 BGB in Betracht. Hervorzuheben sind: die Aufnahme eines Gewerbebetriebs in zu Wohnzwecken vermieteten Räumen, die Nutzung für andere gewerbliche Zwecke als vereinbart (OLG Hamm NZM 1999, 1050, 1052), die völlige Veränderung der Branche des gemieteten oder gepachteten Unternehmens, die schlechte Führung des gepachteten Unternehmens, ferner bei Vereinbarung einer Umsatzpacht die Unterlassung der vereinbarten monatlichen Abrechnung (OLG Düsseldorf DWW 1961, 60) sowie der unzulässige Anschluss eines Hauses an einen Brunnen, um Wasser zu sparen (LG Gießen WuM 1994, 681).

52 Eine Anwendung des § 543 Abs 1 oder 2 Nr 2 BGB dürfte schließlich generell in solchen Fällen ausscheiden, in denen bereits früher die Voraussetzungen des (deutlich weiteren) § 553 BGB aF **verneint** wurden. **Beispiele** sind die Nutzung gewerblicher Räume zum Teil für Wohnzwecke (OLG Köln NJW-RR 1996, 265 = WuM 1996, 270), die *Unterlassung von Schönheitsreparaturen,* solange dadurch die Wohnung nicht konkret gefährdet wird (LG Frankfurt aM WuM 1991, 40; LG Itzehoe WuM 1989, 76; AG Düsseldorf WuM 1990, 149), die Übernahme eines weiteren konkurrierenden Unternehmens durch den Pächter (RGZ 160, 361, 366 f), die Ausdehnung der beruflichen Tätigkeit eines Arztes auf neue Betätigungsfelder, die wie die Substitutionsbehandlung von Drogenabhängigen bei Psychiatern und Psychotherapeuten zum Berufsbild des betreffenden Arztes gehören, selbst wenn damit ein erheblicher Publikumsverkehr verbunden ist (OLG Köln NZM 2011, 76 ff), die gelegentliche Übernachtung des Mieters in den Geschäftsräumen (LG Frankfurt aM WuM 1959, 121), *kleine bauliche Veränderungen,* die ohne Weiteres wieder beseitigt werden können (LG Düsseldorf WuM 1979, 214 f), sowie ein vertragswidriges Verhalten, das im Ergebnis für den Vermieter nur vorteilhaft ist (RG JW 1925, 1121 Nr 19). Für die Anwendung des § 543 Abs 2 Nr 2 BGB ist ferner kein Raum, wenn und solange der Mieter ein **Zurückbehaltungsrecht** hat, weil der Vermieter seinerseits seinen Verpflichtungen, etwa zur Mängelbeseitigung, nicht nachkommt (RG Recht 1913 Nr 1728).

3. Unbefugte Überlassung der Mietsache an einen Dritten

53 Der Vermieter kann nach § 543 Abs 2 Nr 2 BGB (im Anschluss an § 553 BGB aF) ferner fristlos kündigen, wenn der Mieter dadurch die Rechte des Vermieters in erheblichem Maße verletzt, dass er die Mietsache unbefugt einem Dritten überlässt. Gemäß § 543 Abs 3 S 1 BGB, der sich auch auf diesen Fall bezieht, weil die unbefugte Überlassung des Gebrauchs der Mietsache an einen Dritten stets eine Pflichtverletzung im Sinne der Verletzung des Mietvertrages darstellt (§ 540 BGB), ist die Kündigung grundsätzlich erst nach erfolgloser **Fristsetzung** oder **Abmahnung** zulässig; etwas anderes gilt nur in den Fällen des § 543 Abs 3 S 2 Nrn 1 und 2 BGB (s u Rn 119 ff; zB LG Amberg ZMR 2018, 317 = NZM 2018, 34).

Der Begriff der **Gebrauchsüberlassung** ist in § 543 Abs 2 Nr 2 BGB ebenso zu ver- 54 stehen wie in § 540 Abs 1 S 1 BGB (s deshalb o § 540 Rn 2 ff; BLANK/BÖRSTINGHAUS Rn 73; SCHMIDT-FUTTERER/BLANK Rn 71 f). Wichtigster Anwendungsfall des § 543 Abs 2 Nr 2 BGB ist die **unbefugte Untervermietung** der Sache (vgl BGH LM Nr 24 zu BJagdG [Bl 2 R] = NJW-RR 2000, 717 = WM 2000, 533; LM Nr 2 zu § 589 BGB [Bl 1 R f] = WM 1999, 1293 = MDR 1999, 798). Vieldiskutierte Beispiele aus jüngster Zeit sind die unbefugte Untervermietung einzelner oder aller Räume einer Wohnung durch den Wohnraummieter als Ferienwohnung oder an sogenannte **Tagestouristen**, zumal in Berlin (s schon o § 540 Rn 10a mwNw; AG München ZMR 2020, 847; HENKE/SINGHARTL/ZIMTL NZM 2018, 1).

Nach dem Wortlaut des § 543 Abs 2 Nr 2 BGB muss zu der unbefugten Gebrauchs- 55 überlassung noch eine **erhebliche Verletzung der Rechte** des Vermieters hinzukommen, um ein Kündigungsrecht des Vermieters zu begründen (LG Berlin ZMR 2018, 935 = WuM 2018, 562; BLANK/BÖRSTINGHAUS Rn 76, 79; KRAEMER NZM 2001, 553, 560; SCHMIDT-FUTTERER/BLANK Rn 68, 70; offen gelassen in BGH NZM 2008, 728 Tz 25). Unter dem früheren Recht war für den Regelfall dagegen anerkannt, dass eine unbefugte Untervermietung grundsätzlich zugleich eine erhebliche Verletzung der Rechte des Vermieters darstellte und deshalb ohne Weiteres geeignet war, eine fristlose Kündigung des Vermieters zu rechtfertigen (BGH LM Nr 24 zu BJagdG [Bl 2 R] = NJW-RR 2000, 717 = WM 2000, 533; LM Nr 2 zu § 589 BGB [Bl 1 R f] = WM 1999, 1293 = MDR 1999, 798; LM Nr 14 zu § 553 BGB = NJW 1985, 2527; NJW 2011, 1065 = NZM 2011, 275 = WuM 2011, 169; BayObLGZ 1990, 301 = WuM 1991, 18 = NJW-RR 1991, 461; OLG Hamburg OLGZ 1982, 319 = WuM 1982, 41, 42 f; OLG Frankfurt NJW-RR 1989, 10 = WuM 1988, 395; OLG Hamm ZMR 1997, 349, 350 = NJW-RR 1997, 1370 = WuM 1997, 364).

Im Ergebnis hat sich daran auch unter dem neuen Recht nichts geändert, da die 56 gesetzliche Regelung in den §§ 540 und 553 BGB deutlich zeigt, dass das Gesetz in der unbefugten Gebrauchsüberlassung an einen Dritten weiterhin *für den Regelfall* eine Vertragsverletzung und damit eine *erhebliche Verletzung* der Rechte des Vermieters sieht (s § 540 Rn 1 f; zB OLG Dresden ZMR 2016, 24). Im Einzelfall kann es sich indessen auch anders verhalten, wenn die ohnehin stets erforderliche Prüfung der Umstände des Einzelfalls deutlich macht, dass es sich lediglich um einen geringfügigen Verstoß handelt (zB LG Berlin ZMR 2018, 935 = WuM 2018, 562). Dies kommt insbesondere in Betracht, wenn der Mieter aufgrund des Vertrags oder nach § 553 Abs 1 BGB einen **Anspruch auf Erlaubnis** der Untervermietung hat (vgl schon für das frühere Recht BayObLGZ 1990, 301 = NJW-RR 1991, 461 = WuM 1991, 18; BayObLGZ 1995, 162, 165 ff = ZMR 1995, 301 = WuM 1995, 378; PAULY ZMR 1995, 574).

In der Tat kann im Regelfall *keine Rede* von einer erheblichen Verletzung der Rechte 57 des Vermieters sein, wenn der Mieter zur Untervermietung schreitet, ohne die Erteilung der Erlaubnis seitens des Vermieters abzuwarten, dies insbesondere, wenn er die Erlaubnis rechtzeitig beantragt hatte (BGH 2. 2. 2011 – VIII ZR 74/10, NJW 2011, 1065 Rn 22 = NZM 2011, 275; OLG Düsseldorf WuM 2002, 673 = ZMR 2003, 177; OLG Dresden ZMR 2016, 24; LG

Berlin GE 2003, 880 f; WuM 2016, 734 = ZMR 2017, 238; ZMR 2020, 513; LG Hamburg ZMR 2001, 973, 974; Blank/Börstinghaus Rn 79; Schmidt-Futterer/Blank Rn 74; Kraemer NZM 2001, 553, 560). Für eine fristlose Kündigung des Vermieters ist dann folglich kein Raum.

V. Zahlungsverzug (§ 543 Abs 2 Nr 3)*

1. Überblick

58 Das wichtigste Kündigungsrecht des Vermieters ist, zumindest bei der Wohnraummiete, sein außerordentliches Kündigungsrecht bei Zahlungsverzug des Mieters. Die

---

* **Schrifttum**: Asper, Ordentliche und außerordentliche Kündigung von Wohnraummietverhältnissen aufgrund Zahlungsverzugs, WuM 1996, 315; Beuermann, Fristlose und vorsorglich erklärte fristgerechte Kündigung wegen Zahlungsverzugs, WuM 1997, 151; Blank, Zur Rechtzeitigkeit der Mietzinszahlung, WuM 1995, 567; ders, Mietrechtsberatung und Mieterrisiko, NZM 2007, 788 = WuM 2007, 655; ders, Zahlungsrückstandkündigung bei „schleppender" Zahlungsweise, NZM 2009, 113; ders, Die ordentliche Kündigung bei Zahlungsverzug des Mieters, NZM 2013, 104; ders, Die Kündigung wegen Zahlungsverzugs, WuM 2015, 3; Both, Zur Auslegung des § 554 Abs 1 Nr 1 BGB bei Verzug mit einem Teil des Mietzinses, NJW 1970, 2197; R Breiholdt, Kündigungsrelevanter Zahlungsrückstand bei unterschiedlichen Miethöhen, ZMR 2017, 788; ders, Kündigung des Mietverhältnisses wegen nicht beglichener Betriebskostennachforderungen, WuM 2019, 673; Bub/Treier/Fleindl, Hdb Rn IV 364 ff; Derleder, Vertragsfreiheit, Ertragsgewährleistungen und ihre Absicherung für den Wohnraumvermieter, NJW 1975, 1677; ders, Die Inhaltskontrolle von Mietzahlungs- und Aufrechnungsklausel, WuM 2007, 599; Eisenhardt, Rechtzeitigkeit der Mietzahlung, WuM 2011, 408; F Fischer, Ausschluß der Kündigung eines Mietverhältnisses nach § 554 Abs 1 S 1 wegen fehlenden Zahlungsverzugs des Mieters?, ZMR 1994, 309; N Fischer, Die Abmahnung vor Kündigung bei Vertragsverletzung des Mieters, WuM 2008, 251; Franke, Zahlungsverzug und ordentliche Kündigung, ZMR 1992, 81; Harke, Tatsachenirrtum, Rechtsirrtum, Vertretenmüssen, NZM 2016, 449; Häublein, Die fristlose Kündigung im Mietrecht, ZMR 2005, 1; ders, Voraussetzungen und Folgen eines Zahlungsverzugs des Mieters, in: Mietzahlung, PiG 97 (2014) 35; Herresthal, Fälligkeit der Miete unter dem neuen Recht des Zahlungsverkehrs, NZM 2011, 833; Hinz, Kündigung des Mietverhältnisses bei Verletzung von Pflichten aus der Betriebskostenabrede, NZM 2010, 57; ders, Die ordentliche Kündigung wegen Zahlungsverzugs, in: 10 Jahre Mietrechtsreformgesetz (2011) 758; ders, Kündigung des Mietverhältnisses wegen nicht beglichener Betriebskostennachforderungen, WuM 2019, 673; Kinne, Der Zahlungsverzug des Wohnraummieters, GE 2005, 775; Köndgen, Gefahrtragung und Verzug bei Zahlungsschulden, in: FS K Schmidt (2009) 909; Langenberg, Zur fristlosen Kündigung wegen unpünktlicher Mietzahlung, WuM 1990, 3; St Lorenz, Zahlungsverzug und Verschulden, WuM 2013, 202; J Meier, Geld- und Mietzinsschulden sind modifizierte Bringschulden, ZMR 2018, 899; Milger, Wertungswidersprüche zwischen fristloser und ordentlicher Kündigung wegen Zahlungsverzugs?, NZM 2013, 553; Oske, Die Aufrechnung im Räumungsprozeß, WuM 1984, 178 = GE 1984, 512; Schläger, Von der fristlosen Kündigung des Wohnraumvermieters bis zur Räumung, ZMR 1986, 421; G Scholz, Nachzahlung von Mietrückständen innerhalb der Schonfrist, WuM 1987, 135; M Schwab, Aktuelle Probleme der Zahlungsverzugskündigung im Mietrecht, NZM 2019, 36; Sternel, Zahlungsverzug im Mietrecht, WuM 2009, 699; Streyl/Wietz, Kasse machen mit Inkasso?, WuM 2012, 475; R Weber, Kündigung wegen Mietrückstands, ZMR 1992, 41; Wolter, Mietrechtlicher Bestandschutz (1984).

gesetzliche Regelung findet sich heute im Anschluss an den früheren § 554 BGB in § 543 Abs 2 S 1 Nr 3 und S 2 BGB sowie für die Wohnraummiete in § 569 Abs 3 BGB. Der **Anwendungsbereich** der gesetzlichen Regelung umfasst die gesamte Miete und Pacht (§ 581 Abs 2 BGB) mit Modifikationen für die Wohnraummiete in § 569 Abs 3 BGB und für die Landpacht in § 594e Abs 2 BGB. Eine weitere Sonderregelung für den Verzug (nur) des Wohnraummieters mit der **Sicherheitsleistung** im Sinne des § 551 BGB enthält das Gesetz seit 2013 in § 569 Abs 2 BGB aF (s dazu STAUDINGER/V EMMERICH [2021] § 569 Rn 37 ff). In der **Insolvenz** des Mieters sind außerdem die Schranken des Kündigungsrechts zu beachten, die sich aus § 112 InsO ergeben (s o § 535 Rn 90). § 543 Abs 2 Nr 3 BGB geht für seinen Anwendungsbereich den allgemeinen Vorschriften über den Verzug vor (§§ 280, 286, 323 BGB).

Zweck der gesetzlichen Regelung ist in erster Linie, aber nicht ausschließlich der **Schutz des Vermieters**, der oft auf den Eingang der Miete angewiesen ist, um seinen eigenen Verpflichtungen, vor allem zur Zahlung der Hypothekenzinsen, regelmäßig nachkommen zu können (RGZ 82, 50, 55; 85, 296, 299; BVerfGE 80, 48 = NJW 1989, 1917). Neben diesen primären Zweck ist später mit zunehmendem Gewicht der weitere Zweck getreten, den **Mieter** vor der Gefahr zu schützen, schon bei geringfügigen oder nur vorübergehenden Zahlungsrückständen seine Wohnung zu verlieren (vgl § 569 Abs 3 BGB; BGH LM Nr 291 zu § 242 [Cd] BGB = NJW 1987, 2506; BayObLGZ 1994, 247 = NJW 1995, 338). Daraus folgt, dass die (mit Bedacht eng gezogenen) Voraussetzungen des Kündigungsrechts des Vermieters aus § 543 Abs 2 Nr 3 BGB *nicht* in anderen Fällen durch den Rückgriff auf die Generalklausel des § 543 Abs 1 BGB *umgangen* werden dürfen, etwa bei drohendem Vermögensverfall des Mieters (o Rn 8). Die einzige Ausnahme von diesem Grundsatz stellt die **ständige unpünktliche Zahlung** des Mieters dar (s im Einzelnen u Rn 102 ff; vgl außerdem § 569 Abs 2a von 2013). Unberührt bleibt außerdem die Befugnis des Vermieters, bei einem Zahlungsverzug des Mieters **ordentlich** nach § 573 Abs 2 Nr 1 BGB **zu kündigen**, da es sich bei einem Zahlungsverzug um eine Pflichtverletzung des Mieters im Sinne der genannten Vorschrift handelt.

59

Wenn der Vermieter den Anspruch auf die Miete abtritt, geht ein schon entstandenes Kündigungsrecht *nicht* mit auf den **Zessionar** über (RG Gruchot 43 [1899] 989, 996 ff; OLG Königsberg OLGE 16, 425 f; OLG Naumburg OLGE 24, 340, 341; LG Berlin GE 2006, 513; 2007, 847, 848). Auch eine Stundung des Zessionars ändert daher an dem Kündigungsrecht des Vermieters nichts mehr (LG Berlin GE 2006, 513; 2007, 847, 848). Im Falle einer **Veräußerung** des vermieteten Grundstücks tritt der Erwerber nach § 566 BGB in das Kündigungsrecht des Veräußerers ein, dies selbst dann, wenn die Voraussetzungen des Kündigungsrechts bereits teilweise in der Person des Veräußerers erfüllt waren (s STAUDINGER/V EMMERICH [2021] § 566 Rn 46 f).

60

2. Ersatzansprüche des Vermieters

§ 543 Abs 2 Nr 3 BGB regelt allein das Kündigungsrecht des Vermieters bei Zahlungsverzug des Mieters. Er besagt dagegen nichts über die sonstigen Rechte, die der Vermieter im Falle des Zahlungsverzugs des Mieters hat. Insoweit ist deshalb in erster Linie auf § 314 Abs 4 BGB zurückzugreifen, nach dem durch die fristlose Kündigung eines Dauerschuldverhältnisses aus wichtigem Grunde die Berechtigung, **Schadensersatz** zu verlangen, nicht ausgeschlossen wird (vgl § 325 BGB). Dadurch

61

sollte klargestellt werden, dass die außerordentliche Kündigung die aufgrund anderer Vorschriften, insbesondere aufgrund der §§ 280 und 281 BGB bestehende Möglichkeit, Schadensersatz oder Schadensersatz statt der Leistung zu verlangen, unberührt lässt (Begr z RegE BT-Drucks 14/6040, 178). Dies war bereits unter dem früheren Recht anerkannt, wobei der Schadensersatzanspruch des Vermieters abweichend von § 326 BGB aF weder eine Nachfristsetzung noch eine Ablehnungsandrohung voraussetzte (BGHZ 95, 39, 54 = NJW 1985, 2253; BGH LM Nr 12 zu § 554 BGB = NJW 1984, 2687).

62 Daran haben die Gerichte auch nach der Schuldrechtsreform von 2001 festgehalten (BGH 16. 2. 2009 – XII ZR 162/01, ZMR 2005, 433 = NZM 2005, 340, 341; OLG München WuM 2002, 492, 493; OLG Düsseldorf GE 2011, 1681). Soweit der Vermieter Ersatz seines **Verzögerungsschadens** verlangt, folgt dies unmittelbar aus den §§ 280 Abs 2 und 286 BGB. Fraglich ist die Rechtslage jedoch, soweit der Vermieter **Ersatz** für die ihm in **Zukunft entgehende Miete** infolge der vorzeitigen fristlosen Kündigung des Vertrags verlangt (u Rn 63). Denn dabei handelt es sich um einen Fall des Schadensersatzes statt der Leistung, sodass nach § 281 Abs 1 BGB an sich der Forderung grundsätzlich eine **Fristsetzung** vorausgehen müsste (s MünchKomm/Gaier § 314 Rn 24). Ebenso wie schon unter dem früheren Recht verzichtet jedoch auch heute die überwiegende Meinung auf eine Fristsetzung des Vermieters, sei es unter Berufung auf § 280 Abs 1 BGB, sei es gemäß § 281 Abs 2 BGB (BGH 16. 2. 2005 – XII ZR 162/01, ZMR 2005, 433 = NZM 2005, 340, 341; 24. 1. 2018 – XII ZR 120/16, NZM 3018, 333; OLG München WuM 2002, 492, 493; OLG Düsseldorf GE 2011, 1681; Blank/Börstinghaus § 542 Rn 91 f; BeckOGK/Mehle [1. 7. 2020] Rn 254; Schmidt-Futterer/Blank § 542 Rn 100 ff).

63 Der Schadensersatzanspruch des Vermieters umfasst sämtliche Schäden, die ihm durch den Zahlungsverzug des Mieters und die darauf fußende Kündigung entstehen, insbesondere also die ihm **entgehende Miete** für die vereinbarte feste Vertragsdauer oder bis zu dem *Zeitpunkt,* zu dem der Mieter erstmals ordentlich kündigen konnte (BGHZ 82, 121, 129 f = NJW 1982, 870; BGHZ 95, 39, 44, 47 = NJW 1985, 2253; BGH LM Nr 12 zu § 554 BGB = NJW 1984, 2687; LM Nr 23 zu § 557 BGB = NJW 1998, 372, 374; 3. 12. 1997 – XII ZR 45/96, NZM 1998, 234, 236 = NJW-RR 1998, 1125; WuM 2004, 542, 543 = NZM 2004, 733; 16. 2. 2005 – XII ZR 162/01, NZM 2005, 340, 341 = GE 2005, 607; OLG Düsseldorf ZMR 2008, 711, 712; WM 2009, 450, 453; LG Berlin GE 2017, 538). Gelingt dem Vermieter die erneute Vermietung der Räume nur zu einer niedrigeren Miete als bisher, so schuldet der erste Mieter auch Ersatz der **Mietdifferenz**, freilich nur bis zu dem genannten Zeitpunkt (BGH 3. 12. 1997 – XII ZR 45/96, NZM 1998, 234, 236 = NJW-RR 1998, 1125). Der Vermieter kann außerdem Ersatz der **Kosten** für die Suche eines neuen Mieters sowie gegebenenfalls der Rechtsverfolgungskosten verlangen (s Rn 64; BGH 3. 12. 1997 – XII ZR 45/96, NZM 1998, 234, 236 = NJW-RR 1998, 1125; LM Nr 11 zu § 554 BGB = MDR 1984, 572; WM 1990, 2043). Diese Ersatzansprüche werden freilich grundsätzlich erst mit Entstehung des Schadens, dh jeweils mit Fälligkeit der ausgebliebenen einzelnen Mietzinsraten **fällig** (§ 271 BGB; s u Rn 105 mwNw; Guhling/Günter/Alberts Rn 95; anders LG Krefeld NZM 2018, 750 = ZMR 2018, 329 = GE 2018, 195).

64 Zu den **Rechtsverfolgungskosten** (s Rn 46) gehören grundsätzlich auch die Kosten eines mit der Mahnung oder mit der Kündigung beauftragten **Rechtsanwalts** (AG Ansbach ZMR 2011, 642; Staudinger/Feldmann [2019] § 286 Rn 221 f). Jedoch ist zu beachten, dass die Rechtsverfolgungskosten nur ersatzfähig sind, **soweit üblich und ange-**

messen, und dass der Gläubiger ohnehin für den üblichen und nach der Verkehrsanschauung angemessenen *eigenen* Aufwand für die Verfolgung seiner Ansprüche im Verzugsfalle keinen Ersatz verlangen kann (§§ 249, 254 BGB).

Maßgebend sind die Umstände des Einzelfalls – mit der Folge, dass insbesondere **gewerbliche (Groß-)Vermieter** jedenfalls in rechtlich und tatsächlich einfach gelagerten Fällen *keinen* Ersatz der Kosten für die Einschaltung von Rechtsanwälten für den Ausspruch einer Mahnung oder einer Kündigung fordern können, da sie hierfür ohne Weiteres eigenes kaufmännisches Personal einzusetzen vermögen (BGH NJW 2011, 296 Tz 9 f = NZM 2011, 34 = WuM 2010, 740; NZM 2012, 607 Tz 4, 7 f; OLG Düsseldorf ZMR 2012, 186 f; LG Heidelberg NJW-RR 2009, 376 = NZM 2008, 839; LG Gießen NZM 2010, 361 = NJW-RR 2010, 810; LG Berlin ZMR 2010, 527; AG Dortmund WuM 2015, 78). Die **Auslagerung** der Mahnabteilung auf rechtlich selbständige Tochtergesellschaften ändert daran nichts (§ 242 BGB; AG Dortmund WuM 2012, 492; 2015, 78; STREYL/WIETZ WuM 2012, 475). Dasselbe sollte grundsätzlich für die Einschaltung von **Inkassounternehmen** gelten, weil dadurch nur unnötige Kosten zulasten des Mieters generiert werden, die ohne Weiteres bei der Inanspruchnahme des staatlichen Mahnverfahrens vermieden werden können (STREYL/WIETZ WuM 2012, 475; s dazu im Einzelnen STAUDINGER/FELDMANN [2019] § 286 Rn 231 ff, str). 65

Der Vermieter muss sich nach **§ 254 BGB** darum bemühen, den Schaden, gegebenenfalls durch **anderweitige Vermietung**, möglichst gering zu halten (RG SeuffArch Bd 71 [1916] Nr 230 S 401 f; BGH WM 1984, 171, 172; NZM 2005, 340, 341; OLG Düsseldorf ZMR 1987, 375 f; 1996, 234; WuM 1995, 585, 586; OLG Schleswig WuM 2000, 355). Daraus folgt aber nicht die Verpflichtung, sofort um jeden Preis weiter zu vermieten (BGH WM 1984, 171, 172; NZM 2005, 340, 341; OLG Düsseldorf NJW-RR 1991, 1353, 1354; WuM 2001, 608; KG GE 2001, 1402; ZMR 2010, 112, 113). Die **Beweislast** für ein mitwirkendes Verschulden des Vermieters trägt der Mieter (BGH WM 1984, 171, 172; NZM 2005, 340, 341; OLG Düsseldorf WuM 2001, 608; WM 2009, 450, 453; ZMR 2013, 704; OLG Koblenz ZMR 2009, 282, 283; LG Berlin GE 2003, 191). Der Mieter haftet für etwaige **Zahlungsausfälle** des Vermieters bei dem Nachmieter (BGH 24. 1. 2018 – VIII ZR 120/16 Rn 24 f; NZM 2018, 333 = GE 2018, 450; OLG Düsseldorf GE 2001, 345; WuM 2001, 608; KG GE 2002, 329), während ein Vorteilsausgleich zu Gunsten des alten Mieters abgelehnt wird, wenn der Nachmieter eine höhere Miete als bisher zahlt (OLG Düsseldorf WuM 2000, 591). 66

3. Miete

Allein Rückstände des Mieters gerade mit der Bezahlung der „Miete" geben dem Vermieter das Kündigungsrecht des § 543 Abs 2 Nr 3 lit a und lit b BGB; entsprechendes gilt für § 569 Abs 3 Nr 1 BGB Daraus ergibt sich die Frage, von welchem Betrag der „Miete" auszugehen ist, wenn der Mieter mit unterschiedlichen Beträgen aus dem Mietvertrag in Verzug gerät und wenn die Miethöhe während des Laufs des Vertrages Schwankungen unterliegt (Paradigmata: Minderung nach § 536 BGB, Mieterhöhung nach § 558 BGB). Zusätzliche Schwierigkeiten tun sich auf, wenn Veränderungen der Miethöhe gerade während des Laufs des kündigungsrelevanten Zeitraums eintreten (dazu unten Rn 69). Auszugehen ist davon, dass die Gesetzesverfasser bei der Regelung der Kündigung wegen Zahlungsverzugs in § 543 Abs 2 Nr 3 und in § 569 Abs 3 Nr 1 BGB vornehmlich regelmäßig **wiederkehrende Leistungen** des Mieters im Gegensatz zu einmaligen Zahlungen im Auge hatten. Daraus wird 67 heute überwiegend der Schluss gezogen, dass unter der „Miete" iSd § 543 Abs 2 Nr 3 BGB in erster Linie die **periodisch** fällig werdende **Grundmiete** zuzüglich der **Betriebskostenvorauszahlungen** zu verstehen ist (so ausdrücklich BGH 23. 7. 2008 – XII ZR 134/08, NJW 2008, 3210 = NZM 2008, 770, 771 Tz 31); gleich stehen sonstige Pauschalen, Vorschüsse und Umlagen für Betriebskosten, weil und sofern es sich dabei um *regelmäßige* (wiederkehrende) *Zahlungen* des Mieters handelt (BVerfG WuM 1992, 668; BGH WM 1975, 897, 899; OLG Karlsruhe WuM 1982, 241, 242; OLG Koblenz NJW 1984, 2369 = WuM 1984, 269; OLG Frankfurt NJW-RR 1989, 973; OLG Naumburg WuM 1999, 160; OLG Koblenz NJW 1984, 2369 = WuM 1984, 269; LG Köln WuM 1993, 191).

68 Den Gegensatz bilden **einmalige Leistungen** des Mieters. Das wichtigste Beispiel sind **Betriebskostennachforderungen** aufgrund der Abrechnung des Vermieters über die Betriebskosten (OLG Koblenz NJW 1984, 2369 = WuM 1984, 269; LG Berlin MDR 1986, 412 = GE 1986, 501; LG Köln WuM 1993, 191; LG Hamburg NJW-RR 1992, 1429; LG Dessau-Roßlau ZMR 2017, 481, AG München ZMR 2009, 696; Hinz NZM 2010, 57; ders WuM 2019, 673; Schwab NZM 2019, 36, 40 f; anders OLG Frankfurt NJW-RR 1989, 973). Weitere hierher gehörende Beispiele (in denen folglich kein Raum für eine Anwendung des § 543 Abs 2 Nr 3 BGB ist) bilden eine Einmalmiete, weiter Baukostenzuschüsse, Mietvorauszahlungen, Kautionen (s § 569 Abs 2a BGB), Schadensersatzleistungen, auf den Mieter abgewälzte Beiträge und Anschlusskosten, diese alle, sofern sie eben *nur einmal* und *nicht regelmäßig* anfallen, Zinsen sowie Kostenerstattungen (OLG Köln ZMR 2000, 459, 461 f; OLG Brandenburg ZMR 2008, 116, 117 [Anschlusskosten]; OLG Düsseldorf ZMR 2009, 275 [Zinsen und Kosten]; LG Hamburg ZMR 2007, 199 [Kostenfestsetzungsbeschluss]; LG Bielefeld WuM 1992, 124; LG Köln WuM 1994, 207; AG Hamburg-Wandsbeck ZMR 2002, 128, 129; Lehmann-Richter ZMR 2017, 372) sowie Forderungen aufgrund einer rückwirkenden **Mieterhöhung** (LG Hamburg NJW-RR 1992, 1429; LG Köln WuM 1993, 191; aM Blank/Börstinghaus Rn 83 f; Schmidt-Futterer/Blank Rn 85 [unter Berufung auf § 569 Abs 3 Nr 3]) oder aufgrund eines **Vergleichs** über die rückständige Miete; § 543 Abs 2 Nr 3 BGB findet daher zB *keine* Anwendung, wenn der Mieter mit dem aufgrund des Vergleichs geschuldeten Betrag wieder in Verzug gerät (OLG München NZM 2003, 554). In allen genannten Fällen kommt allein eine Anwendung der Generalklausel des § 543 Abs 1 BGB unter im Einzelnen umstrittenen Voraussetzungen in Betracht (Rn 70).

69 In einer Reihe von Fällen ist zweifelhaft, was aus dem Gesagten (Rn 67) für die **Höhe der Miete** folgt, auf die das Gesetz wiederholt in § 543 Abs 2 Nr 3 BGB ebenso wie in § 569 Abs 3 Nr 1 BGB abstellt (s deshalb auch u Staudinger/V Emmerich [2021] § 569 Rn 74 f). Der erste umstrittene Grenzfall ist eine **Mietminderung** infolge eines Mangels aufgrund des § 536 BGB, in dem entschieden werden muss, ob für die Feststellung der Miethöhe (und damit für die Berechnung der Höhe der Mietrückstände) auf die vereinbarte (höhere) Miete oder auf die geminderte (niedrigere) Miete abzustellen ist. In dieser Frage hat sich der BGH zu Recht für die Maßgeblichkeit der **vereinbarten**, dh der höheren **Miete** entschieden, weil andernfalls der Vermieter von einer Mietminderung (wegen eines Mangels) entgegen dem Zweck der gesetzlichen Regelung obendrein noch durch eine Erleichterung der Kündigung aufgrund der §§ 543 Abs 2 Nr 3 und 569 Abs 3 Nr 1 BGB profitierte (BGH 27. 9. 2017 – VIII ZR 193/16, NJW 2018, 639 Rn 19 = NZM 2018, 28 = WuM 2017, 647; Schwab NZM 2019, 36, 40 f; dagegen zB Blank WuM 2017, 647, 648 mwNw). Vergleichbare Fragen stellen sich, wenn sich in dem kündigungsrelevanten Zeitraum die **Miethöhe ändert**, etwa aufgrund einer Staffelmietvereinbarung oder infolge einer Ermäßigung der Betriebskostenvorauszahlungen. Überwiegend wird in diesen eigenartigen Fällen auf die Miethöhe bei **Ausspruch der Kündigung** abgestellt. Richtig ist, dass dies in verschiedenen Fallgestaltungen zu wenig überzeugenden Ergebnissen führen kann (s Breihold ZMR 2017, 788; Schwab NZM 2019, 36, 39 f). Aber derartige Ergebnisse lassen sich bei keiner der diskutierten Lösungen vermeiden, sodass dann, wie immer man im Übrigen vorgehen will, nicht ohne einen Rückgriff auf § 242 BGB auszukommen sein dürfte.

Bei Verzug des Mieters mit der Zahlung einmaliger Beträge (Paradigma: **Betriebs-** 70 **kostennachforderungen**) bleibt mangels Anwendbarkeit des § 543 Abs 2 Nr 3 BGB (Rn 67) allein der Rückgriff auf die **Generalklausel** des § 543 Abs 1 BGB, dies jedenfalls nach Überlassung der Mietsache an den Mieter, während in dem vorausgehenden Zeitraum im Prinzip nichts der Anwendung der §§ 280, 281, 286 und 323 BGB im Wege steht (zum Verzug des Mieters mit der Zahlung von Betriebskostennachforderungen s ausführlich Hinz WuM 2019, 673; Schwab NZM 2019, 36, 40 f). Entscheidend ist maW, ob der Verzug des Mieters dem Vermieter die Fortsetzung des Mietverhältnisses wegen der Zerstörung des Vertrauensverhältnisses zwischen den Parteien unzumutbar macht. Maßgebend sind die Umstände des Einzelfalls, wobei insgesamt die Tendenz zu einer restriktiven Handhabung des Kündigungsrechts des Vermieters aufgrund des § 543 Abs 1 BGB zunimmt.

4. Verzug des Mieters an zwei aufeinanderfolgenden Terminen (§ 543 Abs 2 S 1 Nr 3 lit a)

a) Voraussetzungen

Der Vermieter kann nach § 543 Abs 2 Nr 3 lit a BGB zunächst kündigen, wenn der 71 Mieter für zwei aufeinanderfolgende Termine mit der Entrichtung der Miete *oder eines nicht unerheblichen Teils davon* in Verzug ist. § 569 Abs 3 Nr 1 S 1 BGB fügt hinzu, dass bei der **Wohnraummiete** der rückständige Teil nur dann als erheblich anzusehen ist, wenn er die Miete für einen Monat übersteigt, außer wenn der Wohnraum lediglich zu vorübergehendem Gebrauch vermietet ist (§ 569 Abs 3 Nr 1 S 2 BGB; s Staudinger/V Emmerich [2021] § 569 Rn 74 f). Eine Fristsetzung oder Abmahnung ist hier nicht Voraussetzung der Kündigung (§ 543 Abs 3 S 2 Nr 3 BGB). Der Vermieter kann vielmehr *sofort* kündigen, wenn die Voraussetzungen des § 543 Abs 2 Nr 3 lit a BGB erfüllt sind. Das Kündigungsrecht des Vermieters darf *nicht* über den Wortlaut des § 543 Abs 2 Nr 3 BGB hinaus von **weiteren Voraussetzungen** abhängig gemacht werden (BVerfGE 80, 48 = NJW 1989, 1917; BGH 24. 2. 1954 – VIII ZR 33/58, LM Nr 1 zu § 554 BGB = NJW 1959, 766). Maßgebender Zeitpunkt ist der des **Zugangs** der Kündigung beim Mieter (§ 130 BGB). In diesem Zeitpunkt müssen maW die gesamten Kündigungsvoraussetzungen erfüllt sein (s Rn 95; LG Lüneburg WuM 1995, 708; AG Hamburg-Blankenese ZMR 2005, 876; AG Halle/Saale WuM 2009, 651; wohl auch BGH 21. 7. 2008 – XII ZR 134/06, NZM 2008, 770, 771 Tz 32 f = NJW 2008, 3210; – dagegen für Maßgeblichkeit des Zeitpunkts der Abgabe der Kündigungserklärung LG Duisburg WuM 2006, 257; LG Köln ZMR 2002, 126, 127; 2002, 428, 429; LG Flensburg ZMR 2014, 984; wohl auch AG Dortmund WuM 2004, 720 f; Flatow NZM 2017, 723, 728 mwNw). Einen Sonderfall (vorherige völlige Befriedigung des Vermieters) regelt die Vorschrift des § 543 Abs 3 S 2 BGB (dazu u Rn 96 ff).

§ 543 Abs 2 Nr 3 lit a BGB greift ein, wenn der Mieter die Miete (o Rn 67) ganz *oder* 72 *zum er* teilweise an zwei aufeinanderfolgenden Terminen nicht gezahlt hat. Mit

„Terminen" ist hier die **Fälligkeit** der Miete iS des § 556b BGB und des § 579 BGB gemeint. Der Gesetzgeber hatte dabei offenkundig allein die übliche **monatliche Zahlungsweise** der Miete im Auge (s § 569 Abs 3 Nr 1 S 1 BGB). Der Anwendungsbereich der Vorschrift beschränkt sich indessen nicht auf diesen Regelfall, sondern umfasst auch **andere Zahlungsweisen**, zB eine wöchentliche, vierteljährliche oder jährliche Mietzahlung (s o Rn 59; BGH 10. 6. 1958 – VIII ZR 135/57, LM Nr 55 zu § 242 [Cd] BGB = MDR 1958, 766; 17. 9. 2008 – XII ZR 281/07, NJW-RR 2009, 29 Tz 15 = NZM 2009, 30). In diesen Fällen ist dann die lit a des § 543 Abs 2 Nr 3 BGB entsprechend anzuwenden, sodass zB bei *jährlicher* Mietzahlung der Rückstand nur mit einer Jahresmiete, dh ein einmaliger Verzug, mag der Rückstand auch absolut noch so groß sein, für eine Kündigung nach § 543 Abs 2 Nr 3 lit a BGB allein *nicht* ausreicht (BVerfG/LG Wuppertal WuM 1992, 668). Denn die Anwendung der lit a des § 543 Abs 2 Nr 3 BGB setzt voraus, dass der Mieter gerade an *mehr als einem*, nämlich an **zwei** aufeinanderfolgenden **Terminen** in Verzug war.

73 Das Kündigungsrecht des Vermieters nach § 543 Abs 2 Nr 3 lit a BGB setzt weiter voraus, dass der Mieter zu den genannten zwei aufeinanderfolgenden Terminen (o Rn 72) mit der Miete insgesamt *oder* mit **einem „nicht unerheblichen Teil"** der Miete in Verzug ist. Für die Wohnraummiete fügt § 569 Abs 3 Nr 1 S 1 BGB hinzu, dass der rückständige Teil der Miete nur dann als nicht unerheblich anzusehen ist, wenn er die Miete für einen Monat übersteigt. Daraus folgt zweierlei, einmal dass es für die Frage der Erheblichkeit des Rückstandes immer auf die **Gesamthöhe der Rückstände** ankommt, bezogen auf den fraglichen Zeitraum, zum anderen, dass ein Rückstand in Höhe **von mehr als einer Monatsmiete** in jedem Fall als erheblich zu gelten hat, und zwar auch bei der gewerblichen Miete (BGH 18. 5. 2015 – XII ZR 65/14, BGHZ 205, 300, 314 Rn 50 = NJW 2015, 2419; BGH 15. 4. 1987 – VIII ZR 126/86, LM Nr 18 zu § 554 BGB = NJW-RR 1987, 903 = WuM 1987, 317, 318; 21. 7. 2008 – XII ZR 134/06, NJW 2008, 3210 Tz 30 = NZM 2008, 770; OLG Düsseldorf ZMR 2006, 927, 928; Both NJW 1970, 2197; Blank/Börstinghaus Rn 109 f; Schmidt-Futterer/Blank Rn 119 f).

74 Umstritten war lange Zeit, ob bei der gewerblichen Miete im Einzelfall auch **geringere Rückstände**, Rückstände also, die nicht insgesamt eine Monatsmiete übersteigen, als erheblich anzusehen sein können. Im Schrifttum wurden dazu unterschiedliche Auffassungen vertreten. Der BGH geht heute davon aus, dass im Regelfall nur ein Rückstand in Höhe einer Monatsmiete als erheblich zu gelten hat; *in Ausnahmefällen*, dh bei Hinzutreten besonderer Umstände, sollen indessen auch geringere Rückstände ausreichen (BGH 18. 5. 2015 – XII ZR 65/14, BGHZ 205, 300, 316 Rn 56 ff = NJW 2015, 2419). Als solche Umstände sollen die Kreditwürdigkeit des Mieters, die finanzielle Situation des Vermieters sowie die Auswirkungen des Rückstandes auf die Situation des Vermieters in Betracht kommen (BGH 18. 5. 2015 – XII ZR 65/14, BGHZ 205, 300, 314 Rn 57 = NJW 2015, 2419). Aus dem Umstand, dass den Vermieter auch Teilrückstände zur fristlosen Kündigung berechtigen, folgt schließlich noch, dass man aus der **Annahme von Teilzahlungen** (entgegen § 266 BGB) nicht ohne Weiteres auf eine **Stundung** des Restes und damit auf einen Verzicht auf das Kündigungsrecht schließen darf. Im Einzelfall kann jedoch auch eine derartige Deutung des Vermieterverhaltens in Betracht kommen (RGZ 82, 50, 54 f; RG Gruchot Bd 48 [1904] 103 f; Mittelstein, Miete 426 f). Nicht erforderlich ist schließlich, dass die beiden Rückstände auch je für sich bereits erheblich sind (hM; anders ausführlich LG Berlin WuM 2020, 73 mwNw).

Schwierigkeiten bereitet hier vor allem die genaue **Abgrenzung der lit a** des § 543   **75**
Abs 2 Nr 3 BGB (der auf den Verzug an zwei aufeinanderfolgenden Terminen mit einem nicht unerheblichen Teil der Miete abstellt) **von** der **lit b** der Vorschrift, die den Fall im Auge hat, dass sich der Verzug auf mehr als zwei Termine erstreckt (s Rn 131 ff). Der **BGH** hat die Auffassung vertreten, dass die lit a nur anwendbar ist, wenn der kritische Rückstand von mehr als einer Monatsmiete gerade *aus zwei aufeinanderfolgenden Terminen* herrührt, während kein Raum für die Anwendung der Vorschrift sei, wenn sich dieser Rückstand aus einem längeren Zeitraum ergeben habe, selbst wenn er dann an zwei aufeinanderfolgenden Terminen bestehe; in solchen Fällen komme vielmehr allein die Anwendung der lit b des § 543 Abs 2 Nr 3 BGB in Betracht, die aber weitergehend einen Verzug mit mindestens zwei Monatsmieten voraussetzt (BGH 18. 5. 2015 – XII ZR 65/14, BGHZ 205, 300, 313 Rn 47 = NJW 2015, 2419; 21. 7. 2008 – XII ZR 134/06, NJW 2008, 3210 = NZM 2008, 770, 771 Tz 34–36 Tz 36; ebenso zB AG Reinbek ZMR 2017, 816; krit Blank NZM 2009, 113; NZM 2013, 104, 105 f; ders WuM 2015, 3).

Die Kündigung nach § 543 Abs 2 S 1 Nr 3 BGB setzt keine Abmahnung oder Frist-   **76**
setzung voraus. Auch eine **Mahnung** ist zur Verzugsbegründung grundsätzlich nicht erforderlich (§§ 286 Abs 2 Nr 1, 556b Abs 1, 579 BGB; LG Bochum WuM 1989, 411). Jedoch gibt es **Ausnahmen** (§ 242 BGB). Zunächst steht es den Parteien frei, vertraglich den Verzug des Mieters von einer Mahnung des Vermieters oder von der Übersendung einer Rechnung oder eines Kontoauszuges abhängig zu machen (BGH 21. 5. 1972 – VIII ZR 58/71, LM Nr 10 zu § 554 BGB = WM 1972, 1250: OLG Celle ZMR 2014, 276). In diesem Fall kann sich der Mieter auf das Erfordernis einer vorherigen Mahnung als Voraussetzung des Verzugs selbst dann verlassen, wenn die Geschäftsbedingungen des Vermieters (durch die das Erfordernis einer Mahnung begründet wurde) im Übrigen wegen eines Verstoßes gegen § 307 BGB iVm § 310 Abs 1 BGB unwirksam sein sollten (OLG Celle ZMR 2014, 276). Außerdem gibt es Fälle, in denen auch ohne entsprechende Vereinbarung der Parteien auf eine Mahnung nicht verzichtet werden kann (OLG Düsseldorf NZM 2004, 786). So verhält es sich zB, wenn der Vermieter über längere Zeit gegen den Zahlungsverzug des Mieters nichts unternimmt (s Rn 92; OLG München ZMR 1996, 376, 377), insbesondere wenn er sich über einen längeren Zeitraum hinweg nicht gegen eine später als grundlos erwiesene Minderung seitens des Mieters zur Wehr setzt (s Rn 92; BGH 11. 4. 2012 – XII ZR 48/10, WuM 2012, 323, 325 Rn 34; OLG Köln ZMR 2000, 459) oder wenn die Miethöhe nur aufgrund einer komplizierten Berechnung nach den für die Kostenmiete maßgeblichen Grundsätzen oder anhand einer Wertsicherungsklausel ermittelt werden kann (§ 557b BGB). In derartigen Fällen muss dem Mieter außerdem eine **Überlegungsfrist** zur Prüfung der Berechnung zugebilligt werden (BGH WM 1970, 1141 = WarnR 1970 Nr 191 S 445 f = ZMR 1971, 27, 28; LG Itzehoe WuM 1990, 548).

b) Schickschuld oder Bringschuld?

Das Kündigungsrecht des Vermieters nach § 543 Abs 2 Nr 3 lit a BGB setzt voraus,   **77**
dass der Mieter mit den kritischen Mietrückständen (s Rn 73 f) geradezu in Verzug ist. Die Voraussetzungen des Verzugs richten sich nach § 286 BGB. Dabei ist, da Mietschulden meistens Geldschulden sind, zu beachten, dass Geldschulden aufgrund der §§ 269 und 270 BGB nach überwiegender Meinung grundsätzlich so genannte **qualifizierte Schickschulden** sind – mit der Besonderheit, dass der Schuldner zwar die Verlust- oder Transportgefahr, *nicht* jedoch die *Verzögerungsgefahr* trägt. Der Schuldner hat maW selbst dann **rechtzeitig gezahlt**, wenn er das Geld erst **am letzten**

Tag der Frist absendet, sofern es nur überhaupt bei dem Gläubiger, wenn auch möglicherweise „verspätet", eintrifft (BGHZ 44, 178, 179 f = NJW 1966, 46; BGH LM Nr 17 zu § 284 BGB = NJW 1969, 875; LM Nr 1 zu § 36 VVG = NJW 1964, 499; insbesondere BGH 5. 10. 2016 – VIII ZR 222/15 Rn 17, BGHZ 212, 140 = NJW 2017, 1596 = JuS 2017, 466; OLG Düsseldorf WM 1985, 585; OLG Naumburg WuM 1999, 160). Die Frage war und ist jedoch umstritten. Auslöser der Diskussion war zuletzt vor allem die Rechtsprechung des EuGH zu der Zahlungsverzug-Richtlinie von 2000 in der Fassung von 2011, nach der (nur) im Verkehr zwischen Unternehmen die **Gutschrift** des geschuldeten Betrages auf dem Konto des Gläubigers das **entscheidende Kriterium** für die Rechtzeitigkeit der Zahlung ist, dass der Schuldner aber die Verzögerung nicht zu vertreten hat, wenn der verspätete Zahlungseingang bei dem Gläubiger allein auf einem Verschulden der eingeschalteten Banken beruht (3. 4. 2008 – C-306/06, Slg 2008, I-1931 = NJW 2008, 1935, 1936 Tz 23–28 „DTK"). Daraus wird vielfach der Schluss gezogen, dass jetzt auch im deutschen Recht Geldschulden fortan als **modifizierte Bringschulden** zu qualifizieren sind, sodass der Schuldner heute generell bereits in Verzug gerät, wenn der geschuldete Betrag nicht rechtzeitig bei dem Gläubiger *eingeht* (s zuletzt mwNw STAUDINGER/ BITTNER/KOLLER [2019] § 270 Rn 29 ff; P MEYER JuS 2018, 940; J MEYER ZMR 2018, 899).

78 Der Fragenkreis, dessen praktische Bedeutung oft überschätzt zu werden scheint, wird auch im Mietrecht kontrovers diskutiert. Die überwiegende Meinung hält bisher im Anschluss an die Rechtsprechung des BGH an dem Verständnis der Mitschuld als **qualifizierte Schickschuld** fest, sodass insbesondere der **Wohnraummieter** weiterhin grundsätzlich rechtzeitig gezahlt hat, sofern er die Miete nur entsprechend § 556b Abs 1 BGB bis zum dritten Werktag der Zahlungsperiode abgesandt hat, ganz gleich, wann der Betrag bei dem Vermieter eintrifft (BGH 5. 10. 2016 – VIII ZR 222/15 Rn 17, BGHZ 212, 140 = NJW 2017, 1596 = JuS 2017, 466; OLG Düsseldorf WM 1985, 585; OLG Naumburg WuM 1999, 160; LG Hamburg ZMR 2007, 199; 2016, 955; DERLEDER WuM 2007, 599, 600; GUHLING/GÜNTHER/ALBERTS Rn 46 ff; HÄUBLEIN PiG 97 [2014] 35, 37 ff; ST LORENZ WuM 2013, 202, 205; BeckOGK/MEHLE [1. 7. 2020] Rn 147 ff; SCHMIDT-FUTTERER/BLANK Rn 94a; – dagegen für die Qualifizierung als Bringschuld zB OLG Düsseldorf ZMR 2010, 958; OLG Karlsruhe 9. 4. 2014 – 7 U 177/13; LG Wuppertal NZM 2011, 855; LG Freiburg GE 2015, 793; AG Kassel NZM 2011, 856; HERRESTHAL NZM 2011, 833, 837 ff; J MEYER ZMR 2018, 899).

79 Von der Frage Schickschuld oder Bringschuld ist die gleichfalls umstrittene Frage zu trennen, ob **abweichende Vereinbarungen** zulässig sind, insbesondere in Gestalt sogenannter **Rechtzeitigkeitsklauseln**, nach denen die Miete nicht nur bis zu einem bestimmten Tag abgesandt, sondern auch auf dem Konto des Vermieters eingetroffen sein muss. Für den **kaufmännischen Verkehr** werden derartige Klauseln bisher überwiegend für zulässig gehalten, insbesondere auch in Formularverträgen (BGHZ 139, 123, 126 = NJW 1998, 2664; BGH 5. 10. 2016 – VIII ZR 222/15, Rn 46 f, BGHZ 212, 140 = NJW 2017, 1596; OLG Koblenz NJW-RR 1993, 583 = WM 1993, 705; OLG München ZMR 1996, 376, 378). Das ist indessen in dieser Allgemeinheit bereits für den kaufmännischen Verkehr durchaus *zweifelhaft*, insbesondere wenn die Verzögerung durch die eingeschalteten Zahlungsdienstleister, dh durch die Banken zu vertreten ist. Zu Recht hat der BGH deshalb jedenfalls bei der **Wohnraummiete** Rechtzeitigkeitsklauseln für grundsätzlich unvereinbar mit § 307 BGB erklärt, wenn von ihrem Anwendungsbereich nicht ausdrücklich Verzögerungen ausgenommen werden, die ihren Grund in von den Banken zu vertretenden Vorgängen finden (BGH 5. 10. 2016 – VIII ZR 222/15, Rn 38 ff, BGHZ 212, 140 = NJW 2017, 1596). Aber man darf dabei nicht stehen bleiben (anders BeckOGK/Mehle [1. 7. 2020] Rn 151–155; Schüller/Mehle NZM 2017, 124). Denn der Mieter wird entgegen dem Gesetz unzumutbar belastet, wenn man von ihm zur Entschuldigung einer Zahlungsverzögerung einen Vortrag zu Vorgängen im Bankverkehr verlangt, in die er keinen Einblick hat und zu haben braucht (§§ 242, 307 BGB; ebenso schon immer Blank WuM 2015, 3, 7; anders Derleder WuM 2007, 599, 602 ff). Für Rechtzeitigkeitsklauseln ist daher bei der Wohnraummiete kein Platz mehr.

Wieder anders ist die Rechtslage, wenn der Vermieter aufgrund des Vertrages über eine **Einzugsermächtigung** verfügt oder wenn die Parteien die Teilnahme am Lastschrift-Abbuchungsverfahren vereinbart haben, weil die Geldschuld dann zur **Holschuld** wird, sodass es *allein Sache des Vermieters* ist, sich um den rechtzeitigen Eingang der geschuldeten Beträge zu bemühen. Macht er von dieser Möglichkeit keinen Gebrauch, so hat er sich die Zahlungsverzögerung des Mieters selbst zuzuschreiben, während der Mieter diese nicht zu vertreten hat und damit auch nicht in Verzug gerät, jedenfalls, wenn sein Konto eine ausreichende Deckung aufweist (str), es sei denn, das Verhalten des Mieters sei als ernstliche und endgültige Erfüllungsverweigerung zu qualifizieren (KG ZMR 2009, 30, 31; OLG Stuttgart ZMR 2008, 967, 968 ff; Blank WuM 2015, 3, 5; Eisenhardt WuM 2011, 408, 411; Herresthal NZM 2011, 833; BeckOGK/Mehle [1. 7. 2020] Rn 151). **80**

c) Verschulden, Irrtum

Der Mieter kommt nicht in Verzug, wenn er die Zahlungsverzögerung nicht zu vertreten hat (§ 286 Abs 4 BGB). Was der Mieter zu vertreten hat, ergibt sich im Einzelnen aus § 276 BGB iVm den §§ 827 und 828 BGB. Der Mieter kommt – mangels Verschuldens – folglich zB nicht in Verzug, wenn er unzurechnungsfähig ist und keinen gesetzlichen Vertreter hat (LG Hamburg NJW-RR 1996, 139 = WuM 1996, 271), wenn er ins Koma gefallen ist (LG Hannover ZMR 2016, 957; Schwab NZM 2019, 36, 43), wenn er an einer schweren Depression leidet, insbesondere wenn Selbstmordgefahr besteht (im Einzelnen str, s Schwab NZM 2019, 36, 44 mwNw), außerdem wenn er sich in einem entschuldbaren Rechtsirrtum befindet (s Rn 86) oder wenn ihm ein **Einrederecht** zusteht, ohne dass es insoweit zusätzlich auf die Ausübung dieses Rechtes ankäme, insbesondere also, wenn der Mieter ein Zurückbehaltungsrecht oder die Einrede des nichterfüllten Vertrages hat (§§ 273, 320 BGB; RGZ 85, 296, 297 f; BGH 11. 12. 2009 – V ZR 217/08, NJW 2010, 1272 Tz 23; s MünchKomm/Emmerich § 320 Rn 35, 37; Blank/Börstinghaus Rn 96 f; Schmidt-Futterer/Blank Rn 99 f). Auf **verjährte Mietrückstände** kann daher keine Kündigung mehr gestützt werden (§ 214 Abs 1 BGB; LG Berlin MDR 1983, 843). **81**

Dasselbe gilt im Ergebnis, wenn der Vermieter dem Mieter das Betreten des Grundstücks verbietet und der Mieter daraufhin nach § 320 Abs 1 BGB die Mietzahlung einstellt (OLG Celle RdL 1966, 216) oder wenn der Mieter wegen Mängeln der Sache **mindern** kann (AG Köln WuM 1974, 241 f). Es spielt keine Rolle, ob der Mieter den Minderungsbetrag richtig oder zu hoch schätzt, weil und sofern sein Irrtum entschuldbar ist (s Rn 85 f); gleich steht der Fall, dass dem Mieter wegen des über die Minderung hinausgehenden Betrages ein **Zurückbehaltungsrecht** zusteht (§§ 273, 320 BGB; s o § 536 Rn 101 ff; LG Kiel WuM 1975, 169; LG Berlin GE 1994, 403; 1994, 1381). Der Mieter kommt ferner nicht in Verzug, wenn sich der Vermieter in **Annahmeverzug** befindet (§§ 293 ff BGB), wenn die Miete für eine längere Zeit rückwirkend durch einen Dritten festgesetzt wird und der Mieter diesen Betrag dann auf einmal binnen **82** eines Monats zahlt (LG Frankfurt aM WuM 1975, 53, 54), wenn die Höhe der Mietforderung erst durch Beweisaufnahme geklärt werden muss (LG Köln WuM 1976, 182) sowie, wenn der Vermieter ihn in völlige Ungewissheit über die Höhe der Miete versetzt (AG Köln WuM 1969, 25 = ZMR 1969, 241 f Nr 17). Dasselbe (kein Verzug) gilt, wenn der Mieter nicht zahlt, weil er die *Erben* des Vermieters nicht kennt und auch nicht zu ermitteln vermag (BGH 7. 2. 1973 – VIII ZR 205/71, LM Nr 35 zu § 581 BGB = MDR 1973, 404; 7. 9. 2005 – VIII ZR 24/05, WuM 2005, 769, 770 = NJW 2006, 51 = NZM 2006, 11), sowie, wenn nach einer Veräußerung des Grundstücks (§ 566 BGB) der *neue Eigentümer* nicht bereit ist, ihm sein Eigentum nachzuweisen, sofern der Mieter daraufhin die Miete hinterlegt (§ 372 S 2 BGB; LG Kaiserslautern WuM 1985, 223).

83 Nach hM trifft den Geldschuldner einschließlich des Mieters eine unbedingte Einstandspflicht für seine finanzielle Leistungsfähigkeit, meistens mit der Rechtsparömie umschrieben: **„Geld muss man haben"** (§ 279 BGB aF). Weder Arbeitslosigkeit noch Krankheit vermögen ihn folglich im Regelfall zu entschuldigen (RGZ 76, 367, 368; BGH 4. 2. 2015 – VIII ZR 175/14, BGHZ 204, 134, 140 ff Rn 17 ff = NJW 2015, 1296 = NZM 2015, 196; 17. 2. 2015 – VIII ZR 236/14, NZM 2015, 487 Rn 3 = ZMR 2015, 374; 16. 2. 2005 – VIII ZR 6/04, WuM 2005, 250, 251 [r Sp u] = NZM 2005, 334 = ZMR 2005, 356; WuM 2006, 193, 196 Rn 26; Harke NZM 2016, 449, 454 f; Häublein PiG 97 [2014] 35, 46; St Lorenz WuM 2013, 202). Nach § 278 BGB muss der Schuldner und Mieter außerdem für das Verschulden Dritter als seiner **Erfüllungsgehilfen** einstehen, die er zur Bezahlung der Miete mit herangezogen hat, die zB die Bezahlung der Miete ganz oder teilweise übernommen haben (s schon o Rn 7, Rn 42 sowie o § 538 Rn 7; zB BGH 25. 1. 2006 – VIII ZR 102/06, NZM 2007, 35, 36 Tz 15 ff = NJW 2007, 428 = WuM 2007, 24).

84 Daraus ergibt sich die Frage, ob es der Mieter nach § 278 BGB zu vertreten hat, wenn das **Sozialamt** anstelle des Mieters auf dessen Antrag hin (§ 37 SGB II) die Mietzahlungspflicht übernommen hat, das Sozialamt jedoch die Miete gar *nicht* oder doch *verspätet* an den Vermieter überweist (s ausf Blank NZM 2016, 636 f; BeckOGK/Mehle [1. 7. 2020] Rn 160 ff; Schwab NZM 2019, 36, 44). Vielfach wird in einem derartigen Fall nach § 278 BGB die vom Sozialamt zu vertretende Zahlungsverzögerung dem *Mieter zugerechnet,* sodass der Mieter in Verzug gerät und der Vermieter nach § 543 Abs 2 Nr 3 BGB gegebenenfalls kündigen kann (LG Berlin NZM 2002, 289 Nr 4; ZMR 2002, 824; GE 2004, 1172, 1173; 2017, 1557 = NZM 2018, 199; AG Bremen ZMR 2013, 808; Häublein PiG 97 [2014] 35, 50 ff; St Lorenz WuM 2013, 202, 205 f; Kraemer NZM 2001, 553, 561; Schleusner NZM 1998, 992). Auf dem selben Standpunkt steht grundsätzlich der BGH, soweit die Kündigung auf § 543 **Abs 2 Nr 3 BGB** gestützt wird, und zwar wegen der unbedingten Einstandspflicht des Mieters für seine finanzielle Leistungsfähigkeit, sodass eine darauf gestützte Kündigung auch bei Fehlern des Sozialamtes oder des Jobcenter möglich bleibe (BGH 4. 2. 2015 – VIII ZR 175/14, BGHZ 204, 134, 141 Rn 20 = NJW 2015, 1296 = NZM 2015, 196). Anders wird dagegen vielfach für eine auf die **Generalklausel** des § 543 Abs 1 BGB gestützte Kündigung entschieden, und zwar mit der Begründung, dass staatliche Stellen, die im Rahmen der Daseinsvorsorge tätig werden, *nicht* als Erfüllungsgehilfen des Mieters angesehen werden könnten, sodass Fehler der genannten Stellen (nur) im Regelfall nicht dem Mieter als Verschulden (als regelmäßige Voraussetzung für die Annahme eines wichtigen Grundes iS des § 543 Abs 1 BGB) zugerechnet werden dürfen (BGH 4. 2. 2015 – VIII ZR 175/14, BGHZ 204, 134, 141 Rn 20 = NJW 2015, 1296 = NZM 2015, 196; 21. 10. 2009 – VIII ZR 64/09, NJW 2009, 3781, 3782 f Tz 30 = WuM 2009, 746 = NZM 2010, 37; LG Wiesbaden WuM 2012, 623, 622 f; LG Berlin ZMR 2013, 121; ebenso

zuvor schon KG GE 1998, 120; NJW 1998, 2455, 2456 f = NZM 1998, 110 = WuM 1998, 85; s dazu Harke NZM 2016, 449, 453 ff; Paschke GE 2010, 102; Schach GE 2009, 1586; Wiek WuM 2010, 204; – anders nach den Umständen des Einzelfalls aber BGH 29. 6. 2016 – VIII ZR 173/15, WuM 2016, 491 Rn 17 ff = NZM 2016, 635 = NJW 2016, 2805; s zu diesen nur schwer nachvollziehbaren Unterscheidungen einerseits Blank NZM 2016, 636 f; andererseits Harke NZM 2016, 449, 455 f).

Wieder anders wird die Rechtslage beurteilt, wenn sich der Mieter in einem **Irrtum über die Bezahlung** der Miete durch das Sozialamt oder das „Jobcenter" befindet. In derartigen Fällen eines **Tatsachenirrtums** besteht bei den Gerichten durchaus die Bereitschaft, den Irrtum als **entschuldigt** anzusehen, wenn und solange der Mieter nach den Umständen ohne Weiteres davon ausgehen konnte und durfte, dass die genannte öffentliche Stelle wie von ihr angekündigt die Miete an den Vermieter überweisen werde, sodass die tatsächlich nicht durchgeführte Bezahlung der Miete dem Vermieter dann – mangels Verschuldens und damit mangels Verzugs des Mieters (§§ 276, 286 Abs 4 BGB) – kein Kündigungsrecht nach § 543 Abs 2 Nr 3 BGB gibt (BGH 17. 2. 2015 – VIII ZR 236/14, NZM 2015, 487 Rn 4 f = ZMR 2015, 374; ebenso zuvor schon LG Berlin WuM 2014, 607 = ZMR 2015, 543). 85

Weit strenger wird dagegen der **Rechtsirrtum** des Mieters behandelt. Ein solcher liegt vor, wenn der Mieter aus den ihm bekannten Tatsachen *unrichtige rechtliche Schlüsse* zieht. In der Rechtsprechung bestand zwar lange Zeit durchaus die Bereitschaft, an die Entschuldbarkeit des Rechtsirrtums im Rahmen des § 543 Abs 2 Nr 3 BGB gleichfalls einen großzügigen Maßstab anzulegen, insbesondere, wenn der Mieter begründeten Anlass hatte, ein **Minderungs- oder Aufrechnungsrecht** anzunehmen (LG Görlitz WuM 1994, 601, 602; LG Essen ZMR 1996, 90, 92; LG Frankfurt aM NZM 2004, 297 = NJW-RR 2004, 1238), wenn er sich in einem entschuldbaren Irrtum über die **Höhe der Minderung** befand (RG JW 1916, 1584 f; OLG Düsseldorf GE 2005, 1486, 1487; LG Hannover NJW-RR 1995, 331; LG Aachen ZMR 1997, 25, 27; LG Berlin GE 2005, 1353; AG Lübeck ZMR 2012, 277, 279) oder wenn sein Irrtum über die Höhe einer Gegenforderung auf **Aufwendungsersatz**, mit der der Mieter aufrechnete, vertretbar erschien (so zB LG Berlin GE 2007, 1486, 1487; zustimmend insbesondere Blank NZM 2007, 788 = WuM 2007, 655; ders WuM 2012, 501; ders WuM 2015, 3, 5; Häublein PiG 97 [2014] 35, 46 ff; St Lorenz WuM 2013, 202, 206 f). 86

Der **BGH** sieht dagegen *keinen* Anlass für eine Privilegierung des Wohnraummieters in der Frage der Entschuldbarkeit des Rechtsirrtums, zumal der Mieter bei Zweifeln über den Bestand und die Höhe seines Minderungsrechts ohne Weiteres zB unter Vorbehalt zahlen könne, um sich seine Rechte zu erhalten (§§ 812 Abs 1 S 1, 814 BGB). Der Mieter dürfe nicht das Risiko einer falschen Beurteilung der Rechtslage auf den Gläubiger verschieben; notfalls müsse er Rechtsrat einholen, wobei der Mieter dann freilich über § 278 BGB auch das Risiko einer unzutreffenden Beurteilung der Rechtslage durch seinen Berater tragen müsse (s § 538 Rn 7 sowie BGH 30. 4. 2014 – VIII ZR 103/13, BGHZ 201, 91, 98 ff Rn 23 ff = NJW 2014, 2720 = NZM 2014, 636; 15. 4. 2015 – VIII ZR 181/13, NJW 2015, 2417 Rn 26 ff = NZM 2015, 536 = WuM 2015, 416; 11. 6. 2014 – VIII ZR 349/13, NJW 2014, 2717 = NZM 2014, 631, 634 Rn 34 ff = WuM 2014, 489; NZM 2007, 35 ff Tz 14 f, 22 f, 27 f = NJW 2007, 428 = WuM 2007, 24; 11. 7. 2012 – VIII ZR 138/11, NJW 2012, 2882 Tz 18 f = NZM 2012, 637 = WuM 2012, 499; LG Berlin GE 2015, 9074: zustimmend Harke NZM 2016, 449; Hinz NJW 2013, 337; dagegen zutreffend Derleder WuM 2016 Beil zu H 7, in: FS Eisenschmid 24, 27 ff). 87

5. Verzug an mehr als zwei Terminen mit zwei Monatsraten (§ 543 Abs 2 Nr 3 lit b)

88 Seit 1963 kann der Vermieter gemäß § 543 Abs 2 S 1 Nr 3 lit b BGB außerdem fristlos kündigen, wenn sich der Mieter in einem Zeitraum, der sich über mehr als zwei Zahlungstermine erstreckt (o Rn 72), also im Zweifel an *mindestens drei* Terminen mit der Entrichtung der Miete in Höhe eines Betrages in Verzug befindet, der insgesamt die Miete für zwei Monate erreicht. Eine Kündigung nach dieser Vorschrift hat somit **zwei Voraussetzungen**, erstens einen Rückstand des Mieters im Augenblick der Kündigung des Vermieters mit mindestens zwei Monatsmieten und zweitens einen Verzug mit diesem Betrag, der sich – gegebenenfalls auch nur geringfügig- über einen Zeitraum erstreckt, der länger als zwei Zahlungstermine ist. Der Vermieter kann somit insbesondere kündigen, wenn der Mieter mit mindestens zwei Monatsmieten an mindestens drei Zahlungsterminen in Verzug ist. Es genügt maW, wenn der Mieter **in zwei** aufeinanderfolgenden **Monaten die Miete** überhaupt **nicht zahlt**, weil er dann nämlich in einem Zeitraum, der sich über *mehr* als *zwei* Termine erstreckt, mit der kritischen Summe in Verzug ist, außer wenn er sofort zu Beginn des dritten Monats den vollen Rückstand bezahlt. Jede noch so geringe zusätzliche Verzögerung führt dagegen in diesem Fall zur Anwendung der lit b des § 543 Abs 2 Nr 3 BGB (Blank/Börstinghaus Rn 104; Schmidt-Futterer/Blank Rn 112, 121 f).

89 Bleibt der Mieter mit **kleineren Beträgen** als der ganzen Monatsmiete in Verzug, so verlängert sich der Zeitraum des Verzugs entsprechend, bis der kritische Betrag von **zwei Monatsmieten** erreicht ist, wobei keine Obergrenze besteht. Der Vermieter kann dann sofort kündigen, sobald der kritische Betrag erreicht ist. Die gesetzliche Regelung bedeutet nicht etwa, dass sich dann nochmals ein Zeitraum von zwei Monaten mit einem Verzug in Höhe von zwei Monatsmieten anschließen muss. Die Kündigung setzt lediglich voraus, dass sich der Mieter während des *gesamten Zeitraums* mit einem gegebenenfalls noch so kleinen Betrag **in Verzug** befand, bis die gesamten Rückstände die Miete für zwei Monate erreichen. Verändert sich während des Laufs der Frist die Miethöhe, zB durch eine Mieterhöhung nach § 558 BGB, so ist maßgebend für die **Berechnung** der Höhe der Rückstände die Miete im Augenblick der Kündigung, nicht eine etwaige niedrigere, frühere Miete (LG Osnabrück WuM 1988, 268; AG Lübeck WuM 2017, 200 = ZMR 2017, 405; sehr str). Das Kündigungsrecht **erlischt**, wenn der Verzug zwischenzeitlich einmal entfallen war. Bei wiederholtem (nicht ständigem) Verzug mit geringeren Beträgen kommt freilich immer noch unter zusätzlichen Voraussetzungen eine Kündigung nach § 543 *Abs 1* BGB in Betracht (s u Rn 102 ff).

90 Bei **anderer als monatlicher Zahlweise** gilt § 543 Abs 2 Nr 3 lit b BGB entsprechend (o Rn 59; str, anders zB Schmidt-Futterer/Blank § 543 Rn 122; Bub/Treier/Fleindl Hdb Rn IV 373; Lützenkirchen § 543 Rn 247). Folglich kommt es bei wöchentlicher, vierteljährlicher oder jährlicher Mietzahlung darauf an, dass der Mieter insgesamt mehr als zwei Wochen, mehr als ein halbes Jahr oder mehr als zwei Jahre in Verzug ist (wenn auch nur für wenige Tage) und dass der rückständige Betrag während dieser Zeit umgerechnet der Miete von zwei Monaten entspricht (ebenfalls str, wie hier offenbar MünchKomm/Bieber Rn 48; Blank/Börstinghaus Rn 111; Guhling/Günter/Alberts Rn 57; Palandt/Weidenkaff Rn 25). Alle genannten Voraussetzungen müssen jeweils bei Zugang der Kündigung beim Mieter erfüllt sein (LG Lüneburg WuM 1995, 705).

Durch die Regelung des § 543 Abs 2 S 1 Nr 3 lit b BGB wollte der Gesetzgeber der **91** gefürchteten **Praxis des „Springens"** begegnen, charakterisiert dadurch, dass der Mieter vermeidet, an zwei *aufeinanderfolgenden* Terminen in Verzug zu geraten (worauf die lit a des § 543 Abs 2 Nr 3 BGB abstellt, so genannter **Dauerverzug**), sondern zB nur in jedem dritten oder vierten Monat unbegründete Abzüge vornimmt oder gar nicht zahlt. In solchen Fällen greift heute § 543 Abs 2 Nr 3 lit b BGB ein, sobald die Rückstände aus mehreren Monaten *insgesamt* zwei Monatsmieten erreichen *und* der Mieter immer in Verzug war, gleichgültig mit welchen Beträgen (LG Berlin ZMR 1992, 24; ZMR 2002, 428, 429). Darin ist zugleich die **Abgrenzung zu** dem Tatbestand der **lit a** des § 543 Abs 2 Nr 3 BGB zu erblicken (o Rn 75; BLANK NZM 2009, 113; zT abweichend BGH 23. 7. 2008 – XII ZR 134/06, NJW 2008, 3210 = NZM 2008, 770, 771 Rn 36 ff).

6. Treuwidrigkeit

Selbst wenn die Voraussetzungen des § 543 Abs 2 Nr 3 BGB an sich erfüllt sind, ist **92** die Kündigung doch unwirksam, wenn ihr Ausspruch im Einzelfall treuwidrig ist (§ 242 BGB). Dies kommt vor allem in Betracht, wenn das Verhalten des Vermieters widersprüchlich oder überraschend ist. Hat der Vermieter zB die **unpünktliche Zahlungsweise** des Mieters (u Rn 102 ff) über längere Zeit **nicht beanstandet**, so kann er nicht plötzlich und unerwartet seine Haltung ändern und unvermittelt nach § 543 Abs 2 Nr 3 BGB kündigen, insbesondere, wenn die Parteien längere Zeit vertrauensvoll zusammengearbeitet haben oder es sich um ein offenkundiges Versehen handelt. In derartigen Fällen muss der Vermieter vielmehr nach Treu und Glauben den Mieter vor Ausspruch der Kündigung abmahnen, dh darauf hinweisen, dass er fortan auf pünktlicher Zahlung bestehen und andernfalls von seinem Kündigungsrecht Gebrauch machen werde (s o Rn 80, u Rn 104 sowie RG JW 1932, 1041 Nr 3; BGH WM 1971, 1439, 1440 = ZMR 1972, 306; WM 1971, 1020, 1021; OLG München ZMR 1996, 326, 327; OLG Hamm ZMR 1998, 493, 494 = WuM 1998, 485, 486; OLG Karlsruhe NZM 2003, 513, 515 = NJW-RR 2003, 945, 947 f; OLG Düsseldorf ZMR 2004, 570; SCHMIDT-FUTTERER/BLANK Rn 128 ff).

Ebenso kann es sich von Fall zu Fall verhalten, wenn der Vermieter eine (an sich **93** unbegründete) **Minderung** über Jahre hinweg **hingenommen** hat, ohne sich dagegen zu wehren, sodass er dann nicht auf einmal, gestützt auf die entstandenen Rückstände, nach § 543 Abs 2 Nr 3 BGB kündigen kann (s Rn 80; ebenso im Grundsatz für eine Kündigung nach §§ 543 Abs 1 wegen ständiger unpünktlicher Zahlung BGH 4. 5. 2011 – VIII ZR 191/10, NJW 2011, 2201 Tz 21 f = NZM 2011, 579, 580). Insbesondere bei **langfristigen Verträgen** darf der Vermieter von seinem Kündigungsrecht nach Treu und Glauben schließlich nur in einer Weise Gebrauch machen, die dem Mieter die **Möglichkeit der Abwehr** durch sofortige Zahlung erhält (RGZ 150, 232, 238 ff; LG Frankfurt aM WuM 1975, 53, 55).

Die Kündigung stellt ferner bei arglistigem oder widersprüchlichem Verhalten des **94** Vermieters einen **Rechtsmissbrauch** dar und ist dann unwirksam (§§ 242, 826 BGB; OLG München ZMR 1998, 632, 633). So verhält es sich zB, wenn der Vermieter zunächst den Mieter durch arglistige Täuschung in den Zusammenbruch treibt und ihm sodann wegen Verzugs kündigt (BGH 10. 6. 1958 – VIII ZR 135/57, LM Nr 55 zu § 242 [Cd] BGB = ZMR 1959, 8, 10), wenn sich der Vermieter ohne Weiteres aus einer *Kaution* oder aus sonstigen vom Mieter gestellten Sicherheiten zu befriedigen vermag (**aM**

BGH 12. 1. 1972 – VIII ZR 26/71, LM Nr 50 zu § 535 BGB = WM 1972, 335 = MDR 1972, 411) oder wenn der Mieter offenkundig jederzeit bereit und in der Lage ist, die Miete zu zahlen, sodass es sich bei der Zahlungsverzögerung um ein *offenkundiges Versehen* handelt (AG Friedberg WuM 1979, 257, 258). Gleich steht der Fall, dass der Verzug auf einem Versehen des Sozialamtes beruht, sodass eine einfache Anfrage bei diesem zur Klärung der Lage ausreichte (s o Rn 81; LG Karlsruhe ZMR 1989, 421; LG Berlin WuM 1997, 216). Dagegen genügt es für die Annahme eines Rechtsmissbrauchs *nicht,* dass die Kündigung dem Vermieter, der eine bessere Verwertungsmöglichkeit gefunden hat, besonders gelegen kommt (BGH WarnR 1971 Nr 197 S 543, 544); von dieser Möglichkeit Gebrauch zu machen, ist vielmehr sein gutes Recht.

7. Heilung des Verzugs (§ 543 Abs 2 S 2)

95 Nach § 543 Abs 2 S 2 BGB ist die Kündigung wegen Zahlungsverzugs aufgrund des § 543 Abs 2 Nr 3 S 1 BGB ausgeschlossen, wenn der Vermieter vorher, dh **vor Wirksamkeit** der Kündigung durch Zugang beim Mieter **befriedigt** wird. Der Grund für diese Regelung ist darin zu sehen, dass im Falle der Befriedigung des Gläubigers vor Wirksamwerden der Kündigung durch deren Zugang beim Mieter der Verzug geheilt wird, sodass die wichtigste Voraussetzung des Kündigungsrechts des Vermieters entfällt und das Kündigungsrecht erlischt. Denn generell gilt, dass durch Verzug begründete Gestaltungsrechte erlöschen, sofern sie nicht rechtzeitig noch vor Heilung des Verzugs ausgeübt werden. **Heilung des Verzugs** in diesem Sinne tritt grundsätzlich ein, wenn der Schuldner vollständig leistet, wenn er die Leistung dem Gläubiger in einer Annahmeverzug begründenden Weise anbietet oder wenn nachträglich die Voraussetzungen des Verzugs entfallen, weil der Schuldner ein Einrederecht erwirbt, etwa aufgrund des Eintritts der Verjährung (s Emmerich, Leistungsstörungen § 16 Rn 72 ff [S 257 ff]). Die Folgerungen hieraus zieht § 543 Abs 2 S 2 BGB, wobei der Befriedigung des Vermieters die Verzugsheilung in sonstiger Weise gleichsteht.

96 Verzugsheilung nach § 543 Abs 2 S 2 BGB erfordert **vollständige Befriedigung** des Gläubigers, sodass das Kündigungsrecht des Vermieters nur ausgeschlossen ist, wenn der Mieter seine *gesamte Mietschuld,* dh alle Rückstände tilgt; **Teilzahlungen** stehen nicht gleich (s Rn 67; RG WarnR 1916 Nr 224 S 360; BGH WarnR 1970 Nr 191 S 415, 417; 24. 8. 2016 – VIII ZR 161/15 Rn 23, NZM 2016, 765; 17. 9. 2017 – VIII ZR 193/16 Rn 19 f, NJW 2018, 939 = NZM 2018, 28 = WuM 2017, 644; ebenso zB LG München I ZMR 1986, 125; LG Köln WuM 1991, 263; LG Berlin ZMR 1997, 143, 144; LG Flensburg ZMR 2014, 984; str, s Blank WuM 2017, 647; Flatow NZM 2018, 31; wegen möglicher Ausnahmen im Einzelfall nach § 242 s BGH 17. 2. 2015 – VIII ZR 236/14, NJW 2015, 1749 = NZM 2015, 487; Kappus NZM 2016, 766). Eine Leistung unter **Vorbehalt** reicht grundsätzlich aus, jedenfalls, wenn es sich lediglich um einen sogenannten einfachen Vorbehalt handelt, durch den der Schuldner und Mieter allein die Anwendung des § 814 BGB ausschließen will – unter Inkaufnahme des Umstandes, dass ihn im Rückforderungsprozess dann die Beweislast trifft (LG Frankfurt aM WuM 1987, 318; AG München NZM 2016, 314; Häublein PiG 97 [2014] 35, 39 f; Nies NZM 1998, 398, 399). Außerdem ist (entgegen einer verbreiteten Meinung) nicht erforderlich, dass der Mieter zugleich die Zahlung eines etwaigen **Verzögerungsschadens** und von Verzugszinsen anbietet, schon, weil der Mieter die Höhe dieser Beträge gar nicht kennen kann (OLG Celle WuM 1990, 103, 109 f; LG Berlin ZMR 1989, 94).

Für die **Rechtzeitigkeit** der Leistung vor Wirksamwerden der Kündigung kommt es, 97
da die Zahlungspflicht des Mieters als Schickschuld zu qualifizieren ist (s Rn 77 f), nur
auf die rechtzeitige *Absendung* des geschuldeten Betrages an (ebenso BGH 11. 1. 2006 –
VIII ZR 364/04, NJW 2006, 1585 = NZM 2006, 338 = WuM 2006, 193, 194 Tz 10; LG Oldenburg
WuM 1996, 471, 472). Der Zahlung stehen die **Erfüllungssurrogate** einschließlich der
Aufrechnung gleich.

8. Aufrechnung nach Kündigung (§ 543 Abs 2 S 3)

Nach § 543 Abs 2 S 3 BGB wird die Kündigung unwirksam, wenn sich der Mieter 98
(schon *vor* der Kündigung) von seiner Schuld durch Aufrechnung befreien konnte
und unverzüglich nach der Kündigung die Aufrechnung erklärt. Grund der Regelung ist die *rückwirkende Kraft* der Aufrechnung (§ 389 BGB), die zur Folge hat,
dass der Mieter, wenn er im Augenblick der Kündigung gegen die Mietschuld
aufrechnen konnte, der Kündigung immer noch nachträglich durch Erklärung der
Aufrechnung die Grundlage entziehen kann. Im Interesse der Rechtssicherheit ist
jedoch bestimmt, dass die Aufrechnung dann **unverzüglich erklärt** werden muss,
sodass der bloße *Bestand* einer Aufrechnungslage noch nicht zum Ausschluss des
Kündigungsrechtes führt (BGH 12. 5. 2010 – VIII ZR 96/09, NJW 2010, 3015 = NZM 2010, 548
= WuM 2010, 484, 489 Tz 43). Nur bei der **Wohnraummiete** gelten diese Einschränkungen
im Interesse des hier besonders weitgespannten Mieterschutzes nicht, da der Mieter
hier binnen der Schonfrist von zwei Monaten auch noch mit *nachträglich* erworbenen Gegenforderungen aufrechnen kann (§ 569 Abs 3 Nr 2 S 1 BGB; s dazu STAUDINGER/V EMMERICH [2021] § 569 Rn 79).

Der **Rechtsgrund** der Gegenforderung des Mieters spielt keine Rolle; Abs 2 S 3 des 99
§ 543 BGB gilt zB auch für Gegenforderungen des Mieters aus c i c oder wegen
arglistiger Täuschung (RGZ 119, 360, 361 f; BGH 15. 4. 1987 – VIII ZR 126/86, LM Nr 18 zu
§ 554 BGB = NJW-RR 1987, 903 = WuM 1987, 317). Voraussetzung ist nur, dass die Gegenforderung aufrechenbar bereits **vor der Kündigung** bestand, sodass schon damals eine
Aufrechnungslage gegeben war. Abs 2 S 3 ist dagegen *nicht anwendbar, wenn* die
Gegenforderung des Mieters erst **nach der Kündigung entstanden** oder **fällig** geworden ist (BGH 2. 6. 1959 – VIII ZR 20/59, LM Nr 1 zu § 3 MSchG = NJW 1959, 2017 = ZMR 1959,
262; LG Aachen WuM 1989, 294); daher kann der Mieter auch nicht mit einem Anspruch
auf Rückzahlung der *Kaution* aufrechnen, weil und sofern der Anspruch erst längere
Zeit *nach* Vertragsbeendigung *fällig* wird (LG Berlin ZMR 1998, 231).

Die Aufrechnung beseitigt die Kündigung außerdem nur, wenn die Gegenforderung 100
die **gesamten Rückstände** des Mieters deckt (OLG Köln ZMR 1998, 763, 768 = WuM 1998, 23).
Aufrechnung gegen einen Teil der Rückstände und Bezahlung des Restes in bar
reichen nicht zum Ausschluss der Kündigung, weil der Gesetzgeber für den Fall der
Befriedigung des Gläubigers durch Zahlung in S 2 des § 543 Abs 2 BGB eine abweichende Regelung getroffen hat (s o Rn 96 f). In der Erklärung der Aufrechnung muss die
zur Aufrechnung gestellte **Gegenforderung** vom Mieter so **genau bezeichnet** werden,
dass der Vermieter die Berechtigung der Aufrechnung überprüfen kann; allgemeine
Hinweise auf beliebige Gegenforderungen genügen nicht (OLG Celle GE 2007, 1257).

Die Aufrechnung muss nach § 543 Abs 2 S 3 BGB **unverzüglich**, dh ohne schuldhaf- 101
tes Zögern erklärt werden (s § 121 Abs 1 S 1 BGB). Unverzüglich bedeutet nicht:

sofort; vielmehr ist dem Mieter eine angemessen Prüfungs- und Überlegungsfrist zu belassen, für die sich in der Praxis als Faustformel eine Dauer von **maximal zwei Wochen** herausgebildet hat (BGH 15. 4. 1987 – VIII ZR 126/86, LM Nr 18 zu § 554 BGB = NJW-RR 1987, 903; WM 1971, 1020, 1021; OLG Köln ZMR 1998, 763, 765 = WuM 1998, 23, 24; LG Berlin GE 1989, 997), Eine Aufrechnung erst zwei Monate nach Zugang der Kündigung genügt daher nicht, außer wenn die Verspätung ausnahmsweise entschuldigt werden kann (LG Hamburg ZMR 2011, 129 ff). Die Aufrechnung hat zur **Folge**, dass die Kündigung unwirksam wird und das Mietverhältnis infolgedessen wieder auflebt (Palandt/Weidenkaff Rn 28). Gerät der Mieter anschließend wieder in Verzug, so muss der Vermieter gegebenenfalls erneut nach § 543 Abs 2 Nr 3 BGB kündigen (LG Berlin ZMR 2000, 296).

VI. Ständige unpünktliche Zahlung, Kaution

102 Das Gesetz regelt in § 543 Abs 2 Nr 3 BGB nicht abschließend die Fälle, in denen der Vermieter wegen eines Zahlungsverzugs des Mieters fristlos kündigen kann; vielmehr hindert den Vermieter nichts, in anderen Fallgestaltungen – unter zusätzlichen Voraussetzungen – auf die **Generalklausel** des § 543 Abs 1 BGB zurückzugreifen, insbesondere, wenn der Mieter mit der Bezahlung größerer einmaliger Beträge wie etwa der Kaution oder erheblicher Rückstände bei den Betriebskosten in Verzug gerät oder wenn er ständig unpünktlich zahlt, wiederholt unbegründete Abzüge macht oder über längere Zeiträume hinweg mit kleineren Beträgen in Rückstand gerät, die Rückstände aber insgesamt nicht die Grenzen des § 543 Abs 2 Nr 3 BGB erreichen. Daneben kommt in diesen und in anderen Fällen durchaus auch eine ordentliche Kündigung nach § 573 Abs 2 Nr 1 BGB in Betracht (s Staudinger/Rolfs [2021] § 573 Rn 42 ff). Dies hat in der Praxis dazu geführt, dass eine Kündigung des Vermieters wegen Zahlungsverzugs des Mieters durchweg in erster Linie auf § 543 Abs 2 Nr 3 BGB oder Abs 1 und hilfsweise auf § 573 Abs 2 Nr 1 BGB gestützt wird.

103 Der wichtigste Fall einer auf die Generalklausel des § 543 Abs 1 BGB gestützten fristlosen Kündigung des Vermieters wegen Zahlungsverzugs des Mieters ist die **ständige unpünktliche Zahlung** der Miete oder der Betriebskostenvorauszahlungen durch den Mieter. Voraussetzung ist, dass angesichts des Verhaltens des Mieters das *Vertrauensverhältnis* zwischen den Parteien *völlig zerrüttet* ist, weil der Vermieter unter den gegebenen Umständen auch in Zukunft nicht mehr mit einer ordnungsgemäßen Erfüllung seitens des Mieters rechnen kann (grdl BGH 26. 3. 1969 – VIII ZR 76/67, LM Nr 1 zu § 554b = ZMR 1969, 206 = WM 1969, 625; Blank WuM 2014, 648 f). Bloße gelegentliche oder geringfügige Zahlungsrückstände genügen dafür nicht; es muss sich vielmehr um *wiederholte, ins Gewicht fallende Vorgänge* handeln, die deutlich machen, dass der Mieter nicht zu einer ordnungsmäßigen Vertragserfüllung bereit ist. Der BGH stellt heute idR darauf ab, ob der Mieter trotz erheblicher Rückstände und *ungeachtet* der **Abmahnung** des Vermieters (§ 543 Abs 3 S 1 BGB; s dazu u Rn 105, Rn 115 f) an seiner vertragswidrigen Verhaltensweise festhält, wofür grundsätzlich auch schon eine *einmalige Wiederholung* der unpünktlichen Zahlungsweise *nach* der Abmahnung als ausreichend angesehen wird. Maßgebend sind die Umstände des Einzelfalls, sodass sich allgemeine Regeln nur schwer entwickeln lassen (BGH 19. 1. 2007 – V ZR 26/06, BGHZ 170, 369, 372 Tz 9, 377 Tz 23 = NJW 2007, 1353 = NZM 2007, 290; BGH 11. 1. 2006 – VIII ZR 364/04, WuM 2006, 193, 195 Tz 14 – 16 = NZM 2006, 338 = NJW 2006,

1585; 4. 2. 2008 – VIII ZR 66/08, WuM 2009, 228, 230 Tz 21 ff = NZM 2009, 315; 4. 5. 2011 – VIII ZR 191/10, NJW 2011, 2201 Tz 18 ff = NZM 2011, 579 = WuM 2011, 418; 1. 6. 2011 – VIII ZR 91/10, NJW 2011, 2570 Tz 14 ff = NZM 2011, 625 = WuM 2011, 469; 11. 9. 2011 – VIII ZR 301/10, WuM 2011, 674 Tz 14 f = NZM 2012, 22; 14. 9. 2011 – VIII ZR 345/10, WuM 2011, 676 Tz 12 f).

In der Mietpraxis wird häufig darauf abgestellt, ob der Mieter vor der Abmahnung in einem Zeitraum von 9 bis 12 Monaten ungefähr **sechsmal unpünktlich gezahlt** hat, um eine fristlose Kündigung aufgrund *einer* weiteren unpünktlichen Zahlung *nach* einer Abmahnung des Vermieters zu rechtfertigen, vorausgesetzt, dass es sich jeweils um mehr als nur geringfügige Verzögerungen von wenigen Tagen mit geringen Beträgen gehandelt hat (LG Berlin GE 2010, 1141; 2010, 1623, 1624; 2014, 1652; ZMR 2014, 539; WuM 2017, 26; 2018, 148; NZM 2018, 36; LG Würzburg WuM 2014, 548; LG München I ZMR 2010, 968; LG Frankfurt aM NZM 2011, 152; BLANK WuM 2014, 548 f). Nicht ausreichend ist jedoch ein zweimaliger Zahlungsverzug, selbst wenn der Vermieter den Mieter zwischen den beiden Terminen abgemahnt hatte, weil andernfalls einer Umgehung des § 543 Abs 2 Nr 3 BGB Tür und Tor geöffnet wären (LG Berlin ZMR 2014, 539). Für eine fristlose Kündigung des Vermieters ist ferner kein Raum, wenn der Vermieter zuvor das vertragswidrige Verhalten des Mieters über längere Zeit hinweg widerspruchslos hingenommen hatte (BGH 4. 9. 2011 – VIII ZR 191/10, WuM 2011, 418 = NJW 2011, 2201 Tz 21 f = NZM 2011, 579). Entscheidend ist also letztlich das Verhalten des Mieters nach der Abmahnung, gesehen im Lichte der vorausgegangenen Pflichtverletzungen (LG Berlin GE 2011, 1621). Dazu gehört auch, dass der Vermieter dem Mieter nach der Abmahnung ausreichende Zeit zur Änderung seiner Zahlungsweise gelassen hatte (LG Berlin WuM 2016, 490). **104**

Der Kündigung muss nach § 543 Abs 3 S 1 BGB grundsätzlich eine **Abmahnung** vorausgehen (s Rn 108 f, Rn 115 f), insbesondere, wenn der Vermieter das vertragswidrige Verhalten des Mieters zunächst über längere Zeit geduldet hatte, daraus nunmehr aber rechtliche Folgerungen ziehen will (s o Rn 94 sowie BGH WuM 2006, 193, 195; WuM 2009, 228, 230 Tz 20 = NZM 2009, 315; NJW 2011, 2201 Tz 21 f = NZM 2011, 599; OLG Oldenburg ZMR 1991, 427 = NJW-RR 1992, 79; OLG Hamm NJW-RR 1993, 1163; ZMR 1994, 560, 561; OLG München ZMR 1996, 376, 379; NJW-RR 2002, 631, 632; KG GE 2005, 236, 237 = ZMR 2005, 946). Durch die Abmahnung soll dem Mieter eine letzte Chance gegeben werden, im Wege der Rückkehr zur pünktlichen Zahlungsweise den Vertrag zu retten. In ihr muss deshalb das vertragswidrige Verhalten des Mieters in Gestalt der unpünktlichen Zahlungsweise **genau bezeichnet** werden (s Rn 117); nicht erforderlich ist dagegen nach wohl hM, dem Mieter in der Abmahnung außerdem für den Fall der Fortsetzung solchen Verhaltens eine fristlose Kündigung anzudrohen (so genannte *qualifizierte Abmahnung*, so zB KG GE 2013, 618; LG Kleve WuM 1995, 534; AG Paderborn ZMR 2020, 851; SCHMIDT-FUTTERER/BLANK § 543 Rn 79; LÜTZENKIRCHEN § 543 Rn 296; – dafür aber LG Berlin GE 2012, 343; s im Einzelnen Rn 116). Als Abmahnung kann auch eine vorausgegangene fristlose Kündigungen wegen der unpünktlichen Zahlungsweise des Mieters ausreichen, selbst wenn die Kündigung als solche noch unwirksam gewesen sein sollte (s Rn 116; BGH NJW 2011, 2570 Rn 15 = NZM 2011, 625 = WuM 2011, 469; LG Berlin GE 2010, 1271). Nach der Abmahnung darf der Vermieter nicht übermäßig lange mit der Kündigung **zuwarten** (maximal 6 Monate), widrigenfalls er sein Kündigungsrecht verliert (s Rn 92; BGH 11. 4. 2012 – XII ZR 48/10, WuM 2012, 323, 325 Tz 34; LG Berlin ZMR 2009, 285, 286). **105**

106 Das Kündigungsrecht des Vermieters **entfällt** endgültig, wenn der Mieter wieder zur pünktlichen Zahlungsweise zurückkehrt, bevor der Vermieter gekündigt hat (LG Ravensburg WuM 1984, 297; LG Braunschweig WuM 1987, 201). Sobald aber der Vermieter einmal gekündigt hat, hat es dabei sein Bewenden, selbst wenn jetzt der Mieter umgehend die Rückstände tilgt und die pünktliche Zahlungsweise wiederaufnimmt. § 543 Abs 2 S 2 BGB kann hier *nicht,* auch nicht entsprechend angewandt werden (BGH 23. 9. 1987 – VIII ZR 265/86, LM Nr 42 zu § 242 [Cc] BGB = NJW-RR 1988, 77; 11. 1. 2006 – VIII ZR 364/04, WuM 2006, 193, 194 Tz 13 = NZM 2006, 338 = NJW 2006, 1585; OLG Hamm NJW-RR 1993, 1163, 1164; LG Heilbronn ZMR 1991, 388, 389; **aM** für Ausnahmefälle LG Berlin GE 1994, 459; ZMR 2009, 285, 286 f).

107 Eine Anwendung der Generalklausel des § 543 Abs 1 BGB kommt ferner in Betracht, wenn der Mieter mit der Bezahlung erheblicher **einmaliger Beträge** in Verzug gerät. Paradigmata sind Betriebskostennachforderungen sowie bei der gewerblichen Miete die Zahlung der Kaution, zumindest bei einem besonderen Sicherungsbedürfnis des Vermieters. Anders freilich nach den Umständen des Einzelfalles, wenn sich der Vermieter gleichfalls erheblicher Vertragsverletzungen schuldig gemacht hat, insbesondere durch die Weigerung, die vom Mieter zu Recht gerügten Mängel zu beseitigen (BGH 21. 3. 2007 – XII ZR 36/05, NZM 2007, 400 Tz 18 = ZMR 2007, 825; 21. 3. 2007 – XII ZR 255/04, NZM 2007, 401 f Tz 26 f = NJW-RR 2007, 884 = ZMR 2007, 444; KG ZMR 2005, 946; NZM 2007, 41; OLG Celle NZM 1998, 265 = ZMR 1998, 272; ZMR 2002, 505, 506; OLG Düsseldorf ZMR 2011, 284; OLG München NZM 2000, 908 = WuM 2000, 304; KG GE 2003, 535; OLG Nürnberg ZMR 2010, 524, 526). Bei der **Wohnraummiete** findet sich für diese Fälle seit 2013 eine Sonderregelung in § 569 Abs 2a BGB (s Staudinger/V Emmerich [2021] § 569 Rn 33 ff).

VII. Fristsetzung und Abmahnung (§ 543 Abs 3)

1. Überblick

108 Nach § 543 Abs 3 S 1 BGB ist eine fristlose Kündigung aufgrund des § 543 Abs 1 und Abs 2 Nr 1 und Nr 2 BGB erst nach erfolglosem Ablauf einer zur Abhilfe bestimmten angemessenen Frist oder nach erfolgloser Abmahnung zulässig, *wenn* der wichtige Grund, dessentwegen eine Partei kündigt, in der Verletzung einer Pflicht aus dem Mietvertrag besteht. Anders nur, wenn eine Frist oder Abmahnung offenkundig keinen Erfolg verspricht (§ 543 Abs 3 S 2 Nr 1 BGB; s Rn 119) oder wenn die sofortige Kündigung aus besonderen Gründen unter Abwägung der beiderseitigen Interessen gerechtfertigt ist (§ 543 Abs 3 S 2 Nr 2 BGB; Rn 123). Ziel der **Abmahnung** ist es vor allem, den anderen Teil, vornehmlich also den Mieter, ebenso wie in den Fällen des § 541 BGB zur Unterlassung eines vertragswidrigen Verhaltens, zB einer unberechtigten Untervermietung, zu veranlassen, während es bei der **Fristsetzung** darum geht, den anderen Teil, hier in erster Linie den Vermieter, zu veranlassen, durch eigenes Tun einen vertragswidrigen Zustand, zB einen Mangel, zu beseitigen (s Rn 110 ff).

109 Fristsetzung und Abmahnung sind nur erforderlich, wenn der wichtige Grund gerade in der **Verletzung einer Pflicht** aus dem Mietvertrag besteht (S 1 des § 543 Abs 3 BGB; vgl § 280 Abs 1 S 1 BGB). Mit dem weiten Begriff der Pflichtverletzung erfasst das Gesetz im Grunde jeden Verstoß des Kündigungsgegners gegen eine **Haupt-**

oder **Nebenleistungspflicht** aus dem Mietvertrag im weitesten Sinne und damit die Masse der Fälle eines wichtigen Grundes im Sinne des § 543 Abs 1 und 2 Nrn 1 und 2 BGB sowie des § 569 Abs 1 und 2 BGB (Blank/Börstinghaus Rn 120). Bei Auftreten eines schweren Mangels infolge eines vom Vermieter nicht zu vertretenden Umstandes ergibt sich die Pflichtverletzung idR zumindest aus der *Unterlassung der Mängelbeseitigung* trotz rechtzeitiger Anzeige des Mieters (§ 536c BGB) entgegen § 535 Abs 1 S 2 BGB (s BGH 17. 6. 2007 – VIII ZR 281/06, WuM 2007, 570 = NJW 2007, 2474 Tz 11 = NZM 2007, 561; Kraemer NZM 2001, 553, 559). Generell entbehrlich sind Fristsetzung und Abmahnung nur bei einer Kündigung des Vermieters wegen **Zahlungsverzugs** nach § 543 Abs 2 Nr 3 BGB (§ 543 Abs 3 S 2 Nr 3 BGB), und wegen Kautionsverzugs (§ 569 Abs 2a S 2 BGB und dazu Staudinger/V Emmerich [2021] § 569 Rn 37e), *nicht* dagegen, wenn der Vermieter nach § 543 Abs 1 BGB wegen ständiger unpünktlicher Zahlung des Mieters kündigt (s o Rn 103 ff). Auch in den Fällen des § 569 Abs 1 BGB wird in der Regel eine Fristsetzung oder Abmahnung entbehrlich sein (s Staudinger/V Emmerich [2021] § 569 Rn 15). Durch **Formularvertrag** kann nicht auf das Erfordernis einer vorherigen Abmahnung oder Fristsetzung verzichtet werden (§ 307 Abs 1 BGB; u Rn 148; KG NZM 2007, 41).

2. Fristsetzung

Soweit das Gesetz in § 543 Abs 3 S 1 BGB als Voraussetzung einer fristlosen Kündigung eine erfolglose Fristsetzung seitens des kündigenden Teils vorschreibt, war Vorbild der gesetzlichen Regelung § 542 Abs 1 S 2 BGB aF, der dem heutigen § 543 Abs 2 Nr 1 BGB entsprach. Das Erfordernis einer Fristsetzung des Mieters war in diesem Falle seinerzeit erst von der zweiten Kommission nach dem Vorbild des § 326 Abs 1 BGB aF in das Gesetz eingefügt worden, um dem *Vermieter* eine *letzte Gelegenheit* zur Erfüllung zu geben und dadurch den Vertrag zu retten (Prot II 229). Dementsprechend liegt der Schwerpunkt der Fristsetzung bei den Fällen der **Kündigung des Mieters wegen Gebrauchsentziehung**, insbesondere in Gestalt der Beseitigung eines Mangels (§ 543 Abs 2 Nr 1 BGB). 110

Die Fristsetzung erfolgt grundsätzlich durch **formlose empfangsbedürftige Willenserklärung** (Palandt/Weidenkaff Rn 47). Die Parteien können zwar Schriftform vereinbaren; jedoch wird einer vereinbarten Schriftform gewöhnlich nur deklaratorische Bedeutung zukommen. Die Fristsetzung ist erst möglich, **sobald die Störung** ernstlich **droht**, nicht vorher (KG NZM 2007, 41, 43 [l Sp o]). Der Mieter braucht dann mit der Fristsetzung nicht bis zum Eintritt der Störung, insbesondere in Gestalt eines Mangels, zu warten, sondern kann angesichts der drohenden Gefahr der Entstehung eines Mangels sofort (nach fruchtloser Fristsetzung) kündigen (LG Kassel WuM 1987, 122). In der Erklärung müssen die drohende oder zu beseitigende **Störung und** die dafür gesetzte **Frist** so genau wie möglich bezeichnet werden (OLG Naumburg WuM 2000, 246; KG NZM 2007, 41, 42 f; LG Berlin GE 1999, 45, 46). Dagegen ist im Regelfall eine ausdrückliche **Aufforderung** zur Beseitigung der Störung ebenso *entbehrlich* wie die **Androhung der Kündigung** für den Fall des fruchtlosen Ablaufs der Frist, weil sich beides nach der gesetzlichen Regelung (§§ 535, 543 BGB) von selbst versteht (BGH 17. 6. 2007 – VIII ZR 281/06, NJW 2007, 2474 Tz 11 = NZM 2007, 561 = WuM 2007, 570). 111

Die bloße **Mängelanzeige** nach § 536c Abs 1 BGB ersetzt dagegen in keinem Fall die Fristsetzung; dasselbe gilt für die Klage auf Beseitigung von Mängeln (RG WarnR 112

1916/18 Nr 74 S 109, 110; LG Berlin GE 1999, 45, 46). Hat der Mieter zunächst eine **andere Maßnahme** als gerade eine Kündigung nach § 543 Abs 2 Nr 1 BGB **angedroht**, zB die Minderung, die Klage auf Beseitigung des Mangels oder die Ersatzvornahme nach § 536a Abs 2 BGB, so muss der Mieter nach hM dem Vermieter, wenn er nach fruchtlosem Ablauf der Frist, zur Kündigung übergehen will, erneut eine Frist setzen (§ 242 BGB, OLG Hamm NJW-RR 1991, 1035, 1036; s Blank/Börstinghaus Rn 133). Der BGH hat die Frage bisher offen gelassen, eine erneute Fristsetzung jedoch analog § 543 Abs 3 S 2 Nr 1 BGB für entbehrlich erklärt, wenn der Vermieter das Vorliegen eines Mangels oder doch seine Pflicht zu dessen Beseitigung bestreitet (BGH 17. 6. 2007 – VIII ZR 281/06, NJW 2007, 2474 Tz 11 f = NZM 2007, 561 f = WuM 2007, 570).

113 Die **Länge** der dem Vermieter zu setzenden **Frist** hängt von den Umständen und insbesondere davon ab, wie viel Zeit der andere Teil für die Abhilfe selbst bei Anspannung aller Kräfte benötigt (Blank/Börstinghaus Rn 133 f). Wenn kurzfristige Abhilfe möglich oder nötig ist, weil der Vermieter zB mangelhaft heizt oder das Dach undicht ist, genügt auch das Verlangen nach sofortiger oder **unverzüglicher Abhilfe** (RGZ 75, 354; KG GE 2004, 478; OLG Düsseldorf ZMR 1999, 26; eingehend Mittelstein, Mietrecht 321 ff). Ist die vom Kündigenden gesetzte **Frist zu kurz**, so tritt einfach an die Stelle der zu kurzen Frist die angemessene Frist, die notfalls durch Urteil bestimmt werden muss (RG HRR 1934 Nr 1444; LG Berlin GE 1986, 37; LG Frankfurt aM WuM 1987, 55).

114 Letzte Voraussetzung des Kündigungsrechts einer Partei, in erster Linie also des Mieters nach § 543 Abs 2 Nr 1 BGB, ist der **fruchtlose Ablauf** der dem Vermieter gesetzten **Frist**. Das Kündigungsrecht hängt mithin davon ab, ob die Störung bis zum Ende der Frist vollständig behoben ist (s Staudinger/V Emmerich [2021] § 569 Rn 36; LG Berlin WuM 2003, 208); eine nur partielle Beseitigung lässt das Kündigungsrecht nicht entfallen. **Unerheblich** ist, aus welchen **Gründen** der andere Teil keine Abhilfe geschaffen hat; § 543 BGB gilt auch, wenn ihm eine rechtzeitige Abhilfe aus von ihm nicht zu vertretenden Gründen nicht möglich war (RGZ 98, 101, 103; 98, 286, 287; BGH WM 1967, 515, 517; 18. 9. 1974 – VIII ZR 63/73, LM Nr 6 zu § 542 BGB = NJW 1974, 2233). Sorgt der Kündigungsgegner erst **nach Ablauf** der Frist, aber noch vor Ausspruch der Kündigung für Abhilfe, so bleibt nach hM dieser Umstand gleichfalls ohne Einfluss auf das einmal entstandene Kündigungsrecht, sodass der andere Teil – trotz Beseitigung der Störung – immer noch kündigen kann (OLG Düsseldorf OLGZ 1988, 485 = MDR 1988, 866; NJW-RR 1995, 1353 = ZMR 1995, 351; Blank/Börstinghaus Rn 137; Mittelstein, Miete 324 f). Dieser Meinung ist *nicht* zu folgen, weil richtiger Meinung nach die Voraussetzungen einer Kündigung bei Zugang der Kündigungserklärung (noch) vorliegen müssen (str, Rn 140, OLG Frankfurt JW 1918, 107; Niendorff, Mietrecht 165). Eine Kündigung ohne Fristsetzung oder vor Ablauf der angemessenen Frist ist ebenfalls unwirksam, kann aber gegebenenfalls nach § 140 BGB in eine (erneute) Fristsetzung oder auch Abmahnung umgedeutet werden (s Rn 105).

3. Abmahnung

115 Mit dem zusätzlichen Erfordernis einer Abmahnung als Voraussetzung einer fristlosen Kündigung aufgrund des § 543 Abs 1 oder Abs 2 Nr 1 oder Nr 2 BGB nimmt das Gesetz in § 543 Abs 3 BGB Bezug auf § 541 BGB (s Rn 108). Eine Abmahnung des **Vermieters** ist daher in erster Linie in den Fällen des **vertragswidrigen Gebrauchs**

seitens **des Mieters** im Sinne des § 543 Abs 2 Nr 2 BGB vor Ausspruch der Kündigung erforderlich (LG Halle NZM 2003, 309, 310; AG München NZM 2002, 654). **Beispiele** sind die unberechtigte Untervermietung, insbesondere an Tagestouristen (LG Amberg NZM 2018, 34 = ZMR 2018, 317), übermäßiger Kinderlärm (LG Halle NZM 2003, 309, 310), eine nicht nur geringfügige Stromentnahme seitens des Mieters (KG WuM 2004, 721 = NZM 2005, 254 Nr 3) sowie noch die ständige unpünktliche Zahlung des Mieters (o Rn 103 f). **Zweck** der Regelung ist es, dem anderen Teil, in erster Linie also dem Mieter, unmissverständlich deutlich zu machen, dass sein vertragswidriges Verhalten fortan vom Vermieter nicht mehr hingenommen wird; zugleich soll ihm durch die (bloße) Abmahnung noch eine *letzte Chance* zur Änderung seines Verhaltens und damit zur Abwendung der Kündigung gegeben werden (o Rn 110; BGH 11. 1. 2006 – VIII ZR 364/04, WuM 2006, 193, 195 Tz 13 = NJW 2006, 1585 = NZM 2006, 338; 14. 9. 2011 – VIII ZR 345/10, WuM 2011, 676 Tz 12; OLG Frankfurt ZMR 2011, 121). Der eigentliche Kündigungsgrund liegt dann in der **Fortsetzung des vertragswidrigen Gebrauchs** trotz der Abmahnung, wobei der BGH, wenn der Abmahnung schon wiederholte Vertragsverstöße vorausgegangen sind, idR bereits *einen* einzigen weiteren Verstoß gegen den Vertrag *nach* Abmahnung für die Begründung des Kündigungsrechts des Vermieters ausreichen lässt (s Rn 103 f; BGH 11. 1. 2006 – VIII ZR 364/04, NJW 2006, 1595 = MZM 2006, 838 = WuM 2006, 193 Tz 13–16; LG Berlin GE 2003, 670).

Die Abmahnung ist eine **rechtsgeschäftsähnliche Handlung**, die von *allen* Vermietern **116** ausgehen und an *alle* Mieter gerichtet sein muss, außer wenn sich die Beteiligten gegenseitig wirksam zum Empfang von Abmahnungen bevollmächtigt haben (OLG Koblenz WuM 1997, 482; LG Heidelberg NZM 2001, 91 = NJW-RR 2001, 155; wegen der Einzelheiten s o § 541 Rn 5 ff). In der Abmahnung muss das **vertragswidrige Verhalten** des Mieters, gegen das sich der Vermieter wendet, so **genau bezeichnet** werden, dass sich der Mieter danach richten kann (BGH 18. 11. 1999 – III ZR 168/98, LM Nr 24 zu BJagdG [Bl 2 R f] = NJW-RR 2000, 717 = NZM 2000, 241, 242; LG Gießen WuM 1981, 232; LG Berlin GE 2015, 323; AG Hamburg-Altona NZM 2003, 60 = NJW-RR 2003, 154; AG Neukölln GE 2009, 329, 331). Zugleich muss klargestellt werden, dass der Vermieter das vertragswidrige Verhalten des Mieters in Zukunft nicht mehr widerstandslos hinnehmen will (s Rn 117). Ist der fristlosen Kündigung bereits eine andere fristlose Kündigung vorausgegangen, die die genannten Voraussetzungen einer Abmahnung erfüllt, so kann in der vorausgegangenen Kündigung, selbst wenn sie als solche unwirksam sein sollte, unbedenklich zugleich eine Abmahnung als Voraussetzung für die nachfolgende zweite Kündigung gesehen werden (s Rn 105; LG Berlin WuM 2015, 421, 422 = GE 2015, 789). Nicht ausreichend als Abmahnung ist dagegen zB eine bloße Aufforderung zur *Stellungnahme,* da sie zum Ausdruck bringt, dass immer noch Verhandlungsmöglichkeiten bestehen (OLG Frankfurt ZMR 2011, 121).

In Literatur und Rechtsprechung wird diskutiert, ob in der Abmahnung bereits die **117** Kündigung für den Fall der Erfolglosigkeit der Abmahnung angedroht werden muss (so genannte **qualifizierte Abmahnung**). Das Gesetz lässt die Frage offen (Kraemer NZM 2001, 553, 559). Überwiegende Gründe sprechen aber wohl für eine Verneinung der Frage – entsprechend der Praxis bei einer Kündigung nach § 543 Abs 1 BGB wegen ständiger unpünktlicher Zahlung (s Rn 105 mwNw). In dieselbe Richtung weist der Umstand, dass die Fristsetzung nach der Rechtsprechung des BGH gleichfalls grundsätzlich nicht mit der Androhung einer nachfolgenden Kündigung verbunden werden muss (s Rn 111). Dann sollte für die Abmahnung nicht anders entschieden werden, mag auch im Regelfall die Androhung der Kündigung durchaus empfehlenswert sein.

118 Die Abmahnung muss mit einer **Fristsetzung** verbunden werden, wenn dem Mieter eine sofortige Unterlassung des vertragswidrigen Gebrauchs nicht möglich ist, sondern ihm nach Treu und Glauben eine Prüfungs- oder Abhilfefrist eingeräumt werden muss (§ 242 BGB; BGH 11. 1. 2006 – VIII ZR 364/04, WuM 2006, 193 = NJW 2006, 1585 Rn 16 = NZM 2006, 338; Lützenkirchen § 543 Rn 297). Liegt der vertragswidrige Gebrauch des Mieters zB in einer unbefugten Untervermietung, so muss dem Mieter in der Abmahnung ausreichende Zeit gelassen werden, um dem Untermieter kündigen zu können. Während des Laufs der Frist ist dann eine fristlose Kündigung wegen des abgemahnten Verhaltens des Mieters ausgeschlossen (LG Berlin ZMR 2018, 44), so dass das Kündigungsrecht des Vermieters zB entfällt, wenn der Untermieter während der dem Mieter gesetzten Frist räumt (RG JW 1920, 140 Nr 5; HRR 1933 Nr 282 = LZ 1932, 1230 f Nr 3).

4. Ausnahmen

119 Fristsetzung oder Abmahnung (o Rn 110, Rn 115 f) sind nur die regelmäßigen Voraussetzungen einer fristlosen Kündigung aus wichtigem Grunde im Falle der Pflichtverletzung aufgrund des § 543 Abs 1 und des Abs 2 Nrn 1 und 2 BGB sowie nach § 569 Abs 2 BGB. Ausnahmen gelten nach § 543 Abs 3 S 2 BGB in zwei Fällen, nämlich 1. wenn eine Fristsetzung oder Abmahnung offensichtlich keinen Erfolg verspricht (Nr 1 des § 543 Abs 3 S 2 BGB; s u Rn 120) sowie 2. wenn die sofortige Kündigung aus besonderen Gründen unter Abwägung der beiderseitigen Interessen gerechtfertigt ist (Nr 2 des § 543 Abs 3 S 2 BGB; s u Rn 123 f). Gleich steht der Fall, dass eine Fristsetzung oder Abmahnung dem kündigenden Teil nach den Umständen des Falles und Treu und Glauben nicht mehr zumutbar ist (Rn 121 f). Die **Beweislast** für das Vorliegen eines dieser Ausnahmetatbestände trägt der Kündigende (s Rn 110; BGH 14. 7. 2007 – VIII ZR 182/06, NJW 2007, 2177 Tz 14 = NZM 2007, 449 = WuM 2007, 319, 320).

120 Die Notwendigkeit von Fristsetzung oder Abmahnung als Voraussetzungen einer fristlosen Kündigung aus wichtigem Grund entfällt zunächst, wenn beide offensichtlich **keinen Erfolg** versprechen (§ 543 Abs 3 S 2 Nr 1 BGB). Dies ist anzunehmen, wenn ein *endgültiger Zustand* geschaffen wurde, wenn sonst eine *Beseitigung* der Störung während einer angemessenen Frist aus rechtlichen oder tatsächlichen Gründen *unmöglich* erscheint, wenn eine Beseitigung (erst) innerhalb einer Frist dem anderen Teil *nicht zuzumuten* ist oder wenn sie doch nach den Umständen nicht zu erwarten ist (OLG Düsseldorf DWW 1991, 15; ZMR 2011, 282, 283), dies deshalb zB, weil der entstandene Zustand unerträglich ist und seine Beseitigung keinen Aufschub mehr duldet, sodass durch eine Fristsetzung alles nur noch schlimmer würde (LG Frankfurt aM ZMR 2012, 352, 354; Blank/Börstinghaus Rn 136 f; Häublein ZMR 2005, 1, 5 f). **Unmöglichkeit der Abhilfe** ist zB anzunehmen, wenn die Heizung oder ein Computer trotz wiederholter Reparaturversuche immer wieder ausfällt (BGH WarnR 1969 Nr 347 S 792, 793; OLG Hamm NJW 1989, 2629, 2630; LG Saarbrücken WuM 1995, 159) oder wenn Räume nur für einen ganz bestimmten Termin, zB für die Zeit einer Ausstellung oder für das Weihnachtsgeschäft gemietet, aber zu dem Termin nicht überlassen werden (sog *absolutes Fixgeschäft);* gleich steht der Fall, dass eine Abhilfe von vornherein mit Rücksicht auf die *Art der Störung* unmöglich ist (RGZ 94, 29; 98, 101, 103; BGH 28. 11. 1979 – VIII ZR 302/78, LM Nr 26 zu § 537 BGB = NJW 1980, 777; WM 1967, 515, 517; OLG Karlsruhe ZMR 1988, 223, 224), zB weil die vermietete Fläche deutlich hinter der Angabe im Mietvertrag zurückbleibt (BGH GE 2009, 709 Tz 14).

Fristsetzung oder Abmahnung sind ferner als Voraussetzungen einer fristlosen Kündigung aus wichtigem Grunde entbehrlich, wenn sie für den kündigenden Teil unzumutbar sind, (s Rn 120). **Unzumutbarkeit** der Fristsetzung oder Abmahnung ist zB anzunehmen, wenn die Abhilfe eine *übermäßige,* für den Mieter nicht zumutbare *Zeit* in Anspruch nähme oder mit für den Mieter unzumutbaren *Belästigungen* verbunden wäre (s RGZ 94, 29). Ein Beispiel ist die Zerstörung eines großen Teiles des vermieteten Gebäudes durch einen Brand, wenn der Wiederaufbau längere Zeit dauerte (KG JW 1930, 2975; OLG Breslau JW 1929, 3256). Gleich steht der Fall, dass der Vermieter von vornherein eine Abhilfe **ernstlich und endgültig verweigert** (BGH 22. 10. 1975 – VIII ZR 160/74, LM Nr 22 zu § 537 BGB = ZMR 1976, 46, 47; KG HRR 1937 Nr 502; OLG Karlsruhe BB 1979, 1372, 1373), indem er zB von vornherein das Vorliegen eines Mangels oder doch seine Pflicht zu dessen Beseitigung bestreitet (BGH 13. 6. 2007 – VIII Z R 281/06, NJW 2007, 2474 Tz 11 f = NZM 2007, 561 f; o Rn 111). **121**

Ebenso ist es zu beurteilen, wenn der Vermieter mit Baumaßnahmen, die der Mieter nicht zu dulden braucht, beginnt und er auch keine Bereitschaft zu einer Verschiebung oder zur Unterlassung erkennen lässt (BGH 31. 10. 2012 – XII ZR 126/11, WuM 2013, 37, 40 Tz 34 = NJW 2013, 223 = NZM 2013, 122), oder wenn durch das Fehlverhalten des anderen Teils die **Vertrauensgrundlage** zwischen den Parteien so schwerwiegend **erschüttert** ist, dass sie auch durch eine erfolgreiche Abmahnung nicht wiederhergestellt werden kann (BGH LM Nr 35 zu § 89a HGB = NJW-RR 1999, 1481, 1483; LM Nr 24 zu BJagdG [Bl 3] = NJW-RR 2000, 717 = NZM 2000, 241; NJW-RR 2004, 873, 874 [unter 2b]; OLG Düsseldorf ZMR 2011, 282, 283; LG Berlin GE 2010, 1413). Ein Beispiel ist eine massive Bedrohung des Vermieters oder der von ihm in einem Prozess mit dem Mieter benannten Zeugen (LG München I NZM 2013, 25, 26) oder der Mitmieter (AG München WuM 2018, 83, 86). Unzumutbar ist eine Abmahnung schließlich noch **bei arglistigem Verhalten** des anderen Teils, wofür jedoch der bloße Verstoß des Mieters gegen das Verbot der Untervermietung allein noch nicht ausreicht (BGH 19. 2. 1975 – VIII 195/73, WM 1975, 365 = LM Nr 13 zu § 553 BGB; 28. 11. 1979 – VIII ZR 302/78, LM Nr 26 zu § 537 BGB [Bl 3 R] = NJW 1980, 777 = WM 1980, 312, 315; WM 1968, 252, 253; OLG Düsseldorf OLGZ 1991, 383; OLG Koblenz WuM 1997, 482; LG Amberg NZM 2018, 34 = ZMR 2018, 317). **122**

Fristsetzung und Abmahnung sind als Voraussetzungen einer fristlosen Kündigung aus wichtigem Grunde schließlich noch entbehrlich, wenn die sofortige Kündigung aus **besonderen Gründen** unter Abwägung der beiderseitigen Interessen gerechtfertigt ist (Nr 2 des § 543 Abs 3 S 2 BGB). Der Gesetzgeber hatte hier Fälle im Auge, in denen wegen der **Schwere der Vertragsverletzung und** ihrer **Folgen** für den betroffenen Vertragsteil nur eine sofortige Vertragsbeendigung in Betracht kommt (Blank/Börstinghaus Rn 136, 143; Häublein ZMR 2005, 1, 6; Palandt/Weidenkaff Rn 49). Dieser Tatbestand überschneidet sich offenkundig weithin mit dem Tatbestand der Nr 1 des § 543 Abs 3 S 2 BGB, da unter diesen Tatbestand durchaus vergleichbare Fälle subsumiert zu werden pflegen (s Rn 120 f). Probleme ergeben sich daraus nicht, da das Gesetz beide Fälle in jeder Hinsicht gleich behandelt, sodass auch in der Praxis häufig beide Nrn des § 543 Abs 3 S 2 BGB nebeneinander herangezogen werden. **123**

124 **Beispiele** für die Nr 2 des § 543 Abs 3 S 2 BGB sind eine totale Vermüllung der Wohnung, sodass bereits erhebliche Substanzschäden drohen (LG Berlin GE 2017, 591), ein schwerer Stromdiebstahl zum Nachteil des Vermieters (KG WuM 2004, 721 = NZM 2005, 254; AG Berlin-Neukölln GE 1995, 501) sowie der Handel mit Heroin aus dem gemieteten Räumen heraus (AG Pinneberg NZM 2003, 552). Dasselbe gilt, wenn die Störung des Mieters im vertragsgemäßen Gebrauch so schwerwiegend ist, dass sich der Mieter genötigt sieht, sofort andere Räume zu besorgen (**Interessewegfall** im Sinne des früheren § 542 Abs 1 S 3 BGB aF; HÄUBLEIN ZMR 2005, 1, 6). Von solchen Ausnahmefällen abgesehen muss jedoch, solange eine Beseitigung der Störung noch möglich erscheint, auch eine Frist gesetzt oder eine Abmahnung ausgesprochen werden (OLG Hamburg NJW-RR 1996, 1356; LG Amberg NZM 2018, 34 = ZMR 2018, 317).

VIII. Ausschlusstatbestände

125 Nach § 543 Abs 4 S 1 BGB findet (nur) auf das dem Mieter nach § 543 Abs 2 Nr 1 BGB zustehende **Kündigungsrecht wegen Gebrauchsentziehung** (o Rn 22 ff) die Regelung der §§ 536b und 536d BGB entsprechende Anwendung (s Rn 126). Weitere Ausschlusstatbestände können sich im Einzelfall aus den §§ 242 und 326 Abs 2 BGB ergeben (s Rn 127).

126 Die wichtigsten Fälle, in denen das Kündigungsrecht des Mieters aus § 543 Abs 2 Nr 1 BGB ausgeschlossen ist, sind nach § 543 Abs 4 S 1 BGB ein wirksamer vertraglicher **Haftungsausschluss** (§ 536d BGB) sowie die **Kenntnis** des Mieters von dem fraglichen Mangel bereits bei Vertragsabschluss (§ 536b BGB), wofür im Falle einer Mehrheit von Mietern schon die Kenntnis eines Mieters ausreicht (BGH 1. 12. 1971 – VIII ZR 88/70, LM Nr 5 zu § 539 BGB = NJW 1972, 249). Die frühere Unterscheidung zwischen Sach- und Rechtsmängeln ist entfallen.

127 Das Kündigungsrecht ist ferner ausgeschlossen, wenn der **Mieter** die Störung allein oder überwiegend **zu vertreten** hat (§ 326 Abs 2 BGB; RGZ 98, 286, 287 f; BGHZ 66, 349, 350 = NJW 1976, 1315; BGH LM Nr 20 zu § 542 BGB = NJW 1998, 594 = NZM 1998, 117 = WuM 1998, 96; WarnR 1969 Nr 347) oder wenn er den Vermieter vertragswidrig **an der Abhilfe hindert** (§ 242 BGB; RG JW 1911, 359 Nr 5). Dagegen hat es keinen Einfluss auf das Kündigungsrecht des Mieters, wenn er das behördliche Einschreiten, das ihm seinerseits erst Anlass zur Kündigung gegeben hat, zuvor durch eine **Anzeige** ausgelöst hatte, da er damit nur von einem ihm durch die Rechtsordnung eröffneten Rechtsbehelf Gebrauch gemacht hat (KG OLGE 28, 140). Anders als früher führt heute außerdem die **Fortzahlung der Miete** in Kenntnis eines nachträglich aufgetretenen Mangels gleichfalls nicht mehr automatisch zum Verlust des Kündigungsrechts analog § 536b BGB; die frühere abweichende Rechtsprechung ist aufgegeben, sodass in derartigen Fällen nur noch im Einzelfall unter besonderen, zusätzlichen Voraussetzungen eine **Verwirkung** des Kündigungsrechts angenommen werden kann (§ 536 Rn 70; BGH NJW 2007, 147 Tz 17 = NZM 2006, 929 = WuM 2007, 72, 73; GHASSEMI-TABAR NZM 2013, 129, 136 f).

IX. Teilkündigung

128 Von einer Teilkündigung spricht man in erster Linie, wenn sich die Kündigung einer Partei auf einzelne **Teile der Mietsache** beschränkt, während der Vertrag hinsichtlich der anderen Teile fortbestehen soll. Ein Beispiel ist bei einem einheitlichen Mietvertrag über Geschäfts- und Wohnräume die Kündigung des Vertrages nur hinsichtlich der Geschäfts- *oder* hinsichtlich der Wohnräume. Überwiegend wird heute solche Teilkündigung als *unzulässig* angesehen, weil sie der Sache nach auf eine *einseitige* Änderung des Mietvertrages entgegen § 311 Abs 1 BGB hinausläuft (s oben § 542 Rn 94 ff; BGH 5. 11. 1992 – IX ZR 200/91, LM Nr 21 zu § 51 BRAO = NJW 1993, 1320; 12. 10. 2011 – VIII ZR 251/10, NJW 2012, 224 Tz 11 = WuM 2012, 14 = NZM 2012, 78). Vor allem Grundstücks- und Raummietverträge bilden durchweg eine **Einheit**, aus der zumal der Vermieter nicht durch eine Teilkündigung nach Belieben einzelne Stücke herausbrechen kann (BVerfG GE 1993, 1327, 1329; OLG Celle MDR 1964, 924). Eine abweichende Beurteilung kommt daher **nur in Ausnahmefällen** in Betracht (BayObLGZ 1990, 329 = NJW-RR 1991, 651 = WuM 1991, 78; OLG Schleswig WuM 1982, 266, 269; OLG Karlsruhe WuM 1983, 166; WuM 1997, 202 = NJW-RR 1997, 711).

Das Problem der Zulässigkeit von Teilkündigungen stellt sich in der gegenwärtigen Praxis vor allem bei der häufigen Vermietung eines **Hauses** oder einer Wohnung zusammen **mit Garage** oder **Garten**. Entscheidend ist in diesen Fällen nach dem Gesagten (s Rn 128), ob der Mietvertrag eine **Einheit** bildet. Dies ist eine Frage der Auslegung der Abreden der Parteien im Einzelfall (§§ 133, 157 und 311 Abs 1 BGB). Die Einheitlichkeit des Mietvertrages wird *vermutet*, wenn sich Haus oder Wohnung und Garage auf *demselben Grundstück* befinden *und* (das ist letztlich maßgebend) sie auch durch *einen* Vertrag vermietet wurden, während zwei getrennte Verträge zu vermuten sind, wenn sich Haus oder Wohnung und Garage auf *verschiedenen Grundstücken* befinden und über sie auch *verschiedene Verträge* abgeschlossen wurden. Die genannten Vermutungen sind jedoch in jeder Richtung nach den Umständen des Einzelfalls widerleglich, etwa wenn die beiden Grundstücke, auf denen sich Haus oder Wohnung sowie Garage befinden, eine wirtschaftliche Einheit bilden (BGH 12. 10. 2011 – VIII ZR 251/10, NJW 2012, 224 Tz 13, 16 = WuM 2012, 14 = NZM 2012, 78; 4. 6. 2013 – VIII ZR 422/12, WuM 2013, 421 Tz 3 f = NZM 2013, 726; BayObLGZ 1990, 329 = NJW-RR 1991, 651 = WuM 1991, 78; OLG Schleswig WuM 1982, 266, 269; OLG Karlsruhe WuM 1983, 166; OLG München ZMR 1996, 554, 555; OLG Düsseldorf NZM 2007, 799, 800 = WuM 2007, 65, 66; LG Köln NZM 2001, 285; LG Frankfurt aM WuM 2012, 495; LG Berlin WuM 2020, 331 = ZMR 2020, 647; AG Münster WuM 2018, 651; s Horst GE 1996, 1262; Wiek WuM 1997, 654). Soweit danach ein selbstständiger Mietvertrag über die Garage anzunehmen ist, handelt es sich nicht um einen Wohnraummietvertrag, sodass der Vertrag jederzeit ordentlich kündbar ist (BGH 4. 6. 2013 – VIII ZR 422/12, WuM 2013, 536 Tz 5 = NZM 2013, 726).

X. Erklärung der Kündigung

1. Form

Besondere Formvorschriften für die Kündigung aus wichtigem Grunde nach § 543 BGB bestehen nur **bei** der **Wohnraummiete** (§§ 568 Abs 1 und 569 Abs 4 BGB). Jenseits der Wohnraummiete ist eine fristlose Kündigung aus wichtigem Grunde auch **formlos** möglich, insbesondere durch mündliche Erklärung. Eine wirksame Kündigung setzt insbesondere nicht den Gebrauch des Wortes „Kündigung" voraus; vielmehr genügt **jedes Verhalten** des Kündigungsberechtigten, aus dem sich für den anderen Teil, zB den Mieter eindeutig die **Absicht** des Vermieters zur sofortigen

Beendigung des Mietverhältnisses ergibt (BGH WarnR 1971 Nr 197 S 543). Deshalb liegt vor allem in der Erhebung der Räumungsklage idR zugleich die fristlose Kündigung des Mietverhältnisses (RG HRR 1941 Nr 539). Jenseits der Wohnraummiete ist auch eine **Begründung** der Kündigung grundsätzlich entbehrt.

131 Die Kündigung ist als Gestaltungserklärung grundsätzlich **bedingungsfeindlich** (BGHZ 156, 328, 332 f = NJW 2004, 284; s im Einzelnen o § 542 Rn 71 ff). Immer möglich sind jedoch **Potestativbedingungen**, dh solche, deren Eintritt allein von dem Willen des Kündigungsgegners abhängt. Es ist insbesondere möglich, bereits die Fristsetzung oder die Abmahnung nach § 543 Abs 3 S 1 BGB mit der fristlosen Kündigung für den Fall zu verbinden, dass die Fristsetzung oder die Abmahnung erfolglos bleibt (OLG Hamburg NZM 2001, 131 = ZMR 2001, 25, 26). Ebenso unbedenklich ist eine Kündigung nach § 543 Abs 2 Nr 3 BGB unter der Bedingung, dass die Rückstände binnen einer bestimmten Frist gezahlt werden (KG GE 2003, 740). Nötig ist lediglich, dass in der Erklärung der **Wille zur sofortigen** oder alsbaldigen **Beendigung** des Mietverhältnisses aus den in der Fristsetzung oder Abmahnung genannten Gründen eindeutig zum Ausdruck kommt; die Verwendung des Begriffs der fristlosen Kündigung ist nicht erforderlich.

132 Unter den Voraussetzungen des § 543 BGB *können* die Parteien fristlos kündigen, müssen dies aber nicht tun. Deshalb steht es zB im Falle des § 543 Abs 2 Nr 1 BGB dem Mieter auch frei, **mit Frist** zu **kündigen**, vor allem, wenn er sich erst noch eine andere Wohnung suchen will (RGZ 75, 354; 82, 363, 373; RG HRR 1934 Nr 317). An die gesetzlichen **Kündigungsfristen** ist der Mieter dabei nicht gebunden. Bei einer Kündigung des Vermieters wegen ständiger unpünktlicher Zahlung des Mieters nach § 543 Abs 1 BGB oder wegen Zahlungsverzugs des Mieters aufgrund des § 543 Abs 2 Nr 3 BGB gelten entsprechende Regeln. Der Vermieter muss nicht fristlos kündigen, sondern kann dem Mieter auch eine (beliebig bemessene) **Räumungsfrist** zubilligen. Bei der Wohnungsmiete wird er hierzu sogar idR nach Treu und Glauben verpflichtet sein, wobei die Mindestfrist eine Woche betragen dürfte (AG Hamburg WuM 1986, 337).

2. Kündigungsfrist

133 Nach § 314 Abs 3 BGB kann der Berechtigte ein Dauerschuldverhältnis wie die Miete aus wichtigem Grunde fristlos nur innerhalb einer angemessenen Frist kündigen, nachdem er von dem Kündigungsgrund Kenntnis erlangt hat (vgl auch § 626 Abs 2 BGB). Ob diese Regel auch für die fristlose Kündigung nach § 543 BGB gilt, war und ist umstritten (s schon o Rn 2, Rn 19; dafür zB Hinz NZM 2004, 681, 692 f; Kunze/Tietzsch WuM 2016, 619; M Schmid ZMR 2014, 891; dagegen Wiek, in: Artz/Börstinghaus, 10 Jahre Mietrechtsreformgesetz [2011] 281, 289 ff; ders WuM 2013, 195, 201 f; differenzierend Harke WuM 2017, 241). Der **BGH** hatte die Frage ursprünglich ohne Weiteres für die Geschäftsraummiete bejaht, dagegen für die Wohnraummiete zunächst offen gelassen (s oben Rn 19), sodann aber *generell* **verneint**, in erster Linie unter Berufung auf die Entstehungsgeschichte der §§ 314 und 543 BGB (BGH 13. 7. 2016 – VIII ZR 296/15, WuM 2016, 616, 617 Rn 13 ff = NZM 2016, 791 = NJW 2016, 3720; zustimmend zB BeckOGK/Mehle [1. 7. 2020] Rn 9). Tatsächlich ergibt sich aus der Entstehungsgeschichte des § 314 BGB indessen lediglich ein Vorrang des § 543 BGB, *soweit* er eine von § 314 BGB abweichende Regelung enthält, also nicht hinsichtlich der in § 314 Abs 3 und

Abs 4 BGB geregelten Fragen (ebenso zB GUHLING/GÜNTER/ALBERTS Rn 8; KUNZE/
TIETZSCH WuM 2016, 619). Die Kündigung muss folglich – entgegen dem BGH – gemäß
§ 314 Abs 3 BGB *immer,* auch bei der Wohnraummiete, **binnen angemessener Frist
nach Kenntniserlangung** erfolgen (OLG Düsseldorf GE 2008, 54, 55; OLG Hamm NZM 2011,
277, 278; OLG Dresden ZMR 2016, 27, 29; OLG Braunschweig GE 2016, 192, 193; LG Itzehoe ZMR
2010, 363, 364; LG Düsseldorf ZMR 2014, 888, 890).

Lehnt man mit dem BGH eine Anwendung des § 314 Abs 3 BGB, jedenfalls bei der **134**
Wohnraummiete, ab (s Rn 133), so bleibt als zeitliche Schranke allein die **Verwirkung**
des Kündigungsrechts nach § 242 BGB. Denn der Kündigungsberechtigte darf den
anderen Teil **nicht ungebührlich lange** im Unklaren darüber lassen, ob er noch von
seinem Kündigungsrecht Gebrauch machen will oder nicht. Verzögert er die Erklärung in treuwidriger Weise, so verwirkt er sein Kündigungsrecht, sofern der Kündigungsgegner nach den Umständen darauf *vertrauen* durfte, dass der Kündigungsberechtigte von seinem Kündigungsrecht fortan keinen Gebrauch mehr machen
werde (BGH NZM 2005, 703 = ZMR 2005, 776; 13. 4. 2010 – VIII ZR 206/09, WuM 2010, 352
Tz 5; Klein 20. 4. 2010 – LwZR 20/09, NZM 2010, 552 Tz 13 f; 13. 7. 2016 – VIII ZR 296/15, WuM
2016, 616, 617 Rn 13 ff = NZM 2016, 791 = NJW 2016, 3720; OLG München NJW-RR 2002, 631;
OLG Düsseldorf GE 2006, 575; NZM 2009, 281, 283; OLG Nürnberg ZMR 2010, 524, 526;
GÖCKMANN NJW 1963, 2109, 2110; HINZ 2004, 681, 692; WIEK, in: ARTZ/BÖRSTINGHAUS, 10 Jahre
Mietrechtsreformgesetz [2011] 281, 285 ff). Es wird dann maW so angesehen, als ob der
Kündigende durch sein Zuwarten zum Ausdruck gebracht habe, dass ihm die Fortsetzung des Mietverhältnisses *tatsächlich doch noch zumutbar* ist (s § 543 Abs 1 S 1
BGB), sodass in Wirklichkeit gar kein wichtiger Grund vorliegt (RGZ 82, 363; BGH
31. 5. 2010 – XII ZR 41/98, LM Nr 21 zu § 542 BGB = NJW 2000, 2663 = NZM 2000, 825 [826 unter
3]; 18. 10. 2006 – XII ZR 33/04, WuM 2007, 72, 73 Tz 17 = NJW 2007, 147 = NZM 2006, 929, 930:
OLG Düsseldorf OLGZ 1988, 485 = MDR 1988, 866; ZMR 2003, 177; OLG Hamm NJW 1989, 2629,
2630; OLG Celle ZMR 1995, 298, 300; OLG Karlsruhe ZMR 2001, 799, 800; OLG Dresden NZM
2002, 662, 663; KG NZM 2007, 41, 43).

Bei der Annahme von **Verwirkung** ist gerade im Falle der Kündigung wegen Zah- **135**
lungsverzugs des Mieters *Zurückhaltung* geboten, um zu verhindern, dass dem Vermieter auf einmal seine Rücksichtnahme auf den Mieter zum Nachteil gereicht (BGH
NZM 2005, 703 = ZMR 2005, 776; 11. 3. 2009 – VIII ZR 115/08, WuM 2009, 231, 232 Tz 18 f = NZM
2009, 314; OLG Bremen ZMR 2007, 688; HINZ NZM 2004, 681, 693 [l Sp o]). Für die Annahme
einer Verwirkung ist daher kein Raum, wenn der Vermieter die Rückstände immer
wieder anmahnt und dabei, wenn auch zurückhaltend, Klageerhebung androht (BGH
NZM 2005, 703; 13. 7. 2016 – VIII ZR 296/15, WuM 2016, 616, 617 Rn 25 = NZM 2016, 791 = NJW
2016, 3720).

Bei einer auf § 543 Abs 2 Nr 2 BGB gestützten Kündigung des Vermieters, etwa **136**
wegen unbefugter **Überlassung des Gebrauchs** der Mietsache an einen Dritten (Paradigma: unerlaubte Untervermietung), wird die Kündigungsfrist meistens auf zwei
bis drei Monate nach Kenntnis des Vermieters von der Gebrauchsüberlassung an
den Dritten bemessen (KG GE 2005, 236; HINZ NZM 2004, 681, 692 f). Wartet der Vermieter mit der Kündigung noch länger zu, so **verwirkt** er das Kündigungsrecht (BGH
17. 9. 2008 – XII ZR genügen 61/07, NZM 2009, 30, 31 Tz 16 = NJW-RR 2009, 71; OLG München
NJW-RR 2002, 631, 632; OLG Karlsruhe ZMR 1987, 419, 421; OLG Düsseldorf WuM 1997, 556,
558; LG Berlin ZMR 1997, 422). Unternimmt der Vermieter zB jahrelang trotz Kenntnis

nichts gegen das vertragswidrige Verhalten des Mieters, so kann er nicht nach Jahren auf einmal nach § 543 Abs 2 Nr 2 BGB kündigen (BGH 17. 9. 2008 – XII ZR genügen 61/07, NZM 2009, 30, 31 Tz 16 = NJW-RR 2009, 71). Ebenso wird es idR schon beurteilt, wenn er rund ein halbes Jahr mit der Kündigung trotz Kenntnis von dem Vertragsverstoß zuwartet (OLG München NJW-RR 2002, 631, 632; KG NZM 2007, 41, 43).

137 Es sollte nicht zweifelhaft sein, dass gegenüber dieser in der Frage der Verwirkung des Kündigungsrechts ganz auf die Umstände des Einzelfalls abstellenden Praxis (Rn 91 f) die Anwendung der gesetzlichen Regelung in § 314 Abs 3 BGB vorzugswürdig ist. Maßgebend ist somit eine angemessene Frist. Die Angaben über die **Angemessenheit der Frist** schwanken freilich ebenfalls (s Hinz NZM 2004, 681, 692 f). In der Regel wird dem Kündigungsberechtigten wohl eine Überlegungsfrist von *2 bis 3 Monaten* zugebilligt (s aber BGH GE 2007, 711, 713 Rn 21: 4 Wochen). Bei der Gewerberaummiete werden aber auch wesentliche längere Fristen (bis zu sechs Monaten) genannt (OLG Düsseldorf GE 2008, 54, 55: 4 Monate; OLG Dresden ZMR 2016, 27, 29; LG Itzehoe ZMR 2010, 363, 364: 4 bis 5 Monate; dagegen aber wieder M Schmid ZMR 2014, 891). Maßgebend sind die Umstände des Einzelfalls.

138 Die Kündigungsfrist **beginnt** nach § 314 Abs 3 BGB, sobald der Kündigungsberechtigte – bei 543 Abs 2 Nr 1 BGB zB der Mieter – von dem Kündigungsgrund **Kenntnis** erlangt hat. Erforderlich ist positive Kenntnis des Kündigungsberechtigten. Auch wenn es sich nicht um einen einmaligen Verstoß handelt, sondern um ein *dauerndes vertragswidriges Verhalten* des anderen Teils, zB – auf der Seite des Mieters – um eine unberechtigte Untervermietung oder um die unberechtigte Nutzung bestimmter Räume sowie – auf der Seite des Vermieters – um die Unterlassung der gebotenen Beseitigung von Mängeln, kommt es allein darauf an, wann der Kündigungsberechtigte *erstmals* Kenntnis von dem vertragswidrigen Verhalten des anderen Teils erhalten hat, sodass er anschließend binnen angemessener Frist (s Rn 137) kündigen muss.

139 Anders verhält es sich jedoch, sobald der Kündigungsberechtigte (rechtzeitig) gemäß § 543 Abs 3 BGB den anderen Teil **abgemahnt** oder ihm eine **Frist** gesetzt hatte. In diesem Fall beginnt die angemessene Kündigungsfrist erst, sobald der Kündigungsberechtigte Kenntnis davon erlangt, dass der andere Teil ungeachtet der Abmahnung oder der Fristsetzung sein vertragswidriges Verhalten *fortsetzt* (BGH 4. 5. 2011 – VIII ZR 191/10, NJW 2011, 2201 Rn 21 f = NZM 2011, 579, 580; OLG Dresden ZMR 2016, 27, 29; M Schmid ZMR 2014, 891 f; anders LG Düsseldorf ZMR 2014, 888, 890). Im Falle der ständigen unpünktlichen Zahlung des Mieters (§ 543 Abs 1 BGB) kommt es deshalb zB auf die Kenntnis des Vermieters von der *Fortsetzung* des vertragswidrigen Verhaltens des Mieters nach der Abmahnung des Vermieters an (s Rn 69a; BGH GE 2007, 711, 713 Rn 21; Hinz NZM 2004, 681, 692 f).

3. Zeitpunkt

140 Bei § 543 BGB wird für alle Kündigungstatbestände (§ 543 Abs 1 und Abs 2 Nr 1 bis Nr 3 BGB) diskutiert, in welchem Zeitpunkt die Kündigungsvoraussetzungen erfüllt sein müssen (s dazu schon Rn 101, 114). In dieser Diskussion ist davon auszugehen, dass die **sachlichen Voraussetzungen** einer Willenserklärung, hier also die Kündigungsgründe, grundsätzlich (noch oder schon) **bei Zugang** der Willenserklärung vorliegen müssen (§ 130 Abs 1 S 1 BGB; STAUDINGER/SINGER/BENEDICT [2017] § 130 Rn 38). Folgerichtig hat die Rechtsprechung immer daran festgehalten, dass zB im Falle des § 543 Abs 2 Nr 2 BGB, insbesondere also bei einer unberechtigten Untervermietung seitens des Mieters, die Kündigung unwirksam ist, wenn der Mieter zwar erst nach Fristablauf, aber noch **vor Zugang** der Kündigung den vertragswidrigen **Zustand beseitigt** (s schon Rn 114 sowie RG JW 1920, 140 Nr 5; Recht 1924 Sp 428 Nr 1495 = BayZ 1925, 165; LG Duisburg NJW-RR 1986, 1345 = WuM 1989, 76; AG Hamburg-Bergedorf ZMR 2005, 876). In einem derartigen Fall kann sich dann auch der Mieter nicht darauf berufen, durch die Kündigung sei der Vertrag beendet worden (RG JW 1913, 487 f Nr 8). Ganz entsprechend ist – entgegen einer verbreiteten Meinung – auch davon auszugehen, dass das Kündigungsrecht des Mieters aus § 543 Abs 2 S 1 Nr 1 BGB erlischt, wenn der Vermieter zwar erst nach Fristablauf, aber noch vor Zugang der Kündigung des Mieters für Abhilfe sorgt (s im Einzelnen Rn 114). Sobald aber die Kündigung einmal durch ihren Zugang bei dem anderen Teil **wirksam** geworden ist und damit den Vertrag beendet hat, kann sie nicht mehr **widerrufen** werden; vielmehr ist jetzt nur noch ein Neuabschluss des Vertrages möglich (BayObLGZ 1981, 232 = WuM 1981, 200, 202; OLG Karlsruhe WuM 1982, 14, 15; OLG Koblenz NZM 2012, 865 = ZMR 2012, 349).

4. Umdeutung

Eine andere Frage ist, ob gegebenenfalls eine (als solche unwirksame) außerordentliche Kündigung insbesondere des Mieters in eine **ordentliche Kündigung oder** doch in einen **Antrag auf Aufhebung** des Vertragsverhältnisses umgedeutet werden kann (§§ 140 und 311 Abs 1 BGB; s § 542 Rn 99 ff). Die Rechtsprechung ist meistens ausgesprochen zurückhaltend; Voraussetzung einer derartigen Umdeutung ist nach ihr vor allem, dass sich aus der fristlosen Kündigung der eindeutige Wille des Kündigenden ergibt, das Vertragsverhältnis in jedem Fall zum nächstmöglichen Termin zu beenden, und sei es auch durch ordentliche Kündigung oder durch Abschluss eines Aufhebungsvertrages (BGH 16. 7. 2003 – XII ZR 65/02, NJW 2003, 3053, 3054 = NZM 2003, 801; 24. 11. 2006 – LwZR 6/05, NJW 2007, 1269, 1270 Tz 14; NJW-RR 2004, 873, 874; 24. 7. 2013 – XII ZR 104/12 Rn 17, NJW 2013, 3361 = NZM 2013, 759; 11. 4. 2018 – XII ZR 43/17 Rn 27, NZM 2018, 515 = ZMR 2018, 661; OLG Düsseldorf ZMR 2017, 471, 474 f; OLG Dresden NZM 2011, 84, 86; OLG Brandenburg ZMR 2013, 624, 626). Kommt dieser Wille nicht mit der nötigen Eindeutigkeit für den anderen Teil zum Ausdruck, so wird eine Umdeutung abgelehnt, selbst bei einer Kündigung wegen Zahlungsverzugs des Mieters (BGH NJW 2007, 1269, 1270 Rn 14; OLG Dresden NZM 2011, 84, 86). Anders dagegen, wenn der Mieter zB im Falle einer unwirksamen Kündigung des Vermieters nach § 543 Abs 2 Nr 2 BGB, die Kündigung annimmt (§ 311 Abs 1 BGB; LG Hamburg WuM 1974, 54 f). Auf keinen Fall kann der Vermieter vom Mieter noch die Miete verlangen, wenn der Mieter auf die an sich unwirksame Kündigung hin auszieht, weil damit konkludent zwischen den Parteien zumindest ein Aufhebungsvertrag zustande kommt (BGH WM 1983, 44, 45; LG Freiburg WuM 1983, 289).

XI. Abweichende Vereinbarungen

1. Wohnraummiete

Gemäß § 569 Abs 5 BGB ist bei der Wohnraummiete die Vorschrift des § 543 BGB insgesamt, also auch hinsichtlich der Abs 2 bis 4 (nur) **zu Gunsten des Mieters**

zwingend, sodass hier durch Vertrag weder § 543 Abs 1 oder Abs 2 Nr 1 BGB zum Nachteil des Mieters eingeschränkt oder ausgeschlossen noch § 543 Abs 1 oder Abs 2 Nrn 2 oder 3 BGB zu seinem Nachteil erweitert werden können (s Staudinger/V Emmerich [2021] § 569 Rn 116 f). Das gilt gleichermaßen für Individualvereinbarungen wie für Formularverträge mit der Folge, dass zB ein vertraglicher Ausschluss des § 543 Abs 3 S 1 BGB unwirksam ist (LG Hannover MDR 1984, 670; AG Schöneberg GE 1986, 1125; wegen der Einzelheiten s Staudinger/Bieder [2019] Anh zu §§ 305–310 Rn E 143–146). Erweiterungen des Kündigungsrechts des Mieters bleiben dagegen im Rahmen der §§ 138 und 242 BGB zumindest in einzelnen Beziehungen möglich.

2. Geschäftsraummiete

143 Bei der gewerblichen Raummiete ist gleichfalls von der grundsätzlich zwingenden Natur des § 543 Abs 1 BGB auszugehen, sodass dem Vermieter hier ebensowenig wie bei der Wohnraummiete über § 543 Abs 2 Nrn 2 und 3 BGB hinaus vertraglich ein **unbeschränktes** außerordentliches **Kündigungsrecht** eingeräumt werden kann, weil dadurch die Bindung des Vermieters an den Vertrag selbst in Frage gestellt würde (§§ 138 Abs 1, 307 Abs 1 BGB); die fristlose Kündigung setzt vielmehr immer voraus, dass dem Vermieter die Fortsetzung des Vertragsverhältnisses nicht mehr zuzumuten ist (ebenso für Leasingverträge BGHZ 112, 279, 283 = NJW 1991, 102; LG Kiel NJW-RR 2010, 518).

144 Verbreitet sind bei der gewerblichen Miete vertragliche Abänderungen der Kündigungsvoraussetzungen insbesondere im Falle des **Zahlungsverzugs** des Mieters gleichermaßen in Individualvereinbarungen wie in Formularverträgen (§ 543 Abs 2 Nr 3 BGB). **Individualvertragliche Abänderungen** des § 543 Abs 2 Nr 3 BGB zum *Nachteil* des Mieters sind aber grundsätzlich *eng* zu interpretieren. Soweit § 543 Abs 2 Nr 3 BGB nicht ausdrücklich abgeändert ist, bleibt er anwendbar (RGZ 85, 415; 150, 232, 238 ff; BGH LM Nr 55 zu § 242 [Cd] BGB = ZMR 1959, 8 = MDR 1958, 766; WM 1970, 1141, 1142 = ZMR 1971, 27, 28; Mittelstein, Miete 431 ff). Eine **Verschärfung der Voraussetzungen** für eine fristlose Kündigung des Vermieters bei Zahlungsverzug des Mieters ist gleichfalls durchaus möglich (BGH 15. 4. 1987 – VIII ZR 126/86, LM Nr 18 zu § 554 BGB = NJW-RR 1987, 903; LG Aachen ZMR 2016, 779). Ein Beispiel ist die Abrede, dass der Kündigung des Vermieters wegen Zahlungsverzugs in jedem Fall eine formelle Zahlungsaufforderung sowie eine Mahnung vorauszugehen haben (s Rn 80; BGH 15. 4. 1987 – VIII ZR 126/86, LM Nr 18 zu § 554 BGB = NJW-RR 1987, 903). In diesem Fall muss die Zahlungsaufforderung eindeutig sein; sie darf den Mieter nicht im unklaren darüber lassen, ob es sich um eine bloße Mahnung des Vermieters oder um die im Vertrag vorgesehene formelle Zahlungsaufforderung als Voraussetzung der Kündigung handelt (BGH 25. 6. 1972 – VIII ZR 58/71, LM Nr 10 zu § 554 BGB = WM 1972, 1250 = ZMR 1972, 375). Selbst in solchem Fall ist jedoch die Zahlungsaufforderung oder die Mahnung entbehrlich, wenn der Mieter von vornherein jede Bezahlung eindeutig und endgültig verweigert (BGH 25. 3. 1987 – VIII ZR 71/86, LM Nr 291 zu § 242 [Cd] BGB = NJW 1987, 2506).

145 Durch **Formularvertrag** kann weder auf das Verschuldenserfordernis als Voraussetzung des Verzugs noch auf die Kündigung als dessen Rechtsfolge verzichtet werden (§ 309 BGB). Erst recht kann nicht vorgeschrieben werden, dass ein bestimmter Zahlungsverzug – weit über § 543 Abs 2 Nr 3 BGB hinaus – ohne Weiteres **(automatisch)** zur **Beendigung** des Mietvertrages führen soll, insbesondere nicht bei Verbindung mit einer verschuldensunabhängigen Haftung des Mieters für den nachfolgenden Mietausfall des Vermieters (KG NZM 2007, 41 f). Dasselbe gilt für einen generellen formularvertraglichen **Verzicht** des Mieters **auf Abmahnung** und Fristsetzung als Voraussetzungen der Kündigung entgegen § 543 Abs 3 BGB (s Rn 109; KG NZM 2007, 41 f) oder für den Verzicht auf den Schutz durch das Rechtsinstitut der **Verwirkung** bei übermäßigem Zuwarten des Vermieters mit der Kündigung wegen Zahlungsverzugs des Mieters (§ 307 Abs 1 BGB; s Rn 143; OLG München NJW-RR 2002, 631, 632).

Ebensowenig ist es im Regelfall angängig, die **Kündigungsvoraussetzungen** für den Vermieter über § 543 Abs 2 Nr 3 BGB hinaus zu **erweitern**. Insbesondere kann nicht vorgesehen werden, dass bereits geringfügige Rückstände mit nur einer einzigen Rate ein Recht des Vermieters zur fristlosen Kündigung auslösen (BGHZ 96, 182, 190 ff = NJW 1986, 424; BGH 21. 2. 1985 – IX ZR 129/84, LM Nr 11 zu § 9 [Bm] AGBG = NJW 1985, 1705; 25. 3. 1987 – VIII ZR 71/86, LM Nr 291 zu § 242 [Cd] BGB = NJW 1987, 2506; OLG Hamm ZMR 1992, 152; OLG Düsseldorf ZMR 1996, 436 = WuM 1996, 411, 412; GE 2003, 186, 187). Erweist sich eine Kündigungsklausel in einem Formularvertrag als unwirksam, so wird sie doch nach § 242 BGB *insoweit aufrechterhalten,* wie sie *zugleich* eine *Verschärfung* der Kündigungsvoraussetzungen zugunsten des Mieters enthält, etwa durch das Erfordernis einer vorherigen formellen Zahlungsaufforderung oder Mahnung (o Rn 144; BGH 25. 3. 1987 – VIII ZR 71/86, LM Nr 291 zu § 242 [Cd] BGB = NJW 1987, 2506). **146**

XII. Schadensersatzansprüche

1. Mieter

Die fristlose Kündigung nach § 543 BGB schließt gemäß § 314 Abs 4 BGB Schadensersatzansprüche des kündigenden Teils nach § 536a BGB oder nach den §§ 280, 281, 283 BGB nicht aus. Die größte Bedeutung hat dies naturgemäß bei einer Kündigung des Vermieters wegen Zahlungsverzugs des Mieters nach § 543 Abs 2 Nr 3 BGB (s dazu schon o Rn 61 ff), gilt aber auch sonst, worauf jetzt noch kurz einzugehen ist. **147**

Durch die Kündigung nach § 543 Abs 2 Nr 1 BGB wird daher das Recht des Mieters nicht berührt, für die Vergangenheit die ihm aus den §§ 536 und 536a BGB zustehenden Rechte einschließlich des **Schadensersatzanspruchs** geltend zu machen, so zB, wenn ihn der Vermieter durch den Beginn von Baumaßnahmen, die der Mieter nicht zu dulden braucht und durch die seine wirtschaftliche Existenz bedroht wird, zur fristlosen Kündigung veranlasst (BGH 31. 10. 2012 – XII ZR 126/11, NJW 2013, 223 = NZM 2013, 122 = WuM 2013, 37, 40 Tz 35). Gleich steht der Fall, dass der Vermieter versucht, den Mieter durch treuwidriges Verhalten, zB durch arglistigen Vortrag im Rechtsstreit, zum Auszug zu bewegen, und der Mieter deshalb nach § 543 Abs 1 BGB kündigt (OLG München 22. 11. 2018 – 32 U 1376/18, ZMR 2019, 266). Der Schadensersatzanspruch umfasst insbesondere sämtliche Schäden, die ihm gerade erst durch die vom Vermieter zu vertretende Kündigung und infolge der Kündigung entstehen, zB einen ihm entgangenen Gewinn (§§ 249, 252 BGB; s oben § 536a Rn 19 ff; BGH 31. 10. 2012 – XII ZR 126/11, WuM 2013, 37, 40 Tz 35 = NJW 2013, 223 = NZM 2013, 122). Anspruchsgrundlage ist idR § 536a Abs 1 BGB. Nur wenn die Kündigung wegen eines Umstandes erfolgt, der ausnahmsweise nicht zugleich einen Mangel im Sinne des § 536 **148**

BGB darstellt, kommt als Grundlage für Ersatzansprüche des Mieters allein ein vom Vermieter zu vertretendes, sonstiges pflichtwidriges Verhalten in Betracht (§§ 280 Abs 1, 281 Abs 1 BGB; RGZ 64, 381, 383; 76, 367, 369; BGH 2. 11. 2016 – XII ZR 153/15, NJW 2017, 1104 = NZM 2017, 73 = WuM 2017, 18 Rn 11; LM Nr 4 zu § 554a BGB = WM 1974, 345; NZM 2007, 401, 402 Tz 28 ff = NJW-RR 2007, 884; 13. 6. 2007 – VIII ZR 281/06, WuM 2007, 570 = NZM 2007, 561 Tz 9 = NJW 2007, 2474; OLG Karlsruhe ZMR 1988, 223, 225; OLG München 22. 11. 2018 – 32 U 1376/18, ZMR 2019, 266; vStebut, Der soziale Schutz 170, 176 ff).

149 **Beispiele** für hiernach ersatzfähige Schäden des Mieters sind die höhere Miete für eine Ersatzwohnung (BGH 31. 10. 2012 – XII ZR 126/11, WuM 2013, 37, 40 Tz 35 = NJW 2013, 223 = NZM 2013, 122; LG Heidelberg WuM 1977, 200 f; AG Kassel WuM 1984, 280, 281), Umzugs- und Maklerkosten (BGH WuM 2013, 37, 40 Tz 35 = NJW 2013, 223 = NZM 2013, 122; LG Duisburg WuM 1989, 14) sowie die Kosten für die Herrichtung der Ersatzräume (BGH WuM 2013, 37, 40 Tz 35 = NJW 2013, 223 = NZM 2013, 122). Die vorzeitige Fälligkeit von Schönheitsreparaturen infolge der Kündigung kann gleichfalls einen Schaden bilden (LG Darmstadt WuM 1980, 52, 53).

2. Vermieter

150 Der Vermieter kann im Falle der Kündigung nach § 543 Abs 2 Nr 2 BGB, zB wegen nicht erlaubter Untervermietung unter Verstoß gegen § 540 BGB, ebenfalls gemäß § 314 Abs 4 BGB neben der Kündigung nach **§ 280 Abs 1 BGB** und **§ 281 Abs 1 BGB** Schadensersatz vom Mieter verlangen (vgl § 628 Abs 2; RGZ 76, 367, 368 ff; BGH 18. 12. 1954 – VI ZR 177/53; LM Nr 6 zu § 249 [Ha] BGB = MDR 1955, 216; LM Nr 18 zu § 196 BGB = NJW 1968, 692). Anders als die Kündigung (§ 543 Abs 3 BGB) setzt der Ersatzanspruch des Vermieters jedoch nicht eine vorherige Androhung der Forderung von Schadensersatz voraus (BGH LM Nr 26 zu § 242 [Bc] BGB = NJW 1981, 1264, 1265). Wenn der Vermieter gezwungen ist, einen Herausgaberechtsstreit gegen den **Untermieter** zu führen, dem der Mieter die Sache zu Unrecht überlassen hat, muss der Mieter dem Vermieter auch die Kosten dieses Prozesses erstatten (RG HRR 1933 Nr 282). Der Ersatzanspruch des Vermieters umfasst ferner den Schaden, der ihm gerade erst *durch* die Kündigung entsteht (§§ 249, 252 BGB). In Betracht kommen insbesondere ein etwaiger **Mietausfall** sowie die Kosten für die Suche eines neuen Mieters (OLG Düsseldorf ZMR 1985, 297; LG Hamburg ZMR 1977, 209). Muss der Vermieter die nach der Kündigung leer stehenden Räume weiter heizen, so umfasst der Mietausfallschaden außerdem die Heizkosten (KG GE 2001, 624).

151 Der Ersatzanspruch wegen des **Mietausfalls** wird erst in dem Zeitpunkt **fällig**, in dem auch die Mietforderung nach dem Vertrag fällig geworden wäre, nicht etwa schon vorher mit der Kündigung (s Rn 63 sowie zB BGH LM Nr 20 zu § 249 [Ha] BGB = ZMR 1964, 139; 11. 7. 1979 – VIII ZR 183/78, WM 1979, 1105 = LM Nr 70 zu § 535 BGB = ZMR 1979, 351, 352). Der Mieter muss die Mietdifferenz dem Vermieter ferner nur bis zu dem Termin ersetzen, zu dem der *Mieter* selbst frühestens ordentlich kündigen konnte (BGH LM Nr 6 zu § 249 [Ha] BGB = MDR 1955, 216; LG Aachen WuM 1986, 315). Schließlich muss sich der Vermieter umgehend um einen Ersatzmieter bemühen, der möglichst dieselbe Miete wie der gekündigte Mieter zahlt (§ 254 Abs 2 BGB). Gelingt es dem Vermieter, die Räume jetzt besser als früher zu vermieten, so wird jedoch eine Vorteilsausgleichung zu Gunsten des ersten Mieters abgelehnt (OLG Düsseldorf NZM 1998, 916).

Untertitel 1
Allgemeine Vorschriften für Mietverhältnisse § 544

Wenn **beide Parteien** die Zerrüttung des Vertrauensverhältnisses **verschuldet** haben, 152
die schließlich eine Partei zum Anlass einer fristlosen Kündigung nimmt, bleibt der
anderen Partei immer noch das Recht, in den Grenzen des § **254 BGB** aus demselben
Grund Schadensersatz wegen der Pflichtverletzung des Kündigenden zu verlangen
(BGH LM Nr 3 zu § 254 [C] BGB = NJW 1969, 1845). Anders verhält es sich lediglich dann,
wenn *beide* Parteien die Möglichkeit hatten, den Vertrag aus wichtigem Grunde
fristlos zu kündigen, weil dann keine Partei infolge der Kündigung einen Schaden
erlitten haben kann (BGHZ 44, 271, 276 ff = NJW 1966, 347; BGH LM Nr 26 zu § 242 [Bc] BGB
= NJW 1981, 1264).

XIII. Beweislast

Die Beweislast für die Voraussetzungen eines Kündigungsrechts aufgrund des § 543 153
BGB trifft diejenige Partei, die die Kündigung aussprechen möchte (BGH 13. 2. 1985 –
VIII ZR 154/84, LM Nr 6 zu § 9 [Bb] AGBG = NJW 1985, 2328; Schmidt-Futterer/Blank
Rn 233 ff). Stützt der **Mieter** seine Kündigung nach § 543 Abs 2 Nr 1 BGB auf *Mängel*
der Mietsache, so trägt er daher die Beweislast nicht nur für das Vorliegen dieser
Mängel, sobald er die Sache als Erfüllung angenommen hat (BGH LM Nr 6 zu § 9 [Bb]
AGBG = NJW 1985, 2328), sondern auch für die Fristsetzung nach § 543 Abs 3 S 1 BGB
bzw für die Umstände, aufgrund derer nach S 2 des § 543 Abs 3 BGB eine Fristsetzung entbehrlich ist (s Rn 119). Ist die Mietsache durch den Mietgebrauch zerstört
worden und will der Mieter deshalb kündigen, so muss er außerdem vortragen und
gegebenenfalls beweisen, dass er die Zerstörung nicht zu vertreten hat, vorausgesetzt, dass mögliche Ursachen aus dem Risikobereich des Vermieters zuvor ausgeräumt wurden (s oben § 538 Rn 13 ff; BGHZ 66, 349, 353 = NJW 1976, 1315; BGH 26. 11. 1997 –
XII ZR 28/96, LM Nr 20 zu § 542 BGB [Bl 1 R] = NJW 1998, 594 = WuM 1998, 96). Der
Vermieter trägt dagegen nach § **543 Abs 4 S 2 BGB** die Beweislast dafür, dass er
den Gebrauch der Sache rechtzeitig gewährt oder vor Fristablauf Abhilfe geschaffen
hat (s Blank/Börstinghaus Rn 152). Dasselbe gilt, wenn streitig ist, ob die Störung
erheblich oder unerheblich ist (s oben Rn 37 f; BGH 22. 10. 1975 – VIII ZR 160/74, LM Nr 22
zu § 537 BGB = NJW 1976, 796).

Verteidigt sich im Falle des § 543 Abs 2 **Nr 2 BGB** der Mieter mit dem Einwand, dass 154
die unberechtigte Überlassung der Sache an einen Dritten ausnahmsweise die Interessen des Vermieters nicht erheblich verletzt (s oben Rn 60), so obliegt ihm dafür die
Beweislast (OLG Hamburg OLGZ 1982, 319 = WuM 1982, 41, 43). Auch im Falle des § 543
Abs 2 **Nr 3 BGB** trägt der Mieter die Beweislast, wenn er einwendet, er habe den
Vermieter noch vor Zugang der Kündigungserklärung in voller Höhe befriedigt (BGH
28. 6. 1960 – VIII ZR 25/60, LM Nr 5 zu § 554 BGB = MDR 1960, 1106; dazu Grams ZMR 1994, 5).

§ 544
Vertrag über mehr als 30 Jahre

Wird ein Mietvertrag für eine längere Zeit als 30 Jahre geschlossen, so kann jede
Vertragspartei nach Ablauf von 30 Jahren nach Überlassung der Mietsache das
Mietverhältnis außerordentlich mit der gesetzlichen Frist kündigen. Die Kündigung
ist unzulässig, wenn der Vertrag für die Lebenszeit des Vermieters oder des Mieters
geschlossen worden ist.

§ 544

Materialien: E I § 523; II § 508; III § 660; BGB § 567; Mot II 413; Prot II 217; Mietrechtsreformgesetz von 2001 (BGBl I 1159); Begr zum RegE BT-Drucks 14/4553, 44.

Schrifttum

Bub/Treier/Grapentin, Hdb Rn IV 441 ff
Elshorst, Die Kündigung gemäß § 567 BGB, NZM 1999, 449
vStebut, Der soziale Schutz als Regelungsproblem des Privatrechts (1982)
Wiese, Ist § 544 S 1 dispositiv, ergänzungsbedürftig oder entbehrlich?, ZMR 2017, 122.

Systematische Übersicht

I. Überblick	1	IV. Rechtsfolge ... 7
II. Anwendungsbereich	2	V. Vertragsabschluss auf Lebenszeit
III. Abschluss für eine längere Zeit als dreißig Jahre	4	1. Voraussetzungen ... 10
		2. Rechtsfolgen ... 12

I. Überblick

1 Gemäß § 544 BGB (= § 567 BGB aF) ist ein Mietvertrag spätestens dreißig Jahre nach Überlassung der Mietsache außerordentlich mit der gesetzlichen Frist kündbar, außer wenn er für die Lebenszeit einer Vertragspartei abgeschlossen wurde. **Zweck** der Regelung ist es, die vertragliche Schaffung einer *Erbmiete* oder vergleichbarer Verhältnisse zu verhindern (Mot II 413; RGZ 73, 341; 342; 121, 11, 13; 130, 143, 146; RG LZ 1917, 801 Nr 5; BGH 21. 5. 1985 – III ZR 196/84, LM Nr 24 zu VerwR-Allg [öffentlich-rechtliche Verpflichtungen] [Bl 4] = MDR 1986, 736; 20. 5. 1994 – V ZR 292/92, LM Nr 143 zu § 535 BGB = ZMR 1994, 457 = NJW-RR 1994, 971; 17. 5. 1996 – XII ZR 168/94, LM Nr 7 zu § 567 BGB = NJW 1996, 2028; 27. 11. 2003 – IX ZR 76/00, NZM 2004, 190, 191 [l Sp u] = NJW 2004, 1523 = ZMR 2004, 328; OLG Karlsruhe ZMR 2008, 533, 534 [r Sp u] = WuM 2008, 552). § 544 BGB ist mit Rücksicht auf den mit ihm verfolgten öffentlichen Zweck **zwingend** (RGZ 66, 216, 217 ff; 121, 11, 13; 130, 143, 146; BGH 21. 11. 1985 – III ZR 186/84, LM Nr 24 zu VerwR-Allg [öffentlich-rechtliche Verpflichtungen] [Bl 4] = MDR 1986, 736; LM Nr 2 zu § 581 BGB [Bl 2 f] = BB 1951, 974; LM Nr 31 zu § 581 BGB [Bl 4 R] = MDR 1968, 233 = Warn 1967 Nr 250 S 564; NJW 2012, 3162 Tz 16; **aM** Roquette BB 1967, 509 f, Wiese ZMR 2017, 122–144). Ein Verstoß gegen § 544 BGB hat jedoch lediglich zur **Folge**, dass der Miet- oder Pachtvertrag gemäß § 544 S 1 BGB spätestens nach dreißig Jahren gekündigt werden kann (RG HRR 1931 Nr 584; BGH LM Nr 2 zu § 581 BGB [Bl 2 f] = NJW 1951, 974). § 544 BGB ist auf alle bestehenden und neuen Mietverträge seit dem 1. 9. 2001 anwendbar.

1a Besondere Schwierigkeiten bereitet bei Wohnraummietverträgen das unklare und umstrittene **Verhältnis** des § 544 S 1 BGB **zu den §§ 575 und 575a BGB**. Nach § 575 Abs 1 BGB sind Zeitmietverträge über Wohnraum (um die es auch bei § 544 S 1 BGB geht) nur noch unter engen Voraussetzungen zulässig. § 575a BGB fügt hinzu, dass auf Zeitmietverträge über Wohnraum, die wie eben die Verträge des § 544 S 1 BGB außerordentlich mit der gesetzlichen Frist gekündigt werden können, auch die §§ 573 und 573a BGB anzuwenden sind, sodass die Kündigung des Vermieters (hier nach 30 Jahren) grundsätzlich ein berechtigtes Interesse voraussetzt (s Rn 7). Im Schrifttum wird zT angenommen, dass § 575 Abs 1 BGB den Vorrang vor § 544 BGB hat, sodass Wohnraummietverträge mit einer Dauer von mehr als 30 Jahren ebenfalls nur noch unter den zusätzlichen Voraussetzungen des § 575 Abs 1 BGB zulässig sind (Schmidt-Futterer/Lammel § 544 Rn 4, 17; Lützenkirchen § 544 Rn 18). Die praktische Bedeutung der Streitfrage dürfte gering sein, da aufgrund der gesetzlichen Regelung für Wohnraummietverträge mit einer Laufzeit über 30 Jahre wohl nur wenig Raum ist (§§ 138 und 307 BGB; so richtig BeckOGK/Mehle [1. 7. 2020] Rn 41 ff). Angesichts dessen dürfte es die einfachste Lösung sein, die Vorschrift des § 544 S 1 BGB für extrem langfristige (und entsprechend seltene) Wohnraummietverträge als **lex specialis** zu § 575 BGB anzusehen. Unberührt bleibt die Anwendbarkeit des § 575a BGB (s Rn 7). Ebenso zu beurteilen ist das Verhältnis der Sonderregelung des § 544 S 2 BGB für Verträge über die Lebenszeit einer Partei zu § 575 BGB (s Rn 10).

Jedenfalls bei der gewerblichen Miete kann eine Vertragsdauer von dreißig Jahren **1b** durchaus auch durch **Formularvertrag** bestimmt werden (BGH 24. 2. 2016 – XII ZR 5/15, BGHZ 209, 105, 118 f Rn 40 f = NJW 2016, 1441 = NZM 2016, 356, 359; OLG Hamm NJW-RR 1992, 270 = ZMR 1992, 153, 154). Aus § 544 BGB kann auch *nicht* ein allgemeiner Rechtsgrundsatz des Inhalts abgeleitet werden, dass schuldrechtliche Verhältnisse maximal 30 Jahre dauern dürfen; jenseits des Anwendungsbereichs des § 544 BGB sind vielmehr auch noch weit längerfristige Verpflichtungen möglich, zB eine Garantie für 40 Jahre (BGH NJW 2008, 2995 Rn 15 ff; NJW 2012, 3162 Rn 16). § 544 S 1 und S 2 BGB findet auf solche Verträge keine, auch keine entsprechende Anwendung (OLG Frankfurt OLGR 1994, 146).

II. Anwendungsbereich

§ 544 BGB gilt für sämtliche Miet- und Pachtverträge (§§ 581 Abs 2, 594b BGB). Die **2** Vorschrift wird außerdem mit Rücksicht auf ihren Zweck (o Rn 1) entsprechend auf **miet- oder pachtähnliche Rechtsverhältnisse** angewandt (RGZ 121, 11, 13; BGH 20. 11. 1967 – VIII ZR 92/65, LM Nr 31 zu § 581 BGB [Bl 4 R] = WM 1968, 7 = Warn 1967 Nr 250 S 564; 21. 5. 1985 – XII ZR 168/94 LM Nr 24 zu VerwR-Allg [öffentlich-rechtliche Verpflichtungen] [Bl 4] = MDR 1986, 736; 20. 2. 1992 – III ZR 193/90, LM Nr 6 zu § 567 BGB = NJW-RR 1992, 780 = WuM 1992, 318 = ZMR 1992, 291; Elshorst NZM 1999, 449). **Beispiele** sind Verträge über die Leihe von Gemälden an Museen (OLG Celle NJW-RR 1994, 1473), über die Gestattung des Ausschanks von Getränken in einer Markthalle (BGH 20. 11. 1967 – VIII ZR 92/65, LM Nr 31 zu § 581 BGB = Warn 1967 Nr 250 S 564 = WM 1968, 7), über die Verpflichtung zur unentgeltlichen Duldung einer Stromleitung zu einem Unternehmen, solange dieses betrieben wird (BGH 20. 2. 1992 – III ZR 193/90, LM Nr 6 zu § 567 BGB = NJW-RR 1992, 780), sowie über die unentgeltliche Überlassung eines Grundstücks zur Nutzung als Ausstattung (RG LZ 1917, 801 Nr 5). § 544 BGB gilt außerdem entsprechend für **Vorverträge** zum Abschluss von Mietverträgen (RG BayZ 1927, 290 Nr X).

§ 544 BGB findet dagegen **keine Anwendung** auf das der Bestellung einer Grund- **3** dienstbarkeit zugrundeliegende Kausalgeschäft, selbst wenn es pachtähnlich ausgestaltet ist (BGH LM Nr 22 zu § 1018 BGB [Bl 2 R] = NJW 1974, 2123). Dasselbe gilt für Kaufverträge einschließlich etwa *Wärmelieferungsverträge,* sodass hier der dauernde Ausschluss des (ordentlichen) Kündigungsrechts der Abnehmer möglich ist (BGHZ 64, 288, 291 f = NJW 1975, 1268). Unanwendbar ist § 544 BGB ferner auf *öffentlich-rechtliche Abreden,* zB zwischen einer Gemeinde und einer Wasserversorgungsgenossenschaft als Teil eines umfassenden Vertragswerks über die Eingemeindung der betreffenden Gemeinde in eine andere (BGH 20. 11. 1967 – VIII ZR 92/65, LM Nr 24 zu VerwR-Allg [öffentlich-rechtliche Verpflichtungen] [Bl 4] = MDR 1986, 736).

III. Abschluss für eine längere Zeit als dreißig Jahre

4 § 544 S 1 BGB ordnet zwingend (o Rn 1) ein Kündigungsrecht für Mietverträge an, die für eine *längere* Zeit als dreißig Jahre abgeschlossen sind. Die Anwendung des § 544 S 1 BGB setzt folglich voraus, dass die Vertragsdauer nach den Abreden der Parteien mindestens 30 Jahre *plus einen Tag* beträgt. Ob ein derartiger Vertrag vorliegt, beurteilt sich nach der Situation im **Augenblick des Vertragsabschlusses**; von diesem Zeitpunkt aus ist daher durch einen Blick in die Zukunft zu beurteilen, ob der fragliche Vertrag für eine längere Zeit als dreißig Jahre fest abgeschlossen wurde (OLG Hamm NZM 2002, 218, 219 = ZMR 2002, 194; Blank/Börstinghaus Rn 5–15; Palandt/Weidenkaff Rn 4), wobei es genügt, wenn sich ein Ausschluss des Kündigungsrechts, etwa des Vermieters für eine längere Zeit als 30 Jahre, *konkludent* aus dem Vertrag ergibt (§§ 133, 157 BGB; BGH 8. 5. 2018 – VIII ZR 200/17, NZM 2018, 556 Rn 16 = WuM 2018, 437). Ein Beispiel ist ein Mietvertrag über einen Stellplatz in einer Tiefgarage für die Dauer des Eigentums des Mieters an einem benachbarten Hausgrundstück (OLG Karlsruhe OLGR 2009, 367= ZMR 2008, 533, 534 = WuM 2008, 552). Jedoch ist in die Dreißigjahresfrist die Zeitspanne nicht einzurechnen, für die der Antragende lediglich nach § 147 Abs 2 BGB oder aufgrund der Abreden der Parteien an seinen Antrag gebunden ist, selbst wenn die Bindungsfrist mehrere Monate beträgt (OLG Hamm NZM 2002, 218, 219 = ZMR 2002, 196). Ebenso wenig anwendbar ist § 544 BGB auf Verträge, die auf **unbestimmte Zeit** abgeschlossen sind, und zwar auch dann nicht, wenn der Vertrag tatsächlich länger als 30 Jahre läuft.

5 Die Anwendung des § 544 BGB setzt **Identität** des Vertrages über die gesamte Vertragsdauer von mehr als 30 Jahren voraus. Zwischenzeitliche **Vertragsänderungen** lassen die Identität des Vertrages unberührt und stehen daher der Anwendung des § 544 BGB nicht entgegen. Dasselbe gilt, wenn in den Vertrag kraft Gesetzes eine **neue Partei eintritt**, zB im Wege der Erbfolge (§§ 563 ff, 1922 BGB) oder im Falle der **Veräußerung** des Grundstücks (§ 566 BGB; BGH 15. 10. 2014 – XII ZR 163/12, BGHZ 202, 354, 359 Rn 16 = NJW 2014, 3775; OLG Karlsruhe OLGR 2008, 367 – ZMR 2008, 533, 535 = WuM 2008, 552). In jedem Fall ist auf den einheitlichen Vertrag von Anfang an § 544 BGB anwendbar. Anders verhält es sich dagegen grundsätzlich bei dem Abschluss so genannter **Kettenmietverträge**. Von Kettenmietverträgen spricht man bei dem Abschluss mehrerer aufeinanderfolgender, identischer aber rechtlich *selbstständiger* Mietverträge, vorausgesetzt dass die einzelnen Verträge nicht über mehr als 30 Jahre laufen, wohl aber die aufeinanderfolgenden Verträge in ihrer Gesamtheit (BGH 27. 11. 2003 – IX ZR 76/00, NZM 2004, 190, 191 [l Sp o] = NJW 2004, 1523 = ZMR 2004, 328; OLG Karlsruhe ZMR 2008, 533, 535 = WuM 2008, 552). Eine andere Beurteilung, dh die Anwendung des § 544 BGB ist indessen geboten, wenn die aufeinander folgenden Mietverträge in Wirklichkeit nach dem Willen der Parteien eine **Einheit** bilden (BGH

17. 4. 1996 – XII ZR 168/94, LM Nr 7 zu § 567 BGB = NJW 1996, 2028 = ZMR 1996, 424; Blank/ Börstinghaus Rn 5; Elshorst NZM 1999, 449; Palandt/Weidenkaff Rn 4) oder wenn eine Partei ausdrücklich oder konkludent zum Abschluss des jeweils neuen Vertrages **verpflichtet** ist, weil andernfalls einer Umgehung des § 544 BGB Tür und Tor geöffnet wären. Wird der **neue** Vertrag dagegen **freiwillig** übernommen, so wird ebenso wie bei einer freiwilligen **Verlängerung** des alten Vertrages die Frist des § 544 BGB erst von der Verlängerung oder dem Abschluss des neuen Vertrages ab gerechnet, weil es sachlich keinen Unterschied bedeutet, ob die Parteien einen bestehenden Vertrag freiwillig verlängern oder einfach einen neuen Vertrag mit demselben Inhalt abschließen (BGH 17. 4. 1996 – XII ZR 168/94, LM Nr 7 zu § 567 [Bl 2 f] = NJW 1996, 2028 = ZMR 1996, 424 = WuM 1996, 476; OLG Hamm NZM 2002, 218, 219 = ZMR 2002, 196; Blanck/ Börstinghaus Rn 19; Elshorst NZM 1999, 449).

Keine Anwendung findet § 544 BGB nach dem Gesagten (Rn 5) zB auf die Vertragssysteme eines **Maschinenherstellers**, der seine Produkte immer nur auf zwanzig Jahre vermietet, sofern sämtliche aufeinanderfolgenden Mietverträge rechtlich selbständig sind, mag der Mieter auch *wirtschaftlich* gezwungen sein, die Verträge ständig zu erneuern, solange nur eben *keine Rechtspflicht* zum Abschluss der neuen Verträge besteht (s o Rn 5; RGZ 165, 1, 21 f). Zulässig ist auch die Vereinbarung, dass diejenige Partei, die aufgrund des § 544 S 1 BGB den Vertrag nach dreißig Jahren kündigt, der anderen eine **Entschädigung** zu zahlen hat (Weimar BlGBW 1974, 43 f). Darin liegt nicht notwendig eine Umgehung des Verbots des § 544 S 1 BGB. Anders nur, wenn die Kündigung vertraglich von Bedingungen oder Verpflichtungen abhängig gemacht ist, deren Erfüllung unmöglich ist oder doch eine übermäßige wirtschaftliche **Erschwerung der Kündigung** darstellte (RGZ 73, 341, 342 f; 130, 143, 147; BGH NZM 2004, 190, 191 [r Sp 1. Abs] = NJW 2004, 1523 = ZMR 2004, 328). Dies ist zB anzunehmen, wenn im Falle der Kündigung des Vermieters aufgrund des § 544 S 1 BGB der Mieter ein besonders günstiges Ankaufsrecht hinsichtlich des Mietgrundstücks haben soll (BGH NZM 2004, 190, 191 [r Sp 1. Abs] = NJW 2004, 1523 = ZMR 2004, 328). **5a**

Ein Vertragsabschluss für eine längere Zeit als dreißig Jahre liegt auch vor, wenn der Vertrag zwar nur auf dreißig Jahre abgeschlossen ist, dem Mieter jedoch eine **Verlängerungsoption** für weitere Jahre eingeräumt ist (RGZ 130, 143, 146; BGH NZM 2004, 190, 191 [l Sp 2. Abs] = NJW 2004, 1523; OLG Hamm NZM 1999, 753; OLG Düsseldorf ZMR 2002, 189, 190; Elshorst NZM 1999, 449, 450). Entsprechend dem Zweck der Vorschrift gilt dasselbe, wenn nur das **Kündigungsrecht einer Partei**, zB des Vermieters, für mehr als dreißig Jahre oder sogar für immer **ausgeschlossen** wurde (RG Gruchot Bd 59, 469, 470 = LZ 1915, 518, 519 Nr 7; DJZ 1931, 705 = HRR 1931 Nr 584: Mietvertrag auf „ewige Zeit"; OLG München HRR 1942, Nr 852; OLG Hamm NZM 1999, 753; OLG Karlsruhe ZMR 2008, 533, 534 = WuM 2008, 552; Elshorst NZM 1999, 449, 450). § 544 BGB wird selbst auf solche Mietverträge angewendet, deren Beendigung an den **Eintritt eines** zukünftigen **ungewissen Ereignisses** geknüpft ist, sofern es nur möglich ist, dass der Eintritt dieses Ereignisses länger als dreißig Jahre dauern wird wie zB bei der Gestattung des Ausschanks von Getränken in einer Markthalle für die Zeit des Betriebs dieser Halle (BGH LM Nr 31 zu § 581 BGB [Bl 4 R] = Warn 1967 Nr 250 S 564 = WM 1968, 7; OLG Hamm NZM 1999, 753; Elshorst NZM 1999, 449, 450) oder bei Abschluss eines Pachtvertrages für die Dauer einer behördlichen Genehmigung (BGH LM Nr 7 zu § 567 BGB = NJW 1996, 2028). Ebenso ist es schließlich zu beurteilen, wenn eine ordentliche **Kündigung** des Vertrags erst **nach** Ablauf von **30 Jahren** möglich sein soll (OLG Frankfurt NJW-RR **6**

§ 544

1999, 955 = NZM 1999, 419) oder nach Eintritt eines Ereignisses, das auch erst später als nach 30 Jahren eintreten kann (OLG Hamburg ZMR 1998, 28).

IV. Rechtsfolge

7 Ein Verstoß gegen § 544 S 1 BGB hat lediglich zur Folge, dass der Vertrag nach Ablauf von dreißig Jahren erstmals außerordentlich, und zwar mit gesetzlicher Frist kündbar ist (s o Rn 1). Das Gesetz verweist mit dieser Regelung für Wohnraum auf § 575a BGB sowie auf § 580a Abs 4 BGB für sonstige Raummietverhältnisse. Daraus folgt zugleich, dass die Kündigung des Vermieters nach 30 Jahren bei **Wohnraum** zusätzlich ein **berechtigtes Interesse** im Sinne des § 573 BGB voraussetzt, soweit nicht im Einzelfall Raum für die Anwendung des § 573a BGB ist (s o Rn 1a; Blank/Börstinghaus Rn 22; Bub/Treier/Grapentin, Hdb Rn IV 543; Lützenkirchen § 544 Rn 29; Palandt/Weidenkaff Rn 6; aM Schmidt-Futterer/Lammel § 544 Rn 17). Dies gilt selbst dann, wenn die Parteien das Kündigungsrecht aufgrund des § 544 S 1 BGB ausdrücklich ausgeschlossen hatten: Immer bleibt der Vertrag wirksam, ist jedoch nach dreißig Jahren, dh vorzeitig, kündbar (RGZ 130, 143, 146; RG BayZ 1927, 290 Nr X; BGH 27. 9. 1951 – I ZR 85/50, LM Nr 2 zu § 581 BGB [Bl 2 f] = BB 1951, 974).

8 Die Kündigung ist **erstmals nach dreißig Jahren** möglich. Eine vorherige Kündigung ist unwirksam (OLG Celle NJW-RR 1994, 1473, 1474). Die Frist beginnt nicht mit Vertragsabschluss, sondern **mit Überlassung** der Sache an den Mieter, wie 2001 in § 544 S 1 BGB ausdrücklich klargestellt wurde (s die Begr zum RegE BT-Drucks 14/4553, 44; OLG Düsseldorf ZMR 2002, 189, 190). Eine **Frist** für die Ausübung des Kündigungsrechts ist nicht vorgeschrieben. Die Kündigung kann vielmehr zu einem beliebigen Termin, jedoch nur unter Einhaltung der **gesetzlichen Kündigungsfristen** des § 575a BGB und des § 580a Abs 4 BGB erklärt werden (OLG Hamm NZM 1999, 753, 754). Schwierigkeiten ergeben sich aus der gesetzlichen Regelung, wenn es überhaupt nicht zur Übergabe der Mietsache an den Mieter kommt. In diesem Fall bleibt nichts anderes übrig, als für den Fristbeginn auf den vertraglich vorgesehenen Zeitpunkt der Überlassung der Mietsache an den Mieter abzustellen (Blank/Börstinghaus Rn 6).

9 Die Ausübung des Kündigungsrechts durch den Vermieter nach Ablauf von 30 Jahren ist grundsätzlich **nicht missbräuchlich**, selbst wenn der Mieter für die lange Bindung des Vermieters besondere, zusätzliche Leistungen erbracht hatte (BGH LM Nr 31 zu § 581 BGB [Bl 4 R] = Warn 1967 Nr 250 S 564 = WM 1968, 7; NJW-RR 1994, 971; OLG Karlsruhe ZMR 2008, 533, 535 = WuM 2008, 552). Das folgt bereits aus dem Zweck des § 544 S 1 BGB, die Entstehung erbmietähnlicher Rechtsverhältnisse zu verhindern. Ausnahmen sind freilich denkbar (BGH LM Nr 31 zu § 581 BGB [Bl 4 R] = Warn 1967 Nr 250 S 564 = WM 1968, 7; 20. 5. 1994 – V ZR 292/92, LM Nr 143 zu § 535 BGB = ZMR 1994, 457 = NJW-RR 1994, 971).

V. Vertragsabschluss auf Lebenszeit

1. Voraussetzungen

10 Das außerordentliche Kündigungsrecht des § 544 S 1 BGB für Verträge, die für eine längere Laufzeit als 30 Jahre abgeschlossen sind, gilt gemäß § 544 S 2 BGB nicht für Verträge, die für die Lebenszeit des Vermieters oder des Mieters abgeschlossen sind.

Für derartige Zeitmietverträge über die Lebenszeit einer Person wird ebenfalls das **Verhältnis zu § 575 BGB** diskutiert. Die Frage ist hier ebenso wie bei § 544 S 1 BGB (s Rn 1a) im Sinne eines **Vorrangs des § 544 S 2 BGB** vor § 575 BGB zu entscheiden, weil andernfalls der Versorgungszweck, der offenkundig durch § 544 S 2 BGB privilegiert werden sollte, nicht mehr zu erreichen wäre (ebenso BLANK/BÖRSTINGHAUS Rn 24). Dem Abschluss des Vertrages auf die Lebenszeit einer Partei steht der Fall gleich, dass das **Kündigungsrecht** des einen Teils für die Lebenszeit des *anderen* ausgeschlossen wird (NIENDORFF, Mietrecht 341 f). § 544 S 2 BGB ist außerdem entsprechend anzuwenden, wenn die Vertragsbeendigung von dem Eintritt eines zukünftigen ungewissen **Ereignisses** gerade **in der Person** einer Partei, zB von der Versetzung eines Beamten oder dem Betrieb einer Apotheke abhängig gemacht wird, weil solcher Vertrag ebenfalls höchstens – zulässigerweise – für die Lebenszeit der betreffenden Mietvertragspartei abgeschlossen sein kann (LG Stuttgart NJW-RR 1992, 908 = WuM 1992, 438). Bei **mehreren** Mietern oder Vermietern kommt es, wenn die Parteien nichts anderes vereinbart haben, auf die Lebenszeit des zuletzt Versterbenden an (BLANK/BÖRSTINGHAUS Rn 24; SCHMIDT-FUTTERER/LAMMEL Rn 15). Verträge für die Lebenszeit einer Partei sind nach § 550 S 1 **BGB** formbedürftig (s u § 550 Rn 10; BGH 30. 3. 1958 – VIII ZR 134/57, LM Nr 1 zu § 567 BGB = NJW 1958, 2062, 2063; OLG München HRR 1942 Nr 852; OLG Hamm WuM 1992, 230).

§ 544 *S* 2 BGB ist eine eng auszulegende Ausnahmevorschrift. Für seine Anwendung **11** ist daher kein Raum, wenn das Kündigungsrecht einer Partei, zB des Vermieters für *immer* ausgeschlossen sein soll (OLG München HRR 1942 Nr 852). Aus demselben Grund kann § 544 S 2 BGB nicht, auch nicht entsprechend auf **juristische Personen** angewandt werden (BLANK/BÖRSTINGHAUS Rn 24; PALANDT/WEIDENKAFF Rn 3).

2. Rechtsfolgen

Verträge auf Lebenszeit einer Partei sind **wirksam**, auch wenn sie länger als dreißig **12** Jahre unkündbar bestehen (BGHZ 64, 288, 290 = NJW 1975, 1268). Die Berufung des Mieters darauf ist selbst bei dringendem Eigenbedarf des Vermieters **nicht treuwidrig** (LG Hannover WuM 1991, 349; AG Hannover WuM 1965, 99). Im Falle der Grundstücksveräußerung geht diese Bindung nach § 566 BGB auf den Grundstückserwerber über (LG Hannover WuM 1991, 349).

Mietverträge zB auf die Lebenszeit des Mieters sind auflösend befristet, sodass sie **13** grundsätzlich **mit dem Tode des Mieters enden** (§ 544 S 2 BGB; BayObLGZ 1993, 272 = NJW-RR 1993, 1164). Der Erbe des Mieters tritt folglich nicht in den Mietvertrag ein (BayObLGZ 1993, 272 = NJW-RR 1993, 1164).

§ 545
Stillschweigende Verlängerung des Mietverhältnisses

Setzt der Mieter nach Ablauf der Mietzeit den Gebrauch der Mietsache fort, so verlängert sich das Mietverhältnis auf unbestimmte Zeit, sofern nicht eine Vertragspartei ihren entgegenstehenden Willen innerhalb von zwei Wochen dem anderen Teil erklärt. Die Frist beginnt

1. **für den Mieter mit der Fortsetzung des Gebrauchs,**

2. **für den Vermieter mit dem Zeitpunkt, in welchem er von der Fortsetzung Kenntnis erhält.**

Materialien: E I § 524; II § 509; BGB § 568; III § 561; Mot II 413 ff.

Systematische Übersicht

I. Überblick, Zweck	1	2. Widerspruch schon vor Fristbeginn __ 14
II. Anwendungsbereich	4	VI. Rechtsfolgen __ 15
III. Gebrauchsfortsetzung	8	VII. Abweichende Vereinbarungen
		1. Individualvereinbarungen __ 18
IV. Widerspruch	10	2. Formularvertrag __ 19
V. Frist		
1. Beginn	12	VIII. Beweislast __ 20

Alphabetische Übersicht

Abweichende Vereinbarungen	18 f	Geschäftsfähigkeit	3
Anfechtung der Verlängerung	2	Geschichte	1
Anwendungsbereich	4 ff		
– Aufhebungsvertrag	4, 33	Individualvereinbarungen	18
– Fristlose Kündigung	4		
– gerichtlicher Vergleich	5	Kündigung	4 ff
– Kündigung	4 f		
– Miete	4	Präklusion der Kündigungsgründe	17
– Pacht	4		
– Vergleich	5	Räumungsklage	6
– Verlängerungsvertrag	7	Rechtsfolgen	2, 15 ff
Aufhebungsvertrag	4, 33	– Bürgen	16
		– Präklusion von Kündigungsgründen	17
Beendigungsart	4 ff	– Sicherheiten	16
Beweislast	20	– Vermieterpfandrecht	16
Bürge	16	– Werkswohnungen	16
Formularvertrag	19	Sicherheiten	16
Fortsetzung des Gebrauchs	8 ff		
Fristlose Kündigung	4	Vereinbarungen, abweichende	18 f
		Vergleich	5
Gebrauchsfortsetzung	8 ff	Verlängerungsvereinbarung	7
– Begriff	8	Vollstreckung	6, 13
– Mehrzahl von Mietern	8		
– Untervermietung	9	Werkswohnungen	16

Untertitel 1
Allgemeine Vorschriften für Mietverhältnisse § 545

Widerspruch gegen die Fortsetzung	10 ff	– Widerspruchsfrist	12 ff
– Erklärung	10	– Wirkung	15
– Form	10	Widerspruchsfrist	12 ff
– Fristbeginn	12 ff	– Beginn	12
– Inhalt	10	– Mehrzahl von Vermietern	12
– Klageerhebung	13	– Räumungsfrist	13
– konkludenter Widerspruch	11	– Räumungsklage	11, 13
– Mehrzahl von Mietern und Vermietern	10	– Widerspruch vor Fristbeginn	14
– Räumungsklage	11, 13	Zweck	2
– Widerspruch vor Fristbeginn	14		
– Widerspruch durch Kündigung	14		

I. Überblick, Zweck

§ 545 BGB bestimmt, dass, wenn der Mieter trotz Beendigung des Mietverhältnisses **1**
den Gebrauch der Sache fortsetzt, das Mietverhältnis grundsätzlich auf unbestimmte
Zeit verlängert wird, außer wenn eine der beiden Vertragsparteien rechtzeitig widerspricht. Vorläufer des § 545 BGB war **§ 568 aF**, nach dem in den hier interessierenden Fällen das Mietverhältnis als auf unbestimmte Zeit verlängert gelten sollte (s
dazu Mot II 413 f). Eine vergleichbare Regelung für Dienst- und Arbeitsverträge
findet sich in § 625 BGB.

Zweck des § 545 BGB ist es vor allem, im Interesse der Rechtssicherheit und Rechts- **2**
klarheit die Entstehung eines vertragslosen Zustandes bei Fortsetzung des Mietgebrauchs durch den Mieter zu verhindern (Mot II 413 f; Begr zum RegE BT-Drucks 14/4553, 44
[r Sp] 98 f; BGH 25. 6. 2014 – VIII ZR 10/14, NJW 2014, 2568 Rn 31 = NZM 2014, 589, 581 = WuM
2014, 485; 27. 4. 2016 – VIII ZR 323/14, NZM 2014, 467 Rn 34 = WuM 2016, 341, 345; 28. 1. 2018 – XII
ZR 120/16 Rn 17, NZM 2018, 333 = ZMR 2018, 663). Während jedoch § 568 aF zu diesem
Zweck den Weg einer **Fiktion** gewählt hatte (BGHZ 113, 290, 297 = NJW 1991, 1348; BGH
15. 5. 1991 – VIII ZR 38/90, LM Nr 4 zu § 9 [Ca] AGBG = NJW 1991, 1750; BayObLGZ 1981, 300 =
NJW 1981, 2759 = WuM 1981 = ZMR 1982, 16; Schroers WuM 1974, 65), ordnet § 545 BGB
jetzt einfach, freilich mit derselben Wirkung, die **Verlängerung** des Mietverhältnisses
unter den hier genannten Voraussetzungen **kraft Gesetzes** an. Der Eintritt der in § 545
S 1 BGB angeordneten Rechtsfolge ist deshalb grundsätzlich vom Willen der Parteien
unabhängig (RGZ 140, 314, 316 f; BayObLGZ 1981, 300 = NJW 1981, 2749 = WuM 1981 = ZMR
1982, 16; Blank/Börstinghaus Rn 1; Bub/Treier/Grapentin, Hdb Rn IV 58; wegen Ausnahmen
s Rn 3). Ein **Irrtum** der Parteien über die durch § 545 BGB an ihr Verhalten geknüpften Rechtsfolgen berechtigt sie folglich nicht zur Anfechtung nach § 119 Abs 1 BGB
(s Rn 9; Beck OGK/Mehle Rn 12; Roquette § 568 Rn 5).

Der Wille der Parteien bleibt jedoch insofern beachtlich, als *jede* Partei durch einen **3**
Widerspruch die Verlängerung des Mietverhältnisses verhindern kann (§ 545 S 1
BGB). Deshalb ist daran festzuhalten, dass die Anwendung der Vorschrift **Geschäftsfähigkeit** der Parteien voraussetzt (Blank/Börstinghaus Rn 14; Bub/Treier/Grapentin, Hdb Rn IV 58). Die Fortsetzung des Gebrauchs durch geschäftsunfähige oder
in der Geschäftsfähigkeit beschränkte Personen führt nicht zu einer Verlängerung
des Mietverhältnisses, sondern zu einem vertragslosen Zustand, der nach Bereicherungsrecht abzuwickeln ist (Schmidt-Futterer/Blank Rn 16).

II. Anwendungsbereich

4 § 545 BGB gilt für **alle Miet- und Pachtverhältnisse** ohne Ausnahme, nicht nur für die Grundstücks- oder Wohnraummiete (§ 549 Abs 1 BGB), sondern zB auch für die Fahrnismiete oder für Kleingartenpachtverträge (§ 581 Abs 2 BGB; BGHZ 113, 290, 297 = NJW 1991, 1348, 1350). Lediglich für **Landpachtverträge** findet sich in § 594 BGB eine abweichende Sonderregelung. Der **Grund der Vertragsbeendigung** ist unerheblich. Es spielt keine Rolle, ob der Mietvertrag durch Ablauf der vertraglich vereinbarten Mietdauer, durch ordentliche oder außerordentliche Kündigung oder durch Aufhebungsvertrag endet: Immer ist Raum für die Anwendung des § 545 BGB (BGH 28. 1. 2018 – XII ZR 120/16 Rn 17, NZM 2018, 333 = ZMR 2018, 663; RAGE 15, 281, 283;; Bub/Treier/Grapentin, Hdb Rn IV 57). Die außerordentliche fristlose Kündigung ist nicht etwa vom Anwendungsbereich des § 545 BGB ausgenommen (BGH 26. 3. 1980 – VIII ZR 150/79, LM Nr 22 zu § 305 BGB = NJW 1980, 1577, 1578 f; 28. 1. 2018 – XII ZR 120/16 Rn 17, NZM 2018, 333 = ZMR 2018, 663; OLG Köln ZMR 1996, 24, 25). Bei einem Widerspruch des Mieters gegen die Kündigung nach § 574 BGB bleibt gleichfalls Raum für die Anwendung des § 545 BGB (Weimar MDR 1966, 981). Im Falle der Beendigung des Vertrages durch einen **Aufhebungsvertrag** verhält es sich nur dann anders, wenn der Vertrag zugleich die Bedeutung haben soll, dass mit dem in ihm festgesetzten Endtermin das Mietverhältnis unter allen Umständen enden soll, auch dann, wenn der Mieter vertragswidrig den Gebrauch fortsetzt (s unten Rn 18; BGH WM 1965, 411, 413 = ZMR 1966, 117, 241; Blank/Börstinghaus Rn 6–8).

5 Für die Anwendung des § 545 BGB ist nach dem Gesagten (o Rn 4) grundsätzlich auch Raum, wenn das Mietverhältnis durch einen **gerichtlichen Vergleich** beendet wurde, der Mieter aber trotzdem wohnen bleibt (LG Münster WuM 1966, 27 = ZMR 1966, 108 Nr 14; aM Blank/Börstinghaus Rn 8). Anders ist die Rechtslage nur zu beurteilen, wenn die Beendigung des Mietverhältnisses feststeht und dem Mieter durch den Vergleich lediglich eine **Räumungsfrist** bewilligt wurde (u Rn 11, Rn 13). Denn dann ist klargestellt, dass der Vermieter unter keinen Umständen eine Fortsetzung des Mietverhältnisses mit dem Mieter wünscht (OLG Breslau JW 1929, 3265 Nr 8; LG Essen WuM 1984, 252, 253; Ganschezian-Finck NJW 1971, 2051, 2052 f).

6 Besonderheiten gelten, wenn der Vermieter mit der **Vollstreckung eines Räumungsurteils** übermäßig lange zuwartet (s unten Rn 13). In solchem Fall kann die verspätete Vollstreckung des Urteils je nach den Umständen des Falles **missbräuchlich** sein; im Einzelfall kann in dem Verhalten der Parteien außerdem der konkludente Abschluss eines neuen Mietvertrages zu sehen sein (OLG Hamm WuM 1981, 257; LG Essen WuM 1984, 252; LG Hamburg WuM 1989, 32; AG Frankfurt NJW-RR 1988, 204; AG Pinneberg NJW-RR 1995, 76).

7 § 545 BGB ist nicht zwingend, sodass in jeder Hinsicht abweichende Abreden der Parteien möglich sind (s Rn 18). Insbesondere ein **Verlängerungsvertrag** geht dem § 545 BGB vor. Solche Abrede kann auch konkludent zustande kommen, zB dadurch, dass der Vermieter trotz Beendigung des Mietverhältnisses den Mieter wohnen lässt und die Miete weiterhin entgegennimmt (s Mittelstein, Miete 499 f; kritisch Leo/Götz NZM 2019, 601, 604 f). Für eine Anwendung des § 545 BGB ist außerdem kein Raum, wenn sich die **Parteien einig** sind, dass der alte Vertrag beendet oder geändert werden soll (RAG HRR 1933 Nr 311; ein Beispiel in OLG Düsseldorf NZM 2011, 154, 55 [unter 4b]).

III. Gebrauchsfortsetzung

Die gesetzliche Vertragsverlängerung setzt nach § 545 S 1 BGB voraus, dass der **8** Mieter trotz Beendigung des Mietverhältnisses den Gebrauch der Mietsache fortsetzt. Dies ist immer anzunehmen, wenn der Mieter **rein tatsächlich** den **bisherigen Mietgebrauch** nach Art und Umfang über den (ursprünglichen) Zeitpunkt der Beendigung des Vertrages hinaus **fortsetzt** (BGH 8. 1. 1969 – VIII ZR 184/86, LM Nr 42 zu § 535 BGB [Bl 3 R] = WM 1969, 298 = MDR 1969, 658; 9. 4. 1986 – VIII ZR 100/85, LM Nr 2 zu § 568 BGB = NJW 1986, 1020; 16. 4. 1987 – VIII ZR 156/86, LM Nr 3 zu § 568 BGB = NJW-RR 1988, 76 = WuM 1988, 59; 27. 4. 2016 – VIII ZR 323/14, NZM 2014, 467 Rn 33 = WuM 2016, 341, 345; BayObLGZ 1981, 300 = NJW 1981, 2759 = WuM 1981, 253; BLANK/BÖRSTINGHAUS Rn 10 ff; SCHMIDT-FUTTERER/BLANK Rn 12 ff). Gebrauchsfortsetzung ist daher mehr als bloße Vorenthaltung des Besitzes nach § 546a BGB (WEIMAR ZMR 1963, 65 f; 1965, 3 f). Sie erfordert vielmehr idR, dass der Mieter die Sache (selbst oder durch einen Dritten) **behält und** weiterhin **entsprechend** dem an sich beendeten **Mietvertrag gebraucht**. Hatte der Mieter die Räume **untervermietet**, so greift § 545 BGB ein, wenn der Untermieter den Gebrauch der gemieteten Räume ungeachtet der Beendigung des Hauptmietverhältnisses fortsetzt, wobei es auf den Willen der Beteiligten nicht ankommt (BGH 8. 1. 1960 – VIII ZR 184/66, LM Nr 42 zu § 535 BGB [Bl 3 R] = MDR 1969, 658 = WM 1969, 298; 9. 4. 1986 – VIII ZR 100/85, LM Nr 2 zu § 568 BGB = NJW 1986, 1020). Ebenso unerheblich ist, ob der Gebrauch, den der Mieter von der Mietsache macht, nach dem Vertrag **erlaubt** ist **oder nicht** (BGH 16. 9. 1987 – VIII ZR 156/86, LM Nr 3 zu § 568 [Bl 2] = NJW-RR 1988, 76 = WuM 1988, 59).

Die **Gründe**, aus denen heraus der Mieter den Mietgebrauch fortsetzt, spielen keine **9** Rolle. § 545 BGB greift selbst dann ein, wenn der Mieter irrtümlich annimmt, der Vertrag bestehe fort (s Rn 2). Voraussetzung ist nur, dass die Gebrauchsfortsetzung eine **gewisse Zeit** andauert; die Fortsetzung des Gebrauchs lediglich für eine kurze Übergangszeit bis zu der schon für die nächsten Tage ins Auge gefassten Räumung genügt nicht für die Anwendung des § 545 BGB (WEIMAR MDR 1966, 981). Ebensowenig reicht **bei** einer **Mehrzahl von Mietern** die Fortsetzung des Gebrauchs nur durch **einen** von ihnen für die Verlängerung des Mietverhältnisses mit allen anderen aus (§ 425 BGB; NIENDORFF, Mietrecht 363 f; STERNEL, Mietrecht Rn IV 82). Die verbreitete abweichende Meinung (BLANK/BÖRSTINGHAUS Rn 12; SCHMIDT-FUTTERER/BLANK Rn 14), die im Ergebnis einem einzigen Mieter die Möglichkeit gibt, durch sein vertragswidriges Verhalten alle anderen Mieter entgegen ihrem Willen in ein fortbestehendes Mietverhältnis hineinzuziehen, führt nur deshalb nicht zu unerträglichen Ergebnissen, weil die *anderen* Mieter immer noch der Gebrauchsfortsetzung *widersprechen* können (s unten Rn 10). Eine Fortsetzung des Gebrauchs iS des § 545 BGB ist ferner zu verneinen, wenn ein Ehegatte, der zusammen mit dem anderen Ehegatten das Grundstück gemietet hatte, dieses später allein erwirbt und anschließend dem anderen den weiteren Mitgebrauch der Räume auf familienrechtlicher Grundlage gewährt, sodass gar kein Mietvertrag mehr besteht, der überhaupt fortgesetzt werden könnte (so jedenfalls BGH 27. 4. 2016 – VIII ZR 323/14, NZM 2014, 467 Rn 33 f = WuM 2016, 341, 345; s Rn 15).

IV. Widerspruch

Trotz Fortsetzung des Gebrauchs durch den Mieter nach Beendigung des Mietver- **10** hältnisses tritt nach § 545 S 1 BGB eine Verlängerung des Mietverhältnisses *nicht* ein, wenn eine Partei, der Vermieter *oder* der Mieter, ihren entgegenstehenden Willen binnen einer Frist von zwei Wochen dem anderen Teil gegenüber erklärt. Dieser Widerspruch ist eine **einseitige empfangsbedürftige Willenserklärung**, aus der sich mit hinreichender Deutlichkeit (s Rn 11) ergeben muss, dass der Erklärende mit einer Fortsetzung des Mietverhältnisses zu den bisherigen Bedingungen nicht einverstanden ist (BayObLGZ 1981, 300 = NJW 1981, 2759 = WuM 1981, 253; OLG München OLGR 1994, 63; LG Berlin NJW-RR 2001, 513 = NZM 2001, 40). Bei einer **Mehrheit** von **Mietern oder Vermietern** genügt wegen der Einheitlichkeit des Mietverhältnisses bereits der Widerspruch *eines* von ihnen, um die Anwendung des § 545 BGB auszuschließen (s schon o Rn 8; OLG Rostock NZM 2004, 423, 424 = WuM 2004, 470). Jedoch muss der *Vermieter* seinen Widerspruch *gegenüber allen Mietern* erklären (LG Aschaffenburg WuM 1994, 691).

11 Eine **Form** ist für den Widerspruch nicht vorgeschrieben, sodass er auch konkludent erklärt werden kann (BGHZ 113, 290, 297 = NJW 1991, 1348, 1350; BGH 12. 7. 2006 – XII ZR 178/03, NZM 2006, 699, 700 Tz 25 = NJW-RR 2006, 1385 = ZMR 2006, 765; OLG Rostock NZM 2004, 423, 424 = WuM 2004, 470; OLG Schleswig NJW 1982, 449, 450 f = WuM 1982, 65). Es genügt dafür, dass der Wille des Widersprechenden, das Mietverhältnis zu den bisherigen Bedingungen nicht fortzusetzen, mit hinreichender Deutlichkeit für den anderen Teil zum Ausdruck kommt (§§ 130, 133, 157 BGB; BGH 12. 7. 2006 – XII ZR 178/03, NZM 2006, 699, 700 Tz 25 = NJW-RR 2006, 1385 = ZMR 2006, 765; 28. 1. 2018 – XII ZR 120/16 Rn 17, NZM 2018, 333 = ZMR 2018, 663).). Ein **konkludenter Widerspruch** des Vermieters liegt insbesondere in dem Verlangen nach Räumung, in der Erhebung der Räumungsklage (dazu im Einzelnen Rn 13), in der Stundung des Herausgabeverlangens sowie in der Gewährung einer Räumungsfrist (s oben Rn 5), weil der Vermieter in allen genannten Fällen unmissverständlich klar macht, dass er an der Beendigung des Mietverhältnisses festhält (BGH 12. 7. 2006 – XII ZR 178/03, NZM 2006, 699, 700 Tz 25 = NJW-RR 2006, 1385 = ZMR 2006, 765; OLG Schleswig NJW 1982, 449, 450 f = WuM 1982, 65, 66; OLG Hamm NJWE-MietR 1997, 268; LG Itzehoe WuM 1982, 298, 299; Schroers WuM 1974, 65). Nach überwiegender Meinung genügt für die Annahme eines Widerspruchs in der Regel ferner die Erklärung einer Partei, zu einer Verlängerung des Vertrags nur bei einer *Vertragsänderung* bereit zu sein (RGZ 140, 314, 317; BGH NZM 2006, 699, 700 Tz 25 = NJW-RR 2006, 1385 = ZMR 2006, 765; LM Nr 42 zu § 535 BGB [Bl 3 R f] = WM 1969, 298 = MDR 1969, 658; OLG Hamm NJWE-MietR 1997, 268; Palandt/Weidenkaff Rn 8) Als konkludenter Widerspruch ist es schließlich noch anzusehen, wenn der Vermieter nach Kündigung des Mietverhältnisses Abweisung der Klage des Mieters auf Feststellung des Fortbestandes des Vertrages trotz der Kündigung beantragt (BGHZ 113, 290, 297 = NJW 1991, 1348, 1350).

V. Frist

1. Beginn

12 Der Widerspruch (s Rn 10 f) hat nur dann die Wirkung, die Anwendung des § 545 BGB auszuschließen, wenn er binnen zweier Wochen dem anderen Teil zugeht (§§ 130, 545 S 1 BGB), wobei der **Fristbeginn** für Mieter und Vermieter in § 545 S 2 BGB unterschiedlich geregelt ist. Maßgebender Zeitpunkt ist bei dem **Mieter** nach § 545 S 2 Nr 1 BGB die **Fortsetzung des Gebrauchs**. Für den Mieter fängt folglich die Frist grundsätzlich in dem Augenblick zu laufen an, in dem er *trotz* der *rechtlichen Beendigung* des Mietverhältnisses den vertragsgemäßen Gebrauch der Mietsache fortsetzt. Es ist nicht erforderlich, dass der Mieter von der Beendigung des Mietverhältnisses Kenntnis hat (BGH LM Nr 22 zu § 305 BGB = NJW 1980, 1577, 1578 f). Gewährt der Vermieter dem Mieter freiwillig eine (zusätzliche) *Räumungsfrist* unter entsprechender Verlängerung des Vertrages oder *kündigt* er erst zu einem *zukünftigen Zeitpunkt,* so kann die Frist des § 545 S 1 BGB erst mit dem Zeitpunkt zu laufen beginnen, zu dem der Mieter danach räumen muss.

Anders ist die Rechtslage bei dem **Vermieter**, bei dem die Widerrufsfrist nach § 545 S 2 Nr 2 BGB (erst) in dem Zeitpunkt zu laufen beginnt, in dem er von der Fortsetzung des Gebrauchs durch die Mieter Kenntnis erhält. Erforderlich ist **positive Kenntnis** von der Fortsetzung des Gebrauchs durch den Mieter. Bloßes Kennenmüssen genügt ebensowenig wie die Kenntnis davon, dass der Mieter die Sache noch nicht zurückgegeben hat. Dem Vermieter muss vielmehr bekannt sein, dass der Mieter obendrein den vertraglich vorgesehenen Gebrauch fortsetzt. **Bei** einer **Mehrheit** von Vermietern müssen *alle Kenntnis* von der Gebrauchsfortsetzung durch den Mieter haben, um den Lauf der Frist auszulösen (BayObLGZ 1981, 300 = NJW 1981, 2759 = WuM 1981, 253 = ZMR 1982, 16; Blank/Börstinghaus Rn 20; Bub/Treier/Grapentin, Hdb Rn IV 60). Lediglich, wenn sich die Vermieter gegenseitig Vollmacht erteilt haben, genügt die Kenntnis eines von ihnen (§ 166 Abs 1 BGB). 12a

Die **Fristenberechnung** richtet sich nach den §§ 187 Abs 1, 188 Abs 2 und 193 BGB (Blank/Börstinghaus Rn 20). Liegt der Widerspruch des Vermieters gegen die Gebrauchsfortsetzung des Mieters in der Erhebung der **Räumungsklage** (Rn 11), so wurde es früher zur Fristwahrung überwiegend als erforderlich angesehen, dass dem Mieter die Klage auch binnen der Zweiwochenfrist des § 545 BGB *zugestellt* wird (OLG Stuttgart NJW-RR 1987, 788 = ZMR 1987, 179 = WuM 1987, 114; LG Berlin NZM 2001, 40; LG Paderborn MDR 1984, 581). Diese Praxis hat indessen nicht die Billigung des BGH gefunden; nach ihm genügt vielmehr die rechtzeitige Einreichung der Klage binnen der Frist von zwei Wochen, sofern nur die Zustellung der Klage „demnächst" im Sinne des § 167 ZPO nachfolgt (BGH 25. 6. 2014 – VIII ZR 10/14, NJW 2014, 2568 Rn 24 ff = NZM 2014, 589, 581 = WuM 2014, 485 im Anschluss an BGH 17. 7. 2008 – I ZR 109/05, BGHZ 177, 319, 324 ff Rn 19, 23 ff = NJW 2009, 765 – Sammlung Ahlers). 13

2. Widerspruch schon vor Fristbeginn

Fristgebundene Willenserklärungen können idR bereits vor Beginn der Frist abgegeben werden. Dem entspricht es, dass nach der Rechtsprechung des BGH jedenfalls bei einer Vertragsbeendigung durch **Kündigung** der Widerspruch schon mit dem Ausspruch der Kündigung verbunden werden kann (zu den anderen Erscheinungsformen der Vertragsbeendigung s u Rn 14b). Das gilt gleichermaßen für eine **ordentliche** Kündigung, selbst bei einer langen, mehrmonatigen Kündigungsfrist (BGH 21. 4. 2010 – VIII ZR 184/09, NJW 2010, 2124 Tz 11 = NZM 2010, 510 = WuM 2010, 418; ebenso schon BGH 16. 9. 1987 – VIII ZR 156/86, LM Nr 3 zu § 568 BGB = NJW-RR 1988, 76 = WuM 1988, 59; OLG Hamburg NJW 1981, 2258 = WuM 1981, 205; OLG Schleswig NJW 1982, 449; OLG Hamm NJWE-MietR 1997, 268; LG Bonn WuM 1992, 617), wie für eine **fristlose Kündigung** aus wichtigem Grund (BGH 24. 1. 2018 – XII ZR 120/16 Rn 17, NZM 2018, 333 = ZMR 2018, 663). Es handelt sich deshalb zB um einen wirksamen Widerspruch, wenn eine Partei eine Verlängerung des Vertrags beantragt und die andere der Verlängerung widerspricht und 14 dabei zugleich auch einen Widerspruch im Sinne des § 545 BGB erklärt (OLG Düsseldorf OLGR 2002, 359 = NZM 2002, 739, 741 = ZMR 2002, 589, 591). Bei Fortsetzung des Gebrauchs durch den Mieter nach Ablauf der Kündigungsfrist bedarf es folglich unter den genannten Voraussetzungen keiner Wiederholung des Widerspruchs seitens des Vermieters, um eine Vertragsverlängerung nach § 545 S 1 BGB auszuschließen (BayObLGZ 1981, 300 = NJW 1981, 2759 = WuM 1981, 253; kritisch Blank/Börstinghaus Rn 26).

14a Für den Widerspruch ist keine besondere Form vorgeschrieben, sodass er auch **konkludent** erklärt werden kann (o Rn 11). Solche Annahme liegt besonders nahe bei einer **fristlosen Kündigung** wegen einer schweren Vertragsverletzung des anderen Teils (§§ 543 und 569 BGB; BGH 8. 1. 1969 – VIII ZR 184/66, LM Nr 42 zu § 535 BGB [Bl 4 f] = WM 1969, 298 = MDR 1969, 658; 9. 4. 1986 – VIII ZR 100/85, LM Nr 2 zu § 568 BGB = NJW 1986, 1020; WM 1965, 411, 413 = ZMR 1966, 117, 241; OLG Rostock NZM 2004, 423, 424 = WuM 2004, 470; LG Berlin GE 1991, 733), ist aber auch bei einer **ordentlichen Kündigung** nicht ausgeschlossen (LG Köln WuM 1987, 225; LG Kassel WuM 1989, 518; OLG Düsseldorf OLGR 2002, 359 = NZM 2002, 739, 741 = ZMR 2002, 589, 591). Jedoch kann nicht ohne weiteres in jeder fristlosen Kündigung aus wichtigem Grunde zugleich ein Widerspruch gegen die Vertragsfortsetzung gesehen werden; dies kommt vielmehr nur in Betracht, wenn in der Kündigung zugleich mit hinreichender Deutlichkeit der Wille insbesondere des kündigenden Vermieters zum Ausdruck gelangt, eine Fortsetzung des Vertrags unbedingt abzulehnen (BGH 24. 1. 2018 – XII ZR 120/16 Rn 17, NZM 2018, 333 = ZMR 2018, 663).

14b Offen ist, ob die Rechtslage im Falle der Vertragsbeendigung durch **Zeitablauf** oder durch **Aufhebungsvertrag** ebenso wie im Falle der Kündigung zu beurteilen ist (s Rn 14a). Das ist deshalb fraglich, weil der BGH insoweit bisher meistens gefordert hat, dass der Widerspruch nicht nur in einem losen, sondern in einem **engen zeitlichen** und sachlichen **Zusammenhang** mit der **Vertragsbeendigung** und dem **Fristbeginn** stehen muss, wobei die Anforderungen je nach den Umständen des Einzelfalls schwanken (so BGH 8. 1. 1969 – VIII ZR 184/66, LM Nr 42 zu § 535 BGB [Bl 4 f] = WM 1969, 298 = MDR 1969, 658; 9. 4. 1986 – VIII ZR 100/85, LM Nr 2 zu § 568 BGB = NJW 1986, 1020; WM 1965, 411, 413 = ZMR 1966, 117, 241; 12. 7. 2006 – XII ZR 178/03, NZM 2006, 699, 700 Tz 25 = NJW-RR 2006, 1385 = ZMR 2006, 765; BayObLGZ 1981, 300 = NJW 1981, 2759 = WuM 1981, 253; OLG Rostock NZM 2004, 423, 424 = WuM 2004, 470; Blank/Börstinghaus Rn 21 f). Dadurch soll insbesondere sichergestellt werden, dass der Widerspruch, wie es die Vorschrift des § 545 BGB der Sache nachverlangt, in Zusammenhang mit einem **konkreten Fall** der Gebrauchsfortsetzung durch den Mieter trotz Vertragsbeendigung erklärt wird, dh nicht schon im Voraus im Vertrag ohne Bezug auf einen bestimmten konkreten Fall. Im Schrifttum ist umstritten, ob an dieser Praxis mit Rücksicht auf die offenbar abweichende Beurteilung der Rechtslage im Falle einer Kündigung des Vermieters, insbesondere bei einer ordentlichen Kündigung mit einer langen mehrmonatigen Kündigungsfrist (s Rn 14), festgehalten werden kann. Wohl überwiegend wird die Frage heute verneint (Bub/Treier/Grapentin, Hdb Rn IV 60; Lützenkirchen § 545 Rn 35; BeckOGK/Mehle [1. 7. 2020] Rn 10 ff; Guhling/Günter/Krüger Rn 10 ff; nicht eindeutig Schmidt-Futterer/Blank § 545 Rn 25). Es bleibt aber dabei, dass ein *allgemeiner* Widerspruch im Voraus nur durch eine (grundsätzlich ebenfalls zulässige) vertragliche Abbedingung des § 545 BGB, dh aufgrund des Willens *beider* Parteien möglich ist (s Rn 18 f).

VI. Rechtsfolgen

Setzt der Mieter nach Beendigung des Mietverhältnisses den Gebrauch der Mietsache fort, ohne dass eine der Parteien rechtzeitig widerspricht, so wird kraft Gesetzes das Mietverhältnis auf unbestimmte Zeit verlängert (§ 545 S 1 BGB; s oben Rn 2). Ohne Rücksicht auf den Willen der Parteien wird daher im Falle des § 545 S 1 BGB das Mietverhältnis in ein solches auf unbestimmte Dauer umgewandelt. Dies bedeutet, dass der Vertrag grundsätzlich **unverändert** und unter Wahrung seiner **Identität fortgesetzt** wird (insbesondere BGH 27. 4. 2016 – VIII ZR 123/14, NZM 2016, 467 Rn 34 = WuM 2016, 341, 345). Lediglich die bisherigen Abreden der Parteien über die Vertragsdauer, die Kündigungsfristen und über eine etwaige Verlängerung des Vertrages einschließlich einer Verlängerungsoption werden gegenstandslos; an ihre Stelle treten die **gesetzlichen Kündigungsfristen** der §§ 573c, 580a BGB (RGZ 140, 314, 316 f; RAGE 15, 281, 283 f; OLG Köln ZMR 1996, 433; LG Stuttgart ZMR 1967, 340, 341; Blank/Börstinghaus Rn 25; Mittelstein, Miete 501 ff; Bodié NJW 1967, 1068 f; Bullert NJW 1967, 139). Die Garantiehaftung des Vermieters aus § 536a Abs 1 Fall 1 BGB lebt daher nicht wieder auf. **15**

Diese Rechtsfolgen treten jedenfalls endgültig ein, sobald die beiden Widerspruchsfristen für die Parteien abgelaufen sind. In der **Zwischenzeit**, dh in der Zeitspanne zwischen der ursprünglich vorgesehenen Vertragsbeendigung (etwa aufgrund der Befristung des Vertrages) und dem Ablauf der beiden Widerspruchsfristen, wird im Schrifttum teilweise ein **Schwebezustand** angenommen, während dessen die beiderseitigen Rechte und Pflichten weithin suspendiert seien (so Leo/Götz NZM 2019, 601). Solche Annahme widerspricht indessen offenkundig dem Zweck der gesetzlichen Regelung (Rn 1) und ist auch nicht erforderlich; in Ausnahmefällen wohl denkbare Rechte- und Fristenkollisionen können über § 242 im Lichte des Gesetzeszweckes gelöst werden. **15a**

Aus der **Identität** des ursprünglichen und des verlängerten Mietverhältnisses folgt zB, dass eine Wohnung unter den Voraussetzungen des § 545 S 1 BGB nicht ihren Charakter als **Werkwohnung** einbüßt (§ 576; LG Essen NJW 1961, 1166 = ZMR 1961, 360 Nr 12; LG München ZMR 1963, 242). Aus demselben Grund heraus bleibt ein schon begründetes **Vermieterpfandrecht** bestehen und sichert fortan zusätzlich die Forderungen des Vermieters aufgrund des verlängerten Vertrages (KG OLGE 4, 42 f). Doch muss hier eine Einschränkung für **Bürgen** und für **fremde Pfänder** gemacht werden (§§ 133, 157, 765, 1206 BGB): Ihnen gegenüber ist im Zweifel das fortgesetzte Mietverhältnis als neues anzusehen, sodass sie für die neuen Verbindlichkeiten des Mieters nur haften, wenn sie mit der Fortsetzung der Miete und ihrer Haftung für die dadurch begründeten, zusätzlichen Verbindlichkeiten des Mieters einverstanden sind (LG Gießen ZMR 1995, 33, 34 [r Sp 2. Abs]; Blank/Börstinghaus Rn 23; Leo/Götz NZM 2019, 601, 605; aM Mittelstein, Miete 503). **16**

Die Unterlassung des Widerspruchs bewirkt **keine Präklusion** des Vermieters mit seinen Kündigungsgründen, sodass er jederzeit die Kündigung des kraft Gesetzes (§ 545 S 1 BGB) verlängerten Mietverhältnisses wiederholen kann, sofern jetzt noch ein Kündigungsgrund vorliegt (Blank/Börstinghaus Rn 25; Schopp ZMR 1971, 57; Palandt/Weidenkaff Rn 10; aM LG Bochum ZMR 1971, 56; AG Tempelhof-Kreuzberg MDR 1988, 146). **17**

VII. Abweichende Vereinbarungen

1. Individualvereinbarungen

18 § 545 BGB ist nicht zwingend, sodass abweichende Individualvereinbarungen zulässig sind (s Rn 14b; BGH 15. 5. 1991 – VIII ZR 38/90, LM Nr 4 zu § 9 [Ca] AGBG = NJW 1991, 1750 = WuM 1991, 381, 382; WM 1965, 411, 413 = ZMR 1966, 117, 241). Die Parteien können zB vereinbaren, dass das Mietverhältnis zu einem bestimmten Termin unter allen Umständen, dh auch dann, wenn der Mieter den Gebrauch abredewidrig fortsetzt, enden soll. Solche Abrede kann auch in einem **Aufhebungsvertrag** liegen; notwendig ist dies jedoch nicht (s o Rn 14b; BGH WM 1965, 411, 413 = ZMR 1966, 117, 241; LG Mannheim WuM 1977, 229 = Justiz 1974, 233, 234). Voraussetzung dürfte vor allem sein, dass sich die Parteien der Bedeutung des § 545 BGB bewusst sind (Sternel, Mietrecht Rn IV 89).

2. Formularvertrag

19 § 545 BGB kann ferner durch Formularvertrag zum Nachteil des Mieters abgeändert werden, da er in erster Linie eine Klarstellungsfunktion hat (o Rn 1; BGH 15. 5. 1991 – VIII ZR 38/90, LM Nr 4 zu § 9 [Ca] AGBG = NJW 1991, 1750 = WuM 1991, 381, 382; OLG Celle WuM 1990, 103, 107; OLG Hamm NJW 1983, 826 = WuM 1983, 48; OLG Düsseldorf NZM 2011, 154; Blank/Börstinghaus Rn 26 ff; Schmidt-Futterer/Blank Rn 31 ff; Palandt/Weidenkaff Rn 4). Die Klausel muss jedoch **klar und verständlich** sein, wofür jedenfalls bei der **Wohnraummiete** (bei der Geschäftsraummiete mag die Rechtslage anders zu beurteilen sein) der bloße Verweis auf § 545 BGB nicht ausreicht (§ 307 Abs 1 S 2 BGB; OLG Schleswig NJW 1995, 2858 = WuM 1996, 85 m Anm Voelskow ZMR 1996, 431; OLG Koblenz WuM 2002, 552, 554; LG Frankfurt WuM 2000, 15; LG Berlin WuM 1996, 707; NZM 1999, 800). Entgegen einer teilweise vertretenen Meinung (OLG Rostock NZM 2006, 584 = ZMR 2006, 692; LG Erfurt WuM 2008, 283; Staudinger/Bieder [2019] Anh zu §§ 305–310 Rn E 148) kann man nicht bei jedem Wohnraummieter die Kenntnis des § 545 BGB unterstellen. In der Klausel muss daher der wesentliche Inhalt des § 545 BGB leicht verständlich wiedergegeben werden, damit sich der Mieter bei der Fortsetzung des Gebrauchs darauf einrichten kann.

VIII. Beweislast

20 Wer sich auf die Verlängerung des Mietverhältnisses nach § 545 BGB beruft, braucht nur die Fortsetzung des Gebrauchs durch den Mieter zu beweisen. Demgegenüber muss dann der andere Teil den Nachweis führen, dass er rechtzeitig widersprochen hat. Beruft sich der Mieter jedoch darauf, dass der Vermieter schon früher als von ihm behauptet Kenntnis von der Fortsetzung des Gebrauchs erlangt hatte, so trifft ihn dafür die Beweislast (LG Köln WuM 1975, 85 f; Blank/Börstinghaus Rn 30 ff; Mittelstein, Miete 504 f).

§ 546
Rückgabepflicht des Mieters

(1) Der Mieter ist verpflichtet, die Mietsache nach Beendigung des Mietverhältnisses zurückzugeben.

(2) Hat der Mieter den Gebrauch der Mietsache einem Dritten überlassen, so kann der Vermieter die Sache nach Beendigung des Mietverhältnisses auch von dem Dritten zurückfordern.

Materialien: E I § 520; II § 498; III § 549; Mot II 401 f; Prot II 188 ff; Jakobs/Schubert SchR II 498. BT-Drucks 14/4553, 44; BT-Drucks 17/10485, 1 ff; BT-Drucks 17/11894.

Schrifttum

Ahrens, Der Untermieter im sozialen Mietrecht (Diss Kiel 1994)
Artzt/Schmidt, Räumungsvollstreckung bei Lebensgemeinschaften, ZMR 1994, 90
Bindokat, Vollstreckungsschutz gegen sittenwidrige Zwangsräumung wegen Krankheit und Alters, NJW 1992, 2872
Börstinghaus, Auswirkungen der Schuldrechtsreform auf das Mietrecht, ZGS 2002, 102
ders, Die neue „Räumungsverfügung" im Wohnraummietprozess, NJW 2014, 2225
Both, Die Berliner Räumung und das Vermieterpfandrecht, GE 2007, 192
Breckerfeld, Schlüsselrücknahmepflicht vor Beendigung des Mietverhältnisses, NZM 2000, 533
Brunner/Jung, Lückenloser Mieterschutz. Die Rechtsbeziehung zwischen Eigentümer und Endmieter nach Ende des gewerblichen Zwischenmietverhältnisses – Konsequenzen aus dem Beschluss des BVerfG vom 11. 6. 1991, ZMR 1992, 177
Burbulla, Mieterpflichten bei Rückgabe von Gewerberäumen, ZMR 2016, 837
Cymutta, Die Herausgabe der Schuldnerwohnung in der Mieterinsolvenz, WuM 2008, 582
Derleder, Der Kündigungsschutz des Wohnraummieters bei Einschaltung eines Zwischenvermieters, WuM 1991, 641
ders, Einschaltung eines „altruistischen" Zwischenmieters: Gewerbliche Weitervermietung oder (eher) klassische Untermiete?, NZM 2016, 670
Dötsch, Räumungsverfügungen gegen mitbesitzende Dritte nach § 940a Abs 2 RegE – MietRÄndG, ZMR 2012, 83
Eckert, Räumung, Rückgabe und Aussonderung im Mieterinsolvenzverfahren, NZM 2006, 610
Eisenhardt, Haupt- und Nebenpflichten des Mieters bei Rückgabe der Mieträume, WuM 1998, 447
ders, Eigentümerwechsel in der Zeit zwischen Mietvertragsende und Rückgabe der Mietsache – keine Regelungslücken, WuM 2020, 398
Emmerich, Neues Mietrecht und Schuldrechtsmodernisierung, NZM 2002, 362
ders, Auswirkungen der Mietrechtänderungen auf Kündigungen, WuM 2013, 323
Fallak, Durchsetzung der Räumung gegen einen Gewahrsamsinhaber, der nicht Titelschuldner ist, ZMR 2003, 803
Fervers, Fristsetzungserfordernis für Vermieteransprüche bei Verletzung vertraglicher Pflichten, WuM 2017, 429
Fischer, Der „Dritte" in der Mietwohnung – Miet- und vollstreckungsrechtliche Anmerkungen, in: 10 Jahre Mietrechtsreformgesetz (2011) 246
ders, Zivilprozessuale Räumungsvollstreckung und bürgerlich-rechtliches Vermieterpfandrecht, WuM 2011, 403

ders, „Mietrechtsänderung" und Prozessrechtsreform, DGVZ 2012, 151
ders, Auswirkungen der „Mietrechtsänderung" auf Räumungsverfahren und -vollstreckung, NZM 2013, 249
Flatow, Der Wohnungsmieter als Insolvenzschuldner, in: 10 Jahre Mietrechtsreformgesetz (2011) 865
dies, Mietrechtsänderungsgesetz 2013, NJW 2013, 1185
Fleindl, Das geplante Mietrechtsreformgesetz – Ein Überblick über die wesentlichen Änderungen, NZM 2012, 57
ders, Räumung von Wohnraum durch einstweilige Verfügung, ZMR 2013, 677
Fritz, Gewerbliche Zwischenvermietung – Rechtsprobleme der Untervermietung, WuM 1991, 13
Gärtner, Wohnungsmietrechtlicher Bestandsschutz auf dem Weg zu einem dinglichen Recht?, JZ 1994, 440
Gather, Die Beendigung des Wohnraummietvertrages in der höchst- und obergerichtlichen Rechtsprechung, DWW 1991, 162
ders, Überblick über das gewerbliche Mietrecht, DWW 1993, 121
ders, Der Wechsel des Vermieters – Ein Überblick über die Rechtslage, DWW 1992, 37
Geissler, Räumungsvollstreckung bei Hausbesetzungen, DGVZ 2011, 37
Glenk, Die Tücken bei der Beendigung und Abwicklung des Mietverhältnisses, ZMR 2017, 1 u ZMR 2017, 109
Hinz, Mietrechtsänderung im Rechtsausschuss, NZM 2012, 777
ders, Referentenentwurf eines Mietrechtsänderungsgesetzes, ZMR 2012, 153
Hornick, Kündigungsschutz des Untermieters bei gewerblicher Zwischenvermietung, ZMR 1992, 224
Horst, Selbsthilfemöglichkeiten bei der Abwicklung beendeter Mietverhältnisse, NZM 1998, 139
ders, MietRÄndG 2013 – Die vereinfachte Räumung von Wohnraum, MietRB 2013, 86
ders, Mietrechtsnovelle 2013 – Vereinfachte Räumung von Wohnraum, MDR 2013, 249
ders, Regelungen zum Rückgabezustand der Mieträume, NZM 2020, 257

Jost, Zwangskauf als Schadensersatz?, in: FS Otte (2005) 145
Jung, Die Vorschrift des § 765a ZPO und seine Anwendung im Mietrecht, DWW 1991, 139
Kaiser, Räumung und Vollstreckungsschutz bei Suizidgefahr, NJW 2011, 2412
Katzenstein/Hüftle, „Zwangskauf" im Mietrecht?, NZM 2004, 601
Keinert, Fälligkeitszeitpunkt des Anspruchs auf Rückgabe der Mietsache, WuM 2016, 195
Kinne, Beendigung des Mietverhältnisses – Schlüsselrückgabe ausreichend?, GE 2006, 1213
ders, Die neue Räumungsverfügung für Wohnraum – Voraussetzungen und Folgen, GE 2014, 1240
Klimesch, Der Trick mit dem Untermieter – Zwangsräumung vor dem Aus?, ZMR 2009, 431
Klinck, Schadensersatz statt Herausgabe der Mietsache – Das Problem des „Zwangskaufs", in: 10 Jahre Mietrechtsreformgesetz (2011) 302
Klüver, Wendepunkt oberlandesgerichtlicher Rechtsprechung zur Ausweitung des § 940a Abs 2 ZPO (auch) auf Gewerberaummietverhältnisse, ZMR 2018, 196
Kluth/Grün, Die Räumungsverfügung nach § 940 ZPO bei gewerblicher Miete, NZM 2001, 1015
Körner, Zahlungsverzug und Räumungsklage bei mehreren Mietern, GE 2004, 342
Krenek, Mieterschutz bei der gewerblichen Zwischenvermietung, Jura 1993, 79
Kummer, Zur formularmäßigen „Vertragsübertragung" in der Wohnraummiete, WuM 1991, 240
Landvoigt, Die mietrechtlichen Probleme mit Haus- und Wohnungsschlüsseln, GE 2007, 1301
Langenberg, Herausgabeanspruch des Eigentümers gegen den Endmieter bei Zwischenmietverhältnissen, MDR 1993, 102
ders, Rechtsbeziehungen zwischen Eigentümer und Endmieter nach Beendigung des Zwischenmietverhältnisses, MDR 1993, 602
Lehmann-Richter, Die Schadenshaftung des Gläubigers bei der beschränkten Räumung neuen Rechts, NZM 2013, 260
ders, Vollstreckung mietrechtlicher Ansprüche nach neuem Recht, NZM 2014, 257
ders, Die Rückgabe der Mietsache: Haftung des

Mieters für Substanzveränderungen, ZMR 2019, 313
ders/KEINERT, Erstattung eines Drittschadens bei Verletzung der Rückgabepflicht aus § 546 BGB, ZMR 2011, 523
LUCKEY, Räumung – verbotene Eigenmacht oder zulässige Eigenvollstreckung?, GE 2008, 28
LÜTZENKIRCHEN, Die Sicherungsanordnung nach § 283 ZPO-E, ZMR 2012, 604
MAJER, Räumungsvollstreckung nach den Plänen zur Mietrechtsänderung, NZM 2012, 67
MEYER, Rechtsprobleme bei der gemeinsamen Nutzung einer Wohnung, ZMR 1990, 444
MÜNCH, Der vollstreckbare Anwaltsvergleich als Räumungsvergleich, NJW 1993, 1181
MÜNZBERG, Die Fristen für Anträge des Räumungsschuldners gemäß § 721 Abs 2 S 1, Abs 3 S 2, § 794a Abs 1 S 2 ZPO, WuM 1993, 9
MUTTER, Anmerkungen zum Schutz von Wohnraummietern bei gewerblicher Zwischenmiete, ZMR 1993, 209
ders, Wann ist eine Mietsache zurückzugeben?, ZMR 1991, 329
NEUHAUS, Mietrechtsänderungsgesetz 2013 und Gewerberaummiete, ZMR 2013, 686
PASCHKE, MietRÄndG: Sicherungsanordnung und Räumungsverfügung – leere Versprechen?, GE 2012, 1602
PAULY, Die Räumungsvollstreckung gegen nicht am Mietvertrag beteiligte Personen, ZMR 2005, 337
ders, Vorzeitige Schlüsselrückgabe am Mietende, NZM 2012, 553
PFEIFFER, Mieter verliert Schlüssel – Wer zahlt?, GE 2003, 1063
PÜTZ, Der Zeitpunkt der Rückgabe in § 546 BGB nF (§ 556 BGB aF), WuM 2002, 414
RIECKE, „Geiz ist geil" oder: Ein „zeitgeistiges", aber trügerisches Motto bei der Räumungsvollstreckung?, NZM 2006, 919
ders, Die „Hamburger Räumung" als kreative Alternative oder positives „Minus" gegenüber der „preußischen Standard-Zwangsräumung", in: FS Blank (2006) 563
RIEHM, Der „Zwangskauf" im Mietrecht – Zur Anwendung des § 281 BGB auf den mietrechtlichen Herausgabeanspruch, in: 10 Jahre Mietrechtsreformgesetz (2011) 311

RUTHE, Der verlorene Haustürschlüssel, NZM 2000, 365
SCHACH, Die „Chancen" der BGH-Rechtsprechung, WuM 2006, 1145
SCHEFFLER, Räumungsklage bei gewerblicher Zwischenvermietung, NJW 1992, 477
SCHMID, Der Angehörige in der Mietwohnung, WuM 2014, 115
SCHOLZ, Räumungsklage gegen Mitmieter, der bereits ausgezogen ist?, WuM 1990, 99
SCHOPP, Wohnungsmiete bei gewerblicher Zwischenvermietung, ZMR 1993, 4
SCHÜREN, Gewerbliche Zwischenvermietung und Bestandsschutz, JZ 1992, 79
SCHUSCHKE, Räumungsvollstreckung gegen Mitbewohner der Wohnung des Titelschuldners, NZM 1998, 58
ders, Die Räumungsvollstreckung gegen Mitbesitzer einer Mietwohnung, NZM 2005, 10
ders, Lebensschutz contra Eigentumsschutz – Zu den Grenzen des § 765a ZPO in der Räumungsvollstreckung, NJW 2006, 874
ders, Reichweite und Grenzen gerichtlicher Fürsorge gegenüber suizidgefährdeten Schuldnern im Lichte des Grundgesetzes, NZM 2011, 304
ders, Die „Berliner Räumung" bei der Vollstreckung aus einem Zuschlagsbeschluss gem § 93 ZVG, NZM 2011, 685
ders, Aktuelle Probleme zur Räumungsvollstreckung, NZM 2012, 209
ders, Die Einstellung der Räumungsvollstreckung, NZM 2015, 233
ders, § 940a II und III ZPO – Irrwege des Gesetzgebers, DGVZ 2016, 37
SCHWAB, Neues Schuldrecht: Ende des Mieterschutzes? – Wider die Theorie vom Zwangsverkauf an den bei Mietende nicht weichenden Mieter, NZM 2003, 50
ders/NOVOKMET, Ungelöste Fragen des „Zwangsverkaufs" vermieteter Immobilien, ZGS 2004, 187
SCHÜLLER, Anwendbarkeit des Wohnraummietrechts bei der Vermietung an einen gemeinnützigen Träger, GE 2016, 247
SICK, Die Einweisung unbekannter Dritter im Zuge der Räumungsvollstreckung – aktuelle Probleme auf Vermieterseite, ZMR 2010, 493
STERNEL, Verbleibende Verpflichtungen der

Vertragspartner bei Wohnungsübergabe, NZM 2017, 169
STREYL, Die Hinterlegungsanordnung und die Räumungsverfügung, NZM 2012, 249
ders, Wohnungsschlüsselrückgabe beim Hauswart und Beginn der kurzen mietrechtlichen Verjährung, NJW 2014, 665
SZABÓ, Mietrechtlicher Rückgabeanspruch (§ 546 BGB) und dinglicher Herausgabeanspruch (§§ 985, 986 BGB) – die Konkurrenzproblematik unter beweisrechtlichen Aspekten, in: 10 Jahre Mietrechtsreformgesetz (2011) 292
WALKER/GRUSS, Räumungsschutz bei Suizidgefahr und altersbedingter Gebrechlichkeit, NJW 1996, 352
WEDEL, Der neue § 940a Abs 2 ZPO löst die Untermieter-Problematik (Mieter präsentiert Untermieter bei der Räumung, um diese zu vereiteln) nicht, ZMR 2017, 299
ders, Können die Wertungen des § 940a Abs 2 ZPO – obwohl diese Vorschrift auf die Gewerberaummiete auch nicht analog anwendbar ist – dann bei der Gewerberaummiete doch i.R.d. § 940 ZPO berücksichtigt werden?, ZMR 2018, 989

ders, Rechtsprobleme des § 940a Abs 2 ZPO, ZMR 2020, 14
WEIN, Kündigungsschutz bei gewerblicher Zwischenvermietung, GE 1993, 74
WENDT, Sicherungsanordnung und Räumungsverfügung gemäß §§ 283a, 940a Abs 3 ZPO – scharfe Schwerter mit geringer Reichweite?, ZMR 2013, 605
ders, Die einstweilige Räumungsverfügung des § 940a ZPO, 2015
WINDERLICH, Die Räumungsvollstreckung gegen den nicht am Mietvertrag beteiligten Ehegatten des Schuldners, ZMR 1990, 125
ZEHELEIN, Der Gesetzesentwurf der Bundesregierung zu dem Gesetz über die energetische Modernisierung von vermietetem Wohnraum und über die vereinfachte Durchsetzung von Räumungstiteln (Mietrechtsänderungsgesetz – MietRÄndG), WuM 2012, 418
ders, Das Mietrechtsänderungsgesetz in der gerichtlichen Praxis, WuM 2013, 133
ZSCHIESCHACK, (Dauerhaftes) Vollstreckungshindernis Suiziddrohung?, NZM 2017, 15.

Systematische Übersicht

I.	**Allgemeine Kennzeichnung**	
1.	Überblick	1
2.	Entwicklung der Vorschrift	2
3.	Zweck der Vorschrift	3
II.	**Rückgabe der Mietsache (Abs 1)**	
1.	Voraussetzungen	4
a)	Mietverhältnis	4
b)	Beendigung	6
2.	Rechtsfolgen	7
a)	Gläubiger und Schuldner	7
b)	Art und Weise der Rückgabe	9
aa)	Einräumung des unmittelbaren Besitzes	9
bb)	Rückgabe des Zubehörs	18
cc)	Zustand der Mietsache	20
dd)	Teilleistungen	32
c)	Zeitpunkt der Rückgabe	35
d)	Ort der Rückgabe	39
e)	Nichterfüllung des Anspruchs auf Rückgabe	41
3.	Durchsetzung des Rückgabeanspruchs	44
4.	Herausgabe- und Räumungsklage	46
a)	Zuständigkeit	47
b)	Klageantrag und -gegner	49
c)	Weitere Verfahrensfragen	52
d)	Insolvenz des Mieters	54
e)	Klage auf künftige Räumung	56
5.	Zwangsvollstreckung	57
a)	Allgemeines	57
b)	Vollstreckungstitel	58
c)	Vereinfachte Räumung (§ 885a ZPO)	65
d)	Einwendungen	71
e)	Vollstreckungsschutz	72
f)	Räumungskosten	78
g)	Einstweiliger Rechtsschutz (§ 940a ZPO)	79
6.	Konkurrenzen	84

III.	**Herausgabeanspruch gegen einen Dritten (Abs 2)**		
1.	Allgemeines		86
2.	Voraussetzungen		89
a)	Hauptmietverhältnis		89
b)	Überlassung des Gebrauchs der Mietsache an einen Dritten		90
c)	Beendigung des Hauptmietverhältnisses		92
d)	Geltendmachung		95
3.	Rechtsfolgen		97
a)	Gläubiger und Schuldner		97
	b)	Inhalt der Herausgabepflicht	98
	c)	Nichterfüllung des Herausgabeanspruchs	100
4.		Bestandsschutz des Untermieters von Wohnraum	101
	a)	Entwicklung der Problematik	101
	b)	Gegenwärtiger Stand der Rechtslage	103
5.		Durchsetzung des Herausgabeanspruchs	111
6.		Konkurrenzen	112
IV.		**Verjährung**	113

Alphabetische Übersicht

Abnahmeprotokoll	24
Abweichende Vereinbarungen	6, 37, 42
Aussonderungsanspruch	54
Bauliche Änderungen	29
Beendigung des Mietverhältnisses	6, 72
Berliner Räumung	65
Dingliche Wohnrechte	5
Durchsetzung des Rückgabeanspruchs	44, 111
Ehegatten	50
Einrichtungen	27 f
Firmenschilder	28
Gebrauchsüberlassung an einen Dritten	90
Gemeinschaftliche Mieter	14 ff
Gläubiger des Rückgabeanspruchs	7, 97
Hauptmietverhältnis	89, 92
Herausgabeanspruch gegen einen Dritten	86
– Einwendungen des Dritten	88
– Rechtsfolgen	97
– Voraussetzungen	89
Insolvenz des Mieters	54 f
Kinder	51
Klage auf künftige Räumung	56
Klage auf Rückgabe	46, 111
Klageantrag	49
Klagegegner	49 ff
Konkurrenzen	84, 112
Kosten der Rückgabe	40
Mietaufhebungsvertrag	6
Mietverhältnis	4, 89
– Beendigung	6, 92
Mitwirkungspflicht des Vermieters	10
Müll	33, 67
Namensschilder	28
Neue Bundesländer	30
Nichterfüllung des Rückgabeanspruchs	41 f, 100
Nutzungsverträge	4
Obdachloseneinweisung	5, 37
Ort der Rückgabe	39, 99
Pacht	4, 86
Pfandrecht	70
Räumungsklage	46, 95
Räumungskosten	78
Räumungstitel	58 ff
Rechtshängigkeit	43
Rechtskraft	49
Rechtsschutzbedürfnis	52
Reklameschilder	28
Rückgabe der Mietsache	4
– Art und Weise	9, 98
– Rechtsfolgen	7, 97
– Voraussetzungen	4, 89
– vorzeitige	38
Schadensersatz statt der Leistung	41

Scheidung	50	Werkdienstwohnungen	4
Schlüsselrückgabe	18 f, 38	Werkmietwohnungen	4
Schönheitsreparaturen	26, 28	Wohnungsabnahmeprotokoll	24
Schuldner des Rückgabeanspruchs	8, 97	Wohnungsschlüssel	18 f, 38
Sicherungsanordnung	79		
		Zeitpunkt der Rückgabe	35
Teilleistungen des Mieters	32 ff	Zubehör	18 f
		Zustand der Mietsache	20 f
Untermiete	6, 86	Zuständigkeit	47 f
– Einwendungen	88	Zwangsvollstreckung	57 ff
– Geltendmachung des Herausgabeanspruchs	95	– „Berliner Räumung"	65
		– einstweiliger Rechtsschutz	61, 79 f
– mehrfache	91	– Einwendungen	71
– Wirksamkeit	91	– Mitbesitzer	60
		– vereinfachte Räumung	65 ff
Veränderungen oder Verschlechterungen der Mietsache	25	– verweigerte Mitteilung der Personalien	64
Vereinfachte Räumung	65 ff	– Vollstreckungsschutz	72
Verjährung	113	– Vollstreckungstitel	58 ff
Vermieterpfandrecht	70	Zweck der Vorschrift	3
Verzug	35, 37, 42, 100	Zwischenvermietung	101 ff

I. Allgemeine Kennzeichnung

1. Überblick

1 Die Vorschrift des § 546 Abs 1 BGB regelt die Rückgabe der Mietsache nach Beendigung des Mietverhältnisses. Die Pflicht zur Rückgabe ist eine **selbstständige Leistungspflicht des Mieters**, die außerhalb des synallagmatischen Zusammenhangs steht (MünchKomm/BIEBER Rn 1). Es handelt sich um eine Abwicklungspflicht vertraglicher Natur (LARENZ II 1 § 48 II b aE, VII a). Auch ein am Mietvertrag unbeteiligter Dritter, dem der Mieter befugt oder unbefugt den Gebrauch der Sache überlassen hat, ist dem Vermieter nach Abs 2 zur Herausgabe verpflichtet.

2. Entwicklung der Vorschrift

2 Die Vorschrift entspricht weitgehend dem früheren § 556 BGB, der seit dem Inkrafttreten des BGB unverändert geblieben war. Durch das **Mietrechtsreformgesetz** 2001 wurden die Abs 1 und 3 des früheren § 556 BGB lediglich sprachlich und nur unwesentlich verändert, Abs 3 wurde zum Abs 2 der neuen Vorschrift. Die Regelung des Zurückbehaltungsrechts (§ 556 Abs 2 BGB aF) hat ihren Platz in den §§ 570, 578 gefunden.

3. Zweck der Vorschrift

3 Die Regelung des Abs 1 bezweckt, dass sich der Vermieter nach Beendigung des Mietverhältnisses mit einem **vertraglichen Anspruch** unabhängig davon, ob er auch Eigentümer der Mietsache ist, wieder den unmittelbaren Besitz verschaffen kann.

Ebenso soll durch Abs 2 sichergestellt werden, dass die Sache auch nach einer Gebrauchsüberlassung an einen Dritten dem Vermieter unabhängig vom Eigentum und anderen dinglichen Rechten zurückzugeben ist (Prot II 190). Hierdurch konnte auf die bei den Gesetzesberatungen erwogene Möglichkeit verzichtet werden, mit der Beendigung des Mietverhältnisses kraft Gesetzes auch die Untermiete enden zu lassen (Jakobs/Schubert, SchR II 501).

II. Rückgabe der Mietsache (Abs 1)

1. Voraussetzungen

a) Mietverhältnis

Zwischen den Parteien muss ein Mietverhältnis bestanden haben (vgl Staudinger/ **4**
V Emmerich Vorbem 17 ff, 30 ff zu § 535; Klein-Blenkers ua/Klein-Blenkers Rn 4). Es kann sich um die **Miete beweglicher oder unbeweglicher Sachen** handeln. Auch Nutzungsverträge der Wohnungsgenossenschaften werden erfasst (BeckOK BGB/Wiederhold [1. 8. 2020] Rn 3). Das Gleiche gilt für Werkmietwohnungen iS des § 576 Abs 1 BGB, bei denen neben dem Dienst- oder Arbeitsvertrag ein selbstständiger Mietvertrag besteht. Auf Werkdienstwohnungen, die aufgrund eines einheitlichen gemischten Vertrags mit regelmäßig überwiegenden Anteilen der Regelung des Dienst- oder Arbeitsverhältnisses überlassen werden, ist die Vorschrift nach § 576b BGB entsprechend anwendbar, wenn der zur Dienstleistung Verpflichtete den Wohnraum überwiegend mit Einrichtungsgegenständen ausgestattet hat oder in dem Wohnraum mit seiner Familie oder Personen lebt, mit denen er einen auf Dauer angelegten gemeinsamen Haushalt führt.

Der Anwendungsbereich des § 546 BGB umfasst **nicht die Überlassung von Wohn-** **5**
raum aufgrund dinglicher Wohnrechte nach § 1093 BGB und den §§ 31 ff WEG aufgrund öffentlich-rechtlicher Bestimmungen wie bei der Obdachloseneinweisung. Insoweit kommt aber eine entsprechende Anwendung der von der Rechtsprechung zu § 546 BGB entwickelten Grundsätze über den Inhalt der Rückgabepflicht in Betracht (Blank/Börstinghaus/Blank/Börstinghaus Rn 3). Ebenso wenig dient die Vorschrift der Auseinandersetzung einer Wohngemeinschaft (AG Warendorf WuM 1982, 193).

b) Beendigung

Das Mietverhältnis muss **beendet** sein. Der Grund und die Art und Weise der Be- **6**
endigung sind unerheblich (BeckOK BGB/Wiederhold [1. 8. 2020] Rn 4; BeckOK MietR/ Klotz-Hörlin [1. 8. 2020] Rn 21; Spielbauer/Schneider/Krenek Rn 6). Als Beendigungsgrund kommen ua die **Kündigung, der Zeitablauf, der Aufhebungsvertrag** (BGH 18. 4. 2018 – XII ZR 76/17, NZM 2018, 601; BGH 11. 4. 2019 – IX ZR 79/18, NJW 2019, 1877) oder der Verwaltungsakt in Betracht. Der Zeitpunkt, in dem das Mietverhältnis endet, ergibt sich aus § 542 BGB. Dies ist bei Mietverhältnissen auf bestimmte Zeit der Zeitpunkt, zu dem die vertraglich vereinbarte Mietzeit abläuft. Ist die Mietzeit nicht bestimmt, endet das Mietverhältnis in dem Zeitpunkt, zu dem der Mieter oder Vermieter wirksam gekündigt hat. Dieser Zeitpunkt bestimmt sich danach, ob es sich um eine ordentliche oder außerordentliche befristete bzw fristlose Kündigung handelt. Zu beachten ist, dass eine fristlose Kündigung wegen Zahlungsverzugs nach § 543 Abs 2 S 3 BGB durch Aufrechnung und bei einem Wohnraummietverhältnis nach § 569

Abs 3 Nr 2 BGB durch Erfüllung oder Verpflichtung einer öffentlichen Stelle zur Befriedigung unwirksam werden kann (vgl Oske WuM 1984, 178, 179). Letzteres gilt auch für eine fristlose Kündigung wegen Zahlungsverzugs mit der Mietkaution, § 569 Abs 2a S 4 iVm Abs 3 S 1 BGB. Ein Aufhebungsvertrag beendet das Mietverhältnis zu dem vereinbarten Zeitpunkt. Ist insoweit keine ausdrückliche Vereinbarung getroffen worden, muss durch Auslegung ermittelt werden, ob das Mietverhältnis sofort oder zu einem späteren Zeitpunkt enden soll; im Zweifel gilt § 271 Abs 1 BGB. Weil auch bei einem Mietverhältnis die Anfechtung mit rückwirkender Vernichtung nach § 142 Abs 1 BGB zugelassen wird (s § 542 Rn 202), scheidet ein Rückgabeanspruch nach § 546 BGB aus (RG 12. 6. 1914 – III 47/14, RGZ 85, 133, 137).

2. Rechtsfolgen

a) Gläubiger und Schuldner

7 **Gläubiger** des Rückgabeanspruchs ist der Vermieter, im Falle der Zwangsverwaltung der Zwangsverwalter (vgl LG Berlin GE 1999, 112; AG Köln ZMR 2000, 30). Es kommt nicht darauf an, ob der Vermieter auch Eigentümer der Mietsache ist (LG Kassel WuM 1957, 117; Klein-Blenkers ua/Klein-Blenkers Rn 4). Die Regelung des Abs 1 gilt deshalb auch im Verhältnis zwischen Haupt- und Untermieter (OLG München 8. 12. 1988 – 21 W 3055/88, NJW-RR 1989, 524; OLG Hamm 22. 2. 2017 – 30 U 115/16, NJOZ 2017, 724; BeckOGK/Zehelein [1. 7. 2020] Rn 16), und zwar auch dann, wenn der Untermieter mit dem Hauptvermieter und Grundstückseigentümer einen eigenen Mietvertrag abgeschlossen hat, ein solcher aber auch zwischen diesem und dem Untervermieter fortbesteht (OLG Hamm 22. 2. 2017 – 30 U 115/16, NJOZ 2017, 724). Anders als der Anspruch aus § 985 BGB ist der Anspruch auf Rückgabe aus § 546 Abs 1 BGB abtretbar (BGH NJW 1983, 112; Blank/Börstinghaus/Blank/Börstinghaus Rn 7; BeckOGK/Zehelein [1. 7. 2020] Rn 17). Einmal entstanden und fällig geworden verbleibt er trotz späteren Eigentumswechsels beim früheren Eigentümer (OLG München ZMR 1996, 375). Sind die Mitglieder einer Erbengemeinschaft Vermieter, so kann ein Miterbe im Wege der Prozessstandschaft zugleich den Herausgabeanspruch der übrigen Miterben geltend machen (LG Berlin WuM 1986, 326 [LS]).

8 **Schuldner** des Rückgabeanspruchs ist der Mieter. Dies gilt unabhängig davon, ob er unmittelbarer oder mittelbarer Besitzer ist oder ob sich die Mietsache überhaupt in seinem Besitz befindet (BGH NJW 1996, 515). Dies hat lediglich Einfluss darauf, ob und wie er den Rückgabeanspruch erfüllen kann. Nach dem Tod des Mieters trifft die Rückgabepflicht seine Erben (BGH 25. 9. 2019 – VIII ZR 122/18, NZM 2020, 461; BGH 30. 4. 2020 – I ZB 61/19, NJW 2020, 3376).

b) Art und Weise der Rückgabe
aa) Einräumung des unmittelbaren Besitzes

9 Der Anspruch auf Rückgabe richtet sich grundsätzlich auf Einräumung des unmittelbaren Besitzes, erfordert also eine Veränderung der Besitzlage (BGH NJW 1991, 2416; BGH NJW 2000, 3203; BGH NZM 2004, 98; BGH 27. 2. 2019 – XII ZR 63/18, NZM 2019, 408; OLG Düsseldorf NZM 1999, 1142; BeckOK MietR/Klotz-Hörlin [1. 8. 2020] Rn 25). Das bedeutet zum einen, dass der **Vermieter** in die Lage versetzt werden muss, sich durch **Ausübung der unmittelbaren Sachherrschaft** ungestört ein umfassendes Bild von den Mängeln, Veränderungen und Verschlechterungen der Mietsache zu machen. Zum anderen ist eine **vollständige und unzweideutige Besitzrückgabe des Mieters** erforderlich (BGH NZM 2004, 98; BGH 27. 2. 2019 – XII ZR 63/18, NZM 2019, 408; OLG Brandenburg NZM 2000, 463). Eine Rückgabe liegt deshalb zwar dann vor, wenn der Mieter die Schlüssel mit dem Bemerken zurücksendet, aus seiner Sicht sei das Mietverhältnis beendet (OLG Düsseldorf NZM 2006, 866; LG Krefeld 27. 12. 2018 – 2 T 27/18, WuM 2019, 78), nicht aber, wenn bei Mietverhältnissen über Räume die Schlüssel mit der Maßgabe übersandt werden, diese nur zur Öffnung der Räume für Besichtigungstermine zu benutzen (OLG München ZMR 1996, 557). Eine Veränderung der Besitzlage ist auch für den Fall erforderlich, dass der Mieter die gemietete Sache von vornherein einem Dritten überlassen hat, selbst also nie unmittelbarer Besitzer war (BGHZ 56, 308, 310 f = NJW 1971, 2065 mit kritischer Anm Jakobs NJW 1972, 624). Der Anspruch setzt nicht voraus, dass der Mieter noch unmittelbarer oder mittelbarer Besitzer der Mietsache ist (BGHZ 56, 308, 310 f = NJW 1971, 2065; BGHZ 119, 300, 304 = NJW 1993, 300; BGH NJW 1996, 515; Prütting ua/Feldhahn Rn 1; aM AG Tiergarten GE 2003, 1433). Der Vermieter braucht sich vom Mieter nicht darauf verweisen zu lassen, er könne selbst den besitzenden Dritten unmittelbar auf Herausgabe in Anspruch nehmen (BGHZ 56, 308, 311 = NJW 1971, 2065; OLG Düsseldorf NJW-RR 1987, 911; Herrlein/Kandelhard/Kandelhard Rn 8; vgl zur Schadensproblematik Jakobs NJW 1972, 624). Ob die Rückgabepflicht durch Übertragung des Besitzes an den Vermieter erfüllt worden ist, richtet sich nach den besitzrechtlichen Regeln. So genügt die Übergabe an einen Besitzdiener, weil der Vermieter hierdurch nach § 855 BGB unmittelbaren Besitz erlangt (vgl Rn 17).

Da der Vermieter bei der Rückübertragung des Besitzes mitwirken muss, um Besitz **10** zu erlangen, genügt die **bloße Besitzaufgabe** durch den Mieter auch unter Zurücklassung oder Übersendung der Schlüssel im Allgemeinen **nicht**, selbst wenn sich der Vermieter anschließend ohne Weiteres den Besitz an der verlassenen Mietsache verschaffen kann (BGH NJW 2000, 3203; BGH NZM 2004, 98; OLG Düsseldorf NJW-RR 1987, 911; OLG München ZMR 1985, 298; LG Köln DWW 1987, 236; AG Wedding GE 2008, 551; BeckOK MietR/Klotz-Hörlin [1. 8. 2020] Rn 26; Klein-Blenkers ua/Klein-Blenkers Rn 7, 12; Schmid/Harz/Schmid/Sommer Rn 9; Schmidt-Futterer/Streyl Rn 26; großzügiger KG ZMR 2012, 693; **aM** Herrlein/Kandelhard/Kandelhard Rn 9). Der Mieter kann den Rückgabeanspruch durch die Besitzaufgabe nicht zum Erlöschen bringen. Nur wenn sich der Vermieter unberechtigt weigert, an der Rückübertragung mitzuwirken und damit in Gläubigerverzug gerät, darf der Mieter den Besitz unter den Voraussetzungen des § 303 BGB aufgeben (OLG Düsseldorf ZMR 1999, 326; LG Mannheim WuM 1974, 202; Schmidt-Futterer/Streyl Rn 30).

Der Mieter erfüllt seine Rückgabepflicht auch nicht dadurch, dass er als **mittelbarer** **11** **Besitzer** seine Herausgabeansprüche gegen den unmittelbaren Besitzer an den Vermieter abtritt (BGHZ 56, 308, 311 = NJW 1971, 2065; Kinne ua/Schach Rn 2) oder erklärt, ein Recht auf Besitz und Nutzung nicht mehr zu haben (OLG Bremen OLGZ 1972, 417). Auch wenn dem Vermieter ein eigener Anspruch gegen den unmittelbaren Besitzer zusteht, muss der Mieter dafür sorgen, dass das Besitzmittlungsverhältnis aufgelöst und der unmittelbare Besitz auf den Vermieter übertragen wird (Schmidt-Futterer/Streyl Rn 26; vgl aber LG Frankfurt aM WuM 1989, 295).

Ist dem Mieter **Mitbesitz** neben dem Vermieter eingeräumt worden, so genügt es, **12** dass der Mieter die tatsächliche Gewalt über die Sache nach § 856 Abs 1 BGB aufgibt, wenn dadurch der Vermieter Alleinbesitzer wird. Anderenfalls ist Rückübertragung erforderlich, wie etwa bei Aushändigung eines zweiten Schlüssels.

13 Wenn dem Mieter **kein Besitz** an der gemieteten Sache übertragen worden ist, erfüllt er seine Rückgabepflicht dadurch, dass er Gebrauch und Nutzung einstellt und dem Vermieter dadurch eine anderweitige Verwendung ermöglicht.

14 Mehrere **gemeinschaftliche Mieter** haften für die Rückgabe als Gesamtschuldner nach den §§ 427, 431 BGB. Der Anspruch kann daher gegen alle Mitmieter gemeinsam oder gegen jeden Schuldner gesondert geltend gemacht werden (RG 20. 2. 1917 – III 384/16, RGZ 89, 203, 207; BGH 10. 12. 2014 – VIII ZR 25/14, NJW 2015, 473; BeckOK BGB/Wiederhold [1. 8. 2020] Rn 14; MünchKomm/Bieber Rn 13; Soergel/Heintzmann Rn 6). Die Gesamtschuldner haben wechselseitig auf die Erfüllung der Rückgabepflicht hinzuwirken (KG ZMR 2006, 526; OLG Düsseldorf DWW 1987, 330). Bestand das Mietverhältnis mit einer KG, so schuldet neben der Gesellschaft der inzwischen ausgeschiedene persönlich haftende Gesellschafter nach Maßgabe des § 160 HGB Herausgabe der Mietsache, sofern das Mietverhältnis vor oder während seiner Zugehörigkeit zur Gesellschaft begründet worden ist (BGH NJW 1987, 2367). Wenn der Vermieter das Mietverhältnis wegen des vertragswidrigen Verhaltens eines Mitmieters durch fristlose Kündigung beendet hat, so ist grundsätzlich auch der andere Mitmieter zur Herausgabe verpflichtet (LG Düsseldorf WuM 1982, 142 [LS]). Im Einzelfall kann aber § 242 BGB der Geltendmachung des Herausgabeanspruchs gegen den anderen Mitmieter entgegenstehen, wenn dieser den Neuabschluss eines Mietvertrags zu den bisherigen Bedingungen als Alleinmieter verlangen kann (LG Darmstadt NJW 1983, 52).

15 Einer von mehreren Mitmietern kann selbst dann noch auf Rückgabe in Anspruch genommen werden, wenn er **die gemeinsame Wohnung verlassen** hat und es ihm nicht gelungen ist, die anderen Mitmieter zum Auszug zu bewegen (BGH NJW 1991, 2416; KG ZMR 2006, 526; OLG Düsseldorf ZMR 1987, 423; LG Berlin GE 2005, 1431; LG Mannheim DWW 1973, 19; Prütting ua/Feldhahn Rn 11; Schmidt-Futterer/Streyl Rn 65; **aM** OLG Schleswig NJW 1982, 2672; LG Koblenz ZMR 1976, 48; AG Schöneberg GE 1989, 731; AG Essen-Steele ZMR 1986, 172 m Anm Schopp). Unerheblich ist, ob er den unmittelbaren Besitz tatsächlich aufgegeben hat (OLG Celle NZM 2000, 866; OLG Düsseldorf NJW-RR 1987, 911) oder ob er nur erklärt, er betrachte sich nicht mehr als Mieter (OLG Düsseldorf ZMR 1987, 423). Entscheidend ist allein, ob ihm als Gesamtschuldner die Rückgabe noch möglich ist, sei es auch durch Einwirkung auf den in der Wohnung zurückgebliebenen anderen Gesamtschuldner, gegebenenfalls durch gerichtliche Maßnahmen (OLG Hamburg ZMR 2009, 603; LG Berlin GE 2000, 281; AG Schöneberg GE 2008, 413). Deshalb fehlt das Rechtsschutzbedürfnis für eine Räumungsklage gegen einen ausgezogenen Mitmieter auch dann nicht, wenn der Mitmieter den Besitz an der Wohnung endgültig aufgegeben hat (KG WuM 2006, 529; vgl auch LG Hannover ZMR 1999, 407 im Anschluss an BGH NJW 1996, 515 zum Vorlagebeschluss des OLG Stuttgart WuM 1995, 385; LG Berlin ZMR 2004, 516 m Besprechung Körner GE 2004, 342; anders noch LG Berlin GE 1995, 567). Das Gleiche ist anzunehmen, wenn der Mitmieter gar nicht erst in die Wohnung eingezogen ist und der Vermieter hiervon Kenntnis hatte (LG München II WuM 1989, 181). Anders liegen die Dinge erst, wenn der Vermieter mit den in der Wohnung verbliebenen Mietern neue Vereinbarungen trifft, die diese zum Verbleib im Mietobjekt bewegen (OLG Hamburg ZMR 2009, 603).

16 Der Vermieter einer **Ehewohnung**, dem die Ehefrau als Mitmieterin angezeigt hat, dass sie ausziehen werde, und der anschließend gestattet, dass der Ehemann als Mieter mit einer anderen Frau in der bisherigen Ehewohnung zusammenlebt, kann bei Beendigung des Mietverhältnisses nicht mehr von der Ehefrau die Herausgabe der Wohnung verlangen. Dieses Ergebnis kann auf einem Mietaufhebungsvertrag mit der Ehefrau beruhen oder mit einem widersprüchlichen Verhalten des Vermieters aus § 242 BGB begründet werden (LG Wuppertal FamRZ 1980, 138). Wenn der Gerichtsvollzieher eine Zwangsräumung durchführt und den Vermieter in den Besitz der Mieträume einweist, ist dadurch der Rückgabeanspruch auch gegen einen Mitmieter erfüllt, der die Mieträume nicht mehr in Mitbesitz hat (BayObLG WuM 1989, 489). Personen, die sich nach dem Auszug des Mieters noch in der Wohnung aufhalten und nicht Mitmieter sind, müssen aus § 546 Abs 2 BGB oder aus § 985 BGB auf Herausgabe in Anspruch genommen werden (OLG Schleswig WuM 1992, 674; LG Frankfurt aM WuM 1989, 295; LG Hamburg WuM 1992, 549). Wenn die Rückgabepflicht zweier Mieter vertragsgemäß nur durch Mitwirkung des einen Mieters erfüllt werden kann, weil er zB einziger Führerscheininhaber bei der Miete eines PKW ist, so haftet dieser als Gesamtschuldner auch für die schuldhafte Verletzung der Rückgabepflicht durch den anderen (BGHZ 65, 226, 227 ff = NJW 1976, 287).

Die Mietsache ist an den **Vermieter oder an eine von diesem zum Empfang ermächtigte Person** zurückzugeben (s Rn 9). Dies gilt auch dann, wenn der Vermieter nicht Eigentümer ist und die Sache unbefugt vermietet hat (vgl zur Schadensersatzproblematik LG Wiesbaden ZMR 1960, 205). Der Mieter kann nicht aus § 536 Abs 3 BGB das Recht ableiten, die Rückgabe an den Vermieter zu verweigern, weil ein Dritter Eigentümer der Mietsache ist (RG JW 1925, 472 m Anm Raape; Herrlein/Kandelhard/Kandelhard Rn 36 mwNw). Mit einer Rückgabe der Mietsache (oder der Schlüssel) an eine andere Person als den Vermieter erfüllt der Mieter den Anspruch aus § 546 BGB nicht, wenn die Empfangszuständigkeit des Dritten nicht zumindest konkludent vereinbart war (BGH NJW 2014, 684; LG Berlin GE 2003, 1431). Bei anderen Mietern im Hause ist regelmäßig von einer Beauftragung nicht auszugehen, sodass die Übergabe der Schlüssel an einen Nachbarn keine Rückgabe der Wohnung darstellt (AG Köln WuM 1988, 111 [LS]). Ausreichend ist dagegen die Übergabe an einen Besitzmittler des Vermieters, der zur Rücknahme der Mietsache beauftragt ist. Dies kann unter Umständen beim Hauswart der Fall sein (KG GE 2001, 1059; vgl auch AG Köln WuM 1997, 43), ist aber im Einzelfall zu prüfen. Verfügt der Hauswart nicht über eine Empfangszuständigkeit für die Schlüssel, muss sich der Vermieter dessen Kenntnis von der Rückgabe nicht analog § 166 BGB zurechnen lassen (BGH 23. 10. 2013 – VIII ZR 402/12, NJW 2014, 684; Streyl NJW 2014, 665, 666). Eine zum Empfang ermächtigte Person kann auch der Nachmieter als neuer Besitzmittler des Vermieters sein (LG Berlin WuM 1988, 271; LG Duisburg WuM 1989, 374). **17**

bb) Rückgabe des Zubehörs
Mit der gemieteten Sache ist das **Zubehör** zurückzugeben. Der Mieter hat deshalb sämtliche **Haus- und Wohnungsschlüssel** abzuliefern, die er erhalten hat (BGH 23. 10. 2013 – VIII ZR 402/12, NJW 2014, 684; KG 18. 7. 2016 – 8 U 234/14, ZMR 2016, 939; OLG Düsseldorf NZM 2003, 397; OLG Hamburg WuM 2004, 471; OLG Hamm NZM 2003, 26; OLG Köln ZMR 2006, 859; BeckOK BGB/Wiederhold [1. 8. 2020] Rn 15; BeckOK MietR/Klotz-Hörlin [1. 8. 2020] Rn 30; **aM** OLG Naumburg 10. 12. 2018 – 1 U 25/18, NZM 2019, 409). Die Rückgabe der Schlüssel ist nach § 294 BGB tatsächlich anzubieten (LG Osnabrück WuM 1984, 2 [LS]). Unzureichend ist es, die Schlüssel ohne Kenntnis des Vermieters in der Wohnung zurückzulassen (OLG München ZMR 1985, 298; MünchKomm/Bieber Rn 17), sie dem Vermieter per Post zu übersenden, wenn sie dort nicht ankommen (LG **18**

Krefeld 27. 12. 2018 – 2 T 27/18, WuM 2019, 78; AG Brandenburg an der Havel 1. 9. 2014 – 31 C 32/14, NZM 2015, 307) oder sie ohne Einverständnis des Vermieters dem mit der Suche eines Nachmieters beauftragten Makler zu überlassen (OLG Hamm NZM 2003, 26; Spielbauer/Schneider/Krenek Rn 12). Wenn der Mieter sich auf eigene Kosten weitere Schlüssel beschafft hat, erstreckt sich die Herausgabepflicht auch hierauf (Glaser ZMR 1983, 181, 182; MünchKomm/Bieber Rn 6; Soergel/Heintzmann Rn 3), da der Vermieter sonst nicht ungestört über die Räume verfügen kann (LG Wuppertal WuM 1986, 316). Will der Vermieter die Aufwendungen nicht ersetzen, die dem Mieter durch die Anschaffung zusätzlicher Schlüssel entstanden sind – wozu er nicht verpflichtet ist (aM Schmid/Harz/Schmid/Sommer Rn 9) –, so kann sich der Mieter durch Vernichtung der Schlüssel von der Herausgabepflicht befreien (Bub/Treier/Emmerich Rn V 25; Soergel/Heintzmann Rn 3). Gibt der Mieter nicht sämtliche Schlüssel zurück, so hängt die Erfüllung der Rückgabepflicht davon ab, ob der Vermieter in einer anderweitigen Verwendung der Räume beeinträchtigt ist (OLG Düsseldorf DWW 1987, 129; OLG Hamburg WuM 2004, 471; LG Köln WuM 2001, 512; aM OLG Düsseldorf NJW-RR 1996, 209; LG Düsseldorf WuM 1992, 191; AG Spandau GE 2007, 723). Eine Beeinträchtigung ist nicht gegeben, wenn der Mieter im Einverständnis mit dem Vermieter einen Schlüsselsatz behält, um zu renovieren (KG DWW 2001, 276).

19 Verhindert der Vermieter durch sein Verhalten die vom Mieter angebotene Rückgabe der Schlüssel, gilt die Mietsache analog § 162 Abs 1 BGB trotz verspäteter Schlüsselübergabe als rechtzeitig zurückgegeben (LG Mannheim WuM 1974, 202; **aM** OLG Düsseldorf WuM 1997, 218). Nach Räumung der Mietsache hat der Vermieter trotz fehlender Aushändigung der Schlüssel keinen Mietanspruch (LG Mannheim WuM 1976, 13). Für fehlende Schlüssel ist der Mieter bei Verletzung einer Sorgfaltspflicht ersatzpflichtig (vgl AG Hamburg WuM 1999, 687; zur gesamten Problematik Ruthe NZM 2000, 365 f). Insoweit sind Formularklauseln im Mietvertrag, die diesbezüglich eine verschuldensunabhängige Haftung eröffnen, gemäß § 307 BGB unwirksam (LG Berlin GE 1995, 945; LG Hamburg NZM 1999, 410; Kossmann/Meyer-Abich § 94 Rn 22). Muss der Mieter Ersatz leisten, kann dies die Kosten für eine neue Schließanlage umfassen (LG Münster WuM 1989, 508; AG Neuss WuM 1991, 679; Klein-Blenkers ua/Klein-Blenkers Rn 26; Kossmann/Meyer-Abich § 94 Rn 21), was allerdings voraussetzt, dass die Gefahr einer missbräuchlichen Verwendung des Schlüssels besteht (LG Berlin ZMR 2000, 535; LG Köln WuM 1982, 2 [LS]; LG Mannheim WuM 1977, 121; BeckOGK/Zehelein [1. 7. 2020] Rn 36; Schmidt-Futterer/Streyl Rn 35; einschränkend LG Wiesbaden NZM 1999, 308 bei Geltendmachung des Anspruchs erst drei Jahre nach dem Auszug des Mieters). Eine Abrechnung auf Reparaturkostenbasis – also ohne tatsächliche Erneuerung der Schließanlage – kommt mangels Beeinträchtigung der Sachsubstanz der Schließanlage nicht in Betracht, zumal der Vermieter durch die fiktive Abrechnung gerade die fehlende Notwendigkeit des Ersatzes belegt (BGH 5. 3. 2014 – VIII ZR 205/13, NJW 2014, 1653 mit Anm Blank WuM 2014, 335 f; **aM** LG Heidelberg MDR 2013, 902). Auch die Kosten provisorischer Sicherungsmaßnahmen sind ersatzfähig, soweit die konkrete Gefahr eines Missbrauchs der Schlüssel besteht (OLG Dresden 20. 8. 2019 – 4 U 665/19, GE 2019, 1418). **Vermietetes Mobiliar** ist ebenfalls zurückzugeben. Ist dies dem Mieter schuldhaft unmöglich geworden, ist er wegen Verletzung der Rückgabepflicht nach § 280 BGB schadensersatzpflichtig (AG Köln WuM 1992, 91). Ein pauschalierter Schadensersatzanspruch aufgrund eines Formularmietvertrags ist unter den Voraussetzungen des § 309 Nr 5 BGB unwirksam. Eine verschuldensunabhängige Haftung des Mieters verstößt bei Formularmietverträgen gegen § 307 BGB (Walker MDR 1987, 981, 983).

cc) Zustand der Mietsache

20 Über den **Zustand**, in dem die Mietsache zurückzugeben ist, enthält § 546 BGB keine Regelung (BGH 28. 2. 2018 – VIII ZR 157/17, BGHZ 218, 22, 31 = NJW 2018, 1746; BGH 27. 6. 2018 – XII ZR 79/17, NZM 2018, 717; BGH 11. 4. 2019 – IX ZR 79/18, NJW 2019, 1877). Grundsätzlich braucht der Mieter die Sache nur in dem Zustand zurückzugeben, in dem sie sich zur Zeit der Beendigung des Mietverhältnisses befindet (BGHZ 86, 204, 209 ff = NJW 1983, 1049 m Anm HAASE JR 1983, 364; BGH NZM 2002, 913; BezG Cottbus WuM 1994, 146; kritisch LARENZ II 1 § 48 VII a; **aM** AG Burgwedel WuM 2005, 771; BeckOK MietR/ KLOTZ-HÖRLIN [1. 8. 2020] Rn 32; SPIELBAUER/SCHNEIDER/KRENEK Rn 17). Daraus folgt, dass die Rückgabepflicht auch dann erfüllt wird, wenn der Mieter die Mietsache in verändertem oder schlechtem Zustand zurückgibt (BGH 11. 4. 2019 – IX ZR 79/18, NJW 2019, 1877; OLG Brandenburg 3. 2. 2020 – 3 W 125/19, ZMR 2020, 642; OLG Düsseldorf GE 2005, 796 für eine Differenzierung zwischen Nichterfüllung und Schlechterfüllung SPIELBAUER/SCHNEIDER/ KRENEK Rn 18) bzw angebrachte Einrichtungen (s Rn 27 f) oder bauliche Änderungen (s Rn 29) nicht beseitigt (BGHZ 104, 285, 289 = NJW 1988, 2665). Der Vermieter kann die Rücknahme deshalb nicht verweigern, ohne sich den Folgen des Gläubigerverzugs auszusetzen, falls der Mieter ihm die Sache in einem nicht ordnungsgemäßen Zustand anbietet (BGH WuM 1974, 260; BGHZ 86, 204, 208 ff = NJW 1983, 1049 m Anm HAASE JR 1983, 364; OLG Düsseldorf NZM 2002, 742). Schadensersatzansprüche aus § 280 BGB bleiben davon unberührt (s § 546a Rn 57 ff). Ob wegen des Zurücklassens von Gegenständen unter Umständen eine unzulässige Teilräumung anzunehmen ist, muss im Einzelfall geklärt werden (s Rn 32).

21 Unabhängig von der Erfüllung der Rückgabepflicht muss der Mieter **den früheren Zustand wiederherstellen, wenn im Mietvertrag nicht Abweichendes vereinbart** ist (OLG Düsseldorf MDR 2012, 210; ausführlich zu möglichen vertraglichen Gestaltungen HORST NZM 2020, 257 ff). Auch zu einem späteren Zeitpunkt, insbesondere im zeitlichen Zusammenhang mit der Beendigung des Mietverhältnisses, können die Parteien abweichende vertragliche Regelungen treffen, zB dergestalt, dass der Vermieter gegen Zahlung eines Geldbetrages auf die Räumung des Grundstücks verzichtet (OLG Düsseldorf GE 2012, 547), oder sogar dem ausziehenden Mieter von diesem eingebrachtes Zubehör abkauft.

22 Bei dem Anspruch auf Wiederherstellung des ursprünglichen Zustandes kann es sich um einen Hauptleistungsanspruch des Vermieters handeln. Im Übrigen ist der Zustand bei Beginn des Mietverhältnisses zu beachten. Dies bedeutet zunächst, dass der Mieter sämtliche Sachen, die er bei der Miete von Räumen eingebracht hat, entfernen muss, soweit der Vermieter nicht ihre **Zurücklassung aufgrund eines Vermieterpfandrechts beansprucht** (KG NZM 2005, 422; OLG Düsseldorf GE 2006, 189; LG Mannheim WuM 1978, 141; SCHMIDT-FUTTERER/STREYL Rn 40; vgl zur Räumung nach dem „Berliner Modell" unten Rn 65). Auf Sachen, die ein Vormieter in den Räumen zurückgelassen hat, erstreckt sich diese Verpflichtung nur dann, wenn der Mieter bei Beginn des Mietverhältnisses diese etwa durch Zahlung eines Betrages an den Vormieter übernommen oder darauf verzichtet hat, dass diese durch den Vormieter entfernt wurden (vgl auch HERRLEIN/KANDELHARD/KANDELHARD Rn 17 ff). Eine formularmäßige Auferlegung einer Räumungspflicht hinsichtlich aller Gegenstände im Mietbereich, soweit sie nicht dem Vermieter gehören, stellt wegen der darin liegenden Ausdehnung der Räumungspflicht auf Sachen Dritter eine nach § 309 Nr 12 BGB unwirksame Beweislastklausel dar.

23 Den Vermieter kann die vertragliche Nebenpflicht treffen, den nach Vertragsende für den Mieter nicht mehr verwendbaren und deshalb zurückgelassenen Restbestand an Heizöl zum Tagespreis zu kaufen (AG Oberndorf WuM 1990, 195; AG Otterndorf WuM 1989, 375; MünchKomm/BIEBER Rn 9; SOERGEL/HEINTZMANN Rn 7). Eine solche Pflicht besteht aber nicht, wenn der Vermieter das Heizöl wegen einer Umstellung der Heizung nicht gebrauchen kann (LG Stuttgart WuM 1991, 27). Da den Mieter während der Vertragszeit eine **Obhutspflicht** trifft, hat er die Sache in einem dementsprechend ordnungsgemäßen Zustand zurückzugeben. Räume sind also besenrein zu übergeben (MünchKomm/BIEBER Rn 11; KLEIN-BLENKERS ua/KLEIN-BLENKERS Rn 15; PRÜTTING ua/FELDHAHN Rn 10; SCHMID/HARZ/SCHMID/SOMMER Rn 13; **aM** BeckOK BGB/WIEDERHOLD [1. 8. 2020] Rn 19: nur bei entsprechender Vereinbarung). Grobe Verunreinigungen darf der Mieter nicht zurücklassen, während zB durch das Rauchen in der Wohnung verursachte Nikotinablagerungen auf Fenstern etc nicht beseitigt zu werden brauchen, es sei denn, dass dem Mieter das Rauchen in der Wohnung vertraglich untersagt war (BGH NJW 2006, 2915 m Bespr SCHACH GE 2006, 1145 f). Polstermöbel und Gardinen brauchen bei Vermietung möblierter Räume ohne ausdrückliche Vereinbarung vom Mieter nicht gereinigt zu werden (AG Köln WuM 1969, 203). Muss der Mieter Ersatz für den von ihm beschädigten Teppichboden leisten, so sind der Verkehrswert des alten Teppichs und die Kosten der Verlegung des neuen Teppichs zu erstatten (LG Münster WuM 1989, 508). Sachverständigenkosten für die Feststellung von Schäden braucht der Mieter aber nur zu ersetzen, wenn die Schäden nach Art und Umfang der Begutachtung durch einen Sachverständigen bedurften (LG Darmstadt WuM 1987, 315).

24 Bescheinigt der Vermieter im **Wohnungsabnahmeprotokoll** die **Mangelfreiheit** der Wohnung, ohne sie auf Schäden untersucht zu haben, oder sind die Schäden abschließend aufgenommen, so kann er wegen später festgestellter Schäden keine Ansprüche mehr geltend machen (OLG Düsseldorf GE 2004, 813; AG Leonberg WuM 2013, 219; AG Lörrach WuM 1997, 218; AG Münster WuM 1989, 375; AG Münster WuM 1990, 201). Auf die Erstellung eines solchen Protokolls hat aber keine Partei Anspruch (LG Frankenthal/Pfalz WuM 2006, 700; AG Neustadt/Weinstraße WuM 2006, 700; vgl auch BGH NJW 2010, 1135; BeckOK MietR/KLOTZ-HÖRLIN [1. 8. 2020] Rn 53; KINNE ua/SCHACH Rn 5).

25 Der Mieter hat **Veränderungen oder Verschlechterungen** der Mietsache, die durch den vertragsmäßigen Gebrauch eingetreten sind, nach § 538 BGB nicht zu vertreten. Solche Veränderungen oder Verschlechterungen braucht er deshalb vor der Rückgabe nicht zu beseitigen (BGH 11. 4. 2019 – IX ZR 79/18, NJW 2019, 1877; OLG Düsseldorf ZMR 2004, 573; BeckOK BGB/WIEDERHOLD [1. 8. 2020] Rn 24). Gibt er die Mietsache in beschädigtem Zustand zurück, muss er beweisen, dass er den Schaden nicht zu vertreten hat (BGHZ 66, 349, 351 f = NJW 1976, 1315; BGH VersR 1978, 522). Dies gilt aber nur, wenn feststeht, dass die schadenstiftende Handlung in dem durch den Mietgebrauch begrenzten Bereich stattgefunden hat (BGH NJW 1994, 2019). Eine formularmäßige Verschiebung der Beweislast zum Nachteil des Mieters ist nach § 309 Nr 12 unwirksam. Soweit § 538 BGB nicht eingreift, hat der Mieter dagegen einen ordnungsgemäßen Zustand wiederherzustellen. Die bloße Kenntnis des Vermieters von Veränderungen, die der Mieter während der Mietzeit an der Mietsache vorgenommen hat, steht dem Anspruch auf Rückgabe in vertragsgerechtem Zustand bei Ende des Mietverhältnisses nicht entgegen, da allein in der Kenntnis keine Zustimmung zu der Veränderung liegt (AG Neuss DWW 1990, 281). Der frühere Zustand muss im Zeitpunkt der Beendigung des Mietverhältnisses wiederhergestellt sein, da der Mie-

ter später grundsätzlich nicht mehr berechtigt ist, die Miträume zu betreten (OLG München NJW-RR 1986, 443). Die Wirksamkeit der Rückgabe wird indessen nicht dadurch beeinträchtigt, dass der Mieter seine Pflicht zur Wiederherstellung nicht erfüllt (OLG Düsseldorf DWW 1987, 129). Macht der Vermieter wegen der nicht vertragsgemäßen Rückgabe einen Mietausfallschaden gemäß § 280 Abs 1 BGB geltend, so muss er diesen anhand der Wohnungsmarktlage darlegen (LG Siegen WuM 2000, 18; AG Kerpen WuM 2000, 19).

Besondere Probleme werfen **Schönheitsreparaturen** nicht nur während der Dauer des Mietverhältnisses auf, sondern vor allem bei seiner Beendigung. Da die Abnutzung der Dekoration im Allgemeinen zum vertragsmäßigen Gebrauch gehört, hat der Mieter sie nach § 538 BGB nicht zu vertreten. In der Praxis stellt jedoch die vertragliche Übernahme der Schönheitsreparaturen durch den Mieter die Regel dar, sodass der Streit um die Wirksamkeit, die Reichweite und die Folgen solcher Klauseln zwischen den Parteien meist bei der Rückgabe der Mietsache entbrennt. Umstritten sind die rechtlichen Fragen auch in Rechtsprechung und Schrifttum (STAUDINGER/V EMMERICH § 535 Rn 101; ausführlich STERNEL NZM 2017, 169 ff). Auszugehen ist davon, dass die wirksame Übernahme der Schönheitsreparaturen durch den Mieter zu einer Hauptleistungspflicht führt, weil darin ein Teil des Entgelts für die Gebrauchsüberlassung zu sehen ist. Dies bedeutet, dass der Vermieter einen im Gegenseitigkeitsverhältnis stehenden Erfüllungsanspruch hat. Wenn der Mieter diese Pflicht verletzt, indem er bei Vertragsende auszieht, ohne die Schönheitsreparaturen vorgenommen zu haben, kann der Vermieter aus § 280 Abs 1 BGB gegen ihn vorgehen und Schadensersatz verlangen (STAUDINGER/V EMMERICH § 535 Rn 136). 26

Einrichtungen, mit denen der Mieter die gemietete Sache versehen hat, müssen grundsätzlich entfernt werden (BGHZ 81, 146, 150 = NJW 1981, 2564; BGHZ 104, 285, 288 = NJW 1988, 2665; BGH 11. 4. 2019 – IX ZR 79/18, NJW 2019, 1877; OLG Düsseldorf 26. 2. 2015 – I-24 W 81/14, NZM 2015, 895; LG Düsseldorf NJW-RR 1987, 1043; BeckOK MietR/KLOTZ-HÖRLIN [1. 8. 2020] Rn 36). Dies kann eine Hauptleistungspflicht sein. Zu den Einrichtungen gehören Sachen, die mit der Mietsache verbunden und dazu bestimmt sind, dem wirtschaftlichen Zweck der Mietsache zu dienen (BGH WuM 1969, 1114), zB Maschinen, Lichtanlagen, Wandschränke, Parabolantennen (LG Hagen DWW 1996, 52) oder Sträucher im Garten. Das gilt auch dann, wenn diese Gegenstände durch einen Brand zerstört worden sind und nur noch Brandreste von ihnen existieren (BGH 21. 1. 2014 – VIII ZR 48/13, VersR 2014, 999; SPIELBAUER/SCHNEIDER/KRENEK Rn 19). Der Verpflichtung, Einrichtungen zu beseitigen, entspricht das Wegnahmerecht nach § 539 BGB. Die Befugnis des Vermieters, gemäß § 552 BGB die Wegnahme durch Zahlung einer angemessenen Entschädigung abzuwenden, bezieht sich nur auf Einrichtungen in Räumen, nicht aber auf Pflanzen im Garten (OLG Köln WuM 1995, 268). Das Anbohren von Kacheln und das Setzen von Dübeln ist als vertragsmäßiger Gebrauch in den Grenzen des verkehrsüblichen Maßes zulässig (BGH NJW 1993, 1061). Einrichtungen, die der Mieter vom Vormieter übernommen hat, sind ebenfalls zu beseitigen (OLG Hamburg WuM 1990, 390; OLG Köln NZM 1998, 767; KATZENSTEIN NZM 2008, 594, 598), es sei denn, dass sich im Mietvertrag kein Hinweis hierauf findet und der Mieter annehmen darf, die Einrichtungen seien Teil der Mietsache (LG Berlin GE 1989, 999; AG Schöneberg GE 2000, 814). Die Höhe der Beseitigungskosten einer übernommenen Einrichtung berühren die Wirksamkeit der Verpflichtung des Mieters idR nicht (AG Bad Vilbel WuM 1990, 296). 27

28 Eine **Verpflichtung zur Beseitigung besteht** jedoch **nicht**, wenn es sich um eine notwendige Einrichtung handelt, durch die erst der vertragsmäßige Gebrauch der Mietsache möglich wird (AG Dortmund WuM 1992, 125) oder wenn der Vermieter zugestimmt hat, dass die Einrichtung mit der Mietsache verbunden wurde, und wenn sich daraus ergibt, dass der Vermieter auf die Entfernung nach Beendigung des Mietverhältnisses verzichtet hat (OLG Düsseldorf ZMR 1990, 218; LG Mannheim WuM 1975, 50; s auch LG Mannheim WuM 1974, 202). Zustandsverändernde Maßnahmen muss der Mieter auch dann nicht beseitigen, wenn er sie im Rahmen seiner Verpflichtung zur Vornahme von Schönheitsreparaturen durchgeführt hat (BGH NJW 2006, 2115). Eine Ausnahme kann auch für Ladengeschäfte eingreifen, wenn die Räume für den Betrieb eines bestimmten Geschäfts vermietet waren und die vom Mieter angebrachten Einrichtungen in einem derartigen Geschäft üblich sind (LG Bochum NJW 1967, 2015; LG Mannheim ZMR 1969, 282). Der Mieter ist ferner grundsätzlich verpflichtet, Namens-, Firmen- und Reklameschilder zu entfernen (Schmidt-Futterer/Streyl Rn 42; Soergel/Heintzmann Rn 7). Angehörigen der freien Berufe wird aber das Recht zugestanden, vorübergehend ein Schild mit dem Hinweis auf die neue Adresse anzubringen (RG 5. 10. 1939 – V 87/39, RGZ 161, 330, 338; OLG Düsseldorf NJW 1988, 2545; LG Göttingen AnwBl 1966, 103). Das gleiche Recht ist gewerblichen Unternehmen und Privatpersonen zuzugestehen, da ihr Interesse an Information des jeweiligen Adressatenkreises ebenso berechtigt ist (Schmidt-Futterer/Streyl Rn 42). Die Parteien können hinsichtlich der Übernahme von Einrichtungen durch den Vermieter bei Beendigung eines Miet- oder Untermietverhältnisses grundsätzlich vertragliche Regelungen treffen (vgl BGH WuM 1979, 1106).

29 Bauliche Änderungen der Mietsache durch den Mieter sind ohne Rücksicht auf die dadurch entstehenden Kosten grundsätzlich zu beseitigen (KG GE 2003, 46; KG WuM 2007, 194; OLG Düsseldorf GE 2007, 222; Katzenstein NZM 2008, 594, 598). Dies gilt auch bei der Errichtung von Gebäuden durch den Mieter (BGH NJW 1966, 1409; BGH WuM 1971, 389). Veränderungen, die zur **Barrierereduzierung**, dem Laden elektrisch betriebener Fahrzeuge oder dem Einbruchsschutz vorgenommen worden sind (§ 554 BGB), müssen ebenfalls beseitigt werden (BT-Drucks 19/18791, 87), soweit dem entsprechenden Verlangen des Vermieters nicht der Einwand des Rechtsmissbrauchs (§ 242 BGB) entgegengehalten werden kann (vgl OLG Frankfurt 19. 12. 1992 – 6 U 108/90, NJW-RR 1992, 396). Ein fest verklebter Fußbodenbelag einschließlich der Klebereste muss vom Mieter beim Auszug auf seine Kosten beseitigt werden (LG Düsseldorf WuM 1977, 49; LG Köln WuM 1982, 170 [LS]; LG Mannheim DWW 1974, 238; Korff GE 1977, 621), ebenso Betonfundamente auf gemieteten Freiflächen (KG GE 2003, 46). Das Gleiche gilt für verlegte Gasrohre (LG Frankfurt aM WuM 1989, 562) und die Verkleidung von Türen, selbst wenn diese bei Mietbeginn renovierungsbedürftig waren (LG Berlin GE 1989, 1115). Grundsätzlich ist der Mieter zur Beseitigung baulicher Änderungen selbst dann verpflichtet, wenn der Vermieter seine Zustimmung erteilt hat (BGH NZM 1999, 478; OLG Köln ZMR 1998, 699; Prütting ua/Feldhahn Rn 7) oder die Einrichtungen zwar vom Vormieter angebracht worden waren, der Mieter sie jedoch übernommen hatte (OLG Düsseldorf ZMR 2009, 843). Wurde jedoch bei einer auf Dauer angelegten Baumaßnahme die Zustimmung erteilt, so ist darin in der Regel der Verzicht auf das Recht zur Beseitigung zu sehen (OLG Frankfurt WuM 1992, 54), es sei denn, es handelt sich um eine äußerst ungewöhnliche Baumaßnahme (LG Berlin GE 2001, 1604) oder sie verstößt gegen bauordnungsrechtliche Vorschriften (AG Warendorf WuM 2001, 488).

Eine **Ausnahme von der Rückbaupflicht** gilt in den ostdeutschen Bundesländern **30** dann, wenn es sich um bauliche Veränderungen handelt, die der Mieter vor dem 3. 10. 1990 getätigt hat und wenn diese nach ZGB-DDR zulässig waren (BGH NZM 1999, 478; BGH NZM 1999, 679; LG Berlin GE 1999, 1287; AG Zwickau NZM 2000, 239). Dies gilt unabhängig davon, ob die Baumaßnahme vor oder nach dem Inkrafttreten des ZGB 1976 durchgeführt worden ist (§ 2 Abs 2 S 2 EGZGB; BGH NZM 1999, 478; BGH NZM 1999, 679; vgl auch BGHZ 134, 170, 175 = DtZ 1997, 118).

Das dem Vermieter vertraglich eingeräumte Recht, bei Ablauf des Vertrags die **31** Wiederherstellung des alten Zustands der vom Mieter für seine Zwecke umgebauten Räume verlangen zu können, entfällt jedoch, wenn der Vermieter die Räume nach der Beendigung des Mietverhältnisses in einer Weise umbauen will, dass die Wiederherstellungsarbeiten des Mieters wieder beseitigt werden müssten. Pauschale Wiederherstellungsklauseln in Formularverträgen können den Mieter unbillig benachteiligen und deshalb nach § 307 BGB unwirksam sein (OLG Frankfurt WuM 1992, 56). Ist nach einer unberechtigten baulichen Änderung ein neuer Mietvertrag abgeschlossen worden, ohne dass der Vermieter deren Beseitigung ausbedungen hat, so ist ein dahin gehendes Recht entfallen, weil die Mieträume in der geänderten Gestalt Gegenstand des Mietvertrags geworden sind (KG JW 1934, 847). Die Zustimmung des Mieters zu einer baulichen Änderung durch den Untermieter lässt dessen Beseitigungspflicht nicht entfallen, es sei denn, der Hauptvermieter verlangt auch von seinem Mieter nicht die Wiederherstellung des ursprünglichen Zustands (LG Berlin WuM 1982, 245). Eine ohne Zustimmung vorgenommene bauliche Änderung ist auch dann nicht zu beseitigen, wenn der Vermieter nach Treu und Glauben hätte zustimmen müssen (BGH ZMR 1975, 188). Der ursprüngliche Zustand braucht nicht wiederhergestellt zu werden, wenn die Räume durch die baulichen Änderungen erst in den Zustand versetzt worden sind, in dem sie Gegenstand des Mietvertrags sein sollten (LG Bochum NJW 1967, 2015; LG Mannheim ZMR 1969, 282; AG Dortmund WuM 1992, 125; vgl auch Rn 29). Die Beseitigungspflicht erstreckt sich nicht auf bauliche Maßnahmen des Vormieters, sofern der Mieter nicht eine dahin gehende Verpflichtung übernommen hat, wobei formularmäßig vorformulierte Vereinbarungen der Inhaltskontrolle nach § 307 BGB standhalten müssen (KG 10. 12. 2018 – 8 U 55/18, GE 2019, 123). Beweislastklauseln sind nach § 309 Nr 12 BGB unzulässig (vgl auch Rn 21).

dd) Teilleistungen

Teilleistungen des Mieters sind bei Erfüllung der Rückgabepflicht nach § 266 BGB **32** grundsätzlich unzulässig (BeckOK BGB/WIEDERHOLD [1. 8. 2020] Rn 27; MünchKomm/BIEBER Rn 7). Eine **unzulässige Teilräumung** ist zB gegeben, wenn der Mieter nur einen Teil der gemieteten Räume zurückgibt (LG Mannheim MDR 1965, 140), insbesondere weil er einen Untermieter zurücklässt (AG Miesbach WuM 1983, 151 [LS]), wenn er Einrichtungen pflichtwidrig nicht beseitigt (BGHZ 104, 285, 288 = NJW 1988, 2665; OLG Düsseldorf ZMR 2009, 843), einen nicht unerheblichen Teil der Möbel (KG NZM 2011, 588; LG Köln NJW-RR 1996, 1480; vgl auch OLG Düsseldorf GE 2005, 796; OLG Koblenz NZM 2006, 181), zB eine Einbauküche (LG Hamburg ZMR 2008, 454; ähnlich OLG Brandenburg 3. 2. 2020 – 3 W 125/19, ZMR 2020, 642), nicht mitnimmt. Unerheblich ist, ob der Mieter oder ein Dritter Eigentümer der zurückgelassenen Sachen ist (AG Frankfurt aM WuM 1989, 238). Eine nur teilweise Räumung ist hingegen nicht anzunehmen, wenn der Mieter einzelne geringwertige, leicht zu transportierende Sachen zurücklässt, die den Vermieter nicht hindern, die Mietsache in Besitz zu nehmen und weiterzuvermieten (OLG

§ 546

Düsseldorf DWW 1987, 129; OLG Düsseldorf ZMR 1988, 175; OLG Düsseldorf GE 2005, 299; OLG Düsseldorf MDR 2012, 210; OLG Köln DWW 1996, 189; LG Braunschweig WuM 1996, 272; LG Erfurt ZMR 1999, 641; vgl auch Prütting ua/Feldhahn Rn 7).

33 Ob eine Wohnung erst dann vollständig geräumt ist, wenn auch darin verbliebener **Müll und Unrat** hinausgeschafft sind, ist umstritten (bejahend AG Neukölln DGVZ 1980, 42; aM Herrlein/Kandelhard/Kandelhard Rn 25 mwNw). Ausgangspunkt der Überlegungen muss sein, dass der Mieter dem Vermieter zwar nach Beendigung des Mietverhältnisses nicht nur die tatsächliche Gewalt an der Mietsache verschaffen, sondern diese auch räumen muss, dass aber der Zustand der Mietsache bei der Rückgabe grundsätzlich ohne Bedeutung ist. Daher kann allein darin, dass der Mieter dem Vermieter die Räume in verwahrlostem Zustand oder mit von ihm zu beseitigenden Einrichtungen versehen überlässt, an sich keine Vorenthaltung gesehen werden (BGH NZM 2010, 815). Auch das Zurücklassen von Sperrmüll im Keller stellt noch keine Vorenthaltung der Mietsache dar (KG 30. 1. 2012 – 8 U 192/10, ZMR 2012, 693; KG 13. 4. 2015 – 8 U 212/14, MDR 2015, 759). Nur wenn sich aus Art und Umfang der zurückgelassenen Gegenstände ergibt, dass dem Vermieter eine Inbesitznahme nicht möglich ist, liegt eine Rückgabe nicht vor (KG ZMR 2011, 114; LG Berlin GE 2003, 880; vgl auch BGHZ 86, 204, 209 ff = NJW 1983, 1049; BeckOGK/Zehelein [1. 7. 2020] Rn 52). So können die Dinge zB liegen, wenn der Mieter eine Einbauküche und seine Waschmaschine in der Wohnung zurückgelassen hat (LG Gießen ZMR 2013, 630). Dass dies auf Empfehlung des Maklers erfolgt ist, ist unerheblich.

34 Eine **teilweise Rückgabe** darf der Vermieter nach § 242 BGB aber nicht ablehnen, wenn die Teilleistung bei verständiger Würdigung des Falles und unter Berücksichtigung der beiderseitigen Interessen zumutbar ist (BGH VersR 1954, 297). Hiervon kann idR ausgegangen werden, wenn Wohn- und Geschäftsräume oder Wohnung und Garage in Zukunft getrennt vermietet werden sollen und erst eines der Mietobjekte geräumt ist. Sachen, die der Mieter zurückgelassen hat, dürfen vom Vermieter nicht ohne Weiteres anderweitig untergebracht werden (RG Recht 1923 Nr 7). Soweit ihm ein dahin gehendes Recht nach Treu und Glauben zuzuerkennen ist, obliegt ihm die verkehrsübliche Sorgfalt, um vermeidbare Schäden von den Sachen des Mieters abzuwenden (RG JW 1932, 42; BGH WuM 1971, 943; Schmid/Harz/Schmid/Sommer Rn 12a; Soergel/Heintzmann Rn 7). Die Obhutspflicht ist formularmäßig nach § 309 Nr 7 lit b nicht vollständig abdingbar (Schmidt-Futterer/Streyl Rn 59).

c) Zeitpunkt der Rückgabe

35 Abweichend vom Wortlaut des Abs 1 entsteht die Rückgabepflicht nicht „nach", sondern „bei" Beendigung des Mietverhältnisses, also mit **dem Zeitpunkt oder Tag seiner Beendigung** (BGH NJW 1989, 451). Dabei ist es gleich, ob das Mietverhältnis durch Zeitablauf, einvernehmliche Aufhebung oder Kündigung endet. Die Rückgabepflicht ist am letzten Tag der Mietzeit fällig (Blank/Börstinghaus/Blank/Börstinghaus Rn 15; Erman/Lützenkirchen Rn 14; Jauernig/Teichmann Rn 2; Keinert WuM 2016, 195, 197 f; Mutter ZMR 1991, 329, 331; Schmidt-Futterer/Streyl Rn 73; aM AG Lichtenberg GE 2005, 807; AG Köln WuM 1985, 265 [LS]; Bub/Treier/Emmerich Rn V 13; Kinne ua/Schach Rn 7; MünchKomm/Bieber Rn 15; Prütting ua/Feldhahn Rn 4; Pütz WuM 2002, 414; Soergel/Heintzmann Rn 4), sodass ohne Mahnung Schuldnerverzug eintreten kann. Fällt dieser Tag auf einen Sonnabend, Sonntag oder auf einen am Leistungsort (s Rn 39) staatlich anerkannten allgemeinen Feiertag, so tritt nach § 193 BGB an die

Stelle eines solchen Tages der nächste Werktag (OLG Hamm WuM 1981, 40; KEINERT WuM 2016, 195, 196). Dies gilt nicht für Hotelzimmer, Ferienwohnungen oder Ähnliches (BLANK/BÖRSTINGHAUS/BLANK/BÖRSTINGHAUS Rn 15a).

Im Übrigen enthält das Gesetz keine besonderen Bestimmungen darüber, ob und welche **Nachfristen** dem Mieter zur Rückgabe der Mietsache einzuräumen sind. Nach § 242 BGB kann es geboten sein, dass der Vermieter bei unverschuldeter Verzögerung der Rückgabe nicht gleich zwangsweise gegen den Mieter vorgeht. Dies gilt etwa bei schwerer Erkrankung des Mieters oder eines seiner Angehörigen. Ein unverschuldetes Hindernis aufseiten des Mieters ist idR nicht darin zu sehen, dass eine neue Wohnung nicht rechtzeitig frei oder bezugsfertig wird. Insoweit kommt allerdings ein Anspruch auf Fortsetzung des Mietverhältnisses nach § 574 BGB in Betracht. Da eine fristlose Kündigung mit dem Zugang das Mietverhältnis beendet, hat der Vermieter dem Mieter regelmäßig eine kurze Räumungsfrist von mindestens einer Woche zuzubilligen (LG München II WuM 1989, 181; weitergehend LG Hannover NJW-RR 1992, 659). Dies ist nicht erforderlich, wenn nach Vertragsverletzungen des Mieters eine letztmalig gesetzte Abhilfefrist fruchtlos verstrichen ist (AG Ahaus DWW 1989, 54). Der Mieter hat in einem solchen Fall nach § 546a BGB für die Dauer der Vorenthaltung als Entschädigung die vereinbarte Miete weiter zu entrichten.

36

Der Zeitpunkt der Rückgabe kann **abweichend** durch eine Vereinbarung der Parteien nach § 311 Abs 1 BGB, durch gerichtliche Festsetzung einer Räumungsfrist nach den §§ 721, 794a ZPO oder durch Verwaltungsakt der Ordnungsbehörde (vgl BayVGH ZMR 2009, 488; LG Wiesbaden ZMR 1956, 11) bestimmt werden (SCHMIDT-FUTTERER/STREYL Rn 79 f). Das Mietverhältnis bleibt damit grundsätzlich beendet. Der Eintritt des Verzugs wird durch Gewährung einer gerichtlichen Räumungsfrist nicht ausgeschlossen (BGH NJW 1953, 1586; OLG Celle MDR 1967, 1013; MÜLLER MDR 1971, 253, 254; PALANDT/WEIDENKAFF Rn 10; **aM** BUB/TREIER/EMMERICH Rn V 15). Die Verzugsfolgen werden allerdings durch § 571 BGB modifiziert (MÜLLER MDR 1971, 253, 254). Ob in der vertraglichen Vereinbarung einer Räumungsfrist eine Verlängerung des Mietverhältnisses zu sehen ist, ist durch Auslegung im Einzelfall zu ermitteln (vgl BGH NJW-RR 1989, 907; SCHMIDT-FUTTERER/STREYL Rn 79).

37

Der Mieter ist grundsätzlich zur **Rückgabe der Sache vor Beendigung des Mietverhältnisses** berechtigt (OLG Dresden NZM 2000, 827; BezG Cottbus WuM 1994, 146; LG Bonn 5. 6. 2014 – 6 S 173/13, NZM 2015, 306; LG Mannheim WuM 1982, 298; BUB/TREIER/EMMERICH Rn V 16; JAUERNIG/TEICHMANN Rn 2; einschränkend MUTTER ZMR 1989, 132, 133; **aM** KINNE ua/SCHACH Rn 7; MünchKomm/BIEBER Rn 16; PRÜTTING ua/FELDHAHN Rn 4; SCHMID/HARZ/SCHMID/SOMMER Rn 6). Dies gilt nach § 271 Abs 2 BGB aber nur im Zweifel und kann dann ausgeschlossen sein, wenn dem Vermieter etwa Unterbringungsmöglichkeiten für die vorzeitig zurückgegebene Mietsache fehlen oder wenn eine Gebrauchs- oder Betriebspflicht vereinbart wurde (BGH WuM 1992, 316; BUB/TREIER/EMMERICH Rn V 17). Der Vermieter muss auch nicht jederzeit noch während des bestehenden Mietverhältnisses zur Rücknahme der Schlüssel bereit sein (BGH 12. 10. 2011 – VIII ZR 8/11, NJW 2012, 144; BGH 23. 10. 2013 – VIII ZR 402/12, NJW 2014, 684). Der Mieter ist trotz vorzeitiger Rückgabe verpflichtet, die Miete bis zum Ende der Mietzeit zu entrichten, selbst wenn die Wohnung inzwischen einem neuen Mieter überlassen worden ist (KG NZM 2000, 92 m Anm BRECKERFELD NZM 2000, 533; OLG Hamm ZMR 1995, 525; LG Berlin MDR 1989, 1103; LG Kassel WuM 1989, 410; **aM** AG Osnabrück WuM 1980, 63 [LS]; AG Wup-

38

pertal WuM 1983, 235 [LS]). Er ist nach Maßgabe des § 537 BGB nur insoweit von der Zahlungspflicht befreit, als der Vermieter die Sache vorzeitig anderweitig weitervermietet und hieraus anzurechnende Mieteinnahmen erzielt (AG Arnsberg WuM 1980, 162 [LS]; STAUDINGER/V EMMERICH § 537 Rn 12) oder ihm obliegende Instandsetzungs- oder umfangreiche Umbauarbeiten vornimmt, sodass auch eine weitere Gebrauchsüberlassung an den bisherigen Mieter ausscheidet (LG Köln WuM 1987, 84; LG Saarbrücken WuM 1979, 140; STAUDINGER/V EMMERICH § 537 Rn 15). Da den Mieter grundsätzlich keine Gebrauchspflicht trifft (BUB/TREIER/EMMERICH Rn V 16), darf er schon vor Beendigung des Mietverhältnisses ausziehen. Da hierin nicht notwendig eine Rückgabe liegt, kann er die Schlüssel bis zum Ende der Mietzeit behalten (LG Köln WuM 1976, 254).

d) Ort der Rückgabe

39 **Unbewegliche Sachen**, insbesondere Grundstücke und Räume, können nur an dem Ort zurückgegeben werden, an dem sie sich befinden. Der Erfüllungsort ist nach § 29 Abs 1 ZPO für den Gerichtsstand maßgebend. Dies gilt auch für Schadensersatzansprüche wegen nicht gehöriger Erfüllung. Bei Mietverträgen über Wohnraum richtet sich der Gerichtsstand nach § 29a ZPO.

40 Wo **bewegliche Sachen** zurückzugeben sind, kann § 546 BGB nicht entnommen werden. Die Vorschrift regelt nur die Rückgabepflicht selbst, nicht aber den Leistungsort (BGH 18. 1. 2017 – VIII ZR 263/15, BGHZ 213, 302, 310 = NJW 2017, 1301; vgl auch BGH 19. 9. 2001 – I ZR 343/98, NJW-RR 2002, 1027). Einschlägig ist vielmehr § 269 BGB. Danach ist vorrangig auf die Vereinbarung der Parteien, in Ermangelung solcher auf die Umstände, insbesondere die Natur des Schuldverhältnisses zu rekurrieren. Lässt sich auch diesen kein Leistungsort entnehmen, hat die Rückgabe der Mietsache an dem Ort stattzufinden, an dem der Schuldner zur Zeit der Entstehung des Schuldverhältnisses seinen Wohnsitz oder seine Niederlassung hatte. Häufig wird sich entweder aus den vertraglichen Vereinbarungen, zumindest konkludent, oder der Natur des Mietverhältnisses ergeben, dass den Mieter eine **Bringschuld** trifft (PALANDT/WEIDENKAFF Rn 10). Der Erfüllungsort kann im Vertrag abweichend geregelt oder einer späteren Bestimmung durch eine Partei vorbehalten werden (BGH NJW 1982, 1747; OLG Düsseldorf DWW 1990, 272). Eine Vertragsklausel, die dem Vermieter ein einseitiges Recht zur offenen Bestimmung von Rückgabeort und Rückgabemodalitäten einräumt, ist jedenfalls in Allgemeinen Geschäftsbedingungen wegen Verstoßes gegen § 307 Abs 1 BGB unwirksam (BGH 18. 1. 2017 – VIII ZR 263/15, BGHZ 123, 302, 311 ff = NJW 2017, 1301 m Anm GRAF VWESTPHALEN NZM 2017, 416 f). Der Rückgabeort kann sich schließlich aus den Umständen ergeben. So ist ein gemietetes Kfz in Ermangelung einer abweichenden Parteivereinbarung regelmäßig dort zurückzugeben, wo es dem Mieter überlassen worden ist (OLG Düsseldorf ZMR 2008, 125).

e) Nichterfüllung des Anspruchs auf Rückgabe

41 Der Anspruch des Vermieters auf Herausgabe der Mietsache nach Beendigung des Mietverhältnisses steht nicht im Gegenseitigkeitsverhältnis. Die Rechtsfolgen einer **Nichterfüllung** des Anspruchs richten sich nach den §§ 280, 281, 286 BGB. Hieraus können sich für den Vermieter bei Unmöglichkeit oder verzögerter Rückgabe Schadensersatzansprüche ergeben. Streitig ist, ob der Vermieter **Schadensersatz statt der Leistung** (§ 280 Abs 1, 3, § 281 BGB) beanspruchen, zugleich auf die Leistung (Rückgabe der Mietsache) selbst verzichten und damit die Mietsache dem Mieter

„aufdrängen" kann. Teilweise wird angenommen, dem Vermieter stehe dieses Recht zu, er müsse dem Mieter lediglich gemäß § 255 BGB Zug um Zug gegen Erhalt des Schadensersatzes das Eigentum an der Mietsache verschaffen (Emmerich NZM 2002, 362, 367; Gsell JZ 2004, 110, 111 f; Klinck, in: 10 Jahre Mietrechtsreformgesetz [2011] 302, 303 ff; Palandt/Grüneberg § 281 Rn 4; differenzierend Riehm, in: 10 Jahre Mietrechtsreformgesetz [2011] 311, 312 ff; vgl auch BGHZ 56, 308, 312 = NJW 1971, 2065). Dem wird freilich entgegengehalten, dass der Substanzwert der Mietsache nicht das Äquivalent des Rückforderungsanspruchs sei (Katzenstein/Hüftle NZM 2004, 601, 602 ff; Schwab NZM 2003, 50; Schwab/Novokmet ZGS 2004, 187, 188; kritisch Klinck, in: 10 Jahre Mietrechtsreformgesetz [2011] 302, 306 ff) und der Mieter, solange er noch im Besitz der Sache sei, Schadensersatz statt der Leistung nur wegen Vorenthaltung des Besitzes und daher auch aus § 281 BGB nur den Ersatz des Verzögerungsschadens schulde. Der Gesetzgeber hat das Problem gesehen, auf eine Regelung aber mangels praktischen Bedürfnisses gleichwohl verzichtet, da kaum jemals ein Vermieter nach § 281 BGB vorgehe. Missbräuchen könne mit Hilfe des § 242 BGB begegnet werden (BT-Drucks 14/6040, 139). Jedenfalls für das **Wohnraummietrecht** dürfte § 571 BGB wegen des mit ihm verfolgten sozialen Schutzzwecks die abschließende Regelung darstellen, die einen Rückgriff auf Schadensersatzansprüche statt der Leistung verbietet (Gruber WuM 2002, 252, 253; Jost, in: FS Otte [2005] 145, 150; Palandt/Grüneberg § 281 Rn 4; wohl auch Riehm, in: 10 Jahre Mietrechtsreformgesetz [2011] 311, 312; **aM** Klinck, in: 10 Jahre Mietrechtsreformgesetz [2011] 302, 308 f). Auch darüber hinaus lässt sich die Wertung des § 571 Abs 1 BGB fruchtbar machen mit der Folge, dass dem Schuldner der Einwand des Rechtsmissbrauchs aus § 242 BGB zur Seite gestellt werden kann, wenn nicht die Billigkeit eine Schadloshaltung des Vermieters gebietet (Jost, in: FS Otte [2005] 145, 154; **aM** Klinck, in: 10 Jahre Mietrechtsreformgesetz [2011] 302, 310; Schwab NZM 2003, 50, 52 ff).

Soweit gemäß § 286 Abs 1 und 2 BGB zum Eintritt des Verzuges eine **Mahnung** erforderlich ist, kann diese mit einer fristlosen Kündigung verbunden werden. In § 546a Abs 1 BGB findet sich eine Sonderregelung für die Vorenthaltung der Mietsache, die dem Vermieter als Nutzungsentschädigung weiterhin die vereinbarte Miete sichert (s § 546a Rn 39 ff), die Geltendmachung eines weiteren Schadens aber zulässt (s § 546a Rn 56 ff). Dies wird in § 571 BGB bei einem Mietverhältnis über Wohnraum eingeschränkt oder ganz ausgeschlossen (Staudinger/Rolfs [2021] § 571 Rn 4 ff). **42**

Nach **Rechtshängigkeit des Rückgabeanspruchs** schuldet der Mieter zudem die Herausgabe der Nutzungen (§ 292 Abs 2, § 987 Abs 1, § 99 Abs 3 BGB). Dazu gehört die Auskehr eines durch Untervermietung erzielten Mehrerlöses. Hat der Mieter vom Untermieter als Abfindung für die vorzeitige Beendigung des Untermietverhältnisses eine Abfindung erhalten, ist auch diese an den Hauptvermieter herauszugeben (BGH NZM 2009, 701). **43**

3. Durchsetzung des Rückgabeanspruchs

Wenn der Anspruch auf Rückgabe der Mietsache begründet ist, der Mieter die Erfüllung aber unberechtigt verweigert, darf sich der Vermieter nicht gegen den Willen des Mieters mit Gewalt oder auf sonstige Weise den unmittelbaren Besitz verschaffen. Darin würde eine nach § 858 BGB **verbotene Eigenmacht** liegen, deren sich der besitzende Mieter nach § 859 BGB erwehren darf und die ihn verschuldens- **44** unabhängig nach § 231 BGB zum Schadensersatz berechtigt (BGH WuM 1971, 943; BGH NJW 2010, 3434; KG ZMR 2011, 859; OLG Düsseldorf BB 1991, 721 [LS]; Prütting ua/ Feldhahn Rn 14). Selbst der rechtskräftig zur Räumung verurteilte Mieter ist vor verbotener Eigenmacht geschützt (OLG Celle DWW 1994, 117; LG Kassel WuM 1989, 375). Auch wenn sich der Vermieter im Mietvertrag ein Selbsthilferecht hat einräumen lassen (RG 30. 1. 1931 – II 219/30, RGZ 131, 221, 222), was jedenfalls formularmäßig ohnehin wegen unangemessener Benachteiligung des Mieters (§ 307 Abs 1 BGB) nicht wirksam erfolgen kann (LG Duisburg ZMR 2012, 550), ist die Besitzentziehung gegen den Willen des Mieters widerrechtlich und verpflichtet zum Schadensersatz (BGH NJW 1977, 1818). Selbsthilfe ist auch dann nicht zulässig, wenn der Aufenthaltsort des Mieters unbekannt ist (Horst NZM 1998, 139, 140). Für diese Fälle hält das Prozessrecht mit der öffentlichen Zustellung gemäß § 185 ZPO und der Räumungsklage ein Instrument bereit.

45 Der Vermieter darf die tatsächliche Gewalt allerdings ohne Weiteres ergreifen, wenn der Mieter seinen Besitz erkennbar aufgegeben hat. Zurückgelassene Sachen des Mieters, an denen der Besitz ebenfalls aufgegeben ist, kann der Vermieter entfernen, muss sie jedoch anderweitig in seine Obhut nehmen, sofern der Mieter nicht nach § 959 BGB sein Eigentum aufgegeben hat.

4. Herausgabe- und Räumungsklage

46 Der Vermieter muss seinen Anspruch auf Herausgabe der Mietsache im Wege der Klage durchsetzen, wenn der Mieter nicht freiwillig erfüllt (Einzelheiten bei Blank, in: PiG Bd 26 [1987] 93 ff). Ist das Mietverhältnis wirksam beendet, so muss von dem Mieter erwartet werden, dass er seiner Herausgabepflicht ohne Weiteres nachkommt. Wenn der Vermieter mit der gerichtlichen Durchsetzung seines Herausgabeanspruchs mehrere Monate zuwartet, darf ihm daraus kein Nachteil erwachsen, indem etwa der Herausgabeanspruch als verwirkt angesehen würde (BGH WuM 1988, 125; vgl auch Bub/Treier/Emmerich Rn V 78). Um das den Vermieter treffende Risiko eines Zahlungsausfalls bei langer Prozessdauer zu verringern, sind Räumungssachen nach § 272 Abs 4 ZPO vorrangig und **beschleunigt durchzuführen** (dazu BT-Drucks 17/ 11894, 24; Emmerich WuM 2013, 323, 330 ff).

a) Zuständigkeit

47 Die **sachliche Zuständigkeit** des Gerichts im Allgemeinen richtet sich nach § 23 Nr 1 und § 71 Abs 1 GVG. Hiernach sind die Amtsgerichte zuständig, wenn der Wert des Streitgegenstandes die Summe von fünftausend Euro nicht übersteigt. Im Übrigen ist die Zuständigkeit der Landgerichte begründet. Ohne Rücksicht auf den Wert des Streitgegenstandes ist nach § 23 Nr 2 lit a GVG ausschließlich das Amtsgericht zuständig, wenn die Herausgabe von Wohnraum beansprucht wird. Für die Klage auf Herausgabe anderer Räume ist die allgemeine sachliche Zuständigkeit gegeben.

48 Für die **örtliche Zuständigkeit** ist im Allgemeinen nach § 29 ZPO der Gerichtsstand des Erfüllungsortes maßgebend, wobei im Rahmen der gesetzlichen Bestimmungen Parteivereinbarungen zulässig sind. Für Herausgabeansprüche aus Miet- oder Pachtverhältnissen über Räume ist gemäß § 29a ZPO das Gericht ausschließlich zuständig, in dessen Bezirk sich die Räume befinden. Damit sind Gerichtsstandsvereinbarungen nach § 40 Abs 2 ZPO ausgeschlossen. Diese Zuständigkeitsregelung beruht vor allem auf dem Schutzgedanken des sozialen Mietrechts, das Verfahren nach Möglichkeit am Wohnort des Mieters zu führen und damit eine größere Sach- und Ortsnähe des zuständigen Gerichts zu gewährleisten (BGHZ 89, 275, 281 f = NJW 1984, 1615). Die ausschließliche Zuständigkeit nach § 29a ZPO greift deshalb auch ein, wenn die Klage auf den Herausgabeanspruch des Eigentümers aus § 985 BGB gestützt wird (OLG Hamburg DWW 1990, 235; LG München I ZMR 1987, 271; LG München I ZMR 1987, 309 [LS]).

b) Klageantrag und -gegner
aa) Der Vermieter muss in der **Herausgabeklage** die Mietsache so genau bezeich- 49
nen, dass ein unbeteiligter Dritter und insbesondere der Gerichtsvollzieher sie anhand des Titels identifizieren kann. Die Klage ist gegen den Schuldner des Anspruchs zu richten, wobei zweckmäßigerweise alle Personen verklagt werden, die vollstreckungsrechtlichen Gewahrsam haben (vgl LG Regensburg WuM 1998, 235 bzgl in Trennung lebender Ehegatten). Die Räumungsvollstreckung kann gemäß § 750 Abs 1 S 1 ZPO nämlich nur gegen diejenigen Personen betrieben werden, die im Vollstreckungstitel namentlich bezeichnet sind (BGH 14. 8. 2008 – I ZB 39/08, NJW 2008, 3287; BGH 13. 7. 2017 – I ZB 103/16, NJW 2018, 399 m Anm Bruns NZM 2018, 167), was in der Praxis zu erheblichen Schwierigkeiten bei der Räumung führen kann (Sick ZMR 2010, 493 ff; dazu Rn 59 f). Daher ist insbesondere gegen den Untermieter (BGH NZM 1998, 665; BGH NZM 2003, 802 m Anm Fallak ZMR 2004, 324; BGH NZM 2006, 699; AG Potsdam NZM 2000, 734) sowie den Ehe- oder eingetragenen Lebenspartner des Mieters (LG Trier NZM 2005, 599) ein selbstständiger Titel erforderlich, zumal sich auch die **Rechtskraft** eines Räumungstitels gegen den Hauptmieter nicht auf den Untermieter erstreckt, sodass dieser im Räumungsrechtsstreit gegen den Untervermieter dessen Herausgabepflicht leugnen kann (BGH NZM 2006, 699; BGH NJW 2010, 2208).

bb) Gegen den **Ehegatten** des Mieters ist ein selbstständiger Räumungstitel erfor- 50
derlich, auch wenn dieser nicht Mitmieter ist (AG Berlin-Mitte 7. 4. 2017 – 124 C 188/16, GE 2017, 601; AG Hamburg ZMR 2009, 928; Fischer, in: 10 Jahre Mietrechtsreformgesetz [2011] 246, 253; Schmidt-Futterer/Blank Vorbem § 535 Rn 350). Lebt der Ehegatte in **Scheidung**, kann das Gericht den Räumungsrechtsstreit bei Anhängigkeit eines Wohnungszuweisungsverfahrens iS des § 1568a Abs 3 S 1 Nr 2 BGB nach richterlichem Ermessen bis zur Entscheidung über die Zuweisung aussetzen (§ 148 ZPO), da es den verfassungsrechtlichen Schutz der Familie nach Art 6 Abs 1 GG zu berücksichtigen hat (KG GE 2013, 942; vgl auch BVerfG NJW-RR 2007, 721). Im Fall des Getrenntlebens richtet sich die (vorläufige) Nutzungszuweisung nach § 1361b BGB. Ob es auch gegen den **nichtehelichen Lebensgefährten** eines Räumungstitels bedarf, ist strittig (bejahend BGH NJW 2008, 1959; KG WuM 1994, 32; OLG Köln WuM 1997, 280; OLG Oldenburg NJW-RR 1994, 715; LG München WuM 1997, 633; Fischer, in: 10 Jahre Mietrechtsreformgesetz [2011] 246, 253; Herrlein/Kandelhard/Kandelhard Rn 54; verneinend AG Charlottenburg GE 2004, 484; Schuschke NZM 1998, 58, 61 f; differenzierend Scholz ZMR 2009, 99, 100 f), aber in den meisten Fällen zu bejahen. Aus einem Räumungstitel gegen den Mieter kann der Gläubiger nämlich nicht gegen einen im Titel nicht aufgeführten Dritten vollstrecken, wenn dieser Mitbesitzer ist (BGHZ 159, 383, 385 f = NJW 2004, 3041 m Bespr Schuschke NZM 2005, 10 ff; BGH 14. 8. 2008 – I ZB 39/08, NJW 2008, 3287; vgl Schuschke NZM 2012, 209, 210). Allerdings bedarf im Einzelfall der Prüfung, ob der Lebensgefährte tatsächlich vom Mieter für ein längeres Zusammenleben unter entsprechender Herrichtung der bewohnten Wohnung zu diesem gemeinsamen Zweck aufgenommen

worden ist, weil nur in einem solchen Fall Mitbesitz angenommen werden kann. Bei lediglich kurzer oder vorübergehender Aufnahme kann dagegen statt Mitbesitz bloße Besitzdienerschaft des Lebensgefährten anzunehmen sein, die keinen eigenständigen Räumungstitel erfordert (LG Wuppertal ZMR 2007, 457).

51 cc) Ein Räumungstitel gegen die Eltern hingegen wirkt auch gegen die *minderjährigen* **Kinder** (BGH NJW 2008, 1959; LG Lüneburg NZM 1998, 232; AG Augsburg NZM 2005, 480; AG Berlin-Mitte NZM 2007, 264). Gleiches gilt für andere Personen, die bloße Besitzdiener sind (HERRLEIN/KANDELHARD/KANDELHARD Rn 54). Gegen *volljährige Kinder des Mieters* ist ein eigenständiger Räumungstitel nur erforderlich, wenn sie Mitbesitz an der Wohnung erlangt haben (AG Lichtenberg NZM 2006, 120). Daran fehlt es regelmäßig, wenn sie schon als Minderjährige mit ihren Eltern in der Wohnung gewohnt haben und das Zusammenleben über ihren 18. Geburtstag hinaus unverändert fortsetzen (BGH NJW 2008, 1959 m Anm BRUNS ZMR 2008, 697 f; AG München 25. 7. 2017 – 414 C 24067/16, ZMR 2017, 984). Mehrere auf Räumung verklagte Mieter sind keine notwendigen Streitgenossen (LG Berlin GE 1995, 943).

c) Weitere Verfahrensfragen
52 Das **Rechtsschutzbedürfnis** für eine Herausgabeklage ist auch gegeben, wenn der Mieter nur mittelbarer Besitzer ist, weil er den unmittelbaren Besitz wiedererlangen kann und dann doch noch eine Klage gegen ihn zu erheben wäre (vgl BGHZ 119, 300, 304 = NJW 1993, 55). Es entfällt auch nicht dadurch, dass ein ausgezogener Mitmieter erklärt, er werde nicht wieder in die Wohnung einziehen (LG Berlin GE 2004, 352; **aM** LG Berlin GE 2003, 529). Ob ein **Versäumnisurteil** auf Räumung auch schon vor Ablauf der Schonfrist des § 569 Abs 3 S 1 Nr 2 BGB (STAUDINGER/V EMMERICH [2021] § 569 Rn 39 ff) ergehen darf, ist streitig. Während einige den Mieter auf die Möglichkeit des Einspruchs (§ 338 ZPO) oder notfalls die Vollstreckungsabwehrklage (§ 767 ZPO) verweisen wollen, wenn er nach Erlass des Versäumnisurteils, aber noch innerhalb der Schonfrist den Vermieter befriedigt (LG Hamburg NZM 2003, 432; LG Kiel WuM 2002, 149; LG Stuttgart DWW 2002, 340; FEUERLEIN GE 2005, 524, 528; LÜTZENKIRCHEN/LÜTZENKIRCHEN Rn 15; O'SULLIVAN ZMR 2002, 250, 253), betonen andere, dass dem Mieter nicht durch das Verfahrensrecht ein befristetes materielles Recht genommen werden darf (OLG Hamburg ZMR 1988, 225). Letzterem ist beizutreten. Angesichts der Dauer gerichtlicher Verfahren würde die Verweisung des Mieters auf die genannten Rechtsbehelfe dem Gebot effektiven Rechtsschutzes widersprechen. Der Vermieter hat gemäß § 93 ZPO die **Kosten** einer mit der Kündigung anhängig gemachten Räumungsklage zu tragen, wenn der Mieter alsbald räumt und durch sein Verhalten keinen Anlass gegeben hat, er werde auf die Kündigung nicht durch Räumung reagieren (LG Bremen NJW-RR 1988, 334). Die **Beweislast** für die Voraussetzungen des Rückgabeanspruchs trägt der Vermieter (OLG Stuttgart ZMR 2005, 953), diejenige für die rechtzeitige Rückgabe der Mieter (LG Berlin ZMR 1998, 703).

53 Kündigt der Mieter und teilt er dem Vermieter zugleich mit, dass er den Auszugstermin mangels einer Ersatzwohnung noch nicht nennen könne, dann gibt er damit keinen Anlass, bereits zwei Wochen nach Eingang der Kündigung Räumungsklage zu erheben (LG Hannover NJW-RR 1992, 659). Für eine Feststellungsklage über die Beendigung eines Mietverhältnisses durch fristlose Kündigung besteht auch dann ein Rechtsschutzbedürfnis, wenn gleichzeitig auf Herausgabe der Mietsache geklagt wird, weil die Art der Vertragsbeendigung Vorfrage für weitere Ansprüche sein kann (OLG Celle BB 1978, 576). Ist eine Räumungsklage abgewiesen, steht damit nämlich nicht auch rechtskräftig fest, dass die Kündigung, auf die die Klage gestützt war, das Mietverhältnis nicht beendet hat. In Rechtskraft erwächst nur die in dem früheren Urteil ausgesprochene Rechtsfolge, dass der Herausgabeanspruch im Zeitpunkt der letzten mündlichen Verhandlung des Vorprozesses nicht bestand (BGHZ 43, 144, 145 f = NJW 1965, 693). Ein Vermieter, der mit einer Kündigung im Räumungsrechtsstreit rechtskräftig abgewiesen worden ist, kann eine erneute Kündigung nicht auf Tatsachen stützen, die er schon im früheren Rechtsstreit geltend gemacht hat (LG Hamburg WuM 1979, 125 m Anm Schopp MDR 1979, 57; vgl aber auch BGH NJW 1998, 374). Der **Streitwert** der Räumungsklage wird nach der Bruttomiete berechnet (KG NZM 2001, 590; OLG Hamm ZMR 1995, 359; LG Mainz WuM 2003, 643; offen gelassen von BGH NZM 1999, 794; differenzierend BGH NJW 1955, 1633; **aM** LG Dortmund WuM 2001, 450; LG Göttingen WuM 2003, 643).

d) Insolvenz des Mieters

§ 546 BGB verschafft dem Vermieter in der Insolvenz des Mieters einen Aussonderungsanspruch, der auf die Verschaffung des unmittelbaren Besitzes an der Mietsache gerichtet ist (BGH 2. 2. 2006 – IX ZR 46/05, NJW-RR 2006, 989; BGH 11. 4. 2019 – IX ZR 79/18, NJW 2019, 1877). Davon ist die mietvertragliche Räumungspflicht zu unterscheiden. Der Anspruch des Vermieters auf **Räumung** eines *vor* der Insolvenzeröffnung beendeten Mietverhältnisses (zur Kündigung *in* der Insolvenz des Mieters vgl § 542 Rn 130 ff) ist regelmäßig einfache Insolvenzforderung (§ 38 InsO), die nur zur Tabelle angemeldet, deren Erfüllung aber nicht klageweise vom Insolvenzverwalter verlangt werden kann (BGH NJW 2007, 1591; BGH 11. 4. 2019 – IX ZR 79/18, NJW 2019, 1877; BGH 17. 9. 2020 – IX ZR 62/19, ZIP 2020, 2025; LG Mannheim NZM 2007, 443). Die Masse hat nämlich für Veränderungen der Mietsache, eingetretene Verschmutzungen oder das Ansammeln störender Gegenstände (s Rn 20 ff) nur einzustehen, wenn der Insolvenzverwalter persönlich oder durch ihm selbst zuzurechnende Handlungen den vertragswidrigen Zustand verursacht hat (§ 55 Abs 1 Nr 1 InsO). Deshalb ist der Insolvenzverwalter beispielsweise dann zur Wiederherstellung des ursprünglichen Zustandes der Mietsache verpflichtet, wenn er selbst vom Wegnahmerecht des § 539 BGB Gebrauch gemacht hat (KG 25. 2. 2019 – 8 U 6/18, ZIP 2019, 875). Anderenfalls haftet die Masse jedenfalls dann nicht für den nachteiligen Zustand einer Mietsache, den der Schuldner vor Verfahrenseröffnung herbeigeführt hat, wenn der zu Grunde liegende Mietvertrag vorher beendet wurde. Die Kosten, die bei der vertragsgemäßen Herstellung iS von § 546 Abs 1 BGB anfallen, begründen dann einfache Insolvenzforderungen (BGHZ 72, 263, 265 f = NJW 1979, 310; BGHZ 148, 252, 257 = NJW 2001, 2966; BGH 11. 4. 2019 – IX ZR 79/18, NJW 2019, 1877). Ob die Kosten der Wiederherstellung des ursprünglichen Zustandes der Mietsache auch dann bloße Insolvenzforderungen sind, wenn die Veränderungen *vor* der Insolvenz des Mieters vorgenommen wurden, das Mietverhältnis aber erst *danach* sein Ende gefunden hat, ist umstritten, aber wohl zu bejahen (wie hier OLG Celle ZMR 2007, 956; OLG Hamm 21. 11. 2013 – 18 U 145/12, ZIP 2014, 186; vgl auch OLG Brandenburg 30. 6. 2015 – 6 U 28/14, ZIP 2015, 1790). Jedenfalls wird die (verbleibende) Räumungspflicht nicht dadurch zur Masseforderung, dass der Insolvenzverwalter sie bloß teilweise erfüllt. Entfernt er eine Einrichtung, die der Mieter mit der Mietsache verbunden hat und die in dessen Eigentum steht, stellt die Pflicht zur Instandsetzung der Sache in den vorigen Stand keine Masseverbindlichkeit dar, wenn der Insolvenzverwalter dabei den Rahmen einer teilweisen Erfüllung der Räumungspflicht nicht überschreitet (BGH 17. 9. 2020 – IX ZR 62/19, ZIP 2020, 2025).

55 Der im Räumungsanspruch enthaltene, in der Sache aber hinter ihm zurückbleibende Anspruch auf **Herausgabe** der Mietsache (der konkurrierend auch auf § 985 BGB gestützt werden kann, vgl unten Rn 84) kann ebenfalls nur dann gegen den Verwalter verfolgt werden, wenn die Masse aus ihm verpflichtet ist. Das setzt jedoch voraus, dass der Insolvenzverwalter den Besitz daran innehat (BGHZ 148, 252, 260 f = NJW 2001, 2966; BGH NJW 2008, 2580; BeckOGK/Zehelein [1. 7. 2020] Rn 178) oder zumindest das Recht für sich in Anspruch nimmt, die Mietsache für die Masse zu nutzen und darüber zu entscheiden, ob, wann und in welcher Weise er sie an den Vermieter zurückgibt (BGHZ 127, 156, 161 = NJW 1994, 3232; BGH NJW 2008, 2580; LG Mannheim NZM 2007, 443). So liegen die Dinge zB, wenn der Insolvenzverwalter den Besitz an der Mietsache ergreift und zugleich den Vermieter gegen dessen Willen gezielt ausschließt (BGH 29. 1. 2015 – IX ZR 279/13, BGHZ 204, 83, 111 ff = NJW 2015, 1109) oder er die Mietsache nutzt, obwohl er dies pflichtgemäß hätte verhindern können (BGHZ 154, 358, 364 ff = NJW 2003, 2454; BGH NJW 2007, 1594). Um das Entstehen einer Masseverbindlichkeit zu verhindern, muss der Insolvenzverwalter in diesen Fällen den Vermieter von dessen Überlassungspflicht „freistellen", indem er ihm die weitere Nutzung der Mietsache anbietet. Ist die Rückgewähr des unmittelbaren Besitzes wegen einer fortdauernden Unter- oder Weitervermietung nicht möglich, so ist die Übergabe des mittelbaren Besitzes anzubieten. Dazu gehört auch das Recht, die Untermiete einzuziehen (BGHZ 154, 358, 364 ff = NJW 2003, 2454; BGH NJW 2007, 1594). Demgegenüber genügt es nicht, dass der Insolvenzverwalter einzelne Sachen in der Wohnung des Schuldners belässt. Die bloße sichere Aufbewahrung der im Besitz des Schuldners befindlichen Sachen kann auch ohne Besitzergreifungswillen (zu dessen Notwendigkeit RG 2. 1. 1923 – VII 17/22, RGZ 106, 135, 136; BGHZ 27, 360, 362 = NJW 1958, 1286; BGHZ 101, 186, 187 f = NJW 1987, 2812; Staudinger/Gutzeit [2018] § 854 Rn 15), zB fremdnützig für den jeweiligen Eigentümer erfolgen (BGHZ 130, 38, 48 f = NJW 1995, 2783; BGHZ 148, 252, 260 f = NJW 2001, 2966).

e)   Klage auf künftige Räumung

56 Wenn die Geltendmachung des Anspruchs auf Räumung eines Grundstücks oder eines Raumes, der anderen als Wohnzwecken dient, an den Eintritt eines Kalendertages geknüpft ist, kann der Vermieter nach § 257 ZPO **Klage auf künftige Räumung** erheben. Ein besonderes Interesse des Vermieters an einer vorzeitigen Klage und eine Veranlassung durch den Mieter sind nicht erforderlich. In allen Fällen kann der Vermieter nach § 259 ZPO Klage auf künftige Leistung erheben, wenn den Umständen nach die Besorgnis gerechtfertigt ist, dass sich der Mieter der rechtzeitigen Leistung entziehen werde. Insoweit bleibt die Zulässigkeit der Klage auf künftige Räumung von Wohnraum unberührt (LG Darmstadt MDR 1965, 579; Burkhardt NJW 1965, 803, 804; Henssler NJW 1989, 138, 142 ff; Thomas/Putzo/Seiler § 257 ZPO Rn 3). Die Besorgnis der nicht rechtzeitigen Leistung ist nicht schon dann anzunehmen, wenn der Mieter eine Anfrage des Vermieters zur Räumungsbereitschaft unbeantwortet lässt, weil vor Ablauf der Kündigungsfrist keine Obliegenheit des Mieters besteht, sich zur Räumungspflicht zu äußern (OLG Karlsruhe NJW 1984, 2953; AG Charlottenburg WuM 1989, 427; AG Hersbruck WuM 2012, 687; Herrlein/Kandelhard/Kandelhard Rn 49; **aM** für gewerbliche Mietverhältnisse OLG Stuttgart WuM 1999, 414), oder wenn er eine Kündigung wegen fehlender Vollmacht nach § 174 BGB zurückgewiesen hat, ohne die Kündigungsberechtigung als solche in Abrede zu stellen (LG Hamburg 2. 1. 2019 – 316 S 87/18, ZMR 2019, 197). Die Klage auf künftige Räumung ist auch vor Ablauf der Widerspruchsfrist des § 574 BGB (Staudinger/Rolfs [2021] § 574b Rn 10 ff) zulässig, wenn der Mieter der Kündigung bereits mit der Begründung widersprochen hat, der geltend gemachte

Kündigungsgrund liege nicht vor (OLG Karlsruhe NJW 1984, 2953; Karst ZMR 1988, 453 ff), oder wenn er unmissverständlich erklärt hat, er werde nach Ablauf der Kündigungsfrist nicht räumen (LG Aschaffenburg DWW 1989, 363; LG Berlin GE 1998, 1089; LG Bochum WuM 1983, 56; LG Bonn NJW 1971, 433; LG Kempten WuM 1993, 45; Spielbauer/Schneider/Krenek Rn 35), weil damit die in § 259 ZPO vorausgesetzte Besorgnis begründet wird. Anderenfalls ist die Klage unzulässig (LG Berlin WuM 1980, 135; LG Heidelberg WuM 1997, 446; LG Kempten WuM 1993, 45; LG Köln WuM 1993, 542; **aM** Karst ZMR 1988, 453 ff).

5. Zwangsvollstreckung

a) Allgemeines

Die Zwangsvollstreckung zur Erwirkung der Herausgabe richtet sich je nach Art der Mietsache. **Bewegliche Sachen** sind dem Mieter vom Gerichtsvollzieher nach § 883 ZPO wegzunehmen und dem Vermieter zu übergeben. Bei **unbeweglichen Sachen** hat der Gerichtsvollzieher gemäß § 885 Abs 1 S 1 ZPO den Mieter aus dem Besitz zu setzen und den Vermieter in den Besitz einzuweisen. Größere Aufschüttungen und Anpflanzungen (Bäume und Sträucher) auf einem vermieteten Grundstück sind nicht vom Gerichtsvollzieher zu entfernen. Ihre Beseitigung ist gegebenenfalls nach § 887 ZPO zu vollstrecken (OLG Düsseldorf NZM 2000, 62). Die Beseitigung von Aufbauten und Anlagen ist zwar vom Mieter geschuldet (s Rn 27), muss aber im Erkenntnisverfahren gesondert beantragt und tituliert werden, weil sich im Vollstreckungsverfahren nicht klären lässt, welche Grundstücksbestandteile nach § 94 BGB zu entfernen sind (OLG Düsseldorf 26. 2. 2015 – I-24 W 81/14, NZM 2015, 895). Die zwangsweise Räumung einer Wohnung wird von den immanenten Schranken der Wohnungsfreiheit iS des Art 13 GG gedeckt. Deshalb ist § 758a Abs 1 ZPO, der anordnet, dass die Wohnung des Schuldners ohne dessen Einwilligung grundsätzlich nur aufgrund richterlicher Anordnung durchsucht werden darf, gemäß Abs 2 dieser Vorschrift nicht bei der Räumungsvollstreckung anwendbar, gleich aus welchem Vollstreckungstitel vollstreckt wird (Thomas/Putzo/Seiler § 758a ZPO Rn 6). Es ist folglich keine besondere richterliche Anordnung erforderlich. Der Räumungstitel schränkt seinem Inhalt nach die Wohnungsfreiheit unmittelbar ein.

57

b) Vollstreckungstitel

aa) Der Vermieter kann die Zwangsvollstreckung zur Erwirkung der Herausgabe der Mietsache nur aus einem vollstreckbaren Titel betreiben. Als Vollstreckungstitel kommen in erster Linie Urteile gemäß § 704 ZPO, Prozessvergleiche nach § 794 Abs 1 Nr 1 ZPO (vgl im Einzelnen Thomas/Putzo/Seiler Vorbem § 704 ZPO Rn 15; Münch NJW 1993, 1181 ff) und Anwaltsvergleiche in Betracht.

58

Die Durchsetzung des Herausgabeanspruchs hängt entscheidend davon ab, dass im Vollstreckungstitel **der richtige Schuldner bezeichnet ist** (vgl Rn 49 ff). Unabhängig davon, ob beide Ehegatten oder nur einer von ihnen Mieter ist, bedarf es eines Räumungstitels gegen beide in der Wohnung lebenden **Ehegatten** (BGHZ 159, 383, 385 f = NJW 2004, 3041; OLG Frankfurt WuM 2003, 640; LG Hamburg WuM 1992, 549; Artzt/Schmidt ZMR 1994, 90, 91 f; Klein-Blenkers ua/Klein-Blenkers Vor §§ 535–580 BGB Rn 179; Spielbauer/Schneider/Krenek Rn 36; **aM** OLG Hamburg WuM 1992, 70; OLG Schleswig WuM 1992, 674; LG Berlin WuM 1990, 38; LG Berlin ZMR 1992, 395). Das Gleiche gilt für den mitbesitzenden **Lebensgefährten** des Mieters, der nicht Vertragspartei geworden ist (BGH NJW 2008, 1959; LG Kiel WuM 1991, 507; AG Schönau NJW 1992, 3308; Artzt/Schmidt

59

ZMR 1994, 90, 92; **aM** LG Darmstadt DGVZ 1980, 110; LG Freiburg WuM 1989, 571). Gegen den Untermieter ist auf jeden Fall ein besonderer Vollstreckungstitel erforderlich (BGH NZM 1998, 665; BGH NZM 2003, 8072; BGH 14. 8. 2008 – I ZB 39/08, NJW 2008, 3287; SCHLÄGER ZMR 1986, 421, 423; KOSSMANN/MEYER-ABICH § 95 Rn 5; **aM** FALLAK ZMR 2003, 803, 804 f). Hat der Gerichtsvollzieher eine Zwangsräumung durchgeführt und den Vermieter in den Besitz der Mieträume eingewiesen, so ist dadurch auch der Herausgabeanspruch gegen einen Mitmieter erfüllt, der die Mieträume nicht mehr in Mitbesitz hat (BayObLG WuM 1989, 489).

60 bb) Das Erfordernis eines Titels gegen jeden Besitzer der Mietsache stellt den Vermieter insbesondere dann vor Probleme, wenn **ein Dritter (Mit-)Besitz an der Wohnung begründet hat** und sich dies erst im Vollstreckungsverfahren herausstellt. Selbst wenn der Verdacht besteht, dass der Mieter einem Dritten den Besitz nur zum Zwecke der Vereitelung der Zwangsvollstreckung überlassen hat, darf der Gerichtsvollzieher die Räumungsvollstreckung nicht gegen den Dritten betreiben, der weder im Vollstreckungstitel noch in der diesem beigefügten Vollstreckungsklausel namentlich bezeichnet ist (BGH 14. 8. 2008 – I ZB 39/08, NJW 2008, 3287; anders KLIMESCH ZMR 2009, 431, 432; vgl auch BGH 13. 7. 2017 – I ZB 103/16, NJW 2018, 399 zu einer Hausbesetzung). In Widerspruch hierzu setzt sich die Begründung des Regierungsentwurfs zum MietRÄndG 2013 (BT-Drucks 17/10485, 34), in der eine – durch besagtes Urteil des BGH jedoch aufgehobene – Entscheidung des LG Lübeck (LG Lübeck DGVZ 2008, 172) aufgegriffen wird, wonach der Einwand der fehlenden Benennung im Räumungstitel bei einem kollusiven Zusammenwirken zwischen Mieter und Dritten rechtsmissbräuchlich sei und die Räumungsvollstreckung daher fortgesetzt werden dürfe. Dies ist angesichts der höchstrichterlichen Rechtsprechung jedoch abzulehnen; die namentliche Bezeichnung des mitbesitzenden Dritten ist vielmehr unverzichtbare Voraussetzung der Räumungsvollstreckung (einschränkend HORST MDR 2013, 249, 251).

61 cc) Der erforderliche **Räumungstitel gegen einen Mitbesitzer** kann allerdings auch ohne ein zeit- und kostenintensives Hauptsacheverfahren im Wege des **einstweiligen Rechtsschutzes** nach § 940a Abs 2 ZPO erlangt werden. Dies setzt voraus, dass gegen den Mieter ein vollstreckbarer Räumungstitel vorliegt und der Vermieter erst nach dem Schluss der mündlichen Verhandlung (ggf der Berufungsinstanz; LG Berlin 28. 5. 2015 – 63 T 22/15, GE 2015, 863; **aM** LG Frankfurt/O 18. 4. 2016 – 16 S 151/15, NZM 2016, 816; FLEINDL ZMR 2013, 677, 682: erster Instanz) von der Besitzbegründung des Dritten erfahren hat (ausführlich FLEINDL ZMR 2013, 677, 678 ff), wofür er darlegungs- und beweispflichtig ist (LG Berlin 18. 10. 2016 – 67 S 327/16, NZM 2017, 189). Da nur die positive Kenntnis, nicht aber die (grob) fahrlässige Unkenntnis schädlich ist, muss der Erwerber sich die Kenntnis des Vorvermieters nicht nach § 566 BGB zurechnen lassen (LG Frankfurt aM 22. 3. 2016 – 2-11 S 51/16, WuM 2016, 376). Die Unkenntnis ist im Antrag auf Räumungsanordnung glaubhaft (§ 294 ZPO) zu machen (BT-Drucks 17/10485, 34), der weitergehenden Darlegung eines wesentlichen Nachteils (§ 940 ZPO) bedarf es nicht (LG Mönchengladbach NJW 2014, 950). Dem Wortlaut zufolge schadet allein positive Kenntnis vor Schluss der mündlichen Verhandlung; ein Kennenmüssen iS des § 122 Abs 2 ist unbeachtlich (AG Hanau NZM 2013, 728; BÖRSTINGHAUS/EISENSCHMID/BÖRSTINGHAUS § 940a ZPO Rn 26; HANNEMANN/HORST/HANNEMANN § 6 Rn 73; SCHMIDT-FUTTERER/STREYL § 940a ZPO Rn 26; STREYL NZM 2012, 249, 253; THOMAS/PUTZO/SEILER § 940a ZPO Rn 3; ZEHELEIN WuM 2013, 133, 141; **aM** SCHUSCHKE NZM 2012, 209, 210 f). Somit kann es dem Vermieter auch nicht zum Nachteil gereichen, wenn er trotz bestehender Anhaltspunkte der Besitzbegründung eines

Dritten vom Mieter keine Auskunft verlangt hat (Thomas/Putzo/Seiler § 940a ZPO Rn 3; aM Fleindl ZMR 2013, 677, 682; Schuschke NZM 2012, 209, 210 f; Streyl NZM 2012, 250, 253 f). Hat der Vermieter jedoch schon vor Schluss der mündlichen Verhandlung Kenntnis von der Existenz eines mitbesitzenden Dritten erlangt, so ist bereits im Hauptsacheverfahren im Rahmen einer parteierweiternden Klagehäufung gegen ihn vorzugehen (Bub/Treier/Lüke Rn X 52; Fleindl NZM 2012, 57, 65; Lützenkirchen ZMR 2012, 604, 608). Eine einstweilige Verfügung nach § 940 Abs 2 ZPO scheidet dann aus.

61a Eine Ausnahme hiervon käme jedoch in Betracht, wenn man die Zumutbarkeit und Möglichkeit der Klageerstreckung auf den Dritten als ungeschriebene Voraussetzung des § 940a Abs 2 ZPO erachtet, sodass bei Kenntniserlangung erst kurz vor Schluss der mündlichen Verhandlung trotzdem die Möglichkeit einer einstweiligen Verfügung bestünde, da es in diesem Fall dem Vermieter aufgrund der erheblichen Prozessverzögerung sowie entstehender Mehrkosten unzumutbar wäre, den Dritten mitzuverklagen (so AG Hanau NZM 2013, 728; ähnlich Hinz NZM 2012, 777, 793; Streyl NZM 2012, 249, 253 f). Dies soll selbst dann gelten, wenn der Vermieter zwar bereits von der Besitzbegründung des Dritten wusste, dessen Namen aber erst kurz vor Schluss der mündlichen Verhandlung erfährt (AG Hanau NZM 2013, 728; ähnlich Schmidt-Futterer/Streyl § 940a ZPO Rn 26; aM Börstinghaus/Eisenschmid/Börstinghaus § 940a ZPO Rn 26). Ferner ist zu beachten, dass eine Parteierweiterung auf Beklagtenseite in der Berufungsinstanz nicht ohne Weiteres möglich ist (dazu allgemein MünchKommZPO/Becker-Eberhard § 263 Rn 84).

62 Im Rahmen des § 940 Abs 2 ZPO ist unerheblich, ob der Vermieter der Besitzbegründung hätte zustimmen müssen (BT-Drucks 17/10485, 34). „Dritter" ist daher jeder, gegen den ein eigenständiger Räumungstitel erforderlich ist (s Rn 59), also auch der Ehegatte des Mieters (Schmid WuM 2014, 115, 117 f) oder die von ihm in die Wohnung aufgenommenen pflegebedürftigen Eltern (LG Frankfurt/O 18. 4. 2016 – 16 S 151/15, NZM 2016, 816). Gegen Personen, die die Wohnung bewohnen, ohne Besitzer zu sein – zB minderjährige Kinder – kann eine Räumungsverfügung nach § 940a Abs 2 ZPO nicht erlassen werden (AG Kassel 18. 6. 2015 – 40 C 243/15 [20], ZMR 2016, 77; AG Wiesbaden 21. 5. 2015 – 92 C 1677/15 [30], NZM 2015, 782); sie ist allerdings auch nicht erforderlich, weil insoweit der Vollstreckungstitel gegen den besitzenden Mieter ausreicht. Gegen Personen, die – zB als Untermieter nur eines Zimmers – Besitz lediglich an Teilen der Mietsache haben, kann im Wege des § 940a Abs 2 ZPO ein Titel auch nur hinsichtlich dieser Teile erlangt werden (LG Berlin 21. 7. 2015 – 67 T 149/15, NZM 2016, 239). Vor Erlass der Räumungsverfügung ist der Gegner nach § 940a Abs 4 ZPO anzuhören. Durch die Gewährung einstweiligen Rechtsschutzes werden die den Vermieter uU hart treffenden Folgen des nach Auffassung des BGH (BGH 14. 8. 2008 – I ZB 39/08, NJW 2008, 3287; BGH 13. 7. 2017 – I ZB 103/16, NJW 2018, 399) strikt geltenden Grundsatzes der Betreibung der Zwangsvollstreckung ausschließlich gegen im Titel bezeichnete Personen abgeschwächt. Hiermit wird auch ein **missbräuchliches Hinauszögern der Räumung verhindert**, indem Untermieter in die Wohnung aufgenommen werden, die dem Vermieter unbekannt sind und gegen die daher zunächst keine Räumungstitel beantragt und erlassen wurden (BT-Drucks 17/10485, 34; dazu Horst MDR 2013, 249, 250 f). Dem wird durch § 940a Abs 2 ZPO begegnet, obgleich einem findigen räumungsunwilligen Mieter weiterhin Möglichkeiten zur zumindest kurzweiligen Vereitelung der Wohnungsräumung verbleiben (dazu Bub/Treier/Lüke Rn X 51; Dötsch ZMR 2012, 83, 84; Fischer DGVZ 2012, 151, 155; Fleindl NZM 2012, 57, 65; Horst MietRB 2013, 86, 87).

63 Der Antrag auf Erlass einer einstweiligen Verfügung erfordert die **namentliche Benennung** des Antraggegners, § 253 Abs 2 Nr 1 ZPO. Ist dem Vermieter der Name des mitbesitzenden Dritten unbekannt, so kann er von dem Mieter Auskunft verlangen (Hannemann/Horst/Hannemann § 6 Rn 73; Horst MietRB 2013, 86, 87 f; Kossmann/Meyer-Abich § 95 Rn 2; Paschke GE 2012, 1602, 1603; Streyl NZM 2012, 249, 254 mwNw). Dieser Auskunftsanspruch soll ebenfalls im Wege einer **einstweiligen Verfügung** geltend gemacht werden können (zu den allgemeinen Voraussetzungen OLG Karlsruhe NJW 1984, 1905; bejahend Hannemann/Horst/Hannemann § 6 Rn 73; Paschke GE 2012, 1602, 1603; Schmidt-Futterer/Streyl § 940a ZPO Rn 28; Streyl NZM 2012, 249, 254). Sind die Namen der Schuldner – etwa im Fall anonymer Hausbesetzer – nicht ohne Weiteres in Erfahrung zu bringen, so kann der Vermieter nicht auf eine Sammelbezeichnung unter Nennung der konkret zu räumenden Wohnung ausweichen, auch wenn so ein zivilprozessualer Schutz zumindest temporär faktisch verhindert wird (vgl OLG Köln NJW 1982, 1888; LG Hannover NJW 1981, 1455; gegen einen wohnungsbezogenen Titel RegE MietRÄndG BT-Drucks 17/10485, 33 f; Bub/Treier/Lüke Rn X 52; Fischer NZM 2012, 249, 251; HK-ZV/Giers § 750 ZPO Rn 6; Musielak/Voit/Lackmann § 750 Rn 8; MünchKomm/Hessler § 750 ZPO Rn 50 f; Vorwerk/Wolf/Ulrici § 750 ZPO Rn 14, 17; **aM** LG Kassel NJW-RR 1991, 381; Geissler DGVZ 2011, 37, 40 f; Majer NZM 2012, 67, 69 f).

64 Um die Vollstreckung gegen eine falsche Person zu verhindern, hat der Gerichtsvollzieher den Namen der in der Wohnung angetroffenen Person festzustellen (BT-Drucks 17/10485, 34; Lützenkirchen/Lützenkirchen/Dickersbach Anh § 546 Rn 120). Noch ungelöst ist die Frage, wie bei **verweigerter Mitteilung der Personalien** zu verfahren ist. Zum Teil wird hieraus auf ein kollusives Zusammenwirken mit dem Mieter zum Zwecke der Vollstreckungsvereitelung geschlossen, sodass sich der Betroffene auf den fehlenden Titel nach dem Grundsatz von Treu und Glauben (§ 242 BGB) nicht berufen könne und folglich die Fortsetzung der Räumung zulässig sei (BT-Drucks 17/10485, 34; Dötsch ZMR 2012, 83, 83; Fleindl ZMR 2013, 677, 682; Gramlich § 940a ZPO; Hinz NZM 2012, 777, 793; ders ZMR 2012, 153, 165; tendenziell auch Horst MDR 2013, 249, 251; offen lassend Fischer DGVZ 2012, 151, 154 f; Thomas/Putzo/Seiler § 940a ZPO Rn 3; **aM** Bub/Treier/Lüke Rn X 52; Paschke GE 2012, 1602, 1603; Schmidt-Futterer/Streyl § 940a Rn 28). Wenn auch die Herleitung dessen in der Gesetzesbegründung infolge der Rekurrierung auf ein durch den BGH bereits aufgehobenes Urteil des LG Lübeck (s dazu Rn 60) nicht zu überzeugen vermag, so ist doch nicht außer Acht zu lassen, dass auch im Rahmen der Zwangsvollstreckung der Grundsatz von Treu und Glauben (§ 242) Beachtung findet (BGH NJW 1971, 2226; BGH NJW 2008, 1959). Indes ist in dieser Konstellation die Anwendbarkeit des § 242 BGB fraglich. Dagegen spricht, dass die Bestimmung des § 750 Abs 1 S 1 ZPO nicht nur die Einhaltung einer Formalität sichert, sodass die Berufung hierauf nicht bloß eine formale Rechtsstellung betrifft (s BGH 14. 8. 2008 – I ZB 39/08, NJW 2008, 3287). Demzufolge darf die Räumung auch in dieser Konstellation nicht fortgeführt werden. Vielmehr muss der Weg der einstweiligen Verfügung auf Auskunftserteilung gegen den Mieter (s Rn 63) beschritten werden (Schmidt-Futterer/Streyl § 940a Rn 28; Paschke GE 2012, 1603).

c) Vereinfachte Räumung (§ 885a ZPO)

65 Neben der in § 885 ZPO geregelten sog klassischen Räumung ist mit Inkrafttreten des § 885a ZPO zum 1. 5. 2013 auch eine **vereinfachte Räumung** gesetzlich ermöglicht worden. Der Vermieter kann nach § 885a Abs 1 ZPO seinen Vollstreckungsauftrag darauf beschränken, den Mieter aus dem Besitz zu setzen und ihn in den Besitz einzuweisen (§ 885 Abs 1 ZPO). Abweichend von der bisher praktizierten und höchstrichterlich anerkannten (BGH NJW 2006, 848; BGH NJW 2006, 3273; BGH NJW-RR 2009, 1384; BGH 23. 10. 2014 – I ZB 82/13, NJW 2015, 2126) sog **„Berliner Räumung"** (dazu Both GE 2007, 192 ff; Horst MDR 2006, 549, 551; Körner GE 2005, 536 ff; Schuschke NZM 2005, 681, 684 f) ist nunmehr unerheblich, ob dem Vermieter ein Vermieterpfandrecht (§ 562) an den Sachen zusteht. Dies führt ua dazu, dass eine vereinfachte Räumung auch dann möglich ist, wenn dem Titel kein Mietverhältnis zwischen Gläubiger und Schuldner zugrunde liegt, wie etwa im Fall des Zuschlagsbeschlusses (§ 93 ZVG; BGH 2. 3. 2017 – I ZB 66/16, NZM 2017, 473). Der Vermieter konnte in solchen Konstellationen bislang nur auf die klassische Räumung zurückgreifen, da eine Vollstreckung nach dem „Berliner Modell" ausschied (LG Bonn NZM 2010, 920; LG Saarbrücken DGVZ 2010, 216). Ob der Vermieter neben der vereinfachten Räumung weiterhin nach der Konzeption der „Berliner Räumung" vorgehen können soll, ist umstritten (bejahend Horst MDR 2013, 249, 252; ders MietRB 2013, 86, 91; Vorwerk/Wolf/Stürner § 885a ZPO Rn 4 und im Grundsatz auch OLG Schleswig 28. 10. 2014 – 5 W 42/14, NZM 2015, 624; **aM** Schmidt-Futterer/Lehmann-Richter § 885a ZPO Rn 4; ders NZM 2014, 257, 261).

Der Gerichtsvollzieher hat nach § 885a Abs 2 ZPO im Vollstreckungsprotokoll die **66** frei ersichtlichen beweglichen Sachen zu dokumentieren, die er bei der Vornahme der Vollstreckungshandlung vorfindet. Dies dient der erleichterten Beweisführung, wenn es zu einem Streit über Bestand und Zustand der vom Schuldner in die Räume eingebrachten beweglichen Gegenstände kommt (BT-Drucks 17/10485, 31; dazu Lützenkirchen/Lützenkirchen/Dickersbach Anh § 546 Rn 80 ff; kritisch Fischer DGVZ 2012, 151, 158 f; Sterns/Sterns-Kolbeck 75).

Der Vermieter kann gemäß § 885a Abs 3 S 1 ZPO bewegliche Sachen, die nicht **67** Gegenstand der Zwangsvollstreckung sind, jederzeit **wegschaffen** und hat sie zu **verwahren**. Durch diese Befugnis ist ihm eine kurzfristige Neuvermietung möglich. Bewegliche Sachen, an deren Aufbewahrung offensichtlich kein Interesse besteht, kann er jederzeit vernichten (§ 885a Abs 3 S 2 ZPO). Ein offensichtliches Fehlen des Aufbewahrungsinteresses ist an enge Voraussetzungen zu knüpfen. Ein Aufbewahrungsinteresse fehlt bei gewöhnlichem Abfall und Unrat, allerdings nicht bei wertlosen oder im gegenwärtigen Zustand nicht (mehr) gebrauchsfähigen Sachen, deren weitere Verwendung durch den Schuldner bei objektiver Betrachtung nicht von vornherein auszuschließen ist. Diese Gegenstände sind im Zweifel in Verwahrung zu nehmen, es sei denn, es liegen konkrete Anhaltspunkte vor, dass der Schuldner sie nicht mehr behalten will (BT-Drucks 17/10485, 30, 32). Hinsichtlich der Maßnahmen des § 885a Abs 3 S 1 und 2 ZPO greift nach Abs 3 S 3 zugunsten des Vermieters eine Haftungsmilderung; er hat nur Vorsatz und grobe Fahrlässigkeit zu vertreten (dazu Lützenkirchen/Lützenkirchen/Dickersbach Anh § 546 Rn 91 f; Schmidt-Futterer/Lehmann-Richter § 885a ZPO Rn 31 ff; Vorwerk/Wolf/Stürner § 885a ZPO Rn 8; kritisch Schuschke NZM 2012, 209, 214; ausführlich zur Schadenshaftung Lehmann-Richter NZM 2013, 260).

Fordert der Schuldner die Sachen beim Gläubiger nicht binnen eines Monats nach **68** der Einweisung des Gläubigers in den Besitz ab, kann der Gläubiger die Sachen nach Maßgabe der §§ 372 bis 380, 382, 383 und 385 BGB **verwerten**. Eine Androhung der Versteigerung findet nicht statt. Nicht verwertbare Sachen können vernichtet werden (§ 885a Abs 4 ZPO). Ein Verkaufsversuch ist nicht zwingend, insbesondere dann nicht, wenn die Unverwertbarkeit bereits vorher zutage liegt (BT-Drucks 17/10485, 33; Börstinghaus/Eisenschmid/Börstinghaus § 885a ZPO Rn 18; Schmidt-Futterer/Lehmann-Richter § 885a ZPO Rn 30; ähnlich Lützenkirchen/Lützenkirchen/Dickersbach Anh § 546 Rn 97: Entscheidungsbefugnis hat der Gerichtsvollzieher; kritisch Abramenko § 5 Rn 153). Allerdings sind nach § 885a Abs 5 ZPO unpfändbare Sachen und solche, bei denen ein Verwertungserlös nicht zu erwarten ist, auf Verlangen des Schuldners jederzeit – jedoch nicht zur Unzeit (Hannemann/Horst/Hannemann § 6 Rn 131) – ohne Weiteres herauszugeben. Zum Zwecke der Information insb privater Vermieter und der Warnung des Schuldners hat der Gerichtsvollzieher beide gemäß § 885a Abs 6 ZPO mit der Mitteilung des Räumungstermins auf die Bestimmungen des § 885a Abs 2 bis 5 ZPO hinzuweisen.

69 Die vereinfachte Räumung erspart dem Vermieter insbesondere den Kostenvorschuss für die hohen Transport- und Lagerkosten des Räumungsguts (BT-Drucks 17/10485, 3) und kann vor allem in Fällen insolventer Räumungsschuldner und vermuteter Verwahrlosung der Räume die schnellste und **kostengünstigste Lösung** sein (BT-Drucks 17/10485, 15; Horst MDR 2013, 249, 252). Zudem können die Kosten des Wegschaffens, der Einlagerung, Vernichtung und Verwertung nach § 788 Abs 2 ZPO festgesetzt werden, da sie nach § 885a Abs 7 ZPO als Kosten der Zwangsvollstreckung gelten (überholt daher AG Hannover NZM 2011, 96; näher Abramenko § 5 Rn 162). Der Vermieter muss die Kosten nicht gesondert einklagen, sondern kann sie mit dem zur Zwangsvollstreckung stehenden Anspruch beitreiben (§ 788 Abs 1 S 1 HS 2 ZPO). Hingegen ist die klassische Räumung von Vorteil, wenn der Mieter solvent ist oder ein besonders wertvolles Räumungsgut zu erwarten ist, sodass Obhuts- und ggf Schadensersatzpflichten von vornherein vermieden werden. Der Gläubiger kann einen zuvor auf die Herausgabe beschränkten **Vollstreckungsauftrag** auf die klassische Räumung der Wohnung durch den Gerichtsvollzieher **erweitern** (BT-Drucks 17/10485, 15). Umgekehrt kann er auch einen unbeschränkten Vollstreckungsauftrag bis zur Vornahme der Räumungsvollstreckung durch den Gerichtsvollzieher zT zurücknehmen und auf die Herausgabevollstreckung **begrenzen** (Börstinghaus/Eisenschmid/Börstinghaus § 885a ZPO Rn 20). § 885a ZPO ist vollumfänglich abdingbar (Abramenko § 5 Rn 163).

70 Unverwehrt bleibt dem Vermieter die Geltendmachung seines **Vermieterpfandrechts** (§ 562 BGB) an den beweglichen Sachen in der Wohnung des Schuldners (BT-Drucks 17/10485, 31). Die Verwahrung und Verwertung der Sachen richtet sich in diesem Fall nach §§ 1204 ff, 1257 BGB.

d) Einwendungen

71 Einwendungen, die den durch das Urteil festgestellten Herausgabeanspruch selbst betreffen, kann der Mieter im Wege der **Vollstreckungsabwehrklage** nach § 767 ZPO geltend machen. So kann der Abschluss eines neuen Mietvertrags anzunehmen sein, wenn der Vermieter nach Erlass eines Räumungsurteils wiederholt Mietzahlungen oder Nutzungsentschädigungen entgegennimmt (LG Düsseldorf MDR 1979, 496; LG Hamburg WuM 1989, 32). Hierdurch wird die Zwangsvollstreckung aus dem Urteil unzulässig (OLG Hamm NJW 1982, 341 m Anm Lammel WuM 1982, 123; LG Hagen MDR 1982, 582; AG Frankfurt aM NJW-RR 1988, 204). Gegenüber der generellen Annahme eines neuen Mietvertrags bei der Entgegennahme von Zahlungen durch den Vermieter ist allerdings Vorsicht geboten, da der Mieter bei Vorenthaltung der Mietsache nach § 546a BGB auf jeden Fall eine Nutzungsentschädigung schuldet (BLANK, in: PiG Bd 26 [1987] 93, 110; vgl auch AG Hohenschönhausen GE 1999, 114). Die materielle Rechtskraft eines Räumungsurteils hindert den Mieter nicht, aufgrund eines ihm zustehenden, nachträglich ausgeübten Optionsrechts nach § 767 ZPO geltend zu machen, dass sich das Mietverhältnis verlängert habe (BGHZ 94, 29, 31 ff = NJW 1985, 2481). Ebenso kann sich der Mieter auf die Vereinbarung berufen, der Vermieter werde so lange von dem Räumungsurteil keinen Gebrauch machen, wie der Mieter in Zukunft pünktlich die Miete zahlen und andere finanzielle Verpflichtungen erfüllen werde (LG Köln WuM 1991, 673). Im Rahmen der Vollstreckungsabwehrklage muss das Gericht auch prüfen, ob der im Räumungsprozess geltend gemachte Eigenbedarf des Vermieters inzwischen weggefallen ist (BVerfG NJW 1990, 3259). Der Räumungstitel wird nicht dadurch verbraucht, dass der Schuldner anlässlich der unmittelbar bevorstehenden Räumung von der Ordnungsbehörde wieder in die bisherige Wohnung eingewiesen wird (LG Heilbronn WuM 1993, 63; aM AG Langen DGVZ 1988, 47). Ebenso wenig hat das bloße Zuwarten des Vermieters ohne Weiteres zur Folge, dass die Zwangsvollstreckung aus einem mehrere Jahre alten Räumungsurteil unzulässig wird (LG Hamburg WuM 1989, 32; LG Mönchengladbach WuM 1990, 161). **Verwirkung** (§ 242 BGB) setzt neben dem Zeit- stets auch ein Umstandsmoment voraus. Daher kann der Räumungsanspruch verwirkt sein, wenn das Urteil über mehrere Jahre nicht vollstreckt wird und besondere Umstände hinzutreten. Solch ein Umstand kann sein, dass der Vermieter den Mieter mit dem erlangten Räumungstitel unter Druck setzt (AG Pinneberg WuM 1995, 662).

e) **Vollstreckungsschutz**
Soweit die Herausgabepflicht als solche nicht in Frage steht, kann der Mieter noch durch eines oder mehrere der verschiedenen **Instrumente des Vollstreckungsschutzes** einen Aufschub erreichen. Betreibt der Vermieter die Vollstreckung aus einem noch nicht rechtskräftigen erstinstanzlichen Urteil, das für vorläufig vollstreckbar erklärt worden ist, gegen das aber Berufung eingelegt worden ist, so kann der Mieter auch noch beim Rechtsmittelgericht nach den §§ 707, 719 ZPO die einstweilige Einstellung der Zwangsvollstreckung beantragen (vgl aber BGH NZM 1998, 863; BGH NJW-RR 2000, 746). Wird ein Räumungsurteil über Wohnraum erlassen, so kann das Gericht auf Antrag oder von Amts wegen nach § 721 ZPO dem Mieter eine den Umständen nach angemessene Räumungsfrist von höchstens einem Jahr gewähren. Das Gleiche gilt beim Abschluss eines Räumungsvergleichs nach § 794a ZPO.

72

Beide Vorschriften sind **nicht anwendbar bei Zeitmietverträgen** iS des § 575 BGB und bei Mietverhältnissen nach § 549 Abs 2 Nr 3 BGB. Auch bei einer einstweiligen Verfügung nach § 940a ZPO darf keine Räumungsfrist gewährt werden, weil sonst keine besondere Dringlichkeit bestünde (LG Hamburg DWW 1993, 238). Bei der Ermessensentscheidung des Gerichts und der Abwägung der Parteiinteressen kann auf die Dauer des Mietverhältnisses, Alter und Bedürfnis des Räumungsschuldners, Verfügbarkeit von Ersatzwohnraum (LG Berlin WuM 1994, 385; LG Hamburg WuM 1994, 219; LG Heidelberg WuM 1995, 661; LG Kiel WuM 1993, 555) und auf den Bedarf des Gläubigers abgestellt werden. Bei der Einräumung einer Räumungsfrist nach §§ 721 und 794a ZPO ist jedoch nur der Mieter geschützt, der an sich räumungswillig ist (LG Frankfurt aM NZM 1999, 168; LG Frankfurt aM NZM 1999, 498). Auf Antrag des Mieters als Vollstreckungsschuldner kann das Vollstreckungsgericht nach § 765a

73

ZPO eine Maßnahme der Zwangsvollstreckung ganz oder teilweise aufheben, untersagen oder einstweilen einstellen, wenn die Maßnahme unter voller Würdigung des Schutzbedürfnisses des Vermieters wegen ganz besonderer Umstände eine Härte bedeutet, die mit den guten Sitten nicht vereinbar ist. Die Vorschrift ist bei der Herausgabe von Mietsachen insbesondere hinsichtlich der Zwangsräumung bedeutsam (Bindokat NJW 1992, 2872 ff; Jung DWW 1991, 139 ff; Schläger ZMR 1986, 421, 425; Scholz ZMR 1986, 227 ff; Schuschke NZM 2015, 233, 236 ff). Sie findet auch im Insolvenzverfahren Anwendung, wenn der Schuldner eine natürliche Person ist und der Insolvenzverwalter Vollstreckungsmaßnahmen nach § 148 Abs 2 InsO vornimmt (BGH NZM 2009, 41).

74 Hierbei ist zu beachten, dass die Räumungsvollstreckung nicht gegen den aus dem Rechtsstaatsprinzip herzuleitenden **Grundsatz der Verhältnismäßigkeit** und gegen das **verfassungsrechtliche Gebot zum Schutz des Lebens und der körperlichen Unversehrtheit** aus Art 2 Abs 2 S 1 GG verstoßen darf. Deshalb ist Vollstreckungsaufschub bei der Gefahr erheblicher gesundheitlicher oder lebensbedrohender Schäden wie auch bei Selbstmordgefahr für den Schuldner geboten (BVerfGE 52, 214, 219 ff = NJW 1979, 2607; BVerfG WuM 1992, 6; BVerfG WuM 1992, 104; BVerfG NZM 1998, 21; BVerfG NZM 1998, 431; BVerfG NJW 2007, 2910; BVerfG 29. 7. 2014 – 2 BvR 1400/14, NZM 2014, 701; BVerfG 6. 7. 2016 – 2 BvR 548/16, NJW 2016, 3090; BGH 14. 6. 2007 – V ZB 28/07, NJW 2007, 3719; BGH 6. 12. 2007 – V ZB 67/07, NJW 2008, 586; BGH 9. 10. 2013 – I ZB 15/13, NZM 2014, 512; BGH 12. 11. 2014 – V ZB 99/14, NZM 2015, 264). Das Gleiche gilt bei einer lebensbedrohenden Gefahr für nahe Angehörige des Mieters, die mit in der Wohnung leben (BGH 4. 5. 2005 – I ZB 10/05, BGHZ 163, 66, 72 = NJW 2005, 1859; BGH 25. 6. 2020 – V ZB 90/17, NZM 2020, 809; OLG Frankfurt 28. 10. 1993 – 20 W 395/93, NJW-RR 1994, 81). Voraussetzung ist das Vorliegen einer konkreten Gesundheits- oder Lebensgefahr, deren Eintritt mit hinreichender Wahrscheinlichkeit anhand objektiv feststellbarer Merkmale nachgewiesen werden muss (BGH 13. 8. 2009 – I ZB 11/09, NJW 2009, 3440; OLG Köln 20. 9. 1989 – 2 W 157/89, WuM 1989, 585; OLG Köln 30. 4. 1993 – 2 W 50/93, NJW 1993, 2248; LG Mainz 3. 9. 1997 – 8 T 131/97, NZM 1998, 403; vgl auch BVerfG 25. 9. 2006 – 1 BvR 2266/06, NJW-RR 2007, 228). In der Regel wird die Hinzuziehung eines medizinischen Sachverständigen geboten sein (vgl BVerfG 19. 2. 2014 – 2 BvR 2455/12, NJW 2014, 2021; BVerfG 25. 2. 2014 – 2 BvR 2457/13, NZM 2014, 347; Schuschke NZM 2015, 233, 239). Dabei muss einer bestehenden Suizidgefahr nicht Krankheitswert zukommen (BVerfG ZMR 2001, 878; vgl aber auch OLG Düsseldorf WuM 1999, 174 und zu der Thematik insgesamt Schuschke NZM 2012, 209, 215 ff; Walker/Gruss NJW 1996, 352 ff). Die **einstweilige Einstellung der Räumungsvollstreckung** nach § 765a ZPO kann, insbesondere im Falle der Suizidgefahr, **von Auflagen abhängig** gemacht werden, etwa derart, dass sich der Schuldner einer ärztlichen Behandlung unterziehen muss (BVerfG NJW 1998, 295; BVerfG NJW 2004, 49; BGHZ 163, 66, 76 = NJW 2005, 1859; BGH NZM 2009, 41; BGH NJW-RR 2011, 300; LG Frankfurt aM 3. 11. 2014 – 2-09 T 528/14, NZM 2015, 267; Schuschke NZM 2015, 233, 240 f). Allerdings führt die Nichterfüllung solcher Auflagen durch den Vollstreckungsschuldner nicht automatisch zum Verlust seiner Rechte. Vielmehr muss das Vollstreckungsgericht auch in diesen Fällen eine umfassende, an dem Grundsatz der Verhältnismäßigkeit orientierte Würdigung der Gesamtumstände vornehmen und prüfen, ob der Gefahr für das Leben des Schuldners auf andere Weise als durch die vorübergehende Einstellung der Zwangsvollstreckung begegnet werden kann (BGH 20. 2. 2020 – V ZB 17/19, WuM 2020, 364; BGH 25. 6. 2020 – V ZB 90/17, NZM 2020, 809).

Untertitel 1
Allgemeine Vorschriften für Mietverhältnisse § 546

Andererseits **entfällt der Räumungsschutz**, sobald der Mieter infolge dieser Auflagen **74a** stationär untergebracht ist (LG Kleve 24. 11. 2014 – 4 T 500/14, NZM 2015, 270). Ist eine betreuungsrechtliche Unterbringung des Mieters nach § 1906 Abs 1 Nr 1 möglich und kann mit ihr einer konkret bestehenden Suizidgefahr in der Weise entgegengewirkt werden, dass bei Entlassung keine Suizidgefahr mehr besteht, steht dies einer Einstellung der Räumungsvollstreckung nach § 765a ZPO entgegen (BGH 21. 9. 2017 – I ZB 125/16, NZM 2018, 511). Zudem kann wegen überwiegender Vermieterinteressen dann kein Räumungsschutz gemäß § 765a ZPO gewährt werden, wenn der Mieter seit Monaten mit der Miete im Rückstand ist, die Räumung darauf zurückzuführen ist und auch keinerlei Ausgleich zu erkennen ist (LG Hildesheim DWW 1995, 316). Vor einer Entscheidung des Vollstreckungsgerichts ist eine einstweilige Anordnung nach § 32 BVerfGG möglich (BVerfG WuM 1992, 5; BVerfG 15. 5. 2019 – 2 BvR 2425/18, NJW 2019, 2012; vgl auch HessStGH NZM 1999, 495). Ein Anspruch, wegen des gleichen Grundes in zulässiger Weise mehrfach Vollstreckungsaufschub begehren zu können, lässt sich aus den Grundrechten nicht ableiten (BVerfG WuM 1991, 149).

Zu differenzieren ist zwischen einer **Suizidgefahr infolge des Räumungs- bzw Zu- 75 schlagsbeschlusses** und der tatsächlichen Räumung. Liegt eine konkrete Suizidgefahr des Schuldners vor (dazu HK-ZV/BENDTSEN § 765a ZPO Rn 54 f), bedarf der Klärung, ob diese maßgeblich gerade auf dem endgültigen Verlust durch den in Rechtskraft erwachsenen Zuschlagsbeschluss gründet und nicht etwa auf der (möglicherweise) drohenden Zwangsräumung (vgl BVerfG 11. 7. 2007 – 1 BvR 501/07, NJW 2007, 2910; BVerfG 26. 10. 2011 – 2 BvR 320/11, NZM 2012, 245; BGH 15. 7. 2010 – V ZB 1/10, NZM 2010, 836; BGH 7. 10. 2010 – V ZB 82/10, NZM 2010, 915; BGH 17. 2. 2011 – V ZB 205/10, NZM 2011, 791; BGH 13. 10. 2016 – V ZB 138/15, NZM 2017, 51). Ist Ersteres der Fall, so hat hinsichtlich der Zuschlagserteilung eine umfassende, am Verhältnismäßigkeitsgrundsatz orientierte Würdigung der Gesamtumstände zu erfolgen. Zu berücksichtigen sind hierbei die dem Schuldner in der Zwangsvollstreckung gewährleisteten Grundrechte sowie die gewichtigen, grundrechtlich geschützten Interessen der übrigen am Zwangsversteigerungsverfahren beteiligten Personen. Im Rahmen der Abwägung ist zu prüfen, ob der Suizidgefahr anstelle der Aufhebung des Zuschlagsbeschlusses und der vorübergehenden Einstellung der Zwangsvollstreckung nicht auf anderem Wege entgegengetreten werden kann (BVerfG NZM 2012, 245; vgl auch BVerfG NJW 2007, 2910; BGH NZM 2010, 836; BGH NZM 2011, 167; BGH NZM 2011, 791). Ähnliches gilt, wenn nicht nur der Schuldner, sondern auch der Gläubiger eine Suizidgefahr wegen des anhaltenden Stillstandes der Zwangsvollstreckung geltend macht (BGH 16. 6. 2016 – I ZB 109/15, NZM 2016, 654). Eine dauerhafte Einstellung der Räumungsvollstreckung ohne Befristung kommt nur in absoluten Ausnahmefällen in Betracht, wenn nämlich eine Verringerung des Gesundheitsrisikos oder der Suizidgefahr auch unter Berücksichtigung einer etwaigen Mitwirkung des Mieters und staatlicher Stellen in Zukunft ausgeschlossen erscheint (BGH 9. 10. 2013 – I ZB 15/13, NZM 2014, 512; BGH 12. 11. 2014 – V ZB 99/14, NZM 2015, 264; BGH 21. 1. 2016 – I ZB 12/15, NZM 2016, 567).

Beruht die **Suizidgefahr** jedoch auf dem **tatsächlichen Besitzverlust** im Zuge der **76** Zwangsräumung, so lässt dies die Zuschlagserteilung unberührt und kann seitens des Schuldners erst im Räumungsverfahren geltend gemacht werden (HK-ZV/BENDTSEN § 765a ZPO Rn 30; vgl BGH 16. 3. 2017 – V ZB 150/16, NZM 2017, 454). Das bedeutet jedoch nicht, dass die Zwangsversteigerung ohne Weiteres einstweilen einzustellen oder aufzuheben wäre, wenn die Fortführung des Verfahrens mit einer konkreten Gefahr für Leben und Gesundheit des Schuldners oder eines nahen Angehörigen verbunden ist. Vielmehr ist zur Wahrung der ebenfalls grundrechtlich geschützten Interessen des Vollstreckungsgläubigers zu prüfen, ob der Lebens- oder Gesundheitsgefährdung auch anders als durch eine Einstellung oder Aufhebung der Zwangsversteigerung wirksam begegnet werden kann. Eine solche Annahme und damit die Fortsetzung der Räumungsvollstreckung setzt allerdings voraus, dass das Gericht die Geeignetheit der in Betracht gezogenen Maßnahmen sorgfältig geprüft und deren Vornahme sichergestellt hat (BGH 19. 9. 2019 – V ZB 16/19, WuM 2020, 47).

77 Auch bei **erheblichen Gefahren für Leben und Gesundheit** kann regelmäßig die Einstellung der Vollstreckung für einen längeren Zeitraum ausreichen, wenn die Gefahren mit zunehmendem Zeitablauf auszuräumen sind. Sind die hierfür entscheidenden Umstände ihrer Natur nach aber keiner Änderung zum Besseren zugänglich, so kann in einem noch engeren Kreis von Ausnahmefällen die Gewährung von Räumungsschutz auf Dauer geboten sein (BVerfG 15. 1. 1992 – 1 BvR 1466/91, NJW 1992, 1155; BVerfG 6. 7. 2016 – 2 BvR 548/16, NJW 2016, 3090 mit Bespr Zschieschack NZM 2017, 15; BVerfG 8. 8. 2019 – 2 BvR 305/19, NJW 2019, 2995; BGH 22. 11. 2007 – I ZB 104/06, NJW 2008, 1000; BGH 1. 6. 2017 – I ZB 89/16, NZM 2017, 820). Eine Zwangsräumung kann nach § 765a ZPO auch gegen die guten Sitten verstoßen, wenn sie innerhalb der Zeit des Mutterschutzes der Mieterin liegt (AG Schwetzingen DWW 1978, 264), zur Obdachlosigkeit des Mieters führen würde (AG Bad Iburg WuM 1980, 138 [LS]) oder bei einer kinderreichen Familie mit schulpflichtigen Kindern und Kindergartenkindern wenige Wochen vor Schuljahresende stattfinden würde (OLG Köln WuM 1996, 352). Verhindert der Vermieter durch negative Informationen über den Mieter die Anmietung einer Ersatzwohnung, so kann dies eine sittenwidrige Härte sein (OLG Köln DWW 1995, 283).

f) Räumungskosten

78 Die eigentlichen Räumungskosten **der klassischen Räumung**, die entstehen, um dem Mieter die Mietsache wegzunehmen, dh ihn aus dem Besitz zu setzen und das Räumungsgut vom Grundstück zu entfernen, sind notwendige Kosten der Zwangsvollstreckung iS des § 788 Abs 1 S 1 HS 1 ZPO. Hierfür haften dem Gerichtsvollzieher nach § 13 GvKostG der Vermieter als Auftraggeber und der Mieter als Schuldner gesamtschuldnerisch (Brosette NJW 1989, 963; Noack ZMR 1982, 225). Der Vermieter muss nach § 4 Abs 1 S 1 GvKostG einen Vorschuss leisten. Gleiches gilt für die in § 885a ZPO geregelte **vereinfachte Räumung** (zu den anfallenden Gebühren nach GvKostG s Schmidt-Futterer/Lehmann-Richter § 885a ZPO Rn 60). Entscheidet sich der Vermieter zur Ergreifung von Maßnahmen nach § 885a Abs 3 und 4 ZPO, bestimmt § 885a Abs 7 ZPO, dass die Kosten des Wegschaffens der Mieterhabe, ihrer Einlagerung, Vernichtung und Verwertung als Kosten der Zwangsvollstreckung gelten. Die Haftung des Schuldners beschränkt sich gemäß § 788 Abs 1 S 1 HS 1 ZPO auf die notwendigen Kosten, mithin solche, die auf einer Zwangsvollstreckungsmaßnahme beruhen, welche der Gläubiger zur Durchsetzung des titulierten Anspruchs bei verständiger Würdigung der Sachlage objektiv für erforderlich halten durfte (BGH NJW-RR 2003, 1581; BGH NJW 2010, 1007).

g) Einstweiliger Rechtsschutz (§ 940a ZPO)

79 **aa)** Die Räumung der Wohnung im Wege der einstweiligen Verfügung ist aufgrund des verfassungsrechtlichen Schutzes der Wohnung (Art 13 Abs 1 GG) sowie

des Besitzrechts (Art 14 Abs 1 GG) nur in **Ausnahmefällen** zulässig. Diese sind in § 940a ZPO normiert, der im Zuge des MietRÄndG 2013 um die Abs 2 und 3 erweitert wurde. Zur Anordnung bedarf es nach § 940a Abs 1 ZPO einer verbotener Eigenmacht (§ 858 BGB) oder einer konkreten Gefahr für Leib oder Leben. Gemäß § 940a Abs 2 ZPO kann eine einstweilige Verfügung auch gegen einen im Räumungstitel nicht genannten Dritten ergehen, der im Besitz der Mietsache ist und von dessen Besitz der Vermieter im Räumungsprozess keine Kenntnis hatte (s Rn 60). Darüber hinaus darf sie gemäß § 940a Abs 3 ZPO im Falle einer wegen Zahlungsverzugs erhobenen Räumungsklage auch angeordnet werden, wenn der Beklagte einer Sicherungsanordnung (§ 283a ZPO, dazu § 546a Rn 55b) im Hauptsacheverfahren nicht Folge leistet (näher BÖRSTINGHAUS NJW 2014, 2225 ff; FLEINDL ZMR 2013, 677, 683 ff; HORST MDR 2013, 249, 251 f; kritisch FISCHER DGVZ 2012, 151, 156; ders NZM 2013, 249, 253 f; HORST MietRB 2013, 86, 90; ZEHELEIN WuM 2013, 133, 143 f; ders WuM 2012, 418, 424 f) und er zuvor angehört wurde (§ 940a Abs 4 ZPO). Bei Missachtung der Sicherungsanordnung liegt eine Verzögerungsabsicht bzw eine Zahlungsunfähigkeit des Mieters nahe (BT-Drucks 17/10485, 34). Ein Vermieter, der trotz ausbleibender Miete über die Dauer des Räumungsverfahrens seine Leistung erbringen muss, kann auf diesem Weg frühzeitig eine Wohnungsräumung erwirken und dadurch den drohenden Schaden gering halten (vgl BT-Drucks 17/10485, 34 f). Aufgrund der strengen Voraussetzungen des § 283a ZPO (s § 546a Rn 55b) ist die praktische Relevanz der hieran anknüpfenden einstweiligen Verfügung nach § 940a Abs 3 ZPO zu besorgen (HORST MDR 2013, 249, 251 f; ders MietRB 2013, 86, 89).

Eine Räumungsverfügung nach § 940a Abs 3 ZPO kann auch gegen einen mitver- **80** klagten **Dritten** ergehen, der sich **im Mitbesitz der Sache** befindet (FLEINDL ZMR 2013, 677, 684; LÜTZENKIRCHEN ZMR 2012, 604, 608; STREYL NZM 2012, 249, 266; **aM** WENDT ZMR 2013, 605, 607 ff). Stellt sich erst im Zuge der Räumung die Existenz eines weiteren Besitzers heraus, so kommt gegen diesen eine Räumungsverfügung nach § 940a Abs 2 ZPO in Betracht, da mit der Räumungsverfügung nach § 940a Abs 3 ZPO der erforderliche vollstreckbare Räumungstitel gegen den Mieter bereits existiert (LÜTZENKIRCHEN ZMR 2012, 604, 608; THOMAS/PUTZO/SEILER § 940a ZPO Rn 3).

bb) Für **gewerbliche Mietverhältnisse** gilt § 940a ZPO zwar nicht (OLG Dresden 29. 11. **81** 2017 – 5 U 1337/17, NZM 2018, 335), doch ist die Praxis mit dem Erlass einstweiliger Verfügungen auch hier zurückhaltend. Weder der Ablauf des Mietvertrages noch die Uneinbringlichkeit der Mietrückstände sollen für einen Verfügungsgrund ausreichen (OLG Düsseldorf ZMR 2009, 444). Die Voraussetzungen des hier maßgeblichen § 940 ZPO werden nur in besonderen Ausnahmesituationen als gegeben erachtet. Sie wurde etwa bejaht im Falle der nicht vertragsgemäßen Nutzung der Sache durch einen unberechtigten Besitzer, wodurch der Sachsubstanz konkrete Gefahr drohte (OLG Düsseldorf NZM 2005, 180 mwNw; OLG München 10. 4. 2014 – 23 U 773/14, NZM 2015, 167). Ebenso wurde eine Räumung durch einstweilige Verfügung ermöglicht, wenn die Verweisung auf das Hauptsacheverfahren einer Rechtsverweigerung gleichgekommen wäre (OLG Frankfurt 13. 9. 2019 – 2 U 61/19, ZMR 2020, 301).

Umstritten ist, ob als Richtschnur die zum 1. 5. 2013 eingefügten Abs 2 und 3 des **82** § 940a ZPO im Rahmen der §§ 935, 940 ZPO heranzuziehen sind. Dies wird zT befürwortet, denn ist hiernach eine Räumung von Wohnraum zulässig, so müsse dies erst recht für die verfassungsrechtlich weniger geschützten Geschäftsräume gelten

(KG 9. 5. 2019 – 8 W 28/19, ZMR 2019, 855; OLG Dresden 29. 11. 2017 – 5 U 1337/17, NZM 2018, 335; OLG München 12. 12. 2017 – 32 W 1939/17, ZMR 2018, 220; LG Hamburg 27. 6. 2013 – 334 O 104/13, NJW 2013, 3666; LG Hamburg 10. 12. 2014 – 334 O 251/14, ZMR 2015, 380; Klüver ZMR 2018, 196 ff; Schmidt-Futterer/Streyl § 940a ZPO Rn 57; Streyl NZM 2012, 249, 255 f, 268; Thomas/Putzo/Seiler § 940a ZPO Rn 3; ähnlich Hinz ZMR 2012, 153, 163; ders NZM 2012, 777, 793; Neuhaus ZMR 2013, 686, 694). Dem kann jedoch nicht gefolgt werden. Sowohl der klare, sich ausdrücklich auf Wohnraum beziehende Wortlaut der Norm, die Gesetzessystematik als auch die Gesetzesbegründung, in welcher „private Kleinanbieter auf dem Wohnungsmarkt" als besonders gefährdet erachtet werden (BT-Drucks 17/10485, 1 f), weisen auf eine ausschließlich Wohnraum betreffende Spezialvorschrift hin, sodass sich eine Erstreckung auf Gewerbemietverhältnisse im Wege des Erstrecht-Schlusses verbietet (s auch KG NJW 2013, 3588; OLG Celle 24. 11. 2014 – 2 W 237/14, NJW 2015, 711; OLG Frankfurt 13. 9. 2019 – 2 U 61/19, ZMR 2020, 301; LG Köln 12. 6. 2013 – 1 T 147/13, NZM 2013, 732; LG Krefeld 8. 3. 2016 – 2 S 60/15, ZMR 2016, 448; ähnlich Horst MDR 2013, 249, 251; im Ergebnis ebenso gegen eine analoge Anwendung bei Gewerberaum Prütting ua/Feldhahn Rn 14). Hierfür spricht auch, dass der Gesetzgeber trotz Anregung des Deutschen Mietgerichtstags (NZM 2012, 75, 78) von einer Erstreckung auf gewerbliche Mietverhältnisse abgesehen hat.

83 In der Praxis ist insbesondere die **Dauer der Gerichtsverfahren** problematisch, die sich nicht selten über sechs bis acht Monate erstrecken kann, bevor der Vermieter einen Vollstreckungstitel erstritten hat. Wird die Berufungsinstanz angerufen, können nochmals drei bis sechs Monate hinzukommen. Weitere drei Monate kann die Einleitung der Zwangsvollstreckung in Anspruch nehmen, bis es zum Räumungstermin kommt. Damit ist eine wirkungsvolle Rechtsverfolgung ernsthaft in Frage gestellt. Ob der durch das MietRÄndG 2013 ebenfalls neu eingefügte, auch für die gewerbliche Miete geltende Beschleunigungsgrundsatz des § 272 Abs 4 ZPO Abhilfe geschaffen hat, ist rechtstatsächlich noch nicht erforscht.

6. Konkurrenzen

84 Der Anspruch auf Herausgabe der Mietsache nach § 546 Abs 1 beruht auf dem Mietvertrag. Ist der Vermieter Eigentümer der Sache oder steht ihm hieran ein dingliches Recht nach § 1065, § 34 WEG oder § 11 ErbbauRG zu, so hat er auch einen Herausgabeanspruch aus § 985 BGB. Dieser dingliche Anspruch wird durch den schuldrechtlichen Herausgabeanspruch nicht ausgeschlossen. Vielmehr stehen beide in **Anspruchskonkurrenz** nebeneinander (BGHZ 34, 122, 123 f = NJW 1961, 499; BGH NJW 1985, 141; MünchKomm/Bieber Rn 1; Prütting ua/Feldhahn Rn 1; Soergel/Heintzmann Rn 1; zu den Unterschieden insb bzgl der Beweislastverteilung Szabó, in: 10 Jahre Mietrechtsreformgesetz [2011] 292). Allerdings reicht der vertragliche Anspruch aus § 546 Abs 1 BGB weiter als der Vindikationsanspruch des Eigentümers: Nach § 985 BGB hat der Besitzer dem Eigentümer grundsätzlich nur den unmittelbaren Besitz an der Sache zu verschaffen, insbesondere den Zugang zu ermöglichen und die Wegnahme zu dulden. Dagegen erstreckt sich die Herausgabepflicht des rechtsgrundlosen Besitzers nicht auf die Wegnahme von Einrichtungen oder die Beseitigung von Veränderungen (BGHZ 148, 252, 255 = NJW 2001, 2966; BGH NZM 2011, 75). Ist der Eigentümer nicht Partei des Mietvertrags, hat er den Herausgabeanspruch aus § 985 BGB, sofern der Mieter ihm gegenüber kein Recht zum Besitz iS des § 986 BGB hat (AG Stuttgart BlGBW 1979, 179 m **abl** Anm Moritz BlGBW 1979, 213; Henseler ZMR 1964, 36). Steht dem

Mieter ein gesetzliches Recht zum Besitz zu, so kann er dies zwar dem vertraglichen Rückgabeanspruch aus § 546 Abs 1 BGB nicht entgegenhalten (BGH NZM 1998, 779). In der Regel wird der Mieter aber den Einwand des Rechtsmissbrauchs („dolo agit") erheben können (BGH NZM 1998, 779).

Bei **Nichtigkeit oder Anfechtung** des Mietvertrags ist der Tatbestand des § 546 Abs 1 BGB nicht erfüllt, da das Mietverhältnis nicht beendet ist, sondern niemals bestanden hat (RG 12. 6. 1914 – III 47/14, RGZ 85, 133, 137). In diesen Fällen ist der Eigentümer oder dinglich Berechtigte auf Herausgabeansprüche aus § 985 BGB und § 812 BGB angewiesen. Ist der Vermieter weder Eigentümer noch dinglich Berechtigter, so bleibt ihm bei Nichtigkeit des Mietvertrags nur ein Bereicherungsanspruch aus § 812 BGB. **85**

III. Herausgabeanspruch gegen einen Dritten (Abs 2)

1. Allgemeines

Nach § 546 Abs 2 BGB steht dem Vermieter nach der Beendigung des Mietverhältnisses ein unmittelbarer Herausgabeanspruch gegen einen Dritten zu, dem der Mieter den Gebrauch der Sache überlassen hat. Dies gilt für bewegliche und unbewegliche Sachen in gleicher Weise. Dieser unmittelbare Herausgabeanspruch wurde aus **praktischen Gründen** geschaffen. Ohne eine besondere Vorschrift hätte der Vermieter einen derartigen Anspruch nur dann, wenn er aufgrund seines Eigentums oder eines anderen dinglichen Rechts von jedem Besitzer die Herausgabe der Sache verlangen könnte. Anderenfalls wäre er darauf angewiesen, sich etwaige Ansprüche des Mieters abtreten oder im Wege der Zwangsvollstreckung überweisen zu lassen. Dieses Mittel würde aber versagen, wenn der Mieter, wie etwa bei fortbestehender Untervermietung, noch nicht befugt wäre, seinerseits die Rückgabe der Sache zu verlangen (Prot II 190; BeckOK BGB/Wiederhold [1. 8. 2020] Rn 5). Mit der Beendigung des Hauptmietverhältnisses ist nicht notwendig gleichzeitig das Untermietverhältnis beendet (LG Frankfurt aM ZMR 1961, 269; LG Kassel WuM 1953, 12). Ist der Bestand eines für längere Dauer begründeten Untermietverhältnisses an die Aufrechterhaltung des Hauptmietverhältnisses geknüpft und wird dieses gegen Zahlung einer Abfindung an den Untervermieter vorzeitig aufgehoben, so ist die Regelung des § 285 BGB über die Herausgabe eines Ersatzes zugunsten des Untermieters entsprechend anwendbar (BGH WuM 1986, 54). Bei einem Untermietverhältnis über Wohnraum hat die Vereinbarung, dass es im Wege einer auflösenden Bedingung mit der Beendigung des Hauptmietverhältnisses enden soll, nach § 572 Abs 2 BGB hingegen zur Folge, dass sich nur der Mieter hierauf berufen kann. Der Vermieter kann das Mietverhältnis nur durch Kündigung beenden. Ob die Beendigung des Mietverhältnisses vor Eintritt der Bedingung möglich ist, ist umstritten (dazu Staudinger/Rolfs [2021] § 572 Rn 11 f). **86**

Bei dem Anspruch aus § 546 Abs 2 BGB handelt es sich um eine **gesetzliche Erweiterung der Rechte des Vermieters**. Diese Erweiterung findet ihre Grundlage in dem Hauptmietvertrag. Am nächsten liegt es deshalb, darin einen gesetzlichen Schuldbeitritt des Dritten zu der vertraglichen Rückgabeverpflichtung des Hauptmieters zu sehen (RG 17. 3. 1932 – VIII 551/31, RGZ 136, 33, 33; LG Hamburg WuM 1980, 199; BeckOGK/Zehelein [1. 7. 2020] Rn 157; Bub/Treier/Emmerich Rn V 56; Reichel, Schuldmit- **87** übernahme [1909] 112 f; Schmidt-Futterer/Streyl Rn 87 ff; Soergel/Heintzmann Rn 11). Deshalb bleibt auch die Frage, ob es sich um eine vertragliche Rückgabeverpflichtung (Bub/Treier/Emmerich Rn V 56; Erman/Lützenkirchen Rn 20; Klein-Blenkers ua/Klein-Blenkers Rn 44) oder um einen gesetzlichen Rückgabeanspruch (Hohmeister JA 1994, 420, 421) handelt, im Grunde terminologischer Natur und kann unterschiedlich beantwortet werden, wenn das Schwergewicht auf die vertragliche Grundlage zwischen Hauptvermieter und Hauptmieter oder auf die gesetzliche Erweiterung der Herausgabepflicht gelegt wird.

88 Eindeutig ist allerdings, dass durch diese Vorschrift **zwischen Hauptvermieter und Untermieter kein Vertragsverhältnis begründet wird** (RG 27. 1. 1925 – III 516/24, RGZ 110, 124, 126; RG 15. 11. 1937 – IV 152/37, RGZ 156, 150, 153; BGH NZM 2001, 286). Gleichwohl lässt die vertragliche Grundlage des Anspruchs zu, dass der besitzende Dritte grundsätzlich alle **Einwendungen** geltend macht, die sich aus dem Vertrag zwischen Hauptvermieter und Hauptmieter ergeben (Erman/Lützenkirchen Rn 11; Schmid/Harz/Schmid/Sommer Rn 24; Soergel/Heintzmann Rn 11). Er kann sich aber nicht darauf berufen, dass er dem Hauptmieter gegenüber zum Besitz berechtigt sei (RG HRR 1941, Nr 263; BeckOGK/Zehelein [1. 7. 2020] Rn 173; Larenz II 1 § 48 VII a; Soergel/Heintzmann Rn 11). Ein Recht zum Besitz aus anderem Grund, etwa ein öffentliches Recht, bleibt dagegen unberührt (LG Hamburg MDR 1957, 482). Eine weitere Ausnahme greift dann ein, wenn sich der Untermieter von Wohnraum gegenüber dem Hauptvermieter auf die Kündigungsschutzbestimmungen berufen kann, die ihm gegen seinen Untervermieter zustehen (s Rn 101 ff). Ist der Hauptvermieter im Falle der gewerblichen Zwischenvermietung nach § 565 Abs 1 BGB in die Rechte und Pflichten aus dem bis dahin bestehenden Untermietverhältnis eingetreten, so hat der bisherige Untermieter eigene vertragliche Besitz- und Kündigungsschutzrechte gegen den früheren Hauptvermieter (Staudinger/V Emmerich [2021] § 565 Rn 8 ff).

2. Voraussetzungen

a) Hauptmietverhältnis

89 Es muss ein Hauptmietverhältnis bestanden haben (s Rn 4). Da die Pflicht des Dritten zur Herausgabe ebenso wie die des Untermieters ihre Grundlage in dem Hauptmietvertrag findet, muss dieser Vertrag wirksam gewesen sein. Der Herausgabeanspruch aus § 546 Abs 2 BGB besteht deshalb nicht, wenn der Hauptmietvertrag von Anfang an nichtig war, wenn er nach § 142 Abs 1 BGB wirksam angefochten ist (RG 12. 6. 1914 – III 47/14, RGZ 85, 133, 137; s auch Rn 6) oder wenn er rückwirkend aus sonstigen Gründen, wie etwa bei einem Rücktritt (RG 17. 3. 1932 – VIII 551/31, RGZ 136, 33, 33; Soergel/Heintzmann Rn 12; **aM** Aussem/Prahl NJW 1966, 1904, 1905), aufgehoben worden ist (Schmidt-Futterer/Streyl Rn 91). In diesen Fällen kommen nur dingliche Ansprüche des Hauptvermieters gegen den besitzenden Dritten in Betracht. Bei der Beendigung anderer Nutzungsverhältnisse ist die Vorschrift nicht entsprechend anwendbar (OLG Schleswig WuM 1990, 194).

b) Überlassung des Gebrauchs der Mietsache an einen Dritten

90 Der Mieter muss den Gebrauch der Mietsache **einem Dritten überlassen** haben. Dritte sind nur solche Personen, die nicht schon als Angehörige des Mieters dessen Gebrauchsrecht mit ausüben (**aM** Lützenkirchen/Lützenkirchen Rn 138; Palandt/Weidenkaff Rn 19; Schmidt-Futterer/Streyl Rn 96: jeder, der nicht Mieter ist). Die Herausgabe der Mietsache durch solche Personen wird von dem Anspruch gegen den Mieter aus § 546 Abs 1 BGB erfasst. Der Dritte muss die Sache mit Wissen und mindestens mit Duldung des Mieters in Gebrauch genommen haben. Eine eigenmächtige Besitzergreifung reicht nicht aus (Erman/Lützenkirchen Rn 22; Lützenkirchen/Lützenkirchen Rn 139). In diesem Fall kommen für den Vermieter allenfalls Ansprüche auf Rückgabe aus den §§ 985, 812, 823 BGB in Betracht. Es genügt, dass einer von mehreren Mietern dem Dritten den Gebrauch der Sache überlassen hat (AG Stuttgart ZMR 1975, 305). Unerheblich ist, ob der Mieter inzwischen seinen Besitz aufgegeben und den Untermieter allein in der Wohnung zurückgelassen hat (LG Frankfurt aM WuM 1989, 295). Der Dritte muss die Sache nicht mehr im Besitz haben (OLG München MDR 1997, 833).

Die Mietsache muss dem Dritten zum **Gebrauch** überlassen sein. Entscheidend **91** kommt es darauf an, ob der Dritte aufgrund der Überlassung durch den Mieter Besitzer oder Mitbesitzer der Mietsache geworden ist, weil er nur dann die Herausgabe schulden kann. Dies setzt nach den besitzrechtlichen Regeln eine gewisse Dauer der Überlassung voraus und kann auch für den Ehegatten angenommen werden, der nicht Partner des Mietvertrags ist und nach einer Trennung allein in der Wohnung zurückbleibt. Wegen § 855 BGB ist die Stellung eines Besitzdieners unzureichend (vgl Rn 9). Der typische Fall einer Gebrauchsüberlassung ist die Untermiete. Der Herausgabeanspruch ist jedoch nicht hierauf beschränkt, sondern kann entsprechend auf andere Fälle der Gebrauchsüberlassung ausgedehnt werden, soweit hierfür ein praktisches Bedürfnis besteht, weil es anders als bei der Leihe nach § 604 Abs 3 BGB an einer entsprechenden Sonderregelung fehlt (Soergel/Heintzmann Rn 17). Nach Sinn und Zweck des § 546 Abs 2 BGB, dem Vermieter einen unmittelbaren Zugriff auf einen besitzenden Dritten zu ermöglichen, ist ein Anspruch auch anzuerkennen, wenn mehrere Untermietverhältnisse hintereinander geschaltet sind. Unerheblich ist, ob zwischen dem Mieter und dem besitzenden Dritten ein wirksames Rechtsverhältnis besteht. Es kommt auch nicht darauf an, ob der Mieter zur Untervermietung berechtigt war. Der Anspruch kann sich gegen den Insolvenzverwalter des Dritten richten (LG Göttingen ZMR 1990, 383). Ein Herausgabeanspruch des Hauptvermieters gegen den Untermieter entfällt, wenn dieser die Mietsache bereits an den Hauptmieter herausgegeben hat (OLG München NJW-RR 1989, 524; LG Hamburg WuM 1980, 199).

c) Beendigung des Hauptmietverhältnisses

Das Hauptmietverhältnis muss beendet sein (s Rn 6). Entsprechendes gilt bei mehr- **92** facher Untermiete für das obere Untermietverhältnis. Das Hauptmietverhältnis ist auch dann beendet, wenn der Hauptmieter stirbt und niemand an seiner Stelle nach §§ 563, 563a BGB oder nach § 1922 BGB in den Mietvertrag eintritt (AG Ansbach MDR 1965, 488; Schmidt-Futterer/Streyl Rn 91). Entscheidend ist die **rechtliche Beendigung** des Mietverhältnisses mit dem Hauptmieter. Auf den Zeitpunkt, zu dem der Hauptmieter die tatsächlichen Beziehungen zu der Mietsache aufgibt, kommt es nicht an (RG 15. 11. 1937 – IV 152/37, RGZ 156, 150, 153; Prütting ua/Feldhahn Rn 12). Für die Entstehung des Herausgabeanspruchs ist es deshalb ohne Einfluss, ob der Hauptmieter den Besitz vorzeitig aufgibt oder über die Beendigung des Hauptmietverhältnisses hinaus, etwa aufgrund einer Räumungsfrist, beibehält (LG Mönchengladbach WuM 1964, 39; **aM** OLG Hamm WuM 1981, 40; AG Aachen WuM 1990, 150). Zur rechtlichen Beendigung muss die Verpflichtung des Hauptmieters zur Räumung und

Herausgabe hinzukommen. Wurde dem Mieter eine Räumungsfrist gewährt, kann der Vermieter die Mietsache nicht zurückfordern (OLG Hamm WuM 1981, 40; AG Aachen WuM 1990, 150; HERRLEIN/KANDELHARD/KANDELHARD Rn 60; SCHMIDT-FUTTERER/ STREYL Rn 91). Dem Untermieter kann gerichtlich eine eigene Räumungsfrist gewährt werden (LG Stade WuM 1987, 62). Ist ein Grundstückserwerber nach §§ 566, 578 in das Hauptmietverhältnis eingetreten und hat er dieses durch Kündigung beendet, so steht seinem Herausgabeanspruch gegen den Untermieter nicht entgegen, dass in dem Hauptmietvertrag zugunsten des Untermieters vereinbart war, bei Wegfall des Hauptmietverhältnisses den Vertrag mit dem Untermieter unmittelbar fortzusetzen. An eine solche Vereinbarung ist der Grundstückserwerber nicht gebunden (LG München I WuM 1989, 411).

93 Die Beendigung des Hauptmietverhältnisses darf nicht als Scheingeschäft nach § 117 Abs 1 BGB oder wegen Sittenwidrigkeit nach § 138 Abs 1 BGB **nichtig** sein. Dies ist möglich, wenn das Hauptmietverhältnis ganz oder teilweise beendet wird, nur um dem Untermieter den Besitz zu entziehen (BGH 18. 4. 2018 – XII ZR 76/17, NZM 2018, 601; LG Nürnberg-Fürth ZMR 1960, 173; AG Frankfurt aM WuM 1962, 53; vgl AG Essen-Steele WuM 1963, 57). Die Geltendmachung des Herausgabeanspruchs kann in ähnlichen Fällen auch eine nach § 242 BGB unzulässige Rechtsausübung sein, wenn die Grenze der Sittenwidrigkeit nicht erreicht wird (vgl auch Rn 104 ff).

94 Bei **Eintritt eines neuen Hauptmieters** in ein bereits bestehendes Mietverhältnis tritt keine Beendigung ein, sodass auch kein Herausgabeanspruch gegen den Untermieter ausgelöst wird (AG Weinheim WuM 1978, 125; SCHMIDT-FUTTERER/STREYL Rn 92; vgl Rn 6). Der Räumungsanspruch gegen den Untermieter erlischt bei Abschluss eines neuen Hauptmietverhältnisses über die gesamte Wohnung mit einem Dritten, der mit dem Verbleib des Untermieters einverstanden ist (LG Berlin ZMR 1992, 395; LG München WuM 1964, 118). Wenn nach dem Auszug des Hauptmieters der Untermieter in den Mieträumen bleibt und die Miete nunmehr an den Hauptvermieter zahlt, so rechtfertigt dies nicht ohne Weiteres den Schluss, das bisherige Hauptmietverhältnis sei aufgehoben und mit dem bisherigen Untermieter sei ein neuer Hauptmietvertrag begründet worden (OLG Düsseldorf NJW-RR 1988, 202). Der Untermieter kann allerdings vorsorglich einen Mietvertrag mit dem Hauptvermieter abschließen, um eine Herausgabeverpflichtung nach der Beendigung des Hauptmietvertrags zu vermeiden (AG Köln WuM 1992, 542).

d) Geltendmachung

95 Aus dem unterschiedlichen Wortlaut in § 546 Abs 1 BGB und Abs 2 wird im Allgemeinen geschlossen, weitere Voraussetzung für die Entstehung des Herausgabeanspruchs sei dessen **Geltendmachung** gegenüber dem Dritten (RG 15. 11. 1937 – IV 152/ 37, RGZ 156, 150, 153 f; LG Köln NJW-RR 1990, 1231; BeckOK BGB/WIEDERHOLD [1. 8. 2020] Rn 11; BUB/TREIER/EMMERICH Rn V 66; KINNE ua/SCHACH Rn 11; PALANDT/WEIDENKAFF Rn 20; SCHMIDT-FUTTERER/STREYL Rn 102; **aM** BeckOGK/ZEHELEIN [1. 7. 2020] Rn 167 f; SOERGEL/ HEINTZMANN Rn 12). Dies sei auch deshalb gerechtfertigt, weil der Dritte nicht in vertraglicher Beziehung zum Hauptmieter stehe, keinen Anlass habe, sich um die Rechtsbeziehungen zwischen den Parteien des Hauptvertrags zu kümmern, und in der Regel auch keine Möglichkeit habe, sich hierüber Klarheit zu verschaffen (RG 15. 11. 1937 – IV 152/37, RGZ 156, 150, 153 ff). Für die Geltendmachung sei eine einseitige, empfangsbedürftige Erklärung des Hauptvermieters gegen den Untermieter erfor-

derlich, die auch in der Erhebung der Räumungsklage gesehen werden könne (Schmidt-Futterer/Streyl Rn 102).

Diese Auffassung ist insofern bedenklich, als der Anlass für den Untermieter, sich um die Rechtsbeziehungen zwischen den Parteien des Hauptmietvertrags zu kümmern, gerade aus § 546 Abs 2 BGB erwachsen kann. Darüber hinaus ist es ungewöhnlich und wird auch nicht für § 985 BGB verlangt, dass für die Entstehung eines Herausgabeanspruchs noch eine besondere Geltendmachung vorliegen muss. Im Grunde liegt das Problem bei der Frage, in welchem Zeitpunkt der Untermieter in Verzug gerät und damit wegen verzögerter Rückgabe schadensersatzpflichtig werden kann. Deshalb ist bei § 286 Abs 2 BGB anzusetzen und nach § 242 BGB der Eintritt des Verzugs ohne Mahnung für eine Leistung abzulehnen, deren Fälligkeit der Untermieter gar nicht kennen kann. Die Aufforderung, die von der hM als Tatbestandsmerkmal für die Entstehung des Herausgabeanspruchs vorausgesetzt wird, ist auf dieser Grundlage nach § 286 Abs 1 BGB als **Mahnung** für den Eintritt des Verzugs erforderlich. **96**

3. Rechtsfolgen

a) Gläubiger und Schuldner

Der Herausgabeanspruch aus § 546 Abs 2 BGB steht dem Hauptvermieter als Gläubiger zu, auch wenn er nicht Eigentümer der Mietsache ist. Schuldner ist der Dritte, dem der Hauptmieter den Gebrauch der Sache überlassen hat. Der Anspruch des Hauptvermieters tritt neben den Herausgabeanspruch des Hauptmieters aus § 546 Abs 1 BGB gegen den Untermieter, wenn auch das Untermietverhältnis beendet ist. Der Anspruch des Hauptmieters geht nach seiner Wahl auf Herausgabe an ihn oder an den Hauptvermieter (OLG München NJW-RR 1989, 524). Hauptmieter und besitzender Dritter sind hinsichtlich der Rückgabepflicht nach § 431 BGB Gesamtschuldner, wie sich aus dem Wort „auch" in § 546 Abs 2 BGB ergibt (OLG Celle NJW 1953, 1474; AG Potsdam NZM 2000, 743; Erman/Lützenkirchen Rn 25; Jauernig/Teichmann Rn 3; Larenz II 1 § 48 VII a; MünchKomm/Bieber Rn 24). **97**

b) Inhalt der Herausgabepflicht

Inhaltlich entspricht die Herausgabepflicht des Dritten, der die Mietsache besitzt, im Wesentlichen der Rückgabepflicht des Hauptmieters (s Rn 9 ff; einschränkend Katzenstein NZM 2008, 594, 599). Ebenso wie der Mieter (s Rn 10) kann sich der Dritte nicht durch die bloße Besitzaufgabe seiner Rückgabepflicht entziehen. Der Anspruch des Hauptvermieters erlischt jedoch, wenn der Dritte die Sache dem Untervermieter zurückgibt (OLG München NJW-RR 1989, 524). Aus Vereinbarungen zwischen Hauptmieter und Untermieter kann der Hauptvermieter keine eigenen Rechte herleiten, so etwa bei Übernahme der Schönheitsreparaturen durch den Untermieter. Möglich ist aber die Abtretung der Ansprüche des Hauptmieters (Bub/Treier/Emmerich Rn V 73). **98**

Im Übrigen ist es möglich, dass sich der Inhalt der Rückgabeverpflichtung nach § 546 Abs 1 BGB von der Herausgabepflicht nach Abs 2 unterscheidet. Dies gilt auch hinsichtlich des **Leistungsortes**, weil der Anspruch aus Abs 1 bei beweglichen Sachen eine Bringschuld ist (s Rn 40), es sich bei Abs 2 aber um eine Holschuld handelt. Diese Unterschiede werden aber im Ergebnis weitgehend beseitigt, weil beide Ansprüche nebeneinander bestehen (s Rn 97). **99**

c) Nichterfüllung des Herausgabeanspruchs

100 Wenn der Dritte den Herausgabeanspruch des Hauptvermieters aus § 546 Abs 2 BGB nicht erfüllt, können sich Schadensersatzansprüche aus den §§ 280, 286 ergeben (vgl OLG Hamm WuM 1981, 40). Die prozessuale Durchsetzung bleibt dem Hauptvermieter unbenommen (s Rn 6). Bleibt der Untermieter im Besitz der Mietsache, so darf der Hauptvermieter ihn auffordern, unmittelbar an ihn die Untermiete zu entrichten (OLG Hamm WuM 1987, 346; LG Mannheim WuM 1988, 361). Ansprüche auf Nutzungsentschädigung aus § 546a kommen nicht in Betracht, da diese Vorschrift im Verhältnis von Hauptvermieter und Drittem nicht anwendbar ist (s § 546a Rn 12). Der Dritte schuldet dem Eigentümer nur unter den Voraussetzungen der §§ 987, 990, 991 eine Nutzungsentschädigung von dem Zeitpunkt ab, in dem er von der Beendigung des Hauptmietverhältnisses Kenntnis erlangt (LG Düsseldorf WuM 1988, 163; LG Kiel WuM 1995, 540; LG Köln NJW-RR 1990, 1231; AG Kempten WuM 1996, 34). Diese Entschädigung entspricht dem objektiven Mietwert der innegehabten Räume (BGH 22. 10. 1997 – XII ZR 142/95, NZM 1998, 192). Hat der Untermieter nur einen Teil der vom Hauptmieter angemieteten Räume gemietet, beschränkt sich seine Verpflichtung zur Nutzungsentschädigung auf diesen Teil. Insoweit haftet er neben dem Hauptmieter wie ein Gesamtschuldner (BGH 14. 3. 2014 – V ZR 218/13, NZM 2014, 582).

4. Bestandsschutz des Untermieters von Wohnraum

a) Entwicklung der Problematik

101 Der **Gesetzgeber** hat den Bestandsschutz des sozialen Mietrechts vom Ansatz her an eine unmittelbare mietvertragliche Beziehung zwischen den Parteien gebunden. Dies führte insbesondere in den Fällen der gewerblichen Zwischenvermietung zu unerwünschten Aushöhlungen des Bestandsschutzes des Untermieters gegenüber dem Hauptvermieter. Es wurde daher versucht, das Problem über § 242 BGB zu lösen, indem das Herausgabeverlangen des Hauptvermieters in den Fällen gewerblicher Zwischenvermietung dann für rechtsmissbräuchlich erklärt wurde, wenn der Untermieter sich gutgläubig für den Hauptmieter hielt und der Hauptvermieter nicht dafür gesorgt hatte, dass der Untermieter über seine Rechtsposition aufgeklärt wurde (so erstmals LG Stade WuM 1980, 103; ferner OLG Karlsruhe NJW 1982, 1290; LG Köln WuM 1981, 252). In der Folgezeit wurde sowohl in der Rechtsprechung (vgl BGHZ 114, 96, 99 ff = NJW 1991, 1815) als auch im Schrifttum ständig nach besseren, interessengerechteren Lösungen gesucht (näher Staudinger/Sonnenschein [1995] § 556 Rn 66).

102 Die **Rechtsprechung des BVerfG** hat schließlich zu einer entscheidenden Änderung der rechtlichen Beurteilung der gewerblichen Zwischenvermietung geführt. In einer richtungsweisenden Entscheidung nimmt das Gericht einen Verstoß gegen Art 3 Abs 1 GG an, wenn einem Mieter, der in Kenntnis der Eigentumsverhältnisse Wohnraum von einem gewerblichen Zwischenvermieter und nicht unmittelbar vom Eigentümer gemietet hat, der Kündigungsschutz versagt wird (BVerfGE 84, 197, 199 ff = NJW 1991, 2272). Der Schutz eines solchen Mieters bleibe trotz der Missbrauchslösung des BGH (BGHZ 114, 96, 99 ff = NJW 1991, 1815; Einzelheiten bei Staudinger/Sonnenschein [1995] § 556 Rn 68) hinter dem Schutz eines Mieters zurück, der den Wohnraum unmittelbar vom Eigentümer gemietet habe. Für die darin liegende Schlechterstellung seien keine rechtfertigenden Gründe ersichtlich. Ob und wie die gebotene Gleichstellung mit den herkömmlichen Methoden der Auslegung und der Lückenfüllung zu erreichen sei, müsse von den Fachgerichten entschieden werden. Anschließend hat das Gericht (BVerfG NJW-RR 1993, 332) seine Auffassung noch gegenüber der Eigentumsgarantie des Art 14 Abs 1 S 1 GG abgesichert, da diese Vorschrift es nicht gebiete, dem Eigentümer im Fall der Zwischenvermietung gegenüber dem Nutzer der Wohnung das weitergehende Recht zur Räumung aus § 546 Abs 2 BGB zu geben. Liegt keine gewerbliche Zwischenvermietung vor, hält das BVerfG (BVerfG NJW 1994, 848) eine Gleichbehandlung des Untermieters mit einem Mieter, der den Vertrag unmittelbar mit dem Eigentümer abschließt, verfassungsrechtlich nicht für geboten. Es stelle einen wesentlichen Unterschied zu anderen Fällen der Zwischenvermietung dar, wenn der Eigentümer den nach § 546 Abs 2 BGB herausverlangten Wohnraum nicht dem allgemeinen Wohnungsmarkt für Wohnzwecke, sondern nur für ein alternatives Wohnmodell zur Verfügung gestellt habe.

b) Gegenwärtiger Stand der Rechtslage
aa) Die Rechtsprechung des BVerfG zur verfassungswidrigen Ungleichbehandlung des Untermieters (BVerfGE 84, 197, 199 ff = NJW 1991, 2272) hat den Gesetzgeber zunächst veranlasst, durch Art 4 Nr 2 MietRÄndG 4 vom 21. 7. 1993 (BGBl I 1257) mit der Aufnahme des § 549a BGB aF (§ 565 BGB nF) eine **gesetzliche Regelung der gewerblichen Zwischenvermietung** zu treffen und nicht die vom BVerfG mit den herkömmlichen Mitteln der Rechtsanwendung für möglich gehaltenen Lösungen durch die Fachgerichte abzuwarten. Gewerblich ist eine Tätigkeit, wenn sie äußerlich erkennbar, zivilrechtlich erlaubt und selbständig ist und planmäßig auf eine gewisse Dauer zum Zwecke der Gewinnerzielung ausgeübt wird, sofern es sich nicht um einen freien Beruf handelt. Mit dieser ausdrücklichen gesetzlichen Regelung sollten die Probleme und Unsicherheiten der früheren Rechtslage ausgeräumt werden (BT-Drucks 12/5224, 5). Hierbei hat der Gesetzgeber in Anlehnung an § 566 BGB den Weg eines gesetzlichen Eintritts des Hauptvermieters in die Rechte und Pflichten aus dem bisherigen Untermietverhältnis gewählt, sobald das Hauptmietverhältnis mit dem gewerblichen Zwischenvermieter beendet ist. Der Hauptvermieter kann aber auch einen neuen Zwischenvermieter einschalten, der dann wiederum in die Rechte und Pflichten mit dem Dritten eintritt, sodass das Untermietverhältnis neu entsteht (STAUDINGER/V EMMERICH [2021] § 565 Rn 12). Der Dritte behält damit auf jeden Fall einen Vertragspartner. Der Vertrag bleibt mit dem bisherigen Inhalt entweder als unmittelbares Rechtsverhältnis zu dem bisherigen Hauptvermieter oder als Untermietverhältnis zu einem neuen Zwischenvermieter bestehen. In beiden Fällen genießt der Dritte vollen Bestandsschutz aufgrund der unmittelbaren Rechtsbeziehung zu dem jeweiligen Vertragspartner. Der Herausgabeanspruch aus § 546 Abs 2 BGB kann nicht mehr entstehen, da mit der Beendigung des Hauptmietverhältnisses der Vermieter sofort in das bisherige Untermietverhältnis eintritt und auch bei Auswechslung des Zwischenvermieters das Hauptmietverhältnis nicht beendet wird.

bb) Gleichwohl war mit dieser durchaus praktikablen Lösung **die Gesamtproblematik des Bestandsschutzes des Untermieters von Wohnraum noch nicht bewältigt**. Das Gesetz erfasst ausdrücklich nur die gewerbliche Zwischenvermietung (STAUDINGER/ V EMMERICH [2021] § 565 Rn 4 ff). Diese setzt grundsätzlich eine Gewinnerzielungsabsicht voraus (BGH 20. 1. 2016 – VIII ZR 311/14, NJW 2016, 1086); allerdings braucht der Gewinn nicht unmittelbar aus der Vermietung zu resultieren (BGH 17. 1. 2018 – VIII ZR 241/16, NZM 2018, 281: Bereitstellung der Wohnungen für Arbeitnehmer des Gewerbetreibenden, wodurch dieser hinsichtlich der Gewinnung qualifizierter Arbeitskräfte einen Wettbewerbsvorteil gegenüber Konkurrenten erlangt). **Wenn der Untervermieter nicht die Merkmale der Gewerblichkeit erfüllt, ist die Vorschrift nicht anwendbar** (BVerfG 10. 1. 2020 – 1 BvR 2130/18, GE 2020, 981; BGH 20. 1. 2016 – VIII ZR 311/14, NJW 2016, 1086; KG NZM 2013, 313; offen gelassen von BGHZ 133, 142, 149 = NJW 1996, 2862; BGH NJW 2003, 3054; aM AG Frankfurt aM WuM 1994, 276). Daran hat sich auch durch das Mietrechtsreformgesetz 2001 nichts geändert, da sich § 565 BGB von § 549a BGB aF nur sprachlich, nicht aber inhaltlich unterscheidet (BGH 20. 1. 2016 – VIII ZR 311/14, NJW 2016, 1086; Herrlein/Kandelhard/Kandelhard § 565 Rn 1). In den Fällen der **schlichten Zwischenvermietung oder typischen Untermiete** bleibt deshalb § 546 Abs 2 BGB grundsätzlich anwendbar, sodass ein etwaiger Bestandsschutz für den Untermieter nur mit dem herkömmlichen Instrumentarium zu erreichen ist (KG ZMR 2013, 26). Für die Abgrenzung kommt es entscheidend darauf an, dass die Weitervermietung nicht gewerblich erfolgt, dh vor allem nicht zum Zwecke der eigenen Gewinnerzielung des Untervermieters. Es muss jedoch hinzukommen, dass die Vertragsgestaltung nicht im eigenen Interesse des Hauptvermieters liegt, weil dies der wesentliche Gesichtspunkt ist, um dem Untermieter einen an Art 3 Abs 1 GG ausgerichteten gleichwertigen Bestandsschutz gegenüber dem Hauptvermieter einzuräumen (BVerfGE 84, 197, 202 = NJW 1991, 2272; BGHZ 84, 90, 98 = NJW 1982, 1696; BGHZ 114, 96, 101 = NJW 1991, 1815).

105 In der Rechtsprechung ist aus der Unterscheidung, ob die Untervermietung vorrangig im Interesse des Hauptvermieters oder des Untervermieters liegt, die Folgerung gezogen worden, dass im letzteren Fall kein genereller Bestandsschutz des Untermieters gegenüber dem Anspruch des Hauptvermieters aus § 546 Abs 2 BGB besteht. Wenn nämlich der Zwischenmieter mit der Weitervermietung über die bloße Vermietung hinausgehende besondere Interessen verfolgt, die sich nicht mit denjenigen decken, die der Eigentümer mit einer Vermietung auf dem allgemeinen Wohnungsmarkt regelmäßig im Auge hat (zB die Verfolgung karitativer Zwecke), wirkt sich dies regelmäßig auf die Auswahl der Endmieter sowie die Ausgestaltung und Durchführung der mit ihnen abzuschließenden Mietverträge aus, etwa hinsichtlich der Höhe der Miete oder hinsichtlich der Belastungen, die sich aus der Person des Endmieters während des Mietverhältnisses ergeben können (BGH 20. 1. 2016 – VIII ZR 311/14, NJW 2016, 1086; BayObLG 28. 7. 1995 – REMiet 4/94, NJW-RR 1996, 73). In diesen Fällen kann nicht unterstellt werden, dass der Hauptvermieter ohne Einschaltung des Zwischenmieters das Mietverhältnis mit diesen Endmietern und/oder zu diesen Bedingungen abgeschlossen hätte.

106 Diese Fallgestaltung kann sich beispielsweise ergeben, wenn der Untervermieter eine **gemeinnützige Organisation** ist, die mit der Weitervermietung keine wirtschaftlichen Interessen, sondern einen satzungsgemäßen sozialen Zweck verfolgt und dabei nur an einen besonderen Personenkreis untervermietet (BGHZ 133, 142, 150 ff = NJW 1996, 2862; BayObLG NJW-RR 1996, 71; KG NZM 2013, 313; KG 8. 12. 2014 – 8 U 117/14, GE 2016, 257; OLG Braunschweig WuM 1984, 237 m Anm Eickhoff WuM 1984, 271 u Anm Eckert WuM 1984, 273; OLG Karlsruhe NJW 1984, 373; OLG Stuttgart NJW 1985, 1966; AG Wedding GE 2012, 207; Kinne ua/Schach Rn 612).

106a cc) In Reaktion auf diese Rechtsprechung (namentlich BGH 20. 1. 2016 – VIII ZR 311/14, NJW 2016, 1086) ist der Gesetzgeber zum 1. 1. 2019 mit dem **Mietrechtsanpassungs-**

gesetz (MietAnpG vom 18. 12. 2018, BGBl I 2648) einen weiteren Schritt gegangen. § 578 BGB wurde um einen neuen Abs 3 erweitert. Dieser ordnet an, dass auf Verträge über die **Anmietung von Räumen durch eine juristische Person des öffentlichen Rechts oder einen anerkannten privaten Träger der Wohlfahrtspflege**, die geschlossen werden, um die Räume Personen mit dringendem Wohnungsbedarf zum Wohnen zu überlassen, bestimmte Vorschriften des sozialen Mietrechts, insbesondere die Kündigungsschutznormen der §§ 573 bis 573d, 575, 575a Abs 1, 3 und 4 sowie die §§ 577 und 577a BGB entsprechend anzuwenden sind. Solche Verträge können zusätzlich zu den in § 575 Abs 1 S 1 BGB genannten Gründen auch dann auf bestimmte Zeit geschlossen werden, wenn der Vermieter die Räume nach Ablauf der Mietzeit für ihm obliegende oder ihm übertragene öffentliche Aufgaben nutzen will. Die Vorschrift findet (nur) auf Mietverhältnisse Anwendung, die ab Jahresbeginn 2019 neu begründet worden sind (Art 229 § 49 Abs 3 EGBGB).

dd) Auch mit dem durch § 578 Abs 3 BGB bewirkten zusätzlichen Bestandsschutz **106b** bleibt der Schutz des Untermieters jedoch lückenhaft. Dies gilt nicht nur in Bezug auf alle Hauptmietverhältnisse, die vor dem 1. 1. 2019 begründet worden sind und auf die diese Bestimmung noch keine Anwendung findet (Art 229 § 49 Abs 3 EGBGB), sondern auch dann, wenn die tatbestandlichen Voraussetzungen der Norm nicht erfüllt sind oder wenn der Hauptmieter sich nicht gegen eine Kündigung des Vermieters zur Wehr setzen will. So bleibt § 578 Abs 3 BGB unanwendbar, wenn der Zwischenmieter eine Genossenschaft oder vergleichbare Selbsthilfeeinrichtung der Endmieter ist (BGH 20. 1. 2016 – VIII ZR 311/14, NJW 2016, 1086; DERLEDER NZM 2016, 670 ff), weil er weder juristische Person des öffentlichen Rechts noch anerkannter privater Träger der Wohnfahrtspflege (zu diesem Begriff § 549 Abs 2 Nr 3 BGB) ist. Eine ähnliche Situation besteht, wenn der Untervermieter mit der Weitervermietung bestimmte eigenverantwortliche Wohnformen der Untermieter fördern will (OLG Hamburg 16. 4. 1993 – 4 U 243/92, NJW 1993, 2322; LG Hamburg 8. 11. 1991 – 311 S 84/91, NJW-RR 1992, 271; AG Hamburg 10. 3. 1992 – 43b C 1968/91, WuM 1992, 480; AG Hamburg 24. 4. 1992 – 43b C 1967/91, DWW 1992, 245) oder wenn der Untervermieter in den angemieteten Räumen ein Wohnheim betreibt (LG Berlin 9. 7. 1992 – 62 S 109/92, NJW-RR 1992, 1485). Hier muss nach wie vor darauf abgestellt werden, in wessen Interesse die Zwischenschaltung des Hauptmieters vornehmlich erfolgt. Ist anzunehmen, dass der Hauptmieter mit den Endmietern nicht zu vergleichbaren Bedingungen wie mit dem Zwischenvermieter kontrahiert hätte, bleibt der Endmieter gegenüber einer Kündigung des Hauptmietverhältnisses schutzlos. In dieser differenzierten Behandlung der verschiedenen Fallgestaltungen liegt kein Verstoß gegen Art 3 Abs 1 GG (BVerfG 10. 1. 2020 – 1 BvR 2130/18, GE 2020, 981).

So kann ein vorrangiges Interesse des Untervermieters auch dann bestehen, wenn es **106c** sich um ein Unternehmen handelt, das Wohnungen anmietet, um sie als **Werkwohnungen** an seine Arbeitnehmer weiterzuvermieten (BayObLG NJW-RR 1996, 71; OLG Karlsruhe NJW 1984, 313 m Bespr NASSAL ZMR 1984, 182; LG Hamburg WuM 1992, 126). Hier wird den Interessen des Endmieters dadurch Rechnung getragen, dass ihm durch die Einschaltung des Zwischenmieters eine Wohnung verschafft wird, die er sonst nicht oder nicht zu für ihn tragbaren Bedingungen erhalten hätte.

In diesen Fällen kann den Bestandsinteressen des Endmieters weder mit einer **107** analogen Anwendung von § 565 BGB oder § 578 Abs 3 BGB noch mit einer aus

Treu und Glauben (§ 242 BGB) resultierenden Anwendung der mieterschützenden Vorschriften im Verhältnis zum Hauptvermieter Rechnung getragen werden. Für eine **Analogie zu § 565 BGB** fehlt es an der Vergleichbarkeit der Interessenlage, weil bei der gewerblichen Zwischenvermietung die wirtschaftlichen Belange des Vermieters, hier dagegen die sozialen Interessen der Endmieter im Vordergrund stehen (BGH 20. 1. 2016 – VIII ZR 311/14, NJW 2016, 1086). Hinsichtlich **§ 578 Abs 3 BGB** fehlt es an einer planwidrigen Regelungslücke, nachdem der Gesetzgeber in Kenntnis der BGH-Rechtsprechung den Anwendungsbereich auf juristische Personen des öffentlichen Rechts und anerkannte Träger der privaten Wohlfahrtspflege beschränkt hat. Eine Anwendung von **§ 242 BGB** kann nur ausnahmsweise in Betracht kommen, wenn nämlich der Hauptvermieter auch ohne die Zwischenschaltung des nicht gewerblichen Mieters zu denselben oder doch vergleichbaren Konditionen auch an die Endmieter vermietet hätte (BGH 30. 4. 2003 – VIII ZR 162/02, NJW 2003, 3054; BGH 30. 4. 2003 – VIII ZR 163/02, WuM 2003, 563; Derleder NZM 2016, 670, 672; offen lassend BGH 20. 1. 2016 – VIII ZR 311/14, NJW 2016, 1086).

108 Freilich können die Parteien des Hauptmietverhältnisses **vereinbaren**, dass auf ihr Vertragsverhältnis die **Vorschriften über die Wohnungsmiete Anwendung finden**. Es steht ihnen frei, dem Zwischenmieter vertraglich einen weitergehenden Schutz zu gewähren, als er ihn kraft Gesetzes genießt (KG 27. 8. 2015 – 8 U 192/14, ZMR 2016, 860). Damit ist den Bestandsschutzinteressen der Endmieter zwar nicht vollumfänglich, aber doch weithin Genüge getan. Im Übrigen, also bei fehlender Vereinbarung, kann eine entsprechende Anwendung der Kündigungsschutzbestimmungen des sozialen Mietrechts im Verhältnis zwischen Hauptvermieter und Untermieter schließlich in Einzelfällen durch **Art 3 Abs 1 GG** geboten sein, wenn der Hauptmieter wie bei der gewerblichen Zwischenvermietung eine vollständige Wohnung vom Vermieter gemietet hat, die er selbst nicht als Wohnung nutzen will, sondern von vornherein im Einverständnis des Vermieters eine – wenn auch nicht gewerbliche – Weitervermietung vorgesehen hatte. Zusätzlich ist jedoch zu verlangen, dass die Wohnungen „jedermann" und nicht nur einem besonderen Personenkreis zur Verfügung gestellt wurden, der Hauptvermieter also nicht damit rechnen musste, sich bei Beendigung des Hauptmietverhältnisses mit ihm nicht zumutbaren Endmietern auseinandersetzen zu müssen (BGH NJW 2003, 3054 m Anm Baldus ZMR 2003, 818 f; zu den Grenzen des allgemeinen Gleichheitssatzes BVerfG 10. 1. 2020 – 1 BvR 2130/18, GE 2020, 981). Auch wenn der Hauptvermieter erheblichen Einfluss auf die Ausgestaltung des Untermietverhältnisses nimmt, finden die Kündigungsschutzvorschriften im Verhältnis zwischen Hauptvermieter und Untermieter Anwendung (LG Duisburg ZMR 1997, 355; AG Augsburg ZMR 1999, 176). Vereinzelt finden sich jedoch Entscheidungen, die dem Untermieter auch im Fall einer schlichten Zwischenvermietung Bestandsschutz gegenüber dem Anspruch aus § 546 Abs 2 BGB zubilligen (KG GE 1996, 49; LG Konstanz WuM 1991, 689; AG Hamburg WuM 1992, 484).

109 Soweit nach dem Vorstehenden ausnahmsweise die Vorschriften des sozialen Mietrechts im Verhältnis zwischen Hauptvermieter und Untermieter eingreifen, ist der Herausgabeanspruch aus § 546 Abs 2 BGB nur begründet, wenn sich der Hauptvermieter auf ein **berechtigtes Interesse iS des § 573 Abs 2 BGB** stützen kann (vgl AG Bonn WuM 1992, 613) und aufseiten des Untermieters keine Härtegründe vorliegen, die sein Verlangen rechtfertigen, die Benutzung der Wohnung fortzusetzen. Die Geltendmachung des auf ein berechtigtes Interesse gestützten Herausgabeanspruchs aus

§ 546 Abs 2 BGB ist nicht möglich, bevor das Hauptmietverhältnis beendet ist, weil der Anspruch erst in diesem Zeitpunkt entsteht (aM LG Hamburg WuM 1993, 44). Der Hauptvermieter muss seinen Anspruch anschließend mit der nach § 573 Abs 3 BGB erforderlichen Begründung und unter Einhaltung der nach § 573c BGB maßgebenden Frist geltend machen (LG Freiburg WuM 1993, 126). Beruft sich der Untermieter zu Recht auf den Bestandsschutz, ergibt sich das Problem, auf welcher Grundlage und wie im Einzelnen seine Rechtsbeziehungen zu dem bisherigen Hauptvermieter zu gestalten sind (Ahrens 148 ff).

Steht dem Endmieter nach der Beendigung des nicht gewerblichen Zwischenmiet- **110** verhältnissen demnach in aller Regel kein Bestandsschutz zu, muss er die Wohnung mit dessen Beendigung räumen (§ 546 Abs 2 BGB). Ihm bleibt unbenommen, den Abschluss eines eigenen Mietvertrages mit dem Hauptvermieter anzustreben. Für einen dahin gehenden Anspruch des einen oder anderen Teils gibt es jedoch keine Rechtsgrundlage (aM Ahrens 161). Kommt ein neuer Vertrag zustande, kann die Höhe der Miete im Rahmen der §§ 556d, 556e BGB neu vereinbart werden. Es besteht keine Bindung an die Beschränkungen des § 558 BGB, da zwischen den Parteien bisher kein Mietverhältnis bestand.

5. Durchsetzung des Herausgabeanspruchs

Für die Durchsetzung des Herausgabeanspruchs aus § 546 Abs 2 BGB gilt im We- **111** sentlichen das Gleiche wie bei dem Anspruch nach Abs 1 (s Rn 43 ff). So darf sich auch der Hauptvermieter nicht den Besitz durch verbotene Eigenmacht gegen den Dritten verschaffen. Anderenfalls macht er sich nach § 823 Abs 1 BGB und § 823 Abs 2 BGB iVm § 858 BGB schadensersatzpflichtig. Die Schadensersatzpflicht umfasst aber nicht den Nutzungsschaden, der infolge der verbotenen Eigenmacht in der Beeinträchtigung der Möglichkeit liegt, die Sache zu gebrauchen (BGHZ 79, 232, 236 ff = NJW 1981, 865). Hauptmieter und Dritter können wegen ihrer gesamtschuldnerischen Haftung gleichzeitig auf Herausgabe verklagt werden (LG Hamburg MDR 1958, 431; Bub/Treier/Emmerich Rn V 76; Palandt/Weidenkaff Rn 24; aM LG Berlin BlGBW 1960, 111). Dies ist für den Hauptvermieter vor allem deshalb von Bedeutung, weil ein gegen den Hauptmieter erstrittenes Urteil nicht ohne Weiteres gegen den Untermieter vollstreckbar ist (BGH NJW-RR 2003, 1450; OLG Celle NJW-RR 1988, 913; LG Köln WuM 1991, 507). Dahingehende Anträge wurden in der 2. Komm abgelehnt (Prot II 190 ff). Der Hauptvermieter kann sich nach § 886 ZPO einen etwaigen Räumungsanspruch des Hauptmieters gegen den Untermieter überweisen lassen, bleibt aber immer noch auf eine weitere Klage angewiesen, falls der Untermieter die Räumung verweigert. Ein rechtskräftiges Urteil gegen den Hauptmieter wirkt nur dann gegen den Untermieter, wenn dieser erst nach Eintritt der Rechtshängigkeit Besitz an der streitbefangenen Sache erlangt hat (§ 325 Abs 1 ZPO; LG Karlsruhe NJW 1953, 30 m **abl** Anm Berg; Palandt/Weidenkaff Rn 24; Soergel/Heintzmann Rn 11). Hinsichtlich des Vollstreckungsschutzes ergeben sich bei der Durchsetzung des Anspruchs aus § 546 Abs 2 BGB keine Unterschiede gegenüber Abs 1 (s Rn 72 ff). Insbesondere kann dem Dritten eine eigene Räumungsfrist gewährt werden (LG Stade WuM 1987, 62; LG Stuttgart NJW-RR 1990, 654). Unter Umständen besteht nach Maßgabe des § 940a ZPO die Möglichkeit der Wohnungsräumung im Wege der einstweiligen Verfügung (s Rn 61, Rn 79).

6. Konkurrenzen

112 Der Anspruch aus § 546 Abs 2 BGB kann mit anderen Herausgabeansprüchen konkurrieren (BeckOK BGB/Wiederhold [1. 8. 2020] Rn 7). Hierfür gilt das Gleiche wie bei Abs 1 (Rn 84).

IV. Verjährung

113 Die Ansprüche auf Herausgabe der Mietsache nach § 546 Abs 1 und 2 BGB unterliegen nach § 195 BGB der Verjährungsfrist von **drei Jahren**. Dies gilt in gleicher Weise, soweit sich der Anspruch auf die Rückgabe von Zubehör erstreckt, das der Mieter bei der Rückgabe der Mietsache noch in seinem Besitz behält. Insoweit ist nicht die kurze Verjährungsfrist des § 548 BGB maßgebend (BGHZ 65, 86, 87 ff = NJW 1975, 2103). Die Verjährungsfrist beginnt gemäß § 199 Abs 1 Nr 1 BGB mit dem Schluss des Jahres, in dem der Herausgabeanspruch entstanden ist und gemäß Nr 2 der Vermieter Kenntnis von den den Herausgabeanspruch begründenden Umständen sowie der Person des Mieters erlangt hat. Zur Person des Schuldners gehört auch dessen Anschrift (BGH NJW 1998, 988; Börstinghaus ZGS 2002, 102, 105 mwNw). Dies spielt für die Verjährung des Herausgabeanspruchs von Räumen dann eine Rolle, wenn die Räume nicht oder nur teilweise geräumt wurden und der Mieter ohne Angabe einer Anschrift die Räume aufgegeben hat. Ohne Rücksicht auf die Kenntnis verjährt der Herausgabeanspruch gemäß § 199 Abs 4 BGB spätestens in 10 Jahren von seiner Entstehung an.

§ 546a
Entschädigung des Vermieters bei verspäteter Rückgabe

(1) Gibt der Mieter die Mietsache nach Beendigung des Mietverhältnisses nicht zurück, so kann der Vermieter für die Dauer der Vorenthaltung als Entschädigung die vereinbarte Miete oder die Miete verlangen, die für vergleichbare Sachen ortsüblich ist.

(2) Die Geltendmachung eines weiteren Schadens ist nicht ausgeschlossen.

Materialien: E I § 525; II § 499; III § 550; Mot II 415; Prot II 218; Jakobs/Schubert SchR II 506; BT-Drucks IV/806, 11; BT-Drucks IV/2195, zu BT-Drucks IV/2195, 5; BT-Drucks V/2317, zu BT-Drucks V/2317, 4; BT-Drucks 14/4553, 44 f; BT-Drucks 15/3594, 20; BT-Drucks 17/10485, 1 ff.

Schrifttum

Artz, Und die Vergleichsmiete gilt doch!, NZM 2017, 281
Börstinghaus, Auswirkungen der Schuldrechtsreform auf das Mietrecht, ZGS 2002, 102
ders, Die neue „Sicherungsanordnung" im Mietprozess, NJW 2013, 3265
Derleder, Die Verpflichtungen der Parteien nach Beendigung des Mietvertrags bei fortbestehender Nutzung, WuM 2011, 551

EMMERICH, Die Sicherungsanordnung nach § 283a ZPO, NZM 2014, 881
FISCHER, Auswirkungen der „Mietrechtsänderung" auf Räumungsverfahren und -vollstreckung, NZM 2013, 249
FLEINDL, Das geplante Mietrechtsreformgesetz – Ein Überblick über die wesentlichen Änderungen, NZM 2012, 57
ders, Bemessung der Nutzungsentschädigung nach § 546a I BGB: Zivilprozessuale Aspekte, NZM 2017, 282
ders, Nutzungsentschädigung nach Beendigung des Mietverhältnisses, NZM 2018, 57
GATHER, Die Schadensersatzansprüche des Vermieters, DWW 1990, 322
ders, Die verspätete Rückgabe der Mietsache, DWW 2001, 78
GREINER, Direktansprüche zwischen Eigentümer und Untermieter, ZMR 1998, 403
GREINER/KALLE, Die rechtliche Zulässigkeit von Versorgungssperren in Miet- und Versorgungsverträgen, JZ 2020, 331
HÄUBLEIN, Die Höhe der Entschädigung nach § 546a Abs 1 BGB bei Ausübung des Nachholrechts (§ 569 Abs 3 Nr 2 BGB), ZMR 2018, 8
HINZ, Referentenentwurf eines Mietrechtsänderungsgesetzes, ZMR 2012, 153
ders, Mietrechtsänderung im Rechtsausschuss, NZM 2012, 777
HORST, Selbsthilfemöglichkeiten bei der Abwicklung beendeter Mietverhältnisse, NZM 1998, 139
ders, MietRÄndG 2013 – Die vereinfachte Räumung von Wohnraum, MietRB 2013, 86
LÜTZENKIRCHEN, Die Sicherungsanordnung nach § 283 ZPO-E, ZMR 2012, 604
ders, Zwischen Mietende und Räumung hat der Vermieter Anspruch auf die Marktmiete, GE 2013, 1176
MÜLLER, Das Benutzungsverhältnis zwischen Vermieter und Mieter nach Gewährung einer Räumungsfrist gemäß § 721 ZPO, MDR 1971, 253
K SCHMIDT, Unternehmensbezogene Mietverhältnisse, Unternehmensumstrukturierung und Unternehmensveräußerung, in: Gedschr Sonnenschein (2002) 497
WAAS, Der Entschädigungsanspruch des Vermieters bei verspäteter Rückgabe der Mietsache durch den Mieter, ZMR 2000, 69
ZEHELEIN, Das Mietrechtsänderungsgesetz in der gerichtlichen Praxis, WuM 2013, 133.

Systematische Übersicht

I.	**Allgemeine Kennzeichnung**	
1.	Überblick	1
2.	Entwicklung der Vorschrift	2
3.	Zweck der Vorschrift	3
II.	**Rechtsfolgen der Vorenthaltung der Mietsache**	6
III.	**Nutzungsentschädigung (Abs 1)**	
1.	Voraussetzungen	9
a)	Allgemeines	9
b)	Mietverhältnis	10
c)	Beendigung des Mietverhältnisses	13
d)	Vorenthaltung der Mietsache	15
aa)	Nichtrückgabe der Mietsache	16
bb)	Möglichkeit der Rückgabe	22
cc)	Rücknahmewille des Vermieters	28
dd)	Dauer der Vorenthaltung	32
2.	Rechtsfolgen	34
a)	Allgemeines	34
b)	Vereinbarte Miete	40
c)	Ortsübliche Vergleichsmiete	49
3.	Prozessuales	55a
IV.	**Weitergehender Schadensersatz (Abs 2)**	56
1.	Anspruchsgrundlagen	57
2.	Vertretenmüssen	61
3.	Umfang der Ersatzansprüche	62
V.	**Konkurrenzen**	65

§ 546a

Alphabetische Übersicht

Annahmeverzug des Vermieters	29 f
Aufrechnungsverbot	42
Beendigung des Mietverhältnisses	9, 45
Beweislast	3, 63
Billigkeitserwägungen	5
Darlegungslast	3, 63
Dauer der Vorenthaltung	32 f
Entwicklung der Vorschrift	2
Ersetzungsbefugnis des Vermieters	50
Insolvenz des Mieters	39
Konkurrenzen	65
Leasingvertrag	11, 41
Miete	
– ortsübliche	49
– vereinbarte	40
Mietverhältnis	10
Mindestentschädigung	40
Mitverschulden des Vermieters	64
Möglichkeit der Rückgabe	22
– objektiv	22
– subjektiv	23
Nutzungsentschädigung	9
– Betriebskosten	43
– Erhöhung	45
– Fälligkeit	44
– Minderung	42, 46
– Parteiwechsel	38
– Rechtsfolgen	34 ff
– Rechtsnatur	34
– Schuldverhältnis, gesetzliches	6
– Vergleichsmiete, ortsübliche	49
– Verjährung	48
– Voraussetzungen	9
Obdachloseneinweisung	21
Ortsübliche Vergleichsmiete	49
– Geltendmachung	50
– Umfang	53

Parteiwechsel	38
Pfandrecht des Vermieters	47
Pflichten aus gesetzlichem Schuldverhältnis	
– des Mieters	8
– des Vermieters	7
Räumungsfrist durch Vollstreckungsschutz	28
Rückgabemöglichkeit	22
Rücknahmewille des Vermieters	28
Saldoklage	55a
Schadensersatz, weitergehender	5, 57
– entgangener Gewinn	62
– Mitverschulden des Vermieters	63
– statt der Leistung	60a
– Umfang	62 f
– Verschulden des Mieters	61
– wegen Schlechtleistung	60
– wegen Schuldnerverzugs	58
Schlechtleistung	60
Schonfristzahlung	55
Schuldnerverzug	58
Sicherungsanordnung	55b
Sozialwohnung	54a
Teilleistungen	18
Untermieter	8, 19
Vergleichsmiete	49
Verjährung	48
Verschulden	
– des Mieters	57
– des Vermieters	64
Vollstreckungsschutz s Räumungsfrist	
Vorenthaltung der Mietsache	15
– Besitz des Mieters	16
– Dauer	32 f
Wahlrecht zwischen vereinbarter u ortsüblicher Miete	49
Zweck der Vorschrift	3

Untertitel 1
Allgemeine Vorschriften für Mietverhältnisse § 546a

I. Allgemeine Kennzeichnung

1. Überblick

Sobald das Mietverhältnis beendet ist, hat der Mieter die gemietete Sache nach § 546 **1**
BGB zurückzugeben. In § 546a sind Ansprüche des Vermieters für den Fall geregelt,
dass der Mieter die Mietsache nach der Beendigung des Mietverhältnisses nicht oder
nicht rechtzeitig zurückgibt. Hierbei handelt es sich zum einen um den Anspruch auf
Nutzungsentschädigung für die Dauer der Vorenthaltung der Mietsache (Abs 1).
Zum anderen betrifft die Vorschrift die **Geltendmachung eines weiteren Schadens**
(Abs 2). Der Anspruch auf Nutzungsentschädigung ist grundsätzlich unabhängig von
der Art der gemieteten Sache. Der Ersatz eines darüber hinausgehenden Schadens
kann nach den Vorschriften der §§ 280 ff BGB verlangt werden. Bei Mietverhältnissen über Wohnraum greifen jedoch die Einschränkungen des § 571 BGB ein.

2. Entwicklung der Vorschrift

Die Vorschrift ist aus § 557 BGB aF hervorgegangen (zur Rechtsentwicklung seit 1900 im **2**
Überblick FLEINDL NZM 2018, 57, 58). Abs 1 S 1 wurde durch das **Mietrechtsreformgesetz**
vom 19. 6. 2001 (BGBl I 1149) sprachlich modifiziert, der Anspruch auf ortsübliche
Miete anstelle einer vereinbarten Miete für Räume wurde auf alle Mietverhältnisse
ausgedehnt. Die Regelung des § 557 Abs 1 S 2 BGB aF ist in § 546a Abs 2 BGB zu
finden. Die Ausnahmeregelungen der Abs 2 bis 4, die erst später in § 557 BGB aF
aufgenommen worden waren, wurden als § 571 BGB neu gefasst.

3. Zweck der Vorschrift

Die Vorschrift bezweckt mit ihrem seit Inkrafttreten des BGB bestehenden Teil, die **3**
Nutzungsentschädigung des Vermieters auf einen **Mindestbetrag** festzusetzen, soweit
ihm der Mieter die Mietsache nach Beendigung des Mietverhältnisses vorenthält und
die Voraussetzungen für eine stillschweigende Verlängerung nach § 545 BGB nicht
erfüllt sind. Eine solche Regelung wurde für praktisch zweckmäßig gehalten, um
Streitigkeiten über die Höhe eines etwaigen Schadensersatz- oder Bereicherungsanspruchs in einfacher und angemessener Weise abzuschneiden (Mot II 415). Dadurch wird zugleich Druck auf den Mieter ausgeübt, die Mietsache zurückzugeben.
Es liegt allein an ihm, die Rechtsfolgen des § 546a Abs 1 BGB zu vermeiden oder zu
beenden (BGHZ 107, 123, 129 = NJW 1989, 1730). Da die Mindestentschädigung auf die
für das beendete Mietverhältnis vereinbarte Miete festgesetzt wird, braucht der
Vermieter seinen Schaden und den Wert der vom Mieter gezogenen Nutzungen
sowie die sonstigen Voraussetzungen der §§ 280 ff, 812 ff, 987 ff nicht darzulegen
und zu beweisen (vgl auch BLANK/BÖRSTINGHAUS/BLANK/BÖRSTINGHAUS Rn 1).

Das **Wahlrecht** zwischen der ursprünglich vereinbarten und der ortsüblichen Miete **4**
bei Räumen ist durch das MietRÄndG 3 ganz allgemein, insbesondere aber im
Hinblick auf längere gerichtliche Räumungsfristen eingeführt worden. Der Vermieter sollte davor bewahrt werden, sich bei einem Anstieg des Mietpreisniveaus für
einen langen Zeitraum mit einer nicht mehr angemessenen, niedrigen Nutzungsentschädigung begnügen zu müssen (Ausschussbericht, *zu* BT-Drucks V/2317, 4; vgl auch OLG
Celle 10. 3. 2016 – 2 U 128/15, ZMR 2016, 535). Es wurde durch das Mietrechtsreformgesetz

vom 19. 6. 2001 auf alle Mietsachen ausgedehnt. Die praktische Bedeutung eines Wahlrechts bei beweglichen Mietsachen ist zweifelhaft (vgl Herrlein/Kandelhard/ Kandelhard Rn 1).

5 Die Ansprüche auf **Ersatz eines weitergehenden Schadens** bei der Vermietung von Wohnraum werden durch § 571 BGB aus sozialen Gründen eingeschränkt. Es soll sichergestellt werden, dass der Mieter sich nicht durch die Sorge vor Schadensersatzansprüchen des Vermieters davon abhalten lässt, unter Berufung auf die §§ 574, 574a, 574b BGB eine Fortsetzung des Mietverhältnisses zu verlangen oder eine Räumungsfrist zu begehren. Die Frage, ob ein Mietverhältnis nach den genannten Vorschriften fortzusetzen ist, kann vielfach erst nach einer schwierigen Abwägung der Interessen von Vermieter und Mieter durch das Gericht geklärt werden. Schadensersatzansprüche sollten deshalb nicht nur einer Billigkeitsregelung unterworfen werden, sondern von vornherein nur unter der Voraussetzung entstehen, dass die Rückgabe der Wohnräume infolge von Umständen unterblieben ist, die der Mieter zu vertreten hat. Es erschien dem Gesetzgeber auch nicht gerechtfertigt, den zur Räumung verpflichteten Mieter zum Ersatz von Verzugsschäden für die Zeit heranzuziehen, für die ihm das Gericht nach den §§ 721, 794a ZPO eine Räumungsfrist gewährt hat (Begr zum RegE BT-Drucks IV/806, 11; Ausschussbericht, zu BT-Drucks IV/2195, 5; vgl Begr zum RegE eines AbbauG, BT-Drucks III/1234, 73).

II. Rechtsfolgen der Vorenthaltung der Mietsache

6 Mit der Beendigung des Mietverhältnisses erlöschen alle vertraglichen Rechte und Pflichten. Auf der Grundlage der Vorenthaltung der zurückzugebenden Mietsache entsteht zwischen den Parteien ein **gesetzliches Schuldverhältnis**. Neben der Nutzungsentschädigung nach § 546a Abs 1 BGB ergeben sich hieraus weitere Rechte und Pflichten, die vor allem dann bedeutsam werden, wenn der frühere Mieter die Mietsache weiterhin nutzt. Dieser Tatsache muss die Ausgestaltung der Rechtsbeziehungen Rechnung tragen. Dabei ist zu berücksichtigen, dass es sich um eine nur vorübergehende Nutzung im ausschließlich eigenen Interesse des früheren Mieters handelt und dass dem Vermieter trotz der Vertragsbeendigung nicht das Recht zusteht, durch eigenmächtige Maßnahmen dem Mieter den Besitz zu entziehen oder ihn darin zu beeinträchtigen (Horst NZM 1998, 139, 140). An diesem Ziel haben sich die beiderseitigen Rechte und Pflichten auszurichten. Es bestehen daher die Pflichten aus dem alten Mietverhältnis weiter, die zur konkreten Nutzung der Mietsache während der Dauer der Vorenthaltung unerlässlich sind (Horst NZM 1998, 139, 142). Dabei sind die unterschiedlichen Interessen im Einzelfall gegeneinander abzuwägen (AG St Blasien WuM 1996, 286). Hieraus ergeben sich beträchtliche Einschränkungen gegenüber den früheren mietvertraglichen Rechtsbeziehungen (K Müller MDR 1971, 253 ff).

7 Der **Vermieter von Räumen** ist verpflichtet, dem Mieter einen gefahrlosen Zugang zu ermöglichen und alle Gefahren zu beseitigen, die vom Besitz der Mietsache ausgehen können. Zu weitergehenden Instandhaltungsarbeiten ist er nicht verpflichtet (LG Berlin MDR 1992, 478; LG Hamburg NJW-RR 1986, 441; LG Hamburg WuM 1987, 390; zT **aM** K Müller MDR 1971, 253, 255). Jedenfalls bei **Wohnräumen** sind Versorgungsleistungen und Gemeinschaftseinrichtungen aus § 242 BGB insoweit zur Verfügung zu stellen, als sie erforderlich sind, um eine Gesundheits- oder ähnlich bedeutsame Beeinträchtigung des ehemaligen Mieters zu vermeiden (BGHZ 180, 300, 304 = NJW 2009, 1947) und nicht einen mittelbaren Druck zwecks Räumung auf den Mieter entstehen zu lassen (KG NZM 2011, 778; LG Berlin MDR 1992, 478; LG Darmstadt WuM 1985, 256 [LS]; AG Melsungen WuM 1997, 114; AG Schöneberg NZM 2011, 72; BLANK/BÖRSTINGHAUS/BLANK/BÖRSTINGHAUS Rn 60; GREINER/KALLE JZ 2020, 331, 333 f; KOSSMANN/MEYER-ABICH § 94 Rn 25; SCHMID DWW 1986, 140, 142; vgl aber LG Freiburg WuM 1997, 113). Dem Mieter ist deshalb grundsätzlich auch der Anschluss an vorhandene Anlagen zu gestatten, soweit damit kein Eingriff in die Gebäudesubstanz verbunden ist (AG Lahnstein NZM 2011, 72), zB an eine Gemeinschaftsantenne, einen Kabel- oder Telefonanschluss (einschränkend AG Waldshut-Tiengen WuM 1981, 212). Der Vermieter kann aber nicht dafür verantwortlich gemacht werden, dass das Versorgungsunternehmen, mit dem der Mieter unmittelbar in Vertragsbeziehungen steht, diesem den Anschluss wegen Zahlungsverzugs sperrt (vgl BGH NZM 2011, 198: Keine Minderung der Miete aus diesem Grunde; GREINER/KALLE JZ 2020, 331, 334). Neuanschlüsse, die mit Eingriffen in die Gebäudesubstanz verbunden oder auf längere Dauer angelegt sind, zB die Installation von Parabolantennen, sind trotz der weitreichenden Rechtsprechung (vgl STAUDINGER/ VEMMERICH § 535 Rn 46) im Abwicklungsstadium des Mietverhältnisses nicht mehr zu dulden.

Demgegenüber ist bei **Geschäftsräumen** eine **Versorgungssperre** zulässig. § 546a BGB **7a** verpflichtet den Vermieter nicht dazu, dem ehemaligen Mieter den Zugang zu Gas, Strom, Wasser und anderen Leistungen zu ermöglichen (BGHZ 180, 300, 307 ff = NJW 2009, 1947; GREINER/KALLE JZ 2020, 331, 334). Auch Treu und Glauben (§ 242 BGB) begründen eine solche Verpflichtung jedenfalls dann nicht, wenn der Vermieter wegen Zahlungsrückständen gekündigt hat und Gefahr läuft, die von ihm verauslagten Versorgungskosten nicht eintreiben können. Die jüngere Rspr tendiert schließlich dazu, dem Vermieter auch keine verbotene Eigenmacht (§ 858 Abs 1 BGB) mehr vorzuwerfen, wenn er nach Ablauf der vereinbarten Mietzeit oder der Kündigungsfrist die Wärmeversorgung des Mieters einstellt und diesen somit „ausfriert" (BGHZ 180, 300, 307 ff = NJW 2009, 1947; KG GE 2004, 622; KG NZM 2005, 65; KG NZM 2007, 923; **aM** KG NZM 2010, 321; OLG Hamburg WuM 1978, 169; OLG Köln NZM 2005, 67). Bei der Vermietung **beweglicher Sachen** bestehen nach der Beendigung des Mietverhältnisses idR keine Vermieterpflichten mehr, da die Instandhaltungspflicht nach Beendigung des Mietverhältnisses entfällt.

Der **Mieter** ist zur **Obhut über die dem Vermieter vorenthaltene Mietsache** verpflich- **8** tet. Diese Pflicht besteht naturgemäß sowohl für bewegliche als auch für unbewegliche Sachen. Er hat den Hausfrieden zu wahren und Rücksicht auf etwaige Mitmieter zu nehmen, weil das zwischen den Parteien bestehende gesetzliche Schuldverhältnis durch die gesamten Umstände, unter denen es entsteht, inhaltlich ausgestaltet wird. Weiterhin hat der Mieter diejenigen Pflichten zu erfüllen, die neben der Zahlungspflicht als Entgelt im weiteren Sinne anzusehen sind (BLANK/BÖRSTINGHAUS/ BLANK/BÖRSTINGHAUS Rn 62). Deshalb hat der Mieter von Wohnraum jedenfalls dann die vertraglich vereinbarten Schönheitsreparaturen oder Kleinreparaturen zu übernehmen, wenn der Vermieter die Zahlung der vereinbarten Miete wählt, da jene als Teil der vereinbarten Miete anzusehen sind (s § 546 Rn 26; weitergehend BLANK/ BÖRSTINGHAUS/BLANK/BÖRSTINGHAUS Rn 62; BUB/TREIER/EMMERICH Rn V 127; K MÜLLER MDR 1971, 253, 256; SCHMIDT-FUTTERER/STREYL Rn 15). Aus Treu und Glauben kann sich für den Mieter die Pflicht ergeben, dem Vermieter den bevorstehenden oder mit hoher Wahrscheinlichkeit zu erwartenden Auszug mitzuteilen, damit sich der Vermieter rechtzeitig um einen neuen Mieter bemühen kann. Anderenfalls kann sich der Mieter schadensersatzpflichtig machen (s Rn 25, Rn 55; LG Freiburg WuM 1980, 223; LG Mönchengladbach DWW 1992, 215).

III. Nutzungsentschädigung (Abs 1)

1. Voraussetzungen

a) Allgemeines

9 Der Anspruch des Vermieters (auch des Zwangsverwalters: BGH ZMR 2003, 827, und des Verpächters: BGH NZM 2006, 820) ist für die Dauer der Vorenthaltung der Mietsache auf Nutzungsentschädigung gerichtet, ohne dass es darauf ankommt, ob der Mieter die Sache tatsächlich noch weiterhin nutzt (BGH NJW 1961, 916; BGHZ 107, 123, 128 f = NJW 1989, 1730). Der Anspruch entsteht, wenn der Mieter die gemietete Sache bei der Beendigung des Mietverhältnisses nicht zurückgibt. Verschulden ist nicht erforderlich (BGH NJW 2007, 1594; PRÜTTING ua/FELDHAHN Rn 5).

b) Mietverhältnis

10 aa) Zwischen den Parteien muss ein Mietverhältnis **bestanden** haben (s § 546 Rn 4 ff). Personen, die lediglich Mitbesitzer der Mietsache, aber nicht Vertragspartei waren (zB der nicht mitmietende Ehegatte des Mieters), sind nicht Schuldner des Anspruchs aus § 546a. Sie können (nur) aus dem Eigentümer-Besitzer-Verhältnis (§ 987 ff BGB) auf Nutzungsersatz in Anspruch genommen werden (LG Berlin 2. 7. 2013 – 63 S 467/12, WuM 2014, 95). Unerheblich ist, ob der Gegenstand der Miete eine **bewegliche oder eine unbewegliche Sache** war (BeckOK BGB/WIEDERHOLD [1. 8. 2020] Rn 3). Überlässt der Vermieter dem Mietinteressenten die Mietsache, ohne dass mangels einer Einigung der Parteien über die Miethöhe ein Mietvertrag zustande gekommen ist, so ist der vermeintliche Mieter zum Ersatz nach § 812 Abs 1 S 1 BGB, § 818 Abs 1 BGB verpflichtet (BGH NZM 2000, 183; AG Burgsteinfurt WuM 1974, 223; vgl auch BGH NZM 2000, 566; **aM** OLG Köln NZM 1999, 710). Das Gleiche gilt, wenn der Mietvertrag wegen eines Verstoßes gegen die guten Sitten nach § 138 Abs 1 BGB nichtig ist (OLG Düsseldorf ZMR 1988, 221). § 546a BGB ist ebenfalls dann nicht anwendbar, wenn ein Miteigentümer den übrigen die Alleinnutzung des gemeinschaftlichen Grundstücks gegen Entgelt überlassen hat und die Benutzungsvereinbarung später kündigt (BGH NJW 1998, 372).

11 Als Mietverhältnis kommt im Rahmen des § 546a Abs 1 BGB auch ein **Leasingvertrag** in Betracht (BGHZ 71, 196, 205 = NJW 1978, 1432; BGH NJW 1982, 1747; BGH WuM 1982, 7; BGH NZM 2004, 354; BGH NJW 2007, 1594; OLG Köln NJW-RR 1993, 121 m Anm TIEDTKE JZ 1993, 742; vgl aber LG Hannover NJW-RR 1994, 739). Die Anwendung der Vorschrift wird nicht dadurch ausgeschlossen, dass bei einem Vollamortisations-Leasingvertrag die Grundvertragsdauer abgelaufen ist (BGHZ 107, 123, 126 ff = NJW 1989, 1730; **aM** OLG Düsseldorf BB 1989, 173 m Anm FRIEDRICH/GÖLZENLEUCHTER; LG Hamburg NJW-RR 1986, 473). Der **Gedanke der Amortisation** kann die mietrechtlichen Ansprüche des Leasinggebers nicht einschränken, wenn der Leasingnehmer den Vertrag nach der Beendigung nicht vereinbarungsgemäß abwickelt und dadurch die Möglichkeit einer weiteren Verwertung des Leasinggutes verzögert wird. Macht ein Leasinggeber nach fristloser Kündigung wegen Nichtzahlung der Raten seinen Schaden durch Abzin-

sung der noch ausstehenden Raten geltend (dazu näher STAUDINGER/STOFFELS [2018] Leasing Rn 323 ff), kann er nicht zusätzlich vom Leasingnehmer Nutzungsentgelt wegen Weiternutzung verlangen (OLG Karlsruhe NJW-RR 1997, 1004). Bilden ein Franchise- und ein Mietvertrag eine rechtliche Einheit, so bewirkt der Widerruf des **Franchisevertrages** auch die Unwirksamkeit des Mietvertrages (OLG Nürnberg NZM 1998, 375).

bb) Die Vorschrift gilt nicht im Verhältnis zwischen Hauptvermieter und **Untermieter**, da insoweit keine mietvertraglichen Beziehungen bestehen (OLG Hamburg NZM 1999, 1052; LG Düsseldorf WuM 1989, 576; LG Freiburg WuM 1989, 287; LG Köln NJW-RR 1990, 1231; LG Tübingen WuM 1990, 217; BeckOK MietR/KLOTZ-HÖRLIN [1. 8. 2020] Rn 42; PRÜTTING ua/FELDHAHN Rn 2; **aM** OLG Köln NJW 1961, 30; dazu BUB/TREIER/EMMERICH Rn V 322). Wenn ein Untermieter die Wohnung aufgrund einer gewerblichen Zwischenvermietung nutzt und das Hauptmietverhältnis beendet wird, besteht für einen Entschädigungsanspruch des Hauptvermieters gegen den Untermieter nach der Neuregelung des § 565 Abs 1 S 1 BGB kein Bedürfnis mehr, weil der Hauptvermieter kraft Gesetzes in das frühere Untermietverhältnis eintritt und damit einen Mietanspruch aus § 535 Abs 2 BGB hat (STAUDINGER/V EMMERICH [2021] § 565 Rn 8 ff). Wird dieses neue Mietverhältnis beendet, ist § 546a anwendbar, es sei denn, die unmittelbare Rechtsbeziehung endet nach § 565 Abs 1 S 2 BGB, weil der Vermieter erneut einen Zwischenvermieter einschaltet. Soweit in den Fällen nicht gewerblicher Zwischenvermietung oder typischer Untermiete ein Bestandsschutz auf der Grundlage der Missbrauchslösung eingeräumt wird, ist der Vergütungsanspruch des Vermieters für die weitere Nutzung durch den bisherigen Untermieter auf § 242 BGB zu stützen (BGHZ 84, 90, 99 = NJW 1982, 1696; s § 546 Rn 101 ff). Ansonsten schuldet der Untermieter dem Eigentümer von dem Zeitpunkt der Kenntnis vom Wegfall des Hauptmietverhältnisses an eine Nutzungsentschädigung nach den §§ 987, 990, 991 (BGH WuM 1968, 1370; OLG Düsseldorf ZMR 2010, 755; OLG Hamburg GE 1997, 489; LG Kiel WuM 1995, 540; LG Köln NJW-RR 1990, 1231; LG Köln WuM 1997, 46), sofern er nicht dem Zwischenvermieter gegenüber noch zur Zahlung der Miete verpflichtet ist. Im Verhältnis von Hauptmieter und Untermieter ist § 546a BGB anwendbar, wenn das Untermietverhältnis beendet ist. Wenn Haupt- und Untermietverhältnis gleichzeitig beendet werden, steht dem Hauptmieter mangels eigener Nutzungsberechtigung kein Anspruch auf Nutzungsentschädigung gegen den Untermieter zu (BGH NJW 1996, 46; OLG Saarbrücken NZM 2006, 180).

c)   Beendigung des Mietverhältnisses
Das Mietverhältnis muss **beendet sein** (s § 546 Rn 6). Der Zeitpunkt der Beendigung ergibt sich aus § 542 BGB. Sind ein Miet- und Dienstleistungsvertrag erkennbar ein einheitliches Vertragsgebilde, wenn auch in zwei selbständigen Vertragsurkunden niedergelegt, kommt es darauf an, dass der gesamte Vertrag beendet ist (LG Aachen ZMR 1993, 417). Aus einer Vereinbarung auf vorzeitige Rückgabe der Mietsache kann der Vermieter bei Nichterfüllung keinen Schadensersatz verlangen (LG Köln WuM 1996, 619).

Das Mietverhältnis muss **beendet bleiben**. Die Regelung des § 546a BGB ist deshalb nicht anwendbar, wenn das Mietverhältnis von den Parteien verlängert wird. Dies kann durch ausdrückliche Parteivereinbarung, stillschweigend oder durch Fortsetzung des Gebrauchs nach § 545 BGB geschehen. Nimmt der Vermieter nach Erlass eines Räumungsurteils wiederholt Nutzungsentschädigungen entgegen, so kann darin uU der Abschluss eines neuen Mietvertrags liegen (LG Hannover MDR 1979, 495). Auch eine Fortsetzung des Mietverhältnisses nach den §§ 574 bis 574c BGB schließt die Anwendbarkeit des § 546a BGB aus.

d) Vorenthaltung der Mietsache

15 Der Tatbestand der Vorschrift ist insofern nicht genau gefasst, als zum einen vorausgesetzt wird, dass der Mieter die gemietete Sache nicht zurückgibt, zum anderen von einer Vorenthaltung die Rede ist, für deren Dauer die Nutzungsentschädigung zu entrichten ist. Sicher ist, dass die Vorenthaltung nicht einfach gleichzusetzen ist mit der Nichtrückgabe, sondern eine darüber hinausgehende Bedeutung enthält. Eine Vorenthaltung liegt nur dann vor, wenn der Mieter die Sache nicht zurückgibt, obwohl ihm das möglich wäre, und wenn dieses Verhalten des Mieters **dem Willen des Vermieters widerspricht** (BGH NJW 1983, 112; BGHZ 90, 145, 148 = NJW 1984, 1527 m Anm Eckert ZIP 1984, 615; BGH NZM 2006, 12; BGH NJW 2007, 1594; BGH NZM 2010, 815; OLG Düsseldorf ZMR 2004, 750; BeckOK MietR/Klotz-Hörlin [1. 8. 2020] Rn 16; Jauernig/Teichmann Rn 2).

aa) Nichtrückgabe der Mietsache

16 Der Rückgabeanspruch aus § 546 BGB ist grundsätzlich darauf gerichtet, dass der Mieter dem Vermieter den unmittelbaren Besitz an der Mietsache verschafft (s § 546 Rn 9 ff). Eine Vorenthaltung setzt deshalb zunächst voraus, dass der Mieter dem Vermieter die tatsächliche Gewalt über die Sache nach § 854 Abs 1 BGB nicht einräumt, der Rückgabeanspruch also nicht erfüllt wird. Dies ist vor allem der Fall, wenn der Mieter **die Sache in Besitz behält** (OLG Hamburg WuM 1977, 73; LG Köln MDR 1966, 239; BeckOK BGB/Wiederhold [1. 8. 2020] Rn 11), er sie insbesondere weiterhin gebraucht. Es kann sich um unmittelbaren oder mittelbaren Besitz handeln. Eine Fortsetzung des Gebrauchs ist allerdings grundsätzlich nicht notwendig, um den Anspruch auf Nutzungsentschädigung zu begründen (RG 22. 6. 1920 – III 29/20, RGZ 99, 230, 231 f; Erman/Lützenkirchen Rn 4; Klein-Blenkers ua/Klein-Blenkers Rn 9; Schmid/Harz/Schmid/Sommer Rn 3). Entscheidend ist, dass der Vermieter die Mietsache nicht selbst oder durch Weitervermietung nutzen kann, wie es bei Räumung einer Wohnung durch den Mieter ohne Rückgabe der Schlüssel (OLG Düsseldorf NJW-RR 1996, 209; LG Mannheim WuM 1968, 163; AG Hannover NZM 1999, 415; AG Siegburg WuM 1986, 92 [LS]; zur Erfüllung der Rückgabepflicht im Einzelnen siehe § 546 Rn 9 ff) oder beim Verbleib des anderen Mitmieters in der Wohnung nach Ablauf der Mietdauer (LG Potsdam GE 2009, 908) der Fall ist. Auch die Rückgabe einer beweglichen Sache am falschen Ort kann eine Vorenthaltung darstellen (OLG Düsseldorf ZMR 2008, 125). Demgegenüber schuldet der Mieter aus § 546a BGB nichts, wenn der Vermieter den Besitz der Mietsache durch verbotene Eigenmacht wieder an sich gerissen hat (KG ZMR 2010, 183).

17 Macht der Mieter einer beweglichen Sache ein **Zurückbehaltungsrecht** geltend, so entsteht für die Dauer der Ausübung dieses Rechts kein Anspruch auf Nutzungsentschädigung, soweit sich der Mieter auf die bloße Zurückbehaltung beschränkt. Gebraucht er die Sache jedoch weiterhin, so überschreitet er sein Zurückbehaltungsrecht und genießt die Gebrauchsvorteile, die durch § 546a BGB abgegolten werden sollen (BGHZ 65, 56, 59 = NJW 1975, 1773 m Anm Haase JR 1976, 22; Schmidt-Futterer/Streyl Rn 41). Bei der Miete eines Grundstücks ist die Geltendmachung eines Zurückbehaltungsrechts nach §§ 570, 578 BGB ausgeschlossen (STAUDINGER/ROLFS [2021] § 570 Rn 5).

Teilleistungen des Mieters sind bei Erfüllung der Rückgabepflicht nach § 266 BGB 18 grundsätzlich unzulässig (s § 546 Rn 32 ff). Eine Teilleistung hat idR zur Folge, dass die gesamte Mietsache dem Vermieter vorenthalten wird, so etwa, wenn der Mieter nur einen Teil der gemieteten Räume zurückgibt und der Vermieter nicht gesondert über die zurückgegebenen Räume verfügen kann (BGHZ 104, 285, 289 = NJW 1988, 2665; LG Berlin GE 2003, 880; LG Mannheim MDR 1965, 140; AG Ludwigshafen ZMR 1980, 88; AG Miesbach WuM 1983, 151 [LS]). Etwas anderes gilt aber, wenn die Teilleistung für den Vermieter zumutbar (s § 546 Rn 34) bzw für ihn von eigenständigem Interesse ist (OLG Hamburg MDR 1996, 790).

Wenn der Mieter nur **einzelne Sachen zurücklässt**, ist der Vermieter nicht daran 19 gehindert, die Mietsache in Besitz zu nehmen, wenn der Mieter mit dem Zurücklassen keinen Eigenbesitzwillen an der ganzen Mietsache äußert (BGHZ 104, 285, 289 = NJW 1988, 2665; OLG Düsseldorf DWW 1987, 129; OLG Düsseldorf DWW 1988, 142). Können und sollen einzelne Teile der Mietsache in Zukunft getrennt vermietet werden, so beschränkt sich die Vorenthaltung auf die zurückbehaltenen Teile, sodass auch nur eine anteilige Nutzungsentschädigung zu entrichten ist. Dies gilt bei der Vermietung beweglicher und unbeweglicher Sachen in gleicher Weise.

Eine Vorenthaltung ist nicht gegeben, wenn der Mieter die Mietsache zwar zurück- 20 gibt, aber seine **weiteren Pflichten nicht erfüllt**, die im Rahmen der Rückgabepflicht bestehen. Dies gilt etwa für unterbliebene **Schönheitsreparaturen, Wegnahme von Einrichtungen und Beseitigung von Schäden** (RG JW 1910, 939 Nr 15; BGH WuM 1974, 260; BGHZ 86, 204, 209 = NJW 1983, 1049; BGHZ 104, 285, 289 = NJW 1988, 2665; OLG Hamburg WuM 1977, 73; OLG Hamburg WuM 1990, 75; PRÜTTING ua/FELDHAHN Rn 4; SCHMIDT-FUTTERER/ STREYL Rn 51), es sei denn, der Vermieter wird an einer anschließenden Nutzung vollständig gehindert (OLG Brandenburg ZMR 1997, 584). Anderenfalls kommen Schadensersatzansprüche nach § 280 BGB in Betracht, da die Geltendmachung eines weiteren Schadens nach § 546a Abs 2 BGB nicht ausgeschlossen ist. Die Einschränkungen nach § 571 BGB greifen insoweit nicht ein, da die Rückgabe stattgefunden hat. Erhält der Vermieter die Wohnung zum vereinbarten Zeitpunkt zurück, so kann er keinen Mietausfall für die Zeit nachfolgender Renovierungsarbeiten geltend machen, wenn er es dem Mieter durch sein eigenes Verhalten unmöglich gemacht hat, diese Leistungen zu erbringen (LG Mannheim WuM 1975, 144).

Eine Vorenthaltung scheidet ferner aus, wenn der Mieter durch die **Ordnungsbe-** 21 **hörde** wieder in die Wohnung eingewiesen wird (dazu OVG Greifswald NZM 2011, 373; OVG Lüneburg NJW 2010, 1094; RUDER, Polizei- und ordnungsrechtliche Unterbringung von Obdachlosen [1999] 117 ff). Der Fall ist nicht anders zu beurteilen als bei der erstmaligen Einweisung eines Obdachlosen in eine bisher nicht von ihm gemietete Wohnung. Es handelt sich allein um ein öffentlich-rechtliches Verhältnis zwischen Ordnungsbehörde und Vermieter, das die Anwendbarkeit des § 546a zwischen Mieter und Vermieter ausschließt (LG Essen ZMR 1956, 8; ADLER NJW 1963, 717, 718; ERMAN/LÜTZEN-KIRCHEN Rn 7; HEGEL ZMR 1964, 7; LAMBACH ZMR 1964, 167, 168; SOERGEL/HEINTZMANN Rn 9; **aM** LG Mannheim NJW 1963, 717 m Anm ADLER; SCHMIDT-FUTTERER NJW 1962, 471, 474 f). Wird der Mieter nur in einen Teil seiner bisherigen Wohnung wieder eingewiesen, scheidet für die Differenz zwischen voller und entsprechend verringerter Miete auch ein Schadensersatzanspruch gegen den Mieter aus § 546a Abs 2 BGB aus (LG Mannheim WuM 1962, 120).

bb) Möglichkeit der Rückgabe

22 Die Mietsache wird dem Vermieter nur vorenthalten, wenn und solange ihre Rückgabe nicht **objektiv unmöglich** ist. Geht die Mietsache während der Dauer des Mietverhältnisses infolge eines Umstandes unter, den der Mieter nicht zu vertreten hat, so erlischt der Anspruch des Vermieters auf die Miete nach § 326 Abs 1 BGB. Ist die Mietsache im Zeitpunkt der Beendigung des Mietverhältnisses untergegangen oder geschieht dies später, so ist mit dem Zeitpunkt, in dem die Rückgabe objektiv unmöglich wird, eine Vorenthaltung ausgeschlossen. Der Anspruch auf Nutzungsentschädigung entsteht nicht oder endet in dem späteren Zeitpunkt (RG 22. 6. 1920 – III 29/20, RGZ 99, 230, 232; OLG Hamm ZMR 1977, 372; OLG Köln DWW 1994, 83; LG Hamburg MDR 1959, 214; LG Köln MDR 1959, 762; BeckOK MietR/Klotz-Hörlin [1. 8. 2020] Rn 27; Erman/Lützenkirchen Rn 4; MünchKomm/Bieber Rn 6; Schmidt-Futterer/Streyl Rn 42). Hat der Mieter den Untergang oder Verlust der Mietsache zu vertreten, so schuldet er insoweit nach den allgemeinen Grundsätzen Schadensersatz (RG 22. 6. 1920 – III 29/20, RGZ 99, 230, 232).

23 Streitig ist, ob die Mietsache dem Vermieter auch dann vorenthalten wird, wenn ihre Rückgabe dem Mieter **subjektiv unmöglich** ist. Dieses Problem stellt sich vor allem, wenn der Mieter aus der Wohnung auszieht, aber ein Mitmieter (KG NJW 2006, 2561; LG Kassel WuM 1977, 255; AG Plettenberg WuM 1983, 2 [LS]) oder Untermieter zurückbleibt. Der Mieter erfüllt durch eine solche Teilleistung nicht seine Rückgabepflicht. Auch die Abtretung seines Herausgabeanspruchs gegen den Untermieter an den Hauptvermieter ist hierfür unzureichend (s § 546 Rn 11).

24 Teilweise wurde durch die **instanzgerichtliche Rechtsprechung** in der Vergangenheit ein Anspruch aus § 546a ausgeschlossen, da die subjektive Unmöglichkeit der objektiven Unmöglichkeit gleichzustellen sei (LG Düsseldorf MDR 1954, 419; LG Düsseldorf ZMR 1958, 298; LG Hamburg MDR 1956, 613; LG Hamburg ZMR 1960, 44; LG Köln MDR 1959, 762).

25 Die hM in der **Literatur** (Blank/Börstinghaus/Blank/Börstinghaus Rn 15; Bub/Treier/Emmerich Rn V 97; Klein-Blenkers ua/Klein-Blenkers Rn 7; Schmidt-Futterer/Streyl Rn 42 ff) geht mit dem **BGH** (BGHZ 90, 145, 149 f = NJW 1984, 1527) davon aus, dass in den Fällen der subjektiven Unmöglichkeit der Rückgabe, weil der Untermieter die Mietsache im Besitz hat, eine Vorenthaltung anzunehmen ist. Der Mieter habe die Ursache für die Unmöglichkeit der Rückgabe gesetzt und müsse auch das daraus folgende Risiko tragen (BGHZ 90, 145, 149 f = NJW 1984, 1527). Dass der Vermieter den Herausgabeanspruch aus § 546 Abs 2 BGB gegenüber dem Untermieter geltend machen könne, stehe dem Anspruch aus § 546a BGB nicht entgegen und führe nicht zu einer Kürzung des Anspruchs gemäß § 254 BGB, da jene Vorschrift den Hauptvermieter nicht in seinen Rechten beschränke, sondern ihm einen zusätzlichen Herausgabeanspruch gebe. Der Vermieter müsse aber seinen Herausgabeanspruch aus § 546 Abs 2 BGB an den Mieter abtreten (Bub/Treier/Emmerich Rn V 99).

Nach anderer Auffassung (Herrlein/Kandelhard/Kandelhard Rn 16) soll § 546a BGB **26** deshalb anwendbar sein, weil sich der Mieter die widerrechtliche Handlung des Untermieters zurechnen lassen müsse. Dies folge daraus, dass die Zurechnung im Rahmen des § 546a BGB schadensrechtlichen Kriterien folge und sich folglich der Mieter die widerrechtlichen Handlungen des Untermieters zurechnen lassen müsse. Daraus ergebe sich aber auch, dass der Vermieter sich ein **Mitverschulden** anrechnen lassen muss, wenn er untätig bleibt und der Mieter zB wegen eines längeren Auslandaufenthalts seinen Räumungsanspruch gegen den Untermieter nicht durchsetzen kann (Herrlein/Kandelhard/Kandelhard Rn 18).

Entscheidend für die **Lösung des Problems** ist, welcher Inhalt dem Begriff des Un- **27** vermögens beigemessen wird. Der Mieter schuldet nur dann eine Nutzungsentschädigung, wenn und solange ihm die Rückgabe der Mietsache objektiv und subjektiv möglich ist (LG Hamburg ZMR 1960, 44). Allein durch den Verlust der tatsächlichen Gewalt über die Mietsache wird dem Mieter die Rückgabe aber nicht subjektiv unmöglich, wenn er sich die Sache von dem besitzenden Dritten wiederbeschaffen kann (BGH NJW 1993, 55; AG Schöneberg GE 2008, 413). Dies ist bei der Untermiete aufgrund des Rückgabeanspruchs nach § 546 Abs 1 BGB der Fall, sobald das Untermietverhältnis beendet ist. Auch für die Zwischenzeit kann deshalb eine Vorenthaltung durch den Hauptmieter angenommen werden. Hat der Mieter die gemietete Sache aber freiwillig weggegeben, ohne dass ein Rückgabeanspruch besteht, so muss er wegen seiner eigenen Rückgabeverpflichtung versuchen, sich die Sache wiederzubeschaffen. Ist dies zumutbar, so tritt ein Unvermögen des Mieters erst ein, wenn der Dritte sich ernsthaft und endgültig weigert, die Sache zur Verfügung zu stellen (LG Braunschweig NJW 1963, 1984; Roth JuS 1968, 101, 108). Das Gleiche gilt, wenn die Sache unauffindbar abhandenkommt (OLG Hamm ZMR 1977, 372) oder wenn der Vermieter nach dem Vertragsinhalt für die Rückholung der Mietsache von einem Dritten selbst Sorge zu tragen hat (OLG Köln DWW 1994, 83). Für den Anspruch auf Nutzungsentschädigung nach § 546a BGB kommt es deshalb nicht darauf an, ob der Mieter weiterhin die Sache besitzt oder ob er sie aufgrund eigener Veranlassung nicht zurückgeben kann. Entscheidend ist allein, ob dem Mieter die Rückgabe möglich ist, auch wenn er sich die Sache zunächst selbst wiederbeschaffen muss. Nur wenn er gegen diese Verpflichtung verstößt, kann von einer Vorenthaltung die Rede sein. Dies ist etwa bei der Untervermietung regelmäßig der Fall, nicht aber bei einer Wiedereinweisung des Untermieters durch die Ordnungsbehörde oder dann, wenn der Vermieter selbst durch den eigenmächtigen Einbau neuer Schlösser die Rückgabe durch den Mieter verhindert (vgl KG NZM 2006, 376, das allerdings mit § 242 BGB argumentiert).

cc) Rücknahmewille des Vermieters
Ein weiteres Merkmal für den Tatbestand der Vorenthaltung ist die **Willensrichtung** **28** **des Vermieters** (BGH NZM 2004, 354; BGH NZM 2010, 815; BGH 12. 7. 2017 – VIII ZR 214/16, NJW 2017, 2997; KG GE 2003, 46; OLG Brandenburg GE 2004, 1026; OLG Düsseldorf GE 2006, 327; BeckOGK/Zehelein [1. 7. 2020] Rn 42; BeckOK MietR/Klotz-Hörlin [1. 8. 2020] Rn 31; Spielbauer/Schneider/Kern Rn 15). Hierdurch erfährt das Erfordernis, dass die Rückgabe dem Mieter möglich sein muss (s Rn 22 ff), eine gewisse Einschränkung. Gibt der Mieter nach der Beendigung des Mietverhältnisses die gemietete Sache nicht zurück, so enthält er sie dem Vermieter nur vor, wenn dieser die Sache zurücknehmen will. Ausreichend ist der grundsätzliche Rücknahmewille des Vermieters (BGH NJW 1983,

112). Eine Vorenthaltung ist deshalb zu bejahen, wenn dem Mieter gerichtlich eine Räumungsfrist nach den §§ 721, 794a ZPO oder **Vollstreckungsschutz nach § 765a ZPO** eingeräumt worden ist (OLG Celle ZMR 1967, 270; LG Dortmund ZMR 1967, 79; LG Münster ZMR 1972, 279; BeckOK BGB/Wiederhold [1. 8. 2020] Rn 12; Blank/Börstinghaus/Blank/Börstinghaus Rn 18; Klein-Blenkers ua/Klein-Blenkers Rn 25; Schmid/Harz/Schmid/Sommer Rn 5; Schmidt-Futterer/Streyl Rn 48) oder der Vermieter sein **Vermieterpfandrecht** geltend macht (KG 6. 12. 2012 – 8 U 220/12, ZMR 2013, 428; KG 18. 7. 2016 – 8 U 234/14, ZMR 2016, 939; **aM** OLG Düsseldorf 25. 4. 2018 – 5 U 1161/17, NZM 2018, 564; Kinne ua/Schach Rn 3; Kossmann/Meyer-Abich § 96 Rn 9). Dabei kommt es nicht darauf an, ob der Vermieter hiergegen rechtlich vorgegangen ist. Auch wenn vertraglich eine Räumungsfrist vereinbart wird, sei es außerhalb oder im Rahmen eines gerichtlichen Räumungsvergleichs, wird die Mietsache vorenthalten, weil der grundsätzliche Rücknahmewille des Vermieters dadurch nicht beeinträchtigt wird, solange er nicht zu einer Verlängerung des Mietverhältnisses bereit ist (BGH NJW 1983, 112; LG Wuppertal WuM 1967, 10; Erman/Lützenkirchen Rn 4; Schmidt-Futterer/Streyl Rn 48). Unterlässt aber der Vermieter trotz eines erstrittenen Räumungstitels über längere Zeit jedwede Vollstreckungsmaßnahme, kann daraus auf einen fehlenden Rücknahmewillen zu schließen sein (OLG Düsseldorf GE 2006, 189). Unerheblich ist, etwa nach einer Abtretung des Anspruchs, an wen der Mieter die Sache herauszugeben hat (BGH NJW 1983, 112). Auch in diesem Fall bleibt der Rücknahmewille des Vermieters maßgebend. An dessen Stelle kann aber der Wille des Zessionars treten (BGH NJW 1983, 112).

29 Keine Vorenthaltung der Mietsache ist gegeben, wenn der Vermieter dem Mieter zu erkennen gibt, dass er das Mietverhältnis wegen **angeblicher Unwirksamkeit der Kündigung** nicht oder wegen Missachtung der Kündigungsfrist erst zu einem späteren Zeitpunkt als beendet ansehe (BGH NJW 1960, 909; BGH NZM 2004, 354; BGH NZM 2006, 12; BGH 12. 7. 2017 – VIII ZR 214/16, NJW 2017, 2997; OLG Brandenburg GE 2004, 1026; OLG Düsseldorf WuM 1991, 264; OLG Hamm NJW-RR 1997, 264; OLG Hamm NZM 2003, 517; OLG München WuM 2003, 279; LG Lüneburg ZMR 2010, 765). Für diesen Zeitraum kommt es deshalb nicht darauf an, ob der Mieter zur Rückgabe in der Lage ist (BGH NJW 1960, 909; BGH 12. 7. 2017 – VIII ZR 214/16, NJW 2017, 2997; BeckOK BGB/Wiederhold [1. 8. 2020] Rn 15; **aM** RG WarnR 1934 Nr 176). Eine Vorenthaltung liegt auch dann nicht vor, wenn der Vermieter die Mietsache deshalb nicht zurücknehmen will, weil er mit dem Mieter einen neuen Mietvertrag abschließen will (KG ZMR 1971, 321; Blank/Börstinghaus/Blank/Börstinghaus Rn 19), wenn das Mietverhältnis stillschweigend oder durch Fortsetzung des Gebrauchs nach § 545 BGB verlängert wird (LG Köln WuM 1973, 247), weil der Vermieter den Mieter noch zur Erledigung von Schönheitsreparaturen für verpflichtet hält (BGH NZM 2010, 815), der Mieter noch Rückbaumaßnahmen durchführen soll (OLG Celle NZM 2012, 275) oder wenn der Vermieter die Rücknahme einer Mietsache ablehnt, weil der Mieter deren Zustand verändert hat, und der Mieter daraufhin den Besitz an der Sache aufgibt (OLG Hamburg WuM 1977, 73). Ebenso wenig ist eine Vorenthaltung anzunehmen, wenn der Mieter nach der Beendigung des Mietverhältnisses nach Aufforderung des Vermieters noch Schönheitsreparaturen in den Mieträumen durchführt, weil dann kein Rückerlangungswille des Vermieters vorliegt (OLG Hamburg WuM 1990, 75; AG Lemgo NZM 1999, 961; Kinne ua/Schach Rn 3). Dies zeigt sich auch daran, dass der Vermieter dem Mieter nach der Rückgabe die Wohnungsschlüssel wieder aushändigt, damit die Schönheitsreparaturen vorgenommen werden können (Wiek WuM 1988, 384, 385; **aM** LG Wuppertal WuM 1988, 21). Das

Gleiche gilt, wenn der Vermieter im Annahmeverzug ist (OLG Düsseldorf NZM 2002, 742; OLG Köln WuM 1993, 46; LG Osnabrück WuM 1984, 2 [LS]; AG Hamburg WuM 1982, 73; Jauernig/Teichmann Rn 2; **aM** OLG Düsseldorf WuM 1997, 218).

Eine Vorenthaltung ist auch dann nicht gegeben, wenn der Vermieter nach Vertragsende als Antragsgegner mit einem Beweissicherungsverfahren zur Mängelfeststellung ausdrücklich einverstanden ist (AG Neuss WuM 1994, 382). Wenn der Mieter ein Grundstück oder eine Wohnung nur deshalb nicht vollständig räumen kann, weil der Vermieter unter Berufung auf seine Rechte aus den §§ 562, 562b BGB einen Teil der eingebrachten Sachen zurückbehält, fehlt es ebenfalls an einer Vorenthaltung (KG NZM 2005, 422; OLG Düsseldorf ZMR 2006, 927; OLG Hamburg WuM 1990, 77; OLG Rostock WuM 2007, 509; MünchKomm/Bieber Rn 6; Palandt/Weidenkaff Rn 9; Soergel/Heintzmann Rn 7). Dies wird zT damit begründet, dass der Mieter in diesen Fällen geräumt habe und sich nicht mehr im Besitz der Mietsache befinde. Da es jedoch auf einen fortbestehenden Besitz des Mieters nicht ankommt (s Rn 27), ist auf die Willensrichtung des Vermieters abzustellen. Wenn der Vermieter Räume, die ihm der bisherige Mieter vorenthalten hat, weitervermietet und wenn der neue Mieter mit dem bisherigen Mieter einen Untermietvertrag abschließt, scheidet eine weitere Vorenthaltung durch den bisherigen Mieter aus, da er als neuer Untermieter sein Besitzrecht vom Hauptmieter ableitet und die unterbliebene Rückgabe nicht mehr dem Willen des Hauptvermieters widerspricht (BGHZ 85, 267, 272 = NJW 1983, 446). **30**

Ist aufgrund der Regelungen eines **Leasingvertrags** unklar, was nach der Vertragsbeendigung mit dem Leasinggut geschehen soll, so liegt allein in der Nichtrückgabe noch keine Vorenthaltung, solange der Gegenstand nicht gegen den Willen des Leasinggebers beim Leasingnehmer verbleibt (BGH NZM 2004, 354; OLG Koblenz NJW-RR 1989, 1526). Das Gleiche ist anzunehmen, wenn in den Vertragsbedingungen vereinbart ist, der Mieter müsse die Sache an einen vom Vermieter bestimmten Ort oder eine von ihm benannte Person zurückgeben, eine solche Bestimmung indessen nicht getroffen wird (BGH NJW 1982, 1747; OLG Düsseldorf MDR 1990, 1115; OLG Hamm ZIP 1989, 45). **31**

dd) Dauer der Vorenthaltung
Die Vorenthaltung **beginnt** mit dem Zeitpunkt, in dem der Mietvertrag beendet ist (Schmidt-Futterer/Streyl Rn 72). Sie **endet**, sobald der Mieter seine Rückgabepflicht erfüllt, auch wenn dies vor Ablauf einer Räumungsfrist geschieht (LG Freiburg WuM 1980, 223; LG Mönchengladbach DWW 1992, 215; AG Friedberg WuM 1980, 223; **aM** LG Wiesbaden WuM 1968, 164 m **abl** Anm Schmidt). An Stelle der Nutzungsentschädigung ergibt sich dann die Frage eines Schadensersatzanspruchs wegen entgangenen Gewinns (s Rn 62 ff). Das Gleiche gilt, wenn der Mieter wenige Tage nach der Beendigung des Mietverhältnisses auszieht. Die Vorenthaltung dauert nur bis zum Auszug, längstens bis zu dem Zeitpunkt, in dem der Vermieter von dem Auszug erfährt (OLG München ZMR 1985, 298). **32**

Für den weiteren Verlauf der **bereits angebrochenen Abrechnungsperiode** steht dem Vermieter deshalb keine Nutzungsentschädigung nach Abs 1 zu (BGH NZM 2006, 52; OLG Köln ZMR 1993, 77; OLG München DWW 1987, 124 m Anm Kellerhals; **aM** OLG Düsseldorf GE 2002, 1428; OLG Hamburg ZMR 1984, 342; LG Düsseldorf WuM 1992, 191; LG Hannover WuM 1989, 77; LG Mannheim WuM 1976, 49; LG Potsdam GE 2004, 239; Bub/Treier/ **33**

EMMERICH Rn V 108), sondern ggf ein Schadensersatzanspruch aus Schuldnerverzug nach Abs 2 iVm § 280 Abs 1, § 286 BGB wegen entgangenen Gewinns (BGH NZM 2006, 52; AG Duisburg-Hamborn ZMR 2000, 101; AG Lüdenscheid WuM 1989, 295). Liegen die Voraussetzungen des Schuldnerverzugs nicht vor, kommt ein Anspruch aus § 280 Abs 1 iVm § 241 Abs 2 BGB in Betracht, wenn der Mieter den Vermieter nicht rechtzeitig über den vorgesehenen Auszugstermin informiert und somit eine Nebenpflicht aus dem Vertrag verletzt hat (s Rn 60; LG Freiburg WuM 1980, 223; LG Mönchengladbach DWW 1992, 215). Auch ein vertraglicher Anspruch ist in Betracht zu ziehen, wenn der Vermieter dem Mieter auf dessen Bitten hin eine Räumungsfrist gewährt, die dann aber nicht ausgeschöpft wird (AG Schöneberg GE 2009, 120). Hat der Mieter die Wohnungsschlüssel dem mit der Suche nach einem Nachmieter beauftragten Makler übergeben, endet die Entschädigungspflicht aus § 546a BGB, sobald der Vermieter Kenntnis davon erlangt und so in den Stand gesetzt wird, sich ohne Weiteres Zugang zur Wohnung zu verschaffen (OLG Hamm NZM 2003, 26).

2. Rechtsfolgen

a) Allgemeines

34 Für die Dauer der Vorenthaltung der Mietsache (s Rn 32 f) nach Beendigung des Mietverhältnisses entsteht zwischen den früheren Vertragsparteien ein **gesetzliches Schuldverhältnis** (LG Wiesbaden WuM 1968, 164; BeckOGK/ZEHELEIN [1. 7. 2020] Rn 76; SCHMID/HARZ/SCHMID/SOMMER Rn 6; **aM** BUSCH MDR 1960, 359, 360). Aus diesem Schuldverhältnis, das der Abwicklung nach dem Ende des Mietverhältnisses dient (BGHZ 68, 307, 310 = NJW 1977, 1335), ergibt sich in erster Linie der Anspruch des Vermieters auf Nutzungsentschädigung (s Rn 40 ff). Hierbei handelt es sich nach zT vertretener Ansicht um einen reinen Schadensersatzanspruch (BGH NJW 1961, 916; OLG Frankfurt DB 1987, 2195; OLG Frankfurt ZMR 1987, 177; OLG Karlsruhe ZMR 1987, 261; LG Bonn ZMR 1968, 114) oder um einen schadensersatzähnlichen Anspruch (LG Göttingen MDR 1959, 928), während andere einen vertraglichen Abwicklungsanspruch (LG Stuttgart ZMR 1987, 153) oder einen vertraglichen Anspruch eigener Art annehmen (BGHZ 68, 307, 310 = NJW 1977, 1335; BGHZ 90, 145, 151 = NJW 1984, 1527; BGHZ 104, 285, 290 = NJW 1988, 2665; BGH NZM 2003, 231; LG Berlin ZMR 1992, 541; BUB/TREIER/EMMERICH Rn V 130; ERMAN/LÜTZENKIRCHEN Rn 2; MünchKomm/BIEBER Rn 7; SCHMIDT-FUTTERER/STREYL Rn 19; SOERGEL/HEINTZMANN § 557 Rn 11). Die Streitfrage ist im Wesentlichen theoretischer Natur, da der Anspruch in jedem Fall auf Entschädigung des Vermieters gerichtet ist (Mot III 415; RG SeuffA 69, Nr 30; KG HRR 1932, Nr 107). Es handelt sich um eine Entgeltforderung iS der Vorschriften über den Verzug (§ 286 Abs 3 BGB) und die Verzinsung (§ 288 Abs 2 BGB; OLG Köln ZMR 2006, 772).

35 Die **Höhe dieses Anspruchs** ist nicht davon abhängig, ob und inwieweit der Vermieter aus der Vorenthaltung der Mietsache einen Schaden erlitten hat, ob er den Willen hat, die Sache in Zukunft zu nutzen (OLG München ZMR 1993, 466) oder ob der Mieter die vorenthaltene Mietsache noch tatsächlich genutzt hat (RG WarnR 1934, Nr 176; BGH NJW 1961, 916; KG HRR 1934, Nr 855). Eine Unterwerfungserklärung iS des § 794 Abs 1 Nr 5 ZPO wegen des Anspruchs auf Miete kann deshalb auch den Anspruch auf Nutzungsentschädigung erfassen, wenn es sich um eine bestimmte Geldsumme handelt und der Schadensersatzcharakter abgelehnt wird (**aM** OLG Frankfurt ZMR 1987, 177). Der Vermieter kann als Mindestschaden immer die vereinbarte Miete oder die ortsübliche Vergleichsmiete verlangen.

Soweit der Nutzungsentschädigung nicht die Rechtsnatur eines Schadensersatzanspruchs beigemessen wird, ist folgerichtig eine Kürzung der Entschädigung nach **§ 254 BGB** wegen eines **mitwirkenden Verschuldens** des Vermieters an der Vorenthaltung abzulehnen (BGHZ 90, 145, 150 = NJW 1984, 1527; BGHZ 104, 285, 290 = NJW 1988, 2665; BeckOGK/Zehelein [1. 7. 2020] Rn 68; MünchKomm/Bieber Rn 7; Prütting ua/Feldhahn Rn 10; Schmid/Harz/Schmid/Sommer Rn 6; **aM** LG Köln NJW-RR 1988, 1248; Herrlein/Kandelhard/Kandelhard Rn 18). Gleichwohl stellt sich va bei **beweglichen Sachen** die Frage, ob der Ersatzanspruch aus § 546a nicht entsprechend § 254 BGB zu begrenzen ist, wenn der Mieter die Sache nicht verspätet, sondern gar nicht zurückgibt. Es erscheint vielfach unangemessen, dem Vermieter einer uU geringwertigen Sache (Videokassette, DVD) auf Dauer die Nutzungsentschädigung zu gewähren, obwohl er zu einer Ersatzbeschaffung in der Lage und die dadurch für den Mieter entstehenden Kosten deutlich geringer wären (LG Bielefeld NZM 2004, 199). Da die in § 254 BGB normierten Regeln über das Mitverschulden eine Ausprägung des Grundsatzes von Treu und Glauben darstellen, finden die zu dieser Vorschrift entwickelten Regeln im Rahmen des § 242 BGB entsprechende Anwendung, wenn kein Schadensersatz, sondern eine Entschädigung in Rede steht (vgl BGHZ 110, 313, 317 = NJW 1990, 2058; BGH NJW 1997, 2234). **36**

Aus dem gesetzlichen Schuldverhältnis ergeben sich für die Parteien **weitere Rechte und Pflichten**, die insbesondere dann relevant werden, wenn der Mieter die Sache weiterhin nutzt (s Rn 6 ff). **37**

Die Ansprüche aus § 546a BGB stehen bei einem **Wechsel der Parteien** nach § 566 Abs 1 BGB dem Grundstückserwerber vom Zeitpunkt seiner Eintragung im Grundbuch an zu (OLG Düsseldorf ZMR 2007, 33), auch wenn der Mietvertrag vor dem Eigentumswechsel aufgrund einer noch vom Veräußerer erklärten Kündigung beendet worden ist (BGHZ 72, 147, 149 f = NJW 1978, 2148 m **abl** Anm Haase JR 1979, 111). Wenn der Vermieter den vertraglichen Herausgabeanspruch aus § 546 Abs 1 BGB abtritt, wird nicht notwendigerweise zugleich der Anspruch auf Nutzungsentschädigung mit abgetreten. Dies hängt vielmehr von den Vereinbarungen zwischen Zedent und Zessionar ab. Die Trennung von Herausgabe- und Entschädigungsanspruch ist rechtlich unbedenklich, da bei entsprechenden internen Vereinbarungen die Vorenthaltung der Mietsache und der Eintritt eines Nutzungsausfalls nicht in derselben Person zusammentreffen müssen (offen gelassen von BGH NJW 1983, 112). Ein Parteiwechsel kann auch auf der Mieterseite stattfinden. So haftet der Erwerber eines Handelsgeschäfts, der das Unternehmen unter der bisherigen Firma trotz wirksamer Kündigung seitens des Vermieters in den ehemaligen Miträumen fortführt, nach § 25 HGB für die Verpflichtung des Veräußerers des Handelsgeschäfts, des bisherigen Mieters, zur Zahlung von Nutzungsentschädigung (BGH NJW 1982, 577). Demgegenüber soll der Eintritt eines Gesellschafters in den Betrieb eines Einzelkaufmanns und die Fortführung des Geschäfts durch die neu gegründete Gesellschaft nicht dazu führen, dass die Gesellschaft kraft Gesetzes Vertragspartei eines zuvor von dem Einzelkaufmann abgeschlossenen Mietvertrags über die weitergenutzten Geschäftsräume wird, sodass der in die Gesellschaft neu Eingetretene nicht nach § 28 HGB die Nutzungsentschädigung nach § 546a BGB zu entrichten hat (BGH NJW 2001, 2251; dazu K Schmidt, in: Gedschr Sonnenschein [2002] 497 ff). **38**

Bei einer **Insolvenz des Mieters** ist zu differenzieren: Der Anspruch des Vermieters auf Nutzungsentschädigung ist einfache Insolvenzforderung (§ 38 InsO), wenn das **39**

Mietverhältnis, aus dem er folgt, die Eröffnung des Insolvenzverfahrens nicht überdauert hat. Denn hier muss der Vermieter die ihm obliegende Gebrauchsüberlassung nach Maßgabe des § 109 Abs 2 InsO nach Insolvenzeröffnung zur Masse nicht fortgewähren (BGH NJW 1984, 516; BGHZ 130, 38, 48 f = NJW 1995, 2783; BGH 29. 1. 2015 – IX ZR 279/13, BGHZ 204, 83, 113 = NJW 2015, 1109; OLG Koblenz WuM 2013, 611). Dasselbe gilt, wenn der Insolvenzverwalter den Besitz der Mietsache nicht ergreift, und zwar selbst dann, wenn beim Vermieter der (nicht zurechenbare) Rechtsschein der Besitzergreifung erzeugt worden ist (BGHZ 148, 252, 260 f = NJW 2001, 2966; BGH NJW 2007, 1591; BGH NJW 2007, 1594; OLG Düsseldorf ZMR 2012, 13; OLG Hamm ZIP 2014, 186). Nur wenn der Verwalter die Mietsache nach Verfahrenseröffnung weiter nutzt und den Vermieter dabei gezielt vom Besitz ausschließt (zu den entsprechenden Voraussetzungen näher § 546 Rn 55), wird der Nutzungsentschädigungsanspruch Masseforderung (§ 55 Abs 1 Nr 2 InsO). Der Entschädigungsanspruch beruht zwar nicht auf dem Mietvertrag, setzt er doch gerade die Beendigung des Mietverhältnisses voraus. Er tritt jedoch als vertragsähnlicher Anspruch an die Stelle des ursprünglichen Mietanspruchs und ist deshalb insolvenzrechtlich genauso einzuordnen (BGHZ 90, 145, 150 f = NJW 1984, 1527 m Anm Eckert ZIP 1984, 615; BGH 29. 1. 2015 – IX ZR 279/13, BGHZ 204, 83, 112 = NJW 2015, 1109; BGH 27. 1. 2016 – VIII ZR 17/16, NJW 2017, 1022).

b) Vereinbarte Miete

40 aa) Der Vermieter kann nach § 546a Abs 1 BGB als **Mindestentschädigung** die vereinbarte Miete verlangen. Dies ist grundsätzlich der Betrag, der vertraglich zur Zeit der Beendigung des Mietvertrags zu entrichten war (Bub/Treier/Emmerich Rn V 130; Schmidt-Futterer/Streyl Rn 54). Der Betrag braucht nicht mit der bei Vertragsabschluss vereinbarten Miete übereinzustimmen, sondern kann etwa bei Maßgeblichkeit der Kostenmiete im sozialen Wohnungsbau höher liegen. Hat der Vermieter eine Mieterhöhung nach §§ 558 ff BGB verlangt und macht der Mieter daraufhin von seinem Sonderkündigungsrecht aus § 561 BGB Gebrauch, tritt die Mieterhöhung nicht ein, sodass die Nutzungsentschädigung nur in Höhe der bisher maßgeblichen Miete entsteht (AG Nidda WuM 1981, 105 [LS]). Ist auf eine Werkdienstwohnung nach § 576b BGB Wohnraummietrecht anzuwenden, so richtet sich die Nutzungsentschädigung nach Beendigung des Dienstverhältnisses nach dem Teil der früheren Tätigkeitsvergütung, der für die Überlassung der Wohnung angerechnet wurde. Der Vermieter kann die Entschädigung nur dann nach den §§ 315, 316 BGB bestimmen, wenn dieser Anteil nicht festgelegt war oder sich nicht mehr bestimmen lässt (LG Hamburg WuM 1991, 550). Anhaltspunkt für eine solche Bestimmung ist die ortsübliche Vergleichsmiete.

41 Bei einem **Leasingvertrag** stellen die vertraglich vorgesehenen Leasingraten die vereinbarte Miete dar (OLG Frankfurt DB 1987, 2195). Das Verlangen des Leasinggebers, die Leasingraten in der vereinbarten Höhe fortzuzahlen, kann aber im Einzelfall gegen Treu und Glauben verstoßen (BGH NJW-RR 1993, 121 m Anm Tiedtke JZ 1993, 742). Dies gilt insbesondere für den Fall, dass der Zeitwert des Leasingobjekts alters- oder gebrauchsbedingt so weit abgesunken ist, dass eine Nutzungsentschädigung in Höhe der vereinbarten monatlichen Leasingrate zu dem verbliebenen Verkehrs- oder Gebrauchswert der Leasingsache völlig außer Verhältnis steht (BGH NJW-RR 2005, 1081). Wenn die Miete bei einem befristeten Mietverhältnis nach einer Zeiteinheit für die gesamte Vertragsdauer bemessen ist, muss die Entschädigung danach berechnet werden, wie viele entsprechende Zeiteinheiten die Dauer der Vorenthaltung erreicht (LG Köln NJW-RR 1988, 1248; vgl Salje DB 1983, 2453, 2454). Hat der Mieter vertraglich die vom Vermieter geschuldete Umsatzsteuer als Teil der Miete übernommen, so gehört auch dieser Betrag zu der vereinbarten Miete (BGHZ 104, 285, 291 = NJW 1988, 2665; BGH NJW-RR 1996, 460). Soweit die Mietvereinbarung nach § 5 WiStG, §§ 134, 138 BGB nichtig ist, kann sie für die Nutzungsentschädigung nicht berücksichtigt werden (AG Nürtingen WuM 1982, 81).

bb) Die vereinbarte Miete kann durch **Mängel gemindert** sein, **die während der Mietzeit** aufgetreten sind und bei Beendigung des Mietverhältnisses noch vorliegen. Unter den Voraussetzungen des § 536 Abs 1 und 2 BGB mindert sich die Miete kraft Gesetzes (Staudinger/V Emmerich § 536 Rn 91), sodass der damit maßgebende geringere Betrag die im Zeitpunkt der Beendigung des Mietverhältnisses vereinbarte Miete ist (BGH NJW 1961, 916; BGH NJW-RR 1990, 884; OLG Düsseldorf WuM 1991, 264; LG Berlin ZMR 1992, 541; Erman/Lützenkirchen Rn 8; Prütting ua/Feldhahn Rn 9; Palandt/Weidenkaff Rn 11; Schmidt-Futterer/Gather Rn 31). Dies gilt auch, wenn die Parteien den Umfang der Minderung vor Beendigung des Mietverhältnisses vertraglich vereinbart haben (BGH WuM 1990, 246). Eine im Zeitpunkt der Vertragsbeendigung geminderte Miete bleibt aber dann nicht maßgebend, wenn die Mängel während der Vorenthaltung der Mietsache beseitigt werden. Dann kommt es wieder auf die ursprünglich vereinbarte Höhe der Miete an. Haben die Parteien ein Minderungs- oder Aufrechnungsverbot vereinbart, so gilt dies auch für die Nutzungsentschädigung (BGH NJW-RR 2000, 530; KG HRR 1932, Nr 107; OLG Düsseldorf WuM 1995, 392; OLG Karlsruhe ZMR 1987, 261; Palandt/Weidenkaff Rn 4). Die Möglichkeit, einen Teil der Miete zur Durchsetzung des Anspruchs auf Mangelbeseitigung zurückzuhalten, ist ausgeschlossen (LG Berlin WuM 1998, 28). Hat sich die Mietsache erst **nach Beendigung des Mietverhältnisses erstmalig oder weiter verschlechtert** oder ist ein bereits zuvor bereits vorhandener Mangel dem Vermieter erstmals nach der Beendigung angezeigt worden (LG Krefeld 20. 12. 2017 – 2 S 65/16, NZM 2018, 787), kommt eine Minderung der Miete nicht in Betracht. Den Vermieter trifft nach dem Ende des Mietverhältnisses keine Pflicht zur Überlassung des Gebrauchs mehr, sodass ihm auch nicht zum Nachteil gereichen kann, wenn er einen erst zu diesem Zeitpunkt auftretenden oder sich verstärkenden Mangel der Mietsache nicht behebt (BGH 27. 5. 2015 – XII ZR 66/13, NJW 2015, 2795; OLG Düsseldorf DWW 1992, 52; OLG Düsseldorf ZMR 2006, 927; Prütting ua/Feldhahn Rn 9; Schmidt-Futterer/Streyl Rn 69; Schmid/Harz/ Schmid/Sommer Rn 8a; aM Herrlein/Kandelhard/Kandelhard Rn 21; MünchKomm/Bieber Rn 10). Anders können die Dinge liegen, wenn den Vermieter nach Treu und Glauben (§ 242 BGB) im Rahmen des Abwicklungsverhältnisses ausnahmsweise eine nachvertragliche Pflicht zur Beseitigung von Mängeln der vorenthaltenen Mietsache trifft (BGH 27. 5. 2015 – XII ZR 66/13, NJW 2015, 2795).

cc) Die Nutzungsentschädigung umfasst die **Betriebskosten** für Leistungen, die der Mieter weiterhin in Anspruch nimmt. Hat er sich an diesen Kosten nach dem ursprünglichen Mietvertrag zu beteiligen, so gehören sie zur vereinbarten Miete (MünchKomm/Bieber Rn 10; Schmid/Harz/Schmid/Sommer Rn 8). Dabei kommt es nicht darauf an, ob die Kosten pauschal oder nach dem tatsächlichen Verbrauch abgerechnet werden. Für ein Umlageverfahren sind die ursprünglichen Vereinbarungen maßgebend (LG Mannheim WuM 1962, 120; K Müller MDR 1971, 253, 255; Schmidt-Futterer/Streyl Rn 57).

44 dd) Die **Fälligkeit** der Nutzungsentschädigung bestimmt sich grundsätzlich nach der Regelung, die der Mietvertrag für die Fälligkeit der Miete vorsah (Palandt/Weidenkaff Rn 10; Spielbauer/Schneider/Kern Rn 33). Hierfür sind die Ähnlichkeit beider Ansprüche und das Bestreben maßgebend, weder den Vermieter noch den Mieter zu benachteiligen (BGH NJW 1974, 556; BGH NJW 2007, 1594; Frey/Schäfer DWW 1981, 89, 90; Schmidt-Futterer/Streyl Rn 70; **aM** LG Bonn ZMR 1968, 114). Fehlt eine ausdrückliche Fälligkeitsvereinbarung, gelten § 556b Abs 1, § 579 (Bub/Treier/Emmerich Rn V 134; Schmidt-Futterer/Streyl Rn 70).

45 ee) Eine **Erhöhung** der Nutzungsentschädigung aufgrund gesetzlicher Vorschriften über die im Zeitpunkt der Beendigung des Mietverhältnisses vereinbarte Miete hinaus kann der Vermieter verlangen, wenn die Möglichkeit einer Mieterhöhung im Mietvertrag zulässigerweise als Staffel- (§ 557a BGB) oder als Indexmiete (§ 557b BGB) vereinbart wurde (BGH ZMR 1973, 238; OLG Celle NJW 1964, 1027; BeckOK BGB/Wiederhold [1. 8. 2020] Rn 23; Blank/Börstinghaus/Blank/Börstinghaus Rn 27; Bub/Treier/Emmerich Rn V 135; Herrlein/Kandelhard/Kandelhard Rn 22). Der Mieter, der die Mietsache dem Vermieter vorenthält, darf nicht besser stehen als ein rechtmäßig besitzender Mieter (Bub/Treier/Emmerich Rn V 135). Im Rahmen der gesetzlichen Möglichkeiten der §§ 8, 10 WoBindG kann der Vermieter auch bei preisgebundenem Wohnraum die Nutzungsentschädigung erhöhen.

46 ff) Eine **Verminderung** der Nutzungsentschädigung gegenüber der vereinbarten Miete ist geboten, wenn dem Mieter nach Beendigung des Mietverhältnisses Nebenräume, Gemeinschaftseinrichtungen und ähnliche Leistungen des Vermieters nicht mehr zur Verfügung stehen, auf die ein entsprechender Teil der Miete entfiel (K Müller MDR 1971, 253, 254 Fn 12). Das Gleiche gilt, wenn die teilweise Rückgabe der Mietsache entgegen § 266 BGB ausnahmsweise als zulässige Teilleistung anzuerkennen ist (LG Mannheim ZMR 1965, 211). Ist die Mietsache mangelhaft, kommt ebenfalls eine Minderung in Betracht (s Rn 42).

47 gg) Der Anspruch auf Nutzungsentschädigung ist eine Entschädigungsforderung iS des § 562 Abs 2 BGB, für die der Vermieter ein **Pfandrecht** an den eingebrachten Sachen des Mieters geltend machen kann, wenn sie nicht nur dem Grunde nach besteht, sondern wenn der auszugleichende Schaden bereits entstanden ist (RG 17. 4. 1903 – III 474/02, RGZ 54, 301, 303; RG 9. 11. 1933 – IV 269/33, RGZ 142, 201, 205; BGH NJW 1972, 721; Herrlein/Kandelhard/Herrlein § 562 Rn 8).

48 hh) Die **Verjährung** des Anspruchs auf Nutzungsentschädigung richtet sich nach § 195 BGB, beträgt also drei Jahre (BGHZ 179, 361, 365 = NJW 2009, 1488; Börstinghaus ZGS 2002, 102, 104).

c) Ortsübliche Vergleichsmiete

49 Anstelle der vereinbarten Miete kann der Vermieter nach § 546a Abs 1 BGB als Nutzungsentschädigung grundsätzlich die ortsübliche Vergleichsmiete verlangen (vgl auch Rn 4). Damit soll dem Mieter der Anreiz genommen werden, dem Vermieter das Objekt nur deshalb vorzuenthalten, weil vergleichbarer Ersatzraum nur gegen ein höheres Entgelt zu beschaffen ist (OLG Celle 10. 3. 2016 – 2 U 128/15, ZMR 2016, 535). Umgekehrt soll der Vermieter von einer ihm günstigen Preisentwicklung am Markt profitieren können (BGH 27. 1. 2016 – VIII ZR 17/16, NJW 2017, 1022).

Aus der Formulierung „an Stelle" nahm die **früher hM** an, dass der Vermieter als 50
Gläubiger eine **Ersetzungsbefugnis** habe, die es ihm erlaube, die für ihn günstigere
Entschädigung zu wählen (so noch heute Schmid/Harz/Schmid/Sommer Rn 10). Das sich
hieraus ergebende Gestaltungsrecht müsse der Vermieter durch eine einseitige,
empfangsbedürftige Willenserklärung ausüben. Aus der Gestaltungswirkung der
Erklärung folge, dass diese Entschädigung nicht rückwirkend für die Vergangenheit
verlangt werden könne (LG Berlin WuM 1993, 351; LG Düsseldorf MDR 1970, 144; LG
Freiburg WuM 1993, 671).

Der **BGH** ist dieser Meinung nicht gefolgt, da sie auf einem falschen Verständnis des 51
§ 546a BGB beruhe. Der Vermieter habe vielmehr nach Beendigung des Mietverhältnisses von vornherein einen Anspruch auf Zahlung einer Nutzungsentschädigung mindestens in Höhe der vereinbarten Miete *oder,* wenn die ortsübliche Miete höher ist, einen Anspruch auf diese. Aus der Entstehungsgeschichte des § 557 BGB aF ergebe sich, dass der Anspruch auf Zahlung der ortsüblichen Miete in keiner Weise von einer Gestaltungserklärung abhängig sein sollte. Auch werde bei Ansprüchen des Vermieters aus Bereicherungsrecht, die dem Anspruch aus § 546a ähnlich sind, keine Gestaltungserklärung verlangt (BGH NJW 1999, 2808).

Zusätzlich spricht für diese Auffassung der Zweck des § 546a Abs 1 BGB. Er soll 52
dem Vermieter die Durchsetzung seiner Rechte gegen den Mieter, der ihm widerrechtlich die Sache vorenthält, erleichtern (Emmerich NZM 1999, 929, 931). Dennoch bleiben Teile der Literatur distanziert (Erman/Lützenkirchen Rn 12; Schmidt-Futterer/Streyl Rn 59). In welcher Form der Vermieter das ihm zustehende Wahlrecht zwischen vereinbarter und ortsüblicher Miete ausüben muss, wurde vom Gesetzgeber nicht bestimmt (vgl Herrlein/Kandelhard/Kandelhard Rn 24 ff).

Der **Umfang** der Nutzungsentschädigung für Wohnraum nach der ortsüblichen Vergleichsmiete richtet sich nicht nach einer aus allen Mieten innerhalb der betreffenden Gemeinde gebildeten Durchschnittsmiete. Entscheidend ist in **Anlehnung an 53
§ 558 Abs 2 BGB** der konkrete Vergleich mit der Miete, die in der Gemeinde für Räume vergleichbarer Art, Größe, Ausstattung, Beschaffenheit und Lage üblicherweise gezahlt wird (Bub/Treier/Emmerich Rn V 143; Klein-Blenkers ua/Klein-Blenkers Rn 16; Schmidt-Futterer/Streyl Rn 60). Dies bedeutet nicht, dass ohne Weiteres der Vergleichsmietenbegriff des § 558 Abs 2 BGB mit seinen mannigfachen Beschränkungen zugrunde zu legen wäre, die in § 546a Abs 1 BGB nicht vorgesehen sind (BGH 27. 1. 2016 – VIII ZR 17/16, NJW 2017, 1022), sondern nur, dass diese Gegebenheiten die Mietpreisbildung im Marktgeschehen prägen und daher zu berücksichtigen sind. Nach dem Zweck dieser Bestimmung soll sich der Vermieter nach Beendigung des Mietverhältnisses nicht mit einer unangemessenen, niedrigen Nutzungsentschädigung begnügen müssen, wenn das Mietpreisniveau gegenüber der vereinbarten Miete angestiegen ist (s Rn 4). Die ortsübliche Vergleichsmiete iS des § 546a BGB ist daher nicht im Bereich der Bestandsmieten, sondern eher unter den **Wiedervermietungsmieten** („Marktmieten") zu suchen, zumal die Beschränkungen der §§ 556d, 558 BGB bei anderen Mietsachen als Wohnräumen ohnehin nicht maßgebend sind (BGH 18. 1. 2017 – VIII ZR 17/16, NJW 2017, 1022; OLG Celle 10. 3. 2016 – 2 U 128/15, ZMR 2016, 535; Fleindl NZM 2018, 57, 62; Herrlein/Kandelhard/Kandelhard Rn 23; **aM** Bub/Treier/ Emmerich Rn V 143; Erman/Lützenkirchen Rn 12; MünchKomm/Bieber Rn 13; Schmidt-Futterer/Streyl Rn 60, die nur § 558 heranziehen und damit die Bestandsmieten zugrunde legen). Da

es sich um eine gesetzlich bestimmte Mindestentschädigung handelt, kommt es aber nicht darauf an, ob es dem Vermieter gelungen wäre, die Mietsache zu der geltend gemachten höheren ortsüblichen Vergleichsmiete weiterzuvermieten. Auch bei beweglichen Sachen ist die ortsübliche Miete im Bereich der Wiedervermietungsmieten zu suchen.

54 Mit diesen Vorbehalten kann für die Ermittlung der **ortsüblichen Vergleichsmiete** im Rahmen des § 546a BGB auf das Instrumentarium des § 558 BGB zurückgegriffen werden. Soll die Höhe der ortsüblichen Miete anhand von Vergleichsobjekten ermittelt werden, ist aus dem Merkmal der Üblichkeit zu folgern, dass eine Mehrzahl von Räumen zur Verfügung stehen muss (Weimar MDR 1970, 18, 19). In aller Regel wird es entsprechend § 558a Abs 2 Nr 4 BGB genügen, wenn drei Vergleichsobjekte vorhanden sind. Sie müssen in demselben Ort liegen (OLG Celle 10. 3. 2016 – 2 U 128/15, ZMR 2016, 535; Staudinger/V Emmerich [2021] § 558a Rn 50). Soweit für den jeweiligen Ort **Mietspiegel** iS der §§ 558c und § 558d BGB aufgestellt worden sind, kann hierauf zurückgegriffen werden. Hierbei ist aber zu beachten, dass in diese Mietspiegel auf der Grundlage des beschränkten Vergleichsmietenbegriffs des § 558 BGB auch Bestandsmieten eingegangen sind, die in den letzten vier Jahren vereinbart worden sind, was dem Zweck des § 546a Abs 1 BGB nicht voll gerecht wird (s Rn 4). Ebenso ist die Ermittlung der ortsüblichen Vergleichsmiete aufgrund von Sachverständigengutachten möglich (Pergande NJW 1968, 129, 132), bei denen neben den Vergleichsobjekten noch am ehesten gewährleistet ist, dass das aktuelle Mietpreisniveau festgestellt wird. Handelt es sich bei der Mietsache um **Wohnräume** und liegen diese in einer Gemeinde, in der die **„Mietpreisbremse"** für Neuvermietungen gilt (§ 556d BGB), bildet die die ortsübliche Vergleichsmiete um 10% übersteigende Miete zugleich die Grenze des Entschädigungsanspruchs aus § 546a Abs 1 BGB (LG Berlin 17. 1. 2018 – 18 S 381/16, GE 2018, 459; Artz NZM 2017, 281; Fleindl NZM 2017, 282, 2841). Sind die Räume mit Mängeln behaftet, richtet sich die Höhe der Nutzungsentschädigung nach der ortsüblichen Vergleichsmiete für mängelbehaftete Objekte, auch wenn es sich um behebbare Mängel handelt (LG Hamburg WuM 1987, 390). Werden die Mängel während der Vorenthaltung der Mietsache behoben, wird die höhere ortsübliche Vergleichsmiete für mängelfreie Objekte von selbst maßgebend. Ist ein Gebäude zum Abriss in nächster Zeit bestimmt, wirkt sich dies mindernd auf die ortsübliche Vergleichsmiete aus (LG Köln WuM 1987, 123). Ist der Vermieter hinsichtlich der Vermietungseinnahmen umsatzsteuerpflichtig, kann er die Umsatzsteuer nicht der ortsüblichen Vergleichsmiete hinzurechnen, da diese nach dem Gesetz die Obergrenze bildet. Er kann die Umsatzsteuer aber als weitergehenden Schadensersatz nach § 546a Abs 2 BGB geltend machen (OLG Hamm ZMR 1980, 375; s aber auch Rn 63).

54a Sonderprobleme treten auf, wenn eine Wohnung, für die der Vermieter eine Nutzungsentschädigung in Höhe der ortsüblichen Vergleichsmiete begehrt, der **Preisbindung** unterliegt. Neben den verfahrensrechtlichen Problemen der Geltendmachung (s Rn 45) ist zu beachten, dass für Wohnungen, die objektgebunden dem WoBindG unterliegen, die preisrechtlich zulässige Kostenmiete auf jeden Fall eine Obergrenze bildet (OLG Celle ZMR 1963, 312; LG Mannheim WuM 1970, 203; BeckOGK/Zehelein [1. 7. 2020] Rn 60; Blank/Börstinghaus/Blank/Börstinghaus Rn 35; Fleindl NZM 2018, 57, 63; Palandt/Weidenkaff Rn 11). Da es sich nicht um eine Mieterhöhung, sondern um eine Mindestentschädigung auf der Grundlage der ortsüblichen Vergleichsmiete handelt, kann der Vermieter unabhängig von den Voraussetzungen des WoBindG die höhere ortsübliche Vergleichsmiete verlangen, wenn diese noch unter der Kostenmiete liegt und auch die nach dem Vertrag maßgebende Miete niedriger als die ortsübliche Vergleichsmiete ist. Liegt diese jedoch höher als die Kostenmiete, kann deren Grenze nicht überschritten werden.

Noch nicht abschließend geklärt ist die Bedeutung der „Marktmiete" für die **Schonfristzahlung**. Nach § 569 Abs 3 Nr 2 BGB wird eine außerordentliche Kündigung unwirksam, wenn der Vermieter spätestens bis zum Ablauf von zwei Monaten nach Eintritt der Rechtshängigkeit des Räumungsanspruchs hinsichtlich der fälligen Miete und der fälligen Entschädigung nach § 546a Abs 1 BGB befriedigt wird oder sich eine öffentliche Stelle zur Befriedigung verpflichtet. Bei wortlautgetreuer Auslegung bedeutete dies, dass der Mieter die Kündigung nur abwehren kann, wenn er für den Zwischenzeitraum die (höhere) Marktmiete und nicht nur die vereinbarte Miete entrichtete (LÜTZENKIRCHEN/LÜTZENKIRCHEN Rn 118). Die wohl hM nimmt aber aus teleologischen Gründen an, dass der Mieter lediglich die bisherige Miethöhe schulde und daher die außerordentliche Kündigung bereits durch deren Tilgung unwirksam werden lassen könne (BeckOGK/GEIB [1. 7. 2020] § 569 Rn 61; HÄUBLEIN ZMR 2018, 8, 9 f). 55

3. Prozessuales

Die Nutzungsentschädigung kann in einer Summe (**„Saldoklage"**) und im Wege der objektiven Klagehäufung (§ 260 ZPO) neben der Rückgaber bzw Räumung gerichtlich geltend gemacht werden (FLEINDL NZM 2017, 282, 283). Eine Aufschlüsselung nach einzelnen Monaten ist zur Erfüllung der Voraussetzungen des § 253 Abs 2 Nr 2 ZPO nicht erforderlich (BGH 9. 1. 2013 – VIII ZR 94/12, NJW 2013, 1367 mit kritischer Anm RAVE ZMR 2013, 272 f; vgl auch BGH 21. 3. 2018 – VIII ZR 68/17, BGHZ 218, 139, 146 ff = NJW 2018, 3448; BGH 21. 3. 2018 – VIII ZR 84/17, NZM 2018, 454). 55a

Der Vermieter ist auch dann weiterhin leistungspflichtig, wenn der räumungsunwillige Mieter seine Zahlungspflicht verletzt. Während des Prozesses werden fortlaufend neue Mietforderungen bzw Ansprüche auf Nutzungsentschädigung nach § 546a Abs 1 BGB fällig, die va bei langwierigen Hauptsacheverfahren in ihrer Summe ein beträchtliches Ausmaß annehmen können. Infolgedessen ist der Vermieter in besonderer Weise der **Gefahr der Zahlungsunfähigkeit des Mieters** ausgesetzt. Zum Schutz des Vermieters vor einem wirtschaftlichen Schaden und um dem Mieter zugleich den Anreiz zu nehmen, den Prozess zur Zahlungsverzögerung zu missbrauchen, wurde im Zuge des MietRÄndG 2013 das neuartige Instrument der **Sicherungsanordnung** nach § 283a ZPO eingeführt (BT-Drucks 17/10485, 27 f: ausführlich BÖRSTINGHAUS NJW 2013, 3265; EMMERICH NZM 2014, 881; ZEHELEIN WuM 2013, 133, 135 ff; kritisch FISCHER NZM 2013, 249, 254 ff, 260). Die Sicherungsmöglichkeit besteht nur im Hinblick auf Geldforderungen, die nach Rechtshängigkeit fällig geworden sind (AG Langenfeld NJW 2014, 710), sie kann nicht für Forderungen begehrt werden, die noch nicht fällig sind (sondern es erst bis zur Räumung werden; AG Dortmund 13. 2. 2014 – 425 C 533/14, NZM 2014, 903). Sie sichert den Zahlungsanspruch des Vermieters, ohne dass eine konkrete Gefährdung des Vollstreckungserfolges dargelegt werden muss (BT-Drucks 17/10485, 28). 55b

55c Ist eine Räumungsklage mit einer Zahlungsklage aus demselben Rechtsverhältnis verbunden, so erfolgt auf Antrag des klagenden Vermieters die Anordnung einer Sicherungsleistung gemäß § 283a Abs 1 ZPO, soweit eine hohe Erfolgsaussicht der Zahlungsklage besteht und die Anordnung nach Abwägung der beiderseitigen Interessen zur Abwendung besonderer Nachteile für den Kläger gerechtfertigt ist. Eine hohe Erfolgsaussicht der Zahlungsklage besteht, wenn dem Zahlungsanspruch nach dem bisherigen Sach- und Streitgegenstand mit hoher Wahrscheinlichkeit keine berechtigten Einwendungen oder Einreden entgegenstehen (BT-Drucks 17/10485, 28; OLG Celle NJW 2013, 3316; kritisch BÖRSTINGHAUS NJW 2013, 3265, 3266 f mwNw). In die Interessenabwägung miteinzubeziehen sind auf Vermieterseite die Höhe und Bedeutung der Forderung, auf Mieterseite die mögliche Berechtigung der vorgenommenen Mietminderung (LG Berlin 21. 2. 2014 – 63 T 18/14, NJW 2014, 1188), eventuelle Nachteile einer Sicherheitsleistung, sowie beiderseits das bisherige Prozessverhalten der Parteien (BT-Drucks 17/10485, 34; kritisch HORST MietRB 2013, 86, 89). Sowohl das Risiko der späteren Zahlungsunfähigkeit des beklagten Mieters als auch die zu erwartende Verfahrensdauer genügen allein nicht zur Annahme eines besonderen Nachteils iS der Norm (BT-Drucks 17/10485, 28; LG Berlin 21. 2. 2014 – 63 T 18/14, NJW 2014, 1188). Maßgeblich sind die Umstände des Einzelfalls (THOMAS/PUTZO/SEILER § 283a ZPO Rn 2). Ein besonderer Nachteil soll etwa dann vorliegen, wenn der Vermieter auf die Mieteinnahmen zur Sicherung seiner Altersversorgung angewiesen ist (BT-Drucks 17/10485, 46), er das Gebäude finanziert hat und die Mieteinnahmen zur Tilgung der Raten vollständig benötigt (BÖRSTINGHAUS NJW 2013, 3265, 3267), aber auch bei einer konkreten Existenzgefährdung des Klägers, einer konkreten Substanzgefährdung der Mietsache mangels Finanzierbarkeit entsprechender Reparaturen sowie bei einem vorhandenen Nachmieter, mit dem nach Zusage des Mieters zur rechtzeitigen Räumung bereits ein Mietvertrag geschlossen wurde (ABRAMENKO § 5 Rn 36; GRAMLICH § 283a ZPO; LÜTZENKIRCHEN ZMR 2012, 604, 607; differenzierend BÖRSTINGHAUS/EISENSCHMID/BÖRSTINGHAUS § 283 ZPO Rn 28).

55d Eine **akute finanzielle Not des Vermieters** vermag die Sicherungsanordnung allein nicht zu begründen. Er kann sich nämlich erst und nur insoweit aus der Sicherheit befriedigen, als er in der Hauptsache obsiegt hat und das Gericht es ihm nach § 283a Abs 3 ZPO gestattet hat, sich aus der Sicherheit zu befriedigen. Daher lässt sich ein besonderer Nachteil nicht allein mit einem drängenden finanziellen Engpass begründen. Relevant soll dies allenfalls dann sein, wenn der Kläger glaubhaft macht, dass ihm eine Sicherheitsleistung die Beschaffung von Kreditmitteln erleichtert (SCHMIDT-FUTTERER/STREYL § 283a ZPO Rn 29). Bei einem gewerblichen Vermieter ist va bedeutsam, in welcher Relation die Höhe der zu sichernden Forderung zu Größe und Umsatz des Unternehmens steht (vgl BT-Drucks 15/3594, 20; OLG Celle NJW 2013, 3316).

55e Die Räumungsklage kann sowohl auf eine fristlose Kündigung nach § 543 Abs 2 S 1 Nr 3 BGB als auch auf eine ordentliche Kündigung nach § 573 Abs 2 Nr 1 BGB gestützt werden (BÖRSTINGHAUS NJW 2013, 3265, 3265; BÖRSTINGHAUS/EISENSCHMID/BÖRSTINGHAUS § 940a ZPO Rn 29; LÜTZENKIRCHEN ZMR 2012, 604, 607; SCHMIDT-FUTTERER/STREYL § 940a ZPO Rn 34; ZEHELEIN WuM 2012, 133, 142; **aM** FISCHER NZM 2013, 249, 256 f; HINZ ZMR 2012, 153, 163; ders NZM 2012, 777, 793 f). Erweisen sich hingegen die gesicherten Ansprüche als unbegründet, so ist der klagende Vermieter nach § 283a Abs 4 ZPO verschuldensunabhängig schadensersatzpflichtig.

IV. Weitergehender Schadensersatz (Abs 2)

Die nachfolgend skizzierten Grundsätze gelten uneingeschränkt nur bei der Vermietung von **beweglichen Sachen, Grundstücken und sonstigen Räumen**. Bei Wohnräumen sind hingegen die Einschränkungen des § 571 BGB zu beachten. 56

1. Anspruchsgrundlagen

Nach § 546a Abs 2 BGB ist es nicht ausgeschlossen, dass der Vermieter neben der Nutzungsentschädigung einen weiteren **Schaden** geltend macht. Hierbei handelt es sich nicht um eine selbständige Anspruchsgrundlage. Die Vorschrift stellt nur klar, dass weitere Schadensersatzansprüche, die sich aus den allgemeinen Vorschriften ergeben, neben der Mindestentschädigung unberührt bleiben (BLANK/BÖRSTINGHAUS/BLANK/BÖRSTINGHAUS Rn 43). 57

Hierzu gehören in erster Linie Ansprüche wegen **Schuldnerverzugs** nach § 280 Abs 1, § 286 (BGH WuM 1965, 205; OLG Düsseldorf NJW-RR 1987, 911; OLG Düsseldorf MDR 1990, 725; LG Augsburg WuM 1967, 27; BeckOK BGB/WIEDERHOLD [1. 8. 2020] Rn 32 ff; BLANK/BÖRSTINGHAUS/BLANK/BÖRSTINGHAUS Rn 44; SCHMIDT-FUTTERER NJW 1962, 471, 472). Der Mieter kommt nach § 286 Abs 2 Nr 1 oder 2 BGB ohne Mahnung in Verzug, wenn er die Mietsache nach der Beendigung des Mietverhältnisses nicht zurückgibt, weil es sich hierbei in jedem Fall um einen kalendermäßig feststehenden Zeitpunkt handelt (s § 546 Rn 35; BGH WuM 1965, 205; AG Münster WuM 1983, 22; **aM** AG Fulda WuM 1982, 51 m Anm WEPLER). Der Schadensersatzanspruch wegen Räumungsverzugs des Mieters steht nach § 566 Abs 1 BGB auch dann dem Erwerber des Grundstücks zu, wenn der Mietvertrag vor dem Eigentumswechsel aufgrund einer von dem Veräußerer erklärten Kündigung beendet worden ist (BGHZ 72, 147, 149 f = NJW 1978, 2148 m **abl** Anm HAASE JR 1979, 111; gegen den BGH auch EISENHARDT WuM 2020, 398, 399). 58

Eine **gerichtliche Räumungsfrist** beeinflusst die materiellen Rechtsbeziehungen der Parteien nicht und schließt damit auch den Verzug des Mieters nicht aus (RG 1. 4. 1927 – III 399/26, RGZ 116, 382, 383; RG JW 1927, 580; BGH NJW-RR 1987, 907). Bei einem Mietverhältnis über Wohnraum ist allerdings die Sonderregelung des § 571 Abs 2 BGB zu beachten, wenn eine gerichtliche Räumungsfrist bewilligt worden ist (STAUDINGER/ROLFS [2021] § 571 Rn 10 ff). Bewilligt der Vermieter von Gewerberaum dem Mieter, der aufgrund eines vorläufig vollstreckbaren Urteils zur Räumung und Herausgabe verurteilt ist, **einseitig oder in einem außergerichtlichen Vergleich eine Räumungsfrist**, so ist im Wege der Auslegung zu ermitteln, ob damit die Herausgabe bis zum Ablauf der Frist gestundet sein soll oder ob der Vermieter lediglich auf ein zwangsweises Vorgehen mit der Folge verzichten will, dass der Mieter das Risiko für jeden etwaigen Verspätungsschaden behält, wenn er die Frist ausschöpfen sollte (BGH NJW-RR 1987, 907 m Anm HAASE JR 1987, 507). Haben die Parteien vereinbart, dass der Mieter mit seiner Verpflichtung zur Räumung so lange nicht in Verzug kommt, als ihm Vollstreckungsschutz gewährt wird, ist ein Schadensersatzanspruch für die Dauer der Räumungsfrist ausgeschlossen (OLG Celle NJW 1964, 1027). Das Gleiche gilt bei der Bewilligung einer vertraglichen Räumungsfrist durch den Vermieter von Wohnraum, da § 571 Abs 2 BGB in diesem Fall nicht anwendbar ist. 59

60 Für Schäden an der Mietsache, die ohne Bezug zur verspäteten Rückgabe vom Mieter verursacht werden (zB Substanzschäden), haftet er nach allgemeinen Regeln (BGH 28. 2. 2018 – VIII ZR 157/17, BGHZ 218, 22, 25 ff = NJW 2018, 1746; BGH 27. 6. 2018 – XII ZR 79/17, NZM 2018, 717). Schadensersatzansprüche des Vermieters können sich aus § 280 Abs 1 BGB wegen **Schlechtleistung** bzw iVm § 241 Abs 2 BGB wegen Verletzung einer **Nebenpflicht** ergeben (BGH 28. 2. 2018 – VIII ZR 157/17, BGHZ 218, 22, 28 f = NJW 2018, 1746; BGH 27. 6. 2018 – XII ZR 79/17, NZM 2018, 717; BGH 11. 4. 2019 – IX ZR 79/18, NJW 2019, 1877; LG Augsburg WuM 1967, 27; Blank/Börstinghaus/Blank/Börstinghaus Rn 51; Palandt/Weidenkaff Rn 16). Eine solche fällt dem Mieter zur Last, wenn er den Mietgegenstand infolge einer Überschreitung des vertragsgemäßen Gebrauchs beschädigt und ihn damit außerhalb des mietrechtlichen Leistungsprogramms verursacht. Der Ersatzanspruch aus § 280 Abs 1 iVm § 241 Abs 2 BGB ist deshalb darauf angelegt, etwaige über das Erfüllungsinteresse der Vertragsparteien am Erhalt der jeweils versprochenen Leistung hinausgehend eingetretene Vermögensnachteile auszugleichen (BGH 16. 2. 2017 – VII ZR 242/13, NJW 2017, 1699; BGH 28. 2. 2018 – VIII ZR 157/17, BGHZ 218, 22, 29 = NJW 2018, 1746). Ein solcher Anspruch kommt daher in Betracht, wenn sich der Mieter trotz der Vorenthaltung der Mietsache nicht um Ersatzwohnraum bemüht (LG Mannheim WuM 1962, 120) oder wenn er dem Vermieter nicht rechtzeitig mitteilt, dass er die Mietsache demnächst zurückgeben werde, sodass dieser sich nicht um einen neuen Mieter bemühen kann (LG Freiburg WuM 1980, 223; LG Mönchengladbach DWW 1992, 215). Ein Schadensersatzanspruch wegen Pflichtverletzung kommt auch dann in Betracht, wenn der Mieter die Wohnung ohne Angabe der neuen Anschrift verlässt und damit eine zügige Weitervermietung verhindert wird (AG Wedding ZMR 1997, 364). Ist der Vermieter seinerseits, weil er die Mietsache im Vertrauen auf die rechtzeitige Rückgabe erneut vermietet hat, wegen der fehlenden Räumung Schadensersatzansprüchen ausgesetzt, so kann er in der Höhe dieser Ansprüche gegenüber dem Mieter Schadensersatz geltend machen (Blank/Börstinghaus/Blank/Börstinghaus Rn 48; vgl zu Ansprüchen des Erwerbers OLG Düsseldorf WuM 1998, 219).

60a **Schadensersatz statt der Leistung** kann nach § 280 Abs 1 und 3, § 281 BGB als Surrogat der zur Erfüllung führenden Leistung beansprucht werden. Allerdings ist die Ersatzfähigkeit des so beschriebenen Leistungsinteresses zusätzlich an die Voraussetzung geknüpft, dass der Schuldner vor Geltendmachung eines gegen ihn gerichteten, den Leistungsanspruch ersetzenden Schadensersatzanspruchs grundsätzlich eine weitere Gelegenheit zur Erfüllung erhalten muss (BGH 28. 2. 2018 – VIII ZR 157/17, BGHZ 218, 22, 30 = NJW 2018, 1746).

2. Vertretenmüssen

61 Schadensersatzansprüche aus § 280 Abs 1 BGB setzen ein **Verschulden** des Mieters nach § 276 BGB voraus (§ 280 Abs 1 S 2 BGB). Hierin liegt der wesentliche Unterschied zum Anspruch auf Nutzungsentschädigung nach § 546a Abs 1 BGB, der unabhängig von einem Verschulden des Mieters eingreift. Unter besonderen Umständen ist abweichend von der Regel des § 425 BGB die Haftung für das Verschulden eines Mitmieters anzunehmen (OLG Düsseldorf NJW-RR 1987, 911). Kann der Mieter die Mietsache aus Gründen, die eine gerichtliche Räumungsfrist gerechtfertigt hätten, nicht zurückgeben, so liegt kein Verschulden vor (LG Hamburg WuM 1996, 341).

3. Umfang der Ersatzansprüche

Der Umfang des zu ersetzenden Schadens richtet sich nach den §§ **249 ff BGB**. Hat der 62 Mieter durch eine Verletzung seiner Obhutspflichten Schäden an der Sachsubstanz der Mietsache verursacht, sind diese dem Vermieter nach dessen Wahl durch Wiederherstellung (§ 249 Abs 1 BGB) oder durch Geldzahlung (§ 249 Abs 2 BGB) zu ersetzen. Einer vorherigen Fristsetzung des Vermieters bedarf es dazu nicht. Das gilt unabhängig von der Frage, ob es um einen Schadensausgleich während eines laufenden Mietverhältnisses oder nach dessen Beendigung geht (BGH 28. 2. 2018 – VIII ZR 157/17, BGHZ 218, 22, 28 f = NJW 2018, 1746; BGH 27. 6. 2018 – XII ZR 79/17, NZM 2018, 717; Fervers WuM 2017, 429, 433). Über § 252 BGB wird zudem der **entgangene Gewinn** erfasst. Es handelt sich um die Nutzungen, die der Vermieter bei rechtzeitiger Rückgabe der Mietsache hätte erzielen können, soweit sie höher gewesen wären als die frühere Miete (Schmid/Harz/Schmid/Sommer Rn 19). Bei der Vermietung von Räumen wird ein dahin gehender besonderer Schadensersatzanspruch wegen der Möglichkeit einer Nutzungsentschädigung in Höhe der ortsüblichen Vergleichsmiete allerdings nur relevant, wenn es dem Vermieter möglich gewesen wäre, die Räume zu einer noch höheren Miete zu vermieten. Ferner ist ein **entgangener Gewinn** zu ersetzen, wenn der Vermieter die Möglichkeit eines gewinnbringenden Verkaufs der Mietsache verloren hat (Bub/Treier/Emmerich Rn V 157). Einschränkungen unter dem Gesichtspunkt der Kausalität können eingreifen, wenn der Vermieter von Wohnraum einen entgangenen Gewinn aus der Weitervermietung zu gewerblichen Zwecken geltend macht (LG Hamburg MDR 1967, 676). Ist der Mieter mit der Entrichtung der Nutzungsentschädigung in Verzug, die wie die früheren Mietraten fällig wird (s Rn 44), so kann dem Vermieter daraus ein Anspruch auf Verzugszinsen und Ersatz eines weiteren Schadens erwachsen (BGH NJW 1989, 1730). Als weiterer Schaden kommt ferner eine anderweitige Vermögenseinbuße in Betracht. So können dem Vermieter besondere Vergünstigungen entgehen, wenn er einen Mietinteressenten verliert, der ihm etwa als Pflegeperson zur Verfügung gestanden oder an seiner Stelle die Renovierung der Mieträume übernommen hätte. Die Nachteile können auch in einem Schadensersatzanspruch bestehen, die der Nachfolgemieter wegen der verzögerten Gebrauchsüberlassung gegen den Vermieter geltend macht (OLG Celle WuM 1993, 400; OLG Düsseldorf MDR 1990, 725; Blank/Börstinghaus/Blank/Börstinghaus Rn 48). Wenn der Mieter die Räumung verzögert und den Vermieter in Ungewissheit darüber lässt, wann er ausziehen wird, hat er dafür einzustehen, dass sich wegen dieser Ungewissheit etwaige bauliche Veränderungen durch den Vermieter verzögern (BGH WuM 1964, 684).

Zu ersetzen sind ferner **Veränderungen und Verschlechterungen der Mietsache** wäh- 63 rend der Vorenthaltung, selbst wenn sie sich im Rahmen des § 538 BGB halten. Diese Schäden werden nicht durch die Nutzungsentschädigung nach § 546a Abs 1 BGB abgegolten, da dieser Anspruch keinen Entgeltcharakter trägt (K Müller MDR 1971, 253, 257). Es kommt nur darauf an, ob dem Vermieter der Nachweis gelingt, dass ihm diese Schäden bei rechtzeitiger Rückgabe der Mietsache nicht entstanden wären (vgl auch LG Berlin GE 2001, 210; LG Berlin GE 2001, 926). Unterliegt der Vermieter der **Umsatzsteuer**, so gehört die Steuer nur dann zu dem zu ersetzenden Schaden, wenn die Schadensersatzleistung selbst der Umsatzsteuer unterliegt (OLG Frankfurt DWW 1992, 336; OLG Hamm ZMR 1980, 375). Im Unterschied zur Mindestentschädigung nach § 546a Abs 1 BGB hat der Vermieter in allen Fällen einen weiteren Schaden darzulegen und im Streitfall zu beweisen (LG Frankfurt aM WuM 1989, 295; AG Köln WuM 1982, 251 [LS]).

64 Der Mieter kann gegenüber den Schadensersatzansprüchen des Vermieters iS des § 546a Abs 2 BGB nach § 254 BGB den **Einwand mitwirkenden Verschuldens** geltend machen (OLG Celle WuM 1993, 400; OLG München ZMR 1989, 224; BeckOK BGB/Wiederhold [1. 8. 2020] Rn 36; vgl LG Göttingen MDR 1959, 928; Prütting ua/Feldhahn Rn 13; Bub/Treier/Emmerich Rn V 162). So kann dem Vermieter ein Mitverschulden etwa dadurch zur Last fallen, dass er die Neuvermietung wegen unterbliebener Schönheitsreparaturen verzögert, obwohl der Nachmieter bereit wäre, sie selbst durchzuführen, oder wenn er die Wohnung bereits zu einem Zeitpunkt an den Nachmieter weitervermietet, zu dem der bisherige Mieter sie erkennbar nicht räumen kann (Schmid/Harz/Schmid/Sommer Rn 20). In einem solchen Fall soll § 254 BGB sogar zu einem völligen Verlust der Schadensersatzansprüche des Vermieters führen können (OLG München ZMR 1989, 224). Gegenüber dem Anspruch auf Nutzungsentschädigung aus Abs 1 ist der Einwand des Mitverschuldens ausgeschlossen (s Rn 36).

V. Konkurrenzen

65 Umstritten ist das Verhältnis, in dem die Regelung des § 546a BGB zu den **verschuldensunabhängigen Ansprüchen** aus ungerechtfertigter Bereicherung nach den §§ 812 ff BGB und aus dem Eigentümer-Besitzer-Verhältnis der §§ 987 ff BGB steht, soweit diese Ansprüche aus einer Vorenthaltung der Mietsache entstehen könnten. Anderweitige Schadensersatzansprüche wegen Beschädigung oder Untergangs der Mietsache werden von § 546a BGB ohnehin nicht betroffen.

66 Nach hM bleiben die Vorschriften über die Herausgabe einer **ungerechtfertigten Bereicherung** (BGH NJW 1966, 248; BGH NJW 1977, 1335; BGH NJW 2000, 382; BGH NZM 2009, 701; BGH 12. 7. 2017 – VIII ZR 214/16, NJW 2017, 2997; OLG Düsseldorf ZMR 2007, 33; Kinne ua/Schach Rn 7; Palandt/Weidenkaff Rn 19) und über die Herausgabe der vom Mieter als **nichtberechtigtem Besitzer** gezogenen Nutzungen (BGH ZMR 1954, 236; BGH WuM 1974, 260; BGH NZM 2000, 183; BGH NZM 2009, 701; OLG Düsseldorf WuM 1994, 280; OLG Hamm ZIP 1989, 45; OLG Köln NJW 1961, 30; Bub/Treier/Emmerich Rn V 167; Spielbauer/Schneider/Kern Rn 59) uneingeschränkt neben § 546a BGB **anwendbar**. Bereicherungsansprüche werden bei der Abwicklung eines Vertragsverhältnisses nach der Rechtsprechung nicht durch die §§ 987 ff BGB ausgeschlossen (BGH NJW 1968, 197; BGH NZM 2009, 701; **aM** Rüber NJW 1968, 1611, 1612). Das gilt auch und insbesondere gegenüber demjenigen (Mit-)Besitzer der Mietsache, der kein Mieter war (zB Familienangehörige; LG Berlin 26. 3. 2014 – 65 S 234/13, ZMR 2014, 635).

67 Die Gegenmeinung beruft sich darauf, dass § 546a BGB als **Sonderregelung** für Nutzungsentschädigung und Schadensersatz wegen Vorenthaltung der Mietsache die Vorschriften der §§ 812 ff und 987 ff BGB ausschließe (LG Düsseldorf WuM 1967, 134; LG Mannheim NJW 1970, 1881; AG Kamen WuM 1972, 162; AG Ratingen MDR 1967, 131; G Hoffmann DWW 1965, 377, 378; Raiser JZ 1961, 529, 531).

68 Für die **Lösung des Problems** ist mit der hM davon auszugehen, dass es keine überzeugenden Anhaltspunkte für die Auffassung gibt, § 546a BGB wolle als Sonderregelung Ansprüche aus ungerechtfertigter Bereicherung oder Ansprüche auf Ersatz der vom Mieter nach Beendigung des Mietverhältnisses gezogenen Nutzungen ausschließen. Die Einschränkung des § 571 BGB betrifft ausdrücklich nur weitergehende Schadensersatzansprüche (Bub/Treier/Emmerich Rn V 164). Der von der Gegenmeinung geforderte Ausschluss von Bereicherungs- und Nutzungsersatzansprüchen wird auch nicht durch den sozialen Zweck des § 546a BGB geboten, denn die Vorteile aus einem weiteren Gebrauch der Mietsache fließen unmittelbar dem früheren Mieter zu, sodass ihre Herausgabe ohne Weiteres gerechtfertigt ist. Bei Schadensersatzansprüchen korrespondiert ein Schaden des Vermieters aber nicht notwendig mit einem Vorteil des Mieters. Umgekehrt kann der Mieter während der Dauer der Vorenthaltung Nutzungen gezogen haben, die die von ihm zu entrichtende Miete deutlich übersteigen, beispielsweise bei einer Untervermietung gegen eine höhere Miete (BGH NZM 2009, 701).

§ 547
Erstattung von im Voraus entrichteter Miete

(1) Ist die Miete für die Zeit nach Beendigung des Mietverhältnisses im Voraus entrichtet worden, so hat der Vermieter sie zurückzuerstatten und ab Empfang zu verzinsen. Hat der Vermieter die Beendigung des Mietverhältnisses nicht zu vertreten, so hat er das Erlangte nach den Vorschriften über die Herausgabe einer ungerechtfertigten Bereicherung zurückzuerstatten.

(2) Bei einem Mietverhältnis über Wohnraum ist eine zum Nachteil des Mieters abweichende Vereinbarung unwirksam.

Materialien: BT-Drucks IV/806, 11; BT-Drucks IV/2195, *zu* BT-Drucks IV/2195, 5; BT-Drucks 14/4553, 45; BT-Drucks 17/10485, 1 ff.

Schrifttum

DEDEK, Zum Anwendungsbereich des § 574 BGB, ZMR 1998, 679.

Systematische Übersicht

I. Allgemeine Kennzeichnung
1. Überblick 1
2. Entwicklung der Vorschrift 2
3. Zweck der Vorschrift 3

II. Voraussetzungen (Abs 1 S 1)
1. Mietvorauszahlungen 4
2. Beendigung des Mietverhältnisses 12
3. Vertretenmüssen des Vermieters 13

III. Rechtsfolgen
1. Allgemeines 22
2. Verschärfte Haftung des Vermieters (Abs 1 S 1) 26
3. Haftung des Vermieters nach Bereicherungsrecht (Abs 1 S 2) 30
4. Wechsel der Parteien 37
   a) Vermieter 37
   b) Mieter 39

IV. Abweichende Vereinbarungen (Abs 2)
1. Mietverhältnis über Wohnraum 42
2. Sonstige Mietverhältnisse 46

Alphabetische Übersicht

Abweichende Vereinbarungen	40, 42	Mietvorauszahlung	4, 27, 31
Aufhebungsvertrag	19	– nicht abgewohnte	31
Auflösende Bedingung	17	Mischmietverhältnis	46
Ausschluss des Rückerstattungsanspruchs	40		
		Nachfolgeklausel	36
Barrierereduzierung	8		
Baukostenzuschuss	10, 32, 39	Rechtsfolgen	22
Beendigung des Mietverhältnisses	12 ff	Rechtsfolgeverweisung	30
Bereicherungshaftung	30 ff	Rückerstattungsanspruch	23
Betriebskosten	7	– Fälligkeit	23
		– Rechtsnatur	22
Einzelrechtsnachfolge	37	– Verjährung	24
Entreicherung		Rückzahlung in Raten	27
– bei Haftung nach Bereicherungsrecht	30, 35		
– bei verschärfter Haftung	26	Umlagen	7
		Untervermietung	20
Fälligkeit	23		
		Verjährung	24
Gesamtrechtsnachfolge	37	Verlorener Baukostenzuschuss	10
Grundstücksveräußerung	38	Verschulden des Vermieters	13
		Verwendungsersatzanspruch	8, 28
Haftung des Vermieters nach Bereicherungsrecht	30 ff	Verzinsung	29, 35
– Verschärfte Haftung des Vermieters	26	Voraussetzungen des Rückerstattungsanspruchs	4
Insolvenz	20	Wechsel der Parteien	
		– Mieter	39
Kündigung		– Vermieter	37 f
– außerordentliche	14, 20	Wegfall der Bereicherung	35
– ordentliche	14, 18 f	Werkmiet- und Werkdienstwohnung	20
Mietaufhebungsvertrag	19	Zahlungsverzug	21, 23, 36
Mieterdarlehen	11, 27	Zeitablauf	17
Mietverhältnis	4, 42	Zinsen	29, 36
– Beendigung	12 ff	Zuschüsse, verlorene	10
– Mischräume	46	Zwangsversteigerung	20, 44
– Wohnraum	42	Zweck der Vorschrift	3

I. Allgemeine Kennzeichnung

1. Überblick

1 Die Vorschrift regelt den **Umfang der Rückzahlungspflicht des Vermieters** für die im Voraus erhaltene Miete, wenn das Mietverhältnis beendet wird und die Mietvorauszahlung noch nicht abgewohnt ist. Sie differenziert in Abs 1 danach, ob der Vermieter die Beendigung zu vertreten hat oder nicht. Im ersteren Fall ist der

Vermieter auf jeden Fall zur Rückzahlung und vom Empfang der Mietvorauszahlung an zur Verzinsung verpflichtet. Hat der Vermieter die Beendigung des Mietverhältnisses nicht zu vertreten, so haftet er nur nach den §§ 812 ff BGB aus Bereicherungsrecht. Bei Mietverhältnissen über Wohnraum sind nach § 547 Abs 2 BGB abweichende Vereinbarungen zum Nachteil des Mieters unwirksam.

2. Entwicklung der Vorschrift

Die Vorschrift entspricht weitgehend der Regelung des § 557a aF, die als **Teil des sozialen Mietrechts** (BGHZ 53, 35, 39 = NJW 1970, 93; BGHZ 56, 285, 287 = NJW 1971, 1658) durch das MietRÄndG 2 im Jahre 1964 in das BGB eingefügt worden war. Allerdings enthält § 547 BGB im Unterschied zu § 557a aF im Abs 1 für den Fall, dass der Vermieter die Beendigung des Mietverhältnisses zu vertreten hat, keinen Rechtsfolgenverweis auf § 347 BGB. Nunmehr wird lediglich die Rückerstattungspflicht und die Verzinsungspflicht bestimmt. Eine sachliche Änderung ist damit jedoch nicht verbunden (Herrlein/Kandelhard/Kandelhard Rn 1).

3. Zweck der Vorschrift

Die Vorschrift des § 547 BGB soll eine **allgemeine Regelung** für die Frage treffen, nach welchen Grundsätzen der Vermieter bei einer Beendigung des Mietverhältnisses verpflichtet ist, die für eine spätere Zeit im Voraus gezahlte Miete zurückzuerstatten. Sie gilt für alle Mietverhältnisse und enthält den allgemeinen Rechtsgedanken, dass derjenige, der den Rücktritt nicht zu vertreten hat, nur nach Bereicherungsrecht haftet (Herrlein/Kandelhard/Kandelhard Rn 1).

II. Voraussetzungen (Abs 1 S 1)

1. Mietvorauszahlungen

a) Voraussetzung für einen Rückerstattungsanspruch ist zunächst, dass die **Miete im Voraus** für eine Zeit nach der Beendigung des Mietverhältnisses entrichtet worden ist. Für **Mietverhältnisse über Räume** ist die Vorausentrichtung der Miete seit der Mietrechtsreform der gesetzliche Regelfall (§ 556b Abs 1, § 579 Abs 2 BGB). Von der früheren Regelung des § 551 BGB aF, nach der die Miete nachträglich zu entrichten war, wurde jedenfalls bei Wohnräumen idR vertraglich abgewichen. Nunmehr wird in § 556b Abs 1 BGB bestimmt, dass die Miete für Wohnräume zu Beginn, spätestens bis zum dritten Werktag der einzelnen Zeitabschnitte zu entrichten ist. § 579 Abs 2 BGB verweist für Räume, die keine Wohnräume sind, ebenfalls auf § 556b Abs 1 BGB, sodass auch hier grundsätzlich von einer Vorauszahlungspflicht auszugehen ist. Diese neue Regelung ändert jedoch nichts daran, dass auch bei Mietverhältnissen über Räume nach wie vor von einer Vorauszahlung iS des § 547 BGB auszugehen ist, wenn das Mietverhältnis während eines laufenden Monats endet. Es ist gleichgültig, ob die Miete für Tage, Wochen, Monate oder Jahre vorauszuentrichten ist, sodass die einzelnen Mietraten im Voraus oder spätestens jeweils bei Fälligkeit getilgt sind. Eine Mietvorauszahlung liegt auch dann vor, wenn schon aufgrund eines Vorvertrags gezahlt worden ist (s auch BGH NJW 1964, 37) oder wenn mit dem im Voraus entrichteten Betrag jeweils nur ein Teil der zukünftig fällig werdenden Mietraten getilgt werden soll und ein Restbetrag nach

Zeitabschnitten hinzuzuzahlen ist. Für **bewegliche Sachen** und Grundstücke bleibt es demgegenüber gemäß § 579 Abs 1 BGB dabei, dass die Miete grundsätzlich am Ende der Mietzeit oder bei abschnittsweiser Bemessung nach Ablauf der einzelnen Zeitabschnitte zu entrichten ist. Eine Vorausentrichtung der Miete kann sich hier jedoch aus einer abweichenden vertraglichen Vereinbarung ergeben.

5 b) Eine Mietvorauszahlung ist auch dann gegeben, wenn die Miete für die gesamte Mietzeit in einer **einmaligen Geldleistung vereinbart** ist, die im Voraus zu entrichten ist. Zwar ist hier schon die Fälligkeit der Miete anderweitig geregelt, der Betrag wird gar nicht vor seiner Fälligkeit entrichtet. Auf die Zahlung vor Fälligkeit kommt es jedoch nicht an. Entscheidend ist, dass die Miete im Voraus für eine Zeit entrichtet wird, in der das Mietverhältnis wegen vorzeitiger Beendigung nicht mehr besteht. Eine Vorauszahlung in einem Einmalbetrag ist nur dann einem Erwerber des Mietobjektes gegenüber wirksam, wenn die Höhe der Miete nicht nach wiederkehrenden Zeitabschnitten bemessen ist (BGH NZM 1998, 105; vgl dazu Dedek ZMR 1998, 679, 681).

6 c) Die Vorschrift des § 547 BGB erfasst nicht nur die reine Miete, sondern das **gesamte Entgelt**, das der Mieter als Gegenleistung für den Gebrauch der Mietsache entrichtet. Zu den Mietvorauszahlungen ist deshalb jede Mieterleistung zu rechnen, die nach den Parteivereinbarungen in Beziehung zur Miete steht und mit ihr innerlich verbunden ist (BeckOK MietR/Klotz-Hörlin [1. 8. 2020] Rn 7; Erman/Lützenkirchen Rn 3; MünchKomm/Bieber Rn 4; Prütting ua/Feldhahn Rn 4). Dies kann auch ein Nachlass auf den ursprünglichen Kaufpreis sein, den der Veräußerer eines Grundstücks, der dieses zugleich zur Fortführung seines Betriebes vom Erwerber pachtet, mit der Maßgabe einräumt, dass sich zum Ausgleich hierfür die Pacht für einen bestimmten Zeitraum ermäßigt (BGH NZM 2000, 761).

7 § 547 BGB gilt auch für **Umlagen und sonstige Betriebskosten** für die Inanspruchnahme besonderer Einrichtungen oder Leistungen des Vermieters (Schmidt-Futterer/Streyl Rn 12).

8 Als Mietvorauszahlung ist auch ein **Verwendungsersatzanspruch** des Mieters aufgrund von Einbauten zu behandeln, wenn die Parteien die Unverzinslichkeit und Unkündbarkeit während der Dauer des Mietverhältnisses sowie die Verrechnung mit den monatlichen Mietraten vereinbaren (BGHZ 54, 347, 349 f = NJW 1970, 2289; OLG Düsseldorf ZMR 1992, 110). Auch Mietermodernisierungen können hierunter fallen (Sternel WuM 1984, 287, 289). Bauliche Veränderungen, die der Mieter zur **Barrierereduzierung**, dem Laden elektrisch betriebener Fahrzeuge oder dem Einbruchsschutz vorgenommen hat (§ 554 BGB), sind von ihm grundsätzlich rückgängig zu machen, soweit einem entsprechenden Verlangen des Vermieters nicht Treu und Glauben (§ 242 BGB) entgegensteht (§ 546 Rn 29). Ein Anspruch des Mieters auf (teilweisen) Kostenersatz besteht aber auch dann nicht, wenn der Vermieter auf den Rückbau verzichtet und die Anlagen weiterhin nutzt.

9 Da es keinen Unterschied macht, ob der Mieter oder der Vermieter Baumaßnahmen trifft, Ein- oder Umbauten vornimmt, sofern sie nur vom Mieter finanziert werden, können auch **Mieterdarlehen, Baukostenzuschüsse und ähnliche Baufinanzierungsbeiträge** des Mieters als Mietvorauszahlungen beurteilt werden, sofern durch eine Verrechnungsabrede die Abwohnbarkeit und damit die Beziehung zur Miete hergestellt worden ist (BGHZ 6, 202, 206 f = NJW 1952, 867; BGH NJW 1985, 313; BGH NJW 2003, 1317; OLG Hamm WuM 1970, 188; OLG München NJW-RR 1993, 655; LG Mönchengladbach WuM 1989, 78; BeckOK BGB/Wiederhold [1. 8. 2020] Rn 6; Klein-Blenkers ua/Klein-Blenkers Rn 6; Kossmann/Meyer-Abich § 99 Rn 2; Schmidt-Futterer/Streyl Rn 9 ff; Sternel WuM 1984, 287, 289; **aM** OLG Düsseldorf NZM 2001, 1093). Rechtlich und wirtschaftlich handelt es sich in solchen Fällen um Mietvorauszahlungen. Unerheblich ist, ob die Parteien eine Verzinsung vereinbart haben (LG Hamburg WuM 1984, 2 [LS]). Die Frage, inwieweit die Verpflichtung zur Zahlung eines Baukostenzuschusses nach vorzeitiger Beendigung des Mietverhältnisses fortbesteht, kann nicht aus § 547 BGB, sondern nur durch Auslegung des Vertrags beantwortet werden (BGHZ 71, 243, 247 ff = NJW 1978, 1483 m Anm Haase JR 1979, 66).

Verlorene Baukostenzuschüsse fallen nicht unter § 547 BGB (BeckOGK/Reuschle [1. 7. **10** 2020] Rn 8.5; BeckOK MietR/Klotz-Hörlin [1. 8. 2020] Rn 10; MünchKomm/Bieber Rn 16; Prütting ua/Feldhahn Rn 4). Sie unterscheiden sich von den anderen Baukostenzuschüssen dadurch, dass sie weder mit der laufenden Mietzahlung verrechnet werden noch bei Beendigung des Mietverhältnisses zu ersetzen sind. Für Mietverhältnisse über Wohnraum ist die Rückerstattung verlorener Baukostenzuschüsse abschließend in Art VI des Gesetzes zur Änderung des WoBauG 2, anderer wohnungsbaurechtlicher Vorschriften und über die Rückerstattung von Baukostenzuschüssen vom 21. 7. 1961 (WoBauG 2. ÄndG; BGBl I 1041), zuletzt geändert durch das Mietrechtsreformgesetz vom 19. 6. 2001 (BGBl I 1149), geregelt (Roquette NJW 1962, 129, 133). Verlorene Baukostenzuschüsse sind grundsätzlich nach Maßgabe des § 347 BGB zurückzuerstatten, soweit sie noch nicht durch die Dauer des Mietverhältnisses als getilgt anzusehen sind.

Wird das Mietverhältnis infolge eines Umstandes beendet, den der Vermieter nicht **11** zu vertreten hat, so hat der Mieter einen Anspruch auf Rückzahlung des noch nicht abgewohnten Teils nach den §§ 812 ff BGB. Die vom Mieter an den Vermieter für besondere Einrichtungsgegenstände geleistete Abstandszahlung ist ein verlorener Baukostenzuschuss, wenn die Gegenstände nicht in das Eigentum des Mieters übergehen und auch nicht seinem Wegnahmerecht unterliegen sollen (LG Köln WuM 1990, 485; Schmidt-Futterer/Streyl Rn 13). Ebenso sind Zahlungen des Mieters zur Errichtung einer Gemeinschaftsantenne wie ein verlorener Baukostenzuschuss zurückzuzahlen (AG Aachen WuM 1986, 336; Schmidt-Futterer/Streyl Rn 13). Bei vorzeitiger Beendigung sonstiger Mietverhältnisse sind verlorene Zuschüsse nach den §§ 812 ff BGB abzuwickeln (Bub/Treier/Emmerich Rn V 459 f). Hierbei handelt es sich nicht um Mietvorauszahlungen iS des § 547 BGB, da keine Anrechnung auf die später zu entrichtende Miete vereinbart ist. Das Gleiche gilt für Mieterdarlehen, die nicht durch eine konkludente Vereinbarung der Parteien in einen Zusammenhang mit der Entrichtung der Miete gebracht werden können. Die Rückzahlung richtet sich nach Darlehensrecht.

2. Beendigung des Mietverhältnisses

Das Mietverhältnis muss beendet sein (§ 546 Rn 6). Die Regelung des § 547 BGB gilt **12** für alle **Arten der Beendigung** eines Mietverhältnisses (OLG Celle MDR 1978, 492; BeckOK BGB/Wiederhold [1. 8. 2020] Rn 4; BeckOK MietR/Klotz-Hörlin [1. 8. 2020] Rn 15;

BLANK/BÖRSTINGHAUS/BLANK/BÖRSTINGHAUS Rn 2; ERMAN/LÜTZENKIRCHEN Rn 5; PRÜTTING ua/ FELDHAHN Rn 3; **aM** für die vertragliche Aufhebung STRUTZ NJW 1968, 1955, 1956).

3. Vertretenmüssen des Vermieters

13 Die Bestimmung des § 547 Abs 1 BGB unterscheidet hinsichtlich der Rechtsfolgen danach, ob der Vermieter den Umstand, der zur Beendigung des Mietverhältnisses führt, nach den §§ 276 ff BGB zu vertreten hat oder nicht. Grundsätzlich hat der Vermieter die Vorauszahlung zurückzuerstatten und sie ab Empfang zu verzinsen. Hat er den Beendigungsgrund jedoch nicht zu vertreten, so haftet er nur nach Bereicherungsrecht.

14 a) **Zu vertreten hat der Vermieter den Beendigungsgrund**, wenn ihm ein Verschulden nach den §§ 276 ff BGB anzulasten ist. Dies ist der Fall, wenn der Mieter nach § 543 Abs 2 Nr 1 BGB wegen Nichtgewährung des Gebrauchs der Mietsache oder nach § 569 Abs 1 BGB wegen Gesundheitsgefährdung durch die Wohnung oder einen anderen Raum fristlos kündigt, wobei aber der Vermieter wegen der über § 543 Abs 2 Nr 1, § 569 Abs 1 BGB hinausgehenden Tatbestandsvoraussetzungen des § 547 BGB die Nichtgewährung des Gebrauchs oder die Gesundheitsgefährdung zu vertreten haben muss (SCHMIDT-FUTTERER/STREYL Rn 37; s auch BGHZ 29, 289, 291 = NJW 1959, 1424 m Anm WÖRBELAUER; HERRLEIN/KANDELHARD/KANDELHARD Rn 8 f). Entsprechendes gilt, wenn der Mieter nach § 543 Abs 1, § 569 Abs 2, 4 BGB wegen Unzumutbarkeit des Mietverhältnisses, insbesondere wegen nachhaltiger Störung des Hausfriedens, kündigt. Insoweit setzt allerdings schon der Tatbestand des § 543 Abs 1 BGB voraus, dass der Vermieter den Kündigungsgrund schuldhaft gesetzt hat. In den Fällen von § 543 Abs 1, Abs 2 Nr 1 BGB und § 569 BGB kommt es für die Rückerstattung einer Mietvorauszahlung nicht darauf an, ob der Mieter tatsächlich von seinem Recht zur fristlosen Kündigung Gebrauch macht oder durch den betreffenden Grund zu einer ordentlichen Kündigung veranlasst wird.

15 Entscheidend ist nur, dass der **Vermieter den Kündigungsgrund zu vertreten hat** (BUB/TREIER/EMMERICH Rn V 439; **aM** BLANK/BÖRSTINGHAUS/BLANK/BÖRSTINGHAUS Rn 17; ERMAN/LÜTZENKIRCHEN Rn 8). Es braucht also keineswegs ein wichtiger Grund vorzuliegen, der den Mieter zu einer fristlosen Kündigung berechtigen würde. Auch andere Fälle einer ordentlichen Kündigung des Mieters können durch Umstände veranlasst sein, die der Vermieter zu vertreten hat. Dies ist auch für den Fall anzunehmen, dass der Vermieter die Miete zu erhöhen sucht und der Mieter deshalb nach § 561 BGB oder § 11 WoBindG eine außerordentliche befristete Kündigung ausspricht (LG Dortmund DWW 1963, 58; BUB/TREIER/EMMERICH Rn V 440; **aM** OLG Hamm WuM 1970, 188). Das Gleiche gilt, wenn der Mieter wegen geplanter Modernisierungsmaßnahmen nach § 555e Abs 1 S 1 BGB kündigt, weil der Vermieter auch hier den Grund für die Beendigung des Mietverhältnisses (vorsätzlich) gesetzt hat. Jedoch ist zu beachten, dass der Vermieter nicht jeden Umstand für die Beendigung des Mietverhältnisses, den er veranlasst hat, auch vertreten muss. Die ordentliche Kündigung durch den Vermieter führt nicht allein deshalb, weil sie die Beendigung des Mietverhältnisses verursacht, dazu, dass der Vermieter die Beendigung zu vertreten hat (ERMAN/LÜTZENKIRCHEN Rn 8; **aM** HERRLEIN/KANDELHARD/KANDELHARD Rn 9).

b)   Nicht zu vertreten hat der Vermieter den Beendigungsgrund, wenn der Grund 16
vom Mieter selbst gesetzt worden ist oder wenn der Mieter von vornherein damit
rechnen musste, weil sich dies schon aus dem Mietvertrag ergibt.

Hiernach hat der Vermieter es nicht zu vertreten, wenn das Mietverhältnis durch 17
Zeitablauf, Eintritt einer auflösenden Bedingung oder Nichtausübung einer Option
(Bub/Treier/Emmerich Rn V 439) endet (Erman/Lützenkirchen Rn 8). Bei einem auflösend bedingten Wohnraummietverhältnis ist zu beachten, dass sich gemäß § 572 Abs 2 BGB nur der Mieter auf den Eintritt der Bedingung berufen kann.

Bei einer **ordentlichen Kündigung** ist es unerheblich, ob der Mieter oder der Ver- 18
mieter gekündigt hat. Es kommt deshalb nicht darauf an, ob der Vermieter selbst
durch eine ordentliche Kündigung das Ende des Mietverhältnisses herbeigeführt hat.
Entscheidend ist allein, dass der Vermieter den Umstand, der zu seiner eigenen
Kündigung oder der des Mieters geführt hat, nicht zu vertreten hat. Von einem
Vertretenmüssen ist danach bei der Eigenbedarfskündigung nach § 573 Abs 2 Nr 2
BGB, der Kündigung wegen Hinderung einer angemessenen wirtschaftlichen Verwertung gemäß § 573 Abs 2 Nr 3 BGB und bei der Kündigung einer Einliegerwohnung nach § 573a Abs 1 BGB auszugehen (BeckOGK/Reuschle [1. 7. 2020] Rn 13;
Schmidt-Futterer/Streyl Rn 36).

Teilweise wird ein Vertretenmüssen des Vermieters im Falle eines **Aufhebungsver-** 19
trages stets angenommen, da der Mietaufhebungsvertrag nur durch das Einverständnis des Vermieters zustande komme, und ihm damit die Beendigung des Mietvertrages immer zuzurechnen sei (OLG Celle MDR 1978, 492; Blank/Börstinghaus/Blank/
Börstinghaus Rn 17). Auch hier ist es jedoch sachgerecht, wenn wie bei der ordentlichen Kündigung danach unterschieden wird, ob der Vermieter die Ursachen für
den Abschluss des Aufhebungsvertrages gesetzt hat oder nicht. Einem Vermieter,
der gewissermaßen zum Abschluss eines Aufhebungsvertrages genötigt wurde, ist
die Beendigung des Mietverhältnisses nicht zuzurechnen (BeckOGK/Reuschle [1. 7.
2020] Rn 17. 3; Bub/Treier/Emmerich Rn V 440; Erman/Lützenkirchen Rn 8; **aM** MünchKomm/Bieber Rn 10). Andererseits ist ein Vermieter, der seinerseits den Mieter bedrängt, einen Aufhebungsvertrag abzuschließen, nicht schutzbedürftig, sodass ein
genereller Haftungsausschluss beim Vorliegen eines Aufhebungsvertrages ebenfalls
nicht interessengerecht wäre (so aber Strutz NJW 1968, 1955, 1956).

Der Vermieter hat es ferner grundsätzlich nicht zu vertreten, wenn das Mietverhält- 20
nis durch eine **außerordentliche befristete Kündigung** beendet wird. Hierzu zählt
zunächst die Kündigung des Mieters wegen berechtigter Verweigerung der Erlaubnis zur Untervermietung nach § 540 Abs 1 S 2 BGB. Hatte der Mieter von Wohnraum aber einen Anspruch auf die Erlaubnis und wählt er die Kündigung, anstatt die
Erlaubnis gerichtlich durchzusetzen, so hat der Vermieter die Kündigung zu vertreten (**aM** Bub/Treier/Emmerich Rn V 439). Nicht zu vertreten hat der Vermieter ferner
die außerordentliche Kündigung des Mieters aus § 544 BGB bei einem für eine
längere Zeit als 30 Jahre abgeschlossenen Mietvertrag, die außerordentliche Kündigung der Erben des Mieters nach §§ 564, 580 BGB, die außerordentliche Kündigung aus § 109 Abs 1 S 1 InsO in der Insolvenz des Mieters mit Ausnahme des
Wohnungsmieters (BGH NJW 1958, 1582; BGH NJW 1959, 872) sowie die außerordentliche Kündigung als Erwerber in der Zwangsversteigerung nach § 57a ZVG oder

§ 37 Abs 3 S 2 WEG. Nicht so eindeutig sind die Fälle der Beendigung eines Nießbrauchs nach § 1056 BGB und des Erlöschens eines Erbbaurechts nach § 30 Abs 2 ErbbVO zu beurteilen, in denen der Eigentümer von seinem außerordentlichen befristeten Kündigungsrecht gegenüber dem Mieter Gebrauch macht. Die vorzeitige Beendigung des Mietverhältnisses ist darauf zurückzuführen, dass der Vermieter den Vertrag über die Dauer seines dinglichen Rechts hinaus abgeschlossen hat. Gleichwohl hat der Vermieter die Beendigung auch in diesen Fällen nicht zu vertreten, weil der Mieter schon aufgrund des Mietvertrags und des Grundbuchinhalts mit einem vorzeitigen Ende des Mietverhältnisses rechnen musste. Bei der außerordentlichen Kündigung des Vermieters wegen Auflösung des mit einer Werkmiet- oder Werkdienstwohnung verbundenen Arbeitsverhältnisses nach den §§ 576, 576b BGB hat der Vermieter die Beendigung des Mietverhältnisses dann nicht zu vertreten, wenn er auch die Beendigung des Arbeitsverhältnisses nicht zu vertreten hat.

21 Auf keinen Fall hat der Vermieter die Beendigung des Mietverhältnisses zu vertreten, wenn er von seinem Recht zur **außerordentlichen fristlosen Kündigung** wegen vertragswidrigen Gebrauchs der Mietsache nach § 543 Abs 2 Nr 2 BGB, Zahlungsverzugs nach § 543 Abs 2 Nr 3 BGB bzw § 543 Abs 1 iVm § 569 Abs 2a BGB oder nachhaltiger Störung des Hausfriedens durch den Mieter nach § 543 Abs 1 BGB Gebrauch macht (BLANK/BÖRSTINGHAUS/BLANK/BÖRSTINGHAUS Rn 18).

III. Rechtsfolgen

1. Allgemeines

22 Die Rechtsfolge des § 547 BGB besteht darin, dass der Vermieter den bei Beendigung des Mietverhältnisses noch nicht abgewohnten Teil der im Voraus empfangenen Miete zurückerstatten muss, sofern er den Umstand, der zur Beendigung des Mietverhältnisses geführt hat, zu vertreten hat. Anderenfalls haftet er nur nach den weniger strengen Vorschriften der §§ 812 ff BGB über die Herausgabe einer ungerechtfertigten Bereicherung. Der Anspruch ist **vertraglicher Natur**, da er sich unmittelbar aus dem Mietverhältnis ergibt. Gleichgültig, ob der Vermieter direkt (BGHZ 16, 31, 36 = NJW 1955, 302; BLANK/BÖRSTINGHAUS/BLANK/BÖRSTINGHAUS Rn 11) oder nach Bereicherungsrecht haftet (BGHZ 54, 347, 351 = NJW 1970, 2289; PRÜTTING ua/FELDHAHN Rn 7; WUNNER NJW 1966, 2285), in beiden Fällen handelt es sich um eine vertragliche Abwicklungspflicht. Die Verweisung auf Bereicherungsrecht betrifft nicht den Rechtsgrund der Haftung, sondern stellt eine Rechtsfolgeverweisung dar, die den Umfang der Haftung des Vermieters bestimmt (BGHZ 54, 347, 351 = NJW 1970, 2289; ERMAN/LÜTZENKIRCHEN Rn 9; PRÜTTING ua/FELDHAHN Rn 7).

23 Der Rückerstattungsanspruch entsteht mit der Beendigung des Mietverhältnisses und wird, wenn abweichende Vereinbarungen fehlen, sofort **fällig** (BUB/TREIER/EMMERICH Rn V 434; JAUERNIG/TEICHMANN Rn 2; KOSSMANN/MEYER-ABICH § 99 Rn 3; aM BLANK/BÖRSTINGHAUS/BLANK/BÖRSTINGHAUS Rn 11). Der Vermieter gerät nach § 286 Abs 2 Nr 1 oder 2 BGB ohne Mahnung in Schuldnerverzug, da die Beendigung des Mietverhältnisses nach Eintritt des Beendigungsgrundes stets kalendermäßig feststeht und damit auch die Rückerstattungspflicht des Vermieters in gleicher Weise bestimmt ist. Hat er wegen Vorenthaltung des Besitzes einen Entschädigungsanspruch aus § 546a BGB gegen den Mieter, steht ihm gegen dessen Erstattungsanspruch ein

Zurückbehaltungsrecht nach § 273 BGB zu. Unter den Voraussetzungen des § 387 BGB kann der Vermieter mit seinem Entschädigungsanspruch aus § 546a Abs 1 BGB oder seinem Schadensersatzanspruch aus § 546a Abs 2 iVm §§ 280, 286 BGB auch gegen den Rückerstattungsanspruch des Mieters aufrechnen.

Die **Verjährung** richtet sich nach den allgemeinen Vorschriften der §§ 195, 199 BGB und beträgt drei Jahre. Die Bestimmung des § 548 BGB mit der sechsmonatigen Verjährungsfrist ist nicht anwendbar (BGHZ 54, 347, 350 = NJW 1970, 2289; Klein-Blenkers ua/Klein-Blenkers Rn 11; Prütting ua/Feldhahn Rn 5; Schmid/Harz/Schmid/Sommer Rn 7). Dies gilt auch, wenn die Parteien einen Verwendungsersatzanspruch aus §§ 536a, 539 Abs 2 BGB als Mietvorauszahlung behandeln (BGH 54, 347, 330 = NJW 1970, 2289; MünchKomm/Bieber Rn 13). 24

Der Vermieter muss die vom Mieter im Voraus entrichtete Miete zurückerstatten. Der **Inhalt der Verpflichtung** hängt von der Art der Miete ab. Bestand diese nicht in der Leistung von Geld (Staudinger/V Emmerich § 535 Rn 88), so braucht der Vermieter sie nicht in jedem Fall in Geldeswert zurückzuerstatten, sondern nur dann, wenn eine Rückerstattung der empfangenen Leistung nicht mehr möglich ist (Schmidt-Futterer/Streyl Rn 42 f). Denn die Rückerstattungspflicht erstreckt sich primär auf die als Miete tatsächlich empfangene Leistung. Bei vertretbaren Sachen genügt entsprechend § 243 Abs 1, § 607 Abs 1 S 2 BGB die Rückgabe in Sachen von gleicher Art, Güte und dem Umfang der Rückerstattungspflicht entsprechender Menge. 25

2. Verschärfte Haftung des Vermieters (Abs 1 S 1)

§ 547 BGB geht hinsichtlich der Rechtsfolgen für den **Umfang der Verpflichtung** auch nach der Mietrechtsreform von dem Regelfall aus, dass der Vermieter verschärft nach Rücktrittsrecht haftet. Zwar ist ein Verweis auf das Rücktrittsrecht im Gesetzestext nicht mehr vorhanden, sondern es wird stattdessen die Rechtsfolge im Klartext genannt. In der Sache hat sich dadurch jedoch nichts geändert. Insbesondere bleibt es dabei, dass sich der Vermieter nicht auf Entreicherung gemäß § 818 Abs 3 BGB berufen kann (BeckOGK/Reuschle [1. 7. 2020] Rn 23). Da diese Form der Haftung aber nur in den Fällen eingreift, in denen das Mietverhältnis infolge eines vom Vermieter zu vertretenden Umstandes beendet wird (s Rn 14 f), ist sie praktisch von geringerer Bedeutung als die in allen anderen Fällen maßgebende Bereicherungshaftung. 26

Aus der Vergleichbarkeit der in § 547 BGB angeordneten Rechtsfolge mit dem Rücktrittsrecht folgt, dass in den wenigen Fällen, in denen die Miete nicht in einer Geldleistung, sondern in nunmehr zurückzugebenden Sachen bestanden hat (s Rn 25), das Rückgewährschuldverhältnis analog § 346 Abs 2 Nr 3 BGB abzuwickeln ist. Die im § 347 BGB aF enthaltene Verweisung auf das Eigentümer-Besitzer-Verhältnis ist durch die Schuldrechtsreform entfallen. Für die Rückgewähr haftet der Vermieter verschärft, wie sich aus der Gegenüberstellung mit dem Bereicherungsanspruch in § 547 BGB ergibt. Bei Geldschulden hat der Vermieter den gesamten noch nicht abgewohnten Teil der Mietvorauszahlung sofort in einem Betrag zurückzuzahlen, wenn zwischen den Parteien ein Mieterdarlehen mit ratenweiser, über den Zeitpunkt der Beendigung des Mietverhältnisses hinausgehender Tilgung vereinbart ist, wegen der Verknüpfung mit der Miete durch eine Verrech- 27 nungsabrede rechtlich aber eine Mietvorauszahlung gegeben ist (BGHZ 56, 285, 288 f = NJW 1971, 1658).

28 Ebenso haftet der Vermieter, wenn die Parteien einen Anspruch auf **Ersatz von Verwendungen** vertraglich als Mietvorauszahlung behandelt haben (vgl BGHZ 54, 347, 349 ff = NJW 1970, 2289).

29 Gemäß § 547 Abs 1 BGB hat der Vermieter die für eine spätere Zeit im Voraus erhaltene Miete bereits von der Zeit des Empfangs an zu **verzinsen**. Die verschärfte Haftung beginnt also nicht erst, wenn der Vermieter Kenntnis von der Beendigung des Mietverhältnisses oder von dem Eintritt der dazu erforderlichen Voraussetzungen erhält (BGH NJW 1963, 709). Der Zinssatz beträgt 4% gemäß § 246 BGB, erst im Verzug des Vermieters erhöht er sich auf den nach § 288 BGB einschlägigen Zinssatz.

3. Haftung des Vermieters nach Bereicherungsrecht (Abs 1 S 2)

30 **a)** Die Verweisung auf die §§ 812 ff BGB hat für den **Umfang der Verpflichtung** zur Folge, dass der Vermieter nach § 818 Abs 1 BGB grundsätzlich das Erlangte als ungerechtfertigte Bereicherung an den Mieter herausgeben muss. Diese Verpflichtung entfällt nach § 818 Abs 3 BGB, wenn der Vermieter nicht mehr bereichert ist. Da § 547 BGB eine Rechtsfolge- und nicht eine Rechtsgrundverweisung darstellt (s Rn 22), kommt es nicht darauf an, ob der Vermieter im Wege einer Leistung des Mieters oder durch einen eigenen Eingriff auf dessen Kosten rechtsgrundlos bereichert worden ist. Entscheidend ist allein, ob der Vermieter im Zeitpunkt der Beendigung des Mietverhältnisses noch bereichert ist. Dies hängt nur davon ab, ob die empfangene Mietvorauszahlung wirtschaftlich gesehen noch im Vermögen des Vermieters vorhanden ist (BGHZ 54, 347, 351 f = NJW 1970, 2289 m Anm Weimar WuM 1971, 202). Die Haftung des Vermieters nach Bereicherungsrecht wird nicht dadurch ausgeschlossen, dass der Mieter die Beendigung des Mietverhältnisses seinerseits zu vertreten hat (LG Mönchengladbach WuM 1989, 78; AG Grevenbroich WuM 1989, 78).

31 **b)** Umstritten ist, worin nach der Beendigung des Mietverhältnisses die Bereicherung des Vermieters besteht, der eine noch **nicht abgewohnte Mietvorauszahlung** erhalten hat. Es liegt nahe, die Bereicherung in dem gesamten noch nicht abgewohnten Teil der Mietvorauszahlung zu sehen.

32 Die **Rechtsprechung** hat indessen im Hinblick auf die als Mietvorauszahlung zu beurteilenden Baukostenzuschüsse die Auffassung entwickelt, dass die Bereicherung in dem Vorteil bestehe, den der Vermieter daraus ziehen könne, dass er in der Lage sei, die Mieträume durch anderweitige Vermietung günstiger zu nutzen (BGHZ 29, 289, 297 f = NJW 1959, 1424; BGH NJW 1967, 2255; BGH NJW 1985, 313). Nur in Ausnahmefällen bestehe die Bereicherung in der vollen Höhe des Baukostenzuschusses und sei auch nicht ohne Weiteres mit dem um die bereits verrechneten Tilgungsraten verminderten Betrag gleichzusetzen, weil der Baukostenzuschuss seine bestimmungsgemäße Verwendung gefunden habe. Da das Mietverhältnis nur für die Zukunft beendet werde, ergebe sich die Bereicherung des Vermieters aus dem, was der Mieter im Zeitpunkt der Beendigung des Mietverhältnisses zu Gunsten des Vermieters aufgebe. Dem aufseiten des Mieters eintretenden vorzeitigen Entzug der Nutzungsmöglichkeit entspreche die vorzeitige Nutzungsmöglichkeit des Vermieters, sodass die Bereicherung des Vermieters nur in diesem Vermögensvorteil bestehe. Gelinge es dem Vermieter, die Mietsache in Zukunft zu einer Miete zu vermieten, der dem vom bisherigen Mieter bar gezahlten Entgelt zuzüglich des jeweiligen Verrechnungsbetrags entspreche, so sei der Bereicherungsanspruch des bisherigen Mieters auf eine laufende Zahlung in Höhe und nach Fälligkeit der bisher vereinbarten Verrechnungsposten gerichtet. Bei Abweichungen in der Höhe der neuen Miete sei die Bereicherung entsprechend niedriger oder höher. Die sofortige Zahlung des nicht getilgten restlichen Teils eines anrechenbaren Baukostenzuschusses könne der bisherige Mieter nur dann verlangen, wenn es dem Vermieter gelinge, die Mietsache sofort wieder unter Erhalt eines neuen entsprechenden Zuschusses zu vermieten (BGHZ 29, 289, 299 = NJW 1959, 1424; BGH NJW 1959, 872; BGH WuM 1960, 497; BGH NJW 1964, 37; BGH WuM 1965, 1082; OLG Hamburg MDR 1964, 509; OLG Hamm MDR 1971, 51; OLG München DWW 1965, 174).

Diese Auffassung der Rechtsprechung ist im **Schrifttum** auf Widerspruch gestoßen (BACHMANN ZMR 1961, 33, 37; WUNNER NJW 1966, 2285, 2288). Bereicherungsgegenstand könne nur der noch nicht abgewohnte Baukostenzuschuss sein. In Höhe der dadurch herbeigeführten und noch vorhandenen Bereicherung habe der Mieter einen Anspruch auf sofortige Zahlung. Die gegenteilige Auffassung der Rechtsprechung hinsichtlich einer ratenweisen Rückgewähr nach Maßgabe der vereinbarten Abwohnquoten entbehre einer gesetzlichen Grundlage und führe außerdem zu einer ungerechtfertigten Begünstigung des Vermieters, weil der Finanzierungsbeitrag mit der Auflösung des Mietvertrags seine Rechtsgrundlage verliere. 33

Bei der **Lösung des Problems** ist zu berücksichtigen, dass der Vermieter die Beendigung des Mietverhältnisses nicht zu vertreten hat. Unter Umständen kommt sie ihm sogar ungelegen. Insofern darf ihn die Beendigung des Mietverhältnisses nicht über das übliche Maß hinaus beeinträchtigen. Dies wäre aber der Fall, wenn man dem Mieter bei Beendigung des Mietverhältnisses unabhängig davon, ob der Vermieter die Mietsache in Zukunft unter Erhalt eines neuen entsprechenden Zuschusses vermieten kann, einen Anspruch auf den gesamten noch nicht abgewohnten Baukostenzuschuss gäbe. Der Vermieter würde dann das Risiko tragen, ob überhaupt eine Abzahlung des Zuschusses in Zukunft zu erreichen ist. Dies wäre jedenfalls in den Fällen nicht interessengerecht, in denen die Baumaßnahme erheblich im Interesse des Mieters lag und beide Parteien von einem langen Mietverhältnis ausgingen. 34

Ob die Verpflichtung des Vermieters im Übrigen wegen eines **Wegfalls der Bereicherung** nach § 818 Abs 3 BGB ausgeschlossen ist, ist nach den allgemein zu dieser Vorschrift entwickelten Grundsätzen zu ermitteln (STAUDINGER/LORENZ [2007] § 818 Rn 33 ff). Die Vermögenslage des Vermieters zur Zeit des Empfangs der Mietvorauszahlung ist mit der Vermögenslage zur Zeit der Herausgabeverpflichtung zu vergleichen. 35

c) Eine **Verzinsung** des Rückzahlungsanspruchs kommt nicht schon aus dem Grunde in Betracht, weil die Miete idR in Geld zu entrichten ist und deshalb ein Fall der Kapitalnutzung iS des § 818 Abs 1 BGB vorliegt. Diese Vorschrift setzt voraus, dass der Bereicherungsschuldner tatsächlich Nutzungen gezogen hat (RG 36

29. 10. 1909 – VII 572/08, RGZ 72, 152, 153; BGHZ 35, 356, 360 = NJW 1961, 2205). Der Rückzahlungsanspruch kann jedoch nach § 288 BGB zu verzinsen sein, wenn der Vermieter mit der Beendigung des Mietverhältnisses nach § 286 Abs 2 BGB in Schuldnerverzug gerät (oben Rn 24). Darüber hinaus kann der Zinsanspruch grundsätzlich auf § 818 Abs 4, §§ 819, 292 Abs 2, § 987 Abs 2 BGB gestützt werden, wenn der Vermieter im Zeitpunkt der Beendigung des Mietverhältnisses Kenntnis von seiner Rückzahlungsverpflichtung hat oder wenn Rechtshängigkeit eingetreten ist (Hadding, in: FS Mühl [1981] 225, 238). Er haftet dann auch für schuldhaft nicht gezogene Nutzungen. Im Unterschied zur Haftung nach § 547 Abs 1 S 1 BGB, die eine Pflicht zur Verzinsung vom Empfang der Mietvorauszahlung an auslöst (s Rn 29), ist der Rückzahlungsanspruch bereicherungsrechtlich erst mit der Beendigung des Mietverhältnisses zu verzinsen.

4. Wechsel der Parteien

a) Vermieter

37 Für einen Wechsel des Vermieters durch **Einzel- oder Gesamtrechtsnachfolge** in den Mietvertrag gelten keine Besonderheiten. Bei einer Beendigung des Mietverhältnisses treffen die Pflichten aus § 547 BGB den neuen Vermieter.

38 Anders ist es, wenn bei einer **Grundstücksveräußerung** und in ähnlichen Fällen (Zwangsversteigerung, Beendigung des Nießbrauchs, Erlöschen des Erbbaurechts, Heimfall des Dauerwohnrechts etc) ein Erwerber aufgrund unmittelbarer oder entsprechender Anwendung der §§ 566, 578 BGB an Stelle des bisherigen Vermieters in die sich aus dem Mietverhältnis ergebenden Rechte und Pflichten eintritt. Dies gilt auch für die Pflichten aus § 547 BGB (BGHZ 16, 31, 36 = NJW 1955, 302; OLG Frankfurt ZMR 1970, 181; Schmid/Harz/Schmid/Sommer Rn 4). Hierbei handelt es sich nicht um eine Rechtsnachfolge, sondern um einen Eintritt kraft Gesetzes als Folge des Eigentumserwerbs, sodass in der Person des Erwerbers ein neues Mietverhältnis mit dem gleichen Inhalt wie bisher entsteht. Für diese Fälle ist in den §§ 566b, 566c, 578 BGB geregelt, ob und inwieweit einseitige Verfügungen des Vermieters und Rechtsgeschäfte zwischen Mieter und Vermieter hinsichtlich der Mietforderung dem Erwerber gegenüber wirksam sind. Eine Vorauszahlung der Miete ist dem Erwerber gegenüber nur in den durch die §§ 566c, 578 BGB gesteckten engen Schranken wirksam (Bub/Treier/Emmerich Rn V 455; Schmidt-Futterer/Streyl Rn 28). Nur soweit die Mietvorauszahlung dem Erwerber gegenüber wirksam ist, kann er bei einer Beendigung des Mietverhältnisses vom Mieter nach § 547 BGB in Anspruch genommen werden (vgl Rn 5). Im Übrigen muss sich der Mieter an den früheren Vermieter halten (BGH NJW 1966, 1703). Die Wirksamkeit einer Mietvorauszahlung wird allerdings nicht nach § 566b Abs 2 BGB durch die Kenntnis des Erwerbers im Zeitpunkt des Eigentumsübergangs über den Rahmen des § 566c BGB hinaus ausgedehnt, weil § 566c BGB insoweit für Rechtsgeschäfte zwischen Mieter und Vermieter eine Sonderregelung darstellt.

b) Mieter

39 Im Hinblick auf Mietvorauszahlungen, insbesondere abwohnbare Baukostenzuschüsse, wird für den Fall eines Mieterwechsels häufig eine **Nachfolgeklausel** vereinbart. Hierdurch wird es dem bisherigen Mieter möglich, sich Ersatz für den noch nicht abgewohnten Teil der Mietvorauszahlung bei seinem Nachfolger zu verschaffen. Der Vermieter braucht sich hingegen nicht um eine neue Mietvorauszahlung zu

bemühen und kann den empfangenen Betrag grundsätzlich behalten. Er ist selbst dann keinen Bereicherungsansprüchen des bisherigen Mieters ausgesetzt, wenn er von dem neuen Mieter eine höhere Miete erhält. Denn insoweit fehlt es an einer Bereicherung auf Kosten des bisherigen Mieters (BGH NJW 1964, 37).

Derartige Nachfolgeklauseln ermöglichen grundsätzlich einen völligen oder teilweisen **Ausschluss des Rückerstattungsanspruchs** aus § 547 BGB gegen den Vermieter (BGH NJW 1964, 37; SCHMID/HARZ/SCHMID/SOMMER Rn 5). Dies gilt uneingeschränkt bei Mietverhältnissen über Grundstücke, Geschäfts- und sonstige Räume sowie über bewegliche Sachen. Bei einem Mietverhältnis über Wohnraum ist nach § 547 Abs 2 BGB eine zum Nachteil des Mieters von den vorangehenden Vorschriften abweichende Vereinbarung unwirksam (s Rn 42 ff). In diesem Fall kann eine Nachfolgeklausel den Vermieter nur insoweit von Ansprüchen des Mieters aus § 547 BGB befreien, als der Mieter von seinem Nachfolger tatsächlich das erhält, was ihm nach § 547 BGB gegen den Vermieter zustehen würde. Dabei kommt es nicht auf den Anspruch als solchen an, der gegen den Nachfolger besteht, sondern auf dessen Erfüllung, damit der bisherige Mieter nicht Gefahr läuft, entgegen § 547 Abs 2 BGB leer auszugehen (ERMAN/LÜTZENKIRCHEN Rn 11). **40**

Der neue Mieter tritt hinsichtlich der Mietvorauszahlung an die Stelle des bisherigen Mieters, den er abgefunden hat. Dabei macht es rechtlich keinen Unterschied, ob der neue Mieter in das Mietverhältnis seines Vorgängers eintritt oder ob er einen neuen Mietvertrag abschließt. Rechtlich und wirtschaftlich bedeutet die Abfindung des bisherigen Mieters eine **Mietvorauszahlung des Nachfolgers** an den Vermieter (SCHMIDT-FUTTERER/STREYL Rn 31). Endet auch dieses Mietverhältnis vorzeitig, kann nunmehr der Nachfolger die Ansprüche aus § 547 BGB gegen den Vermieter geltend machen (BGH NJW 1966, 1705; PALANDT/WEIDENKAFF Rn 9). **41**

IV. Abweichende Vereinbarungen (Abs 2)

1. Mietverhältnis über Wohnraum

Nach § 547 Abs 2 BGB ist bei einem Mietverhältnis über Wohnraum (STAUDINGER/V EMMERICH Vorbem 24 zu § 535) unabhängig von seiner Art eine zum Nachteil des Mieters von der Regelung des Abs 1 abweichende Vereinbarung unwirksam. Bei Mietverhältnissen über Mischräume kommt es darauf an, ob eine Gesamtbeurteilung die vermieteten Räume als Wohnräume erscheinen lässt (SCHMIDT-FUTTERER/STREYL Rn 52 ff). Dann sind abweichende Vereinbarungen ebenfalls ausgeschlossen. Wenn die Parteien eine nach § 547 Abs 2 BGB unwirksame Vereinbarung getroffen haben, so hat dies entgegen § 139 BGB idR nicht die Unwirksamkeit des gesamten Mietvertrags zur Folge. Dies ist aus dem Schutzzweck der Klauseln über die Unabdingbarkeit bestimmter mietrechtlicher Vorschriften zu schließen. **42**

Unwirksam ist eine Vereinbarung, durch die der Rückerstattungsanspruch des Mieters von Wohnraum ganz ausgeschlossen oder nachteilig gegenüber der gesetzlichen Regelung modifiziert wird. Dies gilt für die Vereinbarung, dass der Vermieter stets nur nach Bereicherungsrecht haften soll, auch wenn er den Umstand, der zur Beendigung des Mietverhältnisses geführt hat, zu vertreten hat. Unwirksam ist es, wenn die grundsätzliche Verpflichtung des Vermieters, den nicht abgewohnten Teil der **43**

Mietvorauszahlung nach Beendigung des Mietverhältnisses in einer Summe zurückzuerstatten, in der Weise durch den Mietvertrag abbedungen wird, dass der Betrag nur mit den bisherigen Raten getilgt werden soll (BGHZ 56, 285, 288 = NJW 1971, 1658; LG Kassel WuM 1975, 172). Auch wenn in der Rechtsprechung die Unverzinslichkeit eines als Mietvorauszahlung zu beurteilenden Mieterdarlehens hervorgehoben wird, gilt dies jedenfalls für niedrig verzinsliche Darlehen in gleicher Weise (OLG Frankfurt ZMR 1970, 181). Sind höhere, dem Kapitalmarktzins entsprechende Zinsen vereinbart, so hängt es im Einzelfall von der Vertragsgestaltung ab, ob das Darlehen als Mietvorauszahlung beurteilt werden kann und damit unter § 547 BGB fällt.

44 Der Schutz des Mieters darf auch nicht dadurch beeinträchtigt werden, dass durch voneinander abweichende Laufzeiten des Darlehens und des Mietvertrags der Charakter einer Mietvorauszahlung vermieden werden soll. Eine solche Vereinbarung ist als Umgehung des § 547 BGB nach § 134 BGB insoweit nichtig, als sie den Erstattungsanspruch des Mieters vereitelt (BGHZ 56, 285, 289 = NJW 1971, 1658). Ausgeschlossen ist es, im Mietvertrag zu vereinbaren, bei vorzeitiger Beendigung des Mietverhältnisses solle eine nicht abgewohnte Mietvorauszahlung als Mietkaution oder Darlehen behandelt werden (vgl LG Mannheim ZMR 1968, 203; s auch Rn 46). Unwirksam ist ferner eine abweichende Vereinbarung zugunsten des späteren Erwerbers der vermieteten Wohnräume, der nach § 566 BGB an die Stelle des bisherigen Vermieters tritt. Dies gilt etwa für den Erwerber des Grundstücks im Wege der **Zwangsversteigerung** nach § 57 ZVG, der durch eine Vereinbarung der ursprünglichen Parteien des Mietvertrags von Erstattungsansprüchen des Mieters freigestellt werden soll (BGHZ 53, 35, 39 = NJW 1970, 93; OLG Frankfurt ZMR 1970, 181; Palandt/Weidenkaff Rn 1). Die Regelung des § 547 BGB erlangt als Teil des sozialen Mietrechts gerade dann ihre besondere Bedeutung, wenn der Vermieter in Vermögensverfall gerät und das Grundstück deshalb zwangsversteigert wird (BGHZ 53, 35, 39 f = NJW 1970, 94).

45 Wirksam sind dagegen abweichende Vereinbarungen, wenn die Rechtsstellung des Mieters von Wohnraum gegenüber § 547 Abs 1 BGB verbessert wird. Dies gilt in gewissen Grenzen für Nachfolgeklauseln (s Rn 40) und für eine Vereinbarung, dass der Vermieter stets verschärft haften oder den Erstattungsbetrag mit einem über 5 vH über den jeweiligen Basiszinssatz liegenden Zinssatz verzinsen soll. Zulässig ist es auch, wenn Mieter und Vermieter bei oder nach der Beendigung des Mietverhältnisses abweichende Vereinbarungen, etwa eine längerfristige Stundung des gesamten Erstattungsbetrags oder eine Rückzahlung in Raten, vereinbaren (AG Tiergarten GE 1998, 1345). Nach der Entstehung des Anspruchs kann der Mieter auch zu seinen Ungunsten frei über die ihm zustehende Rechtsposition verfügen.

2. Sonstige Mietverhältnisse

46 Generell zulässig sind abweichende Vereinbarungen auch zum Nachteil des Mieters bei allen anderen Mietverhältnissen, so über bewegliche Sachen, Grundstücke, Geschäfts- und sonstige Räume, für die § 547 Abs 1 BGB in gleicher Weise gilt (Beck-OGK/Reuschle [1. 7. 2020] Rn 42; Blank/Börstinghaus/Blank/Börstinghaus Rn 22; Erman/Lützenkirchen Rn 2). Ist bei Mischmietverhältnissen (Staudinger/V Emmerich Vorbem 27 zu § 535) eine eindeutige räumliche Trennung in Wohn- und Geschäftsbereich möglich und lässt sich dementsprechend auch die Mietvorauszahlung aufteilen, so sind abweichende Vereinbarungen hinsichtlich des auf die Geschäfts- oder sonstigen Räume entfallenden Teils zulässig, weil der Schutzzweck des § 547 Abs 2 BGB insoweit nicht durchgreift. Dabei ist aber die Gefahr von Umgehungen zu beachten, wenn etwa eine Mietvorauszahlung bei der Miete von Mischräumen nach dem Vertrag in vollem oder größerem Umfang dem geschäftlichen Teil der Räume zugeordnet wird, als es den tatsächlichen Wertverhältnissen entspricht. Dies kann im Einzelfall zur Unzulässigkeit einer von § 547 Abs 1 BGB abweichenden Vereinbarung führen.

§ 548
Verjährung der Ersatzansprüche und des Wegnahmerechts

(1) Die Ersatzansprüche des Vermieters wegen Veränderungen oder Verschlechterungen der Mietsache verjähren in sechs Monaten. Die Verjährung beginnt mit dem Zeitpunkt, in dem er die Mietsache zurückerhält. Mit der Verjährung des Anspruchs des Vermieters auf Rückgabe der Mietsache verjähren auch seine Ersatzansprüche.

(2) Ansprüche des Mieters auf Ersatz von Aufwendungen oder auf Gestattung der Wegnahme einer Einrichtung verjähren in sechs Monaten nach der Beendigung des Mietverhältnisses.

Materialien: E II § 500; III § 551; BGB § 558; Mot II 378; Prot II 177 f, 194; Mietrechtsreformgesetz von 2001 (BGBl I 1149); Schuldrechtsmodernisierungsgesetz vom 16. 11. 2001 (BGBl I 3138); Begr zum RegE BT-Drucks 14/4553, 45; Bericht des Rechtsausschusses BT-Drucks 14/5663, 77.

Schrifttum

BLANK, Anspruchsverjährung bei dem Vermieter auch ohne Besitzwechsel?, NJW 2014, 1985
BUB/TREIER/GRAMLICH, Hdb Rn VI 1 ff
ECKERT, Die Verjährung der Aufwendungsersatzansprüche des Mieters, NZM 2008, 313
ders, Widersprüche und Ungereimtheiten bei der Verjährung der Ersatzansprüche des Vermieters gegen den Mieter, in: ARTZ/BÖRSTINGHAUS, 10 Jahre Mietrechtsreformgesetz (2011) 326
EISENHUT/PÜTZ, Zur Verjährung der Schadensersatzansprüche des Vermieters von Wohnraum gegen den Mieter nach Veräußerung der Mietsache, WuM 1987, 76
EMMERICH, Die Verjährung des Schadensersatzanspruchs wegen unterlassener Schönheitsreparaturen, NZM 2005, 248
ERNST, Verjährung im Wohnraummietrecht, WuM 2008, 695
FEUERLEIN, Die Verjährung von Erfüllungsansprüchen aus dem Mietvertrag, WuM 2008, 385
FINGER, Die Verjährung nach § 558 BGB, ZMR 1988, 1
FRANKE, Verjährung im Mietrecht, DWW 2002, 86
FUDER, Verlängerung und Hemmung der kurzen mietrechtlichen Verjährungsfrist nach der Schuldrechtsmodernisierung, NZM 2004, 851
GHASSEMI-TABAR, Der Tatbestand der Verwirkung in der Gewerberaummiete, NZM 2013, 129
GATHER, Die Verjährung mietrechtlicher Ansprüche, DWW 1987, 282
HARKE, Bundesbodenschutzgesetz und mietrechtliche Verjährung, AcP 202 (2002) 951
HARTMANN, Abweichende Verjährungsvereinbarungen, WuM 2018, 65
JACOBY, Die Verjährung nach § 548 BGB und die Reform des Verjährungsrechts, in: ARTZ/BÖRSTINGHAUS, 10 Jahre Mietrechtsreformgesetz (2011) 337

Jäkel, Verjährungsbeginn nach § 548 BGB, WuM 2002, 528
Jendrek, Verjährungsfragen im Mietrecht, NZM 1998, 593
Kandelhard, Kurze Verjährung rückgabeveranlaßter Vermieterersatzansprüche, NJW 2002, 3291
ders, Die Verlängerung der Verjährung zum Ende des Mietverhältnisses, NZM 2002, 929
Krapf, Beginn der kurzen Verjährung des § 548 BGB für entstandene und noch nicht entstandene Ansprüche des Vermieters bei vorzeitiger Rückgabe der Mietsache, in: Artz/Börstinghaus, 10 Jahre Mietrechtsreformgesetz (2011) 344
Langenberg, Verjährung des Schadensersatzanspruchs wegen unterlassener Schönheitsreparaturen, WuM 2002, 71
Lehmann-Richter, Verjährung vor Vertragsende, NZM 2008, 761
Lützenkirchen, Änderung des Verjährungsbeginns bei § 548 Abs 1 BGB durch die Schuldrechtsmodernisierung?, ZMR 2002, 889
Mansel/Budzikiewicz, Das neue Verjährungsrecht (2002)
Peters, § 548 Abs 1 S 2 und Abs 2 BGB – zwei Tatbestände der Hemmung der Verjährung, in: Artz/Börstinghaus, 10 Jahre Mietrechtsreformgesetz (2011) 353
Ricker, Verjährungsprobleme bei Herstellungs- und Schadensersatzansprüchen des Vermieters, NZM 2000, 216
St Roth, Der Ablauf der Verjährungsfrist im laufenden Mietverhältnis, PiG 83 (2008) 213
K Scheffler, Zur Verlängerung der kurzen Verjährungsfrist des § 548 Abs 1 BGB in Mietverträgen, ZMR 2008, 512
Schlechtriem, Vertragsordnung und außervertragliche Haftung (1972)
M Schmid, Zur Verjährung des Anspruchs auf Herstellung eines ordnungsgemäßen Zustandes, ZMR 2009, 585
Skrobek, Verjährung von Erfüllungsansprüchen, ZMR 2007, 664
Streyl, Zur Unverjährbarkeit des Mängelbeseitigungsanspruchs, WuM 2009, 630
Treier, Verjährung und Verwirkung im Mietrecht nach der neueren Rechtsprechung des BGH, in: FS Bärmann und Weitnauer (1990) 670
Wichert, Unterlassene Schönheitsreparaturen: Wann verjähren welche Ansprüche?, MDR 1996, 973
Wietz/Streyl, Zur kurzen Verjährung von Schadensersatzansprüchen des Mieters gemäß § 536a Abs 1 BGB, WuM 2014, 701
Witt, Beginn und Ende mietrechtlicher Verjährungsfristen, NZM 2012, 545
ders, § 548 und die Verjährung der mietrechtlichen Gewährleistungspflicht, in: Artz/Börstinghaus, 10 Jahre Mietrechtsreformgesetz (2011) 360.

Systematische Übersicht

I. Zweck, Anwendungsbereich _____ 1

II. Vermieteransprüche
1. Ansprüche wegen Veränderungen oder Verschlechterungen _____ 4
2. Insbesondere Schönheitsreparaturen _____ 10
3. Mietsache _____ 12
4. Ansprüche Dritter _____ 14
5. Ansprüche gegen Dritte _____ 15
6. Erfüllungsansprüche _____ 16
7. Ansprüche wegen Zerstörung der Sache _____ 18

III. Mieteransprüche
1. Aufwendungsersatzansprüche _____ 19
2. Ansprüche auf Gestattung der Wegnahme einer Einrichtung _____ 21
3. Andere Ansprüche _____ 22

IV. Verjährung der Vermieteransprüche
1. Überblick _____ 23
2. Rückerhalt _____ 26
3. Besondere Fallgestaltungen _____ 31

V. Verjährung der Mieteransprüche
1. Aufwendungsersatzansprüche _____ 33

Untertitel 1
Allgemeine Vorschriften für Mietverhältnisse § 548

2. Anspruch auf Gestattung der Wegnahme einer Einrichtung	36
3. Veräußerung der Mietsache	37
VI. § 548 Abs 1 S 3	38
VII. Allgemeine Verjährung	
1. Anwendungsbereich	39
2. Neubeginn	41
3. Hemmung	42
4. Verwirkung	44
VIII. Abweichende Vereinbarungen	45

Alphabetische Übersicht

Abweichende Vereinbarungen	44 f
Anerkenntnis	41
Ansprüche Dritter	14 f
Ansprüche des Mieters	31 ff
Ansprüche gegen Dritte	15 f
Anwendungsbereich	2 ff
Arbeitnehmer	15
Aufwendungsersatzansprüche des Mieters	19 ff
Beendigung des Mietverhältnisses	33 ff
Beginn der Verjährung der Mieteransprüche	33 ff
Beginn der Verjährung der Vermieteransprüche	23 ff
Berechnung der Verjährungsfrist	39
Bereicherungsanspruch	17, 22, 40
Beweisverfahren, selbständiges	41
c i c	3
Deliktsansprüche	5 f
Duldung der Wegnahme	35, 37
Erfüllungsansprüche des Mieters	10, 19, 22
– des Vermieters	4, 10 f, 16 ff
Ersatzansprüche des Vermieters	4 ff
Ersatzansprüche des Vermieters gegen Dritte	14
Formularverträge	44
Gemischte Verträge	3
Gesetzliche Ansprüche	3, 9
Gestattung der Wegnahme	35, 37
Hemmung der Verjährung	42 ff
– durch Verhandlungen	43
Klageerhöhung	40
Leasing	2
Mietausfallschaden	39
Mieteransprüche	19 ff
Mieterwechsel	31
Mitvermietete Sachen	11
Neubeginn der Verjährung	41
Nichtvermietete Sachen	11 f
Probefahrt	3
Rückgabe der Mietsache	26 ff
Rückgabe der Schlüssel	27, 30
Rückgabeanspruch	17, 38
Sachen Dritter	12
Schadenseinheit	39
Schönheitsreparaturen	10 f, 24 f
Teilklage	40
Teilrückgabe	32
Tankstellenpacht	3
Untermiete	14 f, 21, 22, 31, 33
Veräußerung der Mietsache	37
Verhandlungen der Parteien	43
Verjährung der Mieteransprüche	19 ff
– Aufwendungsersatzansprüche	19 f
– Ansprüche aus anderen Verträgen	22
– Bereicherungsansprüche	22, 40
– gesetzliche Ansprüche	20
– Mietvorauszahlung	22
– Schadensersatzansprüche	2
Verjährung der Vermieteransprüche	4 ff

– Beginn der Verjährung	23, 26 ff	– Wiederherstellungsanspruch	6 f
– Bereicherungsansprüche	17	– Zerstörung der Sache	18 f
– cic	3	Verjährungsbeginn bei Mieter-	
– Deliktsansprüche	5, 9	ansprüchen	33 ff
– Eigentum Dritter	12	Verjährungsbeginn bei Vermieter-	
– Erfüllungsanspruch	1, 16 f	ansprüchen	23 ff
– gemischte Verträge	3	Verkürzung der Verjährungsfrist	44 f
– Leasing	3	Verlängerung der Verjährungsfrist	45
– mitvermietete Sachen	11	Vermieteransprüche	4 ff
– nach Vertragsende	13	Verwirkung	44
– Obhutspflichtverletzung	7		
– Probefahrt	3	Wiederherstellungsanspruch	6 f
– Rückerhalt	26 ff		
– Rückgabeanspruch	17	Zerstörung der Mietsache	18 f
– Schadensersatzansprüche	4 ff	Zweck	1
– Schönheitsreparaturen	10 f, 24 f		

I. Zweck, Anwendungsbereich

1 Nach § 548 BGB verjähren die Ersatzansprüche des Vermieters wegen Veränderungen oder Verschlechterungen der Mietsache ebenso wie die Ansprüche des Mieters auf Ersatz von Aufwendungen oder auf Gestattung der Wegnahme einer Einrichtung in sechs Monaten, beginnend beim Vermieter mit Rückerhalt der Sache und beim Mieter mit Beendigung des Mietverhältnisses. Die Regelung ist nahezu unverändert aus § 558 Abs 1 bis 3 aF übernommen worden. Die Gesetzesverfasser haben dazu bemerkt (s BT-Drucks 14/4553, 45 [r Sp]), der **Zweck** des § 548 BGB bestehe unverändert darin, „zeitnah zur Rückgabe der Mietsache eine möglichst schnelle Klarstellung über bestehende Ansprüche im Zusammenhang mit dem Zustand der Mietsache zu erreichen", wobei hinzukomme, dass der Zustand der Sache bei Vertragsende schon kurze Zeit nach ihrer Rückgabe an den Vermieter erfahrungsgemäß nicht mehr verlässlich festzustellen sei (ebenso schon Prot II 177 f, 194; BGHZ 47, 53, 56 = NJW 1967, 80; BGHZ 98, 235, 237 = NJW 1987, 187; BGHZ 135, 152, 155 = NJW 1997, 1983; BGHZ 135, 284, 291 = NJW 1997, 2316; BGHZ 178, 137, 146 = NJW 2009, 139 Tz 26 usw bis BGH 8. 11. 2017 – VIII ZR 13/17 Rn 29, BGHZ 217, 1, 8 f = NJW 2017, 3707).

1a Der **Anwendungsbereich** des § 548 BGB beschränkt sich auf die in den Abs 1 und 2 erwähnten Ansprüche des Vermieters wegen Veränderungen oder Verschlechterungen der Mietsache sowie des Mieters auf Ersatz von Aufwendungen und Gestattung der Wegnahme einer Einrichtung (s Rn 4, Rn 19 ff). *Andere* Ansprüche der Mietvertragsparteien werden nicht erfasst. Das ist wichtig insbesondere für die beiderseitigen **Erfüllungsansprüche** aus § 535 Abs 1 und 2 BGB sowie für die zugehörigen Ersatzansprüche aus den §§ 280, 281, 283 und 536a BGB (s § 535 Rn 14, Rn 21, Rn 84 sowie u Rn 4 f, Rn 16 ff). Die Verjährung dieser Ansprüche richtet sich folglich – mangels mietrechtlicher Sondervorschriften – nach den §§ 195 und 199 BGB (s KL-M Ernst WuM 2008, 695; Feuerlein WuM 2008, 305; Klimke/Lehmann-Richter WuM 2006, 653, 655; St Roth PiG 83 [2008] 213; Skrobek ZMR 2007, 664; Wietz/Streyl WuM 2014, 701; Witt NZM 2012, 545, 546; ders, in: 10 Jahre Mietrechtsreformgesetz 360; kritisch Eckert, in: 10 Jahre Mietrechtsreformgesetz 326 ff).

Der Anwendungsbereich des § 548 BGB umfasst sämtliche **Miet- und Pachtverträge**, 2
aus denen nach dem 31. 8. 2001 unter § 548 BGB fallende Ansprüche hergeleitet
werden. Weitgehend übereinstimmende Regelungen enthalten die Vorschriften des
§ 591b BGB für die Landpacht, des § 606 BGB für die Leihe sowie des § 1057 BGB
für den Nießbrauch. Den genannten Vorschriften kann ein **allgemeiner Rechtsgrundsatz** entnommen werden, der entsprechend auf vergleichbare Rechtsverhältnisse
anwendbar ist (BGH 19. 12. 2001 – XII ZR 233/99, LM Nr 58 zu § 558 BGB = NJW 2002, 1336).
Wichtig ist das zunächst für **Leasingverträge**, da es sich bei diesen im Kern ebenfalls
um Mietverträge handelt (BGHZ 97, 65, 72 f = NJW 1986, 1335). Ebenso wie bei Miete
und Pacht (s Rn 1) findet § 548 Abs 1 BGB jedoch auch bei Leasingverträgen nur
Anwendung auf etwaige **Ersatzansprüche** des Leasinggebers **wegen einer Beschädigung** der Leasingsache, *nicht* dagegen auf dessen *Erfüllungsansprüche* (BGHZ 97, 65,
72 f). Beispiele für (für nicht unter § 548 Abs 1 BGB fallende) Erfüllungsansprüche
des Leasinggebers sind der Ausgleichsanspruch im Falle der Kündigung eines Teilamortisationsvertrages (BGHZ 97, 65, 72 f), sonstige Ersatzansprüche des Leasinggebers bei vorzeitiger Beendigung des Vertrages (OLG Karlsruhe BB 1985, 10; anders OLG
Koblenz WM 1991, 2001, 2005), Ansprüche auf Restwertausgleich, wenn der Restwert
hinter dem kalkulierten Wert zurückbleibt (BGH LM Nr 154 zu § 535 BGB = NJW 1996,
2860; 1. 3. 2000 – VIII ZR 177/99, LM Nr 164 zu § 535 BGB = NJW-RR 2000, 1303, 1304), sowie
ein Ersatzanspruch des Leasinggebers wegen nicht ordnungsmäßigen Zustandes des
Kraftfahrzeugs bei Rückgabe (BGH 1. 3. 2000 – VIII ZR 177/99, LM Nr 164 zu § 535 BGB =
NJW-RR 2000, 1303, 1304). Für diese Ansprüche bleibt es folglich bei den allgemeinen
Verjährungsregeln der §§ 195, 199 BGB (BGHZ 97, 65, 78 f = NJW 1986, 1335).

Entsprechend seinem Zweck (s Rn 1) wird § 548 Abs 1 BGB ferner auf Ansprüche 3
des Vermieters aus **c i c** angewandt, vorausgesetzt, dass sie gerade auf vom Mieter zu
vertretenden Veränderungen der Mietsache während der Verhandlungen beruhen
(§ 311 Abs 2 BGB; MünchKomm/EMMERICH § 311 Rn 219). Ein Beispiel sind Ersatzansprüche des Vermieters wegen grundlosen Abbruchs der Vertragsverhandlungen durch
den Mieter nach umfangreichen Umbauten auf Wunsch des Mieters (BGH NZM 2006,
509, 510 Tz 11 = NJW 2006, 1963; dagegen ECKERT, in: 10 Jahre Mietrechtsreformgesetz 326, 331 f);
die kurze Verjährungsfrist des § 548 Abs 1 BGB beginnt in diesem Fall mit dem
endgültigen Abbruch der Vertragsverhandlungen seitens des Mieters (BGH NZM
2006, 509, 510 Tz 12 = NJW 2006, 1963). Ebenso behandelt werden Ansprüche des
Vermieters gegen einen vollmachtlosen Vertreter des Mieters aus **§ 179 Abs 1
BGB** (BGH NJW 2004, 774 = NZM 2004, 98 = WuM 2004, 21, 22).

In den Anwendungsbereich des § 548 BGB fallen ferner **gemischte Verträge mit** 3a
überwiegend mietvertraglichem Charakter (BGH LM Nr 58 zu § 558 BGB = NJW 2002,
1336; 10. 4. 2002 – XII ZR 217/98, NZM 2002, 605 [Gleisanschluss]). Er gilt deshalb etwa für
Ersatzansprüche des **Gastwirts** gegen den Gast wegen der Beschädigung seines
Hauses (BGHZ 71, 175, 177 f = NJW 1978, 1426), für Ansprüche des Grundstückseigentümers gegen die **Bahn** auf Rückbau einer Gleisanlage auf seinem Grundstück nach
Beendigung des Vertrages (BGH 10. 4. 2002 – XII ZR 217/98, NZM 2002, 605, 606) sowie für
Ansprüche des „**Filmverleihers**" wegen einer Beschädigung der dem Entleiher überlassenen Kopien (OLG Celle NJW 1965, 1667). Außerdem gehören hierher zB noch die
Ansprüche einer Gemeinde, die einem Unternehmen eine **Kiesgrube** zur Ablagerung von Abfällen vermietet hat, wegen daraus resultierender Umweltschäden (OLG
Karlsruhe BB 1988, 2130) sowie Ansprüche aus **Tankstellenpachtverträgen** (BGHZ 135,

152, 155 ff = NJW 1997, 1983). § 548 BGB wird ferner entsprechend auf die Überlassung eines Kraftfahrzeugs zu einer **Probefahrt** an einen Kaufinteressenten angewandt, und zwar selbst dann, wenn das Kraftfahrzeug nicht dem Verkäufer, sondern einem Dritten gehört und der Verkäufer nur aus abgetretenem Recht oder der dritte Eigentümer selbst aus Delikt klagt (vgl § 991 Abs 2 BGB; BGHZ 54, 264, 265, 266 f = NJW 1970, 1736; BGHZ 66, 315, 320 = NJW 1976, 1505; BGHZ 119, 35, 38 f = NJW 1992, 2413; BGH LM Nr 21 zu § 852 BGB = NJW 1964, 1225; LM Nr 36 zu § 852 BGB = NJW 1968, 1472). Ebenso zu behandeln ist schließlich der Fall einer Beschädigung der Kaufsache bei einem **Kauf auf Probe** während der Probezeit (BGHZ 119, 35, 39 f = NJW 1992, 2413).

II. Vermieteransprüche

1. Ansprüche wegen Veränderungen oder Verschlechterungen

4 Nach § 548 Abs 1 S 1 BGB gilt die kurze Verjährungsfrist von sechs Monaten seit Rückgabe der Mietsache zunächst für Ersatzansprüche des Vermieters wegen Veränderungen oder Verschlechterungen der Mietsache. Schwerpunktmäßig geht es bei den **Verschlechterungen** um Eingriffe in die Sachsubstanz, durch die der Verkehrswert der Mietsache gemindert wird, während mit **Veränderungen** alle sonstigen vertragswidrigen Eingriffe gemeint sind, selbst wenn durch sie wie zB bei Umbauten vorstellbar der Verkehrswert der Mietsache erhöht wird (BLANK/BÖRSTINGHAUS Rn 3; FEUERLEIN WuM 2008, 385; ST ROTH PiG 83 [2008] 213, 221). Im Ergebnis erfasst die kurze Verjährungsfrist des § 548 Abs 1 somit sämtliche Ansprüche des Vermieters, die daraus hergeleitet werden, dass der Vermieter die Mietsache in einem **vertragswidrigen Zustand zurückerhält**. Eine genaue Abgrenzung der Veränderungen von den Verschlechterungen im Sinne des § 558 ist entbehrlich, weil das Gesetz beide in jeder Hinsicht gleichbehandelt (ausführlich BeckOGK/REUSCHLE [1. 10. 2020] Rn 16 ff). In aller Regel wird es sich um Ansprüche wegen Eingriffen des Mieters in die Sachsubstanz handeln (ebenso zB GUHLING/GÜNTER Rn 6 f). Paradigmata sind Ersatzansprüche des Vermieters wegen unterlassener oder mangelhaft ausgeführter Schönheitsreparaturen (s Rn 10 ff). Die Rechtsprechung hat sich jedoch im Interesse eines weiten Anwendungsbereichs des § 558 nicht immer streng an diese Vorgaben gehalten und § 558 immer wieder auch bei sonstigen Beeinträchtigungen des Verkehrswerts der Sache angewandt, wie die weiter unten genannten Beispiele zeigen (Rn 7).

5 Die Ersatzansprüche des Vermieters wegen Veränderungen oder Verschlechterungen der Mietsache müssen einerseits von den **Erfüllungsansprüchen** des Vermieters und auf der anderen Seite von den Ersatzansprüchen wegen einer **Zerstörung** der Mietsache oder wegen Personenschäden unterschieden werden (s zu dieser schwierigen Abgrenzung insbesondere ECKERT, in: 10 Jahre Mietrechtsreformgesetz 326, 327 ff; FEUERLEIN WuM 2008, 385, 387 f; FRANKE DWW 2002, 86; KLIMKE/LEHMANN-RICHTER WuM 2006, 653, 657 f; ST ROTH PiG 83 [2008] 213, 220 ff; SKROBEK ZMR 2007, 664; SCHMIDT-FUTTERER/STREYL § 548 Rn 13 ff; WITT NZM 2011, 545, 550 ff; ders, in: 10 Jahre Mietrechtsreformgesetz 360). Zu den **Erfüllungsansprüchen** des Vermieters, die (mangels Anwendbarkeit des § 558 Abs 1) der Regelverjährungsfrist der §§ 195 und 199 BGB unterliegen, gehören vor allem der Anspruch des Vermieters auf die **Gegenleistung** des Mieters (§ 535 Abs 2 BGB) sowie sämtliche gleichstehenden Ansprüche wie etwa der Entschädigungsanspruch aus § 546a BGB (s Rn 16 f). Ansprüche des Vermieters wegen eine **Zerstörung** der Mietsache werden sich dagegen in erster Linie aus dem Vertrag und aus Delikt ergeben

Untertitel 1
Allgemeine Vorschriften für Mietverhältnisse § 548

(§§ 535, 546 und 823). Unter § 548 Abs 1 BGB werden demgegenüber grundsätzlich alle Ansprüche des Vermieters subsumiert, die ihren Grund gerade darin haben, dass der Mieter die Mietsache zwar *zurückgeben* kann, aber nicht in dem geschuldeten Zustand.

5a Mit Rücksicht auf den Zweck der gesetzlichen Regelung (o Rn 1) wird § 548 Abs 1 BGB, soweit er sich auf Ersatzansprüche des Vermieters wegen Verschlechterungen oder Veränderungen der Mietsache bezieht, üblicherweise *weit* ausgelegt (so ausdrücklich BGH NZM 2006, 509, 510 Tz 11 = NJW 2006, 1963; 23. 6. 2010 – XII ZR 52/08, NJW 2010, 2652 = NZM 2010, 621 Tz 12; 29. 6. 2011 – VIII ZR 349/10, NJW 2011, 2217 Tz 12 = NZM 2011, 639). Deshalb wird zunächst nicht danach unterschieden, ob der Vermieter aufgrund der §§ 249 bis 251 BGB den **Wiederherstellungs- oder** den **Zahlungsanspruch** verfolgt. Immer gilt § 548 Abs 1 BGB (Begr zum RegE BT-Drucks 14/4553, 45; BGHZ 86, 71, 77 ff = NJW 1983, 679; BGHZ 128, 74, 79 = NJW 1995, 252; BGH LM Nr 53 zu § 581 BGB = NJW 1989, 1854; NZM 2002, 605, 606; 23. 6. 2010 – XII ZR 52/08, NJW 2010, 2652 Tz 12 = NZM 2010, 621 Tz 12; Witt NZM 2011, 545, 547; Schmidt-Futterer/Streyl § 548 Rn 13 ff, 25). In diesem Zusammenhang ist auch hinsichtlich etwaiger Nebenansprüche die Vorschrift des § 217 BGB zu beachten (BGHZ 128, 74, 77, 81 = NJW 1995, 292).

6 Es spielt ferner keine Rolle, ob die Ersatzansprüche des Vermieters auf **Gesetz oder Vertrag** beruhen. Die kurze Verjährungsfrist des § 548 Abs 1 S 1 BGB gilt insbesondere auch für mit vertraglichen Ansprüchen konkurrierende Ansprüche des Vermieters aus **Delikt** (§ 823 BGB; Prot II 177 f, 194; RGZ 62, 329, 331; BGHZ 71, 175, 179 f = NJW 1978, 1426; BGHZ 93, 64, 66 f = NJW 1985, 798; BGHZ 98, 235, 237 f = NJW 1987, 187; BGHZ 119, 35, 41 = NJW 1992, 2413; BGHZ 151, 71, 76 f = NJW-RR 2002, 123; BGHZ 178, 137, 146 = NJW 2009, 139 Tz 26; BGH 8. 11. 2017 – VIII ZR 13/17 Rn 29, BGHZ 217, 1, 9 = NJW 2017, 3707; 23. 6. 2010 – XII ZR 52/08, NJW 2010, 2652 Tz 18 = NZM 2010, 621 = ZMR 2010, 932; 29. 6. 2011 – VIII ZR 349/10, NZM 2011, 639 = NJW 2011, 2217 Tz 12), und zwar selbst bei **Vorsatz** des Mieters, außer im Falle des **§ 826 BGB** (BGH LM Nr 191 zu § 675 BGB = ZMR 1993, 458 = WuM 1993, 53 5; LM Nr 6 zu § 591b BGB = NZM 2001, 668 = NJW 2001, 2253).

7 Die Art der **verletzten Pflicht** des Mieters spielt gleichfalls keine Rolle, sofern nur die Folge der Pflichtverletzung eine Veränderung oder Verschlechterung der Mietsache in dem genannten Sinne ist (o Rn 4). § 548 BGB erfasst zB auch die Ansprüche des Vermieters wegen einer Verletzung der **Obhutspflicht** des Mieters (LG Darmstadt DWW 1976, 259: Beschädigung des Fußbodens; LG Köln VersR 1979, 415 f: Brandschaden), wegen der **Unterlassung der Anzeige** von Mängeln (§ 536c BGB), wegen der Beeinträchtigung des Goodwills eines verpachteten Unternehmens (BGH LM Nr 191 zu § 675 BGB = ZMR 1993, 458 = WuM 1993, 535), wegen des Verstoßes des Gewerberaummieters gegen eine **Betriebspflicht** (Rn 4: OLG Frankfurt ZMR 2015, 18) sowie Ansprüche wegen der vertragswidrigen Unterlassung des Abschlusses einer Feuerversicherung (BGH LM Nr 5 zu § 558 BGB = NJW 1964, 545). Da die Obhutspflicht des Mieters auch **nach Vertragsende** bis zur tatsächlichen Rückgabe der Mietsache fortbesteht (§§ 241 Abs 2, 242 und 546 BGB; s § 535 Rn 93), erfasst § 548 Abs 1 BGB außerdem Ansprüche des Vermieters wegen einer Verletzung der **nachvertraglichen Obhutspflicht**, zB wegen einer Beschädigung der Sache nach Vertragsende aber vor ihrer Rückgabe, ferner Ansprüche auf Wiederherstellung des früheren Zustandes nach Wegnahme einer Einrichtung (§§ 539 Abs 2, 258 BGB) sowie Schadensersatzansprüche wegen unterlassener oder wegen vertragswidriger **Wegnahme einer Einrichtung** (BGHZ 54, 34, 36 f =

NJW 1970, 1182; BGH NJW 2006, 1588 Tz 8 = NZM 2006, 503 = WuM 2006, 319; OLG München OLGZ 1968, 134, 135 f; OLG Koblenz WuM 2003, 445, 446 f).

8 § 548 BGB wird entsprechend seinem Zweck auch angewandt, wenn die verletzte Pflicht des Mieters allein auf dem **Mietvertrag** beruht. Unter § 548 Abs 1 BGB fallen daher **zB** noch Ansprüche des Vermieters wegen der Verletzung einer vertraglich übernommenen **Erhaltungs- oder Reparaturpflicht** des Mieters (BGH LM Nr 36 zu § 558 BGB = NJW 1987, 2072; OLG Koblenz WM 1991, 2001, 2005; zu den Schönheitsreparaturen s Rn 10) sowie Ansprüche wegen der Verletzung der **Wegereinigungspflicht** (AG Hamburg-Blankenese ZMR 1989, 342) oder auf Wiederauffüllung des Heizöltanks (LG Kiel WuM 1986, 277). § 548 Abs 1 BGB findet außerdem Anwendung, wenn der Mieter die Sache aufgrund des Vertrags **umgestalten** durfte, bei Vertragsende sie jedoch wieder in den früheren Zustand zurückversetzen musste („Veränderungen", BGH LM Nr 41 zu § 581 BGB = NJW 1988, 1778; WuM 1994, 1084, 1087; NJW-RR 1997, 1216 = ZMR 1997, 568; NJW 2002, 605, 606) oder wenn er zur Beseitigung von Gebäuderesten verpflichtet ist (BGH LM Nr 41 zu § 581 BGB; OLG Köln OLGE 43, 55). Selbst eine nachträgliche **vergleichsweise Regelung** der Vermieteransprüche steht grundsätzlich der Anwendung des § 548 BGB nicht entgegen, weil durch einen Vergleich der Mietvertrag grundsätzlich nur geändert wird, sodass Raum für die Anwendung des § 548 BGB auf die durch den Vergleich begründeten oder geänderten Ersatzansprüche des Vermieters bleibt (BGH 23. 6. 2010 – XII ZR 52/68, NJW 2010, 2652 Tz 15 = NZM 2010, 621).

9 Mit Rücksicht auf den Zweck der Regelung (s Rn 1) werden in den Anwendungsbereich des § 548 BGB ferner verschiedene **gesetzliche Ansprüche** einbezogen, auf die der Grundgedanke des § 548 BGB gleichfalls passt. Die wichtigsten **Beispiele** sind Ansprüche des Vermieters aus **§ 22 WHG** wegen einer Verseuchung des Grundwassers (BGHZ 98, 235, 238 = NJW 1987, 187; OLG Düsseldorf ZMR 1988, 382; 1992, 392; OLG Karlsruhe BB 1988, 2130; ZMR 1994, 161; s Gerauer ZMR 1991, 413), aus **§ 7 StVG** im Falle der Vermietung eines Platzes zur Abstellung von Kraftfahrzeugen, wenn das Mietobjekt gerade durch die abgestellten Fahrzeuge beschädigt wird (BGHZ 61, 227, 229 = NJW 1973, 2059; BGHZ 89, 235, 238 = NJW 1987, 187), sowie aus dem **Haftpflichtgesetz** (OLG Karlsruhe ZMR 1994, 161, 162). *Keine* Anwendung findet § 548 BGB dagegen auf den Ausgleichsanspruch des Vermieters aus **§ 24 des Bodenschutzgesetzes** wegen Verseuchung des Bodens, wie 2004 in § 24 Abs 2 S 3 des Gesetzes ausdrücklich klargestellt wurde (BGBl I 3214; BGHZ 178, 137, 145 f = NJW 2009, 139 Tz 25 ff; BGH NJW 2012, 3777 Tz 9 = NZM 2012, 862; Harke AcP 202 [2002] 951, 953 ff; Witt NZM 2012, 545, 547).

2. Insbesondere Schönheitsreparaturen

10 Wichtigster Anwendungsbereich des § 548 Abs 1 BGB sind Ersatzansprüche des Vermieters wegen unterlassener oder mangelhaft ausgeführter Schönheitsreparaturen (Begr zum RegE BT-Drucks 14/4553, 45 [r Sp o]; s oben § 535 Rn 101 ff; BGH LM Nr 7 zu § 558 BGB [Bl 2] = NJW 1965, 151; 2. 10. 1968 – VIII ZR 197/68, LM Nr 13 zu § 558 BGB = NJW 1968, 2241; 10. 7. 1991 – XII ZR 105/90, LM Nr 45 zu § 558 BGB [Bl 3] = NJW 1991, 2416; LM Nr 41 zu § 581 BGB = NJW 1980, 389; 15. 3. 2006 – VIII ZR 123/05, NJW 2006, 1588 Tz 8 = NZM 2006, 503 = WuM 2006, 319). Im Interesse einer schnellen Auseinandersetzung der Parteien wird gerade insoweit der Anwendungsbereich des § 558 möglichst **umfassend** verstanden und deshalb auch auf *vertragliche* Ansprüche des Vermieters auf Durchführung der Schönheitsreparaturen während des Laufs des Vertrages sowie nach Vertragsende erstreckt (statt aller MünchKomm/BIEBER Rn 12; BUB/TREIER/GRAMLICH, Hdb Rn VI 17 ff; GUHLING/GÜNTER Rn 5; BeckOGK/REUSCHLE [1. 10. 2020] Rn 19 SCHMIDT-FUTTERER/STREYL § 548 Rn 13 ff; PALANDT/WEIDENKAFF Rn 6). Es ist jedoch nach wie vor umstritten, ob dieses weite Verständnis des § 558 berechtigt ist (s Rn 11).

Gegen die übliche weite Definition des Anwendungsbereichs des § 558 Abs 1 (Rn 10) **11** wird nicht ohne Grund vor allem eingewandt, dass es sich in Wirklichkeit um einen (an sich nicht unter § 548 Abs 1 fallenden) **Erfüllungsanspruch** des Vermieters handelt, wenn dieser bereits **während des Laufs** des Mietvertrages auf dessen Grundlage einen Anspruch gegen den Mieter auf Durchführung der Schönheitsreparaturen verfolgt (s § 535 Rn 130), sodass sich die Verjährung dieses Anspruchs nicht nach § 548 Abs 1 BGB richte, sondern nach den §§ 195 und 199 BGB (ECKERT, in: 10 Jahre Mietrechtsreformgesetz 326; FEUERLEIN WuM 2008, 385, 388; SKROBEK ZMR 2007, 664, 665 f; zweifelnd ST ROTH PiG 83 [2008] 213, 221). Die Frage hat Bedeutung insbesondere für den **Vorschussanspruch** des Vermieters (s § 535 Rn 130) sowie für etwaige Ersatzansprüche des Vermieters aus § 281 BGB. Aber die abweichende mittlerweile ganz überwiegende Auffassung hat sich im Wesentlichen durchgesetzt. Sie wird letztlich auch bestätigt durch einen Blick auf die Rechtslage, die sich ergibt, wenn der Vermieter erst **nach Rückgabe** der Sache die **Durchführung der Schönheitsreparaturen** (und *nicht* Schadensersatz) vom Mieter verlangt: Damit verfolgt der Vermieter zwar an sich ebenfalls keinen „Ersatzanspruch" wegen Verschlechterung der Sache im Sinne des § 548 Abs 1 S 1 BGB, sondern einen davon zu trennenden Erfüllungsanspruch aus dem Mietvertrag; gleichwohl ist hier – zum Schutze des Mieters – nach dem Zweck des § 548 Abs 1 BGB (s Rn 1) dessen Anwendung im Grunde unausweichlich (ST ROTH PiG 83 [2008] 213, 221 und die hM).

Dasselbe (Anwendbarkeit des § 548 Abs 1) gilt (erst recht) für **Schadensersatzan-** **11a** **sprüche** des Vermieters nach § 281 BGB, deren Subsumierung unter § 548 Abs 1 heute wohl unstr ist (s schon § 535 Rn 135 ff). Ebenso zu behandeln sind Zahlungsansprüche des Vermieters aufgrund einer Quoten- oder **Abgeltungsklausel** (§ 535 Rn 126; LG Lüneburg ZMR 2001, 713; LG Berlin NZM 2002, 121; ST ROTH PiG 83 [2008] 213, 222) sowie ein Anspruch (aus § 546 BGB oder aus Vertrag) auf **Wiederherstellung des früheren Zustandes** (BGH 15. 3. 2006 – VIII ZR 123/05, NZM 2006, 503 Tz 8 = NJW 2006, 1588 = WuM 2006, 319). Nichts anderes gilt schließlich, wenn die Ersatzansprüche des Vermieters vertraglich, zB im Vergleichswege besonders geregelt werden (s oben Rn 8) oder wenn die Parteien nachträglich an die Stelle des Anspruchs des Vermieters auf Renovierung der Wohnung einen bloßen Zahlungsanspruch setzen (o Rn 8; OLG Düsseldorf ZMR 1989, 335 = NJW-RR 1989, 1171; NJW-RR 1991, 208; LG Nürnberg-Fürth ZMR 1993, 119). Ebensowenig spielt es eine Rolle, ob der Vermieter seine Ansprüche zugleich auf Delikt stützt (o Rn 4; OLG Düsseldorf NJW 1983, 1434; LG Bad Kreuznach WuM 1986, 278, 279; LG Berlin ZMR 1987, 21 = WuM 1987, 24). – Zum **Beginn** der Verjährungsfrist in diesen Fällen s noch u Rn 24 f.

3. Mietsache

Seinem Wortlaut nach erfasst § 548 Abs 1 BGB allein Ersatzansprüche des Vermie- **12** ters wegen Veränderungen oder Verschlechterungen (o Rn 4 ff) gerade der „Mietsache" (im Gegensatz zu sonstigen Sachen des Vermieters). Dazu gehören jedoch auch die bloß mitvermieteten Sachen und Sachteile wie zB die Treppen, Flure und Eingänge, sodass Ersatzansprüche wegen Schäden an diesen Sachen gleichfalls unter § 548 Abs 1 BGB fallen (BGHZ 61, 227, 229 = NJW 1973, 2059). Mit Rücksicht auf seinen weitgespannten Zweck (o Rn 1) wird § 548 Abs 1 BGB ferner angewandt, wenn der Vermieter zugleich Ersatzansprüche wegen Schäden an **nicht mitvermieteten Sachen** oder Sachteilen hat, selbst wenn diese Ansprüche allein auf Delikt gestützt werden, *sofern* der Schaden „einen hinreichenden Bezug zum Mietobjekt selbst hat". Diese Voraussetzung ist jedenfalls erfüllt, wenn es sich um *dasselbe Grundstück* handelt und die fraglichen Sachen im unmittelbaren *Besitz* des Vermieters stehen (s unten Rn 12; RGZ 75, 116, 118 f; BGHZ 61, 227, 230 = NJW 1973, 2059; BGHZ 98, 59, 64 = NJW 1986, 2103; BGHZ 124, 186, 189 f = NJW 1994, 251; BGH LM Nr 34 zu § 558 BGB = NJW 1986, 2103; LM Nr 57 zu § 558 BGB [Bl 3 R] = NJW 2000, 3203 = NZM 2000, 1055; NJW 2006, 2399 Tz 15 = NZM 2006, 624, 625 Tz 15; 23. 6. 2010 – XII ZR 52/08, NJW 2010, 2652 Tz 12, 18 = NZM 2010, 621; OLG Düsseldorf ZMR 1991, 168, 169; Witt NZM 2012, 545, 548; kritisch Eckert, 10 Jahre Mietrechtsreformgesetz 326, 328 ff).

13 Für eine Anwendung des § 548 Abs 1 auf Schäden an nicht mitvermieteten Sachen ist dagegen kein Raum, wenn der nötige **Bezug zur Mietsache** (Rn 12) fehlt oder doch nur noch ganz locker ist (BGH 10. 5. 2000 – XII ZR 52/08, LM Nr 57 zu § 558 BGB [Bl 4 R] = NJW 2000, 3203). Eine Anwendung des § 548 BGB scheidet daher aus, wenn **allein** solche Sachen des Vermieters beschädigt wurden, die nicht mitvermietet sind, insbesondere, wenn sich diese Sachen auf anderen Grundstücken befinden (BGHZ 86, 71, 81 = NJW 1983, 679; BGH LM 10. 5. 2000 – XII ZR 52/08, Nr 57 zu § 558 BGB [Bl 3 R] = NJW 2000, 3203; offen gelassen im BGHZ 124, 186, 190 f = NJW 1994, 251). Eindeutig ist dies bei Folgeschäden an entfernten Sachen, mit denen der Vermieter zunächst nicht rechnen musste (BGHZ 124, 186, 190 ff = NJW 1994, 251).

4. Ansprüche Dritter

14 An dem Mietvertrag können auf der Seite des Vermieters ebenso wie auf der des Mieters Dritte in der Weise beteiligt sein, dass Ansprüche der beteiligten Dritten ebenso wie Ansprüche gegen die beteiligten Dritten von Fall zu Fall in den Anwendungsbereich des § 548 BGB einbezogen werden müssen, wenn der Zweck der gesetzlichen Regelung (s Rn 1) erreicht werden soll. Der erste Fall wird insbesondere relevant, wenn der **Vermieter** wie im Regelfall bei der Untermiete nicht mit dem Eigentümer identisch ist: In diesem Fall sollten nach Möglichkeit bei einer Beschädigung der Mietsache durch den Mieter oder Untermieter auch etwaige deliktische **Ersatzansprüche** des vom Vermieter verschiedenen **Eigentümers** (§ 823 BGB) der kurzen Verjährungsfrist des § 548 unterworfen werden, um den Schutzzweck des § 548 BGB zu erreichen. Dies ist in der Rechtsprechung bisher lediglich in zwei Fällen angenommen worden, die durch eine enge wirtschaftliche (institutionelle) Verflechtung zwischen den Beteiligten gekennzeichnet sind (Guhling/Günter Rn 17). Der erste Fall liegt vor, wenn der Eigentümer mit der Vermietung seiner Sache durch einen Dritten **einverstanden** war (BGHZ 135, 152, 160 f = NJW 1997, 1983 = LM Nr 231 zu § 1004 m Anm Emmerich), der andere, wenn Vermieter und Eigentümer wirtschaftlich **eng verbunden** sind, wenn etwa Eigentümer die Muttergesellschaft der Vermieterin ist (BGHZ 116, 293, 296 = NJW 1992, 1821; BGH 29. 6. 2011 – VIII ZR 349/10, NJW 2011, 2717 Tz 13 = NZM 2011, 639; Witt NZM 2012, 545, 547). Bei Vermietung einer **Eigentumswohnung** wird der Anwendungsbereich des § 548 BGB dagegen mangels einer wirtschaftlichen Verflechtung zwischen den Beteiligten *nicht* auf konkurrierende Deliktsansprüche der übrigen Wohnungseigentümer bei einer Beschädigung des gemeinsamen Eigentums erstreckt (BGH 29. 6. 2011 – VIII ZR 349/10, NJW 2011, 2717 Tz 17 ff = NZM 2011, 639; Witt NZM 2012, 545, 547).

5. Ansprüche gegen Dritte

Ansprüche des Vermieters gegen Dritte, die auf der Seite des Mieters an dem Mietverhältnis beteiligt sind, können gleichfalls unter bestimmten Voraussetzungen in den Anwendungsbereich des § 548 Abs 1 BGB einbezogen werden, sofern der Mieter nach dem Inhalt des Mietvertrages bei der Ausübung des vertragsgemäßen Gebrauchs **Dritte hinzuziehen oder** den **Gebrauch durch Dritte ausüben** lassen durfte. In diesem Fall werden die genannten Dritten in dem Sinne in den Schutzbereich des Mietvertrages einbezogen, dass auch etwaige deliktische Ersatzansprüche des Vermieters gegen sie (gegen die Dritten) in der kurzen Frist des § 548 Abs 1 BGB verjähren. Dadurch soll vor allem verhindert werden, dass der Mieter über *Regressansprüche* der Dritten letztlich doch der Rechtswohltat des § 548 BGB verlustig geht. Der wichtigste hierher gehörige Fall sind Ersatzansprüche des Vermieters gegen die **Arbeitnehmer** des Mieters, denen der Mieter nach dem Vertrag den Gebrauch der Sache überlassen durfte (BGHZ 49, 278, 280 f = NJW 1968, 694; BGHZ 61, 227, 233 f = NJW 1973, 2059; BGHZ 71, 175, 177 ff = NJW 1978, 1426; BGH LM Nr 22 zu § 558 BGB = NJW 1976, 1843; 27. 4. 2001 – LwZR 6/00, LM Nr 6 zu § 591b BGB = NJW 2001, 2253 = NZM 2001, 668, 669; Schlechtriem, Vertragsordnung 396 ff; kritisch Eckert, in: 10 Jahre Mietrechtsreformgesetz 326, 336 f). § 548 BGB gilt daher zB für deliktische Ersatzansprüche des Vermieters gegen in den Schutzbereich des Vertrages einbezogene *Arbeitnehmer* des Mieters, die die Mietsache beschädigt haben (BGH 21. 6. 1988 – VI ZR 150/87, LM Nr 25 zu § 823 [L] BGB = NJW-RR 1988, 1358), ebenso aber auch für Ersatzansprüche gegen die zum Hausstand des Vermieters gehörenden Personen einschließlich insbesondere seiner **Familienangehörigen** (BGH 23. 5. 2006 – VI ZR 259/04, NJW 2006, 2399 Tz 13 = NZM 2006, 624 = WuM 2006, 437) sowie für Ersatzansprüche gegen Obdachlose, die eine Stadt in einem von ihr angemieteten Hotel untergebracht hat (OLG Köln NJW-RR 1991, 1292 = WuM 1991, 394; zum Verjährungsbeginn in diesen eigenartigen Fällen s noch Peters, in: 10 Jahre Mietrechtsreformgesetz 353, 358 f).

6. Erfüllungsansprüche

Der Anwendungsbereich des § 548 Abs 1 BGB beschränkt sich auf „Ersatzansprüche" des Vermieters gerade wegen einer Veränderung oder Verschlechterung der Mietsache (o Rn 4, Rn 11 ff). Keine Bedeutung hat § 548 Abs 1 BGB für Erfüllungsansprüche des Vermieters einschließlich insbesondere des Anspruchs auf die **Miete** (§ 535 Abs 2 BGB; Rn 1a sowie § 535 Rn 84; RGZ 152, 100, 104; BGHZ 65, 86, 87 = NJW 1975, 2103; BGH LM Nr 164 zu § 535 BGB = NJW-RR 2000, 1303). Dem Anspruch des Vermieters auf die Miete stehen gleich Ersatzansprüche des Vermieters wegen der Unterlassung von **Instandsetzungsarbeiten**, sofern diese zur Gegenleistung des Mieters gehören (OLG Königsberg HRR 1937 Nr 6; offen gelassen in BGH LM Nr 7 zu § 558 BGB = NJW 1965, 101), außerdem der Entschädigungsanspruch aus § 546a Abs 1 BGB, konkurrierende Ansprüche aus **Bereicherung oder Geschäftsführung** (BGHZ 68, 307, 310 = NJW 1977, 1335; BGH 7. 5. 191 – XII 146/90, WM 1991, 1690 = NJW-RR 1991, 1033, 1034; OLG Königsberg HRR 1936 Nr 869) sowie noch der Anspruch des Vermieters aus **§ 326 Abs 2 BGB** auf Fortzahlung der Miete im Falle der vom Mieter zu vertretenden Zerstörung der Mietsache (BGHZ 97, 65, 76 = NJW 1986, 1335).

17 § 548 BGB gilt weiter *nicht* für den **Rückgabeanspruch** des Vermieters aus § 546 BGB (vgl § 548 Abs 1 S 3 BGB; BGHZ 65, 86 = NJW 1975, 2103; OLG Zweibrücken NJW 1974, 1711; Witt NZM 2011, 545, 551) oder für seinen **Unterlassungsanspruch aus § 541 BGB**. Unanwendbar ist § 548 Abs 1 BGB ferner auf etwaige Rückgriffsansprüche des Vermieters, der von Dritten aus § 836 BGB wegen Schädigungen aufgrund der Ablösung von Teilen des vermieteten Gebäudes in Anspruch genommen wird, sofern der Mieter seine Obhutspflicht verletzt hatte, weil es sich auch dabei nicht um Ersatzansprüche wegen Beschädigung der Mietsache iS des § 548 Abs 1 BGB, sondern um davon zu trennende **Haftungsansprüche** handelt (OLG Dresden NZM 2007, 803 = NJW RR 2007, 1603 = ZMR 2007, 691 f). Ebenso verhält es sich schließlich, wenn der Vermieter von einem Mieter Schadenersatz wegen einer sonstigen **Pflichtverletzung** verlangt, zB wegen des entgangenen Gewinns infolge der Minderung seitens anderer Mieter, weil der betreffende Mieter die anderen Mieter durch übermäßigen Lärm gestört hatte (§§ 535 Abs 1, 280 Abs 1 BGB; AG Bremen WuM 2011, 362, 363).

7. Ansprüche wegen Zerstörung der Sache

18 Der Anwendungsbereich des § 548 Abs 1 BGB beschränkt sich auf Ersatzansprüche des Vermieters wegen einer Veränderung oder Verschlechterung der Mietsache. Den Gegensatz bilden Ersatzansprüche des Vermieters wegen einer Zerstörung der Mietsache, die schon deshalb nicht unter § 548 Abs 1 fallen, weil bei ihnen eine Rückgabe der Sache (als Zeitpunkt des Verjährungsbeginns) ausscheidet (RGZ 96, 300, 301; BGH 17. 6. 1993 – VI ZR 206/92, LM Nr 191 zu § 675 BGB = ZMR 1993, 458 = WuM 1993, 535; LM Nr 26 zu § 558 = NJW 1981, 2406; 23. 5. 2006 – VI ZR 259/04, NJW 2006, 2399, 2400 Tz 17 f = NZM 2006, 624 = WuM 2006, 437; OLG Düsseldorf ZMR 1990, 272, 273). Abgrenzungskriterium zu der bloßen Verschlechterung der Mietsache iS des § 548 Abs 1 ist, ob der Mieter überhaupt **noch etwas zurückgeben kann**, sodass eine Wiederherstellung der Sache möglich erscheint (BGH LM Nr 25 zu § 823 [L] BGB = NJW-RR 1988, 1358; LM Nr 26 zu § 558 BGB = NJW 1981, 2406; 23. 5. 2006 – VI ZR 259/04, NJW 2006, 2399, 2400 Tz 17 f = NZM 2006, 624 = WuM 2006, 437; OLG Düsseldorf ZMR 2006, 276, 278). Ist dies der Fall, mag die Sache auch noch so sehr beschädigt sein, so bleibt es ohne Rücksicht auf die Höhe der Reparaturkosten bei der Anwendung des § 548 BGB. Das gilt selbst dann, wenn das auf einem vermieteten Grundstück stehende **Gebäude** bis auf die Grundmauern **abbrennt** oder wenn das vermietete **Fahrzeug** einen **Totalschaden** erleidet (BGH 26. 10. 1983 – VIII ZR 132/82, LM Nr 29 zu § 558 BGB = NJW 1984, 289; 23. 5. 2006 – VI ZR 259/04, NJW 2006, 2399, 2400 Tz 18 = NZM 2006, 624 = WuM 2006, 437). Denn selbst bei völliger Zerstörung des gemieteten Gebäudes kann und muss der Mieter immer noch das Grundstück zurückgeben (BGH 26. 10. 1983 – VIII ZR 132/82, LM Nr 29 zu § 558 BGB = NJW 1984, 289; 23. 5. 2006 – VI ZR 259/04, NJW 2006, 2399, 2400 Tz 18 = NZM 2006, 624). Nur wenn der Mieter *überhaupt nichts mehr zurückzugeben* vermag, tritt an die Stelle der kurzen Verjährungsfrist des § 548 BGB die Regelverjährungsfrist der §§ 195 und 199 BGB.

III. Mieteransprüche

1. Aufwendungsersatzansprüche

19 Gemäß § 558 Abs 2 gilt eine kurze Verjährungsfrist von sechs Monaten ferner für bestimmte (nicht alle) Ansprüche des Mieters. Es sind dies (nur) die Ansprüche des

Mieters auf Ersatz von Aufwendungen (dazu Rn 19a f) oder auf Gestattung der Wegnahme einer Einrichtung (s dazu u Rn 21), während es für sämtliche anderen Ansprüche des Mieters bei der regelmäßigen Verjährungsfrist von drei Jahren aufgrund der §§ 195 und 199 BGB verbleibt (s Rn 22 f; Witt NZM 2012, 545, 549; ders, in: 10 Jahre Mietrechtsreformgesetz 360, 364). Das gilt insbesondere für den **Erfüllungsanspruch** des Mieters aus § 535 Abs 1 BGB sowie für dessen **Schadensersatzansprüche** aus § 536a BGB oder aus den §§ 311 Abs 2, 280, 281 und 283 BGB.

Bei den „Ansprüchen des Mieters auf **Ersatz von Aufwendungen**" hat das Gesetz in § 548 Abs 2 BGB in erster Linie die Ansprüche des Mieters aus den §§ 536a Abs 2 und 539 Abs 1 BGB iVm den Vorschriften über die Geschäftsführung ohne Auftrag im Auge (RGZ 95, 302, 303 f; 152, 100, 102; BGH 16. 10. 1963 – VIII ZR 214/61, LM Nr 3/4 zu § 558 BGB = WM 1963, 1322; LM Nr 2 zu § 558 BGB = NJW 1959, 1629; LM Nr 22 zu § 538 BGB = NJW 1974, 743; 2. 10. 1985 – VIII ZR 326/84, LM Nr 31 zu § 558 BGB = NJW 1986, 254; OLG Hamm ZMR 1996, 653 = WuM 1996, 474; LG Wuppertal WuM 19781, 230; Witt NZM 2012, 545, 549). Es spielt keine Rolle, ob die Ansprüche des Mieters auf Gesetz oder Vertrag gestützt werden. Vertraglich geregelte Aufwendungsersatzansprüche des Mieters unterfallen gleichfalls dem § 548 Abs 2 BGB. Ein Beispiel sind Erstattungsansprüche des Mieters nach Durchführung der von ihm geschuldeten Schönheitsreparaturen wegen der von ihm vorweg gezahlten Pauschale auf die Schönheitsreparaturkosten (BGH 28. 5. 2008 – VIII ZR 133/07, NJW 2008, 2256 Rn 10–14 = NZM 2008, 519 = WuM 2008, 402; LG Berlin GE 2007, 1254). Die Ansprüche müssen aber **vor Vertragsende** entstanden sein. Ansprüche des Mieters wegen Aufwendungen nach Vertragsende verjähren in den für die jeweilige Anspruchsgrundlage maßgeblichen Fristen (RG JW 1936, 2305 Nr 2; BGHZ 54, 34, 36 = NJW 1970, 1182; BGH 14. 2. 1968 – VIII ZR 2/66, LM Nr 11 zu § 558 BGB = NJW 1968, 888; 12. 6. 1991 – XII ZR 17/90, LM Nr 5 zu § 76 VVG [Bl 3] = NJW 1991, 3031). Außerdem muss es sich um Aufwendungen des Mieters handeln, die das **Vertragsobjekt selbst** betreffen (RGZ 152, 100, 102), sodass zB Verwendungen des Pächters auf das Inventar nur erfasst werden, wenn das Inventar im Eigentum des *Verpächters* steht (RGZ 95, 302), nicht dagegen, wenn es dem Pächter gehört, mag er auch verpflichtet sein, es bei Vertragsende an den Verpächter zu veräußern (RGZ 152, 100, 102 f).

Beispiele für Aufwendungsersatzansprüche des Mieters im Sinne des § 548 Abs 2 BGB sind neben Aufwendungsersatzansprüchen aufgrund der §§ 536a Abs 2 und § 539 Abs 1 BGB (s Rn 19a) Ansprüche des Mieters aus einer **Modernisierungsvereinbarung** (LG Berlin GE 2002, 331), vertraglich geregelte Verwendungsersatzansprüche des Untermieters gegen den Hauptvermieter (BGH 2. 10. 1985 – VIII ZR 326/84, LM Nr 31 zu § 538 BGB = NJW 1986, 254) sowie Verwendungsersatzansprüche des Mieters gegen den vom Vermieter verschiedenen Eigentümer der Mietsache, sofern dieser in den Schutzbereich des Vertrags einbezogen ist (s Rn 15, OLG Düsseldorf ZMR 1988, 380 = MDR 1988, 1056). Ein weiteres Beispiel sind Aufwendungsersatzansprüche des Mieters aus den **§§ 555a Abs 3 und 555d Abs 6 BGB** im Gefolge von Erhaltungs- oder Modernisierungsmaßnahmen des Vermieters (s § 555d Rn 18–22; LG Köln WuM 1091, 588; St Roth PiG 83 [2008] 213, 222; Witt NZM 2012, 545, 549; str, anders zB Blank/Börstinghaus Rn 24).

Die gesetzliche Regelung des § 548 Abs 2 BGB hat die eigenartige Folge, dass **Schadensersatzansprüche nach § 536a Abs 1 BGB** und Aufwendungsersatzansprüche nach § 536a Abs 2 BGB in unterschiedlichen Fristen verjähren, obwohl sie häufig der Sache nach auf dasselbe hinauslaufen (s oben § 536a Rn 22, Rn 41). Um sonst unvermeidliche Wertungswidersprüche zu vermeiden, ist hier von Fall zu Fall an eine entsprechende Anwendung des § 548 Abs 2 BGB auf Schadensersatzansprüche des Mieters aufgrund des § 536a Abs 1 BGB zu denken, wenn sich diese weitgehend mit Aufwendungsersatzansprüchen des Mieters nach § 536a Abs 2 BGB decken (Wietz/ Streyl WuM 2014, 701; Witt, in: 10 Jahre Mietrechtsreformgesetz 360, 368; dagegen Guhling/ Günter Rn 34 mwNw).

2. Ansprüche auf Gestattung der Wegnahme einer Einrichtung

21 § 548 Abs 2 BGB bezieht sich außerdem auf die Ansprüche des Mieters auf Gestattung der Wegnahme einer Einrichtung nach § 539 Abs 2 BGB iVm § 258 BGB (s oben § 539 Rn 34 sowie zum Verjährungsbeginn u Rn 35 f). Nicht unterschieden wird dabei zwischen dem **Wegnahmeanspruch** selbst aus § 539 Abs 2 BGB und dem **Anspruch auf Duldung** der Wegnahme nach Beendigung des Mietverhältnisses (§ 258 S 2 BGB; OLG Bamberg WuM 2004, 20 = NZM 2004, 342). Gleich stehen Ansprüche des Mieters wegen **Verzugs** des Vermieters mit der Gestattung der Wegnahme einer Einrichtung (§§ 539 Abs 2, 258, 280 Abs 2, 286 BGB) sowie **aus Abreden** mit dem Vermieter über die Abwendung des Wegnahmerechts (OLG Hamm MDR 1981, 674; LG Mannheim WuM 1986, 279; AG Hamburg WuM 1986, 279). Ebenso wie bereits bei § 548 Abs 1 BGB (o Rn 14) kann sich auch im Rahmen des § 548 Abs 2 BGB im Einzelfall die schwierige weitere Frage stellen, ob **Ansprüche Dritter** in den Anwendungsbereich der Vorschrift einzubeziehen sind, jedenfalls, wenn sich der Schutzbereich des Vertrags auf die Dritten erstreckt. In der Rechtsprechung ist dies bereits bejaht worden für Ansprüche Dritter, die dem Mieter Gegenstände als Inventar überlassen hatten (LG Berlin GE 2013, 269), sowie für den Wegnahmeanspruch eines Künstlers, der dem Pächter einer Gaststätte eine Installation als Einrichtung zur Verfügung gestellt hatte, die nach Vertragsende von dem Verpächter vernichtet worden war (OLG Frankfurt ZMR 2016, 441, 443 f; zust Guhling/Günter Rn 33a).

3. Andere Ansprüche

22 § 548 Abs 2 BGB gilt nicht für den **Erfüllungsanspruch** des Mieters aus § 535 Abs 1 S 1 und 2 BGB (s Rn 19). Paradigma ist der Anspruch auf Mängelbeseitigung einschließlich insbesondere des Anspruchs des Mieters auf Vornahme der Schönheitsreparaturen, sobald die Dekoration Mängel aufweist (§ 535 Abs 1 S 2 BGB; s Rn 10). Dieser Anspruch, aus dem sich eine Dauerverpflichtung des Vermieters ergibt, kann während des Laufs des Vertrages überhaupt nicht verjähren (s Rn 19 und § 535 Rn 14, 21). Gleich stehen **Schadensersatzansprüche** des Mieters wegen einer Vertragsverletzung des Vermieters. Beispiele sind Schadensersatzansprüche des Mieters aus **§ 536a Abs 1 BGB** (OLG Düsseldorf ZMR 1989, 417, 418; wegen Ausnahme s Rn 20a), aus **c i c** wegen einer Täuschung durch den Vermieter über die Wirksamkeit des Vertrages (§ 311 Abs 2 BGB; OLG Hamm MDR 1988, 585, 586 = BB 1988, 1842) sowie aus § 280 Abs 1 BGB wegen einer **sonstigen Pflichtverletzung**, zB wegen einer unberechtigten Kündigung (LG Bielefeld WuM 1985, 120). Ansprüche des Mieters auf **Rückzahlung** überzahlter Mieten oder zu hoher Vorschüsse auf die Betriebskosten sind ebenfalls *keine* Aufwendungsersatzansprüche und fallen daher *nicht* unter § 548 Abs 2 BGB, mag man sie auf Gesetz, auf Vertrag oder auf Bereicherung stützen (§ 812 Abs 1 S 1 BGB; St Roth PiG 83, 213, 222). Auch die Ansprüche des Mieters auf Erstattung von **Mietvor-**

auszahlungen nach § 547 BGB gehören in den vorliegenden Zusammenhang (BGH 28. 5. 2008 – VIII ZR 133/07, NJW 2008, 2256 Rn 11 f = NZM 2008, 519 = WuM 2008, 402) ebenso wie unstreitig Ansprüche auf Erstattung einer in dieser Höhe nicht geschuldeten **Kaution**; der Anspruch auf Erstattung des überzahlten Teils der Kaution verjährt folglich als Bereicherungsanspruch nach den §§ 195 und 139 BGB – und kann deshalb bei langfristigen Mietverträgen durchaus bereits vor Vertragsende verjährt sein; dies ändert indessen nichts daran, dass dem Mieter bei Vertragsende (wieder) der *vertragliche Anspruch* auf Rückzahlung der Kaution, und zwar einschließlich des überzahlten Betrages, zusteht, da der Vermieter (natürlich) nicht den zu Unrecht empfangenen Teil der Kaution im Gegensatz zu dem zulässigen Teil behalten darf (s BGH 1. 6. 2011 – VIII ZR 91/10, NJW 2011, 2570 Tz 19 f = NZM 2011, 625 = WuM 2011, 469 und dazu BÖRSTINGHAUS NJW 2011, 3545; PETERS NZM 2011, 803; M SCHMID WuM 2011, 499; WITT NZM 2012, 545, 552).

Weitere Beispiele für sonstige Ansprüche des Mieters, die *nicht* dem § 548 Abs 2 **22a** BGB unterliegen, sind Entschädigungsansprüche des Pächters nach § 11 Abs 1 S 1 BundeskleingartenG (BGHZ 151, 71, 77 = NJW-RR 2002, 1203, 1204), Aufwendungsersatzansprüche des Mieters, sofern die Parteien vereinbart haben, dass die Aufwendungen wie **Mietvorauszahlungen** behandelt werden sollen (BGHZ 54, 347, 350 = NJW 1970, 2289; BGH 28. 5. 2008 – VIII ZR 133/07, NJW 2008, 2256 Rn 11 f = NZM 2008, 519 = WuM 2008, 402; OLG Düsseldorf ZMR 1992, 110), sowie **Bereicherungsansprüche**, die darauf gestützt werden, dass der Vermieter vorzeitig in den Genuss der Aufwendungen des Mieters gelangt ist (s oben § 539 Rn 14). Für die Anwendung des § 548 Abs 2 BGB ist ferner *kein* Raum, wenn die **Ersatzansprüche** des Mieters aus einem **anderen Rechtsverhältnis** hergeleitet werden, das in keinem Zusammenhang mit dem Mietverhältnis steht (BGH LM Nr 43 zu § 558 BGB = NJW 1989, 2745). Hierher gehören zB Ansprüche des Mieters aus einem neben dem Mietvertrag herlaufenden **Werkvertrag** (BGH LM Nr 22 zu § 538 BGB = NJW 1974, 743), Aufwendungsersatzansprüche eines Miteigentümers (nur) aus den §§ 744 Abs 2 und 748 BGB (BGH LM Nr 22 zu § 538 BGB = NJW 1974, 743; OLG Celle ZMR 1969, 283; OLG Köln NJW 1973, 148) sowie aus Gesetz hergeleitete Verwendungsersatzansprüche des Untermieters gegen den Hauptvermieter (BGH LM Nr 31 zu § 558 BGB Nr 31 = NJW 1986, 254 = ZMR 1986, 10).

IV. Verjährung der Vermieteransprüche

1. Überblick

Die Verjährung der Ersatzansprüche des Vermieters (s oben Rn 4 ff) beginnt nach S 2 **23** des § 548 Abs 1 BGB in dem Augenblick, in dem er die Sache „zurückerhält" (s Rn 26 ff). Die Verjährung endet jedoch spätestens mit der Verjährung des Rückgabeanspruchs des Vermieters (S 3 des § 548 Abs 1 BGB iVm §§ 546, 195 und 199 BGB; s unten Rn 38). Diese Regelung wurde seinerzeit gewählt, weil der Vermieter (erst) von dem Augenblick des Rückerhalts der Sache ab in der Lage ist, diese auf einen Schaden hin zu untersuchen, sodass er auch erst jetzt sich über etwaige Rechtsbehelfe schlüssig werden kann. § 548 Abs 1 S 2 BGB enthält infolgedessen eine **Sonderregelung des Verjährungsbeginns** iSd § 200 S 1 BGB, nach dem die Verjährungsfrist von Ansprüchen, die wie die des Vermieters wegen einer Veränderung oder Verschlechterung der Mietsache nicht der regelmäßigen Verjährungsfrist unterliegen, mit der *Entstehung* des Anspruchs beginnt, soweit nicht ein anderer Verjährungsbeginn bestimmt ist (s dazu STAUDINGER/PETERS/JACOBY [2019] § 200 Rn 10; BLANK NJW 2014, 1985; ECKERT, in: 10 Jahre Mietrechtsreformgesetz 320, 335). Durch die Bestimmung kurzer Verjährungsfristen für die in § 548 BGB geregelten Ansprüche sollten die Beteiligten – natürlich in erster Linie im Interesse des Mieters – zu einer möglichst **beschleunigten Abwicklung** ihrer Verhältnisse veranlasst werden (s Rn 1). Speziell die Regelung des § 548 Abs 1 S 2 BGB hat zugleich aber auch die Interessen des Vermieters im Auge, alsbald Klarheit über die Rechtslage zu erhalten. Die Folge ist, dass sich § 548 Abs 1 S 2 BGB je nach Fallgestaltung zu Gunsten des Mieters oder des Vermieters auswirken kann:

24 Die **Begünstigung des Mieters** durch die Regelung des Verjährungsbeginns in § 548 Abs 1 S 2 BGB wird besonders deutlich, wenn man zunächst den gleichsam „klassischen" Anwendungsfall der Vorschrift, nämlich Schadensersatzansprüche des Vermieters wegen unterlassener oder mangelhaft ausgeführter **Schönheitsreparaturen** ins Auge fasst. Diese Ansprüche werden grundsätzlich erst mit Ablauf der dem Mieter *nach Vertragsende* vom Vermieter gesetzten Nachfrist gemäß § 281 Abs 1 BGB fällig und entstehen damit iSd § 200 BGB, so dass, wenn man von § 200 S 1 BGB ausgeht, die Verjährungsfrist erst jetzt, dh *nach* Fristende, zu laufen beginnen könnte (s § 535 Rn 118 ff). Da der Vermieter die Nachfrist oft erst bestimmen wird, nachdem er die Sache zurückerhalten hat und untersuchen konnte, wäre die Folge, dass die kurze Verjährungsfrist des § 548 Abs 1 S 1 BGB häufig erst erhebliche Zeit *nach* Vertragsende zu laufen begänne, wie früher auch tatsächlich vielfach (zum Nachteil des Mieters) angenommen wurde (so noch BGHZ 107, 179, 184 = NJW 1989, 1854; BGHZ 138, 49, 51 = NJW 1998, 989; BGH NZM 2000, 547, 548; NZM 2004, 583 = ZMR 2004, 800; s EMMERICH NZM 2005, 248 f). Genau um dieses unerwünschte Ergebnis zu vermeiden, wurde § 200 S 1 BGB im Jahre 2001 im Zuge der Schuldrechtsreform entsprechend geändert. Seitdem wird allgemein § 548 Abs 1 S 2 BGB als **Sonderregelung iSd § 200 S 1 BGB** interpretiert (s JACOBY, in: 10 Jahre Mietrechtsreformgesetz 337; STAUDINGER/PETERS/JACOBY [2019] § 200 Rn 10), sodass auch die Verjährung der Ersatzansprüche des Vermieters wegen unterlassener oder mangelhaft ausgeführter Schönheitsreparaturen oder wegen sonstiger vom Mieter geschuldeter Reparaturen immer (schon) *mit dem Rückerhalt* der Mietsache durch den Vermieter beginnt, selbst wenn in diesem Augenblick der Ersatzanspruch des Vermieters – mangels Ablaufs der Nachfrist des § 281 Abs 1 BGB – *noch nicht fällig* und damit auch noch *nicht entstanden* sein sollte (BGHZ 162, 30, 33 ff = NJW 2005, 739; BGH 4. 5. 2005 – VIII ZR 93/04, WuM 2005, 381, 382 = NZM 2005, 535; 15. 3. 2006 – VIII ZR 123/05, NJW 2006, 1588 Tz 9 = NZM 2006, 503 = WuM 2006, 319; OLG Saarbrücken NZM 2009, 485 = NJW-RR 2009, 1024).

25 Dieser den **Mieter begünstigende Effekt** des § 548 Abs 1 S 2 BGB wird noch verstärkt, wenn man zusätzlich berücksichtigt, dass nach überwiegender Meinung die Anwendung der Vorschrift unabhängig davon ist, ob das Mietverhältnis bereits **rechtlich beendet** ist. Die Vorschrift wird vielmehr (unter im Einzelnen umstrittenen Voraussetzungen) zumindest entsprechend auch angewandt, wenn der Mietvertrag *rechtlich* erst *später,* dh nach der Rückerlangung der Mietsache durch den Vermieter, sein *Ende findet,* zB infolge des Ablaufs der Kündigungsfrist: Auch dann beginnt die Verjährungsfrist für die Ersatzansprüche des Vermieters bereits mit der Rückerlangung der Sache durch den Vermieter (s Rn 26 ff) – zum Schutze des Mieters – zu laufen (BGH 15. 3. 2006 – VIII ZR 123/05, NJW 2006, 1588 Tz 9 = NZM 2006, 503 = WuM 2006, 319; 23 5. 2006 – VI ZR 259/04, NJW 2006, 2399 Tz 20 = NZM 2006, 624, 625 = WuM 2006, 437; OLG

Düsseldorf NZM 2006, 866 = ZMR 2006, 925; ebenso schon früher BGHZ 98, 59 = NJW 1986, 2103; BGHZ 125, 270, 280 f = NJW 1994, 1858). Die Folge kann durchaus sein, dass, wenn der Mieter die Sache mehr als sechs Monate *vor Vertragsende zurückgibt,* die Ersatzansprüche des Vermieters bei Vertragsende bereits verjährt sind, obwohl sie gegebenenfalls erst nach Vertragsende fällig werden (§ 281 Abs 1 BGB; BGH 15. 3. 2006 – VIII ZR 123/05, NJW 2006, 1588 = NZM 2006, 503 f Tz 11 f = WuM 2006, 319; Krapf, in: 10 Jahre Mietrechtsreformgesetz 334, 350 f; Witt NZM 2012, 545, 548 f). Der Vermieter kann dem vorbeugen, indem er rechtzeitig Feststellungsklage oder Leistungsklage auf Vornahme der Schönheitsreparaturen oder auf Zahlung eines Vorschusses erhebt (womit auch die Verjährung der Ersatzansprüche gehemmt wird, §§ 213, 204 Abs 1 Nr 1 BGB; s Rn 39), oder indem er mit dem Mieter eine Verlängerung der Verjährungsfrist gem § 202 Abs 2 BGB vereinbart (BGH 15. 3. 2006 – VIII ZR 123/05, NJW 2006, 1588 = NZM 2006, 503 f Tz 12 f; Krapf, in: 10 Jahre Mietrechtsreformgesetz 334, 350 f).

2. Rückerhalt

Das Gesetz stellt in § 548 Abs 1 S 2 BGB für den Beginn der Verjährung der Ersatzansprüche des Vermieters wegen Veränderungen oder Verschlechterungen der Mietsache auf den Zeitpunkt ab, in dem der Vermieter die Mietsache „zurückerhält". Die Einzelheiten sind streitig (s dazu insbesondere Krapf, in: 10 Jahre Mietrechtsreformgesetz 334; Witt NZM 2012, 545, 547 ff). **Zweck** der Regelung ist es, die Vertragsparteien zu einer schnellen Klärung der Ansprüche des Vermieters wegen Veränderungen oder Verschlechterungen der Mietsache zu veranlassen, und zwar, sobald der Vermieter in der Lage ist, sich ein eigenes Bild von dem Zustand der Mietsache zu verschaffen, weil er sie zurückerhalten hat (s Rn 1, Rn 23). Daraus folgt, dass mit dem Rückerhalt der Mietsache in § 548 Abs 1 S 2 BGB grundsätzlich der Zeitpunkt gemeint ist, in dem der Vermieter die **unmittelbare Herrschaft** über die Mietsache in einer Weise zurückerlangt, die ihm die Möglichkeit verschafft, **Mängel** der Sache, und sei es auch nur durch einen Bevollmächtigten, **festzustellen**, sodass er sich unschwer darüber Klarheit verschaffen kann, ob und welche Ersatzansprüche er gegebenenfalls gegen den Mieter wegen Veränderungen oder Verschlechterungen der Mietsache geltend machen kann und will – mit der weiteren Folge, dass er zumindest Feststellungsklage erheben kann, um eine Hemmung der Verjährung herbeizuführen (§ 204 Nr 1 BGB). Hinzukommen muss noch, dass der Mieter nach diesem Zeitpunkt **keine Möglichkeit** mehr besitzt, auf die Sache **einzuwirken**, weil andernfalls die Feststellung des Zustandes der Sache durch den Vermieter letztlich ohne Bedeutung wäre. Dagegen spielt es *keine* Rolle, ob der Vermieter in der kurzen Verjährungsfrist des § 548 Abs 1 S 2 BGB tatsächlich **Kenntnis** von seinen Ansprüchen erhält oder nicht (BGH 16. 6. 2000 – LwZR 18/99, LM Nr 18 zu § 281 BGB = NJW-RR 2001, 194).

Die Rechtsprechung hat aus dem Gesagten (s Rn 26) den Schluss gezogen, dass es für den Verjährungsbeginn nach § 548 Abs 1 S 2 BGB im Grundsatz darauf ankommt, ob der Mieter „vollständig und unzweideutig" den **Besitz** an der Mietsache **aufgegeben** hat und ob infolgedessen der Vermieter in die Lage versetzt wurde, sich durch die nunmehr mögliche unmittelbare Sachherrschaft ungestört ein **umfassendes Bild** von etwaigen Mängeln, Veränderungen oder Verschlechterungen der Mietsache zu verschaffen. Hinzu kommen muss noch, dass der Vermieter tatsächlich **Kenntnis** von der **Veränderung der Besitzverhältnisse** erlangt hat, weil er vorher die Sache nicht untersuchen kann; zugleich muss ausgeschlossen sein, dass der Mieter den Zustand der Mietsache noch zum Nachteil des Vermieters verändern kann. Erforderlich sind maW grundsätzlich eine Veränderung der Besitzverhältnisse zu Gunsten des Vermieters, die dem Vermieter eine ungestörte Untersuchung der Mietsache erlaubt und den Mieter von jeder weiteren **Einflussnahme** auf die Sache **ausschließt**, sowie die *Kenntnis* des Vermieters von dieser Veränderung der Besitzverhältnisse (BGHZ 98, 59, 62 f = NJW 1986, 2103; BGHZ 125, 270, 280 f = NJW 1994, 1858; BGH LM Nr 57 zu § 558 BGB [Bl 4 R f] = NJW 2000, 3203 = NZM 2000, 1055; NJW 2004, 774 = NZM 2004, 98, 99 = WuM 2004, 21; ZMR 2004, 813, 816 = NJW-RR 2004, 1566; WuM 2005, 381, 382 = NZM 2005, 534; NJW 2006, 2399 Tz 21 = NZM 2006, 624, 625 = WuM 2006, 937; 12. 10. 2011 – VIII ZR 8/11, NZM 2012, 21 Tz 14 = WuM 2012, 95; 27. 2. 2019 – XII ZR 63/18 Rn 12, GE 2019, 657 = OLG Düsseldorf NZM 2006, 866 = ZMR 2006, 925; NZM 2008, 554, 555; Krapf, in: 10 Jahre Mietrechtsreformgesetz 344; Witt NZM 2012, 545, 547 f). In der Praxis wird meistens als äußerliches Kriterium für die Veränderung der Besitzverhältnisse auf die **Rückgabe der Schlüssel** seitens des Mieters an den Vermieter abgestellt (s Rn 30). Gleich steht die Vereinbarung eines Begehungstermins durch die Parteien nach Auszug des Mieters (OLG München ZMR 2010, 285, 286; wegen Ausnahmen s Rn 31 f).

28 Die bloße **Möglichkeit zur Besichtigung** der Mietsache bei fortbestehendem Besitz des Mieters genügt *nicht* für den Verjährungsbeginn nach § 548 Abs 1 S 2 BGB (BGH 23. 5. 2006 – VI ZR 259/04, NZM 2006, 624 = NJW 2006, 2399 Tz 22). Ebensowenig reicht es dafür aus, wenn der Vermieter lediglich **Kenntnis von** etwaigen **Schäden** der Mietsache erlangt, sofern die Parteien das Mietverhältnis fortsetzen und der Mieter im Besitz der Sache bleibt (OLG Celle VersR 1960, 860; KG ZMR 2005, 455). Die Verjährungsfrist beginnt ferner nicht zu laufen, solange der Vermieter trotz Rückgabe der Sache aus nicht in seiner Person liegenden Gründen *außerstande* ist, die Mietsache auf Mängel *zu untersuchen* (RG HRR 1928 Nr 1586; BGH 2. 10. 1968 – VIII ZR 197/66, LM Nr 13 zu § 558 BGB = NJW 1968, 2241; OLG Hamm ZMR 1986, 200; LG Saarbrücken ZMR 1998, 811). Keine Rolle spielt dagegen, ob das Mietverhältnis **rechtlich beendet** ist (s Rn 24). § 548 Abs 1 S 2 BGB ist zumindest entsprechend anzuwenden, wenn der Mieter *während* des laufenden Mietverhältnisses die Sache, zB zwecks Durchführung umfangreicher Reparaturen, an den Vermieter zurückgibt, sodass dieser die Sache unbehindert durch den Mieter auf Schäden untersuchen kann (BGHZ 98, 59, 62 f = NJW 1986, 2103; Witt NZM 2012, 545, 548; dagegen Eckert, in: 10 Jahre Mietrechtsreformgesetz 326, 333 f).

29 Der Mieter ist zum Gebrauch der gemieteten Sache lediglich berechtigt, nicht aber verpflichtet (s § 535 Rn 91 ff). Er ist deshalb auch befugt, die Sache jederzeit vor Vertragsende an den Vermieter zurückzugeben, wenn er sie nicht mehr gebrauchen will (§ 271 Abs 2 BGB; § 537 Rn 1, Rn 6, Rn 36 ff; § 546 Rn 34; str). Daraus ergibt sich die Frage, wie es unter dem Blickwinkel des § 548 Abs 1 S 2 BGB zu beurteilen ist, wenn der Mieter den **Besitz** der Mietsache **einseitig aufgibt** und den Vermieter hiervon in Kenntnis setzt (s dazu Krapf, in: 10 Jahre Mietrechtsreformgesetz 344, 347 ff; Pauly NZM 2012, 553, 555 f; Witt NZM 2012, 545, 548 f). Befindet sich der Vermieter infolgedessen in **Annahmeverzug** (§§ 293, 294), so wird häufig eine Anwendung des § 548 befürwortet, um zu verhindern, dass der Vermieter den Verjährungsbeginn durch Verweigerung der Rücknahme der Sache beliebig hinausschieben kann (so OLG München WuM 2003, 279; ZMR 2010, 285, 286; KG ZMR 2005, 455, 456; OLG Brandenburg 19. 6. 2018 – 3 U 72/17, ZMR 2019, 18; LG Duisburg ZMR 1997, 356, 358; LG Saarbrücken NZM 1998, 811, 812). Die Frage ist aber umstritten; der BGH hat sie bisher offengelassen (BGH 27. 2. 2019 – XII ZR 63/18 Rn 19, NZM 2019, 408 = GE 2019, 657). Auszugehen ist von dem Zweck der Regelung (Rn 1, Rn 23). Dann aber zeigt sich, dass es letztlich allein darauf ankommen kann, ob der Vermieter von der einseitigen Besitzaufgabe des Mieters **Kenntnis** erlangt *und* außerdem die **Möglichkeit** erhält, die Sache wieder ungestört in Besitz zu nehmen und **zu untersuchen**, insbesondere, weil ihm der Mieter zugleich die Schlüssel zurückgegeben hat oder der Vermieter noch über einen Schlüssel verfügt (OLG Düsseldorf MDR 1987, 937; NZM 2006, 866 = ZMR 2006, 925; OLG Hamm ZMR 1996, 372, 374 f). Entscheidend sind maW die tatsächliche **Veränderung der Besitzverhältnisse** an der Mietsache sowie die **Kenntnis** des Vermieters davon (ebenso Witt NZM 2012, 545, 548 f; im Ergebnis wohl auch Krapf, in: 10 Jahre Mietrechtsreformgesetz 344, 347 f).

Die Voraussetzungen des § 548 Abs 1 S 2 BGB sind insbesondere erfüllt, wenn der Mieter *nach* Kündigung und Auszug dem Vermieter die **Schlüssel** zu den gemieteten Räumen **zurückgibt** (s Rn 27; BGH 4. 5. 2005 – VIII ZR 93/04, WuM 2005, 381, 382 = NZM 2005, 535). Die Zurückbehaltung einzelner Schlüssel durch den Mieter steht dann dem Verjährungsbeginn ebensowenig entgegen wie eine etwaige unberechtigte Ablehnung der Schlüssel durch den Vermieter (KG GE 1985, 249, 251; OLG Hamm ZMR 1986, 200; 1996, 372, 374; OLG Düsseldorf NZM 2008, 554, 555; ZMR 2009, 753, 754; LG Berlin GE 1990, 825; 1995, 1083, 1085; LG Saarbrücken NZM 1998, 811 f; Krapf, in: 10 Jahre Mietrechtsreformgesetz 344). Für den Verjährungsbeginn reicht es insbesondere aus, wenn der Mieter die Schlüssel an den Hauswart als Besitzdiener des Vermieters zurückgibt (LG Berlin GE 1987, 1111, 1113) oder wenn er die Schlüssel in den Briefkasten des Vermieters wirft, sobald nur der Vermieter hiervon in zumutbarer Weise Kenntnis erhält (LG Berlin MDR 1987, 937). Gleich steht die Rückgabe der Schlüssel an den Grundstückserwerber, an den der Vermieter sämtliche Ansprüche gegen den Mieter abgetreten hat (BGHZ 125, 270, 280 f = NJW 1994, 1858; BGH 6. 11. 1991 – XII ZR 216/90, LM Nr 46 zu § 558 BGB = NJW 1992, 687). Anders wird die Rechtslage dagegen beurteilt, wenn der Mieter aufgrund des Einbehalts einzelner Schlüssel **weiterhin** als im **Besitz** der Mietsache befindlich angesehen werden muss (OLG Düsseldorf NZM 2008, 554). Das ist zB anzunehmen, wenn der Vermieter dem Mieter einzelne Schlüssel zurückgibt, damit dieser noch Renovierungsarbeiten durchführen kann (OLG Düsseldorf GE 2008, 265, 266; anders zB AG Münster WuM 2017, 711 f).

30

Nach dem Zweck der gesetzlichen Regelung (s Rn 1) ist erforderlich, dass der Vermieter die Mietsache grundsätzlich *vollständig* zurückerhält, weil der Vermieter sie nur dann so weit untersuchen kann, wie er es selbst für nötig hält. Eine bloße **Teilrückgabe** reicht daher im Regelfall nicht für die Auslösung des Laufs der Verjährungsfrist nach § 548 Abs 1 S 2 BGB aus (Blank/Börstinghaus § 548 Rn 13). Insbesondere bei der Vermietung von **Sachgesamtheiten** beginnt die Verjährungsfrist daher grundsätzlich erst mit der Rückgabe der letzten Sache zu laufen (OLG Düsseldorf MDR 1972, 694). Es gibt jedoch **Ausnahmen**, in erster Linie, wenn die Mietsache aus mehreren räumlich getrennten, selbstständig nutzbaren Teilen, zB aus mehreren Gebäuden besteht, bei denen dann auch eine **Teilrückgabe** der Mietsache (mit der Folge des Verjährungsbeginns) in Betracht kommt (BGH 23. 5. 2006 – VI ZR 259/04, NJW 2006, 2399 Tz 23 = WuM 2006, 437 = NZM 2006, 624, 626; im Ergebnis auch schon BGHZ 98, 59 = NJW 1986, 2103 für die Rückgabe der Wohnung bei weiterer Benutzung der Kellerräume durch den Mieter). Eine **vollständige Räumung** seitens des Mieters ist gleichfalls nicht unbedingt Voraussetzung für die Anwendung des § 548 Abs 1 S 2 BGB; vielmehr genügt auch

30a

eine partielle Räumung, wenn nur der Mieter den Besitz endgültig aufgibt und der Vermieter jetzt in der Lage ist, die Sache ungestört in Besitz zu nehmen und zu untersuchen (KG ZMR 2005, 455 f; Krapf, in: 10 Jahre Mietrechtsreformgesetz 344, 349 f).

3. Besondere Fallgestaltungen

31 Das Gesetz geht in § 548 Abs 1 BGB von dem Regelfall aus, dass der Mieter die Mietsache bei Vertragsende dem Vermieter (tatsächlich) zurückgibt (§ 546 BGB), sodass der Letztere in die Lage versetzt wird, die Mietsache nach Belieben auf ihren Zustand zu untersuchen. Daraus ergeben sich Probleme in Fällen, in denen es trotz Beendigung des Mietvertrages *nicht* zu einer *Rückgabe* der Mietsache kommt. In derartigen Fallgestaltungen kann die Vorschrift des § 548 Abs 1 offenbar nur noch sinngemäß – entsprechend ihrem Zweck – angewandt werden (s dazu Blank NJW 2014, 1985; Eckert, in: 10 Jahre Mietrechtsreformgesetz 326, 334 ff; Witt NZM 2012, 545, 548). So verhält es sich zB, wenn dem Mieter aufgrund des Mietvertrages lediglich die **Benutzung** einer im Besitz des Vermieters befindlichen und dort verbleibenden Sache gestattet ist, sodass es nicht zu einer Übergabe und anschließend auch nicht zu einer Rückgabe der Sache an den Mieter kommt (s § 535 Rn 15). Für den Beginn der Verjährungsfrist im Sinne des § 548 Abs 1 S 2 kann in derartigen Fallgestaltungen nur darauf abgestellt werden, ob der Mieter den Gebrauch der Mietsache einstellt und der Vermieter davon erfährt (BGH 28. 7. 2004 – XII ZR 153/03, NJW-RR 2004, 1566 = ZMR 2004, 813, 816; s dazu Emmerich JuS 2005, 70). Ebenso verhält es sich letztlich bei **Eintritt** eines neuen **Mieters** in den Mietvertrag anstelle des bisherigen Mieters aufgrund einer Vereinbarung der Beteiligten (s § 540 Rn 42 ff). Stimmt der Vermieter dem Mieterwechsel zu, so muss er es sich auch hier gefallen lassen, dass für den Verjährungsbeginn auf den *Zeitpunkt des Mieterwechsels* abgestellt wird, da der Vermieter ohne Weiteres in der Lage gewesen wäre, seine Zustimmung von einer gegebenenfalls kurzfristigen Rückgabe der Sache zwecks deren Untersuchung abhängig zu machen; durch einen Verzicht auf solche Untersuchung kann er nicht den Verjährungsbeginn zum Nachteil der Mieter beliebig hinausschieben (s § 540 Rn 49 mwNw).

31a Vergleichbare Probleme können sich in Fällen ergeben, in denen **kraft Gesetzes** ein **neuer Mieter** an die Stelle des bisherigen Mieters in den Vertrag eintritt, ohne dass es in der Zwischenzeit zu einer Rückgabe der Mietsache an den Vermieter kommt. Die wichtigsten Fälle finden sich in den §§ 563, 563a und 1568a Abs 3 BGB, dh bei **Tod** eines Mieter sowie im Falle der **Ehescheidung** der Mieter (s schon o Vorbem 88 zu § 535; ausf Blank NJW 2014, 1985). Wie hier verfahren werden soll, ist offen. Im Schrifttum wird zT für den Verjährungsbeginn darauf abgestellt, wann der Vermieter erstmals ein Besichtigungsrecht hatte, das es ihm ermöglichte, sich von dem Zustand der Mietwohnung ein Bild zu verschaffen (so offenbar Blank NJW 2014, 1985, 1987). Da dieser Zeitpunkt indessen völlig unbestimmt ist, bleibt hier wohl gleichfalls nichts anderes übrig, als auf den Zeitpunkt des *Mieterwechsels* (kraft Gesetzes) abzustellen.

32 Im Falle der **Untermiete** sind ebenfalls Konstellationen vorstellbar, in denen die Anwendung des § 548 Abs 1 S 2 BGB auf Schwierigkeiten stößt, sodass allein eine Rückbesinnung auf die Grundgedanken der gesetzlichen Regelung weiterhilft. Dem entspricht es, wenn es nach dem BGH bei Beendigung des Hauptmietvertrages so angesehen wird, als ob der Vermieter die Sache zurückerhalten habe, sofern der Vermieter sofort nach Auszug des Hauptmieters einen neuen **Vertrag mit** dem **Untermieter** abschließt, sodass dieser wohnen bleibt (BGH 2. 10. 1968 – VIII ZR 197/66, LM Nr 13 zu § 558 BGB = NJW 1968, 2241; OLG München ZMR 1997, 178, 179; OLG Düsseldorf GE 2002, 1196, 1197; OLG Saarbrücken NZM 2009, 485 = NJW-RR 2009, 1024, 1025). Denn der Vermieter hat sich hier freiwillig selbst der Möglichkeit begeben, die Sache vor Abschluss des neuen Mietvertrages zu untersuchen woraus sich keine Nachteile für den ersten Mieter ergeben dürfen, sodass § 548 Abs 1 S 2 BGB hier entsprechend anwendbar ist. Ebenso ist ferner zu entscheiden, wenn durch Vertrag mit allen Beteiligten ein **neuer Hauptmieter** in den Untermietvertrag eintritt, sodass in diesem Fall die Verjährung der Ansprüche des ersten ausgeschiedenen Hauptmieters als Untervermieter gegen den Untermieter mit seinem Ausscheiden aus dem Vertragsverhältnis beginnt (BGHZ 125, 270, 280 f = NJW 1994, 1858; BGH 6. 11. 1991 – XII ZR 260/90, LM Nr 46 zu § 558 BGB = NJW 1992, 687 = WuM 1992, 71; OLG Karlsruhe ZMR 1994, 161, 163 = WuM 1994, 281). Dasselbe gilt schließlich, wenn der Hauptmietvertrag zwar endet, der **Untermieter** aber mit Rücksicht auf § 565 BGB **wohnen bleibt** (LG Hamburg WuM 1997, 372).

V. Verjährung der Mieteransprüche

1. Aufwendungsersatzansprüche

Nach § 548 Abs 2 BGB verjähren die Ansprüche des Mieters auf Ersatz von Aufwendungen oder auf Gestattung der Wegnahme einer Einrichtung (s oben Rn 19 ff, Rn 21) in sechs Monaten nach der Beendigung des Mietverhältnisses. Beendigung meint hier die **rechtliche**, nicht die tatsächliche **Beendigung** des Verhältnisses der Parteien (RGZ 128, 191, 193 f; RG JW 1936, 2305 Nr 2; BGH 28. 5. 2008 – VIII ZR 133/07, NJW 2008, 2256 Tz 15 = NZM 2008, 519 = WuM 2008, 402; Witt NZM 2012, 545, 550). Die Besitzlage spielt keine Rolle. Ebenso wenig hindert die Gewährung einer Räumungsfrist durch den Vermieter nach einer wirksamen Kündigung (die einer Vertragsverlängerung nicht gleichsteht) den Ablauf der Verjährungsfrist (Blank/Börstinghaus Rn 29). Dadurch wird erreicht, dass der Mieter den Beginn der Verjährungsfrist für seine Ansprüche gegen den Vermieter (s Rn 34) nicht dadurch hinausschieben kann, dass er vertragswidrig nach Vertragsende nicht auszieht (OLG Bamberg WuM 2004, 20 = NZM 2004, 342). Anders verhält es sich dagegen, wenn der Mietvertrag von den Parteien stillschweigend nach § 545 BGB oder nach den §§ 574 ff BGB **verlängert** wird **oder** wenn die Parteien die **Fortsetzung** des Vertrages bis zu einem bestimmten Termin vereinbaren (BGH 12. 5. 1959 – VIII ZR 43/58, LM Nr 2 zu § 558 BGB = NJW 1959, 1629). Stehen ausnahmsweise dem **Untermieter** aus einer besonderen Vereinbarung mit dem Hauptvermieter Verwendungsersatzansprüche zu, so ist für den Ablauf der kurzen Verjährungsfrist des § 548 BGB die Beendigung des Untermietverhältnisses maßgebend (BGH 2. 10. 1985 – VIII ZR 326/84, LM Nr 31 zu § 558 BGB = NJW 1986, 254).

Trotz des unterschiedlichen Wortlauts regelt § 548 Abs 2 ebenso wie Abs 1 S 2 der Vorschrift (Rn 24 ff) den **Beginn** der Verjährung (anders Eckert NZM 2008, 313). Die Verjährung insbesondere der Aufwendungsersatzansprüche des Mieters **beginnt** somit bei Bestand des Mietverhältnisses nicht wie im Regelfall mit ihrer Entstehung, sondern erst **mit Beendigung** des Mietverhältnisses, um dieses nicht unnötig zu belasten (BGH 28. 5. 2008 – VIII ZR 133/07, NJW 2008, 2256 Tz 16 = NZM 2008, 519, 520 =

WuM 2008, 402; ebenso schon [beiläufig] BGH LM Nr 8 zu § 558 BGB = NJW 1965, 1225; Kraemer NJW 1962, 2301; Staudinger/Peters/Jacoby [2019] § 200 Rn 7, 10; Witt NZM 2012, 545, 550).

35 § 548 Abs 2 BGB ist damit nach dem Gesagten (Rn 34) ebenso wie Abs 1 S 2 der Vorschrift im Ergebnis als **Sonderregelung** des Verjährungsbeginns iSd § 200 S 1 zu verstehen (Staudinger/Peters/Jacoby [2019] § 200 Rn 7, 10). Die wichtigste Konsequenz ist, dass die Aufwendungsersatzansprüche des Mieters *nicht* bereits *während des Laufs* des Vertrags vor dessen Ende nach den §§ 195 und 199 BGB verjähren können (anders Eckert NZM 2008, 313). Die gesetzliche Regelung hat außerdem zur Folge, dass Aufwendungsersatzansprüche des Mieters aufgrund von Maßnahmen, die er erst *nach* Vertragsende ergreift, bei ihrer Entstehung bereits verjährt sein können. Paradigma ist die Vornahme vom Mieter nicht geschuldeter Schönheitsreparaturen mehr als sechs Monate nach Vertragsende (Jacoby, in: 10 Jahre Mietrechtsreformgesetz 337, 340 f; Witt NZM 2012, 545, 550).

2. Anspruch auf Gestattung der Wegnahme einer Einrichtung

36 Vergleichbare Probleme wie bei den Aufwendungsersatzansprüchen (s oben Rn 34 f) stellen sich bei dem Anspruch des Mieters auf Gestattung der Wegnahme einer Einrichtung (§§ 539 Abs 2 und 258 S 2 HS 1 BGB), da dieser Anspruch nicht mit Vertragsende, sondern erst mit der in der Regel wohl nach Vertragsende liegenden **Rückgabe** der Mietsache an den Vermieter entsteht (s oben § 539 Rn 34). Wiederum ist streitig, welche Konsequenzen sich daraus für § 548 Abs 2 BGB ergeben. Nach dem Gesagten (s Rn 34 f) ist davon auszugehen, dass § 548 Abs 2 BGB ebenso wie die Vorschrift des § 548 Abs 1 S 2 BGB eine Regelung des **Verjährungsbeginns** enthält. Die Verjährung des Anspruchs des Mieters auf Duldung der Wegnahme beginnt also in der Tat (schon) mit der *rechtlichen* Beendigung des Mietverhältnisses. Dafür spricht bereits der Wortlaut des Gesetzes. Die Folge kann freilich auch hier sein, dass der Anspruch des Mieters auf Gestattung der Wegnahme der Einrichtung **bereits verjährt** ist, bevor er überhaupt mit Rückgabe der Sache **entstehen** kann, sofern nämlich der Mieter die Rückgabe der Sache nach Vertragsende länger als sechs Monate hinauszögert (Jacoby, in: 10 Jahre Mietrechtsreformgesetz 337, 341). Der Mieter muss notfalls rechtzeitig Feststellungsklage erheben (§ 204 Abs 1 Nr 1 BGB). Für **Schadensersatzansprüche des Mieters** gegen den Vermieter aus Verzug aufgrund der unberechtigten Verweigerung der Duldung der Wegnahme von Einrichtungen sollte es dagegen bei der regelmäßigen Verjährungsfrist der §§ 195 und 199 BGB verbleiben, weil das Gesetz in § 548 Abs 2 BGB Schadensersatzansprüche gerade nicht erfasst (o Rn 22 f; anders OLG Hamm MDR 1981, 674; WuM 1986, 280).

3. Veräußerung der Mietsache

37 Zusätzliche Probleme ergeben sich bei Veräußerung des vermieteten Grundstücks (§ 566 BGB). In diesem Fall endet das erste Mietverhältnis mit dem Veräußerer im Augenblick des **Eigentumsübergangs** auf den Erwerber, sodass zugleich die Verjährungsfrist für die Aufwendungsersatzansprüche des Mieters zu laufen beginnt (s Rn 35; BGH 19. 3. 1965 – V ZR 68/62, LM Nr 8 zu § 558 BGB = NJW 1965, 1225; 28. 5. 2008 – VIII ZR 133/07, NJW 2008, 2256 Tz 17 f = NZM 2008, 519, 520 = WuM 2008, 402; LG Berlin GE 2007, 1254). Im Interesse des Mieters wird man hier jedoch noch **zusätzlich** die **Kenntnis** des Mieters von dem Eigentumsübergang als Voraussetzung des Verjährungsbeginns verlangen müssen (BGH 28. 5. 2008 – VIII ZR 133/07, NJW 2008, 2256 Tz 18 = NZM 2008, 519, 520 = WuM 2008, 402; Blank/Börstinghaus Rn 31; Jacoby, in: 10 Jahren Mietrechtsreformgesetz 337, 341; Witt NZM 2012, 545, 550; aM Eckert NZM 2008, 313, 315 f). Voraussetzung des Verjährungsbeginns ist außerdem, dass die Verwendungsersatzansprüche des Mieters in diesem Augenblick, dh im Augenblick der Veräußerung des Grundstücks, bereits **fällig** sind (§ 200 S 1; Treier, in: FS Bärmann und Weitnauer 670, 680 f). Tritt dagegen nach den Abreden der Parteien die Fälligkeit der Mieteransprüche erst *später,* etwa bei Vertragsende ein, so richten sich die Ansprüche des Mieters gegen diejenige Person, die in diesem Augenblick Vermieter ist, dh hier gegen den **Erwerber**, sodass die Verjährung dann erst mit Vertragsende zu laufen beginnt (BGH 14. 10. 1987 – VIII ZR 246/86, LM Nr 29 zu § 571 BGB = NJW 1988, 705). Ebenso ist zu entscheiden in den Fällen des **Vermieterwechsels** nach § 565 BGB (Gather, in: Der Mieterwechsel PiG 52 [1997] 93, 102 f; aM Derleder/Bartels JZ 1997, 981, 988).

VI. § 548 Abs 1 S 3

Nach § 548 Abs 1 S 3 BGB verjähren mit den Ansprüchen 50. des Vermieters auf **38** Rückgabe der Mietsache (§ 546 BGB) auch die **Ersatzansprüche des Vermieters**. Die Vorschrift, deren praktische Bedeutung gering ist, bringt zum Ausdruck, dass mit der Verjährung des Rückgabeanspruchs des Vermieters in der Regelverjährungsfrist des § 195 BGB (iVm § 199 BGB) auch alle Ersatzansprüche im Sinne des § 548 Abs 1 S 1 BGB endgültig verjähren, entsprechend dem Grundgedanken des § 217 BGB, nach dem mit dem Hauptanspruch der Anspruch auf die von ihm abhängenden Nebenleistungen verjährt, selbst wenn die für den Anspruch auf die Nebenleistungen geltende besondere Verjährung noch nicht eingetreten ist, sodass zB mit den Ersatzansprüchen des Vermieters auch die Ansprüche auf Ersatz eines etwaigen Verzugsschadens verjähren (BGHZ 128, 74, 77, 81 = NJW 1995, 252; OLG Köln WuM 1993, 538 = ZMR 1993, 470).

VII. Allgemeine Verjährung

1. Anwendungsbereich

Dem Regime des § 548 Abs 1 und Abs 2 BGB unterliegen lediglich die hier genann- **39** ten Ansprüche des Vermieters und des Mieters. Für alle anderen Ansprüche der Mietvertragsparteien verbleibt es dagegen grundsätzlich bei der Regelverjährung nach den §§ 195 und 199 BGB. Das sind auf der Seite des Vermieters insbesondere der Erfüllungsanspruch (§ 535 Abs 2 BGB) und Ersatzansprüche wegen einer Zerstörung der Mietsache (s Rn 16 f, Rn 18; ausf Schmidt-Futterer/Streyl § 548 Rn 63 ff) sowie auf der Seite des Mieters Schadensersatzansprüche aufgrund der §§ 280, 281, 311 Abs 2 und 536a BGB und außerdem Bereicherungsansprüche wegen überzahlter Miete oder Kaution (s Rn 22 ff). Insoweit ist auf die Kommentierung der §§ 194 ff BGB zu verweisen (s zB Franke DWW 2002, 806; Guhling/Günter Rn 41 ff; Lützenkirchen § 548 Rn 16 ff; Witt NZM 2012, 545, 550 ff).

Bei der Anwendung des § 548 Abs 1 S 2 BGB ist vor allem der verjährungsrechtliche **39a** **Grundsatz der Schadenseinheit** zu beachten (s im Einzelnen Staudinger/Peters/Jacoby [2019] § 199 Rn 44 ff, besonders Rn 47). Der Grundsatz hat zur Folge, dass die Ansprüche des Vermieters wegen aller aus *einem* Schadensereignis folgenden Schäden, dh aus der Veränderung oder Verschlechterung der Mietsache einheitlich in der kurzen

Frist des § 548 Abs 1 BGB verjähren (BGH 19. 11. 1997 – XII ZR 281/95, LM Nr 11 zu § 326 [Bc] BGB = NZM 1998, 147, 148 = NJW 1998, 1303; Mansel NJW 2002, 89, 91). Wichtig ist dies etwa für **Mietausfallschäden**, die der Vermieter aus der Unterlassung vertraglich geschuldeter Schönheitsreparaturen herleitet. Der Vermieter ist deshalb genötigt, neben der Zahlungsklage in solchem Fall Feststellungsklage zu erheben, wenn er rechtzeitig die Verjährung auch wegen zukünftiger Mietausfälle hemmen will (BGH 19. 11. 1997 – XII ZR 281/95, LM Nr 11 zu § 326 [Bc] BGB = NZM 1998, 147, 148 = NJW 1998, 1303; OLG Saarbrücken NZM 2009, 485; Blank/Börstinghaus Rn 52). Lediglich dann, wenn der Vermieter ausnahmsweise aus unterschiedlichen Anspruchsgrundlagen **mehrere Ersatzansprüche** nebeneinander hat, läuft für jeden einzelnen Anspruch eine gesonderte Verjährungsfrist, die gegebenenfalls auch gesondert gehemmt werden muss (OLG Düsseldorf NJW-RR 1988, 202 = ZMR 1988, 57). Dasselbe gilt, wenn der Vermieter zunächst den Erfüllungsanspruch auf Beseitigung von Einrichtungen und sodann den Schadensersatzanspruch aus den §§ 280 und 281 BGB geltend macht (BGHZ 107, 179 = NJW 1989, 1854).

40 Nach Ablauf der Verjährungsfrist bleibt eine **Klageerhöhung**, etwa wegen zwischenzeitlicher Baukostensteigerungen möglich, sofern der Vermieter von vornherein seinen *gesamten Schaden eingeklagt* hatte (BGH 17. 9. 1979 – VIII ZR 193/78, LM Nr 24 zu § 558 BGB = WM 1979, 1263 = MDR 1980, 137; LM Nr 27 zu § 906 BGB = NJW 1982, 1809); anders dagegen, wenn es sich nur um eine **Teilklage** des Vermieters handelte, weil durch eine Teilklage die Verjährung des Restes *nicht* gehemmt wird, selbst wenn es sich um einen einheitlichen Schaden handelt wie etwa bei den Mietausfällen des Vermieters infolge der Unterlassung vertraglich geschuldeter Schönheitsreparaturen (BGH 19. 11. 1997 – XII ZR 281/95, LM Nr 11 zu § 326 [Bc] BGB = NJW 1998, 1303 = NZM 1998, 147, 148 f; OLG Düsseldorf ZMR 1985, 235).

2. Neubeginn

41 Zu einem Neubeginn der Verjährung kommt es nach § 212 BGB nur in zwei Fällen, nämlich 1. wenn der Schuldner dem Gläubiger gegenüber den Anspruch durch Abschlagszahlung, Zinszahlung, Sicherheitsleistung oder in anderer Weise anerkennt sowie 2. wenn eine gerichtliche oder behördliche Vollstreckungshandlung vorgenommen oder beantragt wird. Der Begriff des **Anerkenntnisses** wird in diesem Zusammenhang weit ausgelegt, sodass jedes Verhalten insbesondere des Mieters genügt, durch das er sein Bewusstsein vom Bestand seiner Schuld, dh der Ersatzansprüche des Vermieters deutlich zum Ausdruck bringt. Paradigma ist ein deklaratorisches Anerkenntnis des Schuldners (s Staudinger/Peters/Jacoby [2019] § 212 Rn 6 ff). Das Anerkenntnis hat zur Folge, dass danach **erneut die kurze Frist** des § 548 Abs 1 oder Abs 2 BGB läuft (OLG Zweibrücken OLGZ 1966, 20, 22 f; Staudinger/Peters/Jacoby [2019] § 212 Rn 3 ff). Als Anerkenntnis wird es zB meistens zu werten sein, wenn sich der Mieter vom Vermieter die Wohnungsschlüssel zurückgeben lässt, um die vom Vermieter verlangten **Schönheitsreparaturen** durchzuführen (LG Berlin GE 1990, 825). Dagegen reicht es in der Regel nicht aus, wenn der Mieter bei Auszug ein Übergabeprotokoll unterschreibt, in dem bestimmte Mängel festgehalten werden (LG Aachen WuM 1981, 163), oder wenn der Mieter nach Ablauf der Verjährungsfrist eine bloße Teilzahlung erbringt (AG Münster WuM 1972, 130, 131). – Unberührt bleiben in Ausnahmefällen die Verjährungshöchstfristen (sogenannte absolute Verjährung) des § 199 Abs 2 bis Abs 4 (LG Berlin WuM 2020, 337).

3. Hemmung

Von dem Neubeginn der Verjährung (o Rn 41) muss die Hemmung der Verjährung nach den §§ 203 ff BGB unterschieden werden. Hemmung der Verjährung bedeutet, dass der **Zeitraum**, während dessen die Verjährung gehemmt ist, in die (kurze) Verjährungsfrist des § 548 BGB **nicht eingerechnet** wird (§ 209 BGB). Bei der Berechnung der Verjährungsfrist werden folglich die Tage des Entstehens und des Entfallens des Hemmungsgrundes sowie die Zeitspanne dazwischen nicht mitgezählt (BGH 19. 11. 1997 – XII ZR 281/95, LM Nr 11 zu § 326 [Dc] BGB = NJW 1998, 1303 = NZM 1998, 147, 149; STAUDINGER/PETERS/JACOBY [2019] § 212 Rn 7; GUHLING/GÜNTER Rn 58–69a). Hervorzuheben sind die Hemmung der Verjährung durch **Klageerhebung** (§ 204 Abs 1 Nr 1 BGB) sowie durch Zustellung des **Mahnbescheids** im Mahnverfahren (§ 204 Abs 1 Nr 3 BGB; s FRANKE DWW 2002, 86, 91 ff). In dem zuletzt genannten Fall ist vor allem darauf zu achten, dass in dem Mahnbescheid der geltend gemachte Anspruch ausreichend *deutlich individualisiert* wird, weil es sonst an der Klarstellung fehlt, hinsichtlich welchen Anspruchs die Verjährung gehemmt ist (§ 609 Abs 1 Nr 3 ZPO; BGH NJW 2013, 3509 Rn 14 ff; LG Wuppertal WuM 1997, 110; LG Bielefeld WuM 1997, 112; STAUDINGER/PETERS/JACOBY [2019] § 212 Rn 55). 42

Die Verjährung wird nach § 203 S 1 BGB ferner gehemmt, wenn zwischen dem Schuldner und dem Gläubiger **Verhandlungen** über den Anspruch oder die den Anspruch begründenden Umstände schweben, und zwar so lange, bis der eine oder andere Teil die Fortsetzung der Verhandlungen verweigert. Ebenso wurde schon unter dem früheren Recht aufgrund einer entsprechenden Anwendung des § 852 Abs 2 aF entschieden (BGHZ 93, 64, 67 ff = NJW 1985, 798; BGH LM Nr 51 zu § 558 BGB = NJW 1994, 1788, 1789). Der Begriff der Verhandlungen im Sinne des § 203 BGB wird *weit* ausgelegt (BGH 12. 5. 2004 – XII ZR 223/01, NZM 2004, 583, 584 = ZMR 2004, 800; FRANKE DWW 2002, 86, 90 ff; GUHLING/GÜNTER Rn 64 f). Es genügt dafür *jeder echte Meinungsaustausch* zwischen den Parteien über den Stand oder den Umfang der Ansprüche des Vermieters, aufgrund dessen der Vermieter davon ausgehen darf, dass seine Forderung von dem Mieter noch nicht endgültig abgelehnt wird (BGH 12. 5. 2004 – XII ZR 223/01, NZM 2004, 583, 584 = ZMR 2004, 800; 4. 2. 1987 – VIII ZR 355/85, LM Nr 36 zu § 558 BGB = NJW 1987, 2072; LM Nr 59 zu § 67 VVG = NJW-RR 1991, 527; OLG Hamm NJW-RR 1993, 914, 916; OLG Karlsruhe ZMR 1994, 161, 163; OLG Düsseldorf ZMR 2006, 276, 278 f; JACOBY, in: 10 Jahre Mietrechtsreformgesetz 337, 342; STAUDINGER/PETERS/JACOBY [2019] § 203 Rn 7 f). Von Verhandlungen iS des § 203 BGB kann dagegen keine Rede sein, wenn der Mieter von vornherein sämtliche Ansprüche des Vermieters **ablehnt** oder lediglich einen Teilersatz anbietet (OLG Hamburg ZMR 1995, 18, 20; AG/LG Hamburg WuM 1990, 430; AG Butzbach WuM 1988, 22; 1989, 20). Kommt es aber zu Verhandlungen zwischen den Parteien iS des § 203 BGB, so **enden** diese erst, wenn eine Partei eindeutig die Fortsetzung verweigert, insbesondere also, wenn sie die Verhandlungen abbricht (§ 203 S 1 BGB; BGH 6. 11. 1991 – XII ZR 216/90, LM Nr 46 zu § 558 BGB = NJW 1992, 687; LM Nr 59 zu § 67 VVG = NJW-RR 1991, 527; OLG Köln NJW 1997, 1157, 1158 f) oder wenn eine Partei die Verhandlungen „**einschlafen**" lässt und sich zu Vorschlägen der anderen Seite nicht mehr binnen angemessener Zeit äußert (LG Hannover NJW-RR 1998, 1162 = ZMR 1998, 637; STAUDINGER/PETERS/JACOBY [2019] § 203 Rn 11, 13). Sobald die Verhandlungen danach enden oder abgebrochen werden, beginnt die Verjährungsfrist wieder zu laufen (§§ 203 S 2, 209 BGB; s oben Rn 42). 43

4. Verwirkung

44 Die Geltendmachung der in § 548 BGB geregelten Ansprüche kann in Ausnahmefällen trotz der kurzen Verjährungsfrist von sechs Monaten verwirkt werden, wenn der Berechtigte eine ungebührlich lange Zeit verstreichen lässt, ehe er mit seinem Anspruch hervortritt (BGH LM Nr 2 zu § 558 BGB = NJW 1959, 1629). Mit Rücksicht auf die kurzen Verjährungsfristen des § 548 BGB wird es sich dabei aber um Ausnahmefälle handeln (Ghassemi-Tabar NZM 2013, 129, 136; ganz ausführlich Guhling/Günter Rn 83–131).

VIII. Abweichende Vereinbarungen

45 Anders als früher (s § 225 aF) geht das Gesetz heute, um den Bedürfnissen der Praxis entgegenzukommen, von der **grundsätzlichen Vertragsfreiheit** in Verjährungsfragen aus, sodass die Verjährung durch Vertrag nicht nur erleichtert, sondern auch erschwert werden kann (§ 311 Abs 1 BGB). Besondere Grenzen für solche Abreden ergeben sich lediglich noch aus § 202 Abs 2 BGB, nach dem die Verjährung durch Rechtsgeschäft vor allem nicht über eine Frist von dreißig Jahren hinaus erschwert werden kann (s Mansel NJW 2002, 89, 96 ff). Welche Folgerungen für § 548 BGB daraus zu ziehen sind, ist umstritten. Man wird zu unterscheiden haben: **Individualvertraglich** kann die Verjährung – in den Grenzen der §§ 138 und 202 BGB – beliebig abweichend von § 548 BGB geregelt werden, insbesondere durch Verlängerung der Verjährungsfrist, durch Hinausschieben des Verjährungsbeginns oder durch die Einführung weiterer Gründe des Neubeginns oder der Hemmung der Verjährung (BGH NJW 2006, 1588, 1589 Tz 13; Blank/Börstinghaus Rn 63 f; J Fritz NZM 2002, 713, 718 f; Gruber WuM 2002, 252, 255; Kandelhard NZM 2002, 929; Staudinger/Peters/Jacoby [2019] § 202 Rn 13, 19 ff; St Roth PiG 83 [2008] 213, 219 f; K Scheffler ZMR 2008, 512).

46 Anders ist dagegen die Zulässigkeit **formularvertraglicher Erschwerungen** des § 548 BGB, insbesondere durch Verlängerung der Verjährungsfrist für die Ersatzansprüche des Vermieters (§ 548 Abs 1 BGB), zu beurteilen. Eine verbreitete Meinung hatte zwar lange Zeit für den Regelfall keine Bedenken insbesondere gegen eine Verlängerung der Verjährungsfrist für die Ersatzansprüche des Vermieters in Abweichung von § 548 Abs 1 BGB oder gegen ein Hinausschieben des Verjährungsbeginns über den Zeitpunkt des § 548 Abs 1 S 2 BGB hinaus (s Fritz NZM 2002, 713, 718 f; Kandelhard NZM 2002, 929; St Roth PiG 83 [2008] 213, 219 f; K Scheffler ZMR 2008, 512). Diese Meinung hat indessen (zu Recht) nicht die Billigung der Rechtsprechung gefunden (grundlegend BGH 8. 11. 2017 – VIII ZR 13/17 Rn 21, 32 ff, BGHZ 217, 1, 5, 10 ff = NJW 2017, 3707; zustimmend Staudinger/Bieder [2019] Anh zu §§ 305–310 Rn E 151; Guhling/Günter Rn 73 f; Hartmann WuM 2018, 65; Kappus NZM 2017, 845). Mit Rücksicht auf den Zweck des § 548 BGB (o Rn 1) verstößt danach eine formularvertragliche Erschwerung des § 548 BGB zum Vorteil des Vermieters und zum Nachteil des Mieters grundsätzlich, gegen **§ 307 Abs 2 Nr 1 BGB**, und zwar gleichermaßen in Gestalt einer Verlängerung der Verjährungsfrist über den Rahmen des § 548 BGB hinaus wie durch das Hinausschieben des Verjährungsbeginns über den Zeitpunkt des § 548 Abs 1 S 2 BGB hinaus oder durch die Einführung neuer Hemmungsgründe für die Verjährung zum Nachteil des Mieters (ebenso schon früher Lützenkirchen § 548 Rn 14; Blank/Börstinghaus Rn 63; Gruber WuM 2002, 252, 255; LG Frankfurt/M NZM 2011, 546; LG Berlin WuM 2017, 88; AG Köpenick GE 2015, 981; AG Detmold WuM 2012, 142, 143; LG Bielefeld

NZM 2015, 209). Das gilt (selbstverständlich) auch für die gewerbliche Miete (Guhling/Günter Rn 73). Ebenso negativ zu beurteilen sind formularvertragliche Regelungen, die von § 548 Abs 2 BGB zum Nachteil des Mieters durch eine weitere Verkürzung der Verjährungsfrist insbesondere für dessen **Aufwendungsersatzansprüche** abweichen (Lützenkirchen § 548 Rn 15; im Ergebnis wohl auch Staudinger/Peters/Jacoby [2019] § 202 Rn 15–18).

Untertitel 2
Mietverhältnisse über Wohnraum
Kapitel 1
Allgemeine Vorschriften

§ 549
Auf Wohnraummietverhältnisse anwendbare Vorschriften

(1) Für Mietverhältnisse über Wohnraum gelten die §§ 535 bis 548, soweit sich nicht aus den §§ 549 bis 577a etwas anderes ergibt.

(2) Die Vorschriften über die Mieterhöhung (§§ 557 bis 561) und über den Mieterschutz bei Beendigung des Mietverhältnisses sowie bei der Begründung von Wohnungseigentum (§§ 568 Abs. 2, §§ 573, 573a, 573d Abs. 1, §§ 574 bis 575, 575a Abs. 1 und §§ 577, 577a) gelten nicht für Mietverhältnisse über

1. Wohnraum, der nur zum vorübergehenden Gebrauch vermietet ist,

2. Wohnraum, der Teil der vom Vermieter selbst bewohnten Wohnung ist und den der Vermieter überwiegend mit Einrichtungsgegenständen auszustatten hat, sofern der Wohnraum dem Mieter nicht zum dauernden Gebrauch mit seiner Familie oder mit Personen überlassen ist, mit denen er einen auf Dauer angelegten gemeinsamen Haushalt führt,

3. Wohnraum, den eine juristische Person des öffentlichen Rechts oder ein anerkannter privater Träger der Wohlfahrtspflege angemietet hat, um ihn Personen mit dringendem Wohnungsbedarf zu überlassen, wenn sie den Mieter bei Vertragsschluss auf die Zweckbestimmung des Wohnraums und die Ausnahme von den genannten Vorschriften hingewiesen hat.

(3) Für Wohnraum in einem Studenten- oder Jugendwohnheim gelten die §§ 557 bis 561 sowie die §§ 573, 573a, 573d Abs. 1 und §§ 575, 575a Abs. 1, §§ 577, 577a nicht.

Materialien: Zu § 564b Abs 7 aF s STAUDINGER/SONNENSCHEIN (1997) u zu § 10 Abs 3 MHRG s STAUDINGER/SONNENSCHEIN/WEITEMEYER (1997). Art 1 Mietrechtsreformgesetz vom 19. 6. 2001 (BGBl I 1149); Referentenentwurf NZM 2000, 415 ff u 612 ff = WuM 2000, 165 ff u 227 ff; Begr zum RegE BT-Drucks 14/4553, 45 ff = NZM 2000, 802 ff u WuM 2000, 465 ff; Stellungnahme des BR BT-Drucks 14/4553, 83 f; Gegenäußerung der BReg BT-Drucks 14/4553, 99; Ausschussbericht BT-Drucks 14/5663, 77. Vgl auch Entw eines Gesetzes zur Neuordnung des Mietrechts der Länder Nordrhein-Westfalen u Niedersachsen BR-Drucks 513/99, 108 ff; Entw eines Gesetzes zur Vereinfachung des Mietrechts der Fraktion der FDP BT-Drucks 14/3896, 28 f.

Schrifttum

Bund-Länder-Arbeitsgruppe „Mietrechtsvereinfachung", Bericht zur Neugliederung und Vereinfachung des Mietrechts (1997)
Eckert, Zur Rechtsnatur von Mietverträgen mit Studentenwohnheimen. Unter Berücksichtigung der Entscheidung des BVerfG zur Frage der freien Mitarbeiter (1 BvR 848/77 ua), WuM 1982, 255
Emmerich, Der Wohnraummietvertrag, in: PiG 10 (1983) 83
Expertenkommission Wohnungspolitik, Wohnungspolitik auf dem Prüfstand (1995) = BT-Drucks 13/159, 3
dies, Wohnungspolitik für die neuen Länder (1995) = BT-Drucks 13/159, 277
Gellwitzki, Die Mietrechtsreform – die Neuregelungen zur Fälligkeit der Miete und Pacht. Zur Bedeutung der Neuregelungen und deren Auswirkungen auf die Rechte des Mieters, WuM 2001, 373
Götz/Brudermüller, Wohnungszuweisung und Hausratteilung. Aufhebung der Hausrats-VO und Neuregelung im BGB, NJW 2008, 3025
Grundmann, Die Mietrechtsreform. Wesentliche Inhalte und Änderungen gegenüber der bisherigen Rechtslage, NJW 2001, 2497
Hinz, Kündigungsverzicht bei Studentenwohnraum und andere Fragen der „studentischen Miete", ZMR 2010, 245
Honsell, Privatautonomie und Wohnungsmarkt, AcP 186 (1986) 115
Hummel, Erhöhung der Garagenmiete, ZMR 1987, 81
Igl, Das Wohnen im Heim und der Heimvertrag, in: Gedächtnisschrift Sonnenschein (2002) 479
Junker, Mitbestimmung des Betriebsrats bei Werkswohnungen – Status Quo und Gestaltungsoptionen, in: FS Kreutz (2009) 171
Kinne, Die teil- und ganzgewerbliche Vermietung von Wohnraum, GE 1989, 68, 118
König, Vertragsgestaltung bei Ferienwohnungen nach Wegfall des „einfachen" Zeitmietvertrags, in: Artz/Börstinghaus, 10 Jahre Mietrechtsreformgesetz (2011) 819
Lammel, Mietrechtsreform – Zurück zum BGB?!, ZMR 2000, 133

Martinek, Der Student als Mieter vor und nach der Mietrechtsreform 2001 – praktische und rechtliche Betrachtungen zur studentischen Wohnraum-Miete, in: Gedächtnisschrift Sonnenschein (2002) 359 = NZM 2004, 6
ders, Kündigungsrechtsausschluss in „Studentenbuden" – Mietvertrag, NJW 2009, 3613
Rinke, Grundrechtlich geschützter Wohnraumbesitz bei Mischmietverhältnissen, ZMR 2003, 13
Ritter, Mietrechtsreform und verfassungsrechtliche Grenzen beim Eingriff in laufende Mietverträge, NZM 2000, 737
Schilling, Neue Wohnungen durch neues Mietrecht, ZMR 1990, 281
Schüren, Mietrechtlicher Kündigungsschutz für Wohngemeinschaften, JZ 1989, 385
M Schultz, Nochmals: Erhöhung von Garagenmiete, ZMR 1988, 81
Sieweke, Zum (rechtswidrigen) Missbrauch von § 549 Abs 3 BGB, WuM 2009, 86
Simon, Das neue Mietrechtsreformgesetz als Beispiel kodifikatorischer Gesetzgebung, NZM 2001, 2
Sonnenschein, Die Bereinigung des Mietrechts im BGB (1985)
ders, Der Einfluß des BGH auf die Auslegung, Rechtsfortbildung und Reform des Mietrechts, in: 50 Jahre BGH, Festgabe aus der Wissenschaft Bd 1 (2000) 443 = NZM 2002, 1
ders, Die Geschichte des Wohnraummietrechts seit 1917, in: PiG 49 (1996) 7
ders, Die Geschichte des Wohnraummietrechts zwischen Freiheit und Zwang, Zeitschrift der Wohnungswirtschaft Bayern 1996, 597
ders, Haupt- und Nebenpflichten bei der Wohnraummiete, in: PiG 46 (1995) 7
ders, Die erleichterte Kündigung von Einliegerwohnungen, NZM 2000, 1
ders, Der Mietvertrag über Wohnraum zwischen Vertragsfreiheit und staatlicher Regulierung, DWW 1992, 193
ders, Rechte und Pflichten im Mietverhältnis über Wohnraum, Zeitschrift der Wohnungswirtschaft Bayern 1995, 628
ders, Überlegungen der Expertenkommission

Wohnungspolitik zum Einfluß des Mietrechts auf den Wohnungsmarkt, ZMR 1996, 109
ders, Wohnraummiete. Eine Analyse des geltenden Rechts (1995) = BT-Drucks 13/159, 379
ders, Von der Wohnraummiete über die Geschäftsraummiete zur Pacht – und zurück, in: FS Seuß (1987) 253
SPRAU, Mietrechtsreform im Rechtsausschuss, NZM 2001, 220
STIEPER, Die Scheinbestandteile (2002)
STERNEL, Probleme des neuen Mietrechts (Teil II), ZMR 2002, 1
WEIMAR, Die Sozialklausel des § 556a BGB bei gleichzeitiger Vermietung von Wohn- und Geschäftsräumen, NJW 1965, 622

WEITEMEYER, Das Mieterhöhungsverfahren nach künftigem Recht, NZM 2001, 563 = WuM 2001, 171
dies, Die Auswirkungen der Rechtsprechung des BGH zur Gesellschaft bürgerlichen Rechts auf deren Vermieterstellung, ZMR 2004, 153
dies, Die Gesellschaft bürgerlichen Rechts als Vermieterin, in: Gedächtnisschrift Sonnenschein (2003) 431
WOLTER, Mietrechtlicher Bestandsschutz (1984) 238
ZIMMERMANN, Kündigungsschutz für Zweitwohnungen und Wochenendhäuser, WuM 1989, 1.

Systematische Übersicht

I. Allgemeine Kennzeichnung
1. Überblick ___ 1
2. Entstehung der Vorschrift ___ 2
   a) Anwendungsbereich der §§ 549 ff (Abs 1) ___ 2
   b) Ausnahmetatbestände (Abs 2 und 3) ___ 3
3. Zweck der Vorschrift ___ 5
   a) Anwendungsbereich der §§ 549 ff (Abs 1) ___ 5
   b) Ausnahmetatbestände (Abs 2 und 3) ___ 6
4. Übergangsregelung ___ 10

II. Anwendungsbereich der §§ 549 ff (Abs 1)
1. Wohnraummietverhältnis ___ 13
   a) Mietverhältnis über Räume ___ 13
   b) Mietverhältnis über Grundstücke ___ 14
   c) Mietverhältnis über Wohnraum ___ 15
2. Mischmietverhältnis ___ 18
3. Gemischter Vertrag ___ 19
4. Gestuftes Mietverhältnis ___ 20
   a) Weitervermietung ___ 20
   b) Untervermietung ___ 21

III. Ausnahmetatbestände (Abs 2 und 3)
1. Fallgruppen des Abs 2 ___ 22
   a) Wohnraum zu nur vorübergehendem Gebrauch (Abs 2 Nr 1) ___ 22
   b) Möblierter Wohnraum als Teil der vom Vermieter bewohnten Wohnung (Abs 2 Nr 2) ___ 27
   c) Weitervermietung an Personen mit dringendem Wohnbedarf (Abs 2 Nr 3) ___ 37
   d) Katalog der ausgenommenen Vorschriften ___ 42
2. Studenten- oder Jugendwohnheim (Abs 3) ___ 48
   a) Begriff ___ 48
   b) Katalog der ausgenommenen Vorschriften ___ 49
3. Beweislast ___ 50

IV. Abweichende Vereinbarungen ___ 51

Alphabetische Übersicht

Abweichende Vereinbarungen ___ 51
Änderungsvertrag ___ 36
Altersheim ___ 19, 24

Beweislast ___ 50

Dauernutzungsvertrag ___ 16
Dienstwohnung ___ 17

Einliegerwohnraum ___ 16
Entstehung der Vorschrift ___ 2 ff

Familie	32 f	Preisgebundener Wohnraum	4
Ferienwohnung, Ferienhaus	4, 12, 23, 25	Rotationsprinzip	48
Formbedürftigkeit	41		
Gastarbeiter	24	Schriftform	47
Gemeinnützige Wohnungsunternehmen	16	Sozialklausel	42, 49
		Studenten- oder Jugendwohnheim	9, 26, 48
Haushüten	19, 24	Studentenzimmer	23 f
Hausratsverordnung	16		
Heimvertrag	19, 24	Träger der Wohlfahrtspflege	8, 20, 39
Hinweispflicht	12, 41	Teilkündigung	45, 49
Hotelzimmer	19, 23 f, 47		
		Übergangsregelung	11
Juristische Person des öffentlichen Rechts	8, 38	Unabdingbarkeit	51
		Untermiete	21, 40
LAG-Wohnung	16	Vertrag, gemischter	19
Lebenspartner	33	Vorkaufsrecht	44
Mietkaution, Verzinsungspflicht	49	Weitervermietung	
Mietverhältnis		– an Personen mit dringendem Wohnbedarf	8, 20, 37 ff
– gestuftes	20 f	– an Mitarbeiter	20
– über Garagen	18	Werkmietwohnungen	17
– über Garten	18	Wohnheim	9, 26
– über Geschäftsräume	15	Wohnraum	
– über Grundstücke	14	– möblierter	7, 16, 27 ff
– zu nur vorübergehendem Gebrauch	6, 22 ff	– preisgebundener	4
– Mischmietverhältnis	18	– zu nur vorübergehendem Gebrauch	6, 22 ff
– über Räume	13	Wohnrecht	17
– über Wohnraum	13, 15 ff	Wohnungsgenossenschaft	16
Nachteilige Vereinbarungen	51		
Neue Bundesländer	12	Zeitmietvertrag	47, 49
Nichteheliche Lebensgemeinschaft	34	Zweck der Vorschrift	5 ff
		Zweitwohnung	25
Pflegeheim	19, 24		

I. Allgemeine Kennzeichnung

1. Überblick

Die Vorschrift des § 549 Abs 1 BGB stellt klar, dass die Bestimmungen des ersten **1** Untertitels über Allgemeine Vorschriften für Mietverhältnisse auch für Wohnraummietverhältnisse gelten, und unterwirft diese Mietverhältnisse zugleich den besonderen Mieterschutzvorschriften der §§ 550 ff BGB. Die in § 549 Abs 2 und 3 BGB aufgeführten Mietverhältnisse sind dagegen von dem Schutz des sozialen Mietrechts, insbesondere von bestimmten Vorschriften über den Kündigungsschutz des Mieters und von Beschränkungen bei der Mieterhöhung, weitgehend ausgenommen.

2. Entstehung der Vorschrift

a) Anwendungsbereich der §§ 549 ff (Abs 1)

2 Das Mietrechtsreformgesetz vom 19. 6. 2001 (BGBl I 1149) fasste die nur für Mietverhältnisse über Wohnraum geltenden Vorschriften des Mieterschutzes im zweiten Untertitel in den §§ 549 bis 577a BGB zusammen und regelte damit erstmals seit dem Inkrafttreten des BGB die speziellen Vorschriften über Wohnraummietverhältnisse im Zusammenhang.

b) Ausnahmetatbestände (Abs 2 und 3)

3 In § 549 Abs 2 und 3 BGB werden bestimmte Wohnraummietverhältnisse von den besonderen Schutzvorschriften der §§ 550 bis 577a BGB zum Teil ausgenommen. Damit werden die früher zerstreut in § 564b Abs 7 aF für den Kündigungsschutz und in § 10 Abs 3 MHRG für Mieterhöhungen geregelten Ausnahmetatbestände durch das Mietrechtsreformgesetz (s Rn 2) zusammengefasst. Zugleich werden die **Ausnahmetatbestände** (s Rn 22 ff) und der **Katalog der ausgenommenen Vorschriften** (s Rn 42 ff, 49) gegenüber der bisherigen Rechtslage modifiziert.

4 Keine ausdrückliche Ausnahmeregelung besteht mehr für den vor dem Inkrafttreten des Mietrechtsreformgesetzes in dem früheren § 10 Abs 3 Nr 1 MHRG von den Vorschriften über Mieterhöhungen ausgenommenen **preisgebundenen Wohnraum**. Soweit eine Preisbindung aufgrund der Vorschriften des sozialen Wohnungsbaus noch besteht, ergibt sich unmittelbar aus diesen Spezialvorschriften, dass und inwieweit andere Regelungen für die Mieterhöhung gelten (Begr zum RegE BT-Drucks 14/4553, 52). Mit der Umstellung der Förderung des sozialen Wohnungsbaus durch das Wohnraumförderungsgesetz (WoFG) vom 13. 9. 2001 (BGBl I 2376) gilt auch für die hiernach geförderten Wohnungen das Mieterhöhungsrecht des BGB mit Sondervorschriften (s STAUDINGER/J EMMERICH [2018] § 557 Rn 23 ff). Ausdrücklich angeordnet ist die Geltung der Vorschriften über die Umlage von Betriebskosten nach den §§ 556, 556a, 560 BGB in § 28 Abs 4 Nr 1 WoFG. Weggefallen ist durch das Mietrechtsreformgesetz die vom Kündigungsschutz nach § 564b Abs 7 Nr 4 aF früher ausgenommene Fallgruppe des Wohnraums in **Ferienhäusern** und **Ferienwohnungen** (zur Entwicklung des Ausnahmetatbestands s STAUDINGER/SONNENSCHEIN [1997] § 564b Rn 15, 18). Die Befreiung dieser Wohnungen vom Kündigungsschutz hatte nicht zu einer spürbaren Ausweitung des Angebots an Mietwohnungen geführt und war daher bereits durch das Gesetz zur Übernahme befristeter Kündigungsmöglichkeiten als Dauerrecht vom 21. 12. 1996 (BGBl I 222) auf den vor dem 1. 6. 1995 überlassenen Wohnraum beschränkt worden (Begr zum Gesetzentw BT-Drucks 13/1639, 5; Ausschussbericht BT-Drucks 13/2942, 4). Für diese Altfälle besteht eine Übergangsvorschrift (s Rn 12), sodass die Fallgruppe im Übrigen mangels praktischer Relevanz entfallen ist (Begr zum RegE BT-Drucks 14/4553, 46).

3. Zweck der Vorschrift

a) Anwendungsbereich der §§ 549 ff (Abs 1)

5 Die Vorschrift des § 549 BGB enthält in ihren drei Absätzen zwei grundverschiedene Regelungsbereiche. Abs 1 bestimmt, dass die Vorschriften des ersten Untertitels über Allgemeine Vorschriften für Mietverhältnisse auch für Wohnraummietverhältnisse gelten, soweit sich nicht aus den im zweiten Untertitel enthaltenen

Vorschriften der §§ 549 bis 577a BGB etwas anderes ergibt. Diese Bestimmung ist im Grunde überflüssig, weil sie sich schon aus der Funktion allgemeiner Vorschriften ergibt. Sie dient daher nur der Klarstellung (Begr zum RegE BT-Drucks 14/4553, 45). Mit der durch das Mietrechtsreformgesetz (s Rn 2) neu eingeführten Gliederung der Vorschriften über Mietverhältnisse nach der Art der vermieteten Sachen, in der die früher weit verstreuten Vorschriften über die Wohnraummiete zusammengefasst und in den Mittelpunkt der Regelungen gestellt werden, wurde eine lange erhobene Forderung umgesetzt (Begr zum RegE BT-Drucks 14/4553, 34 f; Sonnenschein, Die Bereinigung des Mietrechts im Bürgerlichen Gesetzbuch [1985] 49; Bund-Länder-Arbeitsgruppe „Mietrechtsvereinfachung" [1997] 10; Simon NZM 2001, 2, 5; krit Lammel ZMR 2000, 133, 134; Sternel ZMR 2002, 1, 6 mwNw). Allerdings finden sich auch in den §§ 536 Abs 4, 547 Abs 2 BGB nur für Wohnraummietverhältnisse geltende Unabdingbarkeitsklauseln. Der Nachteil dieser Systematik besteht darin, dass die Vorschriften für Mietverhältnisse über andere Sachen, insbesondere über die wirtschaftlich bedeutsamen gewerblichen Mietverhältnisse, eine vergleichsweise stiefmütterliche Regelung in den §§ 578 bis 580a BGB erfahren haben. Diese Gesetzestechnik ist aber erforderlich, weil eine vollständige Regelung der Mietverhältnisse über andere Sachen oder Geschäftsräume zu erheblichen Wiederholungen führen müsste, die auch dem gesetzestechnischen Prinzip des BGB, stets das Allgemeine dem Besonderen voranzustellen, widersprechen würde (Sonnenschein, Die Bereinigung des Mietrechts im Bürgerlichen Gesetzbuch [1985] 46 f).

b) Ausnahmetatbestände (Abs 2 und 3)

aa) Die in § 549 Abs 2 und 3 BGB aufgeführten Mietverhältnisse sollen von dem 6 Schutz des sozialen Mietrechts, insbesondere von bestimmten Vorschriften zum Kündigungsschutz des Mieters und von Beschränkungen der Mieterhöhung, ausgenommen sein (Begr zum RegE BT-Drucks 14/4553, 45). Die Gründe für die Ausnahmen von der Geltung des sozialen Mietrechts sind recht unterschiedlich. Für den Mieter von **Wohnraum** der Fallgruppe des § 549 Abs 2 Nr 1 BGB, der **nur zum vorübergehenden Gebrauch** vermietet ist, besteht kein Schutzbedürfnis, weil dieser Wohnraum nicht seinen Lebensmittelpunkt darstellt (Begr zum RegE eines WKSchG II BT-Drucks 7/2011, 7).

bb) Das Nutzungsrecht des Vermieters von Wohnraum der Fallgruppe des § 549 7 Abs 2 Nr 2 BGB, der einen **Teil der von ihm selbst bewohnten Wohnung** darstellt, wird gegenüber dem Interesse des Mieters an dem Erhalt seines Lebensmittelpunktes als vorrangig bewertet (Begr zum RegE eines WKSchG II BT-Drucks 7/2011, 7). Das Mietrechtsreformgesetz (s Rn 2) erweitert die Rückausnahme für Wohnraum, der dem Mieter zum dauernden Gebrauch mit seiner Familie überlassen ist, um den Fall der Überlassung des Wohnraums mit Personen, mit denen der Mieter einen auf Dauer angelegten gemeinsamen Haushalt führt. Damit sollen neben den klassischen Lebensgemeinschaften Ehe und Familie weitere Formen des dauerhaften Zusammenlebens geschützt werden (Begr zum RegE BT-Drucks 14/4553, 37, 46, 61).

cc) Die Ausnahme des § 549 Abs 2 Nr 3 BGB dient dem wohnungspolitischen 8 Anliegen, in Zeiten der Wohnungsknappheit durch die Ausnahmen bei der **Weitervermietung durch juristische Personen des öffentlichen Rechts** oder **anerkannte private Träger der Wohlfahrtspflege** zusätzlichen Wohnraum bereitzustellen, der dem Markt sonst nicht zugeführt werden würde. Wenn eine juristische Person des öffentlichen

Rechts Wohnraum anmietet, um ihn an Wohnungssuchende in Notfällen weiterzuvermieten, hat der Eigentümer zwar einen sicheren Hauptmieter, nach den allgemeinen Vorschriften des Mietrechts aber nicht die Gewähr, den Wohnraum zu dem gewünschten Zeitpunkt zurückzuerhalten. Das Mietverhältnis mit dem Endmieter ist deshalb durch das WoBauErlG vom 17. 5. 1990 (BGBl I 926) vom Kündigungsschutz ausgenommen worden. Damit soll sichergestellt werden, dass die juristische Person als Zwischenvermieterin dieses Mietverhältnis fristgerecht beenden kann (Begr zum RegE 11/6508, 12, 19 f). Die Regelung trägt der seinerzeit noch generell bei der Untervermietung maßgebenden Rechtslage Rechnung, dass zwar im Hauptmietverhältnis kein Kündigungsschutz eingreift, wohl aber im Untermietverhältnis, und dass sich der Untermieter unter bestimmten Voraussetzungen hierauf auch gegenüber dem auf § 556 Abs 3 aF gestützten Herausgabeanspruch des Hauptvermieters berufen kann (STAUDINGER/SONNENSCHEIN [1995] § 556 aF Rn 66 ff). Hieran hat sich auch mit der Einfügung des § 549a aF (§ 565 BGB) durch das MietRÄndG 4 vom 21. 7. 1993 (BGBl I 1257) nichts geändert, da diese Vorschrift nur die gewerbliche Zwischenvermietung, nicht aber öffentliche Rechtsträger erfasst. Insgesamt wird die Regelung von der Erwägung beherrscht, die in Betracht kommenden öffentlichen Rechtsträger würden grundsätzlich die Gewähr dafür bieten, dass bei der Kündigung eines Mietverhältnisses und bei der Räumung der Wohnung ungerechtfertigte Härten für den Mieter und seine Familie vermieden würden (Begr zum RegE BT-Drucks 11/6508, 20). Die Ausnahmen vom Mieterschutz wurden durch das Mietrechtsreformgesetz beschränkt auf die Vermietung an Personen mit dringendem Wohnbedarf. Die bisherige Fallgruppe der „in Ausbildung befindlichen Personen" ist weggefallen. Für diese Sonderregelung bestehe kein Schutzbedürfnis, weil dieser Personenkreis zum großen Teil bereits nach § 549 Abs 3 BGB vom sozialen Mietrecht ausgenommen ist und auch von Abs 2 Nr 3 erfasst ist, soweit dringender Wohnbedarf besteht (Begr zum RegE 14/4553, 46). Anders als nach der Vorgängervorschrift des § 564b Abs 7 aF wird die Fallgruppe der Wohnraummietverhältnisse des § 549 Abs 2 Nr 3 BGB nicht nur vom Kündigungsschutz, sondern auch von den Vorschriften über die Mieterhöhung nach den §§ 557 BGB ff ausgenommen, da bereits nach der früheren Rechtslage die Mieterhöhungsvorschriften zwar nicht durch eine Änderungskündigung umgangen werden konnten (so aber Begr zum RegE BT-Drucks 14/4553, 47), weil die Kündigung zum Zwecke der Mieterhöhung gem § 1 S 1 MHRG auch für diesen Wohnraum verboten war. Der Vermieter konnte aber ohne ein berechtigtes Interesse iS des § 564b aF kündigen und sich dann einen neuen Mieter suchen, der zur Zahlung einer höheren Miete bereit war.

9 dd) Die Erweiterung der Ausnahmetatbestände um den Fall des jetzigen § 549 Abs 3 BGB für Mietverhältnisse über **Wohnraum, der Teil eines Studenten- oder Jugendwohnheims ist**, erfolgte durch das Gesetz zur Erhöhung des Angebots an Mietwohnungen vom 20. 12. 1982 (BGBl I 1912) und sollte die Schwierigkeiten lösen, in die die Träger von Studenten- und Jugendheimen im Hinblick auf das Rotationsprinzip geraten waren. Dieses System bringt durch eine zeitliche Begrenzung des einzelnen Mietverhältnisses eine möglichst große Zahl von Bewerbern in den Genuss eines Wohnheimplatzes. Zunehmend setzte sich aber in der Praxis die Meinung durch, die Vermietung von Wohnraum für die Dauer eines Studiums sei keine Überlassung zu nur vorübergehendem Gebrauch und auch der Status des Mieters als Studierender rechtfertige es nicht, von vornherein nur einen kurzfristigen Gebrauch anzunehmen (STAUDINGER/SONNENSCHEIN [1997] § 564b aF Rn 14 mwNw). Wegen des zu geringen Bestandes an Wohnheimplätzen für Studierende, Schüler und Lehrlinge hielt der Gesetzgeber die Fluktuation der Belegung aus Gründen der Gleichbehandlung jedoch für notwendig. Derartige Mietverhältnisse wurden deshalb generell vom Schutz des § 564b aF und des MHRG ausgenommen, allerdings nicht von der Sozialklausel des § 556a aF. Der Gesetzgeber ging davon aus, dass die Mieter in diesen Heimen angesichts der Wohnheimträger und der öffentlich-rechtlichen Kontrolle, der die Träger ganz überwiegend unterworfen seien, keine unangemessenen Nachteile erleiden würden (Ausschussbericht BT-Drucks 9/2284, 3; krit LECHNER WuM 1983, 71).

4. Übergangsregelung

Die Vorschrift des § 549 BGB mit ihren Änderungen hinsichtlich des Anwendungsbereichs des sozialen Mietrechts in § 549 Abs 2 und 3 BGB ist nach Art 11 Mietrechtsreformgesetz seit dem 1. 9. 2001 anwendbar. Das bedeutet im **Grundsatz**, dass sämtliche Neuregelungen auf die zu diesem Zeitpunkt bereits abgeschlossenen ebenso wie auf die danach geschlossenen Mietverträge anzuwenden sind (FRANKE ZMR 2001, 951, 952; HAAS, Einführung Rn 70; LÜTZENKIRCHEN PiG 65 [2002] 21, 22 f; SCHMIDT-FUTTERER/BLANK Rn 3; WEITEMEYER NZM 2001, 563, 565 = WuM 2001, 171, 173; **aM** BEUERMANN GE 2001, 902). So kommt etwa die Unterausnahme in Abs 2 Nr 2 nun auch anderen Mitbewohnern in einem auf Dauer angelegten gemeinsamen Haushalt zugute, unabhängig davon, wann das Mietverhältnis und der gemeinsame Haushalt begründet worden sind. Die Geltung des Gesetzes auch auf Altverträge ergibt sich neben der entsprechenden Äußerung des Gesetzgebers (Begr zum RegE BT-Drucks 14/4553, 75; s auch GRUNDMANN NJW 2001, 2497, 2499; JANSEN NJW 2001, 3151, 3152) aus dem Sinnzusammenhang mit den Übergangsvorschriften des Art 2 Mietrechtsreformgesetz. Wenn dort für Altverträge in bestimmten Fällen wichtige Vorschriften des Mieterschutzes in der Fassung des alten Rechts Anwendung finden oder das neue Recht für nicht anwendbar erklärt wird, kann das nur bedeuten, dass die neuen Vorschriften im Grundsatz im Übrigen auch für diese Verträge gelten. Dies entspricht dem Zweck des Mietrechtsreformgesetzes zur Vereinfachung des Rechts, weil durch die Weitergeltung alten Rechts entsprechend der teilweisen langen Laufzeit einzelner Mietverhältnisse alte und neue Regelungen sonst für eine sehr lange Zeit nebeneinander angewandt werden müssten (Einzelheiten s STAUDINGER/WEITEMEYER [2006] Rn 10).

Nach Art 2 Mietrechtsreformgesetz wurden in Art 229 § 3 EGBGB mit **Übergangsvorschriften** einige Ausnahmen von diesem Grundsatz geregelt, die vor allem die Mieterschutzvorschriften betreffen. Grundsätzlich gelten die Übergangsvorschriften trotz des missverständlichen Wortlauts für die Mietverhältnisse, bei denen der Mietvertrag vor dem Inkrafttreten des Mietrechtsreformgesetzes am 1. 9. 2001 geschlossen worden ist (AG Nordhorn NZM 2002, 654; GRUNDMANN NJW 2001, 2497, 2499; JANSEN NJW 2001, 3151, 3152; LÜTZENKIRCHEN PiG 65 [2002] 21, 23 f; STÜRZER NZM 2001, 825; ders WuM 2001, 423 = ZMR 2001, 783; **aM** GELLWITZKI WuM 2001, 373, 379, der auf den Beginn des Mietverhältnisses abstellt. Einzelheiten s STAUDINGER/WEITEMEYER [2006] Rn 11).

Die Sonderregel des § 564b Abs 7 Nr 4 aF für die erleichterte Kündigung von **Ferienhäusern** und **Ferienwohnungen** ist mit dem Mietrechtsreformgesetz entfallen. Hierfür hat der Gesetzgeber gem Art 2 Mietrechtsreformgesetz in Art 229 § 3 Abs 2 EGBGB bestimmt, dass ein am 1. 9. 2001 bestehendes Mietverhältnis in diesem Sinne bis zu einer Übergangsfrist zum 31. 8. 2006 nach § 564b Abs 7 aF gekündigt werden kann. Damit soll der Vermieter geschützt werden, der im Vertrauen auf die erleichterte Kündigungsmöglichkeit diesen Wohnraum zur dauerhaften Vermietung zur Verfügung gestellt hat (Begr zum RegE BT-Drucks 14/4553, 76). Eine Besonderheit besteht bei der Ausnahme vom Mieterschutz für die **Weitervermietung an Personen mit dringendem Wohnbedarf** durch einen anerkannten privaten Träger der Wohlfahrtspflege nach § 549 Abs 2 Nr 3 BGB. Da der Tatbestand voraussetzt, dass der Mieter vor Vertragsschluss auf den fehlenden Mieterschutz hingewiesen worden ist (s Rn 41), wird dieser neu aufgenommene Vermieterkreis einen entsprechenden Hinweis regelmäßig erst nach Inkrafttreten des Mietrechtsreformgesetzes erteilt haben, sodass aus praktischen Gründen eine Geltung nur für neu abgeschlossene Mietverträge besteht. Das heißt aber nicht, dass die Vorschrift nach der Grundregel (s Rn 10 f) nicht bereits auf früher abgeschlossene Verträge anwendbar ist, wenn der Vermieter etwa im Vorgriff auf die Reform auf die Ausnahme vom Mieterschutz hingewiesen hat (enger Haas Rn 11).

II. Anwendungsbereich der §§ 549 ff (Abs 1)

1. Wohnraummietverhältnis

a) Mietverhältnis über Räume

13 Die speziellen Vorschriften der §§ 549 bis 577a BGB gelten, soweit nicht ausdrücklich hierauf auch für andere Mietobjekte verwiesen wird, nur für Mietverhältnisse über Wohnraum. Das Mietverhältnis über Wohnraum bildet einen Sonderfall des Mietverhältnisses über Räume. Unter einem Raum versteht man einen allseits umschlossenen Teil eines festen Gebäudes, der so groß ist, dass sich ein Mensch darin aufhalten kann. Als Gebäude gilt jedes unbewegliche, mit dem Erdboden fest verbundene Bauwerk, das zum Aufenthalt von Menschen bestimmt und geeignet ist. Kein Raum- und damit auch kein Wohnraummietverhältnis stellt daher zB die Vermietung von Schiffen, Wohnwagen oder Eisenbahnwagen zum Wohnen dar (Staudinger/V Emmerich [2014] § 578 Rn 5 f). Auf die rechtliche Einordnung als unbewegliche Sache kommt es nach dem Schutzzweck des Wohnraummietrechts nicht an, sodass unter den Begriff des Wohnraums auch diejenigen Gebäude fallen, die als Scheinbestandteile nach § 95 nicht Bestandteile des Grundstücks sind, sofern sie nur eine feste Verbindung mit dem Erdboden aufweisen (Staudinger/V Emmerich [2011] § 578 Rn 5a; Stieper, Die Scheinbestandteile 57).

b) Mietverhältnis über Grundstücke

14 Die Raummiete stellt einen Sonderfall der Grundstücksmiete dar (Einzelheiten Staudinger/V Emmerich Vorbem 23 ff zu § 535, § 578 Rn 2). Die Vermietung eines unbebauten Grundstücks begründet jedoch kein Wohnraummietverhältnis. Ebensowenig liegt ein Mietverhältnis über Wohnraum vor, wenn ein unbebautes Grundstück vermietet wird und der Mieter hierauf ein Wohngebäude errichtet, das als Scheinbestandteil iS des § 95 in seinem Eigentum steht und nicht in den Mietvertrag einbezogen worden ist (BGHZ 92, 70 = NJW 1984, 2878 m Anm Sonnenschein JZ 1985, 45; s auch BGHZ 131, 368 = NJW 1996, 916 zur Errichtung eines Geschäftshauses). Der Mieter, der das Grundstück bewohnt, ist gleichwohl schutzbedürftig. In der Praxis handelt es sich jedoch um derart seltene Fälle, dass eine gesetzliche Ausweitung der Vorschriften für Mietverhältnisse über Wohnraum oder eine entsprechende Anwendung dieser Vorschriften nicht angebracht ist. Dem Mieter ist es überlassen, sich den Kündigungsschutz

vertraglich auszubedingen, wenn er ein Grundstück zum Zwecke der Bebauung mietet.

c) Mietverhältnis über Wohnraum

aa) Die **Abgrenzung** zwischen einem Mietverhältnis über Wohnräume und über andere Räume, insbesondere über Geschäftsräume, richtet sich danach, ob Vertragsgegenstand Räume sind, die nach dem von den Parteien vereinbarten Zweck zum Wohnen durch den Mieter selbst bestimmt sind (Einzelheiten STAUDINGER/V EMMERICH Vorbem 24 ff zu § 535). Dabei entscheidet der wahre, das Rechtsverhältnis prägende Vertragszweck, also das, was dem tatsächlichen und übereinstimmenden Willen der Parteien entspricht, der nach den allgemeinen Regeln auszulegen ist (BGH NJW-RR 1986, 877 = MDR 1986, 842; OLG Düsseldorf NZM 2002, 739 = WuM 2002, 481 = ZMR 2002, 589; WuM 2004, 193; OLG Frankfurt ZMR 2009, 198; s auch Rn 51), sodass auch ein sog verdeckter Wohnraummietvertrag unter die §§ 549 BGB ff fällt. Wohnraum sind Einzelräume und Wohnungen, die zum privaten Aufenthalt von Menschen in der Weise bestimmt sind, dass die Räume nach der Zweckbestimmung der Parteien dem Mieter ganz oder teilweise, vorübergehend oder auf Dauer als Lebensmittelpunkt dienen sollen (STAUDINGER/V EMMERICH [2014] § 578 Rn 7). Unerheblich ist, ob die Räumlichkeiten als Wohnung geeignet sind (SCHMIDT-FUTTERER/BLANK vor § 535 Rn 97; **aM** STAUDINGER/V EMMERICH Vorbem 24 zu § 535). Dies wird auch deutlich an der besonderen Regelung der durch das Mietenüberleitungsgesetz vom 6. 6. 1995 (BGBl I 748) als § 11 Abs 1 S 1 Nr 2 in das frühere MHRG eingefügten Vorschrift, welche die Geltung des MHRG für Wohnraummietverhältnisse im Beitrittsgebiet angeordnet hatte, soweit der Wohnraum seit dem 3. 10. 1990 aus Räumen wiederhergestellt wurde, die auf Dauer zu Wohnzwecken nicht mehr benutzbar waren. Daraus ergibt sich, dass es für die Anwendung der Mieterschutzvorschriften auf Wohnraum im Normalfall gerade nicht auf die Bewohnbarkeit ankommt.

bb) Weitere Ausnahmen außer den in § 549 Abs 2 und 3 BGB genannten bestehen nicht, sodass alle **Arten** von Wohnraummietverhältnissen unter den Schutz der §§ 549 bis 577a BGB fallen. Dazu gehören zB zeitlich befristete oder sonst unkündbare Mietverträge, Untermietverträge (s Rn 20 f), Verträge über möblierte Wohnungen, Einliegerwohnungen (mit der Ausnahme vom Kündigungsschutz in § 573a BGB), Mietverhältnisse, die nach dem früheren § 5 HausratsVO vom 21. 10. 1944 (RGBl I 256), heute § 1568a BGB (hierzu GÖTZ/BRUDERMÜLLER NJW 2008, 3025 ff) begründet worden sind (s aber BayObLGZ 1973, 227 u 240 = NJW 1973, 2295 u 2299), Verträge über Lastenausgleichswohnungen, über Bundesmietwohnungen (KG GE 1987, 341) sowie die Verträge über Wohnungen der früher sog gemeinnützigen Wohnungsunternehmen (STAUDINGER/SONNENSCHEIN/WEITEMEYER [1997] § 10 MHRG Rn 56). Erfasst wird auch der Dauernutzungsvertrag mit einer Wohnungsgenossenschaft (BayObLG WuM 1998, 274). Während der Mietdauer unterfällt auch der Mietkauf einer Wohnimmobilie durch eine Bank oder andere Erwerber vom Eigentümer mit anschließender Rückvermietung und dem Angebot einer Kaufoption unter das Wohnraummietrecht (BIERMANN-RATJEN DNotZ 2007, 788).

cc) Bei einigen Wohnraummietverhältnissen bestehen **weitere spezielle Regelungen**. Ebenfalls unter die Vorschriften des Mieterschutzes der §§ 549 bis 577a BGB fallen grundsätzlich die Mietverhältnisse über sog Sozialwohnungen, allerdings mit Besonderheiten hinsichtlich der Miethöhe (s § 557 Rn 23 ff). Die Vorschriften der

§§ 549 BGB ff gelten auch für Werkmietwohnungen (AG Passau WuM 1989, 578; Röther MDR 1982, 276), allerdings mit Ausnahmen vom Kündigungsschutz nach den §§ 576, 576a BGB (Staudinger/Rolfs [2014] Erläuterungen zu §§ 576–576a). Auf Werkdienstwohnungen, bei denen der Arbeitsvertrag die Grundlage für die Überlassung des Wohnraums bildet, sind die §§ 535 BGB ff auf die Rechte und Pflichten hinsichtlich der Raumnutzung anwendbar, solange das Arbeitsverhältnis besteht (Staudinger/Rolfs [2014] § 576b Rn 4). Für die Beendigung gelten aber besondere Vorschriften (Staudinger/Rolfs [2014] § 576b Rn 13 ff). Insbesondere kann ein Mitbestimmungsrecht des Betriebsrats bestehen (Junker, in: FS Kreutz [2009] 171 ff). Keine Anwendung findet das private Wohnraummietrecht auf Dienstwohnungen von Beamten, Richtern oder Soldaten, wenn das Verhältnis öffentlich-rechtlich ausgestaltet ist (zur Kündigung s Staudinger/Rolfs [2014] § 576b Rn 6). Allerdings können die Vorschriften des Mieterschutzes hier kraft behördlicher Anordnung Anwendung finden (VG Oldenburg WuM 1986, 193) ebenso wie die Anwendung der Vorschriften über die Wohnraummiete vertraglich vereinbart werden kann. Unanwendbar ist das Mietrecht insgesamt auf dingliche Wohnrechte iS des § 1093 BGB (Einzelheiten bei Staudinger/V Emmerich Vorbem 39 ff zu § 535), selbst wenn eine Nutzungsentschädigung vereinbart ist (LG Mannheim WuM 1975, 170), während nach § 1056 BGB fortgesetzte Wohnraummietverträge unter die Vorschriften zum Wohnraummietrecht fallen (AG Münster WuM 1994, 477).

2. Mischmietverhältnis

18 Wenn die vermieteten Räume nach dem Vertragszweck sowohl zum Wohnen als auch anderen Zwecken dienen sollen, handelt es sich um ein Mischmietverhältnis. Beispiele sind die Vermietung von Wohnräumen mit Geschäftsräumen, mit einem Garten oder mit Garagen. Sind die unterschiedlichen Mietobjekte nach der Auslegung des Vertrags untrennbar zusammen vermietet, richtet sich die Einordnung des Mietverhältnisses nach dem vorherrschenden Vertragszweck. Der VIII. Zivilsenat des BGH hat sich in einer überzeugend und ausführlich begründeten Entscheidung grundlegend zu den maßgeblichen Kriterien der Abgrenzung geäußert (BGH NJW 2014, 2864). Allein schon wegen der unterschiedlichen sachlichen Zuständigkeit der Zivilgerichte (AG/LG) besteht die Notwendigkeit, einen gemischten Vertrag, der Elemente des Wohnens und der gewerblichen oder selbständigen Nutzung enthält, eindeutig und einheitlich einer Seite zuzuschlagen. Entscheidend kommt es auf die überwiegende Nutzungsart der Immobilie an, die im Wege der Auslegung der vertraglichen Vereinbarung zu ermitteln ist. Hier hat der BGH nun Abstand von der zuvor vertretenen Auffassung genommen, dass in dem Fall, in dem der Mieter seinen Lebensunterhalt durch die gewerbliche oder selbständig berufliche Tätigkeit, der er in der Immobilie nachgeht, seinen Lebensunterhalt verdient und somit auch die Miete finanziert, im Allgemeinen eine Vermietung anzunehmen sei, die nicht zu Wohnzwecken erfolgt. Vielmehr sei auch in dieser Konstellation wie in allen anderen Fällen eine Gesamtbetrachtung unter Berücksichtigung sämtlicher Umstände des Einzelfalls vorzunehmen. Indizwirkung kommt dabei etwa die Verwendung bestimmter Formulare zu, ebenso dem Verhältnis der jeweils für einen der beiden Zwecke genutzten Flächen zueinander. Im Zweifelsfall ist der gesamte Vertrag als Wohnraummiete zu qualifizieren, um dem Mieter den Schutz des sozialen Mietrechts nicht zu entziehen. Folgerichtig hat der Senat im Anschluss daran auch entschieden, dass bei einem solchen dem Wohnraummietrecht unterfallenden gemischten Vertrag ein geltend gemachter Eigenbedarf nur den als Wohnraum genutzten Bereich betreffen muss (BGH NJW 2015, 2727).

3. Gemischter Vertrag

Auf gemischte Verträge, die sich aus Elementen verschiedenartiger Vertragstypen zusammensetzen, ist Wohnraummietrecht anzuwenden, wenn nach dem Vertragszweck der Schwerpunkt auf der Miete von Wohnräumen liegt. Dies gilt etwa für den **Hotelaufnahmevertrag** (STAUDINGER/V EMMERICH Vorbem 49 zu § 535), wenn die Vermietung nicht nur zu vorübergehendem Gebrauch erfolgt und damit nicht bereits unter den Ausnahmetatbestand des § 549 Abs 2 Nr 1 BGB (s Rn 22) fällt, sowie für **Heimpflegeverträge**, soweit dort nicht dienstvertragliche Elemente überwiegen (Einzelheiten s STAUDINGER/V EMMERICH Vorbem 53 ff zu § 535; zur Koppelung der Verträge vgl auch BGH NJW 2006, 1276 = NZM 2006, 290 = WuM 2006, 204 = ZMR 2006, 443). Das Heimgesetz idF der Bekanntgabe vom 5. 11. 2001 (BGBl I 2970) enthielt besondere Vorschriften zum Entgelt und seiner Erhöhung (hierzu IGL, in: Gedschr Sonnenschein [2002] 479, 483 ff). Im Zuge der Föderalismusreform hat das Gesetz zur Regelung von Verträgen über Wohnraum mit Pflege- oder Betreuungsleistungen (Wohn- und Betreuungsvertragsgesetz vom 29. 7. 2009, BGBl I 2009, 2319) die Vorschriften über die zivilrechtlichen Vereinbarungen zwischen Heimbetreiber und Bewohner in einem gesonderten Gesetz geregelt. Um einen gemischten Vertrag mit einem Schwerpunkt im Wohnraummietverhältnis handelt es sich hingegen bei einer Senioren-Wohngemeinschaft, die keinen Versorgungscharakter aufweist (vgl zur Abgrenzung VG Frankfurt aM 23. 3. 2009 – 3 L 417/09, Quelle juris; VG Stade Sozialrecht aktuell 2009, 149). Bei der neuartigen Wohnform des **Haushütens** durch Studenten oder andere Bewohner, die gewerbliche Anbieter vermitteln, damit leerstehende Villen, Gewerbe- und andere Räume wie Schulen oder Kasernen gegen eine geringe „Gebühr" aus Gründen des Schutzes bewohnt werden, handelt es sich regelmäßig um Wohnraummiete. Die Bewohner werden in der Praxis zwar in der Regel nicht als Mieter oder Angestellte des Unternehmens, das die Bewachungsleistungen gegenüber dem Eigentümer anbietet, behandelt, da ihnen die Räume lediglich „überlassen" werden. Da den Nutzern die Räume aber zumindest auch für deren Wohnzwecke gegen Entgelt überlassen, also ähnlich wie bei einer Hausmeisterwohnung vermietet werden, und der weitere Vertragszweck des Haushütens sich unmittelbar aus dem Wohnen ergibt, liegt in der Wohnraummiete auch der Schwerpunkt des Vertrags (ob eine Vermietung nur zu vorübergehendem Gebrauch vorliegt s Rn 24).

4. Gestuftes Mietverhältnis

a) Weitervermietung

Kein Wohnraummietverhältnis besteht nach heute überwiegend vertretener Auffassung im Verhältnis zwischen dem Vermieter und dem Mieter, wenn dieser die Räume zum Zwecke der Weitervermietung etwa an seine Mitarbeiter oder an bedürftige Personen anmietet (BGH NJW-RR 2004, 1950 = NZM 2004, 776 = DB 2005, 281 = WuM 2004, 531; davon ausgehend auch BGH NJW 2003, 3054 = NZM 2003, 759 = WuM 2003, 563 = ZMR 2003, 816; NJW 2008, 3361 = NZM 2008, 804; OLG Düsseldorf GE 2003, 323 = WuM 2003, 151; OLG Köln ZMR 2004, 31; LG Berlin GE 2011, 1484 = ZMR 2012, 275; LG Karlsruhe ZMR 2005, 870; AG Bonn WuM 2002, 53; Einzelheiten bei STAUDINGER/V EMMERICH Vorbem 25 zu § 535). Auf dieser Sichtweise beruht die Vorschrift des § 549 Abs 2 Nr 3

BGB, der darüber hinaus auch das zwischen einer juristischen Person des öffentlichen Rechts oder einem anerkannten Träger der Wohlfahrtspflege und Personen mit dringendem Wohnbedarf bestehende Wohnraummietverhältnis von den meisten Vorschriften des sozialen Mieterschutzes ausnimmt (Schilling ZMR 1990, 281, 282 f). Das Problem dieser Mietverhältnisse besteht darin, inwieweit dem Untermieter von Wohnraum Bestandsschutz gegenüber dem Vermieter zugutekommt. Diese Frage ist in § 565 BGB seit dem 4. Mietrechtsänderungsgesetz vom 21. 7. 1993 (BGBl I 1257) für die **gewerbliche Weitervermietung** geregelt. Die Fälle der nicht gewerblichen Weitervermietung, etwa durch einen gemeinnützigen Verein, sind von dieser Vorschrift nicht unmittelbar erfasst. Der BGH wendet aber Mieterschutzvorschriften entsprechend an (BGH NJW 2003, 3054 = NZM 2003, 759 = WuM 2003, 563 = ZMR 2003, 816; Einzelheiten s Staudinger/V Emmerich [2014] § 565 Rn 4 ff). Wohnraummiete soll darüber hinaus schon unmittelbar vorliegen, wenn ein **gemeinnütziger Verein** Wohnräume nicht zur Weitervermietung an Dritte, sondern zur Überlassung an seine Mitglieder **im Rahmen des Vereinszwecks** anmietet und dem Vermieter dies auch bekannt ist (OLG Köln ZMR 2004, 31). Zwar wird Vertragspartner nur der rechtsfähige Verein, der nicht selbst in den Räumen wohnen kann. Für die Einordnung als Wohnraummiete spricht jedoch die vergleichbare Rechtslage bei der **Gesellschaft bürgerlichen Rechts**. Trotz der Anerkennung der Rechtsfähigkeit der Außengesellschaft bürgerlichen Rechts seit BGHZ 146, 341 = NJW 2001, 1056 bestehen etwa bei einer in dieser Rechtsform geführten Wohngemeinschaft keine Zweifel daran, dass es sich bei dem Vertrag zwischen dem Vermieter und der Wohngemeinschaft um einen Wohnraummietvertrag handelt (zur GbR als Mietvertragspartei Weitemeyer ZMR 2004, 153; dies, in: Gedschr Sonnenschein [2003] 431). Wegen der stärkeren kapitalistischen Verselbständigung der juristischen Person gegenüber ihren Mitgliedern kommt ein derartiger rechtlicher „Durchgriff" bei der GmbH und der AG dagegen nicht in Betracht (iE ebenso BGH NJW 2008, 3361 = NZM 2008, 804). Hier ist es bereits aus steuerlichen Gründen erforderlich, dass die Gesellschaft mit ihren Gesellschaftern angemessene Verträge zur Weitervermietung abschließt (§ 8 Abs 3 S 2 KStG).

b) Untervermietung

21 Bei der Untervermietung einzelner Teile der gemieteten Wohnräume liegt der vertragsmäßige Gebrauch in der Nutzung als Wohnraum durch den Mieter und teilweise in der Weitervermietung. Nach den zu Mischmietverhältnissen (s Rn 18) entwickelten Grundsätzen könnte für die Beurteilung dieser Mietverhältnisse auf den Schwerpunkt des Vertrags abgestellt werden mit der Folge, dass das Hauptmietverhältnis insgesamt als Geschäftsraummiete zu beurteilen wäre, wenn der überwiegende Teil des Wohnraums weitervermietet wird (so LG Hamburg NJW-RR 1986, 441). Diese Beurteilung wird dem Schutzbedürfnis des Hauptmieters jedoch nicht gerecht. Deshalb ist unabhängig von den Größenverhältnissen der selbst genutzten und der vermieteten Teile des Wohnraums oder der zeitlichen Anteile auf das Hauptmietverhältnis Wohnraummietrecht anzuwenden, wenn der Zweck dieses Vertrags auf das eigene Wohnen ausgerichtet ist (LG Stuttgart NJW 1986, 322; AG Essen WuM 1987, 83; davon ausgehend auch BGH NJW 2012, 2881 = NZM 2012, 606 = ZMR 2013, 98 bei Untervermietung als Ferienwohnung in Berlin; Sonnenschein, in: FS Seuß [1987] 253, 266; s Staudinger/Rolfs § 546 Rn 86 ff, Staudinger/Rolfs [2018] § 573 Rn 11).

III. Ausnahmetatbestände (Abs 2 und 3)

1. Fallgruppen des Abs 2

a) Wohnraum zu nur vorübergehendem Gebrauch (Abs 2 Nr 1)

aa) Der **Begriff** des Wohnraums, der zu nur vorübergehendem Gebrauch vermietet ist, ist aus § 564b Abs 7 aF und § 10 Abs 3 Nr 2 MHRG übernommen worden. Er geht zurück bis auf § 25 MietSchG vom 1. 6. 1923 (RGBl I 353). Da das Gesetz keine näheren Angaben enthält, was unter Wohnraum zu nur vorübergehendem Gebrauch zu verstehen ist, kommt es für die Auslegung des Begriffs entscheidend auf den Zweck der Mieterschutzvorschriften bezüglich der Mieterhöhung und der Beendigung des Mietverhältnisses im Verhältnis zu der davon gemachten Ausnahme an. Isoliert betrachtet ist der Begriff unergiebig, weil der dem Mieter überlassene Gebrauch in jedem Fall nur vorübergehender Natur ist (Roquette § 556a aF Rn 5). Die Mieterschutzvorschriften sollen den Mieter vor einem ungerechtfertigten Verlust des Wohnraums und vor voraussetzungslosen Mieterhöhungen schützen, um dem Mieter die Wohnung als seinen Lebensmittelpunkt zu erhalten. Deshalb setzt die Anwendung des Mieterschutzes voraus, dass der Mieter den Wohnraum auf eine gewisse Dauer zum Mittelpunkt seines Lebens gemacht hat. Wird durch das Mietverhältnis nur ein kurzfristiges Wohnbedürfnis befriedigt, ist die Beendigung in absehbarer Zeit von vornherein beabsichtigt. Es fehlt dann an dem die Mieterschutzvorschriften rechtfertigendem Schutzbedürfnis des Mieters. Unter dem Begriff des vorübergehenden Gebrauchs ist deshalb ein nur kurzfristiger Gebrauch zu verstehen (Roquette § 556a aF Rn 5). Auch dieser Begriff ist indessen unscharf und wenig aussagefähig, da das Zeitmoment allein eine recht unterschiedliche Beurteilung zulässt. Wie die Begr zum Entw des MietSchG von 1923 zeigt, sollte der Vermieter die Aufhebung des Mietverhältnisses unter erleichterten Bedingungen erreichen können, wenn der Wohnraum nicht für die Dauer, sondern lediglich zu vorübergehendem Gebrauch und für besondere Zwecke vermietet worden ist (Begr zu § 12 Abs 2 des Entw [RABl I 1921, 957, 969]). Daraus ist zu schließen, dass neben der zeitlichen Beschränkung, die nicht mit einer Befristung zu verwechseln ist, ein **besonderer Anlass für die kurzfristige Überlassung** bestehen muss (OLG Bremen WuM 1981, 8; OLG Frankfurt NJW-RR 1990, 268 = WuM 1991, 17; OLG Hamm WuM 1986, 217; LG Köln WuM 1991, 190; AG Schöneberg GE 2012, 756; Schmidt-Futterer/Blank Rn 4). Der bloße Wunsch des Vermieters, ein Mietverhältnis kurz zu befristen, kann nur in den Grenzen des Zeitmietvertrags des § 575 BGB verwirklicht werden (Haas Rn 2; zum Verhältnis zu § 575 LG Kleve ZMR 2015, 126). **22**

bb) Als typisches **Beispiel** einer kurzfristigen Gebrauchsüberlassung ist die Vermietung von Hotelzimmern an Durchreisende und von Privatunterkünften oder Ferienwohnungen an Feriengäste (OLG Frankfurt NJW-RR 1990, 268; OLG Hamburg MDR 1993, 43; zu weiteren Gestaltungen über Reiseveranstalter Drasdo NJW-Spezial 2007, 337) oder Besucher zu nennen. Anlass kann die Notwendigkeit einer einmaligen Übernachtung oder eines längeren Aufenthaltes für die Dauer eines Urlaubs, eines Kuraufenthaltes, einer Messe oder eines Jahrmarkts sein. Auch der Aufenthalt eines auswärtigen Arbeitnehmers zur Erledigung eines Auftrags oder andere geschäftliche Gründe zählen hierzu. Längere Zeiträume kommen in Betracht, wenn eine Notunterkunft wegen eines Brandes, einer Überschwemmung oder anderer Naturkatastrophen gewährt wird, wenn wegen einer beruflichen Versetzung am neuen Wohnort **23**

vor Anmietung einer endgültigen Wohnung zwischenzeitlich ein Quartier genommen wird oder wenn eine vorübergehende Unterkunft vor Fertigstellung eines Neubaus erforderlich wird. Auch die Miete eines Studentenzimmers für ein Semester oder der Aufenthalt eines auswärtigen Wissenschaftlers bis zur Erledigung eines bestimmten Forschungsprojekts gehören hierher. Derartige längere Zeiträume können wegen ihres besonderen Anlasses, der von vornherein einen begrenzten Aufenthalt erwarten lässt, als vorübergehend zu beurteilen sein (LG Hannover WuM 1971, 170; Roquette § 556a aF Rn 5; Schmidt-Futterer/Blank Rn 5). Eine Vermietung zu nur vorübergehendem Gebrauch liegt deshalb auch vor, wenn einem Miterben bei der Auseinandersetzung die entgeltliche Weiterbenutzung eines zur Erbmasse gehörigen Einfamilienhauses für die Dauer eines Jahres gestattet wird, während in der folgenden Zeit die anderen Erben das Grundstück nutzen wollen (LG Mannheim MDR 1977, 317).

24 cc) **Nicht vorübergehend** ist die Vermietung von Wohnraum an **Studenten** für die Dauer des gesamten Studiums (OLG Bremen WuM 1981, 8; OLG Hamm NJW 1981, 290 m Anm Borowsky WuM 1981, 6; LG Freiburg MDR 1980, 315 = ZMR 1980, 143; LG Marburg NJW 1977, 154; **aM** Palandt/Weidenkaff Rn 15) bzw für längere Zeit als ein Semester (LG Köln WuM 1992, 251; MünchKomm/Bieber Rn 14; Schmidt-Futterer/Blank Rn 5) oder an einen Mieter bis zur Fertigstellung eines erst für die fernere Zukunft geplanten Neubaus. Das Gleiche gilt für die Aufnahme in ein Alters- oder Pflegeheim, sofern auf einen solchen Vertrag die Vorschriften über Wohnraummiete anzuwenden sind (LG Berlin WuM 1974, 265; Weimar ZMR 1979, 136; s Rn 19), für den wiederholten Abschluss eines befristeten Mietverhältnisses (OLG Frankfurt WuM 1991, 17) und für einen von vornherein nicht auf Dauer vorgesehenen Mietvertrag über ein Hotelzimmer, wenn dadurch die Obdachlosigkeit des Mieters vermieden werden soll (LG Bonn WuM 1990, 505; **aM** LG Karlsruhe DWW 1982, 276). Ebensowenig handelt es sich um eine Vermietung zu nur vorübergehendem Gebrauch, wenn der Vermieter den Verkauf des Grundstücks zu einem späteren ungewissen Zeitpunkt beabsichtigt (LG Köln WuM 1991, 190) oder wenn er den Wohnraum aufgrund von Sanierungsplänen nur für eine Übergangszeit vermieten will (LG Freiburg WuM 1991, 172), weil das Gesetz bei Sanierungsabsicht den Zeitmietvertrag nach § 575 Abs 1 S 1 Nr 2 BGB zur Verfügung stellt. In solchen Fällen dient der Wohnraum dazu, den allgemeinen Wohnbedarf des Mieters zu befriedigen. Die Dauer ist idR zeitlich nicht genau bestimmt, selbst wenn bei Gastarbeitern eine beschränkte, aber verlängerungsfähige Aufenthaltserlaubnis vorliegt (OLG Hamburg MDR 1981, 144). Ein Mietvertrag auf unbestimmte Zeit kann dabei ein Anhaltspunkt für einen nicht nur vorübergehenden Gebrauch sein. Andererseits genügt ein Mietvertrag auf bestimmte Zeit nicht als Indiz für eine vorübergehende Überlassung, insbesondere wenn die Wohnung zum Mittelpunkt der Lebensführung des Mieters werden soll und damit der Schutz des sozialen Mietrechts geboten ist (Schmidt-Futterer/Blank Rn 4). Aus diesem Grund ist auch die Vermietung zu Zwecken des **Haushütens** (s Rn 19) nur dann vorübergehend, wenn die Mieter etwa als Studenten nur für die Semesterferien oder für ein Semester dieser Tätigkeit nachgehen, da der zeitweise Wohnbedarf aus der Sicht des Mieters zu bestimmen ist und nicht aus der Sicht des Vermieters, der leerstehende Gebäude vorübergehend bewachen will.

25 dd) Die bisherige Ausnahme von der Geltung der Kündigungsschutzvorschriften für bestimmte **Ferienwohnungen** und **Ferienhäuser** nach § 564b Abs 7 Nr 4 aF ist mit dem Mietrechtsreformgesetz entfallen (s Rn 4, 12). Damit kommt es für die Frage des Mieterschutzes nicht mehr auf die Definition der Ferienwohnung (s Staudinger/Son-

NENSCHEIN [1997] § 564b aF Rn 222), sondern nur noch darauf an, ob die Vermietung nach den Umständen des Einzelfalls zu einem vorübergehenden Gebrauch erfolgt (Begr zum RegE BT-Drucks 14/4553, 46). Ist eine Ferienwohnung langfristig an einen Mieter vermietet, der sie ständig, wenn auch in unregelmäßigen Abständen, nutzt, so handelt es sich nicht um Wohnraum zu nur vorübergehendem Gebrauch, weil das Vertragsende nicht durch die Kurzfristigkeit des Gebrauchs bestimmt wird und die Wohnung für gewisse Zeiten den Mittelpunkt der Lebensführung darstellt. Befindet sich der Lebensmittelpunkt in einer anderen Wohnung, handelt es sich um eine Vermietung zu nur vorübergehendem Gebrauch (AG Viechtach NJW-RR 1987, 787). Da der Gesetzgeber die Anwendbarkeit der Mieterschutzvorschriften nicht davon abhängig gemacht hat, wie intensiv der Mieter den Wohnraum nutzt, kann auch das Mietverhältnis über eine Ferienwohnung oder eine sonstige **Zweitwohnung**, die nur zeitweise, aber immer wieder den Mittelpunkt der Lebensführung bildet, erfasst werden (OLG Hamburg WuM 1992, 634; LG Hanau MDR 1980, 849; LG Lübeck WuM 1989, 632; davon ausgehend auch BGH NJW 2012, 2881 = NZM 2012, 606 = ZMR 2013, 98 bei Untervermietung als Ferienwohnung in Berlin; HAAKE NJW 1985, 2935; MünchKomm/BIEBER Rn 13; SCHMIDT-FUTTERER/ BLANK Rn 5; STAUDINGER/ROLFS [2014] § 574 Rn 8; STERNEL Rn I 164, III 504; WOLTER 244; ZIMMERMANN WuM 1989, 1; **aM** LG Braunschweig ZMR 1980, 184 u 340). Auf formale melderechtliche Bestimmungen kann es nicht ankommen, da dies ein Fremdkörper im System des mietrechtlichen Bestandsschutzes wäre (**aM** HAAKE NJW 1985, 2935). Die Eigenschaft als Zweitwohnung kann aber bei der Frage eine Rolle spielen, ob die Beendigung des Mietverhältnisses für den Mieter eine ungerechtfertigte Härte iS des § 574 BGB bedeuten würde (s STAUDINGER/ROLFS [2014] § 574 Rn 8).

ee) Ob **Wohnheimplätze** zu nur vorübergehendem Gebrauch vermietet sind, kann nicht generell entschieden werden. Der Stand des Mieters als Arbeiter (OLG Hamburg MDR 1981, 144), Angestellter, Lehrling oder Student lässt für sich ebensowenig wie die Tätigkeit als Gastarbeiter (AG Hamburg WuM 1985, 145) den Schluss auf eine Vermietung zu einem vorübergehenden Gebrauch zu. Andererseits kann die vorübergehende Natur der Ausbildung auch den Charakter des Mietverhältnisses prägen. Gleichwohl ist die Vermietung von Wohnraum in einem Studenten-, Lehrlings- oder Schülerheim nicht schon regelmäßig als Überlassung zu nur vorübergehendem Gebrauch zu beurteilen (OLG Bremen WuM 1981, 8; OLG Hamm NJW 1981, 290 m Anm BOROWSKY WuM 1981, 6; WuM 1986, 217; NJW-RR 1986, 810; LG Aachen WuM 1986, 252; LG Dortmund WuM 1982, 276; AG Gießen NJW-RR 1990, 653; **aM** LG Heidelberg Justiz 1977, 59; ECKERT WuM 1982, 255). Vor allem wenn die Ausbildungszeit im Einzelnen noch nicht feststeht, auf jeden Fall aber mehrere Jahre betragen wird und der Heimplatz den Mittelpunkt der Lebensführung des Bewohners bildet, besteht selbst im Hinblick auf ein Rotationssystem bei der Vergabe der Plätze kein Grund, ohne ausdrückliche Anordnung des Gesetzgebers derartige Mietverträge von dem Schutz des sozialen Mietrechts auszunehmen. Diese Anordnung erfolgt vielmehr unter bestimmten engen Voraussetzungen durch § 549 Abs 3 BGB für Studenten- und Jugendwohnheime (s Rn 48). **26**

b) **Möblierter Wohnraum als Teil der vom Vermieter bewohnten Wohnung (Abs 2 Nr 2)**
Mietverhältnisse über möblierten Wohnraum sind nach § 549 Abs 2 Nr 2 BGB von der Geltung der Vorschriften des Mieterschutzes ausgenommen, wenn der Raum ganz oder überwiegend vom Vermieter mit Einrichtungsgegenständen auszustatten **27**

ist, Teil der vom Vermieter selbst bewohnten Wohnung ist und nicht zum dauernden Gebrauch für den Mieter mit seiner Familie oder mit Personen überlassen ist, mit denen er einen auf Dauer angelegten Haushalt führt.

28 aa) Maßgebend für die **Verpflichtung** des Vermieters und deren Umfang, **den Wohnraum mit Einrichtungsgegenständen auszustatten**, sind die vertraglichen Vereinbarungen. Sie sind im Falle des § 550 BGB oder einer entsprechenden Abrede formbedürftig. Die bloße Vereinbarung, dass der Vermieter einstweilen bestimmte Gegenstände in den Räumen zurücklassen darf, verpflichtet ihn nicht zur Möblierung (Barthelmess § 564b aF Rn 37; Schmidt-Futterer/Blank Rn 12). Die Verpflichtung des Vermieters kann von Anfang an bestehen. Sie kann durch Vertragsänderung auch erst später begründet oder aufgehoben werden. Stellt sich für den Mieter unmöblierten Wohnraums heraus, dass er sich etwa mangels finanzieller Mittel die erforderlichen Möbel nicht beschaffen kann, und vereinbart er deshalb mit dem Vermieter eine entsprechende Möblierung, so fällt das Mietverhältnis unter Abs 2. Entscheidend ist, dass für die spätere Möblierung eine Rechtspflicht begründet wird, der Vermieter also nicht nur aus reiner Gefälligkeit einige Möbel zur Verfügung stellt. Die Änderung der Miethöhe kann dafür einen Anhaltspunkt bieten. Umgekehrt kann die Ausstattungsverpflichtung von den Parteien später im Wege der Vertragsänderung aufgehoben werden, sodass nunmehr die Mieterschutzvorschriften eingreifen (Barthelmess § 564b aF Rn 37; Schmidt-Futterer/Blank Rn 12).

29 α) Bei Abweichungen zwischen Parteiwille, Vertragswortlaut und tatsächlichen Verhältnissen ergeben sich Probleme. Behält sich der Vermieter insgeheim vor, die Möblierung nicht zu wollen, so ist dies nach § 116 S 1 BGB unbeachtlich. Kennt der Mieter den Vorbehalt, so ist der Vertrag nach § 116 S 2 BGB insoweit nichtig (Barthelmess § 564b aF Rn 37; MünchKomm/Bieber Rn 17). Die Nichtigkeit beschränkt sich auf die Möblierungspflicht und ergreift nicht den ganzen Vertrag. Denn ohne die Möblierung fällt der Vertrag unter die zwingenden Regelungen des Mieterschutzes, sodass dieser Teil wegen der Natur der das soziale Mietrecht beherrschenden Schutzbestimmungen entgegen § 139 BGB aufrechtzuerhalten ist. Im Einzelfall kann allerdings § 242 BGB der Anerkennung des gesamten Vertrags entgegenstehen, wenn etwa der Vermieter nur möbliert vermieten wollte und erst auf Drängen des Mieters die Möbel herausnimmt und ein Scheingeschäft über möblierten Wohnraum abschließt (§ 117 Abs 1 BGB). Veranlasst umgekehrt der Vermieter ein solches Scheingeschäft, bleibt der Mieter, der sich meist notgedrungen darauf einlassen wird, schutzbedürftig, sodass der Vertrag als Mietverhältnis über unmöblierten Wohnraum einzuordnen ist. Nach § 549 Abs 2 Nr 2 BGB kommt es nur auf die Verpflichtung an, den Wohnraum zu möblieren. Unerheblich ist, ob der Vermieter seine Verpflichtung erfüllt (Barthelmess § 564b aF Rn 37; Schmidt-Futterer/Blank Rn 12). Das Gleiche gilt, wenn eine der Parteien einzelne oder alle Einrichtungsgegenstände eigenmächtig entfernt.

30 β) Der Wohnraum muss vom Vermieter überwiegend mit Einrichtungsgegenständen auszustatten sein. Maßgebend für den Umfang der Möblierung ist, was die Parteien im Mietvertrag vereinbart haben. Überwiegend auszustatten ist der Wohnraum, wenn der Vermieter nach Zahl und wirtschaftlicher Bedeutung mehr als die Hälfte der bei voller Möblierung benötigten Einrichtungsgegenstände zu stellen hat (AG Köln WuM 1971, 156; BARTHELMESS § 564b aF Rn 39; SCHMIDT-FUTTERER/ BLANK Rn 11; SCHOPP ZMR 1975, 97; **aM** MünchKomm/BIEBER Rn 18: wesentliche Gegenstände sind zu stellen). Zu den Einrichtungsgegenständen gehören die für eine normale Ausstattung erforderlichen Möbel sowie Herd, Spüle, Beleuchtungskörper, Teppiche und Bilder. Auch fest eingebaute Gegenstände wie sanitäre Einrichtungen und Einbaumöbel sind zu berücksichtigen. Da es nur auf die Verpflichtung des Vermieters ankommt, die Räume auszustatten, ist nicht entscheidend, ob die tatsächlich zur Verfügung gestellten Gegenstände mangelhaft sind (BARTHELMESS § 564b aF Rn 39). Wenn im Vertrag nur von der Vermietung eines „möblierten Wohnraums" die Rede ist, kommt es für die Anwendbarkeit des Abs 2 Nr 2 darauf an, ob der Vermieter zumindest den überwiegenden Teil der Einrichtungsgegenstände zur Verfügung zu stellen hat. Hiervon kann bei einer solchen Formulierung nach der Verkehrsauffassung idR ausgegangen werden, da die Vermietung möblierten Wohnraums von den beteiligten Kreisen normalerweise so verstanden wird, dass der Mieter selbst keine nennenswerten weiteren Einrichtungsgegenstände für seine Lebensführung beschaffen muss. Die Miete eines Leerzimmers fällt nicht deshalb unter Abs 2 Nr 2, weil der Mieter im Rahmen einer Wohngemeinschaft ein möbliertes Zimmer mitbenutzen darf (AG Münster WuM 1987, 323).

bb) Der Wohnraum muss **Teil der vom Vermieter selbst bewohnten Wohnung** sein. **31** Die Rechtsstellung des Vermieters soll nicht so weit wie im Normalfall der Wohnraummiete eingeschränkt werden, wenn der vermietete Wohnraum innerhalb seines Wohn- und Lebensbereichs liegt. Damit besteht eher die Gefahr, dass sich die Parteien gegenseitig stören und dass ihr Verhältnis zueinander beeinträchtigt wird (Begr zum RegE BT-Drucks 7/2011, 7, 9). Der möblierte Wohnraum muss in einem engen räumlichen und wirtschaftlich-funktionalen Zusammenhang mit der Wohnung des Vermieters stehen (AG Königswinter WuM 1994, 689; AG Münster WuM 1987, 323; AG Schöneberg GE 2012, 756; AG Tübingen WuM 1988, 59; KINNE ZMR 2001, 599 ff; SCHMIDT-FUTTERER/BLANK Rn 9). Entscheidend ist entsprechend dem Schutzzweck, dass der Mieter darauf angewiesen ist, den Wohnbereich des Vermieters in Anspruch zu nehmen (SONNENSCHEIN NZM 2000, 1, 6). Dies ist der Fall, wenn dem Mieter ein einzelner Raum innerhalb der abgeschlossenen Wohnung des Vermieters überlassen wird. Dabei macht es keinen Unterschied, ob es sich um eine Etagenwohnung oder um ein Einfamilienhaus handelt. Erfasst werden auch Wohnräume wie Mansarden, Souterrainräume oder sonstige vom Treppenhaus separat zugängliche Räume, die außerhalb der abgeschlossenen Wohnung des Vermieters liegen, aber mit dessen Wohnbereich wegen der gemeinschaftlichen Benutzung von Küche, Bad oder Toilette noch einen räumlichen Zusammenhang aufweisen (Begr zum RegE BT-Drucks 7/2011, 9; SCHMIDT-FUTTERER/BLANK Rn 9). Es reicht aus, dass das möblierte Zimmer im Bereich der Wirtschaftsräume des Vermieters liegt, die dieser regelmäßig aufsucht (AG Tübingen WuM 1988, 59). Eine nur seltene Mitbenutzung genügt hingegen nicht (AG Königswinter WuM 1994, 689). Ebensowenig ist die Vorschrift anwendbar, wenn die Mietvertragsparteien in verschiedenen Stockwerken des Gebäudes wohnen und nur im Treppenhaus zusammentreffen können (AG Konstanz WuM 1989, 573) oder wenn sie zwar auf derselben Etage wohnen, das Zimmer aber einen eigenen Eingang vom Treppenhaus hat, selbst wenn eine mit Möbeln zugestellte Verbindungstür zur Wohnung des Vermieters vorhanden ist (LG Detmold NJW-RR 1991, 77). Da die Eigentumsverhältnisse unerheblich sind, kommt auch ein Untermietverhältnis in Betracht, selbst wenn es sich dabei um eine Wohngemeinschaft handelt (SONNEN-

SCHEIN NZM 2000, 1, 6). Der Vermieter muss die Hauptwohnung selbst bewohnen, da es sonst nicht gerechtfertigt ist, den Mieterschutz einzuschränken. Ein ständiger Aufenthalt ist nicht erforderlich, sofern nur die Gefahr besteht, dass sich die Parteien gegenseitig beeinträchtigen (LG Berlin ZMR 1980, 144; SCHMIDT-FUTTERER/BLANK Rn 10).

32 **cc)** Der Wohnraum darf **nicht zum dauernden Gebrauch für eine Familie überlassen** sein. Diese Einschränkung ist Ausdruck einer Rücksichtnahme auf den von Art 6 Abs 1 GG geforderten besonderen Schutz der Familie durch den Staat (Begr zum RegE BT-Drucks 7/2011, 9). Das Mietrechtsreformgesetz erweiterte die Unterausnahme um die Überlassung an den Mieter mit **Personen, mit denen er einen auf Dauer angelegten gemeinsamen Haushalt** führt (s Rn 34).

33 **α)** Das BGB enthält keine Begriffsbestimmung der Familie. Der Begriff wird an vielen Stellen des Gesetzes verwendet. Der Personenkreis bildet deshalb keine feststehende Größe, sondern ist von Norm zu Norm zweckbezogen zu bestimmen (GERNHUBER FamRZ 1981, 721, 725). Der verfassungsrechtlich gebotene Schutz von Ehe und Familie macht es erforderlich, im Rahmen des sozialen Mietrechts solchen Wohnraum besonders zu schützen, der den Mittelpunkt der Lebens- und Wirtschaftsführung einer in besonderer Weise verbundenen Personengruppe bildet. Das Gesetz begrenzt den Kreis der Familie nicht weiter, sodass hierzu alle Familienangehörigen gezählt werden können, die in derselben Wohnung wie der Mieter wohnen (LG Koblenz WuM 1991, 267). Unter Familie ist daher die Gesamtheit der durch Ehe, Verwandtschaft und Schwägerschaft verbundenen Personen zu verstehen, ohne dass es auf einen bestimmten Verwandtschaftsgrad ankommt (PALANDT/WEIDENKAFF Rn 10). Maßgebend ist vielmehr die darauf beruhende enge Beziehung der Personen, die darin zum Ausdruck kommt, dass der Wohnraum den Mittelpunkt der gemeinsamen Lebensführung bildet. Ein solches Verhältnis kann zB zwischen einer alleinstehenden Mutter und ihrem Kind, Geschwistern, Großelternteil und Enkel, Tante und Nichte bestehen, aber auch zwischen Verschwägerten, so etwa zwischen einen Elternteil und der Schwiegertochter. Auch ein kinderloses Ehepaar bildet eine Familie (AG Hannover WuM 1971, 170). Der Lebenspartner gilt gem § 11 Abs 1 LPartG vom 16. 2. 2001 (BGBl I 266) als Familienangehöriger. Anders als in den §§ 563, 574 Abs 1, 577 Abs 4 BGB und anders als nach der zweiten Alternative dieser Vorschrift (s Rn 34) wird bei der Überlassung an eine Familie die Führung eines gemeinsamen Haushalts nicht vorausgesetzt. Die Bedeutung des Ausnahmetatbestands ist gering, weil heute kaum eine Familie in eine vom Vermieter selbst bewohnte und möblierte Wohnung zieht, außer bei Verwandtschaftsverhältnissen oder bei der Untervermietung großer Wohnungen oder Einfamilienhäusern bei sich verringerndem Wohnbedarf.

34 **β)** Die Streitfrage, ob auch die Partner einer nichtehelichen Lebensgemeinschaft als Familie zu beurteilen sind und damit den Ausnahmetatbestand ausschließen (s STAUDINGER/SONNENSCHEIN [1995] § 556a aF Rn 104), hat das Mietrechtsreformgesetz in der Weise gelöst, dass es ausreicht, wenn der Wohnraum dem Mieter mit Personen überlassen ist, mit denen er einen auf Dauer angelegten gemeinsamen Haushalt führt. Damit sind nichteheliche Lebensgemeinschaften ebenso umfasst wie auf Dauer angelegte Partnerschaften zwischen gleichgeschlechtlichen Personen und dauerhafte Partnerschaften ohne geschlechtliche Beziehungen, etwa zwischen alten Menschen (Begr zum RegE BT-Drucks 14/4553, 38) oder Geschwistern. Voraussetzung ist nach der Vorstellung des Gesetzgebers, dass die Lebensgemeinschaft auf Dauer angelegt ist, keine weiteren Bindungen gleicher Art zulässt und innere Bindungen aufweist, die ein gegenseitiges Einstehen füreinander begründen und über die reine Wohn- und Wirtschaftsgemeinschaft hinausgehen (Begr zum RegE BT-Drucks 14/4553, 38). Bei dem dauerhaften Zusammenleben älterer Menschen soll das gegenseitige Füreinandereinstehen etwa durch wechselseitige Vollmachten dokumentiert werden können (Begr zum RegE BT-Drucks 14/4553, 38). Problematisch ist, dass sich all diese einengenden Voraussetzungen dem Wortlaut des Gesetzes nicht entnehmen lassen (Sprau NZM 2001, 220, 222). Sie gehen auf die Rspr des BGH zu den eheähnlichen Gemeinschaften zurück (BGHZ 121, 116 = NJW 1993, 254). Deutlich wird allerdings im systematischen Vergleich mit dem Begriff der in den §§ 554 Abs 2, 574 Abs 1 S 1 BGB genannten „Angehörigen seines Haushaltes", dass der Mieter mit den geschützten Personen den Haushalt als Partner gemeinsam führen muss, sodass Personen, die lediglich dauerhaft im Haushalt des Mieters leben wie Pflegekinder oder Kinder des Lebenspartners, nicht umfasst sind.

γ)   Der Gesetzgeber scheint davon ausgegangen zu sein, dass für Einzelpersonen **35** der Wohnraum, der nicht oder nur geringfügig mit eigenen Einrichtungsgegenständen auszustatten ist, nicht den Mittelpunkt der Lebensführung bildet und deshalb auch keines besonderen Schutzes bedarf (Roquette § 556a aF Rn 6). Eine derart generelle Annahme lässt sich allerdings kaum rechtfertigen, vor allem wenn es sich um ein auf Dauer gerichtetes Mietverhältnis handelt. Gerade in diesem Fall ist die Schlechterstellung einer Einzelperson gegenüber einer Familie, der die Schutzvorschriften des sozialen Mietrechts auch bei möbliertem Wohnraum zugutekommt, rechtspolitisch und verfassungsrechtlich im Hinblick auf Art 3 Abs 1 GG bedenklich. Zu rechtfertigen ist die Regelung wohl nur mit der größeren Mobilität und den besseren Chancen einer Einzelperson, eine neue Wohnung zu finden (Staudinger/Sonnenschein [1995] § 556a aF Rn 103 f). Die Schlechterstellung des einzelnen Mieters gegenüber mehreren Bewohnern des möblierten Wohnraums ist inzwischen jedoch kaum noch durch sachliche Gründe zu rechtfertigen, da seit dem Mietrechtsreformgesetz nicht nur die Familie, sondern auch eheähnliche Lebensgemeinschaften und weitere Formen des Zusammenlebens geschützt sind (s Rn 34), deren Privilegierung nicht ohne Weiteres durch Art 6 GG gefordert wird (Martinek, in: Gedschr Sonnenschein [2002] 359, 368).

δ)   Die Vorschrift stellt in der Gesetzesfassung durch das Mietrechtsreformgesetz **36** nicht mehr allein auf den Vertragszweck ab, wenn sie voraussetzt, dass der Wohnraum dem Mieter zum dauernden Gebrauch „mit" seiner Familie oder „mit" den weiteren Personen des geschützten Personenkreises überlassen ist. Entgegen der Gesetzesfassung in § 564b Abs 7 aF ist nicht erforderlich, dass der Wohnraum zum dauernden Gebrauch „für" eine Familie überlassen sein muss, sodass es nicht mehr allein auf die vertragliche Bestimmung ankommt, ob der Vermieter die Wohnung nicht nur dem Mieter allein überlassen hat (Staudinger/Sonnenschein [1997] § 565 aF Rn 80 mwNw zur Streitfrage). Dem Zweck des Schutzes von Ehe und Familie entspricht es vielmehr, wenn man auf die tatsächlichen Verhältnisse im Zeitpunkt der Geltendmachung der Mieterschutzvorschriften abstellt (MünchKomm/Bieber Rn 21), allerdings mit der Einschränkung, dass sie vertragsgemäß sein müssen (Schmidt-Futterer/Blank Rn 13). Damit ist dem Interesse des Vermieters an einem unbegrenzten Zuzug weiterer Personen und einer Ausweitung des Mieterschutzes ausreichend Rechnung getragen. Zieht daher nach Vertragsschluss ein Familienmitglied zu, gelten auch im Fall des möblierten Wohnraums iS des § 549 Abs 2 Nr 2 die Vorschriften des Mieterschutzes, wenn die Aufnahme des Familienmitglieds vom vertragsgemäßen Gebrauch umfasst ist. Das Gleiche gilt für die Aufnahme der Personen, mit denen der Mieter einen auf Dauer angelegten Haushalt führt.

c) Weitervermietung an Personen mit dringendem Wohnbedarf (Abs 2 Nr 3)

37 Die Bestimmungen des Mieterschutzes gelten nach § 549 Abs 2 Nr 3 nicht für Mietverhältnisse über Wohnraum, den eine juristische Person des öffentlichen Rechts oder ein anerkannter privater Träger der Wohlfahrtspflege angemietet hat, um ihn Personen mit dringendem Wohnungsbedarf zu überlassen, wenn der Mieter vom Vermieter bei Vertragsschluss auf die Zweckbestimmung des Wohnraums und die Ausnahme von den in § 549 Abs 2 genannten Vorschriften hingewiesen wurde.

38 **aa)** Mit dem **Begriff der juristischen Person des öffentlichen Rechts** sind in erster Linie die Gebietskörperschaften wie die Gemeinden und Gemeindeverbände sowie Landkreise, aber auch sonstige Gebietskörperschaften gemeint. Das Mietrechtsreformgesetz strich den bisherigen Zusatz „im Rahmen der ihr durch Gesetz zugewiesenen Aufgaben". Im Hinblick auf die gesetzliche Zielrichtung der Vorschrift, bestimmten Personengruppen mit dringendem Wohnbedarf Wohnraum zur Verfügung zu stellen, soll es nicht mehr darauf ankommen, dass diese Aufgaben gesetzlich verankert sind, sondern dass die Zwischenvermietung tatsächlich diesen Zielen dient (Begr zum RegE BT-Drucks 14/4553, 46). Darüber hinaus kommen Körperschaften ohne gebietliche Zuständigkeit in Betracht, insbesondere Kirchen, kirchliche Organisationen und Anstalten des öffentlichen Rechts wie viele Studentenwerke. Soweit einzelne Studentenwerke als privatrechtliche Vereine organisiert sind, müssen sie einen öffentlichen Rechtsträger zur Übernahme einer Zwischenvermietung veranlassen, falls der private Verein nicht ein anerkannter Träger der Wohlfahrtspflege ist (s Rn 39). Das Gleiche gilt für privatrechtlich organisierte Wirtschaftsunternehmen der öffentlichen Hand, etwa die kommunalen Wohnungsgesellschaften, die ihre Trägerkörperschaft einschalten können (Begr zum RegE BT-Drucks 11/6508, 19).

39 **bb)** Die Ausnahmen vom Mieterschutz sind durch das Mietrechtsreformgesetz des Jahres 2001 auf die Vermietung durch **anerkannte private Träger der Wohlfahrtspflege** erweitert worden, da die soziale Aufgabe der Unterbringung bedürftiger Personen zunehmend von privaten Einrichtungen der Wohlfahrtspflege erfüllt wird (Begr zum RegE BT-Drucks 14/4553, 46). Eine nähere Definition des Begriffs erfolgte nicht. Haas will wegen entsprechender Formulierungen in den Gesetzentwürfen der Länder Nordrhein-Westfalen und Niedersachsen für ein Mietrechtsneuordnungsgesetz (BR-Drucks 513/99, 9) und der FDP-Bundestagsfraktion für ein Gesetz zur Vereinfachung des Mietrechts (BT-Drucks 14/3896, 5) nach der früheren Regelung in § 10 Bundessozialhilfegesetz (BSHG) darunter die **Verbände der freien Wohlfahrtspflege** verstehen (Haas Rn 4). Weder im BSHG noch im Sozialgesetzbuch XII, das jetzt das Verhältnis zur freien Wohlfahrtspflege in § 5 regelt (geschaffen durch Art 1 des Gesetzes vom 27. 12. 2003 [BGBl I 3022]), ist allerdings geregelt, was ein Verband der freien Wohlfahrtspflege ist. Allgemein versteht man unter Wohlfahrtspflege die Betreuung sozial benachteiligter Personen, die nicht aus Gewinnerzielungsabsicht, sondern zum Wohle der Allgemeinheit ausgeübt wird. Die Gemeinnützigkeit iS der §§ 51 ff der Abgabenordnung (AO) ist ein Indiz (Münder, in: Lehr- und Praxiskommentar

Sozialgesetzbuch XII [8. Aufl 2008] § 5 Rn 10). Frei ist die Wohlfahrtspflege, wenn sie nicht von Gebietskörperschaften erbracht wird (Münder, in: Lehr- und Praxiskommentar Sozialgesetzbuch XII [8. Aufl 2008] § 5 Rn 10). Diese Begriffsbestimmung kann auch zur Erläuterung der Vorschrift des § 549 Abs 2 Nr 3 herangezogen werden. Das Gesetz hat den Kreis der privilegierten Vermieter allerdings nicht auf die Verbände der Wohlfahrtsträger beschränkt, sondern umfasst **alle Ebenen der Wohlfahrtspflege**. Dies entspricht wiederum der von der hM vorgenommenen weiten Auslegung des Begriffs „Verband" im Sinne des § 5 SGB XII (Münder, in: Lehr- und Praxiskommentar Sozialgesetzbuch XII, § 5 Rn 16 mwNw).

cc)   Die Anmietung des Wohnraums muss erfolgen, um ihn **Personen mit dringendem Wohnungsbedarf** zu überlassen. Durch die Weitervermietung an diesen Personenkreis wird der Zweck des Hauptmietverhältnisses bestimmt. Personen mit dringendem Wohnungsbedarf können nicht mit abstrakten gesetzlichen Merkmalen wie der Wohnberechtigung nach den §§ 4, 5 WoBindG iVm § 27 Wohnraumförderungsgesetz (WoFG) vom 13. 9. 2001 (BGBl I 2376) oder der Förderungswürdigkeit nach den §§ 8 f WoFG bestimmt werden (**aM** Barthelmess § 564b aF Rn 47b). Es kommt allein auf den tatsächlichen dringenden Bedarf an, etwa bei älteren Menschen, Alleinerziehenden, kinderreichen oder einkommensschwachen Familien, Studenten, Obdachlosen oder Asylbewerbern (Schmidt-Futterer/Blank Rn 21). Dieser Personenkreis ist jedoch nur für den Zweck des Hauptmietverhältnisses maßgebend. Der Gesetzeswortlaut verlangt nicht, dass der Untermieter tatsächlich hierzu gehört (Schilling ZMR 1990, 281, 283; Schmidt-Futterer/Blank Rn 24 mwNw; MünchKomm/Bieber Rn 25; **aM** Barthelmess § 564b aF Rn 47b). Die juristische Person des öffentlichen Rechts ist von ihrer Aufgabenstellung her zwar grundsätzlich gehalten, den Wohnraum zweckentsprechend weiterzuvermieten. Wenn dies jedoch nicht gelingt, weil auf absehbare Zeit keine oder nur eine hinter den zur Verfügung stehenden Wohnungen zurückbleibende Nachfrage herrscht, und wird der Wohnraum deshalb schon aus Gründen der Kostendeckung anderweitig vermietet, so fällt das Untermietverhältnis gleichwohl unter den Ausnahmetatbestand. Dies ist vom Zweck der Regelung her auch sinnvoll, damit der Wohnraum durch Beendigung des Mietverhältnisses ohne Kündigungsschutz alsbald verfügbar gemacht werden kann, wenn ein tatsächlicher Bedarfsfall auftritt. Ebensowenig wird der Ausnahmetatbestand dadurch ausgeschlossen, dass der Untermieter einen dringenden Wohnungsbedarf nur vortäuscht. **40**

dd)   Der Vermieter muss dem Mieter spätestens bei Abschluss des Mietvertrags den gesetzlich vorgeschriebenen **Hinweis** auf die besondere Zweckbestimmung des Wohnraums und auf die Ausnahme von den in § 549 Abs 2 genannten Vorschriften erteilt haben. Der Mieter soll über den Ausschluss des Kündigungsschutzes spätestens bei Vertragsschluss unterrichtet werden, damit er nicht später von den Ausnahmen überrascht wird (Ausschussbericht zum WoBauErlG BT-Drucks 11/6636, 33). Die Hinweispflicht erstreckt sich auf alle ausgenommenen Regelungen, während dies bisher nur für die Ausnahme von § 564b aF (§§ 573, 573a, 573b, 577a BGB), nicht von § 564a Abs 3 aF (§ 568 BGB) galt. Eine Aufnahme in den Vertrag oder eine besondere Form sind für den Hinweis nicht vorgeschrieben, aus Beweisgründen ist die einfache Schriftform aber empfehlenswert. Angesichts der öffentlichen Rechtsträgerschaft soll die Unterrichtung durch einen Vordruck ohne Unterschriftserfordernisse oder durch mündliche Belehrung genügen (Begr zum RegE BT-Drucks 11/6508, **41**

19). Ebensowenig kann eine ausdrückliche Wiederholung des Gesetzeswortlauts erwartet werden. Ausreichend ist der Hinweis auf den Ausschluss des Kündigungsschutzes und der Vorschriften über die Mieterhöhung. Da auch bei der früheren Ausnahme vom Kündigungsschutz für bestimmte Ferienwohnungen (STAUDINGER/ SONNENSCHEIN [1995] § 556a aF Rn 107) keine besondere Form vorgeschrieben war und das Gleiche nach der nF für die privaten Träger der Wohlfahrtspflege gilt, ist die Entbehrlichkeit der Schriftform nicht mehr allein durch die öffentliche Trägerschaft zu rechtfertigen. Vielmehr kommt es unabhängig von der Rechtsnatur des Vermieters allein darauf an, dass er durch den formlos möglichen Hinweis bei dem Mieter nicht das Vertrauen entstehen lässt, ein dem Kündigungsschutz unterliegendes Mietverhältnis zu begründen.

d) Katalog der ausgenommenen Vorschriften

42 aa) Die Fallgruppen des § 549 Abs 2 sind **nach dieser Vorschrift** von der Geltung der Bestimmungen über die Mieterhöhung (§§ 557 bis 561 BGB), über den Mieterschutz bei Beendigung des Mietverhältnisses nach § 568 Abs 2 BGB (Hinweispflicht des Vermieters bei Kündigung auf den Widerspruch nach den §§ 574 bis 574b BGB), nach den §§ 573 bis 573a BGB (berechtigtes Interesse des Vermieters für die ordentliche Kündigung), nach § 573d Abs 1 BGB (berechtigtes Interesse des Vermieters für die außerordentliche befristete Kündigung von Mietverhältnissen auf unbestimmte Zeit), nach den §§ 574 bis 574c BGB (Widerspruch des Mieters gegen die Kündigung – Sozialklausel), nach § 575 BGB (Beschränkung der Vereinbarung eines Zeitmietvertrags), nach § 575a Abs 1 BGB (berechtigtes Interesse des Vermieters für die außerordentliche befristete Kündigung von Zeitmietverhältnissen) sowie über den Mieterschutz bei der Begründung von Wohnungseigentum nach § 577 BGB (Vorkaufsrecht des Mieters) und § 577a BGB (Kündigungsbeschränkung bei Wohnungsumwandlung) ausgenommen. Entgegen dem unpräzisen Wortlaut können Mieterhöhungen durch Vereinbarung oder im Wege der zulässigen Änderungskündigung durchgesetzt werden, da § 577 Abs 1 BGB nur einen klarstellenden Hinweis auf die allgemein geltende Vertragsfreiheit enthält (MünchKomm/BIEBER Rn 27; SCHMIDT-FUTTERER/BLANK Rn 28; krit zur Einführung derartiger Erlaubnisnormen im Mietrecht OESTMANN NZM 2003, 1). Obwohl der Vermieter hierauf wegen der Zulässigkeit der Änderungskündigung nicht angewiesen ist, wird ihm zum Teil gleichwohl das Recht zur Mieterhöhung nach den §§ 558 BGB ff zugestanden (MünchKomm/BIEBER Rn 27). Dem kann nur unter der Voraussetzung zugestimmt werden, dass sich der Vermieter diese Rechte vertraglich vorbehalten hat und sich im Rahmen der Anwendung der Mieterhöhungsverfahren dann an die dort geregelten Mieterschutzbestimmungen halten muss (kein „Rosinenpicken"). Im Übrigen handelt es sich um ein normales Mietverhältnis, für das die weiteren Vorschriften des Wohnraummietrechts gelten. Allerdings kann das besondere Näheverhältnis bei der Vermietung möblierten Wohnraums zu anderen Wertungen führen. So kann die Rspr des BGH zur Zulässigkeit eines beiderseitigen Ausschlusses der ordentlichen Kündigung (vgl hierzu STAUDINGER/ROLFS [2014] § 573c Rn 48 ff) auf die möblierte Wohnraummiete nicht übertragen werden. Wegen des besonderen Näheverhältnisses müssen sich die Vertragsparteien aus dem Mietverhältnis lösen können, entgegenstehende Klauseln sind nach § 307 Abs 2 BGB unwirksam (AG Hamburg 1. 9. 2006 – 6 C 95/06, juris). In gleicher Weise hat der BGH einen beiderseitigen Kündigungsausschluss für die Miete von Wohnraum in einem Studentenwohnheim als unwirksam eingeordnet (BGH NJW 2009, 3506 m zust Anm MARTINEK NJW 2009, 3613).

bb) Weitere Regelungen für die Fallgruppen des § 549 Abs 2 BGB finden sich in **Sondervorschriften**. In § 573c Abs 2 und 3 BGB werden die Fristen der ordentlichen Kündigung, in § 575a Abs 3 S 1 HS 2 BGB wird die gesetzliche Frist bei der außerordentlichen Kündigung eines Zeitmietverhältnisses modifiziert. Nach § 569 Abs 3 Nr 1 S 2 BGB gilt bei der Vermietung zu vorübergehendem Gebrauch nicht die besondere Rückstandsberechnung bei Zahlungsverzug. Bei der Fallgruppe der Weitervermietung für dringenden Wohnbedarf ist eine Räumungsfrist nach § 721 Abs 7 S 1, § 794a Abs 5 S 1 ZPO ausgeschlossen.

43

cc) Neu in den Katalog der Ausnahmevorschriften aufgenommen wurde durch das Mietrechtsreformgesetz das **Vorkaufsrecht** nach § 577 BGB. Es erschien dem Gesetzgeber nicht sachgerecht, bei den Mietverhältnissen, die keinem Bestandsschutz unterliegen, den Mieter in Zusammenhang mit einem Verkauf der Wohnung durch die Einräumung eines Vorkaufsrechts gegen eine Verdrängung zu schützen (Begr zum RegE BT-Drucks 14/4553, 45 f). Beim möblierten Einliegerwohnraum nach § 549 Abs 2 Nr 2 BGB besteht schon deshalb kein Vorkaufsrecht, weil der dem Mieter überlassene Teil der Wohnung ohnehin nicht die für die Bildung von Wohnungseigentum erforderliche Abgeschlossenheit aufweist. Es dient daher nur der Klarstellung, dass auch bei dieser Fallgruppe das Vorkaufsrecht ausdrücklich ausgeschlossen ist (Begr zum RegE BT-Drucks 14/4553, 45 f).

44

dd) Die Vorschrift des § 573b BGB über die **Teilkündigung** des Vermieters hinsichtlich der nicht zum Wohnen bestimmten Nebenräume oder Teile eines Grundstücks gilt seit dem Mietrechtsreformgesetz des Jahres 2001 auch für die in § 549 Abs 2 und 3 BGB genannten Verträge über Wohnraummietverhältnisse. Da eine Teilkündigung nach § 573b BGB sogar bei den den Kündigungsvorschriften ausnahmslos unterfallenden Wohnraummietverhältnissen zulässig ist, muss dies erst Recht für die weniger schutzwürdigen Wohnraummietverhältnisse des § 549 Abs 2 und 3 gelten, zumal der Mieter von einer Teilkündigung weniger stark betroffen ist als von einer ohne Weiteres zulässigen ordentlichen Kündigung des gesamten Mietverhältnisses (Begr zum RegE BT-Drucks 14/4553, 46).

45

ee) Ein **Zeitmietvertrag** kann ohne die Beschränkung des § 575 BGB vereinbart werden. Dies steht nicht im Widerspruch zu dem auch auf Wohnraummietverhältnisse iS des § 549 Abs 2 und 3 anwendbaren § 573c BGB. Der gem Abs 4 zu Lasten des Mieters nicht abdingbare § 573c BGB verbietet trotz der weiten Fassung der Unabdingbarkeitsklausel nach dem Willen des Gesetzgebers (Begr zum RegE 14/4553, 69) nur eine Verkürzung der Kündigungsfristen des Vermieters und eine Verlängerung der Kündigungsfristen des Mieters. Wie gerade der systematische Zusammenhang mit den §§ 549 Abs 2, 575 BGB zeigt, kann jedoch das Recht des Mieters zur ordentlichen Kündigung insgesamt ausgeschlossen werden, wenn dies zugleich für den Vermieter gilt (STAUDINGER/ROLFS [2014] § 573c Rn 48 ff mwNw). Die Sozialklausel der §§ 574 bis 574c BGB ist auf Mietverhältnisse iS des § 549 Abs 2 nicht anwendbar. Das gilt auch, wenn ein Zeitmietvertrag geschlossen wurde, obwohl der Verweis in § 575a Abs 2 BGB auf die entsprechende Anwendung der Sozialklausel bei Zeitmietverträgen in den Katalog der Ausnahmevorschriften in § 549 Abs 2 nicht aufgenommen wurde. Da die Anwendung der Sozialklausel insgesamt ausgeschlossen ist, ist auch die in § 575a Abs 2 BGB angeordnete Besonderheit bei befristeten Mietverhältnissen nicht anwendbar. Eine klarstellende Regelung in § 549 Abs 2 wäre allerdings sinnvoll gewesen.

46

47 ff) Gegenüber der bisherigen Rechtslage ist das **Schriftformerfordernis** für die Kündigung von Wohnraum gem § 568 Abs 1 BGB durch das Mietrechtsreformgesetz auf die Fallgruppen der Mietverhältnisse über Wohnraum zu nur vorübergehendem Gebrauch und über möbliertem Einliegerwohnraum ausgedehnt worden. Aus Gründen der Klarheit und Rechtssicherheit sollen alle Mietverhältnisse über Wohnraum einheitlich nur schriftlich gekündigt werden (Stellungnahme des BR BT-Drucks 14/4553, 83). Für die Vermietung von Wohnraum zu nur vorübergehendem Gebrauch, etwa eines Hotelzimmers oder einer Ferienwohnung, stellt das Schriftformerfordernis für die Kündigung jedoch eine unsinnige Erschwernis dar (gleichwohl anwendbar: AG Bad Oeynhausen ZMR 2005, 541).

2. Studenten- oder Jugendwohnheim (Abs 3)

a) Begriff

48 Der Begriff „**Studentenwohnheim**" ist gesetzlich nicht definiert. Ein Studentenwohnheim soll vorliegen, wenn es dem fremdnützigen Zweck gewidmet ist, bei geeigneter baulicher Anlage und Ausstattung eine Vielzahl von Studierenden mit preisgünstigem Wohnraum zu versorgen (LG Konstanz WuM 1995, 539; AG München WuM 1992, 133; AG Köln Info M 2009, 468; Blank/Börstinghaus Rn 32; Palandt/Weidenkaff Rn 20; Sieweke WuM 2009, 86). Gemeinschaftseinrichtungen müssen nicht vorhanden sein (LG Konstanz WuM 1995, 539; AG Freiburg WuM 1987, 128). Nach allgemeiner Auffassung kommt es auf die öffentliche Trägerschaft nicht an, sodass auch private Wohnheime unter die Ausnahmevorschrift fallen können (AG Konstanz WuM 1989, 573). Dies ist angesichts der Gesetzesbegründung bedenklich (krit auch Martinek, in: Gedschr Sonnenschein [2002] 359, 373 mwNw), da der Gesetzgeber davon ausging, dass die Mieter in diesen Heimen angesichts der Wohnheimträger und der öffentlich-rechtlichen Kontrolle, der die Träger ganz überwiegend unterworfen seien, keine unangemessenen Nachteile erleiden würden (Ausschussbericht BT-Drucks 9/2284, 3). Jedenfalls soll die **Fremdnützigkeit** den Verzicht auf eine eigene Gewinnerzielungsabsicht erfordern (LG Koblenz WuM 1995, 539; LG Konstanz WuM 1995, 539; AG Freiburg WuM 1987, 128; AG München BlGBW 1985, 41; WuM 1992, 133; AG Köln Info M 2009, 468 m zust Anm Börstinghaus jurisPR-MietR 6/2010 Anm 3; Bamberger/Roth/Ehlert Rn 23; Kinne ZMR 2001, 599), sodass die meisten rein privaten Vermieter aus dem Ausnahmetatbestand herausfallen würden). Der BGH hat diesen Abgrenzungskriterien eine Absage erteilt und stellt entsprechend dem Telos der Norm, einer Vielzahl von Studenten Wohnheimplätze zur Verfügung zu stellen, auf das **Rotationsprinzip** ab. Hiernach muss ein Belegungskonzept vorhanden sein, das eine zeitliche Begrenzung der Mietverhältnisse nach abstrakt-generellen Kriterien ermöglicht und dieses Konzept muss sich mit hinreichender Deutlichkeit aus Rechtsnormen (Studentenwerksgesetz, Selbstbindung durch Stiftungs-, Vereins- oder Gesellschaftssatzung) oder zumindest einer konstanten tatsächlichen Übung ergeben. Die günstige Miethöhe sei kein hinreichendes Kriterium, da dies schwierig festzustellen sei und sie eher zu einer langen Mietdauer verführe (BGH NJW 2012, 2881 = NZM 2012, 606 = ZMR 2013, 98 m zust Anm Börstinghaus, jurisPR-BGHZivilR 14/2012 Anm 2). Für ein Rotationskonzept reicht es nach Auffassung des BGH nicht aus, dass in den Mietverträgen die Mietdauer von einem Jahr mit einer Verlängerungsoption für jeweils ein weiteres Semester bestimmt ist, da sich hieraus nicht ergibt, ob die Verlängerungsoption nach einem planmäßigen Konzept wahrgenommen worden ist (BGH NJW 2012, 2881 Rn 23). Ob eine gewisse bauliche Anlage mit kleinen Wohnungen und Gemeinschaftsräumen sowie eine überwiegende Belegung mit Studenten notwendig für den Begriff des „Studentenwohnheims" ist (so Börstinghaus, jurisPR-BGHZivilR 14/2012 Anm 2; Schmidt-Futterer/Blank Rn 34), hat der BGH nicht klären müssen, da diese Voraussetzungen vorlagen. Ein **Jugendwohnheim** ist ein Heim, das der Unterbringung von Jugendlichen etwa zwischen 14 und 18 Jahren dient (Schmidt-Futterer/Blank Rn 38). Wie die Begründung zu einem früheren Gesetzesvorschlag im Rahmen des WKSchG II zeigt, sind unter Jugendwohnheimen auch Schüler- und Lehrlingswohnheime zu verstehen (Anrufung des Vermittlungsausschusses durch den BR, BT-Drucks 7/2775, 2). Auch hier ist die Einhaltung eines Rotationskonzepts erforderlich.

b) Katalog der ausgenommenen Vorschriften

Die Vermietung von Wohnraum in Studenten- oder Jugendwohnheimen unterfällt **49** nach § 549 Abs 3 BGB nicht den Vorschriften über die Mieterhöhung (§§ 557 bis 561 BGB, s aber Rn 42 aE), den §§ 573 bis 573a BGB (berechtigtes Interesse des Vermieters für die ordentliche Kündigung), § 573d Abs 1 BGB (berechtigtes Interesse des Vermieters für die außerordentliche befristete Kündigung von Mietverhältnissen auf unbestimmte Zeit) und den §§ 575 BGB (s Rn 46), 575a Abs 1 BGB (berechtigtes Interesse des Vermieters für die außerordentliche befristete Kündigung von Zeitmietverhältnissen), den §§ 577 (s Rn 44) und 577a BGB (Kündigungsbeschränkung bei Wohnungsumwandlung). Eine Teilkündigung ist ebenso wie nach § 549 Abs 2 gem § 573b BGB möglich (s Rn 45). Da die ausgenommenen Vorschriften anders als nach Abs 2 und entsprechend der bisherigen Rechtslage nicht das Widerspruchsrecht des Mieters nach den §§ 568 Abs 2, 574 bis 574b BGB (Sozialklausel) umfassen (AG Bonn NJW-RR 1991, 1037), wurde die Fallgruppe des Wohnraums in Studenten- und Jugendwohnheimen in einem eigenen Absatz geregelt (Begr zum RegE BT-Drucks 14/4553, 47). Die Ausnahme von der Pflicht zur Verzinsung der Mietsicherheit besteht nach § 551 Abs 3 S 5 BGB entsprechend der Rechtslage vor Inkrafttreten des Mietrechtsreformgesetzes von 2001 fort. Der mit einer Verzinsungspflicht verbundene Verwaltungsaufwand stehe angesichts der üblicherweise kurzen Mietdauer und der geringen Mieten zu der Höhe der Zinserträge für den einzelnen Mieter außer Verhältnis (Ausschussbericht BT-Drucks 14/4553, 77). Im Übrigen gelten die allgemeinen Vorschriften über Mietverhältnisse. Jedoch kann die Besonderheit des Mietverhältnisses, insbesondere das Mobilitätsbedürfnis der Studenten, den sonst wirksamen beiderseitigen Ausschluss des ordentlichen Kündigungsrechts (vgl Rn 42) gem § 307 Abs 1 S 1 BGB unwirksam sein lassen (vgl BGH NJW 2009, 3506 m zust Anm Martinek NJW 2009, 3506 und Häublein ZJS 2009, 723 zu einem nicht unter § 549 Abs 3 fallenden Studentenzimmer). Bei der Fallgruppe des § 549 Abs 3 BGB sollte dies hingegen jedenfalls für eine überschaubare Zeitdauer möglich sein, weil der Mieter sich hierdurch einen sonst nach § 549 Abs 3 BGB nicht bestehenden Kündigungsschutz „erkauft" (Martinek NJW 2009, 3613; instruktiv zur Klauselkontrolle bei „Allgemeinen Mietbedingungen" für Studentenwohnungen: LG Leipzig WuM 2017, 518).

3. Beweislast

Die Beweislast für das tatsächliche Vorliegen der Voraussetzungen der Ausnahme- **50** fallgruppen trägt der Vermieter, weil sie Ausnahmetatbestände vom Grundsatz des § 549 Abs 1 BGB darstellen (Palandt/Weidenkaff Rn 14).

IV. Abweichende Vereinbarungen

51 In § 549 BGB fehlt eine Bestimmung, dass die Vorschrift zu Lasten des Mieters nicht abdingbar ist. Dies ist wegen der eher technischen Verweisungsfunktion der Vorschrift im Grundsatz nicht schädlich. Bezüglich der Voraussetzungen der Anwendbarkeit der Mieterschutzvorschriften und deren Gegenausnahmen fehlt damit aber gegenüber der Rechtslage vor Inkrafttreten des Mietrechtsreformgesetzes des Jahres 2001 eine Bestimmung, die diese Voraussetzungen der Parteivereinbarung entzieht. So wurde etwa eine vom Vermieter entgegen dem Vertragszweck durchgesetzte Klausel im Mietvertrag, dass es sich nur um eine „vorübergehende Benutzung" handele, als unwirksam angesehen (OLG Frankfurt WuM 1991, 17, 18; OLG Hamm NJW 1981, 290, 291; LG Berlin GE 1990, 1083; LG Köln WuM 1992, 251, 252). Ebenso konnten die Parteien nicht entgegen der Zweckbestimmung, die sich bei objektiver Auslegung anhand der vorgesehenen tatsächlichen Nutzung durch eine Familie ergibt, vereinbaren, der Wohnraum solle nicht zum dauernden Gebrauch für eine Familie überlassen sein (STAUDINGER/SONNENSCHEIN [1997] § 565 aF Rn 83). Es ist nicht ersichtlich, dass die Zusammenfassung der auf Wohnraum anwendbaren Mieterschutzvorschriften in § 549 Abs 1 BGB durch das Mietrechtsreformgesetz daran etwas ändern sollte, auch wenn in dieser Vorschrift eine Klausel fehlt, wonach eine abweichende Vereinbarung zu Lasten des Mieters verboten ist. Deshalb ist diese Einschränkung nach neuem Recht aus dem Sinn und Zweck der Mieterschutzvorschriften zu entnehmen. So kommt es bei der Bestimmung eines Wohnraummietverhältnisses unabhängig von der Vereinbarung nach alter wie nach neuer Rechtslage auf den **„wahren" Vertragszweck** an (LG Berlin GE 2001, 771, 772 mwNw; s Rn 15; zur Klauselkontrolle auch LG Leipzig WuM 2017, 518).

§ 550
Form des Mietvertrags

Wird der Mietvertrag für längere Zeit als ein Jahr nicht in schriftlicher Form geschlossen, so gilt er für unbestimmte Zeit. Die Kündigung ist jedoch frühestens zum Ablauf eines Jahres nach Überlassung des Wohnraums zulässig.

Materialien: E II § 507; III § 559; Prot II 147 ff, 178; BGB § 566; Mietrechtsreformgesetz von 2001 (BGBl I 1149); Begr z RegE BT-Drucks 14/4553, 47; Ausschussbericht BT-Drucks 14/5663, 77.

Schrifttum

ACKERMANN, Vertretung bei formgebundenen Willenserklärungen, NZM 2005, 491
AHLT, Der Zeitmietvertrag vom Reißbrett als Bewährung für § 550, in: ARTZ/BÖRSTINGHAUS, 10 Jahre Mietrechtsreformgesetz (2011) 372
ARMBRÜSTER, Treuwidrigkeit der Berufung auf Formmängel, NJW 2007, 3313
BEISBART, Stellvertretung bei Abschluß von Mietverträgen, NZM 2004, 292
BERNATH, Formbedürftige Rechtsgeschäfte (1979)

BOETTCHER/MENZEL, Übergabeabhängige Laufzeiten, NZM 2006, 284
BÖRSTINGHAUS, Die Einhaltung der Schriftform bei der Ausübung einseitiger Gestaltungsrechte, in: ARTZ/BÖRSTINGHAUS, 10 Jahre Mietrechtsreformgesetz (2011) 377
R BREITHOLD, Neue Gefahren für die kündigende Partei?, in: ARTZ/BÖRSTINGHAUS, 10 Jahre Mietrechtsreformgesetz (2011) 385
R BREITHOLD/B BREITHOLD, Plädoyer für eine Neuausrichtung des § 550, in: ARTZ/BÖRSTINGHAUS, 10 Jahre Mietrechtsreformgesetz (2011) 391
BUB/TREIER/LANDWEHR, Hdb Rn II 2442 ff
H BUTENBERG, Schriftformerfordernis bei Mietverträgen, in: FS H Müller (2019) S 43
DILLBERGER/DORNER, Die modifizierende Annahmeerklärung, ZMR 2011, 263
DITTERT, Schriftform beim Gewerbemietvertrag, in: ARTZ/BÖRSTINGHAUS, 10 Jahre Mietrechtsreformgesetz (2011) 401
EINSELE, Die neuen Formvorschriften im Mietrecht, in: Gedschr Sonnenschein (2003) 117
EMMERICH, Die Schriftform von Mietverträgen und kein Ende, in: FS Spellenberg (2010) 3
ders, Schriftformklauseln in Mietverträgen, in: FS G Roth (2011) 103
EUPEN, Schriftlichkeit statt Schriftform bei verspäteter Annahme eines Mietvertragsangebots, NZM 2010, 389
FLATOW, Typische Fehler bei der Kündigungserklärung, NZM 2004, 281
FRANKE, Der wieder entdeckte § 566 BGB, ZMR 1998, 529
FRICK/SCHULTZ-SÜCHTING, Schriftformheilungsklauseln, ZMR 2013, 694
GELLWITZKI, Zur Begründung und Schriftform der fristlosen Kündigung, WuM 2003, 612
GUHLING, Grenzen des Schriftformerfordernisses im Gewerbenietrecht, NZM 2014, 529
GÜNTER, Mietverträge über Sonderimmobilien, WuM 2012, 587
ders, Schriftform langfristiger Mietverträge: Ein Lösungsvorschlag für ein „ewiges Problem", NZM 2019, 561
HAASE, Das mietvertragliche Formerfordernis und das Prinzip der Einheitlichkeit der Urkunde, WuM 1995, 625

HÄSEMEYER, Die gesetzliche Form der Rechtsgeschäfte (1971)
HAU, Der Zeitmietvertrag vom Reißbrett, DWW 2008, 82
HEIDERHOFF, Schriftform bei langfristigen Mietverträgen, NZM 1998, 896
HEILE, Gesetzlicher Formzwang des § 566 für Mietvorverträge?, NJW 1991, 6
ders, Form des Langzeitmietvertrages, NZM 2002, 505
HILDEBRANDT, Schriftformmängel bei langfristigen Gewerberaummietverträgen, ZMR 2007, 588
HORST, Schriftformverstöße bei langfristigen Verträgen, MDR 2008, 365
JACOBY, Die gesetzliche Schriftform bei Abschluss und Änderung von Gewerberaummietverträgen, NZM 2011, 1
B JUD, Formfragen bei Abschluß befristeter Mietverträge, NZM 2006, 913
KLIMKE, Heilungsvereinbarung in bei Nichtigkeit von Mietvertragsklauseln, WuM 2010, 8
KREIKENBOHM/NIEDERSTETTER, Qualifizierte Schriftformklauseln in Mietverträgen, NJW 2009, 406
KRÜGER, Schriftform langfristiger Mietverträge, in: ARTZ/BÖRSTINGHAUS, 10 Jahre Mietrechtsreformgesetz (2011) 410
LAMMEL, § 550 – eine missbrauchte Vorschrift?, in: ARTZ/BÖRSTINGHAUS, 10 Jahre Mietrechtsreformgesetz (2011) 418
LEHMANN-RICHTER, Vertreterzusatz und Schriftform, ZMR 2007, 940
LENZ/SCHLÖSSER, Die „Loseblatt"-Rechtsprechung im Miet- und Pachtrecht, MDR 1998, 1
LEONHARD, Risiken bei formlosen Änderungsvereinbarungen, NZM 2008, 353
LEO, Schriftform und kein Ende?, ZMR 1999, 527
ders, Kritische Anmerkungen zur Rechtsprechung, NZM 2005, 688
ders, Sind Schriftformheilungsklauseln in Gewerberaummietverträgen wirksam?, NZM 2006, 815
LEO/GHASSEMI-TABAR, Zur Unwirksamkeit von Schriftformklauseln, in: ARTZ/BÖRSTINGHAUS, 10 Jahre Mietrechtsreformgesetz (2011) 428

Lindner-Figura, Schriftformerfordernis bei Nachtragsvereinbarungen, MDR 1997, 209
ders, Schriftform langfristiger Mietverträge, NJW 1998, 731
ders, Die gesetzliche Schriftform von Geschäftsraummietverträgen, in: FS Blank (2006) 301 = NZM 2007, 705
Lindner-Figura/Schnieder, Schriftformvorsorgeklauseln in Geschäftsraummietverträgen, in: Artz/Börstinghaus, 10 Jahre Mietrechtsreformgesetz (2011) 436
Lindner-Figura/U. Beuter, Nach dem Ende der Schriftformheilungsklauseln in Mietverträgen, NJW 2018, 897
Mankowski, Textform und Formerfordernisse, ZMR 2002, 481
Michalski, Das Schriftformerfordernis bei langfristigen Mietverträgen, WM 1998, 1993
Nassal, Schriftformerfordernis im Wohnraummietrecht, MDR 1985, 893
Neuhaus, Schriftformverstoß bei Verlust der Mietvertragsurkunde?, NZM 2011, 619
ders, Aktuelle Brennpunkte der gesetzlichen Schriftform im gewerblichen Miet- und Pachtrecht, ZMR 2011, 1
Neumann, Gesetzentwurf zur Neuregelung des Schriftformerfordernisses, ZMR 2020, 174
Otto, Mündliche Nebenabreden zum Mietvertrag, ZMR 1968, 35
Pleister/Ehrich, Schriftform befristeter Mietverträge, ZMR 2009, 818
Repgen, Die Form langfristiger Mietverträge, DWW 1997, 47
Roquette, Formlose Aufhebung der Schriftformklausel bei Mietverträgen, DR 1940, 961
ders, Die Schriftform von Nachtragmietverträgen, ZMR 1970, 33
Scheer-Hennings/Quast, Kündigung trotz Nachfolgeklausel, ZMR 2009, 180
Schede/Rösch, Schriftform bei Vermietung vom „Reißbrett", NZM 2005, 447
Schlemminger, Das Schriftformerfordernis bei Abschluß langfristiger Mietverträge, NJW 1992, 2249
ders, Risiken bei Vorkaufsrechtsklauseln, NZM 1999, 890
A Schlicht, Schriftform bei Mietverträgen, ZMR 2004, 238
Schraufl, Schriftform bei GbR als Partei eines Langzeitmietvertrages, NZM 2005, 443
M Schulte, Schriftform bei Mietverträgen, NZM 1999, 298
M Schultz, Gesetzliche Schriftform in der Geschäftsraummiete, in: FS Bub (2007) 377
Ph Schweitzer, Die Mietvertragsänderung: Alarmstufe Rot für das Wahren der Schriftform, NJW 2019, 198
Späth, Die Schriftform langfristiger Gewerbemietverträge, ZMR 2010, 585
Spies, Mehrheit von Vermietern, Schriftform, Konsequenzen, ZMR 2020, 276
Stapel, Die Rechtsprechung des BGH zum Schriftformerfordernis bei Abschluß langfristiger Mietverträge und Nachtragsvereinbarungen, WM 1999, 491
Stellmann/Süss, Abschluß von Mietverträgen via Internet?, NZM 2001, 969
Streyl, Qualifizierte Schriftformklausel, NZM 2009, 180
Timme/Hülk, Schriftform bei langfristigen Mietverträgen, NJW 2007, 3313
dies, Schriftformmangel trotz Heilungsklausel?, NZM 2008, 764
Treier, Die neuere Rechtsprechung des BGH zur Schriftform für Mietverträge über Immobilien, in: Gedschr Sonnenschein (2003) 141
Weiler, Digitalisierung im Mietverhältnis, ZMR 2018, 889
Wiese, Die zeitlich einheitliche Kündigung in Mehrpersonenverhältnissen, ZMR 2020, 284
Weitemeyer, Die Schriftform bei der Vertretung einer GbR, NZG 2006, 10
Wichert, Anspruch auf Nachholung der Schriftform, ZMR 2006, 257.

Systematische Übersicht

I. Überblick, Zweck _____ 1

II. Anwendungsbereich _____ 5
1. Grundstücks- und Raummiete _____ 5
2. Vorrang anderer Formvorschriften _ 6
3. Ausnahmen _____ 7

III.	Abschluss für längere Zeit als ein Jahr	9	2. Einzelheiten	36
			3. Ausnahmen	41
			4. Auslegung	45
IV.	**Schriftliche Form**		5. Änderungen und Ergänzungen des Vertrages	46
	1. Anforderungen	16		
	2. Vertreter	12	6. Form der Vertagsänderungen	52
	3. Handelsgesellschaften	18		
	4. BGB-Gesellschaften	20	VI. **Rechtsfolgen**	
	5. Erbengemeinschaften	22	1. Abschluss für unbestimmte Zeit	55
	6. Modifizierte oder verspätete Annahme	23	2. Kündigung	60
			3. Treuwidrigkeit der Berufung auf den Formmangel	62
	7. Elektronische Form	26		
	8. Einheitlichkeit der Urkunde	27	VII. **Schriftformklauseln**	
	9. Auflockerungsrechtsprechung	30	1. Bedeutung	65
V.	**Umfang**		2. Insbesondere Vertragsänderungen	68
	1. Alle wesentlichen Vertragsbedingungen	34	VIII. **Beweislast**	72

Alphabetische Übersicht

Abschluss für längere Zeit als ein Jahr	9 ff	Elektronische Form	26
Änderungen des Vertrages	46 ff, 68 ff	Entstehungsgeschichte	1
Anlagen	38 ff, 30 ff	Erbengemeinschaft	22
Annahmeerklärung	23		
Anwendungsbereich	5 ff	Fiktion, gesetzliche	57
– Abschluss für längere Zeit als ein Jahr	9 ff	Formbedürftige Abreden	34 ff
– gemischte Verträge	6	– Abreden mit Dritten	41
– Grundstücksmiete	5 f	– Aufhebung des Vertrages	50
– lange Kündigungsfristen	9	– Änderungen	46
– Mietvorauszahlung	11	– Dauer des Vertrages	56 f
– Optionen	10	– Ergänzungen	46
– Verlängerungsklauseln	10	– Erlaubnis der Untermiete	34, 43
– Vormietrecht	8	– Erhöhung der Miete	46 f
– Vorverträge	7	– Gegenstand des Vertrages	34
Auflockerungsrechtsprechung	28, 46 ff	– selbständige Nebenabreden	43
Auslegung	45	– Vertragsverlängerung	47
		– Vorvertrag	7
Beginn der Jahresfrist des § 550 S 2	60	Gesellschaften	18 f
– des Mietverhältnisses	36	Geschichte	1
Beweislast	72	Gestaltungsrechte, einseitige	10
Bezeichnung der Parteien	18 f, 48	Grundstücksmietvertrag	5 ff
BGB-Gesellschaft	19		
		Heilung des Formmangels	16
Dauer	9 f, 35 f		
Deklaratorische Bedeutung der Schriftform	66	Juristische Personen	19
Einheitlichkeit der Urkunde	27 ff	Konstitutive Bedeutung der Form	67

Kündigung des Vertrages	59 ff	– Beispiele	34 ff
– Fristbeginn	60	– Einheitlichkeit der Urkunde	27 ff
– Kündigungsfrist	59	– Ergänzungen	46
– Treuwidrigkeit	62	– Nachholung	68 f
		– Umfang	34 ff
Lebenszeit des Mieters	11	– Zugang	23
		Schriftformklausel	68 ff
Mieterwechsel	8	Selbständige Nebenabreden	43
Mietobjekt	30		
Mietvorauszahlung	11	Treuwidrigkeit der Berufung auf den Formmangel	62
Nachholung der Beurkundung	68		
Nebenabreden, selbständige	43	Umfang des Schriftformerfordernisses	34 ff
– unselbständige	41	Untermietvertrag	5, 43
		Unwesentliche Änderungen	46 f
Personenmehrheiten	18 f, 35	Unwesentliche Punkte	41
		Urkundeneinheit	27 ff
Rechtsfolgen eines Formverstoßes	55 ff		
– Anspruch auf Nachholung der Form	65	Verlängerung des Vertrages	18 f
– Beginn der Jahresfrist	65	Verlängerungsklauseln	10
– Fiktion der Verlängerung	35	Verlängerungsverträge	46, 58
– Kündigung bei Wohnraummietverträgen	60	– vom Reißbrett	21, 24b, 38
– Kündigung des Vertrages	59 ff	Vertreter	16 f
– Treuwidrigkeit der Berufung auf den Formmangel	62	Vorkaufsrecht	6
		Vormietrecht	8
Rücknahme der Kündigung	30	Vorvertrag	7
Salvatorische Klauseln	66	Zugang	23
Schriftform	12 ff	Zweck	3
– Änderungen	18, 46, 68		

I. Überblick, Zweck

1 Nach § 550 S 1 BGB gilt ein Mietvertrag, der für längere Zeit als ein Jahr nicht in schriftlicher Form abgeschlossen wird, für unbestimmte Zeit; jedoch ist nach S 2 der Vorschrift die Kündigung frühestens zum Ablauf eines Jahres nach Überlassung des Wohnraums zulässig. Durch § 578 BGB wird der Anwendungsbereich der Vorschrift auf alle Mietverträge über Grundstücke und Räume erstreckt. (s Rn 4). Der Hauptanwendungsbereich des § 550 BGB liegt bei der **gewerblichen Miete**, während die Bedeutung des § 550 BGB bei der Wohnraummiete gering ist (s § 575 BGB; BÖRSTING-HAUS, in: 10 Jahre Mietrechtsreformgesetz 377, 382). § 550 geht zurück auf § 566 aF, der erst durch die zweite Kommission im Anschluss an den Übergang zu der Regel „Kauf bricht nicht Miete" (§ 571 aF) zum Schutze des Grundstückserwerbers gegen die Belastung mit nicht erkennbaren, langfristigen Mietverträgen in das Gesetz eingefügt worden war (Prot II 149 ff; bes 155 f, 178; ausführlich GÜNTER NZM 2019, 561, 566 f; KRÜGER, in: 10 Jahre Mietrechtsreformgesetz 410, 412 ff; LAMMEL, in: 10 Jahre Mietrechtsreformgesetz 418). § 550 übernimmt im Wesentlichen die Regelung des § 566 aF (s die Begr zum RegE BT-Drucks 14/4553, 47), indem er für langfristige Mietverträge weiterhin die Schriftform im Sinne des § 126 BGB vorschreibt (s aber u Rn 13 f). Durch die Umformulierung der Vorschrift sollte zugleich klargestellt werden, dass für langfristige Mietverträge die Schriftform nicht zwingend vorgeschrieben ist, da ein Verstoß gegen das Schriftformerfordernis lediglich die vorzeitige Kündbarkeit des Vertrages nach sich zieht.

Die Beachtung der Formvorschrift des § 550 BGB bereitet den Mietvertragsparteien bei langfristigen Mietverträgen offenbar **erhebliche Schwierigkeiten**, sodass in der Praxis verbreitet Versuche festzustellen sind, sich unter Berufung auf angebliche Formmängel von lästig gewordenen langfristigen Mietverträgen mittels des Kündigungsrechts nach § 550 S 2 BGB vorzeitig zu lösen. Die Vorschrift des § 550 BGB hat infolgedessen mittlerweile weithin geradezu die Funktion eines **Reurechts** oder, wenn man so will, (neudeutsch) einer escape clause angenommen. In Reaktion auf derartige Versuche waren in der Praxis unterschiedliche Schriftformheilungs- oder Vorsorgeklauseln entwickelt worden, die nach Möglichkeit der Gefahr eines vorzeitigen Kündigungsrechts insbesondere des Mieters bei langfristigen Verträgen im Falle von Formverstößen vorbeugen sollten, die jedoch bislang ausnahmslos am Widerstand der Rechtsprechung, dh letztlich an dem zwingenden Charakter des § 550 BGB gescheitert sind (s unten Rn 67 ff). Im Rechtsstreit ist § 550 BGB **von Amts wegen** zu berücksichtigen, selbst wenn sich keine Partei auf den Formmangel berufen hat (OLG Düsseldorf ZMR 2005, 705 = NZM 2005, 823 = NJW-RR 2005, 1538). Angesichts dessen verwundert es nicht, dass im Schrifttum eine breite Diskussion über die Frage einer **Reform** der gesetzlichen Regelung eingesetzt hat. Die Änderungsvorschläge reichen von einer ersatzlosen Streichung der Vorschrift bis zur Beschränkung ihres Anwendungsbereichs auf die Fälle der Veräußerung des Grundstücks (§ 566 BGB; s u Rn 37 sowie zB den Entwurf des Landes NRW BR-Drucks 469/19; GÜNTER NZM 2019, 563, 568 f; NEUMANN ZMR 2020, 174). Diese Diskussion ist auch nicht ohne Einfluss auf die Rechtsprechung geblieben, in der zunehmend Tendenzen zur Auflockerung des Schriftformerfordernisses festzustellen sind.

Der **Zweck** der Vorschrift ist, wie aus ihrer Entstehungsgeschichte (o Rn 1) folgt, in erster Linie darin zu sehen, dem **Grundstückserwerber**, der nach § 566 BGB in bestehende Mietverträge eintreten muss, die Möglichkeit zu verschaffen, sich über die auf ihn übergehenden Bindungen zu **unterrichten** (RGZ 86, 30, 32; 103, 381, 383 f; 104, 131, 132; 118, 105, 106; BGHZ 25, 1, 4 = NJW 1957, 1514 usw bis BGHZ 160, 97, 104 = NJW 2004, 2962; BGHZ 176, 301, 304 f Tz 13 ff = NJW 2008, 2178; BGH 22. 1. 2014 – VIII ZR 68/40, BGHZ 200, 98, 106 Rn 26 f = NJW 2014, 1087 = NZM 2014, 839 = JuS 2014, 648; 7. 3. 2018 – XII ZR 129/16 Rn 21 ff, BGHZ 218, 70, 77 f = NJW 2018, 1540; 21. 11. 2018 – XII ZR 78/17 Rn 26, BGHZ 220, 235 = NJW 2019, 990; 26. 2. 2020 – XII ZR 51/19 Rn 21; BGH NZM 2020, = WM 2020, 648; GÜNTER NZM 2019, 561, 566 f; EMMERICH, in: FS Spellenberg [2010] 3 ff; eingehend HÄSEMEYER, Form 34, 110, 289). Dafür ist (nur) erforderlich, dass der Grundstückserwerber aus einer Urkunde zu ersehen vermag, in welche Verträge er gegebenenfalls eintreten muss, *sofern* sie bei Eigentumsübergang tatsächlich noch bestehen sollten (BGHZ 160, 97, 104 f = NJW 2004, 2962; BGH 22. 1. 2014 – VIII ZR 68/40, BGHZ 200, 98, 106 Rn 26 f = NJW 2014, 1087). § 550 BGB bezweckt dagegen *nicht* etwa weitergehend eine **umfassende Information** des Grundstückserwerbers über die auf ihn übergehenden Verpflichtungen, da häufig auch aus einer dem § 550 BGB entsprechenden Urkunde nicht zu ersehen ist, ob der Vertrag wirksam zu Stande gekommen ist und ob er gegebenenfalls noch besteht oder verlängert wurde, zB bei Abschluss des Vertrages durch den Vertreter einer Vertragspartei oder bei Vereinbarung einer Verlängerungsoption

(BGHZ 176, 301, 304 f Tz 14 ff = NJW 2008, 2178; BGH 22. 1. 2014 – VIII ZR 68/40, BGHZ 200, 98, 106 Rn 26 f = NJW 2014, 1087; 7. 3. 2018 – XII ZR 129/16, BGHZ 218, 70 = NJW 2018, 1540).

4 Neben dem Zweck des Schutzes des Grundstückserwerbers (s Rn 3) verfolgt § 550 BGB nach Meinung des BGH ferner noch den Zweck, die Beweisbarkeit langfristiger Abreden zwischen den Parteien sicherzustellen sowie die Parteien vor der unbedachten Eingehung übermäßig langer Bindungen zu warnen (BGHZ 81, 46, 50 ff = NJW 1981, 2246; BGHZ 136, 357, 370 = NJW 1998, 58; BGHZ 176, 301, 305 f Tz 17 ff = NJW 2008, 2178; BGH 22. 1. 2014 – VIII ZR 68/40, BGHZ 200, 98, 106 Rn 26 = NJW 2014, 1087; 7. 3. 2018 – XII ZR 129/16 Rn 21, BGHZ 218, 70, 78 = NJW 2018, 1540; 21. 11. 2018 – XII ZR 78/17 Rn 26, BGHZ 220, 235, 240 = NJW 2019, 990; 26. 2. 2020 – XII ZR 51/19 Rn 21, BGHZ 223, = NZM 2020, = WM 2020, 648). Ob dem § 550 BGB tatsächlich eine derartige **Beweis- und Warnfunktion** zukommt, wird vielfach bezweifelt (dagegen zB Günter MZM 2019, 561, 567; Krüger, in: 10 Jahre Mietrechtsreformgesetz 410, 413 ff; Lammel, in: 10 Jahre Mietrechtsreformgesetz 418, 425 ff). Die praktische Bedeutung der Kontroverse ist gering, da unabhängig davon feststeht, dass die **Information** des Grundstückserwerbers jedenfalls der **vorrangige Zweck** des § 550 BGB ist, an dem sich die Auslegung der Vorschrift daher in erster Linie zu orientieren hat (ebenso Bub/Tre/Landwehr, Hdb Rn II 2449). Unter diesen Umständen bestehen keine Bedenken, der Vorschrift des § 550 BGB zusätzlich auch eine gewisse Beweis- und Warnfunktion für die Parteien zuzubilligen.

II. Anwendungsbereich

1. Grundstücks- und Raummiete

5 Der Anwendungsbereich der §§ 550 und 578 BGB umfasst alle Miet- und Pachtverträge (§ 581 Abs 2 BGB) über Grundstücke, Teile von Grundstücken, Wohnräume und sonstige Räume; gleich stehen Untermiet- und Unterpachtverträge (BGHZ 81, 46, 50 = NJW 1981, 2246; BGH WM 1982, 431, 432; OLG Rostock NZM 2001, 27, 28; Michalski WM 1998, 1996 ff). Keine Rolle spielt die Höhe der vereinbarten Miete. Die Form des § 550 muss auch bei Abschluss sog Gefälligkeitsmieten beachtet werden (BGH LM Nr 45 zu § 535 BGB = WM 1970, 853, 855). Vergleichbare Vorschriften für Land- und Betriebspachtverträge finden sich in § 585a und in § 293 Abs 3 AktG. Unanwendbar ist dagegen § 550 BGB auf reine Unternehmenspachtverträge, solange mit ihnen nicht auch ein Pachtvertrag über Grundstücke verbunden ist (BGH WM 1982, 431, 433).

2. Vorrang anderer Formvorschriften

6 Wenn die Miete Teil eines **gemischten Vertrages** ist, können andere Formvorschriften vorgehen. Das gilt insbesondere für § 311b Abs 1 BGB, wenn mit dem Mietvertrag ein **Kaufvertrag** über ein Grundstück verbunden ist. Die Form des § 311b Abs 1 BGB muss außerdem beachtet werden, wenn in dem Mietvertrag dem Mieter ein **Vorkaufs- oder Ankaufsrecht** eingeräumt wird. In solchen Fällen führt der Verstoß gegen § 311b Abs 1 BGB über § 550 S 2 BGB hinaus grundsätzlich zur **Nichtigkeit** der gesamten Abreden der Parteien einschließlich des Mietvertrages (§ 125 S 1 BGB; RGZ [GS] 72, 385, 389 ff; 97, 219, 220 ff; 148, 105, 108; BGH LM Nr 29 zu § 139 BGB = ZMR 1963, 206, 207; WM 1967, 935, 936; OLG Koblenz NJW-RR 1996, 744; OLG Düsseldorf WuM 2005, 194, 195; OLG Stuttgart NZM 2015, 740; Bub/Treier/Heile/Landwehr, Hdb Rn II 2472; Mittelstein, Miete 171 ff), wenn nicht im Einzelfall aus § 139 BGB oder aus der Vereinbarung einer salvatorischen Klausel zu folgen ist, dass die Parteien an dem Mietvertrag auch bei Nichtigkeit des Kaufvertrages oder der Vereinbarung über das Vorkaufs- oder Ankaufsrecht festhalten wollen (BGH NJW-RR 1992, 654 = WM 1992, 798, 800; ZMR 2004, 898, 899 = NJW-RR 2004, 1596 = NZM 2004, 916; NJW 2005, 2225 = NZM 2005, 502, 503; NJW 2008, 2771, 2772 Tz 16 f; ZMR 2009, 273, 274; anders nach den Umständen des Falles BGH DWW 1994, 283 = GE 1994, 1049; OLG Düsseldorf WuM 2005, 194, 195). Ist der Vertrag insgesamt nichtig, so richtet sich die Abwicklung nach Bereicherungsrecht, auch soweit es um den gescheiterten Mietvertrag geht (§§ 812 Abs 1 Fall 1, 818 Abs 2 BGB; OLG Stuttgart NZM 2015, 740). Anwendbar ist freilich auch § 311b Abs 1 S 2 BGB, sodass in diesen Fällen der Formmangel des langfristigen Mietvertrages (ausnahmsweise) durch Auflassung und Eintragung des Rechts **geheilt** werden kann (RGZ 97, 219, 220 ff; 103, 381, 382 f; BGH WM 1967, 935, 936; **aM** Bub/Treier/Heile/Landwehr, Hdb Rn II 2473 unter Berufung auf den Zweck des § 550, einen Grundstückserwerber über die auf ihn zukommenden Belastungen zu informieren, Rn 3).

3. Ausnahmen

§ 550 BGB gilt entsprechend seinem Zweck (o Rn 3) *nicht* für **Vorverträge** zu Mietverträgen, weil an solche Verträge der Grundstückserwerber nicht gebunden ist (s oben Vorbem 143 zu § 535; u Rn 59; **aM** Michalski WM 1998, 1993, 1996 f). Aus dem Vorvertrag ergibt sich jedoch ein Anspruch beider Parteien auf Abschluss eines formgerechten Hauptvertrages, und zwar selbst dann, wenn der Vorvertrag selbst nicht der Formvorschrift des § 550 BGB genügt (Rn 66; BGH 22. 1. 2014 – VIII ZR 68/40, BGHZ 200, 98, 104 Rn 18= NJW 2014, 1087; BGH NJW 2007, 1817 = NZM 2007, 445, 446 Tz 14). Formbedürftig ist außerdem die Abrede, durch die ein Vorvertrag zum endgültigen Vertrag erhoben wird (BGH 26. 7. 1962 – VIII ZR 206/60, LM Nr 6 zu § 566 BGB = ZMR 1962, 177; 26. 6. 1970 – V ZR 97/69, LM Nr 19 zu § 566 BGB = NJW 1970, 1596).

7

Aus denselben Gründen wie bei Vorverträgen (o Rn 7) bedarf auch die Begründung eines **Vormietrechts** *nicht* der Form des § 550 BGB (s oben Vorbem 150 zu § 535). Umstritten ist die Rechtslage dagegen hinsichtlich des durch die Ausübung des Vormietrechts zustande kommenden **Mietvertrages** zwischen dem Vermieter und dem Berechtigten. Zum Schutze des Grundstückserwerbers sollte man diesen Vertrag ebenfalls dem Schriftformerfordernis des **§ 550 BGB** unterwerfen (Vorbem 150 zu § 535; Blank/Börstinghaus Rn 9; Michalski WM 1998, 1993, 1997 f). Dasselbe gilt schließlich für einen Vertrag, durch den ein **neuer Mieter** an Stelle des bisherigen Mieters oder neben diesem in den Vertrag eintritt, während die Zustimmung des Vermieters nach § 182 Abs 2 BGB überwiegend als nicht formbedürftig angesehen wird (s oben § 540 Rn 44 f; zur Erfüllungsübernahme nach § 567a BGB s Staudinger/V Emmerich [2018] § 567a Rn 4).

8

III. Abschluss für längere Zeit als ein Jahr

Die Anwendung des § 550 BGB setzt voraus, dass der Grundstücksmietvertrag für eine längere Zeit als ein Jahr geschlossen wird, wobei die Jahresfrist **ab dem vertragsgemäßen Beginn** des Mietverhältnisses gerechnet wird, nicht schon vom Vertragsabschluss an (Bub/Treier/Landwehr, Hdb Rn II 2450; Michalski WM 1998, 1993). Nicht maßgebend ist dagegen der Zeitpunkt der tatsächlichen Gebrauchsüberlassung (Blank/Börstinghaus Rn 11). Nur bei noch nicht in Vollzug gesetzten Mietver-

9

hältnissen kommt es, weil kein anderer Zeitpunkt zur Verfügung steht, auf den des Vertragsschlusses an (BLANK/BÖRSTINGHAUS Rn 11; str). § 550 BGB ist danach anwendbar, wenn die **Vertragsdauer** vom Beginn des Mietverhältnisses ab nach dem Willen der Parteien mindestens **einen Tag länger als ein Jahr** dauern soll. Gleich steht der Fall, dass die **Kündigungsfrist so lange** bemessen ist, dass der Vertrag erstmals für einen Zeitpunkt nach Ablauf des ersten Mietjahres gekündigt werden kann, oder wenn der Vermieter von vornherein oder nachträglich durch eine Änderung des Vertrages für eine längere Zeit als ein Jahr auf sein **Kündigungsrecht verzichtet** (BGH LM Nr 5 zu § 566 BGB = ZMR 1960, 144, 145; 21. 1. 1960 – VIII ZR 16/59, LM Nr 41 zu § 812 BGB = ZMR 1960, 141; 9. 7. 2008 – XII ZR 117/06, NZM 2008, 687 = NJW-RR 2007, 1329; OLG Köln ZMR 2001, 963, 966; OLG Düsseldorf ZMR 2009, 845, 846; BLANK/BÖRSTINGHAUS Rn 13 ff). Es genügt dafür bereits, wenn lediglich einzelne der Kündigungsgründe aus § 573 Abs 2 BGB ausgeschlossen sind (BGH 4. 4. 2007 – VIII ZR 223/06, WuM 2007, 272, 273 Tz 13, 17 ff = NZM 2007, 399 [Kündigung wegen Eigenbedarfs]; str). Keine Rolle spielt, ob auch das Kündigungsrecht des Mieters ausgeschlossen ist (BLANK/BÖRSTINGHAUS Rn 13). Bei einem Kündigungsverzicht des Vermieters gegenüber einem **Dritten** ist dagegen kein Raum für die Anwendung des § 550 BGB, weil ein etwaiger Grundstückserwerber gemäß § 566 BGB nicht an solchen Verzicht gebunden ist (RGZ 103, 281, 283 f).

10 Ebenso wie Kündigungsbeschränkungen (o Rn 9) werden **Verlängerungsklauseln** oder **Optionen** behandelt, die dem Mieter die Möglichkeit eröffnen, einseitig den Vertrag **über ein Jahr hinaus** zu verlängern (BGH 24. 6. 1987 – VIII ZR 225/86, LM Nr 28 zu § 566 BGB = NJW-RR 1987, 1227; WM 1963, 172, 173 = ZMR 1963, 82, 83). Die Vereinbarung insbesondere einer Option auf Vertragsverlängerung über ein Jahr hinaus ist daher formbedürftig, nicht dagegen die Ausübung des Optionsrechts, weil es sich dabei um ein Gestaltungsrecht handelt (s Vorbem 159 zu § 535; grdl BGH 21. 11. 2018 – XII ZR 78/17 Rn 20 ff, BGHZ 220, 230, 240 f = NJW 2019, 990; s dazu EMMERICH JuS 2019, 389; SCHWEITZER NZM 2019, 174; anders offenbar früher in Einzelfällen RG WarnR 1919 Nr 163 S 252, 253; KG DR 1942, 1370 f Nr 12).

11 § 550 BGB muss ferner beachtet werden, wenn die Dauer des Vertrages von einem **zukünftigen ungewissen Ereignis abhängig** gemacht wird, sofern nach den Vorstellungen der Parteien der Vertrag danach auch länger als ein Jahr laufen kann. So verhält es sich insbesondere bei Abschluss eines Mietvertrages **auf Lebenszeit** des Mieters (s oben § 544 Rn 10) oder für die Dauer eines Krieges (RGZ 97, 219, 223) sowie bei Vereinbarung einer **auflösenden Bedingung**. Verträge, in denen sich der Mieter zur Leistung eines Baukostenzuschusses oder einer **Mietvorauszahlung** verpflichtet, bedürfen gleichfalls der Form des § 550 BGB, sofern die Zeit, während derer diese Leistungen auf die Miete angerechnet werden, ein Jahr übersteigt, da für dieselbe Zeit regelmäßig das ordentliche Kündigungsrecht des Vermieters ausgeschlossen ist (BGH LM Nr 41 zu § 812 BGB = ZMR 1960, 141; BLANK/BÖRSTINGHAUS Rn 20; BUB/TREIER/LANDWEHR, Hdb Rn II 2453). Bei bloßem mündlichen Vertragsabschluss hilft die Praxis hier freilich häufig mit § 242 BGB (OLG Stuttgart ZMR 1959, 325, 327; OLG München ZMR 1964, 237 Nr 7 = DWW 1964, 158).

IV. Schriftliche Form

1. Anforderungen (§ 126)

Nach § 550 S 1 BGB bedürfen langfristige Mietverträge „schriftlicher Form". Die Anforderungen an die „schriftliche Form" ergeben sich im BGB grundsätzlich aus der Vorschrift des § 126 BGB (s Rn 2; wegen der Einzelheiten s deshalb Staudinger/Hertel [2017] § 126 Rn 108, 124 ff). Die Folge ist, dass ein Mietvertrag, wenn er den Anforderungen des § 550 S 1 BGB an die Form langfristiger Verträge genügen soll, grundsätzlich **von beiden Parteien** eigenhändig **auf derselben Urkunde unterschrieben** werden muss (§ 126 Abs 1 und Abs 2 S 1 BGB), bei einer Mehrheit von Personen daher **von allen** Mietern oder Vermietern (BGH 23. 11. 2009 – LwZR 15/09, NZM 2010, 280 = NZG 2010, 314 Rn 27; s Rn 16 f). Werden über den Vertrag mehrere gleichlautende Urkunden aufgenommen, so genügt es jedoch auch, wenn jede Partei die für die andere Partei bestimmte Urkunde unterzeichnet (§ 126 Abs 2 S 2 BGB; BGHZ 176, 301, 310 f Tz 34 = NJW 2008, 2178). Die so umschriebene Schriftform kann nach § 126 Abs 3 nF durch die elektronische Form iSd § 126a nF sowie gemäß § 126 Abs 4 BGB durch notarielle Beurkundung des Vertrags ersetzt werden (s §§ 127a, 128 BGB; s Rn 26). Erforderlich ist, dass die **Unterschriften beider** Parteien den gesamten **Text** decken (RGZ 105, 60, 62; BGH 21. 1. 1990 – VIII ZR 296/88, LM Nr 30 zu § 566 BGB = NJW-RR 1990, 518; Jacoby NZM 2011, 1, 6 f; Michalski WM 1998, 1993, 1999 ff). Dafür genügt es auch, wenn eine Partei unter das schriftliche Angebot der anderen ihre Unterschrift, mit oder ohne den Zusatz „einverstanden", setzt, weil dann die Unterschriften beider Parteien auf derselben Urkunde gleichfalls den gesamten Text decken (BGH 16. 2. 2000 – XII ZR 162/98, NZM 2000, 712, 713 = WuM 2000, 351; BGHZ 160, 97, 102 ff = NJW 2004, 2962; Dittert, 10 Jahre Mietrechtsreformgesetz 401, 405 f). *Nicht* ausreichend ist dagegen eine „Unterzeichnung" über oder neben dem Text (BGHZ 113, 48, 51 f = NJW 1991, 487; BGH LM Nr 8 zu § 416 ZPO = NJW 1992, 829, 830).

12

Die geschilderten regelmäßigen Anforderungen an die Erfüllung des Schriftformerfordernisses, wie sie sich im Einzelnen aus § 126 BGB ergeben (s Rn 12), sind der Praxis immer ausgesprochen lästig gewesen und werden deshalb bis heute vielfach missachtet, nach dem Gesetz (§ 550 BGB) mit der häufig gleichfalls als ausgesprochen misslich empfundenen Folge der vorzeitigen Kündbarkeit des Vertrages. Um hier gegenzusteuern, hat sich der BGH unter Berufung auf den Zweck des § 550 BGB (s Rn 3) – und in klarem Widerspruch zu § 126 BGB – zu einer deutlichen Lockerung der Anforderungen an die Schriftform (nur) bei § 550 S 1 BGB entschlossen (s dazu insbesondere Burbulla ZMR 2018, 581; Butenberg, in: FS H Müller [2019] 43, 53 f; Schweitzer NZM 2018, 397; Guhling/Günter/Schweitzer § 550 Rn 17 f). An die Stelle der strengen Schriftform iSd § 126 BGB genügt danach im Rahmen des § 550 S 1 BGB als **„äußere Form"** die bloße **Schriftlichkeit** des Vertragsinhalts, während es keine Rolle mehr spielen soll, ob der Vertrag tatsächlich durch formgebundene Erklärungen zustande gekommen ist oder unabhängig von seiner schriftlichen Fixierung mündlich oder konkludent abgeschlossen wurde, weil auch durch solche Urkunde der primäre Zweck des § 550 BGB, nämlich die Information des etwaigen Grundstückserwerbers über die gegebenenfalls auf ihn zukommende Belastung durch Mietverträge, in die er nach § 566 Abs 1 BGB eintreten muss, erfüllt werden könne. Gerechtfertigt wird diese offene Abweichung von § 126 BGB in erster Linie wohl damit, dass die Rechtsfolgen eines Formverstoßes bei § 550 BGB ohnehin

13

deutlich hinter denen des § 125 S 1 BGB zurückbleiben, sodass es auch vertretbar erscheint, die Anforderungen an die Schriftform zu reduzieren.

14 Folgt man dem, so sind die Anforderungen des § 550 S 1 BGB an die schriftliche Form insbesondere auch dann erfüllt, wenn sich die Parteien *konkludent oder mündlich* auf einen Vertrag einigen, der inhaltlich genau der möglicherweise schon zuvor errichteten Vertragsurkunde entspricht (so BGH 24. 2. 2010 – XII ZR 120/06, NJW 2010, 1518 Rn 22 ff = NZM 2010, 319, 320 f; 17. 6. 2015 – XII ZR 98/13, NJW 2015, 2648 Rn 33 = NZM 2015, 662, 663; insbesondere BGH 7. 3. 2018 – XII ZR 129/16 Rn 21 ff, BGHZ 218, 70, 77 f = NJW 2018, 1540; 21. 11. 2018 – XII ZR 78/17 Rn 19, BGHZ 220, 235, 240 = NJW 2019, 990; ebenso zB KG ZMR 2016, 438, 439; LG Berlin WuM 2019, 438 = GE 2019, 858; WuM 2020, 77, 78 für den Verzicht des Vermieters auf eine Eigenbedarfskündigung durch bloßen Brief). Für die Einhaltung der Form des § 550 S 1 BGB genügt es deshalb nach Meinung des BGH auch, wenn die Parteien gleichlautende Urkunden unterzeichnen und die andere darüber, zB durch Telefax, unterrichten (BGH 7. 3. 2018 – XII ZR 129/16 Rn 21 ff, BGHZ 218, 70, 77 f = NJW 2018, 1540). Für die sachliche Berechtigung dieser Praxis (in Abweichung vom Gesetz) lässt sich anführen, dass die Vorschrift des § 550 BGB nicht bezweckt und angesichts der Umstände auch gar nicht bezwecken kann, einen etwaigen Grundstückserwerber umfassend über die auf ihn gegebenenfalls zukommenden Verpflichtungen zu informieren, weil dafür die Einsicht allein in eine möglicherweise schon vor Jahren errichtete Vertragsurkunde auf keinen Fall ausreiche. Jenseits der geschilderten Sonderfälle verbleibt es aber wohl bei § 126 BGB.

15 Die **zeitliche Reihenfolge** von Abfassung des Textes und Unterzeichnung durch die Parteien spielt keine Rolle (BGH 27. 6. 1994 – III ZR 117/93, NJW 1994, 2300 f; 25. 11. 2015 – XII ZR 114/14, NJW 2016, 311 Rn 23 = NZM 2016, 98). § 126 BGB wird nicht verletzt, wenn eine Partei die Urkunde ganz oder zum Teil „blanco" unterschreibt und der anderen die Ermächtigung zur Ausfüllung der Urkunde überträgt; in diesem Fall gelten die §§ 164 und 167 BGB analog (Dillberger/Dorner ZMR 2011, 263). Es genügt „umgekehrt" auch, wenn erst nachträglich eine spätere Anlage (erstmals) von beiden Parteien unterschrieben wird, sofern nur die Anlage eindeutig auf den ursprünglichen Vertrag Bezug nimmt (BGH 4. 11. 2020 – XII ZR 104/19 Rn 20, WM 2020, 2325, 2327). **Ändern oder ergänzen** die Parteien später den beurkundeten Text, so werden auch die Änderungen und Ergänzungen durch ihre Unterschriften gedeckt, sofern sie nur in den ursprünglichen Text eingefügt werden und die Änderungen oder Ergänzungen von ihrem gemeinsamen Willen getragen werden (s Rn 52; BGH 24. 1. 1990 – VIII ZR 296/88, LM Nr 30 zu § 566 BGB = NJW-RR 1990, 518; 27. 6. 1994 – III ZR 117/93, NJW 1994, 2300 f; 29. 4. 2009 – XII ZR 142/07, NZM 2009, 515 = NJW 2009, 2195, 2197 Tz 32; 25. 11. 2015 – XII ZR 114/14, NJW 2016, 311 Rn 23 = NZM 2016, 98). **Einseitige** Ergänzungen oder Änderungen des Textes ohne Wissen oder ohne Billigung der anderen Partei führen hingegen dazu, dass der Vertrag fortan nicht mehr dem Schriftformerfordernis des § 550 BGB genügt (BGH 25. 11. 2015 – XII ZR 114/14, NJW 2016, 311 Rn 23 = NZM 2016, 98 = WuM 2016, 28, 31). Fügen die Parteien Ergänzungen oder Änderungen der Vertragsurkunde **nach** ihren **Unterschriften** hinzu, so müssen diese erneut von beiden Parteien unterschrieben werden (§§ 550, 126 BGB; BGH 24. 1. 1990 – VIII ZR 296/88, LM Nr 30 zu § 566 BGB = NJW-RR 1990, 518; 27. 6. 1994 – III ZR 117/93, NJW 1994, 2300 f; 29. 4. 2009 – XII ZR 142/07, NZM 2009, 515 = NJW 2009, 2195, 2197 Tz 32; s im Einzelnen u Rn 46 ff). Unschädlich ist es, wenn die Vertragsurkunde später **zerstört** wird; die Erfordernisse der §§ 126 und 550 BGB müssen lediglich *im Augenblick* des Vertragsabschlusses oder der Änderungsvereinbarung erfüllt sein (BGHZ 176, 301, 307 Tz 23, 311

Tz 35 = NJW 2008, 2178; 7. 3. 2018 – XII ZR 129/16 Rn 24, BGHZ 218, 70, 79 = NJW 2018, 1540; LG Berlin ZMR 2014, 975, 976; Neuhaus NZM 2011, 619).

2. Vertreter

Nach dem sogenannten **Offenheitsprinzip** des § 164 Abs 1 BGB muss sich, wenn eine Person als Vertreter für eine andere Person tätig wird, zumindest aus den Umständen, dh aus dem gesamten Inhalt der Urkunde in Verbindung mit den Umständen des Vertragsabschlusses ergeben, dass die betreffende Person **als Vertreter** und nicht selbst als Partei tätig geworden ist (zB BGH 30. 1. 2013 – XII ZR 18/12, NJW 2013, 1082 Tz 10 f = NZG 2013, 385 = NZM 2013, 269; KG ZMR 2014, 912; Staudinger/Schilken [2019] § 164 Rn 1 ff). Bei **Unterzeichnung** des Mietvertrages **durch einen Vertreter** für den Mieter oder den Vermieter ist die Schriftform mithin gewahrt, wenn sich **aus der Urkunde** selbst in Verbindung mit weiteren, den Parteien bekannten Umständen die Eigenschaft der fraglichen Person als Vertreter ergibt; mehr ist nicht erforderlich (§§ 133, 157, 164 Abs 1 S 2 BGB; BGHZ 125, 175, 178 f = NJW 1994, 1649; BGH NJW 2002, 3389 = NZM 2002, 950, 952; NJW 2003, 3053 = NZM 2003, 801, 802; 5. 11. 2003 – XII ZR 134/02, NJW 2004, 1103 = NZM 2004, 97 = ZMR 2004, 107; NJW 2005, 2225 = NZM 2005, 502, 503 = ZMR 2005, 691; 15. 11. 2006 – XII ZR 92/04, NJW 2007, 288, 290 Tz 23 = NZM 2007, 127; 24. 2. 2010 – XII ZR 120/06, NZM 2010, 319 Rn 14 = NJW 2010, 1518; 27. 11. 2009 – LwZR 15/09, NZG 2010, 314 = NZM 2010, 280 Tz 27; 30. 1. 2013 – XII ZR 18/12, NJW 2013, 1082 Tz 10 f = NZG 2013, 385 = NZM 2013, 126). **16**

Entgegen einer verbreiteten Meinung muss nicht noch hinzukommen, dass, zumindest in kritischen Fällen (s Rn 18), das Handeln als Vertreter gerade durch einen sogenannten **Vertreterzusatz** bei der Unterzeichnung der Urkunde klargestellt wird (so aber zB LG Berlin GE 2007, 846, 847; LG Hamburg ZMR 2009, 535, 536). Das Gesetz verlangt lediglich, dass der Wille (auch) in fremdem Namen zu handeln, erkennbar hervortritt, nicht mehr (§ 164 Abs 2 BGB; Jacoby NZM 2011, 1, 2 ff). Auch unter dem Blickwinkel des Zwecks der Vorschrift (s Rn 3) ist es ausreichend, wenn sich aus der Vertragsurkunde iVm den den Beteiligten bekannten Umständen mit hinreichender Deutlichkeit ergibt, wer Partei ist. Dieser Fragenkreis darf nicht mit der anderen Frage verwechselt werden, ob der Vertreter tatsächlich Vertretungsmacht *hat*. Dies ergibt sich ohnehin nie aus der bloßen Unterschrift einer für einen anderen als Vertreter auftretenden Person unter einer Urkunde, dies umso mehr, als ohne weiteres auch ein **Vertreter ohne Vertretungsmacht** formwirksam einen Mietvertrag abschließen kann; die zusätzlich erforderliche Genehmigung des Vertretenen ist formlos möglich (§§ 177, 182 Abs 2 BGB; BGHZ 160, 97, 105 = NJW 2004, 2962; BGHZ 176, 301, 305 f Tz 15, 309 Tz 29, 31; 22. 4. 2015 – XII ZR 55/14, BGHZ 205, 99, 105 f Rn 24 = NJW 2015, 2034; BGH NJW 2005, 2225 = NZM 2005, 502; 15. 11. 2006 – XII ZR 92/04, NZM 2007, 127 = NJW 2007, 288, 290 Tz 23; 19. 9. 2007 – XII ZR 121/05, NZG 2007, 837 = NJW 2007, 3346 Tz 13; 24. 2. 2010 – XII ZR 120/06, NJW 2010, 1518 Tz 15 f = NZM 2010, 319; OLG Rostock 12. 7. 2018 – 3 U 23/18, ZMR 2018, 828, 829; Jacoby NZM 2011, 1, 3; Späth ZMR 2011, 633). **16a**

Die Schriftform ist folglich gewahrt, wenn der Unterschrift einer natürlichen Person der **Stempelabdruck** der von ihr vertretenen Gesellschaft oder Firma beigefügt wird, da nach der Verkehrsanschauung die Verwendung eines Firmenstempels die betreffende Person als vertretungsberechtigt ausweist (BGH 30. 1. 2013 – XII ZR 18/12, NJW 2013, 1082 Rn 11 ff = NZM 2013, 269; OLG Rostock 12. 7. 2018 – 3 U 23/18, ZMR 2018, 828, 829; KG 11. 4. 2019 – 8 U 147/17, NZG 2020, 186 = ZMR 2019, 471 mwNw). Wenn in dem Vertrag eine natürliche **17**

Person als Partei bezeichnet wird und eine **andere natürliche Person** den Vertrag unterschreibt, genügt auch dies dem § 164 Abs 1 BGB, weil die fragliche Person, die unterschrieben hat, dann offenbar nur als Vertreter der im Vertrag als Partei genannten Person tätig geworden sein kann (BGHZ 176, 301, 308 f Rn 28 = NJW 2008, 2178). Eine Unterschrift mit dem Zusatz „**in Vertretung** oder **im Auftrag**" dürfte gleichfalls in der Regel genügen (OLG Rostock 12. 7. 2018 – 3 U 23/18, ZMR 2018, 828, 829; anders für den Zusatz „i. A." LG Berlin GE 2014, 1588; ZMR 2019, 337; Burbulla ZMR 2019, 338). Anders kann es sich nur im Einzelfall verhalten, wenn sich zB bereits aus dem Kopf der Urkunde ergibt, dass für eine Partei **Gesamtvertretung** besteht, für sie aber nur eine Person unterschreibt, ohne zugleich deutlich zu machen, dass sie als Einzelvertreter (mit Ermächtigung des anderen Gesamtvertreters) tätig werden soll (Jacoby NZM 2011, 1, 2 ff).

3. Handelsgesellschaften

18 Bei Beteiligung mehrerer Personen an dem Vertrag auf einer oder beiden Seiten stellen sich im Rahmen des § 550 BGB zwei Fragen: Zunächst die Frage nach der ordnungsmäßigen Bezeichnung der Personenmehrheit in der Vertragsurkunde und sodann die Frage, wie eine etwaige Vertretung der Personenmehrheit in der Urkunde verlautbart werden soll (s §§ 126, 164 Abs 1 S 2 BGB). Bei den juristischen Personen des Handelsrechts, insbesondere also bei der AG und der GmbH kommt als **Bezeichnung** allein ihre Firma in Betracht (§ 17 HGB). Außerdem sollte es genügen, wenn ein Vorstandsmitglied oder ein Geschäftsführer erkennbar für die Gesellschaft tätig geworden ist, wofür bereits ihre Unterschrift neben der Nennung der Gesellschaft im Rubrum des Vertrages ausreicht; ein besonderer Vertreterzusatz ist dann entbehrlich, weil die betreffende Person unter den gegebenen Umständen nach dem Inhalt der Urkunde nur als Vertreter der Gesellschaft (und nicht für sich selbst) tätig geworden sein kann (§ 17 HGB; §§ 78, 79 AktG; §§ 35, 36 GmbHG; BGH 22. 4. 2015 – XII ZR 55/14, BGHZ 205, 99, 103 Rn 11, 104 Rn 22 ff = NJW 2015, 2 1034; BGHZ 176, 301, 308 f = NJW 2008, 2178; BGH NJW 2005, 2 1225 = NZM 2005, 502, 503; NJW 2007, 3346 Rn 11; KG ZMR 2007, 962; OLG Dresden NZM 2004, 827, 829). Ebenso zu entscheiden ist bei Unterzeichnung durch ein Vorstandsmitglied, einen Geschäftsführer oder einen Prokuristen unter Hinzufügung eines Firmenstempels (Rn 17, 19). Unerheblich ist dagegen im Rahmen des § 550 BGB, ob die (nach dem Inhalt der Urkunde von der unterschreibenden Person in Anspruch genommene) Vertretungsmacht tatsächlich besteht, da sich dies ohnehin aus der Urkunde nie zweifelsfrei ergibt (Rn 16).

19 Gegen dieses Gesetzesverständnis (Rn 18) wird vielfach eingewandt, bei der AG und der GmbH bestehe nach der gesetzlichen Regelung grundsätzlich **Gesamtvertretungsmacht** der Vorstandsmitglieder oder Geschäftsführer (§ 78 Abs 2 S 1 AktG, § 35 Abs 2 GmbHG, § 25 Abs 1 GenG), sodass die Unterzeichnung der Urkunde durch eine Person allein grundsätzlich nicht ausreiche, um die ordnungsgemäße Vertretung der Handelsgesellschaft zu verlautbaren. Auch der BGH verlangt, dass der Geschäftsführer oder Vorstand, der für die Gesellschaft *allein* den Vertrag unterzeichnet, dabei zugleich durch einen **Vertreterzusatz** deutlich macht, dass er zugleich für den oder die anderen Gesamtvertreter tätig wird, jedenfalls, wenn in dem *Rubrum* des Vertrages oder sonst im Vertragstext auf die besondere Vertretungsregelung hingewiesen wird, weil in diesem Fall bei Unterzeichnung des Vertrages durch einen Vertreter allein ohne Vertretungszusatz aus der Urkunde nicht zu entnehmen sei, ob auch noch andere Vertreter unterschreiben müssen (so BGHZ 183, 67, 72 f Rn 18 f = NJW 2010, 1453

Rn 18 f; insoweit zustimmend offenbar BGH 22. 4. 2015 – XII ZR 55/14, BGHZ 205, 99, 104 Rn 21 = NJW 2015, 2034; 26. 2. 2020 – XII ZR 51/19 Rn 23 = WM 2020, 648; 17. 6. 2015 – XII ZR 98/13, NJW 2015, 2648 Rn 37 = NZM 2015, 662, 663, s dazu Günter WuM 2012, 587; Kuckein NZM 2010, 148). Diese feinsinnige Unterscheidung zwischen Gesellschaften, bei denen im Rubrum oder im Text des Vertrags auf die Vertretungsregelung aufgrund der Satzung Bezug genommen wird, und anderen Gesellschaften vermag nicht zu überzeugen. Solche Unterscheidung ist dem Gesetz fremd. Entscheidend ist vielmehr allein folgendes: Falls lediglich *eine* Person, sei es ein Geschäftsführer oder ein Vorstandsmitglied, sei es ein sonstiger Vertreter, ohne jeden Zusatz den Vertrag unterschreibt, kann dies bei Bezeichnung der Vertragspartei im Text, insbesondere im sogenannten Rubrum, als AG oder GmbH nach der Verkehrsanschauung nur dahin zu verstehen sein, dass sie eine *Einzelvertretungsmacht* in Anspruch nimmt (§§ 133, 157 BGB), womit die Schriftform gewahrt ist, mag sie nun Vertretungsmacht haben oder nicht (s Rn 16). Auch hier muss die Frage, ob die gesetzliche Form eingehalten wurde, von der Frage getrennt werden, ob die Gesellschaft wirksam vertreten wurde, sodass jedenfalls die Form gewahrt ist, wenn von mehreren Vertretern nur einer den Vertrag erkennbar in dieser Eigenschaft unterschreibt, wofür insbesondere auch ein **Stempelabdruck** mit der Firma der Gesellschaft neben der Unterschrift genügt (s schon Rn 17, 18 sowie BGHZ 176, 301, 309 Tz 29, 31; 19. 9. 2007 – XII ZR 121/05, NZM 2007, 837 = NJW 2007, 3346 Rn 13; 26. 2. 2020 – XII ZR 51/19 Rn 24, BGHZ 223, 370, 375 = NJW 2020, 1507 = NZM 2020, 429 = JuS 2020, 789; 30. 1. 2013 – XII ZR 38/12, NJW 2013, 1082 Tz 11 ff = NZM 2013, 269; OLG Rostock 12. 7. 2018 – 3 U 23/18, ZMR 2018, 828, 829; KG 11. 4. 2019 – 8 U 147/17, NZG 2020, 186 = ZMR 2019, 471 mwNw). All dies gilt – erst recht – für die **OHG** und die **KG**, weil hier ohnehin Einzelvertretungsmacht der persönlich haftenden Gesellschafter die gesetzliche Regel ist (§§ 124, 125, 161 Abs 2 HGB).

4. BGB-Gesellschaft

Bei der BGB-Gesellschaft stellt sich zunächst die Frage der **zutreffenden Bezeich-** **nung** der Gesellschaft in der Urkunde (s zum folgenden zB Jacoby NZM 2011, 1; Neuhaus ZMR 2011, 1; Späth ZMR 2011, 633; Schultz, in: FS Bub [2007] 377, 390 f; Weitemeyer NZG 2006, 10; dies, in Gedschr Sonnenschein [2003] 431, 446 ff; dies ZMR 2004, 153, 161 ff). Dafür kommen grundsätzlich zwei Wege in Betracht, einmal die Bezeichnung der Gesellschaft durch die Aufführung sämtlicher Gesellschafter in der Urkunde, zum anderen die Verwendung des Namens, unter dem die Gesellschaft im Rechtsverkehr auftritt, seitdem die Rechtsfähigkeit der BGB-Außengesellschaft weithin anerkannt ist (§ 14 Abs 2). Die Bezeichnung der Gesellschaft ist wie jede Willenserklärung grundsätzlich auslegungsfähig (§§ 133 und 157 BGB), sodass nach den Umständen die Bezeichnung der Gesellschaft als „Grundstücksgemeinschaft X" durchaus ausreichend sein kann (OLG Düsseldorf ZMR 2014, 628). Existiert indessen die fragliche Gesellschaft überhaupt nicht, handelt es sich bei den betreffenden Personen vielmehr um eine Erbengemeinschaft, so ist das Schriftformerfordernis nicht erfüllt, weil ein etwaiger Grundstückserwerber dann nicht erkennen kann, wer mit der Bezeichnung überhaupt als Mieter gemeint sein könnte (LG Berlin ZMR 2014, 975, 976).

In der Frage der **Vertretung** der Gesellschaft bei der Unterzeichnung des Vertrages hält die Rechtsprechung bisher meistens, nicht immer daran fest, dass das Schriftformerfordernis nur erfüllt ist, wenn entweder **alle Gesellschafter** den Mietvertrag unterschreiben *oder* sich aus einem **Zusatz** zu der Unterschrift eines oder einzelner

Gesellschafter *oder* sonst aus der *Urkunde* ergibt, dass diese **zugleich als Vertreter** für die anderen Mitgesellschafter tätig geworden sind (BGHZ 176, 301, 308 Tz 25 f = NJW 2008, 2178; BGH NJW 2003, 3053 = NZM 2003, 801, 802; ZIP 2003, 667, 669 f = GE 2003, 523, 524 [insoweit nicht in NZM 2003, 235 = NZG 2003, 275 abgedruckt]; NJW 2004, 1103 = NZM 2004, 97 = ZMR 2004, 107; 19. 9. 2007 – XII ZR 121/05, NZM 2007, 837 = NJW 2007, 3346 Rn 12; 27. 11. 2009 – LwZR 15/09, NZG 2010, 314 = NZM 2010, 280 Rn 27; OLG Rostock NJW-RR 2001, 514 = NZM 2001, 46, 47; OLG Hamm ZMR 2011, 632 = NZM 2011, 584; OLG Düsseldorf ZMR 2014, 628, 629; OLG Hamburg 20. 12. 2018 – 4 U 60/18, ZMR 2019, 2 164, 265). Hintergrund dieser Rechtsprechung ist der Umstand, dass bei der BGB-Gesellschaft (ebenso wie bei den meisten Kapitalgesellschaften, s Rn 18 f) die **Gesamtvertretung** *der Gesellschafter* die gesetzliche Regel ist (§§ 709, 714 BGB), sodass die Urkunde den Eindruck der Unvollständigkeit erweckt, wenn nicht alle, sondern nur einzelne Gesellschafter ohne einen Vertreterzusatz unterschreiben *oder* in der Urkunde nicht die abweichende Regelung der Vertretungsmacht eindeutig offengelegt wird (kritisch zB Späth ZMR 2011, 633; Schultz, in: FS Bub 377, 390 f; Weitemeyer NZG 2006, 10 mwNw). In der Frage, ob sich aus der Urkunde iVm weiteren Umständen ergibt, dass der unterschreibende Gesellschafter als Vertreter der anderen Gesellschafter tätig geworden ist, verfährt die Rechtsprechung im Regelfall großzügig. Ist zB in der Urkunde eine Gesellschaft unter ihrem Namen als Partei bezeichnet und unterschreibt nur ein Gesellschafter ohne Zusatz den Vertrag, so wird dies meistens als ausreichend angesehen, weil dann nämlich klar sei, dass der unterzeichnende Gesellschafter als Vertreter der in der Gesellschaft verbundenen Personen fungierte (OLG Koblenz WuM 2012, 616 = ZMR 2013, 33; OLG Düsseldorf ZMR 2014, 628, 629).

5. Erbengemeinschaft

22 Die Erbengemeinschaft besitzt keine Rechtsfähigkeit, sondern stellt ein bloßes Sondervermögen der Miterben dar. Eine Erbengemeinschaft kann deshalb keinen Namen iSd § 12 haben; ebenso wenig gibt es bei ihr eine gesetzliche Regelung der Vertretungsmacht, sodass ein Mietvertrag nicht „im Namen" einer Erbengemeinschaft, sondern immer nur **im Namen** der, dh **aller Miterben** abgeschlossen werden kann (BGH 17. 10. 2006 – VIII ZR 94/05, NJW 2006, 3715 = NZM 2006, 944). Eine zusammenfassende **Bezeichnung** mehrerer Erben als „Erbengemeinschaft X" genügt nicht den Erfordernissen der §§ 126 und 550 BGB; im Vertrag müssen vielmehr als Partei sämtliche Miterben bezeichnet werden (§§ 126, 164 BGB; BGH 11. 9. 2002 – XII ZR 187/00, NJW 2002, 3389 = NZM 2002, 950; 12. 7. 2006 – XII ZR 178/03, NJW 2006, 1385 = NZM 2006, 699 Tz 23; OLG Hamburg ZMR 2015, 291, 292; 2016, 941; OLG Köln ZMR 2015, 446 f; Schultz, in: FS Bub 377, 389). Der Vertrag muss außerdem **von allen** Miterben *oder* von **einzelnen** Miterben unter Offenlegung ihrer Vertretereigenschaft, insbesondere, aber nicht notwendig durch einen **Vertreterzusatz**, unterschrieben werden (BGHZ 176, 301, 308 Tz 25 f = NJW 2008, 2178). Entsprechendes gilt für sonstige Personenmehrheiten ohne eigene Rechtspersönlichkeit und damit insbesondere für **Eheleute** (s Vorbem 125 zu § 535; BGHZ 125, 175, 178 f = NJW 1994, 1649; BGH 27. 11. 2009 – LwZR 15/09, NZG 2010, 314 = NZM 2010, 280 Rn 28; LG Hamburg ZMR 2009, 535, 536).

6. Modifizierte oder verspätete Annahme

23 Bei formbedürftigen Verträgen müssen an sich beide Willenserklärungen, Antrag und Annahme, der gesetzlich vorgeschriebenen Form entsprechen und außerdem in dieser

Form binnen der Frist des § 147 BGB dem anderen Vertragsteil zugehen (§§ 126 und 130 BGB), sofern nicht einer der Ausnahmetatbestände der §§ 151 und 152 BGB vorliegt (s zB RGZ 87, 196, 198 f; 105, 60, 62; BGHZ 40, 255, 261 = NJW 1964, 395; BGH LM Nr 29 zu § 139 BGB = ZMR 1963, 206, 207; 30. 5. 1962 – VIII ZR 173/61, LM Nr 7 zu § 566 BGB = NJW 1962, 1388; 17. 6. 2015 – XII ZR 98/13, NJW 2015, 2648 Rn 30 f = NZM 2015, 662, 663; Staudinger/Hertel [2017] § 126 Rn 159). Die **Annahmefrist** wird bei der gewerblichen Miete in der Regel auf höchstens **zwei bis drei Wochen** bemessen. wobei die Beweislast für die rechtzeitige Annahme des Antrags denjenigen trifft, der sich auf die Rechtzeitigkeit der Annahme und damit auf das Zustandekommen des Vertrags beruft (BGH 24. 2. 2016 – XII ZR 5/15, BGHZ 209, 105, 112, 115 f, Rn 24, 30 ff = NJW 2016, 1141; Sittner NZM 2016, 360).

Geht die Annahmeerklärung dem anderen Teil erst nach Ablauf der Annahmefrist **24** (s Rn 23) zu, so gilt sie als neuer Antrag, der grundsätzlich nur in der Form des § 550 BGB angenommen werden kann, wenn die Schriftform gewahrt werden soll (§§ 147 Abs 2 und 150 BGB). Eine bloße konkludente Zustimmung zu der verspäteten oder auch zu einer modifizierten Annahmeerklärung führt deshalb an sich dazu, dass dem Vertrag fortan die Schriftform fehlt. So ist die Rechtsprechung auch in der Tat früher verfahren (so zB für den Fall der modifizierten Annahme BGHZ 160, 98 = NJW 2004, 2962; insb BGH 18. 10. 2000 – XII ZR 179/98, NJW 2001, 221 = NZM 2001, 42 = LM Nr 40 zu § 566 m Anm Emmerich sowie für den Fall der verspäteten Annahme KG WM 2003, 225; OLGR 2007, 391 = NZM 2007, 517 = ZMR 2007, 535; OLGR 2008, 129; Lindner-Figura, in: FS Blank 301, 313 f). Diese Praxis dürfte jedoch überholt sein, da es die Rechtsprechung heute genügen lässt, wenn sich die Parteien mündlich, konkludent oder verspätet auf einen Vertrag einigen der genau der vorliegenden Vertragsurkunde entspricht (s Rn 15 f). Dies gilt insbesondere auch für die Fälle der verspäteten und der modifizierten Annahme (so ausdrücklich BGH 24. 2. 2010 – XII ZR 120/06, NJW 2010, 1518 Tz 22 ff = NZM 2010, 319 = ZMR 2010, 593; 17. 6. 2015 – XII ZR 98/13, NJW 2015, 2468 Rn 33 f = NZM 2015, 662, 663; LG Marburg ZMR 2020, 125; Jacoby NZM 2011, 1, 5).

Wenn der Vertrag zunächst formlos abgeschlossen wurde, können die Parteien die **25** **Beurkundung** jederzeit nach Vertragsabschluss **nachholen** (s unten Rn 43, Rn 61; Lindner-Figura, in: FS Blank 301, 320; Wichert ZMR 2006, 257). Der Vertrag gilt dann *von Anfang an* als in der gesetzlich vorgeschriebenen Form abgeschlossen (BGHZ 160, 97, 101 = NJW 2004, 2962; KG GE 2014, 1290; ZMR 2016, 438, 439). Nehmen die Parteien in die nachträglich errichtete Urkunde nicht alle zuvor mündlich getroffenen Abreden auf, so ist davon auszugehen, dass diese Abreden nach ihrem Willen nicht mehr gelten sollen; andernfalls entbehrt der Vertrag nach wie vor der Schriftform mit der Folge des § 550 S 2 BGB (Sternel, Mietrecht Rn I 194).

7. Elektronische Form

Nach **§ 126 Abs 3 BGB** kann die schriftliche Form durch die elektronische Form im **26** Sinne des § 126a BGB ersetzt werden (s dazu Guhling//Günter/Schweitzer Nr 117 ff; Hufnagel/Rädler AfP 2000, 432; Schmidt-Futterer/Lammel Rn 47–53; Moritz ZMR 2000, 61; Stellmann/Süss NZM 20001, 969). In diesem Fall müssen nach § 126a Abs 2 BGB beide Mietvertragsparteien ein gleichlautendes Dokument in der in § 126a Abs 1 BGB bezeichneten Weise elektronisch signieren (s im Einzelnen Staudinger/Hertel [2017] § 126a Rn 39 ff). Praktische Bedeutung hat diese Regelung bisher nicht erlangt (Bub/Treier/Landwehr, Hdb Rn II 2475; Staudinger/Hertel [2017] § 126a Rn 37 f; Weiler ZMR 2018, 889).

8. Einheitlichkeit der Urkunde

27 Bei einem Vertrag muss nach § 126 Abs 2 S 1 BGB die Unterzeichnung der Parteien grundsätzlich „auf derselben Urkunde" erfolgen. Aus dieser Formulierung des Gesetzes wird allgemein das Prinzip der Einheitlichkeit der Urkunde gefolgert, nach dem die eine von den Parteien unterzeichnete **Urkunde alle** wesentlichen **Abreden** der Parteien enthalten muss, wenn das Schriftformerfordernis gewahrt sein soll (s zuletzt BGHZ 176, 301, 306 Tz 18; BGH 2. 12. 2004 – IX ZR 200/03, BGHZ 161, 241, 244 = NJW 2005, 884, 885; 6. 4. 2005 – XII ZR 132/03, NJW 2005, 2225 = NZM 2005, 502, 503; Bernath, Formbedürftige Rechtsgeschäfte S 84, 129 ff; Michalski WM 1998, 1993, 2000 ff; Neuhaus ZMR 2011, 1; Staudinger/Hertel [2017] § 126 Rn 112 ff). Außerdem folgt aus der Formulierung des § 126 Abs 2 S 1 BGB, dass immer die Existenz *einer einzigen* formgerechten Urkunde im Besitz einer Partei zur Erfüllung des Formerfordernisses genügt (LG Berlin GE 2011, 754). Dagegen verstößt die Aufteilung des Vertragstextes auf *mehrere* Urkunden, die in keinem Zusammenhang stehen, gegen § 126 BGB (s BGH 6. 4. 2005 – XII ZR 132/03, NJW 2005, 2225 = NZM 2005, 502, 503).

28 Ursprünglich ging die Rechtsprechung in der Regel, nicht immer davon aus, dass die *eine* über den Mietvertrag errichtete (und unterzeichnete) *Urkunde selbst* alle wesentlichen Abreden enthalten muss und dass deshalb im Falle der **Bezugnahme** auf andere Urkunden die gesetzlich vorgeschriebene Schriftform nur erfüllt ist, wenn diese der unterzeichneten Urkunde als Anlagen beigefügt und mit ihr im Augenblick der Unterzeichnung entsprechend dem Willen beider Parteien **körperlich fest verbunden** werden, zB durch Heften, Ösen, Leimen oder Zusammenbinden (RGZ 105, 289, 292; RG JW 1926, 979 Nr 2; BGHZ 40, 255, 262 ff = NJW 1964, 395; BGHZ 50, 39, 41 = NJW 1968, 1229; BGH 26. 2. 1962 – VIII ZR 206/60, LM Nr 6 zu § 566 BGB [Bl 2] = ZMR 1962, 177; ZMR 1963, 206, 207; Schlemminger NJW 1992, 2249, 2252 f; Sternel, Mietrecht Rn I 199). Diese Grundsätze wurden jedoch später zunehmend gelockert, um den erwünschten Abschluss langfristiger Mietverträge nicht unnötig zu behindern (sog **Auflockerungsrechtsprechung**; ausf Staudinger/Hertel [2017] § 126 Rn 112 ff).

29 Wenn der Miet- oder Pachtvertrag nur aus einem **einzigen Blatt** besteht, das alle wesentlichen Abreden enthält und das von beiden Parteien unterschrieben ist, ergeben sich hinsichtlich der Erfüllung des Schriftformerfordernisses keine Probleme (§ 126 Abs 2 S 1 BGB). Ebenso verhält es sich, wenn der Vertrag aus **mehreren Blättern** besteht und die Parteien die Urkunde erst auf dem letzten Blatt am Ende des Textes unterschreiben, auf jeden Fall, wenn in einem derartigen Fall die verschiedenen Seiten, aus denen der Vertrag besteht, körperlich fest miteinander verbunden werden (s Rn 28). Es genügt jedoch auch, wenn die gedankliche **Zusammengehörigkeit** der verschiedenen Blätter **in sonstiger Weise** zweifelsfrei kenntlich gemacht wird, wobei insbesondere an eine fortlaufende Paginierung der Seiten, eine durchlaufende Nummerierung des Textes, eine einheitliche grafische Gestaltung, ein inhaltlicher Zusammenhang des Textes oder vergleichbare Merkmale zu denken ist. Denn auch dann ist klar, was nach dem Willen der Parteien zu dem Vertrag gehören soll und wo der Vertrag endet (s Rn 35; BGHZ 136, 357, 368 ff = NJW 1998, 58; BGHZ 142, 158, 160 f = NJW 1999, 2591; BGHZ 154, 171, 178 = NJW 2003, 2158; BGHZ 176, 301, 306 Tz 20 = NJW 2008, 2178; 27. 9. 2017 – XII ZR 114/16 Rn 17 f, BGHZ 218, 68, 73 = NZM 2018, 38; 6. 4. 2005 – XII 132/03, NJW 2005, 2225 = NZM 2005, 502, 503; 9. 4. 2008 – XII ZR 89/06, NJW 2008, 2181 = NZM 2008, 484, 485 Rn 24; NJW 2009, 2195, 2196 Tz 22). Schließen die Parteien, wie es ihnen jederzeit freisteht, **gleichzeitig mehrere Verträge** ab, die jedoch nach ihrem Willen zusammen den (einen) Mietvertrag bilden sollen (§ 139 BGB), so muss die auch in diesem Falle unverzichtbare Einheitlichkeit der Urkunde – außer durch körperliche Verbindung der verschiedenen Vertragsurkunden – **durch wechselseitige Bezugnahme** *oder* durch **andere**, eine zweifelsfreie Zuordnung ermöglichende, äußere oder inhaltliche **Merkmale** hergestellt werden (BGH 6. 4. 2005 – XII 132/03, NJW 2005, 2225 = NZM 2005, 502, 503 [r Sp unter 4]). Dies alles folgt aus der einfachen Überlegung, dass sich andernfalls ein etwaiger Grundstückserwerber nicht anhand einzelner ihm vorgelegter Urkunden über die auf ihn gegebenenfalls übergehenden Verpflichtungen informieren kann, sofern aus den vorgelegten Urkunden nicht eindeutig zu erkennen ist, dass noch weitere Urkunden mit wesentlichen Abreden der Parteien existieren (s Rn 3).

9. Auflockerungsrechtsprechung, Anlagen

Bei Anlagen zu dem Mietvertrag, wie sie in der Mietvertragspraxis verbreitet sind, muss man zwei Fallgestaltungen unterscheiden: Keine Bedeutung hat § 550 S 1 BGB für solche Anlagen, die wie insbesondere **Grundstücks- und Baupläne** die Abreden der Parteien lediglich verdeutlichen, konkretisieren oder präzisieren, *vorausgesetzt,* dass schon alle wesentlichen Abreden in der dem Schriftformerfordernis genügenden, von den Parteien unterschriebenen, einheitlichen Urkunde enthalten sind, sodass gegebenenfalls die Mietsache, zB die Lage der vermieteten Räume in einem erst noch zu errichtenden Gebäude, *bereits anhand des Vertrages,* dh *ohne* Zuhilfenahme der in Bezug genommenen *Anlagen* ermittelt werden könnte. In solchem Fall ist die Formwirksamkeit des Vertrages unabhängig von der Art der Bezugnahme auf die fraglichen Anlagen und ferner unabhängig davon, ob die Anlagen überhaupt dem Vertrag beigefügt werden oder nicht (s Rn 34 f). Das Gesagte gilt auch für solche Anlagen, durch die zB die an sich schon im Vertrag auf den Mieter abgewälzten **Nebenkosten** weiter präzisiert und Einzelheiten der Abrechnung festgelegt werden, sowie für eine **Hausordnung**, in der nur Nebensächlichkeiten geregelt sind (BGHZ 142, 158, 161 ff = NJW 1999, 2591; BGHZ 154, 171, 178 = NJW 2003, 2158; 2. 12. 2004 – IX ZR 200/08, BGHZ 161, 241, 244 f = NJW 2008, 884, 885; BGHZ 176, 301, 306 Tz 18 = NJW 2008, 2178; BGH 7. 7. 1999 – XII ZR 15/97, LM Nr 37 zu § 566 BGB [Bl 2] = NJW 1999, 3257 = NZM 1999, 962, 963; 29. 9. 1999 – XII ZR 313/98, LM Nr 38 zu § 566 BGB = NJW 2000, 354 = NZM 2000, 36, 38 f; NZM 2002, 823 = NJW-RR 2002, 1377; NJW 2005, 884, 885; Lindner-Figura, in: FS Blank [2006] 301, 309 = NZM 2007, 705; M Schultz, in: FS Bub [2007] 377, 397; Treier, in: Gedschr Sonnenschein 141, 145 ff).

Anders werden dagegen Anlagen behandelt, die selbst **wesentliche Vertragsbestimmungen** enthalten, wobei insbesondere an die Abreden über die Parteien, den Gegenstand, die Vertragsdauer und die Höhe der Miete zu denken ist (s unten Rn 46 ff). Gleich steht zB ein Verzicht des Vermieters auf einzelne Kündigungsgründe (BGH 4. 4. 2007 – VIII ZR 199/06, NJW 2007, 1743 = NZM 2007, 399 = WuM 2007, 272, 273 Tz 20). Für solche Anlagen bleibt es mit Rücksicht auf den Zweck des § 550 BGB gemäß den §§ 126 und 550 BGB bei dem Erfordernis der **Einheitlichkeit der Urkunde**, sodass die Anlagen entweder körperlich *fest* mit dem Vertrag *verbunden* werden müssen (s Rn 28) oder die gedankliche *Einheit* von Vertrag und Anlagen *auf andere Weise* zweifelsfrei kenntlich gemacht werden muss (s Rn 29, Rn 32; BGHZ 176, 301, 306 Tz 20; 27. 9. 2017 – XII ZR 114/16 Rn 17 f, BGHZ 218, 68, 73 f = NZM 2018, 38; BGH 15. 11. 2006 – XII

ZR 92/04, NJW 2007, 288 = NZM 2007, 127, 129 Tz 25; 4. 4. 2007 – VIII ZR 199/06, NJW 2007, 1743 = NZM 2007, 399 = WuM 2007, 272, 273 Tz 20; 3. 4. 2008 – XII ZR 89/06, NJW 2008, 2181 = NZM 2008, 484, 485 Tz 24; NJW 2009, 2195, 2196 Tz 22; GE 2010, 973 Tz 21 f; Michalski WM 1998, 1993, 2001; Neuhaus ZMR 2011, 1; Staudinger/Hertel [2017] § 126 Rn 115 ff).

32 Es reicht folglich grundsätzlich aus, wenn in dem **Vertrag** eindeutig auf bestimmte, klar bezeichnete Anlagen **Bezug** genommen wird *oder* wenn sich die Einheitlichkeit von Vertrag und Anlage **aus anderen Umständen** zweifelsfrei ergibt, wobei vor allem an eine durchlaufende Paginierung der Seiten oder an eine fortlaufende Nummerierung des Textes zu denken ist; gleich steht der Fall, dass die im Vertrag in Bezug genommenen Anlagen zusätzlich von den Parteien unterschrieben oder doch paraphiert werden (BGHZ 154, 171, 178 = NJW 2003, 2158; 27. 9. 2017 – XII ZR 114/16 Rn 17 f, BGHZ 218, 68, 73 f = NZM 2018, 38; 26. 2. 2020 – XII ZR 51/19 Rn 19, BGHZ 223, = NZM 2020, = WM 2020, 648; BGH LM Nr 34 zu § 566 BGB = NJW 1999, 1104 = NZM 1999, 310; LM Nr 38 zu § 566 BGB = NJW 2000, 354 = NZM 2000, 36, 38 f; NZM 2000, 907, 908; 2001, 43, 44; 2001, 1077, 1078; 2002, 20; NZM 2003, 281 = NJW 2003, 1248; 29. 9. 2004 – VIII ZR 341/03, NZM 2005, 61, 62 = WuM 2004, 666, 667). Die Bezugnahme muss aber eindeutig sein; die Anlagen müssen mit anderen Worten in der Haupturkunde so **genau bezeichnet** werden, dass eine zweifelsfreie Zuordnung möglich ist, während eine Rückverweisung aus den Anlagen auf die Haupturkunde entbehrlich ist, auch dies, damit ein Grundstückserwerber zu erkennen vermag, aus welchen Urkunden sich im Einzelnen die gesamten Abreden der Parteien ergeben, in die er gegebenenfalls nach § 566 Abs 1 BGB eintreten muss (s Rn 3; BGH NZM 2003, 281, 282 = NJW 2003, 1248; WuM 2004, 151, 152 [r Sp u 2a]; 27. 9. 2017 – XII ZR 114/16 Rn 17 f, BGHZ 218, 68, 73 f = NZM 2018, 38; 29. 9. 2004 – VIII ZR 341/ 03, NZM 2005, 61, 62 = WuM 2004, 666, 667 [r Sp 2. Abs]; LG Berlin ZMR 2020, 399). Sind die genannten Voraussetzungen erfüllt, so bedarf es insbesondere nicht einer zusätzlichen Unterzeichnung oder Paraphierung der Anlagen (BGH 27. 9. 2017 – XII ZR 114/16 Rn 17 f, BGHZ 218, 68, 73 f = NZM 2018, 38; 29. 9. 2004 – VIII ZR 341/03, NZM 2005, 61, 62 = WuM 2004, 666, 667 = ZMR 2004, 901). Je nach den Umständen des Falles kann es aber auch genügen, wenn *lediglich* die *Anlagen* von den Parteien unterschrieben werden, vorausgesetzt, dass klar ist, auf welchen Vertrag sich die Anlage bezieht (KG KGR 1998, 154; 1998, 405; GE 1999, 569; ZMR 1999, 705, 706; Neuhaus ZMR 2011, 1, 8 f). Ausreichend ist danach zB eine eindeutige Bezugnahme in einem Untermietvertrag auf den Hauptmietvertrag (OLG Bremen ZMR 2007, 363). Bei Erklärungen unter Abwesenden müssen außerdem die **Anlagen** (als Teil der Willenserklärung) zusammen mit dieser dem anderen Vertragsteil **zugehen** (§ 130 BGB; s oben Rn 23; BGH NZM 2000, 866 [l Sp]), wenn nicht ein Fall des § 151 BGB vorliegt (BGHZ 160, 97, 101 = NJW 2004, 2962).

33 *Nicht* ausreichend ist es dagegen zB, wenn in dem Vertrag auf nicht näher bezeichnete (beliebige) „Anlagen" (welche?) Bezug genommen wird (BGH 4. 4. 2007 – VIII ZR 199/06, NJW 2007, 1743 = NZM 2007, 399 = WuM 2007, 272, 273 f Tz 21) oder wenn die in Bezug genommenen Urkunden dem Vertrag tatsächlich gar nicht beigefügt sind, sodass im Augenblick des Vertragsabschlusses keine vollständige, den §§ 126 und 550 BGB entsprechende Urkunde vorlag; die spätere einseitige Beifügung beliebiger Anlagen ist ohne Bedeutung (BGH 15. 11. 2006 – XII ZR 92/04, NZM 2007, 127, 128 f Tz 24 f = NJW 2007, 288; OLG Düsseldorf ZMR 2011, 629, 630). Selbst eine fortlaufende Paginierung des Vertrags und der Anlagen ist nicht ausreichend, wenn nicht klar wird, wo der Vertrag aufhört und welche Anlagen zu dem Vertrag gehören (OLG Dresden ZMR 1998, 420). Der Formmangel kann aber jederzeit nachträglich von den Parteien **geheilt**

werden (s Rn 25). So verhält es sich zB wenn die Parteien später ordnungsgemäß einen Nachtrag unterzeichnen (s Rn 46 ff), und zwar zu einem Zeitpunkt, zu dem sich die weiterhin fehlenden Anlagen mittlerweile erledigt haben (OLG Düsseldorf ZMR 2011, 629, 630). Das Gesagte hat besondere Bedeutung für Anlagen mit formbedürftigen **Vertragsänderungen**, zB hinsichtlich der Höhe der Miete (Rn 46 ff). Derartige Anlagen müssen, wenn es im Übrigen bei dem ursprünglichen Vertrag verbleiben soll, eindeutig auf diesen einschließlich sämtlicher anderen Anlagen, die zu dem einheitlichen Vertrag gehören, Bezug nehmen, damit ein Grundstückserwerber zu erkennen vermag, in welchen Vertrag er eintreten muss, während es nicht erforderlich ist, auf der ursprünglichen Vertragsurkunde einen Hinweis auf die späteren Anlagen mit Änderungen zu vermerken (so grdl BGH 27. 9. 2017 – XII ZR 114/16 Rn 17 f, BGHZ 218, 68, 73 f = NZM 2018, 38; 26. 2. 2020 – XII ZR 51/19 Rn 19, BGHZ 223, 370, 373 f = NZM 2020, 429 = NJW 2020, 1507; dazu zB EMMERICH JuS 2020, 789).

V. Umfang

1. Alle wesentlichen Vertragsbedingungen

Das Erfordernis der Schriftform iS des § 126 BGB gilt entsprechend dem Zweck des § 550 BGB (s Rn 3) grundsätzlich (wegen Ausnahmen s Rn 41) für **sämtliche Abreden**, aus denen sich nach dem Willen der Parteien der Vertrag zusammensetzen soll, dh für den **gesamten Vertragsinhalt** einschließlich aller Nebenabreden, die einen Bestandteil des Mietvertrages bilden sollen, weil genau dies der Vertrag ist, in den ein etwaiger Grundstückserwerber nach § 566 BGB eintreten muss. Beurkundet werden müssen, wie es der BGH neuerdings in der Regel ausdrückt, im Ergebnis somit **alle wesentlichen Vertragsbedingungen**, insbesondere hinsichtlich des Gegenstandes, der Miete, des Beginns und der Dauer des Vertrages und der Parteien sowie darüber hinaus auch die wesentlichen Nebenabreden, zB über eine Vergrößerung der Fläche, über Baukostenzuschüsse oder über die Vornahme von Umbauten oder Ausbauten (zB BGHZ 40, 255, 262 ff = NJW 1964, 395; BGHZ 161, 241, 244 = NJW 2005, 884; 24. 1. 2014 – XII ZR 68/10, BGHZ 200, 98, 102 f Rn 14 = NJW 2014, 1087 usw bis 26. 2. 2020 – XII ZR 51/19 Rn 19, BGHZ 223, = NZM 2020, = WM 2020, 648; BGH 2. 6. 2010 – XII ZR 110/08, NJW RR 2010, 1301 = NZM 2010, 704 Tz 21; 24. 1. 2012 – VIII ZR 235/11, NZM 2012, 502 Tz 3; 30. 4. 2014 – XII ZR 146/12, NZM 2014, 471 Rn 23 = ZMR 2014, 712; 5. 12. 2014 – XII ZR 65/13, NJW 2014, 1300 Rn 22 = NZM 2014, 308; 25. 11. 2015 – XII ZR 114/14, NJW 2016, 311 Rn 12, 29, 31 = NZM 2016, 98 = WuM 2016, 28; 11. 4. 2018 – XII ZR 43/17 Rn 17, NZM 2018, 515 = ZMR 2018, 661; 4. 11. 2020 – XII ZR 104/19 Rn 18, WM 2020, 2325; ausführlich NEUHAUS ZMR 2011, 1, 5 ff).

34

Die Vereinbarung der Parteien über die **Miete** muss zB selbst dann beurkundet werden, wenn die Miete nur in einer einmaligen Leistung besteht oder wenn die Vereinbarung nur subsidiär für den Fall gelten soll, dass eine andere Miete behördlich nicht genehmigt wird (BGH 23. 12. 1953 – VI ZR 57/53, LM Nr 2 zu § 566 BGB = NJW 1954, 425; LM 30. 9. 1958 – VIII ZR 134/57, Nr 1 zu § 567 BGB = NJW 1958, 2062). Weitere **Beispiele** für formbedürftigen Abreden sind eine etwaige Zusicherung von Eigenschaften (RG JW 1937, 675, 676 Nr 2), eine vom Gesetz abweichende Regelung der Fälligkeit der beiderseitigen Leistungen (BGH NJW 2008, 365, 366 Tz 12 ff = NZM 2008, 84), der Verzicht des Vermieters auf einen der gesetzlichen Kündigungsgründe (BGH NJW 2007, 1742 = NZM 2007, 399 = WuM 2007, 272, 273 Tz 20; NZM 2012, 502 Tz 3; LG Berlin GE 2011, 1025), die Vereinbarung einer Wertsicherungsklausel (BGH 27. 9. 2017 – XII ZR

35

114/16 Rn 22, BGHZ 216, 68, 75 f = GE 2017, 1397), ferner die Begründung von **Gestaltungsrechten** für eine Partei, insbesondere in Gestalt der Einräumung einer **Verlängerungsoption** und die Bedingungen der Ausübung der Option, während die Ausübung der Option oder des sonstigen Gestaltungsrechts durch einseitige empfangsbedürftige Willenserklärung ihrerseits nicht formbedürftig ist (s im Einzelnen Vorbem 159 zu § 535 mwNw; grdl BGH 21. 11. 2018 – XII ZR 78/17, BGHZ 220, 235 = NJW 2019, 990) sowie die generelle Erlaubnis oder das Verbot der **Untervermietung** (s § 540 Rn 20; ein weiteres Beispiel s u Rn 44). Dasselbe gilt schließlich für den **Eintritt** eines neuen Mieters anstelle oder neben dem bisherigen Mieter in den Mietvertrag (s im Einzelnen o § 540 Rn 44, Rn 46) oder für den **Austausch des Mietobjekts**, zB der vom Mieter bezogenen Wohnung, sodass die Fortgeltung des alten Vertrages auch für die neue Wohnung beurkundet werden muss (s Rn 48, BGH NZM 2012, 502 Tz 6).

2. Einzelheiten

36 Nötig ist nach dem Gesagten (s Rn 34) zunächst die **Bestimmbarkeit der Vertragsparteien** anhand der Vertragsurkunde, gegebenenfalls iVm weiteren Umständen, die zur Auslegung herangezogen werden können (s Rn 18 f, Rn 45); wichtig ist das vor allem bei Beteiligung einer **Personenmehrheit** an dem Vertrag auf einer oder auf beiden Seiten, sofern die Personenmehrheit nicht über einen eigenen **Namen** verfügt, sodass dann die fragliche Vertragspartei nur durch die **Aufzählung der einzelnen Mitglieder** der Personenmehrheit in der Vertragsurkunde hinreichend bestimmt werden kann; Beispiele sind Erbengemeinschaften und vergleichbare Personenmehrheiten (Rn 22). Auf der anderen Seite reicht es indessen aus, wenn in dem Mietvertrag als Vermieterin eine „Erwerbergemeinschaft" benannt wird, sofern damit die Eigentümer des Grundstücks bei Vertragsbeginn gemeint sind, die sich ohne Weiteres aus dem Grundbuch ergeben (BGH NJW 2006, 140 Tz 18 f = NZM 2006, 104; zustimmend Ahlt, in: 10 Jahre Mietrechtsreformgesetz 372, 376).

37 Der **Vertragsgegenstand**, das sogenannte Mietobjekt muss ebenfalls zumindest im Wege der Auslegung anhand der Vertragsurkunde, und zwar im *Zeitpunkt des Vertragsabschlusses* bzw der Errichtung der Urkunde, gegebenenfalls in Verbindung mit weiteren Umständen bestimmbar sein. Dazu gehören bei der Vermietung eines Grundstücks die genaue Angabe der Größe und der Lage des Grundstücks sowie ggf die genaue Bezeichnung der vermieteten Räume; fehlt es daran sowohl im Vertrag als auch in den wirksam in Bezug genommenen Anlagen, so ist die gesetzliche Schriftform *nicht* gewahrt (s Rn 29; BGH NJW 2006, 140, 141 Tz 20 f = NZM 2006, 104; WuM 2007, 290, 191 Tz 19 = NJW 2007, 1661 = NZM 2007, 362; NJW 2009, 2195, 2196 f Tz 26 = NZM 2009, 515; 2. 6. 2010 – XII ZR 110/08, NJW-RR 2010, 1301 = NZM 2010, 704 Tz 21 ff; 30. 4. 2014 – XII ZR 146/12, NZM 2014, 471 Rn 23 = ZMR 2014, 712; OLG Dresden 26. 2. 2019 – 5 U 1894/18, ZMR 2019, 487, 489; LG Detmold ZMR 2020, 1025; Barbulla ZMR 2020, 1027). § 550 BGB ist daher verletzt, wenn die vermietete Teilfläche in dem Vertrag ungenau bezeichnet und auch nicht anhand der Urkunde bestimmbar ist (BGH 2. 6. 2010 – XII ZR 110/08, NJW-RR 2010, 1301 = NZM 2010, 704 Tz 21), wenn sich weder aus dem Vertrag noch aus den zugehörigen Anlagen eindeutig ergibt, welche Verkaufsfläche für den Mieter in einem Einkaufszentrum vorgesehen ist (BGH 30. 4. 2014 – XII ZR 146/12, NZM 2014, 471 Rn 25 = ZMR 2014, 712), wenn in einem Vertrag „Grünland" ohne bestimmbare Angaben der Grenzen verpachtet wird (OLG Hamm NZM 2014, 309, 310), wenn das verpachtete Ackerland im Vertrag nicht genau bezeichnet wird, sodass unklar bleibt, was überhaupt Vertrags-

gegenstand ist (OLG Hamm ZMR 2014, 721), wenn aufgrund einer mündlichen Zusatzabrede der Mieter weitere große Flächen zusätzlich zu den im Vertrag genannten Flächen nutzen kann (OLG Dresden ZMR 2016, 27, 28), wenn die Bezeichnung des vermieteten Grundstücks im Vertrag schlicht falsch und irreführend ist (LG Berlin GE 2014, 814 = ZMR 2014, 636) oder wenn der spätere Austausch des Mietobjekts nicht hinreichend dokumentiert wird (s Rn 34; BGH 24. 1. 2012 – VIII ZR 235/11, NZM 2012, 502 Tz 6). Das gilt auch für die **mitvermieteten Räume** wie insbesondere Kellerräume oder **Stellplätze** sowie für einen Garten (OLG Rostock NZM 2008, 646 = NJW 2009, 445; ZMR 2010, 682, 684; LG Detmold ZMR 2020, 1025; Neuhaus ZMR 2011, 1, 6). Jedoch kann die nähere Bestimmung etwa der vermieteten Kellerräume (unter mehreren in Betracht kommenden Räumen) nach § 315 BGB (als bloße Nebensache, Rn 41) auch dem Vermieter überlassen werden; es reicht daher aus, wenn sich die Parteien lediglich über die Zuweisung eines (beliebigen) Kellerraumes durch den Vermieter einig sind (Gattungsmiete nach § 243 BGB; BGH WuM 2008, 290, 291 Tz 19 ff = NJW 2008, 1661 = NZM 2008, 362; OLG Frankfurt ZMR 2007, 532, 533). Außerdem kann die mangelhafte Bezeichnung des Vertragsgegenstandes im Vertrag jederzeit durch Nachholung der Bezeichnung, etwa in einem Änderungsvertrag geheilt werden (s Rn 25; BGH NZM 2007, 443, 444 Tz 30–32 = NJW 2007, 3273; OLG Jena OLG-NL 1999, 15, 17 f; OLG Düsseldorf ZMR 2011, 629, 630; KG GE 2014, 1270; Lindner-Figura, in: FS Blank 301, 30).

Es genügt, wenn ein etwaiger Grundstückserwerber anhand des Vertrages in Verbindung mit ordnungsgemäß in Bezug genommenen **Anlagen** und den tatsächlichen Verhältnissen bei Vertragsschluss feststellen kann, welches Grundstück und welche Räume tatsächlich vermietet sind (BGH NJW 2009, 2195, 2196 Tz 26; 30. 4. 2014 – XII ZR 146/12, NZM 2014, 471 Rn 23 = ZMR 2014, 712; OLG Rostock NJW 2009, 445 = NZM 2008, 646 f; KG GE 2013, 808 = ZMR 2013, 707; OLG Düsseldorf ZMR 2013, 276, 277; OLG Hamm ZMR 2013, 710; OLG Dresden 26. 2. 2019 – 5 U 1894/18, ZMR 2019, 487, 489; Neuhaus ZMR 2011, 1, 5 ff). Nimmt der Vertrag auf **Pläne oder Grundrisse** Bezug, die tatsächlich *nicht* beigefügt sind, so ist auch dies unschädlich, sofern sich nur bereits aus der Vertragsurkunde mit hinreichender Deutlichkeit die vermieteten Räume ergeben, während die in Bezug genommenen Anlagen lediglich Beweiszwecken dienen sollten (s Rn 36; BGH ZMR 2009, 273 = NZM 2009, 198). Entsprechendes gilt, wenn nach dem Vertrag das „gesamte Inventar" mitvermietet sein soll und später die im Vertrag zusätzlich vorgesehene Aufstellung einer Inventarliste unterbleibt (BGH ZMR 2009, 273 = NZM 2009, 198). **38**

Aus dem Gesagten haben sich insbesondere bei der vieldiskutierten „**Vermietung vom Reißbrett**" Probleme ergeben (s Ahlt, in: 10 Jahre Mietrechtsreformgesetz 372; Boettcher/Menzel NZM 2006, 284; Günter WuM 2012, 687; Hau DWW 2008, 82; Neuhaus ZMR 2011, 1, 5 ff; Schede/Rösch NZM 2005, 447). Auch hier muss der Vertragsgegenstand, das Mietobjekt, anhand der Vertragsurkunde in Verbindung mit etwaigen Anlagen und den späteren tatsächlichen Verhältnissen für einen Grundstückserwerber zumindest *bestimmbar* sein (s Rn 34 f), sodass zB die bloße Angabe der Größe der vermieteten (zukünftigen) Räume ebensowenig wie sonstige unbestimmte Angaben den §§ 550 und 126 BGB genügen (BGH NZM 2010, 704 Tz 21 ff; KG NZM 2007, 248; ZMR 2013, 707; OLG Düsseldorf ZMR 2013, 276, 277; OLG Hamm ZMR 2013, 710 = NZM 2013, 760). Die bloße Bezugnahme auf **Baupläne** ist dagegen ausreichend, wenn sich anhand der Pläne in Verbindung mit den örtlichen Gegebenheiten und den sonstigen Angaben im Vertrag später die vermieteten Räume bestimmen lassen (KG NZM 2007, 731 f = ZMR 2007, 781; OLG Naumburg ZMR 2008, 371). **39**

40 Zu den Essentialia des Vertrags, deren Beurkundung unabdingbar ist, gehören ferner **Beginn** und **Dauer** des Vertrages (BGH NJW 2007, 1742 = NZM 2007, 399 = WuM 2007, 292, 293 Tz 18; NJW 2010, 1518 Tz 11; Ahlt, in: 10 Jahre Mietrechtsreformgesetz 372, 374 ff; Neuhaus ZMR 2011, 1, 7 ff; Hau DWW 2008, 82). Ein **Kündigungsverzicht** des Vermieters für eine Dauer von mehr als einem Jahr muss deshalb zB beurkundet werden (OLG München ZMR 2016, 945, 946). Probleme ergeben sich hier vor allem, wenn der Mietbeginn erst mit **Übergabe** der Räume geplant ist, der Termin der Fertigstellung der Räume sich jedoch noch nicht exakt fixieren lässt. Vereinbaren deshalb die Parteien, dass der Vertrag erst von der Fertigstellung und Übergabe der Räume ab für eine bestimmte Zeit laufen soll, so ist dies – entgegen einer verbreiteten Meinung – unbedenklich, da nicht erkennbar ist, was die Parteien an der Vereinbarung hindern sollte, dass der Vertrag auf feste oder unbestimmte Zeit „**ab Übergabe**" laufen solle, weil spätestens mit Fertigstellung und Übergabe der Räume der Zeitpunkt des Mietbeginns genau bestimmbar ist, notfalls auch durch Zeugen, und zwar auch dann, wenn die Parteien auf ein ursprünglich nach dem Vertrag vorgesehenes Übergabeprotokoll später verzichtet haben oder dieses doch entgegen der ursprünglichen Absicht der Vertragsurkunde nicht beigefügt wurde (BGH NJW 2006, 139, 140 Tz 10 f = NZM 2006, 54; NJW 2007, 1812 Tz 12 = NZM 2007, 445; NJW 2007, 3273 = NZM 2007, 443, 444 Tz 20–28; GE 2008, 195, 197 Tz 34; NJW 2009, 2195, 2197 Tz 28 = NZM 2009, 515; NJW 2010, 1518 Tz 11 = NZM 2010, 319; NJW 2013, 3361 = NZM 2013, 759 = WuM 2013, 668 Rn 21 ff; 5. 2. 2014 – XII ZR 65/13, NJW 2014, 1300 Rn 22 = NZM 2014, 308; KG NZM 2007, 731; GE 2007, 780; OLG Naumburg ZMR 2008, 371; OLG Jena NZM 2008, 572, 573; KG 11. 4. 2019 – 8 U 147/17, ZMR 2019, 671 = NZG 2020, 186). § 550 S 1 BGB ist dagegen verletzt, wenn die Vertragsdauer nachträglich mündlich geändert wird (BGH 22. 1. 2014 – XII ZR 68/14, BGHZ 200, 98, 102 f = NJW 2014, 1087) oder wenn die Angaben zur Vertragsdauer in dem Vertrag widersprüchlich sind (s Rn 45).

3. Ausnahmen

41 Im Grundsatz umfasst das Schriftformerfordernis des § 550 S 1 BGB sämtliche Abreden, auf die sich die Parteien als Bestandteil ihres Miet- oder Pachtvertrages geeinigt haben, schon, weil in alle diese Abreden auch ein etwaiger Grundstückserwerber nach § 566 BGB eintreten muss. Ausgenommen werden jedoch solche Abreden, die sich **mittlerweile erledigt** haben (s Rn 44) oder die doch für den Inhalt des Vertrages von nur untergeordneter Bedeutung sind, weil sie lediglich **unwesentliche Punkte** betreffen (s Rn 42). Das wird insbesondere angenommen für Abreden, die im Kern nicht über das hinausgehen, was bereits im Vertragstext selbst seinen Niederschlag gefunden hat, sowie für Bestimmungen, die den Inhalt nicht modifizieren, sondern lediglich *erläutern*, präzisieren oder veranschaulichen. Derartige Abreden sind daher auch formlos möglich, nicht zuletzt aus der Überlegung heraus, dass sie für einen etwaigen Grundstückserwerber allenfalls von marginaler Bedeutung sind (BGHZ 142, 158, 161 f = NJW 1999, 2591; 2. 12. 2004 – IX ZR 200/03, BGHZ 161, 241, 245 = NJW 2005, 884; BGH 7. 7. 1999 – XII ZR 15/97, LM Nr 37 zu § 566 BGB [Bl 2] = NJW 1999, 3257 = NZM 1999, 962; 29. 9. 1999 – XII ZR 313/98, LM Nr 38 zu § 566 BGB = NJW 2000, 354 = NZM 2000, 36, 39; 25. 11. 2015 – XII ZR 114/14, NJW 2016, 311 Rn 12 = NZM 2016, 98; KG NZM 2005, 457, 458).

42 Als **unwesentlich** gelten zB Abreden über Punkte, die sich bereits aus dem Gesetz ergeben wie zB die Mitvermietung des Zubehörs analog § 314 BGB (BGH 29. 9. 1999 –

XII ZR 313/98, LM Nr 38 zu § 566 BGB = NZM 2000, 36, 38 = NJW 2000, 354), ferner die Bezugnahme auf **Anlagen**, die nur unwesentliche Punkte regeln oder durch die lediglich die Vertragsabreden konkretisiert oder präzisiert werden (o Rn 31), sowie die Bestimmung von Lage und Größe des Kellers oder von Parkflächen, *sofern* sich die Parteien im Vertrag auf die Zuweisung *eines* Kellers oder *einer* (beliebigen) Parkfläche geeinigt haben (Rn 37; 12. 3. 2008 – VIII ZR 71/07, BGH NJW 2008, 1661 = NZM 2008, 362 = WuM 2008, 290, 291 Tz 19 ff). Weitere Beispiele sind Abreden, deren **Gültigkeitsdauer** weniger als ein Jahr beträgt (so wohl BGHZ 163, 29 = NZM 2005, 456, 457), der Verzicht auf Gewährleistungsansprüche wegen eines bestimmten, bereits eingetretenen Mangels (BGHZ 163, 29 = NZM 2005, 456, 457), sowie noch Abreden über **einmalige Leistungen** bei Vertragsabschluss als bloße Gegenleistung für die Bereitschaft zum Vertragsabschluss oder für die spätere Bereitschaft zur Verlängerung des Vertrages, es sei denn, die betreffende Leistung stelle in Wirklichkeit die Miete dar (RGZ 123, 171, 173; BGH LM Nr 1 zu § 567 BGB = NJW 1958, 2062; OLG Hamm NZM 1998, 720, 721). Dagegen sind zB formbedürftig, weil für die Parteien **wichtig**, Nebenabreden über Um- oder Ausbauarbeiten des Vermieters (BGH 25. 11. 2015 – XII ZR 114/14, NJW 2016, 311 Rn 31 = NZM 2016, 98; OLG Köln ZMR 1997, 230, 231), eine Abrede über die unentgeltliche Überlassung von Stellplätzen für Kunden (OLG Celle NZM 2005, 219; LG Köln ZMR 1998, 432) sowie die Einbeziehung einer Hausordnung, in der wichtige ergänzende Abreden enthalten sind (OLG Naumburg WuM 2000, 671).

Formlos möglich sind ferner **selbständige Nebenabreden**, die nach dem Willen der **43** Parteien *keinen* Bestandteil des Mietvertrages bilden sollen (BGH LM Nr 1 zu § 1136 BGB [Bl 2 R] = MDR 1966, 756). Ein Beispiel ist der Verkauf des Inventars an den Pächter, schon, weil solche Abrede nicht gegen den Grundstückserwerber wirkt (OLG Breslau JW 1932, 1068 Nr 6). Ebenso kann von Fall zu Fall eine vom Hauptmietvertrag getrennte **Garagenmiete** zu beurteilen sein (MICHALSKI WM 1998, 1993, 2001). Der Schriftform bedarf ferner zwar die generelle Genehmigung der **Untervermietung** schon im Mietvertrag selbst (o Rn 34), *nicht* jedoch die Genehmigung im Einzelfall, mag sie schon bei Vertragsabschluss oder erst nachträglich erteilt sein (s unten Rn 51; RG SeuffA Bd 77 [1923] Nr 125 S 192, 193; LZ 1930, 840, 841 Nr 7; LG Kiel WuM 1994, 610; NIENDORFF, Mietrecht 83 f). Jederzeit formfrei möglich ist außerdem die **Abrede nachträglicher Beurkundung** des zunächst formlos abgeschlossenen Vertrages (u Rn 61; RGZ 104, 131, 132 f; BGH 27. 11. 1963 – VIII ZR 116/62, LM Nr 11 zu § 566 BGB = WM 1964, 184 = ZMR 1964, 79; SCHLEMMINGER NJW 1992, 2249, 2255; HÄSEMEYER, Form 114 ff; WICHERT ZMR 2006, 257). Die Schriftform wird auch nicht dadurch beeinträchtigt, dass die Parteien vergessen, in einem Formularvertrag eine Klausel zu streichen (OLG Düsseldorf ZMR 1995, 404, 405 f = NJW-RR 1995, 1417).

Mündliche **Nebenabreden**, die sich inzwischen **erledigt** haben oder die **erfüllt** sind, **44** können gleichfalls für die Zukunft nicht mehr die Schriftform beeinträchtigen (ebenso schon NIENDORFF, Mietrecht 81; LINDNER-FIGURA, in: FS Blank 301, 305 f). Ein Beispiel ist die mündliche und damit nicht formgerechte Einräumung einer befristeten Option, von der der Mieter indessen keinen Gebrauch gemacht hat, sodass sie sich mit Ablauf der Frist erledigt hat (LINDNER-FIGURA, in: FS Blank 301, 306). Es ist auch unbedenklich, dem Vermieter das Recht einzuräumen, durch einseitige Erklärung die Vorauszahlungen auf die Betriebskosten der wechselnden Höhe der Betriebskosten anzupassen (s Rn 35; BGH 5. 2. 2014 – XII ZR 65/13, NJW 2014, 1300 Rn 26, 28 = NZM 2014, 308).

4. Auslegung

45 Sind die wesentlichen Bestimmungen beurkundet worden, so ist eine Auslegung des Vertrags aufgrund anderer Urkunden oder mündlicher Abreden der Parteien zulässig, sofern nur der **Wille** der Parteien **in der Urkunde** wenigstens **andeutungsweise** zum **Ausdruck** gelangt ist (s schon Rn 35 sowie BGH LM Nr 2 zu § 566 BGB = NJW 1954, 425; LM Nr 7 zu § 126 BGB [Bl 2] = ZMR 1969, 339, 340 = WM 1969, 920; 7. 7. 1999 – XII ZR 15/97, LM Nr 37 zu § 566 BGB = NJW 1999, 3257 = NZM 1999, 962, 963 [unter 3a]; 2. 11. 2005 – XII ZR 218/03, NJW 2006, 139, 140 Tz 7 ff = NZM 2006, 54; 2. 11. 2005 – XII ZR 133/03, NJW 2006, 140 f = NZM 2006, 104 = ZMR 2006, 116; 4. 11. 2020 – XII ZR 104/19 Rn 18, WM 2020, 2325; OLG Hamburg ZMR 2015, 291, 192; KG ZMR 2015, 706, 708; LG Berlin GE 2014, 975, 976). Dabei geht die Rechtsprechung häufig sehr weit (s zB für die Herleitung einer Betriebspflicht des Mieters aus anderen Bestimmungen des Vertrages KG ZMR 2015, 706, 708; Burbulla ZMR 2015, 708 f). Im Ergebnis genügt es damit, wenn die wesentlichen Abreden an Hand der auslegungsfähigen Urkunde wenigstens *bestimmbar* sind, hinsichtlich des *Mietobjekts* gegebenenfalls sogar erst in Verbindung mit den tatsächlichen Verhältnissen (BGH 2. 11. 2005 – XII ZR 218/03, NJW 2006, 139, 140 Tz 7 ff = NZM 2006, 54; NJW 2006, 140 f = NZM 2006, 104 = ZMR 2006, 116; OLG München ZMR 2009, 611, 612; OLG Hamm 5. 6. 2020 – 30 U 163/19, ZMR 2020, 832). Fehlt es aber auch daran, so ist die Schriftform nicht gewahrt. So verhält es sich zB, wenn der Vertrag *widersprüchliche Angaben* über die Vertragsdauer enthält und sich aufgrund des Vertrags, gegebenenfalls in Verbindung mit weiteren Umständen, auch nicht klären lässt, welche Abrede den Vorrang haben soll (OLG Köln WuM 1999, 521 = ZMR 1999, 760; OLG Rostock ZMR 2001, 27, 29 = NZM 2001, 426; KG GE 2016, 392 = ZMR 2016, 438).

5. Änderungen und Ergänzungen des Vertrages

46 Das Erfordernis der Schriftform (§§ 550 S 1 und 126 Abs 2 BGB) gilt für sämtliche wesentlichen Abreden der Parteien, aus denen sich nach ihrem Willen der Vertrag zusammensetzen soll (s oben Rn 34 ff). Deshalb bedürfen grundsätzlich Ergänzungen oder Änderungen des Mietvertrages gleichfalls der Schriftform, sofern sie für die Parteien **wesentliche Punkte** betreffen (s Rn 47 f). Wird die Schriftform bei der Änderung oder der Ergänzung des Vertrages nicht beachtet, so ist die Folge, dass der Vertrag gemäß § 550 S 2 BGB fortan auf unbestimmte Zeit läuft und nach Ablauf eines Jahres *nach* der *Änderung* gekündigt werden kann (s unten Rn 58; RGZ 51, 179, 181; 105, 60, 62; 108, 105, 107 f; 123, 171, 173; RG JW 1929, 3226, 3227 Nr 3; BGHZ 50, 39, 44 = NJW 1968, 1229; BGHZ 99, 54, 58 f = NJW 1987, 948; BGHZ 125, 175, 181 = NJW 1994, 1649; BGH 14. 4. 1999 – XII ZR 60/97, LM Nr 35 zu § 566 BGB = NJW 1999, 2517 = NZM 1999, 559, 561; 19. 9. 2007 – XII ZR 198/05, NJW 2008, 365 f Tz 11 = NZM 2008, 84; OLG Brandenburg NZM 2008, 406; KG GE 2016, 302 = ZMR 2016, 438, 439; ZMR 2016, 613; Schweitzer NJW 2019, 198). Keine Rolle spielt, nicht gut 20 Minuten ob die Pflichten der Parteien verschärft oder erleichtert werden (RGZ 108, 105, 107 f). Ausgenommen sind lediglich sog **unwesentliche Änderungen**, Änderungen also, die bloße Nebenpunkte ohne Gewicht betreffen und insbesondere für einen etwaigen Grundstückserwerber, der in den Mietvertrag eintreten muss (§ 566 BGB), entweder bedeutungslos oder doch nur von marginaler Bedeutung sind (s Rn 50; BGHZ 99, 54, 58 = NJW 1987, 948; BGHZ 161, 241, 244 f = NJW 2005, 884, 885; BGHZ 163, 27 = NZM 2005, 456, 457; BGH 29. 9. 1999 – XII ZR 313/98, LM Nr 38 zu § 566 BGB = NZM 2000, 36, 39 = NJW 2000, 354; 25. 11. 2015 – XII ZR 114/14, NJW 2016, 311 Rn 12 = NZM 2016, 98 = WuM 2016, 28; OLG Düsseldorf NZM 2002, 824 = ZMR 2002, 510; KG

NZM 2005, 457, 458). Die **Abgrenzung** zwischen unwesentlichen und wesentlichen Änderungen (für die allein das Schriftformerfordernis gilt) bereitet naturgemäß erhebliche Schwierigkeiten und ist im Grunde nur von Fall zu Fall möglich (u Rn 29 ff; deshalb zu Recht kritisch BÖRSTINGHAUS, in: 10 Jahre Mietrechtsreformgesetz 377, 378). In der jüngsten Rechtsprechung werden über das Gesagte hinaus vielfach auch einseitige Gestaltungserklärungen wie zB die Ausübung einer Option oder eines Mieterhöhungsrechts als nicht formbedürftig eingestuft (so OLG Dresden ZMR 2017, 465, 467; OLG Düsseldorf ZMR 2017, 471, 473; s dagegen schon o Vorbem 104 zu § 535; STAUDINGER/V EMMERICH [2021] Vorbem 29a zu § 559b).

Zu den formbedürftigen wesentlichen Änderungen oder Ergänzungen des Vertrags gehört zunächst jede **Verlängerung** der Vertragsdauer über ein Jahr hinaus (RGZ 105, 60, 62; BGH WM 1963, 172, 173 = ZMR 1963, 82, 83; NJW-RR 1992, 654 = WM 1992, 798; KG GE 1995, 812). Ausgenommen sind jedoch – aus praktischen Erwägungen heraus – sog **reine Verlängerungsverträge**, bei denen das Schriftformerfordernis strikt auf den Verlängerungsvertrag beschränkt wird. Gemeint sind damit Verlängerungsverträge, die nicht in den ursprünglichen Vertragstext eingreifen, sondern lediglich die *Laufzeit* des (inhaltlich unveränderten) Vertrags um eine bestimmte Zeitspanne *verlängern*. Bei einem Formverstoß beschränken sich in diesem Fall die Rechtsfolgen (§ 550 S 2 BGB) auf den *Verlängerungsvertrag,* während der ursprüngliche Vertrag nicht tangiert wird, sodass ein vorzeitiges Kündigungsrecht des Mieters (§ 550 S 2 BGB) lediglich *während* des *Verlängerungszeitraums* (nicht vorher) besteht (s u Rn 58; BGHZ 50, 39, 43 f = NJW 1968, 1229; 2. 7. 1975 – VIII ZR 223/73, BGHZ 65, 49 = NJW 1975, 1653, 1655; BGHZ 125, 175, 181 f = NJW 1994, 1649, 1651; OLG Köln 4. 10. 2019 – 1 U 83/18, ZMR 2020, 25, 27; BLANK/BÖRSTINGHAUS Rn 73). Anders nur, wenn die Änderung der Vertragsdauer in den Vertragstext eingefügt und der Vertrag dadurch widersprüchlich wird, weil er jetzt gleichzeitig für eine fest bestimmte und für unbestimmte Zeit laufen soll, sodass dann fortan das Schriftformerfordernis nicht mehr gewahrt ist (s Rn 45; KG ZMR 2016, 438, 139 = GE 2016, 392). **47**

Formbedürftig, weil wesentlich, ist ferner jede Form der rechtsgeschäftlichen Änderung der **Vertragsparteien** einschließlich des **Eintritts** eines neuen Mieters neben oder anstelle des bisherigen Mieters, wobei freilich (ebenso wie bei reinen Verlängerungsverträgen, Rn 47) die Kündigungsmöglichkeit aufgrund des § 550 S 2 BGB auf den Beitrittsvertrag beschränkt wird, wenn allein dieser der nötigen Schriftform entbehrt (s § 540 Rn 44 sowie u Rn 58; insbesondere BGH 2. 7. 1975 – VIII ZR 223/73, BGHZ 65, 49 = NJW 1975, 1653, 1655; OLG Köln 4. 10. 2019 – 1 U 83/18, ZMR 2020, 25, 27). Gleich steht eine Änderung der **Miethöhe**, wobei nicht zwischen der Erhöhung oder der Herabsetzung der Miete unterschieden wird. Das Ausmaß der Mietanhebung spielt – entgegen einer verbreiteten Meinung – keine Rolle; vielmehr gilt heute grundsätzlich *jede* Änderung der Miethöhe als wesentlich, soweit sie für mehr als ein Jahr gelten soll und eine etwaige Mietsenkung nicht jederzeit vom Vermieter widerrufen werden kann (BGH 25. 11. 2015 – XII ZR 114/14, NJW 2016, 311 Rn 17 f = NZM 2016, 98 = WuM 2016, 28). Das gilt auch für eine Mieterhöhung nach den §§ 558 ff BGB (s STAUDINGER/ V EMMERICH [2021] § 558a Rn 11), *nicht* dagegen für einseitige Mieterhöhungen des Vermieters nach den *§§ 559 und 560 BGB* (s STAUDINGER/V EMMERICH [2021] § 559b Rn 7 f; BÖRSTINGHAUS, in: 10 Jahre Mietrechtsreformgesetz 377, 383 f) und, jedenfalls nach hM, ebensowenig für kurzfristige Mietänderungen oder für die deklaratorische Feststellung der neuen Miete aufgrund einer zulässigen automatischen Wertsicherungs- **48** klausel (BGH 5. 2. 2014 – XII ZR 65/13, NJW 2014, 1300 Rn 12 = NZM 2014, 308; KG 11. 4. 2019 – 8 U 147/17, ZMR 2019, 671, 672 = NZG 2020, 186) sowie generell für die bloße Ausübung eines gesetzlichen oder vertraglichen **Gestaltungsrechts** mit Bezug auf die Miethöhe (Rn 35 mwNw).

49 Als wesentlich wurden ferner **zB** angesehen die Änderung der **Fälligkeit** der Miete zum Nachteil des Mieters, sodass der Vermieter fortan leichter als bisher bei Zahlungsverzug des Mieters nach § 543 Abs 2 Nr 3 BGB kündigen könnte (BGH NJW 2008, 365, 366 Tz 12 ff = NZM 2008, 84), ebenso aber auch eine Verschiebung der Fälligkeit der Miete zum Vorteil des Mieters vom Anfang des Monats auf die Mitte oder das Ende des Monats (LG Hamburg ZMR 2014, 645), außerdem die nachträgliche Verlegung des Vertragsbeginns, etwa wegen einer Verzögerung der Fertigstellung des vermieteten Gebäudes (OLG Brandenburg NZM 2008, 406 f), die Änderung der Bezahlung der Betriebskosten (OLG Brandenburg ZMR 2013, 184, 186), die Umstellung der Umsatzpacht auf Festpacht (OLG München NJW 1963, 1619), grundsätzlich auch nachträgliche Vereinbarungen über Umbau- oder Ausbaumaßnahmen einschließlich der Vereinbarung eines **Baukostenzuschusses** des Mieters oder einer **Vergrößerung** der Mietfläche (BGHZ 99, 54, 58 f = NJW 1987, 948; BGH WM 1963, 172, 173; WM 1966, 1335 = ZMR 1967, 178, 179; 25. 11. 2015 – XII ZR 114/14, NJW 2016, 311 Rn 28–32 = NZM 2016, 98 = WuM 2016, 28, 31 f), die Ersetzung der ursprünglich vermieteten Räume durch andere Räume (s Rn 35) oder bei einem Mietvertrag über mehrere Wohnungen eine nachträgliche **Verselbständigung einer Wohnung** und der Abschluss eines langfristigen Mietvertrages nur über diese eine Wohnung, wobei § 550 S 2 BGB dann aber nur für den Vertrag über die verselbständigte Wohnung gilt (LG Düsseldorf WuM 1972, 175, 176), sowie die Zusammenfassung verschiedener Räumlichkeiten zu einer Einheit, sodass darüber dann auch ein neuer einheitlicher Vertrag abgeschlossen werden muss, während zwei getrennte Verträge nicht dem Formerfordernis des § 550 BGB genügen (LG Stuttgart ZMR 2012, 959, 960 f). Weitere Beispiele sind die nachträgliche Einführung der **Staffelmiete** oder der Indexmiete (AG Köln WuM 1984, 227), die nachträgliche Einräumung einer **Option** (s Vorbem 159 vor § 535; BGH WM 1963, 172, 173; KG ZMR 2013, 702) sowie schließlich die Anpassung des Vertrages an veränderte Verhältnisse, zB durch Änderung des Nutzungszwecks (KG ZMR 2016, 613, 614), die nachträgliche Zusicherung von Eigenschaften, die nachträgliche generelle Erlaubnis der Untervermietung und die Änderung der Abreden über die Grenzen des vertragsgemäßen Gebrauchs.

50 Allein die **Änderung wesentlicher Vertragspunkte** ist formbedürftig. Formlos möglich ist dagegen die Änderung unwesentlicher Punkte (s schon Rn 45). Beispiele für derartige unwesentliche Änderungen sind ein Sonderabkommen über die Zahlung einer **einmaligen Vergütung** für die Bereitschaft des Vermieters zur Verlängerung des Vertrags (RGZ 123, 171, 173 f) sowie die bloße Klarstellung des Vertragsinhalts durch Anpassung der entwerteten Miete an die zwischenzeitliche Inflation (RG JW 1936, 2912 Nr 4). Formlos möglich sind ferner **kurzfristige Änderungen** der Miete, dh solche, deren Laufzeit nicht über ein Jahr hinausgeht (zB KG 4. 12. 2017 – 8 U 236/16, NZM 2018, 607, 611), ferner eine Herabsetzung der Miete, die der Vermieter jederzeit widerrufen kann (BGHZ 163, 27, 29 ff = NZM 2005, 456, 457; BGH 25. 11. 2015 – XII ZR 114/14, NJW 2016, 311 Rn 17 = NZM 2016, 98 = WuM 2016, 28, 30; OLG Hamburg OLGR 2003, 153; MÜLLER JR 1970, 86), ein **Vergleich** über Mietrückstände (RG HRR 1934 Nr 1014) sowie die nachträgliche **Aufhebung** des gesamten Mietvertrages (RGZ 108, 105, 107 f; BGH 2. 7. 1975 – VIII ZR 223/73, BGHZ 65, 49, 55 = NJW 1975, 1653; BGH WM 1981, 121, 122), während eine *partielle*

Aufhebung des Vertrages auf eine Änderung des Vertragsinhalts hinausläuft und deshalb formbedürftig ist (Palandt/Weidenkaff Rn 15). Eine bereits erfolgte **Kündigung** kann gleichfalls *während* des Laufs der Kündigungsfrist formlos von den Parteien rückgängig gemacht werden mit der Folge, dass der alte, in der erforderlichen Form abgeschlossene Vertrag weiterläuft (BGHZ 139, 123, 128 f = NJW 1998, 2664; BGH 20. 3. 1974 – VIII ZR 31/73, LM Nr 22 zu § 566 BGB = NJW 1974, 1081), vorausgesetzt, dass nicht zugleich der alte *Vertrag* in wichtigen Punkten geändert wird (OLG München NJW 1963, 1619). *Nach* Eintritt der Kündigungswirkung kommt dagegen, weil der alte Vertrag jetzt erloschen ist, nur noch der Abschluss eines neuen formbedürftigen Vertrages, wenn auch schuldrechtlich möglicherweise mit Rückwirkung zwischen den Parteien, in Betracht, wofür § 550 BGB gilt (BGHZ 139, 123, 128 f = NJW 1998, 2664; BGH GE 2001, 485); jedoch genügt es zur Wahrung der Schriftform auch hier, wenn die Parteien in der von beiden unterschriebenen Urkunde auf den alten Vertrag Bezug nehmen (BGH GE 2001, 485).

Formlos möglich sind ferner zB der Verzicht auf Gewährleistungsansprüche wegen eines bestimmten bereits eingetretenen Mangels (BGHZ 163, 27 = NZM 2005, 456, 457), die nachträgliche Verpflichtung des Vermieters, nach Ablauf des Vertrages mit dem Mieter einen neuen Mietvertrag abzuschließen (RG WarnR 1919 Nr 163 S 252, 253), die Vereinbarung einer Ersatzmieterklausel (OLG Düsseldorf NZM 2002, 824 = ZMR 2002, 510), ferner eine geringfügige Erweiterung der vermieteten Räume sowie eine kurzfristige Verlängerung der Vertragsdauer (RG HRR 1931 Nr 403; BGH WM 1963, 172, 173; OLG Schleswig ZMR 1971, 377; OLG Dresden SeuffA Bd 65 [1910] Nr 183 S 346, 348). 51

6. Form der Vertragsänderung

Soweit nach den Gesagten (s Rn 41 ff) für sog Zusatzabreden, dh für Vertragsänderungen und -ergänzungen, Schriftform nach § 550 BGB erforderlich ist, werden an die Einhaltung des Schriftformerfordernisses *dieselben Anforderungen* wie bei dem ursprünglichen Vertrag gestellt (s deshalb Rn 12 ff; Lindner-Figura, in: FS Blank 301, 311 ff; Schlemminger NJW 1992, 2249; Schweitzer NJW 2019, 198). Die Parteien können insbesondere die Änderungen oder Ergänzungen in den ursprünglichen Vertragstext einfügen, sofern dies mit beiderseitiger Billigung und nicht nur einseitig von einer Partei geschieht (o Rn 13 mwNw). Werden die Änderungen oder Ergänzungen dagegen unter den ursprünglichen Vertragstext gesetzt, so müssen sie erneut von beiden Parteien unterschrieben werden (§ 126 BGB). 52

Zusätzliche Probleme entstehen, wenn über die Nachträge oder Ergänzungen zu dem Mietvertrag **neue Urkunden** errichtet werden. In diesem Fall ist die erforderliche Schriftform jedenfalls gewahrt, wenn sämtliche Urkunden körperlich fest verbunden werden, wie es die frühere Rechtsprechung generell gefordert hatte (so noch BGHZ 50, 39, 41 f = NJW 1968, 1229; BGH WM 1970, 1480). Im Zuge der sogenannten **Auflockerungsrechtsprechung** (s dazu schon Rn 30 ff) wird es jedoch heute auch als ausreichend angesehen, wenn die Zusatzabrede deutlich auf den Ursprungsvertrag **Bezug nimmt**, vorausgesetzt, dass die Zusatzabrede ihrerseits dem Schriftformerfordernis der §§ 550 S 1 und 126 BGB genügt, insbesondere also von beiden (jetzigen) Parteien unterschrieben ist, *und* außerdem durch die Bezugnahme ausdrücklich oder konkludent *klargestellt wird,* dass es *im Übrigen* bei dem ursprünglichen Vertrag *verbleiben* soll. Setzt sich der ursprüngliche Vertrag aus *mehreren* Urkunden zusam- 53 men, sind zB der jetzigen Vertragsänderung bereits mehrere andere Änderungen vorausgegangen, so muss in der neuen Zusatzabrede auf *alle* danach maßgeblichen Urkunden verwiesen werden; fehlt in der Bezugnahme eine wesentliche Urkunde, so wird das Schriftformerfordernis verfehlt (BGH 27. 9. 2017 – XII ZR 114/16 Rn 17, BGHZ 216, 68, 73 = NZM 2018, 38; 9. 4. 2008 – XII ZR 89/06, NZM 2008, 484, 485 Tz 27 = NJW 2008, 2181; OLG Rostock ZMR 2010, 682, 683 f; Burbulla ZMR 2018, 583; großzügiger aber zB KG 9. 11. 2017 – 8 U 105/17, ZMR 2018, 582). Anders aber, wenn der Zusatzvertrag, zB eine Abrede über die Verlängerung des Vertrags, selbst bereits **alle wesentlichen Abreden** der Parteien enthält. Sind diese Voraussetzungen erfüllt, so kann die Zusatzabrede auch von einem Mieter oder Vermieter wirksam vereinbart werden, der erst später in den Vertrag eingetreten ist (BGHZ 52, 25, 28 f = NJW 1969, 1063; BGHZ 55, 248, 250 f = NJW 1971, 653; BGHZ 125, 175, 177 = NJW 1994, 1649, 1650; BGHZ 160, 97, 101 f = NJW 2004, 2962; BGHZ 161, 241, 244 f = NJW 2005, 884, 885 [unter II 1a, aa]; BGH 7. 7. 1999 – XII ZR 15/97, LM Nr 37 zu § 566 BGB = NZM 1999, 962 = NJW 1999, 3257; NZM 2000, 381 = NJW-RR 2000, 744; NZM 2000, 548, 549; NZM 2000, 712, 713 = WuM 2000, 351; NZM 2000, 907, 908; KG GE 2006, 1036, 1037; OLG Düsseldorf ZMR 2008, 362; zur Kritik s Michalski WM 1998, 1993, 2003 ff).

54 Auf der **ursprünglichen Vertragsurkunde** ist kein Vermerk über die Existenz weiterer Urkunden mit Vertragsänderungen oder -ergänzungen erforderlich (BGH 27. 9. 2017 – XII ZR 114/16 Rn 18 BGHZ 216, 68, 74 = NZM 2018, 38; str und in der Tat zweifelhaft, weil durch diese Praxis der mit § 550 BGB intendierte Erwerberschutz deutlich relativiert wird). Der Erwerber muss nach Änderungen und Ergänzungen notfalls fragen (wenn er dazu einen Anlass sieht). Die ordnungsgemäße Beurkundung einer Nachtragsvereinbarung kann außerdem zur **Heilung** von Formmängeln des ursprünglichen Vertrags führen, wenn in der formgerechten Nachtragsvereinbarung auf den Ursprungsvertrag als weiterhin maßgeblich Bezug genommen wird (s oben Rn 24, BGH 11. 11. 1987 – VIII ZR 326/86, LM Nr 18 zu § 126 BGB [Bl 2 f] = NJW-RR 1988, 201 = ZMR 1988, 133; 7. 7. 1999 – XII ZR 15/97, LM Nr 37 zu § 566 BGB [Bl 4] = NZM 1999, 962, 964 = NJW 1999, 3257; OLG Dresden NZM 2004, 826, 830 = NZG 2005, 72; Lindner-Figura, in: FS Blank 301, 312 f; Schultz, in: FS Bub 377, 398).

VI. Rechtsfolgen

1. Abschluss für unbestimmte Zeit

55 Nach § 550 S 1 BGB hat ein Verstoß gegen das Erfordernis der Schriftform (nur) zur Folge, dass der Vertrag als für unbestimmte Zeit abgeschlossen gilt und deshalb grundsätzlich ordentlich, dh mit Frist gekündigt werden kann (§§ 542 Abs 1, 573, 580a BGB); jedoch ist nach S 2 der Vorschrift eine Kündigung des Vertrages frühestens zum Ablauf eines Jahres nach Überlassung der Mietsache zulässig. Eine entsprechende Regelung enthielt bereits der § 566 S 2 aF, womit die Verfasser des BGB erreichen wollten, dass der Mieter bei formlosem Abschluss eines langfristigen Vertrages wenigstens für ein Jahr gesichert ist (Prot II 178; BGHZ 99, 54, 60 = NJW 1987, 948; kritisch Häsemeyer, Form 34, 221 ff).

56 Für die Anwendung des § 550 BGB ist nur Raum, wenn die Parteien überhaupt einen **wirksamen Vertrag** abgeschlossen haben (Lindner-Figura, in: FS Blank 301, 315); fehlt es bereits daran, so ist der Vertrag von Anfang an nichtig, sodass er auch nicht nach § 550 S 2 BGB für ein Jahr aufrechterhalten werden kann. Ebenso ist die Rechtslage im

Ergebnis, wenn mit § 550 BGB strengere **andere Formvorschriften** wie insbesondere § 311b BGB zusammentreffen (s oben Rn 56 oder wenn die Parteien Schriftform vereinbart hatten und diese Abrede (ausnahmsweise) **konstitutive Bedeutung** hat (s §§ 125 S 2, 127, 154 Abs 2 BGB), sodass der Formverstoß zur Nichtigkeit des Vertrages führt (s unten Rn 65 f; BGH BB 1966, 1081 = WM 1966, 979, 980; OLG Düsseldorf ZMR 1988, 54; OLG Brandenburg ZMR 2010, 23; LG Berlin GE 2003, 592, 593; Lindner-Figura, in: FS Blank 301, 315).

§ 550 S 1 BGB, nach dem der Vertrag infolge des Formmangels als für unbestimmte Zeit geschlossen gilt, enthält eine **gesetzliche Fiktion**, die den §§ 125 S 1 und 139 BGB vorgeht (Blank/Börstinghaus Rn 64; Michalski WM 1998, 1993, 2005 ff). Dies bedeutet, dass *ohne Rücksicht auf den Willen der Parteien* im Falle eines Formverstoßes ein auf unbestimmte Zeit abgeschlossener Mietvertrag angenommen wird. Daneben ist für die Anwendung des § 139 BGB kein Raum. Selbst wenn feststeht, dass die Parteien unter keinen Umständen bei Nichtigkeit der Abrede über die Vertragsdauer einen Vertrag auf unbestimmte Zeit abgeschlossen hätten, bleibt es doch bei der Regel des § 550 S 1 BGB. Diese Rechtsfolge kann, da sie nicht auf dem Willen der Parteien beruht, auch *nicht* durch *Anfechtung* beseitigt werden (RGZ 86, 30, 33 f; 118, 105, 108; RG JW 1929, 3226, 3227 Nr 3; OLG Nürnberg ZMR 1999, 255, 256; Lindner-Figura, in: FS Blank 301, 316; Häsemeyer, Form 111). Eine weitere Folge der gesetzlichen Regelung besteht darin, dass jetzt auch kein Raum mehr für die Anwendung des § 4 der Preisklauselverordnung von 1998 ist, sodass eine etwaige Wertsicherungsklausel in dem Vertrag nicht als genehmigt gilt (s oben Vorbem 190 zu § 535; OLG Rostock NZM 2005, 506; OLG Brandenburg ZMR 2013, 184; Guhling/Günter/Schweitzer Rn 80). **57**

Die gesetzliche Fiktion des § 550 S 1 BGB (o Rn 57) greift grundsätzlich auch dann ein, wenn der Vertrag nur **nachträglich** durch nicht formgerechte **Änderungen** oder Nebenabreden die erforderliche Schriftform eingebüßt hat (s oben Rn 46 ff; BGHZ 125, 175, 178 = NJW 1994, 1649, 1651; BGH 26. 2. 1986 – VIII ZR 39/85, LM Nr 26 zu § 566 BGB = NJW-RR 1986, 944 = ZMR 1986, 230; OLG Karlsruhe GE 2001, 694; KG GE 2016, 392 = ZMR 2016, 438, 439). Eine Ausnahme gilt lediglich für sog **reine Verlängerungsverträge**, bei denen sich die Folgen des Formverstoßes auf den Verlängerungszeitraum beschränken (s Rn 47). Ebenso kann es sich im Ergebnis verhalten, wenn durch formlosen Vertrag neben den alten Mieter ein **neuer Mieter** tritt, sodass dann gleichfalls allein der Vertrag mit dem neuen Mieter als für unbestimmte Zeit abgeschlossen anzusehen ist (Rn 39a; BGHZ 65, 49, 54 = NJW 1975, 1653). **58**

Aus dem Umstand, dass ein formloser Mietvertrag nach § 550 S 1 BGB grundsätzlich wirksam ist, folgt, dass jede Partei **Erfüllung** des Vertrags verlangen kann, solange nicht eine Partei wirksam den Vertrag unter Berufung auf § 550 S 2 BGB gekündigt hat (Niendorff, Mietrecht 75). Dagegen hat grundsätzlich keine Partei einen Anspruch auf **Nachholung der Form** durch schriftlichen Abschluss des Mietvertrages (Schlemminger NJW 1992, 2249, 2255; **aM** Häsemeyer, Form 294; Sternel, Mietrecht Rn I 205). Das folgt bereits aus der im Gesetz (§ 550 S 2 BGB) ausdrücklich für den Regelfall vorgesehenen Kündbarkeit des Vertrages, die andernfalls keinen Sinn machte. *Anders* verhält es sich nur, wenn die Parteien die Beurkundung des Vertrags vereinbart haben; eine derartige Vereinbarung kann jederzeit auch nachträglich formlos getroffen werden, um sicherzustellen, dass nach Abschluss des Vertrages getroffene weitere Vereinbarungen auf jeden Fall auch noch ebenfalls in der nötigen Form beurkundet werden (BGH 22. 1. 2014 – XII ZR 68/10 Rn 18, BGHZ 200, 98, 94 = NJW 2014, **59**

1087 m Anm EMMERICH JuS 2014, 648). Vielfach wird gelehrt, dass sich aus **Vorverträgen** ebenfalls eine derartige Verpflichtung zur Beurkundung des späteren Vertrages ergeben könne (s Rn 6; so zB BGH 22. 1. 2014 – XII ZR 68/10 Rn 18, BGHZ 200, 98, 94 = NJW 2014, 1087), wobei indessen Zurückhaltung geboten ist, um der Gefahr einer Aushöhlung des Schriftformerfordernisses des § 550 BGB über die leichtfertige Annahme von Vorverträgen zu langfristigen Mietverträgen zu begegnen. Zu beachten ist, dass **nachträgliche** Vereinbarungen über die Beurkundung weiterer Abreden zwischen den Vertragsparteien sorgfältig von einer **im Voraus** getroffenen Schriftform- oder Schriftformheilungsklausel unterschieden werden müssen, die wohl durchgängig gegen § 550 BGB und § 307 BGB verstoßen (u Rn 65 ff).

2. Kündigung

60 Ein Mietvertrag für längere Zeit als ein Jahr, der nicht in schriftlicher Form geschlossen wird, gilt nach § 550 S 1 BGB für unbestimmte Zeit (o Rn 55 ff), sodass er mit Frist ordentlich kündbar ist (§ 542 Abs 1 BGB), **Wohnraummietverträge** freilich nur unter den zusätzlichen Voraussetzungen des § 573 BGB. Das Kündigungsrecht steht *beiden* Vertragsparteien sowie gegebenenfalls dem Grundstückserwerber zu, der nach § 566 BGB in den Mietvertrag eintreten muss; eine Beschränkung des Kündigungsrechts auf den Erwerber, wie sie vielleicht dem Zweck des § 550 BGB entspräche und deshalb vielfach de lege ferenda gefordert wird (s Rn 2 f), lässt sich dem § 550 BGB nicht entnehmen (anders LAMMEL, in: 10 Jahre Mietrechtsreformgesetz 418, 427 f). Die Kündigung ist außerdem nach S 2 der Vorschrift frühestens zum Ablauf eines Jahres nach Überlassung der Mietsache zulässig (s § 578 Abs 1 und 2 BGB). Die **abweichenden Abreden** der Parteien über die Vertragsdauer sind unwirksam (s unten Rn 65 f). Dazu gehören auch etwaige **Kündigungsbeschränkungen** (BLANK/ BÖRSTINGHAUS Rn 64, 89; zT anders KG NZM 2005, 147; LEO NZM 2006, 815), insbesondere ein genereller **Kündigungsverzicht**, weil unmittelbar mit dem zwingenden § 550 S 2 BGB unvereinbar (LG Krefeld ZMR 2016, 547), sowie noch Verlängerungsklauseln und Optionen (BLANK/BÖRSTINGHAUS Rn 66), weil nur so der Zweck des § 550 S 1 BGB erreicht werden kann, einen etwaigen Grundstückserwerber vor für ihn nicht erkennbaren Belastungen zu schützen (s Rn 3). An die Stelle der vertraglichen **Kündigungsfristen** treten die gesetzlichen Fristen der §§ 573c und 580a BGB (BGH LM Nr 2 zu § 566 BGB = NJW 1954, 425; 7. 2. 1973 – VIII ZR 205/71, LM Nr 35 zu § 581 BGB = MDR 1973, 404), *sofern* die vereinbarten Kündigungsfristen *länger* als die gesetzlichen sind (BGH 29. 3. 2000 – XII ZR 316/97, LM Nr 39 zu § 566 BGB = NZM 2000, 545, 547 = NJW-RR 2000, 1108), während *kürzere* wirksam bleiben (BLANK/BÖRSTINGHAUS Rn 66; GUHLING/GÜNTER/ SCHWEITZER Rn 79; LINDNER-FIGURA, in: FS Blank 301, 317).

61 Die **Jahresfrist**, während derer eine *ordentliche* Kündigung trotz des Formverstoßes ausgeschlossen ist, beginnt nach § 550 S 2 BGB mit der **Überlassung** der Mietsache (s § 578 BGB). Der Begriff der Überlassung ist hier derselbe wie in § 535 Abs 1 S 2 BGB, sodass darunter in aller Regel die **Übergabe** der Mietsache zu verstehen ist (s deshalb o § 535 Rn 15 f). Eine entsprechende Bestimmung fehlte noch in § 566 S 2 aF, sodass unter dem früheren Recht die Frage umstritten war, wann die Jahresfrist zu laufen beginnt. Der BGH hatte bei noch nicht vollzogenen Mietverträgen auf den Zeitpunkt des Vertragsabschlusses und bei Änderungsvereinbarungen auf den des Abschlusses dieser Vereinbarungen abgestellt (BGHZ 99, 54, 60 = NJW 1987, 948; BGH LM Nr 30 zu § 566 BGB [Bl 3] = NJW-RR 1990, 518; 22. 12. 1999 – XII ZR 339/97, LM Nr 7 zu § 552 BGB

= NJW 2000, 1105 = NZM 2000, 184, 186; 29. 3. 2000 – XII ZR 316/97, LM Nr 39 zu § 566 BGB = NZM 2000, 545, 546 = NJW-RR 2001, 1108; NZM 2001, 1077, 1078 = NJW-RR 2002, 8). Bei durch Überlassung der Mietsache *vollzogenen* Mietverträgen wurde dagegen bereits früher meistens an den Zeitpunkt der *Überlassung* der Mietsache angeknüpft (Sternel, Mietrecht Rn I 201). Das ist jetzt durch die Fassung des § 550 S 2 BGB ausdrücklich klargestellt, wobei freilich nach Meinung der Gesetzesverfasser (s die Begr BT-Drucks 14/4553, 47 [r Sp]) dies auch für den Fall eines *nichtvollzogenen* Mietvertrages gelten soll, sodass es in diesem Fall auf den *vertraglich vorgesehenen* Zeitpunkt der Überlassung der Mietsache ankäme (Herrlein/Kandelhard/Both Rn 20; Bub/Treier/Landwehr, Hdb Rn II 2523; Lützenkirchen § 550 Rn 89; Palandt/Weidenkaff Rn 13). Im Gesetzeswortlaut kommt dies jedoch nicht zum Ausdruck (ebenso Wolf/Eckert/Ball, Hdb Rn 138). Beruht der Formverstoß auf einer späteren formlosen **Vertragsänderung**, so läuft die Frist des § 550 S 2 BGB – mangels eines anderen Anknüpfungspunktes – ebenso wie schon unter dem früheren Recht von der Vertragsänderung ab (s oben Rn 60 mwNw).

3. Treuwidrigkeit der Berufung auf den Formmangel

Eine Partei handelt grundsätzlich *nicht* treuwidrig, wenn sie sich auf einen Formmangel beruft und daraus günstige Rechtsfolgen herleitet, dh hier: kündigt (§ 550 S 2 BGB); denn das ist genau die im Gesetz für den Formmangel vorgesehene Rechtsfolge. Das gilt selbst dann, wenn die Parteien den Vertrag schon jahrelang durchgeführt haben und die kündigende Partei letztlich den Zweck verfolgt, sich von einem lästig gewordenen Vertrag zu lösen. Es gilt ebenso, wenn eine langfristige Bindung beabsichtigt war oder wenn der Formmangel auf einer geringfügigen Vertragsänderung beruht (BGH 22. 1. 2014 – XII ZR 68/10, BGHZ 200, 98, 103 Rn 16 = NJW 2014, 1087; 26. 2. 2020 – XII ZR 51/19 Rn 27, BGHZ 223, 370, 377 = NZM 2020, 429 = WM 2020, 648; BGH 5. 11. 2003 – XII ZR 189/02, NZM 2004, 97, 98 = NJW 2004, 1103 = ZMR 2004, 106; GE 2006, 1095, 1096 Tz 24; 2008, 805, 807 Tz 28; 25. 7. 2007 – XII ZR 143/05, NZM 2007, 730 Tz 22 f; 30. 4. 2014 – XII ZR 146/12, NZM 2014, 471 Rn 27 = ZMR 2014, 717; 25. 11. 2015 – XII ZR 114/14, NJW 2016, 321 Rn 25–27 = NZM 2016, 98 = WuM 2016, 28, 31; Armbrüster NJW 2007, 3317; Häsemeyer, Form 36, 294 ff; Bub/Treier/Heile/Landwehr, Hdb Rn II 2531 ff; Neuhaus ZMR 2011, 1, 10 f mwNw; Schraufl NZM 2005, 443, 445 f; Timme/Hülk NJW 2007, 3313, 3316 f; dies NZM 2008, 764, 765 f). Es gibt jedoch **Ausnahmen**, in denen die Berufung auf den Formmangel treuwidrig ist (§ 242 BGB). Voraussetzung ist, dass die Nichtanerkennung des Vertrages nicht nur zu einem harten, sondern zu einem **schlechthin untragbaren Ergebnis** führte (vgl BGHZ 85, 315, 319 = NJW 1983, 563; BGHZ 92, 164, 171 ff = NJW 1985, 1778, 1780; BGHZ 99, 54, 61 = NJW 1987, 948; 27. 9. 2017 – XII ZR 114/16 Rn 24, BGHZ 216, 68, 76 = NZM 2018, 38; BGH WM 2002, 350, 351 f; NJW 2006, 140, 141 Tz 23 f). Dies kommt vor allem in drei Fällen in Betracht, 1., wenn die Berufung auf den Formverstoß die **Existenz** des anderen Vertragsteils **gefährdete**, 2., wenn die Berufung auf den Formverstoß eine schwerwiegende **Treuepflichtverletzung** gegenüber dem anderen Teil darstellte, sowie insbesondere 3., wenn die Partei, die sich auf den Formmangel beruft, den anderen Vertragsteil zuvor selbst schuldhaft von der Beobachtung der gesetzlich vorgeschriebenen Form abgehalten hatte (BGHZ 99, 54, 61 = NJW 1987, 948; BGH 22. 1. 2014 – XII ZR 68/10, BGHZ 200, 98, 103 Rn 16 = NJW 2014, 1087; BGH LM Nr 30 zu § 566 BGB [Bl 2 R] = NJW-RR 1990, 518; WM 1963, 172, 173; 1964, 710, 711; 1970, 1480; NZM 2007, 730 Tz 23; 30. 4. 2014 – XII ZR 146/12, NZM 2014, 471 Rn 27 = ZMR 2014, 717; 25. 11. 2015 – XII ZR 114/14, NJW 2016, 321 Rn 25–27 = NZM 2016, 98 = WuM 2016, 28, 31; Neuhaus ZMR 2011, 1, 10 f; Guhling/Günter/Schweitzer Rn 82 ff; BeckOGK/Dittert [2020] Rn 148 ff).

62

63 Bei der Anwendung dieser Grundsätze ist *Zurückhaltung* geboten, weil ein Verstoß gegen § 550 BGB im Gegensatz zu Verstößen gegen andere Formvorschriften (§ 125 BGB) die *Gültigkeit* des Vertrages *unberührt* lässt und lediglich die vorzeitige Kündbarkeit des Vertrages nach sich zieht. Voraussetzung für die Anwendung des § 242 BGB ist in den genannten Fällen außerdem, dass die Partei, die sich auf § 242 BGB beruft, überhaupt schutzwürdig ist. Daran fehlt es in der Regel, wenn sie den **Formverstoß kannte** oder nur infolge grober Fahrlässigkeit verkannte (OLG Brandenburg NZM 2008, 406, 407). Der kündigende **Mieter** verhält sich jedoch in der Tat **widersprüchlich**, wenn der Formmangel gerade die Folge einer zu seinen Gunsten mit dem Vermieter vereinbarten Vertragsänderung, zB einer *formlosen Herabsetzung der Miete* ist (BGHZ 65, 49, 55 = NJW 1975, 1653; BGH NJW 2007, 288, 290 Tz 22; NZM 2008, 84, 85 = NJW 2008, 365, 366 Tz 16; OLG Düsseldorf NZM 2002, 824 = NJW-RR 2002, 1451; ZMR 2010, 756, 757; 25. 11. 2015 – XII ZR 114/14, NJW 2016, 321 Rn 27 = NZM 2016, 98 = WuM 2016, 28, 31; LG Berlin ZMR 2016, 949). Dasselbe gilt im umgekehrten Fall einer *formlosen Mieterhöhung* auf Wunsch des **Vermieters**, sodass dieser dann ebenfalls anschließend nicht nach § 550 S 2 BGB kündigen kann (OLG Koblenz NZM 2002, 291; LG Kassel ZMR 1999, 715). Auch für **Schadensersatzansprüche** des Vermieters aus **c i c** wegen der Verhinderung der Wirksamkeit des Vertrages (§§ 311 Abs 2 und 241 Abs 2 BGB) dürfte hier mit Rücksicht auf die Regelung des § 550 S 1 BGB kaum jemals Raum sein, auch nicht, wenn der Vermieter im Interesse des Mieters und im Vertrauen auf die Wirksamkeit des Vertrags erhebliche Aufwendungen auf die Mietsache erbracht hat (OLG Rostock NZM 2007, 733).

64 Der Einwand der Arglist (o Rn 62 f) wirkt grundsätzlich nur zwischen den Vertragsparteien, im Regelfall jedoch *nicht* gegenüber dem **Grundstückserwerber**, der nach § 566 BGB in den Mietvertrag eintritt. Der Erwerber kann sich deshalb selbst dann auf den Formmangel berufen, wenn dies dem Vermieter nach § 242 BGB verwehrt gewesen wäre (BGHZ 40, 255, 261 = NJW 1964, 395; BGH LM Nr 7 zu § 566 [Bl 3] = NJW 1962, 1388 = ZMR 1962, 273; OLG Düsseldorf ZMR 2004, 749, 750 = NZM 2005, 147; OLG Celle ZMR 2017, 389, 390; Häsemeyer, Form 112 ff, 119). Ausnahmen sind freilich denkbar, etwa wenn der Grundstückserwerber mit dem Vermieter kollusiv zum Schaden des Mieters zusammenwirkte (§ 826 BGB) oder wenn er sich selbst gegenüber dem Mieter zur Nachholung der Beurkundung verpflichtet hatte (§ 242 BGB; Lindner-Figura, in: FS Blank 301, 319; Schraufl NZM 2005, 443, 446).

VII. Schriftformklauseln*

1. Bedeutung

65 Schriftformklauseln in Mietverträgen können eine unterschiedliche Bedeutung haben (s im Einzelnen Staudinger/Hertel [2017] § 125 Rn 126 ff und § 127 Rn 56 ff). Auszuge-

---

* **Schrifttum**: Bloching/Ortolf NZM 2012, 334; R Breiholdt, in: 10 Jahre Mietrechtsreformgesetz (2011) 385; R Breiholdt/B Breiholdt, in: 10 Jahre Mietrechtsreformgesetz 391; Butenberg, in: FS H Müller [2019] 43; Emmerich, in: FS G Roth (2011) 103; Günter NZM 2019, 561; Leo/Ghassemi-Tabar, in: 10 Jahre Mietrechtsreformgesetz 428; Leo NZM 2006, 815; Lindner-Figura/Schnieders, in: 10 Jahre Mietrechtsreformgesetz 436; Lindner-Figura/Reuter NJW 2018, 897; Kreikenbom/Niederstetter NJW 2009, 406; Scheer-Hennigs/Quart ZMR 2009, 180; Schultz, in: FS Bub 377; Schweitzer NJW 2019, 198; Streyl NZM 2009, 261; Timme/Hülk NZM 2008, 764.

hen ist von den §§ 125 S 2, 127 und 154 Abs 2 BGB, die Vorschriften über die Rechtsfolgen einer von den Parteien vereinbarten Schriftform für ihre Verträge geben. Die Verfehlung der vereinbarten Schriftform hat danach im Zweifel die Nichtigkeit des Vertrages zur Folge; jedoch sind in jeder Hinsicht abweichende Vereinbarungen, auch im Nachhinein, möglich (§ 311 Abs 1), sodass die praktische Relevanz von Schriftformklauseln in aller Regel gering ist. Im Mietrecht gilt dies in besonderem Maße mit Rücksicht auf die eigenartige Sonderregelung des § 550.

Vereinbaren die Parteien für einen langfristigen Mietvertrag Schriftform, so muss als **66** erstes entschieden werden, ob die Schriftform konstitutive oder deklaratorische Bedeutung haben soll. Während im Falle **konstitutiver Bedeutung** die Wirksamkeit des Mietvertrages von der Beachtung der vereinbarten Schriftform abhängt, und zwar dann ohne Rücksicht auf § 550, soll bei Schriftformklauseln mit lediglich deklaratorische Bedeutung die Beachtung der vereinbarten Form allein Beweiszwecken dienen (s BGH 8. 10. 2008 – XII ZR 66/06, NJW 2009, 433 = NZM 2008, 931, 932 Tz 28). Was vorliegt, ist eine Frage der Auslegung der Parteiabreden im Einzelfall (§§ 133, 157 BGB). Das Gesetz vermutet für den Regelfall die konstitutive Bedeutung der Schriftformklausel (§§ 125 S 2, 154 Abs 2 BGB). Dies erscheint jedoch bei Mietverträgen wenig interessengerecht. § 550 BGB deutet vielmehr darauf hin, dass bei Mietverträgen *im Zweifel* von der lediglich **deklaratorischen Bedeutung** der Schriftformklausel auszugehen ist (RG JW 1912, 389 Nr 8; 1929, 318, 319 Nr 1; OLG Naumburg WuM 2000, 671, 672; OLG München ZMR 1997, 293, 294). Bei langfristigen Verträgen verbleibt es in diesem Fall bei § 550 BGB (RG JW 1912, 389 Nr 8; BGH WM 1966, 979 = BB 1966, 1081; LG Mannheim MDR 1971, 48 Nr 45), sodass sich die Frage nach der Bedeutung von Schriftformklauseln insbesondere dann stellt, wenn es später zu **formlosen Abänderungen** des Vertrages kommt (dazu u Rn 68–71). Von den deklaratorischen Schriftformklauseln müssen außerdem noch die einfachen **salvatorischen Klauseln** unterschieden werden, die lediglich eine Umkehr der Vermutung des § 139 BGB bei Teilnichtigkeit eines Vertrages sowie die Schließung der Vertragslücke bezwecken, die sich bei Nichtigkeit einzelner Bestimmungen ergeben kann (s zB BGH NZM 2002, 823 = NJW-RR 2002, 1377; 25. 7. 2007 – XII ZR 143/05, NJW 2007, 3202 = NZM 2007, 730 f Tz 24–31; R Breiholdt/B Breiholdt, in: 10 Jahre Mietrechtsreformgesetz 391, 394; Lindner-Figura, in: FS Blank 301, 319; Schultz, in: FS Bub 377, 400).

Für die Anwendung des § 550 BGB ist kein Raum, wenn die Schriftformklausel nach **67** dem Willen der Parteien (ausnahmsweise) **konstitutive Bedeutung** haben soll. Der Vertrag ist dann vielmehr nichtig, wenn die vereinbarte Form nicht eingehalten wurde (§§ 125 S 2, 154 Abs 2 BGB; s oben Rn 56). Ob dies der Fall ist, beurteilt sich nach § 127 Abs 1 BGB, nach dem im Falle der Vereinbarung einer Schriftformklausel die §§ 126, 126a und 126b BGB nur im Zweifel gelten; Abs 2 der Vorschrift fügt hinzu, dass bei einem Vertrag in diesem Fall im Zweifel **auch** ein **Briefwechsel** für die Erfüllung der Schriftform ausreicht. Beurkunden die Parteien den Vertrag in Erfüllung der Schriftformklausel, so ist davon auszugehen, dass die Klausel ihren Vorstellungen nach damit erfüllt ist. Davon zu trennen ist die Frage, ob die gewählte Form zugleich den Anforderungen des § 550 BGB iVm § 126 BGB genügt (BGH 29. 9. 1999 – XII ZR 313/98, LM Nr 38 zu § 566 BGB [Bl 4] = NJW 2000, 354 = NZM 2000, 36; NZM 2000, 548). **Überlässt** in einem derartigen Fall der Vermieter dem Mieter die gemieteten Räume bereits **vor Abschluss** eines formwirksamen Vertrages, so kann darin entweder eine jederzeit mögliche konkludente **Aufhebung** der Schriftformklausel liegen (so BGH 8. 10. 2008 – XII ZR 66/06, NJW 2009, 433 = NZM 2008, 931, 932 Tz 28); oder es kommt zwischen den Parteien ein **weiterer Mietvertrag** zustande (s oben Vorbem 98 zu § 535; KG OLGE 33, 313; OLG Düsseldorf ZMR 1988, 54), im Zweifel zu den Bedingungen des ersten, wiewohl (noch) formnichtigen Vertrages (OLG Hamburg OLGE 33, 312; KG OLGE 33, 313).

2. Insbesondere Vertragsänderungen

68 Das Schriftformerfordernis für langfristige Mietverträge (§ 550 S 1 BGB) gilt weithin als ausgesprochen lästig – und wird deshalb vielfach missachtet, vor allem bei späteren Änderungen und Ergänzungen gewerblicher Mietverträge, dies freilich mit der fatalen Folge der vorzeitigen Kündbarkeit des Vertrages aufgrund des § 550 S 1 BGB. Um dieses unerwünschte Ergebnis zu vermeiden, ist in der Vertragspraxis eine Vielzahl von Klauseln entwickelt worden, mit denen durchweg das Ziel verfolgt wird, Vorsorge dagegen zu treffen, dass ein langfristiger schriftlich abgefasster Mietvertrag durch spätere formlose Änderungen oder Ergänzungen die von § 550 BGB vorgeschriebene Schriftform einbüßt (Überblick zB bei BeckOGK/Dittert [1. 10. 2020] Rn 156 ff). Hervorzuheben sind einfache und doppelte Schriftformklauseln, Schriftformheilungsklauseln und Vorsorgeklauseln, die freilich – trotz unterschiedlicher Formulierungen – alle letztlich dieselben Ziele verfolgen, nämlich 1. Anordnung der Schriftform für alle späteren Vertragsänderungen und Ergänzungen, 2. Verpflichtung der Parteien zur Beurkundung etwaiger Vertragsänderungen bzw zur umgehenden Nachholung einer zunächst versäumten Beurkundung der Änderungen sowie 3. Verbot einer Kündigung nach § 550 S 1 BGB bei formlosen Vertragsänderungen als (angeblich) widersprüchliches und deshalb treuwidriges Verhalten. Gleichgültig wie die Klauseln im Einzelfall formuliert sein mögen, sollten sie deshalb nach Möglichkeit auch gleich behandelt werden, wobei heute in der Mehrzahl der Fälle außerdem nicht mehr zwischen Individualvereinbarungen und Formularverträgen unterschieden wird.

69 Bis vor wenigen Jahren ging die wohl überwiegende Meinung davon aus, dass sämtliche genannten Klauseln zur Rettung der gesetzlich vorgeschriebenen Schriftform bei Vertragsänderungen (Rn 68) jedenfalls im Verhältnis *zwischen den ursprünglichen Vertragsparteien* (Vermieter und Mieter) *keinen* Bedenken begegnen, da sich die Parteien verpflichten könnten, bei Vertragsänderungen die Schriftform zu beachten und, wenn diese übersehen wurde, die Beurkundung der Änderungen nachzuholen, sodass eine auf die Formlosigkeit der Vertragsänderung gestützte Kündigung nach § 550 S 1 BGB – als widersprüchliches Verhalten – treuwidrig und deshalb unbeachtlich sei (§ 242 BGB; wohl auch BGH 6. 4. 2005 – XII ZR 132/03, NZM 2005, 502, 503 f = NJW 2005, 2225 sowie zB KG ZMR 2007, 364, 365 = NZM 2008, 129, 130; ZMR 2016, 775; GE 2017, 1159 usw bis zuletzt OLG Frankfurt ZMR 2015, 709; OLG Braunschweig ZMR 2016, 108, 109 = NZM 2016, 197; zustimmend zB Burbulla ZMR 2016, 110, 111; Disput NZM 2016, 206; Wichert ZMR 2015, 713, 714).

70 Diese Praxis (s Rn 69) ist indessen überholt, weil unvereinbar mit dem zwingenden Charakter des § 550 S 1 BGB, über den sich die Parteien nicht durch beliebige Klauseln hinwegzusetzen vermögen. Das steht mittlerweile in der Rechtsprechung fest, seitdem der BGH zuletzt auch Schriftformheilungsklauseln ausdrücklich wegen des Verstoßes gegen § 550 S 1 BGB gleichermaßen in Individualvereinbarungen wie in Formularverträgen verworfen hat. In dieselbe Richtung weist überdies der vorrangige Zweck des § 550 BGB, etwaige Grundstückserwerber über bestehende Mietverträge zu informieren, in die sie gegebenenfalls eintreten müssen, ebenso wie – bei Formularverträgen – der unabdingbare Vorrang von Individualvereinbarungen (§ 305b, s insbesondere BGHZ 164, 133, 137 f = NJW 2006, 138; 25. 1. 2017 – XII ZR 69/16, NJW 2017, 1013 = WuM 2017, 131 Rn 16 ff = NZM 2017, 189; 27. 9. 2017 – XII ZR 114/16 Rn 27 ff, BGHZ 216, 68, 77 f = NJW 2017, 3772; 26. 2. 2020 – XII ZR 51/19 Rn 28, BGHZ 223, 370, 377 f = NJW 2020, 1507 = NZM 2020, 429 = WM 2020, 648; 11. 4. 2018 – XII ZR 43/17 Rn 25, NZM 2018, 515, 517 = ZMR 2018, 661).

Das Ergebnis – Unvereinbarkeit von Schriftform- und Schriftformheilungsklauseln **71** mit § 550 S 1 BGB – ist heute im wesentlichen unstreitig (zB Staudinger/Bieder [2019] Anh zu §§ 305–310 Rn E 28 f; BeckOGK/Ditter [1. 10. 2020] Rn 156, 179 ff; Günter NZM 2019, 561, 563 ff; Krüger NZM 2018, 42 und 518; Schweitzer NJW 2019, 198). Die im Schrifttum teilweise propagierten Ersatzstrategien (zB Lindner-Figura/Reuter NJW 2018, 897) sind unbehelflich, weil es sich bei ihnen entweder um bloße Umformulierungen der vom BGH verworfenen Schriftformheilungsklauseln handelt oder weil sie untaugliche Versuche zur Umgehung des § 550 BGB darstellen (Günter NZM 2019, 561, 566).

VIII. Beweislast

Eine über einen Mietvertrag aufgenommene Urkunde hat die **Vermutung der Voll- 72 ständigkeit und Richtigkeit** für sich. Deshalb trägt derjenige die Beweislast, der behauptet, dass neben den beurkundeten Abreden noch zusätzliche mündliche Abreden getroffen wurden (OLG Rostock NZM 2008, 646, 647; Blank/Börstinghaus Rn 92–97). Er muss dazu nicht nur beweisen, dass diese Abreden von den Parteien noch tatsächlich gewollt sind, sondern auch darlegen, warum sie nicht beurkundet wurden (BGH 29. 4. 1970 – VIII ZR 120/68, LM Nr 24 zu § 242 [Be] BGB [Bl 1 R] = MDR 1970, 756; LG Hamburg MDR 1967, 594). Wer behauptet, die Urkunde enthalte nicht die wirklichen Vereinbarungen der Parteien, trägt bei einer eindeutigen Urkunde ebenfalls die Beweislast, dass der übereinstimmende Wille der Parteien ein anderer war. Umgekehrt ist die Lage, wenn die Parteien unstreitig mündliche Abreden getroffen haben und eine Partei deren Gültigkeit mit der Behauptung bestreitet, die Parteien hätten Schriftform vereinbart. Dann trägt die Beweislast derjenige, der sich auf die **Schriftformklausel** beruft (OLG Rostock NZM 2002, 955, 956).

§ 551
Begrenzung und Anlage von Mietsicherheiten

(1) Hat der Mieter dem Vermieter für die Erfüllung seiner Pflichten Sicherheit zu leisten, so darf diese vorbehaltlich des Absatzes 3 S. 4 höchstens das Dreifache der auf einen Monat entfallenden Miete ohne die als Pauschale oder als Vorauszahlung ausgewiesenen Betriebskosten betragen.

(2) Ist als Sicherheit eine Geldsumme bereitzustellen, so ist der Mieter zu drei gleichen monatlichen Teilzahlungen berechtigt. Die erste Teilzahlung ist zu Beginn des Mietverhältnisses fällig. Die weiteren Teilzahlungen werden zusammen mit den unmittelbar folgenden Mietzahlungen fällig.

(3) Der Vermieter hat eine ihm als Sicherheit überlassene Geldsumme bei einem Kreditinstitut zu dem für Spareinlagen mit dreimonatiger Kündigungsfrist üblichen Zinssatz anzulegen. Die Vertragsparteien können eine andere Anlageform vereinbaren. In beiden Fällen muss die Anlage vom Vermögen des Vermieters getrennt erfolgen und stehen die Erträge dem Mieter zu. Sie erhöhen die Sicherheit. Bei Wohnraum in einem Studenten- oder Jugendwohnheim besteht für den Vermieter keine Pflicht, die Sicherheitsleistung zu verzinsen.

(4) Eine zum Nachteil des Mieters abweichende Vereinbarung ist unwirksam.

Materialien: BGB § 550b; 3. Mietrechtsänderungsgesetz von 1982 (BGBl I 1912); 4. Mietrechtsänderungsgesetz von 1993 (BGBl I 1257); Mietrechtsreformgesetz von 2001 (BGBl I 1149); Begr zum RegE BT-Drucks 14/4553, 47, 84, 99; Stellungnahme des Bundesrats BT-Drucks 14/4543, 84; Stellungnahme der Bundesregierung BT-Drucks 14/4553, 90; Ausschussbericht BT-Drucks 14/5663, 77; Mietrechtsänderungsgesetz von 2013 (BGBl I 434); Begr zum RegE BT-Drucks 17/10485; Ausschussbericht BT-Drucks 17/11894.

Schrifttum

BLANK, Einmalige Mieterleistungen, in: Verwendung und Verwaltung der Mieterleistungen durch den Vermieter, PiG 28 (1988) 131
ders, Zurückbehaltungsrecht an Miete wegen fehlender Nachweise gesetzeskonformer Kautionsanlage, NZM 2002, 58
ders, Anspruch auf Mietsicherheit, PiG 88 (2010) 19
BÖRSTINGHAUS, Mehr Leistung – mehr Sicherheit?, in: FS Blank (2006) 77 = NZM 2008, 558
BOTH, Die Abwicklung der Barkaution bei Beendigung des Mietverhältnisses, WuM 2019, 545
BUB/TREIER/BUB, Hdb Rn II 1244 ff
TH BUSS, Spekulation mit der Kaution, ZMR 1996, 8
CL CYMUTTA, Die Mietkaution in der Insolvenz des Vermieters und des Mieters, WuM 2008, 441
DERLEDER, Das Schicksal der Mietkaution bei Vermögensverfall des Vermieters, WuM 1986, 39
ders, Die Sicherung der Kaution des Wohnraummieters gegenüber den Gläubigern des Vermieters, NJW 1988, 2988
ders, Mietkaution bei Rechtsnachfolge, in: Rechtsnachfolge im Mietverhältnis, PiG 37 (1993) 75
ders, Mietkaution und Vermieterprovision, WuM 1997, 651
ders, Die Neuregelung der Mietsicherheiten, WuM 2002, 239 = DWW 2002, 150
ders, Die Sicherung des Vermieters durch Barkaution, Bürgschaft, Verpfändung, Sicherungsabtretung und Schuldübernahme, PiG 75 (2006) 59 = NZM 2006, 601
ders/STAPELFELD, Die Lohn- und Gehaltsabtretung als Vermietersicherung, ZMR 1987, 123
DICKERSBACH, Die treuhänderische Bindung der Barkaution, WuM 2006, 595
DÖDERLEIN, Mietkaution/Schadensersatzanspruch nach § 109 InsO, ZMR 2016, 181
DRASDO, Die Neuregelung der Kautionsvorschriften, NZM 2000, 1109
EISENSCHMID, Die Abwicklung des Wohnraummietverhältnisses, WuM 1987, 243 = in: Beendigung des Mietverhältnisses, PiG Bd 26 (1987) 73
ECKERT, Die insolvenzfeste Anlage der Mietkaution, ZMR 2010, 9
FERVERS, Wohnungssuche in Ballungszentren, NZM 2015, 105
FESSLER/ROTH, Kann § 551 BGB den Umfang einer genossenschaftlichen Pflichtbeteiligung begrenzen?, WuM 2010, 67
S FESSLER, Mietkautionssicherungsmodelle in der mietrechtlichen Praxis, in: ARTZ/BÖRSTINGHAUS, 10 Jahre Mietrechtsreformgesetz (2011) 448
FEUERLEIN, Das Schicksal der Kaution bei Veräußerung der Wohnung und Beendigung

des Mietverhältnisses vor Eintragung des Erwerbers im Grundbuch, WuM 2005, 79
G Fischer, Die Bürgschaft auf erstes Anfordern als formularmäßige Mietsicherheit, in: Gedschr Sonnenschein (2002) 407 = NZM 2003, 497
Flatow, Mieters Anspruch auf Rückgewähr der Kaution, NZM 2020, 1
Foerster, Ein Zinsanspruch des Vermieters bei Nichtleistung der Barkaution, ZMR 2009, 245
Geldmacher, Die Kaution im Miet- und Pachtverhältnis, DWW 1997, 241; 1998, 223; 2001, 178; 2002, 182; 2003, 214; 2004, 215, 248; 2005, 270; 2011, 122, 170
ders, Mietbürgschaft und Einrede der Verjährung der Hauptschuld, NZM 2003, 502
Goetzmann, Zurückbehaltungsrecht des Vermieters an der Mietsicherheit wegen Nebenkostennachforderungen, ZMR 2002, 566
Häublein, Zwei Änderungsvorschläge zum Recht der Wohnraummiete, in: Artz/Börstinghaus, 10 Jahre Mietrechtsreformgesetz (2011) 461
ders, Rückgewähr und Abrechnung der Mietsicherheit bei Vertragsende, ZMR 2017, 415
Heinrichs, Gesamtunwirksamkeit oder Teilaufrechterhaltung von Formularklauseln in Mietverträgen unter besonderer Berücksichtigung der aktuellen Rechtsprechung zu Schönheitsreparatur- und Kautionsklauseln, WuM 2005, 155 = NZM 2005, 201
Heintzmann, Die Kaution bei der gewerblichen Miete und Pacht, WiB 1995, 569
Hinz, Die Kautionsabrechnung in der Wohnraummiete, NZM 2019, 76
Hirte, Abdingbarkeit der Pflicht zur Herausgabe der aus Kautionen gezogenen Zinsen?, MDR 1993, 500
Horst, Mietkaution und Verwertung bei Ende des Mietverhältnisses, MDR 2007, 697
ders, Abrechnung und Abwicklung von Mietkautionen bei Vertragsende, DWW 2019, 284
ders, Sicherung der Ansprüche der Vertragspartner in der Gewerberaummiete, NZM 2018, 889
Jacoby, Kaution bei Eigentumswechsel, Zwangsverwaltung und Insolvenz, ZMR 2015, 1
Jauch, Die nicht getrennt gehaltene Kaution im Konkurs des Vermieters, WuM 1989, 277
Kandelhard, Die spekulativ angelegte Mietkaution, WuM 2002, 302
Kiessling, Die Kaution im Miet- und Pachtrecht, JZ 2004, 1146
Kinne, Mietkaution, NZG 1998, 986
Kluth/Grün, Kautionsverrechnung im laufenden Mietverhältnis, NZM 2002, 1015
Kraemer, Kaution und Mietbürgschaft nach der Mietrechtsreform, NZM 2001, 737 = in: Neues Mietrecht, PiG Bd 62 (2002) 213
Ludley, Der Kautionsrückgewähranspruch, NZM 2013, 777
Lützenkirchen, Rückzahlung der Barkaution nach Vertragsende, MDR 2019, 257
Mohr, Fluch und Segen der Mietsicherheit im gewerblichen Mietrecht, ZMR 2010, 413
Mülbert, Barsicherheiten im Negativzinsumfeld, in: FS Köndgen (2016) 413
H Pauly, Untreue bei vertragswidrigem Eigenverbrauch der Mietkaution?, ZMR 1996, 470
ders, Die Verzinsungspflicht des Vermieters nach § 550b Abs 2 BGB, WuM 1996, 599
Samhut, Mietkautionskonten, WM 2015, 1454
Schickedanz, Gedanken zur Regelung der Mietkaution, ZMR 2012, 926
M J Schmid, Die Bankbürgschaft als Mietsicherheit, WM 2011, 2345
ders, Mietkaution und Verjährung, ZMR 2014, 256
Schmidberger, Die Kaution in der Zwangsverwaltung, ZMR 2010, 347
M Schultz, Mietsicherheiten bei Wohnraum- und Gewerberaummiete, PiG 88 (2010) 35
W Schulz, Die Rückzahlung der Mieterkaution, DWW 1986, 170
Tiedtke, Die Auswirkungen des § 550b BGB auf die Bürgschaft eines Dritten für die Mietschulden, ZMR 1990, 401
Timme, Mietkaution in der Insolvenz des Vermieters, NZM 2008, 429
Valentin, Die Mietsicherheitshöchstgrenze des § 550b Abs 1 S 1 BGB, ZMR 1992, 1
Wiek, Unwirksame Fälligkeitsbestimmungen, WuM 2002, 300
ders, Nachschlußpflicht?, WuM 2005, 685
Woitkewitsch, Kautionsrückforderung bei Mehrheit von Mietern, ZMR 2005, 426.
Zeibig, Die Mietkaution (2012).

Systematische Übersicht

I. Überblick 1

II. Art der Sicherheitsleistung
1. Überblick 4
2. Barkaution 5
3. Abtretung und Verpfändung von Forderungen und Wertpapieren ... 6
4. Bürgschaft 7

III. Höhe der Sicherheitsleistung
1. Grundsatz 9
2. Ausnahmen? 10
3. Rechtsfolge 11

IV. Fälligkeit 12

V. Zurückbehaltungsrecht 16

VI. Anlage der Barkaution
1. Anlage bei einem Kreditinstitut zu dem für Spareinlagen mit dreimonatiger Kündigungsfrist üblichen Zinssatz 17
2. Andere Anlage 21
3. Sanktionen 22
4. Erträge 23

VII. Die Sicherheitsleistung während des Vertrages
1. Rückgewähranspruch 25
2. Verwertung der Sicherheit 26
3. Verschlechterung der Vermögensverhältnisse des Vermieters 28

VIII. Die Sicherheitsleistung nach Vertragsende
1. Überblick 29
2. Abrechnungsfrist 31
3. Verwertungsrecht des Vermieters 36
4. Rückgewähranspruch des Mieters 37

IX. Abweichende Vereinbarungen 44

X. Gewerbliche Miete 46

Alphabetische Übersicht

Abrechnungsfrist	31
Abweichende Vereinbarungen	44 f
Anlage der Barkaution	17 ff
Anwendungsbereich	2
Art der Sicherheitsleistung	4 ff
Aufrechnung des Mieters	11, 26, 37
– des Vermieters	11, 14, 36
Auskunftsanspruch	19, 27, 38
Aussonderungsrecht des Mieters	20
Barkaution	4
Befriedigungsrecht des Vermieters	36
Bürgschaft	2, 7 ff, 15
Erfüllungsanspruch des Vermieters	13
Ersetzungsbefugnis des Mieters	2
Erträge	23
Fälligkeit des Rückzahlungs-/Rückgewähranspruchs	37 f
– der Sicherheitsleistung	12 ff
Formularvertrag	14, 44
Geschichte	1 f
Gewerbliche Miete	46 f
Höhe der Sicherheitsleistung	5, 9 f
Insolvenz	20, 42
Kumulationsverbot	9
Kündigung der Bürgschaft	8a
Mängel	16
Nachträgliche Sicherheitsleistung	4
Obergrenze der Sicherheitsleistung	9 f
Pfandrecht der Banken	20
Ratenzahlung	12

Rechtsfolgen	11, 14	Verfügungen des Vermieters	27 f
Rückgabe/Rückgewähr der Sicherheit	25, 37 f	Verjährung	4, 13
		Verschlechterung der Vermögensverhältnisse	28
Sanktionen	22		
Schadensersatzanspruch des Mieters	22, 27	Vertragsende	29 ff
Sicherheitsleistung	4 ff	Verwertungsrecht des Vermieters	26, 36
Spareinlagen	18	Verzug des Mieters	13
Steuerrecht	24	– des Vermieters	39
		Verzinsung, s. Zinsen	
Teilleistungen	12 f		
Transparenzgebot	14	Zinsen	18 ff, 36
Treuhandkonto	18 ff, 46	Zurückbehaltungsrecht des Mieters	12, 16, 19
		– des Vermieters	39
Übergangsrecht	1 ff	Zweck	2, 9
Überlegungsfrist	31 f		
Untreue	22, 27		

I. Überblick

1 § 551 BGB regelt unter Beschränkung auf Wohnraummietverhältnisse (§§ 549, 578 BGB) eine Reihe der mit Mietsicherheiten oder Mietkautionen zusammenhängenden Fragen. Er begründet nicht etwa einen Anspruch (nur) des Wohnraumvermieters auf eine Sicherheitsleistung des Mieters, erkennt aber das Interesse des Vermieters an solcher Sicherheitsleistung des Mieters als grundsätzlich legitim an und zieht zugleich dem etwaigen Anspruch des Vermieters auf eine Sicherheitsleistung des Mieters im Interesse des Mieterschutzes die nötigen Grenzen. Zu diesem Zweck wird zunächst in Abs 1 der Vorschrift die Mietsicherheit grundsätzlich auf das Dreifache einer Monatsmiete beschränkt. § 551 Abs 2 BGB gestattet sodann (nur) die Zahlung einer Barkaution in drei gleichen monatlichen Raten, beginnend mit dem Mietverhältnis, während Abs 3 der Vorschrift Bestimmungen für die Anlage einer Barkaution enthält. § 551 Abs 4 BGB fügt hinzu, dass zum Nachteil des Mieters von § 551 BGB abweichende Vereinbarungen unwirksam sind. **Vorläufer** des heutigen § 551 BGB war § 550b aF, der durch das Änderungsgesetz von 1982 (BGBl I 1912) mit Wirkung vom 1. 1. 1983 ab in das Gesetz eingefügt worden war (zur Geschichte s Börstinghaus, in: FS Blank 77). Bereits mit § 550b BGB von 1982 hatte der Gesetzgeber ebenso wie heute mit § 551 BGB den **Zweck** verfolgt, die Mieter unter Anerkennung des Sicherungsbedürfnisses des Vermieters vor übermäßigen Belastungen durch Kautionen zu schützen, um Erschwerungen für den Abschluss neuer Mietverträge entgegenzuwirken, die in „mobilitätshemmender Weise" von überhöhten Kautionsforderungen ausgehen könnten (Begr z RegE BT-Drucks 9 [1982]/2079, 10, 13 f; BGHZ 107, 210, 213 = NJW 1989, 1853; BGHZ 111, 361, 363 = NJW 1990, 2380; BGHSt 41, 224 = NJW 1996, 65).

2 **Ergänzende Regelungen** zu § 551 BGB finden sich in § 554a Abs 2 BGB und in § 563b Abs 3 BGB, nach denen der Vermieter unter bestimmten Voraussetzungen für seine Zustimmung zu Einrichtungen für eine behindertengerechte Nutzung der Mietsache sowie zu dem Eintritt weiterer Personen nach dem Tode des Mieters die Leistung einer zusätzlichen Sicherheit verlangen kann (Börstinghaus, in: FS Blank 77,

81 ff), ferner in § 566a BGB, der das Schicksal einer Sicherheitsleistung des Mieters im Falle der Veräußerung des vermieteten Grundstücks regelt, seit 2013 außerdem in § 569 Abs 2a BGB, nach dem der Vermieter gemäß § 543 Abs 1 BGB unter bestimmten Voraussetzungen fristlos kündigen kann, wenn der Mieter mit seiner Sicherheitsleistung in Verzug ist (s § 569 Rn 19a ff), sowie für preisgebundenen Wohnraum in § 9 Abs 5 S 1 WoBindG, nach dem bei preisgebundenem Wohnraum die Vereinbarung einer Sicherheitsleistung des Mieters (nur) zulässig ist, soweit sie dazu bestimmt ist, Ansprüche des Vermieters gegen den Mieter aus Schäden an der Wohnung oder unterlassenen Schönheitsreparaturen zu sichern. Für die **gewerbliche Miete** gelten die genannten Vorschriften, von § 566a BGB abgesehen (s § 578 Abs 1 BGB), nicht, sodass insoweit Vertragsfreiheit herrscht (s im Einzelnen u Rn 35 f).

3 Vor 1983 war vor allem umstritten gewesen, ob der Vermieter bei Wohnraummietverhältnissen zur **Verzinsung** einer Barkaution verpflichtet ist. Deshalb regelte § 550b aF erstmals ausdrücklich (nur) diese Frage. Zugleich wurde in Art 4 Nr 2 des Änderungsgesetzes von 1982 bestimmt, dass auch bei **Altverträgen** die Kaution zu verzinsen ist, sofern nicht die Verzinsung ausdrücklich durch Vertrag ausgeschlossen war (wegen der Einzelheiten s DERLEDER WuM 1986, 39). An diese frühere Übergangsregelung knüpft die neue **Übergangsregelung** für § 551 BGB in Art 229 § 3 Abs 8 EGBGB an, nach dem § 551 Abs 3 S 1 nF über die Verpflichtung des Vermieters zur verzinslichen Anlage einer Geldkaution nicht anzuwenden ist, wenn die Verzinsung bereits vor dem 1. 1. 1983 durch Vertrag ausgeschlossen war, ob durch Individualvereinbarung oder Formularvertrag bleibt gleich (BGH 11. 3. 2009 – VIII ZR 184/08, NJW 2009, 1673 = NZM 2009, 481 = WuM 2009, 290, 291 Tz 10; 21. 8. 2018 – VIII ZR 92/17, WuM 2018, 752, 753 f).

3a Die **praktische Bedeutung** des § 551 BGB dürfte **erheblich** zu sein, da sich Mietkautionen in der Praxis immer mehr als *das* Sicherungsmittel des Vermieters durchsetzen. In der Mietvertragspraxis haben sie offenkundig weithin die *Funktion* übernommen, die früher dem *Vermieterpfandrecht* (§§ 562 ff BGB) zukam, das heute allenfalls noch bei der gewerblichen Miete eine gewisse Rolle spielt. Im Schrifttum ist gleichwohl umstritten, ob die Sicherheitsleistung des Mieters tatsächlich wegen der zahlreichen Restriktionen, denen der Anspruch des Vermieters auf eine Sicherheitsleistung nach § 551 BGB unterliegt, geeignet ist, dem Vermieter eine effektive Sicherheit gegen die Risiken zu bieten, die von zahlungsunfähigen oder – unwilligen Mietern ausgehen (s HÄUBLEIN, in: 10 Jahre Mietrechtsreformgesetz 461; HORST NZM 2018, 889, 993 ff; SCHICKEDANZ ZMR 2012, 926). Der Gesetzgeber hat auf diese Kritik partiell mit der Einführung eines neuen Kündigungstatbestandes in Gestalt des § 569 Abs 2a BGB reagiert. Außerdem sind zumindest in Ballungszentren angesichts der dort herrschenden Wohnungsknappheit vermerkt Versuche zur Umgehung des § 551 BGB durch das Ausweichen auf andere rechtliche Gestaltungen mit vergleichbarer Wirkung wie eine Kaution festzustellen (s Rn 4a, Rn 7; HORST NZM 2018, 889, 893 f).

II. Art der Sicherheitsleistung

1. Überblick

4 Ob der Vermieter für die Mietforderung eine Sicherheitsleistung von dem Mieter verlangen kann, richtet sich nach dem Mietvertrag (s Rn 1). Sofern dem Vermieter danach ein Anspruch auf Sicherheitsleistung zusteht, macht das Gesetz den Parteien keine Vorgaben hinsichtlich der **Art der Sicherheitsleistung**; es besteht insbesondere keine Beschränkung auf die in § 232 BGB genannten Formen der Sicherheitsleistung (s LG Berlin NJW-RR 1998, 10 = ZMR 1997, 421; Blank/Börstinghaus Rn 2–6; Häublein ZMR 2017, 445, 447 f). Die wichtigsten **Erscheinungsformen** der Sicherheitsleistung bei der Wohnraummiete sind in der Praxis offenbar neben der ganz im Vordergrund stehenden Barkaution (s Rn 5) die Verpfändung von Sparguthaben (s Rn 6a) sowie die Bürgschaft Dritter für den Mieter (Rn 7 f; s Derleder PiG 75, 59, 62 ff = NZM 2006, 601). Insgesamt wird der Begriff der Sicherheitsleistung in § 551 BGB ganz weit ausgelegt; keine Sicherheitsleistung im Sinne des Gesetzes ist jedoch die Unterwerfung des Mieters unter die sofortige Zwangsvollstreckung hinsichtlich der Miete iSd § 794 Abs 1 Nr 5 ZPO, weil die bloße Unterwerfung dem Vermieter keine zusätzliche Sicherheit für seine Mietforderung gewährt (BGH 14. 6. 2017 – VIII ZR 76/16 Rn 19, NJW 2018, 551 = NZM 2018, 32). Keine Rolle spielt die von den Parteien jeweils gewählte **Bezeichnung**: Hat die Mieterleistung der Sache nach die Funktion einer Sicherheitsleistung, so findet § 551 BGB Anwendung (§ 551 Abs 4 BGB; AG Büdingen WuM 1994, 537; Ferveres NZM 2015, 105, 109 ff). Verdeckte Kautionsleistungen *durch Dritte* für den Mieter *oder an Dritte* für den Vermieter werden ebenfalls erfasst, jedenfalls, wenn der begünstigte Dritte dem Vermieter nahesteht (AG Köln WuM 1992, 369; für die Bürgschaft s unten Rn 7; Ferveres NZM 2015, 105, 109 ff).

In der Frage, **welche Forderungen** gesichert werden sollen, besteht bei der Wohnraummiete – jenseits des § 9 Abs 5 S 1 WoBindG – gleichfalls Vertragsfreiheit. Nur wenn der Mietvertrag über diesen Punkt schweigt, sichert die Leistung des Mieters im Zweifel **sämtliche Vermieterforderungen** einschließlich der Kosten der Rechtsverfolgung gegen den Mieter (str) sowie der Betriebskosten, selbst wenn diese Forderungen noch nicht fällig sind (s unten Rn 32; LG Regensburg NJW-RR 1995, 907; Häublein ZMR 2017, 445, 448 f; Hinz NZM 2019, 76, 78 ff; Kiessling JZ 2004, 1146, 1153). Der Anspruch des Vermieters auf eine Sicherheitsleistung ist (nur) zusammen mit der gesicherten Forderung aus dem Mietverhältnis **abtretbar** (§§ 399, 401, 1250 Abs 1, 1273 Abs 1 BGB; OLG Düsseldorf ZMR 2000, 211; Kiessling JZ 2004, 1146, 1147, 1152 f, 1155). Die **Verjährung** des Anspruchs des Vermieters richtet sich ebenso wie die des Anspruchs des Mieters auf Rückzahlung der Kaution (s Rn 30) nach den §§ 195 und 199 BGB, wobei die Verjährungsfrist mit der Fälligkeit des Anspruchs auf Sicherheitsleistung zu laufen beginnt (KG NZM 2009, 743 = NJW-RR 2008, 1182 = ZMR 2008, 624; LG Duisburg WuM 2006, 250 = NZM 2006 774; LG Darmstadt NZM 2007, 801 = NJW-RR 2007, 1516; LG Bochum WuM 2011, 563; M Schmid ZMR 2014, 257; Witt NZM 2012, 545, 562). Dasselbe gilt für den Anspruch auf Wiederauffüllung der Kaution, wenn sie der Vermieter während des Laufs des Vertrags zu Recht in Anspruch genommen hatte (s Rn 27; M Schmid ZMR 2014, 257). Der Anspruch erlischt im Zweifel, wenn der Vermieter, zB aus Anlass der Veräußerung des Grundstücks, die Kaution freiwillig zurückzahlt und der Mieter den darin liegenden konkludenten Erlass der Forderung auf die Sicherheitsleistung annimmt (§ 397; AG Hamburg-Altona ZMR 2019, 410). Hat der Vermieter Anspruch auf Leistung einer Barkaution, so handelt es sich bei dem Angebot der Mietbürgschaft einer Bank um eine **Leistung erfüllungshalber**, deren Annahme seitens des Vermieters zur Stundung seines Anspruchs führt, wodurch die Verjährung gehemmt wird (§ 205 BGB); nach Erlöschen der Bürgschaft kann der Vermieter dann wieder auf den Anspruch auf die Leistung einer Barkaution zurückgreifen (BGH 22. 11. 2011 – VIII ZR 65/11, WuM 2012, 97 Tz 3 ff = ZMR 2012, 434).

4b In der Rechtsprechung wird der Anwendungsbereich des § 551 BGB zum Teil auf Sicherheitsleistungen beschränkt, die vom Vermieter gerade bei Vertragsabschluss verlangt werden, und zwar in der Form, dass der Vertragsabschluss letztlich von der Bereitschaft des Mieters abhängt, eine Sicherheitsleistung beizubringen. Dahinter steht die Überlegung, dass die gesetzliche Regelung nach ihrem Sinn und Zweck nur für derartige **bei Vertragsabschluss vereinbarte** Sicherheitsleistungen passe, nicht jedoch für spätere zusätzliche Sicherheitsleistungen des Mieters zur Abdeckung neuer Risiken (so BGHZ 111, 361, 363 = NJW 1990, 2380; LG Kiel NJW-RR 1991, 1291, 1292; s unten Rn 7, Rn 10). Dem Gesetz ist indessen eine derartige Beschränkung des Begriffs der Sicherheitsleistung nicht zu entnehmen (Derleder WuM 2002, 239, 241). Die neuen Vorschriften des § 554a Abs 2 und des § 563b Abs 3 BGB zeigen deutlich, dass unter den gesetzlichen Begriff der Sicherheitsleistung grundsätzlich auch **nachträglich vereinbarte** Sicherheitsleistungen fallen (s Rn 9).

2. Barkaution

5 Von einer Barkaution spricht man, wenn der Mieter dem Vermieter eine bestimmte Summe Geldes übergibt oder übereignet, aus der sich der Vermieter wegen seiner offenen Forderungen gegen den Mieter gegebenenfalls befriedigen kann und die bei Vertragsende (mit Zinsen) zurückzuzahlen ist, soweit vom Vermieter nicht zur Abdeckung seiner Forderungen in Anspruch genommen. Die **Rechtsnatur** der Barkaution ist umstritten (s Derleder PiG 75 [2006] 59, 62 ff = NZM 2006, 601; Dickersbach WuM 2006, 595; Foerster ZMR 2009, 245, 247 ff; Jacoby ZMR 2015, 1; Kandelhard NZM 2001, 696, 698 f; Kiessling JZ 2004, 1146 f; Mülbert, in: FS Köndgen [2016] 413, 417 ff; Staudinger/Wiegand [2019] § 1204 Rn 57 ff, § 1213 Rn 11 f mwNw). Man hat vor allem danach zu unterscheiden, ob der fragliche Betrag in das Eigentum des Vermieters übergehen soll oder nicht. Behält der **Mieter** das **Eigentum** an dem dem Vermieter übergebenen Geldbetrag, den der Vermieter lediglich zweckgebunden zu verwahren hat, so spricht am meisten für die Annahme einer **Verpfändung** der Geldscheine (die ohne Weiteres möglich ist), verbunden mit der Abrede, dass sich der Vermieter gegebenenfalls wegen seiner fälligen Forderungen (nur) aus dem Mietvertrag aus der „bereitgestellten Geldsumme" (s § 551 Abs 2 S 1 BGB) befriedigen darf (§§ 1205, 1215 BGB; Foerster ZMR 2009, 245, 247).

5a Geht dagegen wie idR, spätestens durch Vermischung, vereinbarungsgemäß das **Eigentum** an dem Geldbetrag auf den **Vermieter** über (§§ 948 Abs 1, 947 Abs 2 BGB), so finden sich unterschiedliche Konstruktionen. Überwiegend wird die Barkaution in diesem Fall als **unregelmäßiges Nutzungspfandrecht** oder **irreguläres Pfandrecht** qualifiziert, dessen Besonderheit darin besteht, dass der Kautionsbetrag zwar in das Eigentum des Vermieters übergeht, aber *treuhänderisch gebunden* ist, dh nur zu Sicherungszwecken verwandt werden darf. Maßgebend sind in erster Linie die Abreden der Parteien (BGHZ 127, 138, 140 f = NJW 1994, 3287; BGH WM 2010, 330 Tz 6); hilfsweise gelten die §§ 1204 ff BGB und damit insbesondere auch die §§ 1213 und 1214 BGB (OLG Frankfurt NJW-RR 1989, 891; Mülbert, in: FS Köndgen [2016] 413, 418 ff; Staudinger/Wiegand [2019] § 1204 Rn 57 ff, § 1213 Rn 11 f). Tatsächlich dürfte es sich indessen wohl eher um ein **treuhänderisch gebundenes Darlehen** handeln, da die Sicherheit des Vermieters in erster Linie darin besteht, dass er gegen den (aufschiebend bedingten) Rückzahlungsanspruch des Mieters (§ 488 Abs 1 S 2 BGB) mit den jeweils gesicherten Forderungen aufrechnen kann (s Kiessling JZ 2004, 1146 f; dagegen

Mülbert, in: FS Köndgen [2016] 413, 417 f). Keine Rolle spielt, ob der Vermieter den ihm vom Mieter übergebenen Betrag auf einem offenen Treuhandkonto oder auf einem allgemeinen Girokonto einzahlt (§§ 488 Abs 1 S 2, 700 BGB; Derleder PiG 75 [2006] 59, 62 ff = NZM 2006, 601). Die **Fälligkeit** des Anspruchs des Vermieters auf die Leistung der Barkaution richtet sich in jedem Fall nach § 551 Abs 2 BGB (s Rn 12 ff). Kommt der Mieter mit der Zahlung der Kaution in **Verzug**, so kann der Vermieter nach § 569 Abs 2a BGB kündigen (s Rn 13). Wegen der Anlage der Barkaution ist § 551 Abs 3 BGB zu beachten (s Rn 17 ff). Nach Vertragsende kann der Mieter nach Ablauf der Prüfungsfrist Rückzahlung der Kaution verlangen (s Rn 30 f).

3. Abtretung und Verpfändung von Forderungen und Wertpapieren

Als weitere Sicherheitsleistung des Mieters kommt die Abtretung oder Verpfändung von Forderungen einschließlich insbesondere von Sparguthaben bei einem Kreditinstitut in Betracht (Häublein ZMR 2017, 445, 447; zurückhaltend zur Verwertbarkeit derartiger Sicherheiten Horst NZM 2018, 889, 898). **Beispiele** sind die Abtretung eigener Mietansprüche des Mieters gegen Dritte an den Vermieter (OLG Celle ZMR 2011, 379), die Verpfändung von Wertpapieren (§§ 234, 1293 BGB; LG Berlin NJW-RR 1998, 10 = ZMR 1997, 421; AG Tempelhof GE 2014, 525) sowie die Sicherungsübereignung einzelner Sachen (AG/LG Dortmund ZMR 2007, 536, 537 f). § 551 BGB gilt grundsätzlich für alle genannten Formen der Sicherheitsleistung (BGHZ 107, 210, 213 = NJW 1989, 1853), soweit nicht das Gesetz wie in den Abs 2 und 3 des § 551 BGB ausdrücklich allein auf die Barkaution Bezug nimmt. Auch im Falle der **Abtretung von Forderungen** des Mieters an den Vermieter ist folglich die Beschränkung des § 551 Abs 1 BGB zu beachten; die über die Grenzen des § 551 Abs 3 hinausgehende Abtretung von Forderungen ist unwirksam (§§ 551 Abs 4, 139 BGB; OLG Celle ZMR 2011, 379, 380). Im Falle der Verpfändung von **Wertpapieren** findet auch § 240 BGB Anwendung, sodass der Vermieter einen Anspruch auf weitere Sicherheitsleistung hat, wenn die verpfändeten Wertpapiere an Wert verlieren (AG Tempelhof GE 2014, 525). 6

Praktische Bedeutung hat vor allem die Verpfändung oder auch Abtretung von **Sparguthaben**. Maßgebend sind die §§ 1275 und 1279 ff BGB, sodass der Vermieter, sobald seine Forderung fällig ist, Auszahlung des Guthabens verlangen kann (§ 1282 BGB). Ob bei **Übergabe eines Sparbuchs** eine Verpfändung oder eine Abtretung des Anspruchs gegen das Kreditinstitut vorliegt, hängt von den Umständen des Einzelfalls ab (s im Einzelnen BGH 2. 5. 1984 – VIII ZR 344/82, LM Nr 88 zu § 535 BGB = NJW 1984, 1749; OLG Nürnberg NJW-RR 1998, 1265 = NZM 1998, 660; LG Berlin GE 2003, 742; 2007, 449, 451; LG Dortmund WuM 2007, 73; AG Dortmund WuM 2006, 251; Derleder PiG 75 [2006] 59, 68 f = NZM 2006, 601; Streyl WuM 2013, 107). Wenn nach der Trennung von Eheleuten die Wohnung nach § 1568a BGB demjenigen Ehegatten zugewiesen wird, der seinerzeit keine Kaution in Gestalt der Verpfändung eines Sparguthabens an den Vermieter geleistet hatte, kann der Ehegatte, der die Wohnung nach der Trennung dem anderen überlässt, vor Beendigung des Mietverhältnisses keinen Ausgleich für seine frühere Kautionsleistung verlangen; § 1568b Abs 3 BGB findet keine entsprechende Anwendung (KG 14. 11. 2017 – 19 UF 19/17, NZM 2018, 562). 6a

Nach **Vertragsende** hat der Mieter (nach Ablauf der üblichen Prüfungsfrist) einen Anspruch auf Freigabe und Rückgabe des Sparbuchs, spätestens also, sobald feststeht, dass dem Vermieter keine Ansprüche mehr gegen den Mieter zustehen 6b

(§§ 952, 985, 1273, 1223 BGB; s unten Rn 29 f; BGH 20. 7. 2016 – VIII ZR 163/14, WuM 2016, 620 Rn 12 = NZM 2016, 762; AG Leonberg WuM 2015, 157, 158; Ludley NZM 2013, 777; ders NZM 2016, 764; M Schmid ZMR 2014, 256, 258). Die **Freigabe**, dh die Aufhebung der Verpfändung erfolgt durch formlosen Vertrag (§ 311 Abs 1 BGB), insbesondere konkludent durch die Rückgabe des Sparbuchs seitens des Vermieters; einer Anzeige an die Bank bedarf es dazu nicht (AG/LG Augsburg WuM 2011, 366). Entsprechendes gilt für die Rückabtretung des Sparguthabens (§ 398 BGB). Gegen den Anspruch auf Rückgabe des Sparbuchs bei Vertragsende kann der Vermieter – mangels Gleichartigkeit – auch nicht mit noch offenen Zahlungsansprüchen aufrechnen (§ 387 BGB; KG WuM 2011, 171, str). Der Anspruch des Mieters auf Freigabe des Sparbuchs unterliegt der regelmäßigen Verjährung (§§ 194, 195, 199 BGB; LG Berlin WuM 2013, 106; M Schmid ZMR 2014, 256, 258; Streyl WuM 2013, 107). Zusätzliche Probleme ergeben sich hier, wenn die **Bank insolvent** wird; der Mieter erwirbt dann zwar im Zweifel einen Entschädigungsanspruch gegen einen der verschiedenen Einlagensicherungsfonds; an diesem Anspruch setzt sich indessen das Pfandrecht des Vermieters nicht fort (BGH 18. 3. 2008 – XI ZR 454/06, BGHZ 176, 67, 69 = NZM 2008, 456; Zacher NZM 2009, 426).

4. Bürgschaft

7 Als weitere mögliche Sicherheitsleistung iSd § 551 BGB ist schließlich noch die Übernahme einer Bürgschaft durch einen Dritten gegenüber dem Vermieter für die Verbindlichkeiten des Mieters aus dem Mietverhältnis hervorzuheben (s BGHZ 107, 210 = NJW 1989, 1853; BGHZ 111, 361 = NJW 1990, 2380; BGHZ 138, 49 = NJW 1998, 981). Maßgebend sind in erster Linie die §§ 765 ff BGB, wobei jedoch ergänzend § 551 BGB zu beachten ist. Auf die **Bezeichnung** des Vertrages kommt es nicht an (§§ 133 und 157 BGB). Ein vom Vermieter als Voraussetzung des Abschlusses des Mietvertrages geforderter *„Schuldbeitritt"* eines Dritten ist deshalb unter dem Blickwinkel des § 551 BGB als das zu behandeln, als was er gemeint ist, nämlich als Bürgschaft des genannten Dritten (Fervers NZM 2015, 105, 109). Ebenso ist zu entscheiden, wenn ein Dritter formal als angeblicher *„Mieter"* neben dem eigentlichen Mieter dem Mietvertrag beitritt, obwohl er tatsächlich nie ernsthaft die Absicht hatte, die Räume selbst zu beziehen, etwa, weil sie von vornherein überhaupt keinen Platz für die Aufnahme des Dritten bieten (LG Leipzig NJW-RR 2005, 1250, 1251 f = NZM 2006, 175; LG Lübeck ZMR 2010, 857; Fervers NZM 2015, 105, 110 f; dagegen Derleder PiG 75 [2006] 59, 66 f = NZM 2006, 601). In den Grenzen der §§ 307, 551 und 765 ff BGB herrscht **Vertragsfreiheit**. Den Parteien ist es insbesondere überlassen, welche **Art** der Bürgschaft sie wählen (§§ 311 Abs 1, 765 BGB). Möglich ist auch eine **selbstschuldnerische Bürgschaft** nach § 773 Abs 1 Nr 1 BGB. Dagegen kann nicht durch Formularvertrag die Verpflichtung des Wohnraummieters zur Beibringung einer (überaus gefährlichen) Bürgschaft auf erstes Anfordern begründet werden (§§ 305c, 307 Abs 1 BGB; Derleder PiG 75 [2006] 59, 64 f = NZM 2006, 601; Leo/Ghassemi-Tabar NZM 2011, 97; – anders zu Unrecht KG GE 2004, 233, 234; OLG Karlsruhe NZM 2004, 742; OLG Düsseldorf ZMR 2005, 784; Blank/Börstinghaus § 551 Rn 24; Both WuM 2019, 545, 554; G Fischer, in: Gedschr Sonnenschein 407 = NZM 2003, 497 sowie für die gewerbliche Miete Horst NZM 2018, 889, 897).

7a Das Gesagte (s Rn 7) gilt unstreitig jedenfalls dann, wenn der Vermieter den Abschluss des Mietvertrages davon *abhängig macht,* dass der Mieter die Bürgschaft eines Dritten beibringt und daraufhin ein Dritter die Bürgschaft für den Mieter übernimmt. Anders wird jedoch vielfach entschieden, wenn ein **Dritter freiwillig** (von sich aus) für den Mieter eine **Bürgschaft** anbietet, etwa um eine Kündigung des Vermieters wegen Zahlungsverzugs des Mieters abzuwenden, weil dann der Vertragsabschluss nicht von der Sicherheitsleistung des Dritten als Bürgen abhängig sei (s oben Rn 4; BGHZ 111, 361, 363 = NJW 1990, 238; BGH 10. 4. 2012 – VIII ZR 379/12, NJW 2013, 1876 Tz 13 ff = NZM 2013, 756; LG Mannheim ZMR 2010, 367; AG Dillingen/LG Augsburg ZMR 2003, 39, 40; LG Kiel NJW-RR 1991, 1291, 1292; LG Leipzig NJW-RR 2005, 1250, 1251; LG Berlin GE 2014, 1529 = ZMR 2014, 790; GE 2017, 174 = ZMR 2017, 562; AG Köpenick GE 2013, 815; ZMR 2014, 295; Blank/Börstinghaus § 551 Rn 33; Kiessling JZ 2004, 1146, 1149; Staudinger/Stürner [2020] § 765 Rn 79 f; Palandt/Weidenkaff Rn 3). An die Annahme der **„Freiwilligkeit"** der Bürgschaftsübernahme eines Dritten werden jedoch durchweg hohe Anforderungen gestellt, um sonst naheliegenden Versuchen zur Umgehung des § 551 BGB begegnen zu können. „Freiwilligkeit" scheidet bereits aus, wenn der Vermieter in irgendeiner Form den Vertragsabschluss von der Bürgschaft eines Dritten **abhängig** gemacht hat (LG Berlin GE 2014, 1529 = ZMR 2014, 790; AG Köpenick GE 2013, 815; ZMR 2014, 295; Fervers NZM 2015, 105, 109).

Als **Beispiele** „freiwilliger" Bürgschaften werden Bürgschaften von Eltern für die Mietschulden ihrer Kinder oder Bürgschaften Dritter, durch die eine sonst drohende Kündigung des Vermieters wegen Zahlungsverzugs des Mieters nach § 543 Abs 2 Nr 3 BGB abgewendet werden soll, genannt (BGH 10. 4. 2012 – VIII ZR 379/12, NJW 2013, 1876 Tz 13 ff = WuM 2013, 357 = NZM 2013, 756; Riecke ZMR 2014, 295). Voraussetzung soll zudem noch sein, dass der Mieter durch die Bürgschaft „nicht erkennbar belastet wird" (so BGHZ 111, 361, 363 = NJW 1990, 238). Dies kann nur bedeuten, dass, wenn Rückgriffsansprüche des Bürgen gegen den Mieter aus Vertrag oder aus § 774 BGB in Betracht kommen, § 551 BGB wieder anwendbar wird (so in der Tat Kiessling JZ 2004, 1146, 1149). Aber auch mit dieser Einschränkung ist der geschilderten Praxis mit Rücksicht auf den Zweck der gesetzlichen Regelung *nicht* zu folgen (Derleder WuM 2002, 239, 241; ders PiG 75 [2006] 59, 65 f = NZM 2006, 601; Siedler ZMR 2003, 41; Tiedtke ZMR 1990, 401). Auf jeden Fall spricht bei Übernahme einer Bürgschaft seitens eines Dritten für den Mieter bereits bei Abschluss des Mietvertrages eine **Vermutung** dafür, dass es sich um eine Sicherheitsleistung im Sinne des § 551 BGB handelt (OLG Düsseldorf NJW-RR 1998, 81; LG Mannheim ZMR 2010, 367). **7b**

Im Falle der Anwendbarkeit des § 551 Abs 1 BGB (Rn 7a) ist die **Höhe** der Bürgschaft auf das Dreifache einer Monatsmiete beschränkt. Verstößt der Bürgschaftsvertrag gegen diese sich aus § 551 Abs 1 BGB ergebende Beschränkung der Höhe der Bürgschaft, so ist er, *soweit* die Grenze des § 551 Abs 1 BGB überschritten wird, *nichtig* (§§ 134, 139, 768 BGB; s unten Rn 9, Rn 11; BGHZ 107, 110, 212 f = NJW 1989, 1853; BGH 30. 6. 2004 – VIII ZR 243/03, NJW 2004, 3045 = NZM 2004, 613; OLG Düsseldorf NJW-RR 1998, 81; OLG Hamburg NZM 2001, 375, 376 = ZMR 2001, 887; LG Kassel WuM 1997, 555; LG Leipzig NJW-RR 2005, 1250, 1251; aM Kiessling JZ 2004, 1146, 1148 f). Maßgebend ist die Miethöhe bei Abschluss des Bürgschaftsvertrages (s unten Rn 9); spätere **Mieterhöhungen** führen nicht zu einer entsprechenden Ausweitung der Bürgschaft, soweit nicht ausdrücklich das Gegenteil mit dem Bürgen vereinbart ist (Blank/Börstinghaus Rn 31 f; Derleder WuM 2002, 239, 241). Entsprechendes gilt bei einer ursprünglich nicht vorgesehenen **Ausdehnung oder Verlängerung** des Mietvertrages, wenn dadurch das Risiko des Bürgen erhöht würde (§§ 765 Abs 2, 767 Abs 1 S 3 BGB; OLG Düsseldorf ZMR 2005, 784, 786; OLG Frankfurt NZM 2006, 900; Host NZM 2018, 889, 897 f für die gewerbliche Miete). Auf diese Beschränkungen der Bürgschaft kann sich neben dem Bürgen auch der Mieter berufen, indem er vom **8**

Vermieter verlangt, den Bürgen nicht über die genannten Grenzen hinaus in Anspruch zu nehmen, schon, um Rückgriffsansprüche des Bürgen zu vermeiden (§§ 551, 134, 774 BGB; Staudinger/Horn [2013] § 765 Rn 78). Außerdem kann der Mieter dann **Rückgabe der Bürgschaftsurkunde** (§ 766 BGB) an den Bürgen verlangen; der Vermieter ist nicht berechtigt, wegen anderer, nicht gesicherter Forderungen gegen den Mieter die Rückgabe zu verweigern (s Rn 30 f; OLG Frankfurt NZM 2006, 900). Dasselbe gilt nach Vertragsende und Fortfall des Sicherungszwecks (OLG Frankfurt ZMR 2012, 863). Ebensowenig sichert im Zweifel die Bürgschaft nach dem Tode des Mieters die Ansprüche des Vermieters gegen die Erben des Mieters (LG Münster WuM 2008, 481).

8a Sind die **Ansprüche** des Vermieters nach § 548 BGB **verjährt**, so kann sich auch der Bürge gemäß § 768 BGB darauf berufen (BGHZ 138, 49, 52 ff = NJW 1998, 981 = NZM 1998, 224; OLG Hamm NJW-RR 1995, 939; LG Wiesbaden WuM 1986, 253; Geldmacher NZM 2003, 502; Staudinger/Stürner [2020] § 765 Rn 79; M Schmid ZMR 2014, 256, 258). In einem Formularvertrag kann nichts anderes bestimmt werden (Derleder PiG 75 [2006] 59, 83 f = NZM 2006, 601). Zu beachten ist, dass die **Klage gegen den Mieter** (als Hauptschuldner) *nicht* die Verjährung gegenüber dem Bürgen *hemmt* (§§ 203, 204 BGB) – und umgekehrt, sodass der Bürge, selbst wenn gegen ihn rechtzeitig Klage erhoben wird, immer noch die Einrede der Verjährung geltend machen kann, wenn mittlerweile die Ersatzansprüche des Vermieters gegen den Mieter nach § 548 BGB verjährt sind (Geldmacher NZM 2003, 502 mwNw). Tritt die Verjährung der Ansprüche gegen den Mieter nach Rechtskraft des Urteils gegen den Bürgen ein, so steht dem Bürgen die Vollstreckungsabwehrklage des § 767 ZPO offen (Blank/Börstinghaus Rn 22; Geldmacher NZM 2003, 502 mwNw; Hinz NZM 2019, 76, 85;).

8b Durch die Bürgschaft eines Dritten für den Mieter wird ein Dauerschuldverhältnis begründet, sodass der Bürge die Bürgschaft nach § 314 BGB aus wichtigem Grunde **kündigen** kann (s Derleder PiG 75 [2006] 59, 78 f = NZM 2006, 601; Staudinger/Stürner [2020] § 765 Rn 79). Überwiegend wird freilich eine Kündigung allein **bei unbefristeten**, nicht dagegen bei befristeten **Mietverträgen** zugelassen (KG ZMR 2007, 961) und auch dies frühestens zu dem ersten Termin, zu dem auch der Vermieter erstmals ordentlich kündigen kann (§ 314 BGB; OLG Düsseldorf NJW 1999, 3128 = ZMR 2000, 89; LG Berlin NZM 2001, 1075 Nr 2; AG Iserlohn WuM 2004, 544; Kraemer NZM 2001, 737, 740). Als **wichtiger Grund** wird es insbesondere anzusehen sein, wenn in den Vermögensverhältnissen des Mieters eine erhebliche Verschlechterung eintritt (s §§ 321, 490 BGB).

III. Höhe der Sicherheitsleistung

1. Grundsatz

9 § 551 Abs 1 BGB bestimmt im Anschluss an frühere preisrechtliche Regelungen, dass die Sicherheitsleistung (vorbehaltlich des § 551 Abs 3 S 4 [Erhöhung der Sicherheit durch Zinsen]) höchstens das Dreifache der auf einen Monat entfallenden Miete ohne die als Pauschale oder als Vorauszahlung gesondert ausgewiesenen Betriebskosten betragen darf. **Maßstab** ist die Miete, die der Mieter in dem Zeitpunkt schuldet, in dem er sich mit dem Vermieter über die Leistung einer Kaution einigt (s oben Rn 8; BGH 20. 7. 2005 – VIII ZR 147/04, NJW 2005, 2773, 2774 = NZM 2005, 699; Sternel, Mietrecht Rn III 241; Kraemer NZM 2001, 737, 738). **Betriebskosten** bleiben nach § 551 Abs 1 BGB unberücksichtigt, (nur) wenn sie als Pauschale oder Vorauszahlungen im

Mietvertrag gesondert ausgewiesen werden, sodass sich der Vermieter im Ergebnis bei Vereinbarung einer Brutto- oder Teilinklusivmiete besser als bei Vereinbarung einer Netto- oder Kaltmiete steht (AG Wuppertal MDR 1989, 162). Eine **Minderung** bleibt gleichfalls grundsätzlich unberücksichtigt (BGH 20. 7. 2005 – VIII ZR 147/04, NJW 2005, 2773, 2774 = NZM 2005, 699; LG Berlin WuM 2005, 454; Derleder PiG 75 [2006] 59 = NZM 2006, 601); anders verhält es sich nur, wenn die Miete wegen *unbehebbarer Mängel* gemindert wird wie zB bei einer Flächendifferenz von 10 % und mehr (BGH 20. 7. 2005 – VIII ZR 147/04, NJW 2005, 2773, 2774 = NZM 2005, 699; LG Berlin WuM 2005, 454). Entsprechendes gilt in **Wucherfällen**, insbesondere also bei Verstößen gegen § 5 WiStG. Maßstab für § 551 Abs 1 BGB ist dann die höchstzulässige Miete.

Zusätzliche Probleme entstehen bei dem nachträglichen Auftreten **unbehebbarer** **9a** **Mängel**, zB bei einer Verkleinerung der Wohnfläche um mehr als 10 % durch unvermeidliche Baumaßnahmen (§ 555f BGB). Einigen sich die Parteien dann nicht über eine **Anpassung** der Sicherheitsleistung des Mieters, so kann man in Ausnahmefällen zu einer Lösung über eine etwaige Schadensersatzpflicht des Vermieters gelangen (§§ 536 Abs 1 Fall 2, 280 Abs 1, 249 BGB; Börstinghaus, in: FS Blank [2006] 77 = NZM 2008, 558; Derleder PiG 75 [2006] 59 = NZM 2006, 601). Jenseits dieser Fälle bleibt es jedoch grundsätzlich bei der einmal vereinbarten Höhe der Sicherheitsleistung. Das gilt auch im Falle einer **Mieterhöhung**. Diese führt nicht etwa ohne Weiteres zu einer entsprechenden Erhöhung der vom Mieter geschuldeten Sicherheitsleistung; der Vermieter hat auch *keinen* Anspruch auf eine entsprechende Vereinbarung der Parteien (LG Berlin WuM 2005, 454; Börstinghaus, in: FS Blank [2006] 77 = NZM 2008, 558; krit Derleder PiG 75 [2006] 59 = NZM 2006, 601; ders WuM 2002, 239, 241). Aber nichts hindert die Parteien an einer entsprechenden Vereinbarung aus Anlass der Mieterhöhung. Streitig ist nur, ob die Parteien auch *im Voraus,* dh im Hinblick auf spätere Mieterhöhungen, eine automatische Anpassung der Sicherheitsleistung vereinbaren können (dafür Börstinghaus, in: FS Blank [2006] 77 = NZM 2008, 558 mwNw). Dies ist jedoch mit Rücksicht auf § 551 Abs 4 BGB durchaus zweifelhaft.

Das Dreifache der Miete bildet die **Obergrenze** für *jede* Form der Sicherheit, also nicht **9b** nur für die Barkaution, sondern ebenso zB für Bürgschaften (sofern sie überhaupt unter § 551 BGB fallen, s oben Rn 8) oder für die Hinterlegung von Wertpapieren. Mehrere Sicherheiten sind zusammenzurechnen (sog **Kumulationsverbot**), sodass der Vermieter, wenn er zB bereits eine Barkaution in der höchstzulässigen Höhe erhalten hat, vom Mieter keine weiteren Sicherheiten, etwa in der Form der Bürgschaft eines Dritten verlangen kann (BGHZ 107, 210, 212, 213 = NJW 1989, 1853; BGH 30. 6. 2004 – VIII ZR 243/03, NJW 2004, 3045 = NZM 2004, 613). Werden **mehrere** Sicherheiten **gleichzeitig**, und zwar unter Verstoß gegen das Kumulationsverbot bestellt, zB eine Barkaution *und* zusätzlich eine Bürgschaft Dritter, so ist freilich unklar, *welche* der verschiedenen Sicherheiten wegen des Verstoßes gegen § 551 Abs 1 BGB und in welcher Höhe *nicht* geschuldet ist (§ 551 Abs 4 BGB; s Derleder PiG 75 [2006] 59 = NZM 2006, 601 72 f). Als Lösung bietet sich hier eine entsprechende Anwendung des § 366 Abs 2 BGB an.

2. Ausnahmen?

Das Gesetz billigt dem Vermieter nur in den Fällen des § 554a Abs 2 und des § 563b **10** Abs 3 BGB einen **Anspruch auf** eine **Erhöhung** der Sicherheitsleistung des Mieters zu. Nach einer verbreiteten Meinung muss dasselbe gelten, wenn der Vermieter nachträglich im Interesse des Mieters und auf dessen Wunsch hin **zusätzliche Risiken übernimmt**, insbesondere also bei nachträglicher Zustimmung des Vermieters zu baulichen Veränderungen des Mieters in Verbindung mit dessen Verpflichtung zum Rückbau bei Vertragsende. Paradigma ist die Anbringung von Parabolantennen (OLG Karlsruhe WuM 1993, 525, 527 = NJW 1993, 2818; OLG Hamm WuM 1993, 659, 660; OLG Hamburg WuM 1993, 527; OLG Stuttgart WuM 1995, 306; Börstinghaus, in: FS Blank [2006] 77 = NZM 2008, 558 ff; Kraemer NZM 2001, 737, 738). Aus dem Zusammenhang des § 551 Abs 1 BGB mit den genannten Vorschriften dürfte jedoch der Schluss zu ziehen sein, dass die gesetzliche Regelung als **abschließend** gedacht ist. Auch wenn der Vermieter im Interesse des Mieters zusätzliche Risiken übernimmt, bleibt es somit jenseits des § 554a Abs 2 und des § 563b Abs 3 BGB bei der Obergrenze des § 551 Abs 1 BGB, solange nicht gleichzeitig die Miete erhöht wird und der Mieter aus diesem Anlass einer Anpassung der Sicherheitsleistung zustimmt (s Rn 9a).

3. Rechtsfolge

11 § 551 BGB ist zu Gunsten des Mieters zwingend (§ 551 Abs 4 BGB), sodass Vereinbarungen, die gegen § 551 Abs 1 BGB sowie gegen das daraus abgeleitete Kumulationsverbot verstoßen (o Rn 9b), grundsätzlich nichtig sind (§ 134 BGB). Mit Rücksicht auf den mieterschützenden Zweck der Regelung bleibt davon jedoch die Wirksamkeit des Mietvertrages im Übrigen unberührt. Umstritten ist lediglich die Frage, ob sich die Unwirksamkeit auf die Sicherungsabrede *insgesamt* erstreckt *oder* ob sie nur den mit § 551 Abs 1 BGB *unvereinbaren Teil* der Sicherungsabrede erfasst, während die Sicherungsabrede im Übrigen aufrechterhalten wird (entgegen § 139 BGB). Die überwiegende Meinung geht unter Berufung auf den vermutlichen Willen der Parteien von dem letzteren, dh von der Aufrechterhaltung der Sicherungsabrede, soweit zulässig, aus, und zwar auch bei Verstößen gegen das Kumulationsverbot, etwa in Gestalt der Verbindung einer Barkaution mit der Übernahme einer Bürgschaft durch einen Dritten (s oben Rn 9b; BGHZ 107, 210, 212 ff = NJW 1989, 1853; BGH 3. 12. 2003 – VIII ZR 86/03, NJW 2004, 1240 = NZM 2004, 217; 30. 6. 2004 – VIII ZR 143/03, NJW 2004, 3045 = NZM 2004, 613 mwNw; LG Berlin GE 2007, 1633; Heinrichs WuM 2005, 155, 164 = NZM 2005, 201; **aM** Kiessling JZ 2004, 1146, 1149).

11a Hat der Mieter die zusätzliche, nach dem Gesagten (o Rn 9) nicht geschuldete Sicherheitsleistung bereits erbracht, so kann er sie **kondizieren** (§§ 134, 812 Abs 1 S 1 BGB; BGHZ 107, 210, 212 = NJW 1989, 1853). Der Anspruch ist sofort **fällig**, also auch schon vor Vertragsende (§ 271 BGB) und **verjährt** in der Regelverjährungsfrist der §§ 195 und 197 BGB (BGH 1. 8. 2011 – VIII ZR 91/10, NJW 2011, 2570 Tz 19 ff = NZM 2011, 625; Witt NZM 2012, 645, 652, str). Lässt der Mieter den Bereicherungsanspruch verjähren, so ist offen, wie dann zu verfahren ist (s Peters NZM 2011, 803; M Schmid WuM 2011, 499; ders ZMR 2014, 256, 258 f; Witt NZM 2012, 645, 652). Am meisten spricht hier dafür, den überzahlten Betrag fortan ebenfalls als Sicherheitsleistung zu behandeln, sodass der Vermieter insbesondere verpflichtet ist, diesen Betrag ebenfalls *nach Vertragsende zurückzuzahlen* (ebenso zB M Schmid WuM 2011, 499; ders ZMR 2014, 256, 258 f). Fraglich ist ferner, ob der Vermieter während des laufenden Vertrags gegen den Bereicherungsanspruch des Mieters bei einer Barkaution mit anderen Forderungen aus dem Mietverhältnis **aufrechnen** kann. Da jedoch die Folge wäre, dass dann der Verstoß des Vermieters gegen § 551 Abs 1 BGB im Ergebnis ohne Sanktion bliebe, dürfte ein Aufrechnungsrecht des Vermieters ausscheiden (LG Bremen NJW-RR 1993, 19; LG Berlin

GE 1996, 741; AG/LG Gießen ZMR 2001, 459, 460; AG Dortmund WuM 1997, 212, 213; **aM** Dickersbach WuM 2006, 595, 597 f), während der Mieter seinerseits durchaus mit seinem Rückzahlungsanspruch gegen weitere Ansprüche des Vermieters aufrechnen kann (LG Heidelberg WuM 1997, 42, 44).

IV. Fälligkeit

Die Fälligkeit der Sicherheitsleistung des Mieters richtet sich in erster Linie nach den **Abreden** der Parteien; hilfsweise nach § 271 BGB (s unten Rn 15). Eine gesetzliche Sonderregelung findet sich lediglich für die **Barkaution** in § 551 Abs 2 BGB, nach dem der Mieter, wenn eine Geldsumme bereitzustellen ist, zu drei gleichen monatlichen Teilzahlungen berechtigt ist, wobei die **erste Teilzahlung** zu Beginn des Mietverhältnisses fällig ist. Seit 2013 fügt S 3 des § 551 Abs 2 BGB hinzu, dass die **weiteren Teilzahlungen** mit den unmittelbar folgenden Mietzahlungen fällig werden. Dadurch sollte klargestellt werden, dass die Fälligkeit der weiteren Kautionsraten nach Zahlung der ersten Rate mit den zeitlich unmittelbar nachfolgenden Mietzahlungen eintritt (Begr z RegE BT-Drucks 17/10485 S 18; Hinz ZMR 2012, 153, 160). In unmittelbarem Zusammenhang mit dieser Regelung steht § 569a Abs 2 BGB ebenfalls von 2013, nach dem ein wichtiger Grund zur **fristlosen Kündigung** im Sinne des § 543 Abs 1 BGB auch vorliegt, wenn der Mieter mit einer Sicherheitsleistung in Höhe eines Betrages in Verzug ist, der der zweifachen Monatsmiete entspricht (s die Begr S 25; wegen der Einzelheiten s § 569 Rn 19a ff).

§ 551 Abs 2 BGB gilt für alle denkbaren Formen der **Sicherheitsleistung in Geld**, insbesondere also für die Überweisung oder Übergabe eines Geldbetrages sowie für die Hinterlegung von Geld (Rn 5; Begr z RegE BT-Drucks 9/2079, 13; AG Hamburg NZM 2001, 1032; Kiessling JZ 2004, 1146, 1147). In allen diesen Fällen ist der Mieter mithin nach § 551 Abs 2 BGB zur Ratenzahlung berechtigt, wobei die **erste Rate** zu Beginn des Mietverhältnisses fällig ist (§ 271 BGB); gemeint ist damit nicht der Zeitpunkt des Vertragsabschlusses (so Kiessling JZ 2004, 1146, 1147), sondern der Zeitpunkt, zu dem das Mietverhältnis **in Vollzug gesetzt** werden soll, sodass die erste Rate grundsätzlich zusammen mit der ersten Miete gemäß § 556b Abs 1 BGB zu zahlen ist, mag der Mieter tatsächlich einziehen oder nicht (LG Berlin WuM 1988, 266; LG Mannheim ZMR 1990, 10; Börstinghaus, in: FS Blank [2006] 77 = NZM 2008, 558; Schmidt-Futterer/Blank § 551 Rn 61; Lützenkirchen § 551 Rn 75; str). Diese Regelung ist unabhängig davon anzuwenden, ob die Miete zu Beginn oder am Ende eines Monats geschuldet ist. § 286 Abs 3 S 1 BGB findet keine Anwendung (Börstinghaus, in: FS Blank [2006] 77 = NZM 2008, 558; Schmidt-Futterer/Blank § 551 Rn 61). Die **Fälligkeit der weiteren Raten** tritt dann gemäß § 551 Abs 2 S 3 BGB zusammen mit den unmittelbar folgenden Mietzahlungen ein (zu Einzelheiten s Hinz ZMR 2012, 153, 168). Nach Ablauf der ersten drei Mietmonate ist die Barkaution auf einmal fällig (Blank/Börstinghaus Rn 38; Schmidt-Futterer/Blank § 551 Rn 61 Abs 33). Die **Quotelung** greift auch ein, wenn die Barkaution niedriger als drei Monatsmieten ist (Lützenkirchen § 551 Rn 74, 77). Sie gilt entsprechend, wenn eine andere als monatliche Zahlung der Miete vereinbart ist, zB eine **vierteljährliche** Zahlung (Lützenkirchen § 551 Rn 79). Vielfach wird diese Regelung auch auf den Fall der Sicherheitsleistung durch Verpfändung oder Übertragung eines **Sparguthabens** übertragen. Indessen passt in diesem Fall die Regelung des § 551 Abs 2 BGB offenkundig nicht, da die Quotelung des Sparguthabens keinen Sinn machte, sodass anzunehmen ist, dass die Parteien in der Frage der Fälligkeit der

Sicherheitsleistung durch Verpfändung oder Übertragung eines Spargutbabens frei sind (s Rn 15).

12b Mit der Vergünstigung des § 551 Abs 2 BGB für die Verpflichtung des Mieters zur Zahlung einer Barkaution hat der Gesetzgeber auf den Umstand reagiert, dass sich Mieter häufig gerade zu Mietbeginn, insbesondere durch die Belastung mit den Umzugs- und Einrichtungskosten, in einer besonders angespannten finanziellen Lage befinden. Deshalb der zwingende Charakter der ganzen Regelung zu Gunsten des Mieters, und zwar einschließlich insbesondere der durch § 551 Abs 2 BGB vorgeschriebenen Quotelung der Barkaution. Daraus ist der Schluss zu ziehen, dass für die Anwendung des § 551 Abs 2 BGB kein Raum ist, wenn in zulässiger Weise **nachträglich** noch eine Kautionszahlungspflicht vereinbart wird (vgl § 554a Abs 2 BGB; Lützenkirchen Rn 84). Besonderheiten gelten, wenn nach den Abreden der Parteien der Mieter zu Beginn des Mietverhältnisses keine Miete schuldet, wenn zB die ersten drei Monate **mietfrei** sein sollen. Nach der gesetzlichen Regelung in § 551 Abs 2 BGB ändert dies indessen nichts an der Verpflichtung des Mieters zur Zahlung einer außerdem vereinbarten Barkaution in drei Raten. Die Parteien können jedoch, auch konkludent, etwas anderes vereinbaren, wenn und soweit der Mieter dadurch begünstigt wird, etwa, dass die Kaution erst mit der ersten Miete zu zahlen ist (Schmidt-Futterer/Blank Rn 61 Abs 2; Lützenkirchen § 551 Rn 80 ff).

12c Den Parteien steht es frei, einen **späteren Zeitpunkt** der Fälligkeit der Barkaution als den des Beginns des Mietverhältnisses im Sinne des § 551 Abs 2 BGB zu vereinbaren; in diesem Fall verschiebt sich entsprechend die **Fälligkeit** der beiden **folgenden Raten**, wobei zwischen den einzelnen Raten jeweils mindestens **ein Monat**, genauer: eine Zahlungsperiode, liegen muss (Blank/Börstinghaus § 551 Rn 38). In dem Mietvertrag braucht der Mieter nicht auf die Möglichkeit der Ratenzahlung hingewiesen zu werden, auch nicht in Formularverträgen, weil sich diese Möglichkeit unmittelbar aus dem Gesetz (§ 551 Abs 1 BGB) ergibt (LG Gießen ZMR 1995, 594; AG/LG Dortmund WuM 2003, 498 f; **aM** LG Berlin GE 2001, 1468; LG Hamburg WuM 1990, 416, 417 f; OLG Hamburg WuM 1991, 416; AG Homburg NZM 2001, 1032).

13 Kommt der Mieter bei Beginn des Mietverhältnisses seiner Verpflichtung zur Leistung einer Sicherheit nicht nach, so kann der Vermieter die Leistung der (ganzen) Sicherheit auch noch **während** der **Mietzeit** verlangen. Nach überwiegender Meinung gilt dies sogar noch **nach Beendigung** des Mietverhältnisses, sofern der Vermieter schlüssig darlegt, dass er noch offene Forderungen gegen den Mieter hat, etwa wegen Betriebskosten, über die er im Augenblick noch nicht abrechnen kann; der Anspruch **erlischt** jedoch, sobald feststeht, dass der Vermieter keine Ansprüche gegen den Mieter mehr hat (s unten Rn 25; BGH 12. 1. 1981 – VIII ZR 332/79, LM Nr 43 zu § 581 BGB = NJW 1981, 976; 22. 11. 2011 – VIII ZR 65/11, NZM 2012, 156 = WuM 2012, 97 Tz 3; OLG Düsseldorf ZMR 2000, 211, 212 f). Bei **Verzug** des Mieters mit der Sicherheitsleistung kann der Vermieter nach § 569 Abs 2a BGB **fristlos kündigen** (s Rn 12). Er kann außerdem Ersatz seines **Verzugsschadens** verlangen (§§ 280 Abs 2, 286 BGB). Indessen ist durchaus fraglich, ob ein Zinsschaden des Vermieters angesichts der gesetzlichen Regelung in § 551 Abs 3 S 4 BGB überhaupt vorstellbar ist; richtiger Meinung nach ist hier wohl in der Tat kein Raum für die Annahme eines Schadens des Vermieters, da die Zinsen ohnehin dem Mieter zustehen (§ 249 BGB; Blank/Börstinghaus § 551 Rn 40; Schmidt-Futterer/Blank § 551 Rn 61 Abs 3; BeckOGK/Siegmund

[1. 10. 2020] Rn 69). Deshalb stellt sich hier die weitere Frage, ob der Vermieter nicht wenigstens **Verzugszinsen** nach § 288 BGB oder **Prozesszinsen** gemäß § 991 BGB verlangen kann. Jedenfalls bei der Wohnraummiete dürfte auch diese Frage zu verneinen sein, um eine Umgehung des § 551 Abs 3 S 4 BGB zu verhindern, wobei hinzukommt, dass es ohnehin zweifelhaft ist, ob es sich bei der Barkaution überhaupt um eine Geldschuld im Sinne des § 288 BGB handelt (LG Frankental ZMR 2001, 893 f; OLG Düsseldorf GE 2000, 602; LG Köln WuM 1987, 257, 258; Foerster ZMR 2009, 245, 250 ff; Kraemer NZM 2001, 737, 738 f; Sternel, Mietrecht aktuell Rn 162 [S 312]; differenzierend Kiessling JZ 2004, 1146, 1150). Entscheidet man anders (so zB AG Dortmund WuM 2018, 643 = NZM 2019, 91; H Schulz NZM 2019, 92), so erhöhen die Zinsen auf jeden Fall gemäß § 551 Abs 3 S 4 BGB die Sicherheit des Vermieters (ebenfalls str; anders zB für die Prozesszinsen Hinz NZM 2019, 75, 77 f). Abweichende Vereinbarungen sind nur bei der Geschäftsraummiete möglich.

Wenn in dem Vertrag für die Barkaution unter Verstoß gegen § 551 Abs 2 BGB ein **früherer Fälligkeitstermin** als gesetzlich zulässig bestimmt wird, ist anzunehmen, dass dann ebenso wie bei Verstößen gegen Abs 1 des § 551 BGB (s oben Rn 11) *nur* die *Fälligkeitsabrede* wegen des Verstoßes gegen § 551 Abs 2 BGB nichtig ist (§§ 134, 551 Abs 4 BGB), während es im Übrigen bei der Verpflichtung des Mieters zur Leistung einer Sicherheit (in drei Raten ab Beginn des Mietverhältnisses) verbleibt (BGH NJW 2003, 2899 = NZM 2003, 754 = WuM 2003, 495; 3. 12. 2003 – VIII ZR 86/03, NJW 2004, 1240 = NZM 2004, 217 = WuM 2004, 147; WuM 2004, 269; 30. 6. 2004 – VIII ZR 293/03, NJW 2004, 3045 = NZM 2004, 613; 13. 10. 2010 – VIII ZR 98/10, NJW 2011, 59 Tz 14 = NZM 2011, 28). 14

Eine gesetzliche Regelung über die **Fälligkeit sonstiger Sicherheitsleistungen** (mit Ausnahme der Barkaution) fehlt (s oben Rn 12). Insoweit besteht mithin **Vertragsfreiheit** (§§ 271, 311 BGB), sodass die Parteien auch vereinbaren können, dass die Sicherheitsleistung sofort in voller Höhe bei Vertragsabschluss oder etwa bei Übergabe der Wohnung fällig ist. Wichtig ist das insbesondere für die Verpflichtung des Mieters zur Beibringung der Bürgschaft eines Dritten (AG Homburg NZM 2001, 1032; Kraemer NZM 2001, 737, 739) oder zur Übertragung oder Verpfändung eines Sparguthabens (s Rn 12; anders offenbar die hM). Ein Recht des Mieters auf **Teilleistungen** besteht hier nicht. Der Vermieter ist insbesondere nicht gehindert, bereits den Vertragsabschluss selbst von der vorherigen Leistung der Sicherheit, zB von der Übernahme einer Mietbürgschaft durch einen Dritten, abhängig zu machen (Kraemer NZM 2001, 737, 739). 15

V. Zurückbehaltungsrecht

Die Sicherheitsleistung ist eine vertragliche Pflicht des Mieters, sodass sich die Frage stellt, ob der Mieter ein Zurückbehaltungsrecht hinsichtlich der Sicherheitsleistung hat, bis der Vermieter seinerseits seinen Verpflichtungen aus dem Mietvertrag nachgekommen ist, wobei insbesondere an die Beseitigung von Mängeln zu denken ist (§ 273 BGB oder – bei Hauptleistungspflichten – § 320 BGB iVm § 535 Abs 1 S 2 BGB). Überwiegend wird aus dem Zweck der Sicherheitsleistung gefolgert, dass der Mieter die Sicherheitsleistung *nicht* **bis zur Beseitigung etwaiger Mängel** verweigern könne (BGH 21. 3. 2007 – XII ZR 255/04, NZM 2007, 401 Tz 25 = NJW-RR 2007, 884 = ZMR 2007, 444 [für die Geschäftsraummiete]; OLG Karlsruhe Justiz 2007, 139; OLG Düsseldorf ZMR 1998, 159; 2000, 452, 453; OLG Celle ZMR 2002, 505, 506 f = NZM 2003, 64; OLG München NJW-RR 2000, 1251 = NZM 16

2000, 908; KG GE 2003, 525; LG Berlin GE 2007, 1633, 1635; Kraemer NZM 2001, 737, 739; Blank/Börstinghaus Rn 42; Kiessling JZ 2004, 1146, 1150). Für diese Einschränkung der §§ 273 und 320 BGB entgegen ihrem Wortlaut fehlt jeder Grund. Der Mieter kann folglich insbesondere dann ein Zurückbehaltungsrecht ausüben, wenn die **Mängel bereits bei Übergabe** der Mietsache vorliegen, da der Mieter die Abnahme der Mietsache dann ablehnen kann, ohne in Annahmeverzug zu geraten, sodass er dann auch als befugt angesehen werden muss, die Sicherheitsleistung bis zur Beseitigung der Mängel zu verweigern (Kraemer NZM 2001, 737, 739).

16a Dem Mieter steht ferner ein Zurückbehaltungsrecht hinsichtlich der **weiteren Raten** der Kaution *sowie* insbesondere hinsichtlich der **laufenden Miete** zumindest bis zu einem Betrag in Höhe der gezahlten Kaution nebst Zinsen zu, wenn der Vermieter gegen den Anspruch des Mieters auf **ordnungsmäßige Anlage** der bereits geleisteten Raten verstößt (§§ 242, 273 oder 320, 551 Abs 3 S 1 BGB). Der Mieter kann in diesem Fall die Zahlung der genannten Beträge verweigern, bis ihm der Vermieter die ordnungsmäßige Anlage der ersten Rate nachgewiesen hat (s unten Rn 19). Der Mieter hat außerdem das Recht zur Verweigerung der Zahlung bereits der ersten Rate bis zur **Benennung eines insolvenzfesten Kontos** (s unten Rn 19; insbesondere BGH 13. 10. 2010 – VIII ZR 98/10, NJW 2011, 59 Tz 18 = NZM 2011, 28 = WuM 2010, 752; 11. 12. 2012 – IX ZR 9/12, NZM 2013, 145 = WuM 2013, 103 Rn 6 ff) sowie weiter das Recht zur **Aufrechnung** mit etwaigen Bereicherungs- oder Schadensersatzansprüchen gegen den Anspruch des Vermieters auf die Barkaution, auf jeden Fall, wenn die Forderungen des Mieters rechtkräftig festgestellt, unstreitig oder sofort beweisbar sind (aM LG Hamburg ZMR 1991, 344 = WuM 1991, 586; LG Nürnberg-Fürth ZMR 1991, 479 = NJW-RR 1992, 335; LG Baden-Baden WuM 1989, 73, 74; Blank/Börstinghaus § 551 Rn 42).

VI. Anlage der Barkaution

1. Anlage bei einem Kreditinstitut zu dem für Spareinlagen mit dreimonatiger Kündigungsfrist üblichen Zinssatz

17 Das Gesetz enthält in § 551 Abs 3 BGB eine Regelung für die Anlage (nur) der sog **Barkaution** (s Rn 5). Danach hat der Vermieter eine ihm als Sicherheit überlassene Geldsumme grundsätzlich bei einem beliebigen Kreditinstitut aus dem Gebiet der Europäischen Union zu dem für **Spareinlagen** mit dreimonatiger Kündigungsfrist üblichen Zinssatz anzulegen (§ 551 Abs 3 S 1 BGB), vorausgesetzt natürlich, dass eine derartige Anlage überhaupt noch verzinst wird. Die Parteien können jedoch eine andere Anlageform vereinbaren (§ 551 Abs 3 S 2 BGB). In *beiden* Fällen, dh sowohl bei Anlage der Geldsumme bei einem Kreditinstitut als auch bei einvernehmlicher Wahl einer anderen Anlageform, muss die Anlage vom Vermögen des Vermieters *getrennt* erfolgen; außerdem stehen die Erträge dem Mieter zu und erhöhen die Sicherheit (S 3 und 4 des § 551 Abs 3 BGB). Gesetzliche Regel ist mithin die Anlage der als Sicherheit überlassenen Geldsumme bei einem Kreditinstitut zu dem für **Spareinlagen mit** dreimonatiger Kündigungsfrist **üblichen Zinssatz** (sofern es einen solchen gibt), und zwar **getrennt** vom Vermögen des Vermieters (§ 551 Abs 3 S 1 BGB; s Rn 18 f). Den Vermieter treffen folglich hinsichtlich der Anlage der Kaution **zwei Pflichten**, einmal die Verzinsungspflicht und zum anderen die Pflicht zur getrennten, dh insolvenzsicheren oder treuhänderischen Anlage des Kautionsbetrages. Beide Pflichten stehen gleichberechtigt nebeneinander (S 1 des § 551

Abs 3 BGB; dazu u Rn 18 f). Eine **Ausnahme** (nur) von der Verzinsungspflicht besteht nach § 551 Abs 3 S 5 BGB lediglich für die Vermieter von Wohnraum in einem **Studenten- oder Jugendwohnheim**. Diese (merkwürdige) Regelung wurde seinerzeit in erster Linie mit dem hohen Verwaltungsaufwand bei der Verzinsung zahlreicher kleiner Kautionsbeträge begründet (so der Bericht des Rechtsausschusses BT-Drucks 14/5663, 77; s schon o Rn 1). Aus § 551 Abs 3 S 5 BGB wird deshalb häufig der weitere Schluss gezogen, dass für die Heimbetreiber damit zugleich auch die zweite Pflicht zur treuhänderischen Anlage und Verwahrung der Kaution entfalle (BLANK/BÖRSTINGHAUS Rn 63).

Als **Kreditinstitute** kommen alle Banken im Sinne des KWG mit Sitz in der Europäischen Union in Betracht, und zwar einschließlich zB der Genossenschaften mit Spareinrichtungen (FESSLER, in: 10 Jahre Mietrechtsreformgesetz 448, 453). In der **Wahl** des Kreditinstituts ist der Vermieter **frei**; er ist nicht etwa verpflichtet, das Kreditinstitut zu wählen, das ihm gerade die höchsten Zinsen bietet. Die Anlage muss jedoch **getrennt** vom Vermögen des Vermieters erfolgen (§ 551 Abs 3 S 3 BGB). Gemeint ist damit eine **insolvenzsichere Anlage**, durch die der Mieter vor einem Zugriff der Gläubiger des Vermieters einschließlich des Kreditinstituts, bei dem die Anlage erfolgt, auf den fraglichen Betrag, der wirtschaftlich zum Vermögen des Mieters gehört, geschützt wird. Das ist nur möglich, wenn die Anlage des Betrags **offen auf** einem sog **Treuhandkonto**, gelegentlich auch Ander- oder Sonderkonto sowie Mietkautionskonto genannt, erfolgt, und zwar durch einen entsprechenden Vermerk bei Kontoeröffnung (s die Begr BT-Drucks 14/4553, 99; BGH 20. 12. 2007 – IX ZR 132/06, NJW 2008, 1152 = NZM 2008, 203 Tz 6; 9. 6. 2015 – VIII ZR 324/14, NZM 2015, 736 Rn 3 ff = WuM 2015, 549; LG Hamburg NJW-RR 2004, 1530 = NZM 2005, 255; DERLEDER WuM 1986, 39; 2002, 239, 240; FESSLER, in: 10 Jahre Mietrechtsreformgesetz 448, 449 ff; KIESSLING JZ 2004, 1146, 1155; KRAEMER NZM 2001, 737, 739; SAMKUT WM 2015, 1454), da durch die Leistung der Barkaution ein **Treuhandverhältnis** zwischen den Vertragsparteien begründet wird (BGH 11. 3. 2009 – VIII ZR 184/08, NJW 2009, 1673 = NZM 2009, 481 Tz 9; BGHSt 52, 182 = NJW 2008, 1827 Tz 9). Das gilt auch noch nach Vertragsende bis zur Rückzahlung der Kaution. Ein verdecktes treuhänderisches Konto genügt dagegen in keinem Fall (BGH 9. 6. 2015 – VIII ZR 324/14, NJW- RR 2015, 1289 = NZM 2015, 736 Rn 19 = WuM 2015, 549; LG Hamburg NJW-RR 2004, 1530 = NZM 2005, 255). Jedoch soll nach hM, zumal bei großen Mietobjekten, auch ein **Sammelkonto** genügen (BLANK/BÖRSTINGHAUS Rn 43; zweifelhaft). Die Regelung wird entsprechend auf die **gewerbliche Miete** angewandt, wenn die Parteien nicht ausdrücklich etwas anderes vereinbart haben (s Rn 35; BGH 11. 12. 2012 – IX ZR 9/12, NJW 2013, 1243 Tz 6; KG NJW-RR 1999, 738 = NZM 1999, 376). Jedoch beruht das Treuhandverhältnis dann allein auf Vertrag, nicht wie bei der Wohnraummiete auf Gesetz (§ 551 Abs 3 S 3 BGB; s Rn 22).

Erzielt der Vermieter eine **höhere Verzinsung** als üblich, so stehen auch die zusätzlichen Zinsen dem Mieter zu (§ 551 Abs 3 S 3 BGB; zT anders FESSLER, in: 10 Jahre Mietrechtsreformgesetz 448, 452). Dasselbe gilt, wenn das Kreditinstitut dem Vermieter für die Anlage der Sicherheitsleistungen auf einem Konto der Bank eine **Provision** zahlt, weil es sich dabei der Sache nach gleichfalls um eine zusätzliche Verzinsung handelt (BLANK/BÖRSTINGHAUS Rn 59; DERLEDER WuM 1997, 651). Mit der gesetzlichen Regelung ist es ferner *nicht* vereinbar, wenn der Vermieter von dem Mieter für die Anlage der Sicherheitsleistung auf einem Sparbuch eine zusätzliche **Kostenpauschale** verlangt (LG München I WuM 1997, 612, 614 = NZM 1998, 32; PALANDT/WEIDENKAFF Rn 12). Auf der anderen Seite muss der Mieter freilich auch etwaige Verluste durch **Negativzinsen** in der heutigen Niedrigzinsphase tragen, ohne Ersatz vom Vermieter verlangen zu können (Mülbert, in: FS Köndgen [2016] 413, 425 f). In der **Zwangsverwaltung** treffen die genannten Pflichten gemäß § 152 Abs 2 ZVG auch den Verwalter, und zwar selbst dann, wenn er die Kaution vom Vermieter nicht erhalten hat (s unten Staudinger/V Emmerich [2021] § 566a Rn 5 ff; BGH 11. 3. 2009 – VIII ZR 184/08, NJW 2009, 1673 = NZM 2009, 481 = WuM 2009, 289, 290 Tz 8; Jacoby ZMR 2015, 1, 3 f).

19 Der Mieter hat gegen den Vermieter nach § 551 Abs 3 S 1 BGB einen **Anspruch** auf eine dem Gesetz entsprechende Anlage seines Kautionsbetrages (s Rn 16; BGHSt 41, 224, 228 f = NJW 1996, 65 f; BGH 13. 10. 2010 – VIII ZR 98/10, NJW 2011, 59 Tz 18 ff = NZM 2011, 28; 11. 12. 2012 – IX ZR 9/12, NZM 2013, 145 = WuM 2013, 103 = NJW 2013, 1243 Tz 6 f). Dieser Anspruch kann im Klagewege oder durch **Zurückbehaltung der Kaution** durchgesetzt werden (§ 273 BGB; s Rn 16, BGH 11. 12. 2012 – IX ZR 9/12, NZM 2013, 145 = NJW 2013, 1243 Tz 6 f), und zwar bereits bei Zahlung der ersten Rate, um dem Mieter die Möglichkeit zu geben, seinen Anspruch durchzusetzen, dass der Betrag von Anfang an entsprechend der gesetzlichen Regelung getrennt vom Vermögen des Vermieters angelegt wird, weil der Mieter andernfalls in der Zeit zwischen vorbehaltloser Zahlung und getrennter Anlage nicht gegen Verfügungen des Vermieters und Zugriffe Dritter geschützt ist (s Rn 16; BGH 11. 12. 2012 – IX ZR 9/12, NZM 2013, 145= NJW 2013, 1243 Tz 6 f; LG Hamburg NJW-RR 2004, 1530 = NZM 2005, 255; str). Solange der Vermieter den Nachweis der ordnungsmäßigen Anlage der Barkaution nicht erbracht hat, hat der Mieter außerdem (zusätzlich) ein **Zurückbehaltungsrecht** gemäß § 273 BGB hinsichtlich der **Miete**, jedenfalls in **Höhe der Kaution** (s Rn 16; BGH 20. 12. 2007 – IX ZR 132/09, NJW 2008, 1152 = NZM 2008, 203 Tz 8; 23. 9. 2009 – VIII ZR 336/08 NJW 2009, 3505 = NZM 2009, 815 Rn 10; 9. 6. 2015 – VIII ZR 324/14, NJW- RR 2015, 1289 = NZM 2015, 736 Rn 8 = WuM 2015, 549; Blank NZM 2002, 58; Kiessling JZ 2004, 1146, 1155; Kraemer NZM 2001, 737, 739).

19a Der Vermieter darf die getrennte Anlage des Betrages während der ganzen Vertragsdauer und danach bis zu dessen Rückzahlung nicht rückgängig machen (s Rn 18). Als Hilfsanspruch wird dem Mieter allgemein ein Anspruch auf **Auskunft** gegen den Vermieter zugebilligt, ob der Vermieter seinen Verpflichtungen zur getrennten Anlage nachgekommen ist (BGH 20. 12. 2007 – IX ZR 132/06, NJW 2008, 1152 = NZM 2008, 203 Tz 8; BayObLGZ 1988, 109 = NJW 1988, 1796; LG Düsseldorf WuM 1993, 400; AG Frankfurt NZM 2001, 808 = NJW-RR 2001, 1230). Der Auskunftsanspruch des Mieters erstreckt sich unter anderem auf die Kontonummer und die vereinbarte Kündigungsfrist (AG Frankfurt NZM 2001, 808 = NJW-RR 2001, 1230; Palandt/Weidenkaff § 551 Rn 12).

20 Wenn die Geldkaution vom Vermieter ordnungsgemäß entsprechend § 551 Abs 3 S 1 BGB auf einem offenen Treuhandkonto angelegt wurde (o Rn 18 f), kann der Mieter bei einer **Pfändung** des Betrags durch einen Gläubiger des Vermieters nach § 771 ZPO intervenieren; in der **Insolvenz** des Vermieters hat er außerdem ein Aussonderungsrecht (§ 47 InsO; s Staudinger/V Emmerich [2021] § 566a Rn 7; BGH 20. 12. 2007 – IX ZR 132/06, NJW 2008, 1152 Tz 6 f = NZM 2008, 203 = WuM 2008, 149; 13. 10. 2010 – VIII ZR 98/10, NJW 2011, 59 Tz 18 ff = NZM 2011, 28 = WuM 2010, 752; BGHSt 41, 224, 227 ff = NJW 1996, 65 f; BayObLGZ 1988, 109 = NJW 1988, 1796; OLG München ZMR 1990, 413; OLG Frankfurt NJW-RR 1991, 1416 = WuM 1991, 484; Derleder PiG 75, 59, 75; Kraemer NZM 2001, 737, 739). Das Aussonderungsrecht ist unabhängig davon, ob der fragliche Betrag unmittelbar aus dem Vermögen des Mieters stammt oder nachträglich vom Vermieter auf das

Treuhandkonto eingezahlt wurde, nachdem er zunächst die Kautionsleistung des Mieters (zu Unrecht, s oben Rn 19) selbst vereinnahmt hatte (BayObLGZ 1988, 109 = NJW 1988, 1796). Durch die gesetzliche Regelung wird ferner erreicht, dass sich weder das **Pfandrecht der Kreditinstitute** noch ein etwaiges Aufrechnungs- oder **Zurückbehaltungsrecht** aufgrund ihrer Geschäftsbedingungen auf den Kautionsbetrag erstreckt (BGH WM 1973, 894; 9. 6. 2015 – VIII ZR 324/14, NJW-RR 2015, 1289 = NZM 2015, 736 Rn 5 = WuM 2015, 549; BayObLGZ 1988, 109 = NJW 1988, 1796; OLG Nürnberg NJW-RR 1998, 1265 = NZM 1998, 660). Kommt dagegen der Vermieter seiner Verpflichtung zur getrennten Anlage der Barkaution (§ 551 Abs 3 S 3 BGB) *nicht* nach, zahlt er zum Beispiel den Betrag der Kaution auf einem allgemeinen **Girokonto** ein, so macht er sich zwar schadensersatzpflichtig (s Rn 22); der Mieter genießt dann jedoch gegenüber den Gläubigern des Vermieters weder den Schutz des § 771 ZPO in der Einzelvollstreckung noch in der Insolvenz des Vermieters den des § 47 InsO. Der schuldrechtliche Anspruch des Mieters auf getrennte Anlage des Kautionsbetrages aus dem Mietvertrag stellt vielmehr eine bloße **Insolvenzforderung** dar, weil sein Zurückbehaltungsrecht (§ 273 BGB) weder ein Aussonderungs- noch ein Absonderungsrecht begründet (§§ 38, 47, 89 und 108 Abs 3 InsO; s Staudinger/V Emmerich [2018] § 566a Rn 7; BGH 20. 12. 2007 – IX ZR 132/06, NJW 2008, 1152 Tz 7 f = NZM 2008, 203 = WuM 2008, 149; 13. 12. 2012 – IX ZR 9/12, NJW 2013, 1243 Rn 7 ff = NZM 2013, 145 = WuM 2013, 103; OLG Hamburg NJW-RR 1990, 213; OLG München ZMR 1990, 413; LG Berlin GE 2006, 1481).

2. Andere Anlage

Die Anlage einer Geldkaution bei einem Kreditinstitut zu dem für Spareinlagen mit dreimonatiger Kündigungsfrist üblichen Zinssatz (§ 551 Abs 3 S 1 BGB) ist kein zwingendes Recht; die Parteien können vielmehr nach S 2 der Vorschrift einvernehmlich auch eine andere Anlageform wählen, wobei insbesondere an eine Anlage in Sparkassenbriefen (LG Kassel WuM 2001, 550 f) sowie in **Aktien und Aktienfonds** oder in Immobilienfonds, außerdem aber auch an hochspekulative sonstige Anlagen zu denken ist (s Derleder WuM 2002, 239, 240; Fessler, in: 10 Jahre Mietrechtsreformgesetz 448, 455 ff; Kandelhard WuM 2002, 302; Kiessling JZ 2004, 1146, 1150 f). Nach Meinung der Gesetzesverfasser bestehen dagegen keine Bedenken, weil die Parteien die damit verbundenen Risiken gemeinsam eingehen, sodass bei einem **Verlust der Anlage** weder der Mieter die Rückzahlung der Kaution noch der Vermieter deren Auffüllung mehr verlangen kann (s oben Rn 1 f; die Begr zum RegE BT-Drucks 14/4553, 48 [r Sp]; kritisch Drasdo NZM 2000, 1109, 1112 f; Kraemer NZM 2001, 737, 739; Palandt/Weidenkaff Rn 12; BeckOGK/Siegmund [1. 10. 2020] Rn 63; Steinig GE 2001, 906, 907). Die praktische Bedeutung der ganzen Regelung, die dem Vermieter ohnehin nur Nachteile bringt, ist daher denkbar gering (BeckOGK/Siegmund [1. 10. 2020] Rn 63). Eine Einigung auf hochriskante Anlagen ist nur durch **Individualvereinbarung**, nicht durch Formularvertrag möglich (§§ 305c, 307 Abs 1 BGB). Außerdem hat der Vermieter den Mieter bei Vertragsabschluss sorgfältig über die entstehenden Risiken **aufzuklären**; andernfalls haftet er aus c i c (§§ 241 Abs 2, 311 Abs 2 BGB). Zeichnet sich später eine Verlustgefahr ab, so muss der Vermieter zur Rettung des von ihm nur treuhänderisch verwalteten Betrags unverzüglich tätig werden; sonst macht er sich gleichfalls schadensersatzpflichtig (§§ 241 Abs 2, 242, 280 Abs 1, 675 Abs 1 BGB; str). Zu beachten ist, dass S 3 des § 551 Abs 3 BGB auch für eine von den Parteien gewählte andere Anlage gilt, sodass diese ebenfalls **vom Vermögen des Vermieters getrennt** erfolgen muss und die **Erträge** (im weitesten Sinne) dem Mieter zustehen (s Rn 24). Als Mittel zur Absicherung des

Mieters gegen das Insolvenzrisiko des Vermieters werden im Schrifttum insbesondere die Beibringung einer Bankbürgschaft sowie eine Kautionsversicherung diskutiert (s Fessler, in: 10 Jahre Mietrechtsreformgesetz 448, 456 ff).

3. Sanktionen

22 Durch einen Verstoß des Vermieters gegen das Anlageregime des § 551 Abs 3 S 3 BGB kann der Mieter erheblich *geschädigt* werden. Versäumt der Vermieter zB die Anlage der Geldkaution auf einem offenen Treuhandkonto, so genießt der Mieter weder den Schutz des § 771 ZPO noch den des § 47 InsO (s Rn 20). Außerdem hat dann das Pfandrecht des Kreditinstitutes aufgrund seiner AGB den Vorrang vor seinen Ansprüchen (s Rn 20). Ein Verstoß gegen § 551 Abs 3 S 3 BGB macht den Vermieter deshalb aus Vertrag (§ 280 BGB) und aus § 823 Abs 2 BGB **schadensersatzpflichtig**, da § 551 BGB ein **Schutzgesetz** zugunsten des Mieters ist (OLG Frankfurt WuM 1989, 138 = ZMR 1990, 9; ZMR 1990, 342; LG Hamburg ZMR 2002, 598; NJW-RR 2004, 1530 = NZM 2005, 255). Handelt der Vermieter vorsätzlich, so kann (nur) bei der Wohnraummiete zugleich der **Untreuetatbestand** des § 266 StGB erfüllt sein, sofern durch die Einzahlung der Barkaution auf einem allgemeinen Girokonto oder einem verdeckten Treuhandkonto die *konkrete Gefahr eines Verlustes* des Kautionsbetrags begründet wird, insbesondere infolge der Überschuldung des Vermieters (BGHSt 52, 182 = NJW 2008, 1827 = NZM 2008, 415 Tz 9 f, 25 ff; BGHSt 41, 224, 228 f = NJW 1996, 65 f; BayObLGSt 1997, 177 = NZM 1998, 228, 229 f = WuM 1998, 226; Gericke NJW 2013, 1633, 1634; anders für die Geschäftsraummiete BGHSt 52, 182 = NJW 2008, 1827 Tz 12 ff). Der Vermieter macht sich ferner schadensersatzpflichtig, wenn er *während des Bestandes* des Mietverhältnisses ohne Berechtigung hierzu über die ihm vom Mieter als Geldkaution zur Verfügung gestellten **Beträge verfügt** oder diese nicht verzinslich anlegt (LG Gießen ZMR 1996, 609, 610 = NJW-RR 1996, 1293; AG Wiesbaden WuM 1999, 397; LG Hamburg NJW-RR 2004, 1530 = NZM 2005, 255). Dieselbe Haftung trifft den Hausverwalter, wenn er zu Unrecht über den Kautionsbetrag verfügt (§§ 823 Abs 2 und 830 Abs 2 BGB; LG Hamburg NJW-RR 2004, 1530 = NZM 2005, 255; LG Kiel WuM 1999, 571).

4. Erträge

23 Nach § 551 Abs 3 S 3 und 4 BGB stehen die Erträge der gewählten Anlage dem Mieter zu und erhöhen deshalb die Sicherheit. Gemeint sind damit in erster Linie die **Zinsen** der Anlage einer Geldkaution bei einem Kreditinstitut sowie die Erträge der sonstigen Anlageformen (s unten Rn 24). Die Zinsen, Zinseszinsen und sonstigen Erträge wie insbesondere Dividenden von Aktien müssen daher auf dem Kautionskonto stehen bleiben und der **Kaution gutgeschrieben** werden; der Vermieter darf über sie nicht verfügen (Palandt/Weidenkaff Rn 13). Der Mieter kann ebenfalls die **Auszahlung** der Erträge erst *nach* Vertragsende zusammen mit der von ihm geleisteten Sicherheit verlangen. Bis zu diesem Zeitpunkt besteht folglich die Verpflichtung des Vermieters zur Verzinsung der Kaution sowie der bisher angefallenen Zinsen fort (AG Wetzlar WuM 1987, 20). Zugleich beginnt in diesem Zeitpunkt die dreijährige **Verjährungsfrist** für den Anspruch des Mieters auf Auszahlung der Erträge zu laufen (Hüsstege ZMR 1983, 295 f; M Schmid ZMR 2014, 256, 257).

24 Zu den Erträgen im Sinne des § 551 Abs 3 S 3 BGB gehören nach dem Gesagten (s Rn 23) außer den Zinsen und Zinseszinsen der Anlage des Kautionsbetrags bei einer Bank insbesondere noch **Dividenden** und sonstige **Gewinnanteile**, selbst bei hochspekulativen Anlagen, sowie die vom Vermieter **ersparten Sollzinsen**, wenn er unter Verstoß gegen § 551 Abs 3 BGB die Geldkaution zur Tilgung eigener Schulden verwendet (AG Duisburg WuM 1996, 763, 764; LG Marburg ZMR 2001, 460 = WuM 2001, 238; Derleder WuM 1997, 651; **aM** LG Itzehoe ZMR 2013, 351, 353). Sämtliche **Erträge** stehen – von dem Ausnahmefall des § 551 Abs 3 S 5 BGB abgesehen (o Rn 24) – dem Mieter zu und müssen deshalb **vom Mieter versteuert** werden (LG Berlin NJW-RR 2000, 1537 = NZM 2001, 618). Die (komplizierten) Einzelheiten richteten sich früher nach einem Schreiben des Bundesministers der Finanzen vom 9. 5. 1994 (NJW 1994, 2600). Seit 2009 gilt stattdessen aufgrund des Steueränderungsgesetzes von 2008 der **Vorsteuerabzug** in Höhe von 22 % zuzüglich des Solidaritätszuschlags und der Kirchensteuer. Dieser Betrag muss durch das Kreditinstitut, bei dem der Vermieter den Betrag angelegt hat, abgeführt werden. Die Steuerbescheinigung darüber muss der Vermieter dem Mieter aushändigen (§ 242 BGB).

VII. Die Sicherheitsleistung während des Vertrages

1. Rückgewähranspruch

Zwischen Vermieter und Mieter wird ein **treuhänderisches Verhältnis** begründet, sobald der Vermieter die Verfügungsgewalt über die Sicherheitsleistung des Mieters erwirbt, insbesondere also bei Übergabe oder Überweisung einer Barkaution (§§ 662 ff BGB). Der Vermieter darf deshalb über die Sicherheitsleistung nur in einer mit seinen treuhänderischen Pflichten vereinbaren Weise verfügen (s Rn 31). Liegen die Voraussetzungen für eine Sicherheitsleistung des Mieters nicht oder nicht mehr vor, so muss der Vermieter die vom Mieter geleistete Sicherheit (spätestens) bei Vertragsende (nebst Erträgen, Rn 23 ff) zurückgewähren (§ 667 BGB; s Rn 18). Der Herausgabe- oder **Rückgewähranspruch** des Mieters **entsteht** bereits mit der Begründung des treuhänderischen Verhältnisses durch die Sicherheitsleistung des Mieters; seine **Fälligkeit** ist jedoch im Regelfall bis Vertragsende und Ablauf der Abrechnungsfrist (u Rn 29) hinausgeschoben (BGHZ 84, 345, 349 = NJW 1982, 2186; BGH 13. 12. 2012 – IX ZR 9/12, NZM 2013, 145 = WuM 2013, 103, 106 Rn 18). Vorher wird der Anspruch nur fällig, wenn der **Sicherungszweck** des Vermieters schon während des Laufs des Vertrages **endgültig entfallen** ist und weitere Ansprüche des Vermieters nicht mehr entstehen können, etwa, weil dem Vermieter die Erfüllung des Vertrages unmöglich geworden ist (AG Schöneberg GE 1990, 425). (Nur) in derartigen Ausnahmefällen kann der Mieter daher gegebenenfalls bereits während des Laufs des Vertrags mit seinem Anspruch auf Rückzahlung der Geldkaution gegen Ansprüche des Vermieters aufrechnen. Im Regelfall besteht dagegen während des Laufs des Vertrages **kein Aufrechnungsrecht** des Mieters, weil sein Rückzahlungsanspruch noch nicht fällig ist (§ 387 BGB; BGH 12. 1. 1972 – VIII ZR 26/71, LM Nr 50 zu § 535 BGB = WM 1972, 335). Wenn der Vermieter die Kaution freiwillig zurückzahlt, so bedeutet dies im Zweifel die konkludente **Aufhebung** der Kautionsvereinbarung (§§ 157, 311 Abs 1 BGB), sodass der Vermieter später nicht erneut die Leistung einer Sicherheit verlangen kann, immer vorbehaltlich abweichender Abreden (LG Berlin GE 2011, 546).

2. Verwertung der Sicherheit

26 Der Vermieter darf als Treuhänder über die Sicherheit nur im Rahmen seiner treuhänderischen Bindung verfügen (Rn 25) und muss dem Mieter jederzeit über den Stand und den Bestand der Sicherheit **Auskunft** geben (§§ 665, 666 BGB; Heintzmann WiB 1995, 569 f; Kraemer NZM 2001, 737, 741). Missachtet der Vermieter diese treuhänderischen Pflichten, indem er zum Beispiel im eigenen Interesse über die Sicherheit verfügt, so macht er sich schadensersatzpflichtig (§§ 662, 280 Abs 1, 823 Abs 2 BGB; s oben Rn 22). Auch bei Pfandreife (§§ 1282, 1228 Abs 2 BGB) darf der Vermieter jedenfalls bei der Wohnraummiete wegen offener Forderungen auf die Sicherheit **nur zugreifen**, wenn seine Forderungen rechtskräftig festgestellt oder unstreitig sind, nach manchen darüber hinaus auch, sofern sie unmittelbar **liquide**, dh sofort beweisbar sind, *nicht* dagegen in anderen Fällen, insbesondere nicht, wenn seine Forderungen vom Mieter substantiiert, zB unter Hinweis auf ein Minderungsrecht nach § 536 BGB, **bestritten** werden (BGH 7. 5. 2014 – VIII ZR 234/13, NJW 2014, 2496 Rn 11 = NZM 2014, 551 = WuM 2014, 418; OLG Hamm ZMR 2016, 619, 620; LG Darmstadt ZMR 2005, 193, 194; WuM 2008, 726; LG Halle NZM 2008, 684; Derleder PiG 75, 59, 77; Flatow NZM 2020, 1, 10; Kraemer NZM 2001, 737, 741). Der Mieter kann sich, wenn er die Forderung des Vermieters bestreitet, gegen den Zugriff des Vermieters auf die von ihm bereitgestellte Sicherheitsleistung mit einer **einstweiligen Verfügung** wehren (LG Darmstadt WuM 2008, 726; anders LG Potsdam GE 2007, 1253). Der Vermieter ist dann auf das Klageverfahren zu verweisen, das allein zur Klärung streitiger Forderungen geeignet ist. Abweichende Vereinbarungen sind bei der Wohnraummiete nicht möglich (§ 551 Abs 4 BGB; BGH 7. 5. 2014 – VIII ZR 234/13, NJW 2014, 2496 Rn 11 = NZM 2014, 551 = WuM 2014, 418).

27 Der Vermieter ist, soweit ihm nach dem Gesagten (Rn 26) der Zugriff auf die Sicherheitsleistung des Mieters gestattet ist, in der **Wahl frei, wie** er verschiedene Sicherheiten auf die offenen Forderungen **verrechnet**; er braucht insbesondere keine Rücksicht auf einen Mietbürgen zu nehmen (s unten Rn 29; OLG Düsseldorf GE 2000, 536, 537 = ZMR 2000, 602; ZMR 2008, 714, 715; LG Köln ZMR 2002, 274). Das gilt auch in der Insolvenz des Mieters, wenn der Mietvertrag fortgesetzt wird (OLG Düsseldorf ZMR 2008, 714, 715). Nach Inanspruchnahme der Sicherheit kann der Vermieter außerdem die **Wiederauffüllung** der Sicherheit auf die vereinbarte Höhe verlangen, und zwar grundsätzlich selbst noch *nach* Vertragsende während des Abrechnungszeitraums (s oben Rn 13, u Rn 29 f; OLG Düsseldorf ZMR 2006, 686, 687; 2006, 923; KG GE 2008, 670; OLG Karlsruhe NZM 2004, 742; OLG Koblenz GE 2018, 1149; Derleder PiG 75, 59, 78; **aM** Kiessling JZ 2004, 1146, 1157). Eine **Verpflichtung** des Vermieters zum Zugriff auf die vom Mieter geleistete Sicherheit besteht jedoch *nicht;* er kann stattdessen auch den Mieter auf Zahlung in Anspruch nehmen und bei Verzug gegebenenfalls nach § 543 Abs 2 Nr 3 BGB vorgehen (LG München I WuM 1996, 541; Kraemer NZM 2001, 737, 741).

28 3. Der Rückgewähranspruch des Mieters hinsichtlich der von ihm geleisteten Sicherheit ist besonders gefährdet, wenn sich die **Vermögensverhältnisse** des Vermieters während des Laufs des Vertrages erheblich **verschlechtern**. Anders verhält es sich lediglich dann, wenn der Kautionsbetrag entsprechend § 551 Abs 3 S 3 BGB auf einem **Treuhandkonto** angelegt ist, über das Vermieter und Mieter nur zusammen verfügen dürfen (o Rn 18 ff). Fehlt es daran, so ist der Mieter jedenfalls durch ein **Zurückbehaltungsrecht an der Miete** geschützt (§ 273 BGB; s Rn 19). Diskutiert wird außerdem eine entsprechende **Anwendung des § 321 BGB** (AG Ludwigshafen WuM 1987, 350; AG Itzehoe WuM 1986, 63; Blank/Börstinghaus Rn 74; Derleder WuM 1986, 39; Sternel, Mietrecht Rn III 251). Folgt man dem, so kann der Mieter jetzt (zusätzlich) **Maßnahmen zur Sicherung seines Rückzahlungsanspruchs** vom Vermieter verlangen, insbesondere durch Sicherheitsleistung oder durch Anlage auf einem mit einem Sperrvermerk versehenen Treuhandkonto (§ 242 BGB). Kommt der Vermieter diesem Verlangen nicht nach, so kann der Mieter den Betrag *sofort zurückfordern* und gleichzeitig einen Betrag in der geschuldeten Höhe selbst zugunsten des Vermieters auf einem besonderen Konto anlegen (AG Itzehoe WuM 1986, 63). Außerdem sollte man ihm nach § 242 BGB gestatten, trotz mangelnder Fälligkeit sofort mit seinem Rückzahlungsanspruch gegen die Miete *aufzurechnen* (Blank NZM 2002, 58; Kiessling JZ 2004, 1146, 1155; im Ergebnis wohl auch LG Darmstadt NZM 2002, 19 f = NJW-RR 2002, 155). Für den Regelfall dürfte jedoch die Anwendung des **§ 273 BGB** in den fraglichen Fällen zum Schutze des Mieters ausreichen (MünchKomm/Emmerich [2018] § 321 Rn 6; Staudinger/Schwarze [2020] § 321 Rn 31).

VIII. Die Sicherheitsleistung nach Vertragsende*

1. Überblick

Die Sicherheitsleistung des Mieters soll dem Vermieter lediglich eine Gewähr dafür bieten, dass der Mieter spätestens nach Vertragsende etwa noch offene Forderungen aus dem Mietverhältnis tatsächlich erfüllen wird. Die vom Mieter geleistete Sicherheit darf der Vermieter deshalb nur zur Abdeckung noch offener Forderungen aus dem Mietverhältnis verwenden, – womit zugleich gesagt ist, dass der Vermieter – als Treuhänder (Rn 18) – die Sicherheitsleistung des Mieters unverzüglich an diesen zurückgeben muss, wenn er keine noch offenen Forderungen aus dem Mietverhältnis mehr hat. Das folgt gleichermaßen aus der Sicherungsabrede (§ 242 BGB) wie aus dem Gesetz (§ 667 BGB). Aus denselben Erwägungen heraus trifft den Vermieter nach Vertragsende die Pflicht, umgehend über die Sicherheitsleistung entsprechend den §§ 666 und 259 „abzurechnen" sowie dem Mieter anschließend unverzüglich mitzuteilen, ob und in welcher Höhe er die Sicherheitsleistung in Anspruch zu nehmen gedenkt, sowie schließlich die Pflicht, die nicht mehr benötigte Sicherheitsleistung zurückzugewähren (§§ 242, 666, 667 BGB). 29

Dies alles ist, weil im Grunde selbstverständlich, im Kern unstreitig; die Einzelheiten sind jedoch bei der Wohnraummiete ebenso wie bei der gewerblichen Miete Gegenstand einer ausgebreiteten Kontroverse, weil hier offenbar die Interessen von Mieter und Vermieter besonders heftig aufeinanderprallen. Im Einzelnen geht es insbesondere um die Frage, binnen welcher Frist der Vermieter abrechnen muss (s Rn 31 ff), weiter um die Frage, wie der Vermieter sich gegebenenfalls aus der Sicherheit wegen seiner noch offenen Forderungen befriedigen kann (Rn 36) sowie darum, wann der Mieter (endlich) die Kaution oder Sicherheitsleistung vom Vermieter zurückfordern kann (Rn 37 ff). 30

---

* S dazu insbesondere Both WuM 2019, 545; Flatow NZM 2020, 1; Häublein ZMR 2017, 445; Hinz NZM 2019, 76; Horst DWW 2019, 284; Kiessling JZ 2004, 1146; Ludley NJW 2013, 777; ders NZM 2016, 764.

2. Abrechnungsfrist

31 Der Vermieter hat in Bezug auf die Sicherheitsleistung des Mieters, die sog Kaution, selbst wenn sie in sein Vermögen übergegangen ist, lediglich die Rechtsstellung eines **Treuhänders** (§§ 662 ff BGB), sodass er nach dem Ende des Mietvertrages und damit nach Ende der Treuhand Auskunft erteilen und über die Kaution abrechnen muss (§§ 242, 259, 666 BGB), – womit freilich nur gesagt ist, dass er, wie immer, die Kaution einschließlich etwaiger Erträge seinen noch offenen Forderungen gegenüberstellen muss, damit der Mieter zu erkennen vermag, ob und in welcher Höhe er einen Anspruch auf Rückgewähr der Sicherheitsleistung gegen den Vermieter hat (ausführlich Flatow NZM 2020, 1 ff). Für diese Abrechnung wird dem Vermieter allgemein eine (unterschiedlich bemessene) **Abrechnungsfrist** zugebilligt, sodass der Herausgabe- oder Rückgewähranspruch des Mieters (§ 667 BGB) (frühestens) mit Ablauf dieser Frist **fällig** wird (BGHZ 101, 244, 250 f = NJW 1987, 2372; BGHZ 141, 160, 162 = NJW 1999, 1857; BGH 18. 1. 2006 – VIII ZR 71/05, WuM 2006, 197, 198 Tz 8 f = NJW 2006, 1422 = NZM 2006, 343; 30. 9. 2009 – VIII ZR 238/08, NZM 2009, 853 = WuM 2009, 647, 650 Rn 19; 20. 7. 2016 – VIII ZR 163/14, NZM 2016, 762 = NJW 2016, 3231 = WuM 2016, 620 Rn 12; 24. 7. 2019 – VIII ZR 141/17 Rn 20, NJW 2019, 3371 = NZM 2019, 754 = WuM 2019, 521; Heintzmann WiB 1995, 569, 575 f; Kiessling JZ 2004, 1146, 1154; Kraemer NZM 2001, 737, 741; Ludley NZM 2013, 777).

32 Über die **Dauer** der dem Vermieter zuzubilligenden Abrechnungsfrist werden unterschiedliche Angaben gemacht, da die Bundesregierung eine gesetzliche Regelung seinerzeit entgegen den Wünschen des Bundesrats (BT-Drucks 14/4553, 84) abgelehnt hatte (Begr BT-Drucks 14/4553, 99; Ausschussbericht BT-Drucks 14/5663, 77 [l Sp u]). Der BGH hat daraus den Schluss gezogen, dass – mangels einer gesetzlichen Regelung – der Vermieter „innerhalb angemessener, nicht allgemein bestimmbarer Frist" gegenüber dem Mieter durch Erklärung über seine noch offenen Forderungen abrechnen muss (so BGH 24. 7. 2019 – VIII ZR 141/17 Rn 20, NJW 2019, 3371 = NZM 2019, 754 = WuM 2019, 521; s dazu Both WuM 2019, 545; Bruns NJW 2019, 3373; Emmerich JuS 2020, 71; Flatow NZG 2020, 1; Horst DWW 2019, 284). Maßgebend sollen maW die Umstände des Einzelfalls sein. In der Mietvertragspraxis wird für den Regelfall die Abrechnungsfrist auf **höchstens sechs Monate** bemessen (BGH 18. 1. 2006 – VIII ZR 71/05, NZM 2006, 343 = NJW 2006, 1422; OLG Karlsruhe ZMR 1987, 148; NJW-RR 1987, 720 = WuM 1987, 156; OLG Hamburg NJW-RR 1988, 651 = WuM 1988, 124; OLG Celle NZM 2003, 763, 764; OLG Düsseldorf ZMR 2000, 602; LG Saarbrücken NJW-RR 2000, 822; AG Bremen WuM 2012, 16, 18 f; AG Hamburg-Blankenese ZMR 2012, 783, 784), während in einfachen Verhältnissen meistens eine Abrechnungsfrist von **zwei bis drei Monaten** als ausreichend angesehen wird (OLG Köln WuM 1998, 154 = ZMR 1998, 345, 346; LG Köln WuM 1984, 109; LG Berlin GE 1987, 137; AG Dortmund WuM 1981, 235; AG Herford WuM 1987, 131; AG Aachen WuM 1988, 17). Abrechnungsfristen von mehr als sechs Monaten werden dem Vermieter nur von Fall zu Fall zugebilligt, insbesondere wenn er im Augenblick noch nicht über die **Betriebskosten** abrechnen kann (so insbesondere BGH WuM 2006, 197, 198 Tz 10 = NJW 2006, 1422 = NZM 2006, 34) oder wenn der Mieter einen hohen Schaden verursacht hat, über den momentan, etwa aus versicherungsrechtlichen Gründen, noch keine Abrechnung möglich ist (AG Hamburg-Blankenese ZMR 2012, 783, 784).

33 Diese Praxis (Rn 32) vermag nicht zu befriedigen (kritisch auch Both WuM 2019, 545; Bruns NJW 2019, 3373; Flatow NZG 2020, 1; Kiessling JZ 2004, 1146, 1154; zustimmend nur

Horst DWW 2019, 284). Der Vermieter ist hinsichtlich der vom Mieter geleisteten Sicherheit lediglich **Treuhänder**, sodass der Mieter als Treugeber die Sicherheitsleistung, „sein Geld", so schnell wie möglich (und nicht erst „binnen angemessener Frist") zurückfordern kann (§ 667 BGB). Wenn möglich, muss der Vermieter mithin **binnen weniger Tage** abrechnen (§ 271 BGB); eine längere Frist ist ihm nur zuzubilligen, wenn die Höhe seiner Forderungen noch nicht feststeht, insbesondere also gegebenenfalls bei den Betriebskosten oder bei umfangreichen Schäden an der Mietsache, während in allen anderen Fällen kein sachlicher Grund für eine Verzögerung der Abrechnung zu erkennen ist.

Die **Art und Weise der Abrechnung** richtet sich nach deren Zweck (s insbesondere Flatow NZG 2020, 1, 2 ff), der ausschließlich darin besteht, den Mieter als Treugeber umgehend darüber zu informieren, ob und gegebenenfalls in welcher Höhe der Vermieter die Sicherheitsleistung des Mieters in Anspruch zu nehmen gedenkt. Das kann **förmlich** entsprechend § 259 BGB durch eine rechnerische Gegenüberstellung der Kaution (einschließlich der Erträge) und der vom Vermieter behaupteten, noch offen Forderungen geschehen, genauso gut aber auch „**konkludent**" durch eine **Erklärung** des Vermieters darüber, ob er noch bestimmte Forderungen aus dem Mietverhältnis gegen den Mieter erheben werde, jedenfalls, wenn er zugleich deutlich macht, dass er keine weiteren Beträge beanspruche, etwa durch Aufrechnung gegen den Rückzahlungsanspruch des Mieters oder durch Klagerhebung ohne Vorbehalt weiterer Forderungen (so insbesondere BGH 24. 7. 2019 – VIII ZR 141/17 Rn 21 ff, NJW 2019, 3371 = NZM 2019, 754 = WuM 2019, 521). Die Frage, ob in der Vorgehensweise des Vermieters im Einzelfall danach eine „Abrechnung" über die Kaution zu sehen ist, hat erhebliche praktische Bedeutung, da mit Zugang der Abrechnung bei dem Mieter der Rückgewähranspruch des Mieters hinsichtlich der (restlichen) Sicherheitsleistung fällig wird und zugleich die Verjährung dieses Anspruchs zu laufen beginnt (s Rn 37 ff). **34**

Billigt man dem Vermieter (zu Unrecht) eine längere Abrechnungsfrist als hier befürwortet (Rn 33) zu, so kann der Vermieter während dieser Frist auch noch die Leistung oder die **Wiederauffüllung** der Sicherheit verlangen, solange noch Ansprüche des Vermieters ernsthaft in Betracht kommen (Rn 27). Der Mieter kann dann auch nicht dem Vermieter die Abrechnungsfrist dadurch wieder aus der Hand schlagen, indem er sofort nach Ende des Vertrags von dem Vermieter eine *Bescheinigung* über seine Freiheit von Mietschulden verlangt (BGH 30. 9. 2009 – VIII ZR 238/08, NZM 2009, 853 = WuM 2009, 647, 650 Tz 19). In der **Zwangsverwaltung** obliegt die Abrechnung über die Sicherheitsleistung dem Verwalter, selbst wenn der Vermieter die Sicherheit nicht an den Verwalter herausgegeben hatte (s Staudinger/V Emmerich [2021] § 566a Rn 5 ff; Jacoby ZMR 2015, 1, 4), **35**

3. Verwertungsrecht des Vermieters

Wenn die Abrechnung des Vermieters ergibt, dass ihm noch offene Forderungen gegen den Mieter zustehen, stellt sich die Frage, ob der Vermieter auf die vom Mieter geleistete Sicherheit zwecks Befriedigung wegen seiner Forderungen zugreifen kann (nicht muss). Lange Zeit war umstritten, ob dem Vermieter das Zugriffsrecht ohne Einschränkung zusteht (so zB OLG Karlsruhe NJW-RR 2009, 514 = NZM 2009, 811) oder ob er ebenso wie vor Vertragsende (s Rn 27) ein Verwertungsrecht nur hat, **36** soweit seine Forderungen rechtskräftig festgestellt, unstreitig oder doch unmittelbar **liquide** sind. Nach wie vor sprechen an sich die besseren Gründe für eine Beschränkung des Verwertungsrechts des Vermieters auf zumindest unmittelbar liquide, dh ohne weiteres beweisbare Forderungen (ebenso LG Halle NZM 2008, 685; LG Krefeld WuM 2019, 84; LG Berlin WuM 2017, 527; NZM 2018, 285; WuM 2020, 22; ZMR 2020, 34; AG Dortmund WuM 2018, 205; Both WuM 2019, 545, 547; Bruns NJW 2019, 3373 f). Im Jahre 2019 hat sich der BGH indessen dafür ausgesprochen, dem Vermieter nach Abrechnung über die Kaution ein Verwertungsrecht **auch für streitige Forderungen** zuzubilligen weil schützenswerte Interessen des Mieters dadurch nicht berührt würden, dieser vielmehr auch nach Zugriff des Vermieters auf die Sicherheit weiterhin auf Rückzahlung der Kaution klagen könne, wobei dann den Vermieter die Beweislast für die von ihm behaupteten Gegenforderungen treffe (BGH 24. 7. 2019 – VIII ZR 141/17 Rn 26, 28, NJW 2019, 3371 = NZM 2019, 754; zustimmend Flatow NZM 2020, 1, 10; Horst DWW 2019, 284; – offen gelassen noch in BGH 7. 5. 2014 – VIII ZR 234/13, NJW 2014, 2 1496 Rn 13 = NZM 2014, 551).

4. Rückgewähranspruch des Mieters

37 Es steht außer Frage, dass der Mieter einen unbedingten und fälligen Rückgewähranspruch erwirbt, wenn die Abrechnung des Vermieters (s Rn 31 f) ergibt, dass dem Vermieter gegen den Mieter keine Forderungen in Höhe der Kaution mehr zustehen. Von diesem Augenblick ab läuft auch die **Verjährung** des Rückgewähranspruchs nach den §§ 195 und 199 BGB. Zusätzliche Fragen stellen sich erst, wenn der Vermieter seiner Pflicht zur ordnungsmäßigen **Abrechnung** binnen einer angemessenen Frist **nicht nachkommt**. Die Frage, wie dann zu verfahren ist, steht im Mittelpunkt der ausufernden Diskussion über die Abwicklung der Vereinbarung über eine Mietsicherheit oder Kaution nach Vertragsende (Überblick über den Meinungsstand bei Flatow NZM 2020, 1, 7 ff). Konkret geht es vor allem um die Frage, ob die Fälligkeit des Rückgewähranspruchs des Mieters allein von der Abrechnungsreife oder auch davon abhängt, dass der Vermieter tatsächlich abgerechnet hat und aufgrund der Abrechnung geklärt ist, ob der Vermieter noch Gegenforderungen besitzt. Der BGH hat sich hier auf den Standpunkt gestellt, dass der Mieter – bei einer Barkaution – nach Abrechnung des Vermieters mit seinem nunmehr fälligen Rückzahlungsanspruch gegen die von Vermieter behaupteten Forderungen aufrechnen kann und so in der Lage ist, ohne weiteres die Rückzahlung der (restlichen) Kaution durchzusetzen (so BGH 24. 7. 2019 – VIII ZR 141/17 Rn 29, NJW 2019, 3371, 3373 = NZM 2019, 754).

38 Es bleibt die Frage, wie der Mieter verfahren soll, wenn der Vermieter nach Vertragsende und Rückgabe der Mietsache **untätig** bleibt und weder über die Mietsicherheit abrechnet noch von seiner Verwertungsbefugnis in irgendeiner Richtung Gebrauch macht. Im Schrifttum wird dem Mieter für diesen eigentlich kritischen Fall vielfach ein **Auskunftsanspruch** gegen den Vermieter zugebilligt, um ihn in die Lage zu versetzen, sich Klarheit darüber zu verschaffen, ob der Vermieter noch Forderungen gegen ihn geltend machen will (zu § 666, insbesondere Flatow NZM 2020, 1, 3 f; Hinz NZM 2019, 76, 80 ff). Dies ist indessen kein praktikabler Ausweg, weil der Mieter bei dieser Vorgehensweise zu einer Stufenklage und gegebenenfalls zu mehreren Rechtsstreitigkeiten mit ungewissem Ausgang und erheblichen Kostenrisiken genötigt würde. Als Lösung bleibt daher allein die Annahme, dass mit fruchtlosem

Ablauf der kurz bemessenen Abrechnungsfrist stets die **Fälligkeit** des Rückgewähranspruchs des Mieters eintritt, sodass der Mieter Klage auf Rückgewähr der Sicherheit, insbesondere auf Rückzahlung der Barkaution erheben kann (zB OLG Düsseldorf ZMR 2008, 708). Es ist dann Sache des Vermieters, im Rechtsstreit etwaige Gegenforderungen vorzutragen und zu beweisen (ebenso hinsichtlich der Beweislast BGH 24. 7. 2019 – VIII ZR 141/17 Rn 28, NJW 2019, 3371 = NZM 2019, 754).

39 Dem Mieter droht freilich bei dieser Vorgehensweise (Rn 38) ebenfalls die Belastung mit den Kosten des Rechtsstreits, wenn seine Klage aufgrund der Aufrechnung des Vermieters mit Gegenforderungen abgewiesen wird (§ 91 ZPO). Hier weisen indessen die §§ 666, 242, 280 und 286 BGB einen Ausweg, da der Mieter den Vermieter nach Ablauf der kurz bemessenen Abrechnungsfrist (von grundsätzlich nur wenigen Tagen) ohne weiteres durch Mahnung in **Verzug** zu setzen vermag (anders wohl Flatow NZM 2020, 1, 3 ff: bloße Obliegenheit des Vermieters zur Abrechnung). Auf diesem Weg dürfte auch die Lösung der viel diskutierten Frage zu suchen sein, wie zu verfahren ist, wenn sich der Vermieter gegenüber der Klage auf Rückgewähr der Kaution und insbesondere auf Rückzahlung der Barkaution auf Forderungen beruft, über die er im Augenblick noch nicht abrechnen kann wie etwa bei den **Betriebskosten**, solange er noch nicht über die nötigen Belege verfügt. Nach einer verbreiteten Meinung soll der Vermieter in diesem Fall berechtigt sein, trotz Ablaufs der Abrechnungsfrist einen Teil der vom Mieter geleisteten Sicherheit bis zur beschleunigt durchzuführenden Abrechnung über die Betriebskosten **zurückzubehalten** (§ 273 BGB; BGH 18. 1. 2006 – VIII ZR 71/05, WuM 2006, 197, 198 Tz 12 f = NJW 2006, 1422 = NZM 2006, 343; LG Regensburg NJW-RR 1995, 907; LG Berlin ZMR 2002, 271; AG Langen WuM 1996, 31; AG Hamburg-Brambeck WuM 2010, 153; ZMR 2012, 783, 784; Kraemer NZM 2001, 737, 741; Kiessling JZ 2004, 1146, 1154:). Dem ist indessen für die **Wohnraummiete** *nicht* zu folgen, schon, weil der Vermieter insoweit in der Regel bereits durch die Vorauszahlungen des Mieters ausreichend gesichert ist (LG Berlin ZMR 1999, 257 = NZM 1999, 960; GE 2002, 462, 463; 2005, 433, 435; AG Regensburg NJW-RR 1995, 144; Schmidt-Futterer/Blank Rn 100 ff). Entscheidet man anders, so sollte jedenfalls eine Kostenbelastung des Mieters auf dem geschilderten Weg vermieden werden, wenn der Vermieter zuvor auf die Aufforderung des Mieters zur Abrechnung hin nicht umgehend tätig geworden ist.

40 Umstritten ist, wem bei einer **Personenmehrheit** auf der Mieterseite der Rückgewähranspruch zusteht. Bilden die Mieter eine Gesellschaft, so wird zum Teil aus den §§ 709 und 714 BGB der Schluss gezogen, dass die Mieter nur *zusammen* den Rückgewähranspruch geltend machen könnten, solange nicht einem von ihnen die Ermächtigung erteilt wird, den Anspruch allein zu verfolgen (KG ZMR 2012, 695; LG Saarbrücken ZMR 1992, 60; Woitkewitsch ZMR 2005, 426, 427 f). Näher liegt hier indessen die Anwendung des **§ 432 BGB**, insbesondere bei Vermietung von Wohnräumen an Eheleute, sodass jeder Mieter die Rückgewähr der Sicherheit, aber nur an alle Mieter zusammen verlangen kann (LG Flensburg ZMR 2009, 449 mwNw). – Gewährt der Vermieter die Sicherheit dem Mieter vorbehaltlos trotz leicht erkennbarer Schäden an der zurückgegebenen Mietsache zurück, so kann darin im Einzelfall auch ein konkludenter **Erlass** etwaiger Schadensersatzansprüche des Vermieters zu sehen sein (OLG Düsseldorf MZM 2001, 893 = WuM 2001, 437 = ZMR 2001, 962; OLG München NJW-RR 1990, 22; Blank/Börstinghaus Rn 75).

41 Inhaltlich richtet sich der **Rückgewähranspruch** des Mieters hinsichtlich der Kaution nach der Art der Sicherheitsleistung (s Rn 4 ff; LG Kaiserslautern WuM 2003, 630). Bei der **Geldkaution** geht der Anspruch auf Rückzahlung des nach Verrechnung etwaiger Forderungen des Vermieters verbleibenden Betrages. Bei einer **Bürgschaft** ist der Anspruch des Mieters ebenso wie der des Bürgen auf Rückgabe der Bürgschaftsurkunde an den Bürgen gerichtet (s Rn 7 f; OLG Hamm NJW-RR 1992, 1036; LG Saarbrücken NJW-RR 2000, 822; LG Kiel WuM 2001, 238; LG Frankfurt NZM 2001, 619; M Schmid ZMR 2014, 256, 258). Verpfändete **Sparbücher** müssen freigegeben, zur Sicherheit abgetretene Ansprüche müssen zurückabgetreten werden (s Rn 6; LG Berlin GE 2002, 596; 623; ZMR 2013, 342; LG Oldenburg GE 2013, 623 = ZMR 2013, 892; M Schmid ZMR 2014, 256, 258).

42 Durch **einstweilige Verfügung** kann der Anspruch auf Rückgewähr der Sicherheit nicht durchgesetzt werden; auch eine Klage im **Urkundenprozess** scheidet aus (Blank/Börstinghaus Rn 83; Schmidt-Futterer/Blank Rn 102). Der **Streitwert** der Klage auf Rückzahlung der Kaution richtet sich nach dem Kautionsbetrag zuzüglich der in der Zwischenzeit aufgelaufenen Zinsen und Erträge (AG Michelstadt WuM 1987, 353). In der **Insolvenz** des Vermieters stellt der schuldrechtliche Rückzahlungsanspruch des Mieters eine bloße Insolvenzforderung dar (Jakoby ZMR 2015, 1, 4 mwNw), während in der Insolvenz des Mieters der Rückzahlungsanspruch des Mieters in die Masse fällt (§ 35 InsO), sofern nicht der Insolvenzverwalter wie in der Regel das Mietverhältnis freigibt (§ 109 InsO; BGH 24. 2. 2019 – IX ZR 7/17 Rn 12, NZM 2019, 367 = WuM 2019, 267; Flatow NZM 2019, 369). Außerhalb der Mieterinsolvenz können die Gläubiger des Mieters den Rückzahlungsanspruch des Mieters pfänden; § 850i Abs 1 ZPO steht nicht entgegen (BGH 24. 2. 2019 – IX ZR 7/17 Rn 15, 17, NZM 2019, 367 = WuM 2019, 267; Flatow NZM 2019, 369).

43 Der Vermieter kann nur mit **Forderungen** aufrechnen, die nach den Abreden der Parteien gerade durch die Sicherheitsleistung des Mieters **gesichert** werden sollten (s Rn 4). Haben sie keine besonderen Abreden über diese Frage getroffen, so ist im Zweifel davon auszugehen, dass allein Vermieterforderungen aus dem fraglichen **Mietverhältnis** gesichert werden sollen, (s oben Rn 4; OLG Frankfurt WM 1979, 1318; LG Berlin GE 1987, 999). Die Gegenansprüche des Vermieters müssen maW stets auf demselben Mietverhältnis wie der Rückzahlungsanspruch des Mieters beruhen (BGH 11. 7. 2012 – VIII ZR 36/12, NJW 2012, 3300 Tz 9 f = NZM 2012, 678 = WuM 2012, 502). Mit Forderungen aus anderen Rechtsverhältnissen kann der Vermieter nicht aufrechnen, sofern die Parteien nicht ausnahmsweise etwas anderes vereinbart haben (OLG Düsseldorf ZMR 2008, 47; 2008, 708). Das folgt aus der fortbestehenden treuhänderischen Bindung des Vermieters, die erst mit der vertragsgemäßen Rückgewähr der Sicherheit erlischt (anders Dickersbach WuM 2006, 595, 597 f mwNw). Keine Rolle spielt, ob die Forderungen des Vermieters, zB etwaige Schadensersatzansprüche, mittlerweile nach § 548 BGB **verjährt** sind (§ 215 BGB; BGHZ 101, 244, 251 f = NJW 1987, 2372; BGHZ 136, 49, 54 = NJW 1998, 981; OLG Karlsruhe NJW-RR 1987, 720 = WuM 1987, 156; OLG Düsseldorf ZMR 2002, 658 = WuM 2002, 495).

IX. Abweichende Vereinbarungen

44 Vereinbarungen, die zum Nachteil des Mieters von § 551 abweichen, sind unwirksam, während Vereinbarungen, durch die seine Rechtsstellung gegenüber § 551 BGB verbessert wird, unbedenklich sind (§ 551 Abs 4 BGB); **Beispiele** für unwirksame Vereinbarungen sind die Vereinbarung einer Mietsicherheit, deren Betrag die Grenze des § 551 Abs 1 BGB übersteigt, die Beschneidung oder der Ausschluss der Berechtigung des Mieters zur Zahlung einer Barkaution in Raten (§ 551 Abs 2 BGB), der Ausschluss der Verzinsung, die Vereinbarung einer bloßen Mindestverzinsung oder die Belastung des Mieters mit zusätzlichen Gebühren sowie die Vereinbarung eines Verwertungsrechts des Vermieters auch wegen umstrittener Forderungen bereits während des Laufs des Vertrages (s Rn 26). Vereinbarungen, nach denen die Mietsicherheit bei vorzeitigem Vertragsende ganz oder teilweise **verfallen** soll, verstoßen außerdem gegen § 555 BGB und gegen § 1229 BGB (AG Karlsruhe WuM 1989, 73).

Der **Verstoß** einer Vereinbarung gegen § 551 BGB führt zu ihrer Unwirksamkeit (§ 551 Abs 4 BGB; vgl § 134 BGB). Das Schicksal des Vertragsrestes beurteilt sich nach § 139 BGB. Selbst wenn man die Vereinbarung über die Leistung einer Mietsicherheit – entgegen der hM – als Bestandteil des Mietvertrages ansieht, wird man doch nach dem Zweck der ganzen Regelung für den Regelfall anzunehmen haben, dass bei einem Verstoß einzelner Klauseln eines Mietvertrages gegen § 551 BGB als Rechtsfolge (höchstens) eine (völlige oder partielle) Unwirksamkeit der Sicherungsabrede und nicht die des ganzen Mietvertrages in Betracht kommt. Meistens wird hier, diesmal im Interesse des Vermieters, lediglich eine partielle Unwirksamkeit der Sicherungsabrede, dh nur insoweit angenommen, wie sie gegen § 551 BGB verstößt, während sie im Übrigen aufrechterhalten wird (s im Einzelnen o Rn 8, Rn 11). **45**

X. Gewerbliche Miete

Der Anwendungsbereich des § 551 BGB beschränkt sich auf Wohnraummietverhältnisse (§§ 549, 578 BGB). Auf die gewerbliche Miete kann § 551 nicht, auch **nicht entsprechend** angewandt werden (ebenso für § 551 Abs 3 BGHSt 52, 182 Tz 12 = NJW 2008, 1827 sowie für die Kfz-Miete OLG Düsseldorf ZMR 2006, 280 f), sodass bei dieser weiterhin **Vertragsfreiheit** hinsichtlich der Art und der Höhe der vom Mieter geschuldeten Sicherheitsleistung (s § 232 BGB) sowie bezüglich deren rechtlicher Ausgestaltung besteht (§ 311 Abs 1 BGB; ausführlich Guhling/Günter/Geldmacher Anhang zu §§ 562–562d Rn 1–346 sowie zB Heintzmann WiB 1995, 569; Horst NZM 2018, 889, 893 ff). Als unbedenklich gelten etwa Kautionen in der **Höhe** des Sechs- bis Siebenfachen der monatlichen Miete (OLG Brandenburg NZM 2007, 402 = ZMR 2006, 853, 854; OLG Düsseldorf GE 2009, 1043). Nichts hindert die Parteien außerdem zB an der Vereinbarung, dass die Sicherheitsleistung bereits vor Übergabe der Mietsache fällig sein soll, sodass der Vermieter ein Zurückbehaltungsrecht erwirbt, solange der Mieter die Sicherheitsleistung nicht erbracht hat (KG ZMR 2008, 617). **46**

Anders als bei der Wohnraummiete (s Rn 25) begründet die Verpflichtung des Vermieters zur Rückgewähr der Sicherheit nach Vertragsende *nicht* generell, sondern nur in besonders gelagerten Ausnahmefällen eine Vermögensbetreuungspflicht iSd § 266 StGB (BGHSt 52, 182 Tz 12 = NJW 2008, 1827). Dies ändert indessen nichts an dem **treuhänderischen Charakter** des durch eine Sicherheitsleistung des Mieters begründeten Verhältnisses zum Vermieter, sodass dieser bei der gewerblichen Miete ebenso wie bei der Wohnraummiete nach § 551 Abs 3 S 3 BGB grundsätzlich zu einer von seinem Vermögen **getrennten Anlage** der Sicherheit verpflichtet ist, um zu verhindern, dass seine Gläubiger oder seine Bank auf die **47**

Sicherheit, die wirtschaftlich dem Mieter gehört, zugreifen können (BGH 13. 12. 2012 – IX ZR 9/12, NZM 2013, 145 = WuM 2013, 103 = NJW 2013, 1243 Tz 6; KG NJW-RR 1999, 738 = NZM 1999, 376; Fritz, in: 10 Jahre Mietrechtsreformgesetz [2011] 844, 845 f; Guhling/Günter/Geldmacher Anhang zu §§ 562–562d Rn 52 ff; Heintzmann WiB 1995, 569 f). Kommt der Mieter mit der Leistung der Sicherheit in **Verzug**, so kann der Vermieter außerdem Verzugszinsen verlangen (§§ 280, 286, 288 BGB; OLG Düsseldorf GE 2000, 602; Heintzmann WiB 1995, 569, 574).

48 Soweit die Sicherheitsleistung nach den Abreden der Parteien zu verzinsen ist, stehen die **Zinsen** auch bei der gewerblichen Miete dem Mieter zu, sodass der Mieter einen **Auskunftsanspruch** gegen den Vermieter über die Anlage der Sicherheit und über die Höhe der Erträge besitzt (Guhling/Günter/Geldmacher Anhang zu §§ 562–562d Rn 51 f; Heintzmann WiB 1995, 569, 574 f). Bei **Vertragsende** entspricht die Rechtslage bei der gewerblichen Miete gleichfalls in ihren Grundzügen der bei der Wohnraummiete (s deshalb o Rn 29 ff). Der Mieter kann daher **Rückzahlung** der Kaution nach Ablauf einer sich aus den Umständen ergebenden **Abrechnungsfrist** verlangen (Guhling/Günter/Geldmacher Anhang zu §§ 562–562d Rn 258 ff). Soweit der Vermieter noch offene Forderungen wegen Betriebskosten hat, die er noch nicht beziffern kann, wird ihm hier außerdem – abweichend von der Wohnraummiete (s oben Rn 31) – ein **Zurückbehaltungsrecht** zuzubilligen sein (OLG Hamburg NJW-RR 1988, 651 = ZMR 1988, 264 f; wohl auch LG Berlin NZM 1999, 960 = ZMR 1999, 257).

49 Im Falle der **Abtretung** der Mietansprüche ist § 401 BGB anzuwenden, sodass der Zessionar die Übertragung der Kaution verlangen kann (OLG Frankfurt WM 1989, 1002). Haben die Parteien etwas anderes vereinbart, so kann der Mieter von dem Vermieter die Rückzahlung der Kaution verlangen, weil sie ihm jetzt nicht mehr zusteht (OLG Frankfurt WM 1989, 1002). Im Falle der Veräußerung des vermieteten Grundstücks ist die Sonderregelung des § 566a BGB zu beachten.

§ 552
Abwendung des Wegnahmerechts des Mieters

(1) Der Vermieter kann die Ausübung des Wegnahmerechts (§ 539 Abs. 2) durch Zahlung einer angemessenen Entschädigung abwenden, wenn nicht der Mieter ein berechtigtes Interesse an der Wegnahme hat.

(2) Eine Vereinbarung, durch die das Wegnahmerecht ausgeschlossen wird, ist nur wirksam, wenn ein angemessener Ausgleich vorgesehen ist.

Materialien: BGB § 547a; 2. Mietrechtsänderungsgesetz von 1964 (BGBl I 457); Mietrechtsreformgesetz von 2001 (BGBl I 1149); Prot II 176 f; Begr zum RegE BT-Drucks 14/4553, 49.

Schrifttum

S o bei § 539 sowie
BUB/TREIER/J EMMERICH, Hdb Rn V 348 ff
BRUNS, Einrichtungen im Mietverhältnis II: Abwendungsbefugnis versus Wegnahmerecht, NZM 2017, 468

A vPREUSCHEN-vLEWINSKI, Baumaßnahmen des Mieters auf fremdem Grund und Boden (2005)
A SCHOLL, Zum Umfang der Entschädigung des Zeitwerts nach § 547a BGB, WuM 1998, 327.

Systematische Übersicht

I. **Abwendungsrecht (§ 552 Abs 1)**	II. **Abweichende Vereinbarungen**	
1. Anwendungsbereich 1	(§ 552 Abs 2)	
2. Ausübung 3	1. Wohnraummiete	10
3. Angemessene Entschädigung ... 6	2. Sonstige Raummiete	12
4. Berechtigtes Interesse des Mieters _ 9		

I. Abwendungsrecht (§ 552 Abs 1)

1. Anwendungsbereich

Nach § 552 Abs 1 BGB (= § 547 Abs 1 und 3 idF von 1964) kann der Vermieter die Ausübung des Wegnahmerechts des Mieters aus § 539 Abs 2 BGB bei der Wohnraummiete (§ 549 BGB) ebenso wie bei der sonstigen Raummiete (§ 578 Abs 2 BGB) durch Zahlung einer angemessenen Entschädigung abwenden, wenn nicht der Mieter ein berechtigtes Interesse an der Wegnahme hat. Vorbild der Regelung waren die üblich gewordenen Vertragsbestimmungen (vgl die Begründung zum RegE BT-Drucks IV/806). § 552 BGB muss vor allem im **Zusammenhang mit § 539 Abs 2 BGB** gesehen werden, nach dem der Mieter bei allen Mietverhältnissen das Recht hat, eine Einrichtung wegzunehmen, mit der er die Mietsache versehen hat (s dazu o § 539 Rn 23 ff). Dieses Wegnahmerecht des Mieters wird durch § 552 BGB bei der Wohnraummiete ebenso wie bei der gewerblichen Miete (§ 578 Abs 2 BGB) durch ein Abwendungsrecht des Vermieters modifiziert. **1**

Der **Anwendungsbereich** des Abwendungsrechts des Vermieters beschränkt sich nicht auf die Wohnraummiete, sondern umfasst auch die **sonstige Raummiete** (§ 578 Abs 2 BGB). Bei der reinen Grundstücksmiete gilt das Abwendungsrecht dagegen nicht (§ 578 Abs 1 BGB), sodass der Vermieter eines Grundstücks die Wegnahme von Pflanzen, die der Mieter gepflanzt hatte, nicht nach § 552 Abs 1 BGB abwenden kann. **2**

2. Ausübung

Das Abwendungsrecht des Vermieters entspricht dem Wegnahmerecht des Mieters aus § 539 Abs 2 BGB (s Rn 1). Der Vermieter hat daher ein Abwendungsrecht, wenn und solange dem Mieter das Wegnahmerecht zusteht (s oben § 539 Rn 23 ff). Das Abwendungsrecht hat für den Vermieter vor allem Bedeutung, wenn er den **Besitz** der vermieteten Räume **zurückerlangt** hat; es erlischt, sobald der Mieter die Einrichtung von der Mietsache abgetrennt hat, selbst wenn sie sich noch in den Miet- **3** räumen befindet (Burkhardt BB 1964, 771, 772; Guhling/Günter/Krüger Rn 3; BeckOGK/J Emmerich [1. 10. 2020] Rn 9).

4 Keine Rolle spielt, ob der Mietvertrag noch besteht, gekündigt oder beendet ist. Nach überwiegender Meinung kann der Vermieter sein Abwendungsrecht deshalb an sich auch bereits während der Zeit ausüben, in der sich der Mieter noch im **Besitz** der Mietsache befindet (zB Bub/Treier/J Emmerich, Hdb Rn V 348). Die praktische Bedeutung des Abwendungsrecht des Vermieters ist freilich in dieser Zeitspanne gering, da der Mieter nicht verpflichtet ist, den Vermieter von seiner Absicht zu informieren, von seinem Wegnahmerecht Gebrauch zu machen. Die Frage ist zwar umstritten; indessen ergibt sich aus dem Gesetz *nichts* für eine derartige zusätzliche Pflicht des Mieters, durch die dieser im Einzelfall zudem erheblich belastet werden kann (OLG Köln ZMR 1994, 509, 510 = WuM 1995, 268; Blank/Börstinghaus Rn 3; Schmidt-Futterer/Langenberg Rn 6; Guhling/Günter/Krüger Rn 8; – anders zB Bruns NZM 2017, 468, 469 mNw). Der Mieter ist daher insbesondere *nicht verpflichtet*, eine Einrichtung dem Vermieter zur Übernahme gegen Entschädigung *anzubieten*, bevor er sie wegnehmen will, ebensowenig wie der Vermieter seinerseits zur Übernahme gegen Entschädigung verpflichtet ist (Schmidt-Futterer/Langenberg Rn 5). (Nur) individualvertraglich kann etwas anderes vereinbart werden (§ 311 Abs 1 BGB), entgegen der überwiegenden Meinung jedoch nicht auch durch Formularvertrag (§ 307 Abs 1 BGB).

5 Nach dem Wortlaut des § 552 Abs 1 BGB kann der Vermieter die Ausübung des Wegnahmerechts des Mieters nur durch **„Zahlung"** einer angemessenen Entschädigung abwenden. Nach Sinn und Zweck der Regelung muss es jedoch bereits ausreichen, wenn der Vermieter dem Mieter **in Annahmeverzug begründender Weise** (§ 294 BGB) eine angemessene **Entschädigung anbietet** (KG MDR 2001, 984 = GE 2001, 850 f; AG Aachen WuM 1987, 123; BeckOGK/J Emmerich [1. 10. 2020] Rn 12; Schmidt-Futterer/Langenberg Rn 7, str). Der Mieter kann den Vermieter nach Treu und Glauben nicht an der Ausübung seines Abwendungsrechts hindern, indem er einfach die Annahme der Entschädigung verweigert (§ 242 BGB). *Nicht* ausreichend ist dagegen das bloße Angebot einer angemessenen Entschädigung (str).

3. Angemessene Entschädigung

6 Der Vermieter muss dem Mieter nach § 552 Abs 1 BGB eine „angemessene Entschädigung" in einer Annahmeverzug begründenden Weise anbieten, wenn das Wegnahmerecht des Mieters erlöschen soll (s oben Rn 5). Nach hM ist bei der Berechnung der Angemessenheit der Entschädigung vom Zeitwert der Einrichtung im Augenblick ihrer Verbindung mit der Mietsache auszugehen; gemeint ist damit der **Anschaffungspreis**. Jedoch sollen von dem Zeitwert (= Anschaffungspreis) erhebliche Abzüge zu machen sein, zunächst für den Wertverlust durch die zwischenzeitliche **Abnutzung**. Weist die Sache **Mängel** auf, so soll auch das einen Abzug rechtfertigen (u Rn 8). Vor allem aber sollen der durch die Trennung entstehende **Wertverlust** sowie die vom Mieter **ersparten Kosten** für die Wiederherstellung des früheren Zustandes abzuziehen sein (§ 258 BGB), weil nur um den danach noch verbleibenden Restbetrag der Vermieter auf Kosten des Mieters bereichert sei (Rechtsausschuss zu BT-Drucks IV/2195; BGH 14. 7. 1969 – VIII ZR 5/68, ZMR 1969, 340, 342 = MDR

1969, 1001; LG Hamburg WuM 1977, 141, 142; AG/LG Köln WuM 1998, 345; Bruns NZM 2017, 468, 470 f m NW; Lützenkirchen § 552 Rn 29).

Die Berechtigung der genannten Abzüge (o Rn 6) ist fraglich, da sie notwendigerweise zur Folge hat, dass in der Regel für den Mieter schlicht *nichts* übrig bleiben wird (s A Scholl WuM 1998, 327). Als Ausweg wird vielfach vorgeschlagen, von dem **jetzigen Zeitwert** der Sachen auszugehen, berechnet nach den seinerzeitigen Anschaffungskosten abzüglich der Wertminderung durch die zwischenzeitliche Abnutzung (AG/LG Köln WuM 1998, 345; A Scholl WuM 1998, 327, 328; Sternel, Mietrecht Rn IV 623 [S 1358]). Aber auch auf der Grundlage dieser Berechnungsweise dürfte bei einer längeren Benutzungsdauer der Einrichtungen die Entschädigung *gegen null* tendieren, sodass schwerlich noch von einer „angemessenen" Entschädigung die Rede sein kann. Angemessen ist die Entschädigung vielmehr nur, wenn darauf abgestellt wird, **welchen Wert** die vom Mieter zurückgelassenen Einrichtungen **jetzt für** den **Vermieter** haben (Blank/Börstinghaus Rn 4; Eisenschmid WuM 1987, 243, 247 = in: Beendigung des Mietverhältnisses, PiG 26 [1987] 73, 88; BeckOGK/J Emmerich [1. 10. 2020] Rn 15; Guhling/Günter/Krüger Rn 9; Schmidt-Futterer/Langenberg Rn 9 ff). Denn es ist der *Vermieter,* der hier in seinem Interesse Sachen in Anspruch nimmt, die in aller Regel im Eigentum des Mieters stehen. So erklärt es sich zugleich, dass die Entschädigungspflicht des Vermieters **entfällt**, wenn der Mieter einfach unter Zurücklassung der Einrichtungen **auszieht** (Blank/Börstinghaus Rn 6) oder wenn es der Vermieter dem Mieter **freistellt**, ob er sein Wegnahmerecht ausüben oder die Einrichtungen zurücklassen will, und der Mieter darauf hin untätig bleibt (Blank/Börstinghaus Rn 6; Sternel, Mietrecht Rn IV 621 [1357 f]). Denn in allen diesen Fällen sind die Einrichtungen für den Vermieter nicht nur letztlich *wertlos,* sondern belasten ihn möglicherweise sogar. **7**

Aus dem Wortlaut des Gesetzes (**„Zahlung"**) könnte der Schluss gezogen werden, dass die Entschädigung des Vermieters immer in Geld zu bestehen habe. Indessen ist kein sachlicher Grund erkennbar, eine Entschädigung des Mieters durch andere geldwerte Leistungen des Vermieters wie einen Verzicht auf Forderungen oder die Einwilligung in eine vorzeitige Aufhebung des Mietvertrages auf Wunsch des Mieters auszuschließen (Blank/Börstinghaus Rn 6; BeckOGK/J Emmerich [1. 10. 2020] Rn 13). Der Anspruch des Mieters auf die „Zahlung" oder besser: Leistung einer angemessenen Entschädigung **entsteht** mit dem Angebot der Entschädigung seitens des Vermieters zu dem Zweck, die vom Mieter beabsichtigte Wegnahme einer Einrichtung abzuwenden. Mit der Leistung der Entschädigung sind die Beziehungen der Parteien erledigt (o Rn 7). Der Vermieter kann daher bei **Mängeln** der Einrichtung vom Mieter weder deren Reparatur noch Ersatz der Reparaturkosten verlangen; solche Mängel sind vielmehr allein bei der Berechnung der Entschädigung zu berücksichtigen (o Rn 6; LG Mannheim WuM 1969, 112). Ebensowenig ist jetzt noch Raum für Verwendungsersatz- oder **Bereicherungsansprüche** des Mieters (Schmidt-Futterer/Langenberg Rn 5). **8**

4. Berechtigtes Interesse des Mieters

Das Abwendungsrecht des Vermieters entfällt, wenn der Mieter ein berechtigtes Interesse an der Wegnahme hat (§ 552 Abs 1 BGB). Als solches Interesse kommen **alle vernünftigen, sachlichen Gründe des Mieters** für die Wegnahme in Betracht (Bruns NZM 2017, 468, 470; Bub/Treier/J Emmerich, Hdb Rn V 354; Lützenkirchen § 552 **9**

Rn 34 ff). Der Mieter hat zB ein berechtigtes Interesse an der Wegnahme, wenn es sich bei der Einrichtung um ein wertvolles oder unersetzliches **Erbstück** handelt, wenn die Einrichtung auf dem Markt **nicht mehr erhältlich** ist oder wenn die **Kosten** der Wegnahme gering, die Kosten der Anschaffung einer neuen Einrichtung dagegen erheblich sind. *Nicht* ausreichend ist jedoch das bloße Interesse des Mieters, die Einrichtung an einen Nachfolgemieter zu veräußern (BLANK/BÖRSTINGHAUS Rn 9).

II. Abweichende Vereinbarungen (§ 552 Abs 2)

1. Wohnraummiete

10 Nach § 552 Abs 2 BGB setzt (nur) bei der Wohnraummiete eine Vereinbarung über den Ausschluss des Wegnahmerechts voraus, dass ein angemessener Ausgleich vorgesehen ist. Das gilt auch für Individualvereinbarungen. Bei einem Verstoß der Vereinbarung gegen § 552 Abs 2 tritt an die Stelle der unzulässigen Klausel die gesetzliche Regelung des § 552 Abs 1 BGB. Zu beachten ist, dass sich das Gesetz **nur** gegen **Ausschlussvereinbarungen** wendet. Andere Vereinbarungen, durch die das Abwendungsrecht des Vermieters *modifiziert* wird, ohne auf einen Ausschluss des Wegnahmerechts des Mieters hinauszulaufen, sind daher *unbedenklich*. **Beispiele** für zulässige Klauseln sind die Verpflichtung des Mieters, dem Vermieter die Wegnahmeabsicht anzuzeigen oder ihm die Einrichtung anzubieten (BUB/TREIER/J EMMERICH, Hdb Rn V 359; SCHMIDT-FUTTERER/LANGENBERG Rn 13). Nach hM kann ferner bestimmt werden, dass der Vermieter das Abwendungsrecht selbst dann haben soll, wenn der Mieter an sich ein berechtigtes Interesse an der Wegnahme hat (BLANK/BÖRSTINGHAUS Rn 10; HERRLEIN/KANDELHARD Rn 6). § 552 BGB findet außerdem keine Anwendung, wenn die Parteien bereits **bei Vertragsabschluss** vereinbaren, dass der Mieter verpflichtet sein soll, bestimmte Einrichtungen anzubringen und diese bei Vertragsende **entschädigungslos zurückzulassen**, weil es sich dabei nur um eine besondere Art der Vereinbarung über die Miete handelt, gegebenenfalls in Gestalt eines verlorenen Baukostenzuschusses (SCHMIDT-FUTTERER/LANGENBERG Rn 14; BUB/TREIER/J EMMERICH, Hdb Rn V 366; STERNEL, Mietrecht Rn IV 626 [S 1359]; ebenso BGH 8. 11. 1995 – XII ZR 202/94, NJWE-MietR 1996, 33 = ZMR 1996, 122, 123 f; anders für die vertragliche Verpflichtung des Mieters, eine von ihm beschaffte Einbauküche zurückzulassen, LG Bonn ZMR 2017, 245 f). Jedoch kommt auch in diesen Fällen bei einer vorzeitigen Beendigung des Mietvertrages ein Bereicherungsausgleich in Betracht (BGH 8. 11. 1995 – XII ZR 202/94, NJWE-MietR 1996, 33 = ZMR 1996, 122, 123 f; V EMMERICH NZM 1998, 49, 53 f). Unberührt bleibt die Möglichkeit der Parteien, die **Rechtsstellung** des Mieters über den Rahmen des § 552 Abs 1 BGB hinaus **zu verbessern** (BLANK/BÖRSTINGHAUS Rn 10). In Betracht kommt insbesondere eine den Mieter gegenüber § 552 Abs 1 BGB begünstigende Regelung der Entschädigungsfrage.

11 Der **angemessene Ausgleich** für den Ausschluss des Wegnahmerechts braucht nicht in einer Geldentschädigung zu bestehen; vielmehr kann **auch** ein **sonstiges Entgegenkommen** des Vermieters in der Gestaltung der vertraglichen Beziehungen als angemessener Ausgleich zu werten sein (so der Rechtsausschuss zu BT-Drucks IV/2195). Um Umgehungen zu verhindern, muss es sich dabei jedoch um Punkte handeln, die üblicherweise einen Einfluss auf die Höhe der Miete haben (STERNEL, Mietrecht Rn IV 625). Als angemessener Ausgleich kommen **zB** in Betracht eine vorzeitige Entlassung des Mieters aus dem Vertrag, die Vereinbarung einer besonders langen Vertragsdauer oder einer besonders niedrigen Miete, immer vorausgesetzt, dass nach dem

Willen der Parteien dieses Entgegenkommen gerade die *Gegenleistung* für den Ausschluss des Wegnahmerechts sein soll (Bub/Treier/J Emmerich, Hdb Rn V 361).

2. Sonstige Raummiete

Für die sonstige Raummiete gilt § 552 Abs 2 BGB nicht (§ 578 Abs 2 BGB). Hier sind daher in jeder Hinsicht von § 552 Abs 1 BGB abweichende Vereinbarungen möglich (Mittelstein, Miete 345; Sternel, Mietrecht Rn IV 625 f). **Beispiele** sind Abreden über die Höhe der Entschädigung oder über die Modalitäten des Wegnahmerechts. Auch der völlige **Ausschluss** dieses Rechts kommt in Betracht (s unten Rn 13); allein aus einer derartigen Abrede folgt jedoch noch nicht ohne Weiteres, dass der Mieter dann auch zur *unentgeltlichen* Überlassung der Einrichtungen an den Vermieter verpflichtet ist. Ob und inwieweit der Vermieter eine Gegenleistung schuldet, ist vielmehr eine Frage der Auslegung der Abreden der Parteien (vgl zB für die vom Pächter gepflanzten Bäume bei einem landwirtschaftlichen Pachtvertrag RG SoergRspr 1912 § 581 Nr 1). 12

Der entschädigungslose Ausschluss des Wegnahmerechts des Mieters stellt der Sache nach die Vereinbarung einer Vertragsstrafe dar (§ 339 BGB). Derartige **Verfallklauseln** sind nicht ohne Weiteres sittenwidrig (s Kürzel DWW 1967, 72; Bub/Treier/ J Emmerich, Hdb Rn V 363), sondern bei der gewerblichen Miete, anders als bei der Wohnraummiete (o Rn 10), nach überwiegender, aber durchaus problematischer Meinung grundsätzlich erlaubt (BGH 14. 10. 1958 – VIII ZR 155/57, LM Nr 3 zu § 547 BGB = NJW 1958, 2109; 9. 2. 1967 – V ZR 59/64, LM Nr 9 zu § 547 BGB = NJW 1967, 1233; zu Recht kritisch Guhling/Günter/Krüger Rn 13 ff). Steht die Verfallklausel im Zusammenhang mit einer vertraglichen Mindestdauer, so erwirbt der Mieter bei vorzeitiger Beendigung des Mietverhältnisses auf jeden Fall einen **Bereicherungsanspruch**, wenn der Vermieter infolgedessen grundlos in den verfrühten Genuss werterhöhender Einrichtungen gelangt (s oben § 539 Rn 11, Rn 13; BGH 8. 11. 1995 – XII ZR 202/94, NJWE-MietR 1996, 33 = ZMR 1996, 122, 123 f; OLG Hamburg MDR 1974, 584; Emmerich NZM 1998, 49, 53 f). Ein Ausschluss selbst dieses Bereicherungsanspruchs bei vorzeitiger Beendigung des Vertrags verstößt auf jeden Fall gegen § 307 Abs 1 BGB, richtiger Meinung nach aber auch gegen § 138 Abs 1 BGB (Guhling/Günter/Krüger Rn 15). 13

§ 553
Gestattung der Gebrauchsüberlassung an Dritte

(1) Entsteht für den Mieter nach Abschluss des Mietvertrags ein berechtigtes Interesse, einen Teil des Wohnraums einem Dritten zum Gebrauch zu überlassen, so kann er von dem Vermieter die Erlaubnis hierzu verlangen. Dies gilt nicht, wenn in der Person des Dritten ein wichtiger Grund vorliegt, der Wohnraum übermäßig belegt würde oder dem Vermieter die Überlassung aus sonstigen Gründen nicht zugemutet werden kann.

(2) Ist dem Vermieter die Überlassung nur bei einer angemessenen Erhöhung der Miete zuzumuten, so kann er die Erlaubnis davon abhängig machen, dass der Mieter sich mit einer solchen Erhöhung einverstanden erklärt.

(3) Eine zum Nachteil des Mieters abweichende Vereinbarung ist unwirksam.

§ 553

Materialien: BGB § 549 Abs 2 und 3; 2. Mietrechtsänderungsgesetz von 1964 (BGBl I 457); Mietrechtsreformgesetz von 2001 (BGBl I 1149); Begr zum RegE BT-Drucks 14/4553, 49.

Systematische Übersicht

I.	**Überblick**	1
II.	**Berechtigtes Interesse**	
1.	Alle vernünftigen Gründe	4
2.	Teil des Wohnraums	6
3.	Beispiele	8
4.	Rechte des Mieters	10
III.	**Ausschlussgründe**	
1.	Überblick	11
2.	Einzelne Gründe	13
IV.	**Untermietzuschlag**	16
V.	**Abweichende Vereinbarungen**	23

Alphabetische Übersicht

Abweichende Vereinbarungen	18
Anwendungsbereich	3
Anspruch auf Erlaubniserteilung	10
Aufnahme nahestehender Personen	7
Ausschlussgründe	11 f
Belegung, übermäßige	13
Berechtigtes Interesse des Mieters	4 ff
– Begriff	4 f
– Beispiele	8 f
– Beweislast	7
– Finanzielle Gründe	9
– Nach Abschluss des Mietvertrages	5
– Veränderung der persönlichen Verhältnisse	8
Beweislast	10, 12
Erhöhung, angemessene, der Miete	15 ff
Finanzielle Gründe	8
Geschichte	1 f
Grund, wichtiger, für den Vermieter	11, 13
Interesse, berechtigtes	4 ff
Kündigungsrecht	10
Längere Abwesenheit des Mieters	9
Rechte des Mieters	10
Schadensersatzanspruch des Mieters	11
Teil des Wohnraums	3, 6
Übermäßige Belegung	13
Untermietzuschlag	15 f
Unzumutbarkeit	11 ff
Veränderung der persönlichen Verhältnisse	7
Verkleinerung der Familie	8
Wichtiger Grund für den Vermieter	11, 13
Zeitpunkt des berechtigten Interesses	4
Zweck	2

I. Überblick

1 § 553 BGB regelt die Frage, wann der Mieter von Wohnraum abweichend von § 540 BGB einen *Anspruch* gegen den Vermieter auf Erlaubnis der Überlassung eines *Teils* der gemieteten Räume an einen Dritten hat. Voraussetzung ist nach § 553 Abs 1 S 1 BGB, dass für den Mieter *nach* Abschluss des Mietvertrages ein *berechtigtes Interesse* entsteht, einen Teil des Wohnraums einem Dritten zum Gebrauch zu überlassen. Der Anspruch des Mieters entfällt jedoch unter den in § 553 Abs 1 S 2 BGB genannten Voraussetzungen. Wenn dem Vermieter die Überlassung nur bei einer angemessenen Mieterhöhung zumutbar ist, kann er außerdem gemäß § 553 Abs 2 BGB die Erlaubnis von dem Einverständnis des Mieters mit solcher Erhöhung abhängig machen (sog Untermietzuschlag). Die ganz Regelung ist zu Gunsten des Mieters zwingend (§ 553 Abs 3 BGB). Auf die sonstige Raummiete findet sie keine Anwendung (§ 578 BGB).

Die Regelung geht zurück auf § 29 des alten Mieterschutzgesetzes von 1942 und ist von dort durch das zweite Mietrechtsänderungsgesetz von 1964 als § 549 Abs 2 aF ins BGB übernommen worden. § 553 BGB entspricht mit geringfügigen sprachlichen Änderungen dem § 549 Abs 2 aF, der lediglich im Interesse der besseren Lesbarkeit und Übersichtlichkeit auf drei Absätze aufgeteilt wurde (s die Begr zum RegE BT-Drucks 14/4553, 49 [l Sp]). **Bezweckt** war mit § 549 Abs 2 aF, dem Mieter, der den Wohnraum teilweise einem anderen zum Gebrauch überlassen möchte, im Falle der Verweigerung der nach § 540 Abs 1 BGB an sich erforderlichen Erlaubnis des Vermieters im Interesse des **Bestandschutzes** die Wahl zwischen der Kündigung gemäß § 540 Abs 1 BGB oder dem Verzicht auf die Untervermietung zu ersparen (BGH 3. 10. 1984 – VIII ARZ 2/84, BGHZ 92, 213, 217 = NJW 1985, 130 = JuS 1985, 233; BGH 11. 6. 2014 – VIII ZR 149/13, NJW 2014, 2717 Rn 21 ff, 25 = NZM 2014, 633 = WuM 2014, 489 = JuS 2015, 171). Als Voraussetzung für den Anspruch des Mieters auf Erlaubniserteilung zu der Gebrauchsüberlassung war im Regierungsentwurf des zweiten Mietrechtsänderungsgesetzes von 1964 ursprünglich noch ein *dringendes* Interesse des Mieters verlangt worden. Durch die Erweiterung auf *jedes* berechtigte Interesse sollte der prinzipielle **Vorrang der Mieterinteressen** unterstrichen werden, der seine Grenzen erst an der Unzumutbarkeit der Gebrauchsüberlassung an den Dritten für den Vermieter sowie an der völligen Übergabe der Wohnung an einen Dritten durch den Mieter findet (so jetzt § 553 Abs 1 S 1 und 2 BGB).

Der **Anwendungsbereich** des § 553 BGB beschränkt sich auf **Wohnraummietverhältnisse** im Gegensatz zur gewerblichen Miete (§§ 549, 578 BGB). Der wichtigste Anwendungsfall der Vorschrift ist die **Untermiete**. Der Anwendungsbereich des § 553 BGB umfasst darüber hinaus *jede Überlassung eines Teils der Wohnung an einen Dritten* zu einem selbständigen oder unselbständigen Gebrauch einschließlich insbesondere der nicht nur vorübergehende Aufnahme von Freunden und Besuchern (s oben § 540 Rn 3 ff; BGH 5. 11. 2003 – VIII ZR 371/02, BGHZ 157, 1, 5 = NJW 2004, 56; OLG Hamm OLGZ 1982, 481 = NJW 1982, 2876 = WuM 1982, 318, 321). Die Überlassung der *ganzen* Wohnung an Dritte fällt dagegen nicht mehr unter § 553 BGB, sondern allein unter § 540 Abs 1 BGB (s unten Rn 6).

II. Berechtigtes Interesse

1. Alle vernünftigen Gründe

Nach S 1 des § 553 Abs 1 BGB hat der Wohnraummieter einen *Anspruch* auf die nach § 540 BGB erforderliche Erlaubnis des Vermieters, wenn für ihn *nach* Abschluss des Mietvertrages ein *berechtigtes Interesse* entsteht, einen *Teil* des Wohnraums einem Dritten zum Gebrauch zu überlassen, insbesondere also an einen Dritten unterzuvermieten vorausgesetzt, dass keiner der Ausschlussgründe des § 553

Abs 1 S 2 BGB vorliegt. Grundlage der gesetzlichen Regelung ist die Entscheidung des Gesetzgebers für den prinzipiellen Vorrang der Mieterinteressen vor denen des Vermieters (s Rn 2), sodass für die Annahme eines berechtigten Interesses des Mieters im Sinne des § 553 Abs 1 S 1 BGB **alle vernünftigen Gründe** des Mieters im weitesten Sinne genügen, die sich im Rahmen der bestehenden Rechts- und Sozialordnung halten, sofern sie nur *nach* Vertragsabschluß entstanden sind (u Rn 5) *und* sich auf die Überlassung des Gebrauchs (nur) an einem *Teil* des Wohnraums an einen Dritten beschränken (s Rn 6).

4a Eine besondere Dringlichkeit der Mieterinteressen ist nicht erforderlich (s Rn 2). Ebensowenig braucht es sich um *rechtliche* Interessen zu handeln; vielmehr genügen **auch wirtschaftliche oder persönliche Gründe** einschließlich höchstpersönlicher Erwägungen. Bei **mehreren Mietern** reicht es zudem aus, wenn ein derartiges Interesse nur in der Person *eines* Mieters vorliegt. Insgesamt wird der Begriff heute in der Regel ausgesprochen **weit** ausgelegt (BGHZ 92, 213, 218 ff = NJW 1985, 130 = JuS 1985, 233; BGHZ 157, 1, 8 = NJW 2004, 56 = JuS 2006, 625; BGH 31. 1. 2018 – VIII ZR 105/17, BGHZ 217, 263, 284 f Rn 53 ff = NJW 2018, 2397; 23. 11. 2005 – VIII ZR 4/05, NZM 2006, 220 = WuM 2006, 147, 148 Tz 8; BGH 11. 6. 2014 – VIII ZR 149/13, NJW 2014, 2717 Rn 13 ff = NZM 2014, 633 = WuM 2014, 489 = JuS 2015, 171; LG Berlin WuM 2017, 263; 2019, 85, 86 = ZMR 2019, 192; BeckOGK/ J Emmerich Rn 6 ff; Heilmann NZM 2016, 74, 77; Meyer-Abich NZM 2020, 19, 20 ff). Immer aber muss es sich um ein Interesse gerade des **Mieters** selbst handeln, sodass allgemeine humanitäre Erwägungen nicht ausreichen, weil § 553 Abs 1 BGB die zu berücksichtigenden Interessen *abschließend* festlegt (BGH 11. 6. 2014 – VIII ZR 149/13, NJW 2014, 2717 Rn 28 = NZM 2014, 633 = WuM 2014, 489 = JuS 2015, 171; LG Berlin WuM 1994, 326; **aM** Derleder WuM 1994, 305). Die Überlassung der Räume teilweise an einen Dritten zur *gewerblichen Nutzung* begründet in keinem Fall ein berechtigtes Interesse (Blank/Börstinghaus Rn 5).

5 Hinzukommen muss, dass das berechtigte Interesse des Mieters an der Gebrauchsüberlassung (o Rn 4) erst **nach Abschluss** des Mietvertrages entstanden ist (s Sonnenschein, in: Mietnebenkosten PiG 23 [1986] 167, 179 f). *Nicht* erfasst werden dagegen solche Interessen des Wohnraummieters, die bereits *bei Vertragsabschluss* vorlagen. Dadurch soll verhindert werden, dass der Mieter auf dem Umweg über § 553 Abs 1 S 1 BGB die in dem Vertrag festgelegten Grenzen des vertragsgemäßen Gebrauchs unterlaufen kann (BVerfG NJW 1990, 1593, 1594; BGHZ 92, 213, 221 f = NJW 1985, 130; BGH 31. 1. 2018 – VIII ZR 105/17, BGHZ 217, 263, 284 f Rn 56 = NJW 2018, 2397). Bei der alleinigen Maßgeblichkeit des Zeitpunkts des Vertragsschlusses verbleibt es auch, wenn eine Person, zB als Erbe des Mieters, nachträglich kraft Gesetzes (§ 563 BGB) in den Mietvertrag eintritt (BGH 31. 1. 2018 – VIII ZR 105/17, BGHZ 217, 263, 285 f Rn 57 f = NJW 2018, 2397; LG Berlin WuM 2019, 85, 86 = ZMR 2019, 192) oder wenn es aufgrund eines Vorvertrages oder eines Vormietrechts zum Abschluss des Mietvertrages kommt (Meyer-Abich NZM 2020, 19, 23).

2. Teil des Wohnraums

6 Das Gesetz begründet in § 553 Abs 1 S 1 BGB nur dann einen Anspruch des Mieters auf Erlaubnis der Gebrauchsüberlassung an einen Dritten, wenn sich sein Interesse an der Gebrauchsüberlassung lediglich auf einen *Teil* des Wohnraums bezieht. Die **Überlassung** (fast) **der ganzen Wohnung** an einen Dritten fällt *nicht* mehr unter § 553,

sondern ausschließlich unter § 540 Abs 1 BGB (s Rn 3, Rn 9a; BGH 11. 6. 2014 – VIII ZR 149/13, NJW 2014, 2717 Rn 29 f = NZM 2014, 633 = WuM 2014, 489 = JuS 2015, 171; LG Berlin ZMR 2002, 49, 50; LG Frankfurt/M WuM 2002, 92, 93). Die genaue Grenzziehung ist schwierig und war deshalb lange Zeit umstritten. In Literatur und Rechtsprechung wurden unterschiedliche quantitative und qualitative **Abgrenzungskriterien** diskutiert (Übersicht bei; EMMERICH JuS 2015, 171, 172; PAULY WuM 2008, 320). Häufig wurde zB darauf abgestellt, ob weniger als die Hälfte der Wohnfläche untervermietet werden soll (s LG Mannheim WuM 1997, 263) oder ob der Mieter auf der verbleibenden Wohnfläche überhaupt noch in der Lage ist, den vertragsgemäßen Gebrauch auszuüben (LG Mannheim WuM 1997, 369; GE 2001, 1133; LG Berlin ZMR 2002, 49 f; LG Frankfurt am Main WuM 2002, 92), ferner ob die Wohnung letztlich der Lebensmittelpunkt des Mieters bleibt (LG Berlin GE 2005, 126) oder der Mieter doch noch in der Lage ist, die Sachherrschaft über die Wohnung auszuüben (BLANK/BÖRSTINGHAUS Rn 7).

Keines dieser Kriterien (s Rn 6) hat indessen die Billigung der Rechtsprechung ge- 7 funden, da das Gesetz dem Mieter einen Anspruch auf die Erlaubnis der Untervermietung nur verweigert, wenn er tatsächlich die *ganze* Wohnung an Dritte weitergeben will. Fehlt es daran, so liegt eben nur die Überlassung des Gebrauchs an einem Teil des Wohnraums an einen Dritten vor, so dass – ganz ohne Rücksicht auf die genannten qualitativen oder quantitativen Kriterien (s Rn 6) – Raum für die Anwendung des § 553 Abs 1 S 1 BGB ist – zB deshalb auch, wenn der Mieter während eines längeren Aufenthalts im Ausland nur ein Zimmer einer größeren Wohnung zurückbehält, in dem er seine Sachen deponiert und gelegentlich bei Besuchen in der Heimat übernachtet (BGH 23. 11. 2005 – VIII ZR 73/03, NJW 2006, 1200 = WuM 2006, 147, 148 Tz 7 ff = NZM 2006, 220; 11. 6. 2014 – VIII ZR 149/13, NJW 2014, 2717 Rn 19 ff, 29 f = NZM 2014, 633 = WuM 2014, 489) oder wenn von mehreren Mietern alle bis auf einen ausziehen (LG Berlin GE 2019, 1638; AG Berlin-Schöneberg GE 2019, 1584). Für eine Anwendung des § 553 Abs 1 BGB ist daher nur dann kein Raum mehr, wenn der Mieter der Sache nach die Wohnung zu Gunsten eines anderen **vollständig aufgibt** (grdl BGH 11. 6. 2014 – VIII ZR 149/13, NJW 2014, 2717 Rn 29 f = NZM 2014, 633 = WuM 2014, 489) und offenbar auch keine ernsthafte Rückkehrabsicht mehr hat (LG Berlin WuM 2017, 263).

3. Beispiele

Ein (nachträgliches) berechtigtes Interesse des Mieters an der Gebrauchsüberlas- 8 sung eines Teils der Räume (s Rn 7) an Dritte (o Rn 4) kann sich vor allem aus einer **Veränderung seiner persönlichen Verhältnisse nach Vertragsabschluss** ergeben. Der wichtigste Fall ist die Aufnahme dem Mieter **nahestehender Personen** in die Wohnung, soweit hier nicht ohnehin bereits eine der Ausnahmen von § 540 BGB eingreift (s § 540 Rn 3 ff; BGHZ 157, 1, 8 f = NJW 2004, 56). **Beispiele** sind die Aufnahme der Eltern (BayObLGZ 1997, 292 = NJW 1998, 1324), des Bruders oder der Schwester des Mieters (LG Kassel WuM 1989, 72; LG Berlin GE 1991, 879; 1991, 881, 883), die Aufnahme noch nicht volljähriger Stiefkinder (LG Berlin GE 1991, 571; 1993, 45), in der Regel auch die Aufnahme von Verlobten oder sonstigen Lebensgefährten (Begr zum RegE BT-Drucks 14/4553, 49; BVerfG NJW 1990, 1593, 1594; BGHZ 92, 213, 218 ff = NJW 1985, 130; BGHZ 157, 1, 8; OLG Hamm NJW 1992, 513 = WuM 1991, 668). Ebenso ist es zu beurteilen, wenn der bisher alleinlebende Mieter der drohenden Gefahr der Vereinsamung durch die Aufnahme eines Untermieters begegnen möchte (LG Berlin WuM 2019, 85,

86 = ZMR 2019, 192; AG Berlin-Tempelhof-Kreuzberg GE 2019, 1245). Unerheblich ist, ob der Vermieter die vom Mieter angestrebte Lebensgemeinschaft mit einem Dritten moralisch missbilligt, sofern nicht besondere Umstände hinzukommen, die die Situation für ihn ausnahmsweise unzumutbar machen (s unten Rn 11; BGHZ 92, 213, 218 ff; 157, 1, 8; OLG Hamm NJW 1992, 513 = WuM 1991, 668); gleiches gilt schließlich für die Bildung einer Wohngemeinschaft mit einem Dritten, und zwar auch durch Eheleute (OLG Hamm NJW 1992, 513 = WuM 1991, 668; LG Berlin NJW-RR 1992, 13).

9 Ein berechtigtes Interesse des Mieters an der Gebrauchsüberlassung eines Teils der Räume an einen Dritten im Sinne des § 553 Abs 1 S 1 BGB kann ferner dadurch begründet werden, dass er wegen einer **nachträglichen Verringerung seiner Einkünfte** auf die Gebrauchsüberlassung und insbesondere die Untervermietung aus finanziellen Gründen angewiesen ist, um die Miete noch tragen zu können, während die bloße gegebenenfalls schon von Anfang an bestehende Absicht des Mieters, zusätzliche Einnahmen zu erzielen, für die Anwendung des § 553 Abs 1 S 1 BGB nicht ausreicht (BGH 31. 1. 2018 – VIII ZR 105/17 Rn 55, BGHZ 217, 263, 285 = NJW 2018, 2397; OLG Hamburg WuM 1993, 737; LG Hamburg WuM 1994, 203; ZMR 2001, 973, 974; LG Berlin GE 1993, 651; WuM 1993, 344, 345; 1996, 762; 2018, 360; LG Mannheim WuM 1997, 263; LG Freiburg WuM 2002, 371; LG Hamburg WuM 2012, 688 = NZM 2013, 143; AG Berlin-Schöneberg NZM 2016, 195). Beispiele für diese Fallgruppe sind die **Verkleinerung der Familie** durch den Tod oder durch den Auszug einzelner Familienangehöriger (BGH 31. 1. 2018 – VIII ZR 105/17 Rn 55, BGHZ 217, 263, 285 = NJW 2018, 2397; LG Berlin GE 2018, 515; WoM 2018, 362; AG Friedberg WuM 1981, 231; AG Tiergarten GE 1987, 523), die **Trennung von Eheleuten** (LG Frankfurt WuM 1981, 39; AG Hamburg WuM 1985, 87), vor allem, wenn der in der Wohnung verbleibende Teil jetzt einen neuen Partner aufnehmen will (LG Berlin WuM 1987, 221), wenn er wegen seiner geringen Einkünfte fortan auf die Untervermietung angewiesen ist (BGH 31. 1. 2018 – VIII ZR 105/17 Rn 55, BGHZ 217, 263, 285 = NJW 2018, 2397; LG Berlin GE 1986, 505; WuM 2018, 362) oder wenn der Untermieter zusätzlich die Betreuung der Kinder des Mieters übernehmen soll (LG Berlin ZMR 2002, 49; AG Büdingen WuM 1991, 585), ferner der Auszug eines Mitmieters (LG Berlin NJW-RR 1990, 457), die Schwangerschaft einer berufstätigen Mieterin (LG Berlin GE 1985, 479) sowie noch Heiratsabsichten des Untermieters, der den hochbetagten Mieter pflegt (AG Hamburg-Blankenese und AG Tiergarten WuM 1985, 88).

9a Ein berechtigtes Interesse des Mieters an der Untervermietung kann ferner dann zu bejahen sein, wenn er **aus beruflichen Gründen** oder **krankheitsbedingt längere Zeit** die Wohnung teilweise **aufgeben** muss, sich aber für einen späteren Zeitpunkt eine Rückkehrmöglichkeit offen halten möchte. Die Rechtsprechung war früher nicht einheitlich. Überwiegend aber wurde schon immer bei der Aufnahme einer beruflichen Tätigkeit an einem anderen Ort (AG Stuttgart ZMR 2012, 366) sowie bei einer schweren Erkrankung oder einem längeren Auslandsaufenthalt des Mieters ein berechtigtes Interesse an der Untervermietung bejaht (LG Berlin GE 1993, 653; 1994, 931; 1994, 703; NJW-RR 1994, 1289; GE 2007, 783; LG Hamburg WuM 1994, 535 f; anders aber zB LG Berlin GE 1995, 1277). Diese großzügige Handhabung des § 553 Abs 1 S 1 BGB ist mittlerweile vom BGH bestätigt worden. Danach ist ein berechtigtes Interesse des Mieters an der partiellen Gebrauchsüberlassung an einen Dritten auch dann zu bejahen, wenn der Mieter aus beruflichen Gründen für **längere Zeit im Ausland** weilt, sich aber einen Teil seiner Wohnung im Inland erhalten will (BGH 31. 1. 2018 – VIII ZR 105/17 Rn 55, BGHZ 217, 263, 285 = NJW 2018, 2397; 11. 6. 2014 – VIII ZR 149/13, NJW

2014, 2717 Rn 13 ff = NZM 2014, 633 = WuM 2014, 489; LG Stuttgart WuM 2019, 29; AG Berlin-Tempelhof-Kreuzberg ZMR 2020, 588; Agatsy ZMR 2020, 589). Es bleibt aber wohl dabei, dass *kein* Raum für die Anwendung des § 553 Abs 1 S 1 BGB ist bei Umzug des Mieters in eine andere Wohnung unter „Weitergabe" der Wohnung an einen anderen Mieter (LG Berlin ZMR 2002, 49, 50; LG Frankfurt/M WuM 2002, 92, 93; AG Tiergarten GE 1987, 523) sowie bei Auszug des Mieters, wenn er sich durch die Untervermietung im Grunde nur eine spätere Rückkehrmöglichkeit offenhalten will (LG Berlin GE 1994, 703; 1994, 931; 2017, 778, 779).

4. Rechte des Mieters

Unter den Voraussetzungen des § 553 Abs 1 S 1 BGB hat der Mieter gegen den Vermieter einen **Anspruch** auf Erteilung der Erlaubnis zur Gebrauchsüberlassung an einen bestimmten Dritten (§ 540 Abs 1 S 1 BGB; s oben § 540 Rn 8 ff). Der Anspruch muss notfalls durch **Leistungsklage** durchgesetzt werden; eine einstweilige Verfügung kommt nur in Ausnahmefällen in Betracht (LG Hamburg NJW 2013, 548 = ZMR 2013, 192 m Anm Wassmann). Der Anspruch besteht immer nur im Einzelfall unter den in § 553 Abs 1 BGB genannten Voraussetzungen und mit Bezug auf einen bestimmten Untermieter; aus § 553 Abs 1 BGB kann kein Anspruch auf eine generelle Erlaubnis der Untermiete abgeleitet werden (BGH GE 2012, 825). Ohne vorgängige Erlaubnis des Vermieters bleibt die Untervermietung vertragswidrig und gibt dem Vermieter gegebenenfalls sogar das Recht zur Kündigung nach den §§ 543 Abs 2 S 1 Nr 2 BGB oder 573 Abs 2 Nr 1 BGB (Heilmann NZM 2016, 74, 77). In seinem **Antrag** auf Erlaubnis der Untervermietung nach den §§ 540 Abs 1 und 553 Abs 1 BGB muss der Mieter die Person des Dritten benennen, dem der Gebrauch eines Teils der Räume überlassen werden soll, sowie die Art der von dem Dritten geplanten Nutzung im Einzelnen darlegen (s im Einzelnen u Rn 12). Die **Auswahl** des Untermieters bleibt allein Sache des Mieters; der Vermieter darf darauf keinen Einfluss nehmen (KG DR 1941, 2337). Die **Beweislast** für das Vorliegen eines berechtigten Interesses trägt der **Mieter** (BGHZ 157, 1, 8 = NJW 2004, 56). Er muss deshalb im Einzelnen seine *Gründe darlegen,* die den Wunsch zur Gebrauchsüberlassung und insbesondere zur Untervermietung begründen, wozu auch die Darlegung der Umstände gehört, aus denen sich ergibt, dass der Grund erst *nach* Vertragsabschluss entstanden ist (o Rn 5).

10

Der Mieter ist nicht darauf beschränkt, gegebenenfalls auf Erteilung der Erlaubnis zu klagen (s Rn 10); er kann stattdessen im Falle der grundlosen Erlaubnisverweigerung auch nach § 540 Abs 1 S 2 BGB mit der gesetzlichen Frist oder, gegebenenfalls nach Fristsetzung, außerordentlich gemäß § 543 Abs 2 Nr 1 BGB **kündigen** (Sonnenschein PiG 23 [1986] 167, 183). Die grundlose Erlaubnisverweigerung stellt außerdem eine Vertragsverletzung des Vermieters dar, sodass der Mieter **Schadensersatz** verlangen kann, wobei als Schaden in erster Linie die ihm entgehende Untermiete in Betracht kommt (§§ 553 Abs 2, 280, 249, 252 BGB; BGH 11. 6. 2014 – VIII ZR 149/13, NJW 2014, 2717 Rn 32 ff = NZM 2014, 633 = WuM 2014, 489; LG Berlin GE 1991, 681; 1993, 653; 2005, 619; 2007, 783). Ein etwaiger Irrtum des Vermieters über seine Verpflichtung zur Erteilung der Erlaubnis zur Untervermietung nach § 553 Abs 1 BGB entlastet ihn – als bloßer Rechtsirrtum – grundsätzlich nicht (BGH 11. 6. 2014 – VIII ZR 149/13, NJW 2014, 2717 Rn 32 ff = NZM 2014, 633 = WuM 2014, 489).

10a

III. Ausschlussgründe

1. Überblick

11 Der Anspruch des Wohnraummieters auf Erteilung der Erlaubnis zur Gebrauchsüberlassung an einen Dritten ist nach § 553 Abs 1 S 2 BGB ausgeschlossen, wenn in der Person des Dritten ein wichtiger Grund vorliegt (s schon § 540 Abs 1 S 2 BGB und unten Rn 13), wenn der Wohnraum übermäßig belegt würde (s Rn 14) *oder* wenn dem Vermieter die Überlassung aus sonstigen Gründen nicht zugemutet werden kann (s Rn 14a). Aus der Formulierung des § 553 Abs 1 S 2 BGB („… aus sonstigen Gründen …") folgt, dass die **Unzumutbarkeit** der Gebrauchsüberlassung der Oberbegriff für die verschiedenen Ausschlussgründe dieser Vorschrift ist, während es sich bei dem wichtigen Grund in der Person des Dritten und bei der übermäßigen Belegung des Wohnraums um bloße Anwendungsfälle der Unzumutbarkeit der Gebrauchsüberlassung handelt. Die Folge ist, dass ebenso wie bei den §§ 314 Abs 1 S 2 und 543 Abs 1 S 2 BGB über die Unzumutbarkeit der Gebrauchsüberlassung an einen Dritten für den Vermieter nur aufgrund einer **umfassenden Interessenabwägung** entschieden werden kann (OLG Hamm OLGZ 1982, 481 = NJW 1982, 2876 = WuM 1982, 318, 322; NJW 1992, 513 = WuM 1991, 668; BeckOGK/J Emmerich [1. 10. 2020] Rn 17). Moralische Vorstellungen des Vermieters, die von denen des Mieters abweichen, genügen in keinem Fall für die Annahme der Unzumutbarkeit der Gebrauchsüberlassung an einen bestimmten Dritten (s oben Rn 8; Begr zum RegE BT-Drucks 14/4553, 49; OLG Hamm OLGZ 1982, 481 = NJW 1982, 2876 = WuM 1982, 318, 322; NJW 1992, 513 = WuM 1991, 668; Lützenkirchen § 553 Rn 33); erforderlich ist vielmehr, dass die legitimen Interessen des Vermieters durch die Untervermietung in einer Weise tangiert werden, die es ihm, auch bei voller Berücksichtigung der grundsätzlich vorrangigen Interessen des Mieters (o Rn 2), schlechthin unzumutbar macht, der Gebrauchsüberlassung zuzustimmen.

12 Um dem Vermieter die Prüfung zu ermöglichen, ob die Voraussetzungen für eine Versagung der Erlaubnis nach § 553 Abs 1 S 2 BGB vorliegen, muss ihm der Mieter die **Gründe darlegen**, aus denen er ein nach Vertragsabschluss entstandenes berechtigtes Interesse an der Gebrauchsüberlassung und insbesondere an der Untervermietung herleitet; außerdem muss er dem Vermieter den **Namen** desjenigen Dritten benennen, an den er untervermieten will, sowie die für den Dritten bestimmten Teile der Wohnung und, zumindest auf Nachfrage, die berufliche Tätigkeit des Dritten benennen (s oben Rn 10; BGHZ 92, 213, 220 f = NJW 1985, 130; KG NJW-RR 1992, 1229 = WuM 1992, 350; LG Berlin GE 1991, 687; 2018, 515, 516; Meyer-Abich NZM 2020, 19, 22; Pauly WuM 2008, 320, 321; Wiek WuM 2003, 690, 691). Dagegen besteht keine Auskunftspflicht des Mieters hinsichtlich solcher Angaben, die für die Prüfung der Unzumutbarkeit der Gebrauchsüberlassung durch den Vermieter irrelevant sind; Beispiele sind die Höhe des Einkommens des Dritten (weil für die Miete ohnehin allein der Mieter haftet), die Höhe der vereinbarten Untermiete (str) oder die letzte Adresse des Dritten (Meyer-Abich NZM 2020, 19, 22).

2. Einzelne Gründe

13 Der Vermieter kann die Erlaubnis zur Gebrauchsüberlassung an einen Dritten nach § 553 Abs 1 S 2 Fall 1 BGB zunächst verweigern, wenn in der **Person des Dritten** ein wichtiger Grund vorliegt. Voraussetzung dafür ist, wie sich aus den §§ 314, 540 Abs 1 S 2 und 553 Abs 1 S 2 Fall 3 BGB ergibt, dass dem Vermieter aufgrund einer umfassenden Interessenabwägung nach den Umständen des Falles die Gebrauchsüberlassung an den Dritten aus Gründen, die mit dessen Person unmittelbar zusammenhängen, **nicht zugemutet** werden kann (s oben Rn 11 sowie im Einzelnen o § 540 Rn 21 ff). Das ist zB der Fall, wenn der Dritte mit dem Vermieter oder mit anderen Mietern verfeindet ist, oder wenn von ihm eine **Störung** oder Belästigung des Vermieters oder anderer Mieter oder eine Beschädigung der Mietsache zu befürchten ist (LG Bamberg WuM 1974, 197, 198; Heilmann NZM 2016, 71, 78). Weitere Beispiele sind die **Veränderung des Verwendungszwecks** der Räume durch den Dritten (s oben § 540 Rn 22; KG DR 1941, 2570 Nr 11), ein Verstoß des Untermieters gegen die polizeiliche Meldepflicht (AG Tempelhof WuM 2016, 624) oder die von dem Untermieter geplante Hundehaltung, sofern dem Mieter die Hundehaltung vertraglich verboten ist (LG Berlin MDR 1967, 405). *Keine* wichtigen *Gründe* sind dagegen grundsätzlich die mangelnde Solvenz des Untermieters; anders kann es sich nur im Einzelfall verhalten, wenn der zahlungsunfähige Mieter die Miete gerade aus seinen Einkünften aus der Untervermietung bestreiten will. Einen wichtigen Grund stellt es ferner *nicht* dar, dass der Untermieter einen Abstand an den Mieter gezahlt hat (BGH 8. 4. 1963 – VIII ZR 219/61, LM Nr 2 zu § 30 MSchG = NJW 1963, 1299), dass er Ausländer ist (LG Köln WuM 1978, 50), dass er mit der Mieterin in einem eheähnlichen Verhältnis zusammenlebt oder dass eine Wohngemeinschaft entsteht (s oben Rn 8; OLG Hamm OLGZ 1982, 482 = NJW 1982, 2876).

Als besonderen Grund, der die Verweigerung der Erlaubnis zur Gebrauchsüberlassung an einen Dritten (ausnahmsweise) zu rechtfertigen vermag, nennt das Gesetz ferner im Anschluss an das alte Mieterschutzgesetz von 1942 den Umstand, dass der Wohnraum infolge der Gebrauchsüberlassung an den Dritten **übermäßig belegt** würde (§ 553 Abs 1 S 2 Fall 2 BGB). Dafür kommt es in erster Linie auf das **Verhältnis der Personenzahl** von Mietern und Untermietern **zur Gesamtfläche** der Wohnung sowie zu der Zahl der vorhandenen **Räume** an (Blank/Börstinghaus § 540 Rn 25; BeckOGK/J Emmerich [1. 10. 2020] Rn 19; Meyer-Abich NZM 2020, 19, 23 f; Sternel, Mietrecht Rn II 256 [S 337 f]). Maßstäbe können insbesondere den **Wohnungsaufsichtsgesetzen** der Länder entnommen werden (Lützenkirchen § 553 Rn 31). Meistens wird gefordert, dass für jede Person mindestens ein Raum und eine Nutzfläche von sechs bis neun qm zur Verfügung stehen (s schon o § 540 Rn 7, Rn 21 sowie § 543 Rn 6); ergänzend sind die Umstände des Einzelfalls zu berücksichtigen (KG DR 1940, 1430; OLG Hamm WuM 1993, 31 = ZMR 1993, 109; LG Berlin WuM 1987, 221, 222). Ein Beispiel ist die Vergrößerung einer Familie von drei auf sechs Kinder (OLG Hamm WuM 1982, 323). 14

Aus **sonstigen Gründen** ist die Gebrauchsüberlassung an einen Dritten für den Vermieter insbesondere dann unzumutbar, wenn seine **Rechtsstellung** durch die Überlassung an einen Dritten im Ergebnis **verschlechtert** würde. Endet zB das Hauptmietverhältnis in Kürze, so braucht der Vermieter keine Untervermietung mehr hinzunehmen, weil dadurch die Durchsetzung seines Anspruchs auf Rückgabe der Mietsache (§ 546 Abs 1 BGB) erschwert werden könnte, da er notfalls auch gegen den Untermieter einen Titel erwirken und vollstrecken müsste (§ 546 Abs 2 BGB; Blank/Börstinghaus Rn 12). 15

IV. Untermietzuschlag

16 Nach § 553 Abs 2 BGB kann der Vermieter die Erlaubnis zur Gebrauchsüberlassung von dem Einverständnis des Mieters mit einer angemessenen Erhöhung der Miete abhängig machen, wenn ihm die Überlassung nur unter dieser Voraussetzung zuzumuten ist. Für preisgebundenen Wohnraum findet sich eine Sonderregelung in § 26 Abs 3 NMV, nach der der Untermietzuschlag für eine Person 2,50 € mtl und für zwei und mehr Personen 5,– € im Monat beträgt; diese Vorschrift ist hier indessen nach allgemeiner Meinung nicht, auch nicht entsprechend anwendbar (Lützenkirchen § 553 Rn 39).

17 Die Regelung des § 553 Abs 2 BGB bedeutet nicht, dass der Vermieter unter den Voraussetzungen des § 553 Abs 2 BGB bei Erlaubnis der Gebrauchsüberlassung automatisch einen Anspruch auf eine angemessene Mieterhöhung hat; vielmehr setzt die Mieterhöhung in jedem Fall zusätzlich das **Einverständnis des Mieters** mit der Mieterhöhung voraus (§§ 311 Abs 1, 557 Abs 1 BGB), sodass es sich der Sache nach hier um eine **Vertragsänderung** im Sinne des § 557 Abs 1 BGB auf Verlangen des Vermieters handelt.

18 Im Ergebnis bedeutet mithin die gesetzliche Regelung in § 553 Abs 2 BGB, dass der Vermieter unter den hier genannten Voraussetzungen die von ihm gemäß § 553 Abs 1 BGB geschuldete Erlaubnis der Gebrauchsüberlassung an einen Dritten von dem Einverständnis des Mieters mit einer Vertragsänderung in Gestalt der Mieterhöhung gemäß § 311 Abs 1 BGB und § 557 Abs 1 BGB abhängig machen kann. Rechtstechnisch entspricht diesem Regelungsmodell am besten die Vorstellung einer Erlaubniserteilung seitens des Vermieters **unter der aufschiebenden Bedingung des Einverständnisses** des Mieters mit der nötigen Vertragsänderung (AG Hamburg ZMR 2018, 53; BeckOGK/J Emmerich [1. 10. 2020] Rn 21 f). Die **Beweislast** für die Zulässigkeit der Erlaubniserteilung unter einer aufschiebenden Bedingung gemäß § 553 Abs 2 BGB trägt der Vermieter (Meyer-Abich NZM 2020, 19, 22 f).

19 Beruft sich der Vermieter gegenüber der Klage des Mieters auf Erlaubniserteilung zur Gebrauchsüberlassung an einen Dritten aufgrund des § 553 Abs 1 BGB darauf, dass ihm die Erlaubniserteilung unter den gegebenen Umständen allein bei einer angemessenen Erhöhung der Miete gemäß § 553 Abs 2 BGB zuzumuten ist, so kommt es für das weitere Verfahren vor allem darauf an, ob das Gericht die Voraussetzungen des § 553 Abs 2 BGB für gegeben hält, sofern der Mieter eine Mieterhöhung ablehnt. Wenn die Voraussetzungen des § 553 Abs 2 BGB nach Meinung des Gerichts nicht gegeben, ist dem Antrag des Mieters auf Erlaubniserteilung ohne Einschränkung stattzugeben (§ 894 ZPO); andernfalls empfiehlt sich ein **Hinweis des Gerichts** auf die von ihm für angemessen gehaltene Höhe des Untermietzuschlags, um es dem Vermieter zu ermöglichen, einen bestimmten Antrag zu stellen (§§ 139, 253 ZPO; ausführlich LG Berlin WuM 2019, 85 f = ZMR 2019, 192). **Schranken** für eine Mieterhöhung aufgrund des § 553 Abs 2 BGB ergeben sich allein aus den verschiedenen Wucherverboten des § 138 BGB, des § 5 WiStG und des § 291 StGB. Keine Obergrenze bildet dagegen die ortsübliche Vergleichsmiete im Sinne des § 558 BGB. Die §§ 558a ff BGB finden gleichfalls keine Anwendung (s LG München I WuM 1999, 575; Pauly WuM 2008, 320, 321). Lehnt der Mieter trotz Erfüllung der Voraussetzungen des § 553 Abs 2 BGB und gegebenenfalls trotz des Hinweises des Gerichts auf die

angemessene Mieterhöhung eine solche weiterhin ab, so steht fest, dass er nach § 553 Abs 1 und Abs 2 keinen Anspruch auf Erlaubnis der Untervermietung hat, sodass seine Klage auf Erlaubniserteilung abzuweisen ist. (BGH 13. 12. 1995 – XII ZR 194/93, BGHZ 131, 297, 301 = NJW 1996, 838). Unberührt bleibt das Kündigungsrecht des Mieters nach § 540 Abs 1 S 2 BGB.

20 Hinsichtlich der **Voraussetzungen** des Anspruchs des Vermieters auf einen Untermietzuschlag sowie hinsichtlich dessen Höhe beschränkt sich das Gesetz in § 553 Abs 2 BGB auf die Formulierung, dass der Vermieter eine „angemessene Erhöhung der Miete" verlangen kann, wenn ihm die Gebrauchsüberlassung an einen Dritten nur bei solcher Erhöhung „zuzumuten" ist. In Literatur und Rechtsprechung werden unterschiedliche Angaben über die Voraussetzungen ebenso wie über die Berechnung des Untermietzuschlags gemacht (s zB Diemann ZMR 2018, 55; BeckOGK/J Emmerich [1. 10. 2020] Rn 22 ff; Meyer-Abich NZM 2020, 19, 22 f). Auszugehen ist davon, dass die meisten Gerichte bei der Bejahung der Voraussetzungen des § 553 Abs 2 BGB (**Unzumutbarkeit** der Erlaubnis der Gebrauchsüberlassung an einen Dritten ohne Mieterhöhung) ausgesprochen **restriktiv** verfahren. Ein Anspruch des Vermieters auf Mieterhöhung wird insbesondere regelmäßig *verneint,* wenn der Untermieter dem Mieter nahe steht oder wenn er an die Stelle eines anderen Mieters treten soll, sodass sich im Ergebnis die Anzahl der Wohnungsnutzer nicht erhöht (zB LG Berlin WuM 2019, 373 = GE 2019, 601). Ein Gegenbeispiel ist die offenkundige Verfolgung geschäftlicher Interessen des Mieters im Wege der umfangreichen Untervermietung der gemieteten Räume; es ist klar, dass dann der Vermieter, selbst wenn die Voraussetzungen des § 553 Abs 1 BGB für eine Erlaubniserteilung an sich erfüllt sind, eine „Beteiligung" an den Erträgen des Mieters in Gestalt eines (hohen) Untermietzuschlages verlangen kann (zB LG Berlin GE 2019, 1638).

21 Falls dem Vermieter (ausnahmsweise) die Erlaubniserteilung ohne Mieterhöhung nicht zuzumuten ist, wird vielfach pauschal ein **Untermietzuschlag** in Höhe von **20% der Untermiete** als angemessen bezeichnet (LG Berlin 7. 7. 2016 – 18 T 65/16; Blank/Börstinghaus Rn 19; Schmidt-Futterer/Blank Rn 17; Lützenkirchen § 553 Rn 40; Pauly WuM 2008, 320, 321; dagegen aber LG Berlin WuM 2019, 85, 88 = ZMR 2019, 192). Vorzugswürdig sollte dagegen in einer Marktwirtschaft, soweit feststellbar, die Orientierung an der **Marktmiete** für vergleichbare Wohnungen **mit Untermieterlaubnis** sein (Blank/Börstinghaus Rn 18; Schmidt-Futterer/Blank Rn 17; Lützenkirchen § 553 Rn 39). Lässt sich solche Marktmiete nicht feststellen, so bleibt freilich nichts anderes übrig als eine **Schätzung** des Zuschlags aufgrund der Umstände des Einzelfalls (§ 287 ZPO; AG Langenfeld WoM 1992, 477; AG Hamburg ZMR 2018, 53 ff). Ein wichtiger Gesichtspunkt muss dabei sein, ob die seinerzeit vereinbarte Miete noch eine angemessene Gegenleistung für die jetzige Wohnungsnutzung unter Einbeziehung von Untermietern darstellt. Daran kann es insbesondere fehlen, wenn mit der zusätzlichen Nutzung der Wohnung durch weitere Personen eine zusätzliche Belastung des Vermieters, etwa mit Betriebskosten, oder eine Erhöhung der Gefahren für die Mietsache verbunden ist, wofür dem Vermieter dann zum Ausgleich ein Untermietzuschlag zuzubilligen ist (ausführlich LG Berlin WuM 2019, 85 ff = ZMR 2019, 192; GE 2019, 1639).

22 Mit Rücksicht auf § 553 Abs 3 BGB (s Rn 23) kann der Mieter nicht schon im Voraus im Mietvertrag zur Zahlung eines bestimmten Untermietzuschlags verpflichtet werden, etwa in Höhe von 100 € pro Person (LG Mainz WuM 1982, 191; LG Hannover WuM 1983, 236; AG Langenfeld WuM 1992, 477). Ebensowenig kann formularvertraglich bestimmt werden, dass der Mieter seinen Anspruch auf die Untermiete im Voraus ganz oder zum Teil an den Vermieter abtreten muss (OLG Celle WuM 1990, 103, 105). Die Änderung des Vertrages durch Erhöhung der Miete **bleibt** auch **in Kraft,** wenn die Gebrauchsüberlassung später **endet**, es sei denn, die Vertragsänderung sei von vornherein entsprechend befristet worden (AG Kiel WuM 1985, 262; Blank/Börstinghaus Rn 17; BeckOGK/J Emmerich [1. 10. 2020] Rn 21; Lützenkirchen § 553 Rn 37; Sonnenschein PiG 23 [1986] 167, 18; str, anders zB Pauly WuM 2008, 320, 321).

V. Abweichende Vereinbarungen

23 Nach § 553 Abs 3 BGB sind bei der Wohnraummiete von § 553 BGB zum Nachteil des Mieters abweichende Vereinbarungen unzulässig. **Beispiele** sind das Verbot der Untermiete trotz Vorliegens eines berechtigten Interesses des Mieters, die Vereinbarung der freien Widerruflichkeit der Erlaubnis, die Verpflichtung zur generellen Zahlung eines im Voraus festgelegten Untermietzuschlags (o Rn 22), besondere Formvorschriften für die Erlaubniserteilung sowie die Vereinbarung, dass der Anspruch auf Erteilung der Erlaubnis von in § 553 BGB nicht genannten Voraussetzungen abhängen soll. Dagegen sind Vereinbarungen zulässig, durch die die **Rechtsstellung** des Mieters über den gesetzlichen Rahmen hinaus **verbessert** wird. Ein Beispiel ist die generelle Erlaubnis der Untervermietung (OLG München NJW 1955, 950).

§ 554
Barrierereduzierung, E-Mobilität und Einbruchsschutz

(1) Der Mieter kann verlangen, dass ihm der Vermieter bauliche Veränderungen der Mietsache erlaubt, die dem Gebrauch durch Menschen mit Behinderungen, dem Laden elektrisch betriebener Fahrzeuge oder dem Einbruchsschutz dienen. Der Anspruch besteht nicht, wenn die bauliche Veränderung dem Vermieter auch unter Würdigung der Interessen des Mieters nicht zugemutet werden kann. Der Mieter kann sich im Zusammenhang mit der baulichen Veränderung zur Leistung einer besonderen Sicherheit verpflichten; § 551 Absatz 3 gilt entsprechend.

(2) Eine zum Nachteil des Mieters abweichende Vereinbarung ist unwirksam.

Materialien: BT-Drucks 14/5663, 12, 78 f;
BT-Drucks 19/18791, 86 ff.

Schrifttum

Decker, Die privatrechtliche Stellung behinderter Menschen im Wohnraummietrecht (Diss Augsburg 2005)
Derleder, „Rollatoren-Park" im Mietshaus oder: Der Anspruch auf „Barrierefreiheit" der „restmobilen Altenbewohnerschaft", NZM 2006, 893
Doetsch, E-Mobilität, ZMR 2018, 477
ders, E-Mobilität im Miet- und Wohnungsei-

gentumsrecht – Noch ein Anlauf, ZMR 2019, 741
Drasdo, Die Barrierefreiheit im Sinne des § 554a BGB, WuM 2002, 123
Eisenschmid, Das Mietrechtsreformgesetz, WuM 2001, 215
Geldmacher, Die Kaution im Miet- und Pachtverhältnis (Teil 5), DWW 2001, 178
Gellwitzki, Zur Rechtsposition des (vermietenden) Wohnungseigentümers hinsichtlich barrierefreier Gestaltung des Gemeinschaftseigentums, WuM 2018, 330
Haepp, Barrierefreies Bauen. Möglichkeiten einer praxisorientierten Umsetzung für ein selbstbestimmtes Leben in der gemieteten Wohnung, WuM 2018, 1
Hager, Zur Neufassung der Regelungen über das barrierefreie Bauen, VBlBW 2002, 71
Mersson, Behindertengerechtes Wohnen – die „Barrierefreiheit" im BGB, ZMR 2001, 956
ders, Barrierefreiheit – doch nicht hindernisfrei!, NZM 2002, 313

Rips, Barrierefreiheit gemäß § 554a BGB (Diss Bremen 2003)
ders, Die Rechte von Menschen mit Behinderungen in Bestandsmietverhältnissen gemäß § 554a BGB, in: FS Derleder (2005) 289
ders, § 554a BGB – ein „Stiefkind" im Mietrecht, in: 10 Jahre Mietrechtsreformgesetz (2011) 502
Rolfs, Bauliche Maßnahmen des Mieters nach neuem Recht: Barrierereduzierung, E-Mobilität, Einbruchsschutz, NZM 2020, 902
Schmid, Der behinderte Mieter in der Wohnungseigentumsanlage, NJW 2014, 1201
Sternel, Probleme des neuen Mietrechts (Teil II), ZMR 2002, 1
Streyl, Eingriffe des Mieters in die Bausubstanz des Mietobjekts, NZM 2017, 785
Wallrabenstein, Soziale Integration von Mietern mit Behinderungen – auch rechtliche Integration von Behindertenbelangen?, in: 10 Jahre Mietrechtsreformgesetz (2011) 511.

Systematische Übersicht

I. Allgemeine Kennzeichnung	
1. Überblick	1
2. Entstehung der Vorschrift	2
3. Zweck der Vorschrift	4
II. Erlaubnispflicht des Vermieters	
1. Anwendungsbereich	9
2. Voraussetzungen	10
3. Inhalt des Anspruchs (Abs 1 S 1)	13
a) Bauliche Veränderung	13
b) Gebrauch durch Menschen mit Behinderungen	15
c) Laden elektrisch betriebener Fahrzeuge	16
d) Einbruchsschutz	20
4. Interessenabwägung (Abs 1 S 2)	21
a) Ausgangspunkt: Öffentliches Interesse	22
b) Hinzutretende individuelle Interessen des Mieters	25
c) Gegenläufige Interessen des Vermieters	30
5. Rechtsfolgen	38
6. Folgen der Durchführung der Umbaumaßnahmen	41
7. Rückbau	44
III. Sicherheitsleistung (Abs 1 S 3)	47
IV. Prozessuales	52
V. Anwendbarkeit des § 554 bei Eigentumswohnungen	55
VI. Abweichende Vereinbarungen (Abs 2)	58

§ 554

Alphabetische Übersicht

Abweichende Vereinbarungen	58		Klage	52, 56 f
			Konservierungsinteresse	30
Badezimmer	15		Kosten	13, 31, 38, 45
Balkon	15			
Barriereduzierung	15 ff, 26 f, 32		Ladesäule	18, 28, 33
Bauliche Veränderung	13 ff			
Bauordnungsrecht	34		Menschen mit Behinderungen	15 ff, 26 f
Bauzeit	30		Minderung	42
Behinderung	15 ff, 26 ff, 32			
Beschlussfassung	56		Öffentliches Interesse	1, 4, 22 ff
Betriebskosten	41			
Beweislast	54		Pedelec	17
Brandrisiko	33		Prozessstandschaft	57
Darlegungslast	54		Regeln der Technik	39
Denkmalschutz	35		Rückbau	44 ff
Duldungstitel	53		Rückbaurisiko	37
Dusche	15			
			Sanierung, energetische	8
E-Bike	17		Sicherheitsleistung	37, 47 ff
Eigentum	4, 24, 42		Sozialbindung	4, 42
Eigentumswohnung	7, 55 ff			
Einbruchsschutz	20, 29		Tiefgarage	33
Einrichtung, sonstige	14		Toilette	15
Elektrofahrzeuge	17, 28		Treppenlift	3, 15, 30, 50
Energetische Sanierung	8			
Erlaubnispflicht	9 ff		Verkehrssicherungspflicht	30
Fachhandwerker	39		Wallbox	18, 28, 33
			Wegnahmerecht	43
Gebrauchsrecht, räumliches	19		Wohnraummiete	9
Gesamtgesellschaftliches Interesse	1, 4, 22 ff		Wohnungseigentum	7, 55 ff
Interessenabwägung	21 ff		Zug-um-Zug-Verurteilung	52
Kaution	37, 47 ff			

I. Allgemeine Kennzeichnung

1. Überblick

1 Die Vorschrift verschafft dem Mieter einen Anspruch gegen den Vermieter, ihm bestimmte bauliche Veränderungen der Mietsache zu gestatten. Die betrifft Maßnahmen, die dem Gebrauch durch Menschen mit Behinderungen, dem Laden elektrisch betriebener Fahrzeuge oder dem Einbruchsschutz dienen. Sie enthält eine Ausnahme von dem Grundsatz, nach dem der Mieter keinen Anspruch darauf hat, dass der Vermieter nach Abschluss des Mietvertrags den Umfang des Gebrauchsrechts erweitert. Der Anspruch ist nicht von spezifischen individuellen Belangen des Mieters abhängig, sondern wird diesem im gesamtgesellschaftlichen Interesse hiervon unabhängig eingeräumt. Die gegenläufigen Interessen des Vermieters, namentlich an der Bestandserhaltung, sowie diejenigen anderer Mietvertragsparteien sind im Rahmen einer umfassenden Interessenabwägung zu berücksichtigen (Abs 1 S 2). Dabei kann zugunsten des Mieters den Ausschlag geben, dass er sich zur Leistung einer Sicherheit verpflichtet (Abs 1 S 3). Zum Nachteil des Mieters abweichende Vereinbarungen sind unwirksam (Abs 2).

2. Entstehung der Vorschrift

Die Vorschrift ist im Zuge des Gesetzes zur Förderung der Elektromobilität und zur Modernisierung des Wohnungseigentumsgesetzes und zur Änderung von kosten- und grundbuchrechtlichen Vorschriften (Wohnungseigentumsmodernisierungsgesetz – WEMoG vom 16. 10. 2020, BGBl I 2187) in das BGB eingefügt worden. § 554 BGB war nicht mehr belegt, seitdem die die Duldung von Erhaltungs- und Modernisierungsmaßnahmen betreffende alte Fassung mit Wirkung zum 1. 5. 2013 durch das Mietrechtsänderungsgesetz (vom 11. 3. 2013, BGBl I 434) aufgehoben worden war. 2

§ 554 BGB knüpft an den zeitgleich aufgehobenen § 554a BGB an und erweitert diesen sowohl inhaltlich als auch hinsichtlich der Anspruchsvoraussetzungen. § 554a BGB war 2001 während der Beratungen des MietRRG durch eine Empfehlung des Rechtsausschusses in das Gesetzgebungsverfahren aufgenommen worden. Er ging auf die sog **„Treppenliftentscheidung"** zurück, mit der das BVerfG im Grundsatz den Anspruch eines Mieters auf Zustimmung des Vermieters zum behindertengerechten Umbau des Treppenhauses anerkannt hatte, wenn er oder einer seiner Haushaltsangehörigen anderenfalls keinen uneingeschränkten Zugang zur Wohnung besäßen und überwiegende Interessen des Vermieters und der anderen Mieter dem Umbau nicht entgegenstünden (BVerfG 28. 3. 2000 – 1 BvR 1460/99, NJW 2000, 2658). Inhaltlich erweitert § 554 BGB diesen Anspruch, indem er ihn außer auf Maßnahmen zur Verbesserung der Wohnsituation von Menschen mit Behinderungen auch auf solche erstreckt, die dem Laden elektrisch betriebener Fahrzeuge oder dem Einbruchsschutz dienen. Diese drei Sachverhalte sind in einer Vorschrift zusammengefasst und damit grundsätzlich denselben Regeln unterworfen. Zugleich verbessert § 554 BGB die Rechtsstellung des Mieters, indem er den Anspruch nicht mehr von einem individuellen berechtigten Interesse abhängig macht, sondern ein solches kraft Gesetzes grundsätzlich anerkennt und es dem Vermieter auferlegt, im Streitfall sein gegenläufiges Konservierungsinteresse darzulegen und zu beweisen. 3

3. Zweck der Vorschrift

§ 554 BGB ist Ausdruck der Sozialbindung des Eigentums (Art 14 Abs 2 GG). Er regelt besondere Fälle der **Modernisierung durch den Mieter**. Dadurch weicht die Vorschrift von den allgemeinen Bestimmungen des Mietrechts ab: Diese verpflichten den Vermieter grundsätzlich weder, nach Vertragsabschluss bauliche Veränderungen zwecks Modernisierung der Wohnung oder Erhöhung des Wohnkomforts vorzunehmen, noch solche dem Mieter zu gestatten (vgl BGH 26. 7. 2004 – VIII ZR 281/03, NJW 2004, 3174; BGH 10. 2. 2010 – VIII ZR 343/08, NZM 2010, 356; BGH 14. 9. 2011 – VIII ZR 10/ 4

11, NZM 2012, 154). Der Gesetzgeber sieht aber ein **„gesamtgesellschaftliches Interesse"**, insbesondere Wohnräume behinderungsgerecht auszugestalten, dem Mieter in mitvermieteten Garagen, auf Stellplätzen oÄ das Laden elektrisch betriebener Fahrzeuge zu ermöglichen und den Schutz gegen Wohnungseinbrüche zu verbessern (BT-Drucks 19/18791, 88). Aus diesem Grund verzichtet das Gesetz darauf, den Anspruch von einem bestimmten individuellen Interesse des Mieters, etwa seiner Behinderung, abhängig zu machen.

5 Die Vorschrift geht insoweit deutlich über den zeitgleich aufgehobenen § 554a BGB hinaus. Dieser verlangte noch ein „berechtigtes Interesse" des Mieters, dem es ermöglicht werden sollte, trotz einer Behinderung die uU seit Jahren gemietete Wohnung weiter nutzen zu können. Dadurch sollte den Betroffenen die zu einer Behinderung hinzutretende Beeinträchtigung durch einen **Wohnungswechsel erspart werden** (vgl LG Duisburg 10. 12. 1996 – 23 S 452/96, ZMR 2000, 463). Zwar hatte bereits der Beschluss des BVerfG (BVerfG 28. 3. 2000 – 1 BvR 1460/99, NJW 2000, 2658) im Grundsatz eine zufriedenstellende Lösung des Konflikts bewirkt. Nach Auffassung des Gesetzgebers scheuen aber gerade ältere Menschen, für die ein Umbau wegen einer altersbedingten Gebrechlichkeit wichtig werden kann, um in der angestammten Wohnung bleiben zu können, häufig eine Auseinandersetzung mit dem Vermieter. Deshalb sollte mit einer ausdrücklichen Norm im BGB für mehr **Rechtsklarheit und Rechtssicherheit** gesorgt sowie die Verhandlungsposition behinderter Menschen gegenüber dem Vermieter gestärkt und ein Signal gesetzt werden (BT-Drucks 14/5663, 78). Andererseits sollte durch § 554a Abs 2 BGB klargestellt werden, dass das finanzielle Risiko der Maßnahme beim Mieter liegen muss.

6 § 554 BGB stellt heute an die Entstehung des Anspruchs auf Erlaubnis einer baulichen Veränderung geringere Anforderungen. Deshalb ist die in § 554 Abs 1 S 2 BGB geregelte Möglichkeit des Ausschlusses des Anspruchs von besonderer Bedeutung. Danach ist durch eine umfassende Interessenabwägung zu ermitteln, ob der Anspruch im Einzelfall besteht oder nicht. Dadurch will der Gesetzgeber den Gerichten eine Rechtsanwendung ermöglichen, die den Anspruch des Mieters umfassend anhand der Umstände des Einzelfalls bewertet. Nach Vertragsende ist der Mieter nach allgemeinen Grundsätzen zum Rückbau der baulichen Veränderung verpflichtet, soweit das Rückbauverlangen des Vermieters nicht treuwidrig ist (§ 242 BGB; zB Beseitigung der Elektroinstallation für die Ladegeräte; vgl BT-Drucks 19/18791, 86 f; OLG Frankfurt 19. 12. 1992 – 6 U 108/90, NJW-RR 1992, 396).

7 Die Vorschrift ist weitgehend, aber nicht vollständig harmonisiert mit dem **Anspruch eines Wohnungseigentümers** gegen die Eigentümergemeinschaft auf bestimmte bauliche Veränderungen des gemeinschaftlichen Eigentums. Dieser umfasst gemäß § 20 Abs 2 WEG außer solchen, die dem Gebrauch durch Menschen mit Behinderungen, dem Laden elektrisch betriebener Fahrzeuge oder dem Einbruchsschutz dienen, auch solche zum Anschluss an ein Telekommunikationsnetz mit sehr hoher Kapazität. Da der Anspruch des Wohnungseigentümers inhaltlich weiter reicht, kann derjenige des Mieters gegen den vermietenden Eigentümer nicht daran scheitern, dass dieser seinerseits keine Zustimmung der Eigentümergemeinschaft zu erlangen vermag.

8 Über den unmittelbaren Anwendungsbereich des § 554 BGB hinaus ist die in der Vorschrift zum Ausdruck kommende **Wertentscheidung** dann zu berücksichtigen, wenn die Rechte und Pflichten eines Mieters im Rahmen der §§ 535, 242 BGB zu ermitteln sind. Deshalb stellt es keinen vertragswidrigen Gebrauch der Mietsache dar, wenn der gehbehinderte Mieter an geeigneter Stelle im Eingangsbereich eines Mietshauses den von ihm benötigten Rollator abstellt (LG Hannover 17. 10. 2005 – 20 S 39/05, NZM 2007, 245; AG Hannover 13. 5. 2005 – 503 C 3987/05, NJW 2006, 3359 m Bespr DERLEDER NZM 2006, 893 f; AG Recklinghausen 27. 1. 2014 – 56 C 98/13, WuM 2014, 200; vgl auch BGH 10. 11. 2006 – V ZR 46/06, NJW 2007, 146 m Bespr FLATOW NZM 2007, 432 ff). Sie lässt freilich zugleich den **Umkehrschluss** zu, dass andere Umbaumaßnahmen, die man gleichfalls als im gesamtgesellschaftlichen Interesse liegend anerkennen könnte – etwa die energetische Sanierung und die Umstellung auf regenerative Energien – vom Mieter nicht verlangt werden können (BLANK/BÖRSTINGHAUS/BÖRSTINGHAUS Rn 3).

II. Erlaubnispflicht des Vermieters

1. Anwendungsbereich

Der Anspruch aus § 554 BGB besteht für **alle Mieter von Wohnraum**. Unerheblich 9 ist, ob das Mietverhältnis nach § 549 Abs 2 oder 3 BGB vom Mieterschutz bei der Beendigung des Mietverhältnisses ausgenommen ist oder nicht. Anspruchsberechtigt sind, wie sich aus dem zeitgleich neu gefassten § 578 Abs 1 BGB ergibt, überdies die Mieter von **Grundstücken** sowie über Abs 2 dieser Vorschrift die Mieter von **Räumen**, die keine Wohnräume sind, insbesondere also Geschäftsräumen. Belanglos ist, ob die Notwendigkeit des Umbaus bereits bei Vertragsabschluss bestand oder sich erst während des bestehenden Mietverhältnisses entwickelt hat (s Rn 32). Allerdings ist im Rahmen der Interessenabwägung (Rn 21 ff) zu berücksichtigen, ob der Mieter den Vermieter bei Vertragsabschluss über die Umbaupläne bewusst im Unklaren gelassen oder ihn sogar arglistig hierüber getäuscht hat (BLANK/BÖRSTINGHAUS/ BÖRSTINGHAUS Rn 8). Gegenüber dem allgemeinen, aus § 535 BGB resultierenden Recht des Mieters, ohne Genehmigung des Vermieters Einrichtungen in der Wohnung anzubringen, die zum vertragsgemäßen Gebrauch der Mietsache erforderlich sind, ist § 554 BGB **subsidiär** (ERMAN/LÜTZENKIRCHEN § 554a Rn 2; WALLRABENSTEIN, in: 10 Jahre Mietrechtsreformgesetz [2011] 511, 516 ff).

2. Voraussetzungen

Der Anspruch aus § 554 BGB hat, im Gegensatz zu jenem aus § 554a BGB aF, **keine** 10 **persönlichen Voraussetzungen**. So muss, wenn etwa die Zustimmung zu einem behindertengerechten Umbau begehrt wird, weder der Mieter selbst noch einer der Angehörigen seines Haushalts behindert und der Umbau auch nicht erforderlich sein, um dem Mieter einen Verbleib in der Wohnung zu ermöglichen. Erst im Rahmen der Interessenabwägung (Rn 21 ff) ist daher das Gewicht der mieterseitigen Umbaugründe zu berücksichtigen, ob er beispielsweise die Zustimmung zugunsten von regelmäßigen Besuchern (aM BLANK/BÖRSTINGHAUS/BÖRSTINGHAUS Rn 11) oder rein prophylaktisch für das eigene Alter begehrt. Nur in diesem Rahmen sind folglich die Art einer etwaigen Behinderung und der Zeitpunkt ihres erstmaligen Auftretens von Belang. Dasselbe gilt für die E-Mobilität und den Einbruchschutz.

In **zeitlicher Hinsicht** kann der Anspruch bereits vom Vertragsabschluss an, noch vor 11 dem rechtlichen Beginn des Mietverhältnisses und dem Einzug des Mieters geltend gemacht werden. Das ist wichtig, damit beispielsweise ein behinderter Haushaltsangehöriger möglichst schon beim Einzug barrierefreien Zugang zur Wohnung hat oder die Batterie eines elektrisch betriebenen Fahrzeugs von Beginn an auf dem gemieteten Stellplatz geladen werden kann. Der Anspruch endet mit der rechtlichen Beendigung des Mietverhältnisses. Er kann daher zumindest theoretisch noch nach Zugang der Kündigung während der bereits laufenden Kündigungsfrist geltend gemacht werden. Jedoch dürfte er dann regelmäßig sowohl materiell-rechtlich (an der Interessenabwägung) als auch rein faktisch an der Dauer eines entsprechenden Rechtsstreits scheitern.

12 Der Mieter muss vom Vermieter dessen „Erlaubnis" verlangen, bei der es sich rechtlich um eine Einwilligung iSv § 183 BGB handelt. In jedem Falle sachgerecht, aber rechtlich nicht erforderlich ist, dass der Mieter die Erlaubnis bereits vor Klageerhebung beim Vermieter beantragt hat. Sie kann ohne vorherige Ablehnung **sogleich gerichtlich durchzusetzen** versucht werden. Der Mieter läuft (lediglich) Gefahr, dass der Vermieter dann den Anspruch mit der Kostenfolge des § 93 ZPO sofort anerkennt.

3. Inhalt des Anspruchs (Abs 1 S 1)

a) Bauliche Veränderung

13 Der Anspruch ist darauf gerichtet, dass der Vermieter seine Einwilligung zu baulichen Veränderungen der Mietsache erteilt, die dem Gebrauch durch Menschen mit Behinderungen, dem Laden elektrisch betriebener Fahrzeuge oder dem Einbruchsschutz dienen. Unter einer **baulichen Veränderung** ist jeder erhebliche Eingriff in die bauliche Substanz zu verstehen, der nicht ohne Zustimmung des Vermieters zulässig und der regelmäßig mit einer Überschreitung des vertragsgemäßen Gebrauchs iS des § 535 BGB verbunden ist (BeckOK BGB/Wiederhold [1. 8. 2020] § 554a Rn 7; Prütting ua/Riecke § 554a Rn 6; Schmidt-Futterer/Eisenschmid § 554a Rn 5). Die Art der baulichen Maßnahme hängt von dem mit ihr verfolgten Zweck ab, dazu unten Rn 15 ff. Die **Kosten der Baumaßnahme** sind vom Mieter zu tragen (Rn 38).

14 Neben der Zustimmung zu einer baulichen Veränderung kann der Mieter die Zustimmung zu einer **sonstigen Einrichtung** verlangen. Das ist zwar in § 554 BGB heute, anders als in § 554a BGB aF, nicht mehr ausdrücklich normiert, aber a maiore ad minus in der „baulichen Veränderung" enthalten. Der Wegfall diente allein der sprachlichen Straffung (BT-Drucks 19/18791, 87). Der Begriff einer Einrichtung ist identisch mit dem Einrichtungsbegriff des § 539 BGB (Lützenkirchen/Dickersbach § 554a Rn 17; Palandt/Weidenkaff § 554a Rn 7; **aM** Mersson NZM 2002, 313, 314), er erfasst also alle beweglichen Sachen, die in wieder trennbarer Weise mit der Mietsache verbunden werden und ihrem wirtschaftlichen Zweck zu dienen bestimmt sind (BGH 13. 5. 1987 – VIII ZR 136/86, BGHZ 101, 37, 41 = NJW 1987, 2861). Unter die „sonstigen Einrichtungen" fallen also va diejenigen Maßnahmen, die, obwohl sie **keine erheblichen Eingriffe in die Bausubstanz** darstellen, doch den Rahmen eines vertragsgemäßen Gebrauchs sprengen (vgl BT-Drucks 14/5663, 78). Dazu gehört zB das Anbringen von Stützstangen im Badezimmer oder entlang der Wände, ein rutschsicherer Bodenbelag oder die Sicherung von Fenstern zum Schutz geistig behinderter Mieter (Blank/Börstinghaus/Börstinghaus Rn 10).

b) Gebrauch durch Menschen mit Behinderungen

Dem Gebrauch der Wohnung durch Menschen mit Behinderungen dienlich sein **15** kann zB der Umbau von Badezimmern durch den Einbau behindertengerechter Duschen, Wannen und Toiletten, die rollstuhlgerechte Verbreiterung von Türen, die Beseitigung von Schwellen, die Neuverlegung von Leitungen sowie das Versetzen von Lichtschaltern (vgl Haepp WuM 2018, 1, 3 ff; Mersson NZM 2002, 313, 314; Prütting ua/ Riecke § 554a Rn 6; Schmid/Harz/Harsch § 554a Rn 6). Zu den Maßnahmen innerhalb der Wohnung gehören auch solche an den Balkonen, Terrassen oder mitvermieteten Nebenräumen. § 554 Abs 1 S 1 BGB verschafft dem Mieter einen Anspruch außerdem in Bezug auf solche Bestandteile des Gebäudes, die ihm nicht zu seiner alleinigen, sondern lediglich zur Mitnutzung vermietet sind. Er kann daher die Zustimmung zu Umbaumaßnahmen für den **barrierefreien Zugang** zu der Wohnung beanspruchen. Hier können zB die Beseitigung von Treppen im Hauseingangsbereich und deren Ersatz durch Auffahrrampen oder der Einbau eines Treppenlifts erforderlich sein. Bei diesen Maßnahmen stehen freilich eher als bei solchen innerhalb der Wohnung die Interessen des Vermieters am „Gesamteindruck" des Objekts und diejenigen der anderen Mieter der Zustimmungspflicht entgegen.

c) Laden elektrisch betriebener Fahrzeuge

Das Gesetz erkennt im Interesse des Klimaschutzes, insbesondere der Förderung des **16** Umstiegs von Kraftfahrzeugen mit Verbrennungsmotor auf solche mit elektrischem Antrieb, ein Interesse des Mieters an baulichen Veränderungen der Mietsache an, die dem Laden elektrisch betriebener Fahrzeuge dienen (dazu bereits Dötsch ZMR 2018, 477; ders ZMR 2019, 741; Streyl NZM 2017, 785, 791 f). Derzeit fehlt es in Deutschland an einer ausreichenden Ladeinfrastruktur.

Elektrisch betriebene Fahrzeuge sind reine Batterieelektrofahrzeuge, von außen auf- **17** ladbare Hybridelektrofahrzeuge und Brennstoffzellenfahrzeuge (§ 2 Nr 1 EmoG). Dabei wird es sich in der Regel um Kraftfahrzeuge handeln, § 554 BGB erfasst aber auch elektrisch betriebene Zweiräder (E-Bikes, Pedelecs) und spezielle Elektromobile, zB für behinderte Menschen, selbst wenn diese nicht in den Anwendungsbereich des EmoG fallen.

Die bauliche Veränderung muss dem **Laden der Fahrzeuge** dienen. Sie muss es dem **18** Mieter ermöglichen, Strom in die Fahrzeuge ein- bzw aus ihnen wieder auszuspeisen. Der Gesetzgeber hatte vornehmlich eine sog **Wallbox** vor Augen, wenngleich § 554 BGB im Hinblick auf die technische Entwicklung offen zu interpretieren ist. Neben der Verlegung von Stromleitungen und der notwendigen Anschlussinfrastruktur (Ladegerät) kann daher auch eine Ergänzung der Telekommunikationsleitungen erforderlich sein, soweit diese für den Datentransfer zum und vom Netzbetreiber erforderlich ist. Rechtliche Vorgaben resultieren insoweit namentlich aus dem Messstellenbetriebsgesetz und § 14a EnWG, soweit die Teilnahme am Flexibilitätsmechanismus betroffen ist. Inhaltlich erstreckt sich der Anspruch des Mieters nicht nur auf die Ersteinrichtung, sondern überdies auf Maßnahmen, die der Verbesserung oder Erhaltung einer bereits vorhandenen Ladeinfrastruktur dienen (BT-Drucks 19/18791, 87).

§ 554 BGB beschränkt sich jedoch auf bauliche Veränderungen, **erweitert aber nicht** **19** **das räumliche Gebrauchsrecht** des Mieters. Der Mieter kann daher nicht verlangen, dass ihm der Vermieter bauliche Veränderungen in Bereichen des Gebäudes oder des Grundstücks erlaubt, auf die sich sein Gebrauchsrecht nicht erstreckt. Deshalb fällt etwa der Wunsch des Mieters, im Hof des Grundstücks eine Wallbox zu installieren und dort künftig sein Kraftfahrzeug zu laden, nicht unter § 554 Abs 1 S 1 BGB, wenn ihm der Hof nicht zum Abstellen von Kraftfahrzeugen vermietet ist (BT-Drucks 19/18791, 87).

d) Einbruchsschutz

20 Die dritte Tatbestandsvariante betrifft bauliche Veränderungen, die dem Einbruchsschutz dienen. Sie müssen geeignet sein, den widerrechtlichen Zutritt zur Wohnung des Mieters zu verhindern, zu erschweren oder lediglich unwahrscheinlicher zu machen. Der Anspruch ist nicht auf Bereiche beschränkt, die dem Mieter zum exklusiven Gebrauch zugewiesen sind, wie es etwa beim Einbau eines Wohnungstürspions der Fall ist. § 554 BGB kann vielmehr auch auf die Erlaubnis der Ausführung von Einbruchsschutzmaßnahmen in Bereichen des Grundstücks oder des Gebäudes gerichtet sein, die dem Mieter nur zum Mitgebrauch vermietet sind, beispielsweise zum Einbau eines einbruchshemmenden Schließsystems an der Hauseingangstür (BT-Drucks 19/18791, 87 f).

4. Interessenabwägung (Abs 1 S 2)

21 § 554 Abs 1 S 2 BGB macht den Anspruch und seinen exakten Inhalt von einer umfassenden Interessenabwägung im Einzelfall abhängig. Das ist insoweit sachgerecht, als sowohl die persönlichen und wirtschaftlichen Belange der beiden Vertragsparteien als auch die Interessen der anderen Mieter, die örtlichen Verhältnisse und vieles andere mehr einer Typisierung kaum zugänglich sind. Gleichwohl ist es im Hinblick auf die Rechtssicherheit bedenklich, wenn die Legislative der Judikative praktisch keine abwägungsrelevanten Kriterien und Maßstäbe an die Hand gibt. Es ist für beide Mietvertragsparteien kaum einzuschätzen, welche Maßnahmen genau beansprucht werden können und welche nicht.

a) Ausgangspunkt: Öffentliches Interesse

22 § 554 Abs 1 S 1 BGB geht davon aus, dass an baulichen Veränderungen zu den drei im Gesetz genannten Zwecken ein öffentliches, **gesamtgesellschaftliches Interesse** besteht. Dies liegt im Grundsatz in der legislativen Gestaltungsfreiheit, allerdings wird erst im Rahmen der Interessenabwägung berücksichtigt, ob und in welchem Umfang die vermietete Wohnung und das Haus, in dem sie belegen ist, bereits heute „zeitgemäßen" Anforderungen genügt. Sowohl bei der behindertengerechten Ausstattung als auch beim Einbruchsschutz sind baulichen Verbesserungen praktisch keine Grenzen gesetzt. Das Gesetz verhält sich aber nicht dazu, welchen Ausstattungsstandard es für anerkennenswert hält. Ob daher eine bauliche Veränderung von „sehr schlecht" zu „besser, aber immer noch unterdurchschnittlich" ebenso verlangt werden kann wie von „bereits jetzt überdurchschnittlich" hin zu „luxuriös", bleibt daher der Einzelfallabwägung überlassen.

23 Die amtliche Begründung weist aber zutreffend darauf hin, dass die neue Fassung des § 554 Abs 1 BGB es ausschließt, den Anspruch des Mieters mit dem Argument zurückzuweisen, an der begehrten baulichen Veränderung bestehe schon grundsätzlich kein anerkennenswertes Interesse. Die Barrierereduzierung dient unabhängig von den individuellen Belangen des Mieters jedenfalls dem Ziel, Benachteiligung

von Menschen mit Behinderungen zu beseitigen sowie ihre gleichberechtigte Teilhabe am Leben in der Gesellschaft zu gewährleisten und ihnen eine selbstbestimmte Lebensführung zu ermöglichen. Das kann bloßen Besuchern zugutekommen. Soweit der Mieter die Nachrüstung mit einer Lademöglichkeit begehrt, sind der Klima- und Umweltschutz angemessen zu berücksichtigen, etwa die Reduzierung von Treibhausgasen sowie der Schutz vor Luftschadstoffen und verkehrsbedingtem Lärm (BT-Drucks 19/18791, 89).

Die Abwägung hat zu berücksichtigen, dass sich zusätzlich zum öffentlichen Interesse auf beiden Seiten **verfassungsrechtlich geschützte Rechtspositionen** gegenüberstehen. Der Vermieter genießt jedenfalls dann, wenn er Eigentümer des Hauses ist, unmittelbar den Eigentumsschutz aus Art 14 Abs 1 GG. Diese Norm schützt aber zugleich das Besitzrecht des Mieters an der gemieteten Wohnung (BVerfG 26. 5. 1993 – 1 BvR 208/93, BVerfGE 89, 1, 5 ff = NJW 1993, 2035). Soweit es um Maßnahmen zur Barrierereduzierung geht, ist bei der Bestimmung des Inhalts und Umfangs des sich hieraus ergebenden Nutzungsrechts des Mieters zudem Art 3 Abs 3 S 2 GG zu beachten (BeckOK BGB/Wiederhold [1. 8. 2020] § 554a Rn 12; Spielbauer/Schneider/Schneider § 554a Rn 25). Danach darf niemand wegen seiner Behinderung benachteiligt werden. Dieses Verbot ist Grundrecht und zugleich objektive Wertentscheidung. Unabhängig davon, ob sich aus diesem Grundrecht originäre Leistungsansprüche herleiten lassen, folgt aus ihm – über das sich aus dem Wortlaut unmittelbar ergebende Verbot der Benachteiligung hinaus – im Zusammenwirken mit speziellen Freiheitsrechten, dass der Staat eine besondere Verantwortung für behinderte Personen trägt (BVerfG 8. 10. 1997 – 1 BvR 9/97, BVerfGE 96, 288, 304 = NJW 1998, 131). Das Verbot der Benachteiligung behinderter Menschen fließt als Teil der **objektiven Wertordnung** in die Auslegung des Privatrechts ein (BVerfG 19. 1. 1999 – 1 BvR 2161/94, BVerfGE 99, 341, 356 = NJW 1999, 1853; BayObLG 25. 10. 2001 – 2 Z BR 81/01, NZM 2002, 26; Jarass/Pieroth GG [16. Aufl 2020] Art 3 Rn 168; vgl auch BayObLG 14. 2. 2002 – 2 Z BR 184/01, NZM 2002, 298). Das sich aus Art 14 Abs 1 S 1 GG ergebende Nutzungsrecht des Mieters ist daher im Lichte der grundgesetzlichen Bestimmung des Art 3 Abs 3 S 2 GG zu sehen. Sein Inhalt wird, selbst wenn der behinderte Haushaltsangehörige nicht Partei des Mietvertrages ist, durch diese Grundentscheidung mitgeprägt (BVerfG 28. 3. 2000 – 1 BvR 1460/99, NJW 2000, 2658).

b) Hinzutretende individuelle Interessen des Mieters
Welche individuellen Interessen der Mieter mit seinem Verlangen verfolgt, inwieweit diese rechtlich anerkennenswert sind und welches Gewicht ihnen zukommt, hängt im Einzelfall von der Art der begehrten baulichen Maßnahme und den persönlichen Umständen des Mieters und seiner Haushaltsangehörigen ab.

Soweit Maßnahmen zur **Barrierereduzierung** begehrt werden, sind aufseiten des Mieters Art, Dauer und Schwere der Behinderung zu berücksichtigen (BeckOK BGB/Wiederhold [1. 8. 2020] § 554a Rn 13; Klein-Blenkers ua/Riecke § 554a Rn 20 f; Lützenkirchen/Dickersbach § 554a Rn 23; Schmidt-Futterer/Eisenschmid § 554a Rn 34). Steht zu erwarten, dass sich der Gesundheitszustand des Mieters oder seines Haushaltsangehörigen weiter verschlechtern wird, können umfangreichere Eingriffe in die Bausubstanz der Wohnung und des Zugangsbereichs erforderlich sein, als wenn sich die Behinderung auf einem bestimmten Niveau bereits stabilisiert hat. Je schwerer die Behinderung ist, desto mehr Maßnahmen sind vom Vermieter zu akzeptieren und umgekehrt. Nicht ohne Belang ist auch die **Dauer des Mietverhältnisses**. Wie die gestaffelten Kündigungsfristen des § 573c Abs 1 S 2 BGB belegen, sind die Rücksichtnahmepflichten des Vermieters bei einem bereits seit vielen Jahren bestehenden Mietverhältnis stärker ausgeprägt als bei einem erst kurze Zeit bestehenden. Dem behinderten Mieter ist die Suche nach einer leidensgerechten Ersatzwohnung eher zuzumuten, wenn er noch keine festen Bindungen zu Nachbarschaft und Wohnumgebung entwickelt hat.

27 In die Interessenabwägung fließt ein, ob die bauliche Veränderung bzw die sonstige Einrichtung für die behindertengerechte Nutzung der Mietsache **erforderlich** oder ob sie lediglich nützlich ist. Nicht jede zur Beseitigung der Barriere geeignete Maßnahme ist erforderlich. Das mieterseitige Interesse ist höher zu gewichten, wenn er oder einer seiner Haushaltsangehörigen nach Abschluss des Mietvertrages eine Behinderung erlitten haben, als wenn die Barrierefreiheit lediglich zugunsten von Besuchern oder prophylaktisch für den Fall einer etwaigen späteren Behinderung begehrt wird (aM BLANK/BÖRSTINGHAUS/BÖRSTINGHAUS Rn 11, der ein solches Interesse gar nicht anerkennen will). Besonderen Schutz verdient der Mieter, wenn die von ihm beabsichtigte Maßnahme mit seiner konkreten Behinderung in einem direkten Zusammenhang steht und sein Leben oder das eines behinderten Haushaltsangehörigen in der Wohnung überhaupt erst möglich macht oder deutlich erleichtert (vgl LG Hamburg 29. 4. 2004 – 307 S 159/03, ZMR 2004, 914). Anders als unter der Geltung von § 554a BGB aF ist aber heute nicht mehr erforderlich, dass ohne die Umbaumaßnahme die Lebensqualität des Mieters oder seine Teilnahme am gesellschaftlichen Leben merklich eingeschränkt ist. Folglich scheiden selbst Umbaumaßnahmen, die allein der Bequemlichkeit dienen, nicht von vornherein aus (so bereits früher RIPS 84; ders, in: 10 Jahre Mietrechtsreformgesetz [2011] 502, 504; wohl auch STREYL NZM 2017, 785, 789 f; **aM** zum alten § 554a BGB KLEIN-BLENKERS ua/RIECKE § 554a Rn 14), ebenso wenig solche, die lediglich der Sicherung oder der Verhinderung von Vandalismus dienen (jedenfalls durch die Kombination von „Barrierereduzierung" und „Einbruchschutz" heute überholt insoweit KG 15. 6. 2009 – 8 U 245/08, WuM 2009, 738: Videoüberwachung des im Hof abgestellten „Missionsmobils").

28 Begehrt der Mieter **bauliche Veränderung zum Laden elektrisch betriebener Fahrzeuge**, wirkt sich zu seinen Gunsten aus, wenn er oder ein Haushaltsangehöriger ein solches Fahrzeug besitzt oder anzuschaffen beabsichtigt. Zu berücksichtigen ist ferner, ob der Vermieter bereits eine oder mehrere Lademöglichkeiten eingerichtet hat und wie stark diese frequentiert sind. Auch die (mangelnde) Verfügbarkeit öffentlich zugänglicher Ladestationen in zumutbarer Entfernung ist ein Abwägungskriterium.

29 Beim **Einbruchsschutz** wird zu berücksichtigen sein, in welcher Region und Lage sich das vermietete Objekt befindet, inwieweit es bislang gegen unbefugten Zutritt gesichert ist und ob es bereits in der Vergangenheit zu (Wohnungs-)Einbrüchen gekommen ist. Das Interesse des Mieters ist desto stärker zu gewichten, je schlechter der vorhandene Ausbaustandard und je höher das Risiko eines Einbruchs ist.

c) Gegenläufige Interessen des Vermieters

30 Zugunsten des Vermieters ist zunächst sein Konservierungsinteresse zu berücksichtigen. Dieses besteht darin, dass durch eine bauliche Veränderung nicht in die

Substanz der Mietsache eingegriffen wird. Es ist typischerweise desto gewichtiger, je umfangreicher der beabsichtigte Eingriff ist. Deshalb spielen der Umfang der Bauarbeiten, die Intensität des mit ihnen verbundenen Eingriffs in die Bausubstanz und die durch sie bewirkte Veränderung des Gebäudes eine Rolle (ERMAN/LÜTZENKIRCHEN § 554a Rn 8; HERRLEIN/KANDELHARD/D BOTH § 554a Rn 18). Außerdem ist von Bedeutung, wie lange die voraussichtliche Bauzeit dauern wird und ob die bauliche Veränderung oder Einrichtung ohne Weiteres bei Vertragsende beseitigt werden kann (BeckOK BGB/WIEDERHOLD [1. 8. 2020] § 554a Rn 14; JAUERNIG/TEICHMANN § 554a Rn 2). Weiterhin ist zu bedenken, ob durch den Einbau technischer Geräte (zB eines Treppenhauslifts) zusätzliche Verkehrssicherungspflichten und Haftungsrisiken für den Vermieter entstehen. Unter Umständen braucht dem Mieter die Zustimmung nur unter entsprechenden Auflagen gewährt zu werden (BVerfG 28. 3. 2000 – 1 BvR 1460/99, NJW 2000, 2658; LG Duisburg 10. 12. 1996 – 23 S 452/96, ZMR 2000, 463). Das Konservierungsinteresse des Vermieters gebietet es auch, dass der Mieter ihn hinreichend über die Einzelheiten der begehrten baulichen Veränderung informiert. Unterlässt der Mieter die notwendigen Informationen, wird sich das Interesse des Vermieters durchsetzen, die Erlaubnis zu verweigern (BT-Drucks 19/18791, 88).

In die Interessenabwägung fließt ferner ein, ob der **Vermieter beabsichtigt, selbst vergleichbare Umbaumaßnahmen** innerhalb einer dem Mieter zumutbaren Frist vorzunehmen. In diesem Fall hat der Vermieter hinsichtlich der Kosten der baulichen Veränderung die Möglichkeit, nach § 555f Nr 3 BGB mit dem Mieter eine passgenaue Kostenübernahme zu vereinbaren. Anderenfalls kann der Vermieter regelmäßig wegen der baulichen Veränderung nach § 559 BGB die Miete erhöhen. Bei einer vom Mieter begehrten baulichen Veränderung gemäß § 554 Abs 1 S 1 BGB handelt es sich nämlich in der Regel um eine Modernisierungsmaßnahme iS des § 555b Nr 4 BGB. Ein besserer Gebrauch der Mietsache durch Menschen mit Behinderungen, eine Lademöglichkeit für elektrisch betriebene Fahrzeuge oder ein verbesserter Einbruchsschutz führen nach der Verkehrsanschauung gewöhnlich zu einer nachhaltigen Steigerung des Gebrauchswerts der Mietsache. Führt der Vermieter Maßnahmen durch, die mehreren Mietern nützlich sind, etwa die Installation eines Lademanagementsystems, die Erweiterung des Netzanschlusses zur Vermeidung von Lastspitzen oder den Einbau einer Haustüre mit verbessertem Einbruchsschutz, richtet sich die Kostenverteilung nach § 559 Abs 3 BGB (vgl BT-Drucks 19/18791, 89). **31**

Bei **Maßnahmen zur Barrierereduzierung** ist zugunsten des Vermieters zu berücksichtigen, ob der Mieter bereits bei Vertragsabschluss behindert war (LÜTZENKIRCHEN/DICKERSBACH § 554a Rn 24; SCHMIDT-FUTTERER/EISENSCHMID § 554a Rn 11, 19). Zwar wird der Anspruch nicht dadurch verwirkt, dass der Mieter über längere Zeit trotz seiner Behinderung ohne die nunmehr begehrten baulichen Änderungen oder Einrichtungen ausgekommen ist, die Interessenabwägung hat aber zB zu berücksichtigen, ob der Mieter die Veränderungen schon bei Vertragsabschluss plante und dies dem Vermieter verschwiegen hat (vgl § 241 Abs 2 BGB). Demgegenüber kann der Umstand, dass auf dem Markt behindertengerechte Wohnungen erhältlich sind, wegen des eigentumsrechtlichen Schutzes des Mieters nur ausnahmsweise eine Rolle spielen (BVerfG 28. 3. 2000 – 1 BvR 1460/99, NJW 2000, 2658; PALANDT/WEIDENKAFF § 554a Rn 9). **Vorübergehend** kann der Vermieter seine Zustimmung nach § 273 BGB verweigern, wenn der Mieter mit der Zahlung der Miete in Rückstand ist (**aM** AG Flensburg 11. 7. 2014 – 67 C 3/14, WuM 2015, 733). **32**

33 Besonderen technischen Aufwand kann die **Einrichtung von Ladesäulen** hervorrufen. An einer gewöhnlichen Steckdose dauert das Laden eines Elektrofahrzeugs heute etwa acht bis zehn Stunden. Viele elektrische Leitungen sind nicht auf eine derartige Dauerbelastung ausgelegt. Hier kann ein hohes **Brandrisiko** entstehen. Das gilt insbesondere für Tiefgaragen, wenn an nur ein einzelnes Stromkabel, das bisher lediglich für Rolltor, Licht und ggf Duplexparker genutzt worden ist, nunmehr mehrere „Wallboxen" angeschlossen werden sollen. Zudem wird der Stromverbrauch dieser Anlagen bislang häufig über den gemeinschaftlichen Verbrauch aller Mieter abgerechnet worden sein, während der Stromverbrauch für das Laden eines Elektrofahrzeugs dem jeweiligen Mieter individuell zugerechnet werden können soll. Dann muss für jeden Stellplatz bzw jede Wallbox ein Kabel bis zum Hausanschlussraum und dem dortigen Zähler geführt werden (Blank/Börstinghaus/Börstinghaus Rn 22).

34 Der Anspruch des Mieters findet seine objektive Grenze in den **zwingenden Normen des öffentlichen Rechts**, namentlich des Bauordnungsrechts (LG Hamburg 6. 6. 2001 – 318 T 70/99, NZM 2001, 767; **aM** OLG München 12. 7. 2005 – 32 Wx 51/05, NZM 2005, 707). Der Durchführung baulicher Veränderungen können **Sicherheitsbestimmungen** entgegenstehen. Hier kommen namentlich solche Vorschriften in Betracht, die der Sicherheit des Gebäudes und seiner Bewohner sowie dem Brandschutz dienen. Eine Verbreiterung der Türen und Durchgänge ist ausgeschlossen, wenn dadurch die Statik des Gebäudes beeinträchtigt wird (Drasdo WuM 2002, 123, 125); dem Einbau eines Treppenlifts kann entgegenstehen, dass der Fluchtweg dadurch zu sehr eingeengt würde (Kinne ua/Kinne § 554a Rn 4; vgl auch Prütting ua/Riecke § 554a Rn 12; **aM** OLG München 12. 7. 2005 – 32 Wx 51/05, NZM 2005, 707).

35 Da das Eigentumsrecht des Vermieters aus Art 14 Abs 1 GG durch den im öffentlichen Interesse stehenden **Denkmalschutz** beschränkt wird, gilt dies in gleicher Weise für das Besitzrecht des Mieters. Maßnahmen, die einer behindertengerechten Nutzung der Wohnung dienen, dürfen deshalb nicht gegen denkmalschutzrechtliche Vorschriften verstoßen (AG Pankow/Weißensee 11. 10. 2012 – 3 C 181/12, GE 2013, 555; Drasdo WuM 2002, 123, 125; Lützenkirchen/Dickersbach § 554a Rn 25; MünchKomm/Bieber § 554a Rn 11; Schmidt-Futterer/Eisenschmid § 554a Rn 40). Werden sie vom Mieter dennoch vorgenommen, hat neben dem Vermieter auch die für den Denkmalschutz zuständige Behörde einen Anspruch auf Beseitigung. Ist eine Wiederherstellung des denkmalgeschützten Zustandes nicht mehr möglich, kann der Vermieter zusätzlich Schadensersatz vom Mieter verlangen (Drasdo WuM 2002, 123, 125). Verstöße gegen Vorschriften des Denkmalschutzes können außerdem als Straftaten oder Ordnungswidrigkeiten verfolgt werden.

36 Ebenfalls zu beachten ist das Interesse des Vermieters daran, dass die bauliche Veränderung keine negativen Auswirkungen auf seine Rechtsbeziehungen zu Dritten hat, etwa zu anderen Mietern oder seinem Grundstücksnachbarn. Dies gilt vor allem für Baumaßnahmen außerhalb der Wohnung, die uU den Gebrauch der Mietsache durch die übrigen Mieter beeinträchtigen können. Aber selbst innerhalb der Wohnung können bauliche Veränderungen andere Mieter beeinträchtigen, wenn zB der Schallschutz zwischen den Wohnungen beeinträchtigt wird. Bloß optische Beeinträchtigungen sind aber hinzunehmen (Schmidt-Futterer/Eisenschmid § 554a Rn 47). Auch die Beeinträchtigungen der anderen Mieter, die mit den Umbauarbeiten einhergehen, sind gegenüber dem Interesse des Mieters an der Maßnahme abzuwägen. Der Umstand, dass andere Mieter während oder nach der Durchführung von Umbauarbeiten möglicherweise die Miete mindern können, soll bei der Interessenabwägung nicht zugunsten des Vermieters berücksichtigt werden können (Mersson NZM 2002, 313). Es erscheint aber fraglich, ob überhaupt ein Minderungsrecht besteht (s Rn 42). Nicht ausdrücklich erwähnt hat der Gesetzgeber die Interessen anderer **im Haus wohnender Eigentümer**. Sie sind, soweit sie nicht nach Maßgabe des WEG die Maßnahme ohnehin verhindern können (s Rn 55), mindestens in gleicher Weise schutzwürdig wie die Mieter; ihre Interessen sind also gleichfalls zu berücksichtigen (BT-Drucks 19/18791, 88; Schmidt-Futterer/Eisenschmid § 554a Rn 45).

Zugunsten des Vermieters ist schließlich das **Rückbaurisiko** zu berücksichtigen. Zwar ist der Mieter nach § 546 Abs 1 BGB bei Vertragsende zum Rückbau der baulichen Veränderung verpflichtet. Kommt er dem aber nicht nach und will der Vermieter die bauliche Veränderung zurückbauen, so muss er den Rückbau auf eigene Kosten ausführen und den Mieter auf Kostenersatz in Anspruch nehmen. Ist der Mieter zahlungsunfähig, träfen die Rückbaukosten den Vermieter. Bei umfangreichen baulichen Veränderungen ist es denkbar, dass diese Gefahr dem Vermieter nicht zumutbar ist mit der Folge, dass der Anspruch nach § 554 Abs 1 S 1 BGB an der Interessenabwägung scheitert. In diesem Fall hat der Mieter die Möglichkeit, eine besondere **Kaution** zu leisten (Abs 1 S 3). Dadurch kann er den sich aus dem Rückbaurisiko ergebenden Nachteil des Vermieters beseitigen. Freilich kann der Vermieter seine Erlaubnis nicht von der Leistung einer der Höhe nach unangemessenen Kaution abhängig machen (BT-Drucks 19/18791, 88). 37

5. Rechtsfolgen

a) Hat der Mieter ein berechtigtes Interesse an der Durchführung einer Maßnahme und kann der Vermieter kein eigenes oder aus den Belangen der übrigen Mieter resultierendes berechtigtes Interesse entgegensetzen, ist er verpflichtet, die Zustimmung zu erteilen, muss also eine entsprechende **Willenserklärung** abgeben. Einen Anspruch auf Vornahme der Arbeiten durch den Vermieter hat der Mieter nicht (KG 15. 6. 2009 – 8 U 245/08, WuM 2009, 738; Mersson NZM 2002, 313, 315; hierin ein Zurückbleiben hinter internationalen Anforderungen erblickend Wallrabenstein, in: 10 Jahre Mietrechtsreformgesetz [2011] 511, 513 f), ebenso wenig darauf, dass dieser die Kosten übernimmt. Für die Abgabe der Willenserklärung gelten die allgemeinen Vorschriften. Sie ist formlos möglich (Herrlein/Kandelhard/D Both § 554a Rn 20; Kinne ua/Kinne § 554a Rn 6; Lützenkirchen/Dickersbach § 554a Rn 28), wenngleich sich aus praktischen Erwägungen regelmäßig eine schriftliche Vereinbarung empfiehlt. Bevor der Vermieter die Willenserklärung nicht abgegeben hat, darf der Mieter mit den Bauarbeiten nicht beginnen bzw die Einrichtung nicht anbringen. „Zustimmung" ist nicht im technischen Sinne von § 182 BGB zu verstehen, erfasst also insbesondere nicht die nachträgliche Genehmigung. Die §§ 182 ff BGB sind schon deshalb nicht anwendbar, weil der Mieter nicht die Zustimmung zu einem Vertrag (aM Rips 74 ff) oder einem einseitigen Rechtsgeschäft, sondern zu einem Realakt begehrt. „Zustimmung" ist daher nichts anderes als **„Erlaubnis"** iS von § 540 Abs 1 S 1 BGB, sie muss also vor Beginn der baulichen Veränderung oder der sonstigen Maßnahme vorliegen (Erman/Lützenkirchen § 554a Rn 3; Herrlein/Kandelhard/D Both § 554a Rn 20; Mersson NZM 2002, 313, 316; Palandt/Weidenkaff § 554a Rn 3; Schmidt-Futterer/Eisenschmid § 554a 38

Rn 15; Spielbauer/Schneider/Schneider § 554a Rn 47; **aM** Drasdo WuM 2002, 123; Rips 103). Dies folgt im Übrigen auch daraus, dass die Kaution nach § 554 Abs 1 S 3 BGB vor Beginn der Bauarbeiten zu leisten ist (BT-Drucks 14/5663, 78 f). Ist der **Vermieter nicht selbst Eigentümer** der Wohnung, muss er ggf seinerseits dessen Einwilligung einholen, bevor er sie selbst erteilen kann (Schmidt-Futterer/Eisenschmid § 554a Rn 15). Darauf hat er im gleichen Umfang wie der Mieter einen Rechtsanspruch.

39 b) Der Mieter hat, selbst wenn der Vermieter grundsätzlich zur Abgabe der Zustimmung verpflichtet ist, nicht stets einen Anspruch darauf, dass genau die von ihm gewünschte Maßnahme durchgeführt wird. So ist es möglich, dass der Vermieter eine andere gleich **geeignete Maßnahme** favorisiert, die aber mit höheren Kosten einhergeht. Hier ist im Einzelfall abzuwägen, welche Interessen überwiegen. Jedenfalls ist es dem Mieter grundsätzlich zumutbar, eine teurere Baumaßnahme durchzuführen, wenn diese die Belange des Vermieters und der übrigen Mieter weniger beeinträchtigt (Mersson NZM 2002, 313, 315 f). Im Einzelfall ist die zusätzliche finanzielle Belastung des Mieters gegen die Interessen des Vermieters, die zB auch aus Fragen der Rückbaubarkeit sowie der Beeinträchtigung der übrigen Hausbewohner resultieren können, abzuwägen. Jedenfalls kann der Vermieter seine Zustimmung unter den Vorbehalt stellen, dass die baulichen Veränderungen nach den **anerkannten Regeln der Technik von einem Fachhandwerker** durchgeführt werden (Kinne ua/Kinne § 554a Rn 6; Lützenkirchen/Dickersbach § 554a Rn 28; MünchKomm/Bieber § 554a Rn 15; vgl OLG Frankfurt 22. 7. 1992 – 20 REMiet 1/91, NJW 1992, 2490). Insbesondere in denjenigen Fällen, in denen statische Probleme auftreten können, wäre es unverantwortlich, wenn nicht ein Fachmann unter entsprechender Haftung die Durchführbarkeit der Maßnahme überprüft und ihre ordnungsgemäße Durchführung kontrolliert. Die Auswahl des konkreten Handwerkers obliegt dem Mieter (Mersson NZM 2002, 313, 315).

40 c) Die Ausführung der baulichen Veränderung kann von Mitwirkungshandlungen des Vermieters abhängen, die über die bloße Erlaubnis hinausgehen. Deren Erfüllung kann der Mieter aus § 241 Abs 2 BGB verlangen. Bei diesen Nebenpflichten kann es sich zB um Informationen handeln, die der Mieter zur Planung der Baumaßnahme benötigt (vorhandene Stromversorgung, Verlauf von Kabeln etc), aber auch um die Abgabe von Willenserklärungen gegenüber Handwerkern. Hat der Mieter ein berechtigtes Interesse an der schriftlichen Erteilung der Erlaubnis, kann sich ein Anspruch hierauf ebenfalls aus § 241 Abs 2 BGB ergeben (BT-Drucks 19/18791, 88).

6. Folgen der Durchführung der Umbaumaßnahmen

41 a) Durch den Umbau können in Form laufender **Betriebskosten** wie Wartungs- und Energiekosten weitere Kosten entstehen. Diese sind nach Sinn und Zweck des § 554 BGB allein vom Mieter zu tragen (Kinne ua/Kinne § 554a Rn 7; Lützenkirchen/Dickersbach § 554a Rn 30; Schmidt-Futterer/Eisenschmid § 554a Rn 44). Reparaturen sind anders als bei sonstigen Einrichtungen des Hauses vom Mieter durchzuführen und zu bezahlen.

42 b) Die Mitmieter des Mieters werden in der Regel durch den Umbau Baulärm oder die eingeschränkte Nutzung der Gemeinschaftseinrichtungen und Ähnliches beeinträchtigt sein. Bei Umbaumaßnahmen im Zugangsbereich werden sich die Beeinträchtigungen oft später durch die Nutzung der Einrichtung fortsetzen. Es ist daher fraglich, ob ihnen daher wegen dieser Beeinträchtigungen ein **Minderungsrecht** nach § 536 Abs 1 S 2 BGB zustehen kann. Dies würde aber zunächst dem Sinn und Zweck des § 554 BGB widersprechen, der gerade den Vermieter vor finanziellen Belastungen durch die Umbaumaßnahmen schützen will. Dürften die Mitmieter die Miete mindern, so könnte dies auf die Dauer eine empfindliche finanzielle Einbuße für den Vermieter bedeuten. Wenn aber die (übrigen) Mieter in ihrer Besitzposition verfassungsrechtlich aus Art 14 Abs 1 GG geschützt sind (BVerfG 26. 5. 1993 – 1 BvR 208/93, BVerfGE 89, 1, 6 = NJW 1993, 2035), so folgt daraus zugleich, dass sie im Umgang mit ihrem „Eigentum" in gleicher Weise wie der Vermieter der Sozialpflichtigkeit (Art 14 Abs 2 GG) unterworfen sind (Mersson NZM 2002, 313, 318). Bauliche Veränderungen, denen der Vermieter nach § 554 BGB zustimmen muss, können demzufolge für die Mitmieter kein Minderungsrecht begründen (Schmidt-Futterer/Eisenschmid § 554a Rn 50; **aM** offenbar BT-Drucks 19/18791, 88).

c)   Will der Vermieter bei Vertragsende die Umbauten behalten, steht dem Mieter nach Maßgabe der allgemeinen Vorschriften von § 539 Abs 2, § 552 BGB ein **Wegnahmerecht** zu. 43

7.   Rückbau

Hinsichtlich der Verpflichtung des Mieters, die baulichen Maßnahmen bei Beendigung des Mietverhältnisses wieder zu beseitigen, trifft § 554 BGB keine eigenständige Regelung. Insoweit ist auf die allgemeine Bestimmung des § 546 Abs 1 BGB zurückzugreifen. Diese verpflichtet den Mieter, die Mietsache in dem Zustand zurückzugeben, in dem er sie erhalten hat, abzüglich der durch den vertragsgemäßen Gebrauch herbeigeführten Veränderungen oder Verschlechterungen (§ 538 BGB). Daher besteht **grundsätzlich eine Rückbaupflicht des Mieters**. 44

Sie entfällt allerdings, wenn die Parteien eine **abweichende Vereinbarung** getroffen haben, sei es im Zusammenhang mit der baulichen Veränderung durch den Mieter, später im Verlauf des Mietverhältnisses, oder im Zusammenhang mit dessen Beendigung. Sie entfällt ferner, wenn die Veränderung nach dem gemeinsamen Parteiwillen zur Herstellung des vertragsgemäßen Zustands erforderlich war (vgl OLG Düsseldorf 3. 5. 2011 – I-24 U 197/10, ZMR 2012, 438), was insbesondere in Bezug auf Maßnahmen zur Einbruchssicherung in Betracht zu ziehen ist. Schließlich braucht der Mieter dann nicht zurückzubauen, wenn ein entsprechendes Verlangen des Vermieters gegen **Treu und Glauben (§ 242 BGB)** verstieße. Ein solcher Fall kann beispielsweise anzunehmen sein, wenn es sich bei der Maßnahme des Mieters um eine dauerhafte, über das Mietverhältnis hinausreichende Wertverbesserungsmaßnahme handelt, die nur mit erheblichem Kostenaufwand wieder zu entfernen wäre und deren Beseitigung die Mietsache in einen schlechteren Zustand rückversetzte (LG Berlin 6. 7. 2010 – 65 S 355/09, GE 2010, 1269; Blank/Börstinghaus/Blank/Börstinghaus § 546 Rn 36). Diese Ausnahme wird häufig bei Umbauten zur Ermöglichung des Ladens elektrischer Fahrzeuge und bei solchen des Einbruchsschutzes in Betracht kommen. Sie hängt aber auch hier von den Umständen des Einzelfalles, beispielsweise davon ab, ob die vom Mieter seinerzeit vorgenommenen Umbauten noch immer dem Stand der Technik entsprechen oder durch diesen bereits wieder über- 45 holt worden sind. Maßnahmen zur Barrierereduzierung können sehr individuell auf die Bedürfnisse des konkreten Mieters zugeschnitten gewesen (dann Rückbaupflicht), sie können aber auch erhaltenswert sein. Treu und Glauben gebieten schließlich, dem Vermieter den Rückbauanspruch zu versagen, wenn er den wiederhergestellten Zustand alsbald wieder beseitigen würde, um von ihm selbst beabsichtigte Umbaumaßnahmen durchzuführen (BGH 23. 10. 1985 – VIII ZR 231/84, BGHZ 96, 141, 145 = NJW 1986, 309).

46 Die Rechtsordnung hat hier keine konkreteren allgemeingültigen Maßstäbe anzubieten. Letztlich sind daher stets die Umstände des Einzelfalls entscheidend, sodass für die Parteien eine erhebliche **Rechtsunsicherheit** besteht.

III. Sicherheitsleistung (Abs 1 S 3)

47 § 554 Abs 1 S 3 BGB hat die Sicherheitsleistung neu geregelt. Nach § 554a Abs 2 BGB aF konnte der Vermieter sie für die Wiederherstellung des ursprünglichen Zustands *beanspruchen*. Nunmehr ist sie – grundsätzlich – von einer **Vereinbarung** der Parteien abhängig. Abs 1 S 3 soll nach der Vorstellung des Gesetzgebers klarstellen, dass eine solche Abrede nicht gegen Abs 2 verstößt (BT-Drucks 19/18791, 90).

48 Es ist also **Sache des Mieters**, dem Vermieter ein Angebot zur Leistung einer Sicherheit zu unterbreiten, um damit die **Interessenabwägung** zu seinen Gunsten zu beeinflussen. Er kann durch die Stellung einer Sicherheit erreichen, dass sein Umbauinteresse das Konservierungsinteresse des Vermieters übersteigt, wenn dies ohne die Sicherheit nicht der Fall wäre. Die Regelung trägt dem Umstand Rechnung, dass der Mieter zum Ende der Mietzeit grundsätzlich den Zustand wiederherstellen muss, der vor Durchführung der Maßnahmen bestand (Rn 44). Die Sicherheit dient vornehmlich dazu, die voraussichtlichen Kosten des Vermieters abzudecken, die zur Wiederherstellung des ursprünglichen Zustandes erforderlich sind. Sie kann folglich nicht beansprucht werden, wenn ein Rückbauverlangen ohnehin treuwidrig wäre (Rn 45).

49 **Außerhalb einer gerichtlichen Auseinandersetzung** sind die Parteien darin frei, Art und Höhe der Sicherheit zu vereinbaren. Es gelten lediglich die allgemeinen Grenzen wie § 138 BGB und das Schikaneverbot des § 226 BGB. Die Parteien können daher nicht nur die voraussichtlichen Rückbaukosten, sondern beispielsweise auch ein erhöhtes Haftungsrisiko des Vermieters berücksichtigen. Zum gerichtlichen Verfahren unten Rn 52.

50 Der **Begriff der Sicherheit** ist der Gleiche wie in § 551 Abs 1 BGB. Der Vermieter hat keinen Anspruch auf eine bestimmte Art der Sicherheitsleistung, ihre Bestimmung obliegt der Vereinbarung der Parteien oder im Streitfall dem Gericht. Der Vermieter braucht sich aber nicht darauf verweisen zu lassen, dass manche Hersteller von Treppenliften anbieten, diese bei Beendigung des Mietverhältnisses kostenlos wieder ausbauen und zurücknehmen, weil ihm dann das Insolvenzrisiko dieser Unternehmen überbürdet würde (AG Pankow/Weißensee 11. 10. 2012 – 3 C 181/12, GE 2013, 555).

51 Durch die Verweisung in § 554 Abs 1 S 3 auf § 551 Abs 3 BGB gelten für die Sicherheitsleistung die allgemeinen Regelungen über die Kaution. Die Sicherheits-

leistung ist daher **getrennt** vom Vermögen des Vermieters anzulegen und zu verzinsen (vgl § 551 BGB). Die Sonderkaution darf nur für die vereinbarten Zwecke verwendet werden. Damit ist es dem Vermieter verwehrt, gegen den Rückzahlungsanspruch des Mieters mit andersartigen Forderungen – etwa Schadensersatzansprüchen aus dem Mietverhältnis im Übrigen – aufzurechnen (AG Köln 7. 4. 2008 – 222 C 480/07, WuM 2008, 556; BeckOK BGB/Wiederhold [1. 8. 2020] § 554a Rn 19).

IV. Prozessuales

Erteilt der Vermieter, obwohl die Voraussetzungen des § 554 Abs 1 S 1 BGB gegeben sind, seine Zustimmung nicht, darf der Mieter mit den Bauarbeiten nicht beginnen. Vielmehr muss er den Vermieter **auf Erteilung der Zustimmung** verklagen. Der Klageantrag muss auf Verurteilung zur Zustimmung zu einer ganz konkret bezeichneten baulichen Veränderung oder Einrichtung gerichtet sein; ggf sind der Klageschrift die Baupläne beizufügen (Rips 167). Der Antrag auf Abgabe der Willenserklärung durch den Vermieter kann unbeschränkt gestellt werden. Gelangt das Gericht zu der Überzeugung, dass die Interessen des Mieters denjenigen des Vermieters nur dann überwiegen, wenn dieser eine Sicherheit stellt, kann es der Klage **Zug-um-Zug** gegen Stellung der (dann vom Gericht nach Art und Höhe genau zu bezeichnenden) **Sicherheit** stattgeben und sie im Übrigen, also hinsichtlich des unbeschränkten Klageantrags, abweisen (vgl BGH 19. 12. 1991 – IX ZR 96/91, NJW 1992, 1172; BGH 14. 5. 1992 – VII ZR 204/90, BGHZ 118, 229, 242 = NJW 1992, 2160; Zöller/Feskorn [33. Aufl 2020] § 308 ZPO Rn 4). Es bleibt dann der Entscheidungsfreiheit des Mieters überlassen, ob er die Sicherheit leistet. Nur wenn er den qualifizierten Nachweis gemäß § 726 Abs 2 ZPO erbringt, kann er eine vollstreckbare Ausfertigung des rechtskräftigen Urteils erlangen, die die Abgabe der Willenserklärung durch den Vermieter fingiert (§ 894 S 2 ZPO). **52**

Da mit Rechtskraft des Urteils bzw mit Erteilung der vollstreckbaren Ausfertigung gemäß § 894 ZPO nur die Zustimmung als erteilt gilt, der Vermieter also nur zur Duldung der Maßnahmen *verpflichtet* ist, benötigt der Mieter zusätzlich einen **Duldungstitel**. Der vollständige Klageantrag sollte daher auf Erteilung der Erlaubnis und Duldung der konkreten Baumaßnahme lauten (BeckOK BGB/Wiederhold [1. 8. 2020] § 554a Rn 27). Das Gericht ist nach § 139 ZPO gehalten, bei Vorliegen eines lediglich auf Zustimmung gerichteten Klageantrags durch einen entsprechenden Hinweis auf Präzisierung hinwirken (Mersson NZM 2002, 313, 316). **53**

Jede Partei trägt die **Darlegungs- und Beweislast** für die ihr günstigen Umstände. Da der Gesetzgeber ein gesamtgesellschaftliches Interesse an den in Abs 1 S 1 genannten Umbaumaßnahmen generell anerkennt, ist es zunächst Sache des Vermieters, im Rahmen der Abwägung seine gegenläufigen Interessen darzutun und im Streitfall zu beweisen. Erst wenn diese beachtenswert sind, braucht der Mieter seine (zusätzlichen individuellen) Interessen offen zu legen und hierfür ggf Beweis anzutreten. Um diesen zusätzliches Gewicht zu verleihen, kann er eine Sicherheit anbieten (Abs 1 S 3), muss dies aber nicht, weil das Gericht ihre Stellung im Rahmen einer Zug-um-Zug-Verurteilung vorsehen kann (Rn 52). **54**

V. Anwendbarkeit des § 554 bei Eigentumswohnungen

55 Da viele Umbaumaßnahmen mit einer Veränderung außerhalb der Wohnung verbunden sind, liegt bei Wohnungseigentum idR eine Veränderung des gemeinschaftlichen Eigentums vor. Diese ist als bauliche Veränderung iS von § 20 Abs 1 WEG erst nach einer entsprechenden **Beschlussfassung aller Wohnungseigentümer** zulässig (vgl BT-Drucks 19/18791, 89); zuvor kann die Eigentümergemeinschaft aus § 1004 Abs 1 BGB Unterlassung beanspruchen (BGH 25. 10. 2019 – V ZR 271/18, BGHZ 223, 305, 308 ff = NJW 2020, 921; BGH 24. 1. 2020 – V ZR 295/16, NZM 2020, 664). Der Mieter hat aber durch das WEMoG teilweise überholt keine vertraglichen Ansprüche gegen die Eigentümergemeinschaft (SCHMID NJW 2014, 1201). Da der Mieter einer im Wohnungseigentum stehenden Wohnung einerseits nicht gegenüber den übrigen Mietern benachteiligt werden soll, andererseits nicht mehr Rechte haben kann als der Eigentümer der Wohnung (DRASDO WuM 2002, 123, 129), wird man im Rahmen des § 554 BGB davon ausgehen müssen, dass der Mieter nur solche Maßnahmen durchsetzen kann, zu deren Durchführung auch der Eigentümer die Zustimmung der übrigen Miteigentümer verlangen könnte (vgl LG Hamburg 6. 6. 2001 – 318 T 70/99, NZM 2001, 767; DRASDO WuM 2002, 123, 128 f mwNw; MünchKomm/BIEBER § 554a Rn 16; SCHMID NJW 2014, 1201, 1203 f). Insoweit kommt dem Mieter zugute, dass § 20 Abs 2 Nr 1 bis 3 WEG mit § 554 Abs 1 S 1 BGB harmonisiert ist, jeder Wohnungseigentümer also angemessene bauliche Veränderungen, die dem Gebrauch durch Menschen mit Behinderungen, dem Laden elektrisch betriebener Fahrzeuge oder dem Einbruchsschutz dienen, verlangen kann (teilweise überholt insoweit LG Düsseldorf 4. 8. 2020 – 25 S 134/19, ZMR 2020, 870 zum eigenmächtigen Einbau einer Wallbox).

56 Der mit einem Anspruch seines Mieters aus § 554 Abs 1 S 1 BGB konfrontierte Vermieter kann seine Erlaubnis unter Hinweis auf die **erforderliche Beschlussfassung der Wohnungseigentümer** zunächst zurückhalten. Ihre Erteilung ist ihm in diesem Stadium nicht zumutbar. Denn wenn die bauliche Veränderung am Widerstand der Gemeinschaft scheitert, würden im Falle der bereits erteilten Erlaubnis Mängelrechte des Mieters ausgelöst. Wird dem vermietenden Wohnungseigentümer die vom Mieter begehrte bauliche Veränderung durch Beschluss der Wohnungseigentümer gestattet, entfällt dieser Einwand. Verhält sich der Vermieter passiv, indem er sich nicht um eine für den Mieter günstige Beschlussfassung der Wohnungseigentümer bemüht, so kann dies dazu führen, dass die Interessenabwägung nach § 554 Abs 1 S 2 BGB zugunsten des Mieters ausgeht. Erhält der Mieter in diesem Fall die Erlaubnis – gegebenenfalls im Klagewege –, berechtigt ihn diese zwar nicht zu einem Eingriff in das gemeinschaftliche Eigentum. Er kann den vermietenden Wohnungseigentümer aber auf Erfüllung in Anspruch nehmen; dieser ist dann verpflichtet, auf eine die bauliche Veränderung gestattende Beschlussfassung hinzuwirken (vgl BGH 20. 7. 2005 – VIII ZR 342/03, NJW 2005, 3284). Wird die Ausführung der baulichen Veränderung durch die Gemeinschaft der Wohnungseigentümer auf Kosten des vermietenden Wohnungseigentümers beschlossen, so kann der Vermieter dies dem Anspruch des Mieters auf Selbstvornahme entgegenhalten. Auch in diesem Fall kommt eine Vereinbarung nach § 555f Nr 3 BGB oder eine Modernisierungsmieterhöhung nach § 559 BGB in Betracht (BT-Drucks 19/18791, 89 f).

57 **Prozessual** muss der Anspruch auf Duldung durch die Wohnungseigentümer vom Vermieter (Miteigentümer) gegenüber der Gemeinschaft durchgesetzt werden. Der

Mieter ist an diesem Verfahren nicht beteiligt. Ein zwischen ihm und dem Vermieter parallel anhängiges streitiges Verfahren über dessen Zustimmungspflicht sollte gemäß § 148 ZPO bis zur Entscheidung im WEG-Verfahren ausgesetzt werden (Schmidt-Futterer/Eisenschmid § 554a Rn 70). Allerdings können sich die Mietvertragsparteien darauf verständigen, dass der Mieter den Anspruch des Vermieters gegenüber der Eigentümergemeinschaft im Wege der **gewillkürten Prozessstandschaft** geltend macht. Der Mieter hat wegen § 554 Abs 1 BGB das hierfür erforderliche (BGH 24. 10. 1985 – VII ZR 337/84, BGHZ 96, 151, 152 f = NJW 1986, 850; BGH 10. 11. 1999 – VIII ZR 78/98, NJW 2000, 738; BGH 5. 2. 2009 – III ZR 164/08, NJW 2009, 1213) eigene rechtsschutzwürdige Interesse (BayObLG 20. 4. 2000 – 2 Z BR 9/00, NZM 2000, 678; Lützenkirchen/Dickersbach § 554a Rn 43). Umgekehrt kann die Gemeinschaft der Wohnungseigentümer von einem Mieter, der ohne die erforderliche Zustimmung eine bauliche Maßnahme durchgeführt hat, deren Beseitigung jedenfalls insoweit verlangen, als sie zur Duldung nicht verpflichtet ist (vgl AG München 25. 11. 2010 – 453 C 27330/10, NZM 2011, 206).

VI. Abweichende Vereinbarungen (Abs 2)

Vereinbarungen, die zum Nachteil des Mieters von § 554 Abs 1 BGB abweichen, **58** sind unwirksam. Daraus folgt, dass es nicht möglich ist, im Mietvertrag festzulegen, dass der Mieter nicht von seinem Recht auf Erteilung der Zustimmung zu baulichen Veränderungen und sonstigen Einrichtungen Gebrauch macht. Auch kann weder die Interessenabwägung eingeschränkt noch beispielsweise abweichend von § 551 Abs 3 BGB vereinbart werden, dass die Zusatzkaution nicht verzinst zu werden braucht. Zulässig ist es aber, dass die Parteien vertraglich festlegen, dass der Mieter ohne Zustimmung des Vermieters bauliche Maßnahmen zur Umwandlung der Wohnung in eine behindertengerechte Wohnung treffen kann.

§ 555
Unwirksamkeit einer Vertragsstrafe

Eine Vereinbarung, durch die sich der Vermieter eine Vertragsstrafe vom Mieter versprechen lässt, ist unwirksam.

Materialien: BGB § 550a; 2. Mietrechtsänderungsgesetz von 1964 BGBl I 547); Mietrechtsreformgesetz von 2001 (BGBl I 1149).

Systematische Übersicht

I.	Zweck	1	IV. Verfallklauseln	5
II.	Anwendungsbereich	2	V. Pauschalen	6
III.	Begriff	3	VI. Gewerbliche Miete	9

I. Zweck

1 Nach § 555 BGB (= § 550a aF von 1964) ist (nur) bei der Wohnraummiete (s § 578 BGB) eine Vereinbarung, durch die sich der Vermieter eine Vertragsstrafe (iS von § 339 BGB) vom Mieter versprechen lässt, generell unwirksam. **Zweck** des § 555 BGB ist es, den Wohnraummieter als den in der Regel schwächeren Vertragsteil gegen eine Übervorteilung seitens des Vermieters zu schützen (Bericht des Rechtsausschusses BT-Drucks zu IV/2195). Dieser Zweck legt von vornherein eine **weite Auslegung** des § 555 BGB nahe, um eine Umgehung der Vorschrift durch das Ausweichen des Vermieters auf vergleichbare Rechtsinstitute mit im Wesentlichen derselben Wirkung wie eine Vertragsstrafe zu verhindern (s Rn 3, Rn 5 ff). **Weitere Schranken** für Vertragsstrafenversprechen können sich für Formular- und Verbraucherverträge aus § 308 Nr 7, § 309 Nr 5 und Nr 6, § 310 Abs 3 BGB sowie für preisgebundenen Wohnraum aus § 9 WoBindG ergeben. Gegen § 555 BGB verstoßende **Abreden** sind **unwirksam**. Mit Rücksicht auf den sozialen Schutzzweck der Vorschrift hat dies jedoch entgegen § 139 BGB keine Auswirkungen auf die Gültigkeit des Mietvertrages im Übrigen.

II. Anwendungsbereich

2 § 555 BGB gilt nur für **Wohnraummietverträge** iS des § 549 BGB. Auf andere Grundstücks- oder Raummietverträge findet § 555 BGB keine Anwendung (§ 578 BGB). Um so größeres Gewicht kommt hier daher den sich aus § 308 Nr 7 sowie § 309 Nr 5 und Nr 6 BGB ergebenden Schranken für Vertragsstrafen in Formularverträgen zu. Geschützt wird durch § 555 auch nur der **Wohnraummieter**. Unbedenklich sind daher selbst bei Wohnraummietverhältnissen Vertragsstrafenabreden zu Lasten des Vermieters. Bei **Mischmietverhältnissen** wird es nicht so sehr darauf ankommen, welches Element überwiegt (s dazu o Vorbem 27 ff zu § 535), sondern darauf, *worauf* sich die betreffende, durch die Vertragsstrafe gesicherte *Pflicht* bezieht. Folglich ist hier ohne Rücksicht auf die Einstufung des Vertrags als Wohnraummiete oder gewerbliche Miete § 555 BGB anzuwenden, wenn die durch die Vertragsstrafe gesicherte Mieterpflicht *(auch) Wohnräume* zum Gegenstand hat (Guhling/Günter/Makowski Rn 2; Lützenkirchen § 555 Rn 3; Weimar MDR 1965, 349; **aM** BeckOGK/Schepers [1. 10. 2020] Rn 3; Schmidt-Futterer/Blank Rn 1).

III. Begriff

3 Eine **Vertragsstrafe** liegt nach § 339 BGB vor, wenn der Schuldner eine Leistung für den Fall verspricht, dass er seine Verbindlichkeit nicht oder nicht in gehöriger Weise erfüllt. Ihr **Zweck** ist es vor allem, die Erfüllung der Verbindlichkeiten des Schuldners durch ein zusätzliches Druckmittel des Gläubigers sicherzustellen und diesem im Schadensfalle die Durchsetzung von Ersatzansprüchen zu erleichtern (BGHZ 49, 84, 89 = NJW 1968, 149; BGHZ 63, 256, 259 = NJW 1975, 163; BGHZ 82, 398, 401 f = NJW 1982, 795; BGHZ 85, 240, 243 = NJW 1983, 384; BGHZ 85, 305, 312 f = NJW 1983, 385; BGH 25. 11. 1982 – III ZR 92/81, LM Nr 14 zu § 288 BGB = NJW 1983, 1542; 30. 6. 1976 – VIII ZR 267/75, NJW 1976, 1886; KG NZM 1999, 1048, 1049). Die **Abgrenzung** der Vertragsstrafe von ähnlichen Rechtsinstituten wie der Schadenspauschalierung, dem selbständigen Strafgedinge, den Verfall- und Verwirkungsklauseln sowie dem Reugeld bereitet häufig Schwierigkeiten. Die Grenzen sind fließend (s Staudinger/Rieble [2019] Vorbem Rn 50 ff zu § 339;

BeckOGK/Schepers [1. 10. 2020] Rn 11 ff). Dieser Problematik kommt indessen im Rahmen des § 555 BGB nur untergeordnete Bedeutung zu, da die Vorschrift mit Rücksicht auf ihren Zweck (s Rn 1) ganz *weit* auszulegen und deshalb auch auf sämtliche mit Vertragsstrafenabreden **vergleichbare Vereinbarungen** entsprechend anzuwenden ist (s unten Rn 5 ff). Aus demselben Grund erfasst § 555 BGB ferner **Umgehungsgeschäfte** mit derselben Wirkung wie insbesondere die Übernahme von Vertragsstrafenverpflichtungen *durch Dritte* für den Mieter oder durch den Mieter *zugunsten Dritter,* die dem Vermieter nahestehen (BeckOGK/Schepers [1. 10. 2020] Rn 8).

Beispiele für Vertragsstrafen iS des § 555 BGB sind die Verpflichtung des Mieters, bei Unterlassung der Schönheitsreparaturen oder bei einem Verstoß gegen ein Konkurrenzverbot vier Monatsmieten an den Vermieter zu zahlen (AG Köln MDR 1971, 929), die Bestimmung, dass der Mieter bei einem Verstoß gegen die Anzeigepflicht (§ 536c BGB) sämtliche Reparaturkosten tragen muss (LG Stuttgart WuM 1987, 254, 255), die Vereinbarung einer Konventionalstrafe oder Abstandszahlung bei vorzeitiger Vertragsauflösung (AG Neuss WuM 1989, 555; AG Dresden WuM 2017, 201; Breyer WuM 2017, 202 f), überhöhte Pauschalen mit Strafcharakter bei Beschädigung der Mietsache (Rn 8; AG Frankfurt WuM 1990, 195) sowie eine Abrede, nach der der Mieter zur Rückzahlung einer vom Vermieter gezahlten Entschädigung für die Bereitschaft des Mieters zur vorzeitigen Vertragsauflösung verpflichtet ist, wenn er über den vereinbarten Termin hinaus wohnen bleibt und nicht wie vereinbart auszieht (s Rn 5; AG Hamburg-Blankenese ZMR 2008, 300, 301 f; ein Gegenbeispiel in AG Potsdam GE 2003, 594). Weitere (im einzelnen umstrittene) Beispiele sind insbesondere die verbreiteten Verfallklauseln (s Rn 5), die Verpflichtung des Mieters zur Zahlung einer bestimmten Geldsumme für den Fall der Kündigung des Vertrages sowie überhöhte Schadenspauschalen und Mahngebühren (s Rn 6; ausführlich BeckOGK/Schepers [1. 10. 2020] Rn 22–36). 4

IV. Verfallklauseln

Am nächsten stehen den Vertragsstrafenabreden die Verwirkungs- oder Verfallklauseln (s Staudinger/Rieble [2019] § 339 Rn 432 ff). Ihr Kern besteht darin, dass für den Fall der Verletzung einer bestimmten Pflicht zum Nachteil des Mieters ein **Rechtsverlust** vorgesehen ist, zB der „Verfall" einer Kaution oder einer Vorauszahlung bei einem vorzeitigen Auszug. Derartige Abreden werden im Rahmen des § 555 BGB allgemein den Vertragsstrafenabreden **gleichgestellt** (s oben § 539 Rn 15; BGH 27. 6. 1960 – V ZR 101, 59, LM Nr 6 zu § 339 BGB = NJW 1960, 1568; 22. 5. 1968 – VIII ZR 69/66, LM Nr 13 zu § 339 BGB = NJW 1968, 1625; 14. 10. 2009 – VIII ZR 272/08, NJW 2010, 859 = NZM 2010, 39 = WuM 2009, 739, 740 Tz 11; Blank/Börstinghaus Rn 4; Lützenkirchen § 555 Rn 12 f; Schmidt-Futterer/Blank Rn 4). Der Gegensatz bildet eine **„Belohnung"** oder besser: Gegenleistung, die der Vermieter dem Mieter für die Bereitschaft zu einem Verhalten zahlt, auf das der Vermieter an sich nach dem Vertrag keinen Anspruch hat, zB für die Bereitschaft des Mieters zur vorzeitigen Vertragsauflösung, an der der Vermieter interessiert ist (AG Hamburg-Blankenese ZMR 2008, 300, 301). Die Abgrenzung ist schwierig, vor allem, wenn die Parteien zugleich vereinbaren, dass die „Belohnung" zurückzuzahlen ist, wenn der Mieter der zusätzlich übernommenen Verpflichtung nicht nachkommt. Entscheidend ist dann, was nach den Vorstellungen der Parteien im Vordergrund steht, die Nichterfüllung der zusätzlich übernommenen Verpflichtung oder die Sanktionierung eines anderen Vertragsverstoßes (s AG Potsdam GE 2003, 594). 5

5a Nach dem Gesagten (s Rn 5) unzulässige Verfallklauseln sind **zB** der „Verzicht" des Mieters auf Bereicherungs- oder Verwendungsersatzansprüche oder auf die Rückzahlung eines dem Vermieter gewährten Darlehens, eines Baukostenzuschusses oder einer Mietvorauszahlung für den Fall eigener Vertragsuntreue oder der vorzeitigen Vertragsaufhebung (o § 539 Rn 15) sowie der Verzicht des Mieters auf seine Gegenrechte aus den §§ 543 und 569 BGB in einem Räumungsvergleich für den Fall eines erneuten Zahlungsverzugs (LG Berlin GE 2014, 803; weitere Beispiele bei LÜTZENKIRCHEN § 555 Rn 20). Ebenso zu beurteilen sind Abreden, dass eine Kaution oder sonstige Sicherheiten bei vorzeitiger Vertragsbeendigung oder bei Vertragsverletzungen des Mieters ohne Anrechnung auf einen etwaigen Schadensersatzanspruch des Vermieters verfallen sollen (LG Mannheim WuM 1977, 99; AG Karlsruhe WuM 1989, 73). Dagegen stellt nach Meinung des BGH die in einem **Räumungsvergleich** vom Mieter übernommene Pflicht zur sofortigen Räumung keine unzulässige Vertragsstrafe dar, sofern der Vermieter auf einen an sich begründeten Räumungsanspruch nur für den Fall verzichtete, dass der Mieter der Verpflichtung zur Zahlung der rückständigen Miete pünktlich nachkommt (BGH 14. 10. 2009 – VIII ZR 272/08, WuM 2009, 739, 740 Tz 12 f = NZM 2010, 39 = NJW 2010, 859; LÜTZENKIRCHEN § 555 Rn 13; BeckOGK/SCHEPERS [1. 10. 2020] Rn 32; kritisch BLANK NZM 2010, 31).

V. Pauschalen

6 Mit Vertragsstrafenversprechen in ihren Wirkungen durchaus vergleichbar sind ferner Abreden über eine Pauschalierung von Schadensersatzansprüchen des Vermieters bei Vertragsverletzungen des Mieters. Gleichwohl gelten derartige Abreden über Schadenspauschalen – in den Grenzen der §§ 307 und 309 Nr 5 BGB – als grundsätzlich zulässig, und zwar auch bei der Wohnraummiete – trotz des § 555 BGB (im Einzelnen str, s STAUDINGER/RIEBLE [2019] Vorbem 62 ff zu § 339 und § 339 Rn 174). Für die **Abgrenzung** zu den grundsätzlich unzulässigen Vertragsstrafenversprechen (§ 555 BGB) wird idR darauf abgestellt, ob die Abrede in erster Linie die **Durchsetzung des Erfüllungsanspruchs** sicherstellen soll (dann **Vertragsstrafe**) oder ob sie „nur" die Aufgabe hat, die Durchsetzung eines Schadensersatzanspruches zu erleichtern (dann zulässige Pauschale). Die Annahme einer zulässigen Schadenspauschale soll insbesondere naheliegen, wenn sich die Höhe des pauschalierten Betrags an dem von den Parteien vorgestellten, möglichen Schaden orientiert (BGHZ 49, 84, 89 = NJW 1968, 149; BGHZ 63, 256, 259 f = NJW 1975, 163; OLG Hamburg NJW-RR 1990, 909 = WuM 1990, 244; AG Hamburg-Altona WuM 1980, 248; AG Hamburg WuM 1979, 190; BEUTHIEN, in: FS Larenz [1973] 495). Als Schadenspauschalen wurden **zB** Abreden über die Verpflichtung des Mieters zur vorübergehenden Fortzahlung der Miete bei vorzeitiger Vertragsbeendigung, etwa in Leasingverträgen oder in Verträgen über die Miete von Fernsprechanlagen oder Kraftfahrzeugen eingestuft (BGH 10. 11. 1976 – VIII ZR 115/75, NJW 1977, 381 f [insoweit nicht in BGHZ 67, 312, 313 abgedruckt]; 14. 1. 1976 – VIII ZR 203/73, MDR 1976, 392 = LM Nr 192 zu § 242 [Cd] BGB = WM 1976, 210). Auch eine Abrede, nach der der Vermieter nach Eintritt des Zahlungsverzugs des Mieters für jedes Mahnschreiben eine „Kostenpauschale" von 6 € verlangen kann, hat der BGH als (zulässige) Schadenspauschale (iSd § 309 Nr 5 BGB) behandelt (BGH 23. 11. 2005 – VIII ZR 154/04, NJW 2006, 1056 = NZM 2006, 256, 258 Tz 24 = WuM 2006, 97).

7 Ebenso behandelt werden Abreden über die Verpflichtung des Mieters zur Zahlung einer Schadenspauschale im Falle der **vorzeitigen Vertragsaufhebung** oder des **Mieterwechsels**, durch die der damit für den Vermieter (angeblich) verbundene Verwaltungsaufwand abgegolten werden soll. Soweit sich die Pauschalen im Rahmen des Vertretbaren halten, dh in einer Größenordnung von ein bis zwei Monatsmieten bewegen, bejaht die Rechtsprechung daher idR die *Zulässigkeit* derartiger Schadenspauschalen, namentlich, wenn der Wunsch zur Vertragsaufhebung oder zum Mieterwechsel vom Mieter ausgeht (OLG Hamburg NJW-RR 1990, 909 = WuM 1990, 244; wohl auch BGH 21. 12. 1977 – VIII ZR 189/76, LM Nr 7 zu WoBindG = NJW 1978, 1053; KG OLGZ 1972, 4, 8; LG Berlin GE 1987, 135; AG Berlin-Neukölln GE 1990, 1093; Blank WuM 1985, 274; Mersson NZM 2002, 773, 774 ff). Deutlich kritischer steht dagegen die Rechtsprechung solchen Klauseln in **Formularverträgen** gegenüber, da in diesem Fall doch häufig ein Verstoß gegen die §§ 305c, 307 und 309 Nr 5 BGB angenommen wird (BGH 23. 11. 2005 – VIII ZR 154/04, NJW 2006, 1056 = NZM 2006, 256, 258 Tz 24; OLG Karlsruhe NZM 2000, 708 f = NJW-RR 2000, 1538, 1539; LG Berlin GE 1996, 607).

Die geschilderte Rechtsprechung (s Rn 6 f) verdient keine Zustimmung. Auf alle Formen von Schadenspauschalen ist vielmehr **§ 555 BGB** unmittelbar oder entsprechend **anzuwenden**. Dafür spricht einmal der Zweck des § 555 BGB (o Rn 1), zum andern die praktische Unmöglichkeit einer exakten Grenzziehung zwischen Schadenspauschalen und Vertragsstrafen, da mit beiden Abreden – bei Lichte besehen – letztlich dieselben Zwecke verfolgt werden (ebenso AG Neuss WuM 1989, 555; AG Frankfurt WuM 1990, 195; AG Siegburg ZMR 1997, 359, 360; Blank/Börstinghaus Rn 4; Schmidt-Futterer/Blank Rn 4; Sternel, Mietrecht Rn III 289). Das gilt insbesondere für Schadenspauschalen im Falle der **vorzeitigen Vertragsaufhebung** oder des **Mieterwechsels** (s Rn 7). Denn auch die Vereinbarung derartiger weithin fiktiver Gebühren hat *generell Strafcharakter* und verstößt daher gegen § 555 BGB (LG Augsburg ZMR 1999, 257; AG Neukölln WuM 1992, 186; AG Bremen ZMR 1983, 22; Blank/Börstinghaus Rn 6; Schmidt-Futterer/Blank Rn 6; Sternel, Mietrecht Rn III 289 [S 720]). Mit § 555 BGB unvereinbar sind außerdem Pauschalen für **Verzugszinsen und Mahngebühren** (AG Tübingen ZMR 1984, 323; AG Charlottenburg WuM 1981, 227, 228; anders offenbar BGH 23. 11. 2005 – VIII ZR 154/04, NJW 2006, 1056 = NZM 2006, 256, 258 Tz 24: nur Verstoß gegen § 309 Nr 5 lit b), ferner die Verpflichtung zur Zahlung einer Abfindung bei Verträgen auf unbestimmte Zeit im Fall des Auszugs des Mieters vor Ablauf einer Mindestdauer (AG Würzburg WuM 1971, 203; AG Hamburg WuM 1980, 247; **aM** LG Itzehoe WuM 1980, 247 f; AG Hamburg-Altona WuM 1980, 248) sowie schließlich die Verpflichtung, bei Auszug ohne Rücksicht auf den Zustand der Wohnung 300 € Renovierungskosten zu tragen (AG Darmstadt WuM 1978, 29). Mit Rücksicht auf den Zweck der gesetzlichen Regelung des § 555 BGB sind schließlich auch **selbständige Strafversprechen** und **Reugelder**, sollten sie jemals vorkommen, dem § 555 BGB zu unterstellen (ebenso Blank/Börstinghaus Rn 4; Schmidt-Futterer/Blank Rn 4).

VI. Gewerbliche Miete

Die Vorschrift des § 555 gilt nicht für die gewerbliche Miete (§ 578 BGB). Schranken für Abreden über Vertragsstrafen können sich deshalb hier nur im Einzelfall aus den §§ 138 und 242 BGB sowie bei Formularverträgen zusätzlich aus den §§ 307, 309 Nr 6 und 310 Abs 1 BGB ergeben. Unzulässig sind danach auch bei der gewerblichen Miete übermäßige Sanktionen, die außer Verhältnis zu dem Gewicht der Vertragsverletzung des Mieters stehen, sowie Vertragsstrafen, die sogar vom Mieter nicht zu vertretendes Verhalten sanktionieren sollen (wegen der Einzelheiten s Staudinger/Rieble [2019] § 339 Rn 71, 96 ff sowie zB BeckOGK/Schepers [1. 10. 2020] Rn 37 ff; Guhling/Günter/Mankowski Rn 3 ff).

Kapitel 1a
Erhaltungs- und Modernisierungsmaßnahmen

§ 555a
Erhaltungsmaßnahmen

(1) Der Mieter hat Maßnahmen zu dulden, die zur Instandhaltung oder Instandsetzung der Mietsache erforderlich sind (Erhaltungsmaßnahmen).

(2) Erhaltungsmaßnahmen sind dem Mieter rechtzeitig anzukündigen, es sei denn, sie sind nur mit einer unerheblichen Einwirkung auf die Mietsache verbunden oder ihre sofortige Durchführung ist zwingend erforderlich.

(3) Aufwendungen, die der Mieter infolge einer Erhaltungsmaßnahme machen muss, hat der Vermieter in angemessenem Umfang zu ersetzen. Auf Verlangen hat er Vorschuss zu leisten.

(4) Eine zum Nachteil des Mieters von Absatz 2 oder 3 abweichende Vereinbarung ist unwirksam.

Materialien: BGB §§ 541a und 541b; 2. Mietrechtsänderungsgesetz von 1964 (BGBl I 457); Gesetz zur Erhöhung des Angebots von Mietwohnungen von 1982 (BGBl I 1912); 4. Mietrechtsänderungsgesetz von 1993 (BGBl I 1257); Mietrechtsreformgesetz von 2001 (BGBl I 1149); Begr zum RegE BT-Drucks 14/4553, 49 f, 86, 99; Stellungnahme des Bundesrats BT-Drucks 14/5453, 86 und Stellungnahme der Bundesregierung S 99; Ausschussbericht BT-Drucks 14/5663, 77 f; Mietrechtsänderungsgesetz von 2013 (BGBl 2013 I 434); Begründung zu dem Entwurf eines Gesetzes über die energetische Modernisierung von vermietetem Wohnraum, BT-Drucks 17/10.485; Ausschussbericht, BT-Drucks 17/11.894.

Schrifttum

S bei § 555b,
BLANK, Modernisierungs- und Renovierungspflichten, WuM 2011, 508
BÖRSTINGHAUS/EISENSCHMID, Mietrechtsänderungsgesetz 2013 (2013)
BUB/TREIER/KRAEMER/SCHÜLLER, Hdb Rn III 2642
CRAMER, Horror Infernal – Die Wartung von Rauchwarnmeldern im Mietrecht, ZMR 2016, 505
ELZER, Duldungspflichten des Mieters gegenüber Maßnahmen, die Vermieter aufgrund behördlicher Anordnungen oder gesetzlicher Verpflichtungen durchzuführen haben, in:
ARTZ/BÖRSTINGHAUS, 10 Jahre Mietrechtsreformgesetz (2011) 486
FRANKE, Modernisierung- und Erhaltungsmaßnahmen – Duldungspflicht des Mieters, DWW 2009, 15, 138
HARSCH, Auswirkungen der Mietrechtsänderung bei Erhaltungs- und Modernisierungsmaßnahmen, WM 2013, 514, 578
HAU, Mieterrechte bei Erhaltungs- und Modernisierungsmaßnahmen, NZM 2014, 809
HOGENSCHURZ, Das Dilemma des vermietenden Wohnungseigentümers bei Baumaßnahmen am Gebäude, NZM 2014, 501

Horst, Wohnungsmodernisierung (9. Aufl 2019)
ders, Der Modernisierungsbegriff als Grundlage der Duldungspflicht des Mieters, DWW 2013, 204
Klimesch, Ungeklärte Rechtsfragen bei Umgestaltung, Erhaltung und Verbesserung der Mietsache, ZMR 2014, 346
Lehmann-Richter, Änderungen des Mietvertrags durch Erhaltungs- und Modernisierungsmaßnahmen, NZM 2011, 572
ders, Duldungspflichten des Mieters bei Baumaßnahmen in der Wohnungseigentumsanlage, WuM 2013, 82
ders, Possessorischer Besitzschutz bei Erhaltungs- oder Modernisierungsmaßnahmen?, NZM 2013, 451
K Thomsen, Modernisierung von preisfreiem Wohnraum durch den Vermieter (1998)
Tücks, Einbau von Solaranlagen, ZMR 2003, 806
Wahl, Mietrechtliche Probleme bei dem Einbau von Rauchwarnmeldern, WuM 2013, 3
Willems, „Zutrittsrecht" des Vermieters zur Mietwohnung, NZM 2014, 635.

Systematische Übersicht

I. Überblick		1
II. Erhaltungsmaßnahmen		
1. Begriff		3
2. Beispiele		8
III. Duldungspflicht		9
IV. Ankündigung		12
V. Aufwendungsersatz		14
VI. Abweichende Vereinbarungen		15

I. Überblick

§ 555a BGB regelt seit 2013 die Duldungspflicht des Mieters gegenüber Erhaltungs- 1
maßnahmen des Vermieters. Die Vorschrift entspricht unter Hinzufügung einer Definition der Erhaltungsmaßnahmen dem früheren § 554 Abs 1 BGB (Begründung von 2013, 18 [r Sp]). Dagegen findet sich jetzt die früher ebenfalls in § 554 Abs 2 aF geregelte Pflicht des Mieters zur Duldung von Modernisierungsmaßnahmen in den neuen §§ 555b bis 555 f BGB. **Zweck** der Neuregelung ist in erster Linie die Verstärkung und Präzisierung der Duldungspflicht des Mieters bei energetischen Modernisierungen im Sinne des § 555b Nr 1 BGB. Die Regelung des § 555a Abs 1– Abs 3 BGB gilt auch bei der sonstigen Raummiete, insbesondere also der **gewerblichen Miete** (§ 578 Abs 2 S 1 BGB nF; BGH 23. 2. 1972 – VIII ZR 91/70, LM Nr 1 zu § 541a BGB = NJW 1972, 723; Horst DWW 2012, 204, 213) sowie für den **preisgebundenen Wohnraum** (BayObLGZ 1996, 267 = NJW-RR 1997, 266 = WuM 1996, 749, 752).

Das BGB enthielt ursprünglich keine vergleichbare Regelung, sodass die Duldungs- 2
pflicht des Mieters gegenüber Erhaltungs- und Modernisierungsmaßnahmen des Vermieters nur von Fall zu Fall aus § 242 BGB hergeleitet werden konnte (s Emmerich PiG 16 [1984] 43, 46 ff; 33 [1991] 55; Mittelstein, Miete 357 ff; Schopp ZMR 1965, 193). Die spätere ausdrückliche Regelung des Fragenkreises im BGB in den §§ **541a und 541b BGB aF** ging vor allem auf das zweite Mietrechtsänderungsgesetz von 1964 zurück. An ihre Stelle war sodann § **554 BGB aF** getreten, der mit einigen sprachlichen Änderungen den §§ 541a und 541b BGB aF entsprach (s die Begr zum RegE BT-Drucks

14/4553, 49 f). **Weitergehende Duldungspflichten** des Mieters können sich im Einzelfall aus Sondervorschriften ergeben. Hervorzuheben sind § 4 Abs 2 S 1 HS 2 HeizkostenVO (dazu zB M Schmid WuM 2011, 331), § 18 AVB-Fernwärme, die §§ 175 ff BauGB, das zT landesrechtlich geregelte Hammerschlags- und Leitungsrecht (Franke DWW 2009, 15, 16) sowie die landesrechtlichen Vorschriften über die Pflicht zum Einbau von Rauchwarnmeldern (dazu ausführlich Wahl WM 2013, 3–15 mwNw).

II. Erhaltungsmaßnahmen

1. Begriff

3 Nach § 555a Abs 1 BGB muss der Mieter Erhaltungsmaßnahmen des Vermieters dulden, wobei das Gesetz zur „Klarstellung" hinzufügt, dass darunter Instandhaltungs- und Instandsetzungsmaßnahmen des Vermieters zu verstehen sind (Begründung von 2012, 18 [r Sp]). Das Gesetz nimmt damit Bezug auf § **535 Abs 1 S 2 BGB**. Die danach dem Vermieter obliegende **Erhaltungspflicht** umfasst nach allgemeiner Meinung insbesondere eine Instandhaltungs- und eine Instandsetzungspflicht (s deshalb Staudinger/V Emmerich § 535 Rn 28 ff). Die im Einzelfall häufig nicht einfache Abgrenzung zwischen diesen beiden Vermieterpflichten spielt im vorliegenden Zusammenhang keine Rolle, weil das Gesetz beide Pflichten in Bezug auf die Duldungspflicht des Mieters gleichbehandelt (Hinz NZM 2012, 777, 780). **Bezweckt** wird mit § 555a BGB, dem Vermieter die **Erfüllung** seiner aus § 535 Abs 1 S 2 BGB folgenden **Erhaltungspflicht** zu ermöglichen (s Staudinger/V Emmerich § 535 Rn 20 ff; Franke DWW 2009, 15). Urheber der Maßnahme muss der **Vermieter** sein, weil nur ihm gegenüber eine vertragliche Duldungspflicht des Mieters besteht.

4 Aus dem Zusammenhang zwischen § 535 Abs 1 S 2 BGB und § 555a Abs 1 BGB folgt, dass als Erhaltungsmaßnahmen **nur Maßnahmen zur Verhinderung oder Beseitigung** drohender oder schon entstandener Schäden oder **Mängel** an der Mietsache angesehen werden können (s Staudinger/V Emmerich § 535 Rn 28 ff; LG Berlin GE 2003, 1615, 1617; WuM 2010, 565; D Beyer GE 2009, 944; Blank, in: Interessenkonflikt PiG 60 [2001] 79 f; Franke DWW 2009, 15, 17; Horst DWW 2012, 204, 210 f; Lützenkirchen/Dickersbach Rn 12 ff; Schmidt-Futterer/Eisenschmid Rn 7 ff). Darunter fallen auch Maßnahmen zur Beseitigung des normalen Verschleißes einschließlich der Schönheitsreparaturen (Emmerich PiG 16 [1984] 43, 49). **Unerheblich** ist, auf welche **Ursache** die Mängel letztlich zurückgehen. § 555a Abs 1 BGB ist selbst dann anwendbar, wenn der Vermieter oder der Mieter die Schäden zu vertreten hat (BGH 24. 9. 2008 – VIII ZR 275/07, NZM 2008, 883 Tz 9, 34 = NJW 2008, 3630 = WuM 2008, 667). Voraussetzung ist aber immer, dass die fraglichen Maßnahmen gerade zur Sicherung der Sache in ihrem **ursprünglichen Bestand** objektiv erforderlich sind. Die **Erhaltungsmaßnahmen** müssen deshalb vor allem von den **Verbesserungsmaßnahmen** des § 555b BGB sowie von sonstigen **Veränderungen** der Mietsache unterschieden werden, durch die jeweils ein **neuer Bestand** geschaffen wird (s unten Rn 6). Hinzukommen muss noch, dass die Maßnahmen zur Erhaltung der Räume oder des Gebäudes auch tatsächlich *erforderlich* sind (LG Berlin WuM 2010, 565). Offenkundig nutzlose oder übermäßige Einwirkungen braucht der Mieter auch nach § 555a BGB nicht zu dulden (Horst DWW 2012, 204, 210 f). Die Entscheidung, **auf welchem Wege** etwaige Mängel zu beseitigen sind, ist in diesem Rahmen allein Sache des Vermieters, solange nur mit den Maßnahmen keine Veränderung der Mietsache verbunden ist (LG Berlin GE 2007, 65). Werden **mehrere**

Wohnungen betroffen, so kann der Vermieter außerdem frei wählen, bei welcher er anfängt (LG Hannover DWW 1980, 99).

Keine Rolle spielt, ob die Notwendigkeit zur Vornahme solcher Maßnahmen an den vermieteten Räumen, an mitvermieteten Räumen oder Gebäudeteilen oder an sonstigen Gebäudeteilen entstanden ist (s schon Rn 4; FRANKE DWW 2009, 15, 17). Immer ist der Mieter zur Duldung verpflichtet, vorausgesetzt ferner, dass die erforderlichen Maßnahmen überhaupt mit einer **Beeinträchtigung seines vertragsgemäßen Gebrauchs** verbunden sind. Insoweit war die frühere Fassung der Vorschrift (§ 541a BGB aF), die von „Einwirkungen auf die Mietsache" sprach, genauer als die jetzige Fassung, weil damit zum Ausdruck gebracht wurde, dass sich die Frage einer Duldungspflicht des Mieters nur stellt, wenn mit den fraglichen Maßnahmen überhaupt eine Beeinträchtigung seines vertragsgemäßen Gebrauchs im Sinne des § 535 Abs 1 BGB verbunden sein kann. Maßnahmen an entfernten Gebäudeteilen, die ohne jeden Einfluss auf den vertragsgemäßen Gebrauch des Mieters bleiben, sind nicht relevant unter dem Gesichtspunkt einer Duldungspflicht des Mieters. **4a**

Die Erhaltungsmaßnahmen im Sinne des § 555a Abs 1 BGB müssen ferner von Maßnahmen zur sog „Substanzerhaltung" unterschieden werden, die nicht unter § 555a BGB fallen. Man versteht darunter Maßnahmen zur **Umgestaltung** und insbesondere zur **Verbesserung der Wirtschaftlichkeit** der Mietsache **insgesamt**, mit denen jedoch keine Vorteile für den einzelnen Mieter verbunden sind. Beispiele sind die Verschönerung der Fassade oder die Verlegung von Leitungen zwecks Ausbaus anderer Wohnungen. Hier kann sich, sofern der Mieter durch die fraglichen Maßnahmen überhaupt in seinem vertragsgemäßen Gebrauch getroffen ist (s Rn 4a), eine Duldungspflicht des Mieters **nur** im Einzelfall aus § **242 BGB** ergeben (str, s im Einzelnen u § 555b Rn 22, Rn 41 sowie zB KLIMESCH ZMR 2014, 346). Ebenso zu behandeln sind (erst recht) Maßnahmen des Vermieters **an anderen Gebäuden** auf demselben oder auf einem benachbarten, ihm gleichfalls gehörenden Grundstück. **5**

Umstritten ist die Rechtslage, wenn dieselbe Maßnahme **gleichzeitig** der **Erhaltung wie** der **Verbesserung** der Mieträume dient, wenn zB die notwendig gewordene Ersetzung alter verrotteter Fenster dazu genutzt wird, zugleich die Fenster spürbar zu vergrößern (sog **Instand- oder Instandsetzungsmodernisierung**; s dazu auch u § 555b Rn 7 f). In derartigen Fällen wird auf unterschiedliche **Kriterien** abgestellt, vor allem darauf, auf welchen Maßnahmen wirtschaftlich das Schwergewicht liegt, wovon in erster Linie die Einwirkungen auf den Mieter ausgehen und ob sich die Maßnahmen trennen lassen (ELZER, in: 10 Jahre Mietrechtsreformgesetz [2011] 486, 498 ff; SCHOPP ZMR 1965, 193, 194; 1983, 11). Richtigerweise wird man jedoch zum Schutze des Mieters anzunehmen haben, dass sich seine **Duldungspflicht** in diesen Fällen **allein nach § 555b BGB** richtet, um zu verhindern, dass über eine Verbindung von Erhaltungs- und Verbesserungsmaßnahmen die Duldungspflicht des Mieters künstlich ausgedehnt wird (s unten § 555b Rn 36; LG Köln WuM 1993, 608; D BEYER GE 2009, 944, 945, 949; BLANK PiG 60 [2001] 79, 81 ff; FRANKE DWW 2009, 15). Wieder andere Regeln gelten, wenn mit der Erhaltungsmaßnahme zugleich eine **Umgestaltung** der Mietsache, zB durch eine Verschönerung der Fassade verbunden ist. Soweit der Mieter davon überhaupt betroffen wird, kann sich dann seine Duldungspflicht gleichfalls nur aus § 242 BGB ergeben (s Rn 5; KLIMESCH ZMR 2014, 346). **6**

7 Für die ebenfalls umstrittenen Fälle, dass eine mitvermietete **Einrichtung** oder Anlage durch eine andere **bessere ersetzt** wird (Paradigma: Ersetzung eines Gasofens durch einen Elektroherd oder eines alten Heizkessels durch eine moderne Anlage; s LG Berlin GE 1997, 185; 2011, 338), wird man ebenso zu entscheiden haben. Im Schrifttum wird dagegen zur Abgrenzung zwischen § 555a und § 555b BGB in diesen Fällen (analog § 11 Abs 4 der II. BV) häufig darauf abgestellt, ob der Vermieter überhaupt eine **Wahlmöglichkeit** besitzt, dh ob noch mit den alten Teilen und Anlagen vergleichbare Teile am Markt sind oder ob es nur noch bessere Teile und Anlagen gibt, sodass die nötige Erhaltungsmaßnahme *zwangsläufig* mit einer *Modernisierung* verbunden ist. In diesem zweiten Fall, wenn also keine Wahlmöglichkeit für den Vermieter besteht, soll immer eine *reine* Erhaltungsmaßnahme im Sinne des § 555a BGB anzunehmen sein (Schmidt-Futterer/Eisenschmid Rn 9 ff; Lützenkirchen/Dickersbach Rn 14; dagegen Horst DWW 2012, 204, 211 f mwNw). Hinter dieser Auffassung steht vor allem das Bestreben, die sonst gebotene Anwendung des § 559 BGB und damit das Risiko einer Mieterhöhung für den Mieter zu vermeiden. Das Kriterium der fehlenden Wahlmöglichkeit ist indessen ohne jede Aussagekraft, sodass tatsächlich nur darauf abgestellt werden sollte, ob sich für den Mieter eine Verbesserung ergibt oder nicht, sodass dann gegebenenfalls auch Raum für die Anwendung der §§ 555b und 559 BGB ist (s § 555b Rn 8).

2. Beispiele

8 Zu den Erhaltungsmaßnahmen iS des § 555a BGB gehören zunächst **Instandhaltungsmaßnahmen**, zu denen der Vermieter nach § 535 Abs 1 S 2 BGB verpflichtet ist. Eine gesetzliche Definition findet sich (nur) für den preisgebundenen Wohnraum in § 28 Abs 1 S 2 der II. BV, wonach die Instandhaltungskosten die Kosten sind, die während der Vertragsdauer zur Erhaltung des bestimmungsmäßigen Gebrauchs aufgewendet werden müssen, um die durch Abnutzung, Alterung und Witterungseinwirkung entstandenen baulichen oder sonstigen Mängel ordnungsgemäß beseitigen. Gemeint sind damit in erster Linie *Sicherungsmaßnahmen* gegen drohende Schäden oder Mängel, zB die gebotene regelmäßige Wartung einer Gasheizung (AG Bremen NZM 2014, 789, 790) oder der vorbeugende Austausch alter Leitungen, bei denen jederzeit mit einem Schaden zu rechnen ist (LG Hamburg WuM 1995, 267; Horst DWW 2012, 204, 210). Gleich steht der Ersatz alter Bleirohre, selbst wenn im Augenblick der Bleigehalt des Wassers noch nicht gegen die Trinkwasserverordnung vom 21. 5. 2001 (BGBl I 959) verstößt, aber in Zukunft angesichts der kontinuierlichen Herabsetzung der Grenzwerte mit einem derartigen Verstoß zu rechnen ist. Neben derartigen Instandhaltungsmaßnahmen bilden **Instandsetzungsmaßnahmen** den zweiten Anwendungsbereich des § 555a Abs 1 BGB. Man versteht darunter die Maßnahmen des Vermieters zur Beseitigung von während der Vertragsdauer aufgetretenen Mängeln einschließlich der Erneuerung defekter Teile und Einrichtungen, soweit vom Vermieter nach § 535 Abs 1 S 2 BGB geschuldet (Horst DWW 2012, 204, 210 f; Lützenkirchen/Dickersbach Rn 15 f; Schmidt-Futterer/Eisenschmid Rn 17 ff). **Beispiele** sind der Anschluss des Hauses an die Kanalisation (AG Niesbach WuM 1984, 198), die Erneuerung der Wasserinstallation (LG Berlin ZMR 1992, 546; GE 1997, 245; 1997, 1473), die Ersetzung einer schadhaften Gemeinschaftsantenne durch einen Kabelanschluss mit derselben Leistung (KG WuM 1985, 248), der Ersatz schadhafter Fenster (LG Berlin GE 2007, 653; LG Saarbrücken ZMR 2008, 974), die Erneuerung defekter Gasöfen, bei denen Explosionsgefahr besteht (AG Münster WuM 1987, 256), gegebenenfalls auch die Ersetzung eines alten Gasherdes durch einen modernen Elektroherd (s Rn 7; LG Berlin GE 2011, 338), die Beseitigung von Schwammbefall (AG Frankfurt WuM 1992, 12) sowie der Einbau einer einbruchhemmenden Tür (LG Köln WuM 1993, 608). *Keine* Erhaltungsmaßnahmen liegen dagegen vor, sodass auch keine Duldungspflicht nach § 555a BGB besteht, wenn der Vermieter alte Holzkastendoppelfenster durch isolierverglaste Fenster mit Kunststoffrahmen ersetzen will, weil es sich dabei um eine Modernisierungsmaßnahme im Sinne des § 555b BGB handelt (s oben Rn 6 f), und ebenso wenig, wenn eine unwirtschaftliche, aber noch nicht mangelhafte Heizungsanlage durch eine moderne Anlage ersetzt werden soll (AG Köln WuM 1987, 385) oder wenn der Vermieter aus ästhetischen Gründen die Fassade vereinheitlichen will (LG Berlin GE 1988, 145 = ZMR 1988, 180). Sofern die Maßnahmen **zugleich** unter **§ 555b BGB** fällt, wird außerdem nur diese Vorschrift angewandt (o Rn 6). Sind auch deren Voraussetzungen nicht erfüllt, so kann sich eine Duldungspflicht des Mieters nur im Einzelfall aus **§ 242 BGB** ergeben.

III. Duldungspflicht

Bei Erhaltungsmaßnahmen in dem genannten Sinne (o Rn 4 ff) ist der Mieter bei der Raummiete nach § 555a Abs 1 BGB iVm § 578 Abs 2 S 1 BGB grundsätzlich zur Duldung der Maßnahmen und der von ihnen ausgehenden Einwirkungen (s § 541a BGB aF) verpflichtet, wobei vor allem an die mit den Maßnahmen verbundenen **Störungen** zu denken ist, durch die der vertragsgemäße Gebrauch des Mieters beeinträchtigt wird. **Beispiele** sind Belästigungen des Mieters durch Lärm, Erschütterungen und Schmutz sowie die Entziehung von Licht und Luft, etwa durch den Bau von Gerüsten. Voraussetzung der Duldungspflicht ist in derartigen Fällen insbesondere, dass die Maßnahme dem Mieter rechtzeitig angekündigt wurde oder dass die Ankündigung ausnahmsweise entbehrlich war (§ 555a Abs 2 BGB; s dazu u Rn 12 f). Die Duldungspflicht des Mieters wird entsprechend dem Wortlaut des § 555a Abs 1 BGB allgemein *weit* interpretiert (Franke DWW 2009, 15, 17 f). Der Mieter muss jede **Hinderung** der Arbeiten **unterlassen** sowie dem Vermieter und den von ihm beauftragten Leuten den **Zutritt** zu seiner Wohnung zur Planung und Durchführung der Arbeiten gewähren (KG WuM 2010, 46, 47; LG Berlin GE 1997, 245). Er muss außerdem bei der Terminabstimmung mit dem Vermieter zusammenwirken, weil anders eine geordnete Durchführung irgendwelcher Maßnahmen nicht vorstellbar ist (s Rn 12). **Weitergehende Mitwirkungspflichten** des Mieters bei den Erhaltungsmaßnahmen bestehen dagegen nicht, insbesondere nicht in Gestalt der Schaffung der so genannten „Baufreiheit", zB durch Umstellen der Möbel oder Ausräumen einzelner Zimmer, durch Abnahme der Dekoration, durch Zusammenrollen der Teppiche, Sicherung der Möbel und dergl mehr (LG Berlin GE 2009, 781; WuM 2016, 285; Lützenkirchen/Dickersbach Rn 49 ff; Schmidt-Futterer/Eisenschmid Rn 31 ff; Schopp ZMR 1965, 193; 1983, 109). Alle diese Maßnahmen kann der Mieter vielmehr – entgegen einer verbreiteten Meinung – dem Vermieter überlassen, muss dann aber freilich auch deren Vornahme durch den Vermieter dulden (LG Berlin NJW-RR 1996, 1163). Nur bei besonders umfangreichen Maßnahmen kann der Mieter – unter engen Voraussetzungen, insbesondere bei rechtzeitiger vorheriger Ankündigung der Maßnahmen – auch verpflichtet sein, vorübergehend die vermieteten **Räume zu verlassen** und **umzuziehen**, sofern nur dann die erforderlichen Maßnahmen durchgeführt werden können (BGH 11. 12. 2014 – IX ZR 87/14, BGHZ 204, 1, 4 Rn 14 = NJW 2015, 624 = NZM 2015, 202; LG Braunschweig DWW 1965, 85; LG Berlin WuM 2016, 282, 283; AG Aachen WuM 2015, 734 =

9

ZMR 2016, 294). Die Kosten muss der Vermieter tragen (§ 555a Abs 3 S 1 BGB; Rn 14). Der Mieter kann in der erforderlichen Höhe einen Vorschuss verlangen (§ 555a Abs 3 S 2 BGB). Solange der Vermieter der Pflicht zur Vorschussleistung nicht nachgekommen ist, hat der Mieter ein *Zurückbehaltungsrecht* und kann daher die Duldung der Erhaltungsmaßnahmen verweigern (§ 273 BGB; AG Aachen WuM 2015, 734 = ZMR 2016, 294). Wenn der Mieter selbst außerstande ist, vorübergehend eine Ersatzwohnung anzumieten, muss der Vermieter ihm Ersatzwohnraum verschaffen, bevor er mit den Erhaltungsmaßnahmen beginnen kann (LG Berlin WuM 2016, 282, 285). Solange dem Mieter kein angemessener Ersatzwohnraum angeboten wird, steht ihm auch ein Zurückbehaltungsrecht gegenüber dem Anspruch auf Duldung der Erhaltungsmaßnahme zu (LG München I 11. 11. 2015 – 14 S 4128/15, NZM 2016, 259).

9a Nach Sinn und Zweck der gesetzlichen Regelung ist davon auszugehen, dass die Duldungspflicht neben dem Mieter auch diejenigen Personen trifft, die, selbst wenn sie nicht Mietvertragspartei sind, sich doch rechtmäßig in den fraglichen Räumen aufhalten, insbesondere also die **Angehörigen** und die **Mitarbeiter** des Mieters sowie etwaige **Untermieter** (Franke DWW 2009, 15). Ist die Wohnung untervermietet, so beschränkt sich die Duldungspflicht des Mieters folglich darauf, von dem Untermieter ebenfalls die Duldung der Erhaltungsmaßnahmen zu verlangen (LG Berlin NZM 2014, 824). Die Voraussetzungen der Duldungspflicht des Mieters einer **Eigentumswohnung** sind nunmehr in § 15 WEG in der Fassung des zum 1. 12. 2020 in Kraft getretenen WEMoG (Wohnungseigentumsmodernisierungsgesetz vom 16. 10. 2020, BGBl I 2187) geregelt. Damit sind die Unsicherheiten, die sich aus der bisherigen, in dieser Hinsicht ungeregelten Rechtslage ergaben, beseitigt. § 15 WEG begründet einen Anspruch der Gemeinschaft der Wohnungseigentümer gegen Drittnutzer, zu denen insbesondere Mieter zählen, auf Duldung von Erhaltungsmaßnahmen (BT-Drucks 19/18791, 54). Voraussetzung der Duldungspflicht gegenüber Erhaltungsmaßnahmen ist nach § 15 Nr 1 WEG, dass die Erhaltungsmaßnahme rechtzeitig angekündigt wurde. Die Vorschrift ordnet die entsprechende Anwendung von § 555a Abs 2 BGB an. Die Ankündigung obliegt grundsätzlich demjenigen, der zu seinen Gunsten eine Duldungspflicht auslösen will (BT-Drucks 19/18791, 54). Der Anspruch des Mieters auf Aufwendungsersatz nach § 555a Abs 3 BGB besteht auch in den Fällen, in denen die Erhaltungsmaßnahme von der Gemeinschaft der Wohnungseigentümer oder anderen Wohnungseigentümern durchgeführt wird. Er richtet sich aber allein gegen seinen Vermieter, der nach § 14 Abs 3 WEG bei dem Bauherrn Regress nehmen kann.

10 Bei der Duldungspflicht des Mieters handelt es sich um eine vertragliche Pflicht, bei deren Verletzung der Vermieter nicht nur Erfüllung, sondern gegebenenfalls auch **Schadensersatz** verlangen kann, sofern der Mieter schuldhaft seine Duldungspflicht verletzt (§§ 276, 280 Abs 1 BGB; LG Saarbrücken ZMR 2008, 974; Franke DWW 2009, 15, 18). Als Schäden des Vermieters kommen insbesondere die Entstehung oder die Vergrößerung derjenigen Mängel in Betracht, deren Verhinderung oder Beseitigung mit der Erhaltungsmaßnahme gerade bezweckt wird (§ 249 BGB). Eine **Kündigung** des Vermieters wird dagegen nur in besonders gelagerten Ausnahmefällen möglich sein (§§ 543 Abs 1, 573 Abs 2 Nr 1 BGB; LG Saarbrücken ZMR 2008, 974; LG Berlin WuM 2016, 285). – Nach **Beendigung** der Maßnahmen muss der Vermieter die Mietsache auf seine Kosten in den **früheren** ordnungsmäßigen **Zustand zurückversetzen**; sind

Sachen des Mieters beschädigt worden, so ist er außerdem zum **Schadensersatz** verpflichtet, sofern er die Beschädigung zu vertreten hat (§§ 276, 278, 280 Abs 1, 536a Abs 1 Fall 2 BGB; s im Einzelnen unten Rn 14a; BLANK NZM 2011, 508; FRANKE DWW 2009, 15, 18). Selbst wenn die Maßnahme lediglich Mängel der Dekoration zur Folge hat und der Mieter die Schönheitsreparaturen tragen muss, gilt nichts anderes, außer wenn die Schönheitsreparaturen zu dem fraglichen Zeitpunkt ausnahmsweise bereits fällig gewesen sein sollten, im Regelfall also nicht (BLANK NZM 2011, 508, 509 f).

Schranken für die Duldungspflicht des Mieters können sich nur im Einzelfall aus den §§ 226 und 242 BGB ergeben, da Unzumutbares vom Mieter in keinem Fall verlangt werden darf (LG Kassel WuM 1981, 26; BLANK PiG 60 [2001] 79, 89 f; LÜTZENKIRCHEN/DICKERSBACH Rn 5 f; SCHMIDT-FUTTERER/EISENSCHMID Rn 28 f). Nach § 242 BGB muss sich der Vermieter insbesondere bemühen, die Einwirkungen so klein wie möglich zu halten. **Unnötige oder übermäßige Belästigungen** braucht der Mieter *nicht* zu dulden. So hat der gewerbliche Mieter Umbauarbeiten, die allein der besseren Vermietbarkeit anderer Mieträume dienen, nicht ohne Weiteres hinzunehmen (OLG Frankfurt 12. 3. 2019 – 2 U 3/19, NJW 2019, 1463). Je weniger die beeinträchtigenden Arbeiten für die Erhaltung des Objekts erforderlich sind, desto eher ist die Grenze der Zumutbarkeit erreicht. Ohne zwingenden Grund ist der Mieter auch nicht zu einem wiederholten Umzug verpflichtet, um dem Vermieter bestimmte Erhaltungsmaßnahmen zu ermöglichen (AG Bad Schwartau WuM 1984, 215 f; EMMERICH PiG 16 [1989] 43, 50). 11

IV. Ankündigung

Nach § 555a Abs 2 BGB sind Erhaltungsmaßnahmen (im Sinne des Abs 1 der Vorschrift) dem Mieter rechtzeitig anzukündigen, außer wenn die Maßnahmen lediglich mit einer unerheblichen Einwirkung auf die Mietsache verbunden sind oder ihre sofortige Durchführung zwingend erforderlich ist. Die Vorschrift ist neu, regelt aber der Sache nach nur, was schon früher aus § 242 BGB gefolgert wurde (Begründung von 2012, 18). In der Tat war schon vor 2013 allgemein anerkannt, dass der Vermieter die Erhaltungsmaßnahmen angemessene Zeit vorher ankündigen musste, damit der Mieter sich darauf einstellen konnte (BGH 4. 3. 2009 – VIII ZR 110/08, NJW 2009, 1736 = NZM 2009, 394 = WuM 2009, 290, 292 Rn 16; 13. 5. 2015 – XII ZR 65/14, BGHZ 205, 300, 306 Rn 21 = NJW 2015, 2419 = NZM 2015, 538), während sich der Mieter um eine baldige **Terminabstimmung** mit dem Vermieter bemühen musste, widrigenfalls er sich schadensersatzpflichtig machen konnte (§§ 241 Abs 2, 242, 276, 280 Abs 1 BGB; Rn 9, BGH NJW 2009, 1736 = NZM 2009, 394 = WuM 2009, 290, 292 Tz 16). Auf besondere **Form- oder Fristvorschriften** haben die Gesetzesverfasser verzichtet (Begründung von 2012, 18) und sich stattdessen mit der Bestimmung begnügt, dass die (jederzeit formlos mögliche) Ankündigung „**rechtzeitig**" vor Beginn der Erhaltungsmaßnahmen erfolgen müsse. Maßgebend sind die Umstände des Einzelfalls sowie das, was unter den gegebenen Umständen je nach Art und Dringlichkeit der Maßnahme und nach Treu und Glauben im Verhältnis zwischen vernünftigen Menschen geboten und dem Mieter zumutbar ist (§ 242 BGB; HINZ NZM 2012, 777, 780), damit der Vermieter seiner Erhaltungspflicht nachkommen und der Mieter sich darauf einrichten kann (BGH 13. 5. 2015 – XII ZR 65/14, BGHZ 205, 300, 311 Rn 40 = NJW 2015, 2419 = NZM 2015, 538; LG Berlin GE 2016, 527, 528; AG Köln WuM 2016, 669). Je dringlicher die Maßnahmen sind, desto kürzer kann folglich die Ankündigungsfrist ausfallen (AG 12

Köln WuM 2016, 669). **Mitzuteilen** sind nicht nur der Beginn der Arbeiten, sondern auch das voraussichtliche Ende der Arbeiten, deren Umfang sowie die zu erwartenden Beeinträchtigungen des Mieters, damit sich dieser darauf einstellen und prüfen kann, ob er überhaupt zur Duldung der Maßnahmen verpflichtet ist (AG Köln WuM 2016, 669). **Verstößt** der Vermieter gegen die Pflicht zur rechtzeitigen Ankündigung der Erhaltungsmaßnahmen, so wird die Duldungspflicht des Mieters *nicht fällig;* wenn der Vermieter gleichwohl mit den Arbeiten beginnt, kann der Mieter **Unterlassung** verlangen, *sofern* durch die Maßnahme der vertragsgemäße Gebrauch beeinträchtigt wird (§§ 535 Abs 1 S 2, 280, 249 und 862 BGB; s LG Berlin ZMR 2013, 113 f; AG Köln WuM 2016, 669; LÜTZENKIRCHEN/DICKERSBACH Rn 44 ff). Unter diesen Voraussetzungen kann er deshalb zB ohne Weiteres auch den von dem Vermieter beauftragten Handwerkern den Zutritt zu seiner Wohnung verweigern (AG Köln WuM 2016, 669).

13 Die Pflicht zur vorherigen Ankündigung der Maßnahmen **entfällt** nach § 555a Abs 2 HS 2 BGB nur in zwei Fällen, einmal, wenn die Maßnahme lediglich mit einer **unerheblichen Einwirkung** auf die Mietsache verbunden ist (vgl § 555c Abs 3 BGB und dazu u § 555c Rn 1), zum andern, wenn die **sofortige Durchführung** der Maßnahme zwingend erforderlich ist, insbesondere um Schäden von der Mietsache oder den Mietern abzuwenden. **Beispiele** sind Rohrbrüche (Begr von 2012, 18), ein Heizungsausfall im Winter oder Sturmschäden am Dach. Nach rechtzeitiger Ankündigung kann der Vermieter mit den Maßnahmen nur dann ohne Weiteres beginnen, ohne zuvor gegebenenfalls einen **Duldungstitel** gegen den Mieter erwirken zu müssen, wenn der Mieter durch die Erhaltungsmaßnahmen *nicht* in dem ihm zustehenden vertragsgemäßen Gebrauch *beeinträchtigt* wird, zB im Außenbereich, dh außerhalb der Wohnung, während es sich von selbst versteht, dass sich der Vermieter nicht etwa bei anderen Maßnahmen, durch die der Mieter beeinträchtigt wird, gewaltsam Zutritt zu dessen Wohnung verschaffen darf (§ 862 BGB; LEHMANN-RICHTER NZM 2011, 572, 574). Notfalls muss der Vermieter auf Duldung der Maßnahmen **klagen**; ein der Klage stattgebendes Urteil wird nach § 888 ZPO vollstreckt. Voraussetzung ist, dass der Vermieter die Maßnahmen rechtzeitig angekündigt und der Mieter, gegebenenfalls mehrfach, dem Vermieter oder den von diesem beauftragten Handwerkern den Zutritt zu seiner Wohnung verweigert hat, weil der Duldungsanspruch des Vermieters erst fällig wird, wenn feststeht, dass der Mieter die Erhaltungsmaßnahmen tatsächlich nicht freiwillig dulden wird, insbesondere also im Falle einer ernstlichen und endgültigen Erfüllungsverweigerung des Mieters (s AG Bremen WuM 2014, 789 f; LÜTZENKIRCHEN/DICKERSBACH § 555a Rn 72; zu der umstrittenen Frage des Rechtsschutzes durch einstweilige Verfügung in diesen Fällen s unten § 555d Rn 26 ff sowie zB LG Berlin ZMR 2014, 791). Der Mieter macht sich **schadensersatzpflichtig**, wenn er den Vermieter entgegen § 555a BGB an der Durchführung von Erhaltungsmaßnahmen hindert (§ 280 Abs 1 BGB). Zu beachten ist, dass der Mieter ferner nicht mehr mindern kann, wenn er unter Verstoß gegen § 555a BGB den Vermieter an der Durchführung der nötigen Maßnahmen zur Beseitigung von Mängeln hindert (s STAUDINGER/V EMMERICH § 536 Rn 63).

V. Aufwendungsersatz

14 Nach § 555a Abs 3 BGB (= § 554 Abs 4 BGB aF) kann der Mieter für Aufwendungen, die er infolge einer Erhaltungsmaßnahme machen musste, Aufwendungsersatz in angemessenem Umfang und gegebenenfalls einen Vorschuss darauf verlangen. **Aufwendungen** sind freiwillige Vermögensopfer des Mieters im Interesse des Vermieters, die grundsätzlich auf einer Leistung des Mieters beruhen müssen, sodass insbesondere bloße Umsatzeinbußen des gewerblichen Mieters infolge der Erhaltungsmaßnahmen des Vermieters nicht darunter fallen (BGH 13. 5. 2015 – XII ZR 65/14, BGHZ 205, 300, 306 f Rn 24 f = NJW 2015, 2419 = NZM 2015, 538; wegen der Einzelheiten s unten § 555d Rn 18 ff).

§ 555a BGB enthält **keine abschließende Regelung** der Rechte des Mieters im Falle **14a** von Erhaltungsmaßnahmen des Vermieters (BGH 13. 5. 2015 – XII ZR 65/14, BGHZ 205, 300, 307 f Rn 26 = NJW 2015, 2419 = NZM 2015, 538). Weitere Ansprüche können sich insbesondere aus den §§ 535 Abs 1 S 2, 536 und 536a Abs 1 Fall 2 BGB ergeben: Der Mieter kann zunächst gemäß § 535 Abs 1 S 2 BGB **Wiederherstellung des ordnungsgemäßen Zustandes** der Mietsache verlangen, und zwar auch, wenn er vertraglich die Schönheitsreparaturen übernommen hatte (s Rn 10). Der Mieter kann ferner, wenn und soweit er durch die fraglichen Maßnahmen in dem ihm zustehenden Gebrauchsrecht beeinträchtigt worden ist, **mindern** (§ 536 Abs 1 BGB; LG Mannheim DWW 1978, 45; AG Köln ZMR 1980, 87; Franke DWW 2009, 15, 18). Der Minderungsausschluss durch § 536 Abs 1a BGB betrifft nicht Maßnahmen nach § 555a BGB (s Staudinger/V Emmerich § 536 Rn 10a). Dagegen werden **Ersatzansprüche** des Mieters wegen seiner Aufwendungen, Kosten und Verluste nach § 536a Abs 1 Fall 2 BGB überwiegend abgelehnt, weil der Vermieter, sofern er sich bei seinen Maßnahmen im Rahmen des § 555a Abs 1 BGB hält, rechtmäßig und deshalb nicht schuldhaft im Sinne des § 536a Abs 1 Fall 2 BGB handele (BGH 13. 5. 2015 – XII ZR 65/14, BGHZ 205, 300, 309 ff Rn 32 ff = NJW 2015, 2419 = NZM 2015, 538; – anders früher Staudinger/Emmerich [2014] § 555a Rn 14 sowie die Begr BT-Drucks 14/4553, 50; dagegen aber BGHZ 205, 300, 310 Rn 35). Jedoch hat der Mieter ein **Zurückbehaltungsrecht**, sofern der Vermieter nicht seiner Pflicht nachkommt, gegebenenfalls einen Vorschuss auf den Aufwendungsersatzanspruch des Mieters zu zahlen (§§ 273 und 555a Abs 3 Fall 2 BGB; Rn 9 sowie u § 555d Rn 22). Daneben kann in Ausnahmefällen noch ein Kündigungsrecht des Mieters aus § 543 Abs 2 Nr 1 BGB in Betracht kommen.

VI. Abweichende Vereinbarungen

Nach § 555a Abs 4 BGB ist eine von § 555a Abs 2 und 3 BGB zum Nachteil des **15** Mieters abweichende Vereinbarung unwirksam. Weder durch Individualvereinbarung noch durch Formularvertrag kann somit bei Erhaltungsmaßnahmen des Vermieters im Sinne des § 555a Abs 1 BGB auf eine vorherige Ankündigung der Maßnahme als Voraussetzung der Fälligkeit der Duldungspflicht verzichtet werden; ebenso wenig möglich ist eine Einschränkung des Aufwendungsersatzanspruchs des Mieters über den Rahmen des Gesetzes hinaus. Eine Verbesserung der Rechtsstellung des Mieters ist dagegen möglich, zB durch eine Einschränkung der Duldungspflicht, durch die Aufstellung zusätzlicher Voraussetzungen oder die Bestimmung von Form und Frist der Ankündigung.

§ 555b
Modernisierungsmaßnahmen

Modernisierungsmaßnahmen sind bauliche Veränderungen,

1. durch die in Bezug auf die Mietsache Endenergie nachhaltig eingespart wird (energetische Modernisierung),

2. durch die nicht erneuerbare Primärenergie nachhaltig eingespart oder das Klima nachhaltig geschützt wird, sofern nicht bereits eine energetische Modernisierung nach Nummer 1 vorliegt,

3. durch die der Wasserverbrauch nachhaltig reduziert wird,

4. durch die der Gebrauchswert der Mietsache nachhaltig erhöht wird,

5. durch die die allgemeinen Wohnverhältnisse auf Dauer verbessert werden,

6. die auf Grund von Umständen durchgeführt werden, die der Vermieter nicht zu vertreten hat, und die keine Erhaltungsmaßnahmen nach § 555a sind, oder

7. durch die neuer Wohnraum geschaffen wird.

Materialien: BGB § 554; Mietrechtsänderungsgesetz von 2013 (BGBl I 434); Begründung zum Regierungsentwurf, BT-Drucks 17 (2012)/10.480; Ausschussbericht BT-Drucks 11.894 = NZM 2013, 69.

Schrifttum

S o bei § 555a sowie:
ARTZ, Ökologische Modernisierung des Wohnungsbestandes, WuM 2008, 259
D BEYER, Die Durchführung energiesparender Maßnahmen, GE 2009, 944
BLANK, Modernisierung und Instandhaltung, in: Interessenkonflikt zwischen den Mietvertragsparteien und Mietrechtsreform, PiG Bd 60 (2001) 79
BÖRSTINGHAUS, Fristen bei der Modernisierung von Wohnraum, NZM 2013, 449
BÖRSTINGHAUS/EISENSCHMID, Mietrechtsänderung 2013 (2013)
BOTH, Duldung und Mieterhöhung bei großflächiger Sanierung, NZM 2001, 78
BUB/TREIER/KRAEMER/SCHÜLLER, Hdb Rn III A 2654 ff

CRAMER, Die Wartung von Rauchwarnmeldern, ZMR 2016, 503
DERLEDER, Duldungspflicht des Mieters bei Modernisierungsmaßnahmen mit energetischem Anspruch, NZM 2013, 441
ders, Die Duldungspflicht des Mieters nach neuem Recht, in: Energiewende, PiG 95 (2013) 1
EISENSCHMID, Die Energieeinsparung iS der §§ 554, 559 BGB, WuM 2006, 119
ders, Energetische Renovierung im Bestand, WuM 2009, 624
ders, Mietrechtsreform 2012, PiG 92 (2012) 179
ders, Zum Energiebegriff des § 554, in: ARTZ/BÖRSTINGHAUS, 10 Jahre Mietrechtsreformgesetz (2011) 481
EKARDT/SCHENDERLEIN, Nachhaltigkeit und

Klimaschutz im Wohnbereich als Rechtsproblem, WuM 2008, 179
ELZER, Duldungspflichten des Mieters gegenüber Maßnahmen, die Vermieter aufgrund behördlicher Anordnungen oder gesetzlicher Verpflichtungen durchzuführen haben, in: ARTZ/BÖRSTINGHAUS, 10 Jahre Mietrechtsreformgesetz (2011) 486
EMMERICH, Recht des Vermieters zur baulichen Änderung, in: Erhaltung des Wohnungsbestandes durch Instandhaltung, Instandsetzung und bauliche Änderung, PiG 16 (1984) 43
ders, Mieterschutz als Modernisierungshemmnis, in: Miete und Wohnversorgung, PiG 33 (1991) 55
B FLATOW, Die energetischen Anforderungen an das Wohnen heute und morgen, NZM 2008, 785 = NJW 2008, 2886
dies, Duldungspflichten des Mieters bei energetischen Modernisierung, PiG 90 (2011) 15
FRANKE, Modernisierung- und Erhaltungsmaßnahmen – Duldungspflicht des Mieters, DWW 2009, 15, 138
HALAMA, Ansprüche des Mieters auf Durchführung oder Unterlassung energetischer Maßnahmen, DWW 2014, 211
HÄUBLEIN, Erforderlichkeit und Möglichkeit einer Harmonisierung von Wohnungseigentums- und Mietrecht, NZM 2014, 97
HANKE, Regelungen zur Modernisierung, NZM 2001, 74
HINZ, Modernisierungsmieterhöhung nach der Mietrechtsänderung, NZM 2013, 209
HOGENSCHURZ, Das Dilemma des vermietenden Wohnungseigentümers bei Baumaßnahmen am Gebäude, NZM 2014, 501

HORST, Der Modernisierungsbegriff, DWW 2013, 204
ders, Altersgerechter Umbau als Modernisierungsmaßnahme, WuM 2014, 454
LEHMANN-RICHTER, Die Auswirkungen der Zeit auf die Duldung von Modernisierungsmaßnahmen, WuM 2017, 1
PFEIFFER, Kabelfernsehen und neue Medien im Mietrecht, in: FS Blank (2006) 349
CHR RINGEL, Der Einsatz erneuerbarer Energien zur Wärmegewinnung als Modernisierungsmaßnahme, WuM 2009, 71
SCHWINTOWSKI, Die Rechtspflicht des Vermieters zur optimalen Wärmeversorgung, WuM 2006, 115
SONNENSCHEIN, Wohnraummiete (1995) 79
STERNEL, Mietermodernisierung, in: Erhaltung des Wohnungsbestandes durch Instandhaltung, Instandsetzung und bauliche Änderung, PiG 16 (1984) 105
ders, Wohnraummodernisierung nach der Mietrechtsreform, NZM 2001, 1058 = in: Neues Mietrecht, PiG 62 (2002) 89
ders, Modernisierung und Mieterhöhung zum Zwecke der Energieeinsparung, PiG 85 (2009) 19
ders, Erleichterungen bei energetischen Modernisierungen, PiG 88 (2010) 1
ders, Änderung im Mietverhältnis nach energetischer Modernisierung, PiG 99 (2015) 95 = NZM 2015, 873
K THOMSEN, Modernisierung von preisfreiem Wohnraum durch den Vermieter (1998)
TÜCKS, Einbau von Solaranlagen, ZMR 2003, 806.

Systematische Übersicht

I.	Überblick	1
II.	**Bauliche Veränderungen**	
1.	Begriff	3
2.	Einrichtungen und Ausstattungen	6
3.	Instandhaltungs- und Instandsetzungsmaßnahmen	7
III.	**Energetische Modernisierung** (§ 555b Nr 1)	9
IV.	**Einsparung nicht erneuerbarer Primärenergie** (§ 555b Nr 2)	14
V.	**Reduzierung des Wasserverbrauchs** (§ 555b Nr 3)	16
VI.	**Erhöhung des Gebrauchswerts** (§ 555b Nr 4)	18
1.	Begriff	18
2.	Veränderungen, Substanzverbesserungen	21

3. Nachhaltigkeit	26
4. Beispiele	27

VII. Verbesserung der Wohnverhältnisse (§ 555b Nr 5) ... 31

VIII. Vom Vermieter nicht zu vertretende Umstände (§ 555b Nr 6) ... 35

IX. Schaffung neuen Wohnraums (§ 555b Nr 7) ... 39

Alphabetische Übersicht

Ausstattung	6 f
Bauliche Maßnahmen, die der Vermieter nicht zu vertreten hat	35
Einrichtungen	6
Einsparung von Primärenergie	14
Endenergie	10
Energetische Modernisierung	9
Energie	9
Erhaltungsmaßnahmen	21
Gebrauchswertserhöhung	18
Gesetzlich angeordnete Maßnahmen	35
Heizung	27
Instandhaltung/Instandsetzung	9 f
Kabelfernsehen	29
Klimaschutz	14 f
Maßnahmen, gesetzlich angeordnete	35
– nicht zu vertretende	35
Modernisierungsmaßnahmen	18, 31 ff
Nachhaltigkeit	15, 27
Nutzenergie	10
Primärenergie	10
Rauchwarnmelder	30, 38
Sanitäre Einrichtungen	28
Schaffung neuen Wohnraums	39 f
Substanzerhaltungsmaßnahmen	22
Veränderungen der Mietsache	21
Verbesserung der Wohnverhältnisse	31 f
Wassereinsparung	16
Wohnverhältnisse	31 f

I. Überblick

1 § 555b BGB enthält im Anschluss an § 554 Abs 2 aF eine **Legaldefinition** des Begriffs der Modernisierungsmaßnahmen im Sinne der §§ 555c bis 555 f BGB (so die Begründung von 2012, 18). Das Gesetz kennt danach sieben verschiedene Formen von Modernisierungsmaßnahmen, von energetischen Modernisierungen bis zur Schaffung neuen Wohnraums (Nr 1 bis Nr 7 des § 555b BGB), wobei es sich aber in jeden Fall um „bauliche Veränderungen" im weitesten Sinne handeln muss einschließlich insbesondere der Veränderungen der Anlagetechnik eines Gebäudes (Begründung von 2012, 18). Die meisten dieser Erscheinungsformen von Modernisierungsmaßnahmen waren bereits von § 554 Abs 2 BGB aF erfasst worden; umstritten war dies jedoch vor allem für Maßnahmen der energetischen Modernisierung gewesen, sodass § 555b Nr 1 BGB insoweit jedenfalls der Klarstellung der Rechtslage dient (s STAUDINGER/ EMMERICH [2011] § 554 Rn 14, 18 ff).

2 Mit der Neuregelung wird in erster Linie **bezweckt**, dem Vermieter über die frühere Rechtslage hinaus die Vornahme „energiesparender und klimaschützender Modernisierungen" durch die Verstärkung der Duldungspflicht des Mieters zu erleichtern

(Begründung von 2012, 14 [l Sp o]). Die Einzelheiten regelt das Gesetz in den §§ 555c bis 555 f BGB, während sich das Recht des Vermieters zur Erhöhung der Miete bei Modernisierungsmaßnahmen nach dem durch das Mietrechtsänderungsgesetz von 2013 und zuletzt durch das Mietrechtsanpassungsgesetz von 2018 ebenfalls in wichtigen Punkten geänderten § 559 BGB richtet. Ebenso wie bei dem Minderungsausschluss des § 536 Abs 1a BGB unterscheidet das Gesetz dabei erstmals sorgfältig zwischen den verschiedenen Erscheinungsformen von Modernisierungsmaßnahmen aus dem Katalog des § 555b Nr 1 bis Nr 7 BGB.

Für das **Recht des Wohnungseigentums** nahm das WEG in § 21 Abs 2 S 1 WEG aF **2a** auf § 555b Nr 1 bis Nr 5 BGB Bezug und unterwarf die Beschlüsse der Wohnungseigentümer über die Durchführung von Modernisierungsmaßnahmen einer doppelten qualifizierten Mehrheit. Es war umstritten, ob sich aus solchen Beschlüssen zugleich eine *Duldungspflicht der Mieter* einzelner Eigentumswohnungen ergab und ob der Mieter bei fehlender Ankündigung die Baumaßnahme blockieren konnte (Häublein NZM 2014, 97, 126 ff; Horst WuM 2014, 454, 468 ff; Hogenschurz NZM 2014, 501). Am 1. 12. 2020 ist das Wohnungseigentumsmodernisierungsgesetz in Kraft getreten (WEMoG [v 16. 10. 2020, BGBl I 2187]). § 15 WEG regelt nunmehr ausdrücklich die Duldungspflichten Dritter, insbesondere von Mietern gegenüber Baumaßnahmen der Gemeinschaft oder einzelner Wohnungseigentümer. Die Duldungspflicht des Mieters setzt dabei ausdrücklich die ausreichende und rechtzeitige Ankündigung der Maßnahmen voraus. Für die Anforderungen an die Ankündigung von Erhaltungsmaßnahmen wird in § 15 Nr 1 WEG auf § 555a Abs 2 BGB und für die Ankündigung sonstiger Maßnahmen, also insbesondere von Modernisierungsmaßnahmen in § 15 Nr 2 WEG auf die §§ 555c und 555d BGB Bezug genommen.

II. Bauliche Veränderungen

1. Begriff

Modernisierungsmaßnahmen im Sinne des § 555b BGB sind nur „bauliche Veränderungen", die bestimmte zusätzliche Merkmale erfüllen, die im Einzelnen in der Nr 1 bis Nr 7 der Vorschrift aufgezählt sind. Der Begriff entspricht dem der „baulichen Maßnahmen" in § 559 Abs 1 BGB aF und soll nach dem Willen der Gesetzesverfasser ebenso *weit* ausgelegt werden wie dieser, sodass Literatur und Rechtsprechung zu § 559 Abs 1 BGB aF weiter zur Auslegung des Begriffs der baulichen Veränderungen in § 555b BGB herangezogen werden können (s Staudinger/Emmerich [2011] § 559 Rn 15–20; für weite Auslegung des Begriffs auch BGH 17. 6. 2015 – VIII ZR 216/14, NJW 2015, 2487 Rn 4 = NZM 2015, 587 = WuM 2015, 498). Der Begriff umfasst daher zB neben Eingriffen in die bauliche Substanz auch Veränderungen der Anlagentechnik eines Gebäudes (Begründung von 2012, 18 [r Sp u]).

Die Annahme einer baulichen Veränderung im Sinne des § 555b BGB setzt nicht **4** zwingend eine Veränderung der Bausubstanz voraus (Begründung von 2012, 18; BGH 17. 6. 2015 – VIII ZR 216/14, NJW 2015, 2487 Rn 1 = NZM 2015, 587 = WuM 2015, 498; Mersson DWW 2009, 122), sodass zB auch der Einbau von Rauchwarnmeldern unter den Begriff der baulichen Veränderungen subsumiert werden kann (BGH 17. 6. 2015 – VIII ZR 216/14, NJW 2015, 2487 Rn 4 = NZM 2015, 587 = WuM 2015, 498; s im Einzelnen unten Rn 30, Rn 38). Aber es muss doch in jedem Fall in Bezug auf die Mietwohnung, das Haus oder das ganze Grundstück ein **neuer baulicher Zustand** geschaffen werden, der in sachlichem Zusammenhang mit dem Mietgebrauch steht (Langenberg PiG 40 [1993] 59, 72). Die bloße Änderung der Zweckbestimmung eines Raumes genügt daher für die Annahme einer baulichen Veränderung ebensowenig wie zB die Aufteilung eines Gebäudes in Wohnungseigentum, weil in beiden Fällen kein neuer baulicher Zustand geschaffen wird. Die fraglichen Maßnahmen müssen außerdem **während des Laufs** des Mietverhältnisses vorgenommen werden; frühere Maßnahmen scheiden aus. Waren die Maßnahmen bei Abschluss des Mietvertrages noch nicht beendet, so gilt dasselbe, weil dann anzunehmen ist, dass der Zustand aufgrund der noch laufenden Maßnahmen zu dem vom Vermieter von vornherein geschuldeten vertragsgemäßen Gebrauch gehört.

5 Die baulichen Maßnahmen müssen sich nicht unbedingt auf die betreffende Wohnung selbst beziehen, sondern können sich auch auf **Gebäudeteile außerhalb der Wohnung**, auf Nebengebäude oder auf das Grundstück und auf dessen unmittelbare **Umgebung** erstrecken, immer vorausgesetzt, dass sie der Wohnung des Mieters wenigstens mittelbar zugutekommen (§ 5 Abs 5 ModEnG aF). Hierher gehören daher **zB** auch die Anlage und der Ausbau von *Kinderspielplätzen,* Grünanlagen, Stellplätzen und anderen *Verkehrsanlagen* (§ 4 Abs 2 ModEnG aF; Kinne ZMR 2003, 396). Weitere **Beispiele** sind die Befestigung einer Hoffläche, die Anlage einer Grundstückszufahrt oder die Aufstellung von festen Müllboxen (OVG Berlin GE 1984, 333; Langenberg PiG 40 [1993] 59, 72), immer vorausgesetzt, dass zugleich die Voraussetzungen einer der Nr 1 bis Nr 7 des § 555b BGB erfüllt sind. Keine Rolle spielt, ob der Vermieter zu den fraglichen Maßnahmen aufgrund Gesetzes oder Verwaltungsakts *verpflichtet* war oder nicht (s § 555b Nr 6 und dazu u Rn 35 f). Der Vermieter muss aber **wirtschaftlich vorgehen** und einen unnötigen Aufwand vermeiden (BGH NJW 2009, 839 Tz 19 = NZM 2009, 150 = WuM 2009, 124). Dies bedeutet freilich nicht, dass der Vermieter verpflichtet wäre, immer gerade die billigste und einfachste Lösung zu wählen. Lediglich **Luxusmaßnahmen** wie der Einbau eines Hallenbades oder einer Sauna fallen nicht unter § 555b BGB (Horst DWW 2013, 204 205; Langenberg PiG 40 [1993] 59, 72). Die Grenzziehung ist schwierig und wohl nur im Einzelfall anhand des Maßstabs des bonus pater familias möglich.

2. Einrichtungen und Ausstattungen

6 *Keine* bauliche Maßnahmen sind die bloße Schaffung oder Veränderung von Einrichtungen und Ausstattungen, jedenfalls, wenn und solange sie frei beweglich sind oder doch jederzeit wieder entfernt werden können, weil es dann an einem **neuen baulichen Zustand** fehlt. Auf die Unterscheidung zwischen wesentlichen Bestandteilen (§§ 93 f BGB) und Scheinbestandteilen (§ 95 BGB) kommt es insoweit nicht an; entscheidend ist vielmehr allein, ob ein neuer *baulicher* Zustand geschaffen wird, worunter von Fall zu Fall auch solche Einrichtungen fallen können, die, rechtlich gesehen, Scheinbestandteile im Sinne des § 95 BGB darstellen wie zB eine auf die speziellen Verhältnisse der Wohnung zugeschnittene Einbauküche (s Sternel, Mietrecht Rn III 770). § 559 BGB gilt dagegen zB mangels Schaffung eines neuen baulichen Zustandes *nicht* für die bloße Anbringung von Energiesparlampen (anders Begr zum RegE BT-Drucks 14/4553, 49 [r Sp]) und ebenso wenig für die *Auswechslung* einzelner Gasgeräte (AG Görlitz WuM 1993, 264) oder sonstiger *technischer Geräte,* selbst wenn die neuen Geräte leistungsfähiger als die alten sind, für die Aufstellung transpor-

tabler Küchenmöbel (KINNE ZMR 2003, 396) oder Duschkabinen oder für die Verlegung von Teppichböden (STERNEL, Mietrecht Rn III 770). Lediglich bei der *Verlegung neuer Bodenbeläge* kann es sich von Fall zu Fall auch anders verhalten, insbesondere, wenn durch sie die Isolierung der Wohnung verbessert wird.

3. Instandhaltungs- und Instandsetzungsmaßnahmen

Die Modernisierungsmaßnahmen iS des § 555b BGB müssen vor allem von bloßen Instandhaltungs- und Instandsetzungsmaßnahmen iS von § 555a BGB unterschieden werden, die allein der vom Vermieter geschuldeten *Erhaltung* und nicht der Verbesserung des bestehenden Zustandes im Sinne der § 555b BGB dienen (§ 535 Abs 1 S 2 BGB; s dazu schon o § 555a Rn 4 f). Alles, was **Mängelbeseitigung** iSd §§ 535 Abs 1 S 2 und 536 BGB ist, kann infolgedessen *nicht* zugleich **Modernisierung** (im Sinne der Schaffung eines *neuen* und *besseren* baulichen Zustandes als bisher) sein. Soweit sich der Vermieter bei seinen Maßnahmen im Rahmen des von ihm geschuldeten baulichen Zustandes bewegt (s STAUDINGER/V EMMERICH § 536 Rn 12), kommt er lediglich seinen Verpflichtungen aus § 535 Abs 1 S 2 BGB nach, sodass für die Annahme einer Modernisierung kein Raum ist. Anders erst, wenn er über den danach geschuldeten Zustand hinausgeht. **Keine Modernisierung** iS des § 555b BGB sind daher zB die bloße Erneuerung des schadhaften Hausanstrichs (AG Bremerhaven WuM 1980, 14), der *Anstrich* des Treppenhauses, sonstige *Schönheitsreparaturen,* die Erneuerung des Dachs, der Türen oder der Bodenbeläge, die *Reparatur* der Heizung und sonstiger Einrichtungen (AG Görlitz WuM 1993, 264), die bloße Erneuerung der Steigeleitungen oder der Sicherungen (AG Darmstadt WuM 1977, 213) sowie die Ersetzung verrotteter Fenster durch neue Fenster (LG Oldenburg WuM 1980, 86; AG Darmstadt WuM 1982, 299), wobei nach § 242 BGB eine geringfügige Erhöhungen des Gebäudewertes durch die Anwendung neuerer Verfahren oder Materialien wohl außer Betracht bleiben kann, weil ohnehin kaum messbar und weil der Vermieter damit nur in dem gebotenen Maße dem technischen Fortschritt Rechnung trägt (LG Oldenburg WuM 1980, 86; AG Kiel WuM 1989, 18; AG Görlitz WuM 1993, 264; MERSSON DWW 2009, 122, 125 f). 7

Instandsetzungs- und Verbesserungsmaßnahmen können im Einzelfall zusammenfallen (sog **Instandhaltungs-** oder **Instandsetzungsmodernisierung**; s dazu schon Rn 7 sowie § 555a Rn 6 f; vgl § 21 Abs 5 Nr 2 iVm § 22 Abs 3 WEG aF, 16 Abs 3 S 2 WoFG sowie aus dem früheren Recht § 3 Abs 3 ModEnG aF). Voraussetzung ist, dass mit der Instandsetzung **zugleich** ein (spürbarer oder erheblicher und messbarer) **Modernisierungseffekt** verbunden ist, insbesondere, indem durch die Maßnahme der *Wohnwert* über den bisherigen (mangelfreien) Zustand hinaus nachhaltig *verbessert* wird. Die **Abgrenzung** kann im Einzelfall schwierig sein. **Beispiele** für Instandsetzungsmodernisierungen sind die Reparatur der Fassade in Verbindung mit der Aufbringung einer neuen Wärmedämmung (LG Berlin ZMR 1998, 166), die Ersetzung alter einfacher Fenster durch eine moderne Isolierverglasung (AG Mannheim WuM 1979, 98; AG Hannover ZMR 1979, 251; AG Detmold WuM 1979, 248 f) sowie einer alten Heizungsanlage durch eine moderne Zentralheizung. Die zutreffende rechtliche Behandlung dieser Fälle ist umstritten. Wie schon ausgeführt (s § 555a Rn 6 f), spricht am meisten für die *einheitliche Behandlung* solcher Maßnahmen nach den §§ 555b und 559 BGB, wobei zum Schutze des Mieters zur erwägen ist, in geeigneten Fällen die Anwendung des § 559 BGB und damit die Mieterhöhung auf die *zusätzlichen* 8

Kosten zu beschränken, die auf die Wertverbesserung entfallen (§ 559 Abs 2 BGB).

III. Energetische Modernisierung (§ 555b Nr 1)

9 Unter einer energetischen Modernisierung sind nach § 555b Nr 1 BGB bauliche Veränderungen (der Mietsache; s Rn 3 ff) zu verstehen, durch die in Bezug auf die Mietsache Endenergie nachhaltig eingespart wird. Der Regierungsentwurf hatte neben der Einsparung von Endenergie noch als weiteres Objekt möglicher Einsparungen „nicht erneuerbare Primärenergie" genannt. In den Ausschussberatungen ist dieser Zusatz indessen gestrichen worden, um die wenigen Fällen, in denen durch Modernisierungsmaßnahmen nicht erneuerbare Primärenergie wie zB Kohle oder Öl eingespart wird, ohne dass zugleich der Verbrauch von Endenergie sinkt, allein der Nr 2 des § 555b BGB zuzuweisen (Bericht von 2012, 32).

10 Zum Verständnis der gesetzlichen Regelung muss man sich folgendes vergegenwärtigen: Man unterscheidet üblicherweise drei Formen von Energie, die Nutzenergie, die Endenergie und die Primärenergie. **Nutzenergie** ist diejenige Energie, gemessen üblicherweise in Kilowattstunden (kWh), die in einem Gebäude für Wärme, Licht und Bewegung (Stichwort: Fahrstuhl), insbesondere also für Heizzwecke benötigt wird. Die **Endenergie** umfasst neben der Nutzenergie noch die Leitungs- und Umwandlungsverluste in einem Gebäude; sie wird gemessen an der Übergabestelle des Gebäudes. Die **Primärenergie** setzt sich schließlich zusammen aus der Endenergie und derjenigen Energie, die für die Förderung, die Aufbereitung, den Transport und die Umwandlung der Energie bis zur Übergabestelle an einem Gebäude erforderlich ist, wobei man weiter zwischen erneuerbarer und nicht erneuerbare Primärenergie unterscheidet. **Erneuerbare Primärenergie** sind Sonne und Windkraft sowie noch Biomasse und Holz, **nicht erneuerbare** dagegen die „klassischen" fossilen Energieträger wie Kohle, Öl und Erdgas (Begründung von 2012, 19 [r Sp 3. Abs]). Der Verbrauch an Primärenergie wird in der Regel anhand der in der Anl I Nr 2.1.2. der EnEV genannten **Primärenergiefaktoren** gemessen, die von 0,0 (für erneuerbare Energien) bis 2,6 (für Strom) reichen.

11 **Energie** kann auf allen Stufen und in jeder der genannten Erscheinungsformen (s Rn 10) durch die unterschiedlichsten Maßnahmen **eingespart** werden, insbesondere durch Verringerung der erforderlichen Nutzenergie zB für die Heizung eines Gebäudes oder durch die Verringerung der Umwandlungs- und Transportverluste. Wieweit derartige energiesparende Maßnahmen duldungspflichtig waren und eine Mieterhöhung rechtfertigen konnten, war unter dem früheren Recht (§§ 554 und 559 BGB aF) umstritten. Der BGH hatte die Frage jedenfalls für die bloße Einsparung von Primärenergie durch **Anschluss** einer Wohnung an das durch Anlagen der Kraft-Wärme-Koppelung gespeiste **Fernwärmenetz** bejaht, selbst wenn damit für den Mieter *keine* Energieeinsparung und damit auch keine Ersparnis von Heizkosten verbunden sind (BGH 24.9.2008 – VIII ZR 275/07, NJW 2008, 3630 = NZM 2008, 883, 884 Tz 19 ff = WuM 2008, 667; LG Berlin NJW-RR 2001, 1590 = NZM 2002, 64; GE 2007, 849; 2008, 61; 2010, 1622), im Übrigen aber offen gelassen (NJW 2008, 3630 Tz 22). Eine Aufzählung von **Beispielen** energiesparender Maßnahmen fand sich in dem früheren § 4 Abs 3 ModEnG; die wichtigsten waren danach die Verbesserung der Wärmedämmung von Fenstern, Türen, Wänden und Decken, die Optimierung der Heizungsanlage, die Umstellung auf Fernwärme sowie der Einbau von Wärmepumpen und Solaranlagen. In der Rechtsprechung wurden ferner als energiesparend eingestuft Maßnahmen zur Wärmedämmung an der Fassade des Gebäudes (vgl BGH 17. 6. 2020 – VIII ZR 81/19, WuM 2020, 493 Tz 52), an den Türen und Fenstern sowie an den oberen Geschoßdecken (BGH NJW 2008, 1218 = NZM 2008, 283, 284 f Tz 24; LG Berlin GE 1987, 521; 1987, 1219, 1221), der Einbau einer Zentralheizung (BGH 20. 5. 2020 – VIII ZR 55/19, NZM 2020, 793), der Einbau energiesparender Lampen und Geräte (Franke DWW 2009, 138, 143), der Einbau moderner Erfassungsgeräte (AG Frankfurt NZM 2006, 537; **aM** LG Duisburg NZM 2006, 818), der Einbau von Doppelisolierglasfenstern (LG Berlin GE 1991, 189), die Rückgewinnung von Wärme durch Wärmepumpen und die Einrichtung von Solaranlagen zur Gewinnung von Energie sowie schließlich noch der Ersatz einer alten Heizungsanlage durch einen modernen Niedrigtemperatur-Heizkessel (AG Rheine WuM 2008, 491, 492). Hinzukommen musste schließlich noch, dass die Maßnahmen **wirtschaftlich vernünftig** sind, dh zu einer Energieeinsparung führen, die noch in einem vertretbaren Verhältnis zu der mit den Maßnahmen nach § 559 BGB verbundenen Mieterhöhung steht. Die Kriterien schwankten.

Abweichend von der geschilderten Praxis unter dem früheren Recht (s Rn 11) unterscheidet das Gesetz jetzt in den Nrn 1 und 2 des § 555b BGB genau zwischen der nachhaltigen, dh dauernden und messbaren Einsparung von *Endenergie* (s Rn 10) und zwar gerade in Bezug auf die Mietsache (Nr 1 des § 555b BGB), und der sonstigen nachhaltigen Einsparung von *nicht erneuerbarer Primärenergie* (Nr 2 des § 555b BGB; dazu u Rn 14 f). Duldungspflichtig sind zwar beide Formen der Modernisierung (§ 555d Abs 1 BGB); zur Mieterhöhung ist der Vermieter jedoch allein bei Maßnahmen der energetischen Modernisierung im Sinne der *Nr 1* des § 555b BGB befugt, dh bei nachhaltiger Einsparung speziell von Endenergie in Bezug auf die Mietsache (§ 559 Abs 1 BGB), nicht dagegen bei Maßnahmen zur Einsparung nicht erneuerbarer Primärenergie (Nr 2 des § 555b BGB), sodass der Unterscheidung dieser beiden Erscheinungsformen von Modernisierungsmaßnahmen heute erhebliche praktische Bedeutung zukommt. **12**

Der Kern der Einsparung von Endenergie im Sinne der Nr 1 des § 555b BGB ist die **Einsparung von Nutzenergie** (Begründung von 2012, 19; Derleder NZM 2013, 441 443 ff; Horst DWW 2013, 204 205 f). Die wichtigsten **Erscheinungsformen** sind die Verringerung des Verbrauchs an Nutzenergie für dieselbe Heizleistung wie bisher, die Vergrößerung der Effizienz der Nutzenergie, insbesondere durch Verringerung der Transport- und Umwandlungsverluste, sowie der Bau von Anlagen zur Nutzung von Sonnen- und Windenergie, sofern die erzeugte Energie wenigstens teilweise im Gebäude verwandt wird, weil dadurch jedenfalls der Bedarf an Endenergie an der Übergabestelle des Gebäudes und damit die Energiekosten insgesamt verringert werden. Wird der erzeugte Strom dagegen in vollem Umfang ins allgemeine Netz eingespeist, so ist kein Raum für die Anwendung der Nr 1 des § 555b BGB (Begründung von 2012, 19 f; Ausschussbericht von 2012, 32; s Rn 14; Derleder NZM 2013, 441 444; Hinz NZM 2012, 777, 782; ebenso schon OLG Bamberg NZM 2009, 859). Von den oben (s Rn 11) genannten Beispielen gehören daher hierher insbesondere sämtliche Maßnahmen zur Verbesserung der Wärmedämmung (AG Köpenick GE 2016, 265), die Optimierung der Heizungsanlage sowie die Installation von Lüftungsanlagen mit Wärmerückgewinnung oder von Wärmepumpen. Hinzu kommen muss freilich noch in jedem Fall, dass die Ersparnis an Energie einen **„Bezug auf die Mietsache"** auf- **13** weist, dh der Mietsache und damit letztlich auch dem Mieter, insbesondere durch die Senkung seiner Energiekosten einschließlich der Heizkosten zugute kommt (Eisenschmid, in: 10 Jahre Mietrechtsreformgesetz 481, 184 f; ders PiG 92 [2012] 179, 181 ff; Hinz NZM 2013, 209, 211 f).

IV. Einsparung nicht erneuerbarer Primärenergie (§ 555b Nr 2)

14 Nach der Nr 2 des § 555b BGB zählen zu den Modernisierungsmaßnahmen im Sinne des Gesetzes ferner bauliche Veränderungen der Mietsache, durch die nicht erneuerbare Primärenergie, in erster Linie also fossile Brennstoffe (s Rn 10) nachhaltig eingespart werden *oder* durch die das Klima nachhaltig geschützt wird, sofern nicht bereits eine energetische Modernisierung nach der Nr 1 der Vorschrift vorliegt (dazu o Rn 9 ff). Die Gesetzesverfasser hatten hier vor allem solche *Maßnahmen zur Einsparung von Primärenergie* im Auge, bei denen wie etwa bei der Einrichtung einer **Fotovoltaikanlage** auf dem Dach der Bezug zur Mietsache fehlt, weil bei dem Mieter keine Ersparnis von Endenergie eintritt, der erzeugte Strom vielmehr in das allgemeine Netz eingespeist wird (Begründung von 2012, 20 [l Sp], s schon o Rn 13). Durch die weite Formulierung des Tatbestandes sollte außerdem sichergestellt werden, dass auch zukünftige *neue Techniken des Klimaschutzes* erfasst werden können (Begründung von 2012, 20). In den Ausschussberatungen wurde zugleich klargestellt, dass die Nr 2 des § 555b BGB **subsidiär** gegenüber der Nr 1 ist (Ausschussbericht von 2012, 32), sodass es in dem genannten Beispiel bei der Anwendung der vorrangigen Nr 1 des § 555b BGB verbleibt, wenn der mit der Anlage erzeugte Strom im Haus eingesetzt wird, um den Bedarf an Nutzenergie des Mieters zu verringern (o Rn 13).

15 Die gesetzliche Regelung hat zur Folge, dass man bei Maßnahmen zur Einsparung nicht erneuerbarer Primärenergie, insbesondere also bei Maßnahmen zur Optimierung von Heizungsanlagen mit dem Ziel der **Einsparung fossiler Energieträger** wie Kohle, Öl oder Gas, danach zu unterscheiden hat, ob die Maßnahme zugleich bei dem Mieter zu einer Einsparung von Endenergie und damit zu einer **Kostensenkung** führt oder nicht. Häufig wird die Folge eine **Einsparung von Endenergie** und damit eine Kostensenkung für den Mieter sein, sodass dann von der Nr 1 des § 555b BGB auszugehen ist – mit der wichtigen Folge auch der Anwendbarkeit des § 559 BGB (Begründung von 2012, 19 [r Sp]; Lützenkirchen/Dickersbach Rn 47; Horst DWW 2013, 204, 206). Anders dagegen bei Maßnahmen zur Einsparung nicht erneuerbarer Primärenergie, die *nicht* zugleich zu einer *Ersparnis von Endenergie* und damit zu einer Verminderung der Kosten bei dem Mieter führen. Solche Maßnahmen fallen nicht unter die Nr 1 des § 555b BGB, sondern höchstens unter die Nr 2 der Vorschrift, sodass der Mieter dann zwar zur Duldung verpflichtet ist (§ 555d BGB), der Vermieter indessen die Miete nicht erhöhen kann. Hierher gehören alle energetischen Baumaßnahmen **ohne Bezug auf die Mietsache**, zB durch die allgemeine Verbesserung der Energieeffizienz des vermieteten Gebäudes, insbesondere, wenn dadurch zugleich der **Klimaschutz** verbessert wird, etwa durch die Ersetzung fossiler Energieträger durch erneuerbare Energieträger und die damit verbundene Verringerung der Emissionen der Anlage (Horst DWW 2013, 204, 206).

15a In erster Linie unter dem Gesichtspunkt des **Klimaschutzes** können ferner erfasst werden die Umstellung der Heizungsanlage etwa von Kohle auf Erdgas (Derleder NZM 2013, 441, 444) oder der Anschluss einer Wohnung, die bisher mit einer Gas- oder

Kohleheizung versehen war, an das Fernwärmenetz, sofern die Wärme aus einer Anlage der Kraft-Wärmekoppelung stammt (BGH 24. 9. 2008 – VIII ZR 275/07, NZM 2008, 883 = NJW 2008, 3630; s dazu schon o Rn 11; str, differenzierend SCHMIDT-FUTTERER/EISENSCHMID Rn 60 f; anders DERLEDER NZM 2013, 441, 445: Nr 1 des § 555b), während zB im Falle der Umstellung der Heizung von Kohle oder Heizöl auf Biomasse ein Fall der Nr 1 des § 555b BGB angenommen werden kann, weil und sofern der Primärenergiefaktor der Biomasse niedriger als der von Kohle oder Öl ist (DERLEDER NZM 2013, 441, 445 f; LÜTZENKIRCHEN-DICKERSBACH Rn 52). Soweit nach dem Gesagten Raum für die Anwendung der Nr 2 des § 555b BGB ist, muss die Energieeinsparung außerdem **nachhaltig** sein. Das ist bereits der Fall, wenn die Einsparung überhaupt messbar oder *spürbar und dauerhaft* ist, während eine bestimmte Mindestgröße der Energie- oder Wassereinsparung (entgegen einer verbreiteten Meinung) nicht erforderlich ist (so schon zur früheren Rechtslage BGHZ 150, 277, 282 ff = NJW 2002, 2036; BGH WuM 2004, 155, 156 = NZM 2004, 252; LG Berlin GE 2005, 1191, 1493; KINNE ZMR 2003, 396, 397).

V. Reduzierung des Wasserverbrauchs (§ 555b Nr 3)

Modernisierungsmaßnahmen sind nach der Nr 3 des § 555b BGB weiter bauliche Veränderungen (s Rn 3 ff), durch die der Wasserverbrauch in der Mietsache nachhaltig reduziert wird. Der Tatbestand ist aus § 554 Abs 2 S 1 BGB aF und aus § 559 Abs 1 BGB aF übernommen worden (Begründung von 2012, 20). Die Auslegung dieser Vorschriften war bis zuletzt umstritten (s BLANK PiG 60 [2001] 79, 88; FRANKE DWW 2009, 138, 145; MERSSON DWW 2009, 122, 123 ff; THOMSEN, Modernisierung 46). Diskutiert wurde insbesondere, ob eine *generelle* Einsparung von Wasser genügt oder ob noch hinzukommen muss, dass sich dadurch *für den einzelnen Mieter* tatsächlich die Wasserkosten reduzieren. Die Tendenz ging zuletzt deutlich dahin, sich aus ökologischen Gründen mit einer generellen Einsparung von Wasser zu begnügen (FRANKE DWW 2009, 138, 145). Umstritten war ferner die Behandlung von Kaltwasser-Zwischenzählern, weil sie nur unter besonderen und eigenartigen Voraussetzungen auf dem Weg über die Änderung des Verhaltens der Nutzer bei dem Wasserverbrauch tatsächlich zu einer Wassereinsparung führen können. Der BGH bejahte gleichwohl (ohne Begründung) auch in diesem Fall das Vorliegen einer Maßnahme zur Wassereinsparung (BGH NJW 2011, 1499 Rn 10 = NZM 2011, 358 = WuM 2011, 293). **16**

Heute fallen unter § 555b Nr 3 BGB sämtliche Maßnahmen, die der nachhaltigen, dh messbaren oder spürbaren und dauerhaften Reduzierung des Wasserverbrauchs dienen. Hervorzuheben sind der Einbau von Durchlaufbegrenzern oder von wasserreduzierenden Toilettenspülkästen sowie von Auffangbecken für Brauch- oder Regenwasser zur Gartenbewässerung oder Toilettenspülung (HORST DWW 2013, 204, 207; LÜTZENKIRCHEN/DICKERSBACH Rn 55; SCHMIDT-FUTTERER/EISENSCHMID Rn 68 ff). Nach wie vor umstritten ist dagegen die Anwendbarkeit des § 555b Nr 3 BGB auf den Einbau von **Wasserzählern**, da mit ihnen grundsätzlich keine Einsparung von Wasser verbunden ist (s HORST DWW 2013, 204, 207; SCHMIDT-FUTTERER/EISENSCHMID Rn 69). Mit Rücksicht auf die Rechtsprechung des BGH (BGH NJW 2011, 1499 Rn 10 = NZM 2011, 358 = WuM 2011, 293) dürfte die Frage jedoch in Zukunft zu bejahen sein. Soweit der Einbau von Wasserzählern auf gesetzlicher Anordnung beruht, greift zudem durchweg bereits die Nr 6 des § 555b BGB ein. Hinzukommen muss jedoch noch in jedem Fall, dass die Einsparung von Wasser **nachhaltig**, dh von Dauer und messbar ist (BGH NJW 2009, 839 = NZM 2009, 150 = WuM 2009, 124 Tz 15). **17**

VI. Erhöhung des Gebrauchswerts (§ 555b Nr 4)

1. Begriff

18 Als Modernisierungsmaßnahmen gelten nach § 555b Nr 4 BGB außerdem bauliche Veränderungen (s dazu Rn 3 ff), durch die der Gebrauchswert der Mietsache nachhaltig erhöht wird. Vorbilder der Vorschrift waren § 559 Abs 1 BGB aF sowie § 554 Abs 2 S 1 BGB aF, sodass es unbedenklich ist, zur Präzisierung dessen, was das Gesetz jetzt in § 555b Nr 4 BGB unter einer nachhaltigen Erhöhung des Gebrauchswerts der Mietsache versteht, gleichermaßen auf Literatur und Rechtsprechung zu § 554 Abs 2 S 1 BGB aF wie zu § 559 Abs 1 BGB aF zurückzugreifen (ebenso zB SCHMIDT-FUTTERER/EISENSCHMID Rn 71 ff; LÜTZENKIRCHEN/DICKERSBACH Rn 56 ff; HORST DWW 2013, 204, 207 ff).

19 Eine Erhöhung des Gebrauchswerts der Mietsache ist anzunehmen, wenn durch eine bauliche Veränderung (s Rn 3 ff) seitens des Vermieters **objektiv** der **Gebrauchs- oder Substanzwert** der Räume oder Gebäudeteile im Rahmen ihres Zwecks **nachhaltig erhöht** und eine **bessere Benutzung** als zuvor ermöglicht wird (so BGH NJW 2008, 1218 = NZM 2008, 283, 284 Tz 21 = WuM 2008, 219; NJW 2011, 3514 Tz 23 = NZM 2011, 804 = WuM 2011, 625; 20. 6. 2012 – VIII ZR 110/11, NJW 2012, 2954 Tz 14, 16 = NZM 2012, 679 = WuM 2012, 448; ebenso § 16 Abs 3 Nrn 1 und 2 WoFG). Das ist der Fall, wenn der *Mietgebrauch erleichtert, verbessert oder vermehrt* wird, insbesondere, wenn das Wohnen in den fraglichen Räumen angenehmer, bequemer, sicherer, gesünder oder weniger arbeitsaufwendig als zuvor wird (s die Begründung von 1982, BT-Drucks 9/2079, 11 f; KG OLGZ 1985, 347 = WuM 1985, 248 = NJW 1985, 2031; WuM 1985, 335 = NJW 1986, 137; NJW-RR 1988, 1420 = WuM 1988, 389; BLANK PiG 60 [2001] 79, 83 ff; FRANKE DWW 2009, 138, 139; STERNEL PiG 62 [2002] 89, 92 ff = NZM 2001, 1058). **Maßstab** ist der Zustand der Mietsache *vor* der Durchführung der baulichen Veränderungen (s Rn 3 ff) seitens des Vermieters, sodass auch vorausgegangene Verbesserungen oder Erhöhungen des Gebrauchswerts durch bauliche Maßnahmen des *Mieters* mit Zustimmung des Vermieters bei der Konkretisierung des Maßstabs zu berücksichtigen sind; unberücksichtigt bleiben lediglich etwaige vom gegenwärtigen Mieter *vertragswidrig* vorgenommene bauliche Veränderungen (so BGH 20. 6. 2012 – VIII ZR 110/11, NJW 2012, 2954 Tz 14 f = NZM 2012, 679 = WuM 2012, 448; WuM 2012, 677 Tz 8; WuM 2012, 678 Tz 8).

20 Der Begriff ist **objektiv** zu bestimmen, dh unabhängig von der Situation der einzelnen Mieter und damit von den Auswirkungen auf das bestehende Mietverhältnis sowie davon, ob die vom Vermieter aufzuwendenden Kosten oder die zu erwartende Erhöhung der finanziellen Belastung für den Mieter in einem angemessenen Verhältnis zur Verbesserung stehen (BGH NJW 2005, 2995 = WuM 2005, 576, 577 = NZM 2005, 697). Der **Maßstab**, nach dem beurteilt werden muss, ob der Wohnwert verbessert wird, ist allein der **Verkehrsanschauung** zu entnehmen; entscheidend ist mit anderen Worten, ob allgemein in den für das Mietobjekt in Betracht kommenden **Mieterkreisen** der Maßnahme die Bedeutung einer **Wohnwertverbesserung** insgesamt zugemessen wird, sodass die fraglichen Räume nach ihrer Durchführung *leichter* als vorher vermietet werden können (BGH NJW 2005, 2995 = WuM 2005, 576, 577 = NZM 2005, 697; NJW 2008, 1218 = NZM 2008, 283, 284 Tz 21; NJW 2011, 3514 Tz 23 = NZM 2011, 804 = WuM 2011, 625; NJW 2012, 2954 Tz 14, 16 = NZM 2012, 679 = WuM 2012, 448). Der Vermieter ist nicht an den gegenwärtigen durchschnittlichen Standard gebunden, sondern kann die Attraktivität der von ihm zu vermietenden Räume auch durch eine **überdurchschnittliche Ausstattung** erhöhen – bis zur Grenze der unvernünftigen Luxusmodernisierung (BGH NJW 2005, 2995 = WuM 2005, 576, 577 = NZM 2005, 697). Die **Mietsache** in diesem Sinne umfasst neben den vermieteten Räumen auch die *mitvermieteten Gebäudeteile* sowie das *Gebäude* und die *Außenanlagen* insgesamt, immer vorausgesetzt, dass die fraglichen Maßnahmen eine Verbesserung des Gebrauchswertes der Mietsache, dh der Wohnungen nach sich ziehen (BGH NJW 2005, 2995 = WuM 2005, 576, 577 = NZM 2005, 697; KG NJW-RR 1988, 1420 = WuM 1988, 389; LG Berlin GE 1994, 927; Franke DWW 2009, 138, 139). Die Verbesserung des Gebrauchswerts des Gebäudes insgesamt muss maW nicht allen Mietern gleichmäßig zugutekommen, weil andernfalls dem Vermieter zB eine stufenweise Modernisierung des Gebäudes nicht möglich wäre. Die Anlage oder Umgestaltung eines Gartens fällt daher ebenso wie die Anlage eines Spielplatzes oder von Stellplätzen unter § 555b BGB, auch wenn einzelne Mieter keine Kinder oder kein Fahrzeug haben (Franke DWW 2009, 138, 139; Horst DWW 2013, 204, 208). Es genügt, wenn der Gebrauchswert einzelner Wohnungen, zB durch den erstmaligen Anbau eines Balkons oder durch den Einbau eines Fahrstuhls verbessert wird. Derartige Maßnahmen müssen deshalb auch von den anderen Mietern des Gebäudes geduldet werden, zB von denjenigen, die zu ebener Erde wohnen und deshalb in keiner Hinsicht auf den Fahrstuhl angewiesen sind (§ 555d BGB; zB LG Berlin ZMR 2014, 789 gegen AG Charlottenburg ZMR 2014, 368 = GE 2013, 625). Keine Rolle spielt ferner das Ausmaß der Beeinträchtigung des Mieters durch die fraglichen Baumaßnahmen; sie erlangt erst im Rahmen der Härteklausel des § 555d Abs 2 BGB Bedeutung (BGH NJW 2008, 1218 Tz 16).

2. Veränderungen, Substanzverbesserungen

Die Verbesserungsmaßnahmen im Sinne des § 555b BGB stehen im Gegensatz zu **21** den **Erhaltungsmaßnahmen** des § 555a BGB, deren Zweck lediglich darin besteht, den *vorhandenen* Bestand zu erhalten, sowie zu bloßen **Veränderungen** der Mietsache einschließlich der so genannten **Substanzverbesserungen** (s Rn 22 f), durch die ein *neuer* Bestand geschaffen wird. Die **Abgrenzung** ist häufig schwierig und letztlich nur im Einzelfall möglich, wobei in erster Linie darauf abzustellen sein dürfte, ob bei der fraglichen Maßnahme noch die Verbesserung insbesondere der Wohnverhältnisse des Mieters (dann Erhöhung des Gebrauchswerts im Sinne des § 555b Nr 4 BGB) oder die im Interesse des Vermieters liegende marktkonforme Umgestaltung der Mietsache im Vordergrund steht (dann bloße Veränderung, BGH NJW 2008, 1218 = NZM 2008, 283, 284 Tz 23). Je nach den Umständen des Einzelfalles sind deshalb in der Regel *keine* Verbesserung, sondern eine **Veränderung** der Mietsache der Umbau eines Balkons in einen Wintergarten (LG Berlin NJW-RR 1998, 300 = NZM 1998, 189; LG Hamburg WuM 2008, 27, 29; Franke DWW 2009, 138, 140) sowie der Austausch eines Balkons gegen eine Terrasse (AG Konstanz WuM 1997, 553) im Gegensatz zum erstmaligen Anbau eines Balkons oder der Anlage einer neuen Terrasse (Franke DWW 2009, 138, 140). Als Veränderungen wurden ferner eingestuft die Vereinheitlichung des Bodenbelags (BGH 27. 5. 2020 – VIII ZR 45/19, NZM 2020, 551 Tz 109), die Überdachung der Terrasse (LG Gießen WuM 1998, 278 = MDR 1998, 790), die bloße Veränderung des Grundrisses der Wohnung durch Versetzung einer Mauer (AG Charlottenburg GE 1998, 1403), eine Vergrößerung des Hauses (LG Göttingen ZMR 1990, 59 = WuM 1990, 205; LG Köln WuM 1993, 40 = NJW-RR 1993, 1163) oder der Wohnung durch einen Anbau (AG Köln WM 2013, 490, 491 mA Börstinghaus WuM 2013, 471) sowie der

Umbau einer alten Dachwohnung in ein Luxusappartement (AG Köln WuM 1984, 220), während die Veränderung des Grundrisses einer Wohnung zwecks Schaffung eines separaten WC durchaus eine Verbesserung sein kann (BGH NJW 2008, 1218 = NZM 2008, 283, 284 Tz 23).

22 Zu den Veränderungen (die nicht unter § 555b BGB fallen) gehören letztlich auch die sog **Substanzverbesserungen**, worunter man Maßnahmen versteht, die zwar objektiv den Wert der Mietsache und insbesondere deren Vermietbarkeit erhöhen, jedoch für die einzelnen Mieter keine Verbesserung mit sich bringen. **Beispiele** sind die Schaffung der Voraussetzungen für eine Abgeschlossenheitsbescheinigung (s LG Karlsruhe WuM 1992, 121; LG Stuttgart WuM 1992, 13), Maßnahmen zur Verschönerung der Fassade (s AG Köln WuM 1987, 31), großflächige Sanierungsmaßnahmen einschließlich des Abrisses überflüssigen Wohnraums, um den restlichen Wohnraum (wieder) vermietbar zu machen (s Both NZM 2001, 78; Franke DWW 2009, 138, 140), weiter der Austausch eines einwandfreien Gasherdes gegen einen Elektroherd (LG Berlin GE 1997, 185), ein vollständiger Umbau des Hauses, der zur Beseitigung einzelner Wohnungen führt (BayObLGZ 1983, 271 = NJW 1984, 372), Probebohrungen auf einem verpachteten Grundstück (LG Stuttgart WuM 1997, 260, 261), das Abhängen der Zimmerdecken, um Leitungen zu verdecken, sowie schließlich Maßnahmen, die nur Dritten, etwa den Nachbarn, aber nicht den Mietern zugute kommen (Schmidt-Futterer/Eisenschmid Rn 75).

23 Die **rechtliche Behandlung** der Substanzverbesserungen ist umstritten (s Blank PiG 60 [2001] 79, 85 f; Emmerich PiG 16 [1984] 43, 58; Schmidt-Futterer/Eisenschmid Rn 75). Richtiger Meinung nach kann sich bei ihnen eine **Duldungspflicht** des Mieters – mangels Anwendbarkeit der §§ 555a und 555b BGB – nur im Einzelfall aus § 242 BGB ergeben, wenn ohne die Durchführung der geplanten Maßnahmen die Wirtschaftlichkeit des Grundbesitzes gefährdet oder gar dessen Verlust zu befürchten wäre und die Duldung der fraglichen Maßnahmen dem Mieter nach den Umständen des Falles zumutbar ist (BGH 23. 2. 1972 – VIII ZR 91/76, LM Nr 1 zu § 541a BGB = NJW 1972, 723; LG Göttingen ZMR 1990, 59 = WuM 1990, 205; LG Köln WuM 1993, 40; LG Berlin GE 1993, 801, 803; LG Essen WuM 1998, 278, 279; Blank PiG 60 [2001] 79, 85 f; Schmidt-Futterer/Eisenschmid Rn 75; Emmerich PiG 16 [1984] 43, 59). Von Fall zu Fall kann der Vermieter ferner nach § 573 Abs 2 Nr 3 BGB zur Kündigung berechtigt sein (s BayObLGZ 1983, 271 = NJW 1984, 372).

24 Nutznießer der baulichen Veränderungen muss die **Mieterseite** sein. Folglich fallen Maßnahmen, mit denen lediglich eine Erleichterung oder eine Kostensenkung für den **Vermieter** verbunden ist, *nicht* unter § 555b BGB, sodass es für sich genommen *keine* Verbesserungsmaßnahme darstellt, wenn eine *Koksheizung* auf Öl oder eine *Stadtgasheizung* auf Erdgas *umgestellt* wird, sofern der Betrieb dem Vermieter obliegt (KG OLGZ 1966, 149 f; LG Hamburg MDR 1974, 494 = WuM 1974, 158). Anders, wenn durch die Umstellung die *Bedienung* für den *Mieter* erleichtert oder verbilligt wird oder wenn sie zur *Einsparung* von Energie oder Wasser führt (Sternel PiG 41 [1993] 45, 49).

25 Der Gebrauchswert einer Wohnung wird auch *nicht* allein dadurch erhöht, dass die **Nutzfläche** der Wohnung **vergrößert** wird; vielmehr handelt es sich dabei um eine bloße Änderung der Mietsache, die nicht nach § 555b BGB, sondern nach § 242

BGB zu beurteilen ist (LG Berlin WuM 2019, 383; LG Kiel WuM 1977, 120 f; 1977, 125; Sternel PiG 41 [1993] 45, 49 f). Hingegen kann eine **Änderung** des **Zuschnitts** der Wohnung durchaus eine Modernisierungsmaßnahme darstellen. Beispiele sind die Zusammenfassung zu kleiner oder die Aufteilung zu großer Räume, die Öffnung gefangener Zimmer zum Flur, die Beseitigung von Dachschrägen sowie der Abschluss bisher nicht abgeschlossener Wohnungen.

3. Nachhaltigkeit

§ 555b Nr 4 BGB ist nur anwendbar, wenn die Erhöhung des Gebrauchswerts der Mietsache durch die fragliche Baumaßnahme des Vermieters zugleich „nachhaltig" ist. Die Erhöhung des Gebrauchswerts muss folglich von **Dauer** sein (s § 555b Nr 5 BGB) und **messbar**, dh objektiv ein gewisses Ausmaß aufweisen (LG Frankfurt NZM 2012, 760, 761). Es muss sich maW um eine spürbare, eindeutig feststellbare, dauerhafte, positive Veränderung, dh Erhöhung des Wohnwerts handeln, während unerhebliche, dh geringfügige oder nur vorübergehende Erhöhungen des Gebrauchswerts dem Vermieter kein Recht zur Mieterhöhung verleihen (LG Frankfurt NZM 2012, 760, 761; Sonnenschein PiG 13 [1983] 65, 72; Sternel PiG 62 [2002] 89, 97 ff = NZM 2001, 1058). An der nötigen Nachhaltigkeit einer Maßnahme fehlt es zB bei bloß vorübergehenden Maßnahmen oder zB dann, wenn sich der Vermieter darauf beschränkt, die Holzrahmen der Fenster gegen kunststoffbeschichtete Rahmen auszutauschen (LG Hamburg MDR 1978, 935) sowie bei geringfügigen Veränderungen wie zB einer geringfügigen Vergrößerung eines Balkons, durch die dem Mieter keine neuen Nutzungs- oder Gebrauchsmöglichkeiten eröffnet werden (LG Frankfurt NZM 2012, 760, 761). 26

4. Beispiele

Eine Aufzählung der wichtigsten Anwendungsfälle des heutigen § 555b Nr 4 BGB fand sich bis 1986 in **§ 4 Abs 1 ModEnG aF**. Modernisierungsmaßnahmen waren danach insbesondere Maßnahmen zur Verbesserung des Zuschnitts der Wohnung, der Belichtung und Belüftung, des Schallschutzes, der Energieversorgung, der Wasserversorgung und der Entwässerung, der sanitären Einrichtungen, der Beheizung und der Kochmöglichkeiten, der Funktionsabläufe in der Wohnung sowie der Sicherheit vor Diebstahl und Gewalt. Auch ein Anbau konnte dazu gehören, soweit er zur Verbesserung der sanitären Einrichtungen oder zum Einbau eines notwendigen Aufzugs erforderlich ist (§ 4 Abs 1 S 2 ModEnG aF). Vor allem Verbesserungen der **Heizungsanlage** sind nach wie vor in aller Regel Modernisierungsmaßnahmen iS des § 555b Nr 4 BGB (s Schmidt-Futterer/Eisenschmid Rn 148 ff; Kinne GE 2001, 1181; Franke DWW 2009, 138, 141 f). Die wichtigsten Fälle sind die Umstellung der Heizung von Einzelöfen auf eine Gasetagenheizung (LG Berlin GE 1, 933; AG Münster WuM 1996, 268) sowie insbesondere der Einbau einer **Zentralheizung** (LG Berlin ZMR 2003, 488; GE 2004, 236) oder deren Umstellung auf ein modernes System (LG Düsseldorf ZMR 1973, 81; LG Braunschweig FWW 1976, 26). Anders jedoch je nach den Umständen des Falles, wenn der Mieter zuvor selbst mit Zustimmung des Vermieters eine Gasetagenheizung eingebaut hatte, weil dann die Umstellung auf eine Zentralheizung für den Mieter in der Regel keinen Fortschritt, sondern in einzelnen Beziehungen sogar möglicherweise einen Rückschritt bedeutet (BGH 10. 10. 2012 – VIII ZR 25/12, NZM 2013, 141 = ZMR 2012, 704 = WuM 2012, 677 Tz 10; 10. 10. 2012 – VIII ZR 56/12, WuM 2012, 678 Tz 10 = ZMR 2013, 180), während bei der Ersetzung einer älteren Anlage durch eine moderne Gaszen- 27 tralheizung jedenfalls eine Maßnahme der Energieeinsparung (Nr 1 oder Nr 2 des § 555b BGB) vorliegen kann (so BGH NJW 2012, 2954 Tz 18 = NZM 2012, 679 = WuM 2012, 448). Gleich steht der Einbau einer **Warmwasserversorgungsanlage** (LG Berlin GE 1985, 141; 1989, 99; AG Hamburg WuM 1991, 30) sowie der Einbau eines Schornsteins, der den zusätzlichen Betrieb eines Kaminofens als zweiter Heizquelle ermöglicht (BGH NJW 2011, 1221 Tz 10 ff = NZM 2011, 281 = WuM 2011, 251). Weitere hierher gehörende Beispiele sind der Einbau von Handtuchheizkörpern (LG Berlin NZM 2011, 548) sowie der von Funkerfassungs- oder **Messgeräten**, wobei die Verbesserung insbesondere darin zu sehen ist, dass für die Ablesung der Geräte in Zukunft die Wohnung des Mieters nicht mehr betreten werden muss (BGH NJW 2011, 3514 Tz 24 = NZM 2011, 804 = WuM 2011, 625).

28 Eine weitere wichtige Gruppe von Beispielen umfasst die unterschiedlichsten Verbesserungen der **sanitären Einrichtungen** (zB LG Mannheim WuM 1987, 385; LG Berlin GE 2010, 908). Hierher gehören zB der Einbau eines Duschbades (LG Berlin GE 1989, 99; 1990, 255; 1992, 39; 2005, 919) sowie die Wandverkachelung des Bades und dessen Verfliesung (LG Berlin GE 1997, 1373; LG Hamburg WuM 1994, 217). Weitere Beispiele sind der Einbau einer neuen **Elektroinstallation** (KG GE 1984, 757), die Verstärkung der **Steigeleitungen** oder der **Wasserleitungen** sowie der Einbau einer Wechselsprechanlage (LG Berlin GE 2003, 1615; 2011, 388; Franke DWW 2009, 138, 141; Horst DWW 2013, 204, 208), der Einbau neuer isolierverglaster **Fenster** (LG Berlin GE 1984, 141; 1992, 101; 2011, 338; 2011, 1085; Horst DWW 2013, 204, 208), außerdem der Einbau von Zwischenwänden, Türen und Fenstern, der Anbau eines **Balkons** (BGH NZM 2011, 849 Tz 25 = WuM 2011, 676; LG Wiesbaden WuM 2003, 564, 565; LG Berlin ZMR 2004, 193; 2014, 789; GE 2015, 788), die Verlegung neuer **Fußbodenbeläge**, die Modernisierung der Beleuchtungsanlage, der Einbau eines **Fahrstuhls** (BGH NJW 2007, 3565 = NZM 2007, 882 Tz 8; NJW 2011, 1220 Tz 12 = NZM 2011, 359 = WuM 2011, 226; LG Berlin GE 2002, 930; 2011, 1555; 2015, 916; Schmidt-Futterer/Eisenschmid Rn 101 ff), die Ausstattung der Küche mit modernen **Geräten** (LG Berlin GE 1989, 99), die Verbesserung des **Schallschutzes** (LG Berlin NZM 1999, 1036) sowie schließlich die Schaffung einer abgeschlossenen Wohnung, zB durch Bau einer besonderen Treppe für den Mieter (AG Schöneberg GE 1991, 195). Gleich stehen Maßnahmen zum Schutze gegen **Diebstahl** oder Gewalt (Franke DWW 2009, 138 141), der Einbau von **Gegensprechanlagen** (BGH 17. 6. 2020 – VIII ZR 81/19, WuM 2020, 493), der Einbau von Lüftungsanlagen, der behindertengerechte oder **altersgerechte Ausbau** der Wohnung einschließlich der Flure und Treppen (Franke DWW 2009, 138, 140; Horst WuM 2014, 454, 460 ff), die Verkleidung und Überdachung des Standplatzes für die Mülltonnen (LG Berlin GE 2017, 592), die Anlage eines **Gartens** oder eines Spielplatzes sowie der Anbau einer **Terrasse** (LG Berlin WuM 2008, 85), *nicht* dagegen, wenn schon ein großer Wintergarten vorhanden ist (LG Berlin WuM 2007, 322). Die Umgestaltung einer Loggia in einen Wintergarten wurde sogar als eine über § 555b Nr 4 BGB hinausgehende Veränderung der Mietsache eingestuft (s Rn 21 f; AG Hamburg-Altona ZMR 2008, 814).

29 Unter § 555b Nr 4 BGB fällt ferner die Anbringung einer **Gemeinschaftsantenne** oder der Anschluss an das **Kabelfernsehnetz** (BGH 15. 5. 1991 – VIII ZR 38, 90, LM Nr 4 zu § 9 [Ca] AGBG = NJW 1991, 1750, 1754; NJW 2005, 2995 = NZM 2005, 697 = WuM 2005, 576; NJW 2007, 3060, 3061 Tz 27 = NZM 2007, 769; Pfeiffer, in: FS Blank [2006] 349, 356 ff; Schmidt-Futterer/Eisenschmid Rn 92, 117 ff; Franke DWW 2009, 138 142), und zwar einschließlich des Anschlusses einer Wohnanlage an ein rückkanalfähiges Breitbandkabelnetz, selbst wenn in dem betreffenden Gebiet bereits das terrestrische Digitalfernsehen eingeführt wurde, weil mit dem Anschluss auf jeden Fall erhebliche technische Verbesserungen verbunden sind (BGH NJW 2005, 2995 = WuM 2005, 576, 577 f = NZM 2005, 697). Das Vorhandensein einer Antennenanlage steht gleichfalls der Annahme einer Modernisierung in diesen Fällen nicht entgegen. Wenn freilich die Empfangsmöglichkeiten des Kabelanschlusses hinter denen der bisherigen Antennenanlage zurückbleiben, muss diese neben dem Kabelanschluss beibehalten werden (LG Tübingen ZMR 1986, 203; LG Berlin GE 1992, 1045). Da der Modernisierungsbegriff objektiv zu verstehen ist, kommt es auf die möglicherweise abweichende Beurteilung des Kabelfernsehens durch einzelne Mieter nicht an (Pfeiffer, in: FS Blank [2006] 349, 358). Ebenso unerheblich ist, ob der einzelne Mieter von dem Kabelanschluss überhaupt Gebrauch macht oder nicht (BGH NJW 2007, 3060, 3061 Rn 27 = NZM 2007, 769). Mangels Modernisierungspflicht des Vermieters besteht aber andererseits auch *kein Anspruch* eines Mieters auf Anschluss des Hauses an das Kabelnetz (AG Hamburg WuM 1990, 70). Die Entscheidung hierüber ist vielmehr allein Sache des Vermieters.

In den vorliegenden Zusammenhang gehört schließlich noch der in jüngster Zeit viel **30** diskutierte Einbau von **Rauchwarnmeldern** (s zB Kinne GE 2014, 1505; Wall ZMR 2013, 3). Diese Maßnahme fällt grundsätzlich gleichzeitig unter § 555b Nr 4 und Nr 5 BGB sowie außerdem noch unter § 555b Nr 6 BGB, wenn der Vermieter wie in aller Regel durch die Länderbauordnungen öffentlich-rechtlich zum Einbau solcher Geräte verpflichtet ist. Es spielt keine Rolle, ob der Mieter bereits selbst zuvor Rauchwarnmelder eingebaut hatte, da der Vermieter ein legitimes Interesse hat, das ganze Gebäude einheitlich mit denselben Geräten auszustatten. Bei dem Einbau handelt es sich um eine **Bagatellmaßnahme** im Sinne des § 555c Abs 4 BGB, sodass die Duldungspflicht des Mieters auch keine vorherige Ankündigung seitens des Vermieters voraussetzt (BGH 17. 6. 2015 – VIII ZR 216/14, NJW 2015, 2188 Rn 12 f = NZM 2015, 588 = WuM 2015, 497 [ebenso zuvor schon LG Halle/Saale ZMR 2014, 986]; 17. 6. 2015 – VIII ZR 290/14, NJW 2015, 2487 Rn 17 ff, 27 f = NZM 2015, 587 = WuM 3015, 498; BVerfG 8. 12. 2015 – 1 BvR 2921/15, NZM 2016, 306 = WuM 2016, 96). Die **Wartung** der Geräte ist Sache des Vermieters aufgrund seiner Erhaltungspflicht (§ 535 Abs 1 S 2 BGB); die abweichenden Bestimmungen der Länderbauordnungen, die die Wartung dem Mieter übertragen, können daran nichts ändern (Art 30 GG; Cramer ZMR 2016, 305, 306 f; str). Die **Kosten** der Wartung fallen unter § 2 Nr 17 der Betriebskostenverordnung iVm § 556 Abs 1 S 2 und S 3 BGB, auch wenn die Geräte wie häufig vom Vermieter lediglich gemietet sind (LG Magdeburg NJW 2012, 544 = NZM 2012, 305 = ZMR 2011, 957; AG Hamburg-Altona ZMR 2014, 801; Cramer ZMR 2016, 505, 510 f).

VII. Verbesserung der Wohnverhältnisse (§ 555b Nr 5)

Zu den Modernisierungsmaßnahmen im Sinne des Gesetzes zählen nach der Nr 5 **31** des § 555b BGB ferner bauliche Veränderungen, durch die die allgemeinen Wohnverhältnisse auf Dauer verbessert werden. Vorläufer der Bestimmung war § 559 Abs 1 aF (Begründung von 2012, 20), sodass unter § 555b Nr 5 BGB in Übereinstimmung mit der früheren Rechtslage auch Verbesserungen des **Umfelds der Wohnung** fallen. Unvermeidlich ist, dass auf zahlreichen Gebieten Überschneidungen insbesondere mit der Nr 4 des § 555b BGB (Erhöhung des Gebrauchswerts) bestehen. Ein Beispiel ist der Einbau von Rauchwarnmeldern, der allgemein gleichzeitig unter die Nr 4 und Nr 5 des § 555b BGB subsumiert wird (s oben Rn 30). Unzuträglichkeiten ergeben sich aus der parallelen Anwendbarkeit beider Tatbestände nicht, da das Gesetz beide in jeder Hinsicht gleich behandelt (s §§ 536 Abs 1a, 555d, 559 Abs 1 BGB).

32 Die „allgemeinen" Wohnverhältnisse iS des § 555b Nr 5 BGB stehen im Gegensatz zu den besonderen Wohnverhältnissen des einzelnen Mieters, sodass das Gesetz hier in erster Linie bauliche Veränderungen im Auge hat, die den *Mietern* (nur) *insgesamt* zugute kommen, auch wenn der *einzelne* Mieter nach seinen individuellen Verhältnissen tatsächlich davon keinen Vorteil hat (vgl auch schon Rn 20). Die Verbesserung muss zwar nach § 555b BGB abweichend von den anderen Alternativen der Vorschrift nicht nachhaltig, aber doch **von Dauer** sein; doch bedeutet dies sachlich keinen ins Gewicht fallenden Unterschied (Mersson DWW 2009, 122, 123; Sonnenschein PiG 13 [1983] 65, 72). Wohnungswirtschaftlich unsinnige Investitionen dürfen vom Vermieter auch nicht auf dem Weg über § 555b Nr 5 BGB auf den Mieter abgewälzt werden; die Maßnahmen müssen vielmehr **marktkonform** sein (§§ 241 Abs 2, 242 BGB). Ob diese Voraussetzungen vorliegen, ist ebenso wie bei § 555b Nr 4 (o Rn 18 ff) nach **objektiven Kriterien**, dh vom Standpunkt eines durchschnittlichen, vernünftigen Mieters aus zu beurteilen, wobei Maßstab allein der ursprünglich vertraglich geschuldete Zustand der Mietsache ist. Danach gehört zum Beispiel die bloße Aufstellung einer Skulptur im Garten nicht hierher (zweifelnd Mersson DWW 2009, 122, 123).

33 Eine Aufzählung von Beispielen enthielt der frühere § 4 Abs 2 ModEnG aF. Ergänzend bestimmte § 3 Abs 5 ModEnG aF, dass sich solche Maßnahmen auch auf Gebäudeteile außerhalb der Wohnung, auf zugehörige Nebengebäude, auf das Grundstück sowie auf dessen unmittelbare **Umgebung** erstrecken können, sofern sie nur zugleich den einzelnen Wohnungen zugute kommen (s Kinne ZMR 2003, 396 f; Mersson DWW 2009, 122, 123; Sonnenschein PiG 13 [1983] 65, 72; Sternel, Mietrecht Rn III 777). Das Gesetz hatte (und hat) hier folglich in erster Linie die **Anlage und** den **Ausbau der nicht öffentlichen Gemeinschaftsanlagen** von Wohnhäusern im Auge. Dahinter steht die Überlegung, dass die Erhöhung des Wohnwerts eines Hauses und seiner Umgebung durchweg auch den einzelnen Wohnungen zugute kommen wird (s § 3 Abs 5 ModEnG aF).

34 Als **Beispiele** für derartige bauliche Maßnahmen, die die allgemeinen Wohnverhältnisse verbessern, nannte früher § 4 Abs 2 ModEnG aF insbesondere die Anlage und den Ausbau von nichtöffentlichen Gemeinschaftsanlagen wie *Kinderspielplätzen*, Grünanlagen, Stellplätzen und anderen *Verkehrsanlagen* (AG Hamburg-Altona WuM 2005, 778). Ferner kommen hier zB in Betracht die Befestigung des Hofes (LG Hildesheim WuM 1985, 340), die Installierung von Müllboxen (LG Hannover WuM 1982, 83), der Anschluss an die *Kanalisation* oder an Versorgungsleitungen, der Bau von Garagen, die Errichtung einer Fahrradhalle, der Einbau einer Waschküche, eines Trockenraumes oder eines Hobbykellers, die Beleuchtung der Wege, die Beseitigung störender Nebengebäude oder Mauern (Kinne ZMR 2003, 396, 397) sowie der Einbau sonstiger Vorrichtungen zur Erhöhung der Sicherheit des Gebäudes wie zB einer einbruchhemmenden Haustür (Mersson DWW 2009, 122, 123), der Einbau von Bewegungsmeldern im Treppenhaus (BGH 17. 6. 2020 – VIII ZR 81/19, WuM 2020, 493) oder die Ersetzung eines Gasherdes durch einen Induktionsherd (AG Berlin-Schöne-

berg NZM 2017, 291; dagegen Ochs NZM 2017, 291 f). Weitere Beispiele sind die Verbesserung der Zufahrt und des Hauseingangs, der Einbau einer Gegensprechanlage (nach BGH 17. 6. 2020 – VIII ZR 81/19, WuM 2020, 493 eine Maßnahme nach § 555b Nr 4), der Bau eines Fahrradkellers sowie die Umzäunung des Grundstücks, um die Sicherheit der Anlage zu erhöhen, während die Ersetzung alter heute nicht mehr erlaubter Bleirohre durch moderne verzinkte Rohre unter § 555a BGB fällt (Lützenkirchen/Dickersbach Rn 67; Horst DWW 2013, 204, 209).

VIII. Vom Vermieter nicht zu vertretende Umstände (§ 555b Nr 6)

Nach der Nr 6 des §§ 555b BGB gehören zu den Modernisierungsmaßnahmen im Sinne des Gesetzes (§§ 555c ff, 559 BGB) weiter bauliche Veränderungen, die (vom Vermieter) aufgrund von Umständen durchgeführt werden, die er nicht zu vertreten hat und die auch keine Erhaltungsmaßnahmen nach § 555a BGB, dh keine Instandhaltungs- oder Instandsetzungsmaßnahmen sind. Der Tatbestand ist (erweitert um einen klarstellenden Hinweis auf den vorrangigen § 555a BGB) aus § 559 Abs 1 BGB aF übernommen worden, der freilich allein das Recht des Vermieters zur Mieterhöhung betraf. Einen entsprechenden Tatbestand für die Duldungspflicht des Mieters kannte das Gesetz dagegen in § 554 Abs 1 BGB aF nicht. Mit dieser Abstinenz des Gesetzgebers war bezweckt gewesen, dem Mieter in den genannten Fällen eine Berufung auf die Härteklausel (vgl jetzt § 555d Abs 2 BGB) zu verwehren, sodass für die Begründung der **Duldungspflicht** des Mieters nur der Rückgriff auf **§ 242 BGB** blieb. Umso mehr muss verwundern, dass dieser Fall jetzt doch durch das Mietrechtsänderungsgesetz von 2013 in den Katalog der nach § 555d BGB duldungspflichtigen Modernisierungsmaßnahmen aufgenommen wurde – mit der eigenartigen Folge, dass der Mieter sich jetzt im Einzelfall gegenüber seiner Duldungspflicht auf die **Härteklausel** des § 555d Abs 2 BGB berufen kann, selbst wenn der Vermieter zur Durchführung der fraglichen Maßnahmen kraft Gesetzes oder aufgrund behördlicher Anordnungen verpflichtet ist. Die Gesetzesverfasser haben diese Konsequenz gebilligt, aber hinzugefügt, dass in derartigen Fällen „den Interessen des Vermieters in aller Regel besonderes Gewicht zukommen werde" (Begründung von 2012, 20 [l Sp u], 44 f). 35

§ 555b Nr 6 HS 2 BGB stellt klar, dass **Erhaltungsmaßnahmen** im Sinne des § 555a BGB keine Modernisierungsmaßnahmen im Sinne des § 555b BGB sind, selbst wenn sie auf Umständen beruhen, die der Vermieter nicht zu vertreten hat, weil sich dann die Duldungspflicht des Mieters bereits aus § 555a BGB ergibt. Werden Erhaltungsmaßnahmen, dh Maßnahmen der Instandhaltung und der Instandsetzung im Sinne des § 535 Abs 1 S 2 BGB mit Modernisierungsmaßnahmen im Sinne des § 555b BGB verbunden (sog **Instandsetzungsmodernisierung**), so sollte zum Schutze des Mieters allein **§ 555d BGB** angewandt werden (s oben § 555a Rn 6 ff, str). 36

§ 555b Nr 6 BGB wirft vor allem die Frage auf, wann die Umstände, die zu baulichen Veränderungen geführt haben, vom Vermieter nicht zu vertreten sind. § 555b Nr 6 BGB ist eine zivilrechtliche Vorschrift, sodass für die Frage des **Vertretenmüssens** von § 276 BGB auszugehen ist. Der Vermieter hat folglich nur solche baulichen Veränderungen nicht zu vertreten, zu deren Vornahme er nach dem Vertrag nicht verpflichtet war und die er auch weder voraussehen noch vermeiden konnte, vor allem, weil sie auf technischen Änderungen oder unerwarteten gesetzlichen oder 37 behördlichen Anordnungen beruhen (Lützenkirchen/Dickersbach Rn 74; Horst DWW 2013, 204, 209). Paradigma ist der Einbau von Wasserzählern oder **Rauchwarnmeldern** aufgrund einer entsprechenden neuen, landesrechtlichen Vorschrift (s Rn 30, zB BGH NJW 2009, 839 Tz 15 = NZM 2009, 150 = WuM 2009, 124; Lützenkirchen/Dickersbach Rn 74; Horst DWW 2013, 204, 209; Wall WuM 2013, 3, 15 ff). Den Gegensatz bilden bauliche Maßnahmen, die der Vermieter bei Anwendung der nötigen Sorgfalt vermeiden oder doch voraussehen und infolgedessen von vornherein in der Miete berücksichtigen konnte. **Zu vertreten** sind daher insbesondere solche Maßnahmen, zu deren Vornahme der Vermieter aufgrund des § 535 Abs 1 BGB **vertraglich verpflichtet** ist oder die auf baupolizeilichen oder wohnungspflegerischen Anordnungen zur **Instandhaltung oder Instandsetzung** beruhen und die deshalb ausdrücklich vom Anwendungsbereich des § 555b Nr 6 BGB ausgeklammert sind (s Rn 36; ebenso schon OLG Hamburg WuM 1975, 196 = MDR 1975, 493; LG Berlin GE 1996, 131; Thomsen, Modernisierung 120 ff). Ein vertrags- oder ordnungswidriger Zustand ist vom Vermieter immer zu vertreten (§ 276 Abs 2 BGB).

38 Die Anwendung des § 555b Nr 6 BGB kommt nach dem Gesagten (o Rn 37) in erster Linie in Betracht, wenn die Notwendigkeit der Maßnahmen auf vernünftigerweise nicht voraussehbaren, nachträglichen, **gesetzlichen oder behördlichen Anordnungen** beruht. Die wichtigsten Beispiele aus der jüngsten Zeit sind neben der EnEV von 2009 die Heizkostenverordnung idF von 1989 (BGBl I 115) sowie die Heizanlagenverordnung ebenfalls idF von 1989 (BGBl I 120; s Kinne ZMR 2003, 396, 397). Denn erst durch diese Verordnungen wurden nachträglich, ohne dass dies jemand voraussehen konnte, die Ausstattung der Räume mit Geräten zur Verbrauchserfassung sowie der Einbau von Einrichtungen zur Steuerung und Regelung von Heizungsanlagen vorgeschrieben; dazu gehören sowohl zentrale Steuergeräte als auch Thermostatventile (LG Halle ZMR 2003, 35, 37; Kinne ZMR 2003, 396, 397 [1 Sp 5. Abs]; Sternel PiG 41 [1993] 45, 53; Thomsen 121). Weitere **Beispiele** sind Modernisierungsgebote aufgrund des § 177 BBauG, der gesetzlich vorgeschriebene Einbau von Kalt- oder Warmwasserzählern (s Rn 16 f) oder von Rauchwarnmeldern (s Rn 30, Rn 37), die Umstellung von Stadtgas auf Erdgas (LG Berlin GE 1995, 429, 431; 1996, 131), die Änderung von Freileitungen in Erdleitungen aufgrund behördlicher Anordnungen (Begr zum RegE BT-Drucks 7/2011, 11), der nachträgliche, gesetzlich vorgeschriebene Einbau von Sicherheitstüren in Aufzügen, idR auch der nachträgliche Anschluss an die Kanalisation (LG Wiesbaden WuM 1982, 77; LG München II WuM 1985, 66), weiter der Einbau von Grenzwertgebern in Öltanks sowie Maßnahmen aufgrund der Verschärfung von Immissionsschutzgesetzen oder aufgrund von denkmalschutzrechtlichen Anordnungen (Goliasch ZMR 1992, 129; Seitz ZMR 1993, 1). Aus der **EnEV** idF von 2009 (BGBl I 954) sind im vorliegenden Zusammenhang besonders hervorzuheben das Dämmungsgebot des § 10 Abs 3 und 4 EnEV, die Verpflichtung zur Einhaltung der in der Anlage 3 festgelegten Wärmedurchgangskoeffizienten bei größeren Änderungen an Gebäuden aufgrund des § 9 Abs 1 und 3 der Verordnung sowie die Nachrüstungspflichten für alte Anlagen aus der Zeit vor dem 1. Oktober 1978 nach § 10 der Verordnung und für Nachtspeicherheizungen aufgrund des Nutzungsverbots des § 10a EnVO (Lützenkirchen/Dickersbach Rn 76–82; Horst DWW 2013, 204, 209).

IX. Schaffung neuen Wohnraums (§ 555b Nr 7)

Als letzten Fall von Modernisierungsmaßnahmen nennt § 555b Nr 7 BGB bauliche **39** Veränderungen, durch die neuer Wohnraum geschaffen wird. Dieser Tatbestand ist „in der Sache unverändert" aus § 554 Abs 2 BGB aF übernommen worden (Begründung von 2012, 20). Bedeutung hat der fragliche Tatbestand allein im Rahmen des § 555d BGB (Duldungspflicht des Mieters). Die §§ 536 Abs 1a und 559 BGB finden dagegen im Falle der Schaffung neuen Wohnraums keine Anwendung. Anders jedoch, wenn zugleich der Tatbestand des § 555b Nr 1 BGB erfüllt ist, weil mit dem Ausbau eine energetische Modernisierung, etwa des Dachgeschosses, verbunden wird (Horst DWW 2013, 204, 210). Die praktische Bedeutung des in § 555b Nr 7 BGB geregelten speziellen Fall einer Modernisierungsmaßnahme war bisher gering.

Die Schaffung neuen Wohnraums durch bauliche Veränderungen im Sinne der Nr 7 **40** des § 555b BGB setzt voraus, dass durch die fragliche Maßnahme in dem betreffenden Gebäude, gleichgültig wie, *neuer,* bisher *nicht vorhandener Wohnraum* geschaffen wird (Franke DWW 2009, 138, 145). Der neue Wohnraum braucht nicht zur Vermietung bestimmt zu sein; es genügt, wenn der Vermieter zur Deckung seines *eigenen Wohnbedarfs* tätig wird. **Beispiele** sind die Vergrößerung vorhandener Wohnungen (AG Berlin-Pankow NZM 2008, 769), Anbauten an oder die Aufstockung von Gebäuden (Lützenkirchen/Dickersbach Rn 83), der Ausbau von Nebenräumen zu Wohnungen sowie der *Ausbau des Dachgeschosses* (LG Duisburg NZM 2000, 1000; Schmidt-Futterer/Eisenschmid Rn 153, 156). In dem zuletzt genannten Fall führt § 555b Nr 7 BGB zB dazu, dass der Mieter einer unter dem Dachgeschoß gelegenen Wohnung deren Betreten durch Handwerker oder die Verlegung von Leitungen dulden muss, soweit dies für den Dachausbau nötig ist (Begründung BT-Drucks 12 [1992] 3254, 17; LG Berlin GE 1994, 455; Franke/Geldmacher ZMR 1993, 548, 550 f). Gleich steht schließlich noch die Wiederherstellung zerstörten, nicht mehr nutzbaren Wohnraums (Schmidt-Futterer/Eisenschmid Rn 155).

Den Gegensatz zur Schaffung neuen Wohnraums bildet die Schaffung von **Gewer- 41 beraum**, bei dem sich eine Duldungspflicht des Mieters nur im Einzelfall aus § 242 BGB ergeben kann. Die bloße **Aufteilung** bereits vorhandener Wohnungen schafft gleichfalls *keinen neuen* Wohnraum, selbst wenn es sich um heute unwirtschaftliche Großwohnungen handelt (str, Lützenkirchen/Dickersbach Rn 84; anders zB Franke DWW 2009, 138, 145). Umstritten ist die Behandlung von Baumaßnahmen, die sich wie insbesondere die **Schließung von Baulücken** nicht auf bereits vorhandene Gebäudeteile oder auf Nachbargrundstücke beziehen. Häufig werden sie ebenfalls hierher gerechnet (Begr BT-Drucks 12 [1992] 3254, 17; Blank PiG 60 [2001] 79, 89; Franke DWW 2009, 138, 145; vgl auch § 16 Abs 1 Nr 1 WoFG). Richtiger Meinung nach stellen derartige besonders weitgehende Maßnahmen indessen Veränderungen der Mietsache oder allgemeine Substanzverbesserungen dar, bei denen sich eine Duldungspflicht des Mieters, sofern er durch solche Maßnahmen überhaupt betroffen sein sollte, allein im Einzelfall aus § 242 BGB ergeben kann.

§ 555c
Ankündigung von Modernisierungsmaßnahmen

(1) Der Vermieter hat dem Mieter eine Modernisierungsmaßnahme spätestens drei Monate vor ihrem Beginn in Textform anzukündigen (Modernisierungsankündigung). Die Modernisierungsankündigung muss Angaben enthalten über:

1. die Art und den voraussichtlichen Umfang der Modernisierungsmaßnahme in wesentlichen Zügen,

2. den voraussichtlichen Beginn und die voraussichtliche Dauer der Modernisierungsmaßnahme,

3. den Betrag der zu erwartenden Mieterhöhung, sofern eine Erhöhung nach § 559 oder § 559c verlangt werden soll, sowie die voraussichtlichen künftigen Betriebskosten.

(2) Der Vermieter soll den Mieter in der Modernisierungsankündigung auf die Form und die Frist des Härteeinwands nach § 555d Absatz 3 Satz 1 hinweisen.

(3) In der Modernisierungsankündigung für eine Modernisierungsmaßnahme nach § 555b Nummer 1 und 2 kann der Vermieter insbesondere hinsichtlich der energetischen Qualität von Bauteilen auf allgemein anerkannte Pauschalwerte Bezug nehmen.

(4) Die Absätze 1 bis 3 gelten nicht für Modernisierungsmaßnahmen, die nur mit einer unerheblichen Einwirkung auf die Mietsache verbunden sind und nur zu einer unerheblichen Mieterhöhung führen.

(5) Eine zum Nachteil des Mieters abweichende Vereinbarung ist unwirksam.

Materialien: § 554 BGB; Mietrechtsänderungsgesetz von 2013 (BGBl I 434); Begründung zum Regierungsentwurf, BT-Drucks 17 (2012)/10185; Ausschussbericht, BT-Drucks 17 (2012)/11894; Mietrechtsanpassungsgesetz von 2018 (BGBl I 2648); Begründung zum Regierungsentwurf, BT-Drucks 19 (2018)/4672; Ausschussbericht, BT-Drucks 19 (2018)/6153.

Schrifttum

S o bei § 555b sowie
ABRAMENKO, Modernisierungsankündigung und Duldungspflicht, ZMR 2014, 343
BÖRSTINGHAUS, Fristen bei der Modernisierung von Wohnraum, NZM 2013, 449
BUB/TREIER/SCHÜLLER, Hdb Rn III A 2674
DICKERSBACH, Bedeutung der künftigen Betriebskosten für die Modernisierungsankündigung, WuM 2013, 575
HOGENSCHURZ, Das Dilemma des vermietenden Wohnungseigentümers bei Baumaßnahmen am Gebäude, NZM 2014, 501.

Untertitel 2 · Mietverhältnisse über Wohnraum
Kapitel 1a · Erhaltungs- und Modernisierungsmaßnahmen § 555c

Systematische Übersicht

I.	Überblick, Rechtsfolgen	1	3. Mieterhöhung	10
			4. Betriebskosten	12
II.	Adressat, Form, Frist	4	5. Energieeinsparung (§ 555c Abs 3)	13
			6. Härteeinwand	14
III.	Inhalt			
1.	Art und Umfang der Modernisierungsmaßnahme	6	IV. Bagatellklausel	15
2.	Beginn und Dauer der Modernisierungsmaßnahme	9	V. Abweichende Vereinbarungen	19

I. Überblick, Rechtsfolgen

§ 555c BGB von 2013 regelt im Anschluss an § 554 Abs 3 S 1 und 3 BGB aF die **1** sogenannte Modernisierungsankündigung. Mit dem Mietrechtsanpassungsgesetz von 2018 wurden die Hinweispflichten in § 555c Abs 1 S 2 Nr 3 BGB um die zu erwartende Mieterhöhung, die im vereinfachten Verfahren nach § 559c BGB geltend gemacht werden soll, erweitert. Durch die Modernisierungsankündigung soll dem Mieter Gelegenheit gegeben werden, sich auf die bevorstehende Modernisierungsmaßnahme einzustellen und sich darüber klar zu werden, ob er den Härteeinwand des § 555d Abs 3 BGB erheben oder von seinem Sonderkündigungsrecht aufgrund des § 555e BGB Gebrauch machen soll (BGH 20. 5. 2020 – VIII ZR 55/19, WuM 2020, 485; 30. 3. 2011 – VIII ZR 173/10, NJW 2011, 1499 Tz 14; 28. 9. 2011 – VIII ZR 242/10, WuM 2011, 677 Tz 3 ff; NZM 2003, 313, 314 = NJW-RR 2003, 584; BayObLG NZM 2001, 89). Grundlage dieser Modernisierungsankündigungspflicht sind letztlich die §§ 241 Abs 2 und 242 BGB, sodass auch bei der gewerblichen Miete, selbst wenn die Parteien im Übrigen den § 555c BGB abbedungen haben (s Rn 19), von einer Modernisierungsankündigungspflicht des Vermieters auszugehen ist (BGH NZM 2003, 313, 314 = NJW-RR 2003, 584).

Das Gesetz versteht nach § 555c Abs 1 S 1 BGB unter einer Modernisierungsan- **2** kündigung die Ankündigung eine Modernisierungsmaßnahme im Sinne des § 555b BGB gegenüber dem Mieter spätestens drei Monate vor deren Beginn in Textform. Den Inhalt der **Modernisierungsankündigung** oder schlicht: Mitteilung regelt § 555c Abs 1 Nrn 1–3 BGB im Anschluss an § 554 Abs 3 S 1 BGB aF.

Eine Regelung der **Rechtsfolgen** von Verstößen des Vermieters gegen seine Mittei- **3** lungspflicht aufgrund des § 555c BGB findet sich *partiell* in § 555d Abs 3 S 2 und in § 559b Abs 2 S 2 Nr 1 und Nr 2 BGB. Die wichtigste gesetzlich geregelte Rechtsfolge ist danach – ebenso wie schon unter dem früheren Recht – die Verschiebung der Fälligkeit der erhöhten Miete um 6 Monate (BGH NJW 2007, 3565 = NZM 2007, 882 Tz 12 = WuM 2007, 630; 2. 3. 2011 – VIII ZR 164/10, NJW 2011, 1220 Tz 14 f = NZM 2011, 359 = WuM 2011, 226). Die Einzelheiten sind umstritten (s Abramenko ZMR 2014, 343; Hau NZM 2014, 809; Lehmann-Richter NZM 2011, 572). Für den Regelfall wird im Anschluss an die Rechtsprechung zur früheren Rechtslage (s BGH 28. 9. 2011 – VIII ZR 242/10, NJW 2011, 1499 = NZM 2011, 849 Rn 19 = WuM 2011, 677) angenommen, dass die **Duldungspflicht** des Mieters jedenfalls bei gravierenden Verstößen des Vermieters gegen seine Ankündigungspflicht aus § 555c BGB **nicht fällig** wird. **Ausnahmen** werden insbesondere mit Rücksicht auf § 559b Abs 2 S 2 BGB für Verstöße gegen § 555c Abs 1 Nr 3 BGB, für Verstöße gegen § 555c Abs 2 BGB (s § 555d Abs 5 BGB) sowie für Verstöße gegen § 555c Abs 3 BGB diskutiert (Schmidt-Futterer/Eisenschmid § 555c Rn 66 f; Hau NZM 2014, 809, 811 f; Bub/Treier/Schüller, Hdb Rn III A 2688; Lützenkirchen/Dickersbach § 555c Rn 57 f). Maßgebend sollte letztlich sein, ob der Mieter durch einen Fehler in der Modernisierungsankündigung überhaupt in irgendeiner Hinsicht in seinen Rechten tangiert sein kann. Fehlt es daran, zB bei Fehlern der Ankündigung mit Bezug auf weit entfernte Bauteile, so bleibt die Duldungspflicht des Mieters als Folge der Ankündigung erhalten (§ 242 BGB; zutreffend Hau NZM 2014, 809, 811 f). Bei schuldhaften Verstößen des Vermieters gegen die Ankündigungspflicht kommen **Schadensersatzansprüche** des Mieters in Betracht, wenn er etwa mit Rücksicht auf die angekündigten angeblichen, umfangreichen Maßnahmen des Vermieters ohne Not kündigt (§ 555e BGB) und auszieht (§ 280 Abs 1 BGB; Abramenko ZMR 2014, 343; Schmidt-Futterer/Eisenschmid § 555c Rn 67; Bub/Treier/Schüller, Hdb Rn III A 2689; Lützenkirchen/Dickersbach § 555c Rn 61 ff). Auf der anderen Seite macht sich der **Mieter** ebenfalls **schadensersatzpflichtig**, wenn er trotz rechtzeitiger und vollständiger Ankündigung der Modernisierungsmaßnahmen die nunmehr fällige Duldung der Maßnahmen weiter verzögert (§§ 280, 286 BGB; AG Wedding GE 1984, 927).

II. Adressat, Form, Frist

4 Die Modernisierungsankündigung muss von allen **Vermietern** ausgehen und an sämtliche Mieter gerichtet sein. Wird für den Vermieter ein **Vertreter** tätig, zB eine Hausverwaltung, so ist § 174 BGB entsprechend anzuwenden (Schmidt-Futterer/Eisenschmid Rn 10; Lützenkirchen/Dickersbach Rn 15). Im Falle der **Veräußerung** des vermieteten Grundstücks (§ 566 BGB) ist der Erwerber zur Modernisierungsankündigung erst nach seiner Eintragung im Grundbuch befugt; er kann jedoch vom Vermieter schon vorher zur Modernisierungsankündigung **ermächtigt** werden (BGH NJW 2008, 1218 = NZM 2008, 283, 285 Tz 26; Dittert GE 2000, 590; Kinne GE 2001, 1181, 1182). Die Modernisierungsankündigung muss grundsätzlich allen **Mietern** zugehen (§ 130 BGB). Der Zugang bei nur *einem von mehreren* Mietern allein reicht nur dann aus, wenn sich die Mieter gegenseitig zum Empfang derartiger Erklärungen des Vermieters bevollmächtigt haben, wofür auch Vollmachtsklauseln in Formularverträgen ausreichen. **Ändert** der Vermieter später seine Pläne, so ist eine erneute Modernisierungsankündigung erforderlich, zB wenn statt der angekündigten Gaszentralheizung später eine Ölzentralheizung eingebaut wird (Kinne GE 2001, 1181, 1182 mwNw).

5 Für die Modernisierungsankündigung genügt die **Textform des § 126b BGB**, sodass die Modernisierungsankündigung auch auf elektronischem Wege (E-Mail oder Fax) erfolgen kann, jedoch in jedem Fall die Person des Erklärenden, der die Verantwortung für den Inhalt der Modernisierungsankündigung trägt, erkennbar machen muss (s Kinne GE 2001, 1181, 1184; Schmidt-Futterer/Eisenschmid Rn 22; sowie allg Staudinger/Hertel [2017] § 126a Rn 44 ff). Eine Aufteilung der Modernisierungsankündigung auf **mehrere Schreiben** dürfte genügen, wenn jedes Schreiben auf die vorherigen Bezug nimmt, um die nötige Einheitlichkeit der Modernisierungsankündigung sicherzustellen, und außerdem die Dreimonatsfrist gewahrt wird (LG Hamburg NZM 2001, 332; Sternel PiG 62 [2002] 89, 108 = NZM 2001, 1058; anders Schmidt-Futterer/Eisenschmid Rn 9, 15).

Die Ankündigung muss **spätestens drei Monate** vor Beginn der Modernisierungs- 5a
maßnahme dem Mieter zugehen (§§ 555c Abs 1 S 1, 130 BGB). Bei dieser Frist
handelt es sich um eine **Mindestfrist** (s § 555c Abs 1 S 1 BGB: „… spätestens."),
sodass die Modernisierungsankündigung auch früher als drei Monate vor Beginn der
Maßnahmen erfolgen kann. Der Ankündigung darf der **zeitliche Bezug zur Maßnahme** nicht fehlen. Das Interesse des Vermieters an der Planungssicherheit spricht für
die Möglichkeit eines längeren Zeitraums zwischen Ankündigung und Beginn der
Umsetzung der Maßnahme. Die gesetzliche Regelung der Mieterrechte spricht für
aber für eine zeitliche Obergrenze. Diese wird bei einer Ankündigung mehr als ein
Jahr vor dem geplanten Beginn sicherlich überschritten sein (vgl § 559d Nr 1 BGB).
Wenn durch eine Ankündigung ca 1 Jahr vor geplantem Beginn nur die Frist des
Art 229 § 49 EGBGB gewahrt und eine Mieterhöhung nach § 559 BGB aF ermöglicht werden soll, ist die Ankündigung nicht mehr ordnungsgemäß im Sinne der
Überleitungsvorschrift (OLG München 15. 10. 2019 – MK 1/19, NZM 2019, 933 n rkr; LG Berlin
1. 9. 2020 – 67 S 108/20, NZM 2020, 799). Die Frist wird vom Beginn der Arbeiten nach
Maßgabe der §§ 187 und 188 BGB zurückgerechnet. Für die **Wahrung** der Frist
kommt es auf den Zugang der Modernisierungsankündigung bei dem Mieter an
(§ 130 BGB). Nicht maßgebend sind bloße Vorbereitungsmaßnahmen, soweit sie
keine Auswirkungen auf den vertragsgemäßen Gebrauch des Mieters haben. Der
Beginn der Modernisierungsmaßnahme im Sinne des § 555c Abs 1 S 1 BGB kann
vielmehr erst angenommen werden, wenn mit Baumaßnahmen begonnen wird,
durch die der vertragsgemäße Gebrauch des Mieters tangiert wird, sodass sich
überhaupt erstmals die Frage der Duldungspflicht des Mieters stellt (Schmidt-Futterer/Eisenschmid Rn 17); alle anderen vorausgehenden Maßnahmen, die den Mieter
überhaupt nicht berühren, zB Vorbereitungsmaßnahmen auf demselben oder anderen Grundstücken, lösen keine Duldungspflicht des Mieters aus und brauchen daher
auch nicht die Mieter angekündigt zu werden. Der Mieter ist durch § 555c Abs 5
BGB nicht gehindert, nachträglich im Einzelfall auf die Einhaltung der Frist zu
verzichten, da mit der Frist allein sein Schutz bezweckt ist (Palandt/Weidenkaff
Rn 26).

III. Inhalt

1. Art und Umfang der Modernisierungsmaßnahme

Der Vermieter muss dem Mieter nach § 555c Abs 1 S 2 Nr 1 BGB als erstes „die Art 6
und den voraussichtlichen Umfang der Modernisierungsmaßnahme in wesentlichen
Zügen" mitteilen. Mit Art und Umfang der Maßnahme sind deren **Gegenstand** und
die zu erwartenden **Auswirkungen** auf die Wohnung des Mieters gemeint. Wie
konkret diese Angaben sein müssen, war und ist umstritten (s einerseits sehr streng
Schmidt-Futterer/Eisenschmid Rn 32 ff, andererseits deutlich großzügiger Lützenkirchen/
Dickersbach Rn 22 ff). In der Praxis sind zumal früher zum Schutze des Mieters
vielfach **hohe Anforderungen** an die Genauigkeit und Ausführlichkeit der Modernisierungsankündigung gestellt worden (s Blank PiG 60 [2001] 79, 95; Kinne GE 2001, 1181,
1183 f; Sternel PiG 62 [2002] 89, 105 ff). Geht es um den Einbau einer neuen **Heizung**, so
wurden zB oft genaue Angaben über die Anzahl, die Bauart, die Heizleistung und
den Ort der Aufstellung der Heizkörper, den Verlauf der Rohre sowie über die
vermutlichen zusätzlichen Heizkosten, nach Möglichkeit unter Beifügung genauer
Baupläne, gefordert (LG Hamburg WuM 1990, 18; 1992, 121; LG Berlin ZMR 1992, 546, 597;

1992, 546; GE 2010, 694; 2013, 486; LG Nürnberg-Fürth WuM 1993, 670). Entsprechendes sollte für den Einbau eines **Bades** (AG Gelsenkirchen WuM 1995, 480; AG Köpenick GE 2009, 1054), für die Modernisierung der **Fenster** (LG Berlin GE 2011, 108) oder für den Anschluss des Gebäudes an das **Kabelfernsehnetz** gelten (s Pfeiffer, in: FS Blank [2006] 349, 361 f).

7 Diese hohen Anforderungen an die Ausführlichkeit der Modernisierungsankündigung hatten indessen im Ergebnis nicht die Billigung des BGH gefunden, weil dem Vermieter dadurch ohne Not sinnvolle Modernisierungen erschwert würden (BGH 20. 5. 2020 – VIII ZR 55/19, WuM 2020, 485; 28. 9. 2011 – VIII ZR 242/10, NZM 2011, 849 Tz 28 ff = WuM 2011, 677; Hinz NZM 2012, 777, 778). Die Verfasser des Mietrechtsänderungsgesetzes von 2013 haben deshalb in § 555c Abs 1 S 2 Nr 1 BGB hinzugefügt, dass in der Modernisierungsankündigung lediglich Angaben über Art und Umfang der Maßnahmen **„in wesentlichen Zügen"** erforderlich sind (s die Begründung von 2012, 20; kritisch Hinz NZM 2012, 777, 782; Horst MDR 2013, 189, 190).

8 Gleichwohl will offenbar ein Teil des Schrifttums nach Möglichkeit zum Schutze des Mieters an der skizzierten, zum Teil sehr strengen früheren Rechtsprechung zu § 554 BGB aF (s Rn 6) festhalten (insbesondere Schmidt-Futterer/Eisenschmid Rn 32 ff). Dagegen sprechen indessen gleichermaßen die Lockerungstendenzen in der Rechtsprechung des BGH (s BGH 28. 9. 2011 – VIII ZR 242/10, NZM 2011, 849 Tz 28 ff = WuM 2011, 677) wie die erklärte *Liberalisierungsabsicht* des Gesetzgebers von 2013 (s Rn 7, ebenso Lützenkirchen/Dickersbach Rn 22 ff). In dieselbe Richtung weisen die zusätzlichen Erleichterungen, die speziell Abs 3 der Vorschrift für die Ankündigung energiesparender Modernisierungsmaßnahmen nach § 555b Nr 1 und 2 BGB bringt (u Rn 13). Der erforderliche Inhalt der Modernisierungsankündigung richtet sich nach dem Informationsbedürfnis des Mieters. Der Mieter soll die Modernisierungsmaßnahme beurteilen und überprüfen lassen können und er soll eine ausreichende Grundlage für seine Entscheidung, wie er auf die Ankündigung reagiert, haben (vgl BGH 20. 5. 2020 – VIII ZR 55/19, WuM 2020, 485). Die Ankündigungspflicht soll aber das Recht des Vermieters, Modernisierungsmaßnahmen durchzuführen nicht einschränken. Es muss folglich *nicht jede Einzelheit* der beabsichtigten Maßnahme beschrieben und *jede mögliche Auswirkung* mitgeteilt werden (BGH 28. 9. 2011 – VIII ZR 242/10, NZM 2011, 849 Rn 29 = WuM 2011, 677); es genügt vielmehr, wenn der Mieter erfährt, in welcher Weise die *Wohnung* durch die fragliche Maßnahme *verändert* wird und wie sich diese Maßnahme auf den Mietgebrauch einschließlich etwaiger Verwendungen des Mieters sowie auf die Höhe der Miete auswirken wird (BGH 28. 9. 2011 – VIII ZR 242/10, NZM 2011, 849 Rn 30 = WuM 2011, 677). Bei einer energetischen Sanierung soll die Ankündigung ihm auch die Überprüfung ermöglichen, ob die beabsichtigte Maßnahme zu einer Energieeinsparung führen wird (BGH 20. 5. 2020 – VIII ZR 55/19, WuM 2020, 485; 18. 12. 2019 – VIII ZR 332/18, WuM 2020, 80; BGH 18. 12. 2019 – VIII ZR 332/18, WuM 2020, 80). Der Mieter soll die **Zielrichtung** der Maßnahmen verstehen können und erkennen können, was auf ihn zukommt (LG Berlin GE 2017, 175, 176 f; LG München I ZMR 2009, 453, 454 f).

8a Noch geringere Anforderungen an die Modernisierungsankündigung als bei Maßnahmen mit Bezug auf die Wohnung des Mieters gelten bei Maßnahmen **außerhalb der Wohnung** wie zB bei dem Einbau eines Fahrstuhls (LG Hamburg ZMR 2009, 208). Im Falle des Anschlusses des Gebäudes an das **Fernwärmenetz** einer Stadt reicht bereits die bloße Ankündigung dieser Tatsache, weil sich schon daraus die Einsparung von Primärenergie ergibt, ohne dass es zusätzlich erforderlich wäre, auf das Ausmaß der Einsparung im Einzelnen einzugehen (s Rn 18 f; LG Hamburg NZM 2006, 536 Nr 4). Eine komplizierte und dem Laien ohnehin nichtssagende Wärmebedarfsrechnung ist daher entbehrlich. Auf der anderen Seite verbleibt es aber dabei, dass die Ankündigung nicht den Anforderungen des § 555c Abs 1 S 2 Nr 1 BGB genügt (und deshalb auch nicht die Duldungspflicht des Mieters auslöst, s Rn 3), wenn die Ankündigung auf einem falschen Grundriss und auf ebenso fehlerhaften Angaben über die Wohnungsausstattung beruht (LG Berlin WuM 2015, 670, 672).

2. Beginn und Dauer der Modernisierungsmaßnahme

Nach § 555c Abs 1 S 2 Nr 2 BGB sind ferner der voraussichtliche Beginn und die voraussichtliche Dauer der Modernisierungsmaßnahmen mitzuteilen. Diese Angaben müssen ebenfalls so **genau** sein, wie es spätestens drei Monate vor Beginn der Maßnahmen möglich ist, sodass bloße ungefähre Angaben wie zB „im Sommer" oder Angaben über den „umgehenden" oder „baldigen" Beginn der Maßnahmen *nicht* genügen (LG Berlin GE 2011, 1085; LG Hamburg WuM 2005, 60; BLANK PiG 60 [2001] 79, 95; SCHMIDT-FUTTERER/EISENSCHMID Rn 37 ff; LÜTZENKIRCHEN/DICKERSBACH Rn 30 ff; KINNE GE 2001, 1181, 1183 f; STERNEL PiG 62 [2002] 89, 108 f). Übertriebene Anforderungen sind auf der anderen Seite auch hier fehl am Platze (o Rn 7 f); auszugehen ist vielmehr davon, dass die Angaben über Beginn und Dauer der Maßnahmen in erster Linie die Aufgabe haben, dem Mieter eine möglichst exakte Zeitplanung zu ermöglichen. Deshalb sollte es ausreichen, wenn dem Mieter mitgeteilt wird, in welcher **Kalenderwoche** mit dem Beginn der Maßnahmen zu rechnen ist und bis zu welcher Kalenderwoche sie vermutlich dauern werden (AG Berlin-Mitte GE 2004, 1234, 1235), während exakte Angaben zum Zeitpunkt und zur Abfolge der einzelnen Arbeiten und Arbeitsschritte entbehrlich sind (BGH 28. 9. 2011 – VIII ZR 242/10, NZM 2011, 849 Rn 32 = WuM 2011, 677; D BEYER GE 2009, 944, 947 f). **Verzögern** sich die **Maßnahmen**, so ist eine erneute Modernisierungsankündigung erforderlich (LG Berlin GE 1989, 415, 417; LÜTZENKIRCHEN/DICKERSBACH Rn 30), außer wenn die Verzögerung allein auf der gerichtlichen Durchsetzung des Duldungsanspruchs des Vermieters beruht (LG Berlin GE 1994, 455). Bei **mehreren** getrennten **Gewerken** sind die genannten Angaben für jedes einzelne der Gewerke erforderlich (AG Berlin-Mitte GE 2005, 1133; str), da auch die Duldungspflicht des Mieters in derartigen Fällen getrennt für jede einzelne Maßnahme zu beurteilen ist (D BEYER GE 2009, 944, 949 f).

3. Mieterhöhung

Mitzuteilen sind schließlich noch nach der Nr 3 des § 555c Abs 1 S 2 BGB der Betrag der zu erwartenden Mieterhöhung, sofern eine Erhöhung nach § 559 BGB verlangt werden soll, sowie die voraussichtlichen künftigen Betriebskosten (zu letzteren s unten Rn 12 f). Diese beiden Posten bleiben freilich bei der Abwägung im Rahmen der Härteklausel des § 555d Abs 2 BGB außer Betracht und sind nur bei der Prüfung der Mieterhöhung nach § 559 Abs 4 und 5 BGB zu berücksichtigen (§ 555d Abs 2 S 2 BGB). Jedoch **verschiebt** sich die **Fälligkeit** der Mieterhöhung nach § 559b Abs 2 Nr 1 BGB um sechs Monate, wenn die Modernisierungsankündigung nicht den Anforderungen des § 555c Abs 1 BGB entspricht, sowie nach der Nr 2 der genannten Vorschrift, wenn die tatsächliche Mieterhöhung nach § 559 BGB die angekündigte um mehr als 10 % übersteigt. Unberührt bleiben die §§ 280 und 276 BGB, sodass eine schuldhaft falsche Prognose den Vermieter **schadensersatzpflichtig** macht, vorausgesetzt, dass dem Mieter überhaupt ein Schaden entstanden ist, – woran es häufig fehlen wird (§§ 280 Abs 1, 249 BGB; Schmidt-Futterer/Eisenschmid Rn 53; Lützenkirchen/Dickersbach Rn 61 ff; Hinz NZM 2012, 777, 782 f).

11 Die Ankündigung der geplanten Mieterhöhung muss so **genau** wie spätestens drei Monate vor Beginn der Maßnahmen möglich sein; die Anforderungen der Praxis schwanken. In der Mehrzahl der Fälle wurde es bisher *nicht* als ausreichend angesehen, wenn bezüglich der Mieterhöhung nur eine *Spanne* oder ein Prozentsatz genannt wird; vielmehr muss der **neue Endbetrag** der Miete möglichst genau **beziffert** werden, gegebenenfalls unter Hinzufügung des Betrags, um den sich der Endbetrag äußerstenfalls noch erhöhen oder ermäßigen kann (vgl LG Fulda NJW-RR 1992, 658 f = ZMR 1992, 393 = WuM 1992, 243; Lützenkirchen/Dickersbach Rn 37; Kinne GE 2001, 1181, 1184). Jedoch ist eine Mieterhöhung von vornherein nur mitzuteilen, wenn später tatsächlich eine **Mieterhöhung** nach § 559 BGB **verlangt** werden soll (§ 555c Abs 1 S 2 Nr 3 BGB). Andernfalls genügt die kurze Mitteilung der fehlenden Absicht zur Mieterhöhung, woran der Vermieter dann gebunden ist (§ 242 BGB; BayObLG NJW-RR 2001, 300 = NZM 2001, 89 f). Hinsichtlich der dann immer noch theoretisch möglichen Mieterhöhung nach **§ 558 BGB** besteht ohnehin *keine* Ankündigungspflicht (BGH NJW 2008, 3630 = NZM 2008, 883 Tz 13, 15). Davon zu unterscheiden ist der Fall, dass der Vermieter lediglich versäumt, auf die Mieterhöhung in der Modernisierungsankündigung hinzuweisen. In diesem Fall ist von § 559b Abs 2 Nr 1 BGB auszugehen (bloße Verschiebung der Fälligkeit der Mieterhöhung um sechs Monate). Es handelt sich maW hier um einen der Ausnahmefälle, in denen ein Verstoß gegen die Ankündigungspflicht des § 555c BGB nichts an der Fälligkeit der Duldungspflicht des Mieters ändert (s Rn 3). Überhaupt keine Mitteilungspflicht besteht schließlich hinsichtlich der **Kosten**, die sich für den Vermieter aus den Modernisierungsmaßnahmen ergeben, etwa noch unter Aufschlüsselung auf die einzelnen Wohnungen, schon, weil den Mieter nur die Auswirkungen auf die Miete interessieren (LG Fulda NJW-RR 1992, 658 f = ZMR 1992, 393 = WuM 1992, 243; aM LG Berlin WuM 1991, 164).

4. Betriebskosten

12 In der Modernisierungsankündigung sind seit 2013 nach § 555c Abs 1 S 2 Nr 3 HS 2 BGB außerdem die voraussichtlichen künftigen Betriebskosten mitzuteilen. Es geht dabei einmal um die voraussichtlichen Auswirkungen der geplanten Modernisierungsmaßnahme auf schon bisher auf den Mieter umgelegte Betriebskosten, zum anderen um neue Betriebskosten als Folge der Modernisierungsmaßnahme, zB nach Einbau eines neuen Fahrstuhls (s dazu Rn 12a). Was zunächst den ersten Fall – **Entwicklung bei den bisher bereits umgelegten Betriebskosten** – angeht, so wird § 555c Abs 1 Nr 3 BGB überwiegend so verstanden, dass die Auswirkungen auf die, dh auf *alle* möglicherweise betroffenen Betriebskosten mitzuteilen sind, selbst wenn sich bei ihnen tatsächlich gar nichts ändern wird (LG Berlin GE 2015, 727). Hinsichtlich der Genauigkeit der Mitteilung ist zu bedenken, dass die Entwicklung und die absolute Höhe der Betriebskosten stets wesentlich von dem Verhalten des Mieters, der nicht vorhersehbaren Entwicklung der Energiepreise sowie einer Fülle weiterer weithin unbekannter Faktoren abhängt (s schon Sternel PiG 62 [2002] 89, 107; dagegen aber Kinne GE 2001, 1181, 1184; Pfeiffer, in: FS Blank 349, 362), sodass man von dem Vermieter insoweit nur eine **grobe**

Schätzung anhand von Durchschnitts- und Erfahrungswerten verlangen kann, die dem Mieter gewisse erste Anhaltspunkte von dem vermitteln sollen, was auf ihn möglicherweise zukommt (Lützenkirchen/Dickersbach Rn 36; Hinz NZM 2012, 777, 782 f). Besondere Bedeutung hat diese Angabe bei Modernisierungsmaßnahmen mit dem Zweck der Energieeinsparung (§ 555b Nr 1 und 2 BGB). Gerade hier sind zwar einerseits möglichst genaue Angaben über die zu erwartende (oder besser: erhoffte) Senkung der Betriebskosten erforderlich, um dem Mieter die Pflicht zur Duldung dieser Maßnahmen plausibel zu machen (Schmidt-Futterer/Eisenschmid Rn 57 ff; Lützenkirchen/Dickersbach Rn 27 ff, 39). Je strenger die Anforderungen der Gerichte insoweit an die Genauigkeit und Ausführlichkeit der Modernisierungsankündigung sind, desto schwieriger wird freilich auf der anderen Seite für den Vermieter die Anfertigung einer dem Gesetz entsprechenden Modernisierungsankündigung (s Horst MDR 2013, 189, 190; Zehelein WuM 2012, 418, 419), sodass hier jeweils eine sorgfältige Abwägung der widerstreitenden Interessen der Parteien geboten ist. Lediglich dann, wenn eine **Bruttomiete** vereinbart ist, entfällt wohl nach Sinn und Zweck der Regelung ganz die Ankündigungspflicht des Vermieters hinsichtlich der Auswirkungen einer Modernisierungsmaßnahme auf die Betriebskosten (str).

Besonders schwierige Fragen wirft der zweite Fall, die **Entstehung neuer Betriebskosten** infolge der Modernisierungsmaßnahmen, auf. Richtiger Meinung nach können derartige neue Betriebskosten freilich nur auf den Mieter umgelegt werden, wenn sich dieser damit im Mietvertrag oder später ausdrücklich oder konkludent *einverstanden* erklärt hat, sonst nicht (§§ 311 Abs 1 und 559 BGB). § 555c Abs 1 S 2 Nr 3 BGB gibt dem Vermieter kein Recht zur Einführung neuer Betriebskosten, und sei es auch im Rahmen der Modernisierung des Gebäudes (str). **12a**

5. Energieeinsparung (§ 555c Abs 3)

Eine Erleichterung der Anforderungen an eine Modernisierungsankündigung ergibt sich aus der Vorschrift des § 555c Abs 3 BGB. Danach kann der Vermieter in der Ankündigung für eine Modernisierungsmaßnahme nach § 555b Nr 1 und 2 BGB insbesondere hinsichtlich der energetischen Qualität von Bauteilen auf **allgemein anerkannte Pauschalwerte** Bezug nehmen. Die Gesetzesverfasser haben diese eigenartige Regelung damit begründet, dass bei den genannten Maßnahmen grundsätzlich die **erstrebte Energieeinsparung** in der Ankündigung genannt werden müsse, deren Berechnung indessen häufig schwierig sei; deshalb solle der Vermieter befugt sein, auf allgemein anerkannte Pauschalwerte insbesondere für die *Wärmedurchgangskoeffizienten* in Regelwerken wie der Bekanntmachung des Bundesministers für Verkehr, Bau und Stadtentwicklung vom 30. Juli 2009 über „Regeln der Datenaufnahme und Datenverwendung im Wohngebäudebestand" Bezug zu nehmen (Begründung von 2012, 20 f; LG Berlin GE 2015, 1162; Schmidt-Futterer/Eisenschmid § 555c Rn 59, § 559b Rn 25; Hinz NZM 2013, 209, 227; Lützenkirchen/Dickersbach § 555c Rn 28). **13**

6. Härteeinwand

In den Ausschussberatungen ist der Inhalt der Modernisierungsankündigung nach dem Vorbild des § 568 Abs 2 BGB noch um einen Hinweis auf Form und Frist des Härteeinwands nach § 555d Abs 3 S 1 BGB erweitert worden. Der Hinweis muss eindeutig und klar und darf nicht verwirrend sein (LG Berlin GE 2015, 323). Bei einem **14**

Verstoß des Vermieters (nur) gegen diese Hinweispflicht entfällt lediglich die Frist des § 555d Abs 3 S 1 BGB für die Erhebung des Härteeinwands (§ 555d Abs 5 S 1 BGB), wodurch die Rechtsstellung des Mieters verbessert werden sollte (Börstinghaus NZM 2013, 449).

IV. Bagatellklausel

15 Die Pflicht des Vermieters zur Modernisierungsankündigung *entfällt* nach der Bagatellklausel des § 555c Abs 3 BGB (= § 554 Abs 3 S 3 BGB aF), wenn es sich um Maßnahmen handelt, die nur mit einer unerheblichen Einwirkung auf die Mietsache verbunden sind *und* nur zu einer unerheblichen Mieterhöhung führen. *Beide* Voraussetzungen müssen folglich zusammentreffen, wenn die Bagatellklausel eingreifen soll, sodass der Anwendungsbereich der Bagatellklausel bislang schmal war (LG Köln NZM 2005, 741; 2005, 742; Beispiele s Rn 17).

16 Erste Voraussetzung ist, dass mit der fraglichen Maßnahme nur eine **unerhebliche Einwirkung** auf die vermieteten Räume verbunden ist. Dies wird lediglich bei ganz unbedeutenden Maßnahmen angenommen, durch die der normale Lebensablauf in den Räumen des Mieters nicht nennenswert gestört wird (LG Köln NZM 2005, 741; 2005, 742; Schmidt-Futterer/Eisenschmid § 555c Rn 63; Lützenkirchen/Dickersbach § 555c Rn 55). Hinzukommen muss außerdem noch, dass mit der Maßnahme nur eine **unerhebliche Mieterhöhung** verbunden ist. Überwiegend wird der Begriff **objektiv**, nicht subjektiv, etwa bezogen auf die wirtschaftliche Situation des Mieters verstanden, wobei jedoch umstritten ist, ob der Begriff relativ, bezogen auf die bisherige Miete, oder absolut zu begreifen ist. Zum Teil wird darauf abgestellt, ob die Mieterhöhung **relativ mehr als 5 %** der bisherigen Miete beträgt (LG Berlin ZMR 1987, 337; WuM 1987, 386; LG Detmold WuM 1990, 121; AG Rheine WuM 2008, 491 f; s Börstinghaus WuM 2009, 282; Lützenkirchen/Dickersbach Rn 56; Röder NJW 1983, 2665, 2667; Pfeiffer, in: FS Blank 349, 359 f; Sternel MDR 1983, 267). Nach anderen soll es dagegen darauf ankommen, ob die Mieterhöhung **absolut mehr als 5 bis 10 €** monatlich beträgt (LG Berlin ZMR 1987, 337 = WuM 1987, 386; AG Charlottenburg GE 1991, 255; Schmidt-Futterer/Eisenschmid Rn 61). Maßgebend kann nach Treu und Glauben nur das Verhältnis der Mieterhöhung zu der bisherigen Miete sein. Zu Recht wird deshalb auch bei der gewerblichen Miete (§ 578 Abs 2 S 1 BGB) die **relative Grenze von 5 %** bevorzugt (LG Köln NZM 2005, 741 f; 2005, 742 f).

17 Beispiele für Bagatellfälle im Sinne des § 555c Abs 3 BGB sind der verbreitete Einbau von Rauchwarnmeldern (s im Einzelnen § 555b Rn 30), weiter der Einbau eines Wasserzählers mit einer Mieterhöhung von rund 3 € (BGH NJW 2011, 1499 Tz 18 = NZM 2011, 358 = WuM 2011, 293), die bloße Auswechselung der Heizkörperventile (LG Berlin GE ZMR 1986, 444), der Einbau einer Klingelanlage (AG Charlottenburg GE 1989, 683), idR der Anschluss der Wohnung an das Breitbandkabelnetz (AG Hamburg WuM 1990, 498 f; Pfeiffer, in: FS Blank 349, 360) sowie bloße Maßnahmen an der Fassade, dem Treppenhaus oder den Außenanlagen (o Rn 16; LG Köln NZM 2005, 741; 2005, 742). Dagegen gelten die Verlegung mehrerer Rohre, die drei Tage dauern soll (LG Berlin GE 1986, 609; 1991, 1151), sowie die Verkleidung von Steigeleitungen schon nicht mehr als bloße Bagatellmaßnahmen (LG Berlin GE 1990, 763). Ebenso ist es zu beurteilen, wenn mehrere für sich genommen an sich unbedeutende Maßnahmen miteinander verbunden werden (AG Tiergarten GE 1991, 153).

Umstritten ist, ob es jenseits der Bagatellklausel des § 555c Abs 3 BGB noch weitere **18** Ausnahmen von der Pflicht zur vorherigen Ankündigung von Modernisierungsmaßnahmen gibt, insbesondere für solche Maßnahmen, die wie zB eine neue Wärmedämmung der Fassade den **Mieter nicht** unmittelbar **betreffen** (so LG Berlin GE 1996, 415). Dies kommt jedoch nur in Betracht, wenn nach der Art der Maßnahmen eine Mieterhöhung von vornherein nicht zu erwarten ist, Anders dagegen in jedem Fall, wenn die Folge der Maßnahmen eine **Mieterhöhung** für den Mieter sein kann, weil unter dieser Voraussetzung die Modernisierungsankündigung unentbehrlich ist (LG Berlin GE 1986, 1121 = ZMR 1987, 337; Blank PiG 60 [2001] 79, 96; Kinne GE 2001, 1181, 1184), sofern nicht im Einzelfall die Bagatellklausel des § 555c Abs 3 BGB eingreift (s Rn 15 f).

V. Abweichende Vereinbarungen

Nach § 555c Abs 5 BGB sind (nur) bei der **Wohnraummiete** von § 555c Abs 1 bis 4 **19** BGB zum Nachteil des Mieters abweichende Vereinbarungen unwirksam. Weder durch Individualvereinbarung noch durch Formularvertrag kann somit im Voraus bei Modernisierungsmaßnahmen im Sinne des § 555b BGB auf eine Modernisierungsankündigung entsprechend § 555c BGB verzichtet werden. Ebenso wenig möglich ist eine Einschränkung der Anforderungen an eine Modernisierungsankündigung über den gesetzlichen Rahmen der Abs 1 bis 4 des § 555c BGB hinaus. Unbedenklich sind dagegen **Erweiterungen** der Mieterrechte, zB durch die Verlängerung der Ankündigungsfrist, durch strengere Formanforderungen an die Ankündigung sowie durch die Erweiterung der jeweils mitzuteilenden Tatsachen. Bei der **gewerblichen Raummiete** sind in jeder Hinsicht abweichende Vereinbarungen möglich (§ 578 Abs 2 S 2 BGB; s schon o Rn 1).

§ 555d
Duldung von Modernisierungsmaßnahmen, Ausschlussfrist

(1) Der Mieter hat eine Modernisierungsmaßnahme zu dulden.

(2) Eine Duldungspflicht nach Absatz 1 besteht nicht, wenn die Modernisierungsmaßnahme für den Mieter, seine Familie oder einen Angehörigen seines Haushalts eine Härte bedeuten würde, die auch unter Würdigung der berechtigten Interessen sowohl des Vermieters als auch anderer Mieter in dem Gebäude sowie von Belangen der Energieeinsparung und des Klimaschutzes nicht zu rechtfertigen ist. Die zu erwartende Mieterhöhung sowie die voraussichtlichen künftigen Betriebskosten bleiben bei der Abwägung im Rahmen der Duldungspflicht außer Betracht; sie sind nur nach § 559 Absatz 4 und 5 bei einer Mieterhöhung zu berücksichtigen.

(3) Der Mieter hat dem Vermieter Umstände, die eine Härte im Hinblick auf die Duldung oder die Mieterhöhung begründen, bis zum Ablauf des Monats, der auf den Zugang der Modernisierungsankündigung folgt, in Textform mitzuteilen. Der Lauf der Frist beginnt nur, wenn die Modernisierungsankündigung den Vorschriften des § 555c entspricht.

(4) Nach Ablauf der Frist sind Umstände, die eine Härte im Hinblick auf die Duldung oder die Mieterhöhung begründen, noch zu berücksichtigen, wenn der Mieter

ohne Verschulden an der Einhaltung der Frist gehindert war und er dem Vermieter die Umstände sowie die Gründe der Verzögerung unverzüglich in Textform mitteilt. Umstände, die eine Härte im Hinblick auf die Mieterhöhung begründen, sind nur zu berücksichtigen, wenn sie spätestens bis zum Beginn der Modernisierungsmaßnahme mitgeteilt werden.

(5) Hat der Vermieter in der Modernisierungsankündigung nicht auf die Form und die Frist des Härteeinwands hingewiesen (§ 555c Absatz 2), so bedarf die Mitteilung des Mieters nach Absatz 3 Satz 1 nicht der dort bestimmten Form und Frist. Absatz 4 Satz 2 gilt entsprechend.

(6) § 555a Absatz 3 gilt entsprechend.

(7) Eine zum Nachteil des Mieters abweichende Vereinbarung ist unwirksam.

Materialien: § 554 BGB; Mietrechtsänderungsgesetz von 2013 (BGBl I 434); Begründung zum Regierungsentwurf, BT-Drucks 17 (2012)/10185; Ausschussbericht, BT-Drucks 17 (2012)/11894.

Schrifttum: S bei §§ 555a bis 555c.

Systematische Übersicht

I.	Überblick	1
II.	Duldungspflicht	3
III.	Härteklausel	
1.	Interessenabwägung (§ 555d Abs 2 S 1)	5
2.	Beteiligte	6
3.	Härtegründe	10
IV.	Ausschlussfrist	13
V.	Aufwendungsersatz, Vorschuss	
1.	Aufwendungen	18
2.	Vorschuss	21
VI.	Abweichende Vereinbarungen	23
VII.	Prozessuales	
1.	Einstweilige Verfügung	26
a)	des Vermieters	26
b)	des Mieters	27
2.	Beweislast	29
3.	Streitwert	30

Alphabetische Übersicht

Abwägung	5 ff
Abweichende Vereinbarungen	23 ff
Aufwendungsersatz	18 ff
Ausschlussfrist	13 f
Beweislast	213
Duldungspflicht	3 ff
Einstweilige Verfügung	26 f
Härteeinwand	5 ff
– Beispiele	10 ff
– Beteiligte	6 ff
– Interessenabwägung	5 ff
– Mieterinteressen	8
– öffentliche Interessen	9
– Umstände, maßgebliche	10 ff

– Vermieterinteressen	7	Verfügung, einstweilige	26 f
Hinweispflicht	17	Vorschuss	21
Mitwirkungspflicht	4	Zumutbarkeit	5 ff
Streitwert	30		

I. Überblick

§ 555d BGB von 2013 regelt im Anschluss an § 554 Abs 2 BGB aF die Pflicht des **1** Mieters zur Duldung von Modernisierungsmaßnahmen des Vermieters im Sinne des § 555b BGB. Die Regelung gilt entsprechend für die gewerbliche Miete (§ 578 Abs 2 S 2 BGB). Grundsatz ist ebenso wie früher die *Duldungspflicht* des Mieters (§ 555d Abs 1 BGB). Eine Ausnahme besteht nur unter den engen Voraussetzungen der *Härteklausel* des § 555d Abs 2 S 1 BGB, sofern eine umfassende Interessenabwägung ergibt, dass ausnahmsweise die Interessen des Mieters und der ihm gleichstehenden Personen an dem Unterbleiben der Modernisierungsmaßnahme das Interesse des Vermieters an der Durchführung der Maßnahme überwiegen. Anders als früher bleiben jedoch bei der Interessenabwägung die finanziellen Auswirkungen der Modernisierungsmaßnahme in Gestalt einer Erhöhung der Miete (§ 559 BGB) oder der Betriebskosten außer Betracht; sie werden erst bei der Prüfung der Zumutbarkeit der *Mieterhöhung* für den Mieter berücksichtigt (§§ 555d Abs 2 S 2, 559 Abs 4 BGB; vgl BGH 9. 10. 2019 – VIII ZR 21/19 Tz 22, NJW 2020, 835). Der Mieter hat außerdem einen Aufwendungsersatzanspruch (§ 555d Abs 6 iVm § 555a Abs 3 BGB) sowie ein Sonderkündigungsrecht nach § 555e BGB. Dagegen ist das Minderungsrecht des Mieters (nur) bei Modernisierungsmaßnahmen nach § 555b Nr 1 BGB für die Dauer von drei Monaten ausgeschlossen (§ 536 Abs 1a BGB; s dazu STAUDINGER/V EMMERICH § 536 Rn 10a f).

Neuerung stellt die Einführung verschiedener **Ausschlussfristen** für die Erhebung des **2** **Härteeinwands** dar. Bezweckt ist damit, dem Vermieter möglichst schnell Klarheit darüber zu verschaffen, ob er die geplanten Modernisierungsmaßnahmen durchführen kann oder, möglicherweise sogar auf unbestimmte Zeit, aufschieben muss (Begründung von 2012, 21). Zu diesem Zweck bestimmt zunächst Abs 3 des § 555d BGB eine *Ausschlussfrist für die Mitteilung der Härtegründe* seitens des Mieters, die mit Zugang einer ordnungsmäßigen Modernisierungsankündigung nach § 555b BGB zu laufen beginnt und maximal zwei Monate beträgt. Nach Ablauf der Frist ist der Mieter mit Härtegründen grundsätzlich ausgeschlossen, außer wenn er ohne Verschulden an der rechtzeitigen Geltendmachung gehindert war (vgl § 556 Abs 3 S 6 BGB). Eine *weitere Ausschlussfrist* ergibt sich für den Härteeinwand bei *Mieterhöhungen* (§ 559 Abs 4 BGB) aus § 555d Abs 4 S 2 BGB. Schließlich ist in den Ausschussberatungen noch die Regelung des § 555d Abs 5 BGB hinzugefügt worden. Sie ist die Konsequenz der Einführung einer besonderen *Hinweispflicht* des Vermieters hinsichtlich Form und Frist des *Härteeinwands* bereits in der Modernisierungsankündigung durch § 555c Abs 2 BGB (s § 555c Rn 14; Ausschussbericht von 2012, 32). Bei einem Verstoß des Vermieters gegen diese Hinweispflicht entfällt die Ausschlussfrist für den Härteeinwand aufgrund des § 555d Abs 3 BGB (§ 555d Abs 5 S 1 BGB); es bleibt aber bei der zweiten Ausschlussfrist in Gestalt des Beginns der Modernisierungsmaßnahmen, soweit es um den Härteeinwand gegenüber Mieterhöhungen geht (§ 555d Abs 5 S 1 iVm Abs 4 S 2 BGB und § 559 Abs 4 BGB). Die ganze Regelung ist zugunsten des Mieters zwingend (§ 555d Abs 7 BGB).

II. Duldungspflicht

3   Modernisierungsmaßnahmen iS des § 555b BGB hat der Mieter nach § 555d Abs 1 BGB grundsätzlich zu dulden. Etwas anderes gilt nach S 2 des § 555d Abs 2 BGB nur dann, wenn die Maßnahme für ihn, seine Familie oder einen anderen Angehörigen seines Haushalts eine Härte bedeutete, die auch unter Würdigung der berechtigten Interessen sowohl des Vermieters als auch anderer Mieter in dem Gebäude sowie von Belangen der Energieeinsparung und des Klimaschutzes nicht zu rechtfertigen ist (s Rn 5 ff). Bei der danach erforderlichen **Abwägung** waren früher nach S 3 des § 554 Abs 2 BGB aF „insbesondere" die vorzunehmenden Arbeiten, die baulichen Folgen der Maßnahmen, vorausgegangene Aufwendungen des Mieters sowie die zu erwartende Erhöhung der Miete (s § 559 BGB) zu berücksichtigen. Diese **Aufzählung von Abwägungsgründen** ist im Jahre 2013 gestrichen worden, um die Norm „sprachlich zu straffen"; eine sachliche Änderung der Regelung war damit nicht bezweckt, sodass die genannten Gründe – freilich mit einer wesentlichen Ausnahme – bei der Abwägung weiterhin zu beachten sind (so die Begründung von 2012, 21 [r Sp u]). Jedoch bleiben anders als früher (nur) die zu erwartende Mieterhöhung sowie die künftigen Betriebskosten hier außer Betracht; sie werden erst bei der Prüfung der Zumutbarkeit der Mieterhöhung nach § 559 Abs 4 BGB unter bestimmten Voraussetzungen berücksichtigt (§ 555d Abs 2 S 2 BGB).

4   Der **Umfang** der Duldungspflicht ist derselbe wie bei den Erhaltungsmaßnahmen des § 555a Abs 1 BGB (s deshalb o § 555a Rn 9 ff; Schmidt-Futterer/Eisenschmid Rn 6 ff; Lützenkirchen/Dickersbach Rn 22 f). Grundsätzlich wird somit vom Mieter nicht mehr erwartet, als sich **passiv zu verhalten** sowie dem Vermieter und den vom Vermieter beauftragten Leuten den **Zutritt** zu seinen Räumen zu gewähren. Eine **Mitwirkungspflicht** des Mieters besteht nicht (LG Berlin GE 2014, 938; 2016, 725, 727). Werden mitvermietete Anlagen oder Einrichtungen durch andere ersetzt, so muss der Mieter auch dies im Regelfall hinnehmen. Anders nur im Einzelfall nach Treu und Glauben, wenn die ersetzte Einrichtung oder Anlage noch zusätzliche Funktionen erfüllen kann (Schmidt-Futterer/Eisenschmid Rn 8). Der Mieter hat auch einen Anspruch darauf, dass Einrichtungen mit der gleichen Funktion wieder geschaffen werden (zu Rollläden AG München 22. 3. 2019 – 473 C 22571/18, ZMR 2019, 693). Wenn die Räume **untervermietet** sind, kann der Vermieter vom Mieter fordern, dass der Mieter notfalls vom Untermieter Duldung der Maßnahmen wiederum nach Maßgabe des § 555d BGB verlangt (Schmidt-Futterer/Eisenschmid Rn 11). Der Vermieter hat dagegen selbst bei umfangreichen Modernisierungsmaßnahmen **kein Kündigungsrecht** gegenüber dem Mieter nach § 573 Abs 1 oder Abs 2 Nr 3 BGB (LG Frankfurt WuM 1995, 441); § 555d Abs 1 BGB reicht aus. Der Mieter hat jedoch ein **Zurückbehaltungsrecht**, bis der Vermieter seiner Vorschusspflicht aufgrund des § 555d Abs 6 BGB iVm § 555a Abs 4 BGB nachgekommen ist (§ 273 Abs 1 BGB; s im Einzelnen unten Rn 21).

4a   Der Vermieter kann **Dritte**, zB einen Architekten oder Handwerker **bevollmächtigen**, in seinem Namen die Duldung der Baumaßnahmen von dem Mieter zu verlangen (BGH 13. 2. 2008 – VIII ZR 105/07, NJW 2008, 1218 = NZM 2008, 283, 285 Rn 26 = WuM 2008, 219). Hat der Vermieter das Grundstück veräußert, so kann er den Käufer außerdem bereits vor dessen Eintragung im Grundbuch **ermächtigen**, von dem Mieter im eigenen Namen die Duldung der von ihm, dem Käufer geplanten Modernisierungsmaßnahmen zu fordern und den Duldungsanspruch notfalls durch Klage im Wege der Prozessstandschaft durchzusetzen (s Staudinger/V Emmerich § 566 Rn 32; BGH 13. 2. 2008 – VIII ZR 105/07, NJW 2008, 1218 = NZM 2008, 283, 285 Tz 13, 26 = WuM 2008, 219; Horst ZMR 2009, 655, 660). In jedem Fall trifft den Vermieter aber weiterhin die Pflicht, für eine **zügige Durchführung** der Arbeiten im Interesse des Mieters zu sorgen (§§ 241 Abs 2, 242, 278, 280 Abs 1 BGB; BGH 13. 2. 2008 – VIII ZR 105/07, NJW 2008, 1218 = NZM 2008, 283, 285 Rn 28). Der Vermieter ist grundsätzlich nicht verpflichtet, die angekündigten Maßnahmen überhaupt durchzuführen. Er kann dem Mieter aber zur Leistung von Schadensersatz verpflichtet sein, insbesondere wenn dieser von seinem Sonderkündigungsrecht aus § 555e BGB Gebrauch macht (BGH 30. 5. 2017 – VIII ZR 199/16, NJW 2017, 2907). Eine Pflichtverletzung des Vermieters wird nach § 559d Nr 1 BGB vermutet.

III. Härteklausel

1. Interessenabwägung (§ 555d Abs 2 S 1)

Die Duldungspflicht des Mieters (o Rn 3 f) gegenüber Modernisierungsmaßnahmen des Vermieters entfällt nach § 555d Abs 2 S 1 BGB nur, wenn die fragliche Maßnahme für den Mieter, seine Familie oder einen anderen Angehörigen seines Haushalts (u Rn 8) eine **Härte** bedeutete, die auch unter Würdigung der berechtigten Interessen des Vermieters und anderer Mieter in dem Gebäude nicht zu rechtfertigen ist. Entscheidend ist maW, ob die **Duldung** der fraglichen Modernisierungsmaßnahmen gerade für den **Mieter** oder die ihm gleichstehenden Personen ausnahmsweise **unzumutbar** ist. Da es insoweit allein auf die Situation des *Mieters* und der ihm gleichstehenden anderen Personen ankommt, handelt es sich bei der Härteklausel der Sache nach um ein *subjektiv gefärbtes Korrektiv* zu dem rein objektiv zu verstehenden Modernisierungsbegriff des § 555b BGB (Horst WuM 2014, 454, 465 f). Die Folge dieser die Situation gerade des betroffenen Mieters in den Vordergrund rückenden Betrachtungsweise ist freilich, dass die Frage der Unzumutbarkeit von Modernisierungsmaßnahmen immer nur im Einzelfall aufgrund einer umfassenden **Interessenabwägung** beurteilt werden kann (ebenso BGH 24. 9. 2008 – VIII ZR 275/07, NJW 2008, 3630 = NZM 2008, 883, 885 Rn 30 ff = WuM 2008, 667, 670; 31. 12. 2012 – VIII ZR 126/11, NJW 2013, 223 Rn 25 ff = NZM 2013, 122 = WuM 2013, 37, 39; Emmerich PiG 16 [1984] 43, 52 ff; 33 [1991] 55, 63 ff; Horst WuM 2014, 454, 465 f; Lützenkirchen/Dickersbach Rn 24 ff; Schmidt-Futterer/Eisenschmid Rn 18 ff). Das gilt umso mehr als seit 2013 bei der Abwägung auf der Seite des *Vermieters* auch die Belange der Energieeinsparung und des Klimaschutzes zu berücksichtigen sein sollen (s dazu Rn 9), während auf der Seite des *Mieters* die finanziellen Auswirkungen der fraglichen Maßnahmen in Gestalt einer Erhöhung der Miete nach § 559 BGB oder der Betriebskosten außen vor bleiben (§ 555d Abs 2 S 1 und 2 HS 1 BGB). Das Gesetz hatte früher noch hinzugefügt, dass bei der Abwägung „insbesondere die vorzunehmenden Arbeiten, die baulichen Folgen (und) die vorausgegangenen Aufwendungen des Mieters" zu berücksichtigen sind (§ 554 Abs 2 S 3 BGB aF). Diese **Abwägungsgründe** sind – trotz ihrer Streichung aus sprachlichen Gründen – nach wie vor zu berücksichtigen (s Rn 3). Die **Beweislast** für das Vorliegen der maßgeblichen Umstände trägt der Mieter (s Rn 29; BGH 13. 2. 2008 – VIII ZR 105/07, NJW 2008, 1218 = NZM 2008, 283, 284 Tz 16 = WuM 2008, 219).

2. Beteiligte

6 Auszugehen ist bei der Interessenabwägung (o Rn 5) nach § 555d Abs 2 S 1 BGB von den **Interessen des Vermieters**, denen bei einer Wohnungseigentumsanlage die der anderen Wohnungseigentümer gleichstehen (Lützenkirchen/Dickersbach Rn 26; Schmidt-Futterer/Eisenschmid Rn 61; vgl § 15 Nr 2 WEG). Gemeint ist das von der Rechtsordnung mit § 555b, 555d und § 559 BGB prinzipiell als förderungswürdig anerkannte Interesse des Vermieters (und der anderen Eigentümer) an der Verbesserung der von ihnen am Markt angebotenen Räume, um wettbewerbsfähig zu bleiben (BGH NJW 2005, 2995, 2996 = NZM 2005, 697 = WuM 2005, 576); ausgenommen ist lediglich das bloße Interesse des Vermieters an einer Mieterhöhung.

7 Nach § 555d Abs 2 S 1 BGB sollen auf der Seite des Vermieters außerdem die **Interessen anderer Mieter** (nur) desselben Gebäudes zu berücksichtigen sein. Diese Regelung bedeutet *nicht* etwa, dass bei einer Mehrheit von Mietern **Mehrheitsentscheidungen** in der Lage wären, eine Duldungspflicht aller Mieter zu begründen (str; s Lützenkirchen/Dickersbach Rn 26; Schmidt-Futterer/Eisenschmid Rn 62; Schopp ZMR 1983, 105). Ihre Bedeutung beschränkt sich vielmehr darauf sicherzustellen, dass bei der ohnehin erforderlichen umfassenden Interessenabwägung (in Ausnahmefällen) auch die Interessen der anderen Mieter Berücksichtigung finden, und zwar zugunsten des *Vermieters*. Nahe liegende **Beispiele** sind das Interesse der großen Mehrheit der Mieter in einem mehrstöckigen Mehrfamilienhaus an dem Einbau eines Fahrstuhls oder einer Zentralheizung oder das Interesse der Mieter an der Ersetzung aller alten Fenster in einem Haus im Interesse der einheitlichen Gestaltung der Fassade.

8 Auf der Seite des **Mieters** sind neben seinen eigenen Interessen nach § 555d Abs 2 S 1 BGB auch die seiner **Familie** und anderer **Angehöriger seines Haushalts** zu berücksichtigen. Gemeint sind damit außer Ehegatten und Kindern alle ihm nahestehenden Personen, die zusammen mit ihm einen Hausstand in der fraglichen Wohnung bilden, also etwa die Partner nichtehelicher Lebensgemeinschaften, Pflegekinder oder die Kinder des Lebenspartners (vgl § 16 Abs 2 WoFG; s die Begr zum RegE BT-Drucks 14/4553, 37, 49; Schmidt-Futterer/Eisenschmid Rn 48 ff). Nicht erforderlich ist, dass die genannten Personen *dauerhaft* dem Haushalt des Mieters angehören, sodass hier (ausnahmsweise) auch die Interessen der *Mitarbeiter* des Mieters oder häufiger *Besucher* Berücksichtigung finden können (Sternel PiG 62 [2002] 89, 101 f = NZM 2001, 1058; enger Lützenkirchen/Dickersbach Rn 28). Es genügt außerdem, wenn die fraglichen Maßnahmen nur **für eine** dieser Personen **unzumutbar** ist. Dasselbe gilt bei einer **Mehrheit** von Mietern (Schmidt-Futterer/Eisenschmid Rn 51).

9 Die bei der Interessenabwägung zu berücksichtigenden Umstände sollen seit der Reform von 2013 außerdem nach der neuen Vorschrift des § 555d Abs 2 S 1 BGB bestimmte **öffentliche Interessen** umfassen, nämlich (nur) die Belange der **Energieeinsparung** und des **Klimaschutzes** (s dazu die Begründung von 2012, 21). Das ist in einer privatrechtlichen Vorschrift, die das Verhältnis zwischen gleichberechtigten Vertragspartnern regelt, ein nur schwer zu rechtfertigender Systembruch (anders Lützenkirchen/Dickersbach Rn 22, 63). Die bei der Abwägung zu berücksichtigenden öffentlichen Interessen führen indessen nicht dazu, dass jede Modernisierung, die der Energieeinsparung dient, von dem Mieter hinzunehmen ist. Im Einzelfall ist insbesondere das Maß der Verbesserung von Bedeutung. Je schlechter der Zustand des Gebäudes und der Haustechnik ist, desto eher ist eine Modernisierung für den Mieter zumutbar.

3. Härtegründe

Wie schon ausgeführt (s Rn 5), lässt sich die Frage, ob die Modernisierungsmaßnahmen für den Mieter (oder die gleichstehenden anderen Personen) eine nicht zu rechtfertigende, dh unzumutbare Härte iS des § 555d Abs 2 S 1 BGB bedeuten, nur aufgrund einer umfassenden **Interessenabwägung** beantworten, bei der ganz unterschiedliche Umstände Bedeutung erlangen können. Das Gesetz hebt insoweit in § 555d Abs 2 S 1 BGB auf der Seite des *Vermieters* heute nur noch die Belange des Klimaschutzes und der Energieeinsparung hervor (dazu schon oben Rn 9), während es andererseits in § 555d Abs 2 S 2 BGB auf der Seite des *Mieters* die Berücksichtigung der zu erwartenden Mieterhöhung und der voraussichtlichen künftigen Betriebskosten ausschließt. Eine Reihe weiterer sog Härtegründe, die das Gesetz früher auf der Seite des Mieters aufzählte, wurde außerdem 2013 „aus sprachlichen Gründen" gestrichen. Es waren dies „insbesondere" die vorzunehmenden Arbeiten (s Rn 11), die baulichen Folgen (s Rn 12) sowie die vorausgegangenen Aufwendungen des Mieters (s Rn 12a). Es besteht aber Übereinstimmung, dass die genannten Härtegründe nach wie vor bei der erforderlichen Interessenabwägung auf der Seite des Mieters ins Gewicht fallen können (s im Einzelnen Rn 11–12a). **10**

Nach § 554 Abs 2 S 2 BGB aF konnte die Duldungspflicht des Mieters zunächst wegen der **mit den vorzunehmenden Arbeiten verbundenen Beeinträchtigungen** für ihn oder die gleichstehenden Personen (o Rn 8) entfallen (§ 554 Abs 2 S 3 BGB aF). Wie bereits ausgeführt (s Rn 11), hat sich daran in der Sache trotz der Streichung dieses Härtegrundes 2013 nichts geändert. Es ist weiterhin in erster Linie zu prüfen, ob infolge der Beeinträchtigungen, die mit der Art und Weise, der Dauer, dem Umfang und dem Ort der Modernisierungsarbeiten verbunden sind, die Durchführung der Maßnahmen für den Mieter oder seine Angehörigen eine nicht mehr hinnehmbare Härte darstellt. Besonderes Gewicht kommt dabei der voraussichtlichen **Dauer** der Modernisierungsmaßnahmen zu. Es ist einem Mieter kaum zuzumuten, für viele Monate oder sogar für eine längere Zeit als ein Jahr seine Wohnung aufgeben zu müssen, um dem Vermieter Modernisierungsmaßnahmen zu ermöglichen (LG Berlin WuM 2015, 486; NJW 2016, 2582 = NZM 2016, 721 = GE 2016, 725, 726; Eisenschmid NZM 2016, 724). Einen Ausweg für den Vermieter weist hier lediglich der Abschluss einer Modernisierungsvereinbarung mit dem Mieter aufgrund des § 555f BGB (s Rn 18; ein Beispiel in BGH 22. 6. 2010 – VIII ZR 192/09, WuM 2010, 565, 566). Auch der **Zeitpunkt** der Maßnahmen spielt eine Rolle. Unzumutbar ist zB ein Fensteraustausch ausgerechnet im Winter oder während einer akuten Erkrankung des Mieters (Schmidt-Futterer/Eisenschmid Rn 24). Ebenso verhält es sich, wenn infolge der zu erwartenden Verschmutzung oder wegen des Baulärms die erhebliche **Verschlimmerung einer Erkrankung** des Mieters oder einer der anderen geschützten Personen ernsthaft zu besorgen ist und ihnen auch ein vorübergehender, anderwei- **11** tiger Aufenthalt nicht zugemutet werden kann (AG Hamburg WuM 1988, 359; AG Wedding GE 1986, 561, 563). Ist im Falle der Räumung der Wohnung zur Durchführung von Modernisierungsmaßnahmen das **Leben** des Mieters (oder einer der gleichstehenden Personen) akut **bedroht**, so entfällt die Duldungspflicht überhaupt (BVerfG WuM 1992, 106, 107), während es auf der anderen Seite einem Mieter, der sich im Examen befindet, ohne Weiteres zugemutet werden kann, während weniger Tage in der Bibliothek zu arbeiten (AG Köln WuM 1990, 388; str).

12 Bei der Interessenabwägung müssen entsprechend dem früheren § 554 Abs 2 S 3 BGB aF weiter die **baulichen Folgen** der Modernisierungsmaßnahme berücksichtigt werden, dh insbesondere also die Folgen der Maßnahmen für den *Zuschnitt und die Gestaltung* der Wohnung. Diese Auswirkungen stellen zB dann eine besondere Härte für den Mieter oder seine Familie dar, wenn die Wohnfläche (LG Frankfurt WuM 1986, 138), die Zahl der Räume oder die Raumeinteilung (LG Hamburg WuM 1989, 174) so verändert werden, dass die Wohnung fortan den Bedürfnissen des Mieters nicht mehr gerecht wird, wenn die Modernisierungsmaßnahme maW zur Folge hat, dass die Räume in Zukunft schlechter als bisher für den dem Mieter geschuldeten vertragsgemäßen Gebrauch geeignet sind (Lützenkirchen/Dickersbach Rn 30 f; Schmidt-Futterer/Eisenschmid Rn 31 ff). Ebenso wird es sich häufig verhalten, wenn die Wohnung einer jungen Familie mit kleinen Kindern alters- oder behindertengerecht umfänglich umgebaut werden soll; das braucht ein Mieter in der Regel nicht hinzunehmen (Horst WuM 2014, 454, 465 ff). Dagegen steht die bloße Versetzung einer Trennwand um 40 cm der Zumutbarkeit von Modernisierungsmaßnahmen in aller Regel nicht entgegen (LG Berlin GE 1990, 255).

12a Zu berücksichtigen sind schließlich noch die Auswirkungen der Modernisierungsmaßnahmen auf **vorausgegangene Aufwendungen des Mieters** (§ 554 Abs 2 S 3 BGB aF), weil für den Mieter, der die Räume bereits selbst vor kurzem auf eigene Kosten modernisiert hatte, entsprechende nachfolgende Modernisierungsmaßnahmen des Vermieters eher eine Härte bedeuten können als für andere Mieter. Maßgebend sind die Umstände des Einzelfalls, wobei es vor allem darauf ankommt, ob der Vermieter den Maßnahmen des Mieters zugestimmt hatte, welches Gewicht sie hatten und ob sie inzwischen abgewohnt sind; dabei gilt idR ein Betrag in Höhe einer Jahresmiete als in vier Jahren abgewohnt (LG GE 2011, 57, 58; Lützenkirchen/Dickersbach Rn 32 ff; Schmidt-Futterer/Eisenschmid Rn 37 ff; Sternel NZM 2001, 1058).

12b **Weitere** mögliche **Härtegründe**, dh Umstände, die je nach den Umständen des Falles für den Mieter eine Duldung von Modernisierungsmaßnahmen als unzumutbar erscheinen lassen können, sind das Alter und der Gesundheitszustand des Mieters, dessen Belastung durch besondere Umstände oder ein unmittelbar bevorstehender Umzug des Mieters, der es rechtfertigen kann, den Beginn der Modernisierungsarbeiten kurzfristig aufzuschieben (Degen WuM 1983, 278; Schmidt-Futterer/Eisenschmid Rn 44 ff; Sternel NZM 2001, 1058), sowie bei einer freiberuflichen Praxis (§ 578 Abs 2 S 2 BGB) eine existenzbedrohende Situation, weil infolge der umfangreichen Modernisierungsmaßnahmen die Praxis des Mieters längere Zeit völlig geschlossen werden muss, sodass ein Verlust sämtlicher Mandanten droht (BGH 31. 12. 2012 – VIII ZR 126/11, NJW 2013, 223 Tz 25 ff). Eine Duldungspflicht des Mieters ist ferner zB zu verneinen, wenn die vom Vermieter beauftragten Handwerker für ihn nicht zumutbar sind, etwa, weil er ihnen zuvor nach einem Streit ein Hausverbot erteilt hatte

(AG Hamburg-Blankenese ZMR 2007, 866, 868). Als grundsätzlich **zumutbar** gilt dagegen der **Anschluss an das Breitbandkabelnetz** (BGH 27. 7. 2005 – VIII ZR 153/04, NJW 2005, 2995) sowie der Anschluss an ein aus Anlagen der Kraft-Wärme-Koppelung gespeistes **Fernwärmenetz** (BGH 24. 9. 2008 – VIII ZR 275/07, NJW 2008, 3630 = NZM 2008, 883, 885 Tz 30 ff).

IV. Ausschlussfrist

Bei der Anwendung der §§ 555c, 555d und 559 BGB müssen verschiedene Fristen unterschieden werden (s STAUDINGER/V EMMERICH [2021] § 559 Rn 31 und Rn 41 f sowie BÖRSTINGHAUS, Hdb Kap 15 Rn 151–159; ders NZM 2013, 449; ders NZM 2014; 689, 693). Die erste dieser Fristen ist die **Dreimonatsfrist des § 555c Abs 1 BGB**. Die Duldungspflicht des Mieters wird danach nur fällig, wenn der Vermieter die Modernisierungsmaßnahme ordnungsmäßig drei Monate vor Beginn der Maßnahme dem Mieter in Textform angekündigt hatte (§ 555c Abs 1 BGB; s oben § 555c Rn 3). Diese Frist beginnt mit Zugang der Modernisierungsankündigung bei dem Mieter (s § 555c Rn 5). Durch den Zugang der ordnungsmäßigen, dh dem § 555c BGB entsprechenden Modernisierungsankündigung bei dem Mieter wird außerdem eine **Monatsfrist** für die Geltendmachung der sachlichen Härtegründe des § 555d Abs 1 S 1 BGB und der persönlichen Härtegründe im Sinne des § 559 Abs 3 BGB ausgelöst. Das folgt aus § 555d Abs 3 S 1 BGB, nach dem der Mieter dem Vermieter die Umstände, auf die er einen persönlichen oder sachlichen Härteeinwand stützen will, bis zum Ablauf des Monats, der auf den Zugang der Modernisierungsankündigung folgt, in Textform mitzuteilen hat. Der Lauf der Ausschlussfrist beginnt jedoch nur, wenn die Modernisierungsankündigung des Vermieters dem § 555c BGB entspricht (§ 555d Abs 3 S 2 BGB). Versäumt der Mieter diese Frist, so ist er mit neuen Härteeinwänden grundsätzlich ausgeschlossen (§ 559 Abs 5 S 1 BGB); anders verhält es sich nur, wenn er ohne Verschulden an der Einhaltung der Frist gehindert war *und* er dem Vermieter die Umstände, dh den neuen Härteeinwand sowie die Gründe der Verzögerung unverzüglich mitteilt (§ 555d Abs 4 S 1 BGB). Weitere Besonderheiten gelten nach § 555d Abs 4 S 2 und Abs 5 BGB sowie nach § 559 Abs 5 BGB für den persönlichen Härteeinwand bei einer Mieterhöhung nach § 559 BGB (s Rn 15) sowie bei einem Verstoß des Vermieters gegen die Hinweispflicht des § 555c Abs 2 BGB (s Rn 17).

13

Die **Ausschlussfrist** des § 555d Abs 3 S 1 BGB für die Geltendmachung von **Härtegründen beginnt** mit Zugang der ordnungsgemäßen, dh dem § 555c BGB entsprechenden Modernisierungsankündigung und **endet** mit Ablauf des auf den Zugang der Ankündigung folgenden Monats, bei einem Zugang der Modernisierungsankündigung im Januar also Ende Februar. Die Frist ist gewahrt, wenn der Mieter innerhalb dieser Frist dem Vermieter die Gründe mitteilt, auf die er einen Härteeinwand nach § 555d Abs 3 BGB stützen will, und zwar so konkret, dass der Vermieter die mit der beabsichtigten Modernisierung für ihn mit Rücksicht auf die Härteeinwände des Mieters verbundenen Risiken abzuschätzen vermag (BÖRSTINGHAUS NZM 2014, 689, 693). Erforderlich ist der Zugang der Mitteilung zumindest in Textform (§ 126b BGB) vor Ablauf der Frist bei dem Vermieter (§ 130 BGB), in dem Beispiel also bis zum 28. Februar 24 Uhr. Es spielt keine Rolle, ob der Mieter die Mitteilung in einem einzigen Schreiben vornimmt oder auf mehrere Schreiben aufteilt.

14

15 Entspricht die **Modernisierungsankündigung** nicht den **Anforderungen des § 555c BGB** (§ 555d Abs 3 S 2 BGB), so beginnt die Ausschlussfrist für die Geltendmachung der Härtegründe nicht zu laufen, sodass der Mieter auch noch später, und zwar selbst noch nach Beginn der Modernisierungsmaßnahme jedenfalls einen **sachlichen Härteeinwand** iS des § 555c Abs 2 S 1 BGB vorbringen kann, während die Rechtslage hinsichtlich der finanziellen oder **persönlichen Härtegründe**, gestützt auf die zu erwartende Erhöhung der Miete oder der Betriebskosten iS des § 559 Abs 4 S 1 BGB unklar ist, da nach § 555d Abs 4 S 2 BGB persönliche Gründe nur bis zum Beginn der Modernisierungsmaßnahme vorgebracht werden können. Der Begriff des **Beginns** der Modernisierungsmaßnahmen ist hier durchweg ebenso wie in § 555c Abs 1 S 1 BGB zu verstehen; maßgebend ist somit der Zeitpunkt, von dem ab der vertragsgemäße Gebrauch des Mieters durch die Maßnahme tangiert wird (s im Einzelnen o § 555c Rn 5). Auf diese Regelung wird zudem in § 555d Abs 5 S 2 BGB Bezug genommen. Daraus wird zT der Schluss gezogen, finanzielle oder persönliche Härteeinwände, mit denen sich der Mieter gegen die Zumutbarkeit der Mieterhöhung nach § 559 BGB wendet, könnten nur bis zum Beginn der Maßnahme des Vermieters zugelassen werden. Dieser Schluss ist indessen keinesfalls zwingend (s Staudinger/V Emmerich [2021] § 559 Rn 31, Rn 41 f; Börstinghaus, Hdb Kap 15 Rn 155 ff; ders PiG 97 [2014] 81, 84). Man muss vielmehr entsprechend dem Wortlaut des Gesetzes zwischen den verschiedenen Fallgestaltungen unterscheiden: Eine Befristung des Härteeinwands bis zum Beginn der Modernisierungsmaßnahmen gilt nur, wenn sich der Mieter gegenüber der Versäumung der Frist des § 555d Abs 3 S 1 BGB für die Geltendmachung von Härtegründen auf mangelndes Verschulden beruft (§ 555d Abs 4 S 1 BGB und dazu Rn 16) oder wenn der Vermieter gegen die Hinweispflicht des § 555c Abs 2 BGB verstoßen hat (s Rn 17), nicht dagegen bei allen sonstigen Verstößen des Vermieters gegen die Ankündigungspflicht des § 555c BGB, insbesondere also nicht, wenn der Vermieter ganz auf eine Ankündigung verzichtet oder wenn die Ankündigung wegen eines Verstoßes gegen § 555c Abs 1 S 2 BGB mangelhaft ist, wenn zB eine Angabe zu der voraussichtlichen Mieterhöhung (entgegen § 555c Abs 1 S 2 Nr 3 BGB) fehlt oder diese Angabe unrichtig ist (Börstinghaus, Hdb Kap 15 Rn 157; ders PiG 97 [2014] 81, 87 ff; ebenso im Ergebnis Derleder NZM 2013, 441, 447 f; Hinz NZM 2012, 777, 784).

16 Nach Fristablauf ist ein neuer Härteeinwand insbesondere noch möglich, wenn der Mieter ohne Verschulden (§ 276 BGB) an der Einhaltung der Frist gehindert war und er die Mitteilung der (alten oder neuen) Härtegründe unverzüglich, dh ohne schuldhaftes Zögern, in Textform nachholt (§§ 555d Abs 4 S 1, 121 Abs 1 S 1 und 126b BGB; Lützenkirchen/Dickersbach § 555b Rn 49 ff). Paradigma ist eine **schwere Erkrankung** des Mieters nach Fristablauf, nach der Meinung der Gesetzesverfasser freilich mit Rücksicht auf die jetzt besonders gewichtigen Interessen des Vermieters an der Durchführung der unmittelbar bevorstehenden oder bereits begonnenen Maßnahmen nur noch, wenn Leben oder Gesundheit des Mieters oder der ihm gleichstehenden Personen (s Rn 8) konkret gefährdet sind (Begründung von 2012, 22 [l Sp o]). Die Regelung ist § 556 Abs 3 S 6 BGB nachgebildet. Für die Frage, wann der Mieter die Fristversäumnis nicht zu vertreten hat, kann daher auf die Ausführungen zu der genannten Vorschrift verwiesen werden.

17 Besonderheiten gelten bei einer Verletzung der **Hinweispflicht** des Vermieters aus § 555c Abs 2 BGB. Nach dieser Vorschrift soll der Vermieter den Mieter in der Modernisierungsankündigung auf die Form und die Frist des Härteeinwands nach

§ 555d Abs 3 S 1 BGB hinweisen (s § 555c Rn 14). Bei einem **Verstoß** des Vermieters gegen die Hinweispflicht oder besser: -obliegenheit des § 555c Abs 2 BGB finden die Ausschlussfrist und die Formvorschrift des § 555d Abs 3 S 1 BGB keine Anwendung (§ 555d Abs 5 S 1 BGB). Dies bedeutet, dass ein Härteeinwand auch noch nach Fristablauf und zudem formlos möglich ist, freilich gemäß § 555d Abs 5 S 2 BGB iVm § 555d Abs 4 S 2 BGB nur bis zum Beginn der Modernisierungsmaßnahme, während bei allen anderen Verstößen des Vermieters gegen die Ankündigungspflicht aus § 555c BGB die Ausschlussfrist überhaupt keine Anwendung findet (s im Einzelnen Rn 15, str).

V. Aufwendungsersatz, Vorschuss

1. Aufwendungen

Gemäß Abs 6 des § 555d BGB gilt § 555a Abs 3 BGB entsprechend, nach dem der 18 Vermieter Aufwendungen, die der Mieter infolge einer Erhaltungsmaßnahme machen muss, in angemessenem Umfang zu ersetzen hat; auf Verlangen des Mieters hat der Vermieter außerdem Vorschuss zu leisten (s § 555a Rn 14). Die Regelung entspricht dem früheren § 554 Abs 4 BGB. Sie ist entsprechend anzuwenden, wenn sich der Mieter auf Wunsch des Vermieters über das Gesetz hinaus zur Duldung weiterer Maßnahmen verpflichtet (s Rn 11; BGH 22. 6. 2010 – VIII ZR 192/09, WuM 2010, 565 Rn 8 f; Hau NZM 2014, 809, 817).

Aufwendungen sind freiwillige Vermögensopfer, die der Mieter erbringt, um den 19 Störungen im Mietgebrauch durch die Modernisierungsmaßnahmen zu begegnen oder damit verbundene Nachteile abzuwenden; idR werden sie auf Leistungen des Mieters beruhen (s § 555a Rn 14; BGH 13. 5. 2015 – XII ZR 65/14, BGHZ 205, 300, 306 f Rn 24: Beispiele s unten Rn 20 ff). Sie müssen außerdem gerade **durch** die **Duldung** der fraglichen **Maßnahmen veranlasst** sein, dh im Zusammenhang mit der Erfüllung der Duldungspflicht des Mieters entstehen (BGH 31. 10. 2012 – XII ZR 126/11, WuM 2013, 37 Tz 18 = NJW 2013, 223). Nicht erfasst werden daher **Umsatzeinbußen**, die der gewerbliche Mieter durch die von ihm zu duldenden Baumaßnahmen des Vermieters erleidet (s § 555a Rn 14; BGH 13. 5. 2015 – XII ZR 65/14, BGHZ 205, 300, 306 f Rn 24 f) oder Aufwendungen für einen **Umzug**, die dem Mieter dadurch entstehen, dass er wegen der Modernisierungsmaßnahmen kündigt (§§ 543 Abs 2 Nr 1, 555e BGB); jedoch kann der Mieter dafür gegebenenfalls Schadensersatz nach § 536a Abs 1 Fall 2 BGB verlangen (s Rn 20b; BGH 22. 6. 2010 – VIII ZR 192/09, WuM 2010, 565 Tz 10; 31. 10. 2012 – XII ZR 126/11, WuM 2013, 37 Tz 220 f = NJW 2013, 223 = NZM 2013, 122). Hinzu kommen muss noch nach § 555a Abs 3 BGB, dass die Aufwendungen des Mieters **angemessen**, dh objektiv erforderlich und nach der Art der Arbeiten des Vermieters und dem Lebenszuschnitt des Mieters wirtschaftlich vernünftig und vertretbar sind (berechtigte Kritik bei Hau NZM 2014, 809, 817); ein übertriebener Aufwand auf Kosten des Vermieters ist dem Mieter durch § 555d Abs 6 BGB ebenso wenig gestattet wie die Abwälzung der Kosten der allgemeinen Lebenshaltung auf den Vermieter (LG Hamburg ZMR 2011, 638; AG Dortmund WuM 2006, 94, 95 = NZM 2005, 664; AG Kassel WuM 2011, 552, 553; Blank PiG 60 [2001] 79, 99 f).

Beispiele für Aufwendungen, deren Ersatz der Mieter unter den genannten Voraus- 20 setzungen (o Rn 19) verlangen kann, sind die Kosten für den gegebenenfalls erforderlichen **Ersatzwohnraum** sowie für die Verpflegung außer Hauses, wobei der Mieter grundsätzlich keine substanzielle Einschränkung seines Lebensstandards hinzunehmen braucht, sodass der angemietete Ersatzwohnraum, zB in einem **Hotel**, im Kern dem Standard der Wohnung des Mieters entsprechen muss (LG München I 11. 11. 2015 – 14 S 4128/15, NZM 2016, 259). Ein Ersatz der Kosten eines übertriebenen Aufwandes (Stichwort: Luxushotel) scheidet aus. Denn der Vermieter hat Aufwendungen nur in angemessenem Umfang zu ersetzen, § 555a Abs 3 S 1 BGB iVm § 555d Abs 6 BGB. Der Aufwendungsersatzanspruch umfasst auch die Kosten für die Unterbringung des Mieters in einem **Pflegeheim**, wenn der Gesundheitszustand des Mieters dies erforderlich macht. Sowohl Erhaltungsmaßnahmen als auch bestimmte Modernisierungen können dazu führen, dass es für den Mieter nicht zumutbar oder auch unmöglich ist, für die Dauer der Maßnahme weiter in der Mietwohnung zu wohnen. Insbesondere wenn ein Auszug für mehrere Monate notwendig wird, bietet sich eine Vereinbarung nach § 555f BGB an. Der Mieter kann selbst angemessenen Ersatzwohnraum suchen und anmieten und hat dann einen Anspruch auf Vorschuss in Höhe der gesamten Miete für den Zeitraum der Maßnahme (Rn 22). Wenn der Vermieter dem Mieter die Suche überlässt, besteht aber die Gefahr, dass der Mieter zu Beginn der Maßnahme noch keinen geeigneten Ersatzwohnraum gefunden hat. In der Regel wird daher der Vermieter dem Mieter eine **Ersatzwohnung** anbieten. Sofern die Vertragsparteien nichts dazu vereinbaren, kommt kein neuer zweiter Mietvertrag über die neue Wohnung zustande. Es handelt sich vielmehr iZw um den einen einheitlichen Mietvertrag (BGH 26. 6. 2010 – VIII ZR 192/09, WuM 2010, 565 Tz 11; 21. 11. 2012 – VIII ZR 50/12, WuM 2013, 165). Die Beweislast für das Gegenteil, dh für den Abschluss eines neuen Mietvertrages, trägt der Vermieter (BGH 21. 11. 2012 – VIII ZR 56/12, WuM 2013, 165, 168 Tz 21). Der Mieter ist nach § 536 Abs 1 S 1 BGB von der Entrichtung der Miete für die Mietwohnung befreit. Der Vermieter ist verpflichtet, die Kosten des Ersatzwohnraums zu tragen. Damit wohnt der Mieter während der Baumaßnahme letztlich umsonst. Das ist hinzunehmen, da er zum Bewohnen einer anderen Wohnung gezwungen wird. Dieses Ergebnis wird von der Rechtsprechung aber in Einzelfällen aus Billigkeitsgesichtspunkten korrigiert (AG Hamburg WuM 2014, 718). Etwas anderes ergibt sich regelmäßig auch aus der Vereinbarung über den vorübergehenden Umzug in eine andere Wohnung. Wenn nach dem Inhalt der Vereinbarung lediglich das Mietobjekt für einen bestimmten Zeitraum ausgetauscht wird, bleibt die Pflicht zur Mietzahlung bestehen. Der Mieter hat ein Zurückbehaltungsrecht (§ 273 Abs 1 BGB), wenn der Vermieter seiner Pflicht zur Vorschussleistung hinsichtlich der Kosten für den Ersatzwohnwohnraum, zB für das Hotel, nicht nachkommt (s Rn 4, Rn 22; LG München I 11. 11. 2015 – 14 S 4128/15, NZM 2016, 259).

20a Weitere **Beispiele** für § 555d Abs 6 BGB sind die Aufwendungen des Mieters zur Beseitigung von Mängeln, zB an den Möbeln oder an der **Dekoration**, die durch die Maßnahmen des Vermieters verursacht wurden, und zwar ohne Rücksicht darauf, ob der Mieter die Schönheitsreparaturen übernommen hatte (OLG Nürnberg WuM 1993, 122, 123; LG Hamburg WuM 1985, 262; 1993, 399; AG Kassel WuM 2011, 552, 553; str), außerdem etwa die Kosten für die **Reinigung** der Räume, wobei auch der übliche Satz für Fremdleistungen im Falle von Eigenleistungen des Mieters angesetzt werden kann, jedenfalls wenn die Leistungen des Mieters über den üblichen angemessenen Umfang hinausgehen (LG Hamburg WuM 1987, 386; AG Kassel WuM 2011, 552, 553; AG Braunschweig WuM 1990, 340); ferner die Kosten für die vorübergehende **Auslagerung der**

Möbel (LG Essen WuM 1981, 87), weiter die Kosten **neuer Möbelstücke** (LG Essen WuM 1981, 87), außerdem die Kosten der **Bewachung** der Wohnung, sofern ausnahmsweise einmal mit Rücksicht auf den Umfang der Maßnahmen erforderlich (LG Hamburg WuM 1987, 386; AG Frankfurt/M ZMR 2010, 861), und die Kosten einer etwaigen **Umstellung** der Haushaltsgeräte, zB von Gas auf Strom oder Erdgas (AG Berlin-Schöneberg NZM 2017, 291), sowie schließlich die Kosten der Beseitigung der vom Mieter stammenden, fortan nicht mehr verwendbaren Einrichtungen (LG Hamburg WuM 1993, 399).

Die §§ 555d Abs 6 und 555a Abs 3 BGB enthalten keine abschließende Regelung der Rechte des Mieters im Falle von Modernisierungsmaßnahmen des Vermieters (s Rn 22 f; BGH 13. 5. 2015 – XII ZR 65/14, BGHZ 205, 300, 306 f Rn 26 = NJW 2015, 2419). **Weitere Ansprüche** können sich insbesondere aus den §§ 535 Abs 1 S 2, 536 und 536a Abs 1 Fall 2 BGB ergeben. Die Einzelheiten sind umstritten (s dazu oben § 555a Rn 14). Der vom Vermieter geleistete Aufwendungsersatz gehört – entgegen der früher hM – nach der Rechtsprechung des BGH zu den **Modernisierungskosten** iS des § 559 BGB (BGH 30. 3. 2011 – VIII ZR 173/10, NJW 2011, 1499 Tz 15 f; s dagegen STAUDINGER/V EMMERICH [2018] § 559 Rn 20a). Abweichende Abreden zum Nachteil des Mieters sind unzulässig (§ 555d Abs 7 BGB; s unten Rn 23). 20b

2. Vorschuss

Vor Durchführung der Verbesserungsmaßnahmen kann (verhaltener Anspruch) der Mieter für seine voraussichtlichen Aufwendungen, zB für die Anmietung von Lagerraum, für eine Ersatzwohnung oder für ein Hotelzimmer, nach § 555d Abs 6 BGB iVm § 555a Abs 3 BGB vom Vermieter einen Vorschuss verlangen, der auch im Verfügungsverfahren durchgesetzt werden kann (AG München ZMR 2013, 364; SCHMIDT-FUTTERER/EISENSCHMID Rn 88; str, s unten Rn 27 f). Solange der Vermieter den vom Mieter verlangten Vorschuss nicht geleistet hat, hat der Mieter ein **Zurückbehaltungsrecht** (§ 273 Abs 1 BGB) und braucht deshalb die Modernisierungsmaßnahmen (vorerst) nicht zu dulden (s Rn 4; LG München I WuM 2015, 726, 728 f; NZM 2016, 259, 260 f; HAU NZM 2014, 809, 813). Eine **Aufrechnung** des Vermieters gegen den Anspruch des Mieters auf Vorschuss scheidet nach dem Zweck der Regelung aus; nach Abschluss der Maßnahmen muss der Mieter über den Vorschuss abrechnen (BLANK PiG 60 [2001] 79, 99 f). Die Aufwendungen des Mieters sind mit 4 % jährlich zu **verzinsen** (§§ 246, 256 BGB). Der Aufwendungsersatzanspruch des Mieters unterliegt der kurzen **Verjährungsfrist** des § 548 Abs 2 BGB (s oben § 548 Rn 21). 21

Die **Gegenrechte** des Mieters beschränken sich nicht auf den Aufwendungsersatzanspruch des § 555a Abs 3 BGB (§ 555d Abs 6 BGB; Rn 20b sowie oben § 555a Rn 14a). Das zeigt bereits das Sonderkündigungsrecht des Mieters aus § 555e BGB. Hinzu treten noch je nach den Umständen des Falles der Erfüllungsanspruch des Mieters aus § 535 Abs 1 S 2 BGB, das Minderungsrecht des Mieters nach § 536 BGB (mit Ausnahme des in § 536 Abs 1a BGB genannten Falles des § 555b Nr 1 BGB), die Schadensersatzpflicht des Vermieters aus § 536a Abs 1 Fall 2 BGB und aus § 280 Abs 1 BGB sowie das Kündigungsrecht des Mieters aus § 543 Abs 1 und Abs 2 Nr 2 BGB (LG Düsseldorf ZMR 2013, 800; s unten § 555e Rn 1 ff, Rn 9). Die genaue **Reichweite** der genannten Gegenrechte des Mieters ist umstritten, da es im Einzelfall zu einer Kollision der Rechte des Mieters mit dem Duldungsanspruch des Vermieters kom- 22 men kann (s dazu Hau NZM 2014, 809; Lehmann-Richter NZM 2011, 572; ders ZMR 2014, 206; Sternel PiG 99 [2015] 95 = NZM 2015, 873). Die Probleme beruhen darauf, dass Modernisierungsmaßnahmen durchaus zu einer Veränderung der gemieteten Räume führen können, die als solche an sich nur aufgrund einer Vertragsänderung zulässig ist (§§ 311 Abs 1 und 535 Abs 1 S 1 BGB). **Beispiele** sind Veränderungen des Grundrisses, der Größe und des Zuschnitts der Wohnung, der Anbau oder der Wegfall von Zimmern, Terrassen oder Balkonen sowie die Veränderung von Fenstern. Die Maßnahmen können außerdem neben einer Mieterhöhung (§ 559 BGB) zu einer Erhöhung der Betriebskosten führen, wovon das Gesetz selbst in § 555c Abs 1 S 2 Nr 3 BGB ausgeht. Die Isolierung der Fenster oder der Fassaden kann den Mieter schließlich zu einem veränderten Lüftungs- oder Heizungsverhalten zwingen, um Schäden wie insbesondere Schimmelbildung zu vermeiden. Die Frage ist, ob der Mieter, wenn er die Modernisierungsmaßnahmen des Vermieters schon dulden muss (§ 555d Abs 1 BGB), dann obendrein auch noch die genannten Konsequenzen für den ihm an sich geschuldeten vertragsgemäßen Gebrauch hinzunehmen hat.

22a In Literatur und Rechtsprechung wird die Frage zT mit der Begründung bejaht, aus der Duldungspflicht des Mieters (§ 555d Abs 1 BGB) ergebe sich mittelbar die Befugnis des Vermieters, durch die Modernisierungsmaßnahmen zugleich den Vertragsgegenstand und insbesondere die Mietwohnung so umzugestalten, dass fortan die modernisierten Räume *vertragsgemäß* sind, sodass der Mieter weder einen Rückbau verlangen noch mindern könne; teilweise wird in diesem Zusammenhang auch von einem **Gestaltungsrecht** des Vermieters gesprochen (so insbesondere Lehmann-Richter NZM 2011, 572, 575; ders ZMR 2014, 206; im Ergebnis auch Sternel PiG 99 [2015] 95, 98; LG Berlin ZMR 2014, 206 Nr 11 unter Hinweis auf LG Berlin 8. 1. 2004 – 67 S 312/01; offen gelassen in BGH 13. 2. 2008 – VIII ZR 105/07, NJW 2008, 1218 Rn 28 = NZM 2008, 283, 285 = WuM 2008, 219). Dem steht die Auffassung gegenüber, dass dem Gesetz kein Hinweis auf ein Gestaltungsrecht des Vermieters entnommen werden könne, sodass jede Änderung des dem Mieter geschuldeten vertragsgemäßen Gebrauchs einer Vereinbarung der Parteien bedürfe, die freilich auch konkludent zustande kommen könne, indem der Mieter die Modernisierungsmaßnahmen des Vermieters akzeptiert (§§ 133, 157, 311 Abs 1, 535 Abs 1 S 1 und 550 S 1 BGB; sog **Konsenslösung**, zB Hau NZM 2014, 809, 815 f).

22b Dem Wortlaut des Gesetzes lassen sich keine Anhaltspunkte dafür entnehmen, dass dem Vermieter durch die §§ 555b ff BGB ein Gestaltungsrecht zusteht. Grundsätzlich bedarf jede Abänderung des dem Mieter geschuldeten vertragsgemäßen Gebrauchs einer (gegebenenfalls konkludent zustande gekommenen) **Vereinbarung** der Parteien. Bei den **Rechtsfolgen** wird man freilich zu differenzieren haben: Deutlich ist zunächst, dass der Mieter, soweit er bestimmte Modernisierungsmaßnahmen nach § 555d Abs 1 BGB zu dulden hat, nicht anschließend, gestützt auf § 535 Abs 1 S 2 BGB, deren **Rückbau** verlangen kann, selbst wenn durch die betreffenden Maßnahmen im Ergebnis der ihm zustehende vertragsgemäße Gebrauch beeinträchtigt werden sollte (LG Düsseldorf ZMR 2014, 982, 983). Das liegt etwa für die vom Gesetzgeber besonders favorisierten Maßnahmen der Energieeinsparung im Sinne des § 555b Nr 1 und Nr 2 BGB auf der Hand, gilt aber allgemein für die Maßnahmen des § 555b BGB. Soweit ohne Rückbau der Maßnahmen möglich, kann der Mieter die **Wiederherstellung** des früheren Zustands verlangen (§ 535 Abs 1 S 2 BGB; LG Hamburg WuM 1985, 262; LG Bonn WuM 1990, 388; LG Berlin GE 1997, 1341). Der Anspruch ist sofort fällig (LG Hamburg WuM 1985, 262) und unabhängig davon, ob der Mieter die Schönheitsreparaturen übernommen hat oder nicht. Nach den §§ 241 Abs 2 und 242 BGB kommt dabei auch eine *Kompensation* durch die Herstellung eines mit dem früheren jetzt nicht mehr herstellbarem Zustand vergleichbaren neuen Zustandes in Betracht, zB durch die Ersetzung infolge der bei der Isolierung der Fassade beseitigten Außenjalousien durch die Anbringung von Innenjalousien (LG Düsseldorf ZMR 2014, 982, 983).

Es ist umstritten, ob dem Mieter das **Minderungsrecht** aus § 536 Abs 1 BGB zusteht, **22c** wenn die Modernisierungsmaßnahmen den ihm zustehenden vertragsgemäßen Gebrauch, zB durch eine Veränderung des Zuschnitts der Wohnung, nicht nur unerheblich beeinträchtigen (dafür: STERNEL PiG 99 [2015] 95; offen gelassen in BGH 15. 11. 1989 – VIII ZR 46/89, NJW 1990, 453). Jedenfalls die Beeinträchtigungen, die auf der Durchführung der Maßnahme beruhen, berechtigen zur Minderung. Dies wird bestätigt durch die sonst überflüssige Bestimmung des § 536 Abs 1a BGB von 2013, durch die das Minderungsrecht des Mieters (nur) in dem Fall der Nr 1 des § 555b BGB ausgeschlossen wird, im Übrigen also nicht (s STAUDINGER/V EMMERICH § 536 Rn 10a f). Wenn und solange der Mieter durch die Maßnahmen des Vermieters im vertragsgemäßen Gebrauch gestört wird, ist folglich nach § 536 BGB die Miete gemindert. Etwas anderes gilt lediglich im Falle des § 555b Nr 1 BGB (§ 536 Abs 1a BGB). Eine Minderung ist auch wegen solcher Folgen der Durchführung der Maßnahme möglich, die nicht in der Modernisierungsankündigung genannt worden sind. Führt der neu eingebaute Aufzug zu erheblichem Lärm, ist eine Minderung möglich, wenn darauf nicht hingewiesen worden war. Das Gleiche gilt für die Verschattung durch den Anbau oder die Vergrößerung von Balkonen. Denn diese Folgen konnten mangels Ankündigung in der Abwägung, ob eine Duldungspflicht besteht, nicht berücksichtigt werden. Im Ergebnis ist eine **Minderung ausgeschlossen**, soweit die Modernisierungsankündigung den Mieter auf die Beeinträchtigung hinreichend konkret hingewiesen hat. Zwar begründet § 555d Abs 1 BGB nur einen Anspruch auf Duldung und – anders als § 558 BGB – nicht auf Zustimmung zu einer Änderung des Mietvertrages. Aber sowohl der einheitliche Mangelbegriff als auch die Gesetzessystematik stehen einer Minderung wegen der Umstände entgegen, die nach dem Willen des Gesetzgebers eine Duldungspflicht und ggfs auch eine Mieterhöhung auslösen. **Schadensersatzansprüche** des Mieters nach § 536a Abs 1 Fall 2 BGB scheiden dagegen wohl aus, weil der Vermieter, wenn und soweit er sich im Rahmen der §§ 555b und 555d BGB bewegt, nach Meinung des BGH rechtmäßig handelt (s im Einzelnen § 555a Rn 14a mwNw; ebenso LG Berlin GE 1997, 619; BLANK PiG 60 [2001] 79, 100). Uneingeschränkt anwendbar sind dagegen § 536 Abs 1 Fall 3 BGB und § 280 Abs 1 BGB, wenn der Vermieter mit der Beseitigung von Mängeln in Verzug ist oder wenn ihm bei der Durchführung der Modernisierungsmaßnahmen eine Pflichtverletzung zur Last fällt, durch die der Mieter geschädigt wird, insbesondere bei einer mangelhaften oder zögerlichen Durchführung der Maßnahmen oder im Falle der Beschädigung der Sachen des Mieters durch die Maßnahmen (BGH 15. 11. 1989 – VIII ZR 46/89, NJW 1990, 453; LG Düsseldorf ZMR 2014, 982, 983 f; HAU NZM 2014, 809, 814 ff; LEHMANN-RICHTER NZM 2011, 573, 574 ff; STERNEL PiG 99 [2015] 95, 98 ff).

VI. Abweichende Vereinbarungen

23 Nach § 555d Abs 7 BGB ist (nur) bei der Wohnraummiete eine zum Nachteil des Mieters von den Abs 1 bis 6 der Vorschrift abweichende Vereinbarung unwirksam, während bei der sonstigen Raummiete abweichende Vereinbarungen zulässig bleiben (§ 578 Abs 2 S 1 BGB). § 555d Abs 7 BGB bedeutet in erster Linie, dass bei der Wohnraummiete iS des § 549 BGB die Duldungspflicht des Mieters weder einzelvertraglich noch durch Formularvertrag im Voraus über den Rahmen des § 555d Abs 2 und 6 BGB hinaus erweitert werden kann. Dadurch soll verhindert werden, dass (nur) der Abschluss eines Mietvertrages von der Zustimmung des Mieters zu bestimmten Modernisierungsmaßnahmen abhängig gemacht werden kann (s Rn 25). Weder individualvertraglich noch durch Formularvertrag kann daher zB eine **generelle Duldungspflicht** des Mieters gegenüber bestimmten Verbesserungsmaßnahmen wie etwa dem Anschluss an das Kabelfernsehnetz eingeführt werden, da es bei § 555d Abs 2 BGB immer auf eine Interessenabwägung im Einzelfall ankommt (BGH 15. 5. 1991 – VIII ZR 38/90, NJW 1991, 1750, 1754; OLG Frankfurt WuM 1992, 56, 59 f; LG Leipzig WuM 2010, 243). Unzulässig ist ferner eine vertragliche Einschränkung des **Aufwendungsersatzanspruchs** des Mieters (§ 555d Abs 6 BGB; LG Berlin GE 1986, 609 = MDR 1986, 589; LG Stuttgart WuM 1987, 252; AG Kassel WuM 2012, 552, 553). Ebenso wenig ist es zulässig, die Aufrechnung des Mieters mit dem Aufwendungsersatzanspruch aus § 555d Abs 6 BGB auszuschließen oder einzuschränken (AG Duisburg WuM 1990, 73, 74).

24 § 555d Abs 7 BGB wendet sich bei Wohnraummietverhältnissen nur gegen Abreden, die zum Nachteil des Mieters von § 555d Abs 2 bis 6 BGB abweichen. Unbedenklich ist daher eine vertragliche **Erweiterung der Mieterrechte**, zB durch eine Beschränkung der Duldungspflicht über das Gesetz hinaus (Lehmann-Richter WuM 2010, 3). Derartige abweichende Vereinbarungen sind auch konkludent oder durch Formularvertrag möglich (BGH 28. 11. 2007 – VIII ZR 106/07, ZMR 2008, 116 Nr 5; KG WuM 2009, 39, 40 = ZMR 2009, 32). Ist zB Gegenstand des Mietvertrages ein „Einfamilienhaus" oder ein „Reihenmittelhaus mit Terrasse", so ergibt sich daraus zugleich konkludent der Ausschluss sämtlicher Modernisierungsmaßnahmen des Vermieters, die diesen **Charakter des Mietobjekts verändern**, insbesondere also der Umbau in ein Mehrfamilienhaus oder die Aufstockung des Gebäudes (BGH 28. 11. 2007 – VIII ZR 106/07, ZMR 2008, 116 Nr 5; LG Hamburg ZMR 2007, 455, 456 f). Vereinbarungen der Parteien über vom Mieter durchzuführende Modernisierungsmaßnahmen können dieselbe Wirkung haben. Übernimmt der Mieter zB vertraglich den Bau und die Unterhaltung einer Gasetagenheizung gegen Verzicht des Vermieters auf eine Mieterhöhung, so folgt daraus zugleich im Regelfall konkludent der Ausschluss einer Modernisierung der Heizungsanlage durch den Vermieter (so KG WuM 2009, 39, 40 = ZMR 2009, 32; anders zB LG Berlin GE 2011, 57). Jenseits derartiger Fallgestaltungen ist jedoch bei der Annahme einer konkludenten Beschränkung der Duldungspflicht des Mieters aus § 555d Abs 2 BGB **Zurückhaltung** geboten, weil der Vermieter durch derartige Abreden erheblich belastet werden kann (BGH 13. 2. 2008 – VIII ZR 105/07, NJW 2008, 1218 = NZM 2008, 283, 284 Rn 17–20 = WuM 2008, 219; LG Berlin GE 2011, 57).

25 § 555d Abs 7 BGB gilt *nur* für den Zeitpunkt des Vertragsabschlusses. **Nach Abschluss** des Vertrages steht es dem Mieter jederzeit frei, im Einzelfall einer bestimmten Maßnahme des Vermieters zuzustimmen, selbst wenn die Voraussetzungen des

§ 555d BGB nicht erfüllt sind (§ 311 Abs 1 BGB). Dies ist 2013 durch den neuen **§ 555f BGB** ausdrücklich klargestellt worden, nach dem die Parteien *nach Abschluss* des Mietvertrages aus Anlass von Erhaltungs- oder Modernisierungsmaßnahmen des Vermieters Vereinbarungen treffen können, zB über die Durchführung der Maßnahmen, die Gegenrechte des Mieters oder die zukünftige Höhe der Miete (Nr 1–3 des § 555f BGB; Begründung von 2012, 22 [r Sp]; s § 555f Rn 1 ff), sodass der Vermieter, wenn der Mieter bestimmten Maßnahmen freiwillig zugestimmt hat, ohne Weiteres zur Mieterhöhung nach § 559 BGB berechtigt ist, sofern nicht die Parteien etwas anderes vereinbart haben (§ 557 Abs 3 BGB; KG WuM 1988, 389). Der Mieter kann jedoch seine Zustimmungserklärung widerrufen oder anfechten, wenn ihn der Vermieter über Art, Umfang oder Auswirkungen der fraglichen Maßnahmen getäuscht hatte (§ 123 Abs 1 BGB).

VII. Prozessuales

1. Einstweilige Verfügung

a) des Vermieters
Der Duldungsanspruch des Vermieters aus den §§ 555a und 555d BGB kann im Regelfall nur durch Klage, *nicht* durch **einstweilige Verfügung** durchgesetzt werden, da es meistens schon an der Eilbedürftigkeit fehlen dürfte. Es kommt hinzu, dass durch solche Verfügung in unzulässiger Weise die Entscheidung in der Hauptsache vorweggenommen würde (§§ 935, 940 ZPO; Lützenkirchen/Dickersbach Rn 97 ff; Schmidt-Futterer/Eisenschmid Rn 82 ff). Eine abweichende Beurteilung kommt jedoch bei Erhaltungsmaßnahmen im Sinne des § 555a BGB ebenso wie von Fall zu Fall bei Modernisierungsmaßnahmen nach § 555b BGB in Fällen **dringender Gefahr** für Leben oder Gesundheit von Menschen oder für erhebliche Sachwerte in Betracht, die anders nicht abgewendet werden kann (LG Frankfurt WuM 1993, 418, 419; LG Berlin GE 1997, 245; 2013, 1455), zB wenn andernfalls ein Wasserrohrbruch drohte (LG Berlin GE 1997, 245). Erhebt der Vermieter **Klage** auf Duldung der Maßnahmen gegen den Mieter, so dürfen keine übertriebenen Anforderungen an die Bestimmtheit der Klage gestellt werden (§ 253 ZPO), um dem Vermieter die Klageerhebung nicht unnötig zu erschweren (BGH GE 2011, 1545; Lehmann-Richter Mietgerichtstag 2020 [Download: www.mietgerichtstag.de]).

b) des Mieters
Wenn Erhaltungs- oder Modernisierungsmaßnahmen drohen, die der Mieter **nicht zu dulden** braucht, ist er nicht auf die Unterlassungsklage beschränkt, sondern kann, Eilbedürftigkeit vorausgesetzt, auch den Erlass einer einstweiligen Verfügung beantragen, sofern er durch die fragliche Maßnahme des Vermieters im Mietgebrauch gestört wird, sodass der Tatbestand der **verbotenen Eigenmacht** erfüllt ist (§§ 858 und 862 Abs 1 BGB). Das gilt insbesondere bei einem Beginn mit den Modernisierungsmaßnahmen ohne vorherige ordnungsgemäße Ankündigung nach § 555c BGB, nach überwiegender Meinung indessen auch sonst, wenn eine nicht unerhebliche Störung des Mieters durch die Maßnahmen des Vermieters in dem Besitz an der Wohnung droht. In der **Rechtsprechung** wird überwiegend nicht zwischen Maßnahmen der Innen- und Außenmodernisierung unterschieden. Folge daraus ist, dass sich der Mieter auch gegen Maßnahmen der **Außenmodernisierung** wie zB Arbeiten an der Fassade oder im Keller unter den genannten Voraussetzungen mit dem Antrag auf

Erlass einer einstweiligen Verfügung wehren kann, wenn von den fraglichen Arbeiten mehr als nur unerhebliche Beeinträchtigungen seines Mietbesitzes vor allem durch Lärm, Schmutz, Erschütterungen oder Gerüche drohen. Auch ob dem Vermieter ein **Duldungsanspruch** nach den §§ 555a oder 555d BGB gegen den Mieter zusteht, soll keine Rolle spielen, weil durch die genannten Vorschriften lediglich ein *Anspruch* des Vermieters gegen den Mieter auf Duldung begründet werde, ihnen indessen keine gesetzliche Gestattung der Besitzstörung im Sinne des § 858 Abs 1 BGB entnommen werden könne (bloßer sog petitorischer Einwand, so zB LG Hamburg ZMR 2010, 530; LG Berlin WuM 2012, 213 = NZM 2012, 859; WuM 2012, 554 = ZMR 2013, 113; WuM 2013, 225 = NZM 2013, 465; GE 2013, 1454; GE 2014, 1138 = ZMR 2014, 791, 792; GE 2014, 1589 = ZMR 2014, 977; GE 2016, 860, 863; AG Bremen WuM 2016, 493, 494). Anders nur, wenn der Vermieter im Besitz eines **Duldungstitels** ist (§ 864 Abs 2 BGB) oder wenn der Mieter durch die Modernisierungsarbeiten nicht oder nur unwesentlich beeinträchtigt wird, wofür die Beweislast der Vermieter trägt (§ 555c Abs 4 BGB; LG Hamburg ZMR 2009, 208, 209). Wird die vom Mieter beantragte einstweilige Verfügung später wieder aufgehoben, so ist § 945 ZPO zu beachten, nach dem der Mieter in diesem Fall dem Vermieter zum Ersatz etwaiger durch die Verzögerung der Sanierungsmaßnahmen entstandenen Schäden verpflichtet ist (BGH 13. 10. 2016 – IX ZR 149/15, NJW 2017, 1600 Rn 9 ff).

28 Im **Schrifttum** ist die Berechtigung dieser Rechtsprechung (s Rn 27) umstritten (zustimmend insbesondere Hau NZM 2014, 809, 812; Schmidt-Futterer/Eisenschmid § 555d Rn 87; Hinz NZM 2013, 209, 213). Eingewandt wird vor allem, aus den §§ 555a und 555d BGB ergebe sich unter den im Gesetz genannten Voraussetzungen eine *gesetzliche Gestattung* der Besitzstörung im Sinne des § 858 Abs 1 BGB; auf jeden Fall müsse dies im Regelfall für Maßnahmen der **Außensanierung** gelten, sodass sich der Mieter gegen derartige Modernisierungsmaßnahmen grundsätzlich nicht mit dem Antrag auf Erlass einer einstweiligen Verfügung wehren können (Lehmann-Richter NZM 2011, 572; ders NZM 2013, 451; Lützenkirchen/Dickersbach § 555d Rn 100 ff; Sternel PiG 99 [2015] 95, 101 f = NZM 2015, 813). Bei Maßnahmen der **Innenmodernisierung** kann der Mieter den vom Vermieter beauftragten Leuten einfach den Zutritt zu seiner Wohnung verweigern kann, womit er den Vermieter zur Erhebung der Klage auf Duldung zwingen kann (Schmidt-Futterer/Eisenschmid Rn 87). Richtigerweise unterscheidet sich der besitzrechtliche Schutz des Mieters danach, ob die Besitzbeeinträchtigung in einer **Einwirkung auf die Mietsache** selbst, an der der Mieter einen unmittelbaren und ausschließlichen Besitz hat, oder in der **Zuführung unwägbarer Stoffe** besteht. Körperliche Eingriffe in die Mietsache wie bspw. das Betreten der Wohnung, das Entfernen oder Zumauern von Fenstern und das Verlegen von Leitungen in die Wohnung, stellen eine verbotene Eigenmacht dar, sofern der Vermieter keinen Duldungstitel hat. Hingegen hat der Mieter Beeinträchtigungen durch Lärm, Dreck oder die Entziehung von Licht hinzunehmen, wenn er dazu vertraglich verpflichtet ist, denn der durch die §§ 862, 858 BGB gewährte Schutz des Besitzers entspricht im Grundsatz dem Schutz des Eigentümers durch §§ 1004, 903, 906 BGB (OLG München 23. 3. 2020 – 32 U 265/20).

2. Beweislast

29 Die Darlegungs- und Beweislast für die **Voraussetzungen** des Duldungsanspruchs trägt der **Vermieter**. Dazu gehören auch die Umstände, aus denen sich seine berechtigten Interessen und die Interessen der übrigen Mieter ergeben, die in die Interessenabwägung eingehen sollen (§ 555d Abs 2 BGB). Der **Mieter** muss dagegen darlegen und gegebenenfalls beweisen, dass die Duldung der Verbesserungsmaßnahmen ausnahmsweise für ihn oder seine Familie eine nicht zu rechtfertigende **Härte** bedeutete (§ 555d Abs 2 BGB; BGH 13. 2. 2008 – VIII ZR 105/07, NJW 2008, 1218 = NZM 2008, 283, 284 Rn 16). Er trägt außerdem die Beweislast für etwaige **Gegenrechte** einschließlich eines Aufwendungs- oder Schadensersatzanspruches (BGH 15. 11. 1989 – VIII ZR 46/89, BGHZ 109, 205 = NJW 1990, 453). Macht er gegenüber dem Duldungsanspruch des Vermieters ein **Zurückbehaltungsrecht** geltend, weil er Vorschuss verlangt, der Vermieter dessen Leistung aber verweigert hat, so ist er auch dafür beweispflichtig.

3. Streitwert

Der Streitwert einer Klage des Vermieters auf Duldung von Modernisierungsmaßnahmen (§ 555d BGB) berechnet sich nach der dadurch ermöglichten **Mieterhöhung**, nicht nach den Kosten der Maßnahme (§ 3 ZPO; KG WuM 2010, 46; LG Berlin GE 2007, 369), wobei idR unter entsprechender Anwendung des § 41 Abs 5 S 1 GKG auf den **einfachen Jahresbetrag** der Mieterhöhung abgestellt wird (KG WuM 2010, 46; Lützenkirchen/Dickersbach Rn 94; Schmidt-Futterer/Eisenschmid Rn 89). Ist eine Mieterhöhung von vornherein nicht möglich, so ist ebenso wie in den Fällen des § 555a BGB von dem **Jahresbetrag** einer sonst möglichen **Minderung** auszugehen (LG Hamburg ZMR 1991, 437).

30

§ 555e
Sonderkündigungsrecht des Mieters bei Modernisierungsmaßnahmen

(1) Nach Zugang der Modernisierungsankündigung kann der Mieter das Mietverhältnis außerordentlich zum Ablauf des übernächsten Monats kündigen. Die Kündigung muss bis zum Ablauf des Monats erfolgen, der auf den Zugang der Modernisierungsankündigung folgt.

(2) § 555c Absatz 4 gilt entsprechend.

(3) Eine zum Nachteil des Mieters abweichende Vereinbarung ist unwirksam.

Materialien: § 554 BGB; Mietrechtsänderungsgesetz von 2013 (BGBl I 434); Begründung zum Regierungsentwurf, BT-Drucks 17 (2012)/10185; Ausschussbericht, BT-Drucks 17 (2012)/11894.

Schrifttum

J Emmerich, Auswirkungen der Mietrechtsänderungen auf Kündigungen, WuM 2013, 323
Hau, Mieterrechte bei Erhaltungs- und Modernisierungsmaßnahmen, NZM 2014, 809.

Systematische Übersicht

I. Überblick 1	IV. Ausnahmen 7
II. Frist 3	V. Abweichende Vereinbarungen 8
III. Rechtsfolgen 5	VI. Kündigungsrecht nach § 543 9

I. Überblick

1 Nach § 555e Abs 1 S 1 BGB (= § 554 Abs 3 S 2 und S 3 BGB aF) kann der Mieter das Mietverhältnis nach Zugang einer Modernisierungsankündigung außerordentlich zum Ablauf des übernächsten Monats kündigen; jedoch muss die Kündigung nach S 2 des § 555e Abs 1 BGB bis zum Ablauf des Monats erfolgen, der auf den Zugang der Ankündigung folgt. Das Sonderkündigungsrecht des Mieters entfällt nach § 555e Abs 2 BGB unter den Voraussetzungen der Bagatellklausel des § 555c Abs 4 BGB, dh im Falle von Modernisierungsmaßnahmen, die nur mit einer unerheblichen Einwirkung auf die Mietsache verbunden sind und nur zu einer unerheblichen Mieterhöhung führen. § 555e BGB findet auch auf die gewerbliche Raummiete Anwendung (§ 578 Abs 2 S 1 BGB). Anders als bei der Wohnraummiete (§ 555e Abs 3 BGB) ist die Regelung jedoch bei der gewerblichen Raummiete nicht zwingend (§ 578 Abs 2 S 1 BGB). Die praktische Bedeutung des § 555e BGB ist jedenfalls bei der Wohnraummiete neben § 573c Abs 1 S 1 BGB offenbar gering.

2 Zweck des § 555e BGB ist es, dem Mieter durch ein Sonderkündigungsrecht die Möglichkeit zu eröffnen, sich kurzfristig aus dem Mietverhältnis zu lösen, auch wenn er die Modernisierungsmaßnahmen an sich dulden müsste, das Mietverhältnis jedoch unter diesen Umständen nicht fortsetzen möchte. Das Kündigungsrecht besteht deshalb unabhängig davon, ob der Mietvertrag auf bestimmte oder unbestimmte Zeit eingegangen ist oder ob durch den Vertrag das Kündigungsrecht des Mieters sonst ausgeschlossen ist. Aus demselben Grund spielt es auch keine Rolle, ob der Mieter überhaupt zur Duldung der fraglichen Modernisierungsmaßnahmen verpflichtet ist (LÜTZENKIRCHEN/DICKERSBACH Rn 11; HAU NZM 2014, 809, 813) und ob der Vermieter seiner Ankündigungspflicht nach § 555c BGB nachgekommen ist (s Rn 4).

II. Frist

3 Das Kündigungsrecht kann nur bis zu dem Ablauf desjenigen Monats, der auf den Zugang der Modernisierungsankündigung nach § 555c BGB folgt, ausgeübt werden (§ 555e Abs 1 S 2 BGB). Ist die Mitteilung dem Mieter zB im Februar zugegangen, so muss die Kündigung folglich dem Vermieter bis zum 31. März zugehen (§ 130 BGB). Die Kündigung wird **wirksam** mit Ablauf des übernächsten Monats nach Zugang der Modernisierungsankündigung beim Mieter, in dem Beispiel also mit Ablauf des Monats April (Begründung von 2012, 22; vgl J EMMERICH WuM 2013, 323, 330; SCHMIDT-FUTTERER/EISENSCHMID Rn 4). Zwingend ist dieser Schluss freilich nicht, weil § 555e Abs 1 S 1 BGB auch dahin verstanden werden könnte, dass es für den Fristbeginn auf den Zugang der *Kündigungserklärung* des Mieters beim Vermieter ankommt. Im Falle einer Mieterhöhung nach § 559 BGB hat der Mieter ein weiteres außerordentliches Kündigungsrecht aus **§ 561 BGB** (J Emmerich WuM 2013, 323, 330; Schmidt-Futterer/Eisenschmid Rn 6). Für die **Form** der Kündigung gilt § 568 Abs 1 BGB. Eine Begründung der Kündigung ist nicht erforderlich (Hau NZM 2014, 809, 813).

Obwohl das Gesetz darüber schweigt, muss das Kündigungsrecht auch dann eingreifen, wenn der Vermieter seiner **Ankündigungspflicht** aus § 555c BGB *nicht* oder nicht ordnungsgemäß nachgekommen ist; die Kündigungsfrist beginnt in diesem Fall mit dem Zeitpunkt, in dem der Mieter von der Aufnahme der Arbeiten Kenntnis erhält (LG Essen WuM 1990, 513; Blank PiG 60 [2001] 79, 98; Lützenkirchen/Dickersbach Rn 11; Schmidt-Futterer/Eisenschmid Rn 6). Häufig wird sich in diesen Fällen ein Kündigungsrecht des Mieters **außerdem** aus **§ 543 Abs 2 Nr 1 BGB** ergeben (s unten Rn 9). Auch an eine Schadensersatzpflicht des Vermieters wegen des Verstoßes gegen § 555c BGB ist in diesen Fällen zu denken – im Ergebnis mit derselben Wirkung (§§ 280 Abs 1 und 249 BGB; Lützenkirchen/Dickersbach Rn 14). **4**

III. Rechtsfolgen

Macht der Mieter von seinem Sonderkündigungsrecht Gebrauch, so darf der Vermieter mit der Durchführung der Modernisierungsmaßnahmen nicht vor Ablauf der Mietzeit **beginnen** (s § 541b Abs 2 S 3 BGB aF). Unbedenklich sind aber **vorbereitende Maßnahmen** wie das Ausmessen oder die Besichtigung der Räumlichkeiten oder das Abladen von Baumaterial (Schmidt-Futterer/Eisenschmid Rn 8). Aus dem Gesagten folgt zugleich, dass etwaige **Umzugskosten** des Mieters, der von seinem Sonderkündigungsrecht Gebrauch gemacht hat, nicht auf der Duldung der (noch gar nicht begonnenen) Modernisierungsmaßnahmen beruhen können, sodass der Mieter für sie auch *keinen* Aufwendungsersatz nach § 555d Abs 6 BGB verlangen kann (s § 555d Rn 19). Anders aber, wenn der Mieter nur vorübergehend während der Baumaßnahmen unter Fortbestand des Vertrages in andere Räume zieht (zB BGH 22. 6. 2010 – VIII ZR 192/09, WuM 2010, 565 Rn 11). **5**

Anders ist die Rechtslage **nach Vertragsende**. Auch wenn der Mieter jetzt wohnen bleibt, sodass er die Miete nach § 546a BGB fortzahlen muss, ändert dies doch nichts am Ablauf der Mietzeit, sodass der Vermieter jetzt mit der Durchführung der Erhaltungs- oder Modernisierungsmaßnahmen beginnen darf. Der Mieter kann den Vermieter nicht durch rechtswidriges Verhalten (Verbleiben in der Wohnung trotz Ablaufs des Mietvertrages) an der Durchführung von Erhaltungs- oder Modernisierungsmaßnahmen hindern; § 555d BGB gilt jetzt nicht mehr (Hau NZM 2014, 809, 813). Verweigert der Mieter freilich weiterhin dem Vermieter den Zutritt zu seiner Wohnung, so bleibt dem Vermieter nichts anderes übrig, als auf Räumung oder auf Duldung der Maßnahmen gegen den Mieter zu klagen. **6**

IV. Ausnahmen

Das Sonderkündigungsrecht des Mieters entfällt unter den Voraussetzungen der **Bagatellklausel** des § 555c Abs 4 BGB (§ 555e Abs 2 BGB), dh bei Modernisierungs- **7** maßnahmen, die nur mit einer unerheblichen Einwirkung auf die Mietsache verbunden sind und nur zu einer unerheblichen Mieterhöhung nach § 559 BGB führen (s oben § 555c Rn 16 ff).

V. Abweichende Vereinbarungen

8 Nach § 555e Abs 3 BGB ist (nur) bei der Wohnraummiete eine zum Nachteil des Mieters von § 555e BGB abweichende Vereinbarung unwirksam. Weder durch Individualvereinbarung noch durch Formularvertrag kann somit das Sonderkündigungsrecht des Mieters im Voraus bereits *bei Abschluss* des Vertrages eingeschränkt oder ausgeschlossen werden. *Nach* Vertragsschluss sind dagegen entsprechende Abreden unbedenklich möglich (§§ 311 Abs 1, 555 f BGB). Dasselbe gilt generell bei der gewerblichen Miete (§ 578 Abs 2 S 1 BGB).

VI. Kündigungsrecht nach § 543

9 In Literatur und Rechtsprechung ist umstritten, ob und gegebenenfalls unter welchen Voraussetzungen der Mieter über § 555e BGB hinaus (zusätzlich) ein Kündigungsrecht nach **§ 543 Abs 1 Nr 2 BGB** besitzt. Eindeutig ist dies nur, wenn der Vermieter gegen seine Ankündigungspflicht aus § 555c BGB verstößt oder wenn der Mieter sonst nach § 555d BGB nicht zur Duldung der vom Vermieter eingeleiteten Maßnahmen verpflichtet ist. Beginnt der Vermieter unter diesen Umständen gleichwohl mit Modernisierungsmaßnahmen, so kann der Mieter auch nach § 543 Abs 2 Nr 1 BGB fristlos kündigen (Lützenkirchen/Dickersbach Rn 16; Schmidt-Futterer/Eisenschmid Rn 7). Ebenso dürfte zu entscheiden sein, wenn der Vermieter den von ihm selbst angekündigten Umfang der Maßnahmen deutlich überschreitet (§ 555c Nr 1 BGB) oder wenn die Ausführungen der Maßnahmen erheblich länger als angekündigt dauern (§ 555c Nr 2 BGB), sodass seine Maßnahmen nicht mehr von den §§ 555c und 555d BGB gedeckt sind (J Emmerich WuM 2013, 323, 330). Sofern sich der Vermieter dagegen an die genannten Vorschriften hält, wird vielfach die Auffassung vertreten, dass er rechtmäßig handele, sodass eine Kündigung des Mieters nach § 543 Abs 2 Nr 1 BGB ausscheide (LG Berlin GE 2001, 993; J Emmerich WuM 2013, 323, 330; Lützenkirchen/Dickersbach Rn 15; anders LG Berlin GE 1997, 555, 557; 1997, 619). Veranlasst der Vermieter durch den unmittelbar bevorstehenden Beginn von Modernisierungsmaßnahmen, die der Mieter an sich nicht zu dulden braucht, den Mieter zur Kündigung nach § 543 Abs 2 Nr 1 BGB, so kann der Mieter für den Schaden, der ihm durch solche Kündigungen steht, außerdem nach § 536a Abs 1 Fall 2 BGB **Schadensersatz** verlangen (BGH 31. 10. 2012 – XII ZR 126/11, NJW 2013, 223 Rn 20, 29 ff = WuM 2013, 37, 39 = NZM 2013, 127). Der Mieter hat auch Anspruch auf Schadensersatz, wenn der Vermieter durch die Modernisierungsankündigung den Mieter zur Kündigung bewegt und dann die Maßnahmen nicht durchführt (vgl BGH 30. 5. 2017 – VIII ZR 199/16, NJW 2017, 2907). Ein Verschulden des Vermieters wird nach § 559d Nr 1 BGB vermutet, wenn mit den Baumaßnahmen nicht innerhalb von 12 Monaten nach dem angekündigten Beginn begonnen wird.

§ 555f
Vereinbarungen über Erhaltungs- und Modernisierungsmaßnahmen

Die Vertragsparteien können nach Abschluss des Mietvertrags aus Anlass von Erhaltungs- oder Modernisierungsmaßnahmen Vereinbarungen treffen, insbesondere über die

1. zeitliche und technische Durchführung der Maßnahmen,

2. Gewährleistungsrechte und Aufwendungsersatzansprüche des Mieters,

3. künftige Höhe der Miete.

Materialien: Mietrechtsänderungsgesetz von 2013 (BGBl I 434); Begründung zum Regierungsentwurf, BT-Drucks 17 (2012) 10185.

Systematische Übersicht

I.	Überblick	1
II.	Mögliche Gegenstände	3
III.	Voraussetzungen	5
IV.	Mietermodernisierung	7

I. Überblick

§ 555f BGB von 2013 gestattet den Mietvertragsparteien, *nach* Abschluss des Mietvertrages von den §§ 555a bis 555e BGB abweichende Vereinbarungen *aus Anlass* von Erhaltungs- oder Modernisierungsmaßnahmen zu treffen. § 555f BGB hat lediglich **klarstellende Bedeutung**, da selbst bei der Wohnraummiete die Parteien im Nachhinein und aus Anlass eines konkreten Falles – innerhalb der allgemeinen Grenzen der Vertragsfreiheit (§§ 134 und 138 BGB) – beliebige Abreden treffen können (Begründung von 2012, 22 [r Sp], s schon o § 555d Rn 25; HINZ NZM 2012, 777, 784; HORST MDR 2013, 189, 191). Unberührt bleiben jedoch die §§ 307 ff BGB, soweit es sich um Formularverträge handelt, sowie § 310 Abs 3 BGB (Verbraucherverträge) bei Verträgen zwischen Wohnungsunternehmen und Wohnungsmietern. 1

§ 555f BGB gilt nach § 578 Abs 2 S 1 BGB auch für die **gewerbliche Raummiete**. Diese Bestimmung hat gleichfalls allein klarstellende Bedeutung (und ist im Grunde überflüssig), weil bei der gewerblichen Raummiete ohnehin in jeder Hinsicht von den §§ 555a bis 555e BGB und von § 559 BGB abweichende Vereinbarungen zulässig sind. Unberührt bleiben aber auch hier die §§ 307 und 310 BGB, soweit es sich um Formularverträge handelt. 2

II. Mögliche Gegenstände

3 In den Nrn 1 bis 3 des § 555f BGB zählt das Gesetz mögliche Gegenstände nachträglicher, von den §§ 555a bis 555e BGB und von § 559 BGB abweichender Vereinbarungen auf. Es sind dies der Reihe nach die zeitliche und technische Durchführung der Maßnahmen (Nr 1 des § 555f BGB), die Gewährleistungsrechte und die Aufwendungsersatzansprüche des Mieters (Nr 2 des § 555f BGB) sowie die künftige Höhe der Miete (Nr 3 des § 555f BGB; Beispiele bei Lützenkirchen/Dickersbach Rn 16 ff; Sternel PiG 99 [2015] 95, 109). Das Gesetz trägt damit nicht zuletzt dem Umstand Rechnung, dass die Rechte der Wohnraummieter nach Durchführung von Modernisierungsmaßnahmen in vielerlei Hinsicht unklar und umstritten sind (s dazu oben § 555d Rn 22–22c). Hier sollen Modernisierungsvereinbarungen iS des § 555f BGB den Parteien einen Ausweg für einvernehmliche Lösungen weisen. Deutlich wird dies insbesondere an der Bestimmung des § 555f Nr 2 BGB, nach der abweichende Vereinbarungen auch über die Gewährleistungsrechte des Mieters möglich sind. Daraus wird zum Teil der Schluss gezogen, dass selbst bei der Wohnraummiete insbesondere das **Minderungsrecht** des Mieters „aus Anlass" bestimmter Erhaltungs- oder Modernisierungsmaßnahmen durch Vereinbarungen der Parteien beliebig eingeschränkt oder ausgeschlossen werden könnten (Lützenkirchen/Dickersbach Rn 19). Dasselbe soll für **Schadensersatzansprüche** des Mieters aus § 536a BGB gelten (Lützenkirchen/Dickersbach Rn 20; enger Sternel PiG 99 [2015] 95, 109; Schmidt-Futterer/Eisenschmid Rn 3). § 555f Nr 2 BGB enthält indessen keine Einschränkung des § 536 Abs 4 BGB, sodass ein Ausschluss oder eine Beschränkung des *Minderungsrechts* des Mieters nur zulässig ist, soweit im Einzelfall ausnahmsweise mit § 536 Abs 4 BGB vereinbar (s dazu Staudinger/V Emmerich § 536 Rn 74a; LG München I 9. 12. 2011 – 14 S 9823/11, ZMR 2012, 192), dh nur im Einzelfall aus Anlass eines konkreten Mangels aufgrund einer bestimmten Modernisierungsmaßnahmen.

4 Die Aufzählung möglicher Gegenstände zulässiger Abreden nach § 555f BGB in Abweichung von den §§ 555a bis 555e BGB ist **nicht abschließend** (§ 555f BGB: „... insbesondere ...."; Begründung von 2012, 22), sodass die Parteien weitere Fragen ebenfalls abweichend von den §§ 555a bis 555e BGB und von § 559 BGB regeln können. **Beispiele** sind die Modifikation der Duldungspflicht des Mieters oder die abweichende Regelung der verschiedenen Fristen in den §§ 555c Abs 1, 555d Abs 3 bis Abs 5 und 555e Abs 1 BGB (Lützenkirchen/Dickersbach Rn 26 f; Sternel 99 [2015] 95, 109).

III. Voraussetzungen

5 Vereinbarungen der genannten Art (s Rn 3 f) sind nach § 555f BGB nur unter zwei Voraussetzungen zulässig, nämlich „nach Abschluss" eines Mietvertrages und auch dann nur „aus Anlass" von Erhaltungs- oder Modernisierungsmaßnahmen (dazu unten Rn 6). „**Nach Abschluss**" eines Mietvertrages bedeutet, dass die fragliche Vereinbarung erst zulässig ist, wenn bereits ein gültiger Mietvertrag abgeschlossen worden ist. Dadurch soll erreicht werden, dass der Mieter in seiner Entscheidung über die Zustimmung oder die Ablehnung der fraglichen Regelung tatsächlich frei bleibt, ohne befürchten zu müssen, durch eine Ablehnung einer derartigen Vereinbarung seinen Mietvertrag zu gefährden. Anders als nach einer verbreiteten Meinung zum früheren Recht können daher heute in dem Mietvertrag selbst auch hinsichtlich konkreter Erhaltungs- oder Modernisierungsmaßnahmen, die in nächster Zeit bevorstehen, keine von der gesetzlichen Regelung abweichende Vereinbarungen mehr getroffen werden; derartige Vereinbarungen sind vielmehr immer erst *nach Abschluss* des Mietvertrages möglich (Lützenkirchen/Dickersbach Rn 9).

Voraussetzung ist außerdem, dass die fragliche Vereinbarung zwar möglicherweise für die Zukunft, aber gerade **„aus Anlass"** einer konkreten Erhaltungs- oder Modernisierungsmaßnahme getroffen wird (§ 555f BGB). Den Gegensatz bilden *generelle* von den §§ 555a bis 555e BGB und von § 559 BGB *abweichende Regelungen* durch entsprechende Änderungen des Mietvertrages, und zwar auch für zukünftige, noch nicht konkret ins Auge gefasste Maßnahmen. Solche Vertragsänderungen bleiben unzulässig. Naheliegende **Umgehungsversuche**, etwa durch einen zeitlich gestreckten Abschluss des Mietvertrages, scheitern an dem zwingenden Charakter der gesetzlichen Regelung in den §§ 555a bis 555 f BGB und in § 559 BGB (§ 134 BGB). Für Modernisierungsvereinbarungen iS des § 555f BGB gelten keine besonderen Formvorschriften, sodass sie grundsätzlich auch konkludent zustandekommen können (s schon oben § 555d Rn 22 ff); bei langfristigen Verträgen ist jedoch § 550 S 1 BGB zu beachten. 6

IV. Mietermodernisierung

§ 555f BGB regelt nicht die Zulässigkeit und den Inhalt von Modernisierungsvereinbarungen mit dem Mieter, in denen sich der *Mieter* (und nicht der Vermieter) zur Durchführung von Modernisierungsmaßnahmen, etwa als Gegenleistung für eine Vertragsverlängerung bereit erklärt. Derartige Vereinbarungen sind grundsätzlich zulässig (§ 311 Abs 1 BGB), soweit sie die §§ 535 ff BGB beachten (ausführlich Lützenkirchen/Dickersbach § 555d Rn 106, 118 ff). 7

Kapitel 2
Die Miete
Unterkapitel 1
Vereinbarungen über die Miete

§ 556
Vereinbarungen über Betriebskosten

(1) Die Vertragsparteien können vereinbaren, dass der Mieter Betriebskosten trägt. Betriebskosten sind die Kosten, die dem Eigentümer oder Erbbauberechtigten durch das Eigentum oder das Erbbaurecht am Grundstück oder durch den bestimmungsmäßigen Gebrauch des Gebäudes, der Nebengebäude, Anlagen, Einrichtungen und des Grundstücks laufend entstehen. Für die Aufstellung der Betriebskosten gilt die Betriebskostenverordnung vom 25. November 2003 (BGBl. I 2346, 2347) fort. Die Bundesregierung wird ermächtigt, durch Rechtsverordnung ohne Zustimmung des Bundesrates Vorschriften über die Aufstellung der Betriebskosten zu erlassen.

(2) Die Vertragsparteien können vorbehaltlich anderweitiger Vorschriften vereinbaren, dass Betriebskosten als Pauschale oder als Vorauszahlung ausgewiesen werden. Vorauszahlungen für Betriebskosten dürfen nur in angemessener Höhe vereinbart werden.

(3) Über die Vorauszahlungen für Betriebskosten ist jährlich abzurechnen; dabei ist der Grundsatz der Wirtschaftlichkeit zu beachten. Die Abrechnung ist dem Mieter spätestens bis zum Ablauf des zwölften Monats nach Ende des Abrechnungszeitraums mitzuteilen. Nach Ablauf dieser Frist ist die Geltendmachung einer Nachforderung durch den Vermieter ausgeschlossen, es sei denn, der Vermieter hat die verspätete Geltendmachung nicht zu vertreten. Der Vermieter ist zu Teilabrechnungen nicht verpflichtet. Einwendungen gegen die Abrechnung hat der Mieter dem Vermieter spätestens bis zum Ablauf des zwölften Monats nach Zugang der Abrechnung mitzuteilen. Nach Ablauf dieser Frist kann der Mieter Einwendungen nicht mehr geltend machen, es sei denn, der Mieter hat die verspätete Geltendmachung nicht zu vertreten.

(4) Eine zum Nachteil des Mieters von Abs. 1, Abs. 2 S. 2 oder Abs. 3 abweichende Vereinbarung ist unwirksam.

Materialien: Zu § 4 MHRG s Staudinger/Sonnenschein/Weitemeyer (1997). Art 1 Mietrechtsreformgesetz vom 19. 6. 2001 (BGBl I 1149); Referentenentwurf NZM 2000, 415 ff u 612 ff = WuM 2000, 165 ff u 227 ff; Begr zum RegE BT-Drucks 14/4553, 37, 50 f = NZM 2000, 802 ff u WuM 2000, 465 ff; Stellungnahme des BR BT-Drucks 14/4553, 86 f; Gegenäußerung der BReg BT-Drucks 14/4553, 99 f; Ausschussbericht BT-Drucks 14/5663, 79. Vgl auch Entw eines Gesetzes zur Neuordnung des Mietrechts der Länder Nordrhein-Westfalen u Niedersachsen BR-Drucks 513/99, 116 f; Entw eines Gesetzes zur Vereinfachung des Mietrechts der Fraktion der FDP BT-Drucks 14/3896, 32 f Art 1 § 19 Wohnraumförderungsgesetz, Art 8 u 15 Gesetz zur Reform des Wohnungsbaurechts vom 13. 9. 2001 (BGBl 2 2376); RegE BR-Drucks 249/01, 87, 147, 215 = BT-Drucks 14/5911 = Gesetzentw der Fraktionen SPD und

BÜNDNIS 90/DIE GRÜNEN BT-Drucks 14/ 5538; Ausschussbericht BT-Drucks 14/6375, 14. Art 2 Verordnung zur Berechnung der Wohnfläche, über die Aufstellung von Betriebskosten und zur Änderung anderer Verordnungen vom 25. 11. 2003 (BGBl I 2346) = Verordnung über die Aufstellung von Betriebskosten (Betriebskostenverordnung – BetrKV), abgedr WuM 2003, 675; Referentenentwurf vom 13. 2. 2003 NZM 2003, 271 = WuM 2003, 128; Begr zum RegE BR-Drucks 568/03 = WuM 2003, 678, 681; Empfehlungen Ausschuss für Städtebau, Wohnungswesen und Raumordnung BR-Drucks 568/ 1/03. Art 11 Föderalismusreform-Begleitgesetz vom 5. 9. 2006 (BGBl I 2098, 2101); Gesetzesantrag Nordrhein-Westfalen, Bayern, Berlin, Bremen BR-Drucks 179/06, 35 ff.

Schrifttum

ABRAMENKO, Zur vertraglichen Bindung des Mieters an die Betriebskostenabrechnung des Wohnungseigentumsverwalters, ZMR 1999, 676
AHLT, Übertragbarkeit der Rechtsprechung des VIII. Zivilsenats des Bundesgerichtshofs auf Gewerberaummietverträge. Minderungsausschluss, Betriebskosten, Flächenabweichungen, Schönheitsreparaturen, DWW 2005, 96
ARMBRÜSTER, Zur Haftung des Mieters für Sachschäden bei bestehender Sachversicherung durch den Vermieter, NJW 1997, 177
ARMBRÜSTER/HAUER, Nichtbestehen einer Gebäudeversicherung trotz Vereinbarung einer entsprechenden Kostentragungspflicht des Mieters kann Schadensersatzansprüche auslösen, ZMR 2012, 546
ARTZ, Vermieterhaftung bei unzureichender Nebenkosten-Vorauszahlungsabrede, NZM 2004, 328
BAUSCH, Umlagefähigkeit der Kosten für das Baumfällen im Rahmen der Betriebskosten für die Gartenpflege, NZM 2006, 366
BECKER, Betriebskostenabrechnung bei Mietminderung. Mietminderungsberechnung bei Bruttomiete, GE 2005, 1335
BENTROP, Wenn Vermieter die Betriebskosten selbst in die Hand nehmen – ein Geschäftsmodell und seine Folgen für die Abrechnungspraxis, WuM 2020, 467
BEUERMANN, Haftung des Veräußerers gegenüber dem Mieter, GE 1999, 749
ders, Vergessene Überleitungsvorschriften im Mietrechtsreformgesetz, GE 2001, 902
ders, Zahlungsklage nach Teilleistungen des Mieters, GE 2000, 1301
BEYER, Aktuelle Aspekte des Grundsatzes der Wirtschaftlichkeit im Wohnraummietrecht, NZM 2007, 1
ders, Der Betrieb unwirtschaftlicher Anlagen und die Auswirkungen auf die Betriebskosten, GE 2008, 1472
ders, Die vermietete Eigentumswohnung. Die Ableitung der Betriebskostenrechnung aus der Jahresrechnung, ZMR 2013, 933
ders, Die Umlegung sonstiger Betriebskosten – Ein mietrechtliches Minenfeld?, GE 2007, 950
ders, Noch einmal: Falsch vermessen?, WuM 2010, 614
BIERBAUM, Technisch bedingt und im Regelfall vom Mieter hinzunehmen: Probleme durch Meßdifferenzen bei Wasserzählern, GE 2000, 846
BLANK, Anforderungen an die Betriebskostenabrechnung nach der Rechtsprechung des BGH, NZM 2008, 745
ders, Anspruchsgrundlage und Einwendungen bei Betriebskostenabrechnungen, DWW 2009, 91
ders, Die Betriebskosten der vermieteten Eigentumswohnung, in: FS Bärmann u Weitnauer (1990) 29
ders, Sonstige Betriebskosten: Grenzen und Möglichkeiten der Umlegbarkeit, in: Weimarer Immobilienrechtstage 2004, 95
ders, Das Gebot der Rücksichtnahme nach § 241 Abs 2 BGB im Mietrecht, WuM 2004, 243
ders, Das Mietrecht in der Schnittstelle zum WEG, WuM 2000, 523
ders, Verteilungseffizienz und Verteilungsgerechtigkeit bei Betriebskosten, PiG 85 (2009) 43
BLUM, Unwirksame Betriebskostenumlage durch Bezugnahme auf Anlage 3 zu § 27 Abs 1

II. BV nach Inkrafttreten der Betriebskostenverordnung, WuM 2010, 13
Börstinghaus, Aktuelle Fragen zur Betriebskostenabrechnung, PiG 88 (2010) 129
ders, Anforderungen an die Ordnungsgemäßheit der mietrechtlichen Betriebskostenabrechnung, in: Weimarer Immobilienrechtstage 2004, 47
ders, Das Mietrechtsreformgesetz. Eine erste Stellungnahme aus der (gerichtlichen) Praxis, NZM 2000, 583
ders, Mietverhältnisse in der Zwangsverwaltung, in: FS Merle (2010) 65
ders, Umlage und Grenzen der betriebskostenrechtlichen Ausschlussfrist, NZM 2005, 250
ders/Lange, Das Gebot der Wirtschaftlichkeit, WuM 2010, 538
Bösche, Die Übergangsregelungen des Mietreformgesetzes, WuM 2001, 367
Bongard, Auswirkungen auf Betriebskosten. Mietminderung auf Bruttomiete und Minderfläche, GE 2005, 1338
Both, Betriebskostennachzahlungen im Urkundenprozess durchsetzen, NZM 2017, 425
ders, Die Geltendmachung der Betriebskosten im Urkundsprozess, PiG 83 (2008) 199
Ricarda Breiholdt, Umlagefähigkeit von Wartungskosten, ZMR 2002, 180
Ruth Breiholdt, § 556 Abs 3 S 3 BGB – Generelle Ausschlussfrist für nach Ablauf der Abrechnungsfrist geforderte Betriebskosten?, in: Artz/Börstinghaus (Hrsg), 10 Jahre Mietrechtsreform (2011) 523
Briesemeister, Zur Frage der Änderung des Abrechnungsstufen für Heizkosten durch Öffnungsklausel, GE 2008, 1244
Brückner, Die Achterbahnfahrt des Bundesgerichtshofs bei der Rechtsprechung zum Betriebskostenrecht, GE 2013, 922
ders, Fristen und Zeiträume bei der Abrechnung von Betriebskostenvorauszahlungen, GE 2006, 1590
ders, Keine Kürzung des Abrechnungsergebnisses der Betriebskostenposition „Kaltwasser", GE 2012, 42
ders, Rechtsfolge beim Verstoß gegen die Vereinbarung der verbrauchsabhängigen Betriebskostenabrechnung, GE 2012, 1208

Bub, Flächenabweichungen im Mietrecht, PiG 88 (2010) 45
ders/Bernhard, Die Rechtsprechung des BGH zur Nutzerwechselgebühr und ihre Auswirkungen auf die Abrechnungspraxis von Ableseunternehmen und Wohnungsvermietern, NZM 2008, 513
Bütter, Sonderkündigungsrecht im Gewerbemietrecht bei wesentlicher Überschreitung der vereinbarten Betriebskostenvorauszahlungen (sog „Betriebskostenfalle"), ZMR 2003, 644
Cziupka, Aus der Praxis: Vollstreckungsgegenklage gegen Verurteilung zur Rückzahlung von Betriebskostenvorauszahlungen, JuS 2011, 418
Derckx, Aufschlüsseln der Position Hauswartkosten in Betriebskostenabrechnung. Schätzung von Heizungsstrom, NZM 2008, 394
ders, Betriebskostenvorauszahlungen – Sorgenkind „Zweite Miete"?, NZM 2004, 321 ff
ders, Frist für Einwendung fehlender Vereinbarung über Betriebskostenposition. Stillschweigende Mietvertragsänderung, NZM 2008, 239
ders, Unechte Gesamtkosten in Betriebskostenabrechnungen und ihre Folgen nach BGH; NZM 2007, 244, NZM 2007, 385
ders, Wohnraumbetriebskosten nach den Entscheidungen des BGH im Jahr 2004, ZMR 2005, 86
Derleder, Tilgung, Minderung und Verrechnung von Teilleistungen im Mietverhältnis, NZM 2011, 654
ders, Die rechtlichen Voraussetzungen der Einstellung von Versorgungsleistungen an den Mieter wegen Leistungsstörungen im Verhältnis von Vermieter und Versorgungsträger, NZM 2000, 1098
Deutscher Mieterbund, Die zweite Miete, 2010
Dickersbach, Die Anwendung des § 174 BGB auf die Betriebskostenabrechnung, WuM 2008, 439
ders, Die betriebskostenrechtliche Einwendungsausschlussfrist im öffentlich geförderten Wohnraum, NZM 2006, 281
ders, Der Umfang des betriebskostenrechtlichen Einwendungsausschlusses, ZMR 2008, 355
Dittmer, Zur Betriebskostenabrechnung bei unterschiedlichen Abrechnungszeiträumen für

Heizkosten und „kalte" Betriebskosten, WuM 2009, 459
DRASDO, Die Harmonisierung von Miet- und Wohnungseigentumsrecht – Umlage der Betriebskosten –, WuM 2020, 686
ders, Die Abrechnung der Betriebskosten der Hausmeisterwohnung und des Verwaltungsbüros in der Wohnungseigentümergemeinschaft, WuM 2018, 185
ders, Die Abrechnung der Betriebskosten durch den Zwangsverwalter, in: FS Seuß (2007) 291
ders, Umsetzung von WEG-Beschlüssen im Mietverhältnis nach der WEG-Reform, ZMR 2008, 421
ders, Verwalterhaftung für die Folgen zu spät erstellter Betriebskostenabrechnungen, NZM 2004, 372
ECKERT, Zur Kondiktion der Betriebskostennachzahlung durch den Mieter bei verspäteter Abrechnung, ZfIR 2006, 365
EISENSCHMID, Die Betriebskostenabrechnung im Lichte der Minderung der Bruttomiete, in: FS Bub (2007) 327
ders, Die Mietminderung nach der Bruttomiete, WuM 2005, 491
ders, Das Mietrechtsreformgesetz, WuM 2001, 215
ders, Das Wirtschaftlichkeitsgebot im Mietrecht, PiG 65 (2002) 147
ders/WALL, Betriebskosten-Kommentar (3. Aufl 2010)
ELZER, Das Verhältnis der Abrechnung über die Vorauszahlungen für Betriebskosten zur Abrechnung über den Wirtschaftsplan, ZMR 2019, 825
ders, Die Kostenverteilung bei Instandhaltungen und Instandsetzungen sowie bei modernisierenden Instandsetzungen, ZWE 2008, 153
EMMERICH, Dissonante Begleitmusik zum In-Kraft-Treten des „neuen Mietrechts", NZM 2001, 777
ders, Neues Mietrecht und Schuldrechtsmodernisierung, NZM 2002, 362
EMMERT, Zum mietrechtlichen Wirtschaftlichkeitsgebot bei dem Abschluss von Wärmelieferungsverträgen, CuR 2008, 12
ESSLING, Zur Grundsteuerumlage bei einer vermieteten Eigentumswohnung, WuM 2011, 24

FLATOW, DS-GVO und Betriebskostenabrechnung, NZM 2020, 623
dies, Auswirkungen der EnEV 2007/2009 auf Miet-, Kauf- und Werkverträge, NJW 2008, 2886
dies, Die Behandlung von Verbindlichkeiten des Wohnraummieters in der Mieterinsolvenz, in: FS Blank (2006) 513
dies, Die energetischen Anforderungen an das Wohnen heute und morgen, NZM 2008, 785
dies, Der Einfluss des Verbraucherinsolvenzverfahrens auf das Mietverhältnis, NZM 2011, 607
dies, Korrektur von Betriebskostenabrechnungen, WuM 2010, 606
dies, Die Umsetzung des Wirtschaftlichkeitsgebots, WuM 2012, 235
dies, Unpfändbarkeit von Betriebskostenguthaben bei ALG II-Bezug durch den Mieter, NJW 2013, 2802
FRANKE, Schadensersatz nach Verschulden bei Vertragsverhandlungen – sog cic-Haftung, ZMR 2000, 733
ders, Die Überleitungsvorschriften des neuen Mietrechts (Art 229, § 3 EGBGB), ZMR 2001, 951
ders, Verjährung im Mietrecht. Änderungen durch das MietrechtsreformG und das SchuldrechtsmodernisierungsG, DWW 2002, 86
FRITZ, Wohnraummietverträge in der Klauselkontrolle, NZM 2002, 713
GATHER, Neues Betriebskostenrecht im Überblick, GE 2002, 172
ders, Mietstruktur und Betriebskostenvorauszahlung bei der Wohnraummiete, DWW 2012, 362
ders, Nebenkosten bei der Gewerberaummiete, DWW 2011, 362
ders, Umlage der Nebenkosten auf Mieter von Gewerberaum, DWW 2007, 364
GEBHARDT, Herabsetzung der Gegenleistung nach culpa in contrahendo (2001)
GELDMACHER, Rückständige Betriebskostenvorauszahlungen und Erteilung der Betriebskostenabrechnung nach Ablauf der Ausschlussfrist des § 556 III 2 BGB nF, NZM 2001, 921
ders, Vorauszahlungen auf die Nebenkosten. Schwerpunktfragen zum preisfreien Wohnraum, DWW 1997, 7

ders, Bewußt zu niedrig angesetzte Vorauszahlungen, GE 2000, 1068
GHASSEMI-TABAR, Der Tatbestand der Verwirkung in der Gewerberaummiete, NZM 2013, 129
GIES, Ausschlussfrist zur Betriebskostennachforderung (§ 556 III BGB), NZM 2002, 514
ders, Formell unwirksam – materiell unrichtig: Das ist hier die Frage, in: ARTZ/BÖRSTINGHAUS (Hrsg), 10 Jahre Mietrechtsreform (2011) 532
vGOERNE, Dachrinnenreinigungskosten als Betriebskosten, GE 1994, 556
GOETZMANN, Zurückbehaltungsrecht des Vermieters an der Mietsicherheit wegen Nebenkostennachforderungen, ZMR 2002, 566
GRUBER, Mietrecht und Schuldrechtsreform, WuM 2002, 252
GRUNDMANN, Die Mietrechtsreform, NJW 2001, 2497
dies, Neuregelungen zu Betriebskosten und Wohnflächenberechnung, NJW 2003, 3745
GÜNTER, Mietminderung und Betriebskostenabrechnung, WuM 2012, 299
HANNIG, Zur Betriebskostenumlage im Mietrecht, in: FS Seuß (1987) 185
HARSCH, Betriebskosten und Datenschutz, WuM 2015, 399
ders, Wer trägt die Kosten der Zwischenablesung bei Mieterwechsel?, WuM 1991, 521
HARZ/SCHMID, Objektmanagement und Mietnebenkosten bei der Geschäftsraummiete, ZMR 1999, 593
HEIDER/ZUR NIEDEN, Vor der Beschlagnahme vereinnahmte, aber nicht verbrauchte Betriebskostenvorauszahlungen. Herausgabeverpflichtung des Vermieters an den Zwangsverwalter, NZM 2010, 601
HEINRICHS, Das neue AGB-Recht und seine Bedeutung für das Mietverhältnis, WuM 2002, 643 = NZM 2003, 6
HEIX, Rechtsprechungswende des BGH zur Betriebskostenvereinbarung, NZM 2016, 457
HEMPEL, Rechtsschutz des Mieters bei Liefersperre des Versorgungsunternehmens wegen Zahlungsrückstands des Vermieters, NZM 1998, 689
ders, Schutz des Mieters gegen die Einstellung der zentralen Energie- und Wasserversorgung eines Mietshauses. Drittschutz bei Leistungsstörungen und Abwehrmöglichkeiten gegen die Ausübung eines Leistungsverweigerungsrechts nach § 320 BGB?, WuM 1998, 646
HERRLEIN, Kontrollrechte des Vermieters und des Mieters, ZMR 2007, 247
ders, Versorgungssperre im Mietrecht: Possessorischer Besitzschutz als Legitimation offensichtlich rechtsmissbräuchlichen Mieterverhaltens?, NZM 2006, 527
HERTLE, Kosten der Gartenpflege. Ein Bestandteil der „Zweiten Miete", ZMR 1990, 406
HESS/LATINOVIC, Wohnungswirtschaft und Urheberrecht: Auswirkungen des 4. UrhRÄndG auf den Betrieb von Gemeinschaftsantennenanlagen und die Umlegung von Mietnebenkosten, NZM 1999, 341
HINKELMANN, Die Verwirkung nach der Mietrechtsreform, PiG 65 (2002) 24
HINZ, Die Umlagevereinbarung im Wohn- und Gewerberaummietvertrag, JR 2019, 418
ders, Betriebskosten bei mangelhafter Mietsache, ZMR 2018, 725 und 645
ders, Auswirkungen von Wohnflächenabweichungen auf die Betriebskostenabrechnung, ZMR 2018, 1
ders, Pauschale Abwälzung von Betriebskosten und Schönheitsreparaturen im Lichte des neuen Schuldrechts, ZMR 2003, 77
ders, Betriebskostenabrechnung durch den Mieter?, ZMR 2013, 414
ders, Außergerichtliche und prozessuale Darlegungspflichten bei Betriebskostenstreitigkeiten, NZM 2009, 97
ders, Mietbegriff und Mietstruktur nach der Mietrechtsreform, ZMR 2001, 331
ders, Mietrechtsreform im Rechtsausschuss, NZM 2001, 264
ders, Das betriebskostenrechtliche Wirtschaftlichkeitsgebot in Darlegungs- und Beweislast, NZM 2012, 137
HORST, Mietrechtliche Schnittstellen der Schuldrechtsreform, DWW 2002, 6
ders, Öffentliches Bau- und Nachbarrecht versus Mietrecht im Spannungsfeld energetischer Gebäudesanierungen, DWW 2010, 133
HUBER, Rechtsfolgen der Überwälzung von Prämien einer Sachversicherung beim Mietvertrag, VersR 1998, 265
JABLONSKI, Betriebskostenabrechnung nach

Sollvorschüssen: Noch längst nicht alle Fragen sind geklärt, GE 2010, 28
JACOBY, Aktuelles zu einem Evergreen: Die Abrechnung der vermieteten Eigentumswohnung, ZMR 2018, 116
ders, Die Rechtsnatur der Betriebskostenabrechnung, ZMR 2017, 781
JAEGER, Anmerkung zur Rechtsprechung des Bundesgerichtshofs über die Frage der Anwendbarkeit der Ausschlussfristregelung des § 556 Abs 3 S 3 BGB im Gewerberaummietrecht, ZfIR 2010, 327
JANSEN, Das Übergangsrecht der Mietrechtsreform, NJW 2001, 3151
JENNISSEN, Abhängigkeit der mietrechtlichen Betriebskostenabrechnung von der wohnungseigentumsrechtlichen Jahresabrechnung, NZM 2002, 236
KANDELHARD, Verwirkung im laufenden Mietverhältnis. Rechtsverlust durch Unterlassen?, NZM 2005, 43
KAPPUS, Schweigen ist Gold – Betriebskostenüberbürdung im Stillen?, NZM 2004, 411
KINNE, Anmerkung zur Rechtsprechung über Einwendungen des Mieters gegen eine Betriebskostenabrechnung, GE 2010, 447
ders, Betriebskostenarten und deren Abwälzung, ZMR 2001, 1
ders, Einwendungen gegen Betriebskostenabrechnung, GE 2012, 662
ders, Bis Ende 2013: Einbau von Wärmezählern in zentralen Warmwasserbereitungsanlagen erforderlich, GE 2012, 303
ders, Der Fahrstuhl im Mietrecht, GE 2007, 494
ders, Formularklauseln in Mietverträgen – Grenzen und Konsequenzen (Teil 1), ZMR 2000, 725
ders, Die neuen Mieterhöhungen ab dem 1. 9. 2001 im Überblick (Teil II), ZMR 2001, 868
ders, Miet- und strafrechtliche Probleme bei Preisnachlässen auf Betriebskosten, GE 1999, 481
ders, Einzelne Mietvertragsklauseln, in: FS Blank (2006) 249
ders, Pflicht zur Mitteilung des Ableseergebnisses, GE 2009, 692
ders, Umlage auf Wohn- und Gewerberaum. Die aktuelle Rechtsprechung und ihre Konsequenzen, GE 2008, 896

ders, Unwirksamkeit droht: Bei Teilkostenumlage sind zwingend auch die Gesamtkosten anzugeben, GE 2007, 1358
KLAS, Rück- und Nachforderungen nach vorbehaltlosem Ausgleich des Nebenkostensaldos, WuM 1994, 595
ders, Zur Stufenklage auf Auszahlung des Nebenkostensaldos, WuM 1994, 659
KLÜHS, Die Pflicht des Zwangsverwalters zur Abrechnung von Betriebskosten und Auszahlung entsprechender Mieterguthaben, Rpfleger 2006, 640
KNOPPER, Die Darlegungs- und Beweislast im Betriebskostenrecht, ZMR 2019, 169
KÖRBER/SUCHFORT, Zur Umlagefähigkeit der Kosten der Wärmelieferung im Mietrecht, CuR 2009, 131
KRAEMER, Die Gesellschaft bürgerlichen Rechts als Partei gewerblicher Mietverträge, NZM 2002, 465 = WuM 2002, 459
ders, Die verspätete Vermieterleistung, NZM 2004, 721
KRETZER, Ausweitung der Kampfzone. Anmerkung zum Urteil des BGH vom 6. 4. 2005 – XII ZR 225/03, ZMR 2005, 516
KUNZE, Ungeregelte Betriebskostenfragen, in: ARTZ/BÖRSTINGHAUS (Hrsg), 10 Jahre Mietrechtsreform (2011) 537
LANGENBERG, Zum vorbehaltlosen Ausgleich des Saldos von Betriebskostenabrechnungen, in: FS Bub (2007) 339
ders, Die Betriebskosten der vermieteten Eigentumswohnung, NZM 2004, 361 = WuM 2004, 583
ders, Betriebskosten und Schönheitsreparaturen. Aktuelle Rechtsprechung des BGH in Anmerkungen, NZM 2005, 51 ff
ders, Betriebskostenrecht der Wohnraummiete im BGB nF, NZM 2001, 783
ders, Betriebskosten- und Heizkostenrecht (7. Aufl 2014)
ders, Formelle und materielle Anforderungen an die Betriebskostenabrechnung nach der BGH-Entscheidung, NZM 2005, 13, NZM 2006, 641
ders, Korrektur von formellen Fehlern der Betriebskostenabrechnung nach Ablauf der Abrechnungsfrist, NZM 2005, 8
ders, Das Neue Mietrecht. Indexmiete – Staf-

felmiete – Mietspiegel – Betriebskosten-Vorauszahlungspflicht, WuM 2001, 523
ders, Mietsicherheit, Betriebskosten und Schönheitsreparaturen in der Mietrechtsreform, NZM 2001, 69
ders, Der praktische Umgang mit dem Wirtschaftlichkeitsgrundsatz im Mietrecht, in: Weimarer Immobilienrechtstage 2004, 61
ders, Ungelöste Fragen der Umlage und Abrechnung von Betriebskosten, NJW 2008, 1269
ders, Die neuen Verordnungen zur Berechnung der Wohnfläche und zu den Betriebskosten, NZM 2004, 41
ders, Verspäteter Zugang der Betriebskostenabrechnung wegen unbekannter neuer Anschrift des Mieters, WuM 2010, 115
ders/Zehelein, Nochmals: Zur Durchsetzung des Wirtschaftlichkeitsgebots im Betriebskostenrecht, NZM 2013, 169
Lehmann-Richter, Änderungen der mietvertraglichen Geschäftsgrundlage aufgrund von Wohnungseigentümerbeschlüssen, PiG 85 (2009) 229
ders, Zur AGB-Kontrolle von Betriebskostenklauseln in der Wohnraummiete, WuM 2012, 647
ders, Inhaltskontrolle von AGB-Klauseln über den Betriebskostenumfang in der Geschäftsraummiete, ZMR 2012, 837
ders, Nachzahlungsansprüche des Vermieters bei nicht kostendeckenden Nebenkostenvorauszahlungen. Zugleich Anmerkung zu BGH WM 2004, Seite 201, WuM 2004, 254
Leo/Ghassemi-Tabar, Verjährungsrisiken beim Gewerberaummieter am Mietende bezogen auf Betriebskosten, NZM 2009, 185
Leo/Schmitz, Die Durchführung der Mietminderung im Gewerberaummietrecht auf der Grundlage der neueren BGH-Rechtsprechung, NZM 2005, 858
Leurs, Die Mietausfallversicherung in der Betriebskostenabrechnung, WuM 2016, 527
Löhlein, Wirksamkeit einer vertraglichen Ergänzung der Grundmiete um Verwaltungskosten, NZM 2000, 487
Lorenz, Haftungsausfüllung bei der culpa in contrahendo: Ende der „Minderung durch cic"?, NJW 1999, 1001

Ludley, Einwendungsfrist-AGB in Gewerberaummietverträgen, NZM 2014, 374
ders, Folgen des vorbehaltlosen Ausgleichs eines Betriebskostensaldos, NZM 2008, 72
ders, Grünes Licht für Betriebskostenabrechnungen nach Sollauszahlungen?, ZMR 2009, 426
ders, Verjährung und andere V-Fragen im Betriebskostenrecht, NZM 2007, 585
ders, Verwertbarkeit von Betriebskostenspiegeln im Prozess, NZM 2011, 417
Lüth, Untermietvertragsgestaltung. Ein praktischer Leitfaden bei entsprechend anwendbarem Hauptmietvertrag, NZM 2004, 241
Lützenkirchen, Belegeinsicht im „papierlosen Büro", NZM 2018, 266
ders, Anforderungen an Klauseln zur Umlage von Verwalterkosten im Gewerberaummietvertrag, GE 2006, 614
ders, Berechnung und Anrechnung der Mietminderung, insbesondere mit Blick auf die Betriebskosten, NZM 2006, 8
ders, Schriftliche Betriebskostenabrechnung, DWW 2002, 200
ders, Was sind Betriebskosten im Sinne von § 16 Abs 3 WEG?, GE 2008, 1306
ders, Die Einwendungsausschlussfrist im Betriebskostenrecht, NZM 2002, 512
ders, Flächenabweichungen bei der Betriebskostenabrechnung, ZMR 2009, 895
ders, Unwirksamkeit der formularmäßigen Umlage von Hausverwaltungskosten, ZMR 2008, 452
Medinger, Betriebskostenspiegel und das Wirtschaftlichkeitsgebot, ZMR 2020, 609
Meyer, Zum Streit-/Geschäftswert einer Überprüfung von Betriebs-/Mietnebenkostenabrechnungen, JurBüro 2008, 519
Meyer-Abich, Betriebskosten: Aktuelle Tendenzen in der instanzgerichtlichen Rechtsprechung, NZM 2017, 745, 2018, 769, 2019, 425 und 2020, 694
Milger, Die Ausschlussfristen für Mieter und Vermieter in § 556 BGB, in: Artz/Börstinghaus (Hrsg), 10 Jahre Mietrechtsreform (2011) 542
dies, Ausgewählte Fragen des Betriebskostenrechts – dargestellt anhand aktueller Entscheidungen des Bundesgerichtshofs, PiG 83 (2008) 235

dies, Miete und Kaution in der Zwangsverwaltung, NJW 2011, 1249
dies, Mindestanforderungen an die Betriebskostenabrechnung, NJW 2009, 625
dies, Probleme der Abrechnung von Wasserkosten und des Abflussprinzips, NZM 2008, 757
dies, Praktische Probleme bei der Durchsetzung des Wirtschaftlichkeitsgebots, NZM 2012, 657
dies, Rückerstattung vorbehaltloser Betriebskostennachzahlung, NZM 2009, 497
MUMMENDORF, Das Verhältnis von Gebrauchsrecht und Besitzschutz im Mietrecht, DWW 2005, 312
MÜHLEMEIER, Betriebsnebenkosten und Versicherungen, WuM 2007, 111
NEUHAUS, Terrorversicherung und mietrechtliches Wirtschaftlichkeitsgebot, NZM 2011, 65
NEUMANN, Ansprüche des Mieters hinsichtlich der Betriebskostenvorauszahlungen bei Eigentümerwechsel, WuM 2012, 3
dies/SPANGENBERG, Abrechnungsversäumnis des Vermieters und Rückzahlung erhaltener Betriebskostenvorschüsse im beendeten Mietverhältnis, NZM 2005, 576
ZUR NIEDEN, Umlagefähigkeit von „Selbstbehalten" in der Gebäudeversicherung, NZM 2013, 369
PAEFGEN, Haftung für mangelhafte Aufklärung aus culpa in contrahendo (1999)
PETERS, Das Gebot der Wirtschaftlichkeit bei umlagefähigen Betriebskosten in Darlegungs- und Beweislast, NZM 2012, 145
ders, Messdifferenzen bei Wasserzählern. Unvermeidbar, aber erklärlich, NZM 2000, 696
PFEIFER, Betriebskosten. Vereinbarung und Abrechnung, PiG 58 (1999) 53
ders, Betriebskosten bei Wohn- und Geschäftsraummiete (2002)
ders, Die neue Betriebskostenverordnung, DWW 2004, 44
ders, Heizspiegel: Nützliches Instrument oder plumpe Täuschung?, GE 1999, 468
ders, Kabelfernsehen und neue Medien im Mietrecht, in: FS Blank (2006) 349
PFEILSCHIFTER, Die Abwälzung von Instandhaltung und Instandsetzung des Gemeinschaftseigentums auf Gewerberaummieter von Teileigentum. Zugleich eine Anmerkung zu LG Karlsruhe GuT 2002, 177, GuT 2002, 163

ders, Die neuen Anschlussmöglichkeiten an das Kabelfernsehen, die Kosten-Nutzen-Relation und die Probleme der Kostenverteilung im Mehrfamilienhaus, WuM 1987, 279, 289
ders, Inhaltskontrolle preisbestimmender und leistungsbeschreibender Vertragsklauseln nach Aufhebung des AGB-Gesetzes. Betriebskostenvereinbarungen im Wohnraummietrecht im Lichte des Transparenzgebots aus § 307 BGB, WuM 2002, 73
PRÖLLS, Der Schutz des Mieters vor einem Regreß des Gebäudeversicherers nach § 67 VVG, ZMR 2001, 157
ders, Die Pflicht des versicherten Gebäudeeigentümers zur Verschonung des schadensstiftenden Mieters, ZMR 2005, 241
RAVE, Anforderungen an die Begründung der mietrechtlichen Nebenkostenabrechnung, ZMR 2008, 779
dies, Umfang mit Abrechnungsfehlern, GE 2008, 36
REISMANN, Die Mietwohnung in der Zwangsverwaltung – Rechte des Mieters, WuM 1998, 387
RIECKE, Besonderheiten bei Betriebskostenabrechnungen für vermietetes Wohnungseigentum, ZMR 2001, 77
ders, Problemfall Hausmeisterwohnung: Sondereigentum oder Gemeinschaftseigentum – Werkmiet- bzw Werkdienstwohnung – Miet- und Gehaltsabrechnung – Kostenverteilung, WuM 2003, 663
ders, Risiken und Besonderheiten bei der Betriebskostenabrechnung für vermietetes Sondereigentum, WuM 2003, 309
ders, Verspätete Nebenkostenabrechnung einer vermieteten Eigentumswohnung, ZMR 2007, 289
RITZMANN, Der Begriff der Nachforderung in § 556 III 3 BGB, WuM 2006, 487
RÖMER, Zur Fälligkeit von Betriebskostennachzahlungen. Eine Erwiderung zu dem gleichnamigen Aufsatz von Schmid in WM 1996, 319, WuM 1996, 595
ders, Vorlage und Einsichtnahme in die Abrechnungsunterlagen zur Betriebskostenabrechnung – Anmerkungen zum Urteil des AG Langenfeld vom 7. 3. 1996, WM 1996, 426, WuM 1996, 392

Ropertz, Mietnebenkosten (3. Aufl 2014)
Rudolph, Sonstige Betriebskosten als Posten der jährlichen Abrechnung der Betriebskosten, ZMR 1991, 208
Ruff, Vermieter können wiederkehrende Straßenbaubeiträge nicht als Betriebskosten auf die Mieter umlegen, WuM 2016, 595
ders, Wie können Kommunalabgaben auf die Mieter umgelegt oder als Werbungskosten geltend gemacht werden? Teil II, DWW 2004, 79, 81
ders, Zur rechtzeitigen Zahlung durch Überweisung, ZKF 2009, 224
ders, Die Umlage der Grundsteuer als Betriebskosten, WuM 2003, 379
Sentek, Abfallmanagement im Betriebskostenrecht, NZM 2017, 721
Schach, Anmerkung zur Rechtsprechung des Bundesgerichtshofs über die Geltendmachung einer Nachforderung aus einer Betriebskostenabrechnung nur gegenüber einem von mehreren Mietern, GE 2010, 723
ders, Mietrechtliche Aspekte der Umstellung auf digitales Fernsehen, GE 2002, 1090
ders, Minderung auch der Betriebskosten?, GE 2005, 1462
ders, Grundsätzlich an alle Mieter richten. Wer ist Adressat der Betriebskostenabrechnung?, GE 2000, 1677
ders, Nebenkostenvorschüsse nach Abrechnungsreife, GE 2001, 471
ders, Die „sonstigen Betriebskosten": Müssen sie in der Abrechnung aufgeschlüsselt und erläutert werden?, GE 2010, 161
ders, Umrechnung Brutto- in Nettomiete, GE 2006, 548
ders, Der Vermieter muss auch die mit einem Wärmecontractor abgeschlossenen Verträge vorlegen, GE 2010, 513
Scheidacker, Wasser abstellen erlaubt? Eine aktuelle Untersuchung zur Sperrung von Versorgungsleitungen und anderen Besitzstörungen in der Miete und im Wohnungseigentum, NZM 2005, 281
Schenkel, Nebenkostenansprüche bei Veräußerung der Mietsache, NZM 1999, 5
Schläger, Anmerkung zur Rechtsprechung des BGH über die Frage der zusammengefassten Abrechnung verschiedener Kostenpositionen in einer Betriebskostenabrechnung, ZMR 2010, 267
ders, Wohnraummietrecht und Umweltschutz, ZMR 2002, 85
M J Schmid, Möglichkeiten einer Systematisierung des Betriebskostenrechts in der Wohnraummiete? NZM 2015, 721
ders, Kosten für einen „Trinkwasser-Check" als Betriebskosten auf Mieter umlegbar? ZMR 2015, 12
ders, Die Abrechnung nach dem Abflussprinzip, DWW 2008, 162
ders, Zur Abrechnung von Mietnebenkosten nach der Änderung des WEG, ZMR 2008, 261
ders, „Abrechnung" ohne Vorauszahlungen auf Betriebskosten?, NZM 2012, 855
ders, Konkludente Abwälzung von Mietnebenkostenvereinbarungen, in: FS Blank (2006) 375
ders, Abweichung von „halbzwingenden" Normen des Mietrechts auch zu Lasen des Mieters?, NZM 2012, 193
ders, Änderung des Abrechnungsmaßstabs wegen Leerstands bei der Wohnraummiete nach § 313 Abs 1 BGB, WuM 2011, 453
ders, Änderung der Heizkostenverteilung nach § 16 Abs 3 WEG nF, ZMR 2007, 844
ders, Stillschweigende Änderung von Mietbenkostenvereinbarungen, NZM 2003, 55
ders, Stillschweigende Änderung einer Vereinbarung zu Mietnebenkosten, ZMR 2008, 110
ders, Anforderungen an die Verwirkung von Mietnebenkostennachforderungen, GE 2010, 306
ders, Anmerkung zur Rechtsprechung des Bundesgerichtshofs zur Frage der Abrechnung der Versicherungen in einem einheitlichen Kostenpunkt in einer Betriebskostenabrechnung, ZMR 2010, 102
ders, Anmerkung zur Rechtsprechung über die Abrechnungsmethode von Wasserkosten eines gemischt-genutzten Gebäudes, ZMR 2010, 283
ders, Anspruch auf Vorauszahlung auf Betriebskosten nach Abrechnung bzw Eintritt der Abrechnungsreife, NZM 2007, 555
ders, Aufzugskosten in der Betriebskostenabrechnung, GE 2009, 757
ders, Aufwendungen für die Sicherheit – auf den Mieter umlegbar?, ZMR 2008, 98

ders, Ausschluss von Einwendungen gegen Betriebskostenabrechnungen, ZMR 2002, 727
ders, Die Auswahl der Verteilungsmaßstäbe für die Heizkosten, GE 2007, 38–40
ders, Auswirkungen des Gesetzes zur Beschleunigung fälliger Zahlungen auf das Mietrecht, ZMR 2000, 661
ders, Gescannte Belege als Ersatz für Originalbelege bei der Mietkostenabrechnung, ZMR 2003, 15
ders, Beschlusskompetenz der Wohnungseigentümer für die Verteilung von Betriebskosten, MDR 2007, 989
ders, Sonstige Betriebskosten. Eine Übersicht, DWW 2012, 42
ders, Verspätete Betriebskostenabrechnung: Nach- und Rückforderung, GE 2008, 455
ders, Betriebskostenabrechnung zu Silvester. Fristwahrung, DWW 2006, 59
ders, Betriebskosten. Die Verordnung zur Berechnung der Wohnfläche, über die Aufstellung von Betriebskosten und zu Änderungen anderer Verordnungen, ZMR Sonderdruck 12/2003
ders, Alles über Betriebskostenvorauszahlungen, GE 2012, 868
ders, Beweislastfragen in Mietnebenkostenprozessen, ZMR 2009, 335
ders, Darlegungs- und Substantiierungslast im Mietnebenkostenprozess, WuM 2012, 127
ders, Einwendungen des Mieters gegen die Betriebskostenabrechnung, GE 2008, 516
ders, Zu den Einwendungen gegen eine Betriebskostenabrechnung, ZMR 2009, 917
ders, Erläuterung der Betriebskostenabrechnung und Darlegung im Prozess, GE 2008, 1298
ders, Folgen der Novelle des Wohnungseigentumsgesetzes für die Betriebskostenabrechnung mit dem Mieter, GE 2007, 1094
ders, Formelle Anforderungen an die Betriebskostenabrechnung, NZM 2010, 264
ders, Die Umlegung von Gebäudereinigungskosten auf den Mieter, WuM 2011, 659
ders, Grundlagen des Mietnebenkostenrechts, ZMR 2011, 341
ders, Zur Frage der Korrektur einer erteilten Betriebskostenabrechnung nach Ablauf der Abrechnungsfrist, NJW 2008, 1151
ders, Handbuch der Mietnebenkosten (11. Aufl 2009)

ders, Häufige Fehler der Mietnebenkostenabrechnung und ihre Vermeidung, DWW 2010, 14
ders, Kosten der Hausanlagen als Entgelt für die Wärmelieferung?, ZMR 2001, 690
ders, Die Kosten für den Hauswart, DWW 1996, 301 u WuM 2000, 104
ders, Kosten für den Hauswart: Die fehlerträchtigste Position der Betriebskostenabrechnung, GE 2009, 1472
ders, Kosten der Trinkwasseruntersuchung auf die Mieter umlegbar?, ZMR 2012, 10
ders, Mietnebenkostenabrechnung nach Abflussprinzip, GE 2012, 165
ders, Mietnebenkostenabrechnung während des Prozesses, WuM 2010, 65
ders, Mietnebenkosten und Schriftform, NZM 2002, 483
ders, Mietnebenkosten bei Wohn- und Gewerberäumen, WuM 2001, 424
ders, Mietnebenkostenumlegung bei vermieteten Eigentumswohnungen, in: Weimarer Immobilienrechtstage 2004, 83
ders, Minderung nach der Bruttomiete – Auswirkungen auf die Nebenkostenabrechnung, MDR 2005, 971
ders, Müssen die Mieter die Beseitigung von Sperrmüll bezahlen?, MDR 2010, 362
ders, Rechnungsdaten in die Betriebskostenabrechnung, ZMR 1996, 415
ders, Die neue Rechtsprechung des BGH zum Mietnebenkostenrecht und ihre Folgen, DWW 2004, 288
ders, Vertragliche Regelungen zur Mietnebenkostenumlegung, DWW 2002, 118
ders, Keine Umlagefähigkeit von Leasingkosten für Brenner und Öltank nach HeizKV, BetrKV und BGB?, ZMR 2009, 357
ders, Die Umlegung der Versicherungskosten auf den Mieter, ZMR 2001, 587
ders, Umlegung von Instandsetzungskosten auf den Gewerberaummieter in Wohnungseigentumsanlagen, DWE 2009, 114
ders, Zur Umlegung von Kosten des Aufzugs im anderen Gebäudeteil und weiteren Betriebskosten, ZMR 2009, 676
ders, Die Umlegung von Nutzerwechselgebühren auf den Wohnraummieter, NZM 2008, 762
ders, Umlegung von Versicherungskosten auf Mieter, GE 2013, 395

ders, Urkundenprozess für Mietnebenkosten und Wohngeldzahlungen, DWW 2007, 324
ders, Urkundsprozess bei rückständigen Mietnebenkosten, MDR 2013, 1266
ders, Das Verhältnis von Betriebs- und Verwaltungskosten bei Nebenkosten der Geschäftsraummiete, ZMR 2010, 353
ders, Vereinbarungen zur Abrechnungsfrist bei der Gewerberaummiete, DWW 2010, 90
ders, Verjährungsfragen bei den Mietnebenkosten, GE 2009, 298
ders, Verrechnung von Teilzahlungen auf Mietnebenkosten, NZM 2001, 705
ders, Verstoß gegen Wirtschaftlichkeitsgrundsatz – Schadensersatz oder Beschränkung der Kostenumlegung?, ZMR 2007, 177
ders, Wer zahlt die Verbrauchsanalyse?, GE 2009, 27
B Schmidt/Gohrke, Ist die Vollstreckung des Anspruchs auf Erstellung einer Nebenkostenabrechnung nach § 888 Abs 3 ZPO ausgeschlossen?, WuM 2002, 593
M Schultz, Erhöhung der Teilinklusivmiete, PiG 83 (2008) 39
ders, Verwaltungskostenumlage bei Gewerberaummiete, PiG 85 (2009) 105
Schumacher, Die Aufwertung des Transparenzgebots und die Konsequenzen für das Mietrecht. Neun Thesen, NZM 2003, 13
ders, Zum Begründungsstil aktueller BGH-Entscheidungen im Wohnraummietrecht, WuM 2004, 507
Schumacher, Einbau und Wartung von Rauchmeldern, NZM 2005, 641
vSeldeneck, Betriebskostenregelungen der Mietrechtsreform, NZM 2001, 64
ders, Das Wirtschaftlichkeitsgebot beim Ansatz von Betriebskosten, NZM 2002, 545 = ZMR 2002, 393
Selk, Anmerkung zur Rechtsprechung über die Frage der Wirkung der Aufrechnung des Mieters gegen den Vermieter auf Rückzahlung der Nebenkostenvorauszahlungen, ZMR 2010, 438
Serwe, Anforderungen an die Ordnungsmäßigkeit einer Betriebskostenabrechnung, WuM 2009, 273
ders, Kosten der Trinkwasseruntersuchung auf die Mieter sind nach § 2 Nr 2, 4 bis 6, 16 BetrKVO umlegbar, ZMR 2012, 167

Sommer/Christ, Nachforderungen des Energieversorgers und ihre Auswirkungen auf die Miet- und wohnungseigentumsrechtliche Abrechnung, NZM 433
Sonnenschein, Innen- und Außenverhältnis bei einer Mehrheit von Vermietern, in: FS Kraft (1998) 607
Springer, Zur Einhaltung des Wirtschaftlichkeitsgebot bei Umstellung des Gebäudeversicherungstarifs als Betriebskostenposition, WuM 2007, 129
Stangl, Umlagefähigkeit einzelner Betriebskostenpositionen bei Wohnraum, ZMR 2006, 95
Sternel, Sind Betriebskostenabrechnungen in der Wohn- und Geschäftsraummiete durch vorbehaltlose Zahlung wirklich erledigt?, ZMR 2010, 81
ders, Probleme des neuen Mietrechts, Teil I, ZMR 2001, 937; Teil II, ZMR 2002, 1
ders, Zur Umlage verbrauchsabhängiger Betriebskosten bei Leerständen, NZM 2006, 811
ders, Schlüssiges Verhalten im Mietrecht, in: FS Blank (2006) 421
Stöckel, Wartungskosten für Gasaußenwandheizer, GE 1999, 486
Streyl, Der Beweis im Betriebskostenrecht, WuM 2018, 676
ders, Abrechnung der Betriebskosten nach dem Abfluss- oder dem Leistungsprinzip, WuM 2010, 545
ders, Darlegungs- und Beweislast bei Verletzung des Wirtschaftlichkeitsgebots, NZM 2008, 23
ders, Das Einstellen der Versorgungsleistungen durch den Vermieter, WuM 2006, 234
ders, Formell oder materiell – Mieters Prüfpflichten bei Erhalt der Betriebskostenabrechnung, NZM 2007, 324
ders, Grundsatz der Wirtschaftlichkeit in der Betriebskostenabrechnung, NZM 2006, 125
ders, Die Hürden der Darlegungs- und Beweislast bei behaupteter Verletzung des Wirtschaftlichtsgebot, NZM 2013, 97
ders, Pflicht des Mieters, Einwendungen gegen formell unwirksame Nebenkostenabrechnungen zu erheben, NZM 2009, 809
Szerkus, Darlegungslast und Zahlungsverweigerungsrecht bei überhöhten Strom- und Heizkosten, NJ 2018, 194
Tholl, Rückforderungen der Betriebskosten-

vorauszahlung nach Beendigung des Wohnraummietverhältnisses – neue Probleme?, WuM 2011, 3
TIMME, Aufzugskosten für den Mieter im Erdgeschoss?, NZM 2007, 29
TREIER, Verjährung und Verwirkung im Mietrecht nach der neueren Rechtsprechung des Bundesgerichtshofes (BGH), in: FS Bärmann u Weitnauer (1990) 671, 682
ULRICI, Liefersperren als verbotene Eigenmacht, ZMR 2003, 895
WALL, Die Änderungen des Betriebskostenrechts durch die neue Betriebskostenverordnung, WuM 2004, 10
ders, Der Grundsatz der Wirtschaftlichkeit bei Erfassung der Heiz- und Wasserkosten, WuM 2002, 130
WALTER, Übersendung von Abrechnungsbelegen der Betriebskostenabrechnung als Kopie, MDR 2006, 803
WARNECKE, Die Notwendigkeit der Modernisierung des Mietrechts am Beispiel energetischer Sanierungen, DWW 2007, 282
WEITEMEYER, Die Auswirkungen der Rechtsprechung des BGH zur Gesellschaft bürgerlichen Rechts auf deren Vermieterstellung, ZMR 2004, 153
dies, Der Einfluß der geplanten Betriebskostenverordnung auf das Mietrecht des BGB, NZM 2003, 423
dies, Der Eintritt des Erwerbers in das Mietverhältnis nach § 566 BGB. Ein Rechtsinstitut auf dem Weg zum Sukzessionsschutz, in: FS Blank (2006) 445
dies, Neueste Entwicklungen der Umsatzbesteuerung bei der Vermietung von Grundstücken, DWW 2006, 150
dies, Die Gesellschaft bürgerlichen Rechts als Vermieterin, in: Gedschr Sonnenschein (2003) 431
dies, Probleme der Vermietung von Eigentumswohnungen. Der Eintritt des Erwerbers in das Mietverhältnis nach der Begründung von Wohnungseigentum, NZM 1998, 169
WENDEROTH, Auskehrung zwingend erforderlich erforderlich?, GE 2013, 393
WIEK, Verjährung des Rückerstattungsanspruchs des Mieters wegen überhöhter Betriebskostenvorauszahlungen – zugleich Anmerkung zu OLG Koblenz GuT 2002, 84, GuT 2003, 3
WOLST, Nebenkostenvorauszahlung auf erheblich zu niedrigem Niveau durch Vermieter festgesetzt; § 556 II BGB, in: ARTZ/BÖRSTINGHAUS (Hrsg), 10 Jahre Mietrechtsreform (2011) 611
ZEHELEIN, Die II. BerechnungsVO als rechtssystematisches Leitbild des § 535 Abs. 2 BGB am Beispiel der (nicht umlegbaren) Nutzerwechselkosten, WuM 2020, 457
ders, Die Betriebskostenverteilung bei vermietetem Sondereigentum nach dem Gesetzentwurf zum WEModG, ZMR 2020, 272
ders, Die Zukunft der Betriebskostenumlage bei vermieteter Eigentumswohnung, NZM 2019, 697
ders, Darlegungs- und Beweislast im Betriebskostenprozess, ZMR 2019, 93
ders, Ungeeichte Zähler in der Betriebskostenabrechnung und Mietprozess unter dem neuen Eichrecht, NZM 2017, 794
ders, Die Umlage neuer und neuartiger Betriebskosten, WuM 2016, 400
ders, Mietsaldoklage auch bei Vorauszahlungsabrede auf Betriebskosten?, NZM 2013, 638
ders, Vermieters Pflicht und Pflichtverletzung im Rahmen des betriebskostenrechtlichen Wirtschaftsgebots, NZM 2014, 11
ZEUNER, Die Substantiierungspflicht des Mieters bei Einwendungen gegen Nebenkostenabrechnungen im Prozeß, ZMR 1981, 161
ZUCK, Anforderungen an die Gesetzgebung im Bereich des Mietrechts und der Zivilprozessreform, NZM 2001, 354.

Systematische Übersicht

I.	**Allgemeine Kennzeichnung**		a)	Übernahme der Betriebskosten durch den Mieter (Abs 1)	4
1.	Überblick	1			
2.	Entstehung der Vorschrift	2	b)	Vereinbarung von Vorauszahlungen oder Pauschalen (Abs 2)	5
3.	Zweck der Vorschrift	4			

c)	Abrechnung über Vorauszahlungen (Abs 3)	6	a)	Zweck	89
d)	Abweichende Vereinbarungen (Abs 4)	7	b)	Anwendungsbereich	90
			c)	Inhalt	91
4.	Sachlicher Anwendungsbereich	8	d)	Verletzung des Wirtschaftlichkeitsgrundsatzes	93
5.	Übergangsregelung	9	e)	Darlegungs- und Beweislast	96
			3.	Anspruchsverpflichteter und Anspruchsberechtigter	97
II.	**Übernahme der Betriebskosten durch den Mieter (Abs 1)**		a)	Mehrheit von Vermietern und Mietern	97
1.	Gestaltung der Mietstruktur	10	b)	Vermieterwechsel	98
2.	Betriebskosten	14	c)	Zwangsverwaltung	101
a)	Begriff	14	d)	Insolvenz	102
b)	Einzelne Betriebskostenarten	22	4.	Form	103
c)	Keine Betriebskosten	46	5.	Fälligkeit der Abrechnung	104
3.	Vereinbarung der Übernahme der Betriebskosten durch den Mieter	50	a)	Abrechnungsfrist (Abs 3 S 2)	104
a)	Allgemeines	50	b)	Ausschluss von Nachforderungen (Abs 3 S 3)	106
b)	Vereinbarungen über einzelne Betriebskostenarten	54	6.	Abrechnungsunterlagen	112
c)	Änderung der Betriebskostenvereinbarung	60	a)	Einsichtnahme	112
			b)	Erstellung von Kopien	115
			7.	Abrechnungszeitraum	116
III.	**Betriebskostenpauschale oder Vorauszahlungen auf Betriebskosten (Abs 2)**		a)	Dauer	116
			b)	Leistungs- oder Abflussprinzip	117
			8.	Abrechnungssaldo	118
1.	Vereinbarung von Pauschalen oder Vorauszahlungen (Abs 2 S 1)	67	a)	Anspruchsinhaber und Anspruchsgegner	118
a)	Begriff der Vorauszahlung	68	b)	Fälligkeit	121
b)	Begriff der Betriebskostenpauschale	69	c)	Einwendungen und Einreden des Mieters	124
2.	Inhalt der Vorauszahlungspflicht	71	d)	Einwendungsausschluss (Abs 3 S 5 und 6)	127
a)	Vereinbarung	71	9.	Verletzung der Abrechnungspflicht	135
b)	Angemessene Höhe (Abs 2 S 2)	72	a)	Anspruch auf Abrechnung	135
c)	Änderung der Vorauszahlungen	76	b)	Rückständige Vorauszahlungen	136
d)	Entstehung und Fälligkeit	77	c)	Zurückbehaltungsrecht an den Vorauszahlungen	137
e)	Vorauszahlungszeitraum	78			
f)	Abtretung und Pfändung	79	d)	Zurückbehaltungsrecht an der Grundmiete	138
g)	Aufrechnung, Verrechnung und Zurückbehaltungsrecht	80	e)	Verwirkung	139
h)	Abweichende Vereinbarungen	81	f)	Rückzahlung aller Vorauszahlungen	140
IV.	**Abrechnung über Vorauszahlungen (Abs 3)**		g)	Rückzahlung überzahlter Vorauszahlungen	143
1.	Inhalt	82	10.	Abweichende Vereinbarungen (Abs 4)	144
a)	Rechenschaftslegung	82	11.	Prozessuales	145
b)	Notwendige Erläuterungen	83			
c)	Darlegungs- und Beweislast	88			
2.	Grundsatz der Wirtschaftlichkeit (Abs 3 S 1 2. HS)	89			

Alphabetische Übersicht

Abrechnung über Vorauszahlungen — 82 ff
– Abrechnungszeitraum — 116
– abweichende Vereinbarungen — 7, 105, 144
– arglistige Täuschung — 74
– Aufrechnung — 80, 101, 141b
– Ausschluss von Einwendungen — 127 ff, 133
– Ausschluss von Nachforderungen — 106 ff
– Beendigung des Mietverhältnisses — 77, 80a, 99a
– Eigentumswohnung — 86, 113, 117
– Einwendungen des Mieters — 124 ff
– Einsichtnahme in Belege — 82c, 112 ff, 123
– Erläuterungen — 83
  s auch § 556a
– Fälligkeit — 98, 104 ff, 121
– Form — 103
– Grundsatz der Wirtschaftlichkeit — 89 ff
– Inhalt — 82 ff
– Insolvenz — 102, 120
– Kopien von Belegen — 112, 115, 123
– Leistungsprinzip — 86, 117
– Mieterwechsel s § 556a
– Nachzahlungsanspruch — 118 ff
– Parteien — 118 ff
– Prozess — 141 ff, 145
– Rechenschaftslegung — 82
– Rückzahlungsanspruch — 140 ff, 143
– Saldo — 118 ff
– Schwankungen des Verbrauchs s § 556a
– Teilabrechnung — 104a, 109b, 110
– Teilleistungen — 126
– Unterlagen — 112 ff
– Verjährung — 124
– Verletzung der Abrechnungspflicht — 135 ff
– Vermietermehrheit — 97
– Vermieterwechsel — 98 ff
– Verwirkung — 139
– Vorauszahlungszeitraum — 78
– Wirtschaftseinheit — 16, 85
– Zurückbehaltungsrecht — 137 f
– Zwangsverwaltung — 101, 119
Abwasser — 55, 63a
Abweichende Vereinbarungen
– Abrechnungspflicht — 7, 144
– Abrechnungszeitraum — 7, 105
– Ausschluss von Einwendungen — 132
– Betriebskosten — 14 ff, 46
– Höhe der Vorauszahlungen — 72 ff, 81
Änderungsvertrag — 60 ff
Antenne — 43, 46b, 65
Aufrechnung — 80, 101, 141b
Aufzug — 32
Auskunftsanspruch — 72, 79, 108

Beleuchtung — 36
BerechnungsV — 3, 8 f, 15 ff, 21a
Betriebskosten — 14 ff
– Abwasser — 55, 63a
– abweichende Vereinbarungen — 46
– Antenne — 43, 46b, 65
– Arten — 22 ff
– Aufzug — 32
– Begriff — 14 ff
– Beleuchtung — 36
– Breitbandkabel — 43, 65
– Bewachungskosten — 45b
– Dachrinnenreinigung — 24, 34, 45a, 59, 62
– Eichkosten — 23, 31
– Eigenleistungen — 15
– Einzelöfen — 27
– Entwässerung — 24, 56
– Erhöhung s § 560
– Ermäßigung s § 560
– Etagenheizung — 25 f
– Fernwärme — 26, 49, 91
  s auch Anhang B zu § 556c
– Feuerlöscher — 45a, 57
– Gartenpflege — 35
– Grundsteuer — 10, 22, 54, 86, 109b, 117b, 124, 133a
– Haftpflichtversicherung — 38 f
– Hausreinigung — 34
– Hauswart — 40 f
– Heizung — 25 ff, 55
  s auch Anhang B zu § 556c
– Immissionsschutzmessung — 26, 57, 63a
– Kabelfernsehen — 43, 65
– Müllabfuhr — 33
– neue Betriebskosten — 63
– öffentliche Lasten — 22
– Pauschale — 11 ff, 50 ff, 67, 69 f
– Pförtner — 41
– Reparaturversicherung — 38b
– Rauchmelder — 45a

– Rückzahlung nicht geschuldeter Betriebskosten 49, 52
– Sachversicherungen 38 f
– Schneeräumung 40b
– Schornsteinreinigung 37
– Sperrmüll 33a
– sonstige Betriebskosten 45, 59
– Straßenreinigung 33, 40b, 58
– Stromkosten 36
– Tank 38, 46a
– Trinkgeld 92
– Überwachungskosten 45b
– Umsatzsteuer 48
– Ungezieferbekämpfung 34
– Versicherungen 38 f, 63
– Wärmemessgeräte 29 f
– Warmwasser 31
– Waschmaschine 44
– Wasserversorgung 23, 55
– Wirtschaftseinheit 19, 85
  s auch § 556a 27 f
Betriebskostenpauschale 11 ff, 50 ff, 67, 69 f
Betriebskostenspiegel 96
Betriebskostenumlage
– Änderung der Vereinbarung 60 ff
– Form 53, 60, 62
– Mietvertrag 10
– Umlagemaßstab s § 556a
– Vereinbarung 10, 50 ff
– Vermieterwechsel 98 f
– Vorbehalt neuer Betriebskosten 63
BetrKV 3, 8 f, 15 ff
Beweislast s Darlegungs- u Beweislast
Breitbandkabel 43, 65
Bruttomietzins 10
  s auch § 560

Darlegungs- u Beweislast 88, 96

Eigentumswohnung 86, 113, 117
Entstehung der Vorschrift 2
Entwässerungskosten 24, 56
Erbbauzinsen 46c
Erhöhung der Betriebskosten s § 560
Ermäßigung der Betriebskosten s § 560

Fälligkeit
– Abrechnung 104 ff
– Abrechnungssaldo 121 ff

– Vorauszahlungen 77
Fahrstuhl 32
Fernwärme 26, 49, 91
  s auch Anhang B zu § 556c
Form
– Abrechnung 103
– Betriebskostenvereinbarung 53

Gartenpflege 35
Grundsatz der Wirtschaftlichkeit 89 ff
Grundsteuer 10, 22, 54, 86, 109b, 117b, 124, 133a

Haftpflichtversicherung 38 f
Hausreinigung 34
Hauswart 40 f
HeizkostenV s Anhang B zu § 556c
Heizungskosten 25 ff, 55

Immissionsschutzmessung 26, 57, 63a
Inklusivmiete 10
Insolvenz 102, 120
Instandhaltung u Instandsetzung 46a

Liefersperre 80a

Mehrwertsteuer s Umsatzsteuer
Mieterwechsel 116 f, 133a
  s auch § 556a 32
Mietkaution 80
Mietverhältnis
– über preisgebundenen Wohnraum 8
– über Geschäftsräume 8a
Mietvertrag 10
Mietstruktur 10, 66
Modernisierungsmaßnahmen 64
Müllabfuhr 33

Nachzahlungsanspruch 118 ff
Nettomiete 10
Neue Bundesländer 9

Reparaturversicherung 38b
Rückzahlungsanspruch 140 ff, 143

Sachversicherungen 38 f
Schneeräumung 40b
Schornsteinreinigung 26
Schuldanerkenntnis 133 ff

Sollvorschüsse	78a	– Angemessenheit	72 ff
Sonstige Betriebskosten	45a f, 59	– Aufrechnung	80
Straßenreinigung	33, 40b, 58	– Begriff	68
Stromkosten	36	– Entstehung	77
		– Erhöhung s § 560	
Tank	38, 46a	– Fälligkeit	77
Teilabrechnung	104a, 109b, 110	– Herabsetzung s § 560	
Trinkgeld	92	– Pfändung	79
		– Rückzahlungsanspruch	140 ff, 143
Übergangsregelung	9	– Vereinbarung	67, 71
Umlage erhöhter Betriebskosten s § 560		– Verrechnung	80
Umlagemaßstab s § 556a		– Vorauszahlungszeitraum	78
Umsatzsteuer	48	– Zurückbehaltungsrecht	80, 137
Ungezieferbekämpfung	38 f	Wärmemessgeräte	29
Urkundprozess	147	Warmwasser	31
		Waschmaschine	44
Veräußerung des Grundstückes Vermieterwechsel		Wasserversorgung	23, 55
Verbrauchserfassung	30, 46	Wegfall der Geschäftsgrundlage	63a, 133
Verjährung	49, 124, 140	Wirtschaftseinheit	16, 85
Verletzung der Abrechnungspflicht	141 ff	s auch § 556a	27 f
Vermieterwechsel	61 f, 98 ff, 139	WohnraumförderungsG	21
Versicherungen	38 f, 63		
Versorgungssperre	80a	Zurückbehaltungsrecht	80, 94, 99, 123, 125, 137 f
Vertragsänderung	60 ff		
Verwaltungskosten	46	Zwangsverwaltung	101, 119, 137
Verwirkung	62, 139	Zweck der Vorschrift	4 ff
Vorauszahlungen	67 ff	Zweite BerechnungsV	3, 8 f, 15 ff, 21a
– Abrechnung s dort		Zwischenablesung	112
– Abtretung	79	s auch § 556a	32 f
– abweichende Vereinbarungen	81		
– Änderung	76		
s auch § 560			

I. Allgemeine Kennzeichnung

1. Überblick

Die Vorschrift betrifft Betriebskosten für vermieteten Wohnraum. In **Abs 1** wird **1** klargestellt, dass die Parteien dem Mieter entgegen der Grundregel des § 535 Abs 1 S 3 BGB die Betriebskosten der Mietsache auferlegen können. Diese Vereinbarung ist begrenzt auf den Katalog der Betriebskosten, wie er sich aus der im Zuge der Föderalismusreform aus dem früheren § 19 Abs 2 des Wohnraumförderungsgesetzes (WoFG) vom 13. 9. 2001 (BGBl I 2376) in § 556 Abs 1 BGB übernommenen Definition der Betriebskosten ergibt. Abs 1 S 2 ordnet an, dass die auf der Grundlage des früheren § 19 Abs 2 S 2 WoFG erlassene Betriebskostenverordnung (BetrKV) (s Rn 3) solange fortgilt, bis die Bundesregierung von ihrer in Abs 1 S 3 erteilten Ermächtigung nicht anderweitig Gebrauch macht. **§ 556 Abs 2** S 1 BGB stellt klar, dass der Mieter die Betriebskosten in Form einer Pauschale oder von Vorauszahlungen auf eine nach Abs 3 vorzunehmende jährliche Abrechnung zahlen kann. Die Höhe der Vorauszahlungen muss nach Abs 2 S 2 angemessen sein. **Abs 3** regelt die Anforderungen an die Betriebskostenabrechnung. Mit Ausnahme der Regelung des Abs 2 S 1 ist die gesamte Vorschrift nicht zu Lasten des Mieters abdingbar **(Abs 4)**. Die Vorschrift wird ergänzt durch § 556a BGB über den Abrechnungsmaßstab für Betriebskosten und durch § 560 BGB über die Veränderungen von Betriebskosten. Wegen der in den letzten Jahren stärker als die Grundmiete steigenden Nebenkosten haben die Bestimmungen über die Betriebskosten als „zweite Miete" (Deutscher Mieterbund, Die zweite Miete) eine enorme Bedeutung.

2. Entstehung der Vorschrift

2 Die Bestimmung des § 556 BGB wurde geschaffen durch das **Mietrechtsreformgesetz** vom 19. 6. 2001 (BGBl I 1149, Art 1). Sie übernimmt die früher nur rudimentär in § 4 Abs 1 MHRG (zur Entstehung s Staudinger/Sonnenschein/Weitemeyer [1997] § 4 MHRG Rn 2) geregelten Voraussetzungen über die Umlage von Betriebskosten durch Vorauszahlungen mit jährlicher Abrechnung sowie die dazu ergangene Rspr. Neu ist die Einführung einer Ausschlussfrist für die Nachforderung von Betriebskosten, wenn der Vermieter nicht bis zum Ablauf des zwölften Monats nach Ende des Abrechnungszeitraums über die Vorauszahlungen abrechnet (Abs 3 S 3). Für den Mieter wurde eine entsprechende Frist zum Ausschluss mit Einwendungen gegen die Abrechnung in Abs 3 S 5 und 6 eingeführt. Die noch in § 556 Abs 1 BGB des RegE des Mietrechtsreformgesetzes enthaltene Klarstellung, dass sich die Miete aus den Bestandteilen Grundmiete und Betriebskosten zusammensetzt (s Begr zum RegE BT-Drucks 14/4553, 50), wurde auf den Vorschlag des Rechtsausschusses hin nach im Schrifttum erhobenen Bedenken (s nur Börstinghaus NZM 2000, 583, 587 f; Hinz NZM 2001, 264, 267) fallengelassen. Damit sollten Streitfragen vermieden werden, die eine Legaldefiniton der Miete im Hinblick auf den in vielen Vorschriften mit unterschiedlicher Bedeutung geregelten Begriff hervorrufen könnte. Zudem hätte die Legaldefinition als Festlegung auf eine bestimmte Mietstruktur (Nettomiete) verstanden werden können, obwohl dies der Gesetzgeber wie bisher der Vertragsautonomie der Parteien überlassen wollte (Ausschussbericht BT-Drucks 14/5663, 79).

3 Durch **das Gesetz zur Reform des Wohnungsbaurechts** vom 13. 9. 2001 (BGBl I 2376) wurde die Definition der im sozialen Wohnungsbau auf den Mieter umlegbaren Betriebskosten in § 27 BV 2 (s Rn 21a) durch § 19 Abs 2 des in Art 1 geschaffenen Wohnraumförderungsgesetz (WoFG) ersetzt und zum Teil geändert. Mit Art 15 des Gesetzes zur Reform des Wohnungsbaurechts ist deshalb die frühere Verweisung in § 556 Abs 1 BGB auf § 27 BV 2 durch diejenige auf § 19 Abs 2 WoFG mit Geltung zum 1. 1. 2002 ersetzt worden. Da eine nach § 19 Abs 2 S 2 WoFG zu erlassende Verordnung über den genauen Katalog der Betriebskosten zunächst noch fehlte, wurde in § 556 Abs 1 S 2 BGB und § 46 Abs 3 S 2 WoFG angeordnet, dass die alte Vorschrift des § 27 BV 2 mit ihrer Anlage 3 bis zu dem Erlass der Verordnung noch anzuwenden ist. Durch Art 2 der Verordnung zur Berechnung der Wohnfläche, über die Aufstellung von Betriebskosten und zur Änderung anderer Verordnungen vom 25. 11. 2003 (BGBl I 2346) ist hierzu die Verordnung über die Aufstellung von Betriebskosten (**Betriebskostenverordnung** – BetrKV) erlassen worden. Sie trat nach Art 6 am 1. 1. 2004 in Kraft. Die BetrKV übernimmt im Wesentlichen die alte Anlage 3 zu § 27

BV 2, bringt aber auch einige Änderungen (s Rn 22 ff). Durch die **Föderalismusreform** wurde die soziale Wohnraumförderung auf die Länder übertragen, die nunmehr Einzelregelungen treffen können. Art 6 des Föderalismusreform-Begleitgesetzes vom 5. 9. 2006 (BGBl I 2098) sieht mit dem Gesetz zur Überleitung der Sozialen Wohnraumförderung auf die Länder (Wohnraumförderungs-Überleitungsgesetz – WoFÜG) Übergangsregelungen vor. Art 11 des Föderalismusreform-Begleitgesetzes stellte die seit dem 1. 1. 2002 in § 19 Abs 2 WoFG geregelte Definition der Betriebskosten, auf die in § 556 Abs 1 BGB nur verwiesen wurde, direkt in § 556 Abs 1 S 2 BGB ein. Die Änderung trat am 1. 1. 2007 in Kraft. Soweit die Bundesregierung von der in § 556 Abs 1 S 4 BGB aufgestellten Ermächtigungsgrundlage keinen Gebrauch macht, gilt die bisherige BetrKV vom 25. 11. 2003 (BGBl I 2346, 2347) fort (Abs 1 S 3).

3. Zweck der Vorschrift

a) Übernahme der Betriebskosten durch den Mieter (Abs 1)

Die Vorschrift des Abs 1 S 1 stellt klar, dass die Parteien die Grundregel des § 535 Abs 1 S 3 BGB, wonach der Vermieter die auf der Mietsache ruhenden Lasten trägt, durch Vereinbarung abbedingen und dem Mieter die Übernahme bestimmter Betriebskosten auferlegen können. Daraus ergibt sich zugleich, dass die Übernahme der Betriebskosten durch den Mieter immer einer Vereinbarung der Parteien bedarf (BGH NZM 2019, 253; Begr zum RegE BT-Drucks 14/4553, 50; Ausschussbericht BT-Drucks 14/5663, 79 zu den AGB-rechtlichen Grenzen Hinz JR 2019, 418). Es erfolgt ein Verweis auf den Katalog der im sozialen Wohnungsbau umlegbaren Betriebskosten, wodurch der gesonderten Abgeltung der Betriebskosten Grenzen setzen soll (Begr zum RegE BT-Drucks 14/4553, 50). Fehlt es an einer entsprechenden Vereinbarung, dann ist davon auszugehen, dass eine Inklusivmiete vorliegt, bei der sämtliche Kosten der Gebrauchsgewährung durch die Mietzahlung abgegolten sind (BGH NZM 2019, 253). Durch die **Föderalismusreform** wurde die soziale Wohnraumförderung auf die Länder übertragen, die nunmehr Einzelregelungen treffen können. Art 11 des Föderalismus-Begleitgesetzes stellt die seit dem 1. 1. 2002 in § 19 Abs 2 WoFG geregelte Definition der Betriebskosten, auf die in § 556 Abs 1 BGB nur verwiesen wurde, direkt in § 556 Abs 1 S 2 BGB ein. Damit soll sichergestellt werden, dass im allgemeinen privaten Wohnraummietrecht ein einheitlicher Betriebskostenbegriff gilt (Begr zum Gesetzesantrag der Länder Nordrhein-Westfalen, Bayern, Berlin, Bremen BR-Drucks 179/06, 39, 42). Die Länder haben es hingegen in der Hand, ob sie für die ihnen nunmehr obliegende soziale Wohnraumförderung hiervon abweichende Bestimmungen treffen (s Rn 8).

b) Vereinbarung von Vorauszahlungen oder Pauschalen (Abs 2)

Durch Abs 2 S 1 wird klargestellt, dass die Parteien Vorauszahlungen auf die zu erwartenden Betriebskosten vereinbaren können oder die Abgeltung durch eine Pauschale erfolgt, über die nicht abzurechnen ist (Begr zum RegE BT-Drucks 14/4553, 50). Abs 2 S 2 geht auf die Regelung durch Art 3 § 4 WKSchG II vom 18. 12. 1974 (BGBl I 3603) zurück, der als Reaktion auf die gestiegenen Heizölkosten in den siebziger Jahren nur angemessene, dh an der Höhe der zu erwartenden Betriebskosten ausgerichtete, Vorauszahlungen erlaubte (Begr zum RegE BT-Drucks 7/2011, 12).

c) Abrechnung über Vorauszahlungen (Abs 3)

Abs 3 betrifft die Abrechnung über die Vorauszahlungen von Betriebkosten. S 1 übernimmt die bisherige Vorschrift des § 4 Abs 1 MHRG, dass jährlich abzurechnen ist. Durch die Regelung der Abrechnungsfrist des S 2 soll entsprechend der bisherigen, überwiegend vertretenen Rspr festgelegt werden, dass der Vermieter die Abrechnung dem Mieter spätestens zwölf Monate nach dem Ende der Abrechnungsperiode mitteilen muss (Begr zum RegE BT-Drucks 14/4553, 51). Neu ist die Ausschlussfrist in S 3 für Nachzahlungsansprüche des Vermieters, die eine entsprechende Regelung für preisgebundenen Wohnraum in § 20 Abs 3 S 4 der Neubaumietenverordnung idF vom 12. 10. 1990 (NMV 1970 [BGBl I 2203]) übernimmt (Begr zum RegE BT-Drucks 14/4553, 51). Im Interesse der Ausgewogenheit kam auf Vorschlag des Bundesrats und des Rechtsausschusses die entsprechende Vorschrift des S 5 und 6 über den Einwendungsausschluss des Mieters hinzu. Sie diene der Rechtssicherheit, da dadurch in absehbarer Zeit nach einer Betriebskostenabrechnung Klarheit über die wechselseitig geltend gemachten Ansprüche bestehe (Stellungnahme des BR BT-Drucks 14/4553, 87; Ausschussbericht BT-Drucks 14/5663, 79).

d) Abweichende Vereinbarungen (Abs 4)

7 Die gesamte Vorschrift ist aus Gründen des Mieterschutzes bis auf Abs 2 S 1, wonach die Parteien Betriebskosten als Pauschale oder Vorauszahlung ausweisen können, zwingend (Ausschussbericht BT-Drucks 14/5663, 79). Vorbehaltlich anderweitiger Vorschriften wie der Heizkostenverordnung (s Anh B zu § 556c) haben die Vertragsparteien daher die Wahl, ob sie die Betriebskosten überhaupt gesondert ausweisen oder eine Bruttomiete vereinbaren, oder welche weitere Arten der Mietstruktur sie vereinbaren (Begr zum RegE BT-Drucks 14/4553, 50; s Rn 10).

4. Sachlicher Anwendungsbereich

8 Die Vorschrift ist nach § 549 Abs 1 BGB auf alle **Wohnraummietverhältnisse** (s § 549 Rn 13 ff) anwendbar, auch soweit diese nach § 549 Abs 2 und 3 BGB vom Anwendungsbereich des sozialen Mietrechts ausgenommen sind. Keine ausdrückliche Ausnahmeregelung besteht mehr für den vor dem Inkrafttreten des Mietrechtsreformgesetzes in § 10 Abs 3 Nr 1 MHRG von den Vorschriften über Mieterhöhungen und über die Berechnung und Umlegung der Betriebskosten ausgenommenen **preisgebundenen Wohnraum**. Soweit eine Preisbindung aufgrund der Vorschriften des sozialen Wohnungsbaus besteht, ergibt sich unmittelbar aus diesen Spezialvorschriften, dass und inwieweit andere Regelungen für die Mieterhöhung (Begr zum RegE BT-Drucks 14/4553, 52) und für die Berechnung der Betriebskosten gelten. Mit der Umstellung der Mietbindung im geförderten Wohnungsbau von der Kostenmiete auf vereinbarte Mietobergrenzen durch das WoFG vom 13. 9. 2001 (s Rn 3) gilt auch für diese Wohnungen das Mieterhöhungsrecht des BGB mit Sondervorschriften (s § 557 Rn 23 ff). Die Geltung der Vorschriften über die Umlage von Betriebskosten nach den §§ 556, 556a, 560 BGB ist in § 28 Abs 4 Nr 1 WoFG jetzt ausdrücklich angeordnet. Für die auf der Grundlage des bisherigen Rechts öffentlich geförderten Wohnungen gilt weiterhin die NMV (Schubart/Kohlenbach/Bohndick NMV Einf aE), die in den §§ 20 NMV ff besondere Bestimmungen für die Betriebskostenumlage trifft. Durch die **Föderalismusreform** wurde die soziale Wohnraumförderung auf die Länder übertragen, die nunmehr unterschiedliche Regelungen treffen können. Art 11 des Föderalismusreform-Begleitgesetzes stellte die seit dem 1. 1. 2002 in § 19 Abs 2 WoFG geregelte Definition der Betriebskosten, auf die in § 556 Abs 1 BGB aF nur verwiesen wurde, direkt in § 556 Abs 1 S 2 BGB ein. Damit soll sichergestellt werden, dass im allgemeinen privaten Wohnraummietrecht ein ein-

heitlicher Betriebskostenbegriff gilt (Begr zum Gesetzesantrag der Länder Nordrhein-Westfalen, Bayern, Berlin, Bremen BR-Drucks 179/06, 39, 42). Die Vorschrift des § 19 Abs 2 WoFG ist entfallen. Für den preisgebundenen Wohnraum habe es die Länder in der Hand, ob sie für die ihnen nunmehr obliegende Wohnraumförderung an § 556 Abs 1 BGB anknüpfen oder hiervon abweichende Bestimmungen treffen. Die Länder Bayern und Hamburg haben Übergangsregelungen geschaffen, mit denen sie an die bisherige Geltung der Betriebskosten nach der II. Berechnungsverordnung anknüpfen (BayWoBindG v 23. 7. 2007 [GVBl 2007, 562]; HmbWoBindG v 19. 2. 2008 [HmbGVbl 74, 81]) während in Schleswig-Holstein die Regelung der §§ 556, 556a BGB zugrunde gelegt wird (SHWoFG v 25. 4. 2009 [GVoBl 2009, 19]).

Für **Geschäftsraummietverhältnisse** gilt die Vorschrift des § 556 BGB nicht (s STAU- **8a** DINGER/V EMMERICH § 535 Rn 63 ff). Jedoch wird dort häufig die Umlage der Betriebskosten auf den Mieter unter Rückgriff auf den Begriff der Betriebskosten nach dem früheren § 27 BV 2 und seiner Nachfolgervorschrift, des § 19 Abs 2 WoFG, der BetrKV oder nach Wegfall von § 19 Abs 2 WoFG auf § 556 Abs 1 BGB (s Rn 3) vereinbart (s Rn 50a). In diesem Fall sind nur die Betriebskosten vom Mieter gesondert übernommen, die auch bei einem Mietvertrag über Wohnräume umgelegt werden können (OLG Celle NZM 1999, 501, 502 = WuM 2000, 130 = ZMR 1999, 238; vgl auch STERNEL ZMR 2002, 1, 7), sodass auf die Auslegung des Betriebskostenbegriffs nach § 556 Abs 1 BGB zurückgegriffen werden kann. Auf die Besonderheiten im Gewerberaummietrecht wird in den Einzelerläuterungen jeweils hingewiesen (s auch die Übersichtsaufsätze von STREYL NZM 2014, 409; FRITZ NJW 2010, 1050; NJW 2011, 1048; NJW 2012, 980; NJW 2013, 1138; NJW 2014, 1067; GATHER DWW 2011, 362; AHLT DWW 2005, 96; LEHMANN-RICHTER ZMR 2012, 837 zur AGB-Kontrolle; SCHMID DWW 2010, 90 zur Abrechnungsfrist; ders ZMR 2010, 353 zu Verwaltungskosten; SCHULTZ PiG 85 [2009] 105).

5. Übergangsregelung

Die Vorschrift des § 556 BGB ist nach Art 11 des Mietrechtsreformgesetzes (s Rn 2) **9** seit dem 1. 9. 2001 anwendbar. Das bedeutet nach allgemeinen Grundsätzen, dass sämtliche Neuregelungen auf die zu diesem Zeitpunkt abgeschlossenen Mietverträge anzuwenden sind (Begr zum RegE BT-Drucks 14/4553, 75; s § 549 Rn 10). Nach Art 2 des Mietrechtsreformgesetzes ist in Art 229 § 3 Abs 1 Nr 4 EGBGB für die am 1. 9. 2001 bestehenden Mietverhältnisse eine Übergangsregelung getroffen. Ein Mietverhältnis besteht in diesem Sinne, wenn der Vertrag geschlossen ist (s § 549 Rn 10). Im Fall einer vor dem 1. 9. 2001 zugegangenen Erklärung über die Abrechnung von Betriebskosten ist die frühere Vorschrift des § 4 Abs 5 S 1 Nr 2 MHRG anzuwenden, wonach der Vermieter durch schriftliche Erklärung bestimmen kann, dass die Kosten der Wasserversorgung und der Entwässerung sowie der Müllabfuhr unmittelbar zwischen den Mietern und den Erbringern dieser Leistungen abgerechnet werden, sog **Direktabrechnung** (zu einem Altfall BGH NZM 2010, 315 = WuM 2010, 89 = ZMR 2010, 350, s § 556a Rn 44 u 556c Rn 37 ff). Die Übergangsregel enthält nach der Vorstellung des Gesetzgebers nur die Vorschriften, die durch das Mietrechtsreformgesetz inhaltlich geändert oder aufgehoben worden sind. Da die Aufzählung der alten Vorschriften in den Fällen, in denen sie den neuen Vorschriften entsprechen, entbehrlich erschien, ist damit für die vor dem 1. 9. 2001 zugegangenen Erklärungen im Grundsatz insgesamt das alte Recht anwendbar (Begr zum RegE BT-Drucks 14/4553, 75 f). Lediglich hinsichtlich der Abrechnung über Vorauszahlungen für Betriebskosten wird der

Vertrauensschutz für den Vermieter nach Art 229 § 3 Abs 9 EGBGB darüber hinaus auf bereits vor dem 1. 9. 2001 abgeschlossene Abrechnungszeiträume erweitert, auch wenn die entsprechende Abrechnung dem Mieter noch nicht zugegangen ist. In diesem Fall sind die – strengeren – **Vorschriften über die Abrechnung in § 556 Abs 3 S 2 bis 6 BGB** sowie die Bestimmung über den **Vorrang des verbrauchsabhängigen und des Flächenmaßstabs** für die Umlage der Betriebskosten nach § 556a Abs 1 BGB nicht anzuwenden (Begr zum RegE BT-Drucks 14/4553, 77; BGH NJW 2005, 1499 = NZM 2005, 373 = WuM 2005, 337 = ZMR 2005, 439; Franke ZMR 2001, 951, 955; Schach GE 2001, 1662; **aM** AG Berlin Mitte GE 2001, 1541). Dagegen findet die nun geltende Regelung auf am 1. 9. 2001 noch laufende Abrechnungsperioden Anwendung (Jansen NJW 2001, 3151, 3154).

9a Die §§ 11 bis 17 MHRG sind 2001 entfallen. Nach Art 229 § 3 Abs 1 Nr 2 EGBGB besteht die Übergangsregelung, dass für bestehende Mietverhältnisse auf vor dem **1. 9. 2001** zugegangene Erklärungen über die Abrechnung von Betriebskosten § 14 MHRG anzuwenden ist (BGH NJW 2003, 2900 = NZM 2003, 757 = WuM 2003, 501 = ZMR 2003, 824; LG Stendal ZMR 2004). Auf dieser Grundlage konnte in bestehenden Mietverträgen der Vermieter bis zum 31. 12. 1997 durch einseitige Erklärung Betriebskosten im Sinne von § 27 BV 2 auf den Mieter umlegen, auch wenn keine Vereinbarung über die Umlage von Betriebskosten bestand (BGH GE 2012, 543 = GuT 2012, 37).

9b Soweit **§ 19 Abs 2 WoFG** von dem früheren § 27 BV 2 abweicht (s Rn 14 ff), ist keine Übergangsregelung getroffen worden. Die Norm gilt damit seit ihrem Inkrafttreten am **1. 1. 2002** (Art 28 des Gesetzes zur Reform des Wohnungsbaurecht, s Rn 3). Für die späteren Änderungen zum **1. 1. 2004** durch die Ersetzung der Anlage 3 zu § 27 BV 2 durch die BetrKV (s Rn 21a ff) fehlt ebenfalls eine Übergangsregelung. Dies ist unschädlich und kann kaum zu Rückwirkungsproblemen führen, da die Änderungen überwiegend klarstellenden Charakter haben und sich die Wirksamkeit einer Betriebskostenvereinbarung nach allgemeinen Grundsätzen nach der Rechtslage zu dem Zeitpunkt beurteilt, in dem die Vereinbarung getroffen worden ist. Wurde in einem nach dem 1. 9. 2001 geschlossenen Mietvertrag auf § 556 Abs 1 BGB verwiesen, ergibt sich unmittelbar aus § 556 Abs 1 S 2 BGB eine Geltung der jeweiligen Betriebskostenverordnung (Langenberg NZM 2004, 41, 47). Nahm der Mietvertrag dagegen Bezug auf § 27 BV 2, sind die wenigen materiellen Änderungen, die die **BetrKV** gebracht hat, auf diese Mietverträge nicht anwendbar (Langenberg NZM 2004, 41, 47; aM Schmid ZMR Sonderdruck 12/2003, 18: ergänzende Vertragsauslegung). Für preisgebundenen Mietraum enthält § 1 Abs 4 Nr 2 NMVO eine dynamische Verweisung auf die BV 2 in der jeweils geltenden Fassung, was nach Auffassung der Verordnungsbegründung eine Anwendung der BetrKV auf geltende Mietverträge ermöglicht (Begr BR-Drucks 568/03, 37; Langenberg NZM 2004, 41, 47). Die **Übernahme des Betriebskostenbegriffs aus § 19 Abs 2 WoFG in § 556 Abs 1 BGB** im Zuge der Föderalismusreform brachte keine materiellen Änderungen und konnte daher ohne eine Übergangsvorschrift mit dem 1. 1. 2007 in Kraft treten.

II. Übernahme der Betriebskosten durch den Mieter (Abs 1)

1. Gestaltung der Mietstruktur

Die Frage, welche Partei des Mietvertrags die Betriebskosten trägt, regelt § 556 **10** Abs 1 BGB nicht. Die Vorschrift stellt klar, dass die Parteien entgegen der Grundregel des § 535 Abs 1 S 3 BGB dem Mieter die Betriebskosten übertragen können (zu den Anforderungen an eine **Vereinbarung** zwischen den Parteien, insb zur Transparenz s Rn 50 ff). Es steht den Parteien frei, welche Art von Miete sie vereinbaren (Begr zum RegE BT-Drucks 14/4553, 50; Ausschussbericht BT-Drucks 14/5663, 79; BGH NZM 2016, 325 und NZM 2016, 720). Am häufigsten findet sich die Abrede, dass der Mieter die tatsächlich entstandenen Betriebskosten trägt und dass über die Höhe der Betriebskosten abgerechnet wird. Für diese als **Nettomiete** bezeichnete Gestaltung des Mietvertrags bestimmt Abs 2 S 2, dass dann, wenn die Parteien zusätzlich Vorauszahlungen auf die später abzurechnenden Betriebskosten vereinbart haben, die Vorauszahlungen angemessen sein müssen und nach Abs 3 S 1 eine jährliche Abrechnung zu erfolgen hat. Die Parteien können auf Vorauszahlungen auch verzichten, etwa wenn nur Grundsteuern und Versicherungen umgelegt werden (BGH ZMR 2004, 347; LG Potsdam NZM 2005, 303). Sind Betriebskosten im Mietvertrag nicht oder nur zum Teil erwähnt – aus der schriftlichen Vereinbarung folgt der Anschein der Vollständigkeit (LG Konstanz ZMR 2014, 291) –, ist nach der gesetzlichen Grundregel des § 535 Abs 1 S 3 davon auszugehen, dass der Vermieter die gesamten oder die nicht genannten Betriebskosten trägt und sie mit der Miete abgegolten sind (Begr zum RegE BT-Drucks 14/4553, 50; Ausschussbericht BT-Drucks BT-Drucks 14/5663, 79). Es handelt sich dann um eine **Inklusiv-** oder **Bruttomiete**. In diesem Fall können die Betriebskosten auch nach § 560 Abs 1 S 1 BGB nicht einseitig erhöht werden, selbst wenn sich der Vermieter diese Möglichkeit im Mietvertrag vorbehalten hat (s STAUDINGER/ARTZ [2021] § 560 Rn 13). Allerdings ist eine Mieterhöhung nach § 558 BGB und die Umstellung auf eine Nettomiete mit verbrauchsabhängiger Abrechnung nach § 556a Abs 2 BGB möglich (s § 556a Rn 41 ff).

Wenn der Mieter dagegen ausdrücklich Betriebskosten in einer bestimmten Höhe **11** übernimmt, über die nicht abgerechnet wird, liegt eine **Betriebskostenpauschale** iS des § 556 Abs 2 S 1 BGB vor. Die Pauschale kann gem § 560 Abs 1 S 1 BGB erhöht werden, soweit dies im Mietvertrag vereinbart ist. Auch hier ist eine Umstellung nach § 556a Abs 2 BGB möglich (s § 556a Rn 41). Das Recht auf Umstellung auf eine verbrauchsabhängige Abrechnung über die Kosten für Heizung und Warmwasser kann sich darüber hinaus für Mieter und Vermieter aus der HeizkostenV (s Anh B zu § 556c Rn 4) ergeben. Ist die Vereinbarung unklar, greift nach § 305c Abs 2 BGB bei Formularverträgen die Regel ein, dass Unklarheiten zu Lasten des Verwenders gehen. Damit ist regelmäßig von der Vereinbarung einer Betriebskostenpauschale als für den Mieter günstiger auszugehen (LG Essen 10. 11. 2011 – 10 S 344/11; AG Darmstadt WuM 2011, 597).

Möglich ist auch eine **Kombination** all dieser Vereinbarungen, etwa wenn bestimmte **12** Betriebskosten mit der Miete abgegolten sein sollen, während andere, etwa verbrauchsunabhängige Kosten, ohne Abrechnung und Vorauszahlungen auf den Mieter umgelegt und verbrauchsabhängige Betriebskosten nach § 556 Abs 3 BGB abgerechnet werden (**Teilinklusivmiete** mit zusätzlicher Pauschale). In diesen Fällen spricht die ausdrückliche Vereinbarung von Vorauszahlungen nur für bestimmte Arten von Betriebskosten für die Vereinbarung einer Teilinklusivmiete im Übrigen (BGH NJW 2008, 283 = NZM 2008, 81 = WuM 2007, 694; AG Darmstadt NZM 2013, 361; AG Hamburg-Blankenese ZMR 2013, 359).

13 Nach der Rspr des BGH ist es für die Berechnung einer **Minderung** nach § 536 BGB unerheblich, welche Mietstruktur die Parteien gewählt haben. Bemessungsgrundlage einer Mietminderung ist sowohl bei Gewerbe- (BGHZ 163, 1 = NJW 2005, 1713 = NZM 2005, 455 = WuM 2005, 384 = ZMR 2005, 524; KG WuM 2004, 17) als auch bei Wohnraummietverhältnissen (BGH NJW 2005, 2773 = WuM 2005, 573 = ZMR 2005, 854; LG Berlin GE 2002, 534; AG Kerpen ZMR 2002, 202; **aM** LG Berlin WuM 2005, 53 m Anm EISENSCHMID; s auch STAUDINGER/V EMMERICH § 536 Rn 54 f mwNw) immer die Summe aus Nettomiete und Betriebskosten, unabhängig davon, ob sie in der Bruttomiete enthalten sind, als Pauschalen oder als Vorauszahlungen geleistet werden. Die Minderungsquote ist daher stets von dem **Bruttobetrag** zu berechnen. Diskutiert wurde im Anschluss an die Rechtsprechung, wie sich dies auf die Abrechnung über die Vorauszahlungen auswirkt (s BECKER GE 2005, 1335; BONGARD GE 2005, 1338; EISENSCHMID WuM 2005, 491, 494; KRETZER ZMR 2005, 516; LANGENBERG NZM 2005, 51; LEO/SCHMITZ NZM 2005, 858; LÜTZENKIRCHEN NZM 2006, 8; SCHACH GE 2005, 646; ders GE 2005, 1462; SCHMID MDR 2005, 971; WIEK WuM 2005, 575), etwa, ob man den hiernach errechneten Minderungsbetrag doch wieder ganz der Grundmiete zuschlägt (so LG Hamburg 12. 8. 2010 – 307 S 30/10, iE bestätigt durch BGH NJW 2011, 1806 = NZM 2011, 453 = WuM 2011, 284 = ZMR 2011, 625; EISENSCHMID, in: FS Bub 327 nach § 366 Abs 2), sodass der Mieter seine Vorauszahlungen in voller Höhe erbracht hat bzw ob man ihm insofern Sollvorauszahlungen anrechnet, oder ob man insoweit von verminderten Vorauszahlungen ausgeht, sodass sich die Minderung in dieser Höhe durch die Nachzahlung auf die Abrechnung wieder ausgleicht. Schließlich wird auch danach unterschieden, ob sich der Mangel auf die Betriebskosten auswirkt oder nicht (Ausfall der Heizung, Flächenabweichung wie im Fall des BGH). Der BGH vertritt die Auffassung, dass es dieser Aufteilung des Minderungsbetrages nicht bedarf, sondern im Rahmen der Betriebskostenabrechnung darzustellen ist, ob die Minderung in voller Höhe berechtigt war oder nicht, sodass der Vermieter vom Mieter insofern noch etwas zu fordern hat, und meint es sei unerheblich, ob ein eventuell zu hoher Minderungsbetrag als Grundmiete oder als Nachzahlung auf die Nebenkosten zu fordern sei (BGH NJW 2011, 1806 = NZM 2011, 453 = WuM 2011, 284 = ZMR 2011, 625). Rechnerisch ist dies zwar richtig, angesichts der unterschiedlichen Rechtsfolgen der Nachforderung aus einer Betriebskostenabrechnung und der Nichtzahlung der Nettomiete kommt man um eine Aufteilung gleichwohl nicht herum. Nur wenn die vollzogene Minderung wie in dem durch den Senat entschiedenen Fall in voller Höhe berechtigt ist, ist eine Aufteilung in der Tat obsolet, weil in der Konsequenz der Rechtsprechung auch die Betriebskosten zutreffend anteilig zu kürzen sind (BGH NJW 2011, 1806 = NZM 2011, 453 = WuM 2011, 284 = ZMR 2011, 625; Berechnungsbeispiele bei GÜNTER WuM 2012, 299, 303). Ist dies nicht der Fall, ist die Minderung in der abschließenden Betriebskostenabrechnung weiterhin **anteilig** zu berücksichtigen (LG Berlin GE 2006, 1235; BIEBER NZM 2006, 683, 685 f; BLANK, in: FS Bub 271).

2. Betriebskosten

a) Begriff

aa) Abs 1 S 2 definiert den Begriff der Betriebskosten und bestimmt, dass die **14** Vereinbarung über die Abwälzung der Betriebskosten auf den Mieter begrenzt ist auf die Betriebskosten, die dieser Definition entsprechen (BGH NZM 2019, 253 Tz 13). Nur die in der Betriebskostenverordnung enumerativ aufgeführten Bewirtschaftungskosten sind umlegbar. Insbesondere darf der Mieter nicht mit allgemeinen Verwaltungskosten belastet werden (BGH NZM 2019, 253, s auch Rn 46). Zur transparenten Übertragung der Betriebskosten auf den Wohnraummieter genügt die vertragliche Vereinbarung, dass der Mieter „die Betriebskosten" zu tragen hat. Einer Erläuterung, welche Posten enthalten sind bzw der Beifügung eines Katalogs über die abgewälzten Betriebskostenposten bedarf es nicht (BGH NZM 2016, 325 = WuM 2016, 211; NZM 2016, 720 = WuM 2016, 498). Die Begriffsbestimmung entspricht ohne Änderungen der **Definition in dem früheren § 19 Abs 2 WoFG** (s Rn 3; abgedr unter Rn 21). Diese Vorschrift ersetzte wiederum den früheren § 27 BV 2 (Rn 21a), allerdings mit einigen Änderungen, auf die im Folgenden einzugehen ist. Die zu § 19 Abs 2 WoFG erlassene BetrKV (abgedr unter Rn 21b), die den Umfang der einzelnen Betriebskostenarten regelt, trat am 1. 1. 2004 in Kraft. Sie gilt nach Wegfall des § 19 Abs 2 WoFG zum 1. 1. 2007 unverändert fort (§ 556 Abs 1 S 3 BGB). Die durch diese Vorschriften jetzt ausdrücklich geregelte Begrenzung der zulässigerweise umlegbaren Betriebskosten entspricht der zu dem früheren § 4 Abs 1 S 1 MHRG allgemein vertretenen Rechtsauffassung, dass Vorauszahlungen nur in **angemessener Höhe** vereinbart werden dürfen (BGH NJW 1993, 1061, 1062 = WuM 1993, 109; OLG Karlsruhe WuM 1988, 204 f; OLG Koblenz NJW 1986, 995 = WuM 1986, 50). Die Umlagen für die Betriebskosten gehören für den Vermieter bereits im Zeitpunkt der Vereinnahmung zu den einkommensteuerpflichtigen Einkünften der Einkunftsart Vermietung und Verpachtung, auch wenn über die Vorauszahlungen später abgerechnet wird und Überzahlungen an den Mieter zurückzuzahlen sind, denn im Einkommensteuerrecht gilt nach § 11 Abs 1 EStG das Zu- und Abflussprinzip (BFH NZM 2000, 353 = DStR 2000, 466).

bb) Die **Definition der Betriebskosten** findet sich in § 556 Abs 1 S 2 BGB. Unter **15** den Begriff der Betriebskosten fallen die Kosten, die dem Eigentümer bzw Erbbauberechtigten durch das Eigentum am Grundstück bzw Erbbaurecht oder durch den bestimmungsmäßigen Gebrauch des Gebäudes, der Nebengebäude, Anlagen, Einrichtungen und des Grundstücks laufend entstehen. Gleichgestellt sind nach dem weitergeltenden § 1 Abs 1 S 2 BetrKV **Sach- und Arbeitsleistungen des Eigentümers** bzw Erbbauberechtigten. Die BetrKV gilt in vollem Umfang für preisfreien Wohnraum ebenso wie für öffentliche geförderte Wohnungen und sieht in § 1 Abs 1 S 2 allgemein eine Umlage dieser Kosten vor. Eigene Arbeitsleistungen des Vermieters sind umlegbar (Langenberg NZM 2004, 41, 46). Darunter fallen auch die von juristischen Personen durch eigene Angestellte oder bei öffentlich-rechtlichen Trägern durch Regiebetriebe erledigten Arbeiten (Begr z BetrKV BR-Drucks 568/03, 28 = WuM 2003, 678, 681). Die Grenze für diese Umlage sind die üblichen Kosten für die Beauftragung eines Dritten, allerdings abzüglich der Umsatzsteuer, soweit sie bei internen Leistungsbeziehungen nicht anfällt (§ 1 Abs 1 S 2 2. HS BetrKV; so jetzt auch BGH NJW 2013, 456 = NZM 2013, 120 = WuM 2013, 44; LG Köln ZMR 2012, 444).

16 cc) Obwohl § 556 Abs 1 S 2 BGB wie bereits seine Vorgängervorschriften nur vom **Eigentümer** bzw **Erbbauberechtigten** spricht, kommt es im Rahmen eines Untermietverhältnisses auf die dem Hauptmieter und Vermieter entstehenden Betriebskosten an (Einzelheiten zur Mietvertragsgestaltung s Lüth NZM 2004, 241).

17 dd) Kosten für überflüssige oder unangemessen aufwendige Maßnahmen oder für solche, die durch eine Vernachlässigung der Mietsache verursacht wurden, können nicht auf den Mieter umgelegt werden (AG Frankfurt aM WuM 1996, 778; AG Köln WuM 1991, 701; WuM 1996, 778; AG Rotenburg adF WuM 1992, 139). Diese Einschränkung ist durch das Mietrechtsreformgesetz (s Rn 2) ausdrücklich in § 556 Abs 3 S 1 2. HS BGB mit dem **Grundsatz der Wirtschaftlichkeit** angeordnet worden (Ausschussbericht BT-Drucks 14/5663, 79; Begr z BetrKV BR-Drucks 568/03, 28 = WuM 2003, 678, 681). Die zu der vormals geltenden Rechtslage ergangenen Entscheidungen können daher für die Auslegung dieses Grundsatzes (s Rn 89 ff) weiterhin herangezogen werden.

18 ee) Um Betriebskosten iS des § 556 Abs 1 S 2 BGB ebenso wie nach § 1 Abs 1 BetrKV handelt es sich nur, wenn diese laufend entstehen. Auf die Bedeutung dieses **Grundsatzes der Periodizität** wird bei der Erläuterung zu den einzelnen Betriebskostenarten eingegangen (s auch § 556a Rn 31).

19 ff) Durch die früheren Bezugnahmen in § 4 Abs 1 MHRG und bis zum Erlass der BetrKV (Rn 3) in § 556 Abs 1 S 2 BGB aF auf § 27 Abs 1 BV 2 war für den Vermieter auch ohne ausdrückliche vertragliche Vereinbarung die Möglichkeit eröffnet, eine **Wirtschaftseinheit** zur Grundlage der Abrechnung zu machen (OLG Düsseldorf GuT 2003, 14; OLG Koblenz WuM 1990, 268 = DWW 1990, 171 m Anm Pfeifer; LG Köln NZM 2001, 617 = ZMR 2001, 624; AG Siegen WuM 1996, 426; Schmid GE 1990, 403; **aM** LG Köln WuM 1989, 82; AG Freiburg WuM 1985, 372 [LS]; Einzelheiten zur Abrechnung s Rn 85 sowie § 556a Rn 27). In der Definition der Betriebskosten in § 19 Abs 2 WoFG ist die Berechnung nach Wirtschaftseinheiten nicht mehr vorgesehen, weil sich die Bedeutung dieses Begriffs auf die Aufstellung von Wirtschaftlichkeitsberechnungen beschränke (Begr zum RegE BR-Drucks 249/01, 147). Die für öffentlich geförderte Wohnungen des sog 1. Förderwegs geltende Kostenmiete wurde auf der Grundlage der Ursprungskosten eines Wohnobjekts in einer durch spezielle Rechtsvorschriften vorgegebenen Wirtschaftlichkeitsberechnung ermittelt. Nach der durch das Gesetz zur Reform des Wohnungsbaurechts (s Rn 3) eingeführten Umgestaltung des sozialen Wohnungsbaus wird die Kostenmiete durch die Vereinbarung von Miethöchstgrenzen ersetzt, daher entfallen die Vorschriften über die Berechnung der Wirtschaftlichkeit (Begr zum RegE BR-Drucks 249/01, 102). Diese Rechtslage ist durch die Übernahme der Definition der Betriebskosten in § 556 Abs 1 S 2 BGB unverändert geblieben. Damit fehlt es seit der Geltung des § 19 Abs 2 WoFG aber an einer ausdrücklichen Regelung, die es dem Vermieter erlaubt, die Betriebskosten nicht nur einzelner Gebäude, sondern auch ganzer Wirtschaftseinheiten zusammenzufassen. Nach der Begründung zum Entwurf der BetrKV ist dadurch keine Änderung der Rechtslage bewirkt, insbesondere werde keine Verpflichtung zur Abrechnung nach kleinstmöglichen Einheiten begründet (Begr z BetrKV BR-Drucks 568/03, 27 f = WuM 2003, 678, 681). Das ist auch sachgerecht, da sich das Prinzip der Umlage der Betriebskosten im BGB weiterhin an Kostengesichtspunkten orientiert und eine Abrechnung nach Wirtschaftseinheiten bei größeren Wohnanlagen mit mehreren Gebäuden sinnvoll sein kann.

Untertitel 2 · Mietverhältnisse über Wohnraum
Kapitel 2 · Die Miete · Unterkapitel 1 · Vereinbarungen über die Miete § 556

Jedenfalls wenn die Abrechnung nach Wirtschaftseinheiten **mietvertraglich** vorgesehen ist, wird man diesen Abrechnungsmodus weiterhin als zulässig ansehen können. Darüber hinaus ist die Abrechnung nach Wirtschaftseinheiten unter den bisher aufgestellten Voraussetzungen auch in Zukunft **im Rahmen des einseitigen Bestimmungsrechts des Vermieters** hinsichtlich der Umlage der Betriebskosten (s § 556a Rn 7) möglich, soweit sie wegen der Anzahl und der Vergleichbarkeit der Gebäude sinnvoll (AG Frankfurt aM ZMR 2011, 136; SCHMIDT-FUTTERER/LANGENBERG § 556a Rn 61 f; WEITEMEYER NZM 2003, 423, 424; Altfälle betreffend: BGH NJW 2005, 3135 = NZM 2005, 737 = WuM 2005, 579; NJW 2010, 3228 = NZM 2010, 781 = WuM 2010, 493 = ZMR 2010, 933; WuM 2011, 159 = ZMR 2011, 458; NZM 2012, 96 = WuM 2011, 684 = ZMR 2012, 173; GuT 2012, 163 = MietPrax-AK § 556 BGB Nr 90) oder aufgrund gemeinsamer Anlagen unvermeidbar ist (zB Blockheizkraftwerk, so BGH NJW 2005, 3135 = NZM 2005, 737 = WuM 2005, 579). Inzwischen geht auch der BGH ohne Weiteres für nach dem Erlass der BetrKV begründete Mietverhältnisse **(Neufälle)** wegen der in den Materialien erkennbaren Weitergeltung (s Rn 19) von der Fortgeltung der bisherigen Grundsätze aus (BGH NJW 2010, 3229 = NZM 2010, 781 = WuM 2010, 629; NJW 2011, 368 = NZM 2010, 895 = WuM 2010, 742 = ZMR 2011, 198; CuR 2011, 164; GuT 2012, 163; GE 2012, 824; = GuT 2012, 164; GE 2012, 479 = WuM 2012, 97; GE 2012, 954 = WuM 2012, 405; LG Frankfurt aM ZMR 2010, 853; LG Itzehoe ZMR 2013, 285; **aM** LANGENBERG NZM 2004, 41, 46; EISENSCHMID/RIPS/WALL, Betriebskosten-Kommentar Vor §§ 556, 556a und 560 Rn 12, 65). Zu beachten ist, dass bereits nach bisheriger Rechtslage eine Vielzahl von Voraussetzungen einzuhalten ist, damit die Abrechnung nach Wirtschaftseinheiten zulässig ist (Einzelheiten s § 556a Rn 27 f). Im Übrigen führen eine unzulässige Abrechnung nach Wirtschaftseinheiten oder fehlende Angaben (sofern nicht willkürlich Gebäude herausgenommen worden sind) allenfalls zur materiellen Unwirksamkeit (BGH NJW 2010, 3228 = NZM 2010, 781 = WuM 2010, 493 = ZMR 2010, 933; GuT 2012, 163; GE 2012, 824 = GuT 2012, 164; GE 2012, 954 = WuM 2012, 405; vgl Rn 85), anders aber bei der Zusammenfassung von über 200 Gebäuden ohne nähere Erläuterung (AG Dortmund WuM 2011, 473). **20**

Gesetz über die soziale Wohnraumförderung (Wohnraumförderungsgesetz – WoFG) **21**

vom 13. 9. 2001 (BGBl I 2376), Geltung seit 1. 1. 2002, § 19 Abs 2 aufgehoben durch Art 9 Föderalismusreform-Begleitgesetz vom 5. 9. 2006 (BGBl I 2098, 2101) mit Wirkung zum 1. 1. 2007

§ 19 Wohnfläche, Betriebskosten

...

(2) Betriebskosten sind die Kosten, die dem Eigentümer oder Erbbauberechtigten durch das Eigentum oder das Erbbaurecht am Grundstück oder durch den bestimmungsgemäßen Gebrauch des Gebäudes, der Nebengebäude, Anlagen, Einrichtungen und des Grundstücks laufend entstehen. Die Bundesregierung wird ermächtigt, durch Rechtsvorschriften mit Zustimmung des Bundesrates Vorschriften über die Aufstellung der Betriebskosten zu erlassen.

Verordnung über wohnungswirtschaftliche Berechnungen **21a**
(Zweite Berechnungsverordnung – BV 2)

idF der Bek vom 12. 10. 1990 (BGBl I 2178), zuletzt geändert durch Art 8 des Gesetzes zur Reform des Wohnungsbaurechts vom 13. 9. 2001 (BGBl I 2376, 2397) und die Verordnung zur Berechnung

§ 556

der Wohnfläche, über die Aufstellung von Betriebskosten und zur Änderung anderer Verordnungen vom 25. 11. 2003 (BGBl I 2346), gültig seit 1. 1. 2004

§ 27
Betriebskosten

(1) Betriebskosten sind die Kosten, die dem Eigentümer (Erbbauberechtigten) durch das Eigentum am Grundstück (Erbbaurecht) oder durch den bestimmungsmäßigen Gebrauch des Gebäudes oder der Wirtschaftseinheit, der Nebengebäude, Anlagen, Einrichtungen und des Grundstücks laufend entstehen. Der Ermittlung der Betriebskosten ist die Betriebskostenverordnung vom 25. 11. 2003 (BGBl I 2346, 2347) zugrunde zu legen.

(2) Sach- und Arbeitsleistungen des Eigentümers (Erbbauberechtigten), durch die Betriebskosten erspart werden, dürfen mit dem Betrage angesetzt werden, der für eine gleichwertige Leistung eines Dritten, insbesondere eines Unternehmers, angesetzt werden könnte. Die Umsatzsteuer des Dritten darf nicht angesetzt werden.

(3) Im öffentlich geförderten sozialen Wohnungsbau und im steuerbegünstigten oder freifinanzierten Wohnungsbau, der mit Wohnungsfürsorgemitteln gefördert worden ist, dürfen die Betriebskosten nicht in der Wirtschaftlichkeitsberechnung angesetzt werden.

(4) (weggefallen)

21b Verordnung zur Berechnung der Wohnfläche, über die Aufstellung von Betriebskosten und zur Änderung anderer Verordnungen

vom 25. 11. 2003 (BGBl I 2346), gültig seit 1. 1. 2004

Artikel 2

Verordnung über die Aufstellung von Betriebskosten (Betriebskostenverordnung – BetrKV)

§ 1
Betriebskosten

(1) Betriebskosten sind die Kosten, die dem Eigentümer oder Erbbauberechtigten durch das Eigentum oder das Erbbaurecht am Grundstück oder durch den bestimmungsgemäßen Gebrauch des Gebäudes, der Nebengebäude, Anlagen, Einrichtungen und des Grundstücks laufend entstehen. Sach- und Arbeitsleistungen des Eigentümers oder des Erbbauberechtigten dürfen mit dem Betrag angesetzt werden, der für eine gleichwertige Leistung eines Dritten, insbesondere eines Unternehmers, angesetzt werden könnte; die Umsatzsteuer des Dritten darf nicht angesetzt werden.

(2) Zu den Betriebskosten gehören nicht:

1. die Kosten der zur Verwaltung des Gebäudes erforderlichen Arbeitskräfte und Einrichtungen, die Kosten der Aufsicht, der Wert der vom Vermieter persönlich geleisteten Verwaltungsarbeit, die Kosten für die gesetzlichen oder freiwilligen Prüfungen des Jahresabschlusses und die Kosten für die Geschäftsführung (Verwaltungskosten),

2. die Kosten, die während der Nutzungsdauer zur Erhaltung des bestimmungsgemäßen Gebrauchs aufgewendet werden müssen, um die durch Abnutzung, Alterung und Witterungseinwirkung entstehenden baulichen oder sonstigen Mängel ordnungsgemäß zu beseitigen (Instandhaltungs- und Instandsetzungskosten).

§ 2
Aufstellung der Betriebskosten*

Betriebskosten im Sinne von § 1 sind:

1. die laufenden öffentlichen Lasten des Grundstücks;

hierzu gehört namentlich die Grundsteuer *[jedoch nicht die Hypothekengewinnabgabe]*;

2. die Kosten der Wasserversorgung;

hierzu gehören die Kosten des Wasserverbrauchs, die Grundgebühren, die Kosten der Anmietung oder anderer Arten der Gebrauchsüberlassung von Wasserzählern sowie die Kosten ihrer Verwendung einschließlich der *Kosten der Eichung sowie* der Berechnung und Aufteilung, die Kosten der Wartung von Wassermengenreglern, die Kosten des Betriebs einer hauseigenen Wasserversorgungsanlage und einer Wasseraufbereitungsanlage einschließlich der Aufbereitungsstoffe.

3. die Kosten der Entwässerung;

hierzu gehören die Gebühren für die Haus- und Grundstücksentwässerung, die Kosten des Betriebs einer entsprechenden nicht öffentlichen Anlage und die Kosten des Betriebs einer Entwässerungspumpe;

4. die Kosten

a) des Betriebs der zentralen Heizungsanlage einschließlich der Abgasanlage;

hierzu gehören die Kosten der verbrauchten Brennstoffe und ihrer Lieferung, die Kosten des Betriebsstroms, die Kosten der Bedienung, Überwachung und Pflege der Anlage, der regelmäßigen Prüfung ihrer Betriebsbereitschaft und Betriebssicherheit einschließlich der Einstellung durch eine *Fachkraft*, der Reinigung der Anlage und des Betriebsraums, die Kosten der Messungen nach dem Bundesimmissionsschutzgesetz, die Kosten der Anmietung oder anderer Arten der Gebrauchsüberlassung einer Ausstattung zur Verbrauchserfassung sowie die Kosten der Verwendung einer Ausstattung zur Verbrauchserfassung einschließlich der *Kosten der Eichung sowie der* Berechnung und Aufteilung;

oder

b) des Betriebs der zentralen Brennstoffversorgungsanlage;

---

* **Anmerkung:** Die Änderungen der Aufstellung der Betriebskosten in § 2 BetrKV gegenüber der früheren Anlage 3 zu § 27 BV 2 sind von der Verfasserin kursiv hervorgehoben.

hierzu gehören die Kosten der verbrauchten Brennstoffe und ihrer Lieferung, die Kosten des Betriebsstroms und die Kosten der Überwachung sowie die Kosten der Reinigung der Anlage und des Betriebsraums;

oder

c) der eigenständig gewerblichen Lieferung von Wärme, auch aus Anlagen im Sinne des Buchstabens a;

hierzu gehören das Entgelt für die Wärmelieferung und die Kosten des Betriebs der zugehörigen Hausanlagen entsprechend Buchstabe a;

oder

d) der Reinigung und Wartung von Etagenheizungen *und Gaseinzelfeuerstätten;*

hierzu gehören die Kosten der Beseitigung von Wasserablagerungen und Verbrennungsrückständen in der Anlage, die Kosten der regelmäßigen Prüfung der Betriebsbereitschaft und Betriebssicherheit und der damit zusammenhängenden Einstellung durch *eine Fachkraft* sowie die Kosten der Messungen nach dem Bundes-Immissionsschutzgesetz;

5. die Kosten

a) des Betriebs der zentralen Warmwasserversorgungsanlage;

hierzu gehören die Kosten der Wasserversorgung entsprechend Nummer 2, soweit sie nicht dort bereits berücksichtigt sind, und die Kosten der Wassererwärmung entsprechend Nummer 4 Buchstabe a;

oder

b) der eigenständig gewerblichen Lieferung von Warmwasser, auch aus Anlagen im Sinne des Buchstabens a;

hierzu gehören das Entgelt für die Lieferung des Warmwassers und die Kosten des Betriebs der zugehörigen Hausanlagen entsprechend Nummer 4 Buchstabe a;

oder

c) der Reinigung und Wartung von Warmwassergeräten;

hierzu gehören die Kosten der Beseitigung von Wasserablagerungen und Verbrennungsrückständen im Innern der Geräte sowie die Kosten der regelmäßigen Prüfung der Betriebsbereitschaft und Betriebssicherheit und der damit zusammenhängenden Einstellung durch *eine Fachkraft.*

6. die Kosten verbundener Heizungs- und Warmwasserversorgungsanlagen

a) bei zentralen Heizungsanlagen entsprechend Nummer 4 Buchstabe a und entsprechend Nummer 2, soweit sie nicht dort bereits berücksichtigt sind;

oder

b) bei der eigenständig gewerblichen Lieferung von Wärme entsprechend Nummer 4 Buchstabe c und entsprechend Nummer 2, soweit sie nicht dort bereits berücksichtigt sind;

oder

c) bei verbundenen Etagenheizungen und Warmwasserversorgungsanlagen entsprechend Nummer 4 Buchstabe d und entsprechend Nummer 2, soweit sie nicht dort bereits berücksichtigt sind;

7. die Kosten des Betriebs des maschinellen Personen- oder Lastenaufzuges;

hierzu gehören die Kosten des Betriebsstroms, die Kosten der Beaufsichtigung, der Bedienung, Überwachung und Pflege der Anlage, der regelmäßigen Prüfung ihrer Betriebsbereitschaft und Betriebssicherheit einschließlich der Einstellung durch *eine Fachkraft* sowie die Kosten der Reinigung der Anlage;

8. die Kosten der Straßenreinigung und Müllbeseitigung;

zu den Kosten der Straßenreinigung gehören die für die öffentliche Straßenreinigung zu entrichtenden Gebühren *und* die Kosten entsprechender nicht öffentlicher Maßnahmen; zu den Kosten der Müllbeseitigung gehören namentlich die für die Müllabfuhr zu entrichtenden Gebühren, die Kosten entsprechender nicht öffentlicher Maßnahmen, *die Kosten des Betriebs von Müllkompressoren, Müllschluckern, Müllabsauganlagen und Müllerfassungsanlagen einschließlich der Kosten der Berechnung und Aufteilung;*

9. die Kosten der *Gebäude*reinigung und Ungezieferbekämpfung;

zu den Kosten der *Gebäude*reinigung gehören die Kosten für die Säuberung der von den Bewohnern gemeinsam *g*enutzten Gebäudeteile, wie Zugänge, Flure, Treppen, Keller, Bodenräume, Waschküchen, Fahrkorb des Aufzuges;

10. die Kosten der Gartenpflege;

hierzu gehören die Kosten der Pflege gärtnerisch angelegter Flächen einschließlich der Erneuerung von Pflanzen und Gehölzen, der Pflege von Spielplätzen einschließlich der Erneuerung von Sand und der Pflege von Plätzen, Zugängen und Zufahrten, die dem nicht öffentlichen Verkehr dienen;

11. die Kosten der Beleuchtung;

hierzu gehören die Kosten des Stroms für die Außenbeleuchtung und die Beleuchtung der von den Bewohnern gemeinsam *g*enutzten Gebäudeteile, wie Zugänge, Flure, Treppen, Keller, Bodenräume, Waschküchen;

12. die Kosten der Schornsteinreinigung;

hierzu gehören die Kehrgebühren nach der maßgebenden Gebührenordnung, soweit sie nicht bereits als Kosten nach Nummer 4 Buchstabe a berücksichtigt sind;

13. die Kosten der Sach- und Haftpflichtversicherung;

hierzu gehören namentlich die Kosten der Versicherung des Gebäudes gegen Feuer-, Sturm- und Wasser- *sowie sonstige Elementar*schäden, der Glasversicherung, der Haftpflichtversicherung für das Gebäude, den Öltank und den Aufzug;

14. die Kosten für den Hauswart;

hierzu gehören die Vergütung, die Sozialbeiträge und alle geldwerten Leistungen, die der Eigentümer oder Erbbauberechtigte dem Hauswart für seine Arbeit gewährt, soweit diese nicht die Instandhaltung, Instandsetzung, Erneuerung, Schönheitsreparaturen oder die Hausverwaltung betrifft; soweit Arbeiten vom Hauswart ausgeführt werden, dürfen Kosten für Arbeitsleistungen nach den Nummern 2 bis 10 *und 16* nicht angesetzt werden;

15. die Kosten

a) des Betriebs der Gemeinschafts-Antennenanlage;

hierzu gehören die Kosten des Betriebsstroms und die Kosten der regelmäßigen Prüfung ihrer Betriebsbereitschaft einschließlich der Einstellung durch *eine Fachkraft* oder das Nutzungsentgelt für eine nicht *zu dem Gebäude* gehörende Antennenanlage *sowie die Gebühren, die nach dem Urheberrechtsgesetz für die Kabelweitersendung entstehen;*

oder

b) des Betriebs der mit einem Breitbandkabelnetz verbundenen privaten Verteilanlage;

hierzu gehören die Kosten entsprechend Buchstabe a, ferner die laufenden monatlichen Grundgebühren für Breitbandanschlüsse;

16. die Kosten des Betriebs der *Einrichtungen für die Wäschepflege;*

hierzu gehören die Kosten des Betriebsstroms, die Kosten der Überwachung, Pflege und Reinigung der Einrichtung, der regelmäßigen Prüfung ihrer Betriebsbereitschaft und Betriebssicherheit sowie die Kosten der Wasserversorgung entsprechend Nummer 2, soweit sie nicht dort bereits berücksichtigt sind;

17. sonstige Betriebskosten;

hierzu gehören Betriebskosten *im Sinne des § 1,* die von den Nummern 1 bis 16 nicht erfasst sind.

b) Einzelne Betriebskostenarten

22 aa) Zu den Betriebskosten nach § 2 BetrKV gehören nach **Nr 1** die **laufenden öffentlichen Lasten** des Grundstücks. Darunter fällt vor allem die namentlich genannte Grundsteuer (allg Meinung, vgl nur BGH NZM 2013, 457 = WuM 2013, 358 = ZMR 2014, 108). Deich- und Wasserverbandskosten (LG Lüneburg WuM 1986, 262 [LS]) oder die Kosten des Feuerstättenbescheides (AG Soest DWW 2013, 340 = GE 2014, 129) sind ebenfalls öffentliche Lasten. Sie können aber auch als Kosten des Schornsteinfegers unter die Heizkosten fallen (s Rn 22). Nicht umfasst sind Kosten für Straßenausbaubeiträge (Ruff WuM 2016, 595; AG Greiz WuM 1999, 65; WuM 1999, 133; s auch OLG Hamm WuM 1983, 287). Die Hypothekengewinnabgabe wurde gestrichen, da sie nicht mehr anfällt (Begr z BetrKV BR-Drucks 568/03, 29 = WuM 2003, 678, 681).

bb) Betriebskosten sind nach § 2 **Nr 2** BetrKV die Kosten der **Wasserversorgung**. Hierzu gehören neben den ausdrücklich genannten Positionen des Wasserverbrauchs usw die Kosten einer behördlichen Untersuchung eines Trinkwasserbrunnens zur Wohnungsversorgung (AG Wesel WuM 1990, 443). Bereits durch Art 8 Nr 5 des Gesetzes zur Reform des Wohnungsbaurechts (s Rn 3) wurde der Katalog durch die Klarstellung ergänzt, dass Wartungskosten von **Wassermengenreglern** zu den Betriebskosten zählen (Begr zum RegE BR-Drucks 249/01, 215). Auch die Wartungskosten für Wassermengenzähler sind umlagefähig (AG Steinfurt WuM 1999, 721). Die Kosten für einen **Austausch** von Wärme-, Warm- und Kaltwasserzählern konnten vormals nicht umgelegt werden, da es sich um eine grundsätzlich nicht umlagefähige Instandhaltungsmaßnahme handelt (AG Hamburg WuM 1994, 694; AG Nürnberg WuM 1990, 524; AG Überlingen NJW-RR 1995, 268; **aM** AG Bernkastel-Kues WuM 2000, 437; AG Koblenz DWW 1996, 252; AG Neuss WuM 1988, 309; Langenberg NZM 2004, 41, 46; s auch Rn 30 für die Mietkosten). Neu aufgenommen in die BetrKV wurden aber die **Eichkosten**. Diese allgemeinere Formulierung sowie die amtliche Begründung hierzu lassen auch die Umlage der Kosten für den **Austausch** der Messgeräte gegen neue oder generalüberholte Geräte zu, wie es aus Gründen der Kostenersparnis häufig statt der Nacheichung gehandhabt wird (Begr z BetrKV BR-Drucks 568/03, 29 f = WuM 2003, 678, 681; **aM** AG Spandau GE 2012, 617 wegen intransparenter Bezeichnung Eichkosten statt Geräteaustausch). Die Kosten einer vom Mieter veranlassten Überprüfung eines Wasserzwischenzählers sind Betriebskosten (unklar AG Trier DWW 1990, 211 m Anm Pfeifer). Zu den Kosten einer Wasseraufbereitungsanlage gehören auch Aufbereitungsstoffe zur Verbesserung der Genuss- und Gebrauchsfähigkeit des Wassers wie Mittel zur Entkalkung (AG Steinfurt WuM 2004, 567; Langenberg, Betriebskostenrecht A Rn 76). Für eine Unterscheidung danach, ob die Wasseraufbereitung auch dem Mieter zugutekommt oder wie bei Korrosionsmitteln zur Vermeidung von Lochfraß an den Rohren nur dem Vermieter, gibt die Vorschrift nichts her, sodass alle Maßnahmen zur Aufbereitung von Wasser umlagefähig sind (AG Dresden NZM 2001, 708; **aM** AG Lörrach WuM 1995, 593; Langenberg, Betriebskostenrecht A Rn 76). Wohl nicht umlegbar sind die Kosten für einen „Trinkwasser-Check" (Schmid ZMR 2015, 12).

cc) Unter § 2 **Nr 3** BetrKV fallen die Kosten der **Entwässerung**. Darunter sind die öffentlichen Gebühren für die Haus- und Grundstücksentwässerung, also auch für die Abführung des Niederschlagswassers (OLG Düsseldorf WuM 2000, 591; GE 2001, 488, 490 zur Auslegung eines gewerblichen Mietvertrags), oder die Kosten einer entsprechenden privaten Anlage wie einer hauseigenen Kläranlage (AG Greiz WuM 1999, 65) und die Kosten einer Entwässerungspumpe zu verstehen. Der Präzisierung des Begriffs der Entwässerungskosten ist zu entnehmen, dass die Kosten der Reinigung und Wartung der Dachrinnen nicht als Entwässerungskosten verstanden werden (BGH NJW-RR 2004, 877 = NZM 2004, 292 = WuM 2004, 292; NJW-RR 2004, 875 = NZM 2004, 417 = WuM 2004, 290 = ZMR 2004, 430; **aM** AG Hamburg-Altona GE 2001, 773; s auch Rn 34).

dd) § 2 **Nr 4** BetrKV umfasst die **Heizungskosten**. Das sind je nach Art der Heizung entweder die Kosten der zentralen Heizungsanlage einschließlich der verbrauchten Brennstoffe, einer zentralen Brennstoffversorgungsanlage, die von einem zentralen

Vorratsbehälter aus die Wohnungen mit Brennstoff versorgt, der eigenständigen gewerblichen Lieferung von Wärme (Fern- und Nahwärme) oder die Kosten von Etagenheizungen. Im Geltungsbereich der HeizkostenV gilt mit § 7 Abs 2 HeizkostenV eine identische Regelung. § 7 Abs 2 HeizkostenV ist im Gegensatz zu § 3 Nr 4 BetrKV insofern zwingend, als der Vermieter die verbrauchsabhängigen Heizkosten auf die Mieter umlegen muss (Einzelheiten s Anh B zu § 556c HeizkostenV).

26 **Immissionsschutzmessungen**, auch bei Gasetagenheizungen, verursachen ebenfalls Betriebskosten (AG Bochum DWW 1990, 24; AG Braunschweig WuM 1985, 345; AG Dortmund WuM 1983, 325; AG Karlsruhe DWW 1988, 211). Die Kosten einer Schornsteinreinigung sind auf alle Mieter umlegbar, auch wenn ein Teil der Wohnungen mit Fernwärme versorgt wird, weil die Überprüfung der Abgasanlage dem allen Mietern zugutekommenden Brandschutz dient (AG Charlottenburg GE 2001, 775).

27 Die Kosten von **Einzelöfen**, etwa von Gasheizungen, waren in der Anlage 3 zu § 27 BV 2 nicht erwähnt. Dies war sinnvoll, weil diese Kosten nur für die jeweilige Wohnung anfallen und eine Vereinbarung über die Umlage dieser Kosten mit dem jeweiligen Wohnungsmieter zu treffen ist. Eine analoge Anwendung der Anlage 3 zu § 27 BV 2 durch die pauschale Erfassung als Heizkosten nach Nr 3 oder als sonstige Betriebskosten nach Nr 17 kam deshalb nicht in Betracht (AG Greifswald NZM 1999, 414 = DWW 1998, 182; **aM** AG Berlin-Köpenick GE 1998, 803 m zust Anm Muratori GE 1998, 772; AG Lichtenberg GE 1998, 1401; AG Berlin-Mitte GE 2002, 933; AG Schönebeck DWW 1998, 182; Stöckel GE 1999, 486; Langenberg NZM 2004, 41, 46). Die dadurch bedingten Betriebskosten, vor allem die Kosten der Wartung, waren nur durch eine ausdrückliche vertragliche Vereinbarung auf den Mieter umzulegen (**aM** Willingmann/Kuschel NJ 2001, 123, 125). Dabei war allerdings die Rspr des BGH zur Inhaltskontrolle von Wartungs- und Kleinreparaturklauseln in Formularverträgen zu beachten (BGH NJW 1991, 1750, 1752 = WuM 1991, 381, 383; AG Charlottenburg GE 1999, 577; s jetzt aber Anh B zu § 556c Rn 11). Nach der Einfügung der *Gaseinzelfeuerstätten* in § 2 Nr 4 BetrKV sind jedenfalls diese Arten von Einzelöfen nunmehr umfasst.

28 Unter den Kosten der eigenständigen gewerblichen Lieferung von Wärme (**Fern- oder Nahwärme**) sind nicht nur die reinen Verbrauchskosten zu verstehen, sondern alle Kosten, die der Wärmelieferant dem Vermieter als bei der Wärmeerzeugung entstanden berechnet, also auch kalkulatorische Kosten und Gewinn (s § 556c Rn 3 ff).

29 Die Kosten für das Ablesen von **Wärmemessgeräten** und die Ersetzung der Verdunstungsröhrchen stehen dem Betrieb der Heizung näher als dem allgemeinen, nicht umlagefähigen Verwaltungsaufwand (s Rn 46). Sie werden daher grundsätzlich vom Betriebskostenbegriff umfasst (AG Bad Vilbel WuM 1987, 275 [LS]; AG Hamburg WuM 1982, 310 [LS]; AG Miesbach WuM 1980, 221 m Anm Poll; **aM** AG Bergheim WuM 1983, 123 [LS]; AG Köln WuM 1983, 239 [LS]). Dies gilt nicht, wenn wegen fehlerhafter Verbrauchswerte nicht nach dem tatsächlichen Verbrauch abgerechnet wird (LG Hannover WuM 1991, 540). Die Kosten der Erstellung der Abrechnung selbst und ihrer Versendung sind dagegen nicht umlagefähige Verwaltungskosten, soweit sie nicht in der Berechnung einer externen Heizkostenverteilerfirma gem § 7 Abs 2 HeizkostenV enthalten sind (AG Köln WuM 1982, 279 [LS]; Lammel, HeizkostenV § 7 Rn 73; s Anh B zu § 556c HeizkostenV). Betragen die Kosten der Abrechnung des Abrechnungsunternehmens ein-

schließlich der Kosten für die Anmietung der Erfassungsgeräte allerdings einen erheblichen Teil der eigentlichen Heizkosten, entspricht die Betriebskostenumlage nicht dem Gebot der Wirtschaftlichkeit (LG Berlin WuM 2004, 340: 50% überhöht m Anm WALL: 25% Grenze; LG Köln NZM 2005, 453; AG Bersenbrück NZM 2000, 863 = WuM 1999, 467: 50% überhöht; AG Hamburg WuM 1994, 695: 25%; AG Münster WuM 2001, 499: 25%; WALL WuM 2002, 130, 133: 15% der Brennstoffkosten; **aM** AG Lüdinghausen WuM 2001, 499).

Während die Miete oder die Leasingkosten (AG Hamburg WuM 1994, 694; AG Coesfeld **30** DWW 1987, 238) sowie die Wartung und Eichung (AG Steinfurt WuM 1999, 721; AG Tecklenburg WuM 1999, 365; AG Überlingen NJW-RR 1995, 268; AG Warendorf WuM 2002, 339) von **Geräten zur Verbrauchserfassung** Betriebskosten sind, ist der Austausch dieser Geräte eine nicht umlagefähige Instandhaltungsmaßnahme, soweit dies nicht der Eichung dient (s Rn 23). Die Mietkosten der Erfassungsgeräte sind im Anwendungsbereich der HeizkostenV (Anh B zu § 556c Rn 1) nur umlegbar, wenn die Mieter vor der Anmietung belehrt wurden (s Anh B zu § 556c Rn 5).

ee) Betriebskosten sind gem § 2 **Nr 5** BetrKV die Kosten der zentralen Warm- **31** wasserversorgungsanlage, der Fernanlieferung von **Warmwasser** und der Reinigung und Wartung von Warmwassergeräten. § 8 Abs 2 HeizkostenV hat den gleichen Inhalt (s Anh B zu § 556c Rn 16). § 2 **Nr 6** BetrKV betrifft die Kosten verbundener Heizungs- und Warmwasserversorgungsanlagen.

ff) Als Betriebskosten umlegbar sind gem § 2 **Nr 7** BetrKV die Kosten des Be- **32** triebs des **Personen- oder Lastenaufzugs** (zur Umlage auf den Erdgeschossmieter s § 556a Rn 26). Dazu gehören die Kosten einer Notbereitschaft und eines Notrufsystems (BGH NZM 2020, 457 Tz 24; LG Gera WuM 2001, 615; AG Frankfurt aM WuM 2001, 615; AG Hamburg WuM 1987, 127), wie der Verordnungsgeber in der Begründung zur BetrKV ausdrücklich noch einmal betont hat (Begr z BetrKV BR-Drucks 568/03, 31 = WuM 2003, 678, 682). Nicht hierzu gehören die Prämien für die Versicherung der Gegensprechanlage im Aufzug (s Rn 38b). Besteht für die Aufzugsanlage ein Wartungsvertrag mit einer Fahrstuhlwartungsfirma, können die in deren Rechnungen enthaltenen Beträge für die Instandhaltung nicht umgelegt werden. Sind diese Beträge nicht einzeln aufgeführt, ist die Rechnung entsprechend den tatsächlichen Anteilen um etwa 20 bis 50 vH zu kürzen (LG Aachen DWW 1993, 41; LG Berlin GE 1987, 89; GE 1988, 464; GE 2002, 931; LG Duisburg WuM 2004, 717; LG Düsseldorf DWW 1999, 354 m Anm GELDMACHER; LG Essen WuM 1991, 702; LG Hamburg NZM 2001, 806 = ZMR 2001, 970, 971; AG Spandau MM 2010, 111) und ist dies nachvollziehbar zu erläutern (LG Berlin GE 1999, 777; GE 2002, 931; GE 2003, 257; GELDMACHER DWW 1999, 356, 357). Aufgrund von drittschützenden Förderverträgen mit einem öffentlichen Subventionsgeber kann sich ergeben, dass die Mieter die mit der Umlage der Kosten verbundene Aufzugnutzung auch ablehnen können und daher die Kosten nicht zu tragen haben (LG Berlin WuM 2013, 42 = ZMR 2013, 958).

gg) § 2 **Nr 8** BetrKV nennt die Kosten der **Straßenreinigung und Müllbeseitigung**. **33** Nach allgemeinen Auslegungsgrundsätzen ist davon auch die Abfuhr von Kompostabfällen erfasst (**aM** AG Uelzen NZM 1998, 75 m abl Anm BÖRSTINGHAUS NZM 1998, 62). Die BetrKV wählt den Begriff *„Müllbeseitigung"* statt *„Müllabfuhr"*, um die Umlage der Kosten für den Betrieb von Müllkompressoren, Müllschluckern, Müllabsauganlagen und Anlagen zur Erfassung der Müllmengen zur Verbesserung des kostenbewussten Umgangs mit den heute großen Mengen von Müll ohne ausdrückliche Vereinbarung nach Nr 17 als **sonstige Betriebskosten** zu ermöglichen (Begr z BetrKV BR-Drucks 568/03, 31 = WuM 2003, 678, 682). Deshalb sind diese Kosten zusätzlich ausdrücklich aufgeführt. Bei einem bestehenden Mietvertrag dürfen diese Kosten daher, soweit ihre Umlage nicht ausdrücklich vereinbart worden war oder es sich um nachträglich entstandene Kosten handelte (s Rn 60 ff), nicht unter Verweis auf die neue BetrKV umgelegt werden (Langenberg NZM 2004, 41, 47; s Rn 9). Da sich die Kosten für eine öffentliche Straßenreinigung und entsprechende privatwirtschaftliche Maßnahmen häufig summieren, wurde durch die Änderung des Wortes „oder" in „und" klargestellt, dass beide Kostenarten kumulativ umgelegt werden dürfen (Begr z BetrKV BR-Drucks 568/03, 31 = WuM 2003, 678, 682). Nicht in der Aufzählung enthalten und daher nicht als Betriebskosten umlegbar ist die Miete für ein benachbartes Grundstück, über das die Müllgefäße transportiert werden. Ebenfalls keine Müllgebühren sind die Kosten für einen „Mülltonnenservice", dh das Bereitstellen der Müllgefäße zur Leerung, sodass hierfür eine ausdrückliche Vereinbarung erforderlich ist (AG Frankfurt aM 16. 12. 2011 – 385 C 2425/11; **aM** AG Neuss ZMR 2013, 899).

33a Es liegt noch im normalen Gebrauch der Mietsache und führt daher zu allgemein umlegbaren Müllabfuhrkosten, wenn ein ausziehender Mieter eine größere Menge Haushaltsmüll in den Müllbehältern entsorgt (AG Nürnberg NZM 2002, 655). Kosten der **Sperrmüllabfuhr** sind dagegen nur dann Betriebskosten, wenn sie regelmäßig anfallen, etwa weil die Mieter immer wieder Sperrmüll in allgemein genutzten Gebäudeteilen abstellen (BGH NJW 2010, 1198 = NZM 2010, 274 = WuM 2010, 153; LG Berlin GE 2000, 126; GE 2001, 65; NZM 2002, 65, 66 = GE 2001, 1677; GE 2002, 595; GE 2010, 1203; GE 2010, 1742; GE 2011, 58 Rn 82; AG Neukölln GE 2000, 415; AG Trier WuM 1999, 551; **aM** AG Köln WuM 1999, 551). Selbst bei rechtswidrigem Abstellen von Müll ist es dem Vermieter im Regelfall nicht zumutbar, den Verantwortlichen zu ermitteln (BGH NJW 2010, 1198 = NZM 2010, 274 = WuM 2010, 153; LG Berlin GE 1986, 1121, 1125; GE 2002, 595; AG Neukölln GE 2000, 415; **aM** LG Tübingen WuM 2004, 497). Ob derartige Kosten auch umlegbar sind, wenn sie nur in größeren Abständen anfallen, hatte der BGH zunächst offen gelassen (BGH NJW 2010, 1198 = NZM 2010, 274 = WuM 2010, 153). Maßgebend dürfte insofern aber nicht sein, ob die Mieter oder Dritte regelmäßig die Kosten verursachen, sondern ob es sich um Kosten des Betriebs im Gegensatz zu den Kosten einer Totalentrümpelung handelt. Jedenfalls hat der BGH seine Rechtsprechung nun insofern konkretisiert und weiterentwickelt, als Kosten, die für die Beseitigung von Verunreinigungen des Grundstücks entfallen, die durch Dritte erfolgt sind, umlegbar sind. Dies gilt unabhängig davon, ob die Verunreinigungen (zB Hundekot) regelmäßig eintreten. Beim Vermieter fallen die Kosten der Gartenpflege und der Müllentsorgung im Rahmen der laufenden Pflege des Grundstücks an (BGH NZM 2016, 353 = WuM 2015, 214).

33b Das Gebot der **Wirtschaftlichkeit** (s Rn 89 ff) verpflichtet den Vermieter, überflüssige Müllbehälter abzubestellen (AG Dannenberg WuM 2000, 379; AG Dortmund WuM 2002, 54; AG Köln WuM 2012, 57), eine kostengünstige Mülltrennung zu ermöglichen (LG Köln ZMR 2013, 636; AG Dortmund WuM 2002, 54; AG Frankfurt aM WuM 2001, 63; AG Köln WuM 2013, 2531) und die Befreiung vom Anschluss- und Benutzungszwang zur Müllentsorgung für ihren Bio-Abfall selbst entsorgende Mieter zu beantragen (LG Neubrandenburg WuM 2001, 130). Wenn es dem Grundsatz der Wirtschaftlichkeit nicht widerspricht, können unter § 2 Nr 8 BetrKV auch die Kosten für ein externes Müllmanagement umgelegt werden (AG Mainz WuM 2003, 450; enger LG Berlin GE 2009, 1254; AG Berlin-Mitte WuM 2005, 393 m Anm Wall).

hh) Betriebskosten sind nach § 2 **Nr 9** BetrKV die Kosten der **Gebäudereinigung** 34
und Ungezieferbekämpfung. Die Gebäudereinigung umfasst nach dieser Bestimmung nur die Säuberung der von den Bewohnern gemeinsam genutzten Gebäudeteile. Bei der Reinigung der Fassade, etwa von **Graffiti** (LG Kassel WuM 2016, 740; AG Hamburg WuM 1995, 652; AG Köln WuM 2001, 515; s auch Begr z BetrKV BR-Drucks 568/03, 32 = WuM 2003, 678, 682) und der **Dachrinne** (LG Berlin GE 1994, 1381; GE 1999, 1428; LG Hamburg GE 2001, 991; AG Halle-Saalkreis WuM 1998, 379; Schmid, Hdb Rn 5201; offen gelassen von AG Neumünster WuM 1998, 379; **aM** AG Freiburg WuM 1989, 28; AG Tiergarten GE 1996, 1435) handelt es sich demgegenüber um Maßnahmen an Gebäudeteilen, die von den Mietern nicht gemeinsam nutzbar sind, sodass die Kosten nicht unter die Nr 9 fallen. Daher ist es unerheblich, ob es sich um Kosten einer besonderen Instandsetzung handelt (für Dachrinnenheizung Eisenhuth WuM 1987, 88) oder ob diese Kosten als Wartungskosten regelmäßig anfallen. Dies gilt auch nach der rein sprachlich motivierten Änderung (BR-Drucks 568/03, 32 = WuM 2003, 678, 682; Langenberg NZM 2004, 41, 47) von *„Hausreinigung"* in *„Gebäudereinigung"* durch die BetrKV. Dies hat der BGH bestätigt (BGH NJW-RR 2004, 877 = NZM 2004, 292 = WuM 2004, 292; NJW-RR 2004, 875 = NZM 2004, 417 = WuM 2004, 290 = ZMR 2004, 430). Allerdings sind diese Kosten als sonstige Kosten nach Nr 17 umlegbar (BGH NJW-RR 2004, 877; s Rn 45). Das Gleiche gilt, wenn zusätzlich der Hof gereinigt werden soll (AG Frankfurt/Main 16. 12. 2011 – 385 C 2425/11, Quelle juris).

Die Kosten der Anschaffung von Reinigungsgeräten sind keine Betriebskosten (AG 34a
Lörrach WuM 1996, 628; Schmid, Hdb Rn 5193), sondern Investitionen. Bei der Abrechnung innerhalb einer **Wirtschaftseinheit** sind die Reinigungskosten nach dem Arbeitsanfall auf die einzelnen Häuser aufzuschlüsseln (AG Köln WuM 1982, 195 [LS]; s § 556a Rn 27). Das Gebot der Wirtschaftlichkeit verpflichtet den Vermieter, darzulegen, dass mehrmals in der Woche vorgenommene Hausreinigungen erforderlich sind (LG Hamburg NZM 2001, 806 = ZMR 2001, 970; AG Regensburg WuM 2006, 10; vgl auch AG Köln WuM 1998, 692; WuM 1999, 237). Ist der **Mieter zur Gebäudereinigung verpflichtet**, können die Kosten einer anderweitigen Reinigung nur als Schadensersatz verlangt werden, wenn der Mieter seiner Pflicht nicht nachkommt. Ein Ansatz als Betriebskosten ist damit aber vertraglich ausgeschlossen (AG Kerpen WuM 1997, 471; AG Köpenick GE 2013, 819; AG Magdeburg ZMR 2003, 45; AG Frankfurt/O GE 1997, 493 = WuM 1997, 432; AG Köpenick GE 2009, 1558; AG Stuttgart WuM 2004, 475 zur Kehrwoche).

Kosten der **Ungezieferbekämpfung** sind nur umlegbar, wenn sie regelmäßig, etwa zur 34b
Prophylaxe, anfallen (Begr z BetrKV BR-Drucks 568/03, 32 = WuM 2003, 678, 682; LG Berlin GE 2011, 200). Die Kosten der Bekämpfung eines besonderen Ungezieferbefalls trägt der Vermieter (KG GE 2002, 801; LG Berlin GE 2002, 595; LG München I WuM 2001, 245; LG Hamburg GE 2001, 991; LG Siegen WuM 1992, 630; AG Freiburg WuM 1997, 471; AG Hamburg WuM 1993, 619; WuM 1999, 485; WuM 2002, 265; AG Köln WuM 1992, 630; AG München WuM 2011, 629 = ZMR 2012, 202 Wespennest; AG Oberhausen WuM 1996, 714; **aM** AG Offenbach NZM 2002, 214) oder der Mieter, wenn er diesen verursacht hat (AG Hamburg WuM 2002, 265; AG Köln WuM 2000, 213).

ii) Umlagefähige Betriebskosten sind gem § 2 **Nr 10** BetrKV die Kosten der 35
Gartenpflege. Ist der Garten nicht mitvermietet, können die Kosten nur umgelegt werden, wenn der Garten als Ziergarten der optischen Verschönerung dient (BGH DWW 2004, 224 = GE 2004, 959 = NZM 2004, 545 = WuM 2004, 399; LG Berlin GE 2002, 931; LG

Hamburg ZMR 1995, 32; LG Hannover WuM 2003, 450; LG Mainz WuM 2003, 624; Sᴄʜᴍɪᴅ DWW 1997, 143; Sᴄʜᴍɪᴅᴛ-Fᴜᴛᴛᴇʀᴇʀ/Lᴀɴɢᴇɴʙᴇʀɢ Rn 162; Sᴛᴇʀɴᴇʟ Rn III 350; **aM** LG Karlsruhe WuM 1996, 230 passim; LG Potsdam WuM 1997, 677; AG Köln WuM 1992, 630; AG Nordhorn WuM 1998, 604; AG Sankt Goar DWW 1990, 152), nicht wenn allein der Vermieter, ein Dritter oder ein einzelner Mieter ein Nutzungsrecht hat (BGH DWW 2004, 224; LG Berlin GE 1998, 1339; LG Wuppertal WuM 1999, 342; AG Hamburg WuM 1995, 652; AG Köln WuM 1992, 630; AG Löbau WuM 1994, 163; Hᴇʀᴛʟᴇ ZMR 1990, 406; Sᴄʜᴍɪᴅᴛ-Fᴜᴛᴛᴇʀᴇʀ/Lᴀɴɢᴇɴʙᴇʀɢ Rn 162). Bei einer größeren Grünanlage hat der Mieter ein Recht auf Aufschlüsselung, in welcher Höhe die Kosten auf sein Grundstück oder Nachbargrundstücke entfallen (AG Potsdam 27. 1. 2011 – 24 C 242/09). Steht der Garten kraft öffentlicher Widmung oder in Folge der Entscheidung des Vermieters auch der **Öffentlichkeit** zur Nutzung zur Verfügung, fehlt ihm die hinreichende Nähe zur Mietsache. Die Kosten zur Pflege der Flächen können dann nicht auf den bzw die Mieter umgelegt werden (BGH NZM 2016, 353 = WuM 2016, 214).

35a Die Pflege der **Dachbegrünung** ist keine Gartenpflege, wenn nicht das Dach als Dachgarten dient. Als Teil der Kosten der Wartung des Daches können diese Kosten nicht als Betriebskosten umgelegt werden, da derartige Ausgaben in § 2 BetrKV nicht genannt sind (KG GE 2006, 845 = NZM 2006, 296 = ZMR 2006, 284 = WuM 2006, 57; LG Karlsruhe WuM 1996, 230). Zu den Gartenpflegekosten gehören nicht die Kosten für die erstmalige Anlage eines Gartens (OLG Düsseldorf NZM 2000, 762 = GE 2000, 888; LG Berlin GE 1999, 909; GE 1999, 1129; GE 2002, 860), sondern nur die **Kosten für die laufende Pflege** wie etwa für die Erneuerung von Pflanzen und Gehölzen. Darunter ist auch das unter dem Gesichtspunkt der Gartenpflege notwendige Auswechseln eines vorhandenen Bestandes gegen eine neue Bepflanzung zu verstehen (AG Neuss DWW 1993, 296; AG Steinfurt WuM 1999, 721). Diese Voraussetzung ist erfüllt, wenn der Rasen neu angelegt wird (LG Hamburg WuM 1989, 191). Ausdrücklich zählt die Begründung zur BetrKV **Baumpflegearbeiten** wie das Schneiden und Ausasten von Bäumen als Betriebskosten auf (Begr z BetrKV BR-Drucks 568/03, 32 = WuM 2003, 678, 682; LAG Frankfurt aM WuM 1992, 545; LG Landshut DWW 2004, 126).

35b Umstritten ist, ob auch das **Fällen von Bäumen** noch laufende Betriebskosten verursacht (offen gelassen in BGH NZM 2009, 27 = WuM 2009, 41). Dies wird bejaht, wenn nach einem Sturm Bäume zu fällen (LG Hamburg WuM 1989, 640; diff nach der Häufigkeit von Sturmschäden AG Mönchengladbach DWW 2003, 262 = ZMR 2003, 198 u Lᴀɴɢᴇɴʙᴇʀɢ, Betriebskostenrecht A Rn 151; **aM** LG Berlin GE 1988, 355; LG Krefeld WuM 2010, 357 bei Jahrhundertsturm „Kyrill"; AG Königstein/Ts WuM 1993, 410; AG Potsdam GE 2012, 493 = WuM 2012, 203 mangels Ersatzbepflanzung; AG Spandau GE 2005, 1255; Bᴀᴜsᴄʜ NZM 2006, 366) oder kranke oder einzelne überzählige Bäume zu beseitigen oder zu entasten sind (LG Frankfurt aM NZM 2005, 338; AG Düsseldorf WuM 2002, 498 = ZMR 2002, 828; AG Köln NZM 2001, 41; AG Spandau GE 2005, 1255; **aM** LG München 12. 2. 2008 12 S 3615/07; LG Tübingen WuM 2004, 669; LG Krefeld WuM 2010, 357; AG Dinslaken WuM 2009, 115; AG Schöneberg NZM 2010, 473; AG Gelsenkirchen/Buer DWW 2005, 205; AG Hamburg WuM 1989, 641; AG Reutlingen WuM 2004, 95), weil diese Maßnahmen durch natürliche Vorgänge ausgelöst werden. Anders ist es, wenn in größerem Umfang Bäume gefällt werden, weil sie Nachbarn die Sicht nehmen, deren Grundstück verschatten oder verkehrsunsicher sind (LG Berlin GE 1988, 355; AG Düsseldorf MDR 2002, 498; AG Hamburg-Wandsbek WuM 1986, 123 [LS]; AG Neustadt Weinstraße NZM 2010, 41 = ZMR 2009, 456; AG Oberhausen WuM 1990, 556). Aufwendungen für das Fällen von Bäumen oder den Baumschnitt sind keine Betriebskosten, wenn sie fällig wurden, weil die Gartenpflege vernachlässigt worden war. Dies folgt aus dem Wirtschaftlichkeitsgebot des § 556 Abs 3 S 1 BGB (LG Hamburg WuM 1994, 695; LG Tübingen WuM 2004, 669 nach 12 Jahren; AG Schöneberg GE 1996, 477; ZMR 2003, 198; AG Neustadt Weinstraße NZM 2010, 41 = ZMR 2009, 456; AG Potsdam WuM 2009, 548; s Rn 89 ff). Wird der Garten nach einer längeren Vernachlässigung jedoch wieder gepflegt, sind die normalen Kosten der Grundpflege umlagefähig (AG Münster WuM 1992, 258).

Nicht umlagefähige **Instandhaltungskosten** sind die Aufwendungen zur Erneuerung **35c** von Gehwegplatten (AG Stuttgart-Bad Cannstatt WuM 1996, 481) und die Kosten der Anschaffung von **Gartengeräten**, auch nicht in Form von regelmäßigen Abschreibungen (AG Laufen WuM 2005, 605; AG Lichtenberg NZM 2004, 96; AG Starnberg NZM 2002, 910; **aM** LG Berlin GE 2000, 539; s auch Rn 46b).

Hat der **Mieter** die Gartenpflege übernommen, trägt er die Kosten einer Fremd- **35d** beauftragung nur als Schadensersatz oder in Ausnahmefällen der Gefahr in Verzug (BGH NZM 2009, 27 = WuM 2009, 41; OLG Düsseldorf GE 2005, 615 = NZM 2004, 866 = ZMR 2005, 187; LG Köln ZMR 2011, 955: Wildkräuterwiese durch Mieterpflege sei hinzunehmen; **aM** LG Frankfurt NJW-RR 2005, 663 = NZM 2005, 338; vgl auch LG Hamburg ZMR 2003, 265). Trägt umgekehrt der Mieter die Gartenpflegekosten, ist der Vermieter zur Durchführung der Arbeiten verpflichtet (LG Berlin NZM 2003, 20). Übernimmt der Vermieter die Arbeiten durch eigenes Personal, wird ihm die Umlage auf der Grundlage **fiktiver Fremdkosten** ohne insoweit nicht anfallende Umsatzsteuer erlaubt (BGH NJW 2013, 456 = NZM 2013, 120 = WuM 2013, 44; LG Berlin GE 2012, 205).

kk) Umgelegt werden können nach § 2 **Nr 11** BetrKV die Kosten der **Beleuchtung**. **36** Hierzu gehören die Kosten der Beleuchtung der Außenanlagen (Parkplatz: AG Neuss WuM 1997, 471) und der gemeinsam genutzten Gebäudeteile (Keller: AG Gera WuM 2002, 285; Allgemeinstrom: AG Suhl WuM 2005, 669), während die Stromkosten in den einzelnen Wohnungen vom Mieter regelmäßig direkt mit den Stromlieferanten abgerechnet werden. Voraussetzung der Umlage ist, dass sich die Beleuchtung nicht auf öffentlichen Straßen befindet (LG Aachen DWW 1993, 41, 42). Die Kosten der Garagenbeleuchtung können nur auf die Mieter umgelegt werden, die die Garage gemeinsam nutzen (LG Aachen DWW 1993, 41, 44). Die Kosten für die Auswechselung von Lampen und Glühbirnen sind dagegen nicht umlagefähige Instandhaltungskosten (OLG Düsseldorf NZM 2000, 762; Langenberg, Betriebskostenrecht A Rn 171). Andere Stromkosten, etwa für die Belüftungs- oder die Klingelanlage, sind hiervon nicht umfasst (AG Frankfurt aM WuM 2010, 92; AG Leipzig WuM 2007, 576). Die bloße Bezeichnung als Strom- statt als Beleuchtungskosten begründet noch keinen formellen Fehler der Abrechnung (**aM** AG Köln ZMR 2009, 933).

ll) Die Kosten der **Schornsteinreinigung** können nach § 2 **Nr 12** BetrKV umgelegt **37** werden, wenn sie nicht bereits in den Heizungskosten (s Rn 26) enthalten sind. Unerheblich ist, ob die Wohnung des Mieters an den Schornstein angeschlossen ist (LG Düsseldorf DWW 1999, 354 m zust Anm Geldmacher).

mm) Umlegbar sind gem § 2 **Nr 13** BetrKV die Kosten der **Sachversicherung** des **38** Gebäudes gegen Feuer-, Sturm- und Wasserschäden und Glasbruch sowie die **Haftpflichtversicherung** für das Gebäude, den Öltank und den Aufzug (OLG Brandenburg

NZM 2000, 572: entsprechende Auslegung einer Klausel bei Gewerbemietverhältnis). Da es sich um eine beispielhafte Aufzählung handelt, was aus der Verwendung des Wortes „namentlich" deutlich wird, waren auch nach der früheren Anlage 3 zu § 27 BV 2 andere Sachversicherungen umlegbar, soweit sie dem Schutz des Gebäudes sowie seiner Bewohner und Besucher dienen, wie beispielsweise eine Versicherung gegen Schwamm und Hausbock (LG Hamburg WuM 1989, 191; AG Hamburg WuM 1998, 352). Kosten für eine mit der Gebäudeversicherung einher gehende **Mietausfallversicherung** sind ebenfalls umlagefähig (BGH NZM 2018, 714) – mitversicherter Mietausfall (**aA** BLANK/BÖRSTINGHAUS § 556 Rn 83).

38a Durch die Hinzufügung der *Elementarschädenversicherungen* in die BetrKV hat sich daher nichts geändert (LANGENBERG NZM 2004, 41, 47). Hierunter fallen Versicherungen gegen Folgen von Naturereignissen wie Überschwemmung, Erdbeben, Erdrutsch, Lawinen oder Vulkanausbruch. Der Verordnungsgeber betont, dass der Grundsatz der Wirtschaftlichkeit allerdings dem Abschluss entsprechender Versicherungen entgegensteht, wenn mit dem genannten Risiko in der jeweiligen Gegend nicht zu rechnen ist (Begr z BetrKV BR-Drucks 568/03, 33 = WuM 2003, 678, 682). Ebenfalls zu den Sachversicherungen gehört die seit dem 9. 11. 2001 teilweise erheblich gestiegenen Versicherungsprämien gegen Anschläge im Rahmen einer **Terrorversicherung** (BGH NJW 2010, 3647 = NZM 2010, 864). Allerdings ist hier regelmäßig zu prüfen, ob die Lage und Art des Gebäudes ein Risiko für solche Anschläge begründet, weil der Abschluss einer Versicherung sonst unwirtschaftlich ist (BGH NJW 2010, 3647 = NZM 2010, 864; AG Pankow-Weißensee GE 2009, 57; AG Spandau GE 2005, 1244; KINNE GE 2004, 1500; LATTKA ZMR 2008, 929, 933; SCHMIDT-FUTTERER/LANGENBERG Rn 173; **aM** OLG Stuttgart NZM 2007, 247; LANGHEID/RUPIETTA NJW 2005, 3233, 3237: jedes Gebäude der Welt sei gefährdet).

38b Weil sie andere Risiken, nämlich vorrangig die **finanzielle Leistungsfähigkeit des Vermieters** abdecken, sind nicht umlagefähig die Kosten einer Versicherung gegen Betriebsunterbrechung (BGH NJW 2010, 3647 = NZM 2010, 864), einer Versicherung für die Gegensprechanlage (LG Berlin WuM 1986, 187; **aM** LG Berlin GE 1987, 517), einer Reparaturversicherung (AG Hamburg WuM 2004, 202; AG Köln WuM 1990, 556), einer Rechtsschutzversicherung (OLG Düsseldorf WuM 1995, 434) oder einer separaten **Mietverlustversicherung** (OLG Düsseldorf NZM 2001, 588 = GE 2000, 1028; LEURS WuM 2016, 527). Bei Abschluss einer Sammelversicherung müssen die umlegbaren Kosten in der Betriebskostenabrechnung nachvollziehbar aufgeteilt werden (Einzelheiten bei SCHMID ZMR 2001, 587). Wegen des Grundsatzes der Wirtschaftlichkeit, der wie der frühere § 27 Abs 1 BV 2 den bestimmungsgemäßen Gebrauch der Mietsache voraussetzt, kann eine Erhöhung der Prämien einer Versicherung gegen Leitungswasserschäden nicht umgelegt werden, wenn sie auf den mangelhaften Zustand der Wasserrohre zurückgeht (AG Hamburg WuM 1986, 346; AG Köln WuM 2000, 37) sowie wenn die Versicherungsprämien überhöht sind (AG Aachen GE 2011, 1489 = WuM 2011, 515).

39 Die Umlage der Kosten der Gebäudeversicherung auf den Mieter hatte nach der Rspr des VIII. Senats des BGH zur Folge, dass damit stillschweigend die **Haftung des Mieters** gegenüber dem Vermieter etwa bei Brandschäden auf Vorsatz und grobe Fahrlässigkeit **beschränkt** wurde (BGHZ 131, 288 = NJW 1996, 715 m Anm SONNENSCHEIN EWiR 1996, 295; OLG Hamm NZM 1998, 682 = ZMR 1998, 423; NZM 2000, 573, 574 mwNw; OLG Düsseldorf ZMR 2001, 179; LG Duisburg WuM 1997, 687; LG Stuttgart WuM 1998, 32; HUBER VersR 1998, 265, 277; **aM** LG Köln VersR 1999, 183), sodass der Versicherer beim Mieter keinen Regress nehmen konnte **(haftungsrechtliche Lösung)**. Dies galt in gleicher Weise für gewerbliche Mietverhältnisse (BGH NZM 2000, 688 = NJW-RR 2000, 1110; OLG Celle NZM 1998, 731 = ZMR 1998, 691; OLG Düsseldorf NJWE-MietR 1997, 152 = ZMR 1997, 228; NZM 1998, 728 = NJW-RR 1998, 1159 selbst bei vertragswidriger Nutzung zu Wohnzwecken). Die stillschweigend vereinbarte Haftungsbeschränkung zwischen Mieter und Vermieter sollte als Vertrag mit Schutzwirkung zu Gunsten Dritter auch den für den Vermieter erkennbar in Gläubiger- und Leistungsnähe befindlichen dritten Personen zugutekommen wie einer im Haushalt lebenden Tochter (OLG Hamm NZM 2000, 573, 574), nicht aber Besuchern (OLG Hamm NZM 2001, 639, 640 = ZMR 2001, 183 m Anm Armbrüster). Darüber hinaus sollte sich aus der Haftungsbeschränkung zwischen Mieter und Vermieter ergeben, dass der Mieter wie ein Versicherungsnehmer und damit nicht für seine Erfüllungsgehilfen nach § 278 BGB, sondern nur nach den versicherungsrechtlichen Grundsätzen der Repräsentantenhaftung für fremdes Verschulden einstehen muss (OLG Celle NZM 1998, 731 = ZMR 1998, 691). Inzwischen hat der für Versicherungsrecht zuständige IV. Senat des BGH, dem sich der VIII. Senat angeschlossen hat (BGH NZM 2001, 638, 639), durch ergänzende Vertragsauslegung des Gebäudeversicherungsvertrags einen **Regressverzicht** des Versicherers für die leicht fahrlässige Schadensverursachung durch den Wohnungsmieter angenommen, der unabhängig davon besteht, ob der Mieter sich zur Zahlung der Prämien als Betriebskosten verpflichtet hat **(versicherungsrechtliche Lösung)**. Damit muss der Versicherer die Voraussetzungen für den Regress und das Vorliegen von Vorsatz oder grober Fahrlässigkeit beim Mieter beweisen (BGHZ 145, 393 = NJW 2001, 1353 = WuM 2001, 122 = NZM 2001, 108 = VersR 2001, 94 m Anm Lorenz u Wolter = ZMR 2001, 175; NJW-RR 2002, 1243 = NZM 2002, 795; BGHZ 169, 86 = NJW 2006, 3707 = WuM 2006, 627; NZM 2008, 782 = WuM 2008, 502; BGHZ 184, 148 = NZM 2010, 450 = ZMR 2010, 515; OLG Köln NZM 2009, 293; OLG Düsseldorf WuM 2002, 489; OLG Hamm NZM 1998, 682; LG Wuppertal NZM 2002, 797; Armbrüster NJW 1997, 177; Jendrek NZM 2003, 697; Prölss ZMR 2001, 157; s auch Staudinger/V Emmerich § 538 Rn 10 f). Inzwischen hat der VIII. Senat des BGH diese günstige Situation für den Mieter dahingehend ergänzt, dass der Vermieter im Schadensfall verpflichtet ist, zunächst den Versicherer und dann erst den Mieter in Anspruch zu nehmen (BGH NJW-RR 2005, 381 = NZM 2005, 100 = WuM 2005, 57 = ZMR 2005, 116; NZM 2007, 88, 89; Prölss ZMR 2005, 241). Zu erstrecken ist dies auch auf die Arbeitnehmer und weitere dem gewerblichen Mieter nahestehende Personen (LG Krefeld ZMR 2017, 48).

nn) Die Kosten für den **Hauswart** sind Betriebskosten nach § 2 **Nr 14** BetrKV (ie **40** BGH NZM 2020, 457 Tz 17 ff). Dazu gehören die Lohnzahlungen, die Lohnnebenkosten und die pauschale Lohnsteuer (AG Kleve WuM 1989, 28 [LS]; AG Tempelhof-Kreuzberg WuM 2004, 476) einschließlich des Weihnachtsgeldes und der Kosten für eine Urlaubsvertretung (LG Lüneburg WuM 1986, 262 [LS]) sowie die fiktive Miete für eine mietfrei überlassene Wohnung (AG Köln WuM 1997, 273; Einzelheiten s Riecke WuM 2003, 663) und Telefonauslagen des Hausmeisters, soweit sie mit seiner Tätigkeit zusammenhängen (AG Hannover WuM 1994, 435). Nicht umlagefähig sind hingegen die Kosten für die Lohnbuchhaltung des Hausmeisters, da es sich um Verwaltungskosten handelt (LG Kassel WuM 2016, 741).

Ausdrücklich ausgenommen ist nach Nr 14 die Hausmeistervergütung, die nicht **40a** umlagefähige Arbeiten betrifft, wie Instandhaltungen und Instandsetzungen, Erneuerungen, Schönheitsreparaturen oder Hausverwaltertätigkeiten. Die **Hausver-**

waltung ist im Gegensatz zur praktisch-technischen Tätigkeit des Hausmeisters mehr fürsorgend-verwaltender, kaufmännischer Natur (AG Bremen WuM 1984, 167; AG Dortmund WuM 1996, 561). Zur Hausverwaltung gehören die Beauftragung anderer Unternehmen, die Geltendmachung von Gewährleistungsansprüchen, die Übernahme von Schönheitsreparaturen (LG Köln WuM 1992, 258), Maklertätigkeiten (AG Neumünster WuM 1994, 284), Vermietungen, die Übergabe und Abnahme von Wohnungen, die Erstellung der Übergabe- und Abnahmeprotokolle, die Führung der Schlüsselregistratur und der Hausmeisterkasse (LG Köln DWW 1996, 51; AG Köln WuM 1995, 120).

40b **Umlagefähige Aufgaben** des Hausmeisters sind die Haus-, Treppen- und Straßenreinigung einschließlich der Schneeräumung, die Gartenpflege und die Bedienung der Heizungs- und Warmwasseranlage und des Fahrstuhls (LG Köln WuM 1992, 258; AG Münster WuM 2013, 61). Kleinere Reparatur- und Instandhaltungsarbeiten wie das Auswechseln einer Glühlampe oder die Reparatur eines tropfenden Wasserhahns gehören als typische Hausmeistertätigkeiten ebenfalls dazu (LG München I WuM 2000, 258; **aM** AG Köln WuM 1995, 120; AG Köpenick GE 2010, 915; AG Münster WuM 2013, 61; AG Wuppertal ZMR 1994, 372; Schmid, Hdb Rn 5288); alle darüber hinausgehenden **Instandhaltungen und Instandsetzungen** sind nicht umlegbar, zB die Wartung der Elektroanlagen, Gasgeräte oder der brandschutztechnischen Einrichtungen, die unter die sonstigen Betriebskosten fallen können (BGH NJW 2007, 1356 = WuM 2007, 198; s auch Rn 45). Die Kosten für Hausmeistertätigkeiten, die auch als andere Betriebskostenarten umlegbar sind, dürfen den Mieter nicht doppelt belasten (AG Köln WuM 1984, 169; AG Tempelhof-Kreuzberg MM 2013, Nr 6, 30). § 2 Nr 14 BetrKV ordnet an, dass entsprechende Arbeitsleistungen aus Gründen der Klarheit und Überprüfbarkeit der Abrechnung nur bei den Hauswartskosten anzusetzen sind und nicht etwa unter den Nr 2 bis 10 und 16 (LG Hamburg WuM 1990, 561; AG Hamburg WuM 1998, 627; AG Münster WuM 2013, 61; **aM** AG Tempelhof-Kreuzberg MM 2013, Nr 6, 30: Hauswartkosten nicht umlegbar).

40c Gehören zum Aufgabenbereich des Hausmeisters nicht umlagefähige Tätigkeiten, hat der Vermieter den Umfang der umlagefähigen und der nicht umlagefähigen Aufgaben **darzulegen**, sodass diese Kosten herausgerechnet werden können (BGH NZM 2007, 770 = WuM 2007, 585; NZM 2008, 403 = WuM 2008, 285; NJW 2008, 1801 = WuM 2008, 285; NJW 2010, 1198 = WuM 2010, 153; LG Berlin GE 2001, 923; GE 2002, 931; GE 2003, 257; MM 2012, Nr 12, 29; GE 2012, 1565 = NZM 2013, 121; LG Bonn NZM 1998, 910 = WuM 1998, 353; LG Düsseldorf DWW 1999, 354; LG Köln DWW 1996, 51; LG München I WuM 2000, 258; LG Wuppertal WuM 1999, 342; AG Brandenburg GE 2010, 915; AG Berlin Mitte NZM 2002, 523; AG Hanau 23. 3. 2011 – 91 C 143/10; AG Kerpen WuM 2000, 37; AG Köpenick GE 2010, 915; GE 2013, 819; AG Köln WuM 1999, 235; WuM 2000, 37; WuM 2002, 615; AG Neustadt/Weinstraße ZMR 2010, 772; AG Wedding GE 2011, 489; Wolbers ZMR 2009, 417). Ergeben sich Zweifel, ob der Hauswart umlagefähige Arbeiten durchführt, ist der **Vermieter beweispflichtig** für deren Umfang (BGH NJW 2008, 1801 = WuM 2008, 285; LG Dresden WuM 2013, 671; AG Köpenick GE 2010, 915; AG Wuppertal ZMR 1994, 336; AG Köln WuM 2002, 615). Der Vermieter muss für diese Darlegung den Hausmeister aber nicht verpflichten, ein Stundenbuch zu führen (LG Karlsruhe WuM 1996, 230; AG Ulm WuM 1999, 402; **aM** AG Osnabrück WuM 2004, 368), ein solches reicht allerdings für die Dokumentation aus (LG Mönchengladbach WuM 2013, 376). Ein Abzug für diese Tätigkeiten kann sich auf Mietwerttabellen stützen (LG Frankfurt aM WuM 1996, 561) und uU geschätzt werden (BGH NJW 2008, 1801 = WuM 2008, 285: 10% ungenügend; LG Berlin GE 2002, 860; LG Neuruppin WuM 2004,

50: 25 %; AG Charlottenburg GE 2005, 997: 20%; AG Köln WuM 2002, 615; AG Köpenick GE 2006, 855: 20% Verwaltung bei 277 Wohneinheiten; **aM** LG Potsdam GE 2003, 743). Nimmt der Hausmeister überwiegend nicht umlagefähige Aufgaben wahr, können seine Kosten nicht auf die Mieter abgewälzt werden (AG Bergisch Gladbach WuM 1992, 490; AG Köln WuM 1994, 612). Sind umgekehrt die nicht abzugsfähigen Kosten von ganz geringem Gewicht, ist ein Abzug nicht erforderlich (AG Köpenick GE 2010, 915; AG Schöneberg GE 2008, 1631).

Seine **eigene Hausmeistertätigkeit** kann der Vermieter unter den gleichen Bedingungen dem Mieter auferlegen (s Rn 15) und auf der Grundlage **fiktiver Fremdkosten** – ohne insoweit nicht anfallende Umsatzsteuer – abrechnen (BGH NJW 2013, 456 = NZM 2013, 120 = WuM 2013, 44). Eine Fremdfirma darf wiederum im Rahmen angemessener Kosten Mieter als Subunternehmer beschäftigen (AG Oldenburg ZMR 2013, 362). **40d**

In größeren Hausanlagen kann es erforderlich sein, den Hausmeister **Überwachungs- und Pförtnerdienste** durchführen zu lassen, wenn der bestimmungsgemäße Gebrauch der Mietsache durch Vandalismus, Obdachlose oder Drogensüchtige gestört wird. Diese Tätigkeiten sind dann noch als Hausmeistertätigkeiten umlegbar, wie auch der Begriff „Hauswart" in § 2 Nr 14 BetrKV andeutet (LG Köln WuM 1997, 230 = NJW-RR 1997, 1231; Langenberg, Betriebskostenrecht A Rn 201 ff; **aM** LG Berlin GE 2005, 237; LG Potsdam GE 2003, 743; AG Berlin Mitte GE 2001, 1541; AG Köln WuM 2002, 338: sonstige Betriebskosten nach § 2 Nr 17). Auch die Begründung zur BetrKV geht davon aus, dass derartige Kosten von Nr 14 umfasst sind, die konkrete Umlagefähigkeit hänge jedoch von den Umständen des Einzelfalles ab, etwa von der Größe des Objekts, der Gefährdungslage des Wohnkomplexes und des Sicherheitsbedürfnisses der Bewohner (Begr z BetrKV BR-Drucks 568/03, 33 = WuM 2003, 678, 682). Diese Aufgaben können nach ausdrücklicher Vereinbarung als sonstige Betriebskosten auch einem außenstehenden Unternehmen übertragen werden (s Rn 45 aE). Nach neuer Rechtsprechung des BGH gehört es zu den typischen Aufgaben des Hauswarts, für Sicherheit und Ordnung auf den allgemein zugänglichen Flächen der Mietsache zu sorgen (BGH NZM 2020, 457 Tz 18). Diesbezüglich bedarf es dann keiner ausdrücklichen Vereinbarung zur Umlage. **41**

Auch die Hausmeisterkosten müssen dem **Grundsatz der Wirtschaftlichkeit** entsprechen, sodass überhöhte Lohnkosten nicht geltend gemacht werden können (AG Hamburg WuM 1988, 308). Bei größeren Anlagen können mehrere Hausmeister erforderlich sein (LG Wiesbaden NZM 2002, 944). Dem Vermieter steht es frei, statt eines angestellten Hausmeisters einen Gebäudedienstleister mit der Durchführung der Hausmeistertätigkeiten zu beauftragen, soweit die Vertragsbedingungen dem Gebot der Wirtschaftlichkeit entsprechen (LG Berlin GE 2002, 736; AG Köln WuM 1999, 466; AG Regensburg WuM 2006, 110; Westphal WuM 1998, 329). Eine Fremdfirma darf wiederum im Rahmen angemessener Kosten Mieter als Subunternehmer beschäftigen (AG Oldenburg ZMR 2013, 362 Rn 64). Auch hierbei ist der Teil des Entgelts abzuziehen, der auf nicht umlagefähige Leistungen entfällt (LG Gera WuM 2001, 615; LG Wuppertal WuM 1999, 342; AG Köln WuM 1999, 466). Die Höhe der angemessenen Kosten hängt im Einzelfall von den notwendigen Aufgaben des Hausmeisters ab (AG Köln WuM 2000, 680 bei Vandalismus; AG Köln WuM 1999, 237). Sie werden mit 0,12 € (LG Berlin GE 2001, 63; AG Frankfurt aM WuM 2001, 615; AG Köln WuM 2001, 515), 0,25 € (AG Köln WuM 1997, 273; AG Suhl WuM 2003, 452: 0,38 € im Osten überhöht; ebenso AG Wetzlar WuM 2004, 339) bis **42** höchstens 0,50 € pro Quadratmeter Wohnfläche (LG München I NZM 2002, 286; LG Wuppertal WuM 1999, 342; AG Erfurt WuM 2003, 358: bereits überhöht; AG Köln NZM 1998, 305) angegeben. Zur Ermittlung der angemessenen Kosten kann auf die Durchschnittswerte in den Mietwerttabellen zurückgegriffen werden (LG Frankfurt aM WuM 1996, 561; AG Frankfurt aM WuM 2002, 376). Ergeben sich erhebliche Abweichungen zu den Durchschnittswerten, hat der Vermieter darzulegen, dass die konkret abgerechneten Kosten angemessen sind (AG Frankfurt aM WuM 2002, 376; AG Köln NZM 1998, 305; s aber Rn 96).

43 **oo)** Die Kosten des Betriebs einer **Gemeinschafts-Antennenanlage** und der mit einem **Breitbandkabelnetz** verbundenen privaten Verteilanlage sind nach § 2 **Nr 15** BetrKV Betriebskosten (LG Frankfurt aM ZMR 2000, 763). Auch der Mieter, der den Kabelanschluss nicht nutzt, hat die Kosten zu tragen (AG Schöneberg GE 2004, 1595). Die Umlage der durch die Errichtung einer Sammelantennenanlage zum direkten Empfang über Satelliten nach § 20b Urheberrechtsgesetz entstehenden Verwertungsgebühren als Kosten der Gemeinschafts-Antennenanlage ist erst nach der ausdrücklichen Aufnahme in den Katalog der Betriebskosten zulässig, wie es in der BetrKV geschehen ist (Begr z BetrKV BR-Drucks 568/03, 34 = WuM 2003, 678, 683; zur früheren Rechtslage Hess/Lationovic NZM 1999, 341). Aus der Umlage der Kosten für eine nachträglich errichtete Gemeinschaftsantenne folgt die konkludente Änderung des Mietvertrags, dass sich der Vermieter zur Bereitstellung der Antenne verpflichtet (AG Osnabrück WuM 1999, 34). Umstritten ist, ob die monatlichen Entgelte für einen neuen Kabelanschluss ohne ausdrückliche Vereinbarung umgelegt werden können, wenn die Umlage der Betriebskosten der vorher installierten Gemeinschaftsantenne vereinbart war (s Rn 65). Die Kosten für den Kabelanschluss oä sind exakt zu ermitteln, sodass eine bloße Pauschale für eine SAT-Anlage nicht umlegbar ist (AG Saarbrücken ZMR 2013, 729).

44 **pp)** Betriebskosten sind nach § 2 **Nr 16** BetrKV die Kosten des Betriebs der **Einrichtungen für die Wäschepflege**. Die darunter fallenden Waschmaschinen, Trockner, Schleudern und Bügelautomaten waren nach weiter Auslegung auch bereits von dem alten Begriff der „maschinellen Wascheinrichtungen" umfasst (Langenberg NZM 2004, 41, 47); dies wollte die Neufassung klarstellen (Begr z BetrKV BR-Drucks 568/03, 34 = WuM 2003, 678, 683). Da die Einschränkung auf maschinelle Einrichtungen entfallen ist, können auch Betriebskosten etwa für Wäschespinnen umgelegt werden (Pfeifer DWW 2004, 44, 47). Laufende Betriebskosten dürften hierfür allerdings kaum anfallen. Die Kosten der Wascheinrichtung dürfen nicht umgelegt werden, wenn sie bereits über einen Münzeinwurf gedeckt sind (LG Berlin GE 1999, 1131; AG Hamburg WuM 2003, 565). Ebenfalls nicht umlegbar sind die Verwaltungskosten, die durch die Abrechnung zur Verteilung der Kosten der Einrichtungen zur Wäschepflege entstehen. Die Vorschrift in Nr 16 enthält keine Erweiterung der umlagefähigen Kosten auf die Verwaltungskosten wie bei den Heizkosten (AG Mülheim/Ruhr NZM 2001, 335 = WuM 2000, 424).

45 **qq)** § 2 **Nr 17** BetrKV nennt als letzte Betriebskostenart **sonstige Betriebskosten**. Die Umlage sonstiger Kosten nach Nr 17 muss **ausdrücklich** vereinbart sein, wenn sie auf den Mieter abgewälzt werden sollen, weil dieser Begriff zu unbestimmt ist (Einzelheiten s Rn 59). Auch als sonstige Betriebskosten können nur die Kosten umgelegt werden, die dem allgemeinen Betriebskostenbegriff der § 556 Abs 1 S 2, § 19

Abs 2 WOFG, § 1 BetrKV (s Rn 15 ff) entsprechen, dh durch das Eigentum oder den bestimmungsgemäßen Gebrauch des Gebäudes, der Nebengebäude, Anlagen, Einrichtungen und des Grundstücks laufend entstehen (BGH NJW-RR 2004, 877 = NZM 2004, 418 = WuM 2004, 292; NJW-RR 2004, 875 = NZM 2004, 417 = WuM 2004, 290 = ZMR 2004, 430). Ob dazu auch Kosten für einen **Streichelzoo** bei einer Seniorenwohnanlage gehörten (so AG Schöneberg MM 2013, Nr 3, 30) oder es sich hierbei nicht um eine eigenständige Nebenleistung des Vermieters wie etwa auch bei Pflegediensten handelt (s § 549 Rn 19), ist zweifelhaft. Kosten der Instandhaltung, Instandsetzung sowie Investition sind grundsätzlich keine Betriebskosten und können auch nicht als sonstige Betriebskosten vereinbart werden (vgl DERCKX WuM 2005, 690; ders NZM 2005, 807; s auch Rn 46), etwa für die Anmietung oder den Kauf von **Rauchwarnmeldern** (AG Schönebeck GE 2011, 1379 = ZMR 2011, 646; AG Bielefeld NZM 2011, 775 = ZMR 2012, 448). **Instandsetzungskosten** sind Kosten aus Reparatur und Wiederbeschaffung (BGH NZM 2004, 418 = WuM 2004, 292; NZM 2004, 417 = WuM 2004, 290 = ZMR 2004, 430). Diese sind regelmäßig nicht umlegbar. **Instandhaltungskosten** sind die Kosten, die zur Erhaltung des bestimmungsgemäßen Gebrauchs aufgewendet werden müssen, um die durch Abnutzung, Alterung, Witterungseinwirkung entstehenden baulichen oder sonstigen Mängel ordnungsgemäß zu beseitigen (BGH NJW-RR 2004, 877 = NZM 2004, 418 = WuM 2004, 292; NJW-RR 2004, 875 = NZM 2004, 417 = WuM 2004, 290 = ZMR 2004, 430). Instandhaltungskosten sind nach dem Katalog in § 2 BetrKV umlegbar, wenn sie dort genannt sind, etwa bestimmte Wartungskosten (s Rn 45a, Rn 46a).

Aus der Aufzählung der ausdrücklich aufgeführten Kosten in § 2 BetrKV kann sich im Umkehrschluss ergeben, dass andere Kosten von der Umlage ausgeschlossen sind. Das heißt aber nicht, dass insbesondere **Wartungskosten** nur in den ausdrücklich aufgeführten Fällen umlegbar sind (so aber WALL WuM 1998, 524, 528 mwNw; s auch Rn 46a), weil sonst die Nennung eines Auffangtatbestandes sinnlos wäre. Vielmehr kommt es darauf an, ob die Kosten der regelmäßigen, vorbeugenden Bewirtschaftung (Betriebskosten) oder zur Beseitigung von bereits eingetretenen Schäden (Instandsetzung) oder zur gelegentlich vorkommenden Instandhaltung infolge besonderer einmaliger Anlässe (Instandhaltung) dienen (BGH NJW 2007, 1356 = WuM 2007, 198 Rn 12). Auf dieser Grundlage hat der BGH etwa für die regelmäßige **Reinigung von Dachrinnen** zur Beseitigung von Laub entschieden, es handele sich um sonstige Betriebskosten. Nicht umlegbare Instandsetzung oder Instandhaltung liegt dagegen vor, wenn eine einmalige Maßnahme aus bestimmten Anlass vorgenommen wird oder ein bereits eingetretener Mangel, etwa die Verstopfung der Dachrinne, beseitigt werden soll (BGH NJW-RR 2004, 877 = NZM 2004, 418 = WuM 2004, 292; NJW-RR 2004, 875 = NZM 2004, 417 = WuM 2004, 290 = ZMR 2004, 430; AG Wedding GE 1999, 1289; LANGENBERG, Betriebskostenrecht A Rn 280; offen gelassen von AG Neumünster WuM 1998, 379). Betriebskosten sind daher auch TÜV-Gebühren für die **Wartung** einer Blitzschutzanlage und die Wartungskosten der Elektroanlage (BGH NJW 2007, 1356 = WuM 2007, 198; AG Bremervörde WuM 1987, 198), der **Rauchmelder** (LG Hagen ZMR 2016, 701; LG Magdeburg NJW 2012, 544 = NZM 2012, 305 = ZMR 2011, 957; HARSCH WuM 2008, 522; SCHMID, Hdb Rn 5457; SCHUMACHER NZM 2005, 641, 643) und Feuerlöscher (LG Berlin GE 2000, 1185; GE 2001, 63; AG Hamburg WuM 1998, 352), nicht aber die Instandhaltungskosten für eine Gegensprechanlage (AG Hamburg WuM 1988, 308). Die Installation von Feuerlöschern betrifft eine **Investition** und ist daher nicht den Betriebskosten zuzuordnen (LG Berlin GE 2005, 237; AG Sankt Goar DWW 1990, 152). **45a**

45b Umstritten ist, ob Kosten für die **Bewachung von Wohnanlagen** als sonstige Betriebskosten auf den Mieter umgelegt werden können. Soweit die Überwachung der Anlage nicht durch einen Hauswart im Rahmen seiner Tätigkeit miterledigt wird und damit von Nr 14 umfasst ist (s Rn 41), können die Kosten für einen eigenständigen Überwachungsdienst etwa durch eine Wach- und Schließgesellschaft bei einer ausdrücklichen Vereinbarung nach Nr 17 als sonstige Betriebskosten umgelegt werden, wenn dies wegen Belästigungen durch andere Personen zur ordnungsgemäßen Nutzung des Gebäudes durch die *Mieter* erforderlich ist, nicht zur allgemeinen vorbeugenden Sicherung des Eigentums des Vermieters vor Vandalismus (BGH GE 2005, 607 = NZM 2005, 452 = WuM 2005, 336; LG Berlin GE 2013, 550 = WuM 2013, 612; LG Köln WuM 2004, 400; AG Berlin-Mitte GE 2006, 1041; AG Köln WuM 2002, 615, 616; ZMR 2003, 684; Fritz NZM 2002, 713, 715; für Gewerberaummiete: KG GE 2004, 234; OLG Celle NZM 1999, 501 = WuM 2000, 130 = ZMR 1999, 238; OLG Düsseldorf NJW-RR 1991, 1354 = DWW 1991, 283; OLG Frankfurt NZM 2006, 660; **aM** LG Hamburg ZMR 1997, 358; LG Köln WuM 1997, 230 = NJW-RR 1997, 1231; AG Berlin-Mitte GE 2005, 129; AG Köln WuM 2002, 338).

c) Keine Betriebskosten

46 aa) Wegen der Regelung in § 556 Abs 4 BGB, wonach zum Nachteil des Mieters abweichende Vereinbarungen unwirksam sind, ist ganz überwiegender Auffassung nach auch die **vertragliche Übernahme** von Nebenkosten, die nicht unter die Betriebskosten iS des § 556 Abs 1 BGB iVm der BetrKV fallen, unwirksam. Dazu gehören sämtliche Kosten der **Hausverwaltung**, sogenannte **Verwaltungskosten** (BGH NZM 2020, 457; NZM 2019, 253 Tz 14 ff; NJW 1993, 1061, 1062) einschließlich der Bankunkosten (OLG Karlsruhe WuM 1988, 204; AG Siegburg WuM 1985, 345). Dazu gehören insbesondere auch Kosten einer **„Notdienstpauschale"** für den Hausmeisterdienst, betreffend die Entgegennahme von Störungsmeldungen und erforderlichenfalls Veranlassung von Reparaturmaßnahmen durch Dritte (BGH NZM 2020, 457 m Anm Zehelein). Unzulässig ist auch die Vereinbarung einer **„Verwaltungskostenpauschale"** (BGH NZM 2019, 253; zur Umlage von Nutzerwechselgebühren Sternel NZM 2020, 337 und LG Leipzig WuM 2019, 639). Allerdings sind die **Kosten der Verbrauchserfassung** nach dem Einzelkatalog teilweise umlegbar.

46a **Instandsetzungskosten** betreffen Reparaturen und Maßnahmen der Wiederbeschaffung und sind ebenfalls im Grundsatz nicht umlegbar (BGH NZM 2020, 457 Tz 12; NJW-RR 2004, 877 = NZM 2004, 418 = WuM 2004, 292; NJW-RR 2004, 875 = NZM 2004, 417 = WuM 2004, 290 = ZMR 2004, 430; LG Bremen WuM 1988, 397; LG Hildesheim WuM 1987, 50; LG Mönchengladbach ZMR 1988, 266; LG Stuttgart WuM 1988, 84). **Instandhaltungskosten** (Def s Rn 45) sind nicht umlegbar, wenn nicht die genaue Bestimmung in § 2 BetrKV bei einzelnen Betriebskostenarten ausdrücklich die Umlage von derartigen Kosten etwa als **Wartungskosten** vorsieht. Langenberg sieht hierdurch wegen der Divergenz des allgemeinen Betriebskostenbegriffs in § 556 Abs 1 S 2 BGB und der Einzelaufstellung in der BetrKV die Ermächtigungsgrundlage als überschritten an (Langenberg NZM 2004, 41, 46; s auch Schmid WuM 2002, 527). Jedoch dürfte die allgemeine Definition der Betriebskosten als Kosten des Gebrauchs des Gebäudes, die laufend entstehen, vom Wortlaut und Sinn auch Verwaltungskosten und die Kosten kleinerer Instandhaltungen noch umfassen. Zudem kann die neue Ermächtigungsgrundlage im Lichte des bisherigen Umfangs und der überkommenen Definition der Betriebskosten ausgelegt werden (Grundmann NZM 2003, 3745, 3747). Nicht umlegbare Instandhaltungs- und Instandsetzungsmaßnahmen sind etwa die Beschichtung des Heizöltanks

(LG Frankenthal/Pfalz WuM 1990, 32), die Spülung der Fußbodenheizung (AG Köln WuM 1999, 235) und die Wartung der Türschließanlage (AG Schöneberg GE 1998, 1343).

Unwirksam ist auch eine Vertragsbestimmung, nach der die Kosten der Installation **46b** einer Gemeinschaftsantenne als Betriebskosten umgelegt werden können, da es sich insofern um **Neuanschaffungs- oder Modernisierungskosten** handelt (LG Köln WuM 1989, 24). Keine Betriebskosten begründet die Miete für einen Gastank, weil auch die Investitionsaufwendungen beim Kauf des Tanks nicht umlegbar wären (LG Bonn WuM 1989, 398; AG Bad Kreuznach WuM 1989, 310). Nicht umlegbare Investitionen sind die Kosten für die Anschaffung einer Schneekehrmaschine, selbst wenn ihr Einsatz auf Dauer gesehen geringere Kosten als die Beauftragung eines Fremdunternehmens verursacht (Langenberg, Betriebskostenrecht A Rn 114; **aM** AG Schöneberg NJW-RR 2001, 1379 = GE 2001, 1609; LG Berlin GE 2000, 539).

Keine Betriebskosten sind **Kapitalkosten** wie Erbbauzinsen (LG Osnabrück WuM 1987, **46c** 267; AG Frankfurt aM WuM 1983, 149; AG Hannover WuM 2002, 233; AG Osnabrück WuM 1985, 344; AG Siegburg WuM 1985, 345; AG Wolfratshausen ZMR 1986, 60). „**Serviceleistungen**" für bestimmte Betreuungsleistungen bei betreutem Wohnen (BGH NJW 2006, 1276 = NZM 2006, 290 = WuM 2006, 204) oder zur Finanzierung eines Treffpunkts in größeren Wohnanlagen (AG Neuss ZMR 2013, 899) sind ebenfalls keine Betriebskosten, sondern eigenständige vertragliche Leistungen, die entsprechend vereinbart werden müssen (s § 549 Rn 19).

Im **Gewerberaummietrecht** gilt § 556 Abs 1 BGB nicht, hier kann sich bei der formu- **46d** larvertraglichen Umlage von Verwaltungskosten oder Instandhaltungskosten aber die Frage der Klauselkontrolle stellen. Eine Umlage von **Verwaltungskosten** ist jedoch hinreichend bestimmt im Sinne des § 307 Abs 1 S 2 BGB und erfüllt idR ebensowenig den Tatbestand einer überraschenden Klausel gem § 305c BGB (vgl BGH NJW 2014, 3722; NJW 2010, 671 = NZM 2010, 279 = ZGS 2010, 238 mwNw; NZM 2005, 863, 864 = GE 2005, 1185 = DWW 2005, 372 = ZMR 2005, 844; KG NJW-RR 2003, 586 = NZM 2003, 395; GE 2010, 766 Rn 100; OLG Düsseldorf DWW 2000, 194; MDR 2012, 1025; OLG Hamburg ZMR 2003, 181; OLG Köln NZM 2006, 701; OLG Oldenburg NZM 2003, 439; Hoff ZMR 2006, 415; Lützenkirchen GE 2006, 614; **aM** LG Köln ZMR 2010, 966). Allerdings scheitert eine Klausel, mit der dem Mieter eines Ladenlokals in einem Einkaufszentrum die Kosten des „Centermanagements" auferlegt werden sollen, an der Tranzparenzkontrolle aus § 307 Abs 1 S 2 BGB (BGH NJW 2014, 3722; NJW 2013, 41; NJW 2012, 54). Für den Mieter wird nicht hinreichend ersichtlich, welche Kosten sich hinter diesem Begriff verbergen.

bb) Nicht umlegbare **Nebenkosten** können allerdings **als Teil der Grund- bzw Net- 47 tomiete** vom Mieter getragen werden, eine Erhöhung ist dann nur im Rahmen des Mieterhöhungsverlangens nach § 558 BGB möglich (BGH NJW 1993, 1061, 1062 = WuM 1993, 109, 110; OLG Karlsruhe WuM 1988, 204 = NJW-RR 1988, 1036; OLG Koblenz NJW 1986, 995 = WuM 1986, 50; LG Berlin GE 1996, 1051; GE 1998, 1396 = NZM 1999, 405; GE 1999, 1648; LG Frankfurt aM NZM 2001, 332; LG Mannheim NZM 2000, 490 m Anm Löhlein 487; AG Forchheim DWW 1999, 326; Schmid DWW 1998, 142, 143; iE LG Wiesbaden ZMR 1999, 409). Das setzt aber voraus, dass die nicht umlagefähigen Nebenkosten nicht ausdrücklich als Teil der Betriebskosten vereinbart sind, weil dann bereits die Überwälzung auf den Mieter unwirksam ist. In der Praxis schwierig ist die Abgrenzung, ob bestimmte Nebenkosten nach der vertraglichen Regelung als Betriebskosten oder als Teil der

Grundmiete geschuldet sein sollen. Letzteres setzt grundsätzlich voraus, dass ein bestimmter unveränderlicher Betrag als fester Anteil der Grundmiete deutlich von den Betriebskosten getrennt vereinbart wurde (LG Berlin GE 2002, 1063 f; LG Bonn WuM 1988, 398; LG Düsseldorf DWW 1996, 123; LG Frankfurt aM WuM 1985, 367; LG Mannheim NZM 2000, 490; LG Siegen WuM 1990, 523; LG Wiesbaden ZMR 1999, 409; AG Elmshorn WuM 1988, 398; AG Forchheim DWW 1999, 326). Auf eine monatliche oder jährliche Zahlungsweise kommt es dabei nicht an (LG Bonn WuM 1988, 398). Die Vereinbarung in einem Formularmietvertrag ist zulässig (LG Berlin GE 1999, 1648; LG Mannheim NZM 2000, 490; **aM** LG Braunschweig WuM 1991, 339 = NJW-RR 1991, 1230; WuM 1996, 283; LG Bremen WuM 1988, 387; LG Göttingen ZMR 1989, 95 m **abl** Anm Katlein). Denn wenn die Voraussetzung erfüllt ist, dass die Vereinbarung eindeutig von den umzulegenden Betriebskosten abgegrenzt ist, bestehen auch keine Probleme hinsichtlich des Gebots der klaren und unmissverständlichen Fassung der Klausel nach § 307 Abs 1 BGB. Schließlich darf die Nettomiete zuzüglich des festen Anteils für die Nebenkosten die Grenze der Mietpreisüberhöhung nach § 5 WiStG nicht übersteigen (enger AG Forchheim DWW 1999, 326: ortsübliche Vergleichsmiete).

48 cc) Die **Umsatzsteuer** auf die Betriebskosten, die ein gewerblicher Zwischenvermieter abzuführen hat, kann nicht als Teil der Betriebskosten auf die Mieter umgelegt werden. Anders als die von dritten Lieferanten dem Eigentümer in Rechnung gestellte Umsatzsteuer, die ohne Weiteres zu den Betriebskosten zählt (Schmid NZM 1999, 292, 294; Westphal ZMR 1998, 262, 263), sind diese Steuerbeträge nicht durch das Eigentum oder dessen bestimmungsgemäßen Gebrauch entstanden, wie es § 556 Abs 1 S 2 BGB fordert (LG Nürnberg-Fürth WuM 1989, 398; AG Nürnberg WuM 1988, 51; Schmid NZM 1999, 292, 293). Für Wohnraummietverhältnisse hatte diese Rechtsfrage noch für eine Übergangsfrist Bedeutung, weil durch die Neufassung des § 9 Abs 2 UStG durch das Missbrauchsbekämpfungs- und Steuerbereinigungsgesetz vom 21. 12. 1993 (BGBl I 2310) eine Umsatzsteuerpflicht des Vermieters nur noch besteht, wenn der Mieter die Räume oder das Grundstück ausschließlich für Umsätze verwendet oder zu verwenden beabsichtigt, die den Vorsteuerabzug nicht ausschließen. Die Nutzung als Wohnraum gehört nicht dazu.

48a Für **Geschäftsraummietverhältnisse** besteht die Umsatzsteuerpflicht bei einer Option des Vermieters für die Steuerpflicht nach § 9 UStG nicht nur für die Nutzungsüberlassung der Räume als Hauptleistung, sondern auch für die gesamten damit in Zusammenhang stehenden Nebenleistungen, die der Vermieter auf den Mieter umgelegt hat und von diesem vereinnahmt. Dies gilt unabhängig davon, ob die einzelne Betriebskostenart mit Vorsteuern belastet ist oder nicht, wie zB bei öffentlichen Lasten. Es handelt sich nämlich nicht um durchlaufende Posten iS des § 10 Abs 1 S 6 UStG, sondern um umsatzsteuerpflichtiges Entgelt iS des § 10 Abs 1 S 2 UStG (LG Hamburg DWW 1998, 119 = GE 1998, 247 = ZMR 1998, 294; Kahlen Rn 1791 ff; Schmid NZM 1999, 292, 294; Westphal ZMR 1998, 262, 264; **aM** OLG Schleswig ZMR 2001, 619), weil durchlaufende Posten nur vorliegen, wenn der Unternehmer eine fremde Schuld und nicht eine eigene erfüllt (BFH BStBl III 1966, 263; BStBl III 1967, 377; Abschn 152 UStR). Sowohl für die auf die Grundmiete als auch für die auf die Betriebskosten entfallende Umsatzsteuer bedarf ihre Abwälzung auf den Mieter einer besonderen Vereinbarung (Staudinger/V Emmerich § 535 Rn 85 mwNw; M J Schmid NZM 1999, 292, 293; Schneider DWW 2005, 53; Weitemeyer DWW 2006, 150, 156 mwNw sowie allgemein zur USt-Pflicht der Grundstücksmiete).

dd) Zu Unrecht erhobene Nebenkosten kann der Mieter grundsätzlich nach Bereicherungsrecht zurückfordern (s aber Rn 52, 140 ff; zur Beweislast LG Berlin ZMR 2016, 690). Der Anspruch des Mieters auf **Rückzahlung nicht geschuldeter Betriebskosten**, die nicht umlegbar sind, unterfällt (mit Ausnahme der hier nicht einschlägigen Sondervorschrift des § 548 Abs 2 BGB) unabhängig von der Anspruchsgrundlage der regelmäßigen **Verjährungsfrist** des § 195 BGB von drei Jahren. Verjährungsbeginn ist gem § 199 BGB der Schluss des Jahres, in dem die Abrechnung durch den Vermieter erstellt und vorgelegt wird (Horst DWW 2002, 6, 20; Wiek GuT 2003, 3), nicht in dem die jeweilige monatliche Überzahlung vorliegt. Der Rückzahlungsanspruch ist durch die bloße Zahlung der nicht geschuldeten Nebenkosten nicht verwirkt oder vertraglich ausgeschlossen (s aber Rn 61 ff). Bei einem einheitlichen Mietverhältnis über Wohnraum und Garage erstreckt sich die Unwirksamkeit einer Nebenkostenvereinbarung auch auf die Beträge, die auf die Garage entfallen (LG Hildesheim WuM 1987, 50).

3. Vereinbarung der Übernahme der Betriebskosten durch den Mieter

a) Allgemeines

aa) Sowohl die Umlage der Betriebskosten als Vorauszahlung mit jährlicher Abrechnung gem § 556 Abs 3 BGB als auch als Pauschale mit oder ohne Erhöhungsvorbehalt nach § 560 Abs 1 BGB setzen neben der grundsätzlichen Umlagefähigkeit der Betriebskostenart (s Rn 14) die **Vereinbarung** voraus, der Mieter solle die jeweilige Betriebskostenart tragen, sonst sind sämtliche oder die nicht genannten Nebenkosten mit der Miete abgegolten (Begr zum RegE BT-Drucks 14/4553, 50; Ausschussbericht BT-Drucks 14/5663, 79; ausdr BGH NZM 2019, 255; s Rn 10). Dies gilt allerdings nach allgemeiner Verkehrsauffassung nicht für diejenigen Kosten, die üblicherweise **direkt vom Mieter an den Leistungserbringer** gezahlt werden wie Kosten für Strom und Gas (AG Lörrach WuM 2000, 328; auch Wasserkosten bei Einfamilienhaus: LG Saarbrücken WuM 1998, 722 = NZM 1999, 458; AG St Wendel WuM 1998, 722). Wenn der Mieter seit seinem Einzug die Wasserkosten direkt an das kommunale Versorgungsunternehmen gezahlt hat, ist auch eine dahin gehende Unklarheit im Formularvertrag (dazu Rn 51) so zu verstehen, dass diese Betriebskosten nicht mit der Miete abgegolten sein sollen (LG Stuttgart WuM 1996, 626).

Die Umlegung der Betriebskosten bedarf einer **eindeutigen Vereinbarung** und kann nicht allein auf die Verkehrssitte (LG Arnsberg WuM 1989, 309) gestützt werden, was sich eindeutig aus § 556 Abs 1 S 1 BGB ergibt. Zwar kann über die umzulegenden Betriebskostenarten bei Mietverhältnissen über **gewerbliche Räume** eine freie Vereinbarung getroffen werden, die nicht an § 556 Abs 1 BGB gebunden ist. Gleichwohl müssen auch diese vertraglichen Vereinbarungen bestimmt oder zumindest bestimmbar sein (BGH NZM 2020, 507; OLG Hamm ZMR 2019, 581; OLG Celle ZMR 2019, 263) und den Wirksamkeitsvoraussetzungen von Formularverträgen im gegebenen Fall entsprechen (KG GE 2002, 327 = NZM 2002, 954; OLG Düsseldorf DWW 2000, 196 = NZM 2001, 588 = ZMR 2000, 668; Lützenkirchen GE 2006, 614; zu einzelnen Klauseln Kinne, in: FS Blank [2006] 249). Erfolgt die Vereinbarung über die Umlage individualvertraglich, bestehen abgesehen von der Bestimmbarkeit des Inhalts der Vereinbarung keine weiteren Anforderungen an die Transparenz (BGH NZM 2020, 507). Nach der Rechtsprechung des BGH genügt es für die Überwälzung der Betriebskosten auf den Mieter, dass schlicht vereinbart wird, der Mieter habe **„die Betriebskosten"** zu tragen (BGH NZM

2016, 325, dazu Heix NZM 2016, 457 und BGH NZM 2016, 720; OLG Hamm ZMR 2019, 581; OLG Frankfurt ZMR 2018, 924). Dadurch werde, so der VIII. Zivilsenat, klar zum Ausdruck gebracht, dass die Umlage der in § 556 Abs 1 S 2 BGB definierten und in der BetrKV erläuterten Betriebskosten erfolgen soll. Dem hat sich der XII. Zivilsenat nun für **Gewerberaummietverhältnisse** angeschlossen, auch wenn § 556 BGB auf solche keine Anwendung findet (BGH NZM 2020, 507).

50b Die Umlage aller im Rahmen einer Eigentümergemeinschaft abgerechneten Nebenkosten (OLG Frankfurt WuM 1985, 91; OLG München ZMR 1997, 233) – nicht aber aller Wohngeldkosten (OLG Düsseldorf GE 2002, 1561 = NZM 2002, 700; AG u LG Karlsruhe GuT 2002, 177 m Anm Pfeilschifter GuT 2002, 163) – und nicht der Verwaltungskosten (BGH NJW 2010, 67 = GE 2010, 261; OLG Hamburg NZM 2002, 388; OLG Köln NZM 2008, 366, 367; Beuermann GE 2006, 1335; OLG Hamburg NZM 2002, 388 = NJW-RR 2002, 802; WuM 2003, 268 = ZMR 2003, 180; LG Mannheim NZM 2000, 490 m Anm Löhlein 487; **aM** OLG Rostock NZM 2005, 507; GuT 2008, 200; Langenberg, Betriebskostenrecht B Rn 98) auf den **gewerblichen Mieter** ist noch bestimmt genug und entspricht der Klarheitsregel des § 307 Abs 1 S 2 BGB. Unklar ist aber die Vereinbarung der Umlage von Kosten für ein Gebäudemanagement und der im Betriebskostenanteil versteckten Raummiete weiterer Nebenräume bei einem gewerblichen Mietverhältnis (BGH NZM 2005, 803; NJW 2010, 67 = GE 2010, 261; KG GE 2002, 327 = NZM 2002, 954). Auch die Übernahme von Fremdenverkehrsabgaben (OLG Schleswig ZMR 2012, 866) oder von Managementkosten (OLG Düsseldorf DWW 2012, 172 = GE 2012, 483 = WuM 2012, 203 = ZMR 2012, 438) ist ohne ausdrückliche Vereinbarung auch bei Gewerbemietverhältnissen nicht zulässig. Die Kombination von Vorauszahlungen und Pauschalbeträgen kann den Tatbestand einer überraschenden Klausel nach § 305c Abs 1 BGB erfüllen (OLG Hamm ZMR 2017, 803).

50c Die Betriebskostenvereinbarung kann nachträglich im Einvernehmen der Parteien **konkretisiert** werden (LG Koblenz WuM 1990, 312; AG Schöneberg GE 1999, 1499; s auch Rn 60 f). Vereinbaren die Parteien allerdings, dass der Nutzer für die Nutzung der Wohnung nur die anfallenden verbrauchsabhängigen Betriebskosten ohne eine Grundmiete übernehmen soll, handelt es sich nicht um Miete, sondern um Leihe (OLG Dresden ZMR 2003, 250).

51 bb) Ausreichend ist es in Formularverträgen, wenn die Parteien inhaltlich **auf die BetrKV** (s Rn 21a) **Bezug nehmen**, während deren Text nicht beigefügt werden muss (BGH NZM 2020, 457; NJW 2010, 1198 = WuM 2010, 153; WuM 2010, 294 = GE 2010, 759 auch für preisgebundenen Wohnraum; NZM 2012, 608 = WuM 2012, 453 = ZMR 2012, 614; NJW 2007, 3060; Fritz NZM 2002, 713, 715; Lehmann-Richter WuM 2012, 647, 648; **aM** LG Hamburg WuM 1982, 86 [LS]; LG München I WuM 1984, 106; LG Wuppertal NJWE-MietR 1997, 103; Geldmacher DWW 1994, 333; Schumacher NZM 2003, 13, 16; Willingmann/Kuschel NJ 2001, 123, 124; für preisgebundenen Wohnraum ergebe sich die Pflicht zur konkreten Angabe aus § 20 Abs 1 S 3 NMV: OLG Oldenburg NJW-RR 1998, 12 = WuM 1997, 609). Nach der Rechtsprechung des BGH, reicht es auch klauselmäßig aus zu vereinbaren, der Mieter habe „**die Betriebskosten**" zu tragen (BGH NZM 2016, 325 und NZM 2016, 720).

51a Mit Wirkung vom 1. 1. 2007 stellt Art 11 des **Föderalismusreform-Begleitgesetzes** (Rn 3) die seit dem 1. 1. 2002 in § 19 Abs 2 WoFG geregelte Definition der Betriebskosten, auf die in der bisherigen Fassung des § 556 Abs 1 BGB nur verwiesen wurde, direkt in § 556 Abs 1 S 2 BGB ein. Neu ist seitdem auch, dass bereits im BGB die Ermächtigungsgrundlage für den Erlass einer genaueren Verordnung geregelt ist und zudem auf die fortgeltende BetrKV mit Fundstelle im BGBl verwiesen wird. Damit sollte sichergestellt werden, dass im allgemeinen privaten Wohnraummietrecht ein einheitlicher Betriebskostenbegriff gilt (Begr zum Gesetzesantrag der Länder Nordrhein-Westfalen, Bayern, Berlin, Bremen BR-Drucks 179/06, 39, 42). Werden nicht die Betriebskosten als solche sondern bestimmte Betriebskosten im Vertrag ausdrücklich aufgeführt, kommt dem die Bedeutung zu, dass alle anderen Nebenkosten nicht umgelegt werden sollen (LG Braunschweig WuM 1985, 373 [LS]; LG Frankfurt aM WuM 1986, 93 [LS]; AG Freiburg WuM 1990, 84; AG München WuM 1990, 32; AG Münster DWW 1996, 283). Wenn in einem Formularmietvertrag für einzelne Betriebskosten Einzelbeträge für Vorauszahlungen eingetragen sind, für andere dagegen nicht, kann ebenso davon ausgegangen werden, dass die nicht genannten Betriebskostenarten nicht vom Mieter gesondert getragen werden sollen (LG Berlin ZMR 2003, 427; AG Bad Mergentheim WuM 1997, 439; AG Freiburg WuM 1990, 84; AG Schöneberg GE 1991, 787; **aM** AG Neuss DWW 1987, 298; AG Schwetzingen WuM 1987, 31); anders aber bei bloß fehlendem Umlageschlüssel, soweit vereinbart worden ist, dass der Vormieter einen Umlagemaßstab nach billigem Ermessen bestimmen kann (AG Frankfurt aM NZM 2005, 454).

cc) Welche **Rechtsfolgen** die ganz oder teilweise unwirksame Vereinbarung einer **52** Betriebskostenumlage auf den Mieter hat, ist umstritten. Das OLG Dresden (NZM 2000, 827 = ZMR 2001, 265 m **abl** Anm Langenberg NZM 2000, 801 u Schmid NZM 2000, 1041; ebenso LG Berlin ZMR 2005, 957; LG Mannheim DWW 1997, 152 bei doppelter Vereinbarung von Betriebskosten als Vorauszahlung und Pauschale) belässt es bei der Unwirksamkeit der Vereinbarung und billigt dem Mieter einen Rückzahlungsanspruch auf die gezahlten Vorauszahlungen wegen Zweckverfehlung nach § 812 Abs 1 S 2 BGB zu. Nach anderer Auffassung behält der Vermieter in dem Fall, dass die Umlage eines bestimmten Betrags vereinbart wurde, seinen Anspruch auf regelmäßige Zahlung dieses Betrags, jedoch nicht als Vorauszahlung auf eine Abrechnung, sondern als Teil der Netto-/Grundmiete mit der Erhöhungsmöglichkeit (bei Wohnraummietverhältnissen) nach § 558 BGB (so Langenberg, Betriebskostenrecht [2. Aufl] B Rn 46) oder als Betriebskostenpauschale mit der Erhöhungsmöglichkeit nach § 560 BGB (so OLG Düsseldorf NZM 2002, 526 = GE 2002, 858 = ZMR 2002, 595; LG Saarbrücken NZM 1999, 757, 758; AG München NZM 1999, 415; AG Neuss ZMR 1997, 305; Langenberg, Betriebskostenrecht B Rn 78). Zuzustimmen ist der vom OLG Dresden geäußerten Auffassung, weil anders als in dem Fall, in dem die Parteien die Zahlung eines bestimmten Betrags für konkrete als Betriebskosten an sich nicht umlegbare Nebenkosten vereinbart haben (s Rn 47), bei einer Vorauszahlungsvereinbarung für nicht oder zu unbestimmt bezeichnete Betriebskosten die Parteien gerade nicht davon ausgehen, dieser Betrag werde in jedem Fall vom Mieter geschuldet. Denn damit wird dem Mieter die Chance genommen, bei verbrauchsabhängigen Betriebskosten durch sparsamen Verbrauch eine Rückzahlung zu erreichen; bei den nicht verbrauchsabhängigen Betriebskosten kommt häufig eine Rückzahlung in Betracht, weil der Vermieter einen Sicherheitszuschlag einkalkuliert hat. Aus diesem Grund hat die Rechtsprechung früher bereits vereinzelt festgestellt, dass bei unklarer Vereinbarung der Umlage von Betriebskosten nicht grundsätzlich ein Vorrang der Betriebskostenpauschale anzunehmen ist, sondern von Vorauszahlungen ausgegangen werden kann, wenn der Mieter ein Interesse an einer Abrechnung hat (AG Lingen WuM 1996, 714). Zu weitgehend ist es auch, jedenfalls bei Wohnraummietverhältnissen mit den dort geregelten Möglichkeiten zur Mieterhöhung, eine unbestimmte Betriebskostenabrede als Abwälzung aller gesetzlich zulässigen Betriebskosten aufrechtzuerhalten (so aber Schmid NZM 2000, 1041). Etwas anderes gilt, wenn die Bezeichnung der umzulegenden Betriebskosten bestimmt genug und wirksam ist, aber Unklarheit über die Vereinbarung als Vorauszahlung oder als Pauschale besteht (s Rn 69).

53 dd) Die ursprüngliche Vereinbarung über die Betriebskosten muss ebenso wie nachträgliche vertragliche Änderungen (s Rn 60 ff) bei einem auf bestimmte Zeit mit einer längeren Dauer als einem Jahr geschlossenen Mietvertrag nach § 550 S 1 BGB in **schriftlicher Form** geschlossen werden, sonst gilt der Mietvertrag für bestimmte Zeit (LG Duisburg WuM 1997, 671, 672). Vereinbarungen über Nebenkosten betreffen nämlich regelmäßig keine unwesentlichen Nebenpunkte, die ohne Folgen für die Wahrung der Form mündlich getroffen werden können (Schmid NZM 2002, 483; vgl auch BGH NZM 1999, 501; **aM** OLG Koblenz NZM 2002, 293). Daher sind auch bei Anlagen zum Mietvertrag etwa mit einem Katalog der Betriebskosten die Anforderungen an die Einheitlichkeit der Urkunde (s Staudinger/V Emmerich § 550 Rn 21 ff) und bei nachträglichen Vereinbarungen über Betriebskosten die Voraussetzungen an die Schriftform bei Vertragsänderungen (s Staudinger/V Emmerich § 550 Rn 28 ff) zu beachten.

b)   Vereinbarungen über einzelne Betriebskostenarten

54 aa) Der Begriff „**Grundbesitzabgaben**" ist nicht durch Gesetz, Verkehrssitte oder Handelsbrauch bestimmt, sodass er ohne weitere vertragliche Konkretisierung grundsätzlich zu unbestimmt für die Überwälzung von Betriebskosten auf den Mieter ist (LG Aachen WuM 1997, 647; AG Aachen WuM 1999, 305; AG Köln WuM 1998, 419 m **abl** Anm Sommerfeld). Jedenfalls die Kosten für die Grundsteuern sind davon allerdings umfasst (offen gelassen von OLG Düsseldorf NZM 2001, 588 = GE 2000, 1028 für gewerblichen Mietvertrag).

55 bb) Ist vereinbart, dass die Kosten für Heizung, Abwasser, Strom und **Wasser** umgelegt werden dürfen, zählen zu den Wasserkosten nur die Kosten für Frischwasser, nicht für die Warmwasserbereitung (AG Köln WuM 1984, 90 [LS]). Sind die Kosten der Wasserversorgung in der Bruttomiete enthalten, können sie nicht als Teil der Warmwasserkosten umgelegt werden (AG Charlottenburg GE 2006, 59). In den Kosten des Wasserverbrauchs sind auch die Kosten für eine behördliche Untersuchung des Trinkwasserbrunnens enthalten (AG Wesel WuM 1990, 443). Ändert die Gemeinde die bloße Bezeichnung und Berechnung der Abwassergebühr, hat der Mieter die entsprechende neue Gebühr zu tragen (LG Hannover NJW-RR 2004, 730 = NZM 2004, 373). Ist die Umlage der **verbrauchsabhängigen Betriebskosten** vereinbart, sind hierunter nur die Kosten für Strom, Wasser, Kanalbenutzung und Müllabfuhr zu verstehen (AG Augsburg WuM 1984, 230 [LS]). Entwirft der Mieter eine unklare Klausel über die Übernahme von „Frischwasser", kann die Klausel zu seinen Lasten weit auszulegen sein (AG Schöneberg GE 2003, 889).

56 cc) Die **Entwässerungskosten** können auf den Mieter nicht umgelegt werden, wenn vereinbart ist, dass der Vermieter die öffentlichen Abgaben trägt, weil Entwässerungskosten Gebühren und damit öffentliche Abgaben sind (OLG Köln WuM 1991, 357 = NJW-RR 1991, 1234). Unter den vertraglichen Begriff des Wassergeldes oder der Wasserkosten fallen auch die Kosten der Entwässerung, da diese mindestens zum

Teil vom Verbrauch abhängen und eine weitere Spezifizierung nicht verlangt werden kann (LG Berlin GE 1996, 125; AG Arnsberg DWW 1988, 150; AG Rheine WuM 1982, 114 [LS]; **aM** LG Köln WuM 1988, 307; AG Dortmund WuM 1987, 359).

dd) Mit Ausnahme der Kosten der Brennstoffe und deren Bereitstellung soll der **57** Vermieter zur Umlage der weiteren **Heizkosten** nur berechtigt sein, wenn sich dies dem Mietvertrag, etwa durch eine ausdrückliche Aufzählung oder eine Verweisung auf § 7 Abs 2 HeizkostenV oder auf den gleichlautende § 2 Nr 4 BetrKV (s Rn 25), entnehmen lässt (LG Kiel WuM 1987, 360; Lammel, HeizkostenV § 2 Rn 37, § 7 Rn 36 mwNw; weitergehend BayObLG WuM 1985, 18). Dies gilt allerdings nur bei einer Zentralheizung, nicht bei der Beheizung der Wohnungen durch Einzelöfen (AG Schwäbisch Hall WuM 1997, 118; s Rn 27). Die Kosten der Bedienung einer automatischen Zentralheizung sind zwar umlagefähige Betriebskosten, sie gelten aber regelmäßig als mit dem Grundmietzins abgegolten, weil sie verschwindend gering sind (AG Hagen ZMR 1987, 59; AG Hamburg-Altona WuM 1982, 58 [LS]; AG Kassel WuM 1982, 310 [LS]). Die Kosten der Feuerlöscherprüfung (AG Steinfurt WuM 1993, 135) und der Immissionsschutzmessung sind ebenfalls nur durch ausdrückliche vertragliche Vereinbarung umlagefähig, wenn nicht auf § 2 Nr 4 BetrKV verwiesen wird oder die HeizkostenV gilt (AG Braunschweig WuM 1985, 345; AG Dortmund WuM 1983, 325; AG Karlsruhe DWW 1988, 211). Sie sind nicht von dem Begriff der Kaminreinigung umfasst (AG Heilbronn WuM 1989, 261). Gleiches gilt für die Kosten des Ablesens und Erstellens der Heizkostenabrechnung durch eine Heizkostenverteilerfirma, weil es sich um eigentlich vom Vermieter zu tragende Verwaltungskosten handele (AG Bergheim WuM 1983, 123 [LS]; AG Köln WuM 1982, 279 [LS]; WuM 1983, 239 [LS]; AG Schleiden WuM 1983, 62 [LS]). Da die Kosten der Abrechnung und der Immissionsschutzmessung in § 2 Nr 4 BetrKV ausdrücklich als umlagefähig genannt sind, reicht es aber auch insoweit aus, wenn darauf verwiesen wird (s Rn 29). Wird nur die Wartung der Gasleitungen vereinbart, ist die Wartung und Pflege der Gastherme hiervon nicht umfasst (AG Darmstadt NZM 2013, 361).

ee) Die Regelung, dass die Mieter die Kosten der **Straßenreinigung** tragen, ist auch **58** dann eindeutig, wenn damit nur die Aufwendungen für die Reinigung des öffentlichen Fußweges gemeint sind (AG Hannover WuM 1987, 275 [LS]). Sieht der Mietvertrag vor, dass die Mieter selbst Schnee zu beseitigen haben, kann der Vermieter die Kosten, die dadurch entstehen, dass er mit dieser Aufgabe einen Dritten beauftragt, nur im Rahmen eines bestehenden Schadensersatzanspruchs dem Mieter auferlegen (LG Karlsruhe WuM 1992, 367; s auch Rn 34 f). Es ist nicht erforderlich, ausdrücklich zu vereinbaren, dass zu den Kosten des Hausmeisters auch die Schneebeseitigung gehört (**aM** AG Aachen ZMR 1986, 315 m **abl** Anm Sauren), weil es sich dabei um typische Hauswartsaufgaben handelt (s Rn 40). Die Vereinbarung, dass der Mieter **Abfallgebühren** zu tragen hat, ist eng auszulegen (LG Neuruppin WuM 2003, 153).

ff) **Sonstige Betriebskosten** iS des § 2 Nr 17 BetrKV müssen selbst in Individual- **59** mietverträgen jeweils ausdrücklich genannt werden, wenn sie auf den Mieter abgewälzt werden sollen, weil dieser Begriff zu unbestimmt ist (BGH NJW 1993, 1061; NJW-RR 2004, 875 = NZM 2004, 417 = WuM 2004, 290 = ZMR 2004, 430; NJW-RR 2004, 877 = NZM 2004, 418 = WuM 2004, 292; OLG Oldenburg WuM 1995, 430; LG Hannover WuM 1991, 358; LG Osnabrück WuM 1995, 434; AG Bielefeld NZM 2011, 775 = ZMR 2012, 448; AG Hamburg WuM 1998, 352; AG Köln WuM 2001, 516; AG Stuttgart WuM 1997, 231; Wall WuM 1998, 524; Heinrichs WuM 2002, 643, 647 Fn 72 = NZM 2003, 6; Schmidt-Futterer/Langenberg Rn 47;

auch für Gewerbemiete KG GE 2005, 1424 = NZM 2006, 19 = ZMR 2005, 952; **aM** OLG Celle NZM 1999, 501 = WuM 2000, 130 = ZMR 2000, 215; LG Frankenthal NZM 1999, 958; AG Hamburg-Altona GE 2001, 773). In Formularverträgen reicht dann die pauschale Verweisung auf die BetrKV nicht aus, sondern die sonstigen Betriebskosten müssen einzeln genannt werden (BGH NJW 1993, 1061; s Rn 51). Allerdings soll die ausdrückliche Übernahme von Betriebskosten nach Auffassung des BGH durch zehnjährige Zahlung des Abrechnungssaldos durch den Mieter vereinbart worden sein, wenn in den Abrechnungen die Kostenarten ausdrücklich aufgeführt waren (Dachrinnenreinigung) (BGH NZM 2004, 418 m krit Anm Kappus NZM 2004, 411 u Schumacher WuM 2004, 507; s Rn 61). Bei der Umlage von Kosten für Gemeinschaftsräume und -flächen sind diese genau anzugeben (AG Potsdam 21. 6. 2012 – 24 C 374/11).

c) Änderung der Betriebskostenvereinbarung

60 **aa)** Die Parteien können nachträglich die Vereinbarung über die Betriebskosten ändern (vgl AG Trier WuM 2000, 690 zur Auslegung einer mündlichen Abrede). Der **Änderungsvertrag** unterfällt allerdings bei Vorliegen der situativen und persönlichen Voraussetzungen des § 312b BGB dem Widerrufsrecht nach § 312g BGB (LG Berlin GE 2001, 1676 = ZMR 2002, 52; AG Frankfurt aM WuM 1998, 418; AG Löbau WuM 2004, 610; s § 557 Rn 40 ff) und bedarf im Fall des § 550 BGB der Beachtung der Formvorschrift (s Rn 53). Die Änderungsvereinbarung muss bestimmt genug sein (LG Berlin GE 2000, 1622; AG Neumünster WuM 1997, 272). Stellt der Vermieter die angebotene Umstellung von einer Brutto- auf eine Nettomiete so dar, als ob sich die Mietbelastung für den Mieter in Zukunft nicht ändert, kann der Mieter seine Zustimmung wegen arglistiger Täuschung anfechten (AG München NZM 2004, 421). Steht die Übernahme von Gartenpflege- oder Winterdienstleistungen durch externe Dienstleister als Ersatz für die Vornahme durch die Mieter vertraglich im billigen Ermessen des Vermieters, muss dieser hierfür sachliche Gründe vortragen (AG Dortmund WuM 2011, 616).

61 **bb)** In der bloßen, auch wiederholten **Zahlung nicht geschuldeter einzelner Betriebskostenarten** anlässlich einer Betriebskostenabrechnung oder von Vorauszahlungen liegt regelmäßig **keine konkludente Vertragsänderung**, weil es meist sowohl für ein Vertragsangebot des Vermieters als auch für die Annahme durch den Mieter aus der Sicht des Erklärungsempfängers an dem objektiven Tatbestand einer Willenserklärung fehlt, die einen Rechtsbindungswillen erkennen lässt (BGH NJW 2014, 3722; WuM 2014, 550 = NZM 2014, 748 = ZMR 2014, 965; NJW 2008, 283 = NZM 2008, 81 = WuM 2007, 694 = GE 2008, 46 für jahrelange Zahlung und Entgegennahme von Guthaben; LG Berlin GE 2010, 1542 selbst bei jahrelanger Zahlung; LG Detmold WuM 1991, 701 bei einmaliger Zahlung; LG Hagen WuM 1987, 161; LG Hamburg WuM 1991, 676; LG Karlsruhe GuT 2002, 177 selbst bei jahrelanger Zahlung; LG Kassel WuM 1990, 159; DWW 1996, 312; WuM 1999, 705; LG Kiel WuM 1987, 360; LG Kleve WuM 2001, 29; LG Landau WuM 2001, 613 = ZMR 2001, 457; LG Mannheim NZM 1999, 365 = NJW-RR 1999, 884 selbst bei jahrelanger Zahlung; LG Marburg WuM 2000, 680; LG Münster WuM 2001, 578; LG Offenburg NZM 1999, 171; LG Stuttgart WuM 1988, 85; LG Wiesbaden WuM 1982, 86 [LS] bei einmaliger Zahlung; LG Wuppertal WuM 1982, 300; AG Alsfeld NZM 2001, 707; AG Mannheim DWW 2002, 36; AG Schöneberg MM 2010, Nr 9, 29; Schmidt-Futterer/Langenberg Rn 58; **aM** LG Heilbronn NJW-RR 2004, 660 = NZM 2004, 459; LG Potsdam GE 2001, 1199; AG Koblenz NZM 2000, 238; AG Leonberg WuM 1990, 227; AG Wuppertal WuM 1985, 343; AG Nürnberg WuM 1999, 405 für Umstellung der Mietstruktur nach Wegfall der Preisbindung; Sternel, in: FS Blank [2006] 421, 432 ff). Anders liegt es, wenn nicht einzelne Betriebskosten erstmalig umgelegt werden, sondern der Mieter bei ausdrücklicher Vereinbarung einer Nettomiete mit separaten Betriebskosten, die anfangs noch nicht ausreichend bestimmt genug waren, auf die Betriebskostenabrechnungen des Vermieters **jahrelang Nachzahlungen leistet oder Guthaben entgegennimmt** (LG Aachen NZM 2001, 707 [LS] = NJW-RR 2002, 442; LG Berlin GE 2001, 552; GE 2002, 1566; LG Mannheim NZM 2003, 398; LG Saarbrücken NZM 1999, 408; wohl auch in LG Frankfurt/O NZM 1999, 1037; AG Schöneberg GE 1999, 1499; auch bei Vereinbarung einer Bruttomiete: LG Berlin GE 1999, 1286; Schmid NZM 2003, 55, 57). Ebenso, wenn die Änderung der Nebenkosten telefonisch angekündigt wurde und daraufhin eine vorbehaltlose Zahlung der Nachforderung oder der geänderten Vorauszahlungen erfolgt (BGH WuM 2014, 550 = NZM 2014, 748 = ZMR 2014, 965). Das Gleiche gilt, wenn der Mieter auf einen nach § 312g BGB widerrufenen Vertrag über die Änderung der Mietstruktur dann doch über mehrere Jahre Vorschüsse zahlt, über die abgerechnet wird (LG Berlin GE 2001, 1676 = NZM 2002, 940 = ZMR 2002, 52) oder auf ein Schreiben, das als Vertragsänderung formuliert ist, vorbehaltlos zahlt (OLG Hamburg WuM 1988, 347; LG Berlin GE 1996, 1489; GE 1998, 433 = ZMR 1998, 165; GE 2002, 737: nicht bloße Entgegennahme des Guthabens; GE 2011, 1373; LG Kassel NJWE-MietR 1997, 126 = DWW 1996, 312). Auch in der Zahlung von bisher nicht geschuldeten Nebenkosten über eine Dauer von sechs Jahren im Anschluss an Abrechnungen über diese neuen Betriebskostenarten, nachdem ein **neuer Hauptvermieter in den Mietvertrag** eingetreten ist, kann eine Einverständniserklärung des Mieters gesehen werden (BGH NZM 2000, 961 = NJW-RR 2000, 1463 = GE 2000, 1614; bestätigt als Ausnahmefall durch BGH NJW 2010, 1065 = GE 2010, 406; mit dieser Einschränkung LG Landau WuM 2001, 613 = ZMR 2001, 457; krit Schmid NZM 2003, 55). In all diesen Fällen muss der Mieter nach objektiver Betrachtung der Erklärung des Vermieters davon ausgehen, dass ihm ein Angebot auf Änderung des Mietvertrags unterbreitet wird. Fehlt dem Mieter bei daraufhin geleisteten Zahlungen das Erklärungsbewusstsein, weil er davon ausgeht, bereits zur Zahlung verpflichtet gewesen zu sein, kann er entsprechend den allgemeinen Grundsätzen (vgl Palandt/Heinrichs Einf v § 116 Rn 17 mwNw) seine Erklärungen anfechten. Hat der Vermieter bewusst vertragswidrig nicht geschuldete Betriebskosten gefordert, kann er sich dagegen nicht auf einen entsprechenden Erklärungsinhalt der Zahlungen des Mieters berufen, weil er keinen Vertrauensschutz genießt (LG Hamburg WuM 1991, 676; AG Wermelskirchen WuM 1994, 534).

Im Anschluss an die Entscheidung des BGH zum Eintritt eines neuen Vermieters **62** (s Rn 61) ging die Rspr vereinzelt allerdings **allgemein und ohne Beschränkung** auf den dortigen Sonderfall des Vermieterwechsels davon aus, eine jahrelange Zahlung nicht geschuldeter Betriebskosten oder die Entgegennahme von Guthaben aus der Abrechnung durch den Mieter bewirke eine konkludente Vertragsänderung (LG Darmstadt NJW 2006, 519 = NZM 2006, 136; LG Heilbronn NJW-RR 2004, 660 = NZM 2004, 459; LG Potsdam GE 2001, 1199; AG Düsseldorf 11. 10. 2010 – 41 C 6783/10). Auch der BGH lässt inzwischen eine stillschweigende Vereinbarung über die **Umlage der sonstigen Betriebskosten** (hier Dachrinnenreinigung) durch jahrelange Zahlung auf entsprechende Angaben in der Abrechnung zu, im konkreten Fall nach zehn Jahren (BGH NJW-RR 2004, 877 = NZM 2004, 418 = WuM 2004, 292; zust OLG Frankfurt NZM 2006, 660 [LS]; OLG Düsseldorf DWW 2006, 21 = GE 2005, 1486 zur Vereinbarung von Vorauszahlungen; AG Pinneberg ZMR 2005, 371; **aM** AG Bad Dürkheim WuM 2005, 648; Artz NZM 2005, 367 = ZMR 2006, 165, 170; Börstinghaus NZM 2004, 801, 806; Kappus NZM 2004, 411; Langenberg NZM 2005, 51, 52 f; Schmid NZM 2003, 55; Schmidt-Futterer/Langenberg Rn 58 ff; Schumacher WuM 2004, 507). Auf der gleichen Linie liegt es, wenn in der jahrelangen Übung eines bestimmten **Umlageschlüssels** für die Betriebskosten eine Vereinbarung liegen soll, die sogar die Schriftformklausel aufhebt (BGH NJW-RR 2006, 154 = NZM 2006, 11 = WuM 2005, 774; LG Berlin MDR 1981, 405; LG Darmstadt DWW 2005, 70 = NZM 2005, 453 m **abl** Anm Wall WuM 2005, 645; **aM** auch LG Hannover WuM 1978, 123 m Anm Schopp MDR 1979, 57). Diese Auslegung ist **mehr als bedenklich**, weil der Vermieter durch die Einstellung der betreffenden Betriebskosten in die Abrechnung zu verstehen gibt, dass er zur Umlage bereits berechtigt ist, nicht aber, dass er damit zur Vertragsänderung auffordert (LG Landau WuM 2001, 613 = ZMR 2001, 457, 458; LG Mannheim NZM 1999, 365; so auch BGH NJW-RR 2004, 586 = NZM 2004, 253 = ZMR 2004, 341). Eine **Zustimmung durch Zahlung** kann nur angenommen werden, wenn das Schreiben des Vermieters als Angebot zur Vertragsänderung aufgefasst werden kann. Daran fehlt es in den Fällen der Betriebskostenabrechnung aber regelmäßig. Unklar ist auch, nach welcher Zeitdauer von einer einverständlichen Vereinbarung auszugehen ist (zum allg Meinungsstand s Staudinger/J Emmerich [2018] § 557 Rn 33 f). Die Nachzahlung des Mieters auf eine Betriebskostenabrechnung oder die Entgegennahme des Guthabens aus der Abrechnung kann allenfalls unter dem Gesichtspunkt der **Verwirkung** oder des **Schuldanerkenntnisses** dazu führen, dass Einwendungen gegen die Abrechnung mit *Wirkung für die Vergangenheit* nicht mehr geltend gemacht werden können (s Rn 133 f). Im Hinblick auf den Umlageschlüssel ist zu bedenken, dass dieser bis zur Mietrechtsreform im Rahmen des billigen Ermessens durch den Vermieter festgelegt und geändert werden konnte, wenn nichts anderes vereinbart war (s § 556a Rn 8). Eine vertragliche Vereinbarung lag schon daher fern (Wall WuM 2005, 645, 646). So liegt andererseits auch darin, dass der Vermieter einzelne, als umlagefähig vereinbarte Betriebskosten selbst jahrelang nicht geltend macht, kein Verzicht und keine Vertragsänderung des Vermieters für die Zukunft (LG Mannheim DWW 2006, 68; AG Dachau DWW 1998, 181 = ZMR 1998, 440; AG Neuss WuM 1990, 85; DWW 1996, 284; AG Speyer NZM 2001, 708; AG Wesel WuM 1988, 309; **aM** AG Uelzen WuM 1989, 309). Auf der Grundlage der Rspr des BGH nehmen einzelne Gerichte an, wenn der Vermieter einige Betriebskosten über Jahre hinweg nicht geltend macht, sei dadurch die Umlagevereinbarung konkludent geändert worden (AG Gießen NJW-RR 2005, 309 = NZM 2005, 217). Auch dies ist falsch, weil in der Regel keine dahingehenden Willenserklärungen der Parteien vorliegen. Selbst wenn jahrelang über Betriebskosten überhaupt nicht abgerechnet wurde, liegt darin keine konkludente Änderung der Mietstruktur für die Zukunft, sondern allenfalls eine für die zurückliegenden Abrechnungszeiträume wirkende Verwirkung (BGH NJW 2008, 1302 = WuM 2008, 235; LG Hamburg WuM 2005, 719; WuM 2005, 773; s Rn 69 u 139 f).

63 **cc)** Der Vermieter kann sich vertraglich vorbehalten, **neue Betriebskostenarten** umzulegen. Hierfür gilt nicht das Mieterhöhungsrecht nach § 560 Abs 1 BGB, da dies nur bei Pauschalen und nicht bei Vorauszahlungen mit Abrechnung eingreift (s Staudinger/Artz [2021] § 560 Rn 11). Grundlage ist vielmehr die Vertragsfreiheit, der in diesem Punkt gem § 556 Abs 1 BGB keine Grenzen gesetzt sind, sodass es einer entsprechenden Vereinbarung zwischen den Parteien bedarf (AG Bonn WuM 2005, 61). Es gilt insbesondere nicht die Beschränkung der rückwirkenden Umlage nach § 560 Abs 2 BGB, weil auch diese Einschränkung nur die Erhöhung einer Betriebskostenpauschale betrifft. Die zu formularvertraglich vereinbarten Mehrbelastungsklauseln entwickelten Grundsätze können daher nicht ohne Weiteres übertragen werden (s Staudinger/Artz [2021] § 560 Rn 12b). Die vertragliche Abwälzung setzt aber voraus, dass die Kostenart nach **§ 2 BetrKV grundsätzlich umlegbar** ist (LG Hamburg ZMR 1997,

358 zu Anlage 3 zu § 27 BV 2). Die formularvertragliche Abwälzung neu entstandener Kosten soll zusätzlich voraussetzen, dass diese Kosten ohne den Willen des Vermieters entstanden sind oder ihre Neueinführung zur ordnungsgemäßen Erhaltung des Grundstücks zwingend geboten ist (AG Hamburg WuM 1987, 323; WuM 1989, 522). Sind einzelne Betriebskosten nach dem Mietvertrag dagegen ausdrücklich geschuldet, fallen sie zunächst aber nicht an, etwa weil ein Hausmeister erst später eingestellt wird oder Versicherungsverträge später abgeschlossen werden, sei lediglich erforderlich, dass ihre Neueinführung notwendig ist (LG Frankfurt aM WuM 1999, 46; LG Karlsruhe WuM 1992, 367). Der BGH hat dagegen die Neueinführung von Betriebskosten auf der Grundlage einer Vorbehaltsklausel nur daraufhin überprüft, ob sie ordnungsgemäßer Bewirtschaftung entsprechen (BGH NJW 2006, 3558 = WuM 2006, 612; BGH NJW-RR 2004, 875 = NZM 2004, 417 = WuM 2004, 290 = ZMR 2004, 430 – Dachrinnenreinigung; BGH NJW-RR 2004, 586 = NZM 2004, 253 = ZMR 2004, 341; Parallelsache GE 2004, 229 = WuM 2004, 151; Schmidt-Futterer/Langenberg § 560 Rn 18 und 75 ff). Dem ist zuzustimmen, die Beachtung des allgemein geltenden Grundsatzes der Wirtschaftlichkeit (§ 556 Abs 3 S 1 BGB) sollte ausreichen. Die Formalien des § 560 BGB sind dabei nicht einzuhalten, der Vermieter kann die Kosten einfach in die Abrechnung einstellen (Blank erwägt eine Analogie zu § 560 Abs 1, NZM 2004, 651). Bei rückwirkend anfallenden Betriebskosten ist die entsprechende Abrechnung zu korrigieren (s Rn 117, 133).

63a Nach § 560 Abs 4 BGB muss der Vermieter allerdings vorgehen, wenn er **zugleich die Vorauszahlungen erhöhen** will. Zudem ist die Umlage neu entstandener Betriebskosten auch ohne eine vertragliche Neueinführungs-/Mehrbelastungsklausel zulässig, wenn im Mietvertrag vereinbart worden ist, dass alle Betriebskosten im Sinne der BetrKV umlegbar sind (Blank/Börstinghaus Miete Rn 85). Eine Ausnahme gilt wie auch im Fall der ursprünglichen Umlagevereinbarung für die sonstigen Betriebskosten (Blank/Börstinghaus Miete Rn 85; s auch Rn 45). Darüber hinaus kann der Mieter nach ergänzender Vertragsauslegung, wenn etwa die Gemeinde die Bezeichnung der Abwassergebühr ändert (LG Hannover NJW-RR 2004, 730 = NZM 2004, 343) oder nach den Grundsätzen der Störung oder des Wegfalls der Geschäftsgrundlage verpflichtet sein, die Kosten der Immissionsschutzmessung zu übernehmen, wenn er bisher die Wartungskosten einer andersartigen Heizungsanlage zu tragen hatte (AG Bochum DWW 1990, 24; s auch AG Tempelhof-Kreuzberg GE 2005, 1357).

64 **dd)** Nach verbreiteter Auffassung, dem sich nunmehr auch der BGH angeschlossen hat, soll der Vermieter berechtigt sein, auch ohne eine vertragliche Grundlage neu entstandene Betriebskosten auf den Mieter umzulegen, wenn diese Folge einer vom Mieter nach § 555d BGB zu duldenden **Modernisierungsmaßnahme** sind (BGH NJW 2007, 3060 = WuM 2007, 571; LG Berlin WuM 1992, 444 passim; GE 2004, 1395 = ZMR 2005, 192 m Anm Riebe; GE 2011, 1161; AG Hamburg WuM 2000, 82; Langenberg, Betriebskostenrecht C Rn 68 f; Schmidt-Futterer/Langenberg Rn 253; Sternel, MietR III Rn 323; **aM** LG Chemnitz NZM 2004, 138 auf der Grundlage von § 14 MHRG). Diese Auffassung steht jedoch im Widerspruch zum Grundsatz der Vertragsfreiheit, der es den Parteien überlässt, welche Betriebskosten der Mieter zu tragen hat (zust LG Berlin GE 2007, 597; Kunze, 10 Jahre Mietrechtsreform 537, 539 ff; s auch Rn 65). Lediglich wenn eine bestimmte Betriebskostenart nach dem Mietvertrag wirksam vom Mieter übernommen wurde, und sich die durch die Modernisierungsmaßnahme ausgelösten Betriebskosten ebenfalls unter diese Betriebskostenart subsumieren lassen, ist auf der Grundlage ergänzender Vertragsauslegung ein „Austausch" möglich. Das Gleiche gilt, wenn bestimmte Betriebskosten bereits geschuldet sind, aber erst nach der Modernisierungsmaßnahme anfallen (s Rn 63). Nur die HeizkostenV gibt in ihrem Anwendungsbereich einen Anspruch auf Umlage der mit einer Zentralheizung verbundenen Betriebskosten (Anh B zu § 556c Rn 20, 23 ff), jedoch nicht auf Einführung oder Erhöhung einer Vorauszahlung. Erst die Mietrechtsreform hat in § 560 Abs 4 BGB das Recht geschaffen, die Vorauszahlungen zu erhöhen (Einzelheiten s STAUDINGER/ARTZ [2021] § 560 Rn 46 ff).

65 ee) Umstritten ist, ob die Betriebskosten für einen nach Vertragsschluss angelegten **Kabelanschluss** oder einer **Gemeinschaftssatellitenanlage** umgelegt werden können, wenn bisher nur die Kosten der dadurch abgelösten Gemeinschaftsantenne vom Mieter zu tragen waren (zur Pflicht des Mieters, den Anschluss zu dulden, s BGH NJW 2005, 2995 = NZM 2005, 697 = WuM 2005, 576; STAUDINGER/V EMMERICH § 555b Rn 27). Da es sich um verschieden hohe Kosten handelt, kann eine derartige Vereinbarung nicht so ausgelegt werden, dass sie auch die Kabelanschlussentgelte umfasst. Eine Umlage dieser Kosten im laufenden Mietverhältnis ist daher nur aufgrund einer Vertragsänderung möglich, etwa wenn der Mieter den Kabelanschluss wünscht (AG Freiburg WuM 1996, 285; AG Hanau WuM 1989, 189; HEITGRESS WuM 1983, 244, 246; PFEILSCHIFTER WuM 1987, 279, 289; weitergehend AG Lörrach WuM 2005, 579; PFEIFER, in: FS Blank [2006] 349). Nach Auffassung des BGH sollen die Kosten des Kabelanschlusses hingegen zu zahlen sein, wenn es sich um eine duldungspflichtige **Modernisierung** handelt (BGH NJW 2007, 3060 = WuM 2007, 571; AG Duisburg 29. 5. 2012 – 49 C 287/12; AG Münster WuM 1989, 190; BLÜMMEL GE 1989, 756, 758, s auch Rn 64). Diese an sich schon wegen des Eingriffs in die Privatautonomie problematische Entscheidung kann jedenfalls bei Kabelgebühren nicht gelten, weil dem Mieter der Anschluss hieran und die Nutzung dieses Rundfunkzugangs nicht aufgezwungen werden kann. Stimmen einzelne Mieter dem Kabelanschluss nicht zu, haben sie nach dem Mietvertrag aber weiterhin das Recht, über eine Antennenanlage Rundfunk und Fernsehen zu empfangen (hierzu LG Frankfurt aM 2004, 297), bestehen daher nur zwei Möglichkeiten. Entweder bleibt die Gemeinschaftsantenne bestehen oder der Mieter wird an das Breitbandkabel angeschlossen, erhält aber einen Sperrfilter (LG Kassel WuM 1999, 705), um lediglich die ursprünglichen Programme zu empfangen. Zur Entfernung der Gemeinschaftsantenne ist der Vermieter ohne die Zustimmung aller Mieter nicht berechtigt (KG NJW 1985, 2031 = WuM 1985, 248; AG Berlin-Neukölln GE 2005, 131 = NJW 2005, 371 = NZM 2005, 104; AG Osnabrück WuM 1999, 34; ebenso AG Hohenschönhausen GE 2002, 1630 zur Kündigung des Kabelservicevertrags; SCHACH GE 2002, 1090, 1092; zur Kappung der Programme wg fehlender Zahlung der Betriebskosten s Rn 80). Der Mieter hat in beiden Fällen nur die ursprünglich auf ihn entfallenden Betriebskosten zu tragen und weder die zusätzlichen Kosten eines Sperrfilters (AG Freiburg WuM 1996, 285) noch die gesamten Kosten der Gemeinschaftsantenne.

66 ff) Ist eine Inklusiv- oder Teilinklusivmiete vereinbart, hat der Vermieter grundsätzlich keinen Anspruch auf die spätere **Änderung der Mietstruktur**, zB durch eine Aufteilung in eine Kaltmiete und umlegungsfähige Betriebskosten (LG Hamburg WuM 1985, 314; LG Köln WuM 1985, 313; AG Charlottenburg MM 2000, 135; AG Tiergarten NZM 1998, 191; GE 2000, 208). Eine Ausnahme galt gem dem früheren § 4 Abs 5 MHRG hinsichtlich der Kosten für die Wasserversorgung und -entsorgung und die Müllabfuhr. Diese Regelung wurde in § 556a Abs 2 BGB erweitert auf alle verbrauchsabhängigen Kosten. Die Vereinbarung eines einseitigen Umstellungsrechts im Mietvertrag durch den Vermieter kann nach § 557 Abs 3 BGB unwirksam sein, wenn sich aus der Umstellung von der Brutto- zur Nettomiete eine Mieterhöhung ergibt (AG Hamburg-Blankenese WuM 1998, 418), und bedarf der genauen Formulierung (LG München WuM 1999, 46).

Auch nach **Wegfall der Preisbindung** können Betriebskosten, die in der Kostenmiete **66a** enthalten waren, nur im Rahmen einer vertraglichen Vereinbarung umgelegt werden (OLG Oldenburg WuM 1984, 274; LG Aachen WuM 1985, 342; WuM 1995, 545; AG Aachen WuM 1985, 342 u AG Münster WuM 1998, 379 jedenfalls für die Vergangenheit; AG Aachen DWW 1994, 85; AG Dortmund WuM 1982, 161; NJW-RR 1989, 1042; AG Neuss WuM 1983, 114; WuM 1990, 557 = DWW 1990, 154 m Anm GELDMACHER; AG Nürnberg WuM 1999, 405; AG Oberndorf WuM 1988, 219; AG Rheine WuM 2013, 506; STAUDINGER/V EMMERICH [2018] § 558 Rn 14a). Für eine ergänzende Vertragsauslegung (LG Dortmund WuM 1983, 201; LG Mainz ZMR 1985, 129 m Anm HOLLAND-CUNZ, hierzu OEHME ZMR 1986, 45; JUNG ZMR 1986, 427; AG Bad Iburg WuM 1985, 342) hinsichtlich der nicht erfassten Betriebskosten ist nach den Grundsätzen des Vertragsrechts kein Raum. Eine Vertragsanpassung nach Ablauf der Preisbindung ist nicht erforderlich, weil der Vermieter noch während der Preisbindung nach § 10 Abs 1 WoBindG die Kostenmiete auf die Zahlung einer Grundmiete zuzüglich der durch Umlagen erhobenen Betriebskosten umstellen konnte (LG Berlin ZMR 1998, 429; LG Aachen WuM 1995, 545 jeweils mwNw). Allerdings kommt je nach Lage des Einzelfalles eine konkludente Vertragsänderung in Betracht (LG Berlin GE 1999, 1286; GE 2002, 931; AG Hamburg WuM 2002, 695; AG Nordhorn WuM 1998, 603; AG Nürnberg WuM 1999, 405; s Rn 61).

III. Betriebskostenpauschale oder Vorauszahlungen auf Betriebskosten (Abs 2)

1. Vereinbarung von Pauschalen oder Vorauszahlungen (Abs 2 S 1)

In § 556 Abs 2 S 1 BGB ist ausdrücklich klargestellt, dass die Parteien die Abgeltung **67** der auf den Mieter umgelegten Betriebskosten durch die Zahlung von Vorauszahlungen oder Betriebskostenpauschalen vorsehen können. Die Parteien können aber auch andere Vereinbarungen treffen, etwa eine Brutto- oder eine Teilinklusivmiete vereinbaren (Begr zum RegE BT-Drucks 14/4553, 50; s Rn 10). Klargestellt ist auch, dass andere Vorschriften die Vertragsfreiheit insoweit beschränken können. Darunter fallen insbesondere die HeizkostenV (s unten Anh B zu § 556c) und Sondervorschriften zum sozialen Wohnungsbau (s Rn 8). Diesbezügliche spätere Änderungen der Vereinbarung haben grundsätzlich ausdrücklich und zwingend unter Einbeziehung aller Vertragsparteien zu erfolgen (BGH WuM 2016, 353). § 1357 BGB ist insofern nicht einschlägig (BGH WuM 2016, 353; s Rn 25).

a) Begriff der Vorauszahlung

Eine Vorauszahlung liegt vor, wenn der Mieter die konkret angefallenen Kosten auf **68** der Grundlage einer späteren Abrechnung tragen soll und auf die Abrechnung einen bestimmten Betrag im Voraus an den Vermieter zahlt (Begr zum RegE BT-Drucks 14/4553, 50). Die Vorauszahlung muss nicht in regelmäßigen Beträgen erfolgen, auch wenn sie normalerweise monatlich geleistet wird (vgl Begr zum RegE BT-Drucks 14/4553, 50; s Rn 72). Verpflichtet sich der Mieter dagegen unabhängig vom tatsächlichen Verbrauch zur Zahlung regelmäßiger Beiträge für die Betriebskosten, sodass eine spätere Abrechnung unterbleibt, liegt eine Betriebskostenpauschale vor (zur Abgrenzung Rn 69). Den Vermieter trifft die Beweislast dafür, dass Vorauszahlungen auf Betriebskosten vereinbart sind (LG Mannheim DWW 1976, 188; AG Neuss DWW 1997, 77 = ZMR 1997, 305; AG Rheine WuM 1980, 42; s Rn 11).

b) Begriff der Betriebskostenpauschale

69 Von den Vorauszahlungen zu unterscheiden ist eine Betriebskostenpauschale, zu deren Zahlung sich der Mieter unabhängig vom tatsächlichen Verbrauch und den tatsächlich angefallenen Kosten verpflichtet und bei der deshalb eine spätere Abrechnung unterbleibt (Begr zum RegE BT-Drucks 14/4553, 50). Von der **Bruttomiete** unterscheidet sich die Betriebskostenpauschale dadurch, dass die Betriebskosten überhaupt getrennt von der Grundmiete betragsmäßig besonders ausgewiesen sind (Begr zum RegE BT-Drucks 14/4553, 50). Die Bruttomiete kann nur nach § 558 BGB erhöht werden (Staudinger/V Emmerich [2021] § 558 Rn 13; s auch § 560 Rn 13 f). Änderungen der Betriebskostenpauschale erfolgen nach § 560 Abs 1 BGB (dort Rn 15). Es ist eine Frage der Vertragsauslegung, ob Pauschalen oder Vorauszahlungen vereinbart sind. Die Abrundung des Betrags ist kein sicheres Indiz. Werden monatliche Pauschalen oder feste Beträge vereinbart, ist gleichzeitig aber eine Abrechnung über diese Zahlungen vorgesehen, handelt es sich um Vorauszahlungen (LG Berlin GE 2002, 803; AG Landsberg DWW 1986, 19; AG Neumarkt i d OPf WuM 1986, 240). Haben die Parteien eine Pauschale vereinbart, die nach einer Änderung der Bezugspreise, nicht aber des tatsächlichen Verbrauchs, geändert werden kann, liegt eine Pauschale mit Erhöhungsvorbehalt (hierzu Staudinger/Artz [2021] § 560 Rn 15) vor (LG Berlin GE 1999, 1357 = NZM 2000, 333 = ZMR 1999, 556). Im Zweifel ist eine Betriebskostenklausel als Pauschale anzusehen (KrsG Cottbus WuM 1994, 66; AG Neuss DWW 1997, 77 = ZMR 1997, 305). Bei formularvertraglichen Abreden gehen Unklarheiten nach § 305c Abs 2 BGB zu Lasten des Verwenders. Auch dies führt regelmäßig zur Annahme einer Pauschale (LG Berlin GE 2001, 207 = ZMR 2001, 188; LG Wiesbaden WuM 1987, 274; AG Hamburg-Altona WuM 1988, 66 [LS]; AG Königstein/Ts WuM 1985, 366 [LS]; Langenberg, Betriebskostenrecht E Rn 14). Hat der Mieter ein Interesse an einer Abrechnung, kann die Unklarheit auch zu Lasten des Vermieters für Vorauszahlungen sprechen (LG Mannheim DWW 1997, 152; AG Lingen WuM 1996, 714). Die früher für preisgebundenen Wohnraum unwirksame Vereinbarung einer Nettomiete mit Betriebskostenvorauszahlung kann in eine **Betriebskostenpauschale** umgedeutet werden (BGH NJW 2011, 1222 = NZM 2011, 400 = WuM 2011, 214 = ZMR 2011, 536 Rn 16; LG Berlin NZM 1999, 1139).

69a Sind eindeutig Vorauszahlungen vereinbart worden, ist die Vereinbarung aber unwirksam, weil die Betriebskostenarten nicht bestimmt genug bezeichnet sind, kann die Vereinbarung nicht als Betriebskostenpauschale aufrechterhalten werden (s Rn 52). Für die Abgrenzung kann die **bisherige Übung** einen Anhaltspunkt bilden, sodass von Pauschalen ausgegangen werden kann, wenn jahrelang überhaupt nicht abgerechnet wird (AG Gelsenkirchen ZMR 2001, 459 m Anm Rau; AG Remscheid WuM 1985, 255 [LS]; s Rn 61 f). Sind aber eindeutig Vorauszahlungen mit jährlicher Abrechnung vereinbart worden, liegt allein in der Tatsache, dass über die Betriebskosten nicht abgerechnet worden ist, mangels eindeutigen Parteiwillens keine Vereinbarung, die Vorauszahlungen als Pauschale zu behandeln (LG Frankfurt aM NZM 2001, 667; LG Stuttgart NJW-RR 1991, 782; AG Eschweiler WuM 1980, 233; AG Hamburg ZMR 2005, 370; s auch Rn 62 u 139; **aM** AG Hamburg ZMR 2005, 873). Die Parteien können die pauschale Abgeltung der Betriebskosten im Wege der Vertragsänderung durch eine Abrechnung nach dem tatsächlichen Verbrauch ersetzen (LG Münster WuM 1978, 230). Aus § 556a Abs 2 BGB hat der Vermieter hinsichtlich bestimmter Betriebskosten ein dahingehendes einseitiges Recht auf Änderung des Mietvertrags (s § 556a Rn 37 ff).

Anders als Vorauszahlungen (hierzu Rn 72) müssen Betriebskostenpauschalen nicht in **angemessener Höhe** vereinbart werden (Horst MDR 2001, 724; Langenberg WuM 2001, 523, 530; ders, Betriebskostenrecht B Rn 20: nur § 5 WiStG anwendbar; **aM** Schmid WuM 2001, 424). Dies ergibt sich auch daraus, dass in § 560 Abs 3 BGB eine Herabsetzung einer Betriebskostenpauschale nur bei einer Ermäßigung der Betriebskosten selbst vorgesehen ist, während bei Vorauszahlungen nach § 560 Abs 4 BGB ein Anspruch auf Anpassung der Vorauszahlungen auf eine angemessene Höhe besteht. Eine Grenze bildet aber der Wuchertatbestand nach § 138 Abs 2 und § 291 StGB sowie § 5 WiStG. Aus einer schuldhaften Pflichtverletzung des Mietvertrags nach § 280 Abs 1 BGB (positive Vertragsverletzung) kann sich in Ausnahmefällen allerdings ein Anspruch des Vermieters auf Zahlung der tatsächlich verbrauchten Betriebskosten ergeben, wenn der Mieter durch außergewöhnlich hohe Verbräuche die angesetzte Pauschale um ein Vielfaches übersteigt (LG Oldenburg NZM 2002, 337 = ZMR 2002, 200). **70**

2. Inhalt der Vorauszahlungspflicht

a) Vereinbarung

Der Mieter ist zu Vorauszahlungen auf die Betriebskosten nur verpflichtet, wenn dies vereinbart ist (AG Daun WuM 1999, 434). Dies gilt auch für dinglich Wohnberechtigte im Sinne des § 1093 BGB (BGH NZM 2010, 666 = WuM 2010, 758). Eine Verpflichtung des Mieters setzt zunächst voraus, dass die betreffenden Betriebskosten umlegbar sind (s Rn 14 ff) und dass sich der Mieter zur Übernahme der Betriebskosten verpflichtet hat (s Rn 50 ff). Weiter muss vereinbart sein, dass der Mieter auf diese Betriebskosten Vorauszahlungen zu leisten hat. § 556 Abs 2 BGB räumt dem Vermieter keinen gesetzlichen Anspruch auf Vorauszahlungen ein. Diese Verpflichtung kann auch nicht ohne Weiteres durch ergänzende Vertragsauslegung begründet werden (vgl OLG Düsseldorf ZMR 1988, 97; LG Potsdam GE 2004, 690 für Gewerberaummiete; Geldmacher DWW 1997, 7) oder durch bloße Zahlung der Beträge entstehen (**aM** OLG Düsseldorf DWW 2006, 21). Auch aus der HeizkostenV (s Anh B zu § 556c) ergibt sich keine Pflicht zur Leistung von Vorauszahlungen. Die Fassung des § 560 Abs 4 BGB bestätigt diese schon bisher vorherrschende Auffassung dadurch, dass es für das nunmehr gesetzlich eingeräumte Recht auf Anpassung der Höhe der Vorauszahlungen notwendig ist, dass Vorauszahlungen auf Betriebskosten überhaupt vereinbart worden sind. **71**

b) Angemessene Höhe (Abs 2 S 2)

Vorauszahlungen dürfen nur in angemessener Höhe vereinbart werden. Angemessen sind Vorauszahlungen, wenn sie an der Höhe der tatsächlich zu erwartenden Betriebskosten ausgerichtet werden (Begr zum RegE BT-Drucks 7/2011, 12). Es kann von den Erfahrungswerten der vergangenen Jahre ausgegangen werden (AG Mannheim WuM 1978, 46; AG Solingen WuM 1984, 195 [LS]), wobei diese Werte wegen möglicher Kostensteigerungen etwas überschritten werden können (BayObLG NJW-RR 1996, 207 = WuM 1995, 694; AG Karlsruhe ZMR 1989, 67; Geldmacher DWW 1997, 7 f; Schmidt-Futterer/Langenberg Rn 274). Die Vorauszahlungen können unabhängig vom tatsächlichen, jahreszeitlich schwankenden Verbrauch in gleichbleibender Höhe vereinbart **72** werden (BARTHELMESS § 4 MHRG Rn 9). Andererseits müssen die Vorauszahlungen nicht innerhalb einer Abrechnungsperiode gleich hoch sein (LG Kassel WuM 1986, 345). Die Höhe der Vorauszahlungen muss nicht im Voraus eindeutig festgelegt sein. Es genügt, wenn der Betrag bestimmbar ist (LG Kassel WuM 1986, 345). Geht aus dem Mietvertrag nicht hervor, wie sich die Vorauszahlungen für Betriebskosten im Einzelnen zusammensetzen, hat der Mieter einen Auskunftsanspruch auf Aufschlüsselung der einzelnen Kostenarten, um zu prüfen, ob die Vorauszahlungen angemessen sind (AG Wuppertal WuM 1983, 239 [LS]).

73 aa) Eine Vereinbarung **unangemessen hoher Vorauszahlungen** ist nach § 556 Abs 2 S 2 BGB unwirksam. Ebenso wie bei einem Verstoß gegen Vorschriften über die Mietpreisüberhöhung (STAUDINGER/V EMMERICH Vorbem 117 ff zu § 535) ist es gerechtfertigt, insoweit eine teilweise Nichtigkeit anzunehmen, weil sich die Vorschrift nur gegen den unangemessenen Teil der Vorauszahlungen richtet. Sind die Vorauszahlungen von Anfang an unangemessen hoch, braucht der Mieter den übersteigenden Teil folglich nicht zu zahlen (zur nachträglichen Senkung der Betriebskosten s STAUDINGER/ARTZ [2021] § 560 Rn 46 ff). Dabei ist jedoch zu bedenken, dass geringfügig zu hohe Vorauszahlungen einschließlich eines Sicherheitszuschlags noch nicht unangemessen sind (s Rn 72).

74 bb) **Zu niedrige Vorauszahlungen** können die Parteien einvernehmlich vereinbaren, da keine Pflicht besteht, überhaupt Vorauszahlungen zu leisten. Eine **erhebliche Nachzahlung** aufgrund der Abrechnung soll daher nach hM grundsätzlich nicht ausgeschlossen sein (BGH NJW 2004, 1102 = NZM 2004, 251 = WuM 2004, 201 = ZMR 2004, 347; NJW 2004, 2674 = NZM 2004, 619 = ZMR 2004, 653; PKH-Beschluss BGH WuM 2004, 235; OLG Hamm NZM 2003, 717; OLG Stuttgart NJW 1982, 2506 = WuM 1982, 272 m **abl** Anm LECHNER WuM 1983, 5; LG Berlin GE 2000, 893; GE 2002, 1492, 1493; GE 2012, 1701; LG Neuruppin ZMR 2010, 768; AG Hamburg ZMR 2001, 628; AG Jena DWW 2000, 336; AG Spandau WuM 2000, 678; GELDMACHER DWW 1997, 7, 9; krit AG Hamburg-Bergedorf NZM 2002, 435 = ZMR 2002, 675 m Anm SCHMID; vgl auch BGH NJW 2004, 2674 f und OLG Düsseldorf MDR 2012, 1025 für Gewerbemiete; **sehr kritisch dazu bereits** ARTZ NZM 2004, 328 ff; DERCKX NZM 2004, 321 ff; WOLST, 10 Jahre Mietrechtsreform 611 ff). Allerdings schreibt das Gesetz ausdrücklich vor, dass die Vorauszahlungen angemessen sein müssen, wenn sie denn vereinbart werden. Deshalb können im Fall einer erheblichen Betriebskostennachzahlung die Voraussetzungen eines Schadensersatzanspruchs aus § 280 Abs 1 BGB (positive Vertragsverletzung), wenn der Mieter bei einer Änderung des Mietvertrags (LG Berlin GE 1996, 322; AG Leverkusen WuM 1990, 63), oder aus den §§ 280 Abs 1, 311 Abs 2 BGB (culpa in contrahendo) vorliegen, wenn er bei Abschluss des Vertrags vom Vermieter durch die Vereinbarung von erheblich unter den tatsächlich anfallenden Betriebskosten über deren Höhe **arglistig getäuscht** wurde. Selbst wenn man mit dem BGH die Angemessenheitsgrenze des § 556 Abs 2 S 2 BGB nur auf überhöhte und nicht auf zu niedrige Vorauszahlungen bezieht (BGH NJW 2004, 1102 = NZM 2004, 251 = WuM 2004, 201 = ZMR 2004, 347), ist es doch in der Regel so, dass der Mieter angesichts der wirtschaftlichen Bedeutung der Betriebskosten ein großes Interesse daran hat zu erfahren, in welcher Höhe Betriebskosten auf ihn zukommen. Wenn überhaupt Voraussetzungen vereinbart worden sind, geht der Mieter regelmäßig davon aus, dass er sich an deren Höhe grundsätzlich orientieren kann. Dies begründet eine entsprechende **Aufklärungspflicht** des Vermieters (§ 241 Abs 2 BGB). Eine arglistige Täuschung kann bereits dann angenommen werden, wenn der Vermieter aufgrund der Abrechnung des Vorjahres weiß, dass die Vorauszahlungen zur Deckung der Betriebskosten bei weitem nicht ausreichen, er den Mieter darüber nicht aufklärt und **billigend in Kauf** nimmt, dass der Mieter durch die geringe Höhe der Vorauszahlungen zum Vertragsabschluss bewegt wird (OLG Düsseldorf WuM 2000, 591 = ZMR 2000, 604; LG Arnsberg NJW-RR 1988, 397; LG Berlin GE 1999, 907 = ZMR 1999, 637; WuM 1999, 66; GE 2000, 893; NZM 2002, 212 = ZMR 2002, 53; LG Celle DWW 1996, 192; LG Karlsruhe WuM 1998, 479; LG München II ZMR 2001, 760; AG Dachau ZMR 2002, 758; AG Frankfurt aM WuM 1987, 252; AG Hamburg WuM 1982, 247; ZMR 2002, 758; AG Hannover WuM 2001, 448; AG München ZMR 2000, 620 m Anm Dobmeier u **abl** Anm Geldmacher ZMR 2000, 837; AG Potsdam 27. 1. 2011 – 24 C 242/09; AG Rendsburg WuM 1990, 63 = NJW-RR 1988, 398; Blank/Börstinghaus, Miete Rn 99; Langenberg, Betriebskostenrecht G Rn 213). Durch die Unterbreitung des Vorschlags, Vorauszahlungen in einer bestimmten Höhe zu leisten, begründet der Vermieter in aller Regel einen Vertrauenstatbestand beim Mieter. Daher geht der Gedanke des BGH fehl, die Vereinbarung zu geringer Vorauszahlungen könne schon vor dem Hintergrund keine Pflichtverletzung des Vermieters darstellen, als er auf die Forderung von Vorauszahlungen vollkommen verzichten könnte. Schweigt der Vermieter aber zu der Höhe etwaiger Vorauszahlungen, begründet er eben keinen Vertrauenstatbestand.

Da ein Anspruch aus Verschulden bei Vertragsschluss auch auf **Fahrlässigkeit** beruhen kann, kommt auch bei fahrlässiger Unkenntnis des Vermieters von den zu niedrigen Nebenkostenvorauszahlungen ein Schadensersatzanspruch in Betracht (Emmerich NZM 2002, 362, 363; **aM** LG Berlin GE 1999, 907 = ZMR 1999, 637; OLG Düsseldorf MDR 2012, 1025 für Gewerbemiete). Eine danach erforderliche Missachtung der im Verkehr erforderlichen Sorgfalt nach § 276 Abs 2 BGB liegt aber erst bei einer erheblichen Unterschreitung der tatsächlichen Betriebskosten vor, wenn sich für den Vermieter aus den vorhergehenden Abrechnungen oder den vorliegenden Rechnungen aufdrängen musste, dass die Vorauszahlungen zu niedrig vereinbart waren (OLG Naumburg NZM 2002, 387: achtfach höhere Kosten; LG Frankfurt aM NZM 2002, 485 u LG Hamburg WuM 2002, 117: erst Betrag über 20% Mehrkosten verweigerbar; AG Eschweiler WuM 1980, 232 Toleranzgrenze 40% höhere Kosten; AG Hannover WuM 2003, 327; AG Wismar ZMR 2004, 200: 100%; nicht ausreichend für Verschulden, wenn Vermieter mit den Vorauszahlungen auskam: LG Berlin GE 2012, 1701). Da es Vorauszahlungen eigen ist, dass sie nicht der genauen Höhe der endgültigen Kosten entsprechen, deren genaue Höhe zudem im Voraus nicht bekannt ist, kann keine exakte Kalkulation verlangt werden. Darüber hinaus soll den Vermieter sogar eine Aufklärungspflicht darüber treffen, dass ihm mangels eigener Kenntnis eine genaue Kalkulation der zu erwartenden Betriebskosten nicht möglich ist (LG Frankfurt aM NZM 2002, 465). Der **BGH** bejaht eine Pflichtverletzung des Vermieters dagegen unabhängig von der Höhe der Nachforderung **nur in besonderen Fällen** und nennt die ausdrückliche **Zusicherung** der Höhe der Betriebskosten (ebenso LG Berlin GE 1999, 907 = ZMR 1999, 637; GE 2000, 893; MM 2003, 340; AG Hannover WuM 2003, 327) und den **Tatbestand der arglistigen Täuschung** (BGH NJW 2004, 1102 = NZM 2004, 251 = WuM 2004, 201 = ZMR 2004, 347; NJW 2004, 2674 = NZM 2004, 619 = ZMR 2004, 653; KG ZMR 2007, 963; OLG Rostock GE 2009, 324 = ZMR 2009, 527 für gewerbl Mietverhältnis; Schmid DWW 2004, 288; **aM** Artz NZM 2004, 328; ders LMK 2004, 157; Derckx NZM 2004, 321; Eisenschmid WuM 2004, 201; Lehmann-Richter WuM 2004, 254; Schumacher WuM 2004, 507, 509). Allerdings bestand in den den genannten Entscheidungen zugrunde liegenden Sachverhalten die Besonderheit, dass es sich um **Erstvermietungen** handelte. Hier war daher die tatsächliche Höhe der Betriebskosten nicht ohne Weiteres aus einer vorangegangenen Abrechnung ersichtlich (BGH NJW 2004, 1102; OLG Rostock GE 2009, 324). An einer Täuschung des Mieters fehlt es, wenn ihm anhand der Betriebskostenabrechnung bekannt ist, dass die Vorauszahlungen zu gering sind (AG Dortmund DWW 1990, 182; AG Marl NZM 2000, 760).

75 Der **Schadensersatzanspruch** geht auf Freistellung von den Betriebskosten, die die Vorauszahlungen übersteigen. Dieser Anspruch kann einer Betriebskostennachzahlung ohne Weiteres entgegengehalten werden (OLG Hamm NZM 2003, 717; LG Berlin GE 1996, 322; NZM 2002, 212 = GE 2001, 1605 = ZMR 2002, 53; LG Celle DWW 1996, 192; LG Frankfurt aM NZM 2002, 485; LG München II ZMR 2001, 760; LG Hamburg WuM 2002, 117; LG Karlsruhe WuM 1998, 479; AG München ZMR 2000, 620; AG Rendsburg WuM 1990, 63 = NJW-RR 1988, 398; AG Spandau WuM 2000, 678). Auch für die Zukunft soll der Vermieter entweder auf die Vorschüsse verwiesen sein, sodass sich die Vorauszahlung im Ergebnis in eine Pauschale umwandelt (AG München ZMR 2000, 620) oder Nachforderungsansprüche nur insoweit geltend machen dürfen, als sich die Betriebskosten gegenüber den tatsächlich anfallenden Kosten des dem Vertragsschluss vorangegangenen Abrechnungsjahres effektiv erhöht haben (AG Rendsburg WuM 1990, 63). Nach anderer Auffassung soll der Mieter einen Schadensersatzanspruch nur haben, wenn er darlegen kann, dass er entsprechende Mieträume unter Einschluss der Betriebskosten billiger hätte anmieten können (LG Berlin GE 1999, 907 = ZMR 1999, 637; GE 2000, 893; AG Spandau WuM 2000, 678; AG Wismar ZMR 2004, 200; Derleder/Pellegrino NZM 1998, 550, 551; Geldmacher DWW 1997, 7, 9 f; Lehmann-Richter WuM 2004, 254; diff Blank WuM 2004, 243, 246). Zum Teil wird ein Schaden des Mieters ganz verneint, weil die Betriebskosten tatsächlich angefallen sind und die Gegenleistungen dem Mieter zugutegekommen sind. Nach dieser Auffassung bleibt dem Mieter nur ein Sonderkündigungsrecht (hierzu LG Hamburg ZMR 2003, 683 m Anm Bütter 644) und ein Anspruch auf Ersatz des Vertrauensschadens, dh der für die angemietete Wohnung getroffenen Aufwendungen (OLG Dresden NZM 2004, 68 = WuM 2004, 83; LG Düsseldorf NZM 2002, 604). Grundsätzlich muss der Geschädigte zwar einen konkreten Schaden nachweisen. Für vergleichbare Fälle der Vertrauenshaftung aus culpa in contrahendo gewährt der BGH allerdings ebenfalls einen Anspruch auf Herabsetzung der Gegenleistung statt auf Aufhebung des zu ungünstigen Bedingungen zustande gekommenen Vertrags, wenn ein Vertragspartner Aufklärungs- und Informationspflichten über den Vertragsgegenstand und die Höhe der Gegenleistung verletzt hat und der Geschädigte an dem Vertrag festhält. Dabei wird der Anspruchsinhaber so behandelt, als wäre es ihm gelungen, den Vertrag zu einem günstigeren Preis abzuschließen, ohne dass bewiesen werden muss, dass die Voraussetzungen eines Schadens nach § 249 S 1 BGB vorliegen (BGH NJW 2001, 2875, 2876; NJW 1999, 2032, 2034; BGHZ 114, 87, 94; NJW 2006, 3139; enger BGH ZMR 1998, 610; vgl Gebhardt, Herabsetzung der Gegenleistung 20, 92; krit: Palandt/Heinrichs § 311 Rn 59 mwNw; Lorenz NJW 1999, 1001). Diese Rechtsfolge ist auch für Mietverträge angemessen, weil es dem Mieter nicht zuzumuten ist, den gesamten Vertrag aufzuheben, wozu er anderenfalls aber gezwungen sein könnte, wenn er die höheren Betriebskosten nicht aufbringen kann. Damit der Mieter aber nicht besser steht, als er bei ordnungsgemäßer Aufklärung stehen würde, ist der Vermieter nicht auf die gezahlten Vorauszahlungen beschränkt, sondern kann Nachforderungsansprüche insoweit geltend machen, als sich die Betriebskosten gegenüber den tatsächlich anfallenden Kosten des dem Vertragsschluss vorangegangenen Abrechnungsjahres erhöht haben (AG Rendsburg WuM 1990, 63; Langenberg, Betriebskostenrecht H Rn 247 ff).

c) Änderung der Vorauszahlungen

Erweist sich der vereinbarte Vorauszahlungsbetrag später als zu niedrig, hatte der 76
Vermieter nach der Rechtslage vor der Mietrechtsreform ohne einen vertraglichen
Vorbehalt **kein einseitiges Erhöhungsrecht**, weder aus dem früheren § 4 Abs 2
MHRG, noch aus ergänzender Vertragsauslegung (s STAUDINGER/WEITEMEYER [2003]
Rn 76). Erst die Mietrechtsreform hat in § 560 Abs 4 BGB das gesetzliche Recht
geschaffen, die Vorauszahlungen nach einer Abrechnung über die Betriebskosten
angemessen zu erhöhen (Begr zum RegE BT-Drucks 14/4553, 59; s STAUDINGER/ARTZ [2021]
§ 560 Rn 46 ff). Fordert der Vermieter jahrelang keine Vorauszahlungen, kann das
Recht verwirkt sein (s Rn 139).

d) Entstehung und Fälligkeit

Entstehung und Fälligkeit der Vorauszahlungen hat das Gesetz den Parteivereinba- 77
rungen überlassen. Hierfür kann die Zahlweise der Miete maßgeblich sein, was mangels
ausdrücklicher Regelung als stillschweigend vereinbart gelten darf. Es kann vereinbart
werden, dass die Vorauszahlungen monatlich oder in längeren Abständen
fällig werden, sodass für ein Vierteljahr, ein halbes oder ein ganzes Jahr im Voraus
zu zahlen ist (**aM** PALANDT/WEIDENKAFF Rn 7: max Vierteljahr). Da diese Zeiträume wiederum
die Höhe der Vorauszahlungen beeinflussen, sind solche Regelungen durch das
Gebot der Angemessenheit begrenzt. Zieht der Mieter vor der **Beendigung des Mietverhältnisses**
aus, bleibt seine Pflicht zur Zahlung der Betriebskostenvorauszahlungen
grundsätzlich unberührt, da Überzahlungen in der Abrechnung berücksichtigt werden
(OLG Düsseldorf DWW 2004, 87; AG Braunschweig DWW 1996, 373; AG Osnabrück WuM 1986, 323
[LS]; AG Steinfurt WuM 1987, 70 [LS]; STERNEL III Rn 329). Eine Ausnahme ist nach § 242
BGB und dem Rechtsgedanken aus § 537 Abs 1 S 2 BGB insoweit geboten, als verbrauchsabhängige
Nebenkosten nach dem Auszug des Mieters nicht mehr entstehen
können (LG Gießen WuM 1997, 264; AG Arnsberg DWW 1988, 213; AG Dortmund DWW 1989,
205; GELDMACHER DWW 1997, 7, 9; offen gelassen von BGH NJW 2003, 1246 = NZM 2003, 277 = WuM
2003, 204 = ZMR 2003, 413; **aM** LANGENBERG, Betriebskostenrecht E Rn 70). Soweit eine Beheizung
leerstehender Miträume zur Erhaltung der Mietsache erforderlich ist, sind
Heizkostenvorschüsse weiterhin geschuldet (vgl KG GE 2001, 624). Einigen sich die
Parteien auf eine Fortsetzung des Mietvertrags nach Beendigung des Mietverhältnisses,
gelten die Vereinbarungen zu den Betriebskosten weiter. Das Gleiche gilt,
wenn eine Fortsetzung des Gebrauchs nach Beendigung des Mietverhältnisses unter
den Voraussetzungen des § 545 BGB dazu führt, dass das Mietverhältnis als auf unbestimmte
Zeit verlängert gilt. Wurde das Mietverhältnis beendet, gibt der Mieter den
Wohnraum aber nicht zurück, kann der Vermieter für die Dauer der Vorenthaltung
nach § 546a Abs 1 BGB eine Entschädigung verlangen, die die vereinbarte Miete oder
die ortsübliche Vergleichsmiete umfasst. Der Vermieter darf nicht schlechter stehen
als bei der Fortsetzung des Vertrags. Daher sind auch in diesem Fall die vereinbarungsgemäß
umgelegten Betriebskosten weiter zu zahlen. Ist der gesamte Mietvertrag
unwirksam, schuldet der Nutzer eine Nutzungsentschädigung nach §§ 812 Abs 1 S 1
1. Fall, 818 Abs 2 BGB in Höhe der ortsüblichen Miete nebst der ortsüblichen Nebenkosten,
über die nicht abgerechnet wird (KG GE 2005, 482 = MDR 2006, 146).

e) Vorauszahlungszeitraum

Im Hinblick auf die in § 556 Abs 3 S 1 BGB vorgesehene jährliche Abrechnung ist 78
davon auszugehen, dass der **Vorauszahlungszeitraum ein Jahr** nicht übersteigen darf
(s aber Rn 116). Rückständige Vorauszahlungen kann der Vermieter daher nicht mehr

verlangen, wenn er bereits zur Abrechnung über den betreffenden Zeitraum verpflichtet ist (LG Aachen WuM 2016, 289; s hierzu Rn 104, 111a). Dies gilt für Wohnraum- und Geschäftsraummietverhältnisse gleichermaßen (BGH NZM 2003, 196 = WuM 2003, 216; NJW 2011, 145 = NZM 2010, 736 = GE 2010, 1051 = WuM 2010, 490; NJW 2011, 2350 = NZM 2011, 544 = ZMR 2011, 789; VerfGH Berlin GE 2001, 1536 = NZM 2001, 1124; OLG Brandenburg DWW 1997, 305; OLG Düsseldorf DWW 2000, 86 = GE 2000, 537 = ZMR 2000, 287; GE 2001, 488 = ZMR 2001, 882; DWW 2002, 31 = ZMR 2002, 37; GE 2006, 255; GE 2011, 118; OLG Frankfurt NZM 2000, 186 = ZMR 1999, 628; OLG Hamburg NJW-RR 1989, 82 = GE 1988, 1163 = WuM 1989, 150; OLG Koblenz WuM 1995, 154; WuM 2002, 171 [LS] = GuT 2002, 43; LG Berlin GE 1990, 317; GE 1990, 659; GE 1996, 1051; GE 2002, 595; GE 2002, 803; LG Düsseldorf DWW 1999, 156; DWW 1999, 352; LG Frankfurt aM ZMR 2000, 763; LG Frankfurt/O NZM 1999, 311; LG Hamburg WuM 1990, 150; AG Bremen 20. 2. 2014 – 9 C 0455/13, Quelle juris; AG Köpenick GE 2006, 195; Geldmacher NZM 2001, 921, 922).

78a Der Vermieter kann die Einwendung gegen die Zahlung rückständiger Vorauszahlungen auch nicht dadurch umgehen, dass er diese Beträge als **Sollvorschüsse** in die Abrechnung einstellt, um die Vorauszahlungen neben dem Saldo aus der Abrechnung zu fordern (VerfGH Berlin GE 2001, 1536 = NZM 2001, 1124; LG Berlin GE 2001, 206; AG Charlottenburg GE 2001, 556; AG Duisburg-Ruhrort WuM 2004, 203; Schmid, Hdb Rn 3211; **aM** LG Berlin GE 2000, 1623; GE 2001, 492; GE 2001, 1268; GE 2003, 257; Jablonski GE 2002, 1182; Kretzer ZMR 2004, 82; Langenberg NZM 2001, 786; Schach GE 2001, 471, 475). Dies gilt auch dann, wenn aufgrund von Teilzahlungen des Mieters die Bestimmung der Beträge, die auf die Grundmiete und auf die Betriebskostenvorauszahlungen anzurechnen sind (s Rn 80), schwierig ist und die Ausschlussfrist des § 556 Abs 3 S 3 BGB abzulaufen droht (Kinne GE 2003, 444; Schmid, Hdb Rn 3211b). Eine Abrechnung nach Sollvorschüssen ist nur dann ordnungsgemäß, wenn der Mieter keinerlei Vorauszahlungen erbracht hat, die offenen Vorauszahlungen bereits eingeklagt sind und noch keine Abrechnungsreife nach § 556 Abs 3 S 2 BGB eingetreten ist (BGH GE 2003, 250 = NZM 2003, 196 = WuM 2003, 216 m Anm Wall 201 = ZMR 2003, 334 m Anm Schmid; LG Berlin GE 2005, 303). Ebenfalls zulässig ist die Nennung von Sollvorschüssen, wenn diese mit den geleisteten Ist-Vorschüssen übereinstimmen (BGH NJW 2009, 3575 = NZM 2009, 906). Der BGH akzeptiert darüber hinaus allgemein Sollvorschüsse aber noch als **formell ordnungsgemäße Abrechnung** (BGH NJW 2009, 3575). Das gilt auch, wenn die in der Abrechnung angesetzen Vorschüsse zu hoch oder zu niedrig, auch mit Null, angesetzt werden (BGH NJW 2011, 2786 = NZM 2011, 627 = WuM 2011, 420 = ZMR 2011, 784; NJW 2012, 1502 = NZM 2012, 416 = WuM 2012, 278 = ZMR 2012, 525; WuM 2012, 98 = GE 2012, 402; LG Heidelberg WuM 2011, 217 = ZMR 2011, 638). Tritt die Abrechnungsreife im laufenden Prozess ein, muss der Vermieter die Klage auf Zahlung aus dem Abrechnungssaldo ändern (BGH NJW 2011, 145 = NZM 2010, 736 = GE 2010, 1051 = WuM 2010, 490; OLG Düsseldorf GE 2001, 488 = ZMR 2001, 882; LG Frankfurt/O NZM 1999, 311; Langenberg, Betriebskostenrecht, H Rn 156). Erklären die Parteien die Klage auf Zahlung rückständiger Vorschüsse nach Eintritt der Abrechnungsreife für erledigt (KG MietRB 2012, 260; OLG Naumburg NZM 2002, 957), stehen dem Vermieter bis zum Eintritt der Abrechnungsreife Verzugszinsen auf die nicht gezahlten Vorschüsse zu (OLG Düsseldorf DWW 2000, 86 = GE 2000, 537 = ZMR 2000, 287).

f) Abtretung und Pfändung

79 Die Vorauszahlungen auf Betriebskosten sind nicht nach § 399 BGB zweckgebundene Leistungen und damit abtretbar und nach § 851 Abs 1 ZPO pfändbar (Langen-

BERG, Betriebskostenrecht E Rn 72 ff mwNw; SCHMID ZMR 2000, 144). Das OLG Celle begründet seine gegenteilige Auffassung (OLG Celle GE 1999, 1579 mwNw = NJW-RR 2000, 460 = ZMR 1999, 687 m Anm LÜTZENRATH) damit, der Mieter würde dadurch Gefahr laufen, trotz Zahlung der Betriebskostenvorschüsse nicht in den Genuss der Versorgungsleistungen zu gelangen, wenn der Vermieter die Vorauszahlungen nicht an die Versorgungsunternehmen weiterleiten kann, weil sie von seinen Gläubigern gepfändet werden könnten. Dem ist aber durch Pfändungsschutz nach § 851b ZPO zu begegnen. Vollstreckungsschutz nach §§ 811, 850 ff ZPO wie bei Arbeitseinkommen besteht nicht (BGHZ 161, 371 = NJW 2005, 681 = NZM 2005, 192 = ZMR 2005, 288). Die Einwände des OLG Celle greifen jedenfalls dann nicht durch, wenn die Pfändung durch die Hausgemeinschaft selbst zur Weitergabe an die Versorgungsunternehmen erfolgt (LG Chemnitz, Vollstreckung effektiv 2011, 55). Gepfändet werden kann als unselbständiges Nebenrecht auch der Auskunfts- und Rechnungslegungsanspruch gegen den Vermieter nach § 829 ZPO, §§ 412, 401 BGB (AG Essen Vollstreckung effektiv 2013, 113). Bei der Übernahme der Betriebskosten durch die Agentur für Arbeit aufgrund Sozialrecht steht der **Anspruch auf Erstattung aus der Abrechnung** dem Staat zu (BGH NJW 2013, 2819 = NZM 2013, 692 = WuM 2013, 1365 = ZMR 2013, 870; BSG NZS 2013, 273).

g) Aufrechnung, Verrechnung und Zurückbehaltungsrecht

Da die Vorauszahlungen nach Abrechnungsreife nicht mehr geltend gemacht werden können (s Rn 78), bieten sie eine geringere Sicherheit, sodass eine Verrechnung mit Teilzahlungen des Mieters gem § 366 Abs 2 BGB zuerst auf die Betriebskosten- oder Heizkostenvorschüsse vorzunehmen ist (KG GE 2006, 1231 = ZMR 2006, 928; OLG Düsseldorf GE 2006, 647 = ZMR 2006, 685; GE 2006, 255; LG Berlin GE 2000, 205; GE 2001, 929; GE 2002, 1336; GE 2005, 433; BEUERMANN GE 2000, 1301, 1302; SCHMID NZM 2001, 705; ders GE 2000, 851, 852). Eine **Bestimmung** des Aufrechnenden und eine **Tilgungsbestimmung** desjenigen, der Teilleistungen erbringt, geht nach § 366 Abs 1 BGB aber immer vor (BEUERMANN GE 2000, 1301; SCHMID NZM 2001, 705; **aM** AG Görlitz NZM 2001, 336). Von einer solchen Bestimmung des Mieters ist bei fristloser Kündigung wegen Zahlungsverzugs auszugehen, wenn er exakt die rückständige Miete zahlt, eine Verrechnung mit rückständigen Betriebskostennachforderungen durch den Vermieter geht dann ins Leere (AG Gelsenkirchen ZMR 2011, 881).

80

Die **Energieversorgungsunternehmen** sind berechtigt, die zentrale Gas-, Strom- und Wasserzufuhr im Haus auch gegenüber den Mietern einzustellen, wenn der Vermieter mit seinen Zahlungen an das Unternehmen in Verzug ist (LG Frankfurt aM NZM 1998, 714 = NJW-RR 1998, 1467; Frankfurt/O NJW-RR 2002, 803 mwNw; LG Gera DWW 1998, 315 = NZM 1998, 715; AG Jena NZM 1999, 123 = WuM 1998, 675 = ZMR 1999, 410; AG Leipzig WuM 1998, 673; AG Siegen WuM 1998, 675 = ZMR 1999, 645; HEMPEL NZM 1998, 689; ders WuM 1998, 646; KG NZM 2002, 221 = ZMR 2002, 458 im Verhältnis Wohnungseigentümer/Mieter; **aM** AG Erfurt WuM 2000, 259; SCHMIDT-JUSTEN WuM 1998, 520; OLG Köln NZM 2000, 1026 = NJW-RR 2001, 301 im Verhältnis Wohnungseigentümer/Mieter; zur Diskussion BRINKMEIER, Kontrahierungszwang in der Wasserwirtschaft [2002]). Der Mieter kann in diesen Fällen von seinem Vermieter die Weiterversorgung verlangen (AG Leipzig DWW 1998, 283 = NZM 1998, 716; AG Ludwigsburg NZM 1999, 122), kündigen (OLG Düsseldorf DWW 2006, 331), die Miete mindern, ein Zurückbehaltungsrecht an der Miete geltend machen (LG Frankfurt aM NZM 1998, 714 = NJW-RR 1998, 1467; HEMPEL WuM 1998, 646, 655) und selbst die Zahlungsrückstände zahlen und mit dem daraus folgenden Anspruch auf Aufwen-

80a

dungsersatz gegen die Miete und die Betriebskostenvorauszahlungen aufrechnen (LG Frankfurt/O NJW-RR 2002, 803, 805; LG Gera DWW 1998, 315; AG Flensburg WuM 2004, 32; AG Jena NZM 1999, 123; AG Münster WuM 1995, 699; vgl auch BGH NZM 1998, 713; weitergehend Derleder NZM 2000, 1098, 1108 f). Der Vermieter hat dagegen kein Zurückbehaltungsrecht an den Versorgungsleistungen, kann also keine **Versorgungssperre** durchsetzen, wenn der Mieter Betriebskosten oder die Grundmiete nicht zahlt, sondern ist auf den Rechtsweg verwiesen (OLG Köln NZM 2005, 67 = ZMR 2005, 124 für Gewerberaum; KG GE 2005, 1429 = ZMR 2005, 951 für Mischmietverhältnis; LG Göttingen WuM 2003, 626; AG Greifswald WuM 2003, 265; AG Görlitz WuM 2006, 143 m Anm Pfeifer 372 zu Sperrfilter für Kabelfernsehen; AG Königstein NZM 2003, 106; Beuermann GE 2002, 1601). Dies gilt selbst dann, wenn das Mietverhältnis durch Kündigung beendet worden ist (OLG Köln NJW-RR 2005, 99 = NZM 2005, 67; AG Miesbach WuM 1988, 57; Streyl WuM 2006, 234; Ulrici ZMR 2003, 895; **aM** KG GE 2004, 622; GE 2004, 1171 = NZM 2005, 65 bei Geschäftsraummiete; AG Bergheim ZMR 2005, 53 bei Wohnraummiete m Anm Keppeler; Herrlein NZM 2006, 527; diff Mummenhoff DWW 2005, 312; Scheidacker NZM 2005, 281). Jedoch ist der Vermieter nicht verpflichtet, die Versorgungsleistungen selbst zu zahlen (LG Münster WuM 2007, 274). Für Gewerberaummietverhältnisse hat der **BGH** allerdings entschieden, dass der Vermieter nach Beendigung des Mietverhältnisses und bei stetig wachsendem Schaden die Versorgungsleistungen einstellen darf (BGHZ 180, 300 = NJW 2009, 1947).

h) Abweichende Vereinbarungen

81 Die Vereinbarung unangemessen hoher Vorauszahlungen ist wegen Verstoßes gegen § 556 Abs 2 S 2 BGB unzulässig (BayObLG WuM 1995, 694, 696; s Rn 73). Werden die Vorauszahlungen erst im Verlauf des Mietverhältnisses wegen einer Verringerung der Betriebskosten zu hoch, ist die Vereinbarung wirksam, weil es allein darauf ankommt, ob die Klausel zur Zeit ihrer Vereinbarung wirksam war (BayObLG WuM 1995, 694, 696). Der Mieter hat dann ein Recht auf Senkung der Vorauszahlungen nach § 560 Abs 4 BGB (s Staudinger/Artz [2021] § 560 Rn 46 ff).

IV. Abrechnung über Vorauszahlungen (Abs 3)

1. Inhalt

a) Rechenschaftslegung

82 Der Vermieter muss nach § 556 Abs 3 S 1 BGB über die Vorauszahlungen jährlich abrechnen. Die Abrechnung ist eine **Rechenschaftslegung** iS des § 259 BGB (BGH NZM 2017, 732; NJW 2016, 3231; NJW 1982, 573 = WuM 1982, 207; WPM 1991, 2069; GE 2003, 250 = NZM 2003, 196; NJW 2005, 3135 = NZM 2005, 737 = WuM 2005, 579; NJW 2008, 2260; NJW 2008, 2258; NZM 2009, 78 = WuM 2009, 42; GE 2010, 1261 = MDR 2010, 1102; 15. 9. 2010 VIII ZR 181/09 Rn 9; LG Hamburg NZM 2017, 597; LG Gießen NJW-RR 1996, 1163, 1164; Kinne GE 1990, 791; Langenberg, Betriebskostenrecht G Rn 1 ff) und in ihrer Gestalt als Wissenserklärung als rechtsgeschäftsähnliche Handlung zu qualifizieren (überzeugend Jacoby ZMR 2017, 781; zust OLG Frankfurt ZMR 2018, 924). Die Abrechnung muss in ihren Einzelangaben und insgesamt allgemeinverständlich und nachvollziehbar sein (BGH NJW 1982, 573 = WuM 1982, 207). Abzustellen ist auf das durchschnittliche Verständnisvermögen eines juristisch und betriebswirtschaftlich nicht geschulten Mieters (BGH NJW 1982, 573 = WuM 1982, 207; NJW 2005, 3135 = NZM 2005, 737 = WuM 2005, 579). Der BGH zeigt in seiner jüngeren Rspr eindeutig das Bestreben, die Anforderungen an eine **formell ord-**

nungsgemäße Abrechnung zu begrenzen. Hierzu ist Folgendes erforderlich: Die Abrechnung muss eine **Zusammenstellung der Gesamtkosten** enthalten, es muss der **Umlageschlüssel** angegeben und gegebenenfalls resp erforderlichenfalls erläutert und der **Anteil des Mieters** abzüglich der **Vorauszahlungen** berechnet werden (so auch weiterhin in BGH NZM 2020, 321 Tz 8; NZM 2017, 732; NJW 2016, 866; ebenso BGH NJW 1982, 573 = WuM 1982, 207; NJW-RR 2003, 442 = NZM 2003, 196 = WuM 2003, 216 = ZMR 2003, 334; NJW 2005, 219 = NZM 2005, 13 = WuM 2005, 61 = ZMR 2005, 122 m Anm LANGENBERG NZM 2006, 641; NJW 2005, 3135 = NZM 2005, 737 = WuM 2005, 579; GE 2005, 360 = WuM 2005, 200; NJW 2010, 2053, 2054; BGH 15. 9. 2010 VIII ZR 181/09 Rn 9; OLG Düsseldorf ZMR 2014, 442; LG Essen WuM 1991, 121; vgl OLG Düsseldorf WuM 1993, 441; NJW-RR 2000, 279, 280; instruktiv MILGER NJW 2009, 625; dies, 10 Jahre Mietrechtsreform 542, 546 ff; zu Wirtschaftseinheiten s Rn 85; zum Umlagemaßstab, insbesondere bei verbrauchsabhängigen Kosten s § 556a Rn 15 ff). Die Größe eines Mietobjekts rechtfertigt zwar keine Erleichterung dieser Anforderungen (BGH NJW 1982, 573 = WuM 1982, 207). Die Anforderungen an die formelle Ordnungsmäßigkeit der Abrechnung dürfen aber nicht überspannt werden. Die Abgrenzung richtet sich danach, ob ein **durchschnittlicher Mieter** in der Lage ist, die Art des Verteilerschlüssels der einzelnen Kostenpositionen zu erkennen und den auf ihn fallenden Anteil an den Gesamtkosten rechnerisch nachzuprüfen. Daran kann es auch fehlen, wenn erklärende **Anlagen** zur Umlage der Heizkosten fehlen (AG Saalfeld WuM 2012, 379) oder der Verteilerschlüssel auf die verschiedenen Nutzer nicht deutlich wird (LG Berlin MM 2013, Nr 7/8, 38) oder über einen Teil der Heizkosten (Warmwasser) gar nicht abgerechnet wird (LG Berlin GE 2013, 621). Andere Mängel, etwa ob die Kostenbeträge dem Ansatz und der Höhe nach zu Recht bestehen, ein falscher Anteil an den Gesamtkosten zugrunde gelegt wurde oder sonstige Mängel der Abrechnung vorliegen, betreffen allein die inhaltliche Richtigkeit der Abrechnung (BGH NJW 2009, 283 = WuM 2009, 42). Auch eine etwaige Verletzung des **Datenschutzes** führt nicht zur formellen Unwirksamkeit (LG Berlin GE 2011, 753 = ZMR 2011, 871).

So sind zwar die tatsächlich geleisteten Vorauszahlungen, nicht sog **Sollvorschüsse** in die Abrechnung einzustellen, dies betrifft aber nur die inhaltliche Richtigkeit (s Rn 78). Aus der Abrechnung muss hervorgehen, für welchen **Zeitraum** die Kosten abgerechnet werden (LG Berlin GE 1998, 1151; GE 1999, 1428; Teilabrechnungen über weniger als ein Jahr sind grundsätzlich formell wirksam, s Rn 116 f).

Der **Umlagemaßstab** ist anzugeben, dh ob nach Verbrauch, Personenbelegung, Anzahl der Wohnungen, Wohnfläche, Nutzfläche, Grundstücksfläche oder sonstigen Flächen umgelegt wird. Fehlt es daran, ist die Abrechnung bereits formell unwirksam (BGH NJW 2011, 1867 = NZM 2011, 401 = WuM 2011, 101; vgl auch OLG Dresden ZMR 2020, 24; OLG Köln ZMR 2010, 850 bei Verweis auf Umlageschlüssel des Hauptmieters bei Gewerberaummietverhältnis). Dies gilt nicht, wenn entsprechende Kenntnisse beim Mieter nach dem Mietvertrag oder aufgrund früherer Abrechnungen vorausgesetzt werden können (BGH NJW 1982, 573 = WuM 1982, 207; NJW 2010, 3363 = NZM 2010, 784 = WuM 2010, 627 = ZMR 2011, 26). Die Angabe von Bruchteilen (bei Wohnungseigentum) oder Prozentzahlen als Umlagemaßstab ist nachvollziehbar (BGH WuM 2012, 98 = GE 2012, 402). Soweit der VIII. Zivilsenat in der Vergangenheit einen zur **formellen Ordnungsmäßigkeit** einer Betriebskostenabrechnung gehörenden weitergehenden Erläuterungsbedarf angenommen hat, stellt er in einer späteren Entscheidung ausdrücklich fest (BGH NJW 2008, 2260 = WuM 2008, 407), sei es dabei vor allem um Fallgestaltungen

82a

gegangen, bei denen entweder der Verteilerschlüssel als solcher aus sich heraus nicht verständlich war (BGH NJW 2008, 2258 = GE 2008, 795 „Quadratmeter Wohnfläche x Monate") oder bei denen vor Anwendung des Verteilerschlüssels die über ihn zu verteilenden Gesamtkosten noch durch einen internen Rechenschritt um nicht umlagefähige Kosten zu bereinigen waren, ohne dass dieser Rechenschritt offen gelegt war und durch eine dadurch hergestellte Transparenz vom Mieter nachvollzogen werden konnte (BGH NJW 2008, 142; NJW 2007, 1059). Nur in diesen Fällen sei der Mieter also allein schon mangels Verständlichkeit des Schlüssels oder Kenntnis der internen Rechenschritte, durch die die Gesamtkosten außerhalb der dann erteilten Abrechnung vorab bereinigt worden sind, außerstande gewesen, die getätigte Abrechnung aus sich heraus gedanklich und rechnerisch nachzuvollziehen (BGH NJW 2008, 2260; WuM 2008, 407). Die Wahl eines **Flächenmaßstabs** ist in der Regel aus sich heraus verständlich (BGH NZM 2020, 320 Tz 11; 2011, 546; KG GE 2012, 689 zur Angabe „Einzelverteiler"; LG Berlin GE 2010, 1203). Weichen die Flächengrößen von Vorjahren oder den tatsächlichen Flächen (§ 556a Rn 23) ab, betrifft dies allein die materielle Rechtmäßigkeit (BGH NJW 2008, 2260 = WuM 2008, 407; LG Berlin GE 2010, 487; GE 2012, 1701).

82b Wird die **Gesamtpersonenanzahl** mit einem Bruchteil der Anzahl der Nutzer angegeben, beruht dies auf der zeitanteiligen Erfassung der Nutzer und ist erst auf der Ebene der materiellen Wirksamkeit zu überprüfen (BGH NJW 2010, 3570 = NZM 2010, 859 = WuM 2010, 683; NZM 2011, 546 = WuM 2011, 367; LG Krefeld WuM 2010, 361). Auch muss die Änderung eines Verteilerschlüssels nicht erläutert werden, um die formellen Anforderungen an die Betriebskostenabrechnung zu erfüllen (LG Berlin GE 2010, 487). Weicht der angegebene vom **vereinbarten Verteilerschlüssel** ab, ist die Abrechnung ebenfalls nur materiell fehlerhaft (BGH NJW 2005, 219 = NZM 2005, 13 = WuM 2005, 61 = ZMR 2005, 122; GE 2005, 360 = WuM 2005, 200; vgl auch OLG Düsseldorf WuM 1993, 441; GE 2006, 327; **aM** LG Potsdam WuM 2004, 670; Langenberg WuM 2003, 670, 673), anders jedoch wenn der angegebene und der in der Rechnung tatsächlich verwendete Verteilerschlüssel divergieren (AG Charlottenburg GE 2011, 618) oder die Betriebskosten nicht nach Kostenarten aufgeschlüsselt und ein unverständlicher Verteilerschlüssel genannt wird (AG Spandau GE 2012, 617), weil die Abrechnung hierdurch insgesamt intransparent wird.

82c Ebenfalls nur materiell fehlerhaft ist die Abrechnung, wenn ein wegen gemischter Nutzung notwendiger **Vorwegabzug** der gewerblichen oder auf Stellplätze oder andere Nutzung entfallenden Kosten unterlassen wurde (BGH NJW 2010, 3363 = NZM 2010, 784 = WuM 2010, 627 = ZMR 2011, 26; WuM 2012, 98). Gleiches gilt, wenn der Vermieter die auf das abzurechnende Kalenderjahr entfallenden Betriebskosten aus kalenderübergreifenden Rechnungen des Versorgers ermittelt, ohne dass in der Abrechnung die notwendigen Zwischenschritte der Berechnung erläutert werden (NZM 2014, 384; WuM 2014, 420). Die **Gesamtkosten** sind aber, so die **vormals** insbesondere vom BGH vertretene Auffassung, notwendigerweise anzugeben, weil der Mieter sonst keinen rechnerischen Anhaltspunkt zur Überprüfung hat (BGH NJW-RR 2014, 76 = NZM 2014, 26 = WuM 2013, 734; NJW 2007, 1059 = NZM 2007, 244 = WuM 2007, 196 = ZMR 2007, 359). In der Literatur wurde kritisiert, dass die Rechtsprechung des BGH dazu führen kann, dass die bloße Angabe der Gesamtkosten die Abrechnung formell wirksam sein lässt, obwohl sich nach Einsicht in die Rechnungsunterlagen im Nachhinein herausstellen kann, dass die Gesamtkosten nicht vollständig waren und die Abrechnung damit nachträglich unwirksam wird sowie dass ein

Vermieter, der einen gebotenen Vorwegabzug unterlässt, die formell wirksame Abrechnung später noch korrigieren kann (LANGENBERG, Betriebskosten- und Heizkostenrecht, H Rn 140). Der BGH hatte diese Bedenken zunächst erkannt, konnte sie in der konkreten Revisionsentscheidung mangels Erheblichkeit aber offenlassen (BGH NZM 2014, 26 = WuM 2013, 734 = GE 2013, 1651). Mit seiner grundlegenden Entscheidung vom 20. 1. 2016 (NJW 2016, 866 = NZM 2016, 192 = WuM 2016, 170) hat der BGH nun festgestellt, dass es zur formellen Ordnungsgemäßheit der Abrechnung genügt, den jeweiligen Gesamtbetrag der auf den Mieter umgelegten Kosten anzugeben, selbst wenn zuvor ein Abzug erfolgt ist. Hinreichend ist die Angabe des **bereinigten Gesamtbetrags**, ohne dass es der Erläuterung des Vorwegabzugs oder entsprechender Rechenschritte bedürfte. Fehler, die die Höhe des Gesamtbetrags betreffen, wirken sich damit allein auf die materielle Richtigkeit der Abrechnung aus.

Nach überwiegender Auffassung führen auch unverständliche **Abkürzungen** für die **82d** Verteilerschlüssel oder für andere Angaben sowie insgesamt intransparente und schwer nachvollziehbare Berechnungen („Heizkostenquiz") noch nicht zur formellen Mangelhaftigkeit. Denn erfordern gesetzliche Vorschriften wie etwa § 9 Abs 2 HeizKV **schwierige Berechnungen**, muss der Vermieter diese Berechnungsmethode nicht erläutern (BGH NJW 2005, 3135 = NZM 2005, 737 = WuM 2005, 579; NJW 2010, 1198 = WuM 2010, 153; NJW 2012, 603 = NZM 2012, 153 = WuM 2012, 25 = GE 2012, 126 = ZMR 2012, 263; ZMR 2012, 345; Info M 2012, 3 und 3 = Mietprax-AK § 556 BGB Nr 82; HansOLG Hamburg ZMR 2005, 452; LG Karlsruhe ZMR 2014, 796; LG Bochum ZMR 2005, 863; LG Dortmund NZM 2005, 583 = WuM 2005, 454; ZMR 2005, 865; NZM 2005, 584; iE LG Münster NZM 2004, 498 = DWW 2004, 23; AG Spandau GE 2005, 920; AG Wedding GE 2004, 353; **aM** noch LG Itzehoe ZMR 2003, 267; ZMR 2011, 214; AG Dortmund NZM 2004, 220 = WuM 2004, 148; AG Neuruppin WuM 2004, 538; AG Pinneberg ZMR 2003, 267; WuM 2004, 537; AG Witten ZMR 2005, 209). Unschädlich ist insofern auch die Aufnahme der Kaltwasserkosten in einen anderen „Abrechnungskreis" (BGH Info M 2012, 2 und 3 = Mietprax-AK § 566 BGB Nr 82; iE ebenso Vorinstanz LG Itzehoe ZMR 2011, 214: analoge Anwendung des § 556a Abs 2 für die Änderung der Abrechnungsart) oder die Heizkosten gemeinsam mit den Kosten für Kaltwasser und Entwässerung abzurechnen, da sich die Summe der zu zahlenden Betriebskosten dadurch nicht ändert (BGH GE 2012, 824 = WuM 2012, 345 [LS]).

Auch die vertragswidrige Abrechnung von Betriebskosten, für die es an einer **Um-** **82e** **lagevereinbarung fehlt** oder für die eine Pauschale vereinbart und gezahlt wurde und über die gleichwohl abgerechnet wurde, führt nur zur materiellen Unrichtigkeit der Abrechnung (BGH NJW 2008, 283 Rn 24 f; NJW 2008, 1521 Rn 11; NJW 2011, 2786 = NZM 2011, 627 = WuM 2011, 420 = ZMR 2011, 784; NJW 2011, 842 Rn 15; GE 2012, 543 = GuT 2012, 37; WuM 2014, 336). Das Gleiche gilt für eine gegenüber dem vereinbarten Umlageschlüssel vorgenommene Abrechnung über die Kosten in übersichtlichen Wohnanlagen (zwei **Doppelhaushälften**), wenn die Abrechnung materiell richtig ist, da die Versorgungsunternehmen in der Regel Einzelabrechnung vornehmen (BGH WuM 2011, 281). In diesen Fällen muss der Mieter also auch innerhalb der Einwendungsfrist die Fehler rügen (Rn 127 ff).

Wenn die Abrechnung formell ordnungsgemäß ist, ist der Anspruch des Mieters auf **82f** Rechnungslegung **erfüllt** (s Rn 135). Zur erneuten Abrechnung ist der Vermieter bei einer Rüge inhaltlicher Unrichtigkeiten nicht verpflichtet (LG Berlin MM 2013, Nr 12, 27). Ob die Abrechnung inhaltlich richtig ist, ist im Wege der Klage auf Nachzahlung oder Rückerstattung von Betriebskosten zu entscheiden. Dies hat eine besondere Bedeutung für die Einhaltung der Ausschlussfrist nach § 556 Abs 3 S 3 BGB (s Rn 108b). Zur teilweisen Unwirksamkeit s Rn 111, 121.

b) Notwendige Erläuterungen

83 **aa)** Verschiedene **Kostenarten** dürfen nicht unter einem Begriff zusammengefasst werden (BGH WM 2017, 205; NJW 1982, 573 = WuM 1982, 207; OLG Dresden GE 2002, 994 = NZM 2002, 437; OLG Hamburg WuM 2003, 268 = ZMR 2003, 180; LG Berlin GE 2001, 63; AG Köln WuM 1980, 85), sofern es sich nicht um ganz geringfügige Beträge handelt oder die Kosten zu einer eng verwandte Kostenart gehören wie Sach- und Haftpflichtversicherungen (BGH NJW 2009, 3575 = NZM 2009, 906 = WuM 2009, 669; NZM 2009, 698 = WuM 2009, 516 = ZMR 2009, 839; NJW 2011, 143 = NZM 2010, 858 = WuM 2010, 748 = ZMR 2011, 112). Aber auch soweit einzelne Kosten sachlich eng zusammen gehören und einheitlich erfasst werden, zB Frisch- und Schmutzwasser, können Kostenarten zusammengerechnet werden (BGH WM 2017, 205; NZM 2009, 698 = WuM 2009, 516; GE 2010, 1191 = WuM 2010, 493; NJW 2011, 143 = NZM 2010, 858 = WuM 2010, 748 = ZMR 2011, 112; GE 2012, 135 = WuM 2012, 316 = ZMR 2012, 615), ebenso Warmwasser und Heizung (LG Berlin GE 2013, 547 = ZMR 2013, 799). Die Zusammenfassung etwa der Kosten für Strom, Wasser, Entwässerung und Müllabfuhr unter der Position „Stadtwerke" ist jedoch formell nicht ordnungsgemäß (LG Mannheim Info M 2009, 322), ebensowenig wie für die Kosten der Wasserversorgung und des Hausstroms oder der Straßenreinigung und der Schornsteinreinigung (BGH NJW 2011, 143 = NZM 2010, 858 = WuM 2010, 748 = ZMR 2011, 112) oder der Straßenreinigung mit der Reinigung der Außenanlagen und den Kosten des Winterdienstes (AG Lüdenscheid WuM 2011, 685) sowie der Kosten der Straßenreinigung und der Grundsteuer (BGH WM 2017, 205).

83a Die Rspr hat vereinzelt verlangt, dass die den Betriebskosten zugrundeliegenden **Rechnungen** mit Betrag und Datum angegeben werden, sodass die Einsichtnahme in die Belege nur noch zur Kontrolle erforderlich ist (LG Berlin GE 1990, 653; WuM 1995, 717; WuM 1996, 154; GE 1997, 616 = NJWE-MietR 1997, 222 = ZMR 1997, 299; GE 1997, 687; ZMR 1998, 166; AG Berlin-Mitte GE 1999, 1288; AG Görlitz WuM 1996, 48; AG Neukölln GE 1998, 493). Eine dagegen gerichtete Verfassungsbeschwerde hat das BVerfG nicht angenommen, allerdings nur, weil der Beschwerdeführer prozessentscheidende Unterlagen nicht vorgelegt hatte (BVerfG WuM 1994, 141). Diese Anforderung überspannt die Pflicht zur Spezifizierung der Betriebskosten (KG DWW 1998, 244 = GE 1998, 796 = NZM 1998, 620 m Anm Schmid 630 = WuM 1998, 474; OLG Düsseldorf GE 2001, 488 = ZMR 2001, 882; LG Berlin GE 1996, 1247; GE 1998, 1339; GE 1999, 909; GE 1999, 1428; GE 2000, 539; GE 2002, 736; LG Hamburg WuM 1997, 120; LG Neubrandenburg WuM 2002, 339; AG Tempelhof-Kreuzberg GE 1990, 1141; GE 1998, 1465; AG Schöneberg GE 1995, 569; AG Weißwasser WuM 1996, 627). Dies gilt auch für preisgebundenen Wohnraum (OLG Brandenburg GE 1998, 1271 = WuM 1999, 107; LG Berlin GE 2000, 1687; **aM** LG Berlin GE 1997, 687; GE 1997, 1533; GE 1998, 1277). Die entgegenstehende Auffassung einiger Kammern des LG Berlin ist seit dem Rechtsentscheid des KG überholt und wurde inzwischen ausdrücklich aufgegeben (LG Berlin GE 1999, 110; GE 1999, 1286). Wenn kein besonderer Erläuterungsbedarf besteht, muss der Vermieter eine einheitliche Betriebskostenart auch nicht weiter in Unterkostenarten aufgliedern (LG Berlin GE 1990, 653; GE 1999, 1286; Schmid, Hdb Rn 3207; **aM** AG Berlin-Mitte NJW-RR 2002, 656; AG Neuss DWW 1988, 148; Langenberg, Betriebskostenrecht G Rn 135 ff). Heizkosten und andere Betriebskosten müssen nicht getrennt abgerechnet werden (LG Berlin GE 2006, 849). Bei den **Brennstoffkosten** müssen Anfangs- und Endbestand nicht genannt werden. Die summenmäßige Angabe der Verbrauchswerte reicht aus (BGH WuM 2010, 156 = NZM 2010, 315; **aM** LG Berlin GE 2008, 995 f). Der Vermieter hat auch nicht die einzelnen Rechenschritte offenzulegen, wenn er aus den jahresübergreifenden Abrechnungen des Energieversorgers die auf das Kalenderjahr entfallenden Kosten ermittelt (BGH NZM 2014, 384 = ZMR 2014, 624 = WuM 2014, 420 mit Bspr LAMMEL WuM 2014, 387).

bb) Die Abrechnung nach § 556 Abs 3 BGB erfordert anders als eine Abrechnung 84
über Betriebskosten für preisgebundenen Wohnraum (LG Berlin GE 1998, 1277; GE 2002, 1127 = ZMR 2002, 666; AG Schöneberg GE 1999, 649; **aM** LG Berlin GE 2001, 209; GE 2001, 923) **keine Gegenüberstellung** mit den Kosten des vorangegangenen Abrechnungszeitraums (LG Berlin WuM 1991, 121; AG Tempelhof-Kreuzberg GE 1990, 1141). Auch Schwankungen im Verbrauch müssen nicht erläutert werden (BGH NJW 2008, 2260 = WuM 2008, 407; KG MDR 2012, 756 für Gewerbemiete).

cc) Die Abrechnung nach **Wirtschaftseinheiten** ist unzulässig, wenn sie den all- 85
gemeinen Anforderungen an die Betriebskostenabrechnung widerspricht (zur grundsätzlichen Zulässigkeit Rn 16 u § 556a Rn 27). Es ist daher anzugeben, welche Kosten auf die gesamte Wirtschaftseinheit entfallen und wie sie auf die verschiedenen Objekte verteilt werden, sowie welche Kosten nur für das Gebäude angefallen sind, in dem die Mieter wohnen (BGH NJW 2005, 3135 = WuM 2005, 579; GE 2010, 1191 = WuM 2010, 493; VerfGH Berlin GE 2006, 774 = WuM 2006, 300 = ZMR 2006, 593; LG Berlin GE 1999, 907; GE 2002, 1627; LG Köln WuM 2001, 496). So kann eine getrennte Abrechnung erforderlich sein, wenn durch die Zusammenfassung einer Vielzahl von Gebäuden zu einer Wirtschaftseinheit die Umlegung der Kosten für den Mieter nicht mehr nachvollziehbar und eine Nachprüfung unzumutbar ist (AG Leipzig WuM 1999, 467 für 107 Gebäude). Unzulässig ist es auch, wenn der Vermieter die Betriebskosten einer Wirtschaftseinheit anteilig aus den Bewirtschaftungskosten seines gesamten örtlichen Wohnungsbestands herausrechnet (LG Darmstadt WuM 2000, 311) oder keine Flächenangaben zu den Gebäuden macht (LG Mannheim Info M 2009, 428). Genauere Erläuterungen hierzu betreffen aber nach der Rechtsprechung des BGH nur die materielle Unrichtigkeit (BGH NZM 2020, 320; NJW 2010, 2053; WuM 2010, 493 = GE 2010, 1191; **aM** AG Schöneberg GE 2010, 489).

dd) Umstritten war und ist, ob im Falle der vermieteten **Eigentumswohnung** der 86
Beschluss über die Jahresabrechnung nach § 28 Abs 5 WEG ungeschriebene Voraussetzung für die Umlage dieser Kosten auf den Mieter ist, der Vermieter somit erst im Anschluss an den Beschluss der WEG zur Abrechnung verpflichtet und er dadurch von der Einhaltung der Abrechnungspflicht befreit sein kann. Der BGH ist dem in seiner grundlegenden und ausführlich begründeten Entscheidung vom 25. 1. 2017 entgegengetreten (BGH NZM 2017, 216 = WuM 2017, 138; s auch LG Darmstadt ZMR 2016, 444). Darin weist der Senat darauf hin, dass es sich dem Beschluss der Wohnungseigentümer nach § 28 Abs 5 WEG um einen inneren Akt der Willensbildung der Wohnungseigentümer handelt und dieser daher keine rechtliche Relevanz für außenstehende Mieter haben könne (s Rn 24). Der Mieter einer Eigentumswohnung würde im Vergleich zu übrigen Mietern unangemessen benachteiligt (s Rn 38), wenn sich der Vermieter schlicht auf das Versäumnis der WEG bzw des Wohnungsverwalters, der grundsätzlich nicht als Erfüllungsgehilfe des Wohnungseigentümers gegenüber dem Mieter einzuordnen ist (s Rn 41), betreffend die Erstellung der Jahres-

abrechnung berufen könnte und dadurch von der Einhaltung der Jahresfrist zur Erstellung der Abrechnung über die Betriebskosten nach § 556 Abs 3 S 2 BGB befreit wäre. Auch den Vermieter einer Eigentumswohnung trifft somit die Jahresfrist des § 556 Abs 3 S 2 BGB. Liegen dem Vermieter zu diesem Zeitpunkt die erforderlichen sich aus der Jahresabrechnung ergebenden Informationen mangels Abrechnung innerhalb der WEG nicht vor, so muss er zu seiner Entlastung nach § 556 Abs 3 S 3 BGB HS 2 dezidiert vortragen, was er unternommen hat, um für die rechtzeitige Erstellung der Abrechnung zu sorgen (s Rn 46). Hinsichtlich des Abrechnungszeitraums wird nach verbreiteter Ansicht die Abrechnung nach dem **Leistungsprinzip** gefordert, obwohl dies Schwierigkeiten bereitet, weil der Verwalter von Wohnungseigentum nach der Erteilung von Rechnungen abrechnet (Einzelheiten s Rn 117). Der Umlagemaßstab nach Miteigentumsanteilen ist zulässig und aus sich heraus verständlich (BGH NJW 2009, 283 = WuM 2009, 42). Die **Grundsteuer** entfällt auf die einzelne Wohnung und muss daher unabhängig von konkreten Vereinbarungen nicht nach einem Flächenmaßstab umgelegt werden, sondern wird schlicht „weitergeleitet" (BGH NZM 2012, 96 = WuM 2011, 684 = ZMR 2012, 173; NZM 2013, 457 = WuM 2013, 358 = ZMR 2014, 108; LG Hamburg WuM 2011, 23). Für vereinbarte Umlageschlüssel ist kein Raum, weil es bei der Grundsteuer insoweit gar nichts umzulegen gibt (BGH NZM 2013, 457 = WuM 2013, 358 = ZMR 2014, 108 unter ausdrücklicher Aufgabe von BGH WuM 2004, 403).

87 ee) Neben dem Anspruch auf Erteilung der Abrechnung hat der Mieter aus § 242 BGB den Nebenanspruch auf Bescheinigung der **haushaltsnahen Dienstleistungen** nach § 35a EStG, um diese steuerlich geltend machen zu können (AG Hamburg Info M 2010, 10).

c) **Darlegungs- und Beweislast**
88 Die Beweislast (eingehend Knopper ZMR 2019, 169; Zehelein ZMR 2019, 93; Streyl WuM 2018, 676) für den Anfall der Betriebskosten trägt der Vermieter (LG Rostock WuM 2017, 402). Dies gilt auch, wenn der Mieter überzahlte Betriebskosten zurückfordert, falls die Bezahlung der Betriebskosten unter Vorbehalt erfolgt ist (AG Hamburg-Harburg NJW-RR 2000, 747; vgl auch Rn 133 f). Behauptet hingegen der Mieter, die Abrechnung nach dem Flächenschlüssel benachteilige ihn, weil durch die gewerbliche Nutzung eines gemischt genutzten Objekts entstünden erhebliche Mehrkosten pro Quadratmeter entstünden, hat er dies darzulegen und zu beweisen (BGH NJW 2007, 211 = NZM 2007, 83 = WuM 2006, 684 = ZMR 2007, 101; NJW 2010, 3363 = NZM 2010, 784 = WuM 2010, 627 = ZMR 2011, 26; NJW-RR 2011, 90 = NZM 2011, 118 = WuM 2010, 741). Mit der Instanzgerichtsbarkeit sind hiervon aber Ausnahmen zu machen, wenn ein ungleicher Verbrauch, etwa durch eine Gaststätte für Wasser und Müll, offenkundig ist (LG Berlin MM 2010, Nr 10, 29; **aM** AG Berlin-Mitte MM 2012, N 6, 30).

2. **Grundsatz der Wirtschaftlichkeit (Abs 3 S 1 2. HS)**

a) **Zweck**
89 Bei der Abrechnung über die Vorauszahlungen ist nach § 556 Abs 3 S 1 BGB 2. HS der Grundsatz der Wirtschaftlichkeit zu beachten. Diese Regelung ist im Rechtsausschuss in die Vorschrift eingefügt worden. Damit soll vor dem Hintergrund der in letzter Zeit immer stärker steigenden Betriebskosten und zum Schutz der Umwelt durch einen sparsamen Umgang mit Energieressourcen klargestellt werden, dass der Vermieter bei der Bewirtschaftung den Grundsatz der Wirtschaftlichkeit zu beach-

ten hat (Ausschussbericht BT-Drucks 14/5663, 79). Der Wirtschaftlichkeitsgrundsatz bildet damit ein Korrektiv für die Zulässigkeit der Umlage der Betriebskosten auf den Mieter, die die Gefahr in sich birgt, dass der Vermieter kein eigenes Interesse an einer sparsamen Bewirtschaftung hat, weil sie für ihn durchlaufende Posten sind (allg hierzu Kinne GE 2003, 711; Streyl NZM 2006, 125).

b) Anwendungsbereich
Bereits nach alter Rechtslage konnten Kosten für überflüssige oder unangemessen aufwendige Maßnahmen oder für solche, die durch eine Vernachlässigung der Mietsache verursacht wurden, nicht auf den Mieter umgelegt werden (s Rn 17). Diese Einschränkung ist durch das Mietrechtsreformgesetz (s Rn 2) als Grundsatz der Wirtschaftlichkeit ausdrücklich in § 556 Abs 3 S 1 BGB 2. HS und § 560 Abs 5 BGB angeordnet worden. Die bisherige Rechtslage sollte damit bestätigt werden (Ausschussbericht BT-Drucks 14/5663, 79, 81). Ältere Entscheidungen können daher für die Auslegung dieses Grundsatzes herangezogen werden. Insbesondere sollte durch die klarstellende Aufnahme des Grundsatzes in diese beiden Vorschriften eine Änderung der bisherigen Rechtslage auch insofern nicht verbunden sein, als der Grundsatz der Wirtschaftlichkeit weiterhin auch für diejenigen Rechtsvorschriften gilt, bei denen er bislang ungeschrieben angewandt wurde (Ausschussbericht BT-Drucks 14/5663, 79). Der Vermieter ist deshalb umfassend gehalten, bei der erstmaligen Entstehung von Betriebskosten, bei der laufenden Bewirtschaftung des Gebäudes, bei der Umlage auf die einzelnen Mieter und bei der Erhöhung von Betriebskosten angemessen zu wirtschaften (Haas Rn 6; Langenberg, Betriebskostenrecht H Rn 8 ff). Auf die Einzelheiten wird daher zusätzlich in den einzelnen Erläuterungen eingegangen. Der Grundsatz der Wirtschaftlichkeit gilt grundsätzlich auch im **Gewerbemietverhältnis** (BGH NZM 2015, 132; NJW 2010, 3647; KG GE 2008, 122; WuM 2010, 295; GE 2010, 766; NZM 2011, 487 = WuM 2011, 367 = GE 2011, 545; Schmid, Hdb Rn 1054; Langenberg, Betriebskosten- und Heizkostenrecht G Rn 7).

c) Inhalt
aa) Der Grundsatz der Wirtschaftlichkeit verpflichtet den Vermieter, bei der Bewirtschaftung seines Eigentums im Rahmen eines gewissen **Ermessensspielraums** möglichst wirtschaftlich, dh mit Blick auf ein angemessenes Kosten-Nutzen-Verhältnis, vorzugehen (Ausschussbericht BT-Drucks 14/5663, 79). Hierzu gehört die Angemessenheit der Leistung und der Entgelte (Flatow WuM 2012, 235). Das bedeutet, dass der Vermieter nicht immer die günstigste Lösung wählen muss (LG Hannover WuM 2003, 450; Derleder WuM 2000, 3, 9; Langenberg, Betriebskostenrecht H Rn 12; vSeldeneck NZM 2002, 545, 547 = ZMR 2002, 393; Sternel III Rn 345). Vor allem die Grundentscheidung zur Wahl etwa einer bestimmten Beheizungsart (Gas- oder Ölheizung, eigenes Blockkraftwerk oder Fernwärme) ist derart komplex und die Kosten können sich in der Zukunft unplanbar entwickeln, sodass der Grundsatz der Wirtschaftlichkeit hier nicht zur Wahl einer bestimmten Versorgungsart zwingt (BGH NJW 2008, 142 = NZM 2008, 35 = WuM 2007, 700; LG Berlin GE 2008, 1561). Zur Ermittlung des günstigsten Anbieters muss der Vermieter nicht in jedem Fall Vergleichsangebote einholen oder gar die Leistungen ausschreiben (Gärtner GE 1999, 1176, 1188; Schmid, Hdb Rn 1068; **aM** AG Zossen WuM 2012, 555 bei fünffach höheren Kosten als üblich; Emmert WuM 2002, 467, 468; Langenberg WuM 2001, 531; ders, Betriebskostenrecht G Rn 14). Dies ist ganz eine Frage des Einzelfalls, die sich etwa nach dem Umfang der zu übertragenden Aufgaben, dem Vorhandensein langjähriger Geschäftsbeziehungen

zu einem bestimmten Vertragspartner und der Größe des Wohnungsbestandes richtet (Klas ZMR 1995, 5, 7; Schmid GE 2000, 160, 161). Soweit die Rechnung eines Drittlieferanten nicht offenkundig falsch ist, ist der Vermieter nicht verpflichtet, unklare Einzelheiten auf dem Rechtsweg zu klären, bevor er die Kosten an seine Mieter weitergibt (AG Pankow/Weißensee ZMR 2006, 48). Der Grundsatz der Wirtschaftlichkeit ist aber verletzt, wenn der Vermieter durch Zwischenschaltung einer juristischen Person, deren Gesellschafter er ist, erhöhte Preise für Energielieferungen verlangt (LG Hannover WuM 1996, 776). Unwirtschaftliche Versorgungsverträge begründen keinen Verstoß gegen das Wirtschaftlichkeitsgebot, wenn sie bereits vor Beginn des Mietverhältnisses bestanden. Der Vermieter ist nicht gezwungen, ungünstige Verträge mit Versorgern im Wege der **Kulanz** aufheben zu lassen, sondern kann das Ende des Liefervertrags abwarten (BGH NZM 2007, 563 = WuM 2007, 393; NJW 2008, 440 = WuM 2008, 29; KG WuM 2010, 295 für Gewerbemiete). Überhöhte Gaspreise können aber zu beanstanden sein (AG Hamburg-Blankenese ZMR 2011, 885), insbesondere wenn der Vermieter nicht einschreitet, obwohl das Energieunternehmen aufgrund einer **unwirksamen Preisanpassungklausel** die Versorgungskosten nicht wirksam erhöht hat und dies durch höchstrichterliche Rechtsprechung (vgl BGHZ 185, 96 = NJW 2010, 2789 mwNw; BGH 14. 5. 2014 – VIII ZR 114/13; 14. 5. 2014 – VIII ZR 116/13) geklärt ist (AG Pinneberg WuM 2013, 731).

92 bb) Weiter muss der Vermieter die Betriebskosten ordnungsgemäß verwalten (Flatow WuM 2012, 235). Die **Zahlung nicht geschuldeter Beträge**, etwa von Trinkgeldern, kann üblich sein und damit der ordnungsgemäßen Bewirtschaftung entsprechen, die Umlage scheitert aber regelmäßig am fehlenden Nachweis. Auch die Begleichung verjährter Forderungen kann einer ordnungsgemäßen Wirtschaft entsprechen und dann zu umlegbaren Kosten führen (aM Pfeifer DWW 2000, 16).

d) Verletzung des Wirtschaftlichkeitsgrundsatzes

93 aa) Wird der Grundsatz der Wirtschaftlichkeit nicht beachtet, folgt daraus nach der im Schrifttum ganz überwiegend vertretener – ebenfalls in der Vorauflage – und auch durch die höchstrichterliche Rechtsprechung getragener Auffassung nicht von selbst eine Minderung der Abrechnung um die überhöhten Kosten. Die Verletzung der Pflicht des Vermieters, den Grundsatz der Wirtschaftlichkeit zu beachten, führt danach zu einem **Schadensersatzanspruch** des Mieters aus §§ 280 Abs 1, 241 Abs 2 BGB wegen der Verletzung mietvertraglicher Nebenpflichten (BGH NZM 2015, 132 – XII. Zivilsenat – im Anschluss an den VIII. Zivilsenat in BGH NJW 2008, 440 = WuM 2008, 29 sowie NJW 2011, 3028 = NZM 2011, 705 = WuM 2011, 513; OLG Düsseldorf ZMR 2014, 31; AG Dortmund NZM 2004, 26; AG Frankfurt aM WuM 2002, 376; AG Lichtenberg GE 2010, 985; Klas ZMR 1995, 5, 6; Langenberg WuM 2001, 531). Gem §§ 280 Abs 1 S 2, 276 BGB ist dafür ein Verschulden des Vermieters erforderlich. Ein Fahrlässigkeitsvorwurf folgt in den meisten Fällen bereits unmittelbar daraus, dass die im Verkehr erforderliche Sorgfalt im Sinne des § 276 Abs 2 BGB nicht beachtet wurde, wenn die Bewirtschaftung nicht dem Grundsatz der Wirtschaftlichkeit entspricht. Das Erfordernis eines Verschuldens kann aber auch eine eigenständige Bedeutung haben, etwa wenn es dem Mieter und nicht dem Vermieter oblegen hätte, für seine vielköpfige Familie einen Ermäßigungsantrag für die Abfallgebühren zu stellen (vgl AG Gummersbach WuM 2000, 381) oder für die Frage, ob der Vermieter verpflichtet ist, Überkapazitäten zur Müllentsorgung zu beseitigen (AG Wennigsen WuM 2003, 90) oder die Gewährung eines Sprengwasserabzugs zu beantragen (AG Brandenburg GE 2010, 1751 = NZM 2011, 361; AG

Schöneberg GE 1998, 1343). Da der Schaden in der Belastung mit den betreffenden Betriebskosten besteht, ist der Anspruch nach § 249 S 1 BGB auf **Freihaltung** von den unnötigen Kosten gerichtet (AG Frankfurt aM WuM 2002, 376; AG Lichtenberg GE 2010, 985; Klas ZMR 1995, 5, 6; Langenberg, Betriebskostenrecht H Rn 102; ders WuM 2001, 523, 531). Dieser eigenständige Schadensersatzanspruch muss nicht im Wege des Zurückbehaltungsrechts nach § 273 Abs 1 BGB vom Mieter geltend gemacht werden, sondern wird als Ausprägung des Grundsatzes von Treu und Glauben nach § 242 BGB (Pflicht zur alsbaldigen Rückgewähr des Geforderten – *dolo agit, qui petit, quod statim redditurus est*) von Amts wegen berücksichtigt (vgl BGHZ 116, 200, 202 f = NJW 1992, 900).

bb) Vorzugswürdig erscheint es allerdings entgegen der hM und insbesondere mit Blank die umlegbaren Betriebskosten kraft Gesetzes allein in einem Umfang entstehen zu lassen, der dem Gebot der Wirtschaftlichkeit genügt (Blank/Börstinghaus Miete Rn 151), was mit der Einordnung der Abrechnung als Wissenszurechnung und somit als rechtsgeschäftsähnlicher Handlung vereinbar ist (Jacoby ZMR 2017, 781, 784). 94

cc) Ein Verstoß gegen das Gebot der Wirtschaftlichkeit liegt nicht vor, wenn die überhöhten Kosten durch eine **unwirtschaftliche**, technisch veraltete oder schadhafte **Anlage** oder Einrichtung in der Wohnung des Mieters oder in dem Gebäude verursacht worden sind. Dies ist eine Frage der Mangelhaftigkeit der Mietsache. Über den Grundsatz der Wirtschaftlichkeit kann nicht mittelbar Zwang ausgeübt werden, veraltete Anlagen zu modernisieren, indem die Betriebskosten gemindert werden können (**aM** LG Neubrandenburg WuM 2013, 541). 95

e) Darlegungs- und Beweislast
Grundsätzlich trägt nach dem Ansatz der hM der **Mieter die Darlegungs- und Beweislast** dafür, dass der Vermieter den als **vertragliche Nebenpflicht** ausgestalteten Grundsatz der Wirtschaftlichkeit verletzt hat (BGH NJW 2011, 3028 = NZM 2011, 705 = WuM 2011, 513; KG NZM 2011, 487 = WuM 2011, 367 = ZMR 2011, 711 sowie OLG Düsseldorf ZMR 2014, 31 für Gewerbemiete; OLG Rostock GE 2013, 687 = WuM 2013, 375 für Gewerbemiete; LG Berlin GE 2005, 1129; AG Spandau MM 2012, Nr 12, 30 ausführliches Gutachten eines Energieberaters; Streyl NZM 2008, 23; Ludley NZM 2011, 417, 419). Damit wendet sich der BGH (nun auch der XII. Zivilsenat in NZM 2015, 132) gegen verbreitet vertretene frühere Auffassungen, wonach der Mieter die Erforderlichkeit entstandener Kosten lediglich substantiiert bestreiten musste, sodass dann der Vermieter die Notwendigkeit der Betriebskosten beweisen musste (so LG Berlin GE 2006, 449; AG Bernau Info M 2006, 76; AG Hannover WuM 2011, 30; AG Köln WuM 2012, 57; AG Tübingen WuM 1991, 122). So sollen auch eine außergewöhnliche Höhe der Betriebskosten gegenüber den vergleichbaren ortsüblichen Kosten (so noch LG Mannheim ZMR 1989, 336; LG Köln NJW-RR 2005, 886 = NZM 2005, 453; AG Hamburg WuM 1991, 50; AG Köln WuM 1987, 360; WuM 1996, 629; AG Regensburg WuM 2003, 480; AG Schöneberg GE 2000, 815; **aM** LG Berlin GE 2005, 1129; AG Münster WuM 1989, 261) oder gegenüber den Ansätzen in der vorhergehenden Abrechnung (so noch KG NZM 2006, 294 = WuM 2006, 382 = ZMR 2006, 446; LG Berlin ZMR 1997, 145; LG Kiel WuM 1996, 628; AG Berlin Mitte ZMR 2002, 760; AG Brühl WuM 1991, 121 [LS]; AG Köln WuM 1996, 628; WuM 1999, 221; WuM 2001, 515; AG Lüdenscheid WuM 2011, 161; AG München WuM 1989, 261) grundsätzlich nicht ausreichen, um dem Vermieter die **sekundäre Darlegungslast** für die Wirtschaftlichkeit der Betriebskosten zu übertragen 96

(BGH NJW 2011, 3028 = NZM 2011, 705 = WuM 2011, 513; OLG Düsseldorf GE 2012, 484 = DWW 2012, 132 = ZMR 2012, 542; AG Köln GE 2011, 1163 = ZMR 2011, 559). Auch der Rückgriff auf Mietspiegel, Heiz- und sonstige Betriebskostenspiegel reicht dem BGH für die Erfüllung der Darlegungslast des Mieters nicht aus (BGH NJW 2011, 3028 = NZM 2011, 705 = WuM 2011, 513: in Bezug auf Müllgebühren; AG Ahrensburg ZMR 2011, 880; aM AG Leipzig WuM 2003, 452; hierzu Bach DWW 2003, 4; B Schmidt WuM 2002, 359; zu weitgehend automatische Kürzung AG Köln ZMR 2009, 933). Nach Langenberg (ders, Betriebskosten- und Heizkostenrecht H Rn 55 ff) soll nur auf Datenmaterial aus vergleichbaren Gebäuden zurückzugreifen sein. In der Tat fragt man sich, wie der Mieter einen Verstoß gegen das Gebot der Wirtschaftlichkeit nach der Rechtsprechung des BGH darlegen und beweisen soll, wenn er etwa gegenüber seiner Vorjahresrechnung sowie gegenüber anderen Mietern übermäßig hohe Heizkosten zu tragen hat oder die Höhe einer Sonderversicherung anzweifelt. Die Instanzgerichte verweigern daher dem BGH teilweise die Gefolgschaft (LG Heidelberg DWW 2011, 99 = WuM 2010, 746 = ZMR 2011, 213, aufgehoben durch BGH NJW 2011, 3028 = NZM 2011, 705 = WuM 2011, 513; LG Cottbus GE 2011, 409; LG Neubrandenburg WuM 2013, 541: bei komplexen technischen Zusammenhängen der Heizanlage; AG Brandenburg NZM 2011, 189 für Sprengwasserverbrauch; AG Dortmund WuM 2013, 359; AG Hannover WuM 2011, 30; AG Köln WuM 2013, 360; AG Lüdenscheid WuM 2011, 161; AG Tiergarten WuM 2012, 618 bei Funkablesung der Heizkosten; KG NZM 2011, 487 = WuM 2011, 367 = ZMR 2011, 711 sowie AG Charlottenburg GE 2013, 1345 für Gewerberaum; krit auch Flatow WuM 2012, 235, 241 f). Der Verstoß gegen den Wirtschaftlichkeitsgrundsatz führt nur zur materiellen Unrichtigkeit. Eine **geringfügige** Abweichung der Kosten von den Werten der Vorjahre oder von in Miet- oder Betriebskostenspiegeln dargelegten Durchschnittswerten löst die Erläuterungspflicht des Vermieters jedenfalls noch nicht aus, weil sich die einzelnen Gebäude stark unterscheiden können und der Vermieter einen gewissen Ermessensspielraum für die Art und Weise seiner Bewirtschaftung hat (AG Neukölln GE 1998, 493; AG Tempelhof-Kreuzberg GE 1998, 1465). In diesem Fall muss der Mieter darlegen, warum die Betriebskosten unwirtschaftlich sind (AG Tempelhof-Kreuzberg GE 1998, 1465; aM vSeldeneck NZM 2002, 545, 551 = ZMR 2002, 393).

96a Nach der hier vertretenen Auffassung hat freilich der Vermieter darzulegen und zu beweisen, dass er die Betriebskosten nur in einem Umfang auf den Mieter abwälzt, der dem Gebot der Wirtschaftlichkeit genügt (ebenso Blank/Börstinghaus Miete Rn 154).

3. Anspruchsverpflichteter und Anspruchsberechtigter

a) Mehrheit von Vermietern und Mietern

97 Zur Erstellung der Abrechnung ist der Vermieter verpflichtet. Die Abrechnung muss vom Vermieter stammen (LG Berlin GE 2001, 141). Bei einer Mehrheit von Vermietern müssen alle die Abrechnung erteilen (LG Berlin GE 1998, 245). Stellvertretung ist nach den allgemeinen Grundsätzen möglich, sodass Vertretungsmacht vorliegen und es für den Mieter erkennbar sein muss, dass im Namen des Vermieters oder im Falle der Vermietermehrheit im Namen aller Vermieter gehandelt wird (LG Berlin GE 1998, 245; Jacoby ZMR 2017, 781, 785; Einzelheiten s Staudinger/J Emmerich [2018] § 557a Rn 16). Mehreren Mietern muss die Abrechnung nicht gemeinsam zugehen oder an sie gerichtet sein, da sie als Gesamtschuldner gem §§ 421, 427 BGB auch einzeln auf Nachzahlung in Anspruch genommen werden können (BGH NJW 2010,

1965 = NZM 2010, 577 = WuM 2010, 356; LG Frankfurt aM ZMR 2009, 365, 366; Schmidt-Futterer/Langenberg Rn 423; Jacoby ZMR 2017, 781, 785; **aM** LG Berlin GE 2000, 1032; GE 2001, 141; GE 2006, 1235; MM 2010, 73; AG Köpenick GE 2010, 550; Schach GE 2000, 1677, 1680; zum Anspruch auf ein Guthaben s Rn 118).

b) Vermieterwechsel

aa) Bei einem Vermieterwechsel nach Veräußerung des Grundstücks tritt der Erwerber gem § 566 BGB in die sich während der Dauer seines Eigentums aus dem Mietverhältnis ergebenden Rechte und Pflichten ein. Maßgebend für die Verpflichtung und Berechtigung des bisherigen und des neuen Eigentümers ist die Fälligkeit der jeweiligen Ansprüche. Vor Eigentumsübergang fällig gewordene Ansprüche richten sich gegen den Voreigentümer, danach fällig werdende gegen den Erwerber (BGH NZM 2001, 158, 159 = WuM 2000, 609 = ZMR 2001, 17; Staudinger/V Emmerich [2018] § 566 Rn 48 ff mwNw). Da die Pflicht zur Abrechnung über die Betriebskosten erst nach Ablauf der Abrechnungsperiode fällig wird (s Rn 104), muss der Erwerber und nicht der Voreigentümer über die gesamten Vorauszahlungen abrechnen, wenn der **Eigentumswechsel innerhalb einer Abrechnungsperiode** stattfindet (BGH NZM 2001, 158, 159; LG Lüneburg WuM 1992, 380; AG Coesfeld WuM 1992, 379; AG Hamburg WuM 1992, 380; Börstinghaus PiG 70 [2005] 65; Langenberg, Betriebskostenrecht G Rn 24; Schmid, Hdb Rn 3359; Staudinger/V Emmerich [2018] § 566 Rn 55 ff; Sternel Rn III 365). Aus der Pflicht zur jährlichen Abrechnung ergibt sich, dass der Mieter eine Zwischenabrechnung nicht zu dulden braucht (BGH NZM 2001, 158, 159; LG Berlin GE 2005, 433; Schmid, Hdb Rn 3358). Der Erwerber kann Nachzahlungen fordern (BGH NZM 2001, 158, 159) und ist zur Erstattung überzahlter Vorauszahlungen verpflichtet, unabhängig davon, ob er Vorauszahlungen erhalten hat. § 566a BGB gilt insofern nicht entsprechend (LG Berlin GE 2001, 142 = ZMR 2001, 276; **aM** Beuermann GE 1999, 749, 752). Deshalb richtet sich auch ein Anspruch auf Rückzahlung der Vorauszahlungen bei unterlassener Abrechnung (s Rn 140) gegen den neuen Vermieter (**aM** LG Lüneburg WuM 1992, 380). Vor dem Eigentumswechsel hat der neue Eigentümer im Verhältnis zum Mieter keine Rechte und Pflichten aus dem Mietverhältnis und damit auch nicht aus der Betriebskostenvereinbarung. Will er solche Rechte geltend machen, muss er dies in Vertretung des Nocheigentümers tun (LG Berlin GE 1998, 245) oder sich Ansprüche abtreten lassen.

98

bb) Hinsichtlich der **vor dem Eigentumsübergang abgelaufenen Abrechnungsperioden** bleibt der bisherige Vermieter berechtigt und verpflichtet, wenn der Anspruch auf Abrechnung im Zeitpunkt seiner Eigentumsberechtigung bereits fällig war (OLG Naumburg NZM 1998, 806 = NJW-RR 1999, 160; AG Köln WuM 1994, 218; Schenkel NZM 1999, 5 ff). Tritt die Fälligkeit nach dem Eigentumswechsel ein, ist der Erwerber zur Erstellung der Abrechnung verpflichtet. Da der Anspruch aus der Abrechnung erst mit Erstellung der Abrechnung fällig wird (s Rn 121), kann der Fall eintreten, dass der Veräußerer die Abrechnung erstellen muss, der Erwerber hingegeben Gläubiger oder Schuldner des Saldos aus der Abrechnung wird (OLG Naumburg NZM 1998, 806). Nach anderer Auffassung sind wegen dieser Problematik die Betriebskosten für abgeschlossene Abrechnungsperioden ungeachtet eines späteren Eigentumsübergangs allein zwischen den bisherigen Mietvertragsparteien abzurechnen und etwaige Nachzahlungen oder Erstattungen überzahlter Beträge nur zwischen diesen Parteien abzuwickeln (III. Senat des BGH NZM 2001, 158, 159 = DWW 2001, 242 = GE 2000, 1471 = WuM 2000, 609 = ZMR 2001, 17 jedenfalls für Eigentumsübergang nach dem VermG; OLG Düsseldorf

99

DWW 1995, 83 = NJW-RR 1994, 1101 = ZMR 1994, 364; LG Lüneburg WuM 1992, 380; LG Osnabrück WuM 1990, 357; Beuermann GE 1999, 749, 751; Börstinghaus NZM 2004, 481, 486; Langenberg NZM 1999, 52, 57 ff; MünchKomm/Häublein § 566 Rn 42; Schmid, Hdb Rn 3362; Staudinger/V Emmerich [2011] § 566 Rn 55; Sternel, MietR aktuell Rn 749; Schmidt-Futterer/ Langenberg Rn 442). Nach dieser Auffassung ist nicht die Fälligkeit, sondern das Entstehen des Anspruchs auf Abrechnung das entscheidende Abgrenzungskriterium. Der III. Senat des BGH hat diese Aufteilung zunächst nicht für den Eintritt des Erwerbers in das Mietverhältnis, sondern für eine gesetzlich angeordnete Vertragsübernahme nach dem VermG propagiert (BGH NZM 2001, 158, 159; bestätigt in ZOV 2001, 317; LG Berlin GE 2004, 50). Der VIII. (BGH NZM 2004, 188 = NJW 2004, 851 = WuM 2004, 94 = ZMR 2004, 250) und der XII. Senat (BGH NZM 2005, 17 = NJW-RR 2005, 96 = ZMR 2005, 37; zust Eisenschmid, in: Mietprax-AK, § 566 Entscheidung Nr 3; Meyer-Harport NJ 2005, 125 f) des BGH haben sich dieser Entscheidung auch für den Eintritt des Erwerbers in das Mietverhältnis nach § 566 BGB angeschlossen und angenommen, die Ansprüche auf Erstellung einer Betriebskostenabrechnung und auf Nachzahlungen oder Erstattungen überzahlter Beträge bestünden hinsichtlich einer bei dem Eigentumswechsel bereits abgeschlossenen Abrechnungszeitraums ungeachtet eines späteren Eigentumsübergangs nur zwischen den bisherigen Mietvertragsparteien. Diese Lösung sorge für Rechtsklarheit und vermeide das ungereimte Ergebnis, dass eine vor dem Eigentumswechsel fällig gewordene Abrechnungspflicht bei dem bisherigen Vermieter verbleibe, während Nachzahlungen und Erstattungen, deren Vorbereitung und Berechnung die Abrechnung diene, dem Erwerber zustünden oder von diesem zu erbringen seien (BGH NZM 2001, 158 = WuM 2000, 609; NZM 2004, 188 = NJW 2004, 851 = WuM 2004, 94 = ZMR 2004, 250). Das strikte Festhalten am sog **Fälligkeitsprinzip** erschwere die Abrechnung, da sich der Erwerber die notwendigen Unterlagen beim Veräußerer unter Umständen erst beschaffen müsse. Daraus könnten sich für den Erwerber erhebliche Hindernisse ergeben, wenn die Abrechnungsperiode bereits vor seinem Eigentumserwerb abgeschlossen gewesen sei. Zum anderen sei zu berücksichtigen, dass für abgeschlossene Zeiträume nicht der Erwerber, sondern der Veräußerer die Vorauszahlungen erhalten habe. Diese Beträge müsste der Erwerber, notfalls mit gerichtlicher Hilfe, vom Veräußerer einfordern (BGH NZM 2004, 188 = NJW 2004, 851 = WuM 2004, 94 = ZMR 2004, 250). Sei der Mieter zur Nachzahlung verpflichtet, stehe dieser Anspruch allein dem Veräußerer zu, der für diesen Zeitraum die Aufwendungen getragen habe und daher den Anspruch auf Erstattung dieser Aufwendungen habe (BGH NZM 2004, 188 = NJW 2004, 851 = WuM 2004, 94 = ZMR 2004, 250; OLG Düsseldorf NJW-RR 1994, 1101; Schmidt-Futterer/Streyl § 566 Rn 111 f; Wolf/ Eckert/Ball Rn 1411; **aM** OLG Naumburg NZM 1998, 806 = NJW-RR 1999, 160; Schenkel NZM 1999, 5 ff). Das hat für den Mieter allerdings den Nachteil, dass er gegenüber dem neuen Eigentümer kein Zurückbehaltungsrecht nach § 273 BGB hinsichtlich der Vorauszahlungen der laufenden Abrechnungsperiode hat, wenn der Voreigentümer nicht abrechnet. Wegen der nach § 16 Abs 2 S 1 VermG gesetzlich angeordneten umfassenden Vertragsübernahme kann der Mieter dagegen in diesem Fall auch dem Erwerber gegenüber die ihm gegenüber dem ursprünglichen Vermieter zustehenden Zurückbehaltungsrechte nach § 273 BGB geltend machen. Darauf hatte der III. Senat noch ausdrücklich hingewiesen (BGH NZM 2001, 158, 159 = WuM 2000, 609 = ZMR 2001, 17). Dieser Schutzaspekt spielt nunmehr in den Erwägungen des BGH keine Rolle mehr. Zwar kann der Mieter auch bei Anwendung des Fälligkeitsprinzips hinsichtlich der Abrechnungsperioden, die noch weiter zurückliegen und für die daher der Veräußerer zuständig bleibt, keine Einwendungen mehr erheben (LG

Berlin NZM 1999, 616 = GE 1998, 1088; hierauf weist hin LANGENBERG NZM 1999, 52, 58 f). Eine Differenzierung nach der Fälligkeit der Abrechnung ist aber gerechtfertigt, weil der Mieter einen fälligen Abrechnungsanspruch aus weiter zurückliegenden Abrechnungszeiträumen bereits gegenüber dem früheren Eigentümer geltend machen und insbesondere die laufenden Vorauszahlungen auf die Betriebskosten zurückhalten konnte. Im Hinblick auf einen noch nicht fälligen Anspruch konnten die Mieter Gegenrechte dagegen gar nicht wahrnehmen, sodass ihnen diese Gegenrechte durch den Vermieterwechsel abgeschnitten sind. Nach Auffassung des BGH sei diese Folge durch den Mieter hinzunehmen (BGH NZM 2004, 188 = NJW 2004, 851 = WuM 2004, 94 = ZMR 2004, 250).

99a Stellt man dagegen mit dem BGH auf den Zeitpunkt des Endes der Abrechnungsperiode und nicht auf die Fälligkeit ab, müsste man entsprechend § 404 BGB die **Einwendungen** gegen den alten Vermieter auch gegen den Erwerber durchschlagen lassen. Die Konstruktion des Eigentumseintritts nach § 566 BGB beruht nach der hM aber gerade nicht auf einer Vertragsübernahme, sodass eine Analogie zu § 404 BGB abgelehnt wird (LG Berlin NZM 1999, 616 = GE 1998, 1088; s auch BGH WuM 2006, 435; NEUMANN WuM 2012, 3, 7; **aM** WEITEMEYER, in: FS Blank 445 mwNw). Es ist zu begrüßen, dass das OLG Magdeburg aus diesen Erwägungen ebenfalls das Recht des Mieters gegenüber dem Erwerber, bei rückständiger Abrechnung durch den alten Eigentümer die Vorauszahlungen an den Erwerber zurückzuhalten, anerkennt, indem der Wechsel des Eigentums der Beendigung des Mietverhältnisses gleichgestellt wird (OLG Magdeburg Info M 2012, 115 Rn 25). Näher liegt allerdings die analoge Anwendung des § 404 BGB (WEITEMEYER, in: FS Blank 445 mwNw). Ist aus der Abrechnung des Hausverwalters nicht zu erkennen, ob für den alten oder den neuen Vermieter abgerechnet wurde, darf der Mieter nach § 164 Abs 1 S 2 BGB davon ausgehen, dass die Abrechnung im Namen des aktuellen Vermieters erteilt wird (AG Hamburg WuM 1995, 660).

100 cc) Davon zu unterscheiden ist die Frage, welche Pflichten im **Innenverhältnis** zwischen Veräußerer und Erwerber bestehen. Diese Rechtsbeziehung steht rechtsgeschäftlichen Vereinbarungen über die Betriebskostenabrechnung offen (zu weitgehend AG Coesfeld WuM 1998, 348, das diesen Vereinbarungen Außenwirkung zuspricht). Zudem besteht die kaufvertragliche Nebenpflicht, dass Veräußerer und Erwerber bei der Erstellung der Abrechnung zusammenwirken. Dies kann dazu führen, dass der Erwerber dem Veräußerer Vertretungsmacht hinsichtlich der Erstellung der Abrechnung erteilt und ihm seine nach außen zustehenden künftigen Ansprüche aus der Abrechnung abtritt, sofern diese nach dem Innenverhältnis dem Veräußerer zustehen (BGH NZM 2001, 158, 160 = DWW 2001, 242 = GE 2000, 1471 = ZMR 2001, 17).

c) **Zwangsverwaltung**

101 Unterliegt das Grundstück der Zwangsverwaltung (allg s DRASDO NJW 2005, 1549, 1552; WALKE WuM 2004, 185), trifft den Verwalter die Abrechnungspflicht nach § 152 Abs 1 ZVG für laufende Abrechnungszeiträume (OLG Hamburg GE 1990, 41; LG Berlin GE 1990, 1083) sowie für vorangegangene Abrechnungsperioden, wenn eine Nachzahlungsforderung von der **Beschlagnahme** durch Anordnung der Zwangsverwaltung erfasst wird (BGH NJW 2003, 2320 = NZM 2003, 473 = WuM 2003, 390 = ZMR 2004, 568; NJW 2006, 2626 = NZM 2006, 581 = WuM 2006, 402 = ZMR 2006, 601; OLG Rostock NJW-RR 2006, 954 = NZM 2006, 520 zur Aufrechnung; LG Berlin GE 2003, 51; LG Potsdam GE 2013, 875; AG

Neukölln WuM 2003, 117; AG Lichtenberg GE 2005, 493; Börstinghaus, in: FS Merle 65, 69 ff; Drasdo, in: FS Seuß 291, 292 f; **aM** LG Berlin GE 1990, 1083; AG Charlottenburg GE 1990, 1089; AG Neukölln GE 1989, 947; GE 1992, 271; AG Schöneberg GE 1990, 1091; Reismann WuM 1998, 387, 390; Schmid, Hdb Rn 3365; zur Pflicht zur Auszahlung eines Guthabens aus der Abrechnung s Rn 119). Dies ist nicht der Fall, wenn ein Nachforderungsanspruch des Vermieters bereits vor der Anordnung der Zwangsvollstreckung nach § 556 Abs 3 S 3 BGB ausgeschlossen ist (BGH NJW 2006, 2626 = NZM 2006, 581 = WuM 2006, 402 = ZMR 2006, 601). Die Mieter haben aber einen Anspruch auf Abrechnung gegenüber dem Zwangsverwalter nach § 152 Abs 2 ZVG, da der Zwangsverwalter insofern in die Rechte und Pflichten aus dem gesamten Mietverhältnis während der Dauer der Zwangsvollstreckung eintritt (BGH NJW 2006, 2626 = NZM 2006, 581 = WuM 2006, 402 = ZMR 2006, 601; OLG Hamburg WuM 1990, 10; LG Berlin GE 2003, 51; LG Potsdam GE 2013, 875; offen gelassen von LG Zwickau WuM 2003, 271; AG Neukölln WuM 2003, 117; **aM** AG Lichtenberg GE 2005, 493; zur Haftung des Zwangsverwalters OLG Köln NZI 2011, 959). Das gilt jedoch nicht für Mietverhältnisse, die im Zeitpunkt des Wirksamwerdens der Beschlagnahme bereits beendet waren (BGH NJW-RR 2006, 1021 = NZM 2006, 680 = WuM 2006, 403 = ZMR 2006, 603 zur Mietkaution). Zum Einfluss auf die Ausschlussfrist s Rn 109a.

101a Nach **Beendigung der Zwangsverwaltung** ist der Verwalter nur noch für deren Abwicklung zuständig. Die Abrechnung über die Betriebskosten gegenüber den Mietern fällt nicht darunter (LG Berlin GE 1998, 1998, 743; GE 2003, 52; GE 2004, 691; AG Charlottenburg GE 2009, 582; AG Wedding GE 1998, 360; AG Bergisch Gladbach WuM 1990, 230; AG Hanau 4. 5. 2011 – 91 C 212/10; Reismann WuM 1998, 387, 390; Schmid, Hdb Rn 3369; Drasdo, in: FS Seuß 291, 293; ebenso BGH NZM 2010, 698 sowie Milger NJW 2011, 1249, 1253 für die Abrechnung über die Mietkaution; **aM** LG Potsdam WuM 2001, 289, 290; AG Köln WuM 2013, 109 mwNw), sondern trifft den bisherigen Vermieter oder bei Zwangsversteigerung oder freihändigem Verkauf den Erwerber und neuen Eigentümer, der nach § 57 ZVG in Verbindung mit § 566 BGB in das Mietverhältnis eintritt. Daher ist der Erwerber zur Erstellung der Nebenkostenabrechnung verpflichtet, der ehemalige Eigentümer nach § 566 Abs 2 BGB nur subsidiär (AG Neukölln GE 2012, 1571; **aM** LG Potsdam GE 2013, 875 Rn 45). Der Zwangsverwalter kann die bis zum Zuschlag verauslagten, nicht durch Mietervorauszahlungen abgedeckten Betriebskosten nicht als Aufwendungsersatz analog § 670 BGB vom Ersteher beanspruchen (BGH NZM 2012, 325 = DWW 2012, 58 = GE 2012, 201).

d) Insolvenz

102 Nach der Eröffnung des Insolvenzverfahrens über das Vermögen des Vermieters ist der Insolvenzverwalter gem § 80 InsO zur Abrechnung über die Betriebskosten verpflichtet und zwar unabhängig davon, ob der Abrechnungszeitraum vor oder nach Insolvenzeröffnung liegt (Schmid, Hdb Rn 3370; Einzelheiten s Franken/Dahl, Mietverhältnisse in der Insolvenz [2. Aufl 2006]; s auch Rn 120). In der Insolvenz des Mieters wird der Insolvenzverwalter für den Zugang der Betriebskostenabrechnung zuständig. Gibt der Insolvenzverwalter das Mietverhältnis jedoch gem § 109 Abs 1 S 2 InsO frei, muss dem Mieter wieder rechtzeitig innerhalb der Ausschlussfrist die Abrechnung zugehen (AG Köpenick GE 2013, 361 = WuM 2013, 306; umfassend zur Verbraucherinsolvenz Flatow NZM 2011, 607).

4. Form

Eine besondere Form ist für die Abrechnung gesetzlich nicht vorgeschrieben. Im **103** Allgemeinen wird eine schriftliche Abrechnung verlangt (LG Berlin GE 1998, 1025; LG Düsseldorf WuM 1980, 164 [LS]; BLANK DWW 1992, 65; GELDMACHER NZM 2001, 921, 922; LANGENBERG, Betriebskostenrecht H Rn 109; PALANDT/WEIDENKAFF Rn 9), was aus dem Begriff der Abrechnung und deren Sinn und Zweck folge (LANGENBERG H Rn 109). Dem ist insoweit zuzustimmen, als eine Abrechnung verständlich und nachvollziehbar sein muss (s Rn 82), was in aller Regel nur bei schriftlicher Niederlegung der Fall sein wird (**aM** HERRLEIN/KANDELHARD/BOTH Rn 66; LÜTZENKIRCHEN DWW 2002, 200: auch Diktat des Vermieters an den Mieter). Die Schriftform des § 126 BGB, insbesondere eine eigenhändige Unterschrift, ist aber nicht erforderlich (LG Berlin GE 1998, 1025; AG Schöneberg GE 2000, 475; BUB/TREIER/vBRUNN Rn III A Rn 47; LANGENBERG, Betriebskostenrecht H Rn 110; LÜTZENKIRCHEN DWW 2002, 200; PALANDT/WEIDENKAFF Rn 9; SCHMID, Hdb Rn 3204), sodass auch eine Übermittlung durch Telefax oder E-Mail möglich ist.

5. Fälligkeit der Abrechnung

a) Abrechnungsfrist (Abs 3 S 2)

aa) Der Vermieter muss innerhalb einer angemessenen Frist nach dem Ende der **104** Abrechnungsperiode abrechnen. Erst nach Ablauf dieser Frist wird der Anspruch auf Abrechnung fällig.

In § 556 Abs 3 S 2 BGB ist ausdrücklich vorgeschrieben, dass die Abrechnung spä- **104a** testens bis zum **Ablauf des zwölften Monats nach Ende des Abrechnungszeitraums** dem Mieter mitzuteilen ist. Der Gesetzgeber wollte damit die vormals maßgebliche Rechtsprechung festschreiben (Begr zum RegE BT-Drucks 14/4553, 51). Danach steht aber nur fest, dass die Jahresfrist jedenfalls den **letzten Fälligkeitszeitpunkt** markiert. Da der Vermieter die Abrechnung aber nach dem Wortlaut nur spätestens bis zu diesem Zeitpunkt vorzulegen hat, kann die Abrechnung auch vorher fällig werden, wenn ihre Erstellung zumutbar und möglich ist (HAAS Rn 7; SCHMID ZMR 2001, 761, 766). Dies setzt insbesondere voraus, dass sämtliche Abrechnungsunterlagen vorliegen oder vom Vermieter unschwer beschafft werden können. Die Regelung des § 556 Abs 3 S 4 BGB hinsichtlich der Ausschlussfrist (s Rn 106), dass der Vermieter zu Teilabrechnungen nicht verpflichtet ist, hat auch eine Bedeutung für den Eintritt der Fälligkeit, sodass Fälligkeit voraussetzt, dass die Abrechnungsunterlagen vollständig sind. Für diesen Umstand trägt der Mieter die Darlegungs- und Beweislast. Für die **Geschäftsraummiete** hat der BGH klargestellt, dass es bei der Jahresfrist als spätesten Fälligkeitstermin bleibt (BGH NJW 2010, 1065 = GE 2010, 406). Der Ablauf der Frist hat dort aber nur zur Folge, dass der Mieter die Abrechnung fordern und weitere Vorauszahlungen verweigern kann (s Rn 106). Ein Nachforderungsausschluss gem § 556 Abs 3 S 3 BGB wie bei der Wohnraummiete folgt hieraus nicht (BGH NJW 2010, 1065).

bb) Die **abweichende Vereinbarung** einer kürzeren Fälligkeitsfrist wird den Mieter **105** in der Regel nicht benachteiligen, weil er ein Interesse an der Überprüfung des Verbleibs seiner Vorauszahlungen hat und ihm eine kürzere Frist die Rechtsverfolgung erleichtert. Auch wenn sich im Einzelfall eine längere Frist für denjenigen Mieter vorteilhaft auswirkt, der einen Betrag nachzuzahlen hat, ist die Vereinbarung einer kürzeren Frist aus diesen Gründen nach § 556 Abs 4 BGB zulässig (BGH WuM

2016, 164 = NZM 2016, 307; LG Limburg WuM 1997, 120; AG Diez DWW 1994, 25; zweifelnd Langenberg NZM 2001, 783, 785), die Vereinbarung einer längeren Frist dagegen nicht (Langenberg NZM 2001, 783, 785). Eine vertragliche Festlegung ist idR nicht als Ausschlussfrist (Rn 106) zu verstehen (BGH NZM 2016, 307; LG Limburg WuM 1997, 120; AG Tempelhof-Kreuzberg GE 2000, 1543; AG Wedding GE 2011, 207 = ZMR 2011, 563; OLG Düsseldorf GE 2000, 341 = NZM 2001, 383 = WuM 2000, 133 = ZMR 2000, 215; DWW 2006, 198 = GE 2006, 847 für Gewerbemietverhältnisse; aM AG Diez DWW 1994, 25). Nach Ablauf der gesetzlichen oder vertraglichen Fälligkeitsfrist kann der Mieter auf Rechnungslegung klagen (s Rn 135).

b) Ausschluss von Nachforderungen (Abs 3 S 3)

106 aa) Neu eingeführt durch die Mietrechtsreform (s Rn 2) ist die Ausschlussfrist in § 556 Abs 3 S 3 BGB für Nachzahlungsansprüche des Vermieters. **Zweck** der Vorschrift ist es, dem Mieter Sicherheit über den Verbleib seiner Vorauszahlungen zu geben und Streit über lange zurückliegende Abrechnungszeiträume zu vermeiden (Begr zum RegE BT-Drucks 14/4553, 37). Aus diesem Grund greift der Ausschluss von Nachforderungen nicht ein, wenn der Mieter zwar die Betriebskosten trägt, aber keine Vorauszahlungen zu entrichten hat (ausdr offen gelassen in BGH VIII ZR 230/19 v 28. 10. 2020 Tz 40; LG München NZM 2012, 342 = ZMR 2012, 777; LG Potsdam ZMR 2011, 48; AG Potsdam ZMR 2011, 48; aM LG Berlin GE 2007, 1252 f; diff Ruth Breiholdt, 10 Jahre Mietrechtsreform 523, 528; s aber Rn 127 zum Einwendungsausschluss des Mieters). Der BGH wendet die Vorschrift auf das Verhältnis zwischen Eigentümer und dinglich Wohnungsberechtigtem nicht nur grundsätzlich an (BGH NZM 2009, 904), sondern erstreckt diese Anwendung auch auf den Fall, dass keine Vorauszahlungen vereinbart sind (BGH NZM 2018, 675 mit zahlreichen Nachweisen zur entsprechenden Auffassung im Mietverhältnis Tz 11). Nach Ablauf der Jahresfrist des Abs 3 S 2, regelmäßig nicht jedoch bereits nach Ablauf einer vertraglich vereinbarten kürzeren Frist (BGH NZM 2016, 307), ist der Vermieter mit Nachzahlungsansprüchen aus der Betriebskostenabrechnung ausgeschlossen, es sei denn, er hat die verspätete Geltendmachung nicht zu vertreten (s Rn 109). Eine korrespondierende Ausschlussfrist für die Einwendungen des Mieters gegen die Abrechnung findet sich in Abs 3 S 5 und 6 (s Rn 127 ff). Auf **gewerbliche Mietverhältnisse** ist die Vorschrift **nicht** analog anwendbar (BGHZ 184, 117 = NJW 2010, 1065 = NZM 2010, 240 = GE 2010, 406 mwNw; BGH NZM 2014, 641; NJW 2010, 3647 = NZM 2010, 864; NJW 2011, 445 = NZM 2011, 121 = WuM 2011, 220 = ZMR 2011, 365; KG ZMR 2007, 449; OLG Düsseldorf GE 2006, 847 = DWW 2006, 198; ZMR 2008, 206; MDR 2012, 1155; OLG Köln ZMR 2007, 115; LG Nürnberg-Fürth ZMR 2008, 800; Blank/Börstinghaus Rn 1; Schmidt-Futterer/Langenberg Rn 6 und 458; aM AG Wiesbaden NZM 2006, 140; MünchKomm/Schmid/Zehelein Rn 1). Zu Recht verneint der BGH das Vorliegen einer planwidrigen Regelungslücke, da die Norm ausdrücklich für Wohnraummietverhältnisse geschaffen worden ist (BGHZ 184, 117 = NJW 2010, 1065 = GE 2010, 406 mwNw; NJW 2011, 445 = NZM 2011, 121 = WuM 2011, 220 = ZMR 2011, 365).

107 bb) Die Frist beginnt mit dem Ende des Abrechnungszeitraums. **Fristbeginn** ist gem § 187 Abs 1 BGB der erste Tag, der dem letzten Tag der vorhergehenden Abrechnungsperiode folgt. Maßgebend ist der vertraglich vereinbarte oder der übliche Abrechnungszeitraum. Da nach § 556 Abs 3 S 1 BGB jährlich abzurechnen ist, wird das Ende der Abrechnungsperiode durch den Ablauf des zwölften Monats nach der vertraglich vereinbarten oder vom Vermieter vorgenommenen letztmaligen Abrechnung über die vorhergehende Abrechnungsperiode bestimmt.

cc) Fristende ist der Ablauf des zwölften Monats nach dem Ende des Abrech- **108**
nungszeitraums. Es berechnet sich nach § 188 Abs 2 und 3. Nicht einschlägig ist die
Auslegungsregel des § 192 BGB, wonach als Ende des Monats der letzte Tag des
Monats zu zählen ist, sodass die Zwölfmonatsfrist immer mit Ablauf des letzten
vollen Monats endet (so aber LG Frankfurt/O WuM 2013, 40 zur Einwendungsfrist des Mieters;
SCHMIDT-FUTTERER/LANGENBERG Rn 461). Die Frist ist gewahrt, wenn die Abrechnung
dem Mieter innerhalb dieser Frist mitgeteilt wird. Daher ist nicht die rechtzeitige
Absendung der Abrechnung ausreichend, sondern sie muss dem Mieter innerhalb
dieser Frist zugegangen sein (Begr zum RegE BT-Drucks 14/4553, 51; GELDMACHER NZM
2001, 921, 922; SCHMID ZMR 2001, 761, 766). Für die Fristwahrung ist die Vorlage der
Belege nicht erforderlich (LG Aachen 23. 7. 2009 2 S 50/09). Da die Rechenschaftslegung
keine empfangsbedürftige Willenserklärung ist, die zu ihrer Wirksamkeit nach § 130
BGB des Zugangs bedarf, sondern eine Wissenserklärung, spricht das Gesetz nicht
von Zugang, sondern von „mitteilen". Die Auskunftserteilung durch die Rechnungslegung über die Betriebskosten löst aber kraft Gesetzes Rechtsfolgen aus, sodass sie
als Wissenserklärung und damit als rechtsgeschäftsähnliche Handlung einzustufen
ist, auf die die Vorschriften über Willenserklärungen entsprechend anzuwenden sind
(JACOBY ZMR 2017, 781, 784). Damit kommt es für die Rechtzeitigkeit der Betriebskostenabrechnung auf den **Zugang** beim Mieter entsprechend § 130 BGB an, sodass ein
Einwerfen an einem Feiertag oder an Silvester nach den üblichen Postlaufzeiten
verspätet sein kann (LG Waldshut-Tiengen Info M 2009, 378; AG Köln NJW 2005, 2930 = NZM
2005, 740 = ZMR 2005, 543; 13:00 Uhr zu Silvester noch ausreichend: AG Hamburg-St Georg NJW
2006, 162 = NZM 2006, 15 = WuM 2005, 775 m Anm SCHMID DWW 2006, 59; 17:00 Uhr zu Silvester
zu spät: AG Lüdenscheid WuM 2011, 628; AG Köln WuM 2011, 545 Silvesterabend bei Anwalt zu
spät). Allerdings ist zu berücksichtigen, dass auch die üblichen Postlaufzeiten einem
Wandel unterliegen, der Einfluss auf die Rechtzeitigkeit hat (LG Hamburg NZM 2017,
597). Nach allgemeinen Grundsätzen reicht für den Zugang der Einwurf eines Ein-
wurfeinschreibens nicht aus, das Einschreiben muss vielmehr abgeholt werden (LG
Berlin GE 2010, 1345). Kein Zugang liegt vor, wenn die Abrechnung an die nicht mehr
aktuelle Adresse des Mieters gesandt wird (AG Bergheim WuM 2013, 253; AG Siegburg
WuM 2005, 775 = ZMR 2005, 204; **aM** AG Lichtenberg GE 2009, 1503; AG Neukölln GE 2009,
1323). Lässt sich ein Zugang nicht beweisen, trägt der Vermieter die Beweislast
hierfür (AG Duisburg-Ruhrort WuM 2004, 203).

Bedient sich der Vermieter der Post, wird diese nach allgemeinen Grundsätzen als **108a**
Erfüllungsgehilfe tätig, sodass er sich überlange Postlaufzeiten als eigenes Verschul-
den (s Rn 109) nach § 278 S 1 BGB zurechnen lassen muss (BGH NZM 2009, 274 = WuM
2009, 236; LG Berlin GE 2008, 411; GE 2010, 1345; LG Düsseldorf NZM 2007, 328; AG Meißen
WuM 2007, 628; **aM** noch LG Berlin GE 2005, 1355; GE 2006, 1407; GE 2007, 1317; LG Potsdam GE
2005, 1357; AG Leipzig ZMR 2006, 47; AG Oldenburg ZMR 2005, 204, 205; vgl auch LG Hamburg
ZMR 2010, 188 zur Rechtzeitigkeit der Klageeinreichung nach § 558b Abs 2 sowie VerfGH Berlin
NZM 2009, 429 und JR 2009, 57: Verletzung des Rechts auf den gesetzlichen Richter, wenn Gericht
diese Frage nicht wegen Divergenz zur Berufung zulässt). Billigt man mit dem BGH zu, dass
der Vermieter die Abrechnung nur gegenüber einem von mehreren Mietern mitteilen darf (s Rn 97, 118), wird die Ausschlussfrist hierdurch aber aus dem Rechtsgedanken des § 425 Abs 2 BGB auch nur gegenüber diesem Mieter gewahrt (vgl
STAUDINGER/LOOSCHELDERS [2017] § 425 Rn 57). Dies ist problematisch, wenn der zahlende
Gesamtschuldner von den anderen Mitmietern nach § 426 Abs 1 BGB Regress verlangen kann, weil der Ausschluss dann doch nicht gegenüber den anderen Mitmie-

tern wirkt. Dies liegt jedoch in der Konsequenz der Einzelwirkung nach § 425 Abs 2 BGB analog, sodass wie auch in anderen Fällen des Versäumens einer Ausschlussfrist der Ausgleichsanspruch unter den Mietern nach § 426 Abs 1 BGB hiervon unberührt bleibt, der nach § 426 Abs 2 BGB übergegangene Regressanspruch jedoch wie der Hauptanspruch nicht mehr geltend gemacht werden kann (Staudinger/ Looschelders [2017] § 426 Rn 14 mwNw). Die Fristdauer bemisst sich nach dem normalen Abrechnungszeitraum von einem Jahr, wobei unerheblich ist, ob der Mieter vorher ausgezogen ist (AG Wetzlar NZM 2006, 260).

108b Fraglich ist, ob für die Rechtzeitigkeit der Zugang einer **formell wirksamen Abrechnung** erforderlich ist, oder ob eine formell fehlerhafte Abrechnung durch eine spätere, nach Ablauf der Frist liegende ordnungsgemäße Abrechnung korrigiert werden kann. Nach dem Zweck der Vorschrift, Streit nach Ablauf der Frist zu vermeiden, ist das Vorliegen einer **formell ordnungsgemäßen Abrechnung** erforderlich. Sonst könnte der Fristablauf allzu leicht dadurch umgangen werden, dass zunächst irgendeine Abrechnung erteilt wird. Auf die materielle Richtigkeit kommt es für die Einhaltung der Frist nicht an (BGH NJW 2005, 219 = NZM 2005, 13 = WuM 2005, 61 = ZMR 2005, 121; GE 2005, 360 = WuM 2005, 200 [LS] m Anm Bieber 448; LG Leipzig NZM 2005, 102; LG Potsdam GE 2004, 755 = WuM 2004, 670; AG Köln WuM 2001, 290 zu § 20 NMV; AG Potsdam GE 2003, 1084 = WuM 2003, 456; Gies NZM 2002, 514, 515; Langenberg NZM 2001, 783, 785 f; Schmid ZMR 2001, 761, 767; **aM** AG Leipzig ZMR 2004, 120; Sternel ZMR 2001, 937, 939; s aber Rn 111). Die Bedeutung einer formell ordnungsgemäßen Abrechnung ist durch die Ausschlussfrist erheblich gestiegen (Milger, 10 Jahre Mietrechtsreform 542, 545 f). Die Frist läuft nicht entsprechend **§ 212 Abs 1 Nr 1 BGB** bei einem Anerkenntnis des Mieters neu (BGH NJW 2008, 2258 = GE 2008, 795) und wird nicht entsprechend **§ 204 Abs 1 Nr 1 BGB** gehemmt (BGH NJW 2009, 282 = WuM 2009, 42), wenn dem Mieter innerhalb der Jahresfrist eine formell unwirksame Abrechnung zugeht und es noch innerhalb der Abrechnungsfrist zur Einleitung eines gerichtlichen Verfahrens kommt. Zum einen sieht das Gesetz diese Einschränkungen nicht vor. Zum anderen soll der Mieter insofern Abrechnungssicherheit genießen, dass er mit anderen als den innerhalb eines Jahres formell ordnungsgemäß abgerechneten Betriebskosten nicht mehr belastet wird (BGH NJW 2009, 282 = WuM 2009, 42). Härten für den Vermieter ist besser dadurch zu begegnen, dass die Anforderungen an die formelle Wirksamkeit der Abrechnung auf ein sinnvolles Maß beschränkt werden (s Rn 82 ff). Auch eine formell nicht zu beanstandende, allerdings auf bewussten Fehlangaben basierende Abrechnung, sog **Alibi-Abrechnung**, wahrt die Frist nicht (LG Bonn WuM 2015, 358).

109 dd) Nach Ablauf der Frist kann der Vermieter eine **Nachzahlung** aus der Betriebskostenabrechnung nur noch verlangen, wenn er die verspätete Geltendmachung nicht zu vertreten hat (dazu ausf BGH NJW 2027, 2608 Tz 46). **Vertretenmüssen** ist iS des § 276 als Vorsatz und Fahrlässigkeit zu verstehen. Damit richten sich die vom Vermieter vorzunehmenden Anstrengungen gem § 276 Abs 2 BGB nach den verkehrsüblichen Anforderungen (AG Tempelhof-Kreuzberg WuM 2004, 476 verspätete Zahlung der Sozialversicherungsabgaben für Hauswart). Nach **§ 278 BGB** hat der Vermieter auch ein Fehlverhalten seines Personals (BGH NJW 2005, 1499 = NZM 2005, 373 = WuM 2005, 337 = ZMR 2005, 230; AG Potsdam WuM 2003, 456; Drasdo NZM 2004, 372 mwNw; zur Haftung des Verwalters: OLG Düsseldorf ZMR 2007, 287; OLG Brandenburg NZM 2007, 773; LG Mönchengladbach Info M 2006, 191; AG Saalfeld WuM 2012, 379) zu vertreten. Der **Verwalter** einer **WEG** ist allerdings grundsätzlich nicht als Erfüllungsgehilfe des Vermieters als

Wohnungseigentümer in Bezug auf die Abrechnungspflicht gegenüber seinem Mieter einzuordnen (BGH NJW 2017, 2608 Tz 42). Die verspätete Erstellung der Heizkostenabrechnung durch den Messdienst hat der Vermieter ebenfalls nach § 278 BGB zu vertreten, kann sich diesem gegenüber aber nach §§ 280 Abs 1, 286 BGB schadlos halten (AG Wuppertal NZM 2010, 901). Eine persönliche Verhinderung durch Krankheit und ähnliches entschuldigt nicht, in diesen Fällen ist die Abrechnung einer anderen Person zu übertragen. Einen überlangen Postlauf hat der Vermieter nach § 278 BGB zu vertreten (s Rn 108a). Den Vermieter kann es auch nicht entlasten, wenn er eine formell nicht ordnungsgemäße Abrechnung erst nach Ablauf der Ausschlussfrist im Laufe eines Rechtsstreits nachbessert, selbst wenn er eine überlange Verfahrensdauer nicht zu vertreten hat (LANGENBERG NZM 2001, 783, 786; **aM** GIES NZM 2002, 514, 515; zu Untermietverhältnissen s LÜTH NZM 2004, 241).

Ist der **Zwangsverwalter** für die Abrechnung zuständig (s Rn 101), so lässt eine zu **109a** kurze Einarbeitungsfrist vor Ablauf der Frist sein Verschulden nicht entfallen (LG Dortmund NZM 2012, 400; AG Dortmund WuM 2007, 697; NZM 2010, 239; BÖRSTINGHAUS, in: FS Merle 65, 71; MILGER NJW 2011, 1249; SCHMIDT-FUTTERER/LANGENBERG Rn 468).

Nicht zu vertretende Verspätungen können ihre Ursache etwa darin haben, dass **109b** **Versorgungsunternehmen** ihre Abrechnungen erst lange nach Ablauf des Abrechnungszeitraums erstellen oder **Steuern und Abgaben** später festgesetzt werden, sodass die Frist nicht mehr eingehalten werden kann (Begr zum RegE BT-Drucks 14/4553, 51; EISENSCHMID WuM 2001, 215, 221; GRUNDMANN NJW 2001, 2497, 2500; SCHMID, Hdb Rn 3160). Nicht zu vertreten hat der Vermieter daher die rückwirkende Erhöhung der Grundsteuer (BGH NJW 2006, 3350 = NZM 2006, 740 = WuM 2006, 516 = ZMR 2006, 847; LG Berlin GE 2000, 813; GE 2002, 595; GE 2004, 817; GE 2005, 1249; GE 2006, 125; LG Düsseldorf NJW 2011, 688 = NZM 2011, 243 = WuM 2011, 99; LG Rostock WuM 2009, 232 = ZMR 2009, 924; AG Köln NZM 2001, 708; AG Schöneberg GE 1997, 51) oder von Niederschlagswasser (VG München v 11. 11. 2010, Az M 10 K 08. 6190). In diesen Fällen handelt der Vermieter nicht sorgfaltswidrig, wenn er keine Teilabrechnung erstellt, sondern abwartet, bis die Unterlagen vollständig sind. Dies stellt Abs 3 S 4 klar (Begr zum RegE BT-Drucks 14/4553, 51; s auch Rn 110). Dass der Vermieter die Verspätung nicht zu vertreten hat, muss er darlegen und beweisen (GIES NZM 2002, 514; PALANDT/WEIDENKAFF Rn 12; LANGENBERG NZM 2001, 783, 785; ders WuM 2001, 523, 527).

Fällt der Hinderungsgrund weg, hat der Vermieter die Abrechnung **zeitnah nach-** **109c** **zuholen**, sonst hat er die verspätete Geltendmachung wiederum zu vertreten. Der BGH stellt auf die Dreimonatsfrist des § 560 Abs 2 BGB und § 4 Abs 8 S 2 2. HS NMV ab, da der Mieter bei dieser längeren Frist ohnehin begünstigt werde (BGH NJW 2006, 3350 = NZM 2006, 740 = WuM 2006, 516 = ZMR 2006, 847 mwNw; NJW 2013, 459 = NZM 2013, 84 = WuM 2013, 108 = ZMR 2013, 268; LG Krefeld WuM 2010, 361; **aM** LG Berlin GE 2006, 1098; AG Berlin-Mitte GE 2006, 193: 2 Wochen; AG Tübingen WuM 2004, 342).

ee) In § 556 Abs 3 S 4 BGB ist klargestellt, dass der Vermieter zu **Teilabrechnun-** **110** **gen** nicht verpflichtet ist. Eine gesonderte Abrechnung einzelner Betriebskostenarten kann jedoch vereinbart werden (SCHMID ZMR 2001, 761, 767). Der Vermieter kann berechtigt sein, getrennte Abrechnungen, etwa über die Heizkosten und die übrigen Betriebskosten vorzunehmen, sodass unterschiedliche Fristen laufen (s Rn 107) und für die Frage des Verschuldens einer verspäteten Abrechnung auf das Vorliegen der

Unterlagen für den jeweiligen Abrechnungskreis abzustellen ist (Langenberg NZM 2001, 783, 787).

111 ff) Die **Rechtsfolge** des Ablaufs der Ausschlussfrist besteht darin, dass der **Vermieter keine Nachforderungen** aus der Betriebskostenabrechnung mehr verlangen kann. Auch die **Rückforderung** nach § 812 Abs 1 S 1 BGB eines durch den Vermieter bereits ausgezahlten **Guthabens** wegen zu hoch angesetzter Vorauszahlungen oder infolge fehlerhafter Berechnung ist ausgeschlossen (BGH GE 2011, 1013 = WuM 2011, 421; AG Mettmann NZM 2004, 784). Ausnahmen ergeben sich nur bei offenkundigen Fehlern und kurzfristiger Korrektur durch den Vermieter (s Rn 111a). Erstellt der Mieter nach Ablauf der Ausschlussfrist eine erneute Abrechnung, die ein Guthaben aufweist, das aber gegenüber dem Saldo aus der innerhalb der Frist erstellten Abrechnung zu Lasten des Mieters geringer ausfällt, hat der Mieter auch insofern die Differenz nicht auszugleichen (BGH NJW 2008, 204 = WuM 2008, 150). Bereits geleistete Nachzahlungen kann der Mieter nach Bereicherungsrecht gem § 812 Abs 1 S 1 BGB 1. Fall zurückfordern. Die **Rückforderung** des gleichwohl gezahlten Ausgleichsbetrags ist nicht in entsprechender Anwendung des § 214 Abs 2 S 1 BGB (Ausschluss der Rückforderung bei Leistung auf verjährte Schuld) ausgeschlossen (BGH NJW 2006, 903 = WuM 2006, 150 = ZMR 2006, 268; **aM** LG Hagen DWW 2005, 238; AG Schönberg GE 2006, 515; Langenberg, Betriebskostenrecht G Rn 92). Die Rückforderung ist durch die vorbehaltlose Zahlung auf die verspätete Abrechnung regelmäßig auch **nicht** deswegen **ausgeschlossen**, weil hierin ein **kausales Schuldanerkenntnis** zu sehen wäre (s Rn 134). Darüber hinaus kommen bei einer Verletzung der Abrechnungspflicht weitere Rechtsfolgen in Betracht (s Rn 135 ff). Der Vermieter ist allerdings auch nach Ablauf der Ausschlussfrist **verpflichtet**, eine Abrechnung zu erstellen, da sich daraus auch ein Guthaben des Mieters ergeben kann (Geldmacher NZM 2001, 921, 922 Fn 15). Eine materielle Korrektur **zu Gunsten des Mieters** nach Ablauf der Frist ist daher möglich (so zu § 20 NMV LG Berlin GE 2001, 923; GE 2005, 1353; zur Nachbesserung s auch Kinne GE 2004, 1572). Erstellt der Vermieter innerhalb der Frist eine formell ordnungsgemäße Abrechnung, die materielle Fehler aufweist, kann er diese nach Ablauf der Ausschlussfrist korrigieren (BGH NJW 2005, 219 = NZM 2005, 13 = WuM 2005, 61 = ZMR 2005, 121; GE 2005, 360 = WuM 2005, 200 [LS] m Anm Bieber 448; OLG Düsseldorf ZMR 2014, 441; AG Witten ZMR 2005, 209; einschr LG Itzehoe WuM 2005, 539 = ZMR 2005, 539 m Anm Schmid; **aM** LG Berlin NZM 2004, 339; LG Potsdam WuM 2004, 670; LG Leipzig NZM 2005, 102). Formelle Fehler kann der Vermieter hingegen nach Ablauf der Frist nicht mehr korrigieren (**aM** AG Dortmund NZM 2004, 782; AG Pinneberg NZM 2005, 16 = ZMR 2004, 921). Allerdings kann die Abrechnung nur **teilweise** formell unwirksam sein, wenn die Fehler begrenzt sind (Flatow WuM 2010, 606, 609; Milger NJW 2009, 625, 626).

111a Zu Lasten des Mieters ist die Korrektur allerdings uneingeschränkt nur möglich, wenn die Fristversäumnis vom Vermieter nicht zu vertreten ist. Denn die Ausschlussfrist führt zu einer **Plafondierung** der vom Vermieter höchstens zu fordernden Nachzahlung auf den Saldo der ursprünglichen fehlerhaften Abrechnung und damit *insoweit* zu einem Ausschluss späterer materieller Korrekturen (BGH NJW 2005, 219 = NZM 2005, 13 = WuM 2005, 61 = ZMR 2005, 121; GE 2005, 360 = WuM 2005, 200 m Anm Bieber 448; NJW 2008, 204 = WuM 2008, 150; LG Bochum ZMR 2005, 863; Blank NZM 2008, 745, 748; Börstinghaus NZM 2005, 250 mwNw; Gies NZM 2002, 514, 515; Milger, 10 Jahre Mietrechtsreform 542, 544; Langenberg WuM 2001, 523, 527; ders WuM 2005, 502, 505; Schmid ZMR 2001,

761, 767; **aM** AG Pinneberg GE 2005, 16). Diese Beschränkung erfasst nach der Rechtsprechung des BGH auch zurückliegende Vorauszahlungen, die der Mieter schuldig geblieben ist. Der BGH hat festgestellt, dass auch für nicht gezahlte Vorauszahlungen grundsätzlich nach Ablauf der Abrechnungsfrist eine **Nachforderung ausgeschlossen** ist (BGH NZM 2010, 736 Rn 22; NJW 2011, 1957 = NZM 2011, 478 = WuM 2011, 370 = ZMR 2011, 710; LG Aachen WuM 2016, 289; LG Krefeld DWW 2011, 147 = WuM 2011, 368 = ZMR 2011, 641; AG Gelsenkirchen ZMR 2011, 728). Jedoch verstoße es gegen **Treu und Glauben**, wenn der Abrechnungsfehler für den Mieter unschwer zu erkennen gewesen sei und vom Vermieter alsbald nach Ablauf der Abrechnungsfrist korrigiert werde (BGH NJW 2011, 1957 = NZM 2011, 478 = WuM 2011, 370 = ZMR 2011, 710; LG Berlin WuM 2014, 109, 110; AG Köpenick GE 2013, 555: Übertragungsfehler bei Heizkosten mit Null), nicht erst bei einer Korrektur nach zwei Jahren (LG Berlin GE 2013, 421).

6. Abrechnungsunterlagen

a) Einsichtnahme

aa) Der Vermieter muss nach § 259 Abs 1 BGB die der Betriebskostenabrechnung 112 zugrunde liegenden **Originalrechnungen und -belege** vorlegen, wenn der Mieter dies verlangt (allgM, zB OLG Düsseldorf GE 2001, 488, 490 = ZMR 2001, 882; LG Berlin MM 2013, Nr 7/8, 38; LG Düsseldorf DWW 1999, 181; LG Hamburg WuM 1997, 500; LG Hanau WuM 1985, 346; LG Hannover WuM 1985, 346; LG Kiel WuM 1996, 631; LG Mannheim WuM 1996, 630; zur Darlegungs- und Beweislast Streyl WuM 2018, 676; Knopper ZMR 2019, 169; Zehelein ZMR 2018, 93). Der Vermieter braucht dem Mieter die Belege nicht auszuhändigen, sondern muss die Einsichtnahme nur gestatten (AG Köln WuM 1982, 114 [LS]; AG Mönchengladbach DWW 2003, 338). Das Einsichtsrecht erstreckt sich auf alle Unterlagen, auf denen die Abrechnung beruht. Es müssen **Originalbelege** vorgelegt werden, selbst erstellte Belege reichen für Zahlungen an Dritte nicht aus (LG Kiel WuM 1996, 631). Auch auf **eingescannte Daten, Kopien** sowie auf Unterlagen bei dem Aussteller der Rechnung darf nicht verwiesen werden (LG Berlin GE 2011, 487; AG Hamburg WuM 2002, 499; WuM 2002, 499, 500; Schmidt-Futterer/Langenberg Rn 481; **aM** LG Hamburg WuM 2004, 97; AG Mainz ZMR 1999, 114 m zust Anm Schmid; ders ZMR 2003, 15; Villena y Scheffer/Petrick NZM 2003, 544 mwNw; zur Belegeinsicht im „papierlosen Büro" Lützenkirchen NZM 2018, 266). Die von dem Ableser dem Vermieter zu übergebende Quittung über den Tag und die Ergebnisse der Zwischenablesung der Heizkostenverteiler nach Auszug des Mieters gehört zu den Abrechnungsunterlagen, die der Mieter einsehen darf (AG Münster WuM 1999, 405; Schumacher WuM 2005, 509). Der BGH hat jüngst festgestellt, dass neben den Rechnungen auch in die dazugehörigen **Zahlungsbelege** Einsicht zu gewähren ist, ohne dass es eines besonderen Interesses des Mieters bedürfte (BHG 9. 12. 2020 – VIII ZR 118/19, NZM 2021, 31). Soweit es zur Überprüfung der Abrechnung notwendig ist, kann der Mieter auch Unterlagen einsehen, die andere Wohnungen oder die **Lieferbeziehungen zu Dritten** betreffen. Gründe des **Datenschutzes** müssen zurücktreten (BGH NZM 2018, 458; LG Berlin GE 2006, 849; GE 2010, 546; GE 2013, 1143; WuM 2014, 28; LG Frankenthal/Pfalz WuM 1985, 347; AG Charlottenburg GE 2005, 805; AG Dortmund WuM 1986, 378; AG Garmisch-Partenkirchen WuM 1996, 155; AG Münster WuM 2000, 198; Schmid, Hdb Rn 3288a; Weichert WuM 1993, 723, 727 f; eingehend zum Datenschutz im Betriebskostenrecht Flatow NZM 2020, 623; Harsch WuM 2015, 399). Daher ist der Mieter auch zur Einsicht in die Verträge mit den Wärmelieferanten beim **Wärmecontracting** berechtigt (BGH NJW 1979, 1304; GE 2012, 825 = WuM 2012, 276 = ZMR 2012, 542; NJW 2013, 3234 = NZM 2013, 755 = WuM 2013, 540; sowie Parallelentscheidungen zitiert nach MietPrax-AK § 556 BGB Nr 87). Dazu gehört aber nicht die

Einsicht in die Lieferverträge des Wärmelieferanten mit Dritten (BGH GE 2012, 825 = WuM 2012, 276 = ZMR 2012, 542; NJW 2013, 3234 = NZM 2013, 755 = WuM 2013, 540).

112a Der Mieter kann auch **Dritte** mit der Einsichtnahme beauftragen (LG Berlin MM 2010, Nr 12, 30; LG Hamburg WuM 1985, 400; AG Hamburg WuM 1991, 282; AG Hannover WuM 1987, 275 [LS]; Langenberg, Betriebskostenrecht H Rn 290; Römer WuM 1996, 392, 393; Schmid, Hdb Rn 3311) oder eine weitere Person hinzuziehen (AG Bochum WuM 1980, 162).

113 bb) Bei einer vermieteten **Eigentumswohnung** ist die Einsicht in die Teilungserklärung zu gestatten, wenn diese zum Maßstab des Verteilungsschlüssels gemacht wird (LG Düsseldorf DWW 1988, 210). Andererseits reicht bei Eigentumswohnungen die Vorlage der durch den Hausverwalter für den Wohnungseigentümer erstellten Abrechnung nicht aus, weil der Mieter einer Eigentumswohnung sonst ungerechtfertigt benachteiligt würde. Der Vermieter muss sich die entsprechenden Originalbelege verschaffen, wenn der Mieter dies verlangt (LG Düsseldorf DWW 1990, 207, 208 m insoweit zust Anm Geldmacher; LG Frankfurt aM WuM 1997, 52 = NJWE-MietR 1997, 147; AG Hamburg ZMR 2004, 593; Langenberg, Betriebskostenrecht H Rn 289; Riecke ZMR 2001, 77, 79; Schmid, Hdb Rn 3290). Eine andere Auffassung will eine Bindung des Mieters an die Verwalterabrechnung zulassen, weil sie anstelle der Einzelrechnungen von Dritten beim Einzelmieter stehe (LG Mannheim WuM 1996, 630 m **abl** Anm Windisch). Zumindest soll eine derartige Gestaltung individualvertraglich möglich sein (LG Düsseldorf DWW 1990, 207, 208; Abramenko ZMR 1999, 676: auch durch Formularvertrag; **aM** Schmid DWW 1990, 352). Diese Auffassung ist abzulehnen, weil sie den Schutz des Mieters einer Eigentumswohnung verkürzt. Das Verhältnis der Wohnungseigentümer untereinander ist von dem Mietverhältnis zu trennen. Dem Mieter stehen ohne Bindung an Rechtsverhältnisse aus dem Wohnungseigentum im Verhältnis zu seinem Vermieter alle Rechte aus dem Mietverhältnis zu (Weitemeyer NZM 1998, 169; zur Haftung des Verwalters Blank PiG 90 [2011] 85). Eine vertragliche Bindung an die Verwalterabrechnung verstößt gegen die Regelung des § 556 Abs 3 BGB und ist daher nach § 556 Abs 4 BGB unwirksam. Denn selbst wenn die Abrechnung in allen Einzelheiten den Anforderungen der §§ 556, 556a BGB an die Betriebskostenumlage gegenüber dem Mieter entsprechen sollte, begibt sich der Mieter durch den Verzicht auf die Einsichtnahme in die Originalbelege seines Rechts, die Betriebskostenabrechnung nachzuprüfen. Dieses Recht ist als Hilfsanspruch zu dem Anspruch auf Rechnungslegung nach § 556 Abs 3 BGB ebenfalls von dem Verbot der Abdingbarkeit in § 556 Abs 4 BGB umfasst (s zur vermieteten Eigentumswohnung nun auch § 556a Abs 3, § 556a Rn 48).

114 cc) Der **Leistungsort** für die Vorlage der Belege richtet sich nach § 269 Abs 1 BGB, nicht nach § 811 BGB (LG Hanau WuM 1981, 102; AG Wiesbaden WuM 2000, 312; Kleffmann ZMR 1984, 109; Römer WuM 1996, 392; **aM** LG Berlin GE 2002, 860; AG Arnsberg DWW 1988, 52; AG Delmenhorst WuM 2003, 657; AG Oldenburg WuM 1993, 412), weil ein Fall der Urkundeneinsicht nach § 810 BGB nicht vorliegt. Die Betriebskostenbelege sind keine Urkunden, die, wie es § 810 BGB fordert, im Interesse des Mieters errichtet wurden, ein zwischen dem Mieter und einem anderen bestehendes Rechtsverhältnis beurkunden oder Verhandlungen über solche Gegenstände enthalten. Selbst wenn man dem Mieter aber den Anspruch aus § 810 BGB zuspricht, bleibt es ihm unbenommen, daneben aus dem speziellen Schuldverhältnis vorzugehen (Staudinger/ Marburger [2015] Vorbem 3 zu §§ 809–811), sodass er auch den Anspruch aus §§ 259, 269 BGB geltend machen kann und es auf § 811 BGB nicht ankommt (AG Wiesbaden

WuM 2000, 312). Nach § 269 Abs 1 BGB und Abs 2 ist am Wohnort oder Geschäftssitz des Vermieters als Schuldner der Abrechnungspflicht zu leisten, wenn sich nicht aus dem Vertrag oder den Umständen etwas anderes ergibt. Umstritten ist demgemäß, ob der **Wohn- oder Geschäftssitz des Vermieters** (LG Berlin GE 2002, 860; GE 2003, 253; MM 2013, Nr 7/8, 38; LG Hamburg WuM 2000, 197; WuM 2002, 55; LG Münster WuM 2011, 30; AG Berlin Mitte GE 1999, 987; AG Hagen ZMR 1984, 119 wenn Vermieter im selben Haus wohnt; AG Hannover WuM 1987, 275 [LS]; AG Jena DWW 2000, 336; LANGENBERG, Betriebskostenrecht H Rn 296; SCHMID, Hdb Rn 3303; STERNEL Rn III 372) oder die **Wohnung des Mieters** maßgebend ist. Letzteres wird damit begründet, dass Nebenpflichten regelmäßig am Leistungsort der Hauptpflicht des Vermieters, nämlich der Überlassung der Mietwohnung, zu erbringen seien (LG Hanau WuM 1985, 346; LG Hannover WuM 1985, 346; AG Berlin-Mitte GE 1999, 987; AG Langenfeld/Rhld WuM 1996, 426; AG Weißwasser WuM 2002, 233; RÖCHLING ZMR 1979, 161; RÖMER WuM 1996, 392). Haupt- und Nebenpflichten sind jedoch nicht notwendig an demselben Leistungsort zu erfüllen, wenn es für die Nebenpflicht ihrer Natur nach bei der Grundregel des § 269 Abs 1 BGB bleiben kann. Das ist bei der Pflicht zur Vorlage der Belege der Fall, zumal es für den Vermieter einer Vielzahl von Wohnungen einen unverhältnismäßigen Aufwand bedeuten würde, jedem Mieter die Belege in dessen Wohnung zu präsentieren. Ist der Sitz des Vermieters vom Ort des Mietobjekts weit entfernt, entspricht es jedoch Treu und Glauben, dass der Vermieter dem Mieter die Einsicht am Ort der Mietsache, etwa bei einer Hausverwaltung oder dem Hausmeister, gewährt (LG Frankfurt aM NZM 2000, 27 = WuM 1999, 576 = ZMR 1999, 764 m Anm RAU; ZMR 2015, 307; LG Freiburg NZM 2012, 23 = GE 2011, 693; LG Hamburg WuM 2000, 197; LG Münster WuM 2011, 30: nicht bei 30 km Entfernung und Hilfe durch Mieterschutzverein am Ort des Vermieters; AG Frankfurt aM DWW 1999, 158 m Anm ABRAMENKO; AG Langenfeld/Rhld WuM 1996, 426; AG Weißwasser WuM 2002, 233; LANGENBERG, Betriebskostenrecht H Rn 298). Der Mieter ist in diesem Fall nicht darauf zu verweisen, dass ihm Kopien zugesandt werden, weil dies nur eine von ihm zu wählende Alternative zur Einsichtnahme darstellt (s Rn 115), die für sein Informationsbedürfnis uU nicht ausreichend ist (LG Freiburg NZM 2012, 23 = GE 2011, 693). Der Anspruch auf Einsicht ist mit Zugang der Abrechnung **fällig** (OLG Karlsruhe ZMR 2019, 19) und daher sofort zu erfüllen, wenn der Mieter etwa nach Ankündigung die Räume des Vermieters aufsucht.

b) Erstellung von Kopien

Die ältere Instanzenrechtsprechung gewährte dem Mieter neben der Einsichtnahme das Recht, entsprechend § 29 Abs 2 NMV wahlweise gegen Übernahme angemessener Kosten die **Übersendung von Kopien** zu verlangen (LG Berlin GE 2003, 253; LG Düsseldorf DWW 1999, 181, 183 f; LG Duisburg WuM 2002, 31; LG Hamburg WuM 1997, 500; LG Leipzig ZMR 2006, 288; LG Neubrandenburg WuM 2002, 339; AG Bremen WuM 2002, 32: an Mieterschutzverein; AG Bonn WuM 1996, 629; AG Delmenhorst WuM 2003, 657; AG Diez WuM 2001, 560; AG Hamburg WuM 2000, 213; AG Köln WuM 1996, 426; WuM 2000, 36 = ZMR 1999, 343; WuM 2000, 152; WuM 2003, 153; WuM 2005, 49; AG Langenfeld/Rhld WuM 1996, 426; AG Niebüll WuM 2001, 633; AG Oldenburg WuM 1993, 412; AG Tiergarten MM 2000, 91; DERCKX WuM 2005, 226; LANGENBERG, Betriebskostenrecht H Rn 304; RÖMER WuM 1996, 392, 393; SCHMID, Hdb Rn 3313; einschr AG Neubrandenburg WuM 1994, 531 nur konkrete Rechnungen). Der BGH schränkte dies in seinem berechtigten Bemühen, die formellen Anforderungen an die Erstellung und Begründung einer Betriebskostenabrechnung zu begrenzen, dahingehend ein, dass ein Anspruch auf Übersendung von Kopien der Rechnungsbelege nach § 242 BGB nur besteht, wenn es dem Mieter wegen Umzugs, **115**

Aufenthalts im Ausland oder weiter Entfernung nicht zumutbar ist, am Wohnsitz oder am Sitz der Geschäftsleitung des Vermieters Einsicht zu nehmen (BGH NJW 2006, 1419 Rn 24 f = WuM 2006, 200 = NZM 2006, 340; NZM 2006, 926 Rn 7; GE 2010, 296 = WuM 2010, 296; NJW 2010, 2288 = NZM 2010, 576 = WuM 2010, 363; LG Berlin GE 2003, 1492; MM 2013, Nr 7/8, 38; LG Düsseldorf ZMR 1998, 167; LG Frankfurt aM NZM 2000, 27 = WuM 1999, 576 = ZMR 1999, 764 m **abl** Anm Rau; LG Gera WuM 2003, 457; LG Hamburg WuM 2000, 197; LG Köln NZM 2001, 617 = ZMR 2001, 624; LG Münster WuM 2011, 30: LG Zwickau WuM 2003, 271; AG Ahaus WuM 1992, 696; AG Brandenburg GE 2003, 55; AG Frankfurt aM DWW 1999, 158 m Anm Abramenko; AG Gelsenkirchen WuM 1996, 349; AG Itzehoe NZM 2012, 860; AG Köln WuM 1996, 629; AG Pfaffenhofen v 10. 5. 2013 Az 1 C 22/13, Quelle juris). Die Frage der Zumutbarkeit ist Tatfrage (BGH NJW 2010, 2288 = NZM 2010, 576 = WuM 2010, 363). Hat der Mieter Kopien erhalten, kann er die Originale nur einsehen, wenn er die Richtigkeit der Kopien anzweifelt (LG Hannover WuM 1985, 346). Ein Anspruch auf Übersendung der Kopien besteht auch, wenn der Vermieter beim Einsichtnahmetermin nicht alle Unterlagen vorlegen konnte (AG Charlottenburg MM 2013, Nr 6, 29), wenn das Verhältnis zwischen den Mietvertragsparteien so zerrüttet ist, dass die Einsichtnahme in der Wohnung des Vermieters unzumutbar ist (AG Bergisch-Gladbach ZMR 2012, 198) oder der Mieter hochbetagt ist (AG Dortmund WuM 2011, 631).

115a Die **Höhe der Kopierkosten** wird überwiegend mit umgerechnet etwa 25 bis 50 Cent pro Kopie angesetzt (LG Berlin GE 2002, 1563; LG Hamburg WuM 2000, 197; LG Landshut WuM 1987, 389; AG Aachen WuM 2003, 220; AG Brandenburg GE 2003, 55; AG Charlottenburg MM 2013, Nr 6, 29; AG Köln WuM 2000, 332; AG Neubrandenburg WuM 1994, 531; AG Neuruppin WuM 2000, 437; AG Tiergarten MM 2000, 91; Langenberg, Betriebskostenrecht H Rn 329; **aM** LG Berlin GE 2000, 409: 1 DM zu hoch; AG Oldenburg WuM 1993, 413 u AG Pankow/Weißensee NZM 2002, 655: 5 bis 10 Cent). Der Anspruch auf Übersendung der Kopien ist nicht nach § 273 BGB Zug um Zug gegen Übernahme der Kopierkosten zu erfüllen, sondern der Vermieter hat vorzuleisten (OLG Düsseldorf WuM 2001, 344; **aM** LG Leipzig ZMR 2006, 288; AG Aachen WuM 2004, 611). Der Anspruch soll nach § 888 ZPO vollstreckt werden (OLG Düsseldorf WuM 2001, 344; s aber Rn 135). Es spricht auch nichts dagegen, dem Mieter oder einem Dritten die **Anfertigung digitaler Kopien** mit modernen tragbaren Geräten zu ermöglichen, soweit der Vermieter hierdurch nicht belastet ist (LG Berlin GE 2010, 1205; MM 2010, Nr 12, 30; LG Potsdam WuM 2011, 631; AG Charlottenburg GE 2010, 1205).

7. Abrechnungszeitraum

a) Dauer

116 Die Länge des Abrechnungszeitraums darf gem § 556 Abs 3 S 1 BGB ein Jahr nicht überschreiten (LG Düsseldorf ZMR 1998, 167; LG Leipzig WuM 2004, 481; AG Köln WuM 1997, 232; AG Waiblingen WuM 1987, 323; AG Wuppertal WuM 1985, 372 [LS]). **Längere Zeiträume** können nach neuerer Auffassung des BGH trotz § 556 Abs 4 BGB durch die Parteien vereinbart werden, wenn sachliche Gründe dafürsprechen. Genannt wird die Notwendigkeit, den Abrechnungszeitraum vom Kalenderjahr auf einen davon abweichenden Zeitraum oder umgekehrt anzupassen (BGH NJW 2011, 2878 = NZM 2011, 624 = WuM 2011, 511 = ZMR 2011, 941; ausdr bestätigt in BGH VIII ZR 230/19 v 28. 10. 2020 Tz 44; ebenso schon AG Wetzlar WuM 2001, 30, 31; Lützenkirchen/Dickerbach ZMR 2006, 821, 823 ff; **aM** Staudinger/Weitemeyer [2011] Rn 116, 144 sowie die vom BGH Rn 9 mitgeteilte bisherige hM). Dem BGH ist beizupflichten, dass bei genauerer Betrachtung die Abrechnung für kürzere Zeiträume wegen der rascheren Fälligkeit von Nachzahlungen ebenfalls durchaus nachteilig sein kann und daher in beiden Fällen bei Vorliegen sachlicher Gründe vereinbart werden kann. Eine Umstellung des bisherigen Abrechnungszeitraums auf das Kalenderjahr kann der Vermieter aus vernünftigen Gründen vornehmen (LG Berlin GE 2002, 1627). Dies darf dann auch dazu führen, dass der zwölfmonatige Abrechnungszeitraum im Jahr der Umstellung wesentlich überschritten wird (aM AG Köln WuM 1997, 232).

Eine Abrechnung für **kürzere Zeiträume** ist unter dieser Einschränkung ebenfalls **116a** gestattet (offen gelassen von BGH NJW 2011, 2878 = NZM 2011, 624 = WuM 2011, 511 = ZMR 2011, 941 mwNw; LG Berlin GE 2005, 433; LANGENBERG, Betriebskostenrecht G Rn 103; SCHMIDT-FUTTERER/LANGENBERG Rn 299; SCHMID, Hdb Rn 3151b; **aM** LG Darmstadt Info M 2006, 77; AG Waldshut-Tiengen WuM 1985, 349 für eine formularvertragliche Klausel; BLANK/BÖRSTINGHAUS Rn 175). Dies muss aber vertraglich vereinbart werden, da sonst ein Verstoß gegen § 556 Abs 3 S 1 BGB mit dem Jährlichkeitsprinzip vorliegt (BGH GE 2010, 1191 = WuM 2010, 493; OLG Düsseldorf ZMR 20021, 46; SCHMIDT-FUTTERER/LANGENBERG Rn 302). Eine Aufteilung der Gesamtabrechnung wegen eines Eigentümerwechsels oä in zwei Zeitabschnitte ist ebenfalls zulässig und in der Regel auch nicht zu unübersichtlich (BGH GE 2010, 1191). Der Vermieter ist aber nicht verpflichtet, in kürzeren Abständen abzurechnen, auch nicht bei einem Mieterwechsel (s § 556a Rn 32). Der Abrechnungszeitraum braucht nicht mit dem **Kalenderjahr** übereinzustimmen, in Betracht kommen auch das Mietjahr oder der Jahreszeitraum, innerhalb dessen regelmäßig die Jahresabrechnungen der Versorgungsträger erstellt werden (BGH NJW 2008, 2328 = WuM 2008, 404; SCHMIDT-FUTTERER/LANGENBERG Rn 301). Unterschiedliche Betriebskosten können zu verschiedenen Zeitpunkten abgerechnet werden, etwa die Heizkosten und die übrigen Betriebskosten (BGH NJW 2008, 2328 = WuM 2008, 404; AG Darmstadt MietRB 2012, 226; **aM** AG Kerpen ZMR 2012, 877). Eine Verpflichtung hierzu besteht aber nicht. Etwas anderes kann sich nur aus einer dahingehenden Vereinbarung ergeben (s Rn 110), die jedoch in der Regel nicht vorliegt. Vielmehr folgt aus der Zahlung einheitlicher Vorauszahlungen auch eine einheitliche Abrechnungsfrist, weil sonst nicht bestimmbar wäre, welcher Teil der Vorauszahlungen für welchen Abrechnungskreis geleistet worden ist (BGH NJW 2008, 2328 = WuM 2008, 404; **aM** AG Kerpen ZMR 2012, 877).

b) Leistungs- oder Abflussprinzip
Grundsätzlich sind nur diejenigen Betriebskosten in die Abrechnung einzustellen, die **117** in dem Abrechnungszeitraum tatsächlich angefallen sind. Maßgebend ist der **Verbrauch**. Es gilt daher das **Leistungsprinzip** (LG Berlin GE 1988, 463; GE 2000, 813; LG Hamburg WuM 2000, 197; DWW 2002, 165 = GE 2001, 992 = NZM 2001, 806 = ZMR 2001, 970; AG Güstrow WuM 1999, 551; AG Leipzig WuM 2002, 376; AG Neuss DWW 1993, 296; AG Nürnberg NZM 2002, 859; AG Tübingen WuM 1991, 122; AG Nürnberg NJW-RR 2002, 1589 für Gewerbemietverhältnis; EISENSCHMID WuM 2001, 215, 221; GELDMACHER DWW 1997, 166; LANGENBERG, Betriebskostenrecht G Rn 107; SCHMID, Hdb Rn 3198). Der BGH hat jedoch vor allem aus praktischen Gründen für verbrauchsabhängige „kalte" **Betriebskosten** auch die Abrechnung nach dem Rechnungsdatum oder der Zahlung durch den Mieter **(Abflussprinzip)** für zulässig erachtet (BGH NJW 2008, 1300 = WuM 2008, 223; NJW 2008, 1801 = WuM 2008, 285; NJW 2008, 2328 = WuM 2008, 404; AG Bremen WuM 2009, 671; noch offen gelassen von BGH NZM 2006, 740 = WuM 2006, 516; OLG Schleswig NJW-RR 1991, 78; LG Berlin GE 1999, 1129; MM 2004, 374; LG Wiesbaden NZM 2002, 944; bei geringfügigem Überhang LG Dortmund ZMR

2005, 865; wenn eine Mehrbelastung ausgeschlossen ist: LG Berlin GE 2006, 725; GE 2007, 368; GE 2007, 451; LG Düsseldorf DWW 1990, 51; AG Köpenick GE 2010, 1208; Blank/Börstinghaus, Miete Rn 101 mwNw). Damit sind auch die Probleme gelöst, die sich daraus ergeben, dass dritte Leistungserbringer uU zu anderen Zeiträumen die Verbrauchsdaten messen als es der Abrechnungspflicht entspricht (BGH NJW 2008, 1300 = WuM 2008, 223), und die Wohnungsverwaltung **vermieteter Eigentumswohnungen** in der Abrechnung nach § 28 Abs 3 WEG, die nach dem Zufluss- und Abschlussprinzip erstellt wird, andere Beträge zugrunde legt (LG Wiesbaden NZM 2002, 944; zum Problem Blank NZM 2004, 365; Drasdo NZM 2001, 13; ders DWW 2004, 316; Jennissen NZM 2002, 236; Langenberg NZM 2004, 361; Riecke WuM 2003, 309; Schmid ZMR 2005, 27; Stähling WuM 2005, 726; Wilhelmy NZM 2004, 921; zur vermieteten Eigentumswohnung nun auch § 556a Abs 3 § 556a Rn 49). Der Wohnungseigentumsverwalter ist ohne gesonderte Vereinbarung nicht verpflichtet, für die vermietete Wohnung eine Einzeljahresabrechnung zu erstellen (BayObLG ZMR 2005, 564). Auch die **vertragliche Vereinbarung** zwischen den Mietvertragsparteien, die Betriebskosten nach dem Abflussprinzip abzurechnen, ist zulässig (BGH NJW 2008, 1300 = WuM 2008, 223; OLG Schleswig WuM 1991, 333 obiter dictum; OLG Düsseldorf GuT 2003, 1 für Gewerbemiete; LG Düsseldorf DWW 1990, 220 wenn kein Mieterwechsel stattfindet; Blank WuM 2000, 523; Sternel PiG 55 [1998] 79, 95; diff Langenberg PiG 58 [1999] 79, 92 ff; ders, Betriebskostenrecht G Rn 115 ff). Hat der Vermieter allerdings bereits eine Endabrechnung durch den Leistungserbringer erhalten, hat er in die Betriebskostenabrechnung nicht mehr seine eigenen Vorauszahlungen, sondern die endgültige Zahlungsverpflichtung einzustellen (AG Rheinbach 24. 11. 2011 – 3 C 278/11).

117a Fraglich ist, ob der BGH damit auch eine Mischung zwischen Leistungs- und Abflussprinzip für unterschiedliche Abrechnungsposten erlaubt (kritisch AG Hamburg-Blankenese ZMR 2010, 613 Rn 98 ff; Langenberg, Betriebskosten- und Heizkostenrecht G Rn 110; Schach GE 2008, 445; Schmid, Hdb Rn 3200). Zumindest wird man fordern müssen, dass der Vermieter grundsätzlich bei einer Abgrenzungsmethode bleibt (AG Hamburg-Blankenese ZMR 2010, 613 Rn 109 f) oder einen Wechsel zumindest genau begründet. **„Warme" Betriebskosten** wie die **Heizkosten** sind hingegen nicht nach dem Abflussprinzip abzurechnen, denn nach der zwingenden Vorschrift des § 7 Abs 2 HeizkostenV sind die tatsächlich verbrauchten Heizkosten maßgebend (BGH NJW 2012, 1141 = NZM 2012, 230 = WuM 2012, 143 = ZMR 2012, 341; AG Bad Mergentheim NZM 2012, 680 zur Messung mittels Füllstandes; Schmidt-Futterer/Lammel § 6 HeizkostenV Rn 21; **aM** LG Berlin GE 2011, 753 = ZMR 2011, 871; LG Berlin ZMR 2011, 955 wenn Mieter keinen Nachteil erleidet; Schmid DWW 2008, 162, 163; für die nicht verbrauchsabhängige Abrechnung nach § 12 Abs 1 HeizkostenV zulässig LG Heidelberg WuM 2011, 217 = ZMR 2011, 638). Die Kosten sind in diesem Fall nicht umlegbar und nicht nur zu kürzen (BGH NJW 2012, 1141 = NZM 2012, 230 = WuM 2012, 143 = ZMR 2012, 341).

117b Soweit das Leistungsprinzip auch bei der **Nachforderung von Betriebskosten**, etwa bei vertraglichen Vereinbarungen hinsichtlich der Grundsteuer gilt, können Betriebskostenabrechnungen für vergangene Abrechnungsperioden geändert werden, wenn die Grundsteuer rückwirkend erhöht wird (s Rn 133). Bezieht sich die Änderung auf mehrere Abrechnungszeiträume, müssen die einzelnen Abrechnungen korrigiert werden, wenn in dieser Zeit **Mieterwechsel** stattgefunden haben, weil dem einzelnen Mieter nur die in seiner Mietzeit angefallenen Leistungen auferlegt werden können (LG Berlin GE 2005, 1249; Ruff WuM 2003, 379, 383 mwNw). Anders als bei der Erhöhung der Betriebskostenpauschale (s Staudinger/Artz [2021] § 560 Rn 28) kann die Abrechnung auch noch nach der Beendigung des Mietverhältnisses korrigiert werden (LG Berlin GE 2005, 737). Ebenso ist grundsätzlich bei einem Mieterwechsel eine verbrauchs- und verursachungsgenaue Abrechnung nach dem Leistungsprinzip vorzunehmen (offen gelassen durch BGH NJW 2008, 1300 = WuM 2008, 223; hierzu Streyl WuM 2010, 545, 549). Das Gleiche gilt nach § 242 BGB, wenn der Versorgungslieferant in einer Abrechnung die Kosten für zwei Jahre in einem Betrag nachfordert (AG Bremen WuM 2009, 671).

8. Abrechnungssaldo

a) Anspruchsinhaber und Anspruchsgegner

aa) Die **Parteien** der Ansprüche aus dem Abrechnungssaldo sind der Mieter und der Vermieter (zum Vermieterwechsel s Rn 98 f). Sind mehrere Vermieter oder Mieter in einer Gesellschaft bürgerlichen Rechts verbunden, müssen sie den **Anspruch aus dem Abrechnungssaldo** grundsätzlich gemeinsam geltend machen (LG Berlin GE 1998, 1462 = NZM 1999, 998 = NJW-RR 1999, 1387; vgl zur Beteiligung einer GbR auch Kraemer NZM 2002, 465 = WuM 2002, 459; Sonnenschein, in: FS Kraft, 607; Weitemeyer, in: Gedschr Sonnenschein, 431; dies ZMR 2004, 153). Bei einer bloßen Mietermehrheit haben ebenfalls alle Mieter einen Anspruch auf Auszahlung eines Guthabens aus dem Saldo, da sie in der Gesamtheit die Überzahlung erbracht haben (BGH WuM 2005, 257; NJW 2010, 1965 Rn 11 = WuM 2010, 356; Schmidt-Futterer/Langenberg Rn 424; **aM** Schach GE 2000, 1677, 1680). Der Vermieter kann aber einen von mehreren Mitmietern auf die Nachzahlung aus dem Saldo in Anspruch nehmen, da die Mieter die Miete sowie die Betriebskosten als Gesamtschuldner schulden, §§ 421, 427 BGB (BGH NJW 2010, 1965 = WuM 2010, 356; LG Frankfurt aM ZMR 2009, 365, 366; Schmidt-Futterer/Langenberg Rn 423; **aM** LG Berlin GE 2000, 1032; GE 2006, 1235; Schach GE 2000, 1677, 1680). Der Mieter kann auch dann ein Guthaben aus der Betriebskostenabrechnung verlangen, wenn das Sozialamt die Vorauszahlungen entrichtet hat (AG Braunschweig WuM 1990, 556; **aM** AG Frankfurt aM WuM 1992, 446). Das ergibt sich daraus, dass der Rückzahlungsanspruch ein vertraglicher Anspruch ist (s Rn 140), der allein dem Mieter als Vertragspartner zusteht, soweit andere Vereinbarungen nicht getroffen wurden. **118**

bb) Von einer **Zwangsverwaltung** können Betriebskostenvorauszahlungen als auch Nachzahlungen erfasst sein (s Rn 101). In diesem Fall ist der Zwangsverwalter zur Erstattung eines Guthabens aus einer Betriebskostenabrechnung verpflichtet, auch wenn ihm die Vorauszahlungen vom Vermieter nicht ausgehändigt worden sind (BGH NJW 2003, 2320 = NZM 2003, 473 = WuM 2003, 390 = ZMR 2004, 568; NJW 2006, 2626 = NZM 2006, 581 = WuM 2006, 402 = ZMR 2006, 601; OLG Hamburg NJW 1990, 151 = WuM 1990, 10 m Anm Geldmacher DWW 1990, 84; LG Berlin GE 2003, 51; LG Zwickau WuM 2003, 271; AG Neukölln WuM 2003, 117; Reismann WuM 1998, 387, 390). Vereinnahmte, aber nicht verbrauchte Vorauszahlungen sind an den Zwangsverwalter herauszugeben (BGH NZM 2008, 100, 101; **aM** Heider/Zur Nieden NZM 2010, 601, 604). **119**

cc) In einem laufenden **Insolvenzverfahren gegen den Vermieter** hat der Mieter nach § 80 Abs 1 InsO alle Zahlungen an den Insolvenzverwalter zu entrichten (Schmid, Hdb Rn 3371). Ein Guthaben aus der Betriebskostenabrechnung ist eine einfache Insolvenzforderung nach den §§ 108 Abs 2, 38 InsO, wenn die Abrechnungsperiode vor Eröffnung des Verfahrens bereits abgeschlossen war (BGH ZIP 2007, 239; Börstinghaus DWW 1999, 205, 207; Horst ZMR 2007, 167, 174; Schmid, Hdb Rn 3373 f; s auch AG Saarbrücken ZMR 2006, 49; **aM** LG Berlin GE 2006, 513). Ansprüche **120**

aus nach Eröffnung des Insolvenzverfahrens begonnenen Abrechnungsperioden sind bevorrechtigte Masseansprüche gem § 55 Abs 1 InsO (Börstinghaus DWW 1999, 205, 207; Schmid, Hdb Rn 3376). Ansprüche aus dem Abrechnungszeitraum, in dem die Insolvenz eröffnet wurde, sind wie bei einem Mieterwechsel aufzuteilen (Börstinghaus DWW 1999, 205, 207; Flatow, in: FS Blank [2006] 513, 516; **aM** Schmid, Hdb Rn 3375: Masseverbindlichkeit; weitere Einzelheiten bei Franken/Dahl, Mietverhältnisse in der Insolvenz [2. Aufl 2006]).

120a Wird der **Mieter insolvent**, kann der Vermieter gegen eine Forderung auf Auskehrung eines Guthabens aus der Betriebskostenabrechnung mit seinen Mietforderungen aufrechnen gem § 95 Abs 1 S 1 InsO, selbst wenn er erst nach der Insolvenzeröffnung abrechnet. Denn die Forderung aus der Abrechnung war bereits entstanden, sie wird lediglich durch die Abrechnung fällig (BGH NJW-RR 2005, 487 = NZM 2005, 342 m Anm Eckert 330 = MDR 2005, 596 = ZIP 2005, 181 = ZMR 2005, 281; NZM 2011, 404 = WuM 2011, 282 = ZMR 2011, 11). Für die Frage der Anfechtung nach § 96 Abs 1 Nr 3 InsO kommt es darauf an, ob der Abschluss des Mietvertrags, nicht ob die Erstellung der Abrechnung in der Anfechtungsfrist vorgenommen worden ist (BGH NJW-RR 2005, 487 = NZM 2005, 342; **aM** LG Chemnitz ZMR 2003, 574). Nach Freigabe des Mietverhältnisses aus der Masse nach § 109 Abs 1 S 2 InsO lebt die Zuständigkeit des Mieters wieder auf (zu Problemen bei der Betriebskostenabrechnung Flatow, in: FS Blank [2006] 513, 516).

b) Fälligkeit

121 aa) Die Fälligkeit eines Rückzahlungs- oder Nachzahlungsanspruchs tritt **frühestens nach ordnungsgemäßer Abrechnung** und deren **Zugang** beim Mieter ein (BGHZ 113, 188 = NJW 1991, 836 = WuM 1991, 150; BGH GE 2000, 1471 = NZM 2001, 158 = WuM 2000, 609; NJW-RR 2005, 487 = NZM 2005, 342 = MDR 2005, 596 = ZIP 2005, 181 = ZMR 2005, 281; NJW 2005, 1499 = NZM 2005, 373; NJW 2006, 1419 = NZM 2006, 340 = WuM 2006, 200 m Anm Lützenkirchen 156 = ZMR 2006, 358 m Anm Schmid 341 u Rau/Dötsch 362; OLG Düsseldorf ZMR 2003, 252, 254; OLG Hamm WuM 1982, 72; GE 1998, 865 = NZM 1998, 568 = WuM 1998, 476 = ZMR 1998, 624; OLG Koblenz WuM 1995, 154; NZM 2002, 436 = NJW-RR 2002, 800 = GuT 2002, 84 = ZMR 2002, 519; LG Düsseldorf NJW 2011, 688 = NZM 2011, 243 = WuM 2011, 99; LG Gießen NJW-RR 1996, 1163; LG Hamburg ZMR 2010, 760; LG Köln WuM 1989, 28; LG Regensburg ZMR 1984, 307; LG Wiesbaden ZMR 1985, 273). Für den Zugang gelten die allgemeinen Voraussetzungen des § 130 BGB (vgl zu Einwurfeinschreiben LG Berlin ZMR 2000, 295; GE 2010, 1345 sowie Kommentierung zu § 130 sowie Rn 108). Die Abrechnung muss **formell ordnungsgemäß**, dh nachvollziehbar und verständlich sein. Inhaltlich richtig muss die Abrechnung nicht sein (s Rn 82; OLG Düsseldorf ZMR 2004, 27; AG Köln WuM 1997, 648; Langenberg, Betriebskostenrecht I Rn 7; vgl auch OLG Düsseldorf NJW-RR 2000, 279 u OLG Hamm NZG 2001, 73 für andere Abrechnungsansprüche). Ist die Abrechnung nur teilweise formell fehlerhaft, dh berührt ein Fehler nur einzelne Kostenpositionen und zieht er sich nicht durchgängig durch die gesamte Abrechnung, bleibt die Abrechnung im Übrigen unberührt und es tritt **Teilfälligkeit** ein (BGH NJW 2007, 1059 = NZM 2007, 244 = WuM 2007, 196 = ZMR 2007, 359; NJW 2010, 3363 = NZM 2010, 784 = WuM 2010, 627 = ZMR 2011, 26; NJW 2011, 143 = NZM 2010, 858 = WuM 2010, 748 = ZMR 2011, 112; NJW-RR 2011, 90 = NZM 2011, 118 = WuM 2010, 741; NJW 2011, 1867 = NZM 2011, 401 = WuM 2011, 101; OLG Düsseldorf GE 2003, 879 = WuM 2003, 387 = ZMR 2003, 569; LG Berlin GE 2011, 58 Rn 57; AG Wetzlar WuM 2001, 30; Flatow WuM 2010, 606, 609; Milger NJW 2009, 625, 626; Schmid, Hdb Rn 3329). Auch materielle Fehler, die zwischen den Parteien streitig sind, berühren die Fälligkeit im

Übrigen nicht, wenn der Mieter die betreffende Position unschwer herausrechnen kann (OLG Schleswig WuM 1991, 333 = NJW-RR 1991, 78; LG Berlin GE 1995, 941; GE 1997, 687; LG Hamburg NJW-RR 1988, 907; WuM 1989, 28; AG Menden DWW 1990, 212; AG Neuss WuM 1995, 46; LANGENBERG, Betriebskostenrecht, I Rn 8; STERNEL, Mietrecht aktuell Rn 806). Die Fälligkeit tritt beim Zugang nur gegenüber einem von mehreren Mietern (s Rn 97) nur diesem gegenüber ein.

bb) Die Fälligkeit einer Nachforderung setzt nach früher hM weiter eine **angemes-** **122** **sene Zeit zur Überprüfung** der Abrechnung für den Mieter voraus (OLG Hamm WuM 1982, 72; AG Büdingen WuM 1996, 715; AG Eschweiler WuM 1996, 99; AG Gelsenkirchen-Buer WuM 1994, 549; AG Köln WuM 1996, 629; AG Potsdam NZM 2001, 378; GELDMACHER DWW 1990, 208; STERNEL Rn III 374; offen gelassen von BGHZ 113, 188 = NJW 1991, 836 = WuM 1991, 150), während ein Guthaben zugunsten des Mieters sofort mit Zugang fällig wird (allgM, vgl LANGENBERG, Betriebskostenrecht I Rn 10). Die Länge der Prüfungsfrist richtet sich nach der Komplexität der Abrechnung (STERNEL Rn III 374). Sie sollte maximal einen Monat betragen (AG Gelsenkirchen-Buer WuM 1994, 549; diff AG Potsdam NZM 2001, 378: analog § 4 Abs 3 MHRG – ähnl heute § 560 Abs 2). Der **BGH** verneint eine Prüffrist und geht von sofortiger Fälligkeit nach § 271 Abs 1 BGB aus (BGH NJW 2006, 1419 = NZM 2006, 340 = WuM 2006, 200 m Anm LÜTZENKIRCHEN 156 u SCHMID 481 = ZMR 2006, 358 m Anm SCHMID 341 u RAU/DÖTSCH 362; AG Hamburg-Bergedorf ZMR 2013, 203; OLG Düsseldorf GE 2011, 118 für Gewerberaum; ebenso bereits SCHMID WuM 1996, 319; ders, Hdb Rn 3330). Jedoch kann der Rückstand mit einer Betriebskostennachzahlung nicht zur Kündigung nach § 543 BGB führen (LG Bonn MietRB 2011, 338; AG Hamburg-Bergedorf ZMR 2013, 203).

Auf dieser Grundlage dürfte auch die Vereinbarung einer einwöchigen Prüfungsfrist **122a** in einem Formularvertrag wirksam sein (**aM** noch LG Frankfurt aM WuM 1990, 271, 274). Wird die Betriebskostennachforderung sofort mit Zugang der Abrechnung fällig, gerät der Mieter allerdings nicht in **Verzug**, wenn er sich eine angemessene Zeit zur Prüfung nimmt (so schon bisher SCHMID WuM 1996, 319; ders, Hdb Rn 3336). Richtig ist, dass gem § 271 Abs 1 BGB ein Anspruch im Zweifel sofort fällig wird. Im Fall der Betriebskostenabrechnung ergibt sich jedoch aus den Umständen etwas anderes, weil der Mieter aufgrund seiner Vorauszahlungen in Vorleistung getreten ist und bei sofortiger Fälligkeit keine Gegenrechte geltend machen könnte, wenn sich erst aufgrund der Überprüfung ergibt, dass die Abrechnung unrichtig ist. Ebenso ist anerkannt, dass der Anspruch des Mieters auf Rückzahlung der Mietkaution nach dem Ende des Mietvertrags erst nach Ablauf einer Überlegungs- und Abrechnungsfrist für den Vermieter fällig wird (STAUDINGER/V EMMERICH § 551 Rn 29 mwNw). Diese Überlegungen sind nicht durch § 286 Abs 3 BGB, auf dessen Wirkung der Wohnraummieter als Verbraucher hinzuweisen ist (LG München I ZMR 2015, 617) überholt (**aM** SCHMID ZMR 2000, 661, 663), weil der Verzug auch vor Ablauf der Monatsfrist durch Fristsetzung oder Mahnung ausgelöst werden könnte (AG Naumburg WuM 2004, 690; LANGENBERG, Betriebskostenrecht H Rn 15). LANGENBERG schlägt deshalb vor, die für die Verjährung und den Lauf der Einwendungsfrist maßgebliche Fälligkeit bereits mit Zugang einer formell ordnungsgemäßen Abrechnung eintreten zu lassen. Die Wirkung des Zurückbehaltungsrechts sei jedoch nach Treu und Glauben gem § 242 BGB dahingehend zu korrigieren, dass der Mieter nicht Zug um Zug gegen Erteilung einer ordnungsgemäßen Abrechnung zu verurteilen, sondern die Klage des Vermieters abzuweisen ist (LANGENBERG, Betriebskostenrecht H Rn 1 u 7 ff).

123 cc) Darüber hinaus wird eine Betriebskostennachzahlung nach bisher hM nicht **fällig**, wenn der Vermieter die **Einsicht** in die Abrechnungsunterlagen (s Rn 112) nicht gewährt oder gegen angemessene Kostenerstattung keine **Kopien** (s Rn 115) übersendet, soweit der Mieter dies fordern kann (LG Berlin GE 2000, 409; LG Bremen WuM 2013, 488 = ZMR 2012; LG Düsseldorf DWW 1990, 207 m zust Anm GELDMACHER; DWW 1999, 181, 183; LG Duisburg WuM 2002, 32, 33; LG Essen DWW 1996, 371; AG Bonn WuM 1996, 629; AG Dinslaken WuM 2001, 497 m Anm GOCH; AG Hamburg WuM 2002, 499 f; AG Köln WuM 1996, 426; AG Langenfeld/Rhld WuM 1996, 426; AG Oldenburg WuM 1993, 412; AG Siegburg WuM 1991, 598). Dem Mieter lediglich ein **Zurückbehaltungsrecht** bis zur Vorlage der Belege zu gewähren, falls der Mieter dies wünscht und der Vermieter die Einsichtnahme verweigert (so BGH NJW 2006, 1419 = NZM 2006, 340 = WuM 2006, 200 m Anm LÜTZENKIRCHEN 156 = ZMR 2006, 358 m Anm SCHMID 341 u RAU/DÖTSCH 362; siehe aber nun BGH NZM 2018, 458 Tz 27; LG Frankfurt aM WuM 1997, 52; LG Hanau WuM 1985, 346; AG Brühl WuM 1996, 631; AG Dortmund WuM 1980, 241; unklar AG Diez WuM 2001, 560), reicht nicht aus, weil dies nach § 274 Abs 1 BGB nur zu einer Verurteilung Zug um Zug führen würde. Dadurch könnte das Ziel, die Abrechnung *vor* einer Zahlung zu überprüfen, nicht erreicht werden. Daher wird nach zutreffender Ansicht ein **Leistungsverweigerungsrecht nach § 242 BGB** angenommen (so nun auch BGH NZM 2018, 458 Tz 27; LANGENBERG, Betriebskosten- und Heizkostenrecht H Rn 303 mwNw;). Zum gleichen Ergebnis kommen diejenigen Stimmen, die zwar ein Zurückbehaltungsrecht annehmen, das aber nicht zur Verteilung Zug-um-Zug führe, sondern die Fälligkeit hinausschiebe (LG Berlin WuM 2014, 28, 549: LG Hamburg NZM 1998, 263 = WuM 1997, 500; LG Hannover ZMR 2010, 450; LG Düsseldorf DWW 1999, 182; AG Dortmund NZM 2012, 24 = WuM 2011, 31). Der Vermieter muss dem Mieter in zumutbarer Weise die Einsichtnahme gewähren. Nach grundlosem Verstreichen von vier vorgeschlagenen Terminen zur Einsicht in die Belege tritt jedenfalls Fälligkeit ein (LG Berlin GE 2001, 63 = NZM 2002, 65 [LS]). Auch liegt eine Verweigerung der Einsichtnahme nicht bereits vor, wenn der Vermieter nur auf seine Sprechzeiten hinweist (LG Berlin MM 2013, Nr 7/8, 38) oder auf Terminanfrage des Mieters schweigt (LG Berlin GE 2012, 1038).

c) Einwendungen und Einreden des Mieters

124 aa) Die **Verjährung** der Ansprüche des Vermieters auf Nachzahlung (BGHZ 113, 188 = NJW 1991, 836 = WuM 1991, 150; OLG Frankfurt ZMR 1983, 410 = MDR 1983, 757; OLG Hamm WuM 1982, 72) und des Mieters auf Rückzahlung des Saldos aus der Betriebskostenabrechnung (OLG Düsseldorf OLGZ 1991, 255 = ZMR 1990, 411; OLG Hamburg NJW 1988, 1097 = WuM 1988, 83) richtete sich vor dem Inkrafttreten des Gesetzes zur Modernisierung des Schuldrechts vom 26. 11. 2001 (BGBl I 3138) nach §§ 197, 198, 201 aF (Einzelheiten STAUDINGER/WEITEMEYER [2011] Rn 124). Nach der neuen Rechtslage verjähren alle Forderungen aus dem Mietverhältnis grundsätzlich in der regelmäßigen **Verjährungsfrist** des § 195 BGB von drei Jahren (Ausnahme s § 548 BGB; zur Verkürzung der Verjährungsfrist s Art 229 § 6 Abs 4 S 1 EGBGB: LG Berlin GE 2005, 1354). Der **Beginn** der Frist richtet sich nach § 199 Abs 1 BGB, dh sie beginnt mit dem Schluss des Jahres, in dem der Anspruch entstanden ist und der Gläubiger von den anspruchsbegründenden Umständen Kenntnis erlangt oder ohne grobe Fahrlässigkeit Kenntnis erlangen müsste. Nach § 199 Abs 4 BGB ist die Verjährungsfrist auf **längstens zehn Jahre** begrenzt (Einzelheiten s FRANKE DWW 2002, 86; GRUBER WuM 2002, 252, 254; HORST DWW 2002, 6, 19 ff). Die Anspruchsentstehung setzt **Fälligkeit** voraus, also bei dem Anspruch aus der Betriebskostenabrechnung den **Zugang** der Abrechnung beim Mieter, weil ab diesem Zeitpunkt frühestens die Fälligkeit der Nachforderung eintritt (s Rn 121). Unzutreffend ist es, wenn das LG Düsseldorf bei rückwirkend erhöhten Betriebskosten wie der Grundsteuer auf den **Zugang der ursprünglichen Abrechnung** abstellt, denn dieser erhöhte Betrag wird erst mit dem Zeitpunkt des Zugangs der zulässigen nachträglichen Berechnung (s Rn 109b; Rn 117b) fällig, zumindest hat der Vermieter erst nach Zugang des Änderungsbescheids die nach § 199 Abs 1 Nr 2 BGB erforderliche Kenntnis vom Bestehen des Anspruchs (so jetzt auch BGH NJW 2013, 459 = NZM 2013, 84 = WuM 2013, 108 = ZMR 2013, 268; STREYL WuM 2011, 99; **aM** LG Düsseldorf NJW 2011, 688 = NZM 2011, 243 = WuM 2011, 99; LG Rostock WuM 2009, 232). Dabei ist es auch nicht zu beanstanden, wenn der Vermieter angesichts der bevorstehenden Grundsteuererhöhung die gesamte Grundsteuer erst nach Ablauf der Ausschlussfrist abrechnet (BGH NJW 2013, 459 = NZM 2013, 84 = WuM 2013, 108 = ZMR 2013, 268).

bb) Gegen den Anspruch des Mieters auf Auszahlung eines Guthabens aus der **125** Betriebskostenabrechnung kann der Vermieter nicht mit während der Abrechnungsperiode verjährten anderweitigen Ansprüchen gem § 390 S 2 BGB **aufrechnen**. Denn dieser Rückzahlungsanspruch ist vor Ablauf des Abrechnungszeitraums und Erstellung der Abrechnung nicht entstanden (AG Eschweiler WuM 1996, 99; AG Oberndorf WuM 1986, 253). Da der Anspruch des Mieters auf Rückzahlung überzahlter Vorschüsse aus einem Treuhandverhältnis stammt, kann der Vermieter im Übrigen nur mit konnexen Forderungen aufrechnen. Der Anspruch auf Nachzahlung anderer Betriebskosten, etwa von Heizkosten oder solchen aus einer anderen Abrechnungsperiode, ist ein solcher konnexer Gegenanspruch (LG Berlin NZM 1999, 414; AG Hohenschönhausen GE 1997, 191; **aM** noch LG Berlin GE 1995, 1085, AG Schöneberg GE 1999, 649; ausdrücklich aufgegeben durch LG Berlin GE 1999, 379 = WuM 1999, 343). Der Mieter kann nach Beendigung eines gewerblichen Zwischenmietverhältnisses gem §§ 565, 566a BGB (§§ 549a, 572 aF) mit seinem Anspruch auf Rückzahlung der Mietkaution, der ihm gegen den gewerblichen Zwischenvermieter zusteht, gegen einen Nachzahlungsanspruch des Hauptvermieters aufrechnen (**aM** vor Einführung des § 549a aF LG Hamburg WuM 1991, 338). Dem Vermieter steht nach einer verbreitet vertretenen Ansicht an der **Mietkaution** ein **Zurückbehaltungsrecht** wegen möglicher, aber mangels Abrechnung noch nicht bezifferbarer und noch nicht fälliger Betriebskostennachzahlungen des Mieters nur bis zum Ablauf der etwa halb- bis dreivierteljährigen Prüfungsfrist hinsichtlich der Kaution zu (LG Berlin GE 1999, 188 = NZM 1999, 960 = ZMR 1999, 257; GE 2005, 433, 435; AG Coesfeld WuM 1998, 348; AG Flensburg WuM 2000, 598; AG Hannover WuM 2005, 739; AG Köln WuM 2000, 674; AG Neunkirchen NZM 2001, 192, 193; AG Schöneberg GE 1999, 1431; STAUDINGER/V EMMERICH § 551 Rn 31 mwNw). Richtiger Auffassung nach kann die Kaution solange zurückgehalten werden, wie die Nebenkostenabrechnung noch offenbleiben darf und soweit eine Nachforderung zu erwarten ist, da der Vermieter nicht in kürzeren Abständen als einem Jahr abrechnen muss (BGH NJW 2006, 1422 = NZM 2006, 343 = WuM 2006, 197; AG Köln WuM 2004, 609; AG Langen WuM 1996, 31; AG Hamburg-Barmbek WuM 2010, 153; AG Neuss WuM 1991, 547; AG Steinfurt WuM 2005, 657; KIESSLING JZ 2004, 1146, 1154; GOETZMANN ZMR 2002, 566, 571 mwNw).

cc) Bei **Teilleistungen** des Mieters wird nach § 366 Abs 2 BGB die dem Mieter **126** lästigere Forderung zuerst getilgt, wenn er keine Bestimmung nach § 366 Abs 1 BGB trifft. Da die Sicherheitsleistung nach § 551 BGB nicht für bestimmte Mietforderungen besteht und diese damit für den Vermieter gleich sicher sind, werden Teilleistungen des Mieters wegen des Kündigungsrechts bei Zahlungsverzug nach § 543

Abs 2 BGB zuerst auf die Grundmiete und Betriebskostenvorschüsse (s Rn 80) und erst dann auf den Saldo aus der Betriebskostenabrechnung angerechnet, da ein Verzug mit diesem Anspruch eine Kündigung nach § 543 Abs 2 BGB nicht begründet (OLG Koblenz NJW 1984, 2369; BayObLG DWW 2001, 275; AG Gelsenkirchen ZMR 2001, 279; Beuermann GE 2000, 1301, 1302).

d) Einwendungsausschluss (Abs 3 S 5 und 6)

127 **aa)** Gem § 556 Abs 3 S 5 und 6 BGB ist der Mieter mit Einwendungen gegen die Betriebskostenabrechnung ausgeschlossen, wenn er dem Vermieter die Einwendungen nicht bis zum Ablauf des zwölften Monats nach Zugang der Abrechnung mitgeteilt hat. Diese Regelung erfolgte im Rahmen der Mietrechtsreform (s Rn 2) auf Vorschlag von Bundesrat und Rechtsausschuss. Ihr **Zweck** besteht darin, aus Gründen der Ausgewogenheit dem Nachforderungsausschluss des Vermieters (s Rn 106) einen Einwendungsausschluss des Mieters gegenüberzustellen (Beschlussempfehlung und Bericht BT-Drucks 14/5663, 79). Zugleich verspricht sich der Gesetzgeber eine Verbesserung der Rechtssicherheit dadurch, dass Beweisschwierigkeiten im Hinblick auf lange zurückliegende Abrechnungsperioden verringert werden (Stellungnahme des BR BT-Drucks 14/4553, 87; Beschlussempfehlung und Bericht BT-Drucks 14/5663, 79). Anders als beim Ausschluss von Nachforderungen durch den Vermieter (s Rn 106) kommt es nicht darauf an, ob überhaupt **Vorauszahlungen** auf Betriebskosten vereinbart worden sind oder nur Betriebskostenpauschalen (BGH NJW 2011, 842 = NZM 2011, 240 = WuM 2011, 158 = ZMR 2011, 373; LG Berlin GE 2012, 489). Auf **preisgebundenen Wohnraum** ist die Vorschrift nicht anzuwenden (BGH NJW 2005, 3135 = NZM 2005, 737 = WuM 2005, 579 = ZMR 2005, 937; AG Dortmund ZMR 2016, 457). Auch auf **Gewerberaummiete** findet die Norm keine Anwendung (KG WuM 2012, 156 = ZMR 2011, 116 Rn 67). Einer Vertragsklausel, mit der dem Gewerberaummieter eine kurze Frist zur Erhebung von Einwendungen gegen die Abrechnung gesetzt wird, kann allerdings unter Heranziehung der Wertungen des § 308 Nr 5 BGB BGB nach § 307 BGB unwirksam sein (BGH NJW 2014, 3722; ausf zu entsprechenden Einwendungsfrist- und Anerkenntnisfiktionsklauseln Ludley NZM 2014, 374).

127a Bei einer **Mietermehrheit** reicht es aus, wenn nur ein Mieter Einwendungen erhebt (aM AG Charlottenburg MM 2010, 75). Anders als bei vertragsgestaltenden Erklärungen wie etwa einer Kündigung geht es beim Einwendungsausschluss nur um die Erhaltung der Rechte des Mieters, also um eine bloße Obliegenheit. Für diesen Zweck ist es ausreichend, wenn der Vermieter überhaupt vor Ablauf der Frist Einwendungen erhält, zumal nach der Rspr des BGH auch der Ausschlussfrist des § 556 Abs 3 S 3 BGB nur Einzelwirkung zukommt (s Rn 97, 108).

128 **bb)** **Fristbeginn** und **Fristdauer** berechnen sich ebenso wie bei der Ausschlussfrist für den Vermieter (s Rn 107 f). Die Frist beginnt mit dem **Zugang einer formell ordnungsgemäßen Abrechnung** beim Mieter (BGH NJW 2011, 1867 = NZM 2011, 401 = WuM 2011, 101; WuM 2011, 281; LG Berlin GE 2009, 1127; LG Frankfurt/Main WuM 2011, 100; Blank/Börstinghaus Rn 156; Langenberg, Betriebskosten- und Heizkostenrecht H Rn 255; Lützenkirchen NZM 2002, 512; Sternel ZMR 2001, 937, 939; **aM** noch Schmid ZMR 2002, 727, 729). Zwar kann eine Betriebskostenabrechnung damit über die Jahresfrist hinweg im Streit bleiben, jedoch sind nur so die Rechte des Mieters angemessen zu wahren, eine formell ordnungsgemäße Abrechnung zu erhalten. Die Frist ist gewahrt, wenn dem Vermieter innerhalb dieser Frist die Einwendungen des Mieters **zugehen**

(Lützenkirchen NZM 2002, 512, 513; Schmid, Hdb Rn 3258; ders ZMR 2002, 727, 730). Den Zugang hat der Mieter zu beweisen, wozu allein das **Absenden** einer Nachricht per Post, Telefax und E-Mail nicht ausreichen (LG Berlin GE 2011, 1229; AG Neukölln MM 2013, Nr 5, 30). Hier gilt das Gleiche wie beim Zugang der Abrechnung beim Mieter (s Rn 108). Erstellt der Vermieter eine neue Abrechnung, beginnt die Frist erneut zu laufen. Bei einer Änderung der Abrechnung gilt dies für den Umfang der Änderung (Schmid, Hdb Rn 3257).

cc) Die Ausschlussfrist betrifft nur **Einwendungen gegen die Abrechnung**. Der Mieter ist also nicht gehindert, Einwendungen und Einreden gegen den **Nachzahlungsanspruch aus der Abrechnung** gegenüber dem Vermieter auch nach Ablauf der Einwendungsfrist geltend zu machen, etwa Erfüllung einzuwenden oder die Einrede der Verjährung zu erheben (LG München I ZMR 2016, 453; Schmid ZMR 2002, 727, 728). Ist eine Inklusivmiete oder sind Betriebskostenpauschalen ohne Abrechnung vereinbart, greift die Vorschrift ebenfalls nicht ein (Schmid ZMR 2002, 729). Erfasst sind sowohl Einwendungen gegen die **formelle Ordnungsgemäßheit** der Abrechnung sowie gegen ihre **inhaltliche Richtigkeit** (LG Krefeld WuM 2010, 361 Rn 23; Rev zurückgenommen, vgl BGH NZM 2011, 546 = WuM 2011, 367, da Abrechnung formell wirksam war). Damit der Zweck der Vorschrift nicht umgangen werden kann, muss der Mieter seine Beanstandungen hinreichend **konkret** fassen, sodass erkennbar ist, welche Posten der Betriebskostenabrechnung aus welchen Gründen beanstandet werden (LG Berlin GE 2012, 1701; LG Bochum ZMR 2005, 863; LG Itzehoe ZMR 2012, 953; LG Karlsruhe NJW-Spezial 2012, 385; Börstinghaus/Eisenschmid Anm zu § 556; Langenberg, Betriebskostenrecht H Rn 262 f; ders NZM 2001, 787; Lützenkirchen, Neue Mietrechtspraxis Rn 149; ders NZM 2002, 512, 513; Streyl WuM 2005, 505; **aM** Schmid ZMR 2002, 727, 730). Die bloße Bitte um Erläuterung stellt noch keine Einwendung dar (AG Frankfurt/Main Info M 2010, 430). Allerdings dürfen nicht zu hohe Anforderungen an die Einwendungen des Mieters gestellt werden. Konkrete Einwendungen sind aber für jede Betriebskostenabrechnung gesondert zu erheben; es reicht daher nicht aus, wenn der Mieter die gleichen Einwände bereits im Vorjahr erhoben hat (BGH NJW 2010, 2275 = NZM 2010, 470 = WuM 2010, 420).

129

Nach verbreiteter Auffassung im Schrifttum soll der Einwendungsausschluss dagegen nicht den Ansatz von Kosten erfassen, die **keine Betriebskosten** iS des § 556 Abs 1 BGB iVm der BetrKV (§ 27 BV 2, § 19 Abs 2 WoFG aF) sind (AG Karlsruhe ZMR 2012, 787; Beuermann/Blümmel 117; Langenberg/Zehelein, Betriebskostenrecht H Rn 269; Lützenkirchen NZM 2002, 512, 513). Da derartige Einwendungen jedoch eine Vielzahl von Beanstandungen gegen die Betriebskostenabrechnung im Detail ausmachen, würde die Befriedungsfunktion der Norm unterlaufen werden, nähme man derartige Einwendungen aus dem Anwendungsbereich des Einwendungsausschlusses heraus (so nun auch BGH NZM 2016, 470 = WuM 2016, 420; LG Berlin GE 2006, 651; Schmid, Hdb Rn 3262a; ders ZMR 2002, 727, 729 f; Sternel ZMR 2001, 937, 939). Das Gleiche gilt für an sich umlagefähige Betriebskosten, deren Umlage und Abrechnung aber nicht vereinbart worden war (BGH NJW 2008, 283 = NZM 2008, 81 = WuM 2007, 694; NJW 2008, 1521 = WuM 2008, 283 für Inklusivmiete; ebenso jetzt für Betriebskostenpauschale BGH NJW 2011, 842 = NZM 2011, 240 = WuM 2011, 158 = ZMR 2011, 373; Schmid ZMR 2002, 727, 730). Diese Wirkung betrifft allerdings nur die jeweilige Betriebskostenabrechnung und wirkt grundsätzlich nicht für die Zukunft. Eine bestimmte **Form** ist für die Einwendungen nicht vorgeschrieben (Schmid ZMR 2002, 727, 730).

129a

130 dd) Der Fristablauf ist ohne Folgen, wenn der Mieter die **Verspätung nicht zu vertreten** hat. Die Beweislast für sein mangelndes Verschulden trägt der Mieter. Beispiel ist eine plötzliche Krankheit des Mieters, während er für eine längere Abwesenheit Vorsorge treffen muss (Langenberg, Betriebskostenrecht H Rn 258). Nicht zu vertreten hat der Mieter die Verspätung auch, wenn der Vermieter ihm innerhalb der Frist nicht oder verspätet die Ausübung seiner Kontrollrechte (s Rn 112 ff) ermöglicht. Nicht zu vertreten hat es der Mieter, wenn er keine Kenntnis vom Erfordernis einer aktuellen Eichung der Heizkostenzähler hat und dies daher nach Fristablauf einwendet (AG Halle ZMR 2013, 811).

130a Weiter wird der Fall genannt, dass der Vermieter **bewusst** eine **unrichtige Abrechnung** erstellt, in der er etwa unzutreffende Kostenansätze verschleiert. In diesem Fall soll es der Mieter nicht zu vertreten haben, wenn er die Ansätze nicht in Frage stellt und auf die Einsicht in die Belege verzichtet (Langenberg, Betriebskostenrecht H Rn 258; Sternel ZMR 2001, 937, 940). Eine derartige Differenzierung nach dem Grad des Verschuldens des Vermieters ist jedoch problematisch (Schmid, Hdb Rn 3264b; ders ZMR 2002, 727, 730; Lützenkirchen NZM 2002, 512, 513). Grundsätzlich sind dem Mieter die Einwendungen nach § 276 Abs 2 BGB bereits dann abgeschnitten, wenn er aus leichter Fahrlässigkeit nicht erkannt hat, dass solche vorliegen. **Leicht fahrlässig** würde aber bereits derjenige Mieter handeln, der keine Einsicht in die Belege nimmt und aus diesem Grund von dem Bestehen von Einwendungen nichts weiß (aM Sternel ZMR 2001, 937, 940). Damit sich der Zweck der Vorschrift, Rechtssicherheit und Rechtsfrieden zu gewährleisten, damit aber nicht in ihr Gegenteil verkehrt, weil jeder Mieter gezwungen ist, vorsorglich Einsicht in die Abrechnungsbelege zu nehmen, sollte die Vorschrift des § 199 Abs 1 Nr 2 BGB entsprechend angewandt werden, sodass der Grad des Verschuldens bezüglich der Kenntnis vom Vorliegen von Einwendungen auf **Vorsatz und grobe Fahrlässigkeit** beschränkt ist. Folgenlos bleibt die Versäumnis der Einwendungsfrist für den Mieter nach Treu und Glauben, wenn der Fehler für den Vermieter offenkundig ist (LG Berlin WuM 2014, 109, 110; AG Saarbrücken WuM 2012, 617; vgl entsprechend zum Ablauf der Abrechnungsfrist des Vermieters Rn 111a).

131 ee) Die **Rechtsfolge** des Fristablaufs besteht darin, dass der Mieter mit Einwendungen gegen die Betriebskostenabrechnung ausgeschlossen ist. Dabei stellt sich die Frage, wie weit der Ausschluss reicht, wenn der Mieter nur einzelne Posten der Betriebskostenabrechnung innerhalb der Frist gerügt hat. Entgegen der ungenauen Fassung der Vorschrift, die sie durch den Rechtsausschuss erfahren hat, hatte der Bundesrat eine Formulierung vorgeschlagen, in der es hieß: „Nach Ablauf der Frist gilt die Abrechnung, soweit keine Einwendungen erhoben wurden, als richtig" (Stellungnahme des BR, BT-Drucks 14/4553, 87). Daraus ist zu entnehmen, dass der Mieter lediglich mit denjenigen Einwendungen ausgeschlossen ist, die er nicht rechtzeitig erhoben hat. Anderseits reicht eine Einwendung gegen einen abgrenzbaren Teil der Abrechnung nicht aus, um sich die Einwendungen gegen die gesamte Abrechnung zu erhalten. Da der Rechtsausschuss inhaltlich an dem Vorschlag des Bundesrats nichts ändern wollte (Beschlussempfehlung und Bericht des Rechtsausschusses, BT-Drucks 14/5663, 79), ist diese Auslegung auch der endgültigen Gesetzesfassung zugrunde zu legen (aM Schmid, Hdb Rn 3263, der allg Beanstandungen ausreichen lässt; s Rn 129). Nach Ablauf der Frist hat der Mieter keinen Anspruch auf eine neue Abrechnung oder auf Rückzahlung zuviel entrichteter Vorauszahlungen. Die Abrechnung ist für ihn verbindlich (SCHMID ZMR 2001, 761, 768; ders ZMR 2002, 727, 729; **aM** LÜTZENKIRCHEN NZM 2002, 512, 514; s Rn 128).

ff) Abweichende Vereinbarungen zu Lasten des Mieters sind nach § 556 Abs 4 **132** BGB unwirksam. Eine kürzere Überlegungsfrist kann daher nicht vereinbart werden. Bereits vor Geltung der Vorschrift war eine formularvertragliche Klausel, die dem Mieter lediglich einen Monat zur Geltendmachung seiner Einwendungen einräumte, nach § 10 Nr 5 AGBG aF unwirksam (LG Berlin GE 1997, 1531; vgl auch AG Friedberg/Hessen WuM 2000, 214; ebenso für Gewerbemietverhältnis KG GE 2002, 327 = NZM 2002, 954 hinsichtlich einer Frist von sechs Wochen). Zu Gunsten des Mieters kann der Einwendungsausschluss ganz ausgeschlossen oder die Überlegungsfrist verlängert werden (LÜTZENKIRCHEN NZM 2002, 512, 514; SCHMID, Hdb Rn 3266).

gg) Ein **vorbehaltloser Ausgleich** des Saldos, der sich aus der Abrechnung ergibt, **133** führte nach bis zur Mietrechtsreform überwiegend vertretener Auffassung dazu, dass jede Partei mit nachträglichen Einwendungen ausgeschlossen ist, die bereits bei Rechnungserteilung hätten geltend gemacht werden können. Voraussetzung war daher, dass die Partei die Einwendungen kannte oder zumindest mit ihnen rechnete (BGH NJW 2006, 903 = NZM 2006, 222 = WuM 2006, 150 = ZMR 2006, 268; OLG Hamburg WuM 1991, 598; LG Aachen WuM 1987, 50; LG Berlin GE 1990, 759; GE 1999, 909; GE 2000, 813; GE 2000, 1686 = ZMR 2001, 111; LG Hamburg NZM 1999, 838 = ZMR 1999, 405 m Anm SCHMID; WuM 2000, 311; ZMR 2006, 287, 288; LG Kassel WuM 1989, 582; LG Koblenz WuM 1997, 685; LG Köln ZMR 2001, 547; LG Lüneburg MDR 1979, 759; LG Marburg ZMR 1980, 153 **aM** lediglich Beweislastumkehr zu Lasten des Mieters für Rückforderungen LG Berlin GE 1998, 491; AG Hamburg-Wandsbek WuM 1991, 122). Es handelt sich um eine stillschweigende vertragliche Vereinbarung zwischen den Parteien über die Ergebnisse und Modalitäten der Abrechnung in Form eines **deklaratorischen Schuldanerkenntnisses** (AG Wedding GE 2002, 536; LANGENBERG NZM 2001, 783, 787; LÜTZENKIRCHEN NZM 2002, 512, 514). Nach anderer Auffassung sollte dies dann nicht gelten, wenn nicht geschuldete Betriebskosten in die Abrechnung eingestellt worden waren (LG Kassel WuM 1999, 705; LG Kleve WuM 2001, 29; LG Marburg WuM 2000, 680; LG Offenburg NZM 1999, 171; LG Wuppertal WuM 1996, 350; KLAS WuM 1994, 595, 596). Eine dahingehende Einschränkung kann dem Willen der Parteien aber nicht entnommen werden. Eine vorbehaltlose Zahlung liegt auch in der Duldung des Bankeinzugs durch den Vermieter (LG Frankfurt aM NZM 2001, 130 zu § 539 aF). Die gleiche Wirkung tritt ein, wenn die Abrechnung in Einzelpunkten beanstandet wurde und sich die Parteien daraufhin auf einen pauschalen Abschlag geeinigt haben (OLG Düsseldorf NZM 2001, 588). Dies gilt jedoch nicht, wenn der Mieter nur wegen der Drohung mit einer fristlosen Kündigung zur Nachzahlung bewegt worden ist (AG Charlottenburg GE 2009, 1503). Die **Nachholung eines Kostenansatzes** war daher regelmäßig nicht möglich (AG Köln WuM 1984, 90 [LS]; AG Tübingen WuM 1991, 122), wenn sich der Vermieter dies nicht in der Abrechnung vorbehielt, weil die beiderseitige Anerkennung des Betriebskostensaldos weitergehende Ansprüche und Einwendungen ausschloss.

Etwas anderes galt und gilt für Umstände, die zum Zeitpunkt der Erstellung der **133a** Abrechnung nicht berücksichtigt werden konnten. So können Betriebskostenabrechnungen für vergangene Abrechnungsperioden geändert werden, wenn etwa die Grundsteuer **rückwirkend** erhöht wird (BGH NJW 2006, 3350 = NZM 2006, 740 = WuM 2006, 516 = ZMR 2006, 847; LG Berlin GE 2000, 813; GE 2002, 595; GE 2004, 817; GE 2005, 1249;

GE 2006, 125; LG Düsseldorf NJW 2011, 688 = NZM 2011, 243 = WuM 2011, 99; LG Rostock WuM 2009, 232 = ZMR 2009, 924; AG Köln NZM 2001, 708; AG Schöneberg GE 1997, 51). Dann greift auch die Ausschlussfrist des § 556 Abs 3 S 3 BGB nicht ein, weil der Vermieter derartige nachträgliche Veränderungen nicht zu vertreten hat (s Rn 109). Gleichwohl darf der Vermieter nach Zugang der nachträglich erhöhten Grundsteuer nicht ungebührlich lange zuwarten (BGH NJW 2006, 3350 = NZM 2006, 740 = WuM 2006, 516 = ZMR 2006, 847). Zur Verjährung solcher Nachberechnungen vgl Rn 111, 124. Bezieht sich die Änderung auf mehrere Abrechnungszeiträume, müssen die einzelnen Abrechnungen korrigiert werden, wenn in dieser Zeit **Mieterwechsel** stattgefunden haben, sonst reicht eine Nachforderung aus (Ruff WuM 2003, 379, 383 mwNw; vgl aber Rn 117). Der Vermieter muss die rückwirkende Erhöhung nicht nach § 560 Abs 2 S 2 BGB (§ 4 Abs 3 S 2 MHRG aF) innerhalb von drei Monaten geltend machen und die maximale Rückwirkungsfrist von zwei Jahren beachten, weil diese Vorschrift nur für die Erhöhungen von Betriebskostenpauschalen gilt (LG Bochum WuM 1990, 522; AG Potsdam GE 2001, 629; **aM** LG Frankfurt aM GE 2000, 1030 = NZM 2001, 583 = WuM 2000, 423 = ZMR 2000, 657). Unerheblich ist es auch, wenn Abrechnungs- und Ablesezeitraum auseinanderfallen, aber in der betreffenden Zeit kein Verbrauch stattgefunden hat, sodass sich die Divergenz nicht auswirkt, oder wenn vertraglich etwas anderes vereinbart ist (OLG Schleswig DWW 1990, 355 = NJW-RR 1991, 78 = WuM 1991, 333). Das Gleiche gilt, wenn die Grundsätze über die Störung und den Wegfall der Geschäftsgrundlage (§ 313 BGB) eingreifen. Das ist beispielsweise der Fall bei einer großen Abweichung und einem offensichtlichen Abrechnungsfehler (OLG Hamburg WuM 1991, 598; LG Koblenz WuM 1997, 685). Eine Anfechtung des deklaratorischen Schuldanerkenntnisses gem § 119 Abs 1 BGB scheidet nach Sinn und Zweck der Vereinbarung, Einzelheiten aus der Abrechnung dem Streit zu entziehen, aus (**aM** LG Berlin GE 1990, 759). Das bedeutet allerdings nicht, dass durch die vorbehaltlose Zahlung einer Abrechnung eine Vertragsänderung für die Zukunft dergestalt eingetreten ist, dass ursprünglich nicht vom Mieter geschuldete Betriebskosten nunmehr von diesem zu übernehmen sind (s Rn 62).

134 Nach **Einführung des Einwendungsausschlusses** des § 556 Abs 3 S 5 und 6 BGB durch die Mietrechtsreform soll für die Annahme eines deklaratorischen Schuldanerkenntnisses durch vorbehaltlose Zahlung zu Lasten des Mieters nach verbreiteter Auffassung dagegen kein Raum mehr sein, weil ein vorbehaltloser Ausgleich der Nachforderung aus der Betriebskostenabrechnung durch den Mieter vor Ablauf der Jahresfrist des § 556 Abs 3 S 6 BGB diese Frist verkürzen würde (LG Berlin GE 2006, 125; Langenberg NZM 2001, 783, 787 f; Schmid ZMR 2002, 727, 731; Sternel ZMR 2001, 937, 940; offen gelassen durch BGH NJW 2006, 903 = NZM 2006, 222 = WuM 2006, 150 = ZMR 2006, 268; **aM** AG Hamburg-Bergedorf NZM 2006, 177; AG Potsdam GE 2010, 1275; AG Tiergarten GE 2010, 1280; Langenberg, in: FS Bub 339, 347; Sternel ZMR 2010, 81, 82, 84 mwNw). Der BGH steht jetzt auf dem Standpunkt, durch die Einführung der ausschlussbewehrten Abrechnungs- sowie Einwendungsfrist ist für die Annahme eines deklaratorischen Schuldanerkenntnisses vor Ablauf dieser Frist **kein Raum** mehr, da der Gesetzgeber durch die Jahresfristen Rechtssicherheit habe schaffen wollen (BGH NJW 2011, 843 = NZM 2011, 242 = WuM 2011, 108 = ZMR 2011, 375). Für **Gewerbemietverhältnisse** soll ebenso gelten, dass allein die vorbehaltlose Erstattung eines Guthabens durch den Vermieter kein deklaratorisches Schuldanerkenntnis darstellt. Zwar gelten die Ausschlussfristen des Abs 3 sowohl für Mieter wie auch für Vermieter hier nicht, auch nicht analog (s Rn 106). Jedoch reiche die bloße Auszahlung eines Guthabens für die

Annahme eines deklaratorischen Schuldanerkenntnisses nicht aus, da die Parteien eines Gewerbemietverhältnisses sonst uU weit vor Ablauf der im Wohnraummietrecht geltenden Jahresfrist mit inhaltlichen Einwendungen und Korrekturen ausgeschlossen wären (BGH NJW 2013, 2885 = NZM 2013, 648 = GE 2013, 1130; NZM 2014, 641; Fritz NJW 2012, 980, 981). Weder mit der Übersendung der Betriebskostenabrechnung noch der vorbehaltlosen Zahlung geht der rechtsgeschäftliche Wille zum Abschluss eines **deklaratorischen Schuldanerkenntnisses** einher (BGH NZM 2014, 641). Freilich ist es den Vertragsparteien sowohl in der **Gewerberaum-** als auch in der **Wohnraummiete** unbenommen, nach Zugang der Abrechnung ausdrücklich oder konkludent eine entsprechende Vereinbarung zu treffen (ausdr BGH VIII ZR 230/19 v 28. 10. 2020 Tz 41). Darin liegt die **verbindliche Anerkennung eines Saldos** als konkrete Schuld und nicht der Ausschluss von Einwendungen. Die Regelung des § 556 Abs 4 BGB steht dem nicht entgegen. Anzunehmen kann dies sein, wenn über bestimmte einzelne Positionen der Abrechnung gestritten wurde und anschließend ein Saldo ausgeglichen wird. Eine Grenze für die Korrektur von Betriebskostenabrechnungen ergibt sich im gewerblichen Mietrecht abgesehen davon nur durch Verjährung oder Verwirkung (BGH NJW 2013, 2885 = NZM 2013, 648 = GE 2013, 1130 Rn 13).

9. Verletzung der Abrechnungspflicht

a) Anspruch auf Abrechnung

Rechnet der Vermieter innerhalb einer angemessenen Frist (s Rn 104) nicht ab, hat der Mieter einen selbständig einklagbaren Anspruch auf Vorlage einer formell ordnungsgemäßen Abrechnung (Begr zum RegE BT-Drucks 14/4553, 51; BGHZ 91, 62, 71 = NJW 1984, 2466, 2468 mwNw; OLG Koblenz WuM 1995, 154; LG Kiel WuM 1990, 312). Die Klage ist nach Auffassung des BGH auf die Vornahme einer **unvertretbaren Handlung** gerichtet und wird gem § 888 ZPO vollstreckt (BGH NJW 2006, 2706 m Anm Timme 2668 = NJW-RR 2006, 1088 = NZM 2006, 639 = WuM 2006, 401 = ZMR 2006, 608; KG NZM 2002, 671; OLG Braunschweig ZMR 1999, 694; LG Saarbrücken WuM 1997, 234; Schmid, Hdb Rn 7066; ders GE 2000, 851, 858; vSeldeneck, Betriebskosten im Mietrecht, Rn 3640; **aM** § 887 ZPO: OLG Hamm DWW 1998, 279 = NZM 1998, 568 = WuM 1998, 476; OLG Rostock NZM 2005, 520; LG Berlin GE 2005, 1127; LG Dortmund WuM 1986, 350; LG Münster NZM 2001, 333 = ZMR 2000, 227; LG Rostock NJW-RR 2003, 373 = NZM 2003, 40; LG Wuppertal ZMR 2001, 200; WuM 2002, 273; Langenberg, Betriebskostenrecht G Rn 9; ebenso die hM für die Jahresabrechnung des WEG-Verwalters, vgl BayObLG NZM 2002, 489, 490; diff Schmidt/Gohrke WuM 2002, 593, 594; vgl auch Rn 115). Es gehe nicht nur um die Erstellung einer Abrechnung auf der Grundlage vorhandener Unterlagen, sondern setze verbindliche Erklärungen des Vermieters aufgrund seiner besonderen Kenntnisse voraus (BGH NJW 2006, 2706). Die Abrechnungspflicht entfällt nicht dadurch, dass die erforderlichen Unterlagen verloren gegangen sind (AG Kassel WuM 1984, 90 [LS]) oder der Verpflichtete Erinnerungslücken hat (vgl BayObLG NZM 1999, 1147). **135**

Hat der Vermieter eine formell ordnungsgemäße Abrechnung (s Rn 82) erteilt, ist der Anspruch auf Rechnungslegung **erfüllt**. Über materielle Berichtigungen ist dann nur noch im Wege der Klage auf Nachzahlung oder auf Rückerstattung von Betriebskosten zu entscheiden (LG Berlin GE 2000, 541; MM 2013, Nr 12, 27; LG Hamburg NZM 1999, 408 = WuM 1998, 727; AG Tempelhof-Kreuzberg GE 2002, 932; AG Wedding GE 2004, 353). Es ist daher unerheblich, ob der Vermieter aufgrund von berechtigten Einwendungen gegen eine formell wirksame und rechtzeitig zugegangene Abrechnung nach Ablauf **135a** der Ausschlussfrist eine **korrigierte, aber formell unwirksame Abrechnung** erstellt (aM AG Köpenick GE 2011, 1025). Rechnet der Vermieter nicht oder falsch ab, hat der Mieter unter bestimmten Umständen ein **Kündigungsrecht** aus § 543 BGB (VerfGH Berlin GE 2005, 294; LG Berlin GE 2003, 1081).

135b Fraglich ist, ob der Mieter bei verspäteter Abrechnung **Verzugszinsen** für einen Guthabenanspruch verlangen kann (so AG Berlin-Mitte GE 2005, 805; Kirsch/Leonhard GE 2010, 1306; Schmid GE 2005, 905). Nach Ansicht des BGH ist ein solcher Anspruch ausgeschlossen, weil der Vermieter entgegen § 288 Abs 1 BGB nicht mit einer Geldschuld, sondern mit der Abrechnungshandlung in Verzug ist. Die Norm ist auch nicht analog anzuwenden, denn der Mieter ist im laufenden Mietverhältnis durch die Möglichkeit des Zurückbehaltungsrechts (s Rn 137) ausreichend geschützt und die Gewährung eines Verzugszinses ohne konkreten Schadensnachweis soll den Gläubiger gerade einer Geldschuld, der in der Regel keine weiteren Druckmittel hat, schützen (BGHZ 196, 1 Rn 20 ff = NJW 2013, 859 = NZM 2013, 188 = WuM 2013, 168 = ZMR 2013, 265 für Gewerbemiete). Diese Überlegungen beanspruchen in Wohnraummietverhältnissen ebenso Geltung (Beuermann GE 2010, 1306, 1307; Kinne GE 2005, 768; Schmid, Hdb Rn 3187).

b) Rückständige Vorauszahlungen

136 Nach Fälligkeit des Anspruchs auf Erstellung der Abrechnung (s Rn 104) kann der Vermieter rückständige Vorauszahlungen für den betreffenden Abrechnungszeitraum nicht mehr verlangen (s Rn 78 mwNw). Das gilt unabhängig von der in § 556 Abs 3 S 3 BGB geregelten Ausschlussfrist für Nachforderungen des Vermieters aus der Betriebskostenabrechnung, wenn er nach Ablauf eines Jahres nach Ende des Abrechnungszeitraums über die Betriebskosten nicht abrechnet. Da sich diese Frist aber nur auf die Nachforderung aus einem sich aus der Abrechnung ergebenden Saldo bezieht, kann der Vermieter auch nach Ablauf der Ausschlussfrist abrechnen und dann wenigstens die rückständigen Vorauszahlungen verlangen (Langenberg, Betriebskostenrecht G Rn 14; Schach GE 2001, 471, 475; s Rn 111 aE).

c) Zurückbehaltungsrecht an den Vorauszahlungen

137 Außerdem hat der Mieter ein Zurückbehaltungsrecht nach § 273 Abs 1 BGB gegenüber dem Anspruch auf weitere Betriebskostenvorauszahlungen des laufenden Abrechnungszeitraums (BGHZ 91, 62, 71 = NJW 1984, 2466, 2468 mwNw; BGH NJW 1984, 1684 = WuM 1984, 127; NJW 2006, 2552 = NZM 2006, 533; GE 2012, 825 = WuM 2012, 276 = ZMR 2012, 542; NJW 2013, 1595; WuM 2015, 144; KG GE 2004, 423; OLG Düsseldorf DWW 2002, 31 = ZMR 2002, 37; OLG Hamm GE 1998, 854 = NZM 1998, 568 = WuM 1998, 476 = ZMR 1998, 624; OLG Koblenz WuM 2002, 171 [LS] = GuT 2002, 43; LG Berlin GE 2000, 345; LG Duisburg NZM 1998, 808; Langenberg, Betriebskostenrecht G Rn 8; **aM** Einrede nach § 320: AG Neukölln GE 2000, 609), allerdings in der Höhe begrenzt auf die im nicht abgerechneten Zeitraum geleisteten Vorauszahlungen (KG GE 2002, 129; Langenberg G Rn 8). Dies gilt auch, wenn das Grundstück unter Zwangsverwaltung steht und die Abrechnung vom Eigentümer und nicht vom Zwangsverwalter geschuldet wird (AG Hamburg WuM 1989, 191; s auch Rn 101). Das Zurückbehaltungsrecht endet mit der Vorlage einer formell ordnungsgemäßen Abrechnung (KG GE 2004, 423; LG Berlin GE 1999, 1286; LG Itzehoe ZMR 2003, 494; AG Pinneberg ZMR 2003, 494).

d) Zurückbehaltungsrecht an der Grundmiete

Zur Zurückbehaltung der Grundmiete ist der Mieter hingegen nicht berechtigt, **138** wenn der Vermieter keine oder keine ordnungsgemäße Abrechnung erteilt (OLG Düsseldorf DWW 2001, 210 = WuM 2000, 678 = ZMR 2001, 25; DWW 2002, 31 = ZMR 2002, 37; OLG Koblenz WuM 1995, 154 = NJW-RR 1995, 394; **aM** LG Wuppertal WuM 1982, 142 [LS]). Zwischen dem Anspruch auf die Miete und dem Anspruch auf Erteilung der Abrechnung besteht keine hinreichende Konnexität iS des § 273 Abs 1 BGB (OLG Koblenz WuM 1995, 154 mwNw). Das Gleiche gilt für einen Anspruch auf Zustimmung zu einem Mieterhöhungsverlangen nach § 558 BGB (LG Berlin NZM 1999, 368 = NJW-RR 1999, 1608).

e) Verwirkung

Der Anspruch auf eine Nachzahlung unterliegt der Verwirkung, wenn der Vermieter **139** über die Abrechnungsfrist hinaus (s Rn 104) nicht abrechnet und der Mieter darauf vertrauen konnte, nicht mehr in Anspruch genommen zu werden (BGHZ 91, 62, 71 = NJW 1984, 2466, 2468 = WuM 1984, 185, 187; BGH NJW 1984, 1684 = WuM 1984, 127; WuM 2010, 36 = ZMR 2010, 279). Nach Einführung der Ausschlussfrist für den Vermieter (s Rn 106) hat die Verwirkung allerdings nur noch eine geringe **Bedeutung** und betrifft vor allem Fälle, in denen die verspätete Abrechnung vom Vermieter nicht zu vertreten war (allg BIRR, Verjährung und Verwirkung [2003]; s auch HINKELMANN PiG 65 [2002] 247, 260; KANDELHARD NZM 2005, 43) oder wo nach fristgerechter Abrechnung Jahre später einer von mehreren Mietern in Anspruch genommen wird (AG Hagen DWW 2011, 14, aber Verwirkung abgelehnt). Trotz der Ausschlussfrist bleiben die Grundsätze der Verwirkung aber anwendbar, und zwar bei Eintritt besonderer Umstände auch vor Eintritt der Verjährung (BGH NZM 2012, 677 = WuM 2012, 317 = ZMR 2012, 616). Weiterhin von großer Bedeutung ist die Frage für **gewerbliche Mietverhältnisse**, bei denen die Ausschlussfrist nicht eingreift (s Rn 106).

Allerdings führt das jahrelange Unterlassen der Abrechnung nicht zu einer konkludenten Vertragsänderung und auch nicht zur Verwirkung (BGH NJW 2010, 1065 = **139a** GE 2010, 406). Für eine Verwirkung reicht es nicht aus, allein nach längerem Ablauf der Abrechnungsfrist (LG Frankfurt aM NZM 2001, 667: ab vier Jahre nach Ablauf der Abrechnungsfrist) die Abrechnung nicht vorzulegen oder einen Nachzahlungsanspruch nicht geltend zu machen. Erforderlich ist neben diesem **Zeitmoment** ein weiteres **Umstandsmoment**, das das Vertrauen des Verpflichteten rechtfertigt, der Berechtigte werde seinen Anspruch nicht mehr geltend machen (BVerfG GE 2006, 438; VerfGH Berlin GE 2006, 638; BGHZ 91, 62, 71 = NJW 1984, 2466, 2468 = WuM 1984, 185, 187; BGH NJW 1984, 1684 = WuM 1984, 127; BGHZ 113, 188, 196 f = NJW 1991, 836; BGH NJW 2008, 142; NJW 2008, 1302 = WuM 2008, 225; WuM 2010, 36 = ZMR 2010, 279; NJW 2010, 1065 = GE 2010, 406; NZM 2012, 677 = WuM 2012, 317 = ZMR 2012, 616; KG GE 2001, 693, 694; OLG Düsseldorf GE 2003, 323 = WuM 2003, 151; ZMR 2003, 252; NZM 2005, 379 = ZMR 2005, 42; OLG Hamburg WuM 1991, 598; WuM 1992, 76; OLG Hamm WuM 1982, 72; OLG Koblenz WuM 2002, 171 [LS] = GuT 2002, 43; OLG Köln NZM 1999, 170 = NJW-RR 1999, 231; LG Gießen NJW-RR 1996, 1163; LG Hamburg WuM 2005, 216; LG Limburg WuM 1997, 120; LG Waldshut-Tiengen WuM 2001, 245; **aM** LG Braunschweig ZMR 2002, 917 bei 13-jähriger Unterlassung einer Abrechnung; LG Mühlhausen DtZ 1995, 375; AG Dortmund NJW-RR 1995, 971 = DWW 1995, 118 bei zehnjähriger Unterlassung einer Abrechnung; AG Potsdam WuM 1995, 545). Die Feststellung einer Verwirkung ist Aufgabe des Tatrichters und eine Frage des Einzelfalls (KG WuM 1981, 270; OLG Hamm WuM 1983, 107; OLG Karlsruhe WuM 1981, 271). Zudem wirkt die Verwirkung nur für die Vergangenheit und schließt die Geltendmachung von Betriebskostenforderungen für neue Abrechnungszeiträume nicht aus (LG Berlin ZMR 2010, 115; **aM** LG Berlin NZM 2004, 339). Eine Berufung auf die Verwirkung ist ausgeschlossen, wenn der Mieter zusagt, dass er die Abrechnung begleichen werde (LG Wiesbaden WuM 1984, 195 [LS]).

139b Verwirkung wurde **angenommen**, wenn der Mieter sachliche Einwände gegen die Betriebskostenabrechnung erhebt und der Vermieter daraufhin über ein Jahr lang schweigt, was nach neuem Recht jedoch bereits durch § 556 Abs 3 BGB erfasst wird (LG Essen WuM 1983, 2 [LS]; LG Wiesbaden WuM 1982, 282 [LS]; AG Gronau WuM 1996, 284; AG Nettetal WuM 1987, 357; AG Plön WuM 1988, 132; AG Siegen WuM 1982, 226 [LS]). Eine **Betriebskostennachforderung** kann verwirkt sein, wenn der Vermieter sie erstmals längere Zeit nach der Beendigung des Mietverhältnisses geltend macht (LG Berlin NJW-RR 2004, 298 = NZM 2005, 377) oder die Mietkaution vorbehaltlos zurückgibt, ohne Abrechnung einbehält oder nach Abrechnung teilweise zurückzahlt (LG Berlin GE 1990, 657; LG Essen WuM 1989, 399; LG Hannover WuM 1991, 599; LG Mannheim ZMR 1990, 378; AG Charlottenburg GE 2000, 474; AG Köln WuM 2000, 152; AG Königstein/Ts WuM 1990, 122; AG Schöneberg GE 1997, 1175; **aM** LG Berlin GE 2000, 893; ZMR 2002, 660 für preisgebundenen Wohnraum; in der Abrechnung über die Kaution kann auch ein Erlassvertrag zu sehen sein, vgl OLG Düsseldorf NZM 2001, 893 = WuM 2001, 439 mwNw). Verwirkung wurde angenommen, wenn der Vermieter eine hohe Betriebskostennachzahlung ein Jahr nach Ablauf der Abrechnungsperiode einfordert, nachdem er längere Zeit trotz anderweitiger Mieterhöhung die Vorauszahlungen nicht angepasst hatte (LG Hannover WuM 1996, 427), wenn die Nachzahlung zwei Jahre nach Ablauf der Abrechnungsperiode und nach einem Vermieterwechsel gefordert wird (AG Hamburg WuM 1981, U 7 [LS]), wenn die Nachforderung mangels ordnungsgemäßer Abrechnung rechtskräftig abgewiesen wurde und der Vermieter nicht alsbald eine neue Abrechnung erstellt (AG Hildesheim WuM 1989, 399), wenn der Mieter bereits erfolglos die Zwangsvollstreckung auf Durchsetzung des Abrechnungsanspruchs betrieben hatte (LG Düsseldorf DWW 1999, 377), wenn das Mietverhältnis beendet ist und eine Auseinandersetzung über die Betriebskosten bereits zwei Jahre zurückliegt (LG Berlin GE 2002, 330 = NZM 2002, 286), insbesondere wenn der Vermieter über die Heizkosten abrechnet, über die anderen Betriebskosten aber über 14 Jahre lang nicht (LG Hamburg NZM 2005, 216), wenn der Vermieter für eine spätere Abrechnungsperiode bereits abgerechnet hat für die vorhergehende (BGH WuM 2010, 36 = ZMR 2010, 279) oder wenn der Vermieter gegenüber dem gewerblichen Zwischenvermieter von Wohnraum jahrelang nicht abrechnet (AG Neuss WuM 1997, 121, **aM** OLG Düsseldorf GE 2003, 323 = WuM 2003, 151). Ein Umstandsmoment liegt auch darin, dass der Vermieter jahrelang auf immer gleiche Beanstandungen des Mieters nicht reagiert, sondern die Betriebskostennachzahlungen verjähren lässt und auch nach dem Erwerb der Wohnung durch den Mieter nichts unternimmt (BGH NZM 2012, 677 = WuM 2012, 317 = ZMR 2012, 616) sowie wenn nach Ablauf der Preisbindung eine Einigung über die Umstellung der Mietstruktur auf eine Nettomiete getroffen wurde, dann aber über zehn Jahre lang nicht darüber abgerechnet wurde (LG Hamburg WuM 2005, 719) oder wenn dem ausziehenden Mieter von zwei Mitmietern mitgeteilt wurde, die Betriebskostenabrechnung habe er nur zur Hälfte zu tragen. Verwirkung kommt auch auf Seiten des Mieters in Betracht, wenn er jahrelang Vorauszahlungen leistet, über die 19 Jahre lang nicht abgerechnet wird (LG Berlin GE 1997, 689). Dagegen liegt keine Verwirkung vor, wenn der Mieter eine formell nicht ordnungsgemäße Abrechnung fünf Jahre lang nicht rügt (**aM** LG Münster NZM 2004, 498).

f) Rückzahlung aller Vorauszahlungen

aa) Rechnet der Vermieter nach Fälligkeit des Anspruchs auf Abrechnung **140** (s Rn 104) über die Vorauszahlungen nicht oder mit einer formell unwirksamen Abrechnung ab, kann der Mieter im Grundsatz (s aber Rn 141) Rückzahlung aller Vorauszahlungen für die betreffende Abrechnungsperiode verlangen. Aus dem Mietvertrag folgt die Pflicht, nicht verbrauchte Vorauszahlungen zurückzuzahlen (OLG Hamm GE 1998, 865 = NZM 1998, 568 = WuM 1998, 476 = ZMR 1998, 624; LG Gießen WuM 1994, 694, 695; WuM 1995, 442 = NJW-RR 1995, 442; LG München II WuM 1991, 158). Der Rückgriff auf eine ergänzende Vertragsauslegung (OLG Braunschweig GE 1999, 1213 = NZM 1999, 751 = WuM 1999, 511 = ZMR 1999, 694 m Anm Schmid; OLG Koblenz NZM 2002, 436 = NJW-RR 2002, 800 = GuT 2002, 84 = ZMR 2002, 519; LG Hamburg WuM 1997, 180) ist angesichts der zwingenden Vorschrift des § 556 Abs 3 BGB nicht erforderlich, weil sich aus dem Begriff der Vorauszahlungen und der Abrechnungspflicht ein **vertraglicher Anspruch** auf Rückzahlung der nicht verbrauchten Vorauszahlungen ergibt (BGH NJW-RR 2005, 487 = NZM 2005, 342 = MDR 2005, 596 = ZIP 2005, 181 = ZMR 2005, 281; NJW 2005, 1499 = NZM 2005, 373 = WuM 2005, 337 = ZMR 2005, 230 m Anm Emmerich JuS 2005, 747; AG Darmstadt 1. 11. 2013 – 307 C 86/13). Daneben hat der Mieter einen Anspruch auf Rückzahlung aus **ungerechtfertigter Bereicherung**. Es handelt sich um einen Anspruch aus § 812 Abs 1 S 2 Fall 1 BGB wegen späteren Wegfalls des Rechtsgrundes für die zunächst vertraglich geschuldeten Vorauszahlungen in der Höhe, in der feststeht, dass geringere Betriebskosten angefallen sind (§ 812 Abs 1 S 2: OLG Hamm GE 1998, 865). Verbreitet wird in der Rechtsprechung allein auf den bereicherungsrechtlichen Anspruch abgestellt (LG Essen WuM 1992, 200; LG Koblenz WuM 1995, 98; AG Köln WuM 1995, 119; AG Oberhausen WuM 1993, 68; AG Stuttgart WuM 1990, 159; AG Wuppertal WuM 1995, 659), während andere die Voraussetzungen eines Anspruchs aus ungerechtfertigter Bereicherung ablehnen (BGH NJW 2006, 2552 = NZM 2006, 533 = WuM 2006, 383; OLG Koblenz WuM 1995, 98; LG Duisburg NZM 1998, 808; LG Hamburg WuM 1997, 180; Langenberg, Betriebskostenrecht G Rn 10 f; Schmid WuM 1997, 158; offen gelassen von OLG Braunschweig GE 1999, 1213), vor allem um die vor der Einführung der regelmäßigen kurzen Verjährung von drei Jahren nach § 195 BGB durch das Gesetz zur Modernisierung des Schuldrechts vom 26. 11. 2001 (BGBl I 3138) bestehende dreißigjährige Verjährungsfrist für Ansprüche aus ungerechtfertigter Bereicherung zu vermeiden (OLG Koblenz uM 1995, 98). Allerdings war bereits nach alter Rechtslage anerkannt, dass auch bereicherungsrechtliche Rückzahlungsansprüche bei Nichtigkeit eines Mietvertrags der kurzen Verjährungsfrist des § 197 aF unterliegen (BGH NJW-RR 1989, 1015). Der Mieter kann die Vorauszahlungen dagegen nicht als Schadensersatz wegen des Verzugs mit der Abrechnung nach den §§ 280, 286 BGB oder aus dem Gesichtspunkt der positiven Vertragsverletzung (§ 280 Abs 1 BGB) fordern (OLG Hamm GE 1998, 865; OLG Braunschweig GE 1999, 1213; LG Köln WuM 1989, 28; Schmid WuM 1997, 158; **aM** LG Stade WuM 1995, 34 m zust Anm Geldmacher DWW 1995, 105). Denn die Unterlassung der Abrechnung ist nicht ursächlich für die Vorauszahlungen gewesen, sondern allenfalls für einen Zinsverlust. Der Rückzahlungsanspruch besteht nicht, wenn eine formell ordnungsgemäße Abrechnung vorliegt (LG Berlin GE 2006, 651; AG Schöneberg GE 2006, 515) und lediglich keine Einsicht in die Abrechnungsunterlagen gewährt wird (BGH NZM 2010, 857 = WuM 2010, 630 = ZMR 2011, 21; **aM** LG Landau ZMR 2010, 451).

bb) Problematisch ist, dass der Rückzahlungsanspruch des Mieters grundsätzlich **141** erst nach einer erfolgten Abrechnung fällig wird (s Rn 121). Im Anschluss an eine

Entscheidung des OLG Hamm verneint die hM daher die **Fälligkeit** eines Rückzahlungsanspruchs bei fehlender Abrechnung des Vermieters und verlangt, dass der Mieter zuerst auf Abrechnung klagt oder im Prozess selbst eine Abrechnung vorlegt oder jedenfalls aufgrund der Vorlage früherer Abrechnungen nachweist, dass Betriebskosten über einen bestimmten Betrag hinaus nicht angefallen sind (OLG Hamm GE 1998, 865 = NZM 1998, 568 = WuM 1998, 476 = ZMR 1998, 624; LG Duisburg NZM 1998, 808; LG Köln DWW 1998, 380; LG Saarbrücken NZM 1999, 757, 758; AG Köln WuM 1995, 119; WuM 1999, 122; Langenberg, Betriebskostenrecht G Rn 96; iE OLG Koblenz NZM 2002, 436 = NJW-RR 2002, 800 = GuT 2002, 84 = ZMR 2002, 519; OLG Naumburg WuM 2004, 235), während dem Mieter nach anderer Auffassung ohne Weiteres ein Rückzahlungsanspruch zugebilligt wird, sobald die Abrechnungsfrist überschritten wurde (LG Essen WuM 1992, 200; LG Gießen WuM 1994, 694, 695; WuM 1995, 442 = NJW-RR 1996, 777; LG Hamburg WuM 1997, 380; ZMR 2006, 287; LG Koblenz WuM 1995, 98; LG Lüneburg WuM 1992, 380; LG München II WuM 1991, 158; LG Stade WuM 1995, 34; AG Berlin Mitte WuM 1998, 440; AG Oberhausen WuM 1993, 68; AG Wuppertal WuM 1995, 659; Geldmacher DWW 1995, 105 f; Schmid, Hdb Rn 3186; ders WuM 1997, 158 f analog § 162; ders WuM 1998, 519; offen gelassen von OLG Dresden NZM 2000, 827 = ZMR 2001, 265). Ein Rückzahlungsanspruch des Mieters mangels Abrechnung besteht richtiger Weise aber nur bei **beendetem Mietverhältnis**, weil er in diesem Fall auf das Druckmittel des Zurückbehaltungsrechts (s Rn 137) nicht mehr zurückgreifen kann (BGH NJW 2005, 1499 = NZM 2005, 373 = WuM 2005, 337 = ZMR 2005, 230; NJW 2006, 2552 = NZM 2006, 533; NZM 2010, 857 = WuM 2010, 630 = ZMR 2011, 21; Neumann/Spangenberg NZM 2005, 576, 578 zur Verjährung; s auch Kraemer NZM 2004, 721, 727; OLG Braunschweig GE 1999, 1213 = NZM 1999, 751 = NJW-RR 2000, 85 = WuM 1999, 511 = ZMR 1999, 694 m abl Anm Schmid; LG Berlin GE 2000, 809 = ZMR 2000, 534; LG Göttingen NZM 1999, 455; LG Köln 18. 3. 2010 – 1 S 195/08; **aM** OLG Naumburg GuT 2002, 14 bei gewerblichem Mietverhältnis; AG Köln WuM 1999, 122; Langenberg, Betriebskostenrecht G Rn 11 f).

141a Daraus ergibt sich, dass mangels Fälligkeit vor Beendigung des Mietverhältnisses auch kein **Verzug** des Vermieters mit dem Rückzahlungsanspruch eintreten kann (BGHZ 196, 1 Rn 15 = NJW 2013, 859 = NZM 2013, 188 = WuM 2013, 168 = ZMR 2013, 265 für Gewerberaummietverhältnis). Nach Beendigung des Mietverhältnisses kann der Mieter den Vermieter durch Mahnung nach § 286 Abs 2 BGB in Verzug setzen (AG Iserlohn DWW 2012, 264).

141b Der Mieter kann im beendeten Mietverhältnis sofort auf Rückzahlung klagen, der Vermieter ist jedoch auch nach **Rechtskraft** einer dahingehenden Klage nicht gehindert, eine Abrechnung vorzulegen, denn die Rückzahlungsklage ist lediglich „zur Zeit begründet" (BGH NJW 2005, 1499 = NZM 2005, 373 = WuM 2005, 337 = ZMR 2005, 230; NZM 2010, 783 = WuM 2010, 631 = ZMR 2010, 25; NJW 2011, 143 = NZM 2010, 858 = WuM 2010, 748 = ZMR 2011, 112; LG Köln WuM 2014, 25). Prozessual erfolgt der Einwand im Rahmen einer zulässigen Vollstreckungsgegenklage nach § 767 ZPO (BGH NZM 2010, 783 = WuM 2010, 631 = ZMR 2010, 25). Hatte der Mieter mit dem Anspruch auf Rückzahlung der Vorauszahlungen aufgerechnet, entfällt die **Aufrechnungslage** mit Vorlage einer formell ordnungsgemäßen Betriebskostenabrechnung ex nunc, denn die Forderung steht insoweit unter einer auflösenden Bedingung nach § 158 Abs 2 HS 2 BGB (BGH NJW 2011, 143 = NZM 2010, 858 = WuM 2010, 748 = ZMR 2011, 112; Aufrechnung um eine übersehene Forderung erweitert im Rahmen einer Anhörungsrüge gegen dieses Urteil durch BGH WuM 2011, 178 = NZM 2011, 274). Dies setzt allerdings auch voraus, dass der Vermieter auf Aufforderung **Einsicht** in die Belege (s Rn 112) gewährt (AG Charlottenburg GE 2010,

1625). Ist die nachgereichte Abrechnung nur **teilweise formell wirksam**, kann der Mieter den hierdurch dargelegten Teil seiner Vorauszahlungen nicht zurückfordern (LG Hanau 8. 3. 2013 – 2 S 188/12; **aM** Vorinstanz AG Hanau 13. 6. 2012 – 37 C 17/12: vollständiger Rückzahlungsanspruch als Druckmittel).

Im Grundsatz setzt die Fälligkeit des Anspruchs aus dem Abrechnungssaldo zwar **141c** die Erstellung der Abrechnung voraus. Da es der Vermieter damit jedoch in der Hand hat, wann er den Anspruch auf Rückzahlung überzahlter Vorauszahlungen fällig werden lässt, handelt es sich hierbei um die vertragliche Überlassung der Bestimmung der Leistungszeit nach § 271 Abs 1 BGB durch eine der Parteien, nämlich den Vermieter. Eine solche Bestimmung der Leistungszeit unterliegt gem § 315 Abs 1 BGB der Überprüfung, ob sie im billigen Ermessen erfolgt ist. Hierbei ist davon auszugehen, dass die Überschreitung der Abrechnungsfrist um mehr als ein Jahr entsprechend § 20 Abs 3 NMV und § 556 Abs 3 S 2 BGB nicht mehr billigem Ermessen entspricht. Damit wird der Rückzahlungsanspruch spätestens nach **Ablauf eines Jahres** fällig (m ähnl Begr BGH NJW 2005, 1499 = NZM 2005, 373 = WuM 2005, 337 = ZMR 2005, 230). Allerdings hat der BGH diese Überlegungen dahingehend eingeschränkt, dass der Rückzahlungsanspruch auf Seiten des Mieters voraussetzt, dass dieser sein **Zurückbehaltungsrecht** vor Ende des Mietverhältnisses bereits geltend gemacht hat. Der Mieter kann also nicht einfach das Ende des Mietverhältnisses abwarten und dann die Rückzahlung mangels Abrechnung verlangen. Dies gilt sowohl bei bereits verjährtem Anspruch auf Abrechnung – „erst recht" – als auch ohne Verjährung (BGH NJW 2012, 3508 = NZM 2012, 832 = WuM 2012, 620 = ZMR 2013, 100; LG Berlin WuM 2015, 735; AG Darmstadt 1. 11. 2013 – 307 C 86/13; **aM** ZEHELEIN WuM 2012, 621). Damit kommt es auf die Frage, ob die dreijährige **Verjährungsfrist** des Rückzahlungsanspruchs nach § 195 BGB bereits nach Ablauf der Abrechnungsfrist des § 556 Abs 3 BGB oder erst nach Beendigung des Mietverhältnisses beginnt (so AG Charlottenburg GE 2010, 1625) häufig nicht mehr an. Nach der Rechtsprechung des OLG Frankfurt (ZMR 2018, 924, 927) hemmt die Erhebung einer Stufenklage auf Erstellung der Abrechnung und Auszahlung des etwaigen Guthabens die Verjährung eines später geltend gemachten Anspruchs auf Rückforderung der gesamten Vorauszahlungen für diesen Zeitraum nicht.

Im **bestehenden Mietverhältnis** ist der Mieter dagegen allein auf sein Recht zur **141d** Geltendmachung eines Zurückbehaltungsrechts an den laufenden Vorauszahlungen angewiesen (BGH NJW 2006, 2552 = NZM 2006, 533 = WuM 2006, 383 = ZMR 2006, 672; NZM 2010, 857 = WuM 2010, 630 = ZMR 2011, 21). Dies gilt ebenso für gewerbliche Mietverhältnisse (OLG Düsseldorf ZMR 2008, 890; MDR 2009, 1333; NZM 2011, 884 = GE 2011, 751; OLG Köln Info M 2010, 68 u 69; KG GE 2010, 764; ZMR 2010, 600 = GE 2010, 766).

cc) Besteht nach den oben dargelegten Grundsätzen (s Rn 141) ein Anspruch des **142** Mieters auf Rückzahlung der überzahlten Vorauszahlungen, stellt sich die Frage, wer die **Darlegungs- und Beweislast** dafür trägt, dass Betriebskosten tatsächlich angefallen sind. Überwiegend wird sie grundsätzlich dem Vermieter aufgebürdet, sodass der Mieter sämtliche Vorauszahlungen zurückfordern kann, wenn der Vermieter nichts einwendet (BGH NJW 2005, 1499 = NZM 2005, 373 = WuM 2005, 337 = ZMR 2005, 230; OLG Braunschweig GE 1999, 1213 = NZM 1999, 751 = NJW-RR 2000, 85 = WuM 1999, 511 = ZMR 1999, 694 m Anm SCHMID; LG Essen WuM 1992, 200; LG Gießen WuM 1994, 694, 695; WuM 1995, 442; LG Koblenz WuM 1995, 98; LG München II WuM 1991, 158; LG Stade WuM 1995, 34; GELDMA-

CHER DWW 1995, 105 f; offen gelassen von OLG Dresden NZM 2000, 827 = ZMR 2001, 265; vgl auch BGH NJW 1999, 1867, 1870 zu Rückzahlungen eines Überschusses aus Abschlagszahlungen eines Werkvertrages). Hinsichtlich des vertraglichen Anspruchs ergibt sich die Darlegungs- und Beweislast aus der materiellen Rechtslage, wonach der Mieter einen Anspruch auf Rückzahlung der Vorauszahlungen hat, soweit diese nicht tatsächlich für die Leistung von Betriebskosten verwendet wurden. Diese Einschränkung des Rückzahlungsanspruchs hat nach allgemeinen Beweislastregeln der Vermieter darzulegen und zu beweisen (SCHMID WuM 1997, 158, 159). Auch im Hinblick auf den bereicherungsrechtlichen Anspruch (s Rn 140) trägt der Vermieter als Bereicherungsschuldner die Darlegungs- und Beweislast, weil der Mieter auf eine Forderung Abschlagszahlungen erbracht hat, deren Höhe zur Zeit der Leistung noch nicht feststand (LG Essen WuM 1992, 200; GELDMACHER DWW 1995, 105, 106 mwNw; vgl auch BGH NJW 2000, 1718 zur Vorschusszahlung im Versicherungsrecht). Da allerdings in der Regel feststeht, dass irgendwelche Betriebskosten tatsächlich angefallen sind, wird vom Mieter nach § 138 Abs 1 ZPO verlangt, die Mindesthöhe der tatsächlich entstandenen Nebenkosten zu schätzen und annäherungsweise vorzutragen, sodass eine Entscheidung nach § 287 ZPO möglich ist. Nur soweit er dazu mangels jeglicher Anhaltspunkte aus vorausgehenden Abrechnungen oder der Abrechnungen für andere Mieter nicht in der Lage ist, sei er berechtigt, die Vorauszahlungen insgesamt zurückzufordern (OLG Braunschweig GE 1999, 1213 = NZM 1999, 751 = NJW-RR 2000, 85 = WuM 1999, 511 = ZMR 1999, 694 m **abl** Anm SCHMID; LG Berlin GE 2000, 809 = ZMR 2000, 534; GE 2002, 1339; LG Koblenz WuM 1995, 98, Verfassungsbeschwerde abgewiesen durch BVerfG WuM 1995, 99; AG Oberhausen WuM 1993, 68; AG Stuttgart WuM 1990, 159; AG Wuppertal WuM 1995, 659; offen gelassen von OLG Hamm GE 1998, 865 = NZM 1998, 568 = WuM 1998, 476 = ZMR 1998, 624; s auch KRAEMER NZM 2004, 721, 727). Auf dieses Erfordernis ist der Mieter nach § 139 ZPO hinzuweisen (OLG Köln ZMR 2002, 660). Der **BGH** verneint demgegenüber Darlegungspflichten des Mieters, weil es Sache des Vermieters sei, innerhalb angemessener Frist abzurechnen (BGH NJW 2005, 1499 = NZM 2005, 373 = WuM 2005, 337 = ZMR 2005, 230; LG München II WuM 1991, 158; SCHMID WuM 1997, 158, 159). Der Vermieter ist durch die Rechtskraft der Rückzahlungsklage nicht gehindert, die Abrechnung nachzuholen (BGH NJW 2005, 1499). Daran hat die Einführung der Ausschlussfrist des § 556 Abs 3 S 2 und 3 BGB nichts geändert, da die Norm nur eine Nachforderung über die geleisteten Vorauszahlungen hinaus ausschließt (BGH NJW 2005, 1499; s Rn 111 aE). Ist unstreitig, dass Betriebskosten in einer bestimmten Höhe angefallen sind, kann der Mieter diesen Betrag jedenfalls nicht zurückverlangen (SCHMID WuM 1997, 158, 159).

g) Rückzahlung überzahlter Vorauszahlungen

143 Der Mieter kann die Rückzahlung überzahlter Vorauszahlungen verlangen, wenn die Abrechnung inhaltlich falsch ist. Trägt der Mieter substantiiert (LG Berlin GE 2000, 539; NZM 2002, 65; GE 2002, 860; GE 2002, 1492; GE 2003, 253; GE 2003, 257; LG Düsseldorf DWW 1992, 26; LG Hannover WuM 1990, 228; AG Langenfeld/Rhld ZMR 1999, 33; AG Tiergarten GE 1999, 1651; AG Wedding GE 2002, 536; ebenso für Gewerbemietverhältnis OLG Düsseldorf DWW 2000, 193 = GE 2000, 888 = NZM 2000, 762) vor, dass er mehr an Nebenkosten bezahlt hat, als er zu zahlen verpflichtet gewesen wäre, ist der Vermieter beweispflichtig dafür, dass er nichts zurückzahlen muss (LG Offenburg WuM 1989, 29; AG Freiburg WuM 1991, 121; AG Hamburg-Harburg NJW-RR 2000, 747; **aM** LG Hannover ZMR 1989, 97; LG Köln WuM 1989, 28). Diese **Beweislastverteilung** gilt auch dann, wenn die Abrechnung zwar vorlag (bei fehlender Abrechnung s Rn 142), aber formell nicht ordnungsgemäß war (LG Hamburg WuM 1997, 180; LG Köln ZMR 2001, 547). Hat der Mieter von seinem Recht auf **Einsicht in die Berechnungsunterlagen** keinen Gebrauch gemacht, wird er regelmäßig Schwierigkeiten haben, seiner Darlegungspflicht zu genügen (KG GE 2006, 1231; OLG Düsseldorf GE 2003, 878; GE 2006, 1230; LG Berlin GE 2003, 253; GE 2003, 257; GE 2003, 1492; AG Aachen WuM 2004, 611), darüber hinaus wird ihm auch ein Recht auf Geltendmachung inhaltlicher Einwendungen versagt (AG Hanau 11. 4. 2012 – 37 C 244/10; AG Tempelhof-Kreuzberg GE 2010, 1351; AG Wetzlar GE 2012, 1235). Wird dem Mieter die Einsichtnahme verweigert, muss er nicht substantiiert darlegen, warum eine Rückzahlung berechtigt ist (KINNE/SCHACH Rn 89 mwNw; SCHMID WuM 1996, 319, 320). Eine Verweigerung der Einsichtnahme liegt aber nicht bereits vor, wenn der Vermieter nur auf seine Sprechzeiten hinweist (LG Berlin MM 2013, Nr 7/8, 38).

10. Abweichende Vereinbarungen (Abs 4)

Die Abrechnungspflicht des § 556 Abs 3 S 1 BGB kann nach **§ 556 Abs 4 BGB** nicht durch abweichende Vereinbarungen zum Nachteil des Mieters eingeschränkt werden. Wird eine Abrechnung ganz abbedungen, handelt es sich in der Sache nicht mehr um Vorauszahlungen auf Betriebskosten, sondern um eine zulässige Betriebskostenpauschale (s Rn 69), auf die § 556 Abs 3 BGB und Abs 4 nicht anwendbar sind. Allerdings steht dem Vermieter die Möglichkeit offen, sich dazu zu verpflichten, die Abrechnung innerhalb eines kürzeren Zeitraums zu erstellen, als dies gesetzlich vorgesehen ist (BGH WuM 2016, 164; s Rn 105). Die Vereinbarung eines längeren Abrechnungszeitraums ist bei Vorliegen sachlicher Gründe wirksam (s Rn 116). Ein kürzerer Abrechnungszeitraum ist unter diesen Voraussetzungen ebenfalls zulässig (s Rn 116a). Mit der Regelung des § 556 Abs 4 BGB zu vereinbaren ist die **Anerkennung eines Saldos** als konkrete Schuld nach Zugang der Abrechnung (BGH VIII ZR 230/19 v 28. 10. 2020 Tz 41; s Rn 134).

144

11. Prozessuales

Der auf Rückzahlung von Betriebskostenvorauszahlungen in Anspruch genommene Vermieter ist vorbehaltlich einer prozessualen Verspätung nicht gehindert, eine ordnungsgemäße **Abrechnung** noch im Prozess (LG Berlin GE 2002, 995; LG Gießen WuM 1994, 694; WuM 1995, 442 = NJW-RR 1996, 777; LG Hamburg WuM 1997, 380; AG Brühl WuM 1996, 631) oder in der Berufungsinstanz vorzulegen (BGH NJW 2005, 1499 = NZM 2005, 373; OLG Dresden GE 2002, 994 = NZM 2002, 437 = NJW-RR 2002, 801 = ZMR 2002, 416; **aM** OLG Düsseldorf NZM 2003, 899 = ZMR 2004, 30; LG Berlin GE 1999, 1497). Die nachträgliche Erläuterung einzelner Positionen reicht aber nicht aus. Es muss eine vollständige Abrechnung vorgelegt werden (LG Berlin GE 1999, 907). Ist die Abrechnung erfolgt, hat der Mieter die Klage auf Rückerstattung überzahlter Nebenkosten zu ändern, soweit einzelne Positionen vom Mieter beanstandet werden sollen (LG Hamburg WuM 1997, 380). Stellt sich die Klage dann als unbegründet heraus, können dem Vermieter nach Erledigung der Hauptsache gem § 91a ZPO die Prozesskosten auferlegt werden (LG Hamburg WuM 1997, 380; AG Brühl WuM 1996, 631; GELDMACHER DWW 1995, 105). Der Mieter kann im beendeten Mietverhältnis sofort auf Rückzahlung klagen, der Vermieter ist jedoch auch nach **Rechtskraft** einer dahingehenden Klage nicht gehindert, eine Abrechnung vorzulegen, denn die Rückzahlungsklage ist lediglich „zur Zeit begründet" (BGH NJW 2005, 1499 = NZM 2005, 373 = WuM 2005, 337 = ZMR 2005, 230; NZM 2010, 783 = WuM 2010, 631 = ZMR 2010, 25). Prozessual erfolgt der Einwand im

145

Rahmen einer zulässigen Vollstreckungsgegenklage nach § 767 ZPO (BGH NZM 2010, 783 = WuM 2010, 631 = ZMR 2010, 25). Allerdings hindert die Rechtskraft einer Klage des Vermieters auf Zahlung rückständiger Betriebskostenvorschüsse die Klage auf Nachzahlung aus einer Abrechnung in gleicher Höhe bei Null-Vorschüssen, nicht jedoch einen darüber hinausgehenden Betrag (AG Wetzlar ZMR 2012, 456).

146 Wird im Rahmen eines **Räumungsvergleichs** vereinbart, dass „Mietansprüche" für die Vergangenheit nicht mehr bestehen, schließt dies die Erstellung einer Betriebskostenabrechnung nicht aus, jedoch muss sich der Vermieter dann so behandeln lassen, als seien alle Vorauszahlungen auf die Betriebskosten gezahlt worden (OLG Düsseldorf NZM 2012, 684 = GE 2012, 482 = ZMR 2012, 434).

147 Der **Streitwert** einer Klage auf Abrechnung der Betriebskosten bemisst sich nicht nach der Summe der abzurechnenden Vorauszahlungen, sondern nach dem erfahrungsgemäß denkbaren Rückzahlungsanspruch des Mieters (BGH NZM 2017, 358; LG Landau/Pfalz WuM 1990, 86; AG Witten NZM 2003, 851; ähnl LG Frankfurt aM NZM 2000, 759). Der Streitwert einer Klage gegen den **Hausverwalter** auf Herausgabe der Verwaltungsunterlagen zur Erstellung einer Betriebskostenabrechnung bemisst sich nicht pauschal nach dem Wert aller Vorauszahlungen, weil diese nicht pauschal zurückgezahlt werden müssen, wenn keine Abrechnung vorliegt (so KG NZM 2012, 328 = WuM 2011, 316 = ZMR 2011, 655; **aM** aber Rn 142). Die Ansprüche auf die Betriebskosten können im **Urkundsprozess** geltend gemacht werden (BGH NZM 2015, 41). Das gilt nicht nur für aus dem Mietvertrag ersichtliche Vorauszahlungen oder Pauschalen, sondern auch für den Anspruch aus der Abrechnung, weil der Vermieter bei Bestreiten der Abrechnung die Originalbelege als Urkunden vorlegen kann (KG WuM 2012, 156 = ZMR 2011, 116 Rn 65 für Gewerberaummietverhältnis; AG Berlin-Mitte ZMR 2007, 42; AG Hannover ZMR 2003, 271; Both NZM 2007, 156; ders PiG 83 [2008] 199; Schmid DWW 2007, 324; **aM** LG Bonn Info M 2010, 146; Blank NZM 2000, 1083; Blank NZM 2000, 1083).

§ 556a
Abrechnungsmaßstab für Betriebskosten

(1) Haben die Vertragsparteien nichts anderes vereinbart, sind die Betriebskosten vorbehaltlich anderweitiger Vorschriften nach dem Anteil der Wohnfläche umzulegen. Betriebskosten, die von einem erfassten Verbrauch oder einer erfassten Verursachung durch die Mieter abhängen, sind nach einem Maßstab umzulegen, der dem unterschiedlichen Verbrauch oder der unterschiedlichen Verursachung Rechnung trägt.

(2) Haben die Vertragsparteien etwas anderes vereinbart, kann der Vermieter durch Erklärung in Textform bestimmen, dass die Betriebskosten zukünftig abweichend von der getroffenen Vereinbarung ganz oder teilweise nach einem Maßstab umgelegt werden dürfen, der dem erfassten unterschiedlichen Verbrauch oder der erfassten unterschiedlichen Verursachung Rechnung trägt. Die Erklärung ist nur vor Beginn eines Abrechnungszeitraumes zulässig. Sind die Kosten bislang in der Miete enthalten, so ist diese entsprechend herabzusetzen.

(3) Ist Wohnungseigentum vermietet und haben die Vertragsparteien nichts anderes vereinbart, sind die Betriebskosten abweichend von Absatz 1 nach dem für die Verteilung zwischen den Wohnungseigentümern jeweils geltenden Maßstab umzulegen. Widerspricht der Maßstab billigem Ermessen, ist nach Absatz 1 umzulegen.

(4) Eine zum Nachteil des Mieters von Abs 2 abweichende Vereinbarung ist unwirksam.

Materialien: Zu § 4 MHRG s STAUDINGER/SONNENSCHEIN/WEITEMEYER (1997). Art 1 Mietrechtsreformgesetz vom 19. 6. 2001 (BGBl I 1149); Referentenentwurf NZM 2000, 415 ff u 612 ff = WuM 2000, 165 ff u 227 ff; Begr zum RegE BT-Drucks 14/4553, 37, 51 f = NZM 2000, 802 ff u WuM 2000, 465 ff; Ausschussbericht BT-Drucks 14/5663, 79.

Schrifttum

Allgemeines Schrifttum zu Betriebskosten s bei § 556.
BEYER, Die Ableitung der Betriebskostenabrechnung aus der Jahresabrechnung, WuM 2013, 77
ders, Die Anpassung des Mietvertrags an erhebliche und unerhebliche Flächenabweichungen, NZM 2010, 417
ders, Die vermietete Eigentumswohnung. Die Ableitung der Betriebskostenabrechnung aus der Jahresabrechnung, ZMR 2013, 933
ders, Eigenverantwortung und Schutz des Mieters, in: FS Blank (2006) 57
ders, Noch einmal: Falsch vermessen?, WuM 2010, 614
BLANK, Das Mietrecht in der Schnittstelle zum WEG, WuM 2000, 523
ders, Verteilungseffizienz und Verteilungsgerechtigkeit bei Betriebskosten, PiG 85 (2009) 43
BÖRSTINGHAUS, Aktuelle Fragen zur Betriebskostenabrechnung, PiG 88 (2010) 129
ders, Flächenabweichungen in der Wohnraummiete (2012)
BÖSCHE, Die Übergangsregelungen des Mietrechtsreformgesetzes, WuM 2001, 367
BOTH, Umlage von Müllgebühren auf den Mieter von Wohnraum, NZM 1998, 457
ders/HARMS, Mietverhältnisse und Stromversorgung, DWW 1999, 274
BREIHOLDT, Unwirksamkeit einer formularvertraglichen Klausel zur Betriebskostenabrechnung, ZMR 2009, 290
BRÜCKNER, Keine Kürzung des Abrechnungsergebnisses der Betriebskostenposition „Kaltwasser", GE 2012, 42
ders, Rechtsfolge beim Verstoß gegen die Vereinbarung der verbrauchsabhängigen Betriebskostenabrechnung, GE 2012, 1208
BUB, Flächenabweichungen im Mietrecht, PiG 88 (2010) 45
ders, Preisgünstige Stromversorgung im Mietverhältnis, Beil zu WuM 12/2000, 16 = NZM 2001, 458
DERCKX, Kostenumlage bei Heizungsumstellung auf Fernwärme unter reformierter II. Berechnungsverordnung, NJW 2007, 3061
DERLEDER, Direkte Vertragsbeziehungen zwischen den Mieterhaushalten und den Trägern der Wasserversorgung und Wasserentsorgung, Beil zu WuM 12/1998, 22
ders, Falsch vermessen, WuM 2010, 202
ders, Ökologische Vertragsgestaltung zwischen Vermieter, Mieter und Versorgungsträger. Das Beispiel Wasserbezug, NZM 1999, 729
DICKERSBACH, Bedeutung der künftigen Betriebskosten für die Modernisierungsankündigung, WuM 2013, 575
DRASDO, Die Harmonisierung von Miet- und Wohnungseigentumsrecht – Umlage Betriebskosten –, WuM 2020, 686
ders, Die Beziehungen des Mietrechts zum Wohnungseigentumsrecht in den Entwürfen zur Neuordnung des Mietrechts, NZM 2001, 13
EISENSCHMID, Die Auslagerung von Vermieterleistungen, WuM 1998, 449

ders, Die Neuregelung des Contracting, WuM 2013, 393

ders, Die Wohnfläche als Abrechnungsmaßstab für die Betriebskosten, in: Weimarer Immobilienrechtstage 2004, 137

Essling, Zur Grundsteuerumlage bei einer vermieteten Eigentumswohnung, WuM 2011, 24

Franke, Die Übergangsvorschriften des neuen Mietrechts, ZMR 2001, 951

Gather, Mietstruktur und Betriebskostenvorauszahlung bei der Wohnraummiete, DWW 2012, 362

Hack, Contracting – Zukunft der Heizungssanierung?, Beil zu WuM 1/2000, 24

Häublein, Erforderlichkeit und Möglichkeit einer Harmonisierung von Wohnungseigentums- und Mietrecht, NZM 2014, 97

Heilmann, Schätzung von Betriebskosten, NZM 2018, 698

Heix, Die Rechtsprechung des Bundesgerichtshofs im Labyrinth der Wohnfläche, WuM 2009, 706

Herrlein, Kontrollrechte des Vermieters und des Mieters, ZMR 2007, 247

Horst, Kein Anspruch auf eine Zwischenablesung, GE 1997, 341

ders, Kautelarjuristische Herausforderungen bei der Vermietung von Eigentumswohnungen, DWW 2011, 2

Jacoby, Die Abrechnung der vermieteten Eigentumswohnung aufgrund des neuen § 556a Abs. 3 BGB, ZMR 2021, 1

Jennissen, Abhängigkeit der mietrechtlichen Betriebskostenrechnung von der wohnungseigentumsrechtlichen Jahresabrechnung, NZM 2002, 236

Kinne, Formularklauseln in Mietverträgen – Grenzen und Konsequenzen (Teil 2), ZMR 2000, 792

ders, Unwirksamkeit droht: Bei Teilkostenumlage sind zwingend auch die Gesamtkosten anzugeben, GE 2007, 1358

ders, Rückt immer stärker in den Vordergrund: Vorwegabzug in der Betriebskostenabrechnung – materielle Richtigkeit und formelle Wirksamkeit, GE 2011, 588

Kraemer, Mietraumfläche – Auswirkungen auf Mietpreis, Gewährleistung und Nebenkosten, Beil zu WuM 12/1998, 13 = DWW 1998, 365 = NZM 1999, 156

Kunze, Ungeregelte Betriebskostenfragen, in: Artz/Börstinghaus (Hrsg), 10 Jahre Mietrechtsreform (2011) 537

Langenberg, Zur Vereinbarung eines Umlageschlüssels nach § 556a I 1 BGB, NZM 2015, 152

ders, Zur Aufteilung von Wasserkosten anhand eines Zwischenzählers, NZM 2010, 186

ders, Betriebskostenabrechnung bei Leerständen, WuM 2002, 589

ders, Betriebskostenrecht der Wohnraummiete im BGB nF, NZM 2001, 783

ders, Ungelöste Fragen der Umlage und Abrechnung von Betriebskosten, NJW 2008, 1269

Laug, Die Umlage der Grundsteuer im gemischt genutzten Mietobjekt, WuM 1993, 171

Lehmann-Richter, Änderungen der mietvertraglichen Geschäftsgrundlage aufgrund von Wohnungseigentümerbeschlüssen, ZWE 2009, 345

ders, Zur AGB-Kontrolle von Betriebskostenklauseln in der Wohnraummiete, WuM 2012, 647

ders, Mieterschutz als Wahlkampfthema, NZM 2013, 526

Lützenkirchen, Änderung der Beheizungsart der Mietwohnungen im Lichte von Verbotsnormen, NZM 2008, 160

ders, Flächenabweichungen bei der Betriebskostenabrechnung, ZMR 2009, 895

Maass, Zur Betriebskostenabrechnung und Vertragsanpassung bei Wohnungsleerstand, ZMR 2006, 760

Maciejewski, Betriebskostenumlage bei Leerstand, MM 2000, 61

S Meier, Die Versorgung und Entsorgung von Mieterhaushalten. Eine Untersuchung der Rechtsbeziehungen zwischen den leistungserbringenden Unternehmen und den Mietvertragsparteien (1999)

Nies, Schrift- oder Textform im Mietrecht. Fallen für Vermieter, NZM 2001, 1071

Pfeifer, Verbrauchsabhängige Nebenkosten. Umlage nach Quadratmetern bleibt rechtlich einwandfrei, GE 2000, 576

ders, Der notwendige Vorwegabzug bei den Betriebskosten, in: Artz/Börstinghaus (Hrsg), 10 Jahre Mietrechtsreform (2011) 564

Rave, Minderflächenvereinbarung im Rahmen der Betriebskostenabrechnung – wirklich ein Vertrag zulasten Dritter?, ZMR 2010, 830
Reichelt/Lye, Die 10%-Schwelle im Mietrecht – back to the roots?!, ZfIR 2018, 600
Riecke, Risiken und Besonderheiten bei der Betriebskostenabrechnung für vermietetes Sondereigentum, WuM 2003, 309
Röhl, Der Anspruch auf Direktabrechnung des Wasserbezugs zwischen Mietern und Versorgern, NZM 1999, 101
Rudolph, Zur Änderung der Mietfläche bei der Umlage von Betriebskosten – Erwiderung auf den Aufsatz von Wiese, ZMR 1990, 81, ZMR 1990, 404
Schach, Abrechnung bei vermieteten Eigentumswohnungen, GE 2012, 1600
Schickedanz, Über Wohnungswasserzähler, ZMR 2007, 597
Schilling, Neues Mietrecht 1993. Texte, Materialien, Erläuterungen (1993)
Schläger, Mieterhöhung bei Wohnungsmodernisierung durch Wasserzählereinbau – Grundlagen und Grenzen, ZMR 2009, 353
M J Schmid, Verbrauchsabhängige Abrechnung der Wasserkosten, GE 2001, 679
ders, Änderung des Abrechnungsmaßstabs wegen Leerstands bei der Wohnraummiete nach § 313 Abs 1 BGB, WuM 2011, 453
ders, Die Anbringung und Verwendung von Verbrauchszählern in Mietwohnungen, WuM 2011, 331
ders, Anmerkung zur Rechtsprechung über die Abrechnungsmethode von Wasserkosten eines gemischt-genutzten Gebäudes, ZMR 2010, 283
ders, Zur Bedeutung des § 4 Abs 5 S 1 Nr 2 MHG, WuM 1998, 709
ders, Betriebskostenabrechnung und Eichrecht, DWW 2008, 242
ders, Betriebskostenabrechnung nach Personenzahl, GE 2010, 1589
ders, Erschwerte Betriebskostenabrechnung für Vermieter, GE 2011, 1131
ders, Betriebskosten für preisfreien Wohnraum nach der Mietrechtsreform, ZMR 2001, 761
ders, Beweislastfragen in Mietnebenkostenprozessen, ZMR 2009, 335
ders, Folgen der Novelle des Wohnungseigentumsgesetzes für die Betriebskostenabrechnung mit dem Mieter, GE 2007, 1094
ders, Grundsätze für Heizkostenabrechnung nach fehlerhafter Verbrauchserfassung, ZMR 2008, 42
ders, Die Kosten der Entwässerung, DWW 2012, 322
ders, Die Kosten der Wärmelieferung im Lichte der neueren BGH-Rechtsprechung, ZMR 2008, 25
ders, Mietnebenkostenumlegung bei vermieteten Eigentumswohnungen, in: Weimarer Immobilienrechtstage 2004, 83
ders, Nochmals: Wer trägt die Kosten der Zwischenablesung bei Mieterwechsel?, WuM 1992, 291
ders, Nebenkosten für leerstehende Räume, ZMR 1998, 608
ders, Nebenkostenumlegung bei Erfassungsmängeln, NZM 1998, 499
ders, Neuregelung des Übergangs zur Wärmelieferung, ZMR 2013, 776
ders, Rechtsprechung zur Versorgungsänderung Heizung und Fernsehempfang durch den Vermieter, ZfIR 2007, 671
ders, Straßenreinigung – Kostenumlegung und Mieterleistung, ZMR 2012, 337
ders, Die Umlegung von Gebäudereinigungskosten auf den Mieter, WuM 2011, 659
ders, Vereinbarungen zu Abrechnungsmaßstäben über Mietnebenkosten, DWW 2010, 242
ders, Vorausteilungen von Betriebskosten, ZMR 1998, 257
ders, Das WEG entdeckt das Mietrecht. Zum Entwurf eines Gesetzes zur Änderung des Wohnungseigentumsgesetzes, ZMR 2005, 27
Schultz-Süchting/Tegtmeyer, Nachhaltige Immobilien: Der Grüne Mietvertrag, ZfIR 2010, 396
Schopp, Der Umlegungsschlüssel bei Überwälzung der Betriebskosten (§ 27 II. BV) – Anmerkung zu LG Augsburg in ZMR 89, 307 und BayObLG (RE) in ZMR 84, 203, ZMR 1989, 406
Schreiber, Eigentumserwerb an Heizungsanlagen bei gewerblicher Wärmelieferung (Contracting), NZM 2002, 320
Stellwaag, Betriebskostenumlage bei nur teilweise vermietetem Wohnraum, DWW 1987, 36

STERNEL, Auswirkungen von Leerstand auf Mietverhältnisse, WuM 2003, 243
ders, Leerstand und Betriebskosten, in: Weimarer Immobilienrechtstage 2004, 119
ders, Probleme des neuen Mietrechts (Teil I), ZMR 2001, 937
STREYL, Wie groß ist das Haus?, WuM 2011, 450
VEHSLAGE, Rechtsfolgen fehlerhafter Wohnflächenangaben, DWW 1998, 227
WALL, Mietrechtliche Probleme beim Einbau und Betrieb von Wärme- und Wasserzählern, WuM 1998, 63
WEDEL, Verfehlte Gesetzesauslegung des § 556a BGB durch den BGH, WuM 2015, 274
WIESE, Die Abweichung der tatsächlichen von der vertraglich bezeichneten Mietflächengröße, ZMR 1990, 81, 85.
ZEHELEIN, Betriebskostenabrechnung vermieteter Eigentumswohnung nach dem 1. 12. 2020, NZM 2020, 1001.

Systematische Übersicht

I. Allgemeine Kennzeichnung
1. Überblick — 1
2. Entstehung der Vorschrift — 2
3. Zweck der Vorschrift — 3
4. Sachlicher Anwendungsbereich — 4
5. Übergangsregelung — 5

II. Umlagemaßstab (Abs 1)
1. Gesetzliche Bestimmung — 6
   a) Grundsatz — 6
   b) Bedeutung der Billigkeitskontrolle — 7
2. Vereinbarung — 8
   a) Vertragliche Regelung — 8
   b) Einseitiges Bestimmungsrecht — 9
   c) Bestimmung des Maßstabs vor der Mietrechtsreform — 10
3. Anderweitige Vorschriften — 11
4. Änderung des Umlagemaßstabs — 12
   a) Vereinbarter Maßstab — 12
   b) Gesetzlicher Maßstab — 14
5. Einzelne Umlagemaßstäbe — 15
   a) Verbrauchsabhängiger Maßstab — 15
   b) Maßstab der unterschiedlichen Verursachung — 21
   c) Flächenmaßstab — 22
   d) Anzahl der Nutzer — 25
   e) Anzahl der Mietobjekte — 26
   f) Wirtschaftseinheit — 27
   g) Miteigentumsanteile — 29
   h) Andere Umlagemaßstäbe — 30
6. Aperiodische Kosten — 31
7. Mieterwechsel — 32
   a) Kostenaufteilung — 32
   b) Kosten der Zwischenablesung — 33
8. Gemischt gewerbliche Nutzung — 34
9. Grundsatz der Gleichbehandlung — 35
10. Abweichende Vereinbarungen — 36

III. Einseitige Änderung des Umlagemaßstabs (Abs 2)
1. Allgemeines — 37
2. Erfasste Betriebskosten — 38
3. Änderung des Umlagemaßstabs — 39
   a) Änderungsrecht — 39
   b) Umlagemaßstab — 40
4. Änderung der Mietstruktur — 41
   a) Abrechnung durch den Vermieter — 41
   b) Direkte Abrechnung durch den Leistungserbringer — 44
5. Geltendmachung der Vertragsänderung — 45
   a) Form — 45
   b) Inhalt — 46
6. Wirkungseintritt der Änderung — 47
7. Abweichende Vereinbarungen — 48

IV. Vermiete Eigentumswohnung — 49

Alphabetische Übersicht

Abwasser — 15
Abweichende Vereinbarungen
– Änderung des Umlagemaßstabs — 48
– Umlagemaßstab — 8, 36
Änderungsvertrag — 12
Änderung des Umlagemaßstabs — 12 ff
Aufzug — 21, 26, 35

Untertitel 2 · Mietverhältnisse über Wohnraum
Kapitel 2 · Die Miete · Unterkapitel 1 · Vereinbarungen über die Miete § 556a

BerechnungsV	27 f, 38
Betriebskostenpauschale	1, 37, 41 ff, 46 f
Beweislast s Darlegungs- u Beweislast	
Bruttomiete	1, 3, 37, 41, 43, 47
Darlegungs- u Beweislast	7, 19, 23, 25, 34
Direktabrechnung mit Leistungserbringer	44
Eigentumswohnung	8, 12, 23, 29
Einrohrheizung	16
Entstehung der Vorschrift	2
Entwässerungskosten	2, 5, 16
Fahrstuhl	21, 26, 35
Flächenmaßstab	22
Form	
– Änderungserklärung	45
Gewerbliche Nutzung	4, 7, 22, 34
Grundsatz der Gleichbehandlung	35
Grundsatz der Wirtschaftlichkeit	20, 37
Grundsteuer	34 f
HeizkostenV	11, 18, 31 ff, 38, 44
Heizungskosten	11, 16 ff, 29, 31 ff, 35, 38, 44
Inklusivmiete	1, 3, 37, 41, 43, 47
Kaltwasser	17
Leerstand	24
Mieterwechsel	32 f
Mietstruktur	1, 37, 41
Müllabfuhr	2, 5, 21, 24, 28
Neue Bundesländer	4
Schätzung des Verbrauchs	18
Störung der Geschäftsgrundlage	12, 14
Stromkosten	44
Umlagemaßstab	15 ff, 40
– Änderung	12
– Arten	15 ff
– einseitige Bestimmung	9 f, 39 ff
– Form der Änderungserklärung	45
– Inhalt der Änderungserklärung	46
– Vereinbarung	8, 36
– Wirkungseintritt der Änderung	47
Vertragsänderung	12
Vorauszahlungen	1, 5, 43
Wärmemessgeräte	16
Warmwasser	11, 38
Waschmaschine	25
Wasserversorgung	2, 5, 15, 16 ff, 22, 24 f, 35
Wegfall der Geschäftsgrundlage	12, 14
Wirtschaftseinheit	27 f
Wohnraummietverhältnis	4
– preisgebundenes	4, 11
Wohnungseigentum	49
Zweck der Vorschrift	3
Zweite BerechnungsV	27 f, 38
Zwischenablesung	32 f

I. Allgemeine Kennzeichnung

1. Überblick

Die Vorschrift regelt den Abrechnungsmaßstab, wenn die Parteien nach § 556 Abs 1 **1** BGB die Umlage der Betriebskosten auf den Mieter vereinbart haben. Sie bezieht sich unmittelbar nur auf die Umlage von Betriebskosten, über die abgerechnet wird. Auf die Berechnung der Erhöhung oder Ermäßigung einer Betriebskostenpauschale nach § 560 Abs 1 BGB bis 3 kann die Vorschrift aber entsprechend angewandt werden (s STAUDINGER/ARTZ [2021] § 560 Rn 20). Abs 1 schreibt für die Abrechnung über Vorauszahlungen auf Betriebskosten nach § 556 Abs 3 BGB als vorrangigen Maßstab die Umlage nach dem Anteil der Wohnfläche vor, bei den verbrauchsabhängigen oder in unterschiedlicher Weise verursachten Betriebskosten einen Maßstab, der dem unterschiedlichen Verbrauch oder der unterschiedlichen Verursachung Rechnung trägt. Nach Abs 2 kann der Vermieter durch Erklärung in Textform einen dahingehenden Abrechnungsmaßstab einseitig bestimmen, auch wenn vorher eine Brutto- oder Inklusivmiete oder eine Betriebskostenpauschale vereinbart war. Nach Abs 4 sind von Abs 2 abweichende Vereinbarungen zu Lasten des Mieters unwirksam. Der seit dem 1. 12. 2020 geltende neue Abs 3 enthält eine Sonderregelung für die **vermietete Eigentumswohnung**.

2. Entstehung der Vorschrift

2 Die Vorschrift des § 556a Abs 1 BGB ist durch das Mietrechtsreformgesetz vom 19. 6. 2001 (BGBl I 1149) neu in das Gesetz eingefügt worden. Hatten die Parteien nach der alten Rechtslage einen Umlagemaßstab für die Betriebskosten nicht vereinbart, konnte der Vermieter den Maßstab nach billigem Ermessen bestimmen. Abs 1 legt bei fehlender vertraglicher Bestimmung demgegenüber den Umlagemaßstab fest. Eine ähnliche Bestimmung wie § 556a Abs 2 BGB hatte das MietRÄndG 4 vom 21. 7. 1993 (BGBl I 1257) als Abs 5 Nr 1 der Regelung über Betriebskosten in dem früheren § 4 MHRG angefügt. Danach konnte der Vermieter durch eine einseitige schriftliche Erklärung bestimmen, dass die Kosten der Wasserversorgung, der Entwässerung und der Müllabfuhr verbrauchsabhängig auf den Mieter umgelegt werden. Das Mietrechtsreformgesetz erweiterte diese Möglichkeit auf alle verbrauchs- und verursachungsabhängig erfassten Betriebskosten. Die bisher in § 4 Abs 5 Nr 2 MHRG bestehende Möglichkeit der einseitigen Umstellung der Abrechnung der Betriebskosten durch den Vermieter auf eine direkte Abrechnung zwischen dem Mieter und den Erbringern dieser Leistungen wurde hingegen gestrichen. Die Regelung habe sich in der Praxis nicht bewährt, von ihr sei kaum Gebrauch gemacht worden, sie habe aber zahlreiche ungeklärte Fragen aufgeworfen (Begr zum RegE BT-Drucks 14/4553, 52). Einvernehmlich können die Parteien derartige Vereinbarungen aber treffen (s Rn 44). Zum 1. 12. 2020 ist im Rahmen der WEG-Reform ein neuer Abs 3 eingefügt worden, der die Abrechnung bei der vermieteten Eigentumswohnung betrifft.

3. Zweck der Vorschrift

3 Entgegen der vormals geltenden Rechtslage (s Rn 2) ist in § 556a Abs 1 BGB als dispositives Recht der Maßstab für die Umlage von Betriebskosten auf mehrere Mieter geregelt worden, wenn die Parteien darüber nichts vereinbart haben. Damit sollte die bisher bestehende Rechtsunsicherheit vermieden werden, die das einseitige Bestimmungsrecht des Vermieters nach billigem Ermessen gem §§ 315, 316 BGB mit sich brachte (Begr zum RegE BT-Drucks 14/4553, 51). Der Gesetzgeber zieht dabei den Flächenmaßstab der Umlage nach der Personenzahl vor, weil dieser leichter handhabbar sei, da sich die Personenzahl häufig ändern könne und dies für den Vermieter kaum nachvollziehbar sei (Begr zum RegE BT-Drucks 14/4553, 51). Betriebskosten, die verbrauchsabhängig oder nach der Verursachung erfasst werden, sollen vorrangig nach diesem Maßstab umgelegt werden. Dies erhöhe die Abrechnungsgerechtigkeit und bedeute für den Mieter einen erheblichen Anreiz zur Energieeinsparung (Begr zum RegE BT-Drucks 14/4553, 37). Die Regelung in Abs 2 ermöglicht dem Vermieter die Umstellung auf eine verbrauchsabhängige Abrechnung oder eine, die der unterschiedlichen Verursachung Rechnung trägt. Dies soll gleichfalls den sparsamen Umgang mit Energie fördern, darüber hinaus aber auch Vermietern, deren Bruttomieten durch steigende Betriebskosten nicht mehr wirtschaftlich waren, mehr Kostengerechtigkeit bringen (Begr zum RegE BT-Drucks 14/4553, 51).

4. Sachlicher Anwendungsbereich

Die Vorschrift ist nach § 549 Abs 1 auf **Wohnraummietverhältnisse** (s § 549 Rn 13 ff) **4** anwendbar, auch soweit diese nach § 549 Abs 2 und 3 BGB vom Anwendungsbereich des sozialen Mietrechts ausgenommen sind. Keine ausdrückliche Ausnahmeregelung besteht mehr für den vor dem Inkrafttreten des Mietrechtsreformgesetzes in dem früheren § 10 Abs 3 Nr 1 MHRG von den Vorschriften über Mieterhöhungen und über die Berechnung und Umlegung der Betriebskosten ausgenommenen **preisgebundenen Wohnraum**. Soweit eine Preisbindung aufgrund der Vorschriften des sozialen Wohnungsbaus besteht, ergibt sich unmittelbar aus diesen Spezialvorschriften, dass und inwieweit andere Regelungen für die Mieterhöhung (Begr zum RegE BT-Drucks 14/4553, 52) und für die Berechnung der Betriebskosten gelten. Für Altverträge gelten noch die §§ 20 II NmV als Spezialvorschriften. Mit der Umstellung der Mietbindung im geförderten Wohnungsbau von der Kostenmiete auf vereinbarte Mietobergrenzen durch das WoFG vom 13. 9. 2001 (BGBl I 2376) ist auch für diese Wohnungen das Mieterhöhungsrecht des BGB mit Sondervorschriften anzuwenden (s § 557 Rn 23 ff). Die Geltung der Vorschriften über die Umlage von Betriebskosten nach den §§ 556, 556a, 560 BGB ist in § 28 Abs 4 Nr 1 WoFG ausdrücklich angeordnet. Durch die Föderalismusreform wurde die Gesetzgebungskompetenz für die soziale Wohnraumförderung auf die Länder übertragen, die nunmehr hiervon abweichende Bestimmungen treffen können (s § 556 Rn 3). Für **Geschäftsraummietverhältnisse** gilt die Vorschrift des § 556a BGB nicht. Hier kann der Vermieter weiterhin den Umlagemaßstab nach billigem Ermessen gem § 315 BGB bestimmen, wenn die Parteien keine Vereinbarung darüber getroffen haben (Herrlein/Kandelhardt/Both Rn 2).

5. Übergangsregelung

Die Vorschrift des § 556a BGB ist nach Art 11 **Mietrechtsreformgesetz** (s Rn 2) seit **5** dem 1. 9. 2001 anwendbar. Das bedeutet nach allgemeinen Grundsätzen, dass sämtliche Neuregelungen auch auf die zu diesem Zeitpunkt bestehenden Mietverhältnisse anzuwenden sind (Begr zum RegE BT-Drucks 14/4553, 75; s § 549 Rn 10 f). Da hinsichtlich der Anwendung des § 556a Abs 2 BGB keine besondere Übergangsregelung getroffen worden ist, ist es einem Vermieter auch bei bestehenden Altverträgen gestattet, durch einseitige Erklärung die Mietstruktur auf eine verbrauchsabhängige Abrechnung umzustellen (BGH NJW 2012, 226 = NZM 2012, 152 = WuM 2011, 682 = ZMR 2012, 89). Da es nicht um eine Erhöhung der Betriebskosten, sondern um eine Umstellung der Mietstruktur geht, steht dem auch nicht entgegen, dass durch die Vereinbarung einer Bruttomiete in Altverträgen eine Mieterhöhung ausgeschlossen ist (BGH NJW 2012, 226 = NZM 2012, 152 = WuM 2011, 682 = ZMR 2012, 89; vgl Staudinger/Artz [2021] § 560 Rn 13a).

Nach Art 2 Mietrechtsreformgesetz wird in Art 229 § 3 Abs 1 Nr 4 EGBGB für ein **5a** am 1. 9. 2001 bestehendes Mietverhältnis (hierzu s § 549 Rn 11) eine **Übergangsregelung** getroffen. Im Falle einer vor dem 1. 9. 2001 zugegangenen **Erklärung über die Abrechnung** von Betriebskosten ist die entfallene Vorschrift des § 4 Abs 5 S 1 Nr 2

MHRG anzuwenden, wonach der Vermieter durch schriftliche Erklärung bestimmen kann, dass die Kosten der Wasserversorgung und der Entwässerung sowie der Müllabfuhr unmittelbar zwischen den Mietern und den Erbringern dieser Leistungen abgerechnet werden (s Rn 44). Hinsichtlich der **Abrechnung über Vorauszahlungen** für Betriebskosten wird der Vertrauensschutz für den Vermieter nach Art 229 § 3 Abs 9 EGBGB darüber hinaus auf bereits vor dem 1. 9. 2001 abgeschlossene Abrechnungszeiträume erweitert, auch wenn die entsprechende Abrechnung dem Mieter noch nicht zugegangen ist, indem die strengeren Vorschriften über die Abrechnung in § 556 Abs 3 S 2 bis 6 sowie die Bestimmung über den Vorrang des verbrauchsabhängigen und des Flächenmaßstabs für die Umlage der Betriebskosten nach § 556a Abs 1 BGB nicht anzuwenden sind (s § 556 Rn 9). Dagegen findet die neue Regelung auf noch laufende Abrechnungsperioden Anwendung (Bösche WuM 2001, 367, 370; Franke ZMR 2001, 951, 955; Jansen NJW 2001, 3151, 3154; s auch Rn 10 u weitere Einzelfragen § 556 Rn 9). § 556a BGB gilt in den **neuen Bundesländern** (s § 556 Rn 8) mit der Maßgabe, dass § 14 MHRG (hierzu Staudinger/V Emmerich [1997] § 14 MHRG) nach Art 229 § 3 Abs 1 Nr 4 EGBGB auf eine vor dem 1. 9. 2001 zugegangene Erklärung über die Abrechnung von Betriebskosten anzuwenden ist. Die Neuregelung zur vermieteten Eigentumswohnung gilt seit dem 1. 12. 2020.

II. Umlageverfahren (Abs 1)

1. Gesetzliche Bestimmung

a) Grundsatz

6 Haben die Parteien keine andere Vereinbarung getroffen, schreibt § 556a Abs 1 S 1 BGB den **Flächenmaßstab** vor. Bei Betriebskosten, die von einem tatsächlich erfassten Verbrauch oder einer tatsächlich erfassten **Verursachung** abhängen, ist nach § 556a Abs 1 S 2 BGB ein Maßstab vorgeschrieben, der dem Rechnung trägt. Die Vorschrift verpflichtet den Vermieter aber nicht zur Verbrauchserfassung und zum Einbau entsprechender Geräte (Begr zum RegE BT-Drucks 14/4553, 51; s auch Rn 36). Ausnahmsweise kann ein Anspruch auf Erfassung bestehen, wenn einzelne Mieter exorbitante Verbrauchswerte aufweisen (LG Stuttgart NZM 2014, 75 zum Kaltwasserverbrauch).

b) Bedeutung der Billigkeitskontrolle

7 Haben die Parteien keinen Umlagemaßstab festgelegt, steht dem Vermieter anders als nach der Rechtslage vor der Mietrechtsreform **kein einseitiges Bestimmungsrecht** nach § 315 BGB zu, sondern es wird der Maßstab durch das dispositive Gesetzesrecht festgelegt. Auf die früher häufig problematische Frage, ob der Vermieter sein Bestimmungsrecht gem den §§ 315, 316 BGB nach billigem Ermessen ausgeübt hat (hierzu BGH NJW 1993, 1061 = WuM 1993, 109; OLG Düsseldorf GE 2000, 341 = NZM 2001, 383 = WuM 2000, 133 = ZMR 2000, 215; OLG Hamm NJW 1984, 984 = WuM 1983, 315; OLG Koblenz NJW-RR 1990, 1038; LG Berlin GE 2000, 539; NZM 2002, 66; s Staudinger/Sonnenschein/Weitemeyer [1997] § 4 MHRG Rn 50 mwNw), kommt es jedenfalls für diese Fälle nach der Intention des Gesetzgebers (s Rn 3) nicht mehr an. Sie bleibt aber bedeutsam für die vertragliche Ausgestaltung der verbrauchsabhängigen Umlage, die der Gesetzgeber nicht im Einzelnen vorgibt (s Rn 15 ff) und bei der Ausfüllung eines vertraglich vorbehaltenen Änderungsrechts (s Rn 13). In diesen Fällen lässt das Bestimmungsrecht dem Vermieter begriffsnotwendig einen bis an die objektiven Grenzen der

Billigkeit reichenden Ermessensspielraum bei der Wahl der in Betracht kommenden Verteilungsschlüssel (OLG Düsseldorf GE 2000, 341; OLG Hamm NJW 1984, 984). Deshalb trägt der Mieter grundsätzlich die Darlegungs- und Beweislast dafür, dass die getroffene Leistungsbestimmung nicht der Billigkeit entspricht (OLG Düsseldorf GE 2000, 341). Im **Gewerberaummietrecht** behält die Billigkeitskontrolle nach § 315 BGB ihre Bedeutung (KG GE 2001, 850; NZM 2002, 954 = GE 2002, 327).

2. Vereinbarung

a) Vertragliche Regelung

Die Regelung über den Umlagemaßstab für Betriebskosten in Abs 1 gilt nur, soweit **8** die Parteien nichts anderes vereinbart haben (ausführlich SCHMID DWW 2010, 242 ff). Vertragliche Regelungen gehen der dispositiven Vorschrift vor. Da die Regelung des Abs 1 in Abs 3 nicht erwähnt ist, kann eine vertragliche Vereinbarung auch zu Lasten des Mieters von der gesetzlichen Bestimmung des Umlagemaßstabs abweichen. Hier gilt also weitgehende Vertragsfreiheit, was schon deshalb sinnvoll ist, weil sich kaum abstrakt ermitteln lässt, welcher Umlageschlüssel sich für den Mieter nachteilig auswirkt (s Rn 36). Ein vertraglicher Anspruch auf eine verbrauchsabhängige Abrechnung kann entfallen, wenn der Mieter die Ermittlung des Verbrauchs vereitelt hat (LG Berlin ZMR 1987, 272 [LS]). Die Vereinbarung kann, soweit keine Schriftform vorgeschrieben ist, auch stillschweigend getroffen werden und ist der Auslegung in der Tatsacheninstanz vorbehalten (BGH NJW-RR 2006, 154 = NZM 2006, 11 = WuM 2005, 774). Allein die Zahlung von Betriebskosten durch den Mieter ist allerdings nicht ohne Weiteres als Einverständnis mit dem zugrundeliegenden Umlagemaßstab zu beurteilen (LG Berlin MDR 1981, 405; LG Darmstadt DWW 2005, 70 = NZM 2005, 453 m **abl** Anm WALL WuM 2005, 645; NJW 2006, 519 = NZM 2006, 136; LG Hannover WuM 1978, 123 m Anm SCHOPP MDR 1979, 57; **aM** AG Wetzlar ZMR 2011, 565; SCHMIDT-FUTTERER/LANGENBERG Rn 11; ausführl Diskussion s Erläuterungen zu § 556 Rn 62).

Bei **Altverträgen** aus der Zeit vor der Mietrechtsreform ist jedoch zu beachten, dass **8a** hier allein durch die **ordnungsgemäße Ausübung des Bestimmungsrechts** des Vermieters eine anderweitige Vereinbarung zustande kam (vgl den Sachverhalt in LG Darmstadt NZM 2005, 453; Rev zurückgewiesen durch BGH NJW-RR 2006, 154 = NZM 2006, 11 = WuM 2005, 774; s Rn 10). Die Vereinbarung allein, dass der Vermieter die Kosten nach billigem Ermessen auf die Mieter umlegen kann, stellt allerdings keine anderweitige vertragliche Bestimmung dar (LG Stuttgart NZM 2014, 75 = WuM 2013, 361).

Die **vertragliche Vereinbarung** unterliegt nicht der **Inhaltskontrolle** nach § 315 BGB, **8b** sondern nur nach den §§ 305 BGB ff, wenn es sich um eine formularvertragliche Klausel handelt, sowie nach § 138 BGB bei krasser Benachteiligung des Mieters durch den gewählten Umlagemaßstab. Zudem kommt je nach Einzelfall ein Schadensersatzanspruch aus §§ 280 Abs 1, 311 Abs 2 BGB (culpa in contrahendo) in Betracht, wenn der Vermieter den Mieter über die nachteiligen Folgen einer Umlagevereinbarung hätte aufklären müssen. Formularvertragliche Vereinbarungen über bestimmte Umlagemaßstäbe unterliegen daher nicht der Billigkeitskontrolle nach §§ 315, 316 BGB (**aM** KG GE 2002, 327; LG Freiburg WuM 2000, 614; HERRLEIN/KANDELHARD/BOTH Rn 4), weil diese Vorschriften voraussetzen, dass dem Vermieter ein einseitiges Bestimmungsrecht eingeräumt wurde (nur diesen Fall betraf BGH NJW 1993, 1061 = WuM 1993, 109; s Rn 9). Eine über die allgemeine Inhaltskontrolle hinausgehende Überprüfung der Umlagevereinbarung nach dem Maßstab der Billigkeit verletzt den Grundsatz der Privatautonomie. Die Vorschrift des § 315 BGB ist daher kein allgemein gültiger Grundgedanke bei der Umlegbarkeit von Nebenkosten (aM KG GE 2002, 327 zu einem Geschäftsraummietverhältnis). In diesem Rahmen können die Mietvertragsparteien einer vermieteten Eigentumswohnung daher auch einen mit § 315 BGB nicht vereinbaren Umlagemaßstab wählen, der dem Maßstab in der Verwalterabrechnung über das Wohneigentum entspricht und die Abrechnung erleichtert (LG Düsseldorf DWW 1988, 210; AG Frankfurt aM DWW 1999, 158; weitergehend Blank WuM 2000, 523; s auch § 556 Rn 86, 117; zum Problem Beyer ZMR 2013, 933; Drasdo NZM 2001, 13). Die Grundsteuer kann in der Regel unabhängig von einem vereinbarten Maßstab einfach pro Wohnung weitergeleitet werden (s § 556 Rn 86).

b) Einseitiges Bestimmungsrecht

9 Darüber hinaus kann sich die anderweitige vertragliche Bestimmung auch darauf beschränken, dass der Vermieter ein einseitiges Bestimmungsrecht erhält (BGH NZM 2015, 130= ZMR 2015, 207 = WuM 2015, 33, dazu Wedel ZMR 2015, 274 und Langenberg NZM 2015, 152; Schmid DWW 2010, 242). In diesem Fall sind die Anforderungen der §§ 315, 316 BGB zu beachten (hierzu BGH NZM 2015, 130. sowie NJW 1993, 1061 = WuM 1993, 109; KG GE 2002, 327; Schmid, Hdb Rn 4076; s Rn 8). Eine formularvertragliche Vereinbarung ist nach § 307 BGB unwirksam, wenn die Klausel nicht erkennen lässt, dass die Wahl nach billigem Ermessen auszuüben ist (BGH NZM 2015, 130; KG GE 2002, 327; aM Kinne ZMR 2000, 793, 798).

c) Bestimmung des Maßstabs vor der Mietrechtsreform

10 Fraglich ist, ob eine **Festlegung des Umlagemaßstabs in der Vergangenheit** durch einseitige Bestimmung des Vermieters bei einem am 1. 9. 2001 bestehenden Mietverhältnis als anderweitige vertragliche Regelung iS des § 556a Abs 1 BGB aufzufassen ist oder ob nach der allgemeinen Übergangsregelung (s Rn 4) die neue Rechtslage und damit der gesetzlich bestimmte Umlagemaßstab des Abs 1 auf diese Mietverhältnisse anzuwenden ist. Durch die Ausübung des Bestimmungsrechts hat der Vermieter den Inhalt der vertraglichen Vereinbarung festgelegt, soweit die Bestimmung nach § 315 Abs 3 BGB billigem Ermessen entsprach. Deshalb führt die einseitige Festlegung des Umlagemaßstabs durch den Vermieter in der Vergangenheit zu einer anderweitigen Vereinbarung iS dieser Vorschrift (Blank/Börstinghaus, Miete Rn 4; Bösche WuM 2001, 367, 370; Franke ZMR 2001, 951, 955; Horst MDR 2001, 721, 723; Langenberg, Betriebskostenrecht F Rn 5 ders NZM 2001, 783, 789; Schmid, Hdb Rn 4070a; aM LG Stuttgart NZM 2014, 75 = WuM 2013, 361). Erst recht geht eine vertragliche Vereinbarung dem subsidiär geltenden Maßstab des § 556a Abs 1 BGB vor (Haas Rn 3).

3. Anderweitige Vorschriften

11 Anderweitige Vorschriften gehen der Regelung in § 556a Abs 1 BGB und entgegen dem missverständlichen Wortlaut auch einem vereinbarten Umlagemaßstab vor (Blank/Börstinghaus, Miete Rn 4). Der Maßstab für die anteilige Umlegung der Betriebskosten für eine zentrale Heizungsanlage auf mehrere Mieter ist durch die **HeizkostenV** (s Anh B zu § 556c) vorgeschrieben. Durch die ausdrückliche Öffnung der Regelung in § 556a Abs 1 BGB, die nur vorbehaltlich anderweitiger Vorschriften gilt, gehen die Regelungen über die verbrauchsabhängige Umlage der Kosten für Wärme und Warmwasser im Anwendungsbereich der HeizkostenV der gesetzlichen

Vorschrift des § 556a Abs 1 BGB als spezielle Vorschriften vor, sodass der untergesetzlichen Rechtsverordnung Vorrang vor dem formellen Gesetz eingeräumt wurde. Nach § 6 Abs 4 S 1 HeizkostenV hat der Vermieter noch ein einseitiges Bestimmungsrecht hinsichtlich des Umlagemaßstabs (BGH NJW-RR 2004, 659 = NZM 2004, 254 = WuM 2004, 150 = ZMR 2004, 343).

Für **Wohnungen des sozialen Wohnungsbaus** sind für künftige Förderungsmaßnahmen gem § 28 Abs 4 WoFG vom 13. 9. 2001 (s Rn 4) die Vorschriften der §§ 556, 556a und § 560 BGB maßgeblich. Für die auf der Grundlage des bisherigen Rechts öffentlich geförderten Wohnungen gilt weiterhin die NMV (Schubart/Kohlenbach/Bohndick NMV Einf aE), die in den §§ 20 NMV ff besondere Bestimmungen für die Betriebskostenumlage trifft. Durch die **Föderalismusreform** wurde die soziale Wohnraumförderung auf die Länder übertragen, die für die ihnen nunmehr obliegende Wohnraumförderung hiervon abweichende Bestimmungen treffen können (s § 556 Rn 3).

11a

4. Änderung des Umlagemaßstabs

a) Vereinbarter Maßstab

aa) Der Vermieter ist **ohne einen vertraglichen Änderungsvorbehalt** nicht berechtigt, den vereinbarten Umlagemaßstab einseitig zu ändern, etwa durch Aushang eines Rundschreibens oder durch Vornahme in der Abrechnung (BGH NJW-RR 2004, 1237 = NZM 2004, 580 = WuM 2004, 403 = ZMR 2004, 662; LG Köln WuM 1978, 93, 95; WuM 1982, 55 [LS]; AG Halle-Saalkreis WuM 2004, 24; AG Köln WuM 1998, 692). Das gilt auch, wenn sich der vereinbarte Maßstab als unzweckmäßig herausstellt (BGH NJW-RR 2004, 1237; **aM** LG Berlin ZMR 2003, 738). Eine Ausnahme gilt gem Abs 2 (s Rn 37). Auch wenn eine fehlerhafte Abrechnung berichtigt wird, darf der Maßstab nicht einseitig verändert werden (AG Gelsenkirchen WuM 1987, 361). Selbst wenn der größere Teil der Mieter mit der Änderung einverstanden ist, bleibt gegenüber einem nicht zustimmenden Mieter die bisherige Regelung bestehen (LG Bonn WuM 1988, 220; AG Gummersbach WuM 1979, 27). Allein die vorbehaltlose Zahlung des Mieters auf eine Abrechnung mit einem einseitig geänderten Umlagemaßstab führt entsprechend allgemeinen Grundsätzen noch nicht zu einer konkludenten Vertragsänderung (LG Bautzen WuM 2001, 288; LG Hannover WuM 1978, 123 m Anm Schopp MDR 1979, 57; LG Leipzig NZM 2002, 486; **aM** BGH NJW-RR 2006, 154 = NZM 2006, 11 = WuM 2005, 774; s Rn 8). Bei einer Störung oder dem Wegfall der Geschäftsgrundlage (§ 313 BGB) kann eine Vertragsanpassung des vertraglich bestimmten Umlagemaßstab allerdings gefordert werden (OLG Düsseldorf GE 2011, 689 = ZMR 2011, 795 Rn 107 Umlage der Stromkosten nach Fläche bei Gewerbemiete).

12

Auch der **Mieter** hat bei einem vereinbarten Umlageschlüssel grundsätzlich keinen Anspruch auf Änderung (LG Berlin NZM 2001, 707 [LS]; s auch LG Wuppertal WuM 1989, 520; AG Hamburg WuM 1988, 171). Ein grundlegender Wandel der tatsächlichen Verhältnisse kann den einmal gewählten Maßstab jedoch unbillig werden lassen, sodass aus dem Gesichtspunkt der Störung oder des Wegfalls der Geschäftsgrundlage (§ 313 BGB) eine Vertragsanpassung gefordert werden kann (BGH NJW 2006, 2771 = NZM 2006, 655 = WuM 2006, 440 bei Leerstand iE abgelehnt; LG Bautzen WuM 2001, 288; LG Berlin GE 2000, 1685: nicht allein bei schwieriger Abrechnung bei Eigentumswohnung; GE 2005, 1069; AG Charlottenburg GE 2005, 623; GE 2005, 1065; GE 2005, 1067; LG Stuttgart NZM 2014, 75

12a

§ 556a

Buch 2 · Abschnitt 8
Titel 5 · Mietvertrag, Pachtvertrag

= WuM 2013, 361; BLANK/BÖRSTINGHAUS Rn 9, 20; SCHMIDT-FUTTERER/LANGENBERG Rn 44 ff; AG Büdingen WuM 1987, 275 [LS]; AG Hamburg WuM 2000, 331). Auch der Gesetzgeber geht von der Möglichkeit der Vertragsanpassung aus (Begr zum RegE BT-Drucks 14/4553, 51). Der BGH hat es offen gelassen, ob sich das Anpassungsrecht auf den durch die Schuldrechtsreform geschaffenen § 313 BGB oder auf § 242 BGB stützt. Die Änderung des Umlagemaßstabs kann dann grundsätzlich nur für die Zukunft verlangt werden (LG Bonn NZM 1998, 910 = WuM 1998, 353; LG Düsseldorf WuM 1996, 777; LG Bautzen WuM 2001, 288; AG Lippstadt WuM 1995, 594; AG Moers WuM 1996, 96, 97).

13 bb) Hat sich der Vermieter das **Recht zur Änderung des Umlagemaßstabs** vertraglich vorbehalten, setzt die Änderung einen sachlichen Grund voraus (BGH NJW 1993, 1061, 1062 = WuM 1993, 109, 110; LG Berlin GE 1999, 907; LG Hamburg ZMR 1998, 36 = ZMR 1998, 98; vgl LG Bonn WuM 1988, 220). Das kann der Fall sein, wenn alle Mieter die Abrechnung verbrauchsabhängiger Kosten nach einem Personenschlüssel verlangen (AG Weimar WuM 1997, 119 = NJWE-MietR 1997, 147). Eine vereinbarungsgemäß dem Grunde nach zulässige einseitige Änderung des Umlegungsmaßstabs ist nur für die Zukunft möglich (OLG Frankfurt GE 2004, 479 = ZMR 2004, 182; OLG Hamburg WuM 1992, 76; AG Göppingen DWW 1986, 320 m Anm PFEIFER; AG Hamburg WuM 1983, 2 [LS]; s Rn 12). Nur mit diesen Einschränkungen kann sich der Vermieter eine Änderung auch in einem Formularvertrag vorbehalten (BGH NJW 1993, 1061, 1062; LG Hamburg WuM 1992, 76; AG Kassel WuM 1985, 373 [LS]). Das vertraglich eingeräumte einseitige Änderungsrecht des Vermieters besteht nur im Rahmen des billigen Ermessens nach den §§ 315, 316 BGB (LANGENBERG, Betriebskostenrecht F Rn 16 ff; s Rn 7). Aus diesem Grund ist die bisherige Rspr zur Bestimmung des billigen Ermessens hinsichtlich der einzelnen Umlageschlüssel (im Einzelnen Rn 15 ff) noch bedeutsam.

b) Gesetzlicher Maßstab

14 Haben die Parteien keinen Umlagemaßstab vereinbart, besteht anders als nach der bisherigen Rechtslage wegen der dispositiven Vorschrift des § 556 Abs 1 BGB grundsätzlich kein Recht und keine Pflicht des Vermieters zur Festlegung oder Änderung des Maßstabs aus seinem Bestimmungsrecht nach §§ 315, 316 BGB (zur bisherigen Rechtslage LG Aachen WuM 1991, 503; LG Düsseldorf WuM 1994, 30, 31; WuM 1996, 777; LG Wiesbaden WuM 1992, 630). Soweit jedoch innerhalb des gesetzlichen Rahmens der Maßstab im Einzelnen noch bestimmt werden kann (s Rn 7, 9), besteht auch ein Änderungsanspruch beider Parteien, sollte diese Bestimmung im Einzelfall nicht mehr billigem Ermessen entsprechen. Darüber hinaus kann sich aus § 313 BGB ein Recht zur Vertragsanpassung bei erheblicher Störung der Geschäftsgrundlage ergeben, auch wenn der Umlagemaßstab gesetzlich bestimmt ist (Begr zum RegE BT-Drucks 14/4553, 51; **aM** HERRLEIN/KANDELHARD/BOTH Rn 13; PFEIFER GE 2000, 576). Denn § 556a Abs 1 BGB trifft zwar eine gesetzliche Risikozuweisung der vertragstypischen Risiken hinsichtlich der Umlage der Betriebskosten. Eine solche normative Risikozuweisung tritt im Rahmen der Lehre vom Wegfall der Geschäftsgrundlage aber dann zurück, wenn das typische Vertragsrisiko eindeutig überschritten ist (PALANDT/HEINRICHS § 313 Rn 21). Wann das der Fall ist, ist eine Frage des Einzelfalls, dies wurde etwa bei der Geldentwertung von Erbbauzinsen für langfristige Mietverträge bei einem Wertverlust von 60 % angenommen (s BGHZ 111, 214, 216 = NJW 1990, 2620). Die Abrechnung der Kabelgebühren für das Fernsehen nach der Wohnfläche statt nach der Zahl der Wohnungen oder der Anschlussdosen begründet aber noch kein derartiges Missverhältnis (AG Wedding GE 2005, 1493). Bei erheblichem Verbrauch von

Kaltwasser durch einen Wohnungsmieter, der gewerblich Wäsche wäscht, kann die Abrechnung nach dem Flächenmaßstab unbillig sein, sodass dann eine Verbrauchsmessung vorzunehmen ist (LG Stuttgart NZM 2014, 75 = WuM 2013, 361; s Rn 15).

5. Einzelne Umlagemaßstäbe

a) Verbrauchsabhängiger Maßstab

aa) Soweit die Parteien keine abweichende Vereinbarungen getroffen haben, sind nach § 556a Abs 1 S 2 BGB diejenigen Betriebskosten, die von einem **erfassten Verbrauch** oder einer **erfassten Verursachung** durch die Mieter abhängen, nach einem Maßstab umzulegen, der dem unterschiedlichen Verbrauch oder der unterschiedlichen Verursachung (dazu s Rn 21) Rechnung trägt. Der verbrauchsabhängige Maßstab geht dem Flächenmaßstab vor (PALANDT/WEIDENKAFF Rn 4). Allein die Umlage nach der Personenzahl ist kein verbrauchsabhängiger Maßstab iS des Abs 1 und 2 (s Rn 40). Voraussetzung ist, dass der Verbrauch tatsächlich erfasst wird und entsprechende **Messgeräte vorhanden** sind (LANGENBERG NZM 2001, 783, 790; PALANDT/ WEIDENKAFF Rn 4; vgl AG Wedding GE 2002, 536 zum alten Recht; **aM** teils nach Zählern, teils nach Fläche: LG Berlin GE 2010, 1742; AG Köpenick WuM 2006, 272; AG Tiergarten GE 2003, 396). Ein Anspruch auf Einbau von Zählern ergibt sich hieraus nicht, sondern nur, wenn der Flächenmaßstab oder vereinbarte Maßstäbe evident und erheblich unbillig sind (LG Stuttgart NZM 2014, 75 = WuM 2013, 361). Auch greift der Vorrang der verbrauchsabhängigen Abrechnung nicht ein, wenn die Zähler defekt oder **nicht geeicht** sind (LG Berlin GE 2011, 1683; LG Kleve ZMR 2007, 620; vgl auch Rn 16). Dem Mieter wird in diesem Fall ein Kürzungsrecht analog § 12 HeizkostenV zugebilligt (BGH GE 2012, 827 = WuM 2012, 316 = ZMR 2012, 615; LG Berlin GE 2011, 1683; LG Kleve ZMR 2007, 620). 15

Aufgrund der weiten Formulierung im Gesetzestext ist auch der Fall umfasst, dass der Mieter auf seine Kosten Verbrauchserfassungsgeräte einbaut. Ist in diesem Fall nichts anderes vereinbart, hat der Vermieter anders als nach der alten Rechtslage kein einseitiges Bestimmungsrecht mehr, sondern die gesetzliche Regelung geht vor und der Mieter kann die verbrauchsabhängige Abrechnung verlangen (AG Köpenick WuM 2006, 272; AG Tiergarten GE 2003, 396). Soweit aus dem Vorrang des verbrauchsabhängigen Maßstabs geschlossen wird, dieser gehe bei vorhandenen, nach und nach eingebauten Messgeräten einem **vertraglich vereinbarten Flächenmaßstab** vor, widerspricht dies dem klaren Wortlaut „nichts anderes vereinbart" (**aM** AG Köln MietRB 2012, 98). Eine Änderung kann dann nur bei dem Wegfall oder der Störung der Geschäftsgrundlage verlangt werden (zu weitgehend AG Köln MietRB 2012, 98: bloße Unbilligkeit). 15a

Da die Umlage dem unterschiedlichen Verbrauch *nur Rechnung tragen muss,* können insbesondere Energie- und Wasserkosten auch teilweise verbrauchsabhängig verteilt werden, wenn Grundkosten wie die Zählermiete, **Grundgebühren** oder Abwassergebühren unabhängig von dem tatsächlichen Verbrauch anfallen (BGH NJW 2010, 3645 = NZM 2010, 855 = WuM 2010, 685 = ZMR 2011, 196; LG Berlin MM 2009, 110; LG Chemnitz NZM 2009, 154; BLANK/BÖRSTINGHAUS, Miete Rn 19; HAAS Rn 1; MünchKomm/SCHMID/ ZEHELEIN Rn 35). Dies gilt auch für eine verursachungsunabhängige Mindestmenge zu beseitigenden Mülls (BGH WuM 2016, 357 mit Bspr WEITEMEYER NZM 2016, 438). Eine Grenze findet dies aber bei umfangreicheren Leerständen, weil sonst den verblei- 15b benden Mietern und nicht dem Vermieter diese Fixkosten auferlegt werden (BGH NJW 2010, 3645 = NZM 2010, 855 = WuM 2010, 685 = ZMR 2011, 196 Rn 22 ff; s Rn 24).

16 bb) Wird nach dem gemessenen Verbrauch abgerechnet, muss die **Ermittlung des tatsächlichen Verbrauchs** der Versorgungsleistungen ordnungsgemäß sein. Der Verbrauch muss durch eine Ablesung der Verbrauchserfassung festgestellt werden, sodass sich die Abrechnung nicht auf Abschlagszahlungen, die an das Versorgungsunternehmen gezahlt werden, stützen darf (LG Wiesbaden WuM 2000, 37; AG Duisburg-Hamborn WuM 2006, 36; AG Prenzlau WuM 1997, 231; Schmid GE 2001, 679; **aM** Abrechnung nach dem Abflussprinzip: vSeldeneck, Betriebskosten im Mietrecht Rn 3016 ff; hierzu § 556 Rn 117). Der Vermieter darf keine höheren Betriebskosten abrechnen, als er selbst der Wohnungseigentümergemeinschaft zu zahlen verpflichtet ist (AG Tiergarten WuM 1989, 86). Einwendungen des Mieters gegen die richtige Verbrauchserfassung müssen aber substantiiert sein (AG Halle-Saalkreis ZMR 2006, 212). Das Gleiche gilt für die Ermittlung eines exorbitant hohen Wasserverbrauchs eines Mieters ausschließlich aufgrund von Wasserzählern in den anderen Wohnungen. Entsprechende Beweisanträge des Mieters muss das Gericht berücksichtigen (BVerfG WuM 1997, 27; vgl auch AG Hamburg 1. 10. 2010 – 46 C 28/09 zu unplausiblen Ausreißern). Sind Geräte zur Verbrauchserfassung nicht mehr geeicht, hat der Vermieter nachzuweisen, dass der Verbrauch gleichwohl zutreffend gemessen wurde, im Übrigen spricht die **Eichung** für eine zutreffende Verbrauchsermittlung (BGH NJW 2011, 598 = NZM 2011, 117 = WuM 2011, 21 = ZMR 2011, 362; AG Holzminden WuM 2011, 393; AG Spandau GE 2007, 1127; **aM** mangels Eichung von vornherein unzulässige Verbrauchsermittlung noch: BayObLG WuM 2005, 479 f; LG Saarbrücken WuM 2005, 606; LG Löbau WuM 2008, 486; AG Esslingen WuM 2008, 301). Zur **HeizkostenV** s Anhang B zu § 556c BGB. Beruht der Wasserverbrauch nicht auf einer ordnungsgemäßen Bewirtschaftung, sondern auf einem Wasserrohrbruch, darf die dabei entwichene Wassermenge nicht in Rechnung gestellt werden (AG Lichtenberg MM 2000, 178). Eine Vorerfassung ist für die Kosten der Wasserversorgung und Entwässerung notwendig, die auf eine **Münzwascheinrichtung** entfallen (LG Berlin GE 1999, 1131), oder die Einnahmen können bei den Wasser- und Stromkosten gutgebracht werden (AG Pinneberg ZMR 2003, 121).

17 a) Haben die Parteien die Abrechnung der Heizkosten nach dem Prinzip der **Verdunstergeräte** vereinbart, kommt es allerdings auf die normalen bei diesem Messprinzip auftretenden **Messungenauigkeiten** nicht an (BGH NJW 1986, 3195 = WuM 1986, 214, 216; OLG Schleswig WuM 1986, 346; LG Berlin GE 2000, 539; LG Hamburg NJW-RR 1987, 1493; vgl auch Anhang B zu § 556c). Insbesondere bei **Kaltwasserzählern** kommt es häufig zu Messdifferenzen zwischen dem genaueren Hauptwasserzähler und den ungenaueren Einzelzählern in den Wohnungen (Bierbaum GE 2000, 846; Peters NZM 2000, 696). Überschreitet die vom Hauptwasserzähler gemessene Verbrauchsmenge die Summe der durch die Einzelzähler angezeigten Mengen um bis zu 20 %, kann der Vermieter die Differenz nach dem Verhältnis der Anzeige der Wohnungszähler umlegen (**aM** LG Kassel WuM 2006, 273: Umlage nur der halben Differenz). Eine Messdifferenz über 20 % lässt hingegen auf eine unwirtschaftliche Bewirtschaftung schließen und schließt daher grundsätzlich die Umlage der Kosten für die Unterschiedsmenge aus (LG Berlin GE 2002, 193; LG Braunschweig WuM 1999, 294; LG Darmstadt WuM 2001, 515; LG Duisburg WuM 2006, 199; AG Hamburg WuM 2000, 213; AG Köpenick GE 2006, 855; AG Münster WuM 2000, 152; AG Salzgitter WuM 1996, 285; AG Dortmund DWW 1992, 180 u AG Schöneberg GE 2000, 1623: bis zu 25 %; AG Ibbenbühren WuM 2000,

83; Schmid GE 2001, 679, 681; Peters NZM 2000, 696, 699 bis 30%; Wall WuM 1999, 63, 69: 20 bis 25%).

β) Außerhalb des Anwendungsbereichs der HeizkostenV (hierzu s Anhang B zu § 556c) kommt bei Erfassungsmängeln, etwa wegen von den Versorgungsunternehmen falsch abgelesener Werte, eine Schätzung der angefallenen Kosten nach den §§ 286, 287 ZPO in Betracht (eingehend zur Schätzung von Betriebskosten Heilmann NZM 2018, 698; AG Bergisch-Gladbach WuM 1998, 109; aM LG Saarbrücken WuM 2005, 606; AG Leipzig ZMR 2004, 595; Schmid NZM 1998, 499: nur Mindestwerte). 18

γ) Nach früher verbreiteter Auffassung mussten die Kosten der Brennstoffe, etwa von Heizöl, nach dem tatsächlichen Verbrauch, nicht nach den Preisen und den Mengen des Zukaufs innerhalb einer Abrechnungsperiode festgestellt werden. Hierzu sollte der **Anfangs- und** der **Endbestand** der Brennstoffe ermittelt werden (OLG Koblenz WuM 1986, 282; LG Berlin GE 2008, 995 f; LG Hamburg WuM 1989, 522; LG Saarbrücken WuM 1990, 229; LG Wuppertal WuM 1979, 141 m Anm Goch; AG Lemgo ZMR 1982, 185 m **abl** Anm Schopp; AG Wittlich WuM 2002, 377; Schmid, Hdb Rn 6258; **aM** LG Köln WuM 1982, 277 bei einem Studentenwohnheim). Sonst musste der Vermieter darlegen und beweisen, dass der gesamte eingekaufte Brennstoff verbraucht worden ist (AG Rendsburg WuM 1980, 206 [LS]). In seinem Bemühen, die Anforderungen an die Betriebskostenabrechnung handhabbar zu machen, stellt der BGH jetzt zu Recht fest, dass bei Brennstoffkosten Anfangs- und Endbestand nicht mehr genannt werden müssen, die summenmäßige Angabe der Verbrauchswerte und der dafür angefallenen Kosten reicht aus (BGH 25. 11. 2009 VIII ZR 322/08, VIII ZR 323/08, VIII ZR 324/08, WuM 2010, 156 = NZM 2010, 315). Allerdings sind die Heizkosten nur nach dem Leistungs-, nicht nach dem Abflussprinzip abzurechnen (s § 556 Rn 117, Anh B zu § 556c). 19

δ) Der Vermieter darf nur die tatsächlich angefallenen Kosten umlegen, sodass er **Skonti und Rabatte**, die er durch den Einkauf größerer Mengen an Verbrauchsstoffen erhält, an die Mieter weitergeben muss (Kinne GE 1999, 481 mwNw). Anderenfalls kann er sich der Untreue und des Betrugs schuldig machen (Kinne GE 1999, 481, 482). Der Grundsatz der Wirtschaftlichkeit kann den Vermieter auch verpflichten, im Voraus größere Mengen zu ordern, um Rabatte in Anspruch nehmen zu können und günstige **Saisonpreise** auszunutzen (OLG Koblenz WuM 1986, 282; **aM** LG Berlin GE 1985, 483). 20

b) Maßstab der unterschiedlichen Verursachung
Wird die unterschiedliche Verursachung von Betriebskosten durch die Mieter vom Vermieter erfasst, kommt eine Umlage nach diesem Maßstab in Betracht. Die Umlage nach der Personenzahl begründet keinen verursachungsabhängigen Maßstab iS der Vorschrift (s Rn 40). Die Kosten des Aufzugs können nach der durch Chipkarten erfassten Inanspruchnahme umgelegt werden (vgl die Darstellung in GE 2003, 1010; Langenberg, Betriebskostenrecht F Rn 121). Bei den Kosten der Müllabfuhr kommt eine verbrauchsabhängige Kostenumlage vor allem bei neuen Systemen zur Erfassung des Mülls in Betracht, bei der jedem Mieter ein nummeriertes Abfallgefäß zur Verfügung steht und der Entsorgungsbetrieb die Gebühren nach dem tatsächlichen Müllaufkommen berechnet (AG Moers WuM 1996, 96; Blank/Börstinghaus, Neues Mietrecht Rn 9; Langenberg, Betriebskostenrecht F Rn 119 f; zu weiteren Möglichkeiten s Both NZM 1998, 457, 460). Der Vermieter kann aber auch jedem Mieter eine Restmülltonne 21

zur Verfügung stellen (AG Brandenburg a d Havel GE 2004, 1485), soweit dies nicht unwirtschaftlich ist. Die einseitige Umstellung der Kostenumlage für Müllgebühren von einer Berechnung nach der tatsächlichen Entsorgungsmenge auf eine **Mindestmüllgebühr** ist nicht zulässig, weil hierdurch die Abrechnung nach Verbrauch gerade verlassen wird (AG Schwedt WuM 2013, 317; AG Remscheid 19. 10. 2010 – 27 C 171/09, Quelle juris). Wird die Bestimmung des Umlagemaßstabs vertraglich dem Vermieter überlassen, sodass dessen Wahl des Maßstabs nach § 315 BGB überprüfbar ist, folgt aus dem gesetzlichen Vorrang der verusachungsbedingten Abrechnung eine Wertung in der Weise, dass der Mieter nicht mit Kosten belastet werden darf, an deren Entstehung er keinen Anteil hat. Danach hat etwa der Mieter einer Erdgeschosswohnung die Kosten eines Aufzugs nicht zu tragen (Langenberg NZM 2001, 783, 790; s aber Rn 26).

c) Flächenmaßstab

22 aa) Eine Verteilung der Betriebskosten nach dem Flächenmaßstab entspricht auch für die verbrauchsabhängigen Kosten grundsätzlich der **Billigkeit** (OLG Hamm NJW 1984, 984 = WuM 1983, 315; LG Aachen WuM 1991, 503 = NJW-RR 1992, 274; WuM 1993, 410; LG Berlin GE 1998, 1339; LG Bonn NZM 1998, 910 = WuM 1998, 353; LG Frankfurt aM NZM 1999, 1003 = NJW-RR 2000, 226 f preisgebundenen Wohnraum; LG Hamburg WuM 1987, 89; LG Mannheim NZM 1999, 365 = NJW-RR 1999, 884; LG Siegen WuM 1991, 281; LG Wuppertal WuM 1989, 520; WuM 1993, 685; AG Duisburg WuM 1994, 549; AG Köln ZMR 1997, 30; AG Siegburg WuM 1995, 120; AG Wuppertal WuM 1993, 685; Pfeifer GE 2000, 576; aM AG Halle-Saalkreis ZMR 2006, 212 für Abfallkosten). Dies folgt daraus, dass dieser Maßstab an feste Größen anknüpft und die Wohnungsgröße regelmäßig in einem bestimmten Verhältnis zu der Anzahl der in der Wohnung lebenden Personen steht. Eine **Aufteilung nach Personen** hat den Nachteil, dass sich diese Größe innerhalb des Abrechnungszeitraums verändern kann, schwer feststellbar ist und bei größeren Wohneinheiten zu einem unvertretbaren Verwaltungsaufwand führt (OLG Hamm NJW 1984, 984; LG Frankfurt aM NZM 1999, 1003; LG Mannheim NZM 1999, 365). Aus diesen Gründen hat der Gesetzgeber der Mietrechtsreform einen **Vorrang des Flächenmaßstabs** normiert (Begr zum RegE BT-Drucks 14/4553, 51). Ob er gleichwohl eine grob unbillige Verteilung der Betriebskosten bewirkt, sodass eine Änderung des Umlagemaßstabs nach den Grundsätzen der Störung oder des Wegfalls der Geschäftsgrundlage möglich ist, ist eine Frage des Einzelfalls. Wegen des Wegfalls des einseitigen Bestimmungsrechts des Vermieters, das nach § 315 BGB billig ausgeübt werden muss, muss die Ungleichbehandlung eine erhebliche Schwelle übersteigen. Lediglich soweit die Parteien darüber hinaus vertraglich ein einseitiges Bestimmungsrecht des Vermieters vereinbart haben, können ältere Entscheidungen zu diesem Thema noch herangezogen werden. Führt unter diesen Voraussetzungen etwa die Abrechnung der verbrauchsabhängigen Betriebskosten nach der Größe der Wohnungen gegenüber einer Verteilung nach der Personenzahl, nach dem Verbrauch oder der Verursachung zu einer erheblichen Mehrbelastung einzelner Mieter, kann der Umlagemaßstab unbillig sein (LG Aachen WuM 1991, 503 = NJW-RR 1992, 274 u WuM 1993, 410: erheblich über 50 vH liegende Mehrbelastung; LG Düsseldorf WuM 1994, 30: mehr als 50 vH; LG Mannheim NZM 1999, 365 nicht allein wg verschiedener Wohnungsgrößen; LG Wuppertal WuM 1993, 685; AG Lippstadt WuM 1995, 594: 50 vH bei absoluter Differenz von mehr als 1000 DM; AG Weimar WuM 1997, 119 = NJWE-MietR 1997, 147; AG Wuppertal WuM 1993, 685). Das Vorhandensein einer Wasseruhr in der Wohnung eines Mieters, wenn bei den anderen Mietern noch keine Messgeräte vorhanden sind, führt allein noch nicht zu einer Unbilligkeit des Flächenmaßstabs (aM LG Berlin GE 1999, 1052).

Die Vereinbarung des Flächenmaßstabs ist jedoch bei der auf die einzelne Wohnung **22a** entfallende **Grundsteuer** nicht maßgebend, da es hier nichts umzulegen, sondern die Grundsteuer schlicht weiterzuleiten gilt (BGH NZM 2012, 96 = WuM 2011, 684 = ZMR 2012, 173; NZM 2013, 457 = WuM 2013, 358 = ZMR 2014, 108 unter ausdrücklicher Aufgabe von BGH NJW-RR 2004, 1237 = NZM 2004, 580 = WuM 2004, 403 = ZMR 2004, 662; LG Bonn ZMR 2013, 441 Rn 43; LG Hamburg WuM 2011, 23; so bereits KG 2001, 850 für gewerbliche Mieter; aM LG Berlin GE 2011, 612 an Flächenmaßstab gebunden). Problematisch ist der Umlagemaßstab nach Flächen zudem bei ganz überwiegend gewerblich genutzten Grundstücken, bei denen die Grundsteuer mittels des **Sachwertverfahrens** angesetzt wird (AG Erfurt WuM 2011, 564; AG Münster WuM 2013, 438).

bb) Regelmäßig ist die im Mietvertrag vereinbarte **Wohnungsgröße** der Betriebs- **23** kostenabrechnung zugrunde zu legen (OLG Düsseldorf DWW 2000 193 = GE 2000, 888; LG Hannover WuM 1990, 228; LG Köln WuM 1993, 362; AG Bad Vilbel WuM 1987, 275 [LS]). Weicht die tatsächliche Wohnungsgröße hiervon ab, ist aber die **tatsächliche Fläche** maßgebend (BGH NZM 2018, 671 m Anm LEHMANN-RICHTER/STREYL, REICHELT/LYE ZfIR 2018, 600; HINZ ZMR 2018, 1 und WALL WuM 2018, 496; NZM 2019, 288 für den preisgebundenen Wohnraum; OLG Düsseldorf DWW 2000 193; LG Freiburg WuM 1988, 263; AG Hamburg WuM 1981, 104; WuM 1996, 778; LG Trier WuM 2006, 376; AG Trier WuM 2006, 90; WuM 2006, 168; WALL, Betriebskosten-Kommentar Rn 9; KRAEMER NZM 1999, 156, 162 = Beil zu WuM 12/1998, 13 = DWW 1998, 365; LANGENBERG, Betriebskostenrecht F Rn 85; SCHMIDT-FUTTERER/LANGENBERG Rn 28 f; STERNEL Rn III 408; VEHSLAGE DWW 1998, 227, 228; WIESE ZMR 1990, 81, 85; **aM** LG Köln WuM 1993, 362). Weder im Rahmen des Mieterhöhungsverfahrens nach § 558 BGB noch im Betriebskostenrecht spielt die aus der Gewährleistung bekannte Grenze von 10 % eine Rolle (so nun auch völlig zutreffend der BGH zu § 558, NJW 2016, 239 und ebenso eindeutig zum Betriebskostenrecht in NZM 2018, 671 und NZM 2019, 288 Tz 25 f) Das Merkmal „**Wohnfläche**" ist objektiv auszulegen (LEHMANN-RICHTER/STREYL NZM 2018, 673). Der Mieter muss substantiiert darlegen, dass die Quadratmeterzahlen unrichtig sind (BGH NZM 2015, 44). Bei einer Eigentumswohnung kann die in der Teilungserklärung angegebene Fläche maßgebend sein (LG Düsseldorf DWW 1988, 210; s auch Rn 8). Als tatsächliche Fläche ist in der Regel die Berechnung nach der WohnflächenVO zugrunde zu legen (AG Hamburg-Altona GE 2011, 1312 = ZMR 2011, 556). Es kann aber auch die einvernehmlich durch Messung eines Sachverständigen zugrunde gelegte Abmessung unabhängig von der Wohnflächenverordnung angesetzt werden (LG Berlin GE 2012, 485).

Solange ein **einheitlicher Maßstab** für alle Wohnungen gewählt wird, ist es unerheb- **23a** lich, ob Balkon- und Terrassenflächen ganz, zum Teil oder gar nicht den Wohnungsflächen hinzugerechnet werden (LG Hannover WuM 1990, 228; LG Köln WuM 1987, 359; DWW 1996, 51; ähnl STAUDINGER/V EMMERICH [2021] § 558 Rn 32 für die Vergleichsmiete; **aM** LANGENBERG, Betriebskostenrecht F Rn 80; ders NZM 2001, 783, 791).

Soweit die Umlage nach der Fläche des Wohnraums vereinbart wurde, sind Kel- **23b** lerräume nur zu berücksichtigen, wenn es sich hierbei um **Wohnräume** handelt (AG Köln WuM 2001, 449). Ob die Wohnräume den baurechtlichen Anforderungen an Aufenthaltsräume entsprechen ist unerheblich (LG Berlin Info M 2012, 104; GE 2012,

485 bei beheizbarem Hobbyraum). Keller-, Dachboden- und Freiflächen sind in der Regel in die Umlage nach dem Flächenmaßstab nicht einzubeziehen (LG Berlin GE 2011, 485).

24 cc) Die Betriebskosten, die bei einem **Leerstand** auf unvermietete Wohnungen oder nicht vermietete Garagen entfallen, trägt der Vermieter (BGH NJW 2006, 2771 = WuM 2006, 440 m Anm Wall; NJW 2003, 2902 = NZM 2003, 756 = WuM 2003, 503 = ZMR 2004, 20; NJW-RR 2004, 659 = NZM 2004, 254 = WuM 2004, 150 = ZMR 2004, 343; NJW 2006, 2771 = NZM 2006, 655 = WuM 2006, 440 mit Anm Wall; NJW 2010, 3645 = NZM 2010, 855 = WuM 2010, 685 = ZMR 2011, 196; GE 2013, 411 = NZM 2013, 264 = WuM 2013, 227; OLG Hamburg WuM 2001, 343; LG Berlin GE 2002, 736; ZMR 2005, 713; GE 2005, 1069; LG Krefeld WuM 2010, 357; AG Charlottenburg ZMR 2005, 872; GE 2005, 1065; GE 2005, 1067; AG Coesfeld WuM 1996, 155; AG Görlitz WuM 1997, 648; WuM 2006, 143; AG Hamburg WuM 1983, 24; AG Köln WuM 2000, 37; AG Rathenow WuM 2004, 342; AG Zwickau GE 2001, 1339 = NZM 2001, 467 = NJW-RR 2001, 1018 = ZMR 2002, 205 m Anm Maass; Maciejewski MM 2000, 61; Schmid ZMR 1998, 608 mwNw; Sonnenschein NJW 1980, 1713, 1718; differenzierend Stellwaag DWW 1987, 36; Sternel Rn III 408; ders, in: Weimarer Immobilienrechtstage 2004, 119). Dies gilt insbesondere für **verbrauchsunabhängige** und solche **verbrauchsabhängigen Kosten**, die nach Fläche umgelegt werden, weil diese Fixkosten dem Vermieter aufzuerlegen sind (BGH NJW 2006, 2771 = WuM 2006, 440 m Anm Wall; LG Krefeld WuM 2010, 357; NJW 2010, 3645 = NZM 2010, 855 = WuM 2010, 685 = ZMR 2011, 196; GE 2013, 411 = NZM 2013, 264 = WuM 2013, 227). Einen Anspruch des Vermieters auf Änderung des Flächenmaßstabs aus dem Gesichtspunkt der Störung oder des Wegfalls der Geschäftsgrundlage hat der BGH zu Recht abgelehnt (BGH NJW 2006, 2771 = WuM 2006, 440 m Anm Wall; LG Braunschweig ZMR 2003, 490; AG Braunschweig ZMR 2003, 490; LG Berlin GE 2005, 1069; AG Charlottenburg ZMR 2005, 872; GE 2005, 1697; GE 2005, 1065; AG Weißenfels WuM 2004, 24; **aM** AG Charlottenburg GE 2005, 623 m Anm Schach 593). Auch eine Klausel, dass nach dem Verhältnis der vermieteten Wohnflächen umzulegen ist, kann nicht so ausgelegt werden, dass nach Wegfall eines Mieters die Kosten unter den verbleibenden Mietern umgelegt werden (OLG Hamburg WuM 2001, 343; LG Bautzen WuM 2001, 288; AG Görlitz WuM 1997, 648; ZMR 2003, 269). Eine individualvertragliche Vereinbarung, dass der Mieter die Kosten bei Leerstand trägt, ist als Verstoß gegen § 557 Abs 4 BGB unwirksam (Langenberg WuM 2002, 589; **aM** Schmid, Hdb Rn 4010a). Umgekehrt ist eine Klausel, die die verbrauchsunabhängige Grundgebühr für den Kaltwasserverbrauch entsprechend dem Verbrauch in den Wohnungen umlegt, nach § 307 Abs 1 S 1, Abs 2 Nr 1 unwirksam, weil sie die Fixkosten für leerstehende Wohnungen entgegen den obigen Grundsätzen den verbleibenden Mietern auferlegt (BGH NJW 2010, 3645 = NZM 2010, 855 = WuM 2010, 685 = ZMR 2011, 196). Auch gilt der Aufteilungsmaßstab des § 8 Abs 1 HeizkostenVO bei erheblichen Leerständen nicht, sondern es ist § 9a Abs 1 HeizkostenVO analog anzuwenden (LG Frankfurt/O GE 2014, 465 Rev BGH Az VIII ZR 9/14). Der BGH macht allerdings die Einschränkung, dass dies nicht gilt, wenn in größeren Abrechnungseinheiten nur die ein oder andere Wohnung vorübergehend unvermietet ist (BGH NJW 2010, 3645 = NZM 2010, 855 = WuM 2010, 685 = ZMR 2011, 196).

24a Soweit es sich um **verbrauchsabhängige Kosten** handelt, die nur durch die verbleibenden Mieter verursacht worden sind, wie die Kosten der Müllabfuhr und des tatsächlichen Wasserverbrauchs, ist ein Abzug für leerstehende Wohnungen auch nicht zu Gunsten der Mieter vorzunehmen (AG Zwickau GE 2001, 1339; Langenberg WuM 2002, 589, 590 f; AG Halle-Saalkreis ZMR 2005, 201 zum „Mitheizen" der leeren Wohnungen). Probleme ergeben sich auch, wenn die Vereinbarung eines anderen Maßstabs als des Flächenmaßstabs, etwa nach der Anzahl der Nutzer oder nach Verbrauch, dazu führt, dass die auf die leerstehenden Wohnungen entfallenden Kosten ganz oder jedenfalls in Höhe der verbrauchsunabhängigen Grundkosten zum Teil von den anderen Mietern getragen werden. Dies ist grundsätzlich nicht zulässig. Jedenfalls bei einem geringen Leerstand begründet dies keine krasse Unbilligkeit zu Lasten des Vermieters, auch hat es der Vermieter in der Hand, durch Einbau von Verbrauchszählern diese verbrauchsabhängig umzulegen (LG Krefeld WuM 2010, 357; AG Köln WuM 1998, 290; WuM 2000, 37; WuM 2002, 285; AG Medebach DWW 2003, 190 m Anm Pfeifer; AG Rathenow WuM 2004, 342; Langenberg WuM 2002, 559, 590 f; Schmid, Hdb Rn 4010a; Sternel WuM 2003, 243, 245 ff; **aM** LG Berlin ZMR 2005, 713). Weil der Vermieter damit grundsätzlich das Risiko des Leerstands trägt, ergibt die ergänzende Vertragsauslegung eines Wärmelieferungsvertrags zwischen dem Vermieter und dem Energieversorgungsunternehmen, das normalerweise direkt mit den Mietern abrechnet, dass die auf leerstehende Wohnungen entfallenden Grundkosten vom Vermieter zu zahlen sind (BGH NJW 2003, 2902 = NZM 2003, 756 = WuM 2003, 503 = ZMR 2004, 20 m Anm Langenberg NZM 2005, 51).

d) Anzahl der Nutzer

Zulässig ist es, die verbrauchsabhängigen Betriebskosten wie den Wasserverbrauch nach der Personenzahl abzurechnen (KrsG Löbau WuM 1992, 681; AG Hamburg WuM 1987, 359; AG Weimar WuM 1997, 119 = NJWE-MietR 1997, 147; AG Wuppertal DWW 1988, 282). Dabei ist grundsätzlich von der Kopfzahl der Mieter und der Personen auszugehen, die ständig in den Haushalt einer Mietpartei aufgenommen werden. Der Begriff „Personenmonate" ist nicht erläuterungsbedürftig (BGH WuM 2014, 722 = NZM 2014, 902 = ZMR 2015, 110). Kurzfristige Änderungen der Wohnungsbelegung bleiben außer Betracht (AG Ahaus WuM 1997, 232; AG Hamburg WuM 1987, 359, AG Karlsruhe DWW 1993, 21). Dieser Verteilungsschlüssel ist bei einer größeren Anzahl von Wohnungen unpraktikabel, weil der Vermieter darlegen muss, wie viele Personen insgesamt im Abrechnungszeitraum in der Wohneinheit gewohnt haben. Dies ist taggenau oder zu bestimmten Stichtagen festzustellen und nicht auf das Melderegister zu stützen. Es kann daher auch mit Bruchteilen gearbeitet werden (BGH NJW 1982, 573 = WuM 1982, 207; NZM 2008, 242 = WuM 2008, 151; NJW 2010, 3570 = NZM 2010, 859 = WuM 2010, 683 = ZMR 2011, 108; AG Bad Iburg WuM 1986, 234 [LS]). Vor allem aus diesem Grund hat der Gesetzgeber den Flächenmaßstab dem Maßstab nach der Personenzahl in § 556 Abs 1 BGB vorgezogen (Begr zum RegE BT-Drucks 14/4553, 51), sodass mit der gesetzlichen Regelung keine Wertung über die Billigkeit dieses Maßstabs im Übrigen verbunden ist. Die Umlage verbrauchsunabhängiger Betriebskosten nach der Anzahl der Personen ist ebenfalls möglich (AG Karlsruhe WuM 1987, 359). Sie ist jedoch unbillig, wenn verschieden große Wohnungen von unterschiedlich vielen Personen genutzt werden und der betroffene Mieter doppelt so viel zahlt wie bei Wahl des Flächenmaßstabs (AG Neuss WuM 1988, 131 = NJW-RR 1988, 653). Die zusätzliche Berücksichtigung der Benutzung einer Haushaltswaschmaschine ist unbillig, weil der Betrieb einer Waschmaschine zur üblichen Nutzung einer Wohnung gehört (AG Bergisch Gladbach WuM 1994, 549). Bei erheblichen Leerständen (s Rn 24) muss dem Grundsatz Rechnung getragen werden, dass der Vermieter die auf die leerstehenden Wohnungen entfallenden Fixkosten zu tragen hat, sodass es sich anbietet, für leerstehende Wohnungen eine fiktive Person anzusetzen (BGH GE 2013, 411 = NZM 2013, 264 = WuM 2013, 227).

25

e) Anzahl der Mietobjekte

26 Die Umlage nach der Anzahl der Mietobjekte bzw Wohnungen in einem Haus ist für diejenigen Kosten sachgerecht, deren Nutzen für jede Wohnung unabhängig von seiner Fläche gleich ist, etwa die Kosten für die Antenne oder den Kabelempfang der Rundfunkgeräte (LG Berlin GE 2002, 1492; LANGENBERG, Betriebskostenrecht F Rn 52). Das Gleiche gilt auch für die Grundsteuer für eine Eigentumswohnung, die nur für diese Wohnung anfällt. Hier gilt nicht der gesetzliche Vorrang des Flächenmaßstabs, weil der Vermieter sonst uU sogar einen zu hohen Betrag umlegen würde (LG Berlin WuM 2006, 35). In diesem Fall ist der Maßstab auch mit der erfassten Verursachung iS des § 556a Abs 1 S 2 BGB identisch. In Betracht kommt dieser Umlagemaßstab auch für die **Aufzugskosten**. Umlagefähig bleiben Fahrstuhlkosten sogar dann, wenn ein Mieter den Aufzug nicht benutzt (LG Augsburg WuM 2003, 270; AG Wiesbaden WuM 1988, 66 [LS]; OLG Düsseldorf DWW 2000, 54 m Anm GELDMACHER für gewerbl Pachtvertrag). Auch die Vereinbarung, dass der im Erdgeschoss wohnende Mieter an den Betriebskosten eines Fahrstuhls beteiligt wird, ist wirksam. Selbst in Formularverträgen verstößt diese Abrede nicht gegen § 307 Abs 1 BGB, weil sich in § 24 Abs 2 NMV eine entsprechende Vorschrift findet und bei der Umlage der nicht verbrauchsabhängigen Betriebskosten aus Gründen der Praktikabilität eine generalisierende Betrachtungsweise erforderlich ist (BGH NJW 2006, 3557 = WuM 2006, 613; KG GE 2002, 327 = NZM 2002, 954; LG Augsburg ZMR 2003, 836; LG Berlin GE 1995, 567; LG Duisburg WuM 1991, 597; LG Hannover WuM 1990, 228; AG Freiburg WuM 1993, 745; AG Köln WuM 1998, 233; vgl BGHZ 92, 18 = NJW 1984, 2576; OLG Düsseldorf NJW-RR 1986, 95 zu § 16 WEG; **aM** AG Augsburg ZMR 2002, 827; AG Braunschweig WuM 1996, 284; AG Hamburg WuM 1988, 170 = NJW-RR 1987, 912; AG Kiel NZM 2001, 92). Etwas anderes gilt, wenn der Mieter auf seiner Etage oder in seinem Hausflügel gar keinen Zugang zum Fahrstuhl hat (BGH NJW 2009, 2058 = WuM 2009, 351; LG Berlin GE 2005, 1489; LG Bonn ZMR 2013, 441 Rn 30; AG Frankfurt/O NZM 2000, 906 = NJW-RR 2000, 746; AG Neuss ZMR 2013, 899: Aufzug für Kellerzugang ausreichend; AG Verden WuM 1994, 385; OLG Celle NZM 2007, 217 für Sondereigentum; Ausnahme von Gewerbemieter von Aufzugskosten AG Erfurt Info M 2013, 380). Für diejenigen Kosten, deren Höhe von der Anzahl der Mieter beeinflusst wird, wie etwa die Kosten für den Hauswart, ist eine Umlage nach dem Flächenmaßstab der Umlage nach der Anzahl der Wohnungen vorzuziehen (LG Berlin GE 2002, 1492).

f) Wirtschaftseinheit

27 aa) Auch außerhalb des sozialen Wohnungsbaus kann der Vermieter im **Grundsatz** nach Wirtschaftseinheiten abrechnen (s § 556 Rn 16 ff, 85). Eine Wirtschaftseinheit ist nach § 27 Abs 2 S 3 BV 2 eine Mehrheit von Gebäuden, die demselben Eigentümer gehören (AG Aachen WuM 2003, 501), in örtlichem Zusammenhang stehen und deren Errichtung ein einheitlicher Finanzierungsplan zugrunde gelegt worden ist. Eigentümer und Vermieter der gesamten Anlage müssen identisch sein (KG DWW 1987, 153 = WuM 1987, 181 = ZMR 1987, 220; AG Aachen WuM 2003, 501). Für die Zusammenfassung der Kosten nach Wirtschaftseinheiten ist im preisfreien Wohnraummietrecht erforderlich, dass der Mietvertrag dem nicht entgegensteht und die Bildung von Wirtschafts- oder Abrechnungseinheiten im billigen Ermessen nach § 315 BGB steht. Dies ist in der Regel erfüllt, wenn die Gebäude einheitlich verwaltet werden, sie im unmittelbaren örtlichen Zusammenhang stehen und keinen wesentlichen Unterschied im Wohnwert aufweisen sowie gleichartiger Nutzung dienen. Diese Abrechnungsweise muss nicht aus technischen Gründen unvermeidbar sein (BGH NJW 2011, 368 = NZM 2010, 895 = WuM 2010, 742 Rn 19 ff wNw s § 556 Rn 19; OLG Koblenz WuM 1990, 268

= NJW-RR 1990, 1038 = DWW 1990, 171 m Anm Pfeifer; LG Bautzen WuM 2002, 497; LG Berlin GE 2001, 625; LG Hamburg WuM 2004, 498; LG Itzehoe WuM 2011, 17; LG Köln NZM 2001, 617 = ZMR 2001, 624 mwNw; AG Aachen v 28. 2. 2010, Az 115 C 405/09; AG Charlottenburg GE 2013, 1525; AG Köln WuM 2000, 152; WuM 2002, 636 [LS]; AG Mülheim/Ruhr WuM 1998, 39; AG Frankfurt ZMR 2011, 136; AG Schöneberg GE 2005, 58; jedenfalls wenn untrennbar wg gemeinsamer Anlagen: AG Pinneberg WuM 2004, 537; LG Itzehoe ZMR 2004, 198; OLG Düsseldorf GuT 2003, 14 für Gewerbemiete). Für den örtlichen Zusammenhang reicht es nicht aus, dass die Gebäude alle im Stadtgebiet gelegen sind (AG Siegen WuM 1996, 426). Haben die Parteien die Abrechnung nach Wirtschaftseinheiten nicht ausgeschlossen, kann der Vermieter im Rahmen seines Bestimmungsrechts gem §§ 315, 316 BGB (s Rn 7 ff) auch nachträglich festlegen, dass nach Wirtschaftseinheiten abzurechnen ist (OLG Koblenz WuM 1990, 268; LG Berlin NZM 2002, 66; AG Schöneberg GE 1989, 251). Nach der abweichenden Ansicht kommt diese Abrechnungsmethode nur in Betracht, wenn sie vereinbart wurde oder aus technischen Gründen unvermeidbar ist (LG Itzehoe ZMR 2004, 198; LG Darmstadt Info M 2006, 20; AG Offenbach Info M 2006, 20; AG Pinneberg ZMR 2004, 595, 596; WuM 2006, 379, 380). Die Abrechnung nach der Wirtschaftseinheit ist mietvertraglich nicht schon dadurch ausgeschlossen, dass als Mietobjekt allein das Hausgrundstück genannt ist, in dem die vermietete Wohnung liegt (Langenberg, Betriebskostenrecht F Rn 48 mwNw; zust jedenfalls, wenn hausbezogene Abrechnung von Beginn des Mietverhältnisses wg eines Blockheizkraftwerks nicht möglich war: BGH NJW 2005, 3135 = NZM 2005, 737 = WuM 2005, 579; **aM** LG Itzehoe ZMR 2004, 198; LG Köln WuM 1991, 281 = ZMR 1991, 179; AG Pinneberg ZMR 2004, 595, 596; WuM 2006, 379 mwNw). Fehlerhafte Abrechnungen auf der Basis von Wirtschaftseinheiten führen nur zur materiellen Unrichtigkeit (LG Bonn NZM 2005, 616).

bb) Jedoch besteht anders als bei preisgebundenem Wohnraum die **Einschränkung**, 28 dass der Vermieter verpflichtet ist, zum Zweck der genauen Erfassung die Abrechnungseinheit möglichst klein zu halten, wenn die Abrechnung nach Wirtschaftseinheiten nicht ausdrücklich vereinbart ist (LG Berlin GE 1999, 907; LG Bonn NZM 2005, 616; AG Hannover WuM 2005, 741; AG Köln WuM 1997, 232; AG Pankow/Weißensee ZMR 2006, 48; AG Stuttgart WuM 2004, 475 zur Kehrwoche; BGH NJW 2005, 3135 = NZM 2005, 737 = WuM 2005, 579 konnte offenlassen, da gemeinsame Heizanlage vorhanden war). Die Umstellung des bisherigen Modus auf kleinere Abrechnungseinheiten ist deshalb ohne weiteres möglich (LG Berlin NZM 2002, 66; AG Köln WuM 1997, 232). Daher ist für jedes Gebäude einzeln abzurechnen, wenn die Häuser eigene Versorgungseinrichtungen haben, deren Kosten getrennt berechnet werden können (LG Hannover WuM 1985, 346; LG Köln WuM 2000, 36; LG Mainz DWW 1987, 16; AG Siegen WuM 1996, 426 mwNw). Ist eine gebäudebezogene Abrechnung verbrauchsabhängiger Betriebskosten wie der Müllabfuhrgebühren möglich und entspricht die Berechnung der Gebühren den tatsächlichen Verhältnissen (anders im Fall AG Schöneberg GE 1989, 251: Mitbenutzung der Müllbehälter des Nachbarhauses), ist der Vermieter zu einer Gesamtabrechnung innerhalb der Wirtschaftseinheit nicht berechtigt (AG Kassel WuM 1995, 442). Die Kosten eines Fahrstuhls können nicht auf die Mieter einer Wirtschaftseinheit umgelegt werden, in deren Häusern sich keine Fahrstühle befinden (AG Köln WuM 1982, 195 [LS]; AG Pankow-Weißensee ZMR 2006, 48; AG Trier NJW-RR 1989, 1170; vgl aber BGHZ 92, 18 = NJW 1984, 2576 u Rn 26). Darüber hinaus sind innerhalb einer größeren Wirtschaftseinheit getrennte Abrechnungen für diejenigen Betriebskosten vorzunehmen, die sich unschwer den einzelnen Häusern zuordnen lassen (AG Kassel WuM 1995, 442; AG Trier NJW-RR 1989, 1170). Auf der anderen Seite kann es auch bei unterschiedlicher

Nutzung einem berechtigten Interesse des Vermieters entsprechen, nur einzelne Betriebskostenarten nach Wirtschaftseinheiten zu berechnen (LG Bonn WuM 1998, 353 = NZM 1998, 910; LG Köln NZM 2001, 617 = ZMR 2001, 624; AG Berlin-Hohenschönhausen GE 2001, 197). Handelt es sich nicht um eine Wirtschaftseinheit iS des § 27 BV 2, ist eine Zusammenfassung mehrerer Häuser bei der Betriebskostenabrechnung unzulässig (AG Köln WuM 1984, 230 [LS]; s auch Rn 27). Die Zusammenfassung nur der Dachgeschosswohnungen mehrerer Gebäude zu einer Wirtschaftseinheit entspricht wegen des Vorrangs des einheitlichen Flächenmaßstabs in § 556a Abs 1 S 1 BGB dagegen nicht mehr billigem Ermessen nach den §§ 315, 316 BGB (**aM** AG Wedding GE 1999, 1289 für preisgebundenen Wohnraum).

g) Miteigentumsanteile

29 Die Betriebskosten einer vermieteten Eigentumswohnung können nach dem gleichen Verteilungsschlüssel umgelegt werden, den die Eigentümergemeinschaft zur Ermittlung ihres jeweiligen Anteils an den Kosten vereinbart hat, etwa nach Miteigentumsanteilen, soweit jener Verteilungsschlüssel der Billigkeit entspricht (OLG Braunschweig WuM 1999, 173, 174; LG Berlin GE 2005, 617; LG Düsseldorf DWW 1988, 210; AG Düsseldorf DWW 1991, 373; AG Frankfurt aM DWW 1999, 158 m Anm ABRAMENKO; LANGENBERG, Betriebskostenrecht F Rn 149 f). Das ist insbesondere der Fall, wenn das Verhältnis der Miteigentumsanteile und der Wohnflächen identisch ist (LG Berlin GE 2002, 860). Auf der Grundlage vertraglicher Vereinbarungen sind weitergehende Unterschiede in den Grenzen der §§ 305 ff, 138 BGB zulässig (s Rn 8 und § 556 Rn 86; **aM** LG München WuM 2002, 517 = ZMR 2003, 431, weil Festlegung der Miteigentumsanteile willkürlich sein kann). Die Abrechnung nach Miteigentumsanteilen scheitert an der objektiven unklaren Vereinbarung, selbst in einem Individualvertrag, wenn zugleich der Flächenmaßstab vereinbart ist. Es gilt dann die gesetzliche Auffangregel des Flächenmaßstabs (LG Bonn ZMR 2013, 441 Rn 26).

h) Andere Umlagemaßstäbe

30 Darüber hinaus sind andere Umlagemaßstäbe kaum als der Billigkeit entsprechend denkbar. Allein durch eine langdauernde Übung kann eine ungewöhnliche Klausel nicht zulässig werden (**aM** AG Menden ZMR 1999, 34: Personen- und Zimmerzahl; s auch Rn 8, 12).

6. Aperiodische Kosten

31 Aperiodisch anfallende Kosten, wie **Tankreinigungskosten** und **Eichkosten** für Messgeräte, sollen auf die den Turnus ihres Anfalls abdeckende Abrechnungsperioden zu verteilen sein, weil sonst derjenige Mieter benachteiligt wird, der vor Ablauf des Nutzungszeitraums auszieht (LAG Frankfurt aM WuM 1992, 545; AG Gießen WuM 2003, 358; AG Hamburg WuM 2000, 332; AG Karlsruhe WuM 1992, 139; AG Langenfeld WuM 1983, 123 [LS]; LAMMEL, HeizkostenV § 7 Rn 77 mwNw; s auch § 556 Rn 117). Der BGH hingegen lässt auch eine 100 %ige Umlage im Zeitpunkt der Entstehung zu (BGH NJW 2009, 1356; NJW 2010, 226 = NZM 2010, 79 = WuM 2010, 33; LANGENBERG, Betriebskostenrecht Rn G 137) und die Frage offen, ob dies in besonderen Ausnahmefällen bei außergewöhnlich hohen Kosten im Fall des Mieterwechsels anders zu sehen wäre (BGH NJW 2010, 226). Aus Gründen der Praktikabilität wird man dem bei regelmäßig, wenn auch nicht in jedem Abrechnungszeitraum anfallenden, nicht außergewöhnlich hohen Kosten zustimmen müssen, etwa auch bei den Kosten einer **Gasdichtigkeitsprüfung** (AG Köln WuM 2010, 384; GE 2011, 1163 = ZMR 2011, 222; SCHMIDT-FUTTERER/LANGENBERG Rn 223).

7. Mieterwechsel

a) Kostenaufteilung

Bei einem Mieterwechsel innerhalb der Verbrauchsperiode müssen die Kosten möglichst genau aufgeteilt werden. Hierfür ist bei Betriebskosten, die nach dem Verbrauch abgerechnet werden, regelmäßig eine **Zwischenablesung** erforderlich, auf die der Mieter einen Anspruch hat, auch wenn § 9b HeizkostenV nicht anwendbar ist (AG Offenbach ZMR 2005, 960; LANGENBERG, Betriebskostenrecht G Rn 189). Im Anwendungsbereich der HeizkostenV (s Anh B zu § 556 Rn 1 f) ist nach dieser seit 1989 geltenden Vorschrift (überholt daher LG Hamburg WuM 1985, 370; NJW-RR 1988, 907; LG Mannheim WuM 1988, 405; BERTRAM ZMR 1988, 367) für die nach dem erfassten Verbrauch zu verteilenden Kosten eine Aufteilung aufgrund einer Zwischenablesung vorgeschrieben (AG Charlottenburg WuM 2006, 36; AG Offenbach ZMR 2005, 960 m Anm WALZ 961). Die weiteren Kosten des Wärmeverbrauchs können nach Gradtagszahlen oder zeitanteilig, die übrigen Kosten müssen zeitanteilig aufgeteilt werden (LG Berlin NZM 2001, 707). Der Bestand an Brennstoffen ist nicht zu ermitteln (LG Hamburg ZMR 1985, 15). Die Parteien können auch den Verzicht auf eine Zwischenablesung vereinbaren (AG Hamburg ZMR 2006, 132; s AG Charlottenburg WuM 2006, 36; s aber Anh B zu § 566c Rn 17). Eine **Zwischenabrechnung** ist nicht zu erstellen (LG Hamburg NJW-RR 1988, 907; AG Neuss WuM 1991, 547; AG Oberhausen DWW 1994, 24; AG Wetzlar NZM 2006, 260; HORST GE 1997, 341). Verbrauchsunabhängige, jahresweise anfallende Betriebskosten hat der ausziehende Mieter zeitanteilig zu tragen (AG Olpe DWW 1987, 79). Bei festen, quartalsweisen oder in anderen Abständen erhobenen Gebühren kommt es darauf an, ob der Fälligkeitstermin noch in die Dauer seines Mietverhältnisses fällt (AG Olpe DWW 1987, 79).

b) Kosten der Zwischenablesung

Die Kosten einer von dem gewerblichen Ablesedienst vorgenommenen Zwischenablesung bei einem Mieterwechsel sind nach neuerer Auffassung des BGH keine umlegbaren Betriebskosten, die auf alle Mieter anteilig umgelegt werden können (**aM** noch AG Hamburg WuM 1996, 562; AG Oberhausen DWW 1994, 24; AG Rheine WuM 1996, 715; SCHMID, Hdb Rn 6243; ders WuM 1992, 291; ROPERTZ WuM 1992, 292; STAUDINGER/WEITEMEYER [2006] 33); sondern vom Vermieter zu tragende **Verwaltungskosten** (BGH NJW 2008, 575 = WuM 2008, 85; AG Augsburg WuM 1996, 98; AG Rendsburg WuM 1981, 105). Die Kosten hat daher nicht der ausziehende (AG Charlottenburg WuM 2006, 36: Nutzerwechselgebühr; **aM** AG Coesfeld WuM 1994, 696; AG Köln WuM 1997, 648;) und erst Recht nicht der einziehende Mieter (AG Münster WuM 1996, 231; WuM 2001, 631) zu tragen. Unpraktikabel ist es auch, nach der Vertragstreue des Mieters oder nach dem Kündigungsgrund des Mieters oder Vermieters zu differenzieren (so aber LG Berlin GE 2003, 121; AG Münster WuM 1999, 405; AG Lörrach WuM 1993, 68; AG Schopfheim WuM 2000, 331; HARSCH WuM 1991, 521 mwNw; LAMMEL, HeizkostenV § 9b Rn 11 ff mwNw). In der Konsequenz der Einordnung als Verwaltungskosten liegt es, dass diese auch nicht vertraglich dem ausziehenden Mieter auferlegt werden können (**aM** LG Berlin GE 1999, 1129; GE 2003, 121; GE 2005, 433; AG Münster WuM 1999, 405; AG Schöneberg MM 2010, Nr 10, 30; AG Schopfheim WuM 2000, 331; AG Wetzlar WuM 2003, 456). Ebenfalls nicht umlegbar sind Sonderkosten, die eine Abrechnungsfirma in Rechnung stellt, wenn ein Mieter einen

Ablesungstermin aus nachvollziehbaren Gründen abgesagt hat (AG Hamburg WuM 1996, 348), weil zwei Ablesetermine ohne erneute Kostenpflicht des zweiten Termins angeboten werden müssen (LG München I NZM 2001, 465 = WuM 2001, 190).

8. Gemischt gewerbliche Nutzung

34 Bei einer gemischten Nutzung des Grundstücks sind die Betriebskosten hinsichtlich der Wohnräume und der Gewerberäume oder anderer Flächen wie Garagen oder Stellplätze grundsätzlich im Wege eines **Vorwegabzugs** aufzuteilen, falls die auf die unterschiedliche Nutzung entfallenden Kosten nicht ausnahmsweise gleich hoch sind oder eine ins Gewicht fallende Mehrbelastung durch die gewerbliche Nutzung ausgeschlossen werden kann (BGH NJW 2006, 1419 = NZM 2006, 340 = WuM 2006, 200 m Anm Fenn = ZMR 2006, 358 m Anm Schmid 341 u Rau/Dötsch 362; NJW 2007, 1059 = NZM 2007, 244 = WuM 2007, 196 = ZMR 2007, 359; NZM 2007, 770 = WuM 2007, 585; NJW 2010, 3363 = NZM 2010, 784 = WuM 2010, 627 = ZMR 2011, 26; NJW-RR 2011, 90 = NZM 2011, 118 = WuM 2010, 741; WuM 2012, 98 = GE 2012, 402; KG GE 2006, 1231 = ZMR 2006, 928; LG Aachen WuM 2005, 720; LG Berlin GE 2010, 413 u 414; GE 2005, 1553; LG Braunschweig ZMR 2003, 114; LG Frankfurt aM NJW-MietR 1997, 26; LG Hamburg GE 2001, 992 = NZM 2001, 806 = ZMR 2001, 970; LG Hanau WuM 2000, 250 = ZMR 2000, 96; LG Köln WuM 2001, 496; LG Lübeck WuM 1989, 83; LG München I NZM 2002, 286; AG Charlottenburg GE 2013, 1523). Das LG Aachen geht bei Mehrkosten von mehr als drei Prozent der Gesamtkosten von einer erheblichen Mehrbelastung aus (LG Aachen WuM 2006, 615; aM 5%: Pfeifer, 10 Jahre Mietrechtsreform 564, 570). Entgegenstehende Klauseln in einem Formularvertrag sind unwirksam, da der Mieter meist mit den Mehrkosten für die gewerbliche Nutzung belastet wird (LG Freiburg WuM 2000, 614; LG Hamburg GE 2001, 992; Sternel ZMR 2001, 937, 939).

34a Der Wohnungsmieter trägt jedoch die **Darlegungs- und Beweislast** dafür, dass durch die gewerbliche Nutzung erhebliche Mehrbelastungen entstehen (BGH NJW 2007, 211 = NZM 2007, 83 = WuM 2006, 684 = ZMR 2007, 101; NJW 2010, 3363 = NZM 2010, 784 = WuM 2010, 627 = ZMR 2011, 26). Mit der Instanzgerichtsbarkeit sind hiervon aber Ausnahmen zu machen, wenn ein ungleicher Verbrauch, etwa durch eine Gaststätte für Wasser und Müll, offenkundig ist (LG Berlin MM 2010, Nr 10, 29). Die Aufteilung hat in der Regel im Wege des **Vorwegabzugs** der auf den gewerblichen Teil entfallenden Betriebskosten zu erfolgen (BGH ZMR 2010, 282; LG Berlin GE 2010, 1742). Nur ausnahmsweise ist ein pauschaler Abzug (LG Berlin GE 2000, 1686 = ZMR 2001, 111; LG Düsseldorf DWW 1999, 354; LG München I NZM 2002, 286, 287; AG Osnabrück WuM 2004, 668; offen gelassen von LG Freiburg WuM 2000, 614; AG Stolberg ZMR 2002, 360) oder eine Schätzung zulässig (AG Wedding GE 2002, 536; weitergehend AG Köln WuM 2002, 636 [LS]). Dies gilt entgegen der Auffassung des BGH (NZM 2017, 520) auch und gerade für die **Grundsteuer**, deren Aufteilung aus dem Grundsteuermessbescheid herausgerechnet werden muss (LG Frankfurt aM NZM 1998, 434 = WuM 1997, 630 = ZMR 1997, 642; LG Köln WuM 1997, 648; AG Köln WuM 1998, 56; WuM 1999, 524 = ZMR 1999, 344; AG Köpenick GE 2006, 785; Laug WuM 1993, 171, Berichtigung 314; Ruff WuM 2003, 379, 381 mwNw; aM AG Frankfurt aM ZMR 1997, 244; AG Siegburg WuM 1997, 629 m **abl** Anm Windischer). Geringe, in der Abrechnung unvermeidliche Kostenverschiebungen sind aber hinzunehmen (BGH 10. 5. 2017 – VIII ZR 79/16; LG Braunschweig ZMR 2003, 114). Kennt der Mieter den Maßstab der Verteilung auf die Wohn- und Gewerberäume aus vorangegangenen Abrechnungen, bedarf die Aufteilung keiner Darlegung im Einzelnen (AG Hamburg WuM 195, 660; vgl BGH NJW 1982, 573 = WuM 1982, 207). Auch ein Wohnheim kann eine derartige gewerbliche Nutzung begründen (BGH NJW 2007, 211 = NZM 2007, 83 = WuM 2006, 684 = ZMR 2007, 101; **aM** LG Berlin GE 2005, 1553).

9. Grundsatz der Gleichbehandlung

Der Maßstab für die Umlage der Betriebskosten muss für alle Räume einheitlich **35** bestimmt werden (LG Köln WuM 1987, 359; DWW 1996, 51; AG Dülmen WuM 1983, 325). Ausnahmen sind zu machen, wenn erhöhte Betriebskosten auf schadhafte Anlagen im Hause (LG Frankfurt aM NJW-RR 1987, 659), oder in einer der Wohnungen (AG Bergisch Gladbach WuM 1984, 230 [LS]), auf die unterschiedliche Beschaffenheit von Heizkörperverkleidungen (AG Hamburg DWW 1989, 113), auf den Energieverlust durch nicht isolierte Steigleitungen (LG Dresden WuM 2009, 292; LG Essen WuM 1989, 262), auf eine stark unterschiedliche Sonneneinstrahlung (zu weitgehend AG Papenburg GWW 1988, 347 m **abl** Anm RIEBANDT-KORFMACHER) oder auf Modernisierungsmaßnahmen eines bestimmten Mieters zurückzuführen sind (STERNEL WuM 1984, 287, 291). In derartigen Fällen hat nur die betroffene Partei die Mehrbelastung zu tragen, soweit sie in ihren Verantwortungsbereich fällt. Dies ist etwa der Fall für Kosten der Garagen, die nur einzelne Mieter angemietet haben (LG Aachen DWW 1993, 41). Lassen sich die Kosten nicht bestimmten Mietern zuordnen, muss der Vermieter diesen Betrag übernehmen (LG Siegen WuM 1992, 630). So kann der Vermieter die Kosten für einen erheblich erhöhten Wasserverbrauch, soweit er sich einzelnen Mietern nicht zuordnen lässt, nicht umlegen (AG Dortmund DWW 1992, 180; AG Köln WuM 1983, 274 [LS]; AG Salzgitter WuM 1996, 285). Das Gleiche gilt bei einem erhöhtem Restmüllaufkommen wegen der Verletzung der Mülltrennung (AG Münster WuM 2006, 192). Eine unterschiedliche Aufteilung und eine getrennte Erfassung sind auch hinsichtlich der Grundsteuer und anderer Betriebskosten erforderlich, soweit sie auf Wohnräume und gewerblich genutzte Räume in unterschiedlicher Höhe entfallen (s Rn 34). Im Übrigen kommt es auf eine unterschiedliche tatsächliche Nutzung durch den Mieter nicht an, etwa hinsichtlich der Anwesenheit, der Beheizung oder der Benutzung eines Aufzugs (s Rn 21, 26). Als Nutzungsentschädigung nach Vertragsbeendigung bis zum Tage des Auszugs nach § 546a BGB zu zahlende Betriebskosten (STAUDINGER/ROLFS § 546a Rn 43; s auch § 556 Rn 77) sind dagegen auf den Tag genau zu ermitteln (AG Neuss WuM 1996, 32).

10. Abweichende Vereinbarungen

Die Vereinbarung eines Umlagemaßstabs ist nach § 556a Abs 1 BGB und Abs 3 den **36** Parteien überlassen. Eine Überprüfung eines vertraglich vereinbarten Umlagemaßstabs nach § 315 erfolgt nicht (s Rn 8), sodass sich nicht etwa aus dem gesetzlichen Vorrang des Flächenmaßstabs bei fehlender Vereinbarung ergibt, dass andere Vereinbarungen unwirksam sind (**aM** LANGENBERG NZM 2001, 783, 790; s Rn 8). Fraglich ist, ob auch über die verbrauchs- und verursachungsabhängige Abrechnung nach § 566a Abs 1 S 2 BGB eine anderweitige Vereinbarung getroffen werden kann, sodass der Vermieter zwar den Verbrauch erfasst, aber nicht auf dieser Grundlage abrechnet. Dies ist grundsätzlich möglich, da § 556a Abs 4 BGB die Regelung in Abs 1 als ganzes nicht erfasst (LANGENBERG NZM 2001, 783, 790; PALANDT/WEIDENKAFF Rn 2). Eine derartige Vorgehensweise kann durchaus Sinn machen, etwa weil für die Umstellung der Beginn einer neuen Abrechnungsperiode abgewartet werden soll.

III. Einseitige Änderung des Umlagemaßstabs (Abs 2)

1. Allgemeines

37 Die Vorschrift des § 556a Abs 2 BGB wurde in Anlehnung an den früheren § 4 Abs 5 MHRG durch das Mietrechtsreformgesetz geschaffen (s Rn 2). Sie gibt dem Vermieter das Recht, durch einseitige, empfangsbedürftige Willenserklärung den Maßstab für die Umlage der Kosten, bei denen der Verbrauch oder die Verursachung durch die einzelnen Mieter erfasst wird, zu ändern. Darüber hinaus kann der Vermieter einseitig eine Änderung der Mietstruktur herbeiführen. Bei einer bisherigen Brutto- oder Inklusivmiete oder bei der Vereinbarung einer Betriebskostenpauschale ist der Vermieter berechtigt, die in Abs 2 genannten Betriebskosten aus der Bruttomiete oder der Pauschale herauszurechnen und künftig entsprechend dem tatsächlichen Verbrauch nach § 556 Abs 3 umzulegen (BGH NJW 2012, 226 = NZM 2012, 152 = WuM 2011, 682 = ZMR 2012, 89 Rn 14 mwNw auf die allg M). Das Änderungsrecht des Vermieters ist begrenzt durch den Grundsatz der Wirtschaftlichkeit, etwa wenn die Kosten der Verbrauchserfassung unangemessen hoch sind (Schmid ZMR 2001, 761, 762; s § 556 Rn 29). Das Änderungsrecht wirkt nur in die Zukunft (OLG Frankfurt GE 2004, 479 = ZMR 2004, 182 für Gewerbemiete).

2. Erfasste Betriebskosten

38 Die Möglichkeit zur einseitigen Änderung des Mietvertrags nach § 556a Abs 2 BGB besteht nur für bestimmte Betriebskostenarten, nämlich für die Kosten, bei denen der Verbrauch oder die Verursachung durch die einzelnen Mieter erfasst wird (s Rn 15, 21). Der Umfang dieser Kosten ergibt sich aus § 556 Abs 1 BGB iVm der BetrKV. Für die Kosten der zentralen Heizung und der Warmwasserbereitung gilt bereits mit der HeizkostenV ein verbrauchsabhängiger Maßstab (s Anh B zu § 556c).

3. Änderung des Umlagemaßstabs

a) Änderungsrecht

39 § 556 Abs 2 BGB erlaubt die einseitige Änderung des Umlagemaßstabs durch den Vermieter für bestimmte Betriebskostenarten (s Rn 38), wenn der Vermieter diese Kosten bisher verbrauchsunabhängig auf die Mieter umgelegt hat. Damit gewährt die Bestimmung ein Recht zur Änderung des Mietvertrags. Nach der früheren Rechtslage stand dem Vermieter nur bei fehlender vertraglicher Festlegung aus den §§ 315, 316 BGB das Recht zu, den Umlagemaßstab zu ändern, wenn er nicht mehr der Billigkeit entsprach (s Rn 12 ff). Der Gesetzgeber befürchtete daher, dass die Rechtsprechung nur in extremen Ausnahmefällen eine Änderung des Abrechnungsmaßstabs zulassen würde (Anrufung des Vermittlungsausschusses durch den BR BT-Drucks 12/5224, 4) und schuf daher das Recht zur Vertragsumstellung für die Kosten der Wasserversorgung und der Entwässerung sowie der Müllabfuhr. Die Mietrechtsreform erweiterte das Änderungsrecht auf alle Betriebskostenarten, die sich verbrauchabhängig oder nach der Verursachung bestimmen lassen. Auch die Änderungsbefugnis nach § 556a Abs 2 BGB unterliegt jedoch der Grenze der Billigkeit nach den §§ 315, 316 BGB. Der Vermieter kann den Umlagemaßstab gem § 556a Abs 2 BGB daher nur ändern, wenn der neue Maßstab angemessener ist als der bisherige (AG Münster WuM 1994, 613). Möglich ist auch nur eine teilweise Ausübung des Rechts, sodass eine Kombination zwischen einem Festanteil und einer verbrauchsabhängigen Abrechnung zulässig ist (Schmid ZMR 2001, 761, 762). Die Vorschrift soll analog anzuwenden sein auf die **Änderung des Abrechnungszeitraums**, sodass zukünftig die verbrauchsabhängigen Kosten gemeinsam mit den Wärmekosten abgerechnet werden können, um die Kosten gering zu halten (LG Itzehoe 17. 12. 2010 – 9 S 37/10; WuM 2011, 17; NZM 2011, 360 bestätigt durch BGH MietPrax-AK § 556 Nr 82; 26. 11. 2010 – 9 S 35/10 bestätigt durch BGH GE 2012, 824; ZMR 2011, 214 bestätigt durch BGH ZMR 2012, 345). Diese Möglichkeit besteht jedoch im Rahmen des billigen Ermessens nach § 315 BGB, das dem Vermieter für die Umlage der Betriebskosten zusteht, auch ohne das Erfordernis der Analogie (s § 556 Rn 117a).

b) Umlagemaßstab

§ 556a Abs 2 BGB schreibt den neuen Umlagemaßstab insofern vor, als er verbrauchsabhängig oder von der erfassten Verursachung abhängig zu sein hat (s Rn 15, 21). Eine Änderung kommt vor allem in Betracht, wenn diese Kosten bisher nach einem verbrauchsunabhängigen Maßstab wie der Wohnungsgröße verteilt worden waren. Die Umstellung des Maßstabs der Wohnflächen auf eine Verteilung nach der Kopfzahl ist grundsätzlich nicht möglich, da die Umlage nach der **Personenzahl** gerade nicht an einem erfassten Verbrauch ansetzt (LG Hamburg ZMR 1998, 36; ZMR 1998, 98; AG Münster WuM 1994, 613; AG Saarbrücken WuM 2011, 630; Both NZM 1998, 457, 459; Herrlein/Kandelhard/Both Rn 8; MünchKomm/Schmid/Zehelein Rn 34; Schmid ZMR 2001, 761, 762; **aM** Schilling 154 zu § 4 Abs 5 MHRG). Auch die Änderung der Mietstruktur von einer Bruttomiete auf Abrechnung und Vorauszahlungen erlaubt die Vorschrift nur, wenn der Umlagemaßstab vom Verbrauch abhängt. Der Flächenmaßstab wird zwar vom Gesetzgeber grundsätzlich bevorzugt. Er stellt dennoch keinen verbrauchsabhängigen Maßstab iS des § 556a Abs 2 BGB dar (LG Augsburg WuM 2004, 148 = ZMR 2004, 296; **aM** AG Augsburg WuM 2003, 566). Die Messung des Kaltwasserverbrauchs durch Wasserzähler ist aber ein verbrauchsabhängiger Maßstab (LG Berlin GE 2012, 1230). 40

4. Änderung der Mietstruktur

a) Abrechnung durch den Vermieter

aa) Nach § 556a Abs 2 BGB ist auch eine **einseitige Änderung** der Mietstruktur von einer Brutto- oder Inklusivmiete oder von der Vereinbarung einer Betriebskostenpauschale auf eine verbrauchsabhängige Abrechnung nach § 556 Abs 3 BGB zulässig (LG Augsburg WuM 2004, 148 = ZMR 2004, 296; AG Augsburg WuM 2003, 566 = ZMR 2003, 847; Blank WuM 1993, 503, 508; Palandt/Weidenkaff Rn 1). Der Vermieter hat eine nach billigem Ermessen gem den §§ 315, 316 BGB auszuübende Befugnis, den Mietvertrag in diesem Punkt zu ändern. Auch in diesem Fall ist die Umstellung auf einen Flächenmaßstab nicht möglich, weil es sich nicht um einen verbrauchsabhängigen Maßstab handelt (**aM** LG Augsburg WuM 2004, 148 = ZMR 2004, 296; AG Augsburg WuM 2003, 566 m Anm Schulte WuM 2003, 625 u Stürzer 626; s Rn 40). 41

bb) Voraussetzung ist nach § 556a Abs 2 S 3 BGB, dass zugleich die bisherige Miete oder die Betriebskostenpauschale um den verbrauchsabhängig umzulegenden Betrag gekürzt wird. Der Vermieter kann nicht etwa von der **Herabsetzung der Miete** absehen, weil sich andere Betriebskosten, die mit der Miete noch abgegolten sind, erhöht haben (Langenberg NZM 2001, 783, 791). Herauszurechnen sind die tatsächli- 42 chen bisherigen Aufwendungen für diese Kosten (PALANDT/WEIDENKAFF Rn 9; SCHILLING 155 zu § 4 Abs 5 MHRG) im Zeitpunkt der Umstellung. Diese lassen sich erst bei der ersten verbrauchsabhängigen Abrechnung genau feststellen. Eine Änderungserklärung, in der diese Herabsetzung der Miete fehlt, ist unwirksam (AG Münster WuM 1994, 613; SCHMID ZMR 2001, 761, 762). Sämtliche, etwa auch die verbrauchsunabhängigen Betriebskosten, muss der Vermieter aber nicht umlegen, hierauf hat er nach § 556a Abs 2 BGB auch gar keinen Anspruch (aM AG Augsburg ZMR 2003 847 = WuM 2003, 566 m Anm SCHULTE 625 u STÜRZER 626; AG Köln ZMR 2004, 119).

43 cc) Die Vorschrift des § 556a Abs 2 BGB sagt nichts darüber, ob der Vermieter infolge der Umstellung auf eine verbrauchsabhängige Abrechnung statt der bisherigen Pauschalen oder der bisherigen Bruttomiete nunmehr berechtigt ist, **Vorauszahlungen** auf die Betriebskosten zu verlangen. Lediglich die Pflicht und das Recht zur Änderung der Höhe der Vorauszahlungen für die betreffenden Betriebskosten ergibt sich aus § 560 BGB, soweit bislang die Erhebung von Vorauszahlungen überhaupt vereinbart war. Fehlt es hieran, ergibt sich aus § 556a Abs 2 BGB aber zugleich das Recht zur Erhebung von Vorauszahlungen (LANGENBERG NZM 2001, 783, 791; PALANDT/WEIDENKAFF Rn 9; SCHMID ZMR 2001, 761, 762; **aM** KUNZE, 10 Jahre Mietrechtsreform 537, 538), weil der Vermieter nach S 3 dieses Absatzes gezwungen ist, die bisher in der Bruttomiete enthaltenen und monatlich gezahlten Kosten herauszurechnen.

b) Direkte Abrechnung durch den Leistungserbringer

44 Eine direkte Abrechnung bestimmter Versorgungsleistungen zwischen dem Erbringer der Leistungen und dem Mieter kann der Vermieter anders als nach dem früheren § 4 Abs 5 Nr 2 MHRG einseitig nicht mehr herbeiführen (zum Übergangsrecht s Rn 5). Die Streichung beseitigt zwar das einseitige Änderungsrecht des Vermieters. Die Parteien können aber einvernehmlich entsprechende Vereinbarungen treffen (Begr zum RegE BT-Drucks 14/4553, 52). In diesem Fall scheidet der Vermieter als Vertragspartner der Versorgungsunternehmen aus und diese schließen entsprechende Verträge direkt mit den Mietern, wie es etwa bei der Versorgung mit Strom und Gas bereits allgemein üblich ist (OLG Naumburg ZMR 2003, 260 zur Abfallentsorgung; zur gewerblichen Wärmelieferung s SCHREIBER NZM 2002, 320 sowie Anh A zu § 556c). In der Regel kommt das Vertragsverhältnis hier bereits durch das Angebot des Versorgungsunternehmens und die Annahme des Mieters in Form der tatsächlichen Inanspruchnahme der Leistungen zustande (BGH NZM 2010, 123 = WuM 2010, 89 zum alten § 4 Abs 5 Nr 2 MHRG mwNw). Das Versorgungsunternehmen ist grundsätzlich aber nicht verpflichtet, Versorgungsverträge mit den Mietern unter gleichzeitiger Entlassung des Vermieters aus dem Vertragsverhältnis abzuschließen (BGH NJW 2003, 3131 = NZM 2003, 551 = WuM 2003, 460 = ZMR 2003, 566; WuM 2003, 458). Da die frühere gesetzliche Regelung, die dem Vermieter einseitig das Recht zum Übergang zur Direktabrechnung einräumte, eine Vielzahl von Problemen im Verhältnis zwischen Mieter, Vermieter und Leistungserbringer mit sich brachte (vgl BVerwG WuM 1997, 685; OVG Greifswald LKV 1997, 422; BOTH/HARMS DWW 1999, 274; BUB Beil zu WuM 12/2000, 16 = NZM 2001, 458; BRÜNING ZMR 1999, 213; DERLEDER Beil zu WuM 12/1998, 22; ders NZM 1999, 729; EISENSCHMID WuM 1998, 449; HACK Beil zu WuM 1/2000, 24; MEIER, Die Versorgung und Entsorgung von Mieterhaushalten [1999]; RÖHL NZM 1999, 101; SCHMID WuM 1998, 709; STAUDINGER/SONNENSCHEIN/WEITEMEYER [1997] § 4 MHRG Rn 124), ist eine entsprechende formularvertragliche Klausel unwirksam (LANGENBERG NZM 2001, 783, 791; **aM** LG Hamburg WuM 2006, 96). Umgekehrt greift § 556a BGB auch nicht ein, wenn der Vermieter die bisherige Direktversorgung durch Abrechnung über ihn umstellen will. Dies ist nur einvernehmlich möglich (AG Hamburg-Blankenese ZMR 2013, 814).

5. Geltendmachung der Vertragsänderung

a) Form

Die Änderung des Umlageschlüssels und der Abrechnungsmethode erfolgt durch eine **einseitige, empfangsbedürftige Willenserklärung** des Vermieters. Die Erklärung bedarf nach § 556a Abs 2 S 1 BGB der Textform des § 126b BGB. Die Schriftform umfasst die Anforderungen an die Textform (BÖRSTINGHAUS/EISENSCHMID, Arbeitskommentar Neues Mietrecht 287; NIES NZM 2001, 1071, 1072; Einzelheiten s STAUDINGER/ARTZ [2021] § 560 Rn 22). Bei mehreren Mietern ist die Erklärung gegenüber jedem Mieter abzugeben. Hinsichtlich der Formvorschrift des § 550 BGB ist zu beachten, dass eine wesentliche Vertragsänderung wie die Veränderung der Betriebskosten der Schriftform bedarf, sonst gilt der auf bestimmte Zeit geschlossene Mietvertrag als auf unbestimmte Zeit geschlossen (NIES NZM 2001, 1071; Einzelheiten s § 556 Rn 53). 45

b) Inhalt

Die Erklärung muss als **Gestaltungsrecht** hinreichend bestimmt sein. Sie muss festlegen, dass der Vermieter nach Abs 2 den Umlageschlüssel ändern will. Waren die entsprechenden Leistungen mit der Miete oder einer Betriebskostenpauschale abgegolten, muss der Vermieter erklären, dass und wie die Miete gem Abs 2 S 3 gesenkt wird. Ohne diese Bestimmung ist die Erklärung unwirksam (AG Münster WuM 1994, 613). Zudem muss die Erklärung den Zeitpunkt angeben, von dem an die Änderung des Vertrags eintreten soll (s Rn 47). Eine weitere Begründung oder Berechnung ist nach dem Wortlaut der Vorschrift nicht erforderlich. Sie ist deshalb entbehrlich, weil bereits die nachfolgende verbrauchsabhängige Abrechnung über die Betriebskosten gem § 556 Abs 3 BGB der Erläuterung bedarf. 46

6. Wirkungseintritt der Änderung

Die Erklärung wird gem § 130 BGB mit dem Zugang beim Mieter wirksam. Davon zu unterscheiden ist der Zeitpunkt, von dem an sich der Vertrag ändern soll. Diesen Zeitpunkt muss der Vermieter bestimmen. Die Erklärung ist gem § 556a Abs 2 S 2 BGB nur vor Beginn eines Abrechnungszeitraums zulässig. Diese Formulierung enthält keine Änderung gegenüber der bisherigen Rechtslage (LANGENBERG NZM 2001, 783, 791). Das bedeutet, dass die Änderung mit dem Beginn der nächsten Abrechnungsperiode wirksam wird, wenn die Erklärung vor ihrem Beginn zugegangen ist. Rechnete der Vermieter bislang nicht ab, sondern waren Betriebskosten in einer Inklusivmiete oder einer Betriebskostenpauschale enthalten, passt diese zeitliche Bestimmung nicht. Der Vermieter kann in diesem Fall irgendeinen zukünftigen Zeitpunkt für die Änderung der Betriebskostenvereinbarung wählen (BLANK WuM 1993, 503, 508). Nennt der Vermieter einen unzulässigen Zeitpunkt, ist die Erklärung gem § 139 BGB nur teilweise unwirksam, soweit sie sich sinnvoll aufteilen lässt. So ist beispielsweise für eine zurückliegende Abrechnungsperiode eine rückwirkende Vertragsänderung unwirksam. Die Änderung tritt dann mit dem Beginn des nächsten Abrechnungszeitraums ein (HERRLEIN/KANDELHARD/BOTH Rn 16; SCHILLING 155 zu § 4 Abs 5 MHRG). 47

7. Abweichende Vereinbarungen

48 § 556a Abs 2 BGB ist nach Abs 4 insoweit zwingend, als zum Nachteil des Mieters keine abweichenden Vereinbarungen getroffen werden können. Die Parteien können daher nicht im Mietvertrag festlegen, dass der Vermieter das Gestaltungsrecht zu Lasten des Mieters unter weitergehenden Voraussetzungen ausüben kann. Es muss ein tatsächlich erfasster Verbrauch oder eine tatsächlich erfasste Verursachung Grundlage für die Änderung sein, sodass Schätzungen nicht ausreichen (Langenberg NZM 2001, 783, 791 f). Auch der Vorbehalt, die Änderung für abgelaufene Abrechnungsperioden vornehmen zu können, ist unwirksam (Haas Rn 2; Langenberg NZM 2001, 783, 791, ebenso wie die vorherige Vereinbarung, dass die Herabsetzung der Miete nach § 556a Abs 2 S 3 BGB ausgeschlossen ist (Haas Rn 2).

IV. Vermietete Eigentumswohnung

49 Mit dem Inkrafttreten der WEG-Reform zum 1. 12. 2020 wurde Abs 3 neu in die Vorschrift aufgenommen. Danach sind die Betriebskosten im vermieteten Wohnungseigentum, soweit die Vertragsparteien nichts anderes vereinbart haben oder das Resultat billigem Ermessen widerspricht, nach dem zwischen den Wohnungseigentümern im jeweiligen Zeitpunkt geltenden Maßstab aufzuteilen (Jacoby ZMR 2021, 1 und 2018, 116; Zehelein NZM 2020, 1001; 2019, 697 und ZMR 2020, 272; Drasdo WuM 2020, 686 jeweils auch zur Dynamik der Verweisung auf die WEG). Es geht also darum, die Betriebskostenabrechnung möglichst aus den für die Jahresabrechnung geltenden Vorgaben zu entwickeln. Ob eine Jahresabrechnung tatsächlich erfolgte, ist irrelevant (Jacoby ZMR 2021, 1, 4 sowie 6 ff zu den Folgen einer verspäteten oder fehlerhaften Jahresabrechnung). Zu beachten ist, dass daneben die HeizkostenV auch im Wohnungseigentumsrecht zur Anwendung kommt und diese Kosten für § 556a Abs 3 insoweit irrelevant sind (BGH NJW 2012, 1434; Jacoby ZMR 2021, 1; krit dazu Zehelein NZM 2020, 1001, 1003). Gleiches gilt für die Grundsteuer, die beim einzelnen Wohnungseigentümer anfällt.

50 Da der Verteilungsschlüssel zwischen den Wohnungseigentümern zum gesetzlichen Maßstab gemacht wird, ist eine gebäudebezogene und nicht eine wohnungsbezogene Kostenerfassung zu Grunde zu legen (zu dem diesbezüglichen Diskussionsprozess Jacoby ZMR 2021, 1). Die umlagefähigen Kosten bestimmen sich freilich auch bei der vermieteten Eigentumswohnung nach der Vereinbarung zwischen den Parteien des Mietverhältnisses und den Grenzen, die das Gesetz setzt. Gleiches gilt für Abrechnungszeitraum und -prinzip (Jacoby ZMR 2021, 1, 4).

51 Der Ausnahmetatbestand des billigen Ermessens kann als Ausgestaltung des im Betriebskostenrecht geltenden Wirtschaftlichkeitsgebots verstanden werden. Hätte der vermietende Eigentümer das Anfallen der Kosten vermeiden können, erscheint die Umlage unbillig (Jacoby ZMR 2021, 1, 5; krit. Zum Ausnahmetatbestand Zehelein NZM 2020, 1001, 1002).

§ 556b
Fälligkeit der Miete, Aufrechnungs- und Zurückbehaltungsrecht

(1) Die Miete ist zu Beginn, spätestens bis zum dritten Werktag der einzelnen Zeitabschnitte zu entrichten, nach denen sie bemessen ist.

(2) Der Mieter kann entgegen einer vertraglichen Bestimmung gegen eine Mietforderung mit einer Forderung auf Grund der §§ 536a, 539 oder aus ungerechtfertigter Bereicherung wegen zu viel gezahlter Miete aufrechnen oder wegen einer solchen Forderung ein Zurückbehaltungsrecht ausüben, wenn er seine Absicht dem Vermieter mindestens einen Monat vor der Fälligkeit der Miete in Textform angezeigt hat. Eine zum Nachteil des Mieters abweichende Vereinbarung ist unwirksam.

Materialien: Abs 1: E I § 517; II § 495; III § 544; Mot II 398 ff; Prot II 185 ff Art 1 Mietrechtsreformgesetz vom 19. 6. 2001 (BGBl I 1149); Begr zum RegE BT-Drucks 14/4553, 52 = NZM 2000, 802 ff u WuM 2000, 465 ff. Abs 2: Gesetz über Mieterschutz und Mieteinigungsämter vom 1. 6. 1923 (RGBl I 353); 2. Gesetz zur Änderung mietrechtlicher Vorschriften vom 14. 7. 1964 (BGBl I 457); Art 1 Mietrechtsreformgesetz vom 19. 6. 2001 (BGBl I 1149); Begr zum RegE BT-Drucks 14/4553, 52 = NZM 2000, 802 ff u WuM 2000, 465 ff; Ausschussbericht BT-Drucks 14/5663, 80.

Schrifttum

ARTZ, Der dritte Werktag aus Luxemburg, in: ARTZ/BÖRSTINGHAUS (Hrsg), 10 Jahre Mietrechtsreform (2011) 622
BLANK, Die ordentliche Kündigung bei Zahlungsverzug des Mieters, NZM 2013, 104
ders, Zur Rechtzeitigkeit der Mietzahlung, WuM 1995, 567
BOGDANSKI, Richtiges Mahnen mit Mietkontenauszügen, GE 2012, 1676
BOTH, Die Klage auf zukünftige Leistungen im Mietrecht, DWW 2010, 82
BRÜCKNER, Kündigung wegen ständig unpünktlicher Zahlung, GE 2012, 1595
DERLEDER, Die Inhaltskontrolle von Mietzahlungs- und Aufrechnungsklauseln, WuM 2007, 599
EISENHARDT, Fälligkeit der Miete unter dem neuen Recht des Zahlungsverkehrs, NZM 2011, 833
ders, Rechtzeitigkeit der Mietzahlung und Richtlinie 2000/35/EG, WuM 2011, 408
FLATOW, Vom – schwierigen – Umgang mit Renovierungsklauseln bei der Vertragsabwicklung, NZM 2010, 641
GELLWITZKI, Die Mietrechtsreform – die Neuregelungen zur Fälligkeit der Miete und Pacht. Zur Bedeutung der Neuregelungen und deren Auswirkungen auf Rechte des Mieters, WuM 2001, 373
HÄUBLEIN, Aufrechnungs- und Zurückbehaltungsverbote in Wohnraummietverträgen. Das Verhältnis von § 556b Abs 2 BGB zu §§ 305 ff BGB, in: FS Blank (2006) 207
ders, Ist der Sonnabend ein Werktag? Das kommt auf den Zweck der Regelung an!, NZM 2010, 651
HERRESTHAL, Fälligkeit der Miete unter dem neuen Recht des Zahlungsverkehrs, NZM 2011, 833
HINZ, Kündigung des Mietverhältnisses bei Verletzung von Pflichten aus der Betriebskostenabrede, NZM 2010, 57
KIELHOLZ, Zum Verhältnis von Vorfälligkeitsklausel und Zurückbehaltungsrecht in einem AGB-bestimmten Wohnraummietvertrag, ZMR 2000, 265
LAMMEL, Zur Einrede des nicht erfüllten Vertrages bei gleichzeitiger Minderung im Wohn-

raummietrecht, in: Gedschr Sonnenschein (2002) 275
Lorenz, Zahlungsverzug und Verschulden, WuM 2013, 202
Meist, Die Fälligkeit des Mietzinses unter besonderer Berücksichtigung des § 193 BGB, ZMR 1999, 801
Mittelstein, Die Miete nach dem Rechte des deutschen Reiches (4. Aufl 1932) 413
Roquette, Das Mietrecht des Bürgerlichen Gesetzbuchs (1. Aufl 1966)
M Schultz, Die neue Vorfälligkeitsregelung und ihre Auswirkungen auf die Mieterrechte, PiG 65 (2002) 263
Sternel, Der Einfluß der Mietrechtsreform auf Minderung und Zurückbehaltung der Miete durch den Mieter, in: Gedschr Sonnenschein (2002) 293
ders, Minderung und Zurückbehaltung der Miete – Durchsetzung und Ausschluß im bestehenden Mietverhältnis, WuM 2002, 244
Timme/Raue, Ausschluss des Zurückbehaltungsrechts bei fehlender Mängelanzeige, NZM 2011, 846
Wolst, Die Zuständigkeit des Bundesgerichtshofs für Verfahren aus dem Recht der Wohnraummiete, in: FS Blank (2006) 475
Zehelein, Das Mietrechtsänderungsgesetz in der gerichtlichen Praxis, WuM 2013, 133.

Systematische Übersicht

I.	**Allgemeine Kennzeichnung**	
1.	Überblick	1
2.	Entstehung der Vorschrift	2
a)	Fälligkeit der Miete (Abs 1)	2
b)	Aufrechnungs- und Zurückbehaltungsrecht (Abs 2)	3
3.	Zweck der Vorschrift	5
a)	Fälligkeit der Miete (Abs 1)	5
b)	Aufrechnungs- und Zurückbehaltungsrecht (Abs 2)	6
4.	Sachlicher Anwendungsbereich	7
a)	Fälligkeit der Miete (Abs 1)	7
b)	Aufrechnungs- und Zurückbehaltungsrecht (Abs 2)	8
5.	Übergangsregelung	9
a)	Fälligkeit der Miete (Abs 1)	9
b)	Aufrechnungs- und Zurückbehaltungsrecht (Abs 2)	10
II.	**Fälligkeit der Miete (Abs 1)**	
1.	Zeitpunkt der Fälligkeit	11
a)	Dauer der Zeitabschnitte	11
b)	Bestimmung der Zeitabschnitte	13
c)	Werktag	14
d)	Rechtzeitigkeit der Leistung	14a
2.	Wirkung der Fälligkeitsregelung	15
3.	Abweichende Vereinbarungen	16
III.	**Aufrechnungs- und Zurückbehaltungsrecht (Abs 2)**	
1.	Allgemeines	17
2.	Reichweite des Schutzes	18
a)	Erfasste Ansprüche des Mieters	18
b)	Vertragsdauer	20
c)	Mietforderungen	21
3.	Anzeige	22
a)	Inhalt	22
b)	Form	23
c)	Frist	24
4.	Formularverträge	25
a)	Beschränkung von Aufrechnung und Zurückbehaltungsrecht	25
b)	Klauselkombinationen	26
c)	Ankündigungspflicht	27
5.	Beweislast	28
6.	Abweichende Vereinbarungen	29
a)	Verhältnis zur Klauselkontrolle	29
b)	Reichweite der Unwirksamkeit	30
c)	Geschützte Ansprüche	30a

I. Allgemeine Kennzeichnung

1. Überblick

Die Vorschrift des § 556b Abs 1 BGB regelt die Fälligkeit der Miete. Abs 2 schließt **1** vertragliche Regelungen aus, mit denen die Aufrechnung oder die Ausübung eines Zurückbehaltungsrechts gegenüber Forderungen nach §§ 536a, 539 BGB sowie wegen überzahlter Miete nach Bereicherungsrecht ausgeschlossen oder beschränkt werden sollen.

2. Entstehung der Vorschrift

a) Fälligkeit der Miete (Abs 1)

Nach gemeinem Recht wie nach preußischem Recht war der Vermieter vorleistungs- **2** pflichtig (ALR I 21 § 297). Die Verfasser des BGB sind davon ausgegangen, dass diese Regelung der Verkehrsanschauung entspreche, und haben deshalb auch für das BGB in § 551 BGB aF die Vorleistungspflicht des Vermieters zur gesetzlichen Regel erhoben (s Mot II 398 ff). In der Praxis hat die vertraglich vereinbarte Vorfälligkeit der Miete überwogen. Die Vereinbarung von Vorauszahlungsklauseln im Mietrecht war auch formularvertraglich zulässig (BGH 26. 10. 1994 – VIII ARZ 3/94 Rn 13, NJW 1995, 254; STAUDINGER/V EMMERICH [1995] § 551 aF Rn 5 ff), soweit sie nicht wegen der Kombination mit Aufrechnungsverboten oder ähnlichen Einschränkungen unwirksam waren (s Rn 9). Entsprechend dieser Vertragspraxis bestimmt § 556b Abs 1 BGB in der Fassung durch das Mietrechtsreformgesetz vom 19. 6. 2001 (BGBl I 1149) die Vorfälligkeit der Miete nun als Regelfall.

b) Aufrechnungs- und Zurückbehaltungsrecht (Abs 2)

Das BGB enthielt zunächst keine Vorschrift, die den Ausschluss von Aufrechnungen **3** und der Ausübung von Zurückbehaltungsrechten einschränkte. In Mietverträgen über Wohnräume waren daher zunächst Aufrechnungsverbote zu Lasten der Mieter überaus verbreitet (vgl MITTELSTEIN 413 ff). Schon 1923 wurde in § 28 MSchG bestimmt, dass sich der Vermieter nicht auf eine Verpflichtung des Mieters berufen kann, nicht mit einer Gegenforderung aus § 538 Abs 2 aF (nunmehr § 536a Abs 2 BGB) aufzurechnen. In dem Deutschen Einheitsmietvertrag von 1934 (DJ 1934, 304; STAUDINGER/KIEFERSAUER [1955] vor § 535 Rn 267 ff) erlaubte § 6 Abs 1 dem Mieter die Ausübung seiner Rechte ohne Beschränkung der Art der Gegenforderungen mit einer Ankündigungsfrist von einem Monat. Darüber hinaus wurde eine gemeinsame Erklärung der Spitzenverbände über „mißbilligte Klauseln" veröffentlicht, die dazu führte, dass die genannten Klauseln als nichtig oder unzulässig behandelt wurden (ROQUETTE § 552a Rn 2; STAUDINGER/KIEFERSAUER [1955] vor § 535 Rn 268: „Nr 4 Verbot der Aufrechnung mit Schadenersatzansprüchen, unter Umständen sogar mit einem solchen nach § 538 Abs 1 BGB, oder mit einer dem Mieter nach § 538 Abs 2 BGB zustehenden Ersatzforderung (nicht mißbilligt wird jedoch die Vereinbarung, daß eine Aufrechnung nur erfolgen kann, wenn die Aufrechnungsabsicht dem Vermieter eine gewisse Zeit vorher angekündigt worden ist)"). Der Gesetzentwurf vom 5. 12. 1962 für das 2. Mietrechtsänderungsgesetz sah zunächst die Schaffung eines neuen § 552a BGB vor, der es dem Mieter wie im Einheitsmietvertrag ermöglichte, seine Rechte in Bezug auf alle Forderungen aus dem Mietverhältnis auszuüben (vgl RegE BT-Drucks IV/806, 9). Aufgrund der Empfehlung des Rechtsausschusses des Bundestags (vgl Bericht zu BT-Drucks IV/2195, 4) wurde der Anwendungsbereich des § 552a BGB, der durch Art I Ziff 9 des 2. Mietrechtsänderungsgesetzes in das BGB eingefügt wurde, auf Ansprüche des Mieters auf Schadensersatz und Aufwendungsersatz aus § 538 BGB aF (nunmehr § 536a BGB) eingeschränkt. Maßgebend hierfür war vor allem die Überlegung, dass der Vermieter gleichfalls ein schutzwürdiges Interesse am pünktlichen Eingang der Mietzahlungen habe, weil er häufig nur damit die aus dem Hausbau herrührenden Belastungen bestreiten könne. § 552a BGB aF hat für **Formularverträge** in der Folgezeit durch die strengeren Bestimmungen des § 309 Nr 2 und 3 BGB (§ 11 Nr 2 und 3 AGBG aF) an Bedeutung verloren. Denn nach § 309 Nr 2 BGB (§ 11 Nr 2 AGBG aF) ist in Formularverträgen jede Einschränkung eines Zurückbehaltungsrechts des Mieters mit Ansprüchen aus demselben Mietverhältnis verboten. Unwirksam sind nach § 309 Nr 3 BGB (§ 11 Nr 3 AGBG aF) außerdem Aufrechnungsverbote, soweit sie sich auf unbestrittene oder rechtskräftig festgestellte Forderungen beziehen. Weitergehende Schranken für Aufrechnungsverbote ergaben sich aus § 536 Abs 4 BGB (§ 537 Abs 3 BGB aF) und § 307 Abs 1 S 1 BGB (§ 9 AGBG aF).

4 Die Mietrechtsreform von 2001, mit der § 552a BGB aF durch den jetzigen § 556b Abs 2 BGB ersetzt wurde, erweiterte die geschützten Forderungen des Mieters auch für Individualverträge über die Schadensersatz- und Aufwendungsersatzansprüche aus § 536a BGB hinaus auf die Ansprüche des Mieters auf Aufwendungsersatz nach § 539 Abs 1 BGB sowie auf die Ansprüche aus ungerechtfertigter Bereicherung wegen zu viel gezahlter Miete, insbesondere bei Vorliegen einer gesetzlichen eintretenden Minderung wegen eines Mietmangels (§ 536 BGB). Durch die Einbeziehung von Aufwendungsersatzansprüchen aus § 539 Abs 1 BGB sollten Abgrenzungsschwierigkeiten zu solchen Ansprüchen aus § 536a Abs 2 BGB vermieden werden (Begr zum RegE BT-Drucks 14/4553, 52). Mit der Aufnahme von Ansprüchen aus ungerechtfertigter Bereicherung wurde eine Entscheidung des BGH (BGH 26. 10. 1994 – VIII ARZ 3/94, NJW 1995, 254) umgesetzt. Da der Mieter nach der dispositiven Vorschrift des Abs 1 verpflichtet ist, die Miete im Voraus zu zahlen, kann eine im Folgenden eintretende Mietminderung nur durch Rückforderung der in diesem Monat zu viel entrichteten Miete nach Bereicherungsrecht geltend gemacht werden. Deshalb sollte dem Mieter die Aufrechnung mit diesem Rückzahlungsanspruch in jedem Fall erhalten bleiben (Begr zum RegE BT-Drucks 14/4553, 52), dh unabhängig von der Fälligkeit der Miete. Zugleich wurde in Abs 2 S 2 eine sog Mieterbegünstigungsklausel hinzugefügt.

3. Zweck der Vorschrift

a) Fälligkeit der Miete (Abs 1)

5 Entsprechend der schon vor der Mietrechtsreform von 2001 ganz überwiegenden Vertragspraxis sollte die Regelung über die Fälligkeit der Miete in Abs 1 die Vorfälligkeit der Miete auch als gesetzlichen Regelfall statuieren (Begr zum RegE BT-Drucks 14/4553, 52). Da die meisten Mietverträge vorsahen, dass es ausreicht, wenn die Miete bis zum dritten Werktag des jeweiligen Zeitabschnittes entrichtet wird, wurde diese Frist ebenfalls als dispositive Norm in das Gesetz übernommen (Begr zum RegE BT-Drucks 14/4553, 52). Durch die Änderung des Fälligkeitszeitpunktes hat sich an der grundsätzlichen **Vorleistungspflicht des Mieters** nichts geändert (s Rn 15; vgl BGH 29. 1. 2015 – IX ZR 279/13 Rn 73, NJW 2015, 1109).

b) Aufrechnungs- und Zurückbehaltungsrecht (Abs 2)

Die Regelung in Abs 2 dient dem Ausgleich der widerstreitenden Interessen einerseits des Vermieters, der für die Zahlung der auf dem Mietobjekt lastenden Schulden und Zinsen auf den regelmäßigen Eingang der Miete angewiesen sein kann, und andererseits des Mieters, der durch den Ausschluss der Aufrechnung und der Geltendmachung eines Zurückbehaltungsrechts zur Durchsetzung berechtigter Gegenansprüche in die Klägerrolle gedrängt würde, das Insolvenzrisiko des Vermieters zu tragen hätte und der Gefahr einer Kündigung ausgesetzt würde, auch wenn er mit einer bestehenden Gegenforderung aufrechnet. Der Regelungscharakter des Abs 2 ist durch die Hinzufügung des Abs 2 S 2 unklar geworden. Sowohl § 28 MSchG als auch § 552a BGB aF setzten eine an sich wirksame vertragliche Vereinbarung voraus und schränkten nur deren Wirksamkeit ein, ohne die Vereinbarung für unwirksam zu erklären. Der Gesetzgeber der Mietrechtsreform von 2001 hat den Wortlaut von Abs 2 S 1 insoweit von § 552a BGB übernommen. Es heißt in Abs 2 S 1 immer noch, der Mieter könne seine Rechte entgegen einer vertraglichen Bestimmung ausüben. Der Wortlaut ist vor dem Hintergrund zu sehen, dass es bei Schaffung der Vorgängervorschriften 1923 und 1964 noch keine Klauselkontrolle zunächst durch das AGBG und später durch die §§ 307 ff BGB gab. Daraus erklären sich auch die unterschiedlichen Rechtsfolgen von Verstößen (HÄUBLEIN, in: FS Blank [2006] 207). Man kann daher auch von einer Ausübungsbeschränkung im Gegensatz zu einer Wirksamkeitsbeschränkung sprechen (HÄUBLEIN, in: FS Blank [2006] 207). Während Abs 2 S 1 entsprechend der früheren Regelung eine wirksame entgegenstehende Vereinbarung voraussetzt, erklärt Abs 2 S 2 entgegenstehende Vereinbarungen für unwirksam. Der Gesetzgeber der Mietrechtsreform von 2001 hat bei der Hinzufügung der Mieterbegünstigungsklausel den ursprünglichen Regelungscharakter des Abs 2 S 1 nicht bedacht. Der aus dem Zusammenwirken der beiden Sätze des Abs 2 entstehende Widerspruch ist dadurch aufzulösen, dass die auf der Vorgängervorschrift beruhende Formulierung „entgegen einer vertraglichen Bestimmung" ihre Bedeutung verliert und die Norm nicht mehr bloß das Berufen auf eine missbilligte Klausel, sondern deren Wirksamkeit einschränkt (s Rn 29 ff). Nach aM hat Abs 2 S 2 keine Bedeutung, so dass Abs 2 S 1 nur eingreift, wenn eine wirksame abweichende Vereinbarung vorliegt, deren Wirksamkeit von der Vorschrift nicht berührt wird (SCHMIDT-FUTTERER/LEHMANN-RICHTER Rn 21; BLANK/BÖRSTINGHAUS Rn 40; MünchKomm/ARTZ Rn 15; LÜTZENKIRCHEN/LÜTZENKIRCHEN Rn 52). Ob sich die unterschiedlichen Auffassungen im Ergebnis auswirken, hängt von der Reichweite der nach Abs 2 S 2 angeordneten Unwirksamkeit ab (s Rn 29) und der Bestimmung des Verhältnisses zu § 309 Nr 2 und 3 BGB ab (s Rn 25).

4. Sachlicher Anwendungsbereich

a) Fälligkeit der Miete (Abs 1)

Die Fälligkeitsregelung gilt für **Wohnraummietverhältnisse** (s STAUDINGER/ARTZ § 549 Rn 13 ff) sowie nach § 579 Abs 2 BGB für Mietverhältnisse über andere Räume, also insbesondere **Geschäftsräume**, und nach § 581 Abs 2 BGB für die Raumpacht. Die Fälligkeit der Miete bei Grundstücken und beweglichen Sachen richtet sich nach § 579 Abs 1 BGB.

b) Aufrechnungs- und Zurückbehaltungsrecht (Abs 2)

Die Vorschrift in Abs 2 gilt nur für **Wohnraummietverhältnisse**. In § 578 BGB, der aufzählt, welche von den für die Wohnraummiete geltenden Vorschriften auf die

Mietverhältnisse über Räume, die keine Wohnräume sind, entsprechend anwendbar sind, wird Abs 2 nicht genannt. Eine entsprechende Anwendung auf Mietverhältnisse über andere Räume ist nicht möglich (vgl BGH 27. 1. 2010 – XII ZR 22/07, NJW 2010, 1065). Die Wirksamkeit der Einschränkung der Aufrechnung und der Ausübung eines Zurückbehaltungsrechts richtet sich bei anderen Mietverhältnissen nach den allgemeinen Regeln, insbesondere nach den §§ 305 ff BGB (s Rn 25 ff).

5. Übergangsregelung

a) Fälligkeit der Miete (Abs 1)

9 Gem Art 229 § 3 Abs 1 Nr 7 EGBGB gilt § 551 BGB aF hinsichtlich der Fälligkeit der Miete für die am 1. 9. 2001 bereits bestehenden Mietverhältnisse weiter, sodass Abs 1 auf diese Mietverhältnisse nicht anzuwenden ist. Maßgebend ist der Abschluss des Mietvertrags, nicht der vereinbarte Beginn des Mietverhältnisses (s STAUDINGER/ ROLFS [2016] Art 229 § 3 EGBGB Rn 6; **aM** GELLWITZKI WuM 2001, 373, 379). Nach § 551 Abs 1 S 2 BGB aF war die Miete nach Ablauf der einzelnen Zeitabschnitte zu entrichten, wenn die Miete nach Zeitabschnitten bemessen war. Jedoch wurden Klauseln als unbedenklich angesehen, nach denen die Miete abweichend von § 551 Abs 1 BGB aF monatlich im Voraus zu zahlen ist (BGH 26. 10. 1994 – VIII ARZ 3/94 Rn 13, NJW 1995, 254). Diese Klauseln bleiben auch nach dem 1. 9. 2001 wirksam.

Für die Praxis von großer Bedeutung ist die Rechtsprechung, nach der Klauseln in **Altverträgen** mit einer Kombination einer vertraglichen Vorauszahlungsklausel mit dem Verbot der Aufrechnung und der Ausübung eines Zurückbehaltungsrechts hinsichtlich streitiger Forderungen auch nach dem 1. 9. 2001 insgesamt unwirksam bleiben und die Miete gem §§ 551 Abs 1 S 2 BGB aF am Monatsende zu zahlen ist (BGH 4. 2. 2009 – VIII ZR 66/08, NJW 2009, 1491). Dies kann sich auf die Voraussetzungen des Kündigungsgrunds des Verzugs mit der Miete sowohl bei Kündigungen nach § 543 Abs 2 Nr 3 BGB als auch bei Kündigungen wegen wiederholt unpünktlicher Mietzahlungen auswirken und den Kündigungsrechtsstreit entscheiden. Ausgangspunkt ist der Rechtsentscheid aus dem Jahr 1994 (BGH 26. 10. 1994 – VIII ARZ 3/94, NJW 1995, 254). Danach ist im Wohnraummietrecht die Kombination einer Vorauszahlungsklausel mit einer Klausel, die die Aufrechnung mit Gegenforderungen des Mieters aus § 538 Abs 1 BGB aF (nunmehr § 536a Abs 1 BGB) durch das Erfordernis einer einmonatigen Ankündigungsfrist beschränkt und die Aufrechnung im Übrigen nur mit unbestrittenen oder rechtskräftig festgestellten Forderungen zulässt, nach § 537 Abs 3 BGB aF (nunmehr § 536 Abs 4 BGB) unwirksam. Die Einschränkung der Aufrechnung war für sich genommen nach § 11 Nr 3 AGB und § 552a BGB aF wirksam. Aber durch die Kombination der Klauseln wird die Aufrechnung auch mit bereicherungsrechtlichen Rückforderungsansprüchen wegen zu viel gezahlter Miete für einen Monat, in dem eine gesetzliche Minderung der Miete eintritt, ausgeschlossen, sodass der Mieter jedenfalls für den ersten Monat der Minderung den Betrag nur im Wege der Klage geltend machen kann. In Altverträgen enthaltene **Klauselkombinationen** mit dieser Wirkung führen nach Ansicht des BGH nunmehr nach § 307 Abs 1 S 1 BGB zur **Unwirksamkeit der Vorauszahlungspflicht** (BGH 4. 2. 2009 – VIII ZR 66/08, NJW 2009, 1491) und zur Fälligkeit der Miete mit Ablauf des Mietmonats. Dabei wird nicht ausreichend berücksichtigt, dass solche Einschränkungen des Aufrechnungs- und Zurückbehaltungsrechts nunmehr schon für sich genommen nach Abs 2 S 2 unwirksam sind und der Mieter seine Rechte ungehindert ausüben kann. An der Unwirksamkeit der Vorfälligkeitsklausel ändert dies aber nichts, da sich die Unwirksamkeit der Gesamtregelung aus dem Zusammenwirken zweier Formularklauseln auch dann ergeben kann, wenn einer dieser Klauseln schon für sich gesehen unwirksam ist (BGH 14. 5. 2003 – VIII ZR 308/02, NJW 2003, 2234). Auch bei Altverträgen sind Rechtzeitigkeitsklauseln unwirksam, durch die die Gefahr von Verzögerungen der Zahlungsdienstleister auf den Mieter verlagert werden (BGH 5. 10. 2016 – VIII ZR 222/15, NJW 2017, 1596; vgl Rn 16).

Die Vorfälligkeitsklausel in Altverträgen ist nach der Rechtsprechung wirksam, wenn die Aufrechnungsklausel die Aufrechnung mit Rückforderungsansprüchen aus nach der Zahlung entstehenden Mängeln zulässt (BGH 14. 11. 2007 – VIII ZR 337/06, WuM 2008, 152) oder vorschreibt, dass die Aufrechnung einen Monat zuvor anzukündigen ist (BGH 4. 5. 2011 – VIII ZR 191/10, WuM 2011, 418).

b) Aufrechnungs- und Zurückbehaltungsrecht (Abs 2)
Art 229 § 3 EGBGB enthält keine Übergangsregelung für § 552a BGB aF. Die Regelung in Abs 2 gilt damit auch für alle am 1. 9. 2001 bereits bestehenden Mietverhältnisse (Gellwitzki WuM 2001, 373, 382; Staudinger/Rolfs [2016] Art 229 § 3 EGBGB Rn 4). Da der Kreis der geschützten Forderungen mit dem MietRRG gegenüber § 552a BGB aF erweitert wurde, greift die Anordnung der Unwirksamkeit (s Rn 29) auch für Vereinbarungen in Altverträgen, die der früheren Gesetzeslage entsprochen haben. 10

II. Fälligkeit der Miete (Abs 1)

1. Zeitpunkt der Fälligkeit

a) Dauer der Zeitabschnitte
aa) Hinsichtlich des Zeitpunkts der Fälligkeit sind zwei Fälle zu unterscheiden: Ist für die gesamte Mietzeit eine Festmiete vereinbart (sog **Einmalmiete**), so ist dieser Betrag am Anfang der gesamten Mietzeit fällig (§ 556b Abs 1 BGB). Anders als nach § 551 Abs 1 BGB aF ist dieser Fall zwar nicht mehr ausdrücklich im Gesetz erwähnt, das allgemein von den einzelnen Zeitabschnitten spricht, nach denen die Miete bemessen ist. Eine unterschiedliche Regelung hinsichtlich der Einmalmiete und der nach einzelnen Zeitabschnitten bemessenen Miete sollte allerdings nicht getroffen werden (vgl Begr zum RegE BT-Drucks 14/4553, 53). Bei der Einmalmiete handelt es sich um einen einzigen Zeitabschnitt im Sinne des § 556b Abs 1 BGB. Eine derartige Einmalmiete liegt häufig bei kurzfristigen Vermietungen, etwa von Ferienwohnungen oder Hotelzimmern, vor. Allerdings wird in diesen Fällen wohl meist die abweichende Vereinbarung getroffen, wonach die Miete erst nach Ablauf des Aufenthalts gezahlt wird. Diese Abrede kann auch stillschweigend getroffen werden, wenn dies verkehrsüblich ist und bei dem Bezug der Räume Vorauszahlung nicht verlangt wird. 11

bb) Wenn die Miete nach **einzelnen Zeitabschnitten** (Tage, Wochen, Monate, Vierteljahre oder Jahre) bemessen ist, so ist sie gem § 556b Abs 1 BGB grundsätzlich jeweils zu Beginn der einzelnen Zeitabschnitte fällig. Dies betrifft die Grundmiete ebenso wie Betriebskostenvorauszahlungen und -pauschalen (BGH 19. 12. 1990 – VIII ARZ 5/90, NJW 1991, 836). Auch hier sind häufig stillschweigende abweichende Vereinbarungen anzunehmen, etwa wenn ein Hotelzimmer tageweise vermietet wird 12 und die Miete deshalb nach der gesetzlichen Regelung täglich im Voraus zu entrichten wäre. Problematisch ist es, dass es mit der neuen Regelung uneingeschränkt möglich wird, die Miete auch für längere Zeiträume im Voraus zu zahlen, und man damit dem Mieter in erheblichem Maß das Insolvenzrisiko des Vermieters auferlegt (Gellwitzki WuM 2001, 373; MünchKomm/Artz Rn 5).

b) Bestimmung der Zeitabschnitte

13 Die Fälligkeit tritt jeweils am dritten Werktag der jeweiligen Zeitabschnitte ein, für die eine gesonderte Mietzahlung vorgesehen ist. Dabei ist auf die Mietwoche, den Mietmonat oder das Mietjahr, nicht hingegen auf die Kalenderwoche, den Kalendermonat oder das Kalenderjahr abzustellen. Ist der Mietbeginn nicht mit dem Beginn etwa des Kalendermonats identisch, soll die Fälligkeit aber gleichwohl am dritten Werktag eines Kalendermonats eintreten, muss dies vertraglich vereinbart werden (Blank/Börstinghaus, Miete Rn 7).

c) Werktag

14 Mit dem MietRRG erfolgte die Anpassung des Gesetzes an die Vertragspraxis auch dahingehend, dass die Miete spätestens bis zum dritten Werktag des Zeitabschnitts zu zahlen ist und damit am dritten Werktag fällig wird. Der Begriff des Werktags war in Bezug auf die in § 193 BGB genannten **Sonnabende (Samstage)** lange umstritten. Nach der früheren hM war der Begriff des Werktags in vertraglichen Fristvereinbarungen wie der Vereinbarung über die Fälligkeit der Miete unter Einschluss des Sonnabends auszulegen. § 193 BGB regelt nur den Fall, dass eine Leistung an einem bestimmten Tag vorzunehmen ist oder der letzte Tag einer Frist auf einen Sonnabend fällt. Für die **Auslegung der Berechnungsmodalitäten einer vertraglich vereinbarten Frist** sprach sich die bislang hM entsprechend dem allgemeinen Sprachgebrauch dafür aus, dass die Sonnabende als „Werktage" mitzählen (BGH NJW 1978, 2594; vgl Staudinger/Weitemeyer [2014] § 556b Rn 14 mwNw). Der BGH hat sich dieser Argumentation für die Karenzzeit bei der Kündigungsfrist des § 573c BGB angeschlossen (BGH 27. 4. 2005 – VIII ZR 206/04, NJW 2005, 2154; hierzu Wolst, in: FS Blank 475, 481). Für die Fälligkeit der Miete gilt dies jedoch nicht. Um den Mieter in den vollen Genuss der Frist von drei Tagen kommen zu lassen, zählt bei der Mietzahlung der Sonnabend in der Fristberechnung nicht mit und wird mithin nicht als Werktag gewertet, sondern erst der folgende Montag. Da nicht alle, aber viele Banken am Sonnabend keine Buchungen vornehmen, bestehe sonst für den Mieter, der erst am Ende des Monats sein Gehalt beziehe und für den Anfang des nächsten Monats die Mietzahlung veranlasse, ein erhebliches Risiko des verspäteten Zahlungseingangs beim Vermieter mit der Gefahr der Kündigung wegen Zahlungsverzugs (BGH 13. 7. 2010 – VIII ZR 129/09; NJW 2010, 2879, 2881; BGH 13. 7. 2010 – VIII ZR 291/09, NJW 2010, 2882; Derleder WuM 2007, 599; Artz, 10 Jahre Mietrechtsreform 622, 628 m Hinweis auf VO 1182/71 zur Regelung von Fristen, Daten und Terminen). Von diesem Schutzgesichtspunkt her kann die Entscheidung zur Karenzfrist bei der Kündigungsfrist des § 573c BGB nicht mehr herangezogen werden, da hierfür die Geschäftszeiten der Banken keine Rolle spielen. Diese Sichtweise gilt für die Auslegung des § 556b Abs 1 BGB ebenso wie für die gleichlautenden vertraglichen Klauseln von Neu- wie von Altverträgen vor der Mietrechtsreform des Jahres 2001 gleichermaßen (BGH 13. 7. 2010 – VIII ZR 129/09, NJW 2010, 2879, 2881; BGH 13. 7. 2010 – VIII ZR 291/09, NJW 2010, 2882), weil sich sowohl an der maßgeblichen Interessenlage als auch an den üblichen Vorauszahlungsklauseln insofern nichts geändert hat (BGH 13. 7. 2010 – VIII ZR 291/09, NJW 2010, 2882).

d) Rechtzeitigkeit der Leistung

Für die Rechtzeitigkeit der Zahlung der Miete genügt es, dass der Mieter die **14a** Leistungshandlung, also idR die Erteilung des Überweisungsauftrags, bis zum dritten Werktag vorgenommen hat. Allerdings hat ein Teil der Instanzrechtsprechung und des Schrifttums angenommen, die richtlinienkonforme Auslegung der Zahlungsverzugsrichtlinie (Richtlinie 2000/35/EG des Europäischen Parlaments und des Rates vom 29. 6. 2000, ABl EG Nr L 200, 35; neugefasst durch Richtlinie 2011/7/EU des Europäischen Parlaments und des Rates vom 16. 2. 2011 zur Bekämpfung von Zahlungsverzug im Geschäftsverkehr, ABl Nr L 48, 1) sei auf Verbraucher auszudehnen. Es komme somit für die Rechtzeitigkeit der Leistung darauf an, dass die Miete am dritten Werktag des Monats dem Konto des Vermieters gutgeschrieben sei (Artz, 10 Jahre Mietrechtsreform 622, 629; Gsell GPR 2008, 165; Herresthal NZM 2011, 833; LG Freiburg GE 2015, 793). Der BGH hat sich dieser Auffassung nicht angeschlossen und entschieden, dass der Anwendungsbereich der Zahlungsverzugsrichtlinie nicht auf Wohnraummietverhältnisse zu erstrecken sei (BGH 5. 10. 2016 – VIII ZR 222/15, NZM 2017, 120). Aus dem Gesetzgebungsverfahren zur Umsetzung der Richtlinie ergebe sich, dass die Rechtsstellung von Verbrauchern nicht verschlechtert werden sollte. Die unterschiedliche Auslegung der §§ 269, 270 BGB je nachdem, ob es sich um ein Geschäft unter Unternehmern oder mit Verbrauchern handelt, ist hinzunehmen.

2. Wirkung der Fälligkeitsregelung

Die Fälligkeit der Miete tritt nach der gesetzlichen Regelung trotz der Formulierung **15** „spätestens" erst am dritten Werktag der jeweiligen Zeitabschnitte ein. Dadurch, dass nach dem Gesetz die Miete „zu Beginn" der Zeitabschnitte zu entrichten ist, hat der Gesetzgeber des MietRRG nur die Abkehr von § 551 BGB aF herausgestellt. Die Miete ist nicht etwa schon am ersten Tag des Zeitabschnitts fällig und die folgende Einschränkung „spätestens bis zum dritten Werktag" lässt nicht nur den Verzug später eintreten. Die Dreitagesfrist bestimmt keine Karenzzeit, sondern den **Fälligkeitszeitpunkt** (Artz, 10 Jahre Mietrechtsreform 622, 623; MünchKomm/Artz Rn 6; Schmidt-Futterer/Lehmann-Richter Rn 5). Wenn die Dreitagesfrist als Karenzzeit bezeichnet wird (vgl BGH 13. 7. 2010 – VIII ZR 129/09 Rn 44, NJW 2010, 2879), wird damit auf die politische Motivation für die Frist Bezug genommen. Die fristgerechte Entrichtung der Miete stellt eine Hauptleistungspflicht des Mieters dar (MünchKomm/Häublein § 535 Rn 153), was bei wiederholten Verstößen zu einer fristlosen Kündigung berechtigen kann (BGH 13. 7. 2010 – VIII ZR 129/09, NJW 2010, 2879; Einzelheiten Staudinger/Rolfs § 543 Rn 68). Umstritten ist, ob die geänderte Regelung zur Fälligkeit dazu führt, dass der **Mieter vorleistungspflichtig iS des § 320 Abs 1 S 1 BGB** wird (Palandt/Weidenkaff § 556b Rn 4) oder ob dadurch entsprechend der bisherigen Rspr zu vertraglichen Vorfälligkeitsklauseln (BGHZ 84, 42, 45 = NJW 1982, 2242) lediglich der Zahlungszeitpunkt festgelegt wird (MünchKomm/Artz Rn 10; Eisenschmid WuM 2001, 215, 218; Gellwitzki WuM 2001, 373; Lützenkirchen/Lützenkirchen Rn 13). Der letztgenannten Ansicht ist beizupflichten, sodass der Mieter nicht etwa in der Weise vorleistungspflichtig ist, dass er seine Leistung zu erbringen hat, bevor ihm der Vermieter den Gebrauch der Wohnung überlässt. Der Mieter hat lediglich am Anfang der Bemessungszeiträume zu zahlen. Es handelt sich nur um eine *unselbständige Vorleistungspflicht* des Mieters. Unselbständig ist die Vorleistungspflicht, wenn für Leistung und Gegenleistung lediglich verschiedene Fälligkeitszeitpunkte bestehen und die Erfüllung der Leistung des Vorleistungsberechtigten nicht davon abhängt, dass der Vorleistungsverpflichtete seine Leistung vorher erbringt (hierzu BGH NJW 1986, 1164; NJW-RR 1989, 1357; Schmidt-Futterer/Lehmann-Richter Rn 6 spricht insoweit von einer gemischten Vorleistungsanordnung: der Vermieter ist nur für die ersten Werktage eines Monats vorleistungspflichtig). Dass der Mieter von Wohnraum trotz Nichtzahlung der Miete einen Anspruch auf Gebrauchsüberlassung hat, ergibt sich auch aus den Wertungen der §§ 543 Abs 2 S 1 Nr 3, 569 Abs 3 BGB. Denn erst der Verzug mit der Miete für zwei aufeinander folgende Termine oder in der Höhe von zwei Monatsmieten eröffnet dem Vermieter ein Kündigungsrecht, mit dem seine Pflicht zur Gebrauchsüberlassung endet. Mit dem Beginn des ersten Tages des jeweils vereinbarten Mietzeitraums wird daher auch die Leistung des Vermieters sukzessive fällig. Der Mieter kann aus diesem Grund ein Zurückbehaltungsrecht an der Miete bei Vorliegen eines Mangels der Mietsache nach § 320 Abs 1 S 1 BGB für den nächsten Monat ausüben, der auf den Eintritt des Mangels folgt (Staudinger/V Emmerich § 536 Rn 59). Außerdem kann der Vermieter die Wohnung nicht zurückhalten, solange der Mieter die erste Miete nicht vorausgezahlt hat. Entsprechende formularvertragliche Klauseln, die die Fälligkeit der Miete auf den ersten Tag des Mietverhältnisses verlegen und dem Mieter eine Vorleistungspflicht auferlegen, sind nach § 307 BGB unwirksam (s Rn 16; aM LG Bonn ZMR 2009, 529 = GE 2009, 1191).

3. Abweichende Vereinbarungen

16 Die Regelung des § 556b Abs 1 BGB ist nicht zwingend (zu Altverträgen s Rn 9). Die Parteien können daher abweichende Vereinbarungen treffen. Dies bietet sich insbesondere bei Hotels oder Ferienwohnungen an (Begr zum RegE BT-Drucks 14/4553, 52; s Rn 11 f). Eine konkludente Änderung kann auch durch die Erteilung einer Ermächtigung zum Bankeinzug erfolgen (LG Berlin ZMR 2006, 864). Auch die Vereinbarung, dass die Miete bereits am ersten Tag des jeweiligen Mietzeitraums zu zahlen ist, ist zulässig (LG Bonn ZMR 2009, 529 = GE 2009, 1191). Dies gilt jedoch nicht für Formularverträge (aM LG Bonn ZMR 2009, 529). Insofern kommt § 556b Abs 1 BGB mit der Fälligkeit am dritten Werktag eine gesetzliche Leitbildfunktion iSd § 307 Abs 2 Nr 1 BGB zu, mit dem Ziel, trotz Gehaltseingang zum Monatsende und gewisser Bearbeitungszeiten der Banken die fristgerechte Mietzahlung zu gewährleisten (vgl hierzu Rn 14). Weit verbreitet sind sog **Rechtzeitigkeitsklauseln**, die bestimmen, dass es für die Rechtzeitigkeit der Zahlung auf den Eingang des Geldes ankommt. Solche Klauseln sind nach § 307 Abs 1 S 1 BGB unwirksam, wenn eine Auslegungsmöglichkeit in Betracht kommt, nach der das Risiko von Zahlungsverzögerungen, die von Zahlungsdienstleistern zu verantworten sind, auf den Wohnraummieter verlagert wird (BGH 5. 10. 2016 – VIII ZR 222/15, NJW 2017, 1596). Im Bereich der Geschäftsraummiete wurden Rechtzeitigkeitsklauseln bislang ohne Einschränkung für wirksam gehalten (BGH 24. 6. 1998 – XII ZR 195/96 Rn 14, NJW 1998, 2664). Es ist offen, ob der BGH daran festhält. Denn sogar von der Bank des Vermieters verursachte Verzögerungen gehen zu Lasten des Mieters (Derleder WuM 2007, 599). Bedenken ergeben sich daraus, dass die Zahlungsverzugsrichtlinie (ABl Nr L 48, 1) als gesetzliches Leitbild dem Mieter nicht das Verzögerungsrisiko überbürdet (Bruns NJW 2017, 1600). Nachträgliche Vereinbarungen über die Fälligkeit der Miete sind wesentliche Vertragsänderungen, die nach § 550 BGB der Schriftform bedürfen (Staudinger/V Emmerich § 550 Rn 29b).

III. Aufrechnungs- und Zurückbehaltungsrecht (Abs 2)

1. Allgemeines

Die Vorschrift des § 556b Abs 2 BGB erhält dem Mieter seine Rechte zur Aufrechnung und zur Geltendmachung eines Zurückbehaltungsrechts gegenüber der Mietforderung. Dies betrifft seine Schadensersatzansprüche aus § 536a Abs 1 BGB, seine Aufwendungsersatzansprüche aus § 536a Abs 2, § 539 Abs 1 BGB und seine Ansprüche aus ungerechtfertigter Bereicherung wegen zu viel gezahlter Miete. Nach hM greift die Vorschrift nur ein, wenn eine wirksame Vereinbarung getroffen wurde, die die Aufrechnung und die Geltendmachung eines Zurückbehaltungsrechts ausschließt oder beschränkt (MünchKomm/Artz Rn 12; Schmidt-Futterer/Lehmann-Richter Rn 21). Richtig ist, dass der Mieter diese Rechte unabhängig von § 556b Abs 2 BGB ausüben kann, dh insbesondere ohne die Aufrechnung dem Vermieter vorher anzuzeigen, wenn es an einer derartigen Vereinbarung („entgegen einer vertraglichen Bestimmung") fehlt oder diese bereits aus anderen Gründen unwirksam ist, insbesondere nach § 536 Abs 4 BGB oder nach den §§ 307 ff BGB (s Rn 25 ff). Abs 2 setzt jedoch keine wirksame Vereinbarung voraus, sondern erklärt in Abs 2 S 2 zum Nachteil des Mieters von Abs 2 S 1 abweichende Vereinbarungen für unwirksam (s Rn 6).

17

2. Reichweite des Schutzes

a) Erfasste Ansprüche des Mieters

aa) Die Vorschrift des § 556b Abs 2 BGB über die Erhaltung des Aufrechnungsrechts betrifft nur bestimmte Ansprüche des Mieters. Dazu gehören seine Schadensersatzansprüche aus § 536a Abs 1 BGB wegen Mängeln der Mietsache. Erfasst sind auch Aufwendungsersatzansprüche aus § 536a Abs 2 BGB, wenn der Mieter einen Mangel selbst beseitigt, und aus § 539 Abs 1 BGB wegen Aufwendungen auf die Mietsache, die nicht unter § 536a BGB fallen. Mit dieser Erweiterung sollen Abgrenzungsschwierigkeiten zwischen den Aufwendungsersatzansprüchen aus § 536a und § 539 BGB vermieden werden (Begr zum RegE BT-Drucks 14/4553, 52). Schließlich sind Ansprüche des Mieters aus ungerechtfertigter Bereicherung wegen zu viel gezahlter Miete erfasst. Ein derartiger bereicherungsrechtlicher Rückforderungsanspruch ergibt sich insbesondere, wenn wegen eines Mangels der Mietsache die Miete nach § 536 BGB gesetzlich gemindert ist, der Mieter aber wegen der Vorleistungspflicht nach § 556b Abs 1 BGB die Miete für diesen Monat bereits bezahlt hat (s Rn 9). Ein Bereicherungsanspruch besteht auch iVm § 134 BGB wegen überhöhter Miete gem § 5 WiStrG oder wegen einer Zahlung infolge einer unwirksamen Mieterhöhung nach den §§ 558 bis 560 BGB. Eine entsprechende Anwendung der Vorschrift auf andere Ansprüche ist wegen der enumerativen Aufzählung nicht möglich.

18

bb) Unabdingbar ist nach § 556b Abs 2 BGB außer dem Recht zur Aufrechnung mit Gegenansprüchen des Mieters aus §§ 536a, 539, 812 BGB (s Rn 18) auch ein darauf gestütztes **Zurückbehaltungsrecht**. Die Reichweite dieser Bestimmung ist eher eng, weil es sich bei den aus den §§ 536a, 539, 812 BGB hergeleiteten Forderungen des Mieters in aller Regel um Geldforderungen handeln wird, bei denen die Ausübung eines Zurückbehaltungsrechts gegenüber anderen Geldforderungen wie der Miete grundsätzlich als Aufrechnung (s Rn 18) zu behandeln ist. In Betracht kommt die Geltendmachung eines Zurückbehaltungsrechts wegen einer der geschützten

19

Forderungen des Mieters dann, wenn die Mietforderung des Vermieter nicht in Geld besteht, sondern der Mieter, wie bei Hausmeisterverträgen üblich, Dienst- oder Werkleistungen erbringen muss oder wenn der Mieter beim Schadensersatz die Naturalrestitution (§ 249 S 1 BGB) wählt oder beim Aufwendungsersatz direkte Zahlung an einen Dritten verlangt. **Nicht erfasst** ist das Zurückbehaltungsrecht des Mieters wegen Mängeln der Mietsache, mit dem er über die Minderung hinaus seinen Erfüllungsanspruch aus § 535 Abs 1 S 2 BGB auf Beseitigung des Mangels geltend macht (hierzu Staudinger/V Emmerich § 536 Rn 101). Da eine analoge Anwendung der Vorschrift auf andere Ansprüche des Mieters (s Rn 18) nicht möglich ist, bleiben für weitergehende Ansprüche (s Rn 21) die Vorschriften zum Schutz vor AGB und Formularverträgen bedeutsam (s Rn 25).

b) Vertragsdauer

20 Die gesetzliche Schutzvorschrift des § 556b Abs 2 BGB geht über die Dauer des Mietvertrags hinaus. Ein **vertragliches Aufrechnungsverbot** verliert seine Wirksamkeit nämlich grundsätzlich nicht mit dem Ende des Mietvertrages, auf dem es beruht (BGH 12. 1. 2000 – XII ZA 21/99, NZM 2000, 336). Die Vereinbarung, wonach die Aufrechnung oder die Geltendmachung eines Zurückbehaltungsrechts an die **vorherige Ankündigung** geknüpft ist, verliert dagegen nach der Beendigung des Mietverhältnisses und der Rückgabe der Mieträume ihren Sinn und Zweck. Denn durch diese Klausel will sich der Vermieter lediglich gegen überraschende Aufrechnungen schützen. Dieser Zweck entfällt, wenn nur noch die wechselseitigen Ansprüche abzurechnen sind (BGH 16. 12. 1987 – VIII ZR 48/87, NJW-RR 1988, 329; BGH 12. 1. 2000 – XII ZA 21/99, NZM 2000, 336; MünchKomm/Artz Rn 13). Problematisch ist, dass die Anzeigepflicht des Mieters jetzt gesetzlich vorgeschrieben ist, soweit vertragliche Beschränkungen der Aufrechnung und der Ausübung eines Zurückbehaltungsrechts nach § 556b Abs 2 BGB zulässig sind. Die Vorschrift sollte deshalb einschränkend ausgelegt werden, sodass mit der Rückgabe der Mietsache die Anzeigepflicht entfällt. Hierfür spricht auch der Wortlaut, der von einer monatlichen Fälligkeit der Mietzahlung und nicht von einer Abschlussrechnung ausgeht (s auch Rn 21).

c) Mietforderungen

21 § 556b Abs 2 BGB erhält dem Mieter das Aufrechnungs- und Zurückbehaltungsrecht nur gegenüber den Mietforderungen des Vermieters, nicht hingegen gegenüber anderen Vermieteransprüchen, daher zB nicht gegenüber Forderungen auf Schadensersatz wegen Verletzung der Obhutspflicht. Zur Mietforderung iS der Vorschrift gehören auch die Ansprüche des Vermieters wegen der Betriebs- und Nebenkosten, zB **Betriebskostenvorauszahlungen** oder **-pauschalen** und Nachzahlungsansprüche aus der **Betriebskostenabrechnung** (Schmidt-Futterer/Lehmann-Richter Rn 26). Eine Beschränkung auf regelmäßig fällig werdende Mietforderungen lässt sich der Vorschrift nämlich nicht entnehmen (Blank/Börstinghaus, Miete Rn 55). Da Nachzahlungsansprüche aus der Betriebskostenabrechnung fällig werden, ohne dass der Mieter den Zeitpunkt der Fälligkeit im Voraus weiß (s § 556 Rn 121 f), ist bei diesen Ansprüchen eine Einschränkung der Anzeigepflicht (s Rn 22 ff) angebracht, weil der Mieter sonst bezüglich dieser Ansprüche sein Aufrechnungs- und Zurückbehaltungsrecht nicht ausüben könnte (Gellwitzki WuM 2001, 373, 378). Die Pflicht zur vorherigen Anzeige soll vor allem die Mietforderungen im laufenden Mietverhältnis schützen. Entsprechende Klauseln sind folglich so auszulegen, dass sie derartige einmalige Zahlungen nicht erfassen.

3. Anzeige

a) Inhalt

Abs 2 lässt Vereinbarungen zu, die die Aufrechnung mit Gegenforderungen aus **22**
§ 536a, § 539 BGB und § 812 BGB oder die Ausübung eines Zurückbehaltungsrechts davon abhängig machen, dass der Mieter diese Absicht dem Vermieter mindestens einen Monat vor der Fälligkeit der Miete schriftlich angezeigt hat. Aus der Anzeige muss sich eindeutig die Absicht des Mieters ergeben, mit einer bestimmten Forderung aufgrund der genannten Vorschriften gegen eine genau bezeichnete Vermieterforderung aufzurechnen (Blank/Börstinghaus, Miete Rn 57; MünchKomm/Artz Rn 14; aA Schmidt-Futterer/Lehmann-Richter Rn 29 genaue Bezeichnung erst bei der Aufrechnung). Ein allgemeiner Hinweis auf die Schadensersatzpflicht des Vermieters genügt nicht. Die Anzeige ist eine geschäftsähnliche Handlung, auf die die Regeln über Willenserklärungen entsprechend anzuwenden sind (MünchKomm/Artz Rn 14). Die Anzeige ersetzt nicht die Erklärung der Aufrechnung selbst. Jedoch kann die Auslegung des Schreibens, in dem die Anzeige enthalten ist, im Einzelfall als Aufrechnung ausgelegt werden.

b) Form

Für die Anzeige ist Textform vorgeschrieben (§ 126b BGB), sodass eine mündliche **23**
Anzeige unwirksam ist (§ 125 S 1 BGB).

c) Frist

Die Monatsfrist ist eine Mindestfrist, deren Berechnung sich nach den §§ 187 Abs 1 **24**
und 188 Abs 2 und 3 BGB richtet. Ist die Miete vertraglich am Dritten eines Monats fällig, so muss deshalb die Anzeige spätestens am Dritten des vorhergehenden Monats dem Vermieter zugehen. Eine verspätete Anzeige wirkt aber zum nächsten zulässigen Termin (Blank/Börstinghaus, Miete Rn 59; MünchKomm/Artz Rn 14). Wirksam wird die Anzeige mit Zugang beim Vermieter entsprechend § 130 BGB.

4. Formularverträge

a) Beschränkung von Aufrechnung und Zurückbehaltungsrecht

Durch Abs 2 sollen die Rechte des Mieters gegenüber den allgemeinen Vorschriften **25**
nicht verschlechtert werden. Daher kann sich die Unwirksamkeit von Beschränkungen des Aufrechnungsrechts und Zurückbehaltungsrechts des Mieters in Formularverträgen sowohl aus den §§ 307, 309 Nr 2 und 3 BGB (wegen der Einzelheiten s die Erläuterungen zu diesen Vorschriften) als auch aus Abs 2 S 2 ergeben (s Rn 29). Nach § 309 Nr 3 BGB kann die Aufrechnung mit unbestrittenen oder rechtskräftig festgestellten Forderungen nicht ausgeschlossen werden. Ein generelles Aufrechnungsverbot ist damit ebenso unwirksam wie die Beschränkung der Aufrechnungsmöglichkeit auf konnexe Gegenforderungen. Eine Klausel ist nur wirksam, sofern die in § 309 Nr 3 BGB genannten Forderungen ausgenommen werden. Klauseln, die davon abweichen, können nicht durch eine sog geltungserhaltende Reduktion auf einen gerade noch zulässigen Kern beschränkt werden, sondern sind in vollem Umfang unwirksam, sodass der Mieter ohne Rücksicht auf sie mit allen Gegenforderungen uneingeschränkt gegen jede Vermieterforderung aufrechnen kann. Nach der hM kann sich eine Unwirksamkeit nur aus § 309 BGB und nicht auch aus Abs 2 S 2 ergeben, da Abs 2 voraussetze, dass eine wirksame Vereinbarung getroffen worden sei (Staudin-

GER/WEITEMEYER [2014] Rn 25 mwNw; vgl Rn 6). Bei der **Geschäftsraummiete** richtet sich die Inhaltskontrolle von Aufrechnungsbeschränkungen nach § 307 BGB. Inhaltlich stützt sich der BGH für die Kontrolle solcher Klauseln auf die Wertung des § 309 Nr 3 BGB (BGH 27. 6. 2007 – XII ZR 54/05, NZM 2007, 684). Danach sind Klauseln unwirksam, die die Zulässigkeit der Aufrechnung mit unbestrittenen oder rechtskräftig festgestellten Forderungen auf solche aus dem Mietverhältnis beschränken (BGH 6. 4. 2016 – XII ZR 29/15, NZM 2016, 585).

25a Im Hinblick auf die Einschränkung des **Zurückbehaltungsrechts** ist § 309 Nr 2 BGB derart umfassend, dass § 556b Abs 2 BGB nur für Individualverträge zum Tragen kommt (s auch Rn 29). § 556b Abs 2 BGB ist keine Sondervorschrift, die in Formularmietverträgen gegenüber den §§ 305 ff BGB weitergehende Einschränkungen der Rechte des Mieters erlaubt (MünchKomm/ARTZ Rn 15; SCHMIDT-FUTTERER/LEHMANN-RICHTER Rn 23 f). Im Geschäftsverkehr zwischen **Unternehmern** ist der Ausschluss des Zurückbehaltungsrechts formularvertraglich zulässig, wenn er sich nicht auf unbestrittene oder rechtskräftig festgestellte Forderungen bezieht (BGH 10. 10. 1991 – III ZR 141/90 Rn 35, NJW 1992, 575; BGH 27. 1. 1993 – XII ZR 141/91 Rn 17, NJW-RR 1993, 519; vgl auch OLG Düsseldorf NZM 2010, 582). Dabei dürfen von dem Ausschluss nicht nur unbestrittene oder rechtskräftig festgestellte Forderungen aus dem Mietverhältnis ausgenommen werden (BGH 6. 4. 2016 – XII ZR 29/15, NZM 2016, 585). Es soll nach einer älteren Rechtsprechung des BGH unschädlich sein, wenn nur rechtskräftig festgestellte Forderungen ausgenommen werden. Die Geltendmachung unbestrittener Forderungen werde von einer solchen Klausel mit umfasst (BGH 27. 1. 1993 – XII ZR 141/91 Rn 17, NJW-RR 1993, 519). Ansonsten ist eine abweichende Klausel insgesamt unwirksam. Eine geltungserhaltende Reduktion dahin, dass der Ausschluss der Mieterrechte nur hinsichtlich der in § 309 Nr 2 und 3 BGB genannten Forderungen unwirksam ist, ist unzulässig (BGH 10. 10. 1991 – III ZR 141/90 Rn 35, NJW 1992, 575). Ein allgemein formulierter Ausschluss von Zurückbehaltungsrechten erstreckt sich auch auf die Einrede des nichterfüllten Vertrags nach § 320 BGB (BGH 26. 3. 2003 – XII ZR 167/01, NZM 2003, 437; OLG Düsseldorf DWW 2004, 190 = ZMR 2004, 576).

b) Klauselkombinationen

26 Die nach der alten Rechtslage formularvertraglich unzulässige Kombination der Vorfälligkeitsklausel mit einem Verbot der Aufrechnung (s ausführlich Rn 9) ist auf der Grundlage des § 556b BGB für Mietverträge, die ab dem 1. 9. 2001 geschlossen wurden, anders zu beurteilen. Die Vorfälligkeit gehört jetzt zum gesetzlichen Leitbild, sodass die Klauselkontrolle nach § 307 Abs 3 BGB eingeschränkt ist. Die gesetzliche Regelung der Fälligkeit der Miete zu Beginn der Mietzeit oder der einzelnen Zeitabschnitte kann daher auch formularvertraglich mit einem Aufrechnungsverbot in den Grenzen des nach § 556b Abs 2 und § 309 Nr 2 BGB Erlaubten verbunden werden (MünchKomm/ARTZ Rn 16). Ist das Aufrechnungsverbot unwirksam, bleibt es bei Neuverträgen bei der nun gesetzlich geregelten Vorfälligkeit der Miete.

c) Ankündigungspflicht

27 Das Erfordernis einer vorherigen Ankündigung durch den Mieter, dass er von seinen Rechten auf **Aufrechnung** Gebrauch machen will, führt nicht zur Unwirksamkeit der Vereinbarung. Es stellt keine unangemessene Benachteiligung des Mieters dar, dass sich dadurch die Möglichkeit der Minderung um ein oder zwei Monate verschiebt (BGH 4. 5. 2011 – VIII ZR 191/10, NJW 2011, 2201). Diese Entscheidung des BGH zu einem vor dem 1. 9. 2001 geschlossenen Mietvertrag ist auf die jetzige Rechtslage übertragbar. Denn die Ankündigungspflicht gehörte unter Geltung des § 551 BGB aF genauso zum gesetzlichen Leitbild wie jetzt in § 556b Abs 2 BGB. Eine längere Frist als von einem Monat für die vorherige Ankündigung führt allerdings zu einer unangemessenen Benachteiligung des Mieters. Gegen die Auffassung des BGH wird eingewandt, dass durch die Ankündigungspflicht dem Mieter die Möglichkeit genommen wird, nach § 543 Abs 2 S 3 BGB durch Aufrechnung die Kündigungswirkung zu beseitigen (Blank/Börstinghaus, Miete Rn 50). Dieses Problem ergibt sich jedoch bereits aus dem Gesetz und kann durch eine Auslegung des § 543 Abs 2 S 3 BGB gelöst werden, die in diesen Fällen die Ankündigung der Aufrechnung der Aufrechnung gleichstellt. Eine Ankündigungspflicht ist auch bei Gewerberaummietverhältnissen zulässig (BGH 16. 12. 1987 – VIII ZR 48/87, NJW-RR 1988, 329; KG NZM 2002, 387; OLG Düsseldorf NZM 2002, 953; ZMR 2005, 450; OLG Rostock NZM 1999, 1006). Die formularvertragliche Einschränkung des **Zurückbehaltungsrechts** ist in § 309 Nr 2 BGB dagegen umfassend verboten, sodass auch eine vorherige Ankündigung nicht verlangt werden darf (LG Berlin NJW-RR 2002, 155 = NZM 2001, 1030 = ZMR 2001, 891; Bub/Treier/Bub Kap II Rn 1165; Blank/Börstinghaus, Miete Rn 44; Gellwitzki WuM 2001, 373, 384; Schmidt-Futterer/Lehmann-Richter Rn 24; **aM** Hannemann WuM 1995, 8, 11).

5. Beweislast

Der Vermieter, der sich gegenüber der Aufrechnung des Mieters auf ein Aufrechnungsverbot beruft, muss dessen Vereinbarung beweisen und dass die Gegenforderung von der Vereinbarung umfasst ist. Demgegenüber obliegt dem Mieter der Nachweis, dass die Gegenforderung besteht und dass er rechtzeitig dem Vermieter eine dem § 556b Abs 2 BGB entsprechende Anzeige zugesandt hat und diese zugegangen ist (Blank/Börstinghaus, Miete Rn 64; MünchKomm/Artz Rn 19). **28**

6. Abweichende Vereinbarungen

a) Verhältnis zur Klauselkontrolle

Bei der Mietrechtsreform von 2001 wurde durch die Formulierung des Abs 2 S 1 zunächst an dem Regelungscharakter der Vorgängervorschriften festgehalten, ohne zu berücksichtigen, dass zwischenzeitlich durch das AGBG und durch die an verschiedenen Stellen seit den Mietrechtsänderungsgesetzen eingeführten Mieterbegünstigungsklauseln der moderne Gesetzgeber die Wirksamkeit von vertraglichen Bestimmungen und nicht mehr bloß die Berufung auf die missbilligten Klauseln beschränkt. Weiter wurde dann im Laufe der Entstehung des Referentenentwurfes in Abs 2 S 2 die Mieterbegünstigungsklausel hinzugefügt ohne Rücksicht darauf, dass die Anordnung der Unwirksamkeit im Widerspruch zum Regelungscharakter des Abs 2 S 1 steht. Der Gesetzgeber hielt es auch nicht für erforderlich, das Verhältnis von Mieterbegünstigungsklauseln zur Klauselkontrolle insbesondere in (dann) § 309 Nr 2 und 3 BGB zu klären. Der Gesetzgeber wollte mit den Mieterbegünstigungsklauseln erreichen, dass bestimmte Vorschriften nicht abdingbar sind (Begr zum RegE BT-Drucks 14/4553, 35). Diese Begründung passt offensichtlich nicht zu § 556b Abs 2 BGB. Im Verhältnis zu § 309 Nr 2 und 3 BGB wird man jedenfalls nicht annehmen dürfen, dass deren Schutzumfang durch Abs 2 eingeschränkt wird **29** und abgesehen von den in Abs 2 enthaltenen Mindestrechten eine Einschränkung zulässig wäre. Durch Abs 2 soll die Position des Wohnraummieters verbessert werden (Häublein, in FS Blank [2006] 207). Der Schutz aus Abs 2 tritt daher neben die Klauselkontrolle nach § 309 Nr 2 und 3 BGB. Die Unwirksamkeit einer vertraglichen Vereinbarung kann sich damit sowohl aus Abs 2 S 2 als auch aus § 309 Nr 2 oder 3 BGB ergeben. Mit der hM ist bei formularvertraglichen Vereinbarungen die Wirksamkeit zunächst anhand § 309 Nr 2 und 3 BGB zu prüfen (Schmidt-Futterer/Lehmann-Richter Rn 23 f). Denn ein Verstoß gegen § 309 Nr 2 oder 3 BGB führt wegen des Verbots der geltungserhaltenden Reduktion in der Regel zur vollständigen Unwirksamkeit der Klausel, sodass der Mieter seine Rechte ohnehin geltend machen kann, während ein Verstoß gegen Abs 2 nur die teilweise Unwirksamkeit der Vereinbarung zur Folge hat (s Rn 30).

b) Reichweite der Unwirksamkeit

30 Nach Abs 2 S 2 ist eine zum Nachteil des Mieters von Abs 2 S 1 abweichende Vereinbarung unwirksam. Nach dem Willen des Gesetzgebers soll durch diese Regelungen erreicht werden, dass bestimmte Vorschriften nicht abdingbar sind (Begr zum RegE BT-Drucks 14/4553, 35). Die Vorschrift gilt gerade auch für Individualvereinbarungen. Bei Abs 2 stellt sich die Frage, ob ein Abweichen von Abs 2 S 1 zur vollständigen Unwirksamkeit der Vereinbarung führt. Dies hätte zur Folge, dass jede Vereinbarung den Inhalt von Abs 2 S 1 zitieren müsste. Denn ohne ein Ausnehmen der in Abs 2 S 1 genannten Rechte wäre dann die ganze Vereinbarung unwirksam, sodass der Mieter mit jeder Forderung ohne Ankündigung aufrechnen könnte. Dies entspricht jedoch nicht dem erkennbaren Willen des Gesetzgebers. Deshalb ist davon auszugehen, dass die individuelle oder formularvertragliche Vereinbarung nur unwirksam ist, soweit sie die Rechte des Mieters aus Abs 2 S 1 beschränkt. Das für die Klauselkontrolle geltende Verbot der geltungserhaltenden Reduktion steht dem nicht entgegen, da dieses nicht für die Anwendung der Mieterbegünstigungsklauseln gilt.

c) Geschützte Ansprüche

30a Unabdingbar ist für den Mieter von Wohnraum das Recht zur Aufrechnung mit Ansprüchen aufgrund des § 536a BGB, dh mit den Ansprüchen auf Schadensersatz und auf Aufwendungsersatz wegen Fehlern der Mietsache, aufgrund des § 539 Abs 1 BGB wegen eines darüber hinausgehenden Aufwendungsersatzanspruchs sowie aus § 812 BGB wegen zu viel gezahlter Miete. Hinsichtlich dieser in § 556b Abs 2 BGB genannten Ansprüche ist jede Einschränkung der Aufrechnungsmöglichkeit, zB durch Beschränkung der Wirkung der Aufrechnung auf einen bestimmten Teil der Mietforderung, verboten. Erforderlich ist lediglich eine rechtzeitige Anzeige der Aufrechnungsabsicht (s Rn 22 ff).

Eine entsprechende Anwendung des § 556b Abs 2 BGB auf andere Forderungen des Mieters ist nicht möglich (s Rn 18 f), sodass hinsichtlich weiterer Ansprüche eine einschränkende Regelung in den Grenzen der §§ 307 ff BGB (s Rn 25 ff) getroffen werden kann.

§ 556c
Kosten der Wärmelieferung als Betriebskosten, Verordnungsermächtigung

(1) Hat der Mieter die Betriebskosten für Wärme oder Warmwasser zu tragen und stellt der Vermieter die Versorgung von der Eigenversorgung auf die eigenständig gewerbliche Lieferung durch einen Wärmelieferanten (Wärmelieferung) um, so hat der Mieter die Kosten der Wärmelieferung als Betriebskosten zu tragen, wenn

1. die Wärme mit verbesserter Effizienz entweder aus einer vom Wärmelieferanten errichteten neuen Anlage oder aus einem Wärmenetz geliefert wird und

2. die Kosten der Wärmelieferung die Betriebskosten für die bisherige Eigenversorgung mit Wärme oder Warmwasser nicht übersteigen.

Beträgt der Jahresnutzungsgrad der bestehenden Anlage vor der Umstellung mindestens 80 Prozent, kann sich der Wärmelieferant anstelle der Maßnahmen nach Nummer 1 auf die Verbesserung der Betriebsführung der Anlage beschränken.

(2) Der Vermieter hat die Umstellung spätestens drei Monate zuvor in Textform anzukündigen (Umstellungsankündigung).

(3) Die Bundesregierung wird ermächtigt, durch Rechtsverordnung ohne Zustimmung des Bundesrates Vorschriften für Wärmelieferverträge, die bei einer Umstellung nach Abs 1 geschlossen werden, sowie für die Anforderungen nach den Absätzen 1 und 2 zu erlassen. Hierbei sind die Belange von Vermietern, Mietern und Wärmelieferanten angemessen zu berücksichtigen.

(4) Eine zum Nachteil des Mieters abweichende Vereinbarung ist unwirksam.

Materialien: BT-Drucks 17/10485; BR-Drucks 313/1/12; BR-Drucks 313/12. Vgl. BT-Drucks 17/11958; BT-Drucks 17/9262. Zur Entwicklungsgeschichte der Vorschrift siehe Referentenentwurf (Stand Stand: 11. 5. 2011) in NZM 2011, 424; Referentenentwurf (Stand 25. Oktober 2011) des Bundesministeriums der Justiz Gesetz über die energetische Modernisierung von vermietetem Wohnraum und über die vereinfachte Durchsetzung von Räumungstiteln; BR-Drucks 313/1/12; BR-Drucks 313/12; BT-Drucks 17/10120; Gesetzentwurf der Bundesregierung Entwurf eines Gesetzes über die energetische Modernisierung von vermietetem Wohnraum und über die vereinfachte Durchsetzung von Räumungstiteln; BT-Drucks 17/9559; BT-Drucks 17/11894.

Schrifttum

Abramenko, Das neue Mietrecht in der anwaltlichen Praxis, 2013
Beyer, Die vermietete Eigentumswohnung. Die Ableitung der Betriebskostenabrechnung aus der Jahresabrechnung, ZMR 2013, 933
ders, Contracting in der Wohn- und Gewerberaummiete, CuR 2012, 48
Derleder, Duldungspflicht des Mieters bei Modernisierungsmaßnahmen mit energetischem Anspruch, NZM 2013, 441
Dietrich, Das Mietrechtsänderungsgesetz – Überblick zum Referentenentwurf vom 15. 10. 2011, ZMR 2012, 241

Eisenschmid, Das Mietrechtsänderungsgesetz 2013 (Teil 1), jurisPR-MietR 9/2013 Anm 1
ders, Energieeinsparung und Contracting, in: PiG 95 (2013) 31
ders, Die Neuregelung des Contracting, WuM 2013, 393
Hainz, Kostenneutralität gemäß WärmeLV: Kernprobleme und Lösungsansätze, CuR 2013, 99
Happ, Die Mietrechtsreform 2013 (Teil 2), DWW 2013, 90 Heix, Bruttowarmmiete und Heizkostenabrechnung, WuM 2015, 59
ders, Betriebskostenabrechnung nach Umstellung auf Wärmecontracting, NZM 2015, 565
Herlitz, Contracting nach dem Mietrechtsänderungsgesetz, DWW 2013, 47
Hinz, Die Umstellung auf Wärmecontracting, WuM 2014, 55
ders, Referentenentwurf eines Mietrechtsänderungsgesetzes, ZMR 2012, 153
ders, Mietrechtsänderung im Rechtsausschuss, NZM 2012, 777
Höfling, Mietrechtsänderungsgesetz auf dem Prüfstand, FWW 2012, Heft 4, 24
Horst, Mietrechtsnovelle 2013. Energetische Modernisierung und Wärmecontracting, MDR 2013, 188
Klinski, Schnittstellen zwischen Mietrecht und Energierecht vor dem Hintergrund der anstehenden energiebezogenen Mietrechtsreform, WuM 2012, 354
Lammel, Der Kostenvergleich gemäß §§ 8–10 WärmeLV, ZMR 2014, 517
ders, Geeicht oder nicht geeicht?, WuM 2015, 531
Langenberg, Betriebskosten- und Heizkostenrecht (7. Aufl 2014)
Lützenkirchen, Wärmecontracting (2014)
ders, Ausgewählte Anwendungsprobleme des § 556c BGB, ZMR 2014, 955
Merkel/Ahrens, Dürfen Immobilieneigentümer Kosten der gewerblichen Wärmelieferung auf Mieter umlegen?, Grundeigentum 2013, 1567
Osthus, Die energetische Gebäudemodernisierung im Mietwohnungsbestand (2013)
Pfeifer, Die Umstellungsankündigung des Vermieters nach § 556c Abs 2 BGB. Anforderungen und Risiken, DWW 2014, 15

Rott, Einfluss des Europäischen Gasbinnenmarktrechts auf das Recht der Betriebskosten, in: Artz/Börstinghaus (Hrsg), 10 Jahre Mietrechtsreform (2011) 575
M J Schmid, Der Übergang zum Wärmecontracting im Gewerberaummietverhältnis, GuT 2013, 3
ders, Mietkosten als Betriebskosten umlegbar?, WuM 2012, 363
ders, Neuregelung des Übergangs zur Wärmelieferung, ZMR 2013, 776
Wall, Die Berechnung des Kostenvergleichs bei der Umstellung auf Contracting nach §§ 8 bis 10 WärmeLV, WuM 2014, 68
Wiesbrock/Niesse, Rechtsfragen des Wärmecontracting im Mietverhältnis, NZM 2013, 529.

Schrifttum zur HeizkostenV vor Einführung des § 556c

Beuermann, Outsourcing durch Wärmecontracting. Anmerkung zum Urteil des LG Essen vom 30. Mai 2000, Seite 1254, GE 2000, 1224
Beyer, Wärmecontracting – Was sagt der Bundesgerichtshof dazu?, GE 2006, 826
Bohlen/Hainz, Die Umlagefähigkeit des Wärmelieferungsentgeltes unter Berücksichtigung des Urteils des BGH vom 16. 7. 2003 (VIII ZR 286/02), ZMR 2004, 469
Derleder, Die mietvertragsrechtlichen Voraussetzungen des Wärmecontracting, NZM 2003, 737
ders, Die mietvertragsrechtlichen Voraussetzungen und Folgen des Outsourcing hinsichtlich der Wärmelieferung des Wohnraumvermieters, Beil zu WuM 1/2000, 16
Drasdo, Wärmecontracting im laufenden Mietverhältnis, NJW-Spezial 2008, 257
Gärtner, Umstellung auf gewerbliche Wärmelieferung im Mietwohnungsbau, GE 1999, 1176
Glause, Kosten der Wärmelieferung – wie erfolgt die vollständige Abwälzung auf den Mieter?, WuM 2003, 377
ders, Die Kosten der Wärmelieferung nach Umstellung von Ofen- auf Zentralheizung. Zugleich Anmerkung zu BGH, Urteil vom 16. 7. 2003 – VIII ZR 286/02 – WM 2003, 501, WuM 2004, 323
Hack, Mieter- statt Klimaschutz beim Con-

tracting? Zum Umgang mit Konzepten zur effizienten Energieversorgung im Betriebskostenrecht, NJW 2005, 2039
LANGEFELD-WIRTH, Der Wechsel der Wärme-Versorgungsart (Übergang zum sog „Wärme-Contracting") im System des deutschen Mietrechts, ZMR 1997, 165
LANGENBERG, Zur Umlage der Wärmelieferungskosten beim Nahwärme-Contracting, WuM 2004, 375
PFEIFER, Contracting. Der Hauseigentümer zwischen Wärmelieferant und Mieter, DWW 2004, 323
RAHM/FREY, Die eigenständige gewerbliche Lieferung von Wärme oder Warmwasser zur Versorgung von Wohngebäuden im öffentlichen Wohnungsrecht. Voraussetzungen und Folgen einer Umstellung von Eigenerzeugung auf Fremdbezug im laufenden Mietverhältnis, NZM 2006, 47
SCHAUER, Umlegung von Investitionskosten bei gewerblicher Nahwärmelieferung, ZMR 2001, 83
M J SCHMID, Neue Aspekte zum Wärmecontracting, ZMR 2002, 177
ders, Dienstleister und Miete statt Angestellte und Kauf, ZMR 2000, 197
ders, Energiecontracting von Zentralheizung auf Fernwärme, NZM 2000, 25
ders, Von der zentralen Heizanlage zur Wärmelieferung, GE 1999, 1202
ders, Kosten der Hausanlagen als Entgelt für die Wärmelieferung? Zugleich eine Besprechung von LG Gera, ZMR 2001, 350 und eine Erwiderung auf Burmeister/Kues, ZMR 2001, 352, ZMR 2001, 690
ders, Zur Kostenumlegung bei Übergang zur Wärmelieferung. Zugleich eine Anmerkung zu LG München II WM 2000, 81 und eine Erwiderung auf Irrgeher, WM 2000, 198, WuM 2000, 339
ders, Outsourcing nach der BGH-Rechtsprechung zum Wärmecontracting, WuM 2005, 553
ders, Übergang zur Wärmelieferung und Mietrecht. Eine Zwischenbilanz, DWW 2000, 147
ders, Keine Umlagefähigkeit von Leasingkosten für Brenner und Öltank nach HeizKV, BetrKV und BGB?, ZMR 2009, 357
ders, Wärme- und Wasserlieferung, ZMR 1998, 733
ders, Wärmecontracting auf dem Weg zum BGH? Zugleich eine Anmerkung zu AG Frankfurt aM – WM 2002, 375, WuM 2002, 465
ders, Wärmecontracting in der BGH-Rechtsprechung, NZM 2004, 890
TIEFENBACHER, Einführung von Wärmecontracting in bestehende Mietverhältnisse bei bislang vermieterseitig beheizter Wohnung, NZM 2000, 161
WÜSTEFELD, Wäremedirektservice. Chancen und Risiken (nicht nur) für Mieter, WuM 1996, 736.

Systematische Übersicht

I.	**Allgemeine Kennzeichnung**	
1.	Überblick	1
2.	Entstehung der Vorschrift	2
3.	Zweck der Vorschrift	3
4.	Sachlicher Anwendungsbereich	7
5.	Übergangsregelung	11
II.	**Kosten der Wärmelieferung als Betriebskosten (Abs 1)**	
1.	Bestehendes Mietverhältnis	12
2.	Kostentragungspflicht des Mieters für Wärme oder Warmwasser	15
3.	Umstellung auf Wärmelieferung	20
a)	Allgemeines	20
b)	Neu errichtete Anlage	22
c)	Lieferung aus Wärmenetz	23
d)	Verbesserung der Betriebsführung	24
4.	Materielle Voraussetzungen der Umstellung	25
a)	Verbesserung der Effizienz	26
b)	Erfordernis der Kostenneutralität	27
III.	**Umstellungsankündigung (Abs 2)**	
1.	Ankündigung durch den Vermieter	29
2.	Inhalt	30
3.	Form	31
4.	Frist und Wirkungseintritt der Änderung	32

| IV. Rechtsfolge der Umstellung | 33 | VI. Verordnungsermächtigung (Abs 3) | 41 |
| V. Verhältnis zwischen Vermieter, Wärmelieferant und Mieter | 37 | VII. Abweichende Regelungen (Abs 4) | 43 |

I. Allgemeine Kennzeichnung

1. Überblick

1 Die durch das Mietrechtsänderungsgesetz v 11. 3. 2013 (BGBl I 2013, 434) neu eingefügte Vorschrift schafft die Grundlage für die Umlage der Kosten der Versorgung des Mieters mit Wärme oder Warmwasser (Wärmelieferung) auf den Mieter, wenn diese Versorgung auf das so genannte Wärmecontracting umgestellt werden sollen. Hierunter zählt das Gesetz die Lieferung von Wärme und Warmwasser durch einen Wärmelieferanten in Form der **Fernwärme**, durch die Bewirtschaftung der hauseigenen Anlage zur Lieferung von Wärme und Warmwasser durch einen Wärmelieferanten **(Wärmecontracting)** oder durch eine bloße eigenständige Bewirtschaftung der hauseigenen Anlage durch einen externen Wärmelieferanten **(Betriebsführungscontracting)**, Abs 1. Durch eine Ankündigung des Vermieters gegenüber dem Mieter (Umstellungsankündigung, Abs 2) kann der Vermieter unter bestimmten weiteren Voraussetzungen, nämlich dass der Mieter keine höheren Kosten trägt und die Effizienz der Heizungsanlage verbessert wird, die Umlage der hierdurch entstehenden Kosten auch ohne entsprechende Vereinbarung im Mietvertrag auf den Mieter umlegen. Zur näheren Ausgestaltung der Frage der besseren Effizienz sowie zur Berechnung der Kostenneutralität ist die im Anhang zu § 556c BGB Teil A abgedruckte Wärmelieferverordnung **(WärmeLV)** erlassen worden (Abs 3). Die Vorschrift ist zugunsten des Mieters zwingend (Abs 4).

2. Entstehung der Vorschrift

2 Die Vorschrift ist durch das Mietrechtsänderungsgesetz v 11. 3. 2013 (BGBl I 2013, 434) neu in das BGB eingefügt worden. Von der Erweiterung der Möglichkeit der Umstellung der Wärmelieferung samt seiner Kosten versprach man sich eine effizientere Nutzung der Energie. Im Bericht der Bundesregierung über die Umsetzung des 10-Punkte-Sofortprogramms zum Energiekonzept vom 30. 3. 2012 (BT-Drucks 17/9262, 3) wird die Erweiterung des Wärme-Contracting im Mietwohnungsbereich als Möglichkeit angesehen, Einsparpotentiale effizient zu realisieren. Gegenüber dem Referentenentwurf der Bundesregierung vom 25. 10. 2011 hatte die SPD-Fraktion zu bedenken gegeben, dass bei den Maßnahmen zur Verbesserung der Energienutzung die wirtschaftlichen Belange der Mieter angemessen zu beachten seien. Daher sei erforderlich, dass die Umstellung auf Wärmecontracting nur bei einer Steigerung der Energieeffizienz und realer Brennstoffeinsparung zulässig sein soll und sicherzustellen sei, dass die Umstellung nicht zu einer Erhöhung der Betriebskosten führe (Antrag der Fraktion der SPD, BT-Drucks 17/9559, 3). Die Vorschrift des § 556c BGB zur Umstellung auf Wärmecontracting ist eingebettet in die erhebliche Erweiterung der Möglichkeit zur baulichen Durchführung von Modernisierungsmaßnahmen, ua auch zum Zwecke der Verbesserung der Energienutzung (hierzu EMMERICH §§ 555a ff). Die Ausschüsse des Bundesrats wiesen darauf hin, dass das geltende Betriebskostenrecht im Wohnraummietrecht Fehlanreize biete, indem die durch Wärmecontracting verursachten Kosteneinsparungen allein den Mieter entlasten und nicht beim Vermieter zur Finanzierung der Umbaukosten genutzt werden könnten (Empfehlungen der Ausschüsse, BR-Drucks 313/1/12, 8; Stellungnahme des BR, BR-Drucks 312/12, 6 f). Im Regierungsentwurf vom 15. 8. 2012 findet sich die dann Gesetz gewordene Fassung, allerdings ohne die Voraussetzung, dass die Kostenumlage nur zulässig ist, wenn die Wärme durch den externen Wärmelieferanten mit verbesserter Effizienz zu beziehen ist (BT-Drucks 17/10485, 8). Der Bundesrat wies darauf hin, dass die Effizienzgewinne der Wärmegewinnung durch Contracting in geeigneter Form dem Vermieter zugutekommen solle sowie dass die Kostenneutralität der Umstellung für den Mieter nicht nur im Zeitpunkt der Umstellung, sondern dauerhaft gewährleistet werden müsse (Stellungnahme des BR, BT-Drucks 17/10485, 40). In ihrer Gegenäußerung stellte die Bundesregierung klar, dass infolge der erforderlichen Kostenneutralität für den Mieter die eingesparten Kosten für die Wärmegewinnung zur Finanzierung der baulichen Maßnahmen genutzt werden können. Die dauerhafte Kostenneutralität werde in dem Rahmen gesichert, dass der Wärmelieferant in seiner Preispolitik durch die WärmeLV reguliert werde, im Übrigen habe aber der Vermieter auch schon früher Preissteigerungen an die Mieter im Rahmen der Betriebskostenabrechnung weitergeben könnten (Gegenäußerung der Bundesregierung, BT-Drucks 17/10485, 45 f). Der Rechtsausschuss des Bundestages brachte dann die Ergänzung in § 556c Abs 1 S 1 Nr 1 BGB „mit verbesserter Effizienz" in den Wortlaut, damit gewährleistet ist, dass die Umstellung auf Wärmecontracting mit einem Effizienzgewinn verbunden sein muss, wobei dies regelmäßig in der Praxis der Fall sei (BT-Drucks 17/11894, 23). Zudem wird ohne Änderungsvorschlag klargestellt, dass neben dem klassischen Wärmecontracting alle Formen der Wärmelieferung wie Nah- und Fernwärme umfasst seien (BT-Drucks 17/11894, 23).

3. Zweck der Vorschrift

Die Vorschrift des § 556c BGB schafft die Grundlage für die Umlage der Kosten der Versorgung des Mieters mit Wärme oder Warmwasser (Wärmelieferung) auf den Mieter, wenn diese Versorgung auf Wärmecontracting umgestellt werden sollen. Den Betrieb der Anlagen zur Versorgung mit Heizung und Warmwasser auf dritte Betreiber umzustellen (Nahwärme, Betriebsführungscontracting, Fernwärme, hierzu SCHAUER ZMR 2001, 83; SCHMID ZMR 2001, 690), war dem Vermieter auch **vor der Gesetzesänderung** möglich, soweit hierdurch der Betrieb der Heizung nicht **unwirtschaftlich** geworden wäre (s auch STAUDINGER/V EMMERICH § 535 Rn 60; LG Braunschweig ZMR 2000, 832; LG Bochum NJW-RR 2004, 1597 = NZM 2004, 779 = WuM 2004, 477 = ZMR 2004, 675; LG Chemnitz NZM 2000, 63 = WuM 2000, 16 mwNw; LG Frankfurt/O NZM 1999, 1037 = WuM 1999, 403; LG München II GE 1999, 111; GE 2000, 124 = NZM 2000, 205 = WuM 2000, 81 m Anm IRRGEHER WuM 2000, 198 = ZMR 2000, 177 m Anm SCHMID; LG Potsdam WuM 2004, 480; AG Frankfurt aM WuM 2002, 375 m Anm SCHMID WuM 2002, 465; AG Starnberg NZM 2000, 821 = DWW 2000, 202 m Anm PFEIFER = ZMR 2000, 839 m Anm SCHMID; SCHMID WuM 2000, 339 mwNw).

Probleme ergaben sich aber aus der daraus in der Regel folgenden höheren Umlage der Betriebskosten für Heizung und Warmwasser. Nach den §§ 1 Abs 1 Nr 2, 7 Abs 4 HeizkostenV ebenso wie nach § 2 Nr 4 c BetrKV können bei der Umlage der Heizkosten im Fall der Lieferung der Wärme durch einen Dritten zwar auch die in dessen Abrechnungen enthalenen kalkulatorischen Kosten für Instandhaltungen, Abschreibungen, Kapital und Gewinn auf den Nutzer umgelegt werden, weil zu den **Kosten der Wärmelieferung** das gesamte Entgelt für die Wärmelieferung gehört (BGH WuM 1979, 175 zu § 22 Abs 1 NMV aF; NJW 1984, 971, 972 zu § 27 BV 2; NJW 2003, 2900 = WuM 2003, 501 = ZMR 2003, 824 zu § 14 MHRG; NJW 2007, 3060; NJW 2008, 2105 = GE 2008, 730; KG NZM 2006, 19 = ZMR 2005, 952; LG Berlin GE 2004, 1527; GE 2008, 1561; LG Braunschweig ZMR 2000, 832; LG Chemnitz NZM 2000, 63 = WuM 2000 16; LG Essen NZM 2001, 90 = ZMR 2000, 835; WuM 1994, 195 für preisgebundenen Wohnraum; LG München II GE 1999, 111; ZMR 2001, 199 = GE 2001, 206; LG Osnabrück WuM 2003, 325; LG Nürnberg-Fürth WuM 1979, 50; AG Dortmund NJW 2004, 300 = NZM 2004, 26; AG München WuM 2002, 434; AG Leipzig ZMR 2005, 55; Schmid GE 1999, 1202; ders ZMR 1998, 733, 736; ders NZM 2000, 25; ders DWW 2000, 147, 148; **aM** LG Berlin GE 2004, 1294 = DWW 2004, 335 = WuM 2004, 611; LG Bochum WuM 2005, 245; LG Frankfurt aM WuM 2003, 217; AG Frankfurt aM WuM 2002, 375; AG Gladbeck WuM 2000, 17 = NZM 2000, 236; AG Hohenstein-Ernstthal NZM 1999, 499; AG Köln WuM 2001, 32; AG Leipzig ZMR 2005, 55; AG Starnberg NZM 2000, 821 = DWW 2000, 202 m Anm Pfeifer = ZMR 2000, 839 m Anm Schmid; AG Waiblingen WuM 2003, 216; AG Wedding GE 2004, 693; Tiefenbacher NZM 2000, 161, 162). Denn eine Unterscheidung nach den reinen Betriebskosten und den kalkulatorischen Kosten für Kapital und Gewinn trifft weder § 2 Nr 4 c BetrKV und Nr 4 c der früheren Anlage 3 zu § 27 BV 2 noch § 7 Abs 4 HeizkostenV. Eine andere Auslegung würde dazu führen, dass der Vermieter nur mit Wärmelieferanten abschließen dürfte, die auf Gewinn verzichten (BGH WuM 1979, 175; NJW 1984, 971, 972). Dies gilt auch für die Kosten der Hausanschlussstation (Wärmetauscher), soweit der Wärmelieferant den Betrieb dieser Anlage übernommen hat (Schmid ZMR 2001, 691; **aM** LG Gera WuM 2000, 681 = ZMR 2001, 350 m **abl** Anm Burmeister/Kues). Der **BGH** stand jedoch von diesen Grundsätzen abweichend auf dem Standpunkt, die Übertragung der Heizungsanlage auf einen Dritten im Wege des Wärmecontracting bedürfe der Zustimmung des Mieters, wenn eine ausdrückliche Regelung im Mietvertrag hierzu fehlt und dem Mieter durch die Umstellung zusätzliche Kosten auferlegt werden. Fehle es an einer Zustimmung, können die Wärmekosten nur iS des § 7 Abs 2 HeizkostenV umgelegt werden, nicht aber die einkalkulierten Investitionskosten (BGH NJW 2005, 1776 = DWW 2005, 195 m Anm Pfeifer 229 = WuM 2005, 387 m Anm Derleder; WuM 2005, 456; NJW 2006, 2185 = DWW 2006, 234 m Anm Pfeifer = WuM 2006, 322; GE 2006, 838 m Anm Beyer 826 = WuM 2006, 256; WuM 2006, 409; WuM 2007, 445 = GE 2007, 1118; LG Köln WuM 2004, 400; krit Hack NJW 2005, 2039; s auch Beyer, in: FS Blank 57, 71; Derleder ZMR 2005, 387; Langenberg WuM 2004, 375; Pfeifer, in: FS Seuß 311; Rahm/Frey NZM 2006, 47; Schmid WuM 2005, 553). Die Begründung, der Vermieter habe durch die Bereitstellung einer bestimmten Heizungsanlage den Mietvertrag hierauf konkretisiert und könne die Anlage daher nur im Einvernehmen mit dem Mieter umstellen, schränkt die Entscheidungsfreiheit des Vermieters im Hinblick auf den Mietgegenstand jedoch über Gebühr ein. Der BGH hat die Zulässigkeit der Umlage von Kosten der Nah- und Fernwärme daher zu Recht – wenigstens – dahingehend erweitert, dass die Übernahme von Heizkosten nach der Anlage 3 zur II. BV (heute BetriebskostenV, s § 556 Rn 3, 18), die die Kosten der Nah- und Fernwärme ausdrücklich nennt, eine ausreichende vertragliche Vereinbarung enthält (BGH NZM 2007, 563 = WuM 2007, 393; NJW 2007, 3060 = WuM 2007, 571; NJW 2008, 2105 = GE 2008, 730; **aM** Blank WuM 2008, 311, 318 f; zur ABG-rechtlichen Problematik Hinz NZM 2012, 777, 786). Problematisch ist dies nur bei der Verwendung alter Fassungen der Anlage 3 zur II. BV, weil die Kosten der Wärmelieferung erst seit dem 1. 3. 1989 aufgenommen worden war (BGH WuM 2006, 322; LG Berlin GE 2011, 1620;

AG Dortmund NZM 2012, 762 = WuM 2012, 450 Rn 28 mit weiteren Hindernissen der Umlegbarkeit der Kosten des Wärmecontracting; Hinz WuM 2014, 55, 57; Schmidt-Futterer/Lammel Rn 3). Eine **mietvertragliche Konkretisierung auf eine bestimmte Heizungsanlage** besteht mE auch im Übrigen nur, wenn der Mieter sich quasi selbst versorgt und vertraglich eine Kohle- oder Ölheizung oder Etagenheizung in seiner Wohnung vorgesehen ist (so im Fall von BGH GE 2005, 916 = WuM 2005, 456; LG Bonn NZM 2006, 536). War das Gebäude schon bei Beginn des Mietverhältnisses an die Fernwärmeversorgung angeschlossen oder ist die Umstellung vertraglich vereinbart, gelten diese Einschränkungen sowieso nicht. Es können dann alle Wärmelieferungskosten umgelegt werden (LG Berlin GE 2005, 57; AG Berlin-Mitte GE 2005, 1253; AG Düsseldorf ZMR 2005, 959; offen gelassen von BGH NJW 2005, 1776 = NZM 2005, 450 = WuM 2005, 387 für entsprechende Formularklauseln).

Diese Umlage der Kosten des Wärmecontracting konnte aber auch dann mit abweichenden Vereinbarungen der Mietvertragsparteien kollidieren, wenn etwa nur die Überwälzung der **reinen Energiekosten** vereinbart worden war. In einem derartigen Fall ist gleichwohl eine einseitige Änderung derartiger Klauseln durch den Vermieter für die Zukunft möglich, weil die Heizkostenverordnung die Umlage dieser Kosten vorsieht (LG München II GE 1999, 111; Schmid GE 1999, 1202; ders NZM 2000, 25; Gärtner GE 1999, 1176: aufgrund ergänzender Vertragsauslegung; vgl auch LG Frankfurt/O WuM 1999, 403; **aM** LG Essen NZM 2001, 90 = ZMR 2000, 835; LG Köln WuM 2004, 400; LG Neuruppin WuM 2000, 554; AG Hannover WuM 1998, 40; Eisenschmid GE 1999, 1208; offen gelassen von LG München II GE 2000, 124 = NZM 2000, 205 = WuM 2000, 81 m Anm Irrgeher WuM 2000, 198 = ZMR 2000, 177 m Anm Schmid). Die HeizkostenV regelt nicht nur die Modalitäten des Umrechnungsmaßstabs für die Umlage der Heizungskosten auf den Nutzer, sondern auch das Ob der Umlage dieser Kosten auf den Nutzer und geht damit rechtsgeschäftlichen Vereinbarungen vor. Wenn die HeizkostenV nämlich zur verbrauchsabhängigen Umlegung der dort genannten Kosten auf die Nutzer verpflichtet, berechtigt sie den Vermieter nach § 2 HeizkostenV gerade auch bei einer anderen Vertragsgestaltung, nach der der Mieter die Heizkosten nicht (gesondert) trägt, zur Änderung dieser Mietstruktur. Damit ermöglicht die Vorschrift auch die Umlage der aufgezählten Kostenarten auf den Mieter, auch wenn diese im Einzelnen von der vertraglichen Regelung abweichen, weil dies ein Weniger im Verhältnis zur gesamten Kostenumlage entgegen der mietvertraglichen Vereinbarung darstellt (**aM** LG Essen NZM 2001, 90; AG Hannover WuM 1998, 40; Irrgeher WuM 2000, 198, 199; Tiefenbacher NZM 2000, 161, 162). Zwar lässt die HeizkostenV die Frage offen, ob der Vermieter die Heizung betreibt oder den Betrieb in Form von Nah- oder Fernwärme einem Dritten überträgt. Diese Entscheidung ist allerdings mietvertraglich kaum ausdrücklich geregelt, sodass es grundsätzlich dem Vermieter obliegt, wie er die Versorgung des Mieters mit Wärme und Warmwasser bewerkstelligt, sodass im Anschluss daran die entsprechende Kostenfolge eintritt. Genauso wie bei der Umstellung von einer Bruttomiete auf eine Nettokaltmiete mit Abrechnung über die Betriebskosten muss dann allerdings auch eine Senkung der Grundmiete vorgenommen werden. Ob hiervon nur die in den Entgelten für Wärmelieferungen enthaltenen Investitionskosten (Beuermann GE 2000, 1224, 1227; Schmid DWW 2000, 1521) oder auch die Kapitalkosten und der Gewinn umfasst sind und wie zu verfahren ist, wenn die Heizungskosten durch die Umstellung sinken (Gärtner GE 1999, 1176), war noch ungeklärt. Und schließlich waren nach der HeizkostenV als Kosten der **Fernwärme** nur die Kosten für eine typische Gestaltung des Wärmecontracting umlegbar, bei der

der Wärmelieferant hohe Investitionen für die Anlage oder das Wärmenetz erbringt. Übernimmt der Betreiber nur die bestehende Anlage des Vermieters liegen keine Kosten der Fernwärme vor (BGH WuM 2012, 115 = GE 2012, 198). Die Kosten der Fernwärme umfassen nur die Kosten für eine typische Gestaltung des Wärmecontracting, bei der der Wärmelieferant hohe Investitionen für die Anlage oder das Wärmenetz erbringt. Übernimmt der Betreiber nur die bestehende Anlage des Vermieters und betreibt diese **(Betriebsführungscontracting)** liegen keine Kosten der Fernwärme vor (BGH WuM 2012, 115 = GE 2012, 198).

6 Diese Kosten kann der Vermieter aber nunmehr nach § 556c Abs 1 S 2 BGB im Rahmen eines **Betriebsführungscontracting** auf den Mieter abwälzen. Und auch angesichts der mit der bisherigen Rechtslage im Übrigen verbundenen Unsicherheiten ist die Neueinführung der Vorschrift des § 556c BGB zu begrüßen. Hierdurch sollen die wesentlichen Voraussetzungen für die **einseitige Umstellung der Wärmeversorgung auf Wärmecontracting** durch den Vermieter sowie die **Kostenumlage** auf den Mieter geregelt werden (RegE BT-Drucks 17/10485, 22). Die Vorschrift soll „die Umstellung auf Contacting als wichtiges Instrument zur Verbesserung der Energieeffizienz ermöglichen" (RegE BT-Drucks 17/10485, 23). Gleichzeitig sollen die Belange des Mieters damit in Einklang gebracht werden. Die Umstellung der Wärmegewinnung soll zudem zu Effizienzgewinnen führen (RegE BT-Drucks 17/10485, 23). Das Gebot der Kostenneutralität bei der Umstellung soll im Zusammenhang mit der Wärmelieferverordnung den Mieter schützen (RegE BT-Drucks 17/10485, 23).

4. Sachlicher Anwendungsbereich

7 Die Vorschrift des § 556c BGB mit der Möglichkeit der einseitigen Umstellung der Wärmelieferung durch einen externen Wärmelieferanten gilt zunächst infolge ihrer Stellung im Untertitel 2 „Mietverhältnisse über Wohnraum" für die **Wohnraummiete** (Begriff s § 549 Rn 13 ff).

8 Die Möglichkeit zur Umstellung der Lieferung mit Wärme und Warmwasser auf die Formen des Contracting mit anschließender Kostentragung durch den Mieter wurde durch Änderung des § 578 Abs 2 BGB S aber auch für **Gewerberaummietverhältnisse** eröffnet. Hierdurch sollte auch bei **Mischmietverhältnissen** die Umstellung auf Wärmecontracting ermöglicht werden (RegE BT-Drucks 17/10485, 27). Erst Recht gilt die Norm aber auch für reine Gewerberaummietverhältnisse (Schmidt ZMR 2013, 776, 777). Ausgenommen aus der dortigen Verweisung ist allerdings Abs 4, sodass die Norm bei gewerblichen Mietverhältnissen auch zuungunsten des Mieters abbedungen werden kann. Im Gewerberaummietrecht bedarf es eines Mieterschutzes nicht (RegE BT-Drucks 17/10485, 27). Hierdurch kann es erreicht werden, dass die Voraussetzungen für die einseitige Umstellung erweitert werden. Bei Mischmietverhältnissen kommt es darauf an, wo nach dem Vertragszweck der Schwerpunkt der Nutzung liegen soll (s § 549 Rn 18).

9 Für den Bereich des **preisgebundenen Wohnraums** ist die Vorschrift nicht anwendbar, da § 5 NMV iVm §§ 8 ff WoBindG speziellere Regelungen trifft (RegE BT-Drucks 17/10485, 23). Hiernach können Umstellungen einseitig vorgenommen werden, aber die durch die Umstellung einhergehende Verringerung der laufenden Kosten ist unmittelbar an den Mieter weiterzugeben (LG Frankfurt/Oder GE 2011, 410 = ZMR 2011, 125).

Ob bei preisgebundenem Wohnraum damit ausreichende Anreize für eine Umstellung auf energieeffizientere Wärmeerzeugung bestehen, wurde leider versäumt zu prüfen. Nach einer in der Literatur vertretenen Auffassung soll hingegen § 556c BGB auch bei preisgebundenem Wohnraum vorrangig anwendbar sein, da die Vorschrift gegenüber der NMV sowie dem WoBindG spezieller, jünger bzw höherrangiger sei (Beyer CuR 2012, 48, 61; Eisenschmid WuM 2013 393, 395; Schmid ZMR 2013, 776, 777). Dies ist hingegen nicht der Fall, da seit der Mietrechtsreform von 2001 die Vorschriften über Mieterhöhungen bei preisgebundenem Wohnraum *insgesamt* den allgemeinen Vorschriften als speziellere vorgehen (Staudinger/J Emmerich [2018] § 557 Rn 23; so auch Abramenko § 4 Rn 2; Hinz WuM 2014, 55, 58; Merkel/Ahrens GE 2013, 1567, 1568).

Auf das Verhältnis der **Wohnungseigentümer** ist die Vorschrift nicht anzuwenden, auch wenn dies im Verhältnis zwischen einem Wohnungseigentümer und seinem Mieter zu Verwerfungen führen kann (Hinz WuM 2014, 55, 58; Schmid ZMR 2013, 776, 777). Gleichwohl bietet die Norm keine Rechtsgrundlage, die Anwendung des § 556c BGB für vermietende Wohnungseigentümer teleologisch zu reduzieren, sondern bietet mit der fiktiven Abrechnung nach den reinen Verbrauchskosten gem § 5 WärmeLV einen gangbaren Ausweg für den vermietenden Wohnungseigentümer (Beyer ZMR 2013, 933, 944; Hinz WuM 2014, 55, 58; **aM** noch Beyer CuR 2012, 48, 65), zumal derartige Verwerfungen zwischen zulässigen Beschlüssen der Eigentümer nach WEG und dem Betriebskostenrecht nichts Neues sind (s § 556a Rn 29) und dem Gesetzgeber bewusst gewesen sein dürften. **10**

5. Übergangsregelung

Das Mietrechtsänderungsgesetz vom 11. 3. 2013 ist nach Art 9 des Gesetzes seit dem 1. 5. 2013 anwendbar. Für die Vorschrift des § 556c BGB trifft Art 9 eine Sonderregelung. Hiernach tritt § 556c Abs 3 BGB am Tag nach der Verkündung **in Kraft**, mithin am 19. 3. 2013 (BGBl I 2013, 434 v 18. 3. 2013), sodass die Bundesregierung sogleich die **Ermächtigungsgrundlage** für die Schaffung einer Wärmelieferverordnung umsetzen konnte. Im Übrigen tritt Art 1 Nr 6 am 1. 7. 2013 in Kraft. Das bedeutet, dass alle übrigen Regelungen des § 556c BGB seit dem 1. 7. 2013 gelten. Für **bestehende Mietverhältnisse** sieht Art 2 Mietrechtsänderungsgesetz **Übergangsvorschriften** vor, die aber nur die Regelungen zur Duldung von Modernisierungsmaßnahmen betreffen. Für die Umstellung auf Wärmecontracting gilt daher der allgemeine Grundsatz des Art 171 EGBGB, dass mit ihrem Inkrafttreten eine Neuregelung auch auf bestehende Dauerschuldverhältnisse anzuwenden ist (RegE BT-Drucks 17/10485, 23). Das bedeutet, dass die Umstellung auf Wärmecontracting unter den neuen Voraussetzungen (zur alten Rechtslage s Rn 3) bei bestehenden Mietverhältnissen seit dem 1. 7. 2013 betrieben werden kann. **11**

II. Kosten der Wärmelieferung als Betriebskosten (Abs 1)

1. Bestehendes Mietverhältnis

Die Vorschrift des § 556c BGB gestattet die Umstellung der Lieferung von Wärme und Warmwasser durch den Vermieter auf ein externes Wärmecontracting für ein bereits **bestehendes Mietverhältnis**, bei dem vertraglich geregelt ist, dass der Mieter **12** die Kosten für Wärme oder Warmwasser trägt (s Rn 14). Eingezogen sein muss der Mieter noch nicht (Schmidt-Futterer/Lammel Rn 20). Aus dem Zweck der Norm, bei älteren Vertragsverhältnissen eine Umstellung auf Wärmecontracting zu erleichtern (s Rn 6), folgt zudem, dass (vor allem nach Ansicht der Rechtsprechung, s Rn 3 ff) **einschränkende Vereinbarungen in bestehenden Individual- wie Formularverträgen** seit Inkrafttreten des § 556c BGB einer Umlage aller Kosten des Wärmecontracting nicht mehr entgegenstehen, da sonst die Vorschrift erkennbar ihren Zweck verfehlen würde, denn die hierauf beruhenden Unsicherheiten sollten gerade überwunden werden (**aM** Schmid ZMR 2013, 776, 780).

13 Die Norm ist nach ihrem Wortlaut und Ziel auch anwendbar auf nach dem Inkrafttreten des Gesetzes geschlossene Mietverträge, bei denen erst nach Abschluss des Mietvertrags eine Umstellung auf Wärmecontracting vorgenommen werden soll (Schmid ZMR 2013, 776, 777). Die pauschale Aussage, die Norm sei auf den **Abschluss neuer Mietverträge** nicht anwendbar (so Eisenschmid WuM 2013, 393, 394; Hinz WuM 2014, 55, 59; Langenberg Betriebs- und Heizkostenrecht Rn K 105) ist insofern missverständlich. Nach den Materialien sind neue Mietverträge lediglich dann von der Vorschrift nicht umfasst, wenn die Mietsache bei Vertragsabschluss bereits im Wege des Contracting versorgt wird (RegE, BT-Drucks 17/10485, 22 f). Dies leuchtet ein, da hier schon tatbestandlich keine „Umstellung" vorgenommen wird (Schmid ZMR 2013, 776, 777). Hier hat der Vermieter beim Abschluss von Mietverträgen über Wohnraum, der bereits durch Wärmecontracting versorgt wird, Sorge zu tragen, dass er die Kostenumlage vertraglich regelt (hierzu s § 556 Rn 50 ff; Anh B zu § 556c HeizkostenV). Im Übrigen erfasst die Norm aber auch nach Inkrafttreten der Norm neu abgeschlossene Mietverträge, bei denen die Wärmeversorgung dann in Zukunft nach § 556c BGB umgestellt werden kann. Da die Vorschrift nicht zu Lasten des Mieters abdingbar ist (Abs 4), kann der Vermieter daher nicht unter anderen Voraussetzungen als den in § 556c BGB normierten eine **zukünftige Kostenumstellung** bei Wärmecontracting vorsehen.

14 Auf den **Abschluss neuer Mietverträge**, bei denen die Wohnung **bereits an ein Fernwärmenetz angeschlossen** ist oder anderweitig durch einen Wärmelieferanten versorgt ist, ist die Vorschrift allerdings nicht anwendbar (s Rn 13). Die Kosten der Wärmelieferung sind dann auf vertraglicher Grundlage ohne Weiteres umlegbar. Eine Aufklärungspflicht über die hierdurch entstehenden Kosten trägt der Vermieter bei Vertragsschluss nicht (LG Berlin GE 2012, 956 = ZMR 2013, 189).

2. Kostentragungspflicht des Mieters für Wärme oder Warmwasser

15 Voraussetzung für das Recht des Vermieters, die Kosten des Wärmecontractings auf den Mieter umzulegen, ist die grundsätzliche **Pflicht des Mieters, die Betriebskosten für Wärme oder Warmwasser zu tragen**, § 556c Abs 1 S 1. § 556c BGB schafft also keinen Anspruch auf Kostentragung, sondern setzt diesen voraus (Schmid ZMR 2013, 776, 778) und erweitert lediglich den Umfang der umzulegenden Kosten gegenüber der früheren Rechtslage bzw der alleinigen Anwendung der HeizkostenV (s Rn 3 ff). Anders als nach der Rechtsprechung zur Umlage des Wärmecontracting auf der Grundlage mietvertraglicher Regelungen müssen die Kosten der Wärmelieferung oder der Nah-, oder Fernwärme nicht ausdrücklich erwähnt werden, denn diese Voraussetzungen sollten gerade ersetzt werden (Schmid ZMR 2013, 776, 778).

In welchem Umfang diese Vereinbarungen zulässig sind, regelt § 556 BGB (s § 556 **16** Rn 10 ff). Damit ist erfasst die Nettokaltmiete mit separater **Betriebskostenabrechnung**. Möglich ist die Umstellung nach den Materialien auch dann, wenn der Mieter nur die Kosten für die Wärme *oder* nur für das Warmwasser oder eben für beides trägt, denn es handele sich um ein „sogenanntes nicht-ausschließendes" oder (RegE BT-Drucks 17/10485, 23). Wie die Umstellung auf externe Wärmelieferung und die Umlage der Kosten in einem solchen Fall aber durchgeführt werden sollen, darüber schweigt die Norm. Es ist davon auszugehen, dass dann nur separat die Kosten für diejenigen Versorgungsarten umzustellen sind, die der Mieter auch zu tragen hat. In der Regel werden beide Energielieferungen allerdings nicht getrennt erfolgen und ist auch eine Vereinbarung über „Wärmekosten" regelmäßig so auszulegen, dass auch Warmwasser umfasst ist (Schmidt-Futterer/Lammel Rn 21).

Die **Inklusivmiete** wird nach dem Wortlaut und den Materialien hingegen nicht **17** erfasst, da bei ihr der Mieter gerade nicht die Kosten der Wärmeversorgung trägt (RegE BT-Drucks 17/10485, 23; Schmidt-Futterer/Lammel Rn 20; Schmid ZMR 2013, 776, 778). In diesem Fall bietet § 556a Abs 2 BGB aber eine Möglichkeit für den Vermieter, einseitig auf die Abrechnung nach tatsächlichem Verbrauch umzustellen, um dann nach § 556c BGB vorzugehen. Zudem ist allerdings zu beachten, dass § 2 HeizkostenV im Regelfall die Vereinbarung einer Inklusivmiete ausschließt, sodass der Gesetzgeber nur die Fälle der zulässig vereinbarten Inklusivmiete von der Anwendung des § 556c BGB ausgeschlossen hat (RegE BT-Drucks 17/10485, 23) und der Vermieter nach der zwingenden HeizkostenV die Mietstruktur einseitig umstellen kann (Eisenschmid WuM 2013, 393, 396; Hinz 2013, 55, 59; Lützenkirchen § 11 WärmeLV Rn 26).

Die Nettokaltmiete mit **Betriebskostenpauschale** kann allerdings ebenfalls nach **18** § 556c BGB auf Wärmecontracting umgestellt werden, denn in diesem Fall hat der Mieter die Betriebskosten zu tragen, wie es § 556c Abs 1 S 1 BGB verlangt (Hinz WuM 2014, 55, 59; Eisenschmid WuM 2013, 393, 395; Lützenkirchen § 11 WärmeLV Rn 25; Schmidt-Futterer/Lammel Rn 20; Schmid ZMR 2013, 776, 778; **aM** Herlitz DWW 2013, 47, 48). Wenn die Erhöhung der Heizkostenpauschale nach § 560 BGB hingegen ausgeschlossen worden ist, kommt auch keine erhöhte Umlage nach § 556c Abs 2 BGB in Betracht (Schmid ZMR 2013, 776, 778; Herlitz DWW 2013, 47, 48; **aM** Eisenschmid WuM 2013, 393, 395). Zugunsten des Mieters ist § 556c BGB allerdings anwendbar, etwa wenn die Pauschale hierdurch sinkt.

Wenn der Vermieter hingegen gar keine zentrale Wärmelieferung schuldet, sondern **19** die Wohnungen mit **Einzelheizungen** ausgestattet sind, deren Betrieb vollständig in die Verantwortung der Mieter fällt, kommt eine Umstellung auf Wärmecontracting nach § 556c BGB nicht in Betracht (Eisenschmid WuM 2013, 393, 394, 395 f; Hinz WuM 2014, 55, 59; Merkel/Ahrens GE 2013, 1567, 1568). Allerdings dürfte die Umstellung auf Wärmecontracting in diesen Fällen einen besonders hohen Effizienzgewinn versprechen, sodass die analoge Anwendung der Norm zu erwägen ist. Möglicherweise hat der Gesetzgeber diese zunehmend anachronistischen Fälle bei der Schaffung des § 556c BGB nicht im Blick gehabt.

3. Umstellung auf Wärmelieferung

a) Allgemeines

20 Die Vorschrift ordnet die Kostentragungspflicht durch den Mieter an, wenn der Vermieter die bisherige Eigenlieferung von Wärme und Warmwasser auf Wärmecontracting umstellt. Dies wird in Abs 1 S 1 mit einem Oberbegriff der Wärmelieferung legaldefiniert als „eigenständig gewerbliche Lieferung durch einen Wärmelieferanten". Dabei werden alle drei bislang üblichen Formen des Wärmecontracting ermöglicht: die gewerbliche Wärmelieferung **(Fernwärme, Quartierswärme)**, die Übertragung des Betriebs der hauseigenen Heizanlage an einen Wärmelieferanten **(Betriebscontracting)** und die Erstellung und den Betrieb einer hauseigenen Anlage durch einen externen Wärmelieferanten **(Nahwärme, Quartierswärme)**. Das Gesetz geht davon aus, dass der Wärmelieferant vom Vermieter verschieden ist, da man sich von der Wärmelieferung und dem Betrieb durch einen externen Spezialanbieter Effizienzgewinne versprach (RegE BT-Drucks 17/10485, 23) und der Anbieter **„eigenständig"** Wärme liefern soll. Gleichwohl ist es nach dem Wortlaut wie nach dem Zweck der Norm auch zulässig, wenn etwa Vermieter größerer Wohnungsbestände einer selbständigen Tochtergesellschaft die Aufgaben der Wärmelieferung übertragen, weil auch im Rahmen eines solchen gewerblichen Anbieters Effizienzgewinne zu erwarten sind. Die gegenteilige Ansicht von Lammel, auch konzernmäßig mit dem Vermieter verbundene Wärmelieferanten seien auszuschließen (Schmidt-Futterer/Lammel Rn 22), weil dann kein Wettbewerb zwischen den Wärmelieferanten bestehe, ist mit dem Wortlaut nicht zu vereinbaren.

21 Die **Duldungspflicht** wegen der im Zusammenhang mit der Umstellung stehenden Baumaßnahmen folgt nicht aus § 556c BGB, sondern ergibt sich aus den allgemeinen Regelungen der §§ 555a ff (RegE BT-Drucks 17/10485, 22). Der Gesetzgeber macht darauf aufmerksam, dass es sich in der Regel um Bagatellmaßnahmen handeln wird, die auf den Mietgebrauch keinen Einfluss haben, wie etwa Arbeiten an der Heizungsanlage im Keller des Gebäudes von kurzer Dauer außerhalb der Heizperiode (RegE BT-Drucks 17/10485, 22). In allen anderen Fällen sind die §§ 555a ff zu beachten.

b) Neu errichtete Anlage

22 Nach Abs 1 S 1 Nr 1 müssen Wärme und Warmwasser grundsätzlich aus einer vom Wärmelieferanten **neu errichteten Anlage** geliefert werden. Der Gesetzgeber ging davon aus, dass hierdurch der höchste Effizienzgewinn eintritt (RegE BT-Drucks 17/10485, 23). Es muss die gesamte Anlage neu errichtet werden; bloße Modernisierungsanlagen an der bestehenden Anlage fallen nicht unter diese Alternative (Hinz WuM 2014, 55, 61; Langenberg, Betriebs- und Heizkostenrecht Rn K 108; Schmidt-Futterer/Lammel Rn 22; Schmid ZMR 2013, 776, 779; aM Abramenko § 4 Rn 7: bereits bei Erreichen eines Jahresnutzungsgrads von 80% durch Modernisierung). Wird die Anlage allerdings ganz überwiegend erneuert, sodass nach der Verkehrsauffassung nur unwesentliche alte Bestandteile übernommen werden, kann von einer neuen Anlage im Sinne der Vorschrift ausgegangen werden (Hinz WuM 2014, 55, 61).

c) Lieferung aus Wärmenetz

23 Alternativ kann die Wärme über ein **Wärmenetz** geliefert werden. Nach den Materialien ist der Begriff des Wärmenetzes weiter zu verstehen als nach dem Gesetz für die Erhaltung, die Modernisierung und den Ausbau der Kraft-Wärme-Koppelung (KWKG): Erfasst werden sollen nicht nur spezifische mit bestimmten Energieträgern betriebene bzw durch KWK gespeiste Netze, sondern sämtliche Formen von Wärmenetzen – „von der klassischen Fernwärme bis hin zu Nahwärmenetzten oder Quartierslösungen" (RegE BT-Drucks 17/10485, 23; Schmid ZMR 2013, 776, 779). Nach anderer Ansicht soll die Versorgung durch ein **Blockheizkraftwerk** etwa innerhalb einer größeren Wirtschaftseinheit oder eines Quartiers noch Wärmecontracting darstellen (Schmidt-Futterer/Lammel Rn 22), während es alternativ als Fernwärme in Form der Quartierslösung eingeordnet werden kann. Da die Voraussetzungen für die Umstellung bei dem Anschluss an ein Wärmenetz und durch ein Contracting nicht abweichen, dürfte die Abgrenzung in den meisten Fällen entbehrlich sein (Hinz WuM 2014, 55, 61). Lediglich wenn es um die Variante des Betriebsführungscontracting geht, ist die Einordnung zu klären. Hier kann darauf abgestellt werden, ob die Anlage noch innerhalb einer Wirtschafteinheit betrieben wird (dann Contracting) oder über mehrere Wirtschaftseinheiten hinausgeht (dann Wärmelieferung; so Hinz WuM 2014, 55, 61).

d) Verbesserung der Betriebsführung

Die Vorschrift des Abs 1 S 2 modifiziert die Möglichkeit der Umstellung auf Wärme- **24** contracting gem Abs 1 S 1 Nr 1, indem das bloße Betriebsführungscontracting ohne die Errichtung einer neuen Anlage gleichfalls ermöglicht wird. Der Gesetzgeber sah diese Möglichkeit ebenfalls als eine Methode zur effizienteren Nutzung von Energie an, wenn die Anlage bereits vorher einen hohen **Jahresnutzungsgrad von 80 %** aufwies, sodass sich die Erstellung einer neuen Anlage oder ihre Verschrottung infolge der Umstellung auf Fernwärme nicht lohnt, aber gleichwohl Effizienzsteigerungen zu erwarten sind (RegE BT-Drucks 17/10485, 23). Der Jahresnutzungsgrad kann nach VDI 2067 (Wirtschaftlichkeit gebäudetechnischer Anlagen) ermittelt werden (Hinz WuM 2014, 55, 61; Schmidt-Futterer/Lammel Rn 23). Der Wärmelieferant muss auch in diesem Fall im Zeitpunkt der Umstellung die Kostenneutralität bieten, darf also lediglich nicht teurer sein als der Vermieter. Den Nachweis hat nach § 2 WärmeLV der Wärmelieferant zu erbringen. Spätere Kostensteigerungen im Rahmen des nach der WärmeLV Zulässigen im Anschluss an die Umstellung sind gleichwohl nicht ausgeschlossen (s Rn 17). Für diese Form des Contracting ist es nach dem klaren Wortlaut nicht erforderlich, dass der Wärmelieferant die Anlage dinglich übernimmt und diese damit nach § 95 **Scheinbestandteil** des Gebäudes wird (Hinz WuM 2014, 55, 62; **aM** Schmidt-Futterer/Lammel Rn 23).

4. Materielle Voraussetzungen der Umstellung

Abs 1 der Vorschrift schafft zwei materielle Voraussetzungen für die Kostenumlage, **25** die Wärmelieferung mit verbesserter Effizienz und die Kostenneutralität für den Mieter (RegE BT-Drucks 17/10485, 23).

a) Verbesserung der Effizienz

Die erste Voraussetzung für die Umstellung auf Wärmecontracting ist, dass Wärme **26** mit **verbesserter Effizienz** entweder aus einer vom Wärmelieferanten errichteten neuen Anlage oder aus einem Wärmenetz geliefert wird. Im Regierungsentwurf fand sich die Voraussetzung der verbesserten Effizienz noch nicht. Die Gesetzesbegründung ging davon aus, dass bei diesen beiden Formen des Wärmecontracting

„regelmäßig" Effizienzgewinne erzielt würden. Es sei daher nicht erforderlich, dass Effizienzgewinne im Einzelfall nachgewiesen würden (RegE BT-Drucks 17/10485, 23). Dies reichte dem Bundesrat sowie dem Rechtsausschuss des Bundestages aber nicht aus (s Rn 2). Nach der nun Gesetz gewordenen Fassung hat der Vermieter also den **Nachweis** zu führen, dass die Energieversorgung effizienter geworden ist. Da dies nicht leicht möglich ist und sich der Vermieter hierzu des Know-How des Wärmelieferanten bedienen muss, begründet die WärmeLV auf der Grundlage des Abs 3 (Anh A zu § 556c) in § 2 die Pflicht des Wärmelieferanten, diese Berechnung zu erstellen. Bei der Umstellung auf Betriebsführungscontracting wird dieser Nachweis schwierig zu erbringen sein, sodass die Möglichkeit der Schätzung erwogen wird (Hinz WuM 2014, 55, 63 f). Im Einzelnen ist streitig, ob sich die Verbesserung der Effizienz auf die **Einsparung von Endenergie** beziehen muss (so Eisenschmid WuM 2013, 393, 397; aM Hinz WuM 2014, 55, 63). Erforderlich ist lediglich der Nachweis verbesserter Effizienz, eine „Mindesteffizienz" der neuen Anlage etwa in Höhe von 80 % des Jahresnutzungsgrades kann nicht verlangt werden (**aA** Langenberg, Betriebskosten- und Heizkostenrecht, Rn K 10).

b) Erfordernis der Kostenneutralität

27 In Abs 1 S 1 Nr 2 wird zum Schutz des Mieters das Erfordernis der Kostenneutralität festgeschrieben (RegE BT-Drucks 17/10485, 23). Hiernach dürfen die Kosten der Wärmelieferung die Betriebskosten für die bisherige Eigenversorgung mit Wärme oder Warmwasser durch den Vermieter nicht übersteigen. Damit muss die hierdurch ermöglichte Umlage höherer kalkulatorischer Kosten durch den Wärmelieferanten durch niedrigere Betriebskosten ausgeglichen werden (Schmid ZMR 2013, 776, 779). Nach altem Recht war es hingegen bei ausdrücklicher Vereinbarung auch zulässig, höhere Kosten der Wärmelieferung umzulegen (Osthus, Die energetische Gebäudemodernisierung 209; s Rn 4). Im Gesetzgebungsverfahren war darauf hingewiesen worden, dass damit nicht garantiert werden kann, dass die Kosten der Wärmelieferung nicht in **Zukunft** über Gebühr ansteigen. Gleichwohl war keine begrenzende Regelung in die Vorschrift aufgenommen worden, sondern die Bundesregierung war der Ansicht, die Kostensteigerungen der gewerblichen Wärmeanbieter durch die in der Wärmelieferverordnung (Anh A zu § 556c) enthaltenen Preisklauselvorschriften begrenzen zu können (s Rn 2; RegE BT-Drucks 17/10485, 23). Die Kostenneutralität bezieht sich daher nur auf den ersten Wärmeliefervertrag. So bezieht sich auch die für das Erfordernis der Kostenneutralität entscheidende **Vergleichsrechnung** nach § 8 der WärmeLV (Anh A zu § 556c; Einzelheiten bei Wall WuM 2014, 68) auf die letzte Betriebskostenabrechnung des Vermieters im Verhältnis zu den Kosten, die die gleichen Leistungen auf der Grundlage der Abrechnung durch den Wärmelieferanten gekostet hätte. Gem § 2 WärmeLV ist der Wärmelieferant zur Erstellung der Vergleichsrechnung verpflichtet.

28 Soweit allerdings der Vermieter mit einem Wärmelieferanten einen günstigen ersten Vertrag abschließt und nach erfolgter Umstellung einen kostenträchtigeren Vertrag mit einem anderen Lieferanten, kann es sich um ein **Umgehungsgeschäft** handeln, sodass das Verfahren nach § 556c BGB und die WärmeLV auch für den Folgevertrag anzuwenden sind (vgl die Begr zur WärmeLV in BAnz AT v 20. 6. 2013, B2, 3; Hinz WuM 2014, 55, 65; Langenberg, Betriebskosten- und Heizkostenrecht, Rn K 11; Schmid ZMR 2013, 776, 778). Zudem ist – wie immer – der **Grundsatz der Wirtschaftlichkeit** zu beachten (s § 556 Rn 89 ff; Hinz WuM 2014, 55, 65; Langenberg, Betriebskosten- und Heizkostenrecht, Rn K 11).

III. Umstellungsankündigung (Abs 2)

1. Ankündigung durch den Vermieter

Abs 2 verpflichtet den Vermieter, dem Mieter die Umstellung der Wärmeversorgung drei Monate vorher anzukündigen. Ähnliche Mitteilungspflichten finden sich auch an anderer Stelle im Wohnraummietrecht, so in § 555a Abs 2 BGB für Erhaltungsmaßnahmen, in § 555c BGB für Modernisierungsmaßnahmen und § 556a Abs 2 BGB für die Umstellung der Betriebskostenumlage auf die Abrechnung nach tatsächlichem Verbrauch. Es handelt sich wie in diesen Fällen (s § 556a Rn 46) um eine **einseitige, empfangsbedürftige rechtsgestaltende Willenserklärung** des Vermieters (Hinz WuM 2014, 55, 65; Lützenkirchen Rn 50). Wenn nach **aM** eine geschäftsähnliche Erklärung vorliegen soll (Schmid ZMR 2013, 776, 780) hat dies keine praktischen Auswirkungen, da auf diese die Vorschriften über Willenserklärungen entsprechend anzuwenden sind. Bei **mehreren Mietern** ist die Erklärung gegenüber jedem Mieter abzugeben. Zudem muss die Erklärung nach **§ 130** beim Mieter zugehen, bei mehreren Mietern bei allen (Schmidt-Futterer/Lammel Rn 10; Schmid ZMR 2013, 776, 780). Nach anderer Auffassung soll eine einseitige Umstellung der Kostenumlage durch den Vermieter nicht möglich sein, sondern es soll hierfür weiterhin eine Grundlage im Mietvertrag (vgl Rn 3 ff) finden (Lützenkirchen Rn 40, 44). Diese Auffassung kollidiert mit dem erkennbaren Ziel des Gesetzgebers, entgegen der früheren Rechtsprechung die Umstellung auf Wärmecontracting zu erleichtern und ist daher abzulehnen (Hinz WuM 2014, 55, 57).

29

2. Inhalt

Die Erklärung muss als **Gestaltungsrecht** hinreichend bestimmt sein. Denn durch die Ankündigung wird nicht nur eine tatsächliche Änderung des Betriebs der Heizungsanlage mitgeteilt (Wissenserklärung), sondern die Rechtsfolge erzeugt, dass der Vermieter zur Umlage der Kosten für die Wärmelieferung entgegen der bisherigen mietvertraglichen Vereinbarung berechtigt ist. Die Erklärung muss festlegen, dass der Vermieter nach § 556c Abs 1 BGB die Wärmeerzeugung umstellen will. Weitere Inhalte der Erklärung gibt das Gesetz nicht vor, anders etwa als bei § 556a Abs 2 BGB, wo der Vermieter erklären muss, dass und wie die Miete gem Abs 2 S 3 gesenkt wird, und den Zeitpunkt nennen muss, von dem an die Änderung des Vertrags eintreten soll (s § 556a Rn 47). Diese Angaben erschienen dem Gesetzgeber wohl bei § 556c BGB nicht als erforderlich, da der Gesetzgeber das Erfordernis der Kostenneutralität geschaffen hat, sodass sich für den Mieter zunächst (s aber Rn 26 f) nichts ändert. Einzelheiten zum Inhalt sind in § 11 der **Wärmelieferverordnung** (WärmeLV; Anh A zu § 556c) geregelt. Hiernach muss die Ankündigung Angaben enthalten zur Art der künftigen Wärmelieferung, zur voraussichtlichen energetischen Effizienzverbesserung nach § 556c Abs 1 S 1 Nr 1 BGB oder zur energetisch verbesserten Betriebsführung nach § 556c Abs 1 S 2 BGB. Zudem wird die entsprechende Geltung des § 555c Abs 3 BGB angeordnet, wonach der Vermieter auf allgemein anerkannte Pauschalwerte Bezug nehmen darf. Außerdem sind Angaben zum Kostenvergleich nach § 556c Abs 1 S 1 Nr 2 BGB und nach den §§ 8 bis 10 der WärmeLV einschließlich der ihm zugrunde liegenden Annahmen und Berechnungen, zum geplanten Umstellungszeitpunkt, zu den im Wärmeliefervertrag vorgesehenen Preisen und den gegebenenfalls vorgesehenen Preisänderungsklauseln vorgesehen.

30

Die Berechnung obliegt größtenteils dem Wärmelieferanten (§ 2 WärmeLV). Dem Mieter ist wie bei der Betriebskostenabrechnung (s § 556 Rn 112) ein **Einsichtsrecht** in die den Lieferungen zu Grunde liegenden Verträge zu gewähren (vgl BGH WuM 2012, 276 = ZMR 2012, 542).

3. Form

31 Die Umstellungsankündigung bedarf nach § 556c Abs 2 BGB der Textform des § 126b BGB. Die Schriftform nach § 126 BGB umfasst die Anforderungen an die Textform (Nies NZM 2001, 1071, 1072; Einzelheiten s Staudinger/Artz [2021] § 560 Rn 22). Hinsichtlich der Formvorschrift des § 550 BGB ist zu beachten, dass eine wesentliche Vertragsänderung wie die Veränderung der Betriebskosten der Schriftform bedarf, sonst gilt der auf bestimmte Zeit geschlossene Mietvertrag als auf unbestimmte Zeit geschlossen (Nies NZM 2001, 1071; Einzelheiten s § 556 Rn 53).

4. Frist und Wirkungseintritt der Änderung

32 Die Erklärung wird gem § 130 BGB mit dem **Zugang** beim Mieter (s Rn 18) wirksam. Davon zu unterscheiden ist der Zeitpunkt, von dem an die vertragliche Änderung eintritt. Der Gesetzgeber scheint davon auszugehen, dass dies mit Ablauf der dreimonatigen Frist eintritt. Die Frist berechnet sich entsprechend § 188 Abs 2 BGB nach Monaten, obwohl es sich nicht um eine Frist mit Anfangsdatum, sondern um eine rückwärts zu berechnende Frist handelt. Nach allgemeiner Ansicht sind die §§ 186 BGB ff. auf solche Fristen aber entsprechend anzuwenden (BFH BStBl II 2002, 96 Rn 18; Palandt/Ellenberger § 187 Rn 4). Nach Auffassung von Lammel soll die Umstellung gem § 6 Abs 4 S 3 HeizkostenV nur zu Beginn eines Abrechnungszeitraums zulässig sein (Schmidt-Futterer/Lammel Rn 11). Hiergegen spricht, dass § 556c BGB nach seinem Wortlaut nur die Dreimonatsfrist nennt, die Materialien auf das Verhältnis zur HeizkostenV nicht eingehen und § 556c BGB die hierzu speziellere Norm ist. Dies folgt schon daraus, dass die HeizkostenV gar nicht auf alle Mietverhältnisse anwendbar ist (nur bei zentraler Heizanlage und abdingbar bei vom Vermieter selbst bewohnten Zweifamilienhaus), während § 556c BGB auf alle Wohnraummietverhältnisse Anwendung findet.

IV. Rechtsfolge der Umstellung

33 Die Ankündigung des Vermieters, die Versorgung mit Wärme und Warmwasser auf eine externe Wärmelieferung umzustellen, gibt dem Vermieter das Recht, die **gesamten Kosten der Wärmelieferung** im Sinne der § 7 Abs 3 und 4 HeizkostenV und § 2 Nr 4c BetrKV als Betriebskosten umzulegen, wenn die materiellen Voraussetzungen des Abs 1 erfüllt sind (RegE BT-Drucks 17/10485, 23). Hierbei muss der Vermieter ebenso wie nach alter Rechtslage nicht das Preisgefüge zwischen Versorger und Vorlieferant gegenüber dem Mieter aufschlüsseln (BGH NJW 2007, 3060; NZM 2008, 442; WuM 2011, 219 = GE 2011, 609).

34 Beim bloßen **Betriebsführungscontracting** (s Rn 24) ist es fraglich, ob der Vermieter ebenfalls alle Kosten der Instandhaltung umlegen darf, da die Anlage ja grundsätzlich in seinem Eigentum bleibt und es sich daher an sich um eine Form der Eigenversorgung handelt, bei der dies in der HeizkostenV und der BetrKV nicht vorgesehen ist. Es wird daher vorgeschlagen, in diesen Fällen das Eigentum der Anlage auf den Wärmelieferanten zu übertragen (Langenberg, Betriebskosten- und Heizkostenrecht, Rn K 13). Angesichts der Zielrichtung und des klaren Wortlauts des § 556c Abs 1 S 2 BGB, der gerade eine Gleichstellung des Betriebsführungscontracting mit den anderen Formen des Wärmecontracting erreichen will, ist dies jedoch nicht erforderlich (s auch Rn 23).

Sind die materiellen Voraussetzungen nicht erfüllt, fehlt es an einer **Rechtsgrundlage** 35 für Zahlungen des Mieters hierfür (RegE BT-Drucks 17/10485, 23). Nach den Materialien sollen dann nur die fiktiv zu berechnenden bisherigen Betriebskosten für die Versorgung mit Wärme und Warmwasser vom Mieter zu verlangen sein. Hierzu zählen die Kosten für den Brennstoff und die Wartung (s auch § 556 Rn 45a), nicht aber sonstige Kosten des Energielieferanten (RegE BT-Drucks 17/10485, 23). Zur Berechnung dieser Werte erhält der Vermieter (Kunde) nach § 5 WärmeLV einen dahingehenden Auskunftsanspruch gegenüber dem Wärmelieferanten. Daraus ergibt sich auch, dass die auf der Grundlage der abgeschlossenen Wärmelieferverträge **tatsächlich angefallenen und berechneten** Brennstoff- und Wartungskosten umzulegen sind, nicht etwa solche Kosten auf der Grundlage der früheren, veralteten Anlage (Beyer CuR 2012, 48, 65; Eisenschmid PiG 95 [2013] 31, 33; Hinz WuM 2014, 55, 64; Langenberg, Betriebskosten- und Heizkostenrecht, Rn K 12; diff Schmid ZMR 2013, 776, 784 f nach neuer Anlage oder Anschluss an Fernwärmenetz; diff Osthus, Die energetische Gebäudemodernisierung 213: jeweils die niedrigeren Kosten). Zuviel gezahlte Kostenerstattungen sind nach § 812 Abs 1 S 1 BGB 1 Fall zurückzuzahlen. Damit geht der Gesetzgeber aber nicht implizit davon aus, dass die Kosten des Wärmecontracting **nach altem Recht** (Rn 3 ff) trotz entsprechender Regelung in der HeizkostenV nicht umlegbar waren. Denn in den Materialien wird ausdrücklich für Altverträge festgehalten, dass bereits durchgeführte Umstellungen, „etwa auf der Grundlage der bisherigen Rechtsprechung" unberührt bleiben (RegE BT-Drucks 17/10485, 23). Eine **Mieterhöhung nach § 559** ist mit der Umstellung auf Wärmecontracting nicht verbunden, da der Vermieter nicht Bauherr und der Wärmelieferant nicht als Vermieter nach § 559 BGB zur Mieterhöhung berechtigt ist, was auch nicht durch Kauf der Anlage durch den Vermieter umgangen werden kann (Hinz WuM 2014, 55, 66; Lützenkirchen Rn 34; Schmid ZMR 2013, 776, 780). Das Sonderkündigungsrecht des § 561 BGB kommt ebenfalls nicht zur Anwendung (Hinz WuM 2014, 55, 67; Lützenkirchen, Mietrecht Rn 56).

Sind lediglich die **formellen Anforderungen** an die Umstellungsankündigung nicht 36 ordnungsgemäß, soll dies nach den Materialien nicht zur Unzulässigkeit der Umstellung und damit der Umlage als Betriebskosten führen (RegE BT-Drucks 17/10485, 23). Welche Folgen eine fehlende oder eine fehlerhafte Umstellungsankündigung hat, wird in § 11 WärmeLV (Anh A zu § 556c) geregelt. Die einzige Sanktion dafür, dass der Vermieter die Umstellung auf Wärmecontracting dem Mieter nicht nach den Absätzen 1 und 2 angekündigt hat, besteht darin, dass die Frist für Einwendungen gegen die Abrechnung der Wärmelieferkosten nach § 556 Abs 3 S 5 BGB frühestens beginnt, wenn der Mieter eine Mitteilung erhalten hat, die den Anforderungen nach den Abs 1 und 2 entspricht. Damit kann der Mieter inhaltliche Einwendungen unbegrenzt lange geltend machen, jedoch in keinem Fall wegen fehlerhafter oder fehlender Ankündigung Vorauszahlungen oder Nachzahlungen verweigern. Die Vorschrift des § 5 WärmeLV, die bei materiellen Fehlern eingreift (s Rn 22), findet daher keine Anwendung (**aA** wohl Schmid ZMR 2013, 776, 785). Unberührt bleiben Schadensersatzansprüche des Mieters nach § 280 Abs 1 BGB, die allerdings kaum praktisch werden dürften (Begr zur WärmeLV, BAnz AT v 20. 6. 2013, 8; Hinz WuM 2014, 55, 66).

V. Verhältnis zwischen Vermieter, Wärmelieferant und Mieter

37 Die Vorschrift des § 556c BGB gibt dem Vermieter nicht das Recht, den Mieter auf den Abschluss eines **Direktvertrags (Fullcontracting)** mit einem Wärmelieferanten zu verweisen (Hinz WuM 2014, 55, 60; Schmidt-Futterer/Lammel Rn 8; Schmid ZMR 2013, 776, 778). Etwas anderes gilt, wenn der Mieter von vornherein ein Mietverhältnis über ein direkt versorgtes Mietobjekt abschließt oder sich individualvertraglich hiermit einverstanden erklärt (Langenberg, Betriebskosten- und Heizkostenrecht, Rn K 115; Schmidt-Futterer/Lammel Rn 8; Schmid ZMR 2013, 776, 778). Aus Gründen des europarechtlich geforderten verstärkten Wettbewerbs auf dem Energiemarkt wäre die Forcierung von Direktverträgen allerdings vorteilhaft (Rott, 10 Jahre Mietrechtsreform 575 ff).

38 In **Formularverträgen** ist hierfür gem § 308 Nr 4 BGB für einen angemessen Ausgleich der Interessen des Mieters Sorge zu tragen (Schmid ZMR 2013, 776, 778; **aM** Langenberg, Betriebskosten- und Heizkostenrecht, Rn K 118: unzulässig). Dies stellt auch keinen Verstoß gegen das zwingende Gewährleistungsrecht nach § 536 Abs 4 BGB dar (so aber Hinz WuM 2014, 55, 60 f), da sich durch den Abschluss derartiger Verträge schlichtweg der Umfang der vom Vermieter zu erbringenden Leistungen verändert, etwa wie diese durch den direkten Abschluss von Verträgen mit dem Stromlieferanten bereits üblich ist.

39 Zudem ist zu beachten, dass im Rahmen von § 2 Abs 2 AVBFernwärmeV (Verordnung über Allgemeine Bedingungen für die Versorgung mit Fernwärme, BGBl I 1980, 742, zul geändert durch Art 16 des Gesetzes vom 25. 7. 2013, BGBl I 2722) ein unmittelbarer Vertrag zwischen dem Mieter und den Wärmelieferanten zustande kommt, wenn der Mieter die Leistungen (notgedrungen) tatsächlich abnimmt. Der BGH hatte auf der Grundlage der früheren Vorschrift des § 4 Abs 5 S 1 Nr 2 MHRG, wonach der Vermieter durch schriftliche Erklärung bestimmen konnte, dass die Kosten der Wasserversorgung und der Entwässerung sowie der Müllabfuhr unmittelbar zwischen den Mietern und den Erbringern dieser Leistungen abgerechnet werden, sog **Direktabrechnung**, angenommen, damit komme auch der Liefervertrag unmittelbar mit dem Wärmelieferanten zustande (BGH NZM 2010, 314 = WuM 2010, 89 = ZMR 2010, 350; s § 556a Rn 44). Ob dies nach neuem Recht ebenso zu sehen ist, ist zweifelhaft.

40 Der Mieter ist gem § 556 Abs 3 S 1 BGB zur Überprüfung der **Wirtschaftlichkeit** des Wärmecontracting berechtigt (s § 556 Rn 89 ff). Hierzu hat er ein **Einsichtsrecht** in den Vertrag mit dem Wärmecontractor (BGH NJW 1979, 1304; GE 2012, 825 = WuM 2012, 276 = ZMR 2012, 542; NJW 2013, 3234 = NZM 2013, 755 = WuM 2013, 540 = ZMR 2013). Dazu gehört aber nicht die Einsicht in die Lieferverträge des Wärmelieferanten mit Dritten (BGH WuM 2012, 276; NJW 2013, 3234 = NZM 2013, 755 = WuM 2013, 540 = ZMR 2013). Der dem Mieter obliegende Nachweis über die Verletzung des Grundsatzes der Wirtschaftlichkeit (s § 556 Rn 96) nach einer Umstellung auf Wärmecontracting ist nicht geführt, wenn die Kosten der Wärmeversorgung durch eigene Anlagen des Vermieters höher gewesen wären als nach der Umstellung. Dies verlangt nach neuem Recht bereits das

Gebot der Kostenneutralität (s Rn 27), galt aber auch schon vor Einführung der Vorschrift für bestehende Mietverträge (LG Berlin GE 2011, 1682).

VI. Verordnungsermächtigung (Abs 3)

Abs 3 der Vorschrift ermächtigt die Bundesregierung zum Erlass einer Rechtsverordnung über **Wärmeliefeverträge**, die bei einer Umstellung nach Abs 1 geschlossen werden, die durch die WärmeLV (Anh A zu § 556c) umgesetzt wurde. Hierbei handelt es sich um die Regelung der Rechtsbeziehung zwischen Vermieter und Wärmelieferant, die als zwingendes Recht über die Regelungen der §§ 305 BGB ff über AGB hinausgehen. Zur zulässigen Dauer von Fernwärmeverträgen nach altem Recht hat der BGH allgemeine Grundsätze aufgestellt (BGH WuM 2012, 115). 41

Zudem sollen in der WärmeLV die **weiteren Anforderungen nach Abs 1 und 2** geregelt werden. Eine weitere Konkretisierung als die etwas nichtssagende Vorgabe, dass die Belange von Vermietern, Mietern und Wärmelieferanten angemessen zu berücksichtigen sind (§ 556c Abs 3 S 2 BGB), findet sich nicht. Da Abs 1 materielle Voraussetzungen für die Umstellung begründet und auch die Rechtsfolgen einer formell fehlerhaften oder gar ganz fehlenden Umstellungsankündigung dem Verordnungsgeber überantwortet werden, ist die Ermächtigungsgrundlage vor dem Hintergrund der Wesentlichkeitstheorie, nach der grundrechtsrelevante oder sonst wesentliche Fragen in einem formellen Gesetz zu regeln sind, zumindest bedenklich. Der Gesetzgeber meint, diese Regelungstechnik sei im Betriebskostenrecht üblich und verweist auf die Betriebskosten- und die Heizkostenverordnung (RegE BT-Drucks 17/10485, 23). 42

VII. Abweichende Regelungen (Abs 4)

Die Vorschrift ist zum Nachteil des Mieters nicht abdingbar, damit der Mieter umfassend geschützt ist (RegE BT-Drucks 17/10485, 23). Zur Anwendung auf bestehende Mietverträge s Rn 11 ff. Nach § 12 WärmeLV sind auch deren Regelungen nicht zu Lasten des Mieters abdingbar. Ergibt sich aus dem bestehenden Mietvertrag, dass eine Umlegung der Kosten für die Wärmelieferung nicht oder nur eingeschränkt möglich sein soll, wäre eine solche Abweichung von § 556c BGB zugunsten des Mieters an sich zulässig. Aus dem Zweck der Norm, bei älteren Vertragsverhältnissen eine Umstellung auf Wärmecontracting zu erleichtern (s Rn 6), muss aber folgen, dass (vor allem nach Ansicht der Rechtsprechung, s Rn 3 ff) **einschränkende Vereinbarungen in bestehenden Individual- wie Formularverträgen** nach altem Recht seit Inkrafttreten des § 556c BGB einer Umlage aller Kosten des Wärmecontracting nicht mehr entgegenstehen, da sonst die Vorschrift erkennbar ihren Zweck verfehlen würde (LANGENBERG, Betriebskosten- und Heizkostenrecht, Rn K 106; **aM** SCHMID ZMR 2013, 776, 780). In **Gewerbemietverträgen** sind hingegen zugunsten wie zu Lasten des Mieters entgegenstehende Vereinbarungen zulässig und bleiben dies auch (s Rn 8; SCHMID ZMR 2013, 776, 781). 43

Anhang A zu § 556c

Verordnung über die Umstellung auf gewerbliche Wärmelieferung für Mietwohnraum (Wärmelieferverordnung – WärmeLV)

vom 7. 6. 2013 (BGBl I 1509)

Aufgrund des § 556c Abs 3 des Bürgerlichen Gesetzbuchs, der durch Artikel 1 des Gesetzes vom 11. März 2013 (BGBl I 434) eingefügt worden ist, verordnet die Bundesregierung:

Abschnitt 1 Allgemeine Vorschriften

§ 1 Gegenstand der Verordnung

Gegenstand der Verordnung sind

1. Vorschriften für Wärmelieferverträge, die bei einer Umstellung auf Wärmelieferung nach § 556c des Bürgerlichen Gesetzbuchs geschlossen werden, und

2. mietrechtliche Vorschriften für den Kostenvergleich und die Umstellungsankündigung nach § 556c Abs 1 und 2 des Bürgerlichen Gesetzbuchs.

Abschnitt 2 Wärmeliefervertrag

§ 2 Inhalt des Wärmeliefervertrages

(1) Der Wärmeliefervertrag soll enthalten:

1. eine genaue Beschreibung der durch den Wärmelieferanten zu erbringenden Leistungen, insbesondere hinsichtlich der Art der Wärmelieferung sowie der Zeiten der Belieferung,

2. die Aufschlüsselung des Wärmelieferpreises in den Grundpreis in Euro pro Monat und in Euro pro Jahr und den Arbeitspreis in Cent pro Kilowattstunde, jeweils als Netto- und Bruttobeträge, sowie etwaige Preisänderungsklauseln,

3. die Festlegung des Übergabepunkts,

4. Angaben zur Dimensionierung der Heizungs- oder Warmwasseranlage unter Berücksichtigung der üblichen mietrechtlichen Versorgungspflichten,

5. Regelungen zum Umstellungszeitpunkt sowie zur Laufzeit des Vertrages,

6. falls der Kunde Leistungen vorhalten oder Leistungen des Wärmelieferanten vergüten soll, die vom Grund- und Arbeitspreis nicht abgegolten sind, auch eine Beschreibung dieser Leistungen oder Vergütungen,

7. Regelungen zu den Rechten und Pflichten der Parteien bei Vertragsbeendigung, insbesondere wenn für Zwecke des Wärmeliefervertrages eine Heizungs- oder Warmwasseranlage neu errichtet wurde.

(2) Der Wärmelieferant ist verpflichtet, in seiner Vertragserklärung

1. die voraussichtliche energetische Effizienzverbesserung nach § 556c Abs 1 S 1 Nummer 1 des Bürgerlichen Gesetzbuchs oder die energetisch verbesserte Betriebsführung nach § 556c Abs 1 S 2 des Bürgerlichen Gesetzbuchs anzugeben sowie

2. den Kostenvergleich nach § 556c Abs 1 S 1 Nummer 2 des Bürgerlichen Gesetzbuchs und nach den §§ 8 bis 10 durchzuführen sowie die ihm zugrunde liegenden Annahmen und Berechnungen mitzuteilen.

(3) Die Vereinbarung von Mindestabnahmemengen oder von Modernisierungsbeschränkungen ist unwirksam.

§ 3 Preisänderungsklauseln

Preisänderungsklauseln in Wärmelieferverträgen sind nur wirksam, wenn sie den Anforderungen des § 24 Abs 4 S 1 und 2 der Verordnung über Allgemeine Bedingungen für die Versorgung mit Fernwärme in der jeweils geltenden Fassung entsprechen.

§ 4 Form des Wärmeliefervertrages

Der Wärmeliefervertrag bedarf der Textform.

§ 5 Auskunftsanspruch

Hat der Mieter nach einer Umstellung auf Wärmelieferung die Wärmelieferkosten nicht als Betriebskosten zu tragen, weil die Voraussetzungen des § 556c Abs 1 des Bürgerlichen Gesetzbuchs nicht erfüllt sind, so kann der Kunde vom Wärmelieferanten verlangen, diejenigen Bestandteile des Wärmelieferpreises als jeweils gesonderte Kosten auszuweisen, die den umlegbaren Betriebskosten nach § 7 Abs 2 und § 8 Abs 2 der Verordnung über Heizkostenabrechnung entsprechen.

§ 6 Verhältnis zur Verordnung über Allgemeine Bedingungen für die Versorgung mit Fernwärme

Soweit diese Verordnung keine abweichenden Regelungen enthält, bleiben die Regelungen der Verordnung über Allgemeine Bedingungen für die Versorgung mit Fernwärme unberührt.

§ 7 Abweichende Vereinbarungen

Eine von den Vorschriften dieses Abschnitts abweichende Vereinbarung ist unwirksam.

Anh A zu § 556c

Abschnitt 3 Umstellung der Wärmeversorgung für Mietwohnraum

§ 8 Kostenvergleich vor Umstellung auf Wärmelieferung

Beim Kostenvergleich nach § 556c Abs 1 S 1 Nummer 2 des Bürgerlichen Gesetzbuchs sind für das Mietwohngebäude gegenüberzustellen

1. die Kosten der Eigenversorgung durch den Vermieter mit Wärme oder Warmwasser, die der Mieter bislang als Betriebskosten zu tragen hatte, und

2. die Kosten, die der Mieter zu tragen gehabt hätte, wenn er die den bisherigen Betriebskosten zugrunde liegende Wärmemenge im Wege der Wärmelieferung bezogen hätte.

§ 9 Ermittlung der Betriebskosten der Eigenversorgung

(1) Die bisherigen Betriebskosten nach § 8 Nummer 1 sind wie folgt zu ermitteln:

1. Auf der Grundlage des Endenergieverbrauchs der letzten drei Abrechnungszeiträume, die vor der Umstellungsankündigung gegenüber dem Mieter abgerechnet worden sind, ist der bisherige durchschnittliche Endenergieverbrauch für einen Abrechnungszeitraum zu ermitteln; liegt der Endenergieverbrauch nicht vor, ist er aufgrund des Energiegehalts der eingesetzten Brennstoffmengen zu bestimmen.

2. Der nach Nummer 1 ermittelte Endenergieverbrauch ist mit den Brennstoffkosten auf Grundlage der durchschnittlich vom Vermieter entrichteten Preise des letzten Abrechnungszeitraums zu multiplizieren.

3. Den nach Nummer 2 ermittelten Kosten sind die sonstigen abgerechneten Betriebskosten des letzten Abrechnungszeitraums, die der Versorgung mit Wärme oder Warmwasser dienen, hinzuzurechnen.

(2) Hat der Vermieter die Heizungs- oder Warmwasseranlage vor dem Übergabepunkt während der letzten drei Abrechnungszeiträume modernisiert, so sind die Betriebskosten der bisherigen Versorgung auf Grundlage des Endenergieverbrauchs der modernisierten Anlage zu berechnen.

§ 10 Ermittlung der Kosten der Wärmelieferung

(1) Die Kosten der Wärmelieferung nach § 8 Nummer 2 sind wie folgt zu ermitteln: Aus dem durchschnittlichen Endenergieverbrauch in einem Abrechnungszeitraum nach § 9 Abs 1 Nummer 1 ist durch Multiplikation mit dem Jahresnutzungsgrad der bisherigen Heizungs- oder Warmwasseranlage, bestimmt am Übergabepunkt, die bislang durchschnittlich erzielte Wärmemenge zu ermitteln.

(2) Sofern der Jahresnutzungsgrad nicht anhand der im letzten Abrechnungszeitraum fortlaufend gemessenen Wärmemenge bestimmbar ist, ist er durch Kurzzeitmessung oder, sofern eine Kurzzeitmessung nicht durchgeführt wird, mit anerkannten Pauschalwerten zu ermitteln.

(3) Für die nach Abs 1 ermittelte bisherige durchschnittliche Wärmemenge in einem Abrechnungszeitraum sind die Wärmelieferkosten zu ermitteln, indem der aktuelle Wärmelieferpreis nach § 2

Abs 1 Nummer 2 unter Anwendung einer nach Maßgabe von § 3 vereinbarten Preisänderungsklausel auf den letzten Abrechnungszeitraum indexiert wird.

§ 11 Umstellungsankündigung des Vermieters

(1) Die Umstellungsankündigung nach § 556c Abs 2 des Bürgerlichen Gesetzbuchs muss dem Mieter spätestens drei Monate vor der Umstellung in Textform zugehen.

(2) Sie muss Angaben enthalten

1. zur Art der künftigen Wärmelieferung,

2. zur voraussichtlichen energetischen Effizienzverbesserung nach § 556c Abs 1 S 1 Nummer 1 des Bürgerlichen Gesetzbuchs oder zur energetisch verbesserten Betriebsführung nach § 556c Abs 1 S 2 des Bürgerlichen Gesetzbuchs; § 555c Abs 3 des Bürgerlichen Gesetzbuchs gilt entsprechend,

3. zum Kostenvergleich nach § 556c Abs 1 S 1 Nummer 2 des Bürgerlichen Gesetzbuchs und nach den §§ 8 bis 10 einschließlich der ihm zugrunde liegenden Annahmen und Berechnungen,

4. zum geplanten Umstellungszeitpunkt,

5. zu den im Wärmeliefervertrag vorgesehenen Preisen und den gegebenenfalls vorgesehenen Preisänderungsklauseln.

(3) Rechnet der Vermieter Wärmelieferkosten als Betriebskosten ab und hat er dem Mieter die Umstellung nicht nach den Absätzen 1 und 2 angekündigt, so beginnt die Frist für Einwendungen gegen die Abrechnung der Wärmelieferkosten (§ 556 Abs 3 S 5 des Bürgerlichen Gesetzbuchs) frühestens, wenn der Mieter eine Mitteilung erhalten hat, die den Anforderungen nach den Absätzen 1 und 2 entspricht.

§ 12 Abweichende Vereinbarungen

Eine zum Nachteil des Mieters von den Vorschriften dieses Abschnitts abweichende Vereinbarung ist unwirksam.

Abschnitt 4 Schlussvorschriften

§ 13 Inkrafttreten

Diese Verordnung tritt am 1. Juli 2013 in Kraft.

Anhang B zu 556c

Verordnung über die verbrauchsabhängige Abrechnung der Heiz- und Warmwasserkosten

(Verordnung über Heizkostenabrechnung – HeizkostenV)

idF der Bek vom 20. 1. 1989 (BGBl I 115), mit Maßgabe durch den Einigungsvertrag Kap V D III Nr 10 (BGBl II 1990, 889, 1007), neugefasst durch Bek vom 5. 10. 2009 (BGBl I 3250)

§ 1
Anwendungsbereich

(1) Diese Verordnung gilt für die Verteilung der Kosten

1. des Betriebs zentraler Heizungsanlagen und zentraler Warmwasserversorgungsanlagen,

2. der eigenständig gewerblichen Lieferung von Wärme und Warmwasser, auch aus Anlagen nach Nummer 1, (Wärmelieferung, Warmwasserlieferung)

durch den Gebäudeeigentümer auf die Nutzer der mit Wärme oder Warmwasser versorgten Räume.

(2) Dem Gebäudeeigentümer stehen gleich

1. der zur Nutzungsüberlassung in eigenem Namen und für eigene Rechnung Berechtigte,

2. derjenige, dem der Betrieb von Anlagen im Sinne des § 1 Abs 1 Nummer 1 in der Weise übertragen worden ist, dass er dafür ein Entgelt vom Nutzer zu fordern berechtigt ist,

3. beim Wohnungseigentum die Gemeinschaft der Wohnungseigentümer im Verhältnis zum Wohnungseigentümer, bei Vermietung einer oder mehrerer Eigentumswohnungen der Wohnungseigentümer im Verhältnis zum Mieter.

(3) Diese Verordnung gilt auch für die Verteilung der Kosten der Wärmelieferung und Warmwasserlieferung auf die Nutzer der mit Wärme oder Warmwasser versorgten Räume, soweit der Lieferer unmittelbar mit den Nutzern abrechnet und dabei nicht den für den einzelnen Nutzer gemessenen Verbrauch, sondern die Anteile der Nutzer am Gesamtverbrauch zu Grunde legt; in diesen Fällen gelten die Rechte und Pflichten des Gebäudeeigentümers aus dieser Verordnung für den Lieferer.

(4) Diese Verordnung gilt auch für Mietverhältnisse über preisgebundenen Wohnraum, soweit für diesen nichts anderes bestimmt ist.

§ 2
Vorrang vor rechtsgeschäftlichen Bestimmungen

Außer bei Gebäuden mit nicht mehr als zwei Wohnungen, von denen eine der Vermieter selbst bewohnt, gehen die Vorschriften dieser Verordnung rechtsgeschäftlichen Bestimmungen vor.

§ 3
Anwendung auf das Wohnungseigentum

Die Vorschriften dieser Verordnung sind auf Wohnungseigentum anzuwenden unabhängig davon, ob durch Vereinbarung oder Beschluss der Wohnungseigentümer abweichende Bestimmungen über die Verteilung der Kosten der Versorgung mit Wärme und Warmwasser getroffen worden sind. Auf die Anbringung und Auswahl der Ausstattung nach den §§ 4 und 5 sowie auf die Verteilung der Kosten und die sonstigen Entscheidungen des Gebäudeeigentümers nach den §§ 6 bis 9b und 11 sind die Regelungen entsprechend anzuwenden, die für die Verwaltung des gemeinschaftlichen Eigentums im Wohnungseigentumsgesetz enthalten oder durch Vereinbarung der Wohnungseigentümer getroffen worden sind. Die Kosten für die Anbringung der Ausstattung sind entsprechend den dort vorgesehenen Regelungen über die Tragung der Verwaltungskosten zu verteilen.

§ 4
Pflicht zur Verbrauchserfassung

(1) Der Gebäudeeigentümer hat den anteiligen Verbrauch der Nutzer an Wärme und Warmwasser zu erfassen.

(2) Er hat dazu die Räume mit Ausstattungen zur Verbrauchserfassung zu versehen; die Nutzer haben dies zu dulden. Will der Gebäudeeigentümer die Ausstattung zur Verbrauchserfassung mieten oder durch eine andere Art der Gebrauchsüberlassung beschaffen, so hat er dies den Nutzern vorher unter Angabe der dadurch entstehenden Kosten mitzuteilen; die Maßnahme ist unzulässig, wenn die Mehrheit der Nutzer innerhalb eines Monats nach Zugang der Mitteilung widerspricht. Die Wahl der Ausstattung bleibt im Rahmen des § 5 dem Gebäudeeigentümer überlassen.

(3) Gemeinschaftlich genutzte Räume sind von der Pflicht zur Verbrauchserfassung ausgenommen. Dies gilt nicht für Gemeinschaftsräume mit nutzungsbedingt hohem Wärme- oder Warmwasserverbrauch, wie Schwimmbäder oder Saunen.

(4) Der Nutzer ist berechtigt, vom Gebäudeeigentümer die Erfüllung dieser Verpflichtungen zu verlangen.

§ 5
Ausstattung zur Verbrauchserfassung

(1) Zur Erfassung des anteiligen Wärmeverbrauchs sind Wärmezähler oder Heizkostenverteiler, zur Erfassung des anteiligen Warmwasserverbrauchs Warmwasserzähler oder andere geeignete Ausstattungen zu verwenden. Soweit nicht eichrechtliche Bestimmungen zur Anwendung kommen, dürfen nur solche Ausstattungen zur Verbrauchserfassung verwendet werden, hinsichtlich derer sachverständige Stellen bestätigt haben, dass sie den anerkannten Regeln der Technik entsprechen oder dass ihre Eignung auf andere Weise nachgewiesen wurde. Als sachverständige Stellen gelten nur solche Stellen, deren Eignung die nach Landesrecht zuständige Behörde im Benehmen mit der

Physikalisch-Technischen Bundesanstalt bestätigt hat. Die Ausstattungen müssen für das jeweilige Heizsystem geeignet sein und so angebracht werden, dass ihre technisch einwandfreie Funktion gewährleistet ist.

(2) Wird der Verbrauch der von einer Anlage im Sinne des § 1 Abs 1 versorgten Nutzer nicht mit gleichen Ausstattungen erfasst, so sind zunächst durch Vorerfassung vom Gesamtverbrauch die Anteile der Gruppen von Nutzern zu erfassen, deren Verbrauch mit gleichen Ausstattungen erfasst wird. Der Gebäudeeigentümer kann auch bei unterschiedlichen Nutzungs- oder Gebäudearten oder aus anderen sachgerechten Gründen eine Vorerfassung nach Nutzergruppen durchführen.

§ 6
Pflicht zur verbrauchsabhängigen Kostenverteilung

(1) Der Gebäudeeigentümer hat die Kosten der Versorgung mit Wärme und Warmwasser auf der Grundlage der Verbrauchserfassung nach Maßgabe der §§ 7 bis 9 auf die einzelnen Nutzer zu verteilen. Das Ergebnis der Ablesung soll dem Nutzer in der Regel innerhalb eines Monats mitgeteilt werden. Eine gesonderte Mitteilung ist nicht erforderlich, wenn das Ableseergebnis über einen längeren Zeitraum in den Räumen des Nutzers gespeichert ist und von diesem selbst abgerufen werden kann. Einer gesonderten Mitteilung des Warmwasserverbrauchs bedarf es auch dann nicht, wenn in der Nutzeinheit ein Warmwasserzähler eingebaut ist.

(2) In den Fällen des § 5 Abs 2 sind die Kosten zunächst mindestens zu 50 vom Hundert nach dem Verhältnis der erfassten Anteile am Gesamtverbrauch auf die Nutzergruppen aufzuteilen. Werden die Kosten nicht vollständig nach dem Verhältnis der erfassten Anteile am Gesamtverbrauch aufgeteilt, sind

1. die übrigen Kosten der Versorgung mit Wärme nach der Wohn- oder Nutzfläche oder nach dem umbauten Raum auf die einzelnen Nutzergruppen zu verteilen; es kann auch die Wohn- oder Nutzfläche oder der umbaute Raum der beheizten Räume zu Grunde gelegt werden,

2. die übrigen Kosten der Versorgung mit Warmwasser nach der Wohn- oder Nutzfläche auf die einzelnen Nutzergruppen zu verteilen.

Die Kostenanteile der Nutzergruppen sind dann nach Abs 1 auf die einzelnen Nutzer zu verteilen.

(3) In den Fällen des § 4 Abs 3 S 2 sind die Kosten nach dem Verhältnis der erfassten Anteile am Gesamtverbrauch auf die Gemeinschaftsräume und die übrigen Räume aufzuteilen. Die Verteilung der auf die Gemeinschaftsräume entfallenden anteiligen Kosten richtet sich nach rechtsgeschäftlichen Bestimmungen.

(4) Die Wahl der Abrechnungsmaßstäbe nach Abs 2 sowie nach § 7 Abs 1 S 1, §§ 8 und 9 bleibt dem Gebäudeeigentümer überlassen. Er kann diese für künftige Abrechnungszeiträume durch Erklärung gegenüber den Nutzern ändern

1. bei der Einführung einer Vorerfassung nach Nutzergruppen,

2. nach Durchführung von baulichen Maßnahmen, die nachhaltig Einsparungen von Heizenergie bewirken oder

3. aus anderen sachgerechten Gründen nach deren erstmaliger Bestimmung.

Die Festlegung und die Änderung der Abrechnungsmaßstäbe sind nur mit Wirkung zum Beginn eines Abrechnungszeitraumes zulässig.

§ 7
Verteilung der Kosten der Versorgung mit Wärme

(1) Von den Kosten des Betriebs der zentralen Heizungsanlage sind mindestens 50 vom Hundert, höchstens 70 vom Hundert nach dem erfassten Wärmeverbrauch der Nutzer zu verteilen. In Gebäuden, die das Anforderungsniveau der Wärmeschutzverordnung vom 16. August 1994 (BGBl I 2121) nicht erfüllen, die mit einer Öl- oder Gasheizung versorgt werden und in denen die freiliegenden Leitungen der Wärmeverteilung überwiegend gedämmt sind, sind von den Kosten des Betriebs der zentralen Heizungsanlage 70 vom Hundert nach dem erfassten Wärmeverbrauch der Nutzer zu verteilen. In Gebäuden, in denen die freiliegenden Leitungen der Wärmeverteilung überwiegend ungedämmt sind und deswegen ein wesentlicher Anteil des Wärmeverbrauchs nicht erfasst wird, kann der Wärmeverbrauch der Nutzer nach anerkannten Regeln der Technik bestimmt werden. Der so bestimmte Verbrauch der einzelnen Nutzer wird als erfasster Wärmeverbrauch nach S 1 berücksichtigt. Die übrigen Kosten sind nach der Wohn- oder Nutzfläche oder nach dem umbauten Raum zu verteilen; es kann auch die Wohn- oder Nutzfläche oder der umbaute Raum der beheizten Räume zu Grunde gelegt werden.

(2) Zu den Kosten des Betriebs der zentralen Heizungsanlage einschließlich der Abgasanlage gehören die Kosten der verbrauchten Brennstoffe und ihrer Lieferung, die Kosten des Betriebsstromes, die Kosten der Bedienung, Überwachung und Pflege der Anlage, der regelmäßigen Prüfung ihrer Betriebsbereitschaft und Betriebssicherheit einschließlich der Einstellung durch eine Fachkraft, der Reinigung der Anlage und des Betriebsraumes, die Kosten der Messungen nach dem Bundes-Immissionsschutzgesetz, die Kosten der Anmietung oder anderer Arten der Gebrauchsüberlassung einer Ausstattung zur Verbrauchserfassung sowie die Kosten der Verwendung einer Ausstattung zur Verbrauchserfassung einschließlich der Kosten der Eichung sowie der Kosten der Berechnung, Aufteilung und Verbrauchsanalyse. Die Verbrauchsanalyse sollte insbesondere die Entwicklung der Kosten für die Heizwärme- und Warmwasserversorgung der vergangenen drei Jahre wiedergeben.

(3) Für die Verteilung der Kosten der Wärmelieferung gilt Abs 1 entsprechend.

(4) Zu den Kosten der Wärmelieferung gehören das Entgelt für die Wärmelieferung und die Kosten des Betriebs der zugehörigen Hausanlagen entsprechend Abs 2.

§ 8
Verteilung der Kosten der Versorgung mit Warmwasser

(1) Von den Kosten des Betriebs der zentralen Warmwasserversorgungsanlage sind mindestens 50 vom Hundert, höchstens 70 vom Hundert nach dem erfassten Warmwasserverbrauch, die übrigen Kosten nach der Wohn- oder Nutzfläche zu verteilen.

(2) Zu den Kosten des Betriebs der zentralen Warmwasserversorgungsanlage gehören die Kosten der Wasserversorgung, soweit sie nicht gesondert abgerechnet werden, und die Kosten der Wassererwärmung entsprechend § 7 Abs 2. Zu den Kosten der Wasserversorgung gehören die Kosten des

Wasserverbrauchs, die Grundgebühren und die Zählermiete, die Kosten der Verwendung von Zwischenzählern, die Kosten des Betriebs einer hauseigenen Wasserversorgungsanlage und einer Wasseraufbereitungsanlage einschließlich der Aufbereitungsstoffe.

(3) Für die Verteilung der Kosten der Warmwasserlieferung gilt Abs 1 entsprechend.

(4) Zu den Kosten der Warmwasserlieferung gehören das Entgelt für die Lieferung des Warmwassers und die Kosten des Betriebs der zugehörigen Hausanlagen entsprechend § 7 Abs 2.

§ 9
Verteilung der Kosten der Versorgung mit Wärme und Warmwasser bei verbundenen Anlagen

(1) Ist die zentrale Anlage zur Versorgung mit Wärme mit der zentralen Warmwasserversorgungsanlage verbunden, so sind die einheitlich entstandenen Kosten des Betriebs aufzuteilen. Die Anteile an den einheitlich entstandenen Kosten sind bei Anlagen mit Heizkesseln nach den Anteilen am Brennstoffverbrauch oder am Energieverbrauch, bei eigenständiger gewerblicher Wärmelieferung nach den Anteilen am Wärmeverbrauch zu bestimmen. Kosten, die nicht einheitlich entstanden sind, sind dem Anteil an den einheitlich entstandenen Kosten hinzuzurechnen. Der Anteil der zentralen Anlage zur Versorgung mit Wärme ergibt sich aus dem gesamten Verbrauch nach Abzug des Verbrauchs der zentralen Warmwasserversorgungsanlage. Bei Anlagen, die weder durch Heizkessel noch durch eigenständige gewerbliche Wärmelieferung mit Wärme versorgt werden, können anerkannte Regeln der Technik zur Aufteilung der Kosten verwendet werden. Der Anteil der zentralen Warmwasserversorgungsanlage am Wärmeverbrauch ist nach Abs 2, der Anteil am Brennstoffverbrauch nach Abs 3 zu ermitteln.

(2) Die auf die zentrale Warmwasserversorgungsanlage entfallende Wärmemenge (Q) ist ab dem 31. Dezember 2013 mit einem Wärmezähler zu messen. Kann die Wärmemenge nur mit einem unzumutbar hohen Aufwand gemessen werden, kann sie nach der Gleichung

$$Q = 2{,}5 \cdot \frac{\text{kWh}}{\text{m}^3 \cdot \text{K}} \cdot V \cdot (t_w - 10\,°\text{C})$$

bestimmt werden. Dabei sind zu Grunde zu legen

1. das gemessene Volumen des verbrauchten Warmwassers (V) in Kubikmetern (m³);

2. die gemessene oder geschätzte mittlere Temperatur des Warmwassers (t_w) in Grad Celsius (°C).

Wenn in Ausnahmefällen weder die Wärmemenge noch das Volumen des verbrauchten Warmwassers gemessen werden können, kann die auf die zentrale Warmwasserversorgungsanlage entfallende Wärmemenge nach folgender Gleichung bestimmt werden

$$Q = 32 \cdot \frac{\text{kWh}}{\text{m}^2 A_{\text{Wohn}}} \cdot A_{\text{Wohn}}$$

Dabei ist die durch die zentrale Anlage mit Warmwasser versorgte Wohn- oder Nutzfläche (A_{Wohn}) zu Grunde zu legen. Die nach den Gleichungen in S 2 oder 4 bestimmte Wärmemenge (Q) ist

1. bei brennwertbezogener Abrechnung von Erdgas mit 1,11 zu multiplizieren und

2. bei eigenständiger gewerblicher Wärmelieferung durch 1,15 zu dividieren.

(3) Bei Anlagen mit Heizkesseln ist der Brennstoffverbrauch der zentralen Warmwasserversorgungsanlage (B) in Litern, Kubikmetern, Kilogramm oder Schüttraummetern nach der Gleichung

$$B = \frac{Q}{H_i}$$

zu bestimmen. Dabei sind zu Grunde zu legen

1. die auf die zentrale Warmwasserversorgungsanlage entfallende Wärmemenge (Q) nach Abs 2 in kWh;

2. der Heizwert des verbrauchten Brennstoffes (H_i) in Kilowattstunden (kWh) je Liter (l), Kubikmeter (m^3), Kilogramm (kg) oder Schüttraummeter (SRm). Als H_i-Werte können verwendet werden für

Leichtes Heizöl EL	10	kWh/l
Schweres Heizöl	10,9	kWh/l
Erdgas H	10	kWh/m^3
Erdgas L	9	kWh/m^3
Flüssiggas	13	kWh/kg
Koks	8	kWh/kg
Braunkohle	5,5	kWh/kg
Steinkohle	8	kWh/kg
Holz (lufttrocken)	4,1	kWh/kg
Holzpellets	5	kWh/kg
Holzhackschnitzel	650	kWh/SRm.

Enthalten die Abrechnungsunterlagen des Energieversorgungsunternehmens oder Brennstofflieferanten H_i-Werte, so sind diese zu verwenden. Soweit die Abrechnung über kWh-Werte erfolgt, ist eine Umrechnung in Brennstoffverbrauch nicht erforderlich.

(4) Der Anteil an den Kosten der Versorgung mit Wärme ist nach § 7 Abs 1, der Anteil an den Kosten der Versorgung mit Warmwasser nach § 8 Abs 1 zu verteilen, soweit diese Verordnung nichts anderes bestimmt oder zulässt.

§ 9a
Kostenverteilung in Sonderfällen

(1) Kann der anteilige Wärme- oder Warmwasserverbrauch von Nutzern für einen Abrechnungszeitraum wegen Geräteausfalls oder aus anderen zwingenden Gründen nicht ordnungsgemäß erfasst werden, ist er vom Gebäudeeigentümer auf der Grundlage des Verbrauchs der betroffenen Räume in vergleichbaren Zeiträumen oder des Verbrauchs vergleichbarer anderer Räume im jeweiligen Abrechnungszeitraum oder des Durchschnittsverbrauchs des Gebäudes oder der Nutzergruppe zu ermitteln. Der so ermittelte anteilige Verbrauch ist bei der Kostenverteilung anstelle des erfassten Verbrauchs zu Grunde zu legen.

(2) Überschreitet die von der Verbrauchsermittlung nach Abs 1 betroffene Wohn- oder Nutzfläche oder der umbaute Raum 25 vom Hundert der für die Kostenverteilung maßgeblichen gesamten Wohn- oder Nutzfläche oder des maßgeblichen gesamten umbauten Raumes, sind die Kosten ausschließlich nach den nach § 7 Abs 1 S 5 und § 8 Abs 1 für die Verteilung der übrigen Kosten zu Grunde zu legenden Maßstäben zu verteilen.

§ 9b
Kostenaufteilung bei Nutzerwechsel

(1) Bei Nutzerwechsel innerhalb eines Abrechnungszeitraumes hat der Gebäudeeigentümer eine Ablesung der Ausstattung zur Verbrauchserfassung der vom Wechsel betroffenen Räume (Zwischenablesung) vorzunehmen.

(2) Die nach dem erfassten Verbrauch zu verteilenden Kosten sind auf der Grundlage der Zwischenablesung, die übrigen Kosten des Wärmeverbrauchs auf der Grundlage der sich aus anerkannten Regeln der Technik ergebenden Gradtagszahlen oder zeitanteilig und die übrigen Kosten des Warmwasserverbrauchs zeitanteilig auf Vor- und Nachnutzer aufzuteilen.

(3) Ist eine Zwischenablesung nicht möglich oder lässt sie wegen des Zeitpunktes des Nutzerwechsels aus technischen Gründen keine hinreichend genaue Ermittlung der Verbrauchsanteile zu, sind die gesamten Kosten nach den nach Abs 2 für die übrigen Kosten geltenden Maßstäben aufzuteilen.

(4) Von den Absätzen 1 bis 3 abweichende rechtsgeschäftliche Bestimmungen bleiben unberührt.

§ 10
Überschreitung der Höchstsätze

Rechtsgeschäftliche Bestimmungen, die höhere als die in § 7 Abs 1 und § 8 Abs 1 genannten Höchstsätze von 70 vom Hundert vorsehen, bleiben unberührt.

§ 11
Ausnahmen

(1) Soweit sich die §§ 3 bis 7 auf die Versorgung mit Wärme beziehen, sind sie nicht anzuwenden

1. auf Räume,

a) in Gebäuden, die einen Heizwärmebedarf von weniger als 15 kWh/(m^2 · a) aufweisen,

b) bei denen das Anbringen der Ausstattung zur Verbrauchserfassung, die Erfassung des Wärmeverbrauchs oder die Verteilung der Kosten des Wärmeverbrauchs nicht oder nur mit unverhältnismäßig hohen Kosten möglich ist; unverhältnismäßig hohe Kosten liegen vor, wenn diese nicht durch die Einsparungen, die in der Regel innerhalb von zehn Jahren erzielt werden können, erwirtschaftet werden können; oder

c) die vor dem 1. Juli 1981 bezugsfertig geworden sind und in denen der Nutzer den Wärmeverbrauch nicht beeinflussen kann;

2.

a) auf Alters- und Pflegeheime, Studenten- und Lehrlingsheime,

b) auf vergleichbare Gebäude oder Gebäudeteile, deren Nutzung Personengruppen vorbehalten ist, mit denen wegen ihrer besonderen persönlichen Verhältnisse regelmäßig keine üblichen Mietverträge abgeschlossen werden;

3. auf Räume in Gebäuden, die überwiegend versorgt werden

a) mit Wärme aus Anlagen zur Rückgewinnung von Wärme oder aus Wärmepumpen- oder Solaranlagen oder

b) mit Wärme aus Anlagen der Kraft-Wärme-Kopplung oder aus Anlagen zur Verwertung von Abwärme, sofern der Wärmeverbrauch des Gebäudes nicht erfasst wird;

4. auf die Kosten des Betriebs der zugehörigen Hausanlagen, soweit diese Kosten in den Fällen des § 1 Abs 3 nicht in den Kosten der Wärmelieferung enthalten sind, sondern vom Gebäudeeigentümer gesondert abgerechnet werden;

5. in sonstigen Einzelfällen, in denen die nach Landesrecht zuständige Stelle wegen besonderer Umstände von den Anforderungen dieser Verordnung befreit hat, um einen unangemessenen Aufwand oder sonstige unbillige Härten zu vermeiden.

(2) Soweit sich die §§ 3 bis 6 und § 8 auf die Versorgung mit Warmwasser beziehen, gilt Abs 1 entsprechend.

§ 12
Kürzungsrecht, Übergangsregelung

(1) Soweit die Kosten der Versorgung mit Wärme oder Warmwasser entgegen den Vorschriften dieser Verordnung nicht verbrauchsabhängig abgerechnet werden, hat der Nutzer das Recht, bei der nicht verbrauchsabhängigen Abrechnung der Kosten den auf ihn entfallenden Anteil um 15 vom Hundert zu kürzen. Dies gilt nicht beim Wohnungseigentum im Verhältnis des einzelnen Wohnungseigentümers zur Gemeinschaft der Wohnungseigentümer; insoweit verbleibt es bei den allgemeinen Vorschriften.

(2) Die Anforderungen des § 5 Abs 1 S 2 gelten bis zum 31. Dezember 2013 als erfüllt

1. für die am 1. Januar 1987 für die Erfassung des anteiligen Warmwasserverbrauchs vorhandenen Warmwasserkostenverteiler und

2. für die am 1. Juli 1981 bereits vorhandenen sonstigen Ausstattungen zur Verbrauchserfassung.

(3) Bei preisgebundenen Wohnungen im Sinne der Neubaumietenverordnung 1970 gilt Abs 2 mit der Maßgabe, dass an die Stelle des Datums „1. Juli 1981" das Datum „1. August 1984" tritt.

(4) § 1 Abs 3, § 4 Abs 3 S 2 und § 6 Abs 3 gelten für Abrechnungszeiträume, die nach dem 30. September 1989 beginnen; rechtsgeschäftliche Bestimmungen über eine frühere Anwendung dieser Vorschriften bleiben unberührt.

(5) Wird in den Fällen des § 1 Abs 3 der Wärmeverbrauch der einzelnen Nutzer am 30. September 1989 mit Einrichtungen zur Messung der Wassermenge ermittelt, gilt die Anforderung des § 5 Abs 1 S 1 als erfüllt.

(6) Auf Abrechnungszeiträume, die vor dem 1. Januar 2009 begonnen haben, ist diese Verordnung in der bis zum 31. Dezember 2008 geltenden Fassung weiter anzuwenden.

§ 13
(Berlin-Klausel)

[gegenstandslos]

§ 14
[Inkrafttreten]

Schrifttum

BERTRAM, Heizkostenabrechnung nach Gradtagszahlen, ZMR 1988, 367
BEYER, Eigenverantwortung und Schutz des Mieters, in: FS Blank (2006) 57
BÖRSTINGHAUS, Aktuelles zur verbrauchsabhängigen Heizkostenabrechnung, MDR 2000, 1345
ders, Die Problematik der Heizkostenabrechnung bei fehlenden Erfassungsgeräten, die Modernisierungspflicht bei unwirtschaftlichen Heizungsanlagen und die Auswirkungen falscher Flächenangaben im Mietvertrag, LMK 2008, 256, 336
BRIESEMEISTER, Die Haftung des WEG-Verwalters (Teil 2), GE 2012, 668
BRÜCKNER, Keine Kürzung des Abrechnungsergebnisses der Betriebskostenposition „Kaltwasser", GE 2012, 42
ders, Rechtsfolge beim Verstoß gegen die Vereinbarung der verbrauchsabhängigen Betriebskostenabrechnung, GE 2012, 1208
DRASDO, Die Abrechnung der Heizkosten im Wohnungseigentum, NZM 2010, 681
ders, Das Boarding-House-System, NJW-Spezial 2007, 561
EISENSCHMID, Keine Änderung der Kostenstruktur, GE 1999, 1208
GATHER, Mietstruktur und Betriebskostenvorauszahlung bei der Wohnraummiete, DWW 2012, 362
GRAMLICH, Mietrecht. Bürgerliches Gesetzbuch, HeizkostenVO, Zweite BerechnungsVO (10. Aufl 2007)
GRUBER, Heizkostenabrechnung und Nichterfassung des Verbrauchs, NZM 2000, 842
HENGSTENBERG, Das Nutzungsverhalten in der Heizkostenabrechnung sichtbar machen!, WuM 2011, 69

HAUPT, Heizkostenabrechnung bei kombinierten Heiz- und Solaranlagen, WuM 2014, 178
HEILMANN, Schätzung von Betriebskosten, NZM 2018, 698
HOPFENSPERGER/NOACK/ONISCHKE, EnEV-Novelle 2009 und neue Heizkostenverordnung (2009)
KEYHANIAN, Rechtliche Instrumente zur Energieeinsparung (2008)
KINNE, Bis Ende 2013: Einbau von Wärmezählern in zentralen Warmwasseraufbereitungsanlagen erforderlich, GE 2012, 303
ders, Auch für Dienstwohnungen zwingend?, GE 2009, 959
ders, Einbau von Wärmezählern bis Ende 2013: Duldungspflicht und Umlagemöglichkeit, GE 2009, 492
ders, Die Erhöhung laufender Heizkostenvorschüsse bei steigenden Preisen, GE 1990, 1174
ders, Pflicht zur Mitteilung des Ableseergebnisses, GE 2009, 692
KREUZBERG/WIEN, Handbuch der Heizkostenabrechnung (7. Aufl 2010)
LAMMEL, Heizkostenabrechnung bei Verwendung regenerativer Energien, ZMR 2020, 93
ders, Zur Haftung für fehlerhafte Heizkostenabrechnungen in Rohrwärmefällen, ZMR 2017, 711
ders, Heizkostenverordnung (3. Aufl 2010)
ders, HeizkostenV, in: SCHMIDT-FUTTERER, Mietrecht (14. Aufl 2019)
ders, Das Rätsel der Formeln in § 9 II 2, 4 HeizkostenVO, NZM 2010, 116
LANGENBERG, Zur Aufteilung von Wasserkosten anhand eines Zwischenzählers, NZM 2010, 186
ders, Betriebskosten- und Heizkostenrecht (7. Aufl 2014)
LEISNER, Ist die Regelung des Kürzungsrechts des Mieters in § 12 Heizkostenverordnung rechtsgültig?, Rechtsgutachten (1984)
LUDLEY, Das Heizkostenrecht vor dem XII. Zivilsenat des BGH: Ein einziges Missverständnis?, NZM 2019, 464
MANN, Zusätzliche Zwangsbestrahlung von Mietern oder: Doch mehr als nur unbegründete Vermutung einer Gesundheitsgefahr?, NZM 2011, Nr 24, V
MOHR, Gewerberaummiete: Gesteigerte Kosteneffizienz durch Änderung der Nebenkostenumlage, ZfIR 2009, 230
H D MÜLLER, Verrechnung ausgeschlossen? Eine Anmerkung. Heizkostenguthaben gegen Betriebskosten-Nachforderung, GE 1995, 1298
PASCHKE, Wichtige Neuerungen der Heizkostenverordnung, WuM 2010, 14
PERUZZO, Heizkostenabrechnung nach Verbrauch (6. Aufl 2009)
PETERS, Handbuch zur Wärmekostenabrechnung (14. Aufl 2010)
PFEIFER, Eichordnung seit Juni 2011 geändert, GE 2011, 1128
ders, Die ab 1. Januar 2009 geltenden Änderungen der Heizkostenverordnung, GE 2009, 156
ders, Der neue § 9 HeizkostenV – eine selbsterklärende Vorschrift?, DWW 2010, 172
ders, Förmliche Inbetriebnahme vorgeschrieben, GE 2013, 462
ROPERTZ, Kosten der Zwischenablesung bei Heizkostenabrechnung, WuM 1992, 291
ders/WÜSTEFELD, Die neue Heizkostenverordnung, NJW 1989, 2365
SCHACH, Der Vermieter muss auch die mit einem Wärmecontractor abgeschlossenen Verträge vorlegen, GE 2010, 513
M J SCHMID, Verbrauchsabhängige Abrechnung von Grundgebühren?, NZM 2011, 235
ders, Änderung des Abrechnungsmaßstabs wegen Leerstands bei der Wohnraummiete nach § 313 Abs 1 BGB, WuM 2011, 453
ders, Die Anbringung und Verwendung von Verbrauchszählern in Mietwohnungen, WuM 2011, 331
ders, Anforderungen an eine Heizkostenabrechnung, DWW 2012, 258
ders, Anmerkung zur Rechtsprechung über die Abrechnungsmethode von Wasserkosten eines gemischt-genutzten Gebäudes, ZMR 2010, 283
ders, Erschwerte Betriebskostenabrechnung für Vermieter, GE 2011, 1131
ders, Nicht jeder Fehler in der Heizkostenabrechnung berechtigt zur Kürzung des Abrechnungsbetrages!, GE 2013, 658
ders, Handbuch der Mietnebenkosten (11. Aufl 2009)
ders, Heizkörper als Sondereigentum, MDR 2011, 1081

ders, Heizkostenabrechnung nach dem Abflussprinzip, CuR 2011, 153
ders, Kostenverteilung nach der Heizkosten-Verordnung bei verbundenen Anlagen, ZMR 2012, 764
ders, Mietkosten als Betriebskosten umlegbar?, WuM 2012, 363
ders, Mietnebenkostenabrechnung nach Abflussprinzip, GE 2012, 165
ders, Novellierung der HeizkostenVO. Darstellung des neuen Rechts und kritische Analyse, NZM 2009, 104
ders, Novellierung der Heizkostenverordnung zum 1. 1. 2009, ZMR 2009, 172
ders, Die beheizten Räume nach der HeizkostenV, ZMR 2006, 665
ders, Die neuere Rechtsprechung zur Heizkostenverordnung und ihre Folgen, CuR 2012, 70
ders, Welche Überprüfungs- und Wartungskosten können auf den Mieter umgelegt werden?, GE 2011, 1595
ders, Wer zahlt die Verbrauchsanalyse?, GE 2009, 27
ders, Vereinbarungen zu Abrechnungsmaßstäben über Mietnebenkosten, DWW 2010, 242
ders, Verteilungsmaßstäbe nach der Heizkostenverordnung, CuR 2013, 10
ders, Zählerablesungen in Miet- und Eigentumswohnungen, MDR 2011, 637

ders, Zusammenfassung mehrerer Häuser bei der Heizkostenabrechnung, GE 1990, 403
SCHLÜTER, Konsequenzen aus der BGH-Heizkosten-Entscheidung, ZMR 2012, 681
SCHUBART/KOHLENBACH/BOHNDICK, Wohn- und Mietrecht, Teil I/1 Soziales Miet- und Wohnrecht, Anhang B HeizkostenV (Stand Juni 2010)
SPRINGER, Geschätzter Brennstoffverbrauch als Grundlage einer Heizkostenabrechnung?, WuM 2017, 569
STERNEL, Nutzerwechselgebühren-Umlage in der Wohnraummiete, NZM 2020, 337
ders, Heizkosten und Heizkostenabrechnung, PiG 23 (1986) 55
STREYL, Schätzungen in der Betriebskostenabrechnung, WuM 2017, 560
vOPPEN/SCHUBERT, Klimawandel im Immobilienrecht, AnwBl 2009, 439
WALL, Die neue Heizkostenverordnung, WuM 2009, 3
WOLF, Über die Pflicht des Eigentümers zur Installierung von Meßgeräten zur Verbrauchserfassung nach der Heizkostenverordnung und die Ausnahmeregelung des § 11 Abs 1 Nr 1a unter besonderer Berücksichtigung der Situation in den neuen Bundesländern nach dem 31. 12. 1995, ZMR 1996, 531.

Systematische Übersicht

I.	**Anwendungsbereich der HeizkostenV**	
1.	Raummiete	1
2.	Preisgebundener Wohnraum und neue Bundesländer	2
II.	**Umlagemaßstab**	3
III.	**Kostenarten**	10
IV.	**Aufteilung bei Nutzerwechsel**	17
V.	**Grundsatz der Wirtschaftlichkeit**	19
VI.	**Abweichende Vereinbarungen**	20
VII.	**Kürzungsrecht**	21
VIII.	**Einfluss der HeizkostenV auf Mietverhältnisse**	
1.	Verbrauchsabhängige Abrechnung	23
a)	Pflicht	23
b)	Änderung der Mietstruktur	25
2.	Wärmecontracting	27
IX.	**Vermietete Eigentumswohnung**	28

I. Anwendungsbereich der HeizkostenV

1. Raummiete

Für die gesamte Raummiete (s § 578 BGB) enthält die Heizkostenverordnung (HeizkostenV) vom 23. 2. 1981 (BGBl I 261) in der Fassung der Bekanntmachung vom 20. 1. 1989 (BGBl I 115), novelliert durch Art 3 der Verordnung zur Änderung der VO über Heizkostenabrechnung vom 2. 12. 2008 (BGBl I 2375; hierzu M J Schmid NZM 2009, 104) mit Wirkung zum 1. 1. 2009 eine gesetzliche Sonderregelung für die Umlage der Heizungs- und Warmwasserkosten. Die HeizkostenV regelt die Umlage der Kosten für den Betrieb zentraler Heizungsanlagen und zentraler Warmwasserversorgungsanlagen sowie für die Lieferung von Fernwärme und -warmwasser (§ 1 Abs 1 HeizkostenV). Ihr Anwendungsbereich ergibt sich im Einzelnen aus den §§ 1 bis 3 und 11 HeizkostenV (OLG Frankfurt ZMR 2018, 585 zur Lüftungsheizung und Wärmerückgewinnung). Er umfasst danach die gesamte Raummiete einschließlich namentlich des preisgebundenen Wohnraums (§ 1 Abs 4 HeizkostenV) sowie des Wohnungseigentums (§ 3 HeizkostenV). Die HeizkostenV gilt also sowohl für **Wohnraummietverhältnisse** als auch für **gewerbliche Mietverhältnisse** (OLG Düsseldorf GE 2002, 1427). Verschiedene Ausnahmen finden sich jedoch in § 11 HeizkostenV. Aufgrund der HeizkostenV ist heute die sog Kaltmiete die gesetzliche Regel, und zwar kraft zwingenden Rechts, da die HeizkostenV den Vorrang vor den Vereinbarungen der Parteien hat (§ 2 HeizkostenV). Die HeizkostenV in der Fassung seit dem 1. 1. 2009 soll dazu dienen, den Verbrauch fossiler Brennstoffe zu verringern und durch die Ausnahme von der Anwendung der Verbrauchserfassungspflicht einen Anreiz zur Erreichung eines Passivhausstandards schaffen (Vorblatt BR-Drucks 570/08 unter B; krit hierzu M J Schmid NZM 2009, 104).

2. Preisgebundener Wohnraum und neue Bundesländer

Der Anwendungsbereich der HeizkostenVO erstreckt sich nach § 1 Abs 4 HeizkostenV iVm § 22 NMVO idF vom 12. 10. 1990 (BGBl I 2202) grundsätzlich auch auf den preisgebundenen Wohnraum. Die Umlegung aller anderen Betriebskosten, die im Einzelnen in der Anlage 3 zu § 27 der BV 2 aufgezählt sind, richtet sich hingegen nach den §§ 20 ff NMVO (Einzelheiten s Hanke PiG 23 [1986] 101; Schubart/Kohlenbach/Bohndick, Wohn- und Mietrecht, Teil II, NMV; zur Rechtslage nach Inkrafttreten des WoFG v 13. 9. 2001 s § 556 Rn 8). Die HeizkostenV findet seit dem 1. 1. 1991 eingeschränkt (s Staudinger/V Emmerich [1997] Vorbem 38 f zu Art 3 WKSchG II §§ 11–17 MHRG) und seit dem 1. 1. 1996 mit bestimmten Maßgaben uneingeschränkt (BGH NJW 2004, 285 = NZM 2004, 24 = ZMR 2004, 99; LG Halle ZMR 2003, 428 zu Altanlagen; s Schubart/Kohlenbach/Wienicke, Wohn- und Mietrecht, Teil I/1, Anhang B HeizkostenV Einführung Anm 4) auch auf Räume in den neuen Bundesländern Anwendung.

II. Umlagemaßstab

Nach den §§ 4 und 5 HeizkostenV muss der Vermieter die Räume mit Wärmezählern oder Heizkostenverteilern sowie Warmwasserzähler versehen. Der so erfasste Energieverbrauch ist sodann zu mindestens 50 % und höchstens 70 % verbrauchsabhängig auf die Mieter umzulegen, während für die übrigen Kosten andere **Verteilungsmaßstäbe** in Betracht kommen (s im Einzelnen die §§ 6 bis 9 HeizkostenV). Im Fall des § 7 Abs 1 S 2 HeizkostenV sind zwingend 70% verbrauchsabhängig abzurechnen. Geschieht das nicht, hat der Mieter einen Anspruch auf Änderung des Schlüssels und ist nicht auf das Kürzungsrecht nach § 12 verwiesen (BGH NZM 2019, 169). Für Solaranlagen gelten die anerkannten Regeln der Technik (HAUPT WuM 2014, 178 ff) als Aufteilungsmaßstab.

4 Da die gesetzlichen Anforderungen an eine ordnungsgemäße Heizkostenabrechnung kompliziert sind, ist es nicht dem Vermieter anzulasten, wenn eine auf dieser Grundlage von einem rechtlich nicht vorgebildeten Mieter gleichwohl nicht verstanden werden kann (BGH NJW 2005, 3135 = NZM 2005, 737 = WuM 2005, 579; NJW 2010, 1198 = WuM 2010, 153; NJW 2012, 603 = NZM 2012, 153 = WuM 2012, 25 = GE 2012, 126 = ZMR 2012, 263; ZMR 2012, 345; Info M 2012, 3 und 3 = Mietprax-AK § 556 BGB Nr 82; HansOLG Hamburg ZMR 2005, 452; LG Bochum ZMR 2005, 863; LG Dortmund NZM 2005, 583 = WuM 2005, 454; ZMR 2005, 865; NZM 2005, 584; iE LG Münster NZM 2004, 498 = DWW 2004, 23; AG Spandau GE 2005, 920; AG Wedding GE 2004, 353; **aM** noch LG Itzehoe ZMR 2003, 267; ZMR 2011, 214; AG Dortmund NZM 2004, 220 = WuM 2004, 148; AG Neuruppin WuM 2004, 538; AG Pinneberg ZMR 2003, 267; WuM 2004, 537; AG Witten ZMR 2005, 209 „**Heizkostenquiz**"; krit zur Rspr des BGH LANGENBERG, Betriebskosten- und Heizkostenrecht, Rn K 249).

5 Will der Vermieter die Geräte zur Verbrauchserfassung anmieten, muss er dies den Mietern vorab nach § 4 Abs 2 S 2 HeizkostenV mitteilen, die Mitteilung muss den Mietern zugehen (LANGENBERG, Betriebskosten- und Heizkostenrecht, K Rn 62 ff). Unterlässt er dies, müssen die Mieter die **Mietkosten** nicht tragen (BGH NZM 2011, 804 = WuM 2011, 624 = GE 2011, 1550; LG Heidelberg DWW 2011, 144 = GE 2011, 269 = WuM 2011, 14). Die auf der Grundlage dieser Messungen ermittelten Heizkosten haben die Mieter aber gleichwohl zu tragen (LG Heidelberg DWW 2011, 144 = GE 2011, 269 = WuM 2011, 14; **aM** LG Frankfurt/Main WuM 2011, 684). Etwas anderes gilt, wenn die (Funk-)Messgeräte nicht funktionieren (LG Frankfurt/Main WuM 2011, 684). Aufgrund der Pflicht zur verbrauchsabhängigen Messung folgt aus § 4 Abs 2 HeizkostenV unmittelbar ein **Duldungsanspruch** des Vermieters gegenüber dem Mieter, gekaufte Messgeräte auszutauschen oder durch gemietete zu ersetzen (BGH NZM 2011, 804 = WuM 2011, 625 = ZMR 2012, 97; LANGENBERG, Betriebskosten- und Heizkostenrecht, Rn K 173). Die Umrechnungsfaktoren bei der Anbringung neuer Heizkörper richten sich nach DIN-Normen (AG Hamburg-Barmbek ZMR 2011, 293).

6 Der BGH hat für die Frage der **Abgrenzung** der Abrechnungsperioden aus praktischen Gründen die Abrechnung nach dem Rechnungsdatum oder der Zahlung durch den Mieter **(Abflussprinzip)** für zulässig erachtet (BGH NJW 2008, 1300 = WuM 2008, 223; NJW 2008, 1801 = WuM 2008, 285; NJW 2008, 2328 = WuM 2008, 404; AG Bremen WuM 2009, 671; noch offen gelassen von BGH NZM 2006, 740 = WuM 2006, 516; OLG Schleswig NJW-RR 1991, 78; LG Berlin GE 1999, 1129; MM 2004, 374; LG Wiesbaden NZM 2002, 944; bei geringfügigem Überhang LG Dortmund ZMR 2005, 865; wenn eine Mehrbelastung ausgeschlossen ist: LG Berlin GE 2006, 725; GE 2007, 368; GE 2007, 451; LG Düsseldorf DWW 1990, 51; AG Köpenick GE 2010, 1208; BLANK/BÖRSTINGHAUS, Miete Rn 101 mwNw). Auch die **vertragliche Vereinbarung** zwischen den Mietvertragsparteien, die Betriebskosten nach dem Abflussprinzip abzurechnen, ist zulässig (BGH NJW 2008, 1300 = WuM 2008, 223; OLG Schleswig WuM 1991, 333 obiter dictum; OLG Düsseldorf GuT 2003, 1 für Gewerbemiete; LG Düsseldorf DWW 1990, 220 wenn kein Mieterwechsel stattfindet; BLANK WuM 2000, 523; STERNEL PiG 55 [1998] 79, 95; diff LANGENBERG PiG 58 [1999] 79, 92 ff; ders, Betriebskostenrecht G Rn 115 ff). Fraglich ist,

ob der BGH damit auch eine Mischung zwischen Leistungs- und Abflussprinzip für unterschiedliche Abrechnungsposten erlaubt (kritisch AG Hamburg-Blankenese ZMR 2010, 613 Rn 98 ff; LANGENBERG Betriebskosten- und Heizkostenrecht G Rn 110; SCHACH GE 2008, 445; SCHMID, Hdb Rn 3200). Zumindest wird man fordern müssen, dass der Vermieter grundsätzlich bei einer Abgrenzungsmethode bleibt (AG Hamburg-Blankenese ZMR 2010, 613 Rn 109 f) oder einen Wechsel zumindest genau begründet. „Warme" Betriebskosten wie die Heizkosten sind hingegen nicht nach dem Abflussprinzip abzurechnen, denn nach der zwingenden Vorschrift des § 7 Abs 2 HeizkostenV ist nach den tatsächlich verbrauchten Heizkosten abzurechnen (BGH NJW 2012, 1141 = NZM 2012, 230 = WuM 2012, 143 = ZMR 2012, 341; AG Bad Mergentheim NZM 2012, 680 zur Messung mittels Füllstandes; SCHMIDT-FUTTERER/LAMMEL § 6 HeizkostenV Rn 21; **aM** LG Berlin GE 2011, 753 = ZMR 2011, 871; LG Berlin ZMR 2011, 955 wenn Mieter keinen Nachteil erleidet; Schmid DWW 2008, 162, 163; für die nicht verbrauchsabhängige Abrechnung nach § 12 Abs 1 HeizkostenV zulässig LG Heidelberg WuM 2011, 217 = ZMR 2011, 638). Die Kosten sind in diesem Fall nicht umlegbar und nicht nur zu kürzen (BGH NJW 2012, 1141 = NZM 2012, 230 = WuM 2012, 143 = ZMR 2012, 341). Es sind jeweils die tatsächlich gezahlten Preise zugrunde zu legen und nicht die aktuellen, infolge eines Absturzes des Weltmarktpreises niedrigeren Preise (AG Halle ZMR 2013, 202). Zu weiteren Grundsätzen der ordnungsgemäßen Abrechnung s § 556 Rn 82 ff.

Eine **Änderung des Umlagemaßstabs** ist nur unter den Voraussetzungen des § 6 Abs 4 S 2 HeizkostenV möglich (BGH NJW-RR 2004, 659 = NZM 2004, 254 = WuM 2004, 150 = ZMR 2004, 343). **7**

Ist die Ablesung der Wärmemesser unbrauchbar, weil die Zuleitungsrohre zu der Wohnung des Mieters unisoliert durch eine weitere Wohnung gelegt werden (LG Meiningen WuM 2003, 453; AG Varel WuM 1983, 182 [LS]), weil die Verdunstungsröhrchen der Heizkostenverteiler fehlerhaft montiert sind (AG Jülich WuM 1987, 397), die Eichfrist bereits neun Jahre gelaufen ist (AG Neubrandenburg WuM 2010, 91, s aber § 556a Rn 16) oder der Ablesetermin weit nach der Beendigung der Abrechnungsperiode lag (LG Osnabrück NJW-RR 2004, 163 = NZM 2004, 95; AG Köln WuM 2000, 213; AG Nordhorn WuM 2003, 326), begründet die Abrechnung insoweit keine Nachzahlungsforderung. § 7 Abs 1 S 3 HeizkostenV sieht für den Fall, dass Leitungen der Wärmeverteilung frei liegen und ungedämmt sind eine andere Form der Umlage nach den anerkannten Regeln der Technik (zB Verfahren zur Berücksichtigung der Rohrwärmeabgabe der VDI-Richtlinie 2077, dazu LG Siegen WuM 2015, 433) vor (LG Dresden WuM 2013, 671; AG Schöneberg GE 2011, 758). Der Text der VDI-Richtlinie 2077, auf den in § 7 Abs 1 S 3 eine zulässige dynamische Verweisung erfolgt, muss dem Mieter im Zuge der Abrechnung weder zur Kenntnis gebracht noch erläutert werden (BGH WM 2015, 423). Nach Auffassung des BGH lässt sich dieses Verfahren allerdings nicht analog auf Fallgestaltungen übertragen, in denen die Leitungen zwar überwiegend ungedämmt, nicht aber über Putz, also freiliegend installiert wurden (BGH WM 2017, 320 mit krit Anm WALL und LAMMEL ZMR 2017, 711; **aA** etwa BLANK/BÖRSTINGHAUS Miete Rn 7). **8**

Bei Ausfall der Geräte oder anderen zwingenden Gründen, aus denen sich ergibt, dass der anteilige Wärmeverbrauch der Nutzer nicht ordnungsgemäß erhoben werden kann, schreibt § 9a dann die Ermittlung des Verbrauchs der betroffenen Räume anhand einer **Schätzung** vor (HEILMANN NZM 2018, 698; SPRINGER WuM 2017, 569; STREYL WuM 2017, 560), maßgebend sind vergleichbare frühere Zeiträume oder der Verbrauch **9** vergleichbarer anderer Räume im jeweiligen Abrechnungszeitraum, nicht reine Flächenmaßstäbe (BGH NZM 2013, 676 = WuM 2013, 305 = ZMR 2013, 680; AG Charlottenburg GE 2011, 207). Notfalls ist durch einen Gutachter zu klären, ob die Wärmemengenzähler einwandfrei arbeiten (AG Coesfeld WuM 2011, 545). Zwingende Gründe liegen neben dem Geräteausfall vor, wenn objektive, für die anschließenden Rechenschritte notwendigen Messergebnisse fehlen (AG Hamburg 1. 10. 2010 – 46 C 28/09). Dies kann der Fall sein, wenn sich aufgrund außergewöhnlicher Ausreißer hinsichtlich des Verbrauchs der Verdacht aufdrängt, die Ablesung oder Aufzeichnung der Messergebnisse war inkorrekt (AG Hamburg 1. 10. 2010 – 46 C 28/09) oder wenn der gemessene Verbrauch aus physikalischen Gründen nicht zutreffen kann (BGH NZM 2013, 676 = WuM 2013, 305 = ZMR 2013, 680). Soweit Schätzungen notwendig sind, ist der Vermieter verpflichtet, diese und ihre Grundlagen mitzuteilen (BGH NZM 2013, 676 = WuM 2013, 305 = ZMR 2013, 680; LG Berlin GE 2011, 612; AG Charlottenburg GE 2011, 756; AG Köln WuM 2012, 582; WuM 2001, 449; AG Leipzig WuM 2004, 24 = ZMR 2004, 594), wobei der BGH eine solche Erläuterung nicht für notwendig hält, um die formelle Ordnungsgemäßheit der Heizkostenabrechnung herbeizuführen (BGH NZM 2015, 129 = ZMR 2015, 111 = WuM 2015, 32 mit krit Bspr. Lammel WuM 2015, 144; bestätigt in BGH NJW 2016, 3437). Lässt der Vermieter die Skalenkodierung der Heizkostenverteiler ohne nachvollziehbaren Grund ändern, muss er in der vorhergehenden Abrechnung, der die alten Einheiten zugrunde lagen, erläutern, dass dieser Maßstab nicht bereits zu diesem Zeitpunkt unbrauchbar war (LG Saarbrücken WuM 1989, 311). Ob die Schätzung **inhaltlich** zutreffend ist, hindert die formelle Wirksamkeit der Abrechnung hingegen nicht (BGH NZM 2008, 567 = WuM 2008, 407 = ZMR 2008, 777 m Anm Rave). Wenn auf diese Weise eine geeignete Umlage zB mangels geeigneter Vergleichsdaten nicht möglich ist, kommt eine verbrauchsunabhängige Umlage zB nach Flächenmaßstäben mit der Kürzungsmöglichkeit nach § 12 (s Rn 21 f) in Betracht (BGH NZM 2013, 676 = WuM 2013, 305 = ZMR 2013, 680).

III. Kostenarten

10 Welche **Kosten** umgelegt werden können, sagen dabei im Einzelnen § 7 Abs 2 bis 4 HeizkostenV für den Betrieb von Heizungsanlagen sowie § 8 Abs 2 HeizkostenV für die Kosten des Betriebs von Warmwasserversorgungsanlagen. Die Aufzählung der Heizkosten in § 7 Abs 2 HeizkostenV ist abschließend (BGH NZM 2009, 120 = WuM 2009, 115 = ZMR 2009, 354 m Anm Schmid). Soweit bestimmte Kosten in der HeizkostenV genannt werden, sind sie auf der anderen Seite auch ohne Einschränkungen, etwa wie die in der BetrKV gemachten (s § 556 Rn 14 ff), in voller Höhe auf den Mieter umlegbar.

11 So können die Kosten der **Wartung** einer Gastherme, ohne eine Obergrenze, sogar in Formularverträgen, in voller Höhe umgelegt werden (BGH NZM 2013, 84 = DWW 2013, 7; Langenberg NZM 2013, 138; aM noch BGH NJW 1991, 1750 = WuM 1991, 381). Auch **aperiodische Kosten** wie die Kosten der Tankreinigung, die nur alle fünf bis sieben Jahre anfallen, sind umlegbar (BGH WuM 2010, 33 = GE 2010, 118). Die Kosten der **Fernwärme** umfassen nur die Kosten für eine typische Gestaltung des Wärmecontracting, bei der der Wärmelieferant hohe Investitionen für die Anlage oder das Wärmenetz erbringt. Übernimmt der Betreiber nur die bestehende Anlage des Vermieters, liegen keine Kosten der Fernwärme vor (BGH WuM 2012, 115 = GE 2012, 198). Diese Kosten kann der Vermieter aber nunmehr nach § 556c Abs 1 S 2 BGB im Rahmen eines **Betriebsführungscontracting** auf den Mieter abwälzen (s § 556c Rn 24).

Die Heizungskosten umfassen nach § 7 Abs 2 HeizkostenV in erster Linie den ver- **12**
brauchten Brennstoff (LG Wuppertal WuM 1979, 141 m Anm Goch), die Kosten der
Lieferung des Brennstoffs, des Betriebsstroms, eingeschlossen derjenige zur Wärmerückgewinnung (OLG Frankfurt ZMR 2018, 585), der Bedienung, der Überwachung, Pflege und Wartung der Anlage (AG Arnsberg DWW 1993, 48). Werden die
Kosten des Betriebsstroms aus Vereinfachungsgründen nicht umgelegt, führt dies
nicht zur Unwirksamkeit der Abrechnung, weil nicht alle Gesamtkosten (s § 556
Rn 82 ff) angegeben werden (BGH NZM 2012, 96 = WuM 2011, 684 = ZMR 2012, 173; Vorinstanz LG Itzehoe NZM 2011, 406 = WuM 2011, 104). Investitionskosten sind nicht umfasst
(LG Erfurt WuM 2002, 317).

Bedienungskosten können nicht nur bei koks- oder kohlebefeuerten Anlagen ent- **13**
stehen, sondern auch bei automatischen Heizungsanlagen, die mit Öl, Gas oder
Strom betrieben werden (AG Mannheim DWW 1979, 68; Lammel, HeizkostenV § 7 Rn 56;
aM AG Hamburg WuM 1986, 323; AG Kassel WuM 1982, 310; AG Lüneburg MDR 1980, 937). Sie
müssen allerdings konkret angefallen sein (AG Nordhausen WuM 1999, 486).

Es ist streitig, ob bei der Lieferung von Brennstoffen gezahlte **Trinkgelder** zu den **14**
Betriebskosten zählen. Obwohl diese Kosten auf Kulanz des Vermieters beruhen,
können sie einer ordnungsgemäßen Bewirtschaftung des Gebäudes entsprechen,
wenn sie üblich sind (Lammel, HeizkostenV § 7 Rn 50; **aM** LG Hamburg ZMR 1960, 75; LG
Mannheim MDR 1978, 317; LG Berlin GE 1981, 235; Schmid, Hdb Rn 1058; Sternel Rn III 399).
Eine Umlage scheitert in der Regel aber daran, dass sie kaum nachgewiesen werden
können.

Die Kosten der **Reinigung eines Heizöltanks** sind Betriebskosten, da sie regelmäßig, **15**
wenn auch im Abstand mehrerer Jahre anfallen (zum Umlagemaßstab bei überperiodi-
schen Kosten s § 556a Rn 31). Instandhaltungs- oder **Wartungskosten** sind zwar grundsätzlich vom Vermieter zu tragen und von der Miete umfasst. Sie sind aber in den in
§ 2 BetrKV ausdrücklich genannten Fällen umlagefähige Betriebskosten (Langenberg, Betriebskostenrecht A Rn 25 f; s Rn 252 f). Deshalb sind insbesondere die **Tankreinigungskosten** umlegbar (BGH NJW 2010, 226 = NZM 2010, 79 = WuM 2010, 33; AG Bad
Schwalbach WuM 1985, 356 [LS]; AG Hamburg WuM 1982, 310 [LS]; AG Karlsruhe DWW 2006,
119; AG Langenfeld WuM 1983, 123 [LS]; Langenberg, Betriebskostenrecht K Rn 52; **aM** LG
Landau/Pfalz WuM 2005, 720; AG Ahrensburg WuM 2002, 117; AG Friedberg/Hessen WuM 2000,
381; AG Hagen ZMR 1987, 59; AG Hamburg WuM 2000, 332; AG Karlsruhe WuM 1992, 139; AG
Rendsburg WuM 2002, 232; AG Regensburg WuM 1995, 319; AG Wennigsen/Deister WuM 1991,
358). Zu den Kosten der Bedienung, Überwachung und Pflege der Heizungsanlage
und der Abgasanlage iS des § 2 Nr 4 BetrKV und § 7 Abs 2 HeizkostenV zählen als
Wartungskosten die Kosten kleinerer Instandhaltungsarbeiten wie der Austausch
von verschleißanfälligen Kleinteilen, zB für Dichtungen, Filter und Düsen, nicht aber
die Kosten der Reparatur einer defekten Heizungspumpe (OLG Düsseldorf NZM 2000,
762 = DWW 2000, 193 für Gewerbemiete). Wartungskosten der zentralen Rauchabzugsanlage sind ebenfalls umlegbar (**aM** LG Berlin NZM 2000, 27 = GE 1999, 841 m **abl** Anm
Hoberg GE 1999, 974), ebenso wie die Kosten der Dichtigkeitsprüfung der Gasleitungen (AG Bad Wildungen WuM 2004, 669 = GE 2005, 365 m Anm Schach 334; **aM** AG Kassel
NZM 2006, 537 = WuM 2006, 148; AG Königstein/Ts WuM 1997, 684 für nicht zur Heizungsanlage
gehörende Gasleitungen), die Kosten der Wartung der Gasetagenheizungen (AG Waib-

lingen WuM 2003, 480: nach Vereinbarung) sowie die Kosten der Überwachung eines Flüssiggasbehälters durch den TÜV (aM AG Rheine WuM 1985, 345).

16 Betriebskosten sind gem § 2 Nr 5 BetrKV die Kosten der zentralen Warmwasserversorgungsanlage, der Fernanlieferung von **Warmwasser** und der Reinigung und Wartung von Warmwassergeräten. § 8 Abs 2 HeizkostenV hat den gleichen Inhalt. Ebenso wie bei den Heizungskosten gehören dazu die Kosten der Wartung und der Eichung der Warmwasserzähler (AG Bremerhaven WuM 1987, 33 = NJW-RR 1987, 659; s § 556 Rn 23), auch durch Austausch (s Rn 23). Im Übrigen gilt das Gleiche wie bei den Heizungskosten (s Rn 10 ff).

IV. Aufteilung bei Nutzerwechsel

17 Im Falle eines Nutzer- oder Mieterwechsels im Verlauf der Abrechnungsperiode ist nach § 9b eine **Zwischenablesung** der Verbrauchseinheiten vorzunehmen. Hierzu ist auch zu erläutern, wie ein alleinige Kaltverdunstung in den Sommermonaten sich allein auf den ausziehenden Mieter auswirkt (AG Starnberg NZM 2013, 789 = WuM 2013, 545).

18 Nach § 9b Abs 4 sind andere Vereinbarungen zwischen Mieter und Vermieter zulässig. Werden solche Vereinbarungen allerdings durch Formularvertrag geschlossen, kann die Vereinbarung nach § 307 BGB nichtig sein, wenn durch die Klausel zugleich die dem Vermieter als Verwaltungskosten obliegenden Kosten der alternativen Zwischenablesung (Blank/Börstinghaus, Miete § 556 Rn 30) dem Mieter übertragen werden. Die Abrechnung nach der **Gradtagsmethode** ist zudem nach § 138 BGB unwirksam, wenn sie bei einem vor dem Mieterwechsel länger dauernden Leerstand, etwa aufgrund von Krankheit, Pflegebedürftigkeit oder Auslandsaufenthalt, zu gegenüber dem gemessenen Verbrauch exorbitant hohen Scheinverbräuchen führen würde. Denn die Gradtagsmethode geht gerade in den Wintermonaten von angenommenen Verbräuchen aus. Derartige Klauseln sind im Fall der Vereinbarung anhand eines Mieterwechsels daher auch überraschend, da rechtliche Laien mit dem Begriff der „Gradtagsmethode" nichts verbinden.

V. Grundsatz der Wirtschaftlichkeit

19 Auch für die Heizkosten gilt über § 556 Abs 3 S 1 BGB der Grundsatz der Wirtschaftlichkeit. Wenn die Heizungsanlage nicht mehr die erforderliche Wärme liefert, kann zudem ein Mangel im Sinne des § 536 BGB vorliegen. Nicht zum Umfang des vertraglichen Gebrauchs gehört die Beschaffenheit der Anlage jedoch insoweit, ob sie angemessene Betriebskosten verursacht. Dies würde den Begriff des Mangels in §§ 536, 536a BGB zu stark ausweiten, denn es besteht keine Modernisierungs-, sondern nur eine Instandhaltungspflicht des Vermieters (s § 556 Rn 95 mwNw). Das bedeutet, dass die Unwirtschaftlichkeit einer Anlage allein nicht zu einem Schadensersatzanspruch nach § 536a Abs 1 BGB oder § 280 Abs 1 BGB wegen Verletzung des Grundsatzes der Wirtschaftlichkeit führt (BGH NJW 2008, 142 = NZM 2008, 35 = WuM 2007, 700 = ZMR 2008, 38; **aM** OLG Hamm ZMR 1987, 300, 302; LG Münster WuM 2000, 354 im konkreten Fall verneint; LG Neubrandenburg WuM 2013, 541; vSeldeneck, Betriebskosten im Mietrecht Rn 2654) und auch nicht § 536 BGB zur Minderung der Miete um die überhöhten Kosten berechtigt (**aM** OLG Düsseldorf MDR 1983, 229; OLG Hamm ZMR 1987, 300,

302; LG Berlin WuM 1996, 156; LG Waldshut-Tiengen WuM 1991, 479; Eisenschmid PiG 65 [2002] 147, 155 f). Damit kann aber auch über den Grundsatz der Wirtschaftlichkeit nicht mittelbar Zwang ausgeübt werden, veraltete Anlagen zu modernisieren, indem die Betriebskosten gemindert werden können (**aM** LG Neubrandenburg WuM 2013, 541). Dagegen spricht auch, dass der Gesetzgeber etwa durch Einführung des § 556c BGB oder durch öffentlich-rechtliche Zwangsmaßnahmen wie der Einführung eines Energieausweises oder durch andere Mittel zur Modernisierung von Heizanlagen in Neubauten oder bei Umbauten verpflichtet.

VI. Abweichende Vereinbarungen

Abweichende Vereinbarungen sind nur in dem engen Rahmen der §§ 10 und 11 HeizkostenV möglich. Danach müssen Gebäude nicht mit Vorrichtungen zur Verbrauchserfassung ausgestattet werden, wenn sie mit nicht regulierbaren Zentralheizkörpern versehen sind (BGH NJW 2004, 285 = NZM 2004, 24 = WuM 2003, 699). Die Vorschriften gehen den vertraglichen Bestimmungen vor und schränken auch das Bestimmungsrecht des Vermieters nach §§ 315, 316 BGB ein (s auch Rn 23 ff). In der **Gewerberaummiete** kann auch die Vereinbarung getroffen werden, die Kosten rein nach Verbrauch zu verteilen und damit die Höchstgrenzen der §§ 7 und 8 HeizkostenV zu überschreiten (BGH NZM 2019, 474 mit sehr krit Bspr Lammel ZMR 2019, 399 und Ludley NZM 2019, 464). **20**

VII. Kürzungsrecht

Wird nicht verbrauchsabhängig abgerechnet, steht dem Mieter nach § 12 HeizkostenV ein Kürzungsrecht in Höhe von 15 % zu (s § 556a Rn 18). Das Kürzungsrecht besteht auch, wenn eine ordnungsgemäße Abrechnung auch nach § 9a Abs 1 nicht möglich ist, weil die Räume nicht ausreichend mit **Wärmemessgeräten** ausgestattet sind (BGH NJW 2008, 142 = NZM 2008, 35 = WuM 2007, 700 = ZMR 2008, 38 m Anm Schmid) oder wenn mangels Wärmemessgeräten keine ordnungsgemäße Vorauteilung möglich war (BGH NZM 2008, 767 = WuM 2008, 556 m Anm Wall 588 = ZMR 2008, 885 m Anm Schmid). Ebenso, wenn bei Vorhandensein unterschiedlicher Nutzergruppen (Wärmemengenzähler/Heizkostenverteiler) im Rahmen der Abrechnung fehlerhaft vorgegangen wird (BGH NJW-RR 2016, 585). Jeweils erfolgt die Kürzung auf Grundlage der fehlerhaften verbrauchsabhängigen Abrechnung. Es ist nicht etwa zunächst eine neue Abrechnung, orientiert an den Wohnflächen, vorzunehmen und von dieser dann der Abzug vorzunehmen. Jede, so der BGH, auch fehlerhafte aber den Verbrauch der Nutzer einbeziehende Abrechnung gebührt der Vorrang vor einer nur an Flächen orientierten Abrechnung (BGH NJW-RR 2016, 585). Nicht ausreichend ist eine nicht mehr aktuelle Eichung des Wärmemengenzählers, wenn der Vermieter nachweist, dass dieser gleichwohl zutreffend die Werte gemessen hat (AG Halle ZMR 2013, 811). Das Kürzungsrecht ist ausgeschlossen, wenn der Vermieter den streitigen Verbrauch vollständig aus der Abrechnung ausnimmt (AG Wedding GE 2011, 489). Seit dem 1. 1. 2014 besteht ein Kürzungsrecht auch, wenn Mehrfamilienhäuser keinen **Wärmezähler** zur Trennung von Wärmemengen zur Raumbeheizung und zur Warmwasserversorgung aufweisen, § 9 Abs 2 HeizkostenV; die Kürzung nach § 12 HeizkostenV scheidet hier aus (LG Berlin WuM 2017, 463). Ist ein funktionstüchtiger Zähler vorhanden, findet § 9 Abs 2 keine Anwendung (LG Leipzig WuM 2017, 530). **21**

Eine analoge Anwendung der Vorschrift kommt in Betracht, wenn ein Haus wegen des beabsichtigten Abrisses „leergewohnt" wird (LG Frankfurt/Oder ZMR 2014, 984).

22 Das Kürzungsrecht wird durch **rechtsgeschäftliche Erklärung** geltend gemacht (OLG Köln ZMR 2010, 850 Rn 48 bei Gewerberaummietverhältnis). Nur ausnahmsweise ist das Kürzungsrecht ausgeschlossen, wenn die Erfassung des Wärmeverbrauchs nur mit unverhältnismäßigen Kosten möglich ist (LG Berlin GE 2013, 550 = WuM 2013, 612 bei Einrohrheizungssystem; hierzu auch AG Halle-Saalkreis ZMR 2006, 536; AG Neukölln WuM 2003, 325 u HAAKE ZMR 2006, 499 mwNw auf die Rspr).

VIII. Einfluss der HeizkostenV auf Mietverhältnisse

1. Verbrauchsabhängige Abrechnung

a) Pflicht

23 Im Anwendungsbereich (s Rn 1 f) der HeizkostenV muss der Vermieter gem §§ 4, 6 HeizkostenV die Kosten für Heizung und Warmwasser bei zentraler Heizungs- und Warmwasseranlage verbrauchsabhängig messen und auf die Mieter umlegen. Damit besteht eine Pflicht zur tatsächlichen Abrechnung nach § 556 Abs 3 BGB. Diese Verpflichtung geht den vertraglichen Vereinbarungen vor (BGH NJW 1993, 1061 = WuM 1993, 109; BayObLGZ 1988, 222 = WuM 1988, 257, 258 = NJW-RR 1988, 1293, 1294; OLG Hamm WuM 1986, 267 = NJW-RR 1987, 8; OLG Schleswig WuM 1986, 330; LG Heidelberg WuM 2011, 217 = ZMR 2011, 638; LG Leipzig NZM 2002, 486; LAMMEL, HeizkostenV § 2 Rn 1 ff). Aus diesem Grund ist die Vereinbarung einer pauschalen Warmmiete (BayObLG NJW-RR 1988, 1293, 1294), einer Abrechnung nach der Personenzahl (AG Kassel WuM 2000, 37) oder einer Heizkostenpauschale, über die nicht abgerechnet wird (OLG Hamm WuM 1986, 267; LG Heidelberg WuM 2011, 217 = ZMR 2011, 638;) oder entgegenstehender Formularklauseln (BGH NJW 1993, 1061; KG GE 2002, 800) unwirksam. Auch das Kürzungsrecht nach § 12 HeizkostenV kann vertraglich nicht abgedungen werden (LG Hamburg WuM 2005, 721; **aM** LG Hamburg WuM 1995, 192). Im Fall des § 7 Abs 1 S 2 HeizkostenV sind zwingend 70% verbrauchsabhängig abzurechnen. Geschieht das nicht, hat der Mieter einen Anspruch auf Änderung des Schlüssels und ist nicht auf das Kürzungsrecht nach § 12 verwiesen (BGH NZM 2019, 169). Dies beschränkt sich wegen der zwingenden Geltung des § 7 Abs 1 S 2 nicht erst auf den nächsten vertraglich geregelten Abrechnungszeitraum.

24 Allerdings sieht die HeizkostenV **keine Zwangsmittel** zur Anpassung entgegenstehender Verträge vor, sodass die Parteien abweichende Gestaltungen beibehalten können, solange beide Seiten einverstanden sind und nicht der Mieter die Umstellung in eine Bruttokaltmiete mit Heiz- und Warmwasserkostenvorschüssen verlangt oder der Vermieter die Miete durch einseitiges Gestaltungsrecht entsprechend umstellt (KG GE 2002, 800; OLG Düsseldorf WuM 2006, 381 = GE 2006, 970 m Anm KINNE 951; LG Berlin NZM 2000, 333; WuM 1995, 192; LG Chemnitz GE 2003, 959 = ZMR 2003, 573; LG Hamburg WuM 1995, 192; AG Bad Berleburg DWW 1989, 143; AG Erfurt WuM 2007, 130; EMMERICH PiG 23 [1986] 87, 93 f; LAMMEL, HeizkostenV § 2 Rn 6; ders WuM 2007, 439; **aM** OLG Hamm WuM 1986, 267). Für die Vergangenheit müssen sich die Parteien an einer derartigen Vereinbarung daher festhalten lassen (OLG Düsseldorf WuM 2006, 381; LG Berlin NZM 2000, 333; LG Hamburg WuM 1995, 192; LG Berlin NZM 2000, 333, AG Friedberg/Hessen WuM 1997, 439), da die HeizkostenV keine Schutzvorschrift zugunsten des Mieters ist, auf die sich der

Mieter trotz einer entgegenstehenden Vereinbarung berufen kann. Der Vermieter hat ein einseitiges Gestaltungsrecht, bestehende Verträge den Bestimmungen der HeizkostenV für die Zukunft anzupassen (LG Berlin NZM 2000, 333; LAMMEL, HeizkostenV § 2 Rn 9, 16, 18; SCHMID DWW 1982, 226). Nach Auffassung des BGH gilt der Vorrang der verbrauchsabhängigen Abrechnung, wie er sich aus der HeizkostenV ergibt, dagegen ohne Weiteres. Aus diesem Grund kann ein auf der Grundlage einer Bruttowarmmiete erhobenes Mieterhöhungsverlangen nach § 558 BGB zwar nicht formell unwirksam, jedoch materiell unbegründet sein (BGH GE 2006, 1094 m Anm SCHACH 1071 = NZM 2006, 652 = WuM 2006, 518). Auch das LG Heidelberg lässt eine rückwirkende einseitige Umstellung des Mietvertrags allein auf der Grundlage des § 6 Abs 1 HeizkostenV zu (LG Heidelberg WuM 2011, 217 = ZMR 2011, 638).

b)   Änderung der Mietstruktur
Für die von Mieter oder Vermieter gewünschte Umstellung auf eine verbrauchs-   25
abhängige Abrechnung der Kosten für Wärme und Warmwasser bedeutet dies, dass aus einer Inklusivmiete oder einer Nebenkostenpauschale ein Heizkostenanteil herauszurechnen ist (BGH GE 2006, 1094 m Anm SCHACH 1071 = NZM 2006, 652 = WuM 2006, 518; LG Heidelberg WuM 2011, 217 = ZMR 2011, 638; LAMMEL, HeizkostenV § 2 Rn 9 ff) und eine Heizkostenpauschale nunmehr als Vorauszahlung geschuldet wird (BGH GE 2006, 1094; LG Heidelberg WuM 2011, 217 = ZMR 2011, 638; LAMMEL, HeizkostenV § 2 Rn 18). Im Übrigen bleibt es auch nach der HeizkostenV weiter eine Sache der Parteivereinbarungen, Vorauszahlungen auf diese Art von Betriebskosten zu vereinbaren (AG Frankfurt aM WuM 1987, 230), sodass der Vermieter keine höheren Vorauszahlungen verlangen kann, als der Mieter bisher als Pauschale gezahlt hat (LG Hamburg WuM 1986, 213). Ein Erhöhungsrecht folgt aber aus § 560 Abs 4 BGB (s § 560 Rn 46). Sind Vorauszahlungen zu leisten, gelten § 556 Abs 2 S 2 BGB über die Angemessenheit der Vorauszahlungen und Abs 3 über die Pflicht zur jährlichen Abrechnung. Der Vorrang der HeizkostenV reicht allerdings nur so weit, wie es erforderlich ist, das Ziel der Energieeinsparung zu erreichen. Zwingend umzulegen sind daher nur die reinen Energieverbrauchskosten, nicht alle in den §§ 7 Abs 2, 8 Abs 2 HeizkostenV aufgezählten Heizkosten (LAMMEL, HeizkostenV § 2 Rn 24 f mwNw auf abw Ansichten). Bei einer Anpassung ist zu beachten, dass der Vermieter weiterhin mit solchen Heizkosten belastet bleibt, die er auch früher getragen hat (LG Kiel WuM 1987, 360; AG Köln WuM 1986, 321), und dass das vereinbarte Leistungsverhältnis bei einer früher bewusst nicht kostendeckend vereinbarten Pauschale gedeckt bleibt (LG Bonn WuM 1990, 229). Aus der bisherigen Grundmiete und etwaigen Betriebskostenpauschalen sind folglich nur die verbrauchsabhängigen Heizkosten im Zeitpunkt des Vertragsschlusses herauszurechnen und anschließend der verringerten Grundmiete aufzuschlagen (LAMMEL, HeizkostenV § 2 Rn 24 f; **aM** Herausrechnung aller Kosten: LG Bonn WuM 1990, 229; AG Köln WuM 1986, 321; SCHMID DWW 1982, 226, 227 f).

Jedoch ist zu beachten, dass im Rahmen von § 2 Abs 2 AVBFernwärmeV (Ver-   26
ordnung über Allgemeine Bedingungen für die Versorgung mit Fernwärme, BGBl I 1980, 742, zul geändert durch Art 16 des Gesetzes vom 25. 7. 2013, BGBl I 2722) ein unmittelbarer Vertrag zwischen dem Mieter und den Wärmelieferanten zustande kommt, wenn der Mieter die Leistungen (notgedrungen) tatsächlich abnimmt. Der BGH hatte auf der Grundlage der früheren Vorschrift des § 4 Abs 5 S 1 Nr 2 MHRG, wonach der Vermieter durch schriftliche Erklärung bestimmen konnte, dass die Kosten der Wasserversorgung und der Entwässerung sowie der Müllabfuhr

unmittelbar zwischen den Mietern und den Erbringern dieser Leistungen abgerechnet werden, sog **Direktabrechnung**, angenommen, damit komme auch der Liefervertrag unmittelbar mit dem Wärmelieferanten zustande (BGH NZM 2010, 314 = WuM 2010, 89 = ZMR 2010, 350; s § 556a Rn 44). Ob dies nach Aufhebung der Vorschrift des § 4 Abs 5 S 1 Nr 2 MHRG ebenso zu sehen ist, ist zweifelhaft.

2. Wärmecontracting

27 Durch das Mietrechtsänderungsgesetz v 11. 3. 2013 (BGBl I 2013, 434) wurde § 556c BGB neu eingefügt, wonach die Umlage der Kosten der Versorgung des Mieters mit Wärme oder Warmwasser (Wärmelieferung) auf den Mieter durch Wärmecontracting durch einseitige rechtsgestaltende Willenserklärung des Vermieters ermöglicht wurde. Hierdurch sollen die wesentlichen Voraussetzungen für die **einseitige Umstellung der Wärmeversorgung auf Wärmecontracting** durch den Vermieter sowie die **Kostenumlage** auf den Mieter geregelt werden (RegE BT-Drucks 17/10485, 22). Die Vorschrift soll „die Umstellung auf Contracting als wichtiges Instrument zur Verbesserung der Energieeffizienz ermöglichen" (RegE BT-Drucks 17/10485, 23). Dies erschien notwendig, weil die bisherigen Möglichkeiten zur Umlage der mit dem Wärmecontracting verbundenen Investitions- und anderen Kosten durch den Wärmelieferanten durch die Rechtsprechung des BGH stark eingeengt worden war (ausführlich s § 556c Rn 3 ff).

IX. Vermietete Eigentumswohnung

28 Mit Wirkung zum 1. 12. 2020 ist eine umfassende Reform des Wohnungseigentumsrechts in Kraft getreten (BGBl I 2020, 2187, BT-Drucks 19/18791, 90). Darin hat man sich mit der Einführung des § 556a Abs 3 BGB auch der lange diskutierten Problematik des Verhältnisses von Jahresabrechnung und Betriebskostenabrechnung angenommen (Drasdo WuM 2020, 686; Zehelein NZM 2020, 272; NZM 2019, 697; Elzer ZMR 2019, 825; Jacoby ZMR 2018, 116). Nach der nun geltenden Regelung besteht ein dreistufiges Prüfungsverfahren, um das Verhältnis zu klären. Vorrang genießt eine Parteivereinbarung zwischen Vermieter und Mieter. Auf der zweiten Stufe, fehlt es somit an einer entsprechenden Vereinbarung, sind die Betriebskosten nach dem Maßstab umzulegen, der zwischen den Wohnungseigentümern gilt. Insofern kommt § 556a Abs 1 BGB nicht zur Anwendung. § 556a Abs 3 Satz 2 BGB enthält dann auf der dritten Stufe eine Regelung zur Ergebniskorrektur für den Fall, dass die Anwendung des zwischen den Wohnungseigentümern geltenden Maßstabs zu einer unbilligen, unverhältnismäßigen Belastung des Mieters führt (BT-Drucks 19/18791, 91). In diesem Fall kommt dann § 556a Abs 1 BGB zur Anwendung (krit dazu Drasdo WuM 2020, 686).

Unterkapitel 1a
Vereinbarungen über die Miethöhe bei Mietbeginn in Gebieten mit angespannten Wohnungsmärkten

Vorbemerkungen zu §§ 556d–556g

Schrifttum

BMJV, Die Mietpreisbindung vor deutschen Gerichten, GE 2019, 232
ARTZ, Von Reform zu Reförmchen, NJW 2015, 1573
ders/BÖRSTINGHAUS, Das Mietrechtsanpassungsgesetz, NZM 2019, 12
BLANKENAGEL/SCHRÖDER/SPOERR, Verfassungsmäßigkeit des Instituts und der Ausgestaltung der so genannten Mietpreisbremse, NZM 2015, 1
BLANK, Die Regelung zur Mietpreisbremse, WuM 2014, 641
BÖRSTINGHAUS, Miethöhe-Handbuch (2. Aufl 2016) Kap 4 S 47 ff
ders, Die Begrenzung der Wiedervermietungsmiete für Wohnraum, NJW 2015, 1533
ders/THIEDE, Auswirkungen der EGMR-Rechtsprechung auf die Begrenzung der Weitervermietungsmiete, NZM 2016, 489
DERLEDER, Die Effektivierung der Mietpreisbremse, WuM 2014, 443
ders, Richterliche Kontrolle von Landesverordnungen zur Mietpreisbremse, NZM 2015, 413 = PiG 99 (2015) 27
EISENSCHMID, Das Mietrechtsanpassungsgesetz, WuM 2019, 225
FIELENBACH/MOOS, Die Mietpreisbremse – Empfehlungen zur Änderung eines gut gemeinten Gesetzes, WuM 2018, 249
FIETZSCH/RAABE, Mietpreisbremse verfassungswidrig?, WuM 2018, 688
FLATOW, Die höchstzulässige Miete, WuM 2015, 191
FLEINDL, Die Rückforderung überzahlter Miete bei Verstößen gegen die Mietpreisbremse, WuM 2015, 212
ders, Das Gesetz zur Verlängerung und Verbesserung der Regelung über die zulässige Miethöhe bei Mietbeginn, in: FS Börstinghaus (2020) 119
ders, Gilt die Mietpreisbremse auch für möblierten Wohnraum?, WuM 2018, 544
HAPP, Ein Jahr Mietpreisbremse – eine erste Bilanz, DWW 2016, 284
HEUSCH, Mietpreisbegrenzungen und Eigentumsgarantie, NZM 2020, 357
HINZ, Praktische Sicht auf das Mietrechtsanpassungsgesetz, ZMR 2019, 557
HORST, Praxisfragen zur Mietpreisbremse, NZM 2015, 393
ders, Mietpreisbremse 3.0, MDR 2020, 445
JACOBI, Zivilrechtliche Aspekte der zweiten Stufe der Mietpreisbremse, in: FS Börstinghaus (2020) 267
LEHMANN-RICHTER, Voraussetzungen und Kontrolle einer Gebietsverordnung zur Mietpreisbremse, WuM 2015, 204
ders, Mietpreisbremse: Die Ausnahmen „Neubau" und „umfassende Modernisierung", NZM 2017, 497
SCHINDLER, Die Neujustierung der Mietpreisbremse, NZM 2020, 347
SCHULDT, Mietpreisbremse, (2017)
ders, Die Mietpreisbremse als rechtspolitisches Menetekel, in: FS Börstinghaus (2020) 569
SELK, Das Mietrechtsanpassungsgesetz, NJW 2019, 329
SIEG, Die Mietpreisbremse in Bayern, DWW 2016, 204
J WAGNER/HAPP, Das Mietrechtsanpassungsgesetz, DWW 2019, 124
ZUCK, Die baden-württembergische Mietpreisbremsenverordnung, NZM 2016, 657.

Vorbem zu §§ 556d–g

1 Durch das Mietrechtsnovellierungsgesetz von 2015 ist das Kapitel „Miete" (§§ 556–561 BGB) um ein neues Unterkapitel 1a (§§ 556d bis 556g) erweitert worden (s Vorbem 18 zu § 535). Mit den neuen Vorschriften wird bezweckt, auf so genannten angespannten Wohnungsmärkten, dh auf Wohnungsmärkten, die durch erhebliche Mietsteigerungen und Engpässe auf Teilen des Marktes gekennzeichnet sind, nicht nur in bestehenden Mietverträgen – das ist die Aufgabe der §§ 558 ff BGB –, sondern auch bei Abschluss neuer Mietverträge einen Druck auf die Mieten auszuüben, und zwar durch die Begrenzung der maximal möglichen Mieterhöhung bei Abschluss eines neuen Mietvertrages (sog **Mietpreisbremse**). Damit sollte aus sozialpolitischen Erwägungen auch Mietern mit niedrigem und mittlerem Einkommen eine Chance auf Erlangung bezahlbaren Wohnraums eröffnet werden. Dahinter steht die Auffassung der Gesetzesverfasser, dass das bisherige Instrumentarium zur Verhinderung übermäßiger Mietsteigerungen in Gestalt der verschiedenen Wucherverbote angesichts der aktuellen Entwicklung nicht mehr ausreiche (Begr BT-Drucks 18/3121, 15 ff). Das neue Gesetz ist am 1. Juni 2015 in Kraft getreten. Vom BVerfG ist mittlerweile die **Verfassungsmäßigkeit** der Regelung (erwartungsgemäß) bestätigt worden (BVerfG 18. 7. 2019 – 1 BvR 1595/18, NJW 2018, 3054 = NZM 2018, 676; s dazu zB BeckOGK/Fleindl [1. 10. 2020] § 556d Rn 8–19; Heusch NZG 2020, 352; Kühling NZM 2020, 521; Schindler NZM 2020, 347, 349 ff; Selk NJW 2019, 687).

2 Nach Inkrafttreten der neuen Vorschriften machte alsbald die Mehrzahl der Länder von der Verordnungsermächtigung des § 556d Abs 2 Gebrauch und erließ sogenannte **Mietbegrenzungsverordnungen**, durch die die Gebiete festgelegt wurden, in denen die Mietpreisbremse gelten sollte (Übersicht über die betreffenden Orte zB in WuM 2015, 637 und 714; 2017, 4; 2018, 692 und 2019, 427). Wie von Anfang an befürchtet, blieben jedoch offenbar die **Auswirkungen** der Reform gering (ebenso sogar die BReg Begr, BT-Drucks 19 [2018]/4672, S 11). Jedoch kam eine im Auftrag des BMJV durchgeführte Untersuchung des Deutschen Instituts für Wirtschaftsforschung in Berlin (DIW) zu dem Ergebnis, dass die gesetzliche Regelung zwar vielfach bei dem Abschluss neuer Mietverträge missachtet werde, gleichwohl jedoch „eine moderat bremsende Wirkung auf die Entwicklung der Mieten entfaltet habe" (so die sogenannte **DIW-Studie** vom 15. 12. 2018). Die Ergebnisse der DIW-Studie sind freilich umstritten geblieben, da andere Untersuchungen (wie üblich) zu gegenteiligen Ergebnissen gelangten (Überblick zB bei Schindler NZM 2020, 347, 351 mwNw).

3 Erhebliche Probleme ergaben sich ferner bei der **praktischen Durchsetzung** der gesetzlichen Regelung. Vor allem das von der Bundesregierung mit Bedacht gegen den Widerstand der Länder (s Begr BT-Drucks 18/3121, S 44 ff) eingeführte **Begründungserfordernis** für die Rechtsverordnungen der Länder erwies sich alsbald als nur schwer zu überwindendes Hindernis, an dem letztlich zahlreiche Verordnungen der Länder scheiterten, da die Gerichte fehlende, verspätete, mangelhafte oder nicht ordnungsgemäß publizierte Begründungen der Verordnungen monierten (grdl BGH 17. 7. 2019 – VIII ZR 130/18, BGHZ 223, 30 = NJW 2019, 2844 [mAnm Emmerich JuS 2019, 1113]; 27. 5. 2020 – VIII ZR 292/19, WuM 2020, 488\, sowie zB zuletzt LG Berlin NZM 2018, 118 = WuM 2018, 74; WuM 2018, 415; LG Stuttgart NZM 2019, 290 = WuM 2019, 257; LG Hamburg WuM 2018, 498 = NZM 3018, 745 usw; Gegenbeispiele etwa in LG Berlin WuM 2018, 502; 2018, 644; 2019, 262; NJW 2019, 3730; WuM 2020, 152; GE 2020, 672; weitere Beispiele bei Eisenschmid WuM 2019, 225, 226 ff. Schindler NZM 2020, 347, 354 ff).

Die Bundesregierung entschloss sich deshalb erneut zum Handeln. Anstatt nunmehr **4**
jedoch, wie an sich geboten, alle Kräfte auf die umfassende Förderung des Mietwohnungsbaus zu konzentrieren, wurden im Jahre 2018 durch das sogenannte **Mietrechtsanpassungsgesetz** lediglich einige eher marginale Änderungen bei den einschlägigen Vorschriften über die Mietpreisbremse vorgenommen, von denen man sich gleichwohl eine Verbesserung der praktischen Wirksamkeit dieses Instituts erhoffte (s schon o Vorbem 19 zu § 535; die Begr z RegE, BT-Drucks 19/4672; den Ausschussbericht BT-Drucks 19/6153; dazu insbesondere Artz/Börstinghaus NZM 2019, 12; Eisenschmid WuM 2019, 215; Hinz ZMR 2019, 557; Selk NJW 2019, 329; J Wagner/Happ DWW 2019, 124).

Aufgrund der bereits erwähnten DIW-Studie von 2018 (s Rn 2) entschloss sich die **5**
Bundesregierung außerdem wenig später zu einer „moderaten" **Verlängerung** der Geltungsdauer der Mietpreisbremse. Grundlage ist das **Gesetz zur Verlängerung und Verbesserung der Regelungen über die Mietpreisbremse** von 2020 (BGBl 1510), durch das die Geltungsdauer der Regelung bis Ende 2025 verlängert wurde; zugleich wurden die Sanktionen bei Verstößen in einzelnen Beziehungen verschärft, um die Effektivität der Regelung zu erhöhen (s die Begr BT-Drucks 19/15824, S 11 f; dazu zB Horst MDR 2020, 445).

Kern der gesetzlichen Regelung ist die Bestimmung des § 556d Abs 1 BGB, nach der **6**
in einem Mietvertrag über Wohnraum in Gebieten mit angespanntem Wohnungsmarkt die Miete *zu Beginn* des Mietverhältnisses die ortsübliche Vergleichsmiete im Sinne des § 558 Abs 2 BGB höchstens um 10 % übersteigen darf (sog **100 + 10-Regel**). Die Gebiete mit angespanntem Wohnungsmarkt werden durch Rechtsverordnungen der Landesregierungen für die Dauer von maximal 5 Jahren festgelegt (§ 556d Abs 2 BGB). Von dieser Ermächtigung hatten bis Ende des Jahres 2019 die meisten Bundesländer einschließlich insbesondere der Stadtstaaten Berlin, Bremen und Hamburg Gebrauch gemacht (Übersicht bei Schmidt-Futterer/Börstinghaus § 556d Rn 44a; BeckOGK/Fleindl [1. 10. 2020] § 556d Rn 48.1; Herrlein/Tuschl NZM 2020, 217, 219; Schindler NZM 2020, 347). Lediglich das Saarland sowie Sachsen, Sachsen-Anhalt und Mecklenburg-Vorpommern haben bisher ganz auf den Erlass von Mietbegrenzungsverordnungen verzichtet.

Von der 100 + 10-Regel gibt es mehrere **Ausnahmen**, mit denen vornehmlich bezweckt **7**
wird, den dringend nötigen Bau neuer Wohnungen nicht übermäßig zu behindern. Ganz ausgenommen sind zunächst Wohnungen, die nach dem 1. 10. 2014 erstmals benutzt und vermietet werden, sowie die erste Vermietung nach umfassender Modernisierung einer Wohnung (§ 556f BGB). Außerdem darf die Miete, die der vorherige Mieter zuletzt geschuldet hat, – das Gesetz spricht hier erstaunlicherweise von einer „Vormiete" – auch weiter vereinbart werden, selbst wenn sie höher als die nach § 556d Abs 1 BGB zulässige Miete ist (§ 556e Abs 1 BGB). Eine vergleichbare Regelung enthält § 556e Abs 2 BGB für Modernisierungen aus den letzten drei Jahren vor Abschluss des neuen Mietvertrages. Die Rechtsfolgen bei einem Verstoß gegen die §§ 556d bis 556e BGB sind partiell in dem inzwischen mehrfach geänderten § 556g BGB geregelt, in erster Linie durch einen Verweis auf das Bereicherungsrecht.

Eine **Übergangsvorschrift** für das neue Recht findet sich in Art 229 § 35 Abs 1 **8**
EGBGB. Der Anwendungsbereich der §§ 556d bis 556g BGB beschränkt sich danach grundsätzlich auf Mietverhältnisse, die nach Inkrafttreten des Gesetzes am

1. Juni 2015 und nach Inkrafttreten einer Verordnung nach § 556d Abs 2 BGB abgeschlossen wurden, dh auf sogenannte **Neuverträge**, während es für Altverträge (aus der Zeit vor Inkrafttreten der neuen Vorschriften) bei der bisherigen Rechtslage verbleibt. Entsprechende Übergangsregelungen finden sich für die Änderungsgesetze von 2018 und 2020 in Art 229 § 49 Abs 2 und § 51 EGBGB.

§ 556d
Zulässige Miethöhe bei Mietbeginn; Verordnungsermächtigung

(1) Wird ein Mietvertrag über Wohnraum abgeschlossen, der in einem durch Rechtsverordnung nach Abs. 2 bestimmten Gebiet mit einem angespannten Wohnungsmarkt liegt, so darf die Miete zu Beginn des Mietverhältnisses die ortsübliche Vergleichsmiete (§ 558 Abs. 2) höchstens um 10 Prozent übersteigen.

(2) Die Landesregierungen werden ermächtigt, Gebiete mit angespannten Wohnungsmärkten durch Rechtsverordnung für die Dauer von jeweils höchstens fünf Jahren zu bestimmen. Gebiete mit angespannten Wohnungsmärkten liegen vor, wenn die ausreichende Versorgung der Bevölkerung mit Mietwohnungen in einer Gemeinde oder einem Teil der Gemeinde zu angemessenen Bedingungen besonders gefährdet ist.

(3) Dies kann insbesondere dann der Fall sein, wenn

1. die Mieten deutlich stärker steigen als im bundesweiten Durchschnitt,

2. die durchschnittliche Mietbelastung der Haushalte den bundesweiten Durchschnitt deutlich übersteigt,

3. die Wohnbevölkerung wächst, ohne dass durch Neubautätigkeit insoweit erforderlicher Wohnraum geschaffen wird, oder

4. geringer Leerstand bei großer Nachfrage besteht.

Eine Rechtsverordnung nach S. 1 muss spätestens mit Ablauf des 31. Dezember 2025 außer Kraft treten. Sie muss begründet werden. Aus der Begründung muss sich ergeben, aufgrund welcher Tatsachen ein Gebiet mit einem angespannten Wohnungsmarkt im Einzelfall vorliegt. Ferner muss sich aus der Begründung ergeben, welche Maßnahmen die Landesregierung in dem nach S. 1 durch die Rechtsverordnung jeweils bestimmten Gebiet und Zeitraum ergreifen wird, um Abhilfe zu schaffen.

Materialien: Mietrechtsnovellierungsgesetz v 21. 4. 2015 (BGBl I 610); Begr BT-Drucks 18 (2014)/3121, 27; Gesetz zur Verlängerung und Verbesserung der Regelungen über die zulässige Miethöhe bei Mietbeginn vom 10. 3. 2020 (BGBl I 540); Begr BT-Drucks 19 (2020)/15824.

Unterkapitel 1a · Vereinbarungen über die Miethöhe bei Mietbeginn
in Gebieten mit angespannten Wohnungsmärkten § 556d

Systematische Übersicht

I.	**Normzweck und Anwendungsbereich**	1
1.	Mietvertrag über Wohnraum	2
2.	Abschluss des Vertrages	6
II.	**Die Mietobergrenze**	
1.	Überblick	11
2.	Die ortsübliche Vergleichsmiete (§ 558 Abs 2)	13
3.	Ermittlung der Vergleichsmiete	17
4.	Miete	20
5.	Betriebskosten	22
6.	Zuschläge	25
III.	**Verordnungsermächtigung**	
1.	Überblick	27
2.	Angespannte Wohnungsmärkte	29
3.	Indikatoren	34
4.	Form, Begründung	39
IV.	**Rechtsfolgen**	45

Alphabetische Übersicht

Abhilfemaßnahmen	28, 41
Abschluss des Vertrages	6
Änderung des Vertrages	8
Anwendungsbereich	1
Begründung der Verordnung	39, 44
Betriebskosten	22
Bruttomiete	22
Einzelvergleichsmiete	15
Ermittlung der Vergleichsmiete	17
Garage	5
Garten	5
Gerichtliche Kontrolle	46 f
Indikatoren	34
Mängel der Verordnung	29, 47
Märkte, angespannte	29
Miete	20
Mietpreisbremse	11
Mietzuschläge	25
Mischmietverhältnisse	4
Rechtsfolgen	45
Vergleichsmiete	11, 13, 25
Verordnung	
– angespannter Wohnungsmarkt	29
– Begründung	39, 47
– Ermächtigung	27, 48
– Ermessen	29, 48
– Form	39
– Indikatoren	34
– Kontrolle	46 f
– Marktanalyse	31
– Rechtsfolgen	45
– Schranken	28
– Voraussetzungen	27, 29
Wohnraum	2
Wohnungsmarkt, angespannter	29
Zuschläge zur Miete	25

I. Normzweck und Anwendungsbereich

Die Vorschrift des § 556d BGB enthält den Kern der gesetzlichen Regelung der im **1** Jahr 2015 eingeführten sog Mietpreisbremse durch die Bestimmung, dass in Gebieten mit angespanntem Wohnungsmarkt, die durch eine Landesverordnung aufgrund des § 556d Abs 2 BGB bestimmt werden, die Miete bei Abschluss eines neuen Wohnraummietvertrages die ortsübliche Vergleichsmiete iSd § 558 Abs 2 BGB grundsätzlich nur um höchstens 10 % übersteigen darf (s Vorbem 1 ff zu § 556d). Die geltende Fassung der Vorschrift beruht auf dem Gesetz zur Verlängerung und Verbesserung der Regelungen über die zulässige Miethöhe bei Mietbeginn von 2020, in Kraft getreten am 1. April 2020 (Art 229 § 51 EGBGB; s Vorbem 5 zu § 556d). Für alle früher abgeschlossenen Mietverträge seit 2015 verbleibt es dagegen bei der Anwendbarkeit des § 556d BGB in der ursprünglichen Fassung von 2015 (s Vorbem 8 zu § 556d). Sachliche Unterschiede bei der Anwendung der Vorschrift im Einzelfall ergeben sich daraus nicht.

1. Mietvertrag über Wohnraum

2 Die Anwendung des § 556d Abs 1 BGB hat drei Voraussetzungen: Es muss sich 1. um den Abschluss eines (neuen) Mietvertrages über Wohnraum handeln. Der Wohnraum muss 2. in einem durch eine Verordnung nach § 556d Abs 2 BGB bestimmten Gebiet liegen (s Rn 17). Schließlich darf 3. keine der Ausnahmen der §§ 556e und 556f BGB eingreifen. Als erstes ist somit zu prüfen, ob es sich bei dem fraglichen Vertrag um einen neuen Mietvertrag über Wohnraum iSd § 556d Abs 1 BGB handelt.

3 Der Begriff „Mietvertrag über Wohnraum" ist neu. Aus der Stellung des § 556d Abs 1 BGB in dem Untertitel 2 mit der Überschrift „Mietverhältnis über Wohnraum" ist jedoch der Schluss zu ziehen, dass der Begriff gleichbedeutend mit dem des herkömmlichen **Wohnraummietvertrages** ist (anders zB Lützenkirchen/Abramenko Rn 4 ff). Den Gegensatz zur Wohnraummiete bildet die **gewerbliche** oder **Geschäftsraummiete**, für die somit § 556d Abs 1 BGB keine Bedeutung hat. Die **Abgrenzung** richtet sich nach dem von den Parteien mit dem Vertrag verfolgten Zweck. Wohnraummiete liegt nur vor, wenn für die Parteien der Zweck des Wohnens im Vordergrund steht. Darunter fallen grundsätzlich auch Zweit- oder Ferienwohnungen (Börstinghaus, Hdb Kap 4 Rn 39). **Ausgenommen** sind jedoch die in **§ 549 Abs 2 BGB** aufgezählten Mietverhältnisse (zB LG Berlin ZMR 2020, 836) sowie der gesamte **preisgebundene Wohnraum**, für den die gesetzliche Regelung ohne Bedeutung ist (wegen der Einzelheiten s oben Vorbem 30 ff zu § 535). Hervorzuheben sind folgende Punkte:

4 In den verbreiteten **Mischmietverhältnissen** kommt es darauf an, welcher Zweck für die Parteien bei Abschluss eines Vertrages über Räume, die gleichermaßen zum Wohnen wie zu gewerblichen Zwecken dienen können, im Vordergrund steht. Wohnraummiete (mit der Folge der Anwendbarkeit der §§ 556d ff BGB auf den *ganzen* Vertrag) ist nur anzunehmen, wenn für die Parteien der Zweck des Wohnens den Zweck der gewerblichen Nutzung der Räume überwiegt. Dies beurteilt sich im Einzelfall nach einer Fülle von Kriterien (BGH 9. 7. 2014 – VIII ZR 376/13 Rn 28, 34 ff, BGHZ 203, 39 = NJW 2014, 2864; dazu zB Emmerich JuS 2014, 1034). Lässt sich danach kein Übergewicht des einen oder des anderen Nutzungszwecks für die Parteien feststellen, so ist auf den Mischmietvertrag **einheitlich Wohnraummietrecht** anzuwenden – einschließlich der §§ 556d ff BGB (BGH 9. 7. 2014 – VIII ZR 376/13 Rn 39 = BGHZ 203, 39; s oben Vorbem 33 zu § 535). Eine Aufspaltung des einheitlichen Vertrages in einen Wohnraum- und einen Gewerberaumteil findet nicht statt, auch nicht im Anwendungsbereich der §§ 556d ff BGB.

5 In den Fällen der Vermietung einer Wohnung oder eines Hauses zusammen mit einer **Garage**, einem Stellplatz oder einem **Garten** kommt es für die Anwendbarkeit

der §§ 556d ff allein darauf an, ob ein **einheitlicher Vertrag** oder getrennte Verträge zB über ein Haus und eine Garage oder einen Garten anzunehmen sind (§§ 133, 157 BGB; zB BLANK WuM 2014, 641, 642 f). Ist von einem einheitlichen Vertrag auszugehen, so wird es sich nach den Ausführungen zu den Mischmietverhältnissen (s Rn 4) wohl durchweg um einen einzigen Wohnraummietvertrag im Sinne der §§ 556d ff BGB handeln, der insgesamt der Regelung der §§ 556d ff BGB unterliegt (wegen der Einzelheiten s oben § 543 Rn 86).

2. Abschluss des Vertrages

Handelt es sich nach dem Gesagten (s Rn 2 ff) um einen Mietvertrag über Wohnraum im Sinne des § 556d Abs 1 BGB, so setzt die Anwendung der Vorschriften über die Mietpreisbremse – außer der Belegenheit des Wohnraums in einem durch eine Verordnung nach § 556d Abs 2 BGB bestimmten Gebiet – noch zusätzlich voraus, dass es sich gerade um den Abschluss eines **neuen** Wohnraummietvertrages (unter der Geltung einer Verordnung gemäß § 556d Abs 2 BGB) – im Gegensatz zu einer bloßen Vertragsänderung – handelt. 6

Die bloße **Änderung** eines bestehenden Vertrages unter Aufrechterhaltung seiner Identität unterfällt anders als der Abschluss eines **neuen** Wohnraummietvertrages nicht der Regelung der §§ 556d ff BGB, sondern allein der der §§ 558 ff BGB. Was jeweils vorliegt, ist allein eine Frage der Auslegung der Erklärungen der Parteien im Einzelfall nach den §§ 133 und 157 BGB. Die Folge ist zB, dass für die Anwendung des § 556d kein Raum ist, wenn die Parteien eine nachträgliche **Erweiterung des Mietobjekts** vereinbaren, etwa durch Erstreckung des Mietvertrages auf weitere Räume, auf einen Teil des Gartens oder auf eine Garage, weil es sich dabei eben durchweg um bloße Vertragsänderungen und nicht um den Abschluss neuer Verträge handelt. 7

Für die umstrittenen Fälle des **Parteiwechsels** bedeutet dies (s § 540 Rn 42 ff): Wird bei dem **Eintritt eines neuen Mieters** der alte Vertrag aufgehoben und ein neuer Vertrag mit dem Nachfolgemieter abgeschlossen, so führt dies unmittelbar in den Anwendungsbereich der Mietpreisbremse. Wählen die Beteiligten dagegen den Weg eines *dreiseitigen Vertrages* oder eines Vertrages zwischen altem und neuem Mieter mit Zustimmung des Vermieters (s § 540 Rn 43–45), so bleibt die *Identität* des Vertrages *aufrechterhalten* – mit der Folge der Unanwendbarkeit des §§ 556d ff BGB (ebenso SCHMIDT-FUTTERER/BÖRSTINGHAUS Rn 22; BÖRSTINGHAUS, Hdb Kap 4 Rn 45; BLANK WuM 2014, 641, 643 f; anders zum Teil LÜTZENKIRCHEN/ABRAMENKO Rn 18 ff). Entsprechendes gilt für den **Beitritt** eines neuen Mieters neben dem alten Mieter zu dem Mietvertrag (s § 540 Rn 46). Anders wird die Rechtslage freilich häufig beurteilt, wenn die Parteien einen dreiseitigen Vertrag für einen Mieterwechsel offenkundig nur zu dem Zweck wählen, die Anwendungen der Vorschriften über die Mietpreisbremse zu umgehen, indem sie den Mieterwechsel im Wege des Abschlusses zweier aufeinanderfolgender Verträge durch eine bloße identitätswahrende Vertragsänderung ersetzen (so LG Berlin, ZMR 2018, 761, 762; AG Berlin-Neukölln WuM 2017, 714, 715 f). In derartigen offenkundigen **Umgehungsfällen** dürfte sich dieses Ergebnis, wohl regelmäßig, richtig verstanden, bereits aus den §§ 133 und 157 BGB ergeben. 8

Den Gegensatz zu dem Abschluss eines Mietvertrages im Sinne des § 556d Abs 1 BGB bildet ferner der **gesetzliche Übergang** eines Mietverhältnisses auf neue Parteien, 9 den das Gesetz in verschiedenen Fällen unter unterschiedlichen Aspekten anordnet. Paradigma ist der Übergang des Mietvertrages auf den Erwerber des vermieteten Grundstücks im Falle dessen **Veräußerung** nach § 566 BGB. Ohne Rücksicht auf die im Einzelnen umstrittene rechtliche Konstruktion dieses Vorgangs liegt hier jedenfalls *kein* Abschluss eines neuen Mietvertrages im Sinne des § 556d Abs 1 BGB mit dem Erwerber vor, wiederum mit der Folge, dass kein Raum für die Anwendung der §§ 556d ff BGB ist (s Staudinger/V Emmerich [2021] § 566 Rn 4 ff; Schmidt-Futterer/Börstinghaus Rn 24; weitere Fälle bei Lützenkirchen/Abramenko Rn 21).

10 Der Abschluss eines neuen Vertrages im Sinne des § 556d Abs 1 BGB liegt dagegen vor, wenn die Parteien, gleichgültig auf welchem Wege, nach einer **fristlosen Kündigung** des Vertrages diesen doch fortsetzen, da durch die fristlose Kündigung der Vertrag auf jeden Fall beendet wurde, sodass nur der Abschluss eines neuen Vertrages eine Fortsetzung des Mietverhältnisses ermöglicht (str; anders zB MünchKomm/Artz § 556d Rn 5; Börstinghaus, Hdb Kap 4 Rn 44), vorausgesetzt, dass nicht der kündigende Teil dem anderen eine Frist gewährt hatte und die Kündigung bereits während des Laufs dieser Frist „zurückgenommen" wird. An dem Abschluss eines neuen Vertrages fehlt es gleichfalls, wenn sich die Parteien nach einer **ordentlichen Kündigung** des Vermieters noch während des Laufs der Kündigungsfrist auf eine Fortsetzung des Vertrags einigen, indem der Vermieter die Kündigung „zurücknimmt" (§ 311 Abs 1 BGB; s oben § 542 Rn 124 ff; Schmidt-Futterer/Börstinghaus Rn 21; Lützenkirchen/Abramenko Rn 22 ff; BeckOGK/Fleindl [1. 10. 2020] Rn 21 f). Nach Ablauf der Kündigungsfrist und damit Wirksamwerden der Kündigung ist dagegen wiederum der Abschluss eines neuen Vertrages nötig, der dann unter § 556d Abs 1 BGB fällt.

II. Die Mietobergrenze

1. Überblick

11 Unter den Voraussetzungen des § 556d Abs 1 BGB (s Rn 2 ff) darf die Miete *zu Beginn* des Mietverhältnisses die ortsübliche Vergleichsmiete im Sinne des § 558 Abs 2 BGB höchstens um 10 % übersteigen (sogenannte **100 + 10-Regel** oder Mietpreisbremse). Die ortsübliche Vergleichsmiete im Sinne des § 558 Abs 2 BGB bildet mithin den **Maßstab** für die zulässige Obergrenze der Miete bei Beginn des Mietverhältnisses, berechnet anhand der 100 + 10-Regel. Weitere Obergrenzen ergeben sich aus den verschiedenen **Wucherverboten** des § 138 BGB, des § 5 WiStG und des § 291 StGB (s Vorbem 176 ff zu § 535). Noch weitergehende Beschränkungen für die Zulässigkeit der Miethöhe bei Vertragsschluss bestehen im preisfreien Wohnraum bisher lediglich auf zweifelhafter gesetzlicher Grundlage in Berlin nach Einführung eines sogenannten Mietendeckels (s Vorbem 20 ff zu § 535).

12 Die gesetzliche Regelung des § 556d Abs 1 BGB wirft zunächst die Frage auf, wie die vom Gesetzgeber in § 556d Abs 1 BGB als Maßstab für die Zulässigkeit der Höhe der Miete bei Abschluss eines Wohnraummietvertrages bestimmte ortsübliche Vergleichsmiete iSd § 558 Abs 2 BGB von den Parteien ermittelt werden soll (s Rn 13 ff). Davon zu trennen ist die Frage, was unter der „Miete" im Sinne des § 556d Abs 1 BGB zu verstehen ist. Es geht dabei insbesondere um die Behandlung von Inklusivmieten und Mietzuschlägen unterschiedlicher Art (s Rn 20 ff).

2. Die ortsübliche Vergleichsmiete (§ 558 Abs 2)

Aufgrund der ausdrücklichen Bezugnahme auf § 558 Abs 2 BGB in § 556d Abs 1 BGB kann nicht ernstlich zweifelhaft sein, dass der Begriff der ortsüblichen Vergleichsmiete hier derselbe wie in § 558 Abs 2 BGB ist. Wegen der Einzelheiten ist deshalb auf die Ausführungen zu § 558 BGB zu verweisen (s Staudinger/V Emmerich [2021] § 558 Rn 22 ff). Hier genügen folgende Bemerkungen zum Begriff der ortsüblichen Vergleichsmiete.

Unter der **ortsüblichen Vergleichsmiete** sind nach § 558 Abs 2 S 1 BGB die üblichen Entgelte zu verstehen, die in der Gemeinde oder in einer vergleichbaren Gemeinde für nach Wohnwertmerkmalen vergleichbaren Wohnraum in den letzten sechs Jahren vereinbart oder, von Erhöhungen nach § 560 BGB abgesehen, geändert wurden. Die ortsübliche Vergleichsmiete im Sinne des § 558 Abs 1 BGB muss vor allem von der aktuellen **Marktmiete** unterschieden werden. Unter der Marktmiete versteht man die Miete, die aktuell am Markt für eine bestimmte Wohnung gefordert und gezahlt wird und meistens höher als die Vergleichsmiete ist. Der Unterschied zwischen Vergleichsmiete und Marktmiete beruht vor allem darauf, dass der Gesetzgeber in § 558 Abs 2 BGB mit Bedacht gerade *nicht* auf die aktuelle Marktlage, sondern auf die **üblichen Entgelte** aus einem Zeitraum von neuerdings **sechs Jahren** abgestellt hat, so dass, kontinuierlich steigende Mieten unterstellt, in die Berechnung der Vergleichsmiete durchweg auch Mieten einfließen, die notwendigerweise *niedriger* als die heute am Markt tatsächlich erzielbaren Mieten sind. Die daraus resultierende Spanne zwischen der Vergleichsmiete und der Marktmiete wird häufig auf 30 % der Vergleichsmiete und mehr beziffert (s Rn 16).

Die am Markt gezahlten Mieten weisen durchweg erhebliche Spannweiten auf, sodass mit hinreichender Sicherheit, wenn überhaupt, so **nur Mietspannen** ermittelt werden können. Deshalb weisen auch die meisten Mietspiegel lediglich derartige Mietspannen aus. In diesen Fällen erfordert heute nach der Rechtsprechung des BGH die Anwendung des § 558 BGB zusätzlich die schwierige weitere Ableitung der so genannten **Einzelvergleichsmiete**. Gemeint ist damit die „übliche" Miete für konkret vergleichbare Wohnungen innerhalb der meistens in einem Mietspiegel ausgewiesenen Spanne. Das kann (ausnahmsweise) ein **Punktwert** sein; im Regelfall wird sich jedoch die konkrete Einzelvergleichsmiete innerhalb einer gewissen **Bandbreite** (nicht zu verwechseln mit der im Mietspiegel genannten Spanne) bewegen. Diese Bandbreite wird fixiert durch die **Üblichkeit**, dh die Verbreitung von Mieten (innerhalb der Spanne) für konkret vergleichbare Wohnungen. **Maßgebender Zeitpunkt**, zu dem die ortsübliche Vergleichsmiete (iSd Einzelvergleichsmiete plus Zuschlag von 10 %) festzustellen ist, ist nicht etwa der des Abschlusses des Vertrages, sondern nach § 556d Abs 1 Halbsatz 2 BGB der davon zu trennende Zeitpunkt des *Beginns des Mietverhältnisses* durch Übergabe der vermieteten Räume an den Mieter (so die Begr BT-Drucks 18/3121, 28, 6. Abs; zB BeckOGK/Fleindl [1. 10. 2020] Rn 49, 62), – woraus sich im Einzelnen etwa bei der Vermietung vom Reißbrett erhebliche Schwierigkeiten ergeben können.

Den Unterschied zwischen der Marktmiete und der Vergleichsmiete iSd § 558 Abs 2 BGB (Rn 15) zu betonen, ist deshalb so wichtig, weil die Vorschrift des § 556d Abs 1 BGB *nicht* etwa bedeutet, dass der Vermieter bei dem Abschluss eines neuen Wohnraummietvertrages im Anwendungsbereich einer Mietbegrenzungsverordnung gemäß § 556d Abs 2 BGB die *aktuelle Marktmiete +10%* verlangen kann. Er wird vielmehr ohne Rücksicht auf die aktuelle Marktlage auf das meistens deutlich niedrigere **Niveau der Vergleichsmiete** nebst eines **Zuschlags** von lediglich 10% beschränkt. Die darin liegende Intervention gegen den Markt erklärt zugleich zu einem guten Teil die bisher festzustellende weitgehende Wirkungslosigkeit der Mietpreisbremse (s Vorbem 5 zu § 556d).

3. Ermittlung der Vergleichsmiete

17 Die ortsübliche Vergleichsmiete im Sinne des § 558 Abs 2 BGB ist nach dem Gesagten (s Rn 14 f) *kein* empirischer Begriff, dessen Größe man an irgendwelchen Marktdaten mit hinreichender Sicherheit ablesen könnte, sondern ein theoretisches Konstrukt, dessen Ermittlung bereits so genannten Fachleuten erhebliche Schwierigkeiten bereitet, selbst wenn sie über ein umfangreiches und repräsentatives Datenmaterial verfügen (s Staudinger/V Emmerich [2021] § 558 Rn 22, Rn 28 f). Deshalb ist unklar, wie zumal Privatleute, ebenso aber auch gewerbliche Vermieter bei dem Abschluss eines neuen Wohnraummietvertrages jeweils die maßgebliche Vergleichsmiete gerade für diese Wohnung ermitteln sollen, und zwar obendrein noch zu einem *zukünftigen* Zeitpunkt, nämlich dem der Übergabe der Räume (s Rn 15). Diese Frage wurde bereits in den Gesetzesberatungen kontrovers diskutiert (s die Begr BT-Drucks 18/3121, 28, die Gegenäußerung der Bundesregierung, BT-Drucks 18/3052) und ist im Grunde bis heute nicht befriedigend gelöst.

18 Unter diesen Umständen sollte es nicht verwundern, dass sich in großen Städten wie zB Berlin zunehmend Unternehmen, sogenannte **Inkasso-Dienstleister** ausbreiten, die Mietern ihre Hilfe bei der Ermittlung der zulässigen Mietobergrenze für ihren Wohnraummietvertrag anbieten, wofür sie besondere Programme entwickelt haben. Häufig lassen sie sich zugleich etwaige Rückzahlungsansprüche der Mieter aufgrund des § 558g Abs 1 S 3 iVm § 812 Abs 1 BGB abtreten, um die Ansprüche, falls sich die vereinbarte Miete als überhöht erweist, gegen den Vermieter durchzusetzen. Die Gegenleistung der Mieter für die Tätigkeit des Inkassodienstleisters besteht im Regelfall in einem Teil des erstrittenen Rückzahlungsbetrages. Die Vereinbarkeit derartige Geschäftsmodelle mit dem Rechtsdienstleistungsgesetz (RDG) ist umstritten, selbst wenn der Inkasso-Dienstleister nach § 10 RDG registriert ist, wird jedoch vom BGH – trotz des Konflikts mit § 3 RDG – im Interesse der Durchsetzbarkeit der Vorschriften über die Mietpreisbremse ausgesprochen großzügig beurteilt (insbesondere BGH 27. 11. 2019 – VIII ZR 285/18 Rn 38 ff, BGHZ 224, 89, 100 ff = NJW 2020, 208, 212 ff = WuM 2020, 212; 8. 4. 2020 – VIII ZR 136/19 Rn 30 ff, WuM 2020, 344, 346 ff = NZM 2020, 542; 27. 5. 2020 – VIII ZR 45/19 Rn 43 = NZM 2020, 551, 554 ff – wenigermiete.de I–III; 27. 5. 2020 – VIII ZR 31/19 Rn 24 ff, WuM 2020, 645; 27. 6. 2020 – VIII ZR 384/18 Rn 6, WuM 2020, 650, anders wiederholt das LG Berlin, zB GE 2020, 672 mwNw).

19 Die Frage, wie die Parteien bei Abschluss eines neuen Wohnraummietvertrages die ortsübliche Vergleichsmiete gerade zu Beginn des Mietverhältnisses als Maßstab für die zulässige Miethöhe ermitteln sollen, bereitet lediglich in den wenigen Fällen keine besonderen Schwierigkeiten, in denen in der betreffenden Gemeinde bereits **ein qualifizierter Mietspiegel** vorliegt, für dessen Richtigkeit grundsätzlich eine gesetzliche Vermutung streitet (§ 558d Abs 3 BGB), weil dann auch im vorliegenden Zusammenhang bis zum Beweis des Gegenteils von den Mietspiegelwerten auszu-

gehen ist (s Staudinger/V Emmerich [2021] § 558d Rn 14 ff; Börstinghaus, Hdb Kap 4 Rn 73 f; BeckOGK/Fleindl [1. 10. 2020] Rn 58). Weniger günstig ist dagegen die Situation bereits, wenn nur ein **einfacher Mietspiegel** in der fraglichen Gemeinde existiert. Einem solchen kommt bekanntlich nur eine begrenzte Indizwirkung zu (s Staudinger/V Emmerich [2021] § 558b Rn 30 f), auf die sich die Parteien gleichwohl idR bei Abschluss eines Mietvertrages stützen können (ebenso LG Berlin WuM 2017, 266, 275 ff; AG Berlin-Lichtenberg WuM 2016, 665, 666 ff; AG Berlin-Neukölln NZM 2017, 31). Unklar ist dagegen, was geschehen soll, wenn in der fraglichen Gemeinde überhaupt **kein** (verwertbarer) **Mietspiegel** besteht (Mietspiegel gibt es nur in 5% der Gemeinden). Eine Lösung ist hier nicht in Sicht (ebenso zB MünchKomm/Artz § 556d Rn 8; Artz/Börstinghaus NZM 2019, 12, 13 f; Lützenkirchen/Abramenko Rn 30 f; Börstinghaus, Hdb Kap 4 Rn 76; Börstinghaus NJW 2015, 1553, 1556; Schmidt-Futterer/Börstinghaus Rn 50 ff; BeckOGK/Fleindl [1. 10. 2020] Rn 67 ff; Flatow WuM 2015, 191). Der häufige Verweis auf § 558e Abs 4, nach dem die Gemeinden bei Bedarf Mietspiegel aufstellen sollen, ist – in der Sprache der Ökonomen – ein Nirwana-Konzept, weil es kein Mittel gibt, die Gemeinden zur Beachtung des § 558e Abs 4 BGB zu veranlassen. Man wird deshalb schon aus rechtsstaatlichen Gründen in solchen Fällen *jede* Abrede hinzunehmen haben, bei der die Parteien *gutgläubig* von einer bestimmten Höhe der Vergleichsmiete ausgegangen sind, – freilich dann auch mit der Folge, dass kein Raum für die Anwendung des § 556g Abs 1 S 3 BGB ist. Die Durchsetzung der Mietpreisbremse stößt hier auf immanente Schranken.

4. Miete

Durch § 556d Abs 1 BGB wird die zulässige Höhe der „Miete" begrenzt. Unter der **20** „Miete" versteht das Gesetz grundsätzlich die (gesamte) von den Parteien vereinbarte **Gegenleistung des Mieters** für die Leistungen des Vermieters (so § 535 Abs 2 BGB). In der Vereinbarung über Art und Höhe dieser Gegenleistung des Mieters sind die Parteien – in den Grenzen der Vertragsfreiheit – grundsätzlich frei. Die Gegenleistung des Mieters muss insbesondere nicht in periodischen, zB monatlichen Geldzahlungen bestehen. Die Parteien können als Gegenleistung des Mieters gemäß § 311 Abs 1 BGB ohne weiteres auch eine einmalige Zahlung (so genannte **Einmalmiete**) oder anderstypische Leistungen, zB Dienstleistungen des Mieters vereinbaren (Paradigma: **Hausmeistervertrag**).

Der Gesetzgeber hatte bei § 556d Abs 1 BGB offenkundig nur den Regelfall im **21** Auge, dass die Parteien als Gegenleistung des Mieters, eben als „Miete", eine **laufende** (periodische) **Geldzahlung** vereinbaren. Daraus ergeben sich mit Notwendigkeit Schwierigkeiten bei sämtlichen abweichenden Vereinbarungen. Spezielle gesetzliche Regelungen sind selten; hervorzuheben sind § 557a Abs 4 BGB für die **Staffelmiete** sowie § 557b Abs 4 BGB für eine **Indexmiete** (wegen der Einzelheiten s Staudinger/J Emmerich [2021] § 557a Rn 13a f und § 557b Rn 39a). Noch nicht endgültig geklärt ist die Rechtslage dagegen bei Vereinbarung einer **Einmalmiete** oder anderstypischer Leistungen des Mieters als Gegenleistung wie in dem bekannten Fall des Hausmeistervertrages, in dem **Dienstleistungen** als Gegenleistung des Mieters für die Überlassung von Wohnraum zum Wohnen vereinbart werden. Im Schrifttum wird vorgeschlagen, den Wert derartige Dienstleistungen in Höhe der üblichen Vergütung von der vereinbarten Miete abzuziehen und auf die restliche Miete die gesetzliche Regelung der Mietpreisbremse anzuwenden (zB BeckOGK/Fleindl [1. 10. 2020]

Rn 86). Man darf bezweifeln, ob dies ein praktikables Verfahren ist, zumal tatsächlich alle Maßstäbe für derartige Rechenoperationen fehlen werden. Man wird vielmehr einräumen müssen, dass in solchen Fällen ebenso wie bei Vereinbarung einer Einmalmiete kein Raum für die Anwendung der Vorschriften der §§ 556d ff BGB ist – von offenkundigen **Umgehungsfällen** abgesehen, in denen mit der Vereinbarung anderstypischer Gegenleistungen oder einer Einmalmiete offenkundig nur der Zweck verfolgt wird, die gesetzliche Regelung zu umgehen (§§ 133 und 157 BGB).

5. Betriebskosten

22 Gesetzliches Regelungsmodell ist die sogenannte **Inklusivmiete** (oft auch **Bruttomiete** genannt), da der Vermieter nach dem Gesetz grundsätzlich die auf der Sache ruhenden Lasten ebenso wie die Betriebskosten zu tragen hat, sofern die Parteien nichts anderes vereinbaren (§§ 535 Abs 1 S 3, 556 Abs 1 BGB; s oben § 535 Rn 63, Rn 66). Für § 556d Abs 1 BGB folgt daraus, dass bei Vereinbarung einer Inklusivmiete (soweit nach der HeizkostenVO zulässig) diese – als einheitliche Miete – mit der ortsüblichen Inklusivmiete zu vergleichen ist, um den nötigen Maßstab für die nach § 556d Abs 1 BGB höchstens zulässige Miete zu erhalten (ebenso grundsätzlich MünchKomm/Artz § 556d Rn 10; Blank WuM 2014, 641, 647; Schmidt-Futterer/Börstinghaus Rn 54 f; Börstinghaus, Hdb Kap 4 Rn 79 f, BeckOGK/Fleindl [1. 10. 2020] Rn 74 ff).

23 Das Problem ist nur, wie die Parteien bei Abschluss eines neuen Wohnraummietvertrages die ortsübliche Inklusiv- oder Bruttomiete ermitteln sollen, weil Mietspiegel (soweit überhaupt vorhanden) durchweg nur Nettomieten ausweisen und deshalb keine Auskunft über Inklusiv- oder Bruttomiete geben. Ebenso wie bei § 558 BGB hilft hier allein die **rechnerische Aufspaltung** der einheitlichen Miete in eine Nettomiete und einen aktuellen Betriebskostenteil, wobei man auf die letzten Betriebskosten des Vormieters oder auf durchschnittliche Betriebskosten abstellen kann. Durch Vergleich der rechnerischen Nettomiete mit der ortsüblichen Nettomiete (+10%) erhält man die Obergrenze der zulässigen Miete, zu der dann schließlich noch der Betriebskostenanteil hinzuzurechnen ist (BeckOGK/Fleindl [1. 10. 2020] Rn 76 ff). Keine Besonderheiten gelten dagegen, wenn der Mieter neben der Grund- oder **Nettomiete** Vorauszahlungen auf die Betriebskosten zu erbringen hat, über die gesondert abgerechnet wird; in diesem Fall betrifft § 556d Abs 1 BGB allein die Vereinbarung über die Grundmiete ohne die Vorauszahlungen.

24 Betriebskostenpauschalen im Sinne der §§ 556 Abs 2 S 1 und 560 BGB sind Bestandteile der einheitlichen Miete. Für die Anwendung des § 556d Abs 1 BGB folgt daraus, dass Maßstab für die Mietobergrenze die ortsübliche Vergleichsmiete aus Verträgen mit Betriebskostenpauschalen zu sein hat. Freilich geben Mietspiegel darüber ebenfalls keine Auskunft. Als Ausweg bleibt nur, die Betriebskostenpauschale aus der Miete **herauszurechnen**, um für Vergleichszwecke zu einer Nettomiete zu gelangen, die dann mit den Mietspiegelwerten verglichen werden kann. Dabei darf man jedoch nicht stehen bleiben, um sonst naheliegenden Umgehungsversuchen zu begegnen. Deshalb muss zusätzlich die Betriebskostenpauschale zumindest auf ihre *Plausibilität* anhand der geschätzten durchschnittlichen Betriebskosten überprüft und gegebenenfalls entsprechend korrigiert werden (Blank WuM 2014, 641, 647; BeckOGK/Fleindl [1. 10. 2020] Rn 79 f).

6. Zuschläge

In der Mietpraxis werden vielfach Zuschläge für die Erlaubnis zur Untervermietung **25**
oder zur teilgewerblichen Nutzung der vermieteten Räume sowie für die ganze oder
partielle Möblierung der Räume vereinbart. Die angemessene Berücksichtigung derartiger Zuschläge bereitet im Rahmen der §§ 558 ff (dazu u § 558a Rn 43 f) ebenso wie
im Rahmen der Vorschriften über die Mietpreisbremse erhebliche Probleme (s ausführlich FLEINDL WuM 2018, 544; BeckOGK/FLEINDL [1. 10. 2020] Rn 84). Umstritten ist bereits,
ob es sich hier stets um **einheitliche Märkte** oder von Fall zu Fall auch um **getrennte**
Märkte, etwa für Wohnungen ohne Möblierung und mit Möblierung handelt (generell
verneinend FLEINDL WuM 2018, 544, 548 f). Diese Frage lässt sich nur aufgrund belastbarer
empirischer Studien beurteilen, die offenbar nicht vorliegen. Solange es daran fehlt,
kann man jedenfalls auf einzelnen Marktsektoren die Existenz derartiger besonderer
Märkte nicht ausschließen, mag sie auch wenig wahrscheinlich sein. Sollte sich doch
die Existenz besonderer Märkte zB für möblierte Luxuswohnungen in einzelnen
Städten nachweisen lassen, so ist für die etwaige Anwendung des § 556d BGB auf
die Vergleichsmiete auf derartigen Märkten abzustellen, die dann wohl nur durch
Sachverständigengutachten ermittelt werden kann (s u § 558a Rn 43).

Sondermärkte der genannten Art sind offenbar selten oder lassen sich jedenfalls nur **26**
schwer nachweisen (Rn 25). Deshalb sollte für den Regelfall von **einheitlichen Märkten**
für möblierte und nicht möblierte Wohnungen sowie für Wohnungen mit und ohne
Erlaubnis der Untervermietung oder der teilgewerblichen Nutzung der Räume ausgegangen werden. Darüber wie in derartigen Fällen zu verfahren ist, besteht im Kern
weitgehende Übereinstimmung, wenn man sich auch über die praktischen Schwierigkeiten keinen Illusionen hingeben darf: Entscheidend sind letztlich die am Markt
üblichen Zuschläge für die genannten besonderen Nutzungsformen der Räume. Die
Summe aus ortsüblicher „Nettomiete" für die Räume und ortsüblichen Zuschlägen
für die Zusatznutzung der Räume (sofern zu ermitteln) ergibt dann die Vergleichsmiete als Basis für die Berechnung der Mietobergrenze aufgrund des § 556d Abs 1
BGB (BLANK WuM 2014, 641, 648; SCHMIDT-FUTTERER/BÖRSTINGHAUS Rn 58; FLEINDL WuM
2018, 544; BeckOGK/FLEINDL [1. 10. 2020] Rn 84 ff). Hier eröffnen sich natürlich vielfältige
Umgehungsmöglichkeiten, insbesondere durch den Ansatz willkürlich überhöhter
Möblierungszuschläge, wovon in der Praxis offenbar auch reger Gebrauch gemacht
wird. Ohne zusätzliche Kontrolle der Zuschläge wird daher hier auf die Dauer kaum
auszukommen sein, bei möblierten Wohnungen etwa anhand einer angemessenen
Verzinsung des von dem Vermieter zusätzlich investierten Kapitals (zu Mischmietverhältnissen s schon o Rn 4; zur Vermietung von Häusern mit Garten oder Garage s o Rn 5).

III. Verordnungsermächtigung

1. Überblick

Die Begrenzung der Miethöhe durch die 100 + 10-Regel des § 556d Abs 1 BGB gilt **27**
nur in denjenigen Gebieten mit einem angespannten Wohnungsmarkt, die durch
eine (wirksame) **Verordnung** der Landesregierung aufgrund des § 556d Abs 2 BGB
bestimmt sind. Die Ermächtigung der Landesregierungen zum Erlass derartiger
Verordnungen durch § 556d Abs 2 BGB ist an verhältnismäßig **enge Voraussetzungen** geknüpft und zudem in zweifacher Hinsicht zeitlich begrenzt (s dazu Rn 28).

Wichtigste Voraussetzung ist, dass es sich um ein Gebiet mit angespannten Wohnungsmärkten (Plural!) handelt (§ 556d Abs 2 S 1 BGB). Dies ist anzunehmen, wenn die ausreichende Versorgung der Bevölkerung mit Mietwohnungen in einer Gemeinde oder in einem Teil der Gemeinde zu angemessenen Bedingungen besonders gefährdet ist (§ 556d Abs 2 S 2 BGB), und zwar gerade bei Erlass der Verordnung, während die spätere Entwicklung insoweit keine Rolle spielt. Vorbild der Regelung waren die Vorschriften des § 558 Abs 3 S 2 BGB und des § 577a Abs 2 BGB (Begr BT-Drucks 18/3121, 28). Beide Vorschriften begründen ebenso wie § 556d Abs 2 BGB Ermächtigungen der Regierungen der Länder zur Festlegung von Gebieten, in denen die ausreichende Versorgung der Bevölkerung mit Mietwohnungen zu angemessenen Bedingungen in einer Gemeinde besonders gefährdet ist (s u Staudinger/V Emmerich [2021] § 558 Rn 82 ff). Diese Verordnungsermächtigungen sind von den Landesregierungen in der Vergangenheit meistens überaus großzügig ausgelegt worden, um, nicht zuletzt aus wahltaktischen Gründen, möglichst umfassend eine Absenkung der Kappungsgrenze auf 15 % durchsetzen zu können. Damit sich diese offenbar unerwünschte Praxis bei Anwendung des § 556d BGB nicht wiederholt, wurden die Voraussetzungen der Ermächtigung für den Erlass entsprechender Verordnungen in § 556d Abs 2 BGB in einzelnen Beziehungen verschärft (s Begr BT-Drucks 18/3121, 28 f, 42).

28 Der wichtigste Punkt ist, dass das Gesetz in § 556d Abs 2 S 3 BGB jetzt erstmals vier so genannte **Indikatoren** (oder besser: Kriterien) aufzählt, bei deren Vorliegen vorrangig ein angespannter Wohnungsmarkt im Sinne des Gesetzes anzunehmen sein soll (u Rn 34 ff). Die Aufzählung ist nicht abschließend und auch nicht zwingend, da der Zusammenhang (genauer: die Korrelation) zwischen den im Gesetz aufgezählten Indikatoren und der Anspannung auf einzelnen Wohnungsmärkten durchweg nur locker oder schwach ist. Darüber hinaus besteht für die Verordnungsermächtigung eine **zweifache zeitliche Schranke**: Die Verordnungen dürfen erstens nur für eine Dauer von jeweils höchstens fünf Jahren erlassen werden, gegebenenfalls auch in der Form von Kettenverordnungen mehrfach hintereinander (§ 556d Abs 2 S 1 BGB). Die Verordnungen müssen zweitens, nachdem die Ermächtigung ursprünglich bis Ende des Jahres 2020 befristet war, aufgrund einer Gesetzesänderung von 2020 (vorerst) spätestens **Ende** des Jahres **2025** außer Kraft treten.

28a Die Verordnungen müssen außerdem in qualifizierter Form **begründet** werden, um den Gerichten eine Kontrolle zu ermöglichen, ob sich die Länder bei Erlass der Verordnungen an die gesetzlichen Vorgaben gehalten haben (s Rn 39 ff). Der Bundesrat hatte zwar diese Regelung von Anfang an als zu restriktiv beanstandet und einen weitgehenden Verzicht auf die engen Voraussetzungen für den Erlass von Verordnungen in § 556d Abs 2 BGB gefordert (Begr BT-Drucks 18/3121, 43). Die Bundesregierung war dieser Forderung der Länder indessen nicht nachgekommen, sondern hatte an den engen Voraussetzungen für den Erlass von Verordnungen nach § 556d Abs 2 BGB festgehalten, und zwar mit der Begründung, insbesondere das Erfordernis der Benennung von Abhilfemaßnahmen diene dazu, eine sorgfältige Interessenabwägung und ein transparentes Verfahren zu gewährleisten (BT-Drucks 18/3250, 1).

28b Von der Verordnungsermächtigung des § 556d Abs 2 machte alsbald die Mehrzahl der Bundesländer Gebrauch, wobei sich freilich das Begründungserfordernis (Rn 28a) schnell als nur schwer zu überwindendes Hindernis erwies, an dem letztlich eine ganze Reihe sogenannter Mietbegrenzungsverordnungen scheiterte. Bis Ende des Jahres 2019 waren in 23 Bundesländern derartige Verordnungen erlassen worden. Ihr Anwendungsbereich erstreckt sich momentan auf ungefähr 315 Städte (s Vorbem 2, 3 und 6 zu § 556d).

2. Angespannte Wohnungsmärkte

Der Anwendungsbereich der Vorschriften über die Mietpreisbremse beschränkt sich auf (durch eine Landesverordnung bestimmte) Gebiete mit angespannten Wohnungsmärkten, in denen die ausreichende Versorgung der Bevölkerung mit Mietwohnungen in einer Gemeinde oder in einem Teil der Gemeinde zu angemessenen Bedingungen besonders gefährdet ist (§ 556d Abs 1 und Abs 2 S 1 und 2 BGB). **Vorbilder** der gesetzlichen Regelung sind die Vorschriften des § 558 Abs 3 S 3 BGB und des § 577a Abs 2 BGB (s Rn 27). In der Rechtsprechung ist anerkannt, dass diese Vorschriften den Landesregierungen ein **weites**, aber nicht unbegrenztes **Ermessen** bei der Bestimmung der Gebiete mit angespannten Wohnungsmärkten einräumen (s STAUDINGER/V EMMERICH [2021] § 558 Rn 82–85 mwNw). Für § 556d Abs 2 S 1 dürfte im Ergebnis nichts anderes gelten (LG München I NZM 2018, 83, 86 = NJW 2018, 407; Beck-OGK/FLEINDL [1. 10. 2020] Rn 29). Die Landesregierungen sind insbesondere grundsätzlich frei in der Auswahl und Gewichtung der maßgeblichen Kriterien für die Annahme eines angespannten Wohnungsmarktes (LG München I NZM 2018, 83, 86 = NJW 2018, 407). Umso bedeutsamer ist es, die verschiedenen **Grenzen** zu betonen, die sich aus der gesetzlichen Regelung für das Ermessen der Landesregierungen bei dem Erlass von Mieten- oder Mietbegrenzungsverordnungen (die Terminologie schwankt) ergeben. Weitere Schranken folgen der Sache nach aus dem Begründungserfordernis des § 556d Abs 2 S 5 bis S 8 BGB (Rn 39 ff). 29

Wichtigste Voraussetzung für den Erlass einer Mietbegrenzungsverordnung ist die besondere **Gefährdung** der **Versorgung** der Bevölkerung mit **Mietwohnungen** zu angemessenen Bedingungen. Da das Gesetz auf eine „bloße" **Gefährdung** der Versorgung der Bevölkerung abstellt, muss es zwar noch nicht tatsächlich zu einem Engpass bei der Versorgung der Bevölkerung mit Mietwohnungen gekommen sein; erforderlich ist jedoch, dass eine derartige Entwicklung ernsthaft, nicht nur theoretisch für die nächste Zukunft droht, worauf vor allem ein **spürbarer Nachfrageüberhang** auf bestimmten Wohnungsmärkten hinweisen durfte. Mit dem Erfordernis gerade einer „besonderen" Gefährdung (so das Gesetz in § 556d Abs 2 S 1 BGB) dürfte in diesem Zusammenhang lediglich zum Ausdruck gebracht sein, dass die Gefahr einer Störung der verschiedenen Mietwohnungsmärkte **erheblich und akut** sein muss, dass anders gewendet die Störung nicht nur unbedenklich zu vernachlässigende, kleine Marktsektoren betreffen darf. 30

Nach § 556d Abs 2 S 1 BGB genügt es auch, wenn die akute Gefahr eines Nachfrageüberhang lediglich in **Teilen einer Gemeinde** besteht. Der relevante Markt muss sich maW nicht mit dem gesamten Gemeindegebiet decken, sondern kann auch kleiner sein, naheliegend etwa bei Großstädten, bei denen die Wohnungssituation in weit entfernten Randbezirken durchaus anders als im begehrten innerstädtischen Bereich sein kann. Fraglich ist, ob darüber hinaus auch eine Differenzierung, dh eine Marktaufteilung in personeller Hinsicht nach **Gruppen von Wohnungsuchenden** geboten sein kann, etwa weil die Situation zB für wohnungsuchende junge Familien 31 oder Studenten ganz anders als für ältere gut situierte Ehepaare sein kann (dafür zB Börstinghaus, Hdb Kap 4 Rn 51). Das mag zutreffen oder auch nicht; jedenfalls fehlen aber für eine derartige weitgehende Marktaufsplittung sämtliche Kriterien, die eine operationale Abgrenzung der einzelnen Marktsektoren erlaubten, ganz abgesehen davon, dass bei Beschränkung der Regulierung auf einzelne Marktsektoren stets mit letztlich unkontrollierbaren Ausweichreaktionen der Marktakteure und Verlagerungen der Nachfrage zu rechnen ist, die dann nur zu weiteren Regulierungen nötigen (ebenso BeckOGK/Fleindl [1. 10. 2020] Rn 23, 36). Schon deshalb verbietet sich auch eine Differenzierung zwischen den Wohnungen nach Größe und Preis (BayVerfGH NZM 2017, 316, 321 Rn 35).

32 Die gesetzliche Regelung macht insgesamt deutlich, dass (an sich) auf jedem räumlich und sachlich relevanten Markt gesondert ermittelt werden muss, ob ein erhebliches Ungleichgewicht zwischen Angebot und Nachfrage besteht, das zur Folge haben kann, dass die Mietbelastung der typischen oder durchschnittlichen Nachfrager erheblich über dem Durchschnitt liegt, sodass aus sozialen Gründen Abhilfemaßnahmen geboten sind, wobei es bereits ausreicht, dass solche Entwicklung lediglich ernsthaft und unmittelbar droht (§ 556d Abs 2 S 2 BGB; s Rn 30). Nimmt man dies ernst, so sollte klar sein, dass das Vorliegen der genannten Voraussetzungen jeweils nur aufgrund sorgfältiger und **umfassender empirischer Untersuchungen** der in Betracht kommenden Märkte bejaht werden kann (ebenso Begr BT-Drucks 18/3121, 29; AG München BeckRS 2017, 114.091; Börstinghaus, Hbb Kap 4 Rn 65; BeckOGK/Fleindl [1. 10. 2020] Rn 39).

3. Indikatoren

33 Den Gesetzesverfassern war seinerzeit klar, dass eine belastbare Bestimmung von angespannten Wohnungsmärkten, in denen die ausreichende Versorgung der Bevölkerung mit Mietwohnungen zu angemessenen Bedingungen gefährdet ist, im Einzelfall auf erhebliche Schwierigkeiten stoßen kann. Sie haben deshalb die gesetzliche Regelung um eine Aufzählung von vier Indikatoren oder Kriterien ergänzt, bei deren Vorliegen „dies", nämlich das Vorliegen eines angespannten Wohnungsmarktes iSd § 556d Abs 2, „insbesondere" der Fall sein soll (§ 556d Abs 2 S 2 BGB, Bekundung BT-Drucksache 18/321, 31 f). Die Berücksichtigung anderer Kriterien wird dadurch nicht ausgeschlossen (Rn 38).

34 Der erste Indikator, der auf einen angespannten Wohnungsmarkt hinweist, ist nach § 556d Abs 2 S 3 Nr 1 BGB gegeben, wenn die Mieten auf dem fraglichen Markt **deutlich stärker steigen** als im Bundesdurchschnitt. Dieses Merkmal ist nur von geringer Aussagekraft (ebenso schon der Bundesrat BT-Drucks 18/3121, 43), abgesehen davon, dass seine Anwendung ein statistisches Material aus Vergangenheit oder Gegenwart voraussetzt (das ist offen), über das tatsächlich niemand verfügt. Ein überproportionaler Anstieg der Mieten kann zudem viele unterschiedliche Ursachen haben – bis hin zu schnell steigenden Einkommen der Mieter, sodass die Korrelation dieses Merkmals mit einer Anspannung des Wohnungsmarktes, wenn überhaupt, so nur gering ist.

35 Nur wenig besser steht es mit dem zweiten Indikator, der **überdurchschnittlichen Mietbelastung** der Haushalte im Vergleich mit dem bundesweiten Durchschnitt (§ 556d Abs 2 S 3 Nr 2 BGB). Als Kennzahl soll hier wohl der durchschnittliche Anteil der Wohnungskosten an dem durchschnittlichen Einkommen der Mieter

fungieren. Als **Grenze** wird hier meistens eine Belastung durchschnittlicher Mieterhaushalte mit Wohnungskosten i.H.v. 40 % des Nettoeinkommens genannt (zB BeckOGK/FLEINDL [1. 10. 2020] Rn 40). Wenn diese Werte (ausnahmsweise) einmal bekannt sein sollten, können sie tatsächlich – neben anderen – ein Indiz für die Anspannung des Wohnungsmarktes sein, nicht mehr.

Als drittes Kriterium nennt das Gesetz in § 556d Abs 2 S 3 Nr 3 BGB das **Wachstum der Wohnbevölkerung**, mit dem die Neubautätigkeit nicht mehr Schritt hält. Dieses Merkmal ist wiederum *ohne* jede Aussagekraft, weil der Umfang der Neubautätigkeit nicht mit fehlendem Wohnraum korreliert. Eine geringe Neubautätigkeit kann ganz verschiedene Ursachen und Wirkungen haben, bis hin zu einem Überangebot an Wohnungen oder dem Wegzug eines großen Teils der Bevölkerung, etwa infolge der Verlagerung von Arbeitsplätzen. Ohnehin fehlen sämtliche Daten, die es überhaupt erst erlaubten, diese Kriterien heranzuziehen (BÖRSTINGHAUS, Hdb Kap 4 Rn 59). 36

Das Gesetz erwähnt in § 556d Abs 2 S 3 Nr 4 BGB als Indikator für eine Anspannung der Wohnungsmärkte schließlich noch die so genannte **Leerstandsquote** (wenn sie denn einmal bekannt sein sollte), dh einen im Verhältnis zum Durchschnitt auf dem Markt geringen Leerstand bei großer Nachfrage. Als normal und nötig für ein Funktionieren des Marktes gilt heute meistens eine Leerstandsquote von 3–4 % des Wohnungsbestandes. Das Kriterium ist folglich erfüllt, wenn die tatsächliche Leerstandsquote deutlich unter 3 % liegt (BÖRSTINGHAUS, Hdb Kap 4 Rn 61; BLANK WuM 2014, 641, 644; SCHMIDT-FUTTERER/BÖRSTINGHAUS Rn 37; LÜTZENKIRCHEN/ABRAMENKO Rn 53 ff; BeckOGK/FLEINDL [1. 10. 2020] Rn 41). Wenn ausnahmsweise einmal bekannt, mag dies in der Tat ein Hinweis auf eine Anspannung des Marktes sein, mehr nicht. 37

Die Aufzählung der Indikatoren für eine angespannte Situation auf dem Wohnungsmarkt in § 556d Abs 2 S 4 BGB ist *nicht abschließend*. Als **weitere Indikatoren** oder Kriterien werden im Schrifttum neben einem Überhang von Bewerbern für Sozialwohnungen und einer hohen Obdachlosenquote noch genannt: starke Wanderungsbewegungen, weiter die erhebliche Überschreitung der ortsüblichen Vergleichsmiete durch die aktuelle Marktmiete, ferner eine besonders starke Verhandlungsposition der Vermieter bei dem Abschluss neuer Verträge sowie schließlich sinkende Wohnungsgrößen und eine sinkende Mobilitätsrate der Mieter (BLANK WuM 2014, 641, 644 f; BÖRSTINGHAUS, Hdb Kap 4 Rn 61; BeckOGK/FLEINDL [1. 10. 2020] Rn 42; LEHMANN-RICHTER WuM 2015, 204, 209; SCHMIDT-FUTTERER/BÖRSTINGHAUS Rn 38; LÜTZENKIRCHEN/ABRAMENKO Rn 57). Ausschlaggebendes Gewicht sollte außerdem dem Umstand beigemessen werden, ob für den betreffenden Markt ein aussagekräftiger, vor allem also ein **qualifizierter Mietspiegel** existiert. Ist dies nicht der Fall, so sollte grundsätzlich von dem Erlass einer Verordnung nach § 556d Abs 2 BGB abgesehen werden, weil dann nämlich die gesetzliche Regelung überhaupt nicht operational ist (ebenso ausdrücklich die Begr BT-Drucks 18/3121, 29; ebenso LÜTZENKIRCHEN/ABRAMENKO Rn 56; BeckOGK/FLEINDL [1. 10. 2020] Rn 67; wohl auch SCHMIDT-FUTTERER/BÖRSTINGHAUS Rn 38; BLANK WuM 2014, 641, 646). 38

4. Form, Begründung

Nach § 556d Abs 2 S 2 BGB muss eine auf § 556d Abs 2 BGB gestützte Mietbegrenzungsverordnung begründet werden. Das Gesetz fügt in S 6 und S 7 der Vor- 39 schrift hinzu, dass die Begründung sich (mindestens) auf die folgenden **beiden Punkte** erstrecken muss, zunächst auf die **Tatsachen**, aufgrund derer die Landesregierung in einem bestimmten Gebiet von einem angespannten Wohnungsmarkt ausgeht (§ 556d Abs 2 S 6 BGB, s Rn 41), und sodann auf die **Maßnahmen**, die sie in dem fraglichen Gebiet und Zeitraum ergreifen wird (Futur!), um **Abhilfe** zu schaffen (§ 556d Abs 2 S 7 BGB; s Rn 43). Mit diesem (ungewöhnlichen) Begründungserfordernis werden unterschiedliche **Zwecke** verfolgt. In erster Linie geht es darum, den von einer Verordnung aufgrund des § 556 d Abs 2 BGB betroffenen Vermietern den mit dem Erlass der Verordnung verbundenen Eingriff in ihr Eigentum und in ihre Vertragsfreiheit (Art 14 Abs 1 und Art 2 Abs 1 GG) verständlich und nachvollziehbar zu machen, dh die Transparenz und Nachvollziehbarkeit des Eingriffs sicherzustellen (grl BGH 17. 7. 2019 – VIII ZR 138/18 Rn 21 ff, BGHZ 223, 30, 37 = NJW 2019, 1844 [mit Anm EMMERICH JuS 2019, 1113]; 27. 5. 2020 – VIII ZR 292/19 Rn 9, WuM 2020, 488). Zugleich soll dadurch den ordentlichen Gerichten die Prüfung ermöglicht werden, ob sich die Länder bei Erlass der Verordnung an die Grenzen ihres Ermessens gehalten haben (s Rn 29), dh ob der Eingriff verhältnismäßig ist, weil er geeignet, erforderlich und angemessen ist, um die Zwecke der gesetzlichen Regelung und die mit dem Eingriff verfolgten Ziele zu erreichen (BGH 17. 7. 2019 – VIII ZR 138/18 Rn 22 ff, BGHZ 223, 30, 37 = NJW 2019, 1844).

40 Das Begründungserfordernis für Mietbegrenzungsverordnungen kann seine Zwecke (Rn 39) offenbar nur erreichen, wenn die Begründung zusammen mit der Verordnung in einer der Allgemeinheit leicht zugänglichen Weise **publiziert** wird. Dafür ist es zwar nicht unbedingt erforderlich, dass die Begründung zusammen mit der Verordnung im GVBl des Landes veröffentlicht wird; ausreichend ist vielmehr auch eine Veröffentlichung in einer anderen, der Allgemeinheit leicht zugänglichen Weise, etwa im JMBl oder auf der Internetseite des zuständigen Ministers oder des Landtags. Eine lediglich **intern** zugängliche Publizierung der Begründung reicht dagegen nicht aus und führt zur Unwirksamkeit der ohne Begründung veröffentlichten Verordnung (BGH 17. 7. 2019 – VIII ZR 138/18 Rn 34 ff, BGHZ 223, 30, 41 f = NJW 2019, 1844; 27. 5. 2020 – VIII ZR 292/19 Rn 12 ff, WuM 2020, 488; LG Hamburg NZM 2018, 745, 746 = NJW-RR 2018, 1158; LG München I NZM 2018, 83, 84 ff = NJW 2018, 407 = WuM 2018, 32; LG Stuttgart NZM 2019, 292, 293 f). Nicht ausreichend ist es auch, wenn die Begründung später von der Landesregierung **nachgeschoben** wird; die Begründung muss vielmehr zusammen mit der Verordnung veröffentlicht werden. Eine mangelhafte (und deshalb unwirksame) Begründung kann auch **nicht nachgebessert** werden; möglich ist vielmehr allein ein erneuter Erlass der Verordnung zusammen mit einer Begründung, die dem Gesetz entspricht (BGH 17. 7. 2019 – VIII ZR 138/18 Rn 38 ff, BGHZ 223, 30, 43 = NJW 2019, 1844; LG Stuttgart NZM 2019, 293, 294 f; LG Hamburg GE 2019, 1577).

41 Aus der (veröffentlichten) Begründung müssen sich insbesondere die **Tatsachen** ergeben, aufgrund derer nach Meinung der Landesregierung „im Einzelfall" ein Gebiet mit einem angespannten Wohnungsmarkt im Sinne des Gesetzes vorliegt (§ 556d Abs 2 S 6 BGB). Gemeint sind damit die Tatsachen, die von der Landesregierung vor Erlass einer Verordnung aufgrund des § 556d Abs 2 BGB ermittelt werden müssen (s Rn 30) und die das Land zu der Annahme berechtigen, dass in einem bestimmten Gemeindegebiet oder in dem Teil einer Gemeinde ein oder mehrere angespannte Wohnungsmärkte im Sinne des Gesetzes anzunehmen sind (s Rn 29 f). Dies bedeutet, dass in der Begründung für jedes einzelne Gemeindegebiet

und gegebenenfalls sogar für die einzelnen Teile einer Gemeinde *konkrete (belastbare) empirische Daten* dargelegt werden müssen, die einen Schluss auf angespannte Wohnungsmärkte im Sinne des Gesetzes nachvollziehbar machen und zugleich erkennen lassen, dass die Landesregierung bei dem Erlass der Verordnung die Grenzen ihres Ermessens beachtet hat und vor allem verhältnismäßig vorgegangen ist (Rn 29; LG München I NZM 2018, 83 = NJW 2018, 407 = WuM 2018, 32; LG Stuttgart NZM 2019, 290).

Wohlfeile allgemeine Aussagen über Tendenzen auf umfassenden Wohnungsmärkten reichen dafür nicht aus; das Gesetz verlangt vielmehr in § 556d Abs 2 S 6 BGB ausdrücklich eine Begründung „im Einzelfall", dh *für jeden einzelnen betroffenen Markt* aufgrund konkreter empirischer Daten (ebenso BÖRSTINGHAUS/THIEDE NZM 2016, 489, 495 ff; BeckOGK/FLEINDL [1. 10. 2020] Rn 44; SIEG DWW 2016, 204; ZUCK NZM 2016, 657). Dazu gehört insbesondere auch, dass die Landesregierung offenlegt, anhand welcher Kriterien sie das Vorliegen eines angespannten Wohnungsmarktes beurteilt hat, wie diese Kriterien gewichtet wurden und wie sie in den betroffenen Gemeinden oder Gemeindeteilen jeweils erfüllt sind (LG München I NZM 2018, 83, 84 f = NJW 2018, 407 = WuM 2018, 32; BeckOGK/FLEINDL [1. 10. 2020] Rn 44). **42**

Hinzu kommen muss in der veröffentlichten Begründung ferner die Angabe der **Maßnahmen**, die die Landesregierung in dem betroffenen Gebiet und Zeitraum „ergreifen wird" (Futur!), um **Abhilfe** zu schaffen (§ 556d Abs 2 S 7 BGB). Neben die Pflicht zur belastbaren Begründung des Eingriffs in die Rechte der Vermieter durch den Erlass einer Mietbegrenzungsverordnung tritt mithin die weitere Pflicht der Landesregierung, in der Begründung der Verordnung die Öffentlichkeit darüber zu informieren, welche **wohnungspolitischen Maßnahmen** sie in der Zukunft zu ergreifen beabsichtigt, „um Abhilfe zu schaffen" (so § 556d Abs 2 S 7 BGB), dh zu einer Entspannung der durch die Verordnung betroffenen verschiedenen Wohnungsmärkte beizutragen und dergestalt für die Zukunft die Verordnung wieder überflüssig zu machen. Wohl überwiegend wird der korrekten Erfüllung dieser zusätzlichen **Informationspflicht** der Landesregierungen nicht dieselbe Bedeutung wie der Erfüllung der Begründungspflicht hinsichtlich des Eingriffs beigemessen, sodass Verstöße gegen die Informationspflicht nicht die Nichtigkeit der Verordnung nach sich ziehen (BeckOGK/FLEINDL [1. 10. 2020] Rn 46; SCHMIDT-FUTTERER/BÖRSTINGHAUS Rn 40; LEHMANN-RICHTER WuM 2015, 204, 206; PALANDT/WEIDENKAFF § 556d Rn 3; AG Berlin-Neukölln NZM 2017, 31, 33 f). Der Wortlaut des Gesetzes spricht freilich durch die Verwendung des Futurs („ergreifen wird") eher für die gegenteilige Annahme (so LÜTZENKIRCHEN/ABRAMENKO Rn 63; wohl auch BLANK WuM 2014, 641, 646). Ohnehin dürfte es den Ländern nicht schwerfallen, stets einen bunten Strauß geplanter wohnungspolitischer Maßnahmen in der Begründung aufzuzählen. **43**

Freilich: Gegen eine tatsächlich bestehende Wohnungsnot auf bestimmten Märkten helfen nicht der Erlass von Verordnungen und die Verabschiedung schöner Programme, sondern lediglich eines, nämlich der Bau möglichst vieler preiswerter neuer Wohnung. Allein dadurch kann „Abhilfe" iSd § 556d Abs 2 S 7 BGB geschaffen werden. Folglich ist hier kein Raum für wohlklingende Programme, wie sie jederzeit verfügbar sind, sondern allein für die präzise Aufzählung konkreter und geeigneter Maßnahmen zur Förderung des Wohnungsbaus wie insbesondere die (überfällige) Bereitstellung von Bauland zu moderaten Konditionen, die Gewährung günstiger **44**

Baukredite, die Subventionierung von Bauzinsen, der Abbau überflüssiger Reglementierungen sowie insbesondere der Verzicht auf übertriebene, weil übermäßig teure und wenig effektive energetische oder klimaschützende Auflagen, die den Bau neuer Wohnungen nur unnötig verteuern. Das ist freilich alles leichter gesagt als getan, sodass man gespannt sein darf, wie die Länder auf die Dauer mit dem sich hier für sie auftuenden Dilemma fertig werden wollen.

IV. Rechtsfolgen

45 Die Frage nach den Rechtsfolgen des § 556d BGB hat verschiedene Aspekte. Es geht einmal um die Frage, welche Folgen eintreten, wenn die Parteien bei Abschluss eines neuen Mietvertrages nach Erlass einer (wirksamen) Verordnung aufgrund des § 556d Abs 2 BGB gegen die 100 +10-Regel des § 556d Abs 1 BGB verstoßen, indem sie sich auf eine Miete einigen, die die ortsübliche Vergleichsmiete um mehr als 10 % übersteigt. Diese Frage beantwortet partiell § 556g BGB, sodass wegen der Einzelheiten auf die Ausführungen zu der genannten Vorschrift zu verweisen ist (s § 556g Rn 3 ff). Davon zu trennen ist die vorgelagerte Frage nach der Wirksamkeit einer Mietbegrenzungsverordnung aufgrund des § 556d Abs 2 BGB. Allein zu dieser Frage ist im vorliegenden Zusammenhang Stellung zu nehmen.

46 Die **Kontrolle der Wirksamkeit** von Länderverordnungen ist im Rahmen des § 47 VwGO an sich Sache der Oberverwaltungsgerichte und Verwaltungsgerichtshöfe der Länder. Gleichwohl besteht, soweit ersichtlich, Einigkeit darüber, dass bei der Kontrolle von Mietbegrenzungsverordnungen der Länder für eine Zuständigkeit der Verwaltungsgerichtsbarkeit zur Normenkontrolle gemäß § 47 VwGO kein Raum ist, weil es hier nicht um verwaltungsrechtliche Streitigkeiten geht, auf die sich die Zuständigkeit der Verwaltungsgerichte beschränkt (Börstinghaus, Hdb Kap 4 Rn 217; Derleder NZM 2015, 413 = PiG 99 [2015] 27; BeckOGK/Fleindl [1. 10. 2020] Rn 91; Lehmann-Richter WuM 2014, 204, 210 ff).

47 Die Konsequenz ist die Zuständigkeit der **ordentlichen Gerichte**, die folglich im Rahmen zivilrechtlicher Streitigkeiten, in denen sich die Frage der Anwendbarkeit der §§ 556d bis 556g BGB stellt, inzident zu prüfen haben, ob die jeweils einschlägige Mietbegrenzungsverordnung eines Landes wirksam ist. So verhält es sich zB, wenn ein Vermieter die volle Miete verlangt, obwohl möglicherweise ein Verstoß gegen die 100 + 10-Regel des § 556d Abs 1 BGB vorliegt, oder wenn ein Mieter unter Berufung auf einen derartigen Verstoß einen Teil der gezahlten Miete nach § 556g Abs 1 S 3 BGB zurückfordert (s § 558 Rn 53d mwNw; grdl BGH 17. 7. 2019 – VIII ZR 130/18 Rn 15 ff, BGHZ 223, 30, 35 ff = NJW 2020, 2844 m Anm Emmerich JuS 2019, 1113; ebenso schon BGH 4. 11. 2015 – VIII ZR 217/14, BGHZ 207, 246 Rn 20 ff = NJW 2016, 477; BVerfG 24. 6. 2015 – 1 BvR 1360/15, NJW 2015, 3024 = NZM 2015, 777 = WuM 2015, 475, 476 Rn 11 [zu der Berliner VO] sowie zB LG Stuttgart NZM 2019, 290; BeckOGK/Fleindl [1. 10. 2020] Rn 94). So erklärt sich unmittelbar die Vielzahl von Verfahren, in denen von Amts- und Landgerichten schließlich Mietbegrenzungsverordnungen der Länder als unwirksam behandelt wurden, weil bei ihrem Erlass die gesetzlichen Vorgaben in § 556d Abs 2 BGB nicht beachtet wurden. Die wichtigsten Beispiele sind das Fehlen einer Begründung, die verspätete Veröffentlichung einer Begründung oder Mängel der Begründung infolge der Nichtbeachtung der Anforderungen des § 556d Abs 2 S 6 BGB (s schon o Rn 29 ff sowie Vorbem 3 zu § 556d).

§ 556d Abs 2 BGB begründet lediglich eine Ermächtigung der Landesregierungen zum Erlass von Mietbegrenzungsverordnungen für Gemeinden oder Teile von Gemeinden. Eine **Verpflichtung** zum Erlass derartiger Verordnungen folgt daraus nicht; es steht vielmehr grundsätzlich im nicht überprüfbaren **Ermessen** der Landesregierungen, ob sie von der Ermächtigung Gebrauch machen wollen. Kein Mieter kann daher auf Erlass einer Verordnung nach § 556d Abs 2 BGB vor den Verwaltungsgerichten klagen (BLANK WuM 2014, 641, 645; BÖRSTINGHAUS, Hdb Kap 4 Rn 219; SCHMIDT-FUTTERER/BÖRSTINGHAUS Rn 75). **48**

§ 556e
Berücksichtigung der Vormiete oder einer durchgeführten Modernisierung

(1) Ist die Miete, die der vorherige Mieter zuletzt schuldete (Vormiete), höher als die nach § 556d Abs. 1 zulässige Miete, so darf eine Miete bis zur Höhe der Vormiete vereinbart werden. Bei der Ermittlung der Vormiete unberücksichtigt bleiben Mietminderungen sowie solche Mieterhöhungen, die mit dem vorherigen Mieter innerhalb des letzten Jahres vor Beendigung des Mietverhältnisses vereinbart worden sind.

(2) Hat der Vermieter in den letzten drei Jahren vor Beginn des Mietverhältnisses Modernisierungsmaßnahmen im Sinne des § 555b durchgeführt, so darf die nach § 556d Abs. 1 zulässige Miete um den Betrag überschritten werden, der sich bei einer Mieterhöhung nach § 559 Abs. 1 bis 3a und § 559a Abs. 1 bis 4 ergäbe. Bei der Berechnung nach S. 1 ist von der ortsüblichen Vergleichsmiete (§ 558 Abs. 2) auszugehen, die bei Beginn des Mietverhältnisses ohne Berücksichtigung der Modernisierung anzusetzen wäre.

Materialien: Mietrechtsnovellierungsgesetz v 21. 4. 2015 (BGBl I 610); Begr BT-Drucks 18 (2014)/3121 2; Mietanpassungsgesetz v 18. 12. 2018 (BGBl I 2648); Begr BT-Drucks 19 (2018)/ 4672, 26.

Systematische Übersicht

I. Überblick 1	2. Die vom Gesetz erfassten Maßnahmen 35
II. **Die zuletzt geschuldete Vormiete**	3. Dreijahresfrist 39
1. Überblick 4	4. Berechnung der Mietobergrenze ... 44
2. Identität des Mietverhältnisses 8	5. Abweichende Vereinbarungen 46
3. Mietminderung 17	IV. **Auskunftsanspruch** 47
4. Ausnahme für Mieterhöhungen aus dem letzten Jahr 25	V. **Beweislast** 48
III. **Modernisierungsmaßnahmen**	
1. Überblick, Zweck 29	

Alphabetische Übersicht

Abweichende Vereinbarungen	46	Minderung	17 f
Auskunftsanspruch	47	Modernisierungsmaßnahmen	29 ff
		– Begriff	35 f
Beginn des Mietverhältnisses	39	– Dreijahresfrist	39
Beweislast	48 f	– Modernisierungszuschlag	44 f
Dreijahresfrist	9	Umgehungsgeschäfte	13, 16
Einjahresfrist	27 f	Veräußerung des Grundstücks	9, 43
Erhaltungsmaßnahmen	37	Vereinbarte Mieterhöhung	22 ff
		Vormiete	
Flächenabweichungen	17	– Ausnahmen	17, 21
		– Begriff	43
Garage	11	– Einjahresfrist	27 f
Garten	11	– Identität des Mietverhältnisses	8 ff
		– Mieterhöhungen	21 ff
Identität des Mietverhältnisses	8	– Minderung	17 f
Mieterhöhung aus dem letzten Jahr	21 ff		

I. Überblick

1 § 556e BGB enthält zwei Ausnahmen von der 100 +10-Regel des § 556d Abs 1 BGB, einmal durch die Anordnung eines **Bestandsschutzes** zu Gunsten des Vermieters in Bezug auf die in dem vorausgegangenen Mietvertrag „geschuldete" Miete, die sogenannte Vormiete (Rn 1 ff), zum anderen hinsichtlich der aufgrund der §§ 559 und 559a BGB möglichen Mieterhöhung nach Modernisierungsmaßnahmen (s Rn 22 ff; s die Begr BT-Drucks 18/3121, 29 f). Zu diesem Zweck bestimmt zunächst Abs 1 S 1 der Vorschrift, dass abweichend von § 556d Abs 1 BGB eine Miete bis zur Höhe der „**Vormiete**" vereinbart werden kann, auch wenn die Vormiete, das heißt die von dem vorherigen Mieter zuletzt geschuldete Miete höher als die nach § 556d Abs 1 BGB zulässige Miete war.

2 Bestandsschutz gewährt das Gesetz in § 556e Abs 2 BGB dem Vermieter ferner für mögliche Mieterhöhungen nach **(einfachen) Modernisierungsmaßnahmen** im Sinne des § 555b BGB aus den letzten drei Jahren vor Beginn des Mietverhältnisses (dazu u Rn 22 ff). Davon zu unterscheiden sind *umfassende* Modernisierungen, nach denen auf die erste nachfolgende Vermietung der modernisierten Räume gemäß § 556f S 2 BGB die Vorschriften der §§ 556d und 556e BGB überhaupt keine Anwendung finden, um die nötigen finanziellen Anreize für derartige Modernisierungen zu erhalten (s dazu § 556f Rn 13 ff).

3 Vor allem der sogenannte **Bestandsschutz** für „**Vormieten**" gemäß § 556e Abs 1 BGB (s Rn 1) überrascht, einmal, weil unter einer „Vormiete" bisher in Parallele zu dem Vorkauf der §§ 436 ff BGB allgemein etwas völlig anderes als jetzt in § 556e BGB verstanden wurde (s Vorbem 147 ff zu § 535), vor allem aber, weil ein **sachlicher Grund**

für einen Bestandsschutz zugunsten sog Vormieten nur schwer erkennbar ist (Münch-Komm/Artz § 556e Rn 11). Im Schrifttum wird zwar als sachlicher Grund für den Bestandsschutz zugunsten des Vormieters häufig die Notwendigkeit genannt, Investoren zu schützen die auf die bisherigen Mieten bei ihren Investitionen in vermietete Gebäude vertrauten (s BeckOGK/Fleindl [1. 10. 2020] Rn 2). Offen bleibt dabei freilich, ob für einen derartigen Investorenschutz heute in einer marktwirtschaftlichen Ordnung zumal im Mietrecht überhaupt noch Raum ist. Daraus folgt jedenfalls die Notwendigkeit einer *engen Auslegung* der Ausnahmevorschrift des § 556e BGB (BGH 19. 8. 2020 – VIV ZR 374/18 Rn 19, WuM 2020, 727 = NZM 2020, 982).

II. Die zuletzt geschuldete Vormiete

1. Überblick

Maßstab für die Miete, die ausnahmsweise die 100 + 10-Regel des § 556d Abs 1 BGB übersteigen darf, ist nach § 556e Abs 1 S 1 BGB die sogenannte **Vormiete**. Das Gesetz versteht darunter die von dem vorherigen Mieter, dh dem letzten vorausgegangenen Wohnraummieter zuletzt geschuldete Miete, genauer den Betrag, den der vorausgegangene Wohnraummieter zuletzt bei Ende seines Mietvertrages tatsächlich als Miete zahlen *musste*. Daraus folgt, dass § 556e Abs 1 S 1 BGB nur an eine **wirksam vereinbarte Miete** in dem Vertrag mit dem Vormieter anknüpft. Ist die Vereinbarung über die Vormiete in dem vorausgegangenen Mietvertrag dagegen unwirksam, insbesondere wegen eines Verstoßes der Vereinbarung gegen eines der verschiedenen Wucherverbote (§ 5 WiStG, § 138 BGB und § 291 StGB), so genießt die gesetzwidrige, weil überhöhte Vormiete keinen Bestandsschutz nach § 556e Abs 1 BGB (s Vorbem 176 ff zu § 535; Begr BT-Drucks 18/3121, 30; Blank WuM 2014, 641, 648 f; Börstinghaus Hdb Kap 4 Rn 94, 99). Bei **Staffelmietvereinbarungen** ist zusätzlich § 557a Abs 4 BGB zu beachten (ausführlich BeckOGK/Fleindl [1. 10. 2020] Rn 10). Verstößt danach die Vereinbarung einer Staffelmiete gegen § 557a, so kann sie auch nicht in einem nachfolgenden Mietvertrag als Vormiete weiter dem Vertrag zugrunde gelegt werden. **4**

Die gesetzliche Regelung in § 556e Abs 1 S 1 BGB hat zur Folge, dass, selbst wenn nach Abschluss des Vertrages mit dem Vormieter eine Mietbegrenzungsverordnung nach § 556d Abs 2 BGB in Kraft getreten sein sollte, bei Abschluss eines neuen Mietvertrages **dieselbe Miete** wie mit dem Vormieter **vereinbart** werden kann, auch wenn die Vormiete die Grenze von 110 % der ortsüblichen Vergleichsmiete (§ 556d Abs 1 BGB) übersteigt. Keine Rolle spielt dabei, ob der neue Mietvertrag sofort im Anschluss an den vorausgegangenen Mietvertrag oder erst nach einer längeren Zeit des **Leerstandes** oder der **Nutzung** der Räume durch den Vermieter selbst abgeschlossen wird (LG Berlin ZMR 2019, 126 = GE 2018, 1460; Börstinghaus, Hdb Kap 4 Rn 96). Immer bezeichnet die (letzte) Vormiete die **Grenze**, bis zu der abweichend von § 556d Abs 1 BGB eine Vereinbarung über die Miethöhe zulässig ist, selbst wenn in der Zwischenzeit eine Mietbegrenzungsverordnung in Kraft getreten sein sollte. **5**

Wenn bei Vereinbarung der Miete die Voraussetzungen des § 556e Abs 1 BGB erfüllt waren (mit der Folge des Bestandsschutzes für die Vormiete zugunsten des Vermieters), so hat es dabei auch bei sämtlichen **nachfolgenden Mietverträgen** sein Bewenden. Bei jedem weiteren Vertragsschluss greift maW gleichfalls zu Gunsten des Vermieters das Privileg des § 556e Abs 1 S 1 BGB ein (Schmidt-Futterer/ **6**

Börstinghaus Rn 6 f; Lützenkirchen/Abramenko Rn 3 f). Erforderlich ist aber in jedem Fall eine entsprechende Vereinbarung mit dem Mieter (Bundesrat, BT-Drucks 18/3121, 44 f). Das Gesagte gilt nicht, wenn die Räume zwischenzeitlich einmal **gewerblich genutzt** wurden (BGH 19. 8. 2020 – VIII ZR 374/18 Rn 16 ff, NZM 2020, 982 = WuM 2020, 727 gegen LG Berlin ZMR 2019, 126 = GE 2018, 1460).

7 Die komplizierte Regelung über den Bestandsschutz für die sogenannte Vormiete (§ 556e Abs 1 S 1 BGB; o Rn 3 f) hat in erster Linie Bedeutung für den Fall, dass die Vereinbarung über die Vormiete noch **vor Inkrafttreten** einer Verordnung nach § 556d Abs 2 BGB zustandegekommen war, weil sie dann bei Abschluss eines neuen Mietvertrages unter der Geltung der Verordnung eine von der Regel des § 556d Abs 1 BGB abweichende Mietpreisbildung gestattet. War der vorausgegangene Mietvertrag dagegen ebenfalls bereits **unter der Geltung** einer Verordnung nach § 556d Abs 2 BGB zustande gekommen, so bleibt es bei dem Privileg des § 556e Abs 1 BGB nur, wenn der vorausgegangene Mietvertrag ebenfalls dieses Privileg zu Recht in Anspruch genommen hatte (s Rn 4). Sonst ist grundsätzlich von der 100 + 10-Regel des § 556d Abs 1 BGB auszugehen.

2. Identität des Mietverhältnisses

8 Ungeschriebenes Tatbestandsmerkmal des § 556e Abs 1 BGB ist die **Identität** der beiden aufeinanderfolgenden Mietverhältnisse, und zwar gleichermaßen in persönlicher wie in sachlicher und rechtlicher Hinsicht – entsprechend dem Zweck der Regelung, dem Vermieter für bestimmte, unter dem früheren Rechtszustand getroffene und damit zulässige Vereinbarungen über die Miete Bestandsschutz zu verleihen (s Rn 1; Begr BT-Drucks 18/3121, 30). In den zahlreichen problematischen Grenzfällen empfiehlt sich eine strikte Orientierung an dem Erfordernis der Identität der beiden Mietverhältnisse.

9 Ein **Vermieterwechsel** im Wege der Gesamtrechtsnachfolge, insbesondere also durch Erbgang (§ 1922 BGB), ändert nichts an der Identität des Mietverhältnisses, sofern sich der **Erbfall** zB während des Zeitraums zwischen dem Abschluss der beiden Mietverträge zuträgt. Dasselbe gilt im Falle der **Veräußerung** des Grundstücks, weil das Rechtsverhältnis mit dem Erwerber, das § 566 Abs 1 BGB begründet, mit dem Rechtsverhältnis mit dem Veräußerer identisch iS des § 556e BGB ist (s Staudinger/V Emmerich [2021] § 566 Rn 4 ff; MünchKomm/Artz § 556e Rn 3; Börstinghaus, Hdb Kap 4 Rn 98). Ebenso wird folgerichtig zu entscheiden sein, wenn die Beteiligten im Falle des **rechtsgeschäftlichen Übergangs** eines Mietvertrages eine Konstruktion wählen, bei der die Identität des Mietverhältnisses erhalten bleibt (s § 540 Rn 55 f).

10 Zusätzliche Schwierigkeiten ergeben sich unter dem Gesichtspunkt die Identität der beiden aufeinanderfolgenden Mietverhältnisse, wenn in dem zweiten Vertrag, der sogenannten Nachmiete, die Rechte des Mieters **räumlich oder gegenständlich beschränkt oder** umgekehrt **erweitert** werden. Hier ist umstritten, welche Auswirkungen derartige Vorgänge auf die grundsätzlich erforderliche Identität der beiden Mietverhältnisse besitzen. Teilweise wird angenommen, bei einer bloßen **Erweiterung** der Rechte des Mieters, zB durch die zusätzliche Vermietung einer Garage oder eines Gartens oder durch die Gestattung der Untervermietung oder der teilgewerblichen Nutzung der Räume im zweiten Vertrag werde die Identität der beiden

Mietverhältnisse nicht tangiert, sodass Raum für die Anwendung des § 556e Abs 1 BGB verbleibe (Blank WuM 2014, 641, 650 ff; BeckOGK/Fleindl [1. 10. 2020] Rn 30 f). Aber die Grenzziehung ist schwierig und unklar. Deshalb sollte daran festgehalten werden, dass bei jeder nicht ganz geringfügigen (und deshalb unbedenklich zu vernachlässigenden) Beschränkung oder Erweiterung der Rechte des Mieters die Identität der beiden Mietverhältnisse verloren geht, sodass fortan kein Raum mehr für die Privilegierung des Vermieters über § 556e Abs 1 BGB ist (s Rn 10; im Grundsatz ebenso MünchKomm/Artz § 556e Rn 7; Schmidt-Futterer/Börstinghaus Rn 15; Flatow WuM 2015, 191, 197 ff; Lützenkirchen/Abramenko Rn 6 ff).

Die Folge ist insbesondere, dass bei einer **Verringerung der Zahl der** vermieteten **Räume** oder **Flächen** eine Anwendung des § 556e Abs 1 BGB ausscheidet. Paradigma ist der Fall, dass in dem neuen Mietvertrag anders als in dem vorausgegangenen Vertrag die Mitvermietung einer **Garage**, eines Stellplatzes oder eines **Gartens** entfällt. Nach dem Gesagten (Rn 10) findet dann § 556e Abs 1 S 1 BGB keine Anwendung, weil die Vermietung einer Wohnung mit Garage oder Garten etwas anderes als die Vermietung einer Wohnung ohne Garage oder Garten ist (Börstinghaus, Hdb Kap 4 Rn 107; Schmidt-Futterer/Börstinghaus Rn 18; Flatow WuM 2015, 191, 197 f; Lützenkirchen/Abramenko Rn 9). Der Vermieter kann diese für ihn möglicherweise nachteiligen Ergebnisse der gesetzlichen Regelung leicht dadurch vermeiden, dass er von vornherein **getrennte Verträge** über die Wohnung sowie über die Garage, den Stellplatz oder den Garten abschließt. **11**

Entsprechend ist zu entscheiden, wenn der **Mietgegenstand erweitert** wird, insbesondere durch die Einbeziehung von Räumen oder Flächen wie zB eines Stellplatzes, eines Gartens oder einer Garage in den Vertrag. Handelt es sich bei dem neuen Vertrag (einschließlich zB einer Garage oder eines Gartens) um einen einheitlichen Mietvertrag, sodass der neue Vertrag nicht identisch mit dem vorausgegangenen Vertrag (ohne Garage oder Garten) ist, so ist für eine Anwendung des § 556e Abs 1 S 1 BGB wiederum kein Raum (Börstinghaus, Hdb Kap 4 Rn 108). Wenn dagegen über die zusätzlichen Mietgegenstände, zB die Garage oder den Garten ein zweiter *selbstständiger* Mietvertrag abgeschlossen wird, kann auf den Vertrag über den Wohnraum durchweg ohne Weiteres § 556e Abs 1 BGB angewandt werden. **12**

Ebenso ist zu entscheiden, wenn der **vertragsgemäße Gebrauch** des Mieters in dem neuen Vertrag gegenüber dem vorausgegangenen Vertrag **beschränkt**, das heißt sein Gebrauchsrecht vermindert wird. Ein Vertrag mit Erlaubnis der **teilgewerblichen Nutzung** der Räume oder mit der Erlaubnis der **Untervermietung** ist etwas anderes als ein Vertrag *ohne* die genannten zusätzlichen Rechte des Mieters, sodass bei einer entsprechenden Reduzierung der Mieterrechte in dem neuen Vertrag § 556e Abs 1 S 1 BGB nicht angewandt werden kann. Es gibt, anders gewendet, keinen Bestandsschutz bei einer Reduzierung der Rechte des Mieters (Lützenkirchen/Abramenko Rn 7; dagegen Börstinghaus, Hdb Kap 4 Rn 108; Schmidt-Futterer/Börstinghaus Rn 19; Flatow WuM 2015, 191, 198). **13**

Im umgekehrten Fall, das heißt bei einer **erstmaligen Erlaubnis** der Untervermietung oder der teilgewerblichen Nutzung der Räume in dem *neuen* Vertrag verhält es sich ebenso (s schon o Rn 10). Da es an der nötigen Identität der Mietverhältnisse fehlt, bleibt es bei der Anwendung der Grundregel des § 556d Abs 1 BGB. Der Vermieter **14** kann nicht mehr die möglicherweise höhere Vormiete verlangen, sondern „nur" die ortsübliche Vergleichsmiete (+ 10%), freilich vermehrt um einen Zuschlag für die zusätzlichen Rechte des Mieters (s u Staudinger/V Emmerich [2021] § 558 Rn 4; Börstinghaus, Hdb Kap 4 Rn 105).

15 Zusätzliche Fragen stellen sich, wenn der Vormieter im Rahmen des ersten Mietvertrages **zusätzliche Dienstleistungen** erbracht hatte (als Gegenleistung für die Raumüberlassung), die wie etwa Hausmeisterdienste oder Gartenpflege üblicherweise gesondert vergütet werden. Braucht der Nachmieter diese Dienstleistungen nicht mehr zu erbringen, so handelt es sich um einen anderen Vertrag; § 556e Abs 1 BGB gilt daher nicht (anders Börstinghaus, Hdb Kap 4 Rn 114; Schmidt-Futterer/Börstinghaus Rn 25).

16 Wenn der Vermieter dieses Ergebnis vermeiden will, hindert ihn nichts, von vornherein mit dem Vormieter über die genannten Dienstleistungen einen **gesonderten Vertrag** abzuschließen. Dieser Dienstvertrag steht dann selbstständig neben dem Mietvertrag, auf den ohne Einschränkung § 556e Abs 1 BGB angewandt werden kann. Keine Bedeutung hat schließlich die Frage, wer die **Schönheitsreparaturen** tragen muss. Das folgt schon aus § 535 Abs 1 S 2 BGB. Schönheitsreparaturen sind zudem in dem gesetzlichen Vergleichsmietensystem ohne jeden Einfluss auf die Miethöhe (ebenso Schmidt-Futterer/Börstinghaus Rn 26; Flatow WuM 2015, 191, 198 f; BeckOGK/Fleindl [1. 10. 2020] Rn 14).

3. Mietminderung

17 Nach § 556e Abs 1 S 2 Fall 1 BGB bleiben bei der Ermittlung der Vormiete (s Rn 3 ff) Mietminderungen unberücksichtigt. Bezweckt wird mit dieser Regelung in erster Linie, dem Vermieter, der den Mangel *nach* Vertragsende noch beseitigt, die volle (nicht geminderte) Vormiete zu sichern (MünchKomm/Artz § 556e Rn 8). Beseitigt jedoch der Vermieter den Mangel nicht, so bleibt es bei der bereits geminderten Vormiete als Obergrenze für die neue Miete, wobei nicht danach unterschieden wird, ob die Mängel **behebbar** sind, weil diese Frage hier keine Rolle spielt (§ 536 BGB; ebenso Flatow WuM 2015, 191, 196; BeckOGK/Fleindl [1. 10. 2020] Rn 23, 26 ff; Schmidt-Futterer/Börstinghaus Rn 28 f; Lützenkirchen/Abramenko Rn 19; str).

18 Besonderheiten gelten, wenn der Mieter den Mangel bei Abschluss des neuen Mietvertrages **kannte** oder nur infolge grober Fahrlässigkeit verkannte, sodass nach § 536b S 1 und S 2 BGB eine Minderung grundsätzlich ausgeschlossen ist. Hier stellt sich die Frage, ob die eigenartige Regelung des § 556e Abs 1 S 2 Fall 1 BGB zur Folge haben soll, dass der neue Mieter dann (anders als der Vormieter) möglicherweise die volle hohe Vormiete bezahlen muss, ohne noch mindern zu können. Diese Frage lässt sich wohl nicht für sämtliche Fallgestaltungen einheitlich beantworten; man muss vielmehr unterscheiden:

19 **Kannte** der Mieter den Mangel und schließt er trotzdem den Mietvertrag über die fragliche (mangelhafte) Wohnung ab, so wird wohl im Regelfall eine entsprechende **negative Beschaffenheitsvereinbarung** zustande kommen – mit der Folge, dass es jetzt an der nötigen Identität der beiden Mietverhältnisse fehlt, womit die Grundlage für eine Anwendung des Privilegs des § 556e Abs 1 BGB entfällt. Der Vermieter kann

fortan folglich nur noch die ortsübliche Vergleichsmiete (+ 10%) für entsprechende mangelhafte Wohnungen verlangen (MünchKomm/Artz § 556e Rn 10; Börstinghaus, Hdb Kap 4 Rn 120; – anders BeckOGK/Fleindl [1. 10. 2020] Rn 25). So ist insbesondere in Fällen der **Flächenabweichung** zu entscheiden (anders BeckOGK/Fleindl [1. 10. 2020] Rn 27). Weist der neue nachfolgende Mietvertrag die zutreffende Wohnfläche ausdrücklich aus, so handelt es sich um zwei *verschiedene* Mietverträge, sodass für eine Anwendung des § 556e offenbar kein Raum mehr ist (str).

Anders wird die Rechtslage zu beurteilen sein, wenn der Mieter den Mangel nur **20** **infolge grober Fahrlässigkeit verkannte** oder wenn er es versäumte, sich seine Rechte bei Annahme der Sache trotz Kenntnis des Mangels vorzubehalten. Dann ist zwar sein Minderungsrecht ausgeschlossen (§ 536b S 1 und S 2 BGB); aber der Mieter behält den **Erfüllungsanspruch** und damit auch das Zurückbehaltungsrecht, sodass er immer noch die Beseitigung des Mangels durchsetzen kann (§§ 535 Abs 1 und 320 Abs 1 BGB), sodass es im Ergebnis gerechtfertigt erscheint, von einer Identität der beiden Mietverhältnisse auszugehen.

4. Ausnahme für Mieterhöhungen aus dem letzten Jahr

Bei der Ermittlung der Vormiete bleiben nach § 556e Abs 1 S 2 Fall 2 BGB Miet- **21** erhöhungen unberücksichtigt, die mit dem vorherigen Mieter, dem sogenannten Vormieter innerhalb des letzten Jahres vor Beendigung des (vorausgegangenen) Mietverhältnisses vereinbart wurden. Dadurch soll insbesondere *kollusiven Praktiken* von Vermieter und Vormieter zum Nachteil des Nachmieters begegnet werden. Der Anwendungsbereich des § 556e Abs 1 S 2 Fall 2 BGB beschränkt sich freilich nicht auf kollusive Praktiken des Vermieters und des Vormieters, sondern umfasst darüber hinaus **sämtliche** zwischen Vermieter und Vormieter **vereinbarten Mieterhöhungen** aus dem letzten Jahr vor Beendigung des Mietverhältnisses (berechtigte Kritik bei Börstinghaus, Hdb Kap 4 Rn 121). Den Gegensatz bilden lediglich der Abschluss neuer Verträge sowie einseitige Mieterhöhungen aufgrund einer Erklärung des Vermieters (s Rn 27 f).

§ 556e Abs 1 S 2 BGB erfasst somit alle zwischen Vermieter und Vormieter in dem **22** letzten Jahr vor der rechtlichen Beendigung des Vormietverhältnisses vereinbarten Mieterhöhungen, gleichgültig aus welchem Anlass und im Rahmen welchen Verfahrens und gleichgültig auch, wann die neue erhöhte Miete fällig sein soll. Entscheidend ist allein die **vertragliche Abänderung der Miethöhe** aufgrund des § 311 Abs 1 BGB und des § 557 Abs 1 BGB *während* des Laufs des Vormietvertrages binnen der Jahresfrist (s dazu Rn 27 f). Erfasst werden daher insbesondere auch Mieterhöhungen, auf die sich die Parteien geeinigt haben, nachdem der Vermieter eine **Mieterhöhung** aufgrund des **§ 558 BGB** gefordert hatte (s unten Rn 24), Vereinbarungen über die künftige Höhe der Miete nach **Modernisierungsmaßnahmen** aufgrund des § 555f Nr 3 BGB (str, s Börstinghaus, Hdb Kap 4 Rn 128) sowie Mieterhöhungen in einem gerichtlichen **Vergleich** (§ 779 BGB). Keine Rolle spielen der Umfang und die Fälligkeit der Mieterhöhung. Eine Obergrenze bilden lediglich die verschiedenen Wucherverbote.

Um eine vereinbarte Mieterhöhung iS des § 556e Abs 1 S 2 Fall 2 BGB handelt es **23** sich auch im Falle der **Verurteilung** des Mieters zur Zustimmung zur Erhöhung der

Miete bis zur ortsüblichen Vergleichsmiete **nach § 558b BGB**, weil mit Rechtskraft des Urteils die Zustimmung des Mieters als abgegeben gilt, sodass die vom Vermieter gewünschte Vereinbarung zustande kommt (§ 894 ZPO; s Staudinger/V Emmerich [2021] § 558b Rn 15; MünchKomm/Artz § 556e Rn 14; Börsinghaus, Hdb Kap 4 Rn 125, 127; Schmidt-Futterer/Börsinghaus Rn 36 f; Flatow WuM 2015, 191, 199; anders aber Blank WuM 2014, 641, 651; BeckOGK/Fleindl [1. 10. 2020] Rn 19; Lützenkirchen/Abramenko Rn 32). Die Frage hat mit Rücksicht auf § 556d Abs 1 BGB praktische Bedeutung nur, wenn es dem Vermieter gelingt, durch Klage (ausnahmsweise) nach den §§ 558 ff BGB eine Mieterhöhung durchzusetzen, von der sich später herausstellt, dass sie *über* der ortsüblichen Vergleichsmiete liegt.

24 Haben sich die Parteien auf die Mieterhöhung dagegen **außerhalb** der kritischen **Jahresfrist** (s Rn 27) geeinigt, so bildet die neue erhöhte Miete nach § 556e Abs 1 S 1 BGB die maßgebliche Vormiete. Nur wenn die Vereinbarung über eine Mieterhöhung in die kritische Jahresfrist (Rn 21 f) fällt, muss die Mieterhöhung aus der Vormiete herausgerechnet werden, um die Obergrenze zu ermitteln, bis zu der im Rahmen des § 556e Abs 1 BGB eine neue Miete vereinbart werden kann – über § 556d Abs 1 BGB hinaus (Schmidt-Futterer/Börsinghaus Rn 34 ff; Lützenkirchen/Abramenko Rn 29 f; Flatow WuM 2015, 191, 199).

25 Der Ausnahmetatbestand umfasst nur vereinbarte Mieterhöhungen (s Rn 22 f) aus dem **letzten Jahr** vor Beendigung des Mietverhältnisses mit dem Vormieter (§ 556e Abs 1 S 2 BGB). Maßgebend ist allein die **rechtliche Beendigung** des Vertrages; keine Rolle spielt dagegen, ob und wann der Vormieter tatsächlich die Wohnung geräumt hat (Schmidt-Futterer/Börsinghaus Rn 41; Börsinghaus, Hdb Kap 4 Rn 130; Lützenkirchen/Abramenko Rn 24).

26 Von dem Zeitpunkt der rechtlichen Beendigung des Mietverhältnisses (s Rn 27) wird die **Einjahresfrist** des Gesetzes zurückgerechnet. Die Berechnung richtet sich nach den §§ 187 Abs 1 und 188 Abs 2 BGB. Es gilt folglich eine strenge **Stichtagsregelung**, sodass es bei der Mieterhöhung verbleibt, wenn sie nur einen Tag länger als ein Jahr zurückliegt.

27 Den Gegensatz zu einer Vereinbarung über eine Mieterhöhung innerhalb der kritischen Jahresfrist bildet zunächst der **Abschluss eines neuen Mietvertrages**, selbst wenn der Vertrag nur eine Laufzeit von weniger als einem Jahr aufweist. Wurde der Vertrag noch rechtzeitig vor Inkrafttreten einer Verordnung nach § 556d Abs 2 BGB abgeschlossen, so ist kein Raum für die Anwendung des Ausnahmetatbestandes des § 556e Abs 1 S 2 BGB, sondern es verbleibt bei der Maßgeblichkeit der Vormiete gemäß § 556e Abs 1 S 1 BGB. Das gilt auch bei dem Abschluss kurzfristiger Verträge, der durch das Gesetz nicht behindert werden sollte, solange es sich nicht um ein Schein- oder Umgehungsgeschäft handelt (s Rn 21; Begr BT-Drucks 18/3121, 30).

28 Den Gegensatz zu vereinbarten Mieterhöhungen bilden ferner **einseitige Mieterhöhungen** des Vermieters aufgrund eines Gestaltungsrechts, wie es sich insbesondere aus den §§ 559, 559b und 560 BGB ergibt (s Staudinger/V Emmerich [2021] § 559b Rn 18). Sie gehen folglich in die Vormiete ein, selbst wenn die Erklärung des Vermieters innerhalb der Jahresfrist dem Vormieter zugeht (Schmidt-Futterer/Börsinghaus Rn 38 f). Dasselbe gilt für eine Erhöhung der Kostenmiete bei preisgebundenem

Wohnraum (BÖRSTINGHAUS, Hdb Kap 4 Rn 129). Gleich steht die gerichtliche Begründung eines Mietverhältnisses, etwa nach § 1568 Abs 5 S 3 BGB (LÜTZENKIRCHEN/ABRAMENKO Rn 28).

III. Modernisierungsmaßnahmen

1. Überblick, Zweck

Im Interesse der Förderung von Modernisierungsmaßnahmen enthält das Gesetz in § 556e Abs 2 BGB eine weitere Ausnahme von der 100 + 10-Regel des § 556d Abs 1. Voraussetzung ist, dass der Vermieter in den letzten drei Jahren vor Beginn des neuen Mietverhältnisses Modernisierungsmaßnahmen im Sinne des § 555b BGB durchgeführt hat; ist dies der Fall, so darf die nach § 556d Abs 1 BGB zulässige Miete (= ortsübliche Vergleichsmiete +10%) aufgrund des § 556e Abs 2 S 1 BGB um den Betrag überschritten werden, der sich bei einer Mieterhöhung nach § 559 Abs 1 bis Abs 3a und § 559a Abs 1 bis Abs 4 BGB ergäbe. Geht der Vermieter so vor (wozu er natürlich nicht verpflichtet ist), so ist bei der Berechnung der neuen Miete von der ortsüblichen Vergleichsmiete ohne Modernisierung auszugehen (§ 556e Abs 2 S 2 BGB; sog **fiktive Modernisierungsmieterhöhung**). 29

Anders verhält es sich, wenn die Modernisierungsarbeiten vor Beginn der **Dreijahresfrist** des § 556e Abs 2 BGB bereits abgeschlossen waren. In diesem Fall verbleibt es bei der Anwendung der §§ 556d und 556e Abs 1 BGB, sodass der Vermieter, *sofern* er die Miete wegen der Modernisierungsmaßnahmen nach § 559 BGB bereits erhöht hatte, diese neue Miete auch weiterhin als Vormiete im Sinne des § 556e Abs 1 BGB verlangen kann. Falls der Vermieter dagegen von der Möglichkeit zur Mieterhöhung aufgrund des § 559 BGB bei über drei Jahre zurückliegenden Modernisierungsmaßnahmen keinen oder nur einen partiellen Gebrauch gemacht hatte, etwa, weil sich der Mieter auf Härtegründe nach § 559 Abs 4 S 1 BGB berufen hatte, so hat es dabei fortan sein Bewenden. Eine Nachholung der Mieterhöhung ist jetzt nicht mehr möglich; der Vermieter kann vielmehr nur noch nach der Regel des § 556d Abs 1 BGB (= ortsübliche Vergleichsmiete +10%) verfahren, vorausgesetzt natürlich, dass die fragliche Wohnung in einem durch eine Mietbegrenzungsverordnung bestimmten Gebiet mit angespanntem Wohnungsmarkt liegt. 30

Zweck der Regelung des § 556e Abs 2 BGB ist es, die zumal im Interesse der Energieeinsparung politisch erwünschte Wohnraummodernisierung nicht unnötig durch die Einführung der Mietpreisbremse zu behindern. Deshalb eröffnet das Gesetz in § 556e Abs 2 S 1 BGB dem Vermieter insbesondere die Möglichkeit, während der Zeit des **Leerstandes** der Wohnung nach Beendigung des vorausgegangenen Mietverhältnisses und vor Abschluss eines neuen Mietvertrages die Wohnung zu modernisieren und dann – ungeachtet der möglicherweise zwischenzeitlich eingeführten Mietpreisbremse – im Rahmen des § 556e Abs 2 BGB die ortsübliche Vergleichsmiete (+10%) um den Modernisierungszuschlag nach § 559 BGB zu erhöhen. 31

Noch großzügiger verfährt das Gesetz bei **umfassenden Modernisierungen** (im Gegensatz zu den einfachen Modernisierungen iSd § 556e Abs 2 BGB), und zwar durch die Bestimmung, dass bei umfassenden Modernisierungen die Vorschriften des § 556d BGB und des § 556e BGB auf die erste Vermietung nach der Modernisierung 32 überhaupt *keine* Anwendung finden (so § 556f S 2 BGB). Selbst wenn also die betreffende Wohnung in einem Gebiet liegt, das durch eine Mietbegrenzungsverordnung nach § 556d Abs 2 BGB als Gebiet mit angespanntem Wohnungsmarkt ausgewiesen ist, gilt (nur) für die erste Vermietung nach der Modernisierung weiterhin Vertragsfreiheit, sodass die Miethöhe – innerhalb der allgemeinen Grenzen der Vertragsfreiheit – beliebig vereinbart werden kann (s § 556f Rn 13 ff), während für die folgenden Vermietungen der Räume dann vor allem § 556e Abs 1 BGB zu beachten ist.

33 Der Vermieter ist nicht gezwungen, im Falle der vorausgegangenen Modernisierung der vermieteten Räume nach § 556e Abs 2 BGB vorzugehen. Er kann stattdessen auch sofort die Miete in dem vorausgegangenen Mietvertrag nach Abschluss der Modernisierungsmaßnahmen aufgrund der §§ 555b und 559 BGB erhöhen und die so berechnete neue Miete bei Abschluss des nächsten Mietvertrages als Vormiete im Sinne des § 556e Abs 1 BGB zugrunde legen. Genauso gut kann er aber auch nach den §§ 558 und 556d Abs 1 BGB vorgehen. Das Gesetz macht ihm insoweit keine Vorschriften. Es bestimmt lediglich Obergrenzen für die jeweils möglichen Mieterhöhungen (ausführlich Schmidt-Futterer/Börstinghaus Rn 48 ff).

34 Nicht möglich ist jedoch eine Kombination von Abs 1 und Abs 2 des § 556e BGB, weil andernfalls die Gefahr einer doppelten Berücksichtigung der Modernisierungsmaßnahmen bei der Berechnung der zulässigen Miethöhe bestände (Begr BT-Drucks 18/3121, 31). Deshalb bestimmt das Gesetz in § 556e Abs 2 S 2 BGB, dass bei der **Berechnung** der Miete unter Berücksichtigung des Modernisierungszuschlags nach § 559 von der ortsüblichen Vergleichsmiete ohne Modernisierungszuschlag (+10%) auszugehen ist, sodass sich im Ergebnis die Berechnung der zulässigen neuen Miete **in drei Schritten** zu vollziehen hat, beginnend mit der Ermittlung der ortsüblichen Vergleichsmiete ohne Berücksichtigung der Modernisierungsmaßnahmen, zunächst vermehrt um den Zuschlag von 10% gemäß § 556d BGB sowie sodann nochmals vermehrt um den Modernisierungszuschlag gemäß § 559 (s Rn 44).

2. Die vom Gesetz erfassten Maßnahmen

35 § 556e Abs 2 S 1 HS 1 BGB bezieht sich ganz allgemein auf Modernisierungsmaßnahmen „im Sinne des § 555b", dh auf den ganzen Katalog der in § 555b Nr 1 bis Nr 7 BGB aufgezählten Maßnahmen. Dies ist indessen nicht wörtlich zu verstehen, da aus der folgenden Bezugnahme auf § 559 Abs 1 bis Abs 3a BGB der Schluss zu ziehen ist, dass das Gesetz tatsächlich allein **Modernisierungsmaßnahmen im Sinne des § 555b Nr 1 und Nr 3 bis Nr 6 BGB** erfassen will, dass also nur bei diesen Maßnahmen eine Anwendung des § 556e Abs 2 BGB in Betracht kommt, nicht dagegen bei Maßnahmen im Sinne des § 555b Nr 2 oder Nr 7 BGB, dh bei Maßnahmen zur Einsparung nicht erneuerbarer Primärenergie oder zur Schaffung neuen Wohnraums (s § 555b Rn 14, Rn 39 f; MünchKomm/Artz § 556e Rn 16; Börstinghaus, Hdb Kap 4 Rn 136).

36 Keine Rolle spielt, ob der Vermieter seinerzeit von der Möglichkeit einer Mieterhöhung nach § 559 BGB tatsächlich Gebrauch gemacht hatte. Selbst wenn er bereits während des vorausgegangenen Mietverhältnisses die Miete nach Abschluss der Arbeiten nach § 559 BGB teilweise erhöht hatte, kann er jetzt immer noch die restliche Mieterhöhung aufgrund des § 559 BGB nachholen; wichtig ist dies etwa,

wenn sich der frühere Mieter auf Härtegründe nach § 559 Abs 4 BGB berufen hatte (Börstinghaus Hdb Kap 4 Rn 139).

Modernisierungsmaßnahmen in dem genannten Sinne (s Rn 35) stehen im Gegensatz zu **Erhaltungsmaßnahmen** im Sinne des § 555a BGB, auf deren Vornahme daher § 556e Abs 2 BGB keine Anwendung findet (§ 556e Abs 2 S 1 iVm § 559 Abs 2 BGB; zB LG Berlin ZMR 2020, 118, 120; zur Abgrenzung s § 555a Rn 3 ff und Staudinger/V Emmerich [2021] § 559 Rn 21 ff). Sind die Kosten von Erhaltungsmaßnahmen seinerzeit bei einer Mieterhöhung nach § 559 BGB während des vorausgegangenen Mietverhältnisses zu Unrecht nicht herausgerechnet, sondern mit berücksichtigt worden, so muss dies jetzt noch im Rahmen des § 556b Abs 2 BGB korrigiert werden (Börstinghaus, Hdb Kap 4 Rn 140). 37

Unanwendbar ist § 556e Abs 2 BGB auf Modernisierungsmaßnahmen nicht des Vermieters, sondern des **Mieters**, selbst wenn der Vermieter dem Mieter nachträglich einen Teil der Kosten erstattet hatte (Börstinghaus, Hdb Kap 4 Rn 138; Schmidt-Futterer/Börstinghaus Rn 48; Blank WuM 2014, 641, 652). Denn § 559 und damit auch § 556e Abs 2 BGB sind nur anwendbar, wenn die fragliche Modernisierungsmaßnahme von dem Vermieter selbst im eigenen Namen und auf eigene Rechnung durchgeführt wurde, wenn der Vermieter maW der **Bauherr** war (s Staudinger/V Emmerich [2021] § 559 Rn 10 ff; BeckOGK/Fleindl [1. 10. 2020] Rn 47). Daraus ergeben sich insbesondere Probleme, wenn das Grundstück nach Durchführung der Modernisierungsmaßnahmen veräußert wird (s Rn 43). 38

3. Dreijahresfrist

Die Regelung des § 556e Abs 2 S 1 BGB bezieht sich allein auf Modernisierungsmaßnahmen (s Rn 34 f), die von dem Vermieter in den letzten drei Jahren vor Beginn des Mietverhältnisses durchgeführt wurden. Mit **Beginn des Mietverhältnisses** ist hier nicht der Abschluss des Mietvertrages, sondern die Überlassung der vermieteten Räume an den Mieter gemeint, die ausnahmsweise bereits vor, genauso gut aber auch längere Zeit nach Abschluss des Mietvertrages liegen kann (Börstinghaus, Hdb Kap 4 Rn 145; Schmidt-Futterer/Börstinghaus Rn 53; Lützenkirchen/Abramenko Rn 43). Von diesem Zeitpunkt ab ist folglich die Dreijahresfrist zurückzurechnen, wofür die §§ 187 Abs 1 und 188 Abs 2 BGB maßgebend sind. 39

In dem so umschriebenen Zeitraum von drei Jahren (s Rn 39) müssen die Modernisierungsmaßnahmen (s Rn 35 f) von dem Vermieter **durchgeführt** worden sein, wenn § 556e Abs 2 BGB zu Gunsten des Vermieters anwendbar sein soll. Was damit gemeint ist, ist unklar. Gemeint sein kann gleichermaßen, dass bereits der Beginn der Arbeiten oder dass die Durchführung des größten Teils der Arbeiten oder dass lediglich ihr Abschluss in den Zeitraum von drei Jahren fallen muss. Vorzugswürdig ist das zuletzt genannte weite Verständnis der Vorschrift, wonach es allein auf den **Abschluss der Arbeiten** innerhalb der Frist von drei Jahren ankommt. Dafür sprechen insbesondere der Zweck der Regelung (s Rn 29) sowie praktische Überlegungen, da dieser Zeitpunkt retrospektiv immer noch am leichtesten festzustellen ist (ebenso MünchKomm/Artz § 556e Rn 16; Börstinghaus, Hdb Kap 4 Rn 149; Schmidt-Futterer/Börstinghaus Rn 54 f; Flatow WuM 2015, 191, 200 f; im Ergebnis wohl auch Lützenkirchen/Abramenko Rn 45). Führt der Vermieter **mehrere Modernisierungsmaßnahmen** 40 nacheinander durch, so kommt es darauf an, ob sie eine Einheit bilden oder ob es sich um tatsächlich trennbare, dh selbstständige Maßnahmen handelt, bei denen auch getrennte Mieterhöhungserklärungen aufgrund des § 559 möglich sind (s Staudinger/V Emmerich [2021] § 559b Rn 4; BGH 17. 12. 2014 – VIII ZR 88/13 Rn 39, NZM 2015, 198, 201 = NJW 2015, 934 = WuM 2015, 165). Im zweiten Fall, dh bei Trennbarkeit der Maßnahmen sind allein diejenigen Maßnahmen zu berücksichtigen, die in den Dreijahreszeitraum fallen (BeckOGK/Fleindl [1. 10. 2020] Rn 52).

41 Bei Modernisierungsmaßnahmen aus den Jahren 2018 und 2019 ist die Anfang des Jahres 2019 in Kraft getretene Änderung des § 559 durch das **Mietrechtsanpassungsgesetz** vom Dezember 2018 zu beachten (Art 229 § 49 Abs 1 EGBGB). Das geschieht am besten dadurch, dass auch insoweit allein auf den Abschluss der Arbeiten abgestellt wird. Liegt der Abschluss nach dem 31. Dezember 2018, so ist folglich § 559 in der Fassung des Mietrechtsanpassungsgesetzes anzuwenden (ebenso wohl BeckOGK/Fleindl [1. 10. 2020] Rn 51 f).

42 Keine Rolle spielt, ob und an wen die Wohnung zur Zeit der Modernisierungsmaßnahmen in dem fraglichen Zeitraum vermietet war. Die Gesetzesverfasser hatte gerade Fälle im Auge, in denen der Vermieter einen vorübergehenden **Leerstand** nach Auszug des letzten Mieters zur Modernisierung der Räume nutzt und erst nach Abschluss der Arbeiten die Wohnung erneut vermietet (s Rn 30; Begr BT-Drucks 18/3121, 31; MünchKomm/Artz § 556e Rn 15). Ist in der Zwischenzeit eine Mietbegrenzungsverordnung nach § 556d Abs 2 BGB in Kraft getreten, so soll § 556e Abs 2 BGB dem Vermieter die Möglichkeit zur Erhöhung der Miete wegen der Modernisierungsmaßnahmen nach § 559 Abs 1 bis Abs 3 BGB ungeachtet der inzwischen in Kraft getretenen Mietpreisbremse erhalten. Ebenso unerheblich ist es, ob und gegebenenfalls wie oft in dem Zeitraum von drei Jahren ein **Mieterwechsel** stattgefunden hat; entscheidend ist allein der Abschluss der Arbeiten innerhalb dieser Frist (s Rn 40 f).

43 Unklar ist die Rechtslage dagegen bei einem **Eigentumswechsel** nach Durchführung der Modernisierungsmaßnahmen noch innerhalb der Frist von drei Jahren (§ 566 BGB). Der Wortlaut des § 556e Abs 2 S 1 BGB, der auf die Durchführung der Arbeiten durch den „Vermieter" abstellt, spricht wohl eher gegen eine Anwendung der Vorschrift in dem Fall des Eigentumswechsels. Gleichwohl empfiehlt sich hier nach dem Zweck der Regelung (s Rn 1) zumindest eine analoge Anwendung des § 556e Abs 2 BGB (Blank WuM 2014, 641, 652; Börstinghaus, Hdb Kap 4 Rn 143; Schmidt-Futterer/Börstinghaus Rn 51; dagegen mit Rücksicht auf den Wortlaut des Gesetzes Lützenkirchen/Abramenko Rn 41; BeckOGK/Fleindl [1. 10. 2020] Rn 48). Kein Raum für die Anwendung der Regelung ist dagegen, wenn der neue Eigentümer Modernisierungsmaßnahmen aufgrund einer Ermächtigung des Veräußerers bereits vor seiner Eintragung im Grundbuch und damit vor Übergang des Mietverhältnisses auf ihn vorgenommen hatte (anders Börstinghaus, Hdb Kap 4 Rn 143).

4. Berechnung der Mietobergrenze

44 Unter den Voraussetzungen des § 556e Abs 2 S 1 BGB kann die Miete die nach § 556d Abs 1 BGB zulässige Miete um den nach den § 559 Abs 1 bis Abs 3a BGB und § 559a Abs 1 bis Abs 4 BGB berechneten, zulässigen Mietzuschlag übersteigen

(S 1 des § 556e Abs 2 BGB), wobei von der ortsüblichen Vergleichsmiete für die fraglichen Räume ohne Modernisierungsmaßnahmen bei Beginn des Mietverhältnisses auszugehen ist (S 2 des § 556e Abs 2 BGB). Dies bedeutet, dass der Reihe nach ermittelt und addiert werden müssen: 1. die ortsübliche *Vergleichsmiete* für die fraglichen Räume *ohne* Modernisierungsmaßnahmen bei Beginn des Mietverhältnisses, dh bei Übergabe der Räume (s Rn 34), 2. der *10%ige Zuschlag* nach § 556d Abs 1 BGB sowie 3. der so genannte *Modernisierungszuschlag,* berechnet nach § 559 Abs 1 bis Abs 3a BGB und § 559a Abs 1 bis Abs 4 BGB (MünchKomm/Artz § 556e Rn 17; Börstinghaus, Hdb Kap 4 Rn 155; Blank/Börstinghaus § 556e Rn 38). Näherer Betrachtung bedarf in diesem Zusammenhang allein der zuletzt genannte Erhöhungsbetrag.

Der **Erhöhungsbetrag** beläuft sich bei Abschluss der Modernisierungsmaßnahmen nach dem 31. Dezember 2018 (Rn 41) auf 8% der für die fragliche Wohnung aufgewandten Modernisierungskosten (§ 559 Abs 1 und Abs 3 BGB) abzüglich etwaiger Kosten für Erhaltungsmaßnahmen (§ 559 Abs 2 BGB, s Rn 35) und unter Berücksichtigung der neuen Kappungsgrenze des § 559 Abs 3a BGB. Abzuziehen sind ferner die Kürzungsbeträge des § 559a Abs 1 bis Abs 4 BGB. Keine Berücksichtigung finden dagegen die *Härtegründe* des § 559 Abs 4 und Abs 5 BGB (worauf § 556e Abs 2 S 1 BGB nicht Bezug nimmt), dies deshalb, weil es hier um den Abschluss eines neuen Mietvertrages geht, bei dem der Mieter von vornherein beurteilen kann, ob er sich die Miete bei Berücksichtigung der Modernisierungsmaßnahmen leisten kann, sodass er hier keines Schutzes gegen spätere unerwartete Mieterhöhungen infolge von Modernisierungsmaßnahmen bedarf. **45**

5. Abweichende Vereinbarungen

Die geschilderte Regelung aufgrund des § 556e Abs 2 BGB ist zu Gunsten des Mieters **zwingend** (§ 556g Abs 1 S 1 BGB; Lützenkirchen/Abramenko Rn 56). Die Regelung kann daher nicht zum Nachteil des Mieters durch den Mietvertrag abgeändert werden, zB durch eine Verlängerung der Dreijahresfrist des Gesetzes oder durch eine Erweiterung des Modernisierungsbegriffs über den Rahmen des § 555b BGB hinaus. **46**

IV. Auskunftsanspruch

Die zulässige Höhe der Miete hängt in den Fällen des § 556e Abs 1 und Abs 2 BGB von dem Vorliegen von Tatsachen ab, die der Mieter in aller Regel nicht kennen wird. Er weiß im Zweifel weder, wie hoch die Vormiete ist (§ 556e Abs 1 BGB), noch ist ihm bekannt, ob und welche einfachen Modernisierungsmaßnahmen der Vermieter in den letzten drei Jahren vor Beginn des Mietverhältnisses durchgeführt hat (§ 556e Abs 2 S 1 BGB). Das Gesetz billigt ihm deshalb in § 556g Abs 3 S 1 BGB einen **Auskunftsanspruch** hinsichtlich dieser Punkte zu, der sich im Falle des § 556e Abs 2 BGB gemäß § 556g Abs 3 S 2 BGB iVm § 559b Abs 1 S 2 und S 3 BGB und § 555c Abs 3 BGB insbesondere auf die Art der Modernisierungsmaßnahmen, die Höhe der Modernisierungskosten, die Verteilung der Kosten auf die einzelnen Wohnungen sowie auf die Anrechnung von Drittmitteln erstreckt (s § 556g Rn 81 ff; Begr BT-Drucks 18/3121, 33). Ein Verstoß des Vermieters gegen seine Auskunftspflicht durch Verweigerung der Auskunft oder durch die unrichtige Beantwortung von **47**

Fragen des Mieters ist eine **Pflichtverletzung**, die den Vermieter ersatzpflichtig macht (§ 280 Abs 1 BGB; Fleindl WuM 2015, 212, 223 f).

V. Beweislast

48 Wenn der **Vermieter** unter Berufung auf § 556e Abs 1 oder Abs 2 BGB eine Miete verlangt, die über der ortsüblichen Vergleichsmiete (+10%) für die fragliche Wohnung liegt, trifft ihn die Darlegungs- und Beweislast für die Höhe der Vormiete (§ 556e Abs 1 BGB) sowie für die Durchführung von einfachen Modernisierungsmaßnahmen in den letzten drei Jahren vor Beginn des Mietverhältnisses (§ 556e Abs 2 BGB). Der Grund dafür ist, dass sich in diesen Fällen der Vermieter auf *Ausnahmen* von der Regel des § 556d Abs 1 BGB beruft (AG Berlin-Charlottenburg GE 2017, 1415; Börstinghaus, Hdb Kap 4 Rn 157; Schmidt-Futterer/Börstinghaus Rn 63; Beck-OGK/Fleindl [1. 10. 2020] Rn 65–67; Lützenkirchen/Abramenko Rn 37, 55).

49 Nichts anderes gilt im Ergebnis, wenn der **Mieter** von dem Vermieter nach § 556g Abs 1 S 3 BGB einen Teil der von ihm gezahlten Miete mit der Begründung **zurückfordert**, die Voraussetzungen für eine über der ortsüblichen Miete für seine Wohnung (+10%) liegende Miete aufgrund der Ausnahmetatbestände der §§ 556e und 556f BGB seien nicht gegeben. Auch dann ist es nicht etwa Sache des Mieters, dem Vermieter nachzuweisen, dass es an den Voraussetzungen für eine Anwendung der genannten Ausnahmetatbestände fehlt; der Beweis für die Erfüllung ihrer Voraussetzungen – als Ausnahmen von dem Regeltatbestand des § 556d Abs 1 BGB – obliegt vielmehr in dieser Konstellation ebenfalls dem **Vermieter**, eben als demjenigen, der sich hier auf eine gesetzliche Ausnahme von der Regel des § 556d Abs 1 BGB zu seinen Gunsten beruft (Blank WuM 2014, 641, 656; Fleindl WuM 2015, 212, 224 f).

§ 556f
Ausnahmen

§ 556d ist nicht anzuwenden auf eine Wohnung, die nach dem 1. Oktober 2014 erstmals genutzt und vermietet wird. Die §§ 556d und 556e sind nicht anzuwenden auf die erste Vermietung nach umfassender Modernisierung.

Materialien: Mietrechtsnovellierungsgesetz v 21. 4. 2015 (BGBl I 610); Begr BT-Drucks 18 (2014)/3121, 31.

Systematische Übersicht

I. Überblick 1	III.	Umfassende Modernisierung
	1.	Anwendungsbereich 13
II. Neubauwohnungen	2.	Voraussetzungen 17
1. Anwendungsbereich 3	3.	Rechtsfolgen 21
2. Stichtag 8		
3. Rechtsfolgen 12		

Unterkapitel 1a · Vereinbarungen über die Miethöhe bei Mietbeginn in Gebieten mit angespannten Wohnungsmärkten § 556f

Alphabetische Übersicht

Auskunftsanspruch	25	– Nutzung	9 f
Bauaufwand, wesentlicher	6 f, 17	Rechtsfolgen	12, 22
Beweislast	25		
		Stichtag	8 f
Eigennutzung	10	Stichtagsregelung	2
Indexmiete	24	Umfassende Modernisierung	13 ff
Modernisierung	15	Vermietung, erste	22
Modernisierung, umfassende	13 ff	Vermietung/Nutzung	9 f, 11
– Begriff	13 ff	Wohnung	3 f
– Rechtsfolgen	22	Wohnungsbau	6 f
Neubauwohnungen	3 ff		
– Neubau	5 ff	Zweck	2, 13 f

I. Überblick

§ 556f BGB enthält **zwei „Ausnahmen"** von dem an sich umfassenden Anwendungs- 1 bereich der Mietpreisbremse bei Wohnraum (§ 556d BGB) mit freilich unterschiedlicher Reichweite. Während die gesetzliche Regelung der §§ 556d bis 556g BGB auf Wohnungen, die nach dem 1. Oktober 2014 erstmals genutzt und vermietet werden, überhaupt *keine* Anwendung findet, selbst wenn die Wohnung in einem durch eine Mietbegrenzungsverordnung nach § 556d Abs 2 BGB bestimmten Gebiet liegt (S 1 des § 556f BGB, s Rn 3 ff), beschränkt sich die vom Gesetzgeber konzedierte restliche Vertragsfreiheit bei umfassend modernisierten Wohnungen auf die Unanwendbarkeit der §§ 556d und 556e bei der ersten Vermietung nach der Modernisierung (S 2 des § 556f Abs 2 BGB, s Rn 13 ff), sodass spätere Vermietungen wieder in den Anwendungsbereich der §§ 556d bis 556g BGB fallen, wozu freilich auch die Privilegierung der Vormiete durch § 556e Abs 1 S 1 BGB gehört, sodass dem Vermieter wenigstens das erreichte möglicherweise hohe Mietniveau gesichert bleibt.

Zweck der Regelung ist es, die wohnungswirtschaftlich (sehr) erwünschten Investi- 2 tionen in den Neubau ebenso wie in die umfassende Modernisierung von Wohnungen nicht unnötig durch die Einführung der Mietpreisbremse zu behindern (Begr BT-Drucks 18/3121, 21 f, 31 f; zB AG Berlin-Mitte ZMR 2019, 959, 960; ausf Lehmann-Richter NZM 2017, 497). Deshalb wurden Neubauten teilweise von der Anwendung der Mietpreisbremse ausgenommen, wobei man sich nach langer Diskussion für den 1. Oktober 2014 als **Stichtag** entschied, weil dies das Datum des Kabinettsbeschlusses über das MietNovG war, das unter anderem die Mietpreisbremse gebracht hat (Börstinghaus, Hdb Kap 4 Rn 18; Schmidt-Futterer/Börstinghaus Rn 9). Bauwirtschaft und Bauherren sollten dadurch Investitionssicherheit für ihre laufenden Projekte erhalten (Begr BT-Drucks 18/3121, 31 f). Für die vor dem Stichtag abgeschlossenen Projekte ergibt sich außerdem ein weiterer (freilich weniger weitreichender) Investitionsschutz aus § 556e Abs 1 BGB. § 556f S 2 BGB muss schließlich noch im Zusammenhang mit § 556e Abs 2 BGB gesehen werden, durch den sonstige (einfache) Modernisierungen im Sinne des § 555b BGB ebenfalls privilegiert werden (dazu oben § 556e Rn 29 ff).

II. Neubauwohnungen

1. Anwendungsbereich

3 Nach § 556f S 1 BGB findet § 556d Abs 1 BGB keine Anwendung auf Wohnungen, die nach dem 1. Oktober 2014 erstmals vermietet und genutzt werden. Aus der Bezugnahme auf § 556d Abs 1 BGB folgt, dass mit dem Begriff der „Wohnung" in § 556f S 1 BGB dasselbe wie mit der Formulierung „Mietvertrag über Wohnraum" in § 556d Abs 1 BGB gemeint ist, sodass wegen der Einzelheiten auf die Ausführungen zu der zuletzt genannten Vorschrift verwiesen werden kann (§ 556d Rn 2 ff). Den Gegensatz bilden vor allem gewerbliche Mietverträge, für die die ganze Regelung über die Mietpreisbremse keine Bedeutung hat (Blank WuM 2014, 641, 653; Lützenkirchen/Abramenko Rn 2).

4 Obwohl das Gesetz dies nicht ausdrücklich sagt, entspricht es doch allgemeiner Meinung, dass es sich bei der fraglichen Wohnung (s Rn 3 f) um einen „Neubau", das heißt um **neu geschaffenen Wohnraum** handeln muss (zB BeckOGK/Fleindl [1. 10. 2020] Rn 6). Zumindest mittelbar weist darauf in der Tat das Erfordernis hin, dass allein Wohnraum privilegiert wird, der nach dem Stichtag *erstmals* genutzt und vermietet wurde; darunter fällt freilich auch ein langer totaler Leerstand vor dem Stichtag, sofern nur die fraglichen Räume zuvor niemals in irgendeiner Form genutzt wurden, zB auch nicht als Lager, ein wohl eher theoretischer Grenzfall (s Rn 8 f). Festzuhalten ist, dass in sämtlichen Grenzfällen das entscheidende Kriterium für die Abgrenzung des Anwendungsbereichs der Ausnahmevorschrift des § 556f S 1 die **Schaffung neuen Wohnraums** ist, sodass unter das Gesetz zB auch die Einrichtung neuer Wohnungen in bestehenden Gebäuden, etwa durch den Ausbau von Dachgeschoss- oder Souterrainwohnungen fällt (Rn 7).

5 Den Gegensatz bildet die bloße **Erweiterung** von Wohnungen, die **Änderung** ihres Zuschnitts sowie die **Aufteilung** oder Zusammenlegung bereits „existenter" Wohnungen (Begr BT-Drucks 18/3121, 32; kritisch Lehmann-Richter NZM 2017, 497, 498). Die Gesetzesverfasser haben hinzugefügt, zur **Abgrenzung** könne im Einzelfall auf § 16 Abs 1 Nr 1 bis Nr 3 WoFG zurückgegriffen werden (Begr BT-Drucks 18/3121, 32; ausführlich Börstinghaus, Hdb Kap 4 Rn 14–17; Schmidt-Futterer/Börstinghaus Rn 5–8; Blank WuM 2014, 641, 652 f; BeckOGK/Fleindl [1. 10. 2020] Rn 7 ff). Wohnungsbau ist nach der genannten Vorschrift des WoFG die Schaffung von (neuen) Wohnraum 1. durch Baumaßnahmen, durch die Wohnraum in einem neuen selbstständigen Gebäude geschaffen wird, 2. durch Beseitigung von Schäden an Gebäuden unter wesentlichem Bauaufwand, durch die die Gebäude auf Dauer wieder zu Wohnzwecken nutzbar gemacht werden, sowie 3. durch Änderung, Nutzungsänderung oder Erweiterung von Gebäuden, durch die unter wesentlichem Bauaufwand Wohnraum geschaffen wird.

6 Ergänzend bestimmt § 16 Abs 2 S 1 WoFG, dass iSd Nr 2 Wohnraum nicht auf Dauer nutzbar ist, wenn ein zu seiner Nutzung erforderlicher Gebäudeteil zerstört ist oder wenn sich der Raum oder der Gebäudeteil in einem Zustand befindet, der aus bauordnungsrechtlichen Gründen eine dauernde, der Zweckbestimmung entsprechende Nutzung nicht gestattet. Soweit schließlich § 16 Abs 1 Nr 3 WoFG für die Abgrenzung der Schaffung neuen Wohnraums von bloßen Instandsetzungsmaßnahmen auf einen **wesentlichen Bauaufwand** abstellt, orientiert sich die Praxis in der Regel daran, ob der Aufwand ungefähr **ein Drittel** des für den **Neubau** von Wohnungen erforderlichen Aufwandes erreicht (Begr BT-Drucks 18/3121, 32; BGH 10. 8. 2010 – VIII ZR 316/09, ZMR 2011, 107 = WuM 2010, 679 Rn 6 im Anschluss an BVerwG 26. 8. 1971 – VIII C 42/70, BVerwGE 38, 286, 289 f; LG Berlin NZM 1999, 1138, 1139; LG Potsdam ZMR 2016, 291, 293 f; Börstinghaus, Hdb Kap 4 Rn 16 f; Schmidt-Futterer/Börstinghaus Rn 7 f; Lützenkirchen/Abramenko Rn 4). Dafür wird im Augenblick je nach Baujahr ein Aufwand von rund 500 bis 700 € pro Quadratmeter genannt (s u Rn 17).

Paradigma des Neubaus von Wohnungen in dem genannten weiten Sinne (s Rn 6) ist **7** die **Entkernung von Altbauten** zwecks Schaffung moderner Wohnungen (Blank WuM 2014, 641, 653; Börstinghaus, Hdb Kap 4 Rn 17; Schmidt-Futterer/Börstinghaus Rn 8; Lützenkirchen/Abramenko Rn 9; anders Lehmann-Richter NZM 2017, 497, 498). Weitere **Beispiele** sind die Aufstockung von Gebäuden, der Ausbau von Dachgeschoss- und Souterrainwohnungen (s Rn 4; Blank WuM 2014, 641, 652; Schmidt-Futterer/Börstinghaus Rn 4) sowie die Herstellung oder Wiederherstellung der Nutzbarkeit von Gebäuden als Wohnungen, sofern dazu ein wesentlicher Bauaufwand in dem genannten Sinne, dh von Kosten in Höhe von rund einem Drittel der Kosten eines Neubaus erforderlich ist (s Rn 6). Den Gegensatz bildet die bloße Instandsetzung von Wohnungen oder der Umbau von Gewerberaum in Wohnraum (Lützenkirchen/Abramenko Rn 4).

2. Stichtag

Nach § 556f S 1 BGB hängt die Anwendbarkeit der Mietpreisbremse, dh der 100 + **8** 10-Regel des § 556d Abs 1 BGB, letztlich davon ab, ob die Wohnung bereits bis zu dem Stichtag des 1. Oktober 2014 oder erst nach diesem Stichtag erstmals genutzt und vermietet wurde. Schädlich ist maW eine Nutzung und Vermietung bis zum 1. 10. 2014; unschädlich dagegen eine Vermietung und Nutzung vom 2. 10. 2014 ab (Börstinghaus, Hdb Kap 4 Rn 18\, BeckOGK/Fleindl [1. 10. 2020] Rn 13).

Die Formulierung des § 556f S 1 BGB erweckt den Eindruck, es komme stets *ku-* **9** *mulativ* auf die Nutzung *und* Vermietung der Räume vor oder nach dem Stichtag an. Das kann indessen nicht gemeint sein, schon deshalb nicht, weil (natürlich) auch die Vermietung der Räume eine Nutzung darstellt. Richtigerweise müsste es deshalb in § 556f S 1 BGB heißen: „genutzt, insbesondere vermietet" oder schlicht: „genutzt *oder* vermietet" (ebenso im Ergebnis Begr BT-Drucks 18/3121, 32 Abs 1; Börstinghaus, Hdb Kap 4 Rn 20 ff; Schmidt-Futterer/Börstinghaus Rn 10 f; Blank WuM 2014, 641, 653; Lützenkirchen/Abramenko Rn 5a f).

Oberbegriff ist die **Nutzung** der Räume im weitesten Sinne (s Rn 9). Ihre **Vermietung 10** an Dritte ist nur eine besondere Erscheinungsform der Nutzung, deren eigenständige Bedeutung darin liegt, dass hier vom Gesetz bereits auf den bloßen *Abschluss* des Vertrages abgestellt wird (s Rn 11). Nutzung (neben der Vermietung der Räume an Dritte) ist insbesondere die **Eigennutzung** der Räume durch den Bauherrn und Eigentümer selbst (Begr BT-Drucks 18/3121, 32) sowie ihre **Überlassung an Dritte** einschließlich der Angehörigen des Bauherrn zu beliebigen Zwecken. Beispiele sind die Raumleihe und die gewerbliche Nutzung der Räume; erforderlich ist dazu lediglich die **Überlassung** der Räume an Dritte im Sinne des § 535 Abs 1 S 1 BGB, dh grundsätzlich durch Übertragung des unmittelbaren Besitzes auf Dritte (ebenso Blank WuM 2014, 641, 653; Börstinghaus, Hdb Kap 4 Rn 22 f).

11 Der Nutzung der Wohnräume, zB im Wege der Eigennutzung durch den Bauherrn (Rn 10), steht gemäß § 556f S 1 BGB die **Vermietung** der Räume durch den Bauherrn gleich. Diese Regelung wirft die Frage auf, ob für eine „Vermietung" im Sinne des § 556f S 1 BGB ebenso wie bei der sonstigen Nutzung (s Rn 10) auch die Überlassung der Räume an den Mieter erforderlich ist (so Flatow WuM 2015, 191, 202; BeckOGK/Fleindl [1. 10. 2020] Rn 15; Lützenkirchen/Abramenko Rn 6) oder ob insoweit der bloße **Abschluss** des Mietvertrages genügt (so Blank WuM 2014, 641, 653; Börstinghaus, Hdb Kap 4 Rn 20; MünchKomm/Artz § 556e Rn 4; Schmidt-Futterer/Börstinghaus Rn 11). Das Gesetz stellt in § 556f S 1 BGB darauf ab, ob die Räume vor oder nach dem Stichtag „vermietet" werden. Ein Raum wird aber vermietet durch **Abschluss eines Mietvertrags** (§§ 145, 311 Abs 1 und 535 Abs 1 BGB). Folglich kommt es allein auf den Vertragsschluss und nicht auf die Übergabe der Räume an den Mieter an. Vor allem in dieser Vorverlegung des maßgeblichen Datums auf den bloßen Abschluss des Vertrages liegt die eigenständige Bedeutung des § 556f S 1 BGB, soweit die Vorschrift auch auf die Vermietung abstellt, und zwar gleichberechtigt neben der sonstigen Nutzung der Räume (s Rn 10). Das bedeutet, dass es gleichermaßen schädlich ist, wenn bis einschließlich des 1. 10. 2014 lediglich ein Mietvertrag abgeschlossen wurde, wie wenn bis dahin mit ihrer sonstigen Nutzung, gleichgültig wie und durch wen, begonnen wurde. Schädlich ist folglich insbesondere auch die Vermietung der Wohnung vor ihrer Fertigstellung „vom Reißbrett" oder die Vermietung der Räume zu gewerblichen Zwecken bis einschließlich 1. 10. 2014 (anders zB BeckOGK/Fleindl [1. 10. 2020] Rn 15).

3. Rechtsfolgen

12 Unter den Voraussetzungen des § 556f S 1 BGB findet die gesetzliche Regelung über die sogenannte Mietpreisbremse (§ 556d BGB) auf die fragliche Wohnung **auf Dauer** keine Anwendung. Dabei verbleibt es, selbst wenn in der Folgezeit die fraglichen Räume vorübergehend *gewerblich genutzt* werden. Die §§ 556d bis 556g BGB sind maW auf die genannten Räume *generell* nicht anwendbar, um den Investoren Sicherheit für ihre Investitionen in den Wohnungsbau zu geben – bis zur nächsten Gesetzesänderung (MünchKomm/Artz § 556e Rn 5; Blank WuM 2014, 641, 653; Börstinghaus, Hdb Kap 4 Rn 24; Schmidt-Futterer/Börstinghaus Rn 15; BeckOGK/Fleindl [1. 10. 2020] Rn 16 f; Lützenkirchen/Abramenko Rn 8 f). Die Folge ist zB, dass auch Staffelmietvereinbarungen iSd § 557a ohne Einschränkung zulässig sind; § 557a Abs 4 BGB findet keine Anwendung (BeckOGK/Fleindl [1. 10. 2020] Rn 17).

III. Umfassende Modernisierung

1. Anwendungsbereich

13 Nach § 556f S 2 BGB sind die §§ 556d und 556e BGB (nur) auf die *erste* Vermietung nach einer *umfassenden* Modernisierung der Wohnung nicht anzuwenden. Die Vor-

schrift muss im Zusammenhang mit § 556e Abs 2 und § 556f S 1 BGB gesehen werden. Dann zeigt sich, dass das Gesetz offenkundig eine Steigerung bei den besonders erwünschten Maßnahmen sieht. Die Reihe beginnt bei einfachen Modernisierungen iSd § 556e Abs 2 BGB, setzt sich fort mit umfassenden Modernisierungen gemäß § 556f S 2 BGB und endet mit dem besonderes förderungswürdigen und deshalb auch am stärksten privilegierten Neubau von Wohnungen aufgrund des § 556f S 1 BGB. Hält man sich dies vor Augen, so ergibt sich ohne weiteres, dass die Freistellung umfassender Modernisierungsmaßnahmen von der Mietpreisbremse aufgrund des § 556f S 2 BGB nur in Betracht kommt, wenn die umfassende Modernisierung dem Neubau von Wohnungen im Sinne von § 556f S 1 BGB zumindest nachkommt. Zu Recht werden deshalb durchweg besonders strenge Anforderungen an die Annahme einer umfassenden Modernisierung iSd § 556f Abs 2 BGB gestellt.

Die umfassende Förderung speziell der Wohnungsmodernisierung gleich durch zwei **14** privilegierende Vorschriften (§ 556e Abs 2 und § 556f S 2 BGB) hat für den Vermieter den Vorteil, dass er, wenn er die engen Voraussetzungen einer umfassenden Modernisierung im Sinne des § 556f S 2 BGB nicht nachzuweisen vermag (s Rn 24), immer noch auf § 556e Abs 2 BGB rekurrieren kann, um einen Ausgleich für seine Modernisierungsaufwendungen durch einen entsprechenden Zuschlag zu der an sich nach § 556d Abs 1 BGB allein zulässigen Miete zu erhalten. Bei § 556f S 2 BGB kommt als **weiterer Zweck** neben der generellen Förderung der Wohnungsmodernisierung noch hinzu, dem Vermieter die komplizierte und aufwändige Berechnung des Modernisierungszuschlags nach § 556e Abs 2 BGB in Verbindung mit § 559 Abs 1 bis Abs 3a und § 559a Abs 1 bis Abs 4 BGB bei besonders umfangreichen Maßnahmen zu ersparen (Begr BT-Drucks 18/3121, 32; kritisch LEHMANN-RICHTER NZM 2017, 497, 499 f).

Aus dem Zweck des § 556f S 2 BGB und insbesondere aus dem Zusammenhang mit **15** dem unmittelbar vorausgehenden § 556e Abs 2 BGB wird allgemein der Schluss gezogen, dass der Vorschrift des § 556f S 2 BGB, obwohl das Gesetz hier nicht auf § 555b BGB Bezug nimmt, letztlich derselbe **Modernisierungsbegriff** wie dem § 556e Abs 2 BGB zugrunde liegt. Dies bedeutet, dass sich das Gesetz hier der Sache nach allein auf **Modernisierungsmaßnahmen iS des § 555b Nr 1 und Nr 3 bis Nr 6 BGB** bezieht (ebenso BÖRSTINGHAUS, Hdb Kap 4 Rn 26; SCHMIDT-FUTTERER/BÖRSTINGHAUS Rn 17; FLATOW WuM 2015, 191, 201; Beck OGK/FLEINDL Rn 21; LÜTZENKIRCHEN/ABRAMENKO Rn 15 f).

Den Gegensatz bilden reine **Instandhaltungsmaßnahmen** wie zB die Ausbesserung **16** mangelhafter Böden, Bäder oder Decken, die nicht unter § 556f S 2 BGB fallen. Führt der Vermieter umfassende Ausbesserungs- und Modernisierungsmaßnahmen gleichzeitig durch, so bleiben im Rahmen des § 556f Abs 2 BGB die reinen Instandsetzungsmaßnahmen außer Betracht (LG Berlin WuM 2019, 447; NZM 2019, 818, 820 f = NJW 2019, 2730 = WuM 2019, 634; ZMR 2020, 118, 119 = GE 3020, 121; BeckOGK/FLEINDL [1. 10. 2020] Rn 22). Diese Frage darf nicht mit der anderen verwechselt werden, ob im Rahmen von Modernisierungsmaßnahmen angefallene Instandsetzungskosten im Rahmen des § 556f S 2 BGB zu berücksichtigen oder herauszurechnen sind.

2. Voraussetzungen

Aus dem bisher Gesagten (Rn 13 f) folgt, dass eine Modernisierungsmaßnahme iS des **17** § 555b Nr 1 und Nr 3 bis Nr 6 nur dann als umfassend einzustufen ist, wenn sie einen derartigen Umfang aufweist, dass eine Gleichstellung mit einem Neubau gerechtfertigt erscheint (ebenso bereits die Begr BT-Drucks 18/3121, 32). Nach Meinung der Gesetzesverfasser ist dazu entsprechend § 16 Abs 1 Nr 4 WoFG ein **wesentlicher Bauaufwand** erforderlich (vgl schon Rn 6); ergänzend müssten darüber hinaus die **qualitativen Auswirkungen** der Aufwendungen berücksichtigt werden; entscheidend sei maW, ob durch den erheblichen Aufwand die Wohnung auch tatsächlich in mehreren wesentlichen Bereichen verbessert wird (Begr BT-Drucks 18/3121, 32).

18 Der Blick auf § 16 Abs 1 Nr 4 WoFG zeigt, dass eine umfassende Modernisierung im Sinne des Gesetzes nur angenommen werden kann, wenn **zwei Merkmale**, ein quantitatives und ein qualitatives zusammentreffen. **Quantitativ** ist ein wesentlicher Bauaufwand in Höhe von rund einem Drittel der Kosten eines Neubaus erforderlich (s schon o Rn 6; gegen dieses Merkmal Lehmann-Richter NZM 2017, 495, 560); hinzukommen muss noch **qualitativ**, dass die Wohnung durch diesen Aufwand tatsächlich spürbar verbessert und heutigen Wohnbedürfnissen angepasst wird, und zwar insbesondere hinsichtlich der sanitären Einrichtungen, der Heizung, der Isolierung, der Fenster, der Wände und der Böden sowie hinsichtlich der Elektroinstallationen (Begr BT-Drucks 18/3121, 32; BGH 27. 5. 2020 – VIII ZR 73/19, NZM 2020, 719 = WuM 2020, 651; LG Berlin NZM 1999, 172; ZMR 2019, 124; WuM 2019, 447; NJW 2019, 2730 = NZM 2019, 818 = WuM 2019, 634; ZMR 2020, 118 = GE 2020, 121; LG Potsdam ZMR 2016, 291, 293 f; AG Berlin-Schöneberg ZMR 2017, 990 = GE 2017, 1225; AG Berlin-Neukölln WuM 2019, 380; AG Berlin-Mitte ZMR 2019, 959; AG Frankenthal GE 2019, 1422; MünchKomm/Artz § 556e Rn 6; Blank WuM 2014, 641, 654; Schmidt-Futterer/Börstinghaus Rn 18 ff; Börstinghaus, Hdb Kap 4 Rn 27 f; Flatow WuM 2015, 191, 201; BeckOGK/Fleindl [1. 10. 2020] Rn 23 ff). Für die Baujahre 2016 bis 2018 werden danach aufgrund der amtlichen Baustatistik Baukosten je Quadratmeter in Höhe von 500 bis 700 € als untere Grenze des erforderlichen Aufwandes genannt.

19 Liegt danach eine umfassende Modernisierung iSd § 556f S 2 BGB vor, so ist der Vermieter ferner dadurch privilegiert, dass aus dem Gesamtaufwand **Kosten**, die im Rahmen der Modernisierung zugleich **durch** bloße **Instandsetzungsmaßnahmen** verursacht werden, nicht herausgerechnet zu werden brauchen (LG Berlin ZMR 2019, 124; ZMR 2020, 118 = GE 2020, 121; AG Berlin-Schöneberg ZMR 2017, 990 = GE 2017, 1225; AG Berlin-Mitte ZMR 2019, 959; Börstinghaus, Hdb Kap 4 Rn 26, 29; Schmidt-Futterer/Börstinghaus Rn 19; Flatow WuM 2015, 191, 201). Dafür spricht in der Tat der Zweck der Regelung, dem Vermieter den bei Anwendung der §§ 559 und 559a BGB sonst unvermeidlichen großen Aufwand einer Berechnung des Modernisierungszuschlags zu ersparen (s Rn 13), ein Ziel, das nur erreichbar ist, wenn der Aufwand für Instandsetzungsmaßnahmen nicht aus der Summe der gesamten Aufwendungen herausgerechnet werden muss.

20 Hat der Vermieter durch **eigene Leistungen** zu der Modernisierung beigetragen, so müssen diese zu Marktpreisen (ohne Mehrwertsteuer) bei der Berechnung des Aufwands veranschlagt werden (Schmidt-Futterer/Börstinghaus Rn 19; Börstinghaus, Hdb Kap 4 Rn 28). Die Maßnahmen können ohne weiteres **in mehreren Schritten** und über einen längeren Zeitraum hinweg durchgeführt werden, solange sie nur insgesamt *vor* der nachfolgenden ersten Vermietung liegen; Maßnahmen vor einer zwischenzeitlichen Vermietung bleiben dagegen unberücksichtigt. **Bauherr** wird in aller Regel der spätere Vermieter sein; notwendig ist dies indessen nicht, da das Gesetz nicht darauf abstellt (Lützenkirchen/Abramenko Rn 20).

3. Rechtsfolgen

Unter den Voraussetzungen des § 556f S 2 BGB finden § 556d und § 556e BGB **21** (nur) auf die erste Vermietung nach der Modernisierung keine Anwendung; oder anders gewendet: Im Falle einer umfassenden Modernisierung der Wohnung bleibt es bei der ersten Vermietung nach Abschluss der Modernisierung bei der herkömmlichen **Vertragsfreiheit** der Parteien auch hinsichtlich der Miethöhe (§§ 311 Abs 1 und 557 Abs 1 BGB; Blank WuM 2014, 641, 653). Keine Rolle spielt der **Zeitpunkt** der Vornahme der Modernisierungsmaßnahmen oder der ersten Vermietung; die Stichtagsregelung des § 556f S 1 BGB hat hier keine Bedeutung, sodass die Modernisierung sowohl vor als auch nach dem Stichtag des 1. Oktober 2014 liegen kann (Börstinghaus, Hdb Kap 4 Rn 30; Schmidt-Futterer/Börstinghaus Rn 21). Jedoch kommt eine Anwendung des § 556f S 2 BGB von vornherein nur in Betracht, wenn zur Zeit der ersten Vermietung nach der Modernisierung für die fragliche Gemeinde eine Mietbegrenzungsverordnung gemäß § 556d Abs 2 BGB in Kraft ist, da anderenfalls ohnehin noch generelle Vertragsfreiheit gilt.

Privilegiert ist allein die **erste Vermietung** nach Abschluss der Modernisierungsmaß- **22** nahmen unter der Geltung einer Mietbegrenzungsverordnung für die Gemeinde, in der die Wohnung liegt. Nicht unterschieden wird danach, ob es sich um eine Vermietung zu Wohnzwecken oder um eine gewerbliche Vermietung handelt, da das Gesetz darauf nicht abstellt (BeckOGK/Fleindl [1. 10. 2020] Rn 27), sodass auch eine **gewerbliche Vermietung** nach der umfassenden Modernisierung der Räume bei einer nachfolgenden Vermietung der Räume zu Wohnzwecken das Privileg entfallen lässt – mit der Folge, dass es bei § 556d Abs 1 BGB verbleibt. Unschädlich sind dagegen hier – abweichend von der Rechtslage aufgrund des S 1 des § 556f BGB – sonstige Nutzungen der Räume wie insbesondere eine **Eigennutzung** durch den Vermieter oder durch deren unentgeltliche Überlassung an Dritte, zB an Angehörige vor Abschluss eines ersten Wohnraummietvertrages über die Räume (Lützenkirchen/Abramenko Rn 23; BeckOGK/Fleindl [1. 10. 2020] Rn 26 f).

Die Privilegierung allein der ersten Vermietung, und zwar gerade zu Wohnzwecken, **23** nach Abschluss der Modernisierungsarbeiten bedeutet, dass bei sämtlichen **nachfolgenden Vermietungen** die §§ 556d und 556e BGB wieder anzuwenden sind, sofern die Vermietungen zu Wohnzwecken vorgenommen werden und die betreffende Wohnung in einem Gebiet mit angespanntem Wohnungsmarkt liegt, das durch eine Mietbegrenzungsverordnung gemäß § 556d Abs 2 BGB bestimmt ist. Dem Vermieter kommt dann freilich auch die Ausnahmeregelung des § 556e Abs 1 BGB zugute, sodass er die nach § 556f S 2 BGB frei vereinbarte Miete weiter als **Vormiete** vereinbaren kann (Börstinghaus, Hdb Kap 4 Rn 32; berechtigte Kritik bei MünchKomm/Artz § 556e Rn 7).

Bei einer **Staffelmiete** ist § 557a Abs 4 BGB zu beachten, da nach S 1 dieser Vor- **24** schrift die §§ 556d bis 556g auf jede einzelne Mietstaffel anzuwenden sind, um Umgehungen der gesetzlichen Regelung auf dem Weg über Staffelmietvereinbarungen zu verhindern. Im Schrifttum wird diskutiert, ob sich die Ausnahmeregelung des § 556f S 2 BGB im Falle einer umfassenden Modernisierung nur auf die erste Mietstaffel bezieht (sodass gemäß § 557a Abs 4 S 2 BGB bei jeder nachfolgenden Staffel die §§ 556d ff doch wieder zu beachten sind) oder ob die Ausnahmeregelung für sämtliche nachfolgenden Mietstaffeln gilt (s dazu Staudinger/V Emmerich [2021] § 557b Rn 13a f; BeckOGK/Fleindl [1. 10. 2020] Rn 36; Börstinghaus, Hdb Kap 4 Rn 33). – Für **Indexmieten** bestimmt § 557b Abs 4 BGB, dass die §§ 556d bis 556g nur auf die Ausgangsmiete anzuwenden sind, sodass eine Indexierung der Miete im Rahmen des § 556d Abs 1 BGB ohne Einschränkungen möglich bleibt (s Staudinger/V Emmerich [2021] § 557b Rn 39a; BeckOGK/Fleindl [1. 10. 2020] Rn 29).

25 Die **Beweislast** für sämtliche Voraussetzungen des § 556f S 2 BGB trägt der Vermieter, wenn er sich zur Rechtfertigung einer über die 100 + 10-Regel des § 556d Abs 1 BGB hinausgehenden Miete auf die Privilegierung einer umfassenden Modernisierung beruft (Schmidt-Futterer/Börstinghaus Rn 25; BeckOGK/Fleindl [1. 10. 2020] Rn 33; Lützenkirchen/Abramenko Rn 26). Damit der Mieter den entsprechenden Vortrag des Vermieters gegebenenfalls substantiiert bestreiten kann, stellt ihm das Gesetz in § 556g Abs 3 S 1 BGB einen besonderen **Auskunftsanspruch** zur Verfügung. Die gesetzliche Regelung ist zu Gunsten des Mieters **zwingend** (§ 556g Abs 1 S 1 BGB).

§ 556g
Rechtsfolgen; Auskunft über die Miete

(1) Eine zum Nachteil des Mieters von den Vorschriften dieses Unterkapitels abweichende Vereinbarung ist unwirksam. Für Vereinbarungen über die Miethöhe bei Mietbeginn gilt dies nur, soweit die zulässige Miete überschritten wird. Der Vermieter hat dem Mieter zu viel gezahlte Miete nach den Vorschriften über die Herausgabe einer ungerechtfertigten Bereicherung herauszugeben. Die §§ 814 und 817 S. 2 sind nicht anzuwenden.

(1a) Soweit die Zulässigkeit der Miete auf § 556e oder § 556f beruht, ist der Vermieter verpflichtet, dem Mieter vor dessen Abgabe der Vertragserklärung über Folgendes unaufgefordert Auskunft zu erteilen:

1. im Fall des § 556e Absatz 1 darüber, wie hoch die Vormiete war,

2. im Fall des § 556e Absatz 2 darüber, dass in den letzten drei Jahren vor Beginn des Mietverhältnisses Modernisierungsmaßnahmen durchgeführt wurden,

3. im Fall des § 556f Satz 1 darüber, dass die Wohnung nach dem 1. Oktober 2014 erstmals genutzt und vermietet wurde,

4. im Fall des § 556f Satz 2 darüber, dass es sich um die erste Vermietung nach umfassender Modernisierung handelt.

Soweit der Vermieter die Auskunft nicht erteilt hat, kann er sich nicht auf eine nach § 556e oder § 556f zulässige Miete berufen. Hat der Vermieter die Auskunft nicht erteilt und hat er diese in der vorgeschriebenen Form nachgeholt, kann er sich erst zwei Jahre nach Nachholung der Auskunft auf eine nach § 556e oder § 556f zulässige Miete berufen. Hat der Vermieter die Auskunft nicht in der vorgeschriebenen Form erteilt, so kann er sich auf eine nach § 556e oder § 556f zulässige Miete erst dann berufen, wenn er die Auskunft in der vorgeschriebenen Form nachgeholt hat.

(2) Der Mieter kann von dem Vermieter eine nach den §§ 556d und 556e nicht geschuldete Miete nur zurückverlangen, wenn er einen Verstoß gegen die Vorschriften dieses Unterkapitels gerügt hat. Hat der Vermieter eine Auskunft nach Absatz 1a Satz 1 erteilt, so muss die Rüge sich auf die Auskunft beziehen. Rügt der Mieter den Verstoß mehr als 30 Monate nach Beginn des Mietverhältnisses oder war das Mietverhältnis bei Zugang der Rüge bereits beendet, kann er nur die nach Zugang der Rüge fällig gewordene Miete zurückverlangen.

(3) Der Vermieter ist auf Verlangen des Mieters verpflichtet, Auskunft über diejenigen Tatsachen zu erteilen, die für die Zulässigkeit der vereinbarten Miete nach den Vorschriften dieses Unterkapitels maßgeblich sind, soweit diese Tatsachen nicht allgemein zugänglich sind und der Vermieter hierüber unschwer Auskunft geben kann. Für die Auskunft über Modernisierungsmaßnahmen (§ 556e Abs. 2) gilt § 559b Abs. 1 S. 2 und 3 entsprechend.

(4) Sämtliche Erklärungen nach den Absätzen 1a bis 3 bedürfen der Textform.

Materialien: Mietrechtsnovellierungsgesetz v 21. 4. 2015 (BGBl I 610); Begr BT-Drucks 18 (2014)/3121, 32; Mietrechtanpassungsgesetz v 18. 12. 2018 (BGBl I 2648); Begr BT-Drucks 19/4672; Ausschussbericht BT-Drucks 19/6153; Gesetz zur Verlängerung und Verbesserung der Regelungen über die Zulässigkeit der Miethöhe bei Mietbeginn v 19. 3. 2020 (BGBl I 540); Begr BT-Drucks 19/15824.

Schrifttum

ARTZ/BÖRSTINGHAUS, Das am 1. 1. 2019 in Kraft getretene Mietrechtanpassungsgesetz, NZM 2019, 12
EISENSCHMID, Das Mietrechtsanpassungsgesetz, WuM 2019, 225
HORST, Auskunftspflicht des Vermieters, MDR 2019, 971
ders, Mietpreisbremse 3.0, MDR 2020, 445
HINZ, Praktische Sicht auf das Mietrechtsanpassungsgesetz, ZMR 2019, 557, 645
SCHINDLER, Vom Nachjustieren der Mietpreisbremse, NZM 2020, 347
J WAGNER/HAPP, Das Mietrechtsanpassungsgesetz, DWW 2019, 124
WICHERT, Verschärfung der Mietpreisbremse durch das Mietrechtsanpassungsgesetz, ZMR 2019, 245

Systematische Übersicht

I.	Überblick	1	IV.	Rügepflicht	
				1. Überblick	20
II.	Teilunwirksamkeit der Vereinbarung über die Miethöhe	6		2. Neuverträge	26
				3. Altverträge	29
III.	Rückforderungsanspruch		V.	Umfang des Anspruchs	
	1. Überblick	10		1. Überblick	31
	2. Parteien	15		2. Neuverträge	34
				3. Altverträge	40

§ 556g

VI. Vorvertraglicher Auskunftsanspruch
1. Überblick, Zweck — 41
2. Auskunftserteilung — 44
3. Vormiete — 47
4. Weitere Fälle — 53
5. Rechtsfolgen, Sanktionen — 54
6. Nachholung der Auskunft — 57

VII. Vertraglicher Auskunftsanspruch
1. Überblick, Zweck — 63

2. Abtretung — 68
3. Verjährung — 69
4. Umfang des Anspruchs — 71
5. Einfache Modernisierungen — 81

VIII. Rechtsfolgen
1. Verstöße gegen die Auskunftspflicht — 86
2. Ersatzansprüche des Mieters aus c i c — 90
3. Kündigung, Anfechtung — 94

Alphabetische Übersicht

Abtretung des Anspruchs auf die Miete — 19
Abweichungsverbot — 2 f
Allgemein zugängliche Tatsachen — 71 ff
Anfechtung wegen arglistiger Täuschung — 94
Auskunftsanspruch, außervertraglicher,
 s vorvertraglicher Auskunftsanspruch
Auskunftsanspruch, vertraglicher, — 63 ff
– Abtretung — 63
– allgemein zugängliche Tatsachen — 75
– Anwendungsbereich — 76
– Belege — 79
– einfache Modernisierung — 81 ff
– Form — 67
– Klage — 86
– Kündigung — 89
– Rechtsfolgen — 85
– Rechtsschutzbedürfnis — 66
– Schadensersatzanspruch — 88
– Verjährung — 69
– Tatsachen — 2 f
– Umfang — 71 f
– unschwer mögliche Auskunftserteilung — 77
– Verzug — 89
– Zurückbehaltungsrecht — 87

Bereicherungsanspruch — 34 ff
Beweislast — 24 f

c i c — 90

Indexmiete — 9

Kondiktionssperren — 33, 37
Kündigung des Mieters — 94
Kündigung des Vermieters — 89

Mehrheit von Mietern/Vermietern — 15
Modernisierung, Auskunftsanspruch — 81 f

Nachholung der Auskunft — 54, 57

Parteien des Rückforderungsanspruchs — 15 f

Rückforderungsanspruch — 10 ff
– Parteien — 15 f
– qualifizierte Rüge — 10 f, 27, 29 f
– Rüge — 20 ff
– Rügepflicht — 24
– Umfang — 31 ff
Rüge — 20 ff
– einfache — 10, 20
– qualifizierte — 10 f, 27, 29 f
Rügepflicht — 10 f, 20
– Form — 24 f
– Parteien — 24 f

Schadensersatzanspruch — 90 f
Sonderzahlungen — 37
Staffelmiete — 34, 70

Teilunwirksamkeit — 5 ff

Verjährung — 87
Verzug — 9
Vorvertraglicher Auskunftsanspruch — 41
– Altverträge — 49
– Aufklärungspflichten — 46
– Ausnahmen von der Mietpreisbremse — 53
– Erteilung der Auskunft — 41
– Nachholung der Auskunft — 54, 57
– Obliegenheit — 43
– Rechtsfolgen — 55

Unterkapitel 1a · Vereinbarungen über die Miethöhe bei Mietbeginn
in Gebieten mit angespannten Wohnungsmärkten   § 556g

– Vormiete	47	Zahlung durch Dritte	16 f
– Zweck	41	Zurückbehaltungsrecht	87
Vormiete	47		

I. Überblick

Die wiederholt geänderte Vorschrift des § 556g BGB regelt einzelne Aspekte (nicht **1** mehr) der Rechtsfolgen, die sich bei Verstößen gegen die Vorschriften über die Mietpreisbremse in den §§ 556d bis 556f BGB ergeben. Wegen aller weiteren Fragen ist dagegen auf die allgemeinen Vorschriften zurückzugreifen, soweit sich nicht aus den Vorschriften über die Mietpreisbremse im Einzelfall Abweichungen ergeben (u Rn 90 ff; zu anderen Aspekten der Rechtsfolgenproblematik s insbesondere schon o § 556d Rn 43 ff).

§ 556g Abs 1 S 1 BGB bestimmt zunächst, dass die Vorschriften über die Mietpreis- **2** bremse in den §§ 556d bis 556f BGB zu Gunsten des Mieters zwingend sind. Auf die Konsequenzen dieses so genannten **Abweichungsverbots** ist bereits in den Erläuterungen zu den genannten Vorschriften eingegangen worden (s oben § 556e Rn 33 und § 556f Rn 22). Dagegen führt eine Überschreitung der danach höchstens zulässigen Miete bereits bei Mietbeginn lediglich zu einer partiellen Unwirksamkeit der Vereinbarungen der Parteien über die Miethöhe (so genannte **Teilunwirksamkeit** nach § 556g Abs 1 S 2 BGB; s Rn 5 ff). Die danach zu viel gezahlte Miete muss dem Mieter vom Vermieter nach Bereicherungsrecht erstattet werden (§ 556g Abs 1 S 3 iVm §§ 812 ff BGB), wobei die §§ 814 und 817 S 2 BGB zum Schutz des Mieters keine Anwendung finden (§ 556g Abs 1 S 4 BGB; s Rn 10 ff). Außerdem setzt der **Rückforderungsanspruch** des Mieters eine **Rüge** des Verstoßes gegen die Vorschriften über die Mietpreisbremse seitens des Mieters voraus (§ 556g Abs 2 BGB; s unten Rn 15 ff). Um dem Mieter die Durchsetzung seiner Rechte zu erleichtern, billigt ihm das Gesetz ferner einen **Auskunftsanspruch** in § 556g Abs 3 BGB zu (u Rn 63 ff). § 556g Abs 4 BGB fügt noch hinzu, dass sämtliche Erklärungen nach Abs 1a bis Abs 3 der Vorschrift, also insbesondere die Rüge eines Verstoßes gegen die Vorschriften über die Mietpreisbremse sowie die Geltendmachung des Auskunftsanspruchs, der **Textform** bedürfen (§ 126b BGB).

Die Wirkungen der Mietpreisbremse blieben von Anfang an weit hinter den Er- **3** wartungen der Politik zurück (so zunächst auch die Bundesregierung, Begr BT-Drucks 19/ 4672, 11). Die Bundesregierung führte dies unter anderem auf Defizite bei der Durchsetzung des Rückforderungsanspruchs des Mieters aus § 556g Abs 1 S 3 BGB zurück. Den Grund für diese Entwicklung vermutete sie nicht zuletzt in der Unkenntnis der Mieter von ihren Rechten. Deshalb wurde durch das Mietrechtsanpassungsgesetz vom Dezember 2018 erstmals ein **vorvertraglicher Auskunftsanspruch** des Mieters in § 556g Abs 1a BGB eingeführt, um den Mietern die Möglichkeit zu verschaffen, selbst zu beurteilen, ob der Vermieter sich zu Recht auf eine der Ausnahmen von der Mietpreisbremse aufgrund des § 556e oder § 556f beruft (u Rn 41, 53 ff; Begr BT-Drucks 19/4672, 26 ff). Das Änderungsgesetz ist am 1. Januar 2019 in Kraft getreten. Eine Übergangsvorschrift findet sich in Art 229 § 49 Abs 2 EGBGB. Die Änderungen und insbesondere § 556g Abs 1a BGB finden danach auf Altverträge aus der Zeit vor dem 1. Januar 2019 keine Anwendung.

4 Nur ein Jahr später kam die Bundesregierung dagegen zu dem Ergebnis, dass von der Mietpreisbremse doch (entgegen ihren ursprünglichen Annahmen) eine gewisse (moderate) retardierende Wirkung auf die Entwicklung der Mieten ausgehe, dass jedoch wegen verschiedener Mängel der gesetzlichen Regelung die Durchsetzung des Rückforderungsanspruchs des Mieters nach wie vor defizitär sei. Deshalb wurde durch ein Gesetz vom März 2020 die Durchsetzbarkeit des Rückforderungsanspruchs des Mieters in verschiedener Hinsicht erleichtert (s Begr BT-Drucks 19/15824, 11, 16 ff). Die Änderungen sind am 1. April 2020 in Kraft getreten und seitdem auf alle Neuverträge anwendbar (Art 229 § 51 EGBGB). Ob der Rückforderungsanspruch des Mieters seitdem eine größere Durchschlagskraft in der Praxis als bisher erlangt hat, ist noch nicht abzusehen und muss deshalb hier offenbleiben.

II. Teilunwirksamkeit der Vereinbarung über die Miethöhe

5 Die §§ 556d bis 556f BGB sind im Kern – bei aller Rücksicht auf die legitimen Vermieterinteressen – ausgesprochene Schuldnerschutzvorschriften, sodass es nur folgerichtig ist, dass § 556g Abs 1 S 1 BGB die **Unwirksamkeit** aller Vereinbarungen anordnet, die zum Nachteil des Mieters von den genannten Vorschriften abweichen. Das Schicksal des Vertragsrestes beurteilt sich nach § 139 BGB. **Beispiele** sind Klauseln, durch die der Mieter „bestätigt", dass bei Abschluss des Mietvertrages die Voraussetzungen des § 556e S 1 oder S 2 BGB vorgelegen haben, Klauseln, aufgrund derer der Mieter auf den Rückforderungsanspruch von vornherein verzichtet (entgegen § 556g Abs 2 BGB) oder durch die der Rückforderungsanspruch über das Gesetz hinaus von weiteren Voraussetzungen abhängig gemacht wird, ferner Klauseln, durch die die Beweislast zum Nachteil des Mieters geregelt oder die Verjährungsfrist verkürzt wird (Börstinghaus, Hdb Kap 4 Rn 162), sowie schließlich Klauseln, durch die die Möglichkeiten des Mieters zum Nachweis der zutreffenden Höhe der ortsüblichen Vergleichsmiete (s § 556d Abs 1 BGB) entgegen der ZPO beschränkt werden (LG Berlin WuM 2018, 414, 415).

6 Besonderheiten gelten für Vereinbarungen über die **Miethöhe**: Sie sind, wenn sie bei Mietbeginn gegen die Vorschriften über die Mietpreisbremse verstoßen, nur unwirksam, *soweit* die zulässige Miete überschritten wird, im Übrigen dagegen weiterhin wirksam (§ 556g Abs 1 S 2 BGB). Die Regelung betrifft allein Abreden über die Miethöhe **„bei Mietbeginn"** (§ 556g Abs 1 S 2 BGB), während es in der **Folgezeit** bei der Geltung der §§ 311 Abs 1 und 557 Abs 1 BGB verbleibt, sodass die Parteien, zB in einem späteren Vergleich, durchaus auch eine höhere Miete als nach § 556d Abs 1 bis § 556f BGB gerade bei Mietbeginn zulässig vereinbaren könnten, versteht sich: im Rahmen der allgemeinen Grenzen der Vertragsfreiheit wie insbesondere § 138 BGB (so schon die Begr BT-Drucks 18/3121, 32 f). Dahinter steht der Gedanke, dass der Mieter, sobald er einmal mit dem Vermieter einen Mietvertrag abgeschlossen *hat*, nicht mehr im selben Maße wie bis zum Augenblick des Vertragsabschlusses schutzbedürftig ist, nota bene: bei der Wohnungssuche auf angespannten Wohnungsmärkten (§ 556d BGB).

7 Maßgebend für die Zulässigkeit der Vereinbarung über die Miethöhe ist die Rechtslage „bei Mietbeginn" (§ 556g Abs 1 S 2 BGB). Diese Formulierung wird unterschiedlich interpretiert, entweder als Verweis auf den Zeitpunkt des Abschlusses des Mietvertrages oder als Verweis auf den Zeitpunkt der Übergabe der Miträume an den Mieter. Die Gesetzesverfasser wollten mit dieser Formulierung, wie gezeigt (s Rn 6), zum Ausdruck bringen, dass sich die Anordnung der Teilunwirksamkeit der Vereinbarung über die Miethöhe bei einem Verstoß gegen die §§ 556d bis 556f BGB auf den Zeitpunkt des **Abschlusses des Mietvertrages** beschränkt, sodass in der **Folgezeit** – *nach* Abschluss des wirksamen Vertrages – wieder **Vertragsfreiheit** hinsichtlich der Miethöhe besteht. Maßgeblich ist folglich allein die Rechtslage bei Abschluss des Mietvertrages, nicht die davon möglicherweise abweichende Rechtslage bei Übergabe der Räume (ebenso BLANK WuM 2014, 641, 654; BÖRSTINGHAUS, Hdb Kap 4 Rn 162 f, 166; SCHMIDT-FUTTERER/BÖRSTINGHAUS Rn 6 ff; LÜTZENKIRCHEN/ABRAMENKO Rn 3 ff; anders DERLEDER WuM 2014, 443 f; BeckOGK/FLEINDL [1. 10. 2020] Rn 13). Im Falle eines Verstoßes der Abreden der Parteien gegen die Vorschriften über die Mietpreisbremse schuldet der Mieter folglich allein die ortsübliche Vergleichsmiete +10 % (§ 556d Abs 1 BGB; zB MünchKomm/ARTZ § 556g Rn 3). Unerheblich sind spätere Änderungen des Niveaus der ortsüblichen Vergleichsmiete. Ein Anstieg der Vergleichsmiete zieht nicht automatisch eine Änderung der Zulässigkeitsgrenze für die Vereinbarung der Parteien über die Miethöhe bei Mietbeginn nach sich (BLANK/ BÖRSTINGHAUS Rn 3; BeckOGK/FLEINDL [1. 10. 2020] Rn 13).

Die Bestimmung des § 556g Abs 1 S 2 BGB über die Teilunwirksamkeit der Vereinbarung über die Miete bei einem Verstoß der Vereinbarung gegen die gesetzliche Regelung über die Mietpreisbremse im Augenblick des Vertragsschlusses (s Rn 6 f) muss, um sonst naheliegenden **Umgehungsversuchen** wirksam begegnen zu können, grundsätzlich *weit* ausgelegt werden. Sie umfasst daher auch **Sonderzahlungen** jeder Art des Mieters für die Bereitschaft des Vermieters zum Abschluss des Vertrages wie zB sogenannte Schmiergelder oder Provisionen, und zwar auch an dem Vermieter nahestehende Personen (BÖRSTINGHAUS, Hdb Kap 4 Rn 162; SCHMIDT-FUTTERER/ BÖRSTINGHAUS Rn 5, str). Ebenso unwirksam sind sonstige ungewöhnliche Vertragsgestaltungen, mit denen offenbar nur der Zweck verfolgt wird, die gesetzlichen Beschränkungen der Miethöhe bei Mietbeginn aufgrund des § 556d Abs 1 BGB zu umgehen. Beispiele sind ein Wechsel des Mieters durch dreiseitigen Vertrag zwischen Vermieter und altem wie neuem Mieter zur formalen Wahrung der Vertragsidentität, obwohl der Sache nach nichts anderes als der Abschluss eines neuen Mietvertrages mit einem neuen Mieter nach Ausscheiden des vorherigen Mieters vorliegt (AG Berlin-Neukölln WuM 2017, 714), oder die Vereinbarung offenbar überhöhter Möblierungszuschläge für nur ganz spärlich möblierte Wohnungen (FLEINDL WuM 2018, 544, 548 f). **8**

Teilunwirksamkeit bedeutet, dass der Mieter den die Mietobergrenze der §§ 556d bis 556f BGB übersteigenden Teil der Miete *nicht* zu bezahlen braucht und daher die Zahlung insoweit verweigern kann, **ohne** in **Verzug** zu geraten, sodass auch für eine Kündigung des Vermieters nach § 543 Abs 2 Nr 3 BGB kein Raum ist. Die Zahlungsverweigerung setzt außerdem keine Rüge des Mieters voraus; § 556g Abs 2 BGB betrifft allein den Rückforderungsanspruch des Mieters *nach* Zahlung der überhöhten Miete (MünchKomm/ARTZ § 556g Rn 4; BLANK WuM 2014, 641, 654; BÖRSTING-HAUS, Hdb Kap 4 Rn 168). **9**

III. Rückforderungsanspruch

1. Überblick

10 Nach § 556g Abs 1 S 3 BGB muss der Vermieter dem Mieter die wegen eines Verstoßes gegen die §§ 556g und 556e BGB zu viel gezahlte Miete nach Bereicherungsrecht herausgeben; jedoch finden die Kondiktionssperren der §§ 814 und 817 S 2 BGB auf den Anspruch des Mieters auf Rückzahlung der überzahlten Miete keine Anwendung. Voraussetzung des Anspruchs ist eine Rüge des Verstoßes seitens des Mieters gegenüber dem Vermieter (§ 556g Abs 2 BGB; Rn 20 ff). Es genügt heute grundsätzlich eine **einfache Rüge** durch bloßen Hinweis auf die Unzulässigkeit der geforderten Miete wegen eines Verstoßes gegen die Vorschriften über die Mietpreisbremse (§§ 556d ff). Eine sogenannte qualifizierte Rüge (mit Begründung) ist noch bei Altverträgen sowie dann erforderlich, wenn der Vermieter sich auf eine der Ausnahmen von der Mietpreisbremse aufgrund des § 556e oder des § 556f beruft und seiner Auskunftspflicht aufgrund des § 556g Abs 1a BGB nachgekommen ist (so jetzt § 556g Abs 2 S 2 idF von 2018; s im einzelnen Rn 21, 27 und 29 f).

11 Die geltende Fassung des § 556g beruht auf dem **Mietrechtsanpassungsgesetz** vom Dezember 2018 und gilt seit dem 1. Januar 2019 für alle Neuverträge aus der Zeit nach dem 31. Dezember 2018, während es für **Altverträge** aus der vorausgegangenen Zeit bei der Fortgeltung der früheren Regelung verblieben ist (so Art 229 § 49 Abs 2 EGBGB; s Rn 3). Kennzeichnend für die frühere Regelung war das Erfordernis einer sogenannten **qualifizierten** Rüge als Voraussetzung für den Rückforderungsanspruch des Mieters gewesen. Die Einzelheiten ergaben sich aus § 556g Abs 2 BGB aF, der in S 1 bestimmte, dass der Mieter eine nach § 556d und § 556e nicht geschuldete Miete nur zurückverlangen konnte, wenn er einen Verstoß gegen die Vorschriften über die Mietpreisbremse gerügt hatte, wobei die Rüge, wie S 2 der Vorschrift hinzufügte, die Tatsachen enthalten musste, auf denen die Beanstandung der vereinbarten Miete beruhte. Aus § 556g Abs 2 S 1 HS 2 BGB aF folgte ferner, dass der Rückforderungsanspruch des Mieters obendrein nur die erst nach Zugang der Rüge (§ 130 BGB) „fällig" gewordene Miete umfasste. Gemeint war die Miete, die vom Mieter zu den Zahlungsterminen nach Zugang der Rüge beim Vermieter ohne den Verstoß geschuldet gewesen wäre (s Rn 29 f).

12 Die **Gesetzesverfasser** hatten diese eigenartige Regelung (die heute, um es zu wiederholen, lediglich noch für Altverträge gilt) damit gerechtfertigt, die Beschränkung des Rückforderungsanspruchs des Mieters auf die nach Zugang der Rüge fällig gewordene Miete sei nötig, um den Vermieter, der sich „redlich" um die Beachtung der Vorschriften über die Mietpreisbremse bemüht habe, *vor* Rückforderungsansprüchen des Mieters zu schützen; deshalb würden für den Zeitraum *vor* Zugang der Rüge Rückforderungsansprüche „gleich welcher Art" ausgeschlossen (so die Begr BT-Drucks 18/3121, 32). Diese nur schwer nachvollziehbare „Begründung" wurde zu Recht verbreitet kritisiert. Erschwerend kam noch hinzu, dass das Erfordernis einer qualifizierten Rüge als Voraussetzung für den (ohnehin beschränkten) Rückforderungsanspruch des Mieters den Mieter vor nur schwer überwindbare Hindernisse bei seinem Versuch stellte, die grundlos gezahlte Miete zurückzuerhalten. Die Bundesregierung erwog deshalb zunächst, ganz auf das Erfordernis einer Rüge zu verzichten, um die Durchsetzung der Rückforderungsansprüche der Mieter zu erleichtern (s Horst MDR 2020, 445, 447), hielt schließlich aber doch an dem Erfordernis zumindest einer einfachen Rüge (durch bloßen Hinweis auf die Unzulässigkeit der Miete) fest (s die Begr BT-Drucks 19/4672, 28 „zu Buchstabe b"). Das weitere Erfordernis einer qualifizierten Rüge nach Auskunftserteilung des Vermieters gemäß § 556 Abs 1a geht auf die Ausschussberatungen zurück (s den Bericht BT-Drucks 19/6153, 21). In der Praxis stützt sich die Miete mittlerweile vielfach auf die Dienste von spezialisierten **Inkassounternehmen**, die den Mietern ihre Hilfe bei der Ermittlung der zulässigen Mietobergrenze sowie bei der Verfolgung von Rückforderungsansprüchen gegen Provision anbieten. Die Vereinbarkeit dieser Praxis mit dem Rechtsdienstleistungsgesetz wird vom BGH (im Interesse der Durchsetzbarkeit der Mietpreisbremse) erstaunlich großzügig beurteilt (s schon o § 556d Rn 18).

Festzuhalten sind folgende Punkte: Der Mieter kann sich heute gegen eine in seinen Augen überhöhte, weil gegen die §§ 556d ff verstoßende Miete auf zwei Wegen wehren, zunächst durch Verweigerung der Zahlung der Miete, soweit sie seiner Meinung nach überhöht ist, und zwar ohne weiteres, insbesondere auch ohne Rüge; jedoch läuft der Mieter dann Gefahr, dass der Vermieter kündigen kann, wenn sich die Zahlungsverweigerung später als ganz oder teilweise unberechtigt erweisen sollte (§§ 543 Abs 2 Nr 3 und 573 Abs 2 Nr 1; s o Rn 9). Um dieser Gefahr zu begegnen, kann der Mieter stattdessen auch (zweitens) die vereinbarte Miete zunächst fortzahlen, alsbald aber nach Rüge dieser Zahlung wieder zurückfordern, wobei ihm § 814 nicht entgegengehalten werden kann (§ 556g Abs 1 S 4 und Abs 2 S 1 BGB). Die Rechtslage gestaltet sich dabei unterschiedlich je nachdem, ob es sich um einen Altvertrag aus der Zeit vor 2019 oder um einen Neuvertrag handelt (o Rn 3, 11 f). **13**

Die **Rechtsnatur** des in § 556g Abs 1 S 3 BGB dem Mieter zugebilligten Bereicherungsanspruchs ist umstritten. Von einem Teil des Schrifttums wird der Anspruch als eigenartiger **vertraglicher Anspruch** eingestuft, woraus dann der weitere Schluss gezogen wird, dass es sich bei § 556g Abs 1 S 3 BGB um eine bloße **Rechtsfolgenverweisung** handele (so Börstinghaus, Hdb Kap 4 Rn 172; Schmidt-Futterer/Börstinghaus Rn 15; Blank/Börstinghaus Rn 10; BeckOGK/Fleindl [1. 10. 2020] Rn 19; ders WuM 2015, 212, 213; Palandt/Weidenkaff § 556g Rn 4). Dagegen spricht indessen, dass nach § 556g Abs 1 S 2 BGB die Vereinbarung der Parteien über die Miethöhe unwirksam ist, soweit sie die nach den §§ 556d bis 556f BGB zulässige Miete überschreitet. Soweit dies der Fall ist, zahlt der Mieter folglich auf eine Nichtschuld, sodass ihm ohne Weiteres nach § 812 Abs 1 S 1 Fall 1 BGB die **Leistungskondiktion** zusteht (ebenso MünchKomm/Artz § 556g Rn 5; Lützenkirchen/Abramenko Rn 8; Hinz ZMR 2014, 593, 599). Nur so erklärt sich auch der sonst entbehrliche Ausschluss der beiden Kondiktionssperren des § 814 BGB und des § 817 S 2 BGB, die beide bei vertraglichen Ansprüchen keine Entsprechung haben. **14**

2. Parteien

Der Bereicherungsanspruch steht dem Mieter gegen den Vermieter zu (§§ 535, 556g Abs 1 S 3 und 812 Abs 1 S 1 Fall 1 BGB). **Mehrere Mieter**, zB Eheleute, die den Mietvertrag gemeinsam abgeschlossen haben, sind grundsätzlich gemäß der Regel des § 432 bloße **Mitgläubiger**, keine Gesamtgläubiger iSd § 428 mit der Folge, dass zwar jeder Mieter allein vom Vermieter die Miete zurückfordern kann, indessen nur durch Leistung an alle Mieter zusammen (grdl BGH 27. 5. 2020 – VIII ZR 45/19 Rn 29, 32 ff, **15**

NZM 2020, 451, 453 f = WuM 2020, 423; anders zB BeckOGK/FLEINDL [1. 10. 2020] Rn 22: Gesamtgläubiger). Bilden die Mieter jedoch wie häufig untereinander eine BGB-Innengesellschaft, so dürfte es sich im Zweifel bei dem Rückforderungsanspruch um eine Forderung handeln, bei der sich die Geltendmachung nach den Regeln des Gesellschaftsvertrags richtet (s Vorbem 124 zu § 535).

16 Probleme ergeben sich hier zunächst, wenn **Dritte**, zB das Sozialamt oder Angehörige, für den Mieter die **Bezahlung** der Miete übernehmen. Der Bereicherungsanspruch wird dann zT dem Mieter (so FLEINDL WuM 2015, 212, 214; BeckOGK/FLEINDL [1. 10. 2020] Rn 22), zT aber auch dem Dritten direkt gegen den Vermieter zugebilligt (so zB LÜTZENKIRCHEN/ABRAMENKO Rn 43). Keine diese Lösungen trifft jedoch zu; schaut man genau hin, so zeigt sich vielmehr, dass sich hier um einen Fall des **Doppelmangels** handelt, der wie sonst auch grundsätzlich auf dem Weg über die Kondiktion der Kondiktion zu lösen ist, sodass der Dritte, der für den Mieter die Bezahlung der Miete übernommen hat, von diesem die Abtretung dessen Bereicherungsanspruchs gegen den Vermieter verlangen kann (STAUDINGER/LORENZ [2007] § 812 Rn 40, 54 f mwNw; EMMERICH Schuldrecht Besonderer Teil § 19 Rn 8 f).

17 Bei dem **Eintritt Dritter in den Mietvertrag** anstelle des Mieters kommt es darauf an, welchen Weg die Parteien wählen (s oben § 540 Rn 42–49). Entscheiden sie sich für die Aufrechterhaltung der Identität des Vertrages, etwa im Zusammenwirken aller Beteiligten, so wird der neue Mieter im Zweifel auch berechtigt sein, die Bereicherungsansprüche seines Vorgängers geltend zu machen (ebenso im Ergebnis FLEINDL WuM 2015, 212, 214; BeckOGK/FLEINDL [1. 10. 2020] Rn 23).

18 Stehen auf der Seite des **Vermieters mehrere Personen**, zB ebenfalls in der Form einer Gesellschaft oder als Miteigentümer, so sind sie als solche **Gesamtschuldner** (s oben Vorbem 117 zu § 535; BÖRSTINGHAUS, Hdb Kap 4 Rn 171; SCHMIDT-FUTTERER/BÖRSTINGHAUS Rn 4; BeckOGK/FLEINDL [1. 10. 2020] Rn 24). Im Falle der **Veräußerung** des Grundstücks während des Bestandes des Mietvertrages richtet sich die Aufteilung der Haftung für den Bereicherungsanspruch des Mieters auf Rückzahlung der überzahlten Miete gemäß § 566 Abs 1 BGB nach dem **Fälligkeitsprinzip**, sodass es darauf ankommt, ob die überzahlte Miete vor oder nach dem Eigentumsübergang fällig geworden ist (s unten STAUDINGER/V EMMERICH [2021] § 566 Rn 73 ff; BÖRSTINGHAUS, Hdb Kap 4 Rn 171; FLEINDL WuM 2015, 212, 214 f; BeckOGK/FLEINDL [1. 10. 2020] Rn 25).

19 Zusätzliche Probleme ergeben sich auch hier, wenn der Vermieter den Anspruch auf die Miete (wozu er jederzeit in der Lage ist) an einen Dritten, zB an seine Bank **abgetreten** hat. Aus den dann anwendbaren Regeln über den Bereicherungsausgleich in Mehrpersonenverhältnissen werden für die genannten Fälle unterschiedliche Schlüsse gezogen (s FLEINDL WuM 2015, 212, 214 f; BeckOGK/FLEINDL [1. 10. 2020] Rn 27 ff; LÜTZENKIRCHEN/ABRAMENKO Rn 43 ff). Im Fall der **Abtretung** des Anspruchs auf die Miete seitens des Vermieters an einen Dritten wird deshalb dem Mieter bei Zahlung an den Zessionar, den Dritten, vielfach weiter ein Bereicherungsanspruch gegen den *Zedenten*, also gegen seinen *Vermieter* zugebilligt, und zwar in erster Linie mit der Begründung, der Mieter brauche sich nicht gegen seinen Willen einen neuen Schuldner in Gestalt des Dritten, des Zessionars aufdrängen zu lassen (so insbesondere BGH 6. 7. 2012 – V ZR 268/11, NJW 2012, 3373 Rn 7 mwNw; FLEINDL WuM 2015, 212, 215; BeckOGK/FLEINDL [1. 10. 2020] Rn 27 ff; STAUDINGER/LORENZ [2007] § 812 Rn 41 ff).

Tatsächlich leistete jedoch der Mieter hier aufgrund der Abtretung, sofern sie ihm offengelegt wurde, an den Zessionar als seinen neuen Gläubiger, sodass ihm zumindest *auch* eine Leistungskondiktion gegen diesen zugebilligt werden muss (Emmerich, Schuldrecht Besonderer Teil [15. Aufl 2018] § 19 Rn 17, Staudinger/Lorenz [2007] § 812 Rn 48 mwNw).

IV. Rügepflicht

1. Überblick

Der Gesetzgeber hat den Rückforderungsanspruch des Mieters von einer vorherigen Rüge des Mieters gegenüber dem Vermieter abhängig gemacht, damit den „redlichen" Vermieter die Rückforderung der überhöhten Miete nicht unvorbereitet treffe (s schon o Rn 12 f). Deshalb bestimmt § 556g Abs 2 S 1 BGB idF von 2018, dass der Mieter die nicht geschuldete Miete nur zurückverlangen kann, wenn er zuvor den Verstoß des Vermieters gegen die §§ 556d bis 556f BGB gerügt hat. Weitere Voraussetzungen hat der Rückforderungsanspruch des Mieters im Regelfall seit der Änderung der Vorschrift durch das Mietrechtsanpassungsgesetz vom Dezember 2018 nicht mehr. Lediglich dann, wenn der Vermieter eine Auskunft nach § 556g Abs 1a BGB erteilt hat, muss sich die Rüge außerdem auf die Auskunft beziehen (sog qualifizierte Rüge gemäß § 556g Abs 2 S 2 BGB). Außerdem kann der Mieter nur noch die nach Zugang der Rüge fällig gewordene Miete zurückverlangen, sofern er den Verstoß gegen die Vorschriften über die Mietpreisbremse erst mehr als 30 Monate nach Beginn des Mietverhältnisses rügt oder das Mietverhältnis bei Zugang die Rüge bereits beendet war (§ 556g Abs 2 S 3 BGB). Diese Regelung gilt jedoch allein für sog **Neuverträge**, die nach dem 31. Dezember 2018 abgeschlossen wurden (s schon o Rn 3, 10 f, u Rn 26; Art 229 § 49 Abs 2 S 2 EGBGB). 20

Für **Altverträge** aus der Zeit vor dem 1. Januar 2019 gilt die frühere Rechtslage fort (Rn 3, 11, 20). Dies bedeutet vor allem zweierlei: Der erste Punkt ist, dass eine bloße einfache Rüge (anders als im Regelfall nach neuem Recht, Rn 20) nicht ausreicht; vielmehr muss die Rüge außerdem die Tatsachen enthalten, auf denen die Beanstandung der vereinbarten Miete aufgrund der §§ 556d bis 556f BGB beruht (sog **qualifizierte Rüge**; § 556g Abs 2 S 2 BGB aF). Der zweite Punkt (in dem sich das frühere Recht von dem heutigen unterscheidet) besteht darin, dass der Mieter aufgrund einer qualifizierten Rüge nur diejenigen grundlos gezahlten Beträge zurückverlangen konnte, die nach Zugang der Rüge beim Vermieter fällig geworden sind (§ 556g Abs 2 S 1 HS 2 aF; s schon o Rn 10 f). Dadurch sollten von vornherein rein „formalisierte" (pauschale) Beanstandungen der Mieter ausgeschlossen werden (Begr BT/Drucks 18/3121, 33 [Abs 3]). 21

Die Rüge ist eine **rechtsgeschäftsähnliche Handlung**, weil ihre Vornahme keinen Geschäftswillen des Mieters voraussetzt. Für die **Form** der Rüge genügt nach § 556g Abs 4 BGB die Textform des § 126b BGB. Wird für den Mieter ein **Vertreter** tätig, so findet § 174 BGB entsprechende Anwendung. In der Praxis dürfte die Rüge, schon aus Beweisgründen, wohl ausnahmslos schriftlich erfolgen. 22

Bei einer **Mehrheit von Mietern** ist ebenso wie hinsichtlich der Geltendmachung des Rückforderungsanspruchs (o Rn 15) von der Regel des § 432 auszugehen, sodass 23 grundsätzlich die Rüge eines einzigen von mehreren Mietern genügt, um die Voraussetzungen für den Rückforderungsanspruch zu schaffen. Die Rüge kann insoweit nicht anders als der Rückforderungsanspruch selbst und auch nicht anders als der Auskunftsanspruch behandelt werden (BGH 21. 5. 2020 – VIII ZR 45/19 Rn 37 ff, NZM 2020, 553, 554 = WuM 2020, 423; Blank/Börstinghaus Rn 15; BeckOGK/Fleindl Rn 97; – anders LG Berlin ZMR 2019, 341, 342 = GE 2019, 252), sodass erst mit Zugang der Rüge bei dem letzten Vermieter der Rückforderungsanspruch der Mieter ausgelöst wird (Blank/Börstinghaus Rn 15).

24 Erst die ordnungsmäßige und rechtzeitige Rüge löst mit Zugang bei dem oder den Vermietern den Rückforderungsanspruch des Mieters aus. Eine dem Gesetz entsprechende Rüge ist maW der Sache nach nichts anderes als ein **Tatbestandsmerkmal** des Rückforderungsanspruchs (str), sodass der Mieter die **Beweislast** für die Ordnungsmäßigkeit, insbesondere für die Vollständigkeit und Rechtzeitigkeit der Rüge und deren Zugang bei dem Vermieter trägt (Blank/Börstinghaus Rn 12).

25 Das Rügerecht unterliegt nicht der **Verjährung**, da die Rüge kein Anspruch ist (§ 194 Abs 1 BGB); das Rügerecht steht vielmehr einem Gestaltungsrecht des Mieters nahe und kann folglich auch noch mehr als drei Jahre nach Vertragsende vom Mieter ausgeübt werden, wodurch dann gegebenenfalls ein Rückforderungsanspruch des Mieters überhaupt erst ausgelöst wird (so auch Blank/Börstinghaus Rn 17; BeckOGK/Fleindl [1. 10. 2020] Rn 100).

2. Neuverträge

26 Bei Neuverträgen (die nach dem 31. Dezember 2018 abgeschlossen wurden) genügt heute grundsätzlich (anders als früher bei den Altverträgen, Rn 29 f) eine sogenannte **einfache Rüge**, um dem Mieter die Durchsetzung seines Rückforderungsanspruchs zu erleichtern (§ 556g Abs 2 S 1; Begr von 2018 BT-Drucks 19/4672, 28 f). Der Mieter kann sich maW auf die bloße Rüge eines Verstoßes gegen die Vorschriften über die Mietpreisbremse (in Gebieten mit angespanntem Wohnungsmarkt) beschränken, zB auf den Hinweis, dass die ortsübliche Vergleichsmiete oder die Vormiete niedriger als vom Vermieter behauptet seien (§§ 556d Abs 1, 556e Abs 1 BGB), dass der Vermieter keine umfassende Modernisierung vorgenommen habe oder dass kein Neubau vorliege (§ 556f BGB; Blank/Börstinghaus Rn 14; BeckOGK/Fleindl Rn 92 ff). Auch bei der einfachen Rüge muss es sich aber doch immer noch um die Rüge eines „Verstoßes" gerade „gegen die Vorschriften" über die Mietpreisbremse handeln; die bloße Behauptung der Unzulässigkeit der Miete „ins Blaue hinein" genügt infolgedessen auch bei Neuverträgen nicht.

27 Weitergehende Anforderungen an die Rüge bestehen bei Neuverträgen nach § 556g Abs 2 S 2 BGB nur noch, wenn der Vermieter von einer der **Ausnahmen** des § 556e oder des § 556f bei der Berechnung seiner Mietforderung Gebrauch gemacht hat zB durch die Forderung einer deutlich über der ortsüblichen Vergleichsmiete liegenden Miete wegen einer vorausgegangenen umfassenden Modernisierung der Miträume, *und* der Vermieter außerdem den Mieter darüber ordnungsgemäß nach § 556g Abs 1a S 1 Nr 4 BGB *informiert* hatte. Unter dieser Voraussetzung muss sich die Rüge des Mieters gemäß § 556g Abs 2 S 2 BGB zusätzlich auf die Auskunft beziehen. Nur insoweit verbleibt es mit anderen Worten bei den Neuverträgen ebenso wie generell bei den Altverträgen bei der Notwendigkeit einer **qualifizierten Rüge**, weil der Rechtsausschuss der Meinung war, dass in diesem Fall eine auf Tatsachen gestützte Rüge dem Mieter weiterhin durchaus zuzumuten sei (Ausschussbericht BT-Drucks 19/6153, 21).

Nötig ist mithin der **Vortrag von Tatsachen**, aus denen sich ergibt, dass der vom Vermieter behauptete Ausnahmetatbestand nicht vorliegt, dass etwa in dem Beispielsfall jedenfalls keine umfassende, sondern höchstens eine einfache Modernisierung durchgeführt wurde. Auch in diesen Fällen genügt zudem eine **einfache** Rüge durch bloßes Bestreiten der Behauptungen des Vermieters, wenn der Mieter bestreitet, dass überhaupt einer der Ausnahmefälle vorliegt oder wenn er sich zB gegen die der Berechnung zugrunde gelegte Höhe der ortsüblichen Vergleichsmiete wendet (BLANK/BÖRSTINGHAUS Rn 14a). Zu beachten ist, dass der Mieter eine unvollständige und deshalb unwirksame Rüge jederzeit **wiederholen und ergänzen** kann. Rechtliche Wirkungen äußert die Rüge in derartigen Fällen freilich erst mit Zugang der nötigen Begründung bei dem Vermieter (ausführlich LÜTZENKIRCHEN/ABRAMENKO Rn 22 ff). **28**

3. Altverträge

Anders als bei Neuverträgen aus der Zeit nach dem 31. Dezember 2018 ist bei Altverträgen (aus der vorausgegangenen Zeit) weiterhin auch heute noch grundsätzlich eine **qualifizierte Rüge** gemäß § 556g Abs 2 S 2 BGB aF erforderlich, die die Tatsachen enthält, auf denen die Beanstandung der vereinbarten Miete beruht (s Art 229 § 49 Abs 2 S 2 EGBGB). Dieses Erfordernis ist seinerzeit eingeführt worden, um Mieter von pauschalen, unsubstantiierten („formalisierten") Rügen, gegebenenfalls bereits unmittelbar im Anschluss an den Abschluss des Mietvertrages, abzuhalten (Begr BT-Drucks 18/3121, 33). Mittlerweile hat sich jedoch herausgestellt, dass die Erfüllung dieses Erfordernisses für den Mieter nach Abschluss eines Mietvertrages häufig – mangels sicherer Kenntnis der relevanten Umstände – ausgesprochen schwierig, oft genug sogar unmöglich ist (so selbst die Begründung von 2018, BT-Drucks 19/4672, 28 „Zu Buchstabe b"). Gleichwohl hat das Mietrechtsanpassungsgesetz von 2018 doch an diesem Erfordernis für Altverträge (bedauerlicherweise) festgehalten. Auf keinen Fall dürfen daher heute mehr übertriebene Anforderungen an den Vortrag des Mieters zu den Tatsachen gestellt werden, auf denen seine Beanstandung der Miete beruht, will man nicht letztlich dem Mieter in einer Vielzahl von Fällen die Verfolgung eines Bereicherungsanspruchs praktisch unmöglich machen (im einzelnen str, s BÖRSTINGHAUS, Hdb Kap 4 Rn 175 ff; SCHMIDT-FUTTERER/BÖRSTINGHAUS Rn 18 ff; BLANK/BÖRSTINGHAUS Rn 12a ff; BeckOGK/FLEINDL [1. 10. 2020] Rn 85 ff; ders WuM 2015, 212, 216 f; HINZ ZMR 2014, 593, 600; LÜTZENKIRCHEN/ABRAMENKO Rn 19 ff). **29**

Es muss deshalb (auch bei Altverträgen) grundsätzlich genügen, wenn sich der Mieter bei der Beanstandung der vereinbarten Miete auf **ihm bekannte Umstände** sowie auf allgemein zugängliche Quellen wie insbesondere **Mietspiegel** stützt (ebenso Begr BT-Drucks 18/3121, 33 Abs 3; BÖRSTINGHAUS, Hdb Kap 4 Rn 1786). Dies bedeutet zB, dass der Mieter bei Vorliegen eines Mietspiegels die richtige Einordnung seiner Wohnung in die Felder des Mietspiegels oder das Vorliegen etwaiger qualifizierender Merkmale entsprechend den üblichen Orientierungshilfen bestreiten kann; mehr kann von ihm im Regelfall nicht verlangt werden. Existiert kein Mietspiegel für seine **30**

Gemeinde, so muss es außerdem genügen, wenn der Mieter substantiiert, etwa durch den Hinweis auf Vergleichswohnungen oder auf Veröffentlichungen in der Presse, die Höhe der Vergleichsmiete als Maßstab für § 556d Abs 1 BGB bestreitet. Auf die besonderen Merkmale der §§ 556e und 556f BGB (aus denen sich im Einzelfall die Zulässigkeit einer höheren Miete als nach § 556d Abs 1 BGB ergeben kann) braucht er nur einzugehen, wenn ihm der Vermieter zuvor mitgeteilt hatte, dass die Miete nach den genannten Vorschriften gebildet worden sei.

V. Umfang des Anspruchs

1. Überblick

31 Unter der Voraussetzung einer wirksamen Rüge (§ 556g Abs 2 BGB; s Rn 20 ff) kann der Mieter nach Bereicherungsrecht grundsätzlich die gesamte von ihm bereits zu Unrecht gezahlte Miete zurückfordern, wobei die Kondiktionssperren des § 814 und des § 817 S 2 BGB keine Anwendung finden (§ 556g Abs 1 S 3 und S 4 BGB). Der Bereicherungsanspruch des Mieters erstreckt sich im Regelfall – anders als nach früherem Recht (s u Rn 40) – auf die gesamte seit Vertragsbeginn tatsächlich grundlos gezahlte Miete. Eine Beschränkung auf die „nach Zugang der Rüge fällig gewordene Miete" besteht seit Änderung des § 556g Abs 2 BGB im Jahre 2020 nur noch in zwei Fällen, nämlich erstens wenn der Mieter den Verstoß gegen die Vorschriften über die Mietpreisbremse erst mehr als 30 Monate nach Beginn des Mietverhältnisses rügt und zweitens wenn das Mietverhältnis bei Zugang der Rüge beim Vermieter bereits beendet ist (§ 556g Abs 2 S 3; u Rn 39).

32 Die geltende Fassung des § 556g Abs 2 BGB beruht auf dem am 1. April 2020 in Kraft getretenen **Gesetz zur Verlängerung und Verbesserung der Regelungen** über die zulässige Miethöhe bei Mietbeginn vom März 2020 (BGBl I 540, s schon Rn 3). Ursprünglich hatte das Gesetz in § 556g Abs 2 S 1 BGB dagegen den Bereicherungsanspruch des Mieters auf die nach Zugang der Rüge fällig gewordene Miete beschränkt, womit bezweckt worden war, das Vertrauen redlicher Vermieter auf den Bestand der von ihnen vereinnahmten Mietzahlungen zu schützen. Der Anwendungsbereich dieser Regelung beschränkte sich indessen nicht auf redliche Vermieter, sondern kam auch Vermietern zugute, die einen Verstoß gegen die Vorschriften über die Mietpreisbremse bewusst in Kauf genommen hatten, weshalb die ganze Regelung mit guten Gründen von Anfang an kritisiert worden war, weil sie falsche Anreize setze.

33 Dieser Kritik schloss sich schließlich auch die Bundesregierung mit dem bereits erwähnten Änderungsgesetz vom März 2020 an, und zwar mit der Begründung, die bisherige Regelung habe falsche ökonomische Anreize in Gestalt der Privilegierung rechtswidrigen Verhaltens gesetzt; deshalb müsse die Regelung dahingehend geändert werden, dass der Mieter fortan grundsätzlich die gesamte bereits zu Unrecht gezahlte Miete kondizieren könne (Begr BT-Drucks 19/15824, 16 f). Die Änderung ist am 1. April 2020 in Kraft getreten, gilt aber von diesem Zeitpunkt ab allein für **Neuverträge**, die nach dem 31. März 2020 abgeschlossen wurden (Art 229 § 51 EGBGB; unten Rn 34 ff). Für **Altverträge** aus der Zeit vor dem 1. April 2020 verbleibt es dagegen bei der früheren durchaus problematischen Regelung (Rn 32, 40), – sodass man heute nicht nur bei den Anforderungen an die Rüge, sondern auch bei den Rechtsfolgen der Rüge zwischen Alt- und Neuverträgen unterscheiden muss, wobei sich zudem die Abgrenzung noch nach unterschiedlichen Kriterien richtet.

2. Neuverträge

Bei den Neuverträgen (die nach dem 31. März 2020 abgeschlossen wurden, Art 229 § 51 EGBGB) kann der Mieter im Falle eines Verstoßes des Vermieters gegen die §§ 556d und 556e nach einer ordnungsmäßigen Rüge gemäß den §§ 812 und 818 ff die **gesamte** tatsächlich seit Mietbeginn grundlos gezahlte **Miete** kondizieren, wobei die §§ 814 und 817 S 2 BGB keine Anwendung finden (§ 556g Abs 1 S 3 und S 4 sowie Abs 2 S 1 BGB); anders nur in den Fällen des § 556g Abs 2 S 3 BGB (s Rn 38). Herauszugeben ist jeweils der Betrag, um den die seit Mietbeginn gezahlte Miete die höchste zulässige Miete nach den §§ 556d Abs 1 und 556e übersteigt (ausführlich BeckOGK/Fleindl Rn 31–45). Dies bedeutet zB bei **Staffelmieten**, dass gemäß § 557a Abs 4 S 2 BGB für jede einzelne Staffel der herauszugebende Betrag neu anhand der jeweils maßgeblichen ortsüblichen Vergleichsmiete zu berechnen ist, während es bei der **Indexmiete** nach § 557b Abs 4 BGB allein auf die Überschreitung der ortsüblichen Vergleichsmiete durch die Ausgangsmiete ankommt (BeckOGK/Fleindl [1. 10. 2020] Rn 32 ff). **34**

Die gesetzliche Regelung, die für den Regelfall als Maßstab für die zulässige Miethöhe in Gebieten mit angespanntem Wohnungsmarkt unter der Geltung einer Mietbegrenzungsverordnung auf die **ortsübliche Vergleichsmiete** im Sinne des § 558 Abs 2 BGB (+10%) abstellt, bereitet naturgemäß in allen Fällen besondere Schwierigkeiten, in denen auch die Ermittlung der ortsüblichen Vergleichsmiete, zumal bei Anwendung der üblichen Mietspiegel, auf besondere Schwierigkeiten stößt (s BeckOGK/Fleindl [1. 10. 2020] Rn 36–42). Stichwörter sind Inklusivmiete, behebbare und unbehebbare Mängel der Mietwohnung, Wohnflächenabweichungen sowie Zuschläge für möblierte Wohnungen, für die Gestattung der Untervermietung oder für eine teilgewerbliche Nutzung der Räume. In allen diesen Fällen bleibt nichts anderes übrig, als zunächst (häufig mit großem Aufwand) die ortsübliche Vergleichsmiete nach den zu § 558 entwickelten Regeln zu ermitteln und diesen Betrag, vermehrt um einen Zuschlag von 10%, anschließend mit der vereinbarten Miete zu vergleichen. Die Differenz bezeichnet dann die Höhe des Rückforderungsanspruchs des Mieters (wegen der Einzelheiten, auf die hier nicht einzugehen ist, s für Inklusivmieten Staudinger/Emmerich [2021] § 558 Rn 16, für Mängel der Mietwohnung Staudinger/Emmerich [2021] § 558 Rn 54, für Wohnflächendifferenzen Staudinger/Emmerich [2021] § 558 Rn 47 und für Zuschläge etwa für die Möblierung der Wohnung Staudinger/Emmerich [2021] § 558a Rn 43 f sowie zB Fleindl WuM 3018, 544). **35**

Auf den Bereicherungsanspruch des Mieters finden die beiden **Kondiktionssperren** des § 814 und des § 817 S 2 BGB keine Anwendung (§ 556g Abs 1 S 4 BGB). Die Folge ist vor allem, dass – abweichend von § 814 – die **Kenntnis** des Mieters von dem Verstoß des Vermieters gegen die Regeln über die Mietpreisbremse (abweichend von § 814 BGB) einem Bereicherungsanspruch des Mieters nicht entgegensteht, etwa, wenn der Mieter trotz Kenntnis der Überhöhung der Miete zunächst zahlt, um eine Kündigung des Vermieters zu vermeiden. In der Regel dürfte der Mieter dann freilich ohne weiteres jede Zahlung verweigern, wofür keine Rüge Voraussetzung ist. **36**

37 Hat der Mieter für die Bereitschaft des Vermieters zum Vertragsschluss mit ihm **Sonderzahlungen** an den Vermieter oder an diesem nahestehende Personen (und damit letztlich für Rechnung des Vermieters) geleistet wie zB Schmiergelder oder Provisionen, so stellt sich mit besonderer Dringlichkeit die Frage nach den Rechten des Mieters. Soweit ersichtlich, besteht heute jedenfalls im Ergebnis weithin Übereinstimmung darüber, dass auch diese Beträge kondiziert werden können, um sonst naheliegenden Umgehungsstrategien der Vermieterseite vorzubeugen. Am meisten spricht hier für eine entsprechende Anwendung des § 556g Abs 1 BGB, während andere eine Anwendung des § 138 Abs 1 BGB bevorzugen (Blank WuM 2014, 641, 657; BeckOGK/Fleindl [1. 10. 2020] Rn 44; anders freilich Lützenkirchen/Abramenko Rn 12). Die entsprechende Anwendung des § 556g Abs 1 BGB erlaubte zugleich den Ausschluss der Kondiktionssperren der §§ 814 und 817 S 2 BGB (Bedenken bei Blank WuM 2014, 641, 657). Wendet man auf die fraglichen Abreden § 138 Abs 1 BGB an. so dürfte dasselbe aus § 817 S 1 BGB folgen, da es sich um einen einseitigen Verstoß des Vermieters gegen die guten Sitten handelte.

38 Der Rückforderungsanspruch des Mieters ist in zwei Fällen auf die **nach Zugang der Rüge fällig gewordene Miete** beschränkt, nämlich erstens, wenn der Mieter den Verstoß des Vermieters gegen die §§ 556d und 556e erst mehr als 30 Monate nach Beginn des Mietverhältnisses rügt sowie zweitens wenn das Mietverhältnis bei Zugang der Rüge bereits beendet war. Mit dieser eigenartigen Regelung wurden unterschiedliche Zwecke verfolgt, einmal ein Schutz der finanziellen Interessen des Vermieters nach Durchführung des Mietverhältnisses über 30 Monate und zum anderen ein Beitrag zur Förderung des Rechtsfriedens bei Beendigung des Mietverhältnisses, wobei die Gesetzesverfasser die Auffassung vertraten, dass es zu Mietzahlungen nach Beendigung des Mietverhältnisses heute mit Rücksicht auf die Regelung der Fälligkeit der Miete in § 556b Abs 1 BGB ohnehin nur noch in Ausnahmefällen kommen werde, sodass die Beschränkung des Rückforderungsanspruchs des Mieters nur geringe praktische Bedeutung habe (Begr BT-Drucks 19/15824, 17 f). In den beiden genannten Fällen beschränkt sich mithin der Rückforderungsanspruch des Mieters auf diejenigen von ihm gezahlten Mieten, die nach Zugang der Rüge fällig geworden sind (§ 556g Abs 2 S 3 BGB). Gemeint sind mit dieser ungenauen Formulierung diejenigen Mieten, die vom Mieter zu den Zahlungsterminen nach Zugang der Rüge bei dem Vermieter ohne dessen Verstoß gegen die Vorschriften über die Mietpreisbremse geschuldet gewesen wäre (Börstinghaus, Hdb Kap 4 Rn 182; Blank/Börstinghaus Rn 19 Abs 1).

39 Die **Verjährung** des Bereicherungsanspruchs des Mieters richtet sich nach den §§ 195 und 199. Die Verjährung beginnt folglich mit Ende des Jahres, in dem der Anspruch infolge der Rüge des Mieters entstanden ist und der Mieter Kenntnis von den Umständen des Verstoßes erlangt hat (§ 199 Abs 1 BGB; Blank/Börstinghaus Rn 20; Beck/OGK/Fleindl Rn 46). Die **Beweislast** für sämtliche Voraussetzungen des Bereicherungsanspruchs einschließlich der Erfüllung der Rügepflicht trägt der Mieter. Nur wenn sich der Vermieter gegenüber dem Rückforderungsanspruch des Mieters auf die Privilegien und Ausnahmen der §§ 556e und 556f BGB beruft, trifft insoweit ihn die Beweislast (s Rn 18; Fleindl WuM 2015, 212, 224 f).

3. Altverträge

Für Altverträge (die bis zum 31. März 3020 abgeschlossen wurden, Art 229 § 51 **40** EGBGB) verbleibt es bei der vorausgegangenen Regelung, nach der der Mieter eine nach den §§ 556d und 556e nicht geschuldete Miete generell nur zurückverlangen kann, wenn die zurückverlangte Miete **nach Zugang der Rüge fällig** geworden war (zum Zweck s schon o Rn 32). Bei Altverträgen gilt folglich weiterhin die generelle Beschränkung des Rückforderungsanspruchs des Mieters auf die nach Zugang der Rüge fällig gewordene Miete, die für Neuverträge nur noch in den Ausnahmefällen des § 556g Abs 2 S 3 BGB idF von 2020 eingreift (dazu o Rn 38). Im Übrigen kann wegen der Einzelheiten auf die Ausführungen zu den Neuverträgen verwiesen werden (Rn 31, 34 ff sowie zB Blank/Börstinghaus Rn 19 Abs 1).

VI. Vorvertraglicher Auskunftsanspruch (§ 556g Abs 1a)

1. Überblick, Zweck

Nach § 556g Abs 1a S 1 BGB trifft den Vermieter in einem Gebiet mit angespann- **41** tem Wohnungsmarkt (das durch eine Mietbegrenzungsverordnung bestimmt ist), wenn er sich für die Bemessung der Miete auf eine der Ausnahmen von der Mietpreisbremse aufgrund des § 556e oder des § 556f berufen will, die „Pflicht", den Mieter vor Abschluss des Vertrages unaufgefordert über die Inanspruchnahme eines der vier Ausnahmetatbestände zu informieren, und zwar in Textform (§ 556g Abs 4 BGB iVm § 126b BGB). Verstöße des Vermieters gegen diese Aufklärungspflicht führen in erster Linie zu einem Rechtsverlust auf der Seite des Vermieters (§ 556g Abs 1a S 2; s Rn 59). Mängel der Auskunftserteilung können jedoch durch Nachholung der Auskunft geheilt werden (§ 556g Abs 1a S 3 und 4; s Rn 57).

Die Vorschrift des § 556g Abs 1a ist erst durch das am 1. Januar 2019 in Kraft **42** getretenen **Mietrechtsanpassungsgesetz** vom Dezember 2018 in das BGB eingefügt worden und gilt seitdem (nur) für Verträge, die nach dem 31. Dezember 2018 abgeschlossen wurden, nicht dagegen für Mietverträge aus früherer Zeit (Art 229 § 49 Abs 2 S 1 EGBGB). Die geltende Fassung der Vorschrift beruht auf dem Gesetz **zur Verlängerung und Verbesserung der Regelungen** über die Mietpreisbremse vom März 2020. Dieses Gesetz ist am 1. April 2020 in Kraft getreten und ist nur auf Neuverträge aus der Zeit nach dem 31. März 2020 anwendbar, während es für Verträge aus der Zeit vom 1. Januar 2019 bis 31. März 2020 bei der ursprünglichen Fassung des § 556g Abs 1a verbleibt (Art 229 § 51 EGBGB), – sodass man jetzt Neuverträge (ab 1. April 2020), Altverträge (aus der Zeit vom 1. Januar 2019 bis 31. März 2020) und Uraltverträge aus der Zeit bis 31. Dezember 2018 unterscheiden muss, – wobei noch die Befristung der ganzen Regelung bis Ende 2025 hinzukommt (§ 556d Abs 2 S 4 idF von 2020; wegen der verwickelten Einzelheiten s Artz/Börstinghaus NZM 2019, 12; Eisenschmid WuM 2019, 225; Horst MDR 2020, 445; Hinz ZMR 2019, 557; Selk NJW 2019, 329; J Wagner/Happ DWW 2019, 124; Wichert ZMR 2019, 245).

Um Sinn und **Zweck** der Vorschrift des § 556g Abs 1a zutreffend würdigen zu **43** können, muss man vor allem die umfassende Aufklärungspflicht ins Auge fassen, die den Vermieter ohnehin (zusätzlich) nach dem durch § 556g Abs 1a nicht eingeschränkten § 556g Abs 3 trifft (dazu u Rn 63 ff). Dann zeigt sich, dass es (bei § 556g

Abs 1a) weniger um eine zusätzliche Information des Mieters, sondern eher darum geht, den Vermieter zur sorgfältigen Prüfung der Rechtslage anzuhalten, wenn er eine Miete verlangen möchte, die über die Grenze des § 556d Abs 1 BGB hinausgeht. Dafür sprechen gleichermaßen die Begründung zu dem Mietrechtsanpassungsgesetz (s BT-Drucks 19/4672, 26 f) wie die bei einem Verstoß des Vermieters gegen die neue Auskunftpflicht vom Gesetzgeber vorgesehenen **Sanktionen** (s § 556g Abs 1a S 2–4), die zugleich deutlich machen, dass es sich bei der vorvertraglichen „Auskunftspflicht" des Vermieters im Grunde lediglich um eine **Obliegenheit** handelt, durch die die Berufung auf die Ausnahmetatbestände des § 556e und des § 556f (ein wenig) im Interesse eines weiteren Mieterschutzes erschwert werden soll (ebenso Blank/Börstinghaus Rn 9a f).

2. Auskunftserteilung

44 Unter den Voraussetzungen des § 556g Abs 1a S 1 BGB muss die vom Gesetz geforderte Auskunft des Vermieters über die Inanspruchnahme eines der vier Ausnahmetatbestände dem Mieter bereits vor Abgabe dessen Vertragserklärung, dh **vor Annahme** des Antrags des Vermieters (§ 147) mindestens in Textform erteilt werden (§ 556g Abs 1a S 1 und Abs 4 BGB), und zwar **unaufgefordert**, dh auch ohne besondere Frage des Mieters (s dazu u Rn 46). Besondere Anforderungen an die Erteilung der Auskunft bestehen nicht. Es genügt insbesondere, wenn die Auskunft in das Vertragsformular des Vermieters aufgenommen wird, sodass der Mieter vor Unterzeichnung des Vertrags (s § 550 S 1 BGB) davon Kenntnis nehmen kann (Begr BT-Drucks 19/4672, 26 „Zu S 1" Abs 2). Ebenso ausreichend ist es, wenn der Vermieter dem Mieter vor Abschluss des Vertrages ein Formular mit der Auskunft von sich aus überreicht (BeckOGK/Fleindl [1. 10. 2020] Rn 55 f).

45 Die Auskunftspflicht des Vermieters, richtigerweise lediglich eine Obliegenheit des Vermieters zur Auskunftserteilung im eigenen Interesse (Rn 43), beschränkt sich auf wenige Punkte, im Grunde auf die bloße Mitteilung über die Inanspruchnahme eines der Ausnahmetatbestände (s § 556g Abs 1a S 1, u Rn 47 ff). Weitere Einzelheiten braucht der Vermieter von sich aus nicht mitzuteilen. Wünscht der Mieter zusätzliche Informationen, so kann er nach Abschluss des Vertrages von seinem Auskunftsrecht nach § 556g Abs 3 BGB Gebrauch machen (s Rn 43). Dieser Anspruch setzt aber den wirksamen Abschluss des Mietvertrages voraus und begründet kein weitergehendes Auskunftsrecht des Mieters bereits während der Vertragsverhandlungen.

46 Hier ist zu bedenken, dass die Vorschrift des § 556g Abs 1a (selbstverständlich) auch die Pflichten des Vermieters während der Vertragsverhandlungen aus **c i c** (§ 311 Abs 2 BGB iVm §§ 241 Abs 2 und 242 BGB) unberührt lässt, bei denen es sich gleichfalls in erster Linie um **Aufklärungspflichten** des Vermieters hinsichtlich derjenigen Umstände handelt, die für den Entschluss des Mieters zum Abschluss eines Mietvertrages von besonderer Bedeutung sind (s Vorbem 84, 86 ff zu § 535). Stellt der Mieter während der Verhandlungen mit dem Vermieter über den Mietvertrag aufgrund der Auskünfte des Vermieters nach § 556g Abs 1a weitere Fragen, zB zu der Vormiete oder zu dem Umfang der Modernisierungsmaßnahmen, so muss der Vermieter darauf entweder ordnungsgemäß antworten oder, was ihm freisteht, die Antwort verweigern; tertium non datur da es im Privatrechtsverkehr kein Recht zur Lüge gibt (s MünchKomm/Emmerich § 311 Rn 64 ff).

3. Vormiete

Der Vermieter muss aufgrund des § 556g Abs 1a S 1 Nr 1 BGB dem Mieter (unter anderem) vor Abschluss des Mietvertrages im Falle des § 556e Abs 1 BGB unaufgefordert darüber Auskunft erteilen, wie hoch die Vormiete war. § 556e Abs 1 S 1 BGB enthält die erste und wichtigste Ausnahme von der Mietpreisbremse durch die Bestimmung, dass die von dem vorherigen Mieter zuletzt geschuldete Miete, die sogenannte Vormiete, weiter gefordert werden darf, selbst wenn sie höher als die nach § 556d Abs 1 BGB zulässige Miete sein sollte, wobei jedoch Mietminderungen ebenso unberücksichtigt bleiben wie Mieterhöhungen, die mit dem vorherigen Miete in dem letzten Jahr vor Beendigung des Mietverhältnisses vereinbart wurden (§ 556e Abs 1 S 1 und S 2 BGB).

47

Die Vorschrift des § 556g Abs 1a S 1 Nr 1 BGB ist durch das **Änderungsgesetz von 2020** (s Rn 42) in einem wichtigen Punkt geändert worden. Ursprünglich hatte § 556g Abs 1a S 1 Nr 1 BGB bestimmt, dass sich die Auskunft des Vermieters darauf erstrecken musste, wie die Miete **„ein Jahr vor Beendigung des Mietverhältnisses** war". In dieser Form ist die Vorschrift weiterhin auf **Altverträge** aus der Zeit vom 1. Januar 2019 bis zum 31. März 2020 anzuwenden (Art 229 § 51 EGBGB; Rn 42). Mit Wirkung vom 1. April 2020 ab wurde jedoch in § 556g Abs 1a S 1 Nr 1 BGB der genannte **Zusatz** betreffend die Höhe der Vormiete ein Jahr vor Beendigung des Mietverhältnisses **gestrichen**, weil diese Fassung der Vorschrift zu Anwendungsproblemen geführt hatte (s Horst MDR 2020, 445, 446). Bei der Anwendung des § 556g Abs 1a S 1 Nr 1 BGB muss man seitdem zwischen Altverträgen aus der Zeit vom 1. Januar 2019 bis zum 31. März 2020 und Neuverträgen aus der Folgezeit (ab 1. April 2020) unterscheiden (Rn 42).

48

Bei **Altverträgen** (aus der Zeit vom 1. Januar 2019 bis zum 31. März 2020) erstreckte sich die vorvertragliche Auskunftspflicht des Vermieters, wenn er den Ausnahmetatbestand des § 556e Abs 1 BGB in Anspruch nehmen wollte, auf die Höhe der Vormiete **ein Jahr vor Beendigung** des Mietverhältnisses. Die Gesetzesverfasser hatten diese Regelung mit dem Hinweis auf § 556e Abs 1 S 2 BGB gerechtfertigt, nach welchem Mieterhöhungen unberücksichtigt bleiben, die mit dem vorherigen Mieter innerhalb des letzten Jahres vor Beendigung des Mietverhältnisses vereinbart wurden (Begr BT-Drucks 19/4672, 27). Die Gesetzesverfasser hatten hinzugefügt, dass sich der Vermieter grundsätzlich auf die **Mitteilung der bloßen Höhe** der Vormiete zu dem genannten Zeitpunkt beschränken könne; weitergehende Angaben, etwa zu der Person des Vormieters, seien entbehrlich, könnten aber vom Mieter gegebenenfalls nach § 556g Abs 3 BGB erfragt werden, wobei die Datenschutz-Grundverordnung einer Mitteilung des Namens des Vormieters im Regelfall wegen des berechtigten Interesses des Nachmieters an dieser Angabe nicht entgegenstehen dürften (Begr BT-Drucks 19/4672, 27).

49

Bei der ursprünglichen gesetzlichen Regelung (s Rn 49) war freilich offenbar übersehen worden, dass es – ungeachtet des § 556e Abs 1 S 2 BGB – bei Altverträgen durchaus auch in dem **letzten Jahr vor Beendigung** des vorausgegangenen Mietverhältnisses zu **Mieterhöhungen** gekommen sein konnte, die in die Vormiete eingegangen waren, sodass eine Auskunft des Vermieters über die Höhe der Vormiete ein Jahr vor Beendigung des vorausgegangenen Mietverhältnisses für den Mieter im

50

Grunde wertlos ist. Beispiele sind Mieterhöhungen durch (einseitige) Gestaltungserklärungen des Vermieters aufgrund der §§ 559, 559c und 560 sowie Mieterhöhungen aufgrund von Staffelmiet- und Indexmietvereinbarungen gemäß § 557a und § 557b. Wie in diesen Fällen zu verfahren ist, war und ist umstritten (ausführlich Artz/Börstinghaus NZM 2020, 12, 15 ff).

51 Im Grunde gibt es nur zwei Lösungen, nämlich entweder die Orientierung an dem (offenbar wenig gelungenen) Wortlaut des Gesetzes oder die Annahme eines Redaktionsversehens, sodass eine Gesetzeskorrektur in Betracht kommt, wie sie dann tatsächlich auch im März 2020 erfolgt ist. Überwiegend wird bisher von der Maßgeblichkeit des **Gesetzeswortlauts** ausgegangen (so zB Artz/Börstinghaus NZM 2020, 12, 15 ff; Blank/Börstinghaus Rn 9d f; Eisenschmid WuM 2019, 225, 229; BeckOGK/Fleindl [1. 10. 2020] Rn 58 f; J Wagner/Happ DWW 2019, 124, 125; Wichert ZMR 2019, 245, 246). Der Unterschied zwischen beiden Meinungen dürfte geringer sein, als es auf den ersten Blick wohl den Anschein hat, da, wie bereits gezeigt (s Rn 46), der Mieter bereits während der Vertragsverhandlungen nach den §§ 241 Abs 2, 242 und 311 BGB sehr wohl weitere Auskünfte verlangen kann, worauf der Vermieter zutreffend antworten muss, sofern er nicht die Auskunft generell verweigern will. Nach Abschluss des Vertrages greift ohnehin § 556g Abs 3 BGB ein.

52 Voraussetzung der Auskunftspflicht des Vermieters aufgrund des § 556g Abs 1a S 1 Nr 1 BGB ist, dass überhaupt der Tatbestand des § 556e Abs 1 BGB erfüllt ist, sodass Raum für die Anwendung der Ausnahme von der Mietpreisbremse ist; andernfalls verbleibt es bei der Geltung der Grundregel des § 556d Abs 1 BGB. Mitzuteilen ist auch lediglich eine in zulässiger Weise vereinbarte Miete, nicht zB eine Miete, die gegen § 138 Abs 1 BGB verstößt. Bei einer **Inklusivmiete** ist diese mitzuteilen, während bei einer Nettomiete keine Pflicht zur Mitteilung der Betriebskostenvorauszahlungen oder -pauschalen besteht (Blank/Börstinghaus Rn 9e; BeckOGK/Fleindl [1. 10. 2020] Rn 60). Weitergehende Pflichten des Vermieters können sich jedoch auch hier im Einzelfall aus den Regeln über die **c i c** ergeben (s Vorbem 88 zu § 535).

4. Weitere Fälle

53 Die Vorschriften des § 556e Abs 2 BGB und des § 556f S 1 und S 2 BGB gestatten neben der nach § 556e Abs 1 BGB möglichen Berufung auf eine die ortsübliche Vergleichsmiete (+10%) übersteigende Vormiete (dazu Rn 47 ff) noch in drei weiteren Fällen Ausnahmen von der Mietpreisbremse. In diesen Fällen bestehen gleichfalls vorvertragliche Auskunftspflichten des Vermieters aufgrund des § 556g Abs 1a S 1 BGB, nämlich erstens bei Modernisierungsmaßnahmen in den letzten drei Jahren vor Beginn des Mietverhältnisses (Nr 2 des § 556g Abs 1a S 1iVm § 556e Abs 2 BGB), zweitens bei der erstmaligen Nutzung und Vermietung der Wohnung nach dem 1. Oktober 2014 (Nr 3 aaO iVm § 556f S 1 BGB) sowie schließlich noch drittens bei der ersten Vermietung der Wohnung nach deren umfassender Modernisierung (Nr 4 aaO iVm § 556f S 2 BGB). In allen genannten Fällen genügt die bloße Mitteilung der betreffenden Umstände, zB der Durchführung von Modernisierungsmaßnahmen in den letzten drei Jahren vor Beginn des Mietverhältnisses oder der umfassenden Modernisierung der Wohnung. Details zu dem Umfang der Maßnahmen sind entbehrlich; gegebenenfalls muss der Mieter fragen (§ 311 Abs 2 BGB,

Rn 46) oder von seinem Auskunftsrecht nach Abschluss des Vertrages aufgrund des § 556g Abs 3 BGB Gebrauch machen. Lediglich im Falle der Nr 2 des § 556g Abs 1a S 1 BGB wird häufig noch zusätzlich die Angabe des Tages verlangt, an dem die Modernisierung beendet wurde, um dem Mieter die Beurteilung zu ermöglichen, ob die Voraussetzungen des § 556e Abs 2 BGB erfüllt sind (so die Begr BT-Drucks 19/4672, 27 f „Zu Nr 2"; BeckOGK/Fleindl [1. 10. 2020] Rn 63 f). Dem Mieter ist zu raten, von der Möglichkeit zu Nachfragen aufgrund des § 311 Abs 2 BGB hier umfassend Gebrauch zu machen (s Rn 46).

5. Rechtsfolgen, Sanktionen

Die Rechtsfolgen von Verstößen des Vermieters gegen die vorvertragliche Aufklärungspflicht bei Inanspruchnahme einer der Ausnahmen von der Mietpreisbremse aufgrund des § 556e und des § 556f haben lediglich eine partielle Regelung in § 556g Abs 1a S 2 bis S 4 BGB gefunden. Diese Vorschriften werden sehr unterschiedlich interpretiert. Ein Grund dafür dürfte nicht zuletzt die verwickelte **Entstehungsgeschichte** der Regelung sein. Ursprünglich war beabsichtigt gewesen, dem Vermieter bei Unterlassung der gebotenen Auskunft auf Dauer eine Berufung auf einen der Ausnahmetatbestände zu versagen, so dass der Mieter (nach Rüge) nur noch die nach § 556d Abs 1 BGB zulässige Miete geschuldet hätte (s die Begr BT-Drucks 19/4672, 28, „Zu Satz 2"). Eine Heilungsmöglichkeit war nur bei Formverstößen vorgesehen gewesen (s jetzt § 556g Abs 1a S 4 und dazu u Rn 62). In den Ausschussberatungen ist jedoch die ursprünglich beabsichtigte strenge Regelung deutlich abgemildert worden (s Ausschussbericht BT-Drucks 19/6153, 21 „Zu Buchstabe a"). Vor allem um eine übermäßige Sanktionierung von Vermietern zu vermeiden, die lediglich „versehentlich" gegen die Auskunftspflicht verstoßen hatten oder die doch deren Erfüllung nicht mehr nachzuweisen vermögen, wurde eine Möglichkeit zur **Nachholung** der Auskunft eingeführt, die aber nicht ex nunc, sondern erst nach Ablauf von zwei Jahren die Inanspruchnahme eines der Ausnahmetatbestände erlauben sollte, wobei zugleich klargestellt wurde, dass in jedem Fall den Vermieter die **Beweislast** für die Erfüllung der Auskunftspflicht treffen soll.

54

Auszugehen ist von § 556g Abs 1a S 2 BGB, nach dem sich der Vermieter, wenn er die vom Gesetz verlangte Auskunft nicht erteilt hat, nicht mehr auf einen der Ausnahmetatbestände des § 556e und des § 556f berufen kann, sodass der Mieter lediglich die höchstzulässige Miete nach § 556d Abs 1 BGB schuldet sowie eine schon gezahlte, noch höhere Miete nach Rüge gemäß § 556g Abs 2 S 1 BGB zurückverlangen kann. Diese Regelung wird, namentlich im Lichte der Möglichkeit zur Heilung des Verstoßes durch formgerechte Nachholung der Auskunft aufgrund des S 2 des § 556g Abs 1a BGB überwiegend dahin interpretiert, dass die Vereinbarung über die Miete – unter der Voraussetzung, dass tatsächlich einer der Ausnahmetatbestände an sich erfüllt ist – nicht etwa teilunwirksam ist (s § 556g Abs 1 S 1 BGB), sondern lediglich vom Vermieter **nicht durchgesetzt** werden kann, solange die Auskunft nicht formgerecht nachgeholt wurde, wozu es keiner Rüge des Mieters bedarf (Blank/Börstinghaus Rn 9 i f; BeckOGK/Fleindl [1. 10. 2020] Rn 68 f). Das gilt auch, wenn nur eine von mehreren Auskünften, etwa bei dem häufigen Zusammentreffen der Fälle der Nr 1 und der Nr 2 des § 556g Abs 1a S 1 BGB, fehlt (MünchKomm/Artz Rn 19; Blank/Börstinghaus NZM 2019, 12, 17; Eisenschmid WuM 2019, 225, 233).

55

56 Da die Vereinbarung über die Miethöhe lediglich gehemmt, nicht aber teilnichtig ist (Rn 55), hindert den Mieter nichts, soweit ihm dies vorteilhaft ist, sich auf die Vereinbarung der Parteien über die Miethöhe zu berufen. Wichtig ist das insbesondere, wenn der Vermieter wegen Zahlungsverzugs nach § 543 Abs 2 S 1 Nr 3 BGB kündigt. Für die Berechnung der Rückstände kommt es folglich in diesem Fall nicht auf die nach § 556g Abs 1a S 2 BGB gekürzte Miete, sondern auf die möglicherweise deutlich höhere vereinbarte Miete an, sodass zugunsten des Mieters die Voraussetzungen für eine Kündigung wegen eines Zahlungsverzugs erschwert werden (Hinz ZMR 2019, 557, 558; Wichert ZMR 2019, 245, 247).

6. Nachholung der Auskunft

57 Ein Verstoß gegen die vorvertragliche Auskunftspflicht des Vermieters bei Inanspruchnahme einer der Ausnahmen von der Mietpreisbremse (§ 556g Abs 1a S 1 BGB) kann – entgegen der ursprünglichen Absicht der Gesetzesverfasser (Rn 54) – durch formgerechte Nachholung der nötigen Auskunft geheilt werden (sog **Nachholrecht**), und zwar mit der Folge, dass sich der Vermieter erst zwei Jahre nach der Nachholung der Auskunft auf eine nach § 556d oder § 556f zulässige Miete „berufen" kann (so § 556g Abs 1a S 3 BGB). Die Sanktion durch Unanwendbarkeit der Ausnahmetatbestände bleibt maW für zwei weitere Jahre in Kraft; erst nach Ablauf dieser Frist kann sich der Vermieter auf die Ausnahmetatbestände berufen.

58 Die geschilderte gesetzliche Regelung wird unterschiedlich interpretiert. Klar ist lediglich, dass der Mieter die Differenz zwischen der vereinbarten hohen Miete und der nach § 556g Abs 1a S 2 und S 3 BGB allein zulässigen Miete nicht nachzuzahlen braucht (zB Wichert ZMR 2019, 245, 247; str). Unklar ist dagegen, wie sich die Rechtslage **nach Ablauf** der Frist von zwei Jahren, gerechnet ab Nachholung der Auskunft seitens des Vermieters gestaltet. Teilweise wird angenommen, der Mieter müsse dann sofort von sich aus, ohne Mahnung seitens des Vermieters, die vereinbarte höhere Miete zahlen, widrigenfalls er ohne weiteres in Verzug geraten könne mit der Folge eines Kündigungsrechts des Vermieters (§§ 286, 543 Abs 2 S 1 Nr 3; Blank/Börstinghaus Rn 9e; J Wagner/Happ DWW 2019, 124, 126; Wichert ZMR 2019, 245, 247). Die gesetzliche Regelung erlangte dadurch indessen letztlich – entgegen ihrem Sinn und Zweck – unverkennbar den Charakter einer veritablen „Mieterfalle", sodass mit anderen anzunehmen ist, dass sich der Vermieter, um die höhere Miete verlangen zu können, dem Mieter gegenüber in Textform auf die fortan geschuldete höhere Miete **„berufen"** muss, dass er maW den Mieter ausdrücklich auf die veränderte Rechtslage zwei Jahre nach der Nachholung der Auskunft hinweisen muss (§§ 241 Abs 2, 242; Artz/Börstinghaus NZM 2019, 12, 17; Eisenschmid WuM 2019, 225, 234; Hinz ZMR 2019, 557, 560).

59 § 556g Abs 1a BGB ist nur anwendbar in Gebieten mit angespanntem Wohnungsmarkt, die durch eine Mietbegrenzungsverordnung bestimmt sind. Daraus ergibt sich die weitere Frage, wie sich die Rechtslage gestaltet, wenn während der Zweijahresfrist nach der Nachholung einer Auskunft (Rn 58) die jeweils maßgebliche **Mietbegrenzungsverordnung außer Kraft** tritt. Hier dürfte davon auszugehen sein, dass die Frist weiterläuft (weil im Gesetz nichts Gegenteiliges bestimmt ist) und dass der Vermieter nach Ablauf der Frist den Mieter ebenfalls nach Treu und Glauben darauf hinweisen muss, dass für die Beziehungen der Parteien fortan wieder Vertragsfreiheit gilt (§§ 311 Abs 1 und 557; MünchKomm/Artz Rn 21 f; Artz/Börstinghaus NZM 2019, 12, 17; anders Wichert ZMR 2019, 245, 247). Hatte der Vermieter überhaupt keine Auskunft erteilt, so verbleibt es bei der durch § 556g Abs 1a S 2 BGB bestimmten Rechtslage, bis sich Vermieter und Mieter auf eine andere Miethöhe geeinigt haben (§§ 311 Abs 1, 557; MünchKomm/Artz Rn 21 f; Artz/Börstinghaus NZM 2019, 12, 17).

60 Nicht geregelt ist der Fall, dass der Vermieter dem Mieter zwar eine **Auskunft** erteilt hat, diese aber **falsch** war, wozu es vor allem in den Fällen der Nr 1 und der Nr 2 des § 556g Abs 1a S 1 BGB durch unzutreffende Angaben über die Vormiete oder über den Modernisierungszuschlag aufgrund des § 559 kommen kann. Für diesen Fall werden unterschiedliche Lösungen diskutiert: Irrelevanz des Fehlers, da der Mieter jederzeit weitere Auskünfte verlangen kann (so J Wagner/Happ DWW 2019, 124, 127), umgekehrt überhaupt keine Heilungsmöglichkeit bei Vorsatz des Vermieters, wohl aber Korrekturmöglichkeit in anderen Fällen, gegebenenfalls verbunden mit Schadensersatzpflichten des Vermieters bei schuldhaftem Handeln (§§ 311 Abs 2, 280 Abs 1; Wichert ZMR 2019, 245, 247), generell nur Schadensersatzpflicht des Vermieters (Blank/Börstinghaus Rn 9i) sowie schließlich – wohl überwiegend – eine entsprechende Anwendung des § 556g Abs 1a S 2 und S 3 BGB (MünchKomm/Artz Rn 19; Artz/Börstinghaus NZM 2019, 12, 17; BeckOGK/Fleindl [1. 10. 2020] Rn 76 f).

61 Auszugehen ist davon, dass es sich bei § 556g Abs 1a BGB um eine eigenartige Sonderregelung der **vorvertraglichen Pflichten** speziell des Vermieters aus c i c handelt – mit der Folge, dass, soweit eine gesetzliche Regelung fehlt, die allgemeinen Regeln über vorvertragliche Schuldverhältnisse eingreifen, wie sie sich vor allem aus den §§ 241 Abs 2, 242, 280 Abs 1 und 311 Abs 2 BGB ergeben (s dazu o Vorbem 84, 86 ff zu § 535). Dies bedeutet vor allem, dass der Vermieter (selbstverständlich) eine falsche Auskunft jederzeit korrigieren kann und (bei Verschulden) auch korrigieren muss (§§ 311 Abs 2, 280 Abs 1 und 249 BGB) sowie dass der Mieter – eben qua Schadensersatz – verlangen kann, so gestellt zu werden, wie er bei ordnungsmäßigem Vorgehen des Vermieters jetzt stände. Dann mag – bei Berücksichtigung der Wertungen des § 556g Abs 1a BGB – manches für eine entsprechende Anwendung von S 2 und S 3 dieser Vorschrift sprechen, – ohne dass dadurch freilich zwingend andere Lösungen ausgeschlossen würden. Bei Vorsatz des Vermieters kommt ohnehin auch eine Anwendung der §§ 823 Abs 2 und 826 BGB in Betracht.

62 Eine gesetzliche Regelung hat dagegen wieder der Fall gefunden, dass die **Auskunft nicht in Textform** (§ 556g Abs 4 BGB), sondern lediglich mündlich erteilt wurde. Für diesen Fall bestimmt das Gesetz in § 556g Abs 1a S 4 BGB, dass sich der Vermieter auf einen der Ausnahmetatbestände des § 556e und des § 556f erst berufen kann, wenn er die Auskunft (mindestens) **in Textform nachgeholt** hat (§ 556g Abs 4 BGB). Dies bedeutet, dass der Vermieter in diesem Fall ebenfalls nicht etwa befugt ist, für die Vergangenheit die höhere vereinbarte Miete nachzufordern. Im Regelfall dürfte die Nachholung der Auskunft mit einer Auskunftserteilung aufgrund des § 556g Abs 3 BGB zusammenfallen (zB Blank/Börstinghaus Rn 9h).

VII. Vertraglicher Auskunftsanspruch

1. Überblick, Zweck

63 Nach § 556g Abs 3 S 1 BGB ist der Vermieter auf Verlangen des Mieters verpflichtet, diesem Auskunft über diejenigen Tatsachen zu erteilen, die für die **Zulässigkeit der** vereinbarten **Miete** nach den Vorschriften über die Mietpreisbremse maßgebend sind, soweit diese Tatsachen nicht allgemein zugänglich sind und der Vermieter hierüber unschwer Auskunft zu geben vermag. Besonderheiten gelten ergänzend für die Auskunft über **(einfache) Modernisierungsmaßnahmen** im Sinne des § 556e Abs 2 BGB aufgrund des § 556g Abs 3 S 2 BGB, der seinerseits auf § 559b Abs 1 S 2 und 3 BGB verweist. Diese komplizierte Regelung bedeutet im Zusammenhang, dass in der Auskunft über einfache Modernisierungsmaßnahmen iS des § 556e Abs 2 BGB die Mieterhöhung wegen der Modernisierungsmaßnahmen aufgrund der entstandenen Kosten berechnet und entsprechend den Voraussetzungen der §§ 559 und 559a erläutert werden muss (§ 559b Abs 1 S 2 BGB; s unten Rn 81 ff); jedoch kann hinsichtlich der energetischen Qualität von Bauteilen in der Auskunft auf allgemein anerkannte Pauschalwerte Bezug genommen werden (§ 556e Abs 1 S 3 BGB iVm §§ 559b Abs 1 S 3 und 555c Abs 3 BGB).

64 Mit der Regelung des § 556e Abs 3 BGB wollten die Gesetzesverfasser dem Umstand Rechnung tragen, dass der Mieter häufig nicht die Tatsachen kennt, die er für die Prüfung der Zulässigkeit der Miethöhe aufgrund der §§ 556d bis 556f BGB benötigt (Begr BT-Drucks 18/3121, 33). Deshalb wurde dem Mieter ein (beschränkter) **Hilfsanspruch auf Auskunft** gegen den Vermieter eingeräumt, dessen Geltendmachung zur Versachlichung des Verhältnisses zwischen den Vertragsparteien beitragen soll.

65 Von dem Auskunftsanspruch kann der Mieter nach Belieben Gebrauch machen, solange er nicht verjährt ist (Rn 67, 69; sogenannter **verhaltener Anspruch**). Das Auskunftsverlangen des Mieters ist insbesondere *keine* Voraussetzung einer wirksamen Rüge nach § 556g Abs 2 BGB oder eines Rückforderungsanspruchs wegen überzahlter Miete aufgrund des § 556g Abs 1 S 3 BGB. Nichts zwingt den Mieter, vor einer Rüge von seinem Auskunftsanspruch Gebrauch zu machen, wenn er auch ohne Auskunft des Vermieters die nötigen Tatsachen für eine Rüge vorzubringen vermag (§ 556g Abs 2 S 2 BGB).

66 Der Auskunftsanspruch des Mieters aufgrund des § 556g Abs 3 S 1 BGB ist ferner unabhängig von dem erst später eingeführten **vorvertraglichen Auskunftsanspruch** des Mieters aufgrund des § 556g Abs 1a BGB (dazu Rn 41 ff). Beide Ansprüche stehen vielmehr selbstständig nebeneinander. Soweit jedoch der Vermieter seiner Auskunftspflicht vor Abschluss des Vertrages über die Inanspruchnahme eines der Ausnahmetatbestände des § 556e und des § 556f nachgekommen ist, besteht kein weiterer Auskunftsanspruch des Mieters über dieselben Tatsachen nach § 556g Abs 3 S 1 BGB, weil sich der Mieter dann über die fraglichen Tatsachen aufgrund der bereits vorliegenden Auskunft des Vermieters nach § 556g Abs 1a BGB unschwer selbst die nötigen Kenntnisse verschaffen kann. Einer gleichwohl erhobenen Auskunftsklage des Vermieters fehlte auf jeden Fall das **Rechtsschutzbedürfnis** (vgl LG Berlin ZMR 2018, 322, 323 = GE 2018, 196; ZMR 2020, 584, 585). Ebenso verhält es sich zB, wenn es für den vom Mieter verfolgten Anspruch auf Rückzahlung von Miete auf die vom Mieter verlangte Auskunft des Vermieters über die Inanspruchnahme eines der Ausnahmetatbestände überhaupt nicht ankommt, weil sich der Vermieter zur Rechtfertigung der Miete allein auf § 556d Abs 1 BGB (ortsübliche Vergleichsmiete +10%) beruft (LG Berlin ZMR 2018, 322, 323 = GE 2018, 196; ZMR 2020, 584, 585).

Für das Auskunftsverlangen des Mieters ist ebenso wie für die Antwort des Vermieters durch § 556g Abs 4 BGB die **Textform** des § 126b BGB vorgeschrieben. Der Auskunftsanspruch des Mieters ist nicht an eine **Frist** gebunden, sondern kann jederzeit während der Dauer des Mietvertrages geltend gemacht und auch beliebig oft **wiederholt** werden, bis der Vermieter die gewünschte Auskunft erteilt und damit den Anspruch des Mieters erfüllt hat (zu § 362 BGB siehe Rn 65; LÜTZENKIRCHEN/ABRAMENKO Rn 52 f) und solange der Anspruch nicht verjährt ist (s Rn 69). Verlangt der Mieter Auskunft, so muss dem Vermieter eine angemessene **Frist** zur Auskunftserteilung eingeräumt werden, deren Dauer von den Umständen abhängt (§ 242; BeckOGK/FLEINDL [1. 10. 2020] Rn 101). Während eine Auskunft über die Vormiete in der Regel binnen höchstens zwei Wochen möglich sein sollte, wird bei einer Auskunft über einfache Modernisierungsmaßnahmen iSd § 556e Abs 2 BGB mit deutlich längeren Fristen zu rechnen sein. 67

2. Abtretung

Der Auskunftsanspruch des Mieters aufgrund des § 556g Abs 3 BGB ist ein selbstständiger Hilfsanspruch, der nach § 398 an Dritte abgetreten werden kann (BGH 27. 11. 2019 – VIII ZR 285/18 Rn 26, 164, BGHZ 224, 91 [100, 151 f] = NJW 2020, 208 = NZM 2020, 26). Diesen Umstand machen sich in wachsendem Maße **Inkasso-Dienstleistungsunternehmen** zunutze, die Mieter in Gebieten mit angespanntem Wohnungsmarkt bei der Durchsetzung etwaiger Rückforderungsansprüche aufgrund des § 556d Abs 1 S 2 und Abs 2 BGB gegen Provision (oder genauer: Erfolgsbeteiligung) unterstützen (s im einzelnen § 556d Rn 18). 68

3. Verjährung

Die Verjährung des Auskunftsanspruchs richtet sich nach den §§ 195 und 199 BGB (BLANK/BÖRSTINGHAUS Rn 33; BÖRSTINGHAUS, Hdb Kap 4 Rn 197–199; SCHMIDT-FUTTERER/BÖRSTINGHAUS Rn 42 ff; BeckOGK/FLEINDL Rn 114; LÜTZENKIRCHEN/ABRAMENKO Rn 110 ff). Die Folge kann sein, dass der Auskunftsanspruch des Mieters bereits verjährt ist, bevor der Rückforderungsanspruch hinsichtlich erst mehr als drei Jahre nach Abschluss des Mietvertrages fällig gewordener Mieten entstanden ist. In diesem Fall bleibt der Mieter befugt, seinen jetzt erst entstehenden Rückforderungsanspruch, solange dieser nicht gleichfalls verjährt ist, ohne Rücksicht auf die etwaige Verjährung des Auskunftsanspruchs zu verfolgen, wobei dann weiterhin den Vermieter die Beweislast für die Privilegierungen und Ausnahmen der §§ 556e und 556f BGB trifft, während der Mieter die Beweislast für die Voraussetzungen des Rückforderungsanspruchs trägt. 69

Im Falle einer **Staffelmiete** ist § 557a Abs 4 BGB zu beachten. Jede einzelne Staffel ist danach anhand der §§ 556d ff selbstständig auf ihre Zulässigkeit zu überprüfen. Die Folge ist, dass auch für jede Staffel ein neuer Auskunftsanspruch entsteht, der selbstständig verjähren kann (BLANK/BÖRSTINGHAUS Rn 34). 70

4. Umfang des Anspruchs

71 In der Frage, wieweit der Auskunftsanspruch des Mieters geht, unterscheidet das Gesetz zwei Fälle. Im Regelfall bezieht sich der Auskunftsanspruch des Mieters nach § 556g Abs 3 S 1 BGB lediglich auf solche **Tatsachen**, die für die **Zulässigkeit** der vereinbarten Miete nach den §§ 556d bis 556f BGB maßgebend sind. Davon zu unterscheiden ist der Sonderfall der **einfachen Modernisierung** iSd § 556e Abs 2 BGB, für den wesentlich weitergehende Anforderungen gelten, wie sich aus dem Verweis auf § 559b Abs 1 S 2 und S 3 BGB ergibt (dazu u Rn 81 ff), – woraus zugleich der Schluss zu ziehen ist, dass in den anderen Fällen (§ 556d Abs 1 BGB sowie §§ 556e Abs 1 und 556f S 1 und S 2 BGB) geringere Anforderungen bestehen. Im Schrifttum wird insoweit meistens noch weiter zwischen dem Fall des § 556d Abs 1 BGB, dh der Maßgeblichkeit der ortsüblichen Vergleichsmiete (+10%, Rn 75 f) und den drei Ausnahmetatbeständen des § 556e Abs 1 BGB sowie § 556f S 1 und S 2 BGB unterschieden (Rn 77; insbesondere BeckOGK/Fleindl [1. 10. 2020] Rn 106 ff).

72 In der ersten Fallgruppe, dh also in dem Regelfall des § 556d Abs 1 BGB und in den drei Ausnahmetatbeständen des § 556e Abs 1 BGB und § 556f S 1 und S 2 BGB beschränkt sich nach § 556g Abs 3 S 1 BGB die Auskunftspflicht des Vermieters auf diejenigen **Tatsachen**, die nach den genannten Vorschriften für die **Zulässigkeit** der vereinbarten Miete maßgeblich (oder besser: relevant) sind, – und auch dies nur unter zwei weiteren, sorgfältig zu beobachtenden **Voraussetzungen**, nämlich erstens: Die fraglichen Tatsachen dürfen nicht allgemein zugänglich sein; oder anders gewendet: Hinsichtlich allgemein zugänglicher Tatsachen besteht von vornherein keine Auskunftspflicht des Vermieters, weil sich insoweit der Mieter selbst ohne weiteres die nötigen Kenntnissen zu verschaffen vermag (Rn 75). Und zweitens: Der Vermieter muss in der Lage sein, über die fraglichen (nicht allgemein zugänglichen) Tatsachen unschwer, dh ohne unzumutbaren Aufwand Auskunft zu geben (Rn 77). Im einzelnen:

73 Die Auskunftspflicht des Vermieters beschränkt sich zunächst auf **Tatsachen**. Den Gegensatz bilden Werturteile einschließlich insbesondere der rechtlichen Bewertung von Tatsachen. Der Vermieter braucht folglich keine Fragen des Mieters zu beantworten, die, wenn auch nur mittelbar, auf die Erteilung von Rechtsauskünften hinauslaufen (Schmidt-Futterer/Börstinghaus Rn 30; Lützenkirchen/Abramenko Rn 55). Hierzu zählt zB die Frage, ob ein in einer Gemeinde bestehender Mietspiegel qualifiziert iS des § 558d BGB ist (Börstinghaus, Hdb Kap 4 Rn 185).

74 Der Mieter besitzt ein Auskunftsrecht außerdem nur hinsichtlich solcher Tatsachen (s Rn 73), die gerade für die Beurteilung der **Zulässigkeit der vereinbarten Miete** nach den §§ 556d Abs 1, 556e Abs 1 und 556f S 1 und S 2 BGB maßgeblich oder **relevant** sind. Dies bedeutet, dass sich die Auskunftspflicht des Vermieters gegenständlich strikt auf die **Tatbestandsmerkmale** des § 556d Abs 1 BGB sowie des § 556e Abs 1 BGB und des § 556f BGB beschränkt (insbesondere Blank WuM 2014, 641, 655 f; Börstinghaus, Hdb Kap 4 Rn 186). **Beispiele** sind bei § 556d BGB die Höhe der ortsüblichen Vergleichsmiete, bei § 556e Abs 1 BGB die Höhe der Vormiete und der Zeitpunkt ihrer Vereinbarung sowie bei § 556f BGB der Zeitpunkt der erstmaligen Nutzung der Neubauwohnung sowie der Umfang der Modernisierung.

75 In den genannten Fällen (Rn 72–74) besteht die Auskunftspflicht des Vermieters außerdem nicht generell, sondern nur unter zwei zusätzlichen, sorgfältig zu beachtenden **Voraussetzungen**. Die erste Voraussetzung ist, dass die maßgeblichen Tatsachen **nicht allgemein zugänglich** sind, weil es anderenfalls dem Mieter ohne weiteres zumutbar ist, sich selbst die nötigen Kenntnisse zu verschaffen. Allgemein zugänglich sind Tatsachen, die für jeden Mieter, ungeachtet der besonderen Situation des gerade betroffenen Mieters, dh *objektiv* ohne Weiteres wahrnehmbar sind. Beispiele sind die leicht feststellbaren Wohnwertmerkmale einer Wohnung einschließlich ihrer Größe (s § 558 Abs 2 BGB), das Vorliegen eines Mietspiegels oder der Erlass einer Verordnung nach § 556d Abs 2 BGB (BÖRSTINGHAUS, Hdb Kap 4 Rn 187; SCHMIDT-FUTTERER/BÖRSTINGHAUS Rn 32; LÜTZENKIRCHEN/ABRAMENKO Rn 57).

76 Der Ausschluss allgemein zugänglicher Tatsachen von der Auskunftspflicht des Vermieters dürfte vor allem in den Fällen des § 556d Abs 1 BGB eine Rolle spielen, dh wenn es um die Höhe der **ortsüblichen Vergleichsmiete** geht, sodass bei Vorliegen eines **Mietspiegels**, anhand dessen sich der Mieter selbst zu informieren vermag, nur selten Raum für eine ergänzende Auskunftspflicht des Vermieters sein wird. Nicht anders aber auch im Ergebnis bei Fehlen eines Mietspiegels, weil sich der Vermieter dann wohl häufig darauf berufen können wird, dass es ihm ebenfalls nicht ohne unzumutbaren Aufwand möglich ist, Ermittlungen über die ortsübliche Vergleichsmiete anzustellen, dass er maW nicht unschwer darüber Auskunft zu erteilen vermag, (s im einzelnen Rn 77; s BeckOGK/FLEINDL [1. 10. 2020] Rn 106 f). Als eigentlicher (und sinnvoller) **Anwendungsbereich** der Auskunftspflicht des Vermieters kristallisieren sich damit die **Ausnahmetatbestände** von der Mietpreisbremse heraus, hier zunächst die Tatbestände des § 556e Abs 1 BGB sowie des § 556f S 1 und S 2 BGB.

77 Gerade bei den Ausnahmetatbeständen, nach dem Gesagten der eigentliche Anwendungsbereich der Auskunftspflicht des Vermieters (Rn 76), setzt die Auskunftspflicht indessen noch zusätzlich (zweitens) voraus, dass der Vermieter hierüber, dh über die Ausnahmetatbestände **unschwer Auskunft** zu geben vermag (§ 556g Abs 3 S 1 BGB). Dadurch soll eine übermäßige und deshalb **unzumutbare Belastung** des Vermieters mit Auskunftspflichten verhindert werden (kritisch Bundesrat BT-Drucks 18/3121, 45).

78 Die Belastung mit der Auskunftserteilung ist dem Vermieter **zumutbar**, wenn ihm die maßgebenden Tatsachen bekannt sind oder er sich doch ihre Kenntnis jederzeit verschaffen kann. Die Auffassungen, über den Aufwand, der dem Vermieter insoweit zumutbar ist, um dem Auskunftsverlangen des Mieters nachzukommen, gehen auseinander (besonders weitgehend zB MünchKomm/ARTZ § 556g Rn 10; deutlich enger BÖRSTINGHAUS, Hdb Kap 4 Rn 188; SCHMIDT-FUTTERER/BÖRSTINGHAUS § 556g Rn 33; LÜTZENKIRCHEN/ABRAMENKO § 556g Rn 62). Auf jeden Fall zumutbar ist dem Vermieter eine sorgfältige Durchsicht seiner Unterlagen einschließlich insbesondere der früheren Mietverträge, während weitergehende Ermittlungen wohl kaum verlangt werden können (PALANDT/WEIDENKAFF § 556g Rn 5).

79 Zu beachten ist, dass den Vermieter nach dem Gesetz lediglich eine Auskunftspflicht trifft. Zu mehr ist er nicht verpflichtet, insbesondere besteht keine Pflicht des Vermieters, dem Mieter auf dessen Verlangen hin **Belege** für die Richtigkeit der erteilten Auskünfte vorzulegen, wobei im Falle des § 556e Abs 1 BGB etwa an den letzten

Mietvertrag zu denken ist (ebenso MünchKomm/Artz § 556g Rn 11; Blank WuM 2014, 641, 656; Blank/Börstinghaus Rn 20; Börstinghaus, Hdb Kap 4 Rn 189; Schmidt-Futterer/Börstinghaus Rn 34; Lützenkirchen/Abramenko Rn 71 ff; Palandt/Weidenkaff Rn 5; anders aber im Anschluss an die Begr BT-Drucks 18/3121, 34 zB LG Berlin WuM 2019, 586, 587 f = GE 2019, 118 f; Fleindl WuM 2015, 212, 223; BeckOGK/Fleindl [1. 10. 2020] Rn 108.1 f; Hinz ZMR 2014, 593, 598).

80 Hält der Mieter die Angaben des Vermieters, zB über die Vormiete, für falsch, so steht es ihm frei, es auf einen Rechtsstreit über die Höhe der Miete ankommen zu lassen, in dem dann den *Vermieter,* nicht etwa den Mieter, die *Beweislast* für die Höhe der Vormiete trifft. Der Mieter kann dagegen nicht nach § 260 BGB vorgehen und von dem Vermieter die Abgabe einer **eidesstattlichen Versicherung** verlangen, weil der Tatbestand des § 556g Abs 3 BGB nicht unter § 260 Abs 1 BGB fällt (Lützenkirchen/Abramenko Rn 75; anders aber Börstinghaus, Hdb Kap 4 Rn 190; Schmidt-Futterer/Börstinghaus Rn 35).

5. Einfache Modernisierungen

81 Das Gesetz enthält in § 556g Abs 3 S 2 BGB (nur) für einfache Modernisierungen im Sinne des § 556e Abs 2 BGB eine Sonderregelung für den Auskunftsanspruch des Mieters. Danach gilt für die Auskunft des Vermieters über einfache Modernisierungsmaßnahmen die Vorschrift des § 559b Abs 1 S 2 und S 3 BGB entsprechend (s dazu schon o § 556e Rn 47). § 559b Abs 1 S 2 BGB bestimmt, dass die Mieterhöhungserklärung des Vermieters nach einer Modernisierung aufgrund des § 559 BGB nur wirksam ist, wenn in ihr die Erhöhung der Miete aufgrund der entstandenen Kosten berechnet und entsprechend den Voraussetzungen der §§ 559 und 559a BGB erläutert wird (s dazu im Einzelnen Staudinger/V Emmerich [2021] § 559b Rn 14 ff). Zusätzlich verweist § 559b Abs 1 S 3 BGB weiter auf § 555c Abs 3 BGB, nach dem der Vermieter bei einer energetischen Modernisierung im Sinne des § 555b Nr 1 BGB hinsichtlich der energetischen Qualität von Bauteilen auf allgemein anerkannte Pauschalwerte Bezug nehmen kann (dazu Staudinger/J Emmerich § 555c Rn 13). Durch diese Regelung sollte insgesamt klargestellt werden, dass die Auskunft des Vermieters **inhaltlich** einer **Mieterhöhungserklärung** im Falle der Wohnungsmodernisierung aufgrund des § 559 BGB entsprechen muss (Begr BT-Drucks 18/3121, 32, 36).

82 Die Sonderregelung des § 556g Abs 3 S 2 BGB bezieht sich ausdrücklich **allein** auf **einfache Modernisierungsmaßnahmen** im Sinne des § 556e Abs 2 BGB. Die Regelung kann daher nicht, auch nicht entsprechend auf **umfassende** Modernisierungen im Sinne des § 556f S 2 BGB angewandt werden; insoweit bleibt es vielmehr bei der allgemeinen, wesentlich restriktiveren Regelung des Auskunftsanspruchs des Mieters in S 1 des § 556g Abs 3 BGB, obwohl der Mieter wegen der besonders weitgehenden Rechtsfolgen einer umfassenden Modernisierung gerade in diesem Fall ein gesteigertes Informationsbedürfnis haben dürfte (Blank/Börstinghaus Rn 31; Börstinghaus, Hdb Kap 4 Rn 195; Schmidt-Futterer/Börstinghaus Rn 40; Lützenkirchen/Abramenko Rn 90).

83 Bei dem Auskunftsanspruch des Mieters aus § 556g Abs 3 S 1 BGB handelt es sich um einen so genannten **verhaltenen Anspruch**, den der Vermieter nur zu erfüllen braucht, wenn der Mieter von ihm überhaupt Auskunft verlangt (s Rn 65). Ob das-

selbe für den besonderen Auskunftsanspruch des Mieters aus S 2 des § 556g Abs 3 BGB bezüglich einfacher Modernisierungsmaßnahmen gilt, wird unter Hinweis auf den unterschiedlichen Wortlaut von S 1 und S 2 des § 556g Abs 3 BGB sowie auf den Zweck der Regelung (s Rn 81) bestritten (so Lützenkirchen/Abramenko § 556g Rn 90 ff). Dafür fehlt indessen bei Lichte besehen jede Begründung.

Wegen der Einzelheiten ist auf die Ausführungen zu § 559b BGB zu verweisen (s § 559b Rn 14 ff). Hervorzuheben ist, dass der Vermieter in der Auskunft die **Kosten** der Modernisierungsmaßnahmen nach Abzug der Kosten von **Erhaltungsmaßnahmen** benennen und auf die einzelnen Gewerke aufteilen muss (§ 559 Abs 1 und Abs 2 BGB); außerdem ist eine **Aufteilung** der Kosten auf die einzelnen Wohnungen erforderlich (§ 559 Abs 3 BGB). Ferner müssen **Drittmittel** im Rahmen des § 559a BGB abgezogen werden. Vor allem aber müssen die durchgeführten **Modernisierungsmaßnahmen** im Sinne des § 555b Nr 1 und Nr 3 bis Nr 5 BGB im Einzelnen nachvollziehbar beschrieben werden. **84**

Der dafür erforderliche Aufwand kann für den Vermieter erheblich sein. Deshalb sollte es hinsichtlich der Kosten der **Erhaltungsmaßnahmen** genügen, wenn der Vermieter insoweit lediglich die Quote der gesamten Kosten benennt, die auf die Erhaltungsmaßnahmen entfällt (Börstinghaus, Hdb Kap 4 Rn 194). Die **Beweislast** liegt beim Vermieter, sodass sich der Mieter hinsichtlich der Kosten der Erhaltungsmaßnahmen (über die der Mieter nichts wissen kann) auf ein einfaches Bestreiten mit Nichtwissen beschränken kann (Blank/Börstinghaus Rn 30). **85**

VIII. Rechtsfolgen

1. Verstöße des Vermieters gegen die Auskunftspflicht aus § 556g Abs 3

Wenn der Vermieter die Auskunft verweigert, kann der Mieter **Klage** auf Auskunftserteilung erheben. Die Vollstreckung eines der Klage stattgebenden Urteils richtet sich nach § 888 Abs 1 ZPO (Börstinghaus, Hdb Kap 4 Rn 200; Lützenkirchen/Abramenko § 556g Rn 76). Dasselbe muss gelten, wenn der Vermieter auf das Auskunftsverlangen des Mieters nicht binnen einer angemessenen **Frist** reagiert (§§ 241 Abs 2 und 242 BGB; s Rn 67; MünchKomm/Artz § 556g Rn 12). Dagegen scheidet eine **Stufenklage** auf Auskunft und auf Rückzahlung der überzahlten Miete wohl aus, da der Rückforderungsanspruch des Mieters von der vorherigen Verfolgung des Auskunftsanspruchs unabhängig ist und weil der Auskunftsanspruch nach § 556g Abs 3 S 1 BGB, genau genommen, nicht unter § 254 ZPO fallen dürfte (Börstinghaus, Hdb Kap 4 Rn 200; Schmidt-Futterer/Börstinghaus § 556g Rn 45; Blank/Börstinghaus Rn 35). **86**

Der Mieter kann ferner im Falle der Auskunftsverweigerung des Vermieters nach § 273 Abs 1 BGB die fällige **Miete einbehalten**, bis der Vermieter seiner Auskunftspflicht nachgekommen ist. Für eine Restriktion des Zurückbehaltungsrechts, wie sie der BGH bei Mängeln der Mietsache neben der Minderung nach § 536 BGB favorisiert (BGH 17. 6. 2015 – VIII ZR 19/14, BGHZ 206, 1, 20 ff = NJW 2015, 3087 Rn 59 ff; s dazu kritisch § 536 Rn 101 ff), ist hier von vornherein kein Raum, weil der Vermieter jederzeit die Auskunft nachholen kann, sodass der Mieter dann auch die einbehaltene Miete nachzahlen muss (anders Börstinghaus, Hdb Kap 4 Rn 201; Blank/Börstinghaus Rn 36; BeckOGK/Fleindl [1. 10. 2020] Rn 111). Der übliche Einwand, der Mieter könne sonst **87** möglicherweise auf lange Zeit mietfrei wohnen, geht fehl, weil den Vermieter eben nichts hindert, die Auskunft umgehend zu erteilen und dadurch dem Mieter das Zurückbehaltungsrecht wieder aus der Hand zu schlagen. Im Übrigen entspricht das kritisierte Ergebnis genau dem Wortlaut und dem Zweck der gesetzlichen Regelung.

88 Ein schuldhafter Verstoß des Vermieters gegen seine Auskunftspflicht berechtigt den Mieter außerdem, **Schadensersatz** zu verlangen (§ 280 Abs 1 BGB), sofern er infolge des Verstoßes des Vermieters von einer rechtzeitigen Rüge nach § 556g Abs 2 BGB abgehalten wurde oder seinen Rückforderungsanspruch (§ 556g Abs 1 S 3 BGB) nicht alsbald geltend gemacht hat (§ 249 BGB; Blank/Börstinghaus Rn 38 f; Börstinghaus, Hdb Kap 4 Rn 203 f; Lützenkirchen/Abramenko Rn 82 ff; Schmidt-Futterer/Börstinghaus Rn 47 ff; Fleindl WuM 2015, 212, 223 f; BeckOGK/Fleindl Rn 110, 116 ff). Das gilt gleichermaßen für eine schuldhafte Verzögerung der Auskunft wie für die Erteilung einer unrichtigen Auskunft, etwa über die Höhe der Vormiete, wodurch der Mieter von der Geltendmachung von Rückforderungsansprüchen abgehalten wird. Irgendeine praktische Bedeutung scheinen derartige Ersatzansprüche freilich bisher nicht erlangt zu haben. Ob man darüber hinaus im Falle einer ausdrücklichen Auskunftsverweigerung des Vermieters nach Treu und Glauben auf das Rügeerfordernis verzichten kann (so Blank WuM 2014, 641, 656), ist offen (dagegen Börstinghaus, Hdb Kap 4 Rn 202; Schmidt-Futterer/Börstinghaus Rn 47; Blank/Börstinghaus Rn 37).

89 Der Mieter kommt mangels Verschuldens nicht in **Verzug** (§ 286 Abs 4 BGB), wenn er im Falle der Auskunftsverweigerung des Vermieters aufgrund vertretbarer Annahmen von der Unzulässigkeit der Vereinbarung über die Miethöhe ausgeht und deshalb die Bezahlung eines Teils der Miete verweigert. Stellt sich später doch die Zulässigkeit der Miete heraus, etwa nach § 556e Abs 1 BGB, so kann der Vermieter trotz der Rückstände des Mieters nicht nach § 543 Abs 2 Nr 3 BGB kündigen, weil der Rechtsirrtum des Mieters dann wohl durchweg entschuldbar ist, sodass es an einem Verzug des Mieters fehlt (§ 276 Abs 2 BGB). Auf jeden Fall wäre solche **Kündigung** des Vermieters treuwidrig (§ 242 BGB; Schmidt-Futterer/Börstinghaus Rn 50; Blank/Börstinghaus Rn 40; Lützenkirchen/Abramenko Rn 80).

2. Ersatzansprüche des Mieters aus c i c

90 Wenn der Vermieter bei den Vertragsverhandlungen von dem Mieter eine nach den §§ 556d bis 556f BGB nicht zulässige und deshalb überhöhte Miete fordert, täuscht er durch konkludentes Handeln den Mieter über die Zulässigkeit dieser Miete, sodass der Mieter deshalb von ihm nach § 311 Abs 2 BGB **Schadensersatz aus c i c** verlangen kann; das Verschulden des Vermieters wird vermutet (§ 280 Abs 1 BGB). Ein Irrtum über die Rechtslage aufgrund der §§ 556d bis 556f BGB entlastet den Vermieter im Regelfall nicht. Eine andere Beurteilung kann freilich in Betracht kommen, wenn sich der Vermieter in einer Gemeinde ohne Mietspiegel auf einen Irrtum über die Höhe der ortsüblichen Vergleichsmiete (s § 556d Abs 1 BGB) beruft (§ 276 Abs 2 BGB).

91 Im Falle eines Verstoßes des Vermieters gegen die §§ 311 Abs 2 und 280 Abs 1 BGB kann der Mieter verlangen, so gestellt zu werden, wie wenn er nicht getäuscht worden wäre (§ 249 BGB; MünchKomm/Emmerich [2018] § 311 Rn 77 f). Im Zweifel hätte

der Mieter in diesem Fall vermutlich den Mietvertrag nicht abgeschlossen, sodass sein Ersatzanspruch auf Befreiung von dem Vertrag geht (§ 249 BGB). Lediglich, wenn dem Mieter der Nachweis gelingt, dass bei redlichem Verhalten des Vermieters der Vertrag mit einer zulässigen (niedrigeren) Miete zustande gekommen wäre, hat er einen Anspruch auf eine entsprechende Änderung des Vertrages (§ 249 BGB; vgl § 556g Abs 1 S 2 BGB; Börstinghaus, Hdb Kap 4 Rn 207).

Im Schrifttum wird diskutiert, ob den Ersatzansprüchen des Mieters aus cic oder wegen Pflichtverletzung auf **Rückzahlung** der überzahlten Miete sowie auf Reduzierung der Miete in dem Vertrag (s Rn 90 f) das **Rügeerfordernis** des § 556g Abs 2 BGB für die Zeit vor Zugang der Rüge bei dem Vermieter entgegensteht, da nach dem Willen der Gesetzesverfasser (nur) zum Schutze redlicher Vermieter „Ansprüche gleich welcher Art für Zeiträume vor einer (qualifizierten) Rüge" ausgeschlossen sein sollten (so Begr BT-Drucks 18/3121, 33 2. Abs; Börstinghaus, Hdb Kap 4 Rn 208; Schmidt-Futterer/Börstinghaus § 556g Rn 52; BeckOGK/Fleindl [1. 10. 2020] Rn 118 ff; Fleindl WuM 2015, 212, 225 ff; Palandt/Weidenkaff § 556g Rn 6). Diese Auffassung hat indessen im Gesetz *keinen* Ausdruck gefunden. § 556g Abs 2 BGB bezieht sich allein auf die Bereicherungsansprüche des Mieters aus § 556g Abs 1 S 3 BGB und steht deshalb konkurrierenden Schadensersatzansprüchen des Mieters aus cic, aus Vertrag oder aus Delikt nicht entgegen (MünchKomm/Artz § 556g Rn 13; Blank WuM 2014, 641, 658). 92

Zumindest bei **vorsätzlichem Handeln** des Vermieters ist von vornherein kein Raum für ein zusätzliches Rügeerfordernis, da der Gesetzgeber mit der eigenartigen Regelung des § 556g BGB lediglich einen Schutz „redlicher Vermieter" bezweckte (s Rn 12 f, Rn 20 f), Ersatzansprüche des Mieters bei vorsätzlichem Handeln des Vermieters aus cic oder aus Delikt aufgrund des § 823 Abs 2 BGB und des § 826 BGB für den Zeitraum vor Zugang der Rüge bei dem Vermieter bleiben daher unberührt (ebenso jedenfalls für deliktische Ersatzansprüche BeckOGK/Fleindl [1. 10. 2020] Rn 126). Dasselbe gilt für Ersatzansprüche des Mieters aufgrund der §§ 311 Abs 2 und 280 Abs 1 BGB sowie für den Rückforderungsanspruch des Mieters wegen der teilweise überhöhten Kaution (BeckOGK/Fleindl [1. 10. 2020] Rn 134; Palandt/Weidenkaff § 556g Rn 6). 93

3. Kündigung, Anfechtung

Bei einer vorsätzlichen Täuschung des Mieters durch den Vermieter, zB über die Höhe der Vormiete oder über den Zeitraum und den Umfang von Modernisierungsmaßnahmen kommt ferner eine fristlose **Kündigung** des Vertrags seitens des Mieters nach § 543 Abs 1 BGB in Betracht (Börstinghaus, Hdb Kap 4 Rn 208; BeckOGK/Fleindl [1. 10. 2020] Rn 131 ff; Palandt/Weidenkaff § 556g Rn 6). Stattdessen kann der Mieter den Mietvertrag auch wegen arglistiger Täuschung **anfechten** (§ 123 Abs 1 BGB; s Vorbem 104 ff zu § 535). Nach der Kündigung oder der Anfechtung des Mieters ist außerdem Raum für Schadensersatzansprüche aus cic, aus Delikt und aus Vertrag (§§ 280 Abs 1, 311 Abs 2, 823 Abs 2 und 826 BGB; s § 543 Rn 102 ff; Börstinghaus, Hdb Kap 4 Rn 209). 94

Sachregister

Die fetten Zahlen beziehen sich
auf die Paragraphen, die mageren Zahlen
auf die Randnummern.

Abfallablagerung
  Mietvertrag **Vorbem 535** 44
Abflussprinzip
  Betriebskostenabrechnung **556** 14, 117 f;
    Anh B 556c 6
  Parteivereinbarung **556** 117; **Anh B 556c** 6
Abflussrohre
  s Rohre
Abgänge
  Besitzverhältnisse **535** 7
  Erhaltungspflicht **535** 7
  Gebrauchsentziehung **535** 7
  Mitvermietung **535** 7
  Verkehrssicherungspflicht **535** 29a, 33
Abgasanlage
  Betriebskostenumlage **Anh B 556c** 15
Abgeltungsklausel
  Schönheitsreparaturen **535** 126 f; **548** 11a
Abgeschlossenheitsbescheinigung
  Substanzverbesserung **555b** 22
Ablesefehler
  Betriebskostenabrechnung **556a** 15 ff
Ablösevereinbarung
  Bedingung, aufschiebende **Vorbem 535** 165
  Begriff **Vorbem 535** 165
  Beweislast **Vorbem 535** 166
  Einrichtungen, Erwerb **Vorbem 535** 165 f
  Inventarstücke, Erwerb **Vorbem 535** 165 f
  Missverhältnis, auffälliges
    Vorbem 535 165 f
Abluft
  Umweltfehler **536** 60
Abmahnung
  Adressat **541** 2, 6
  Androhung konkreter Folgen **541** 7a
  Aufforderung an der Mieter **541** 7
  Beweislast **541** 14
  Entbehrlichkeit **541** 8; **543** 119 ff
    Zerrüttungskündigung **543** 5
  Form **541** 7 f
  Formularvertrag **543** 109
  Fristsetzung **541** 7a; **543** 117 f
  Gebrauch, vertragswidriger **540** 17; **541** 1 ff,
    5 ff, 14; **543** 115
  Inhalt **541** 7, 14; **543** 116
  konkludente Abmahnung **541** 7a
  Kündigung, Androhung **543** 116 f
  Kündigung, außerordentliche **542** 120;
    543 1, 41, 108 f, 115 ff, 139
    Zahlungsverzug des Mieters **543** 105
    Zuwarten mit der Kündigung **543** 105
  qualifizierte Abmahnung **543** 105, 117

Abmahnung (Forts)
  Rechtsnatur **541** 5; **543** 116
  Stellvertretung **541** 6
  Untermiete **541** 6; **543** 118
  Zahlungsverzug des Mieters **543** 76, 92,
    103 ff, 115
  Zugang **541** 6, 14
Abnahme der Mietsache
  Mietvertrag **537** 4
Abnahmepflicht
  Mieter **535** 91
  Teilunmöglichkeit **537** 4
Abnahmeprotokoll
  Mangelfreiheit, Bestätigung **546** 24
Abnutzungsspuren
  Mietgebrauch **538** 3 f
Abrechnungssaldo
  Ausgleich, vorbehaltloser **556** 133
  Betriebskostenabrechnung **556** 111 f, 118 ff
  Fälligkeit **556** 121
  Insolvenz des Mieters **556** 120a
  Insolvenz des Vermieters **556** 120
  Nachzahlungsanspruch **556** 124
  Rückzahlungsanspruch **556** 124
  Teilleistungen des Mieters **556** 126
  Zwangsverwaltung **556** 119
Abrechnungsunterlagen
  Belege **556** 83a, 112 ff
    Leistungsort **556** 114
  Betriebskostenabrechnung **556** 112 ff
    s a dort
  Datenschutz **556** 112
  Einsichtnahme **556** 112 ff, 123, 143
    Beauftragung Dritter **556** 112a
    Fälligkeit **556** 114
    Originalbelege **556** 112 f
    Rechnungen **556** 112
    Sprechzeiten **556** 123, 143
    Terminsanfrage **556** 123
    Verweigerung **556** 123, 143
    Zahlungsbelege **556** 112
    Zumutbarkeit **556** 123
  Kopien **556** 112, 123
    digitale Kopien **556** 115a
    Erstellung von Kopien **556** 115
    Kopierkosten **556** 115a
  Rechnungen **556** 83a
    Originalrechnungen **556** 112
Abstandszahlung
  Begriff **Vorbem 535** 162
  Bestandsschutz, Aufhebung **542** 174
  Ersatzmieter **537** 27

Abstandszahlung (Forts)
   Nachmieter, Zahlungen an den Vormieter
     Vorbem 535 162 ff
   Umzugskosten **Vorbem 535** 164
   Verbot **Vorbem 535** 163
Abstellraum
   Nutzungsentziehung **536** 8
Abtretung
   Betriebskostenvorauszahlungen **556** 79
   Kaution **551** 49
   Mietansprüche **540** 89; **551** 49
     Kündigungsrecht, bestehendes **543** 60
   Miete **536** 93
   Mieterrechte **540** 61 ff
Abwasser
   Betriebskosten **556** 55
   Umlagemaßstab **556a** 15b
Abwasserleitungen
   Prüfungspflicht **535** 32
Abwendungsrecht
   Ausübung **552** 3 ff
   Besitz der Mietsache **552** 3, 4
   Entschädigung, angemessene **552** 5, 6, 8
     Abzüge **552** 6 f
     – Abnutzung **552** 6
     – Kostenersparnis **552** 6
     – Mängel der Sache **552** 6
     – Wertverlust durch Trennung **552** 6
     Anschaffungspreis **552** 6
     Berechnung **552** 6
     Wertminderung **552** 7
     Zeitwert **552** 6 f
   Wegnahmerecht des Mieters **539** 23, 32; **552** 1 ff
Ackerland
   Pacht **550** 37
actio pro socio
   Mietverhältnis **Vorbem 535** 111
Änderungsvertrag
   Betriebskostenvereinbarung **556** 66
   Nebenabreden **542** 93
Äquivalenzprinzip
   Minderung **536** 91 f
Äquivalenzstörung
   Störung der Geschäftsgrundlage **Vorbem 536** 20, 29 ff
Ärzte
   Konkurrenzschutz **535** 24b
Ärztehaus
   Konkurrenzschutz **535** 24b
Agentur für Arbeit
   Betriebskosten **556** 79
Aktiengesellschaft
   Mietvertragsschluss **550** 19
Alibi-Abrechnung
   Betriebskostenabrechnung **556** 108b
Allgemeines Bürgerliches Gesetzbuch
   Mietvertrag **Vorbem 535** 1

Altbau
   Entkernung **556f** 7
   Lärmschutz **536** 34
   Renovierung **536** 24, 34
   Standard, geschuldeter **536** 23, 26a
Altersgerechte Wohnung
   Modernisierungsmaßnahmen **555b** 28
Anbau
   Gebrauchswerterhöhung **555b** 21, 27
Anderkonto
   Kaution **551** 18
Aneignungsrecht
   Wegnahmerecht des Mieters **539** 27
Anfangsrenovierung
   Individualvereinbarung **535** 116
Anfangsrenovierungsklauseln
   Schönheitsreparaturen **535** 116
Anfechtbarkeit
   Mietvertrag **542** 201 f
     Bestätigung des anfechtbaren Mietvertrags **542** 209
Anfechtung
   arglistige Täuschung
     s dort
   Bereicherungsrecht **Vorbem 535** 104
   Ex-tunc-Wirkung **542** 202
   Gewährleistungsrecht **Vorbem 535** 104
   Interesse, negatives **542** 202
   Irrtumsanfechtung
     s dort
   Mieter **Vorbem 535** 105
   Mietvertrag **Vorbem 535** 104 ff; **542** 1, 201 ff; **546** 6
Anfechtungsgrund
   arglistige Täuschung **542** 205 ff
   Drohung, widerrechtliche **542** 208
   Erklärungsirrtum **542** 203
   Inhaltsirrtum **542** 203
   Mietvertrag **542** 201 ff
   verkehrswesentliche Eigenschaften, Irrtum über **542** 204
Angebot
   Form **550** 23
Angemessenheit
   Miete **Vorbem 535** 95
   Modernisierungsmaßnahmen, Aufwendungsersatzanspruch des Mieters **555d** 19
   Rechtsverfolgungskosten **543** 64
   Untermietzuschlag **553** 21
Ankaufsrecht
   Kündigungsentschädigung **544** 5a
   Mietvertrag, Form **550** 6
Ankermieter
   Verwendungsrisiko **Vorbem 536** 24
Anlagen des Mieters
   Betriebsverbot **535** 43
   Mindeststandard **535** 43 f
Anlagen zum Mietvertrag
   Einheitlichkeit der Urkunde **550** 31 f

Anlagen zum Mietvertrag (Forts)
  Formmangel, Heilung **550** 33
  Paraphierung **550** 32
  Schriftform **550** 28, 30 ff, 38, 42
  Unterzeichnung **550** 32
  Unterzeichnung, nachträgliche **550** 15
  Vertragsänderung **550** 33
  Vertragsbestimmungen, wesentliche **550** 31
  Zugang **550** 32
Anlagen, elektrische
  Prüfungspflicht **535** 32
    Kosten **535** 32
Anlagen, technische
  Betriebsbereitschaft **535** 28a
  Instandsetzungspflicht **535** 28a
Anlagentechnik
  Modernisierungsmaßnahmen **555b** 1, 3
Anmietrecht
  Begriff **Vorbem 535** 151
Annahme
  Form **550** 23
  modifizierte Annahme **550** 24
  verspätete Annahme **550** 24
Annahme als Erfüllung
  Beweislast **535** 17
Annahme der Mietsache
  Überlassung der Mietsache **536b** 16 f
  Vorbehalt **536b** 16
    Schriftform **536b** 16
  vorbehaltlose Annahme **536** 109, 119; **536b** 1, 15 ff
Annahmefrist
  Mietvertragsschluss **550** 23
Annahmeverzug
  Nichtabnahme der Mietsache **535** 91; **537** 5
  Verjährung **548** 29
  Zahlungsverzug des Mieters **543** 82
Anrechnungspflicht
  Gebrauchsverhinderung **537** 12 ff
Anschlussvertrag
  Vertragseinordnung **Vorbem 535** 83
Antennen
  Anbringung, Recht auf **535** 45
  Außenantenne **535** 45
    Antennenplatz, Bestimmung **535** 45 ff
  Gebrauch, vertragsgemäßer **535** 44
  Gebrauchswerterhöhung **555b** 29
  Gemeinschaftsantenne **535** 45; **546a** 7; **555b** 29
    Betriebskosten **556** 43, 46b
    Ersetzung durch Kabelanschluss **536** 21a
    Programme, ausländische **535** 47a
    Verwertungsgebühren **556** 43
  Mangel der Mietsache **536** 40a
  Parabolantenne **535** 45 ff; **546a** 7
  Sicherheitsleistung **551** 10
  Umlagemaßstab **556a** 26
Anwaltskosten
  Zahlungsverzug des Mieters **543** 64

Anwaltsvergleich
  Herausgabe der Mietsache **546** 58
Anzeigepflicht
  Abhilfe des Mangels **536c** 20
  Aufwendungsersatzanspruch des Mieters **536c** 19
  Auszug des Mieters, vorzeitiger **536c** 2
  Beweislast **536c** 25 f
  Darlegungslast, sekundäre **536c** 25
  Deliktsansprüche **536c** 19
  Erfüllungsanspruch **536c** 16, 19
  erneute Anzeigepflicht **536c** 8
  Ersatzansprüche, Verjährung **548** 7
  Frist **536c** 13
  Gefahren, nicht vorhergesehene **536c** 9 f
  gewerbliche Miete **536c** 24
  Kausalität **536c** 20, 25
  Kenntnis Dritter **536c** 14
  Kenntnis des Vermieters **536c** 14
  Kündigungsrecht des Mieters **536c** 19, 23
  Kündigungsrecht des Vermieters **543** 45
  Lauf der Miete **536c** 6
  Mangel der Mietsache **536** 3; **536c** 7
    Kenntnis **536c** 7
    Mangelbegriff **536c** 3
    Mitvermietung **536c** 4 f
    Offensichtlichkeit des Mangels **536c** 15
    Unkenntnis, fahrlässige **536c** 15
    Unkenntnis, grob fahrlässige **536c** 7, 15
    Ursachen des Mangels **536c** 4
    Verdacht eines Mangels **536c** 7
    Zustand, schlechter **536c** 3 f
  Mieterpflicht **535** 28b, 32a, 96; **Vorbem 536** 16; **536c** 1
  Mietverhältnis, bestehendes **536c** 6
  Minderung **536** 119
  Minderungsrecht **536c** 19, 21
  Mitmieter **536c** 18
  Rechtsanmaßung Dritter **536c** 11
  Rechtsverlust **536** 119; **536c** 16, 19 ff, 25
  Schadensersatz **536c** 16 ff, 20, 22
    Verjährung **536c** 18a
  Übergabe der Mietsache **536c** 6
  Untätigkeit des Vermieters **536c** 18
  Verschulden **536c** 18
Apothekenpachtvertrag
  Verbot **Vorbem 535** 185
Arbeitnehmer
  Ersatzansprüche, Verjährung **548** 15
Arbeitsstättenverordnung
  Mangel der Mietsache **536** 33a
Arbeitsvertrag
  Vertragsverlängerung, stillschweigende **545** 1
Arglisteinwand
  Formmangel **550** 64
Arglistige Täuschung
  Anfechtung des Mieters **Vorbem 535** 106
  Anfechtungsgrund **542** 205 ff

Arglistige Täuschung (Forts)
  Arbeitsverhältnis **542** 206
  Aufklärungspflicht **Vorbem 535** 106 ff; **542** 207
  Beantwortung zulässiger Fragen **Vorbem 535** 106
  Behauptungen über das Mietobjekt **Vorbem 535** 106
  Beweislast **542** 205
  Eigentumsverhältnisse **Vorbem 535** 106
  Einkommensverhältnisse **Vorbem 535** 107
  Familienstand **542** 206
  finanzielle Lage **542** 206
  Konkurrenzsituation **Vorbem 535** 106
  Kündigung, Unwirksamkeit **543** 94
  Mietvertrag **Vorbem 535** 104
  Tun, positives **542** 206
  Umsätze **Vorbem 535** 106
  durch Unterlassen **542** 207
  Verschweigen wesentlicher Umstände **Vorbem 535** 106
  Warensortiment **542** 206 f
  Zahlungsfähigkeit **Vorbem 535** 107
Arztpraxis
  Gebrauch, vertragsgemäßer **535** 39
  Kündigung aus wichtigem Grund **543** 9, 18, 52
Arztzusatzvertrag
  Vertragseinordnung **Vorbem 535** 66
Asbest
  Mangel der Mietsache **536** 30
ASP-Vertrag
  Gebrauchsgewährung **535** 15b
  Mietvertrag **535** 1
Asylanten
  Unterbringung in Hotel **Vorbem 535** 61
Auffahrrampen
  Barrierereduzierung **554** 15
Aufhebungsvertrag
  Abgeltung erhöhter Kosten, pauschale **542** 191
  Ablösesumme **542** 191 f
  Anfechtbarkeit **542** 174
  Angebot **542** 179, 181
  Annahme **542** 179, 182 f
    Schweigen des anderen Vertragsteils **542** 183
  Bedingung **542** 189
  Beendigungsinteresse **542** 177
  Beweislast **542** 194
  Ersatzmieterklausel **542** 176
  Form **542** 185 f
  Gebrauchsfortsetzung **542** 193; **545** 4, 14b, 18
  Inhaltskontrolle **542** 191
  Kündigung **542** 125 ff
    Umdeutung in Aufhebungsvertrag **542** 181
  Miete, geringere **542** 191

Aufhebungsvertrag (Forts)
  Mietverhältnis, Beendigung **Vorbem 535** 121; **542** 1, 174 ff
  vorzeitige Beendigung **542** 188, 193
  Pflicht zum Vertragsschluss **542** 175 ff
  Regelkündigungsfrist **542** 177
  Rückgabepflicht **546** 6, 35
  Schadenspauschale **555** 7 f
  Schriftform **542** 128 f
  Schriftformklausel **542** 185
  Sittenwidrigkeit **542** 174, 186a
  Störung der Geschäftsgrundlage **542** 193
  Teile der Mietsache **542** 97
  Verbraucherwiderrufsrecht **Vorbem 535** 103
  Vertragsfreiheit **542** 174
  Vertragsübernahme **542** 180
  Widerrufsrecht **542** 187
  Wiedervermietung **542** 181, 189 f
  Zustandekommen **542** 178 f
Aufklärungspflicht
  arglistige Täuschung **Vorbem 535** 107; **542** 207
  culpa in contrahendo **Vorbem 535** 84
  Ingerenz **Vorbem 535** 87, 91
  Mangel der Mietsache **536b** 12a
  Mieter **Vorbem 535** 91
  Pflichtverletzung **Vorbem 536** 14
  Vermieterpflicht **Vorbem 535** 84, 86 ff; **536d** 1, 3 f
Auflockerungsrechtsprechung
  Schriftform **550** 28, 53
Aufnahme von Personen in die Wohnung
  Anzeige **540** 8
  Besitzrecht **540** 8
  Betriebskostenabrechnung **540** 8
Aufrechnung
  Ankündigungspflicht **556b** 27
  Anzeige **556b** 22 ff
  Aufrechnungsverbot **556b** 20
    Beweislast **556b** 28
  Betriebskostenvorauszahlungen **556** 80
  Formularvertrag **556b** 25
  Inhaltskontrolle **556b** 25
  Kaution **551** 16a, 25, 28, 43
  Miete **556b** 1, 3 f, 6, 8 ff, 17 f, 20 f
    Mietforderungen **556b** 21
  Mieterbegünstigungsklausel **556b** 4, 29 f
  Mietprozess **536** 127
  Mietzahlung **543** 98 ff
  Unabdingbarkeit **556b** 30a
  Vereinbarungen, abweichende **556b** 29 f
  Wohnraummiete **556b** 8
Aufrechnung nach Kündigung
  Kündigung des Mietverhältnisses **543** 97
  Mietschuld **543** 98 ff
  Überlegungsfrist **543** 101
  Unverzüglichkeit **543** 101

Aufrechnungsbeschränkungen
  Inhaltskontrolle **556b** 25
Aufsichtspflichtverletzung
  Schadensersatzpflicht des Mieters **538** 12
Aufwendungsersatzanspruch des Mieters
  Arbeitsleistung **539** 3
  Aufwendungsbegriff **536a** 38 f; **539** 3 ff; **555a** 14
    sonstige Aufwendungen **539** 3 f, 28
  Ausschluss **539** 2a
  Bereicherung des Vermieters, aufgedrängte **536a** 41
  Bereicherungsanspruch des Mieters **539** 2, 11 ff
    aufgedrängte Bereicherung **539** 12
    condictio ob rem **539** 18
    Einbauküche **539** 16
    Gebäudeerrichtung auf gemietetem Grundstück **539** 16 f
    Investitionsschutz **539** 13 ff
    Leistungskondiktion **539** 13
    Mehrpersonenverhältnisse **539** 13
    Vertragsbeendigung, vorzeitige **539** 13 ff
    Verwirkung **539** 12
  Besitzrecht, Wegfall **539** 22
  Beweislast **536a** 46; **539** 20
  Eigentümer-Besitzer-Verhältnis **539** 21
  Einrichtungen des Mieters **539** 26
  Erhaltungsmaßnahmen **555a** 14, 15
  Fälligkeit **539** 8
  Fremdgeschäftsführungswille **539** 5 ff
  Genehmigung der Aufwendungen **539** 2, 9 f
  Geschäftsführung ohne Auftrag **539** 1 ff, 5 ff
    Zeitpunkt, maßgebender **539** 5
  Grundstücksveräußerung **539** 14
  Haftungsausschluss **536a** 45
  Investitionen des Mieters **539** 4a, 11, 13 ff
  Luxusaufwendungen **539** 4
  Mängelbeseitigung **536a** 1, 23 ff, 30 ff; **539** 3, 4a, 21
  Modernisierungsmaßnahmen **555d** 18 ff
  nützliche Aufwendungen **539** 4 f
  Rechtsmangel **536** 89
  Rentabilitätsvermutung **536a** 23 f
  Sachwerte **539** 3
  Schönheitsreparaturen, nicht geschuldete **539** 4, 6a
  Unabdingbarkeit **556b** 30a
  Untermiete **539** 13, 21
  Verbindlichkeiten **539** 3
  Verjährung **539** 8; **548** 1a, 19 ff, 22a, 33 ff
  Verjährungsverkürzung **548** 46
  Verkehrswert, Erhöhung **539** 11
  Vermieterinteresse **539** 5, 7
  Vermieterwille **539** 5, 7
  Vermögensopfer, freiwillige **539** 3; **555a** 14
  Vertragsbeendigung, vorzeitige **539** 13 ff
  Wertersatz **539** 11

Aufwendungsersatzanspruch des Mieters (Forts)
  Willensrichtung **539** 28
Aufwertung
  Miete **Vorbem 536** 30 f
Aufzug
  Ablehnung der Nutzung **556** 32
  Betriebsbereitschaft **535** 28a
  Betriebsfähigkeit **535** 13
  Betriebskosten **556** 32
    Umlagefähigkeit **556a** 21, 28
    Umlagemaßstab **556a** 26
  Erdgeschosswohnung **535** 13; **555b** 20; **556a** 21, 26
  Haftpflichtversicherung **556** 38
  Instandhaltungskosten **556** 32
  Instandsetzungspflicht **535** 28a
  Kostentragung **535** 13
  Lärmbelästigung **536** 56
  Mangel **536** 8, 40
  Mitvermietung **535** 13
  Modernisierungsankündigung **555c** 8a
  Modernisierungsmaßnahmen **555b** 20, 28, 38; **555d** 7
  Notbereitschaft **556** 32
  Notrufsystem **556** 32
  Sicherheitstüren **555b** 38
  Verkehrssicherungspflicht **535** 29a
  Videoüberwachung **535** 13
  Wartungskosten **556** 32
Ausbauten
  Aufwendungen, nützliche **539** 4
  Schriftform **550** 34, 42, 49
Ausgleichsanspruch, nachbarlicher
  Grundstücksnutzer **535** 154
Auskunftsanspruch
  Mietobergrenze **556e** 47
  Pfändung **556** 79
Auslegung
  Mietvertrag **550** 45
Ausschlussklausel
  Verschweigen des Mangels, arglistiges **536d** 1 ff
Ausschlussvereinbarung
  Mangel der Mietsache **536d** 1 ff
Außenanlagen
  Modernisierungsmaßnahmen **555b** 20
  Reinigungskosten **556** 83
Außenflächen
  Mitvermietung **535** 11, 15b
Außengesellschaft
  Mietvertrag **Vorbem 535** 117
Außenputz
  Gebrauchstauglichkeit, unerhebliche Minderung **536** 21a
Außenwand
  Rechtsanmaßung Dritter **536c** 11
  Vermietung **Vorbem 535** 27

Außergeschäftsraumvertrag
  Geschäftsraumbegriff **542** 163
  Widerrufsrecht **542** 157, 163
  Wohnraummiete **Vorbem 535** 102 f
Ausstattung
  Grundstücksüberlassung, unentgeltliche **544** 2
Auszug des Mieters
  Begehung der Wohnung **548** 27
  Mitmieter **Vorbem 535** 119, 123
  Vertragsaufhebung, konkludente **Vorbem 535** 96; **542** 179
Automatenanbringungsvertrag
  Rechtsnatur **Vorbem 535** 54; **535** 2
Automatenaufstellvertrag
  Begriff **Vorbem 535** 55
  Besitz am Automaten **Vorbem 535** 56
  Form **Vorbem 535** 56
  Gestattungsvertrag **Vorbem 535** 56
  Hauptleistungspflichten **Vorbem 535** 58
  Kündigung **Vorbem 535** 57 f
  Mindestdauer **Vorbem 535** 57
Automatenvertrag
  Vertragsgestaltungen **Vorbem 535** 54 ff
Autoscooter
  Vertragseinordnung **Vorbem 535** 80

B2B-Geschäfte
  Rechtzeitigkeitsklauseln **543** 79
Bad
  Barrierereduzierung **554** 15
  Modernisierungsankündigung **555c** 6
  Modernisierungsmaßnahmen **555b** 28
Badeeinrichtungen
  Wegnahmerecht des Mieters **539** 29
Badeverbot
  Mangel der Mietsache **536** 44
Badewanne
  Gebrauchstauglichkeit, unerhebliche Minderung **536** 21a
Bäume
  Bereicherungsanspruch des Mieters **539** 16
  Gebrauch, vertragswidriger **541** 3
  Wegnahmerecht des Mieters **539** 29
Bagatellklausel
  Modernisierungsankündigung **555c** 15 ff; **555e** 1, 7
Bagatellschäden
  Abwälzung auf den Mieter **535** 151 f
  Begriff **535** 151
  Höchstgrenze **535** 152
  Obergrenze **535** 151 f
Bahn
  Ersatzansprüche, Verjährung **548** 3a
Bahnstrecke
  Mangelkenntnis **536b** 10a
Balkon
  Barrierereduzierung **554** 15
  Baumangel **536** 40a

Balkon (Forts)
  Blumenkästen **535** 12, 44; **541** 3; **543** 13
  Flächenberechnung **536** 74
  Mitvermietung **535** 8
  Modernisierungsmaßnahmen **555b** 20, 28
  Veränderung der Mietsache **555b** 21
Bandenwerbung
  Gebrauchsüberlassung **535** 15b
Bankbürgschaft
  Insolvenzrisiko des Vermieters **551** 21
Barkaution
  s Kaution
Barrierereduzierung
  anerkannte Regeln der Technik **554** 39
  Auflagen **554** 30
  bauliche Veränderungen **554** 1, 13 ff
    Anspruch auf Erlaubnis **554** 6 f
    Beseitigung **546** 29; **547** 8
    Erforderlichkeit **554** 27
    Mitwirkungshandlungen des Vermieters **554** 40
    Modernisierungsmaßnahmen **554** 31
    durch Vermieter **554** 31
    Zustimmungsverweigerung **554** 32
  Beeinträchtigungen anderer Eigentümer **554** 36
  Beeinträchtigungen anderer Mieter **554** 36, 42
  Behinderung, Art und Schwere **554** 26
  Benachteiligungsschutz **554** 23, 24
  Bestandserhaltung **554** 1
  Betriebskosten **554** 41
  Beweislast **554** 54
  Brandschutz **554** 34
  Denkmalschutz **554** 35
  Duldungstitel **554** 53
  Eigentumswohnung **554** 55 ff
  Einrichtungen, sonstige **554** 14
  Einwilligung **554** 12
  Einwilligung des Eigentümers **554** 38
  Energiekosten **554** 41
  Erlaubnispflicht des Vermieters **554** 9 ff
  Geeignetheit der Maßnahme **554** 39
  Gründe, mieterseitige **554** 10
  Interesse, gesamtgesellschaftliches **554** 1, 4, 22 ff
  Interessen, individuelle **554** 25 ff
  Interessenabwägung **554** 1, 6, 10, 21 ff, 48, 54
    Grundrechtspositionen **554** 24
  Kaution **554** 37, 38
  Konservierungsinteresse **554** 3, 30
  Kostentragung **554** 13, 41
  Kostenübernahme **554** 31
  Kostenverteilung **554** 31
  Mieterhöhung **554** 31
  Mietverhältnis, Dauer **554** 26
  Mietvertragsschluss **554** 11
  Minderungsrecht der Mitmieter **554** 42

Barrierereduzierung (Forts)
öffentliches Recht **554** 33
Prozessstandschaft, gewillkürte **554** 57
Reparaturen **554** 41
Rückbaupflicht **554** 6, 44 ff
Rückbaurisiko **554** 37
Sicherheitsbestimmungen **554** 33, 34
Sicherheitsleistung **551** 10; **554** 47 ff
  Anlage, getrennte **554** 51
  Verzinsung **554** 51
Treppenliftentscheidung **554** 3
Umbaumaßnahmen **554** 15
Vereinbarungen, abweichende **554** 58
Vermieterinteressen **554** 30
Wartungskosten **554** 41
Wegnahmerecht des Mieters **554** 43
Willenserklärung **554** 38
Wohnungswechsel **554** 5
Zug-um-Zug-Verurteilung **554** 52, 54
Zustimmungspflicht des Vermieters **554** 38
  Klage auf Zustimmungserteilung **554** 52
Bauerlaubnis
Kündigungsrecht **543** 33
Mangel der Mietsache **536** 47
Baufinanzierungsbeitrag
Mietvorauszahlung **547** 9
Baufreiheit
Erhaltungsmaßnahmen **555a** 9
Baugeräte
Mietvertrag **Vorbem 535** 44
Baugesetzbuch
Duldungspflichten **555a** 2
Modernisierungsmaßnahmen **555b** 38
Baukostenzuschuss
Aufwendungsersatz **539** 2a, 19
Kündigungsausschluss **542** 58
Mietvorauszahlung **547** 9, 32 ff
Nachfolgeklausel **547** 39 ff
Schriftform **550** 11, 34, 49
verlorener Baukostenzuschuss **547** 10 f
Verzug **543** 68
Bauliche Veränderungen
Barrierereduzierung **554** 1 ff
  s a dort
Beseitigungspflicht **535** 40 f; **541** 13; **546** 29 ff
Beweislast **546** 31
Einbruchsschutz **554** 1 ff
  s a dort
Erlaubnis des Vermieters **554** 38
Fortschritt, technischer **535** 41 f
Gebrauch, vertragsgemäßer **535** 40; **538** 2
Gebrauch, vertragswidriger **541** 3
Kündigung, fristlose **543** 49 f, 52
Laden elektrisch betriebener Fahrzeuge
  554 1 ff
  s a dort
Modernisierung, energetische **555b** 9
Modernisierungsmaßnahmen **555b** 1, 3 ff
Sicherheitsleistung **551** 10

Bauliche Veränderungen (Forts)
Zustimmung des Vermieters **535** 40 ff
Zustimmungspflicht **535** 41 f
Baumängel
Anzeigepflicht **536c** 8
Brandverursachung **536** 39
Garantiehaftung **536a** 8
Mangel der Mietsache **536** 22 ff, 39 ff, 115; **536a** 8
Maßstab, konkret-individueller **536** 23
Standard, geschuldeter **536** 22
Errichtung des Gebäudes **536** 22 ff
Baumaßnahmen
Kündigung, fristlose **543** 33 f
Wegnahmerecht des Mieters **539** 28
Baumfällung
Betriebskostenbegriff **556** 35b
Baumpflege
Betriebskosten **556** 35a
Kostentragung **535** 10a
Bauordnungsrecht
bauliche Veränderungen **554** 33
Kündigung aus wichtigem Grund **543** 30
Mangel der Mietsache **536** 47
Bauplan
Anlage zum Mietvertrag **550** 30, 39
Baustellenlärm
Kündigung, fristlose **543** 35
Mangel der Mietsache **536** 49 ff, 53, 59
Bedarfsklausel
Schönheitsreparaturen **535** 116
Bedarfsvorschau, mangelnde
Kündigungsausschluss **542** 53
Bediensetenwohnungen
Miethöhebeschränkungen **Vorbem 535** 9
Bedingung, auflösende
Mietvertrag **542** 1, 195; **550** 11
Bedingung, aufschiebende
Mietvertrag **Vorbem 535** 97; **Vorbem 536** 10
Bedrohungen
Besucher **543** 11
Kinder **543** 11
Kündigung aus wichtigem Grund **543** 8, 11, 15 f
Befristung
Mitmieter **536a** 5
Begehung der Wohnung
Auszug des Mieters **548** 27
Beherbergungsvertrag
Begriff **Vorbem 535** 61
Verhinderung, persönliche **537** 3
Vertragseinordnung **Vorbem 535** 61
Zimmerabbestellung **537** 13
Behindertengerechtes Wohnen
Barrierereduzierung
  s dort
Beitrittsgebiet
Kündigungsausschluss **542** 50

Belästigungen
Kündigung aus wichtigem Grund **543** 8, 16, 48
Rauchen **543** 13
Belegarztvertrag
Krankenhausaufnahmevertrag, gespaltener **Vorbem 535** 66
Beleidigungen
Kündigung aus wichtigem Grund **543** 8, 11, 15 f
Wohn- und Betreuungsvertrag **Vorbem 535** 73
schwere Beleidigungen **543** 12
Beleuchtungsanlagen
Modernisierungsmaßnahmen **555b** 28
Beleuchtungskosten
Umlagefähigkeit **556** 36
Beleuchtungspflicht
Abwälzung auf den Mieter **535** 33a f
Mietsache **535** 29
Pflichtverletzung **Vorbem 536** 14
Verkehrssicherungspflicht **535** 33 ff
Wegegesetze **535** 33
Belüftung
Gaststätte **536** 42a
Standard, geschuldeter **536** 24
Benutzungspflicht
Mietvertrag **541** 3 f
2. Berechnungsverordnung
Berechnung gebundener Mieten **Vorbem 535** 9
Betriebskosten **556** 21a
Bereicherungsanspruch des Mieters
Mietzahlung trotz Mangel **536** 92
Bereicherungsanspruch des Vermieters
Mietsache, Herausgabe **546** 85
Berlin
Mietendeckel **Vorbem 535** 20 ff; **556d** 11
Berliner Räumung
Wohnungsräumung **546** 65
Beschädigung der Mietsache
Abgrenzung **Vorbem 536** 5a f, 8 f
Opfergrenze **Vorbem 536** 6 f
Pflichtverletzung des Mieters **Vorbem 536** 16
Unmöglichkeit **Vorbem 536** 5a f
Vermieterhaftung **Vorbem 536** 5a
Beschaffenheitsangaben
Vertragsinhalt **536** 65
Beschaffenheitsvereinbarung
Flächenangaben **536** 68, 71
konkludente Beschaffenheitsvereinbarung **536** 50; **536b** 7 f
negative Beschaffenheitsvereinbarung **535** 127b; **536** 49a, 53, 57; **536b** 3 f, 8
Vormiete **556e** 19
Schönheitsreparaturen **535** 112 f
Besichtigungsrecht
Ankündigung, vorherige **535** 99 f

Besichtigungsrecht (Forts)
Aufnahmen gemieteter Räume **535** 99 f
Besichtigungstermine, Anzahl **535** 100
Formularvertrag **535** 98
Gebrauch, vertragswidriger **535** 99
Gefahren, drohende **535** 99
Informationspflicht **535** 99
Kaufinteressenten **535** 100
Mängel **535** 99
Mietinteressenten **535** 100
Personen, unzumutbare **535** 99
Sachgrund **535** 97, 98a f
Treu und Glauben **535** 97
Umfang **535** 98a
Besitzaufgabe
Kenntniserlangung **548** 29
Mietsache **548** 29
Besitzeinräumung
Mietvertrag **535** 15 f
Besitzrecht des Mieters
Eigentum **Vorbem 535** 12, 24
Besitzschutz
Übergabe der vermieteten Sache **Vorbem 535** 22 f
Besitzstörung
Mitmieter **535** 155
Besitzverhältnisse
Miete **Vorbem 535** 42
Bestätigung
Mietvertrag, anfechtbarer **542** 209
Bestandteile, wesentliche
Mietvertrag **535** 5
Bestimmbarkeit
Miete **Vorbem 535** 95
Besuchsverbot
Sittenwidrigkeit **Vorbem 535** 184
Betäubungsmittel, Aufbewahrung
Obhutspflicht des Mieters **535** 94
Beteiligungsklauseln
Reparaturen **535** 153
Betreiberimmobilie
Vorvertrag **Vorbem 535** 142
Betreutes Wohnen
Betreuungsleistungen **Vorbem 535** 74
Pflegeleistungen, Anteil **Vorbem 535** 74
Serviceleistungen **556** 46c
Vertragseinordnung **Vorbem 535** 74
Wohnraumüberlassung **Vorbem 535** 74
Betreuung, rechtliche
Kündigung des Mietverhältnisses **542** 34
Kündigung von Wohnraum **542** 67
Betriebscontracting
Wärmecontracting **556c** 20
Betriebserlaubnis
Verwendungsrisiko **537** 8, 10
Betriebsführungscontracting
Begriff **556c** 1
Effizienzgewinn **556c** 26
Jahresnutzungsgrad **556c** 24

Betriebsführungscontracting (Forts)
  Kostenumlage **556c** 5 f; **Anh B 556c** 11
  Instandhaltungskosten **556c** 34
  Scheinbestandteil **556c** 24
  Wärmecontracting **556c** 23
  Wärmelieferung **556c** 23
Betriebsgrundstück
  Energielieferung **535** 83
  Rohstofflieferung **535** 83
Betriebskosten
  Abwälzung auf den Mieter **535** 64, 65 ff, 70, 111 f
    Beweislast **556** 96 f
    Darlegungslast **556** 96 f
    gewerbliche Miete **535** 66a
    Transparenzgebot **535** 66a
    Wohnraummiete **535** 66a
  Änderung, Formerfordernis **550** 49
  Anerkenntnis, deklaratorisches **535** 80
  Angemessenheit **535** 77a
  Anlagen zum Mietvertrag **550** 30
  Anrechnungspflicht **537** 13
  Aufstellung **535** 64
  Aufzählung **535** 66
    Entbehrlichkeit **535** 66
  Begriff **535** 64, 66; **556** 9b, 14 f
  Betriebskostenverordnung
    s dort
  Beweislast **535** 77a; **556** 142 f
  Bezeichnung **535** 65
  Bruttomiete **535** 65
  Darlegungslast **556** 142 f
  Definition **556** 1, 3 f, 15, 51a
  Direktabrechnung **556** 9
  Einigung **Vorbem 535** 93
  Erhöhung, einseitige **556** 10
  Erhöhungsrecht **535** 73
  Fälligkeit **535** 81
  Formularvertrag **535** 66a
  gewerbliche Miete **535** 66a f
  Grundsteuer **535** 66
  Heizkosten **535** 64
  Inklusivmiete **535** 65
  kalte Betriebskosten **535** 77g; **556** 117
  Kostengerechtigkeit **556a** 3
  Lastentragung **535** 63 ff
  Mehrbelastungsklausel **535** 69
  Mehrwertsteuer **535** 85a
  Messgeräte **556** 23, 29 f
  Miete, zweite **556** 1
  Modernisierungsankündigung **555c** 12 f
  Nachforderungen **535** 81a
  Nachzahlung **535** 73
  Nettokaltmiete mit Vorauszahlungen **535** 65
  neue Betriebskostenarten **535** 69; **556** 63 ff
  Nutzungsentschädigung **546a** 43
  Prüfung technischer Anlagen **535** 32
  Rückzahlungsanspruch **556** 52

Betriebskosten (Forts)
  Schätzung **556** 142; **556a** 18
  Sicherheitsleistung **551** 4a
  sonstige Betriebskosten **535** 66b; **556** 45, 59
    Neueinführung **556** 63a
    Vereinbarung, stillschweigende **556** 62
  Teilinklusivmiete **535** 65
  Übergangsregelung **556** 9 ff
  Übernahme durch den Mieter **556** 4, 10
  Unabdingbarkeit **556** 1
  verbrauchsabhängige Kosten **535** 77g
  Verbrauchsabhängigkeit **556** 9
  Verbrauchserfassung **556** 29 f
  Verjährung **535** 81
  Vertragsgestaltungen **535** 72
  Verursachung **556a** 3, 21, 36
  Verwirkung **535** 81a
  warme Betriebskosten **556** 117a; **Anh B 556c** 6
  Warmwasserkosten **535** 64
  Wirtschaftlichkeitsgrundsatz **535** 76a, 77a; **536** 36; **556** 17, 29, 33b, 35b, 89 ff; **556a** 20
  Wohnraummiete **535** 63, 66a f, 70 ff
  Wohnungsrecht, dingliches **Vorbem 535** 50
  Zahlung unter Vorbehalt **556** 88
  Zahlung, vorbehaltlose **535** 80; **556** 61, 133
  Zurückbehaltungsrecht des Mieters **535** 78, 79b
Betriebskostenabrechnung
  Abdingbarkeit **556** 144
  Abflussprinzip **535** 77g; **556** 14, 117 f
  Abkürzungen **556** 82d
  Abrechnungseinheit **556a** 28
  Abrechnungsfehler **556** 133a, 135a
  Abrechnungsfrist **535** 76a, 77b, 77e; **556** 2, 6, 104 ff, 116 ff, 135
    Einheitlichkeit **556** 116a
    Fristverkürzung **556** 105
    Kalenderjahr **556** 116a
    Mietjahr **556** 116a
  Abrechnungsmaßstab **535** 77b; **556** 1; **556a** 1 ff
  Abrechnungsmethode **556** 82
  Abrechnungsperiode **535** 74 ff, 76a; **556** 1, 82, 86, 98 ff, 104, 116 f, 144; **556a** 5a
    Ablauf **535** 75
    Vorenthaltung der Mietsache **546a** 33
  Abrechnungsreife **556** 78 f, 80
  Abrechnungsunterlagen **556** 112 ff
    s a dort
  Abrechnungszeitraum **535** 76a
    Änderungsrecht **556a** 39
    Verkürzung **556** 116a
    Verlängerung **556** 116
  Abstände, mehrjährige **535** 77
  Abweichung, große **556** 133a
  Änderung **556** 63, 117b, 128, 133a
  Änderungswille **535** 68
  Alibi-Abrechnung **556** 108b

Betriebskostenabrechnung

Betriebskostenabrechnung (Forts)
Anspruch auf Abrechnung **535** 78;
  556 135 ff, 140
Anteile, Berechnung **535** 77b
aperiodische Kosten **556a** 31; **Anh B 556c** 11
Aufnahme von Personen in die Wohnung
  540 8
Ausschlussfrist **556** 82 f, 104a, 106 f
Beanstandungen **535** 79c
Begriff **535** 77
Belege **535** 79 f
  Einsichtnahme **535** 79 f
  – Unzumutbarkeit **535** 79a
  Kopien **535** 79a
  Vorlage **535** 78 f
Berechnungsmethode **556** 82d
Betrug **543** 16
Beweislast **535** 79c; **556** 109b
Datenschutz **556** 82
Dienstleistungen, haushaltsnahe **556** 87
Direktabrechnung **556a** 44
E-Mail **556** 103
Eigentumswohnung **556** 86, 113, 117;
  556a 1, 2, 5a, 23, 49 ff
Einwendungen, Form **556** 129a
Einwendungen, Zugang **556** 128
Einwendungsausschluss **535** 76a; **556** 2, 6,
  62, 127 ff, 131, 134
  Betriebskostenbegriff **556** 129a
  Fahrlässigkeit, grobe **556** 130a
  Fahrlässigkeit, leichte **556** 130a
  Fristbeginn **556** 127a
  Fristdauer **556** 127a, 132, 134
  Gewerbemietverhältnis **556** 134
  Mehrheit von Mietern **556** 127a
  Umlagefähigkeit **556** 129a
  Vorsatz **556** 130a
Endabrechnung des Leistungserbringers
  556 117
Erfüllungsgehilfen **556** 108a, 109
Erläuterung **535** 77b, 77d
Erläuterungspflicht **556** 83 ff, 96
Erstattungsanspruch, Überleitung auf
  Sozialleistungsträger **556** 79
Erstellung **556** 29
Fälligkeit **535** 78; **556** 104 ff
Fehler **535** 77c, 77e
  formelle Fehler **535** 77e
  Herausrechnung **535** 77c
  materielle Fehler **535** 77e f
Flächendifferenzen **535** 77h; **536** 70
Flächenmaßstab **535** 77b, 77h; **556** 9, 82a;
  556a 3, 5a f
Form **556** 103
Frist **535** 77, 78
Gebäude, einzelne **535** 77h
Gebäude, mehrere **535** 77h
Gesamtbetrag, bereinigter **556** 82c
Gesamtkosten **535** 77b; **556** 82, 82c

Betriebskostenabrechnung (Forts)
  bereinigte Gesamtkosten **535** 77c
Geschäftsraummiete **535** 76 ff
gewerbliche Miete **535** 75a
Grundsteuer **556** 83
Grundstücksveräußerung **535** 75a
Guthaben **556** 111
  Aufrechnung **556** 125
  Entgegennahme **556** 61 f
Handlung, geschäftsähnliche **556** 94
Insolvenz des Mieters **535** 90b; **556** 120a
Insolvenz des Vermieters **556** 120
jährliche Abrechnung **535** 72, 76a
Jahresfrist **556** 1, 6, 78, 104a, 116 f, 134, 136
  Fristverkürzung **556** 116a, 144
Kaution **551** 32
Korrektur **535** 81; **556** 63, 117b
Kosten, nicht umlagefähige **535** 77e
Kostenarten **556** 83 f
Kostenaufschlüsselung **535** 77d
Kostengegenüberstellung **556** 84
Kündigung, fristlose **543** 16
Kündigungsrecht des Mieters **556** 135a
Leerstandsrisiko **535** 77h
Leistungen, einmalige **543** 68
Leistungsprinzip **535** 77g; **556** 86, 117 f
Mehrheit von Mietern **535** 77; **556** 97, 118,
  121
Mehrheit von Vermietern **556** 97, 118
Messgeräte **535** 77c
Methoden **535** 77g
Mieterwechsel **556** 117, 117b, 133a; **556a** 32
Mietminderung **556** 13
Mischnutzung **556** 82c, 88
Mitteilungspflicht **556** 6
Nachforderungen **535** 78
  Ausschlussfrist **535** 76a
Nachholung **556** 109c, 133
Nachprüfung **535** 79
Nachvollziehbarkeit **535** 77e; **556** 82a, 103,
  121
Nachzahlungen **556** 6, 61 f
neue Abrechnung **556** 128
Neufälle **556** 20
Nutzeranzahl **556a** 25
Ordnungsmäßigkeit, formelle **535** 77b f,
  77e f; **556** 82, 82c, 82 f f, 108b, 121, 128 f,
  135a, 140
Personenzahl **556** 82a; **556a** 3
Plafondierung **556** 111a
Postlaufzeiten **556** 108 f
Praktikabilität **535** 77c
im Prozess **556** 145
Prüfungsfrist **556** 122 f
Rechenschaftslegung **556** 82
Rechenwerk **535** 77
Rechnung, einheitliche **535** 77d
Rechnungen, Eingang **535** 77g
Rechnungen, Fälligkeit **535** 77g

Betriebskostenabrechnung (Forts)
Rechtsstreitigkeiten **535** 64
Rechtzeitigkeit **556** 108 ff
Richtigkeit, inhaltliche **556** 82, 82f, 121, 129
Rückzahlungsanspruch **535** 78
  Fälligkeit **556** 121
Saldo, Auszahlung **535** 73
Saldoanerkenntnis **556** 144
Saldoklagen **535** 80a
Schlussabrechnung **535** 80
Schriftform **556** 103
Schuldanerkenntnis, deklaratorisches **556** 108, 133 ff
  Anfechtung **556** 133a
Stellvertretung **556** 97
Stufenklage **556** 141c
Teilabrechnungen **556** 82, 104a, 110
Teilabrechnungen, unterjährige **535** 77
Teilfälligkeit **556** 121
Telefax **556** 103
Übergangsrecht **556a** 5 f
Überprüfung durch den Mieter **556** 122 f
Umlagemaßstab **535** 77b
Umlageschlüssel **556** 82 ff
Umlagevereinbarung, fehlende **556** 82e
Unrichtigkeit **535** 68; **556** 135, 143
  bewusste Unrichtigkeit **556** 130a
Verbrauchsschwankungen **556** 84
Vereinbarungen, abweichende **556** 144
Verhinderung, persönliche **556** 109, 109c
Verjährung **556** 134
Verjährungsfrist **535** 78
Vermieterwechsel **556** 98 ff
Verpflichteter **556** 97
Versendung **556** 29
Verspätung **556** 109b
Verständlichkeit **535** 77e; **556** 103, 121; **Anh B 556c** 4
Verteilerschlüssel **535** 77b, 77e
  Erläuterungserfordernis **535** 77b
Verwaltungskosten **556** 29
Verwirkung **556** 134
Verzugszinsen **556** 135b
Vorauszahlungen **535** 76
  Abzug **535** 77b, 77c, 77e
Vorwegabzug **556** 82c
Wirtschaftseinheiten **556** 19 f, 85
Wissenszurechnung **556** 94
Wohnraummiete **535** 76 f; **556** 1
Wohnungsgenossenschaften **535** 72
Zuflussprinzip **556** 14
Zugang **535** 77, 78, 81; **556** 108 ff, 121, 122a, 124, 127
  Beweislast **556** 108
Zurückbehaltungsrecht **535** 78
Zusammenstellung der Gesamtkosten **535** 77b f
Zutrittsrecht **535** 98

Betriebskostenabrechnung (Forts)
Zwangsverwaltung **535** 73; **556** 101 f, 119, 137
Zwischenablesung **556a** 32 f
Zwischenabrechnung **556a** 32
Betriebskostenerhöhung
Rückwirkung **556** 109b, 117b, 124
Betriebskostennachforderungen
Ausschlussfrist **556** 2, 6, 106 f, 111, 127, 136
  Fristbeginn **556** 107
  Fristende **556** 108
  Fristversäumnis **556** 109 ff
  gewerbliche Miete **556** 106
  nicht gezahlte Vorauszahlungen **556** 111a
  Wohnraummiete **556** 106
Einreden **556** 129
Einwendungen **556** 129
Fälligkeit **556** 121 ff, 124; **556b** 21
Kündigungsrecht **543** 68, 70
Leistungsprinzip **556** 117b
Teilleistungen des Mieters **556** 126
Verjährung **556** 124
Vertretenmüssen der Verspätung **556** 109 ff, 130
  Beweislast **556** 130
Verwirkung **556** 139 ff
Verzug **556** 122a
Wohnungsrecht, dingliches **Vorbem 535** 50
Zurückbehaltungsrecht **556** 122a
Betriebskostennachzahlung
Betriebskostenabrechnung **556** 6, 61 f
erhebliche Nachzahlung **556** 74 ff
Rückforderungsanspruch **556** 111
Betriebskostenpauschale
Abrechnung, Abbedingung **556** 144
Abrechnungsmaßstab **556a** 1
Änderungsrecht des Vermieters **556a** 37
Aufrechnung **556b** 21
Betriebskosten **556** 69
Einwendungsausschluss **556** 127
Erhöhung **556** 11
Erhöhungsvorbehalt **556** 69
Fälligkeit **556b** 12
Heizkosten **535** 72
Heizkostenanteil **Anh B 556c** 25
Mietminderung **536** 95
Mietpreisbremse **556d** 24
Parteivereinbarung **Anh B 556c** 25
Plausibilität **556d** 24
Umstellung **556** 11
Vereinbarung **535** 72; **556** 1, 5 f, 11, 50, 67
  Änderung **556** 67
Vertragsumstellung **535** 68
Zurückbehaltungsrecht **556b** 21
Betriebskostenrückforderung
Verjährungshemmung **556** 141c
Betriebskostentragung
Vermieterpflicht **535** 63

Betriebskostenumlage
Bestimmungsrecht des Vermieters **556** 20
Eigentumswohnung, vermietete **535** 35a
Flächenmaßstab **535** 70
Gesamtbetrag, bereinigter **556** 82c
Gleichbehandlungsgrundsatz **556a** 35
neu entstandene Betriebskosten **556** 63 ff
  Modernisierungsmaßnahmen **556** 64 f
Nutzerwechselgebühren **556** 46
Nutzungsentschädigung **556a** 35
Preisbindung, Wegfall **556** 66a
überraschende Klausel **556** 50b
Umlagemaßstab **535** 70 f; **556** 62; **556a** 1 ff, 30
  Änderungserklärung **556a** 45 ff; **556c** 29
  Änderungsrecht des Vermieters **556a** 37 ff
  Änderungsvorbehalt **556a** 12 ff
  Altverträge **556a** 4
  Angemessenheit **556a** 39
  Bestimmungsrecht, einseitiges **556a** 1 ff, 7, 9, 14, 27
  Betriebskostenabrechnung **556** 82 ff
  Billigkeitskontrolle **556a** 7, 9, 12a f, 22, 36
  Ermessen, billiges **556** 62
  Flächenmaßstab **556a** 6, 22 ff
  Geschäftsraummiete **556a** 4
  Mietobjekte, Anzahl **556a** 26
  Mietrechtsreform **556a** 10
  Miteigentumsanteile **556a** 29
  neue Bundesländer **556a** 5a
  Personenzahl **556a** 22, 25
  – verbrauchsabhängige Betriebskosten **556a** 25
  – verbrauchsunabhängige Betriebskosten **556a** 25
  Störung der Geschäftsgrundlage **556a** 12 f, 14, 15a, 22
  Textform **556a** 1
  Übergangsrecht **556a** 5 f, 10
  Verbrauch **556a** 15 ff
  Vereinbarung **556a** 8 ff, 10 ff, 36
  Verursachung, unterschiedliche **556a** 3, 21
  Wegfall der Geschäftsgrundlage **556a** 14, 15a
  Wohnraummiete **556a** 4
Umlageschlüssel **556** 62, 82 ff
  Abweichung **556** 82b
  Gesamtpersonenanzahl **556** 82b
  Grundstücksfläche **556** 82a
  Nutzfläche **556** 82a
  Personenbelegung **556** 82a f
  Verbrauch **556** 82a
  Wohnfläche **556** 82a
  Wohnungsanzahl **556** 82a
Umlagevereinbarung **556** 50 f; **556a** 2, 8, 10 ff, 36
  Altverträge **556a** 8a

Betriebskostenumlage (Forts)
fehlende Vereinbarung **556** 82e
Inhaltskontrolle **556a** 8b
stillschweigende Vereinbarung **556** 62; **556a** 8
Unwirksamkeit **556** 52
Vertragsfreiheit **556a** 8
Vorauszahlungen **556** 2
  Kombination mit Pauschale **556** 50b
Wärmelieferung **556c** 1 ff
Wirtschaftseinheiten **556a** 27 f
Zahlungsverzug des Mieters **543** 67
Betriebskostenvereinbarung
Änderungsvertrag **556** 60 ff
  Anfechtung **556** 60
  Bestimmtheit **556** 60
  Form **556** 60
  Widerrufsrecht **556** 60
Bezugnahme auf die Betriebskostenverordnung **556** 51
die Betriebskosten **556** 14, 50a, 51
konkludente Vereinbarung **556** 61 f
Konkretisierung **556** 50c
Nebenkosten **556** 50 ff
Transparenzgebot **556** 46d f, 50b
überraschende Klausel **556** 50b
Vorauszahlungen **556** 5 f, 50b
Betriebskostenverordnung
Anlage 3 zu der II. BV **535** 66
Beifügung **556** 51
Berechnung gebundener Mieten **Vorbem 535** 9
Betriebskosten **556** 21b
Bezugnahme **556** 51, 57
Bezugnahme auf § 2 der Betriebskostenverordnung **535** 66
Fortgeltung **556** 1, 3
Inkrafttreten **556** 3
Betriebskostenvorauszahlungen
Abrechnung **535** 76; **556** 82 ff
Abrechnungsreife **556** 78 f, 80
Abtretbarkeit **556** 79
Änderungsrecht des Vermieters **556a** 43
  Vereinbarungen, abweichende **556a** 48
  Wirkungseintritt **556a** 47
Angemessenheit **Vorbem 535** 88; **556** 1 f, 72 ff, 81
Anpassung **535** 73; **556** 76
  Erklärung, einseitige **550** 44
arglistige Täuschung **556** 74 f
Aufklärungspflicht **Vorbem 535** 88
Aufrechnung **556** 80, 80a; **556b** 21
Auszug des Mieters **556** 77
Begriff **556** 68
Bestimmbarkeit **556** 72
Beweislast **556** 68
Einwendungsausschluss **556** 127
Entstehung **556** 77
Erhöhung **556** 63 a

Betriebskostenvorauszahlungen (Forts)
  Erhöhungsrecht, einseitiges **556** 76
  Erstvermietung **556** 74a
  Fälligkeit **535** 74; **556** 77; **556b** 12
  Geschäftsraummiete **535** 73
  Höhe **535** 72
  Ist-Vorauszahlungen **535** 77c, 77f
  Klage, Anhängigkeit **535** 75
  Mieterschutz **Vorbem 535** 88
  Mietminderung **536** 95
  Modernisierungsmaßnahmen **556** 64
  Nachzahlung, erhebliche **556** 74
    Schadensersatz **556** 74a f
  Nettokaltmiete mit Vorauszahlungen **535** 65
  zu niedrige Vorauszahlungen **556** 74 f
  Pfändung **556** 79 f
  Rückstände **535** 75; **556** 78, 80, 136
  Rückzahlungsanspruch **535** 74, 75a f; **556** 140 ff, 143, 145
    Aufrechnung **535** 75b; **556** 141b
    Bedingung, aufschiebende **535** 75b
    Fälligkeit **556** 141 f, 141c
    Mietverhältnis, beendetes **556** 141, 141b
    Rechtskraft **535** 75b; **556** 141b
    Verzug **556** 141a
  Soll-Vorauszahlungen **535** 77c, 77f
  Sollvorschuss **556** 78a, 82
  Täuschung des Mieters **Vorbem 535** 88; **543** 16
  Tilgungsbestimmung **556** 80
  Überzahlungen **556** 143
  unangemessen niedrige Vorauszahlung **Vorbem 535** 88
  Vereinbarung **535** 72; **556** 5 f, 50, 67 ff, 71
    Änderung **556** 67
  Verjährung **548** 22
  Verrechnung **556** 80
  Vertragsende **535** 75a
  Vertrauensschutz **556a** 5a
  Vollstreckungsabwehrklage **535** 75b
  Vorauszahlungszeitraum **556** 78
  Wohnraummiete **535** 73
  Wohnungsrecht, dingliches **Vorbem 535** 50
  Zahlungsverzug des Mieters **543** 67
  Zahlungsweise **556** 68
  Zurückbehaltungsrecht **556** 80, 99 f, 135b, 137, 141c f; **556b** 21
  Zurückbehaltungsrecht des Mieters **535** 74
Betriebspacht
  Rentabilität **543** 18
  Unternehmenspacht **Vorbem 535** 38
Betriebspflicht
  Befreiung des Mieters **535** 92a
  einstweilige Verfügung **535** 92c
  Erfüllungsanspruch **535** 92c
  Erkrankung des Mieters **535** 92a f
  Ersatzansprüche, Verjährung **548** 7
  Ferienzeiten **535** 92b

Betriebspflicht (Forts)
  Formularvertrag **535** 92a
  Geschäftseinstellung **535** 92c
  Geschäftsraummiete **535** 91 ff
  Insolvenz des Mieters **535** 92a
  Klauselkontrolle **535** 92b
  Konkurrenzschutz, Ausschluss **535** 92 ff
  Kündigung aus wichtigem Grund **543** 13
  Kündigungsrecht des Mieters **540** 35
  Nichtgebrauch, vertragswidriger **541** 4
  Öffnungszeiten **535** 92b
  Offenhaltungspflicht, Verbindung mit **535** 92b
  Personalausfall **535** 92b
  Rentabilität, mangelnde **535** 92a
  Sittenwidrigkeit **535** 92b
  Sortimentsbindung **535** 92 ff
  Vereinbarung **535** 92 ff
Betriebsunterbrechung
  Versicherungskosten **556** 38b
Betriebsverbot
  COVID-19-Pandemie **536** 44; **542** 213a
  Mangel der Mietsache **536** 44, 46 f
Beurkundung
  Nachholung **550** 25
Bewachungskosten
  Umlagefähigkeit **556** 45b
Beweislast
  Betriebskosten **556** 88
Beweislastklausel
  Beseitigungspflicht **546** 31
  Räumungspflicht **546** 22
Beweisverfahren, selbständiges
  Kosten, Ersatzfähigkeit **536a** 20
BGB-Außengesellschaft
  Mieterwechsel **540** 79
  Rechtsfähigkeit **542** 9
  Vermietereigenschaft **Vorbem 535** 111
  Wohngemeinschaft **540** 82, 85
BGB-Gesellschaft
  Mietvertrag **Vorbem 535** 98
  Mietvertragsschluss **550** 20, 20 f
    Gesamtvertretung **550** 21
    Vertreterzusatz **550** 21
  Vermietereigenschaft **Vorbem 535** 111
  Weitervermietung **549** 20
  Wohngemeinschaft **549** 20
BGB-Innengesellschaft
  Gesellschafterwechsel **540** 79
  Mietvertrag **Vorbem 535** 117
  Wohngemeinschaft **540** 82, 85 ff
Blei
  Mangel der Mietsache **536** 29
Bleirohre
  Instandhaltungsmaßnahmen **555a** 8; **555b** 34
Blitzschutzanlage
  Wartungskosten **556** 45a

Blumenkästen
  Anbringung **535** 12, 44; **541** 3; **543** 13
Boden
  Mitvermietung **535** 8
  Verkehrssicherungspflicht **535** 29a
Bodenbelag
  Modernisierungsmaßnahmen **555b** 6, 28
  Schönheitsreparaturen **535** 104
Bodenverseuchung
  Ersatzansprüche, Verjährung **548** 9
Böden
  Abnutzungsspuren **538** 3a
  Beseitigungspflicht **546** 29
  Gebrauch, vertragsgemäßer **538** 5a
  Mangel **536** 8
  Tragfähigkeit **536** 39
Bohren
  Gebrauch, vertragsgemäßer **535** 40 f
Bolzplatz-Urteil
  Umweltfehler, nachträglicher **536** 51 f, 52a
Bombendrohung
  Mangel der Mietsache **536** 10
Boote, Abstellplatz
  Mietvertrag **Vorbem 535** 43
Bordell
  Kündigung, fristlose **543** 35
  Mangel der Mietsache **536** 55a, 57
Bordellpachtvertrag
  Sittenwidrigkeit **Vorbem 535** 183
Brandgefahr
  Kündigung, fristlose **543** 33, 49
Brandschaden
  Beweislastverteilung **538** 13, 15
  Mängelbeseitigung **538** 11
  Minderungsrecht **538** 11
  Schadensersatzpflicht des Mieters **538** 8a
  Versicherung **538** 9
Brandschutz
  bauliche Veränderungen **554** 34
  Betriebskostenumlage **556** 26
  Garantiehaftung **536a** 7
  Gaststätte **536** 42a
  Mangel der Mietsache **536** 40a
Brennstoffe
  Anfangsbestand **556a** 19
  Betriebskostenabrechnung **556** 83a
  Betriebsstrom **Anh B 556c** 12
  Brennstofflieferung **Anh B 556c** 12
    Trinkgelder **Anh B 556c** 14
  Endbestand **556a** 19
  Unterbringung der Sachen des Mieters **535** 48
  Verbrauch **556a** 19
Briefkasten
  Mindeststandard **535** 44
  Mitvermietung **535** 6
Briefwechsel
  Schriftform **550** 67

Bringschuld, modifizierte
  Miete **543** 77
Bruchteilsgemeinschaft
  Kündigung des Mietverhältnisses **542** 11
Bruttomiete
  Betriebskosten **535** 65; **556** 7, 10, 67, 69; **556a** 1, 37
    Altverträge **556a** 5
  Erhöhung **556** 69
  Lastentragung **535** 63
  Mietvertrag **535** 67
  Minderung **536** 94 ff
  Sicherheitsleistung **551** 9
  Vergleichsmiete, ortsübliche **556d** 22 f
Bürgschaft
  Angebot des Dritten **551** 7a
  Dauerschuldverhältnis **551** 8b
  Dreifaches der Miete **551** 8, 9b
  auf erstes Anfordern **551** 7
  Fälligkeit **551** 15
  Freiwilligkeit **551** 7a f
  Höhe **551** 8
  Kündigung aus wichtigem Grund **551** 8b
  Mieterhöhungen **551** 8
  Mieterwechsel **540** 73
  Mietsicherheit **551** 4, 7 f
  Mietvertrag, Ausdehnung **551** 8
  Mietvertrag, Verlängerung **551** 8
  Rückgewähranspruch **551** 41
  Tod des Mieters **551** 8
  Verjährung **551** 8a
    Vermieteransprüche **551** 8a
  Verlängerungsoption **Vorbem 535** 159
  Vermieterwechsel **540** 91
  Vollstreckungsabwehrklage **551** 8a
Büroarbeiten
  Gebrauch, vertragsgemäßer **535** 36 f
Bundesmietwohnung
  Wohnraummiete **549** 16

Campieren
  Vertragseinordnung **Vorbem 535** 80
CB-Funkantenne
  Gebrauch, vertragsgemäßer **535** 44
Center-Management
  Kosten, Abwälzung auf den Mieter **535** 66a; **556** 46d
Change of Control-Klausel
  Gesellschafterwechsel **540** 80
Chefarztvertrag
  Leistungserbringung, persönliche **Vorbem 535** 67
  Vertragseinordnung **Vorbem 535** 66 f
Code civil
  Mietvertrag **Vorbem 535** 1
Computer
  Mangel der Mietsache **536** 62
condictio ob rem
  Verwendungen auf die Mietsache **539** 18

Coronakrise
s COVID-19-Pandemie
COVID-19-Pandemie
Betriebsverbot **Vorbem 536** 33 f, 38 ff;
  536 44
Kündigung **Vorbem 536** 44
Kündigungssperre **Vorbem 536** 35 ff
Landpachtvertrag **Vorbem 536** 43
Mietrecht **Vorbem 536** 32 ff
Schließungsanordnung **Vorbem 536** 33 f,
  38 ff
Unmöglichkeit, vorübergehende
  Vorbem 536 40 f
Vertragsanpassung **Vorbem 536** 44
Verwendungsrisiko **Vorbem 536** 39
Wegfall der Geschäftsgrundlage
  Vorbem 536 37, 42 ff; **542** 213a
culpa in contrahendo
Aufklärungspflicht **Vorbem 535** 84
Mieterhaftung **Vorbem 535** 91
  Verjährung **548** 3
Täuschung durch positives Tun
  Vorbem 535 91
Verhinderung der Vertragswirksamkeit
  550 63
Vermieterhaftung **Vorbem 535** 86 ff

Dach
Baumangel **536** 39
Instandsetzungspflicht **535** 28a
Vermietung **Vorbem 535** 27
Dachbegrünung
Wartungskosten **556** 35a
Dachgarten
Flächenberechnung **536** 74
Dachgeschosswohnung
Mietpreisbremse **556f** 4
Dachlawine
Verkehrssicherungspflicht **535** 30
Dachraum
Flächenangabe **536** 72
Dachrinne
Reinigungskosten **556** 24, 34, 45a
  Vereinbarung, stillschweigende **556** 62
Wartungskosten **556** 24
Dachschräge
Flächenangabe **536** 72
Gebrauchswerterhöhung **555b** 25
Nutzungsbeschränkung **536** 72
Datenschutz
Betriebskostenabrechnung **556** 82, 112
Dauernutzungsrecht
Erlöschen **542** 1, 216
Kündigungsrecht des Erwerbers **542** 111
Dauernutzungsvertrag
Genossenschaftswohnung **Vorbem 535** 75
Kündigungsbeschränkung **542** 60, 62
Wohnraummiete **549** 16

Dauerschuldverhältnis
Kündigung aus wichtigem Grund **543** 1
Schadensersatz **543** 61
Mietbürgschaft **551** 8b
Mietvertrag **Vorbem 535** 21
Dauerverzug
Zahlungsverzug des Mieters **543** 91
Dauerwohnrecht
Erlöschen **542** 1, 216
Kündigungsrecht des Erwerbers **542** 111
Rechtsmangel **536** 82
DDR
Eheleute, Mietvertragsschluss durch **542** 13
Decken
Mangel der Mietsache **536** 10, 39
Schönheitsreparaturen **535** 102
Deliktsschutz
Übergabe der vermieteten Sache
  Vorbem 535 22 f
Denkmalschutz
bauliche Veränderungen **535** 40; **554** 35
Modernisierungsmaßnahmen **555b** 38
Diebstahl
Mietsache **538** 15
Modernisierungsmaßnahmen **555b** 28
Sorgfaltspflicht des Mieters **543** 49
Dienstleistungen, haushaltsnahe
Bescheinigung **556** 87
Dienstvertrag
Dienstleistungen **Vorbem 535** 46
Tätigkeitsvertrag **Vorbem 535** 44
Vertragsverlängerung, stillschweigende
  545 1
DIN-Normen
Gebrauch, vertragsgemäßer **536** 7
Direktabrechnung
Betriebskosten **556a** 5a, 44; **556c** 39;
  Anh B 556c 26
Doppelhaushälfte
Betriebskostenabrechnung **556** 82e
Doppelmiete
einstweilige Verfügung **536** 87
Erfüllungsanspruch **536** 85 f
Kündigung aus wichtigem Grund **543** 31
Rechtsmangel **536** 85 ff
Schadensersatz **536** 86; **536a** 24
Unmöglichkeit **536** 85
  Beweislast **536** 85
Unterlassungsanspruch **536** 87
Unvermögen, anfängliches **Vorbem 536** 4a;
  536 86
Dreißigjahresfrist
Antrag, Bindungsfrist **544** 4
Kündigungsrecht, Ausschluss **542** 56, 63;
  544 4
Schuldverhältnis **544** 1b
Dreitagesfrist
Karenzzeit **556b** 15
Mietzahlung **556b** 13 f, 15

Drogenberatungsstelle
Mangel der Mietsache **536** 57
Drogenszene
Mangel der Mietsache **536** 57
Drohung
Anfechtungsgrund **542** 208
Kündigung aus wichtigem Grund **543** 8, 11, 15 f
Dübel
Gebrauch, vertragsgemäßer **535** 40 f; **538** 4
Duldungstitel
Barrierereduzierung **554** 53
E-Mobilität, bauliche Veränderungen **554** 53
Einbruchsschutz **554** 53
Modernisierungsmaßnahmen **555d** 27
Durchfahrten
Mitvermietung **535** 9
Durchfeuchtung
Minderungsrate **536** 98
Durchlaufbegrenzer
Modernisierungsmaßnahmen **555b** 17
Dusche
Lärmimmissionen **535** 27
Mitvermietung **535** 6
Modernisierungsmaßnahmen **555b** 28

E-Mobilität
s Laden elektrisch betriebener Fahrzeuge
EDV-Anlage
Gebrauchsgewährung **535** 15b
Vertragseinordnung **Vorbem 535** 46
Eheleute
Auszug aus der Wohnung **Vorbem 535** 131
Eintritt in den Mietvertrag **Vorbem 535** 134 f; **542** 218
Gebrauchsüberlassung an Dritte **540** 6; **553** 8
Getrenntleben **Vorbem 535** 134
Kautionsrückzahlung **551** 40
Mietvertrag **Vorbem 535** 125 ff; **545** 9
  Abschluss durch beide Ehegatten **Vorbem 535** 125, 130 ff
  Abschluss durch einen Ehegatten **Vorbem 535** 125, 127 ff
  Beitritt, konkludenter **Vorbem 535** 126
  Genehmigung **Vorbem 535** 126
  Kündigung **Vorbem 535** 131 f
  – Ausgleichsanspruch **Vorbem 535** 133
  – Mitwirkungspflicht **Vorbem 535** 132; **542** 16a
  langfristiger Mietvertrag **550** 22
  Mieterrechte **Vorbem 535** 130
  Mitunterzeichnung **Vorbem 535** 125
  Schutzbereich **Vorbem 535** 127
  Vertretungsmacht **Vorbem 535** 125 f; **550** 22
Mitbesitz **Vorbem 535** 130
Räumungsrechtsstreit **546** 49 f

Eheleute (Forts)
Schlüsselgewalt **Vorbem 535** 125
Verhältnis, familienrechtliches **Vorbem 535** 127, 130
Wohnungszuweisung **Vorbem 535** 135
Ehewohnung
Besitzrecht **Vorbem 535** 128; **540** 8
Grundstückseigentum **Vorbem 535** 135
Herausgabeanspruch **Vorbem 535** 128
Räumungsvollstreckung **Vorbem 535** 128
Rückgabepflicht **546** 16
Sonderkündigungsrechte des Vermieters **Vorbem 535** 135
Überlassungsanspruch **Vorbem 535** 134
Eichkosten
Umlage **556** 23, 30 f; **556a** 31
Eidesstattliche Versicherung
Eigenschaftsirrtum **542** 204
Kündigung aus wichtigem Grund **543** 14
Mietpreisbremse **556g** 80
Eigenbedarf
Mischmietverhältnis **549** 18
Rechtsausübung, unzulässige **542** 108
Vorspiegelung **Vorbem 536** 14b
Eigenbedarfskündigung
Ausschluss **542** 59
Haftung des Vermieters **Vorbem 535** 86
Rechtsausübung, unzulässige **542** 108
Teilkündigung **542** 96
Wartefrist **542** 52
Eigenleistungen
Schönheitsreparaturen **535** 123
Eigenmacht, verbotene
Mietobjekt **535** 15a
Versorgungssperre **535** 82a
Eigenschaften der Mietsache
Begriff **536** 66
Eigenschaftsirrtum
Anfechtungsgrund **542** 204
eidesstattliche Versicherung **542** 204
Nichtrauchereigenschaft **542** 204
persönliche Eigenschaften **542** 204
Vermögensverhältnisse **542** 204
Eigenschaftszusicherung
Begriff **536** 64
Bindungswirkung **536** 64
Einstandspflicht **536** 65
Erfüllungsanspruch **536** 63
Form **536** 64; **550** 35
Garantiehaftung **536a** 2
Mangel der Mietsache **536** 63 ff
Minderungsrecht **536** 63
rechtliche Eigenschaft **536** 78
Vertragsinhalt **536** 65
Eigentümer
Ersatzansprüche, deliktische **548** 14 f
Eigentümer-Besitzer-Verhältnis
Aufwendungsersatzanspruch des Mieters **539** 21

Eigentümerwechsel
Optionsvertrag **Vorbem 535** 153
Eigentum
Eigentumserwerb des Mieters **542** 1, 215
Sozialbindung **554** 4
Vermieter **535** 4
Eigentumsgarantie
Mietrecht **Vorbem 535** 24
Eigentumswohnung, vermietete
Barrierereduzierung **554** 55 ff
bauliche Veränderungen **554** 7
Betriebskostenabrechnung **556** 86, 113, 117; **556a** 1, 2, 5a, 23, 49 ff; **Anh B 556c** 28
Einzeljahresrechnung **556** 117
Ermessen, billiges **556a** 51; **Anh B 556c** 28
Jahresabrechnung **556a** 49; **Anh B 556c** 28
Jahresfrist **556** 86
Leistungsprinzip **556** 86
Parteivereinbarung **Anh B 556c** 28
Umlagemaßstab **556a** 26, 29; **Anh B 556c** 28
– Miteigentumsanteile **556a** 29
Verteilungsschlüssel **556a** 49 ff
Zufluss- und Abflussprinzip **556** 117
Betriebskostenumlage **535** 35a
Eigenbedarfskündigung **542** 52
Einbruchsschutz **554** 55 ff
Erhaltungsmaßnahmen, Ankündigung **555a** 9a; **555b** 2a
Erhaltungsmaßnahmen, Duldungspflicht **555a** 9a; **555b** 2a
Erhaltungspflicht **535** 31
Ersatzansprüche, Verjährung **548** 14
Gebrauch, vertragsgemäßer **535** 35a
Gemeinschaftsordnung **535** 35a; **541** 1a
Grundsteuer **556** 86; **556a** 8b, 26, 49
Hausordnung, Bindung des Mieters **Vorbem 535** 170
Heizkostenverordnung **556a** 49
Hinderung angemessener wirtschaftlicher Verwertung **542** 52
Kündigung durch Verwalter **542** 27
Laden elektrisch betriebener Fahrzeuge **554** 55 ff
Mängel **535** 35a
Vertretenmüssen **536a** 11a
Modernisierungsmaßnahmen **555a** 9a; **555b** 2a
Musikausübung **535** 35a
Rechtsmangel **536** 82
Reparaturmaßnahme, Zustimmung **535** 35a
Tierhaltung **535** 35a
Vermietungsverbot **Vorbem 535** 186
Wärmecontracting **556c** 10
Einbauküche
Bereicherungsanspruch des Mieters **539** 16
Mitvermietung **535** 6
Modernisierungsmaßnahmen **555b** 6

Einbauküche (Forts)
Rückgabepflicht **546** 33
Wegnahmerecht des Mieters **539** 29
Zustimmungserfordernis **535** 40
Einbruch
Modernisierungsmaßnahmen **555b** 34
Einbruchsschutz
anerkannte Regeln der Technik **554** 39
Auflagen **554** 30
bauliche Veränderungen **554** 1, 13 ff, 20
Beseitigung **546** 29; **547** 8
Mitwirkungshandlungen des Vermieters **554** 40
Modernisierungsmaßnahmen **554** 31
durch Vermieter **554** 31
Zustimmungsverweigerung **554** 32
Beeinträchtigungen anderer Eigentümer **554** 36
Beeinträchtigungen anderer Mieter **554** 36, 42
Bestandserhaltung **554** 1
Betriebskosten **554** 41
Beweislast **554** 54
Denkmalschutz **554** 35
Duldungstitel **554** 53
Eigentumswohnung **554** 55 ff
Einrichtungen, sonstige **554** 14
Einwilligung **554** 12
Einwilligung des Eigentümers **554** 38
Energiekosten **554** 41
Erlaubnispflicht des Vermieters **554** 9 ff
Geeignetheit der Maßnahme **554** 39
Interesse, gesamtgesellschaftliches **554** 1, 4, 22 ff
Interessen, individuelle **554** 24, 29
Interessenabwägung **554** 1, 6, 10, 21 ff, 48, 54
Grundrechtspositionen **554** 24
Kaution **554** 37, 38
Konservierungsinteresse **554** 3, 30
Kostentragung **554** 13, 41
Kostenübernahme **554** 31
Kostenverteilung **554** 31
Mieterhöhung **554** 31
Mietvertragsschluss **554** 11
Minderungsrecht der Mitmieter **554** 42
öffentliches Recht **554** 33
Prozessstandschaft, gewillkürte **554** 57
Reparaturen **554** 41
Rückbaupflicht **554** 6, 44 ff
Rückbaurisiko **554** 37
Sicherheitsbestimmungen **554** 33
Sicherheitsleistung **554** 47 ff
Anlage, getrennte **554** 51
Verzinsung **554** 51
Vereinbarungen, abweichende **554** 58
Vermieterinteressen **554** 30
Wartungskosten **554** 41
Wegnahmerecht des Mieters **554** 43

Einbruchsschutz (Forts)
Willenserklärung **554** 38
Zug-um-Zug-Verurteilung **554** 52, 54
Zustimmungspflicht des Vermieters **554** 38
Klage auf Zustimmungserteilung **554** 52
Einbruchsverhinderung
Schutzpflicht des Vermieters **535** 29
Einfamilienhaus
Flächenangaben **536** 70
Flächenberechnung **536** 74
Modernisierungsmaßnahmen **555d** 24
Einfrieren von Rohren
Obhutspflicht des Mieters **535** 94
Eingang
Ersatzansprüche, Verjährung **548** 12
Einheitsbehandlung
Mischmietverhältnis **Vorbem 535** 33
Einigung
Mietvertrag **Vorbem 535** 92 ff
Einkaufsstraßen
Konkurrenzschutz **535** 24b
Einkaufszentrum
Betriebskosten, Abwälzung auf den Mieter **535** 66a
Betriebspflicht **Vorbem 536** 26
Center-Management **535** 66a; **556** 46d
culpa in contrahendo **Vorbem 536** 26
Eigenschaftszusicherung **536** 66 f
Konkurrenzschutz **535** 24b
Kundenfrequenz **536** 66
Objektbeschreibung **536** 65
Offenhaltungspflicht **535** 92 f
Parkplätze **536** 66
Schriftform **550** 37
Sortimentsbindung **Vorbem 536** 26
Störung der Geschäftsgrundlage **Vorbem 536** 24 f
Verkaufsfläche, Bestimmbarkeit **550** 37
Vermietungsrisiko **Vorbem 536** 25
Vermietungsstand **536** 65
Verschulden bei Vertragsverhandlungen **Vorbem 535** 87
Verwendungsrisiko **Vorbem 536** 24 ff
Werbegemeinschaft **Vorbem 536** 26
Zugangsbehinderung **536** 59a
Einliegerwohnung
Heizkosten **535** 67
möblierte Wohnungen **549** 44
Wohnraummiete **549** 16
Einrede des nichterfüllten Vertrages
Ausschluss **536** 108
Erhebung der Einrede **536** 108
Mietvertrag **535** 82a
Minderung **536** 101
Einrichtungen des Mieters
Abtrennungsrecht **539** 32, 35
Angebot zur Übernahme **552** 4
Aufwendungsersatzanspruch des Mieters **539** 26

Einrichtungen des Mieters (Forts)
Badeeinrichtungen **539** 29
Bäume **539** 29
Begriff **539** 26 ff
Beleuchtung **539** 29
Beseitigungspflicht **539** 25; **546** 27 f
Besitz **539** 32, 34
Eigentum **539** 27, 32
Ersatzansprüche, Verjährung **548** 7
Gebrauch, vertragsgemäßer **539** 25; **554** 9
Grundstücksveräußerung **539** 35
Heizungsanlage **539** 29
Kücheneinrichtungen **539** 29
Nebensachen **539** 26
Teppichboden **539** 29
Veräußerung an Nachmieter **539** 33
Verbindung, körperliche **539** 26, 29a
Vermieterpfandrecht **539** 27
Waschkücheneinrichtung **539** 29
Wegnahmerecht **539** 23 ff, 30; **546a** 20
Verjährung **548** 1 f, 7
Einschreiben
Einwurfeinschreiben **542** 33
Kündigungserklärung **542** 32 f, 47
Übergabeeinschreiben **542** 32, 46
Einsturzgefahr
Kündigung, fristlose **543** 33
Einstweilige Verfügung
Auskunftsanspruch **546** 63
Betriebspflicht **535** 92c
Doppelmiete **536** 87
Erhaltungsmaßnahmen **555d** 26
Modernisierungsmaßnahmen **555d** 26 ff
Räumung **546** 81
Räumungsfrist **546** 73
Sicherungsanordnung **546** 79
Wohnungsräumung **546** 61 ff, 79, 111
Eintritt in den Mietvertrag
Angehörige **542** 111
Beitritt zum Mietverhältnis **540** 70 f
Eheleute **Vorbem 535** 135; **542** 111, 218
Eintrittsvertrag **540** 64 ff
Ersatzvermietung **537** 25, 29 f
Formbedürftigkeit **540** 67 f; **550** 35
Fortsetzung, unveränderte **536a** 5; **540** 72
Fortsetzungsverlangen **542** 143
Gebrauchsüberlassung an Dritte **540** 64 ff
Grundstückserwerber **542** 217; **550** 3
Haushaltsführung, gemeinsame **542** 143
Mieterwechsel **540** 72 ff
Mietpreisbremse **556d** 8
Mietverhältnis, befristetes **542** 143
Mietvertrag auf Lebenszeit **542** 143
Tod des Mieters **542** 111
Verjährungsbeginn **548** 31 f
Vertrag, dreiseitiger **540** 64 f, 69 ff
Vertrag, unternehmensbezogener **540** 75 f
Vertragsaufhebung **540** 64
Vertragsbeitritt **540** 64

Eintritt in den Mietvertrag (Forts)
    Vertragsübernahme **540** 64, 67
    Zustimmung des Vermieters **540** 66 ff
        Form **540** 68
Einzelheizung
    Betriebskosten **556** 27, 57
    Wärmecontracting **556c** 19
Einzelkaufleute
    Verträge, unternehmensbezogene **540** 75 ff
Einzelvergleichsmiete
    Begriff **556d** 15
Einzug, vorzeitiger
    Leihvertrag **Vorbem 535** 97
    Mietvertragsschluss **Vorbem 535** 97
    Widerspruch des Vermieters
        Vorbem 535 97
Einzugsermächtigung
    Miete **535** 90
    Mietzahlung **543** 80
    Widerruf **535** 90
Eisenbahnwagen
    Fahrnismiete **Vorbem 535** 27; **549** 13
Elektroanlage
    Wartungskosten **556** 45a
Elektrofahrzeuge
    Laden elektrisch betriebener Fahrzeuge
    s dort
Elektroinstallation
    Aufwendungen, nützliche **539** 4
    Mangel der Mietsache **536** 10
    Modernisierungsmaßnahmen **555b** 28
    Schadensersatzpflicht des Mieters **538** 15
    Standard, geschuldeter **536** 24, 26a
Elektromobilität
    s Laden elektrisch betriebener Fahrzeuge
Elektronische Form
    Mietvertrag, langfristiger **550** 12, 26
Elementarschädenversicherung
    Umlagefähigkeit **556** 38a
Eltern
    Aufnahme in die Wohnung **540** 6
    Aufnahme von Personen in die Wohnung
        553 8
    Bürgschaft für Kinder **551** 7b
    Gebrauchsüberlassung an Dritte **540** 6;
        553 8
    Mietvertrag **Vorbem 535** 126
Empfangsvollmacht
    Kündigung **542** 42 f
    Widerruf **542** 43
Endenergie
    Begriff **555b** 10
Endenergieeinsparung
    Modernisierung, energetische **555b** 9 f, 12,
        15 f
    Wärmecontracting **556c** 26
Endrenovierungsklauseln
    Geschäftsraummiete **535** 118
    Rückgabeklauseln **535** 125

Endrenovierungsklauseln (Forts)
    Schönheitsreparaturen **535** 117 f, 129a, 132
    Summierungseffekt **535** 117
Energetische Modernisierung
    s Modernisierung, energetische
Energetische Sanierung
    s Sanierung, energetische
Energieausweis
    Energieeinsparungsgesetz **Vorbem 535** 89
    Energieeinsparverordnung **Vorbem 535** 89
    Haftung des Vermieters **Vorbem 535** 90
    Immobilienanzeigen **Vorbem 535** 89
    Modernisierungspflicht **Anh B 556c** 19
    Zugänglichmachung **Vorbem 535** 89
Energieeffizienz
    Mindeststandard **536** 27
Energieeinsparung
    Betriebskosten **556a** 3
    Bezug auf die Mietsache **555b** 13
    Dauerhaftigkeit **555b** 15a
    Duldungspflicht **555b** 2, 11
    Energieformen **555b** 11
    Mieterhöhung **555b** 12
    Modernisierungsankündigung **555c** 13
    Modernisierungsmaßnahmen **555b** 2;
        555d 9 f
    Pauschalwerte **555c** 13
    Spürbarkeit **555b** 15a
    Vernunft, wirtschaftliche **555b** 11
    Wärmedämmung **555b** 11
Energieeinsparverordnung
    Dämmungsgebot **555b** 38
    Mindeststandard **536** 27
    Modernisierungsmaßnahmen **555b** 38
    Nachrüstungspflichten **555b** 38
Energiekosten
    Umlage **556c** 5
    Umlagemaßstab **556a** 15b
Energiesparhaus
    Waschmaschinen, Verbot des Betriebs
        535 43
Energiesparlampen
    Duldungspflicht **555b** 6, 11
Energieverbrauch
    Zusicherung **Vorbem 535** 90
Energieverbrauchskosten
    Umlagefähigkeit **Anh B 556c** 25
Energieversorgung
    Fürsorgepflicht des Vermieters **535** 82
    Gewährleistungsausschluss **536** 124
Enteignungsverfahren
    Mietverhältnis **542** 219
Entgeltlichkeit
    Miete **Vorbem 535** 40
Entgeltthese
    Schönheitsreparaturen **535** 110, 135
Enthaftungserklärung
    gewerbliche Miete **535** 90b
    Insolvenzverfahren **535** 90b; **542** 135

Entwässerung
- Betriebskosten **556** 24, 56
- Betriebskostenabrechnung **556** 82d
- Direktabrechnung **556a** 5a; **556c** 39; **Anh B 556c** 26
- Vertragsumstellung **556a** 39
- Wasserkosten **556** 56

EOP-Methode
- Kostenvergleich **Vorbem 535** 181

Epoxidharz
- Mangel der Mietsache **536** 29

Erbbaurecht
- Kündigungsrecht des Grundstückseigentümers **542** 111
- Rechtsmangel **536** 82
- Vermietung von Sachen des Mieters **535** 4

Erben des Mieters
- Rückgabepflicht **546** 8

Erbenermittlung
- Zahlungsverzug des Mieters **543** 82

Erbengemeinschaft
- Kündigung des Mietverhältnisses **542** 11
- Mietvertrag **540** 81
- Mietvertragsschluss **550** 20, 22
  - Parteibezeichnung **550** 22, 36
  - Vertreterzusatz **550** 22

Erbmiete
- Verhinderung **544** 1

Erdgeschosswohnung
- Beleuchtungspflicht **535** 33a
- Fahrstuhl **535** 13
- Reinigungspflicht **535** 33a
- Streupflicht **535** 33a

Erfüllung
- Mietvertrag **550** 59

Erfüllungsanspruch
- Abtretbarkeit **541** 12
- Erhaltungspflicht **535** 21
- Mängelbeseitigung **535** 21
- Mangel der Mietsache **536b** 3 f
- Mieter **535** 16
- Mietvertrag **Vorbem 535** 21; **535** 16
- Mietzahlung **537** 2
- Schönheitsreparaturen **535** 21
- Unterlassung des vertragswidrigen Gebrauchs **541** 12
- Unverjährbarkeit **535** 14
- Verjährung **548** 1a, 4 f, 16 f, 19, 22, 39
- Verzicht **536b** 3
- Zurückbehaltungsrecht **536** 101, 103

Erfüllungsbereitschaft
- Gebrauchsgewährung **537** 33, 36 ff, 39
- Kündigung aus wichtigem Grund **543** 29

Erfüllungsgehilfen
- Gebrauchsüberlassung an Dritte **540** 58
- Kündigung, außerordentliche **543** 42
- Schadensersatzpflicht des Mieters **538** 14

Erfüllungsort
- Mietvertrag **535** 89

Erfüllungsverweigerung
- Kündigung aus wichtigem Grund **543** 10, 15, 28
- Mahnung, Entbehrlichkeit **536a** 16
- Mietzahlung **543** 80
- Schönheitsreparaturen **535** 130, 140 f

Erhaltungsmaßnahmen
- Abnutzung **555a** 8
- Alterung **555a** 8
- Ankündigung **555a** 9, 12 f, 15
  - Entbehrlichkeit **555a** 9, 13
  - Form **555a** 15
  - Frist **555a** 15
  - Rechtzeitigkeit **555a** 12
- Ankündigungsfrist **555a** 12
- Aufwendungen, nützliche **539** 4
- Aufwendungsersatzanspruch des Mieters **555a** 14, 15
- Baufreiheit **555a** 9
- Beendigung **555a** 10, 12
- Begriff **555a** 3 ff
- Bestandserhaltung **555b** 21
- Duldungspflicht **555a** 1 f, 3 ff, 9 ff
  - Angehörige **555a** 9a
  - Einschränkung **555a** 15
  - Fälligkeit **555a** 12 f
  - Klage auf Duldung **555a** 13
  - Mieter **555a** 9a
  - Mitarbeiter **555a** 9a
  - Untermieter **555a** 9a
  - Unzumutbarkeit **555a** 11
- Eigentumswohnung **555a** 9a
- einstweilige Verfügung **555d** 26
- Einwirkungen auf die Mietsache **555a** 4a, 9
- Erforderlichkeit **555a** 4
- Ersatzanspruch **555a** 9
- Gebäudeteile **555a** 5
- Gebrauch, vertragsgemäßer **555a** 4a, 9
- Gebrauchsbeeinträchtigung **555a** 4a
- Instandhaltungsmaßnahmen **555a** 8; **555b** 7
- Instandsetzungsmaßnahmen **555a** 8; **555b** 7
- Kosten **556g** 84 f
- Kündigungsrecht des Mieters **555a** 14a
- Kündigungsrecht des Vermieters **555a** 10
- Mängelbeseitigung **555b** 7
- Mieterhöhung **556e** 37
- Minderungsrecht **536** 14; **555a** 14a
- Mischfälle **536** 15
- Mitteilungspflicht **556c** 29
- Mitwirkungspflichten **555a** 9
- Schadensbeseitigung **555a** 4
- Schadensersatz **555a** 10, 13
- Schönheitsreparaturen **555a** 4, 10
- Terminabstimmung **555a** 12
- Treu und Glauben **555a** 5
- Umgestaltung der Mietsache **555a** 6
- Umsatzeinbußen **555a** 14
- Umstände, vom Vermieter nicht zu vertretende **555b** 36

Erhaltungsmaßnahmen (Forts)
Umzugskosten **555a** 9
Unterlassungsanspruch des Mieters **555a** 12
Vereinbarungen nach Vertragsschluss **555f** 1 ff
Verjährung **548** 20
Verschleiß **555a** 4
Vorschuss **555a** 9
Wiederherstellung des ordnungsgemäßen Zustands **555a** 10, 14a
Witterungseinwirkung **555a** 8
Zurückbehaltungsrecht **555a** 9, 14a
Zutrittsgewährung **555a** 9
Erhaltungspflicht
Dauerverpflichtung **535** 20
Erfüllungsanspruch **535** 21
Ersatzansprüche, Verjährung **548** 8
Gebrauch, vertragsgemäßer **535** 21
Haftungsausschlussklausel **536a** 44
Hauptleistungspflicht **535** 20 ff
Insolvenz des Vermieters **535** 90c
Instandhaltungspflicht **535** 28; **555a** 3
Instandsetzungspflicht **555a** 3
Masseverbindlichkeit **535** 20
Mietvertrag **535** 20 ff
Schönheitsreparaturen **535** 119
Unverjährbarkeit **535** 20
Vermieter **535** 106
Vermieterpflicht **536c** 7
Verschleißerscheinungen **535** 22
Wahlmöglichkeit **555a** 7
Wohnungseigentümer **535** 31
Erhöhungsvorbehalt
Betriebskostenpauschale **556** 69
Erkundigungspflicht
Mangel der Mietsache **536b** 13
Erlaubnis, behördliche
Mangel der Mietsache **536** 42 ff
Erledigung in der Hauptsache
Betriebskostenvorauszahlungen **556** 145
Ermessen
Betriebskosten **556** 91; **556a** 2
Betriebskostenumlage **556** 62
Wirtschaftlichkeitsgrundsatz **556** 92
Ersatzmieter
Abstandszahlung **537** 27
Anzahl vorgeschlagener Ersatzmieter **537** 28
Ausländer **537** 27
Auswahl **537** 17, 28
Benennung **537** 22
Bonität **537** 18, 22, 26 ff, 30
Eignung **537** 22; **542** 176
Erklärung über persönliche Verhältnisse **537** 22
Kinder **537** 27
Zumutbarkeit **537** 16, 18, 21, 25 ff
Ersatzmieterklausel
echte Ersatzmieterklausel **537** 17 f

Ersatzmieterklausel (Forts)
Entlassung aus dem Mietvertrag **537** 16 ff; **542** 176 f
Formfreiheit **550** 51
unechte Ersatzmieterklausel **537** 17 f
Ersatzmieterlisten
Wohnungsunternehmen **537** 23
Ersatzvermietung
Ablehnung vorgeschlagener Ersatzmieter **537** 18
grundlose Ablehnung **537** 18, 31
Antrag des Mieters **537** 22
Beweislast **537** 32, 39
Eintritt in den Mietvertrag **537** 25, 29 f
Entlassung aus dem Mietvertrag **537** 16 ff, 30
konkludente Entlassung **537** 30
Geschäftsraummiete **537** 20
Haftung **537** 29 ff
Interesse, berechtigtes **537** 20 ff
Altenheim, Umzug in ein **537** 23
Arbeitsplatzwechsel **537** 23
Familienverhältnisse **537** 23
Geburt von Kindern **537** 23
Krankheit des Mieters **537** 23
Risikosphäre des Mieters **537** 24
Substantiierung **537** 22
Interessenabwägung **537** 21
Mietrückstände des Vorgängers **537** 29
Mitteilungspflicht **537** 36a
Neuvertragsschluss **537** 29 f
Schadensersatz **537** 31
Überlegungsfrist **537** 28
Vertragsfortsetzung, Zumutbarkeit **537** 21, 24
Vertragsübernahme **537** 29
Wohnraummiete **537** 20
Ersatzwohnraum
Aufwendungsersatzanspruch des Mieters **555d** 20
Erhaltungsmaßnahmen **555a** 9
Schadensersatz **543** 148 f
Vorschuss **555d** 20
Zurückbehaltungsrecht des Mieters **555d** 20
Erschütterungen
Umweltfehler **536** 60
essentialia
Mietvertrag **Vorbem 535** 92
Eviktionshaftung
Rechtsmangel **536** 78 f
Extremfall
Reparaturaufwand **Vorbem 536** 8

Fachhandwerkerklausel
Schönheitsreparaturen **535** 123
Fälligkeit
Abrechnungssaldo **556** 121
Betriebskostenabrechnung **556** 104 ff

Fälligkeit (Forts)
  Betriebskostennachforderungen **556** 121 ff, 124; **556b** 21
  Kaution **551** 12c, 12 f
  Miete **556b** 1 f, 5, 7, 9, 11 ff
    Altverträge **556b** 14
    Formularvertrag **556b** 15
    Mietjahr **556b** 13
    Mietmonat **556b** 13
    Mietwoche **556b** 13
    Sonnabend **556b** 14
    Vereinbarungen, abweichende **556b** 16
    Werktag, dritter **556b** 13 f, 15
    – Leitbildfunktion **556b** 16
  Schriftform **550** 35, 49
  Sicherheitsleistung **551** 11a ff, 15
Fälligkeitsabrede
  Nichtigkeit **551** 14
Fälligkeitsprinzip
  Betriebskosten **556** 99
Fahrnismiete
  Abgrenzung **Vorbem 535** 26 f
  Besitzschutz **Vorbem 535** 22 f
  Deliktsschutz **Vorbem 535** 22 f
  Fälligkeit **556b** 7
  Gebrauchsfortsetzung **545** 4
  Mangel der Mietsache **536** 61 f
  Mietzahlung **547** 4
  Räumlichkeiten in beweglichen Sachen **Vorbem 535** 27
  Rückgabepflicht **546** 4
  Übergabe der vermieteten Sache **Vorbem 535** 22 f
  Verhinderung, persönliche **537** 3
  Verwendungsrisiko **536** 61
Fahrrad
  Abstellen in der Wohnung **535** 49
Fahrradhalle/-keller
  Modernisierungsmaßnahmen **555b** 34
Fahrstuhl
  s Aufzug
Fahrzeuge mit Bedienungspersonal
  Vertragseinordnung **Vorbem 535** 45 f
falsa demonstratio non nocet
  Mietvertragsschluss **Vorbem 535** 94
Familie
  Begriff **549** 33 f
  Gebrauchsüberlassung für eine Familie **549** 32 ff
Familienangehörige
  Ersatzansprüche, Verjährung **548** 15
Farbwahlklausel
  Schönheitsreparaturen **535** 124 ff
Fassade
  Instandsetzungsmodernisierung **555b** 8
  Instandsetzungspflicht **535** 28a
  Modernisierungsmaßnahmen **555c** 17
  Substanzverbesserung **555b** 22
  Verschönerung **555a** 5 f

Fassade (Forts)
  Wärmedämmung **555b** 11
Fehlbelegungsabgabe
  Aufklärungspflicht **Vorbem 535** 86
Feiern
  Lärmimmissionen **535** 27
Fenster
  Baumangel **536** 39
  Energieeinsparung **555b** 11
  Gebrauchstauglichkeit, unerhebliche Minderung **536** 21a
  Instandsetzungsmodernisierung **555b** 8
  Mietvertrag **535** 2
  Modernisierungsankündigung **555c** 6
  Modernisierungsmaßnahmen **555a** 8; **555b** 28; **555d** 7
Ferienhaus
  Mieterschutz **549** 4, 12, 25
  Regressverzicht **538** 10
Ferienwohnung
  Einmalmiete **556b** 11
  Gebrauchsüberlassung, kurzfristige **549** 23
  Kündigung aus wichtigem Grund **543** 31
  Mangel der Mietsache **536** 57
  Mieterschutz **549** 4, 12, 25
  Minderungsrate **536** 98
  Untervermietung **540** 17; **543** 54
  Widerrufsausschluss **542** 169
  Wohnraummiete **556d** 3
Fernabsatzvertrag
  Fernkommunikationsmittel **542** 164
  Vertriebs- und Dienstleistungssystem **542** 164
  Widerrufsrecht **542** 157, 164
  Wohnraummiete **Vorbem 535** 102 f
Fernsehen
  Mietgebrauch **535** 51 f
Fernseher
  Schadensersatzpflicht des Mieters **538** 8a
Fernsehprogramm
  Grundrechtsschutz **535** 45 f
  Recht auf Empfang **535** 45
Fernsprechanschluss
  s Telefonanschluss
Fernüberwachungsvertrag
  Dienstvertrag **Vorbem 535** 46
Fernwärme
  Betriebskosten **556** 28; **Anh B 556c** 1
  Direktvertrag **556c** 39; **Anh B 556c** 25
  Duldungspflichten **555a** 2; **555d** 12b
  Kosten **556c** 5
  Kostenumlage **Anh B 556c** 11
  Kraft-Wärmekoppelung **555b** 11, 15a; **555d** 12b
  Modernisierungsankündigung **555c** 8a
  Schornsteinreinigung **556** 26
  Vertragsdauer **556c** 41
  Wärmecontracting **556c** 1, 5, 20

Fernwarmwasser
  Betriebskosten **Anh B 556c** 1
Feststellungsklage
  Mietverhältnis, Beendigung durch fristlose Kündigung **546** 53
  Minderung **536** 135
Feststellungswiderklage
  Mietprozess **536** 126
Feuchtigkeitsschäden
  Anzeigepflicht **536c** 8
  Belehrungspflicht des Vermieters **536** 116
  Beweislastverteilung **536** 117 f, 131; **538** 15
  Heizungsverhalten **536** 112 ff
  Lüftungsverhalten **536** 112 ff
  Mietminderung **536** 112 ff
  Möbelstücke, Aufstellung **536** 115
Feuerlöscher
  Feuerlöscherprüfung **556** 57
  Wartungskosten **556** 45a
Feuerversicherung
  Unterlassung, vertragswidrige **548** 7
Filmleihvertrag
  Ersatzansprüche, Verjährung **548** 3a
Finanzierungsbeitrag, abwohnbarer
  Kündigungsausschluss **542** 58
Firma
  Mietvertragsschluss **550** 18 f
Fitness-Center
  Gerätebenutzung **Vorbem 535** 44
  Konkurrenzschutz **535** 24a
Fixgeschäft, absolutes
  Mietvertrag **535** 18
  Raummiete **Vorbem 536** 12; **537** 3 f
  Teilunmöglichkeit **535** 18; **537** 4
Fixkosten
  Anrechnungspflicht **537** 13
Flachdach
  Prüfungspflicht **535** 32; **536c** 8
Flächenangaben
  Beschaffenheitsvereinbarung **536** 68, 71
  circa-Angabe **536** 71, 75
  Eigenschaftszusicherung **536** 68, 71
  Erfüllungsanspruch **536** 65
  Mangel der Mietsache **536** 71
  Mietvertrag **536** 71
  Objektbeschreibung **536** 68, 70
  Prüfungspflicht **536b** 13
  Schriftform **536** 70
  Vertragsfreiheit **536** 72 ff
  Vertragstext **536** 70 f
Flächenberechnung
  DIN 283 **536** 74
  Wohnflächenverordnung **536** 74
  Wohnraum, preisgebundener **536** 74
Flächendifferenzen
  Begriff **536** 68
  Besichtigung durch den Mieter **536** 77
  Betriebskostenabrechnung **535** 77h; **536** 70; **556a** 23

Flächendifferenzen (Forts)
  Eigenschaftszusicherung **536** 68
  Gebrauchstauglichkeit, unerhebliche Minderung **536** 21a
  Geringfügigkeit **536** 76
  10%-Grenze **536** 75 f
  Kündigung aus wichtigem Grund **543** 30
  Mangel der Mietsache **536** 68, 71, 75
    Kenntnis des Mangels **536b** 10
  Mangel der Wohnung **556a** 23
  Mieterhöhung **536** 70; **556a** 23
  Mietminderung **536** 75 f
  Sicherheitsleistung **551** 9
  Substantiierung **556a** 23
  Vertragsanpassung **536** 75
  Wohnraummiete **536** 68 ff
Flächenmaßstab
  Balkonflächen **556a** 23a
  Betriebskostenabrechnung **535** 77b, 77h; **556** 9, 82a; **556a** 3, 5a f
  Betriebskostenumlage **535** 70; **556a** 6, 22 ff, 40
  Billigkeit **556a** 22, 24a
  Dachboden **556a** 23b
  Eigentumswohnung **556a** 23
  Freiflächen **556a** 23b
  Grundsteuer **556a** 22a
  Kellerräume **556a** 23b
  Leerstand **556a** 24 f
  Terrassenflächen **556a** 23a
  Vorrang **556a** 22, 26, 36
  Wohnungsgröße **556a** 23
Flüchtlinge
  Anmietung von Räumen **Vorbem 535** 30
Flughafenbenutzung
  Vertragseinordnung **Vorbem 535** 83
Flugplatz
  Mietvertrag **535** 15b
Flugzeugüberlassung
  Vertragseinordnung **Vorbem 535** 40, 46
Flure
  Ersatzansprüche, Verjährung **548** 12
  Mangel **536** 8
  Mitvermietung **535** 7
  Nutzungsumfang **535** 7b
  Verkehrssicherungspflicht **535** 29a, 33
Föderalismusreform-Begleitgesetz
  Betriebskosten **556** 3 f, 51a
Fogging
  Beweislastverteilung **536** 117 f, 131
  Instandsetzungspflicht **535** 28a
  Mangel der Mietsache **536** 32
  Mietminderung **536** 112 ff
Folgekündigung
  Räumungsklage **542** 29
Form
  Angebot **550** 23
  Annahme **550** 23
  elektronische Form **550** 12, 26

Form (Forts)
  Mieterschutz **Vorbem 535** 159
  Mietvertrag **Vorbem 535** 141, 143; **550** 1 ff, 23 ff
  Vertragsschluss, mündlicher **550** 11
Formaldehyd
  Mangel der Mietsache **536** 30
Formverstoß
  Kündbarkeit, vorzeitige **550** 13
  Kündigungsrecht **550** 46
  Reurecht **550** 2
Fragerecht des Vermieters
  Anfechtungsrecht **Vorbem 535** 108
  Arbeitslosigkeit **Vorbem 535** 110
  eidesstattliche Versicherung **Vorbem 535** 110
  Einkommens- und Vermögensverhältnisse **Vorbem 535** 107, 110
  Familienstand **Vorbem 535** 107
  Geschäftsart **Vorbem 535** 109
  Insolvenz des Mieters **Vorbem 535** 110
Freiberuflerpraxis
  Gebrauch, vertragsgemäßer **535** 37
Freie Berufe
  Gebrauch, vertragsgemäßer **535** 36 f
  Konkurrenzschutz **535** 24b
Freigabeerklärung
  Insolvenzverfahren **535** 90b
Freizeichnungsklauseln
  Schönheitsreparaturen **535** 112
Fremdenverkehrsabgaben
  Umlagefähigkeit **556** 50b
Fristsetzung
  Entbehrlichkeit **543** 119 ff
  Formularvertrag **543** 109
  Kündigung aus wichtigem Grund **543** 53, 62, 76, 108 ff, 139
  Mängelbeseitigung **536** 11
  Mahnung des Mieters **536a** 15
Frost
  Mangel der Mietsache **536** 40
  Sorgfaltspflicht des Mieters **543** 49
  Verkehrssicherungspflicht **535** 30
Fürsorgepflicht
  Nebenleistungspflicht des Vermieters **535** 82
  Verkehrssicherungspflicht **535** 82
  vor Vertragsschluss **Vorbem 535** 91
Fundament
  Mangel der Mietsache **536** 39
Funkerfassungsgeräte
  Verbesserungsmaßnahme **555b** 27
Funksprechanlage
  Gebrauch, vertragsgemäßer **535** 44
Fußbodenheizung
  Instandhaltungs-/-setzungskosten **556** 46a
Fußgängerzone
  Verwendungsrisiko **Vorbem 536** 27

Garage
  Kündigung, ordentliche **543** 129
  Miete **535** 50
  Mietverhältnis, Einheitlichkeit **543** 129
  Modernisierungsmaßnahmen **555b** 34
  Teilkündigung **542** 96, 99
  Wohnraum mit Garage **549** 18; **556** 49
Garagenmietvertrag
  Formerfordernis **550** 43
  Kündigung **542** 108
Garagenplatz
  Miete **Vorbem 535** 43
Garagentor
  Lärmbelästigung **536** 57; **543** 35
Garantie
  Verpflichtung, langfristige **544** 1b
Garantiehaftung
  Eintritt in den Mietvertrag **536a** 5
  Haftungsausschluss **536a** 42 f
  Konstruktionsfehler **536a** 8
  Mangel der Mietsache **536** 11a
  Mangelbegriff **536a** 3
  Rechtsmängel, anfängliche **Vorbem 536** 3 ff; **536a** 1 ff
  Sachen, herzustellende **536a** 6
  Sachmängel, anfängliche **Vorbem 536** 3 ff; **536a** 1 ff
  Übergabe, Verzögerung **Vorbem 536** 12
  Unmöglichkeit, anfängliche **Vorbem 536** 4, 12
  Vereinbarung, konkludente **Vorbem 536** 4a
  Verschuldensunabhängigkeit **536a** 2, 4
  Vertragsschluss **536a** 5
    schriftlicher Vertrag **536a** 5
  Vertragsverlängerung **536a** 5
Garten
  Gartengestaltung **535** 10a
  Gartenpflege
    Kostentragung **535** 10a
  Instandsetzungsmaßnahmen **535** 10a
  Mietverhältnis, Einheitlichkeit **543** 129
  Mitvermietung **535** 10 f
  Modernisierungsmaßnahmen **555b** 28
  der Öffentlichkeit zur Verfügung stehender Garten **556** 35
  Spielplatz **535** 10
  Verkehrssicherungspflicht **535** 29a f, 30
  Vernachlässigung **556** 35b
Gartengeräte
  Anschaffungskosten **556** 35c
Gartennutzung
  Hausordnung **Vorbem 535** 167
  Nutzungsrecht **535** 10
Gartenpflege
  BetriebkostenVO **535** 10a
  Betriebskosten **556** 33a, 35 ff
  Dachgarten **556** 35a
  Dienstleister, externe **556** 60
  Fremdkosten, fiktive **556** 35d

Gartenpflege (Forts)
  Gartenanlage **556** 35a
  Instandhaltungskosten **556** 35c
    durch den Mieter **556** 35d
  Mitvermietung des Gartens **535** 10 f
  Vermieter **535** 10
  Wirtschaftlichkeitsgrundsatz **535** 77a
Gas
  Direktversorgung **556** 50
  Modernisierungsmaßnahmen **555b** 38
Gasdichtigkeitsprüfung
  Betriebskostenumlage **556a** 31;
    Anh B 556c 15
Gaseinzelfeuerstätte
  Betriebskosten **556** 27
Gasetagenheizung
  Wartungskosten **Anh B 556c** 15
Gasheizung
  Einzelöfen **556** 27
  Immissionsschutzmessung **556** 26
Gasleitung
  Prüfungspflicht **535** 32
  Wartungskosten **556** 57
Gastank
  Mietkosten **556** 46b
Gastarbeiterheim
  Mangel der Mietsache **536** 39
Gastherme
  Wartungskosten **556** 57; **Anh B 556c** 11
Gastronomie
  Konkurrenzschutz **535** 24a
Gaststätte
  Belüftung **536** 42a
  Brandschutz **536** 42a
  Brauereifreiheit **536** 67
  Eigenschaftszusicherung **536** 66 f
  Gebrauch, vertragsgemäßer **535** 39
  Mangel der Mietsache **536** 42a, 44a, 55a
    Vertretenmüssen des Vermieters **536a** 10
  Mischmietverhältnis **Vorbem 535** 35
  Rauchverbot **Vorbem 536** 27; **536** 44a
  Stellplatznachweis **536a** 7
  Trittschalldämmung **536** 42a
  Verjährung **548** 3a
  Wohnraummiete **Vorbem 535** 35
Gaststättenbesuch
  Vertragseinordnung **Vorbem 535** 80
Gaststättenkonzession
  Konzessionsbestimmungen
    Vorbem 535 185; **536** 42a
  Kündigung aus wichtigem Grund **543** 30
Gaststättenlärm
  Mangel der Mietsache **536** 57
Gasversorgung
  Gewährleistungsausschluss **536** 124
  Preisanpassungsklausel, unwirksame
    556 92
  Wirtschaftlichkeitsgrundsatz **556** 92

Gattungsmiete
  Mietvertrag, Form **550** 37
Gattungsschuld
  Ersatzlieferung **535** 3
  Konkretisierung **535** 3
  Mietvertrag **535** 3
Gebäude
  Begriff **Vorbem 535** 28
  Modernisierungsmaßnahmen **555b** 20
Gebäudemanagement
  Betriebskostenumlage **556** 50b
Gebäudereinigung
  Betriebskosten **556** 34 f
  Fassadenreinigung **556** 34
  Graffiti **556** 34
  Schadensersatz **556** 34a
  Wirtschaftlichkeitsgrundsatz **535** 77a
Gebäudeteile
  Erhaltungsmaßnahmen **555a** 5
  Modernisierungsmaßnahmen **555b** 5, 20,
    33
Gebäudeversicherung
  Regressverzicht **538** 10
  Sachschadensversicherung des Vermieters
    538 9 ff
  Umlagefähigkeit **556** 38 ff
  Haftungsbeschränkung **556** 39
Gebrauch, vertragsgemäßer
  Abnutzung, normale **538** 1 ff
  Angehörige, Aufnahme in die Wohnung
    540 4 ff
  Art des Mietobjekts **535** 35
  Bedienstete, Aufnahme in die Wohnung
    540 5
  Einrichtungen des Mieters **539** 25
  Erfüllung **535** 22
  Erfüllungsanspruch **541** 1
  Erhaltungspflicht **535** 22
  Gebrauchsüberlassung an Dritte **540** 12
  Gesetz **541** 2
  Haltevorrichtungen **535** 40 f; **538** 4
  Hausordnung **Vorbem 535** 169
  Kündigung, fristlose **543** 27, 32 f
  Lage des Mietobjekts **535** 35
  Mangel der Mietsache **536** 5 ff, 12
  Mietvertrag **541** 2
  Parteiabreden **535** 35
  Sachsubstanz, Eingriffe in die **538** 3a
  Schönheitsreparaturen **535** 102, 106
  Störungen des vertragsgemäßen
    Gebrauchs **535** 26 f; **543** 32 f
    durch Dritte **535** 26
    durch Mitmieter **535** 26
  Umfang **535** 35 ff
  unentziehbarer Gebrauch **540** 4 ff
  Unmöglichkeit **542** 210 f
  Veränderungen der Mietsache **538** 1 ff, 6;
    546 25; **555d** 22b
    bauliche Veränderungen **535** 40; **538** 2

Gebrauch, vertragsgemäßer (Forts)
  Verbesserungen der Mietsache **538** 2
  Verkehrssitte **535** 35; **541** 2
  Verschlechterungen der Mietsache **538** 1 ff; **546** 25
  Zustimmung des Vermieters **535** 40 ff
  Zweckverwirklichung **Vorbem 536** 21
Gebrauch, vertragswidriger
  Abhilfefrist **543** 118
  Abmahnung **540** 17; **541** 1 ff, 5 ff, 14; **543** 115
    Entbehrlichkeit **541** 8
  Arglist **541** 8
  Aufwendungsersatzanspruch des Vermieters **541** 13
  Besichtigungsrecht **535** 99
  Beweislast **541** 7a, 14
  durch Dritte **541** 2, 6, 9
  Gebrauchsfortsetzung **541** 9, 11
  Gefahr, konkrete **541** 2 f
  Kündigung, fristlose **547** 21
  Kündigungsgrund **542** 86
  Kündigungsrecht **543** 29
    Mehrheit von Mietern **543** 43
    wichtiger Grund **543** 39 ff
  Lärmimmissionen **541** 3
  Mehrheit von Mietern **541** 10
  Nichtgebrauch **541** 4
  Prüfungspflicht **543** 118
  Schadensersatz **538** 1
  Schadensersatzpflicht des Mieters **538** 6 ff
    Beweislastverteilung **538** 13 ff
    Deliktsansprüche **538** 16
    Entlastungsbeweis **538** 13
    Erfüllungsgehilfen des Mieters **538** 7, 12
    Fälligkeit **538** 6
    Geldersatz **538** 8
    Haftungsausschluss **538** 9 f
    – Angehörige des Mieters **538** 9a
    – Beweislast **538** 10
    – Fahrlässigkeit, einfache **538** 10
    – Fahrlässigkeit, grobe **538** 10
    – Fahrlässigkeit, leichte **538** 9a, 10a
    Haftungsbeschränkung **538** 9 f
    Naturalrestitution **538** 6, 8
    Regressverzicht **538** 10
    Sachschadensversicherung **538** 9 ff
  Tierhaltung **541** 3
  Überbelegung **540** 9, 31; **541** 3
  Unterlassungsanspruch **541** 1 ff, 12 ff
    Anspruchsgegner **541** 13
    einstweilige Verfügung **541** 14
    Erfüllungsanspruch **541** 1, 12
    Unverjährbarkeit **535** 20
    Verjährung **541** 12
    Vollstreckung **541** 15
  Unterlassungsklage **541** 1, 14
  Untermiete, unberechtigte **541** 3
  Verschulden **541** 2

Gebrauch, vertragswidriger (Forts)
  Vertragsverletzung **541** 2
  Wiederholungsgefahr **541** 2, 9
  Zustimmungsanspruch **541** 2
Gebrauch, vorübergehender
  Ferienwohnung **549** 23
  Hotelzimmer **549** 23 f
  Notunterkunft **549** 23
  Wohnraummiete **549** 6, 22 ff
Gebrauchsbeschränkungen, öffentlich-rechtliche
  Garantiehaftung **536a** 7
  Kündigung aus wichtigem Grund **543** 33
  Mangel der Mietsache **536** 42 ff
Gebrauchsentziehung
  Baumaßnahmen **543** 33 f
  Kündigung aus wichtigem Grund **543** 22, 26, 32 ff
    Ausschluss **543** 125 ff
    Erheblichkeit der Störung **543** 37 f
    Fristsetzung **543** 110 f
    Kündigungsrecht des Mieters **542** 114; **543** 22 ff, 110 ff
  Rechtsmangel **536** 78 f
  Schadensersatz **543** 22, 25
    Gewinn, entgangener **543** 22
Gebrauchsfortsetzung
  Aufhebungsvertrag **542** 193; **545** 4, 14b, 18
  Begriff **545** 8
  Beweislast **545** 20
  Dauer **545** 9
  Fiktion **545** 2
  Formularvertrag **545** 19
  Geschäftsfähigkeit der Parteien **545** 3
  Individualvereinbarung **545** 18
  Kenntniserlangung **543** 139; **545** 12a
  Kündigung des Mietverhältnisses **545** 14 f
    fristlose Kündigung **545** 14 f
    ordentliche Kündigung **545** 14 f
  Mehrheit von Mietern **545** 9
  Mietverhältnis, Beendigung **545** 4 f, 12
    Zeitablauf **545** 14b
  Räumungsfrist **545** 5, 11 f
  Räumungsklage **545** 11, 13
  Räumungsurteil, Vollstreckung **545** 6
  Räumungsverlangen **545** 11
  Schwebezustand **545** 15a
  Verlängerungsvertrag **545** 7
  Vertragsidentität **545** 15, 16
  Vertragsverlängerung, gesetzliche **545** 1 f, 8, 15 f, 18
    Irrtum **545** 2, 9
    stillschweigende Verlängerung **542** 154
  Widerspruch **545** 3, 9 ff
    Form **545** 11
    Frist **545** 12 ff
    Fristbeginn **545** 12 f
    – Widerspruch vor Fristbeginn **545** 14 ff
    Fristberechnung **545** 13
    Herausgabeverlangen, Stundung **545** 11

Gebrauchsfortsetzung (Forts)
  konkludenter Widerspruch **545** 11, 14a
  Präklusion der Kündigung **545** 17
  Zugang **545** 10
Gebrauchsgewährung
  Anspruch des Mieters **535** 14
  Auszug des Mieters, vorzeitiger **537** 6, 14, 36 ff
  Beweislast **537** 39
  Eigennutzung durch Vermieter **537** 35
  Erfüllungsbereitschaft **537** 33, 36 ff, 39
  Formularvertrag **537** 38
  Kündigungsrecht des Mieters **542** 114
  Mietvertrag **535** 14 f
  Nichtgewährung **542** 114; **543** 22, 26 ff
  Unmöglichkeit **537** 33 ff
    Gebrauchsüberlassung an Dritte **537** 34
    Nutzung durch den Vermieter **537** 34
    Vermietung, anderweitige **537** 35 ff
  Verjährung **535** 14
  Vermietung, anderweitige **537** 34
  Vertragsdauer **Vorbem 535** 21
  Zugriffsmöglichkeit **535** 15b
Gebrauchspflicht
  Mieter **535** 91; **541** 3 f
Gebrauchstauglichkeit
  Minderung, unerhebliche **536** 63
Gebrauchsüberlassung
  Begriff **540** 3 ff
  Leistung, unteilbare **Vorbem 535** 118, 124
Gebrauchsüberlassung an Dritte
  alle vernünftigen Gründe **553** 4
  Angehörige des Mieters **540** 4 ff
    Verdrängung des Mieters **540** 9, 14
  Anzeige **540** 8
  Aufnahme nahestehender Personen **553** 8
  Auslandsaufenthalt **553** 7, 9a
  Auszug des Mieters **540** 8
  Bedienstete des Mieters **540** 5
  Begriff **540** 3 f; **543** 54
  berechtigte Gebrauchsüberlassung **540** 58
  Bestandsschutz **553** 2
  Besucher des Mieters **540** 4 f
  Beweislast **540** 31
  Dritter **540** 5 f
  Eheleute **540** 6; **553** 8
  Eintritt in den Mietvertrag **540** 14, 61, 64 ff
  Eltern **540** 6; **553** 8
  Enkel **540** 6
  Erfüllungsgehilfeneigenschaft des Dritten **540** 1, 58
  Erlaubnis des Vermieters **540** 1, 10 ff
    Anspruch auf Erlaubnis **540** 2, 10, 16, 27; **543** 57; **553** 1
    – Ausschluss **553** 11 ff
    Antrag **553** 10
    Begründung **540** 14
    Beweislast **553** 18

Gebrauchsüberlassung an Dritte (Forts)
    Form **540** 21
    Leistungsklage **553** 10
    Mieterhöhung, angemessene **553** 1, 16 ff
    Rechtsmissbrauch **540** 13
    Widerrufsvorbehalt **540** 21
  Erlaubnisverweigerung **540** 1, 24 ff
    Darlegungslast **553** 12
    grundlose Verweigerung **553** 10a
    – Schadensersatz **553** 10a
    Überbelegung **553** 14
    wichtiger Grund in der Person des Dritten **553** 13
  Ermessen des Vermieters **540** 16
  Gebrauch, vertragsgemäßer **540** 12
  Gebrauchsgewährung, Unmöglichkeit **537** 34
  Gefälligkeitsverhältnis, widerrufliches **540** 8
  Geschwister **540** 7; **553** 8
  Haftung für den Dritten **540** 58
  Herausgabeanspruch, quasi-vertraglicher **540** 2
  Interesse, berechtigtes **553** 1, 4 ff
    Beweislast **553** 10
  Kinder **540** 6
  Kündigungsrecht des Mieters **540** 1 f, 10, 14, 28 ff; **553** 10
    Ausschlussklauseln **540** 29 f
    Kündigungsfrist **540** 28
    Überlegungsfrist **540** 28
    wichtiger Grund **540** 31 ff
  Kündigungsrecht des Vermieters **542** 114; **543** 53 ff; **553** 10
    Erheblichkeit der Rechtsverletzung **543** 47, 55 f
    fristlose Kündigung **543** 39, 53 ff
    Kündigungsfrist **543** 136
  Lebensgefährte **540** 7; **553** 8
  Lebenspartner **540** 6
  Mieterrechte, Abtretung **540** 61 ff
    Zustimmung des Vermieters **540** 62 f
  Mieterrechte, Übertragung **540** 61 ff
  Pflegepersonen **540** 6
  Räumungsanspruch **540** 8
  Rückkehrabsicht **553** 7
  Rückkehrmöglichkeit **553** 9a
  Stiefkinder **540** 6; **553** 8
  Überbelegung **540** 8 f, 31
  Überlassung, auf Dauer angelegte **540** 3
  Umfang **540** 3
  unberechtigte Gebrauchsüberlassung **540** 60; **542** 114; **543** 53 ff
  Untermiete **540** 1 ff, 36 ff
  Unzumutbarkeit **540** 31 ff; **553** 11, 13 ff
  Verlobte **540** 7; **553** 8
  Vertrag, unternehmensbezogener **540** 4, 75 ff
  Vertragsbeitritt **540** 64

Gebrauchsüberlassung an Dritte (Forts)
  Vertragsübernahme **540** 64
  Wohngemeinschaft **553** 8
  Wohnraummiete **540** 2; **553** 3
  Wohnung, ganze **553** 3, 6 f
  Wohnungsaufgabe **553** 7
  Wohnungsteil **553** 3, 6 f
  Zahlungsunfähigkeit des Dritten **540** 35
Gebrauchsüberlassungsvertrag
  Entgeltlichkeit **Vorbem 535** 37
  Gestattungsvertrag **Vorbem 535** 36
  Landpacht **Vorbem 535** 1
  Leihe **Vorbem 535** 1, 36
  Miete **Vorbem 535** 1, 36 f, 44
  Nutzung fremder Rechte, entgeltliche **535** 2
  Pacht **Vorbem 535** 1, 36 f, 44
  Sachdarlehen **Vorbem 535** 1
Gebrauchsverbote
  behördliche Verbote **536a** 7
Gebrauchsverhinderung
  Anrechnungspflicht **537** 12 ff
    Vorteile, erlangte **537** 14 f
  Aufwendungen des Vermieters, ersparte **537** 12 ff
    Anrechnungspflicht **537** 12 ff
  Mietzahlungspflicht, Befreiung von der **537** 1 ff
  Teilunmöglichkeit **537** 4
  Vereinbarungen, abweichende **537** 38
  Verwendungsrisiko **537** 1, 7 f
Gebrauchswerterhöhung
  Ausstattung, überdurchschnittliche **555b** 20
  Dauerhaftigkeit **555b** 26
  Gemeinschaftsantenne **555b** 29
  Geringfügigkeit **555b** 26
  Kabelanschluss **555b** 29
  Messbarkeit **555b** 26
  Modernisierungsmaßnahmen **555b** 18 ff
  Nachhaltigkeit **555b** 26
  Nutzfläche **555b** 25
  Wohnverhältnisse, Verbesserung **555b** 21, 24 f
  Wohnwertverbesserung **555b** 20
  Zuschnitt der Wohnung **555b** 25, 27
Gefälligkeitsmiete
  Betriebskosten **Vorbem 535** 41
  Form **550** 5
  Gefälligkeitsverhältnis **Vorbem 535** 92
  Mieterhöhung **Vorbem 535** 41
  Mietvertrag **Vorbem 535** 41
  Reparaturkosten **Vorbem 535** 41
Gefahrübergang
  Garantiehaftung **Vorbem 536** 4
Gegensprechanlage
  Instandhaltungskosten **556** 45a
  Modernisierungsmaßnahmen **555b** 28, 34
  Versicherungskosten **556** 32, 38b
Geldentwertung
  Äquivalenzstörung **Vorbem 536** 29

Geldforderung
  Sicherungsanordnung **546a** 55b
Geldkaution
  s Kaution
Geldschuld
  Aufwertung **Vorbem 536** 30 f
  Barkaution **551** 13
  Miete **535** 84a, 88; **543** 77
Gelegenheitsmiete
  Mietschuld, einmalige **535** 86
Gemälde
  Leihe an Museen **544** 2
Gemeindeabgaben
  Betriebskostentragung **535** 69a
Gemeindesatzung
  Beleuchtungspflicht **535** 33
  Reinigungspflicht **535** 33
Gemeines Recht
  ius ad rem **Vorbem 535** 21
  Mietvertrag **Vorbem 535** 1
Gemeinschaft
  Einziehung der Miete **Vorbem 535** 114
  Mietvertrag, Kündigung **Vorbem 535** 115
  Vermietereigenschaft **Vorbem 535** 111 f
  Vermieterpflichten **Vorbem 535** 115
  Zahlungsverzug **Vorbem 535** 114
Gemeinschaftsanlagen
  Wohnverhältnisse, Verbesserung **555b** 33 f
Gemeinschaftsantenne
  s Antennen
Gemeinschaftseinrichtungen
  Mietgebrauch **546a** 7
Gemeinschaftsflächen
  Mitvermietung **535** 8
  Nutzungsumfang **535** 7b
  Veräußerung **535** 7a
Gemeinschaftsordnung
  Bindungswirkung für Mieter **535** 35a
  Gebrauch, vertragsgemäßer **535** 35a; **541** 1a
Gemeinschaftsräume
  Betriebskostenumlage **556** 59
Genehmigung, behördliche
  Mangel der Mietsache **536** 42 ff
  Mitwirkungsverweigerung **536** 46
Genehmigungspraxis, behördliche
  Verwendungsrisiko **Vorbem 536** 22a, 27
Genossenschaften
  s Wohnungsgenossenschaften
Genossenschaftswohnung
  s Wohnungsgenossenschaften
Gerätemiete
  Aufwendungen, ersparte **537** 13
Geruchsbelästigungen
  Kündigung, fristlose **543** 13, 34, 38, 48, 50
Geruchsimmissionen
  Störungen, von anderen Mietern ausgehende **535** 155
Gerümpel
  Obhutspflicht des Mieters **535** 94

Gerüstbauvertrag
  Vertragseinordnung **Vorbem 535** 47
Gerüstvorhaltevertrag
  Vertragseinordnung **Vorbem 535** 47
Gesamtvertretungsmacht
  Mietvertragsschluss **550** 17, 19
Geschäft
  Gebrauch, vertragsgemäßer **535** 37, 39
  Laufkundschaft **535** 37
  Störungen durch Vermieter **543** 16
Geschäft, wucherähnliches
  s Wucherähnliches Geschäft
Geschäftsführung ohne Auftrag
  Aufwendungsersatzanspruch des Mieters **539** 1 ff, 5 ff
  Mängelbeseitigung **536a** 41; **539** 4a
Geschäftspacht
  Nichtgebrauch **541** 4
Geschäftsraummiete
  Aufrechnungsbeschränkungen **556b** 25
  bauliche Veränderungen, Erlaubnispflicht des Vermieters **554** 9
  Betriebskosten **556** 8a; **556a** 4
  Betriebskostenabrechnung **535** 76 ff; **556** 104a
  Betriebskostenumlage **535** 70
  Betriebskostenvorauszahlungen **535** 73
  Betriebspflicht **535** 91 ff
  einstweilige Verfügung **546** 81 f
  Endrenovierungsklauseln **535** 118, 129a
  Ersatzvermietung **537** 20
  Fälligkeit **556b** 7
  Gebrauchspflicht **541** 4
  Geschäftsaufgabe **537** 10
  Geschäftseinstellung **535** 92c
  Heizpflicht **535** 61
  Instandhaltungspflicht **535** 146; **536** 124
    Abwälzung auf den Mieter **535** 149
  Instandsetzungspflicht **535** 146; **536** 124
    Abwälzung auf den Mieter **535** 149
  Kaution **551** 13, 22
  Kündigung aus wichtigem Grund **543** 19
  Kündigung, außerordentliche fristlose **543** 143 ff
  Kündigungsbeschränkung **542** 59
  Kündigungsrecht **542** 59
    ordentliches Kündigungsrecht **542** 59
  Minderungsrecht **536** 123 ff
    Formularvertrag **536** 125 f
  Nebenkosten **556** 50a f
  Offenhaltung des Geschäfts **535** 91
  Offenhaltungspflicht **535** 91 ff
  Raummiete **Vorbem 535** 26, 28
  Rechtzeitigkeitsklauseln **556b** 6
  Rentabilität, mangelnde **537** 10
  Reparaturpflicht, Abwälzung auf den Mieter **535** 145 ff
    Höchstbetrag **535** 146
  Schönheitsreparaturen **535** 129

Geschäftsraummiete (Forts)
  Erweiterungsklausel **535** 105
  Renovierungsfristen, starre **535** 129a
  Zustand, bezugsfertiger **535** 129a
  Sortimentsbindung **535** 92 ff
  Teilkündigung **542** 101; **543** 128
  Umfeld **536** 41, 60
  Umsatzsteuerpflicht **556** 48a
  Untervermietung **540** 33 f
  Versorgungssperre **546a** 7a
  Verwendungsrisiko **537** 10
  Vornahmeklauseln **535** 129
  Wertsicherungsklauseln **Vorbem 535** 188 ff
  Zahlungsaufforderung **543** 144, 146
  Zahlungsverzug des Mieters **543** 144 f
  Zweckbestimmung **549** 15
Geschäftsunfähigkeit
  Zustand, vertragsloser **545** 3
Geschwister
  Gebrauchsüberlassung an Dritte **540** 7; **553** 8
Gesellschaft
  Lebensgemeinschaft, nichteheliche **Vorbem 535** 136
  Mehrheit von Mietern **Vorbem 535** 117 f
  Mietvertrag, Abschluss **Vorbem 535** 111
  Mietvertrag, Kündigung **Vorbem 535** 118 ff
    Auseinandersetzung der Gesellschaft **Vorbem 535** 120
    Mitwirkungsanspruch **Vorbem 535** 120
    Verwaltungsmaßnahme **Vorbem 535** 111
Gesetzgebungskompetenz
  Mietrecht **Vorbem 535** 20b
Gestank
  Mangel der Mietsache **536** 33a
Gestattungsvertrag
  Automatenaufstellvertrag **Vorbem 535** 56
  Begriff **Vorbem 535** 36
  Gebrauchsüberlassungsvertrag **Vorbem 535** 36
  Leihe **Vorbem 535** 36
  Miete **Vorbem 535** 36
  Pacht **Vorbem 535** 36
  Wegenutzungsvertrag **Vorbem 535** 82
Gesundheitsgefährdung
  Kündigungsrecht des Mieters **542** 86, 114
  Untermiete **540** 41
Gesundheitsgefahren
  Beweislast **536** 32
  Mangel der Mietsache **536** 25, 28 f
  Umweltbelastung **536** 28 f
Getränkeausschank
  Kündigungsrecht, außerordentliches **544** 2, 6
Gewährleistungsrecht
  Anfechtung **Vorbem 535** 104
  Mieterschutz **536** 4
  Mietrecht **Vorbem 536** 2, 4

Gewährleistungsrecht (Forts)
  Verzicht auf Gewährleistungsansprüche 550 42, 51
Gewaltanwendung, Drohung mit
  Kündigung aus wichtigem Grund 543 11
Gewerbebetrieb
  Erweiterung 535 38 f
  Kündigung aus wichtigem Grund 543 40
  Mangel der Mietsache 536 55a, 57
  Nutzungsänderung 535 38 f
  Umstellung 535 38 f
Gewerbemietverhältnis
  Betriebskostenabrechnung 556 134
  Betriebskostennachforderung, Ausschlussfrist 556 139
  Wirtschaftlichkeitsgrundsatz 556 90
Gewerberaum
  Schaffung von Gewerberaum 555b 41
Gewerberaummiete
  Betriebskosten 556 8a, 127
  Betriebskostenumlage 556 46d, 50a f
    die Betriebskosten 556 50a
    Formularvertrag 556 50a
    Individualvereinbarung 556 50a
  Bindungsdauer 542 63
  COVID-19-Pandemie 542 213a
  Gebrauchsbeschränkungen, öffentlich-rechtliche 536 42 f
  Heizkosten Anh B 556c 20
  Indexmiete Vorbem 535 187
  Instandhaltungskosten 556 46d
  Mangel der Mietsache 536 39
  Mietrückstände 536 130
  Minderung 556 13
  Schönheitsreparaturen 535 102
  Umlagemaßstab, Billigkeitskontrolle 556a 7
  Umwandlung in Wohnraum 536a 7
  Versorgungssperre 556 80a
  Verwaltungskosten 556 46d
  Wärmecontracting 556c 8
  Wirtschaftlichkeitsgrundsatz 556 90
  Wohnraummiete Vorbem 535 31
  wucherähnliches Geschäft Vorbem 535 181
Gewerbliche Miete
  Äquivalenzstörung Vorbem 536 29 f
  Annahmefrist 550 23
  Aufklärungspflicht des Vermieters Vorbem 535 87
  Aufwendungsersatzanspruch des Mieters 536a 23a
  Besichtigungsrecht 535 100
  Betriebserlaubnis 537 8, 10
  Betriebskosten 535 66a f
  Betriebskostenabrechnung 535 75a
  Beweislastverteilung 538 16; 550 23
  einstweilige Verfügung 546 81 f
  Erhaltungsmaßnahmen, Duldungspflicht 555a 1

Gewerbliche Miete (Forts)
  Erträge Vorbem 535 87
  Feuerversicherung 538 10a
  Flächendifferenzen 536 68
  Form 550 1
  Gebrauch, vertragsgemäßer 535 38 f
  Gebrauchsüberlassung an Dritte, Widerrufsvorbehalt 540 15
  Insolvenz des Mieters 535 90b
  Instandhaltungspflicht 536 124
  Instandsetzungspflicht 536 124
  Kaution 551 19a, 46 ff
  Konkurrenzschutz, vertragsimmanenter 535 23 f
  Konkurrenzsituation Vorbem 535 106
  Kündigung, fristlose 543 34, 52
  Kündigungsrecht, Erweiterung 543 21
  Mehrbelastungsklausel 535 69
  Mietrückstände, Erheblichkeit 543 73
  Minderungsausschluss 536 123 ff
  Minderungsrecht 536 123 ff
    Formularvertrag 536 125 f
  Modernisierungsankündigungspflicht 555c 1, 19
  Modernisierungsmaßnahmen, Duldungspflicht 555a 1
  Modernisierungsvereinbarung 555f 2
  Nutzungsänderung 535 38; 543 15, 52
  Parkflächen, Vermietung 543 34
  Raummiete Vorbem 535 26, 28
  Rechtsverfolgungskosten 543 65
  Regressverzicht 538 10
  Rentabilitätsvermutung 536a 23a
  Reparaturpflicht 536c 24
  Schönheitsreparaturen 535 121, 129
  Sicherheitsleistung 551 2, 18
  Sicherungsanordnung 546a 55d
  Störung der Geschäftsgrundlage 542 212
  teilgewerbliche Miete 556d 25 f; 556e 10, 13
  Treuhandkonto 551 18
  Umfeld 536 41, 60
  Umsätze Vorbem 535 87, 106; 536 65
  Umsatzsteuer 535 85a
  Versorgungssperre 535 82a
  Vertragsstrafen 555 9
  Verwendungsrisiko 537 8, 10
  Wärmecontracting 556c 43
  Wohnzwecke 543 52
  Zufallshaftung 538 12, 16
Gewinn- und Verlustrechnung
  Kündigung aus wichtigem Grund 543 9
Gewinnerzielung
  Zweckstörung Vorbem 536 22
Girokonto
  Kaution 551 20, 22
GmbH
  Mietvertragsschluss 550 19
Goodwill
  Unternehmenspacht 548 7

Gradtagsmethode
  Betriebskostenabrechnung **Anh B 556c** 18
Graffiti
  Mangel der Mietsache **536** 40
  Reinigungskosten, Umlagefähigkeit **556** 34
Grenzmarkierung
  Rechtsanmaßung Dritter **536c** 11
Großbaustelle
  Mangel der Mietsache **536** 49 ff, 53, 57
    Kenntnis des Mangels **536b** 10a
    Vertretenmüssen des Vermieters **536a** 10
  Zugangsbehinderung **536** 59
Großveranstaltung
  Sorgfaltspflichten des Mieters **535** 95
Großvermieter
  Eigenschaften des Mieters, persönliche **542** 204
  Kündigung, Empfangsbereitschaft **542** 47
  Rechtsverfolgungskosten **543** 65
Grünanlagen
  Betriebskosten, umlagefähige **556** 35
  Modernisierungsmaßnahmen **555b** 5, 34
Grünland
  Mietvertrag **550** 37
Grundbesitzabgaben
  Begriff **556** 54
  Betriebskostentragung **535** 69a
Grunddienstbarkeit
  Kausalgeschäft, Kündigungsausschluss **544** 3
  Rechtsmangel **536** 82
Grundgebühren
  Umlagemaßstab **556a** 15b
Grundmiete
  Nebenkosten **556** 47
Grundsteuer
  Betriebskosten **535** 66
    Umlagemaßstab **556a** 26
  Betriebskostenabrechnung **556** 83
  Eigentumswohnung **556** 86; **556a** 8b, 26, 49
  Erhöhung, rückwirkende **556** 109b, 117b, 124, 133a
  Lastentragung **535** 69a
  Leistungsprinzip **556** 117b
  Sachwertverfahren **556a** 22a
  Weiterleitung **556** 86; **556a** 8b, 22a
Grundstücke
  Teilkündigung **542** 101
Grundstücksbenutzung
  Mietvertrag **535** 15b
Grundstückserwerber
  Besichtigungsrecht **535** 98a
  Eintritt in den Mietvertrag **542** 217; **550** 3
  Information über Mietverhältnisse **550** 3
Grundstücksmiete
  Abgrenzung **Vorbem 535** 26 f
  bauliche Veränderungen, Erlaubnispflicht des Vermieters **554** 9
  Belastung des Grundstücks **Vorbem 535** 23

Grundstücksmiete (Forts)
  Betriebskosten **556** 54
  Form **550** 5
  Gebäude, Übereignung **539** 16 f
  Gebäudeerrichtung **Vorbem 535** 27; **539** 16 f
  Gebrauchsfortsetzung **545** 4
  Grundstück, unbebautes **549** 14
  Grundstücksteile **Vorbem 535** 27
  Insolvenz des Mieters **535** 90a
  Kündigung, außerordentliche **542** 109
  Mangel der Mietsache **536** 61
  Mietobjekt **550** 37
  Mietvertrag, langfristiger **550** 5, 12
  Mietzahlung **547** 4
  Raummiete **Vorbem 535** 26, 28; **549** 14
  reine Grundstücksmiete **Vorbem 535** 26, 38
  Rückgabepflicht **546** 4
  Übergabe der vermieteten Sache
    Vorbem 535 22 f
  Umlagefähigkeit **556** 54
  Veräußerung des Grundstücks
    Vorbem 535 23
  Vermietung durch Nichteigentümer
    Vorbem 535 23
  Vertragsstrafe **555** 2
  Wegnahmerecht **552** 2
Grundstücksplan
  Anlage zum Mietvertrag **550** 30
Grundstücksteile
  Grundstücksmiete **Vorbem 535** 27
  Teilkündigung **542** 92
Grundstücksveräußerung
  Aufwendungsersatzanspruch des Mieters,
    Verjährung **548** 37
  Kenntnis des Eigentumsübergangs **548** 37
  Betriebskostenabrechnung **535** 75a
  Garantiehaftung **536a** 5
  Kündigungsrecht des Vermieters **543** 60
  Mängelbeseitigung, Vorschuss **536a** 33
  Sicherheitsleistung **551** 2
  Umsatzsteuer **535** 85a
  Vertragsübergang **556d** 9
  Zahlungsverzug des Mieters **543** 82
  Zurückbehaltungsrecht **536** 107a
Grundwasserverseuchung
  Ersatzansprüche, Verjährung **548** 9
Gutachtenkosten
  Ersatzfähigkeit **536a** 20
Gutschrift
  Mietzahlung, Rechtzeitigkeit **543** 77

Härteeinwand
  Ausschlussfristen **555d** 2
  Beweislast **555d** 29
  Modernisierungsmaßnahmen **555c** 1, 14
Härteklausel
  Modernisierungsmaßnahmen **555b** 20;
    555d 1, 5 ff, 10 ff

Haftpflichtgesetz
Ersatzansprüche, Verjährung **548** 9
Haftpflichtversicherung
Umlagefähigkeit **556** 38 ff
Haftpflichtversicherung des Mieters
Ausgleichsanspruch **538** 10b
Beweislast **538** 10b
Verjährung **538** 10b
Regress **538** 10a
Haftungsausschlussklausel
Fahrlässigkeit, leichte **536a** 44
Formularvertrag **536a** 43 ff
Kardinalpflichten **536a** 44
Transparenzgebot **536a** 43
Vermieterhaftung **536a** 42 ff
Haken
Gebrauch, vertragsgemäßer **535** 40 f; **538** 4
Haltevorrichtungen
Ersatzpflicht **538** 4
Gebrauch, vertragsgemäßer **535** 40 f; **538** 2, 3a, 4
Hammerschlags- und Leitungsrecht
Duldungspflichten **555a** 2
Handelsgesellschaften
Mietvertragsschluss **550** 18 ff
Handtuchheizkörper
Verbesserungsmaßnahme **555b** 27
Handwerker
Erfüllungsgehilfen des Vermieters **536a** 11
Zutrittsrecht **535** 98
Hauptleistungspflichten
Mietvertrag **Vorbem 535** 42; **535** 1, 84
Vermieter **535** 14, 16
Haus mit Garage
Miethöhenbegrenzung **556d** 5
Mietverhältnis, Einheitlichkeit **543** 129
Haus mit Garten
Miete **Vorbem 535** 39
Miethöhenbegrenzung **556d** 5
Mietverhältnis, Einheitlichkeit **543** 129
Pacht **Vorbem 535** 39
Hausanschlussstation
Kostenumlage **556c** 4
Hausbriefkasten
Mitvermietung **535** 6
Hausfrieden
Kündigungsrecht des Vermieters **542** 114; **547** 21
Rauchen **538** 3c
Störungen, nachhaltige **547** 21
Haushalt
auf Dauer angelegter Haushalt **549** 34
Haushaltsgeräte
Mitvermietung **535** 6
Haushüten
Gebrauch, vorübergehender **549** 24
Wohnraummiete **549** 19
Hauslärm
Mangel der Mietsache **536** 55 ff

Hauslärm (Forts)
Sozialadäquanz **536** 55
Hausmeister
Betriebskosten **556** 40 ff
Umlagemaßstab **556a** 26
Wirtschaftlichkeitsgrundsatz **556** 42
Notdienstpauschale **535** 64; **556** 46
Pförtnerdienste **556** 41
Sicherheit und Ordnung **556** 41
Subunternehmer, Mieter als **556** 40d, 42
Tätigkeiten, umlagefähige **556** 40b ff
Beweislast **556** 40c
Darlegungslast **556** 40c
Fremdkosten, fiktive **556** 40d
Überwachungsdienste **556** 41, 45b
Hausmeistervergütung
Umlagefähigkeit **556** 40 f
Hausmeistervertrag
Dienstvertragsrecht **535** 88
Gegenleistung des Mieters **535** 88
Mietpreisbremse **556d** 20 f
Wohnungsüberlassung **535** 88
Hausordnung
Änderungsvorbehalt **Vorbem 535** 169
Allgemeine Geschäftsbedingungen
Vorbem 535 168 f; **535** 33a
Anlage zum Mietvertrag **550** 30
Anspruch, unmittelbarer **535** 155
Bezugnahme **Vorbem 535** 168
Einhaltungsverlangen des Mieters
Vorbem 535 169
Gartennutzung **Vorbem 535** 167
Gebrauch, vertragsgemäßer
Vorbem 535 169
Gemeinschaftsräume/-einrichtungen
Vorbem 535 167
Inhaltskontrolle **Vorbem 535** 169
Mieträume, Benutzung **Vorbem 535** 167
Reinigung **Vorbem 535** 167; **535** 33a
Schneeräumung **Vorbem 535** 167; **535** 33a
Schriftformerfordernis **550** 42
der Wohnungseigentümergemeinschaft
Vorbem 535 170
Hausratsversicherung des Vermieters
Regress **538** 10a
Hausstrom
Betriebskostenabrechnung **556** 83
Hausverbot
Besucher des Mieters **540** 5
Hotelaufnahmevertrag **Vorbem 535** 63
Hausverwaltung
Bankunkosten **556** 46
Kautionsverwendung, unberechtigte **551** 22
Mietvertragsschluss **Vorbem 535** 94
Modernisierungsankündigung **555c** 4
Umlagefähigkeit **556** 40a, 46
Verwaltungsunterlagen, Herausgabe
556 147

Hausverwaltungskosten
  Abwälzung auf den Mieter **535** 66a
Hauswand
  Mietvertrag **535** 15b
Heilung
  Zahlungsverzug des Mieters **543** 95 ff
Heimarbeit
  Gebrauch, vertragsgemäßer **535** 37
Heimpflegevertrag
  Vertrag, gemischter **549** 19
  Wohnraummietrecht **549** 19, 24
Heimvertrag
  s Wohn- und Betreuungsvertrag
Heizanlagenverordnung
  Modernisierungsmaßnahmen **555b** 38
Heizkosten
  Abrechnung, verbrauchsabhängige
    556 117a; **Anh B 556c** 6, 23 ff
  Anlagen, erklärende **556** 82
  Bedienungskosten **Anh B 556c** 12 f, 15
  Berechnungsmethode **556** 82d
  Betriebskosten **535** 64; **556** 7, 25 ff, 55, 57
  Betriebskostenabrechnung **535** 77g;
    556 82d, 83a; **Anh B 556c** 6
    Vereinbarung, vertragliche
      Anh B 556c 20
    verspätete Abrechnung **556** 109
  Betriebskostenpauschale **535** 72
  Betriebskostenverordnung **556** 25
  Brennstoffe **Anh B 556c** 12 ff
  Einzelöfen **556** 27, 57
  Energieverbrauchskosten **Anh B 556c** 25
  Erhöhungsrecht **Anh B 556c** 25
  Gewerberaummiete **Anh B 556c** 20
  Gradtagsmethode **Anh B 556c** 18
  Heizkostenverteiler **Anh B 556c** 3
  Investitionskosten **Anh B 556c** 12
  Konkretisierung auf Heizungsanlage **556c** 4
  Kürzungsrecht **Anh B 556c** 21 ff
  Leistungsprinzip **535** 77g; **556** 117a
  Mangel der Mietsache **536** 35 f
  Mieterwechsel **Anh B 556c** 17 f
  Mietstruktur, Änderung **Anh B 556c** 25
  Nutzerwechsel **Anh B 556c** 17 f
  Pauschale **Anh B 556c** 23
  Personenzahl **Anh B 556c** 23
  Überwachungskosten **Anh B 556c** 12
  Umlage **Anh B 556c** 23
    Heizkostenverordnung **535** 67
    Vereinbarung, vertragliche
      Anh B 556c 23 f
  Umlagefähigkeit **556** 57; **Anh B 556c** 10, 25
  Umlagemaßstab **Anh B 556c** 3 ff, 6 f
    Änderung **Anh B 556c** 7
  Verbrauchsabhängigkeit
    s Abrechnung, verbrauchsabhängige
  Verdunstungsröhrchen **556** 29; **556a** 16 f;
    Anh B 556c 8
  Verteilerschlüssel **556** 82

Heizkosten (Forts)
  Vertragsanpassung **Anh B 556c** 24
  Vorauszahlungen **Anh B 556c** 25
    Abrechnungspflicht **Anh B 556c** 25
    Angemessenheit **Anh B 556c** 25
  Vorschüsse **556** 80
  Wärmezähler **Anh B 556c** 3
  Warmmiete, pauschale **Anh B 556c** 23
  Warmwasserzähler **Anh B 556c** 3
  Wartungskosten **Anh B 556c** 11 f, 15
    Kleinteile, Austausch **Anh B 556c** 15
  Wirtschaftlichkeitsgrundsatz **Anh B 556c** 19
  Zwischenablesung **556a** 32 f; **Anh B 556c** 17
Heizkostenabrechnung
  Unbrauchbarkeit der Ablesung
    Anh B 556c 8
  Verständlichkeit **Anh B 556c** 4
  Wirtschaftlichkeitsgrundsatz **536** 36
Heizkostenverordnung
  Betriebskosten **556** 7, 67; **Anh B 556c** 1
    Umlagemaßstab **556a** 11
  Duldungspflichten **555a** 2
  Energieeinsparung **Anh B 556c** 25
  gewerbliche Miete **Anh B 556c** 1
  Kaltmiete **535** 67; **Anh B 556c** 1
  Lastentragung **535** 63
  Modernisierungsmaßnahmen **555b** 38
  Raummiete **Anh B 556c** 1
  Regeln der Technik, anerkannte
    Anh B 556c 8
  Text **Anh B 556c**
  VDI-Richtlinie 2077 **Anh B 556c** 8
  Vertragsanpassung **Anh B 556c** 24
  Vorrang **Anh B 556c** 1, 25
  Wohnraummiete **Anh B 556c** 1
Heizkostenverteiler
  Verbrauchserfassung **Anh B 556c** 3, 8
Heizkostenzähler
  Einwendungsausschluss **556** 130
Heizöl
  Rückgabepflicht **546** 23
  Tankreinigung **556a** 31; **Anh B 556c** 11, 15
  Verbrauchserfassung **556a** 18
Heizperiode
  Formularvertrag **535** 61
  Heizpflicht **535** 61
Heizpflicht
  Vermieterpflicht **535** 61
Heizung
  Aufwendungen, nützliche **539** 4
  Ausfall **535** 72; **536** 21a, 35, 96, 98; **536a** 16,
    39
  Betriebsbereitschaft **535** 60
  Drosselung auf 18° C **536** 26a, 33, 35
  Einfrieren **538** 8a
  Energieart **535** 60
  Energieeinsparung **555b** 11, 13, 15, 27
  Erfüllungsgehilfen des Vermieters **536a** 11
  Fernheizung **535** 62

Heizung

Heizung (Forts)
  Funkerfassungsgeräte **555b** 27
  Funktionsfähigkeit **536** 36
  Gebrauch, vertragsgemäßer **535** 59; **536** 35
  Gebrauchswerterhöhung **555b** 27
  Heizmaterial **535** 60
  Heizungsart **535** 60
    Umstellung **535** 62; **555b** 24, 27
  Instandsetzungsmodernisierung **555b** 8
  Instandsetzungspflicht **535** 28a
  Klopfgeräusche **536** 56; **543** 35
  Kündigung, fristlose **543** 34
  Lärmimmissionen **536** 36
  Mangel der Mietsache **536** 35 f, 56, 132 ff
  Messgeräte **555b** 27
  Mieterpflicht **536** 32
  Mietminderung **536** 112 f
  Mindeststandard **535** 59
  Modernisierungsankündigung **555c** 6
  Modernisierungsmaßnahmen **555b** 27;
    555d 7
  Modernisierungspflicht **536** 35
  Nichtgebrauch **535** 59; **536a** 39
  Prüfungspflicht **535** 32
  Schadensersatzpflicht des Mieters **538** 8a
    Beweislastverteilung **538** 15
  Standard, geschuldeter **536** 24
  Steuergeräte, zentrale **555b** 38
  Temperatur, geschuldete **535** 61; **536** 35
  Thermostatventile **555b** 38
  Wegnahmerecht des Mieters **539** 29
  Wohnraummiete **535** 59
  Zumutbarkeit **536** 112, 113
Heizungsanlage
  Instandhaltungspflicht **Anh B 556c** 19
  Mangel **Anh B 556c** 19
  Modernisierungspflicht **Anh B 556c** 19
  Unwirtschaftlichkeit **536** 35 f
Heizungskeller
  Mitvermietung **535** 8
Heizungskosten
  Betriebskosten
  s Heizkosten
Heizungsreparatur
  Aufwendungsersatzanspruch des Mieters
    536a 39
Heizungsverhalten
  Formularvertrag **536** 114
  Vereinbarung **536** 113 f
  Verkehrssitte **536** 112a
Herausgabeanspruch
  Mietsache **546** 55
Herausgabeanspruch, dinglicher
  Mietsache **546** 84 f
Herausgabeklage
  Klageantrag **546** 49
  Rechtskraft **546** 53
  Rechtsschutzbedürfnis **546** 52
  Rückgabepflicht **546** 46 ff

Herausgabeklage (Forts)
  Vollstreckung **546** 57 ff
  Zuständigkeit, örtliche **546** 48
  Zuständigkeit, sachliche **546** 47
Herausmodernisieren
  Pflichtverletzung **Vorbem 536** 14a
Hinterlegung
  Miete **543** 82
Hinweisschilder
  Anbringung **535** 12
Hobbykeller/-raum
  Flächenangabe **536** 72
  Modernisierungsmaßnahmen **555b** 34
Hochwasser
  Mangel der Mietsache **536** 96
  Pflichtverletzung des Vermieters
    Vorbem 536 14
  Umweltfehler **536** 48
  Verkehrssicherungspflicht **535** 30
Hochwassergefahr
  Mangel der Mietsache **536** 38
  Warnpflicht **536** 38
Hörfunk
  Grundrechtsschutz **535** 45 f
  Mietgebrauch **535** 51 f
  Recht auf Empfang **535** 45
Hofraum
  Kinderspielplatz **535** 9
  Mangel **536** 8
  Mitvermietung **535** 9
  Modernisierungsmaßnahmen **555b** 5
  Nutzungsduldung **535** 9
  Nutzungsumfang **535** 9
Holschuld
  Mietzahlung **543** 80
Honorararzt
  Haftung des Krankenhausträgers
    Vorbem 535 67
Hotel
  Mangel der Mietsache **536** 53
  Schlüsselverlust **535** 5a
Hotelappartement
  Wohnraummiete **Vorbem 535** 31, 61
Hotelaufnahmevertrag
  Asylanten **Vorbem 535** 62
  Erfüllungsort **Vorbem 535** 62
  Garantiehaftung des Vermieters
    Vorbem 535 62
  Hausverbot **Vorbem 535** 63
  Kündigungsrecht **Vorbem 535** 63; **537** 9
  Rücktritt **542** 196
  Rücktrittsrecht des Kunden **Vorbem 535** 64
    Handelsbrauch **Vorbem 535** 64
  Stornierung **Vorbem 535** 64
    Abschlag **Vorbem 535** 64
  Vertrag, gemischter **549** 19
  Vertragseinordnung **Vorbem 535** 62
  Wohnraummietrecht **549** 19
  Wohnungssuchende **Vorbem 535** 62

Hotelaufnahmevertrag (Forts)
  Zustandekommen **Vorbem 535** 63
Hotelreservierungsvertrag
  Kündigung **Vorbem 535** 65
  Vertragseinordnung **Vorbem 535** 65
Hotelzimmer
  Einmalmiete **556b** 11
  Gebrauchsüberlassung, kurzfristige **549** 23 f
  Vermietung, tageweise **556b** 12
Hubschrauberflüge
  Mangelkenntnis **536b** 10a
Hundegebell
  Lärmimmissionen **536** 58
Hypothekenzinsen
  Mietzahlung **535** 86; **543** 59

Immissionen
  Mangel der Mietsache **536** 9
  Rauchen **538** 3d
Immissionsschutz
  Modernisierungsmaßnahmen **555b** 38
Immissionsschutzmessung
  Betriebskosten **556** 26, 57
Immobilienleasing
  Instandhaltungspflicht, Abwälzung auf den Leasingnehmer **535** 149
  Instandsetzungspflicht, Abwälzung auf den Leasingnehmer **535** 149
Indexklauseln
  Staffelmiete **Vorbem 535** 191
  Zulässigkeit **Vorbem 535** 191
Indexmiete
  Lebenshaltungskostenindex **Vorbem 535** 187, 190
  Mietbindung **Vorbem 535** 187 ff
  Mietpreisbremse **556d** 21; **556f** 24; **556g** 34
  Schriftform **550** 49
  Vorenthaltung der Mietsache, Nutzungsentschädigung **546a** 45
  Wohnraummiete **Vorbem 535** 187 f
Ingerenz
  Aufklärungspflicht **Vorbem 535** 87, 91
Inhaltskontrolle
  Abwälzungsklauseln **535** 112
  Drittbedingungen **Vorbem 535** 101
  Einmalbedingungen **Vorbem 535** 101
  Verbrauchervertrag **Vorbem 535** 101
  Wohnraummiete **Vorbem 535** 101
Inkassounternehmen
  Mietpreisbremse **556d** 18; **556g** 12
  Auskunftsanspruch, Abtretung **556g** 68
  Rechtsverfolgungskosten **543** 65
Inklusivmiete
  Betriebskosten **535** 65; **556** 10, 66; **556a** 1, 37; **Anh B 556c** 25
  Heizkostenanteil **Anh B 556c** 25
  Lastentragung **535** 63
  Mietobergrenze **556d** 12
  Mietpreisbremse **556d** 22 f; **556g** 52

Inklusivmiete (Forts)
  Minderung **536** 94 f
  Vergleichsmiete, ortsübliche **556d** 22 f
  Wärmeversorgungskosten **556c** 17
Insolvenz
  Aussonderungsanspruch **535** 90a; **546** 54
  Betriebskostenabrechnung **556** 102, 120 f
  Enthaftungserklärung **535** 90b; **542** 135
  Erhaltungspflicht **535** 20
  Freigabeerklärung **535** 90b
  Kautionsrückzahlung **535** 90b
  Kündigung des Erwerbers vom Insolvenzverwalter **Vorbem 536** 11
  Kündigung des Mietverhältnisses **542** 130 ff
  Kündigungsrecht des Insolvenzverwalters **542** 111
  Kündigungssperre **535** 90b; **543** 14, 58
  Mieter **535** 90a; **542** 130, 132 ff; **546** 54 f
  Mitmieter **Vorbem 535** 122; **535** 90a
  Neuverbindlichkeiten **535** 90b
  Räumung des Grundstücks **535** 90a
  Räumung, vereinfachte **546** 69
  Vermieter **535** 20, 90c; **542** 130 f
  Vermieterhaftung **Vorbem 536** 11
  Wahlrecht des Insolvenzverwalters **542** 130
  Wohnraummiete **535** 90b
  Zahlungsrückstände nach Eröffnungsantrag **542** 135
Insolvenzfestigkeit
  Mietvertrag **535** 90a
Insolvenzverwalter
  Freigabeerklärung **535** 90c
  Sonderkündigungsrecht **535** 90a
  Wegnahmerecht **539** 31
Instandhaltung
  Begriff **535** 28
  Dach und Fach **535** 146
Instandhaltungskosten
  Begriff **535** 28; **555a** 8
  Lastentragung **535** 147
  Transparenzgebot **535** 147
  Umlagefähigkeit **556** 45 f, 46a
Instandhaltungsmaßnahmen
  Abwälzung auf den Mieter **535** 145 f
  Definition **535** 145a
  Erhaltungsmaßnahmen **555a** 8; **555b** 7
  Mietpreisbremse **556f** 16
  Sicherungsmaßnahmen **555a** 8
Instandhaltungspflicht
  Abwälzung auf den Mieter **535** 145 ff
  Formularvertrag **535** 147 ff
  Geschäftsraummiete **535** 149
  Anschaffung neuer Geräte **535** 148a
  Bagatellschäden **535** 151 f
  Erhaltungspflicht **535** 28; **555a** 3
  Kündigungsrecht des Vermieters **543** 45
  Mietverhältnis, Beendigung **546a** 7
  Mietvertrag **535** 21
  Obergrenze **535** 148

Instandhaltungspflicht (Forts)
  Reinigungspflicht **535** 96
  Reparaturklausel **535** 148a
  Verschuldenshaftung **536a** 10
  Zutrittsrecht **535** 98
Instandsetzung
  Begriff **535** 28
  Dach und Fach **535** 146
Instandsetzungsanspruch
  Mitmieter **Vorbem 535** 124
Instandsetzungskosten
  Begriff **556** 45, 46a
  Lastentragung **535** 147
  Transparenzgebot **535** 147
  Umlagefähigkeit **556** 45 f, 46a
Instandsetzungsmaßnahmen
  Abwälzung auf den Mieter **535** 145 f
  Definition **535** 145a
  Erhaltungsmaßnahmen **555a** 8; **555b** 7
  Gartenumgestaltung **535** 10a
  Mietpreisbremse **556f** 16, 19
Instandsetzungsmodernisierung
  Duldungspflicht **555a** 6; **555b** 8, 36
  Mieterhöhung **555b** 8
  Modernisierungseffekt **555b** 8
  Wertverbesserung **555b** 8
Instandsetzungspflicht
  Abstandszahlung **535** 134
  Abwälzung auf den Mieter **535** 145 ff
    Formularvertrag **535** 147 ff
    Geschäftsraummiete **535** 149
  Anschaffung neuer Geräte **535** 148a
  Bagatellschäden **535** 151 f
  Beschädigung der Mietsache
    Vorbem 536 5a ff
  Brand der Mietsache **535** 148a
  Erhaltungspflicht **555a** 3
  Kündigungsrecht des Vermieters **543** 45
  Mahnung des Mieters **536a** 12 f
  Mietvertrag **535** 21
  Missverhältnis, grobes **Vorbem 536** 7 f
  Obergrenze **535** 148
  Opfergrenze **Vorbem 536** 6 ff; **536a** 16
  Reinigungspflicht **535** 96
  Reparaturklausel **535** 148a
  Reparaturpflicht **535** 28 ff
  Teppichboden **535** 104
  Verschuldenshaftung **536a** 10
  Verzug **536a** 12 ff
  Zutrittsrecht **535** 98
Instrument
  Gebrauchsgewährung **535** 15b
Internatsvertrag
  Befristung **Vorbem 535** 68
  Kündigung **Vorbem 535** 68
  Kündigungsrecht **Vorbem 535** 68
  Rechtsnatur **Vorbem 535** 68
Internetanschluss
  Außenantenne, Ersetzung **535** 45

Internetanschluss (Forts)
  Empfangsmöglichkeit, vereinbarte **535** 45
Internetfernsehen
  Nutzungspflicht **535** 47b
  Parabolantenne, Alternative zur **535** 47b
Inventar
  Mitvermietung **550** 38
  Nebenabrede **550** 43
Investitionsschutz
  Vertragsbeendigung, vorzeitige **539** 13 ff
Irrtumsanfechtung
  Anfechtung des Mieters **Vorbem 535** 105
  Beschaffenheit der vermieteten Räume
    Vorbem 535 105
  Eigentumsverhältnisse **Vorbem 535** 105
  Größe der vermieteten Räume
    Vorbem 535 105
  Kinderfreundlichkeit der Wohnung
    Vorbem 535 105
  Lage der vermieteten Räume
    Vorbem 535 105
  Mietvertrag **Vorbem 535** 104 f
  Vorstrafen des Vermieters **Vorbem 535** 105
Isolierung
  Mangel der Mietsache **536** 40
  Schimmelbildung **536** 32
  Standard, geschuldeter **536** 23
Isolierverglasung
  Energieeinsparung **555b** 11
  Instandsetzungsmodernisierung **555b** 9
  Modernisierungsmaßnahmen **555a** 8
ius ad rem
  Mietvertrag **Vorbem 535** 21

Jobcenter
  Zahlungsverzögerung, Zurechnung **543** 84 f
Jugendwohnheim
  Begriff **549** 48
  Gebrauchsüberlassung, vorübergehende
    549 26
  Kaution **551** 17
  Mieterschutz, Ausnahmen **549** 49
  Rotationsprinzip **549** 48
  Wohnraummiete **549** 9
Juristische Personen
  Miete, gewerbliche **Vorbem 535** 31
Juristische Personen des öffentlichen Rechts
  Anmietung von Räumen **546** 106a
  Mieterschutz **549** 38
  Mietverträge **Vorbem 535** 30
  Weitervermietung **549** 8, 20, 38

Kabelanlage
  Gestattungsvertrag **Vorbem 535** 83
Kabelanschluss
  Außenantenne, Ersetzung **535** 45 f
  Betriebskosten **556** 43
  Duldungspflicht **535** 69a
  Empfangsmöglichkeit, vereinbarte **535** 45

Sachregister

Kabelanschluss (Forts)
  Gebrauchswerterhöhung **555b** 29
  Gemeinschaftsantenne, Ersetzung **556** 43, 65
  Mietgebrauch **546a** 7
  Modernisierungsankündigung **555c** 6, 17
  Modernisierungsmaßnahmen **556** 65
  nachträglicher Kabelanschluss **556** 43, 65
  Umlagemaßstab **556a** 14, 26
  Zumutbarkeit **555d** 12b
Kaltmiete
  Heizkostenverordnung **535** 67; **Anh B 556c** 1
  Sicherheitsleistung **551** 9
Kaltwasser-Zwischenzähler
  Wassereinsparung **555b** 16
Kaltwasserkosten
  Betriebskostenabrechnung **556** 82d; **556a** 6
  Umlagemaßstab **556a** 14
  Verbrauchsabhängigkeit **556a** 40
Kaltwasserzähler
  Austausch **556** 23, 30
Kampfkunstschule
  Konkurrenzschutz **535** 24a
Kanalanschluss
  Erhaltungsmaßnahmen **555a** 8
  Modernisierungsmaßnahmen **555b** 34, 38
Kapitalkosten
  Umlagefähigkeit **556** 46c
Kappungsgrenze
  Absenkung **Vorbem 535** 15
  Mieterhöhungen, Beschränkung **Vorbem 535** 14, 19
  Mietobergrenze **556d** 27
  Prozentsatz **Vorbem 535** 15
Kauf auf Probe
  Beschädigung der Kaufsache **548** 3a
Kauf bricht nicht Miete
  Mietvertrag, Form **550** 1
  Optionsvertrag **Vorbem 535** 153
  Weitervermietung, gewerbliche **540** 2
  Zwischenvermietung, gewerbliche **540** 2
Kaufinteressenten
  Besichtigungsrecht **535** 100
Kaufvertrag
  Kündigungsausschluss **544** 3
Kaution
  Abrechnung **551** 29 ff, 34
  Abrechnungsfrist **551** 29, 31 ff
  Abtretung **551** 48
  Anderkonto **551** 18
  Anlage **551** 5a, 17 ff
    Aktien **551** 21
    Aktienfonds **551** 21
    andere Anlage **551** 17, 21
    Anspruch auf Anlage des Kautionsbetrags **551** 19
    – Insolvenzforderung **551** 20
    Aufklärungspflicht **551** 21

Kaution (Forts)
  Auskunftsanspruch **551** 19a
  getrennte Anlage **551** 17 ff, 21, 47
  – Schutzgesetz **551** 22
  Immobilienfonds **551** 21
  Kostenpauschale **551** 18a
  Kreditinstitute **551** 18
  – Aufrechnungsrecht **551** 20
  – Pfandrecht **551** 20, 22
  – Zurückbehaltungsrecht **551** 20
  Nachweis **551** 19
  Provision **551** 18a
  Schadensersatzpflicht **551** 20 ff
  Sparkassenbrief **551** 21
  spekulative Anlage **551** 21
  Verlust der Anlage **551** 21
  Verlustgefahr **551** 21 f
  Vertragsdauer **551** 19a
  Zinssatz **551** 17, 21
  Aufhebung, konkludente **551** 25
  Aufrechnung **551** 16a, 25, 28, 43
  Auskunftsanspruch **551** 38
  Aussonderungsrecht **551** 20
  Barkaution **551** 4, 5 ff, 17
  Geldschuld **551** 13
  Betriebskostenabrechnung **551** 32
  Darlehen, treuhänderisch gebundenes **551** 5a
  Dreifaches der Miete **551** 9b
  Eigentum **551** 5
  Erträge **551** 21, 23 f
    Auszahlung **551** 23, 26
    Dividenden **551** 24
    Gewinnanteile **551** 24
    Rückgewähranspruch **551** 23, 26
    Sollzinsen, ersparte **551** 24
    Versteuerung **551** 24
    Vorsteuerabzug **551** 24
    Zinsen **551** 23, 48
    Zinseszinsen **551** 23
  Fälligkeit **551** 5a, 12c, 12 f
    Hinausschieben der Fälligkeit **551** 12b
  Funktion **551** 3a
  Geldkaution **551** 3, 41
    Verzinsung, Ausschluss **551** 3
  gewerbliche Miete **551** 46 ff
  Girokonto **551** 5a, 20, 22
  Insolvenzrisiko des Vermieters **551** 21
  Konto, insolvenzfestes **551** 16a
  Kündigung aus wichtigem Grund **543** 10; **551** 12
  Leistung an Dritte **551** 4
  Leistung durch Dritte **551** 4
  Mietkautionskonto **551** 18
  Mitmieter **Vorbem 535** 124
  nachträgliche Kautionszahlungspflicht **551** 12b
  Negativzinsen **551** 18a
  Nichtzahlung **543** 10

Kaution (Forts)
Nutzungspfandrecht, unregelmäßiges 551 5a
Pfändung 551 20
Pfandrecht, irreguläres 551 5a
Prüfungsfrist 551 5a, 6b; 556 122 f, 125
Quotelung 551 12 ff
Ratenzahlung 551 12 f
Rechtsnatur 551 5
Rückforderung 551 30
Rückgewähr trotz Schäden 551 40
Rückgewähranspruch 551 25, 28 ff, 48
   Aufrechnung 551 37
   Eheleute 551 40
   Fälligkeit 551 37
   Mehrheit von Mietern 551 40
   Verjährung 551 37
Rückzahlung 551 28 ff, 41
   Fälligkeit 551 37
   freiwillige Rückzahlung 551 25
   Insolvenzverfahren 535 90b
   Mahnung 551 39
   Streitwert 551 42
   Verjährung 548 22, 39
   Vertragsende 551 5a
   Verzug 551 39
Rückzahlungsanspruch 556 122 f
   Verjährung 551 4a
Sammelkonto 551 18
Schadensersatzpflicht des Mieters, Erlass 551 40
Schadensersatzpflicht des Vermieters 551 22
Sicherheitsleistung 551 1 f, 4
   s a dort
Sonderkonto 551 18
Steuerbescheinigung 551 24
Teilzahlungen, monatliche 551 12 f
Treuhandkonto 551 5a, 18, 19a f, 22, 28
Treuhandverhältnis 551 25 f
Untreue 551 22, 47
verdeckte Kautionsleistung durch Dritte 551 4
Vereinbarungen 551 44 f
Verfallklauseln 555 5a
Verfügung des Vermieters, unberechtigte 551 22 f
Verjährung 551 4a, 13, 23
Vermieterwechsel 540 93
Vermögensverhältnisse des Vermieters 551 28
Verwertungsrecht 551 36
   Forderungen, streitige 551 36
Verzinsung 551 3, 17 ff, 23, 48
Verzug 542 114; 543 68; 551 13
   Kündigung aus wichtigem Grund 543 107
   Kündigung des Mietvertrages 551 5a, 13
   Verzugsschaden 551 13
   Verzugszinsen 551 13

Kaution (Forts)
   Wohnraummiete 543 107
Wiederauffüllung 551 4a, 27
Zugriffsrecht des Vermieters 551 36
Zurückbehaltungsrecht 551 19, 48; 556 125
Zurückbehaltungsrecht an der Miete 551 28
Zwangsverwaltung 551 18a
Kautionsversicherung
Insolvenzrisiko des Vermieters 551 21
Kegelbahn
Vertragseinordnung Vorbem 535 80
Keller
Flächenangabe 536 72 f
Flächendifferenz 536 76
Mangel 536 8
Mitvermietung 535 8; 550 37
Nutzungsbeschränkung 536 72 f
Nutzungsentziehung 536 8
Schriftformerfordernis 550 37, 42
Verkehrssicherungspflicht 535 29a
Kernsanierung
Standard, geschuldeter 536 24
Kettenmietvertrag
Kündigungsrecht 544 5
KG
Mietvertragsschluss 550 19
Kiesgrube
Miete Vorbem 535 44
Umweltschäden, Verjährung 548 3a
Kinder
Besitzdienerschaft Vorbem 535 129
Mietvertrag, von den Eltern geschlossener Vorbem 535 126, 129
Mietvertrag, Schutzbereich Vorbem 535 127
Räumungstitel gegen die Eltern 546 51, 62
Untermietvertrag Vorbem 535 129
Verkehrssicherungspflicht 535 30
Kinderlärm
Lärmimmissionen 535 27
Mangel der Mietsache 536 55
Toleranzgebot 536 55
Kinderlosigkeitsklausel
Sittenwidrigkeit Vorbem 535 184
Kinderspielplatz
Mangel 536 8
Mitvermietung 535 8 ff
Modernisierungsmaßnahmen 555b 5, 20, 34
Kinderwagen
Abstellen im Flur/Treppenhaus 535 7b, 48
Klageänderung
Betriebskostenvorauszahlungen 556 145
Klageerhebung
Verjährungshemmung 548 42
Klageerhöhung
Ersatzansprüche, Verjährung 548 40
Klavierspiel
Mietgebrauch 535 27

Kleingartenpachtvertrag
  Entschädigungsansprüche, Verjährung **548** 22a
  Gebrauchsfortsetzung **545** 4
Kleinreparaturen
  Vorenthaltung der Mietsache **546a** 8
Klimaanlage
  Mangel der Mietsache **536** 33, 37
Klimaschutz
  Duldungspflicht **555b** 2
  Interessenabwägung **554** 16, 23
  Modernisierungsmaßnahmen **555b** 14 ff; **555d** 9 f
Kollusion
  Formmangel **550** 64
  Mietpreisbremse **556e** 21
Kompostabfälle
  Müllbeseitigungskosten **556** 33
Kondenswasserbildung
  Modernisierungsmaßnahmen **536** 26a
Kondiktionssperre
  Mietpreisbremse **556g** 10, 14, 36
  Mietzahlung trotz Mangel **536** 92, 95
Konfusion
  Mietvertrag **Vorbem 535** 98
Konkurrenzschutz
  Ausschluss **535** 23, 92 ff
  Formularvertrag **535** 23
  Beweislast **535** 23
  Einheit, wirtschaftliche **535** 23
  Erfüllungsanspruch **535** 25
  Gesellschafterkreise, identische **535** 23
  Hauptartikel **535** 24
  Kündigungsrecht des Mieters **535** 25; **543** 35
  Mangel der Mietsache **535** 25
  Nachbargrundstücke **535** 23
  Parteiabreden **535** 23, 24b
  Schadensersatz **535** 25
  Treu und Glauben **535** 24
  Unterlassung der Vermietung **535** 25
  Untermiete **540** 34
  vertragsimmanenter Konkurrenzschutz **535** 23 ff
Konsenslösung
  Modernisierungsmaßnahmen **555d** 22a
Konstruktionsmängel
  Baumängel **536** 40a; **536a** 8
Konsulat
  Lärmimmissionen **536** 58
Konzessionsabgabe
  Entgelt **Vorbem 535** 82
Konzessionsvertrag
  Begriff **Vorbem 535** 82
  Rechtsnatur **Vorbem 535** 82 f
Konzessionsvorschriften
  Verbot, gesetzliches **Vorbem 535** 185
Kopiergeräte
  Wartungsvertrag **Vorbem 535** 44

Kostenelementeklauseln
  Inhaltskontrolle **Vorbem 535** 193
  Zulässigkeit **Vorbem 535** 190, 193
Kostenmiete
  Betriebskosten **556** 19
Kraftfahrzeug
  Abstellen auf Grundstück des Vermieters **535** 50
  Duldung **535** 50
  elektrisch betriebene Fahrzeuge **554** 17
  Fahren ohne Führerschein **543** 50
  Mangel der Mietsache **536** 61
  Probefahrt **548** 3a
  Rückgabeort **546** 40
  Verbot der Kraftfahrzeughaltung **535** 50
  Werbung auf Kraftfahrzeugen **Vorbem 535** 44; **535** 15b
Kraftfahrzeugmietvertrag
  Allgemeine Geschäftsbedingungen **Vorbem 535** 171
  Fahrer, berechtigter **Vorbem 535** 173
  Freizeichnung des Vermieters **Vorbem 535** 173 f
  Haftungsbefreiung des Mieters **Vorbem 535** 173 ff
    Fahrlässigkeit, grobe **Vorbem 535** 175
    Vorsatz **Vorbem 535** 175
  Haftungsregelungen **Vorbem 535** 171, 173
  Kaskoversicherungsprämien **Vorbem 535** 173
  Kündigung aus wichtigem Grund **543** 50
  Repräsentantenhaftung **Vorbem 535** 175
Kran
  Vertragseinordnung **Vorbem 535** 46
Krankenhausaufnahmevertrag
  gespaltener Krankenhausvertrag **Vorbem 535** 66
  totaler Krankenhausaufnahmevertrag **Vorbem 535** 66
  Vertragseinordnung **Vorbem 535** 66
Kriegsausbruch
  Verwendungsrisiko **537** 10
Küche
  Modernisierungsmaßnahmen **555b** 28
  Schadensersatzpflicht des Mieters **538** 8a
Kücheneinrichtung
  Wegnahmerecht des Mieters **539** 29
  Wohnraummiete **Vorbem 535** 40
Kündigung
  Änderungskündigung **542** 90
  Aufhebungsvertrag **542** 125 ff; **550** 50
  Ausschluss des Kündigungsrechts **542** 49 ff
    Bedarfsvorschau, mangelnde **542** 53
    auf bestimmte Zeit **542** 55
    Bindungsfrist **542** 56, 63
    Dreißigjahresfrist **542** 56, 63
    Finanzierungsbeitrag, abwohnbarer **542** 58

Kündigung

Kündigung (Forts)
  Formularvertrag **542** 62 f
  gesetzlicher Ausschluss **542** 50 ff
  Individualvereinbarung **542** 56
  Sittenwidrigkeit **542** 56
  Vereinbarung **542** 57
  vertraglicher Ausschluss **542** 54 ff
  Bedingung **542** 87 f
    Rechtsbedingung **542** 88
    Zustimmung des zu Kündigenden **542** 89
  Bedingungsfeindlichkeit **542** 87 ff; **543** 131
  Befristung **542** 91
  Einheitlichkeit des Mietverhältnisses
    Vorbem 535 118, 122; **542** 9 ff, 85 f, 96 ff
  Einschreiben **542** 32 f
  Einwilligung Dritter **542** 66 ff
  Empfangsbereitschaft **542** 47
  Empfangsbotenschaft **542** 39 f
  Empfangsvertretung **542** 39, 41, 47
  Empfangsvollmacht **542** 42 f
  erneute Kündigung **542** 119
  Form **542** 102 ff
    elektronische Form **542** 104
    Formfreiheit **542** 102
    Formzwang, vertraglicher **542** 105 f
    – Formularvertrag **542** 106
    Schriftform **542** 104; **549** 47
    – gewillkürte Schriftform **542** 105
  Gegenerklärung **542** 48
  Genehmigung **542** 30
  gegenüber in der Geschäftsfähigkeit
    beschränkten Personen **542** 34
  gegenüber Geschäftsunfähigen **542** 34
  grundlose Kündigung **Vorbem 536** 13
  Insolvenz des Mieters **542** 130, 132 ff
    Vermieterkündigung **542** 135
  Insolvenz eines Mitmieters **Vorbem 535** 122
  Insolvenz des Vermieters **542** 130 f
  konkludente Kündigung **542** 75, 102 ff
  Kündigungsgrund **542** 78 ff
    Gebrauch, vertragswidriger **542** 86
    Gesundheitsgefährdung **542** 86
    Verzicht, Schriftform
      Einheitlichkeit der Urkunde **550** 31
  Kündigungstermin, Angabe **542** 76 f
  Kündigungswille **542** 73 f; **543** 130 f
  Mangel der Mietsache **536a** 17a, 21; **536d** 1
  Mehrheit von Mietern **Vorbem 535** 118; **542** 8, 12 ff, 38, 85 f
    Teilaufhebung, Zustimmung zur **542** 16
  Mehrheit von Vermietern **542** 8 ff, 38
  Mieterhöhung **542** 89
  Mietverhältnis **542** 1, 5 ff
    Beendigung **542** 73, 118 ff
  Mitwirkungspflicht **542** 15 f
  Parteiwechsel **542** 17 ff, 118
  Pflicht zur Kündigung **542** 70 ff
  Potestativbedingung **542** 87 f; **543** 131
  Präklusion **545** 17

Kündigung (Forts)
  Prozessvollmacht **542** 29, 42
  Rechtsnatur **542** 5
  Rückgabepflicht **546** 6, 35
  Rückgängigmachung **550** 50
  Stellvertretung **542** 21 ff, 39, 41
    Zurückweisung der Kündigung mangels
      Vollmachtsurkunde **542** 27 f
  Teilkündigung **542** 92 ff; **549** 45
  Überbrückungsvertrag **542** 119
  Umdeutung **542** 76, 120 ff, 181
  Unmöglichkeit der Vermieterleistung
    Vorbem 536 10
  Unwirksamkeit **Vorbem 535** 96
  Veranlassung zur Kündigung, schuldhafte
    Vorbem 536 14a
  Vertragsverletzung **542** 108
  Vertretung, gesetzliche **542** 22, 27
  Vertretung ohne Vertretungsmacht **542** 30, 44
  Verwirkung **542** 108
  Vollmacht **542** 23 f, 42
    Formularvertrag **542** 24, 43
  Widerruf **542** 124
  Wohnraummiete **549** 47
  Zugang **542** 31 ff, 32 ff, 118; **543** 71
    Beweislast **542** 33
    Einschreiben **542** 32 f
    Ersetzung **542** 35
    Vermietermehrheit **Vorbem 535** 115
  Zugangsfiktion **542** 45
  Zugangsvereitelung **542** 46
  Zustellung, öffentliche **542** 35
Kündigung, außerordentliche
  Auslauffrist **542** 113
  Ausschluss des Kündigungsrechts **543** 20
  Beendigungswille **543** 130 f
  befristete Kündigung **542** 3, 111 f, 146; **543** 132
    Rechtsausübung, unzulässige **542** 112
    Schadensersatz **542** 110
    Verwirkung **543** 134 ff
  Begründung **543** 130
  Beschränkung, vertragliche **543** 20
  dreißig Jahre, Vertrag über mehr als **544** 1
    Kündigungsrecht **544** 7 ff
  Erklärung **543** 130 ff
  Erweiterung des Kündigungsrechts **543** 21
  Form **543** 130
  fristlose Kündigung **542** 3, 113 ff, 146; **543** 1
    Abhilfefrist **543** 1, 41, 108 f
    – Entbehrlichkeit **543** 119 ff
    – Fristablauf, fruchtloser **543** 114
    – Fristlänge **543** 113
    – Schriftform **543** 111
    – Willenserklärung, formlose **543** 111
    Abmahnung **542** 120; **543** 1, 41, 53, 108 f, 115 ff
    – Entbehrlichkeit **543** 119 ff

Kündigung, außerordentliche (Forts)
  Androhung **543** 111, 116 f
  Aufforderung zur Störungsbeseitigung **543** 111
  Beweislast **543** 153 f
  Fristsetzung **543** 53, 108 ff
  Interessenabwägung **543** 47
  Mängelanzeige **543** 111
  Neuvertragsschluss **556d** 10
  Rechtsausübung, unzulässige **542** 116
  Rechtsschutzbedürfnis **546** 53
  Schadensersatz **543** 147 ff
  – Mietausfall **543** 150 f
  – Mitverschulden **543** 152
  Vertragsverletzungen **542** 200
  Verwirkung **542** 116; **543** 127
  Generalklausel **543** 1 f, 40, 51
  weitere Generalklausel **543** 1
  Grundstücksmiete **542** 109
  Kautionsleistung, Verzug **551** 13
  Kündigungserklärungsfrist **543** 12
  Kündigungsvoraussetzungen, Erfüllung **543** 71, 140
  Mietverhältnis, Beendigung **542** 4, 109 ff
  befristetes Mietverhältnis **542** 146
  Rechtsausübung, unzulässige **542** 112, 116 f, 120
  Sittenwidrigkeit **542** 120
  Überlassung der Mietsache **543** 25
  Umdeutung **543** 141
  Unzumutbarkeit der Vertragsfortsetzung **542** 113; **543** 5
  Verwirkung **543** 19
  Wegfall der Geschäftsgrundlage **543** 6
  wichtiger Grund **Vorbem 535** 104; **542** 113 f, 200; **543** 1 ff, 4 ff, 130 ff
    Asylanten, unbegleitete minderjährige **543** 13
    Aufklärungspflichtverletzungen **543** 9
    Ausschluss des Kündigungsrechts **543** 20
    Bagatellfälle **543** 37 f
    Balkonnutzung, gefährdende **543** 13
    Beispiele, benannte **543** 1 f
    Beleidigungen **543** 8, 11, 15 f
    Bescheinigung über früheres Mietverhältnis, gefälschte **543** 9
    Betriebspflicht **543** 13
    Cannabisanbau **543** 13
    Drohungen **543** 15 f
    eidesstattliche Versicherung, Abgabe **543** 14
    Erfüllungsverweigerung **543** 10, 15, 28
    Fallgruppen **543** 7 ff
    Feindschaft, unheilbare **543** 13
    Gebrauchsentziehung **543** 26, 32 ff, 125 ff
    Gebrauchsüberlassung an Dritte **543** 39, 53 ff
    Gefährdung der Mietsache **543** 44 ff
    – Belästigung **543** 48

Kündigung, außerordentliche (Forts)
    – Substanzgefährdung **543** 48
    Geruchsbelästigungen **543** 13, 34, 38, 48, 50
    Heroinhandel **543** 13
    Interessenabwägung **542** 113; **543** 5 ff
    Kenntniserlangung **543** 19, 133 f, 138
    Kinder **543** 18
    Kündigungsfrist **543** 133 ff
    Mängelrügen **543** 13
    des Mieters **543** 15 f
    Nichtgewährung des Gebrauchs **543** 22 f, 26 ff, 37
    Pflichtverletzung **543** 108 f
    Prozessbetrug **543** 9
    psychische Erkrankung des Mieters **543** 7 f
    Rauchen **543** 13
    Rechtsstreitigkeiten, Vielzahl **543** 14
    Risikosphären **543** 6, 18
    Schlösseraustausch **543** 15
    Schlüsseleinbehalt **543** 15
    Sorgfalt, Vernachlässigung **543** 39, 44 ff, 49
    Sprengstoff **543** 13
    Strafanzeige **543** 12
    Straftaten Dritter, Duldung **543** 13
    Stromdiebstahl **543** 13
    Tätlichkeiten **543** 11
    Täuschungen seitens Mieter **543** 9
    Täuschungen seitens Vermieters **543** 15 f
    Treuepflichtverletzungen **543** 10, 15
    Überbelegung **543** 50
    Unmöglichkeit **543** 28
    des Vermieters **543** 7 ff, 44 ff
    Vermögensverfall **543** 59
    Verschulden der Vertragsparteien **542** 113; **543** 4, 7 f
    – Erfüllungsgehilfen **543** 42
    – Rechtsirrtum **543** 7
    – Schuldunfähigkeit **543** 7 f
    Vertragslaufzeit, restliche **543** 7
    Vertragsverletzungen, frühere **543** 5
    Vertrauensverhältnis, Zerrüttung **543** 5 f, 103
    Verunreinigungen **543** 13
    Verzug des Vermieters **543** 28
    Videoclips, pornographische **543** 14
    Zahlungsunfähigkeit des Mieters **543** 14
    Zahlungsverzug des Mieters **542** 117, 200; **543** 58 ff
    Zutrittsverschaffung, eigenmächtige **543** 15
    zwingendes Recht **543** 20
  Wohnraummiete **542** 81, 83, 109, 113
Kündigung, ordentliche
  Ausschluss des Kündigungsrechts **542** 53
  Formverstoß **550** 60 f
  Fristlosigkeit **542** 107

Kündigung, ordentliche (Forts)
  Jahresfrist **550** 60 f
  Kündigungserklärungsfrist **542** 107
  Kündigungsfrist **542** 107
  Mietverhältnis, Beendigung **542** 2 ff, 107 f
    befristetes Mietverhältnis **542** 146
  Rechtsausübung, unzulässige **542** 108, 120
  Rechtsmissbrauch **542** 53
  Rücknahme **556d** 10
  Wohnraummiete **542** 81 f, 107
Kündigungsbeschränkung
  Mietvertrag **550** 9, 60
Kündigungserklärung
  Annahmeverweigerung **542** 46
  Auszug, Ankündigung **542** 73, 75
  Geschäftsfähigkeit **542** 7
  Inhalt **542** 73 ff
  konkludente Erklärung **542** 75
  Kündigung aus wichtigem Grund **543** 130 ff
  Kündigung, außerordentliche **542** 73 ff
  Kündigungsgrund **542** 78 ff
  Kündigungstermin **542** 76
  Kündigungswille **542** 73 f; **543** 130 f
  Mehrheit von Beteiligten **542** 14, 38
  Mietverhältnis, Beendigung **542** 73; **543** 131
  Minderjährige **542** 7
  Nichtabholung des Briefes trotz Benachrichtigung **542** 46
  Parteien des Mietverhältnisses **542** 6 f
  Prozesshandlung **542** 74
  Verlängerungsklausel, Mietvertrag mit **542** 76a
  Vertretung **542** 14
  Verwechslungsgefahr **542** 46
  Willenserklärung, einseitige **542** 5, 48
Kündigungserklärungsfrist
  Kündigung, ordentliche **542** 107
Kündigungsfrist
  Zumutbarkeit **542** 177
Kündigungsrecht
  Abtretung **540** 89
  Ausschluss **543** 20
  Ermächtigung zur Ausübung **540** 89
  Verwirkung **543** 19
Kündigungsschutz
  Dauerrecht **Vorbem 535** 13
  Umgehung **542** 174
  Wohnraummiete **Vorbem 535** 24; **542** 59; **549** 1
Kündigungsverzicht
  Bindungswirkung **550** 9
  Formbedürftigkeit **550** 40
Kumulationsverbot
  Mietsicherheiten **551** 9b, 11
Kundenstellplatz
  Überlassung, unentgeltliche **550** 42

Ladeinfrastruktur für Elektrofahrzeuge
  s Laden elektrisch betriebener Fahrzeuge

Laden
  Gebrauch, vertragsgemäßer **535** 39
  Mischmietverhältnis **Vorbem 535** 35
  Wohnraummiete **Vorbem 535** 35
Laden elektrisch betriebener Fahrzeuge
  anerkannte Regeln der Technik **554** 39
  Auflagen **554** 30
  bauliche Veränderungen **554** 1, 13 ff, 16 ff
    Beseitigung **546** 29; **547** 8
    Erhaltungsmaßnahmen **554** 18
    Ersteinrichtung **554** 18
    Gebrauchsrecht, räumliches **554** 19
    Laden der Fahrzeuge **554** 18
    Mitwirkungshandlungen des Vermieters **554** 40
    Modernisierungsmaßnahmen **554** 31
    Telekommunikationsleitungen **554** 18
    Verbesserungsmaßnahmen **554** 18
    durch Vermieter **554** 31
    Wallbox **554** 18 f
    Zustimmungsverweigerung **554** 32
  Beeinträchtigungen anderer Eigentümer **554** 36
  Beeinträchtigungen anderer Mieter **554** 36, 42
  Bestandserhaltung **554** 1
  Betriebskosten **554** 41
  Beweislast **554** 54
  Brandrisiko **554** 33
  Denkmalschutz **554** 35
  Duldungstitel **554** 53
  Eigentumswohnung **554** 55 ff
  Einrichtungen, sonstige **554** 14
  Einwilligung **554** 12
  Einwilligung des Eigentümers **554** 38
  elektrisch betriebene Fahrzeuge **554** 17
  Energiekosten **554** 41
  Erlaubnispflicht des Vermieters **554** 9 ff
  Geeignetheit der Maßnahme **554** 39
  Genehmigung baulicher Maßnahmen, Anspruch auf **535** 42
  Interesse, gesamtgesellschaftliches **554** 1, 4, 22 ff
  Interessen, individuelle **554** 24, 28
  Interessenabwägung **554** 1, 6, 10, 21 ff, 48, 54
    Grundrechtspositionen **554** 24
  Kaution **554** 37, 38
  Klimaschutz **554** 16, 23
  Konservierungsinteresse **554** 3, 30
  Kostentragung **554** 13, 41
  Kostenübernahme **554** 31
  Kostenverteilung **554** 31
  Mieterhöhung **554** 31
  Mietvertragsschluss **554** 11
  Minderungsrecht der Mitmieter **554** 42
  öffentliches Recht **554** 33
  Prozessstandschaft, gewillkürte **554** 57
  Reparaturen **554** 41

Laden elektrisch betriebener Fahrzeuge (Forts)
  Rückbaupflicht **554** 6, 44 ff
  Rückbaurisiko **554** 37
  Sicherheitsbestimmungen **554** 33
  Sicherheitsleistung **554** 47 ff
    Anlage, getrennte **554** 51
    Verzinsung **554** 51
  Tiefgarage **554** 33
  Vereinbarungen, abweichende **554** 58
  Vermieterinteressen **554** 30
  Wallbox **554** 33
  Wartungskosten **554** 41
  Wegnahmerecht des Mieters **554** 43
  Willenserklärung **554** 38
  Zug-um-Zug-Verurteilung **554** 52, 54
  Zustimmungspflicht des Vermieters **554** 38
    Klage auf Zustimmungserteilung **554** 52
Ladesäulen
  bauliche Veränderungen **554** 33
Lärmimmissionen
  Baden **535** 27
  Beschreibung der Mängelerscheinungen **536** 133
  DIN 4109 **536** 56
  Duschen **535** 27
  Einschreiten des Vermieters **535** 26
  Familienfeiern **535** 27
  Gebrauch, vertragswidriger **541** 3
  Gebrauchstauglichkeit, unerhebliche Minderung **536** 21a
  Glascontainer **536** 58
  Hauslärm **536** 55 ff
  Heizung **536** 36
  Hundegebell **536** 58
  Immissionsschutzgesetze **535** 27
  Kinderlärm **535** 27
  Klavierspiel **535** 27
  Kündigung aus wichtigem Grund **543** 35
  Kündigungsrecht des Vermieters **535** 26
  Kündigungsrecht, fristloses **535** 26
  Lärmprotokoll **536** 133
  Lärmschutzverordnungen **535** 27
  Mangel der Mietsache **536** 6, 9
    Kenntnis des Mangels **536b** 10a
  Marder **536** 58
  Minderungsrate **536** 98
  Minderungsrecht **535** 26
  Nachbarschaftslärm **536** 57 f
  Rücksichtnahmegebot **535** 27
  Ruhestunden **535** 27
  Schadensersatzanspruch des Vermieters **536** 58
  Skaterbahn **536** 58
  Sozialadäquanz **536** 55
  Standard, geschuldeter **536** 56
  Störungen, von anderen Mietern ausgehende **535** 155
  Substantiierung **536** 133
  TA-Lärm **536** 56

Lärmimmissionen (Forts)
  Tierlärm **535** 27
  Toilettengeräusche **535** 27
  Umweltfehler **536** 48 ff
Lärmschutz
  Mangel der Mietsache **536** 34
  Standard, geschuldeter **536** 23
Lagervertrag
  Entgeltlichkeit **Vorbem 535** 42
Landpacht
  COVID-19-Pandemie **Vorbem 536** 43
  Gebrauchsfortsetzung **545** 4
  Gebrauchsüberlassungsvertrag **Vorbem 535** 1
  Verjährung **548** 2
  Zahlungsverzug **543** 58
Lasten
  Definition **535** 63
  öffentlich-rechtliche Lasten **535** 63 ff
  privatrechtliche Lasten **535** 63 ff
Lasten, laufende öffentliche
  Betriebskosten **556** 22
Lastenausgleichswohnung
  Wohnraummiete **549** 16
Lastentragung
  Abwälzung auf den Mieter
    konkludente Abwälzung **535** 68
    Übung, langjährige **535** 68
  Betriebskosten **535** 63 ff
  Vereinbarung, konkludente **535** 68
  Vermieterpflicht **535** 63 f
  Verwaltungskosten **535** 64
Lastschrift-Abbuchungsverfahren
  Mietzahlung **543** 80
Leasingvertrag
  Beschädigung der Leasingsache **548** 2
  Erfüllungsansprüche **548** 2
  Ersatzansprüche **548** 2
  Kündigung aus wichtigem Grund **543** 23
  Restwertausgleich **548** 2
  Teilamortisationsvertrag **548** 2
  Verjährung **548** 2
  Vollamortisations-Leasingvertrag **546a** 11
  Vorenthaltung des Leasingguts **546a** 31
    Miete, vereinbarte **546a** 41
  Nutzungsentschädigung **546a** 11
Lebensgefährte
  Gebrauchsüberlassung an Dritte **553** 8
Lebensgemeinschaft, nichteheliche
  Auszug eines der Partner **Vorbem 535** 136 f
  Besitzrecht **Vorbem 535** 139 f
  Besitzschutz **Vorbem 535** 139
  Kündigung des Mietverhältnisses **542** 15
  Mietvertrag **Vorbem 535** 136 ff
    Aufhebungsvertrag **Vorbem 535** 136
    Freistellungsanspruch **Vorbem 535** 136
    Vertragsschluss, konkludenter **Vorbem 535** 138

Lebensgemeinschaft, nichteheliche (Forts)
  Mitaufnahme des Partners in die
    Wohnung **Vorbem 535** 139
  Nutzungsentschädigung **Vorbem 535** 138
  Räumungstitel **Vorbem 535** 140
  Räumungsverlangen **Vorbem 535** 138, 140
Lebenshaltungskostenindex
  Indexmiete **Vorbem 535** 187, 190
Lebenspartnerschaft, eingetragene
  Räumungsrechtsstreit **546** 49
  Wohnungszuweisung **Vorbem 535** 135
Leerstand
  Betriebskosten **556** 77; **556a** 24 f
  erheblicher Leerstand **556a** 15b, 24, 25
  Fixkosten **556a** 15b, 24, 25
  Flächenmaßstab **556a** 24 f
  geringer Leerstand **556a** 24a
  Heizkostenvorschuss **556** 77
  Modernisierungsmaßnahmen **556e** 31
  Müllabfuhr **556a** 24a
  Umlagemaßstab **556a** 15b
  Wohnungsmärkte, angespannte **556d** 37
  Zwischenablesung **Anh B 556c** 18
Legionellen
  Mängelbeseitigung **Vorbem 536** 8a
  Mangel der Mietsache **536** 10, 29
Lehrlingswohnheim
  Begriff **549** 48
  Gebrauchsüberlassung, vorübergehende
    549 26
  Rotationsprinzip **549** 48
Leihe
  Erhaltungskosten, gewöhnliche
    Vorbem 535 40
  Form **Vorbem 535** 40
  Gebrauchsüberlassungsvertrag
    Vorbem 535 1, 36, 40
  Gestattungsvertrag **Vorbem 535** 36
  Kündigung **Vorbem 535** 40
  Sachschadensversicherung **538** 10
  Überlassung an Dritte **Vorbem 535** 40
  Unentgeltlichkeit **Vorbem 535** 40
  Verjährung **548** 2
  Wohnrecht, lebenslängliches
    Vorbem 535 40
Leistungsprinzip
  Betriebskostenabrechnung **556** 86, 117 f
Leistungsstörungen
  Miete **Vorbem 535** 85; **Vorbem 536** 1 ff;
    543 24, 28
  Vermieterhaftung **Vorbem 536** 1 f
Leistungstreuepflicht
  Pflichtverletzung **Vorbem 536** 14a ff
Leistungsvorbehalt
  Inhaltskontrolle **Vorbem 535** 193
  Zulässigkeit **Vorbem 535** 190, 193
Leitungen
  Instandhaltungsmaßnahmen **555a** 8
  Modernisierungsmaßnahmen **555b** 38

Leitungen (Forts)
  Prüfungspflicht **535** 32a
  Substanzerhaltung **555a** 5
Leitungsverstopfung
  Beweislastverteilung **538** 15
Leitungswasserversicherung
  Sachschadensversicherung des Vermieters
    538 9
Leuchten
  Gebrauchstauglichkeit, unerhebliche
    Minderung **536** 21a
Lichtreklame
  Umweltfehler **536** 60
Lindan-Belastung
  Mangel der Mietsache **536** 30
locatio conductio
  Mietvertrag **Vorbem 535** 1
Loggia
  Flächenberechnung **536** 74
  Gebrauchstauglichkeit, unerhebliche
    Minderung **536** 21a
Lücke-Plan
  Mietrecht, soziales **Vorbem 535** 8
Lüftung
  Mieterpflicht **536** 32a
  Mietminderung **536** 112 f
  Obhutspflicht des Mieters **535** 94
  Zumutbarkeit **536** 112a f
Lüftungsanlage
  Mangel der Mietsache **536** 37
  Modernisierungsmaßnahmen **555b** 28
  Wärmerückgewinnung **555b** 13
Lüftungsverhalten
  Formularvertrag **536** 114
  Vereinbarung **536** 113 f
  Verkehrssitte **536** 112a
Luftverunreinigung
  Mangel der Mietsache **536** 30

Mängelanzeige
  Adressat **536c** 12
  Empfangsbotenschaft **536c** 12
  Empfangsvertretung **536c** 12
  Entbehrlichkeit **536a** 14; **536c** 14 f
  Form **536c** 12
  Geschäftsfähigkeit **536c** 12
  Kündigung, außerordentliche **543** 112
  Mängelbezeichnung **536c** 12
  Mangel der Mietsache **536** 91
  Prüfungspflicht **535** 32
  Rechtsnatur **536c** 12
  nach Überlassung der Mietsache **536** 11a
  Unterlassung **536c** 16 ff, 19 f, 25; **548** 7
  Unverzüglichkeit **536c** 13
  Verzug **536c** 14
  Zugang **536c** 12
  Zurückbehaltungsrecht **536** 102
Mängelbeseitigung
  Androhung **543** 112

Mängelbeseitigung (Forts)
  Anspruch des Mieters **536** 11
  Aufwendungsersatzanspruch des Mieters
    536a 12, 25 f, 30 ff; **539** 21
    Aufwendungsbegriff **536a** 38 f
    Beweislast **536a** 46
    nützliche Aufwendungen **539** 4a
  Bereicherung des Vermieters, aufgedrängte **536a** 41
  Dauerverpflichtung **535** 14
  Erfüllungsanspruch **535** 21; **536b** 3 f
  Erhaltungsmaßnahmen **555b** 7
  Ersatzvornahme **543** 112
  Fälligkeit **536a** 13 f
  Fristsetzung **536** 11, 125; **543** 112
  Geschäftsführung ohne Auftrag **536a** 41; **539** 4a
  Hinderung, treuwidrige **536** 103, 110, 111
  Kosten **536c** 18
  Kündigung aus wichtigem Grund **543** 9
    Fristsetzung **543** 110
  Mahnung des Mieters **536a** 15, 36
  Mietminderung **536** 11, 93, 100 f
  Mitwirkungspflichten **536** 111
  Modernisierungsmaßnahmen **536** 26a
  Notmaßnahmen **536a** 16, 35 f, 39
  Nutzungsentschädigung **546a** 42
  Opfergrenze **Vorbem 536** 8
  Selbstbeseitigungsrecht **536a** 25 ff; **536b** 4
  Sicherheitsleistung **551** 16
  Streitwert **536** 135
  Übernahme durch den Mieter **536** 12
  Verjährung **535** 14, 31; **548** 22
  Verschulden des Vermieters **536a** 13
  Verwendungen, notwendige **536a** 35 ff
  Verzug **536a** 12 ff, 28
  Vorschuss **543** 9
  Zurückbehaltungsrecht **536** 100, 107a, 108a; **543** 52
  Zusage des Vermieters **536b** 4
  Zusicherung **536b** 18 f
  Zutrittsverweigerung **536** 110, 111
Mahnbescheid
  Verjährungshemmung **548** 42
Mahngebühren
  Vertragsstrafe **555** 4
Mahnung
  Entbehrlichkeit **536a** 14, 36
    Erfüllungsverweigerung **536a** 16
  Fristsetzung **536a** 15
  Herausgabe der Mietsache **546** 96
  Kündigung aus wichtigem Grund **543** 144, 146
  Selbstmahnung **536a** 16
  Verzug **536a** 15 f
Makler
  Objektbeschreibung **536** 70
Makulaturklausel
  Schönheitsreparaturen **535** 117

Managementkosten
  Umlagefähigkeit **556** 50b
Mangel
  anfänglicher Mangel **536a** 1 ff, 19; **536b** 3
  Annahme der Mietsache, vorbehaltlose **536** 109, 119; **536b** 1, 15 ff
  Anzeigepflicht **535** 28b, 32a; **536** 3, 109
  Arbeitsstättenverordnung **536** 33a
  Aufklärungspflicht **536b** 12a
  Aufwendungsersatzanspruch des Mieters **536a** 23 f; **556b** 30a
  Ausschlussvereinbarung **536d** 1
  Baumängel **536** 22 ff, 115
  Beschreibung der Mängelerscheinungen **536** 132
  Betriebsverbot **Vorbem 536** 38 ff
  Beweisaufnahme **536** 133
  Beweislast **536** 32, 51, 130 ff; **536a** 9; **536b** 19
  Drittverursachung **536** 110a
  Erfüllungsanspruch **536b** 3 f
  Erheblichkeit des Mangels **536** 21 f, 131, 134
  Erkennbarkeit **536a** 4
  Erkundigungspflicht **536b** 13
  Fehlen zugesicherter Eigenschaften **536** 1, 21a, 63 ff, 90; **536a** 25; **536b** 12, 15
  Fehlerbegriff, subjektiver **536** 5
  Flächendifferenzen **536** 68
  Garantiehaftung **536a** 3
  Gebrauch, vertragsgemäßer **536** 5 ff, 12
  Gebrauchsbeschränkungen, öffentlich-rechtliche **536** 42 ff; **536a** 7
  Gefahren von außen **536a** 3
  Gefahrenquellen **536** 9 f
  geheimer Mangel **536** 124; **536a** 4, 42
  Genehmigungspraxis, behördliche **Vorbem 536** 22a, 27
  Gesundheitsgefahren **536** 25, 28 f
  Heizung **536** 35 f
  Interesse, negatives **536a** 19
  jahreszeitabhängiger Mangel **536** 93
  Kenntnis des Mangels **536** 3, 49 ff, 92, 95, 103, 109, 119 ff; **536b** 1 ff, 5 ff
    Anerkenntnis **536b** 8
    Beweislast **536b** 19
    Deliktsansprüche **536b** 4
    Mehrheit von Mietern **536b** 6
    positive Kenntnis **536b** 9, 17; **536d** 3
    Tatsachen **536b** 9, 11
    Treuwidrigkeit **536b** 7
    Ursachen des Mangels **536b** 10
    bei Vertragsabschluss **536b** 1 f
    nach Vertragsabschluss **536b** 1 f
    Vorbehalt der Mängelrechte **536b** 2
  Kündigungsrecht des Mieters **536** 3; **536a** 10, 17a, 21, 24; **536b** 2 f
  Lärmimmissionen **536** 6
  Lebensrisiko, allgemeines **536** 9, 38a, 44, 49, 59

Mangel (Forts)
  Mangelbegriff, dynamischer **536** 25
  Mangelbegriff, Einschränkung **536** 4
  Mangelsymptome **536** 133 f
  Mangelursachen **536** 134; **536b** 10
  mehrere Mängel **536** 97; **536d** 6
  Mietminderung **536** 1, 5 ff; **543** 69
  Mietzahlung trotz Mangel **536** 92, 95
  Mietzahlungspflicht, Befreiung von der **536** 1, 90, 96 f
  Mitvermietung **536** 8
  nachträglicher Mangel **536** 67 ff; **536a** 9 ff; **536b** 7
  Parteiabreden **536** 5 f
    konkludente Parteiabreden **536** 6
  Prüfungspflicht **535** 32; **536a** 10, 25; **536b** 12, 13 f
  Räume, mitvermietete **536** 8
  Rauchen **538** 3d
  Rechtsmangel **536** 90
  Rücktritt **536** 11
  Sachen, mitvermietete **536** 8
  Sachmangel **536** 90
  Schadensberechnung, fiktive **536a** 22
  Schadensersatz **536** 3, 32; **536a** 1 ff, 17 ff; **536b** 3; **543** 22 f, 147 ff; **556b** 30a
    Beweislast **536a** 46
    Ersatzwohnung **543** 148 f
    Gesundheitsschäden **536a** 19
    Gewinn, entgangener **536a** 19; **543** 22, 148
    Gutachtenkosten **536a** 20
    Haftungsausschluss **536a** 43 f
    Hotelzimmer, Anmietung **536a** 21
    Kündigung **543** 148
    Maklerkosten **543** 149
    Miete, höhere **536a** 21
    Rechtsverfolgungskosten **536a** 20
    Reparaturkosten **536a** 22
    Sachen, eingebrachte **536a** 20
    selbständiges Beweisverfahren, Kosten **536a** 20
    Umzugskosten **543** 149
    Unabdingbarkeit **556b** 30a
    Untermiete, entgangene **536a** 20
    Vereinbarungen nach Vertragsschluss **555f** 3
    Verjährung **535** 20
    Verschulden, mitwirkendes **536a** 25
    Wohnungssuche **536a** 21
  Schadensersatz statt der Leistung **536** 11; **536a** 17, 23 ff
  Schimmel **536** 32
  Schließungsanordnung **Vorbem 536** 38 ff
  Schmerzensgeld **536a** 19
  Sollbeschaffenheit der Mietsache **536** 5
  Sphäre des Mieters **536** 110a
  Standard, geschuldeter **536** 22 ff
    nutzerbezogener Standard **536** 22

Mangel (Forts)
  objektbezogener Standard **536** 22
  Substantiierung **536** 132 ff
  Tauglichkeit zum vertragsgemäßen Gebrauch **536** 1, 5 ff
  Tauglichkeitsaufhebung **536** 96
  Überlassung der Mietsache **536** 11 f
  Umfeld **536** 60
  Umweltfehler **536** 4
  Unkenntnis, grob fahrlässige **536** 119 ff; **536b** 1, 12 ff
    Begriff **536b** 13
    Beweislast **536b** 19
  Untersuchungspflicht **536b** 12, 13
  Ursache **536** 32
  venire contra factum proprium **536b** 12
  Verdacht eines Mangels **536b** 14; **536c** 7
  Verkehrssitte **536** 5, 7, 22
  Vermeidbarkeit **536a** 4
  Verschuldenshaftung **536a** 9 ff
  Verschweigen **Vorbem 535** 106; **536** 109; **536b** 1, 12a; **536d** 1 ff
    Arglist **536b** 12a, 19; **536d** 1, 5, 7
    Beweislast **536d** 1, 7
    Vorsatz, bedingter **536b** 12a; **536d** 3
  versteckter Mangel **536** 124; **536a** 4, 42
  Vertretenmüssen **536** 12, 109 ff; **536a** 9 f
    Erfüllungsgehilfen des Vermieters **536a** 11
    Mitmieter **536a** 11a, 12
  Verwendungsrisiko **536** 44
  Vorspiegelung nicht vorhandener Eigenschaften **536d** 4
  Vortrag des Mieters **536** 132 f
  Zeitpunkt, maßgebender **536a** 5
  Zeitpunkt, maßgeblicher **536** 11 f
  Zurückweisung der Mietsache **535** 17; **536** 11
Mangelfreiheit
  Abnahmeprotokoll **546** 24
  Beweislast **535** 17; **536** 130a
  Vertragstreue **536b** 10, 13
Mansarde
  Wohnraummiete **549** 31
Marder
  Mangel der Mietsache **536** 31, 58
Marktmiete
  Begriff **556d** 14
  Schonfristzahlung **546a** 55
Maschinen mit Bedienungspersonal
  Vertragseinordnung **Vorbem 535** 45 f
Maschinenhersteller
  Mietvertragsdauer **544** 5a
Masseverbindlichkeit
  Wiederherstellung der Mietsache **539** 31
Mehrbelastungsklausel
  Betriebskosten, Abwälzung auf den Mieter **535** 69
  Bewirtschaftung, ordnungsgemäße **556** 63

Mehrfamilienhaus
  Wärmezähler **Anh B 556c** 21 f
Menschen mit Behinderungen
  Barrierereduzierung **554** 15
Messgeräte
  Betriebskosten **556** 23, 29 f
  Verbesserungsmaßnahme **555b** 27
Mietausfall
  Rückgabe, nicht vertragsgemäße **546** 25
  Schadensersatz **543** 150 f
  Schadensersatz statt der Leistung **535** 142 ff
  Schönheitsreparaturen, Unterlassung **548** 39a
Mietausfallschaden
  Verjährung **548** 39a
Mietausfallversicherung
  Umlagefähigkeit **556** 38
Mietbegrenzungsverordnungen
  Außerkrafttreten **556g** 59
  Begründungserfordernis **Vorbem 556d–g** 3; **556d** 28a f, 29, 39 ff
    Abhilfemaßnahmen **556d** 39, 43 f
    – wohnungspolitische Maßnahmen **556d** 43
    Tatsachen **556d** 39, 41 f
  Ermessen der Landesregierungen **556d** 29, 39, 48
  Gefährdung der Versorgung der Bevölkerung, besondere **556d** 30
  Mängel der Verordnungen **556d** 47
  Mietpreisbremse **Vorbem 556d–g** 2 f, 6; **556d** 28 ff, 39 ff
  Rechtswegzuständigkeit **556d** 46 f
  Veröffentlichung **556d** 40
  Wirksamkeitskontrolle **556d** 45 ff
  Wohnungsmärkte, angespannte **556d** 29 ff
  s a dort
Miete
  Abbuchungsauftragsverfahren **535** 90
  Abgrenzung **Vorbem 535** 37 ff
  Abtretung **535** 84a; **536** 93
  Angemessenheit **Vorbem 535** 95
  Anspruch, befristeter **535** 84
  Anspruchsentstehung **535** 84
  Art **535** 84
  Aufrechnung **556b** 1, 3 f, 6, 8 ff, 17 f, 20 f
  Aufwendungen, ersparte **537** 12
  Bestimmbarkeit **Vorbem 535** 95
  Betriebskosten **556** 2
  Bringschuld **535** 89
  Bruttomiete **536** 94 ff; **556** 7
  Dienstleistungen des Mieters **535** 88; **556d** 20 f
  Drittwirkung **Vorbem 535** 22 ff
  Einmalmiete **547** 5; **550** 35; **556b** 11; **556d** 20 f, 21
  Einziehung **Vorbem 535** 114
  Einzugsermächtigung **535** 90
  Entgeltlichkeit **Vorbem 535** 40

Miete (Forts)
  Fälligkeit **535** 84; **543** 72; **556b** 1 f, 5, 7, 9, 11 ff
  Festmiete **556b** 11
  Gattungsmiete **550** 37
  Gebrauchsüberlassung an anderen Grundstücken **535** 86, 88
  Gebrauchsüberlassungsvertrag **Vorbem 535** 1, 36 f, 44
  Gegenleistung des Mieters **535** 88; **556d** 20 f
  Geldforderung **535** 84a, 88; **543** 77
  Geldleistungen, regelmäßige **535** 86; **556d** 21
  Gelegenheitsmiete **535** 86
  Genehmigung, behördliche **550** 35
  Gestattungsvertrag **Vorbem 535** 36
  Grundmiete **556** 2; **556b** 12
  Hauptleistungspflicht des Mieters **535** 84
  Indexmiete **556d** 21
  Leistung, einmalige **535** 86
  Marktmiete **556d** 14
  Minderung **536** 94 f
  Nettomiete **556** 2
  niedrige Miete **Vorbem 535** 41
  Ortsüblichkeit **Vorbem 535** 95
  Pfändung **535** 84a
  Recht, einseitig zwingendes **Vorbem 535** 32
  Rückzahlungsanspruch **548** 22
  Schickschuld **535** 89
  Schriftform **550** 34
  Schuldverhältnis **Vorbem 535** 21
  Staffelmiete **556d** 21
  Statusverhältnis **Vorbem 535** 25
  Teilleistungen **535** 89
  Überzahlung **556b** 1, 4, 17
  Umsatzmiete **535** 87
  Umsatzsteuer **535** 85 f
  Umsatzsteuerfreiheit **535** 85 f
  Verdinglichung **Vorbem 535** 23 f, 48
  Verjährung **535** 84a
  Vertragsautonomie **556** 2
  Vertragsfreiheit **535** 86, 88; **556d** 20; **556f** 1
  Verzug **542** 114
  Vorauszahlungsklauseln **556b** 2
  Vorfälligkeit **556b** 2 f, 26
  Vorleistungspflicht des Mieters **535** 84; **556b** 2, 5, 15
  Werkleistungen des Mieters **535** 88
  Zahlungsweise, monatliche **543** 72
  Zeitabschnitte **535** 86; **556b** 11 ff
  Zurückbehaltungsrecht **536** 1; **556b** 1, 3, 6, 8 ff, 17, 19 f
  zweite Miete **556** 1
Mietendeckel
  Geltungsdauer **Vorbem 535** 20
  Gesetzgebungskompetenz **Vorbem 535** 20b
  Mietanstieg, Begrenzung **Vorbem 535** 20 ff; **556d** 11
  Mietenstopp **Vorbem 535** 20 f

Mietendeckel (Forts)
   Obergrenze, Überschreitung
      Vorbem 535 20a
Mietenstopp
   Mietendeckel **Vorbem 535** 20 f
Mieter
   Abnahmepflicht **535** 91; **537** 1
   Abwesenheit, längere **535** 95; **537** 9; **553** 7
   Altenheim, Umzug in ein **537** 23
   Anfechtungsrecht **Vorbem 535** 105 f
   Angehörige des Mieters **537** 8 f
   Anzeigepflicht **535** 28b, 32a, 96;
      Vorbem 536 16; **536c** 1 ff
   Arbeitslosigkeit **543** 83
   Arbeitsplatzwechsel **537** 23
   Aufklärungspflicht **Vorbem 535** 109
   Auszug, vorzeitiger **537** 6, 14, 36 ff
   Eigentumserwerb **542** 1
   Einkommens- und Vermögensverhältnisse
      Vorbem 535 91, 107; **542** 207
   Familienverhältnisse **Vorbem 535** 107; **537** 23
   Freiheitsstrafe **537** 9
   Fürsorgepflichten **Vorbem 535** 91
   Gebrauchspflicht **535** 91; **541** 3
   Gebrauchsrecht **537** 1, 6
   Hauptleistungspflichten **535** 84
   Informationspflicht **Vorbem 535** 91
   Insolvenz **535** 90a; **546** 54 f
   Krankheit **537** 9, 23; **543** 18, 83
      psychische Erkrankung **543** 7 f
   Lehrgangsbesuch **537** 9
   Leistungsfähigkeit, finanzielle **543** 83
   Mehrheit von Mietern **Vorbem 535** 117 ff
      s a Mitmieter
   Nebenleistungspflichten **535** 91 ff
   Nießbrauchserwerb **542** 1
   Obhutspflicht **Vorbem 535** 91; **535** 93 ff; **538** 1; **546** 23
   Pflichtverletzung **Vorbem 536** 16 ff; **536** 12
   Rückgabepflicht **535** 40, 93
   Sorgfaltspflicht **543** 44 ff
   Umsatzsteuerpflicht **535** 85
   Verbrauchereigenschaft **542** 158 ff
   Verhinderung, persönliche **537** 1 ff; **543** 29
   Vermietung eigener Sachen **535** 4
   Vermögensverfall **543** 14, 59
   Versetzung **537** 8 f
   Verweis aus der Ehewohnung, polizeilicher **537** 9
   Verwendungsrisiko **Vorbem 536** 21 ff; **537** 1
   Wegnahmerecht **539** 1, 23 ff
   Wohnsitzwechsel **543** 18
   Zahlungsfähigkeit **Vorbem 535** 107
Mieterbegünstigungsklausel
   Aufrechnung **556b** 4, 29 f
   Zurückbehaltungsrecht **556b** 4, 29 f
Mieterhöhung
   einseitige Mieterhöhung **550** 48

Mieterhöhung (Forts)
   Energieeinsparung **555b** 12
   Flächendifferenzen **536** 70
   Kappungsgrenze **Vorbem 535** 19
   Kündigung, außerordentliche befristete **542** 111
   Kündigungsausschluss **542** 50
   Mangelkenntnis **536b** 7
   Modernisierung **Vorbem 535** 19
   Modernisierungsmaßnahmen **555b** 2
   Obergrenze, gesetzliche **Vorbem 535** 20 f
   Schriftformerfordernis **550** 48
      Formmangel **550** 63
   Sicherheitsleistung **551** 9a
   Verbraucherwiderrufsrecht **Vorbem 535** 103
   Verfahren, vereinfachtes **Vorbem 535** 19
   Wohnungsgröße **556a** 23
   Zahlungsverzug des Mieters **543** 68
   Zustimmung des Mieters **543** 10
Mieterhöhungsverlangen
   Bruttowarmmiete **Anh B 556c** 24
Mietermodernisierung
   Modernisierungsvereinbarung **555f** 7
Mieterrechte
   Abtretung **540** 61 ff
   Pfändbarkeit **540** 63
Mieterschutz
   Ausnahmevorschriften, Katalog **549** 42 ff, 49
   Beweislast **549** 50
   Betriebskosten **556** 7
   Dispositivität **Vorbem 535** 2
   Einzelpersonen **549** 35
   Familie **549** 32 ff
   Haushaltsführung, gemeinsame **549** 34
   Immissionen **536** 9
   Kündigungen **Vorbem 535** 11
   Lebensgemeinschaften **549** 34 f
      nichteheliche Lebensgemeinschaft **549** 34 f
   Mangel der Mietsache **536** 4, 9
   Mieterhöhungen **Vorbem 535** 11
   Rechtsentwicklung **Vorbem 535** 2 ff, 11 ff
   Teil der vom Vermieter selbst bewohnten Wohnung **549** 31
   Umgehung **Vorbem 535** 184
   Vereinbarungen, abweichende **549** 51
   Verfassungsmäßigkeit **Vorbem 535** 13
   Weitervermietung **549** 37
   Weitervermietung durch anerkannte private Träger der Wohlfahrtspflege **549** 8, 12, 20, 39
   Weitervermietung durch juristische Personen des öffentlichen Rechts **549** 8, 20, 38
   Wohnbedarf, dringender **549** 12, 37 ff
   Wohnraummiete **549** 1, 12

Mieterwechsel
  Betriebskostenabrechnung **556** 117b, 133a; **556a** 32
  Bürgschaft **540** 73
  Eintritt in den Mietvertrag **540** 72 ff
  Schadenspauschale **555** 7 f
  Verjährung **540** 74
  Vertrag, unternehmensbezogener **540** 75 ff
  Zwischenablesung **Anh B 556c** 17
Mietfläche
  Änderung, Formerfordernis **550** 49
Mietfreiheit
  Mietverhältnis, Beginn **551** 12a
Mietherabsetzung
  Schriftformerfordernis, Formmangel **550** 63
Miethöchstgrenze
  Betriebskosten **556** 19
Miethöhe
  Änderung **543** 69
  Gestaltungsrecht **550** 48
  Schriftformerfordernis **550** 48
  Überlegungsfrist des Mieters **543** 76
  Umsatzmiete **535** 86 f
  Vertragsfreiheit **535** 84, 86
Miethöhenbegrenzung
  Mietobjekt, Erweiterung **556d** 7
  Mietpreisbremse **556d** 20
Mietkauf einer Wohnimmobilie
  Wohnraummiete **549** 16
Mietminderung
  Mangel **543** 69
Mietnotrecht
  Mieterschutz **Vorbem 535** 3 ff
  Wohnraumzuweisung **Vorbem 535** 6
Mietobergrenze
  Berechnung **556e** 44 f
  Auskunftsanspruch **556e** 47
  Erhöhungsbetrag **556e** 45
  Modernisierungszuschlag **556e** 44
  Beweislast **556e** 48
  Bruttomiete **556d** 22 f
  Inklusivmiete **556d** 12, 22 f
  Mietpreisbremse **556d** 11
  Mietzuschläge **556d** 12
  Übergabe der Räume **556d** 15, 17
  Vergleichsmiete, ortsübliche **556d** 11 ff, 15
  Zeitpunkt, maßgebender **556d** 15, 17
  Wucherverbote **556d** 11
Mietobjekt
  Austausch **550** 35, 37, 49
  Bestimmbarkeit **550** 37
  Erweiterung **556d** 7
  Schriftform **550** 34, 37
Mietpreisbindung
  Abbau **Vorbem 535** 8
  Berechnung gebundener Mieten
    Vorbem 535 9
Mietpreisbremse
  Abweichungsverbot **556e** 46; **556f** 25; **556g** 2

Mietpreisbremse (Forts)
  Altbau, Entkernung **556f** 7
  Altverträge **Vorbem 556d-g** 8; **556g** 3, 10 ff, 21, 29 f, 33, 40, 48 f
  arglistige Täuschung **556g** 94
  Auskunft, falsche **556g** 60
  Auskunft, Nachholung **556g** 57 ff, 87
  Auskunftsanspruch **556e** 47; **556f** 25; **556g** 2
    Abtretung **556g** 68
    Drittmittel **556g** 84
    Erhaltungsmaßnahmen, Kosten **556g** 84 f
    Hilfsanspruch **556g** 64, 68
    Kostenaufteilung **556g** 84
    Modernisierungskosten **556g** 84
    Modernisierungsmaßnahmen **556g** 84
    Schadensersatz **556g** 88
    Tatsachen **556g** 71 ff
    – Zugänglichkeit, allgemeine **556g** 75
    Textform **556g** 2, 62, 67
    Umfang **556g** 71 ff, 84
    verhaltener Anspruch **556g** 65, 83
    Verjährung **556g** 69 f
    vertraglicher Auskunftsanspruch
      556g 63 ff
    vorvertraglicher Auskunftsanspruch
      Vorbem 535 19; **556g** 3, 41 ff, 54 ff
    Wiederholung **556g** 67
  Auskunftserteilung **556g** 44 ff
  Auskunftsklage **556g** 66, 86
  Auskunftsverweigerung **556g** 86 f
  Auswirkungen **Vorbem 556d-g** 2; **556g** 3 f
  Begründungserfordernis
    s Mietbegrenzungsverordnungen
  Belegvorlage **556g** 79
  Bereicherungsanspruch des Mieters
    556g 10 ff
  Beschaffenheitsvereinbarung, negative
    556e 19
  Bestandsschutz **556e** 1 ff
  Betriebskosten **556d** 22 ff
  Betriebskostenpauschale **556d** 24
  Beweislast **556f** 25
  Bruttomiete **556d** 22 f
  Dienstleistungen des Mieters **556d** 20 f
  eidesstattliche Versicherung **556g** 80
  Eigennutzung **556f** 10
  Einmalmiete **556d** 20 f
  Eintritt in den Mietvertrag **556d** 8
  Ferienwohnung **556d** 3
  Grundstücksveräußerung **556e** 9, 38; **556f** 18
  Haus mit Garage **556d** 5
  Haus mit Garten **556d** 5
  Hausmeistervertrag **556d** 20 f
  Identität des Mietverhältnisses **556d** 8; **556e** 8 ff
    Dienstleistungen, zusätzliche **556e** 15
  Garage **556e** 10 ff
  Garten **556e** 10 ff

Mietpreisbremse (Forts)
- Gebrauchsbeschränkung **556e** 13
- Gesamtrechtsnachfolge **556e** 9
- Mietminderung **556e** 17 ff
- Nutzung, teilgewerbliche **556e** 10, 13
- Schönheitsreparaturen **556e** 16
- Stellplatz **556e** 11 f
- Indexmiete **556d** 21; **556f** 24; **556g** 34
- Inkassounternehmen **556d** 18; **556g** 12, 68
- Inklusivmiete **556d** 22 f; **556g** 52
- Inkrafttreten **Vorbem 556d–g** 1
- Instandhaltungsmaßnahmen **556f** 16
- Instandsetzungsmaßnahmen **556f** 16, 19
- Kettenverordnungen **556d** 28
- Kondiktionssperre **556g** 10, 14, 36
- Kündigung des Vertrages **556d** 10
- Kündigungsrecht des Mieters **556g** 94
- Marktabgrenzung **556d** 31 f
  - Gemeindeteile **556d** 31
  - Wohnungssuchende **556d** 31
- Mietbeginn **556g** 6 f
- Mietbegrenzungsverordnungen **Vorbem 556d–g** 2 f, 6; **556d** 28 ff, 39 ff; **556g** 59
  - s a dort
- Miete **556d** 20 ff
- Mieterhöhung, Begrenzung **Vorbem 535** 18; **Vorbem 556d–g** 1
- Miethöhe **535** 84
  - Vereinbarungen über die Miethöhe **556g** 6 f
- Miethöhenbegrenzung **556d** 20
- Mietobergrenze **556d** 1, 11
- Mietspiegel **556d** 19
- Mietvertragsschluss **556d** 6 ff
- Mischmietverhältnis **556d** 4
- Modernisierungsmaßnahmen **556e** 29 ff, 35 ff; **556g** 53
  - Begriff **556f** 15
  - Dreijahresfrist **556e** 29 f, 39 ff, 46
  - Drittmittel **556g** 85
  - Eigentumswechsel **556e** 43
  - einfache Modernisierungsmaßnahmen **556e** 32; **556f** 13; **556g** 63, 81 f
  - erste Vermietung nach Modernisierung **556f** 21 ff
  - Kosten **556g** 85
  - – Aufteilung **556g** 85
  - umfassende Modernisierungen **556e** 32; **556f** 13 ff; **556g** 82
  - – Bauaufwand, wesentlicher **556f** 17 f
  - – Eigenleistungen **556f** 20
  - – Instandsetzungsmaßnahmen **556f** 19
  - – Zuschnitt der Wohnung **556f** 5
- Möblierungszuschlag **556d** 25 f
- Nachmiete **556e** 10
- Nettomiete **556d** 23
- Neuverträge **Vorbem 556d–g** 8; **556g** 3 f, 11, 20, 26 f, 33 ff

Mietpreisbremse (Forts)
- Neuvertragsschluss **556d** 6, 10; **556e** 5
- Nutzung der Räume **556f** 8 ff
- Nutzung, gewerbliche **556e** 6
- Nutzung, teilgewerbliche **556d** 25 f
- Parteiwechsel **556d** 8
- Rechtsfolgen **556g** 1
- 100+10-Regel **Vorbem 535** 18; **Vorbem 556d–g** 6 f; **556d** 11, 16
- Rückforderungsanspruch **556e** 49; **556g** 2, 3 ff, 10 ff
  - Abtretung des Anspruchs auf die Miete **556g** 19
  - Beweislast **556g** 39
  - Doppelmangel **556g** 16
  - Eintritt in den Mietvertrag **556g** 17
  - Parteien **556g** 15
  - Rechtsnatur **556g** 14
  - Rüge **556g** 20, 24
  - Sonderzahlungen **556g** 37
  - Umfang **556g** 31 ff
  - Vergleichsmiete, ortsübliche **556g** 35
  - Verjährung **556g** 39
- Rüge **556g** 2, 12
  - Begründung **556g** 28
  - einfache Rüge **556g** 10, 26, 28
  - Ergänzung **556g** 28
  - Form **556g** 22
  - Mehrheit von Mietern **556g** 23
  - qualifizierte Rüge **556g** 10 ff, 21, 27
  - Rechtsnatur **556g** 22, 25
  - Tatsachenvortrag **556g** 28
  - Verjährung **556g** 25
  - Wiederholung **556g** 28
  - Zugang **556g** 23 f, 28, 31
- Rügepflicht **556g** 20 ff
- Schadensersatzanspruch des Mieters **556g** 88 ff
  - culpa in contrahendo **556g** 90 ff
- Schaffung neuen Wohnraums **556f** 4 ff
- Schuldnerschutz **556g** 5
- Sonderzahlungen **556g** 8
- Staffelmiete **556d** 21; **556e** 4; **556f** 12, 24; **556g** 34, 70
- Stichtagsregelung **556f** 1 f, 8 ff
- Teilunwirksamkeit **556g** 2, 5 ff
- Übergangsrecht **Vorbem 556d–g** 8
- Umgehungsfälle **556d** 8, 21, 26; **556g** 8
- Untermiete **556e** 10, 13 f
- Untermietzuschlag **556d** 25 f
- Verfassungsmäßigkeit **Vorbem 535** 18; **Vorbem 556d–g** 1
- Vergleichsmiete, ortsübliche **546a** 54; **Vorbem 556d–g** 6; **556d** 1, 15 ff
- Verhältnismäßigkeit **556d** 39
- Verlängerung **Vorbem 535** 18, 19; **Vorbem 556d–g** 5
- Vermieterwechsel **556e** 9
- Vermietung der Räume **556f** 8 ff

Mietpreisbremse (Forts)
Verordnungen
s Mietbegrenzungsverordnungen
Verordnungsermächtigung
Vorbem 556d-g 2; **556d** 27 ff
Vertragsänderung **556d** 7
Vertragsbeitritt **556d** 8
Vormiete **556e** 1 ff, 10 ff; **556f** 1; **556g** 47 ff, 80
Wohnraummiete **556d** 3
Wohnungsmärkte, angespannte
Vorbem 535 18; **535** 84; **Vorbem 556d-g** 1; **556d** 27, 29 ff
s a dort
Zurückbehaltungsrecht **556g** 87
Zweitwohnung **556d** 3
Mietrecht
soziales Mietrecht **Vorbem 535** 8, 10, 26; **547** 2
Ausnahmetatbestände **549** 3, 6 ff
Übergangsrecht **549** 10 f
4. Mietrechtsänderungsgesetz
Kappungsgrenze **Vorbem 535** 15
Mietrechtsänderungsgesetz 2013
Mietrechtsänderung **Vorbem 535** 15, 17
Mietrechtsanpassungsgesetz 2018
Auskunftsanspruch, vorvertraglicher **556g** 3, 42
Kündigungsschutz **546** 106a
Mietpreisbremse **Vorbem 556d-g** 4; **556g** 11
Mietrecht, soziales **546** 106a
Mietrechtsänderung **Vorbem 535** 15, 19
Mietrechtsnovellierungsgesetz 2015
Mietrechtsänderung **Vorbem 535** 15, 18
Mietrechtsreform
Novelle 2015 **Vorbem 535** 15, 18
Reform 2001 **Vorbem 535** 16; **536** 67; **556b** 4 ff
Reform 2013 **Vorbem 535** 15, 17
Reform 2018 **Vorbem 535** 15, 19
Mietrückstände
Erheblichkeit **543** 73 f
Räumungsvollstreckung **546** 74a
Stundung **543** 74
Urkundenprozess **536** 130
Vergleich **550** 50
Verjährung **543** 81
Wohnraummiete **536** 130; **543** 71, 73
Mietsache
Beschädigung der Mietsache **538** 6
Entwendung **538** 15
Gebrauch, vertragsgemäßer **538** 1
Gefährdung der Mietsache **543** 44 ff
Herausgabeanspruch **546** 55
Teilkündigung **542** 94 ff
Veränderungen **538** 1 ff; **548** 12 f
Verschlechterungen **538** 1 ff; **548** 12 f
Wiederherstellung **538** 2

Mietspannen
Mietspiegel **556d** 15
Mietspiegel
einfacher Mietspiegel **556d** 19
Fehlen **556d** 19
Mietspannen **556d** 15
qualifizierter Mietspiegel **556d** 19, 38; **556g** 73
Vergleichsmiete, ortsübliche **546a** 54
Mietstruktur
Änderungsrecht des Vermieters **556a** 37; **556c** 18
Betriebskosten **556** 7, 66; **556a** 5
Änderung **556a** 40 ff; **Anh B 556c** 25
Mietminderung **556** 13
Mietüberzahlung
Bereicherungsausgleich **556b** 1, 4, 17
Rückzahlungsanspruch, Verjährung **548** 39
Mietverhältnis
Bedingung, auflösende **542** 1, 195
Beendigung **542** 1 f, 155
Einheitlichkeit des Mietverhältnisses
Vorbem 535 118, 121; **535** 88; **542** 9 ff, 85 f, 96 ff; **543** 128 f
gestuftes Mietverhältnis **549** 20
Identität des Mietverhältnisses **545** 15, 16
Kündigung **542** 1 ff
Rücktritt **542** 1, 196 ff
Zeitablauf **542** 2
Mietverhältnis auf Probe
Sittenwidrigkeit **Vorbem 535** 184
Mietverhältnis, befristetes
Befristungsgrund
Eintritt, verspäteter **542** 154
Wegfall **542** 154
Verlängerung **542** 147 ff
Mietverlustversicherung
Umlagefähigkeit **556** 38b
Mietvertrag
Gegenstand **535** 1 ff; **550** 34, 37
auf unbestimmte Zeit **542** 2 ff; **544** 4
Vertrag, schuldrechtlicher **Vorbem 535** 2 f, 21 ff
Mietvertrag auf Lebenszeit
Befristung, auflösende **544** 13
Eigenbedarf des Vermieters **544** 12
Eintritt in den Mietvertrag **542** 143
Form **544** 10; **550** 11
Grundstücksveräußerung **544** 12
Kündigungsrecht **544** 10 f
Ausschluss für die Lebenszeit des anderen **544** 10
Mehrheit von Beteiligten **544** 10
Tod des Mieters **544** 13
Unkündbarkeit **542** 59; **544** 1a, 12
Zeitbestimmung **542** 141 ff
Zeitmietvertrag **544** 10
Mietvertrag für mehr als ein Jahr
Schriftform **Vorbem 535** 32

Mietvertrag über mehr als dreißig Jahre
  Dreißigjahresfrist **544** 4
  Eintritt in den Mietvertrag **544** 5
  Ereignis, ungewisses **544** 6
  Formularvertrag **544** 1b
  Grundstücksveräußerung **544** 5
  Kettenmietvertrag **544** 5
  Kündigungsausschluss **544** 6
  Kündigungsentschädigung **544** 5a
  Kündigungserschwerung **544** 5a
  Kündigungsrecht **544** 1, 2, 4 ff
  Verlängerungsoption **Vorbem 535** 159; **544** 6
  Vertragsänderungen **544** 5
  Vertragsidentität **544** 5
  Vertragsverlängerung **544** 5
  Wohnraummiete **544** 1a
Mietvertrag über Wohnraum
  Begriff **556d** 3
  Miethöhe **556d** 1 ff
Mietvertrag, langfristiger
  Beurkundung, notarielle **550** 12
  elektronische Form **550** 12
  Form **550** 1 f, 55 f
  Formmangel, Heilung **550** 6
  Geldentwertung **Vorbem 536** 29, 31
  Grundstücksmiete **550** 5, 12
  Jahresfrist **550** 9, 55
  Kündbarkeit, ordentliche **550** 60
  Kündbarkeit, vorzeitige **550** 1
  Kündigung, außerordentliche befristete **542** 111
  Kündigungsbeschränkung **550** 9
  längere Zeit als ein Jahr **550** 9 ff
  Option **550** 10
  Raummiete **550** 5, 12
  Schriftform **550** 1, 12 ff
    Formverstoß **550** 55 ff
  Schriftformheilungsklausel **550** 2
  Verlängerungsklausel **550** 10
  Vertragsdauer **550** 9
  Vorsorgeklausel **550** 2
  Wohnraummiete **550** 5
Mietvorauszahlung
  Aufwendungsersatz **539** 2a
  Baufinanzierungsbeitrag **547** 9
  Baukostenzuschuss **547** 9, 32 ff
    verlorener Baukostenzuschuss **547** 10 f
  Bereicherungsanspruch des Mieters **547** 22
  Bereicherungshaftung **547** 25 f, 30 ff
    Entreicherung **547** 26, 30, 35
    nicht abgewohnte Mietvorauszahlung **547** 31 ff
  Betriebskosten **547** 7
  Einmalbetrag **547** 5
  Entgelt für Mietgebrauch **547** 6
  Mieterdarlehen **547** 9
  Mietvertrag, Form **550** 11
  Nachfolgeklausel **547** 39 ff
  Raummiete **547** 4

Mietvorauszahlung (Forts)
  Rückzahlungspflicht **547** 1 ff, 22 f, 27
    Entreicherung **547** 26
    Haftungsverschärfung **547** 26
    Mietverhältnis, Beendigung **547** 1 ff, 12
    – Aufhebungsvertrag **547** 19
    – Kündigung, außerordentliche befristete **547** 20
    – Kündigung, außerordentliche fristlose **547** 21
    – Kündigung, ordentliche **547** 18
    – Vertretenmüssen des Vermieters **547** 13 ff, 22
    Parteiwechsel **547** 37 ff
    – Grundstücksveräußerung **547** 38
    Vereinbarungen, abweichende **547** 42 ff
    Verjährung **547** 24; **548** 22
    Verzinsung **547** 29, 36
  Umlagen **547** 7
  Verjährung **548** 22 f
  Verwendungsersatz **547** 28
  Verwendungsersatzanspruch **547** 8
  Verzug **543** 68
Mietzahlung
  Erfüllungsverweigerung **543** 80
  Gutschrift **543** 77
  Nichtabnahme der Mietsache **535** 91
  Rechtzeitigkeit **543** 77 ff, 97; **556b** 14a
    Unternehmen **543** 77
    Wohnraummiete **543** 78 f
    Zahlungsverzugsrichtlinie **543** 77; **556b** 14a
  Rückgabe der Mietsache **536** 11a
  ständige unpünktliche Zahlung **543** 10
  Zurückbehaltungsrecht **535** 16
Mietzins
  Begriff **535** 86
Mietzubehör
  Mietvertrag **535** 5
Mietzuschläge
  Mietobergrenze **556d** 12
Milieuschutz
  Mangel der Mietsache **536** 60
Minderung
  Äquivalenzprinzip **536** 91 f, 101
  Altmietverträge **536** 122
  Androhung **543** 112
  Annahme der Mietsache, vorbehaltlose **536** 119
  Anzeigepflicht des Mieters **536** 119, 124 f
  Ausschluss **536** 2, 109 ff
    s a Minderungsausschluss
  Berechnung **536** 75, 94 f, 98 f
  Beschränkung, vertragliche **536** 123 ff
  Beweisaufnahme **536** 133
  Beweislast **536** 130 ff
  Bruttomiete **536** 94 ff
  Einrede des nichterfüllten Vertrages **536** 101

Minderung (Forts)
Erklärung des Mieters **536** 91
Feststellungsklage **536** 135
Feuchtigkeitsschäden **536** 112 ff
Flächendifferenzen **536** 75 f
Fogging **536** 112 ff
Gebrauch der Mietsache **536** 93
Gebührenstreitwert **536** 135
Herabsetzung der Miete, angemessene **536** 90, 97 f
Herabsetzung der Miete, verhältnismäßige **536** 90, 93
Höhe **536** 91, 98 ff
  Irrtum **536** 100
Individualvereinbarung **536** 123 f
Inklusivmiete **536** 94 f
Kündigungsrecht des Vermieters **543** 93
Mängelbeseitigung **536** 11, 93, 100 f
Mangel der Mietsache **535** 14; **536** 5; **536b** 3; **556b** 4
  Anzeige, unterlassene **536c** 18a
  Kenntnis **536** 119 ff; **556e** 18 f
  Unkenntnis, grob fahrlässige **536** 119 ff; **556e** 18, 20
Miete **536** 94 f
  Abtretung **536** 93
Mietrechtsänderungsgesetz 2013 **Vorbem 535** 17
Mietstruktur **556** 13
Mietzahlung trotz Mangel **536** 92, 95
Mietzahlung unter Vorbehalt **536** 92, 95
Mietzahlungsverzug **536** 91, 100, 105 f
Modernisierungsmaßnahmen **536** 14; **555d** 1, 22c; **555f** 3
nachträglicher Mangel **536** 130
Nettomiete **536** 95
Nettomiete mit Betriebskostenpauschale **536** 95
Nettomiete mit Betriebskostenvorauszahlungen **536** 95
Nutzwertanalyse **536** 99
Rauchen **538** 3d
Rechtsirrtum **543** 82, 86
Rechtsmangel **536** 90
Rückzahlungsanspruch des Mieters **536** 126
  Aufrechnung **556b** 4
Sachmangel **536** 90
Schadensersatz **536a** 17a; **543** 148 ff
Schadensersatzanspruch des Vermieters **536** 58
Schätzung **536** 91, 98
Schimmelbildung **536** 112 ff
Stockflecken **536** 112 ff
Störungen, leichte **536** 98
Streitwert **536** 135
Substantiierung **536** 132 ff
Tauglichkeit zum vertragsgemäßen Gebrauch **536** 1, 21, 90
  unerhebliche Minderung **536** 1, 21, 107

Minderung (Forts)
– Beweislast **536** 21a
Umsatzmiete **536** 97
Umweltfehler **536** 124
Unverjährbarkeit **536** 91
Urkundenprozess **536** 130
Verwirkung der Miete **536** 93
Wiederaufleben des Minderungsrechts **536** 122
Zahlungsverzug des Mieters **543** 86, 92 f
Zurückbehaltungsrecht **536** 101 ff
Minderungsausschluss
Heizung, ungenügende **536** 112 f
Instandhaltungspflicht **536** 124
Instandsetzungspflicht **536** 124
Kenntnis des Mangels **536** 109
Lüftung, ungenügende **536** 112 f
Maßnahmen, parallele **536** 14
Mischfälle **536** 15
Modernisierung, energetische **536** 13 ff, 109
Verschweigen des Mangels **536** 109
Vertretenmüssen des Mangels **536** 110 ff; **538** 11
Minderungsrecht
Unverjährbarkeit **535** 20
Mindeststandard
Wohnraummiete **535** 43 f, 59
Mischmietverhältnis
Begriff **Vorbem 535** 33; **549** 18
Eigenbedarf **549** 18
Einheitsbehandlung **Vorbem 535** 33
gewerbliche Miete **Vorbem 535** 32
Kündigung **Vorbem 535** 33
Mieterschutz **Vorbem 535** 33
Raummiete, sonstige **Vorbem 535** 33 f
soziales Mietrecht **549** 18
Teilkündigung **543** 129
Übergewichttheorie **Vorbem 535** 34
Vertragsstrafe **555** 2
Vertragszweck **549** 18
Wärmecontracting **556c** 8
Wohnraum mit Garage **549** 18
Wohnraummiete **Vorbem 535** 32, 33 f; **549** 18
Wohnraummietrecht **556d** 4
Zuschlag zur Vergleichsmiete **Vorbem 535** 33
Zweckbestimmung **556d** 4
Mischnutzung
Betriebskostenabrechnung **556** 88
Beweislast **556a** 34
Darlegungslast **556a** 34
Vorwegabzug **556a** 34 f
Mischräume
Vereinbarungen, abweichende **547** 42
Miteigentümer
Eigenbedarfskündigung **Vorbem 535** 114
Gemeinschaftsrecht **Vorbem 535** 112
Miete, Einziehung **Vorbem 535** 112, 114

Miteigentümer (Forts)
  Mieterkündigung **Vorbem 535** 115
  Mietvertragskündigung **Vorbem 535** 113 f.
  Mietvertragsschluss **Vorbem 535** 113
  Veräußerung eines Miteigentumsanteils
    Vorbem 535 112
  Vermietereigenschaft **Vorbem 535** 112
  Vermieterpflichten **Vorbem 535** 115
  Vermietung an Dritte **Vorbem 535** 113
  Vermietung untereinander **Vorbem 535** 112
  Zahlungsverzug **Vorbem 535** 112
Miteigentümergemeinschaft
  Mietvertrag **Vorbem 535** 98, 112
Miterbengemeinschaft
  Kündigung des Mietvertrages
    Vorbem 535 116
  Miete, Einziehung **Vorbem 535** 114
  Vermietereigenschaft **Vorbem 535** 113 f.
Mitmieter
  Auszug eines Mieters **Vorbem 535** 119, 123
  Besitzstörung **535** 155
  Erfüllungsgehilfeneigenschaft **535** 157
  Gesamtschuld **Vorbem 535** 122 f
  Inanspruchnahme anderer Mitmieter
    535 155
  Insolvenz eines Mieters **Vorbem 535** 122
  Insolvenz eines Mitmieters **535** 90a
  Instandsetzungsanspruch **Vorbem 535** 124
  Kaution **Vorbem 535** 124
  Kündigung der Gesellschaft
    Vorbem 535 120
  Kündigung des Mietvertrages
    Vorbem 535 118, 120
    Bevollmächtigung **Vorbem 535** 118
  Mieterhöhung **Vorbem 535** 118
  Mieterpflichten **Vorbem 535** 122 f
  Mieterrechte **Vorbem 535** 124
  Mietrückzahlung **Vorbem 535** 124
  Mietverhältnis, einheitliches
    Vorbem 535 118
  Obhutspflicht **535** 156
  Rechtsverhältnis **535** 154
  Rückgabepflicht **Vorbem 535** 122 f
  Störungen, von anderen Mietern ausgehende **535** 155
  Tod eines Mitmieters **542** 111
  Verkehrspflicht **535** 156
Mitvermietung
  Besitzverhältnisse **535** 7a
  Gebrauchsentziehung **535** 7a
  Mangel der Mietsache **536** 8
  Nutzungsumfang **535** 7b
  Schriftform **550** 37
  Zubehör **550** 42
Mobilfunkanlage
  Mangel der Mietsache **536** 30
Mobiliar
  Rückgabepflicht **546** 19

Modernisierung
  Hinausmodernisieren **Vorbem 535** 19
  Mieterhöhung **Vorbem 535** 19
Modernisierung, energetische
  Aufspaltung, künstliche **536** 19
  Aufwendungsersatzanspruch des Mieters
    536 20
  bauliche Veränderungen **555b** 9
  Baustillstand **536** 18
  Begriff **536** 14
  Duldungspflicht **536** 16, 18; **555a** 1; **555b** 12, 15a
  Empfangsmöglichkeit Hörfunk/Fernsehen, vereinbarte **535** 45
  Endenergie **555b** 9 f
  Erheblichkeit der Beeinträchtigung **536** 17
  Kabelanschluss **535** 69a
  Maßnahmen, parallele **536** 14
  Mietrechtsänderungsgesetz 2013
    Vorbem 535 17; **536** 13
  Minderungsausschluss **536** 13 ff, 109
    Dreimonatsfrist **536** 13, 17 ff
    – Fristverlängerung **536** 18
    Fristberechnung **536** 17
    Nachbesserungsmaßnahmen **536** 18
  Mischfälle **536** 15
  Modernisierungsmaßnahmen **555b** 1, 9
  Nachhaltigkeit **555b** 15a
  Rücksichtnahmepflicht des Vermieters
    536 19
  Schadensersatzanspruch des Mieters **536** 20
  Schaffung neuen Wohnraums **555b** 39
  Tauglichkeitsaufhebung **536** 20
  Tauglichkeitsminderung **536** 20
  Unterbrechung der Arbeiten **536** 19
  Verschlechterung, vermeidbare **536** 20
  Verzögerung der Arbeiten **536** 18 f
  Vorbereitungsmaßnahmen **536** 17
Modernisierungsankündigung
  Abdingbarkeit **555c** 1
  Adressat **555c** 4
  Ankündigungsfrist **555c** 2, 5 f, 19
    Verzicht des Mieters **555c** 5a
  Aufteilung **555c** 5
  Ausführlichkeit **555c** 6 ff
  Bagatellklausel **555c** 15 ff; **555e** 1, 7
  Begriff **555c** 2
  Betriebskosten **555c** 12 f
    neue Betriebskosten **555c** 12a
  Dreimonatsfrist **555c** 2, 5 f; **555d** 13
  Einheitlichkeit **555c** 5
  Einwirkungen auf die Mietsache, unerhebliche **555c** 15 f
  Energieeinsparung **555c** 13
  Entbehrlichkeit **555c** 15
  erneute Ankündigung **555c** 4
  Erweiterungen **555c** 19
  Form **555c** 2, 5, 19
  Genauigkeit **555c** 6 ff, 11

Modernisierungsankündigung (Forts)
  gewerbliche Miete **555c** 1, 19
  Gewerke, getrennte **555c** 9
  Härteeinwand **555c** 14; **555d** 17
  Hausverwaltung **555c** 4
  Hinweispflicht **555c** 14; **555d** 17
  Informationsbedürfnis des Mieters **555c** 8
  Inhalt **555c** 2, 8
  Kalenderwoche **555c** 9
  Mieterhöhung **555c** 10 f, 18
    Unerheblichkeit **555c** 15 f
  Modernisierungsmaßnahmen **555c** 1 ff
    Änderung **555c** 4
    Beginn, voraussichtlicher **555c** 9
    Dauer, voraussichtliche **555c** 9
    Kosten **555c** 11
    Umfang, voraussichtlicher **555c** 6
  Schadensersatzpflicht **555c** 3, 11
  Sonderkündigungsrecht **555e** 4
  Stellvertretung **555c** 4
  Textform **555c** 2, 5
  Vereinbarungen, abweichende **555c** 19
  Vermieterpflicht **555c** 1, 4
  Wärmebedarfsrechnung **555c** 8a
  Wohnraummiete **555c** 19
  Zugang **555c** 5a; **555d** 2, 13 f; **555e** 1
Modernisierungskosten
  Aufwendungsersatz des Mieters **555d** 20b
  Umlagefähigkeit **556** 46b
Modernisierungsmaßnahmen
  Alter des Mieters **555d** 12b
  Anordnung, behördliche **555b** 38
  Anordnung, gesetzliche **555b** 38
  Aufklärungspflicht **543** 9
  Aufwendungsersatzanspruch des Mieters **539** 28; **555d** 1, 18 ff; **555e** 5
  Angemessenheit **555d** 19
  Bewachungskosten **555d** 20a
  Dekoration **555d** 20a
  Eigenleistungen des Mieters **555d** 20a
  Ersatzwohnraum **555d** 20
  Lagerkosten **555d** 20a
  Möbel **555d** 20a
  Pflegeheimkosten **555d** 20
  Reinigungskosten **555d** 20a
  Umzugskosten **555d** 19; **555e** 5
  Vereinbarungen nach Vertragsschluss **555f** 3
  Vorschuss **555d** 21, 29
  – Aufrechnung **555d** 21
  – Verjährung **555d** 21
  – Verzinsung **555d** 21
  – Zurückbehaltungsrecht **555d** 21
  Auskunftsanspruch **556g** 53
  Ausschlussfristen **555d** 13 ff
    Dreimonatsfrist **555d** 13
    Fristablauf **555d** 16 f
    Fristversäumung **555d** 13
  Außenanlagen **555b** 20

Modernisierungsmaßnahmen (Forts)
  Außenmodernisierung **555d** 27
  Außensanierung **555d** 28
  Ausstattungen **555b** 6
  Auswirkungen **555c** 6, 8
  Bagatellmaßnahmen **555b** 30
  Barriereduzierung **554** 31
  bauliche Veränderungen **555b** 1, 3 ff
    Vertretenmüssen **555b** 37
  Bausubstanz, Eingriff in die **536** 24, 34
  Beeinträchtigung des Mieters **555b** 20; **555d** 11
  Beginn **555c** 5a; **555d** 15; **555e** 5 f
  Besitzbeeinträchtigung des Mieters **555d** 27 f
  Betriebskosten, neue **555c** 12a
  Betriebskostenumlage **556** 64 f
  Beweislast **555d** 5, 29
  Bodenbelag **555b** 6
  Dreijahresfrist **556e** 29 f
  Duldungspflicht **543** 10; **555a** 1 f; **555d** 1, 3 ff, 22 f
    Abwägungsgründe **555d** 3, 5
    Beschränkungen, vertragliche **555d** 24
    Durchsetzung **555d** 26
    Fälligkeit **555c** 3
    Klage auf Duldung **555d** 26
    Vereinbarungen nach Vertragsschluss **555f** 4
  Duldungstitel **555d** 27
  Durchführung **555d** 25; **555e** 5 f; **555f** 3
    Jahresfrist **555e** 9
    zügige Durchführung **555d** 4a
  Eigentumswohnung **555a** 9a
  Einbruchsschutz **554** 31
  Einrichtungen **555b** 6
  einstweilige Verfügung **555d** 26 ff
  Einwirkung auf die Mietsache **555d** 28
  Energieeinsparung **555b** 2; **555d** 9 f
  Erkrankung des Mieters, schwere **555d** 16
  Formularvertrag **555d** 23 ff; **555f** 1 f
  Gebäude **555b** 20
  Gebäudeteile **555b** 5, 20, 33
  Gebrauchswerterhöhung **555b** 18 ff
  Gegenrechte des Mieters **555d** 22 f, 25, 29
  Gestaltungsrecht des Vermieters **555d** 22a f
  Gesundheitszustand des Mieters **555d** 12b, 16
  Gewährleistungsrechte **555f** 3
  Grünanlagen **555b** 5
  Grundstücksveräußerung nach Modernisierung **556e** 38
  Härteeinwand **555c** 1, 14
  Härtegründe, persönliche **555d** 13, 15
  Härtegründe, sachliche **555d** 13, 15
  Härteklausel **555b** 20, 35; **555d** 1, 5 ff, 10 ff
  Individualvereinbarung **555d** 23 ff
  Innenmodernisierung **555d** 28
  Interessenabwägung **555d** 5, 9

Modernisierungsmaßnahmen (Forts)
- Aufwendungen des Mieters **555d** 12a
- Familie des Mieters **555d** 8
- Folgen, bauliche **555d** 12
- Haushaltsangehörige **555d** 8
- Mehrheit von Mietern **555d** 8
- Mieter, andere **555d** 7
- öffentliche Interessen **555d** 9

Kinderspielplatz **555b** 5, 20
Klimaschutz **555b** 2; **555d** 9 f
Konsenslösung **555d** 22a
Kosten **555c** 11, 12a
Kündigung aus wichtigem Grund **543** 9 f
Kündigungsrecht des Mieters, außerordentliches **555e** 9
Kündigungsrecht des Vermieters **555d** 4
Laden elektrisch betriebener Fahrzeuge **554** 31
Legaldefinition **555b** 1
Luxusmaßnahmen **555b** 5, 20
Mehrheitsentscheidung **555d** 7
durch Mieter **556e** 38
Mieterhöhung **555b** 2; **555c** 10 f; **555d** 1; **556e** 33 f
- Absicht, fehlende **555c** 11
- Bestandsschutz **556e** 2
- Fälligkeit, Verschiebung **555c** 3, 10 f
- Zumutbarkeit **555d** 3

Mietgebrauch **555c** 8
Miethöhe **555c** 8; **555d** 25; **555f** 3
Mietpreisbremse **556e** 29 ff; **556g** 53
Minderungsrecht **536** 14; **555d** 1, 22c; **555f** 3
Mischfälle **536** 15
Mitteilungspflicht **556c** 29
Mitwirkungspflicht **555d** 4
Modernisierung, energetische **555b** 1, 9
Nachrüstungspflichten **555b** 38
Prozessstandschaft **555d** 4a
Schadensersatz **555e** 9; **555f** 3
Schaffung neuen Wohnraums **555b** 1, 39 ff
Scheinbestandteile **555b** 6
Sonderkündigungsrecht **555c** 1; **555d** 1, 19, 22; **555e** 1 ff
- Frist **555e** 3 f
- Wohnraummiete **555e** 8
- Zweck **555e** 2

Standard, geschuldeter **536** 23
Stellplatz **555b** 5, 20
Streitwert **555d** 30
Teppichboden **555b** 6
Treuepflichtverletzung **543** 10
Umfang, voraussichtlicher **555c** 6
Umlagefähigkeit **556** 46b
Umstände, vom Vermieter nicht zu vertretende **555b** 35 ff
Umzug, bevorstehender **555d** 12b
Untermiete **555d** 4
Verbesserungsmaßnahmen **555b** 21
verbotene Eigenmacht **555d** 27 f

Modernisierungsmaßnahmen (Forts)
- Vereinbarungen nach Vertragsschluss **555f** 1 ff
- Verjährung **548** 20
- Verkehrsanlagen **555b** 5
- durch Vermieter **556e** 38
- Verzögerung **555c** 9
- Vorbereitungsmaßnahmen **555c** 5a; **555e** 5
- Wasserverbrauch, Reduzierung **555b** 16 f
- Wegnahmerecht des Mieters **539** 28
- Wiederherstellung des früheren Zustands **555d** 22b
- Wirtschaftlichkeit **555b** 5
- Wohnraummiete **555d** 23
- Wohnungseigentumsrecht **555b** 2a
- Wohnverhältnisse, Verbesserung **555b** 31 ff
- Wohnwertverbesserung **555b** 20
- Zuführung unwägbarer Stoffe **555d** 28
- Zumutbarkeit **555d** 5, 8 f, 10, 12
- Zurückbehaltungsrecht des Mieters **555d** 4, 29
- Zustimmung des Mieters **555d** 25
  - Anfechtung **555d** 25
  - Widerruf **555d** 25
- Zutrittsgewährung **555d** 4

Modernisierungsmieterhöhung, fiktive
- Miethöhe **556e** 29

Modernisierungsvereinbarung
- nach Abschluss des Mietvertrags **555f** 5
- aus Anlass konkreter Maßnahmen **555f** 6
- Aufwendungsersatzanspruch des Mieters **555f** 3
- Duldungspflicht **555f** 4
- Erhaltungsmaßnahmen **555f** 1 ff
- Formularvertrag **555f** 1 f
- Fristen **555f** 4
- Gegenstände **555f** 3 f
- Gewährleistungsrechte des Mieters **555f** 3
- Mietermodernisierung **555f** 7
- Minderungsrecht **555f** 3
- Modernisierungsmaßnahmen **555f** 1 ff
- Raummiete, gewerbliche **555f** 2
- Verjährung **548** 20
- Wohnraummiete **555f** 3

Modernisierungszuschlag
- Mietobergrenze **556e** 31, 34, 44

Möbel
- Wegnahmerecht des Mieters **539** 29a

Möblierte Wohnung
- Einrichtungsgegenstände, Ausstattung durch den Vermieter **549** 27 ff
- Flächendifferenzen **536** 75
- Mieterschutz **549** 27 ff
- Teilkündigung **542** 96
- Umfang der Möblierung **549** 30
- Übergabepflicht **535** 15
- Wohnraummiete **549** 16

Möblierungszuschlag
- Mietpreisbremse **556d** 25 f

Mofa/Moped
  Abstellen im Hof/Keller **535** 49
Müllablagerung
  Miete **Vorbem 535** 44
Müllbeseitigung
  Abwälzung auf den Mieter **535** 34
  Betriebskosten **556** 33; **556a** 21
    Umlagefähigkeit **556** 58
    Umlagemaßstab **556a** 15b
  Direktabrechnung **556a** 5a; **556c** 39; **Anh B 556c** 26
  Leerstand **556a** 24a
  Mindestmenge, verbrauchsunabhängige **556a** 15b
  Müllmanagement, externes **556** 33b
  Rückgabepflicht **546** 33
  Vertragsumstellung **556a** 39
  Wirtschaftlichkeitsgebot **556** 33b
Müllentsorgung
  Kostentragung **556** 33a
Müllschlucker
  Gebrauchstauglichkeit, unerhebliche Minderung **536** 21a
Mülltonnen
  Aufstellung, Platz für die **535** 48a
  Fehlen der blauen Tonne **536** 21a
Mülltrennung
  Wirtschaftlichkeitsgebot **556** 33b
Munition
  Lagerung in der Wohnung **541** 2
Musikausübung
  Berufsmusiker **535** 51 f
  Eigentumswohnung, vermietete **535** 35a
  Formularvertrag **535** 27
  Gebrauch, vertragswidriger **541** 3
  Hausordnung **535** 27, 51 f
  Mietgebrauch **535** 51
  Mietvertrag **535** 27
  Mietvertragsparteien **535** 51
  Mitmieter **535** 51a
  Rücksichtnahme, gegenseitige **535** 27
  Sonderinstrumente **535** 27
  Unterlassungsanspruch **541** 1a
Musikunterricht
  Gebrauch, vertragsgemäßer **535** 37
  Mietgebrauch **535** 51 f
Mustermietvertrag
  Schönheitsreparaturen **535** 120

Nachbarschaftslärm
  Mangel der Mietsache **536** 57
Nacherbe
  Kündigungsrecht **542** 111
Nachfolgeklausel
  echte Nachfolgeklausel **537** 17 f
  unechte Nachfolgeklausel **537** 17 f
Nachforschungspflicht
  Mangel der Mietsache **536a** 30; **536c** 1

Nachholrecht
  Auskunft **556g** 57
Nachmiete
  Mietpreisbremse **556e** 10
Nachmieter
  Ablösevereinbarung **Vorbem 535** 165 f
  Abstandszahlungen, Unzulässigkeit **Vorbem 535** 162 ff
  Schönheitsreparaturen **535** 144
    Ausgleich **535** 115b
  Zumutbarkeit **537** 16, 21
Nachtragsvereinbarung
  Schriftform **550** 54
Nahwärme
  Betriebskosten **556** 28
  Wärmecontracting **556c** 20
Namensschild
  Mindeststandard **535** 44
Naphtalin-Belastung
  Mangel der Mietsache **536** 30
Naturkatastrophen
  Mangel der Mietsache **536** 38a
  Umweltfehler **536** 48
Nebenabreden
  Änderungsvertrag **542** 93
  Schriftform **550** 34, 43 f, 58
  Teilkündigung **542** 93, 97
Nebenkosten
  Formularvertrag **535** 66a
  Grundmiete **556** 47
  Nettomiete **556** 47
  Rückzahlungsanspruch **556** 49
    Verjährung **556** 49
  Umlage **535** 66
  Umlagefähigkeit **556** 46, 47
Nebenleistungen, atypische
  Miete **Vorbem 535** 44
Nebenleistungspflichten
  Mieter **535** 91 ff
  Mietvertrag **535** 82 ff
Nebenräume
  Barrierereduzierung **554** 15
  Flächendifferenz **536** 76
  Teilkündigung **542** 92, 100
Nettomiete
  Betriebskosten **556** 10, 13
  Betriebskostenvorauszahlung **556** 69
  Miete **556** 2
  Minderung **536** 95
  Nebenkosten **556** 47
  Sicherheitsleistung **551** 9
  Vergleichsmiete, ortsübliche **556d** 23
  Wärmecontracting **556c** 16
Neuanschaffungskosten
  Umlagefähigkeit **556** 46b
Neubaumietenverordnung
  Berechnung gebundener Mieten **Vorbem 535** 9

Neubauwohnungen
Mieterhöhung **556f** 3 ff
Preisbindung **Vorbem 535** 7
Neue Bundesländer
Heizkostenverordnung **Anh B 556c** 2
Rückbaupflicht **546** 30
Umlagemaßstab **556a** 5a
Neueinführungsklausel
Bewirtschaftung, ordnungsgemäße **556** 63
Nichterfüllung
Kündigung, fristlose **543** 27
Vermieterpflichten **Vorbem 536** 1
Nichtgebrauch
Vertragswidrigkeit **541** 4
Nichtraucherschutz
Mangel der Mietsache **536** 44a
Niederschlagswasser
Betriebskostenerhöhung, rückwirkende **556** 109b
Niedrigzinsphase
Kaution **551** 18a
Nießbrauch
Kündigungsrecht des Eigentümers **542** 111
Nießbrauchserwerb des Mieters **542** 1, 215
Rechtsmangel **536** 82
Verjährung **548** 2
Vermietung von Sachen des Mieters **535** 4
Nitrat
Mangel der Mietsache **536** 29
Normen, technische
Gebrauch, vertragsgemäßer **536** 7
Notdienstpauschale
Hausmeister **535** 64
Notunterkunft
Gebrauchsüberlassung, kurzfristige **549** 23
Notwehr
Kündigung aus wichtigem Grund **543** 11
Nutzenergie
Begriff **555b** 10
Energieeinsparung **555b** 11, 13 f
Nutzfläche
Mietvertrag **536** 69, 72
Nutzung, gewerbliche
Wohnräume **535** 36 f
Nutzungsänderung
Ausschluss **535** 38
Gebrauch, vertragsgemäßer **535** 38 f
Zustimmung des Vermieters **535** 38
Nutzungsbeschränkung
Mangel der Mietsache **536** 46 f
Nutzungsentschädigung
Abrechnungsperiode, angebrochene **546a** 33
anteilige Nutzungsentschädigung **546a** 19
Betriebskosten **556** 77; **546a** 43
Erhöhung **546a** 45
Ersatzraumbeschaffung **546a** 49
Ersetzungsbefugnis **546a** 50 ff
Fälligkeit **546a** 44

Nutzungsentschädigung (Forts)
Höhe **546a** 35
Lebensgemeinschaft, nichteheliche **Vorbem 535** 138
Mängelbeseitigung, nachvertragliche **546a** 42
Miete, vereinbarte **546a** 4, 35, 40 ff, 45 f
Minderung **546a** 42
Umsatzsteuer **546a** 41
Mietverhältnis, Beendigung **546a** 13 f
Mindestbetrag **546a** 3
Preisentwicklung **546a** 49
Rechtsnatur **546a** 34, 36
Rückgabepflicht **546a** 1
Sachen, bewegliche **546a** 36
Sachen, geringwertige **546a** 36
Saldoklage **546a** 55a
Sicherungsanordnung **546a** 55b
Unterwerfungserklärung **546a** 35
Vergleichsmiete, ortsübliche **546a** 4, 35, 49 ff
Mietspiegel **546a** 54
Preisbindung **546a** 54a
Üblichkeit **546a** 54
Umsatzsteuer **546a** 54
Wiedervermietung **546a** 53
Verjährung **548** 4; **546a** 48
Vermieterpfandrecht **546a** 47
Verminderung **546a** 46
Verschulden, mitwirkendes **546a** 36
Verschuldensunabhängigkeit **546a** 61
Vorenthaltung der Mietsache **546a** 1 ff, 9 ff, 34
Wahlrecht **546a** 4
Wohnraummiete **546a** 1
Nutzungsgenehmigung
Mangel der Mietsache **536** 47
Nutzungsuntersagung
Kündigung, fristlose **543** 34
Nutzungsverbot
Mangel der Mietsache **536** 46

Obdachlose
Anmietung von Räumen **Vorbem 535** 30
Obdachloseneinweisung
Gefahrenabwehr **540** 59
Hotelunterbringung **548** 15; **549** 24
Rückgabepflicht **546** 5
Vorenthaltung der Mietsache **546** 21; **546a** 21
Wohnungsbedarf, dringender **549** 40
Obhutspflicht
Anzeigepflicht **535** 96; **536c** 5
Beweislast **538** 13 ff
Kündigungsrecht des Vermieters **535** 96; **543** 45
Mieterpflicht **535** 93 ff; **Vorbem 536** 16; **536c** 1; **538** 1; **546** 23
Mitmieter **535** 156

Obhutpflicht (Forts)
  nachvertragliche Obhutpflicht **535** 93; **548** 7
  Reinigungspflicht **535** 96
  Schadensersatz **535** 96; **538** 13 f
  Teppichboden **535** 104
  Unterlassungsanspruch **535** 96
  Vermieterpflicht **546** 34
  vor Vertragsschluss **Vorbem 535** 91
  Vorenthaltung der Mietsache **546a** 8
Objektbeschreibung
  Begriff **536** 65
Obligationenrecht
  Mietvertrag **Vorbem 535** 1
Öffnungszeiten
  Betriebspflicht **535** 92b
Öltank
  Grenzwertgeber **555b** 38
  Haftpflichtversicherung **556** 38
  Instandhaltungs-/-setzungskosten **556** 46a
  Tankreinigung **556a** 31; **Anh B 556c** 11, 15
Ofen
  Mangel der Mietsache **536** 36
  Mitvermietung **535** 6
Offenhaltungspflicht
  Betriebspflicht, Verbindung mit **535** 92b
  Erfüllungsanspruch **535** 92c
  Erkrankung des Mieters **535** 92a f
  Ferienzeiten **535** 92b
  Formularvertrag **535** 92a
  Geschäftsraummiete **535** 91 ff
  Personalausfall **535** 92b
  Vereinbarung **535** 92 ff
OHG
  Mietvertragsschluss **550** 19
Option
  Erklärung, einseitige **Vorbem 535** 152 ff; **542** 149
  Form **Vorbem 535** 159; **550** 10
  Gestaltungsrecht **542** 149; **550** 10
  Mietverhältnis, Begründung
    Vorbem 535 152 f
  Mietvertrag, langfristiger **550** 10
  Schriftform **550** 35, 44
    Formverstoß **550** 60
  Verlängerungsklauseln **Vorbem 535** 152, 160; **542** 149
  Verlängerungsoption **Vorbem 535** 152, 154 ff
    s a dort
  Zwangsverwaltung des Grundstücks **542** 150
Optionsrecht
  Begriff **542** 149
  Grundstücksmiete **542** 149
  Vertragsverlängerung **542** 148 ff
    s a Verlängerungsoption
  Zeitablauf **542** 149

Optionsvertrag
  Eigentümerwechsel **Vorbem 535** 153
  Mietverhältnis, Begründung
    Vorbem 535 153
Ortsüblichkeit
  Miete **Vorbem 535** 95

Pacht
  Abgrenzung **Vorbem 535** 37 f
  Form **550** 5
  Fruchtziehung **Vorbem 535** 37
  Gebrauchsfortsetzung **545** 4
  Gebrauchsüberlassungsvertrag
    Vorbem 535 1, 36 f, 44
  Genehmigung, behördliche **544** 6
  Gestattungsvertrag **Vorbem 535** 36
  Kenntnis des Mangels **536b** 2
  Kündigung aus wichtigem Grund **543** 1, 23
  Kündigungsrecht, außerordentliches **544** 6
  Mängelanzeige **536c** 1
  Rechte **Vorbem 535** 37
  Sachen **Vorbem 535** 37
  Sachschadensversicherung **538** 10
  Umsatzsteuer **535** 85
  Verhinderung, persönliche **537** 3
  Verjährung **548** 2
  Vertrag über mehr als dreißig Jahre **544** 1, 2
  Vertragsgegenstand **550** 37
  Zahlungsverzug **543** 58
PAK-Belastung
  Mangel der Mietsache **536** 30
Pandemie
  s COVID-19-Pandemie
Parabolantenne
  Anspruchsausschluss **535** 47c
  Antennenplatz, Bestimmung **535** 45 ff
  Ausländer **535** 46 f
  Auslandsjournalist **535** 47
  Aussiedler **535** 47a
  Beseitigungsanspruch **535** 47c
    Streitwert **535** 47c
  Betriebskostenumlage **556** 65
  Erlaubnis, Anspruch auf **535** 45, 47; **541** 2
  Gemeinschaftsantenne, Verwertungsgebühren **556** 43
  Grundrechtsschutz **535** 45 f
  Informationspflicht des Mieters **535** 47c
  Kostentragung **535** 47
  Kündigung aus wichtigem Grund **543** 14, 40
  Programme, ausländische **535** 46 ff
  Sicherheitsleistung **551** 10
  Sprachkenntnisse **535** 45
  Untertitel **535** 47a
  Vorenthaltung der Mietsache **546a** 7
  Widerrufsvorbehalt **535** 47b
  Zustimmung des Vermieters **535** 47 ff; **541** 2
Parkflächen
  Schriftformerfordernis **550** 42

Parkplatz
  Mangel der Mietsache **536** 40a
  Miete **Vorbem 535** 43
  Mitvermietung **535** 8, 15a
  Verkehrssicherungspflicht **535** 29a
Parteibezeichnung
  Mietvertragsschluss **Vorbem 535** 94
Parteistellen
  Entlassung aus dem Mietvertrag **537** 16
Parteiwechsel
  Mietpreisbremse **556d** 8
  Mietverhältnis **542** 17 ff, 118
  Schriftformerfordernis **550** 48
  Vertrag, dreiseitiger **556d** 8
Passivhaus
  Waschmaschinen, Verbot des Betriebs **535** 43
Passivhausstandard
  Heizkostenverordnung **Anh B 556c** 1
Patentrecht
  Rechtsmangel **536** 82
Pension
  Vertragsgegenstand **Vorbem 535** 39
Pensionsvertrag
  Vertragseinordnung **Vorbem 535** 62
PER-Belastung
  Mangel der Mietsache **536** 30
Periodizitätsgrundsatz
  Betriebskosten **556** 18
Personengesellschaft
  Vermietereigenschaft **Vorbem 535** 111
Personenmehrheiten
  Kautionsrückzahlung **551** 40
  Mietvertrag **Vorbem 535** 98, 112
  Mietvertragsschluss **550** 18 ff
    Einzelvertretungsmacht **550** 19
    Gesamtvertretungsmacht **550** 17, 19
    Vertragsparteien **550** 36
Personenverschiedenheit
  Mietvertragsparteien **Vorbem 535** 98
Pfändung
  Betriebskostenvorauszahlungen **556** 79 f
    Weitergabe an Versorgungsunternehmen **556** 79
Pferdeeinstellvertrag
  Kündigungsfrist **Vorbem 535** 43
  Obhutspflichten **Vorbem 535** 43
  Vermieterpfandrecht **Vorbem 535** 43
Pferdefuhrwerk
  Vertragseinordnung **Vorbem 535** 46
Pflanzen
  Wegnahmerecht **552** 2
  Wegnahmerecht des Mieters **539** 29
Pflegedienste
  Nebenleistung **556** 45
Pflegeheim
  Nutzungsverbot **536** 46
  Wohnraummietrecht **549** 24

Pflichtverletzung
  Beweislast **Vorbem 536** 15; **538** 13
  Mieter **Vorbem 536** 16 ff; **536** 12
  Mietvertrag **538** 6
  Rechtsanmaßung **Vorbem 536** 14a
  Schäden des Mieters **Vorbem 536** 14
  Schönheitsreparaturen **535** 136 f; **Vorbem 536** 16
  Verletzung des Mieters **Vorbem 536** 13 f
  Vermieter **Vorbem 536** 13 ff
Pflichtversicherung
  Aufklärungspflicht **Vorbem 535** 86
Photovoltaikanlage
  Grundstücksüberlassung **Vorbem 535** 37
  Modernisierungsmaßnahme **555b** 14
  Störung der Geschäftsgrundlage **Vorbem 536** 27
Plakatanbringung
  Genehmigung **535** 12a
  Vertragseinordnung **Vorbem 535** 46
Plakate, politische
  Anbringung **535** 12 f
Politische Betätigung
  Aufklärungspflicht **Vorbem 535** 109
Polizeistunde
  Mangel der Mietsache **536** 44
Potestativbedingung
  Kündigung **542** 87 f; **543** 131
Präambel
  Mietvertrag **536** 65
Praxisräume
  Mischmietverhältnis **Vorbem 535** 35
  Wohnraummiete **Vorbem 535** 35
Preisbindung
  s a Wohnraum, preisgebundener
  Fehlbelegungsabgabe **Vorbem 535** 86
  Neubauwohnungen **Vorbem 535** 7
  Untermietzuschlag **553** 16
  Vorenthaltung der Mietsache, Nutzungsentschädigung **546a** 45, 54a
  Wohnraum **535** 84; **549** 4
    Teilkündigung **542** 96
  Wohnraummiete **535** 84
Preisklauselgesetz
  Unionsrechtswidrigkeit **Vorbem 535** 192
Preisklauseln
  Genehmigungserfordernis **Vorbem 535** 190
Preisvorschriften
  Verbot, gesetzliches **Vorbem 535** 185
Preußisches Allgemeines Landrecht
  Mietvertrag **Vorbem 535** 1
Primärenergie
  Begriff **555b** 10
  erneuerbare Primärenergie **555b** 10
  nicht erneuerbare Primärenergie **555b** 10, 14 ff
  Verbrauch **555b** 10
Primärenergieeinsparung
  Duldungspflicht **555b** 11

Primärenergieeinsparung (Forts)
  Modernisierung, energetische **555b** 9 ff
  Modernisierungsmaßnahmen **555b** 14 ff
Primärenergiefaktoren
  Energieverbrauch **555b** 10
Privatautonomie
  Mietrecht **Vorbem 535** 12
Prostitution
  Kündigung, fristlose **543** 35
Prozessbetrug
  Kündigung aus wichtigem Grund **543** 9
Prozesspfleger
  Kündigungszugang **542** 34
Prozessstandschaft
  Modernisierungsmaßnahmen **555d** 4a
Prozessstandschaft, gewillkürte
  bauliche Veränderungen **554** 57
Prozessvergleich
  Herausgabe der Mietsache **546** 58
Prozessvollmacht
  Kündigung im Rechtsstreit **542** 29, 42
Prüfungspflicht
  Generalinspektion **535** 32
  Kostentragung **535** 32
  Mängelanzeige **535** 32
  Mangel, drohender **535** 32
  Mietsache **536a** 10, 25; **536b** 12, 13 f
  Unkenntnis des Mangels, grob fahrlässige **536b** 13 f
  Verkehrssicherungspflicht **535** 29, 32 f
  Vermieterpflicht **536c** 1, 7
  Verschuldenshaftung **536a** 10
Publikumsverkehr
  Verwendungsrisiko **Vorbem 536** 27

Quartierswärme
  Wärmecontracting **556c** 20
Quotenklausel
  Schönheitsreparaturen **535** 126 f, 129a; **548** 11a

Rabatte
  Betriebskosten **556a** 20
Räumpflicht
  Abwälzung auf den Mieter
    Verhinderung des Mieters **535** 34
  Hausordnung **Vorbem 535** 167
  Verkehrssicherungspflicht **535** 33
  Zeitraum **535** 33
Räumung
  Berliner Räumung **546** 65
  einstweilige Verfügung **546** 79, 81
  Hinauszögern, rechtsmissbräuchliches **546** 62
  klassische Räumung **546** 65, 69
    Kosten **546** 78
    Vollstreckungsauftrag **546** 69
  künftige Räumung, Klage auf **546** 56
  Teilfläche **Vorbem 536** 14

Räumung (Forts)
  vereinfachte Räumung **546** 65 ff
    Aufbewahrungsinteresse **546** 67
    Haftung des Vermieters **546** 67
    Insolvenz **546** 69
    Kosten **546** 69, 78
    Vernichtung beweglicher Sachen **546** 67, 69, 78
    Verwahrung beweglicher Sachen **546** 67, 69, 78
    Verwertung beweglicher Sachen **546** 68 f, 78
    Vollstreckungsprotokoll **546** 66
    Wegschaffung beweglicher Sachen **546** 67, 69, 78
Räumungsanspruch
  Insolvenz des Mieters **546** 54 f
  Verwirkung **546** 71
Räumungsbereitschaft
  Kündigungsfrist **546** 56
Räumungsfrist
  einstweilige Verfügung **546** 73
  Gebrauchsfortsetzung, Widerspruch **545** 5, 11 f
  gerichtliche Räumungsfrist **546** 37, 72; **546a** 28, 59
  Kündigung aus wichtigem Grund **543** 132
  Vereinbarung **546** 37; **546a** 28, 59
  Wohnraummiete **546a** 5
Räumungsklage
  Folgekündigung **542** 29
  Gebrauchsfortsetzung, Widerspruch **545** 11, 13
  Klage auf künftige Räumung **546** 56
  Klagehäufung, parteierweiternde **546** 61 f
  Kosten **546** 52
  Mitmieter, ausgezogener **546** 15
  Rückgabepflicht **546** 44, 46 ff
  Sicherungsanordnung **546a** 55c
  Streitwert **546** 53
  Verbindung mit Zahlungsklage **546a** 55c
  Zuständigkeit, örtliche **546** 48
  Zuständigkeit, sachliche **546** 47
  Zustellung, demnächstige **545** 13
Räumungskosten
  Kosten der Zwangsvollstreckung, notwendige **546** 78
  vereinfachte Räumung **546** 69, 78
Räumungsrechtsstreit
  Aussetzung **546** 50
  Eheleute **546** 49 f
  Kündigung **542** 105
  Lebenspartnerschaft, eingetragene **546** 49
  Streitgenossenschaft **546** 51
  Untermiete **546** 49
  Verfahrensbeschleunigung **546** 46, 83
  Verfahrensdauer **546** 83
  Versäumnisurteil **546** 52

Räumungstitel
- Anhörung des Gegners **546** 62
- Ehegatte des Mieters **546** 49 f, 59, 62
- Eltern des Mieters, pflegebedürftige **546** 62
- Kinder, minderjährige **546** 51, 62
- Kinder, volljährige **546** 51
- Lebensgefährten, nichteheliche **546** 50, 59
- Mitbesitz Dritter **546** 50 f, 60 ff, 79
  - Auskunftsanspruch **546** 63
  - Beweislast **546** 61
  - einstweilige Verfügung **546** 61 ff
  - – Antragsgegner, Benennung **546** 63
  - Glaubhaftmachung **546** 61
  - Kennenmüssen **546** 61
  - Kenntniserlangung **546** 61 f
  - Zustimmung des Vermieters zur Besitzbegründung **546** 62
- Rechtskraft **546** 49
- Schuldnerbezeichnung **546** 59 f
- Untermieter **546** 49, 59, 62
- Vollstreckung **546** 57 ff

Räumungsurteil
- Eigenmacht, verbotene **546** 44
- Gebrauchsfortsetzung **545** 6
- Vollstreckungsschutz **546** 72

Räumungsvergleich
- Betriebskostenabrechnung **556** 146
- Kündigung, unberechtigte **Vorbem 536** 14b
- Räumungsfrist **546** 72; **546a** 59
- Verfallklauseln **555** 5a
- Vorenthaltung der Mietsache **546a** 28

Räumungsversuch
- unberechtigter Versuch **Vorbem 536** 14b

Räumungsverzug
- Schadensersatz **546a** 58

Räumungsvollstreckung
- Aufschub **546** 74 f
- Besitzeinweisung des Vermieters **546** 59, 65
- Einstellung, dauerhafte **546** 75
- Einstellung, einstweilige **546** 73 ff
  - Auflagen **546** 74 f
- einstweilige Anordnung des Bundesverfassungsgerichts **546** 74a
- Gesundheitsgefahr **546** 74 ff
- Herausgabe der Mietsache **546** 57 ff
- Lebensgefahr **546** 74 ff
- Mietrückstände **546** 74a
- Personalienfeststellung **546** 64
- Personen, namentliche Bezeichnung **546** 49
- Suizidgefahr **546** 74 ff
- Unterbringung des Mieters, stationäre **546** 74a
- Unversehrtheit, körperliche **546** 74
- Verhältnismäßigkeitsgrundsatz **546** 74
- Vermieterpfandrecht **546** 65, 70
- Vollstreckungsauftrag, Abänderung **546** 69
- Vollstreckungsschutz **546** 72 ff
- Wohnung **546** 57

Ratten
- Kündigung, fristlose **543** 34
- Mängelbeseitigung **536a** 16
- Mangel der Mietsache **536** 31, 96

Rauch
- Umweltfehler **536** 60

Rauchabzugsanlage
- Wartungskosten **Anh B 556c** 15

Rauchen
- Balkon **538** 3b, 3d
- Flure **538** 3b
- Formularvertrag **538** 3b
- im Freien **538** 3d
- Gebrauch, vertragsgemäßer **538** 3b f
- Gebrauch, vertragswidriger **541** 3
- Gebrauchsregelung **538** 3d
- Gesundheitsgefährdung **538** 3c f
- Hausfrieden **538** 3c
- Kündigung aus wichtigem Grund **543** 13
- Lüftungsverhalten **538** 3c
- Mitmieter, Ansprüche **538** 3d
- Rückgabepflicht **546** 23
- Störungen, von anderen Mietern ausgehende **535** 155
- Terrasse **538** 3b, 3d
- Treppen **538** 3b
- in der Wohnung **538** 3b f

Rauchverbot
- Formularvertrag **538** 3b
- Kündigung aus wichtigem Grund **Vorbem 535** 73
- Mangel der Mietsache **536** 44a
- Störung der Geschäftsgrundlage **Vorbem 536** 27
- Verwendungsrisiko **Vorbem 536** 27

Rauchwarnmelder
- Anmietung **556** 45
- Bagatellmaßnahme **555b** 30
- Duldungspflicht **555b** 30
- Einbaupflicht **555a** 2
- Gebrauchswerterhöhung **555b** 30 f
- Kauf **556** 45
- Modernisierungsmaßnahmen **555b** 37 f; **555c** 17
- Wartung **555b** 30
- Wartungskosten **555b** 30; **556** 45a
- Wohnverhältnisse, Verbesserung **555b** 31

Raum
- Begriff **Vorbem 535** 28

Raumklima
- Standard, geschuldeter **536** 33 f

Raummiete
- Abgrenzung **Vorbem 535** 37 f
- bauliche Veränderungen, Erlaubnispflicht des Vermieters **554** 9
- Betriebskosten **535** 63
- dreißig Jahre, Vertrag über mehr als **544** 7 ff

Raummiete (Forts)
  Fixgeschäft, absolutes **Vorbem 536** 12; **537** 3 f
  Form **550** 5
  Fürsorgepflicht **535** 82
  Grundstücksmiete **Vorbem 535** 26, 28; **549** 14
  Indexmiete **Vorbem 535** 187 f
  Kündigung, außerordentliche **543** 1
    Beispiele, benannte **543** 1 f
  Kündigungsrecht **542** 59
  Mietvertrag, langfristiger **550** 5, 12
  Mietvorauszahlung **547** 4
  Raum **549** 13
  Schlüssel **535** 5 f
  sonstige Raummiete **Vorbem 535** 28, 30; **542** 109
  Teilkündigung **542** 101
  Übergabe, Verzögerung **535** 18
  Übergabetermin **Vorbem 536** 12
  Vertragsstrafe **555** 2
  Vorenthaltung der Mietsache **546a** 7
  Vorleistungspflicht **535** 84
  Wegnahmerecht **552** 1 f
    Ausschluss **552** 12 f
  Weitervermietung **Vorbem 535** 30
  Wohnraummiete **Vorbem 535** 28; **549** 13
Raumpacht
  Fälligkeit **556b** 7
Rechnung
  Betriebskostenabrechnung **556** 83a
Rechnungslegungsanspruch des Mieters
  Betriebskostenabrechnung **556** 82f
  Pfändung **556** 79
Rechte
  Mietvertrag **535** 2
Rechtskraft
  Rückzahlungsklage **556** 145
Rechtsmängelhaftung
  Miete **Vorbem 535** 85
  Risikoverteilung, gesetzliche **Vorbem 536** 18
Rechtsmangel
  anfänglicher Rechtsmangel **Vorbem 536** 4 f; **536** 88
    Garantiehaftung **535** 19; **Vorbem 536** 4a
  Aufwendungsersatzanspruch des Mieters **536** 89
  Doppelmiete **536** 85 ff
  Eigenschaftszusicherung **536** 78
  Eviktionshaftung **536** 78 f
  Gebrauchsentziehung **536** 78 f, 83 f
    Störung des Mieters **536** 83 f
  Kenntnis des Mangels **536b** 11
  Kündigungsrecht **536** 78; **543** 28, 32
  Mietzahlungspflicht, Befreiung von der **536** 90
  Minderung **536** 1, 90
  nachträglicher Rechtsmangel **536** 88

Rechtsmangel (Forts)
  Rechte Dritter **536** 78 ff
  Schadensersatz **536** 78, 88
  Tauglichkeit zum vertragsgemäßen Gebrauch **536** 78
  Unkenntnis des Mangels, grob fahrlässige **536b** 12
  Verschuldensunabhängigkeit **536** 88
  Vertretenmüssen **536** 88
Rechtspacht
  Nutzung fremder Rechte, entgeltliche **535** 2
Rechtsschutzversicherung
  Umlagefähigkeit **556** 38b
Rechtsverfolgung
  Pflichtwidrigkeit **538** 11
  Unterlassung **538** 11
  Verfahrensdauer **546** 83
Rechtsverfolgungskosten
  Angemessenheit **543** 64
  Ersatzfähigkeit **536a** 20
  Großvermieter **543** 65
  Inkassounternehmen **543** 65
  Mahnabteilung, Auslagerung **543** 65
  Üblichkeit **543** 64
  Zahlungsverzug des Mieters **543** 63 ff
Rechtzeitigkeitsklauseln
  Altverträge **556b** 9
  B2B-Geschäfte **543** 79
  Geschäftsraummiete **556b** 16
  Mietzahlung **543** 79; **556b** 16
  Wohnraummiete **543** 79
100+10-Regel
  Mietpreisbremse **Vorbem 535** 18; **Vorbem 556d–g** 6 f; **556d** 11
  Modernisierungsmaßnahmen **556e** 30
Regenrinnen
  Prüfungspflicht **535** 32
Regenschutz
  Mangel der Mietsache **536** 38a
Regressverzicht
  Schadensersatzpflicht des Mieters **538** 10
Reihenmittelhaus
  Modernisierungsmaßnahmen **555d** 24
Reinigungsgeräte
  Kostentragung **556** 34a
Reinigungskosten
  Betriebskostenabrechnung **556** 83
Reinigungspflicht
  Abwälzung auf den Mieter **535** 33a ff
    Verhinderung des Mieters **535** 34
  Ersatzkraft **535** 34
  Haftung des Mieters **535** 34
  Instandhaltungspflicht **535** 96
  Instandsetzungspflicht **535** 96
  Mietsache **535** 29
  Obhutspflicht **535** 96
  Pflichtverletzung **Vorbem 536** 14
  Verkehrssicherungspflicht **535** 33 ff
  Wegegesetze **535** 33

Reinigungsunternehmen, gewerbliche
   Werkvertrag **535** 33b
Reißbrett
   Vermietung vom Reißbrett **550** 39
Reklamefläche
   Kündigung aus wichtigem Grund **543** 10
Reklameschriften
   Anbringung **535** 15b
Renovierungsmaßnahmen
   Finanzierungsbeitrag, abwohnbarer **542** 58
Renovierungspflicht
   Vermieterpflicht **535** 122, 127
Reparaturpflicht
   Abwälzung auf den Mieter **535** 103, 145 ff
   Beweislast **535** 31
   Ermessen **535** 31
   Ersatzansprüche, Verjährung **548** 8
   Instandsetzungspflicht **535** 28 ff
   Kostentragung **535** 31
   Mangel der Mietsache **536c** 1
     Nichtanzeige **535** 28b
   Mietvertrag **535** 28
   Schönheitsreparaturen **535** 102 f
   Unmöglichkeit **535** 31
   Verhinderung durch den Mieter **543** 48
   Vermieter **535** 111
   Zutrittsverweigerung **535** 28b
Reparaturversicherung
   Umlagefähigkeit **556** 38b
Risikoübernahme
   Staffelmiete **Vorbem 536** 17
Römisches Recht
   Mietvertrag **Vorbem 535** 1
Rohrbruch
   Reparaturmaßnahmen **535** 103; **536a** 36, 39; **555a** 13
Rohre
   Instandhaltungsmaßnahmen **555a** 8
   Isolierung **535** 30; **536** 40
   Obhutspflicht **535** 94
   Prüfungspflicht **535** 32a
Rohrreinigung
   Schadensersatzpflicht des Mieters **538** 8a
Rohrsanierung
   Mangel der Mietsache **536** 29
Rohrverstopfung
   Beweislastverteilung **538** 15
   Gebrauch, vertragsgemäßer **538** 3
   Reparaturmaßnahmen **536a** 36
Rollator
   Abstellen im Flur/Treppenhaus **535** 7b, 48; **554** 8
Rollstuhl
   Abstellen im Flur/Treppenhaus **535** 7b
Rückgabepflicht
   Selbsthilferecht **546** 44
   Zustellung, öffentliche **546** 44
Rückbaupflicht
   bauliche Veränderungen **546** 29 ff

Rückerhalt der Sache
   Ersatzansprüche, Verjährung **548** 26 ff
   Untermiete **548** 32
Rückgabe der Mietsache
   Leistung, unteilbare **Vorbem 535** 123
   Teilrückgabe **548** 30a
   Verjährungsbeginn **548** 31
Rückgabeklauseln
   Endrenovierungsklausel **535** 125
   Schönheitsreparaturen **535** 125, 129a
Rückgabepflicht
   Abwicklungspflicht **546** 1
   Anspruchskonkurrenz **546** 84 f, 112
   bauliche Veränderungen **546** 29 f
   Bereicherungsanspruch **546** 85
   Besitz, mittelbarer **546** 11
   Besitzaufgabe **546** 9 f, 45
     Mitmieter **546** 15
   Besitzeinräumung **546** 9, 11 f
   Besitzverschaffung **546** 44 f
   Bestimmungsrecht des Vermieters **546** 40
   Beweislast **546** 31, 52
   Dritte **546** 1
   Ehewohnung **546** 16
   Eigenmacht, verbotene **546** 44
   Eigentumsaufgabe **546** 45
   Einrichtungen des Mieters **546** 27 f
     Wegnahme **546a** 20
   Einwendungen **546** 71
   Empfangszuständigkeit **546** 17
   Erben des Mieters **546** 8
   Erfüllungsort **546** 39 f
   Gebrauchseinstellung **546** 13
   Gerichtsstand **546** 39
   Gläubiger des Rückgabeanspruchs **546** 7
   Herausgabeanspruch **546** 84 f
   Herausgabeanspruch gegen Dritte **546** 86 ff, 95 ff
     Vollstreckungsschutz **546** 111
   Herausgabeklage **546** 46 ff
   Leistungsort **546** 40
   Leistungspflicht **546** 1
   Mahnung **546** 42
   Mehrheit von Mietern **546** 14 ff
   Mietausfallschaden **546** 25
   Mieter **535** 40, 93; **546** 1 ff, 8; **546a** 1 ff
   Mietverhältnis, Beendigung **546** 6
   Mitbesitz **546** 12, 50 f
   Mitmieter **Vorbem 535** 122 f
   Mobiliar **546** 19
   Müllbeseitigung **546** 33
   Nachfrist **546** 36
   Nichterfüllung **546** 41
   Nichtrückgabe **546a** 1
   Nutzungen **546** 43
   Nutzungsentschädigung **546a** 1
   Ort der Rückgabe **546** 39 f
   Räumungsklage **546** 44, 46 ff

Rückgabepflicht (Forts)
  Rechtshängigkeit des Rückgabeanspruchs **546** 43
  Rechtsmissbrauch **546** 84
  Sachen, bewegliche **546** 40
  Sachen, unbewegliche **546** 39
  Schadensbeseitigung **546a** 20
  Schadensersatz **546** 96; **546a** 1
  Schadensersatz statt der Leistung **546** 41
  Schlüssel **535** 5a; **546** 17 ff
  Schönheitsreparaturen **546** 26; **546a** 20
  Schuldner **546** 8
  Teilleistungen **546** 20, 32 ff; **546a** 18
  Unmöglichkeit der Rückgabe, objektive **546a** 22, 27
  Unmöglichkeit der Rückgabe, subjektive **546a** 23 ff
  Veränderungen der Mietsache **546** 25
  Verfahrensbeschleunigung **546** 46
  Verjährung **546** 113; **548** 23, 37
  Verschlechterungen der Mietsache **546** 25
  verspätete Rückgabe **546a** 1
  Verzögerungsschaden **546** 41
  Verzug **546** 96
  Vollstreckung **546** 57 ff
  Vollstreckungsabwehrklage **546** 71
  Vollstreckungsschutz **546** 72
  Vorenthaltung der Mietsache **546a** 1 ff
  vorzeitige Rückgabe **546** 38
  Wiederherstellung der Mietsache **546** 21 f, 31, 54
  Zeitpunkt **546** 35 ff
  Zubehör **546** 18 f
  Zustand der Mietsache **546** 20 ff
    unveränderter Zustand **539** 25
Rückgaberecht
  Mietsache **535** 91
Rücksichtnahme, gegenseitige
  Lärmimmissionen **535** 27
Rückstausicherung
  Mangel der Mietsache **536** 38
  Prüfungspflicht **535** 32
Rücktritt
  gesetzliches Rücktrittsrecht **542** 197 ff
  Handelsbrauch **542** 196
  Mietvertrag **535** 16; **542** 1, 196 ff
  Unmöglichkeit der Vermieterleistung **Vorbem 536** 10
  Verzug des Vermieters **535** 19
Rückzahlungsanspruch
  Aufrechnung **556b** 4
  Betriebskosten **556** 52
    Zweckverfehlung **556** 52
  Betriebskostenabrechnung **535** 78; **556** 121, 124
  Betriebskostenvorauszahlungen **535** 75a f, 75b; **556** 140 ff, 143, 145
  Kaution **556** 122 f
  Miete **548** 22

Rückzahlungsanspruch (Forts)
  Mietpreisbremse **556g** 2, 10 ff
  Mietüberzahlung **548** 39
  Minderung **536** 126
  Nebenkosten **556** 49
  Verjährung **548** 39
Rückzahlungspflicht
  Mietvorauszahlungen **547** 1 ff
Ruhestörung
  Kündigung aus wichtigem Grund **543** 8
Ruhestunden
  Lärmbelästigung, Verbot **535** 27, 51a

Saalmiete
  Verwendungsrisiko **Vorbem 536** 23; **537** 11
Sachdarlehen
  Gebrauchsüberlassungsvertrag **Vorbem 535** 1
Sachen
  auf Dauer eingefügte Sachen **539** 29a
  Einrichtungen des Mieters **539** 26 f, 29a
  Mietvertrag **535** 1
    Eigentumsverhältnisse **535** 4
    herzustellende Sache **536a** 6
    Übergabe der vermieteten Sache **535** 15
Sachen des Mieters
  Fürsorgepflicht des Vermieters **535** 82
  Mietgebrauch **535** 48 ff
  Unterbringung der Sachen des Mieters **535** 48 ff
  Duldung **535** 49
  Vermietung **535** 4
Sachen, vertretbare
  Mietvertrag **535** 3
Sachmängel, anfängliche
  Garantiehaftung **Vorbem 536** 4b
Sachmängelhaftung
  Kündigung, fristlose **543** 28, 32
  Risikoverteilung, gesetzliche **Vorbem 536** 18
Sachschadensversicherung
  Abwälzung der Prämie auf den Mieter **538** 9 ff
  Lösung, haftungsrechtliche **538** 9 f; **556** 39
  Lösung, versicherungsrechtliche **538** 9 ff; **556** 39
  offene Abwälzung **538** 9a f
  versteckte Abwälzung **538** 10
  culpa in contrahendo **538** 10c
  Haftungsbeschränkung **556** 39
  Inanspruchnahme des Mieters, legitimes Interesse **538** 11a; **556** 39
  Mitversicherung des Mieters **538** 9
  Nichtinanspruchnahme des Mieters **538** 11
  Rechtsverfolgung, Pflichtwidrigkeit **538** 11
  Regressverzicht **538** 10 ff; **556** 39
  Repräsentantenhaftung **538** 10c; **556** 39
  Teilungsabkommen **538** 10b
  Umlagefähigkeit **556** 38 ff

Sachschadensversicherung (Forts)
  Unterversicherung **538** 10c
Sachteile
  Mietvertrag **535** 1 f
Säuberung
  Obhutspflicht des Mieters **535** 94
Saisonpreise
  Betriebskosten **556a** 20
Saldoklage
  Betriebskostenabrechnung **535** 80a
  Nutzungsentschädigung **546a** 55a
Salvatorische Klausel
  Schriftform **550** 66
  Vorkaufsrecht **550** 6
Sammelgarage
  Gebrauchstauglichkeit, unerhebliche Minderung **536** 21a
Sammelkonto
  Kaution **551** 18
Sammelversicherung
  Umlagefähigkeit **556** 38b
Sandkasten
  Mitvermietung **535** 8
Sanierung, energetische
  Ankündigung **555c** 8
  Umbaumaßnahmen **554** 8
Sanierungsgebiet
  Mangel der Mietsache **536** 50
Sanierungsmaßnahmen
  Aufwendungsersatzanspruch des Mieters **539** 28
  Substanzverbesserung **555b** 22
  Wegnahmerecht des Mieters **539** 28
Sanierungsverfahren
  Mietverhältnis, Aufhebung **542** 219
Sanitäreinrichtungen
  Gebrauchswerterhöhung **555b** 28
SAT-Anlage
  Betriebskosten **556** 43
  Betriebskostenumlage **556** 65
Schacht
  Verkehrssicherungspflicht **535** 30
Schadensersatz
  Mangel der Mietsache s dort
  Schäden an der Mietsache **546a** 60
Schadensersatz statt der Leistung
  Mangel der Mietsache **536** 11; **536a** 17, 23 ff
  Rückgabepflicht **546** 41
  Unmöglichkeit der Vermieterleistung **Vorbem 536** 10
  Verjährung **548** 39
  Vorenthaltung der Mietsache **546a** 60a
  Zahlungsverzug des Mieters **543** 61 ff
Schadenspauschale
  Mieterwechsel **555** 7 f
  Vertragsaufhebung, vorzeitige **555** 7 f

Schadenspauschale (Forts)
  Vertragsverletzungen des Mieters **555** 3, 6, 8
Schätzung
  Betriebskosten **556** 142; **556a** 18
  Minderung **536** 91, 98
  Untermietzuschlag **553** 21
  Verbrauchserfassung **Anh B 556c** 9
Schaffung neuen Wohnraums
  Baulückenschließung **555b** 41
  Duldungspflicht **555b** 39
  Gewerberaum **555b** 41
  Modernisierung, energetische **555b** 39
  Modernisierungsmaßnahmen **555b** 1, 39 ff
Schallisolierung
  Vermieterpflicht **536** 56
Schallschutz
  Modernisierungsmaßnahmen **555b** 28
  Standard, geschuldeter **536** 24, 34
  Vortrag des Mieters **536** 133
Schickschuld
  Miete **535** 89
Schickschuld, qualifizierte
  Miete **543** 77 f
  Wohnraummiete **543** 78
Schiffsmiete
  Fahrnismiete **Vorbem 535** 27; **549** 13
  Mietzahlung **547** 4
Schiffsschaukel
  Vertragseinordnung **Vorbem 535** 80
Schimmelbildung
  Beweislastverteilung **536** 117 f, 131
  Gesundheitsgefahr **536** 32a
  Kündigung, fristlose **543** 34
  Mangel der Mietsache **536** 32 f
    Anzeigepflicht **536c** 3, 8
  Mietminderung **536** 112 ff
  Ursachenzusammenhang **536** 112
Schließanlage
  Abrechnung auf Reparaturkostenbasis **546** 19
  Erhaltungspflicht **535** 29
  Instandhaltungs-/-setzungskosten **556** 46a
  Schadensersatzpflicht des Mieters **538** 15; **546** 19
  Schlüsselverlust **535** 5a
Schließfachvertrag
  Vertragseinordnung **Vorbem 535** 81
Schlösseraustausch
  Kündigung aus wichtigem Grund **543** 15
Schlüssel
  Abwesenheit des Mieters, längere **535** 95
  Anfertigung weiterer Schlüssel **535** 5
  Diebstahl **535** 5a
  Einbehalt durch Vermieter **543** 15
  fehlende Schlüssel **546** 19
  Kündigung aus wichtigem Grund **543** 15
  Mehrheit von Mietern **535** 5
  Mietvertrag **535** 5 f

Schlüssel (Forts)
  Rückgabe, Verhinderung durch Vermieter
    546 19
  Rückgabepflicht **535** 5a; **546** 17 ff
  Sorgfaltspflichtverletzung **546** 19
  Tiefgarage **535** 5
  Übergabepflicht **535** 5, 15
  Wegnahme durch den Vermieter **535** 5
Schlüsselgewalt
  Eheleute **Vorbem 535** 125
Schlüsselrückgabe
  Verjährungsbeginn **548** 27, 29 f
Schlüsselverlust
  Hotel **535** 5a
  Missbrauchsgefahr **535** 5a
  Mitverschulden **535** 5a
  Schadensersatzpflicht **535** 5a
Schmerzensgeld
  Mangel der Mietsache **536a** 19
Schönheitsreparaturen
  Abfindung **535** 133
  Abgeltungsklausel **535** 126 f; **548** 11a
  Abgrenzung **535** 102 f
  Abwälzung auf den Mieter **535** 64, 101,
    109 ff, 117 ff, 127
    Entgeltthese **535** 110
    Formularvertrag **535** 110 ff, 120 ff
    Inhaltskontrolle **535** 112
    Summierungseffekt **535** 116 f
    Unwirksamkeit **535** 122, 127 ff;
      Vorbem 536 14
    Verkehrsüblichkeit **535** 110
  Abwälzung auf den Nachmieter **535** 144
  Abwohnen **535** 102
  Altverträge **535** 121
  Anerkenntnis des Mieters **535** 127a; **548** 41
  Anfangsrenovierungsklauseln **535** 116
  Aufwendungsersatzanspruch des Mieters
    535 108, 130; **539** 4
  Aufwendungsersatzanspruch des Vermieters **535** 142
  Ausgleichsanspruch des Vermieters **535**
    134
    Verjährung **535** 134
  Außenanstrich **535** 103, 105
  Außentüren **535** 102
  Auszug des Mieters **535** 136, 141
  Bad **535** 120
  Bedarfsklausel **535** 116
  Begriff **535** 129a
  Bereicherungsansprüche des Mieters
    535 108a
  Beschaffenheitsvereinbarung, negative
    535 127b
  Beschaffenheitsvereinbarungen **535** 112 f
  Beweislast **535** 114, 116, 119, 120 f
  Decken **535** 102
  Dekorationsmängel, malermäßige
    Beseitigung **535** 102

Schönheitsreparaturen (Forts)
  Durchführung nach Rückgabe der Sache
    548 11
  Eigenleistungen des Mieters **535** 123
  Einrede des nichterfüllten Vertrages
    535 136 f
  Einrichtung, Vervollständigung **535** 102
  Endrenovierungsklauseln **535** 117 f, 125,
    129a, 132
  Entgeltthese **535** 110, 135
  Erfüllungsanspruch **535** 21, 130, 136; **548** 11
  Erfüllungsverweigerung **535** 130, 140 f
  Erhaltungsmaßnahmen **555a** 4, 10
  Erhaltungspflicht **535** 119
  Ersatzansprüche, Verjährung **548** 10 ff
  Ersatzvornahme **535** 130
  Erweiterungsklausel **535** 105
  Fachhandwerkerklausel **535** 123
  Fälligkeit **535** 119 f, 131, 132, 138
    vorzeitige Fälligkeit **543** 149
  Farbwahlklausel **535** 124 ff
  Fenster **535** 102 f
  Formularvertrag **535** 105, 110 ff, 119 ff, 135,
    138
  Freizeichnungsklauseln **535** 112
  Fristablauf **535** 138
  Fristenplan **535** 121, 127
  Fristsetzung **535** 130, 138
    Angemessenheit **535** 139
    Besitzeinräumung **535** 139
    Entbehrlichkeit **535** 140
    Festsetzung der Frist **535** 138 f
    Leistungsaufforderung **535** 138 f
  Fristunterschreitung **535** 120
  Fristverkürzung **535** 121
  Fristverlängerung **535** 121
  Fußboden **535** 102
  Gebrauch, vertragsgemäßer **535** 102, 106
  Geschäftsführung ohne Auftrag **535** 108
  Heizkörper **535** 102
  Holzverkleidung **535** 103
  Individualvertrag **535** 105
  Innentüren **535** 102
  Kostenbeteiligungsklauseln **535** 126a
  Küche **535** 120
  Kündigungsrecht des Vermieters **543** 45
  Mängelbeseitigung **535** 103
  Makulaturklausel **535** 117
  Mietausfallschaden **548** 39a
  Mieterhöhung **535** 128a
  Minderungsausschluss **536** 110a
  Mustermietvertrag **535** 120
  Nachfrist **548** 24 f
  nicht geschuldete Schönheitsreparaturen
    535 107 f; **536a** 29; **539** 4, 6a; **548** 35
  Parteiabreden **535** 119
  Pflichtverletzung **535** 136 f; **Vorbem 536** 16
    des Vermieters **Vorbem 536** 14
  Vertretenmüssen des Mieters **535** 137

Schönheitsreparaturen (Forts)
  Quotenklausel **535** 126 f, 129a; **548** 11a
  Rechtsirrtum **535** 137
  Renovierungsbedarf **535** 21, 106, 119 ff, 131
  Renovierungsbedürftigkeit der Wohnung **535** 114 ff
    Ausgleich **535** 114 ff
    – durch Nachmieter **535** 115b
    Gesamteindruck **535** 115
  Renovierungsfristen, starre **535** 121 f, 127, 129a
  Renovierungsrhythmus **535** 120
  Reparaturpflicht **535** 102 f
  Rückgabeklauseln **535** 125, 129a
  Rückgabepflicht **546** 26; **546a** 20; **548** 11
  Schaden **535** 135, 142 ff
  Schaden des Vermieters **535** 130
  Schadensberechnung, fiktive **535** 142 f
  Schadensersatz **543** 149
  Schadensersatz statt der Leistung **535** 130, 136 ff, 142 ff
    Geldersatz **535** 142
    Mietausfall **535** 142, 143
    Mitverschulden des Vermieters **535** 142a
    Renovierungskosten **535** 142
    Sachverständigengutachten **535** 142
    Schadensberechnung, abstrakte **535** 143
    Umsatzsteuer **535** 142a
    Wertminderung der Wohnung **535** 142
  Schadensersatzanspruch des Mieters **535** 107
  Schuldanerkenntnis, negatives **535** 133
  Selbstvornahme durch den Mieter **535** 107 f
  Sicherheitsleistung **551** 2
  Sinnlosigkeit, offenkundige **535** 135
  Substanzgefährdung **535** 119, 130 f
  Substanzschäden **535** 103
  Tapetenbeseitigung **535** 117
  Teppichboden **535** 104
  Teppichbodenreinigung **535** 96
  Übergabe der Wohnung in nicht renoviertem Zustand **535** 110
  Übergabe der Wohnung in renoviertem Zustand **535** 114
  Umbau nach Auszug des Mieters **535** 134
  Umbauklauseln **535** 135
  Umfang **535** 119
  Unterlassung **535** 136 f; **Vorbem 536** 16; **536** 110a; **543** 52; **548** 39a
  Vereinbarungen, abweichende **535** 109
  Vergleich **535** 133
  Verhinderung, treuwidrige **535** 136 f
  Verjährung **548** 22, 24 f, 39a
  Verjährungshemmung **548** 42
  Verjährungsneubeginn **548** 41
  Verkehrssitte **535** 119
  Verkehrswert, Verringerung **535** 130
  Vermieterpflicht **535** 106
  Versorgungsleitungen **535** 103

Schönheitsreparaturen (Forts)
  Vertragsende **535** 136
  Vertragsstrafeversprechen **555** 4
  Vertrauensschutz **535** 121, 128
  Verwendungskondiktion **536a** 29
  Verzug **535** 130
  Vollstreckung **535** 130, 136
  Vornahmeklauseln **535** 114 f, 129
  Vorschuss **535** 131; **536a** 33; **548** 11
  Wände **535** 102
  Wasserschaden **535** 102 f
  Wiederherstellung des früheren Zustands **548** 11a
  Wohnungsbau, sozialer **535** 128a
  Zustand, bezugsfertiger **535** 132
Schonfristzahlung
  Marktmiete **546a** 55
Schornstein
  Baumangel **536** 39
Schornsteinreinigung
  Betriebskostenabrechnung **556** 83
  Umlagefähigkeit **556** 26, 37; **Anh B 556c** 15
Schrankfachvertrag
  Besitzverhältnisse **Vorbem 535** 81
  Haftungsbeschränkung **Vorbem 535** 81
  Miete **Vorbem 535** 43, 81
  Sicherheitsstandards, Hinweispflicht **Vorbem 535** 81
Schrauben
  Gebrauch, vertragsgemäßer **538** 2, 4
Schriftbänder, politische
  Anbringung **535** 12
Schriftform
  Abreden, nachträgliche **550** 59
  Anlagen zum Mietvertrag **550** 28, 30 ff, 38, 42
  Annahme, modifizierte **550** 24
  Annahme, verspätete **550** 24
  Auflockerungsrechtsprechung **550** 28
  Ausbauten **550** 34, 42, 49
  Baukostenzuschuss **550** 11, 34
  Betriebskosten **556** 53
  Betriebskostenabrechnung **556** 103
  Beweisfunktion **550** 5
  Beweislast **550** 72
  Bezugnahme **550** 28 ff, 38, 50
  Blätter, mehrere **550** 29
  blanco **550** 15
  Briefwechsel **550** 67
  de lege ferenda **550** 2
  Einheitlichkeit der Urkunde **550** 27 ff, 31
  Ersetzung **550** 12
  Fälligkeit **550** 35, 49
  falsa demonstratio non nocet
    Vorbem 535 94
  Flächenvergrößerung **550** 34
  Formverstoß **550** 2, 55 ff
    Arglisteinwand **550** 64
    Fiktion, gesetzliche **550** 57 ff

Schriftform (Forts)
  Heilung **550** 25, 33, 54
  Nichtigkeitsfolge **550** 56
  Treuwidrigkeit **550** 62 ff
Gesamtvertretung **550** 17, 19
Handelsgesellschaften **550** 18 ff
Indexmiete **550** 49
Kündigungsverzicht **550** 40
Miete **550** 34
Mietobjekt, Austausch **550** 35, 37, 49
Mietvertrag **Vorbem 535** 32, 94; **536** 70; **550** 1 ff
  Gegenstand **550** 34
  langfristiger Mietvertrag **550** 1, 12 ff
  Vertragsschluss **550** 23 ff
Nachholung **542** 136; **550** 25, 33, 37, 59, 64 ff
Nachtragsvereinbarung **550** 33
Nebenabreden **550** 34, 43 f, 58
Offenheitsprinzip **550** 16
Personenmehrheiten **550** 18 ff
Staffelmiete **550** 49
Stellvertretung **550** 16 ff
Stempelabdruck **550** 17, 19
Umbauten **550** 34, 42, 49
Unterschrift **550** 12 f
Unterzeichnung derselben Urkunde **550** 12, 27
Vertragsabreden **550** 41 f
  Erledigung **550** 41
  kurzfristige Abreden **550** 42
  Unwesentlichkeit **550** 41 f
Vertragsänderung **550** 15, 46, 52 ff, 58, 61
  kurzfristige Änderungen **550** 50
  nach Unterschrift **550** 15
  unwesentliche Änderungen **550** 46, 50
  wesentliche Änderungen **550** 46 ff
Vertragsbedingungen, wesentliche **550** 34
Vertragsbeginn **550** 34, 40, 49
  Übergabe der Räume **550** 40
Vertragsdauer **550** 34, 40
  Verlängerung **550** 47
  – kurzfristige Verlängerung **550** 51
Vertragsergänzung **550** 15, 46, 52 ff
  nach Unterschrift **550** 15
Vertragsgegenstand **550** 37
Vertragsinhalt **550** 34 ff.
Vertragsparteien **550** 34, 36, 48
Vertreterzusatz **550** 16a, 19
Vertretung ohne Vertretungsmacht **550** 16a
Warnfunktion **550** 5
Zerstörung der Urkunde **550** 15
Zugang der Willenserklärung **550** 23
Zusatzabrede, mündliche **550** 37
Zweck **550** 3, 16
Schriftformheilungsklausel
  Formverstoß **550** 2
  Schriftform, Anordnung **550** 59, 68
  Unzulässigkeit **550** 70 f

Schriftformklausel
  Aufhebung **550** 67
  Aufhebungsvertrag **542** 185
  Beweislast **550** 72
  deklaratorische Schriftformklausel **550** 66
  doppelte Schriftformklausel **550** 68
  einfache Schriftformklausel **550** 68
  Grundstückserwerber, Bindungswirkung für **550** 70
  Individualvereinbarung **550** 70
  konstitutive Schriftformklausel **550** 66 f
    Aufhebung, konkludente **550** 67
  salvatorische Klausel **550** 66
  Schriftform, Anordnung **550** 59
  Unzulässigkeit **550** 70 f
  Zweck **550** 65
Schriftlichkeit
  Mietvertrag **550** 13
  Unterrichtung über Unterzeichnung **550** 14
Schriftsteller
  Gebrauch, vertragsgemäßer **535** 36
Schülerwohnheim
  Begriff **549** 48
  Gebrauchsüberlassung, vorübergehende **549** 26
  Rotationsprinzip **549** 48
Schuldanerkenntnis
  Betriebskosten **556** 62, 108, 133 ff
  Verjährungsneubeginn **548** 41
  Zustand der Mietsache, vertragsgemäßer **536b** 8
Schuldrechtsmodernisierung
  Eigenschaftszusicherung **536** 63
  Garantiehaftung **536a** 1 f
  Mietrecht **Vorbem 536** 2; **536** 2, 63
Schutzbereich des Mietvertrages
  Angehörige **536a** 18; **548** 15
  Arbeitnehmer **536a** 18; **548** 15
  Dritte **548** 21
  Eheleute **Vorbem 535** 127
  Eigentümer **548** 20
  Ersatzansprüche, Verjährung **548** 15
  Kinder **Vorbem 535** 127
Schutzpflicht
  Einbruchsverhinderung **535** 29
  Vermieter **535** 29
Seeschiffe
  Kündigung, außerordentliche **542** 109
Selbstbeseitigungsrecht
  Befugnis **536a** 28
  Erhaltung der Mietsache **536a** 35
  Mängelbeseitigung **536a** 25 ff; **536b** 4
  Mangel der Mietsache **536a** 27 ff
  Sachleistungsgläubiger **536a** 27
  Verwendungen, notwendige **536a** 35 ff
  Vorschuss **536a** 33 f
  Wiederherstellung der Mietsache **536a** 35
Selbsthilferecht
  Rückgabepflicht **546** 44

Senioren-Wohngemeinschaft
  Vertrag, gemischter **549** 19
Seniorenwohnanlage
  Betriebskosten **556** 45
Server
  Speicherkapazitäten, Bereitstellung **535** 1
Serviceleistungen
  Umlagefähigkeit **556** 46c
Sicherheitsleistung
  s a Kaution
  Abrechnung **551** 29 f, 34
  Abrechnungsfrist **551** 29, 31 ff
  Abtretbarkeit **551** 4a
  Anlage, getrennte **554** 51
  Anlage, ordnungsmäßige **551** 16a
  Anpassung **551** 9a, 10
    automatische Anpassung **551** 9a
  Aufhebung, konkludente **551** 25
  Aufrechnung **551** 11a
  Auskunftsanspruch **551** 38
  Barkaution **551** 4
  Barrierefreiheit **551** 10
  Barrierereduzierung **554** 47 ff
  Begriff **551** 4
  Betriebskosten **551** 4a, 9
  Bruttomiete **551** 9
  Bürgschaft **551** 4, 7 ff
  Dreifaches der Miete **551** 9, 9b
  Einbruchsschutz **554** 47 ff
  einstweilige Verfügung **551** 26
  Erhöhung, Anspruch auf **551** 10
  Erlass, konkludenter **551** 4a
  Fälligkeit **551** 11a ff, 15, 46
  Flächendifferenzen **551** 9
  Forderungsabtretung **551** 6
  Forderungsverpfändung **551** 6
  in Geld **551** 12
  gewerbliche Miete **551** 2, 18
  Höhe **551** 9
  Kaltmiete **551** 9
  Klageverfahren **551** 26
  Kondiktion **551** 11a
  Kündigung aus wichtigem Grund **551** 12
  Kumulationsverbot **551** 9b, 11
  Laden elektrisch betriebener Fahrzeuge **554** 47 ff
  Leistung erfüllungshalber **551** 4a
  Mängelbeseitigung **551** 16
  Mangel, unbehebbarer **551** 9 f
  Mieterhöhung **551** 9a
  Mietkaution **551** 1 ff
  Minderung **551** 9
  nachträglich vereinbarte Sicherheitsleistung **551** 4b, 12b
  Nettomiete **551** 9
  Obergrenze **551** 9b
  Ratenzahlung **551** 12 f
  Rechtsverfolgungskosten **551** 4a
  Rückforderung **551** 30

Sicherheitsleistung (Forts)
  Rückgewähranspruch **551** 25, 37 ff
    Aufrechnung **551** 37
    einstweilige Verfügung **551** 42
    Fälligkeit **551** 25, 37, 38
    Urkundenprozess **551** 42
    Verjährung **551** 37
  Sparguthaben, Verpfändung **551** 6 ff
  Teilinklusivmiete **551** 9
  Teilleistungen **551** 12 f, 15
  Treuhandverhältnis **551** 25 f, 47
  Untreue **551** 22, 47
  Vereinbarungen **551** 44 f
  Verfallklausel **551** 44
  Verfügung über die Sicherheitsleistung **551** 25 ff
  Verjährung **551** 4a, 11a, 13
  Vermieterforderungen **551** 4a, 43
  Vertragsabschluss **551** 4b
  Vertragsende **551** 29 ff
  Vertragsfreiheit **551** 2, 4, 4a, 15, 46
  Verwertung **551** 26 f
  Verwertungsrecht **551** 30, 36
  Verzinsung **554** 51
  Verzug des Mieters **543** 58
  Wertpapierverpfändung **551** 6
  Wiederauffüllung **551** 27, 35
  Wohnraummiete **551** 1, 4
  Wucherfälle **551** 9
  Zugriffsrecht des Vermieters **551** 36
  Zurückbehaltungsrecht **551** 16 f, 19, 39
  Zwangsverwaltung **551** 35
  Zweckfortfall **551** 25
Sicherungsanordnung
  einstweilige Verfügung **546** 79
  Geldforderungen **546a** 55b
  gewerbliche Miete **546a** 55d
  Interessenabwägung **546a** 55c f
  Nutzungsentschädigung **546a** 55b
  Räumungsklage **546a** 55c
    Kündigung, fristlose **546a** 55e
    Kündigung, ordentliche **546a** 55e
  Rechtshängigkeit **546a** 55b
  Schadensersatzpflicht **546a** 55e
  Zahlungsklage **546a** 55c
    Erfolgsaussicht, hohe **546a** 55c
  Zahlungsverzug des Mieters **546** 79
Sittenwidrigkeit
  Aufhebungsvertrag **542** 186a
  Betriebspflicht **535** 92b
  Mietvertrag **Vorbem 535** 176, 183 f
Skonti
  Betriebskosten **556a** 20
Software
  Mietvertrag **535** 1
Solaranlage
  Betriebskostenumlage **Anh B 556c** 3
  Energieeinsparung **555b** 11

Sonderkündigungsrecht
  Untermiete **540** 24
Sonderrechtsnachfolge
  Erbengemeinschaft **540** 81
Sonnabend
  Werktag **556b** 14
Sorgfaltspflichtverletzung
  Kündigungsrecht des Vermieters **542** 114
  Schadensersatz **543** 150 f
Sortimentsbindung
  Betriebspflicht **535** 92 ff
  Geschäftsraummiete **535** 92
Souterrainwohnung
  Flächenberechnung **536** 73
  Mietpreisbremse **556f** 4
Sozialamt
  Erfüllungsgehilfeneigenschaft **543** 84
  Zahlungsverzögerung, Zurechnung **543** 84 f
Sozialer Wohnungsbau
  Betriebskosten **556** 3, 67; **556a** 11a
  Mieterhöhung **549** 4
  Schönheitsreparaturen **535** 128a
  Wohnungsbauförderung **Vorbem 535** 6
Sozialklausel
  Mietrecht, soziales **Vorbem 535** 10; **549** 46
Sozialwohnungen
  Mieterschutz **549** 17
  Miethöhebeschränkungen **Vorbem 535** 9
  Nichtberechtigte, Vermietung an
    Vorbem 535 186
  Verbraucherwiderrufsrecht **542** 157
Spannungsklauseln
  Inhaltskontrolle **Vorbem 535** 193
  Zulässigkeit **Vorbem 535** 190, 193
Sparbuch
  Übergabe **551** 6b
Sparguthaben
  Abtretung **551** 6a, 41
  Freigabe **551** 6b, 41
    Verjährung **551** 6b
  Insolvenz der Bank **551** 6b
  Rückgabe des Sparbuchs **551** 6b
  Rückgewähranspruch **551** 41
  Sicherheitsleistung **551** 12
  Übertragung **551** 12
  Verpfändung **551** 4, 6 ff, 12
  Vertragsende **551** 6b
Spedition
  Konkurrenzschutz **535** 24a
Speicher
  Mitvermietung **535** 8
Speicherkapazitäten, Bereitstellung
  Mietvertrag **535** 1
Sperrmüllabfuhr
  Betriebskosten **556** 33a
Sportwaffen
  Lagerung in der Wohnung **541** 2
Sprengstoff
  Lagerung in der Wohnung **543** 13

Springen
  Zahlungsverzug des Mieters **543** 91
Spülmaschine
  Aufstellung in der Wohnung **535** 43
Stadtwerke
  Betriebskostenabrechnung **556** 83
Staffelmiete
  Indexklauseln **Vorbem 535** 191
  Mietpreisbremse **556d** 21; **556e** 4; **556f** 12, 24; **556g** 34, 70
  Risikoübernahme, vertragliche
    Vorbem 536 17
  Schriftform **550** 49
  Vorenthaltung der Mietsache, Nutzungsentschädigung **546a** 45
  Zulässigkeit **Vorbem 535** 14
Standardsoftware
  Mietvertrag **535** 1
Statik
  bauliche Veränderungen **554** 34, 39
Stationärsvertrag
  Begriff **Vorbem 535** 59
  Verjährung **Vorbem 535** 60
  Vertragseinordnung **Vorbem 535** 60
Statusverhältnis
  Miete **Vorbem 535** 25
Steigeleitungen
  Modernisierungsmaßnahmen **555b** 28; **555c** 17
Steinbruch
  Miete **Vorbem 535** 44
Stellplatz
  Ersatzansprüche, Verjährung **548** 9
  Gebrauch, vertragsgemäßer **538** 3
  Mangel der Mietsache **536** 40a, 46
  Mietvertrag, Form **550** 37
  Mietvertrag, getrennter **542** 98 f
  Mitvermietung **550** 37
  Modernisierungsmaßnahmen **555b** 5, 20, 34
  Nachweis **536a** 7
  Teilkündigung **542** 96, 98
  Überlassung, unentgeltliche **550** 42
  Vertrag über mehr als dreißig Jahre **544** 4
Stellvertretung
  Kündigung **542** 21 ff
  Mietvertrag, langfristiger **550** 16 ff
Steuerbescheinigung
  Kautionserträge **551** 24
Steuerrecht
  Mietvertragsschluss, verbotswidriger
    Vorbem 535 186
Stiefkinder
  Gebrauchsüberlassung an Dritte **540** 7; **553** 8
Stimmenmehrheit
  Kündigung **Vorbem 535** 113
  Vertragsschluss **Vorbem 535** 113
Stockflecken
  Mietminderung **536** 112 ff

Störung der Geschäftsgrundlage
  Äquivalenzstörung **Vorbem 536** 20, 29 ff
  Kündigungsrecht **Vorbem 536** 19; **543** 6
  Mietvertrag **Vorbem 536** 17 ff; **542** 212 ff
  Risikoverteilung, gesetzliche
    Vorbem 536 18
  Risikoverteilung, vertragliche
    Vorbem 536 17
  Umlagemaßstab **556a** 12 f, 14, 15a, 22
  Vertragsanpassung **Vorbem 536** 19; **542** 212
  Verwendungsrisiko **Vorbem 536** 21 ff; **543** 6
  Verwendungszweck **536** 67
  Zweckstörung **Vorbem 536** 20 ff
  Zweckvereitelung **Vorbem 536** 20 ff
Störungen, von anderen Mietern ausgehende
  Inanspruchnahme des Mieters **535** 155
  Inanspruchnahme des Vermieters **535** 155
Strafanzeige
  Kündigung aus wichtigem Grund **543** 12
Straßenbahnen
  Werbung auf Straßenbahnen
    Vorbem 535 44; **535** 15b
Straßenbauarbeiten
  Lebensrisiko, allgemeines **536** 59
  Mangel der Mietsache **536** 49 ff
Straßenreinigung
  Betriebskosten **556** 33, 58
  Betriebskostenabrechnung **556** 83
Straßensperrung
  Aufklärungspflicht **Vorbem 535** 86
Streichelzoo
  Umlagefähigkeit **556** 45
Streitwert
  Betriebskosten **556** 145
  Betriebskostenabrechnung **556** 147
  Duldung der Wegnahme **539** 36
  Kautionsrückzahlung **551** 42
  Minderung **536** 135
  Modernisierungsmaßnahmen **555d** 30
  Räumungsklage **546** 53
Streupflicht
  Abwälzung auf den Mieter **535** 33a ff
    Verhinderung des Mieters **535** 34
  Erfüllungsgehilfen des Vermieters **536a** 11
  Ersatzkraft **535** 34
  Haftung des Mieters **535** 34
  Hausordnung **Vorbem 535** 167
  Pflichtverletzung **Vorbem 536** 14
  Verkehrssicherungspflicht **535** 33
  Zeitraum **535** 33
Strom
  Betriebskosten **556** 55
  Direktversorgung **556** 50
Stromanschluss
  Mindeststandard **536** 26
  Waschmaschinen, Verbot des Betriebs
    535 43
Stromdiebstahl
  Kündigung, außerordentliche **543** 13

Stromleitung, Duldung
  unentgeltliche Duldung **544** 2
  Vertragseinordnung **Vorbem 535** 83
Stromversorgung
  Gewährleistungsausschluss **536** 124
Studentenwohnheim
  Begriff **549** 48
  Gebrauchsüberlassung, vorübergehende
    549 26
  Kaution **551** 17
  Klauselkontrolle **549** 49
  Mieterschutz, Ausnahmen **549** 49
  Rotationsprinzip **549** 48
  Wohnraummiete **549** 9
Stufenklage
  Betriebskostenabrechnung **556** 141c
Stundung
  Miete **543** 74
Sturm
  Obhutspflicht des Mieters **535** 94
Sturmschaden
  Sachversicherungskosten **556** 38 f
Substanzerhaltung
  Verbesserung der Wirtschaftlichkeit
    555a 5
Substanzgefährdung
  Kündigung, außerordentliche **543** 48
  Schönheitsreparaturen **535** 119, 130 f
Substanzschäden
  Schadensersatzpflicht des Mieters **546a** 60
  Schönheitsreparaturen **535** 103
Substanzverbesserung
  Begriff **555b** 22
  Bestand, neuer **555b** 21
  Duldungspflicht **555b** 23, 41
  Kündigungsrecht des Vermieters **555b** 23
Subunternehmer
  Mieter als Subunternehmer **556** 40d, 42
Suizidgefahr
  Gläubiger **546** 75
  Räumungsbeschluss **546** 75
  Räumungsvollstreckung **546** 74 ff
  Unterbringung, stationäre **546** 74a
  Zuschlagsbeschluss **546** 75 f
  Zwangsräumung **546** 75 f
Summierungseffekt
  Schönheitsreparaturen **535** 116 f

Tabakrauch
  s Rauchen
Tätlichkeiten
  Kündigung aus wichtigem Grund **543** 11
Täuschung des Mieters
  s a Arglistige Täuschung
  Betriebskostenvorauszahlungen
    Vorbem 535 88
  Verschulden bei Vertragsverhandlungen
    Vorbem 535 87

Tagesmutter, Kinderbetreuung durch
  Gebrauch, vertragsgemäßer **535** 37
Tagestouristen
  Mangel der Mietsache **536** 53, 57
  Untervermietung **540** 17; **543** 54
Tankreinigung
  Betriebskosten **556a** 31; **Anh B 556c** 11
    Umlagefähigkeit **Anh B 556c** 15
  Betriebskostenabrechnung **535** 77
Tankstellenvertrag
  Bodenverschmutzung **538** 3
  Grundstücksmiete **Vorbem 535** 59
  Verjährung **548** 3a
Tanzverbot
  Mangel der Mietsache **536** 44
Tauben, Verschmutzungen durch
  Umweltfehler **536** 60
Taubenfütterung
  Mangel der Mietsache **536** 31
Teilamortisationsvertrag
  Verjährung **548** 2
Teilerfüllung
  Kündigung, fristlose **543** 27
Teilinklusivmiete
  Betriebskosten **535** 65; **556** 12, 66, 67
  Sicherheitsleistung **551** 9
Teilklage
  Ersatzansprüche, Verjährung **548** 40
Teilkündigung
  Ausschluss **542** 96
  Begriff **543** 128
  Einheitlichkeit des Mietverhältnisses **542** 96 ff
  Geschäftsraummiete **542** 101; **543** 128
  Grundstücke **542** 101
  Grundstücksteile **542** 92
  Haus mit Garten/Garage **543** 129
  Mietsache **542** 94 ff
  Mietverhältnis **542** 92 ff
    getrennte Mietverhältnisse **542** 98 f
  Nebenabreden **542** 93, 97
  Nebenräume **542** 92, 100
  Raummiete **542** 101
  Wohnraummiete **542** 101; **543** 128
  Wohnung mit Garten/Garage **543** 129
Teilleistungen
  Miete **535** 89
Teilräumung
  Unzulässigkeit **546** 20, 32
Teilzahlungen
  Miete **543** 74, 96
Telefonanschluss
  Funktionsfähigkeit **535** 44
  Instandsetzungspflicht **535** 28a
  Mindeststandard **535** 44; **546a** 7
Telekommunikation
  Anschlussvertrag **Vorbem 535** 83
  Fürsorgepflicht des Vermieters **535** 82

Temperatur
  Standard, geschuldeter **536** 33
Teppichboden
  Abnutzung **538** 5
  Beseitigung **538** 5a
  Erneuerung **538** 5 f
  Gebrauch, vertragsgemäßer **538** 5 f
  Modernisierungsmaßnahmen **555b** 6
  Schadensersatz **546** 23
  Wegnahmerecht des Mieters **539** 29
  Weichmacherauswanderung **538** 5a
  Zustimmungserfordernis **535** 40
Teppichbodenreinigung
  Geschäftsraummiete **535** 104
  Grundreinigung **535** 96, 104; **538** 5
  Obhutspflicht des Mieters **535** 96, 104
  Schönheitsreparaturen **535** 96, 104
Terminabstimmung
  Erhaltungsmaßnahmen **555a** 12
Terrasse
  Barrierereduzierung **554** 15
  Flächenangaben **536** 73 ff
  Flächenberechnung **536** 74
  Mitvermietung **535** 8
  Modernisierungsmaßnahmen **555b** 28
  Veränderung der Mietsache **555b** 21
Terrorversicherung
  Umlagefähigkeit **556** 38a
Theaterbesuch
  Vertragseinordnung **Vorbem 535** 80
Thermostatventile
  Modernisierungsmaßnahmen **555b** 38
Tiefgarage
  Garantiehaftung **536a** 8
  Laden elektrisch betriebener Fahrzeuge **554** 33
  Lärmbelästigung **536** 57
  Schlüssel **535** 5
Tiefgaragenbau
  Mangel der Mietsache **536** 53
Tiefgaragenstellplatz
  Vertrag über mehr als dreißig Jahre **544** 4
Tiere
  Mietvertrag **535** 1
Tierhaltung
  Eigentumswohnung, vermietete **535** 35a
  Erlaubnis, Widerruf **535** 58
  Formularvertrag **535** 53 f, 56
  Gebrauch, vertragsgemäßer **535** 54
  Gebrauch, vertragswidriger **541** 3
  Genehmigung **535** 52, 56
  Hunde **535** 52, 54 ff
    Blindenhunde **535** 55
    Erlaubnis des Vermieters **535** 55 f
    Kampfhunde **535** 53
    kleine Hunde **535** 53
    Kündigungsrecht **535** 57
    Räumungsanspruch **535** 57
    Unterlassungsanspruch **535** 57

Tierhaltung (Forts)
 Interessenabwägung **535** 52 ff
 Katzen **535** 52 ff
 Kleintiere **535** 52 f
 Kündigung aus wichtigem Grund **543** 40, 49
 Mietgebrauch **535** 52 ff
 Schlangen, giftige **535** 53
 Tiere, gefährliche **535** 52 f
 Tiere, große **535** 52, 54
 Zulässigkeit **535** 52 ff
Tierlärm
 Störung des vertragsgemäßen Gebrauchs **535** 27
Tilgungsverrechnung
 Mietrückstände **535** 89
Tod des Mieters
 Aufhebungsvertrag, konkludenter **542** 179
 Eintritt in den Mietvertrag **542** 111
 Kündigung, außerordentliche befristete **542** 111
 Mietbürgschaft **551** 8
 Mietverhältnis **542** 219
 Mietvertrag auf Lebenszeit **544** 13
 Rückgabepflicht der Erben **546** 8
 Sicherheitsleistung **551** 2
 Verwendungsrisiko **537** 9
 Wohnraummiete **Vorbem 535** 24
Tod des Vermieters
 Mietverhältnis **542** 219
Toilette
 Gebrauch, vertragsgemäßer **538** 3a
 Modernisierungsmaßnahmen **555b** 17
Toilettengeräusche
 Lärmimmissionen **535** 27; **536** 55a
Touristen
 Mangel der Mietsache **536** 53, 57
Tragfähigkeit
 Eigenschaftszusicherung **536** 67
 Mangel der Mietsache **536** 10, 39
Transparenzgebot
 Betriebskosten **556** 46d f, 50b
 Mietminderung **536** 126 f
Transport
 Vertragseinordnung **Vorbem 535** 46
Trennungsrecht
 Grundstücksveräußerung **539** 35
Treppen
 Barrierereduzierung **554** 15
 Besitzverhältnisse **535** 7
 Erhaltungspflicht **535** 7
 Ersatzansprüche, Verjährung **548** 12
 Gebrauchsentziehung **535** 7
 Mangel **536** 8
  Anzeigepflicht **536c** 4
 Mitvermietung **535** 7, 7b
 Verkehrssicherungspflicht **535** 29a, 33; **536a** 11
Treppenlift
 Barrierereduzierung **554** 15

Treppenlift (Forts)
 Fluchtweg **554** 34
 Sicherheitsleistung **554** 50
Tresorvertrag
 Miete **Vorbem 535** 43, 81
Treuepflichtverletzung
 Kündigung aus wichtigem Grund **543** 10, 15
Treuhandkonto
 gewerbliche Miete **551** 18
 Kaution **551** 5a, 18, 28
  gewerbliche Miete **551** 19a
 offenes Treuhandkonto **551** 5a, 20, 22
 Sperrvermerk **551** 28
 verdecktes Treuhandkonto **551** 18, 22
Treuwidrigkeit
 Kündigung aus wichtigem Grund **543** 92 ff
Trinkgelder
 Betriebskosten **556** 92
Trinkwasser-Check
 Umlagefähigkeit **556** 23
Trittschallschutz
 Gaststätte **536** 42a
 Mangel der Mietsache **536** 34
 Opfergrenze **Vorbem 536** 8a
Trockenraum
 Mitvermietung **535** 8
 Modernisierungsmaßnahmen **555b** 34
Türen
 Barrierereduzierung **554** 15
 Baumangel **536** 39
 Energieeinsparung **555b** 11
 Modernisierungsmaßnahmen **555b** 28
TÜV-Gebühren
 Umlagefähigkeit **556** 45a

Überbelegung
 Aufnahme von Personen in die Wohnung, Anzeige **540** 8 f
 Gebrauch, vertragswidriger **540** 9, 31; **541** 3
 Gebrauchsüberlassung an Dritte **553** 14
 Kündigung aus wichtigem Grund **543** 50
 Personenzahl **540** 9; **553** 14
 Wohnungsaufsichtsgesetze **540** 9; **553** 14
Überbrückungsvertrag
 Mietverhältnis, gekündigtes **542** 119
Übergabe der Mietsache
 Unmöglichkeit, anfängliche **Vorbem 536** 4 f
 Verzögerung **Vorbem 536** 12
 Verzug **Vorbem 536** 12
 Vorbehalt vertragsgemäßen Verhaltens **535** 15a
Übergabepflicht
 Ersatzansprüche **535** 17
 Garantiehaftung **535** 19
 Teilunmöglichkeit **Vorbem 536** 12
 Unmöglichkeit **535** 16 f
 Unvermögen, anfängliches **535** 19
 Verschuldenshaftung **535** 19

Übergabepflicht (Forts)
  Verzögerungsschaden **535** 19
  Verzug **535** 17 ff; **Vorbem 536** 12
  Zurückbehaltungsrecht **535** 16
Übergabeprotokoll
  Beweislast **536** 130a f
  Kenntnis des Mangels **536b** 8
  Urkundenprozess **536** 130a
Übergabetermin
  Garantie **535** 19
Überhitzung (Mieträume)
  Mangel der Mietsache **536** 26a, 33
    Kenntnis des Mangels **536b** 10
Überlassungspflicht
  Dekoration, erstmalige **535** 115b
  Leistungsstörungen **535** 16 ff
  Mietvertrag **535** 7 ff, 14 ff
Überweisungsauftrag
  Mietzahlung **556b** 14a
Umbauklauseln
  Schönheitsreparaturen **535** 135
Umbaumaßnahmen
  s a Bauliche Veränderungen
  Finanzierungsbeitrag, abwohnbarer **542** 58
  Interesse, gesamtgesellschaftliches **554** 8
Umbauten
  s a Bauliche Veränderungen
  Aufwendungen, nützliche **539** 4
  Aufwendungsersatzanspruch des Mieters **539** 11
  Schriftform **550** 34, 42, 49
Umdeutung
  Kündigung, außerordentliche **543** 141
Umfeld
  Mangel der Mietsache **536** 41, 60
Umlegungsverfahren
  Mietverhältnis, Aufhebung **542** 219
Umsatzmiete
  Auskunftsanspruch **535** 87
  Betriebspflicht **535** 92
  Einsichtsrecht in Bücher des Mieters **535** 87
  Gebrauchseinstellung **535** 87
  Kündigung aus wichtigem Grund **543** 9
  Miethöhe **535** 86 f
  Minderung **536** 97
  negative Umsatzmiete **535** 87
  Rechnungslegung **535** 87
  Störung der Geschäftsgrundlage
    Vorbem 536 27
  Täuschung über Umsätze **543** 9
Umsatzpacht
  Minderung **536** 97
  Umstellung, Formerfordernis **550** 49
Umsatzsteuer
  Abwälzung auf den Mieter **535** 85a
  Betriebskosten **556** 48
  Geschäftsraummiete **556** 48a
  Grundstücksveräußerung **535** 85a
  Option **535** 85a f

Umsatzsteuer (Forts)
  Vermietung **535** 85 f; **546a** 54
  Verpachtung **535** 85
  Vorsteuerabzugsberechtigung des Mieters **535** 85b
  Zurückbehaltungsrecht des Mieters **535** 85b
Umsatzsteuerfreiheit
  Vermietung **535** 85 f
  Verpachtung **535** 85
Umstellungsankündigung
  Betriebskostenumlage **556a** 45 ff; **556c** 29
  Wärmelieferung **556c** 1, 29
  Zugang **556c** 32
Umstellungsrecht
  Betriebskosten **556** 66
Umweltfehler
  Abluft **536** 60
  Begriff **536** 48
  Erschütterungen **536** 60
  Gewährleistungsausschluss **536** 124
  Lärmimmissionen **536** 48 ff
  Lichtreklame **536** 60
  Mangel der Mietsache **536** 4, 9, 48
  nachträgliche Umweltfehler **536** 49 ff
  Naturkatastrophen **536** 48
  Rauch **536** 60
  Tauben, Verschmutzungen durch **536** 60
  Zugangsbehinderung **536** 59 f
Umzugskosten
  Ersatz **Vorbem 535** 164
Unabdingbarkeitsklauseln
  Wohnraummiete **549** 5
Unfallersatzgeschäft
  Aufklärungspflicht **Vorbem 535** 172
Ungeziefer
  Anzeigepflicht **536c** 8
  Aufwendungsersatzanspruch des Mieters **536a** 39
  Mangel der Mietsache **536** 31
  Schadensersatzpflicht des Mieters **538** 15
Ungezieferbekämpfung
  Betriebskosten, umlagefähige **556** 34, 34b
Unmöglichkeit
  Beschädigung der Mietsache
    Vorbem 536 5a f
  Beweislast **Vorbem 536** 9
  Kündigung, fristlose **543** 28
  Kündigungsrecht des Mieters
    Vorbem 536 10
  Mietvertrag **535** 16 f; **537** 7
  Risikosphäre des Mieters **537** 7
  Rücktritt **Vorbem 536** 10
  Teilunmöglichkeit **Vorbem 536** 12; **537** 4
  Vertretenmüssen **Vorbem 536** 5, 9 f
  Mieter **537** 3 ff
  Verwendungsrisiko **Vorbem 536** 23
  Zerstörung der Mietsache **Vorbem 536** 5 f

Unmöglichkeit, anfängliche
  Garantiehaftung **Vorbem 536** 4, 12
  Mietvertrag **Vorbem 536** 3 ff
  Übergabe, Verzögerung **Vorbem 536** 12
  Verschuldenshaftung **Vorbem 536** 4
  Vertragsschluss **Vorbem 536** 5
Unmöglichkeit, nachträgliche
  Vertragsschluss **Vorbem 536** 5
Unmöglichkeit, wirtschaftliche
  Opfergrenze **Vorbem 536** 7
Unterbringung, stationäre
  Räumungsschutz, Wegfall **546** 74a
Untermiete
  Abmahnung **541** 6; **543** 118
  Anfrage des Mieters **540** 26
  Anspruch auf Erlaubnis **540** 16; **543** 57
  Aufklärungspflichtverletzung **540** 56 f
  Beendigung **540** 42 ff
    Eingriffskondiktion **540** 47
    Nutzungsersatz **540** 47 f
    Schadensersatz **540** 47
    Verwendungsersatz **540** 49
  Besitzeinräumung **535** 15b
  Besitzrecht **540** 43, 46
    Beendigung **540** 47 f, 50
    Fremdbesitzer, nicht mehr berechtigter **540** 48
  Bestandsschutz **540** 54 ff; **546** 101 ff
    Endmieter, Interessen **546** 105 ff
  Betriebskosten **556** 16
  Daten des Untermieters **540** 19
  Einwendungen **546** 88
  Element, personales **540** 1
  Erlaubnis des Vermieters **540** 10 ff, 15 ff, 37; **553** 10
    Anspruch auf Erlaubnis **553** 1
    Aufklärungspflicht des Mieters **540** 19
    Beschränkung **540** 16
    Beweislast **553** 18
    Einholung der Erlaubnis **540** 18 ff
    Form **540** 21; **550** 35, 43
    Fristsetzung **540** 25
    Garantie **540** 51
    generelle Erlaubnis **540** 16, 26; **550** 43; **553** 23
    Grundstücksveräußerung **540** 15
    Mieterhöhung, angemessene **553** 1, 16 ff
    Ortssitte **540** 15
    Rechtsirrtum **553** 10a
    Rechtsmissbrauch **540** 13
    Schweigen **540** 25
    unbeschränkte Erlaubnis **540** 16
    Widerruf **540** 14 f
  Erlaubnisverweigerung **540** 13 f, 20, 24 ff
    grundlose Verweigerung **540** 13
    Kündigung, außerordentliche **540** 27
    Kündigung, außerordentliche befristete **542** 111
    wichtiger Grund **540** 14, 19, 31 ff

Untermiete (Forts)
  Form **550** 5, 35, 43
  Gebrauch, vertragswidriger **541** 3
  Gebrauchsentziehung **536** 84
  Gebrauchsfortsetzung **545** 8
  Gebrauchsüberlassung an Dritte **540** 1 ff, 36 ff
  Gesundheitsgefährdung **540** 41
  Haftung des Mieters **540** 51 f
  Hauptmietvertrag **540** 38 f, 54; **546** 89
    Beendigung **540** 43, 46; **546** 92 ff
    – Scheingeschäft **546** 93
    – Sittenwidrigkeit **546** 93
    Eintritt eines neuen Hauptmieters **546** 94
    Einwendungen **540** 46
    Schutzbereich **540** 44
  Herausgabeanspruch des Mieters **540** 2, 42, 45 ff
    Androhung der Geltendmachung **540** 52
  Herausgabeanspruch des Vermieters **540** 43, 46, 50, 52
    unzulässige Rechtsausübung **540** 55 ff
  Herausgabeanspruch gegen Dritte **546** 86 ff, 89, 97 ff
    Geltendmachung **546** 95 f
    Nutzungsentschädigung **546** 100
    Schadensersatz **546** 100
  Informationsrechte des Vermieters **540** 19 f
  Interesse, berechtigtes **553** 1, 4 ff, 8 f, 23
    Abwesenheit des Mieters, längere **553** 7, 9a
    Aufnahme nahestehender Personen **553** 8 f
    berufliche Interessen **553** 9a
    Beweislast **553** 10
    Einkommensverringerung **553** 9
    Erkrankung des Mieters **553** 9a
  Konkurrenzschutz **540** 34
  Kündigung **540** 40 f
  Kündigung aus wichtigem Grund **540** 51; **543** 16
  Kündigung des Hauptmieters **536** 88
  Kündigungsrecht des Hauptmieters **543** 36
  Kündigungsrecht des Mieters **540** 20, 27 ff, 53
  Kündigungsrecht des Untermieters **540** 53
  Kündigungsrecht des Vermieters **540** 50, 52; **543** 136
  Mangel der Mietsache **536** 110; **540** 38
    Vertretenmüssen **536a** 11a
  Modernisierungsmaßnahmen **555d** 4
  Nutzungsart **540** 19
  Nutzungsentschädigung **540** 56
  Organisation, gemeinnützige **546** 106
  Person des Untermieters **540** 19 f
  Räumungsrechtsstreit **546** 49, 59, 62
  Räumungsrechtsstreit, Aussetzung **540** 45
  Räumungsvollstreckung **540** 45
  Rechtskraferstreckung **540** 45; **546** 49

Untermiete (Forts)
  Rechtsmissbrauch **540** 55 ff
  Schadensersatzanspruch des Untermieters **536** 88; **540** 53
  Schadensersatzanspruch des Vermieters **540** 43
  Sonderkündigungsrecht **540** 24
  soziales Mietrecht **546** 108 f
  Teil des Wohnraums **540** 3
  typische Untermiete **546** 104; **546a** 12
  unberechtigte Untervermietung **540** 50; **541** 3; **543** 54, 57
  Unzumutbarkeit **553** 13 ff
  Verbot, vertragliches **540** 30; **550** 35; **553** 23
  Verhältnis Vermieter/Untermieter **540** 44 ff
  Verjährungsbeginn **548** 32
  Vermietung fremder Sachen **535** 4
  Vertragslaufzeit **540** 19
  Verwendungsersatzansprüche, Verjährung **548** 22a
  Vorenthaltung der Mietsache **546a** 12
  Weitervermietung **549** 21
  Wohnformen, eigenverantwortliche **546** 106b
  Wohnraum **546** 101
  Wohnraummiete **Vorbem 535** 30; **549** 16, 21
  Zahlungsunfähigkeit des Dritten **540** 35
  Zahlungsverzug **536** 88
Untermieter
  Auswahl **553** 10
Untermietvertrag
  Bedingung, auflösende **540** 39
  Bedingung, aufschiebende **540** 37
  Beendigung **540** 42
  Dauer **540** 39
  Kündigung aus wichtigem Grund **540** 41
  Kündigung, ordentliche **540** 40
  Mietvertrag **540** 37, 51
  Rechtsmangel, anfänglicher **540** 51
  Rechtsmangel, nachträglicher **540** 51 f
  Schriftform **540** 37
Untermietzins
  Herausgabeanspruch des Vermieters **540** 50
  Minderung auf Null **540** 53
  Untermietvertrag **540** 38, 44
Untermietzuschlag
  Angemessenheit **553** 21
  Einverständnis des Mieters **553** 17
  Gebrauchsüberlassung an Dritte **540** 2; **553** 1, 16 ff
  Höhe **553** 19 ff
  Mietobergrenze **556d** 25 f
  Preisbindung **553** 16
  Schätzung **553** 21
Unternehmen
  Mietzahlung, Rechtzeitigkeit **543** 77
Unternehmensbezogener Mietvertrag
  Anteilsübertragung **540** 78

Unternehmensbezogener Mietvertrag (Forts)
  Ausgliederung eines Unternehmens **540** 78
  Einbringung in bestehende Gesellschaft **540** 76
  Eintritt in den Mietvertrag **540** 75, 77
    Zustimmung des Vermieters **540** 75 ff
  Formwechsel **540** 77
  Geschäftsveräußerung **540** 75 f
  Gesellschafteraufnahme **540** 76
  Gesellschafteraustritt **540** 77
  Gesellschaftereintritt **540** 77
  Gesellschafterwechsel **540** 77, 79
  Gesellschaftsauflösung **540** 78
  Gründung juristischer Personen **540** 76
  Mieterwechsel **540** 75 ff
  Umwandlung **540** 4
  Verschmelzung **540** 4, 77
Unternehmensgesellschaft
  Gesellschafterwechsel **540** 80
Unternehmenspacht
  Betriebspacht **Vorbem 535** 38
  Form **550** 5
  Vertragsgegenstand **Vorbem 535** 38
Unternehmereigenschaft
  Entgeltlichkeit der Leistung **542** 162
  Vermieter **542** 158, 161 f
Unterpachtvertrag
  Form **550** 5
Untersuchungspflicht
  Mieter **536b** 12, 13
Unteruntermiete
  Erlaubnis des Vermieters **540** 1, 11
  Herausgabeanspruch **546** 92
  Kündigung **540** 53
  Untermietvertrag, Beendigung **540** 42
Unterwerfung unter die sofortige Zwangsvollstreckung
  Miete **551** 4
Unterwerfungserklärung
  Nutzungsentschädigung **546a** 35
Untreue
  Kaution **551** 22, 47
Unvermögen, anfängliches
  Doppelmiete **536** 86
  Mietrecht **Vorbem 536** 4; **536** 81
Unzuverlässigkeit
  Erlaubnisverweigerung **Vorbem 536** 22a
Urkundenprozess
  Betriebskostenabrechnung **556** 147
  Betriebskostenpauschale **556** 147
  Betriebskostenvorauszahlungen **556** 147
  Beweislast **536** 130 f
  Mietrückstände **536** 130
  Minderung **536** 130
  Übergabeprotokoll **536** 130a

venire contra factum proprium
  Eigenschaftszusicherung **536b** 12

Veränderung der Mietsache
Bestand, neuer **555a** 4; **555b** 21
Duldungspflicht **555b** 41
Veränderungen, bauliche
s Bauliche Veränderungen
Veranstaltung
Obhutspflicht des Mieters **538** 7
Verwendungsrisiko **Vorbem 536** 23; **537** 11
Verbesserungsmaßnahmen
Aufwendungen, nützliche **539** 4
Bestand, neuer **555a** 4
Instandsetzungsmodernisierung **555b** 8
Modernisierungsmaßnahmen **555b** 21
Wahlmöglichkeit **555a** 7
Verbote, gesetzliche
Mietvertrag **Vorbem 535** 185 f
Wucherverbote **Vorbem 535** 179
Verbrauchereigenschaft
Mieter **542** 158 ff
Verbraucherinsolvenz
Kündigungsverbot **542** 134
Verbraucherrechterichtlinie
Umsetzung, überschießende **542** 156
Verbraucherschutz
Wohnraummiete **542** 156
Verbrauchervertrag
Inhaltskontrolle **Vorbem 535** 101
Mieter, Verbrauchereigenschaft **542** 158 ff
Beweislast **542** 160
Mietvertrag **Vorbem 535** 99 ff; **542** 158
Vermieter, Unternehmereigenschaft **Vorbem 535** 99; **542** 158, 161
Wohnraummiete **Vorbem 535** 102
Verbraucherwiderrufsrecht
Aufhebungsvertrag **Vorbem 535** 103
Ausschluss **542** 165 ff
Außergeschäftsraumvertrag **542** 163
Fernabsatzvertrag **542** 164
Form **542** 170
Frist **542** 171
Gebrauchsfortsetzung **542** 173
Mieterhöhung **Vorbem 535** 103
Mietvertragsänderung **Vorbem 535** 103; **542** 156
Mietvertragsaufhebung **542** 156
Rückgewähr empfangener Leistungen **542** 172
Frist **542** 172
Schutzpflichtverletzung **542** 173
Überrumpelungssituation **542** 156
Vergleich, gerichtlicher **542** 163
Wertersatzanspruch des Vermieters **542** 173
Wirkung des Widerrufs **542** 172 f
Wohnraummiete **Vorbem 535** 102 f; **542** 156 ff
Wohnungsbesichtigung **Vorbem 535** 102; **542** 165 ff

Verbrauchsabhängigkeit
Betriebskosten **556** 9, 55, 66, 116a; **556a** 3, 5 f, 15 ff, 36
Nutzeranzahl **556a** 25
Verbrauchserfassung
Ablesefehler **556a** 15 ff
Ablesung, Unbrauchbarkeit **Anh B 556c** 8
Anspruch auf Erfassung **556a** 6
Belehrung **556** 30
Betriebskosten **556** 29 f, 46; **556a** 6, 15 ff
Kürzung **Anh B 556c** 9
Eichkosten **556** 30
Erfassungsmangel **556a** 18
Flächenmaßstab **Anh B 556c** 9
Geräteausfall **Anh B 556c** 9
Geräteaustausch **556** 30; **Anh B 556c** 5
Geräteeinbau durch den Mieter **556a** 15a
Kürzungsrecht **Anh B 556c** 21 ff
Leasingkosten **556** 30
Messungenauigkeiten **556a** 17
Mietkosten **556** 30; **Anh B 556c** 5
Schätzung **Anh B 556c** 9
Wartungskosten **556** 30
Verbrauchserfassungskosten
Umlagefähigkeit **556** 46
Verbrauchsschwankung
Betriebskostenabrechnung **556** 84
Verdinglichung
Miete **Vorbem 535** 23 f, 48
Wohnraummiete **Vorbem 535** 24
Verdunkelung
Gebrauch, vertragsgemäßer **538** 2
Verdunstungsröhrchen
Betriebskosten **556** 29; **556a** 16 f
Montage, fehlerhafte **Anh B 556c** 8
Verein
Verwendungsrisiko **537** 11
Verfahrensbeschleunigung
Räumungsprozess **546** 46, 83
Verfahrensdauer
Räumungssachen **546** 83
Verfallklausel
Rechtsverlust **555** 5 f
Sicherheitsleistung **551** 44
Vertragsbeendigung, vorzeitige **539** 15; **551** 44; **552** 13
Vertragsstrafeversprechen **539** 15; **555** 4
Wegnahmerecht **552** 13
Verglasung
Mangel der Mietsache **536** 35
Standard, geschuldeter **536** 24
Vergleich
Ersatzansprüche, Verjährung **548** 8
Mietrückstände **550** 50
Verzug mit aufgrund des Vergleichs geschuldetem Betrag **543** 68
Vergleichsmiete, ortsübliche
Begriff **556d** 13 f
Bestandsmiete **546a** 53

Vergleichsmiete, ortsübliche (Forts)
  Betrachtungszeitraum **Vorbem 535** 19; **556d** 14
  Einzelvergleichsmiete **556d** 15
  Ermittlung **556d** 17 ff
  Kostenmiete **546a** 54
  Mietanpassung **Vorbem 535** 13
  Mietobergrenze **556d** 11 ff, 15
  Mietpreisbremse **546a** 54; **556d** 15 ff
  Mietspiegel **546a** 54
    einfacher Mietspiegel **556d** 19
    qualifizierter Mietspiegel **556d** 19
  Nettomiete **556d** 23
  Nutzungsentschädigung **546a** 4, 35, 49 ff
  Sachverständigengutachten **546a** 54; **556d** 25
  Üblichkeit **546a** 54; **556d** 14
  Wiedervermietungsmiete **546a** 53
Vergleichsrechnung
  Wärmecontracting **556c** 27, 30
Vergleichswertmethode, indirekte
  Kostenvergleich **Vorbem 535** 181
Vergnügungseinrichtungen
  Vertragseinordnung **Vorbem 535** 80
Verhalten, vertragswidriges
  Kündigung aus wichtigem Grund **543** 40
Verjährung
  absolute Verjährung **548** 41
  Aufwendungsersatzanspruch des Mieters **539** 8; **548** 1a, 19 ff
  Betriebskosten **535** 81
  Betriebskostenabrechnung **556** 134
  Betriebskostennachforderungen **556** 124
  Deliktsansprüche **548** 6
  Erfüllungsansprüche **548** 1a, 4 f, 16 f, 19, 22, 39
  Erhaltungspflicht des Vermieters **548** 4 ff, 8
  Ersatzansprüche, mehrere **548** 39a
  Erschwerung **548** 45 f
  Formularvertrag **548** 46
  Gebrauchsgewährung, Anspruch auf **535** 14
  Gegenleistung des Mieters **548** 4
  Hemmung **548** 42 f, 45
    Klageerhebung **548** 42
    Mahnbescheid **548** 42
    Verhandlungen über den Anspruch **548** 43
  Individualvertrag **548** 45
  Klageerhöhung **548** 40
  Mängelbeseitigung **535** 14
  Mieteransprüche **548** 19 ff, 33 ff
  Mietrecht **548** 39 ff
  Mietrückstände **543** 81
  Mischmietverhältnis **548** 3a
  Nebenkosten, Rückzahlungsanspruch **556** 49
  Neubeginn **548** 41, 45
  Obhutspflichtverletzung **548** 7

Verjährung (Forts)
  Regelverjährung **548** 39
  Regressansprüche Dritter **548** 15
  Reparaturpflicht **548** 8
  Rückgabeanspruch **546** 113; **548** 38
  Schadenseinheitsgrundsatz **548** 39a
  Schadensersatzanspruch des Mieters **548** 19, 20a, 22
  Sicherheitsleistung **551** 11a, 13
  Überlassungsanspruch **535** 14
  Veränderungen der Mietsache **548** 1 f, 4 ff, 12 f, 16
  Vereinbarungen über die Verjährung **548** 45 f
  Vermieteransprüche **548** 4 ff, 23 ff
  Verschlechterungen der Mietsache **548** 1 f, 4 ff, 12 f, 16
    Substanzeingriff **548** 4
    Verkehrswert, Beeinträchtigung **548** 4
  Vertrag, gemischter **548** 3a
  Vertragsfreiheit **548** 45
  Wegereinigungspflicht **548** 8
  Wiederherstellungsanspruch **548** 5a
  Zahlungsanspruch **548** 5a
  Zerstörung der Mietsache **548** 4, 18
Verjährungsbeginn
  Hinausschieben **548** 45 f
  Mieterwechsel **548** 31 f
  Rückerhalt der Sache **548** 26 ff
  Schlüsselrückgabe **548** 27, 29 f
Verjährungsfrist
  Miete **535** 84a
  Verlängerung **548** 45 f
Verkehrsanlagen
  Modernisierungsmaßnahmen **555b** 5, 34
Verkehrslärm
  Mangel der Mietsache **536** 49 ff, 53 f, 57
Verkehrssicherungspflicht
  Beleuchtungspflicht **535** 29, 33 ff
  Dachlawine **535** 30
  Erfüllungsgehilfen des Vermieters **536a** 11
  Fürsorgepflicht **535** 82
  Pflichtverletzung **Vorbem 536** 13
  Prüfungspflicht **535** 29, 32 f
  Reinigungspflicht **535** 29, 33 ff
  Übertragung auf den Mieter **535** 33 ff
    Kontrollpflicht **535** 33b
    Überwachungspflicht **535** 33b
    Werkvertrag **535** 33b
  Vermieter **535** 29 ff
Verkehrssitte
  Mangel der Mietsache **536** 5, 7, 22
  Schönheitsreparaturen **535** 119
  Standard, geschuldeter **536** 22
Verkehrswegebau
  Mangel der Mietsache **536** 59
Verlängerungsklausel
  Begriff **Vorbem 535** 160
  Form **550** 10

Verlängerungsklausel (Forts)
  Formverstoß **550** 60
  Höchstdauer **542** 144
  Kündigungsrecht **542** 144
  Mietvertrag, langfristiger **550** 10
  Nichtfortsetzungserklärung **542** 150 f
  Vertragsbeendigung **542** 76a, 152
  Vertragsverlängerung **Vorbem 535** 152, 156, 160 f; **542** 148, 152 f
Verlängerungsoption
  s a Option; s a Optionsrecht
  Ausübung **542** 150 f
  Ausübung des Optionsrechts
    Vorbem 535 154 ff
    Form **Vorbem 535** 159
    Frist **Vorbem 535** 158
  Begriff **Vorbem 535** 154
  Erklärung, einseitige **Vorbem 535** 152
  Erlöschen des Optionsrechts
    Vorbem 535 158
  Form **Vorbem 535** 159
  Gestaltungsrecht **Vorbem 535** 156
  Mangelkenntnis **Vorbem 535** 155; **536b** 7
  mehrere Verlängerungsoptionen
    Vorbem 535 158
  Mietbürgschaft **Vorbem 535** 159
  Miethöhe **Vorbem 535** 157
  Mietverhältnis, Verlängerung **542** 148 ff
  Mietvertrag über mehr als dreißig Jahre
    Vorbem 535 159; **544** 6
  Schriftform **550** 35
  Verlängerungszeitraum **Vorbem 535** 159
  Zwangsverwaltung **Vorbem 535** 156
Verlängerungsvertrag
  Mietgebrauch, Fortsetzung **545** 7
  reiner Verlängerungsvertrag **550** 47, 58
  Schriftformerfordernis **550** 47
Verlobte
  Gebrauchsüberlassung an Dritte **540** 7; **553** 8
Vermieter
  Anfechtungsrecht **Vorbem 535** 107 ff
  Eigentum **535** 4; **548** 14
  Erfüllungsanspruch **537** 39; **541** 1, 12
  Erfüllungsbereitschaft **537** 33 f, 36 ff, 39
  Fragerecht **Vorbem 535** 107 f
  Hauptleistungspflichten **Vorbem 535** 42
  Insolvenz **535** 90c; **543** 17
  Mehrheit von Vermietern
    Vorbem 535 111 ff
  Pflichtverletzung **Vorbem 536** 13 ff
  Reparaturpflicht **535** 28a f
  Tod des Vermieters **542** 219
  Unternehmereigenschaft **542** 158, 161 f
  Verkehrssicherungspflicht **535** 29 ff
  Vermögensverfall **536** 127; **543** 15, 17
  Vorstrafen **Vorbem 535** 105
Vermieterpfandrecht
  Einrichtungen des Mieters **539** 27

Vermieterpfandrecht (Forts)
  Gebrauchsfortsetzung **545** 16
  gewerbliche Miete **551** 3a
  Nutzungsentschädigung **546a** 47
  Pferdeeinstellvertrag **Vorbem 535** 43
  Räumungsvollstreckung **546** 65, 70
  Vorenthaltung der Mietsache **546a** 30
  Wiederherstellung der Mietsache **546** 22
Vermieterwechsel
  Abtretung **540** 89
  Aufwendungsersatzanspruch des Mieters, Verjährung **548** 37
  Betriebskosten **556** 61 f
  Betriebskostenabrechnung **556** 98 ff
    Innenverhältnis **556** 100
  Kauf bricht nicht Miete **540** 94
  Kaution **540** 93
  Mietbürgschaft **540** 91
  Vertrag, dreiseitiger **540** 90
  Vertragsübernahme **540** 90 ff
  Zustimmung des Mieters **540** 90 ff
    konkludente Zustimmung **542** 184
Vermietung
  Sachen des Mieters **535** 4
  Sachen, fremde **535** 4
Vermietung, anderweitige
  Ersatzvermietung **537** 33 f
  Mitteilungspflicht **537** 36a
  Wohnungsrecht **Vorbem 535** 53
Vermietungsverbot
  Wohnungseigentümergemeinschaft
    Vorbem 535 186
Vermögensverwaltung
  Vermietung **Vorbem 535** 99
Vermüllung
  Kündigung aus wichtigem Grund **543** 48 f
Verrechnung
  Betriebskostenvorauszahlungen **556** 80
Verrechnungsabrede
  Kündigungsausschluss **542** 58
Versäumnisurteil
  Räumungsrechtsstreit **546** 52
Verschleißerscheinungen
  Erhaltungsmaßnahmen **555a** 4
  Erhaltungspflicht **535** 22
Verschulden bei Vertragsverhandlungen
  Mietvertrag **Vorbem 535** 84 ff
Versorgungscharakter
  Mietvertrag **Vorbem 536** 31
Versorgungsleitungen
  Modernisierungsmaßnahmen **555b** 34
Versorgungssperre
  Ankündigung **535** 82a
  Aufrechnung **556** 80a
  Besitzstörung **535** 82a
  Eigenmacht, verbotene **535** 82a
  Einrede des nichterfüllten Vertrages **535** 82a
  Geschäftsraummiete **546a** 7a

Versorgungssperre (Forts)
Kündigungsrecht **556** 80a
Mangel, vom Mieter zu vertretender **536** 110a
Minderungsrecht **556** 80a
nach Vertragsbeendigung **535** 82b
vor Vertragsbeendigung **535** 82a
Weiterversorgungsanspruch **556** 80a
Zahlungsverzug des Mieters **535** 82a; **556** 80a
Zahlungsverzug des Vermieters **556** 80a
Zurückbehaltungsrecht an der Miete **556** 80a

Vertrag mit Schutzwirkung für Dritte
Mietvertrag **Vorbem 535** 127

Vertrag zugunsten Dritter
Mietvertrag **Vorbem 535** 93

Vertrag, dreiseitiger
Parteiwechsel **556d** 8

Vertrag, gegenseitiger
Mietvertrag **Vorbem 535** 21

Vertrag, gemischter
Form **550** 6
Mietrecht **Vorbem 535** 43 f
Mietvertrag, Zusatzleistungen **535** 83
Verjährung **548** 3a
Wohnraummiete **549** 19

Vertrag, schuldrechtlicher
Mietvertrag **Vorbem 535** 1 f, 21 ff

Vertragsänderung
Anlagen zum Mietvertrag **550** 33
konkludente Änderung **Vorbem 535** 96
kurzfristige Änderungen **550** 50
Miethöhe **550** 33
Nutzungsänderung **535** 38
Schriftform **550** 15, 46 ff, 52 ff, 58, 61, 68 ff
unwesentliche Änderungen **550** 46, 50
Verbraucherwiderrufsrecht **Vorbem 535** 103
wesentliche Änderungen **550** 46 ff

Vertragsaufhebung
Ersatzvermietung **537** 22, 29
Formbedürftigkeit **550** 50
konkludente Aufhebung **Vorbem 535** 96
partielle Aufhebung **550** 50
Veranlassung zur Vertragsaufhebung **Vorbem 536** 14a

Vertragsauslegung, ergänzende
Mietvertrag **Vorbem 535** 92, 95

Vertragsbeendigung
Räumungspflicht **535** 82a
Treuepflicht, nachwirkende **535** 82a
Versorgungssperre **535** 82a

Vertragsbeitritt
Gebrauchsüberlassung an Dritte **540** 64
Vertragsidentität **540** 65; **556d** 8

Vertragsdauer
Mietvertrag **550** 1, 9 ff, 40

Vertragsdauer (Forts)
Mietvertrag auf unbestimmte Zeit **542** 2 ff; **544** 4; **550** 57 ff
Fiktion, gesetzliche **550** 57 ff
Verlängerung **550** 47

Vertragsentlassung
Ersatzvermietung **537** 16 ff

Vertragsergänzung
Schriftform **550** 15, 46, 52 ff

Vertragsfreiheit
Betriebskostenumlage **556a** 8
Miete **556d** 20
Sicherheitsleistung **551** 2, 4, 4a, 15, 46
Wohnraummiete **Vorbem 535** 32

Vertragsparteien
Mietvertrag **Vorbem 535** 94
Personenverschiedenheit **Vorbem 535** 98, 112

Vertragsschluss
konkludenter Vertragsschluss **Vorbem 535** 96 f; **550** 14, 24
Mietpreisbremse **556d** 6 ff
Mietvertrag **Vorbem 535** 92 ff; **550** 23 ff
mündlicher Vertragsschluss **550** 11, 14, 24

Vertragsstrafeversprechen
Begriff **555** 3
Beschädigung der Mietsache **555** 4
gewerbliche Miete **555** 9
Inhaltskontrolle **555** 2
Mahngebühren **555** 4
Mietvertragskündigung **555** 4
Schadenspauschalen **555** 4
Schönheitsreparaturen **555** 4
Umgehungsgeschäfte **555** 3
Verfallklausel **539** 15; **555** 4
Vertragsauflösung, vorzeitige **555** 4
Wohnraummiete **555** 1 ff

Vertragsübergang
Mietvertrag **556d** 9

Vertragsübernahme
Aufhebungsvertrag **542** 180
Ersatzvermietung **537** 29
Formbedürftigkeit **542** 180
Gebrauchsüberlassung an Dritte **540** 64
stillschweigende Vertragsübernahme **542** 184
Vermieterwechsel **540** 90 f
Vertrag, dreiseitiger **542** 180
Zustimmung des Vermieters **542** 180
Zustimmung des Vermieters, Form **540** 68

Vertragsübertragungsklausel
Gesellschafterwechsel **540** 94
Rechtsformänderung **540** 94
Vermieterwechsel **540** 92

Vertragsverhandlungen
Abbruch, grundloser **548** 3

Vertragsverlängerung
konkludente Verlängerung **Vorbem 535** 96
Mangelkenntnis **536b** 7

Vertragsverlängerung (Forts)
  Mietvertrag, befristeter **536a** 5
  Schriftformerfordernis **550** 47, 50
  Vergütung, einmalige **550** 50
Vertreterzusatz
  Schriftform **550** 16a, 19, 21, 22
Vertretung ohne Vertretungsmacht
  Ersatzansprüche, Verjährung **548** 3
  Mietvertrag, langfristiger **550** 16a
Verunreinigungen
  Beseitigungskosten, Umlagefähigkeit **556** 33a
Verwahrlosung
  Kündigung aus wichtigem Grund **543** 48 f
  Rückgabepflicht **546** 33
Verwahrung
  Besitzverhältnisse **Vorbem 535** 42
  Entgeltlichkeit **Vorbem 535** 42
  Hauptleistungspflicht **Vorbem 535** 42
  Obhutspflichten **Vorbem 535** 42 f
Verwaltungskosten
  Abrechnungserstellung **556** 29
  Abrechnungsversendung **556** 29
  Abwälzung auf den Mieter **535** 66a f
  Lastentragung **535** 64
  Lohnbuchhaltung **556** 40
  Notdienstpauschale **535** 64
  Pauschale **556** 46
  Umlagefähigkeit, fehlende **556** 46
Verwendungsrisiko
  Aufwendungsersatzanspruch des Mieters **539** 12
  Betriebspflicht **Vorbem 536** 26
  Fahrnismiete **536** 61
  Mangel der Mietsache **536** 44 f
  Mieter **535** 92a; **537** 1, 8
  Offenhaltungspflicht **Vorbem 536** 26
  Risikoverteilung **Vorbem 536** 21 ff
  Sortimentsbindung **Vorbem 536** 26
  Verhinderung des Mieters, persönliche **537** 1 ff, 7 f
    Angehörige des Mieters **537** 8
  Werbegemeinschaft **Vorbem 536** 26
  Witterung **537** 9
Verwendungszweck
  Eigenschaftszusicherung **536** 67
  Vertragsinhalt **Vorbem 536** 28
  Wegfall der Geschäftsgrundlage **Vorbem 536** 30, 31
Verwirkung
  Betriebskosten **535** 81a; **556** 62, 76
  Betriebskostenabrechnung **556** 134
  Betriebskostennachforderungen **556** 139 ff
  Herausgabeanspruch **546** 46
  Kündigung **542** 108
    außerordentliche befristete Kündigung **543** 134 ff
    außerordentliche fristlose Kündigung **542** 116; **543** 127

Verwirkung (Forts)
  Kündigung aus wichtigem Grund **542** 117; **543** 19, 134 ff
  Kündigungsrecht **543** 19
  Mieteransprüche **548** 44
  Mietrückstände **536** 93
  Räumungsanspruch **546** 71
  Umstandsmoment **556** 139a
  Vermieteransprüche **548** 44
  Zeitmoment **556** 139a
Verzögerungsschaden
  Rückgabe der Mietsache **546** 41
  Übergabepflicht **535** 19
  Zahlungsverzug des Mieters **543** 62
Verzug
  Kündigung, fristlose **543** 28
  Mängelanzeige **536a** 14
  Mängelbeseitigung **536a** 12 ff, 28, 30, 36
  Mahnung **546** 96
  Mahnung des Mieters **536a** 12 f, 15
  Mietvertrag **535** 18 f
  Rücktritt des Mieters **535** 19
  Übergabe der Mietsache **Vorbem 536** 12
  Verzögerungsschaden **535** 19
  Zahlungsverzug des Mieters **543** 58 ff, 77 ff
Videoüberwachung
  Fahrstuhl **535** 13
  Störung des vertragsgemäßen Gebrauchs **535** 26
Vindikationsanspruch
  Mietsache **546** 84 f
Vollstreckungsabwehrklage
  Bürgschaft **551** 8a
  Herausgabeanspruch des Vermieters **546** 71
Vollstreckungsgegenklage
  Betriebskostenvorauszahlungen **556** 145
Vollstreckungsschutz
  Räumungsvollstreckung **546** 72 ff
Vollstreckungstitel
  Schuldnerbezeichnung **546** 59
Vorauszahlungsklauseln
  Altverträge **556b** 9
  Miete **556b** 2
Vorenthaltung des Leasingguts
  Nutzungsentschädigung **546a** 11
Vorenthaltung der Mietsache
  Bereicherungsansprüche **546a** 65 ff
  Betriebskosten **556** 77; **556a** 35
  Beweissicherungsverfahren **546a** 30
  Dauer **546a** 32 f
  Eigentümer-Besitzer-Verhältnis **546a** 65 ff
  Insolvenz des Mieters **546a** 39
  Kleinreparaturen **546a** 8
  Kündigung, Unwirksamkeit **546a** 29
  Nichtrückgabe **546a** 15 ff
  Nutzungsentschädigung **546a** 1, 9 ff, 34
    Abrechnungsperiode, angebrochene **546a** 33

Vorenthaltung der Mietsache (Forts)
  anteilige Nutzungsentschädigung **546a** 19
  Betriebskosten **546a** 43
  Ersetzungsbefugnis **546a** 50 ff
  Fälligkeit **546a** 44
  Höhe **546a** 35
  Indexmiete **546a** 45
  Miete, vereinbarte **546a** 4, 35, 40 ff
  – Erhöhung der Nutzungsentschädigung **546a** 45
  – Minderung **546a** 42
  – Umsatzsteuer **546a** 41
  – Verminderung der Nutzungsentschädigung **546a** 46
  Mietverhältnis, Beendigung **546a** 13 f
  Mindestbetrag **546a** 3
  Preisbindung **546a** 45, 54a
  Rechtsnatur **546a** 34, 36
  Sachen, bewegliche **546a** 36
  Sachen, geringwertige **546a** 36
  Staffelmiete **546a** 45
  Vergleichsmiete, ortsübliche **546a** 4, 35, 49 ff
  – Mietspiegel **546a** 54
  – Preisbindung **546a** 54a
  – Üblichkeit **546a** 54
  – Umsatzsteuer **546a** 54
    Wiedervermietungsmieten **546a** 53
  Verjährung **546a** 48
  Vermieterpfandrecht **546a** 47
  Verschulden, mitwirkendes **546a** 36, 64
  Verschuldensunabhängigkeit **546a** 61
  Wahlrecht **546a** 4
Obhutspflicht **546a** 8
Parteiwechsel **546a** 38
Räumungsfrist, gerichtliche **546a** 28
Rückgabemöglichkeit **546a** 22 ff
Rücknahmewille **546a** 28 ff
Schadensersatz **546a** 56 ff
  Beweislast **546a** 63
  Gewinn, entgangener **546a** 32 f, 62
  Nebenpflichtverletzung **546a** 60
  Schlechtleistung **546a** 60
  Schuldnerverzug **546a** 58 f
  Umfang **546a** 62 f
  Umsatzsteuer **546a** 63
  Veränderungen der Mietsache **546a** 63
  Verschlechterungen der Mietsache **546a** 63
  Verschulden **546a** 61
  – mitwirkendes Verschulden **546a** 64
Schadensersatz statt der Leistung **546a** 60a
Schönheitsreparaturen **546a** 8
Schuldverhältnis, gesetzliches **546a** 6 ff, 34, 37
Vermieterpfandrecht **546a** 30
Vollstreckungsschutz **546a** 28
Zurückbehaltungsrecht **546a** 17

Vorerbe
  Vermietung über die Dauer der Vorerbschaft hinaus **542** 111
Vorfälligkeit
  Leitbildfunktion **556b** 26
  Miete **556b** 26
Vorfälligkeitsklausel
  Altverträge **556b** 9
  Kombination mit Aufrechnungsverbot **556b** 26
Vorkaufsrecht
  Mietvertrag, Form **550** 6
  salvatorische Klausel **550** 6
Vorleistungspflicht
  Miete **535** 84; **556b** 2, 5, 15
  unselbständige Vorleistungspflicht **556b** 15
  Verzug des Vermieters **535** 19
Vormiete
  Auskunftsanspruch **556g** 47 ff
  Begriff **556e** 1
  Bestandsschutz **556e** 1, 3, 4 ff
  Beweislast **556g** 80
  Kollusion **556e** 21
  Mietbegrenzungsverordnungen, Inkrafttreten **556e** 7
  Mieterhöhung aus dem letzten Jahr **556e** 21 ff
  Mieterhöhung, einseitige **556e** 28
  Mieterhöhung, vereinbarte **556e** 21 ff
    Einjahresfrist **556e** 24, 26 f
    Modernisierungsmaßnahmen **556e** 22
    Verurteilung zur Zustimmung zur Mieterhöhung **556e** 23
  Mietminderung **556e** 17 ff
  Wucherverbote **556e** 4
Vormieter
  Ablösevereinbarung **Vorbem 535** 165 f
  Abstandszahlungen des Nachmieters **Vorbem 535** 162 ff
Vormietrecht
  Ausübung **Vorbem 535** 147 ff
  Ausschlussfrist **Vorbem 535** 149
  Begriff **Vorbem 535** 147
  Form **Vorbem 535** 150; **550** 8
  Kündigungsrecht **543** 36
  Mietvertrag, doppelt aufschiebend bedingter **Vorbem 535** 147
  Mietvertrag, Form **Vorbem 535** 150; **550** 7
  Mitteilungspflicht **Vorbem 535** 149
  Transparenzgebot **Vorbem 535** 147
Vornahmeklauseln
  Ausgleich, angemessener **535** 115a
  Geschäftsraummiete **535** 129
  Schönheitsreparaturen **535** 114 f, 129
  Unzulässigkeit **535** 153
Vorsorgeklausel
  Formverstoß **550** 2
  Schriftform, Anordnung **550** 68

Vorvertrag
Besitzrecht **Vorbem 535** 146
dreißig Jahre, Vertrag über mehr als **544** 2
Erfüllung **Vorbem 535** 146
Erhebung zum Hauptvertrag **550** 7
Form **Vorbem 535** 141, 142, 143; **550** 7, 59
Hauptmietvertrag **Vorbem 535** 141
  Klage auf Erfüllung **Vorbem 535** 145
Kündigung, grundlose **Vorbem 535** 144
Leistungsklage **Vorbem 535** 144
Mietvertrag **Vorbem 535** 141 ff, 153
  Abschluss eines anderen Mietvertrags
  Vorbem 535 146
Nebenpflichten **Vorbem 535** 144, 145
Rücktritt **Vorbem 535** 146
Schadensersatzpflicht **Vorbem 535** 144
Weigerung, den Hauptvertrag abzuschließen **Vorbem 535** 144

Wärmebedarfsrechnung
Modernisierungsankündigung **555c** 8a
Wärmebrücken
Beweislastverteilung **536** 117
Mangel der Mietsache **536** 32 f, 113
Möbel, Aufstellung **536** 115
Schimmelbildung **536** 112
Standard, geschuldeter **536** 23, 113
Wärmecontracting
Abdingbarkeit **556c** 13, 43
Anlage, neu errichtete **556c** 22
Begriff **556c** 1
Betriebscontracting **556c** 20
Betriebsführungscontracting
  s dort
Betriebskostenumlage **556c** 1 ff
Blockheizkraftwerk **556c** 23
Direktvertrag **556c** 37 f
Dreimonatsfrist **556c** 32
Effizienzgewinn **556c** 2, 22, 25 f
  Endenergieeinsparung **556c** 26
  Mindesteffizienz **556c** 26
Eigentumswohnung **556c** 10
Einsichtsrecht des Mieters **556** 112; **556c** 40
Energieeffizienz **Anh B 556c** 27
Fernwärme **556c** 1, 5, 20
Formularvertrag **556c** 38, 43
Fullcontracting **556c** 37 f
Gewerberaummiete **556c** 8, 43
Heizung **556c** 4
Investitionskosten **556c** 4 f
Kostenneutralität **556c** 25, 27 f, 30, 40
  Vergleichsrechnung **556c** 27, 30
Kostenumlage **556c** 3 ff, 13, 33 ff
Mieterhöhung **556c** 35
Mietrechtsänderungsgesetz 2013
  Vorbem 535 17
Mischmietverhältnis **556c** 8
Mitteilungspflichten **556a** 46
Nahwärme **556c** 20

Wärmecontracting (Forts)
Nettokaltmiete mit Betriebskostenabrechnung **556c** 16
Outsourcing **535** 62
Quartierswärme **556c** 20
Übergangsrecht **556c** 11
Umgehungsgeschäft **556c** 28
Umstellung **556c** 5 f, 11 f, 20; **Anh B 556c** 27
  Duldungspflicht **556c** 21
  Kostenneutralität **556c** 1 f, 5
  Mietverhältnis, bestehendes **556c** 11 f
  Neuverträge **556c** 13 f
Umstellungsankündigung **556c** 1, 29 ff
  Bestimmtheit **556c** 30
  fehlende Ankündigung **556c** 36
  Fehlerhaftigkeit **556c** 36
  Form **556c** 31
  Gestaltungsrecht **556c** 30
  Mehrheit von Mietern **556c** 29
  Preisanpassungsklauseln **556c** 30
  Preise **556c** 30
  Zugang **556c** 32
Wärmelieferung **Anh B 556c** 27
Wärmelieferverordnung **535** 62
Wärmenetz **556c** 23
Warmwasserversorgung **556c** 4
Wirtschaftlichkeitsgrundsatz **556c** 28, 40
  Überprüfung durch den Mieter **556c** 40
Wohnraum, preisgebundener **556c** 9
Wohnraummiete **556c** 7
Zustimmung des Mieters **556c** 4

Wärmedämmung
Energieeinsparung **555b** 11, 13
Instandsetzungsmodernisierung **555b** 8
Modernisierung, energetische **536** 14
Modernisierungsmaßnahmen **555b** 38
Standard, geschuldeter **536** 23, 26a

Wärmedurchgangskoeffizient
Modernisierungsankündigung **555c** 13
Modernisierungsmaßnahmen **555b** 38

Wärmelieferung
Betriebskostenumlage **556c** 1 ff
Effizienz **556c** 1 f
Fernwärme **556c** 2
Grundmiete, Senkung **556c** 5
Kosten **556c** 4
  Investitionskosten **556c** 4 f
Kostenneutralität **556c** 1 f, 5 f
Kostentragung **556c** 15 f
Kostenumlage **556c** 33 ff
Legaldefinition **556c** 20
Nahwärme **556c** 2
Outsourcing **535** 62
Umstellungsankündigung **556c** 1
Vermieterpflicht **535** 61
Wärmecontracting **Anh B 556c** 27

Wärmelieferungsvertrag
Einsichtsrecht **556c** 30, 40
Kündigungsausschluss **544** 3

Wärmelieferungsvertrag (Forts)
  Leerstand **556a** 24a
Wärmelieferverordnung
  Ermächtigungsgrundlage **556c** 41 f
  Text **Anh A 556c**
  Umstellungsankündigung **556c** 30
  Wärmelieferung **556c** 1, 7, 11, 42
Wärmemessgeräte
  Betriebskosten **556** 29
Wärmepumpe
  Energieeinsparung **555b** 11, 13
Wärmerückgewinnung
  Energieeinsparung **555b** 11, 13
Wärmeschutz
  Mangel der Mietsache **536** 33
  Standard, geschuldeter **536** 24
Wärmetauscher
  Kostenumlage **556c** 4
Wärmeversorgung
  Gebrauchstauglichkeit, unerhebliche Minderung **536** 21a
  Gewährleistungsausschluss **536** 124
Wärmezähler
  Ablesung, Unbrauchbarkeit **Anh B 556c** 8
  Austausch **556** 23, 30
  Kürzungsrecht **Anh B 556c** 21 f
  Mehrfamilienhaus **Anh B 556c** 21 f
  Raumbeheizung **Anh B 556c** 21
  Verbrauchserfassung **Anh B 556c** 3
  Warmwasserversorgung **Anh B 556c** 21
Wäschepflege, Einrichtungen zur
  Betriebskosten **556** 44
Wäschetrockner
  Schadensersatzpflicht des Mieters **538** 8a
Wahlarztvertrag
  Vertragseinordnung **Vorbem 535** 66
Wallbox
  bauliche Veränderung **554** 18 f, 33
Wandflächen
  Mietvertrag **535** 2
Wandschrank
  Mitvermietung **535** 6
Warmmiete
  Mietvertrag **535** 67
  pauschale Warmmiete **Anh B 556c** 23
Warmwassergeräte
  Wartungskosten **Anh B 556c** 16
Warmwasserkosten
  Betriebskosten **535** 64; **556** 31, 55
  Fernanlieferung **Anh B 556c** 16
  Kostentragung **556c** 15 f
  Umlage **556** 55; **556a** 38; **556c** 1 ff; **Anh B 556c** 1, 16, 23
  Umlagefähigkeit **Anh B 556c** 10
Warmwasserversorgung
  Gebrauchswerterhöhung **555b** 27
  Mangel der Mietsache **536** 37
  Mitvermietung **535** 6

Warmwasserzähler
  Austausch **556** 23, 30 f; **Anh B 556c** 16
  Eichkosten **Anh B 556c** 16
  Verbrauchserfassung **Anh B 556c** 3
  Wärmezähler **Anh B 556c** 21
  Wartungskosten **Anh B 556c** 16
Wartungsklauseln
  Unzulässigkeit **535** 153
Wartungskosten
  Abwälzung auf den Mieter **535** 66a
  Umlagefähigkeit **556** 45 f
Wartungsvertrag
  Miete **Vorbem 535** 44
Waschküche
  Mitvermietung **535** 8
  Modernisierungsmaßnahmen **555b** 34
Waschkücheneinrichtung
  Wegnahmerecht des Mieters **539** 29
Waschmaschine
  Aufstellung in der Wohnung **535** 43
  Betriebskostenumlage **556a** 25
  Betriebsverbot **535** 43
  Obhutspflicht des Mieters **535** 94
  Schadensersatzpflicht des Mieters **538** 8a
  Wasseranschluss **535** 43
Wasser
  Gesundheitsgefahren **536** 29
Wasseranschluss
  Fürsorgepflicht des Vermieters **535** 82
  Mindeststandard **535** 43; **536** 26
Wasseraufbereitungsanlage
  Betriebskosten **556** 23
  Mangel der Mietsache **536** 29
Wassereinsparung
  Nachhaltigkeit **555b** 15a, 17
Wasserkosten
  Direktversorgung **556** 50
  Entwässerung **556** 56
  Umlagemaßstab **556a** 15b
  Waschmaschine **556a** 25
Wasserleitung
  Modernisierungsmaßnahmen **555b** 28
  Prüfungspflicht **535** 32a
Wassermengenregler
  Wartungskosten **556** 23
Wasserrohrbruch
  s Rohrbruch
Wasserschaden
  Beweislast **538** 14 f
  Haftung des Mieters **538** 8a
  Kündigung, fristlose **543** 34, 49
  Mängelbeseitigung **538** 11
  Mangel **535** 102 f
  Minderungsrecht **538** 11
  Mitmieter, Verursachung durch **535** 156
  Sachschadensversicherung des Vermieters **538** 9
  Versicherung **538** 9
  Versicherungskosten **556** 38, 38b

Wasserstau
  Mangel der Mietsache **536** 38
Wasserverbrauch
  Reduzierung **555b** 16 f
Wasserversorgung
  Baumangel **536** 39
  Betriebskosten **556** 23, 55
  Betriebskostenabrechnung **556** 83
  Direktabrechnung **556a** 5a; **556c** 39;
    Anh B **556c** 26
  Gewährleistungsausschluss **536** 124
  Kündigung, fristlose **543** 35
  Vertragsumstellung **556a** 39
Wasserzähler
  Modernisierungsmaßnahmen **555b** 17, 37 f
Wasserzwischenzähler
  Überprüfung **556** 23
Wegegerechtigkeit
  Rechtsanmaßung Dritter **536c** 11
Wegegesetze
  Beleuchtungspflicht **535** 33
  Reinigungspflicht **535** 33
Wegenutzungsvertrag
  Begriff **Vorbem 535** 82
  Gestattungsvertrag **Vorbem 535** 82
  Rechtsnatur **Vorbem 535** 82 f
Wegereinigungspflicht
  Verjährung **548** 8
Wegfall der Geschäftsgrundlage
  COVID-19-Pandemie **Vorbem 536** 37, 42 ff;
    542 213a
  Kündigung, außerordentliche **543** 6
  Verwendungszweck **Vorbem 536** 30, 31
Wegnahmerecht
  Abwendungsrecht **539** 23, 32; **552** 1 ff
    Ausgleich, angemessener **552** 10 f
  Aneignungsrecht **539** 27, 32 f
  Anspruch, dinglicher **539** 33
  Ansprüche Dritter **548** 21
  Ausschluss **539** 23; **552** 10 f
  Ausübung
    Kenntniserlangung **552** 4
  Beweislast **539** 36
  Duldungsanspruch **539** 30, 33 f; **548** 21
    Abtretbarkeit **539** 33
    Klage auf Duldung der Wegnahme
      539 30, 36
    – Streitwert **539** 36
    Verjährung **539** 34; **548** 36
    Verweigerung der Wegnahme **548** 36
  einheitliches Wegnahmerecht **539** 31
  Einrichtungen des Mieters **539** 23 ff, 30
  Entschädigung, angemessene **539** 23; **552** 5,
    6 ff
  Gestattung der Wegnahme **539** 30; **548** 36
  Haftung **539** 33
  Insolvenz des Mieters **539** 31
  Instandsetzungspflicht **539** 23, 30
  Interesse, berechtigtes **552** 1, 9

Wegnahmerecht (Forts)
  Mieterrecht **539** 1, 23 ff
  Nutzungsersatz **539** 33
  Raummiete **552** 12
  Rechtslage, dingliche **539** 24
  Schadensersatz **539** 30
  Schadensersatzanspruch des Mieters **539** 33
  Sicherheitsleistung des Mieters **539** 23, 30
  Übernahmerecht **552** 1 ff
  Verfallklausel **552** 13
  Verjährung **548** 1 f, 7, 19, 21
  Verzug **548** 21
  Wegnahmeanspruch **548** 21
  Wiederherstellung der Mietsache **539** 30
  Wohnraummiete **539** 23; **552** 10 f
Weitervermietung
  durch BGB-Gesellschaft **549** 20
  gewerbliche Weitervermietung **549** 20
  durch juristische Person des öffentlichen
    Rechts **549** 8, 20, 38
  Mieterschutz **549** 20
  Mietverhältnis **549** 20
  nicht gewerbliche Weitervermietung **549** 20
  durch Träger der Wohlfahrtspflege, aner-
    kannte private **549** 8, 12
  Verein, gemeinnütziger **549** 20
Werbeflächen, mobile
  Gebrauchsüberlassung **535** 15b
  Mietvertrag **Vorbem 535** 44
Werkdienstwohnung
  Arbeitsverhältnis, Bestand **549** 17
  Mieterschutz **549** 17
  Mietverhältnis **549** 17
  Mitbestimmungsrecht des Betriebsrats
    549 17
  Rückgabepflicht **546** 4
  Vertrag, gemischter **546** 4
Werkmietwohnung
  Kündigung, Mitbestimmung **542** 68
  Kündigungsschutz **549** 17
  Mieterschutz **549** 17
  Rückgabepflicht **546** 4
Werktag
  Begriff **556b** 14, 15
Werkvertrag
  Erfolg **Vorbem 535** 46
  Ersatzansprüche, Verjährung **548** 22a
  Schutzbereich des Werkvertrages **535** 34
  Tätigkeitsvertrag **Vorbem 535** 44
  Verkehrssicherungspflichten, Übertragung
    auf Dritte **535** 34
Werkwohnung
  Gebrauchsfortsetzung **545** 16
  Weitervermietung **546** 106c
Wertpapiere, Hinterlegung
  Mietsicherheit **551** 9b
Wertsicherungsklauseln
  Formverstoß **550** 57
  Geschäftsraummiete **Vorbem 535** 188 ff

Wertsicherungsklauseln (Forts)
  Mietbindung **Vorbem 535** 187
  Miethöhe **543** 76
  Schriftformerfordernis **550** 48
  Verbot **Vorbem 535** 188
Wespen
  Aufwendungsersatzanspruch des Mieters **536a** 39
Widerklage
  Mietprozess **536** 126
Widerspruch
  Gebrauchsfortsetzung
  Zugang **545** 10
Wiederherstellungsmaßnahmen
  Aufwendungen, nützliche **539** 4
Wildschweine
  Mängelbeseitigung **Vorbem 536** 8a
  Mangel der Mietsache **536** 10, 31
Winterdienst
  Betriebskostenabrechnung **556** 83
  Dienstleister, externe **556** 60
Wirtschaftlichkeit
  Heizung **536** 35 f
Wirtschaftlichkeitsberechnung
  Betriebskosten **556** 19
Wirtschaftlichkeitsgrundsatz
  Betriebskosten **535** 76a, 77a; **536** 36; **556** 17, 29, 33b, 35b, 42, 89 ff
  Änderungsrecht des Vermieters **556a** 37
  Verbrauchsstoffe, Einkauf **556a** 20
  Beweislast **556** 96 f
  Darlegungslast **556** 96 f
  sekundäre Darlegungslast **556** 96
  Ermessensspielraum **556** 92
  Gebrauch der Mietsache, bestimmungsgemäßer **556** 38b
  Heizkosten **Anh B 556c** 19
  Mangel der Mietsache **556** 95
  Schadensersatzanspruch des Mieters **556** 93 ff
  Wärmecontracting **556c** 28, 40
Wirtschaftseinheiten
  Betriebskosten **556** 19 f, 34a; **556a** 27 f
  Aufzug **556a** 28
  Betriebskostenabrechnung **556** 85
  Dachgeschosswohnungen **556a** 28
  Zusammenhang, örtlicher **556a** 27
Wissenschaftler
  Gebrauch, vertragsgemäßer **535** 36
Witterung
  Verwendungsrisiko **537** 9
Wohlfahrtspflegeträger
  Anmietung von Räumen **546** 106a
  Mietverträge **Vorbem 535** 30
Wohlfahrtsträger
  Mieterschutz **549** 20
  Weitervermietung **549** 8, 12, 39
Wohn- und Betreuungsvertrag
  Begriff **Vorbem 535** 69

Wohn- und Betreuungsvertrag (Forts)
  betreutes Wohnen **Vorbem 535** 74
  Entgelterhöhung **Vorbem 535** 72
  Haftung **Vorbem 535** 72
  Informationspflichten **Vorbem 535** 71
  Inhaltskontrolle **Vorbem 535** 71
  Kostenerstattung **Vorbem 535** 70
  Kündigung aus wichtigem Grund **Vorbem 535** 73
    Beleidigung **Vorbem 535** 73
    Rauchverbot **Vorbem 535** 73
  Leistungen **Vorbem 535** 71
  Mietrecht **Vorbem 535** 69
  Pflegesatzvereinbarung **Vorbem 535** 70, 72
  Rechtsnatur **Vorbem 535** 69 f
  Sachleistungsprinzip **Vorbem 535** 70
  Schriftform **Vorbem 535** 71
  Schuldbeitritt Dritter **Vorbem 535** 72
  Sicherheiten **Vorbem 535** 72
  Sozialrecht **Vorbem 535** 70
  Tod des Verbrauchers **Vorbem 535** 72
  Versorgungsvertrag Unternehmer/Leistungsträger **Vorbem 535** 70
  Vertrag, gemischter **Vorbem 535** 69; **549** 19
  Vertragsdauer **Vorbem 535** 72
  Wohnraum, Veräußerung **Vorbem 535** 73
Wohnen, zeitgemäßes
  Mindeststandard **536** 26 ff
Wohnfläche
  Mietvertrag **536** 69, 71 f
Wohnflächenverordnung
  Berechnung gebundener Mieten **Vorbem 535** 9
  Flächenberechnung **536** 74
Wohngemeinschaft
  Außengesellschaft **540** 82, 85
  Austritt von Mitgliedern **540** 86
  Auszug sämtlicher Mitglieder bis auf eine Person **540** 88
  Begriff **540** 82
  BGB-Gesellschaft **549** 20
  Eintritt neuer Mitglieder **540** 86
  Gebrauchsüberlassung an Dritte **553** 8
  Haftung **540** 87 f
  Innengesellschaft **540** 82, 85 ff
  Kündigung **542** 15
  Kündigung des Vermieters **540** 88
  Mieterwechsel **540** 82 ff
    Anzeigepflicht **540** 84
    Gesellschaftsrecht **540** 82, 85
    Untermietlösung **540** 82 f
    Widerspruch des Vermieters **540** 84, 86
    Zustimmung des Vermieters **540** 79, 83, 86
  Senioren-Wohngemeinschaft **549** 19
  Wohnraummiete **Vorbem 535** 31
Wohnheim
  Untermiete **546** 106b

Wohnheimplatz
Gebrauchsüberlassung, vorübergehende **549** 26
Wohnraum
Begriff **549** 15, 22
Wohnraum, preisgebundener
s a Preisbindung
Betriebskosten **556** 8, 66a; **Anh B 556c** 2
Betriebskostenabrechnung **556** 83a f; **556a** 4
Einwendungsausschluss **556** 127
Erhaltungsmaßnahmen, Duldungspflicht **555a** 1
Heizkostenverordnung **Anh B 556c** 2
Modernisierungsmaßnahmen, Duldungspflicht **555a** 1
Sicherheitsleistung **551** 2
Wärmecontracting **556c** 9
Wohnraumbewirtschaftung
Mieterschutz **Vorbem 535** 5
Wohnraumförderung
Übertragung auf die Länder **556** 3 f, 8; **556a** 3, 11a
Wohnraumförderungsgesetz
Betriebskosten **556** 17, 21
Wohnungsbau **556f** 5
Wohnungsbauförderung **Vorbem 535** 6
Wohnraummiete
Abgrenzung **Vorbem 535** 26; **556d** 3
Anzeigepflicht des Mieters **536c** 24
Aufrechnungsrecht **556b** 8, 30a
Aufwendungsersatzanspruch des Mieters **536a** 23a f; **556b** 30a
Bagatellschäden **535** 151
Bestandsschutz **Vorbem 535** 24; **542** 143, 174
Betriebskosten **535** 63, 66a f, 70 ff; **556** 1, 8
Betriebskostenabrechnung **535** 76 f
Wirtschaftlichkeitsgrundsatz **535** 77a
Betriebskostenumlage **556a** 4
Betriebskostenvorauszahlungen **535** 73
Beweislastverteilung **538** 16
dreißig Jahre, Vertrag über mehr als **544** 7 ff
Einliegerwohnung **549** 16
Einzelräume **549** 15
Erhaltungspflicht **536a** 44
Ersatzvermietung **537** 20
Fälligkeit **556b** 7
Flächendifferenzen **536** 68 ff
Form **550** 1, 5
Gebrauch, vertragsgemäßer **535** 36 f
Gebrauch, vorübergehender **549** 6, 22 ff
Gebrauchsfortsetzung **545** 4
Gebrauchsüberlassung an Dritte
Anspruch auf Erlaubnis **540** 10; **553** 3 ff
Widerrufsvorbehalt **540** 15
Gebrauchsüberlassung, kurzfristige **549** 22 ff
Gemeinschaftseinrichtungen **546a** 7

Wohnraummiete (Forts)
Gewerberäume **536** 47
Größe der vermieteten Räume **536** 68
Haftungsausschluss **536a** 43 ff
Indexmiete **Vorbem 535** 187 f
Inhaltskontrolle **Vorbem 535** 101
Instandhaltungspflicht, Abwälzung auf den Mieter **535** 150 ff
Instandsetzungspflicht, Abwälzung auf den Mieter **535** 150 ff
Kaution **551** 26
Anlageformen **551** 21
Untreue **551** 22
Kündigung aus wichtigem Grund **543** 19
Kündigung, außerordentliche **542** 81, 83, 109, 113
aus wichtigem Grund **543** 1, 7, 19, 22, 142
– Begründung **543** 1
– Beispiele, benannte **543** 1
– Form **543** 1, 130
Kündigung, Form **549** 47
Kündigung, ordentliche **542** 81 f, 107
Form **542** 102
Kündigungsausschlussklausel **542** 56, 64
Kündigungsbeschränkung **542** 61
Kündigungsfrist **543** 7, 18
Kündigungsgrund **542** 79, 81, 83
Kündigungsschutz **Vorbem 535** 24; **542** 59; **549** 1
Lasten, dingliche **Vorbem 535** 24
Mangel der Mietsache **536b** 1
Mieterhöhung **Vorbem 536** 29
Mieterschutz **Vorbem 535** 28; **549** 1
Mietrückstände **536** 130; **543** 71, 73
Mietverhältnis, befristetes **549** 16
Mietvertrag, langfristiger **550** 5
Mietvertrag, unkündbarer **549** 16
Mietvertrag über Wohnraum **556d** 2 ff
Mietvorauszahlung, Rückzahlungspflicht **547** 1
Mietzahlung, Rechtzeitigkeit **543** 78 f
Minderung **536** 128 f; **556** 13
Einigung über die Minderung **536** 129
Verzicht **536** 129
Mindeststandard **535** 43 f, 59; **536** 26
Modernisierungsankündigung **555c** 19
Modernisierungsmaßnahmen **536** 24; **555d** 23
möblierte Wohnungen **549** 16, 27 ff
Nutzungsbeschränkungen, öffentlich-rechtliche **536** 47
Nutzungsentschädigung **546a** 1
Preisbindung **535** 84
Raummiete **Vorbem 535** 28; **549** 13
Regressverzicht **538** 10
Reparaturpflicht, Abwälzung auf den Mieter **535** 145
Rückgabepflicht **546** 41; **546a** 1, 5
Schadensersatz **546a** 1, 5

Wohnraummiete (Forts)
Schadensersatzanspruch des Mieters **556b** 30a
Scheinbestandteile **549** 13
Schönheitsreparaturen **535** 109 ff
Sicherheitsleistung **551** 1 f
  Verzug **543** 58
  Zurückbehaltungsrecht **551** 39
Sonderrechtsnachfolge **540** 81
Statusverhältnis **Vorbem 535** 25
Tätigkeit, gewerbliche **535** 36 f
Teil der vom Vermieter selbst bewohnten Wohnung **549** 7, 31
Teilkündigung **542** 96, 101; **543** 128
Tod des Mieters **Vorbem 535** 24
Übernachtung **Vorbem 535** 29
Unabdingbarkeitsklauseln **549** 5
Unterbringung der Sachen des Mieters **535** 48 ff
Untermiete **540** 38
Untermietvertrag **Vorbem 535** 30; **549** 16, 21
Verbraucherschutz **542** 156
Verbrauchervertrag **Vorbem 535** 102 f
Verbraucherwiderrufsrecht **Vorbem 535** 102 f
verdeckter Wohnraummietvertrag **549** 15
Verdinglichung **Vorbem 535** 24
Vereinbarungen, abweichende **547** 42
Verhinderung des Mieters, persönliche **537** 8
Versorgungsleistungen **546a** 7
Vertrag über mehr als dreißig Jahre **544** 1a
Vertragsfreiheit **Vorbem 535** 32
Vertragsstrafe **555** 1 ff
Vorenthaltung der Mietsache **546a** 7, 56
Wärmecontracting **556c** 7
Wegnahmerecht **552** 1 f
  Ausschluss **552** 10 f
Wohnbedarf, dringender **549** 12, 37 ff
Wohnstandard **536** 22 f
Wohnungen **549** 15
Wohnzwecke **Vorbem 535** 29 ff; **535** 36; **549** 15; **556d** 3
wucherähnliches Geschäft **Vorbem 535** 180, 182
Wucherverbot **Vorbem 535** 177, 180
Zahlungsverzug des Mieters **543** 3, 58, 71
Zeitmietvertrag **544** 1a
Zurückbehaltungsrecht **556b** 8
Zweckbestimmung **Vorbem 535** 29 ff
Zwischenvermietung, gewerbliche **540** 54, 57
Wohnraummietrecht
  Vereinbarung **Vorbem 535** 32
Wohnrecht, dingliches
  Nutzungsentschädigung **549** 17
  Rückgabepflicht **546** 5

Wohnrecht, lebenslängliches
  Leihe **Vorbem 535** 40
Wohnung
  Mietverhältnis, Einheitlichkeit **543** 129
Wohnung, möblierte
  s Möblierte Wohnung
Wohnungen, öffentlich geförderte
  Miethöhebeschränkungen **Vorbem 535** 9
Wohnungsbau, sozialer
  s Sozialer Wohnungsbau
Wohnungsbesichtigung
  Mangel, grob fahrlässige Unkenntnis **536b** 14
  Möglichkeit zur Besichtigung **542** 167
  Widerrufsausschluss **Vorbem 535** 102; **542** 165 ff
    Mehrheit von Mietern **542** 168
  vor Vertragsschluss **542** 167
Wohnungseigentümer
  Erhaltungspflicht **535** 31
Wohnungseigentümergemeinschaft
  Hausordnung, Bindung des Mieters **Vorbem 535** 170
  Vermietungsverbot **Vorbem 535** 186
Wohnungseigentum
  s Eigentumswohnung, vermietete
Wohnungseigentumsmodernisierungsgesetz
  bauliche Veränderungen, Gestattung **554** 2
Wohnungsgenossenschaften
  Auseinandersetzungsguthaben **Vorbem 535** 78; **542** 134
  Betriebskostenabrechnung **535** 72
  Dauernutzungsvertrag **Vorbem 535** 75
  Eintritt des Ehegatten in den Mietvertrag **Vorbem 535** 135
  Geschäftsanteile, Zeichnung bei Mietvertragsschluss **Vorbem 535** 76
  Geschäftsguthaben **Vorbem 535** 78
  Gesellschaftsrecht **Vorbem 535** 75
  Gleichbehandlung **Vorbem 535** 79
  Grundstücksveräußerung **Vorbem 535** 79
  Insolvenz des Mitglieds **Vorbem 535** 78
  Kaution **Vorbem 535** 76
  Kündigung der Mitgliedschaft **542** 134
  Kündigungsbeschränkungen **Vorbem 535** 79
  Kündigungsrecht des Insolvenzverwalters **Vorbem 535** 78
  Mieterhöhung **Vorbem 535** 79
  Mietvertrag **Vorbem 535** 75 ff
    Kündigung **Vorbem 535** 77
  Mitgliedschaft, Beendigung **Vorbem 535** 75, 77
  Nichtnutzung der Wohnung **Vorbem 535** 77
  Nutzungsrecht, Rückgabepflicht **546** 4
  Nutzungsverhältnis **Vorbem 535** 75
  Sonderkündigungsrecht **Vorbem 535** 135
  Wohnungsüberlassung **Vorbem 535** 75

Wohnungsmärkte, angespannte
Abhilfemaßnahmen **556d** 32
Bestimmung, persönliche **556d** 31
Bestimmung, räumliche **556d** 31
Erhebung, empirische **556d** 32
Gebietsbestimmung **556d** 29 ff
   Ermessen der Landesregierungen **556d** 29, 39
Gefährdung der Versorgung der Bevölkerung, besondere **556d** 30
Gemeindeteile **556d** 31
Indikatoren **556d** 28, 33 ff
   Leerstandsquote **556d** 37
   Mietanstieg, überproportionaler **556d** 34
   Mietbelastung, überdurchschnittliche **556d** 35
   Mietspiegel, qualifizierter **556d** 38
   Mobilitätsrate **556d** 38
   Obdachlosenquote **556d** 38
   Sozialwohnungen, Bewerberüberhang **556d** 38
   Wachstum der Wohnbevölkerung **556d** 36
Marktabgrenzung **556d** 31 f
Mietpreisbremse **Vorbem 535** 18; **556d** 27, 29 ff
Nachfrageüberhang **556d** 30 ff
Rechtsverordnung **Vorbem 535** 18
Wohnungssuchende, Gruppen **556d** 31

Wohnungsmodernisierung
Förderung **556f** 13 f

Wohnungsräumung
einstweilige Verfügung **546** 61 ff, 79 f, 111
Räumungsvollstreckung **546** 58

Wohnungsrecht, dingliches
Betriebskosten **Vorbem 535** 50
   Nachzahlungen **Vorbem 535** 50
   verbrauchsabhängige Kosten **Vorbem 535** 50
   verbrauchsunabhängige Kosten, anteilige **Vorbem 535** 50
   Vorauszahlungen **Vorbem 535** 50
Dienstbarkeit, beschränkte persönliche **Vorbem 535** 48 f
Erlöschen **Vorbem 535** 52
Herausgabeanspruch des Vermieters **Vorbem 535** 49
Kausalgeschäft **Vorbem 535** 50
Kündigung **Vorbem 535** 51
Kündigung des Miet-/Pachtvertrages **Vorbem 535** 49
Miete, Abgrenzung **Vorbem 535** 48 f
Mieteinnahmen **Vorbem 535** 53
Rechtskauf **Vorbem 535** 50 f
Rechtsmangel **536** 82
Sicherheit, dingliche **Vorbem 535** 49
Sicherungsabrede **Vorbem 535** 49
Sonderkündigungsrecht **Vorbem 535** 49
Überlassung an Dritte **Vorbem 535** 52

Wohnungsrecht, dingliches (Forts)
Umzug in ein Pflegeheim **Vorbem 535** 52
Unmöglichkeit der Ausübung **Vorbem 535** 52
Vermietung, anderweitige **Vorbem 535** 53
Vorteil **Vorbem 535** 52
Zwangsvollstreckung **Vorbem 535** 49

Wohnungssuchende
Wohnungsmärkte, angespannte **556d** 31

Wohnungsunternehmen, gemeinnützige
Wohnraummiete **549** 16

Wohnungszuweisung
Kautionsleistung, Ausgleich für **551** 6a

Wohnungszuweisungsverfahren
Räumungsrechtsstreit, Aussetzung **546** 50

Wohnungszwangswirtschaft
Abbau **Vorbem 535** 7 f, 10

Wohnwagen
Fahrnismiete **549** 13

Wucher
Ausbeutung **Vorbem 535** 180
Begriff **Vorbem 535** 180
Missverhältnis, auffälliges **Vorbem 535** 178, 180
Sicherheitsleistung **551** 9
Unerfahrenheit **Vorbem 535** 180
Urteilsvermögen, Mangel an **Vorbem 535** 180
Willensschwäche, erhebliche **Vorbem 535** 180
Zwangslage **Vorbem 535** 180

Wucherähnliches Geschäft
Beweislast **Vorbem 535** 181
EOP-Methode **Vorbem 535** 181
Gesinnung, verwerfliche **Vorbem 535** 182
Missverhältnis, auffälliges **Vorbem 535** 180, 182
Raummiete, gewerbliche **Vorbem 535** 181
Sittenwidrigkeit **Vorbem 535** 180
Vergleichswertmethode, indirekte **Vorbem 535** 181
Wohnraummiete **Vorbem 535** 180, 182
Zeitpunkt, maßgeblicher **Vorbem 535** 181

Wucherverbote
Entgelt, unangemessen hohes **Vorbem 535** 177
gesetzliche Verbote **Vorbem 535** 179
Mietobergrenze **556d** 11
Mietvertrag **Vorbem 535** 176 ff; **535** 84
Missverhältnis, auffälliges **Vorbem 535** 178
Nichtigkeitsfolge **Vorbem 535** 179
Ordnungswidrigkeitenrecht **Vorbem 535** 177
Strafrecht **Vorbem 535** 177 ff
Vormiete **556e** 4
Wohnraummiete **Vorbem 535** 177, 180

Wurzeln
Mangel der Mietsache **536** 38a

Zahlungsklage
  Sicherungsanordnung **546a** 55c
  Verbindung mit Räumungsklage **546a** 55c
Zahlungsverzug des Mieters
  Androhung der fristlosen Kündigung **543** 105
  Annahmeverzug des Vermieters **543** 82
  Aufrechnung nach Kündigung **543** 97 ff
  Betriebskostenumlage **543** 67
  Betriebskostenvorauszahlungen **543** 67
  Dauerverzug **543** 91
  Einrederecht **543** 95
  Erfüllungssurrogate **543** 96
  Erheblichkeit **543** 73 f
  Ersatzansprüche **543** 61 ff
  Geschäftsraummiete **543** 144 f
  Grundmiete **543** 67
  Heilung **543** 95 ff
  Kündigung aus wichtigem Grund **542** 114, 117, 200; **543** 3, 58 ff, 77 ff
    Abmahnung **543** 53, 76, 92, 103 ff, 115
    Ausschluss **543** 95 f
    Befriedigung wegen der Mietforderungen **543** 95
    Fristsetzung **543** 53, 76
    Mahnung **543** 76, 144, 146
    Rechtsmissbrauch **543** 94
    Schadensersatz **543** 147
    Teilrückstände **543** 74
    Teilzahlungen **543** 74, 96
    Treuwidrigkeit **543** 92 ff
    Verwirkung **542** 117
    Zahlungsaufforderung **543** 144, 146
  Kündigung, ordentliche **543** 3
  Kündigungsvoraussetzungen, Erfüllung **543** 71
  Leistung unter Vorbehalt **543** 96
  Leistungen, einmalige **543** 68, 70
  Leistungsfähigkeit, finanzielle **543** 83
  mehr als zwei Zahlungstermine **543** 75, 88 f
  Mieterhöhung **543** 68
  Miethöhe **543** 69
  Minderungsrecht **543** 82, 92 f
  nicht unerheblicher Teil **543** 73 ff
  Pauschale **543** 67; **555** 8
  Pflichtverletzung **543** 59
  Rechtsirrtum **543** 81, 86 f
    Entschuldbarkeit **543** 86 f
    Wohnraummiete **543** 86 f
  regelmäßige Zahlungen **543** 67
  Schadensersatz **543** 61 ff
    Anwaltskosten **543** 64
    Fälligkeit **543** 63
    Fristsetzung **543** 62, 76
    Mietdifferenz **543** 63
    Mietersuche **543** 63
    Rechtsverfolgungskosten **543** 63 ff
    Schadensminderungspflicht **543** 66
    Verschulden, mitwirkendes **543** 66

Zahlungsverzug des Mieters (Forts)
  Vorteilsausgleich **543** 66
  Zahlungsausfälle des Nachmieters **543** 66
  Sicherungsanordnung **546** 79
  Springen **543** 91
  ständige unpünktliche Zahlung **543** 59, 92, 102 ff, 115
  Kenntniserlangung **543** 138
  Tatsachenirrtum **543** 85
  Versehen, offenkundiges **543** 94
  Versorgungssperre **535** 82a
  Vertretenmüssen **543** 81 ff
    Erfüllungsgehilfen **543** 83
    Rechtsberater **543** 87
    Sozialamt **543** 84
  Verzögerungsschaden **543** 62
    Zahlungsangebot **543** 96
  Verzug **543** 77 ff
  Verzugszinsen **543** 96
  Vorschuss **543** 67
  Wohnraummiete **543** 71
  Zahlungsweise, monatliche **543** 72
  in Zukunft entgehende Miete **543** 62 f
  Zurückbehaltungsrecht **543** 81
  zwei aufeinanderfolgende Termine **543** 71 ff, 88
Zahlungsverzugsrichtlinie
  Mietzahlung, Rechtzeitigkeit **543** 77; **556b** 14a
Zahlungsweise
  Miete **543** 72
  Rückkehr zur pünktlichen Zahlungsweise **543** 106
Zeitablauf
  Mietverhältnis, Beendigung **542** 2 f, 136 ff
  Rechtsausübung, unzulässige **542** 145
  Rückgabepflicht **546** 6, 35
Zeitbefristung
  Mietzeit, bestimmte **542** 137
Zeitbestimmung
  Ereignis, zukünftiges **542** 139 ff; **550** 11
  Mietvertrag auf Lebenszeit **542** 141 ff
  Zeitbefristung **542** 137
  Zweckbefristung **542** 138
Zeitmietvertrag
  einfacher Zeitmietvertrag **542** 136
  Kündigung, außerordentliche **542** 4
  Kündigung, ordentliche **542** 136
  Kündigung des Vermieters **544** 1a
  Kündigungsfristen **549** 46
  Mietvertrag auf Lebenszeit **544** 10
  qualifizierter Zeitmietvertrag **542** 136
  Schriftform **542** 136
    Nachholung **542** 136
  Verlängerung **542** 3
  Wohnraummiete **544** 1a
Zeitungsanzeigen
  Flächenangaben **536** 70

Zeit
  Mietvertrag **Vorbem 535** 44
Zentralheizung
  Betriebskosten **556** 57
    Umlagemaßstab **Anh B 556c** 3
  Betriebskostenumlage **556** 63a; **556a** 38
  Gebrauchswerterhöhung **555b** 27
  Instandsetzungsmodernisierung **555b** 8
  Instandsetzungspflicht **535** 28a
  Verbrauchserfassung **Anh B 556c** 20
Zerrüttungskündigung
  Abmahnung, Entbehrlichkeit **543** 5
  Kündigung aus wichtigem Grund **543** 5 f
  Risikosphäre **543** 6
  Unzumutbarkeit der Vertragsfortsetzung **543** 5
  Verhalten des Kündigenden **543** 5
  Verursachung, beiderseitige **543** 5
  Zahlungsverzug des Mieters **543** 103
Zerstörung der Mietsache
  Abgrenzung **Vorbem 536** 5a f
  Opfergrenze **Vorbem 536** 6 f
  partielle Zerstörung **Vorbem 536** 8
  Unmöglichkeit **Vorbem 536** 5 f
  Verjährung **548** 4 f, 18, 39
  Vermieterhaftung **Vorbem 536** 4a, 5 f
  Vertretenmüssen **Vorbem 536** 5
Zölibatsklausel
  Sittenwidrigkeit **Vorbem 535** 184
Zubehör
  Mitvermietung **550** 42
Zufahrt
  Modernisierungsmaßnahmen **555b** 5
  Privatstraße **535** 7
  Überlassungspflicht **535** 7, 15
  Verkehrssicherungspflicht **535** 29a
Zufallshaftung
  Mieterhaftung **538** 12, 16
Zuflussprinzip
  Betriebskostenabrechnung **556** 14
Zugänge
  Barrierefreiheit **554** 15
  Besitzverhältnisse **535** 7
  Erhaltungspflicht **535** 7
  Gebrauchsentziehung **535** 7
  Mangel **536** 8
    Anzeigepflicht **536c** 4
  Mitvermietung **535** 7, 15
  Überlassungspflicht **535** 7, 15
  Verkehrssicherungspflicht **535** 29a, 33
Zugang (Erklärungen)
  Anlagen zum Mietvertrag **550** 32
  Betriebskostenabrechnung **535** 78, 81; **556** 108 ff, 121, 122a, 124, 127
    Einwendungen **556** 128
  Einwurfeinschreiben **556** 108
  Kündigung **542** 31 ff, 45 f, 118
  Mietvertragsschluss **550** 23

Zugang (Erklärungen) (Forts)
  Modernisierungsankündigung **555c** 5a; **555d** 2, 13 f; **555e** 1
  Umstellungsankündigung **556c** 32
Zugangsbehinderung
  Einkaufszentrum **536** 59a
  Kündigung, fristlose **543** 34
  Mangel der Mietsache **536** 46, 59 f
  Verwendungsrisiko **537** 8
Zugangskontrolle
  Gebrauchstauglichkeit, unerhebliche Minderung **536** 21a
  Mangel der Mietsache **536** 41
Zuluftanlage
  Mangel der Mietsache **536** 37
Zurückbehaltungsrecht
  Ankündigungspflicht **556b** 27
  Anzeige **556b** 22 ff
  Auszug des Mieters **536** 103, 107a
  Betriebskostenvorauszahlungen **556** 80, 99 f, 135b, 137, 141c f; **556b** 21
  Beweislastverteilung **536** 131
  Druckfunktion **536** 102, 104, 106
  Einredeerhebung **536** 108
  Erfüllungsanspruch **536** 101, 103
  Formularvertrag **536** 108; **556b** 25 f
  Grundmiete **556** 138
  Grundstücksveräußerung **536** 107a
  Individualvereinbarung **536** 108
  Inhaltskontrolle **556b** 25 f
  Kaution **551** 19, 28
  Kenntnis des Mangels **536** 103
  Kündigungsrecht des Vermieters **536** 105 f; **543** 52
  Mängelanzeige **536** 102, 108
  Mängelbeseitigung **536** 100, 107a; **543** 52
  Mangel **535** 14
  Miete **536** 1; **556b** 1, 3, 6, 8 ff, 17, 19 ff
    Mietforderungen **556b** 21
  Mieterbegünstigungsklausel **556b** 4, 29 f
  Mietminderung **536** 101 ff, 127
  Mietpreisbremse **556g** 87
  Mietsicherheit **551** 16 f
  Mietzahlung **535** 16
  Rechtsirrtum **543** 86
  Sicherheitsleistung **551** 19, 39
  Treu und Glauben **536** 107 f
  Umfang **536** 104 f
  Vertragsverletzung des Mieters **536** 107
  Vorleistungspflicht **536** 102
  Wohnraummiete **556b** 8
  Zahlungsverzug des Mieters **543** 81
Zusatzabreden
  Bezugnahme **550** 53
  Schriftform **550** 50, 52 f
Zusatzleistungen
  Mietvertrag **535** 83
Zuschnitt der Wohnung
  Gebrauchswerterhöhung **555b** 25, 27

Zuschnitt der Wohnung (Forts)
  Modernisierungsmaßnahmen **555d** 12;
  556f 5
Zusicherung
  Betriebskostenhöhe **556** 74a
Zustellung, öffentliche
  Rückgabepflicht **546** 44
Zutrittsrecht
  Handwerker **535** 98
  Informationspflicht **535** 99
  Sachgrund **535** 97
  Terminvereinbarung **535** 98
  Treu und Glauben **535** 97
  Umfang **535** 98 f
Zutrittsverweigerung
  Mängelbeseitigung **536** 103
Zwangsräumung
  Einstellung der Zwangsvollstreckung, einstweilige **546** 73 ff
  Sittenwidrigkeit **546** 77
  Suizidgefahr **546** 75 f
Zwangsversteigerung
  Anfechtungsrecht **Vorbem 535** 106
  Aufklärungspflicht **Vorbem 535** 86
  Kündigungsrecht des Erstehers **542** 111
  Suizidgefahr **546** 75 f
  Vermieterhaftung **Vorbem 536** 11
Zwangsverwaltung
  Anfechtungsrecht **Vorbem 535** 106
  Aufklärungspflicht **Vorbem 535** 86
  Beendigung **556** 101a
  Betriebskostenabrechnung **535** 73; **556** 101 f, 119, 137
  Optionsrecht, Ausübung **542** 150
  Sicherheitsleistung **551** 35
Zwangsvollstreckung
  Einstellung, einstweilige **546** 73 ff
  Herausgabe der Mietsache **546** 57 ff
Zweckbefristung
  Mietverhältnis, Beendigung **542** 138

Zweckentfremdungsverbote
  Mangel der Mietsache **536** 47
  Mietvertragsschluss, verbotswidriger
  Vorbem 535 186
Zweckstörung
  Begriff **Vorbem 536** 21
  Störung der Geschäftsgrundlage
  Vorbem 536 20 ff
Zweckvereitelung
  Störung der Geschäftsgrundlage
  Vorbem 536 20 ff
Zweitwagen
  Abstellen auf Grundstück des Vermieters **535** 50
Zweitwohnung
  Mieterschutz **549** 25
  Wohnraummiete **556d** 3
Zwischenablesung
  Kosten **556a** 33
  Leerstand **Anh B 556c** 18
  Mieterwechsel **556a** 32 f; **Anh B 556c** 17 f
  Verwaltungskosten **Anh B 556c** 18
Zwischenmieter
  Besitz, mittelbarer **535** 15b
Zwischenvermietung
  schlichte Zwischenvermietung **546** 104; **546a** 12
Zwischenvermietung, gewerbliche
  Bestandsschutz **546** 103 ff
  Gewerblichkeit **546** 103
  Herausgabeverlangen des Hauptmieters **546** 101 ff
  Kauf bricht nicht Miete **540** 2
  Kautionsrückzahlung **556** 125
  soziales Mietrecht **546** 108 f
  Untermiete **540** 38
  Vorenthaltung der Mietsache **546a** 12
  Wohnraummiete **Vorbem 535** 32; **540** 54, 57
  Wohnraummietrecht **546** 108

J. von Staudingers Kommentar zum Bürgerlichen Gesetzbuch mit Einführungsgesetz und Nebengesetzen

Übersicht vom 1. 3. 2021

Die Übersicht informiert über die Erscheinungsjahre der Kommentierungen in der 13. Bearbeitung und deren Neubearbeitungen (= Gesamtwerk STAUDINGER). *Kursiv* geschrieben sind die geplanten Erscheinungsjahre.

Die Übersicht ist für die 13. Bearbeitung und für deren Neubearbeitungen zugleich ein Vorschlag für das Aufstellen des „Gesamtwerk STAUDINGER" (insbesondere für solche Bände, die nur eine Sachbezeichnung haben). Es wird empfohlen, die Austauschbände chronologisch neben den überholten Bänden einzusortieren, um bei Querverweisungen auf diese schnell Zugriff zu haben. Bei Platzmangel sollten die ausgetauschten Bände an anderem Ort in gleicher Reihenfolge verwahrt werden.

	Neubearbeitungen				

Buch 1. Allgemeiner Teil

Einl BGB; §§ 1–14; VerschG		2004	2013	2018	
§§ 21–79		2005	2019		
§§ 80–89		2011	2017		
§§ 90–124; 130–133			2012	2016	
§§ 125–129; BeurkG				2012	2017
§§ 134–138		2003	2011	2017	
§§ 139–163		2003	2010	2015	2020
§§ 164–240		2004	2009	2014	2019

Buch 2. Recht der Schuldverhältnisse

§§ 241–243		2005	2009	2014	2019
§§ 244–248		2016			
§§ 249–254		2005	2016		
§§ 255–304		2004	2009	2014	2019
§§ 305–310; UKlaG		2006	2013	2019	
Anh zu §§ 305–310				2019	
§§ 311, 311a–c		2013	2018		
§§ 311b, 311c		2012			
§§ 312, 312a–k		2013	2019		
§§ 313, 314		*2022*			
§§ 315–326	2001	2004	2009	2015	2020
§§ 328–345			2009	2015	2020
§§ 346–361				2012	
§§ 358–360					2016
§§ 362–396	2000	2006	2011	2016	
§§ 397–432		2005	2012	2017	
§§ 433–480		2004	2013		
Wiener UN-Kaufrecht (CISG)	1999	2005	2013	2017	
§§ 488–490; 607–609		2011	2015		
§§ 491–512		2004	2012		
§§ 516–534		2005	2013		
§§ 535–556g (Mietrecht 1)		2011	2014	2017	2021
§§ 557–580a; Anh AGG (Mietrecht 2)		2011	2014	2017	2021
Leasing		2004	2014	2018	
§§ 581–606		2005	2013	2018	
§§ 607–610 (siehe §§ 488–490; 607–609)	./.				
§§ 611–613		2005	2011	2015	2020
§§ 613a–619a			2011	2016	2019
§§ 616–630		2002			
§§ 620–630			2012	2016	2019
§§ 631–651		2003	2008	2013	
§§ 631–650v					2019
§§ 651a–651m		2003	2011	2015	
§§ 652–656		2003	2010		
§§ 652–661a				2015	
§§ 652–655; 656a–656d					2021
§§ 655a–656; 657–661a					2020
§§ 657–704		2006			
§§ 662–675b			2017		
§§ 675c–676c			2012	2020	
§§ 677–704			2015	2020	
§§ 741–764		2002	2008	2015	
§§ 765–778		2013			2020
§§ 779–811		2002	2009	2015	
§§ 779–782					2020
§§ 812–822	1999	2007			
§§ 823 A–D		2016			
§§ 823 E–I, 824, 825		2009			
§§ 826–829; ProdHaftG		2003	2009	2013	2018
§§ 830–838		2002	2008	2012	2017
§§ 839, 839a		2007	2013	2020	
§§ 840–853		2007	2015		
AGG		2017	2020		
UmweltHR		2002	2010	2017	

Buch 3. Sachenrecht

§§ 854–882	2000	2007	2012	2018	
§§ 883–902	2002	2008	2013	2020	
§§ 889–902					2019

Neubearbeitungen

§§ 903–924	2002	2009	2015	2020
§§ 925–984; Anh §§ 929 ff	2004	2011	2016	2020
§§ 985–1011	1999	2006	2013	2019
ErbbauRG; §§ 1018–1112	2002	2009	2016	
§§ 1113–1203	2002	2009	2014	2019
§§ 1204–1296; §§ 1–84 SchiffsRG	2002	2009	2018	
§§ 1–19 WEG	2017			
§§ 20–64 WEG	2017			

Buch 4. Familienrecht

§§ 1297–1352	2007	2012	2015	2018
LPartG	2010			
§§ 1353–1362	2007	2012	2018	
§§ 1363–1563	2000	2007		
§§ 1363–1407			2017	
§§ 1408–1563			2018	
§§ 1564–1568; §§ 1568 a+b	2004	2010	2018	
§§ 1569–1586b	2014			
§§ 1587–1588; VAHRG	2004			
§§ 1589–1600d	2000	2004	2011	
§§ 1601–1615n	2000	2018		
§§ 1616–1625	2007	2014	2020	
§§ 1626–1633; §§ 1–11 RKEG	2007	2015	2020	
§§ 1638–1683	2004	2009	2015	2020
§§ 1684–1717	2006	2013	2018	
§§ 1741–1772	2007	2019		
§§ 1773–1895	2004	2013	2020	
§§ 1896–1921	2006	2013	2017	

Buch 5. Erbrecht

§§ 1922–1966	2000	2008	2016	
§§ 1967–2063	2002	2010	2016	2020
§§ 2064–2196	2003	2013	2019	
§§ 2197–2228	2003	2012	2016	
§§ 2229–2264		2012	2017	
§§ 2265–2302	2006	2013	2018	
§§ 2303–2345		2014		
§§ 2339–2385	2004			
§§ 2346–2385		2010	2016	

EGBGB

Einl EGBGB; Art 1, 2, 50–218	2005	2013	2018
Art 219–245	2003		
Art 219–232		2015	
Art 233–248		2015	

EGBGB/Internationales Privatrecht

Einl IPR; Art 3–6	2003		
Einl IPR		2012	2018
Art 3–6		2013	
Art 3–4			2019
Art 7, 9–12, 47, 48	2007	2013	2018
IntGesR	1998		
Art 13–17b	2003	2011	
Art 18; Vorbem A + B zu Art 19	2003		
Haager Unterhaltsprotokoll		2016	
Vorbem C–H zu Art 19	2009		
EU-VO u Übk z Schutz v Kindern		2018	
IntVerfREhe	2005		
IntVerfREhe 1		2014	
IntVerfREhe 2		2016	
Art 19–24	2002	2008	2014	2018
Art 25, 26	2000	2007		
Art 1–10 Rom I VO	2011	2016		
Art 11–29 Rom I-VO; Art 46b, c; IntVertrVerfR	2011	2016		
Art 38–42	2001			
IntWirtschR	2006	2010	2015	2019
Art 43–46	2014			

Eckpfeiler des Zivilrechts	2011	2012	2014	2018	2020

Demnächst erscheinen

§§ 516–534	2021
§§ 630a–h	2021
Rom I-VO Band 1	2021
Rom I-VO Band 2	2021

Otto Schmidt Verlagskontor / Walter de Gruyter Verlag OHG
Genthiner Str. 13, 10785 Berlin, Telefon (030) 2 60 05-0, Fax (030) 2 60 05-222